Erna Haraksimová
Rita Mokrá
Dagmar Smrčinová

ANGLICKO – SLOVENSKÝ
SLOVENSKO – ANGLICKÝ
SLOVNÍK

DICTIONARY
ENGLISH – SLOVAK
SLOVAK – ENGLISH

Nakladatelství
vydavatelství
CESTY

E. Haraksimová – R. Mokrá – D. Smrčinová

Anglicko-slovenský/Slovensko-anglický slovník

Vydalo OTTOVO nakladatelství, s. r. o., Táborská 31, 140 00 Praha 4, v divizi Cesty, nakladatelství a vydavatelství, v roku 2001 ako svoju 644. publikáciu.

Doplnené slovenské vydanie prvé.

Zodpovedná redaktorka: Ľudmila Pavlovičová
Jazyková redaktorka: PhDr. Libuša Takáčová
Grafická úprava obálky: Lucie Pítrová
Sadzba: Agentúra Cesty, s. r. o., Bratislava
Tlač: Tlačiarne BB, spol. s r. o., Banská Bystrica

ISBN 80-7181-543-8 (slov. vyd. – OTTOVO nakladatelství. – Cesty. Praha)

PREDHOVOR

Tento Anglicko-slovenský a slovensko-anglický slovník je prednostne určený žiakom všetkých stupňov a typov škôl, ktorí sa učia angličtinu ako cieľový cudzí jazyk. Zohľadňuje však aj potreby širokej verejnosti a spoľahlivo poslúži všetkým, ktorí pri svojej práci alebo zo záujmu používajú anglický jazyk ako dorozumievací prostriedok alebo potrebujú načerpať z literatúry poznatky pre svoju každodennú pracovnú činnosť a súkromné záujmy. Pri jeho koncipovaní sme vychádzali z analýzy potrieb dnešného slovenského, ale aj po anglicky hovoriaceho používateľa, ktorý má záujem osvojiť si slovenčinu ako cudzí jazyk. Slovná zásoba slovníka v oboch častiach je súčasná, orientovaná väčšinou na britskú angličtinu, uvádza však aj najfrekventovanejšie výrazy americkej angličtiny, ktoré sa v rámci globalizácie rýchle udomácňujú všade, kde sa angličtina používa ako jazyk komunikácie.

V anglicko-slovenskej aj slovensko-anglickej časti sa uvádza fonetická transkripcia, ktorá odráža súčasnú britskú výslovnosť. Prameňom pre prepis výslovnosti bol slovník Longman, Dictionary of Contemporary English. Základom pre výber hesiel do slovensko-anglickej časti bol Krátky slovník slovenského jazyka, Veda--SAV Bratislava 1997. K praktickému používaniu slovníka prispieva zaradenie osobitných tematických celkov, akým je napr. celok počtové úkony a upozornenie na tie slová, ktoré pre príbuznosť znakov používateľ môže ľahko zameniť za nesprávny ekvivalent v oboch jazykoch napr. *sympathy – súcit*. Výber hesiel a ich spracovanie odráža predpokladanú potrebu súčasného používateľa, vrátane hovorových, expresívnych a pejoratívnych výrazov a najfrekventovanejších vulgarizmov, voči ktorým je súčasný jazyk oveľa tolerantnejší a ktoré sú už súčasťou hovorovej slovnej zásoby jazyka. Slovník tiež obsahuje základnú terminológiu používanú v odbornej literatúre, takže môže byť aj výbornou pomôckou pri čítaní odborných textov, osobitne vďaka spojeniam a exemplifikácii, ktoré sa uvádzajú v jednotlivých heslách. Štruktúra hesla je zostavená tak, že jednotlivé významy sú uvedené podľa dôležitosti a frekvencie, t.j. poradie slovných druhov nie je v každom hesle rovnaké.

Slovník je vybavený pokynmi pre používateľa, zoznamom použitých skratiek, uvádza tabuľku britských mier a váh, základné pravidlá anglickej gramatiky, zoznam nepravidelných slovies a zoznam štátov a ich obyvateľov.

Predpokladáme, že tento Anglicko-slovenský a slovensko-anglický slovník bude dobrou a praktickou pomôckou všetkým tým, ktorí ho budú používať, čo je naším úprimným želaním.

autorky

VYSVETLIVKY
PRE POUŽÍVATEĽOV

Heslá sú zoradené podľa abecedného poriadku. Heslové slovo je v obidvoch častiach slovníka uvedené polotučne. V anglicko-slovenskej časti po heslovom slove nasleduje jeho fonetický prepis v hranatej zátvorke. Pri prepise výslovnosti sa využíva medzinárodná transkripcia prispôsobená slovenskej abecede. Hlásky, ktoré sa v slovenčine nevyskytujú, sa prepisujú týmito sybmolmi: θ, ð,ŋ, ə, æ. Dĺžka samohlásky je označená dvojbodkou. Hlavný prízvuk sa označuje zvislou čiarkou hore, vedľajší zvislou čiarkou dolu. V slovensko-anglickej časti fonetický prepis nasleduje po anglickom ekvivalente slovenského heslového slova. Za výslovnosťou, prípadne za slovným druhom, sa kurzívou uvádzajú tvary nepravidelných slovies a určité gramatické nepravidelné javy ako napr. nepravidelné možné číslo podstatných mien, nepravidelné stupňovanie prídavných mien, zdvojenie spoluhlásky, napr. pri odvodzovaní gramatických tvarov.

split [split], split, split, *-tt-*

criterion [krai'tiəriən] (mn. č.) – ria [riə]

V slovensko-anglickej časti sú anglické nepravidelné slovesá označené hviezdičkou*.

Heslové slovo môže mať významy vyjadrené rozličnými slovnými druhmi. V jednotlivých heslách sú odlíšené rímskymi číslicami vytlačenými polotučne. Ak je heslové slovo v exemplifikácii v pôvodnom tvare, uvádza sa ďalej iba začiatočným písmenom a bodkou. Ak sa používa v inom ako základnom tvare, uvádza sa začiatočné písmeno, pomlčka a gramatická štruktúra, napr.

paper ['peipə]

a sheet of p.

the news was in all the p–s.

Význam anglického heslového slova sa môže viazať na istú predložku. V tomto prípade sa predložka uvádza kurzívou v okrúhlej zátvorke pred slovenským ekvivalentom, napr.

report [ri'p:ot] *(on)* oznamovať, dať správu, ohlásiť;

r. a new discovery; they came back to r. on progress...

Ak má heslové slovo viac ako jeden význam, jednotlivé významy sú usporiadané podľa frekvencie používania a sú označené arabskými číslicami. Ekvivalentné výrazy sa oddeľujú čiarkou, ak sú synonymické, alebo bodkočiarkou, ak ide o synonymické rady.

Exemplifikácia jednotlivých významov heslového slova, vytlačená kurzívou, má používateľom slovníka pomôcť pri výbere správneho významu prípadne väzby. Uvádza sa malým začiatočným písmenom. Výnimku tvoria príslovia a porekadlá. Od slovenského alebo anglického ekvivalentu sa oddeľuje bodkočiarkou.

Vysvetlivky a sémantizácia bližšie objasňujú význam ekvivalentu alebo okruh použitia. Uvádzajú sa petitom v okrúhlej zátvorke.

V anglicko-slovenskej časti frázové slovesá nasledujú po poslednom význame heslového slova – slovesa, prípadne po frazeológii. Tieto slovesá sú vytlačené polotučnou kurzívou a uvádzajú sa bez fonetického prepisu.

V slovensko-anglickej časti zvratné slovesá nasledujú po poslednom význame heslového slova – slovesa. Uvádzajú sa polotučne po značke // prvým písmenom heslového slovesa s bodkou a zvratným „sa", napr.

skončiť finish [finiš], end [end]; *s. debatu*, finish a debate // **s. sa** end, be* over...

Prídavné mená v slovensko-anglickej časti, ktoré nemajú anglický ekvivalent, ale sú súčasťou zloženého výrazu, sa uvádzajú dvojbodkou a sú doložené exemplifikáciou, napr.

školský: *š. dvor* schoolyard; *š. rok* schoolyear;...

Homonymá, slová rovnakého tvaru, ale rôzneho významu, sa uvádzajú ako samostatné heslové slová. Označujú sa číselným indexom za slovom pred jeho fonetickým prepisom, napr.

kord[1] (zbraň) sword [so:d]

kord[2] (tkanina) corduroy ['ko:džəroi]

alebo

rest[1] [rest] zvyšok

rest[2] [rest] odpočinok

Značka ● uvádza frezeológiu po poslednom ekvivalente a aj zložené a viacslovné výrazy, ktoré nie sú uvedené ako samostatné heslá, napr.: video ['vidiəu]... *v. cassette; v. recorder; ...*

Lomka / uvádza variantné podoby významu slova alebo výslovnosti a prechýlenú podobu toho istého slova, napr.

slnovrat solstice ['solstəs]

letný/zimný s. summer/winter solstice

teacher ['ti:čə] učiteľ/ka

Pravopisné zmeny v anglicko-slovenskej časti vyplývajúce z určitého gramatického pravidla, napr. zmeny koncového tvrdého –*y* po spoluhláske pri tvorení množného čísla, napr. *lady – ladies,* ďalej zmeny –*f,* na –*v,* napr. *wife – wives* a vypúšťanie nemého *e,* napr. *come – coming* sa pri heslovom slove neuvádzajú. Kurzívou sa však uvádza zdvojenie spoluhlások, napr. **drop** [drop] -*pp*-.

Odkazy p. (pozri) sú v slovensko-anglickej časti pri niektorých slovách podobného alebo rovnakého významu, napr. **kotrmelec** p. *kotúľ.* V anglicko-slovenskej časti sú iba pri nepravidelných slovesách, napr. **rang** p. *ring* a pri nepravidelnom množnom čísle podstatných mien, napr. **data** p. *datum.*

Skratky – vysvetlivky skratiek sú uvedené v osobitnej kapitole.

Názvy krajín a ich obyvateľov sú uvedené v osobitnej kapitole.

ZOZNAM SKRATIEK

A

admin.	– administratívny výraz
akad.	– akademický
akuz.	– akuzatív
al.	– alebo
AM	– americký výraz alebo význam
anat.	– výraz z anatómie
angl.	– anglický
angloamer.	– angloamerický
ap.	– a podobne
archeol.	– výraz z archeológie
archit.	– výraz z architektúry
astron.	– výraz z astronómie
atď.	– a tak ďalej

B

ban.	– výraz z baníctva
bibl.	– výraz z Biblie
biol.	– výraz z biológie
bot.	– výraz z botaniky
BR	– britský výraz alebo význam
bud.	– budúci

C

cirk.	– cirkevný výraz
cit.	– citoslovce

Č

čas.	– časový
čast.	– častica
čísl.	– číslovka

D

det.	– detský výraz
div.	– divadelný výraz
dopr.	– výraz z dopravy
dram.	– výraz z dramatického umenia

E

ekon.	– výraz z ekonómie
elektrotech.	– elektrotechnický výraz
etc.	– a tak ďalej
euf.	– eufemizmus
expr.	– expresívny výraz

F

film.	– filmový výraz
filoz.	– výraz z filozofie
fin.	– výraz z finančníctva
fon.	– výraz z fonetiky
fyz.	– výraz z fyziky
fyziol.	– výraz z fyziológie

G

geogr.	– výraz z geografie
geol.	– výraz z geológie
geom.	– výraz z geometrie
gram.	– gramatický výraz

H

hist.	– historický význam
hl.	– hlavne
hovor.	– hovorový výraz
hromad.	– hromadné podstatné meno
hud.	– hudobný výraz

CH

chem.	– výraz z chémie

I

inštr.	– inštrumentál
iron.	– ironický význam

J

jaz.	– výraz z jazykovedy
jedn.č.	– jednotné číslo

K

kart.	– kartársky výraz
kniž.	– knižný výraz
kozm.	– výraz z kozmonautiky
krajč.	– krajčírsky výraz
kuch.	– kuchársky výraz

L

lat.	– z latinčiny
lek.	– lekársky výraz
let.	– výraz z letectva
lingv.	– lingvistický výraz
lit.	– literárny výraz
Ltd.	– spol. s r.o.

M

mat.	– matematický výraz
meteor.	– výraz z meteorológie
min. č.	– minulý čas
miner.	– výraz z mineralógie
mn. č.	– množné číslo
motor.	– motoristický výraz
Mr.	– pán
Mrs.	– pani
Ms	– pani, slečna
muž.r.	– mužský rod

N

náb.	– náboženský výraz
námor.	– námornícky výraz
napr.	– napríklad
neos.	– neosobné sloveso
neskl.	– nesklonné
neurč.	– neurčitý
neživ.	– neživotné
novin.	– novinársky výraz

O

obch.	– obchodný výraz
obyč.	– obyčajný
odb.	– odborný výraz
op.	– opozitum, slovo opačného významu

opyt. zám.	– opytovanie zámeno
os.	– osoba
osob. zám.	– osobné zámeno

P

p.	– pozri
pejor.	– pejoratívny význam
pl.	– plurál, množné číslo
podraď.	– podraďovací
podst.	– podstatné meno
poet.	– básnický výraz
polit.	– výraz z politiky
poľnohosp.	– výraz z poľnohospodárstva
poľov.	– poľovnícky výraz
polygr.	– polygrafický výraz
pomn.	– pomnožné
pošt.	– výraz z poštovníctva
práv.	– právnický výraz
predl.	– predložka
predprít.	– predprítomný čas
pren.	– prenesený význam
príč.	– príčastie
príd.	– prídavné meno
prísl.	– príslovka
prít.	– prítomný čas
privl.	– privlastňovací
psych.	– výraz z psychológie

R

rozl.	– rozličný
rozpráv.	– výraz z rozprávok
ryb.	– rybársky výraz

S

samohl.	– samohláska
sb.	– somebody
severoangl.	– severoanglický
skr.	– skratka
sl.	– sloveso
slang.	– slangový výraz
spoj.	– spojka
spol.	– spoločenský
spoluhl.	– spoluhláska

ANGLICKO-SLOVENSKÁ ČASŤ

A

a [ə], pred samohláskou **an** [ən, æn] **1.** gram. neurčitý člen; *this is a pen* toto je pero **2.** nejaký, istý; *I know a Mr Brown* poznám istého pána Browna **3.** jeden; *a dozen eggs* jeden tucet vajec **4.** za; *twice a year* dvakrát za rok

aback [ə'bæk] len v spojení s be *be taken a.* byť (nepríjemne) prekvapený/zarazený; *he was taken a. at the news* tá správa ho zaskočila

abacus ['æbəkəs] **1.** (ručné) počítadlo **2.** archit. abakus, nadhlavica

abandon [ə'bændən] **I.** sl. **1.** opustiť; *he a-ed his wife and child* opustil ženu a dieťa **2.** vzdať sa; *a. the project* vzdať sa plánu **3.** prerušiť; *they a-ed the search for survivers because of darkness* pre tmu prerušili hľadanie nezvestných **II.** podst. bezstarostnosť, neviazanosť; *shout in merry a.* veselo a bezstarostne pokrikovať

abandoned [ə'bændənd] **1.** opustený; *an a. wife* opustená žena **2.** nemravný, zhýralý; *an a. girl* nemravné dievča **3.** usedavý, žalostný; *a. sobbing* žalostné vzlykanie

abate [ə'beit] **1.** zmenšiť (sa), zmierniť (sa), utíšiť (sa); *the storm a-d* búrka sa utíšila **2.** práv. zrušiť platnosť

abbey ['æbi] opátstvo; *Westminster A.* Westminsterské opátstvo

abbreviate [ə'bri:vieit] skrátiť (slovo, titul ap.); *a. January to Jan.* skrátiť január na jan.

abbreviation [ə,bri:vi'eišn] **1.** skratka (slova ap.); *a-s in this dictionary* skratky v tomto slovníku **2.** skrátenie; *Fred is an a. of the name Frederick* Fred je skrátenie mena Frederick

ABC [,eibi:'si:] **1.** abeceda **2.** pren. základy, abeceda; *the ABC of cooking* základy varenia ● *as easy as ABC* smiešne ľahký

abdicate ['æbdikeit] abdikovať, vzdať sa (úradu, moci, práva); *the king a-d* kráľ sa vzdal trónu

abdication [,æbdi'keišn] abdikácia, odstúpenie

abdomen ['æbdəmən] **1.** lek. brucho **2.** zool. zadoček (hmyzu)

abdominal [æb'dominl] brušný; *a. pains* bolesti brucha

aberration [,æbə'reišn] **1.** odchýlka (od pravdy, normy); *statistical a.* štatistická odchýlka **2.** odbočenie, vybočenie (z cesty) **3.** duševná úchylka, pomätenie; *in a moment of a.* v okamihu pomätenia **4.** biol. anomália

abeyance [ə'beiəns] práv. nepružné/zdĺhavé vybavovanie; *be in a.* byť (dočasne) neplatný; *leave the matter in a.* nechať vec nevybavenú

abhor [əb'ho:] -rr- hroziť sa, desiť sa; *a. cruelty to animals* hroziť sa krutosti voči zvieratám

abide [ə'baid] *abided/abode* [ə'baidəd/ ə'bəud], *abided* [ə'baidəd] znášať, tolerovať, trpieť; *she can't a. her* neznáša ju

abide by ostať verný (čomu), dodržiavať (čo); *a. by a treaty* dodržiavať zmluvu

ability [ə'biləti] **1.** schopnosť; *to the best of my a.* podľa mojich najlepších schopností; *it is beyond his a-ies* to je nad jeho schopnosti **2.** zručnosť, šikovnosť **3.** nadanie, talent; *a man of great a.* človek s veľkým nadaním

able ['eibl] **1.** schopný; *a. to work* schopný pracovať; *be a. to do sth.* môcť/byť schopný urobiť (čo) **2.** vynikajúci, nadaný; *an a. lawyer* vynikajúci právnik

abnormal [æb'no:ml] abnormálny, nezvyčajný; *a. behaviour* nezvyčajné správanie

aboard [ə'bo:d] na palube, na palubu (lode, lietadla); AM aj vo/do vlaku, v autobuse/do autobusu; *it's time to go a.* je čas ísť/nastúpiť na palubu; *all a.!* nasadať!

abolish [ə'boliš] zrušiť, odstrániť; *a. slavery* zrušiť otroctvo; *a. poverty* odstrániť chudobu

abolition [,æbo'lišn] zrušenie, odstránenie; *a. of slavery* zrušenie otroctva

A-bomb ['ei bom] atómová bomba

abominable [ə'bomənəbl] **1.** odporný, ohavný, mrzký; *a. treatment* ohavné zaobchádzanie **2.** nepríjemný, zlý; *a. weather* nepríjemné počasie; *a. food* zlá strava ● *a. snowman* snežný muž

aboriginal [,æbə'ridžənl] **I.** príd. domorodý, pôvodný; *an a. civilization* pôvodná civilizácia **II.** podst. *a-s* mn. č. domorodci

aborigine [,æbə'ridžəni] **1.** obyč. *a-s*, mn. č. domorodci, pôvodné obyvateľstvo (hl. austrálske) **2.** pôvodná fauna al. flóra (určitej oblasti)

abort [əˈbɔːt] **1.** potratiť (dieťa) **2.** zmariť, zrušiť; *a. a space mission* zrušiť vesmírny let **3.** prerušiť; *a. the pregnancy* prerušiť tehotenstvo

abortion [əˈbɔːšn] **1.** potrat **2.** neúspech, nezdar

abortive [əˈbɔːtiv] neúspešný; *an a. attempt* neúspešný pokus

abound [əˈbaund] vyskytovať sa (vo veľkom množstve); *iron-ore a-s here* tu sa vyskytuje železná ruda vo veľkom množstve; *a. in/with* oplývať (čím); *the river a-s in/with fish* rieka oplýva rybami

about [əˈbaut] I. predl. **1.** o, ohľadne (čo sa týka čoho); *talk a. school* rozprávať sa o škole; *tell me all a. it.* povedz mi o tom všetko! **2.** okolo, asi približne; *at a. six* asi o šiestej (hodine); *that's a. right* to je tak približne správne **3.** dookola (v miestnom význ.); *the people a. us* ľudia okolo nás; *he looked a. him* díval sa okolo seba **4.** na (osobitá črta na kom, čom); *there's something uncommon a. him* je na ňom čosi neobyčajné II. prísl. tu a tam, všelikde, okolo, dookola; *papers lying a.* dookola porozhadzované papiere; *there are a lot of colds a. at the moment* všade okolo je teraz veľa prechladnutí ● *be a. to do sth.* chystať sa/chcieť niečo urobiť; *what a. John?* a čo Ján? *I have no money a. me* nemám pri sebe peniaze; *I forgot a. it* zabudol som na to; *all a.* všade dookola; *be quick a. it.* poponáhľaj sa s tým!

about-turn [əˈbaut təːn] (voj. aj pren.) čelom vzad

above [əˈbav] I. predl. nad, vyššie ako, viac ako; *the water reached a. their knees* voda im siahala vyše kolien; *a mountain rises a. the lake* nad jazerom sa vypína hora; *a. sea level* nad morom (morskou hladinou); *the temperature was a. zero* teplota bola nad nulou II. prísl. hore, vyššie; *as stated a.* ako bolo uvedené; *the a. mentioned* už spomenutý ● *a. all* predovšetkým, nadovšetko; *a. all suspicion* mimo akéhokoľvek podozrenia

abrasion [əˈbreižn] **1.** obrúsenie **2.** opotrebovanie **3.** odrenina **4.** erózia

abrasive [əˈbreisiv] I. príd. **1.** brúsny **2.** hrubý, drsný (o hlase, charaktere ap.) II. podst. brusivo, brúsny materiál

abreast [əˈbrest] vedľa seba, bok po boku; *be/keep a. of* držať krok (s kým/čím)

abridge [əˈbridž] skrátiť (text); *an a-d edi-*

tion skrátené vydanie

abroad [əˈbrɔːd] v cudzine, v zahraničí; do cudziny, do zahraničia; *travel a.* cestovať do zahraničia; *from a.* z cudziny

abrupt [əˈbrapt] **1.** náhly, neočakávaný, prudký; *an a. end* neočakávaný koniec; *the road is full of a.* turns cesta je plná prudkých zákrut **2.** britký, strohý, úsečný; *in an a. manner* stroho **3.** strmý; *an a. slope* strmý svah

abscess [ˈæbses] vred

absence [ˈæbsns] **1.** neprítomnosť; *a. from school* neprítomnosť v škole; *in his a.* v jeho neprítomnosti **2.** nedostatok; *a. of evidence* nedostatok dôkazov; *a. of mind* roztržitosť

absent [ˈæbsnt] I. príd. (from) neprítomný (kde/v čom); *a. from school/work* neprítomný v škole/v zamestnaní II. sl. [əbˈsent] *a. oneself* neprísť; *why did you a. yourself from school?* prečo ste neprišli do školy?

absent-minded [ˌæbsntˈmaindəd] roztržitý, duchom neprítomný

absolute [ˈæbsəluːt] **1.** úplný, absolútny; *a. truth* absolútna pravda **2.** presvedčivý, nepochybný; *a. proof* nepochybný dôkaz

absolutely [ˈæbsəluːtli] **1.** celkom, absolútne, úplne; *it is a. impossible* to je absolútne nemožné; *you are a. right* máš úplne pravdu **2.** hovor. (ako odpoveď) určite; *Do you think so? -A.* Myslíš? -Určite.

absolve [əbˈzolv] (from) zbaviť (čoho), oslobodiť (od čoho); *a. from a guilt* zbaviť viny; *a. from an obligation* oslobodiť od záväzku

absorb [əbˈsɔːb] **1.** pohltiť, vstrebať, vpiť **2.** (in) zaujať (myseľ), (čím); *he is completely a-ed in his work* je celkom zaujatý svojou prácou; *paper which a-s ink* papier, ktorý vpíja atrament

absorbent [əbˈsɔːbənt] pohlcovací, absorbentný, absorbujúci; *a. paper* savý papier

absorption [əbˈsɔːpšn] **1.** pohltenie, vstrebanie **2.** pren. (in) úplné zaujatie (čím); *his complete a. in sport* jeho úplné zaujatie športom

abstain [əbˈstein] (from) **1.** zdržať sa (čoho); *a. from drinking* zdržať sa pitia **2.** zdržať sa hlasovania

abstinence [ˈæbstənəns] (from) zdržanlivosť (v čom), abstinencia; *forced a.* nútená zdržanlivosť; *total a.* úplná abstinencia

abstract [ˈæbstrækt] I. príd. abstraktný; *a. art* abstraktné umenie II. podst. **1.** abstraktné umenie **2.** (prehľadný) výťah, resumé; *an a. of* *a book* ukážka z knihy ● *in the a.* všeobecne, teoreticky **II.** sl. [əbˈstrækt] oddeliť

absurd [əbˈsəːd] **1.** nerozumný, nezmyselný, absurdný; *what an a. suggestion! he looks a. in that hat* v tom klobúku vyzerá smiešne

absurdity [əbˈsəːdəti] **1.** nezmyselnosť, absurdnosť; *the a. of the situation* nezmyselnosť tejto situácie **2.** nezmysel, hlúposť; *it's an a. to go there* je nezmysel ísť ta

abundance [əˈbandəs] hojnosť, veľké množstvo, nadbytok; *an a. of skilled workers* veľké množstvo zapracovaných robotníkov; *food and drink in a.* hojnosť jedla a pitia

abundant [əˈbandənt] **1.** hojný, výdatný, početný; *a. proof* dostatok dôkazov **2.** *(in)* bohatý (na čo), oplývajúci (čím)

abuse I. podst. [əˈbjuːs] **1.** nadávka; *a stream of a.* príval nadávok **2.** zneužitie; *a. of power* zneužitie moci **II.** sl. [əˈbjuːz] **1.** osočovať, ohovárať, urážať; *she a-d him for his coming late* nadávala mu, že prišiel neskoro **2.** zneužiť; *a. confidence* zneužiť dôveru

abusive [əˈbjuːsiv] **1.** urážlivý; *an a. letter* urážlivý list **2.** podozrivý; *a. practices* podozrivé praktiky ● *a. language* nadávky

abyss [əˈbis] bezodná priepasť, hlbina aj pren.

academic [ˌækəˈdemik] **1.** univerzitný; *a. year* študijný rok na univerzite; *a. freedom* akademická sloboda **2.** akademický, učený, teoretický; *an a. question* akademická otázka

academician [əˌkædəˈmišn] člen akadémie, akademik

academy [əˈkædəmi] akadémia; *the Slovak A. of Sciences* Slovenská akadémia vied

accelerate [əkˈseləreit] zrýchliť, urýchliť

acceleration [əkˌseləˈreišn] zrýchlenie, akcelerácia; *the new car has good a.* nové auto má dobrú akceleráciu

accelerator [əkˈseləreitə] **1.** plynový pedál (v aute) **2.** fyz. urýchľovač; *particle a.* urýchľovač častíc

accent I. podst. [ˈæksnt] **1.** prízvuk; *the a. is on the second syllable* prízvuk je na druhej slabike; *he speaks with a German a.* hovorí s nemeckým prízvukom **2.** dôraz, akcent **II.** sl. [əkˈsent] **1.** prízvukovať, vysloviť s dôrazom **2.** zdôrazniť

accentuate [əkˈsenčueit] **1.** prízvukovať, zdôrazniť **2.** vyznačiť (v texte); *a-d with italics* vyznačený kurzívou

accept [əkˈsept] **1.** prijať; *a. an invitation/ an offer* prijať pozvanie/ponuku **2.** uznať, pripustiť; *I a. your reasons* uznávam vaše dôvody

acceptable [əkˈseptəbl] **1.** uspokojivý, prijateľný; *your work is not a.* tvoja práca nie je uspokojivá **2.** vítaný; *that gift is very a.* to je veľmi vítaný dar

access [ˈækses] **I.** podst. **1.** vstup, vchod; *the only a. to the building* jediný možný vstup do budovy **2.** prístup; *students need easy a. to books* študenti potrebujú ľahký prístup ku knihám **3.** výp. prístup; *direct a.* priamy prístup; *sequential a.* sekvenčný prístup **II.** príd. prístupový; *a. road* prístupová cesta

accessible [əkˈsesəbl] prístupný, dostupný; *the books are easily a.* knihy sú ľahko prístupné; *his house is not a. by car* k jeho domu sa nedá dostať autom

accessories [əkˈsesəriz] mn. č. **1.** príslušenstvo; *the a. for a car* príslušenstvo auta **2.** módne doplnky; *a black dress with matching a.* čierne šaty s vhodnými doplnkami

accident [ˈæksədnt] **1.** nehoda; *a road a.* nehoda na ceste **2.** náhoda; *by a.* náhodou

accidental [ˌæksiˈdentl] náhodný, nepredvídaný; *a. death* nepredvídaná smrť

acclaim [əˈkleim] **1.** nadšene pozdravovať (koho), volať na slávu (komu); *the favourite footballer was a-ed by the fans* fanúšikovia nadšene pozdravovali obľúbeného futbalistu **2.** *(as)* vyhlásiť (za koho, čo); *they a-ed him as king* vyhlásili ho za kráľa

acclimatize [əˈklaimətaiz] **1.** aklimatizovať (sa); *a. to the hot weather* aklimatizovať sa na horúce podnebie **2.** navyknúť si, zvyknúť si; *he can't a. (himself) to working at night* nemôže si navyknúť na prácu v noci

accommodate [əˈkomədeit] **1.** ubytovať, umiestiť; *the hotel can a. 200 persons* v hoteli sa môže ubytovať 200 ľudí **2.** prispôsobiť; *I will a. my plans with yours* prispôsobím svoje plány vašim

accommodation [əˌkoməˈdeišn] **1.** ubytovanie, umiestenie; *hotel a./a. at a hotel* ubytovanie v hoteli **2.** *(to)* prispôsobenie (čomu); *a. to new conditions* prispôsobenie sa novým podmienkam **3.** priestor v motorovom vozidle. *a-s* mn. č. AM ubytovanie

accompany [əˈkampni] sprevádzať (aj hud.), ísť spolu; *lightning usually a-ies thunder* blesk obyčajne sprevádza hrmenie

accomplish [əˈkampliš] **1.** vykonať, uskutočniť, splniť; *a. a reform* uskutočniť reformu; *have you a-ed your task?* splnili ste svoju úlohu? **2.** dosiahnuť, dokázať; *he will never a. anything* nikdy nič nedokáže

accomplished [əˈkamplišt] vyškolený, kvalifikovaný, vynikajúci, dokonalý; *an a. singer* vynikajúci spevák; *an a. fact* nezmeniteľná skutočnosť

accomplishment [əˈkamplišmənt] **1.** vykonanie, uskutočnenie, splnenie; *the a. of their aims* uskutočnenie ich cieľov **2.** *a-s* mn. č. schopnosti, klady; *she has many different a-s* má veľa rôznych schopností

accord [əˈkoːd] **I.** podst. zhoda, súlad; *that is not in a. with your original statement* to nie je v súlade s vaším pôvodným vyhlásením ● *of one's own a.* z vlastnej vôle, sám od seba; *he did it of his own a.* urobil to z vlastnej vôle; *with one's a.* spontánne **II.** sl. (*with*) súhlasiť (s čím)

accordance [əˈkoːdns] zhoda, súlad; *in a. with* v zhode/súlade (s čím)/podľa (čoho); *I sold it in a. with your orders* podľa vášho príkazu som to predal

according [əˈkoːdiŋ] (*to*) podľa (čoho); *a. to circumstances* podľa okolností; *a. to my watch it is 4 o'clock* podľa mojich hodiniek sú 4 hodiny

accordingly [əˈkoːdiŋli] **1.** podľa toho; *find out what has happened and act a.* zisti, čo sa stalo, a konaj podľa toho **2.** (a) preto, (a) tak, tak (teda); *they asked him to leave and a. he did* požiadali ho, aby odišiel, nuž teda išiel

accordion [əˈkoːdiən] akordeón, ťahacia harmonika

accost [əˈkost] osloviť, nadviazať rozhovor (s neznámou osobou); *a man a-ed me in the street* na ulici ma oslovil (neznámy) muž

account [əˈkaunt] **I.** podst. **1.** účet, konto; *current a.* bežný účet; *he opened an a. with the bank* otvoril si účet v banke **2.** vyúčtovanie; *audit the a-s* urobiť revíziu vyúčtovania **3.** správa, opis; *a full a. of our holiday* podrobný opis našej dovolenky ● *on a. of* pre (čo), kvôli (čomu); *on no a.* v nijakom prípade; *take sth. into a./take a. of sth.* vziať do úvahy (čo) **II.** sl. považovať (za koho, čo); *he was a-ed a wise man* považovali ho za múdreho človeka

account for vysvetliť; *I can a. for the mistake* chybu môžem vysvetliť

accountant [əˈkauntənt] účtovník; *a. general* hlavný účtovník

accredit [əˈkredət] akreditovať, poveriť; obyč. *be a-ed* byť poverený; *an a-ed representative* splnomocnený predstaviteľ

accumulate [əˈkjuːmjəleit] hromadiť (sa), nahromadiť (sa); *he quickly a-d a large fortune* rýchlo nahromadil veľké bohatstvo

accumulation [əˌkjəːmjəˈleišn] nahromadenie, akumulácia; *an a. of capital* akumulácia kapitálu

accumulator [əˈkjuːmjuleitə] **1.** akumulátor, batéria; *charge/discharge an a.* nabiť/vybiť batériu **2.** výp. zhromažďovač

accuracy [ˈækjərəsi] presnosť; *locate with pinpoint a.* veľmi presne určiť miesto

accurate [ˈækjərət] **1.** presný, spoľahlivý; *be a. in one's work* pracovať presne a spoľahlivo **2.** presný, správny; *an a. statement* **a)** presný údaj **b)** presná výpoveď

accusation [ˌækjəˈzeišn] obvinenie, žaloba; *bring an a. against sb.* obviniť, podať žalobu (na koho)

accuse [əˈkjuːz] (*of*) obviniť z čoho, obžalovať; *the a-d* obvinený

accustom [əˈkastəm] (*o. s. to*) zvyknúť si (na čo); *he had to a. himself to the cold weather* musel si zvyknúť na chladné počasie

accustomed [əˈkastəmd] **1.** (*to*) navyknutý, zvyknutý (na čo); *he is a. to working hard* je zvyknutý intenzívne pracovať **2.** obvyklý, zvyčajný, bežný; *her a. smile* jej obvyklý úsmev; *get/become a. to* navyknúť si (na čo)

ace [eis] **1.** eso (v kartách), serv (v tenise) **2.** hovor. expr. (o človeku) eso, jednotka, špička

acetic [əˈsiːtik] octový

ache [eik] **I.** podst. bolesť; *I have an a. in my stomach* bolí ma žalúdok; (často v zložených slovách) *heada.* bolesť hlavy; *tootha.* bolesť zubov **II.** sl. **1.** bolieť; *I a. all over* všetko ma bolí; *my head a-s* bolí ma hlava **2.** (*for*) (bolestne) túžiť (po kom/čom); *he a-s to see her again* velmi túži ju opäť uvidieť

achieve [əˈčiːv] dosiahnuť; *he hopes to a. his aim* dúfa, že dosiahne svoj cieľ

achievement [əˈčiːvmənt] **1.** dosiahnutie, (úspešné) dokončenie **2.** úspech; *a scientific a.* vedecký úspech **3.** (v škole) prospech

acid [ˈæsəd] **I.** príd. **1.** kyslý **2.** pren. štipľavý, sarkastický; *an a. remark* štipľavá poznámka **II.** podst. kyselina

acidity [əˈsidəti] kyslosť

acknowledge [ək'nolidž] **1.** uznať, pripustiť; *he a-d I was right* uznal, že mám pravdu **2.** oceniť, odmeniť; *his service was a-d with a present* za jeho služby ho odmenili darom **3.** potvrdiť príjem; *a. the letter* potvrdiť príjem listu **4.** pozdraviť (kývnutím hlavy, úsmevom ap.), povšimnúť si; *he walked past me without a-ing me* išiel okolo mňa bez povšimnutia

acknowledg(e)ment [ək'nolidžmənt] **1.** uznanie, vďaka; *in a. of your help* ako vďaka za vašu pomoc **2.** potvrdenie, odpoveď (na list); *we have had no a. of our letter* na náš list sme nedostali odpoveď

acorn ['eiko:n] žaluď

acoustic [ə'ku:stik] **1.** sluchový; *the a. nerve* sluchový nerv **2.** akustický, zvukový; *an a. guitar* akustická gitara

acoustics [ə'ku:stiks] mn. č. **1.** akustika (vlastnosť priestoru); *the a. of the hall are excellent* akustika sály je výborná **2.** akustika (veda); *a. deals with sound* akustika sa zaoberá zvukom

acquaint [ə'kweint] **1.** (*with*) oboznámiť (sa) **2.** zoznámiť (sa) (s kým, čím); *she a-ed them with the facts* oboznámila ich so skutočnosťou/s faktmi; *be a-ed with* zoznámiť sa (s kým)

acquaintance [ə'kweintəns] **1.** známy; *he is an a. of mine* je to (istý) môj známy **2.** (*with*) znalosť (čoho); *I have some a. with the language* poznám trochu ten jazyk; *make sb's a.* zoznámiť sa (s kým)

acquiesce [ˌækwi'es] (*in*) súhlasiť (s čím) (bez protestu), podvoliť sa (čomu), zmieriť sa (s čím); *he a-d in the plans his parents had made for him* podvolil sa plánom, ktoré preň pripravili rodičia

acquiescent [ˌækwi'esnt] povoľný, ústupčivý

acquire [ə'kwaiə] získať, nadobudnúť (vedomosti, titul ap.); *he a-d a knowledge of the language by careful study* jazykové znalosti získal usilovným štúdiom

acquisition [ˌækwə'zišn] **1.** získanie, nadobudnutie; *a. of knowledge* získanie vedomostí **2.** prírastok, prínos, novozískaná vec; *this painting is my latest a.* tento obraz je moja najnovšie získaná vec

acquit [ə'kwit] -*tt-* **1.** zbaviť (viny) **2.** splatiť (dlh), vyhovieť (nároku) **3.** (*oneself of*) splniť (čo), zhostiť sa (čoho); *he a-ed himself of his duty* plnil svoju povinnosť; *a. oneself well/ill* dobre/zle si počínať

acre ['eikə] aker (4047 m²)

acreage ['eikəridž] rozloha, plošná výmera (v akroch)

acrid ['ækrəd] **1.** štipľavý; *the a. smell* štipľavý zápach **2.** pren. uštipačný, sarkastický; *an a. remark* uštipačná poznámka

acrobat ['ækrəbæt] akrobat

acrobatic [ˌækrə'bætik] akrobatický

acrobatics [ˌækrə'bætiks] akrobacia

acronym ['ækrənim] akronym (slovo zložené zo začiatočných písmen); *NASA (National Aeronautics and Space Administration)* is the a.

across [ə'kros] **I.** prísl. na druhú stranu; *run a.* bežať na druhú stranu **II.** predl. cez, krížom; *a bridge a. the river* most cez rieku

act [ækt] **I.** podst. **1.** čin, skutok; *a foolish a.* bláznivý čin **2.** zákon; *A. of Parliament* zákon schválený parlamentom **3.** dejstvo (divadelnej hry); *Hamlet kills the king in a. five* Hamlet zavraždí kráľa v piatom dejstve ● *in the a. (of)* pri čine; *he was caught in the a. of stealing a car* pristihli ho, ako kradol auto **II.** sl. **1.** konať; *think before you a.!* najprv si rozmysli, potom konaj! **2.** (*on, upon*) pôsobiť (na čo); *the drug a-s on the nerve centres* liek/droga pôsobí na nervové centrá **3.** div. hrať; *he is always a-ing the experienced man* vždy hrá skúseného muža **4.** vystupovať, konať, správať sa, fungovať; *he a-ed as interpreter* vystupoval ako tlmočník; *don't a. so stupid!* nesprávaj sa ako hlupák!

acting ['æktiŋ] **1.** zastupujúci, úradujúci; *the a. president* úradujúci prezident **2.** divadelný; *a. version* divadelná verzia

action ['ækšn] **1.** čin; *put into a.* premeniť na čin, uskutočniť **2.** činnosť; *course of a.* postup činnosti **3.** tech. chod, prevádzka (stroja ap.); *be in a.* byť v chode/prevádzke; *be out of a.* byť mimo prevádzky, nefungovať **4.** voj. boj, bitka; *killed in a.* zabitý v boji **5.** dej (div. hry, knihy) ● *take a.* konať

activate ['æktəveit] **1.** aktivizovať, uviesť do pohybu/činnosti; *a. the alarm system* zapnúť bezpečnostný systém **2.** chem. aktivovať **3.** fyz. urobiť (rádio) aktívnym; *a-d carbon* aktívne uhlie

active ['æktiv] **1.** aktívny, činný, činorodý; *he's no longer very a.* už nie je veľmi aktívny; *she leads an a. life* žije činorodým životom **2.** platný; *the rule is still a.* pravidlo dosiaľ platí ● *an a. volcano* činná sopka; fin. *a. capital* aktíva; gram. *a. voice* činný rod

activist [ˈæktəvəst] aktivista; *party a-s* stranícki aktivisti

activity [ækˈtivəti] **1.** aktivita, činnosť; *social a-ies* spoločenská činnosť **2.** (pracovná) výkonnosť

actor [ˈæktə] herec

actress [ˈæktrəs] herečka

actual [ˈækčuəl] **1.** skutočný, reálny; *the a. cost was a lot less* skutočné náklady boli oveľa nižšie **2.** súčasný, terajší; *the a. state* súčasný stav

actually [ˈækčuəli] **1.** skutočne, naozaj, v skutočnosti; *she a. said it* skutočne to povedala; *he looks honest, but a. he is a thief* vyzerá počestne, ale v skutočnosti je to zlodej **2.** ba, dokonca; *he a. won!* dokonca vyhral! **3.** vlastne; *he a. spoke French* vlastne hovoril po francúzsky

acupuncture [ˈækjəˌpaŋkčə] akupunktúra

acute [əˈkjuːt] **1.** ostrý aj pren.; *a. angle* ostrý uhol; *a. pain* ostrá bolesť **2.** náhly, akútny, prudký; *the a. stage of the disease* akútny stav choroby

ad [æd] hovor. inzerát, skr. *advertisement*

AD [ˌei ˈdiː] (skr.) *anno domini* nášho letopočtu, po Kristu

adage [ˈædidž] príslovie, porekadlo

adamant [ˈædəmənt] **1.** veľmi tvrdý **2.** neústupčivý, neoblomný; *on this point I am a.* v tejto veci som neoblomný

adapt [əˈdæpt] **1.** (*to*) prispôsobiť (sa) (čomu); *you must a. to the customs* musíš sa prispôsobiť zvyklostiam **2.** (*for*) upraviť (na čo, pre čo); *novels are often a-ed for the stage* romány sa často upravujú pre divadlo

adaptable [əˈdæptəbl] prispôsobivý; *children are usually very a.* deti sú zvyčajne veľmi prispôsobivé

adaptation [ˌædæpˈteišn] **1.** adaptovanie, prispôsobenie **2.** úprava, adaptácia; *an a. of a novel for television* úprava románu pre televíziu

adapter, adaptor [əˈdæptə] **1.** upravovateľ, adaptér **2.** tech. adaptér, adaptor

add [æd] **1.** (*to*) pridať (k čomu); *a. a spoonful of flour* pridajte lyžicu múky **2.** spočítať, zrátať; *if you a. 5 and/to 5, you get 10* ak zrátate 5 a 5, dostanete desať **3.** dodať (v reči); *and I hope you'll come early, he a-ed* a dúfam, že prídeš zavčasu, dodal

add in zahrnúť, zarátať; *don't forget to a. me in* nezabudni zarátať aj mňa

add to zvýšiť, zväčšiť; *his illness has a-ed to their difficulties* ich ťažkosti zväčšila ešte jeho choroba

addict [ˈædikt] **1.** narkoman, toxikoman **2.** pren. nadšenec, fanúšik, fanatik

addicted [əˈdiktəd] (*to*) závislý (na čom); *he is a. to drugs* je závislý na drogách

addition [əˈdišn] **1.** zrátanie, počítanie; *the sign + stands for a.* znamienko + znamená sčítanie **2.** dodatok **3.** prírastok; *an a. to the family* prírastok do rodiny ● *in a. to that* okrem toho

additional [əˈdišnəl] ďalší, dodatočný, doplnkový; *a. expenses* dodatočné výdavky; *a. charge* prirážka

additive [ˈædətiv] **I.** podst. prísada; *food a-s* prísady do jedla **II.** príd. **1.** prídavný **2.** doplnkový

address [əˈdres] **I.** podst. **1.** adresa; *what's your home a.?* akú máte adresu bydliska? výp. *actual a.* skutočná adresa **2.** prejav; *he gave a long a.* mal dlhý prejav **3.** oslovenie; *form of a.* spôsob oslovenia **II.** sl. **1.** adresovať, napísať adresu (na čo); *a. a letter* napísať adresu na list **2.** mať prejav, prehovoriť ku skupine ľudí; *Mr G. will now a. the meeting* teraz na mítingu prehovorí pán G. **3.** (*to*) adresovať, určiť (komu); *I a. my remarks to you only* moje pripomienky sú adresované len tebe

address has two ds and two ss

addressee [ˌædreˈsiː] adresát

adequate [ˈædikwit] **1.** (*for*) dostatočný (pre koho, čo); *the water supply is a. for the city's needs* zásobovanie vodou je dostatočné pre potreby mesta **2.** (*to*) primeraný (čomu); *a. to the requirements* primeraný požiadavkám

adhere [ədˈhiə] (*to*) **1.** prilepiť (sa), prilipnúť (na čo) **2.** pridŕžavať sa (čoho); *a. to an opinion* držať sa nejakého názoru

adherence [ədˈhiərəns] (*to*) **1.** priľnavosť (k čomu); *a. of paint to wood* priľnavosť farby k drevu **2.** vernosť, oddanosť (čomu); *a. to one's principles* vernosť svojim zásadám

adherent [ədˈhiərənt] **I.** príd. lipnúci, priľnavý; *an a. coat of frost* námraza **II.** podst. prívrženec, stúpenec; *a. to/of a political party* prívrženec politickej strany

adhesion [ədˈhiːžn] priľnavosť, súdržnosť; *a. of a material* súdržnosť materiálu

adhesive [əd'hi:siv] **I.** podst. lepidlo **II.** príd.
1. lepivý, lepiaci; *a. tape* lepiaca páska **2.** priľnavý; *a. capacity* priľnavosť
  adjacent [ə'džeisnt] **1.** susediaci, susedný;
we had a. rooms in the hotel v hoteli sme mali izby vedľa seba **2.** priľahlý; *an a. angle* pri
ľahlý uhol
  adjective ['ædžəktiv] gram. prídavné meno
  adjoin [ə'džoin] **1.** susediť, byť vedľa seba; *the two houses a.* tie dva domy stoja ved
ľa seba **2.** (*to*) pripevniť, pripojiť (k čomu)
  adjourn [ə'džə:n] odložiť, odročiť; *the
session was a-ed for a week* zasadnutie bolo
odložené o týždeň
  adjunct ['ædžəŋkt] **1.** prídavok, dodatok
2. gram. doplnok
  adjust [ə'džast] upraviť, nastaviť, prispôsobiť; *please, a. the level of sound* nastavte,
prosím, správne zvuk; *it takes time to get
a-ed to the heat* trvá to nejaký čas, kým sa prispôsobíte horúčave
  adjustable [ə'džastəbl] nastaviteľný, regulovateľný; *an a. chair* nastaviteľná stolička
  administer [əd'minəstə] **1.** viesť, spravovať; *a. a country* spravovať krajinu **2.** uplatniť; *a. the law* uplatniť zákon
  administration [əd,minə'streišn] **1.** správa, riadenie **2.** správny úrad, ministerstvo **3.**
administratíva **4.** (hl. am.) funkčné obdobie
vlády, prezidenta, kabinet, vláda **5.** podávanie, aplikácia (lieku a pod.)
  administrative [əd'minəstrətiv] **1.** administratívny, správny; *an a. post* administratívne miesto **2.** organizačný; *he shows no a.
ability* nemá organizačné schopnosti
  admirable ['ædmrəbl] obdivuhodný,
skvelý, vynikajúci; *an a. performance* vynikajúce predstavenie
  admiral ['ædmrəl] admirál
  admiration [,ædmə'reišn] obdiv; *be filled
with a.* byť plný obdivu, obdivovať
  admire [əd'maiə] **1.** obdivovať; *she a-s
him* obdivuje ho **2.** hovor. chváliť; *don't forget
to a. the baby* nezabudni pochváliť dieťa
  admirer [əd'mairə] obdivovateľ, ctiteľ;
she has many a-s má veľa ctiteľov
  admissible [əd'misəbl] prípustný, prijateľný; *a. evidence* prípustný dôkaz
  admission [əd'mišn] **1.** vstup, prístup; *a.
free* vstup voľný **2.** prijatie; *a. to school is by
examination* do školy sa prijíma na základe

skúšky **3.** priznanie, pripustenie; *make an a.
of guilt* priznať vinu
  admit [əd'mit] *-tt-* **1.** pripustiť, uznať, priznať; *a. an objection* pripustiť námietku; *he
a-ed his guilt* priznal svoju vinu **2.** (*into, to*)
prijať (kam), vpustiť (do čoho); *a. a boy to school*
prijať chlapca do školy **3.** umiestiť, mať kapacitu, zmestiť sa; *the theatre a-s only 300
people* do divadla sa zmestí iba 300 ľudí
  admittance [əd'mitns] vstup, prístup (na neverejné miesto); *no a. except for authorized personnel* nepovolaným vstup zakázaný
  admonish [əd'moniš] napomenúť (varovne),
upozorniť; *the teacher a-ed the boys for smoking* učiteľ napomenul chlapcov, aby nefajčili
  ado [ə'du:] **1.** zmätok **2.** rozčúlenie; *Much
A. about Nothing* Mnoho kriku pre nič
  adobe [ə'dəubi] nepálená tehla; *an a.
house* dom z nepálených tehál
  adolescence [,ædə'lesns] dospievanie
  adolescent [,ædə'lesnt] dospievajúci
  adopt [ə'dopt] **1.** adoptovať; *a. an orphan*
adoptovať sirotu **2.** prevziať, prijať; *a.
a method* prevziať metódu
  adoptive [ə'doptiv] adoptívny; *his a. parents* jeho adoptívni rodičia
  adorable [ə'do:rəbl] **1.** zbožňovaniahodný **2.** hovor. roztomilý, milučký, rozkošný; *an
a. puppy* roztomilé šteniatko
  adoration [,ædə'reišn] **1.** náb. uctievanie,
klaňanie sa **2.** zbožňovanie, (vrelá) láska; *his
a. for Jane* jeho láska k Jane
  adore [ə'do:] **1.** zbožňovať; *she a-s her
children* zbožňuje svoje deti **2.** uctievať
  adorn [ə'do:n] (*with*) zdobiť, ozdobiť (čím);
she a-ed herself with jewels ozdobila sa šperkami
  adrift [ə'drift] **1.** zmietaný (vetrom, vlnami);
be a. byť unášaný prúdom **2.** pren. bezmocný;
  adult ['ædalt] **I.** podst. dospelý človek; *for
a-s only* iba pre dospelých **II.** príd. dospelý;
an a. lion dospelý lev
  adulterate [ə'daltəreit] falšovať, znehodnotiť (hl. potraviny, nápoje), hovor. pančovať; *a-d
milk* mlieko pančované vodou
  adultery [ə'daltri] cudzoložstvo
  adulthood ['ædalthud] dospelosť, zrelosť
  advance [əd'va:ns] **I.** sl. **1.** postúpiť, pokročiť **2.** urobiť pokrok **3.** zvýšiť sa (o cene)
4. priblížiť (časovo), posunúť na skorší čas; *a.
the date of the meeting from Wednesday to
Monday* posunúť dátum schôdze zo stredy na

pondelok **II.** podst. postup, pokrok, zlepšenie; *science has made great a-s during the last years* veda urobila za posledné roky veľký pokrok ● *a. booking-office* predpredaj (pokladnica); *in a.* dopredu, vopred; *send your luggage in a.* pošlite si batožinu vopred

advanced [əd'va:nst] **1.** pokročilý; *a. courses* kurzy pre pokročilých **2.** pokrokový, moderný; *a. ideas* pokrokové myšlienky **3.** vyspelý, rozvinutý; *a. technology* rozvinutá technológia ● *a. in years* v pokročilom veku

advantage [əd'va:ntidž] **1.** (*over*) výhoda oproti (komu, čomu), prednosť (pred kým, čím); *living in a big town has many a-s* bývanie vo veľkom meste má veľa výhod **2.** šport. výhoda **3.** prospech; *he gained little a. from his visit to London* z návštevy Londýna získal veľmi málo ● *have the a.* byť vo výhode; *take a. of* využiť (čo); *you should take a. of the fine weather* mali by ste využiť pekné počasie

advantageous [ˌædvən'teidžəs] (*to*) výhodný (pre koho, čo); *he was in an a. position* bol vo výhodnom postavení

advent ['ædvent] **1.** príchod, nástup (udalostí, ročného obdobia ap.) **2.** *A.* cirk. advent (obdobie štyroch týždňov pred Vianocami)

adventure [əd'venčə] **1.** dobrodružstvo; *he's fond of a.* má rád dobrodružstvá **2.** riziko

adventurous [əd'venčrəs] **1.** dobrodružný; *an a. voyage* dobrodružná cesta **2.** riskantný, odvážny; *an a. undertaking* odvážne podujatie

adverb ['ædvə:b] gram. príslovka

adverbial [əd'və:biəl] **I.** príd., gram. príslovkový **II.** podst., gram. príslovkové určenie

adversary ['ædvəsri] protivník, nepriateľ

adverse ['ædvə:s] **1.** nepriaznivý; *a. weather conditions* nepriaznivé poveternostné podmienky **2.** nepriateľský; *I am a. to such ideas* som proti takýmto názorom

advertise ['ædvətaiz] **1.** propagovať, inzerovať; *a poster a-ing a new shampoo* plagát propagujúci nový šampón; *a. in a newspaper* inzerovať v novinách **2.** (*for*) hľadať inzerátom (koho, čo); *a. for a typist* hľadať inzerátom pisárku

advertisement [əd'və:tismənt] aj *ad, advert* ['ædvə:t] reklama, inzerát, (platený) oznam; *put an a. in the newspaper* dať do novín inzerát; *an a. helps to sell* reklama pomáha predávať

advice [əd'vais] iba j. č. **1.** rada, odporúčanie; *act on sb's a.* konať podľa rady (koho); *give a piece of a.* dať radu, poradiť **2.** správa, oznam, obch. avízo; *a. of dispatch* oznam o odoslaní tovaru

> **advise** [əd'vaiz] – poradiť
> **advice** [əd'vais] – rada
> **advice** is never used in the plural:
>   They gave us some valuable **advice**.
>   = Dali nám cenné **rady**.

advisable [əd'vaizəbl] vhodný, rozumný; *do you think it a. to wait?* myslíš, že je rozumné čakať?

advise [əd'vaiz] **1.** radiť, odporúčať; *what do you a. me to do?* čo mi radíte urobiť? **2.** oznámiť, informovať; *please, a. me of the cost* oznámte mi, prosím, cenu

adviser [əd'vaizə] poradca; *the government's a.* vládny poradca

advocate I. podst. ['ædvəkət] **1.** obhajca, advokát **2.** zástanca klasického vzdelania **II.** sl. ['ædvəkeit] obhajovať, zastávať sa

aerate ['ereit] prevzdušniť; *a. the soil by digging* prevzdušniť pôdu kopaním

aerial ['eriəl] **I.** podst. anténa **II.** príd. **1.** vzduchový; *a. particles* vzduchové častice **2.** vzdušný; *a. oxygen* vzdušný kyslík **3.** visutý; *a. ropeway* visutá lanovka **4.** letecký; *a. photograph* letecká snímka

aerobics [e'rəubiks] aerobik

aeroplane ['erəplein] lietadlo

aerospace ['erəspeis] **1.** (zemská) atmosféra **2.** medziplanetárny priestor

aesthetic [i:s'θetik] estetický

aesthetics [i:s'θetiks] estetika

afar [ə'fa:] kniž. v diaľke, ďaleko; *from a.* zďaleka

affable ['æfəbl] prívetivý, láskavý; *he is a. to everybody* ku každému je láskavý

affair [ə'feə] **1.** aféra, udalosť; *Watergate a.* aféra Watergate **2.** záležitosť, vec; *that's my a., not yours* to je moja vec, nie tvoja; *the Ministry of Foreign A-s* Ministerstvo zahraničných vecí **3.** milostný pomer; *have an a. with* mať pomer (s kým); *state of a-s* situácia, pomery

affect[1] [ə'fekt] **1.** (zle) pôsobiť, (zle) vplývať, postihnúť; *the cold climate a-ed his health* studené podnebie zle vplývalo na jeho zdravie **2.** dojať; *he was much a-ed by the sad news* tá smutná správa ho veľmi dojala

affect² [əˈfekt] predstierať; *she a-ed igno-rance* predstierala, že to nevie

affectation [ˌæfekˈteišn] **1.** pretvárka **2.** afektovanosť, strojenosť

affection [əˈfekšn] náklonnosť, láska; *have a. for* cítiť náklonnosť (voči komu); *gain sb.'s a.* získať si náklonnosť (koho)

affectionate [əˈfekšnət] milujúci, láskyplný; *an a. wife* milujúca manželka

affectionately [əˈfekšnətli] srdečne, s láskou; *Yours a.* bozkáva Ťa (na záver listu, hl. medzi príbuznými)

affiliate [əˈfiliət] **I.** sl. *with/to* pripojiť, pričleniť **II.** podst. (pričlenená) organizácia

affinity [əˈfinəti] **1.** *between, with* príbuznosť, spriaznenosť (s čím/medzi čím); *a-ies of language and culture* spriaznenosť jazyka a kultúry **2.** (*for, to*) náklonnosť (ku komu), záľuba (v čom); *she feels a strong a. for him* cíti k nemu veľkú náklonnosť

affirm [əˈfɜːm] tvrdiť, potvrdiť; *a. the truth of a statement* potvrdiť pravdivosť vyhlásenia

affirmative [əˈfɜːmətiv] kladný aj gram.; *an a. answer* kladná odpoveď; *a. statement* kladná oznamovacia veta

affix I. sl. [əˈfiks] pripojiť, prilepiť; *a. a stamp to the envelope* prilepiť známku na obálku **II.** podst. [ˈæfiks] gram. predpona, prípona, afix

afflict [əˈflikt] (*with*) postihnúť (čím); *a-ed with rheumatism* postihnutý reumou

affliction [əˈflikšn] utrpenie, trápenie; *the a-s of old age* trápenia staroby

affluence [ˈæfluəns] blahobyt, hojnosť, nadbytok

affluent [ˈæfluənt] **I.** príd. blahobytný, bohatý; *the a. society* blahobytná spoločnosť **II.** podst. prítok (rieky)

afford [əˈfɔːd] **1.** dovoliť si, dopriať si; *we can't a. a holiday abroad this summer* toto leto si nemôžeme dovoliť ísť na dovolenku do zahraničia **2.** kniž. poskytnúť; *the trees a. a pleasant shade* stromy poskytujú príjemný tieň

affray [əˈfrei] práv. výtržnosť (na verejnosti)

affront [əˈfrant] **I.** sl. uraziť; *feel a-ed* cítiť sa/byť urazený **II.** podst. (*to*) (hl. verejná) urážka (koho, čoho); *an a. to his pride* urážka jeho pýchy

afloat [əˈfləut] **1.** (plávajúci) na vode; *we couldn't get the ship a.* nemohli sme dostať loď na vodu **2.** pren. nad vodou, na istej úrovni; *the money kept him a. for years* peniaze ho roky držali nad vodou

afoot [əˈfut] v behu, v príprave, v pohybe; *there's a plan a.* pripravuje sa nejaký plán

afraid [əˈfreid] **1.** (*of, for*) naľakaný, vyľakaný (pred kým, čím); *be a. of* báť sa, obávať sa (koho, čoho); *don't be a. of the dog* neboj sa toho psa; *he was a. for his job* bál sa o svoje zamestnanie; *I'm a. we shall be late again* obávam sa, že opäť prídeme neskoro **2.** bohužiaľ; *I'm a. I can't help you* bohužiaľ, nemôžem ti pomôcť

afresh [əˈfreš] odznova, od základov; *start a.* začať odznova

Africa [ˈæfrikə] Afrika

African [ˈæfrikən] **I.** podst. Afričan **II.** príd. africký

Afro- [ˈæfrəu] Afro-, afro- (predpona označujúca africký pôvod); *an A.-American* Afroameričan (Američan afrického pôvodu)

after [ˈɑːftə] **I.** predl. **1.** (následnosť v čase) po; *a. dinner* po obede/večeri; *a. that* potom **2.** (miesto, smerovanie) za; *he ran a. the bus* utekal za autobusom; *shut the door a. you* zavri za sebou dvere **3.** (pôvod, pôvodca) podľa, po; *a painting a. Rembrandt* obraz podľa Rembrandta **4.** (postupnosť deja) za, po; *one thing a. another* jedna vec za druhou ● *day a. day* deň čo deň; *year a. year* rok čo rok; *a. all* **a)** koniec koncov, napokon, ostatne; *I won't invite him, a. all, I don't really know him* nepozvem ho, napokon ho vlastne ani nepoznám **b)** nakoniec predsa; *it turned out he went by plane a. all* dopadlo to tak, že nakoniec predsa letel ● *be a. hľadať; the police are a. him* hľadá ho polícia **II.** spoj. potom keď, až keď; *I arrived a. he had left* prišiel som, až keď on odišiel **III.** prísl. potom; *they arrived soon a.* prišli hneď potom

aftercare [ˈɑːftəkeə] **1.** domáce ošetrovanie (po chorobe, po prepustení z nemocnice) **2.** ochranný dozor

aftermath [ˈɑːftəmæθ] (nepriaznivé) dôsledky, následky; *the a. of war* dôsledky vojny

afternoon [ˌɑːftəˈnuːn] **I.** podst. popoludnie; *in the a.* popoludní, poobede; *this a.* dnes poobede; *yesterday a.* včera poobede; *tomorrow a.* zajtra poobede **II.** príd. popoludňajší; *an a. nap* popoludňajší spánok

afterwards [ˈɑːftəwədz] potom, neskôr

again [əˈgen] opäť, znova, zas, ešte (raz); *he was glad to be at home a.* bol rád, že je opäť doma; *try it a.* skús to ešte raz; *as many/much a.* dvakrát toľko; *now and a.* príležitostne; *never/not ever a.* nikdy viac; *don't ever do that a.* už to nikdy viac neurob

against [ə'genst] **1.** proti; *we sailed a. the wind* plavili sme sa proti vetru; *a. my will* proti mojej vôli; *vaccinate a. cholera* očkovať proti cholere **2.** do; *the rain was beating a. the windows* dážď bil do okien **3.** o; *he was leaning a. a post* opieral sa o stĺp

agate ['ægət] achát (polodrahokam)

age [eidž] **I.** podst. **1.** vek; *he doesn't look his a.* nevyzerá na svoj vek **2.** staroba; *his back was bent with a.* bol zohnutý starobou **3.** vek, epocha; *the atomic a.* atómový vek; *the Middle A-s* stredovek **4.** *a-s* mn. č., hovor. večnosť, dlhá doba; *we've been waiting for a-s* čakali sme celú večnosť ● *be of a.* byť plnoletý **II.** sl. starnúť; *he is a-ing fast* rýchlo starne

age: He **is** twenty-two.
– **Má** dvadsaťdva rokov.

ageing aj **aging** ['eidžiŋ] **1.** starnutie **2.** odb. dozrievanie (syra, betónu)

agency ['eidžnsi] **1.** agentúra, zastupiteľstvo; *an advertising a.* reklamná agentúra **2.** sprostredkovateľňa; *an employment a.* sprostredkovateľňa práce **3.** činnosť, pôsobenie; *rocks are worn smooth through the a. of water* skaly sa pôsobením vody vyhladia

agenda [ə'džendə] program rokovania, daný program

agent ['eidžnt] **1.** zástupca **2.** sprostredkovateľ; *a house a.* sprostredkovateľ predaja/prenajímania domov **3.** činiteľ; *rain and frost are natural a-s* dážď a mráz sú prírodné činitele **4.** chem. agens, činidlo

agglomeration [ə,glomə'reišn] nahromadenie, aglomerácia, zhluk; *a. of ugly new houses* zhluk škaredých nových domov

aggravate ['ægrəveit] **1.** zhoršiť; *smoking can a. an illness* fajčenie môže zhoršiť chorobu **2.** hovor. rozčúliť, ísť na nervy; *how a-ing to je neprijemné*

aggregate I. podst. ['ægrigət] **1.** úhrn, celkový počet **2.** tech. štrkopiesok (prísada do betónu) **II.** sl. ['ægrigeit] nahromadiť

aggression [ə'grešn] útok, agresia; *a war of a.* útočná vojna

aggressive [ə'gresiv] **1.** útočný, agresívny; *an a. man* agresívny človek; *a. weapons* útoč-né zbrane **2.** podnikavý, smelý, asertívny; *a man has to be a. if he wants to succeed* človek musí byť podnikavý, ak chce byť úspešný

aggressor [ə'gresə] útočník, agresor

aghast [ə'ga:st] (*at*) zdesený, zhrozený (z koho, čoho); *she was a. at the mess* bola zhrozená z toho neporiadku

agile ['ædžail] čulý, živý, agilný; *an a. mind* čulá myseľ

aging p. ageing

agitate ['ædžəteit] **1.** vzrušiť, pobúriť, znepokojiť; *he was a-d about his wife's health* manželkino zdravie ho znepokojovalo **2.** (*against/for*) agitovať (proti čomu/za čo); *a-ing for higher wages* agitovať za zvýšenie miezd **3.** potrepať (kvapalinu)

agitation [,ædžə'teišn] **1.** vzrušenie, rozrušenie, nepokoj; *she was in a state of a.* bola veľmi rozrušená **2.** (*against/for*) argumentácia, diskusia, agitácia (proti čomu/za čo); *the Unions carried on long a. for social changes* odbory viedli dlhú agitáciu za sociálne zmeny **3.** potrepanie, premiešavanie (kvapaliny)

aglow [ə'gləu] blčiaci, žiarivý (o farbe); *cheeks a. with excitement* líca blčiace vzrušením

ago [ə'gəu] pred; *a month/a year a.* pred mesiacom/rokom; *the train left a few minutes a.* vlak odišiel pred niekoľkými minútami; ● *long a.* dávno

agog [ə'gog] (*for*) hovor. dychtivý (po čom), chtivý (čoho), napätý; *a. for the news* dychtivý po novinkách

agony ['ægəni] **1.** agónia, smrteľný zápas; *he laid in a.* ležal v agónii **2.** pren. muky, trýzeň; *an a. of doubt* muky, pochybnosti

agrarian [ə'greriən] **1.** agrárny, poľnohospodársky, roľnícky; *a. reform* agrárna reforma **2.** vidiecky

agree [ə'gri:] **1.** (*with*) súhlasiť (s kým, čím); *he a-d with my opinion* súhlasil s mojím názorom **2.** (*on/about*) dohodnúť sa (na čom); *have you a-d on the price yet?* už ste sa dohodli na cene? *are we a-d?* sme dohodnutí? **3.** (*with*) vyhovovať (komu), robiť dobre (komu) (o káve, počasí ap.); *the climate doesn't a. with me* to podnebie mi nerobí dobre **4.** zhodovať sa aj gram; *their statements don't a. (with each other)* ich tvrdenia sa nezhodujú

agreeable [ə'gri:əbl] **1.** príjemný; *she has an a. voice* má príjemný hlas **2.** (*to*) ochotný dohodnúť sa (na čom), súhlasiť (s čím); *are you a. to the proposal?* súhlasíte s návrhom?

agreement [ə'griːmənt] **1.** dohoda, zmluva; *sign an a.* podpísať zmluvu; *you have broken our a.* porušili ste našu dohodu **2.** zhoda, súhlas; *be in a. with* súhlasiť (s kým, čím); *come to/arrive at/make/reach an a.* dohodnúť sa

agricultural [ˌægri'kalčrəl] poľnohospodársky; *a. machinery* poľnohospodárske stroje

agriculture ['ægriˌkalčə] poľnohospodárstvo

aground [ə'graund] **1.** na plytčine, na plytčinu; *the boat ran a.* čln uviazol na plytčine **2.** na zemi **3.** pren. na suchu, na dne

ah [aː] ah, ach (prekvapenie, ľútosť)

ahead [ə'hed] **I.** prísl. vpredu, dopredu, vpred; *full speed a.!* plnou rýchlosťou vpred! *one of us went a. to see if the road was clear* jeden z nás išiel dopredu pozrieť, či je cesta voľná **II.** predl. (*of*) pred (kým, čím); *two hours a.* dve hodiny vopred

aid [eid] **I.** sl. (*with, in*) pomôcť (s čím, v čom); *a. with money* pomôcť peniazmi **II.** podst. **1.** pomoc; *give first a.* poskytnúť prvú pomoc **2.** *a-s* mn. č. pomôcky; *audiovisual a-s* audiovizuálne pomôcky

AIDS [eidz] *Acquired Immunodeficiency Syndrom* aids (syndróm získanej imunitnej nedostatočnosti)

ail [eil] chorľavieť, byť chorľavý; *the children are always a-ing* deti sú stále chorľavé

aim [eim] **I.** sl. (*at*) **1.** mieriť, cieliť (na čo) **2.** usilovať sa (o čo); *he a-s at becoming a doctor* usiluje sa stať lekárom **II.** podst. **1.** cieľ, terč; *take a. at the target* zamieriť na cieľ **2.** cieľ, úmysel; *he has only one a. – to make a fortune* má iba jediný cieľ – zbohatnúť

aimless ['eimləs] **1.** bezcieľny; *an a. sort of life* bezcieľny život **2.** márny; *an a. discussion* márna debata

air [eə] **I.** podst. **1.** vzduch; *mountain a.* horský vzduch **2.** vzhľad, výzor; *he has an a. of importance* vyzerá dôležito **3.** nápev, melódia ● *by a.* lietadlom; *in the open a.* vo voľnej prírode, pod holým nebom; *on the a.* vo vysielaní, v rozhlase **II.** sl. **1.** vetrať, vyvetrať, prevetrať; *a. the room* vyvetrať izbu **2.** vyviesť von (psa) **3.** vysušiť

airbed ['eəbed] nafukovací matrac

airborne ['eəboːn] vo vzduchu (hl. o lietadle); *be a.* letieť

aircable ['eəˌkeibl] (visutá, kabínková) lanovka

air-conditioned [ˌeəkən'dišnəd] klimatizovaný; *an a.-c. room* klimatizovaná miestnosť

aircraft ['eəkraːft] iba j. č. (motorové/bezmotorové) lietadlo, lietadlá; *the airline has ordered 25 new a.* letecká spoločnosť si objednala 25 nových lietadiel

aircraft carrier ['eəkraːft 'kæriə] materská lietadlová loď

airfield ['eəfiːld] zastar. letisko (letisková plocha i zariadenie)

airforce ['eəfoːs] vojenské letectvo

airhostess ['eəˌhəustəs] letuška

airline ['eəlain] **1.** letecká linka **2.** *a-s* obyč. mn. č. letecká dopravná spoločnosť, aerolínie

airmail ['eəmeil] letecká pošta

airplane ['eəplein] AM lietadlo

airport ['eəpoːt] letisko

airship ['eəˌšip] vzducholoď

air terminal ['eə ˌtəːminl] letisková budova

airtight ['eətait] vzduchotesný; *a. containers* vzduchotesné prepravky

airway ['eəwei] **1.** letecká linka **2.** *a-s* mn. č. aerolínie, letecká spoločnosť; *British A.* Britské aerolínie

airy ['eəri] **1.** vzdušný, dobre vetraný; *a nice a. room* príjemná, vzdušná izba **2.** ľahký (ako vzduch) **3.** nonšalantný, nenútený; *an a. smile* nonšalantný úsmev

aisle [ail] **1.** vedľajšia loď (chrámu) **2.** ulička (medzi lavicami/sedadlami v kostole, v kine ap.)

ajar [ə'džaː] odchýlený, pootvorený; *the door was a.* dvere boli pootvorené

akin [ə'kin] (*to*) príbuzný, podobný (komu, čomu); *my position is roughly a. to his one* moja pozícia je približne rovnaká ako jeho

alarm [ə'laːm] **I.** podst. poplach; *give/raise the a.* vyhlásiť poplach; *a fire a.* požiarny poplach/poplachový prístroj, siréna **II.** sl. znepokojiť, naľakať; *a-ed at the news* vyľakaný zo správy

alarm (clock) [ə'laːm (klok)] budík, budíček; *set the a. for five o'clock* nastaviť budík na piatu

alarming [ə'laːmiŋ] znepokojujúci, poplašný; *a. news* znepokojujúce správy

alas [ə'læs] bohužiaľ

albatross ['ælbətros] albatros

album ['ælbəm] album; *stamp a.* album známok

alchemy ['ælkəmi] alchýmia

alcohol ['ælkəhol] **1.** alkohol, lieh **2.** alkoholické nápoje

alcoholic [ˌælkəˈholik] **I.** príd. alkoholický, obsahujúci alkohol; *a. drinks* alkoholické nápoje **II.** podst. alkoholik

alert [əˈləːt] **I.** príd. **1.** *(to)* ostražitý, pripravený čeliť (čomu); *a. to every possible danger* pripravený čeliť akémukoľvek nebezpečenstvu **2.** bystrý, čulý; *an a. mind* čulá myseľ **II.** podst. pohotovosť; *a strike a.* štrajková pohotovosť **III.** sl. *(to)* zalarmovať, upozorniť (na čo)

A level [ˈei levl] maturita

algebra [ˈældžəbrə] algebra

algebraic(al) [ˌældžəˈbreik(l)] algebraický

algorithm [ˈælgəriðm] algoritmus

alien [ˈeiliən] **I.** podst. cudzinec; *an Englishman is an a. in the USA* Angličan je v USA cudzinec **II.** príd. **1.** cudzí, zahraničný; *an a. environment* cudzie prostredie **2.** *(to)* nezlučiteľný (s čím); *it is a. to democracy* to je nezlučiteľné s demokraciou

alight[1] [əˈlait] *alighted/alit* [əˈlaitəd/əˈlit], *alighted/alit (from)* zostúpiť, vystúpiť (z čoho); *a. from a horse* zosadnúť z koňa; *a. from a bus* vystúpiť z autobusu

alight[2] [əˈlait] **1.** zapálený, horiaci; *the bonfire was still a.* taborák ešte horel **2.** osvetlený, svietiaci, žiariaci aj pren.; *every window was a.* všetky okná svietili; *eyes a. with happiness* oči žiariace šťastím ● *catch a.* chytiť sa, začať horieť; *set a.* zapáliť

align [əˈlain] **1.** zoradiť, vyrovnať **2.** odb. zamerať; *a. o. s. with* pripojiť sa, pridať sa (ku komu, k čomu); *they a-ed themselves with us* pridali sa k nám

alignment [əˈlainmənt] **1.** zoradenie, vyrovnanie **2.** odb. zameranie, vytýčenie (trasy); *in a. with* jednom rade (s kým, čím); *out of a.* nezarovnaný

alike [əˈlaik] **I.** príd. podobný; *the two sisters are very much a.* tie dve sestry sú si veľmi podobné **II.** prísl. rovnako, takisto; *treat everybody a.* správať sa ku každému rovnako

alimentary [ˌæliˈmentəri] zažívací

alimentary canal [ˌæliˈmentri kəˈnæl] tráviaci trakt

alimony [ˈæliməni] výživné, alimenty

alive [əˈlaiv] **1.** živý, nažive; *are your grandparents a.?* sú tvoji starí rodičia nažive? **2.** *(to)* vedomý (čoho); *I am a. to the danger* som si vedomý nebezpečenstva

all [oːl] **I.** príd. **1.** s podst. v mn. č. všetci, každý; *a. questions must be answered* na všetky

otázky treba odpovedať; *a. of us* my všetci **2.** celý, všetok; *a. day* celý deň; *a. the way* celou cestou; *a. the water* všetka voda ● *a. wool* čistá vlna **II.** prísl. celkom; *a. wet* celkom mokrý ● *a. right* v poriadku; *above a.* nadovšetko; *at a.* vôbec; *not at a.* niet za čo; *once and for a.* raz navždy; *a. the better* tým lepšie; *a. the same* aj tak; *it's a. the same to me* mne je to jedno; *a. over the world* na celom svete

allegation [ˌæliˈgeišn] neopodstatnené tvrdenie (bez dôkazu), obvinenie; *false a.* falošné obvinenie

allege [əˈledž] tvrdiť, vyhlasovať; *in your letter you a. that...* v liste tvrdíte, že...

alleged [əˈledžd] údajný; *an a. thief* údajný zlodej

allegory [ˈæligri] alegória

allergic [əˈləːdžik] *(to)* alergický (na čo); *she is a. to fur* je alergická na kožušiny; *he seems to be a. to work* zdá sa, že je alergický na prácu

allergy [ˈælədži] *(to)* **1.** lek. alergia, zvýšená citlivosť (na čo); *an a. to penicillin* alergia na penicilín **2.** pren. nechuť, odpor

alley [ˈæli] **1.** ulička, úzky priechod; *blind a.* slepá ulička aj pren. **2.** aleja, stromoradie **3.** (hracia) dráha;

alliance [əˈlaiəns] spojenectvo, aliancia; *enter into an a. with* uzavrieť spojenectvo (s kým)

allied [ˈælaid] **1.** spojenecký, spojený (zmluvou) **2.** *(to)* príbuzný, blízky (pôvodom, znakmi); *geography and a. sciences* zemepis a príbuzné vedy

alligator [ˈæligeitə] aligátor

allocate [ˈæləkeit] *(to, for)* **1.** prideliť (napr. peniaze) (na čo) **2.** určiť, vymedziť; *a. a sum of money to education/for the journey* určiť peniaze na školstvo/na cestu

allocation [ˌæləˈkeišn] **1.** prideľovanie **2.** rozdelenie (podľa určitého kľúča) **3.** prídel **4.** výp. prideľovanie pamäte

allot [əˈlot] -tt- prideliť; *they were a-ted a house to live in* pridelili im dom na bývanie

allotment [əˈlotmənt] **1.** prídel **2.** parcelácia **3.** parcela, pozemok; *an a. garden* záhradka (na rozdelenej parcele)

allow [əˈlau] dovoliť, povoliť; *smoking is not a-ed here* fajčenie tu nie je povolené; *a. an hour for lunch* povoliť hodinu na obed; *be a-ed to* smieť; *he would like to* *come, but he's not a-ed to* rád by prišiel, ale nesmie;

allow for vziať do úvahy, rátať (s čím); *it will take an hour, a-ing for traffic* ak vezmeme do úvahy dopravu, bude to trvať hodinu

allowance [ə'lauəns] **1.** príspevok, AM vreckové; *an a. (of £100) for books* príspevok (100 libier) na knihy **2.** zľava **3.** tech. povolená odchýlka **4.** šport. náskok **5.** zreteľ, ohľad; *we must make a. for his youth* musíme brať ohľad na jeho mladosť

alloy ['æloi] zliatina; *brass is an a. of copper and zinc* mosadz je zliatina medi a zinku ● *a. steel* legovaná oceľ

allspice ['o:lspais] nové korenie

all-time ['o:ltaim] **1.** najlepší; *an a. record* najlepší (doposiaľ) dosiahnutý rekord **2.** najhorší, najnižší; *the a. low of the year* najnižšia úroveň roka

allude [ə'lu:d] *(to)* robiť narážky (na koho, čo), (nepriamo) poukazovať; *he always a-s to possible danger* stále poukazuje na možné nebezpečenstvo

alluvial [ə'lu:viəl] naplavený; *a. soil* naplavená pôda

ally **I.** podst. ['ælai] spojenec; *European a-ies* európski spojenci **II.** sl. [ə'lai] *(to, with)* spojiť (sa), zjednotiť (sa) (s kým, čím); *they a-ied themselves to other countries* spojili sa s inými krajinami; *be a-ied to* byť úzko spojený (s kým, čím); *the A-ied Powers* spojenecké vojská, Spojenci

almighty [o:l'maiti] **1.** všemocný, všemohúci; *(the) A. (God)* Všemohúci (Boh) **2.** hovor. obrovský, riadny; *he's in one a. fix* je v riadnej kaši

almond ['a:mənd] **1.** mandľa **2.** mandľovník

almost ['o:lməust] takmer, temer, len-len; *he said a. nothing* nepovedal takmer nič; *he a. fell* len-len že nespadol

aloft [ə'loft] kniž. vo vzduchu, hore, vo výške; *the flag was flying a.* zástava povievala vo vzduchu

alone [ə'ləun] **1.** sám, sama; *she lives a.* žije sama **2.** po podst. al. zám. iba, len; *you a. can help* iba ty môžeš pomôcť ● *let/leave a.* nechať na pokoji, nechať tak

along [ə'loŋ] **I.** predl. pozdĺž, po; *a. the road* po ulici **II.** prísl. **1.** vpredu, vopred; *she cycled a.* išla na bicykli vopred **2.** spolu; *come a.* poď so mnou; *he brought his wife a.*

prišiel spolu s manželkou ● *all a.* po celý čas, od začiatku

alongside [ə,loŋ'said] **1.** tesne vedľa, pri; *a. the ship* tesne vedľa lode **2.** popri, spolu, okrem; *video is used a. the books* okrem kníh sa používa video

aloof [ə'lu:f] **I.** príd. odmeraný, rezervovaný, povznesený; *the new teacher is rather a.* nový učiteľ je dosť rezervovaný **II.** prísl. bokom, stranou, ďalej; *I kept a. from the whole business* od celej veci som sa držal stranou

aloud [ə'laud] nahlas, hlasno; *read the letter a.* prečítaj list nahlas

alpha ['ælfə] alfa (prvé písmeno gréckej abecedy)

alphabet ['ælfəbet] abeceda; *the Greek a.* grécka abeceda

alphabetical [,ælfə'betikl] abecedný; *in a. order* v abecednom poriadku

alpine ['ælpain] **1.** alpský **2.** pren. vysokohorský, alpínsky

Alps [ælps] mn. č. Alpy

already [o:l'redi] už; *the postman has been a. here* poštár tu už bol

also ['o:lsəu] tiež, aj; *Tom has a. been to Canada* Tom bol aj v Kanade

altar ['o:ltə] oltár

alter ['o:ltə] **1.** (z)meniť (sa); *he has a-ed a great deal* veľmi sa zmenil **2.** upraviť, prešiť; *this dress must be a-ed* tieto šaty treba prešiť

alteration [,o:ltə'reišn] **1.** *(to)* zmena (čoho, v čom), úprava (čoho); *a few a-s to the timetable* niekoľko zmien v rozvrhu **2.** prešitie; *a. of a coat* prešitie kabáta **3.** *(to)* prestavba (čoho); *a-s to the house will cost a lot of money* prestavba domu bude stáť veľa peňazí

alternate **I.** príd. [o:l'tə:nət] **1.** striedavý; *a. happiness and gloom* striedavé šťastie a smútok **2.** každý druhý; *work on a. days* pracovať každý druhý deň **II.** sl. ['o:ltəneit] *(with)* striedať sa; *wet days a. with fine days* daždivé dni sa striedajú s peknými

alternating current [,o:ltəneitiŋ 'karənt] striedavý prúd

alternative [o:l'tə:nətiv] **I.** príd. **1.** alternatívny; *a. answers* alternatívne odpovede **2.** netradičný, alternatívny; *a. medicine* alternatívna medicína **II.** podst. alternatíva, (iná) možnosť; *you have the a. of working hard or not working at all* máš možnosť buď tvrdo pracovať, alebo nerobiť vôbec nič

alternatively [ɔ:l'tə:nətivli] alebo, namiesto toho, inak; *a fine of £5 or a. six weeks imprisonment* pokuta 5 libier alebo 6 týždňov väzenia

although [ɔ:l'ðəu] hoci, i keď; *a. he was almost deaf, he wrote his best compositions* hoci bol takmer hluchý, napísal svoje najlepšie skladby

altitude ['æltətju:d] **1.** nadmorská výška; *at an a. of 30,000 feet* v nadmorskej výške 30 000 stôp **2.** mn. č. výšky, výšiny; *at these a-s* v týchto výškach

alto ['æltəu] **1.** alt **2.** altista, altistka **3.** viola **4.** altsaxofón

altogether [,ɔ:ltə'geðə] **1.** celkom, úplne; *I don't a. agree with him* tak celkom s ním nesúhlasím **2.** vcelku, celkove; *a., it was a bad journey* vcelku to bola nepríjemná cesta

aluminium [,ælju'miniəm] hliník

always ['ɔ:lwəz] vždy, stále, ustavične; *the sun a. rises in the East* slnko vychádza vždy na východe; *he a. asks for money* ustavične pýta peniaze

am p. **be**

am, a. m. [ei em] AM skr. lat. *ante meridiem* čas od 0. do 12. h, doobeda, dopoludnia

amass [ə'mæs] hromadiť, nahromadiť; *a. a large fortune* nahromadiť veľký majetok

amateur ['æmətə] amatér, diletant

amaze [ə'meiz] udiviť, ohromiť; *I was a-d at the news* bol som ohromený tou správou

amazement [ə'meizmənt] úžas, ohromenie, prekvapenie; *to my great a.* na moje veľké prekvapenie

amazing [ə'meiziŋ] úžasný, vynikajúci, obdivuhodný

ambassador [æm'bæsədə] veľvyslanec; *British A. to Slovakia* britský veľvyslanec na Slovensku

amber ['æmbə] **I.** podst. jantár **II.** príd. jantárový; *an a. brooch* jantárová brošňa

ambience ['æmbiəns] prostredie, atmosféra

ambient ['æmbiənt] okolitý ● *a. temperature* teplota okolia

ambiguity [,æmbə'gju:əti] **1.** dvojznačnosť, dvojmyselnosť **2.** nejasnosť, protirečenie, záhada; *a text full of a-ies* text plný nejasností

ambiguous [æm'bigjuəs] **1.** dvojmyselný, dvojznačný; *an a. reply* dvojznačná odpoveď **2.** nejasný, záhadný; *an a. attitude* nejasný postoj

ambition [æm'bišn] **1.** ctižiadosť, ambícia; *filled with a.* plný ctižiadosti **2.** túžba; *a house in the country is my a.* moja túžba je dom na vidieku

ambitious [æm'bišəs] **1.** ctižiadostivý, ambiciózny; *an a. man* ctižiadostivý človek **2.** náročný; *an a. programme* náročný program

ambivalence [æm'bivələns] rozpoltenosť, rozpornosť (citov, postojov)

ambivalent [æm'bivələnt] rozpoltený, rozporný; *a. feelings* rozporné pocity

amble ['æmbl] pomaly kráčať

ambulance ['æmbjələns] sanitné auto, sanitka

amend [ə'mend] **1.** zlepšiť, opraviť (si); *a. spelling and grammar* opraviť pravopis a gramatiku **2.** pozmeniť, doplniť (návrh, zákon)

amendment [ə'mendmənt] **1.** (*to*) oprava, zlepšenie (čoho); *a few a-s to the manuscript* niekoľko opráv v rukopise **2.** pozmeňovací návrh, doplnok (zákona)

amenity [ə'mi:nəti] **1.** *a-ies* mn. č. pohodlie, (dobré) vybavenie; *the a-ies include a shower* vo vybavení je aj sprcha **2.** pohoda; *the a-ies of the countryside* vidiecka pohoda

America [ə'merəkə] Amerika; *North/Central/South A.* Severná/Stredná/Južná Amerika

American [ə'merikən] **I.** príd. americký **II.** podst. Američan

amiable ['eimiəbl] prívetivý, láskavý, milý

amid [ə'mid], **amidst** [ə'midst] kniž. medzi, uprostred; *he felt strange a. so many people* cítil sa čudne medzi toľkými ľuďmi

amiss [ə'mis] **I.** príd. chybný, nevhodný; ● *there's something a.* niečo tu nie je v poriadku **II.** prísl. chybne, nevhodne; *speak a.* nevhodne rozprávať ● *nothing comes a. to him* všetko rád privíta, nič mu nie je nevhod

ammeter ['æmitə] ampérmeter

ammonia [ə'məuniə] čpavok

ammunition [,æmjə'nišn] strelivo, munícia

amnesty ['æmnəsti] amnestia

among [ə'maŋ], **amongst** [ə'maŋst] **1.** medzi (viacerými); *a. us* medzi nami **2.** uprostred, medzi; *a village a. the hills* dedina uprostred kopcov **3.** jeden zo; *one a. thousands* jeden z tisíca ● *a. other things* okrem iného

amount [ə'maunt] **I.** podst. **1.** suma, čiastka; *a large a. of money* veľká suma peňazí **2.** množstvo; *any a. of time* nekonečne veľa času **II.** sl. (*to*) dosahovať (čo), rovnať sa (čomu); *the debts a. to £100* dlhy dosahujú 100 libier

amp [ˈæmp] skr. *ampere* [ˈæmpeə] ampér
amphibian [æmˈfibiən] obojživelník (živočích, vozidlo, lietadlo)
amphibious [æmˈfibiəs] obojživelný; *frogs are a. animals* žaby sú obojživelné živočíchy; *an a. vehicle* obojživelné vozidlo
amphitheatre [ˈæmfiθiətə] amfiteáter
ample [ˈæmpəl] **1.** rozsiahly, priestranný; *an a. garden* rozsiahla záhrada **2.** hojný, bohatý; *he has a. resources* má bohaté zdroje (peňazí)
amplify [ˈæmpləfai] **1.** kniž. rozšíriť, zväčšiť; *a. knowledge* rozšíriť vedomosti **2.** elektr. zosilniť
amputate [ˈæmpjəteit] lek. amputovať, odrezať
amuse [əˈmjuːz] zabaviť, rozveseliť, pobaviť; *a. a baby with toys* zabaviť dieťa hračkami; *he a-s himself by reading* zabáva sa čítaním ● *you a. me!* dovoľ, aby som sa zasmial!
amusement [əˈmjuːzmənt] zábava, rozveselenie, pobavenie; *to one's great a.* na veľké pobavenie (koho); *a. park/grounds* zábavný park, lunapark
amusing [əˈmjuːziŋ] zábavný; *he is an a. storyteller* je to zábavný rozprávač
an [æn, ən] gram. neurčitý člen
analogous [əˈnæləgəs] (*to, with*) analogický, obdobný (s čím)
analogue [ˈænəlog] analógia, obdoba
analogue computer [ˌænəlog kəmˈpjuːtə] analógový počítač
analogy [əˈnælədži] analógia, obdoba
analyse [ˈænəlaiz] rozoberať, urobiť rozbor, analyzovať; *a. water* urobiť rozbor vody; *a. a sentence* urobiť rozbor vety; *a. the causes* analyzovať príčiny
analysis [əˈnæləsəs] mn. č. *analyses* [əˈnæləsiːz] **1.** rozbor, analýza; *a critical a. of a text* kritický rozbor textu **2.** mat. matematická analýza **3.** psychoanalýza
analyst [ˈænələst] **1.** (chem.) analytik, laborant **2.** (novin.) komentátor **3.** AM psychoanalytik
analytic(al) [ˌænəˈlitik(l)] analytický; *a. chemistry* analytická chémia; *a. geometry* analytická geometria
anarchic [æˈnaːkik] anarchický; neporiadny, zmätený
anarchistic [ˌænəˈkistik] anarchistický
anarchy [ˈænəki] **1.** anarchia, bezvládie **2.** zmätok

anatomical [ˌænəˈtomikl] anatomický
anatomist [əˈnætəməst] lek. anatóm
anatomy [əˈnætəmi] **1.** anatómia **2.** pitva
ancestor [ˈænsəstə] predok, praotec
ancestral [ænˈsestrəl] po predkoch, (od) predkov; *his a. home* domov jeho predkov
anchor [ˈæŋkə] **I.** podst. **1.** kotva **2.** útočište **3.** stav. skoba; ● *at a.* zakotvený, kotviaci **II.** sl. **1.** kotviť, zakotviť **2.** pripevniť; *a. a roof* pripevniť strechu
anchorage [ˈæŋkəridž] **1.** kotvisko **2.** pren. istota, pevná pôda **3.** (vhodný priľnavý) podklad; *a. for the next coat of paint* podklad pre ďalší náter* (farbou)
ancient [ˈeinšnt] **1.** starý, starobylý, starodávny; *a. Rome* starý Rím **2.** staromódny; *an a. hat* staromódny klobúk
ancillary [ænˈsiləri] **1.** pomocný, doplnkový; *a. staff* pomocný personál **2.** bočný, vedľajší, pridružený; *a. roads* vedľajšie cesty; *a. industries* pridružené priemyselné odvetvia
and [ənd, ænd] **1.** a; *a knife a. a fork* nôž a vidlička **2.** s, so; *bread a. butter* chlieb s maslom **3.** a, plus
anecdote [ˈænikdəut] anekdota
anew [əˈnjuː] kniž. znova, odznova, opäť; *let's start a.* začnime odznova
angel [ˈeindžl] anjel aj pren.; *thanks, you're an a.!* ďakujem, ste anjel!
angelic [ænˈdželik] anjelský
anger [ˈæŋgə] **I.** podst. hnev, zlosť; *filled with a.* plný hnevu **II.** sl. nazlostiť (sa), nahnevať (sa); *he is easily a-ed* ľahko sa nahnevá
angle¹ [ˈæŋgl] **I.** podst. **1.** uhol; *an acute/obtuse/right a.* ostrý/tupý/pravý uhol **2.** roh (steny, budovy) **II.** sl. nastaviť; *a mirror a-d so as to reflect light* zrkadlo nastavené tak, aby odrážalo svetlo
angle² [ˈæŋgl] **I.** loviť, chytať (na udicu) ● *a. for st.* pejor. pásť/bažiť (po čom)
angler [ˈæŋglə] rybár (loviaci na udicu)
Anglican [ˈæŋglikən] **I.** podst. anglikán, člen anglikánskej cirkvi **II.** príd. anglikánsky; *A. Church* anglikánska cirkev
Anglo- [ˈæŋgləu] (prvá časť zloženín) anglo-; *A.-American* anglo-americký
angry [ˈæŋgri] (*with, about, at*) nahnevaný (na koho, čo), zlostný; *be a. with* hnevať sa (na koho); *he was a. at being kept waiting* hneval sa, že musel čakať; *I was a. with him* hneval som sa naňho

anguish ['æŋgwiš] muky, mučivá úzkosť; *she was in a.* prežívala muky

angular ['æŋgjələ] **1.** hranatý; *an a. building* hranatá budova **2.** uhlový, meraný pod uhlom/v uhloch

animal ['ænəml] **I.** podst. **1.** živočích **2.** zviera aj pren. **3.** cicavec **II.** príd. **1.** živočíšny; *the a. kingdom* živočíšna ríša **2.** zvierací

animate I. príd. ['ænəmət] **1.** živý, žijúci **2.** živý, čulý **II.** sl. ['ænəmeit] **1.** oživiť **2.** animovať; *a-ed cartoon* animovaný/kreslený film

animosity [ˌænəˈmosəti] nepriateľstvo, nepriateľské zmýšľanie, odpor

anise ['ænəs] aníz

ankle ['æŋkl] čl- ● *a.-deep* po členky

annals [ænlz] mn. č. kronika, letopisy, anály

annex [əˈneks] **I.** sl. **1.** pripojiť **2.** zabrať (násilím), anektovať, okupovať (územie); *a. a country* okupovať krajinu **II.** podst. aj **annexe** ['æneks] prístavba; *hospital a.* prístavba nemocnice

annihilate [əˈnaiəleit] (celkom) zničiť, rozdrviť (armádu)

anniversary [ˌænəˈvəːsri] výročie; *the 50th a. of his death* 50. výročie jeho smrti; *a. celebration* oslava výročia

annotate ['ænəteit] vybaviť poznámkami (knihu, text), anotovať; *an a-d edition* anotované vydanie

annotation [ˌænəˈteišn] poznámka, anotácia, vysvetlivka

announce [əˈnauns] oznámiť, ohlásiť; *he a-d his engagement to Miss Gibson* oznámil svoje zasnúbenie so slečnou Gibsonovou; *the secretary a-d Mr B.* sekretárka ohlásila (uviedla) pána B.

announcement [əˈnaunsmənt] oznámenie, ohlásenie, vyhlásenie; *an a. will be made tomorrow* zajtra bude vydané vyhlásenie

announcer [əˈnaunsə] hlásateľ, reportér (v rozhlase, TV)

annoy [əˈnoi] otravovať, zlostiť, hnevať; *stop a-ing me!* prestaň ma hnevať!

annoyance [əˈnoiəns] **1.** zlosť, podráždenosť; *with a look of a.* s výrazom zlosti; *much to our a.* nám na zlosť **2.** mrzutosť, nepríjemná záležitosť; *all these little a-s* všetky tieto drobné nepríjemné záležitosti

annual ['ænjuəl] **I.** príd. **1.** každoročný; *an a. festival* každoročný festival **2.** ročný; *his a. income* jeho ročný príjem **II.** podst. **1.** letnička, jednoročná rastlina **2.** ročenka

annuity [əˈnjuːəti] ročný dôchodok, renta

annul [əˈnal] *-ll-* odb. anulovať, zrušiť (dohodu, zákon), vyhlásiť za neplatné (napr. manželstvo)

anode ['ænəud] anóda

anomalous [əˈnomələs] odchylný od normy, anomálny, nezvyklý; *in an a. position* v nezvyklom postavení

anomaly [əˈnoməli] odchýlka, anomália

anonymous [əˈnonəməs] anonymný

anorak ['ænəræk] vetrovka (s kapucňou)

another [əˈnaðə] **1.** ďalší, ešte jeden; *would you like a. cup of coffee?* dáte si ešte šálku kávy? **2.** iný, druhý; *for a. occasion* na inú príležitosť

answer ['aːnsə] **I.** podst. **1.** odpoveď; *a written/spoken a.* písomná/ústna odpoveď ● *in a. to your letter* ako odpoveď na Váš list **2.** riešenie (čoho); *the correct/wrong a.* správne/nesprávne riešenie **II.** sl. **1.** odpovedať; *why didn't you a. me?* prečo si mi neodpovedal? **2.** reagovať (na zvonenie telefónu, zvončeka ap.) *a. the phone* ohlásiť sa do telefónu, zdvihnúť slúchadlo; *a. the door* ísť otvoriť dvere **3.** kniž. vyhovovať (čomu), splňať účel; *a. sb's needs* splňať požiadavky (koho)

answer back odvrávať (najmä o deťoch)

***answer for* 1.** zodpovedať (za koho, čo) **2.** zodpovedať (sa za čo)

***answer to* 1.** počúvať (na čo); *the dog a-s to his name* pes počúva na svoje meno **2.** zodpovedať (čomu); *answer to a description* zodpovedať opisu

answering machine ['aːnsəriŋ məˈšiːn] odkazovač

ant [ænt] mravec

antagonize, antagonise [ænˈtægənaiz] znepriateliť (si), stať sa neobľúbený; *his rudeness a-s people* pre svoju hrubosť sa stáva neobľúbený

antarctic [ænˈtaːktik] antarktický; *the A. Antarktída*

antecedent [ˌæntəˈsiːdnt] **I.** príd. (*to*) predchádzajúci **II.** podst. **1.** predchodca **2.** predchádzajúca udalosť, okolnosť, príčina

antenna [ænˈtenə] **1.** mn. č. *antennae* [ænˈteniː] tykadlo **2.** mn. č. *antennas* [ænˈtenas] elektr. anténa

anthem ['ænθm] hymna; *National A.* národná/štátna hymna

anthill ['æntˌhil] mravenisko

antibiotic [ˌæntibaiˈotik] **I.** podst. antibiotikum **II.** príd. antibiotický

antibody [ˈæntiˌbodi] protilátka (v krvi)
anticipate [ænˈtisəpeit] **1.** predvídať, očakávať; *are you a-ing any trouble?* očakávate nejaké ťažkosti? **2.** urobiť predbežné opatrenia, pripraviť sa; *I tried to a. the questions* snažil som sa pripraviť na otázky **3.** predstihnúť, predísť; *we a-d our competitors* predstihli sme našich konkurentov
anticipation [ænˌtisəˈpeišn] očakávanie, nádej; *in a. of* v očakávaní (čoho), pre prípad (čoho) ● *thanking you in a...* vopred vám ďakujem...
anticlockwise [ˌænti'klokwaiz] proti smeru hodinových ručičiek
antics [ˈæntiks] mn. č. žartovné kúsky, šašoviny
antifreeze [ˈæntifri:z] **I.** podst. nemrznúca zmes **II.** príd. chrániaci proti mrazu
antipathy [ænˈtipəθi] antipatia, odpor; *a. to/towards* odpor voči (komu, čomu)
Antipodes [ænˈtipədi:z] mn. č. protinožci (napr. Austrálčania)
antique [ænˈti:k] **I.** podst. starožitnosť; *she collects a-s* zbiera starožitnosti **II.** príd. **1.** starožitný; *an a. chair* starožitná stolička **2.** starožitnícky; *an a. shop* starožitníctvo, obchod so starožitnosťami **3.** starobylý, starodávny, staromódny **4.** antický
antiquity [ænˈtikwəti] **1.** starobylosť; *a building of great a.* starobylá budova **2.** starovek, dávnovek; *Greek a.* grécky starovek **3.** *a-ies* mn. č. starožitnosti, staroveké pamiatky
antler [ˈæntlə] paroh
anvil [ˈænvəl] **1.** nákova **2.** anat. nákovka (v uchu)
anxiety [æŋˈzaiəti] **1.** úzkosť; *we waited with a. for news* s úzkosťou sme čakali na správy **2.** pocit úzkosti, stres **3.** úzkostlivá snaha, úsilie; *a. to please one's employer* úsilie vyhovieť svojmu zamestnávateľovi
anxious [ˈæŋkšəs] **1.** ustarostený, nervózny; *she is a. about travelling with her baby* obáva sa cestovať s dieťaťom **2.** (*for*) dychtiaci (po čom); *he was a. to meet you* veľmi sa chcel s vami stretnúť
any [ˈeni] **1.** akýkoľvek, ktorýkoľvek, každý; *a. plan is better than no plan* akýkoľvek plán je lepší než žiadny **2.** (v otázke) nejaký, niektorý; *have you got a. money?* máš nejaké peniaze? **3.** (po zápore) žiadny, nijaký; *I can't find a. paper* nemôžem nájsť nijaký papier ● *in a. case/at a. rate* v každom prípade

anybody [ˈeniˌbodi] **1.** ktokoľvek, každý; *a. will tell you where...* každý vám povie, kde... **2.** (v otázke) niekto; *is a. there?* je tam niekto? **3.** (po zápore) nikto; *we couldn't see a.* nikoho sme nevideli
anyhow [ˈenihau] hovor. **1.** akokoľvek **2.** (v zápornej vete) nijako; *I couldn't get in the house a.* nijako som sa nemohol dostať do domu **3.** v každom prípade, rozhodne; *it's too late a.* v každom prípade je už príliš neskoro **4.** napriek tomu, predsa len; *I bought it a.* predsa len som to kúpil **5.** neporiadne, ledabolo; *things thrown down a.* ledabolo pohádzané veci
anyone [ˈeniwan] **1.** ktokoľvek, každý; *a. can cook – it's easy* každý vie variť, je to ľahké **2.** (v otázke) niekto; *is a. listening?* počúva niekto? **3.** (po zápore) nikto; *there wasn't a. there* nikto tam nebol
anything [ˈeniθiŋ] **1.** čokoľvek, hocičo; *a. will do* stačí hocičo **2.** (v otázke) (čo); *has a. unusual happened?* stalo sa niečo mimoriadne? **3.** (po zápore) nič; *I haven't a. like that* nemám nič podobné ● *it's as easy as a.* je to úžasne ľahké
anyway [ˈeniwei] **1.** v každom prípade; *we are going to be late a.* v každom prípade prídeme neskoro **2.** napriek tomu; *I bought it a.* napriek tomu som to kúpila **3.** jednoducho, skrátka; *well a., I rang the bell and...* nuž, skrátka, zazvonil som a...
anywhere [ˈeniweə] **1.** kdekoľvek, kamkoľvek; *we'll go a. you like* pôjdeme, kdekoľvek chceš **2.** (v otázke) niekde, niekam; *did you go a. yesterday?* bol si včera niekde? **3.** (po zápore) nikde, nikam; *I'm not going a. without you* bez teba nejdem nikam
apart [əˈpa:t] **1.** (ďaleko) od seba; *the trees were planted five metres a.* stromy boli vysadené päť metrov od seba **2.** oddelene, stranou, bokom; *he sat a. from the other people* sedel bokom/stranou od ostatných ● *a. from* nehľadiac (na čo, okrem čoho); *take a.* rozobrať; *tell a.* (obyč. s can, cannot) rozlíšiť; *I cannot tell the twins a.* nerozoznám tie dvojčatá
apartheid [əˈpa:theit] rasová diskriminácia, apartheid
apartment [əˈpa:tmənt] **1.** AM byt **2.** (veľ-ká) izba, komnata; *a five-a. house* päťizbový dom; *the Royal a-s* kráľovské komnaty
ape [eip] **I.** podst. opica (bez chvosta) aj pren.; *play the a.* opičiť sa **II.** sl. hovor. opičiť sa

aperture [ˈæpəčə] úzky otvor, štrbina
apex [ˈeipeks] mn. č. *apexes/apices* [ˈeipəsi:z] vrchol aj pren.; *the a. of a triangle* vrchol trojuholníka; *the a. of his career* vrchol jeho kariéry
apiece [əˈpi:s] každý, každému; *five pounds a.* päť libier každý (za kus/osobu), päť libier každému
apologize, apologise [əˈpolədžaiz] (*to, for*) ospravedlniť sa (komu, za čo); *you must a. to your sister for being so rude* musíš sa sestre ospravedlniť za to, že si bol taký neokrôchaný
apology [əˈpolədži] ospravedlnenie; *make an a. to a friend for being late* ospravedlniť sa priateľovi za oneskorenie
apostrophe [əˈpostrəfi] apostrof
appal aj **appall** [əˈpo:l] vydesiť; *be a-ed at/by the report of sth.* byť zdesený správami (o čom)
appalling [əˈpo:liŋ] desivý, otrasný, strašný; *a. cruelty* strašná krutosť
apparatus [ˌæpəˈreitəs] 1. prístroj, aparát, zariadenie, aparatúra; *projection a.* premietací prístroj 2. náradie (v telocvični) 3. (výkonný) orgán; *the government's a.* vládny orgán
apparent [əˈpærənt] 1. zrejmý, jasný; *it was a. to all of us* bolo nám to všetkým jasné 2. zdanlivý; *the a. cause* zdanlivá príčina
apparition [ˌæpəˈrišn] 1. zjavenie, prízrak 2. objavenie sa
appeal [əˈpi:l] I. podst. naliehavá prosba II. sl. 1. (*to, for*) obrátiť sa s prosbou/žiadosťou (na koho, o čo); *they are a-ing to the public for funds* obracajú sa na verejnosť so žiadosťou o finančnú podporu 2. (*to*) pôsobiť (na koho), páčiť sa (komu); *do these paintings a. to you?* páčia sa vám tieto obrazy? 3. (*against*) odvolať sa (proti čomu) (napr. proti rozhodnutiu súdu)
appear [əˈpiə] 1. objaviť sa, prísť; *a. in public* objaviť sa na verejnosti 2. zdať sa, byť; *why does she a. so sad?* prečo je taká smutná? 3. vystúpiť, hrať (ako herec, v roli); *she has a-ed in dozens of films* hrala už v mnohých filmoch 4. vyjsť, byť publikovaný; *a new CD a-ed last week* minulý týždeň vyšlo nové CD
appearance [əˈpirəns] 1. objavenie sa; *a. of blisters on the skin* objavenie sa pľuzgierov na pokožke 2. vzhľad, zjav, zovňajšok; *his whole a. was different from...* líšil sa celým vzhľadom od...; *have an untidy a.* vyzerať neupravene 3. vystúpenie (herca ap.) ● *put in an a.* krátko sa zúčastniť (na schôdzi, večierku); *keep up a-s* udržiavať zdanie

appease [əˈpi:z] uspokojiť, upokojiť, urovnať; *a. a quarrel* urovnať spor; *a. sb's curiosity* uspokojiť (niečiu) zvedavosť
appendix [əˈpendiks] mn. č. *appendixes/appendices* [əˈpendəsi:z] 1. slepé črevo 2. dodatok (napr. na konci knihy)
appetite [ˈæpətait] chuť (do jedla aj pren.); *a. for life* chuť do života
appetizing [ˈæpətaiziŋ] lákavý, vyzerajúci chutne, vzbudzujúci chuť do jedla
applaud [əˈplo:d] 1. tlieskať; *he was loudly a-ed* hlasno mu tlieskali 2. schvaľovať; *I a. your decision* schvaľujem tvoje rozhodnutie
apple [ˈæpl] jablko; *a. tree* jabloň ● *he is the a. of his father's eye* otec ho chráni/opatruje ako oko v hlave
appliance [əˈplaiəns] prístroj, nástroj, spotrebič; *household a-s* (elektrické) domáce spotrebiče
applicable [əˈplikəbl] (*to*) použiteľný, vhodný (na čo); *is the rule a. to this situation* hodí sa pravidlo aj na túto situáciu?
applicant [ˈæplikənt] (*for*) uchádzač, žiadateľ (o čo); *an a. for the job* uchádzač o miesto
application [ˌæpliˈkeišn] *for* 1. žiadosť (o čo), prihláška, žiadanka; *make an a. for* podať žiadosť (o čo); *an a. form* formulár (na žiadosť/prihlášku) 2. použitie, upotrebenie
applied [əˈplaid] 1. použitý, aplikovaný; *a. mathematics* aplikovaná matematika 2. úžitkový; *a. art* úžitkové umenie
apply [əˈplai] 1. (*to, for*) žiadať (koho, o čo) (hl. písomne); *I a-ied to the Consulate for a visa* požiadal som konzulát o vízum 2. použiť (v praxi), upotrebiť, aplikovať; *a. economic sanctions* použiť ekonomické sankcie 3. priložiť; *a. a plaster to a cut* priložiť náplasť na ranu 4. (*to*) týkať sa (koho, čoho); *it doesn't a. to you* to sa ťa netýka 5. *a. oneself (to)* usilovať sa/snažiť sa (o čo)
appoint [əˈpoint] 1. stanoviť, určiť; *at the a-ed time* v stanovenom čase 2. menovať, vymenovať; *they a-ed him professor* vymenovali ho za profesora
appointment [əˈpointmənt] 1. schôdzka; *make an a.* dohovoriť schôdzku; *have an a. with the dentist* byť objednaný u zubného lekára 2. ustanovenie, menovanie; *a. of sb. as chairman* menovanie koho za predsedu
appraisal [əˈpreizl] ocenenie, odhadnutie, odhad; *a. of the situation* odhad situácie

appreciable [əˈpriːšəbl] **1.** znateľný, citeľný; *an a. change in the temperature* citeľná zmena teploty **2.** pozoruhodný; *an a. difference* pozoruhodný rozdiel

appreciate [əˈpriːšieit] **1.** oceniť, vážiť si; *we greatly a. your help* veľmi si vážime vašu pomoc **2.** uvedomiť si, byť si vedomý; *a. the danger* uvedomiť si nebezpečenstvo **3.** stúpnuť na cene; *houses a-d (in value) since last year* od minulého roku domy stúpli na cene

apprentice [əˈprentəs] učeň, učnica

approach [əˈprəuč] **I.** sl. **1.** blížiť sa, priblížiť sa; *a. perfection* priblížiť sa k dokonalosti **2.** pristúpiť, prikročiť; *a. a problem* pristúpiť k problému **3.** (*about*) obrátiť sa (na koho); *did he a. you about lending him some money?* obrátil sa na vás, aby ste mu požičali peniaze? **II.** podst. **1.** priblíženie, príchod; *the rapid a. of the tornado* rýchly príchod tornáda **2.** prístup, prístupová cesta, postoj; *all a-es to the town were blocked* všetky prístupové cesty do mesta boli zablokované **3.** (*to*) metóda; *a new a. to cancer treatment* nová metóda liečenia rakoviny

appropriate I. príd. [əˈprəupriət] (*for, to*) vhodný, primeraný (na čo); *an a. moment to raise the question* vhodná chvíľa nastoliť otázku **II.** sl. [əˈprəuprieit] privlastniť si; *he often a-s my ideas* často si privlastňuje moje nápady

approval [əˈpruːvl] **1.** súhlas, schválenie; *your plans have my a.* súhlasím s vašimi plánmi **2.** uznanie, pochvala; *he met with her a.* získal si jej uznanie

approve [əˈpruːv] **1.** schvaľovať; *I a. her choice* schvaľujem jej voľbu **2.** (*of*) súhlasiť (s čím), uznávať (čo); *father will never a. of her marriage to Tom* otec nikdy nebude súhlasiť s jej sobášom s Tomom **3.** potvrdiť; *a. the decision of the court* potvrdiť rozhodnutie súdu

approximate I. príd. [əˈproksəmət] približný; *the a. speed* približná rýchlosť **II.** sl. [əˈproksəmeit] (*to*) blížiť sa, približiť sa; *his description a-d to the truth* jeho opis sa blížil skutočnosti

approximately [əˈproksəmətli] približne, asi, okolo; *in a. 15 minutes* približne o 15 minút

approximation [əˌproksəˈmeišn] **1.** odhad **2.** príbližnosť, približná hodnota

apricot [ˈeiprəkot] marhuľa

April [ˈeiprəl] apríl; *A. Fools' Day, All Fools' Day* 1. apríl

apron [ˈeiprən] **1.** zástera **2.** prevádzková plocha (na letisku) **3.** *a. stage* predsunuté javisko, proscénium, rampa

apse [æps] archit., astron. apsida

apt [æpt] **1.** schopný; *an a. student* schopný študent **2.** vhodný, výstižný; *an a. remark* výstižná poznámka **3.** náchylný; *we are a. to forget* sme náchylní zabúdať

aptitude [ˈæptətjuːd] (*for*) schopnosť, nadanie (na čo); *he shows an a. for languages* prejavuje nadanie na jazyky

aqualung [ˈækwələŋ] akvalung, potápačský dýchací prístroj

aquarium [əˈkweriəm] mn. č. *aquariums/aquaria* [əˈkweəriə] akvárium

aquatic [əˈkwætik] vodný; *a. plants* vodné rastliny; *a. sports* vodné športy

Arab [ˈærəb] **1.** Arab **2.** arab (kôň)

Arabian [əˈreibiən] geogr. arabský; *the A. desert* Arabská púšť

Arabic [ˈærəbik] **I.** príd. arabský; *a. numeral* arabská číslica **II.** podst. arabčina

arable [ˈærəbl] orný; *a. land* orná pôda

arbitrary [ˈaːbətrəri] **1.** svojvoľný **2.** despotický, tyranský; *an a. ruler* despotický vládca, despota, tyran **3.** ľubovoľný, náhodný; *my choice was quite a.* vybrala som si celkom náhodne

arbour, AM **arbor** [ˈaːbə] záhradná besiedka

arc [aːk] geom., fyz. oblúk; *a. welding* oblúkové zváranie

arcade [aːˈkeid] arkáda, klenuté podlubie

arch [aːč] **I.** podst. archit. oblúk **II.** sl. klenúť sa (do oblúka); *the trees a. over the river* stromy sa klenú ponad rieku

arch(a)eological [ˌaːkiəˈlodžikl] archeologický; *a. research* archeologický výskum

arch(a)eologist [ˌaːkiˈolədžəst] archeológ

arch(a)eology [ˌaːkiˈolədži] archeológia

archaic [aːˈkei-ik] zastaraný, archaický

archer [ˈaːčə] lukostrelec

archery [ˈaːčəri] lukostreľba

archetype [ˈaːkitaip] prototyp

archipelago [ˌaːkəˈpeləgəu] súostrovie

architect [ˈaːkətekt] architekt

architectural [ˌaːkəˈtekčrəl] architektonický; *a. plans* architektonické plány

architecture [ˈaːkətekčə] architektúra; *Gothic a.* gotická architektúra

archive [ˈaːkaiv] archívny; *a. material* archívny materiál

archives [ˈaːkaivz] mn. č. archív
archivist [ˈaːkəvəst] archivár
archway [ˈaːčwei] **1.** klenutá chodba **2.** klenutý vchod
arctic [ˈaːktik] **I.** príd. **1.** arktický, polárny; *the A. Ocean* Severný ľadový oceán **2.** ľadový, studený; *a. weather* veľmi chladné počasie **II.** podst. *the A.* Arktída
ardent [ˈaːdnt] nadšený, horlivý; *an a. supporter* horlivý stúpenec
arduous [ˈaːdjuəs] namáhavý, náročný; *an a. climb* namáhavý výstup; *a. work* náročná práca
are p. **be**
area [ˈeriə] **1.** plocha, priestor; *a parking a.* parkovacia plocha **2.** rozloha, plocha, plošná výmera; *its a. is 15 square metres* jeho plocha je 15 štvorcových metrov **3.** oblasť; *protected a.* chránená oblasť; *working a.* pracovná oblasť; *the London a.* oblasť Londýna
argue [ˈaːgjuː] **1.** (*over/about*) hádať sa, polemizovať (o čom); *don't a. about it with me* nehádaj sa so mnou o tom **2.** debatovať, diskutovať; *we can a. any question you like* môžeme diskutovať, o čomkoľvek chcete **3.** namietať; *he a-d against increasing the fee* namietal proti zvýšeniu poplatku **4.** dokazovať, argumentovať, tvrdiť; *they a. that smoking is harmful* tvrdia, že fajčenie je škodlivé
argument [ˈaːgjəmənt] **1.** spor, hádka, polemika; *endless a-s about money* nekonečné spory o peniaze **2.** diskusia, debata; *it is beyond a. that...* netreba diskutovať o tom, že...
arid [ˈærəd] **1.** suchý, vyprahnutý; *a. soil* vyprahnutá pôda **2.** neplodný aj pren.; *a. studies* neplodné bádanie
arise [əˈraiz] *arose* [əˈrəuz], *arisen* [əˈrizn] vzniknúť, nastať, objaviť sa; *a new difficulty has a-n* objavil sa nový problém
aristocracy [ˌærəˈstokrəsi] aristokracia, šľachta
aristocratic [ˌærəstəˈkrætik] aristokratický, šľachtický
arithmetic [əˈriθmətik] aritmetika
arithmetic(al) [ˌæriθˈmetik(l)] aritmetický; *a. mean* aritmetický priemer
ark [aːk] archa; *Noah's A.* Noemova archa
arm[1] [aːm] **1.** rameno aj pren., (celá) ruka **2.** *a-s* mn. č. náručie; *carry a child in one's a-s* niesť dieťa v náručí; *with open a-s* s otvoreným náručím

arm[2] [aːm] **I.** sl. (*with*) ozbrojiť, vyzbrojiť (čím); *a-ed with nuclear weapons* vyzbrojený jadrovými zbraňami; *a-ed forces* ozbrojené sily **II.** podst. *a-s* mn. č. zbrane; *the soldiers had plenty of a-s* vojaci mali veľa zbraní
armament [ˈaːməmənt] **1.** obyč. *a-s* mn. č. výzbroj, zbrane; *chemical a-s* chemické zbrane **2.** vojenský potenciál **3.** zbrojenie, vyzbrojovanie; *the a-s industry* zbrojný priemysel
armchair [ˈaːmčeə] kreslo
armed [aːmd] ozbrojený; *a. conflict* ozbrojený konflikt; *a. forces* armáda ● *a. to teeth* po zuby ozbrojený
armful [ˈaːmfəl] náručie; *an a. of roses* náručie ruží
armistice [ˈaːməstəs] prímerie; *declare an a.* vyhlásiť prímerie
armour, AM **armor** [ˈaːmə] **1.** brnenie, zbroj; *a suit of a.* brnenie (rytierov) **2.** pancier aj bot., zool. ● *a.-clad tanks* pancierové tanky
armoured [ˈaːməd] **1.** pancierový, obrnený; *an a. car* obrnený voz **2.** pancierovaný, armovaný; *an a. cable* armovaný kábel, armované lano
armoury [ˈaːməri] zbrojnica, sklad zbraní
armpit [ˈaːmˌpit] podpazušie
army [ˈaːmi] **1.** armáda aj pren; *an a. of tourists* armáda/davy turistov **2.** vojenská služba, vojenčina; *be in the a.* byť na vojenčine
aromatic [ˌærəˈmætik] aromatický; *a. herbs* aromatické byliny
arose p. **arise**
around [əˈraund] **I.** prísl. **1.** okolo, dookola; *the wheel kept turning a.* koleso sa krútilo stále dookola **2.** nablízku; *I'll be a.* budem nablízku **3.** asi, približne; *there were a. twenty children* bolo tam asi dvadsať detí **II.** predl. **1.** okolo; *we sat a. the table* sadli sme si okolo stola **2.** po (rôznymi smermi); *they walked a. the town* prechádzali sa po meste
arouse [əˈrauz] **1.** zobudiť, prebudiť; *a. from sleep* zobudiť zo spánku **2.** vyburcovať, vyvolať; *a. suspicion* vyvolať podozrenie; *fully a-d* s plnou energiou
arrange [əˈreindž] **1.** usporiadať, (na)aranžovať; *she's good at a-ing flowers* vie pekne aranžovať kvety **2.** (*for, about*) zabezpečiť; *I a-d for a taxi* zabezpečil som taxík **3.** naplánovať; *the meeting is a-d for tomorrow* schôdza je naplánovaná na zajtra **4.** adaptovať, upraviť (napr. hudobnú skladbu); *a. a piano composition for the violin* upraviť klavírnu skladbu pre husle

arrangement [əˈreindžmənt] **1.** príprava, usporiadanie; *we must make a-s for the wedding* musíme urobiť prípravy na svadbu; *the a. of the furniture* usporiadanie nábytku **2.** dohoda; *I have an a. by which I can...* mám takú dohodu, podľa ktorej môžem... **3.** adaptácia, úprava (literárneho al. hudobného diela); *an a. for the piano* úprava pre klavír

array [əˈrei] **I.** sl. **1.** zoskupiť, zoradiť (vojakov) **2.** (slávnostne) obliecť; *a-ed in ceremonial robes* oblečení do slávnostných odevov/šiat **II.** podst. **1.** skupina, súbor **2.** výp. riadok, pole **3.** mat. matica

arrest [əˈrest] **I.** sl. **1.** zatknúť; *a. a thief* zatknúť zlodeja **2.** zastaviť, zaraziť; *a. the natural growth* zastaviť prirodzený rast **3.** upútať; *a. attention* upútať pozornosť **II.** podst. zatknutie ● *put under a.* zatknúť

arrival [əˈraivl] **1.** príchod; *on/at/in my a.* pri mojom príchode **2.** dosiahnutie; *after his a. at this conclusion* potom, ako dospel k tomuto záveru

arrive [əˈraiv] **1.** prísť, pricestovať; *he a-d in Paris* pricestoval do Paríža; *has the post a-d yet?* už prišla pošta? **2.** dosiahnuť (čo); *a. at the age of 40* dosiahnuť vek 40 rokov **3.** mať úspech; *they felt they had really a-d* cítili, že mali naozaj úspech

arrive at dospieť (k čomu); *after many hours they a-d at a decision* po mnohých hodinách dospeli k rozhodnutiu

arrogance [ˈærəgns] arogancia, bezočivosť

arrogant [ˈærəgənt] arogantný, bezočivý

arrow [ˈærəu] **1.** šíp **2.** šípka (značka)

arrowhead [ˈærəuhed] hrot šípu

art [a:t] **I.** podst. **1.** výtvarné umenie (sochárstvo, maliarstvo, grafika) **2.** umenie (schopnosť tvoriť) **3.** pren. schopnosť, umenie **4.** *a-s* mn. č. humanitné vedy; *fine a./a-s* výtvarné umenie; *work of a.* umelecké dielo; *a-s and crafts* umelecké remeslá **II.** príd. **1.** umelý (nie ľudový); *an a. song* umelá pieseň **2.** umelecký; *a. pottery* umelecká keramika

arterial [a:ˈtiəriəl] **1.** tepnový, arteriálny **2.** hlavný (o ceste, železnici)

artery [ˈa:təri] **1.** tepna **2.** odb. dopravná tepna

article [ˈa:tikl] **1.** predmet, kus, časť; *an a. of clothing* kus odevu **2.** tovar, artikel **3.** (napísaný) článok; *an a. on agriculture* článok o poľnohospodárstve **4.** gram. člen; *definite/indefinite a.* určitý/neurčitý člen; *the leading a.* úvodník

articulate [a:ˈtikjəleit] **1.** (zreteľne) artikulovať, vysloviť **2.** (jasne) vyjadriť; *a. one's distress* vyjadriť svoju úzkosť **3.** spojiť kĺbom; *a-d vehicle* kĺbovo spojené vozidlo; *the bones of our fingers are a-d* kosti našich prstov sú spojené kĺbmi

articulation [a:ˌtikjəˈleišn] **1.** artikulácia, výslovnosť; *his a. was poor* jeho výslovnosť bola zlá **2.** kĺbové spojenie

artificial [ˌa:təˈfišl] umelý; *a. respiration* umelé dýchanie; *a. flowers* umelé kvety

artisan [ˌa:təˈzæn] remeselník

artist [ˈa:təst] **1.** umelec (hl. maliar) **2.** profesionálny umelec

artiste [a:ˈti:st] artista, profesionálny umelec

artistic [a:ˈtistik] umelecký, umelecky zameraný

as [əz, æz] **I.** spoj. **1.** ako; *as I said* ako som povedal **2.** keď; *I saw him as he was getting off* videl som, keď vystupoval **3.** keďže, pretože; *as he wasn't ready we went without him* keďže nebol hotový, išli sme bez neho ● *as far as* až po (miesto); *as well* takisto; *as well as* rovnako ako, a tiež; *as for* pokiaľ ide o, čo sa týka; *as soon as* len čo; *as if/though* ako by **II.** prísl. ako; *as new* ako nový; *quiet as a mouse* tichý ako myška; *as ... as* tak ... ako; *I'm as tall as you* som taký vysoký ako ty; (v zápore je často prvé *as* nahradené *so*); *it's not so difficult as I expected* nie je to také ťažké, ako som očakával; *as much as* toľko ako; *as many as 20 people* až 20 ľudí

asap [ˌei es ˈpi:] (skr.) *as soon as possible* čo najskôr

asbestos [æzˈbestəs] **I.** podst. azbest **II.** príd. azbestový

ascend [əˈsend] stúpať; *the path a-s here* cesta tu stúpa

ascent [əˈsent] výstup; *the a. of the mountain was not difficult* výstup na ten vrch nebol ťažký

ascertain [ˌæsəˈtein] zistiť (pravdu); *a. what really happened* zistiť, čo sa vlastne stalo

ascorbic [əˈsko:bik] askorbový; *a. acid* kyselina askorbová, vitamín C

ascribe [əˈskraib] (*to*) pripisovať, pričítať (komu, čomu); *he a-d his failure to bad luck* svoj neúspech pripisoval smole

aseptic [eiˈseptik] aseptický, sterilný

ash[1] [æš] jaseň (strom, drevo)

ash[2] [æš] **1.** popol; *cigarette a.* popol z cigarety **2.** *a-es* mn. č. zvyšky po horení **3.** *a-s* mn. č. telesné pozostatky ● *A. Wednesday* Popolcová streda

ashamed [əˈšeimd] zahanbený ● *be/feel a. of* hanbiť sa (za koho, čo)

ashen [ˈæšn] popolavý

ashore [əˈšoː] na breh, na brehu; *go a.* vystúpiť z lode na breh

ashtray [ˈæštrei] popolník

Asia [ˈeišə] Ázia; *A. Minor* Malá Ázia

Asian [ˈeišn], **Asiatic** [ˌeišiˈætik] **I.** príd. ázijský **II.** podst. Ázijčan

aside [əˈsaid] bokom, stranou, nabok; *step a.* ustúpiť (stranou) ● *put a.* odložiť, rezervovať; *(from)* AM okrem (čoho), bez ohľadu (na čo)

ask [aːsk] **1.** *(about)* pýtať sa (na koho, čo); *we must a. him about it* musíme sa ho na to opýtať; *did you a. the price?* pýtal si sa na cenu? *a. the way* opýtať sa na cestu **2.** *(for)* žiadať (o čo), požadovať (čo); *a. for advice* žiadať o radu **3.** *(to, for)* pozvať (na čo); *a. to lunch* pozvať na obed

ask after opýtať sa na zdravie (koho)

askew [əˈskjuː] nakrivo, šikmo; *have a hat a.* mať klobúk nakrivo

aslant [əˈslaːnt] **I.** prísl. krížom, šikmo **II.** predl. naprieč, cez

asleep [əˈsliːp] **1.** spiaci ● *fall a.* zaspať; *be fast a.* hlboko spať **2.** zmeravený (o ruke, nohe); *my foot's a.* noha mi zmeravela

asparagus [əˈspærəgəs] špargľa

aspect [ˈæspekt] **1.** hľadisko, zreteľ; *in other a-s* z iných hľadísk **2.** vyhliadka, výhľad; *a house with a southern a.* dom s výhľadom na juh **3.** vzhľad, výzor; *a man serious in a.* muž s vážnym výzorom

asphalt [ˈæsfælt] **I.** podst. asfalt; *cover with a.* asfaltovať **II.** sl. asfaltovať

aspirant [əˈspairənt] *(to, for)* uchádzač (o čo)

aspirate [ˈæspərət] lingv. prídych, aspirovaná hláska

aspiration [ˌæspəˈreišn] ašpirácia, úsilie; *the a-s of young people* ašpirácie mladých ľudí

aspire [əˈspaiə] *(to, after)* usilovať sa (o čo), ašpirovať (na čo); *a. after a political career* ašpirovať na politickú kariéru

aspirin [ˈæsprən] aspirín; *take an a. for headache* vziať si aspirín proti boleniu hlavy

ass [æs] **1.** somár, osol **2.** pren. hovor. hlupák, somár

assassinate [əˈsæsəneit] (úkladne) zavraždiť (politika, vládcu)

assault [əˈsoːlt] (prudký, náhly) útok, prepad, prepadnutie; *an a. against the town* útok na mesto

assemble [əˈsembl] **1.** zhromaždiť (sa); *the pupils a-d in the school* žiaci sa zhromaždili v škole **2.** montovať, zmontovať, zostaviť; *a. a car* zmontovať auto

assembler [əˈsemblə] **1.** montér **2.** výp. prekladač, asemblér

assembly [əˈsembli] **1.** zhromaždenie **2.** montáž; *a. hall* **a)** aula **b)** montážna hala; *a. line* montážna linka

assert [əˈsəːt] **1.** trvať (na čom); *he a-ed his innocence* trval na svojej nevine **2.** uplatňovať, robiť si nároky; *a. one's rights* uplatňovať svoje práva

assess [əˈses] odhadnúť hodnotu, ohodnotiť, oceniť; *a. damages* odhadnúť škody; *a. one's ability* ohodnotiť schopnosti (koho)

assessment [əˈsesmənt] **1.** odhadnutie; *the precise a. of the situation* presné odhadnutie situácie **2.** zhodnotenie, ocenenie; *a critical a.* kritické zhodnotenie

asset [ˈæset] prínos, zisk; *she's a tremendous a. to the company* je veľkým prínosom pre podnik

assign [əˈsain] **1.** prideliť (miestnosť, byt ap.); *those rooms have been a-ed to us* tie miestnosti pridelili nám **2.** určiť, prideliť, uložiť (prácu, povinnosť); *I've been a-ed to take notes* uložili mi písať si poznámky **3.** menovať, prideliť (na pracovné miesto); *a. sb. to the job in the lab* prideliť koho na miesto do laboratória **4.** postúpiť, prenechať (majetok)

assimilate [əˈsiməleit] **1.** prijímať, asimilovať (potravu, vedomosti), stráviť **2.** prispôsobiť (sa), asimilovať; *a. to the facts* prispôsobiť sa skutočnosti; *America has a-d many people from Europe* Amerika asimilovala mnoho Európanov

assist [əˈsist] **1.** pomôcť, prispieť pomocou; *a. the old man up the stairs* pomôcť starému človeku vyjsť po schodoch **2.** *(at)* asistovať (pri čom); *a. at an operation* asistovať pri operácii

assistance [əˈsistns] pomoc; *give a.* pomôcť, poskytnúť pomoc

assistant [əˈsistnt] pomocník, asistent, zástupca; *a shop a.* predavač

associate I. sl. [əˈsəušieit] spojiť (sa), združiť (sa); *a. one thing with another* spájať jednu vec s druhou; mat. *a-ed* združený **II.** podst.

[ə'səušiət] spoločník, spolupracovník, part-
ner; *a business a.* obchodný partner; *a. pro-*
fessor AM mimoriadny profesor
　association [ə͵səusi'eišn] združenie; *A. of*
Scientific Workers združenie vedeckých pra-
covníkov ● *in a.* with spolu/v spojení (s kým);
A. football BR futbal
　assorted [ə'sɔ:tid] **1.** miešaný, zmiešaný
(z rôznych druhov), rôzny; *a. sweets* miešané cuk-
ríky **2.** zostavený (z rôznych druhov); *a box of a.*
chocolates bonboniéra
　assume [ə'sju:m] **1.** domnievať sa, pred-
pokladať; *you a. his innocence* predpokladá-
te, že je nevinný **2.** prijať, prevziať; *a. a new*
name prijať nové meno **3.** predstierať; *write*
under an a-d name písať pod pseudonymom;
a-ing that za predpokladu, že
　assumption [ə'sʌmpšn] **1.** domnienka,
predpoklad; *on the a. that...* za predpokladu,
že... **2.** nastúpenie, prevzatie (miesta, moci);
　assurance [ə'šurəns] **1.** ubezpečenie, prí-
sľub; *he gave me a definite a. that...* s urči-
tosťou ma ubezpečil, že... **2.** istota; *he an-*
swered all questions with a. s istotou
odpovedal na všetky otázky **3.** BR poistenie;
life a. životné poistenie
　assure [ə'šuə] **1.** ubezpečiť; *I a. you there*
is no danger ubezpečujem vás, že nehrozí ne-
bezpečenstvo **2.** zabezpečiť; *nothing can a.*
permanent happiness nič nemôže zabezpečiť
trvalé šťastie
　assured [ə'šuəd] **1.** aj *self-a.* sebaistý, trú-
falý **2.** istý, nepochybný, zaručený; *an a. de-*
mand zaručený dopyt
　asterisk ['æstərisk] polygr. hviezdička (zna-
mienko v texte)
　asthma ['æsmə] astma, dýchavičnosť, zá-
duch
　astonish [ə'stoniš] ohromiť, (veľmi) pre-
kvapiť; *the news a-ed everybody* tá správa
každého ohromila
　astonishing [ə'stonišiŋ] udivujúci, pre-
kvapujúci
　astonishment [ə'stonišmənt] údiv, (veľké)
prekvapenie; *he looked at me in a.* začudova-
ne sa na mňa pozrel; *to my a.* na moje veľké
prekvapenie
　astride [ə'straid] rozkročmo, obkročmo
　astrology [ə'strolədži] astrológia
　astronaut ['æstrənɔ:t] kozmonaut
　astronomy [ə'stronəmi] astronómia
　asylum [ə'sailəm] **1.** útočište, azyl; *ask for*

political a. požiadať o politický azyl **2.** ústav
pre duševne chorých
　at [ət, æt] **1.** (miesto) pri, na, v, vo (v menších
mestách); *a. Stockport* v Stockporte; *stay a. a ho-*
tel ubytovať sa v hoteli; *a. home* doma; *a.*
school v škole; *a. camp* v tábore; *a. the end of*
the street na konci ulice; *a. the bottom* na dne;
a. a football match na futbale; *a. the door* pri
dverách; *a. the table* pri stole **2.** (čas) o; *a. six*
o šiestej; *a. the end* na konci; *a. Christmas* na
Vianoce; *a. noon* na obed **3.** (smer, cieľ) na, k,
ku, do; *look a. it!* pozri sa na to! *arrive a. a*
conclusion dospieť k rozhodnutiu; *arrive a.*
(iba pri tomto slovese) pricestovať do ● *a. last* ko-
nečne; *a. least* aspoň; *a. once* hneď; *a. present*
teraz; *a. the back* vzadu; *not a. all* vôbec nie
　ate p. **eat**
　atheism ['eiθiizm] ateizmus
　atheist ['eiθi-ist] ateista
　athlete [æθli:t] atlét, športovec; *thousands*
of athletes competing at the Olympic Games
tisícky športovcov súťažiacich na Olympij-
ských hrách
　athletic [æθ'letik] **1.** atletický, robustný,
silácky **2.** ľahkoatletický **3.** športový
　athletics [æθ'letiks] atletika
　atlantic [ət'læntik] atlantický; *the A. (O-*
cean) Atlantický oceán
　ATM [͵ei ti: 'em] (skr.) *Automated Teller*
Machine bankomat
　atmosphere ['ætməsfiə] **1.** ovzdušie, at-
mosféra aj pren. **2.** vzduch (hl. v miestnosti)
　atmospheric [͵ætməs'ferik] atmosférický;
a. disturbances atmosférické poruchy
　atom ['ætəm] atóm
　atomic [ə'tomik] atómový; *a. bomb* ató-
mová bomba
　atrocious [ə'trəušəs] **1.** ukrutný, brutálny;
an a. crime ukrutný zločin **2.** expr. strašný,
hrozný, odporný, hnusný; *an a. meal* hnusné
jedlo
　attach [ə'tæč] **1.** pripevniť, pripojiť; *the*
handle is not very well a-ed rúčka nie je veľmi
dobre pripevnená; **2.** *a. to* pripisovať; *do you a.*
much importance to what he says? pripisujete
veľkú dôležitosť tomu, čo hovorí? ● *be a-ed to*
byť oddaný (komu), lipnúť (na kom, čom); *she is*
deeply a-ed to her religious belief je hlboko
oddaná svojmu náboženskému presvedčeniu
　attaché [ə'tæšei] pridelenec, atašé
　attaché case [ə'tæšei keis] ľahšia aktovka,
diplomatka

attachment [ə'tæčmənt] **1.** pripojenie **2.** tech. nadstavec; *a vacuum cleaner with a special a.* vysávač so špeciálnym nadstavcom **3.** (*to*) oddanosť (komu), náklonnosť (voči komu)

attack [ə'tæk] **I.** sl. **1.** zaútočiť, napadnúť aj pren.; *a. the enemy* napadnúť nepriateľa **2.** postihnúť; *a disease that a-s children* choroba, ktorá postihuje deti **II.** podst. **1.** útok, napadnutie; *make an a. on the enemy* zaútočiť na nepriateľa; *an air a. on the town* nálet na mesto **2.** záchvat; *a heart a.* srdcový záchvat

attain [ə'tein] dosiahnuť; *a. one's goal* dosiahnuť svoj cieľ

attempt [ə'tempt] **I.** sl. pokúsiť sa; *a. to leave* pokúsiť sa odísť; *a-ed murder* pokus o vraždu **II.** podst. (*at*) (neúspešný) pokus (o čo); *at the third a.* na tretí pokus; *a. on sb's life* atentát (na koho)

attend [ə'tend] **1.** navštevovať (koho, čo) chodiť (kam), zúčastniť sa (na čom); *a. school* chodiť do školy; *a. a meeting* zúčastniť sa na schôdzi **2.** ošetrovať (koho), starať sa (o koho); *which doctor is a-ing you?* ktorý lekár vás ošetruje? **3.** (*to*) dávať pozor (na čo); *a. carefully to what the teacher is saying* dávaj pozor na to, čo hovorí učiteľ **4.** (*to*) venovať sa, venovať pozornosť (čomu), zaoberať sa (čím); *I'll a. to that problem tomorrow* tým problémom sa budem zaoberať zajtra

attendance [ə'tendns] **1.** návšteva (čoho), dochádzka (kam); *school a. is compulsory* školská dochádzka je povinná **2.** ošetrenie; *the physician in a.* ošetrujúci/službukonajúci lekár, služba

attendant [ə'tendənt] **I.** príd. **1.** sprevádzajúci, sprievodný; *a. problems* sprievodné problémy **2.** majúci službu; *an a. nurse* službukonajúca ošetrovateľka **II.** podst. **1.** sprievodca **2.** zriadenec **3.** dozorca; *a museum a.* dozorca v múzeu

attention [ə'tenšn] **1.** pozornosť, pozor; *pay a. to* dávať pozor (na čo); *attract a.* pútať pozornosť **2.** pozornosť, láskavosť; *show numerous a-s* preukazovať mnohorakú pozornosť; *for the a. of Mr N.* pošt. do rúk pána N.; *stand at a.* voj. stáť v pozore

attentive [ə'tentiv] pozorný; *an a. audience* pozorní poslucháči

attest [ə'test] **1.** osvedčiť; *a. the truth of a statement* osvedčiť pravdivosť tvrdenia **2.** (*to*) nasvedčovať (čomu), svedčiť (o čom); *that a-s to his strength of will* to svedčí o jeho pevnej vôli

attic ['ætik] **1.** podkrovie **2.** manzarda

attitude ['ætətju:d] **1.** (*to, towards*) postoj, stanovisko (ku komu, k čomu); *what is your a. towards this question?* aký je váš postoj k tejto otázke? **2.** držanie tela, postoj; *strike an a.* zaujať postoj

attorney [ə'tə:ni] **1.** splnomocnený zástupca, právny zástupca **2.** advokát; *A. general(s)* generálny prokurátor

attract [ə'trækt] **1.** priťahovať; *a magnet a-s steel* magnet priťahuje oceľ **2.** priťahovať, prilákať, pútať; *a. attention* pútať pozornosť

attraction [ə'trækšn] **1.** príťažlivosť; *magnetic a.* magnetická príťažlivosť **2.** pôvab, čaro, kúzlo; *the a. of a pretty girl* čaro pekného dievčaťa **3.** lákadlo, zvod, atrakcia; *the a-s of a big city* lákadlá veľkomesta

attractive [ə'træktiv] **1.** príťažlivý; *an a. woman* príťažlivá žena **2.** lákavý; *a. prices* lákavé ceny

attribute I. podst. ['ætribju:t] **1.** (charakteristická) vlastnosť, povahová črta; *patience is an a. of a good teacher* trpezlivosť je typická vlastnosť dobrého učiteľa **2.** gram. prívlastok; **II.** sl. [ə'tribju:t] (*to*) prisudzovať, pripisovať (čomu); *he a-s his success to hard work* svoj úspech pripisuje usilovnej práci

aubergine ['əubəži:n] baklažán

auburn ['o:bən] červenohnedý, gaštanovohnedý (hl. o vlasoch)

auction ['o:kšn] dražba; *sell at/by a.* predať na dražbe

audacious [o:'deišəs] **1.** odvážny, smelý; *an a. plan* odvážny plán **2.** trúfalý, bezočivý; *a. behaviour* bezočivé správanie

audacity [o:'dæsəti] **1.** smelosť, odvaha **2.** trúfalosť, bezočivosť; *he had the a. to ask me for a loan* bol taký bezočivý, že ma požiadal o pôžičku

audible ['o:dibl] počuteľný; *the speaker was scarcely a.* rečníka takmer nebolo počuť

audience ['o:dins] **1.** poslucháči, obecenstvo, publikum; *a large a.* veľa poslucháčov **2.** audiencia; *be received in a.* byť prijatý na audienciu

audio-visual [ˌo:diəu'vižuəl] audiovizuálny; *a.-v. aids in teaching* audiovizuálne vyučovacie pomôcky

audit ['o:dət] (oficiálna) revízia (obchodných účtov)

auditorium [ˌo:də'to:riəm] poslucháreň; *a university a.* univerzitná poslucháreň

A

auditory [ˈoːdətri] sluchový; *the a. nerve* sluchový nerv

augment [oːgˈment] zväčšiť (sa), zvýšiť (sa); *a. one's income by writing* zvýšiť si príjem písaním

August [ˈoːgəst] august

aunt [aːnt], **auntie** [ˈanti], **aunty** teta, hovor. tetuška

au pair [əu peə] aj *a. girl* BR opatrovateľka (cudzieho dieťaťa)

auspices [ˈoːspəsəz] mn. č. patronát, záštita; *under the a. of* pod patronátom (koho)

auspicious [oːˈspiʃəs] sľubný, nádejný; *an a. beginning* sľubný začiatok

austere [oːˈstiə] prostý, jednoduchý; *an a. style of architecture* jednoduchý architektonický štýl

Australia [oːˈstreiliə] Austrália

Australian [oːˈstreiliən] **I.** podst. **1.** Austrálčan **2.** austrálčina (jazyk austrálskych domorodcov); austrálska angličtina **II.** príd. austrálsky

Austria [ˈostriə] Rakúsko

Austrian [ˈostriən] **I.** podst. Rakúšan **II.** príd. rakúsky

authentic [oːˈθentik] **1.** pravý, pôvodný; *an a. manuscript* pôvodný rukopis **2.** verný, pravdivo vystihujúci; *an a. portrait* verný portrét **3.** dôveryhodný, spoľahlivý; *a. news* dôveryhodná správa

author [ˈoːθə] **1.** spisovateľ, autor; *Dickens is his favorite a.* Dickens je jeho obľúbený spisovateľ **2.** pôvodca, autor; *the chief a. of the programme* hlavný autor programu

authority [oːˈθorəti] **1.** (úradná) moc, (zákonná) autorita **2.** odborník; *he is an a. on this matter* je odborník v tejto veci **3.** *a-ies* mn. č. úrad, úrady, správny/vládny orgán; *the local a-ies* miestny správny úrad

authorize, authorise [ˈoːθəraiz] **1.** zmocniť, oprávniť; *he was not a-d to use my name* nebol oprávnený použiť moje meno **2.** schváliť; *the Committee a-d the spending* výbor schválil výdavky

auto [ˈoːtəu] AM hovor. auto

autobiography [ˌoːtəbaiˈogrəfi] vlastný životopis, autobiografia

autograph [ˈoːtəgraːf] **1.** rukopis (vlastné písmo) **2.** vlastnoručný podpis, autogram

automate [ˈoːtəmeit] automatizovať; *fully a-d* plnoautomatický

automated teller machine [ˈoːtəmeitəd telə məˈʃiːn] bankomat

automatic [ˌoːtəˈmætik] **I.** príd. automatický, samočinný; *a. weapons* automatické zbrane; *a. selling* predaj pomocou automatov **II.** podst. automat (zbraň)

automation [ˌoːtəˈmeišn] automatizácia (prevádzky)

automobile [ˈoːtəməbiːl] AM auto

autonomous [oːˈtonəməs] autonómny, samosprávny, nezávislý; *a. states* nezávislé štáty

autonomy [oːˈtonəmi] autonómia, samospráva, nezávislosť

autopsy [ˈoːtopsi] pitva

autumn [ˈoːtəm] jeseň

auxiliary [oːgˈziljəri] pomocný; *an a. engine* pomocný motor; gram. *a. verb* pomocné sloveso

avail [əˈveil] **I.** podst. úžitok, výhoda; *of no/little a.* nič/málo platný; *his intervention was of little a.* jeho príhovor bol málo platný; *to no a.* zbytočný; *it was to no a.* bolo to zbytočné **II.** sl. *a. oneself of* využiť (čo); *a. yourself of every opportunity* využi každú príležitosť

available [əˈveiləbl] **1.** dostupný, k dispozícii, na sklade; *it is not a. at the moment* momentálne nie je na sklade; *the shoes are not a. in your size* topánky vo vašom čísle nie sú na sklade; *there were no tickets a. for Friday's performance* na piatkové predstavenie nebolo dostať lístky **2.** platný; *the ticket is a. for one month* lístok platí jeden mesiac

avalanche [ˈævəlaːnš] **1.** lavína **2.** pren. záplava, záľaha; *an a. of letters* záplava listov

avenge [əˈvendž] pomstiť; *a. an insult* pomstiť urážku; *a. oneself on* pomstiť sa (komu)

avenue [ˈævənjuː] **1.** (široká) ulica, trieda **2.** aleja

average [ˈævridž] **I.** podst. priemer; *we receive 20 letters a day on a.* dostávame v priemere 20 listov denne **II.** príd. priemerný; *an a. age* priemerný vek **III.** sl. **1.** zistiť priemer **2.** mať priemer, dosiahnuť v priemere; *a-ing 200 miles a day in the car* urobiť v priemere 200 míľ autom denne

aversion [əˈvəːšn] odpor; *she feels an a. to him* cíti k nemu odpor ● *my pet a.* vec, ktorú obzvlášť nenávidím

avert [əˈvəːt] **1.** zabrániť; *a. an accident* zabrániť nehode **2.** odvrátiť; *a. one's eyes from* odvrátiť oči (od čoho)

aviary [ˈeiviəri] voliéra

aviation [ˌeiviˈeišn] **1.** letectvo (veda al. prax); *a. training school* letecká škola **2.** letecký priemysel

avoid [ə'void] vyhnúť sa (čomu), vyvarovať sa (čoho); *try to a. danger* usiluj sa vyhnúť nebezpečenstvu

avoirdupois [ˌævədə'poiz] anglický váhový systém

await [ə'weit] očakávať; *I a. your instructions* očakávam vaše pokyny

awake [ə'weik] **I.** sl. *awoke/awaked* [ə'wəuk/ə'weikt], *awoken* [ə'wəukən] **1.** zobudiť (sa); *the noise awoke me* hluk ma zobudil **2.** (*to*) uvedomiť si (čo); *they awoke to the danger* uvedomili si nebezpečenstvo **II.** príd. **1.** bdejúci; *be a.* bdieť, byť hore; *is he a. or asleep?* je hore, alebo spí? **2.** (*to*) vedomý si (čoho); *be a. to the risk* byť si vedomý rizika

awaken [ə'weikən] zobudiť (sa), prebudiť (sa)

award [ə'wo:d] **I.** sl. udeliť; *he was a-ed the first prize* udelili mu prvú cenu **II.** podst. cena, odmena, ocenenie; *an a. of £5,000* odmena 5 000 libier

aware [ə'weə] (*of*) vedomý si (čoho); *he is fully a. of it* je si toho plne vedomý

away [ə'wei] **1.** odtiaľ, preč; *take it a.* daj to preč **2.** vzdialený (časovo aj miestne odkiaľ); *it's two miles a.* je to odtiaľ dve míle; *the exams are still six weeks a.* skúšky sú až o šesť týždňov **3.** stále, neprestajne; *they worked a. until dark* pracovali neprestajne až do večera ● *far a.* ďaleko; *straight a.* ihneď, bez meškania

awful ['o:fl] hrozný, strašný; *he died an a. death* zomrel strašnou smrťou; *what a. weather!* aké hrozné počasie!

awfully ['o:fli] hovor. hrozne, strašne, veľmi; *it's a. hot* je strašne horúco; *I'm a. sorry* veľmi ľutujem

awhile [ə'wail] (na) chvíľu; *please, stay a.* prosím, ostaň chvíľu

awkward ['o:kwəd] **1.** nemotorný, nešikovný; *an a. movement* nemotorný pohyb **2.** nevhodný, nešikovný (na použitie); *an a. shape* nešikovný tvar **3.** nebezpečný (polohou, umiestením); *an a. corner* nebezpečný roh **4.** nevhodný, nemiestny; *at an a. time* v nevhodnom čase **5.** trápny, nepríjemný; *a. silence* trápne ticho

awl [o:l] (obuvnícke) šidlo

awoke p. **awake**

awry [ə'rai] pokrútený, zohnutý ● *go a.* nepodariť sa

axe [æks] **I.** podst. sekera ● *get the a.* byť prepustený **II.** sl. **1.** hovor. (náhle) zrušiť **2.** hovor. prepustiť z práce; *he was a-d* prepustili ho

axiom ['æksiəm] axióma

axis ['æksəs] mn. č. *axes* ['æksi:z] os; *the earth's axis* zemská os

axle ['æksl] náprava (voza)

Aztec ['æztek] **I.** podst. Azték **II.** príd. aztécky

Aztecan ['æztekən] aztécky

azure ['æžə] blankytný, azúrový

B

BA, B. A. [ˌbi: 'ei] (skr.) *Bachelor of Arts* p. **bachelor**

babble ['bæbl] **I.** sl. **1.** bľabotať, tárať **2.** bublať (o vode); *b. nonsense* tárať nezmysly **II.** podst. **1.** bľabotanie, táranie **2.** bublanie (vody)

babe [beib] **1.** kniž. dieťa, dojča, bábä **2.** AM hovor. (v oslovení) dievča, slečna

baby ['beibi] **I.** podst. **1.** (veľmi malé) dieťa **2.** mláďa **3.** najmladší člen rodiny; *the b. of the family* najmladšie dieťa (v rodine) **4.** AM hovor. dievča, slečna **5.** AM miláčik **II.** príd. **1.** detský; *b. shoes* detské topánky **2.** miniatúrny, maličký; *a b. car* malé autíčko **III.** sl. hovor. maznať sa

baby-sit ['beibi sit] -*sat* [set], -*sat*, -*tt*-; (*for*) opatrovať (cudzie dieťa), dozerať (na cudzie dieťa)

baby-sitter ['beibi ˌsitə] opatrovateľ/ka (osoba dozerajúca na cudzie dieťa)

bachelor ['bæčələ] **1.** starý mládenec **2.** obyč. *B.* bakalár (prvá akademická hodnosť na univerzite); *B. of Arts/of Science* skr. *B. A./B. Sc.* bakalár

back [bæk] **I.** prísl. **1.** (miesto) späť, naspäť, nazad, vzadu; *throw the ball b. to me!* hoď mi loptu späť! *stand b., please!* ustúpte, spomaľte, prosím! *be b.* vrátiť sa; *I'll be b. in a moment* hneď sa vrátim **2.** (čas) pred; *several years b.* pred niekoľkými rokmi **II.** príd. zadný (položený) vzadu; *the b. door* zadné dvere; *a b. garden* záhrada za domom; *a b. issue* staré číslo novín, časopisu; *a b. number* pren. človek so zastaranými názormi **III.** podst. **1.** chrbát; *lie on your b.!* ľahni si na chrbát! *behind sb.'s b.* za chrbtom (koho) **2.** operadlo (stoličky)

3. zadná časť (predmetu, menej používaná/viditeľná/dôležitá); *a room at the b.* *of the house* izba v zadnej časti domu; *in the b.* *of the car* vzadu v aute **4.** šport. obranca **IV.** sl. **1.** cúvať, vycúvať; *he b-ed the car out of the garage* vycúval autom (von) z garáže **2.** podporiť; *b. a friend in a quarrel* podporiť priateľa pri hádke **3.** podložiť, vystužiť, podšiť; *b-ed with sheet iron* vystužený oceľovým plechom
    back onto susediť vzadu, byť obrátený chrbtom; *their house b-s o. our garden* ich dom je zadnou stranou obrátený k našej záhrade
    back sb./st. up **1.** podporiť; *he wouldn't have believed me if you hadn't b-ed me up* nebol by mi veril, keby si ma nepodporil **2.** kopírovať (napr. na disketu)
    backbone [ˈbækbəun] **1.** chrbtica, chrbtová kosť aj pren.; *he has no b.* nemá chrbtovú kosť **2.** opora (skupiny, organizácie)
    background [ˈbækgraund] **1.** pozadie aj pren.; *the political b.* politické pozadie; *in the b.* v pozadí **2.** (pôvodné) prostredie, pôvod, výchova; *the family b.* rodinné prostredie, rodinný pôvod **3.** (základné) vzdelanie

---

BA – Bachelor of Arts
= Bakalár humanitných vied
BCE – Bachelor of Chemical Engineering
/Bachelor of Civil Engineering = Bakalár chémie/Bakalár stav. inžinierstva
BCom(m) – Bachelor of Commerce
= Bakalár obchodných vied
BD – Bachelor of Divinity
= Bakalár teologických vied
BEd – Bachelor of Education
= Bakalár pedagogických vied
BFA – Bachelor of Fine Arts
= Bakalár výtvarného umenia
BL – Bachelor of Law
= Bakalár právnických vied
BM – Bachelor of Medicine
= Bakalár lekárskych vied
BMus – Bachelor of Music =
Bakalár hudobných vied
BS – Bachelor of Surgery
= Bakalár chirurgie
BSc – Bachelor of Science
= Bakalár prírodných vied
BVMS – Bachelor of Veterinary
Medicine and Surgery
= Bakalár veterinárnych vied

---

backhand [ˈbækhænd] šport. bekhend
backing [ˈbækiŋ] **1.** podpora, výpomoc (morálna aj finančná) **2.** podloženie, vystuženie; *b. of cardboard* výstuha z lepenky **3.** hudobný sprievod
backside [ˈbæksaid] **1.** zadná časť **2.** hovor. zadok
backstroke [ˈbækstrəuk] šport. (plavecký štýl) znak
backup [ˈbækap] **1.** opora, podpora **2.** rezerva; *a b. computer* náhradný počítač
backward [ˈbækwəd] **I.** príd. **1.** spätný, smerujúci nazad; *a b. movement* spätný pohyb **2.** zaostalý; *a b. child* zaostalé dieťa **3.** spiatočnícky; *a b. opinion* spiatočnícky názor
backwards [ˈbækwədz] **1.** pospiatky; *walk b.* ísť pospiatky **2.** dozadu; nazad, späť; *a major step b.* veľký krok späť ● *b. and forwards* sem a tam
backwater [ˈbækwɔːtə] **1.** stojatá voda aj pren. **2.** spätná voda
backyard [ˌbækˈjaːd] dvor, dvorček za domom
bacon [ˈbeikən] slanina
bacteria p. **bacterium**
bacterial [bækˈtiriəl] **1.** bakteriálny; *a b. infection* bakteriálna infekcia **2.** bakteriologický; *b. warfare* bakteriologická vojna
bacterium [bækˈtiriəm] mn. č. **bacteria** [bækˈtiriə] baktéria
bad [bæd] *worse* [wəːs], *worst* [wəːst] **1.** (v rozl. význ.) zlý; *b. egg* zlé (skazené) vajce; *we've had b. news* dostali sme zlé správy; *his pronunciation of English is b.* má zlú anglickú výslovnosť **2.** škodlivý; *smoking is b. for your health* fajčenie škodí zdraviu **3.** chorý; *b. with fever* chorý s teplotou; *she is much worse today* dnes sa má oveľa horšie ● *b. luck* smola; *be in a b. temper* byť rozčúlený; *not b.* (celkom) dobrý
bade p. **bid**
badge [bædž] **1.** odznak **2.** medaila
badger[1] [ˈbædžə] jazvec
badger[2] [ˈbædžə] **1.** sužovať, znepokojovať **2.** dobiedzať, domŕzať; *the children b-ed me into taking them to the cinema* deti do mňa dobiedzali, aby som ich vzal do kina
badly [ˈbædli] *worse* [wəːs], *worst* [wəːst] **1.** zle; *b. made/dressed* zle urobený/oblečený **2.** vážne; *b. wounded* vážne poranený **3.** nevyhnutne; *need b.* nevyhnutne potrebovať
badminton [ˈbædmintən] bedminton

bad-tempered [ˌbædˈtempəd] mrzutý, zle naladený

baffle [ˈbæfl] **1.** prekaziť; *b. sb's plans* prekaziť plány (komu) **2.** zmiasť; *the question b-d me completely* tá otázka ma celkom zmiatla

bag [bæg] **I.** podst. **1.** kabela, taška; *a shopping b.* nákupná taška **2.** vrece, vrecko (na tovar); *a plastic b.* igelitové vrecko ● *b-s of* aj *b-ful of* veľa (čoho); *a b. of sweets* veľa cukríkov **II.** sl. *-gg-* **1.** dávať do vreca, vreckovať; *b. (up) wheat* vrecovať pšenicu **2.** hovor. (nechtiac) vziať, zobrať; *who has b-ged (up) my matches?* kto mi vzal zápalky? **3.** hovor. zabrať miesto, obsadiť **4.** hovor. (o šatách) voľne visieť

baggage [ˈbægidž] **1.** hl. AM batožina **2.** voj. výstroj

bagpipes [ˈbægpaips] mn. č. gajdy; *play the b.* hrať na gajdách, gajdovať

bail¹ [beil] **I.** podst. (súdna) kaucia, záruka **II.** sl. *(out)* vymôcť prepustenie na záruku

bail² [beil] vylievať/vyberať vodu (z člna)

bailey [ˈbeili] nádvorie hradu (vnútri opevnenia); *Old B.* Ústredný trestný súd v Londýne

bait [beit] **I.** podst. vnadidlo, návnada, lákadlo **II.** sl. **1.** nasadiť vnadidlo/návnadu; *b. a hook with a worm* nasadiť háčik s červom **2.** navnadiť, nalákať; *b. with promises* nalákať na sľuby **3.** sužovať, trápiť výčitkami

bake [beik] **1.** piecť; *b. bread* piecť chlieb **2.** páliť, vypaľovať; *b. the bricks* páliť tehly **3.** vysušiť (horúčavou); *the sun b-d the ground hard* slnko vysušilo pôdu na kosť **4.** hovor. opekať sa (na slnku), opaľovať sa; *we are b-ing in the sun* opekáme sa na slnku

baker [ˈbeikə] pekár ● *b.'s dozen* zastar. kniž. trinásť

bakery [ˈbeikəri] pekáreň, pekárstvo

baking powder [ˈbeikiŋˌpaudə] prášok do pečiva

balance [ˈbæləns] **I.** podst. **1.** rovnováha, vyváženosť aj pren.; *keep/lose one's b.* držať/stratiť rovnováhu **2.** váha, váhy ● *be in the b.* byť vyvážený **II.** sl. **1.** vyvážiť, vyrovnať; *b. scales* vyrovnať misky váh; *b-d diet* vyvážená strava **2.** balansovať, udržiavať rovnováhu; *b. on one hand* balansovať na jednej ruke **3.** *(against)* porovnať (s kým, čím); *b. the advantages against the disadvantages* porovnať výhody s nevýhodami

balcony [ˈbælkəni] balkón

bald [bo:ld] **1.** plešivý, holohlavý **2.** (o zvieratách, stromoch) holý **3.** pren. strohý, suchý, holý; *a b. statement of facts* holé konštatovanie faktov **4.** hovor. (o pneumatikách) ojazdený

bale [beil] vrece (s tovarom); *a b. of cotton* vrece bavlny

bale out zoskočiť padákom (z lietadla)

balk, baulk [bo:k] **I.** sl. **1.** vzopnúť sa (o kom) **2.** váhať, zaraziť sa; *he b-ed at the expense* zarazil sa nad výdavkami **3.** zmariť, pokaziť **II.** podst. brvno, klada

ball¹ [bo:l] **I.** podst. **1.** lopta; *a tennis b.* tenisová lopta **2.** klbko; *a b. of wool* klbko vlny **3.** guľka, strela **4.** okrúhla časť; *the b. of the thumb* bruško palca ● *be on the b.* byť šikovný/schopný; *keep the b. rolling* udržiavať rozhovor **II.** sl. urobiť guľu, stlačiť do gule

ball² [bo:l] **I.** podst. **1.** ples; *give a b.* usporiadať ples **2.** hovor. veľmi dobrá zábava **II.** príd. plesový; *b. dress* plesové šaty

ballad [ˈbæləd] balada

ballerina [ˌbæləˈri:nə] balerína

ballet [ˈbælei] **I.** podst. balet **II.** príd. baletný; *b. dancer* baletný tanečník, baletná tanečnica, baletka

balloon [bəˈlu:n] **I.** podst. **1.** balón, balónik **2.** hovor. bublina (v komikse ap.) **II.** sl. nafúknuť (sa), zväčšiť (sa)

ballot [ˈbælət] **I.** podst. **1.** hlasovací lístok **2.** tajné hlasovanie; *b. box* volebná urna **II.** sl. **1.** *(for)* (tajne) hlasovať (za koho, čo) **2.** losovať

ball pen [ˈbo:l pen] guľôčkové pero

ballroom [ˈbo:lrum] plesová sála

balm [ba:m] balzam

balmy [ˈba:mi] **1.** jemný, mierny a teplý; *b. breeze* teplý vánok **2.** utišujúci, zmierňujúci, hojivý

bamboo [ˌbæmˈbu:] bambus

bamboozle [bæmˈbu:zl] expr. **1.** napáliť; *you can't b. me* mňa nenapálite **2.** vyhecovať; *they b-d him into/out of gambling* vyhecovali ho, aby sa dal na hazardné hry/aby prestal s hazardnými hrami

ban [bæn] **I.** podst. zákaz **II.** sl. *-nn-* (úradne) zakazať; *b-ned books* zakázané knihy

banana [bəˈna:nə] banán; *b. tree* banánovník

band¹ [bænd] **I.** podst. **1.** páska, stuha **2.** hnací remeň **3.** elektr., aj *wave b.* vlnové pásmo **4.** rozsah **II.** sl. zviazať, previazať

band² [bænd] **I.** podst. **1.** banda, tlupa; *a b. of robbers* tlupa zlodejov **2.** kapela; *a jazz b.*

džezová kapela; ● *b. together* zjednotiť sa, spojiť sa

bandage [ˈbændidž] **I.** podst. obväz **II.** sl. obviazať; *b. a wound* obviazať ranu

bang [bæŋg] **I.** podst. **1.** buchnutie, tresnutie; *the door shut with a b.* dvere sa zabuchli **2.** (prudká) rana, úder; *a b. on the head* rana do hlavy **II.** sl. buchnúť, tresnúť; *the door b-ing in the wind* dvere trieskajúce vo vetre

bangle [ˈbæŋgl] náramok (aj na členok)

banish [ˈbæniš] **1.** vyhostiť, poslať do vyhnanstva; *he was b-ed from the country* bol vyhostený z krajiny **2.** zahnať; *b. the fear* zahnať strach

banister [ˈbænəstə] obyč. mn. č. *b-s* zábradlie (schodišťa)

bank¹ [bæŋk] **I.** podst. **1.** breh (rieky) **2.** svah **3.** hradba, násyp; *the sun went down behind a b. of clouds* slnko sa skrylo za hradbu mračien **II.** sl. urobiť násyp/hradbu, zahradiť

bank² [bæŋk] **I.** podst. **1.** banka; *have money in the b.* mať peniaze v banke **2.** zásoba, rezerva; *a blood b.* krvná banka **3.** bank (v hazardných hrách); *keep/break the b.* držať/rozbiť bank **II.** sl. uložiť do banky; *b. one's salary* uložiť si výplatu do banky

bank³ [bæŋk] **I.** podst. **1.** lavička, lavica (aj pracovná) **2.** rad, skupina, séria **II.** sl. usporiadať do radu

bank up nahromadiť (sa); *the snow has b-ed up* sneh sa nahromadil

bank account [ˈbæŋk əˌkaunt] bankový účet, konto

bankbook [ˈbæŋkbuk] vkladná knižka

banker [ˈbæŋkə] **1.** bankár (majiteľ al. riaditeľ banky) **2.** hráč, ktorý drží bank (v hazardných hrách)

bank holiday [ˌbæŋkˈholədi] štátny sviatok (deň pracovného voľna)

banking [ˈbæŋkiŋ] bankovníctvo; *the international b. system* medzinárodná banková sústava

bank note [ˈbæŋk nəut] bankovka

bank note	1 £ – a quid
	5 £ – a fiver
	10 £ – a tenner
	1000 £ – a grand

bankroll [ˈbæŋkrəul] AM peniaze, hotovosť

bankruptcy [ˈbæŋkraptsi] úpadok, ban-

krot; *be threatened with b.* byť ohrozený bankrotom

banner [ˈbænə] **1.** transparent **2.** kniž. zástava; *the b. of freedom* zástava slobody

banquet [ˈbæŋkwət] slávnostná hostina, banket; *a wedding b.* svadobná hostina; *give a b.* usporiadať banket

baptize, baptise [bæpˈtaiz] (po)krstiť

bar¹ [baː] **I.** podst. **1.** tyč, tyčka; *iron b.* železná tyč **2.** tabuľka; *a b. of chocolate* tabuľka čokolády **3.** kocka; *a b. of soap* kocka mydla **4.** mreža, závora; *behind b.* za mrežami; *a b. on the door* závora na dverách **5.** bar, pult; *a coffee b.* pult, kde sa podáva káva **6.** hud. taktová čiara, takt **7.** pren. prekážka; *a b. to progress* prekážka pokroku **II.** sl. *-rr-* **1.** zavrieť na závoru; *b. the door* zavrieť dvere na závoru **2.** zahradiť, zatarasiť; *b. the gate* zatarasiť bránu **3.** (*from*) vylúčiť (z čoho); *he's been b-red from the club* vylúčili ho z klubu **4.** brániť, (za)brániť (čomu); *my lack of money b-s me from going on holiday* nedostatok peňazí mi bráni ísť na dovolenku

bar² [baː] fyz. bar

barbarous [ˈbaːbrəs] **1.** barbarský, necivilizovaný; *b. people* necivilizovaní ľudia **2.** krutý, brutálny; *b. crimes* kruté zločiny **3.** nekultivovaný; *a b. style* nekultivovaný štýl

barbecue [ˈbaːbikjuː] **I.** podst. **1.** ražeň (na opekanie mäsa) **2.** opekanie mäsa na ražni (v prírode), piknik **3.** opečené mäso **4.** AM gril (reštaurácia) **II.** sl. opekať na ražni

barbed [baːbd] ostnatý; *b. wire* ostnatý drôt

barber [ˈbaːbə] holič

bar code [ˈbaː kəud] čiarový kód

bard [baːd] **1.** kniž. básnik, bard **2.** bard (keltský spevák)

bare [beə] **I.** príd. **1.** (v rozl. význ.) holý; *b. legs* holé nohy; *b. trees* holé stromy; *b. walls* holé steny; *fight with b. hands* bojovať holými rukami; *earn a b. living* zarobiť na holé živobytie **2.** základný; *the b. necessities of life* základné životné potreby **3.** nepatrný; *a b. majority* nepatrná väčšina **II.** sl. obnažiť, odhaliť, ukázať aj pren.; *b. one's head* obnažiť si hlavu

barefoot [ˈbeəfut] **I.** prísl. naboso **II.** príd. bosý

barefooted [ˈbeəfutəd] bosý

bareheaded [ˌbeəˈhedəd] s holou (nepokrytou) hlavou

barelegged [ˌbeəˈlegəd] bez pančúch, s holými nohami

barely [ˈbeəli] sotva, len tak-tak; *I b. know her* sotva ju poznám

bargain [ˈba:gən] **I.** podst. **1.** dohoda, dohovor (o výmene), uzavretie obchodu **2.** výhodná kúpa; *a b. price* výhodná cena (za tovar) **II.** sl. **1.** jednať sa **2.** (*for*) (v zápore) očakávať (čo), predpokladať (čo); *I didn't b. for that* to som neočakával

barge [ba:dž] **1.** vlečný (riečny) čln **2.** veslica, luxusná loď (na slávnostné príležitosti)

bark¹ [ba:k] **I.** podst. kôra (stromu) **II.** sl. lúpať kôru (stromu), odkôrovať

bark² [ba:k] **I.** podst. **1.** brechot **2.** hovor. kašeľ **II.** sl. (*at*) brechať, štekať (na koho, čo, aj pren.); *the dog b-s at strangers* pes breše na cudzích ľudí

barley [ˈba:li] jačmeň

barn [ba:n] stodola

barometer [bəˈromətə] barometer

baroque [bəˈrok] **I.** podst. barok **II.** príd. barokový

barracks [ˈbærəks] mn. č. kasárne

barrage [ˈbæra:ž] (vodná) priehrada

barrel [ˈbærəl] **1.** sud **2.** hlaveň

barren [ˈbærn] neplodný, jalový, neúrodný

barricade [ˌbærəˈkeid] **I.** podst. barikáda **II.** sl. zabarikádovať; *they b-d themselves in* zabarikádovali sa dnu

barrier [ˈbæriə] **1.** priehrada **2.** pren. prekážka, bariéra; *the sound b.* zvuková bariéra **3.** závora; *show your ticket at the b.* ukážte lístok pri závore

barrister [ˈbærəstə] barister (právnik na obhajobu pri vyšších súdoch); AM právnik, právny zástupca

barrow [ˈbærəu] **1.** fúrik **2.** dvojkolesový vozík (na batožinu)

barter [ˈba:tə] výmenný obchod (tovar za tovar)

base¹ [beis] **I.** podst. **1.** základ, báza aj mat. **2.** základňa aj geom.; *the b. of a triangle* základňa trojuholníka **3.** archit. podstavec; *the b. of a pillar* podstavec stĺpa **4.** chem. zásada **II.** príd. základný, východiskový; *a b. camp* základný tábor (expedície)

base² [beis] nízky, podlý, nečestný

baseball [ˈbeisbo:l] baseball

basement [ˈbeismənt] suterén

bash [bæš] **I.** sl. hovor. udrieť, praštiť **II.** podst. hovor. prudký úder, rana; *I gave him a b. on the nose* dal som mu jednu do nosa

basic [ˈbeisik], **1.** základný; *the b. vocabulary* základná slovná zásoba **2.** chem. zásaditý; *b. steel* zásaditá oceľ

basically [ˈbeisikəli] v podstate, v zásade, v skutočnosti

basil [ˈbæzl] bot. bazalka

basin [ˈbeisn] **1.** nádrž, bazén **2.** misa, miska **3.** aj *wash b.* umývadlo **4.** povodie; *the Thames B.* povodie Temže

basis [ˈbeisəz] mn. č. **bases** [ˈbeisi:z] **1.** základ, podklad; *the b. of a new book* základ nového knihy **2.** hlavná súčasť; *the b. of the drink is orange juice* hlavná súčasť nápoja je pomarančová šťava **3.** voj. operačná základňa, oporný bod ● *on the b. of* na základe (čoho)

bask [ba:sk] slniť sa, vyhrievať sa; *b. in the sun* vyhrievať sa na slnku

basket [ˈba:skət] kôš, košík; *a wastepaper b.* odpadkový kôš

basketball [ˈba:skətbo:l] basketbal

bass [beis] **I.** podst. hud. **1.** bas **2.** kontrabas, basa **II.** príd. basový, hlboký (hlas)

bassoon [bəˈsu:n] fagot

bastard [ˈba:stəd] **I.** podst. **1.** nemanželské dieťa **2.** (nadávka) pankhart **II.** príd. **1.** nemanželský **2.** nepravý, napodobený

baste¹ [beist] stehovať, šiť veľkými stehmi

baste² [beist] podlievať mäso (pri pečení)

bastion [ˈbæstiən] **1.** bašta (opevnenie) **2.** pren. záštita, opora; *b. of liberty* záštita slobody

bat¹ [bæt] netopier ● *as blind as a b.* slepý ako mača

bat² [bæt] **I.** podst. pálka (kriketová al. basebalová) **II.** sl. -tt- zasiahnuť, udrieť (pálkou)

bat³ [bæt] -tt- mrknúť ● *not b. an eyelid* a) ani oka nezažmúriť b) ani brvou nemihnúť

batch [bæč] **1.** dávka, várka; *a b. of bread* dávka chleba **2.** skupina; *in b-es of 10* v skupinách po 10

bath [ba:θ] mn. č. **baths** [ba:ðz] **I.** podst. **1.** kúpeľ; BR *have*/AM *take a b.* okúpať sa **2.** vaňa **3.** *b-s* mn. č. verejné kúpele **4.** (v inzerátoch) kúpeľňa; *two bedrooms, kitchen and b.* dve spálne, kuchyňa a kúpeľňa **II.** sl. okúpať (sa) vo vani; *b. the baby* okúpať dieťa

bathe [beið] **I.** sl. **1.** kúpať sa, plávať (v rieke, v mori) **2.** AM kúpať sa (vo vani) **3.** omývať (brehy) **4.** (*in, with*) zaplaviť, zaliať sa (čím) pren.; *eyes b-d in tears* oči zaliate slzami **II.** podst. kúpanie, plávanie (hl. v mori); *let's go for a b.* poďme sa okúpať/zaplávať si

bathing [ˈbeiðiŋ] kúpanie, plávanie; *the b. is safe here* kúpanie je tu bezpečné; *b. box* šatňa (na plavárni ap.); *b. cap* kúpacia čiapka; *b. costume* dámske plavky

bathroom [ˈba:θrum] **1.** kúpeľňa **2.** AM záchod

bathtub [ˈba:θtab] hl. AM vaňa

baton [ˈbæton] **1.** (policajný) obušok **2.** hud. taktovka

batter [ˈbætə] **I.** sl. **1.** búchať, tĺcť, biť; *b. at the door* búchať na dvere **2.** rozbiť, zničiť; *b-ed to pieces* rozbité na kusy **3.** nabúrať auto; *a badly b-ed old car* poriadne nabúrané staré auto; *baby b-ing* týranie malých detí **II.** podst. **1.** šľahané al. trené cesto **2.** šport. pálkar

battery [ˈbætri] batéria (v rozl. význ.)

battery-powered [ˈbætəriˌpauəd] na batériu, napájaný z batérie

battle [ˈbætl] **I.** podst. (vojenská) bitka, boj aj pren.; *die in b.* zomrieť v boji; *b. of life* boj o život **II.** sl. bojovať aj pren.; *they b-d with the wind* bojovali s vetrom

battlements [ˈbætlmənts] mn. č. cimburie (veže al. hradu)

baulk p. **balk**

bawdy [ˈbo:di] oplzlý, vulgárny; *b. jokes/stories* oplzlé vtipy/historky

bawl [bo:l] revať, hulákať; *he b-ed himself hoarse* reval, až zachrípol

bay[1] [bei] **1.** aj *b. tree, b. laurel* vavrín **2.** aj *b. leaf* bobkový list

bay[2] [bei] záliv

bay[3] [bei] **1.** (okenný) výklenok **2.** oddelenie, kója, kabína

BBC [ˌbi:ˌbi:ˈsi:] (skr.) *British Broadcasting Corporation* britská rozhlasová a televízna spoločnosť

BC [ˌbi:ˈsi:] (skr.) *before Christ* pred naším letopočtom, pred Kristom

be [bi:], *was, were* [woz, weə], *been* [bi:n], prít. č. *I am, he is, you/he/they are* [ai æm, hi: iz, wi:/ju:/ðei a:] **I.** ako pomocné sloveso **1.** pri tvorení priebehového tvaru plnovýznamových slovies vo všetkých časoch; *I am speaking* hovorím; *he has b-en speaking* (práve) hovoril **2.** pri tvorení trpného rodu vo všetkých časoch a v obidvoch tvaroch; *he was asked* pýtali sa ho; *we will be asked* budú sa nás pýtať; *the furniture is b-ing painted* nábytok sa natiera **II.** ako významové sloveso **1.** byť, existovať, byť prítomný, nachádzať sa (najmä po *there*); *the meeting was on Monday* schôdza bola v pondelok; *If I were you* ja na tvojom mieste; *be careful* buď opatrný; *there is a book on the table* na stole je nejaká kniha **2.** (ako spona); *he is my father* je to môj otec; *it's me* to som ja; *she is a doctor* je lekárka **3.** konať sa, byť (kde, kedy); *where is she?* kde je? *the party is on Saturday* večierok je v sobotu **4.** mať cenu, stáť; *how much is it?* koľko to stojí? **5.** robiť, rovnať sa, dávať výsledok; *twice four is eight* dvakrát štyri je osem **6.** pochádzať; *he is from Leeds* je z Leedsu **7.** byť neprítomný; *don't be long* nebuď dlho preč **8.** (v spojení s infinitívom po *to* má modálne zafarbenie); *am I to do it or not?* mám to urobiť, alebo nie? *how is it to be done?* ako sa to má urobiť? ● *how are you?* ako sa máš? *I am busy* mám veľa práce; *I am cold/warm* je mi zima/teplo; *be hungry* byť hladný; *let it be* nechaj to tak; *be right/wrong* mať/nemať pravdu; *be in time* prísť načas; *be in* byť doma; *be out* nebyť doma; *be off* odísť, (už) odchádzať; *be over/up* (s)končiť (sa)

BE, B. E. [ˌbi:ˈi:] (skr.) *Bachelor of Education* bakalár pedagogických vied

beach [bi:č] **I.** podst. pláž **II.** sl. vytiahnuť (čln) na breh

beachwear [ˈbi:čweə] plážové oblečenie

beacon [ˈbi:kən] **1.** svetelné znamenie, maják **2.** blikavé svetlo

bead [bi:d] **1.** korálik **2.** *b-s* mn. č. náhrdelník z korálikov **3.** kvapka, kropaj; *his face was covered with b-s of sweat* jeho tvár bola pokrytá kropajami potu

beak [bi:k] zobák

beaker [ˈbi:kə] **1.** chem. kadička **2.** pohár (na pitie)

beam [bi:m] **I.** podst. **1.** trám, hrada, nosník **2.** lúč; elektr. zväzok lúčov **II.** sl. **1.** podoprieť trámom **2.** žiariť, aj pren. žiariť šťastím **3.** vysielať, smerovať (rádiové al. televízne signály); *the news was b-ed to East Africa by satellite* správa sa vysielala do východnej Afriky cez satelit

bean [bi:n] **1.** zrno; *coffee b-s* kávové zrná **2.** bôb, fazuľa; *soya b-s* sójové bôby ● *full of b-s* v najlepšej nálade

bear[1] [beə] medveď

bear[2] [beə], *bore* [bo:], *borne/born* [bo:n] **1.** nosiť; *b. a heavy load* nosiť ťažký náklad; *a stone b-ing a Latin inscription* kameň nesúci latinský nápis **2.** znášať, zniesť, strpieť; *I can't b. him* neznášam ho **3.** rodiť, porodiť, zrodiť; *she has born him six sons* porodila mu šesť synov

bearable [ˈberəbl] znesiteľný; *b. pain* znesiteľná bolesť

beard [biəd] **I.** podst. brada; *a man with a b.* muž s bradou **II.** sl. otvorene sa postaviť (proti čomu), oponovať; *she b-ed the committee* oponovala výboru

bearing [ˈberiŋ] podst. **1.** správanie; *a man of military b.* muž s vojenským správaním **2.** odb. podpera, nosná plocha; *a b. wall* nosný múr **3.** spojitosť, súvislosti; *lose one's b-s* stratiť súvislosť **4.** odb. ložisko **5.** smer, azimut

beast [bi:st] **1.** zviera, šelma **2.** pren. beštia; *You b.!* ty beštia!

beastly [ˈbi:stli] **1.** zvierací, beštiálny **2.** hovor. škaredý, hnusný; *what b. weather!* aký hnusný čas!

beat [bi:t] **I.** sl. *beat* [bi:t], *beaten* [ˈbi:tn] **1.** biť, tlcť; *he was b-ing a drum* tĺkol na bubon; *the rain was b-ing against the windows* dážď bil do okien **2.** šľahať; *b. eggs* šľahať vajcia **3.** klopať, búchať; *b. the carpets* klepať koberce; *b. at/on the door* búchať na dvere **4.** poraziť; *he b. me at chess* porazil ma v šachu **II.** podst. **1.** tlkot, tep, pulz; *his heart b-s were getting weaker* slabol mu pulz **2.** takt **3.** fyz. kmit; **4.** (pravidelná) obchôdzka

beaten [ˈbi:tn] **1.** tepaný; *b. gold* tepané zlato **2.** vychodený, vyšliapaný; *a b. path through the forest* vyšliapaný chodník lesom

beater [ˈbi:tə] **1.** tĺk, tĺčik **2.** šľahač (nástroj); *an egg b.* šľahač vajec; *a carpet b.* pracháč (na koberce)

beautician [ˈbju:tišn] kozmetik, kozmetička

beautiful [ˈbju:təfl] **1.** krásny; *a b. girl* krásne dievča **2.** hovor. obdivuhodný; *b. results* obdivuhodné výsledky

beauty [ˈbju:ti] **1.** krása, nádhera; *the b. of a rose-garden* nádhera ružovej záhrady **2.** krásavica; *Look at that girl! Isn't she a b.?* Pozri sa na to dievča! Aká je to krásavica!

beaver [ˈbi:və] **1.** bobor **2.** bobria/bobrová kožušina

became p. **become**

because [biˈkɔ:z] pretože, keďže; *I do it b. I like it* robím to, pretože sa mi to páči; *b. of* kvôli (čomu)/pre (čo); *b. of his bad leg he couldn't walk* kvôli chorej nohe nemohol chodiť

beckon [ˈbekən] kývnuť, dať znamenie (rukou)

become [biˈkam], *became* [biˈkeim], *become* [biˈkam] **1.** stať sa (čím), akým; *he b. a doctor* stal sa lekárom; *it's b-ing more and* *more expensive* je to čoraz drahšie **2.** (*of*) stať sa, prihodiť sa (komu); *what has b. of him?* čo sa s ním stalo? **3.** slušať sa, patriť sa, pristať; *such behavior doesn't b. you* takéto správanie ti nepristane

becoming [biˈkamiŋ] patričný, vhodný; *with b. respect* s patričnou úctou; *a dress b. to the hot weather* šaty vhodné na horúce počasie

bed [bed] **I.** podst. **1.** posteľ, lôžko aj pren.; *a room with two b-s* dvojposteľová izba ● *go to b.* ísť spať; *b. and breakfast* izba v hoteli vrátane raňajok; *b. and board* izba so stravou (v hoteli ap.) **2.** dno (toku), riečisko **3.** nános, naplavenina **4.** geol. ložisko, vrstva; *a b. of clay* vrstva ílu **5.** záhon; *a b. of roses* záhon ruží **6.** odb. podklad, základ; *a b. of concrete* betónový podklad **II.** sl. *-dd-* **1.** uložiť (na podklad), zasadiť (do čoho) **2.** aj *b. out* vysadiť (rastliny)

bed down zložiť (sa), ubytovať (sa) (na noc)

bedclothes [ˈbedkləuðz] mn. č. posteľná bielizeň

bedeck [biˈdek] *(in, with)* vyzdobiť, ozdobiť (čím)

bedroom [ˈbedrum] spálňa

bedtime [ˈbedtaim] čas na spanie

bee [bi:] včela

beech [bi:č] **1.** buk (strom) **2.** bukové drevo, buk, bučina

beef [bi:f] hovädzie mäso, hovädzina

beefsteak [ˈbi:fsteik] hovädzí rezeň

beehive [ˈbi:haiv] úľ

been p. **be**

beep [bi:p] pípať

beer [biə] pivo

beeswax [ˈbi:zwæks] včelí vosk

beet [bi:t] repa; *sugar b.* cukrová repa

beetle [ˈbi:tl] chrobák

beetroot [ˈbi:tru:t] červená repa, cvikla

before [biˈfɔ:] **I.** prísl. skôr, predtým; *I've seen that film b.* ten film som už videl **II.** predl. pred; *b. the end of the year)* pred koncom roka; *b. long* čoskoro **III.** spoj. (skôr) než; *say goodbye b. you go* skôr, než odídeš, rozlúč sa

beforehand [biˈfɔ:hænd] vopred, v predstihu; *I made preparations b.* urobil som prípravy vopred

befriend [biˈfrend] priateľsky sa správať (ku komu), pomôcť (komu); *b. a helpless person* pomôcť bezmocnému

beg [beg] *-gg-* **1.** žobrať; *go b-ging from door to door* žobrať od domu k domu **2.** (naliehavo) prosiť; *I b. you not to take any risk* prosím vás, nič neriskujte ● *I b. your pardon* **a)** prepáčte **b)** prosím? (nerozumel som)

began p. **begin**

beggar [ˈbegə] žobrák

begin [biˈgin] *began* [biˈgæn], *begun* [biˈgan] -*nn*- začať; *the water is b-ning to boil* voda začína vrieť; *to b. with* predovšetkým

beginner [biˈginə] začiatočník, nováčik

beginning [biˈginiŋ] začiatok; *I read the book from b. to end* prečítal som knihu od začiatku do konca; *from the very b.* celkom od začiatku; *in the b.* spočiatku; *at the b. of* na začiatku (čoho)

begun p. **begin**

behalf [biˈhaːf] v spojení *on/in b. of* v záujme, v zastúpení, v mene (koho); *on my b.* kvôli mne; *on his b.* v jeho zastúpení; *on b. of everyone here* v mene všetkých tu prítomných

behave [biˈheiv] **1.** správať sa; *he b-d admirably* správal sa obdivuhodne; *b. ill/badly* správať sa neslušne **2.** *b. oneself* slušne sa správať; *b. yourself!* správaj sa slušne! **3.** reagovať; *the way the atoms b.* spôsob reakcie atómov **4.** odb. fungovať; *my car b-s well* moje auto funguje dobre

behaviour [biˈheivjə] **1.** správanie; *his b. towards me was not very gracious* jeho správanie voči mne nebolo veľmi vľúdne **2.** odb. fungovanie, chod **3.** odb. reakcia, fyzikálne vlastnosti; *the b. of metals in acids* reakcia kovov s kyselinami

behead [biˈhed] sťať, odťať (hlavu)

behind [biˈhaind] **I.** predl. za; *b. a tree* za stromom; *what is b. all this?* čo za tým väzí? **II.** prísl. **1.** vzadu; *a house with a garden b.* dom vzadu so záhradou **2.** *b. with/in* pozadu; *I'm b. with my work* som pozadu s prácou; *be left b.* zaostať **III.** podst. hovor. zadok; *he fell on his b.* spadol na zadok

behindhand [biˈhaindhænd] pozadu, oneskorene; *be b. with the rent* oneskoriť sa s platením nájomného

being [ˈbiːiŋ] **1.** bytie, existencia **2.** bytosť, tvor; *a human b.* človek, ľudská bytosť ● *come into b.* začať existovať, vzniknúť; *for the time b.* nateraz

belch [belč] **1.** aj *b. out* chrliť dym/plamene; *a volcano b-es(out) smoke and ashes* sopka chrlí dym a popol **2.** grgať

belfry [ˈbelfri] zvonica, kostolná veža so zvonmi

Belgian [ˈbeldžən] **I.** príd. belgický **II.** podst. Belgičan

Belgium [ˈbeldžəm] Belgicko

belief [biˈliːf] **1.** viera; *b. in God* viera v Boha; *it's my b. that...* verím, že **2.** dôvera; *it has shaken my b.* to otriaslo mojou dôverou **3.** presvedčenie; *religious/political b.* náboženské/politické presvedčenie

believe [biˈliːv] **1.** veriť, dôverovať; *the police did not believe him* polícia mu neverila **2.** uveriť; *it's hard to b.* ťažko uveriť ● *b. it or not* ver či never **3.** domnievať sa, myslieť si; *I b. they are getting married* myslím, že sa zoberú **4.** nábož. pevne veriť *Christians b. in Jesus* kresťania veria v Ježiša

belittle [biˈlitl] **1.** zmenšovať (význam, cenu ap.) **2.** znižovať, znevažovať, podceňovať; *don't b. yourself!* nepodceňuj sa!

bell [bel] **1.** zvon, zvonček; *ring the b.* zazvoniť **2.** zvonenie, zazvonenie (signál); *the dinner b.* zvonenie na večeru

belligerent [bəˈlidžərənt] **1.** vedúci vojnu (o osobe al. krajine) **2.** útočný, agresívny; *a b. person/attitude* agresívny človek/postoj

bellow [ˈbeləu] **I.** sl. **1.** bučať **2.** revať, vyrevovať, kričať; *they b-ed a pop song* vyrevovali populárnu pesničku **II.** podst. **1.** bučanie **2.** revanie, rev, krik **3.** hrmenie; *the b. of a cannon* hrmenie dela

bellows [ˈbeləuz] mn. č. aj *a pair of b.* mechy (kováčske, organu)

bell-push [ˈbelpuš] tlačidlo zvončeka

belly [ˈbeli] **I.** podst. **1.** hovor. brucho; *have a big b.* mať veľké brucho **2.** vydutý predmet al. vydutá časť (čoho); *the b. of the boat* brucho lode **II.** sl. (out) nadúvať (sa); *the wind b-ied out the sail* vietor nadúval plachtu (lode)

bellyache [ˈbelieik] bolesti brucha

belong [biˈloŋ] **1.** prináležať, patriť kam; *does it b. here?* patrí to sem? **2.** (to) patriť (komu); *these books b. to me* tieto knihy patria mne

belongings [biˈloŋiŋz] mn. č. majetok; *all my b.* celý môj majetok

beloved [biˈlavəd] **I.** príd. milovaný, drahý; *my b. country* moja drahá vlasť **II.** podst. milovaný, milovaná; *it's a gift from my b.* je to darček od mojej milovanej/môjho milého

below [biˈləu] **I.** pred. pod; *b. zero* pod nulou; *b. sea level* pod úrovňou mora; *b. the knees* pod kolená **II.** prísl. dolu, dole; *we saw the blue ocean b.* dole pod nami sme videli modrý oceán; *from b.* zospodu, zdola; *down b.* dole, nižšie

B

belt [belt] **I.** podst. **1.** pás, opasok, remeň **2.** odb. hnací remeň **3.** pásmo, pás, zóna; *a mountain b.* pásmo hôr; *green b.* zelené pásmo **II.** sl. **1.** opásať (sa/si), prepásať (sa/si); *she b-ed (up) her raincoat* prepásala si plášť do dažďa; **2.** pripevniť na pás; *the officer b-ed his sword on* dôstojník si opásal meč **3.** zbiť, udrieť; hovor. dať úder päsťou; *he b-ed him in the eye* udrel ho päsťou do oka

bench [benč] lavica, lavička

bend [bend] **I.** podst. **1.** ohyb, oblúk, zahnutie **2.** námor. uzol na lane **II.** sl. *bent* [bent], *bent* **1.** zohnúť (sa); *b. the wire* zohnúť drôt **2.** (to) zamerať, upriamiť (sa) (na koho, čo)

beneath [bi'ni:θ] **I.** prísl. dolu, dole; *read what is b.* prečítaj, čo je dole **II.** predl. pod; *a village b. the hills* dedina pod kopcami

benefit ['benəfit] **I.** podst. **1.** úžitok, prospech, osoh; *for my b.* v môj prospech **2.** (sociálny) príspevok, podpora; *unemployment b.* podpora v nezamestnanosti; *b. concert* dobročinný koncert **II.** sl. prospieť; *the sea air will b. you* morský vzduch vám prospeje

benevolent [bə'nevələnt] láskavý, zhovievavý

benign [bi'nain] **1.** láskavý, vľúdny; *a b. nature* láskavá povaha **2.** mierny (o podnebí), priaznivý **3.** slabý, ľahký (o chorobe) **4.** nezhubný (o nádore)

bent[1] p. **bend**

bent[2] [bent] **I.** podst. **1.** sklon, dispozícia, nadanie; *he has a b. for music* má nadanie na hudbu **2.** odb. väzník **3.** ohyb, zakrivenie **II.** príd. zohnutý, zakrivený

bequest [bi'kwest] dedičstvo, odkaz (v závete)

beret ['berei] baretka

berry ['beri] bobuľa

berth [bə:θ] **1.** lôžko (v spacom vozni, na lodi) **2.** prístavisko (miesto zakotvenia lode)

beseech [bi'si:č], *besought* [bi'so:t], *besought* kniž. doprosovať sa, dožadovať sa, veľmi prosiť; *I b. you* veľmi ťa prosím

beset [bi'set], *beset* [bi'set], *beset, -tt-* (*by, with*) trápiť, sužovať (sa); *he was b. by doubts* sužovali ho pochybnosti

beside [bi'said] vedľa, (tesne) pri, popri; *sit b. me* sadni si vedľa mňa; *the ditch b. the road* priekopa pri ceste ● *be b. oneself with joy* byť bez seba od radosti; *this is b. the point* to nepatrí k veci

besides [bi'saidz] **I.** prísl. okrem toho; *b., it's too expensive* okrem toho je to veľmi dra-

hé **II.** predl. okrem, popri; *I have three other brothers b. John* okrem Jána mám ešte troch bratov

besiege [bi'si:dž] **1.** obliehať **2.** pren. zasypať; *b. with questions* zasypať otázkami

besought p. **beseech**

best [best] **I.** príd. najlepší p. aj **good**; *my b. friend* môj najlepší priateľ **II.** prísl. najlepšie p. aj **well**; *he works b.* najlepšie pracuje; *make the b. use of* využiť čo najlepšie (čo) **III.** podst. to najlepšie; *only the b. is good enough for her* iba to najlepšie je pre ňu dobré ● *all the b.!* všetko najlepšie! *do one's b.* (po)usilovať sa; *be at one's b.* byť vo forme/v nálade; *to the b. of my knowledge* pokiaľ viem

bestial ['bestiəl] **1.** zvierací **2.** brutálny, zverský, beštiálny; *b. cruelty* beštiálna krutosť

bestow [bi'stəu] (*on, upon*) **1.** dať, udeliť; *b. a title on sb.* udeliť titul (komu) **2.** poctiť (koho); *b. an honour on sb.* preukázať česť (komu)

best-seller [,best 'selə] bestseller

bet [bet], *bet* [bet], *bet -tt-* **I.** sl. **1.** staviť sa; *he b. a pound that he would win* stavil sa o libru že vyhrá **2.** hovor. byť si istý; *I b. I win* som si istý, že vyhrám **II.** podst. stávka ● *make a b.* staviť sa; *put a b. on* staviť na (koho, čo)

betray [bi'trei] **1.** zradiť; *he b-ed his principles* zradil svoje zásady **2.** prezradiť; *b. government secrets* prezradiť štátne tajomstvo

better ['betə] **I.** príd. lepší p. aj **good**; *I know a b. way to do it* poznám lepší spôsob, ako to urobiť; *no b. than* o nič lepší než **II.** prísl. lepšie p. aj **well**; *be b. off* mať sa lepšie (hl. finančne); *feel/be b.* cítiť sa lepšie (zdravotne); *you had b.... mal by si radšej...* **III.** sl. zlepšiť (sa)

between [bi'twi:n] **I.** predl. medzi (dvoma); *the letter B comes b. A and C* písmeno B patrí medzi A a C ● *b. you and me* medzi tebou a mnou/nami dvoma; *b. ourselves* medzi nami **II.** prísl. medzitým; *I ate breakfast and dinner but nothing (in) b.* mal som raňajky a večeru, ale nič medzitým ● *few and far b.* nepočetný, zriedkavý

bevel ['bevl] **I.** podst. skosenie, zošikmenie, šikmá plocha **II.** sl. *-ll-* skosiť, šikmo zrezať

beverage ['bevridž] nápoj (okrem vody); *alcoholic b-s* alkoholické nápoje; *hot b-s* teplé nápoje

beware [bi'weə] (*of*) dať si pozor (na čo); *b. of pickpockets!* (dajte si) pozor na vreckových zlodejov!

B

bewilder [biˈwildə] zmiasť; *b-ed by an old roadmap* zmätený starou mapou ciest
bewitch [biˈwič] **1.** očariť (pôvabom) **2.** uhranúť
beyond [biˈjond] **I.** predl. za určitou hranicou, na druhej strane, nad aj pren.; *the house b. the bridge* dom za mostom; *it's b. my power to je nad moje sily; live b. one's means* žiť nad pomery; *b. belief* neveriteľný; *b. dispute* nesporný, nepopierateľný; *b. hope* beznádejný **II.** prísl. za, na druhej strane, ďalej; *a field with a pond b.* pole a za ním rybník; *there's nothing b.* ďalej nie je nič
BFA, B.F.A. [ˌbiː ef ˈei] (skr.) *Bachelor of Fine Arts* bakalár výtvarných umení
bias [ˈbaiəs] **I.** podst. **1.** (*against*) zaujatosť, predpojatosť (proti komu, čomu); *a b. against people of other religions* zaujatosť proti ľuďom inej viery **2.** (*towards*) náklonnosť (ku komu) **3.** (*towards*) sklon, tendencia (k čomu) **II.** sl. ovplyvniť; *b-ed reporting* tendenčné spravodajstvo/správy
bib [bib] **1.** podbradník **2.** horná časť (zástery al. montérok)
Bible [ˈbaibl] Biblia, Sväté písmo
bicentenary [ˌbaisenˈtiːnəri] **I.** podst. dvestoročnica **II.** príd. dvestoročný
bicycle [ˈbaisikl] **I.** podst. bicykel; *ride a b.* bicyklovať sa, ísť na bicykli **II.** sl. aj *cycle* bicyklovať sa
bid [bid] **I.** podst. **1.** ponúknutá cena (pri dražbe) **2.** úsilie, pokus; *a b. for power* úsilie o moc; *a rescue b.* pokus o záchranu **II.** sl. *bid* [bid], *bid, -dd-* ponúknuť (v dražbe)
biennial [baiˈeniəl] **1.** dvojročný; *a b. plant* dvojročná rastlina **2.** (konajúci sa) každý druhý rok
bier [biə] máry, katafalk
big [big] *-gg-* **1.** (v rozl. význ.) veľký; *a b. room/garden* veľká miestnosť/záhrada **2.** pren. veľký, významný; *a b. day* veľký deň ● *think b.* mať vysoké ciele
Big Ben [big ben] hodiny na veži parlamentu v Londýne
big game [big geim] veľká lovná zver (slony, levy, tigre)
bigheaded [ˌbigˈhedəd] veľkomyseľný, šľachetný
bight [bait] **1.** slučka povrazu **2.** ohyb rieky/pobrežia, plytký záliv
big toe [bigˈtəu] palec na nohe
big top [ˌbigˈtop] šapitó (v cirkuse)

bike [baik] **I.** podst. hovor. bicykel **II.** sl. ísť na bicykli, bicyklovať sa
bilateral [ˌbaiˈlætrəl] dvojstranný, obojstranný
bilberry [ˈbilbri] čučoriedka
bile [bail] žlč aj pren.
bilingual [baiˈliŋgwəl] dvojjazyčný
bill[1] [bil] odb. zobák
bill[2] [bil] **I.** podst. **1.** účet; *the phone b.* účet za telefón **2.** plagát, oznámenie **3.** zmenka **4.** AM bankovka; *a ten-dollar b.* desaťdolárová bankovka **5.** návrh zákona; *b. of entry* colné vyhlásenie **II.** sl. **1.** (vy)účtovať **2.** verejne oznámiť, plagátovať
billion [ˈbiljən] **1.** bilión **2.** AM miliarda

---

1 000 000 000
= :BR: one thousand million
1 000 000 000
= :AM: one billion

---

bin [bin] **1.** truhla, truhlica **2.** aj *dustbin* smetník
binary [ˈbainəri] dvojkový, binárny; *b. digit*, skr. *bit* dvojková číslica
bind [baind], *bound* [baund], *bound* **1.** zviazať, spútať; *they bound his legs* zviazali mu nohy **2.** (*up*) pevne zaviazať **3.** (*up*) obviazať; *b. up a wound* obviazať ranu **4.** odb. viazať (sa); *cellulose b-s water* celulóza viaže vodu **5.** kniž. zaviazať sľubom, mlčaním; *I am bound by my promise* viaže ma sľub
binding [ˈbaindin] **1.** viazanie (aj lyžiarske) **2.** väzba (knihy) **3.** lemovanie, lem **4.** spojivo
binoculars [biˈnokjələz] mn. č.; aj *a pair of b.* ďalekohľad
biochemistry [ˌbaiəuˈkeməstri] biochémia
biography [baiˈogrəfi] životopis
biological [ˌbaiəˈlodžikl] biologický; *b. warfare* biologická vojna
biologist [baiˈolədžəst] biológ
biology [baiˈolədži] biológia
bionics [baiˈoniks] bionika
biped [ˈbaiped] odb. dvojnohý
birch [bəːč] breza (strom aj drevo)
bird [bəːd] vták; *a b.'s-eye view* pohľad z vtáčej perspektívy
bird-brained [ˈbəːd breind] neinteligentný, sprostý
biro [ˈbairəu] guľôčkové pero
birth [bəːθ] **1.** narodenie; *delicate from b.* chúlostivý od narodenia **2.** pôrod; *the baby*

weighed eight pounds at b. pri pôrode dieťa vážilo štyri kilogramy; *give b. to* porodiť (koho); **3.** pren. zrod, vznik; *the b. of a political party* zrod politickej strany **4.** rod, pôvod; *he is French by b.* je rodom Francúz

birthday [ˈbəːθdei] narodeniny; *my 21st b.* moje 21. narodeniny; *b. party* oslava narodenín

birthmark [ˈbəːθmaːk] materské znamienko

birthplace [ˈbəːθpleis] miesto narodenia, rodisko

birthrate [ˈbəːθreit] pôrodnosť

biscuit [ˈbiskət] keks, sušienka

bisect [baiˈsekt] **1.** rozpoliť **2.** rozdvojovať sa (o ceste); pretínať sa

bishop [ˈbišəp] **1.** biskup **2.** šach. strelec

bison **1.** [ˈbaisn] zubor **2.** americký bizón

bit[1] [bit] **1.** zubadlo **2.** ostrie, hrot

bit[2] [bit] **1.** kúsok; *a b. of bread* kúsok chleba **2.** chvíľka; *wait a b.* počkaj chvíľku **3.** trocha, troška; *she is a b. tired* je trocha ustatá; *he is a b. of a coward* je tak trocha zbabelý; *to b-s* na kúsky; *cut/tear to b-s* roztrhať na kúsky

bit[3] [bit] skr. *binary digit* dvojková číslica

bit[4] p. **bite**

bitch [bič] **I.** podst. **1.** suka; *sun of a b.* sukin syn, sviniar **2.** hovor. striga, potvora **II.** sl. (*about*) **1.** sťažovať sa/si (na koho/čo) **2.** nadávať (na koho/čo)

bite [bait] **I.** sl. *bit* [bit], *bitten* [ˈbitn] **1.** hrýzť; *my dog b-s* môj pes hryzie ● *b. off more than one can chew* odhryznúť si príliš veľký kus **2.** štípať **3.** zabrať (o rybách, kolesách) **II.** podst. **1.** uhryznutie **2.** uštipnutie, štípanec; *insect b-s* štípance od hmyzu **3.** kúsok/hlt jedla; *I haven't had a b. since morning* od rána som nemal kúska jedla v ústach

biting [ˈbaitiŋ] ostrý, štipľavý aj pren.; *a b. wind* ostrý vietor; *b. words* ostré slová

bitten p. **bite**

bitter [ˈbitə] **I.** príd. **1.** horký; *beer is b.* pivo je horké **2.** trpký aj pren.; *a b. taste* trpká chuť; *b. memories* trpké spomienky **3.** (o vetre) ostrý, (o počasí) nevľúdny, drsný **4.** zatrpknutý; *b. enemies* zatrpknutí nepriatelia ● *a b. pill to swallow* zhltnúť horkú pilulku; *(struggle) on to the b. end* (bojovať) až do trpkého konca **II.** podst. BR horké pivo

bitumen [ˈbičumən] živica, asfalt

blab [blæb] -bb-; hovor. vyklebetiť, vyzradiť (tajomstvo); *he will be sure to b.* určite to vyzradí

black [blæk] **I.** príd. (v rozl. význ.) čierny; *b. colour* čierna farba; *b. dress* čierne šaty; *b. bread* čierny/tmavý chlieb; *b. coffee* čierna káva; *b. night* čierna/tmavá noc; *b. coal* čierne uhlie; *b. Africans* čierni Afričania ● *b. and blue* samá modrina; *b. and white* čiernobiely; *in b. and white* čierne na bielom **II.** podst. **1.** čierna farba, čerň **2.** černoch, černoška **III.** sl. (na)čierniť

blackberry [ˈblækbri] černica

blackbird [ˈblækbəːd] drozd

blackboard [ˈblækbɔːd] školská tabuľa

black box [ˌblæk ˈboks] čierna skrinka

blackcurrant [ˌblækˈkarənt] čierna ríbezľa, čierne ríbezle

blacken [ˈblækn] **1.** černieť (sa); *the sky b-s* obloha černie **2.** načierniť **3.** očierniť, ohovoriť

black eye [ˌblæk ˈai] modrina pod okom, hovor. monokel

blackhead [ˈblækhed] uhor, vriedok (obyč. na tvári)

blackleg [blækleg] **I.** podst. BR štrajkokaz **II.** sl. -gg- byť štrajkokazom

blacklist [ˈblækˌlist] **I.** podst. čierna listina **II.** sl. dať na čiernu listinu

black magic [ˌblæk ˈmædžik] čierna mágia

blackmail [ˈblækmeil] **I.** podst. vydieračstvo, vydieranie **II.** sl. vydierať

Black Maria [ˌblæk məˈraiə] zelený Anton, policajné auto (na prevoz väzňov)

black market [ˌblæk ˈmaːkət] čierny trh

black marketeer [ˌblæk maːkəˈtiə] predavač na čiernom trhu, šmelinár

blackout [ˈblækaut] **1.** zatemnenie (za vojny) **2.** dočasná strata pamäti al. vedomia, okno **3.** zhasnutie svetla (v divadle), dočasné prerušenie (vydávania informácií)

black sheep [ˌblæk ˈšiːp] čierna ovca; *the b. s. of the family* čierna ovca rodiny

blacksmith [ˈblækˌsmiθ] kováč

bladder [ˈblædə] **1.** močový mechúr **2.** duša (lopty)

blade [bleid] **1.** čepeľ **2.** aj *razor b.* žiletka **3.** lopatka vesla **4.** steblo trávy, obilia **5.** aj *shoulder b.* lopatka (kosť)

blame [bleim] **I.** sl. **1.** (*for*) viniť, dávať vinu (za čo); *he b-d him for his failure* vinil ho za svoj neúspech **2.** vyčítať; *I don't b. her* nevyčítam jej to; *I am not to b.* nie je to moja vina **II.** podst. (*for*) vina, zodpovednosť za niečo zlé; *a b. for the accident* zodpovednosť za nehodu

blameless [ˈbleimləs] bezúhonný, bez viny; *a b. life* bezúhonný život

blanch [blaːnč] **1.** kuch. šúpať, lúpať; *b-ed almonds* šúpané mandle **2.** zblednúť; *b. with horror* zblednúť od hrôzy

bland [blænd] **1.** (o ľuďoch, ich prejavoch) zdvorilý, korektný **2.** (o podnebí) mierny **3.** (o strave) nedráždivý, nevýraznej chuti; *b. diet* šetriaca diéta

blank [blæŋk] **I.** príd. **1.** čistý, nepopísaný, (o formulári) nevyplnený, bianko; *a b. sheet of paper* čistý list papiera **2.** prázdny, bezvýrazný; *b. look* prázdny pohľad **3.** stav. (o okne, dverách) slepý **4.** (o náboji) slepý, (o streľbe) naslepo; *b. cartridge* slepý náboj; *b. fire* streľba naslepo **II.** podst. **1.** medzera; prázdne miesto na vyplnenie (napr. na formulári) **2.** prázdnota; *his mind was a complete b.* jeho myseľ bola úplne prázdna **3.** výp. prázdny znak, medzera

blanket [ˈblæŋkət] **I.** podst. **1.** prikrývka, deka; *a b. on the bed* prikrývka na posteli **2.** pokrývka; *a b. of snow* snehová pokrývka **II.** sl. prikryť, zakryť, zahaliť; *b-ed with fog* zahalené hmlou

blare [bleə] **I.** podst. trúbenie (poľnice ap.), vrešťanie **II.** sl. (*out*) silno trúbiť, vytrubovať, vrešťať; *the radio b-d out* rádio vrešťalo

blast [blaːst] **I.** podst. **1.** náraz vetra, tlaková vlna; *a b. of hot air* vlna horúceho vzduchu **2.** výbuch; *the b. from a bomb* výbuch bomby **3.** (za)trúbenie **4.** nálož výbušniny **II.** sl. odstreliť výbušninou, vyhodiť do vzduchu

blast furnace [ˈblaːstˌfəːnəs] vysoká pec

blast off vystreliť (raketu)

blaze [bleiz] **I.** podst. **1.** šľahajúci plameň, žiara **2.** lysina na hlave koňa **II.** sl. žiariť aj pren.; *b. with joy* žiariť od radosti

blazer [ˈbleizə] voľné športové sako

bleach [bliːč] **I.** podst. odfarbovací prostriedok, bieliaci roztok, odfarbovač **II.** sl. (vy)bieliť, odfarbiť

bleak [bliːk] **1.** pustý, holý **2.** nechránený pred vetrom; *a b. hillside* holá stráň **3.** pochmúrny, skľučujúci; *b. prospects* pochmúrne vyhliadky

bleary [ˈbliri] kalný, zahmlený

bled p. **bleed**

bleed [bliːd], *bled* [bled], *bled* **1.** krvácať; *your nose is b-ing* z nosa ti tečie krv **2.** pustiť krv žilou, seknúť žilu **3.** hovor. vymámiť, vycicať (od koho/z koho) peniaze; *they b. him for £500* vymámili od neho 500 libier

blemish [ˈblemiš] **I.** podst. škvrna aj pren.; *without b.* bez poškvrny **II.** sl. **1.** zohyzdiť **2.** pren. pošpiniť; *b. sb.'s reputation* pošpiniť povesť (koho)

blend [blend] **I.** podst. zmes; *a good b. of coffee* dobrá zmes kávy **II.** sl. **1.** (vy)miešať, zmiešať (sa), spojiť (sa); *b. the eggs and sugar together* vymiešať vajcia s cukrom; *oil doesn't b. with water* olej sa nespojí s vodou **2.** (*into, with*) harmonizovať (s čím), zapadnúť (do čoho), ladiť; *these houses b. well into the countryside* tieto domy dobre zapadajú do okolitého prostredia

bless [bles], *blessed/blest* [blest], *blessed/blest* **1.** žehnať, požehnať; *the priest b-ed the bread and wine* kňaz požehnal chlieb a víno **2.** velebiť; *b. the Lord* velebiť Boha ● *B. you!* na zdravie! (pri kýchnutí)

blessing [ˈblesiŋ] **1.** požehnanie **2.** božia milosť; *a b. in disguise* šťastie v nešťastí; *ask a b.* (po)modliť sa

blew p. **blow**

blight [blait] **I.** podst. **1.** sneť, pleseň rastlín **2.** sklamanie, deprimujúca nálada **II.** sl. **1.** splesnivieť, skaziť sa **2.** pren. zmariť; *his hopes were b-ed* jeho nádeje boli zmarené

blind [blaind] **I.** príd. **1.** slepý aj pren.; *a b. child* slepé dieťa; *b. hatered* slepá nenávisť **2.** slepecký, pre nevidiacich; *a school for the blind* škola pre nevidiacich **II.** podst. roleta; *pull down/lower the b-s* stiahnuť rolety; *draw up/raise the b-s* vytiahnuť rolety **III.** sl. **1.** oslepiť aj pren. **2.** oslniť; *a b-ing light* oslnivé svetlo **3.** zatieniť, zacloniť

blindfold [ˈblaindfəuld] **I.** prísl. naslepo; *I can do it b.* viem to urobiť aj so zaviazanými očami **II.** sl. zaviazať oči **III.** podst. páska na očiach

blindness [ˈblaindnəs] **1.** slepota **2.** necitlivosť

blind spot [ˈblaind spot] **1.** slepé miesto na sietnici **2.** hluché miesto

blink [bliŋk] **1.** žmurkať, mrkať; *b. the eyes* žmurkať očami **2.** blikať; *a b-ing turn signal* blikajúci maják (na streche vozidla)

blinkers [ˈbliŋkəz] mn. č. **1.** motor. smerovky **2.** klapky na oči pre kone

blister [ˈblistə] **I.** podst. **1.** pľuzgier **2.** bublina (v laku, skle ap.) **II.** sl. narobiť (si) pľuzgiere

blizzard [ˈblizəd] prudká snehová búrka

bloated [ˈbləutəd] **1.** nafúknutý, zdutý, opuchnutý; *b. after a heavy dinner* zdutý po

ťažkom obede 2. pren. nadutý; *b. with pride* nadutý pýchou
bloc [blok] blok, zoskupenie strán, štátov
block [blok] I. podst. 1. klát 2. blok, kváder 3. blok domov 4. aj *b. of flats* činžiak 5. výp. skupina znakov; *data control b.* riadiaci blok údajov ● *b. letters* verzálky al. paličkové písmo II. sl. blokovať, zatarasiť
blockade [blo'keid] I. podst. 1. blokáda 2. AM dopravná zápcha; *run a b.* prelomiť blokádu II. sl. blokovať; uzatvárať prístup; *b. a door* blokovať dvere
blockhead ['blokhed] hovor. hlupák
bloke [bləuk] hovor. chlapík
blond [blond] I. príd. plavý, svetlý, plavovlasý, svetlovlasý, blond; *a b. child* svetlovlasé dieťa II. podst. blondín
blonde [blond] blondínka
blood [blad] 1. krv; *b. poured from the wound* krv tiekla z rany 2. rod, krv; *he is of royal b.* je z kráľovského rodu ● *in cold b.* chladnokrvne; *breed/make bad/ill b.* narobiť mnoho zlej krvi; *it makes my b. boil* nemôžem sa na to nečinne dívať
blood donor ['blad dəunə] darca krvi
blood group [blad gru:p] aj *blood type* krvná skupina
blood pressure ['blad‚prešə] krvný tlak
bloodshed ['bladšed] krvavý fľak, škvrna od krvi krvipreliatie
bloodshot ['bladšot] podliaty krvou (o očiach)
bloodstain ['bladstein] krvavá škvrna
bloodstained ['bladsteind] zakrvavený, krvavý; *b. bandage* zakrvavený obväz
bloodstream ['bladstri:m] krvný obeh
blood vessel ['blad‚vesl] cieva
bloody ['bladi] 1. zakrvavený; *a b. shirt* zakrvavená košeľa 2. krvácajúci; *a b. nose* krvácajúci nos 3. krvavý; *a b. battle* krvavá bitka 4. prekliaty; *b. fool!* prekliaty blázon!
bloom [blu:m] I. podst. 1. kvet; *roses in (full) bloom* ruže v plnom kvete 2. kniž. rozkvet ● *in the b. of youth* v rozkvete mladosti; *in (full) b.* v (plnom) kvete II. sl. 1. kvitnúť; *the roses are b-ing* ruže kvitnú 2. pren. prekvitať, rozvíjať sa
blossom ['blosəm] I. podst. kvet, kvety ovocných stromov; *apple b-s* jabloňové kvety; *be in b.* byť v kvete II. sl. kvitnúť
blossom out (*as/into*) vyrásť (na čo), rozvinúť sa (do čoho); *he b-ed out as a first-rate athlete* vyrástol na prvotriedneho atléta

blot [blot] I. podst. 1. škvrna, machuľa, obyč. atramentová; *a book full of b-s* kniha plná machúľ 2. pren. škvrna, poškvrna, nedostatok; *a b. on his character* škvrna na jeho charaktere II. sl. -tt- 1. urobiť škvrny/machule 2. vysať, vypijakovať papierom, utrieť handrou
blot out 1. poprečiarkovať, zatrieť, začierniť 2. zakryť, zastrieť, zahaliť; *b. out the view* zakryť výhľad
blotting paper ['blotiŋ ‚peipə] pijavý papier, pijak
blouse [blauz] blúza, blúzka; *a skirt and a b.* sukňa a blúza
blow [bləu] I. podst. úder, rana, aj pren.; *a heavy b. on the head* silná rana do hlavy II. sl. *blew* [blu:], *blown* [bləun] 1. fúkať, viať, duť; *the wind is b-ing* fúka vietor 2. hvízdať, pískať; *b. the whistle* pískať na píšťalke ● *b. one's nose* vysiakať sa
blow out sfúknuť, zahasiť (sviečku)
blow up 1. vybuchnúť aj pren. explodovať 2. nafúkať (loptu)
blown p. blow
blow-up ['bləu ap] 1. fot. zväčšenina 2. výbuch aj pren. 3. stav. vydutie dlažby teplom
blue [blu:] 1. modrý, belasý; *the b. sky* modrá/belasá obloha; *b. eyes* modré/belasé oči 2. skľúčený, smutný; *feel b.* byť smutný 3. hovor. neslušný, obscénny ● *b. jokes* neslušné vtipy; *once in a b. moon* raz za uhorský rok
blueberry ['blu:bri] čučoriedka
bluebottle ['blu:‚botl] mäsiarka (mucha)
blue cheese [‚blu: 'či:z] plesňový syr
blue jeans ['blu: dži:nz] AM džínsy, texasky
blueprint ['blu:‚print] 1. polygr. modrotlač, modrá kópia 2. pren. plán, program
bluestocking ['blu:‚stokiŋ] hovor. emancipovaná, vzdelaná žena
bluff[1] [blaf] podst. strmina, útes
bluff[2] [blaf] I. sl. klamať, zavádzať II. podst. klamstvo, zavádzanie, bluf
bluish ['blu:iš] modravý
blunt [blant] I. príd. 1. tupý; *a b. knife* tupý nôž 2. jednoduchý, prostý, strohý; *a b. man* prostý človek 3. neokrôchaný; *b. manners* neokrôchané spôsoby II. sl. otupiť; *b. the edge of a knife* otupiť ostrie noža
blur [blə:] I. podst. rozmazaná al. nejasná škvrna II. sl. -rr- 1. rozmazať; *the photograph was b-red* fotografia bola rozmazaná 2. zakaliť, zaliať, zastrieť; *tears b-red her eyes* oči mala zaliate slzami

blush [blaš] **I.** sl. červenať sa, zapýriť sa, očervenieť (od hanby) **II.** podst. rumenec ● *spare my b-es!* neuvádzaj ma do rozpakov!
bluster ['blastə] **I.** sl. **1.** burácať (o vetre, mori) **2.** zúriť, revať (od zlosti) **II.** podst. **1.** burácanie (vetra, mora) **2.** zlostný rev **3.** chvastanie
boar [bo:] diviak
board [bo:d] **I.** podst. **1.** (drevená) doska, tabuľa; *a notice b.* tabuľa na oznamy; *diving b.* odrazová doska pri bazéne **2.** pren. paluba; *be on b.* byť na palube lode, lietadla **3.** mn. č. zastar. dosky javiska **4.** strava, stravovanie; *b. and lodging* strava a ubytovanie **5.** rada, komisia, výbor; *b. of examiners* skúšobná komisia **II.** sl. **1.** zadebniť, obiť latami; *b. up a window* zadebniť okno **2.** nastúpiť na loď, do vlaku, autobusu **3.** ubytovať so stravou
boarding card ['bo:diŋ ka:d] palubný lístok (na vstup do lietadla al. na loď)
boardinghouse ['bo:diŋhaus] penzión
boarding school ['bo:diŋ sku:l] internátna škola
boast [bəust] **I.** podst. chvastanie **II.** sl. (*about, of*) chvastať sa (čím), pýšiť sa; *he's just b-ing about his children* len sa tak chvasce svojimi deťmi
boaster[1] ['bəustə] chvastúň, chválenkár
boaster[2] ['bəustə] široké dláto
boat [bəut] **I.** podst. **1.** čln; *rowing b.* veslica; *sailing b.* plachetnica **2.** loď, parník **3.** aj *gravy b.* omáčnik, nádoba člnkovitého tvaru; *b. train* vlak s prípojom na loď; *in the same b.* na jednej lodi **II.** sl. prepraviť sa člnom, člnkovať sa
bob[1] [bob] -bb- **1.** poskakovať **2.** hojdať sa **3.** rýchlo sa pokloniť (o žene)
bob[2] [bob] -bb- nakrátko ostrihať (dámske vlasy); *have one's hair b-bed* mať nakrátko ostrihané vlasy
bobbin ['bobən] **1.** cievka **2.** vreteno
bobsleigh ['bobslei] aj **bobsled** ['bobsled] šport. boby
bodice ['bodis] **1.** živôtik na šatách **2.** šnurovačka
bodily ['bodəli] **I.** príd. telesný, fyzický; *cause b. harm* spôsobiť ublíženie na tele **II.** prísl. **1.** vcelku; *the building was transported b.* budova bola premiestená vcelku **2.** hromadne, korporatívne; *the audience rose b.* všetci poslucháči vstali
body ['bodi] **1.** telo **2.** aj *dead b.* mŕtvola **3.** hlavná/podstatná časť, jadro; *the main b. of*

a text hlavná časť textu **4.** teleso, súbor; *professional b-ies* profesionálne súbory **5.** orgán, zbor; *a legislative b.* zákonodarný orgán **6.** teliesko; *a foreign b. in the eye* cudzie teliesko v oku **7.** množstvo, masa; *large b-ies of water* veľké množstvo vody ● *in a b.* jednotne, ako jeden muž; *over my dead b.* len cez moju mŕtvolu
bodyguard ['bodiga:d] telesná/osobná stráž
bodywork ['bodiwə:k] karoséria
bog [bog] **I.** podst. bahnisko, močarina **II.** sl. -gg- *(down)* zaboriť (sa); *b. down in the mud* zaboriť sa do bahna
Bohemia [bəu'hi:miə] Čechy
Bohemian [bəu'hi:miən] český
boil[1] [boil] vred
boil[2] [boil] **I.** podst. var, bod varu; *be at/on the b.* byť vo vare, vrieť; *bring to the b.* priviesť do varu aj pren. **II.** sl. **1.** variť; *b. the milk* variť mlieko **2.** vrieť; *the kettle is b-ing* voda v konvici vrie ● *b-ing point* bod varu
boil away vyvariť sa
boil down 1. zvariť sa **2.** zmenšiť objem, scvrknúť sa
boil over vykypieť
boiler ['boilə] **1.** parný kotol **2.** elektr. bojler
boisterous ['boistrəs] **1.** prudký, búrlivý (o počasí) **2.** roztopašný, samopašný; *b. children* nespratné deti
bold [bəuld] **1.** odvážny, smelý; *b. new plans* nové smelé plány **2.** bezočivý; *a b. child* bezočivé dieťa ● *as b. as brass* drzý ako opica **3.** výrazný; *the b. outline of mountains* výrazné obrysy hôr
bolster ['bəulstə] **I.** podst. **1.** dlhý podhlavník **2.** odb. podložka **II.** sl. aj *b. up* **1.** podoprieť, spevniť **2.** zvýšiť; *b. demand* zvýšiť dopyt **3.** dodať, pridať; *b. (up) courage* dodať odvahu
bolt[1] [bəult] **I.** podst. **1.** závora zámky, západka **2.** skrutka s maticou **3.** blesk, záblesk ● *b. from the blue* blesk z jasného neba **II.** sl. **1.** zatvoriť na závoru **2.** zaskrutkovať
bolt[2] [bəult] **1.** expr. utiecť, ujsť, ubziknúť; *b. through the back door* ujsť zadnými dvermi **2.** splašiť sa (o kom) **3.** aj *b. down* rýchlo zhltnúť jedlo; *b. (down) a little food* zhltnúť trochu jedla
bomb [bom] **I.** podst. bomba ● *go like a b.* veľmi dobre fungovať **II.** sl. **1.** bombardovať **2.** AM *(out)* hovor. neuspieť
bomber ['bomə] bombardér

bond [bond] **1.** puto, zväzok; *linked by b-s of friendship* spojení putami priateľstva **2.** dohoda, zmluva; *enter into a b. with sb.* zmluvne sa dohodnúť (s kým)
bone [bəun] **I.** podst. kosť; *a broken b.* zlomená kosť ● *a b. of contention* jablko sváru; *frozen to the b.* zmrznutý až na kosť; *cut to the b.* znížiť na minimum; *make no b-s about sth.* neváhať urobiť (čo) **II.** sl. **1.** vykostiť **2.** vystužiť kosticami
   bone-dry [ˌbəun ˈdrai] hovor. úplne suchý
bonfire [ˈbonfaiə] vatra, táborák
bonnet [ˈbonət] **1.** detský čepček, ženský čepiec **2.** odb. kryt motora, kapota **3.** mužská al. vojenská škótska čiapka
bonus [ˈbəunəs] **1.** (mimoriadny) príplatok, prémia **2.** bonifikácia
bony [ˈbəuni] kostnatý
book [buk] **I.** podst. **1.** kniha, knižka; *write a b. on/about one's travels* písať knihu o svojich cestách ● *a cheque b.* šeková knižka **2.** zošit, blok; *an exercise b.* školský zošit ● *in sb.'s b.* podľa mienky (koho) **II.** sl. objednať (si), zabezpečiť (si), rezervovať (si); *b. seats on a plane/a table in a restaurant* zabezpečiť si letenky/stôl v reštaurácii; *b. well in advance* rezervovať si dlho vopred
   book in 1. rezervovať/objednať izbu v hoteli (pre koho); *I've b-ed you in at the Grand Hotel* objednal som vám izbu v hoteli Grand **2.** zapísať sa na recepcii hotela
bookbinding [ˈbukˌbaindiŋ] viazanie kníh
bookcase [ˈbukkeis] knižnica (nábytok)
booking clerk [ˈbukiŋ klaːk] pokladník predávajúci cestovné lístky al. vstupenky
booking office [ˈbukiŋ ˌofəs] pokladnica na stanici, v divadle
bookkeeper [ˈbukˌkiːpə] účtovník
booklet [ˈbuklət] brožúra, knižka
bookmaker [ˈbukˌmeikə] majiteľ stávkovej kancelárie, zamestnanec kancelárie
bookmark [ˈbukmaːk] záložka do knihy
bookseller [ˈbukˌselə] **1.** kníhkupec **2.** *b.'s* mn. č. kníhkupectvo
bookshop [ˈbukšop] kníhkupectvo
bookstall [ˈbukstoːl] stánok s novinami a časopismi
boom[1] [buːm] **1.** rahno, žrď **2.** tyč s mikrofónom
boom[2] **I.** podst. rozmach, rýchly vzostup **II.** sl. **1.** prosperovať **2.** rýchlo stúpať na cene dôležitosti ap.

boomerang [ˈbuːməræŋ] **I.** podst. bumerang aj pren. **II.** sl. vrátiť sa ako bumerang
boost [buːst] **1.** z(o)dvihnúť; *b. sb. up* dvihnúť (koho) hore **2.** zosilniť, zvýšiť; *b. profit/demand* zvýšiť zisk/dopyt **3.** podporiť, povzbudiť; *b. sb.'s ego* povzbudiť sebavedomie (koho)
booster [ˈbuːstə] **1.** odb. zosilňovač **2.** odb. raketový urýchľovač **3.** injekcia na preočkovanie
boot [buːt] **1.** vysoká topánka, AM čižma **2.** batožinový priestor v aute, hovor. kufor
bootee [ˈbuːtiː] detská topánočka
booth [buːð] búdka, stánok, aj *(tele)phone b.* telefónna búdka
border [ˈboːdə] **I.** podst. **1.** lem, obruba, okraj; *a handkerchief with a blue b.* vreckovka s modrým lemom **2.** hranica, pohraničné územie; *cross the b.* prekročiť hranicu **II.** sl. **1.** lemovať, obrúbiť; *fields b-ed by woods* polia lemované lesmi **2.** hraničiť; *France b-s Germany* Francúzsko hraničí s Nemeckom
borderline [ˈboːdəlain] hraničná/medzná čiara, medzník, hranica
bore[1] [boː] **I.** sl. vŕtať; *b. a well* vŕtať studňu **II.** podst. **1.** aj **borehole** vrt **2.** nebožiec, vrták
bore[2] [boː] **I.** sl. nudiť; *am I b-ing you?* nudím ťa? **II.** podst. **1.** nudný človek; *she's a b.* je nudná **2.** nuda, otrava; *it's a b.* je to otrava
bore[3] p. bear
boredom [ˈboːdəm] nuda, dlhá chvíľa
boring [ˈboːriŋ] nudný, otravný; *a b. evening* nudný večer; *a b. man* otravný človek
born [boːn] **1.** narodený; *be b.* narodiť sa **2.** p. bear
borough [ˈbarə] BR mesto al. volebný okres so samosprávou, AM obec
borrow [ˈborəu] vypožičať si; *he b-ed a book from me* požičal si odo mňa knihu
borrowing [ˈborəuiŋ] **1.** výpožička **2.** jaz. prevzaté slovo; *b-s from French* prevzaté slová z francúzštiny
borstal [ˈboːstl] BR nápravné zariadenie pre mladistvých
bosom [ˈbuzm] prsia, poprsie
boss [bos] **1.** šéf, vedúci **2.** pren. vládca, pán
boss-eyed [ˈbos aid] BR slang. **1.** slepý na jedno oko **2.** škuľavý
botanical [bəˈtænikl] botanický; *b. garden* botanická záhrada
botany [ˈbotəni] botanika
botch [boč] hovor. **I.** podst. fušerstvo, fušerská práca **II.** sl. sfušovať, pokaziť; *a b-ed piece of work* sfušovaná robota

both [bəuθ] **1.** oba, obaja, obidva, obidvaja, obidve; *b. (of them) are good* obidvaja sú dobrí **2.** *b ... and* aj...aj, nielen..., ale aj; *we visited b.* London *and New York* navštívili sme aj Londýn, aj New York
bother [ˈboðə] **I.** sl. **1.** obťažovať, vyrušovať, otravovať; *b. with foolish questions* otravovať hlúpymi otázkami **2.** obťažovať sa, ustávať sa, unúvať sa; *don't b. to lock the door* nemusíš sa obťažovať zamykaním dverí ● *oh, b. (it)!* do čerta! **II.** podst. obťažovanie, vyrušovanie, otravovanie
bothersome [ˈboðəsm] **1.** nepríjemný; *b. demands* nepríjemné požiadavky **2.** otravný, nudný; *b. people* otravní ľudia
bottle [ˈbotl] **I.** podst. fľaša **II.** sl. **1.** stáčať do fliaš **2.** zavárať do fliaš
bottle-fed [ˈbotl fed] (o dieťati) vyživované z fľaše
bottle green [ˌbotlˈgriːn] fľaškovozelený, tmavozelený
bottleneck [ˈbotlnek] **1.** hrdlo fľaše **2.** úzky priechod **3.** zápcha v doprave
bottom [ˈbotəm] **I.** podst. **1.** dno, spodok; *the ship went to the b.* loď sa potopila/klesla na dno; *at the b.* dole, naspodu **2.** zadná časť; *at the b. of the garden* v zadnej časti záhrady **3.** hovor. zadok ● *get to the b. of sth.* prísť čomu na koreň **II.** príd. spodný, dolný, najspodnejší; *the b. drawer* spodná zásuvka
bough [bau] kniž. konár stromu
bought p. **buy**
boulder [ˈbəuldə] balvan
bounce [bauns] **1.** poskakovať; *b. up and down* poskakovať hore dolu **2.** (off) odraziť (sa) (od čoho); odskočiť (od čoho) *b. a ball off a wall* hádzať loptu o stenu **3.** vraziť, vrútiť sa; *b. into the room* vraziť do izby
bouncing [ˈbaunsiŋ] kypiaci zdravím, mocný (hl. o deťoch)
bound¹ [baund] skákať, poskakovať; *his dog came b-ing to him* pes ho privítal skákaním
bound² [baund] hraničiť; *England is b-ed by Scotland* Anglicko hraničí so Škótskom
bound³ [baund] **1.** povinný, nútený, zaviazaný; *legally b. to pay his debts* nútený zaplatiť dlhy v zmysle zákona; *he is b. to come* musí prísť **2.** p. **bind**; *be b. up in sth.* byť oddaný (čomu); *he is b. up in his work* celkom sa oddal svojej práci
boundary [ˈbaundri] hranica, medza, rozmedzie, rozhranie; *a b. between my and his land* hranica medzi mojím a jeho pozemkom

bounds [baundz] mn. č. medza, medze; *within the b. of probability* v medziach pravdepodobnosti ● *be out of b.* byť zakázaný/neprístupný
bounteous [ˈbauntiəs] kniž. štedrý, hojný, bohatý; *a b. harvest* bohatá úroda
bounty [ˈbaunti] **1.** odmena, prémia **2.** kniž. štedrosť
bourbon [ˈbuəbən] bourbon (americká whisky)
bourgeois [ˈbuəžwaː] **I.** podst. meštiak **II.** príd. meštiacky, buržoázny
bout [baut] **1.** záchvat, výbuch; *a b. of coughing* záchvat kašľa **2.** zápas, zápasenie
boutique [buːˈtiːk] butik
bovine [ˈbəuvain] **1.** hovädzí, volský, kravský **2.** tupý, pomalý, lenivý
bow¹ [bəu] **1.** luk **2.** sláčik **3.** oblúk **4.** mašľa; *a b. of pink ribbon* mašľa z ružovej stuhy
bow² [bau] **I.** sl. **1.** zohnúť (sa), skloniť (sa); *the branches were b-ed (down)* vetvy boli zohnuté; *she b-ed her head in shame* zahanbene sklonila hlavu **2.** pokloniť sa; *he b-ed before the Queen* poklonil sa pred kráľovnou **II.** podst. úklon hlavy
bow³ [bau] obyč. mn. č. *b-s* prova
bowel [ˈbauəl] **1.** črevo; *b-s* mn. č. črevá, vnútornosti, útroby aj pren.; *in the b-s of the earth* v útrobách zeme; lek. *b. movement* stolica
bowl¹ [bəul] (hlbšia) misa, miska; *a glass b.* sklená misa
bowl² [bəul] **I.** podst. drevená guľa pri hre s americkými kužeľkami **II.** sl. gúľať loptu/guľu
box¹ [boks] **I.** podst. **1.** škatuľa, škatuľka, debna; *a b. of matches* škatuľka zápaliek; *a tool b.* debnička na nástroje **2.** lóža v divadle **3.** búdka; *a sentry b.* strážna búdka **II.** sl. **1.** zabaliť do škatule **2.** odb. odebniť
box² [boks] boxovať ● *b. sb.'s ear* dať/vylepiť facku (komu)
boxing [ˈboksiŋ] box, boxovanie
boxing-glove [ˈboksiŋ glav] boxerská rukavica
boxing match [ˈboksiŋ mæč] boxerský zápas, zápas v boxe
box office [ˈboks ˌofəs] pokladnica v kine, divadle
boy [boi] **1.** chlapec **2.** syn, synček; *we've got two b-s* máme dvoch synov **3.** zastar. sluha; *an office b.* kancelársky pomocník; *a delivery-boy* poslíček

boyfriend ['boifrend] blízky priateľ dievčaťa
bra [bra:] hovor. podprsenka
brace [breis] I. podst. 1. stav. spona, výstuž, podpera 2. *b-s* mn. č. traky II. sl. 1. podoprieť, posilniť, vystužiť; *the struts are firmly b-d* podpery sú dobre vystužené 2. b. oneself napnúť sily, pripraviť sa duševne; *he b-d himself to hear the news* pripravil sa, aby si vypočul tú novinu
bracelet ['breislət] náramok
bracing ['breisiŋ] osviežujúci; *b. air* osviežujúci vzduch
bracket ['brækət] 1. podpera, konzola 2. zátvorka; *round b-s* okrúhle zátvorky; *square b-s* hranaté zátvorky
bradawl ['brædo:l] šidlo (nástroj)
braid [breid] I. podst. 1. vrkoč; *wear one's hair in b-s* nosiť vlasy zapletené do vrkočov 2. pletená šnúra II. sl. 1. zapliesť do vrkoča 2. lemovať šnúrou
brain [brein] I. podst. 1. mozog 2. hovor. aj *b-s* mn. č. rozum, intelekt; *he hasn't got much b.* ten nemá veľa rozumu 3. hovor. aj *b-s* mn. č. veľmi inteligentný človek II. sl. hovor. zabiť úderom do hlavy
brain drain ['brein drein] odliv mozgov, únik mozgového potenciálu
brainteaser ['breinti:zə] hlavolam
brainwashing [breinwošiŋ] vymývanie mozgov, deformovanie myslenia
brainwork ['breinwə:k] duševná práca, duševná činnosť
brainy ['breini] hovor. múdry, inteligentný, duchaplný
braise [breiz] dusiť mäso; *b-d beef* dusené hovädzie mäso
brake [breik] I. podst. brzda aj pren.; *act as a b.* pôsobiť ako brzda (brzdiť pokrok, výdavky ap.) II. sl. brzdiť aj pren.
brambleberry ['bræmblbri] černica
bran [bræn] otruby
branch [bra:nč] I. podst. 1. vetva stromu aj pren.; *a b. of an old family* vetva starej rodiny 2. odbočka; *a b. of a railway* odbočka železnice 3. odvetvie, odbor; *a b. of medicine* lekársky odbor 4. pobočný závod, pobočka, filiálka 5. výp. skok, vetvenie programu II. sl. rozvetvovať sa; *the road b-es here* cesta sa tu rozvetvuje
brand [brænd] I. podst. 1. obchodná značka, druh tovaru; *an excellent b. of coffee* káva výbornej značky 2. vypálené znamenie 3. horiace poleno II. sl. 1. označiť, označkovať 2. ociachovať, biľagovať

brand name ['brænd ‚neim] obchodná značka
brand-new [‚brænd 'nju:] celkom nový
brandy ['brændi] brandy, vínovica
brass [bra:s] 1. mosadz 2. *b. instruments* plechové hudobné nástroje, plechy
brassiere aj **brassieres** ['bræziə] skr. *bra* AM podprsenka
brave [breiv] I. príd. statočný II. sl. statočne vzdorovať, čeliť, stáť/postaviť sa zoči-voči; *b. death* zoči-voči smrti
bravery ['breivəri] odvaha, statočnosť
brawn [bro:n] 1. svalstvo 2. telesná sila, sila svalov 3. bravčové mäso (obyč. naložené), huspenina z bravčovej hlavy
breach [bri:č] I. podst. 1. porušenie disciplíny, dohody; *b. of contract* porušenie zmluvy; *b. of the peace* rušenie verejného poriadku 2. zanedbanie povinnosti 3. násilné vniknutie 4. roztržka; *a b. between two countries* roztržka medzi dvoma krajinami II. sl. 1. porušiť sľub, dohodu 2. preraziť, urobiť prielom
bread [bred] chlieb; *white b.* biely chlieb; *brown b.* čierny chlieb; *a loaf/slice/piece of b.* bochník/krajec/kúsok chleba
bread and butter [‚bredənd'batə] 1. chlieb s maslom 2. živobytie, obživa
breadcrumbs ['bredkramz] mn. č. 1. omrvinky z chleba 2. strúhaná žemľa, strúhanka
breadth [bredθ] šírka; *ten metres in b.* desať metrov široký
breadwinner ['bred‚winə] živiteľ rodiny
break [breik] I. podst. 1. zlomenie, prasknutie 2. porucha; *a b. in the water pipes* porucha na vodovodnom potrubí 3. zmena, zlom; *a b. in the weather* zmena počasia 4. prestávka, prerušenie; *an hour's b.* hodinová prestávka; *without a b.* bez prerušenia II. sl. *broke* [brəuk], *broken* ['brəuken] 1. zlomiť (sa); *he broke his leg* zlomil si nohu 2. rozbiť (sa) 3. pokaziť (sa); *I broke my watch* pokazil som si hodinky 4. porušiť, nedodržať; *b. the law* porušiť zákon, urobiť priestupok 5. skrotiť
break down 1. zrútiť sa 2. pokaziť sa 3. zbúrať, demolovať
break in/into vniknúť násilím
break off 1. odlomiť (sa) 2. prerušiť, urobiť prestávku
break out 1. vypuknúť (o ohni, chorobe) 2. *(of)* uniknúť (z čoho)
break up 1. rozbiť, zničiť 2. rozísť sa, skončiť (schôdzu, školu) 3. pokaziť sa (o počasí)

breakable ['breikəbl] rozbitný, krehký
breakdown ['breikdaun] **1.** porucha, havária; *a b. on the motorway* havária na diaľnici **2.** zrútenie, kolaps; *have a nervous b.* nervovo sa zrútiť
breakfast ['brekfəst] raňajky; *have b.* raňajkovať
breakneck ['breiknek] krkolomný, nebezpečný; *at a b. speed* krkolomnou rýchlosťou
breakthrough ['breikθru:] **1.** vedecký objav, významný pokrok **2.** voj. prielom
breakwater ['breik͵wo:tə] vlnolam
breast [brest] prsia, hruď; *stuffed b. of chicken* plnené kuracie prsia; *b. pocket* náprsné vrecko
breaststroke ['breststrəuk] prsia (plavecký štýl)
breath [breθ] **1.** dych, dýchanie **2.** závan; *a b. of fresh air* závan čerstvého vzduchu ● *hold one's b.* zatajiť dych; *in the same b.* jedným dychom, súčasne; *out of b.* udýchaný
breathe [bri:ð] **1.** dýchať; *b. in/out* vdychovať/vydychovať **2.** šeptať **3.** viať, vanúť
breathless ['breθləs] bez dychu, zadychčaný
bred p. **breed**
breeches ['bričəz] mn. č. aj *a pair of b.* pumpky; *riding b.* jazdecké nohavice
breed [bri:d] **I.** podst. plemeno, rasa; *b. of cattle* plemeno dobytka **II.** sl. *bred* [bred], *bred* **1.** rodiť, množiť (sa), rozmnožovať (sa); *rabbits b. quickly* králiky sa rýchlo množia **2.** chovať zvieratá, pestovať rastliny **3.** vychovať; *a well-bred boy* dobre vychovaný chlapec
breeding ['bri:diŋ] **1.** rodenie, množenie zvierat **2.** chov, pestovanie **3.** výchova, dobré správanie; *a man of (good) b.* človek s dobrou výchovou
breeze [bri:z] **I.** podst. vánok **II.** sl. **1.** viať, vanúť **2.** uháňať, letieť, prihnať sa; *he just b-d in and then b-ed out again* prihnal sa dnu a potom hneď zasa upaľoval preč ● *b. through an exam* ľahko urobiť skúšku
breezy ['bri:zi] **1.** príjemne veterný (o počasí); *it's b. today* dnes vanie príjemný vetrík **2.** veselý, šťastný, spokojný (o ľuďoch)
brethren p. **brother**
brevity ['brevəti] krátkosť, stručnosť
brew [bru:] **I.** sl. **1.** variť pivo **2.** pripraviť, uvariť (čaj, kávu ap.) **3.** blížiť sa, chystať sa, hroziť; *a storm is b-ing* chystá sa na búrku **II.** podst. várka tekutiny
brewery ['bru:əri] pivovar

bribe [braib] **I.** podst. úplatok; *take b-s* brať úplatky **II.** sl. podplatiť, dať úplatok
bric-a-brac ['brik ə ͵bræk] (ozdobné drobné) starožitné predmety
brick [brik] **I.** podst. tehla; *built of b.* tehlový, postavený z tehál **II.** sl. postaviť z tehál *brick in/up* zamurovať tehlami
bricklayer ['brik͵leiə] murár
brickwork ['brikwə:k] tehlové murivo
bridal ['braidl] svadobný; *the b. feast* svadobná hostina
bride [braid] nevesta
bridegroom ['braidgru:m] ženích
bridesmaid ['braidzmeid] družička
bridge[1] [bridž] **1.** most; *a b. across the river* most cez rieku **2.** kapitánsky mostík (na lodi) **3.** hud. kobylka (na strunových nástrojoch) **4.** môstik (zubný)
bridge[2] [bridž] kart. bridž
bridle ['braidl] **I.** podst. uzda **II.** sl. **1.** dať uzdu (koňovi) **2.** pren. držať na uzde, ovládať; *b. one's passions* ovládať svoje vášne
brief [bri:f] krátky, stručný; *be b.* stručne sa vyjadriť, byť stručný ● *in b.* krátko, niekoľkými slovami
briefcase ['bri:fkeis] aktovka
briefing ['bri:fiŋ] krátka informačná schôdzka
brigade [bri'geid] **1.** voj. brigáda **2.** zbor; *the Fire B.* požiarny zbor
bright [brait] **1.** jasný, žiarivý **2.** výrazný, jasný (o farbách); *a b. red car* jasnočervené auto **3.** rozžiarený, veselý; *b. faces* rozžiarené tváre **4.** bystrý; *a b. boy* bystrý chlapec
brighten ['braitn] vyjasniť sa; *the sky is b-ing* obloha sa vyjasnieva
brilliant ['briljənt] **I.** príd. **1.** žiarivý; *a b. star* žiarivá hviezda **2.** skvelý, vynikajúci; *a b. scientist* vynikajúci vedec **II.** podst. briliant
brim [brim] **I.** podst. **1.** okraj pohára **2.** strecha klobúka **II.** sl. -mm- naplniť po okraj; *his eyes were b-med with tears* mal oči plné sĺz
brim over **1.** pretiecť cez okraj **2.** prekypovať šťastím ap.
brine [brain] **I.** podst. **1.** soľný roztok, slaný nálev napr. na nakladanie potravín **2.** kniž. more **II.** sl. konzervovať soľou, nasoliť
bring [briŋ] *brought* [bro:t], *brought* **1.** priniesť, doniesť; *b. me a box* dones mi nejakú škatuľu **2.** priviezť; *b. him home* priveď ho domov **3.** *b. sb./o. s. to do sth.* donútiť/pri-

nútiť (koho/sa) urobiť (čo); *she couldn't b. herself to speak* nevedela sa prinútiť hovoriť
bring about spôsobiť, zapríčiniť; *science has brought about many changes in our lives* veda spôsobila mnohé zmeny v našom živote
bring (a)round (*to*) **1.** presvedčiť **2.** priviesť k vedomiu
bring back vrátiť
bring forward 1. preložiť na skorší termín **2.** predložiť
bring off mať úspech, zvládnuť
bring up 1. vychovať **2.** uviesť, nadhodiť do diskusie ● *b. sb. up short* zaraziť koho, prudko zastaviť (koho)
brink [briŋk] **1.** okraj zrázu **2.** strmý breh **3.** pokraj duševného stavu, situácie; *bring sb. to the b. of ruin* priviesť (koho) na pokraj skazy
brisk [brisk] rázny, čulý; *a b. walk* rázna chôdza; *b. trade* čulý obchod
bristle [ˈbrisl] **I.** podst. štetina; *a toothbrush with stiff b-s* zubná kefka s ostrými štetinami **II.** sl. naježiť (sa) aj pren.; *the dog's hair was b-d* pes mal naježenú srsť; *b. with anger* naježiť sa od hnevu
Brit [brit] hovor. Brit
Britain [ˈbritn] Británia; *Great B.* Veľká Británia
British [ˈbritiš] **I.** príd. britský **II.** podst. *the B.* Briti
brittle [ˈbritl] **1.** krehký aj pren.; *b. glass* krehké sklo; *b. marriage* krehké manželstvo **2.** nedotklivý, urážlivý; *a b. temper* nedotklivá povaha
broach [brəuč] **I.** sl. **1.** uviesť tému na program, začať rozhovor; *b. the subject of starting a new programme* začať rozhovor na tému nového programu **2.** odb. naraziť sud, otvoriť fľašu **II.** podst. **1.** ražeň **2.** bodec, hrot **3.** tŕň, pichliač
broad [broːd] **1.** široký; *a river fifty metres b.* rieka široká 50 m **2.** jasný, zreteľný; *in b. daylight* za jasného dňa **3.** všeobecný, celkový; *in b. outlines* vo všeobecných črtách **4.** tolerantný; *a man of b. views* tolerantný človek
broadcast [ˈbroːdkaːst], *broadcast, broadcast* **I.** sl. vysielať rozhlasom al. televíziou; *b. the news* vysielať správy **II.** podst. vysielanie aj výp.; *a live b. of a football match* priamy prenos futbalového zápasu
broad jump [ˈbroːd džamp] AM skok do diaľky
broadly [ˈbroːdli] **1.** všeobecne; *b. speaking* všeobecne povedané **2.** zhruba, približne

broadminded [ˌbroːdˈmaindəd] veľkodušný, veľkorysý, šľachetný
brochure [ˈbrəšuə] informačná/reklamná brožúra
broil [broil] **1.** AM piecť nad ohňom, grilovať **2.** pražiť (o slnku); *it's b-ing today* dnes praží
broke p. **break**
broken [ˈbrəukn] **1.** rozlámaný, zlomený aj pren.; *a b. man* zlomený človek **2.** prerušovaný; *a b. line* prerušovaná čiara **3.** lámaný; *b. English* lámaná angličtina **4.** p. **break**
broken-hearted [ˌbrəukənˈhaːtəd] zúfalý
broker [ˈbrəukə] maklér, obchodný sprostredkovateľ
bronchitis [broŋˈkaitəs] zápal priedušiek
bronze [bronz] **I.** podst. bronz **II.** sl. opáliť (sa) do bronzova; *faces b-d by the sun* tváre opálené do bronzova
Bronze Age [ˈbronz eidž] doba bronzová
brooch [brəuč] brošňa
brook[1] [bruk] potok
brook[2] [bruk] zniesť, pripustiť (obyč. v zápornej vete); *b. no delay* nepripustiť odklad
broom [bruːm] zmeták na dlhej rúčke, metla ● *a new b. sweeps clean* nová metla dobre metie
broth [broθ] bujón, vývar (z mäsa a zeleniny)
brother [ˈbraðə] **1.** brat **2.** *brethren* [ˈbreðrən] mn. č. bratia (členovia tej istej cirkvi, ľudia rovnakej viery)
brotherhood [ˈbraðəhud] bratstvo
brother-in-law [ˈbraðə in loː] švagor
brought p. **bring**
brow [brau] **1.** aj *eye brow* obočie **2.** čelo **3.** prudký svah; *the b. of a hill* prudký svah kopca
brown [braun] hnedý
brown bread [ˌbraun ˈbred] čierny chlieb
brown rice [ˌbraun ˈrais] nelúpaná ryža
brown sugar [ˌbraun ˈšugə] nerafinovaný cukor
browse [brauz] **1.** pásť sa; *b-ing cattle* pasúci sa dobytok **2.** prezerať si, listovať; *b-ing among the books* listovať si v knihách **3.** vyhľadávať informácie v medzinárodnej počítačovej sieti
bruise [bruːz] **I.** podst. sinka, podliatina **II.** sl. **1.** poudierať sa, narobiť (si) sinky **2.** pomliaždiť, otlčť (napr. ovocie); *b-d peaches* pomliaždené broskyne
brunch [branč] hovor. výdatná desiata (namiesto raňajok a obeda)
brush [braš] **I.** podst. **1.** kefa, kefka **2.** štetec, štetka **3.** líščí chvost **4.** letmý dotyk **II.** sl.

B

1. kefovať, okefovať; *b. one's coat* (o)kefovať si kabát **2.** šuchnúť sa, obtrieť sa; *my hand b-ed the wall* rukou som sa šuchol o stenu
brush up (*on*) zopakovať si, osviežiť si vedomosti; *b. up on one's English* obnoviť si vedomosti v angličtine
Brussels ['braslz] Brusel
Brussels sprout [ˌbraslz 'spraut] ružičkový kel
brutal ['bruːtl] surový, krutý, brutálny
brutality [bru'tæləti] surovosť, krutosť, brutalita
brute [bruːt] **I.** podst. **1.** zviera **2.** zver, surovec (o človeku) **II.** príd. brutálny, surový
bubble ['babl] **I.** podst. bublina **II.** sl. **1.** bublať, klokotať **2.** aj *b. over* prekypovať (čím); *she was b-ing over with joy* prekypovala radosťou
bubble baths [ˌbabl 'baːðz] mn. č. uhličité kúpele
bubble gum ['bablgam] žuvačka, z ktorej sa dajú vyfukovať bubliny
buck [bak] **1.** samec srnca, zajaca ap. **2.** cap **3.** koza (na rezanie dreva) **4.** AM slang. dolár
bucket ['bakət] **1.** vedro, vedierko **2.** lyžica (rýpadla)
buckle ['bakl] **I.** podst. spona, pracka **II.** sl. **1.** zapnúť na pracku; *b. a belt* zapnúť opasok **2.** zohnúť (sa)
buckwheat ['bakwiːt] pohánka
bud [bad] **I.** podst. puk, púčik; *be in b.* pučať **II.** sl. *-dd-* pučať, klíčiť; *all the trees are b-ding* všetky stromy pučia
buddy ['badi] hovor. kamarát, kamoš
budge [badž] (po)hnúť (sa); *I can't b. it* nemôžem s tým ani hnúť
budget ['badžət] rozpočet; *balance the b.* vyrovnať rozpočet
buffalo ['bafələu] byvol, americký bizón
buffer ['bafə] **1.** nárazník **2.** výp. vyrovnávacia pamäť
buffet[1] [bu'fei] (pult al. stôl s občerstvením)
buffet[2] ['bafət] **I.** podst. úder päsťou **II.** sl. **1.** udrieť, udierať **2.** bičovať, šľahať; *flowers b-ed by rain* dažďom ošľahané kvety
bug [bag] **1.** ploštica (hmyz aj odpočúvacie zariadenie) **2.** AM chrobák **3.** hovor. bacil
bugbear ['bagbeə] strašiak aj pren.; *the b. of rising prices* strašiak rastúcich cien
build [bild], *built* [bilt], *built* **1.** stavať, postaviť, (vy)budovať; *b. a house* stavať dom **2.** vybudovať, vytvoriť (si); *efforts to b. confidence* úsilie vybudovať (si) dôveru **3.** (*on*)

stavať, budovať (na čom); *b. on* experience budovať na skúsenostiach
build in vstavať; *the furniture is built in* nábytok je vstavaný
build on pristavať
build up **1.** vybudovať **2.** zastavať; *the area is already built up* (tá) plocha je už zastavaná **3.** upevniť (sa), zlepšiť (sa), zvýšiť (sa), rozvíjať (sa)
builder ['bildə] **1.** staviteľ **2.** zakladateľ, budovateľ, tvorca
building ['bildiŋ] **I.** podst. **1.** budova, stavba **2.** stavanie **II.** príd. stavebný; *the b. industry* stavebný priemysel
building society ['bildiŋ səˌsaiəti] stavebná sporiteľňa
buildup ['bildap] **1.** rast, nárast, nahromadenie; *b. of forces* rast vojenských síl; *b. of traffic* nárast dopravy **2.** priaznivá publicita; *the press gave him a tremendous b.* tlač ho veľmi priaznivo hodnotila
built p. **build**
built-in [ˌbilt 'in] vstavaný, zabudovaný; *b. kitchen* vstavaná kuchyňa
bulb [balb] **1.** bot. cibuľka, hľuza **2.** aj *light b.* žiarovka **3.** banka (napr. teplomeru)
Bulgaria [bal'geriə] Bulharsko
Bulgarian [bal'geriən] **I.** príd. bulharský **II.** podst. **1.** Bulhar **2.** bulharčina
bulge [baldž] **I.** podst. **1.** vypuklina, vydutina, vydutie **2.** zdurenie žľazy **3.** náhly nárast; *the b. of birthrate* veľký nárast pôrodnosti **II.** sl. vydúť sa; *his pockets b-d with apples* vrecká sa mu vydúvali jablkami
bulk [balk] **1.** množstvo, objem, veľkosť; *the b. of a parcel* veľkosť balíka **2.** väčšina, väčšia/podstatná časť; *the b. of his money was spent* väčšinu peňazí minul ● *in b.* voľne ukladaný al. sypaný (o tovare)
bulky ['balki] objemný
bull [bul] **1.** býk, bujak **2.** samec (veľkých cicavcov)
bulldoze ['buldəuz] **1.** odsunúť, odstrániť (zeminu, prekážky) buldozérom **2.** hovor. donútiť; *they b-d her into agreeing* donútili ju súhlasiť
bulldozer ['buldəuzə] buldozér
bullet ['bulət] strela, guľka
bulletproof ['bulitpruːf] nepriestrelný
bullion ['buljən] zlato al. striebro (v tehličkách, prútoch)
bullshit ['bulšit] hovor. hlúposť, somárstvo

bulwark ['bulwək] **1.** bašta, opevnenie **2.** pren. opora, záštita; *b. of liberty* záštita slobody
bumblebee ['bamblbi:] čmeliak
bump [bamp] **1.** (*against*) naraziť (na čo, do čoho); *b. against the wall* naraziť do steny **2.** (*into*) vraziť (do koho, čoho); *she b-ed into me* vrazila do mňa **3.** hrkotať, drkotať (sa), hegať sa; *b. along the track* drgľovať sa po cestičke
bumper[1] ['bampə] nárazník motorového vozidla
bumper[2] ['bampə] vynikajúci, skvelý, rekordný; *a b. harvest* rekordná úroda
bun [ban] **1.** šiška, buchtička, koláčik **2.** uzol (z vlasov)
bunch [banč] **I.** podst. **1.** trs, chumáč; *a b. of hair* chumáč vlasov; *a b. of bananas* trs banánov **2.** zväzok; *a b. of keys* zväzok kľúčov **3.** kytica; *a b. of flowers* kytica kvetov **II.** sl. zviazať spolu/dokopy, dať na kopu
bundle ['bandl] balík, batoh; *a b. of money* balík peňazí
bungalow ['bangələu] bungalov, jednopodlažný dom
bunion ['banjən] mozoľ, pľuzgier (obyč. na palci na nohe)
bunk [baŋk] **1.** lôžko (vo vlaku, na lodi), pričňa **2.** aj *b. bed* poschodová posteľ
bunny ['bani] aj *b. rabbit* det. zajačik, zajko
buoyant ['boiənt] **1.** schopný plávať na povrchu tekutiny, vznášavý; *cork is a very b. material* korok je veľmi vznášavý materiál **2.** živý, rezký, svižný; *a b. step* rezký krok **3.** optimistický; *a b. disposition* sklon k optimizmu/veselosti
burden ['bə:dn] **1.** bremeno; *beast of b.* ťažné zviera **2.** pren. príťaž, zodpovednosť, starosti
burdensome ['bə:dnsm] **1.** ťažký, neľahký; *b. duties* neľahké povinnosti **2.** ťaživý, tiesnivý
bureau ['bjurəu] mn. č. *bureaux* ['bjuərəuz] **1.** písací stôl (so zásuvkami) **2.** kancelária; *Information B.* informačná kancelária
bureaucracy [bju'rokrəsi] byrokracia
bureaucratic [‚bjurə'krætik] byrokratický
burglar ['bə:glə] vlamač, zlodej
burglar alarm ['bə:glə ə‚la:m] poplašný signál
burglary ['bə:gləri] lúpež, vlámanie
burial ['beriəl] pohreb
burn [bə:n], *burnt/burned* [bə:nt/bə:nd], *burnt/burned* **1.** horieť aj pren.; *wood b-s eas-*

ily drevo ľahko horí; *he was b-ing with anger* horel od hnevu **2.** páliť, spáliť, popáliť, zhorieť; *I've burnt my hand* popálil som si ruku; *b. to ashes/to the ground* zhorieť do tla/do základov
burn down zhorieť
burn out **1.** vypáliť **2.** vyhorieť, dohorieť
burn up **1.** vzplanúť **2.** spáliť, popáliť; *b. up all rubbish* spáliť odpad **3.** celkom vyhorieť, zhorieť; *the rocket burnt up* raketa celkom zhorela
burner ['bə:nə] **1.** horák **2.** spaľovač (osoba)
burnt p. **burn**
burp [bə:p] (hovor.) grgať
burrow ['barəu] brloh, pelech, nora, dúpä
bursar ['bə:sə] **1.** pokladník, hospodár **2.** kvestor (univerzity) **3.** (vysokoškolský) štipendista
bursary ['bə:səri] **1.** (vysokoškolské) štipendium **2.** kvestúra (univerzity)
burst [bə:st] **I.** podst. **1.** prasknutie, výbuch; *a b. in the main* prasknutie hlavného potrubia; *a b. of applause* búrka potlesku **2.** kŕčovité úsilie, vypätie; *a final b. of speed* záverečný špurt **II.** sl. *burst* [bə:st], *burst*; prasknúť, puknúť aj pren.; roztrhnúť sa, prelomiť sa; *the tyre b.* pneumatika praskla; *I'll b. if I eat that cake* puknem, ak zjem ten koláč
burst in vpadnúť (do reči, do dverí)
burst out vypuknúť, prepuknúť; *b. out laughing/crying* prepuknúť v smiech/plač
bury ['beri] **1.** pochovať **2.** zakopať, zahrabať; *b-ied treasure* zakopaný poklad
bus [bas] **1.** autobus; *go by b.* ísť autobusom; *miss the b.* **a)** zmeškať autobus **b)** pren. prepásť príležitosť **2.** výp. zbernica
bush [buš] **1.** ker, krík; *a rose b.* ružový ker **2.** *the b.* buš, krovinatý prales
bushel ['bušl] stará dutá miera (36,3 l)
bushy ['buši] zarastený, hustý; *b. eyebrows* husté obočie
business ['biznəs] **1.** obchod, obchody, obchodovanie; *how's b.?* ako idú obchody? *do b.* obchodovať; *on b.* obchodne **2.** obchod, živnosť; *he owns his own b.* má vlastný podnik **3.** vec, záležitosť; *let's get down to b.* pristúpme k veci ● *mind your own b.* do toho ťa nič! *it's none of your b.* to sa ťa netýka
businesslike ['biznəslaik] **1.** praktický, vecný **2.** schopný, výkonný
businessman ['biznəsmən] obchodník, podnikateľ
bus stop ['bas stop] zastávka autobusu

bust[1] [bast] busta, socha
bust[2] [bast] **1.** (hovor.) pokaziť, rozbiť **2.** (hovor.) zaistiť, uväzniť ● *bust up* hovor. rozísť sa
bustard ['bastəd] (zool.) drop veľký
bustle ['basl] **I.** sl. zvŕtať sa, byť stále v činnosti; *b. about the house* zvŕtať sa po dome (v domácnosti) **II.** podst. ruch, zhon, chvat; *the b. of the streets* zhon na uliciach
busy ['bizi] **I.** príd. **1.** zamestnaný; *be b. with sth.* byť zaneprázdnený (čím) **2.** rušný; *a b. day* rušný deň **3.** (o telefóne) obsadený **II.** sl. *b. oneself* zamestnávať sa; *he b-ied himself with all sorts of little tasks* zamestnával sa všelijakými drobnými úlohami
but [bat] **I.** spoj. ale, no; *this is right b. that is wrong* toto je správne, ale tamto je nesprávne; *poor b. proud* chudobný, ale hrdý **II.** predl. okrem, s výnimkou; *I know all b. two of them* poznám ich všetkých okrem dvoch; *no one b. me* nikto okrem mňa; *I have no friend b. you* okrem teba nemám priateľa; *he eats nothing b. fruit* je iba ovocie ● *the last b. one* predposledný; *the last b. two* tretí od konca; *b. then* ale na druhej strane; *b. for* nebyť; *b. for the rain...* nebyť dažďa...
butcher ['bučə] **I.** podst. mäsiar; *at the b.'s* v mäsiarstve **II.** sl. **1.** zabíjať dobytok **2.** (brutálne) (za)vraždiť
butler ['batlə] zastar. lokaj; (hlavný) správca (vo veľkej domácnosti), vrchný komorník
butt[1] [bat] veľký sud, kaďa
butt[2] [bat] **1.** hrubší koniec (nástroja) **2.** ohorok (cigarety) **3.** odb. (tupý) spoj **4.** slang. zadok
butt[3] [bat] terč aj pren.; *he is the b. of all their jokes* je terčom ich posmechu
butter ['batə] **I.** podst. maslo; *bread and b.* chlieb s maslom **II.** sl. natrieť maslom
butterfly ['batəflai] motýľ
buttermilk ['batə‚milk] podmaslie
buttock ['batək] obyč. mn. č. *b-s* zadok
button ['batn] **I.** podst. gombík; tlačidlo (elektrického kontaktu); *press/push the b.* stlačiť gombík **II.** sl. aj *b. up* zapnúť, pozapínať; *b. up one's coat* zapnúť si kabát
buttonhole ['batnhəul] gombíková dierka
buttress ['batrəs] **I.** podst. opora, podpera, pilier aj pren; *the b-es of society* piliere spoločnosti **II.** sl. podoprieť; *b. the bridge piers* podoprieť mostné piliere
buy [bai], *bought* [bo:t], *bought* **1.** kúpiť **2.** kniž. vykúpiť (napr. obeťou); *victory was dearly bought* víťazstvo bolo draho vykúpené

buyer ['baiə] kupec, kupujúci
buzz [baz] **I.** sl. **1.** bzučať, hučať **2.** zmätene pobiehať; *b-ing along the road* pobiehať po ceste **II.** podst. **1.** bzukot, bzučanie **2.** hovor. telefonický rozhovor
by [bai] **I.** predl. **1.** pri, vedľa, blízko (miestny význam); *a house by the river* dom pri rieke; *sit by the fire* sedieť pri ohni **2.** okolo, vedľa, popri; *he passed by me* prešiel okolo mňa **3.** cez, po, pozdĺž; *go by the main road* ísť po hlavnej ulici; *by the back door* cez zadné dvere **4.** do určitého času; *by 4 o'clock* do štvrtej hodiny **5.** pomocou, prostredníctvom čoho (obyč. sa prekladá inštr.); *by plane* lietadlom; *by bus* autobusom; *by post* poštou; *he makes a living by teaching* zarába si vyučovaním **6.** po sl. v trpnom rode prekladá sa inštr. al. predl. od; *a play (written) by Shakespeare* hra od Shakespeara; mat. *four divided by two* štyri delené dvoma **7.** podľa, v súlade (s čím); *play by the rules* hrať podľa pravidiel **8.** mat. -krát; *a room 20 ft by 30 ft* izba 20-krát 30 stôp **9.** počas, cez; *by day* cez deň ● *by heart* naspamäť; *by chance* náhodou; *by the way* mimochodom; *by and large* vcelku, celkove; *(all) by oneself* (celkom) sám **II.** prísl. **1.** aj *close by, near by* blízko, v blízkosti, vedľa; *nobody was by* nik nebol v blízkosti **2.** okolo; *he walked by without noticing me* prešiel okolo bez povšimnutia **3.** bokom; *put a bit of money by* odložiť si/dať bokom trocha peňazí
bye [bai], (tiež) **bye-bye** [‚bai'bai] hovor. zbohom, ahoj
bypass ['baipɑ:s] **I.** podst. **1.** obchádzka vonkajším okruhom mimo centra mesta **2.** lek. premostenie zúženého miesta na tepne cievou **II.** sl. **1.** obísť, urobiť obchádzku **2.** pren. ignorovať (čo), vyhnúť sa (čomu); *b. the problem* vyhnúť sa problému
by-product ['bai‚prodakt] **1.** vedľajší produkt **2.** pren. následok
bystander ['bai‚stændə] divák (najmä náhodný)
bystreet ['baistri:t] vedľajšia/postranná ulica
byte výp. slabika (jednotka informácie, 8 bitov)
byword ['baiwə:d] typický príklad (najmä niečoho zlého); *a b. of injustice* typický príklad nespravodlivosti
Byzantine [bai'zæntain] byzantský; *B. Empire* Byzantská ríša

B

C

cab [kæb] **1.** taxík; *go by/take a c.* ísť taxíkom **2.** kabína, búdka (pre vodiča, žeriavnika ap.)
  cabbage [ˈkæbidž] **1.** hlávková kapusta **2.** aj *savoy c.* [səˈvoi ˈkæbidž] kel
  cabin [ˈkæbən] **1.** kajuta (na lodi, v lietadle) **2.** zrub, chata; *live in a log c.* bývať v zrube; *Uncle Tom's C.* Chalúpka strýčka Toma **3.** žel. strážny domček
  cabinet [ˈkæbənət] **1.** skrinka so sklenými dverami, vitrína; *old china in the c.* starý porcelán vo vitríne **2.** BR ministerská rada, vláda, kabinet
  cable [ˈkeibl] **I.** podst. **1.** obyč. kovové lano **2.** kábel; *telephone c.* telefónny kábel **3.** telegram **II.** sl. telegrafovať; *c. the news* telegrafovať správy
  cable car [ˈkeibl ka:] kabína lanovky
  cable railway [ˈkeibl ˌreilwei] kabínová lanovka
  cable television [ˈkeibl teləˈvižən] aj *cable TV* káblová televízia
  cacao [kəˈkau] **1.** kakaovník **2.** kakaový bôb
  café [ˈkæfei] **1.** (európska) kaviareň **2.** BR malá reštaurácia
  cafeteria [ˌkæfəˈtiriə] samoobslužná reštaurácia, kantína
  cage [keidž] **I.** podst. klietka; *a bird c.* vtáčia klietka **II.** sl. zatvoriť do klietky; *c-d birds* vtáky (zatvorené) v klietke
  cake [keik] **1.** koláč, torta, zákusok **2.** kus, kúsok, plátok **3.** pren. podiel zo zisku
  calamity [kəˈlæməti] nešťastie, pohroma, katastrofa; *c-ies of nature* prírodné pohromy
  calcium [ˈkælsiəm] vápnik
  calculate [ˈkælkjəleit] **1.** vypočítať; *c. the cost* vypočítať náklady **2.** zamýšľať, rátať (s čím); *this drawing is c-d to attract attention* táto kresba ráta s tým, že upúta pozornosť
  calculator [ˈkælkjəleitə] **1.** kalkulant **2.** kalkulačka, počítací prístroj; *pocket c.* vrecková kalkulačka
  calculus [ˈkælkjələs] mn. č. aj *calculi* [ˈkælkjəlai] **1.** mat. počet; *differential c.* diferenciálny počet **2.** lek. kameň
  calendar [ˈkæləndə] **1.** kalendár; *a wall/desk c.* nástenný/stolový kalendár; *Gregorian c.* gregoriánsky kalendár **2.** zoznam dôležitých udalostí **3.** AM diár

calf¹ [ka:f] mn. č. *calves* [ka:vz] **1.** teľa **2.** vypracovaná teľacia koža, teľacina
  calf² [ka:f] mn. č. *calves* [ka:vz] lýtko
  call [ko:l] **I.** podst. **1.** volanie; *a c. for help* volanie o pomoc **2.** výzva, požiadavka; *ignore the strike c.* ignorovať výzvu na štrajk **3.** krátka návšteva; *pay a c. on a friend* navštíviť priateľa/ku **4.** telefonický hovor; *I have several c-s to make* musím telefonovať na viacero miest **5.** výp. vyvolanie programu **II.** sl. **1.** volať; *c. for help* volať o pomoc **2.** nazývať, volať; *we c. him Dick* voláme ho Dick **3.** zavolať (aj telefonicky); *c. a doctor* zavolať lekára ● *c. attention to* upozorniť (na čo); *c. to mind* rozpamätať sa
  call back 1. zopakovať návštevu, prísť znovu; *they will c. back later* prídu znovu neskôr **2.** zavolať telefónom odpoveď al. rozhodnutie
  call for 1. zastaviť sa (po koho); *I'll c. for you at 9 o'clock* zastavím sa po teba o 9. h **2.** požadovať, žiadať si; *c. for the waiter* žiadať si čašníka
  call in 1. zavolať/požiadať o pomoc; *c. the doctor in* zavolajte lekára **2.** stiahnuť z obehu; *c. in cars with faults* stiahnuť chybné autá
  call off odvolať; *the match was c-ed off* zápas odvolali
  call on 1. krátko navštíviť, zastaviť sa; *we can c. on Mary tomorrow* môžeme sa u Mary zajtra zastaviť **2.** obrátiť sa (na koho); *I now c. on Mr G. to address the meeting* obraciam sa teraz na pána G., aby povedal pár slov na zhromaždení
  caller [ˈko:lə] **1.** návštevník; *a regular c.* pravidelný návštevník **2.** vyvolávač (napr. čísel pri hre) **3.** telefonujúci; *an anonymous c.* anonymný telefonujúci
  calm [ka:m] **I.** príd. tichý, pokojný; *c. evening* tichý večer; *keep c.* byť pokojný **II.** podst. ticho, pokoj; *the c. after the storm* ticho po búrke **III.** sl. upokojiť; *c. the baby* upokojiť dieťa
  calm down upokojiť sa; *the sea c-ed down* more sa upokojilo
  calorie [ˈkæləri] kalória
  calumny [ˈkæləmni] ohováranie
  camber [ˈkæmbə] **1.** vydutie paluby **2.** vzopätie oblúka

camcorder [kam'ko:də] videokamera
came p. **come**
camel ['kæml] ťava
camera ['kæmrə] **1.** fotografický prístroj, fotoaparát **2.** kamera; *television/movie c.* filmová kamera
camp [kæmp] **I.** podst. tábor, aj *holiday c.* kemping; *at the c.* v tábore **II.** sl. táboriť, kempovať; *go c-ing* stanovať, táboriť
campaign [kæm'pein] **I.** podst. **1.** propagačná kampaň; *a presidential c.* prezidentská kampaň; *a c. against smoking* kampaň proti fajčeniu **2.** (športová, obchodná) sezóna **3.** vojenská výprava **II.** sl. viesť kampaň; *he is c-ing for women's rights* vedie kampaň za ženské práva
campfire ['kæmpfaiə] táborový oheň, táborák
campsite ['kæmpsait] miesto na táborenie, táborisko
campus ['kæmpəs] **1.** školský/univerzitný areál; *live on c.* bývať v univerzitnom areáli **2.** akademická pôda
can[1] [kæn] zápor *cannot/can't* ['kænət/ka:nt], min. č. *could* [kud], nemá neurčitok **1.** môcť, byť schopný; *I c. hear* počujem; *I c. see* vidím **2.** smieť, môcť; *you c. go home now* teraz môžete ísť domov **3.** vedieť; *she c. speak French* vie po francúzsky ● *c. he still be living?* je možné, že ešte žije? *where c. they be?* kde asi sú?
can[2] [kæn] **I.** podst. plechovka, konzerva; *an oil c.* plechovka oleja; *a c. of beer* plechovka piva **II.** sl. *-nn-* konzervovať; *c-ned fruit* konzervované ovocie
Canada ['kænədə] Kanada
Canadian [kə'neidiən] **I.** príd. kanadský **II.** podst. Kanaďan
canal [kə'næl] **1.** kanál, prieplav; *the Suez C.* Suezský prieplav **2.** trubica, rúra; *the alimentary c.* tráviaci trakt
canary [kə'neri] kanárik
cancel ['kænsl] *-ll-* **1.** prečiarknuť, preškrtnúť, znehodnotiť prečiarknutím; *c. a cheque* znehodnotiť šek **2.** zrušiť, odvolať, stornovať; *the match had to be c-led owing to the bad weather* pre zlé počasie sa zápas musel odvolať
cancellation [ˌkænsə'leišn] **1.** prečiarknutie, preškrtnutie **2.** znehodnotenie (známky, šeku ap.) prečiarknutím **3.** zrušenie, odvolanie, stornovanie; *c. of the order* zrušenie objednávky

cancer ['kænsə] **1.** rakovina; *lung c.* pľúcna rakovina **2.** astron. *C.* Rak, súhvezdie Raka, znamenie Raka; *Tropic of C.* Obratník Raka
candid ['kændəd] úprimný; *I will be quite c. with you* budem k tebe celkom úprimný
candidate ['kændədət] kandidát/ka
candle ['kændl] sviečka
candlestick ['kændlˌstik] svietnik
candy ['kændi] **I.** podst. **1.** kandizovaný cukor **2.** AM cukrovinka, bonbón, čokoláda; *a c. bar* tabuľka čokolády **II.** sl. kandizovať; *c-ied lemon peel* kandizovaná citrónová kôra
cane [kein] **I.** podst. **1.** trstina, vodná tráva **2.** palica, trstenica; *give sb. the c.* vybiť trstenicou (koho) **II.** sl. zbiť trstenicou
canister ['kænəstə] plechovka, plechovica, plechová nádoba (na čaj, kávu ap.)
cannon ['kænən] **1.** kanón, delo; *water c.* vodné delo **2.** letecké rýchlopalné delo
cannot p. **can**
canoe [kə'nu:] kanoe; *cross the river by c.* preplaviť sa cez rieku v kanoe ● *c. slalom* vodný slalom
canopy ['kænəpi] **1.** baldachýn **2.** priehľadný kryt pilotného priestoru v lietadle
cant[1] [kænt] **1.** žargón, argot **2.** pokrytecké reči, frázy (napr. politické)
cant[2] [kænt] sklon, šikmá plocha
can't p. **can**
canteen [kæn'ti:n] **1.** jedáleň (školská, závodná, vojenská); *lunch in the company c.* obed v závodnej jedálni **2.** príborník **3.** vojenská miska na jedenie (hovor. „ešus"), vojenská poľná fľaša
cantilever ['kæntəˌli:və] stav. konzola, konzolový nosník
canvas ['kænvəs] **1.** plachta, plachtovina ● *under c.* pod stanom **2.** maliarske plátno **3.** olejový obraz, plátno
canvass ['kænvəs] **1.** agitovať; *the candidate is c-ing the country districts* kandidát agituje vo vidieckych okresoch **2.** robiť prieskum mienky; *c. the views* robiť prieskum názorov
cap [kæp] **1.** čiapka, čapica; *a swimming c.* kúpacia čiapka **2.** čepiec; *a nurse's c.* čepiec ošetrovateľky **3.** uzáver fľaše, viečko pohára
capability [ˌkeipə'biləti] **1.** schopnosť, potenciál, spôsobilosť; *nuclear c.* atómový potenciál **2.** *c-ies* mn. č. schopnosti, talent, nadanie; *the boy has great c-ies* chlapec má veľké nadanie

capable [ˈkeipəbl] **1.** schopný, talentovaný, nadaný; *a very c. teacher* veľmi schopný učiteľ **2.** (*of*) schopný (čoho); *he is c. of any crime* je schopný akéhokoľvek zločinu
capacity [kəˈpæsəti] **1.** kapacita, objem, výkon; *the hall has a seating c. of 500* hala má kapacitu 500 sedadiel; *work at full c.* práca naplno **2.** schopnosť; *c. to remember facts* schopnosť zapamätať si fakty **3.** postavenie, pozícia, funkcia; *in my c. as a critic* vo svojej pozícii kritika

> **Capacity:**
> 1 pint = 0.57 l (AM 0.47 l)
> 1 quart = 1.14 l (AM 0.95 l)
> 1 gallon = 4.55 l (AM 3.79 l)

cape[1] [keip] pelerína, pláštenka
cape[2] [keip] mys; *the C. of Good Hope* Mys dobrej nádeje
capillary [kəˈpiləri] kapilára, vlásočnica
capital [ˈkæpətl] **I.** podst. **1.** hlavné mesto; *Paris is the c. of France* Paríž je hlavné mesto Francúzska **2.** veľké písmeno, verzál(k)a; *write your name in c-s* napíšte svoje meno veľkými písmenami **3.** kapitál; *c. of £10 000* kapitál 10 000 libier **II.** príd. **1.** hrdelný trestný čin ● *c. punishment* trest smrti **2.** veľký, verzálový, tlačený (o písmene); *c. letter* veľké písmeno **3.** hlavný (o meste); *London, Paris and Rome are c. cities* Londýn, Paríž a Rím sú hlavné mestá
capitalism [ˈkæpətlizm] kapitalizmus
capitalist [ˈkæpətləst] **I.** príd. kapitalistický **II.** podst. kapitalista
capitalistic [ˌkæpətˈlistik] kapitalistický
capricious [kəˈprišəs] vrtošivý, náladový
Capricorn [ˈkæprikoːn] astron. Kozorožec (súhvezdie, znamenie); *Tropic of C.* Obratník Kozorožca
capsize [kæpˈsaiz] prevrhnúť sa, prevrátiť sa (hl. o člne); *the boat c-d in the storm* čln sa v búrke prevrátil
capsule [ˈkæpsjuːl] **1.** puzdro, kapsula **2.** kovový uzáver fľaše **3.** kabína kozmonauta, oddeliteľná kabína pilota
captain [ˈkæptən] kapitán; *the c. of a ship* kapitán lode
caption [ˈkæpšn] **1.** nadpis, titulok **2.** text pod obrázkom
captivate [ˈkæptəveit] uchvátiť, očariť, fascinovať; *c. the audience* očariť publikum

captive [ˈkæptiv] **I.** podst. vojnový zajatec **II.** príd. **1.** zajatý; *c. soldiers* zajatí vojaci **2.** pozorný; *c. audience* pozorné publikum
capture [ˈkæpčə] **I.** sl. **1.** zajať, zadržať, chytiť; *the army c-d 500 of the enemy* armáda zajala 500 nepriateľov **2.** dobyť; *the troops c-d the city* vojaci dobyli mesto **II.** podst. **1.** zajatie, zadržanie, chytenie; *the c. of a thief* zadržanie zlodeja **2.** dobytie; *the c. of the town* dobytie mesta **3.** fyz. záchyt
car [kaː] **1.** auto, automobil; *she goes to work by c.* chodí do práce autom **2.** AM železničný vozeň (hl. v spojeniach); *a sleeping c.* spací vozeň
caravan [ˈkærəvæn] **1.** obytný príves, karavan; *tow a c.* ťahať príves **2.** karavána; *a c. of cars* karavána áut
caraway [ˈkærəwei] rasca
carbon [ˈkaːbən] **1.** oheň **2.** elektr. uhlík **3.** aj *c. paper* kopírovací papier
carbon copy [ˌkaːbənˈkopi] prieklep, kópia
carburettor [ˌkaːbjəˈretə] karburátor
card [kaːd] **1.** aj *playing c.* hracia karta; *play c-s* hrať karty; *c.-game* kartová hra **2.** pohľadnica; *a birthday c.* pohľadnica k narodeninám **3.** karta, kartička z tvrdého papiera v rôznych spojeniach; *business c.* navštívenka; *credit c.* kreditná karta; *membership c.* členský preukaz **4.** výp. štítok; *punch(ed) c.* dierny štítok
cardboard [ˈkaːdboːd] tenká lepenka, kartón
cardigan [ˈkaːdigən] pletený sveter na zapínanie
cardinal[1] [ˈkaːdnəl] **I.** príd. hlavný, základný, podstatný; *c. rule* hlavné pravidlo ● *c. point* hlavná svetová strana **II.** podst. aj *c. number* základná číslovka
cardinal[2] [ˈkaːdnəl] kardinál
care [keə] **I.** podst. **1.** starostlivosť, starosť; *medical c.* lekárska starostlivosť; *the child was left in it's sister's c.* dieťa ostalo v starostlivosti svojej sestry ● *take c.* dať (si) pozor; *c. of* skr. *c/o* na adresu (koho) **II.** sl. **1.** (*about*) dbať (na čo), mať záujem (o čo); *he only c-s about money* má záujem iba o peniaze **2.** (*for*) starať sa (o koho/čo); *who will c. for the children?* kto sa bude starať o deti? **3.** mať chuť, chcieť; *would you c. to go for a walk?* máš chuť ísť na prechádzku? ● *I don't c.* nedbám, nemám nič proti tomu
career [kəˈriə] **I.** podst. **1.** životná dráha, kariéra; *he's very c.-minded* veľmi dbá o svo-

ju kariéru **2.** povolanie, profesia; *all c-s should be open to women* všetky povolania treba sprístupniť ženám **II.** sl. hnať sa, uháňať; *the car c-ed down the hill* auto sa hnalo dolu kopcom
careful [ˈkeəfl] **1.** (with) opatrný (na čo); *he's c. with money* **2.** starostlivý, dôkladný; *after c. consideration* po starostlivom uvážení; *a c. piece of work* dôkladná práca ● *be c.!* pozor!
caregiver [ˈkaəgivə] opatrovateľka
careless [ˈkeələs] **1.** neopatrný; *a c. driver* neopatrný vodič **2.** nedbanlivý, lajdácky; *a c. worker* nedbanlivý pracovník **3.** ľahostajný, ľahkomyseľný; *he is c. of his reputation* nedbá na svoju povesť
caretaker [ˈkeəˌteikə] **1.** aj *school c.* školník **2.** správca, domovník
careworn [ˈkeəwoːn] ustarostený
cargo [ˈkaːgəu] mn. č. *cargoes* al. *cargos* náklad lode (lietadla ap.); *sail with a c. of coal* plaviť sa s nákladom uhlia
carnation [kaːˈneišn] klinček, karafiát
carnival [ˈkaːnəvl] karneval
carnivore [ˈkaːnəvoː] mäsožravec
carol [ˈkærəl] koleda; *a Christmas c.* vianočná koleda
carp [kaːp] mn. č. *carp* al. *carps* kapor
car park [ˈkaː paːk] **1.** hl. BR parkovisko **2.** AM kryté parkovisko (v budove)
carpenter [ˈkaːpəntə] tesár
carpentry [ˈkaːpəntri] tesárstvo, tesárska práca
carpet [ˈkaːpət] **I.** podst. koberec aj pren.; *a c. of flowers* kvetinový koberec **II.** sl. pokryť kobercom/kobercami; *c. the stairs* pokryť schody kobercami
carriage [ˈkæridž] **1.** voz, koč (hl. ťahaný koňmi) **2.** žel. vozeň, vagón **3.** dopravná cena; *the price includes c.* cena vrátane dopravného **4.** podvozok; *a gun c.* lafeta **5.** držanie tela; *a graceful c.* pôvabné držanie tela
carriageway [ˈkæridžwei] vozovka; pruh vozovky; *dual c.* dvojprúdová vozovka v strede rozdelená pásom
carrier [ˈkæriə] **1.** dopravca; *an international c.* medzinárodný dopravca **2.** nosič (na batožinu, na auto) **3.** nositeľ, prenášateľ, bacilonosič **4.** prepravný vojenský prostriedok; *an aircraft c.* materská lietadlová loď
carrier bag [ˈkæriə bæg] papierová (al. igelitová) taška
carrot [ˈkærət] mrkva

carry [ˈkæri] **1.** (v rozl. význ.) niesť, nosiť; podopierať; *he was c-ing a box* niesol na pleciach debnu; *these two pillars c. the weight of the roof* tieto dva piliere podopierajú strechu **2.** prenášať, šíriť; *flies c. diseases* muchy prenášajú choroby **3.** dopraviť, dopravovať; *pipes c. oil* nafta sa dopravuje potrubím; **4.** niesť, nosiť so sebou aj pren.; *c. an umbrella* nosiť so sebou dáždnik; *this job c-ies great responsibility* toto zamestnanie nesie so sebou veľkú zodpovednosť **5.** (o. s.) nosiť sa, chodiť určitým spôsobom; *he c-ies himself like a soldier* chodí ako vojak **6.** uverejniť, priniesť (o masmédiách); *c. articles about pop stars* uverejniť články o pop hviezdach **7.** získať sympatie, mať podporu; *the government c-ies most of the country* vláda má podporu väčšiny krajiny
carry away stratiť sebaovládanie, nechať sa uniesť; *she got c-ied away by her anger* nechala sa uniesť hnevom
carry off **1.** odniesť, odviesť; *she c-ied off the screaming child* odniesla plačúce dieťa **2.** odniesť si, vyhrať; *Tom c-ied off all the school prizes* Tom vyhral všetky školské ceny **3.** úspešne zvládnuť; *she c-ied off her part with no difficulty* zvládla svoju úlohu bez ťažkostí
carry on pokračovať; *c. on with your work* pokračujte v práci!
carry out uskutočniť, vykonať; *c. out an investigation* uskutočniť vyšetrovanie
carry through **1.** úspešne dokončiť; *c. the reforms through* úspešne dokončiť reformy **2.** pomôcť (v čom), **3.** preniesť sa (cez čo) **4.** AM pretrvávať
carrycot [ˈkærikot] taška na prenášanie dieťaťa
cart [kaːt] kára, dvojkolesový vozík
cartography [kaːˈtogrəfi] kartografia
carton [ˈkaːtn] kartón, lepenková škatuľa; *a c. of cigarettes* kartón cigariet; *orange juice in c-s* pomarančová šťava v škatuliach; *c. of eggs* kartón vajec
cartoon [kaːˈtuːn] **1.** kartón, kreslená predloha **2.** humorná kresba (obyč. aktuálny kreslený vtip) **3.** aj *animated c.* kreslený film
cartridge [ˈkaːtridž] **1.** nábojnica s nábojom **2.** gramofónová prenoska **3.** kazeta (s filmom), magnetofónová páska
carve [kaːv] **1.** vyrezať, vytesať, vykresať; *c. initials* vyrezať iniciálky do stromu; *c. a*

statue out of wood vykresať sochu z dreva **2.** (roz)krájať, (roz)porciovať; *c. the chicken* porciovať kurča

case[1] [keis] **I. 1.** prípad; *in your c.* v tvojom prípade **2.** právny prípad, proces, kauza **3.** gram. pád; *the objective c.* predmetový pád ● *in c.* v prípade, že, pre prípad, že, ak; *in c. I forget, please, remind me of my promise* v prípade, že zabudnem, pripomeň mi, prosím, môj sľub; *in c. of fire* v prípade požiaru; *in any c.* v každom prípade; *that's not the c.* to nie je pravda, tak to nie je

case[2] [keis] **I.** podst. **1.** debna, kartón, škatuľa; *a c. of wine* debna fliaš s vínom **2.** puzdro, kazeta; *a jewelry c.* kazeta na šperky **3.** skrinka, vitrína; *a glass c.* vitrína na sklo **II.** sl. **1.** obaliť, dať do puzdra, obložiť **2.** slang. preštúrať, prekutať

casement ['keismənt] **1.** krídlo okna **2.** aj *c. window* krídlové okno

casework ['keiswə:k] sociálna práca

cash [kæš] **I.** podst. **1.** hotové (peniaze), hotovosť; *sell goods for c.* predávať tovar za hotové; *pay in c.* platiť v hotovosti **2.** hovor. peniaze; *he has plenty of c.* má veľa peňazí ● *c. and carry* obchod s predajom za hotové (so zľavou, ale bez služieb zákazníkovi); *c. on delivery* na dobierku; *pay c. down* platiť ihneď **II.** sl. (pre)platiť v hotovosti; *c. traveller's cheques* preplatiť cestovné šeky

cash desk ['kæš desk] pokladnica v obchode

cash in 1. inkasovať **2.** ťažiť, mať profit

cashier ['kæšiə] pokladník, pokladníčka

cashmere ['kæšmiə] kašmír

casing ['keisiŋ] **1.** puzdro, obal; *copper wire with a rubber c.* medený drôt v gumenom puzdre **2.** obloženie, obmurovka **3.** zárubňa, veraje

cask [ka:sk] súdok; *a c. of cider* súdok muštu

casket ['ka:skət] **1.** kazeta (na cenné al. vzácne predmety) **2.** urna **3.** AM truhla

cassette [kə'sæt] magnetofónová al. videokazeta

cassette player [kə'sæt 'pleiə] kazetový prehrávač

cast [ka:st] **I.** sl. *cast* [ka:st], *cast* **1.** kniž. hodiť, vrhnúť; *the fisherman c. his nets* rybár hodil siete; *c. a new light (on something)* vrhať nové svetlo (na niečo) **2.** obsadiť rolu (prideliť i dostať) **3.** odliať (do formy); *c. a statue* od-

liať sochu **II.** podst. **1.** obsadenie (hereckých) rolí, herci; *the film has a strong c.* film má silné obsadenie **2.** vrh, hodenie (napr. siete) **3.** aj *plaster c.* sadrový obväz **4.** odliatok; *a c. of the statue* odliatok sochy

castaway ['ka:stəwei] stroskotanec

caste [ka:st] kasta

caster aj **castor** ['ka:stə] **1.** koliesko nábytku na posúvanie **2.** cukornička, soľnička (s dierkami na posýpanie)

caster sugar aj **castor sugar** ['ka:stə šugə] práškový cukor

cast iron [kast'aiən] liatina

castle ['ka:sl] hrad, zámok ● *my house is my c.* môj dom, môj hrad

castor oil [ˌka:stə 'oil] ricínový olej

casual ['kæžuəl] **1.** náhodný; *a c. meeting* náhodné stretnutie **2.** príležitostný; *c. labour* príležitostná práca **3.** ľahostajný; *one's c. attitude* ľahostajný postoj (koho) **4.** nenútený, neformálny, (o oblečení na každý deň) pohodlný; *c. clothes* bežné oblečenie

casualty ['kæžuəlti] **1.** (vážna) nehoda, nešťastie; *the c. list* zoznam nešťastí **2.** obeť nehody, vojny; *serious c-ies in the train crash* vážne zranenia pri zrážke vlaku **3.** úrazové oddelenie v nemocnici

cat [kæt] **1.** mačka **2.** (mačkovitá) šelma ● *it rained c-s and dogs* lialo ako z krhly; *play c. and mouse with* hrať sa (s kým) ako mačka s myšou

catapult ['kætəpalt] **I.** podst. **1.** prak **2.** katapult, zariadenie na krátkodráhový štart lietadla **II.** sl. **1.** strieľať prakom **2.** katapultovať, vystreliť lietadlo katapultom

cataract ['kætərækt] **1.** vodopád, katarakt **2.** lek. očný sivý zákal

catastrophe [kæ'tæstrəfi] katastrofa, pohroma

catastrophic [ˌkətæ'strɔfik] katastrofický

catch [kæč] **I.** podst. **1.** chytenie; *that was a difficult c.* bolo to náročné chytenie (napr. lopty, na love) **2.** úlovok; *a good c. of fish* dobrý rybársky úlovok **3.** pren. háčik; *there is a c. in it* je v tom nejaký háčik **4.** zástrčka na zámke, na dverách **II.** sl. *caught* [ko:t], *caught* **1.** chytiť, (u)chopiť, dolapiť; *c. the ball/fish* chytiť loptu/rybu; *c. the thief* dolapiť zlodeja **2.** pochopiť, zachytiť; *I don't c. your meaning* nerozumiem, čo tým myslíte; *I didn't c. your name* nezachytil som vaše meno ● *c. one's breath* lapať po dychu; *c. fire* vzplanúť; *c. cold* prechladnúť; *c. sight of* všimnúť si (koho)

catch up (*with*) dohoniť (koho)
categorical [ˌkætəˈgorikl] kategorický, jednoznačný, bezpodmienečný; *c. denial* kategorické popretie; *c. imperativ* bezpodmienečný príkaz
categorize [ˈkætəgəraiz] zatriediť do kategórií
category [ˈkætəgəri] kategória, skupina, trieda
cater [ˈkeitə] postarať sa, zadovážiť jedlo a pitie (na zábave, svadbe ap.); *c. sb. 's wedding* zadovážiť občerstvenie/pripraviť hostinu na svadbe
cater for 1. zadovážiť (potrebné al. žiadané) (pre koho) 2. vyhovieť želaniam; *this newspaper c-s for all opinions* tieto noviny vyhovujú všetkým názorom
caterpillar [ˈkætəˌpilə] 1. húsenica 2. tech. húsenicový pás 3. pásové vozidlo; *a c. tractor* pásový/húsenicový traktor
cathedral [kəˈθiːdrəl] katedrála
cathode [ˈkæθəud] fyz. katóda
cathode ray tube [ˌkæθəud ˈrei tjuːb] obrazovka (napr. televízna)
catholic [ˈkæθəlik] 1. všeobecný, široký, rozsiahly; *a man with c. interests* človek so širokým spektrom záujmov 2. liberálny 3. *C.* katolícky; *Roman C. Church* rímskokatolícka cirkev
cattle [ˈkætl] mn. č. dobytok (hovädzí)
Caucasus [ˈkoːkəsəs] Kaukaz
caught p. **catch**
cauliflower [ˈkoliˌflauə] karfiol
cause [koːz] I. podst. príčina, dôvod; *the c. of the fire* príčina požiaru; *you have no c. for complaint* nemáte dôvod sťažovať sa II. sl. zapríčiniť, spôsobiť; *what c-d his death?* čo mu spôsobilo smrť?
causeway [ˈkoːzwei] vyvýšená cesta (napr. po hrádzi)
caution [ˈkoːšn] I. podst. 1. obozretnosť, opatrnosť; *when crossing a street we must use c.* pri prechádzaní križovatky musíme byť opatrní 2. výstraha; *let off with a c.* prepustiť s výstrahou II. sl. vystríhať, napomenúť (koho), dať výstrahu (komu); *the judge c-ed the prisoner* sudca vystríhal väzňa
cautious [ˈkoːšəs] obozretný, opatrný; *c. of doing a mistake* opatrný neurobiť chybu; *c. about money* opatrný na peniaze
cave[1] [keiv] jaskyňa
cave[2] [keiv] *cave in* prepadnúť sa; *the roof c-d in* strecha sa prepadla

caveman [ˈkeivmæn] mn. č. *-men* [-men] jaskynný človek
cavity [ˈkævəti] 1. dutina; *c. in a wall* dutina v stene; (lek.) *a c. in a tooth* diera v zube
CD [ˌciː ˈdiː] skr. *compact disc* [kəmˌpækt ˈdisk] kompaktná platňa
CD player [ˌsi di ˈpleiə] prehrávač kompaktných platní
CD-ROM [ˌciː di ˈrom] skr. *compact disc read only memory* prídavné zariadenie počítača umožňujúce čítať kompaktnú platňu
cease [siːs] prestať, zastaviť; *c. fire!* zastavte paľbu!
ceasfire [ˈsiːsfaiə] prímerie
cedar [ˈsiːdə] céder
ceiling [ˈsiːliŋ] 1. strop, povala 2. maximálna výška; *an aircraft with a c. of 20 000 ft* lietadlo s maximálne dosiahnuteľnou výškou 20 000 stôp
celebrate [ˈseləbreit] oslavovať, sláviť; *c. a birthday* oslavovať narodeniny
celebrated [ˈseləbreitəd] slávny; *a c. painter* slávny maliar
celebration [ˌseləˈbreišn] oslava; *the c. of a wedding anniversary* oslava výročia sobáša
celery [ˈseləri] zeler
celestial [səˈlestiəl] nebeský; *c. bodies* nebeské telesá
cell [sel] 1. cela (v kláštore al. vo väzení) 2. bunka (v živom organizme) 3. aj pren. tajná skupina ľudí; *a terrorist c.* teroristická bunka 4. elektr. článok batérie
cellar [ˈselə] pivnica; *coal c.* pivnica na uhlie
cello [ˈčeləu] aj *violoncello* mn. č. *-s* violončelo
cellphone [ˈselˌfəun] mobilný telefón
cellular [ˈseljələ] bunkový; *c. tissue* bunkové tkanivo; *c. phone* mobilný telefón
Celt [kelt] Kelt
Celtic [ˈkeltik, ˈseltik] I. príd. keltský II. podst. keltský jazyk, keltčina
cement [siˈment] I. podst. 1. cement; *a c. mixer* miešačka cementovej zmesi, betónu 2. zubný cement 3. tmel, spojivo II. sl. 1. cementovať; *c. a driveway* cementovať príjazdovú cestu 2. stmeliť aj pren.; *c. a friendship* stmeliť priateľstvo
cemetery [ˈsemətri] cintorín
censorship [ˈsensəšip] cenzúra; *c. of the press* cenzúra tlače

censure [ˈsenšə] **I.** sl. **1.** prísne kritizovať **2.** vytýkať, vyčítať; *she was c-d for being dishonest* vytýkali jej, že podvádza **II.** podst. **1.** kritika; *unfair c. of a new book* nepriaznivá kritika novej knihy **2.** výčitka ● *a vote of c.* prejav nedôvery

cent [sent] cent (stotina menovej jednotky, dolára)

centenary [senˈtiːnəri] **I.** podst. **1.** storočie **2.** sté výročie; *a c. celebration* oslava stého výročia **II.** príd. storočný

centigrade [ˈsentəgreid] stupeň Celzia; *twenty degrees C.* 20 stupňov C

centimetre [ˈsentəˌmiːtə] centimeter

centipede [ˈsentəpiːd] stonožka

central [ˈsentrəl] **1.** stredný, v strede/centre; *c. Asia* stredná Ázia; *my house is very c.* môj dom je v samom centre (mesta) **2.** ústredný, hlavný, centrálny; *the c. idea of an argument* hlavná myšlienka sporu

central heating [ˌsentrəl ˈhiːtiŋ] ústredné kúrenie

centralize [ˈsentrəlaiz] centralizovať (sa); *the planning process has been c-d* plánovanie sa centralizovalo

centre [ˈsentə] **I.** podst. **1.** stred aj polit.; *the c. of London* stred Londýna; *left of c.* naľavo od stredu **2.** stredisko, centrum; *shopping c.* nákupné stredisko; *The World Trade C. in New York* Svetové obchodné centrum v New Yorku ● *in the c. of* uprostred (čoho); *c. of gravity* ťažisko **II.** sl. umiestiť do stredu

centre on, upon sústrediť (sa), koncentrovať (sa) (na čo); *our thoughts c-d on one idea* naše myšlienky sa sústredili na jeden návrh

centre forward [ˌsentə ˈfoːwəd] stredný útočník (vo futbale)

centre half [ˌsentə ˈhaːf] stredný záložník (vo futbale)

centrifugal [ˌsentriˈfjuːgl] odstredivý; *c. force* odstredivá sila

centripetal [senˈtripətl] dostredivý; *c. force* dostredivá sila

century [ˈsenčəri] storočie; *in the 20th c.* v 20. storočí

CEO [ˌsiː iː ˈəu] skr. *Chief Executive Officer* riaditeľ veľkej spoločnosti

ceramic [səˈræmik] **I.** príd. keramický **II.** podst. *c-s* mn. č. keramika

cereal [ˈsiriəl] **1.** obilnina **2.** potravina z obilnín (najmä vločky); *breakfast c-s* raňajky z obilnín

ceremony [ˈserəməni] **1.** obrad; *the wedding c.* svadobný obrad **2.** slávnosť, ceremónia

certain [ˈsəːtn] **1.** istý; *I'm c.* som si istý **2.** určitý; *on c. conditions* za určitých podmienok ● *for c.* určite; *I cannot say it for c.* nemôžem to povedať s určitosťou; *make c. of* **a)** presvedčiť sa (o čom); *I'll go and make c. of it* idem sa o tom presvedčiť **b)** zaistiť; *be c. about/of* byť presvedčený/byť si istý

certainly [ˈsəːtnli] **1.** iste, samozrejme, určite; *he'll c. come tomorrow* určite zajtra príde **2.** (ako kladná odpoveď na prosbu) nech sa páči, samozrejme; *Will you pass me the towel, please? - C.* Podáš mi, prosím ťa, uterák? - Nech sa páči.

certainty [ˈsəːtnti] istota; *we have no c. of success* nie sme si istí/nemáme istotu, že budeme mať úspech

certificate [səˈtifikət] (*of*) osvedčenie (o čom), vysvedčenie, potvrdenie; *c. of health* lekárske vysvedčenie ● *a birth/marriage c.* rodný/sobášny list; *C. of Secondary Education* maturitné vysvedčenie

certify [ˈsəːtəfai] **1.** potvrdiť; *I c. (that) this is a true copy* potvrdzujem, že toto je presná kópia **2.** overiť; *a c-ied copy of the record* overená kópia záznamu **3.** kvalifikovať, aprobovať; *a c-ied teacher* kvalifikovaný učiteľ **4.** vyhlásiť za duševne chorého, zbaviť svojprávnosti

cesspit [ˈsesˌpit] aj **cesspool** [ˈsesˌpuːl] kalová jama, žumpa

chain [čein] **I.** podst. **1.** reťaz; *a heavy iron ch.* ťažká železná reťaz; *ch. of hotels* sieť hotelov jednej firmy **2.** retiazka; *a gold ch.* zlatá retiazka **II.** sl. spútať reťazou; *ch. sb's hands* spútať ruky (komu)

chain bridge [ˈčein bridž] reťazový most

chain reaction [ˌčein riˈækšn] reťazová reakcia aj pren.

chain-smoker [ˈčein sməukə] silný fajčiar

chair [čeə] **1.** stolička; *sit on a ch.* sedieť na stoličke **2.** katedra; *the Ch. of Philosophy* katedra filozofie **3.** predsedníctvo, predsednícke kreslo; *who will be the ch. at the meeting?* kto bude predsedajúci na schôdzi? ● *won't you take a ch.?* nesadnete si?

chairman [ˈčeəmən] predseda

chairman
Mister Chairman/Madam Chairman

chalet [ˈšælei] **1.** švajčiarska horská chata, salaš **2.** chata/chatka v horskom štýle

chalk [čo:k] **I.** podst. krieda **II.** sl. napísať, nakresliť, označiť kriedou; *ch. slogans on walls* popísať kriedou steny heslami

challenge [ˈčæləndž] **I.** podst. **1.** výzva, vyzvanie; *a ch. to a duel* výzva na súboj **2.** spochybnenie **II.** sl. **1.** (*to*) vyzvať; *ch. an opponent to show his evidence* vyzvať protivníka, aby predložil dôkazy **2.** spochybniť (čo), pochybovať (o čom); *ch. the authority of the court* spochybniť autoritu súdu **3.** stimulovať, podnietiť; *it ch-ed our interest* to podnietilo náš záujem

chamber [ˈčeimbə] **1.** (v rozl. význ.) komora; *Ch. of Commerce* obchodná komora; *the heart has four ch-s* srdce má štyri komory; *a revolver with four ch-s* revolver so štyrmi komorami **2.** snemovňa; *the Upper and Lower Ch.* horná a dolná snemovňa **3.** miestnosť, sieň, sála

chambermaid [ˈčeimbəmeid] chyžná v hoteli

chamber music [ˈčeimbə ˌmjuːzik] komorná hudba

chamois [ˈšæmwa:] **1.** kamzík **2.** jelenica (na umývanie a leštenie)

champion [ˈčæmpiən] **1.** bojovník, zástanca; *a ch. of woman's rights* zástanca ženských práv **2.** šport. majster, šampión; *a tennis ch.* majster v tenise

championship [ˈčæmpiənšip] **1.** aj *ch-s* mn. č. majstrovstvá; *European ch.* majstrovstvá Európy **2.** víťazstvo na pretekoch; *win a ch.* získať víťazstvo

chance [ča:ns] **I.** podst. **1.** náhoda; *let's leave it to ch.* nechajme to na náhodu **2.** šanca, možnosť; *he has no ch. of winning* nemá šancu zvíťaziť ● *by ch.* náhodou **II.** príd. náhodný; *a ch. meeting* náhodné stretnutie

chancellor [ˈča:nslə] **1.** kancelár, vysoký štátny úradník **2.** BR rektor **3.** BR prvý tajomník veľvyslanectva; *Ch. of the Exchequer* minister financií

chandelier [ˌšændəˈliə] luster

change [čeindž] **I.** sl. **1.** (z)meniť (sa); *I've ch-d my address* zmenil som adresu, presťahoval som sa; *he has ch-d a lot since I saw him last* zmenil sa odvtedy, čo som ho naposledy videl **2.** vymeniť (si); *we ch-d places* vymenili sme si miesta **3.** prezliecť (sa, si); *I'm just going to ch.* idem sa prezliecť; *ch. one's shoes* prezuť sa **4.** rozmeniť, premeniť; *could you ch. this banknote?* môžete mi rozmeniť túto

bankovku? **5.** prestúpiť, presadnúť; *where do I ch.?* kde presadám/kde mám prestúpiť? ● *ch. one's mind* zmeniť názor/rozmyslieť si (čo); *ch. hands* zmeniť majiteľa **II.** podst. **1.** zmena; *a sudden ch. in the weather* náhla zmena počasia **2.** výmena (šiat, bielizne ap.), prezlečenie; *take a ch. of clothes with* zobrať si so sebou šaty na prezlečenie **3.** aj *small ch.* drobné (peniaze); *how much have you got in ch.?* koľko máš drobných? ● *for a ch.* pre zmenu

channel [ˈčænl] **I.** podst. **1.** kanál, prieplav (prírodný); *the English Ch.* Lamanšský prieliv **2.** televízny kanál **3.** žľab, žliabok, ryha **4.** úradný postup, cesta; *he has secret ch-s of information* má tajné cesty na informácie **II.** sl. -*ll-* **1.** vyhĺbiť/vykopať kanál **2.** usmerniť, zamerať; *ch. one's energies into something useful* usmerniť svoju energiu na čosi užitočné

chaos [ˈkeios] zmätok, chaos

chap [čæp] hovor. človek, chlapík, chlap; *a nice ch.* príjemný človek

chapel [ˈčæpl] **1.** kaplnka **2.** bohoslužby, pobožnosť; *I'll meet you after ch.* stretneme sa po pobožnosti

chapter [ˈčæptə] kapitola aj pren.; *in Ch. 5* v 5. kapitole; *a sad ch. in history* smutná kapitola v dejinách

char [ča:] -*rr-* zuhoľnatieť; *ch-red wood* zuhoľnatené drevo

character [ˈkærəktə] **1.** povaha, charakter; *a man of good ch.* človek s dobrou povahou **2.** charakter, statočný človek; *a woman of great ch.* veľmi statočná žena **3.** postava (v literárnom diele ap.); *the ch-s in the novel* postavy v románe **4.** povesť; *they tried to blacken his ch.* pokúšali sa zničiť jeho povesť **5.** písmo, znaky, typy; *Greek/Chinese ch-s* grécke/čínske písmo/znaky

characteristic [ˌkærəktəˈristik] typický, príznačný, charakteristický; *it's ch. of him to* je preň charakteristické

characterize aj -*ise* [ˈkærəktəraiz] charakterizovať; *his work is ch-d by great attention to detail* pre jeho dielo je charakteristická veľká pozornosť venovaná detailom

charcoal [ˈča:kəul] **1.** drevné uhlie; *ch. for the barbecue* drevné uhlie na opekanie jedla vonku **2.** uhoľ na kreslenie; *drawn in ch.* kreslené uhľom

charge [ča:dž] **I.** sl. **1.** (*for*) účtovať, počítať (za čo); *how much do you ch. for a room?* koľko počítate za izbu? **2.** napadnúť, vrhnúť sa; *the lion ch-d at me* lev ma napadol **3.** (*with*) obviniť (z čoho); *he was ch-d with murder* bol obvinený z vraždy **4.** (*with*) poveriť (čím); *he was ch-d with an important mission* bol poverený dôležitým poslaním **5.** nabiť (zbraň, batériu); *ch. a car battery* nabiť autobatériu **II.** podst. **1.** poplatok; *a 10 per cent service ch.* desaťpercentný poplatok za obsluhu ● *free of ch.* zadarmo **2.** dozor, dohľad ● *be in ch. of* **a)** dozerať/mať na starosti (koho, čo) **b)** mať zodpovednosť (za koho, čo), mať na zodpovednosti (koho, čo) **3.** (*of*) obvinenie (z čoho); *he was arrested on a ch. of murder* bol zatknutý pre obvinenie z vraždy **4.** nálož, náboj v zbrani **5.** elektr. náboj; *positive/negative ch.* kladný/záporný náboj; *the battery is on ch.* batéria je nabitá

chargeable ['ča:džəbl] **1.** žalovateľný; *a ch. offence* žalovateľná urážka **2.** povinný platiť; *these debts are ch. to me* tieto dlhy musím platiť

charity ['čærəti] **1.** dobročinnosť, charita; *live on ch.* žiť z dobročinnosti **2.** dobročinná organizácia; *the Red Cross is an international ch.* Červený kríž je medzinárodná dobročinná organizácia **3.** zhovievavosť; *show little ch.* prejaviť málo zhovievavosti

charm [ča:m] **I.** podst. čaro, pôvab; *a man of personal ch.* človek s osobným čarom **II.** sl. očariť; *we were ch-ed by the scenery* boli sme očarení scenériou

charming ['ča:miŋ] očarujúci, pôvabný, roztomilý; *a ch. young lady* pôvabná mladá dáma

chart [ča:t] **1.** diagram, tabuľka; *a ch. of annual rainfall* diagram ročného úhrnu zrážok **2.** mapa (námorná, meteorologická)

charter ['ča:tə] **1.** výsadná listina, privilégium **2.** charta **3.** nájom, prenájom (lietadla, lode) ● *a ch. flight* let dohodnutý na určitý čas/účel

charwoman ['ča:͵wumən] mn. č. *-women* [-͵wimin] zastar. upratovačka

chase¹ [čeis] **I.** podst. **1.** poľovačka (najmä na líšku) **2.** prenasledovanie, naháňanie; *an exciting car ch. in the film* napínavá naháňačka autom vo filme **3.** štvaná zver **4.** prenasledovaný človek **II.** sl. štvať, naháňať, prenasledovať; *dogs like ch-ing rabbits* psy rady naháňajú zajace

chase² [čeis] ryť do kovu, tepať; *ch-d silver* rytím zdobené striebro

chaste [čeist] **1.** cudný, (mravne) čistý **2.** nevyumelkovaný (o štýle)

chat [čæt] *-tt-* **I.** sl. hovor. rozprávať (sa); *ch. about the weather* rozprávať sa o počasí **II.** podst. (priateľský, neformálny) rozhovor; *have a ch.* porozprávať sa

chatter ['čætə] **1.** tárať, trkotať; *stop ch-ing!* prestaňte trkotať! **2.** švitoriť (o vtákoch), vrešťať (o opiciach) **3.** drkotať; *my teeth were ch-ing* drkotali mi zuby

chauffeur ['šəufə] platený šofér, vodič

cheap [či:p] **I.** príd. **1.** lacný; *vegetables are ch. in the summer* v lete je zelenina lacná **2.** bezcenný, nekvalitný, úbohý; *her shoes looked ch.* jej topánky vyzerali úboho **3.** povrchný, plytký; *ch. humour* plytký humor; *a ch. emotion* povrchný cit **II.** prísl. lacno; *I bought it ch.* kúpil som to lacno

cheat [či:t] **I.** sl. **1.** podviesť; *he always ch-s at cards* vždy podvádza v kartách **2.** (*out of*) pripraviť (o čo); *ch. sb. out of his money* pripraviť (koho) o peniaze **II.** podst. **1.** podvodník **2.** podvod

check¹ [ček] **I.** podst. **1.** skúška, kontrola; *a ch. on the quality* kontrola kvality **2.** zábrana, prekážka; *wind acts as a ch. on speed* vietor pôsobí ako prekážka v rýchlosti **3.** AM šek **4.** potvrdenka, lístok; *I've lost the ch. for my coat* stratil som lístok od môjho kabáta **II.** sl. **1.** prekontrolovať, preveriť (si); *will you, please, ch. these figures?* prekontrolujte, prosím, tieto čísla ● *I'll go and ch. (up)* pôjdem sa presvedčiť **2.** zadržať, premôcť, ovládnuť; *he couldn't ch. his anger* nevedel premôcť hnev **3.** podať, zaregistrovať batožinu **4.** AM odložiť do šatne

check² [ček] kockovaný vzor, kockovaná látka; *a red and white ch. tablecloth* červenobiely kockovaný obrus

check in **I.** sl. zapísať sa, prihlásiť sa; *ch. in for a flight* prihlásiť sa na let na letisku **II.** podst. *check-in* ['ček in] **1.** registrácia, prihláška na pobyt, ubytovanie **2.** registračné miesto

check out **I.** sl. odhlásiť sa, zaplatiť a odísť (napr. z hotela) **II.** podst. *checkout* ['ček-aut] **1.** pokladnica v samoobsluhe **2.** čas uvoľnenia izby v hoteli **3.** odb. výstupná kontrola

cheek [či:k] **I.** podst. **1.** líce; *he kissed her on the ch.* pobozkal ju na líce **2.** hovor. drzosť **II.** sl. hovor. byť drzý; *stop ch-ing your mother!* prestaň byť drzý k svojej matke!

cheer [ˈčiə] **I.** podst. **1.** volanie na slávu; *the ch-s of the crowd* volanie davu na slávu **2.** radostná nálada; *the feeling of spring filled her with ch.* pocit jari ju naplnil radostnou náladou **3.** povzbudenie mysle; *words of ch.* povzbudzujúce slová **II.** sl. **1.** volať na slávu; *the crowd ch-ed* dav volal na slávu **2.** povzbudzovať; *ch. the favourite rider* povzbudzovať obľúbeného jazdca

cheer up 1. rozradostniť (sa), potešiť (sa); *your visit has ch-ed me up* tvoja návšteva ma potešila **2.** vzchopiť sa; *ch. up!* hlavu hore!

cheerful [ˈčiəfl] **1.** radostný, šťastný; *a ch. smile* šťastný úsmev **2.** jasný, svetlý; *a ch. room* jasná, svetlá miestnosť

cheerio [ˌčiriˈəu] tak ahoj, maj sa (pozdrav na rozlúčku)

cheers [čiəz] hovor. **1.** na zdravie (pri prípitku) **2.** zbohom **3.** ďakujem

cheese [či:z] syr; *green/blue ch.* nevyzretý/plesňový syr

cheesecake [ˈči:zkeik] tvarohový koláč

cheesecloth [ˈči:zklɵθ] obväzová tkanina, gáza

cheetah [ˈči:tə] gepard

chef [šef] šéfkuchár, hlavný kuchár

chemical [ˈkemikl] **I.** príd. chemický; *ch. reaction* chemická reakcia; *ch. engineering* chemické inžinierstvo ● *ch. warfare* vojna chemickými zbraňami **II.** podst. chemikália; *organic ch.* organická chemikália

chemist [ˈkeməst] **1.** chemik **2.** lekárnik

chemistry [ˈkeməstri] chémia

cheque [ček] šek; *pay by ch.* platiť šekom

chequebook [ˈčekbuk] šeková knižka

cherish [ˈčeriš] **1.** mať rád, milovať **2.** starostlivo (s láskou) opatrovať **3.** pren. prechovávať, uchovávať; *ch. the memories* uchovávať spomienky; *ch. hope* prechovávať nádej, dúfať

cherry [ˈčeri] čerešňa (plod, strom, drevo); *ch. tart* čerešňový koláč

chess [čes] šach; *play ch.* hrať šach

chessboard [ˈčesbo:d] šachovnica

chest [čest] **1.** prsia, hruď **2.** truhla, truhlica (na cenné veci)

chestnut [ˈčesnat] **I.** podst. gaštan (plod, strom, drevo) **II.** príd. gaštanový; *ch. hair* gaštanové vlasy

chest of drawers [čest əv ˈdro:əz] bielizník so zásuvkami

chew [ču:] žuť, žuvať; *ch. one's food* žuť potravu

chewing gum [ˈču:iŋ gam] žuvačka

chick [čik] **1.** vtáčie mláďa **2.** (čerstvo vyliahnuté) kuriatko **3.** drobec, drobček (o dieťati)

chicken [ˈčikən] kurča, sliepka; *he keeps ch-s* chová sliepky

chickenhearted [ˌčikənˈha:təd] zbabelý

chicken pox [ˈčikən poks] ovčie kiahne

chief [či:f] **I.** podst. **1.** šéf, vedúci, predstavený, prednosta **2.** náčelník, vodca; *the ch. of police* policajný šéf; *the Indian ch.* náčelník indiánskeho kmeňa **II.** príd. hlavný, najdôležitejší; *the ch. thing to remember* najdôležitejšie, čo si treba zapamätať ● *-in-chief* najvyšší; *the Commander-in-ch.* najvyšší veliteľ

chiefly [ˈči:fli] hlavne, najmä, predovšetkým

child [čaild] mn. č. *children* [ˈčildrən] dieťa; *she's an only ch.* je jediné dieťa ● *from a ch.* od malička, od detstva; *it's ch.'s play* to je hračka/maličkosť

childhood [ˈčaildhud] detstvo

childish [ˈčaildiš] **1.** detský; *the girl's ch. voice* vysoký dievčenský hlas **2.** detinský; *ch. arguments* detinské dôvody

chill [čil] **I.** podst. **1.** chlad; *there's quite a ch. in the air* vo vzduchu cítiť chlad **2.** pocit chladu, mrazenie; *she felt a ch. of fear* mrazilo ju od strachu **3.** prechladnutie; *you'll catch a ch.* môžeš prechladnúť **II.** príd. chladný, mrazivý; *a ch. breeze* mrazivý vetrík **III.** sl. **1.** (o)chladiť; *ch. the wine in the fridge* chladiť víno v chladničke **2.** premrznúť; *he was ch-ed to the bone* premrzol do kosti

chilly [ˈčili] **1.** chladný aj pren.; *I feel ch.* je mi chladno; *a ch. welcome* chladné privítanie **2.** skrehnutý; *the boy was ch.* chlapec bol skrehnutý

chime [čaim] **I.** podst. zvonenie, vyzváňanie **II.** sl. zvoniť, vyzváňať; *the bells are ch-ing* zvony zvonia

chime in skočiť do reči

chimney [ˈčimni] komín

chimney sweep [ˈčimniswi:p] kominár

chimpanzee [ˌčimpænˈzi:] šimpanz

chin [čin] brada; *his ch. was covered with beard* mal celkom zarastenú bradu

China[1] [ˈčainə] Čína

china[2] [ˈčainə] porcelán (materiál aj výrobky z neho)

chinaware [ˈčainəweə] výrobky z porcelánu

Chinese [čaiˈni:z] **I.** príd. čínsky **II.** podst. **1.** Číňan **2.** čínština

chink[1] [čiŋk] štrbina
chink[2] [čiŋk] štrngať; *the sound of ch-ing china* zvuk štrngajúceho porcelánu
chip [čip] **I.** podst. **1.** úlomok, odštiepok; *a wood ch.* trieska; *a glass ch.* črepina **2.** AM hranolček, lupienok zo zemiakov; *fish and ch-s* ryba so zemiakovými hranolkami **3.** elektr. číp, mikroprocesorová doštička **II.** sl. *-pp-* ulomiť, odštiepiť; *all the plates have ch-ped edges* všetky taniere majú odbité okraje
chirp [čə:p] aj **chirrup** [ˈčirəp] **1.** čvirikať (o vtákoch) **2.** cvrlikať (o svrčkovi)
chisel [ˈčizl] dláto
chit-chat [ˈčitčæt] hovor. **1.** táranie, trkotanie **2.** klebetenie
chivalrous [ˈšivlrəs] rytiersky, gavaliersky, galantný; *a ch. old gentleman* galantný starý pán
chivalry [ˈšivlri] rytierstvo, gavalierstvo, galantnosť, dobré spôsoby
chive [čaiv] (obyč. mn. č.) pažítka
choc-ice [ˈčokais] zmrazený krém v čokoláde, nanuk
chocolate [ˈčoklət] **I.** podst. **1.** čokoláda; *a bar of ch.* tabuľka čokolády **2.** čokoládový bonbón; *a box of ch-s* bonboniéra **3.** čokoládový (teplý) nápoj **II.** príd. čokoládový
choice [čois] **I.** podst. výber, voľba; *be given a ch.* mať možnosť voľby ● *make a ch. of sth.* vybrať si (z čoho); *take one's ch.* vybrať si, rozhodnúť sa **II.** príd. **1.** vybraný, vhodne volený; *a few ch. phrases* niekoľko vhodne volených viet **2.** výberový, prvotriedny; *ch. fruit* výberové ovocie
choir [ˈkwaiə] **1.** chór, spevácky zbor **2.** chór (vyvýšené miesto v zadnej časti kostola)
choke [čəuk] **I.** sl. **1.** (za)dusiť (sa); *the smoke almost ch-d me* dym ma takmer zadusil **2.** aj *ch. up (with)* upchať (sa) (čím); *ch. up the pipe* upchať rúru **II.** podst. odb. vzdušník
choose [ču:z], *chose* [čəuz], *chosen* [ˈčəuzn] **1.** vybrať (si), zvoliť (si); *ch. your friends carefully* starostlivo si vyberaj priateľov **2.** vybrať si, rozhodnúť sa; *he chose to stay at home* rozhodol sa ostať doma
chop [čop] **I.** podst. **1.** seknutie sekerou ap. **2.** rezeň, kotleta **II.** sl. *-pp-* (na)sekať, (na)rúbať, (na)štiepať; *ch. wood in the forest* rúbať drevo v lese
chop down vyťať (strom)
chop up rozsekať (na kúsky)

chord [ko:d] **1.** geom. tetiva **2.** hud. akord **3.** stav. pás nosníka
chore [čo:] **1.** (bežná, každodenná) drobná práca; *the daily ch. of shopping* každodenné nákupy **2.** (nepríjemná, ťažká al. nezaujímavá) povinnosť; *a ch. filling in tax forms* povinnosti s vyplňovaním daňových formulárov
chorus [ˈko:rəs] **1.** zbor (spevácky, tanečný); *she's just a ch. girl* je iba zboristka **2.** hud. zbor (skladba) **3.** hud. refrén; *join in the ch.* pridať sa v refréne
chose p. **choose**
chosen p. **choose**
Christ [kraist] aj **Jesus Christ** Kristus
Christian [ˈkrisčn] **I.** podst. kresťan **II.** príd. **1.** kresťanský; *a Ch. church* kresťanský kostol/kresťanská cirkev **2.** krstný; *Ch. name* krstné meno
Christmas [ˈkrisməs] Vianoce ● *Ch. Day* prvý vianočný sviatok; *Ch. Eve* Štedrý večer; *Ch. tree* vianočný stromček
chrome [krəum] **1.** zliatina chrómu s inými kovmi; *ch. steel* chrómová oceľ **2.** aj *ch. yellow* chrómová žlť
chromium [ˈkrəumiəm] chróm (prvok)
chromium-plated [ˌkrəumiəmˈpleitəd] pochrómovaný
chronic [ˈkronik] chronický aj pren.; *ch. disease* chronická choroba
chronicle [ˈkronikl] kronika
chubby [ˈčabi] bucľatý, okrúhly; *ch. cheeks* bucľaté líca
chuck[1] [čak] podperný klin
chuck[2] [čak] hovor. vyhodiť, odhodiť; *ch. away rubbish* vyhodiť smeti
chuckle [ˈčakl] smiať sa, usmievať sa, pochechtávať sa (potlačovaným smiechom, pod fúzy)
chug [čag] *-gg-* **1.** rapotať **2.** vypiť na ex
chunk [čaŋk] veľký kus, veľká porcia; *a ch. of meat/cheese* kus mäsa/syra
church [čə:č] **1.** kostol **2.** pobožnosť, omša; *go to ch.* chodiť na pobožnosti **3.** obyč. *the Ch.* cirkev; *the Ch. of England* anglikánska cirkev
churchyard [ˈčə:čja:d] cintorín (obyč. dedinský pri kostole)
chute [šu:t] **1.** sklz, sklzový žľab; *a rubbish ch.* odpadový žľab **2.** hovor. padák
CIA [ˌsi: ai ˈei] skr. *Central Intelligence Agency* AM Ústredná spravodajská služba
cider [ˈsaidə] jablčný mušt
cigar [siˈga:] cigara

cigarette [ˌsigəˈret] cigareta; *light (up)/stub (out) a c.* zapáliť/zahasiť cigaretu

cigarette butt [sigəˈret bat] ohorok cigarety

cigarette holder [sigəˈret ˌhəuldə] špička na cigarety

cigarette lighter [sigəˈret ˌlaitə] zapaľovač

cinder [ˈsində] **1.** žeravý uhlík, uhoľ **2.** *c-s* mn. č. žeravý popol, škvára; *clear out the c-s* vybrať popol ● *burnt to a c.* spálený na uhoľ

Cinderella [ˌsindəˈrelə] Popoluška

cinema [ˈsinəmə] kino; *let's go to the c.* poďme do kina

cinematography [ˌsinəməˈtogrəfi] kinematografia

cinnamon [ˈsinəmən] škorica

cipher aj **cypher** [ˈsaifə] **I.** podst. **1.** kniž. nula, nič; *he's a mere c. in the company* je v podniku úplná nula **2.** arabská číslica **3.** šifra; *a message in c.* šifrovaná správa **II.** sl. šifrovať

circle [ˈsəːkl] **I.** podst. **1.** kruh; *the Arctic c.* polárny kruh; *vicious c.* začarovaný kruh **2.** kružnica; *the circumference of the c.* obvod kružnice **3.** balkón (v divadle ap.); *dress c.* prvý balkón; *upper c.* druhý balkón **4.** krúžok; *the linguistic c.* lingvistický krúžok **5.** okruh; *have a large c. of friends* mať veľký okruh priateľov **II.** sl. **1.** krúžiť; *the plane was c-ing (around) the airport* lietadlo krúžilo nad letiskom **2.** zakrúžkovať; *c. the wrong words* zakrúžkovať nesprávne slová

circuit [ˈsəːkət] **1.** obvod aj elektr.; *the c. of the race track* obvod pretekárskej dráhy **2.** obeh; *the c. of the Earth round the Sun* obeh Zeme okolo Slnka

circular [ˈsəːkələ] **I.** príd. kruhový, okružný; *a c. bus tour* okružná jazda autobusom **II.** podst. obežník (tlačivo)

circulate [ˈsəːkjəleit] cirkulovať, obiehať; *blood c-s through the body* krv cirkuluje v tele

circulation [ˌsəːkjəˈleišn] **1.** obeh, cirkulácia; *he has a good c.* má dobrý obeh krvi; *banknotes in c.* bankovky v obehu; *c. of air* cirkulácia vzduchu **2.** (pravidelný) náklad (novín, časopisov) **3.** archit. komunikácia, možnosť pohybu (v budove)

circumference [səˈkamfrəns] obvod kružnice; *the c. of the Earth* obvod zemegule

circumstance [ˈsəːkəmstæns] obyč. mn. č. okolnosti ● *in/under the c-s* za týchto okolností; *in/under no c-s* za nijakých okolností; *in exceptional c-s* vo výnimočných prípadoch

circus [ˈsəːkəs] **1.** cirkus **2.** kruhové námestie; *Picadilly C.* námestie Picadilly (v Londýne)

cistern [ˈsistən] nádrž na vodu, splachovacia nádrž (WC)

cite [sait] **1.** citovať; *c. some examples* citovať niekoľko príkladov **2.** predvolať na súd

citizen [ˈsitəzn] **1.** občan, občianka; *a British c.* britský občan **2.** obyvateľ mesta; *the c-s of Paris* obyvatelia Paríža

citizenship [ˈsitəznšip] občianstvo, štátna príslušnosť

city [ˈsiti] **1.** veľké mesto, veľkomesto **2.** *the C.* najstaršia časť Londýna

civic [ˈsivik] **1.** občiansky; *c. rights* občianske práva **2.** mestský; *c. centre* mestské centrum s dôležitými budovami; *c. theatre* mestské divadlo

civil [ˈsivl] **1.** občiansky; *c. rights* občianske práva, práva občanov; *c. war* občianska vojna; *c. servant* štátny úradník; *c. disobedience* občianska neposlušnosť **2.** civilný (ani vojenský, ani cirkevný); *c. ceremony* civilný obrad **3.** úctivý, zdvorilý; *try to be c. to her* skús k nej byť úctivý

civil engineer [ˌsivl endžəˈniə] stavebný inžinier

civilian [səˈviljən] **I.** podst. civilista **II.** príd. civilný, občiansky; *c. clothes* civilné oblečenie

civilization aj **civilisation** [ˌsivl-aiˈzeišn] civilizácia, kultúra; *the c. of mankind* ľudská civilizácia; *the c-s of ancient Egypt* civilizácie starého Egypta

Civil Service [ˌsivl ˈsəːvis] BR štátna služba/správa

clad [klæd] kniž. **1.** odetý, zahalený; *she was poorly c.* bola úboho odetá **2.** odb. krytý, chránený ● *(armour-)c.* panciérový

claim [kleim] **I.** podst. nárok, požiadavka; *lay c. to* uplatňovať nárok (na čo) **II.** sl. **1.** robiť si nároky, požadovať, domáhať sa; *c. an allowance* požadovať príspevok **2.** tvrdiť; *he c-s to be the best player* tvrdí, že je najlepším hráčom

clamour, AM **clamor** [ˈklæmə] **I.** podst. **1.** krik, kričanie; *the c. of children* krik detí pri hre **2.** hlasité volanie ľudí (na protest ap.); *c. for an encore* volanie o prídavok (na koncerte) **II.** sl. **1.** kričať, robiť krik **2.** (*for*) dožadovať sa krikom, dovolávať sa (čoho)

clamp [klæmp] **I.** podst. **1.** svorka, spona **2.** zverák **II.** sl. zovrieť, stiahnuť zverákom

clamp down zakázať, násilne potlačiť; *c. down on violence at football matches* potlačiť násilie na futbalových zápasoch

clan [klæn] rod, klan

clap [klæp] *-pp-* **1.** tlieskať; *the audience c-ped* obecenstvo tlieskalo **2.** potľapkať, plesknúť; *c. sb. on the back* potľapkať koho po chrbte

clarify [ˈklærəfai] **1.** objasniť, vysvetliť; *c. a statement* objasniť tvrdenie **2.** prečistiť tekutinu

clarinet [ˌklærəˈnet] klarinet

clash [klæš] **I.** sl. **1.** rinčať, rachotiť, hrkotať; *the empty drums c-ed* prázdne sudy hrkotali **2.** zraziť sa, stretnúť sa, naraziť na seba; *police and demonstrators c-ed in the street* polícia sa zrazila s demonštrantmi **3.** (časove) kolidovať; *the two concerts c-ed* tie dva koncerty navzájom kolidovali **4.** byť v rozpore, dostať sa do rozporu; *they c-ed over wages* dostali sa do rozporu pre mzdy **5.** (o farbách ap.) biť sa, neladiť; *the jacket c-es with the skirt* kabátik nie je zladený so sukňou **II.** podst. **1.** rinčanie, rachot, hrkotanie; *c. of swords* rinčanie mečov **2.** zrážka, kolízia, konflikt; *c. in views* rozpor v názoroch

clasp [kla:sp] **I.** podst. **1.** spona, pracka, háčik; *the c. on a necklace* spona na náhrdelníku **2.** zovretie, stisk; *a hearty c. of the hand* srdečný stisk ruky **II.** sl. **1.** zopnúť, zapnúť (na sponu) **2.** stisnúť, zovrieť; *c. in one's arms* stisnúť v náručí

class [kla:s] **I.** podst. **1.** (v rozl. význ.) trieda; *the ruling c.* vládnuca trieda; *a c. of 25 children* trieda s 25 deťmi; *musicians of a high c.* hudobníci najvyššej triedy; *my dog won the first price in its c.* môj pes získal prvú cenu vo svojej triede **2.** (vyučovacia) hodina, prednáška, kurz; *at what time does the next c. begin?* kedy sa začína ďalšia hodina? *a c. in cookery* kurz varenia **II.** sl. **1.** zatriediť, zaradiť **2.** považovať (za); *he is c-ed as one of the world's best painters* je považovaný za jedného z najlepších svetových maliarov

classic [ˈklæsik] **I.** príd. (v rozl. význ.) klasický; *c. children stories* klasické rozprávky pre deti; *simple c. style* jednoduchý klasický štýl; *a c. example* klasický príklad **II.** podst. **1.** klasik (umelec i spisovateľ, umelec) **2.** antický spisovateľ **3.** *c-s* mn. č. klasická literatúra/filológia

classical [ˈklæsikl] **1.** klasický (starogrécky, starorímsky); *c. heritage* klasické dedičstvo **2.**

tradičný, klasický, nie moderný; *she prefers c. music to pop music* má radšej klasickú hudbu než modernú (populárnu) **3.** klasicistický

classicist [ˈklæsəsəst] klasicista

classification [ˌklæsəfəˈkeišn] **1.** triedenie, zaraďovanie, klasifikácia **2.** skupina, kategória

classify [ˈklæsəfai] zatriediť, zaradiť; *library books are c-ied by subject* knihy v knižnici sú zatriedené predmetovo ● *c-ied information* tajná informácia

classmate [ˈkla:smeit] spolužiak, spolužiačka

classroom [ˈkla:srum] trieda miestnosť, posluchareň

clatter [ˈklætə] **I.** podst. **1.** rinčanie, hrkotanie, klepotanie; *the c. of cutlery* rinčanie príborov **2.** ruch, zhon; *the busy c. of the city* rušný zhon veľkomesta **II.** sl. **1.** rinčať, rachotiť, hrkotať *c. the dishes on the tray* rinčať riadami na tácke **2.** drgať sa, hrkať sa, natriasať sa; *c. over the cobblestones* natriasať sa po dláždenej ceste **3.** drkotať, trkotať; *the girls stopped c-ing when the teacher came in* dievčatá prestali trkotať, keď vošiel učiteľ

clause [klo:z] **1.** gram. veta **2.** klauzula, doložka **3.** odsek dokumentu

claw [klo:] **I.** podst. **1.** pazúr, pazúrik; *the cat's c-s* mačacie pazúriky **2.** klepeto raka, kraba **II.** sl. **1.** (po)škriabať, (po)driapať, rozdriapať (pazúr(ik)mi) **2.** zadrapiť sa, chňapnúť, napadnúť

clay [klei] íl, hlina

clayey [ˈkleii] ílovitý, hlinitý

clean [kli:n] **I.** príd. **1.** (v rozl. význ.) čistý; *c. hands* čisté ruky; *a c. sheet of paper* čistý hárok papiera **2.** čistotný; *cats are c. animals* mačky sú čistotné zvieratá **3.** rovný, hladký, čistý; *a c. cut* rovný rez **4.** statočný, bezúhonný; *a c. life* bezúhonný život ● *come c.* priznať sa **II.** sl. (o)čistiť, vyčistiť; *I have this suit c-ed* dám si vyčistiť tento oblek

clean out 1. vyčistiť, upratať; *c. out the stable* vyčistiť stajňu **2.** hovor. vyprázdniť pokladnicu, zbaviť peňazí ● *be completely c-ed out* byť celkom bez haliera

clean up upratať, dať do poriadku; *c. up after a party* dať všetko do poriadku po zábave/večierku

cleaner [ˈkli:nə] **1.** čistič (osoba i prístroj) **2.** čistiaci prostriedok **3.** aj *vacuum c.* vysávač ● *the c.'s* chemická čistiareň

cleanse [klenz] **1.** očistiť, zbaviť viny **2.** vyčistiť, vymyť; *c. dirt from a wound* vymyť nečistotu z rany **3.** AM čistiť, upratovať
cleanser [ˈklenzə] čistiaci prostriedok
clean-shaven [ˌkliːnˈʃeivn] do hladka oholený, vyholený
clear [kliə] **I.** príd. **1.** priehľadný; *c. glass* priehľadné sklo **2.** jasný; *c. sky* jasná obloha **3.** (o zvuku) čistý, zreteľný, jasný; *c. as a bell* zvonivý; *a c. style of writing* jasný štýl písania **4.** voľný, čistý, priechodný; *the road is c. of snow* cesta je očistená od snehu ● *make oneself c.* jasne sa vyjadriť; *c. soup* hovädzí vývar **II.** prísl. **1.** jasne, zreteľne; *speak c.* hovor zreteľne **2.** bokom, mimo, bez dotyku; *he jumped 10 centimetres c. of the bar* skočil 10 cm nad tyč/tyčou **III.** sl. vyčistiť, (o)čistiť; *c. the streets of snow* očistiť ulice od snehu
clear off hovor. odpratať sa, zmiznúť
clear out 1. vypratať, odpratať nepotrebné veci **2.** hovor. rýchlo opustiť (napr. budovu)
clear up 1. objasniť, vyjasniť; *c. up a mystery* objasniť záhadu **2.** dať do poriadku, usporiadať; *don't expect me to c. up after you* nečakaj, že po tebe budem dávať veci do poriadku
clearance [ˈklirəns] **1.** odpratanie, očistenie, demolácia; *slum c.* demolácia chatrčí **2.** tech. voľný priestor; *the c. between the bridge and the top of the bus* voľný priestor medzi mostom a strechou autobusu
clearing [ˈkliəriŋ] **1.** čistina **2.** (účt. spôsob bezhotovostného platenia) klíring
clearly [ˈkliəli] **I.** prísl. zreteľne, jasne; *explain c.* vysvetliť jasne; *speak c.* hovoriť zreteľne **II.** čast., aj ako odpoveď bezpochyby; *Was he mistaken? – C.* Pomýlil sa? – Bezpochyby.
clearway [ˈkliəwei] BR zákaz zastavenia (o úseku cesty)
cleave (kniž.) [kliːv] *cleaved/cleft* [kliːvd /kleft] (kniž.) *clove* [kləuv], *cleaved/cleft*/kniž. *cloven* [ˈkləuvn] **1.** rozštiepiť; *c. a block of wood in two* rozštiepiť klát na dva kusy **2.** raziť si, prerážať si; *c. one's way* raziť si cestu
clef [klef] hud. kľúč; *bass c.* basový kľúč
clench [klenč] zaťať, zovrieť; *he c-ed his fist* zaťal pästʼ
clergyman [ˈkləːdžimən] mn. č. *-men* [-mən] duchovný, kňaz
clerk [klaːk] **1.** úradník; *a bank c.* bankový úradník **2.** tajomník; *c. of a society* tajomník spoločnosti **3.** AM predavač/ka

clever [ˈklevə] **1.** múdry, bystrý, inteligentný; *a c. child* bystré dieťa **2.** šikovný, obratný, zručný; *a c. carpenter* šikovný tesár
cliff [klif] útes, zráz; *the c-s of Dover* Doverské útesy
climate [ˈklaimət] **1.** podnebie, klíma; *tropical c.* tropické podnebie **2.** pren. klíma, atmosféra, prostredie, ovzdušie; *the political c.* politická klíma
climatic [klaiˈmætik] klimatický
climb [klaim] stúpať, vystupovať; *c. the stairs* stúpať po schodoch; *the road c-s steeply* cesta prudko stúpa
climb down 1. zliezť dolu **2.** pripustiť omyl/nepravdu
climb up vyliezť, vyšplhať sa; *c. up a tree* vyliezť na strom
climber [ˈklaimə] **1.** horolezec **2.** popínavá rastlina **3.** kariérista, šplhúň
clinch [klinč] **1.** odb. znitovať **2.** hovor. dohovoriť (sa), dohodnúť (sa) definitívne; *they c-ed the argument quickly* rýchlo ukončili hádku **3.** zovrieť, zaťať
cling [kliŋ] *clung* [klaŋ], *clung (to)* **1.** lipnúť (na kom, čom); *c. to a hope* lipnúť na nádeji **2.** priliehať (na čo); *his shirt clung to his body* košeľa mu priliehala na telo
clinic [ˈklinik] **1.** klinika **2.** bezplatná ambulantná ošetrovňa v nemocnici **3.** vyučovanie medikov na konkrétnych prípadoch v nemocnici
clinical [ˈklinikl] **1.** klinický; *c. medicine* klinická medicína **2.** objektívny, nezaujatý; *c. attitude* objektívny postoj
clink [kliŋk] štrngať, zvoniť; *the coin c-ed as it hit the floor* minca zazvonila, keď padla na zem
clinker [ˈkliŋkə] slinok
clip[1] [klip] **I.** podst. **1.** spona **2.** odb. príchytka, objímka **II.** sl. *-pp-* zopnúť, pripnúť; *c. the sheets of paper together* zopnúť hárky papiera
clip[2] [klip] **I.** sl. *-pp-* (o)strihať; *c. a hedge* strihať živý plot **II.** podst. **1.** strihanie; *give the hedge a c.* ostrihať živý plot **2.** výstrižok, vystrihnutý záber z filmu, klip
clipping [ˈklipiŋ] **1.** výstrižok z novín, časopisu **2.** ústrižok látky
cloak [kləuk] **1.** plášť bez rukávov **2.** pren. pláštik, plášť, rúško; *under the c. of darkness* pod rúškom tmy
cloakroom [ˈkləukrum] **1.** šatňa (v divadle ap.) **2.** záchod, toaleta

clock [klok] **I.** podst. hodiny; *it is three o´c.* sú tri hodiny ● *round the c.* vo dne-v noci, deň a noc **II.** sl. merať čas; *he c-ed 9 seconds* nameral 9 sekúnd

clockwise [ˈklokwaiz] v smere hodinových ručičiek

clog[1] [klog] drevák

clog[2] [klog] *-gg-* (*with*) **1.** upchať (čím); *c-ged with dust* upchatý prachom **2.** prepchať, preplniť, preťažiť (čím); *don´t c. your memory* nepreťažuj si pamäť

clone [ˈkləun] klonovať

close I. príd. [kləus] **1.** blízky, dôverný; *they are c. relations* sú si blízki príbuzní; *c. at hand* poruke; *a c. friend* dôverný priateľ **2.** tesný; *in c. proximity* v tesnej blízkosti **3.** prísny; *keep a c. watch on* prísne dozerať na (koho/čo) **II.** prísl. blízko, tesne pri; *sit c. to the wall* sedieť tesne pri stene **III.** podst. koniec, záver; *towards the c. of the century* ku koncu storočia **IV.** sl. [kləuz] zatvoriť, uzavrieť; *c. one´s eyes* zavrieť oči; *this road is c-d* táto cesta je uzavretá; *the c-ing day for an application* posledný deň na podanie žiadosti

close down **1.** zatvoriť, zastaviť výrobu **2.** ukončiť vysielanie

close in krátiť sa (napr. dni)

closed [kləuzd] **1.** tajný; *c. ballot* tajné hlasovanie **2.** úplný, kompletný; *c. collection* kompletná zbierka **3.** uzatvorený; *c. circuit* elektr. uzatvorený obvod; *c. circuit television* priemyselná televízia s uzatvoreným okruhom; *a c. society* uzavretá spoločnosť

close-up [ˈkləus ap] fot. detail, detailný záber (napr. tváre)

closure [ˈkləužə] **1.** uzáver, zatvorenie **2.** zákaz (napr. prevádzky)

cloth [kloθ] **1.** látka, tkanina, súkno; *three metres of c.* 3 m látky **2.** utierka; *clean the window with a damp c.* očistiť okno mokrou utierkou

clothe [kləuð] ošatiť, (za)obliecť; *work hard to feed and c. the family* pracovať usilovne (na obživu a ošatenie rodiny)

clothes [kləuðz] mn. č. **1.** šaty, odev **2.** osobná bielizeň ● *in plain c.* v civile

clothing [ˈkləuðiŋ] odev, oblečenie; *protective c.* ochranný odev; *c. industry* odevný priemysel

cloud [klaud] **I.** podst. mrak, mračno, oblak, chmára; *dark storm c-s* tmavé búrkové mraky; *a c. of mosquitos* mračno komárov **II.** sl. **1.** zamračiť sa, zatiahnuť sa; *the sky c-ed over* obloha sa zatiahla **2.** zahmliť sa aj pren.; *the steam c-ed the windows* od pary sa zahmlili okná

cloudberry [ˈklaudˌbəri] moruša

cloudless [ˈklaudləs] bezoblačný, jasný, bezmračný; *c. day* jasný deň

cloudy [ˈklaudi] **1.** zamračený, zatiahnutý, oblačný; *a c. sky* zamračená obloha **2.** zahalený, kalný; *c. beer* kalné pivo **3.** zahmlený, nejasný; *c. future* nejasná budúcnosť

clove[1] p. **cleave**

clove[2] [kləuv] klinček (korenie)

clove[3] [kləuv] strúčik; *a c. of garlic* strúčik cesnaku

clover [ˈkləuvə] ďatelina

cloverleaf [ˈkləuvəliːf] mn. č. *-leafs/-leaves* [-liːvz] **1.** lístok ďateliny **2.** mimoúrovňová križovatka (tvaru ďateliny)

club[1] [klab] **I.** podst. klub; *tennis c.* tenisový klub **II.** sl. *-bb- club together* **1.** spojiť sa **2.** zložiť sa; *they c-bed together to buy a present* zložili sa na dar

club[2] [klab] **I.** podst. palica, kyjak; *golf c.* golfová palica **II.** sl. *-bb-* biť, tlcť; *c. to death* dobiť na smrť

clue [kluː] stopa; záchytný bod, kľúč (k záhade); *police have still found no c-s* polícia nemá ešte žiadne stopy ● *not to have a c.* nemať ani poňatia

clumsy [ˈklamzi] **1.** nemotorný, neohrabaný, ťažkopádny; *he´s too c. to be a good dancer* je príliš ťažkopádny na to, aby bol dobrý tanečník **2.** neformný; *c. boots* neforemné čižmy **3.** netaktný; *a c. remark* netaktná poznámka

clung p. **cling**

cluster [ˈklastə] **I.** podst. skupin(k)a, zhluk (koho, čoho); *a c. of islands* skupina ostrovov; *a consonant c.* zhluk/skupina spoluhlások; **II.** sl. zhŕknuť sa, zoskupiť sa; *c. round the door* zhŕknuť sa ku dverám

clutch [klač] **I.** sl. **1.** pevne zvierať; *the mother c-ed her baby in her arms* matka zvierala dieťa v náručí **2.** (*at*) chytiť sa kŕčovito (čoho); *he c-ed at the branch* chytil sa konára **II.** podst. **1.** zovretie **2.** motor. spojka, pedál spojky

Co [kəu] skr. **1.** *company* firma **2.** *County* grófstvo

coach[1] [kəuč] **1.** autokar, diaľkový autobus; *travel by c.* cestovať autokarom; *a c.*

tour of Europe cesta autobusom po Európe **2.** AM železničný vozeň **3.** koč, dostavník
coach² [kəuč] **I.** podst. **1.** inštruktor, súkromný učiteľ **2.** šport. tréner; *a football c.* futbalový tréner **II.** sl. **1.** učiť, inštruovať **2.** trénovať
coal [kəul] uhlie; *a ton of c.* tona uhlia
coalfield [ˈkəulfi:ld] uhoľná panva
coalition [ˌkəuəˈlišn] koalícia; *form a c.* vytvoriť koalíciu; *a c. government* koaličná vláda
coalmine [ˈkəulmain] uhoľná baňa
coarse [ko:s] **1.** hrubý; *c. skin* hrubá koža; *a coat made of c. cloth* kabát ušitý z hrubej látky **2.** hrubozrnný; *c. bread* chlieb z hrubozrnnej múky **3.** hrubý, neslušný, drsný, vulgárny; *a c. joke* neslušný/vulgárny žart
coast [kəust] morské pobrežie; *a hotel on the c.* hotel na pobreží
coat [kəut] **I.** podst. **1.** kabát; *a warm winter c.* teplý zimný kabát **2.** srsť; *the dog's c.* srsť psa **3.** (povrchová) vrstva, náter; *a final c. of paint* vrchný náter (posledná vrstva) ● *c. of arms* erb **II.** sl. potiahnuť, pokryť, natrieť; *furniture c-ed with dust/red paint* nábytok pokrytý prachom/natretý na červeno
coating [kəutiŋ] **1.** náter **2.** obklad, omietka **3.** poleva; *a c. of chocolate* čokoládová poleva **4.** látka na kabát
cobble [ˈkobl] oblý dlažobný kameň, hovor. mačacia hlava
cobra [ˈkəubrə] kobra
cobweb [ˈkobweb] pavučina
cock [kok] **1.** kohút (samec sliepky aj iných vtákov); *a c. sparrow* vrabec, vrabčiak **2.** kohútik (vodovodný, uzáverov, potrubí) **3.** kohútik (zbrane) **II.** sl. **1.** natiahnuť kohútik (zbrane) **2.** vztýčiť, postaviť, nastražiť; *the dog c-ed its ears* pes nastražil uši
cockeyed [ˌkokˈaid] **I.** prísl. nakrivo, šikmo; *his hat is a little c.* klobúk má trochu nakrivo **II.** príd. bláznivý, zmätený; *c. notions* zmätené názory
cockle [ˈkokl] ustrica
Cockney [ˈkokni] **1.** rodený Londýnčan (najmä z východného Londýna) **2.** londýnske nárečie, londýnsky prízvuk
cockpit [ˈkokˌpit] **1.** kabína pilota **2.** kohútie zápasisko, pren. bojisko
cockroach [ˈkokˌrəuč] šváb
cocktail [ˈkokteil] **1.** koktail, miešaný nápoj (obyč. alkoholický) **2.** šalát (ako predkrm); *a fruit c.* ovocný šalát

cocoa [ˈkəukəu] kakao (prášok i nápoj)
coconut [ˈkəukənat] kokosový orech, kokos
cod [kod] treska
code [kəud] **I.** podst. **1.** šifra, kód; *a message written in c.* šifrovaná správa **2.** zbierka zákonov, zákonník; *post c.* poštové smerové číslo; *dialing c.* telefónne smerové číslo; *the Morse c.* Morzeova abeceda; *break a c.* dešifrovať **II.** sl. (za)šifrovať, (za)kódovať; *c-d message* šifrovaná správa
coexist [ˌkəuigˈzist] koexistovať, jestvovať súčasne, žiť pokojne vedľa seba
coffee [ˈkofi] káva (surovina, produkt i nápoj)
coffee bar [ˈkofi ba:] bufet, espreso
coffin [ˈkofin] rakva, truhla
cog [kog] **1.** zub (kolesa) **2.** ozubenie
cogwheel [ˈkogwi:l] ozubené koleso
cohere [kəuˈhiə] **1.** držať spolu; *the two sticky surfaces c.* tie dva lepkavé povrchy držia spolu **2.** mať spojitosť, súvisieť; *that argument fails to c.* ten argument s vecou nesúvisí
coherence aj **coherency** [kəuˈhirəns/i] spojitosť, logická súvislosť; *a letter lacking c.* nezrozumiteľný list
coherent [kəuˈhirənt] **1.** súvislý; *a c. speech* súvislá reč **2.** súdržný; *a c. layer of soil* súdržná vrstva pôdy
cohesion [kəuˈhi:žn] súdržnosť aj pren, kohézia; *c. of wet sand particles* súdržnosť častíc mokrého piesku; *c. of a family* súdržnosť rodiny
coil [koil] **I.** podst. **1.** závit **2.** kotúč; *a c. of rope* kotúč lana **3.** cievka **4.** prstenec, kučera (vlasov) **5.** uzol (účes); *a heavy c. of hair* ťažký uzol vlasov
coin [koin] **I.** podst. minca; *a small heap of c(-s)* malá kôpka drobných mincí **II.** sl. raziť mince
coincide [kəuənˈsaid] zhodovať sa, byť rovnaký; *our interests c.* naše záujmy sa zhodujú
coincidence [ˌkəuˈinsədns] **1.** zhoda; *c. of two events* zhoda dvoch udalostí **2.** náhoda; *what a c.!* aká náhoda! ● *by a mere/sheer c.* čírou náhodou
coke¹ [kəuk] koks (palivo)
coke² [kəuk] **1.** kokakola **2.** slang. kokaín
cold [kəuld] **I.** príd. studený, chladný aj pren.; *c. water* studená voda; *a c. greeting* chladný pozdrav ● *I am c.* je mi zima **II.** podst. **1.** zima, chlad; *don't stay outside in the c.*

nebuď vonku na tej zime **2.** prechladnutie; *I have a c.* som prechladnutý; *catch a c.* prechladnúť

cold-blooded [ˌkəuld ˈblædəd] **1.** studenokrvný; *snakes are c.* hady sú studenokrvné **2.** chladnokrvný; *a c. murder* chladnokrvná vražda

collaborate [kəˈlæbəreit] **1.** (*with, in*) spolupracovať (s kým, čím na čom); *our firm is c-ing with a Japanese company* naša firma spolupracuje s japonskou spoločnosťou **2.** pejor. kolaborovať; *c. with the enemy* kolaborovať s nepriateľom

collapse [kəˈlæps] **I.** sl. **1.** zrútiť sa, (s)padnúť; *the roof c-d* strecha spadla **2.** lek. dostať kolaps **II.** podst. **1.** zrútenie, pád; *the economy is on the verge of c.* hospodárstvo je na pokraji zrútenia **2.** lek. kolaps

collar [ˈkolə] **1.** golier **2.** obojok (napr. pre psa) **3.** odb. objímka

colleague [ˈkoliːg] kolega, kolegyňa

collect [kəˈlekt] **1.** (po)zbierať, zhromažďovať; *c. stamps* zbierať známky **2.** vybrať, vyzdvihnúť vec, osobu; *c. a child from school* vyzdvihnúť dieťa zo školy

collected [kəˈlektd] **1.** zozbieraný, zobraný; *the c. works of Ch. Dickens* súhrnné dielo Ch. Dickensa **2.** chladnokrvný, pokojný

collection [kəˈlekšn] **1.** zbieranie, zhromažďovanie; *c. of domestic waste* zbieranie/odvoz domáceho odpadu **2.** zbierka; *a c. of paintings* zbierka obrazov **3.** vyberanie, vyzdvihnutie; *baggage c.* vyzdvihnutie batožiny; *c. of letters* vyberanie verejnej poštovej schránky **4.** hromada, kopa, hŕba; *a rubbish c.* kopa odpadu

collective [kəˈlektiv] **1.** spoločný, kolektívny; *c. responsibility* spoločná zodpovednosť **2.** gram. hromadný; *c. noun* hromadné podst. meno

collector [kəˈlektə] **1.** vyberač; *ticket c.* vyberač lístkov na stanici **2.** elektr. kolektor, zberač

college [ˈkolidž] **1.** vysoká škola, univerzita, fakulta; *go to c.* ísť na vysokú školu **2.** AM vyššia odborná škola (zodpovedajúca nižšiemu stupňu vysokoškolského vzdelania)

collide [kəˈlaid] **1.** zraziť sa; *the bus c-d with a van* autobus sa zrazil s dodávkovým autom **2.** byť v rozpore, nezhodovať sa, kolidovať; *our interests c.* naše záujmy sa nezhodujú

collision [kəˈližn] zrážka; *a railway c.* železničná zrážka

colloquial [kəˈləukwiəl] hovorový; *c. English* hovorová angličtina

colon [ˈkəulən] dvojbodka

colonel [ˈkəːnl] plukovník

colonial [kəˈləuniəl] **I.** príd. **1.** koloniálny; *c. power* koloniálna mocnosť **2.** AM v koloniálnom slohu/štýle; *c. furniture* nábytok v koloniálnom štýle **II.** podst. obyvateľ kolónie, kolonista, osadník

colonize aj **colonise** [ˈkolənaiz] kolonizovať, osídliť

colony [ˈkoləni] **1.** (v rozl. význ.) kolónia; polit. *British c-ies* britské kolónie; **2.** biol. spoločenstvo živočíchov, kolónia; *a c. of ants* kolónia mravcov

colour [ˈkalə] **I.** podst. **1.** farba; *what c. is your book?* akú farbu má tvoja kniha? **2.** *c-s* mn. č. zástava, vlajka, farby príslušnosti **II.** sl. **1.** (za)farbiť, nafarbiť, prifarbiť; *c. one's hair green* zafarbiť si vlasy na zeleno **2.** pren. skresliť; *news is often c-ed* správy sú často skreslené **3.** (za)červenať sa; *she c-ed with embarrassement* začervenala sa v rozpakoch

colour-blind [ˈkalə blaind] farboslepý

coloured [ˈkaləd] **I.** príd. farebný; *c. photographs* farebné fotografie; *c. people* farební ľudia; *cream-c. dress* šaty smotanovej farby **II.** podst. farebný, človek farebnej pleti

colourfast [ˈkaləfaːst] stálofarebný

colourful [ˈkaləfl] **1.** farebný, pestrý, rôznofarebný; *a bird with c. wings* vták s pestrými krídlami **2.** pestrý, mnohotvárny; *a c. life* pestrý život

colt [kəult] žriebä

column [ˈkoləm] **1.** stĺp; *a Doric c.* dórsky stĺp **2.** stĺpec, stĺpček, rubrika (v novinách); *a c. of mercury* stĺpec ortuti **3.** kolóna; *a c. of cars* kolóna áut

columnist [ˈkoləmnist] novinár, ktorý píše články do pravidelnej rubriky

comb [kəum] **I.** podst. hrebeň **II.** sl. (u)česať; *c. one's hair* učesať si vlasy

combat [ˈkombæt] **I.** podst. boj, konflikt; *a single c.* boj muža proti mužovi **II.** sl. bojovať; *c. drug abuse* bojovať proti drogovej závislosti

combination [ˌkombəˈneišn] spojenie, zlúčenie, kombinácia; *in c. with* v spojení (s čím)

combine [kəmˈbain] **I.** sl. spájať (sa), zlučovať (sa); *hydrogen c-s with oxygen* vodík

sa zlučuje s kyslíkom **II.** podst. **1.** kombinát (napr. priemyselný) **2.** aj *c. harvester* kombjan
   combustible [kəm'bastəbl] **I.** príd. horľavý, zápalný **II.** podst. horľavina
   come [kam], *c.* [keim], *come* [kam] **1.** (v rozl. význ.) prísť; *they came to a river* prišli k rieke; *she has c. to see me* prišla ma navštíviť; *Christmas is c-ing soon* čoskoro prídu Vianoce; *c. here!* poď sem! **2.** (*to*) dospieť, dôjsť, prísť (k čomu); *c. to the conclusion* dospieť/prísť k záveru; *c. to an agreement* dospieť k dohode/dohodnúť sa **3.** pred príd. a prísl. samovoľná zmena stavu; *c. loose* uvoľniť sa; *c. clear* vyjasniť sa; *c. unstitched* rozpárať sa; *c. true* splniť sa ● *c. what may* nech sa deje čokoľvek; *in the days/month/years to c.* v nasledujúcich dňoch/mesiacoch/rokoch
    come about stať sa, prihodiť sa; *how did it c. about?* ako sa to stalo?
    come along **1.** ísť s/spolu; *c. along with us* poď s nami **2.** vyvíjať sa, pokračovať, dariť sa; *how's your English c-ing along?* ako pokračuje tvoja angličtina? ako sa ti darí s angličtinou? ● *c. along!* ponáhľaj sa! pohni sa! hýb sa!
    come back vrátiť sa; *it's all c-ing back to me now* všetko sa mi teraz vracia (v pamäti)
    come down klesnúť; *the prices came down* ceny klesli
    come from pochádzať; *he c-s from England* pochádza z Anglicka
    come in vstúpiť, vojsť; *c. in!* poď(te) ďalej/vstúpte!
    come on (po)ponáhľať sa; *c. on!* poďme!, tak poď!
    come out **1.** vyjsť najavo; *the truth finally came out* pravda konečne vyšla najavo **2.** vychádzať; *this newspaper c-s out once a week* tieto noviny vychádzajú raz týždenne ● *c. out on strike* začať štrajkovať, vstúpiť do štrajku
    come over **1.** prísť pozrieť z väčšej vzdialenosti; *c. over to England* príďte do Anglicka **2.** zmeniť mienku
    come round **1.** prísť, zájsť na návštevu **2.** prísť k sebe, prebrať sa
    come up **1.** priblížiť sa **2.** prihodiť sa
   comeback ['kambæk] návrat
   comedian [kə'mi:diən] **1.** komik, herec **2.** vtipkár, komediant
   comedown ['kamdaun] **1.** úpadok, krach **2.** zvrat, (nepríjemná) prenikavá zmena
   comedy ['komədi] komédia

comet ['komət] kométa
   comfort ['kamfət] **I.** podst. **1.** útecha, povzbudenie; *a few words of c.* niekoľko slov útechy **2.** pohodlie, komfort; *live in c.* žiť v pohodlí **II.** sl. potešiť, povzbudiť
   comfortable ['kamftəbl] **1.** pohodlný, poskytujúci pohodlie; *a c. chair* pohodlné kreslo **2.** (s)pokojný; *I can't be c. until I know what happened* nebudem pokojný, kým sa nedozviem, čo sa stalo **3.** finančne zabezpečený, bezstarostný; *live in c. circumstances* bezstarostne si žiť ● *be/feel c.* cítiť sa dobre
   comic ['komik] **I.** podst. komik (herec) **I.** príd. **1.** komický, komediálny; *c. opera* komická opera; *c. performance* komediálne predstavenie **2.** humorný, vtipný; *c. remarks* vtipné poznámky
   comical ['komikl] komický, smiešny; *a c. hat* smiešny klobúk
   comic strip ['komik strip] AM kreslený seriál, kreslené príbehy, komiks
   comma ['komə] čiarka
   command [kə'ma:nd] **I.** podst. **1.** rozkaz, príkaz, nariadenie; *give a c.* dať rozkaz **2.** velenie; *under his c.* pod jeho velením **3.** ovládanie, znalosť; *he has a good c. of the English language* dobre ovláda anglický jazyk **II.** sl. **1.** rozkázať, prikázať, dať rozkaz/príkaz, nariadiť; *do what I c. you* rob, čo ti prikazujem **2.** veliť (komu, čomu), byť veliteľom (koho, čoho); *he c-s the Parachute Brigade* velí parašutistickej brigáde **3.** disponovať (čím), mať k dispozícii (čo); *the company c-s considerable resources* spoločnosť disponuje veľkými prostriedkami; *he c-s considerable respect* teší sa veľkej úcte
   commander [kə'ma:ndə] veliteľ
   commander in chief [kə'ma:ndr in čif] vrchný/hlavný veliteľ
   commemorate [kə'meməreit] **1.** pripomínať (si) (pamiatku), pripamätať (si); *c. the victory* pripomenúť si víťazstvo **2.** sláviť, oslavovať; *c. an anniversary* sláviť výročie
   commemoration [kə,memə'reišn] spomienková slávnosť; *in c. of* na pamiatku (koho, čoho)
   commemorative [kə'memərətiv] pamätný; *a c. stamp* pamätná príležitostná známka
   comment ['koment] **I.** podst. (*on*) poznámka, komentár (k čomu); *make some c-s* mať nejaké poznámky ● *no c.* bez komentára, bez poznámok **II.** sl. komentovať, mať poznámky

commentary [ˈkoməntri] **1.** komentár **2.** reportáž; *a radio c. on a football match* reportáž z futbalového zápasu

commentator [ˈkomnteitə] **1.** komentátor **2.** reportér; *a football c.* futbalový komentátor

commerce [ˈkoməːs] obchod, obchodovanie; *international c.* medzinárodný obchod

commercial [kəˈməːšl] I. príd. obchodný, komerčný; *c. bank* obchodná banka; *c. television* komerčná televízia II. podst. reklama v televízii/rozhlase

commission [kəˈmišn] I. podst. **1.** poverenie, úloha; *the c. to build a new theatre* poverenie postaviť nové divadlo **2.** (*on*) provízia (z čoho); *receive a c. of 10 per cent on sales* dostávať 10 percentnú províziu z predaja **3.** komisia; *set up a c.* menovať/utvoriť komisiu II. sl. poveriť; *c. an artist to paint a portrait* poveriť umelca namaľovaním portrétu

commissioner [kəˈmišənə] **1.** komisár, splnomocnenec; *the High C. for Canada* vysoký komisár pre Kanadu **2.** člen komisie; *the C-s* vládna komisia

commit [kəˈmit] *-tt-* **1.** spáchať; *c. a crime* spáchať zločin **2.** zveriť/dať/odovzdať do opatery; *c. a patient to a mental hospital* dať pacienta do liečebne pre duševne chorých **3.** *c. oneself* to zaviazať sa (na čo); *he has c-ed himself to supporting his brother* zaviazal sa, že bude podporovať brata

commitment [kəˈmitmənt] finančný záväzok

committee [kəˈmiti] výbor; *be/sit on the c.* byť vo výbore

---

committee – has two ms,
two ts and two es

---

commodity [kəˈmodəti] **1.** predmet obchodovania, komodita **2.** užitočná al. cenná vec

commodore [ˈkomədoː] **1.** komodor (starší kapitán obchodného loďstva) **2.** predseda jachtárskeho klubu

common [ˈkomən] I. príd. **1.** bežný; *a c. occurence* bežný výskyt **2.** všeobecný; *a c. experience* všeobecná skúsenosť **3.** spoločný; *our c. enemy* náš spoločný nepriateľ **4.** verejný (opak súkromný); *a c. property* verejný majetok **5.** prostý, jednoduchý; *c. people* prostí ľudia ● *c. sense* zdravý rozum II. podst. obecný pozemok, pozemok obce ● *in c.* spoločne, dokopy; *have sth. in c.* mať niečo spoločné

commonly [ˈkomənli] bežne, obyčajne; *that c. happens* to sa bežne stáva

Common Market [ˌkomən ˈmaːkət] spoločný trh

commonplace [ˈkomənpleis] I. podst. **1.** bežná vec; *travel by air is now c.* cesta lietadlom je dnes bežná vec **2.** otrepaná fráza, klišé II. prid. bežný, všedný; *it's becoming c.* začína to byť bežné

commonwealth [ˈkomənwelθ] spoločenstvo, štát ● *the C. of Nations* Britské spoločenstvo národov; *the C. of Australia* Austrálsky zväz

communal [ˈkomjunl] **1.** obecný, verejný; *c. facilities* verejné zariadenia; *c. land* obecný pozemok **2.** spoločný; *c. life* spoločný život

communicate [kəˈmjuːnəkeit] **1.** oznámiť; *c. the news* oznámiť správu **2.** preniesť; *some diseases are easily c-d* niektoré choroby sa ľahko prenášajú **3.** byť v styku, dohovoriť sa, komunikovať; *c. with people by telephone* dohovoriť sa s ľuďmi telefonicky **4.** byť spojený dverami; *c. bedrooms* spálne spojené dverami

communication [kəˌmjuːnəˈkeišn] **1.** spojenie, styk, komunikácia, kontakt; *all c. with the north has been stopped* všetko spojenie so severom bolo prerušené **2.** oznámenie, správa; *the solicitor's c.* správa od advokáta

communications [kəˌmjuːnəˈkeišnz] **1.** spoje **2.** doprava

communicative [kəˈmjuːnəkətiv] **1.** zhovorčivý; *a c. man* zhovorčivý človek **2.** komunikatívny, oznamovací; *a c. ability* komunikatívna schopnosť

communism [ˈkomjənizm] komunizmus

communist [ˈkomjənəst] I. podst. komunista II. príd. komunistický

community [kəˈmjuːnəti] **1.** spoločenstvo aj bot. **2.** obec (skupina ľudí/obyvateľstva) **3.** verejnosť; *the interests of the c.* záujmy verejnosti **4.** spoločné vlastníctvo; *c. property* spoločný majetok

commute [kəˈmjuːt] **1.** (*into, for*) zameniť (za čo), vymeniť (za čo); **2.** dochádzať (do zamestnania); (pravidelne) cestovať (služobne); *c. from Cambridge to London* služobne cestovať z Cambridgea do Londýna

commuter [kəˈmjuːtə] dochádzajúci (do zamestnania z vidieka al. predmestia), cezpoľný

compact¹ [kəm'pækt] **I.** príd. kompaktný, pevný, hutný; *a c. mass* kompaktná hmota; *c. disk* kompaktná platňa **II.** sl. pevne spojiť, stlačiť; *a c. mass of snow* stlačená masa snehu

compact² [kəm'pækt] **1.** pudrenka **2.** AM malé auto

companion [kəm'pænjən] **1.** druh, spoločník; *a travelling c.* spoločník na cesty **2.** príručka, sprievodca (v názve knihy); *the motorist's c.* príručka motoristu

company ['kampəni] **1.** (v rozl. význ.) spoločnosť; *theatrical c.* divadelná spoločnosť; *keep sb. c.* robiť komu spoločnosť; *he got into bad c.* dostal sa do zlej spoločnosti; *a pharmaceutical c.* farmaceutická spoločnosť **2.** spoločník; *he is excellent c.* je vynikajúci spoločník **3.** rota

comparable ['komprəbl] (*with, to*) **1.** porovnateľný (s kým/čím); *his poetry is hardly c. with Shakespeare's* jeho poézia sa nedá porovnávať so Shakespearovou **2.** podobný; *c. jobs* podobné zamestnania

comparative [kəm'pærətiv] **I.** príd. **1.** pomerný, relatívny; *in c. comfort* v relatívnom pohodlí **2.** porovnávací; *c. linguistics* porovnávacia jazykoveda **II.** podst. gram. komparatív (druhý stupeň príd. mien)

comparatively [kəm'pærətəvli] pomerne; *this house was c. cheap* tento dom bol pomerne lacný

compare [kəm'peə] **1.** (*with*) porovnať (s kým, čím); *c. two translations* porovnať dva preklady **2.** (*to*) prirovnať (ku komu, k čomu); *poets c. sleep to death* básnici prirovnávajú spánok k smrti **3.** (*with*) vyrovnať sa (komu, čomu); *he cannot c. with his father* nemôže sa rovnať otcovi

compared to/with [kəm'peəd] v porovnaní (s kým/čím) *London is large compared to/with Bratislava*

comparison [kəm'pærəsn] **1.** (*with*) porovnanie (s kým, čím) ● *in/by c. with* v porovnaní s (kým, čím) **2.** (between) prirovnanie, porovnanie; *make a c. between two things* porovnať dve veci **3.** gram. stupňovanie

compartment [kəm'pa:tmənt] oddelenie, kupé vo vlaku; *the first-class c.* kupé prvej triedy

compass ['kampəs] **1.** kompas **2.** (kniž.) okruh, dosah, kompetencia; *it's not within our c.* to nepatrí do rámca našej kompetencie **3.** obyč. mn.č. *c-s*; (*a pair of*) *c-es* kružidlo

compassion [kəm'pæšn] (*for*) súcit (s kým); *c. for the refugees* súcit s utečencami

compatible [kəm'pætəbl] (*with*) zlučiteľný (s čím); *c. blood groups* zlučiteľné krvné skupiny

compatriot [kəm'pætriət] krajan, krajanka

compel [kəm'pel] -*ll*- **1.** (*to*) donútiť, prinútiť (do čoho, na čo, k čomu); *he c-led him to give him some money* prinútil ho, aby mu dal peniaze **2.** vynútiť si; *it c-s our admiration* to si vynucuje náš obdiv

compensate ['kompənseit] **1.** (*for*) nahradiť (čím); *nothing can c. for the loss of one's health* strata zdravia sa ničím nedá nahradiť **2.** finančne odškodniť

compensation [ˌkompən'seišn] náhrada, odškodnenie; *he received £5,000 in c.* dostal náhradu 5 000 libier ● *in c. for* ako náhrada (za čo)

compete [kəm'pi:t] (*with, against, for*) súťažiť (s kým, čím, v čom, o čo); *c. with/against a rival firm* súťažiť s konkurenčnou firmou; *c. for first place* súťažiť o prvé miesto

competence ['kompətəns] **1.** spôsobilosť, kvalifikácia; *his c. as a designer* jeho kvalifikácia projektanta **2.** právomoc; *it's beyond the c. of this court* to je mimo právomoci tohto súdu

competent ['kompətənt] **1.** schopný, kvalifikovaný; *the c. teacher* kvalifikovaný učiteľ **2.** oprávnený, kompetentný; *a c. judge* oprávnený sudca **3.** dostatočný, primeraný; *a c. knowledge* primerané znalosti

competition [ˌkompə'tišn] súťaž, súťaženie; *enter a c./go in for c.* zúčastniť sa na súťaži

competitive [kəm'petətiv] **1.** súťažný, konkurzný; *c. examinations* konkurzné skúšky **2.** schopný súťažiť, konkurenčný; *c. prices* konkurenčné ceny

competitor [kəm'petətə] súper, konkurent

compilation [ˌkompə'leišn] **1.** zbieranie, zhromažďovanie; *c. of data* zbieranie údajov **2.** zostavenie, kompilácia **3.** výp. preklad

compile [kəm'pail] **1.** (zo)zbierať, (na)zhromaždiť; *c. data* zozbierať údaje **2.** zostaviť; *c. a dictionary* zostaviť slovník

complain [kəm'plein] (*about*) sťažovať sa/si (na koho, čo); *we have nothing to c. about* nemôžeme si na nič sťažovať

complaint [kəm'pleint] **1.** sťažnosť, žaloba; *make a c.* podať sťažnosť **2.** ťažkosti, choroba; *a stomach c.* žalúdočné ťažkosti

complement [ˈkompləmənt] **1.** gram. i mat. doplnok **2.** plný stav/počet (mužstva, vecí)
complete [kəmˈpliːt] **I.** príd. **1.** úplný, celý, kompletný; *the C. Works of W. Shakespeare* kompletné dielo W. Shakespeara **2.** dokončený; *the railway is not c. yet* železničná trať nie je ešte dokončená **II.** sl. **1.** doplniť; *c. one's collection* doplniť zbierku **2.** dokončiť; *he c-d the book* dokončil knihu
completely [kəmˈpliːtli] celkom, úplne; *c. successful* celkom úspešný
complex [ˈkompleks] **I.** príd. **1.** zložitý; *a c. situation* zložitá situácia **2.** komplexný; *a c. network of roads* komplexná cestná sieť **II.** podst. **1.** celok, súbor, komplex **2.** výp. komplexné číslo
complexion [kəmˈplekšn] **1.** pleť, farba, vzhľad pokožky/pleti; *dark/fair c.* tmavá/svetlá pokožka **2.** charakter, povaha ● *put a new c. on the situation* zmeniť situáciu
compliance [kəmˈplaiəns] (*with*) **1.** vyhovenie, ochota vyhovieť (čomu, v čom); *his c. with everything* jeho ochota vo všetkom vyhovieť **2.** prispôsobenie sa, vyhovenie (čomu); *c. with the law* vyhovenie zákonu
complicate [ˈkompləkeit] (s)komplikovať, sťažiť; *this c-s matters* toto komplikuje veci
complicated [ˈkompləkeitəd] zložitý, komplikovaný; *a c. machine* zložitý stroj; *c. explanation* komplikované vysvetľovanie
compliment [ˈkompləmənt] **1.** poklona, pochvala, pocta; *pay (someone) a c.* urobiť (niekomu) poklonu; *shower sb. with c-s* zahrnúť koho pochvalami **2.** *c-s* mn. č. úctivý pozdrav; *my c-s to your wife* odovzdajte pozdrav svojej manželke
comply [kəmˈplai] (*with*) **1.** vyhovieť (komu, čomu); *he refused to c. with her wishes* odmietol vyhovieť jej želaniam **2.** prispôsobiť sa, vyhovieť (čomu); *c. with safety regulations* vyhovieť bezpečnostným predpisom
component [kəmˈpəunənt] zložka, súčasť; *stereo c-s* stereosúčiastky ● *c. parts* súčiastky
compose [kəmˈpəuz] **1.** (*of*) skladať (sa) (z čoho); *water is c-d of hydrogen and oxygen* voda sa skladá z kyslíka a vodíka **2.** (s)komponovať, skladať; *c. a symphony* skomponovať symfóniu **3.** upokojiť; *she soon c-d herself* čoskoro sa upokojila **4.** ovládnuť; *c. one's feelings* ovládnuť svoje city **5.** urovnať spor, zmieriť, pomeriť

composer [kəmˈpəuzə] skladateľ
composite [ˈkompəsət] **I.** príd. zložený, zmiešaný; (mat.) *a c. number* zložené číslo **II.** podst. **1.** zloženina **2.** obrazová montáž, fotomontáž
composition [ˌkompəˈzišn] **1.** skladanie, komponovanie **2.** hud. skladba, kompozícia; *one of Bach's c-s* jedna z Bachových skladieb **3.** skladba, zloženie; *the c. of the soil* zloženie pôdy **4.** školská písomná práca, kompozícia **5.** zmes rôznych hmôt, chem. zlúčenina
compound[1] [kəmˈpaund] **I.** podst. **1.** zmes, chem. zlúčenina **2.** zloženie **3.** gram. zložené slovo **II.** príd. **1.** zložený **2.** zložitý, komplikovaný; *a c. fracture* komplikovaná zlomenina **III.** sl. [ˈkompaund] zmiešať, zamiešať
compound[2] [ˈkompaund] uzavretý areál
comprehend [ˌkompriˈhend] **1.** pochopiť, (po)rozumieť; *c. the full meaning* pochopiť plný význam **2.** obsahovať, zhrnúť
comprehensive [ˌkompriˈhensiv] **I.** príd. súhrnný; *a c. description* súhrnný opis **II.** podst. *c. (school)* všeobecnovzdelávacia škola
compress **I.** sl. [kəmˈpres] stlačiť; *c-ed air* stlačený vzduch **II.** podst. [ˈkompres] obklad (na telo); *a cold c.* studený obklad
comprise [kəmˈpraiz] obsahovať, skladať sa, pozostávať; *the committee c-s men of widely different views* výbor pozostáva z ľudí veľmi rozdielnych názorov
compromise [ˈkomprəmaiz] **I.** podst. kompromis; *arrive at a c.* dospieť ku kompromisu **II.** sl. **1.** dohodnúť sa na kompromisnom riešení, robiť kompromisy **2.** (s)kompromitovať; *he c-d himself* skompromitoval sa **3.** ohroziť; *c. national security* ohroziť národnú bezpečnosť
compulsory [kəmˈpalsri] **1.** povinný; *a c. subject* povinný vyučovací predmet **2.** nútený, nedobrovoľný ● *c. landing* núdzové pristátie; *c. education* povinné vzdelávanie
computer [kəmˈpjuːtə] počítač
computerize [kəmˈpjuːtəraiz] **1.** vybaviť počítačom **2.** vykonávať na počítači
comrade [ˈkomrid] druh, kamarát; *c-s in arms* spolubojovníci
concatenate [konˈkætəneit] odb. zreťaziť, skĺbiť, spojiť; *c. events* spojiť udalosti
concave [ˌkonˈkeiv] vydutý, (smerom dnu), vyhĺbený, konkávny; *a c. mirror* krivé zrkadlo
conceal [kənˈsiːl] (*from*) zatajiť, utajiť, skryť (pred kým); *c. the truth* zatajiť pravdu;

concede [kən'si:d] **1.** pripustiť, priznať; *c. the defeat* priznať porážku **2.** (to) postúpiť, prepustiť (čo komu), zriecť sa (čoho); *c. a territory/one's share* postúpiť územie/podiel (komu)

conceit [kən'si:t] namyslenosť, nafúkanosť; *he's full of c.* je veľmi namyslený

conceive [kən'si:v] **1.** dostať nápad/myšlienku, vymyslieť; *who first c-d the idea of the wheel?* kto prvý vymyslel koleso? **2.** pochopiť; *I can't c. why you did that* neviem pochopiť, prečo si to urobil **3.** (o žene) počať dieťa, otehotnieť

concentrate ['konsntreit] sústrediť (sa), koncentrovať (sa); *c. on a problem* sústrediť sa na problém

concentration [ˌkonsn'treišn] **1.** sústredenosť, koncentrácia; *great c.* hlboká sústredenosť **2.** sústredenie, koncentrácia; *c. of industry* koncentrácia priemyslu **3.** odb. zhustenie, zahusťovanie, koncentrácia

concentration camp [ˌkonsən'treišn kæmp] koncentračný tábor

concept ['konsept] pojem, koncepcia; *c. of evolution* koncepcia vývoja

conception [kən'sepšn] **1.** počatie (dieťaťa) **2.** predstava, koncepcia; *have a c. of* mať predstavu (o čom)

concern [kən'sə:n] **I.** sl. **1.** týkať sa (koho, čoho), ísť o (koho, čo); *does this c. me?* týka sa to mňa? **2.** (for, about) znepokojovať sa, obávať sa, robiť si starosti (o koho, čo); *don't c. yourself about it* nerob si s tým starosti **3.** (about, with) zaoberať sa (kým, čím); *it isn't your problem, don't c. yourself about it* to nie je tvoja starosť, tým sa nezaoberaj **II.** podst. **1.** záležitosť, vec; *it's no c. of mine* mňa sa to netýka/to nie je moja vec **2.** (for, about) znepokojenie, starosť, obava; *there's no cause for c.* nie je prečo znepokojovať sa **3.** obchodný podnik/obchodná spoločnosť; *a going c.* úspešný podnik

concerned [kən'sə:nd] **1.** (about, for) znepokojený, ustarostený (nad kým, čím); *we are all c. about her safety* všetci máme starosť, či je v bezpečí **2.** (in) zúčastnený (v čom), zainteresovaný (na čom); *everyone c. in the affair* každý, kto bol zainteresovaný na tej veci ● *as far as I'm c.* pokiaľ ide o mňa; *be c. with* zaoberať sa (čím); *where money is c.* kde ide o peniaze

concerning [kən'sə:niŋ] kniž. ohľadne/čo sa týka (koho, čoho); *c. your request, I am pleased to inform you...* čo sa týka vašej žiadosti, s potešením vám oznamujem...

concert ['konsət] **1.** koncert **2.** zhoda, súlad; *act in c. with* konať v zhode (s kým, čím)

concertina [ˌkonsə'ti:nə] ťahacia harmonika, akordeón

concession [kən'sešn] **1.** ústupok; *make c-s to sb.* robiť ústupky (komu) **2.** koncesia, oprávnenie na istú činnosť *a c. to sell food* oprávnenie predávať potraviny

conch [koŋk] **1.** lastúra, mušľa **2.** archit. aj **concha** koncha (klenba nad polkruhom)

conciliate [kən'silieit] získať si, nakloniť si (koho)

concise [kən'sais] stručný (a výstižný)

conclude [kən'klu:d] **1.** ukončiť, skončiť, uzavrieť; *he c-d by saying that...* ukončil tým, že povedal... **2.** usúdiť; *the jury c-d that he is innocent* porota usúdila, že je nevinný

conclusion [kən'klu:žn] **1.** záver, koniec, ukončenie; *at the c. of his speech* v závere svojho prejavu **2.** konečný úsudok, záver; *come to a c.* dôjsť k záveru ● *in c.* na záver

concrete ['koŋkri:t] **I.** príd. **1.** konkrétny, hmatateľný, skutočný; *c. proof* konkrétny dôkaz **2.** betónový, betónovaný; *a c. bridge* betónový most **II.** podst. betón; *roads surfaced with c.* cesty s betónovým povrchom; *reinforced c.* železobetón **III.** sl. betónovať; *c. a road* (vy)betónovať cestu

concur [kən'kə:] -rr- **1.** zhodnúť sa; *their opinions c-red* ich úsudky sa zhodli **2.** zbehnúť sa, prihodiť sa (súčasne); *talent and opportunity do not always c.* talent a príležitosť neprichádzajú vždy súčasne

concurrent [kən'karənt] **1.** súbežný; *two c. forces* dve súbežné sily **2.** zbiehajúci sa v jednom bode; *three c. lines* tri čiary zbiehajúce sa v jednom bode

concussion [kən'kašn] otras; *c. of the brains* otras mozgu

condemn [kən'dem] **1.** odsúdiť; *c. to life* odsúdiť na doživotie **2.** odsudzovať; *we all c. cruelty to children* všetci odsudzujeme kruté zaobchádzanie s deťmi **3.** vyhlásiť ako nepožívateľné; *the house was c-ed (as unfit)* dom bol vyhlásený za neobývateľný

condensation [ˌkonden'seišn] **1.** zrážanie, skvapalnenie, kondenzácia; *c. of steam into water* kondenzácia pary na vodu **2.** zostručnenie, skrátenie (textu)

condense [kən'dens] **1.** skvapalniť (sa), zraziť (sa); *steam is c-d into water* para sa zrazí (na vodu) **2.** zhustiť (sa), kondenzovať (sa);

c-d milk kondenzované mlieko **3.** zostručniť; *a c-d report* stručná správa

condition [kənˈdišn] **I.** podst. **1.** stav, kondícia; *the c. of weightlessness* bezváhový stav; *in excellent c.* vo výbornom stave; *out of c.* v zlom stave **2.** podmienka, predpoklad; *under the c-s of agreement* podľa podmienok dohody; *on c. that* za predpokladu, že; *on this c.* pod touto podmienkou; *on no c.* v žiadnom prípade, za nijakých okolností, nikdy **II.** sl. **1.** podmieniť; *it's c-ed by the amount I earn* je to podmienené tým, koľko zarobím **2.** uviesť do dobrého stavu, upraviť; *a shampoo that c-s the hair* šampón, ktorý upraví vlasy **3.** klimatizovať; *the bus was not c-ed* autobus nebol klimatizovaný

conditional [kənˈdišnəl] **I.** príd. **1.** (*on*) podmienený (kým, čím), závislý (od koho, čoho); *entrance to university is c. on passing the exam* prijatie na univerzitu je podmienené úspešnou skúškou **2.** gram. podmieňovací, podmienkový; *c. clause* podmienková veta **II.** podst. gram. podmieňovací spôsob, kondicionál

condolence [kənˈdəuləns] sústrasť; *please, accept my c-s* prijmite, prosím, moju sústrasť

condom [ˈkondəm] kondóm, prezervatív

conduct I. podst. [ˈkondakt] **1.** správanie; *good/bad c.* dobré/zlé správanie **2.** spôsob riadenia/vedenia vojny; *the c. of negotiations* spôsob vyjednávania **II.** sl. [kənˈdakt] **1.** viesť, sprevádzať; *he c-ed the visitors* sprevádzal návštevníkov **2.** fyz. byť vodičom, viesť; *copper c-s electricity* meď je vodičom elektriny **3.** riadiť, dirigovať ● *c-ed tour* zájazd

conductive [kənˈdaktiv] vodivý; *c. metal* vodivý kov

conductivity [ˌkondakˈtivəti] vodivosť

conductor [kənˈdaktə] **1.** fyz. vodič **2.** sprievodca (BR v autobuse, AM vo vlaku) **3.** dirigent

conductress [kənˈdaktrəs] sprievodkyňa (v autobuse)

cone [kəun] **1.** kužeľ **2.** šuška, šiška

confectioner [kənˈfekšnə] cukrár, cukrárka

confectionery [kənˈfekšənri] **1.** cukrovinky, sladkosti **2.** cukráreň, cukrárstvo

confer [kənˈfəː] -rr- **1.** (*on, upon*) udeliť (komu); *c. an honorary degree on sb.* udeliť čestný titul (komu) **2.** (*on, about*) (po)radiť sa, rokovať (o čom); *c. with one's lawyer* poradiť sa so svojím právnikom

conference [ˈkonfrəns] konferencia, porada, rokovanie, zasadnutie; *attend a c.* zúčastniť sa na konferencii; *be in c.* mať poradu, byť na porade; *c. call* telefonický rozhovor viacerých účastníkov

confess [kənˈfes] (*to*) priznať (sa) (k čomu); *I c. to having a fear of spiders* priznávam sa, že sa bojím pavúkov

confession [kənˈfešn] **1.** priznanie (viny, chyby) **2.** nábož. spoveď; *to go to c.* ísť na spoveď

confidence [ˈkonfədns] **1.** dôvera; *lose the c. of the public* stratiť dôveru verejnosti **2.** dôvernosť; *exchange c-s* vymieňať si dôvernosti **3.** sebadôvera; *have/lose c. in oneself* mať/stratiť sebadôveru ● *in strict c.* prísne dôverné

confident [ˈkonfədənt] spoliehajúci sa, presvedčený; *be c. of success* byť presvedčený o úspechu

confidential [ˌkonfəˈdenšl] dôverný, tajný; *a c. information* dôverná informácia

confine [kənˈfain] **1.** obmedziť; *c. your remarks to the subject* hovorte k veci **2.** uzavrieť, znemožniť voľnosť pohybu; *c. a bird to a cage* zatvoriť vtáka do klietky; *c-d to bed* pripútaný na lôžko

confinement [kənˈfainmənt] (u)väznenie, obmedzenie voľnosti; *he was placed in c.* dali ho do väzenia

confirm [kənˈfəːm] **1.** potvrdiť; *the report has been c-ed* správa sa potvrdila **2.** upevniť, utvrdiť (postavenie, názor, podozrenie ap.); *this evidence c-s my opinion* tento dôkaz utvrdzuje môj názor

confirmation [ˌkonfəˈmeišn] **1.** potvrdenie, overenie; *we are waiting for c. of the news* čakáme na potvrdenie/overenie správy **2.** cirk. konfirmácia, birmovka

confirmed [kənˈfəːmd] **1.** nezmieriteľný, zaťatý; *a c. bachelor* zarytý starý mládenec **2.** trvalý, nevyliečiteľný; *a c. invalid* trvalý invalid

confiscate [ˈkonfəskeit] zabaviť, zhabať, skonfiškovať; *the teacher c-d the pupil's notes* učiteľ zhabal žiakovi poznámky

conflict I. podst. [ˈkonflikt] spor, rozpor, konflikt; *the c. between duty and desire* rozpor medzi povinnosťou a želaním **II.** sl. [kənˈflikt] (*with*) byť v rozpore (s čím), odporovať si; *their opinions c. with each other* ich názory si vzájomne odporujú

conform [kən'fo:m] prispôsobiť (sa); *c. to the rules* prispôsobiť sa zvyklostiam
conformity [kən'fo:məti] **1.** zhoda, súlad; *behave in c. with the law* správať sa v súlade so zákonom **2.** prispôsobenie sa; *c. to fashion* prispôsobenie sa móde
confront [kən'frant] **1.** čeliť, postaviť zoči-voči; *c. a problem/danger* čeliť problému/nebezpečenstvu **2.** byť postavený (pred čo); *c. the question of guilt* byť postavený pred otázku viny *confront sb. with* konfrontovať (koho s kým); *c. sb. with the evidence* konfrontovať (koho) s dôkazmi
confrontation [ˌkonfrən'teišn] konfrontácia; *risk c. with the victim* riskovať konfrontáciu s obeťou
confuse [kən'fju:z] **1.** zmiasť, popliesť; *their questions c-d me* ich otázky ma zmiatli **2.** (po)mýliť si, (po)pliesť si ● *don't c. Austria with Australia* nemýľte si pojmy a dojmy
confusion [kən'fju:žn] **1.** zmätok, chaos; *throw everything into c.* vyvolať všeobecný zmätok **2.** zámena; *a c. of names* zámena mien
congenial [kən'dži:niəl] príjemný, sympatický; *c. companions* príjemní spoločníci
congenital [kən'dženətl] lek. vrodený (o chorobách ap.); *a c. defect* vrodená chyba
congested [kən'džestəd] **1.** preplnený, preľudnený; *streets c. with traffic* ulice preplnené dopravou; *a c. city* preľudnené mesto **2.** lek. prekrvený; *c. lungs* prekrvené pľúca
conglomerate [kən'glomərət] **I.** príd. nahromadený (z rôzneho materiálu), nakopený; *c. rock* nahromadené skaly **II.** podst. **1.** konglomerát, zmes **2.** geol. zlepenec **III.** sl. nakopiť, nahromadiť
conglomeration [kənˌglomə'reišn] nakopenie, nahromadenie, znôška, konglomerácia; *it's a confused c. of ideas* to je zmätená znôška myšlienok
congratulate [kən'græčəleit] (*on*) blahoželať, blahopriať (k čomu); *I c-d him on his marriage* zablahoželal som mu k sobášu
congratulation [kənˌgræčə'leišn] (*on*) blahoželanie, blahoprianie (k čomu); *c-s on passing the exam* gratulujem ku skúške
congregation [ˌkoŋgrə'geišn] **1.** zhromaždenie **2.** cirk. kongregácia
congress ['koŋgres] **1.** kongres, zjazd; *a medical c.* lekársky kongres **2.** AM združenie, spolok **3.** AM *C.* Kongres, zákonodarné zhromaždenie

congressional [kən'grešənl] kongresový; *c. committee* kongresový výbor
congruent ['koŋgruənt] aj **congruous** ['koŋgruəs] **1.** geom. zhodný; *c. triangles* zhodné trojuholníky **2.** zodpovedajúci; *behaviour c. to his rank* správanie zodpovedajúce jeho postaveniu
conical ['konikl] kužeľovitý, kónický
conifer ['kəunifə] ihličnan
conjugate ['kondžəgeit] gram. časovať (sa)
conjunction [kən'džaŋkšn] **1.** gram. spojka **2.** spojenie; *in c. with* spolu s (kým)
conker ['koŋkə] gaštan (plod)
connect [kə'nekt] **1.** spojiť, spájať; *one room c-s the other* jedna izba je spojená s druhou; *c. sb. with the airport* spojiť (koho) telefonicky s letiskom **2.** (*with*) mať prípoj (na) (o vlaku, lietadle ap.); *c-ing flight* let s prípojom ● *a c-ing link* spájací článok
connection [kə'nekšn] **1.** spojenie, kontakt; *c-s with a number of firms* kontakty s množstvom firiem **2.** spojitosť, súvislosť, vzťah; *there's a strong c. between smoking and heart disease* ochorenia srdca výrazne súvisia s fajčením **3.** prípoj (o doprave); *I missed my c.* zmeškal som prípoj ● *in c. with* vzhľadom (na čo)
connective [kə'nektiv] **I.** príd. spájací; *c. tissue* spájacie tkanivo **II.** podst. gram. spájací výraz (napr. predložka, vzťažné zámeno)
connoisseur [ˌkonə'sə:] znalec, znalkyňa; *a c. of painting* znalec maliarstva
connote [kə'nəut] znamenať (popri niečom inom), mať vedľajší/ďalší význam; *the word „home" c-s comfort and security* slovo „domov" znamená pohodlie a bezpečnosť
conquer ['koŋkə] **1.** dobyť (čo); *c. a country* dobyť krajinu **2.** premôcť, prekonať (čo); zvíťaziť (nad kým, čím); *c. one's fear* premôcť strach; *an enemy* zvíťaziť nad nepriateľom
conqueror ['koŋkərə] **1.** dobyvateľ; *William the C.* Viliam Dobyvateľ **2.** víťaz, premožiteľ
conscience ['konšns] svedomie; *have a clear/guilty c.* mať čisté/nečisté svedomie; *have no c.* nemať svedomie; *have sth./sb. on one's c.* mať niečo/niekoho na svedomí
conscientious [ˌkonši'enšəs] svedomitý; *a c. piece of work* svedomitá práca ● *c. objector* občan odmietajúci službu v armáde z morálnych alebo náboženských dôvodov
conscious ['konšəs] **1.** (*of*) vedomý si (čoho); *they were c. of being watched* boli si ve-

domí toho, že ich pozorujú; *become c. of*
uvedomiť si (čo) **2.** pri vedomí/pri zmysloch;
be c. to the end byť pri vedomí až do posled-
nej chvíle
consciousness [ˈkonšəsnəs] vedomie;
lose/regain c. stratiť/nadobudnúť vedomie
conscript [ˈkonskript] branec, odvedenec,
povolanec
consecutive [kənˈsekjətiv] po sebe nasle-
dujúci; *on three c. days* tri po sebe nasledu-
júce dni
consent [kənˈsent] **I.** sl. (*to*) súhlasiť (s čím),
dať súhlas/povolenie (na čo); *c. to the mar-
riage* dať súhlas na sobáš **II.** podst. súhlas, po-
volenie; *without the owner's c.* bez súhlasu
majiteľa
consequence [ˈkonsəkwəns] **1.** následok;
take/put up with the c-s niesť následky **2.** zá-
važnosť, dôležitosť; *it's of no c. to me* to nie
je pre mňa dôležité
consequently [ˈkonsəkwəntli] preto, preto
teda; *I crashed the car and c. I must pay* na-
búral som auto, a preto musím platiť
conservation [ˌkonsəˈveišn] **1.** šetrenie; *c.
of fuel* šetrenie palivom **2.** uchovanie pred zá-
nikom (ochrana prírody ap.); *wild life c.* ochrana
divej zveri
conservative [kənˈsəːvətiv] **I.** príd. **1.** kon-
zervatívny, spiatočnícky; *a c. attitude* kon-
zervatívny postoj **2.** umiernený, opatrný; *a c.
estimate* opatrný odhad **3.** tradičný; *c. suit*
tradičný oblek **II.** podst. konzervatívec
conservatory [kənˈsəːvətri] **1.** zimná zá-
hrada **2.** AM konzervatórium
conserve [kənˈsəːv] **I.** sl. šetriť; *c. one's
strength* šetriť silami **II.** podst. zaváranina,
džem
consider [kənˈsidə] **1.** uvažovať; *we are
c-ing going to Canada* uvažujeme o tom, že
pôjdeme do Kanady **2.** považovať (sa) (za ko-
ho, čo); *they c-ed themselves very important*
považovali sa za veľmi dôležitých ● *all
things c-ed* keď sa všetko uváži
considerable [kənˈsidrəbl] značný, veľký
(rozmery, počet, množstvo); *bought at a c. expense*
kúpený za značnú cenu; *a c. number of peo-
ple* veľké množstvo ľudí
considerate [kənˈsidrət] (*towards, to*)
ohľaduplný, pozorný (ku komu); *it was c. of you
to* bola od vás milá pozornosť
consideration [kənˌsidəˈreišn] **1.** uvažo-
vanie, rozmýšľanie, premýšľanie, úvaha; *af-*

ter long c. po dlhom premýšľaní **2.** (*for*)
ohľad, zreteľ (na koho, čo); *c. for one's feeling*
brať ohľad na city (koho); *in c. of his youth* so
zreteľom na jeho mladosť **3.** závažná vec, dô-
ležitý činiteľ; *time is an important c. in this
case* čas je v tomto prípade dôležitý (činiteľ) ●
take into c. vziať do úvahy; *it's under c.* uva-
žuje sa o tom
considering [kənˈsidriŋ] vzhľadom, s ohľa-
dom (na čo); *c. his age* vzhľadom na jeho vek
consign [kənˈsain] **1.** odoslať; *the goods
have been c-ed by rail* tovar bol odoslaný že-
leznicou **2.** odovzdať, zveriť do opatrovania;
c. a child to his uncle's care dať dieťa do opa-
tery strýka **3.** *c. a body to the grave* uložiť te-
lo do hrobu
consist [kənˈsist] (*in*) spočívať (v čom), zá-
visieť (od čoho); *the happiness of a country
c-s in freedom* šťastie krajiny spočíva v jej
slobode
consist of skladať sa, pozostávať (z koho, čo-
ho); *the committee c-s of ten members* výbor
sa skladá z desiatich členov
consistency [kənˈsistnsi] aj **consistence**
[kənˈsistns] **1.** dôslednosť, zásadovosť; *his
actions lack c.* jeho činom chýba dôslednosť
2. hustota, konzistencia; *mix flour and milk to
the right c.* vymiešajte múku s mliekom na
správnu hustotu
consistent [kənˈsistnt] **1.** dôsledný, zása-
dový; *c. denial of charges* dôsledné popiera-
nie obvinení **2.** (*with*) zhodný (s kým, čím); *it is
not c. with what you said* to sa nezhoduje s
tým, čo si povedal
consolation [ˌkonsəˈleišn] útecha; *a few
words of c.* niekoľko slov útechy
console [kənˈsəul] (po)tešiť; *c. him in his
time of grief* potešte ho v jeho smútku; *c. your-
self with the music* potešte sa hudbou
console [ˈkonsəul] **1.** konzola, nosník **2.**
hrací stôl (organu, hudobnej skrinky ap.) **3.** ovládací
panel elektronického/mechanického zariade-
nia
consolidate [kənˈsolədeit] **1.** upevniť si; *c.
one's position/influence* upevniť si postave-
nie/vplyv **2.** zjednotiť (sa), spojiť (sa); *c. in-
to one federation* spojiť sa do federácie **3.** odb.
spevniť; *c. the road surface* spevniť povrch
cesty
consonant [ˈkonsənənt] spoluhláska
conspicuous [kənˈspikjuəs] **1.** dobre vidi-
teľný, zjavný; *traffic signs should be c.* do-

pravné značky by mali byť dobre viditeľné **2.** nápadný; *he made himself c.* správal sa nápadne

conspiracy [kən'spirəsi] sprisahanie; *the c. to murder Caesar* sprisahanie na zavraždenie Cézara

conspire [kən'spaiə] sprisahať sa; *c. against the state* sprisahať sa proti štátu

constable [kanstəbl] **1.** BR policajt (najnižšej hodnosti), **strážca 2.** (titul prvého úradníka na kráľovskom dvore), guvernér

constant ['konstənt] **I.** príd. **1.** stály, neustály, pravidelný; *c. complaints* neustále ponosy **2.** stály, verný; *a c. friend* verný priateľ **II.** podst. mat., fyz. konštanta

constantly ['konstəntli] stále, neustále, ustavične; *she complains c. about the weather* neustále si sťažuje na počasie

constellation [‚konstə'leišn] súhvezdie

constipation [‚konstə'peišn] zápcha, upchatie čriev

constituency [kən'stičuənsi] **1.** voliči **2.** volebný obvod

constitute ['konstitju:t] tvoriť, byť súčasťou; *twelve months c. a year* dvanásť mesiacov tvorí jeden rok

constitution [‚konstə'tju:šn] **1.** ústava; *according to the c.* podľa ústavy **2.** telesná konštrukcia; *men with strong c-s* muži s pevnou telesnou konštrukciou **3.** zloženie; *the c. of the soil* zloženie pôdy

constitutional [‚konstə'tju:šnəl] **1.** ústavný, konštitučný; *a c. monarchy* konštitučná monarchia **2.** vrodený; *a c. weakness* vrodená slabosť

constrain [kən'strein] (pri)nútiť, vynútiť

constrained [kən'streind] neprirodzený, čudný; *a c. manner* čudný spôsob

constraint [kən'streint] prinútenie, donútenie, nátlak; *act under c.* konať pod nátlakom

construct [kən'strakt] stavať, postaviť, (vy)budovať, (s)konštruovať, zostaviť; *c. a factory* postaviť továreň; *c. a theory* vytvoriť (si) teóriu; *c. a sentence* utvoriť, zostaviť vetu

construction [kən'strakšn] **1.** konštrukcia, stavba, výstavba; *under c.* vo výstavbe **2.** výklad, zmysel, interpretácia; *don't put a bad c. on his words* nevykladajte si zle jeho slová

constructive [kən'straktiv] konštruktívny, tvorivý; *c. criticism* konštruktívna kritika

consul ['konsl] konzul

consulate ['konsjələt] konzulát

consult [kən'salt] poradiť sa; *c. one's lawyer* poradiť sa so svojím právnikom; *c. the dictionary* pozrieť sa do slovníka

consult with (pre)diskutovať, (po)radiť sa (s kým); *c. with the workers on the conflict* diskutovať s robotníkmi o konflikte

consultant [kən'saltənt] **1.** konzultant, odborný poradca; *a firm of c-s* poradná firma **2.** lekár-špecialista

consultation [‚konsl'teišn] konzultácia, porada; *in c. with the director* na porade u riaditeľa

consulting room [kən'saltiŋ ru:m] ordinácia lekára

consume [kən'sju:m] **1.** skonzumovať, spotrebovať; *c. enormous quantities of food* skonzumovať obrovské množstvo potravín **2.** spotrebovať; *how much electricity do you c. per year?* koľko elektriny spotrebujete ročne? **3.** zničiť (o ohni); *the fire c-d the wooden huts* oheň zničil drevené chaty **4.** sužovať, trápiť; *she was c-d with jealousy* sužovala ju žiarlivosť ● *c-ing interest* mimoriadny záujem

consumer [kən'sju:mə] spotrebiteľ

consumer goods [kən‚sju:mə 'gudz] spotrebný tovar

consumption [kən'sampšn] **1.** spotreba energie, materiálu ap.; *the c. of beer* spotreba piva **2.** zastar. tuberkulóza

contact ['kontækt] **I.** podst. styk, kontakt aj elektr.; *make business c-s* nadviazať obchodné kontakty ● *be in c. with* byť v styku (s kým) **II.** sl. spojiť sa, nadviazať spojenie; *c. Mr Green* spojte sa s pánom Greenom **III.** príd. odb. kontaktný, stykový, dotykový

contact lens ['kontækt lenz] kontaktná šošovka

contagious [kən'teidžəs] nákazlivý aj pren.; *scarlet fever is c.* šarlach je nákazlivý

contain [kən'tein] **1.** obsahovať; *the atlas c-s 40 maps* atlas obsahuje 40 máp; *beer c-s alcohol* pivo obsahuje alkohol **2.** ovládnuť, (s)krotiť (vôľou), potlačiť; *can't you c. your enthusiasm?* nemôžeš ovládnuť svoje nadšenie?

container [kən'teinə] **1.** nádob(k)a (na veci), škatuľa, debna **2.** prepravka, prepravný obal, kontajner (na tovar)

contaminate [kən'tæməneit] **1.** znečistiť; *iron c-d by phosphorus* železo znečistené fosforom **2.** nakaziť, infikovať, kontaminovať, zamoriť; *flies c. food* muchy infikujú potraviny

contamination [kənˌtæməˈneišn] znečistenie, nákaza, infikovanie, kontaminácia, zamorenie; *c. of the water supply* kontaminácia vodného zdroja; *radioactive c.* rádioaktívne zamorenie

contemplate [ˈkontempleit] **1.** zamýšľať (čo), uvažovať (o čom); *she was c-ing a visit to London* uvažovala o návšteve Londýna **2.** prezerať si, pozorovať; *she stood c-ing herself in the mirror* pozorovala sa v zrkadle

contemporary [kənˈtemprəri] I. príd. **1.** súčasný, súdobý, dnešný, moderný; *c. music* moderná hudba; *c. art* súčasné umenie **2.** (with) súčasný (s), súčasník, vyskytujúci sa v tom istom čase; *Dickens was c. with Thackeray* Dickens žil v tom istom čase ako Thackeray II. (*of*) podst. rovesník, vrstovník; *John is a c. of mine* Ján je môj rovesník; *Dickens and Thackeray were c-ies* Dickens a Thackeray boli súčasníci

contempt [kənˈtempt] (*for*) pohŕdanie, opovrhovanie (kým, čím); *his c. for his fellow workers* jeho pohŕdanie spolupracovníkmi; *hold in c.* opovrhovať • *in c. of* navzdory (komu, čomu)

contend [kənˈtend] **1.** (*against, for, with*) zápasiť (s čím), bojovať (proti čomu); *c. against fire* bojovať s ohňom **2.** tvrdiť, že...

contender [kənˈtendə] (šport.) súťažiaci, súper

content¹ [kənˈtent] spokojný; *c. with one's salary* spokojný s platom

content² [ˈkontent] **1.** *c-s* mn. č. obsah; *the c-s of a purse* obsah peňaženky **2.** obsah, námet; *the c. of a speech* obsah prejavu **3.** *c-s* mn. č. obsah, zoznam (kapitol ap.)

contest I. podst. [ˈkontest] súťaž, preteky; *an athletic c.* atletické preteky II. sl. [kənˈtest] **1.** súťažiť, pretekať (sa) **2.** spochybniť, namietať; *c. a statement* namietať proti tvrdeniu

context [ˈkontekst] súvislosť, kontext; *guess the meaning from the c.* uhádnuť význam z kontextu

contiguous [kənˈtigjuəs] geom. priľahlý; *c. angles* priľahlé uhly

continent [ˈkontənənt] **1.** kontinent, svetadiel **2.** *the C.* Európa bez Veľkej Británie

continental [ˌkontəˈnentl] **1.** vnútrozemský, kontinentálny; *a c. climate* vnútrozemské podnebie **2.** európsky (bez Veľkej Británie); *c. breakfast* ľahké raňajky, menej výdatné ako vo Veľkej Británii

contingent [kənˈtindžənt] I. príd. **1.** (*on*) závislý (od čoho) **2.** náhodný, nahodilý; *a c. event* náhodná udalosť II. podst. **1.** kontingent, skupina (hl. vojska) **2.** náhodná udalosť

continual [kənˈtinjuəl] ustavičný, neustály, nepretržitý; *c. rain* ustavičný dážď

continuation [kənˌtinjuˈeišn] pokračovanie; *the c. of a story* pokračovanie príbehu

continue [kənˈtinju:] pokračovať; *how long will you c. working?* ako dlho budete ešte pracovať? *the story will be c-d in the next issue* príbeh bude pokračovať v ďalšom čísle

continuity [ˌkontəˈnju:əti] **1.** súvislosť, spojitosť; *c. between the two parts of the book* súvislosť medzi dvoma časťami knihy **2.** spájací text/hudba pri rozhlasovom vysielaní

continuous [kənˈtinjuəs] nepretržitý, súvislý; *a c. performance* nepretržitý program

contract¹ I. podst. [ˈkontrækt] zmluva, dohoda; *enter into/make a c. with sb.* uzavrieť zmluvu (s kým) II. sl. [kənˈtrækt] uzavrieť zmluvu/dohodu; *c. an alliance* uzavrieť spojeneckú zmluvu

contract² [kənˈtrækt] stiahnuť (sa), skrátiť (sa); *„I will" can be c-ed to „I'll"* „I will" možno skrátiť na „I'll"

contractor [kənˈtræktə] **1.** zmluvný dodávateľ **2.** podnikateľ; *a building c.* stavebný podnikateľ

contradict [ˌkontrəˈdikt] odporovať slovami, protirečiť; *the reports c. each other* správy si protirečia

contrary [ˈkontrəri] I. príd. opačný, protikladný; *c. opinions* opačné názory II. podst. opak • *on the c.* naopak; *c. to* proti; *act c. to the rules* konať proti predpisom; *to the c.* v opačnom zmysle

contrast I. podst. [ˈkontra:st] **1.** kontrast; *the c. between their attitudes* kontrast medzi ich stanoviskami **2.** opak; *she's a complete c. to her sister* je pravý opak svojej sestry II. sl. [kənˈtra:st] (*with*) **1.** kontrastovať, byť v rozpore (s kým, čím), nápadne sa líšiť (od koho, čoho); *his words c. with his actions* jeho slová sú v rozpore s jeho činmi **2.** postaviť proti sebe, porovnať; *c. the imported goods with/and the domestic products* porovnať dovážaný tovar s domácimi výrobkami

contribute [kənˈtribju:t] **1.** (*to, towards*) prispieť (na čo) (peniazmi, pomocou); *c. to the Red Cross* prispieť na Červený kríž **2.** (*to*) prispieť (k čomu), mať podiel (na čom); *drinking*

c-d to his ruin pitie prispelo k jeho skaze **3.** *(to)* prispievať (do čoho), publikovať (v čom) (v novinách, časopisoch); *regularly c. to the magazine* pravidelne prispievať do časopisu
  contribution [ˌkontriˈbjuːšən] príspevok (finančný al. literárny)
  control [kənˈtrəul] **I.** podst. **1.** *(of, over)* moc, ovládanie; *which party has c. over the Congress?* ktorá strana ovláda Kongres? *c. of a motor-car* ovládanie motorového vozidla **2.** kontrola; *passport c.* pasová kontrola **3.** aj mn. č. *c-s* riadenie, regulovanie; *price c-s* regulovanie cien; *c. of traffic* riadenie dopravy ● *be in c. of* mať dozor (nad čím), ovládať (čo); *be/get out of c.* vymknúť sa z ruky; *be/get under c.* ovládnuť; *have/keep c. (over/of)* ovládať (čo), mať pod kontrolou; *lose c. of* nezvládnuť (čo), stratiť kontrolu (nad čím) **II.** sl. *-ll-* **1.** ovládať, mať pod kontrolou; *the captain c-s the whole ship* kapitán má pod kontrolou celú loď; *c. a vehicle* ovládať vozidlo **2.** kontrolovať; *c. expenditure* kontrolovať výdavky **3.** riadiť, regulovať; *c. prices* regulovať ceny; *c. the traffic* riadiť dopravu
  controversial [ˌkontrəˈvəːš] sporný, diskutabilný; *c. decision* sporné rozhodnutie
  controversy [ˈkontrəvəːsi] spor, polemika; *he engaged in c. with/against him* dostal sa s ním do sporu; *c. surrounding the new law* polemika okolo nového zákona
  convalescence [ˌkonvəˈlesns] rekonvalescencia, zotavovanie
  convene [kənˈviːn] **1.** zhromaždiť sa, mať schôdzu **2.** zvolať, zorganizovať; *c. a meeting* zvolať schôdzu
  convenience [kənˈviːniəns] **1.** vhodnosť, primeranosť; *we bought the house for its c.* kúpili sme dom preto, že je pre nás vhodný **2.** výhoda; *the c. of living near the office* výhoda bývať blízko úradu/zamestnania **3.** pohodlie; *for c.* pre pohodlie **4.** *c-s* mn. č. potreby; *camping c-s* kempingové potreby **5.** *c-s* mn. č. bytové príslušenstvo; *rooms fitted with all modern c-s* moderne vybavené izby ● *public c-s* verejné záchody
  convenient [kənˈviːniənt] vhodný, vyhovujúci; *a c. size of the product* výrobok vhodnej veľkosti; *will three o'clock be c. for you?* bude vám to o tretej vyhovovať? ● *the house is convenient for the shops* možnosť nákupu v blízkych obchodoch
  convention [kənˈvenšn] **1.** konvencia, dohoda (medzi štátmi, panovníkmi); *the Geneva C.* Ženevská konvencia **2.** konferencia, zhromaždenie, zjazd; *the Democratic Party C.* zjazd demokratickej strany **3.** všeobecná prax, zvyklosť, konvencia; *it's a matter of c.* je to podľa konvencie
  conventional [kənˈvenšnəl] konvenčný, obvyklý, tradičný; *c. greetings* obvyklý pozdrav; *c. design* tradičný vzor
  converge [kənˈvəːdž] **1.** zbiehať sa (o čiarach) **2.** zbližovať sa (o názoroch ap.)
  conversation [ˌkonvəˈseišn] rozhovor, konverzácia; *a private/telephone c.* súkromný/telefonický rozhovor
  conversion [kənˈvəːšn] **1.** premena, zmena; *c. of water into steam* premena vody na paru **2.** mat. úprava, zjednodušenie rovnice **3.** cirk. prestup, konverzia na inú vieru; *her c. to Christianity* jej prestup na kresťanskú vieru **4.** adaptácia, prestavba budovy; *a house c.* prestavba domu
  convert [kənˈvəːt] **1.** *(to, into)* premeniť (sa), zmeniť (sa); *c. coal into electricity* premeniť uhlie na elektrinu; *this sofa c-s into bed* táto pohovka sa premení na posteľ **2.** *(from, to)* obrátiť sa na inú vieru; *she has c-ed to Catholicism* obrátila sa na katolícku vieru
  convertible [kənˈvəːtəbl] **1.** vymeniteľný, zmeniteľný; *banknotes are not c. into gold nowadays* bankovky nie sú dnes zmeniteľné za zlato **2.** premeniteľný; *heat is c. into electricity* teplo sa dá premeniť na elektrinu
  convex [ˌkonˈveks] vypuklý, konvexný
  convey [kənˈvei] **1.** dopravovať/rozvádzať potrubím; *c. luggage to the hotel* dopraviť batožinu do hotela **2.** fyz. prenášať, privádzať, viesť; *air c-s sound* vzduch prenáša zvuk; *c. electricity* viesť elektrinu
  conveyer belt [kənˈveiə belt] dopravný pás
  convict [ˈkonvikt] **I.** podst. trestanec, trestankyňa **II.** sl. [kənˈvikt] usvedčiť; *he was c-ed of murder* bol usvedčený z vraždy
  conviction [kənˈvikšən] **1.** odsúdenie, usvedčenie (obžalovaného) **2.** presvedčenie; *act from c.* konať podľa presvedčenia; *carry c.* znieť presvedčivo
  convince [kənˈvins] *(of)* presvedčiť (o čom); *I am c-d of his innocence* som presvedčený o jeho nevine
  convoy [ˈkonvoi] **I.** podst. konvoj, (ozbrojený) sprievod **II.** sl. sprevádzať a chrániť (o ozbrojených silách)

convulsion [kənˈvalšn] **1.** kŕč; *suffer from c-s* mávať kŕče **2.** (prudký) záchvat; *be in c-s of laughter* mať záchvaty smiechu **3.** (prudký) pohyb pôdy, zemetrasenie
cook [kuk] **I.** podst. kuchár, kuchárka; *my mother is a very good c.* moja matka je veľmi dobrá kuchárka **II.** sl. variť (sa); *c-ed vegetables* varená zelenina;
cook up vymyslieť si, vykúzliť
cooker [ˈkukə] **1.** sporák; *a gas/electric c.* plynový/elektrický sporák **2.** ovocie (najčastejšie jablko) vhodné na tepelnú úpravu
cookery [ˈkukri] kuchárstvo, kuchárske umenie
cookery book [ˈkukriˌbuk] kuchárska kniha
cookie [ˈkuki] koláčik (k čaju), AM keks, sušienka
cooking [ˈkukiŋ] vhodný na varenie; *c. oil* olej na varenie
cool [kuːl] **I.** príd. **1.** chladný aj pren.; *a c. day* chladný deň; *a c. reception* chladné prijatie **2.** pokojný; *keep c.* buď pokojný **II.** sl. **1.** ochladiť (sa), vychladnúť; *c. the room* ochladiť miestnosť; *let the tea c. a little* nechaj čaj trocha vychladnúť **2.** ochladnúť; *his anger c-ed* jeho hnev ochladol
cooperate [kəuˈopəreit] spolupracovať; *c. with friends* spolupracovať s priateľmi
cooperation [kəuˌopəˈreišn] spolupráca; *in c. with TV* v spolupráci s televíziou
cooperative [kəuˈoprətiv] **I.** príd. **1.** ochotný spolupracovať; *the staff was very c.* zamestnanci veľmi ochotne spolupracovali **2.** družstevný; *a c. farm* družstevná farma **II.** podst. družstvo; *set up a c.* založiť družstvo
coordinate I. sl. [kəuˈoːdineit] usporiadať, zladiť, skoordinovať; *c. the movements of two dancers* zladiť pohyby dvoch tanečníkov **II.** podst. odb. [kəuˈoːdənət] súradnica **III.** príd. **1.** lingv. súradný; *c. clauses* priraďovacie vety v súvetí **2.** odb. súradnicový; *c. axis* súradnicová os
cop [kop] hovor. policajt
cope [kəup] zvládať, vedieť si poradiť; *she just couln't c. on her own* jednoducho si sama nevedela poradiť
copper [ˈkopə] **1.** meď **2.** medená minca, medenák
copy [ˈkopi] **I.** podst. **1.** odpis, kópia; *a c. of the letter* kópia listu **2.** výtlačok, exemplár; *a c. of a book* výtlačok knihy **II.** sl. **1.** odpísať, odkopírovať; *c. an address* odpísať adresu **2.** kopírovať, napodobniť, nasledovať; *you should c. his good example* mal by si nasledovať jeho dobrý príklad
copyright [ˈkopirait] autorské právo, copyright
cord [koːd] **1.** šnúra, motúz **2.** anat. chorda, struna, väz; *the spinal c.* miecha; *the vocal c-s* hlasivky **3.** text. kord, menčester **4.** *c-s* mn. č. menčestrové nohavice
cordial [ˈkoːdiəl] srdečný, úprimný; *a c. welcome* srdečné privítanie
cordless [ˈkoːdles] bezdrôtový
corduroy [ˈkoːdžəroi] **1.** menčester, kord **2.** *c-s* mn. č. menčestrové nohavice
core [koː] (v rozl. význ.) jadro; *iron c. of the Earth* železné jadro Zeme; *the c. of the problem* jadro problému; *apple c.* vnútro jablka s jadrami ● *to the c.* úplne, celkom; *rotten to the c.* skrz-naskrz pokazený
cork [koːk] **I.** podst. **1.** korok **2.** zátka **II.** sl. zazátkovať
corkscrew [ˈkoːkskruː] vývrtka
corn[1] [koːn] **1.** zrno, zrnko; *a c. of pepper* zrnko čierneho korenia **2.** obilie; *a field of c.* obilné pole **3.** AM kukurica; *c. bread* kukuričný chlieb
corn[2] [koːn] kurie oko, otlak ● *tread on sb.'s c-s* stúpiť komu na otlak
corner [ˈkoːnə] **1.** roh; *on/at the c.* na rohu **2.** kút; *in the c.* v kúte ● *just round the c.* hneď za rohom, blízko (aj o čase); *cut c-s* **a)** rezať zákruty **b)** ísť priamo, ignorovať predpisy
cornerstone [ˈkoːnəstəun] základný kameň
cornet [ˈkoːnət] **1.** hud. kornet **2.** kornútik na zmrzlinu
cornflakes [ˈkoːnfleiks] pražené kukuričné vločky
coronation [ˌkorəˈneišn] korunovácia
coroner [ˈkorənə] vyšetrujúci sudca (v prípade podozrenia násilnej smrti)
corporal [ˈkoːprəl] telesný; *c. punishment* telesný trest
corporate [ˈkoːpərət] **1.** spoločný, kolektívny; *c. responsibility* spoločná zodpovednosť **2.** patriaci určitej spoločnosti; *c. image* imidž spoločnosti **3.** jednoliaty, uzatvorený (orgán, spoločnosť) *c. author* spoluautor
corporation [ˌkoːpəˈreišn] **1.** spoločnosť, združenie; *the British Broadcasting C.* Britská rozhlasová spoločnosť **2.** správa; *the municipal c.* mestská správa

corpse [ko:ps] mŕtvola
corpuscle ['ko:pasl] **1.** teliesko, častica **2.** krvinka
correct [kə'rekt] **I.** príd. správny, presný; *the c. time* presný čas **II.** sl. opraviť; *c. the homework* opraviť si domácu úlohu
correction [kə'rekšn] oprava; *make c-s in red ink* urobiť opravy červeným atramentom
correspond [ˌkorə'spond] **1.** (*with*) zhodovať sa (s čím), (*to*) zodpovedať/rovnať sa (čomu); *his actions do not c. with his words* jeho konanie nezodpovedá jeho slovám **2.** korešpondovať, písať si; *they c-ed for many years* písali si mnoho rokov
correspondence [ˌkorə'spondəns] **1.** korešpondencia; *to do/take a c. course* zúčastniť sa na korešpondenčnom kurze vzdelávania **2.** zhoda, súlad
correspondent [ˌkorə'spondənt] **1.** korešpondent, dopisovateľ, spravodajca; *a war c.* vojnový spravodajca **2.** osoba, s ktorou si píšeme
corridor ['korədə:] chodba
corrode [kə'rəud] rozožierať, korodovať; *rust c-s iron* hrdza rozožiera železo
corrosive [kə'rəusiv] **I.** príd. **1.** žieravý **2.** zdrvujúci, ničivý; *the c. influence of unemployment* ničivý vplyv nezamestnanosti **II.** podst. korózna látka
corrugated ['korəgeitəd] vlnitý; *c. iron* vlnitý plech
corrupt [kə'rapt] **I.** príd. **1.** skazený (morálne) **2.** podplatiteľný, úplatkársky; *c. practices* úplatkárske praktiky **3.** skomolený, prekrútený **II.** sl. **1.** skaziť (sa) **2.** podplatiť **3.** skomoliť, prekrútiť
corruption [kə'rapšən] **1.** skazenosť (morálna) **2.** korupcia, úplatkárstvo **3.** skomolenina, deformácia; *a text full of c-s* text plný skomolenín
cortex ['ko:teks] mn. č. *cortices* [ko:rtəsi:z] kôra (stromu) (biol., anat.)
cosine ['kəusain] , skr. **cos** [kos] mat. kosínus
cosmetic [koz'metik] **I.** príd. kozmetický **II.** podst. (obyč. *c-s*) kozmetický prostriedok
cosmic ['kozmik] **1.** kozmický, vesmírny; *c. dust* kozmický prach **2.** pren. nesmierny; *a scandal of c. proportions* nesmierny škandál
cosmonaut ['kozməno:t] ruský kozmonaut, astronaut
cosmos ['kozmos] kozmos, vesmír

cost [kost] *cost, cost* **I.** sl. stáť (mať cenu) aj pren.; *how much does it c.?* koľko to stojí? *it may c. him his life* to ho môže stáť život **II.** podst. **1.** cena aj pren.; *what is the c. of this coat?* akú má cenu tento kabát? *at the c. of one's own life* za cenu vlastného života **2.** náklady; *the c. of living* životné náklady ● *at all c-s/at any c.* za každú cenu, stoj čo stoj
co-star [ˌkəu 'sta:] -*rr*- hrať jednu z hlavných úloh vo filme ap.; *she's co-starred with Robert Redford* hrala jednu z hlavných úloh vo filme s Robertom Redfordom
costly ['kostli] drahý, nákladný; *a c. wedding-dress* nákladné svadobné šaty; *a c. mistake* drahý omyl
costume ['kostju:m] divadelný (dobový) kostým; *a period c.* dobový kostým
costume jewellery ['kostjum ˌdžu:əlri] bižutéria
cosy ['kəuzi] útulný, príjemný; *a c. little room* útulná malá izbička
cot [kot] **1.** detská postieľka **2.** AM kempingové lôžko, lôžko na lodi
cottage ['kotidž] malý dom (zväčša vidiecky), chalupa, rekreačná chata
cotton ['kotn] bavlna
cotton candy [ˌkotn 'kændi] AM cukrová vata
cotton wool [ˌkotn 'wu:l] vata
couch [kauč] pohovka
cough [kof] **I.** podst. kašeľ; *have a bad c.* mať silný kašeľ **II.** sl. kašľať
could p. **can**
council ['kaunsl] rada, zhromaždenie, kolégium; *city/county c.* mestská/okresná rada
counsel ['kaunsl] **I.** podst. **1.** právny poradca **2.** kniž. rada, konzultácia **II.** sl. -*ll*-; radiť, odporúčať; *c. patience* odporúčať trpezlivosť
counsellor ['kaunslə] člen rady
count [kaunt] počítať, rátať; *c. from 1 to 10* počítať od 1 do 10
count down odpočítavať (sekundy pred štartom)
count on spoliehať sa; *we are c-ing on you* spoliehame sa na teba
count sb. in započítať, zarátať (niekoho)
count sb./st. out **1.** odpočítavať (po kusoch) **2.** nerátať (s kým) **3.** (šport.) vyhlásiť (koho) za porazeného
countable ['kauntəbl] počítateľný; *c. noun* počítateľné podstatné meno
counter[1] ['kauntə] **1.** počítač, počítadlo;

a speed-c. rýchlomer **2.** pult, priehradka, okienko (na pošte, v banke); *behind the c.* za pultom **3.** žetón ● *under the c.* **1.** pod pultom **2.** načierno

---

Counting
Addition: 10 + 3 = 13
(ten and three is/makes/equals thirteen)
Subtraction: 10 - 3 = 7
(ten less/minus three
is/leaves/makes/equals seven)
Multiplication: 10 × 3 = 30
(ten times three is/are thirty;
ten threes are thirty)
Division: 30 : 3 = 10
(thirty divided by three is ten;
three into thirty is ten)
Powers: 3^2 (three squared)
3^3 (three cubed) 3^4 (three to the
fourth/three to the power of four)
Roots: $^2\sqrt{9}$ (the square root
of nine/nine square rooted)
$^3\sqrt{64}$ (the cube root
of sixty-four/sixty-four cube rooted)

---

counter[2] [ˈkauntə] čeliť, odporovať; *they c-ed our proposal* odporovali nášmu návrhu; *c. the rise in violent crime* čeliť stúpajúcej zločinnosti
counteract [ˌkauntərˈækt] pôsobiť proti, neutralizovať; *the drug c-s the effects of poison* liek neutralizuje účinky jedu
counterclockwise [ˌkauntəˈklokwaiz] proti smeru hodinových ručičiek
counterfeit [ˈkauntəfit] falošný; *c. money* falošné peniaze
counterfoil [ˈkauntəfoil] ústrižok, kupón
counterpart [ˈkauntəˌpa:t] náprotivok, kolega (osoba al. vec na ten istý účel al. s tým istým postavením) *the Minister of Defence and his British c.* minister obrany a jeho britský kolega
counter-revolution [ˌkauntərevəˈlu:šn] kontrarevolúcia
countless [ˈkauntləs] nespočetný, nesčíselný
country [ˈkantri] **I.** podst. **1.** krajina, zem; *Portugal is a small c.* Portugalsko je malá krajina; *my native c.* moja rodná zem **2.** vidiek; *live in the c.* bývať na vidieku **3.** územie, oblasť; *good farming c.* dobrá poľno-

hospodárska oblasť **II.** príd. vidiecky; *a c. house* vidiecky dom

---

countries: the Netherlands,
the Phillipines,
the United States of America
countries which have the form of
the plural, are used with the definitive
article

---

country dance [ˌkantri ˈda:ns] kruhový al. radový ľudový tanec
countryman [ˈkantrimən] mn. č. *-men* [-mən] **1.** krajan **2.** vidiečan
countryside [ˈkantrisaid] vidiek, vidiecka oblasť
countrywoman [ˈkantriwumən] mn. č. *-women* [/ˌwimin] **1.** krajanka **2.** vidiečanka
county [ˈkaunti] grófstvo (územná správna jednotka vo Veľkej Británii)
coup [ku:] rana, (dobrý) ťah; *c. de grace* rana z milosti; *c. d'état* štátny prevrat, puč
couple [ˈkapl] **I.** podst. **1.** pár, dva kusy, dvojica; *the married c.* manželský pár, manželia **2.** *a c. of* niekoľko, zo/pár; *a c. of days* pár dní **II.** sl. spojiť; *c. two railway carriages (together)* spojiť dva železničné vozne
couple with dať do súvislosti, spájať (s čím); *protests c-d with demands for an inquiry* protesty spojené s požiadavkami na preskúmanie
coupon [ˈku:pon] **1.** kupón, ústrižok; *a railroad ticket with c-s* železničný lístok s kupónmi **2.** poukážka, bon
courage [ˈkaridž] odvaha; *take c.* dodať si odvahu
courageous [kəˈreidžəs] odvážny, statočný; *it was c. of him* bolo to od neho odvážne
courier [ˈkuriə] **1.** kuriér, rýchly posol **2.** vedúci al. sprievodca (turistickej skupiny)
course [ko:s] **1.** (prie)beh; *the c. of events* beh udalostí **2.** cesta, dráha; kurz, smer; *the plane changed c.* lietadlo zmenilo kurz **3.** kurz (prednášok, cvičení ap.) **4.** pretekárska dráha, ihrisko; *race c.* pretekárska dráha; *golf c.* golfové ihrisko **5.** chod (pri jedle) ● *in due c.* v pravý čas/načas; *in the c. of* počas (čoho); *of c.* samozrejme; *as a matter of c.* ako samozrejmosť
court [ko:t] **I.** podst. **1.** súd; *a magistrates 'c.* policajný súd; *the High C. (of Justice)* najvyšší súd **2.** *the C.* kráľovský dvor **3.** ihrisko, kurt; *a tennis c.* tenisový kurt **II.** sl.

1. dvoriť (komu); *he c-ed Jane for years* dvoril Jane veľa rokov **2.** uchádzať sa (o čo); *c. favour* uchádzať sa o priazeň **3.** privolávať, (vy)provokovať; *c. one's own ruin* privolávať vlastnú skazu

courtesy [ˈkəːtəsi] zdvorilosť ● *by c. of* s láskavou podporou (koho), s láskavým povolením (koho)

courthouse [ˈkoːthaus] súdna budova, budova súdu

court-martial [ˌkoːt ˈmaːšl] vojenský súd

courtyard [ˈkoːtjaːd] veľký dvor, nádvorie

cousin [ˈkazn] bratanec, sesternica

cover [ˈkavə] **I.** podst. **1.** pokrývka, poťah, obliečka; *a c. on the bed* prikrývka na posteľ; *a cushion c.* obliečka na vankúš **2.** veko, viečko; *a box c.* veko debny **3.** obal, obálka (knihy ap.) ● *from c. to c.* od začiatku do konca (knihy ap.); *under c. of* pod rúškom (čoho); *under separate c.* vo zvláštnej obálke **II.** sl. **1.** prikryť, zakryť, pokryť; *c. the food with a cloth* prikryť jedlo servítkou; *c-ed with dust* pokrytý prachom **2.** (u)kryť, chrániť, poistiť; *c. the retreat* kryť ústup; *are you c-ed against fire?* ste poistený proti ohňu? **3.** prekonať, zdolať (istú vzdialenosť), prejsť; *c. 20 miles* prejsť 20 míľ **4.** pokryť (určitú oblasť), (finančne) uhradiť; *c. one's expenses* uhradiť výdavky; *his research c. a wide field* jeho výskumy pokrývajú širokú oblasť **5.** podať správu, referovať, urobiť reportáž (pre tlač, TV ap.); *c. the annual conference* urobiť reportáž z výročnej konferencie

coverage [ˈkavəridž] **1.** (po)krytie **2.** pozornosť venovaná (čomu) médiami; *it got massive media c.* médiá tomu venovali obrovskú pozornosť **3.** rozsah poistky

cow[1] [kau] krava

cow[2] [kau] zastrašiť

coward [ˈkauəd] zbabelec

cowardice [ˈkauədəs] zbabelosť

cowboy [ˈkauboi] AM pastier hovädzieho dobytka (obyč. na koni)

cowshed [ˈkaušed] kravín, maštaľ

coyote [ˈkoiəut] kojot

crab [kræb] krab

crabbed [ˈkræbəd] **1.** kostrbatý; *c. handwriting* kostrbatý rukopis **2.** namrzený, podráždený

crabby [ˈkræbi] mrzutý, podráždený

crack[1] [kræk] **I.** podst. **1.** trhlina, prasklina; *a c. in the cup* prasklina na šálke **2.** úder;

give/get a c. on the head dostať/dať úder do hlavy **II.** príd. prvotriedny, majstrovský **III.** sl. **1.** prasknúť, puknúť; *the window was only c-ed, not broken* okno bolo iba prasknuté, nie rozbité **2.** práskať, plieskať; *c. a whip* plieskať bičom

crack[2] [kræk] čistý kokaín

crack down (on) tvrdo zasiahnuť (proti čomu); *c. down on illegal gambling* tvrdo zasiahnuť proti hazardným hrám

cracker [ˈkrækə] **1.** chrumkavý ľahký keks, kreker **2.** prskavka

cradle [kreidl] **1.** kolíska aj pren.; *the c. of culture* kolíska kultúry **2.** (zavesené) lešenie, klietka ● *from the c. to the grave* od kolísky (až) po hrob

craft[1] [kraːft] **1.** remeslo; *traditional village c-s* tradičné dedinské remeslá **2.** cech (remeselníkov) **3.** lesť, úskočnosť

craft[2] [kraːft] plavidlo, loď

craftsman [ˈkraːftsmən] mn. č. *-men* [-ˌmen] remeselník

crafty [ˈkraːfti] úskočný, ľstivý; *a c. criminal* ľstivý zločinec

cramp[1] [kræmp] kŕč; *the swimmer got a c.* plavec dostal kŕč

cramp[2] [kræmp] kramľa, skoba; *fasten with a c.* spojiť kramľou

crampon [ˈkræmpon] obyč. mn. č. *c-s* mačky (horolezecké hroty pripevňované na obuv proti šmykom)

cranberry [ˈkrænbri] brusnica

crane [krein] **I.** podst. tech. i zool. žeriav **II.** sl. natiahnuť krk; *he c-d his neck in order to see* natiahol krk, aby videl

crank [kræŋk] **I.** podst. kľuka **II.** sl. natočiť kľukou; *c. (up) an engine* natočiť motor kľukou

crap [kræp] **1.** (pejor.) hovno **2.** (slang.) hlúposť, nezmysel

crash [kræš] **I.** podst. **1.** rachot, hrmot, treskot; *the tree fell with a great c.* strom padol s veľkým rachotom **2.** havária, katastrofa, pád; *he was killed in a plane c.* zabil sa pri havárii lietadla **3.** krach; *stock market c.* krach na burze cenných papierov **II.** sl. **1.** prudko naraziť, rozbiť sa (s treskotom); *the bus c-ed into a tree* autobus narazil do stromu **2.** havarovať, zrútiť sa; *an aircraft c-ed* lietadlo sa zrútilo

crate [kreit] debna, debnička na tovar, prepravka (na mlieko, zeleninu ap.)

crater [ˈkreitə] kráter

crawl [kro:l] **I.** sl. **1.** liezť; *the baby c-s everywhere* dieťa všade lezie **2.** vliecť sa; *our train c-ed along* náš vlak sa vliekol **3.** hemžiť sa; *the ground was c-ing with ants* zem sa hemžila mravcami **II.** podst. šport. kraul

crazy [ˈkreizi] **1.** bláznivý, šialený; *you were c. to lend him money* bolo od teba bláznivé požičať mu peniaze **2.** (*about, for*) pobláznený (za kým, čím), zbláznený (do koho, čoho); *I'm c. about/for you* som do teba zbláznený

cream [kri:m] **1.** smotana; *whipped c.* ušľahaná smotana, šľahačka **2.** krém; *face c.* pleťový krém; *chocolate c.* čokoládový krém **3.** pren. smotánka, najlepšia časť; *the c. of society* spoločenská smotánka; *the c. of this year's literature* to najlepšie z tohtoročnej literatúry ● *ice c.* zmrzlina

crease [kri:s] **I.** podst. záhyb (na látke, papieri) **II.** sl. krčiť sa (o látke); *this material c-s easily* tento materiál sa ľahko krčí ● *c. resistant* nekrčivý

create [kriˈeit] **1.** (vy)tvoriť; *he c-d a new Hamlet* vytvoril nového Hamleta **2.** vyvolať; *c. a bad impression* vyvolať zlý dojem

creation [kriˈeišn] **1.** (vy)tvorenie, tvorba **2.** výtvor, kreácia; *the c. of great works of arts* vytvorenie veľkých umeleckých diel; *the newest c-s of Paris designers* najnovšie kreácie parížskych módnych tvorcov

creative [kriˈeitiv] tvorivý; *useful and c. work* užitočná a tvorivá práca

creator [kriˈeitor] tvorca; *the C.* Stvoriteľ

creature [ˈkri:čə] **1.** tvor, zviera; *a strange-looking c.* čudný tvor **2.** (ľudská) bytosť, tvor, stvorenie; *a lovely c.* krásne stvorenie

creche [kreiš] **1.** BR detské jasle **2.** jasličky (v Betleheme)

credentials mmn. č. [kriˈdenčəlz] **1.** poverovacie listiny **2.** odporúčanie, posudok; *have excellent c.* mať výborné odporúčanie

credible [ˈkredəbl] uveriteľný, vieryhodný; *a barely c. excuse* ťažko uveriteľné ospravedlnenie

credit [ˈkredət] **I.** podst. **1.** úver, kredit (v banke); *buy on c.* kupovať na úver **2.** dôvera, viera; *gain c. with sb.* získať si dôveru (koho) **3.** zápočet (o štúdiu) **II.** sl. **1.** dôverovať, veriť; *their statement is hard to c.* ťažko sa dá dôverovať ich tvrdeniu **2.** pripísať k dobru (o peniazoch); *the money has been c-ed to your account* peniaze sa pripísali na váš účet

credit card [ˈkredət ka:t] úverová karta

creditor [ˈkredətə] veriteľ

credulous [ˈkredjələs] dôverčivý, ľahkoverný; *c. people believe all promises* dôverčiví ľudia veria všetkým sľubom

creek [kri:k] **1.** úzka zátoka **2.** AM potok, riečka ● *be up the c.* byť v úzkych

creep [kri:p] *crept* [krept], *crept* **1.** (pri)liezť, (pri)plaziť sa; *the cat crept silently towards the bird* mačka sa tíško priplazila k vtákovi **2.** kradnúť sa, zakrádať sa, kráčať tíško; *we crept upstairs not to wake the baby* zakrádali sme sa hore schodmi, aby sme nezobudili dieťa **3.** popínať sa, vinúť sa (o rastlinách); *ivy crept over the wall* brečtan sa popínal po múre

cremate [krəˈmeit] spopolniť (mŕtveho)

cremation [krəˈmeišn] kremácia, spopolnenie

crematorium [ˌkreməˈto:riəm] krematórium

crept p. *creep*

crescent [ˈkresnt] **1.** pribúdajúci Mesiac na oblohe, hovor. kosák Mesiaca **2.** polmesiac (symbol islamu) **3.** polkruhový al. polmesiacovitý tvar (napr. ulice); *c.-shaped sword* orientálny zahnutý meč

cress [kres] žerucha

crest [krest] **1.** hrebienok kohúta **2.** chochol (z peria al. ozdoba na helme) **3.** hrebeň hôr, vodnej vlny **4.** koruna hrádze **5.** znak, erb; *the family c.* rodinný znak

crevice [ˈkrevəs] puklina, štrbina

crew [kru:] **1.** posádka, mužstvo; *officers and c.* dôstojníci a posádka **2.** pracovná skupina **3.** subšt. parta

crib[1] [krib] **1.** jasle, krmidlo **2.** jasličky, betlehem **3.** AM detská postieľka

crib[2] [krib] **I.** podst. **1.** plagiát **2.** škol. ťahák **II.** sl. *-bb-* (*from, off*) hovor. odpísať (od koho); *I c-bed it off John* odpísal som to od Jána

cricket[1] [ˈkrikət] svrček

cricket[2] [ˈkrikət] šport. kriket

crime [kraim] zločin; *commit a serious c.* dopustiť sa vážneho zločinu; *c. against humanity* zločin proti ľudskosti

criminal [ˈkrimənl] **I.** príd. **1.** zločinný; *c. act* zločin **2.** trestný; *c. law* trestný zákon **II.** podst. zločinec

crimson [ˈkrimzn] **I.** príd. karmínový **II.** sl. sfarbiť sa karmínovo, očervenieť; *her face c-ed* tvár jej očervenela

cripple [ˈkripl] **I.** podst. mrzák, kalika **II.** sl. **1.** zmrzačiť; *c-ed for life* doživotne zmrzačený **2.** ochromiť, dokaličiť; *c-ed by war* dokaličený vo vojne

crisis [ˈkraisəs] mn. č. *crises* [ˈkraisiːz] kríza; *financial c.* finančná kríza ● *reach a c. point* dosiahnuť krízový bod

crisp [krisp] **1.** krehký, chrumkavý; *c. toast* chrumkavá hrianka **2.** ostrý, mrazivý; *a c. winter day* mrazivý zimný deň **3.** rázny, rozhodný; *a man with c. manners* rázny človek

crisscross [ˈkriskros] sieť čiar, čiary idúce krížom-krážom; *c. of railway lines* železničná sieť

criterion [kraiˈtiriən] mn. č. *-ria* [-riə] kritérium, meradlo

critic [ˈkritik] **1.** kritik, posudzovateľ, recenzent; *a music/literary c.* hudobný/literárny kritik **2.** kritik (nedostatkov); *an armchair c.* kto len kritizuje, ale sám nič nerobí

critical [ˈkritikl] kritický; *a c. stage* kritické štádium; *c. remarks* kritické poznámky

criticism [ˈkritəsizm] (obyč. nepriaznivá) kritika, posudzovanie, posúdenie

criticize [ˈkritəsaiz] kritizovať, posudzovať; *they strongly c. the police* ostro kritizujú políciu

crochet [ˈkrəušei] **I.** podst. háčkovanie **II.** sl. háčkovať

crochet-hook [ˈkrəušei huk] háčik na háčkovanie

crockery [ˈkrokəri] kameninový riad, kamenina

crocodile [ˈkrokədail] krokodíl

crook [kruk] **I.** podst. **1.** podvodník, darebák, lotor **2.** ohyb, ohnutie **3.** palica al. nástroj so zahnutým koncom; *a shepherd's c.* pastierska palica **II.** sl. zohnúť; *c. one's finger* zohnúť prst

crooked [ˈkruːkəd] **1.** zahnutý, krivý, krivolaký; *c. streets* krivolaké ulice **2.** nečestný; *a c. politician* nečestný politik **3.** nakrivo; *have a hat on c.* mať klobúk nakrivo

crop [krop] **I.** podst. **1.** úroda; *the potato c.* úroda zemiakov; *get the c-s in* zvážať úrodu **2.** hrvoľ vtáka **3.** vlasy ostrihané na ježka **II.** sl. *-pp-* **1.** spásť; *the sheep c-ped the grass* ovce spásli trávu **2.** ostrihať nakrátko (na ježka) **3.** osiať, zasadiť; *c. ten acres with wheat* osiať desať akrov pšenicou **4.** urodiť sa; *the beans c-ped well this year* tohto roku bola dobrá úroda fazule

cross [kros] **I.** podst. **1.** kríž, krížik; *the place is marked with a c.* miesto je označené

krížikom **2.** kríženec; *a mule is a c. between a horse and an ass* mul je kríženec kobyly a somára **II.** príd. **1.** priečny, protichodný **2.** pren. nepriaznivý; *strong c. wind* silný nepriaznivý vietor **3.** nahnevaný, namrzený; *be c. with sb.* hnevať sa (na koho) **III.** sl. **1.** (pre)križovať, prejsť na druhú stranu (ulice, cesty ap.) **2.** (s)krížiť (rozličné druhy, plemená, odrody ap.) **3.** skrížiť, prekrižovať; *c. one's legs* skrížiť si nohy **4.** križovať sa, krížiť sa; *our letters must have c-ed in the post* naše listy sa museli križovať **5.** (*oneself*) prežehnať (sa) ● *keep one's fingers c-ed* držať palce

cross off vyčiarknuť, vyškrtnúť; *we c-ed his name off the list* vyčiarkli sme jeho meno zo zoznamu

cross out prečiarknuť, preškrtnúť; *c. that out and write it again* prečiarkni to a napíš znovu

crossbreed [ˈkrosbriːd] kríženec

crosscheck [ˌkrosˈček] preskúšať, preveriť

cross-country [ˌkros ˈkantri] cezpoľný; *c. running race* terénny beh; *c. skiing* lyžovanie (na bežkách)

cross-examination [ˌkros igˌzæməˈneišn] krížový výsluch na súde

cross-examine [ˌkros igˈzæmən] podrobiť krížovému výsluchu

cross-eyed [ˈkros aid] škuľavý

crossfire [ˈkrosfaiə] krížová paľba

crossing [ˈkrosiŋ] **1.** križovatka; *stop at the c.* zastať na križovatke **2.** prechod; *street c.* prechod cez ulicu **3.** preprava (cez more), plavba; *we had a rough c.* mali sme búrlivú plavbu

crossroad [ˈkrosrəud] aj *crossroads* križovatka ciest; *the accident occured at a busy c.* nehoda sa stala na rušnej križovatke

cross-section [ˈkros ˌsekšn] **1.** prierez, priečny rez; *a c. of a plant stem* priečny rez rastlinnej stonky **2.** typická vzorka, ukážka; *c. of the population* vzorka obyvateľstva

crossword [ˈkrosˌwəːd] krížovka

crouch [krauč] (s)krčiť sa, prikrčiť sa; *the cat c-ed, ready to spring* mačka sa prikrčila a chystala sa skočiť

crow [krəu] vrana

crowd [kraud] **I.** podst. **1.** dav; *he pushed his way through the c.* razil si cestu davom **2.** veľké množstvo, hŕba, kopa; *a c. of books* veľké množstvo kníh **II.** sl. **1.** natlačiť (sa), napchať (sa); *they c-ed into the taxi* napchali sa do taxíka **2.** zbehnúť sa, zhromaždiť sa; *they all c-ed round the teacher* všetci sa zbehli okolo učiteľa

crowded [ˈkraudəd] **1.** nabitý, preplnený, plný; *c. buses* preplnené/nabité autobusy; *a c. programme* nabitý program **2.** priestorovo stiesnení, natlačení; *c. in a tiny room* natlačení v malej izbičke

crown [kraun] **I.** podst. **1.** (v rozl. význ.) koruna; *the queen's c.* koruna kráľovnej; *Swedish c-s* švédske koruny; *land belonging to the C.* zem patriaca korune (panovníkovi) **2.** temeno (vrchu); *the c. of a hill* temeno kopca **3.** (zubná) korunka **II.** sl. **1.** korunovať; *he was c-ed king* bol korunovaný za kráľa **2.** zavŕšiť, dovŕšiť; *c. a feast with a bottle of wine* zavŕšiť oslavu fľašou vína

crucial [ˈkru:šl] rozhodujúci, kritický; *a c. moment of negotiations* kritický moment rokovaní

crude [kru:d] **1.** surový, nespracovaný; *c. oil* nespracovaná nafta/ropa **2.** hrubý, vulgárny; *c. jokes* vulgárne vtipy **3.** hrubý, všeobecný; *a c. sketch* hrubý náčrt **4.** jednoduchý, primitívny, nedokonalý, neopracovaný; *a c. shelter in the forest* primitívny úkryt v lese

cruel [ˈkruəl] krutý aj pren.; *a c. punishment* krutý trest; *a c. disappointment* kruté sklamanie

cruelty [ˈkru:əlti] krutosť aj pren.; *c. to children* krutosť voči deťom; *the c-ies of war* krutosti vojny

cruise [kru:z] **I.** sl. **1.** plaviť sa, cestovať loďou (pre zábavu) **2.** ísť (autom, lietadlom) rovnomernou rýchlosťou; *c. at 100 kilometres an hour* ísť 100-kilometrovou rýchlosťou **II.** podst. plavba (zábavná); *go on/for a round-the-world c.* cestovať okolo sveta

cruiser [ˈkru:zə] **1.** krížnik **2.** aj *cabin c.* výletná jachta

crumb [kram] omrvinka

crumble [ˈkrambəl] mrviť (sa), drobiť (sa), rozpadať sa

crunch [kranč] chrúmať, vŕždať, mliaždiť, drviť; *our feet c-ed on the frozen snow* sneh nám vŕždal pod nohami

crusade [kru:ˈseid] **1.** krížová/križiacka výprava/vojna **2.** pren. kampaň; *a c. against smoking* kampaň proti fajčeniu

crush [kraš] **1.** rozmliaždiť, rozdrviť; *the falling tree c-ed the car* padajúci strom rozmliaždil auto **2.** dokrčiť, skrkvať; *badly c-ed*

dress hrozne dokrčené šaty **3.** predrať sa, pretlačiť sa; *they c-ed into the front seats* pretlačili sa na miesta vpredu

crust [krast] **1.** kôra; *the earth's c.* zemská kôra **2.** kôrka (chleba)

crutch [krač] barla; *walk on c-es* chodiť o barlách

cry [krai] **I.** sl. **1.** plakať; *she c-ied bitterly* horko plakala **2.** kričať; *he c-ied with pain* kričal od bolesti **3.** volať; *he cried for help* volal o pomoc **II.** podst. **1.** vý-krik; *a c. of fear* výkrik od strachu; *a warning c.* varovný krik **2.** volanie; *a c. for help* volanie o pomoc

crystal [ˈkristl] **1.** kryštál **2.** krištáľ

crystallize [ˈkristəlaiz] kryštalizovať aj pren., vyhraniť sa

C. S. E. [ˌsi: es ˈi:] skr. *Certificate of Secondary Education* maturitné vysvedčenie

cube [kju:b] **1.** kocka **2.** mat. tretia mocnina, na tretiu; *the c. of 3 is 27* tri na tretiu je 27

cubic [ˈkju:bik] aj **cubical** [ˈkju:bikl] **1.** kubický; *a c. metre* kubický meter **2.** kockový, v tvare kocky

cubicle [ˈkju:bikl] **1.** kabína (napr. na prezliekanie) **2.** malá izbička

cuckoo [ˈkuku:] kukučka

cucumber [ˈkju:kambə] uhorka

cue[1] [kju:] **I.** podst. **1.** div. narážka, signál (pre herca na nástup) **2.** pokyn, podnet, návod (na konanie); *to take one's cue from sb.* riadiť sa podľa (koho) **II.** sl. dať signál (komu); *cue sb.* napovedať (komu)

cue[2] [kju:] tágo, biliardová palica

cuff[1] [kaf] manžeta na rukáve, AM na noháviciach

cuff[2] [kaf] dať facku

cufflink [kaf liŋk] manžetový gombík

cuisine [kwiˈzi:n] kuchyňa, varenie, spôsob prípravy jedál; *French c.* francúzska kuchyňa

cult [kalt] kult; *religious c.* náboženský kult

cultivate [ˈkaltəveit] **1.** obrábať; *c. the soil* obrábať pôdu **2.** pestovať; *c. one's friendship* pestovať si priateľstvo

cultivated [ˈkaltəveitəd] **1.** obrobený (o pôde) **2.** kultivovaný, vzdelaný

cultivator [ˈkaltəveitə] **1.** pestovateľ, farmár **2.** kultivátor (stroj na kyprenie pôdy)

cultural [ˈkalčrəl] kultúrny

culture [ˈkalčə] **1.** kultúra; *the ancient Greek c.* antická grécka kultúra **2.** pestovanie, (biol.) kultúra; *the c. of the vine* pestovanie hrozna

cunning [ˈkaniŋ] **I.** príd. prefíkaný, prešibaný, chytrácky; *a c. old fox* prefíkaná stará líška **II.** podst. prefíkanosť, prešibanosť, chytráctvo

cup [kap] **1.** šálka, hrnček; *a c. of coffee* šálka kávy **2.** pohár, pokál (šport. cena) **3.** kalich; *the c. of a flower* kalich kvetu

cupboard [ˈkabəd] **1.** kredenc **2.** skriňa s policami (aj vstavaná)

cup final [ˈkap ˌfainl] finálový zápas

curative [ˈkjurətiv] liečivý; *the c. value of the sea air* liečivé účinky morského vzduchu

curb [kəːb] **I.** podst. **1.** uzda aj pren.; *put/ keep a c. on one's anger* držať hnev na uzde **2.** obmurovka **3.** skruž **4.** AM kraj chodníka, obrubník **II.** sl. držať na uzde, krotiť aj pren.; *c. one's impatience* krotiť svoju netrpezlivosť

cure [kjuə] **I.** podst. **1.** (*for*) liek (na); *is there a c. for cancer yet?* už existuje liek proti rakovine? **2.** vyliečenie, uzdravenie; *his c. was complete* celkom sa vyliečil **3.** liečenie, liečebná kúra; *take a c. for alcoholism* podstúpiť protialkoholické liečenie **II.** sl. **1.** (vy)liečiť; *this medicine will c. you* tento liek vás vylieči **2.** konzervovať, uchovať sušením, údením, nakladaním ap.; *well c-d bacon* dobre vyúdená slanina

curfew [ˈkəːfjuː] zákaz vychádzania (napr. pri stannom práve); *impose a c. on a town* vyhlásiť v meste zákaz vychádzania

curiosity [ˌkjuəriˈosəti] **1.** zvedavosť; *burn with c.* horieť zvedavosťou **2.** zvláštnosť, rarita; *this map is a c.* táto mapa je rarita ● *old c. shop* starožitníctvo

curious [ˈkjuriəs] **1.** (*about*) zvedavý (na koho, čo); *I'm c. about the result* som zvedavý na výsledok **2.** zvláštny, čudný, neobyčajný; *a c. noise* čudný hluk; *c.-looking man* čudne vyzerajúci človek

curl [kəːl] **I.** podst. kučera; *hair in c-s* kučeravé vlasy **II.** sl. **1.** kučeravieť, nakučeraviť, natočiť (si) vlasy; *does her hair c. naturally?* má od prírody kučeravé vlasy? **2.** (s)krútiť sa; *the dog c-ed up on the rug* pes sa skrútil na rohožke

curly [ˈkəːli] kučeravý; *c. hair* kučeravé vlasy

currant [ˈkarənt] **1.** hrozienka **2.** ríbezľa, ríbezle

currency [ˈkarənsi] **1.** obeživo, mena; *foreign c.* cudzia mena **2.** obeh, obiehanie; *the rumour soon gained c.* klebety sa rýchlo rozšírili

current [ˈkarənt] **I.** príd. **1.** bežný, obvyklý, zvyčajný; *c. opinions* obvyklé názory **2.** bežný, terajší, tento; *c. month* bežný/tento mesiac; *c. events/affairs* každodenné udalosti (najmä polit.) **II.** podst. **1.** prúd, prúdenie (vody, vzduchu); *he was swept away by the c.* zmietol ho prúd (vody) **2.** elektr. prúd

current account [ˈkarənt aˌkaunt] bežný účet

curriculum [kəˌrikjələm] mn. č. aj *curricula* **1.** učebné osnovy **2.** kurz prednášok/cvičení

curriculum vitae [kəˌrikjələm ˈviːtai] vlastný životopis

curse [kəːs] (pre)kliať, kliať, preklínať ● *be c-ed with* byť postihnutý/sužovaný (čím)

curtain [ˈkəːtn] **1.** záclona, záves; *pull the c-s* zatiahnuť záclony **2.** opona ● *behind the c-s* v zákulisí

curvature [ˈkəːvəčə] zakrivenie; *the c. of the Earth's surface* zakrivenie zemského povrchu

curve [kəːv] **I.** podst. **1.** krivka **2.** zákruta; *a c. in the road* zákruta na ceste **II.** sl. (s)krútiť sa, (s)točiť sa; *the river c-s round the hill* rieka obteká okolo kopca

cushion [ˈkušən] vankúš aj pren.; *a c. of moss* machový vankúš

custard [ˈkastəd] **1.** puding **2.** krém z vajec a mlieka

custard powder [ˈkastəd ˌpaudə] pudingový prášok

custody [ˈkastədi] opatera, dohľad; *be awarded custody of sb.* dostať (koho) do opatery; *take sb. into c.* vziať (koho) do väzby

custom [ˈkastəm] **1.** zvyk, obyčaj; *don't be a slave to c.* nebuď otrokom zvyku **2.** priazeň zákazníkov, klientela **3.** *c-s* mn. č. clo **4.** *C-s* mn. č. colnica; *get through C-s* prejsť cez colnicu

customary [ˈkastəmri] obvyklý, zvyčajný; *it's c. to tip waiters* čašníkom sa zvykne dávať prepitné

customer [ˈkastəmə] zákazník

cut [kat], *cut* [kat], *cut*; *-tt-* **I.** sl. **1.** rezať, krájať, odrezať, odkrojiť, narezať, nakrájať; *c. flowers* rezať kvety; *c. bread/cheese* krájať chlieb/syr; *c. a slice of cake* odrezať kúsok torty; **2.** (o)strihať; *c. cloth with scissors* strihať látku (nožnicami); *c. hair/nails* (o)strihať vlasy/nechty; *c. a hedge* (o)strihať živý plot **3.** krížiť (sa) **4.** porezať (sa); *he c. his hand on a piece of glass* porezal si ruku na skle

5. vynechať (čo), nejsť (kam), uliať (sa z čoho); *he c. school* ulial sa zo školy
cut back/down znížiť (množstvo)
cut down vyťať; *c. down a tree* vyťať strom
cut in 1. skákať do reči **2.** (bezohľadne) predísť a zaradiť sa (do prúdu vozidiel)
cut off 1. odstrihnúť, odseknúť, odťať **2.** odrezať aj pren.; *feel c. off from one's friends* cítiť sa odrezaný od priateľov
cut out vyrezať, vykrojiť, vystrihnúť
cut up rozrezať, rozkrájať, rozstrihať **II.** podst. **1.** rez, sek, seknutie **2.** zníženie (ceny, množstva ap.); *a c. in prices* zníženie cien **3.** strih (šiat, vlasov); *a fashionable c.* módny strih **4.** rezeň, kúsok (mäsa); *a nice c. of beef* pekný kúsok hovädziny **5.** skratka (cesty); *let's take a short c.* poďme skratkou
cut glass [ˌkat ˈglɑːs] brúsené sklo
cutlery [ˈkatləri] príbor
cutlet [ˈkatlət] **1.** kotleta; *pork c.* bravčová kotleta **2.** karbonátka, kroketa; *cheese c.* syrová kroketa
cutter [ˈkatə] **1.** rezný nástroj, obrábací nôž **2.** strihač, sekáč (nástroj aj osoba) **3.** pobrežný čln, AM ozbrojený policajný čln

cutting [ˈkatiŋ] **I.** podst. **1.** výkop, priekopa **2.** výstrižok; *press c-s* výstrižky z novín **3.** zostrih (filmu, pása ap.) **II.** príd. **1.** ostrý, prudký; *a c. wind* prudký vietor **2.** pren. sarkastický; *a c. remark* sarkastická poznámka
CV, cv [ˌsiː ˈviː] skr. *curriculum vitae* vlastný životopis
cycle[1] [ˈsaikl] cyklus, kolobeh; *the c. of the seasons* kolobeh ročných období
cycle[2] [ˈsaikl] **I.** podst. hovor. bicykel **II.** sl. hovor. bicyklovať sa
cycling [ˈsaikliŋ] **1.** šport. cyklistika **2.** bicyklovanie
cyclist [ˈsaiklist] cyklista, bicyklista
cylinder [ˈsiləndə] valec aj geom., odb.; *an engine with six c-s* šesťvalcový motor
cylindrical [səˈlindrikl] valcový, valcovitý; *beer cans are c.* sudy na pivo sú valcovitého tvaru
cymbal [ˈsimbl] cimbal
cyst [sist] cysta
czar [zɑː] cár
czarina [zɑːˈriːnə] cárovná
Czech [ček] **I.** príd. český **II.** podst. **1.** Čech **2.** čeština

D

dab [dæb] *-bb-* **1.** dotknúť sa (zľahka), poklopkať; *d. one's eyes with a handkerchief* zľahka si pretrieť oči vreckovkou **2.** (zľahka) naniesť (farbu, prášok), natrieť; *d. some cream on one's face* natrieť si trocha krému na tvár
dad [dæd] hovor. oco, ocko, tato, tatko
daddy [ˈdædi] det. otecko, ocin(k)o, oc(k)o
daffodil [ˈdæfədil] narcis
dagger [ˈdægə] dýka
daily [ˈdeili] **I.** príd. (každo)denný; *my d. routine* moje pravidelné a zvyčajné činnosti **II.** prísl. denne; *most newspapers appear d.* väčšina novín vychádza denne **III.** podst. **1.** denník (noviny); *in all d-ies* vo všetkých denníkoch **2.** hovor. pomocnica v domácnosti
dairy [ˈderi] mliekareň (výrobňa aj predajňa)
dairy farm [ˈderi fɑːm] mliečna farma
dairymaid [ˈderimeid] dojička
dais [ˈdeiəs] stupienok, pódium
daisy [ˈdeizi] sedmokráska; *lawn covered in d-sies* trávnik posiaty sedmokráskami
dam [dæm] **I.** podst. priehrada, hrádza; *the Aswan D.* Asuánska priehrada **II.** sl. *-mm-*

prehradiť, zatarasiť; *d. (up) the river* prehradiť rieku
damage [ˈdæmidž] **I.** podst. **1.** (*to*) škoda (na čom), poškodenie (čoho); *the d. to my car* škoda na aute **2.** *d-s* mn. č. odškodné, náhrada škody; *he claimed £5,000 d-s* žiadal odškodné 5000 libier **II.** sl. poškodiť; *furniture d-d by fire* nábytok poškodený požiarom
Dame [deim] **1.** AM dáma **2.** titul (nositeľky britského čestného rádu)
damn [dæm] **1.** preklínať, preklať **2.** odsúdiť, nepriaznivo posúdiť; *the book was d-ed by the critics* kritika posúdila knihu nepriaznivo ● *I'll be d-ed if I'll go* ani ma nenapadne, aby som išiel; *oh, d.!* do čerta; *d. you!* choď do čerta/doparoma!
damned [dæmd] **I.** príd. prekliaty; *you d. fool!* ty prekliaty blázon! **II.** prísl. hovor. doparoma, dočerta, dofrasa ● *you know it d. well!* ty to veľmi dobre vieš!
damp [dæmp] **I.** príd. vlhký; *d. clothes* vlhké šaty **II.** podst. vlhkosť; *the d. rising from the ground* vlhkosť vychádzajúca zo zeme

III. sl. navlhčiť; *d. clothes before ironing them* navlhčiť bielizeň pred žehlením
dance [da:ns] **I.** podst. tanec; *may I have the next d.?* môžem si zahovoriť budúci tanec?
II. sl. tancovať; *d. a waltz* tancovať valčík
dancer ['da:nsə] tanečník, tanečnica
dandelion ['dændəlaiən] púpava
danger ['deindžə] nebezpečenstvo; *his life was in d.* jeho život bol v nebezpečenstve ● *in d. (of)* v nebezpečenstve (čoho); *out of d.* mimo nebezpečenstva
dangerous ['deindžrəs] nebezpečný; *a d. illness* nebezpečná choroba; *the river is d. to bathe in* v tej rieke je nebezpečné kúpať sa
Danube ['dænju:b] Dunaj
dare [deə] **1.** odvážiť sa, trúfať si; *how dare you say that* ako sa to opovažuješ povedať; *he daren't fight* neodváži sa biť **2.** presviedčať, vyzvať urobiť niečo nebezpečné; *I d-d her to jump* vyzýval som ju, aby skočila **3.** vzoprieť sa, vzdorovať, čeliť (čomu); *he d-d the anger of the entire family* vzdoroval hnevu celej rodiny ● *I d. say* trúfam si/odvažujem sa povedať
daring ['deriŋ] **I.** príd. odvážny, smelý; *what a d. thing to do!* aká odvážna vec! **II.** podst. odvaha, smelosť; *the d. of the airborne troops* smelosť parašutistov
dark [da:k] **I.** príd. **1.** tmavý, temný; *a d. suit* tmavý oblek; *a d. badly lit street* temná, zle osvetlená ulica **2.** tajný, skrytý; *keep it d.!* nechaj si to pre seba **3.** zlý, zlovestný; *a d. look* zlovestný pohľad **II.** podst. tma, temnota; *see in the d.* vidieť v tme ● *before/after d.* pred západom/po západe slnka; *in the d.* v tajnosti; *keep sb. in the d.* neinformovať, neoboznámiť (koho)
darling ['da:liŋ] miláčik, zlat(k)o (obyč. v oslovení); *d. of the people* miláčik ľudu; *hurry up, d.!* ponáhľaj sa, zlatko!
darn [da:n] zalátať; *d. the hole in a sock* zalátať dieru na ponožke
dart [da:t] **I.** podst. **1.** rýchly pohyb, skok; *the child made a sudden d.* dieťa urobilo rýchly pohyb **2.** šíp, šípka; *poisoned d.* otrávený šíp **3.** *d-s* mn. č. hra so šípkami **4.** švík na šatách **II.** sl. **1.** prudko hodiť, vrhnúť aj pren.; *he d-ed an angry look at me* vrhol na mňa nahnevaný pohľad **2.** skočiť, vbehnúť, vrhnúť sa; *she d-ed into the shop* vbehla do obchodu
dash [dæš] **I.** podst. **1.** beh, útek; *a d. for shelter* útek do krytu **2.** pomlčka (znamienko)

3. špliechanie, trieštenie vody; *the d. of the waves on the rocks* trieštenie vĺn o skaly **4.** nádych farby; *red with a d. of blue* červená s modrým nádychom **5.** kvapka, trocha; *water with a d. of whisky* voda s kvapkou whisky **II.** sl. **1.** vrhnúť (sa), vymrštiť (sa); *the huge waves d-ed over the rocks* obrovské vlny sa trieštili o skaly **2.** bežať, hnať sa; *d. up the stairs* hnať sa hore schodami
data ['deitə] mn. č. **1.** údaje; *sufficient d. are available* k dispozícii je dostatok údajov **2.** výp. údaje, súbor informácií (pre program počítača)
data bank ['deitə'bæŋk] aj **database** ['deitə₁beis] banka dát, súbor informácií uložených v pamäti počítača
data processing [₁deitə 'prəusəsiŋ] spracovanie informácií v počítači
date¹ [deit] **I.** podst. **1.** dátum **2.** obdobie **3.** schôdzka; *have a d. with sb.* mať schôdzku (s kým) ● *what's the d. today?* koľkého je dnes? *up-to-d.* moderný, aktuálny; *out-of-d.* zastaraný **II.** sl. **1.** datovať, označiť dátumom; *don't forget to d. your letter* nezabudni napísať dátum na list **2.** (*from/back to*) datovať (do minulosti), pochádzať z (obdobia); *the castle d-s back to the 14th century* hrad pochádza zo 14. storočia **3.** hovor. chodiť s dievčaťom/chlapcom
date² [deit] datľa; *d. palm* datľová palma, datľovník

Date:
Monday, May 6, 1999
May 6th, 1999
6th May, 199
in AD 27 – v roku 27 n. l.
in 158 BC – v roku 158 p. n. l.
in the 1980s – v osemdesiatych rokoch

dated ['deitəd] zastaraný, nemoderný; *a d. word* zastarané slovo; *a d. novelist* nemoderný autor románov
datum ['deitəm] p. **data**
daughter ['do:tə] dcéra; *they have two d-s* majú dve dcéry
daughter-in-law ['do:tə in lo:] mn. č. *daughters-in-law* ['do:təs in lo:] nevesta (synova manželka)
daunt [do:nt] zastrašiť; *he's never d-ed* nedá sa nikdy zastrašiť ● *nothing d-ed* neohrozený, smelý
dauntless ['do:ntləs] kniž. neohrozený, nebojácny, neochvejný

D

dawn [do:n] **I.** podst. úsvit; *we must set off at d.* musíme sa vydať na cestu na úsvite **II.** sl. rozvidnieť sa, brieždiť sa, svitať; *the day was just d-ing* práve sa brieždilo

dawn on *sb.* svitnúť (komu v hlave); *it suddenly d-ed on me* naraz mi svitlo

day [dei] deň; *there are seven d-s in a week* týždeň má sedem dní ● *by d.* cez deň; *the other d.* nedávno; *the d. after* deň potom; *the d. after tomorrow* pozajtra; *the d. before yesterday* predvčerom; *d. out* deň vychádzky/voľna; *d. after d.* deň za dňom; *some d.* jedného dňa v budúcnosti; *one of these d-s* čoskoro; *the present d.* súčasnosť; *take a d. off* vziať si deň voľna zo zamestnania; *d.-and-night* vo dne-v noci; *d.-to-d.* každodenný *one d.* raz, jedného dňa; *d. by d.* deň čo deň, denne

day-bed ['dei bed] váľanda, pohovka

daylight ['deilait] **1.** denné svetlo; *in broad d.* za denného svetla, za bieleho dňa **2.** úsvit, brieždenie, svitanie; *leave before d.* odísť pred svitaním/na úsvite

day nursery ['dei ˌnə:sri] materská škola s dennou prevádzkou

dead [ded] **I.** príd. mŕtvy **II.** prísl. hovor. celkom, úplne; *d. certain* celkom istý; *d. tired* ustatý na smrť

deaden ['dedn] tlmiť, umŕtviť; *d. the pain* tlmiť bolesť

deadline ['dedlain] posledný termín *next Friday is the d. for sending in your application* do budúceho piatku treba poslať vašu žiadosť

deadly ['dedli] **1.** vražedný; *d. weapons* vražedné zbrane **2.** smrteľný; *d. paleness* smrteľná bledosť

deaf [def] hluchý; *become d.* ohluchnúť

deaf-mute [ˌdef 'mju:t] hluchonemý

deal [di:l] **I.** podst. **1.** dohoda, ujednanie; *business d.* obchodná dohoda **2.** množstvo, veľa (čoho); *a good/great d. of money* veľké množstvo peňazí **II.** prísl. veľa, často; *they see each other a great d.* veľmi často sa vidia/navštevujú **III.** sl. *delt* [delt], *delt* rozdať, uštedriť

deal in obchodovať (s čím); *she d-s in men's clothing* obchoduje s pánskou konfekciou

deal out 1. rozdeliť, prideliť, dať; *I d. out two biscuits to each* dala som/rozdelila som každému po dva keksy **2.** rozdať, uštedriť (aj karty); *it's my turn to d.* teraz ja rozdávam (karty)

deal with 1. zaoberať sa (čím); *a book d-ing with West Africa* kniha sa zaoberá zá- padnou Afrikou **2.** porátať sa, vyrovnať sa (s čím); *measures to d. with drugs* opatrenia na vysporiadanie s narkotikami **3.** vychádzať (s kým); *that man is difficult to d. with* s tým človekom sa ťažko vychádza

dealer ['di:lə] obchodník; *a car d.* obchodník s autami

dealt p. **deal**

dean [di:n] škol., cirk. dekan

dear [diə] **I.** príd. **1.** drahý (o cene); *everything is getting d-er* všetko je drahšie **2.** milý, drahý; *what a d. little child!* aké milé dieťa; *that was d. to him* to mu bolo drahé **3.** vážený, milý (v oslovení aj v liste); *D. Sir* Vážený pán; *D. Madam* Vážená pani; *D. Jane* Milá Jana **II.** podst. miláčik (v oslovení); *did you have a good day, d.?* mala si dobrý deň, miláčik? **III.** cit. *d.!, d. me!; oh d.!* prepánajána!, preboha!, môjtybože!

death [deθ] smrť ● *be sick to d. of* mať po krk (čoho); *put to d.* usmrtiť, zabiť, popraviť

debate [di'beit] **I.** sl. **1.** debatovať, diskutovať, rokovať (o čom); *the Senate will d. the subject of taxes* senát bude rokovať o daniach **2.** uvažovať, rozmýšľať; *we are d-ing whether to go* uvažujeme, či máme ísť **II.** podst. **1.** debata, diskusia; *the question under d.* problém, o ktorom sa diskutuje **2.** úvaha, uvažovanie, rozmýšľanie; *it's a matter for d.* to je vec na uváženie

debt [det] dlh aj pren.; *I'll pay all my d-s* zaplatím všetky svoje dlhy

debug [ˌdi:'bag] -gg- hovor. vychytať chyby (v stroji, systéme, programe)

decade ['dekeid] desaťročie, desať rokov, dekáda

decathlon [di'kæθlən] šport. desaťboj

decay [di'kei] **I.** podst. **1.** rozpad, rozklad; *the house is in d.* dom sa rozpadá **2.** zubný kaz **II.** sl. rozpadať sa, rozkladať sa, kaziť sa, hniť; *d-ing teeth* kaziace sa zuby; *d-ing vegetable* hnijúca zelenina

deceased [di'si:st] zosnulý; *the d. left a large sum of money* zosnulý zanechal veľkú sumu peňazí

deceit [di'si:t] podvod, klam, klamstvo; *she is incapable of d.* nie je schopná klamstva

deceive [di'si:v] (o)klamať, podvádzať; *he can be very easily d-d* ten sa dá ľahko oklamať

December [di'sembə] december; *in D.* v decembri

decent [ˈdiːsnt] **1.** slušný (v rozl. význ.); *put on some d. clothes* daj si na seba nejaké slušné šaty! **2.** postačujúci, dostatočný; *a d. wage* dostatočná/postačujúca mzda **3.** hovor. príjemný, sympatický; *he's a very d. person* to je veľmi príjemný človek
decide [diˈsaid] rozhodnúť (sa); *it's difficult to d. between the two* ťažko sa rozhodnúť medzi tými dvoma; *what was it that d-d?* kvôli čomu ste sa tak rozhodli?
decimal [ˈdesəml] **I.** príd. desiatkový, desatinný; *the d. system* desiatková sústava; *d. point* desatinná bodka (naša čiarka v desatinných číslach, angloamer. norma) **II.** podst. aj *d. fraction* desatinný zlomok
decimeter [ˈdesimiːtə] decimeter
decipher [diˈsaifə] **1.** dešifrovať, rozšifrovať kód **2.** rozlúštiť písmo
decision [diˈsiʒn] rozhodnutie; *come to/make a d.* dospieť k rozhodnutiu, rozhodnúť sa
decisive [diˈsaisiv] **1.** rozhodujúci; *a d. battle* rozhodujúca bitka **2.** rozhodný, rázny; *a d. answer* rozhodná odpoveď
deck [dek] **I.** podst. **1.** paluba; *shall we go up on d.?* pôjdeme hore na palubu? **2.** plošina; *the top d. of the bus* horná plošina autobusu **3.** balík (kariet) **II.** sl. vyzdobiť; *streets d-ed with flags* ulice vyzdobené zástavami
deckchair [ˈdekčeə] (plátenné) ležadlo
declaration [ˌdekləˈreišn] vyhlásenie; *a d. of war* vyhlásenie vojny; *the d. of independence* vyhlásenie nezávislosti
declare [diˈkleə] **1.** vyhlásiť; *I d. this meeting closed* vyhlasujem zhromaždenie za skončené **2.** precliť; *have you anything to d.?* máte niečo na preclenie?
decline [diˈklain] **I.** podst. úpadok, pokles; *the d. of the Roman Empire* úpadok Rímskej ríše **II.** sl. **1.** klesať, upadať; *d-ing birthrate* klesajúca pôrodnosť **2.** odmietnuť; *d. an invitation* odmietnuť pozvanie **3.** gram. skloňovať
decode [ˌdiːˈkəud] rozlúštiť, dekódovať
decompose [ˌdiːkəmˈpəuz] **1.** rozkladať (sa), zhniť, skaziť sa; *d-d meat* skazené mäso **2.** rozkladať (na časti); *d. a chemical compound* rozložiť chemickú zlúčeninu
decorate [ˈdekəreit] **1.** (o)zdobiť, vyzdobiť; *d. a cake* ozdobiť tortu *d. a street with flags* vyzdobiť ulicu zástavami **2.** (vy)maľovať, (vy)tapetovať (izbu) **3.** vyznamenať (rádom); *soldiers were d-d for bravery* vojaci boli vyznamenaní za udatnosť

decorative [ˈdekərətiv] dekoračný, dekoratívny, ozdobný
decrease **I.** sl. [diˈkriːs] zmenšiť (sa), ubúdať, poklesnúť; *the population has d-d from 1,000 to 500* počet obyvateľov poklesol z 1000 na 500 **II.** podst. [ˈdiːkriːs] úbytok, pokles; *there has been a d. in imports this year* tento rok poklesol dovoz
decree [diˈkriː] **I.** podst. dekrét, nariadenie; *issue a d.* vydať nariadenie **II.** sl. nariadiť, vydať nariadenie/rozhodnutie; *it had been d-d that...* bolo nariadené, aby...
decrement [ˈdekrimənt] **1.** úbytok, zníženie, strata **2.** mat., fyz. útlm, zmenšenie
dedicate [ˈdedəkeit] vysvätiť kostol; *d. to* **1.** zasvätiť (čomu); *he d-d his life to the service of his country* zasvätil svoj život službám národu **2.** venovať (knihu ap.); *the book is d-d to his wife* kniha je venovaná jeho manželke
dedicated [ˈdedəkeitəd] **1.** oddaný (veci), horlivý **2.** (výp.) jednoúčelový; *a d. word-processor* jednoúčelový textový procesor
deduce [diˈdjuːs] (*from*) vyvodiť, dedukovať (z čoho); *d. causes from their effects* vyvodiť príčiny z ich následkov
deduct [diˈdakt] odpočítať, zraziť; *d. the tax from something* zraziť daň (z čoho)
deed [diːd] **1.** čin, skutok; *d-s are better than promises* skutky sú lepšie než sľuby **2.** právna listina, dokument; *the original title d-s* pôvodné listiny osvedčujúce vlastnícky nárok
deem [diːm] (lit.) považovať, mieniť, myslieť; *we would d. it an honour...* považovali by sme za česť, ak...
deep [diːp] **1.** (v rozl. význ.) hlboký; *a d. well* hlboká studňa; *a d. sleep* hlboký spánok; *a d. sigh* hlboký vzdych; *a hole two metres d.* diera hlboká dva metre **2.** sýty, tmavý (o farbe); *a d. red* sýta červená
deepen [ˈdiːpən] vyhĺbiť, prehĺbiť aj pren.; *d. a well* prehĺbiť studňu; *this only d-ed his interest* to len prehĺbilo jeho záujem
deep freeze [ˌdiːpˈfriːz] **I.** podst. mraznička **II.** sl. zmraziť potraviny
deer [diə] mn. č. *deer* **1.** jeleň **2.** vysoká (zver)
deerskin [ˈdiəskin] jelenia koža, jelenica
defeat [diˈfiːt] **I.** sl. **1.** poraziť; *d. at football* poraziť vo futbale **2.** zničiť, zmariť; *d-ed hopes* zmarené nádeje **II.** podst. porážka, prehra; *suffered d.* utrpenie porážky

D

defect [ˈdiːfekt] chyba, kaz, nedostatok, defekt

defence [diˈfens] obrana; *money used for national d.* peniaze použité na obranu štátu

defend [diˈfend] **1.** (*against, from*) brániť (proti komu, čomu; pred kým, čím); *d. against enemies* brániť proti nepriateľom **2.** obhajovať (sa); *how can you d. the killing of animals?* ako môžete obhajovať zabíjanie zvierat?

defensive [diˈfensiv] obranný, defenzívny; *a d. alliance* obranné spojenectvo

defer [diˈfəː] -rr- **1.** odložiť na neskoršie; *the judge will d. his decision* sudca odloží svoje rozhodnutie; **2.** *d. to* podrobiť sa, podriadiť sa, prikloniť sa; *d. to sb.'s opinion* prikláňať sa mienke (koho)

defiance [diˈfaiəns] (zjavný) odpor, vzdor, neposlušnosť, neuposlúchnutie; *act in d. of orders* konať navzdory príkazom

defiant [diˈfaiənt] vzdorovitý; *a d. child* vzdorovité dieťa

deficiency [diˈfiʃnsi] **1.** nedostatok; *suffering from a d. of vitamines* trpieť nedostatkom vitamínov **2.** schodok, manko; *a d. of £5* manko 5 libier **3.** nedokonalosť; *d-ies in the system* nedokonalosť systému

deficit [defisit] deficit, schodok; *a d. of one million* miliónový schodok

defile [diˈfail] znečistiť odpadom; *rivers d-d by waste* rieky znečistené odpadom

define [diˈfain] určiť, definovať, vymedziť; *d. a scientific principle* definovať vedecký princíp; *d-d boundaries* vymedzené hranice

definite [ˈdefənət] **1.** určitý; gram. *d. article* určitý člen **2.** presný, jasný; *I want a d. answer* chcem jasnú odpoveď

definitely [ˈdefənətli] určite, rozhodne

definition [ˌdefəˈniʃn] **1.** vymedzenie, definovanie, vysvetlenie, definícia; *the d-s in a dictionary* definície v slovníku **2.** jasnosť, ostrosť; *the photograph lacks d.* fotografia nemá ostrosť

deflate [ˌdiːˈfleit] **1.** vypustiť vzduch, vyfúknuť; *a d-d tyre* vyfúknutá pneumatika **2.** znemožniť, znížiť vážnosť (koho); *one remark is enough to d. him* jedna poznámka ho stačí znemožniť **3.** znížiť množstvo (obeživa)

deflect [diˈflekt] (*from*) odvrátiť (sa), odchýliť (sa) **1.** odkloniť (sa) (od čoho); *the bullet d-ed off the wall* guľka sa odrazila od steny **2.** odvrátiť (sa), odhovoriť; *d. sb. from his purpose* odvrátiť (koho) od jeho úmyslu

deflection [diˈflekšn] vychýlenie, odchýlka; *a d. of 30°* vychýlenie o 30°

deform [diˈfoːm] (z)deformovať, znetvoriť; *the boy has a d-ed foot* chlapec má zdeformovanú nohu

deft [deft] obratný, zručný; *d. fingers* zručné prsty

degenerate **I.** príd. [diˈdženrət] **1.** degenerovaný; *a d. species* degenerovaný druh **2.** skazený, zvrhlý; *a d. world* skazený svet **II.** sl. [diˈdženəreit] (*into*) zvrhnúť sa; (z)degenerovať (sa), (na čo);

degree [diˈgriː] **1.** odb. stupeň; *zero d-s Centigrade* 0 °C; geom. *an angle of 90 d-s* 90-stupňový/pravý uhol; lek. *a third d. burn* popálenina tretieho stupňa; miner. *the second d. of hardness* druhý stupeň tvrdosti; lingv. *the third d. of comparison* tretí stupeň (pri stupňovaní) **2.** (akademická) hodnosť; *have a d. in chemistry* mať hodnosť chemického inžiniera ● *by d-s* postupne; *to a d.* do určitej miery

delay [diˈlei] **I.** podst. **1.** odklad; *we must leave without d.* musíme (bez odkladu) ihneď odísť **2.** zdržanie, meškanie; *after a d. of three hours* po trojhodinovom meškaní **II.** sl. **1.** odložiť, preložiť; *we have d-ed our holidays* odložili sme si našu dovolenku **2.** zdržať (sa), (z)meškať; *the train was d-ed two hours* vlak mal dvojhodinové meškanie

delegate **I.** podst. [ˈdeləgət] delegát, zástupca **II.** sl. [ˈdelədžeit] **1.** delegovať, vyslať (ako zástupcu), poveriť; *d. sb. to organize the meeting* poveriť niekoho zorganizovaním stretnutia **2.** delegovať právomoci *they d-ed authority to the Executive Committee* právomoci delegovali výkonnému výboru

delegation [ˌdeləˈgeišn] **1.** delegácia; *the French d.* francúzska delegácia **2.** delegovanie, poverenie

deliberate [diˈlibrət] **I.** príd. **1.** úmyselný, zámerný; *a d. lie* úmyselná lož **2.** rozvážny, obozretný, opatrný; *a d. man* rozvážny človek **II.** sl. [diˈlibereit] (*on, upon, about*) **1.** uvažovať, rozvážiť **2.** rokovať

deliberately [diˈlibrətli] úmyselne, schválne, zámerne; *she d. ignored me* zámerne ma ignorovala

delicacy [ˈdelikəsi] **1.** jemnosť; *the d. of a design* jemnosť vzoru **2.** krehkosť; *the d. of a rose* krehkosť ruže **3.** chúlostivosť, delikátnosť; *the situation is one of great d.* situácia je veľmi chúlostivá **4.** lahôdka; *caviar is a great d.* kaviár je veľká lahôdka

delicate [ˈdelikət] **1.** jemný; *the d. skin of a baby* jemná detská pokožka; *a d. wine* jemné víno **2.** krehký, chúlostivý; *d. china* krehký porcelán; *d. health* krehké zdravie; *d. child* chúlostivé dieťa **3.** háklivý, chúlostivý, delikátny; *a d. situation* chúlostivá situácia **4.** lahodný, lahôdkový; *d. flavour* lahodná chuť

delicious [diˈlišəs] lahodný; vynikajúcej chuti; *a d. cake* vynikajúca torta

delight [diˈlait] **I.** podst. **1.** pôžitok; *read a book with d.* čítať knihu s pôžitkom; *take d. in* mať pôžitok (z čoho) **2.** potešenie; *to my great d.* na moje veľké potešenie **II.** sl. potešiť; *her singing d-ed everyone* jej spev každého potešil; *delight in* tešiť sa, vyžívať sa, mať potešenie (z čoho); *he d-s in scandals* vyžíva sa v škandáloch

delighted [diˈlaitəd] *be d.* (*by, with*) byť veľmi potešený, mať veľkú radosť, byť veľmi rád; *we're d. that you'll be able to come* sme veľmi radi, že prídete

delightful [diˈlaitfl] nádherný, vynikajúci, rozkošný; *a d. holiday* nádherná dovolenka; *a d. little house* rozkošný domček

delimit [diːˈlimət] vymedziť, ohraničiť; *d. the powers of officials* vymedziť právomoc úradníkov

deliver [diˈlivə] **1.** doručiť, doručovať, (po)roznášať; *did you d. my message?* doručil si moju správu? **2.** predniesť, mať prednášku; *d. a course of lectures* predniesť/mať sériu prednášok **3.** pomáhať pri pôrode, odrodiť **4.** (*up*) *sth.* (*to*) vydať, odovzdať (komu); *d. up stolen goods* vydať nakradnutý tovar

delivery [diˈlivəri] **1.** dodanie, doručenie, dodávka; *we guarantee prompt d.* ručíme za rýchle doručenie **2.** prednes (prejavu ap.); *his speech was good, but his d. was poor* prejav bol dobrý, ale jeho prednes bol slabý **3.** pôrod; *the mother had an easy d.* matka mala ľahký pôrod

delude [diˈluːd] zavádzať, klamať; *d. sb. with promises* zavádzať (koho) sľubmi

deluge [ˈdeljuːdž] **I.** podst. povodeň, záplava **II.** sl. zatopiť, zaplaviť aj prem.; *he was d-d with questions* zaplavili ho otázkami

delusion [diˈluːžən] **1.** zavádzanie, podvádzanie, klamanie **2.** sebaklam; *be under a d.* žiť v sebaklame

demand [diˈmaːnd] **I.** podst. (*for*) **1.** vyžadovanie, žiadanie (čoho); *d. for obedience* vyžado-

vanie poslušnosti **2.** požiadavka (na čo); *d. for a pay rise* požiadavka na zvýšenie mzdy **3.** dopyt (po čom); *there is a great d. for typists* je veľký dopyt po pisárkach ● *on d.* na požiadanie; *make d-s on* robiť si nároky (na čo); *the law of supply and d.* zákon ponuky a dopytu **II.** sl. **1.** žiadať, požadovať; *I d. an explanation* žiadam vysvetlenie **2.** vyžadovať (si); *this sort of work d-s great patience* táto práca si vyžaduje veľkú trpezlivosť

demilitarized [ˌdiːˈmilətəraizd] demilitarizovaný

demo [ˈdeməu] skr. *demonstration* demonštrácia

democracy [diˈmokrəsi] demokracia; *restore d.* znovunastoliť demokraciu

democrat [ˈdeməkræt] demokrat

democratic [ˌdeməˈkrætik] demokratický (v rozl. význ.); *run the company on d. lines* riadiť podnik demokratickým spôsobom; *a d. country* demokratická krajina; *the D. Party* AM Demokratická strana

demolish [diˈmoliš] **1.** (z)búrať, (z)demolovať, (z)ničiť; *d. an old factory* zbúrať starú továreň **2.** pren. vyvrátiť; *d. all the arguments* vyvrátiť všetky námietky

demonstrable [diˈmonstrəbl] logicky dokázateľný

demonstrate [ˈdemənstreit] **1.** dokazovať, ukazovať; *this d-s his ignorance* to dokazuje jeho neznalosť **2.** demonštrovať, predviesť; *d. a new car* predviesť nové auto **3.** (*against*) demonštrovať (proti čomu); *they were d-ing against the rising cost of living* demonštrovali proti rastúcim životným nákladom

demonstration [ˌdemənˈstreišn] **1.** dôkaz, prejav; *a d. of affection* prejav náklonnosti **2.** predvádzanie, predvedenie; *a d. of a new dishwasher* predvádzanie novej umývačky riadu **3.** demonštrácia; *a student d.* študentská demonštrácia

demonstrator [ˈdemənstreitə] **1.** účastník demonštrácie, demonštrant **2.** demonštrátor **3.** (najmä vo VB) asistent na univerzite (pre praktickú výučbu)

den [den] brloh, dúpä aj pren.; *an opium d.* ópiový brloh

denial [diˈnaiəl] **1.** odopretie, odmietnutie; *the d. of a request for help* odopretie žiadosti o pomoc **2.** popretie; *d. of the charge* popretie obvinenia

denim [ˈdenim] **1.** denim, džínsovina **2.** d-s mn. č. hovor. džínsy

denomination [di‚nomə'neišn] hodnota (vo váhe, peniazoch ap.); *the US coin of the lowest d. is the cent* americká minca s najnižšou hodnotou je cent

denominator [di'noməneitə] mat. menovateľ; *common d.* spoločný menovateľ

denote [di'nəut] označovať aj mat., znamenať; *the sign x usually d-s an unknown quantity* znak x obyčajne označuje neznámu veličinu; *a smile often d-es pleasure* úsmev často znamená radosť

denounce [di'nauns] **1.** odsúdiť (verejne) kritizovať **2.** vypovedať (čo); *d. a contract* vypovedať zmluvu

dense [dens] **1.** hustý; *a d. fog* hustá hmla **2.** hlúpy, tupý; *a d. mind* tupá myseľ

density ['densəti] hustota; *the d. of the mist/population/gas* hustota hmly/obyvateľstva/plynu

dent [dent] **I.** podst. **1.** preliačina; *a d. in a tin* preliačina na plechovke **2.** techn. zub, ozub **II.** sl. preliačiť; *the car hood was d-ed* kapota auta bola preliačená

dental ['dentl] zubný; *d. surgeon/decay* zubný lekár/kaz

dentist ['dentəst] dentista

dentures ['denčəz] umelý chrup

deny [di'nai] **1.** poprieť; *the accused man d-ied the charge* žalovaný poprel obvinenie **2.** odmietnuť; *he d-ies his wife nothing* nič svojej manželke neodmietne

deodorant [di:'əudrənt] dezodorant

depart [di'pa:t] odísť, odchádzať (z); *the train for Glasgow d-s from London at 3.30 p. m.* vlak do Glasgova odchádza z Londýna o 3,30 popoludní

depart from odchýliť sa; *d. from routine* odchýliť sa od obvyklého programu

department [di'pa:tmənt] **1.** oddelenie, rezort; *furniture d.* oddelenie nábytku **2.** AM D. ministerstvo **3.** katedra na univerzite; *the English D.* katedra anglistiky

department store [de'pa:tmənt sto:] obchodný dom

departure [di'pa:čə] **1.** odchod, odjazd; *arrivals and d-s of trains* príchody a odchody vlakov **2.** odchýlka, odklon; *a d. from old customs* odchýlka od starého zvyku

depend [di'pend] závisieť, záležať; *it d-s how much you are prepared to spend* záleží na tom, koľko chcete minúť

depend on 1. spoľahnúť sa (na koho); *you can always d. on John* na Jána sa vždy môžete spoľahnúť **2.** byť závislý; *children d. on their parents* deti sú závislé od rodičov

dependence [di'pendəns] (*on, upon*) **1.** závislosť (od koho, čoho); *d. on one's parents* závislosť od rodičov; *d. on drugs* závislosť od liekov/drog **2.** spoľahnutie (na koho, čo); *place much d. on sb.* veľmi sa na koho spoliehať

depict [di'pikt] znázorniť, zobraziť; *d-ed on a photograph* zobrazený na fotografii

deplorable [di'plo:rəbl] poľutovaniahodný, biedny; *living in d. conditions* žiť v biednych podmienkach

deplore [di'plo:] (po)ľutovať, s poľutovaním odsúdiť; *one must d. their violent behaviour* ich násilnícke správanie treba odsúdiť ako poľutovaniahodné

deport [di'po:t] vypovedať, vykázať (z krajiny)

depose [di'pəuz] zosadiť (najmä vládcu); *d. from office* zbaviť funkcie

deposit [di'pozət] **I.** podst. **1.** nános, naplavenina; *a thick d. of mud* hrubá vrstva naplaveného bahna **2.** ložisko horniny; *d-s of tin* ložiská cínu **3.** vklad peňazí; *make a d.* vložiť peniaze **4.** záloha, kaucia; *put down a d. on a new car* zložiť zálohu na nové auto **II.** sl. **1.** klásť, položiť, zložiť; *this insect d. its eggs in the ground* tento hmyz kladie vajíčka do zeme; *d. a load of sand* zložiť náklad piesku **2.** naplaviť, naniesť; *the river d-ed a layer of mud* rieka naplavila vrstvu bahna **3.** uložiť peniaze; *d. money in a bank* uložiť peniaze do banky **4.** zložiť zálohu; *d. £100 in case of damage* zložiť zálohu 100 libier pre prípad poškodenia

depot ['depəu] **1.** skladisko, depo **2.** AM železničná al. autobusová stanica **3.** letisko

depress [di'pres] **1.** stlačiť; *d. a lever* stlačiť páku **2.** deprimovať, skľúčiť; *d-ing news* deprimujúce správy **3.** oslabiť; *business is d-ed* obchod ochabuje, je v depresii

depression [di'prešn] **1.** depresia; *a fit of d.* záchvat depresie **2.** kríza; *the d. of the 1930s* kríza v tridsiatych rokoch **3.** jama, priehlbina; *a d. in the road* priehlbina na ceste **4.** meteor. tlaková níž; *a d. over Iceland* tlaková níž nad Islandom

deprivation [‚deprə'veišn] **1.** zbavenie (čoho); *d. of civil rights* zbavenie občianskych práv **2.** nedostatok, strata; *suffer d-s* trpieť nedostatkom

deprive [di'praiv] (*of*) zbaviť (čoho), pripraviť (o čo); *a serious illness d-d him of his sight* vážna choroba ho pripravila o zrak

depth [depθ] hĺbka; *at a d. of one metre* v hĺbke jedného metra; *one metre in d.* jeden meter hlboký; *study the situation in d.* skúmať situáciu do hĺbky; *an in-d. study* hĺbkový prieskum ● *be out of one's d.* strácať pôdu pod nohami

deputy ['depjəti] **1.** zástupca; *the d.-headmaster of the school* zástupca riaditeľa školy **2.** delegát **3.** poslanec (v niektorých krajinách)

derail [ˌdi'reil] vykoľajiť (sa); *the engine was d-ed* lokomotíva sa vykoľajila

deranged [di'reindžd] duševne narušený; *his mind was totaly d-d* jeho psychika bola úplne narušená

derby ['da:bi] derby **1.** každoročné konské dostihy podľa rovnomenného grófstva **2.** šport. zápas miestnych súperov

derivation [ˌderə'veišn] **1.** pôvod; *a word of Latin d.* slovo latinského pôvodu **2.** gram., mat., fyz. odvodzovanie, derivácia; *the d. of words from Latin* odvodzovanie slov z latinčiny

derivative [di'rivətiv] **I.** príd. odvodený, derivovaný **II.** podst. **1.** odvodenina aj lingv. **2.** mat. derivovaná funkcia **3.** chem. derivát

derive [di'raiv] (*from*) mať, získať (z čoho); *d. great pleasure from one's studies* mať radosť zo štúdia

derrick ['derik] **1.** žeriav (veľký, otáčavý) **2.** vrtná veža

descend [di'send] **1.** schádzať, zostupovať; *d. the stairs* schádzať po schodoch **2.** klesať, zvažovať sa; *the path d-s to the sea* chodník sa zvažuje do mora

descend on/upon prepadnúť (koho); *the thieves d-ed on the travellers* zlodeji prepadli cestovateľov

descend to znížiť sa (k čomu); *he would never d. to cheating* nikdy by sa neznížil k podvodu

descendent [di'sendənt] potomok, nasledovník

descent [di'sent] zostup; *the d. of the mountain* zostup z kopca

describe [di'skraib] **1.** opísať (slovami), charakterizovať; *words cannot d. that beauty* slová nemôžu opísať tú krásu **2.** geom. narysovať, opísať; *d. a circle* opísať kružnicu ● *d. oneself as* vydávať sa (za koho), tvrdiť o sebe (čo)

description [di'skripšn] **1.** opis; *can you give me a d. of the thief?* môžete mi opísať zlodeja? **2.** druh, typ; *vessels of every d.* lode všetkých druhov

descriptive [di'skriptiv] opisný, deskriptívny; *d. geometry* deskriptívna geometria

desert I. podst. ['dezət] púšť **II.** príd. pustý, neobývaný; *the d. areas of North Africa* pusté oblasti Severnej Afriky **III.** sl. [di'zə:t] **1.** opustiť, zanechať; *the streets were d-ed at night* ulice boli v noci opustené **2.** voj. dezertovať, zbehnúť

desert ['dezət] – púšť, opustiť
dessert [di'zə:t] – zákusok

deserts [di'zə:ts] mn. č. zásluha, zásluhy; *be rewarded according to one's d.* byť odmenený podľa zásluh

deserve [di'zə:v] zaslúžiť si; *he d-s to be sent to prison* zaslúži si, aby ho zavreli

design [di'zain] **I.** podst. **1.** návrh, plán, projekt; *the latest d. for the new library* najnovší projekt novej knižnice **2.** vzor, vzorka; *a vase with a d. of flowers* váza s kvetinovým vzorom **3.** vonkajšia úprava, tvar, dizajn; *a good d. helps to sell the product* dobrý dizajn napomáha predaj výrobku **4.** navrhovanie, návrhárstvo; *a school of d.* návrhárska škola **5.** zámer, úmysel; *was it by accident or d.?* bolo to náhodou, alebo úmyselne? **II.** sl. navrhovať, (na)plánovať, projektovať, robiť návrhy; *d. a dress* navrhnúť šaty; *who d-ed the Opera House?* kto projektoval budovu opery? *he d-s for a large firm* robí návrhy pre veľkú firmu

designate ['dezigneit] **1.** označiť, vyznačiť; *d. the boundaries* vyznačiť hranice; *the churches are d-d on the map by crosses* kostoly sú na mape vyznačené krížikmi **2.** určiť, stanoviť, menovať; *he d-d Smith as his successor* určil Smitha za svojho nástupcu

designer [di'zainə] výtvarník, konštruktér, projektant, návrhár

desirable [di'zairəbl] **1.** príťažlivý; *a d. woman* príťažlivá (sexuálne) žena **2.** žiaduci, vhodný; *it is d. to know something about it* je žiaduce, aby sme o tom niečo vedeli

desire [di'zaiə] **I.** podst. (*for*) **1.** túžba; *he has no d. for wealth* nemá žiadnu túžbu po bohatstve **2.** želanie, prianie; *her chief d. is to marry* je hlavné želanie je vydať sa ● *to one's*

D

heart's d. čo srdce ráči **II.** sl. **1.** túžiť; *we all d. happiness* všetci túžime po šťastí **2.** želať si, priať si ● *it is d-d that...* je žiaduce, aby...

desk [desk] **1.** písací stôl **2.** pult, doska; *reception d.* recepcia v hoteli (pult)

desktop computer [ˌdesktop kəmˈpjuːtə] malý počítač na písací stôl

desolate [ˈdesələt] **1.** pustý, opustený; *a d. landscape* pustá krajina **2.** skľúčený, skormútený; *he was completely d.* bol veľmi skľúčený ● *a d.-looking child* úbohé zanedbané dieťa

despair [diˈspeə] **I.** podst. **1.** zúfalstvo, beznádej; *the defeat filled them with d.* porážka ich naplnila zúfalstvom **2.** (*of*) pocit zúfalstva (pre) **II.** sl. (*of*) zúfať (si) (nad čím), stratiť nádej; *d. of ever succeeding* stratiť nádej na akýkoľvek úspech; *don't d.!* nezúfaj!

desperate [ˈdespərət] **1.** zúfalý; *in a d. state* v zúfalom stave; *the last d. attempt* posledný zúfalý pokus **2.** *for* zúfalo potrebný; *be d. for money* zúfalo potrebovať peniaze

despise [diˈspaiz] pohŕdať, opovrhovať; *d. traitors* opovrhovať zradcami

despite [diˈspait] napriek; *d. what she says* napriek tomu, čo hovorí

despot [ˈdespot] tyran, despota

despotic [diˈspotik] tyranský, despotický

dessert [diˈzəːt] dezert, sladký zákusok (po jedle)

destination [ˌdestəˈneišn] miesto určenia, adresa; *the parcel was sent to the wrong d.* balík bol poslaný na nesprávnu adresu

destiny [ˈdestəni] osud; *d. is sometimes cruel* osud je niekedy krutý

destroy [diˈstroi] zničiť, znivočiť; *don't d. that box* neznič tú škatuľu; *all his hopes were d-ed* stratil všetky nádeje

destruction [diˈstrakšn] **1.** zničenie, skaza; *the d. of a town* skaza mesta **2.** skaza, záhuba; *drinking was her d.* pitie bola jej záhuba

destructive [diˈstraktiv] **1.** ničivý, pustošivý; *a d. storm* ničivá búrka **2.** deštruktívny; *are all children d.?* majú všetky deti deštruktívne sklony?

detach [diˈtæč] oddeliť, odopnúť, odpojiť; *d. the handle* odpojiť držiak

detail [ˈdiːteil] **I.** podst. detail, podrobnosť; *please, give me all the d-s* povedzte mi, prosím, všetky podrobnosti **II.** sl. podrobne opísať; *a d-ed description* podrobný opis

detain [diˈtein] **1.** zdržať, zdržovať; *this matter shouldn't d. us very long* táto vec by nás nemala dlho zdržať **2.** zadržať, držať vo väzbe; *the police have d-ed two men* polícia zadržala dvoch mužov

detect [diˈtekt] odhaliť, objaviť, zistiť; *d. a crime* odhaliť zločin; *d. a leakage of gas* zistiť unikanie plynu

detective [diˈtektiv] detektív ● *d. story/novel* detektívka

deter [diˈtəː] *-rr-* (*from*) odradiť (od čoho); *failure did not d. him from trying the exam again* neúspech ho neodradil, aby nešiel znovu na skúšku

detergent [diˈtəːdžnt] čistiaci/prací prostriedok, saponát

deteriorate [diˈtiriəreit] zhoršiť (sa); *his d-ing health* jeho zhoršujúce sa zdravie

determination [diˌtəːməˈneišn] **1.** rozhodnosť, odhodlanie; *his d. to learn English* jeho odhodlanie naučiť sa po anglicky **2.** určenie, zistenie; *d. of the meaning* určenie významu

determine [diˈtəːmən] **1.** rozhodnúť (sa); *his future has not yet been d-d* o jeho budúcnosti ešte nie je rozhodnuté **2.** určiť, zistiť (skúmaním, uvažovaním); *d. the speed of light* zistiť rýchlosť svetla **3.** určiť, stanoviť; *d. a date for a meeting* určiť dátum schôdzky

determined [diˈtəːmənd] **1.** rozhodný; *a d. person* rozhodný človek **2.** rozhodnutý, odhodlaný; *d. to leave at once* rozhodnutý hneď odísť

detest [diˈtest] neznášať, nenávidieť, hnusiť sa; *he d-s being interrupted* neznáša, keď ho prerušia; *she d-s snakes* hady sa jej hnusia

detrimental [ˌdetrəˈmentl] (*to*) škodlivý (čomu); *that would be d. to our interests* to by škodilo našim záujmom

deuce [djuːs] **1.** zhoda v tenise **2.** dvojka v kartách, kockách

devalue [diːˈvæljuː] devalvovať, znížiť hodnotu meny, práce; *d. currency* devalvovať menu

devastate [ˈdevəsteit] spustošiť; *towns d-d by fire* mestá spustošené požiarom

develop [diˈveləp] **1.** vyvinúť (sa), vyrásť; *a blossom d-s from bud* kvet sa vyvinie z púčika; *d. one's muscles* posilovať si svaly **2.** rozvinúť (sa); *d. an idea* rozvinúť myšlienku **3.** zastavať; *d. the area to the west of the town* zastavať plochu západne od mesta **4.** kniž. nadobudnúť, získať, osvojiť si; *he d-ed an interest in astronomy* nadobudol záujem o astro-

nómiu **5.** dostať; *d. a cough* dostať kašeľ
6. vyvolať (film) ● *d-ing country* rozvojová
krajina

development [di'veləpmənt] **1.** vývoj, vý-
vin; *the latest d.* najnovší vývoj **2.** rozvoj; *the
country's d.* rozvoj krajiny **3.** zastavaný po-
zemok, zastavaná plocha ● *housing d.* obyt-
ná oblasť

deviation [ˌdiːviˈeišn] *(from)* odchýlka (od
čoho); *d. from the norm* odchýlka od normy

device [di'vais] **1.** zariadenie, prístroj, ná-
stroj; *a nuclear d.* zariadenie využívajúce jad-
rovú energiu; *electronic d.* elektronický prístroj
2. nápad, trik; *a d. for avoiding income tax* ná-
pad, ako obísť daň z príjmu **3.** znak, symbol,
znamenie, kresba (používaná šľachtickým rodom)

device [di'vais] – zariadenie, prístroj
devise [di'vaiz] – vymyslieť, navrhnúť

devil ['devl] diabol, čert ● *the poor d.* chu-
dák, úbožiak; *go to the d.!* choď do čerta/do
pekla!

devil-may-care [ˌdevl meiˈkeə] ľahkováž-
ny, bezstarostný

devise [di'vaiz] vymyslieť, navrhnúť

devoid [di'void] *(of)* zbavený (čoho), nema-
júci (čo); *d. of sense* zmyslov zbavený; *that is
d. of any meaning* to nemá nijaký význam

devote [di'vəut] *(to)* venovať, zasvätiť (če-
mu); *d. one's life to sport* venovať svoj život
športu

devoted [di'vəutəd] *(to)* oddaný, verný;
a d. friend oddaný priateľ

dew [djuː] rosa; *wet with d.* mokrý od rosy

dewy ['djuːi] zarosený

dexterous ['dekstrəs] aj *dextrous* ['dekstrəs]
obratný, šikovný, zručný; *a d. man* šikovný
človek

diabetes [ˌdaiəˈbiːtiːz] cukrovka (choroba)

diabetic [ˌdaiəˈbetik] **I.** podst. diabetik **II.**
príd. diabetický

diagnose ['daiəgnəuz] diagnostikovať,
rozpoznať (chorobu)

diagonal [dai'ægənl] uhlopriečka, diago-
nála

diagram ['daiəgræm] diagram, graf, sché-
ma; *the d. of a railway system* graf železnič-
ného systému

dial [daiəl] **I.** podst. číselník, ciferník **II.** sl.
-ll- vytočiť telefónne číslo; *d. the police sta-
tion* zavolať/vytočiť policajnú stanicu

dialect ['daiəlekt] nárečie, dialekt; *local d.*
miestne nárečie

dialing code ['daiəliŋ kəud] (telefónne) vo-
lacie číslo

dialing tone ['daiəliŋ təun] oznamovací
tón (v telefóne)

dialogue ['daiəlog] rozhovor, dialóg;
plays are written in d. hry sa píšu v dialógu

diameter [dai'æmətə] priemer; *the d. of
a circle* priemer kružnice

diamond ['daiəmənd] **1.** diamant, briliant;
a ring with a d. in it prsteň s briliantom **2.** ko-
soštvorec

diaphragm ['daiəfræm] **1.** anat. bránica
2. fot. clona **3.** membrána

diary ['daiəri] **1.** denník; *keep a d.* písať si
denník **2.** diár

dice [dais] **I.** podst. kocky; *throw d.* hádzať
kocky; *play d.* hrať kocky **II.** sl. **1.** krájať na
kocky **2.** hrať (v) kocky

dictate [dik'teit] *(to)* **1.** diktovať; *d. a let-
ter to a secretary* diktovať list sekretárke
2. prikazovať; *I won't be d-d to* mne nebude
nikto prikazovať

dictation [dik'teišn] diktát, diktovanie; *the
pupils wrote according to their teacher's d.*
žiaci písali podľa diktovania učiteľa; *a secre-
tary taking d.* sekretárka, ktorá píše podľa
diktátu

dictatorship [ˌdik'teitəšəip] **1.** panovač-
nosť, diktátorstvo **2.** diktatúra (s neobmedzenou
mocou)

dictionary ['dikšənri] slovník; *consult a d.*
pozrieť sa do slovníka

did p. **do**

die [dai] príč. prít. *dying* **1.** umrieť, zomrieť;
she d-d of pneumonia zomrela na zápal pľúc
2. pren. zaniknúť, stratiť sa, zapadnúť; *his me-
mory will never d.* jeho pamiatka nikdy neza-
nikne **3.** *be dying for/to do sth.* umierať túžbou
(po čom); *I'm dying for a drink* umieram túžbou
po nápoji, umieram od smädu; *I'm dying to see
her* umieram túžbou vidieť ju ● *d. hard* mať tu-
hý život, dlho sa držať; *old habits d. hard* sta-
ré zvyky sa dlho držia/majú tuhý život

die away doznieť, zaniknúť, utíchnuť (o zvuku)

die down utíchnuť, stíšiť sa (o vetre); doho-
rieť (o ohni)

die off povymierať, pomrieť; *all her rela-
tions have d-d off* všetci jej príbuzní vymreli

die out vymrieť, zaniknúť; *that custom has
nearly d-d out* ten zvyk už takmer zanikol

diesel engine [ˈdiːzl ˌendžən] dieselový motor

diet [ˈdaiət] **I.** podst. **1.** strava; *too rich a d.* príliš bohatá strava **2.** diéta; *be on a d.* držať diétu; *the doctor put her on a d.* lekár jej predpísal diétu **II.** sl. držať diétu; *I'm d-ing* držím diétu

differ [ˈdifə] **1.** *(from)* líšiť sa, odlišovať sa (od koho, čoho); *their house doesn't d. from mine* ich dom sa nelíši od môjho; *our views d.* naše mienky sa líšia **2.** *(in)* líšiť sa v názoroch, mať iný názor (na koho, čo); *they d. widely in their tastes* veľmi sa líšia vkusom

difference [ˈdifrəns] **1.** rozdiel; *the d. in price* rozdiel v cene; *make a d.* robiť rozdiel **2.** nezhoda, spor; *have you settled your d-s?* urovnali ste si svoje spory? ● *it doesn't make any d.* na tom nezáleží

different [ˈdifrənt] **1.** rôzny, rozličný; *I called three d. times* volal som trikrát v rôznom čase; *in d. colours* v rozličných farbách **2.** *(from)* odlišný (od koho, čoho), iný; *life today is d. from life long ago* dnes je iný život ako kedysi

differentiate [ˌdifəˈrenšieit] **1.** rozlíšiť (sa), odlíšiť sa, diferencovať; *d. varieties of plants* rozlíšiť druhy rastlín **2.** rozlišovať, robiť rozdiel; *d. between two things* rozlišovať dve veci

difficult [ˈdifiklt] **1.** ťažký, náročný; *a d. problem* ťažký problém **2.** problémový; *a d. child* problémové dieťa; *he is a d. man to get along with* s ním sa ťažko vychádza

difficulty [ˈdifiklti] ťažkosť; *without much/any d.* bez veľkých ťažkostí

diffuse I. sl. [diˈfjuːz] **1.** (roz)šíriť (sa); *printing has d-d knowledge* tlač rozšírila vzdelanosť **2.** rozptýliť (sa); *d. light* rozptýliť svetlo **II.** príd. [diˈfjuːs] **1.** rozptýlený; *d. light* rozptýlené svetlo **2.** hovor. pren. rozvláčny; *a d. style* rozvláčny štýl

dig [dig], *dug* [dag], *dug*; *-gg-* (vy)kopať; *d. the garden* kopať záhradu; *d. potatoes* vykopať zemiaky

dig in 1. zakopať, premiesiť so zemou **2.** zakopať sa v zákope

dig into 1. zapichnúť (do čoho) **2.** podrobne skúmať

dig out/up 1. vykopať (zo zeme, zo snehu ap.) **2.** vyhrabať, objaviť; *d. up a scandal from the past* vyhrabať starý škandál

digest I. podst. [ˈdaidžest] krátky výťah z knihy, prehľad **II.** sl. [daiˈdžest] **1.** (s)tráviť

aj pren.; *Mary can't d. fat* Mária nemôže stráviť tučné (jedlo) **2.** urobiť výťah, zhustiť **3.** prehľadne usporiadať

digestion [daiˈdžesčn] trávenie; *have a good/poor d.* mať dobré/zlé trávenie

digestive [daiˈdžestiv] **1.** tráviaci; *the d. system* tráviace ústroje **2.** napomáhajúci trávenie (napr. liek)

digit [ˈdidžət] **1.** číslica od nuly do deväť **2.** prst

digital [ˈdidžətl] číslicový; *a d. computer* číslicový počítač

dignified [ˈdignəfaid] dôstojný; *a d. old lady* dôstojná stará dáma

dignity [ˈdignəti] dôstojnosť; *a man's d. depends on his character* dôstojnosť človeka závisí od jeho charakteru

digs [digz] hovor. podnájom

dike aj **dyke** [daik] **I.** podst. **1.** hrádza **2.** priekopa, kanál **II.** sl. **1.** zahradiť hrádzou, stavať hrádzu **2.** odvodniť priekopu

dilate [daiˈleit] rozšíriť (sa); *her eyes d-d* oči sa jej rozšírili

diligence [ˈdilədžns] usilovnosť, svedomitosť, pracovitosť

diligent [ˈdilədžnt] usilovný, svedomitý, pracovitý; *d. police inquiries* svedomité policajné vyšetrovanie; *a d. worker* usilovný pracovník

dill [dil] kôpor

dilute [daiˈluːt] (z)riediť, (roz)riediť; *d. orange squash with water* rozriediť pomarančovú šťavu vodou

dim [dim] **I.** príd. **1.** nejasný, matný; *d. outline* matné obrysy; *d. light* matné svetlo **2.** kalný; *his eyesight is getting d-mer* zrak sa mu kalí **II.** sl. *-mm-* (za)kaliť (sa), (za)tieniť; *eyes d-med with smoke* zrak, zahmlený od dymu

dime [daim] desaťcentová minca, desatník

dimension [daiˈmenšn] rozmer; *what are the d-s of the room?* aké rozmery má tá izba?

diminish [dəˈminiš] zmenšiť (sa), znížiť (sa); *d-ing food supplies* zmenšujúce sa zásoby potravín; *d-ed responsibility* znížená zodpovednosť

diminutive [dəˈminjətiv] **I.** príd. **1.** maličký, *on a d. scale* vo veľmi malej mierke **2.** gram. zdrobnený **II.** podst. zdrobnenina

dimple [ˈdimpl] jamka na líci

dine [dain] obedovať/večerať; *d. out* obedovať/večerať mimo domu (najmä v reštaurácii)

dinghy [dingi] čln, člnok, loďka; *rubber d.* nafukovací čln

dining car ['daining ka:] jedálny vozeň (vo vlaku)

dining room ['daining rum] jedáleň

dining table ['daining ˌteibl] jedálenský stôl

dinner ['dinə] obed/večera (hlavné jedlo dňa); *it's time for d.* je čas na obed/večeru; *ask sb. to d.* pozvať niekoho na obed/večeru

dinner jacket ['dinə ˌdžækət] smoking

dip [dip] *-pp-* (*into*) ponoriť (sa) (do čoho), namočiť (sa); *d. one's pen into the ink* namočiť pero do atramentu; *the sun d-ped below the horizon* slnko kleslo za obzor

dip into 1. siahnuť (do čoho); *d. into one's savings* siahnuť na úspory 2. (letmo) nazrieť; *d. into a book* nazrieť do knihy

diphtheria [dif'θiriə] záškrt

diphthong ['difθoŋ] dvojhláska

diploma [də'pləumə] diplom; *she has a high school d.* má stredoškolský diplom

diplomacy [də'pləuməsi] diplomacia

diplomat ['dipləmæt] diplomat (aj pren.)

diplomatic [ˌdiplə'mætik] (v rozl. význ.) diplomatický; *enter the d. service* vstúpiť do diplomatických služieb; *a d. answer* diplomatická odpoveď

direct [də'rekt] I. príd. 1. priamy; *in a d. line* priamou linkou, priamo; *a d. flight from London to Rome* priamy let z Londýna do Ríma 2. bezprostredný, priamy; *a d. result* bezprostredný výsledok; gram. *d. speech* priama reč 3. presný; *the d. opposite* presný opak II. prísl. priamo; *this flight goes d. to Paris* táto letecká linka ide priamo do Paríža III. sl. 1. nasmerovať, ukázať smer/cestu; *can you d. me to the post office?* môžete mi ukázať cestu na poštu? 2. riadiť; *d. the traffic* riadiť premávku 3. nariadiť; *the officer d-ed his men to advance slowly* dôstojník nariadil mužstvu napredovať pomaly 4. nasmerovať, zamerať, orientovať; *d. the industry towards higher productivity* zamerať priemysel na vyššiu produktivitu 5. režírovať; *who is d-ing the play?* kto režíruje hru?

direction [də'rekšn] 1. smer; *in the d. of London* smerom do Londýna 2. riadenie, vedenie; *under my d.* pod mojím vedením 3. často mn. č. d-s návod, pokyny, inštrukcie; *d-s for putting the parts together* návod, ako zostaviť súčiastky

directive [də'rektiv] (oficiálny) príkaz, inštrukcia, smernica

directly [də'rektli] 1. priamo; *he was looking d. at us* pozeral sa priamo na nás 2. ihneď; *come in d.* príď ihneď

director [də'rektə] 1. riaditeľ, vedúci 2. režisér

directory [dai'rektri] adresár; *a telephone d.* telefónny zoznam

dirt [də:t] 1. špina, nečistota; *clothes covered with d.* zašpinené šaty 2. hlina, zem; *tons of rock and d.* tony kamenia a hliny 3. (morálna) špina, (morálne) bahno, oplzlosti, svinstvo

dirty ['də:ti] I. príd. 1. špinavý; *d. hands* špinavé ruky 2. oplzlý II. sl. (za)špiniť (sa); *don't d. your dress* nezašpiň si šaty!

disability [ˌdisə'biləti] 1. nespôsobilosť, invalidita; *total d.* úplná invalidita 2. nevýhoda, obmedzenie; *blindness is a serious d.* slepota je závážné postihnutie

disabled [dis'eibld] I. príd. invalidný II. podst. *the d.* invalidi

disadvantage [ˌdisəd'va:ntidž] 1. nevýhoda; *it is a d. to be small* je nevýhodné byť malý 2. nedostatok, chyba; *the machine has serious d-s* stroj má závážne nedostatky

disadvantageous [ˌdisædvən'teidžəs] nevýhodný; *in a d. position* v nevýhodnom postavení

disagree [ˌdisə'gri:] (*with*) nesúhlasiť (s kým, čím); *I'm sorry to d. with you* bohužiaľ, nesúhlasím s vami

disagree with nerobiť dobre, neprospievať, škodiť; *it d-s with me* to mi neprospieva

disagreeable [ˌdisə'gri:əbl] nepríjemný; *d. weather* nepríjemné počasie; *a d. man* nepríjemný človek

disagreement [ˌdisə'gri:mənt] 1. nesúhlas, nezhoda, nesúlad; *d-s between brothers* nezhody medzi bratmi ● *be in d. with* nesúhlasiť (s kým, čím) 2. rozdiel(nosť) (v názore, konaní ap.); *d. between the two estimates of the cost* rozdiel medzi dvoma hodnoteniami nákladov

disappear [ˌdisə'piə] 1. zmiznúť; *he d-ed in the crowd* zmizol v dave 2. pominúť, prestať (existovať); *the difficulties will soon d.* ťažkosti čoskoro pominú

disappoint [ˌdisə'point] sklamať; *the book d-ed me* kniha ma sklamala; *I'm sorry to d. you* ľutujem, že vás musím sklamať

disappointed [ˌdisə'pointəd] sklamaný; *d. in love* sklamaný v láske

disappointment [ˌdisəˈpointmənt] sklamanie; *to my great d.* na moje veľké sklamanie

disapproval [ˌdisəˈpruːvl] nesúhlas, zamietnutie; *he shook his head in d.* nesúhlasne pokýval hlavou

disapprove [ˌdisəˈpruːv] (*of*) nesúhlasiť (s čím), zamietnuť, neschváliť (čo); *he d-s of mothers going to work* neschvaľuje, aby matky boli zamestnané

disarmament [disˈaːməmənt] odzbrojenie; *a d. conference* konferencia o odzbrojení

disaster [diˈzaːstə] pohroma, katastrofa, nešťastie; *a railway d.* železničné nešťastie

disastrous [diˈzaːstrəs] katastrofálny; *d. floods* katastrofálne povodne

disbelieve [ˌdisbəˈliːv] (*in*) neveriť (čomu), pochybovať (o čom); *I d. in his promises* neverím jeho sľubom

disc, AM **disk** [disk] 1. kotúč, disk 2. anat. platnička chrbtice; *a slipped d.* vysunutá platnička 3. gramofónová platňa 4. výp. disk, disketa

discard [disˈkaːd] odložiť, odhodiť, zbaviť sa (nepotrebnej veci al. človeka); *d. an odl hat/friend* zbaviť sa starého klobúka/priateľa

discern [diˈsəːn] rozoznať, rozpoznať; *it is difficult to d. the truth* ťažko je rozpoznať pravdu

discharge [disˈčaːdž] I. sl. 1. vyložiť (náklad); *d. a cargo* vyložiť náklad 2. vytekať, odtekať; *where do the sewers d. their contents?* kam odteká obsah kanálov? 3. vlievať sa; *the river d-s (itself) into the sea* rieka sa vlieva do mora 4. vystreliť; *d. a gun* vystreliť z pušky 5. prepustiť; *he was d-d from the army* prepustili ho z armády 6. splatiť (dlžobu) 7. splniť (povinnosť) II. podst. 1. vyloženie (nákladu) 2. výtok, výpust; *d. from a chemical factory* výtok z chemickej továrne 3. výstrel 4. elektr. výboj 5. prepustenie (na slobodu, z armády, z nemocnice ap.) 6. splatenie (dlžoby)

disciplinary [ˌdisəˈplinəri] disciplinárny; *d. action* disciplinárne konanie

discipline [ˈdisəplən] 1. disciplína, poriadok; *military d.* vojenská disciplína; *keep d.* udržať poriadok 2. (vedný) odbor; *academic d.* vedný odbor

disclose [disˈkləuz] 1. prezradiť; *d. a secret* prezradiť tajomstvo 2. odkryť, odhaliť, zistiť; *open the box and d. its contents* otvoriť škatuľu a zistiť jej obsah

discolour, AM **discolor** [disˈkalə] zafarbiť, zmeniť farbu, zničiť farbu; *walls d-ed by damp* farba na stenách zničená vlhkosťou

discomfort [disˈkamfət] 1. nepohodlie; *the d-s of travel* nepohodlie spôsobené cestovaním 2. ťažkosti, nepríjemný pocit; *the wound may cause some d.* rana možno vyvolá nepríjemný pocit 3. nepokoj (vnútorný); *the child's absence brought her d.* neprítomnosť dieťaťa v nej vzbudzovala nepokoj

disconnect [ˌdiskəˈnekt] vypnúť, odpojiť, prerušiť spojenie; *d. the TV set before leaving* vypni televízor prv, než odídeš; *we've been d-ed* boli sme prerušení (v telefóne)

disconsolate [disˈkonslət] zúfalý, skľúčený; *d. parents* zúfalí rodičia

discontent [ˌdiskənˈtent] I. podst. nespokojnosť II. sl. urobiť nespokojným, rozladiť; *be d-ed with one's job* byť nespokojný so zamestnaním

discord [ˈdiskoːd] 1. nezhoda, roztržka, nedorozumenie; *what has brought d. into the family?* čo vnieslo nezhody do rodiny? 2. hud. nesúzvuk, disonancia, disharmónia

discotheque [ˈdiskətek] skr. **disco** [ˈdiskəu] diskotéka

discount I. podst. [ˈdiskaunt] zrážka, zľava; *sell at a d.* predávať so zľavou II. sl. [disˈkaunt] 1. znížiť cenu 2. nedôverovať, nebrať do úvahy, spochybniť; *d. the news* nedôverovať správam; *d. the possibility* spochybniť možnosť

discourage [disˈkaridž] znechutiť (sa), odradiť (sa); *don't let one failure d. you* nedaj sa odradiť jedným neúspechom

discourse [ˈdiskoːs] 1. vedecká reč, prednáška, stať 2. kniž. rozhovor, debata

discover [disˈkavə] 1. objaviť; *Columbus d-ed America in 1492* Kolumbus objavil Ameriku r. 1492 2. zistiť, odhaliť; *the truth was never d-ed* pravda sa nikdy nezistila

discoverer [diˈskavərə] objaviteľ

discovery [disˈkavri] objavenie, objav; *the d. of America* objavenie Ameriky; *he made many scientific d-ies* urobil veľa vedeckých objavov

discredit [disˈkredət] I. sl. 1. pochybovať, neveriť; *d. the evidence of the witness* pochybovať o výpovedi svedka 2. poškodiť dobrú povesť II. podst. 1. pochybnosť 2. zlá povesť ● *bring d. on oneself* urobiť si hanbu, diskreditovať sa

discreet [di'skri:t] **1.** rozvážny, uvážlivý; *maintain a d. silence* zachovať rozvážne mlčanie **2.** diskrétny, taktný, ohľaduplný; *an absolutely d. person* absolútne diskrétna osoba
discrepancy [di'skrepənsi] nezrovnalosť, rozpor, nesúlad; *considerable d-ies between the two accounts* značné nezrovnalosti medzi dvoma účtami
discretion [di'skrešn] **1.** diskrétnosť, takt, ohľaduplnosť; *you must show more d.* musíš prejaviť viac taktu **2.** (vlastný) úsudok, uváženie; *use your own d.* robte podľa vlastného uváženia
discriminate [di'skriməneit] **1.** rozlišovať, rozoznávať; *d. between good and bad books* odlíšiť dobré knihy od zlých **2.** (*against*) diskriminovať (koho); *laws which do not d. against anyone* zákony, ktoré nikoho nediskriminujú
discrimination [di͵skrimə'neišn] **1.** rozlišovanie **2.** diskriminácia; *racial d.* rasová diskriminácia
discuss[1] ['diskəs] šport. disk; *d. throw* hod diskom
discuss[2] [di'skas] debatovať, diskutovať; hovoriť, pohovoriť si; *d. the plans* diskutovať o plánoch

discussion [di'skašn] rozhovor, debata, diskusia ● *it is still under d.* ešte sa to prerokúva
disdain [dis'dein] **I.** sl. pohŕdať, pohrdnúť; *she d-ed our offer* pohrdla našou ponukou **II.** podst. pohŕdanie; *treat with d.* pohŕdavo zaobchádzať; *a look of d.* pohŕdavý pohľad
disease [di'zi:z] choroba aj pren.; *an infectious d.* infekčná choroba
diseased [di'zi:zd] chorý; *d. in body and mind* chorý na duchu i na tele
disembark [͵disəm'ba:k] (*from*) **1.** vylodiť (sa); *d. from the liner* vystúpiť z lode; **2.** AM vystúpiť (z dopravného prostriedku)
disfigure [dis'figə] znetvoriť, zohyzdiť; *a d-d face* znetvorená tvár
disgrace [dis'greis] **I.** podst. **1.** hanba; *bring d. on the family* urobiť hanbu rodine **2.** nemilosť; *in d.* v nemilosti **II.** **1.** zneuctiť, urobiť hanbu; *d. the family name* zneuctiť rodinné meno **2.** *be d-d* upadnúť do nemilosti

disguise [dis'gaiz] **I.** podst. preoblečenie, maska; *a false beard as a d.* falošná brada ako maska ● *a blessing in d.* šťastie v nešťastí **II.** sl. **1.** preobliecť sa, zamaskovať (sa); *he d-d his looks* zamaskoval svoj výzor **2.** zakryť, skryť; *d. one's disappointment* zakryť sklamanie
disgust [dis'gast] **I.** podst. odpor; *he turned away with d.* odvrátil sa s odporom **II.** sl. hnusiť sa, vzbudiť odpor; *be d-ed* byť zhnusený; *we were d-ed at/by/with what we saw* boli sme zhnusení tým, čo sme videli
disgusting [dis'gastiŋ] hnusný, odporný; *d. behaviour* odporné správanie
dish [diš] **I.** podst. **1.** misa; *a meat d.* misa na mäso **2.** *the d-es* mn. č. riad; *wash up the d-es* umyť riad **3.** chod (jedla), jedlo; *his favourite d.* jeho obľúbené jedlo **4.** parabolický reflektor **5.** hovor. expr. fešanda, kosť (o peknej žene) **II.** sl. hovor. zhodiť, znemožniť
dish out (na)servírovať, podávať (jedlo); *he d-ed out the soup* naservíroval polievku
dish up rozdeliť jedlo (na taniere)
dishevelled [di'ševld] neupravený (o oblečení, vlasoch)
dishonour [dis'onə] **I.** podst. hanba, zneuctenie; *bring d. on one's family* spôsobiť zneuctenie rodiny **II.** sl. **1.** zneuctiť, potupiť **2.** nepreplatiť banke; *d. a cheque* nepreplatiť šek
disillusion [͵disə'lu:žn] **I.** sl. sklamať, rozčarovať; *he d-ed his fans* rozčaroval svojich priaznivcov **II.** podst. sklamanie, rozčarovanie
disinfect [͵disən'fekt] dezinfikovať; *the house was d-ed* dom bol dezinfikovaný
disinherit [͵disən'herət] vydediť
disintegrate [dis'intəgreit] rozložiť (sa) na časti, rozpadnúť sa; *rocks d-d by frost and rain* skaly rozpadnuté od mrazu a dažďa
disjunctive [dis'džaŋktiv] gram. **I.** príd. vylučovací **II.** podst. vylučovacia spojka (napr. either ...or) alebo..., alebo
diskette [dis'ket] disketa
dislike **I.** sl. [dis'laik] nemať rád, nemať v obľube; *I d. getting up early* nerád vstávam zavčasu **II.** podst. [͵dis'laik] (*of, for*) odpor, averzia; nechuť (ku komu, čomu); *have a d. of/for cats* mať odpor/averziu k mačkám, neznášať mačky
dislocate ['disləkeit] **1.** premiestiť **2.** vytknúť si, vykĺbiť si; *he d-d his shoulder* vykĺbil si rameno **3.** narušiť (poriadok, rovnováhu)
dismal ['dizml] bezútešný, smutný, deprimujúci, skľučujúci; *a d. expression* smutný výraz; *d. news* deprimujúce správy

dismantle [dis'mæntl] rozobrať, rozmontovať, demontovať; *d. an engine* rozobrať stroj
dismay [dis'mei] **I.** podst. zdesenie, hrôza; *they were filled with d.* boli zhrození **II.** sl. vydesiť (sa), zhroziť sa; *we were d-ed at the news* boli sme tými správami zdesení
dismember [dis'membə] roztrhať na kusy, rozkúskovať aj pren.; *he was d-ed by the lion* lev ho roztrhal na kusy
dismiss [dis'mis] **1.** prepustiť zo zamestnania; *she was d-ed for poor performance* prepustili ju pre slabú výkonnosť **2.** pustiť, dovoliť odísť; *the teacher d-ed his class* učiteľ pustil triedu domov **3.** vypustiť z hlavy, neuvažovať, nepomýšľať; *d. all thoughts of revenge* rozptýliť všetky myšlienky na pomstu
dismount [dis'maunt] **1.** (*from*) zostúpiť, zosadnúť z čoho (z koňa, bicykla) **2.** rozobrať, rozmontovať, demontovať
disobedience [ˌdisə'bi:diəns] neposlušnosť
disobedient [ˌdisə'bi:diənt] neposlušný; *a d. child* neposlušné dieťa; *be d. to sb.* nepočúvnuť (koho)
disobey [ˌdisə'bei] neposlúchnuť, neposlúchať; *don't dare to d.!* neopováž sa neposlúchnuť!
disorder [dis'o:də] **1.** neporiadok; *put sth. into d.* spraviť neporiadok **2.** verejná výtržnosť **3.** zdravotné ťažkosti; *a stomach d.* žalúdočné ťažkosti
disorderly [dis'o:dəli] **1.** neusporiadaný, neuprataný, rozhádzaný; *a d. room* neusporiadaná izba **2.** nedisciplinovaný, výtržnícky; *d. youth* nedisciplinovaná mládež
disorganize aj **disorganise** [dis'o:gənaiz] rozvrátiť, narušiť (poriadok), dezorganizovať; *d-d company's accounts* zle vedené účty spoločnosti
disorientate [dis'o:riənteit], AM **disorient** [dis'o:riənt] (z)miasť, (po)mýliť, dezorientovať; *I'm completely d-d* som celkom dezorientovaný
disown [dis'əun] nepriznať sa (ku komu), zaprieť (koho), nechcieť mať nič spoločné (s kým); *they d-ed him when he was arrested* keď bol zavretý, nechceli mať s ním nič spoločné
disparage [di'spæridž] znevažovať, podceňovať; *d-ing remarks* znevažujúce poznámky
dispatch aj **despatch** [di'spæč] **I.** podst. **1.** odoslanie **2.** rýchlosť, pohotovosť; *she did*

the job with great d. urobila tú prácu rýchlo/pohotovo **3.** depeša, posolstvo; *send a d. from Rome to London* poslať depešu z Ríma do Londýna **II.** sl. **1.** odoslať, rozoslať; *d. invitations* rozoslať pozvania **2.** (rýchlo) odbaviť, pripraviť **3.** odpraviť, poslať na druhý svet; *d. quickly the condemned man* rýchlo odpraviť odsúdenca
dispel [di'spel] *-ll-* rozptýliť hmlu/pochybnosti
dispensable [di'spensəbl] postrádateľný
dispensary [di'spensəri] **1.** ošetrovňa (v nemocnici, škole) **2.** výdajňa liekov v nemocnici
dispense [di'spens] **1.** rozdeľovať, (vy)dávať, poskytovať; *this machine d-s coffee* tento stroj robí kávu **2.** pripraviť (podľa receptu a vydať liek)
dispense with zaobísť sa (bez čoho); *we shall have to d. with the formalities* budeme sa musieť zaobísť bez formalít
dispenser [di'spensə] **1.** lekárnik **2.** (predajný) automat; *a cash d.* peňažný automat; *a chewing gum d.* automat na žuvačky; *a soap d.* automatický dávkovač (tekutého) mydla
disperse [di'spə:s] **1.** rozptýliť (sa), rozohnať; *the wind d-d the fog* vietor rozptýlil hmlu **2.** rozpŕchnuť sa, rozísť sa; *the crowd d-d* dav sa rozpŕchol
displace [dis'pleis] **1.** premiestniť, presunúť, postaviť inde; *hundreds of people were d-d after the flood* po povodni vysťahovali stovky ľudí **2.** vysťahovať, vyhnať, vysídliť, odsunúť (z domova, vlasti) **3.** vytlačiť, nahradiť (čo čím); *the weight of water d-d by a body* hmotnosť vody vytlačenej telesom **4.** vytknúť, vykĺbiť, vyvrhnúť; *d. a bone in one's ankle* vytknúť si členok
displaced person [dis‚pleist 'pə:sn] **1.** človek bez domova, bezdomovec **2.** vysídlenec
displacement [dis'pleismənt] **1.** premiestenie, posunutie; *d. of the foundation of a house* posunutie základov domu **2.** dislokácia, vytknutie (kĺbu) **3.** výtlak (vody) **4.** obsah valca motora
display [di'splei] **1.** vystavenie, predvedenie, výstava, prehliadka; *a fashion d.* módna prehliadka; *his pictures are on d. at the art gallery* jeho obrazy sú vystavené v galérii **2.** prejavenie, (pre)ukázanie, prejav, ukážka; *a d. of emotion* prejav citu; *a d. of military training* ukážka vojenského výcviku **3.** odb. display, zobrazovacia jednotka

displease [dis'pli:z] **1.** neuspokojiť, rozhorčiť **2.** be d-d with/at byť nespokojný (s čím), byť nahnevaný (na koho, čo); she was d-d with him for being late bola naňho nahnevaná, že prišiel neskoro

disposable [di'spəuzəbl] jednorazový, určený na jedno použitie (uterák, tanier ap.)

disposal [di'spəuzl] odstránenie, odvoz; the d. of rubbish odvoz odpadkov ● at one's d. na používanie, k dispozícii; I am at your d. som vám k dispozícii

dispose [di'spəuz] kniž. rozmiestiť, usporiadať; d. the books on the shelves rozmiestiť knihy na police ● dispose of zbaviť sa (čoho); d. of the rubbish zbaviť sa odpadkov

disposition [,dispə'zišn] **1.** rozmiestenie, usporiadanie; the d. of furniture in the room rozmiestenie nábytku v izbe **2.** povaha; a man with a cheerful d. človek veselej povahy **3.** disponovanie, voľné použitie

disprove [dis'pru:v] vyvrátiť, preukázať nesprávnosť

disputable [di'spju:təbl] sporný, problematický; d. statements sporné tvrdenia

dispute I. podst. ['dispju:t] spor, hádka; the matter in d. predmet sporu ● be in d. with mať spor (s kým); beyond all/without d. nepochybne **II.** sl. [di'spju:t] **1.** vadiť sa, hádať sa, diskutovať; the question was hotly d-d o probléme sa veľmi ostro diskutovalo **2.** namietať, nesúhlasiť; d. a statement namietať proti tvrdeniu; I would d. that s tým nemôžem súhlasiť

disqualify [dis'kwoləfai] **1.** vyhlásiť za nespôsobilého; his age d-ied him for the job kvôli veku bol nespôsobilý na tú prácu **2.** šport. diskvalifikovať

disregard [,disri'ga:d] **I.** sl. nevšímať si, ignorovať, nedbať, brať na ľahkú váhu; d. a warning nevšímať si varovanie; she completely d-ed our objections vôbec nedbala na naše námietky **II.** podst. ľahostajnosť, nevšímavosť; they show a total d. for the needs of the poor sú úplne ľahostajní voči potrebám chudobných

disrespect [,disri'spekt] **1.** neúcta; d. for authority neúcta k autorite **2.** nezdvorilosť; he meant no d. nechcel byť nezdvorilý

disrupt [dis'rapt] **1.** roztrhnúť, prerušiť; d. a connection prerušiť spojenie **2.** rozvrátiť, rozložiť; d. a party rozvrátiť politickú stranu

dissatisfy [di'sætəsfai] neuspokojiť; father was d-ied with my explanation otec bol nespokojný s mojím vysvetlením

dissect [di'sekt] (roz)pitvať aj pren. (živočícha, problém)

disseminate [di'seməneit] šíriť myšlienky, názory

dissent [di'sent] **I.** podst. nesúhlas **II.** sl. (from) nesúhlasiť (s čím); I strongly d. from what the speaker said absolútne nesúhlasím s rečníkom

dissertation [,disə'teišn] **1.** doktorská dizertácia **2.** vedecká rozprava

dissident ['disədnt] **I.** prid. disidentný **II.** podst. disident

dissimilar [di'siməl] **1.** (to/from) nepodobný (komu, čomu) **2.** rozdielny, odlišný; people with d. tastes ľudia s rozdielnym vkusom

dissipate ['disəpeit] **1.** rozptýliť (sa); the crowd d-d when the police came dav sa rozptýlil, keď prišla polícia **2.** premárniť; he d-d his fortune premárnil svoj majetok

dissolve [di'zolv] rozpustiť (sa), rozplynúť sa; sugar d-s in water cukor sa rozpúšťa vo vode; the vision d-d before her eyes vidina sa jej rozplynula pred očami

dissuade [di'sweid] (from) odhovoriť (od čoho)

distance ['distəns] **1.** vzdialenosť (aj časová); in the USA d. is measured in miles v USA sa vzdialenosť meria v míľach **2.** šport. trať; run the d. in record time zabehnúť trať v rekordnom čase ● a great d. off ďaleko; in the d. v diaľke; at a d. z diaľky; long-d. call medzimestský telefonický hovor

distant ['distənt] **1.** (from) vzdialený (od koho, čoho); d. sound vzdialený zvuk; d. cousin vzdialený bratanec /-á sesternica **2.** rozdielny; d. composers rozdielni skladatelia **3.** odmeraný; a d. manner odmerané spôsoby

distaste [dis'teist] odpor, nechuť; a d. for hard work nechuť k ťažkej práci

distasteful [dis'teistfl] nepríjemný, odporný; d. duty nepríjemná povinnosť; d. food odporné jedlo

distil [di'stil] -ll- destilovať

distillation [,distə'leišn] destilácia

distillery [di'stiləri] liehovar

distinct [di'stiŋkt] **1.** zreteľný; a d. pronunciation zreteľná výslovnosť **2.** odlišný; two d. ideas dve odlišné myšlienky

distinction [di'stiŋkšn] **1.** (between) rozdiel (medzi kým, čím); d. between the two cases

rozdiel medzi dvoma prípadmi **2.** vysoká úroveň; *a writer of d.* vynikajúci spisovateľ **3.** vyznamenanie; *confer a d.* udeliť vyznamenanie
distinctive [di'stiŋktiv] **1.** rozlišovací **2.** typický, príznačný; *football teams wear d. clothes* futbalové mužstvá majú svoje príznačné oblečenie; *a d. way of walking* typický spôsob chôdze
distinctly [di'stiŋktli] zreteľne, jasne, presne; *I d. remember telling you not to do it* jasne si pamätám, že som ti povedal, aby si to nerobil
distinguish [di'stiŋgwiš] **1.** odlišovať; *what d-es this wine from all the others?* čím sa odlišuje toto víno od ostatných? **2.** rozoznať, rozpoznať; *I couldn't d. him among the crowd* nemohol som ho rozoznať v dave **3.** rozlíšiť (čo); *I can't d. (between) the two types* neviem rozlíšiť tieto dva druhy **4.** *d. oneself* vyznamenať sa; *d. oneself in an examination* vyznamenať sa na skúške
distinguished [di'stiŋgwišt] **1.** význačný, významný, vynikajúci; *a d. writer* významný spisovateľ **2.** distingvovaný *a d.-looking man* distingvovaný človek
distort [dis'to:t] **1.** skrútiť, skriviť; *a face d-ed by anger* tvár skrivená od hnevu **2.** prekrútiť, skresliť; *d. the meaning* prekrútiť význam
distortion [dis'to:šn] **1.** skrútenie, skrivenie **2.** skreslenie zvuku, fyz. distorzia
distract [dis'trækt] *(from)* odviesť pozornosť (od čoho), vyrušiť (z čoho); *d. public attention from the problems* odviesť pozornosť verejnosti od problémov; *the noise d-ed me from my reading* hluk ma vyrušil z čítania
distraction [di'strækšn] **1.** rozptýlenie; *there is not enough d. in the village* na dedine niet veľa rozptýlenia **2.** vyrušenie; *noise is a d.* hluk vyrušuje **3.** citové rozrušenie; *drive sb. to d.* rozrušiť (koho) ● *love sb. to d.* ľúbiť (koho) do zbláznenia
distress [di'stres] **I.** podst. **1.** strach, úzkosť, starosti; *she was in great d. over his disappearance* mala veľký strach, keď sa stratil **2.** ťažkosti, trápenie; *is your leg causing you any d.?* máte s nohou nejaké ťažkosti? **3.** núdza, tieseň, bieda; *be in financial d.* byť vo finančnej tiesni ● *a d. signal* núdzový signál **II.** sl. **1.** znepokojiť, rozrušiť; *what are you so d-ed about?* z čoho si taký rozrušený? **2.** zarmútiť, trápiť; *I'm d-ed by your lack of interest* trápi ma tvoj nezáujem

distribute [ˌdistri'bju:t] **1.** rozdeliť, rozdať; *d. books to the class* rozdať knihy žiakom (v triede) **2.** rozmiestiť, rozložiť; *our shops are d-d throughout the city* naše obchody sú rozmiestené po celom meste; *a load evenly d-d* rovnomerne rozložený náklad **3.** polygr. rozmetať (sadzbu)
distribution [ˌdistri'bju:šn] **1.** rozdeľovanie, rozdelenie, rozdávanie; *the d. of the prizes* rozdávanie cien **2.** distribúcia; *d. of newspapers* distribúcia novín **3.** rozmiestenie, rozloženie; *d. of population* rozloženie obyvateľstva **4.** polygr. rozmetanie (sadzby)
distributor [di'stribjətə] **1.** (podnik, osoba) distribútor **2.** motor. rozdeľovač; elektr. rozvádzač
district ['distrikt] **1.** kraj, oblasť; *a mountainous d.* hornatý kraj **2.** okres, obvod; *the London postal d-s* londýnske poštové obvody
distrust [dis'trast] **I.** podst. nedôvera; *look with d.* pozerať s nedôverou **II.** sl. nedôverovať; *he d-ed his own father* nedôveroval vlastnému otcovi
disturb [di'stə:b] **1.** porušiť, narušiť; *d. the surface* porušiť povrch **2.** rušiť, vyrušiť; *d. the peace* rušiť verejný poriadok **3.** rozrušiť, znepokojiť; *he was d-ed to hear of your illness* bol rozrušený keď počul o tvojej chorobe
disturbance [di'stə:bəns] **1.** (po)rušenie, porušovanie; *causing a d.* porušovanie verejného poriadku **2.** vyrušenie, vyrušovanie; *a continual d. by the noise of the traffic* nepretržité rušenie hlukom dopravy
ditch [dič] **I.** podst. priekopa, jarok **II.** sl. **1.** vykopať priekopu **2.** hovor. vletieť do priekopy (pri autonehode); *the drunken man d-ed his car* opitý človek vletel autom do priekopy **3.** slang. zbaviť sa (čoho), odhodiť (čo); *the stolen car was d-ed by the thieves* zlodeji sa zbavili ukradnutého auta **4.** slang. nechať, pustiť k vode; *she d-ed her boyfriend* svojho chlapca pustila k vode
dive [daiv] **I.** podst. skok do vody (hlavou) **II.** sl. AM min. č. **dove** [dəuv] **1.** skočiť (hlavou) do vody **2.** potopiť sa, ponoriť sa; *the submarine d-d* ponorka sa ponorila **3.** vrhnúť sa, zniesť sa strmo (nadol); *the aircraft d-d steeply* lietadlo sa znieslo strmo nadol
diver ['daivə] potápač
diverge [dai'və:dž] **1.** rozbiehať sa, rozchádzať sa aj pren.; *our paths d. here* tu sa naše cesty rozchádzajú **2.** *(from)* odchýliť sa (od čoho), odbočiť (z čoho); *d. from the truth* odchýliť sa od pravdy

divergence [dai'vǝ:džns] aj -*gency* [-džnsi] **1.** rozbiehanie sa; *d. of two lines* rozbiehanie sa dvoch čiar **2.** odchýlka, odbočka, odklon; *d. from a norm* odklon od normy **3.** rozdielnosť, rozdiel, divergencia; *d. between the two results* rozdiel medzi dvoma výsledkami
diverse [dai'vǝ:s] rôzny, rozmanitý, pestrý; *the wild life in Africa is extremely d.* život v divočine Afriky je nesmierne pestrý
diversify [dai'vǝ:sǝfai] zmeniť (tvar, kvalitu, činnosť), odlíšiť (od iného), spestriť
diversion [dai'vǝ:šn] **1.** odklonenie, odklon, odbočka, obchádzka; *a traffic d. due to an accident* cestná obchádzka kvôli nehode **2.** odvrátenie, odvedenie (pozornosti ap.); *create/make a d. to distract someone's attention* vymyslieť (čo) na odvedenie (čej) pozornosti **3.** rozptýlenie, zábava; *chess is his favourite d.* šach je jeho obľúbené rozptýlenie
diversity [dai'vǝ:sǝti] rozmanitosť, rôznosť, pestrosť
divert [dai'vǝ:t] **1.** odkloniť (od smeru); *d. a river from its course* odkloniť tok rieky **2.** odviesť (pozornosť); *d. the attention of the public* odviesť pozornosť verejnosti **3.** (za)baviť; *a d-ing game* zábavná hra
divide [dǝ'vaid] deliť (sa), rozdeliť (sa), nachádzať sa (pri delení); *we d-d the money equally* rozdelili sme peniaze rovnako; *6 divides into 30 5 times* 6 v 30 sa nachádza päťkrát; *d. 30 by 6* deliť tridsať šiestimi ● *opinions are d-d on the issue* názory na túto vec sú rozdielne
dividend ['divǝdǝnd] dividenda, podiel zo zisku
divine [dǝ'vain] **1.** (cirk.) Boží; *d. will* Božia vôľa **2.** hovor. božský, nádherný, skvelý; *she looks d. in that new dress* vyzerá skvele v tých nových šatách
diving ['daiviŋ] **1.** šport. skoky do vody hlavou **2.** potápanie **3.** p. **dive**
diving board ['daiviŋbo:d] šport. skokanská doska
divingsuit ['daiviŋsju:t] potápačský oblek, skafander
divisible [dǝ'vizǝbl] deliteľný; *8 is d. by 2* osem je deliteľné dvoma
division [dǝ'vižn] **1.** delenie, rozdelenie; *the d. of a year into months* rozdelenie roka na mesiace **2.** deliaca čiara, hranica; *the d. between his land and mine* živá hranica medzi jeho a mojím pozemkom

divorce [dǝ'vo:s] **I.** podst. rozvod; *obtain a d. from sb.* dosiahnuť rozvod (s kým) **II.** sl. **1.** rozviesť (sa), rozsobášiť (sa); *did she d. him?* rozviedla sa s ním? **2.** (*from*) oddeliť; *d. politics from sport* oddeliť politiku od športu
divorced [dǝ'vo:st] rozvedený ● *they are getting d.* chcú sa rozviesť/budú sa rozvádzať
dizzy ['dizi] **I.** príd. závratný; *a d. height* závratná výška; *be d.* mať závrat; *make d.* spôsobiť závrat **II.** sl. spôsobiť závrat
DJ [‚di: 'džei] **1.** skr. diskdžokej **2.** skr. *dinner jacket* smoking
DNA [‚di en 'ei] skr. *deoxyribonucleic acid* deoxyribonukleová kyselina
do [du:], *did* [did], *done* [dan], 3. os. j. č. *does* [daz] **I.** (pomocné sloveso) **1.** tvorenie záporu a otázky v prít. a min. jednoduchom čase významových slovies a v minulom imperatíve *I don't understand you* nerozumiem ti; *do you speak English?* hovoríte po anglicky? *I didn't do that* ja som to neurobil; *don't be silly* nebuď hlúpy **2.** nástojčivá žiadosť, dôrazné tvrdenie *do sit down* nože si sadnite; *do be quiet* buď už ticho **3.** zastupuje významové sloveso *he writes better than I do* píše lepšie ako ja; – *May I open the letter? – Please do.* – Môžem otvoriť ten list? – Otvorte ho, prosím. *She writes novels, does she?* Píše romány, však? **II.** významové sl. **1.** robiť, konať, vykonávať (čo); *do one's homework* robiť si domácu úlohu; *do repairs* robiť opravy; *do medicine* študovať medicínu; *I have nothing to do* nemám čo robiť; *we did our best* veľmi sme sa usilovali **2.** stačiť, postačiť, vyhovovať; *that will do* to stačí; *this flat will do for me* tento byt mi bude vyhovovať **3.** robiť pokrok, mať úspech, dariť sa; *how do you do?* teší ma, dobrý deň; *they are doing well at school* dobre sa v škole učia **4.** upraviť, upratať, vybaviť; *do one's hair* učesať sa; *do one's correspondence* vybaviť si korešpondenciu **5.** v spojení s podst., príd. al. prísl. (v rozl. význ.); *do harm* ublížiť, spôsobiť škodu; *do honour* preukázať úctu; *do a favour/a kindness* spraviť láskavosť; *do one's duty* robiť si svoju povinnosť; *I could do with a cup of tea* nezaškodila by šálka čaju; hovor. *do Oxford in three days* popozerať si za tri dni všetky zaujímavosti v Oxforde
do away (*with*) ukončiť, zrušiť; *do away with the marketing department* zrušiť oddelenie marketingu
do out dôkladne upratať

do over prerobiť, zlepšiť
do up pozapínať, zaviazať
do without zaobísť sa (bez čoho); *I'll have to do without a car* budem sa musieť zaobísť bez auta
docile [ˈdəusail] **1.** učenlivý; *a d. child* učenlivé dieťa **2.** povoľný, prispôsobivý; *a d. man ever ready to help* prispôsobivý človek kedykoľvek ochotný pomôcť
dock[1] [dok] **I.** podst. dok, lodenica; *a dry d.* suchý dok; *floating d.* plávajúci dok ● *in d.* v oprave (o aute ap.) **II.** sl. **1.** vplávať do doku pristáť (o lodi); *we will be d-ing in half an hour* pristaneme o pol hodiny **2.** spojiť (vo vesmíre umelé kozmické telesá)
dock[2] lavica obžalovaných; *be in the d.* byť na lavici obžalovaných
dock[3] [dok] bot. šťaveľ
docker [ˈdokə] robotník v dokoch, dokár
dockyard [ˈdokjaːd] lodenica (závod na výrobu lodí)
doctor [ˈdoktə] **I.** podst. **1.** doktor (akademický titul al. vedecká hodnosť) **2.** lekár **II.** sl. **1.** hovor. vykonávať lekársku prax, liečiť; *d. a cold* liečiť prechladnutie **2.** zmeniť; (s)falšovať; *d. the election results* sfalšovať volebné výsledky **3.** hovor. pančovať (nápoje)
doctorate [ˈdoktrət] doktorát
doctrine [ˈdoktrən] doktrína
document [ˈdokjəmənt] **I.** podst. doklad, dokument, listina **II.** sl. doložiť, preukázať dokladmi; *be well d-ed* byť dobre podložený dokumentmi
documentary [ˌdokjəˈmentri] **I.** príd. **1.** písomný, písomne doložený; *d. evidence* písomne doložený dôkaz **2.** dokumentárny; *d. film* dokumentárny film **II.** podst. dokumentárny film
dodder [ˈdodə] hovor. **1.** chvieť sa (od slabosti, staroby ap.) **2.** vliecť sa, ťažko kráčať
dodge [dodž] **I.** podst. hovor. úskok, fígeľ, trik; *he knows all the d-s* pozná všetky fígle **II.** sl. **1.** uhnúť sa, uskočiť; *he d-d the rock* uskočil pred skalou **2.** hovor. vyhnúť sa povinnosti; *d. military service* vyhnúť sa vojenskej službe
doe [dəu] **1.** samica niektorých druhov vysokej zveri **2.** zajačica, samica králika
does p. do
dog [dog] **I.** podst. **1.** pes; *a guard d.* strážny pes **2.** hovor. človek, chlapík; *he's a lucky d.* to je šťastlivý človek **II.** sl. -gg- sledovať,

prenasledovať; *d-ged by misfortune* prenasledovaný smolou ● *lead a d-'s life* mať psí život; *not have a d-'s chance* nemať (ani) najmenšiu šancu
dogged [ˈdogəd] tvrdošijný, zaťatý, neústupný; *d. resistance* húževnatý odpor
doggy, doggie [ˈdogi] det. psík, psíček
doing [ˈduːiŋ] aj *d-s* mn. č. činnosť, aktivita; *tell me all about your d-s in Paris* povedz mi o všetkom, čo si robil v Paríži ● *this must be your d.* to bude asi tvoje dielo; *the job will take a lot of d.* to bude ťažká robota!
do-it-yourself [ˌduː it joːˈself] domáce majstrovanie
do-it-yourselfer [ˌduː it joːˈselfə] domáci majster (nie odborník)
dole [dəul] **I.** podst. **1.** milodar **2.** podpora v nezamestnanosti ● *be/go on the d.* brať/prihlásiť sa o podporu v nezamestnanosti **II.** sl. *d. out* rozdeľovať; *d. out the money* rozdeľovať/rozdávať peniaze
doll [dol] **I.** podst. bábika **II.** sl. vyčačkať
doll up vyobliekať sa; *they all d-ed up and went to a party* všetci sa vyobliekali a išli na večierok
dollar [ˈdolə] dolár (peňažná jednotka, mena)
dolly [ˈdoli] **1.** det. bábika **2.** vozík (na prevážanie al. pohybovanie ťažkých predmetov, napr. filmovej kamery)
dolphin [ˈdolfən] delfín
domain [dəˈmein] oblasť, odbor, doména; *in the d. of science* v oblasti vedy
dome [dəum] kupola; *the d. of the cathedral* kupola katedrály
domestic [dəˈmestik] **1.** (v rozl. význ.) domáci; *foreign and d. news* zahraničné a domáce správy; *cows are d. animals* kravy sú domáce zvieratá; *d. duties* domáce povinnosti **2.** rodinný; *d. problems* rodinné problémy **3.** vnútorný, vnútrozemský; *a d. airline* vnútrozemská letecká linka
domicile [ˈdoməsail] domov, trvalé bydlisko
dominant [ˈdomənənt] . **1.** prevládajúci, dominantný; *the d. colour* prevládajúca farba **2.** dominujúci, najvyšší; *the d. cliff* dominujúci útes
dominate [ˈdoməneit] **1.** prevládať, mať prevahu, dominovať; *the strong usually d-s the weak* silný má obyčajne prevahu nad slabým **2.** ovládať, mať hlavné slovo; *Mary d-d the conversation* Mary mala hlavné slovo v rozhovore

D

dominion [dəˈminjən] **1.** kniž. nadvláda **2.** územie, pozemky; *the king's d-s* kráľovské pozemky

don [don] vysokoškolský učiteľ (najmä v Oxforde a Cambridgi)

donate [dəuˈneit] **1.** darovať (najmä na dobročinné účely) **2.** fyz. dodávať; *d. electrones* dodávať elektróny

done[1] p. **do**

done[2] [dan] **1.** skončený, dokončený; *the job's nearly d.* práca je takmer dokončená; *the affair's now over and d. with* tá záležitosť je už kompletne skončená **2.** dostatočne uvarený; *are the potatoes d. yet?* už sú zemiaky uvarené? ● *D.!* súhlasím! *the d. thing* správna vec

donkey [ˈdoŋki] osol, somár aj pren. (o ľuďoch) ● *d.'s years* celá večnosť

donor [ˈdəunə] darca; *a blood d.* darca krvi

doom [du:m] **I.** podst. záhuba, smrť; *send a man to his d.* poslať človeka do záhuby **II.** sl. *(to)* odsúdiť (na čo); *d-ed to failure* odsúdené na neúspech

door [do:] dvere ● *next d.* vedľa, v susedstve; *out of d-s* vonku, v prírode; *answer the d.* ísť otvoriť; *show sb. the d.* ukázať (komu) dvere; *behind closed d-s* za zavrenými dverami, s vylúčením verejnosti

doorbell [ˈdo:bel] domový zvonček

doorkeeper [ˈdo:ˌki:pə] domovník, vrátnik

doorknob [ˈdo:nob] kľučka na dverách (zvyčajne okrúhla)

doorman [ˈdo:mæn] mn. č. *-men* vrátnik (v hoteli, divadle ap.)

doormat [ˈdo:mæt] rohožka pri dverách

doorstep [ˈdo:step] schod predo dvermi ● *on one's d.* veľmi blízko

door-to-door [ˌdo: təˈdo:] podomový; *a d.--to-d. salesman* podomový obchodník

doorway [ˈdo:wei] dvere (otvor), vstup, vchod; *stand in the d.* stáť vo dverách

dope [dəup] **I.** podst. hovor. narkotikum, droga, doping **II.** sl. hovor. podať drogu, omámiť (sa) drogou, dopovať (sa)

dormitory [ˈdo:mətri] **1.** internát **2.** spoločná spálňa

dormouse [ˈdo:maus] mn. č. *-mice* [-mais] plch

dosage [ˈdəusidž] lek. dávkovanie, užívanie, dávka; *a d. of one tablet three times a day* dávkovanie po jednej tablete trikrát denne

dose [dəus] **I.** podst. dávka; *the bottle contains six d-s* fľaša obsahuje šesť dávok **II.** sl. dávkovať

dot [dot] **I.** podst. bodka ● *on the d.* presne, do bodky; *pay on the d.* zaplatiť do haliera **II.** sl. *-tt-* (vy)bodkovať; *a d-ted line* bodkovaná čiara

double [ˈdabl] **I.** príd. **1.** dvojitý; *d. door* dvojité dvere **2.** pre dvoch; *a d. bed* posteľ pre dvoch; *a d. room* dvojposteľová izba v hoteli **3.** dvojaký; *d. meaning* dvojaký význam **II.** podst. **1.** dvojnásobok; *offer d. for a book* ponúknuť dvojnásobok za knihu **2.** dvojník (aj vo filme); *he is my d.* to je môj dvojník **3.** *d-s* mn. č. štvorhra (v tenise ap.) **III.** prísl. **1.** dvakrát toľko; *his income is d. the average* má príjem dvakrát vyšší, ako je priemer **2.** dvojmo; *see d.* vidieť dvojmo **IV.** sl. **1.** zdvojiť, zdvojnásobiť; *the house has d-d in value* hodnota domu sa zdvojnásobila; *d. a blanket* dvojiť (preložiť na dvoje) pokrývku **2.** div. hrať dvojitú úlohu **3.** mať dvojaké použitie; *this chair d-s as a bed* toto kreslo sa môže použiť aj ako posteľ

double-decker [ˌdablˈdekə] **1.** poschodový autobus **2.** (obložený) sendvič (z troch krajčekov)

doubt [daut] **I.** podst. pochybnosť; *troubled by d-s* trápený pochybnosťami ● *no d.* nepochybne, určite; *there is no d. about it* o tom nemožno pochybovať **II.** sl. pochybovať; *I d. whether he will come* pochybujem, že príde

doubtful [ˈdautfl] pochybný, neistý; *the future is rather d.* budúcnosť je dosť neistá ● *I am/feel d.* som na pochybách

doubtless [ˈdautləs] **I.** prísl. **1.** bezpochyby, nepochybne, dozaista; *it will d. rain* bezpochyby bude pršať **2.** pravdepodobne; *they have d. planned it* pravdepodobne to plánovali **II.** príd. nesporný, istý

dough [dəu] cesto

doughnut [ˈdəunat] pampúch, šiška

dove [dav] holub, holubica; *the d. of peace* holubica mieru

dovetail [ˈdavteil] **I.** podst. zrubený spoj dreva **II.** sl. **1.** zrubiť drevo, spojiť rybinou **2.** tesne spojiť, presne zapadať; *we d-ed our holiday arrangements* zladili sme si naše dovolenkové plány

dowel [ˈdauəl] tech. spájací kolík

down[1] [daun] **1.** vtáčie páperie **2.** jemné chĺpky, detské vlásky

down[2] [daun] **I.** prísl. **1.** dolu (v rozl. význ.); *d. at the bottom of the sea* dolu na dne mora; **2.** s niektorými slovesami **a)** pohyb zhora nadol; *climb d.* zliezť, zísť; *fall d.* spadnúť; *knock d.* zraziť, zhodiť (úderom); *shoot d.* zostreliť; *go* *d.* zájsť, zapadnúť, klesnúť; *prices have been going d. steadily* ceny stále klesali *sit d.* sadnúť si, posadiť sa **b)** zníženie al. zastavenie činnosti; *burn d.* dohorieť, zhorieť; *calm d.* uspokojiť; *run d.* (o hodinách) zastaviť sa; *the temperature has gone d.* teplota klesla **c)** pohyb zo severu na juh, z mesta na vidiek, z vnútrozemia na pobrežie; *she went d. to Brighton for Christmas* na Vianoce išla (dolu) do Brightonu; *come d. from Oxford* prísť z Oxfordu ● *d. with* preč (s kým, čím); *d. with the dictator!* preč s diktátorom! *get d. to* dať sa/pustiť sa (do čoho); *have one's ups and d-s* mať sa raz dobre, raz zle **II.** predl. **1.** (v miestnom význame) (dolu) z (dolu), po; *run d. the hill* bežať z kopca; *fall d. the stairs* spadnúť zo schodov; *the tears ran d. her face* slzy jej tiekli po tvári **2.** (v časovom význame) po (celé); *d. through the centuries* po celé stáročia ● *walk up and d. the room* chodiť hore-dolu/sem a tam po miestnosti **III.** príd. **1.** nešťastný, smutný **2.** techn. mimo prevádzky; (o počítači) *the computer is d.* počítač je mimo prevádzky **IV.** sl. hovor. **1.** zraziť na zem, poraziť; *the boxer d-ed his opponent* boxer zrazil na zem svojho protivníka **2.** obrátiť/hodiť do seba, (rýchlo) vypiť; *he d-ed a pint of beer* hodil do seba pol litra piva

downhill [ˌdaunˈhil] dolu kopcom; *run d.* bežať z kopca ● *go d.* upadať do horšieho; *d. skiing* zjazd na lyžiach; *d. racing* preteky v zjazdovom lyžovaní

download [daunˈləud] výp. t. prenášať (informácie al. program) do počítačového systému z telef. liniek al. z TV

downright [ˈdaunrait] **I.** príd. **1.** priamy, úprimný, otvorený; *he is a d. sort of person* je to úprimný, otvorený človek **2.** úplný; *it's a d. lie* je to úplná lož **II.** prísl. úplne, vyložene; *he was d. rude* bol vyložene hrubý

downstairs [ˌdaunˈsteəz] **I.** podst. **1.** nižšie poschodie **2.** prízemie domu **II.** prísl. **1.** na prízemí; *your brother is waiting d.* brat ťa čaká dolu na prízemí **2.** dolu schodmi, na prízemie; *come d.* prísť dolu na prízemie **3.** na nižšom poschodí; *our neighbours d.* susedia pod nami

downstream [ˌdaunˈstriːm] po prúde rieky

downtime [ˈdauntaim] prestoj

down-to-earth [ˌdaun tuˈɔːθ] praktický, vecný, otvorený; *a d. approach to health care* realistický prístup k lekárskej starostlivosti

downtown [ˌdaunˈtaun] **I.** prísl. hl. AM smerom do centra v meste **II.** príd. umiestený v centre **III.** podst. centrum mesta

downward [ˈdaunwəd] **I.** príd. smerujúci dolu, nadol, zostupný, klesajúci; *a d. movement* pohyb (smerom) dolu **II.** prísl. aj *d-s* smerom dolu; *he laid the picture face d-s* položil obraz vrchom dolu

doze [dəuz] **I.** sl. driemať; *he was d-ing during the lecture* driemal počas prednášky **II.** podst. driemota, driemoty ● *have a little d.* zdriemnuť si

dozen [ˈdazn] **1.** tucet (12 kusov) **2.** množstvo; *d-s of times* mnohokrát, mnoho ráz

draft [drɑːft] **I.** podst. **1.** návrh, náčrt, koncept; *a d. for a speech* koncept prejavu **2.** príkaz na výplatu banke **3.** voj. odvod **II.** sl. **1.** urobiť (si) náčrt, (s)koncipovať; *d. a speech* skoncipovať si prejav **2.** povolať do vojenskej služby, odviesť

draftsman [ˈdrɑːftsmən] mn. č. *-men* [-mən] **1.** návrhár, projektant **2.** kresliar, kreslič

drag [dræg] *-gg-* **1.** ťahať, vliecť (ťažké bremeno, sieť ap.); *d. a great branch along* vliecť so sebou veľký konár **2.** vliecť sa; *he could scarcely d. himself along* ťažko sa vliekol; *the play d-ged a bit* hra sa trochu vliekla **3.** prehľadať (dôkladne), prečesať (napr. les)

dragon [ˈdrægən] drak

dragonfly [ˈdrægənflai] zool. vážka

drain [drein] **I.** podst. **1.** odtok, (odvodňovacia) stoka; *d-s overflowing after a heavy rain* preplnené stoky po veľkom daždi **2.** drenáž, odvodnenie aj lek. **II.** sl. **1.** (*away, off*) odvodniť, odtiecť, vysušiť; *the water will soon d. away/off* voda čoskoro odtečie; *leave the dishes to d.* nechaj riad osušiť **2.** vyprázdniť, odčerpať; *the country was d-ed of wealth by war* vojna odčerpala bohatstvo krajiny

drainage [ˈdreinidž] **1.** odvodnenie; *d. of marshy lands* odvodňovanie močarísk **2.** odvodňovací systém, kanalizácia; *d. channel* odvodňovací kanál

drake [dreik] káčer

drama [ˈdrɑːmə] div. **1.** hra, dráma **2.** dramatické umenie, dráma **3.** dramatické napätie, dramatickosť (udalostí)

dramatic [drəˈmætik] **1.** divadelný, dramatický aj pren.; *d. changes* dramatické zmeny **2.** teatrálny; **3.** neuveriteľný, dramatický; *a d. escape from the prison* dramatický útek z väzenia

D

dramatist [ˈdræmətəst] dramatik (autor divadelných hier)

dramatize [ˈdræmətaiz] aj **dramatise 1.** zdramatizovať; *d. a novel for television* zdramatizovať román pre televíziu **2.** hovor. preháňať, dramatizovať; *d. the events* dramatizovať udalosti

drank p. **drink**

drape [dreip] **I.** sl. **1.** (*with*) prikryť, zakryť (čím); *walls d-d with flags* steny pokryté zástavami **2.** (*over*) zavesiť (cez čo), prehodiť (nedbanlivo, voľne); *d. a coat over a chair* prehodiť kabát cez stoličku; *he d-d his legs over the chair* prehodil si nohy cez stoličku **II.** podst. **1.** nariasenie (látky, záclony) **2.** *d-s* mn. č. AM záclona

draper [ˈdreipə] obchodník s textilom/konfekciou

drapery [ˈdreipəri] **1.** textilný tovar **2.** závesy, nariasená látka

drapes [dreips] závesy, záclony AM (hrubšie)

drastic [ˈdræstik] drastický; *d. measures* drastické opatrenia

draught, AM **draft** [dra:ft] **I.** podst. **1.** prievan; *sit in a d.* sedieť v prievane **2.** ťah (v komíne, v peci) **3.** dúšok (veľký); *a d. of water* dúšok vody **4.** plavebný ponor; *a ship with a d. of two metres* loď s dvojmetrovým ponorom **II.** príd. **1.** ťažný; *a d. horse* ťažný kôň **2.** aj *on d.* čapovaný (zo suda); *d. beer/beer on d.* čapované pivo

draught [dra:ft] – prievan, dúšok
drought [draut]– sucho

draughty [ˈdra:fti] s prievanom, kde ťahá; *a d. room* miestnosť, kde ťahá

draw [dro:] **I.** podst. **1.** ťah, žrebovanie, losovanie; *on the first d.* na prvý ťah **2.** remíza, nerozhodná hra **II.** sl. **drew** [dru:], **drawn** [dro:n] **1.** (na)kresliť, vykresliť; *he drew a portrait* nakreslil portrét; *d. a character* vykresliť postavu (v hre/románe) **2.** (v rozl. význ.) ťahať, vytiahnuť; *the horse drew the cart* kôň ťahal voz hore kopcom; *the chimney d-s well* komín dobre ťahá; *d. water from the well* vytiahnuť vodu zo studne; *d. a tooth* vytiahnuť zub **3.** roztiahnuť, zatiahnuť, stiahnuť (záclony, závesy); *d. the curtains* zatiahnuť záclony **4.** pritiahnuť, upútať; *d. attention to* upútať pozornosť (na) **5.** poberať, dostávať; *d. a pension* poberať dôchodok **6.** remízovať, hrať nerozhodne **7.** žrebovať, losovať

draw back (*from*) stiahnuť sa, odstúpiť, ustúpiť; *the crowd drew back* dav ustúpil

draw in 1. zastaviť (vozidlo) pri okraji (cesty, chodníka) **2.** končiť, chýliť sa ku koncu, krátiť sa (o dňoch)

draw on 1. natiahnuť si, navliecť si (čižmy, rukavice ap.) **2.** priblížiť sa, nastať **3.** siahnuť (na čo); *d. on one's savings* siahnuť na svoje úspory

draw out 1. predlžovať (sa), preťahovať (sa); *the meeting was a long d-n out affair* schôdza sa predlžovala do nekonečna **2.** podnietiť na rozprávanie; *he managed to d. her out* podarilo sa mu prinútiť ju rozprávať

draw up 1. skoncipovať, načrtnúť **2.** zastaviť (vozidlo) **3.** *d. o. s. up* vytiahnuť sa, vystrieť sa; *he d. himself up to his full height* vytiahol sa v celej svojej výške

drawback [ˈdro:bæk] **1.** nevýhoda, tienistá stránka, nedostatok; *a major d.* hlavná nevýhoda **2.** vrátené clo **3.** z ceny

drawbridge [ˈdro:ˌbridž] zdvíhací most

drawer [ˈdro:ə] **1.** zásuvka; *the paper is in my desk d.* papier je v zásuvke môjho stola **2.** kresliar

drawers [dro:z] mn. č. dlhé spodky

drawing [ˈdro:iŋ] **1.** kresba, nákres **2.** kreslenie

drawing room [ˈdro:iŋ rum] **1.** obývacia izba **2.** AM salónne kupé (vo vlaku)

drawn[1] p. **draw**

drawn[2] [dro:n] **1.** zvraštený, stiahnutý (o tvári); *a face d. with pain* tvár zvraštená od bolesti **2.** nerozhodný (o hre); *it was a d. match* zápas sa skončil nerozhodne

dread [dred] **I.** podst. strach, hrôza; *live in a constant d. of poverty* žiť v neustálom strachu z chudoby **II.** sl. báť sa, mať strach; *d. a visit to the dentist* mať hrôzu z návštevy u zubára

dreadful [ˈdredfl] strašný, hrozný; *in d. pain* v strašných bolestiach; hovor. *what a d. weather!* aké strašné počasie!

dreadfully [ˈdredfli] strašne, hrozne; *I'm d. sorry* je mi hrozne ľúto

dream [dri:m] **I.** podst. sen; *I had a strange d. about my mother* mal som čudný sen o svojej matke **II.** sl. aj *dreamt* [dremt], *dreamt* (*of, about*) snívať (sa) (o čom); *what did you d. about?* o čom si snával?

dream up slang. vysnívať si, vymyslieť si; *he always d-s up some new excuse* vždy si vymýšľa nové ospravedlnenie

dreamland [ˈdri:mlænd] ríša snov

dreamt p. **dream**
dreary [ˈdriri] **1.** pošmúrny, chmúrny; bezútešný; *d. weather* chmúrny čas **2.** hovor. nudný, otravný; *d. work* nudná práca
dredge[1] [dredž] **I.** podst. bager (stroj) **II.** sl. (vy)bagrovať, vyhĺbiť; *d. a channel* vyhĺbiť kanál
dredge[2] [dredž] posypať, poprášiť; *d. sugar over a cake* posypať koláč cukrom
dregs [dregz] mn. č. **1.** usadenina, kal; *coffee d.* kávová usadenina **2.** pren. spodina; *the d. of society* spodina spoločnosti
drench [drenč] namočiť, premočiť; *be d-ed to the skin* byť premočený až na kožu
dress [dres] dámske šaty *a new fashion d.* nové módne šaty/oblečenie/obliekanie **II.** sl. **1.** obliecť (sa), obliekať (sa); *I'am just d-ing* práve sa obliekam; *she d-es well* dobre sa oblieka **2.** upraviť, pripraviť, ochutiť (jedlo); *d. a salad* pripraviť šalát **3.** ošetriť ranu ● *be d-ed in* byť oblečený (v čom); *an old lady d-ed in black* stará dáma oblečená v čiernom
dress up preobliecť sa; *the children play d. up* deti sa hrajú na preobliekanie **II.** podst. **1.** dámske šaty **2.** oblečenie, obliekanie; *she doesn't care much about d. up* nepotrpí si na oblečenie; *evening d. up* večerné oblečenie
dressage [ˈdresaːž] drezúra, (prísny) výcvik (zvierat)
dress circle [ˈdres ˌsəːkl] prvý balkón v divadle
dress coat [ˌdres kəut] frak
dresser[1] [ˈdresə] garderobier, garderobierka
dresser[2] [ˈdresə] príborník, kredenc
dressing [ˈdresiŋ] **1.** obliekanie **2.** obväz; *put on a clean d.* dať čistý obväz **3.** prísada, omáčka, nálev (do jedla, najmä do šalátov) **4.** plnka (do hydiny)
dressing gown [ˈdresiŋ gaun] župan
dressing room [ˈdresiŋ rum] obliekareň, šatňa (pre hercov, športovcov)
dressing table [ˈdresiŋ ˌteibl] toaletný stolík
dressmaker [ˈdresˌmeikə] krajčírka
dress rehearsal [ˈdres riˈhəːsl] generálna skúška, generálka
drew p. **draw**
dribble [dribl] **1.** kvapkať, odkvapkávať; *water is d-ing from the pipe* voda kvapká z potrubia **2.** slintať (o deťoch) **3.** šport. driblovať
dried [draid] p. **dry**; *d. milk* sušené mlieko
drift [drift] **I.** sl. **1.** niesť, unášať, hnať vetrom, prúdom; *the logs were d-ed down the*

stream brvná unášal prúd vody **2.** naviať, nahromadiť (sa); *the snow d-ed in great piles* sneh sa hromadil do vysokých závejov **II.** podst. **1.** unášanie, nános, závej; *big d-s of snow* veľké snehové záveje **2.** (všeobecná) tendencia, vývoj, pohyb; *stop the d. towards war* zastaviť pohyb smerom k vojne
drill[1] [dril] **I.** podst. vrták, vŕtačka; *a dentist's d.* zubná vŕtačka **II.** sl. vŕtať dieru vŕtačkou
drill[2] [dril] **I.** podst. nácvik, dril; *d-s in the English vowel sounds* nácvik anglických samohlások **II.** sl. cvičiť, drilovať
drill[3] [dril] **I.** podst. **1.** riadok, brázda (vytvorená sejačkou) **2.** sejačka **II.** sl. siať do riadkov
drill[4] [dril] keper (bavlnená tkanina)
drink [driŋk] **I.** sl. *drank* [dræŋk], *drunk* [drʌŋk] **1.** piť, vypiť; *he drank from the bottle* pil z fľaše; *d. (up) your coffee* vypi si kávu! **2.** (*to*) pripiť; *d. to one's success/health* pripiť komu na úspech/zdravie; *d. a toast to the bride* pripiť neveste ● *d. oneself to death* upiť sa k smrti **II.** podst. **1.** pitie; *would you like a d. of water?* chceš sa napiť vody? **2.** nápoj; *bottled d-s* nápoje vo fľašiach; *soft d.* nealkoholický nápoj **3.** alkoholický nápoj; *hard d.* alkoholický nápoj; *he likes a d.* rád si vypije; *have another d.!* daj si ešte pohárik!
drinkable [ˈdriŋkəbl] pitný, vhodný na pitie
drinking [ˈdriŋkiŋ] **I.** príd. určený na pitie; *d. water* pitná voda **II.** podst. pijatika ● *he's too fond of d.* rád sa napije
drip [drip] *-pp-* **I.** sl. kvapkať; *the tap was d-ping* kohútik kvapkal **II.** podst. **1.** kvapkanie; *d. of the rain* kvapkanie dažďa **2.** lek. infúzia ● *d.-dry* sušenie odkvapkávaním (bez žmýkania); *d-ping wet* veľmi mokrý
drive [draiv] **I.** podst. **1.** jazda autom **2.** aj *driveway* súkromná príjazdová cesta k domu/ku garáži ● *go for a d.* previezť sa autom **II.** sl. *drove* [drəuv], *driven* [ˈdrivn] **1.** viesť vozidlo, jazdiť; *d. a taxi* jazdiť s taxíkom; *d. a car* viesť auto **2.** odviezť (koho) autom; *can you d. me home?* môžete ma odviezť domov? *shall we d. home?* pôjdeme domov autom? **3.** hnať, poháňať; *d. the cattle* hnať dobytok; *the engines d. the ship* stroje poháňajú loď **4.** odb. vŕtať, raziť (vodorovným smerom); *d. a tunnel* vŕtať tunel
driven p. **drive**
driver [ˈdraivə] vodič, šofér;
driving licence [ˈdraiviŋ ˌlaisns] AM **driver's license** vodičský preukaz

drizzle [ˈdrizl] **I.** podst. mrholenie, drobný dážď **II.** sl. mrholiť
drone¹ [drəun] **1.** zastar. trúd **2.** leňoch
drone² [drəun] bzukot, hukot; *the d. of motorway traffic* hukot dopravy z diaľnice
droop [druːp] **1.** (po)klesnúť (o nálade); *his spirits d-ed* jeho nálada poklesla **2.** ovisnúť, zvädnúť; *the flowers were d-ing* kvety vädli **3.** spustiť, zvesiť (krídla)
drop [drop] **I.** podst. **1.** kvapka aj pren.; *a d. in the ocean* iba kvapka v mori; *there isn't a d. of milk left* neostala ani kvapka mlieka **2.** pokles (teploty, cien) **II.** sl. *-pp-* **1.** padať, opadávať, vypadnúť (z ruky), pustiť; *the blossoms are beginning to d.* kvety začínajú opadávať; *she d-ped the teaspoon* vypadla jej lyžička **2.** znížiť, klesnúť; *the price of oil d-ped sharply* cena nafty prudko klesla **3.** poslať (príležitostne poštou); *d. me a few lines* pošlite/napíšte mi pár riadkov **4.** vysadiť (z auta na určitom mieste); *please, d. me at the post office* vysaďte ma, prosím, pri pošte **5.** prestať, (za)nechať; *let's d. the subject* prestaňme o tom hovoriť; *I d-ped everything* nechal som všetko tak **6.** vynechať (slovo ap.)
drop back vrátiť sa (nazad)
drop by zaskočiť (ku komu, kam)
drop in zájsť, zaskočiť (na krátku návštevu); *some friends d-ped in to tea* pár priateľov si zašlo k nám na čaj
drop off uvoľniť sa, odpadnúť; *the door handle d-ped off* kľučka sa uvoľnila
drop out **1.** vypadnúť (zo súťaže) **2.** vystúpiť (z vozidla)
drought [draut] sucho, suchota (dlhotrvajúce)
drove [drəuv] **1.** stádo dobytka **2.** zástup ľudí; *visitors in d-s* návštevníci v zástupoch **3.** p. **drive**
drover [ˈdrəuvə] **1.** pohonič dobytka **2.** obchodník s dobytkom
drown [draun] **1.** utopiť (sa); *a d-ing man* topiaci sa človek **2.** prehlušiť, zaniknúť v hluku; *the noises d-ed out the teacher's voice* učiteľov hlas zanikol v hluku
drowse [drauz] **I.** sl. driemať, podriemať si, zdriemnuť si; *d. away a hot afternoon* predriemať horúce popoludnie **II.** podst. driemanie, driemoty; *in a d.* v driemotách
drowsy [ˈdrauzi] **1.** ospanlivý, ospalý aj pren.; *the medicine may make you d.* z lieku možno budeš ospalý; *a d. afternoon* ospalé popoludnie **2.** pokojamilovný; *a d. village* pokojamilovná dedina

drudge [dradž] **I.** sl. drieť (sa), otročiť **II.** podst. dráč, otrok
drudgery [ˈdradžəri] drina, otročina
drug [drag] **I.** podst. **1.** liek **2.** droga, narkotikum ● *hard d-s* tvrdé (silné) drogy; *be on d-s* užívať drogy **II.** sl. *-gg-* **1.** pridať omamný jed/drogu (do jedla, nápoja); *his wine had been d-ged* v jeho víne bol omamný jed **2.** omámiť; *they d-ged him to kill the pain* omámili ho, aby mu utíšili bolesti
drugstore [ˈdragstoː] AM lekáreň (s predajom drobných predmetov a občerstvenia)
drum [dram] **I.** podst. bubon **II.** sl. bubnovať
drunk [draŋk] **1.** opitý; *be/get d.* opiť sa; *get d. on brandy* opiť sa z brandy; pren. *he was d. with joy* bol opojený radosťou **2.** p. **drink**
drunkard [ˈdraŋkəd] opilec, pijan
drunken [ˈdraŋkn] opitý, holdujúci alkoholu; *a d. sailor* opitý námorník; *a d. party* večierok, kde sa pije veľa alkoholu
dry [drai] **I.** príd. **1.** (v rozl. význ.) suchý; *the paint isn't d. yet* farba ešte nie je suchá; *d. bread* suchý chlieb (nenatretý); *d. wine* suché víno; *d. humour* suchý humor **2.** suchopárny, nezaujímavý; *a very d. book* veľmi suchopárna kniha **3.** prohibičný, so zákazom predaja alkoholu; *a d. law* prohibičný/ hovor. suchý zákon; *a d. country* krajina, kde platí prohibícia **II.** sl. **1.** (u)sušiť (sa), vysušiť (sa) osušiť (si), utrieť (si); *the clothes d-ried quickly in the sun* šaty rýchlo uschli na slnku; *d. your hands on this towel* utri si ruky týmto uterákom **2.** konzervovať sušením; *d-ied milk* sušené mlieko
dry-clean [ˌdrai ˈkliːn] čistiť chemicky
dry cleaner's [ˌdrai ˈkliːnəz] chemická čistiareň
dryer, drier [ˈdraiə] sušič, sušička, sušiace zariadenie; (často v spojeniach) *a hair d.* sušič na vlasy
dry land [ˌdrai ˈlænd] súš, pevnina
dryness [ˈdrainis] suchota, sucho
DTP [ˌdiː tiː ˈpiː] skr. *desktop publishing* [ˌdesktop ˈpablišiŋ] príprava tlače na počítači
dual [ˈdjuːəl] **1.** dvojitý, zdvojený; *d. control* let. dvojité riadenie **2.** dvojaký; *a d.-purpose instrument* nástroj na dvojaký účel
dual carriageway [ˌdjuːlˈkæridžwei] dvojprúdová diaľnica
dub¹ [dab] *-bb-* **1.** kniž. pasovať na rytiera **2.** dať prezývku, prezývať; *they d-bed him „Shorty"* prezývali ho „Štupeľ"

dub[2] [dab] *-bb-* **1.** dabovať; *is the film d-bed into English?* je film dabovaný do angličtiny? **2.** pridať zvukové efekty (napr. k filmu), post/synchronizovať
dubious ['dju:biəs] pochybný; *a d. suggestion* pochybný návrh; *be d. about sth.* mať pochybnosti (o čom), byť si neistý (čím)
duchess ['dačs] vojvodkyňa, kňažná
duck [dak] **I.** podst. kačica **II.** sl. **1.** zohnúť sa; *he had to d. his head* musel zohnúť hlavu **2.** ponárať (koho); *the children d-ed each other in the swimming pool* deti sa navzájom ponárali v bazéne
duct [dakt] **1.** anat. kanálik, trubica, vývod; *tear d-ts* slzné kanáliky **2.** potrubie, kanál, vývod; *a ventilation /air d.* ventilácia, vývod vzduchu
due [dju:] **I.** príd. (*to*) **1.** patriaci, náležiaci (komu); *our thanks are d. to the police* naša vďaka patrí polícii **2.** riadny, náležitý; *driving with d. care* jazda s náležitou opatrnosťou **3.** splatný; *a bill d. today* účet splatný dnes **4.** očakávaný, majúci prísť; *the train is d. at 7.30* vlak má príchod o 7.30 **5.** (*to*) spôsobený, zavinený (čím), vďaka (čomu); *his success is d. to hard work* má úspech vďaka usilovnej práci **II.** podst. **1.** to, čo komu patrí; *she never takes more than her d.* nikdy si nezoberie viac, než jej patrí **2.** *d-s* mn. č. poplatky **III.** prísl. presne; *d. north* presne na sever
duffel bag [ˌdafl 'bæg] kapsa, vrece z pevnej látky
duffel coat [dafl kəut] voľný vlnený kabát s kapucňou (s kolíkmi namiesto gombíkov)
dug p. **dig**
duke [dju:k] vojvoda, knieža
dull [dal] **I.** príd. **1.** bezvýrazný; *a d. colour* nevýrazná farba **2.** pochmúrny; *a d. day with rain* pochmúrny daždivý deň **3.** tupý aj pren.; *a d. knife* tupý nôž; *d. pupils* tupí žiaci **4.** nudný; *a d. book* nudná kniha **II.** sl. otupiť; *drugs that d. the pain* lieky otupujúce bolesť
dumb [dam] **1.** nemý aj pren.; *d. animals* nemé zvieratá **2.** hovor. hlúpy; *that was a d. thing to say* to bola hlúposť, čo si povedal
dumbbell ['dambel] šport. činka
dummy ['dami] **1.** atrapa; *a d. gun* atrapa pušky **2.** figurína; *a dressmaker's d.* krajčírska figurína **3.** det. cumlík
dump [damp] **I.** sl. **1.** vyložiť/zložiť náklad, zhodiť na hromadu; *d. the contents of a lorry* vyložiť obsah nákladného auta **2.** odhodiť na

smetisko; *where can I d. this rubbish?* kde mám vyhodiť tieto smeti? **3.** hovor. predávať pod cenu (v cudzine) **4.** výp. odkopírovať (čo) z pamäti počítača **II.** podst. **1.** smetisko, skládka; *the town rubbish d.* mestská skládka odpadu **2.** hovor. zapadákov, diera; *this town's a real d.* toto mesto je skutočný zapadákov
dumper ['dampə] aj **dumper truck** vykladacie vozidlo
dumpling ['dampliŋ] knedľa (aj plnená ovocím al. mäsom)
dune [dju:n] duna, piesočný presyp
dung [daŋ] hnoj, lajno
dungarees [ˌdaŋgə'ri:z] montérky, pracovný odev
dungeon ['dandžən] hist. žalár, temnica
duplicate I. príd. ['dju:pləkət] náhradný, rezervný; *a d. key* náhradný kľúč **II.** podst. duplikát, kópia ● *this form should be filled out in d.* tento formulár treba vyplniť dvojmo **III.** sl. ['dju:pləkeit] **1.** zdvojiť, zdvojnásobiť **2.** vyhotoviť odpis/kópiu/duplikát
duplicity [dju:'plisəti] dvojtvárnosť, obojakosť
durability [ˌdjuərə'biləti] **1.** trvanie **2.** trvácnosť, trvanlivosť
durable ['djurəbl] **1.** trvanlivý, pevný, odolný; *a d. pair of shoes* pevné topánky **2.** trvácny, trvalý, stály; *d. peace* trvalý mier
duration [dju'reišn] trvanie, doba; *of short d.* krátkotrvajúci
during ['djuriŋ] počas, v priebehu; *d. the day* počas dňa, cez deň
dusk [dask] šero, súmrak; *at d.* za súmraku
dusky ['daski] šerý, tmavý
dust [dast] **I.** podst. prach; *the d. was blowing* prach sa víril **II.** sl. **1.** vyprášiť, oprášiť; *d. the shelf* utrieť prach na police **2.** posypať; *d. a cake with sugar* posypať koláč cukrom
dustbin ['dastˌbin] nádoba na odpadky, smetník
duster ['dastə] prachovka
dustman ['dastmən] smetiar
dusty ['dasti] **1.** zaprášený, prašný; *a d. room* zaprášená miestnosť **2.** prachový; *d. ground* prachová pôda
Dutch [dač] **I.** príd. holandský ● hovor. *go D.* platiť útratu za seba **II.** podst. **1.** *the D.* Holanďan **2.** holandčina
dutiable ['dju:tiəbl] podliehajúci clu; *d. goods* tovar, za ktorý treba platiť clo

dutiful [ˈdjuːtifl] poslušný, oddaný; *a d. son* poslušný syn

duty [ˈdjuːti] **1.** povinnosť, služba; *his sense of d.* jeho zmysel pre povinnosť; *on/off d.* v službe/mimo služby **2.** obyč. *d.-ies* mn. č. clo

   duty-free [ˌdjuːti ˈfriː] bez cla, bezcolný

dwarf [dwoːf] mn. č. aj *dwarves* [dwoːrvz] trpaslík

dwell [dwel], *dwelt* [dwelt], *dwelt* kniž. bývať, zdržiavať sa

   dwell on/upon stále sa zaoberať; *she d-s too much on her past* stále sa zaoberá svojou minulosťou

dweller [ˈdwelə] obyvateľ; *city-d-s* obyvatelia mesta, mestskí ľudia

dwelling [ˈdweliŋ] obydlie, dom, byt

dwelling house [ˈdweliŋ haus] obytný dom

dwelt p. **dwell**

dwindle [ˈdwindl] zmenšovať sa, strácať sa (postupne)

dye [dai], *dyed* **I.** sl. príč. prít. *dyeing* (za)farbiť; *d. a white dress blue* zafarbiť biele šaty na modro; *have one's hair d-d* nechať si zafarbiť vlasy **II.** podst. farba

dying p. **die**

dyke p. **dike**

dynamic [daiˈnæmik] dynamický

dynamics [daiˈnæmiks] dynamika (odbor mechaniky)

dynamite [ˈdainəmait] **I.** podst. dynamit (výbušnina) **II.** sl. vyhodiť do vzduchu dynamitom

dynamo [ˈdainəməu] dynamo

dynasty [ˈdinəsti], AM [ˈdai-] dynastia

dysentery [ˈdisntri] úplavica, dyzentéria

E

each [iːč] **1.** každý; *e. of them* každý z nich; *on e. side* na každej strane **2.** všetci; *we e. took a big risk* všetci sme veľa riskovali ● *e. other* navzájom, jeden druhého; *we see e. other every day* vídame sa každý deň

eager [ˈiːgə] (*for*) chtivý čoho, dychtivý (po čom); *e. for success* dychtiaci po úspechu ● *be e. to do sth.* silou-mocou chcieť niečo urobiť

eagerness [ˈigənəs] chtivosť, dychtivosť

eagle [ˈiːgl] orol

ear[1] [iə] **1.** ucho; *don't shout into my e.* nekrič mi do ucha! **2.** sluch; *have a good e. for music* mať dobrý hudobný sluch; *play by e.* hrať bez nôt/podľa sluchu ● *be all e-s* byť samé ucho, pozorne počúvať; *up to one's e-s in* až po uši, v najvyššej miere; *walls have e-s* aj steny majú uši

ear[2] [iə] klas obilia

earache [ˈiəreik] bolesť ucha

eardrum [ˈiədram] ušný bubienok

earl [əːl] gróf

early [ˈəːli] **I.** príd. skorý, raný; *an e. lunch* skorý obed; *e. childhood* rané detstvo; *in the e. part of the century* začiatkom storočia; *we a-wait your e. reply* očakávame vašu skorú odpoveď ● *e. closing day* deň, keď sú obchody popoludní zatvorené; *e. riser* ranostaj, ranné vtáča **II.** prísl. skoro, zavčasu; *e. in the morning* skoro ráno; *too e.* príliš skoro; *earlier on* skôr ● *as e. as possible* čím prv; *at the e-iest* čo najskôr

earn [əːn] **1.** zarábať (si); *he e-s £6,000 a year* zarába 6000 libier ročne **2.** zaslúžiť si; *a well-earned rest* zaslúžený odpočinok

earnest [ˈəːnist] **1.** vážny; *with an e. air* s vážnou tvárou **2.** naliehavý; *an e. request* naliehavá žiadosť **3.** svedomitý; *an e. pupil* svedomitý žiak ● *in e.* vážne; *I'm perfectly in e.* myslím to celkom vážne

earnings [ˈəːniŋz] mn. č. zárobok; *he spent all his e.* minul celý svoj zárobok

earphones [ˈiəfəunz] mn. č. slúchadlá

earring [ˈiəˌriŋ] náušnica

earth [əːθ] **I.** podst. **1.** Zem (planéta), zemeguľa; *the Earth goes round the Sun* Zem sa otáča okolo Slnka **2.** zem, pevnina, súš; *the balloon fell to e.* balón padol na zem **3.** pôda, zemina; *fill a pot with e.* naplniť kvetináč zeminou **4.** nora, dúpä (zvieracie) **5.** uzemnenie ● *come down/back to e.* vrátiť sa na zem (k realite); *what on e. are you doing?* čo to, prepánajána, robíš? **II.** sl. elektr. uzemniť

earthenware [ˈəːθnweə] hlinený riad; *an e. casserole* hlinená rajnica

earthling [ˈəːθliŋ] pozemšťan, ľudská bytosť (z utopických poviedok)

earthly [ˈəːθli] **1.** pozemský, svetský; *e. pleasures* pozemské radosti **2.** hovor. v otázke al. po zápore možný, mysliteľný, existujúci; *no e. reason* nijaký mysliteľný dôvod ● *no e. use* neužitočný; *I have'n got an e. chance* nemám

earthquake **122**

najmenšiu šancu/nádej, nemať nijaké vyhliadky
earthquake [ˈəːθkweik] zemetrasenie
earthworm [ˈəːθwəːm] dážďovka
earthy [ˈəːθi] **1.** zemitý; *an e. smell* zemitý zápach **2.** svetský, silný a zdravý; *an e. sense of humour* zdravý zmysel pre humor **3.** elektr. uzemnený
earwig [ˈiəˌwig] zool. ucholak
ease [iːz] **I.** podst. **1.** pohoda, bezstarostnosť, pokoj; *she lives a life of e.* žije si v pohode **2.** voj. pohov; *(stand) at e.* stoj v pohove ● *with e.* ľahko, bez ťažkostí; *not to feel at (one's) e.* cítiť sa nesvoj, necítiť sa vo svojej koži **II.** sl. **1.** uľahčiť, zmierniť, uvoľniť; *e. the pain* zmierniť bolesť; *e. the tension* uvoľniť/zmierniť napätie **2.** upokojiť, utíšiť; *the situation has e-ed (off)* situácia sa upokojila
easel [ˈiːzl] stojan (maliarsky, na tabuľu ap.)
easily [ˈiːzəli] **1.** ľahko; *you'll get there quite e.* ľahko sa ta dostaneš **2.** bezpochyby, nepochybne, dozaista; *e. the best TV programme* bezpochyby najlepší televízny program **3.** možno; *that may e. be the case* to bude možno ten prípad
east [iːst] **I.** podst. **1.** východ (svetová strana); *in the e.* na východe; *to the e. of London* na východ od Londýna **2.** *The E.* Východné krajiny; *Far E.* Ďaleký Východ; *Near E.* Blízky Východ **II.** príd. východný; *the chapel's e. window* východné okno kaplnky; *e. wind* východný vietor **III.** prísl. východne, na východ; *travel e.* cestovať na východ; *the room faces e.* izba je obrátená na východ
Easter [ˈiːstə] Veľká noc; *the E. holidays* veľkonočné sviatky
eastern [ˈiːstən] **1.** východný; *e. regions* východné oblasti **2.** orientálny; *E. religions* orientálne náboženstvá
eastward [ˈiːstwəd] smerom na východ, k východu; *in an e. direction* smerom na východ
easy [ˈiːzi] **I.** príd. **1.** ľahký; *an e. confinement* ľahký pôrod **2.** príjemný, pohodlný; *lead an e. life* viesť pohodlný život **II.** prísl. ľahko; *the place is e. to reach* tam sa dá ľahko dostať ● *take it/things e.* nerob si starosti; *easier said than done* ľahšie sa to povie, ako urobí
easy chair [ˈiːziˌčeə] kreslo
easygoing [ˌiːziˈgəuiŋ] príjemný, tolerantný; *an e. roommate* príjemný spolubývajúci

eat [iːt] *ate* [et/eit], *eaten* [ˈiːtn] **1.** (z)jesť, živiť sa; *e. one's dinner* (z)jesť obed/večeru **2.** ničiť, rozožierať; *the acid ate the metal* kyselina rozožierala kov; *all these bills are e-ing into our savings* všetky tieto účty veľmi siahajú do našich úspor
eatable [ˈiːtəbl] **I.** príd. jedlý, požívateľný **II.** podst. obyč. *e-s* mn. č. požívatiny, potraviny
eaten p. **eat**
eaves [iːvz] odkvap
eavesdrop [ˈiːvzdrop] *-pp-* odpočúvať (tajne súkromný rozhovor)
ebb [eb] **I.** sl. **1.** ustupovať, klesať (o prílive) **2.** ubúdať; *his strength was e-ing fast* rýchlo mu ubúdali sily **II.** podst. aj *e. tide* odliv ● pren. *at a low e.* v zlom/nečinnom stave
ebony [ˈebəni] eben
eccentric [ikˈsentrik] **1.** výstredný, extravagantný; *e. behaviour* výstredné správanie **2.** odb. excentrický, výstredný; *e. circles* výstredné kružnice
eccentricity [ˌeksenˈtrisəti] výstrednosť, excentrickosť, extravagantnosť; *a man known for his e-ies* človek známy svojou výstrednosťou
echo [ˈekəu] **I.** podst. ozvena **II.** sl. **1.** (o zvuku) odrážať sa, ozývať sa; *the valley e-ed as he sang* údolie sa ozývalo jeho spevom **2.** opakovať (sa); *the cave was e-ing the words* jaskyňa v ozvene opakovala slová
eclipse [iˈklips] **I.** podst. **1.** zatmenie (Slnka, Mesiaca) **2.** pren. obdobie zabudnutia; *after suffering an e. he is famous again* po období zabudnutia je opäť slávny **II.** sl. **1.** zatmieť sa (o Slnku, Mesiaci) **2.** zatieniť; *she e-d every other woman in the room* zatienila všetky ženy v miestnosti
ecological [ˌiːkəˈlodžikl] ekologický
ecology [iˈkolədži] ekológia
economic [ˌekəˈnomik] **1.** ekonomický, hospodársky; *the government's e. policy* vládna hospodárska politika **2.** výnosný; *an e. rent* výnosná renta
economical [ˌekəˈnomikl] hospodárny, šetrný; *an e. system for heating water* hospodárny systém ohrievania vody
economics [ˌekəˈnomiks] **1.** ekonómia (veda); *she studies e.* študuje ekonómiu **2.** ekonomika; *the e. of a country* ekonomika krajiny
economist [iˈkonəmist] ekonóm
economize [iˈkonəmaiz] (*on*) šetrne zaobchádzať, hospodáriť (s čím), šetriť (čo); *e. on water* hospodáriť s vodou

economy [i'konəmi] **1.** hospodárnosť, šetrenie; *e. in fuel consumption* hospodárnosť v spotrebe paliva **2.** ekonómia (veda) **3.** ekonomický systém štátu
eddy ['edi] **I.** podst. vír, krútňava **II.** sl. víriť (o vode, prachu, dyme)
edge [edž] **I.** podst. **1.** ostrie; *a knife with a sharp e.* nôž s ostrým ostrím **2.** hrana, okraj; *near the e. of the cliff* pri okraji útesu ● *be on e.* byť podráždený ● *have the e. on/over sb.* mať (malú) výhodu pred niekým **II.** sl. **1.** (o)lemovať, ohraničiť; *a road e-d with grass* cesta lemovaná trávnikom **2.** predierať sa, kliesniť si cestu kadiaľ; *e-ing one's way through a crowd* kliesniť si cestu davom
edgeways ['edžweiz] aj **edgewise** ['edžwaiz] na hrane/u, na bok/u, na stojato
edging ['edžiŋ] lem; okraj; *an e. of lace on a dress* čipkový lem na šatách
edible ['edəbl] jedlý
edifice ['edəfəs] stavba veľkých rozmerov
edit ['edət] **1.** redigovať **2.** vydať; *e. a newspaper* vydávať noviny **3.** upraviť, zostrihať (rukopis, film, pásku)
edition [i'dišn] **1.** vydanie (knihy, novín ap.); *a paperback e.* brožované vydanie; *a morning edition of The Daily Telegraph* ranné vydanie novín The Daily Telegraph **2.** náklad (publikácie)
editor ['edətə] **1.** redaktor **2.** vydavateľ
editorial [,edə'to:riəl] **I.** príd. **1.** redakčný **2.** vydavateľský **II.** podst. úvodník, komentár vydávateľa novín
educate ['edjukeit] **1.** vychovávať **2.** vzdelávať; *e. the public on the danger of smoking* vzdelávať verejnosť o nebezpečenstve fajčenia ● *an e-ed guess* kvalifikovaný odhad
educated ['edjə,keitəd] vzdelaný, vyškolený, vycvičený ● *selfe.* samouk
education [,edju'keišn] **1.** vzdelanie, vzdelávanie, školstvo; *adult e.* vzdelávanie dospelých; *Ministry of E.* ministerstvo školstva **2.** výchova, výcvik; *physical e.* telesná výchova
educational [,edju'keišnəl] **1.** výchovný; *e. toys* výchovné hračky **2.** vzdelávací, náučný, študijný; *e. books* náučné knihy; *e. institutions* vzdelávacie ustanovizne
eel [i:l] zool. úhor
efface [i'feis] zotrieť, zahladiť; *e. an inscription* zotrieť nápis ● *e. oneself* držať sa bokom/v pozadí

effect [i'fekt] **I.** podst. **1.** účinok, pôsobenie; *the e. of heat on metal* účinok tepla na kov **2.** odb. jav, efekt **3.** obyč. mn. č. *e-s* efekty; *sound e-s* zvukové efekty (napr. vo filme) **4.** *e-s* mn. č. hnuteľný majetok, osobné veci; *he seized her personal e-s* zmocnil sa jej osobných vecí ● *take e.* **a)** mať účinok, pôsobiť **b)** nadobudnúť platnosť; *of no e.* neúčinný; *in e.* v skutočnosti; *to that e.* v tom zmysle, s tým významom; *to little e.* celkovo neúspešne **II.** sl. uskutočniť, vykonať; *e. a meeting* uskutočniť stretnutie
effective [i'fektiv] **1.** účinný; *e. measures* účinné opatrenia **2.** skutočný, faktický; *be in the e. control of* byť prakticky riadený kým ● AM *become e.* vstúpiť do platnosti
effectual [i'fekčuəl] účinný, pôsobivý; *an e. remedy* účinný liek
effeminate [ə'femənət] zoženštený; *e. behaviour* zoženštené správanie
effervesce [,efə'ves] šumieť
effervescent [,efə'vesnt] **1.** šumivý (o tekutine) **2.** pren. plný života, prekypujúci
efficiency [i'fišnsi] **1.** výkonnosť; *improve the e. of* zvýšiť výkonnosť (koho, čoho) **2.** fyz. účinnosť
efficient [i'fišnt] **1.** výkonný, schopný, zdatný; *an e. staff of teachers* výkonný učiteľský zbor **2.** účinný; *e. methods of teaching* účinné vyučovacie metódy
effigy ['efədži] figurína (z dreva, papiera ap. znázorňujúca niekoho)
effluent ['efluənt] **1.** odtok, výtok odpadu **2.** odpadová voda
effort ['efət] úsilie, snaha, námaha; *it doesn't take/require much e.* to si nevyžaduje veľkú námahu ● *make an/every e.* pousilovať sa, vynasnažiť sa; *that's a pretty good e.* to je veľmi dobré
eg, e. g. [,i: 'dži:] skr. z lat. *exmpli gratia* napríklad
egg [eg] vajce, vajíčko; *soft-boiled e-s* vajcia na mäkko; *hard-boiled e-s* vajcia na tvrdo; *scrambled e-s* praženica; *fried e-s* volské oká
egghead ['eghed] hovor. intelektuál (najmä nepraktický)
egocentric [,i:gəu'sentrik] egocentrický, sebecký
egoist [,i:gəu'ist] egoista, sebec
egotist ['i:gətist] samoľúby človek, egotista
Egypt ['i:džipt] Egypt

E

Egyptian [i'džipšn] **I.** príd. egyptský **II.** podst. Egypťan

eiderdown ['aidədaun] **1.** kajčie páperie **2.** páperová prikrývka (plnená kajčím perím)

eight [eit] **I.** čísl. m. osem **II.** podst. m. osemveslica (posádka aj loď); *e-s* mn. č. preteky osemveslíc

eighteen [ei'ti:n] osemnásť

eighteenth [ei'ti:nθ] **I.** čísl. osemnásty **II.** podst. osemnástina

eighth [eitθ] **I.** čísl. ôsmy **II.** podst. osmina

eightieth ['eitii:θ] **I.** čísl. osemdesiaty **II.** podst. osemdesiatina

eighty ['eiti] osemdesiat ● *in e-ies* v osemdesiatych rokoch; *a man in his e-ies* muž v/po osemdesiatke

either ['aiðə] **I.** zám. **1.** oba/e, obidva/e, muž. živ. obaja, obidvaja; *on e. side of the road* po oboch stranách cesty; *in e. case* v obidvoch prípadoch **2.** jeden alebo druhý; *at e. end of the table* (alebo) na jednom, alebo na druhom konci stola **II.** časť. po zápore ani; *my brother cannot go and my sister can't e.* nemôže ísť ani môj brat, ani moja sestra **III.** spoj. *e. ... or...* buď..., alebo...; *he must be e. mad or drunk* buď je blázon, alebo je opitý

eject [i'džekt] vyhnať, vypudiť, vyhodiť; *they were e-ed from the meeting* vyhodili ich zo schôdze

ejector seat [i'džektə si:t] katapultové sedadlo

eke [i:k] dodať, doplniť

eke out šetriť, žiť veľmi hospodárne; *she e-d out her living on a monthly income of 80 dollars* musela vyžiť s mesačným príjmom 80 dolárov

elaborate [i'læbrət] **I.** príd. starostlivo vypracovaný, plný podrobností; *e. designs* starostlivo vypracované návrhy **II.** sl. [i'læbəreit] **1.** podrobne vypracovať **2.** presne (sa) vyjadriť; *please e. a little* prosím vás, vyjadrite sa trocha presnejšie

elapse [i'læps] uplynúť (o čase); *thirty minutes e-d* uplynulo 30 minút

elastic [i'læstik] **I.** príd. **1.** pružný; *made of an. e. material* vyrobené z elastického materiálu **2.** pren. prispôsobivý; *e. rules* prispôsobivé predpisy **II.** podst. guma do bielizne

elasticity [ˌelæ'stisəti] pružnosť

elate [i'leit] povzniesť, naplniť radosťou a hrdosťou; *he was e-d by his success* bol hrdý na svoj úspech

Elbe [elb] Labe

elbow ['elbəu] **1.** lakeť (aj rukávu); *a patch on the e.* záplata na lakti **2.** ohyb, zákruta rieky **3.** koleno, ohyb (rúry, potrubia) **4.** bočné operadlo (stoličky)

elder[1] ['eldə] **I.** príd. starší (o osobe, najmä v rodine al. o viacerých osobách či o jednom z dvojice); *my e. brother* môj starší brat **II.** podst. **1.** staršia osoba; *respect for one's e-s* úcta k starším **2.** člen obecnej rady/predstavenstva; *consult the village e-s* poradiť sa s predstavenými obce

elder[2] ['eldə] baza čierna

elderly ['eldəli] starší, postarší (o osobe); *an e. lady* staršia pani

eldest ['eldəst] prvorodený, najstarší člen rodiny; *my e. son* môj najstarší syn

elect [i'lekt] **1.** (z)voliť; *e. a president* zvoliť predsedu **2.** rozhodnúť sa; *he e-ed to become a lawyer* rozhodol sa, že bude právnikom

election [i'lekšn] **1.** voľba **2.** voľby; *general e.* všeobecné voľby

elective [i'lektiv] **1.** (z)volený; *the office of president is an e. one* osoba na úrad prezidenta sa volí **2.** oprávnený voliť; *an e. assembly* zhromaždenie oprávnené voliť **3.** volebný; *an e. system* volebný systém

elector [i'lektə] volič

electoral [i'lektərəl] volebný, voličský; *the e. system* volebný systém; *the e. roll* zoznam voličov

electric [i'lektrik] elektrický; *e. power* elektrická energia; *an e. iron* elektrická žehlička; *the e. chair* elektrické kreslo

electrical [i'lektrikl] elektrický, elektro-; *e. engineering* elektroinžinierstvo, elektrotechnika; *e. appliances* elektrické spotrebiče

electrician [iˌlek'trišn] elektrikár, elektrotechnik

electricity [iˌlek'trisəti] elektrina

electrification [iˌlektrəfə'keišn] elektrifikácia

electrify [i'lektrəfai] (z)elektrizovať, nabiť elektrinou

electrocute [i'lektrəkju:t] **1.** zabiť elektrickým prúdom **2.** popraviť na elektrickom kresle

electrode [i'lektrəud] elektróda

electron [i'lektron] elektrón

electronic [iˌlek'tronik] elektronický; *e. music* elektronická hudba

electronic data processing (EDP) [iˌlek'tronik ˌdeitə 'prəusesiŋ] výp. elektronické spracovanie informácií (na počítači)

electronics [i‚lek'troniks] so sl. v j. č. elektronika; *e. industry* elektronický priemysel
elegance ['eləgəns] elegancia
elegant ['eləgənt] elegantný; *an e. woman* elegantná žena
element ['eləmənt] **1.** základná zložka, podstatná súčasť celku, stránka, prvok; *the e-s of mathematics* základné prvky matematiky **2.** chem.; prvok; *hydrogen and oxygen are e-s* vodík a kyslík sú prvky **3.** náznak, malé množstvo, trochu; *an e. of truth* trocha pravdy **4.** elektr. článok, odporový drôt v spotrebiči **5.** *e-s* mn. č. základy; *the e-s of geometry* základy geometrie **6.** zastar. *the e-s* prírodné živly **7.** pren. obyč. mn. č. skupina asociálne žijúcich ľudí; *criminal e-s* kriminálne živly ● *be in/out of one's e.* byť/nebyť vo svojom živle
elementary [‚elə'mentri] **1.** základný; *an e. course* základný kurz; *e. arithmetic* základná aritmetika; *e. school* základná škola (prvý stupeň) **2.** jednoduchý; *e. English exercises* jednoduché cvičenia z angličtiny
elephant ['eləfənt] slon ● *white e.* zbytočnosť (najmä veľká a drahá)
elevate ['eləveit] **1.** zdvihnúť; *the gas e-d the balloon* plyn zdvihol balón **2.** povýšiť; *he was e-d to the presidency* bol povýšený do predsedníckej funkcie **3.** povzniesť (duševne, morálne)
elevation [‚elə'veišn] **1.** povýšenie; *the e. to the position of director* povýšenie na post riaditeľa **2.** výška, výšina, nadmorská výška; *an e. of 2,000 metres above sea-level* nadmorská výška 2 000 m **3.** nárys, bokorys budovy; *the front e. of the house* predný nárys domu
elevator ['eləveitə] **1.** odb. zdvíhadlo, elevátor **2.** sýpka s výťahom **3.** AM výťah
eleven [i'levn] **1.** jedenásť **2.** jedenástka aj šport.
eleventh [i'levnθ] **I.** príd. jedenásty ● *at the e. hour* v poslednom okamihu, „v hodine dvanástej" **II.** podst. jedenástina
elf [elf] mn. č. *elves* [elvz] škriatok
elicit [i'lisət] **1.** (*from*) vylákať, vymámiť (čo od koho); *e. the truth from sb.* vymámiť pravdu (od koho) **2.** vylúdiť zvuk **3.** logicky odvodiť, zistiť
eligible ['elədžəbl] (*for*) vhodný, spôsobilý; *an e. man* muž na ženenie; *e. for promotion* spôsobilý na povýšenie
eliminate [i'liməneit] vylúčiť, vyradiť, eliminovať; *e. errors* vylúčiť chyby; *the team was e-d* mužstvo bolo vyradené

Elizabethan [i‚lizə'bi:θn] alžbetínsky, z čias vlády Alžbety I.; *E. drama* alžbetínska dráma (divadlo)
elk [elk] mn. č. *elk* aj *elks* zool. los
ellipse [i'lips] elipsa
elliptic(al) [i'liptik(l)] eliptický, elipsovitý; *an e. orbit* eliptická dráha
elm [elm] brest
elongate ['i:loŋgeit] predĺžiť, pretiahnuť; *his face is too e-d in the picture* na obraze má príliš predĺženú tvár
elongation [‚iloŋ'geišn] predĺženie, pretiahnutie; *the e. of a muscle under tension* predĺženie svalu ťahom
eloquence ['eləkwəns] výrečnosť
eloquent ['eləkwənt] výrečný
else [els] **I.** prísl. po neurčitých a opytovacích zámenách a príslovkách **1.** ešte; *who e. did you see?* koho ste ešte videli? **2.** inde; *where e.?* kde inde? *nowhere e.* nikde inde **3.** inak; *how e.?* ako inak? **II.** príd. po neurčitých a opytovacích zámenách iný, ešte ďalší; *someone e.* niekto iný; *what e.?* čo ešte ďalšieho? *anybody e.?* ešte niekto?
elsewhere [els'weə] **1.** niekde inde **2.** niekam inam; *take business e.* podnikať niekde inde
elucidate [i'lu:sədeit] objasniť, vysvetliť (miesto v texte ap.)
elusive [i'lu:siv] **1.** unikajúci, prchavý; *e. pleasures* prchavé radosti **2.** ťažko dosiahnuteľný; *e. success* ťažko dosiahnuteľný úspech; *an e. criminal* nepolapiteľný zločinec
emanate ['eməneit] **1.** (*from*) vychádzať (z čoho); *where did these rumours e. from?* z čoho vychádzali tie reči? **2.** vylučovať, vyžarovať; *e. dangerous radiation* vylučovať nebezpečné žiarenie
emancipate [i'mænsəpeit] zrovnoprávniť, emancipovať
embalm [im'ba:m] (na)balzamovať
embankment [im'bæŋkmənt] **1.** hrádza, násyp **2.** nábrežie; *the Thames e.* nábrežie Temže
embark [im'ba:k] naloďiť (sa); *the passengers e-d at noon* cestujúci sa nalodili napoludnie
embark on/upon pustiť sa (do čoho), začať (čo); *he was ready to e. on a new adventure* chcel sa pustiť do nového dobrodružstva
embarrass [im'bærəs] **1.** priviesť do rozpakov, zmiasť; *e-ing questions* záludné otázky; *he was e-ed about having no money* bol

v rozpakoch, lebo nemal peniaze **2.** dostať sa do nepríjemnej situácie (aj finančnej); *financially e-ed* vo finančných ťažkostiach
embarrassment [imˈbærəsmənt] **1.** rozpaky; *hide one's e.* skryť svoje rozpaky **2.** finančné ťažkosti; *owing to my financial e.* vzhľadom na moje finančné ťažkosti
embassy [ˈembəsi] veľvyslanectvo
embed [imˈbed] *-dd-* **1.** pevne zasadiť, zapustiť, zafixovať; *firmly e-ded in rock* pevne zasadený v skale **2.** pren. zafixovať; *the facts were e-ded in his memory* údaje mal zafixované v pamäti
embellish [imˈbeliš] (*with*) **1.** skrášliť, ozdobiť; *e. a dress with a lace* skrášliť šaty čipkou **2.** prikrášliť; *e. a story* prikrášliť rozprávanie
embers [ˈembəz] mn. č. žeravé uhlíky
embezzle [imˈbezl] spreneveriť, defraudovať; *he e-d several thousand pounds* spreneveril niekoľko tisíc libier
embitter [imˈbitə] roztrpčiť; *e-ed by repeated failures* roztrpčený opakovanými neúspechmi
emblem [ˈembləm] symbol, znak; *an e. of peace* symbol mieru
embody [imˈbodi] **1.** stelesniť, stvárniť, zobraziť; *the author e-ied his ideas in his book* autor stvárnil svoje myšlienky vo svojej knihe **2.** obsahovať, prinášať, mať (na sebe, v sebe); *the new car e-ies many improvements* nové auto má mnoho zdokonalení
emboss [imˈbos] vytlačiť vzor, ozdobiť, vyraziť (vypuklo, ako reliéf); *e. with a design of flowers* ozdobiť vypuklým kvetovým vzorom
embrace [imˈbreis] **I.** sl. **1.** objať (sa), zovrieť do náručia; *they e-d* objali sa **2.** obsahovať, zahŕňať; *the course of study e-s every aspect of the subject* študijný kurz zahŕňa všetky aspekty (učebného) predmetu **3.** chopiť sa (čoho), využiť; *e. an opportunity* chopiť sa príležitosti **II.** podst. objatie; *she held the child to her in a warm e.* pritisla dieťa k sebe vo vrelom objatí
embrocation [ˌembrəˈkeišn] tekutina proti bolesti (na natieranie)
embroider [imˈbroidə] vyšívať; *a dress e-ed in golden thread* šaty vyšívané zlatou niťou
embroidery [imˈbroidri] výšivka
embryo [ˈembriəu] zárodok, embryo
emend [iˈmend] opraviť, (vy)korigovať; *e. a passage in a book* opraviť odsek v knihe

emerald [ˈemrəld] smaragd; *a ring set with e-s* prsteň so smaragdmi
emerge [iˈməːdž] **1.** vynoriť sa, vyjsť, objaviť sa aj pren.; *the moon e-d from behind the clouds* mesiac sa vynoril spoza mrakov; *new ideas e-d* objavili sa nové myšlienky **2.** vyjsť najavo; *the truth of the matter e-d* pravda o tej veci vyšla najavo
emergency [iˈməːdžnsi] prípad núdze/nebezpečenstva, vážna/mimoriadna situácia ● *in an e.* vo výnimočnej situácii; *state of e.* výnimočný stav; *e. exit* núdzový východ; *e. brake* záchranná brzda
emery [ˈemri] šmirgeľ, brusivo ● *e. paper* brúsny/šmirgľový papier
emigrant [ˈemigrənt] vysťahovalec, emigrant; *e-s from Europe to Canada* vysťahovalci z Európy do Kanady
emigrate [ˈeməgreit] vysťahovať sa do inej krajiny, emigrovať
eminence [ˈeminəns] **1.** vynikajúce postavenie; *win e. as a scientist* získať vynikajúce postavenie ako vedec **2.** kniž. vyvýšenina, kopec, výšina; **3.** titul kardinála; *Your E.* Vaša Eminencia
eminent [ˈeminənt] vynikajúci, význarný; *e. sculptor* vynikajúci sochár
emirate [eˈmirət] emirát
emission [iˈmišn] emisia, vysielanie, vyžarovanie; *car e.* výfukové plyny z áut
emit [iˈmit] *-tt-* **1.** vydávať, vyžarovať teplo/zvuk **2.** vypúšťať, chrliť; *a volcano e-s smoke and ashes* sopka chrlí dym a popol
emotion [iˈməušn] **1.** citové pohnutie, dojatie; *with deep e.* s veľkým dojatím **2.** cit, emócia; *love, joy, hatred and fear are all e-s* láska, radosť, nenávisť a strach sú všetko city
emotional [iˈməušnəl] **1.** citlivý, podliehajúci dojatiu; *an e. woman* citlivá žena **2.** dojatý; *she got e. and started to cry* bola dojatá a začala plakať **3.** dojímavý; *e. film* dojímavý film **4.** citový, emocionálny; *e. problems* citové problémy
emperor [ˈempərə] cisár
emphasis [ˈemfəsəs] dôraz; *put special e. on grammar* klásť špeciálny dôraz na gramatiku
emphasize aj *-ise* [ˈemfəsaiz] zdôrazniť; *he e-d the importance of this point* zdôraznil dôležitosť tohto bodu
emphatic [imˈfætik] **1.** dôrazný, rozhodný; *an e. refusal* dôrazné odmietnutie **2.** výrazný; *an e. victory* výrazné víťazstvo

empire [ˈempaiə] **I.** podst. **1.** ríša, impérium; *the British E.* britská ríša **2.** nadvláda (najmä obchodná), veľmoc; *a huge industrial e.* obrovská priemyselná veľmoc **3.** cisárstvo (vo Francúzsku) **II.** príd., často *E.* empírový; *E. furniture* empírový nábytok ● AM *E. State* štát New York

empiric(al) [imˈpirik(l)] empirický, založený na skúsenosti; *e. evidence* empirický dôkaz

employ [imˈploi] **1.** zamestnať; *he is e-ed in a bank* je zamestnaný v banke **2.** použiť, využiť; *e. one's force* použiť silu

employee [imˈploi-iː] zamestnanec

employer [imˈploiə] zamestnávateľ

employment [imˈploimənt] **1.** zamestnanie; *he has retired from his regular e.* zo svojho riadneho zamestnania odišiel do dôchodku **2.** použitie, využitie; *e. of all means* použitie všetkých prostriedkov ● *e. agency* sprostredkovateľňa práce

empress [ˈemprəs] **1.** cisárovná **2.** vládkyňa

empty [ˈempti] **I.** príd. prázdny aj pren.; *an e. box* prázdna škatuľa; *e. words* prázdne slová ● *e.-handed* s prázdnymi rukami; *e.-headed* s prázdnou hlavou **II.** sl. vyprázdniť (sa); *e. the glass* vyprázdniť pohár; *the room e-ied in five minutes* miestnosť sa vyprázdnila za 5 minút

emulate [ˈemjəleit] súťažiť, súperiť, usilovať sa vyrovnať (komu); *his ambition was to e. his father* mal ambície vyrovnať sa otcovi

enable [iˈneibl] umožniť; *e. people to get to work* umožniť, aby sa ľudia dostali do práce

enact [iˈnækt] **1.** uzákoniť, ustanoviť zákonom **2.** zahrať, stvárniť rolu

enamel [iˈnæml] **I.** podst. **1.** smalt, glazúra **2.** sklovina zubov ● *e. paint* emailový náter **II.** sl. *-ll-* **1.** smaltovať **2.** (na)lakovať

encase [inˈkeis] obaliť, obložiť; *a fish e-d in ice* ryba zamrznutá v ľade ● *e-d in armour* opancierovaný

enchant [inˈčaːnt] (*with/by*) očariť (čím), nadchnúť, uchvátiť; *she was e-ed with the flowers* bola nadšená kvetmi

encircle [inˈsəːkl] obkľúčiť, obklopiť; *a lake e-d by trees* jazero obklopené stromami

enclose [inˈkləuz] **1.** ohradiť, obohnať plotom, múrom; *a garden e-d by a wall* záhrada ohradená múrom **2.** priložiť k listu/do obálky; *a cheque for £5 is e-d* priložený je šek na 5 libier

enclosure [inˈkləužə] **1.** príloha k listu **2.** oplotený/uzatvorený priestor **3.** oplotenie

encore [ˈankoː] **I.** citosl. (zvolanie) opakovať! **II.** podst. prídavok (umelca k programu); *the singer gave three e-s* spevák trikrát pridal

encounter [inˈkauntə] **I.** sl. **1.** čeliť; *we e-ed a lot of difficulties* čelili sme mnohým ťažkostiam **2.** nečakane stretnúť (koho), naraziť (na koho) **II.** podst. stretnutie (nečakané al. nebezpečné)

encourage [inˈkaridž] povzbudiť, posmeliť; *e. the boy in his studies* povzbudiť chlapca do štúdia

encroach [inˈkrəuč] aj *e. on/upon* zasiahnuť (neoprávnene), zneužiť; *e. the rights of the citizens* zasiahnuť do práv občanov; *she e-es upon my time and always asks a lot of questions* zneužíva môj čas stálym vypytovaním

encrust [inˈkrast] **1.** (*with/in*) celkom pokryť (čím) **2.** obložiť, vyložiť kameňmi; *a gold vase e-ed with precious stones* zlatá váza vykladaná drahými kameňmi

encumber [inˈkambə] **1.** stáť v ceste, prekážať **2.** ovešať, oťažiť; *be e-ed with parcels* byť ovešaný balíkmi

encyclopedia aj **encyclopaedia** [inˌsaiklə-ˈpiːdiə] encyklopédia, náučný slovník

end [end] **I.** podst. (v rozl. význ.) **1.** koniec; *the e. of a stick* koniec palice; *the house at the e. of the street* dom na konci ulice; *the e. of the week* koniec týždňa; *he is at the e. of his strength* je na konci so silami **2.** časť mesta/miesta, končina; *the west e. of the town* západná časť mesta; *the East E.* východná časť (štvrť Londýna) **3.** aj *e-s* mn. č. účel, cieľ; *to what e.?* za akým účelom?, prečo? *the e. justifies the means* účel svätí prostriedky **4.** zvyšok, koniec; *cigarette e-s* nedopalky cigariet ● *on e.* **a)** rovno, vzpriamene; *stand on e.* rovno/vzpriamene stáť **b)** (o vlasoch, srsti) naježene; *the cat's fur stood on e.* mačke sa naježila srsť **c)** nepretržite; *five days on e.* päť dní nepretržite; *in the e.* nakoniec; *he found it in the e.* nakoniec to našiel; *without e.* nekonečne, bez konca; *be at a loose e-s* nemať čo rozumného robiť; *make (both) e-s meet* vystačiť (s peniazmi, platom ap.); *put an e. to sth.* skončiť, skoncovať (s čím) **II.** príd. krajný, posledný; *she lives in the e. house* býva v poslednom dome **III.** sl. (s)končiť (sa); *the road e-s here* tu sa cesta končí

end up skončiť (s čím al. kde); *he will e. up in prison* skončí vo väzení

endanger [inˈdeindžə] ohroziť; *drunk drivers e. the lives of others* opití vodiči ohrozujú životy iných; *e-ed species* ohrozené druhy živočíchov

endear [in'diə] *to* získať obľubu (u koho), stať sa obľúbeným; *his kindness e-ed him to everyone* svojou ochotou si získal obľubu všetkých

endearing [in'diəriŋ] roztomilý; *an e. smile* roztomilý úsmev

endeavour [in'devə] I. podst. úsilie, snaha; *an e. to stop inflation* snaha zastaviť infláciu II. sl. usilovať sa, snažiť sa; *e. to please one's superior* usilovať sa vyhovieť nadriadenému

ending ['endiŋ] 1. zakončenie, koniec 2. lingv. koncovka

endless ['endləs] nekonečný; *with e. patience* s nekonečnou trpezlivosťou

endorse [in'doːs] 1. podpísať (na rube šeku ap.), parafovať 2. zapísať záznam/priestupok do vodičského preukazu; *his driving licence has been e-d* zapísali mu priestupok do vodičského preukazu 3. schváliť; *the court e-d the judge's decision* súd schválil rozhodnutie sudcu

endow [in'dau] dotovať, finančne vydržiavať (nemocnicu, školu ap.)

endow with obdariť (čím); *be e-ed with beauty* byť od prírody obdarený krásou

endurance [in'djurəns] 1. vytrvalosť; *he showed remarkable powers of e.* ukázal pozoruhodnú vytrvalosť 2. znesiteľnosť; *his rudeness is beyond e.* jeho hrubosť je už neznesiteľná

endure [in'djuə] 1. vytrvať, vydržať, pretrvať; *we must e. to the end* musíme vydržať do konca; *laws that have e-d for centuries* zákony, ktoré pretrvali stáročia 2. znášať (trpezlivo); *I can e. his rudeness no longer* nemôžem ďalej znášať jeho hrubosť

enemy ['enəmi] I. podst. nepriateľ II. príd. nepriateľský; *e. aircraft* nepriateľské lietadlo

energetic [,enə'džetik] rázny, energický; *an e. walk* rázna chôdza

energy ['enədži] 1. fyz. energia, sila; *electrical e.* elektrická energia 2. aj *e-ies* mn. č. energia, činorodosť, ráznosť; *he's full of e.* je plný energie

enforce [in'foːs] vynútiť (si), presadiť; *e. discipline* vynútiť si disciplínu; *e. one's will* presadiť vlastnú vôľu

engage [in'geidž] 1. zamestnať, prijať do zamestnania, najať; *I've e-d a new assistant* prijal som do zamestnania nového predavača 2. rezervovať si, zaistiť si, zahovoriť si; *e. a room in a hotel* rezervovať si izbu v hoteli 3. zaujať, upútať; *the toy didn't e. the child* hračka nezaujala dieťa 4. zaútočiť, bojovať, stretnúť sa v boji; *the armies e-d early in the morning* armády sa stretli v boji skoro ráno 5. zapadať do seba, zaradiť, zasunúť; *the driver e-d second gear* vodič zaradil druhú rýchlosť

engage in 1. zúčastniť sa (na čom), angažovať sa (v čom); *politicians should not e. in business affairs* politici by sa nemali angažovať v podnikaní 2. zaangažovať, zapojiť (koho do čoho); *e. sb. in conversation* zapojiť niekoho do rozhovoru

engaged [in'geidžd] 1. zamestnaný, zaneprázdnený; *I can't come on Monday, I'm e.* nemôžem prísť v pondelok, som zaneprázdnený 2. obsadený (o telefóne), zadaný (o izbe); *the e. tone* obsadzovací tón 3. zasnúbený; *he is e. to my sister* je zasnúbený s mojou sestrou

engagement [in'geidžmənt] 1. zasnúbenie; *they announced their e.* oznámili svoje zasnúbenie 2. záväzok, povinnosť; *social e-s* spoločenské záväzky 3. schôdzka; *I can't come because I have a previous e.* nemôžem prísť, už mám dohovorenú inú schôdzku 4. zamestnanie na zmluvu, angažmán (v divadle ap.) 5. tech. záber

engagement ring [in'geidžmənt riŋ] snubný prsteň

engine ['endžən] 1. motor; *the e. of a car* motor auta 2. lokomotíva 3. *-engined* s určitým druhom motora; *a twin-e. aircraft* dvojmotorové lietadlo ● *e. room* lodná strojovňa; *e. driver* vodič lokomotívy

engineer [,endžə'niə] I. podst. 1. konštruktér 2. strojník, technik 3. inžinier 4. AM strojvodca II. sl. 1. konštruovať 2. stavať, budovať

engineering [,endžə'niriŋ] 1. strojárstvo; *heavy e.* ťažké strojárstvo 2. inžinierstvo; *civil e.* stavebné inžinierstvo

England ['iŋglənd] Anglicko

English ['iŋgliš] I. podst. 1. angličtina; *an E. teacher* učiteľ angličtiny; *he speaks E.* hovorí po anglicky 2. *E.* Angličania; *he is E.* je Angličan II. príd. anglický; *the E. language* anglický jazyk, angličtina ● *the E.* Angličania; *the E. Channel* Lamanšský prieliv

Englishman ['iŋglišmən] mn. č. *-men* [-mən] Angličan

Englishwoman ['iŋgliš,wumən] mn. č. *-women* [-,wimin] Angličanka

engrave [inˈgreiv] (*on*) **1.** (vy)ryť, vygravírovať, vyrezať; *a name e-d on a tombstone* meno vytesané na náhrobku **2.** pren. vštepiť (si); *e. on the memory* vštepiť si do pamäti
engraver [inˈgreivə] rytec
engraving [inˈgreiviŋ] rytina
engross [inˈgrəus] (*in*) zahĺbiť sa (do čoho), celkom upútať; *he's e-ed in his work* je zahĺbený do práce; *an e-ing book* pútavá kniha
engulf [inˈgalf] kniž. pohltiť; *a house e-ed by flames* dom zachvátený plameňmi
enhance [inˈhaːns] zvýšiť, pozdvihnúť na vyššiu úroveň, zvýšiť hodnotu (čoho); *e. one's chances* zvýšiť si šance ● *computer e-d learning* učenie zintenzívnené počítačom
enjoy [inˈdžoi] **1.** rád robiť (čo); *I e. going to the cinema* rád chodím do kina; *he e-s reading* rád číta **2.** užiť si (čo), mať sa (niekde), páčiť sa (neosobne); *how did you e. your holidays?* ako ste sa mali na dovolenke? *did you e. the film?* páčil sa vám ten film? **3.** tešiť sa (z čoho, čomu), mať pôžitok (z čoho); *e. good health* tešiť sa dobrému zdraviu; *e. one's dinner* pochutnať si na večeri **4.** *e. oneself* zabaviť sa niekde; *we e-ed ourselves very much* veľmi dobre sme sa zabavili
enjoyable [inˈdžoiəbl] **1.** zábavný; *an e. book* zábavná kniha **2.** príjemný; *an e. evening* príjemný večer
enjoyment [inˈdžoimənt] potešenie, radosť, pôžitok; *to my great e.* na moje veľké potešenie; *get much e. out of a book* mať veľký pôžitok z knihy
enlarge [inˈlaːdž] **1.** zväčšiť (sa), rozšíriť (sa); *e. the garden* rozšíriť záhradu **2.** zväčšiť; *e. a photograph* zväčšiť fotografiu
enlarge on/upon uviesť viac podrobností, dať širší výklad, rozviesť; *we asked her to e. on the facts* požiadali sme ju uviesť viac podrobností o tých faktoch
enlighten [inˈlaitn] vysvetliť, objasniť (čo); *can you e. me on this subject?* môžete mi vysvetliť túto vec?
enlightenment [inˈlaitnmənt] **1.** osveta, poučenie; *for the e. of mankind* pre poučenie ľudstva **2.** *The E.* osvietenstvo
enlist [inˈlist] **1.** vstúpiť do armády, odviesť k vojsku; *he e-ed when he was eighteen* odviedli ho k vojsku, keď mal osemnásť; *e. as a volunteer in the army* prihlásiť sa do armády ako dobrovoľník **2.** prihlásiť sa do kurzu, vstúpiť do strany **3.** získať podporu/pomoc/spoluprácu

enliven [inˈlaivn] oživiť, rozveseliť; *e. a party* oživiť večierok/zábavu
enmity [ˈenməti] nepriateľstvo
enormity [iˈnoːməti] **1.** ohavnosť; *the e. of a crime* ohavnosť zločinu **2.** obrovská veľkosť, nesmiernosť; *the e. of the problem* nesmierne veľký problém
enormous [iˈnoːməs] obrovský, nesmierny; *an e. sum of money* obrovská suma peňazí
enormously [iˈnoːməsli] nesmierne, ohromne; *I'm e. grateful to you* som vám nesmierne povďačný
enough [iˈnaf] **I.** neurč. čísl. dosť; *we have e. time/time e.* máme dosť času; *will £5 be e. for you?* bude vám 5 libier dosť? ● *e. of* akurát, dosť; *I've had e. of your rudeness* už mám akurát dosť tvojej hrubosti; *more than e.* priveľa, viac než dosť; *I've eaten more than e.* priveľa som sa najedol **II.** prísl. dosť, dostatočne; *I didn't bring a big e. bag* nedoniesol som dosť veľkú tašku; *it's difficult e.* je to dosť ťažké
enquire [inˈkwaiə] informovať sa; p. **inquire**
enquiry [inˈkwairi] otázka, informácia, zisťovanie, vyšetrovanie; p. **inquiry**
enrage [inˈreidž] rozzúriť; *her behaviour e-d him* jej správanie ho rozzúrilo
enrich [inˈrič] **1.** obohatiť; *the discovery of oil e-ed the economy of the country* objavenie ropy obohatilo hospodárstvo krajiny **2.** zlepšiť kvalitu, obohatiť; *music can e. your life* hudba môže obohatiť váš život; *soil e-ed with a fertilizer* pôda obohatená/zlepšená hnojivom
enrol [inˈrəul] *-ll-* zapísať (sa) (do zoznamu, do školy); *e. (sb.) as a member of a society* zapísať (koho) za člena spoločnosti
enrolment [inˈrəulmənt] **1.** zápis, nábor **2.** počet zapísaných; *a school with an e. of 800 pupils* škola s 800 zapísanými žiakmi
ensemble [onˈsombl] **1.** súbor, celok, komplet; *an attractive e. of coat, hat and shoes* atraktívny komplet pozostávajúci z kabáta, klobúka a topánok **2.** hud. súbor, zbor; *musical e.* hudobný súbor
ensilage [ˈensilidž/inˈsailidž] siláž, silážovanie
enslave [inˈsleiv] zotročiť; *drugs e. the will* drogy zotročujú vôľu
ensue [inˈsjuː] nasledovať; *in the e-ing year* v nasledujúcom roku
ensue from vyplývať; *trouble e-ing from a misunderstanding* nepríjemnosť, vyplývajúca z nedorozumenia

E

ensure [in'ʃuə] **1.** zaručiť; *I can't e. it* to nemôžem zaručiť **2.** zabezpečiť; *this medicine will e. you a good sleep* tento liek vám zabezpečí dobrý spánok
entail [in'teil] vyžadovať (si), mať za následok; *that will e. an early start* to si bude vyžadovať skorý odchod
entangle [in'tæŋgl] zapliesť sa, zamotať sa aj pren.; *e. in a net* zapliesť sa do siete; *he e-d himself with some dishonest people* zapletol sa s nečestnými ľuďmi
enter ['entə] **1.** vstúpiť, vojsť; *e. a room* vstúpiť do miestnosti; *e. by a back door* vojsť zadným vchodom **2.** zapísať (sa); *e. a university* zapísať sa na univerzitu **3.** prihlásiť (sa) (na čo); *several of the finest runners e-ed (for) the race* na preteky sa prihlásilo mnoho dobrých bežcov; *the teacher e-ed the pupils for the examination* učiteľ prihlásil žiakov na skúšku **4.** zaradiť, vniesť, zapísať; *e. the data into the computer* vniesť údaje do počítača

enter something (bez predložky) = vstúpiť **do** niečoho

enter into pustiť sa, zapojiť sa (do čoho), začať (čo); *e. into a discussion on salaries* pustiť sa do diskusie o platoch
enter on/upon kniž. začať (čo), nastúpiť (do zamestnania), ujať sa (funkcie ap.); *the new teacher e-ed upon his duties* nový učiteľ sa ujal svojich povinností
enterprise ['entəpraiz] **1.** podnikavosť; *he is a man of great e.* je to veľmi podnikavý človek; *I admire their e.* obdivujem ich podnikavosť **2.** podnikanie, podnik; *private e.* súkromné podnikanie **3.** podnik, obchodná firma
enterprising ['entəpraiziŋ] podnikavý
entertain [ˌentə'tein] **1.** hostiť, mať hostí; *the Smiths do a great deal of e-ing* Smithovci majú veľmi často hostí **2.** zabávať; *we are well e-ed by his tricks* dobre sa zabávame na jeho trikoch **3.** uvažovať (o čom), vziať do úvahy (čo), zaoberať sa (v mysli) (čím); *e. a proposal* uvažovať nad ponukou; *e. ideas* zaoberať sa myšlienkami
entertainer [ˌentə'teinə] estrádny/kabaretný umelec
entertainment [ˌentə'teinmənt] **1.** zábava, obveselenie, rozptýlenie; *the film is quite good e.* ten film je celkom dobrá zábava; *much to the e. of the onlookers* na veľké

obveselenie divákov **2.** zábavné predstavenie; *public e.* verejné zábavné predstavenie **3.** starostlivosť o hostí; *e. of foreign visitors* starostlivosť o zahraničných návštevníkov
enthusiasm [in'θjuːziæzm] nadšenie; *feel no e. for/about the play* nebyť nadšený hrou
enthusiast [in'θjuːziæst] nadšenec, fantasta, (náboženský) fanatik; *a sports e.* zapálený pre šport
enthusiastic [inˌθjuːzi'æstik] nadšený; *e. fans* nadšení fanúšikovia
entire [in'taiə] celý, úplný; *she spent the e. day in bed* strávila celý deň v posteli; *the e. family have gathered* celá rodina sa stretla
entirely [in'taiəli] celkom, úplne; *e. wrong* celkom nesprávne
entitle [in'taitl] **1.** (*to*) oprávňovať (na čo); *this ticket e-s you to a free seat at the concert* s týmto lístkom máte nárok na bezplatné miesto na koncerte; *I'm e-d to know...* som oprávnený vedieť... **2.** nazvať; *the book is e-d „English Grammar"* kniha má názov „Anglická gramatika"
entrails ['entreilz] mn. č. vnútornosti
entrance ['entrəns] **1.** (*to*) vchod, vstup, vjazd (do čoho); *the e. to the cinema* vstup/vchod do kina **2.** prijatie; *e. examination* prijímacia skúška **3.** aj *e. fee* vstupné ● *they refused him e.* zamedzili mu vstup
entrant ['entrənt] **1.** uchádzač, prihlásený záujemca **2.** účastník (na pretekoch ap.)
entreat [in'triːt] naliehavo prosiť, zaprisahať; *e. the king for mercy* prosiť kráľa o milosť
entrench [in'trenč] **1.** obohnať zákopom **2.** pevne zakotviť, hlboko zakoreniť; *society e-ed by tradition* spoločnosť so zakorenenou tradíciou
entry ['entri] **1.** vstup, prístup; *forced e. into the building* vynútený vstup do budovy **2.** AM vchod, dvere **3.** zápis, záznam; *an e. in one's diary* záznam v diári **4.** heslo; *dictionary e-ies* heslá v slovníku **5.** zoznam/počet prihlásených; *a large e. for the examination* veľký počet prihlásených na skúšku ● *no e.* vstup/vjazd zakázaný; *e. form* vstupná prihláška
enumerate [i'njuːməreit] menovite vypočítať, vyrátať; *e. the advantages* vypočítať výhody
envelop [en'veləp] (*in*) zahaliť, obklopiť, pokryť; *hill e-ed in mist* kopec zahalený v hmlistom opare

envelope [ˈenvələup] **1.** obálka (na list) **2.**
kniž. povlak, obal; *an e. of mist* zahalenie
hmlistým oparom
envious [ˈenviəs] (*of*) závistlivý; *e. looks*
závistlivé pohľady; *be e. of sth.* závidieť (čo)
environment [inˈvairənmənt] životné
prostredie, okolie; *suffer from a bad e.* trpieť
pre zlé prostredie
environmental [inˌvairənˈmentl] týkajúci
sa životného prostredia; *e. issues* otázky ži-
votného prostredia
environs [inˈvairənz] okolie mesta; *Lon-
don and its e.* Londýn a jeho okolie
envisage [inˈvizidž] počítať (s čím), predpo-
kladať (čo); *e. complications* počítať s kom-
plikáciami; *he had not e-d seeing her again*
nepredpokladal, že ju opäť uvidí
envoy [ˈenvoi] **1.** posol **2.** delegát, zá-
stupca (často diplomatický)
envy [ˈenvi] **I.** podst. **1.** závisť; *full of e.* pl-
ný závisti **2.** predmet závisti; *his car was the
e. of all his friends* jeho auto bolo predmetom
závisti všetkých jeho priateľov **II.** sl. závi-
dieť; *I e. you* závidím ti
epic [ˈepik] **I.** príd epický **II.** podst. epická
báseň, epos
epidemic [ˌepəˈdemik] epidémia; *cholera
e.* epidémia cholery
epoch [ˈiːpok] epocha, obdobie; *a new e. in
history* nová epocha v histórii
equal [ˈiːkwəl] **I.** príd. **1.** (*to*) rovný (čomu),
rovnaký; *e. pay for e. work* rovnaká pláca za
rovnakú prácu **2.** (*to*) vyrovnaný (s čím); *she
was e. to the occasion* bola vyrovnaná s okol-
nosťami **II.** sl. *-ll-* (vy)rovnať sa; *he e-s me in
strength* vyrovná sa mi silou; *two times two
e-s four* dvakrát dva sa rovná štyri
equality [iˈkwoləti] rovnosť, rovnaká úro-
veň; *social e.* sociálna rovnosť;
equalize aj **equalise** [ˈiːkwəlaiz] vyrovnať
aj šport.; *e. the temperature in the two rooms*
vyrovnať teplotu medzi dvoma izbami; *En-
gland e-d before the end of the match* Ang-
licko vyrovnalo pred koncom zápasu
equally [ˈiːkwəli] rovnako; *divide it e.!*
rozdeľ to rovnako!
equation [iˈkweižn] **1.** mat. rovnica **2.** vy-
rovnanosť, uvedenie na rovnakú mieru; *an e.
of supply and demand* vyrovnanosť ponuky a
dopytu
equator [iˈkweitə] obyč. *the E.* rovník
equatorial [ˌekwəˈtoːriəl] rovníkový

equestrian [iˈkwestriən] jazdecký; *the e.
skill* jazdecké umenie
equilateral [ˌiːkwəˈlætrəl] rovnostranný;
an e. triangle rovnostranný trojuholník
equilibrium [ˌiːkwəˈlibriəm] rovnováha;
maintain one's e. udržať rovnováhu
equinox [ˈiːkwənoks] rovnodennosť; *the
spring/autumnal e.* jarná/jesenná rovnoden-
nosť
equip [iˈkwip] *-pp-* vystrojiť, vybaviť; *e.
children for a journey* vystrojiť deti na cestu;
the school is e-ped with computers škola je
vybavená počítačmi
equipment [iˈkwipmənt] **1.** vybavenie,
výstroj; *the e. of a laboratory* vybavenie la-
boratória **2.** zariadenie; *radar e.* radarové za-
riadenie
equity [ˈekwəti] **1.** spravodlivosť, pocti-
vosť **2.** ekon. *e-ties* mn. č. kmeňová akcia
equivalent [iˈkwivlənt] **I.** príd. **1.** ekviva-
lentný, rovnocenný; *he changed his pounds
for the e. amount in dollars* vymenil si libry
za ekvivalentnú sumu v dolároch **2.** rovnaký
II. podst. ekvivalent
era [ˈirə] éra, epocha, obdobie; *the Chris-
tian e.* kresťanská éra, kresťanský letopočet
erase [iˈreiz] vymazať, vygumovať aj pren.;
e. pencil marks vygumovať značky urobené
ceruzkou
eraser [iˈreizə] guma (na gumovanie)
erect [iˈrekt] **I.** príd. vzpriamený, vztýčený;
stand e. stáť vzpriamene **II.** sl. postaviť, vy-
budovať, vztýčiť; *e. a statue* postaviť sochu;
geom. *e. a perpendicular* vztýčiť kolmicu
ermine [ˈəːmən] **1.** hranostaj **2.** hermelín;
a gown trimmed with e. talár lemovaný her-
melínom
erode [iˈrəud] narušiť, vymlieť, rozpadnúť sa
erosion [iˈrəužn] erózia, rozrušenie, vy-
mieľanie; *soil e.* erózia pôdy
err [əː] mýliť sa, chybiť; *to e. is human* mý-
liť sa je ľudské
errand [ˈerənd] vybavovanie, pochôdzka;
do some e-s vybavovať čosi, robiť pochôdzky
● *go on e-s* vybavovať, obchádzať (úrady ap.)
erratic [iˈrætik] nevypočítateľný, kolísa-
vý, menlivý; *an e. tennis player* nevypočíta-
teľný tenisový hráč; *e. attendance* kolísavá
návštevnosť
erroneous [iˈrəuniəs] chybný, mylný; *an
e. belief* mylná viera; *an e. statement* chybné
vyhlásenie

E

error ['erə] omyl, chyba; *a spelling e.* pravopisná chyba ● *in e.* omylom

erupt [i'rapt] **1.** (o sopke) vybuchnúť, soptiť, chrliť; *e. with hot lava* soptiť horúcu lávu **2.** lek. vysypať sa, dostať vyrážky **3.** pren. prepuknúť; *violence e-ed in the city* v meste prepuklo násilie

eruption [i'rapšn] **1.** výbuch sopky, erupcia; *e-s of ashes and lava* erupcia popola a lávy **2.** pren. prepuknutie (choroby, vojny)

escalate ['eskəleit] **1.** stupňovať (sa), (vy)stupňovať (sa); *e. the war* stupňovať vojnu **2.** zvyšovať (sa); *prices are e-ing* ceny sa zvyšujú

escalator ['eskəleitə] pohyblivé schody, eskalátor

escalope ['eskəlop] rezeň; *veal e.* teľací rezeň

escape [i'skeip] **I.** sl. **1.** (*from*) uniknúť, ujsť (z); *they managed to e. from the burning building* podarilo sa im uniknúť z horiacej budovy **2.** unikať (o plyne, pare); *gas is e-ing* uniká plyn **3.** vyhnúť sa, uniknúť (čomu); *e. punishment* vyhnúť sa potrestaniu **II.** podst. **1.** útek, únik; *an e. from prison* útek z väzenia; *an e. from reality* únik od skutočnosti **2.** unikanie plynu, pary ● *fire e.* požiarne schodište

escort I. podst. ['eskoːt] ochranný, ozbrojený sprievod; *under police e.* s policajným sprievodom **II.** sl. [i'skoːt] **1.** odprevadiť; *who will e. you home?* kto vás odprevadí domov? **2.** eskortovať (napr. väzňa)

especially [i'spešli] hlavne, najmä, obzvlášť; *I like the country, e. in spring* mám rád vidiek, najmä na jar

espionage ['espiənaːž] špionáž

Esquire [i'skwaiə], častejšie skr. **Esq.** vážený pán (zdvorilostný titul používaný za menom); *addressed to Peter Jones, Esq.* adresované váženému pánovi Petrovi Jonesovi

essay ['esei] **1.** esej **2.** písomná práca, test **3.** kniž. pokus;

essence ['esns] **1.** podstata; *the true e. of things* pravá podstata vecí **2.** esencia, výťažok; *e. of peppermint* výťažok z mäty

essential [i'senšl] **I.** príd. **1.** podstatný, základný; *it's e. to arrive on time* podstatné je prísť načas; *an e. difference* základný rozdiel **2.** nevyhnutný; *is wealth e. to happiness?* je bohatstvo nevyhnutné pre šťastie? **II.** podst., často *e-s* mn. č. **1.** základ; *the e-s of English grammar* základy anglickej gramatiky **2.** nevyhnutne potrebná vec, nevyhnutnosť

essentially [i'senšli] v podstate; *we are e. peace-loving people* sme v podstate mierumilovní ľudia

establish [i'stæbliš] **1.** založiť, zriadiť; *e. a new state* založiť nový štát **2.** zariadiť sa; *we are comfortably e-ed in our new house* v našom novom dome sme sa pohodlne zariadili **3.** zistiť, konštatovať; *e. the truth* zistiť pravdu

establishment [i'stæblišmənt] **1.** založenie, zriadenie; *the e. of a new factory* založenie novej továrne **2.** podnik, firma, organizácia, inštitúcia; *an educational e.* vzdelávacia inštitúcia

estate [i'steit] **1.** nehnuteľný majetok, pozemky **2.** zástavba, parcela; *a housing e.* domová zástavba, sídlisko **3.** vlastníctvo; *real/personal e.* nehnuteľné/hnuteľné vlastníctvo ● *an e. agent* realitný agent

esteem [i'stiːm] **I.** sl. **1.** vážiť si; *e. one's father* vážiť si svojho otca **2.** kniž. považovať; *I shall e. it a favour* budem to považovať za láskavosť **II.** podst. vážnosť, úcta; *hold sb. in e.* mať niekoho v úcte

esthetic [iːs'θetik] estetický

estimate I. podst. ['estəmət] **1.** odhad, ocenenie; *at a rough e.* v hrubom odhade **2.** rozpočet (predbežný) **II.** sl. ['estəmeit] odhadnúť, oceniť; *e. the distance by the eye* odhadnúť vzdialenosť od oka; *e. the value of a painting* oceniť hodnotu obrazu

estimation [ˌestə'meišn] **1.** názor; *in/by my e.* podľa môjho názoru **2.** ohodnotenie, zhodnotenie **3.** úcta; *he has lowered himself in my e.* moja úcta k nemu poklesla

estuary ['esčuəri] ústie rieky do mora

etc skr. *„ etcetera "* [ət'setrə] atď. (lat.)

etch [eč] leptať

etching ['ečiŋ] lept

eternal [i'təːnl] **1.** večný; *e. life* večný život **2.** pren. nekonečný, večný; *stop this e. chatter* prestaň s tým večným táraním

eternity [i'təːnəti] večnosť aj pren.; *send a man to e.* poslať (koho) na večnosť; *it seemed an e.* zdalo sa to ako večnosť

ethics ['eθiks] etika, morálka

ethnic ['eθnik] aj **ethnical** ['eθnikl] **1.** etnický **2.** folkloristický

eucalyptus [ˌjuːkə'liptəs] eukalyptus

euro ['juərəu] euro (mena Európskej únie)

Europe ['juərəp] Európa

European [ˌjuərə'piən] **I.** príd. európsky; *E.*

countries európske štáty; *E. Union* Európska
únia **II.** podst. Európan
   evacuate [i'vækjueit] **1.** vysťahovať, eva-
kuovať; *e. a town* evakuovať mesto **2.** vy-
prázdniť (nádobu ap.)
   evade [i'veid] **1.** vyhnúť sa (povinnosti, zod-
povednosti) **2.** uniknúť, uhnúť; *e. a blow* uhnúť
úderu
   evaluate [i'væljueit] oceniť, ohodnotiť;
they e-d the books at £50 ohodnotili knihy na
50 libier
   evangelist [i'vændžələst] **1.** kazateľ, mi-
sionár **2.** *E.* evanjelista (autor časti Biblie)
   evaporate [i'væpəreit] **1.** vypariť (sa), od-
pariť (sa); *heat e-s water* teplo spôsobuje od-
parovanie vody; *the water soon e-d* voda sa
rýchlo vyparila **2.** pren. rozplynúť sa, zmiz-
núť; *his hopes e-d* jeho nádeje sa rozplynuli
   evasive [i'veisiv] vyhýbavý; *an e. answer*
vyhýbavá odpoveď
   eve [i:v] predvečer; *on the e.* v predvečer
● *Christmas E.* Štedrý deň/večer; *New Year's
E.* Silvester
   even[1] ['i:vn] **I.** príd. **1.** rovný, hladký; *the
best lawns are perfectly e.* najlepšie trávni-
ky sú dokonale rovné **2.** vyrovnaný, rovna-
ký; *our scores are e.* naše skóre je vyrovnané
3. párny; *e. numbers* párne čísla **4.** pravidel-
ný, rovnomerný; *e. pulse* pravidelný pulz;
travel at an e. speed isť rovnomernou rých-
losťou **II.** sl. (*out*) vyrovnať sa, dostať sa na
rovnakú úroveň; *prices should e. out soon* ce-
ny by sa mali čoskoro vyrovnať
   even[2] ['i:vn] **1.** ani len; *he never e. opened
the letter* nikdy ani len neotvoril ten list **2.** eš-
te aj, dokonca (aj); *it was cold there e. in July*
bolo tam chladno ešte aj v júli **3.** *e. if/though*
hoci, aj keď; *e. if I leave you, I'll stay with
you* aj keď vás opustím, zostanem s vami ●
e. less ešte menej; *e. so* aj tak, napriek tomu;
it rained, but e. so it was a pleasant day pr-
šalo, ale napriek tomu to bol príjemný deň
   even up vyrovnať sa, vysporiadať sa; *e. up
accounts* vyrovnať si účty
   evening ['i:vniŋ] **I.** podst. večer; *this e.* dnes
večer; *yesterday e.* včera večer; *in the e.* ve-
čer **II.** príd. večerný; *e. classes* večerné kur-
zy; *e. dress* večerné šaty ● *e. paper* večerník
   event [i'vent] **1.** udalosť; *it was quite an e.*
bola to skutočne udalosť **2.** prípad; *in the e.
of* v prípade (čoho/že/ak); *in that e.* v tom prí-
pade; *in any e.* v každom prípade **3.** šport. dis-

ciplína; *which e-s have you entered for?* na
ktoré disciplíny si sa prihlásil? ● *at all e-s*
rozhodne
   eventual [i'venčuəl] konečný; *e. victory*
konečné víťazstvo
   eventuality [i,venču'æləti] možnosť,
eventualita; *the e. of war* možnosť vojny;
cover all e-ies zahŕňať/brať do úvahy všetky
možnosti
   eventually [i'venčuəli] nakoniec; *he e. swam
across the river* nakoniec preplával rieku
   ever ['evə] **1.** v opytovacej a podmieňovacej vete
(vôbec) niekedy; *have they e. met?* stretli sa vô-
bec niekedy? *If I e. catch him* ak ho niekedy
chytím **2.** po zápore nikdy; *nothing e. happens
here* nikdy sa tu nič nedeje ● *e. and again*
občas; *for e.* navždy; *have you e.?* to som eš-
te nevidel/a!/no takéto niečo! *Yours e.*
Tvoj/Váš (na zakončenie neformálneho listu); *how
can I e. thank you?* ako sa vám mám vlastne
poďakovať?
   evergreen ['evəgri:n] **I.** príd. vždyzelený (o
strome, kríku) **II.** podst. evergreen, stále popu-
lárna pieseň
   everlasting [,evə'la:stiŋ] **1.** trvalý, večný;
e. glory večná sláva **2.** ustavičný; *his e. com-
plaints* jeho ustavičné ponosy
   evermore [,evə'mo:] navždy, večne
   every ['evri] **1.** každý; *I have read e. book
on that shelf* prečítal som každú knihu, čo je
na tej polici; *such things do not happen e. day*
také veci sa nestávajú každý deň **2.** všetok;
you have e. reason to be satisfied máte všet-
ky dôvody byť spokojný ● *e. other day* kaž-
dý druhý deň, obdeň; *e. time* **a)** zakaždým,
vždy; *we win e. time* zakaždým vyhráme **b)**
kedykoľvek; *e. time they meet, they quarrel*
vždy, keď sa stretnú, hádajú sa; *in e. way* v
každom ohľade; *e. now and then/again, e. so
often* občas, kedy-tedy, tu a tam
   everybody ['evribodi] každý, všetci; *in a
small village e. knows e. else* na malej dedi-
ne sa všetci poznajú
   everyday ['evridei] **1.** každodenný; *his e.
duties* jeho každodenné povinnosti **2.** vše-
dný, bežný; *an e. event* bežný prípad
   everyone ['evriwan] každý, všetci; *they
gave a prize to e. who passed the exam* každý,
kto urobil skúšku, dostal cenu; *e. but John ar-
rived on time* všetci okrem Jána prišli načas
   everything ['evriθiŋ] všetko; *tell me e.
about it* povedz mi o tom všetko

everywhere [ˈevriweə] všade; *I've looked e. for it* všade som to hľadal

evidence [ˈevədns] **1.** dôkaz; *produce e. in support of one's theories* podať dôkazy na podloženie svojej teórie **2.** svedectvo; *there wasn't enough e. to prove him guilty* svedectvo bolo nedostatočné na to, aby dokázalo jeho vinu ● *be in e.* byť nápadný

evident [ˈevədnt] zrejmý, jasný; *it must be e. to all of you* každému z vás to musí byť zrejmé

evil [ˈiːvl] **I.** príd. zlý; *an e. tongue* zlý jazyk **II.** podst. zlo; *choose the lesser of two e-s* vybrať si menšie zlo

evil-minded [ˌiːvl ˈmaindəd] zlomyseľný

evoke [iˈvəuk] vyvolať, vzbudiť; *e. memories* vyvolať spomienky

evolution [ˌiːvəˈluːšn] **1.** vývoj, rozvoj; *the e. of modern society* rozvoj modernej spoločnosti **2.** stroj. obrátka motora

evolve [iˈvolv] **1.** vyvinúť (sa); *man e-d from ape* človek sa vyvinul z opice **2.** chem. uvoľniť, vyvinúť (plyn)

ewe [juː] ovca, bahnica

exact[1] [igˈzækt] **1.** presný; *the e. size of the room* presné rozmery izby **2.** precízny, dokonale presný, exaktný; *you have to be e. in this job* pri tejto práci musíte byť veľmi precízny; *e. science* exaktné vedy

exact[2] [igˈzækt] **1.** vymáhať peniaze; *e. taxes* vymáhať dane **2.** vyžadovať; *e. obedience* vyžadovať poslušnosť

exactly [igˈzæktli] **1.** presne; *tell me e. where she lives* povedz mi presne, kde býva; *do e. the opposite* robiť presne opak **2.** ako odpoveď celkom presne (tak); *So you must go home. – E.* Musíš teda ísť domov. – Presne tak.; *not e.* nie celkom tak

exaggerate [igˈzædžəreit] zveličovať, preháňať; *you e. the difficulties* zveličujete ťažkosti; *she always e-s* vždy preháňa

exaggeration [igˌzædžəˈreišn] zveličovanie, preháňanie; *the story is full of e.* príhoda je plná zveličovania

exalt [igˈzoːlt] **1.** vychváliť; *e-ed to the sky* vychválený do neba **2.** povýšiť; *e-ed to the position of president* povýšený do funkcie predsedu ● *a person of e-ed rank* vysoko postavená osoba

exam [igˈzæm] hovor. skúška; *she failed (in) her English e.* neurobila skúšku z angličtiny; *he passed his e.* urobil skúšku

examination [igˌzæməˈneišn] **1.** vyšetrovanie, skúmanie; *his proposals are still under e.* jeho návrhy sa ešte skúmajú **2.** lek. vyšetrenie; *undergo a medical e.* podrobiť sa lekárskemu vyšetreniu *e. of one's eyes* vyšetrenie očí **3.** skúška; *sit for/take an e. in mathematics* robiť skúšku z matematiky

examine [igˈzæmən] **1.** (pre)skúmať, prezrieť; *e. old records* (pre)skúmať staré záznamy; *my luggage was closely e-d* veľmi dôkladne prezreli moju batožinu **2.** lek. vyšetriť; *have one's eyes e-d* dať si vyšetriť oči **3.** skúšať; *e. pupils in grammar* skúšať žiakov z gramatiky **4.** prešetriť; *the police must e. the facts* polícia musí prešetriť fakty **5.** vypočuť (svedka ap.)

examiner [igˈzæmənə] **1.** skúšajúci, examinátor **2.** vyšetrovateľ

examining [igˈzæməniŋ] skúšobný; *e. board* skúšobná komisia

example [igˈzaːmpl] **1.** príklad; *can you give me an e.?* môžete mi uviesť príklad? **2.** vzor; *he was an e. to the rest of the class* bol vzorom pre ostatných v triede **3.** výstraha; *this be an e. to you!* nech je to pre teba výstraha ● *for e.* napríklad; *set sb. an e.* dávať príklad komu, byť príkladom (komu); *make an e. of sb.* exemplárne potrestať (koho)

exasperate [igˈzaːspəreit] nazlostiť, rozčúliť; *it is e-ing* je to na zlosť; *be e-d* byť nazlostený

exasperation [igˌzaːspəˈreišn] rozčúlenie, zlosť; *he cried out in e.* vykríkol v rozčúlení

excavate [ˈekskəveit] vykopať, vyhĺbiť; *e. ancient Greek ruins* vykopať staroveké grécke zrúcaniny

excavator [ˈekskəveitə] **1.** exkavátor, bager **2.** kopáč

exceed [ikˈsiːd] prekročiť mieru, presiahnuť; *e. the speed limit* prekročiť rýchlosť; *e. all expectations* presahovať všetky očakávania

exceedingly [ikˈsiːdiŋli] nesmierne, neobyčajne; *an e. difficult problem* nesmierne ťažký problém

excel [ikˈsel] *-ll-* vynikať; *he e-led in mathematics* vynikal v matematike

excellent [ˈekslənt] vynikajúci, výborný

except [ikˈsept] **I.** predl. okrem; *everyday e. Sunday* každý deň okrem nedele ● *e. for* až na; *the room was empty e. for two chairs* miestnosť bola prázdna až na dve stoličky; *e. that...* až na to, že... **II.** sl. (*from*) vyňať, vynechať,

vylúčiť (z čoho), nerátať (do čoho); *when I say that the boys are lazy, I e. Tom* keď poviem, že chlapci sú leniví, nerátam do toho Toma
exception [ik'sepšn] **1.** výnimka; *it is an e. to the rule* to je výnimka z pravidla **2.** námietka; *take e. (to)* namietať (proti); *without e.* bez výnimky; *with the e. of* okrem
exceptional [ik'sepšnəl] výnimočný, neobyčajný; *this is e.* weather for June to je výnimočné počasie na jún
excerpt ['eksə:pt] **1.** úryvok; *e-s from a book* úryvky z knihy **2.** citát
excess I. podst. [ik'ses] nadmiera; *there is an e. of violence in the film* vo filme je priviedla násilia **II.** príd. ['ekses] presahujúci hmotnosť, nadváhový, nadmerný; *e. luggage* nadmerná batožina ● *to e.* nadmieru; *in e. of* viac než; *e. fare* príplatok k cestovnému
excessive [ik'sesiv] nadmerný, prílišný; *e. charges* nadmerné poplatky
exchange [iks'čeindž] **I.** podst. **1.** výmena; *in e. for sth.* na výmenu (za čo) **2.** cudzia mena, valuty **3.** burza ● *telephone e.* telefónna centrála; *rate of e./e. rate* kurz valút; *foreign e.* valuty **II.** sl. **1.** vymeniť (si); *e. greetings* vymeniť si pozdravy **2.** meniť peniaze (na inú menu)
exchange rate [iks'čeindž reit] aj **rate of exchange** devízový kurz
exchequer [iks'čekə] obyč. *the E.* BR ministerstvo financií
excite [ik'sait] **1.** vzrušiť; *everybody was e-d by the news* každý bol vzrušený tou novinou **2.** vyvolať, vzbudiť; *e. public interest* vyvolať vyrejný záujem
excitement [ik'saitmənt] vzrušenie, rozčúlenie, rozruch; *news that caused great e.* novina, ktorá spôsobila veľký rozruch
exciting [ik'saitiŋ] vzrušujúci; *an e. adventure* vzrušujúce dobrodružstvo
exclaim [ik'skleim] vykríknuť, zvolať
exclamation [ˌeksklə'meišn] výkrik, zvolanie; *an e. of pain* bolestný výkrik ● *e. mark* výkričník
exclude [ik'sklu:d] **1.** vylúčiť (čo), neuvažovať (o čom); *e. the possibility* vylúčiť možnosť **2.** (*from*) vylúčiť z nejakej činnosti; *e. from the membership* vylúčiť z členstva
exclusive [ik'sklu:siv] **I.** príd. **1.** výlučný, výhradný; *e. rights* výhradné práva **2.** vyberaný, exkluzívny; *an e. hotel* exkluzívny hotel ● *e. of* nerátajúc (čo) **II.** podst. výhradný text (iba pre jedny noviny)

exclusively [ik'sklu:sivli] výhradne, iba
excrement ['ekskrəmənt] výkaly
excursion [ik'skə:šn] výlet, zájazd, exkurzia; *go on/make an e.* ísť na výlet/zájazd ● *an e. train* výletný vlak
excuse I. podst. [ik'skju:s] **1.** ospravedlnenie; *he's always making e-s for being late* stále sa ospravedlňuje, že mešká; *be absent without e.* byť neprítomný bez ospravedlnenia **2.** zámienka; *find an e. to leave* nájsť si zámienku odísť **II.** sl. [ik'skju:z] **1.** ospravedlniť, prepáčiť; *please, e. my bad handwriting* ospravedlňte, prosím, môj škaredý rukopis; *e. me* prepáčte mi to **2.** uvoľniť (z povinnosti); *e. from football practice* uvoľniť z futbalového tréningu **3.** *e. oneself* **a)** (*for*) ospravedlniť sa (za čo) **b)** odísť s ospravedlnením
execute ['eksəkju:t] **1.** vykonať, uskutočniť, vybaviť; *e. a plan* uskutočniť plán **2.** popraviť; *e. a murderer* popraviť vraha **3.** hud. predniesť, zahrať; *the piano sonata was badly e-d* sonáta pre klavír bola zle zahraná
execution [ˌeksə'kju:šn] **1.** uskutočnenie, vykonanie, vybavenie (objednávky) **2.** poprava; *e. by hanging* poprava obesením **3.** hud. prednesenie, prednes; *the pianist's e. was perfect* klavírny prednes bol dokonalý
executive [ig'zekjətiv] **I.** príd. výkonný; *e. committee* výkonný výbor **II.** podst. **1.** výkonná moc v štáte, exekutíva **2.** zodpovedný/vedúci činiteľ
exemplary [ig'zempləri] **1.** vzorový, príkladný; *e. conduct* príkladné správanie **2.** výstražný (o potrestaní ap.); *an e. punishment* výstražný trest
exemplify [ig'zempləfai] **1.** uviesť príklady, exemplifikovať; *e. the use of a word* uviesť príklad použitia slova **2.** byť príkladom, ilustrovať; *his pictures e. the sort of painting during that period* jeho obrazy sú príkladom maliarskeho štýlu v tom období
exempt [ig'zempt] (*from*) oslobodený (od čoho); *e. from tax* oslobodený od dane
exercise ['eksəsaiz] **I.** podst. **1.** cvičenie, telesný pohyb; *cycling is a healthy form of e.* bicyklovanie je zdravá forma cvičenia **2.** cvičenie, nácvik; *e-s in English grammar* cvičenia z anglickej gramatiky **3.** vojenské cvičenie, výcvik; *a NATO-e.* cvičenie v rámci NATO **II.** sl. **1.** cvičiť; *we get fat if we don't e.* enough stučnieme, ak nebudeme dosť cvičiť **2.** uplatniť; *e. one's right* uplatniť svoje právo

E

exert [ig'zə:t] **1.** užiť, použiť, uplatniť; *e. all one's energy* použiť všetku svoju energiu; *e. a profound influence* uplatniť veľký vplyv **2.** *e. oneself* usilovať sa, snažiť sa, namáhať sa; *he never e-s himself to arrive early* nikdy sa neusiluje prísť zavčasu

exhale [eks'heil] **1.** vydychovať; *e. slowly* pomaly vydychovať **2.** vypúšťať paru, pach **3.** vychádzať, vanúť (o pachu ap.)

exhaust [ig'zo:st] **I.** podst. **1.** výfuk, výpust pary; *e. pipe* výfuk motora **2.** vyčerpávanie, odvod pary **3.** vypúšťaný/výfukový plyn al. para, exhalát **II.** sl. vyčerpať, spotrebovať; *e. one's patience* vyčerpať trpezlivosť (koho); *I'm completely e-ed* som úplne vyčerpaný; *we had e-ed our supply of oxygen* vyčerpali sme zásobu kyslíka

exhaustion [ig'zo:sčn] vysilenie, vyčerpanie; *be in a state of e.* byť v stave vyčerpanosti

exhibit [ig'zibət] **I.** podst. **1.** exponát, vystavený predmet; *do not touch the e-s* nedotýkajte sa exponátov **2.** dôkaz, doklad predložený na súde **II.** sl. **1.** vystavovať; *e. paintings* vystavovať obrazy **2.** ukázať, preukázať; *they e-ed great courage* preukázali veľkú odvahu

exhibition [,eksə'bišn] **1.** výstava; *e. of works of art* výstava umeleckých diel **2.** prejav, predvedenie, ukážka; *an opportunity for the e. of one's knowledge* príležitosť preukázať svoje vedomosti ● *be on e.* byť vystavený

exile ['egzail] **I.** podst. vyhnanstvo, exil; *be/live in e.* žiť vo vyhnanstve **II.** sl. poslať do vyhnanstva

exist [ig'zist] byť, jestvovať, žiť, existovať; *does life e. on Mars?* existuje na Marse život?

existence [ig'zistns] **1.** bytie, existencia; *do you believe in the e. of ghosts?* veríte v existenciu duchov? **2.** život; *lead a miserable e.* viesť úbohý život

existing [ig'zistiŋ] súčasný; *under the e. regime* v súčasnom režime

exit ['egzət] **I.** podst. **1.** odchod (napr. z javiska) **2.** východ; *emergency e.* núdzový východ **II.** sl. **1.** odísť **2.** odchádzať (poznámka v divadelnom scenári); *e. Hamlet* Hamlet odchádza

exorbitant [ig'zo:bətnt] prehnaný, premrštený; *e. price* prehnaná cena

expand [ik'spænd] **1.** rozšíriť (sa), zväčšiť (sa), rozrásť (sa), roztiahnuť sa; *the company has e-ed its operation* spoločnosť rozšírila svoju prevádzku; *metals e. when heated* kovy sa teplom rozťahujú **2.** rozviesť, rozšíriť (tému, podrobnosti)

expanse [ik'spæns] rozloha, priestor; *the broad e. of the Pacific* veľká rozloha Tichého oceána

expansion [ik'spænšn] **1.** rozpínavosť, rozťažnosť, zväčšovanie objemu, expanzia; *the e. of gases when heated* rozpínavosť plynov pri zohriatí **2.** rozšírenie

expatriate [eks'pætrieit] **I.** sl. **1.** odísť/odsťahovať sa z vlasti a žiť v cudzine, emigrovať **2.** vypovedať z vlasti, zbaviť občianstva **II.** podst. vysťahovalec, emigrant; *American e-s in Paris* americkí vysťahovalci v Paríži

expect [ik'spekt] **1.** očakávať; *I e-ed you yesterday* očakával som vás včera **2.** predpokladať, myslieť; *I e-ed to see her there* predpokladal som, že ju tam uvidím ● *I e. so* myslím, že áno; *be e-ing* byť v druhom stave

expectancy [ik'spektənsi] očakávanie, nádej; *with a look of e.* s pohľadom (plným) očakávania; *life e.* predpokladaná dĺžka života

expectation [,ekspek'teišn] **1.** očakávanie; *in e. of* v očakávaní (čoho) **2.** *e-s* mn. č. nádejné vyhliadky

expedient [ik'spi:diənt] výhodný, vhodný, účelový; *do whatever is e.* rob čokoľvek, čo je výhodné; *she did not find it e. to tell her mother* nepokladala za vhodné povedať to matke

expedition [,ekspə'dišn] **1.** výprava, expedícia; *go on an e. to the Antarctic* isť na expedíciu do Antarktídy **2.** rýchlosť, chvat, zhon; *with the utmost e.* v najvyššom zhone

expel [ik'spel] *-ll-* **1.** vyhnať, vypudiť; *e. air from the lungs* vypudiť vzduch z pľúc **2.** vylúčiť; *e. a boy from school* vylúčiť chlapca zo školy

expend [ik'spend] minúť, vydať (čas, energiu ap.); *don't e. all your energy on such a useless job* nemíňaj všetku energiu na takú zbytočnú prácu

expenditure [ik'spendičə] výdavky; *the e. of money on armaments* výdavky na zbrojenie

expense [ik'spens] **1.** výdavky; *you need spare no e.* nemusíte šetriť na výdavkoch **2.** obyč. mn. č. *e-s* náklady, útrata; *travelling e-s* cestovné náklady ● *at the e. of* na úkor (čoho)

expensive [ik'spensiv] drahý, nákladný; *an e. dress* drahé šaty; *it is too e. for me to buy* to je pre mňa príliš nákladné, aby som to kúpila

experience [ik'spiriəns] **I.** podst. **1.** iba v j. č. skúsenosť; *have much e.* mať veľa skúseností; *by/from e.* zo skúsenosti **2.** zážitok; *she*

wrote about her e.-s in Africa písala o svojich zážitkoch z Afriky **II.** sl. skúsiť, zažiť; *e. pleasure* zažiť radosť
experienced [ik'spiriənst] (*in*) skúsený (v čom); *an e. teacher* skúsený učiteľ
experiment [ik'sperəmənt] **I.** podst. pokus, experiment; *perform/carry out an e. in chemistry* robiť chemický pokus **II.** sl. robiť pokusy, experimentovať; *e. on animals* robiť pokusy na zvieratách; *e. with new methods* experimentovať s novými metódami
experimental [ik͵sperə'mentl] pokusný, experimentálny; *an e. farm* pokusná farma; *e. method* experimentálna metóda; *e. medicine* experimentálne lekárstvo
expert ['ekspə:t] **I.** podst. odborník, expert, znalec; *an e. in economics* odborník v ekonomike **II.** príd. odborný, skúsený, kvalifikovaný; *according to e. advice* podľa odbornej rady
expertise [͵ekspə:'ti:z] **1.** znalecký posudok, expertíza **2.** odborné schopnosti, odbornosť; *business e.* odborné schopnosti v podnikaní
expiration [͵ekspə'reišn] **1.** uplynutie, ukončenie, vypršanie (lehoty); *at the e. of the lease* pri vypršaní zmluvy **2.** výdych, vydýchnutie
expire [ik'spaiə] **1.** uplynúť (o lehote), vypršať, stratiť platnosť; *when does your driving licence e.* dokedy máte platný vodičský preukaz? **2.** vydýchnuť **3.** kniž. zomrieť
expiry [ik'spairi] ukončenie, vypršanie lehoty, strata platnosti/použiteľnosti; *e. date of the carton of milk* použiteľnosť škatule mlieka
explain [ik'splein] vysvetliť, objasniť; *that e-s his long absence* to vysvetľuje jeho dlhú neprítomnosť
explanation [͵eksplə'neišn] vysvetlenie, objasnenie; *the plan needs e.* plán potrebuje vysvetlenie
explicit [ik'splisət] jasný, jednoznačný; *he was quite e. about it* vyjadril sa celkom jasne
explode [ik'spləud] **1.** vybuchnúť aj pren.; *the bomb e-d* bomba vybuchla; *he e-d with rage* vybuchol od zúrivosti **2.** priviesť k výbuchu, nechať explodovať; *e. a bomb* odpáliť bombu
exploit¹ [ik'sploit] **1.** využiť; *e. natural resources* využiť prírodné zdroje **2.** vykorisťovať; *e. child labour* vykorisťovať detskú prácu
exploit² ['eksploit] hrdinský čin; *a daring e.* odvážny hrdinský čin

exploitation [͵eksploi'teišn] **1.** využitie **2.** vykorisťovanie, zneužívanie
exploration [͵eksplə'reišn] prieskum, skúmanie; *the e. of the ocean depths* prieskum oceánskych hĺbok
explore [ik'splo:] prebádať, preskúmať; *e. the Arctic regions* prebádať arktické oblasti
explorer [ik'splo:rə] bádateľ, výskumník
explosion [ik'spləužn] výbuch, explózia; *a bomb e.* výbuch bomby
explosive [ik'spləusiv] **I.** podst. výbušnina **II.** príd. výbušný; *an e. charge* výbušný náboj
Expo ['ekspəu] skr. *exposition* medzinárodná výstava
exponent [ik'spəunənt] **1.** vykladač, interpret, zástanca; *he was an e. of Darwin's theory* bol zástancom Darwinovej teórie **2.** mat. exponent, mocniteľ
export I. podst. ['ekspo:t] vývoz, export **II.** sl. [ik'spo:t] vyvážať, exportovať; *e. cotton goods* vyvážať bavlnený tovar
expose [ik'spəuz] **1.** odhaliť; *e. a plot* odhaliť sprisahanie **2.** (*to*) vystaviť (čomu); *e. one's body to the sunlight* vystaviť svoje telo slnečným lúčom; *she was e-d to many dangers* bola vystavená mnohým nebezpečenstvám **3.** exponovať (film)
exposé [ek'spəuzei] škandálne odhalenie
exposition [͵ekspə'zišn] **1.** výklad; *e. of a theory* výklad teórie **2.** výstava (obyč. medzinárodná); *an industrial e.* priemyselná výstava
exposure [ik'spəužə] **1.** (*to*) vystavenie (čomu); *e. of the body to sunlight* vystavenie tela slnku **2.** odhalenie; *the e. of corruption* odhalenie korupcie **3.** expozícia, snímka na filme **4.** výhľad, situovanie (izby, domu); *a house with a southern e.* dom situovaný na juh
express¹ [ik'spres] **I.** príd. **1.** výslovný; *it was his e. wish* bolo to jeho výslovné želanie **2.** rýchly, expresný; *e. delivery* expresné dodanie **II.** podst. aj *e. train* rýchlik; *the e. to Edinburgh* rýchlik do Edinburgu **III.** prísl. expres, poštová/dopravná služba; *send goods (by) e.* poslať tovar expres **IV.** sl. poslať expres list/tovar
express² [ik'spres] **1.** vyjadriť; *I find it difficult to e. my opinion* je mi ťažko vyjadriť svoju mienku **2.** kniž. vytlačiť; *juice e-ed from grapes* šťava vytlačená z hrozna
expression [ik'sprešn] **1.** výraz (na tvári, mat., lingv.); *he had an angry e. on his face* mal v tvári nahnevaný výraz; *this is not a polite e.*

to nie je slušný výraz; *a slang e.* slangový výraz **2.** vyjadrenie; *e. of thanks* vyjadrenie vďaky ● *find e. in* prejaviť sa (čím)

expressive [ik'spresiv] **1.** výrazný; *an e. smile* výrazný úsmev **2.** vyjadrujúci pocit al. vôľu; *a baby's cry can be e. of hunger or pain* plač dieťaťa môže vyjadrovať pocit hladu alebo bolesti

expropriate [ik'sprəuprieit] vyvlastniť; *e. an estate* vyvlastniť majetok

expulsion [ik'spalšn] **1.** vylúčenie; *e. of a student from a college* vylúčenie študenta zo školy **2.** vyhnanie, vypovedanie z krajiny **3.** vypudenie, vytlačenie (plynu ap.)

exquisite [ik'skwizət] vynikajúci, nádherný, skvelý; *an e. workmanship* skvelá remeselnícka práca

extend [ik'stend] **1.** predĺžiť, rozšíriť, zväčšiť, vzťahovať sa; *e. the garden* rozšíriť/zväčšiť záhradu; *e. a railway* predĺžiť železnicu; *the regulations do not e. to foreign visitors* nariadenia sa nevzťahujú na zahraničných návštevníkov **2.** natiahnuť; *e. one's hand to sb.* natiahnuť ruku (ku komu) **3.** rozprestierať sa, tiahnuť sa; *the land e-s as far as the river* pozemok sa rozprestiera až k rieke **4.** poskytnúť, ponúknuť (pomoc, priateľstvo ap.)

extension [ik'stenšn] **1.** predĺženie, rozšírenie, zväčšenie; *a three-day e. of the holiday* predĺženie dovolenky o tri dni; *a further e. of power* ďalšie rozšírenie moci **2.** nadstavba, prístavba; *build an e.* postaviť prístavbu **3.** predlžovacia/prípojná šnúra **4.** telefónna prípojka, linka

extensive [ik'stensiv] rozsiahly, značný; *e. repairs* rozsiahle opravy

extent [ik'stent] **1.** rozloha, plocha, veľkosť; *the full e. of the park* celková rozloha parku **2.** miera, stupeň, rozsah; *the e. of his knowledge* rozsah jeho vedomostí; *to what e. can I trust him?* do akej miery mu môžem dôverovať? ● *to a certain/to some e.* do určitej miery; *within the e. of* v medziach (čoho); *in debt to the e. of £100* zadlžený vo výške 100 libier

extenuate [ik'stenjueit] zmierniť, oslabiť závažnosť; *e. one's crime* zmierniť závažnosť zločinu ● *e-ing circumstances* poľahčujúce okolnosti

exterior [ik'stiriə] **I.** príd. vonkajší; *the e. walls* vonkajšie steny **II.** podst. vonkajšok, zovňajšok; *the e. of a building* vonkajšok budovy; *a man with a friendly e.* človek príjemného zovňajšku

external [ik'stə:nl] **1.** vonkajší; *e. causes* vonkajšie príčiny **2.** externý; *an e. student* externista ● *for e. use* na vonkajšie použitie (o lieku)

extinct [ik'stiŋkt] **1.** vyhasnutý; *an e. volcano* vyhasnutá sopka **2.** vyhynutý; *an e. species* vyhynutý druh

extinction [ik'stiŋkšn] **1.** zánik, vyhynutie; *a race threatened by e.* rasa ohrozená vyhynutím **2.** kniž. vyhasnutie; *the e. of our hopes* vyhasnutie našich nádejí

extinguish [ik'stiŋgwiš] zahasiť; *e. a fire/cigarette* zahasiť oheň/cigaretu

extinguisher [ik'stiŋgwišə] aj *fire e.* hasiaci prístroj

extol [ik'stəul] *-ll-* vychvaľovať, vynášať; *e. sb. as a hero* vychvaľovať niekoho ako hrdinu

extort [ik'sto:t] vynútiť, vymámiť; *e. a confession from sb.* vynútiť si priznanie (od koho); *e. money from sb.* vymámiť peniaze (od koho)

extra ['ekstrə] **I.** príd. mimoriadny, ďalší, navyše; *I need some e. money* potrebujem nejaké peniaze navyše **II.** prísl. zvlášť, mimoriadne; *work e. hard* pracovať mimoriadne usilovne; *they charge e. for wine* víno účtujú zvlášť **III.** podst. **1.** mimoriadna služba al. zariadenie za príplatok; *a hot bath is an e.* za teplý kúpeľ sa pripláca **2.** mimoriadne vydanie novín **3.** štatista (vo filme, v divadle)

extract I. sl. [ik'strækt] **1.** vytiahnuť, vybrať, vytrhnúť; *she had a tooth e-ed* dala si vytrhnúť zub **2.** extrahovať, vylúhovať, získať výťažok; *e. oil from olives* lisovať olej z olív **3.** napísať výťah (z čoho) **II.** podst. ['ekstrækt] **1.** výťažok, extrakt; *beef e.* extrakt z hovädzieho mäsa **2.** (*from*) úryvok, ukážka (z čoho); *e-s from a long poem* úryvky z dlhej básne

extraction [ik'strækšn] **1.** vytiahnutie, vytrhnutie, vybranie **2.** výťažok **3.** pôvod; *is he of French e.?* on je francúzskeho pôvodu?

extracurricular [‚ekstrəkə'rikjələ] mimo študijného plánu/učebnej osnovy; *e. activities* činnosti mimo osnov

extradite ['ekstrədait] práv. vydať stíhanú osobu späť (inému štátu na potrestanie)

extramural [‚ekstrə'mjurəl] **1.** mimoústavný, konaný mimo; lek. *provide e. care* poskytovať mimoústavné liečenie **2.** škol. usporiadaný pre verejnosť univerzitou; *attend e. lectures* navštevovať prednášky pre verejnosť usporiadané univerzitou

extraneous [ik'streiniəs] **1.** nedôležitý, irelevantný; *e. information/details* nedôležité informácie/podrobnosti **2.** vonkajší; *e. forces/noises* vokajšie sily/zvuky

extraordinary [ik'strɔːdnri] zvláštny, pozoruhodný, mimoriadny; *a man of e. genius* mimoriadne geniálny človek

extravagant [ik'strævəgənt] **1.** výstredný, extravagantný; *an e. man* výstredný človek; *e. tastes and habits* extravagantné chute a zvyky **2.** prehnaný, prepiaty; *e. praise* prehnaná chvála; *an e. use of materials* plytvanie materiálom

extreme [ik'striːm] **I.** príd. **1.** najvyšší/najväčší možný, krajný; *in e. danger* v krajnom nebezpečenstve; *in e. old age* v vo veľmi vysokom veku **2.** extrémny, výstredný; *his views are rather e.* jeho názory sú dosť výstredné **II.** podst. krajnosť, najvyšší stupeň, extrém; *he's gone to other e.* prešiel do druhého extrému; *go/be driven to e-s* doviesť do krajnosti

extremely [ik'striːmli] nesmierne, neobyčajne; *I'm e. sorry* je mi nesmierne ľúto; *it's e. interesting* to je neobyčajne zaujímavé

extremity [ik'stremǝti] **1.** kniž. krajnosť, najvyšší stupeň; *an e. of pain* najvyšší stupeň bolesti **2.** najvzdialenejší koniec **3.** *e-ies* mn. č. končatiny **4.** *e-ies* mn. č. krajné opatrenia

extrinsic [ek'strinsik] vedľajší, nepodstatný; *e. factors* vedľajšie činitele

exuberant [ig'zjuːbrənt] **1.** neviazaný, bujný; *e. high spirits* bujará veselosť **2.** hoj-ný, bohatý; *plants with e. blossoms* bohato kvitnúce rastliny **3.** prenikavý; *e. colours* prenikavé farby

exult [ig'zalt] (*at/in*) jasať (nad čím); *e. at a success* jasať nad úspechom

exultation [ˌegzal'teišn] kniž. jasanie, plesanie

eye [ai] **I.** podst. **1.** oko; *she has blue e-s* má modré oči **2.** aj *e-s* mn. č. zrak **3.** očko na zemiaku **4.** uško ihly ● *before/under one's very e-s* priamo pred očami; *be up to one's e-s in* mať (čoho) až po uši/nad hlavu; *he's up to his e-s in work* má práce až nad hlavu; *close one's e-s to sth.* privierať oči (nad čím); *in the e-s of sb./sth.* z hľadiska (koho, čoho); *keep an e. on* nespustiť z očí, pozorne sledovať (koho, čo); *give the e. to* pozrieť sa; *with the naked e.* voľným okom; *make e-s at sb.* gúľať očami (po kom); *see e. to e.* mať rovnaký názor; *with an e. to sth.* so zreteľom (na čo); *with one's e-s open* s otvorenými očami **II.** sl. dívať sa, pozorovať, hltať očami; *he e-d me with suspicion* podozrievavo sa na mňa pozeral

eyeball ['aibɔːl] očná guľa

eyebrow ['aibrau] obočie

eyelash ['ailæš] mihalnica, očná riasa

eyelet ['ailǝt] dierka v látke (napr. na šnurovanie), pútko, priezor (napr. na dverách bytu)

eyelid ['ailid] očné viečko

eye shadow ['ai ˌšædǝu] očné tiene (kozmetický prípravok)

eyewitness ['aiˌwitnǝs] očitý svedok

fable ['feibl] **I.** podst. **1.** bájka; *Aesop's f-s* Ezopove bájky **2.** povesť, legenda; *sort out facts from f-s* oddeliť legendy od faktov **3.** výmysel, nepravda, reči, lož; **4.** dej, fabula **II.** sl. vybájiť

fabric ['fæbrik] **1.** tkanina, látka; *woolen f.* vlnená látka **2.** konštrukcia, osnova, usporiadanie, kostra; *the f. of the roof* kostra strechy

fabricate ['fæbrikeit] **1.** vyhotoviť, vytvoriť, vyrobiť; *f. pottery* vyrobiť hrnčiarsky tovar **2.** postaviť, zmontovať; *f. a house of synthetic materials* postaviť dom zo syntetických materiálov **3.** sériovo vyrábať; *f. cars on the assembly lines* vyrábať autá na bežia-com páse **4.** vymyslieť si; *f. false stories* vymýšľať nepravdivé príbehy

fabrication [ˌfæbri'keišn] **1.** výstavba, montáž; *the f. of the bridge* výstavba mosta **2.** výmysel; *a pure f.* čistý výmysel

fabulous ['fæbjǝlǝs] **1.** bájny, mýtický, legendami opradený; *a f. castle* bájami opradený hrad **2.** hovor. vynikajúci, nádherný, skvelý; *a f. career* skvelá kariéra **3.** neuveriteľný; *f. wealth* rozprávkové bohatstvo

face [feis] **I.** podst. **1.** tvár; *strike in the f.* udrieť do tváre; *f. to f.* zoči-voči **2.** výraz, výzor, grimasa **3.** čelná plocha, priečelie, predná strana; *the f. of a building* priečelie budovy **4.** číselník; *the f. of a clock* číselník hodín **5.** ban. čelo porubu ● *in the f. of na-priek; on the f. of it* na prvý pohľad; *put a good/bold/brave f. on it* tváriť sa, akoby sa nič nestalo; *save one's f.* zachovať (si) tvár **II.** sl. **1.** byť obrátený tvárou (ku komu/čomu); *our house f-s a hospital* náš dom je naproti nemocnici **2.** pozrieť sa do tváre; *I can't f. him* nemôžem sa mu pozrieť do tváre **3.** čeliť; *f. the problems* čeliť problémom ● *f. the music* niesť následky; *f. up to something* čeliť (čomu)

faceless ['feisləs] anonymný; *f. accusations* anonymné obvinenia

face-lift ['feis ˌlift] (chirurgické) vyhladenie vrások na tvári

facetious [fə'si:ʃəs] **1.** žartovný, vtipný; *f. remarks* vtipné poznámky **2.** huncútsky

face value [ˌfeis 'vælju:] nominálna hodnota

facilitate [fə'siləteit] uľahčiť; *modern inventions have f-d housework* moderné vynálezy uľahčili prácu v domácnosti

facility [fə'siləti] **1.** ľahkosť; *have great f. in learning* ľahko sa učiť **2.** zručnosť, obratnosť; *show f. in playing the piano* preukázať zručnosť pri hre na klavíri **3.** *f-ies* mn. č. vybavenie, pomôcky, zariadenie; *f-ies for study* pomôcky pri štúdiu **4.** výp. prostriedok

fact [fækt] fakt, skutočnosť; *nobody can deny that f.* nikto nemôže poprieť tú skutočnosť ● *know for a f.* bezpečne vedieť; *in f.* v skutočnosti, naozaj, vlastne; *as a matter of f.* vlastne

faction ['fækšən] frakcia

factionalism ['fækšnəlizm] frakcionárstvo

factor ['fæktə] **1.** činiteľ, faktor; *luck is an important f. in life* šťastie je dôležitý činiteľ v živote **2.** mat. deliteľ; *2, 4 and 6 are f-s of 12* 2, 4 a 6 sú deliteľmi 12

factory ['fæktri] **I.** podst. továreň; *a car f.* továreň na autá ● *F. Acts* zákon o ochrane a bezpečnosti pri práci **II.** príd. továrenský

factual ['fækčuəl] skutočný, zakladajúci sa na faktoch, konkrétny; *a f. report* správa zakladajúca sa na faktoch; *f. help* konkrétna pomoc

faculty ['fækəlti] **1.** schopnosť; *mental f-ies* duševné schopnosti **2.** talent, nadanie; *a f. for music* nadanie na hudbu **3.** fakulta; *the F. of Philosophy* filozofická fakulta

fad [fæd] módny hit, výstrelok

fade [feid] **1.** vädnúť, chradnúť; *flowers f. without water* kvety bez vody vädnú **2.** strácať farbu, blednúť; *the sun has f-d the cur-*tains záclony od slnka vybledli **3.** minúť sa, postupne sa strácať, unikať; *his hopes f-d* jeho nádeje sa postupne strácali

fading ['feidiŋ] nepravidelné kolísanie intenzity rozhlasového (televízneho) signálu

fag[1] ['fæg] BR ucho, nováčik, posok

fag[2] ['fæg] **I.** podst. drina, lopota; *cleaning the windows is a real f.* umývanie okien je naozajstná drina **II.** sl. *-gg-* **1.** drieť, ťažko pracovať **2.** unavovať; *that work f-s me* tá práca ma unavuje

fail [feil] **1.** zlyhať, vypovedať; *his breaks f-ed* vypovedali mu brzdy **2.** prepadnúť; *f. an examination* prepadnúť na skúške; *that film f-ed* ten film prepadol **3.** chýbať, nemať; *words f. me* nemám slov **4.** sklamať, zlyhať; *he never f-s* nikdy nesklame

failure ['feiljə] **1.** zlyhanie, porucha; *heart f.* zlyhanie srdca **2.** neúspech, fiasko; *that film was a f.* ten film nebol úspešný **3.** nedostatok, úpadok, bankrot; *a crop f.* slabá úroda **4.** skrachovaná existencia

faint [feint] **I.** príd. **1.** slabý, mdlý; *a f. voice* slabý hlas **2.** dusivý, ťažký; *a f. perfume* ťažká vôňa **II.** sl. omdlieť, zamdlieť; *f. from fear* omdlieť od strachu **III.** podst. mdloba ● *in a dead f.* v úplnom bezvedomí

fair[1] [feə] **1.** výročný trh, jarmok; *a village f.* dedinský jarmok **2.** veľtrh; *a book f.* knižný veľtrh **3.** BR zábavný park, lunapark ● *come a day after the f.* prísť s krížkom po funuse

fair[2] [feə] **I.** príd. **1.** svetlý (o vlasoch, pleti); *f. hair* svetlé vlasy; *a f. complexion* svetlá pleť **2.** čestný, poctivý; *a f. man* čestný človek; *f. fight* čestný boj **3.** slušný, uspokojivý, prijateľný; *a f. knowledge* slušné vedomosti; *f. prices* prijateľné ceny **4.** pekný, priaznivý (o počasí); *a f. weather* pekné počasie **5.** spravodlivý, primeraný; *a f. share* spravodlivý podiel ● *f. copy* čistopis **II.** prísl. slušne, čestne; *play f.* konaj čestne; *for f.* určite, smrteľne vážne

fairly ['feəli] dosť, celkom; *he's a f. good player* je celkom dobrý hráč

fairy ['feəri] **I.** podst. víla, rusalka; *F. Queen* kráľovná víl **II.** príd. čarovný, rozprávkový; *f. voices* čarovné hlasy ● *f. tale* rozprávka

faith [feiθ] **1.** viera, dôvera; *f. in God* viera v Boha; *I have lost f. in that man* stratil som dôveru v toho človeka **2.** úmysel; *bad f.* zlý úmysel ● *on f.* bez overenia, naslepo

faithful ['feiθfl] **1.** verný; *a f. dog* verný pes **2.** záväzný; *a f. promise* záväzný sľub **3.** zodpovedný, svedomitý; *a f. servant* svedomitý človek
faithfulness ['feiθflnəs] **1.** vernosť **2.** záväznosť **3.** svedomitosť
faithless ['feiθləs] **1.** neverný; *she's f. to her husband* je neverná svojmu manželovi **2.** *f. friend* falošný priateľ **3.** nespoľahlivý; *f. machinery* nespoľahlivé stroje **4.** *bez viery, neveriaci*
fake [feik] **I.** sl. falšovať; *f. the results of the experiment* falšovať výsledky experimentu **II.** podst. **1.** falzifikát, napodobenina, podvrh; *the signature is a f.* podpis nie je pravý **2.** podvod **3.** podvodník; *a medical f.* šarlatán **III.** príd. nepravý, falošný; *f. pearls* falošné perly
falcon ['fo:lkən] sokol
falconer ['fo:lkənə] sokoliar
fall [fo:l] **I.** podst. **1.** pád (aj pren.); *a f. from a tree* pád zo stromu; *the f. of Rome* pád Ríma **2.** padanie; *the f. of leaves* padanie lístia **3.** napadané množstvo; *a f. of snow* množstvo snehu **4.** AM jeseň **5.** obyč. mn. č. *f-s* vodopád; *Niagara F-s* Niagarské vodopády **II.** sl. *fell* [fel], *fallen* ['folən] **1.** spadnúť padať; *he fell into the water* spadol do vody **2.** klesať; *prices are f-ing* ceny klesajú **3.** zahynúť, padnúť; *he fell in war* padol vo vojne **4.** vlievať sa, ústiť; *the river f-s into the sea* rieka sa vlieva do mora **5.** podľahnúť; *f. to temptation* podľahnúť pokušeniu **6.** zvažovať sa, klesať; *the land f-s to the river* pozemok sa zvažuje smerom k rieke **7.** (*on*) padnúť (na koho, čo), pripadnúť (na čo); *the lot fell on him* los padol naň; *his birthday f-s on Sunday* jeho narodeniny pripadnú na nedeľu ● *f. asleep* zaspať; *f. in love* zaľúbiť sa; *f. into one's lap* spadnúť niekomu do lona
fall back ustúpiť; *the crowd fell back to let the police through* dav ustúpil, aby polícia mohla prejsť
fall back on sth. uchýliť sa k niečomu
fall behind (postupne) zaostávať; *we can't afford to f. behind our competitors* nemôžeme si dovoliť zaostávať za konkurenciou
fall for nechať sa napáliť
fall in (*with*) **1.** súhlasiť (s kým, čím); *I'm happy to f. in with your suggestion* som rád, že môžem súhlasiť s vaším návrhom **2.** (spoločensky) zapadnúť; *he soon fell in with the group* rýchle zapadol do skupiny

fall off poklesnúť; *the demand for new cars has f-en off* dopyt po nových autách poklesol
fallacious [fə'leišəs] **1.** chybný, nesprávny; *f. results* nesprávne výsledky **2.** márny, zbytočný; *f. hopes* márne nádeje
fallacy ['fæləsi] **1.** klam; *a f. of the eye* optický klam **2.** nesprávny názor, chybný záver, omyl; *a statement based on f.* výrok postavený na nesprávnom názore
fallen p. **fall**
fallible ['fæləbl] **1.** omylný; *all men are f.* všetci ľudia sú omylní **2.** nepresný; *a f. rule* nepresné pravidlo
fall-pipe ['fo:l paip] odpadová/odkvapová rúra
false [fo:ls] **1.** (v rozl. význ.) falošný; *a f. passport* falošný pas; *a f. coin* falošná minca; *f. friends* falošní priatelia; *f. prophets* falošní proroci **2.** nesprávny, klamný; *a f. impression* klamný dojem; *f. tears* krokodílie slzy; *f. window* slepé okno
false alarm [,fo:ls ə'la:m] planý poplach
false bottom [,fo:ls'botəm] dvojité dno
falsehood ['fo:lshud] klamstvo, lož, podvod; *how can you utter such a f.?* ako môžeš vysloviť takú lož?
false key [,fo:ls ki:] pakľúč
false start [,fo:ls'sta:t] neplatný štart
false teeth [,fo:ls 'ti:θ] umelé zuby
falsework ['fo:lswə:k] montážne lešenie, debnenie
falsification [,fo:lsəfə'keišn] **1.** falšovanie **2.** falzifikát **3.** prekrúcanie (skutočnosti)
falsify ['fo:lsəfai] **1.** falšovať; *f. accounts* falšovať účty **2.** prekrúcať; *f. facts* prekrúcať fakty
falsity ['fo:lsəti] lož, klamstvo, nepravda; *an unpleasant f.* nepríjemná lož
falter ['fo:ltə] **1.** potácať sa, sotva stáť na nohách; *f. from weakness* potácať sa od slabosti **2.** potknúť sa; *he f-ed and fell down* potkol sa a spadol **3.** zaváhať; *he has never f-ed* nikdy nezaváhal **4.** preskočiť (o hlase); *his voice f-ed while singing* keď spieval, preskočil mu hlas
fame [feim] **1.** sláva; *yearn for f.* túžiť po sláve **2.** povesť; *good/ill f.* dobrá/zlá povesť
familiar [fə'miliə] **1.** dobre/dôverne známy; *f. actors* známi herci **2.** dôverný; *f. friends* dôverní priatelia **3.** (*with*) oboznámený (s čím); *f. with the facts* oboznámený s faktami ● *be on f. terms with* dobre sa poznať (s kým)

F

familiarity [fə‚mili'ærəti] **1.** (*with*) dobrá znalosť (čoho), oboznámenosť (s čím); *f. with English* dobrá znalosť angličtiny **2.** familiárnosť, nenútenosť; *treat sb. with f.* správať sa (ku komu) nenútene

family ['fæmli] **1.** rodina; *a f. member* člen rodiny **2.** odb. čeľaď; *the cat f.* čeľaď mačkovitých šeliem ● *f. allowance* rodinný prídavok; *f. name* priezvisko; *f. planning* plánované rodičovstvo; *f. tree* rodokmeň

famine ['fæmən] hladomor, hlad

famish ['fæmiš] hovor. hladovať, umierať od hladu; *I am f-ed* umieram od hladu

famous ['feiməs] **1.** slávny; *a f. writer* slávny spisovateľ **2.** (*for*) preslávený (čím); *the town is f. for its hot springs* mesto sa preslávilo svojimi horúcimi prameňmi **3.** hovor. vynikajúci, prvotriedny; *a f. restaurant* prvotriedna reštaurácia

fan[1] [fæn] fanúšik; *ice hockey f.* hokejový fanúšik

fan[2] [fæn] **I.** podst. **1.** vejár **2.** ventilátor **II.** sl. *-nn-* **1.** ovievať sa; *f. the face with a newspaper* ovievať sa novinami **2.** fúkať, viať; *the breeze f-ned our faces* vánok nám vial do tvárí

fanatic [fə'nætik] **I.** príd. fanatický; *a f. reader* fanatický čitateľ **II.** podst. fanatik; *a religious f.* náboženský fanatik

fancy ['fænsi] **I.** podst. **1.** fantázia; *the land of f.* krajina fantázie **2.** predstava; *a happy f.* šťastná predstava **3.** obrazotvornosť; *the power of f.* sila obrazotvornosti **4.** vyberaný vkus; *a person of delicate f.* človek s vyberaným vkusom **5.** (*for*) záľuba (v čom); *have a f. for good meals* mať záľubu v dobrom jedle **II.** príd. **1.** zdobený; *f. cakes* zdobené zákusky **2.** módny, luxusný ● *f. to see you* to je skvelé, že ťa vidím **III.** sl. predstaviť si; *can you f. him in a uniform?* vieš si ho predstaviť v uniforme?

fancy ball [‚fænsi 'bo:l] maškarný ples

fancy bread [‚fænsi'bred] vianočka, kysnutá bábovka

fancy dress [‚fænsi'dres] maškarné šaty, maškarný kostým

fang [fæŋ] **1.** tesák **2.** (hadí) jedový zub

fantastic [fæn'tæstik] (v rozl. význ.) fantastický; *f. story* fantastický príbeh; *f. idea* fantastický (nereálny) nápad; *a f. hat* fantastický (výstredný) klobúk; *you look f.* vyzeráš fantasticky, skvele

fantasy ['fæntəsi] **1.** fantázia, výmysel; *the whole story is a f.* celý príbeh je výmysel **2.** predstava, vidina, prelud; *a f. about becoming famous* vidina o sláve

far [fa:] *farther* ['fa:ðə]/*further* ['fə:ðə], *farthest* ['fa:ðəst]/*furthest* ['fə:ðəst] **I.** prísl. ďaleko; *live f. from school* bývať ďaleko od školy; *as/so f. as* **1.** až k, až po; *he went as f. as the town hall* šiel až po radnicu **2.** pokiaľ; *as f. as I know* pokiaľ ja viem; *so f.* až doposiaľ; *I haven't done it so f.* doposiaľ som to ešte neurobil **II.** príd. ďaleký, vzdialený; *go back in the f. past* ísť do ďalekej minulosti

faraway ['fa:əwei] **1.** vzdialený, ďaleký, odľahlý; *f. future* ďaleká budúcnosť; *f. places* odľahlé miesta **2.** neprítomný; *a f. look* neprítomný pohľad

farce [fa:s] fraška; *that meeting was a f.* tá schôdza bola fraška

fare [feə] **I.** sl. **1.** dariť sa, mať sa; *how did you f. during the journey?* ako si sa mal na ceste? **2.** stravovať sa; *they f-d plainly* stravovali sa skromne **II.** podst. **1.** cestovné; *what's the f.?* koľko platím za lístok/cestu? (i v taxíku ap.) **2.** strava; *homely f.* domáca strava ● *bill of f.* menu

farewell [feə'wel] **I.** cit. šťastnú cestu, zbohom **II.** podst. rozlúčka; *take one's f.* rozlúčiť sa **III.** príd. rozlúčkový; *a f. party* rozlúčkový večierok

farfetched [‚fa:'fečt] pritiahnutý za vlasy; *a f. story* za vlasy pritiahnutý príbeh

far-from-simple [‚fa: frəm 'simpl] vôbec nie jednoduchý; *f. matters* vôbec nie jednoduché záležitosti

far-going [‚fa: 'gəuiŋ] ďalekosiahly; *f. effects* ďalekosiahle následky

farm [fa:m] **I.** podst. farma, hospodárstvo; *a chicken f.* slepačia farma **II.** sl. hospodáriť, obrábať pôdu, farmárčiť; *he f-s in Texas* farmárči v Texase

farmer ['fa:mə] farmár, hospodár

far-off [‚fa: 'of] vzdialený, odľahlý; *f. times* vzdialené časy; *f. places* odľahlé miesta

farsighted [‚fa:'saitəd] **1.** ďalekozraký **2.** prezieravý

fascinate ['fæsəneit] fascinovať, očariť, uchvátiť; *he was f-d by that girl* to dievča ho očarilo

fascinating ['fæsəneitiŋ] fascinujúci, pôvabný, čarovný; *a f. look* fascinujúci pohľad

fascination [‚fæsə'neišən] **1.** očarenie **2.** (*for*) intenzívny záujem (o čo); *a f. for reading detective stories* intenzívny záujem o detektívky

fascism ['fæšizm] fašizmus

fascist [ˈfæšəst] **I.** podst. fašista **II.** príd. fašistický

fashion [ˈfæšn] **1.** móda; *the latest f.* najnovšia móda **2.** spôsob; *he was behaving in a strange f.* správal sa čudne

fashionable [ˈfæšnəbl] **1.** moderný, módny; *a f. hat* moderný klobúk **2.** elegantný; *a f. coat* elegantný kabát **3.** exkluzívny; *a f. hotel* exkluzívny hotel

fast[1] [faːst] **I.** sl. postiť sa; *Muslims f. during the Ramadan* moslimovia sa postia počas ramadánu ● *f. cure* odtučňovacia kúra **II.** podst. pôst; *a f. of one day* jednodenný pôst

fast[2] [faːst] **I.** príd. **1.** rýchly; *a f. car* rýchle auto **2.** pevný, stály; *f. colours* stále farby ● *the clock is f.* hodiny idú dopredu **II.** prísl. **1.** rýchlo; *run f.* bež rýchlo **2.** pevne; *hold the hand f.* pevne držať ruku

fasten [ˈfaːsn] **1.** pripevniť, upevniť, uviazať; *f. your seat belts* pripevnite si bezpečnostné pásy **2.** zatvoriť; *have you f-ed the windows?* zatvoril si okná?

fast-footed [ˌfaːst ˈfutəd] rýchlonohý, rýchly; *a f. thief* rýchly zlodej

fastidious [fæˈstidiəs] **1.** rozmaznaný, prieberčivý; *f. with easy living* rozmaznaný bezstarostným životom **2.** náročný; *he is f. about his food* je náročný na jedlo

fat [fæt] **I.** podst. masť, tuk **II.** príd. -tt- **1.** tučný, tlstý; *a f. child* tlsté dieťa **2.** mastný; *f. food* mastné jedlo **3.** úrodný; *f. lands* úrodné zeme

fatal [ˈfeitl] osudný, smrteľný; *a f. moment* osudná chvíľa; *a f. illness* smrteľná chroba ● *the f. sisters* sudičky

fate [feit] **1.** osud; *f. has decided otherwise* osud rozhodol inak **2.** záhuba, skaza; *it was his f.* to bola jeho skaza ● *as sure as f.* celkom určite, isto

fated [ˈfeitəd] **1.** daný/určený osudom, predurčený; *we were f. to meet* osud chcel, aby sme sa stretli **2.** osudný, osudový; *that spot is f.* to miesto je osudné

fateful [ˈfeitfl] **1.** zlovestný, neveštiaci nič dobré; *a f. look* zlovestný pohľad **2.** osudný, osudový; *a f. decision* osudové rozhodnutie

fathead [ˈfæthed] hlupák

father [ˈfaːðə] **1.** otec; *the f. of the family* otec rodiny **2.** F. cirk. Boh, duchovný otec, páter; *I met F. Patrick in front of the church* stretol som otca Patrika pred kostolom ● *F. Christmas* BR Dedo Mráz, Ježiško

father-in-law [ˌfaːðə in ˈloː] svokor

fathom [ˈfæðəm] siaha (1,829 m)

fatigue [fəˈtiːg] **I.** podst. únava, vyčerpanosť; *drop with f.* padnúť od únavy **II.** sl. unaviť, vyčerpať; *f-ing work* vyčerpávajúca práca

fatten [ˈfætn] **1.** aj *f. up* vykŕmiť sa, stlstnúť; *the pigs are being f-ed for market* bravy sa vykrmujú na predaj; *you need f-ing up a bit* potrebuješ trochu stlstnúť **2.** hnojiť

fatty [ˈfæti] **1.** tlstý, tučný; *a f. child* tučné dieťa **2.** mastný; *f. meat* mastné mäso

fatuous [ˈfæčuəs] hlúpy, pochabý, nezmyselný; *a f. smile* hlúpy úsmev; *a f. idea* nezmyselný nápad

faucet [ˈfoːsət] AM vodovodný kohútik

fault [foːlt] **1.** chyba, porucha; *f-s in electrical connections* poruchy na elektrickom vedení **2.** vina; *whose f. is it?* čia je to vina? **3.** šport (tenis) chybné podanie

faultless [ˈfoːltləs] bezchybný; *a f. performance* bezchybné predstavenie

faulty [ˈfoːlti] chybný, zlý; *a f. apparatus* chybný prístroj

favour [ˈfeivə] **I.** podst. **1.** priazeň; *keep the f. of the voters* udržať si priazeň voličov **2.** láskavosť; *do me a f.* urob mi láskavosť **3.** prospech; *in f. of him* v jeho prospech **4.** výhoda; *there's a f. for the first son* prvý syn má výhodu **II.** sl. preukazovať priazeň, byť priamo naklonený (komu), favorizovať; *don't f. him* nepreukazuj mu priazeň

favourable [ˈfeivərəbl] **1.** priaznivý, výhodný; *a f. impression* priaznivý dojem **2.** úspešný; *a f. plan* úspešný plán ● *be f. to* byť priaznivo naklonený (komu, čomu)

favourite [ˈfeivrət] **I.** podst. **1.** obľúbenec, miláčik; *her elder son is her f.* starší syn je jej obľúbenec **2.** obľúbený; *this book is a f. of mine* táto kniha je moja obľúbená **3.** favorit; *the f. came in first* favorit dobehol ako prvý **II.** príd. obľúbený; *who's your f. writer?* kto je tvoj obľúbený spisovateľ?

fawn [foːn] (o zvieratách) líškať sa, (o ľuďoch) podlizovať sa

fax [fæks] **I.** podst. fax, telefax; *send a message by f.* odoslať správu faxom **II.** príd. faxový; *what is your f. number?* aké je tvoje faxové číslo? **III.** sl. faxovať; *I will fax you the exact data tomorrow* presné údaje ti odfaxujem zajtra

FBI [ˌefbi ai] skr. *Federal Bureau of Investigation* FBI, Federálny úrad pre vyšetrovanie v Spojených štátoch

FC [ef si:] skr. *Football Club* futbalový klub
fear [fiə] **I.** podst. strach; *a sudden f. came over him* náhle dostal strach **II.** (*for*) báť sa (o koho, čo), obávať sa (čoho); *f. for life* báť sa o život; *I f. he won't come today* obávam sa, že dnes nepríde
  fearful [ˈfiəfl] hrozný, strašný; *a f. event* strašná udalosť *a f. waste of time* strašná strata času
  fearless [ˈfiələs] smelý, odvážny; *a f. soldier* smelý vojak
  feasible [ˈfiːzəbl] uskutočniteľný, možný; *that experiment is f.* ten pokus možno uskutočniť
  feast [fiːst] **I.** podst. **1.** sviatok, slávnosť; *a movable f.* pohyblivý sviatok **2.** hostina; *a wedding f.* svadobná hostina **II.** sl. hodovať; *we f-ed all day* celý deň sme hodovali
  feat [fiːt] (pozoruhodný) čin, výkon, hrdinský skutok; *a remarkable f.* pozoruhodný čin
  feather [ˈfeðə] pero, perie; *as light as a f.* ľahký ako pierko; *f. bed* perina ● *birds of a f. flock together* vrana k vrane sadá
  featherbrain [ˈfeðəbrein] vetroplach, pobehaj
  feathercut [ˈfeðəkat] tupírovanie (vlasov)
  feature [ˈfiːčə] **I.** podst. **1.** črta; *a woman with Asian f-s* žena s orientálnymi črtami **2.** celovečerný film; *what time does the f. begin?* kedy sa začína film? **3.** veľký (životopisný) článok v časopise; *The Times is doing a f. on holidays* Times máva špeciálne články o dovolenkách **II.** sl. uviesť v hlavnej úlohe (vo filme/divadle); *that film f-s the best of our actors* ten film uvádza našich najlepších hercov
  February [ˈfebruəri] február
  fed [fed] p. **feed**
  federal [ˈfedrəl] federálny, spolkový
  federation [ˌfedəˈreišn] federácia
  fee [fiː] **1.** poplatok, vstupné, zápisné; *entrance f.* vstupné; *tuition f.* školné **2.** odmena, honorár; *doctor's f.* honorár lekára
  feed [fiːd], *fed* [fed] *fed* **1.** (na)kŕmiť, (na)sýtiť, živiť; *f. the baby* nakŕmiť dieťa; *f. seven children* živiť sedem detí **2.** pásť sa; *cows f. on grass* kravy sa pasú na tráve ● *I am fed up with it* mám toho po krk
  feedback [ˈfiːdbæk] spätná väzba; *positive/negative f.* kladná/záporná spätná väzba
  feel [fiːl], *felt* [felt] *felt* **1.** cítiť, pocítiť; *f. a sharp pain* pocítiť ostrú bolesť **2.** cítiť sa; *f. happy* cítiť sa šťastným ● *f. under the weather* cítiť sa mizerne; slang *f. like shit* cítiť sa pod psa **3.** mať pocit, tušiť, domnievať sa; *I f. it's going to rain* mám pocit, že bude pršať; *I f. it in my bones* cítim to v kostiach
  feeling [ˈfiːliŋ] **1.** pocit; *a f. of hunger* pocit hladu; *a f. of happiness* pocit šťastia **2.** cit; *she has no f. in her little finger* nemá cit v malíčku ● *a f. for beauty* cit pre krásu
  feet p. **foot**
  feign [fein] predstierať, pretvarovať sa, fingovať; *he f-ed sleep* predstieral spánok
  felicitations [fiˌlisiˈteišnz] blahoželanie, blahoprianie gratulovanie; *f. on your promotion* blahoželám ti k povýšeniu
  fell[1] [fel] zoťať; *f. a tree* zoťať strom
  fell[2] p. **fall**
  fell[3] [ˈfel] koža, srsť
  fellow [ˈfeləu] **1.** spoločník, partner, kamarát; *a good f.* dobrý spoločník **2.** hovor. človek, chlapík; *a pleasant f.* príjemný človek **3.** člen (vedeckej a inej ustanovizne); *a F. of the Slovak Academy of Sciences* člen Slovenskej akadémie vied **4.** postgraduálny štipendista
  fellow-citizen [ˌfeləu ˈsitizən] spoluobčan
  fellow-countryman [ˌfeləu ˈkantrimən] mn. č. *-men* [/men] krajan
  fellowship [ˈfeləušip] **1.** družnosť, súdržnosť, kamarátstvo, priateľstvo; *a strong feeling of f. amongst the members of the team* silný pocit súdržnosti medzi členmi družstva **2.** členstvo (vo vedení univerzity alebo inej vedeckej organizácie/spoločnosti) **3.** postgraduálne štipendium
  fellow-traveller [ˌfeləu ˈtrævələ] spolucestujúci
  fellow-worker [ˌfeləu ˈwəːkə] spolupracovník
  felon [ˈfelən] zločinec, lotor
  felt[1] [felt] plsť
  felt[2] p. **feel**
  female [ˈfiːmeil] **I.** príd. **1.** ženský; *f. traits* ženské črty **2.** samičí **II.** podst. **1.** žena; *most of the workers in the factory are f-s* väčšina pracovníkov v továrni sú ženy **2.** samica; *a f. dog* sučka **3.** samičia rastlina
  feminine [ˈfemənən] ženský; *a f. voice* ženský hlas; *a f. gender* ženský rod
  fence [fens] **I.** podst. **1.** plot, oplotenie, ohrada; *the park is put under f.* park je oplotený **2.** (dostihová) prekážka **3.** (šport) šerm **II.** sl. **1.** oplotiť; *f. the garden* oplotiť záhradu **2.** uhýbať; *he f-d skillfully* obratne uhýbal **3.** šermovať

fender [ˈfendə] **1.** ochranná mriežka (pred kozubom) **2.** predný nárazník (auta, električky)

fenfire [ˈfenfaiə] bludička

ferment [fəˈment] kvasiť, fermentovať; *fruit juices f. in hot weather* ovocné šťavy v teple kvasia

fermentation [ˌfəːmenˈteišn] kvasenie, fermentácia

fern [fəːn] papraď, papradie, papradina

ferocious [fəˈrəušəs] **1.** divý, dravý; *a f. river* divá rieka **2.** hrozný, strašidelný; *a f. appearance* hrozný vzhľad

ferocity [fəˈrosəti] zúrivosť, divokosť; *he acted with f.* konal v zúrivosti

ferric [ˈferik] chem. železitý

ferroconcrete [ˌferəuˈkoŋkriːt] železobetón

ferry [ˈferi] **I.** podst. prievoz, trajekt **II.** sl. previezť sa; *f. passengers across a river* previezť cestujúcich cez rieku

ferryman [ˈferimən] mn. č. *-men* prievozník

fertile [ˈfəːtail] úrodný, plodný, výnosný; *f. fields* úrodné polia

fertility [fəːˈtiləti] úrodnosť, plodnosť; *f. cult* kult plodnosti

fertilization [ˌfəːtəlaiˈzeišn] **1.** zúrodnenie, pohnojenie **2.** oplodnenie

fertilize [ˈfəːtəlaiz] **1.** zúrodniť, pohnojiť; *f. the soil* zúrodniť pôdu **2.** oplodniť

fertilizer [ˈfəːtəlaizə] hnojivo; *nitrates are common artificial f-s* dusičnany sú bežné priemyselné hnojivá

fervent [ˈfəːvənt] **1.** zanietený, vášnivý; *a f. admirer* zanietený obdivovateľ **2.** pren. vrúcny, vrelý; *f. love* vrelá láska

fervour [ˈfəːvə] **1.** horúčava, spara **2.** horlivosť, zápal, vášeň; *religious f.* náboženská horlivosť; *revolutionary f.* revolučný zápal

festal [ˈfestl] slávnostný; *on this f. occasion* pri tejto slávnostnej príležitosti

fester [ˈfestə] hnisať, zbierať sa; *the wound f-s* rana hnisá

festival [ˈfestəvl] **I.** podst. **1.** sviatok, slávnosť; *a family f.* rodinný sviatok **2.** festival; *a music f.* hudobný festival **II.** príd. slávnostný; *the f. opening of the academic year* slávnostné otvorenie akademického roku

festive [ˈfestiv] **1.** slávnostný; *on this f. occasion* pri tejto slávnostnej príležitosti **2.** radostný, veselý; *a f. atmosphere* radostná atmosféra

fetch [feč] **1.** ísť a priniesť; *f. me that book* choď a prines mi tú knihu **2.** zhlboka

F

vydýchnuť, nadýchnuť sa; *f. a deep breath* zhlboka sa nadýchnuť

fetid [ˈfiːtəd] zapáchajúci, smradľavý; *f. garbage cans* zapáchajúce odpadkové nádoby

fetidity [ˈfiːtədəti] zápach, smrad

feud¹ [ˈfjuːd] dlhotrvajúci spor; *a political f.* dlhotrvajúci politický spor; *deadly f.* krvná pomsta

feud² hist. léno

feudal [ˈfjuːdl] **1.** feudálny; *the f. system* feudálny systém **2.** lénny

feudalism [ˈfjuːdlizm] feudalizmus

fever [ˈfiːvə] horúčka; *he's in bed with f.* leží v horúčke

feverish [ˈfiːvəriš] horúčkovitý; *in a f. condition* v horúčkovitom stave

few [fjuː] s počítateľnými podst. menami málo; *f. books* málo kníh ● *a f.* niekoľko, trochu; *a f. dresses* niekoľko šiat

fiancé [fiˈansei] snúbenec, ženích

fiancée [fiˈansei] snúbenica, nevesta

fibre [ˈfaibə] vlákno; *artificial f.* syntetické vlákno

fibreglass [ˈfaibəglaːs] laminát

fickle [ˈfikəl] **1.** nestály, vrtkavý; *the weather is f.* počasie je nestále **2.** nevypočítateľný; *a f. man* nevypočítateľný človek **3.** prelietavý

fiction [ˈfikšn] **1.** beletria, románová literatúra; *works of f.* beletristická literatúra **2.** výmysel; *truth is stronger than f.* pravda je silnejšia ako výmysel

fictional [ˈfikšnəl] **1.** beletristický, románový **2.** vymyslený, neskutočný

fiddle [ˈfidl] hovor. husle ● *as fit as a f.* zdravý ako rybička; *have a face as long as a f.* vyzerať ako kopa nešťastia

fidelity [fiˈdeləti] **1.** vernosť, oddanosť; *f. to one's principles* vernosť vlastným zásadám **2.** vernosť, výstižnosť, presnosť; *f. of a translation* vernosť prekladu

fidget [ˈfidžət] **1.** nervózne sa správať, vrtieť sa; *stop f-ing while I'm talking to you!* nevrť sa, keď s tebou hovorím! **2.** (*about*) robiť si starosti (o koho, čo); *f. about health* robiť si starosti o zdravie

fidgety [ˈfidžəti] neposedný; *a f. pupil* neposedný žiak

fief [fiːf] léno

field [fiːld] **1.** pole, roľa; *wheat f-s* pšeničné polia **2.** fyz. pole; *magnetic f.* magnetické pole **3.** nálezisko; *oil f-s* ropné náleziská **4.**

bojisko **5.** ihrisko, pretekárska dráha **6.** oblasť, odbor; *it's outside my f.* to nie je môj odbor; *f. of specialization* špecializácia **7.** výp. pole, časť vety
field glasses [ˈfiːld ˌglɑːsəz] mn. č. ďalekohľad
fieldwork [ˈfiːldwəːk] (odborná) práca v teréne
fierce [fiəs] **1.** divoký, prudký, intenzívny; *a f. temper* prudká povaha **2.** urputný; *f. fighting* urputný boj
fiery [ˈfairi] **1.** ohnivý, zápalistý; *a f. sky* ohnivá obloha; *a f. speech* zápalistá reč **2.** zápalný, horľavý; *f. material* zápalná látka **3.** pálivý; *f. spices* pálivé korenie **4.** zapálený; *f. sore throat* zapálené hrdlo
fife [faif] **I.** podst. pikola **II.** sl. hrať na pikole
fifteen [fifˈtiːn] pätnásť
fifteenth [fifˈtiːnθ] **I.** čísl. pätnásty **II.** čísl. pätnástina
fifth [fifθ] **I.** čísl. piaty **II.** podst. pätina
fifth column [ˌfifθ ˈkoləm] piata kolóna
fifth wheel [ˌfifθ ˈwiːl] piate koleso
fiftieth [ˈfiftiːθ] **I.** príd. päťdesiaty **II.** podst. päťdesiatina
fifty [ˈfifti] päťdesiat; *f.-f.* pol na pol, rovným dielom
fig [fig] **1.** figa aj pren. **2.** figovník
fight [fait], *fought* [foːt] *fought* **I.** podst. **1.** boj, zápas; *f. for peace* boj za mier **2.** hádka; *a f. with the neighbours* hádka so susedmi ● *f. to the death* boj na život a na smrť **II.** sl. **1.** bojovať, zápasiť; *f. against the enemy* bojovať proti nepriateľovi **2.** (*over, about*) hádať sa (o čo); *f. about money* hádať sa o peniaze
fight sth. off zahnať niečo, zbaviť sa niečoho
fighter [ˈfaitə] **1.** bojovník **2.** zápasník ● *f. plane* stíhacie lietadlo, stíhačka
figural [ˈfigərəl] obrazný, prenesený, metaforický
figure [ˈfigə] **I.** podst. **1.** číslica, číslo, cifra; *these f-s are not correct* tie číslice nie sú správne; ● *be in red f-s* byť v mínuse, hospodáriť so stratou **2.** *f-s* mn. č. aritmetika; *is he good at f-s?* je dobrý v aritmetike? **3.** obrazec, schéma, diagram; *geometrical f-s* geometrické obrazce **4.** znak, symbol; *the dove is a f. of peace* holubica je symbolom mieru **5.** postava; *she has a good f.* má dobrú postavu **6.** hrdina; *the main f. of the play* hlavná postava hry **7.** figúra v tanci alebo krasokorčuľovaní **II.** sl. **1.** vyobraziť, znázorniť; *who is f-d in the picture?* kto je vyobrazený na obraze? **2.** myslieť si, predpo-

kladať; *he f-d that you would arrive* predpokladal, že prídeš
figure out pochopiť, vyrátať
figureskater [ˈfigə skeitə] krasokorčuliar
figureskating [ˈfigə skeitiŋ] krasokorčuľovanie
filament [ˈfiləmənt] vlákno žiarovky
filch [filč] ukradnúť, potiahnuť; *f. 5 crowns* ukradnúť 5 korún
file[1] [fail] **I.** podst. pilník, pilníček na nechty, **II.** sl. píliť, prepíliť, opilovať; *f. an iron rod in two* prepíliť železnú tyč napoly; *f. the fingernails* opilovať si nechty
file[2] [fail] **I.** podst. **1.** fascikel, obal s písomnosťami; *put it in a f.* vlož to do fascikla **2.** kartotéka, register **3.** výp. súbor informácií **4.** rad, šík **II.** sl. zaradiť do kartotéky/súboru; *f. the documents* zaradiť dokumenty
fill [fil] **1.** (na)plniť; *f. the glass with water* naplniť pohár vodou **2.** (za)plombovať; *f. a tooth* zaplombovať zub **3.** zastávať funkciu; *f. the post of a chairman* zastávať funkciu predsedu
fill in **1.** vyplniť; *f. in an application form* vyplniť žiadosť **2.** doplniť; *f. in the details* doplniť detaily
fill up naplniť; *f. up the petrol tank, please* naplňte, prosím, benzínovú nádrž
filler [ˈfilə] výplň, náplň, vložka
filling [ˈfiliŋ] **1.** výplň, plomba; *the f. has come out of my tooth* vypadla mi plomba zo zuba **2.** kuch. plnka, náplň; *she put a good f. in the cake* naplnila koláč dobrou plnkou
filling station [ˈfiliŋ ˌsteišn] benzínová čerpacia stanica
film [film] **I.** podst. **1.** film; *shoot a f.* nakrútiť film **2.** film, povlak; *a f. of oil on water* olejový povlak na vode **II.** sl. **1.** filmovať; *they are going to f. the ceremony* budú filmovať oslavu **2.** pokryť, potiahnuť
film actor [ˈfilm ˌæktə] filmový herec
film actress [ˈfilm ˌæktrəs] filmová herečka
film clip [ˈfilm klip] filmový záber, šot
film star [ˈfilm staː] filmová hviezda
filter [ˈfiltə] **I.** podst. filter; *f. paper* filtračný papier **II.** sl. filtrovať; *f. a liquid* filtrovať tekutinu; *f. through* presakovať, prenikať aj pren.; *the news of the defeat f-ed through* na verejnosť prenikla správa o porážke
filter tip [ˈfiltə tip] cigareta s filtrom
filth [filθ] špina, nečistota, oplzlosť aj pren.; *wash the f. off one's hands* umyť si špinu z rúk; *moral f.* mravná špina

filthy [ˈfilθi] **1.** špinavý; *f. streets* špinavé ulice **2.** hnusný; *f. weather* hnusné počasie **3.** necudný, neslušný, oplzlý; *f. jokes* neslušné vtipy

fin [fin] plutva; *belly f.* brušná plutva

final [ˈfainl] posledný, záverečný, konečný; *the f. chapter* záverečná kapitola

finale [fiˈnaːli] záverečná časť, finále; *the f. of the opera* záverečná časť opery

finally [ˈfainli] nakoniec, naostatok; *f. I want to express my thanks* nakoniec chcem vyjadriť svoju vďaku

finals [ˈfainlz] šport. finále

finance [ˈfainæns] **I.** podst. financie, peňažné prostriedky **II.** sl. [ˈfaiˈnæns] financovať; *f. a project* financovať projekt

financial [fəˈnænšl] finančný, peňažný; *f. difficulties* finančné ťažkosti

find [faind], *found* [faund], *found* **1.** nájsť; *f. a good job* nájsť dobrú prácu **2.** zistiť; *I found that I made a mistake* zistil som, že som urobil chybu **3.** považovať (za čo); *I f. it difficult* považujem to za ťažké

find out zistiť, objasniť

finder [ˈfaində] nálezca

finding [ˈfaindiŋ] **1.** nález; *archeological f-s* archeologické nálezy **2.** odb. nález, zistenie; *the f-s of the committee* zistenia komisie

fine[1] [fain] **I.** podst. pokuta; *a parking f.* pokuta za zlé parkovanie **II.** sl. pokutovať, dať pokutu; *f. for a traffic offence* pokutovať za dopravný priestupok

fine[2] [fain] **I.** príd. **1.** (v rozl. význ.) jemný; *f. sand* jemný piesok; *a f. distinction* jemný rozdiel; *a f. taste* jemný vkus; *f. voice* jemný hlas **2.** skvelý, vynikajúci, výborný; *a f. actor* vynikajúci herec; *f. wine* výborné víno **3.** pekný, krásny, nádherný; *a f. young lady* krásna mladá dáma; *a f. work of art* nádherná umelecká práca **II.** prísl. pekne, krásne, nádherne; *it's f. today* dnes je krásne **III.** cit. výborne, vynikajúco, skvele; *You've finished already? – F.!* Už ste skončili? – Výborne!

fine arts [ˌfain ˈaːts] mn. č. výtvarné umenie

finger [ˈfiŋgə] **I.** podst. **1.** prst **2.** hodinová ručička **II.** sl. **1.** dotknúť sa prstom, ohmatať prstom; *f. the dress* ohmatať šaty **2.** ukázať prstom, označiť; *she f-ed him as one of the offenders* označila ho za jedného z páchateľov

fingernail [ˈfiŋgəneil] necht

fingerprint [ˈfiŋˌgəprint] odtlačok prsta

finish [ˈfiniš] **I.** sl. **1.** dokončiť, skončiť, zakončiť; *f. your work at once* skonči ihneď prácu **2.** urobiť konečnú úpravu, dopracovať, dotvoriť **3.** zničiť, poraziť v boji, premôcť; *the pain nearly f-ed him* bolesť ho takmer premohla **4.** dojesť, dopiť; *f. your glass* dopi **II.** podst. **1.** len j. č. koniec; *fight to the f.* bojovať do konca **2.** šport. finiš; *the f. of the race* záver pretekov

finite [ˈfainait] **1.** konečný **2.** gram. určitý; *the f. verb* určitý slovesný tvar

Finland [ˈfinlənd] Fínsko

Finn [fin] Fín

Finnish [ˈfiniš] fínsky

fir [fəː] jedľa (strom aj drevo); *f. cone* jedľová šiška

fire [faiə] **I.** podst. **1.** oheň, ohník; *stir the f.* rozhrabať oheň ● *be on f.* horieť; *set f.* založiť oheň **2.** požiar; *forest f.* lesný požiar **3.** streľba, paľba; *open/cease f.* začať/zastaviť paľbu ● *play with f.* hrať sa s ohňom **II.** sl. **1.** podpáliť, zapáliť; *f. a house* podpáliť dom **2.** vystreliť; *f. a gun* vystreliť z pušky **3.** hovor. vyhodiť z práce; *he was f-d* vyhodili ho z práce

fire alarm [ˈfaiə əˌlaːm] požiarny poplach

fire brigade [ˈfaiəbriˌgeid] požiarny zbor, požiarnici

fire escape [ˈfaiəriˈskeip] požiarne schodište

fire extinguisher [ˈfaiərikˈstinŋgwišə] hasiaci prístroj

firefly [ˈfaiəˌflai] svätojánska muška

fireman [ˈfaiəmən] mn. č. *-men* požiarnik, požiarny technik

fireplace [ˈfaiəpleis] kozub

fireproof [ˈfaiəpruːf] ohňovzdorný, nehorľavý; *a f. fabric* ohňovzdorná látka, tkanina

firewood [ˈfaiəwuːd] palivové drevo

fireworks [ˈfaiəwəːks] mn. č. ohňostroj

firm[1] [fəːm] firma, podnik

firm[2] [fəːm] **1.** pevný; *f. muscles* pevné svaly **2.** stály, trvalý; *f. friendship* trvalé priateľstvo **3.** (*with*) prísny (na koho); *f. with students* prísny na žiakov

first [fəːst] **I.** príd. **1.** prvý **2.** základný; *the f. principles* základné zásady, princípy **II.** prísl. najprv, na začiatku; *f. I want to talk to Peter* najprv chcem hovoriť s Petrom ● *at f.* najprv, spočiatku

first aid [ˌfəːst ˈeid] prvá pomoc

firstborn [ˈfəːstboːn] prvorodený, najstarší; *a f. son* prvorodený syn

first-class [ˌfəːstˈklaːs] prvotriedny; *f. goods* prvotriedy tovar

first-hand [ˌfəːstˈhænd] z prvej ruky; *f. information* informácie z prvej ruky

firstly [ˈfəːstli] najprv; *f. let me welcome the president of the board* najprv mi dovoľte privítať predsedu rady

first name [ˈfəːst neim] rodné/krstné meno

first night [ˌfəːst ˈnait] premiéra

first-rate [ˌfəːst ˈreit] prvotriedny, vynikajúci; *a f. performance* vynikajúce predstavenie

fiscal [ˈfiskəl] fiskálny, finančný, daňový; *f. year* fiskálny rok

fish [fiš] mn. č. *fish* al. *fishes* (druhy rýb) **I.** podst. ryba; *catch a f.* chytiť rybu ● *feel like a f. out of water* cítiť sa ako ryba na suchu; *fish and chips* smažené rybie filé s hranolkami **II.** sl. loviť ryby

> **fish** – ryba, ryby
> **fishes** – rozličné druhy rýb

fisherman [ˈfišəmən] mn. č. *-men* rybár

fishing [ˈfišiŋ] rybačka

fishing rod [ˈfišiŋ rod] udica

fishmonger [ˈfišmaŋgə] **1.** obchodník s rybami **2.** *f.'s* obchod s rybami

fishy [ˈfiši] **1.** rybí; *f. taste* rybia príchuť **2.** hovor. podozrivý; *it sounds f. to me* to sa mi zdá podozrivé

fission [ˈfišn] **1.** fyz. štiepenie; *nuclear f.* štiepenie jadra **2.** rozdelenie; *the f. of families during the war* rozdelenie rodín počas vojny

fissure [ˈfišə] **1.** štrbina, puklina, trhlina; *a f. in the wall* štrbina v stene **2.** rázštep, rozštiepenie; *the f. of the lip* rázštep pery

fist [fist] päsť; *clench the f.* zatnúť päsť

fit[1] [fit] záchvat, nával; *a f. of jealousy* záchvat žiarlivosti

fit[2] [fit] **I.** príd. **1.** vhodný, schopný; *he is not f. for that post* nie je vhodný na to miesto **2.** zdravý, v dobrej kondícii, vo forme; *he is not f. after the long illness* po dlhej chorobe nie je v dobrej kondícii ● *as f. as a fiddle* zdravý ako ryba **II.** sl. *-tt-* **1.** hodiť sa, byť vhodný; *that name f-s him* to meno sa mu hodí **2.** hovor. hodiť sa, sadnúť, pasovať; *the shoes f. her* topánky jej sadnú; *the door f-s* dvere sedia **3.** prispôsobiť, upevniť; *f. the window* upevniť okno

fit in with sb./sth. hodiť sa k niekomu/niečomu

fitter [ˈfitə] **1.** krajčír (skúšajúci oblek zákazníkovi) **2.** montér, inštalatér; *a gas f.* plynár

fitting [ˈfitiŋ] **1.** skúška u krajčíra; *I'm going for a f.* idem skúšať šaty **2.** *f-s* mn. č. inštalácia; *electric light f.* elektrická inštalácia

fitting-room [ˈfitiŋ rum] **1.** dielňa **2.** skúšobná kabína

five [faiv] päť

fix [fiks] **1.** upevniť; *f. a shelf to the wall* upevniť poličku na stenu **2.** upútať (pozornosť); *his attention was f-ed on the girl* dievča upútalo jeho pozornosť **3.** určiť, stanoviť; *f. the conditions* stanoviť podmienky **4.** ustáliť, fixovať; *f. prices* ustáliť ceny **5.** dať si do poriadku, upraviť (si); *f. your hair* uprav si vlasy **6.** urobiť, spraviť; *f. some salad* urobiť nejaký šalát

fix up **1.** zariadiť (miestnosť); *we are going to f. up the garage as a workshop* zariadime garáž ako dielňu **2.** uzavrieť; *f. up a contract* uzavrieť zmluvu

fixed [fikst] **1.** pevný; *a f. salary* pevný plat; *a f. price* pevná cena **2.** uprený, nehybný; *a f. gaze* uprený pohľad **3.** sfalšovaný; *the result was f.* výsledok bol sfalšovaný

fixed-time call [ˌfikst taimˈkoːl] (telefonický) hovor na výzvu

fixture [ˈfiksčə] armatúra; *a plumbing f.* vodovodná armatúra

fizzy [ˈfizi] šumivý, šumiaci; *a f. drink* šumivý nápoj

flabbergast [ˈflæbəgaːst] ohromiť, vyviesť z miery; *he was f-ed when I told him that news* bol ohromený, keď som mu povedal tú správu

flabby [ˈflæbi] ochabnutý; *f. muscles* ochabnuté svaly

flag[1] [flæg] zástava, vlajka; *the national f.* národná štátna zástava

flag[2] [flæg] (cementová) dlaždica; *scrub the f-s on the balcony* vydrhnúť dlaždice na balkóne

flagrant [ˈfleigrənt] nápadný, krikľavý; *a f. neglect of duty* nápadné zanedbanie povinnosti

flagship [ˈflægˌšip] vlajková loď

flagstaff [ˈflægstaːf] stožiar, žrď (vlajky)

flair [fleə] **1.** talent, nadanie; *have a f. for languages* mať nadanie na jazyky **2.** hovor. čuch, nos; *have a f. for bargain* mať nos na dobrý obchod

flake [fleik] vločka; *soap f-s* mydlové vločky; *corn f-s* ovsené vločky

flame [fleim] **I.** podst. plameň; *the building is in f-s* budova je v plameňoch **II.** sl. blčať,

plápolať, planúť; *f. with indignation* planúť
od rozhorčenia

flameproof [ˈfleimpruːf] **1.** ohňovzdorný,
nehorľavý **2.** nevýbušný

flamingo [fləˈmingəu] mn. č. *flamingos, fla-
mingoes* [ˈfləˈmingəuz] **1.** plameniak **2.** kr-
vavoružová farba

flammable [ˈflæməbl] zápalný, horľavý; *f.
material* horľavá látka, horľavina

flank [flæŋk] **1.** bok, slabina (zvierať); *a f.
of bacon* plát slaniny **2.** krídlo (vojenského út-
varu); *the enemy attacked us from the left f.* ne-
priateľ zaútočil na nás zľava

flannel [ˈflænl] **I.** podst. **1.** flanel; *a metre
of f.* meter flanelu **2.** *f-s* mn. č. flanelový oblek
II. príd. flanelový; *a f. shirt* flanelová košeľa

flap [flæp] **I.** sl. *-pp-* **1.** plesknúť, udrieť;
f. the fly plesnúť muchu **2.** mávať, trepotať
(sa); *the flag f-ping in the wind* zástava tre-
potajúca sa vo vetre **II.** podst. plesnutie, plies-
kanie; *a f. of the fish* plesnutie ryby

flapjack [ˈflæpdʒæk] lievance

flare [fleə] **I.** podst. **1.** trepotavé svetlo **2.**
svetelný signál, svetelná raketa; *before the ship
sank it fired off some f-s* skôr, než sa loď poto-
pila, vystrelila svetelné rakety **II.** sl. horieť (tre-
potavým plameňom), planúť, blčať rozhorieť sa;
the candle began to f. sviečka sa rozhorela

flare up vzblknúť; *street-fighting has f-d
up again* pouličné boje znovu vzblkli

flash [flæʃ] **I.** podst. zablysnutie, záblesk;
a f. of lightning across the sky záblesk na ob-
lohe; *in a f.* okamžite, ihneď, bleskovo **II.** sl.
1. zablysnúť sa, prebleskovať, blikať; *a light-
house was f-ing in the distance* maják blikal
v diaľke **2.** rútiť sa; *the train f-ed past* vlak
sa rútil **3.** bleskovo oznámiť (rozhlasom správu);
f. the news across the world oznámiť správu
do sveta

flashback [ˈflæʃbæk] retrospektíva, zá-
blesk minulosti, spomienka na minulosť

flashlamp [ˈflæʃlæmp] **1.** vrecková bater-
ka **2.** (banská) lampa s reflektorom

flashlight [ˈflæʃlait] **1.** signalizačné svet-
lo (napr. majáka) **2.** fot. blesk **3.** AM baterka

flask [flaːsk] **1.** banka (fľaša s úzkym hrdlom)
2. čutora, plochá fľaša **3.** (*thermos f.*) ter-
moska

flat [flæt] **I.** podst. **1.** byt; *a block of f-s*
obytný blok, nájomný dom, činžiak **2.** rovi-
na, nížina; *mud f-s* bahenné nížiny **II.** príd.
-tt- **1.** plochý, rovný; *the roof is f.* strecha je

plochá **2.** jednotvárny, nevýrazný, slabý; *the
market is f. after Christmas* trh je po Viano-
ciach slabý **3.** vybitý (o batérii) **4.** hud. znížený
(o pol tónu)

flatfish [ˈflætˌfiʃ] mn. č. *flatfish/flatfishes*
[ˈflætfiʃiz] zool. platesa (ryba)

flatfoot [ˈflætˌfut] mn. č. *flat feet* [ˈflætˌfiːt]
plochá noha

flatland [ˌflætˈlænd] rovina

flatlet [ˈflætlət] garsónka, malý byt s prí-
slušenstvom

flatter [ˈflætə] **1.** lichotiť, pochlebovať; *I
feel f-ed by your words* tvoje slová mi licho-
tia **2.** lahodiť; *that music f-s my ear* tá hudba
lahodí mojim ušiam

flattering [ˈflætəriŋ] **1.** lichotivý **2.** laho-
diaci

flattery [ˈflætəri] lichotenie, pochlebova-
nie, lichôtka; *don't be deceived by his f-ies* ne-
daj sa oklamať jeho lichôtkami

flavour [ˈfleivə] **I.** podst. **1.** chuť a vôňa;
food without f. jedlo bez chuti a vône **2.** prí-
chuť; *a bitter f.* horká príchuť **II.** sl. okoreniť,
ochutiť; *f. the food* koreniť jedlo

flaw [floː] **I.** podst. **1.** trhlina, prasklina; *a
f. in the concrete* trhlina v betóne **2.** chyba,
kaz; *a f. in the glass* kaz v skle **II.** sl. **1.** roz-
trhnúť, urobiť trhlinu, popraskať; *f-ed pave-
ments* popraskané chodníky **2.** pokaziť

flawed [floːd] kazový, chybný; *a f. dia-
mond* kazový diamant

flawless [ˈfloːləs] bezchybný, dokonalý,
bez kazu; *a f. performance* bezchybné pred-
stavenie

flax [flæks] **I.** podst. **1.** ľan **2.** ľanové plát-
no **II.** príd. ľanový

flea [fliː] **I.** podst. blcha **II.** sl. odblšiť; *f. a
dog* odblšiť psa

flea market [ˈfliːˌmaːkət] blší trh

fled p. **flee**

flee [fliː] *fled* [fled], *fled* utiecť, ujsť, unik-
núť; *f. from justice* utiecť pred spravodli-
vosťou

fleet [fliːt] flotila, oddiel loďstva/letectva;
a f. of fishing boats rybárska flotila

fleeting [ˈfliːtiŋ] letmý, zbežný; *a f.
glimpse* letmý pohľad

flesh [fleʃ] **1.** (živé) mäso **2.** dužina; *a to-
mato with fine f.* paradajka s jemnou dužinou
● *f. and blood* (o príbuzných) vlastná krv

flesh-eater [ˌfleʃˈiːtə] **1.** mäsožravec **2.** bot.
mäsožravá rastlina

flew p. **fly**
flexibility [ˌfleksə'biləti] **1.** ohybnosť **2.** pružnosť; *f. of the syllabus* pružnosť osnov
flexible ['fleksəbl] **1.** ohybný; *f. metal* ohybný kov **2.** pružný, prispôsobivý; *a f. person* prispôsobivý človek
flexitime [fleksitaim] pohyblivý pracovný čas
flick [flik] I. podst. **1.** šibnutie, švihnutie; *give a horse a f.* šibnúť koňa **2.** ťukanie; *the f. of typewriters* ťukanie písacích strojov II. sl. šibnúť, švihnúť; *f. the horse with a whip* švihnúť koňa bičom
flicker ['flikə] I. sl. **1.** blikať; *a f-ing candle* blikajúca sviečka **2.** mihotať sa; *f-ing shadows* mihotajúce sa tiene II. podst. **1.** blikanie, blikot; *the f. of the light* blikot svetla **2.** vzplanutie; *a f. of anger* vzplanutie hnevu
flick knife ['flik naif] vystreľovací nôž
flight[1] [flait] I. podst. **1.** let, (letecká) linka **2.** ťah (vtákov); *the autumn f. of geese* jesenný ťah husí ● *f. of stairs* rad schodov (medzi poschodiami) II. príd. letový, letecký; *f. visibility* viditeľnosť počas letu
flight[2] [flait] útek; *take f.* dať sa na útek
flight crew ['flait kru:] posádka lietadla
flight data recorder ['flait ˌdeita ri'ko:də] letový zapisovač, čierna skrinka
flight ticket ['flait ˌtikət] letenka
flighty ['flaiti] prelietavý, nestály; *a f. young man* prelietavý mladý muž
flimsy ['flimzi] I. podst. hovor. prieklepový papier II. príd. **1.** tenký, ľahký; *she feels cold in a f. dress* je jej zima v tenkých šatách **2.** chatrný, biedny; *a f. boat* chatrný čln
flinch [flinč] **1.** myknúť sa, trhnúť sa, šklbnúť sa (od bolesti); *f. from pain* myknúť sa od bolesti **2.** vyhnúť sa, vykrútiť sa (z čoho); *f. from an unpleasant duty* vyhnúť sa nepríjemnej povinnosti
fling [fliŋ], *flung* [flaŋ], *flung* I. sl. **1.** hodiť, tresknúť; *he flung his books on the table* treskol knihami o stôl **2.** vrhnúť; *f. into prison* vrhnúť do väzenia; *f. a look* zdrviť pohľadom II. podst. **1.** prudký pohyb **2.** vrh
flint [flint] **1.** pazúrik (kameň) **2.** kresací kameň, kamienok do zapaľovača ● *skin a f.* dať si pre halier vŕtať koleno
flint-hearted [ˌflint'ha:təd] tvrdý, neúprosný
flip [flip] I. podst. **1.** hodenie, hod; *the f. of a coin* hodenie mincou **2.** (šport) premet, sal-

to **3.** krátka prihrávka (vo futbale) **4.** plesknutie **5.** lusknutie (prstami) II. sl. *-pp-* **1.** vyhodiť mincu do vzduchu, hodiť si (korunu); *he f-ped a coin to decide who should sing* hodil mincu, aby rozhodol, kto má spievať **2.** plesnúť; *he f-ped him on his back* plesol ho po zadku **3.** lusknúť prstami
flip off odklepať (popol)
flippant ['flipənt] uštipačný; *a f. remark* uštipačná poznámka
flipper ['flipə] **1.** plutva (korytnačky, tuleňa, delfína, tučniaka – nie ryby) **2.** (gumená) plutva
flirt [flə:t] flirtovať, koketovať; *she f-s with every young man* koketuje s každým mladým mužom
flit [flit] *-tt-* **1.** poletovať; *bees f-ting from flower to flower* včely poletujúce z kvetu na kvet **2.** dohárať; *f-ting candles* dohárajúce sviečky
flit-gun ['flitgan] striekacia pištoľ; *the f. against insects* striekacia pištoľ proti hmyzu
float [fləut] I. podst. **1.** plavák **2.** plavidlo, plť **3.** valník II. sl. **1.** vznášať sa, nadnášať sa; *a balloon f-ed across the sky* balón sa vznášal na oblohe **2.** plávať; *a piece of wood was f-ing in the stream* v rieke plával kus dreva
flock[1] [flok] I. podst. **1.** stádo, črieda, kŕdeľ; *a f. of sheep* črieda oviec **2.** hromada, množstvo; *a f. of new ideas* množstvo nových myšlienok II. sl. zhromaždiť sa, zhluknúť sa; *people f-ed around the speaker* ľudia sa zhromaždili okolo rečníka ● *birds of a feather f. together* vrana k vrane sadá, rovný rovného si hľadá
flock[2] [flok] chumáč (vlny, vlasov)
flog [flog] *-gg-* biť, šľahať, šibať (prútom, bičom); *f. a horse* šibať koňa ● *f. a dead horse* zbytočne sa namáhať
flood [flad] I. podst. záplava, povodeň; *heavy rains caused f-s* silné dažde spôsobili záplavy II. sl. **1.** zaplaviť, zatopiť; *the meadows were f-ed* lúky boli zaplavené **2.** rozvodniť sa; *the rivers were f-ed by heavy rains* rieky sa po silných dažďoch rozvodnili
floodlight ['fladlait] I. podst. slávnostné osvetlenie (budovy, hradu ap.), osvetlenie reflektormi/svetlometmi; *the f. of the Bratislava castle* osvetlenie Bratislavského hradu II. sl. *-lighted/-lit* [-laitid/-lit], *-lighted/-lit* slávnostne osvetliť (budovu, hrad ap.), osvetliť reflektormi/svetlometmi; *a f-ed city* slávnostne osvetlené mesto
floodplain ['fladplein] povodňová oblasť

floor [flo:] **I.** podst. **1.** podlaha, dlážka; *a bare f.* holá dlažba **2.** (rovné) dno (jaskyne, mora) **3.** poschodie, podlažie; *on the first f.* na prvom poschodí (AM na prízemí) ● *have/take the f.* ujať sa slova **II.** sl. **1.** rozprestrieť na podlahe **2.** stlačiť (až k podlahe); *he f-ed the accelerator pedal* naplno stlačil plynový pedál
floor lamp ['flo: læmp] AM stojatá lampa
floor pit ['flo: pit] montážna jama
floor show ['flo: šəu] varietný program (na tanečnom parkete)
flop [flop] *-pp-* **1.** trepotať sa, hádzať sa; *the fish f-ped helplessly in the basket* ryba sa bezmocne hádzala v koši **2.** trepnúť, tresknúť; *he f-ped his enemy on the head* tresol nepriateľa po hlave **3.** (o hre, filme) prepadnúť; *the play f-ped* hra prepadla
floppy ['flopi] mäkký, poddajný; *a f. hat* mäkký klobúk
floppy disk [ˌflopi'disk] výp. disketa
florist ['florəst] **1.** kvetinár, kvetinárka **2.** kvetinárstvo (obchod); *at the f.'s* v kvetinárstve
flour [flauə] **I.** podst. múka; *fine/smooth f.* hladká múka; *coarse f.* hrubá múka; *medium f.* polohrubá múka **II.** sl. posypať, zasypať/poprášiť múkou
flourish ['flariš] prekvitať, prospievať, prosperovať; *she's f-ing at work* v práci sa jej výborne darí; *in full f.* v plnej sile
flout [flaut] **1.** pohŕdať (čím), ohŕňať nosom (nad čím); *he f-ed her advice* ohŕňal nosom nad jej radou **2.** bagatelizovať; *f. orders* bagatelizovať nariadenia
flow [fləu] **I.** sl. **1.** tiecť (prúdom), prúdiť, valiť sa; *the creek f-s into the river* potok sa vlieva do rieky **2.** voľne splývať; *f-ing robes* splývajúce šaty **3.** stúpať (o prílive); *the tide began to f.* nastal príliv **II.** podst. **1.** (morský) príliv; *the ebb and f. of the sea* odliv a príliv ● *f. of soul* duchaplný rozhovor; *f. of spirits* dobrá nálada **2.** príval, prílev; *f. of money* prílev peňazí; *a f. of furious expressions* príval zúrivých výrazov
flowchart ['fləuča:t] výp. vývojový diagram
flower ['flauə] **I.** podst. **1.** kvet, kvetina; *a bunch of f-s* kytica kvetov **2.** výkvet **II.** sl. **1.** kvitnúť, rozkvitať; *f-ing roses* kvitnúce ruže **2.** ozdobiť kvetmi; *the children f-ed the walls* deti ozdobili steny kvetmi
flowerbed ['flauəbed] kvetinový záhon
flowered ['flauəd] kvetovaný; *f. material* kvetovaná látka

flower girl ['flauə gə:l] kvetinárka, predavačka kvetín
flowerpot ['flauəpot] kvetináč
flower show ['flauə šəu] výstava kvetov
flowery ['flauəri] **1.** kvetinový; *f. smell* kvetinová vôňa **2.** kvetnatý (jazyk); *a f. speech* kvetnatá reč
flow heater ['fləu ˌhi:tə] prietokový ohrievač
flowmeter ['fləumi:tə] prietokomer
flown[1] p. **fly**
flown[2] [fləun] nabitý; *f. with anger* nabitý hnevom
flow pipe ['fləu paip] prívodová trubica
flow production ['fləu ˌprə'dakšn] pásová výroba
flow sheet ['fləu ši:t] schéma technologického postupu
flu [flu:] hovor. chrípka; *get a f.* dostať chrípku
fluctuate ['flakčueit] **1.** kolísať; *f. between hope and despair* kolísať medzi nádejou a zúfalstvom **2.** meniť sa, kolísať; *the exchange rates f.* kurz peňazí sa mení
fluctuation [ˌflakču'eišn] **1.** kolísanie, výkyv; *f. of temperature* kolísanie teploty **2.** vlnenie; *the f-s of the sea* vlnenie mora
flue [flu:] **1.** vetrací komín, vzdušný komín **2.** komínový ťah, prieduch; *clean the f. of soot* vyčistiť prieduch od sadzí
flue-dust ['flu: dast] popolček (z vysokej pece) ● *f. catcher/retainer* lapač popolčeka
flue-gas ['flu: gæs] spaliny
fluent ['flu:ənt] plynulý, plynný; *speak f. English* hovoriť plynule po anglicky
fluff [flaf] páper, páperie; *newly hatched chickens are covered with f.* čerstvo vyliahnuté kurence sú porastené páperím
fluffy ['flafi] **1.** porastený páperím/jemnými chĺpkami; *f. kittens* mačiatka porastené jemnými chĺpkami **2.** nadýchnutý, kyprý; *f. dough* kypré cesto
fluid ['flu:əd] **I.** príd. **1.** tekutý **2.** plynulý, plynný; *a f. style* plynulý štýl **3.** pohyblivý, meniaci sa; *f. opinions* meniace sa názory **II.** podst. tekutina, chem. kvapalina; *body f-s such as blood* telesné tekutiny ako napríklad krv
fluid drive [ˌflu:əd 'draiv] hydraulický pohon
fluid pressure [ˌflu:d 'prešə] hydrostatický tlak
fluke[1] [flu:k] **I.** podst. hovor. šťastná náhoda; *he won by a f.* vyhral šťastnou náhodou **II.** sl. mať (z pekla) šťastie
fluke[2] [flu:k] motolica (parazit)

flung p. **fling**
flunk [flank] AM hovor. vyletieť zo skúšky, prepadnúť na skúške
fluorescent [fluə'resənt] I. príd. 1. svetielkujúci, fluoreskujúci 2. žiarivkový; *f. light* žiarivkové svetlo II. podst. žiarivka
fluorescent lamp/tube [‚fluəresənt 'læmp/'tju:b] žiarivka
flush¹ [flaš] I. sl. 1. začervenať sa; *she f-ed when he addressed her* začervenala sa, keď ju oslovil 2. spláchnuť, vypláchnuť, prepláchnuť; *f. the toilet* spláchnuť WC II. podst. 1. prúd, príval; *a f. of water* príval vody 2. nával (krvi, citu); *a f. of blood* nával krvi 3. rumenec, červeň; *unhealthy f.* nezdravý rumenec
flush² [flaš] vyhnať (z úkrytu), vyplašiť (vtáka); *f. a pheasant* vyplašiť bažanta
flush lavatory/toilet [flaš'lævətəri/'toilət] splachovací záchod
flute¹ [flu:t] I. podst. flauta II. sl. hrať na flaute
flute² [flu:t] I. podst. žliabok, ryha II. sl. žliabkovať, ryhovať; *f. glass* ryhovať sklo
flutter ['flatə] I. sl. 1. trepotať (krídlami); *the bird f-ed her wings up and down to frighten the cat* vták trepotal krídlami, aby odstrašil mačku 2. poletovať; *the butterfly f-ed from flower to flower* motýľ poletoval z kvetu na kvet 3. nervózne pobehovať; *she f-ed about the room* nervózne pobehovala po izbe II. podst. 1. trepotanie, trepot; *the f. of wings* trepot krídel 2. rozčúlenie, vzrušenie; *the news put him into a f.* správa ho vzrušila
flux [flaks] 1. tok, prúd, príval; *a f. of words* príval slov 2. stála zmena; *in a state of f.* v štádiu stálych zmien
flux density [‚flaks 'densəti] fyz. magnetická/elektrická indukcia
flux line ['flakslain] fyz. siločiara
fly [flai], *flew* [flu:], *flown* [fləun] I. sl. 1. letieť, lietať; *f. across the ocean* letieť cez oceán 2. poletovať, viať (o vlasoch); *f-ing hair* rozviate vlasy 3. utiecť, ujsť; *he flew from home* utiekol z domu 4. pilotovať dopraviť lietadlom; *the passengers were flown to London* cestujúci prileteli do Londýna II. podst. 1. mucha; *catch f-ies* chytať muchy 2. ryb. muška ● *a f. in the ointment* háčik; *the only f. in the ointment is the pay* jediný háčik je plat
flyable ['flaiəbl] 1. schopný letu; *a f. plane* lietadlo schopné letu 2. vhodný na let; *f. weather* počasie vhodné na let

flyabout ['flaiəbaut] neposedný; *a f. boy* neposedný chlapec
fly ash ['flai æš] popolček
fly flap ['flai flæp] capáčik na muchy
flying range [‚flaiŋ'reindž] dolet, akčný rádius (lietadla)
flying saucer [‚flaiŋ'so:sə] lietajúci tanier
flying squad [‚flaiŋ skwod] policajný/pohotovostný oddiel
flyover ['flaiəuvə] BR nadjazd
flypaper ['flai‚peipə] mucholapka
flyunder ['flaiandə] podjazd
flywheel ['flaiwi:l] zotrvačník
foal [fəul] I. podst. žriebä II. sl. ožrebiť sa
foam [fəum] I. podst. pena II. sl. peniť (sa); *f-ing waves* peniace sa vlny III. príd. penový; *f. mattress* penový matrac
fob [fob] -bb- *off* odbaviť; *he f-bed me off with promises* odbavil ma sľubmi
focal ['fəukl] ohniskový; *f. distance/length* ohnisková vzdialenosť; *f. point* ohnisko
focus ['fəukəs] mn. č. aj *foci* ['fousai] I. podst. mat. fyz. 1. ohnisko 2. pren. stredobod (pozornosti, záujmu) ● *in f.* zaostrený, jasný, ostrý; *out of f.* nezaostrený, nejasný II. sl. zaostriť; *f. the lense* zaostriť objektív
fodder ['fodə] krmivo, krm
foderer ['fodərə] krmič, krmička
foe [fəu] kniž. nepriateľ
foetal ['fi:tl] biol. zárodočný, plodový
foetus ['fi:təs] biol. zárodok, plod
fog¹ [fog] I. podst. mládza, otava II. sl. -gg- 1. pásť dobytok na otave 2. nechať trávu cez zimu
fog² [fog] I. podst. (hustá) hmla; *London has thick f-s in autumn* v Londýne býva na jeseň hustá hmla II. sl. -gg- zahmliť (sa), zahaliť (sa) hmlou; *his glasses f-ged when he entered* keď vošiel, zahmlili sa mu okuliare
foggy ['fogi] 1. hmlistý, zahmlený; *a f. morning* hmlisté ráno 2. popletený, nespoľahlivý; *a f. memory* nespoľahlivá pamäť
foil¹ [foil] I. podst. 1. fólia (z tenkého kovu); *tin f.* staniol; *gold f.* pozlátka 2. alobal II. príd. 1. fóliový 2. alobalový; *f. trays* alobalové podnosy III. sl. zabaliť do fólie/alobalu
foil² [foil] zmariť, prekaziť; *f. somebody's plans* prekaziť niekomu plány
fold¹ [fəuld] I. podst. 1. ohrada, košiar, ovčinec, ovčiareň 2. stádo ovcí II. sl. zatvoriť (ovce) do ohrady
fold² [fəuld] sl. 1. zložiť, poskladať, prehnúť, preložiť; *f. a map* zložiť mapu 2. zo-

vrieť; *f. a child in arms* zovrieť dieťa do náručia

folder [ˈfəuldə] tvrdý obal (na spisy)
folding [ˈfəuldiŋ] skladací, rozkladací; *f.chair* skladacia stolička; *f. bed* rozkladacia posteľ
foliage [ˈfəuliidž] lístie
folk [fəuk] AM aj *f-s* mn. č. **I.** podst. hovor. ľud, ľudia; *some f. are never satisfied* niektorí ľudia nie sú nikdy spokojní **II.** príd. ľudový; *f. music* ľudová hudba
   folk dance [ˈfəuk ˌdɑːns] **I.** podst. ľudový tanec **II.** sl. tancovať ľudové tance
   folk dancer [ˈfəukˌdɑːnsə] tanečník ľudových tancov
   folk singer [ˈfəuk ˌsiŋə] spevák ľudových piesní
   folk song [ˈfəuk soŋ] ľudová pieseň
follow [ˈfoləu] **1.** nasledovať (koho, čo), ísť (za kým, čím); *they f-ed us by car* išli za nami autom **2.** prenasledovať; *f. an enemy* prenasledovať nepriateľa **3.** ísť (kadiaľ), držať sa (cesty); *f. this road* drž sa tejto cesty **4.** riadiť sa (čím), držať sa (čoho); *f. the advice* držať sa rady **5.** chápať, rozumieť; *can you f. me?* rozumieš, čo hovorím? **6.** (*from*) vyplývať (z čoho); *the conclusion f-s from discussion* záver vyplýva z diskusie
   follow st. through dotiahnuť niečo až do konca
   follower [ˈfoləuə] nasledovník
   following [ˈfoləuiŋ] **I.** príd. nasledujúci, ďalší; *the f. day* nasledujúci deň **II.** podst. prívrženec; *he has a great f. among the students* má veľa prívržencov medzi študentmi
folly [ˈfoli] **1.** pochabosť, bláznovstvo; *the f-ies of youth* pochabé/bláznivé výčiny mladosti **2.** letohrádok **3.** *f-ies* mn. č. divadelná revue
   foment [ˈfəument] **1.** dávať teplé obklady **2.** vyvolávať spory; *f. riots* vyvolávať nepokoje
   fond [fond] nežný, láskavý, milujúci; *a f. mother* milujúca matka ● *be f. of* mať rád (koho, čo); *be f. of music* mať rád hudbu; *she is f. of dancing* rada tancuje
   food [fuːd] **1.** potrava, jedlo; *f. and drink* jedlo a nápoje; *a f. shortage* nedostatok potravín **2.** výživa; *skin f.* výživa pleti
   food centre/stall [ˈfuːd sentə/stoːl] obchod s potravinami
   foodprocessor [ˌfuːdprosesə] kuchynský robot

food product [ˈfuːd prodakt] potravinársky výrobok
food ration [ˈfuːd ræšn] prídel potravín
foodstuffs [ˈfuːdstafs] potraviny
food supply [ˈfuːd ˌsəplai] **1.** dodávka potravín **2.** zásoby potravín
food value [ˈfuːd ˌvæljuː] výživová hodnota
fool [fuːl] **I.** podst. hlupák, blázon; *a born f.* rodený hlupák ● *act/play the f.* robiť zo seba hlupáka/blázna; *all F-l's day* deň bláznov (1. apríl) **II.** sl. **1.** žartovať, robiť si vtipy; *I'm only f-ing* iba žartujem **2.** dobehnúť (koho), prejsť cez rozum (komu); *he f-ed me excellently* ohromne ma dobehol
   foolish [ˈfuːliš] **1.** hlúpy, nerozumný; *how f. of you* aké nerozumné od teba **2.** smiešny, bláznivý; *a f. dress* smiešne šaty
   foot [fut] mn. č. *feet* [fiːt] **1.** noha; *she broke her f.* zlomila si nohu **2.** stopa (30,48 cm) **3.** úpätie, dolná časť; *at the f. of the mountains* na úpätí hôr; *at the f. of page 14* dolu na strane 14 ● *on f.* peši; *be at one's f.* byť vydaný (komu) na milosť a nemilosť; *put one's f. in it* tresnúť hlúposť, seknúť sa
   foot-and-mouth-disease [ˌfut ənd ˈmauθ diˌziːz] slintačka a krívačka
   football [ˈfutboːl] **1.** futbalová lopta **2.** futbal, AM americký futbal; *a f. match* futbalový zápas
   footballer [ˈfutboːlə] futbalista, AM hráč amerického futbalu
   football pools [ˈfutboːl ˌpuːlz] mn. č. sazka
   footlights [ˈfutlaits] mn. č. **1.** (v divadle) svetlá rampy **2.** pren. divadlo ● *get over/across the f.* mať úspech
   footman [ˈfutmən] mn. č. *-men* **1.** lokaj, komorník **2.** pešiak
   footnote [ˈfutnəut] **I.** podst. poznámka pod čiarou **II.** sl. doplniť poznámkami
   footprint [ˈfutˌprint] stopa, šľapaj; *follow the f-s* sledovať stopy
   footstep [ˈfutstep] **1.** krok; *he heard f-s behind him* počul za sebou kroky **2.** stopa, šľapaj; *clear f-s in the snow* jasné šľapaje v snehu ● *follow in the f-s of* ísť v stopách (koho)
   footwarmer [ˈfutwoːmə] ohrievač na nohy
   footwear [ˈfutweə] **1.** obuv **2.** všetko, čo sa nosí na nohách (topánky, ponožky ap.)
fop [fop] parádnik, švihák, fešák
   foppish [ˈfopiš] parádny, švihácky, fičúrsky
   for [foː] **I.** predl. **1.** (určenie) pre; *a book f. you* kniha pre teba; *this is no place f. a young girl* to-

to nie je miesto pre mladé dievča **2.** kvôli, pre, vzhľadom na; *she cannot speak f. tears* nemôže hovoriť pre slzy **3.** (účel, okolnosti) na; *what is this good f.?* na čo je to dobré? *a pen f. writing* pero na písanie; *go f. a walk* ísť na prechádzku; *it is quite warm f.* February na február je celkom teplo **4.** (smer) do, k; *a train f. London* vlak do Londýna; *make f. home* zamieriť k domovu/domov **5.** (účel, cieľ) o; *play f. money* hrať o peniaze; *cry f. help* kričať o pomoc **6.** (výmena, zámena, postavenie, funkcia) za; *three pieces f. a dollar* tri kusy za dolár; *pay two pounds f. a ticket* platiť dve libry za lístok; *he took me f. my brother* pokladal ma za môjho brata; *he is a member of parliament f. the Republicans* je členom parlamentu za republikánov **7.** (prostriedok) proti; *a remedy f. flu* liek proti chrípke ● *f. all* napriek; *f. the present* teraz, nateraz **II.** spoj. pretože, lebo; *she felt no fear f. she was not alone* nebála sa, lebo nebola sama
forbade p. **forbid**
forbear [fo:ˈbeə], *forbore* [fo:ˈbo:], *forborne* [fo:ˈbo:n] **1.** zdržať sa, ovládnuť sa; *I cannot f. expressing my surprise* nemôžem sa zdržať, aby som nevyjadril prekvapenie **2.** zniesť (koho, čo), mať trpezlivosť (s kým, čím); *I cannot f. his failings* neznesiem jeho chyby
forbid [fəˈbid], *forbade* [fəˈbeid], *forbidden* [fəˈbidn] zakázať; *I f. you smoking* zakazujem ti fajčiť ● *forbidden fruit* zakázané ovocie
forbidden p. **forbid**
forbidding [fəˈbidiŋ] **1.** hrozivý; *f. looks* hrozivé pohľady **2.** odpudivý; *f. appearance* odpudivý zjav
forbore p. **forbear**
force [fo:s] **I.** podst. **1.** sila aj pren.; *the f. of the wind* sila vetra; *the f. of the blow* sila úderu **2.** násilie; *open the door by f.* otvoriť dvere násilím **3.** mn. č. *(armed) f-s* ozbrojené sily ● *come into f.* nadobudnúť platnosť"; *the f. of habit* sila zvyku **II.** sl. **1.** nútiť, prinútiť, donútiť; *I f-d him to go there* prinútil som ho, aby tam šiel **2.** vynútiť; *I f-d a confession from him* vynútil som od neho priznanie
force cup [ˈfo:skap] gumený zvon (na čistenie odtoku)
forced draught [ˌfo:st ˈdra:ft] umelé vetranie
forced landing [ˌfo:st ˈlændiŋ] núdzové pristátie
forced march [ˈfo:stˌma:č] namáhavý pochod
forceful [ˈfo:sfəl] **1.** silný; *a f. argument* silný argument **2.** ostrý, energický; *a f. boss* energický šéf

force majeur [ˈfo:s mæžə:] vis major, vyššia moc
force pump [ˈfo:s pamp] tlakové čerpadlo, kompresor
forcible [ˈfo:səbl] **1.** násilný; *a f. entry* násilný vstup **2.** presvedčivý; *a f. explanation* presvedčivé vysvetlenie
ford [fo:d] **I.** podst. brod **II.** sl. brodiť, prebrodiť; *f. a river* prebrodiť rieku

ford [fo:d] – brod
fort [fo:t] – pevnosť

forearm[1] [ˈfo:ra:m] predlaktie
forearm[2] [ˈfo:ra:m] vopred vyzbrojiť; *to be f-ed* byť vopred vyzbrojený
forebear [ˈfo:beə] **1.** praotec **2.** predok; *my f-s lived in Canada* moji predkovia žili v Kanade
foreboding [fo:ˈbəudiŋ] **I.** podst. zlá predtucha **II.** príd. zlovestný, nevěštiaci nič dobré; *f. clouds* zlovestné mraky
forecast [ˈfo:ka:st] **I.** podst. predpoveď, prognóza; *a good business f.* prognóza dobrého obchodu **II.** sl. *forecast/forecasted* [ˈfo:ka:st/ˈfo:ka:stid] predpovedať, predvídať; *can you f. the weather?* vieš predpovedať počasie?
foredoom [ˈfo:du:m] vopred odsúdiť; *f-ed to failure* vopred odsúdený na neúspech
forefather [ˈfo:ˌfa:ðə] **1.** praotec **2.** predok; *his f-s emigrated to New Zealand* jeho predkovia emigrovali na Nový Zéland
forefinger [ˈfo:ˌfiŋgə] ukazovák
foreground [ˈfo:graund] **I.** podst. popredie; *in the f. of the picture* v popredí obrázku **II.** sl. umiestiť do popredia
forehall [ˈfo:ho:l] vstupná hala
forehead [ˈforəd] čelo (časť hlavy)
foreign [ˈforən] **1.** cudzí; *a f. language* cudzí jazyk **2.** zahraničný, cudzozemský; *f. products* zahraničné výrobky; *F. Minister* minister zahraničných vecí (okrem V. Británie a USA)
foreign affairs [ˌforən əˈfeəz] mn. č. zahraničné veci; *Ministry of F. A.* ministerstvo zahraničných vecí (okrem Veľkej Británie a USA)
foreign aid [ˌforən ˈeid] zahraničná pomoc; *f. a. to underdeveloped countries* zahraničná pomoc rozvojovým krajinám
foreigner [ˈforənə] cudzinec, cudzí štátny príslušník
foreign exchange [ˌforən iksˈčeindž] **1.** valuty, devízy **2.** denný kurz devíz

Foreign Office [ˈforənˌofis] BR ministerstvo zahraničných vecí
foreign relations [ˌforən riˈleišənz] mn. č. medzinárodnné vzťahy
Foreign Secretary [ˌforən ˈsekrətəri] BR minister zahraničných vecí
foreign service [ˌforən ˈsəːvəs] zahraničná/diplomatická služba
foreign trade [ˌforən ˈtreid] zahraničný obchod
foreign travel [ˌforən ˈtrævl] cudzinecký ruch, zahraničný cestovný ruch
foreknow [ˌfoːˈnəu], *foreknew* [ˌfoːˈnjuː], *foreknown* [ˌfoːˈnəun] predvídať
foreleg [ˈfoːleg] predná noha (zvieraťa alebo nábytku)
foreman [ˈfoːmən] mn. č. *-men* predák, majster, vedúci
foremost [ˈfoːməust] I. príd. popredný, prvý, najlepší; *the f. musician of the twenties* najlepší hudobník 20-tych rokov II. prísl. najprv, napred; *go f.* choď napred ● *first and f.* predovšetkým, v prvom rade
forename [ˈfoːneim] krstné/rodné meno
forenoon [ˈfoːnuːn] predpoludnie
forerunner [ˈfoːˌranə] 1. predzvesť, príznak; *snowdrops are f-s of spring* snežienky sú predzvesťou jari 2. predchodca; *a f. of present day painters* predchodca súčasných maliarov 3. šport. predjazdec
foresaw p. **foresee**
foresee [foːˈsi], *foresaw* [ˌfoːˈsoː], *foreseen* [ˌfoːˈsiːn] predvídať; *f. the failure* predvídať krach; *f. the future* predvídať budúcnosť
foreseeable [foːˈsiəbl] predvídateľný; *f. problems* predvídateľné problémy
foreseeing [foːˈsiːiŋ] predvídavý, rozumný; *a f. politician* predvídavý politik
foreseen p. **foresee**
foreshift [ˈfoːšift] ban. ranná zmena
foreside [ˈfoːsaid] predná strana, fasáda; *the f. of the building* fasáda budovy
foresight [ˈfoːsait] predvídavosť, opatrnosť, prezieravosť; *he avoids failure because of his good f.* keďže vie dobre predvídať, vyhne sa neúspechu
forest [ˈforəst] I. podst. les (obyč. nepestovaný), prales; *the Black F.* Čierny les II. sl. 1. zalesniť; *f-ed with spruce trees* zalesnený ihličnatými stromami 2. ukryť sa v lese
forestal [ˈforəstəl] lesný; *f. resources* lesné zdroje

forestall [ˌfoːˈstoːl] 1. zabrániť, predísť; *f. an attempt to steal* zabrániť pokusu o krádež 2. vykúpiť; *f. the goods* vykúpiť tovar
forestation [ˌforəˈsteišn] zalesňovanie
forester [ˈforəstə] 1. lesník 2. lesný robotník
forestry [ˈforəstri] 1. lesníctvo 2. lesné hospodárstvo
foretell [foːˈtel], *foretold* [ˌfoːˈtəuld], *foretold* predpovedať, prorokovať, veštiť; *f. the future* veštiť budúcnosť
foretold p. **foretell**
forever [fəˈrevə] 1. ustavične, neprestajne; *he's f. nagging* neprestajne zapára 2. navždy ● *f. yours* navždy tvoj
forewarm [foːˈwoːm] predhriať
forewarn [foːˈwoːn] (vopred) upozorniť, varovať; *they f-ed us* varovali nás
forewoman [ˈfoːˌwumən] mn. č. *-women* [-ˌwimin] predáčka, majsterka, vedúca
foreword [ˈfoːwəːd] predslov; *the f. was written by a great expert* predslov napísal vynikajúci odborník
forfeiture [ˈfoːfičə] prepadnutie (čoho); *f. of property* prepadnutie majetku
forgave p. **forgive**
forge¹ [foːdž] prepracovať sa do popredia; *he f-d himself into the lead* prepracoval sa do vedenia
forge² [foːdž] I. podst. kováčska dielňa II. sl. kuť, kovať; *f. iron* kuť železo
forge³ [foːdž] falšovať; *f. a signature* falšovať podpis
forgery [ˈfoːdžəri] 1. falšovanie 2. falzifikát; *that document is a f.* ten dokument je falzifikát
forget [fəˈget], *forgot* [fəˈgot], *forgotten* [fəˈgotn] zabudnúť; *f. about it* zabudni na to; *forgive and f.* prepáč a zabudni
forgetful [fəˈgetfl] zábudlivý
forget-me-not [fəˈget mi ˌnot] nezábudka
forgive [fəˈgiv], *forgave* [fəˈgeiv], *forgiven* [fəˈgivən] odpustiť, prepáčiť; *f. my not writing you* prepáč, že som ti nepísal
forgiven p. **forgive**
forgiveness [fəˈgivnəs] odpustenie, prepáčenie; *ask for f.* požiadaj o prepáčenie
forgot p. **forget**
fork [foːk] I. podst. 1. vidlička 2. vidly 3. rázsocha 4. rozvetvenie, rozdvojenie 5. rázcestie II. sl. 1. nabrať napichnúť na vidličku; *f. meal* nabrať jedlo na vidličku 2. nabrať/vidla-

forked

mi/na vidly; *f. hay* naberať seno vidlami **3.** rozdvojovať sa; *the road f-s here* cesta sa tu rozdvojuje

forked [fo:kt] rozdvojený; *a snake has a f. tongue* had má rozdvojený jazyk

forlorn [fə'lo:n] kniž. **1.** opustený, smutný; *she seems very f.* zdá sa veľmi opustená **2.** beznádejný, zúfalý; *a f. attempt* beznádejný pokus

form [fo:m] **I.** podst. **1.** tvar, forma; *a simple f.* jednoduchý tvar **2.** (telesná a duševná) forma, kondícia; *be in a good f.* byť v dobrej forme **3.** formulár, blanketa, žiadanka; *fill in/out/up a f.* vyplniť formulár **4.** trieda (žiakov); *in the second f.* v druhej triede **II.** sl. **1.** utvoriť, vytvoriť; *f. a sentence* utvoriť vetu; *f. the government* vytvoriť vládu **2.** formovať ● *f. a habit* vypestovať návyk

formal ['fo:ml] **1.** formálny; *a f. call* formálna návšteva **2.** spoločenský; *a f. dress* spoločenský oblek

formalism ['fo:məlizəm] formalizmus

formalization [ˌfo:məlai'zeišn] **1.** formovanie, utváranie **2.** formálne schválenie; *f. of the agreement* formálne schválenie dohody

formation [fo:'meišn] **1.** tvorenie, tvorba; *f. of words* tvorenie slov **2.** útvar, zaradenie; *a battle f.* bojový útvar

former ['fo:mə] predošlý, bývalý; *my f. teacher* môj bývalý učiteľ ● *the f. ...the latter* ten prvý (tamten) ...ten druhý (tento); *of these two books the f. is sold out, the latter is available* z týchto dvoch kníh prvá je vypredaná, druhú si možno kúpiť

formidable ['fo:mədəbl] **1.** hrozný, strašný; *a f. appearance* hrozný vzhľad **2.** nesmierny; *f. difficulties* nesmierne ťažkosti

form letter ['fo:m letə] (rozmnožený) obežník

formula ['fo:mjələ] mn. č. aj *formulae* ['fo:mjuli:] **1.** vzorec; *a chemical f.* chemický vzorec **2.** recept, predpis; *the f. of a drug mixture* recept na liečivú zmes **3.** formula (preteky a pretekárske automobily)

formulate ['fo:mjəleit] formulovať, vyjadriť; *f. a statement* sformulovať vyhlásenie

formulation [ˌfo:mjə'leišn] **1.** formulácia, vyjadrenie **2.** zloženie; *new varnish f.* zloženie nového laku

forsake [fə'seik], *forsook* [fə'suk], *forsaken* [fə'seikən] opustiť; *his friends forsook him* priatelia ho opustili

forsook p. **forsake**

forsworn [fo:'swo:n] krivoprísažný

fort [fo:t] **I.** podst. pevnosť, opevnenie **II.** sl. opevniť

forth [fo:θ] kniž. vpred, dopredu ● *back and f.* sem a tam; *and so f.* a tak ďalej

forthcoming [ˌfoθ'kamiŋ] **1.** blížiaci sa, nastávajúci, najbližší; *the f. holidays* blížiace sa prázdniny **2.** ohlásený, pripravený; *a list of f. books* zoznam pripravovaných kníh ● *be f.* byť poruke, byť k dispozícii; *the expected help wasn't very f.* očakávaná pomoc nebola poruke

fortieth ['fo:tiəθ] **I.** príd. štyridsiaty **II.** podst. štyridsatina

fortification [ˌfo:təfə'keišn] **1.** obyč. mn. č. *f-s*; opevnenie **2.** spevňovanie (stavby) **3.** obohatenie; *f. of foods with vitamins* obohatenie potravín vitamínmi

fortify ['fo:təfai] **1.** opevniť, vystavať opevnenie; *f. the castle* opevniť hrad **2.** spevniť, vystužiť; *f. the dam with stones* spevniť hrádzu kameňmi **3.** obohatiť (potraviny); *it is f-ied with minerals* je to obohatené minerálnymi látkami

fortnight ['fo:tnait] BR dva týždne, 14 dní ● *a f. ago* pred dvoma týždňami

fortress ['fo:trəs] pevnosť

fortuitous [fo:'tju:ətəs] náhodný; *a f. meeting* náhodné stretnutie

fortunate ['fo:čənət] šťastný, šťastlivý; *a f. man* šťastný človek; *be f.* mať šťastie

fortunately ['fo:čənətli] našťastie; *f. we had money on us* našťastie sme mali pri sebe peniaze

fortune ['fo:čn] **1.** šťastie, šťastná náhoda **2.** osud; *he told me his f.* vyrozprával mi svoj osud **3.** majetok, bohatstvo; *a man of f.* bohatý človek; *come into a f.* zdediť majetok; *by good f.* šťastnou náhodou

forty [fo:ty] štyridsať; *he's f.* má štyridsať rokov ● *have f. winks* krátko si zdriemnuť

forty – has no **u**

forum ['fo:rəm] **1.** fórum, voľná tribúna **2.** fórum (námestie v starom Ríme)

forward ['fo:wəd] **I.** príd. **1.** smerujúci dopredu; *a f. movement* pohyb dopredu **2.** predný; *a f. line* predná línia **3.** pokročilý, neskorý; *a f. autumn* neskorá jeseň **4.** budúci, pripravovaný; *f. prices* pripravované ceny; **II.** podst. útočník (vo futbale, hokeji) **III.** sl. **1.** zaslať, odoslať, dopraviť, doručiť; *f. goods to a* *customer* zaslať tovar zákazníkovi; *f. letters to a new address* doručiť listy na novú adresu **2.** podporovať; *f. the plan* podporovať plán **IV.** prísl. dopredu; *go f.* choď dopredu ● *backward and f.* sem a tam; *from this time f.* odteraz; *f. march!* pochodom vchod!

forward-looking [ˈfoːwəd ˌlukiŋ] predvídavý; *a f. politician* predvídavý politik

fossil [ˈfosl] **I.** príd. fosílny, skamenený; *f. fuels* fosílne palivá; *f. remains* skamenené pozostatky **II.** podst. skamenelina

foster [ˈfostə] **1.** vychovávať, starať sa (o cudzie dieťa); *f. a child* starať sa o cudzie dieťa **2.** pestovať, podporovať; *f. musical ability* podporovať hudobné vlohy

foster care [ˈfostə keə] starostlivosť o opustené deti/osoby

foster child [ˈfostə čaild] mn. č. *-children* [ˈ-čildrən] adoptívne dieťa

foster parent [ˈfostə peˌrənt] pestún

fought p. **fight**

foul [faul] **I.** príd. hovor. **1.** odporný, hnusný; *a f. smell* odporný zápach **2.** špinavý, znečistený, zablatený; *a f. road* zablatená cesta **3.** oplzlý, obscénny; *f. language* oplzlé reči **4.** nedovolený (v hre); *a f. blow* nedovolený úder **5.** mizerný, psí (o počasí); *f. weather* psie počasie **6.** plný chýb; *a f. manuscript* rukopis plný chýb **II.** podst. šport. faul ● *through fair and f.* všetkými prostriedkami **III.** sl. **1.** znečistiť (sa), zašpiniť (sa); *the air was f-ed by factory soot* vzduch bol znečistený sadzami z továrne **2.** šport. faulovať; *f. up* zatarasiť, zablokovať; *a lorry f-ed up the traffic* nákladné auto zablokovalo dopravu

found[1] p. **find**

found[2] [faund] založiť, zriadiť; *Comenius University was f-ed in 1919* Univerzita Komenského bola založená v roku 1919

found[3] [faund] odlievať (kov, sklo)

foundation [faunˈdeišn] **1.** základ; *lay the f-s* položiť základy **2.** nadácia **3.** založenie

foundation scholar [faunˈdeišn ˌskolə] štipendista

founder[1] [ˈfaundə] zakladateľ

founder[2] [ˈfaundə] zlievač

foundling [ˈfaundliŋ] nájdenec, najdúch

foundry [ˈfaundri] **1.** zlieváreň **2.** zlievanie

fountain [ˈfauntən] **1.** fontána, vodomet; *ornate f-s* ozdobné fontány **2.** prameň, zdroj; *a f. of water* prameň vody **3.** studňa

fountain pen [ˈfauntən pen] plniace pero

four [foː] **1.** štyri **2.** štvorka (číslo)

four-figure [ˌfoː ˈfigə] (o čísle) štvormiestny, majúci štyri desatinné miesta

four-fold [ˈfoːfəuld] **I.** príd. štvornásobný **II.** prísl. štvornásobne

four-in-hand [ˌfoːr in ˈhænd] štvorzáprah

four-seater [ˌfoː ˈsiːtə] štvorsedadlové vozidlo

four-sided [ˌfoː ˈsaidəd] štvorstranný

four-square [ˌfoː ˈskweə] štvorhranný, štvorcový

four-stroke [ˌfoː ˈstrəuk] štvortaktný; *a f. engine* štvortaktný motor

fourteen [ˌfoːˈtiːn] **1.** štrnásť **2.** štrnástka

fourteenth [ˌfoːˈtiːnθ] **I.** čísl. štrnásty **II.** čísl. štrnástina

fourth [foːθ] **I.** čísl. štvrtý **II.** čísl., hl. AM štvrtina **III.** prísl. po štvrté

fourthly [ˈfoːθli] po štvrté

four-way [ˈfoː wei] štvorprúdový; *a f. traffic* štvorprúdová doprava

fowl [faul] obyč. *f-s* mn. č. hydina; *she keeps f. and pigs* chová hydinu a ošípané

fowl-house [ˈfaul haus] kurín

fox [foks] líška *a shy old f.* stará vybíjaná líška ● *he is crazy like a f.* je falošný ako líška; *set the f. to keep the geese* urobiť capa záhradníkom

foxy [ˈfoksi] **1.** prefíkaný; *a f. lawyer* prefíkaný právnik **2.** ryšavý; *a f. girl* ryšavé dievča

fraction [ˈfrækšn] **I.** podst. **1.** mat. zlomok, časť; *only a f. of truth* iba časť pravdy **2.** chem. podiel, frakcia **II.** sl. rozdeliť na časti

fracture [ˈfrækčə] **I.** podst. zlomenina **II.** sl. zlomiť; *f. one's arm* zlomiť si ruku

fragile [ˈfrædžail] **1.** krehký aj pren.; *f. glass* krehké sklo; *f. health* krehké zdravie **2.** priesvitný; *f. complexion* priesvitná pleť **3.** jemný, ľahký; *f. wine* jemné víno

fragment **I.** podst. [ˈfrægmənt] **1.** úlomok, črepina; *the f-s of broken glass* úlomky skla **2.** časť, kúsok, zlomok; *overhear the f. of conversation* vypočuť časť rozhovoru **II.** sl. [frægˈment] rozpadnúť sa, roztrieštiť sa; *the vase f-ed into pieces* váza sa roztrieštila na kusy

fragmentary [ˈfrægməntri] **1.** zlomkovitý, neúplný; *a f. account of the accident* neúplná správa o nehode **2.** nesystematický, neusporiadaný; *the research is still f.* výskum je stále nesystematický

fragrance [ˈfreigrəns] (jemná) vôňa; *the f. of flowers* vôňa kvetov

frail [freil] **1.** krehký (telesne); *a f. child* útle dieťa **2.** nemajúci mravné zásady, morálne labilný; *a f. person* človek bez mravných zásad
  frame [freim] I. podst. **1.** kostra, konštrukcia; *the f. of a house* konštrukcia domu **2.** rám; *the f. of the picture* rám obrazu **3.** systém, usporiadanie; *the f. of the society* usporiadanie spoločnosti ● *f. of reference* **a)** stanovisko, hľadisko **b)** sústava súradníc II. sl. **1.** zostaviť, skonštruovať, vymyslieť; *f. a plan* zostaviť plán **2.** zarámovať, orámovať; *have a picture f-d* dať si zarámovať obraz **3.** formulovať, vysloviť; *f. an answer* formulovať odpoveď
  frame counter ['freim ˌkauntə] fot. počítač snímok
  frame-up ['freim ap] hovor. **1.** falošné obvinenie; *he proved it was a f.* dokázal, že to bolo falošné obvinenie **2.** machinácie, intrigy, komplot
  framework ['freimwə:k] **1.** kostra, konštrukcia; *the f. of the bridge* konštrukcia mostu **2.** rámec **3.** sústava, systém organizácie; *the f. of society* systém spoločnosti
  franc [fræŋk] frank
  France [fra:ns] Francúzsko
  franchise ['frænčaiz] I. podst. **1.** občianske práva; *guarantee the f. of every citizen* zaručiť občianske práva každého občana **2.** volebné právo; *women got the f. in the twentieth century* ženy dostali volebné právo v 20-tom storočí **3.** povolenie, licencia, koncesia; *a f. for a car service* povolenie na autoservis II. sl. **1.** dať volebné právo **2.** udeliť licenciu, koncesiu; *f. a firm to manufacture personal computers* udeliť licenciu na výrobu osobných počítačov
  frank [fræŋk] priamy, otvorený, úprimný; *a f. talk* úprimný rozhovor
  frantic ['fræntik] **1.** šialený, zúfalý; *f. with pain* šialený od bolesti **2.** frenetický, prudký, búrlivý; *f. applause* frenetický potlesk; *f. cries for help* zúfalé volanie o pomoc
  fraternal [frə'tə:nl] bratský; *f. love* bratská láska
  fraternity [frə'tə:nəti] **1.** bratstvo **2.** spolok (hl. študentov v USA), združenie, spoločnosť; *the f. of the Press* spolok novinárov
  fraternize ['frætənaiz] (z)bratať sa, (s)priateliť sa; *the enemies f-ed* nepriatelia sa zbratali

fratricidal [ˌfrætrə'saidl] bratovražedný; *f. wars* bratovražedné vojny
  fraud ['fro:d] **1.** podvod, klamstvo; *get money by f.* získať peniaze podvodom **2.** podvodník; *in f.* s úmyslom podviesť
  fraudulent ['fro:djələnt] podvodný, nečestný; *f. gains* nečestné zisky
  fraught ['fro:t] plný, naplnený; *an expedition f. with risks* expedícia plná rizika
  fray [frei] odrieť, zodrať, ošúchať; *f-ed cuffs* ošúchané manžety
  freak [fri:k] **1.** vrtoch, rozmar; *f-s of fashion* vrtochy módy **2.** úplná náhoda; *it is a f. that he passed his finals* je to úplná náhoda, že zložil záverečné skúšky **3.** expr. čudák, divný patrón
  freakish ['fri:kiš] **1.** výstredný, čudácky; *a f. person* výstredná osoba **2.** mimoriadny, abnormálny; *a f. talent* mimoriadne nadanie; *f. behaviour* abnormálne správanie
  freckle ['frækəl] I. podst. peha II. sl. posiať pehami; *a f-d face* tvár posiata pehami
  free [fri:] I. príd. **1.** slobodný; *f. people* slobodní ľudia; *a f. country* slobodná krajina; *f. elections* slobodné voľby **2.** voľný, neobsadený; *the line is f.* linka je voľná; *is this table f.?* je tento stôl voľný? **3.** voľný, bezplatný; *f. ticket* voľná vstupenka **4.** dobrovoľný; *a f. offer* dobrovoľná ponuka **5.** otvorený, priamy; *a f. utterance* otvorený prejav **6.** štedrý; *he's f. with his money* nie je skúpy na peniaze **7.** oslobodený (od čoho), zbavený (čoho); *f. of charge* oslobodený od poplatkov **8.** prepustený (z väzby/z väzenia); *he is three days f.* je tri dni prepustený II. sl. **1.** oslobodiť; *f. a country* oslobodiť krajinu **2.** zbaviť sa (čoho), oslobodiť sa (od čoho); *he was able to f. himself of his debts by working hard* dokázal sa zbaviť dlhov tvrdou prácou III. prísl. zadarmo; *travel f.* cestovať zadarmo ● *be f.* mať voľno, mať čas
  freedom ['fri:dəm] **1.** sloboda; *f. of speech* sloboda slova **2.** oslobodenie; *f. from taxes* oslobodenie od daní
  free-fall [ˌfri: 'fo:l] voľný pád
  free lance ['fri:la:ns] nezávislý pracovník (bez trvalého zamestnaneckého pomeru), človek na voľnej nohe
  free-list ['fri:list] zoznam predmetov nepodliehajúcich clu
  free market ['fri: 'ma:kit] voľný trh
  free pass [ˌfri: 'pa:s] voľná vstupenka, legitimácia; *a tram f. pass* voľný lístok na električku

freephone [fri:fəun] telefónny hovor na účet volaného

freepost [fri:pəust] poštovné hradené adresátom

free shop [ˈfri: šop] predajňa tovaru bez cla (na letisku)

free speech [ˌfri:ˈspi:č] sloboda prejavu

freestyle [ˈfri:stail] šport. voľný štýl

freethinker [fri:θinkə] voľnomyšlienkar

free trade [ˌfri:ˈtreid] voľný obchod

freewheel [ˈfri:ˈwi:l] voľnobeh

freeze [fri:z], **froze** [frəuz], **frozen** [ˈfrəuzən] **1.** mrznúť, zamrznúť; *it f-s outside* vonku mrzne **2.** zmraziť; *f. that meat* zmraz to mäso; *frozen wages* zmrazené mzdy ● *it made my blood f.* stuhla mi krv v žilách

freezer [ˈfri:zə] mraznička

freezing point [ˈfri:ziŋ point] bod mrazu

freight [freit] **I.** podst. náklad; *an aeroplane carrying heavy f.* lietadlo vezúce ťažký náklad **II.** sl. **1.** naložiť (tovarom) **2.** dopraviť (náklad); *the ships f-ed foodstuffs to the port* loď dopravila potraviny do prístavu

freightliner [ˈfreitˌlainə] nákladný vlak (na dopravu tovaru v kontajneroch)

freight plane [ˈfreit plein] AM nákladné lietadlo

freight train [ˈfreit trein] AM nákladný vlak

French [frenč] **I.** podst. **1.** Francúz **2.** francúzština **II.** príd. francúzsky ● *take F. leave* zmiznúť ako gáfor

French arch [ˌfrenč ˈa:č] archit. románsky oblúk

French chalk [ˌfrenč ˈčo:k] krajčírska krieda

French loaf [ˈfrenč ˈləuf] mn. č. *-loaves* [ˈləuvz] bageta

frenzy [ˈfrenzi] **I.** podst. **1.** šialenstvo; *rise the audience to absolute f.* vybičovať obecenstvo k úplnému šialenstvu **2.** mánia, posadnutosť, horúčkovitá činnosť; *a f. of skiing* posadnutosť lyžovaním; *a f. of work* horúčkovitá činnosť **II.** sl. dohnať k zúrivosti, vyvolať horúčkovitú činnosť; *that result f-ied him* ten výsledok ho dohnal k zúrivosti

frequency [ˈfri:kwənsi] **1.** častý výskyt, frekvencia; *the f. of earthquakes in Mexico* frekvencia zemetrasení v Mexiku **2.** fyz. frekvencia, kmitočet

frequency band [ˈfri:kwənsi bænd] fyz. frekvenčné pásmo

frequency range [ˈfri:kwənsi reindž] fyz. frekvenčný rozsah

frequent [ˈfri:kvənt] **I.** príd. **1.** častý; *she's a f. guest in our house* je u nás častým hosťom **2.** bežný; *it's a f. practice* to je bežná prax **II.** sl. často navštevovať; *he f-s his friends' homes* často doma navštevuje svojich priateľov

frequently [ˈfri:kwəntli] často; *she f. visits her parents* často navštevuje rodičov

fresh [freš] **1.** čerstvý; *f. butter* čerstvé maslo; *f. news* čerstvé správy **2.** svieži, osviežujúci; *f. wind* svieži vietor **3.** nový; *throw f. light on the problem* vrhnúť nové svetlo na problém ● *f. as a daisy* čerstvý ako ryba

freshman [ˈfrešmən] mn. č. *-men* študent/študentka prvého ročníka (na vysokej škole)

freshwater [ˌfrešˈwo:tə] **1.** sladkovodný; *f. fish* sladkovodná ryba **2.** riečny; *f. vessel* riečne plavidlo

fret [fret] *-tt-* robiť si starosti, rozčuľovať sa; *don't f. over trifles* nerozčuľuj sa pre maličkosti

fretful [ˈfretfəl] **1.** podráždený, rozčúlený, mrzutý; *a f. child* podráždené dieťa **2.** (o vodnej hladine) sčerený, rozvlnený; *the f. waters of the sea* rozvlnené more

friction [ˈfrikšn] **1.** trenie; *reduce f. as much as possible* znížiť trenie na najnižšiu možnú mieru **2.** trenice, napätie; *political f. between two countries* politické napätie medzi dvoma krajinami

friction-balls [ˌfrikšənˈbo:lz] ložiskové guľôčky

friction tape [ˈfrikšən teip] izolačná páska

Friday [ˈfraidi] piatok; *on F.* v piatok; *on F-s* každý piatok

fridge [fridž] chladnička

friend [frend] **1.** priateľ/priateľka; *he's a good f. to me* je mi dobrý priateľ **2.** známy; *a f. of mine* môj dobrý známy ● *be f. with* priateliť sa (s kým)

friendly [ˈfrendli] **1.** priateľský; *a f. match* priateľský zápas **2.** príjemný, prívetivý; *f. fire* príjemný oheň ● *be on f. terms with* priateliť sa (s kým)

friendship [ˈfrendšip] priateľstvo; *f. between two countries* priateľstvo medzi dvoma krajinami

fright [frait] zľaknutie, strach; *f. of the future* strach z budúcnosti ● *get a f.* zľaknúť sa, vyľakať sa

frighten [ˈfraitn] naľakať, vyľakať, nastrašiť; *did that noise f. you?* ten hluk ťa vyľakal? *frighten away/off* vystrašiť; *the barking dog f-ed the burglar away* štekajúci pes vystrašil zlodeja

frightful [ˈfraitfəl] strašný, hrozný; *a f. storm* strašná búrka

frigid [ˈfridžəd] mrazivý, ľadový, veľmi chladný, studený; *f. weather* mrazivé počasie

frilly [ˈfrili] **1.** naberaný; *a f. dress* naberané šaty **2.** vyparádený, vyzdobený; *a f. cake* vyzdobený koláč **3.** ozdobný; *f. writing* ozdobné písmo

fringe [frindž] **I.** podst. **1.** strapce (na šále, koberci) **2.** okraj; *on the f. of the forest* na okraji lesa **3.** ofina; *she wears a f.* nosí ofinu **II.** sl. **1.** ozdobiť strapcami **2.** (o)lemovať; *f. the table cloth* olemovať obrus

fringe area [ˌfrindž ˈeəriə] oblasť nečistého/neistého príjmu

fringing [ˈfrindžiŋ] fyz. rozptyl

frisk [frisk] **1.** poskakovať, hrať sa; *the children are f-ing on the grass* deti poskakujú na tráve **2.** prehľadať (rukami); *the police f-ed the suspect* polícia prehľadala podozrivého

fritter [ˈfritə] premárniť (čas, peniaze); *f. the money* premárniť peniaze; *f. away* premárniť; *he f-ed away all his money on gambling* premárnil všetky peniaze v hazardných hrách

frivolity [friˈvoləti] ľahkomyseľnosť, povrchnosť; *your f. is out of place* tvoja ľahkomyseľnosť je nemiestna

frivolous [ˈfrivələs] **1.** ľahkomyseľný; *f. behaviour* ľahkomyseľné správanie **2.** nepresvedčivý; *a f. argument* nepresvedčivý dôkaz

frizz [friz] **I.** sl. aj *f. up* natočiť, nakrútiť vlasy; *she f-ed up her hair for the occasion* natočila si vlasy na oslavu **II.** podst. kučeravé vlasy, kučery

frizzle [ˈfrizəl] aj *f. up* pripáliť (sa), spáliť (sa), (o jedle); *the meat f-d up and stuck to the pan* mäso sa pripálilo a pripieklo na panvicu

fro [frəu] iba v spojení *to-and-f.* sem a tam, hore dolu

frock [frok] **1.** dámske šaty **2.** detské šatôčky

frog [frog] žaba ● *have a f. in one's throat* zachrípnuto rozprávať

frogman [ˈfrogmən] mn. č. *-men* žabí muž (potápač)

from [from] **1.** (priestorové al. časové východisko) od; *f. the first of April* od prvého apríla; *f. childhood* od detstva; *f. morning till night* od rána do noci; *it's ten kilometres f. Exeter* je to desať kilometrov od Exeteru; *count f. one to ten* počítať od jeden do desať **2.** (miesto, zreteľ) z, zo; *it was hanging f. the branch* viselo to z

konára; *f. my point of view* z môjho hľadiska; *speak f. experience* hovoriť zo skúsenosti; *f. what I heard* z toho, čo som počul; *f. above* zhora, zvrchu; *f. below* zdola, odspodu; *f. behind* spoza; *f. day to day* zo dňa na deň; *f. inside* zvnútra; *f. outside* zvonku; *f. time to time* čas od času, občas, tu a tam; *f. side to side* zo strany na stranu, zboka nabok; *f. top to toe* od hlavy po päty

front [frant] **I.** podst. **1.** predná strana, priečelie, predok; *the f. of the building* priečelie budovy ● *in f. of* pred (čím); *she's waiting in f. of the station* čaká pred stanicou **2.** voj. front; *come home from the f. wounded* prísť domov z frontu ranený ● *eyes f.!* priamo hľaď! **II.** príd. predný; *f. seats at the theatre* predné sedadlá v divadle **III.** prísl. vpredu; *John was in f.* Ján bol vpredu

front door [ˌfrant ˈdo:] hlavný vchod

front drive [ˌfrant ˈdraiv] predný náhon

frontier [ˈfrantiə] **I.** podst. **1.** hranica; *the f. between Italy and Austria* hranica medzi Talianskom a Rakúskom **2.** pohraničie, pohraničná oblasť **II.** príd. **1.** (po)hraničný; *a f. village* pohraničná dedina **2.** priekopnícky; *a f. task* priekopnícka úloha

front page [ˈfrant peidž] **1.** prvá strana (novín) **2.** titulná strana (knihy)

frost [frost] mráz; *the f. killed the harvest* mráz zničil úrodu; *white f.* inovať, srieň

frostbite [ˈfrostbait] omrzlina

frostbitten [ˈfrostbitən] omrznutý; *f. feet* omrznuté nohy

frosting [ˌfrostiŋ] AM cukrová poleva

frosty [ˈfrosti] **1.** mrazivý, ľadový aj pren.; *f. night* mrazivá noc; *f. smile* ľadový úsmev **2.** pokrytý inovaťou/srieňom

froth [ˈfroθ] pena; *a glass of beer with f.* pohár piva s penou

frown [fraun] **I.** sl. (za)mračiť sa, zvraštiť čelo; *the teacher f-ed at the pupil* učiteľ sa mračil na žiaka **II.** podst. zamračený výraz; *she looked at him with a f.* zamračene sa naňho pozrela

frowzy [ˈfrauzi] špinavý, zanedbaný; *a f. old building* zanedbaná stará budova

froze p. **freeze**

frozen [ˈfrəuzn] **1.** zamrznutý; *a f. lake* zamrznuté jazero **2.** zmrazený; *f. fruit* zmrazené ovocie **3.** p. **freeze**

frugal [ˈfru:gəl] **1.** skromný, striedmy; *a f. lunch* skromný obed; *a f. diet* striedma strava

2. sporivý, šetrný, dobre hospodáriaci; *a f. landlady* šetrná pani domáca

fruit [fru:t] **1.** ovocie; *live on f.* žiť na ovocí **2.** plod; *the f. of the vine is the grape* plod vinnej révy je hrozno **3.** pren. ovocie, plody; *I hope your work will bear f.* verím, že tvoja práca prinesie ovocie

> **fruit** – ovocie
> **fruits** – rozličné druhy ovocia

fruitcake ['fru:tkeik] biskupský chlebík
fruitful ['fru:tfəl] plodný aj pren., úrodný; *f. discussion* plodná diskusia; *f. soil* úrodná pôda
fruit knife ['fru:t naif] mn. č. *-knives* [naivz] nôž na ovocie
fruitless ['fru:tləs] **1.** neplodný aj pren.; *a f. tree* neplodný strom **2.** márny, bezvýsledný; *a f. effort* márna námaha; *f. investigation* bezvýsledné pátranie
fruit salad [fru:t 'sæləd] ovocný šalát
fruit sugar [fru:t šugə] ovocný cukor, fruktóza
fruit tree [fru:t tri] ovocný strom
fruit trifle [fru:t 'traifəl] ovocný pohár s vanilkovým krémom a piškótmi
fruity ['fru:ti] ovocný; *a f. taste* ovocná chuť; *a f. drink* ovocný nápoj
frustrate [fra'streit] **1.** prekaziť, zmariť, skrížiť; *f. the plans of the enemy* prekaziť nepriateľove plány **2.** znechutiť; *be f-d by frequent suspicion* byť znechutený sústavným upodozrievaním
fry [frai] **1.** (vy)pražiť (sa), smažiť (sa), opekať (sa); *f-ied fish* vyprážané ryby; *f-ied eggs* smažené vajíčka; *f-ied potatoes* opekané zemiaky **2.** *be f-ied* slang byť nadrogovaný
frying pan ['fraiiŋ pæn] panvica ● *out of the f. into the fire* z dažďa pod odkvap
ft [fu:t] skr. *foot*, mn.č. *feet* stopa (dĺžková miera 30,4 cm)
fuel [fjuəl] palivo, pohonná hmota; *f. for the car* pohonná hmota do auta ● *add f. to the flames* prilievať olej do ohňa
fuel oil [ˌfju:əl 'oil] vykurovacia nafta
fugitive ['fju:džətiv] utečenec; *political f-s* politickí utečenci
fulfil [ful'fil] *-ll-* splniť, vykonať; *f. a task* splniť úlohu; *f. a command* vykonať rozkaz
full [ful] I. príd. **1.** plný; *a f. bottle* plná fľaša **2.** skladaný, nariasený; *a f. skirt* skladaná sukňa ● *fall f. length* natiahnuť sa ako žaba

II. prísl. priamo; *the sun shone f. on her face* slnko jej svietilo priamo do tváre
full age [ˌful 'eidž] plnoletosť, dospelosť; *men and women of f.* dospelí (muži a ženy)
full board [ˌful 'bo:d] plná penzia (v hoteli ap.)
full cream [ˌful 'kri:m] plnotučný; *f. milk* plnotučné mlieko
full day [ˌful 'dei] nabitý deň (povinnosťami ap.)
full dress [ˌful 'dres] **1.** spoločenský odev **2.** slávnostná uniforma
full house [ˌful 'haus] vypredaná sála, vypredané
full moon [ˌful 'mu:n] spln (Mesiaca)
full session [ˌful 'sešn] plenárne zasadanie
full stop [ˌful 'stop] gram. bodka (na konci vety)
full tilt [ˌful 'tilt] na plné obrátky; *the motor running f.* motor bežiaci na plné obrátky
full-time [ˌful 'taim] **1.** riadny pracovný čas **2.** *on f.* práca na plný úväzok; *he works there f.* pracuje na plný úväzok
fully ['fuli] **1.** úplne, celkom; *f. fashioned* celkom moderný; *I don't f. understand* celkom nerozumiem **2.** najmenej; *it will take f. three days* to si vyžiada najmenej tri dni
fumble ['fambl] **1.** tápať; *f. in the dark* tápať v tme **2.** šmátrať; *f. in the pocket* šmátrať vo vrecku
fume [fju:m] **1.** dym; *f. from the pipe* dym z fajky **2.** mn. č. *f-s* výpary; *f-s from petrol* benzínové výpary ● *in a f.* v návale hnevu
fume cupboard/hood [fju:m'kabəd/hud] digestor, odparovacie zariadenie
fumigate ['fju:məgeit] dezinfikovať dymom; *f. the room* vydenzifikovať izbu dymom
fun [fan] **1.** zábava; *we had a lot of f.* veľmi dobre sme sa zabávali; *a book full of f.* veľmi zábavná kniha **2.** žart; *he's fond of f.* má rád žarty ● *for f.* pre zábavu; *in f.* zo žartu
function ['faŋkšn] I. podst. **1.** funkcia; *the f. of the dean of the faculty* funkcia dekana fakulty; *the f. of the liver* funkcia pečene **2.** fungovanie, činnosť; *direct all the f. of the school* riadiť všetky činnosti na škole II. sl. fungovať; *the apparatus did not f.* prístroj nefungoval
functionary ['faŋkšənri] funkcionár
function code [ˌfaŋkšən 'kəud] výp. operačný znak
fund [fand] **1.** fond **2.** zásoba; *he has a f. of funny stories* má zásobu vtipných príbehov

F

fundamental [ˌfandə'mentl] základný, podstatný; *f. principles* základné princípy; *f. research* základný výskum; *f. changes in the government* podstatné zmeny vo vláde

funeral ['fju:nərəl] I. podst. pohreb; *state f.* štátny pohreb II. príd. pohrebný, smútočný; *f. procession* pohrebný sprievod

funeral notice ['fju:nərəl nəutis] pohrebné/smútočné oznámenie

funeral service ['fju:nərəl sə:vis] pohrebný obrad

funfair ['fanfeə] lunapark, zábavný park

fungi p. **fungus**

fungus ['faŋgəs] mn. č. aj *fungi* ['fangai/fandžai] huba; *edible f-i* jedlé huby

funicular ['fju'nikjələ] lanový, povrazový; *f. railway* pozemná lanovka

funnel ['fanl] 1. lievik 2. komín (lode, parného stroja); *a slip with four f-s* loď so štyrmi komínmi

funny ['fani] 1. veselý, humorný, vtipný; *f. games* veselé hry; *f. situations* humorné situácie 2. čudný, divný; *a f. person* čudný človek

fur [fə:] kožušina; *a fine mink f.* pekná norková kožušina

fur coat [fə: kəut] kožuch

furious ['fjuriəs] zúrivý, šialený; *a f. quarrel* zúrivá hádka

fur-lined ['fə:laind] podšitý kožušinou, s kožušinovou podšívkou

furlough ['fə:ləu] dovolenka (pre štátnych zamestnancov, vojakov); *have a f. every year* mať dovolenku každý rok

furnace ['fə:nəs] 1. vysoká pec 2. vyhňa 3. kotol (ústredného kúrenia)

furnaceman ['fə:nəsmən] mn. č. *-men* vysokopeciar, tavič

furnace oil [ˌfə:nəs'oil] vykurovacia nafta

furnish ['fə:niš] 1. (*with*) vybaviť, opatriť (čím); *f. with teaching aids* vybaviť učebnými pomôckami 2. zariadiť nábytkom; *f. a room* zariadiť izbu nábytkom

furniture ['fə:ničə] nábytok; *a piece of f.* kus nábytku; *a suite of f.* nábytková súprava

furrier ['fariə] kožušník, obchodník s kožušinami

furrow ['farəu] I. podst. brázda; *plough a straight f.* vyorať rovnú brázdu II. sl. 1. vyorať brázdu 2. zmraštiť sa, zamračiť sa; *father's brows f-ed when he heard it* otec zmraštil čelo, keď to počul

furry ['fə:ri] 1. kožušinový, ozdobený kožušinou 2. mäkký, hebký; *f. material* hebká látka

further ['fə:ðə] I. prísl. ďalej; *it's nonsense to go any f.* nemá význam ísť ďalej II. príd. 1. ďalší; *get f. information* dostať ďalšie informácie 2. vzdialenejší, druhý; *the f. end of the village* druhý koniec dediny III. sl. podporovať; *f. his interests* podporovať jeho záujmy

furthermore [ˌfə:ðə'mo:] okrem toho; *f. I should like to point out...* okrem toho by som chcel poukázať na...

furtive ['fə:tiv] kradmý, tajný, nenápadný; *a f. glance* kradmý pohľad; *f. manner* nenápadné správanie

fur-trimmed ['fə:trimd] lemovaný/zdobený kožušinou; *a f. coat* kabát lemovaný kožušinou

fury ['fjuri] 1. zúrivosť, zlosť, jed; *a person full of f.* zúrivá osoba; *he did it in f.* spravil to zo zúrivosti 2. fúria, zlá žena ● *the f. of the elements* rozbúrené živly

fuse [fju:z] I. podst. elektr. poistka; *a f. has blown* vyletela poistka II. sl. 1. roztaviť (sa) 2. spojiť tavením, zvariť; *f. two pieces of wire together* zvariť dva drôty ● *the lights have f-d* vyleteli poistky

fuselage ['fju:zəla:ž] trup (lietadla)

fusion ['fju:žən] 1. tavenie, roztavenie; *f. of the metal pieces* roztavenie kúskov kovu 2. zliatina; *the f. of copper and zinc* zliatina medi a zinku 3. polit. koalícia; *a f. of Democrats and Independent Republicans* koalícia demokratov a nezávislých republikánov

fusion bomb ['fju:žn bom] termonukleárna bomba, vodíková bomba

fuss [fas] I. podst. rozruch, zmätok; *why do you make such a f. of it?* prečo robíš okolo toho taký rozruch? II. sl. zmätkovať; *don't f.* nezmätkuj; *f. over* obskakovať, robiť si zbytočné starosti

fussy ['fasi] nervózny, podráždený; *a f. manner* podráždené správanie

fusty ['fasti] stuchnutý, plesnivý; *f. air* stuchnutý vzduch; *a f. cellar* plesnivá pivnica

futile ['fju:tail] márny, zbytočný; *a f. attempt* márny pokus

future ['fju:čə] I. podst. 1. budúcnosť; *you have a happy f. before you* máš pred sebou šťastnú budúcnosť 2. gram. budúci čas ● *for the f., in f.* v budúcnosti, nabudúce; *for the f.*

try to do it better nabudúce sa to pokús spraviť lepšie **II.** príd. budúci *aj gram.*, nastávajúci; *his f. wife* jeho budúca manželka; *f. tense* budúci čas

fuzz [faz] **1.** páperie, jemné chĺpky; *peaches are covered in f.* broskyne sú pokryté chĺpkami **2.** nejasnosť, rozmazanosť (svetla, obrysu, zvuku ap.)

fuzzy ['fazi] **1.** páperový, pokrytý jemnými chĺpkami **2.** nejasný, rozmazaný (o svetle, obrysoch, zvuku ap.); *the photographs are f.* fotografie sú rozmazané

G

gab [gæb] **I.** sl. *-bb-* tárať, trepať **II.** podst. táranie; *stop your g.* prestaň tárať ● *he has the gift of the g.* má dar reči

gabble ['gæbl] trepať, tárať, trkotať; *she started to g. because of her excitment* od vzrušenia začala hovoriť dve na tri

gad [gæd] *-dd-*, *about/around* túlať sa; *the children like g-ding about* deti sa rady túlajú; *be on the g.* chodiť bez cieľa, potulovať sa

gadfly ['gædflai] ovad

gadget ['gædžət] hovor. malé mechanické zariadenie, šikovný mechanizmus, prístroj; *a g. for cleaning windows* zariadenie na čistenie okien

gag [gæg] **1.** div., film. gag; *a dialogue full of g-s* dialóg plný gagov **2.** hovor. exp. psina, vtip

gaiety ['geiəti] veselá nálada

gaily ['geili] veselo; *they walked g. singing* prechádzali sa a veselo si spievali

gain [gein] **I.** sl. **1.** nadobudnúť, získať; *g. a reputation of a good worker* získať povesť dobrého pracovníka **2.** priberať (na váhe); *she has g-ed three pounds* pribrala tri libry **3.** ponáhľať sa, ísť dopredu (o hodinách); *the alarm clock is g-ing ten minutes* budík ide dopredu o desať minút; *he has g-ed by the change* zmena mu prospela **II.** podst. **1.** zisk; *the business company is interested only in g.* obchodná spoločnosť sa zaujíma iba o zisky **2.** prírastok, vzostup; *g. in weight* prírastok na váhe; *the g. in efficiency* vzostup výkonnosti **3.** *g-s* mn. č. zárobky, zisky ● *No g-s without pains.* Bez práce nie sú koláče.

gainful ['geinfl] výnosný; *a g. trade* výnosný obchod

gainsay [‚gein'sei] *gainsaid* [‚gein'sed], *gainsaid* obyč. v záp. kontexte **1.** poprieť; *there is no g-ing his presence* jeho prítomnosť sa nedá poprieť **2.** protirečiť; *though I disagree, I won't g.* hoci nesúhlasím, nebudem protirečiť

gait [geit] chôdza (jej spôsob); *a fast g.* rýchla chôdza

galaxy ['gæləksi] astron. **1.** galaxia **2.** Mliečna cesta, naša Galaxia

gale [geil] **1.** víchrica (obyč. na mori); *a strong g. damaged the ship* silná víchrica poškodila loď; *g. force* rýchlosť víchrice **2.** výbuch; *a g. of laughter* výbuch smiechu

gall [go:l] zastar. žlč

gallant ['gələnt] **1.** statočný, udatný; *a g. fight* statočný boj; *a g. hero* udatný hrdina **2.** galantný, rytiersky; *a g. gentleman* galantný muž

gallery ['gæləri] galéria; *the Slovak National G.* Slovenská národná galéria

gallon ['gælən] **1.** galón (angl. dutá miera 4,54 l) **2.** *g-s* mn. č. hovor. more, kopa, hromada; *he drank g-s of tea* vypil more čaju

gallop ['gæləp] **I.** podst. cval; *at a g./at full g.* cvalom **II.** sl. **1.** cválať; *g. over the moors* cválať cez močiare **2.** pren. rýchlo prezrieť, preletieť; *g. through the lecture* preletieť cez prednášku

gallows ['gæləuz] mn. č. *gallowses* [gæləusiz] **I.** podst. šibenica; *end on the g.* skončiť na šibenici **II.** príd. šibeničný; *g. humour* šibeničný humor

Gallup poll ['gæləp pəul] Gallupov prieskum verejnej mienky

gambit ['gæmbət] **1.** šach. gambit **2.** prvý krok/ťah, taktický krok; *a useful cooperation g.* užitočný ťah pre spoluprácu

gamble ['gæmbl] **I.** podst. hazard, hazardná hra; *the greatest g. in his life was that expedition* najväčší hazard v jeho živote bola tá výprava; *take a g.* hazardovať **II.** sl. hazardovať, hrať hazardné hry; *he won a large sum of money g-ing* v hazardných hrách vyhral veľkú sumu peňazí

gambler ['gæmblə] **1.** hazardný hráč **2.** špekulant

game [geim] **1.** hra (podľa pravidiel); *tennis is a g.* tenis je hra; *a g. of chess* partia šachu

2. *g-s* mn. č. (organizované) športové hry; *the Olympic G-s* olympijské hry; *outdoor/indoor g-s* športové hry vonku/halové hry **3.** zverina; *a dish of g.* misa zveriny; *g. management* poľovníctvo
   game keeper [ˈgeim kiːpə] hájnik
   game preserve [ˈgeim prizəːv] zvernica, zverník, poľovnícky revír
   gammon [ˈgæmən] (údená) šunka
   gamut [ˈgæmət] tónový rozsah (hlasu, hud. nástroja), stupnica, škála
   gander [ˈgændə] gunár;
   gang [gæŋ] **I.** podst. **1.** (pracovná) čata; *g. workers in mines* pracovné čaty v baniach **2.** (zločinecká) banda, gang **3.** partia, parta (mladistvých); *a g. of teenagers* partia teenagerov **II.** sl. spolčiť sa, vytvoriť partiu/partu; *g. with teenagers* vytvoriť partiu teenagerov
   gangster [ˈgæŋstə] zločinec, bandita
   gangway [ˈgæŋwei] **1.** prístavný mostík (pre loď, lietadlo) **2.** ulička medzi sedadlami; *g. please!* uvoľnite miesto!
   gaol [džeil] väzenie; *put into g.* uväzniť
   gap [gæp] **I.** podst. **1.** otvor, diera, trhlina; *a g. in a wall* diera v stene **2.** medzera; *g-s in English* medzery v angličtine; *a g. between teeth* medzera medzi zubami **3.** výp. medzibloková medzera **II.** sl. *-pp-* preraziť otvor; *g. open* otvoriť sa, roztvárať sa, rozopnúť sa; *your blouse has g-ped* rozopla sa ti blúza
   gape [geip] **I.** sl. **1.** pozerať s otvorenými ústami, civieť, zízať; *she g-d at him in surprise* prekvapene naň civela **2.** zívať; *this weather makes me g-ing* toto počasie ma núti zívať **II.** podst. **1.** civenie, pozeranie s otvorenými ústami **2.** zívanie
   garage [ˈgæraːž, ˈgæridž] **1.** garáž; *put the car away in the g.* dať auto do garáže **2.** autoopravovňa, autoservis; *take the car to the g. to have it repaired* dať si opraviť auto v servise **3.** benzínové čerpadlo (so servisom)
   garbage [ˈgaːbidž] AM (kuchynské) odpadky; *take out the g.* vynes smeti; *g. can* smetník, nádoba na odpadky
   garden [ˈgaːdn] **I.** podst. záhrada, park; *a small back g.* malá záhradka za domom; *the botanical g.* botanická záhrada **II.** príd. záhradný; *g. flowers* záhradné kvety; *g. party* záhradná slávnosť **III.** sl. záhradníčiť
   gardener [ˈgaːdnə] záhradník, záhradkár

   gargle [ˈgaːgl] **I.** sl. kloktať; *g. the sore throat* vykloktať si boľavé hrdlo **II.** podst. **1.** kloktadlo **2.** kloktanie
   garland [ˈgaːlənd] **I.** podst. veniec (ako dekorácia), girlanda; *flower g-s* kvetinové vence **II.** sl. ozdobiť vencom/girlandou
   garlic [ˈgaːlik] cesnak
   garment [ˈgaːmənt] odev; *ladies's g-s* dámsky odev
   garnish [ˈgaːniš] **I.** sl. (*with*) zdobiť, ozdobiť (jedlo, čím); *g. a steak with parsley* ozdobiť mäso petržlenom **II.** podst. ozdoba, obloženie
   garret [ˈgærət] podkrovná miestnosť, manzarda
   garrison [ˈgærisn] **1.** (vojenská) posádka **2.** pevnosť
   garrulous [ˈgærələs] **1.** veľavravný, zhovorčivý, výrečný; *a g. woman* výrečná žena **2.** rozvláčny; *g. speeches* rozvláčne prejavy
   garter [ˈgaːtə] **1.** podväzok **2.** *the G.* Podväzkový rád (najvyšší rád anglického rytierstva)
   gas [gæs] **I.** podst. plyn; *turn on/off the g.* otvoriť/zatvoriť plyn; *g. fire* plynový kozub/radiátor, plynové kachle; *g.-fired* vykurovaný plynom; *g. leakage* unikanie plynu **II.** sl. otráviť plynom
   gas jet [ˈgæs džet] plynový horák
   gas meter [gæs miːtə] plynomer; *read the g.* odčítať údaje na plynomeri
   gasoline/gasolene [ˈgæsəliːn] **1.** chem. gazolín **2.** AM (motorový) benzín; *g. pump* benzínové čerpadlo
   gasp [gaːsp] zadýchať sa, (za)lapať po dychu, ťažko dýchať; *g. for breath* zalapať po dychu
   gasworks [ˈgæswəːks] plynáreň
   gate [geit] **1.** brána; *ring the bell if the g. is locked* zazvoň, ak je brána zamknutá **2.** vstup, vchod, východ; *the g. for visitors opens at 10 a. m.* vstup pre návštevníkov je od 10,00 h
   gateway [ˈgeitwei] cesta; *a g. to fame* cesta k sláve; *a g. to success* cesta k úspechu
   gather [ˈgæðə] **1.** zhromaždiť (sa); *people g-ed in the street* ľudia sa zhromaždili na ulici **2.** trhať; *the children g-ed flowers* deti trhali kvety **3.** zbierať; *g. information* zbierať informácie **4.** riasiť (látku); *g. the skirt at the waist* riasiť sukňu v páse **5.** chápať, vyvodzovať, usudzovať, súdiť; *I g. from his behaviour that he is in a bad temper* z jeho správania usudzujem, že je nahnevaný

gathering [ˈgæðəriŋ] **1.** zhromaždenie; *a political g.* politické zhromaždenie **2.** zhnisané miesto, hnisavá rana, absces; *he had a bad g. on his right arm* mal škaredú hnisavú ranu na pravej ruke

gaudy [ˈgoːdi] krikľavý, nevkusný; *a g. dress* nevkusné šaty

gauge [geidž] **I.** podst. **1.** miera, veľkosť; *take g. of* zobrať mieru (čomu) **2.** merač, meradlo (prístroj) **3.** rozchod (koľajníc); *standard/broad/narrow g.* štandardná/širokorozchodná/úzkorozchodná trať; **II.** sl. **1.** merať, odmerať; *g. the diameter of the vase* odmerať priemer vázy **2.** odhadnúť; *g. the situation* odhadnúť situáciu

gaunt [goːnt] vychudnutý, vyziabnutý; *a g. face* vychudnutá tvár

gauze [goːz] **1.** gáza **2.** jemná sieť na okno; *screen the windows with g.* dať sieť na okná

gave p. **give**

gay [gei] **I.** príd. **1.** veselý; *a g. party* veselá spoločnosť; *g. colours* veselé farby **2.** roztopašný; *lead a g. life* viesť roztopašný život **II.** podst. homosexuál

gaze [geiz] uprene hľadieť, zízať; *she was g-ing at the shop window* uprene hľadela do výkladu

GCE [dži: si: iː] skr. *General Certificate of Education* maturitné vysvedčenie (t. č. nahradené GCSE – General Certificate of Secondary Education)

gear [giə] **1.** výstroj, náradie, vybavenie; *hunting g.* poľovnícky výstroj **2.** zariadenie; *an aeroplane landing g.* pristávacie zariadenie **3.** motor. rýchlosť, prevodový stupeň; *a modern car with five g-s* moderné auto s piatimi prevodovými stupňami; *be in g.* byť v zábere

gearbox [ˈgiəboks] prevodovka

geese p. **goose**

Geiger counter [ˈgaigə ˌkauntə] Geigerov počítač

geiser [ˈgiːzə] **1.** gejzír **2.** BR prietokový ohrievač vody (obyč. plynový)

gem [džem] **1.** drahokam **2.** klenot; *this picture is the g. of my collection* tento obraz je klenot mojej zbierky

gender [ˈdžendə] gramatický rod; *masculine g.* mužský rod

general [ˈdženrəl] **I.** príd. **1.** všeobecný; *a g. rule* všeobecné pravidlo; *g. education* všeobecné vzdelanie; *g. election* parlamentné voľby **2.** celkový; *the g. feeling* celkový

dojem **3.** generálny, hlavný; *g. management board* generálne riaditeľstvo; *g. store* obchodný dom; *the g. public* široká verejnosť; *in g.* zväčša, väčšinou **II.** podst. generál; *His Majesty G.* Generál Jeho Veličenstva

General Assembly, skr. **G. A.** [dženrəl əˈsembli] valné zhromaždenie; *G. A. of the United Nations* valné zhromaždenie Organizácie Spojených národov

General Certificate of Education, skr. **G. C. E.** [dženrəl səˈtifikət əvˌedjuˈkeišn] BR maturitné vysvedčenie

generalize [ˈdženrəlaiz] zovšeobecniť, generalizovať

generally [ˈdženrəli] **1.** všeobecne; *this idea was g. accepted* ten nápad bol všeobecne prijatý **2.** obyčajne; *g. speaking* všeobecne povedané, takpovediac; *I g. get up at six o'clock* obyčajne vstávam o šiestej

general meeting [ˈdženrəl ˈmiːtiŋ] plenárna schôdza

General Post Office, skr. **G. P. O.** [ˈdženrəl ˈpəustofis] hlavná pošta

general practitioner [ˈdženrəl prækˈtišnə] praktický/obvodný lekár

generate [ˈdženreit] vyrobiť; *g. electricity* vyrobiť elektrinu

generation [ˌdženəˈreišn] pokolenie, generácia; *the present g.* súčasná generácia; *computers of the first g. are out of date* počítače prvej generácie sú zastarané

generous [ˈdženrəs] **1.** veľkodušný, veľkorysý, šľachetný; *it was very g. of you* bolo to od teba veľmi šľachetné **2.** štedrý; *what a g. present!* aký štedrý dar! **3.** veľký, poriadny, riadny; *a g. piece of cake* poriadny kus koláča

genial [ˈdžiːniəl] **1.** priateľský, žoviálny; *he greeted us with a g. smile* zdravil nás s priateľským úsmevom **2.** mierny; *a g. climate* mierne podnebie

genital [dženitəl] pohlavný; *g. organs* pohlavné orgány

genitive [ˈdženətiv] gram. genitív, druhý pád

genius [ˈdžiːniəs] **1.** mimoriadne nadaný človek, génius; *Galileo was a g.* Galileo bol génius **2.** mimoriadne nadanie; *he has a g. for languages* má mimoriadne nadanie na jazyky

gentle [ˈdžentl] **1.** jemný, láskavý; *g. manners* jemné spôsoby **2.** priateľský, vľúdny; *g. nature* priateľská povaha **3.** nežný; *g. look* nežný pohľad **4.** mierny; *a g. slope* mierny svah

gentleman ['džentlmən] mn. č. *men* **1.** hovor. pán *there's some g. waiting for you* nejaký pán čaká na teba **2.** muž (dokonalého zovňajšku a správania) gentleman, džentlmen; *Ladies and gentlemen,...* Dámy a páni,...

gently ['džentli] láskavo, vľúdne; *speak g. to the child* hovor láskavo s dieťaťom

gentry ['džentri] nižšia šľachta (bez titulu)

gents [džents] mn. č. páni, pánska toaleta (WC pre mužov)

genuine ['dženjuən] pravý, skutočný, nefalšovaný; *g. pearls* pravé perly; *a g. friend* skutočný priateľ; *a g. signature* nefalšovaný podpis

geographical [džiə'græfikl] zemepisný; *g. latitude/longitude* zemepisná šírka/dĺžka

geography [dži'ogrəfi] zemepis

geology [dži'olədži] geológia

geometrical [ˌdžiə'metrikl] **1.** geometrický; *a g. design* geometrický obrazec; *a g. progression* geometrická postupnosť **2.** pravidelný, symetrický; *g. patterns* pravidelné vzory

geometry [dži'omətri] **1.** geometria; *g. of the wheels* geometria kolies **2.** pravidelnosť; *the g. of a figure* pravidelnosť obrazca

Georgia ['džo:džə] **1.** Georgia (štát v USA) **2.** Gruzínsko

geranium [džə'reiniəm] muškát (kvet)

germ [džə:m] zárodok; *pathogenic g-s* choroboplodné zárodky

German ['džə:mən] **I.** príd. nemecký; *G. language* nemecký jazyk, nemčina **II.** podst. **1.** Nemec **2.** nemčina; *he said it in good G.* povedal to dobre po nemecky

Germanic [džə:'mænik] germánsky; *G. tribes* germánske kmene

Germany ['džə:məni] Nemecko; *the Federal Republic of G.* Nemecká spolková republika

germinate ['džə:məneit] klíčiť, pučať; *the seed g-s well* semeno rýchlo klíči

gerrymander ['džerimændə] **1.** pejor. prekrúcať, skresľovať; *g. facts* prekrúcať fakty **2.** polit. robiť manipulácie vo volebnom obvode

gesture ['džescə] **1.** gesto; *a political g.* politické gesto **2.** posunok, gestikulácia; *indicate a friendly g.* naznačiť priateľský posunok

get [get], *got* [got], *got*/AM *gotten* ['gotən] *-tt-* **1.** (v rozl. význ.) dostať; *I've got a letter* dostal som list; *you'll g. me into trouble* dostaneš ma do ťažkostí; *she got measles last week* minulý týždeň dostala osýpky; *I got a shock* dostal som šok; ● *g. the booth* dostať kopačky, vyletieť z práce; *g. canned/fired* byť vyhodný z práce; *g. on sb's nerves* ísť niekomu na nervy **2.** prísť; *he got home late yesterday* včera prišiel neskoro domov **3.** priniesť, doniesť; *please, g. me some food* dones mi, prosím ťa, nejaké jedlo **4.** chytiť; *the police got the thief* polícia chytila zlodeja **5.** pochopiť, (po)rozumieť; *I didn't g. your name* nerozumel som, ako sa voláš/voláte; *I didn't g. it* nepochopil som to **6.** dať si čo urobiť; *I must g. my car washed* musím si dať umyť auto; *g. your hair cut* daj si ostrihať vlasy **7.** presvedčiť; *g. him to come tomorrow* presvedč ho, aby zajtra prišiel

get about rozšíriť; *g. about the news about the wedding* rozšíriť správu o svadbe

get along (*with*) postupovať, robiť pokroky (v čom)

get around (sth.) obísť, obchádzať (čo); *they got a. the law* obišli zákon

get at (sb.) otravovať (koho)

get back 1. dostať sa späť; *eventually he got back* konečne sa dostal domov **2.** (*at sb.*) otravovať (koho)

get in vojsť, dostať sa dnu, nastúpiť (do čoho); *g. in the car carefully* opatrne nastúpiť do auta

get off vystúpiť (z čoho); *g. off the train* vystúpiť z vlaku

get on 1. nastúpiť; *g. on the train* nastúp do vlaku **2.** dariť sa; *how are you g-ting on?* ako sa ti darí? **3.** (*with*) vychádzať, znášať sa (s kým); *he's g-ting on well with his boss* dobre vychádza so svojím šéfom

get over prekonať; *g. over some difficulties* prekonať ťažkosti

get through zložiť, absolvovať; *g. through exams* zložiť skúšky

get up vstávať; *g. up early* vstávať zavčasu

ghost [gəust] duch, strašidlo; *you look as if you have seen a g.* vyzeráš, ako keby si videl strašidlo; *you haven't a g. of a chance* nemáš ani najmenšiu nádej

ghostly ['gəustli] strašný, hrozný, príšerný; *you're looking g.* vyzeráš príšerne; *a g. accident* hrozná nehoda

giant ['džaiənt] **I.** podst. obor; *g-s are usually fairy tale creatures* obri sú obyčajne rozprávkové bytosti **II.** príd. obrovský, obrí; *a g. toad* obrovská ropucha; *a g. trade company* obria obchodná spoločnosť; *The G. Mountains* Krkonoše

gibber ['džibə] tárať, trepať; *don't g. so much* netáraj toľko

gibe [džaib] (*about/at*) posmievať sa (komu), uťahovať si (z koho); *g. at a younger brother* posmievať sa mladšiemu bratovi; *they were g-ing each other* doberali si jeden druhého

giblets ['džibləts] obyč. mn. č. drobky (obyč. kuracie); *a g. soup* polievka z drobkov

Gibraltar [džibro:ltə] Gibraltar; *the Straits of G.* Gibraltársky prieliv

giddy ['gidi] 1. majúci závrat; *I'm/I feel g.* mám závrat 2. závratný; *a g. height* závratná výška; *play the g. goat* správať sa ako blázon

gift [gift] 1. dar; *a birthday g.* dar na narodeniny 2. talent, nadanie; *she has a g. for mathematics* má nadanie na matematiku

gifted ['giftəd] nadaný, talentovaný; *a g. poet* nadaný básnik

giggle ['gigl] chichotať sa; *the girls g-d during the lesson* dievčatá sa cez hodinu chichotali

gild [gild] 1. pozlátiť; *g-ed silver* pozlátené striebro 2. prikrášliť; *g. a lie* prikrášliť lož

gill [gil] 1. *g-s* obyč. mn. č. žiabre 2. rebro (telesa ústredného kúrenia)

gilt [gilt] 1. pozlátenie, zlatý povrch; *a plate with a g. edge* tanier s pozláteným okrajom 2. pozlátka

gimlet ['gimlət] nebožiec

gimmick ['gimik] trik, nápad; *a g. to attract readers* trik, ako upútať čitateľov

gin [džin] džin

ginger ['džindžə] ďumbier; *g. ale/beer* ďumbierové pivo (nealkoholické)

giraffe [dži'ra:f] žirafa

girder ['gə:də] nosník, trám; *the g-s of the bridge have collapsed* nosníky mosta sa zrútili

girdle ['gə:dl] 1. opasok; *she's wearing a pretty g.* má (na sebe) pekný opasok 2. podväzkový pás 3. kniž. pás; *a g. of trees* pás stromov ● *g. cake* placka

girl [gə:l] dievča; *what a pretty g. she is!* aké je to pekné dievča!

girlfriend ['gə:l frend] chlapcova priateľka/dievča, s ktorým chlapec chodí

gist [džist] jadro, podstata, hlavná myšlienka; *tell me the g. of the lecture* povedz mi podstatu prednášky

give [giv], *gave* [geiv] *given* ['givn] 1. dať; *g. the book to your friend* daj knihu priateľovi; ● *g. sb. the brush off* odbiť niekoho 2. (v rozl. význ.) dávať; *how much are they g-ing for*

that picture? koľko dávajú za ten obraz? *cows g. milk* kravy dávajú mlieko; *this tree g-s very good apples* tento strom dáva/má veľmi dobré jablká 3. udeliť; *he was given an award* udelili mu cenu ● *g. way* ustúpiť, uvoľniť *g. sb. the cold shoulder* odmietnuť (koho)

give away 1. rozdať, dať zadarmo; *g. away old clothes* rozdať staré šatstvo 2. prezradiť; *g. away a secret* prezradiť tajomstvo

give back vrátiť

give in vzdať sa; *the enemy gave in* nepriateľ sa vzdal

give over odovzdať

give up vzdať sa/zanechať; *g. up smoking* zanechať fajčenie

given ['givən] daný, existujúci; *under the g. conditions* za daných okolností

glacial ['gleišl] ľadový; *a g. calm* ľadový, pokoj; *g. era/epoch/period* doba ľadová

glad [glæd] *-dd-* 1. šťastný, radostný; *the g. news* radostná správa; *this is the g-dest day of my life* toto je najšťastnejší/najradostnejší deň môjho života 2. s pomocným slovesom be byť rád; *I'm g. we have met* som rád, že sme sa stretli; *I'm very g. to see you* som veľmi rád, že ťa vidím ● *g. rags* sviatočný oblek, sviatočné šaty

glade [gleid] čistina, rúbanisko

glamorous ['glæmərəs] čarovný, okúzľujúci, príťažlivý; *g. film stars of Hollywood* okúzľujúce filmové hviezdy Hollywoodu

glamour ['glæmə] (osobitné) čaro, kúzlo, pôvab; *a girl full of g.* pôvabné dievča; *cast a g.* očariť

glance [gla:ns] I. sl. vrhnúť letmý pohľad, preletieť pohľadom; *g. at/over/through a letter* preletieť list pohľadom II. podst. letmý pohľad; *take a g. at newspaper headlines* preletieť titulky v novinách

gland [glænd] žľaza; *he has swollen g-s* má zdurené žľazy; *endocrine g-s* žľazy s vnútornou sekréciou; *thyroid g.* štítna žľaza

glandular ['glændjələ] žľazový, žľazovitý

glare [gleə] I. podst. 1. prudké svetlo, žiar; *the g. of the spotlight* prudké svetlo reflektora 2. (nahnevaný) pohľad; *she looked at him with a g.* nahnevane naň pozrela II. sl. 1. žiariť, prudko svietiť; *the g-ing ads* žiariace reklamy 2. (nahnevane) hľadieť; *the boy and the girl g-d at each other* chlapec a dievča nahnevane hľadeli na seba

glass [gla:s] I. podst. 1. sklo; *the g. in the window is broken* sklo na okne je rozbité 2.

pohár; *a g. of milk* pohár mlieka 3. zrkadlo
4. *(a pair of) g-es* mn. č. okuliare; *I've got a
pair of sun g-es* dostal som slnečné okuliare
5. barometer; *the g. is falling* barometer kle-
sá II. príd. sklený; *a g. door* sklené dvere; *a
g. eye* sklené oko III. sl. zaskliť; *I must have
the windows g-ed* musím si dať zaskliť okná
glassworks [ˈglaːswəːks] skláreň; *be em-
ployed in a g.* byť zamestnaný v sklárni
glaze [gleiz] 1. zaskliť; *g. a window* za-
skliť okno 2. glazúrovať; *g. pottery* glazúro-
vať keramiku 3. polievať polevou; *g. the
cream tarts* polievať torty polevou
glazier [ˈgleiziə] sklenár ● *your father was
no g.* máš hrubé sklo (prekážaš mi vo výhľade)
gleam [gliːm] I. podst. lesk, záblesk; *the sil-
ver g. of the river* striebristý lesk rieky; *the g.
of the morning sun* záblesk ranného slnka II.
sl. 1. lesknúť sa, jagať sa; *the girl with g-ing
eyes* dievča s jagavými očami 2. preblesko-
vať; *the sun g-ed through the clouds* slnko
prebleskovalo pomedzi mračná
glean [gliːn] 1. zbierať; *g. the facts* zbie-
rať fakty 2. paberkovať; *g. a field after har-
vest* paberkovať na poli po žatve
glee [gliː] (neskrývaná) radosť, veselosť; *rub
the hands with g.* mädliť si ruky od radosti
glen [glen] roklina, rokľa
glide [glaid] 1. kĺzať sa; *a boat g-d over
the lake* čln sa kĺzal po jazere 2. let. plachtiť;
the sailplane g-d very carefully kĺzák plach-
til veľmi opatrne
glider [ˈglaidə] kĺzák
gliding [ˈglaidiŋ] kĺzavý; *a g. movement*
kĺzavý pohyb; *g. boat* hydroplán
glimpse [glimps] I. sl. zahliadnuť, zbadať,
zazrieť; *I g-d him from the tram* zahliadol som
ho z električky II. podst. letmý pohľad
glisten [ˈglisn] ligotať sa, jagať sa, trblie-
tať sa; *the morning dew g-ed on the meadow*
ranná rosa sa trblietala na lúke
glitter [ˈglitə] I. podst. lesk, trblietanie; *they
put gold g. on the birthday card* na pozdrav k
narodeninám dali zlatý lesk II. sl. lesknúť sa,
trblietať sa; *the g-ing stars* trblietajúce sa
hviezdy ● *All that g-s is not gold.* Nie je všet-
ko zlato, čo sa blyští.
gloat [gləut] pásť sa očami, žiadostivo po-
zerať; *g. over the large sum of money* pásť sa
očami na veľkej sume peňazí
global [ˈgləubl] celosvetový *g. economic
problems* celosvetové ekonomické problémy

global village [gləubl vilidž] svetová de-
dina (svet poprepájaný komunikačnými kanálmi, ktoré
okamžite šíria správy i na veľké vzdialenosti)
globe [gləub] 1. guľa 2. zemeguľa 3. glóbus
globetrotter [ˈgləubtrotə] svetobežník
gloom [gluːm] 1. šero, prítmie; *the g. of the
room* šero izby 2. smútok, tieseň; *a deep g.
settled on him* doľahol naň hlboký smútok
gloomy [ˈgluːmi] 1. tiesnivý, bezútešný,
smutný; *g. feelings* tiesnivé pocity; *g. news*
bezútešná zvesť; *a g. look* smutný pohľad 2.
pošmúrny, pochmúrny, tmavý; *a g. morning*
pošmúrne ráno; *a g. room* tmavá miestnosť
glorify [ˈgloːrəfai] oslavovať, velebiť; *g.
the achievements* oslavovať dosiahnuté vý-
sledky; *g. God* velebiť Boha
glorious [ˈgloːriəs] 1. nádherný, prekrás-
ny; *a g. view* nádherný pohľad 2. slávny; *a g.
victory* slávne víťazstvo
glory [ˈgloːri] 1. sláva; *g. to the victors* slá-
va víťazom! 2. nádhera; *the g. of the cathe-
dral* nádhera katedrály 3. pýcha; *she was the
g. of the class* bola pýchou triedy
glossary [ˈglosəri] 1. slovníček 2. glosár
glove [glav] rukavica; *put on your g-s* na-
tiahni si rukavice; *buy g-s/a pair of g-s* kúpiť
si rukavice/pár rukavíc
glow [gləu] I. sl. 1. planúť; *eyes g-ing with
anger* oči planúce hnevom 2. žeraviť; *g. em-
bers* žeraviť uhlíky II. podst. žiara; *the light
gave a soft g.* svetlo vydávalo mäkkú žiaru
glue [gluː] I. podst. lepidlo, glej II. sl. 1. lepiť
2. fetovať (toluén)
glum [glam] mrzutý, nevrlý
glutton [ˈglatn] nenásytník, hladoš, hltač;
a g. for food hladoš; *a g. of books* hltač kníh
gnarled [naːld] hrčovitý; *g. wood* hrčovité
drevo
gnat [næt] komár; *strain at a g.* hľadať blchy
gnaw [noː] hrýzť, obhrýzať; *a dog g-s
at/on the bones* pes obhrýza kosti
GNP [džiːen piː] skr. *gross national product*
hrubý domáci produkt, HDP
go [gəu] 3. os. j. č. *goes* [gəuz], *went* [went],
gone [gon] I. (pohyb) 1. ísť; *g. on foot* ísť pe-
ši; *g. the shortest way* ísť najkratšou cestou; *g.
for the newspapers* ísť po noviny; *g. for a
walk/drive* ísť na prechádzku/ísť sa previezť;
g. to the theatre/to a concert ísť do divadla/na
koncert; *g. by aeroplane/train/boat* ísť/cesto-
vať lietadlom/vlakom/loďou; *g. fishing* ísť na
ryby; *g. shopping* ísť na nákupy/nakupovať; *g.*

bathing ísť sa kúpať **2.** (pravidelne) chodiť; *he g-es to school every day* chodí do školy každý deň; *she g-es to the pictures on Saturday nights* do kina chodí v sobotu večer **3.** odísť; *it's time to g.* je čas odísť; *she went at nine* odišla o deviatej; *don't g. yet* ešte nechoď **II.** (nepohybové významy) **1.** viesť; *where does this road g.?* kam vedie táto cesta? **2.** stratiť sa/strácať sa/zmiznúť; *the pain has gone* bolesť sa stratila; *the clouds will soon g.* mračná sa čoskoro stratia; *his hearing begins to g.* začína strácať sluch **3.** ísť, fungovať; *the apparatus g-es by electricity* prístroj funguje/ide na elektrinu; *everything went well* všetko šlo/fungovalo dobre **4.** (o čase) plynúť, ubiehať, letieť; *the time went fast* čas rýchlo plynul/ubiehal; *how time g-es* ako ten čas letí! **5.** (o zvukoch) (za)znieť, rozoznieť sa, ozvať sa; *how does that song g.?* ako znie tá pieseň? *it was midnight when the bell went* bola práve polnoc, keď zaznel zvon **6.** (o veciach) dávať sa, prísť, byť uložený/postavený; *where do the spoons g.?* kde sa dávajú lyžice? *where do you want the piano to g.?* kde chcete dať/postaviť klavír? **7.** *be gone* byť preč, zmiznúť; *my hat is gone* zmizol mi klobúk; *be gone* zmizni!, ber sa! **8.** v spojení s príd. m., neurčitkom al. prísl. určením chodiť aký, ako (al. sa prekladá príslušným slovesom); *g. naked* chodiť nahý; *g. in rags* chodiť v handrách; *g. hungry* byť o hlade, hladovať; *g. armed* chodiť ozbrojený, mať pri sebe zbraň **9.** dostať sa do istého (obyč. nežiaduceho) stavu, stať sa akým (al. sa prekladá príslušným slovesom); *g. blind* oslepnúť; *g. mad* zošalieť/zblázniť sa; *fish soon g. bad* ryby sa rýchlo kazia; *g. out of date* stať sa nemoderným/nečasovým; *g. to pieces* rozsypať sa/pokaziť sa ● *I went to pieces* veľmi som ochorel

go after 1. usilovať sa (o čo), chcieť získať (čo); *he's g-ing after that prize* chce získať tú cenu **2.** ísť (za kým); *g. after him and apologize* choď za ním a ospravedlň sa

go against 1. vzdorovať, odporovať; ísť proti (komu); *a child should never g. against his parents' wishes* dieťa by nikdy nemalo vzdorovať vôli rodičov **2.** priečiť sa (čomu); *this g-es against my conscience* to sa prieči môjmu svedomiu

go ahead 1. začať; *May I start? – Yes, g. ahead!* Môžem začať? – Áno, začni! **2.** robiť pokroky (v čom), napredovať; *he's g-ing ahead fast* robí veľké pokroky

go along (*with*) **1.** ísť (s kým), odprevadiť (koho); *I'll g. along with you, it's too late* odprevadím ťa/pôjdem s tebou, je príliš neskoro **2.** súhlasiť (s kým); *I'm afraid I can't g. along with you on that* obávam sa, že v tej veci nemôžem s tebou súhlasiť

go by 1. držať sa, pridŕžať sa (čoho), dodržiavať (čo); *I always g. by the instructions* vždy dodržiavam pokyny **2.** uniknúť, ujsť; *don't let this chance g. by* nenechaj si ujsť túto príležitosť

go down 1. (o lodi) potopiť sa **2.** (o Slnku, Mesiaci) zájsť, zapadnúť **3.** (o dome, meste ap.) upadať, schátrať, spustnúť; *this part of town has gone down* táto časť mesta schátrala/spustla

go in (o Slnku, Mesiaci) zájsť za mraky ● *g. in and win!* zlom väz!

go in (*for*) pestovať (čo), venovať sa (čomu); *g. in for sports* športovať; *g. in for collecting stamps* venovať sa zbieraniu známok

go into preskúmať, dôkladne/do detailov preberať (čo); *I don't want to g. into the problems right now* nechcem teraz problémy dôkladne preberať

go off 1. explodovať, vybuchnúť, vystreliť; *the gun went off* puška vystrelila **2.** rozoznievať sa, zazniieť; *when the alarm went off, the thieves ran away* keď sa rozozvučal poplašný signál, zlodeji ušli **3.** pokaziť sa; *the food went off* jedlo sa pokazilo

go on pokračovať (v čom); *g. on reading* čítaj ďalej

go out 1. zhasnúť; *the light has gone out* svetlo zhaslo **2.** chodiť do spoločnosti **3.** chodiť (s kým); *I've been g-ing out with her a year* chodil som s ňou rok

go over 1. skontrolovať; *g. over the building* skontrolovať budovu **2.** zopakovať; *g. over the lesson* zopakovať lekciu

go through 1. prehľadať (vrecká, zásuvky ap.) **2.** minúť, utratiť; *we went through a lot of money on holiday* na dovolenke sme utratili veľa peňazí

go up 1. stúpať; *the temperature/price has gone up* teplota/cena stúpla **2.** vyrastať; *there are office blocks g-ing up all over town* bloky úradných budov vyrastajú po celom meste

goad [gəud] podnietiť, popohnať; *g. into action* podnietiť k činnosti

goal [gəul] **1.** gól; *score a g.* dať gól; *win by a g.* vyhrať o gól **2.** bránka, brána (vo futbale); *keep g.* byť v bránke **3.** cieľ; *we must strive for our g-s* musíme bojovať o naše ciele

goalkeeper [ˈgəulˌkiːpə] brankár
goalpost [ˈgəulpəust] bránková tyč
goat [gəut] koza; *nanny g.* koza; *billy g.*
cap ● *get sb's g.* napáliť (koho), priviesť do
zúrivosti (koho)
gobble¹ [ˈgobl] aj **gobble up** 1. pažravo
jesť, hltať, (po)žrať, zožrať; *who g-d up what
was left from the supper?* kto zožral, čo zostalo od večere? 2. pren. hltať, zhltnúť; *she
g-s up one book after another* hltá jednu knihu za druhou (veľa číta)
gobble² [ˈgobl] hudry-hudry (zvuk moriaka)
goblet [ˈgoblət] (vínový) pohár na stopke
god [god] 1. v kresťanskom náboženstve *G.* boh,
Boh; *G. the Father/the Son* Boh Otec/Syn; *Almighty G.* Všemohúci (Boh) ● *G. bless you* a)
Boh ťa žehnaj b) pozdrav pánboh (pri kýchnutí) 2. (v mnohobožstve) boh; *g. of war* boh vojny;
Neptun is the g. of the sea Neptún je boh mora; *the g-s of Greece and Rome* grécki a rímski bohovia
godchild [ˈgodˈčaild] mn. č. *-children*
[-čildrən] krstné dieťa, krstňa
godfather [ˈgodfaːðə] krstný otec
godforsaken [ˈgodfəseikən] bohom opustený, zabudnutý; *a g. place* miesto, kde líšky
dávajú dobrú noc
godmother [ˈgodmmaðə] krstná matka
godparents [ˈgodˌperənts] mn. č. krstní rodičia
goggle [ˈgogl] I. sl. vyvaľovať oči, vypliešťať oči, vyjavene sa dívať; *she g-d at him in
surprise* vyvaľovala naň oči od prekvapenia
II. podst. 1. vyjavený pohľad 2. *(a pair of)
g-s* mn. č. okuliare (slnečné, potápačské, ochranné)
going [ˈgəuiŋ] úspešný, prosperujúci; *a
well g. company* úspešná firma
go-kart [ˈgəukaːt] šport. motokára
gold [gəuld] I. podst. 1. zlato; *a necklace
made of g.* retiazka zo zlata; *g. digger* zlatokop; *g. rush* zlatá horúčka, honba za zlatom
(do novoobjavených nálezísk zlata); *g. rush to Alaska* honba za zlatom na Aljašku 2. zlatá (farba)
II. príd. zlatý; *a g. watch* zlaté hodinky; *a g.
medal* zlatá medaila; *All that glitters is not g.*
Nie je všetko zlato, čo sa blyští.
golden [ˈgəuldn] 1. kniž. zlatý; *g. hair*
zlaté vlasy 2. pozlátený; *a g. necklace* pozlátená retiazka 3. zlatožltý; *g. age* zlatý
vek; *g. opportunity* jedinečná príležitosť; *g.
wedding* zlatá svadba; *silence is g.* mlčať je
zlato
goldfish [ˈgəuldˌfiš] zlatá rybka

goldsmith [ˈgəuldˌsmiθ] zlatník
gone p. **go**
good [gud], *better* [ˈbetə], *best* [best] I. príd.
1. dobrý (v rozl. význ.); *be g.!* buď dobrý! *a g.
doctor* dobrý lekár; *a g. father* dobrý/láskavý
otec; *g. eyesight* dobrý zrak; *g. food* dobré
jedlo; *to read a g. book* čítať dobrú/zaujímavú knihu; *g. health* dobré/pevné zdravie; *g.
manners* dobré spôsoby; *we waited for a g.
hour* čakali sme dobrú hodinu; *he ate a g. half
of the duck* zjedol dobrú polovicu kačice;
what is this g. for? načo je to dobré? 2. zdravý; *milk is g. for children* mlieko je zdravé pre
deti; *g. sense* zdravý rozum, súdnosť 3. prekladá sa príslovkou dobre; *I don't feel very g. this
morning* dnes ráno sa necítim veľmi dobre;
have a g. drink dobre/poriadne sa napi; *be g.
at sth.* dobre niečo ovládať 4. (v pozdravoch) *g.
morning/afternoon* dobré ráno/popoludnie;
g. evening dobrý večer; *g. night* dobrú noc;
have a g. time maj sa dobre ● *all in g. time*
všetko má svoj čas; *it's too g. to be true* je to
príliš krásne, než aby to bola pravda; *things
are in g. train* veci sú na dobrej ceste; *one g.
term deserves another* ruka ruku umýva II.
podst. dobro; *g. and evil* dobro a zlo; *he
worked for your own g.* pracoval pre tvoje
vlastné dobro; *do more harm than g.* narobiť
viac zla ako dobra III. prísl. 1. dobre; *so g.*
tak dobre 2. značne, veľmi; *after a g. long
time* po dobre dlhom čase; *a g. many people*
značný počet ľudí 3. *as g.* as takmer ako; *the
car is as g. as new* auto je takmer ako nové ●
for g. navždy; *he's going for g.* odchádza
navždy; *no g.* nemá význam/zmysel, je zbytočné; *it's no g. talking with him* nemá
význam hovoriť s ním
goodbye [gudˈbai] dovidenia, zbohom
good-for-nothing [ˌgud fə ˈnaθiŋ] I. príd.
nepotrebný, zbytočný II. podst. povaľač, niktoš
Good Friday [ˌgud fraidei/fraidi] Veľký
piatok
good-humoured [ˌgud ˈhjuːməd] 1. veselý
2. príjemný (o povahe); *a g. man* príjemný človek
good-looking [ˌgud ˈlukiŋ] pekný, dobre
vyzerajúci; *a g. car* pekné auto; *a g. man* dobre vyzerajúci muž
good-natured [ˌgud ˈneičəd] dobromyseľný, srdečný, priateľský; *a g. person* dobromyseľná osoba
goodness [ˈgudnəs] I. podst. dobrota, láskavosť; *thanks for your g.* ďakujem ti za lás-

kavosť; *have the g....* buďte taký láskavý...; *have the g. to come this way* poďte láskavo tadeto **II.** cit. *g. gracious!* panebože! Pane/Kriste na nebi! *my g.!* preboha!, prepánajána!, prepánakráľa!

goods [gudz] mn. č. tovar; *leather g.* kožený tovar; *consumer g.* spotrebný tovar; *g. and chattels* všetok osobný hnuteľný majetok; *g. train* nákladný vlak; *g. station* nákladná stanica

good-tempered [ˌgud ˈtempəd] (povahove) vyrovnaný, pokojný; *a g. person* pokojná osoba

goodwill [ˈgudwil] **1.** dobrá vôľa, ochota; *a g. mission* posolstvo dobrej vôle; *surprising g.* prekvapujúca ochota **2.** priateľstvo; *g. among nations* priateľstvo medzi národmi

goody [ˈgudi] cukrovinka, sladkosť, dobrota

goose [guːs] mn. č. *geese* [giːs] hus; *g. pimples* husia koža, zimomriavky

gooseberry [ˈguzbri] egreš (ker i plod); *g. bush* egrešový ker

gooseflesh [ˈguːsfleš] husia koža, zimomriavky

Gordian [ˈgoːdiən] gordický; *G. knot* gordický uzol

gorgeous [ˈgoːdžəs] **1.** hovor. nádherný, oslňujúci; *g. sunset* nádherný západ slnka **2.** úžasný, skvelý; *g. meal* úžasné jedlo

gosh [goš] hovor. do kelu, do pekla, do paroma; *by/my g. it's dark here* do paroma, ale je tu tma

gospel [ˈgospl] **1.** svätá pravda; *what I am telling you is g.* čo ti vravím, je svätá pravda **2.** *G.* evanjelium; *the G. according to St Mark* Evanjelium podľa sv. Marka

gossamer [ˈgosəmə] **I.** podst. **1.** babie leto (vlákno) **2.** veľmi jemná látka; *as light as g.* ľahký ako pavučina **II.** príd. tenučký, pavučinkový; *a blouse of a g. material* blúzka z tenučkého materiálu

gossip [ˈgosəp] **I.** podst. **1.** klebeta, ohováranie; *who'd believe all that g.!* kto by veril všetkým tým klebetám! **2.** klebetnica, klebetník; *our neighbour is an old g.* naša suseda je stará klebetnica; *g. column* spoločenská rubrika (v novinách, časopise) **II.** sl. klebetiť, ohovárať; *I don't mean to g. but...* nemienim klebetiť, ale...

got p. **get**

Gothic [ˈgoθik] gotický; *g. architecture* gotická architektúra

gotta [ˈgotə] slang. **1.** *have/has got* mať; *I g. some book for you* mám pre teba knihu **2.**

have/has g. musieť; *it's late I g. leave* je neskoro, musím odísť

gotten p. **get**

gourmand [ˈguəmənd] jedák, labužník

gourmet [ˈguəmei] labužník, pôžitkár

gout [gaut] dna; *suffer from g.* mať dnu

govern [ˈgavən] **1.** vládnuť; *g. a country* vládnuť krajine **2.** riadiť sa; *she's g-ed by her self-interest* riadi sa svojimi egoistickými záujmami

governess [ˈgavənəs] vychovávateľka, guvernantka

government [ˈgavmənt] **I.** podst. vláda; *democratic/republican g.* demokratická/republikánska vláda **II.** príd. vládny, štátny; *g. property* štátny majetok

governmental [ˌgavnˈmentl] vládny; *the g. system of a country* vládny systém krajiny

governor [ˈgavnə] **1.** vládca, panovník; *the g-s of the world* panovníci sveta **2.** guvernér; *the g. of Texas* guvernér Texasu **3.** riaditeľ inštitúcie; *the g. of a hospital/a prison* riaditeľ nemocnice/väznice

gown [gaun] **1.** (elegantné) dámske šaty, róba; *a wedding g.* svadobné šaty **2.** talár

GP [džiːpiː] skr. *general practicioner* obvodný, praktický lekár

grab [græb] *-bb-* **I.** sl. **1.** chmatnúť, uchmatnúť; *the cat g-bed the fish* mačka uchmatla rybu **2.** *g. at* chopiť sa (čoho); *g. at the opportunity* chopiť sa príležitosti **II.** podst. chmatnutie, uchmatnutie

grace [greis] **1.** pôvab, šarm, elegancia; *smile with g.* pôvabne sa usmievať; *dance with g.* tancovať s eleganciou **2.** *G.* Milosť (oslovenie); *Your G.* Vaša Milosť

graceful [ˈgreisfl] pôvabný, šarmantný, elegantný; *a g. girl* pôvabné dievča

gracious [ˈgreišəs] láskavý, milý, vľúdny; *it was g. of you to come* bolo od teba milé, že si prišiel; *Good G.!* Pane na nebi! Preboha!

grade [greid] **I.** podst. **1.** stupeň, úroveň; *a high g. of intelligence* vysoký stupeň inteligencie; *g. crossing* AM úrovňová križovatka **2.** AM trieda, ročník; *he's in the second g. of the elementary school* je v druhom ročníku základnej školy **II.** sl. triediť, odstupňovať (podľa množstva a veľkosti); *g. by size* triediť podľa veľkosti

gradual [ˈgrədžuəl] **1.** postupný; *g. changes* postupné zmeny **2.** mierny; *a g. slope* mierny svah

graduate I. podst. [ˈgrædžuət] absolvent/ka vysokej školy **II.** sl. [ˈgrædžueit] absolvovať univerzitu, byť promovaný; *he g-ed from Comenius University* bol promovaný na Univerzite Komenského
graft[1] [gra:ft] **I.** podst. **1.** štep **2.** transplantát **II.** sl. **1.** štepiť; *it is impossible to g. unrelated trees successfully* nie je možné úspešne štepiť nepríbuzné stromy **2.** transplantovať; *g. new skin on/onto* transplantovať novú kožu (na čo)
graft[2] [gra:ft] hovor. AM **1.** úplatkárstvo, korupcia; *clear the g. out of our life* odstrániť úplatkárstvo z nášho života **2.** úplatok; *pay out g. to* zaplatiť úplatok (komu)
grain [grein] **1.** zrno, zrnko; *a g. of rice* zrnko ryže; *g-s of sand* zrnká piesku **2.** obilie; *sacks of g.* vrecia obilia; *a field of g.* obilné pole **3.** letokruh ● *go against the g.* byť proti mysli (komu); *it goes against the g. for me to tell lies* je mi proti mysli hovoriť klamstvá
grammar [ˈgræmə] gramatika; *English g.* anglická gramatika; *g. school* BR stredná škola, gymnázium
granary [ˈgrænri] (obilná) sýpka, obilnica, zásobáreň (obilia) aj pren.; *the southern part of the country is the g. of the state* južná časť krajiny je obilnicou štátu
grand [grænd] **1.** veľký, závažný; *a g. problem* závažný problém **2.** hlavný; *the g. entrance* hlavný vchod **3.** skvelý, úžasný, nádherný, veľkolepý; *a g. personality* výrazná osobnosť; *a g. view* nádherný výhľad; *a g. dinner* slávnostný obed; *g. gown* veľkolepé večerné šaty; *g. duke* veľkovojvoda; *g. jury* AM veľká porota; *g. piano* klavír, koncertné krídlo; *a g.* 1000 dolárov
grandchild [ˈgrænčaild] vnúča
granddad [ˈgrændæd] hovor. starý otec, dedko
granddaughter [ˈgrænˌdo:tə] vnučka
grandeur [ˈgrændžə] **1.** veľkosť, vznešenosť; *moral g.* mravná vznešenosť **2.** veľkoleposť, nádhera; *the g. of Niagara Falls* veľkoleposť Niagarských vodopádov
grandfather [ˈgrændˌfa:ðə] starý otec
grandma [ˈgrænma:] hovor. stará mama, babička, babka, starká
grandmother [ˈgræənˌmaðə] stará matka
grandpa [ˈgrænpa:] hovor. starý otec, dedko, deduško
grandson [ˈgrænsan] vnuk

granite [ˈgrænət] žula ● *bite on g.* naraziť na kameň (na tvrdý odpor)
granny [ˈgræni] hovor. babička
grant [gra:nt] **I.** sl. **1.** udeliť; *g. a degree/fellowship* udeliť vysokoškolský titul/štipendium **2.** poskytnúť; *g. a loan* poskytnúť pôžičku; *take it for g-ed* považuj to za samozrejmé **II.** podst. **1.** dotácia **2.** štipendium
granular [ˈgrænjələ] zrnitý; *a g. surface* zrnitý povrch
granulated [ˈgrænjəleitəd] kryštálový, zrnitý; *g. sugar* kryštálový cukor
grape [greip] bobuľa, zrnko hrozna; *g. juice* hroznová šťava; *g. stone* kôstka v hrozne
grapefruit [ˈgreipfru:t] grapefruit; *g. juice* grapefruitová šťava
graph [græf] graf, diagram
graphic [ˈgræfik] grafický; *g. symbols* grafické symboly
grasp [gra:sp] **I.** sl. **1.** uchopiť, pevne zovrieť; *g. a hand* zovrieť ruku **2.** pochopiť, porozumieť; *I couldn't g. the meaning* nepochopil som význam **II.** podst. **1.** uchopenie **2.** zovretie (pevné); *in the enemy's g.* v zovretí nepriateľa **3.** pochopenie, chápanie, porozumenie; *a remarkable g. of physics* pozoruhodné chápanie fyziky
grass [gra:s] **I.** podst. **1.** tráva; *a blade of g.* steblo trávy **2.** trávnik; *don't sit on the g.* neseď na trávniku; *keep off the g.* nevstupujte na trávnik **3.** slang marihuana, tráva **4.** pejor. donášač, fízel, špehúň **II.** sl. aj g. *down* **1.** zatrávniť; *g. down the land* zatráviť zem **2.** pejor. donášať (na niekoho)
grasshopper [ˈgra:sˌhopə] kobylka (hmyz)
grate[1] [greit] rošt, mriežka; *a g. over the fire* rošt nad ohniskom; *a g. over the window* mreža na okne
grate[2] [greit] **I.** sl. **1.** strúhať; *g. a carrot* strúhať mrkvu **2.** škrípať; *g. against/on/upon one's teeth* škrípať zubami **II.** podst. škrípanie, škripot; *the g. of the car* škrípanie auta
grateful [ˈgreitfl] vďačný; *I'm g. to you for your kindness* som ti vďačný za láskavosť
grater [ˈgreitə] strúhadlo; *a cheese g.* strúhadlo na syr
gratitude [ˈgrætitju:d] vďačnosť; *I must express great g. to you for your kind help* musím vám vyjadriť veľkú vďačnosť za vašu láskavú pomoc
gratuity [grəˈtju:ti] prepitné
grave [greiv] hrob; *dig a g.* kopať hrob ● *turn in one's g.* obracať sa v hrobe

gravel ['grævl] (drobný) štrk; *a load of g.* náklad štrku

gravestone ['greivstəun] náhrobný kameň

graveyard ['greivja:d] cintorín (obyč. pri kostole)

gravity ['grævəti] **1.** vážnosť, závažnosť; *the g. of the situation* vážnosť situácie **2.** gravitačné zrýchlenie **3.** fyz. príťažlivosť; *the law of g.* gravitačný zákon

gravy ['greivi] **I.** podst. výpek, šťava (spod mäsa), omáčka **II.** príd. šťavnatý; *g. beef* šťavnaté hovädzie ● *board the g. train* prísť ľahko k peniazom

graze[1] [greiz] **I.** sl. pásť (sa); *g. a hundred head of cattle* pásť sto kusov dobytka; *the cattle are g-ing in the field* dobytok sa pasie na poli **II.** podst. pastva

graze[2] [greiz] **I.** sl. škrabnúť, poškrabať, odrieť si; *the bullet g-d his leg* strela ho škrabla do nohy; *she fell and g-d her elbow* spadla a odrela si lakeť **I.** podst. odrenina, škrabnutie; *what a bad g. you've got!* akú máš škaredú odreninu!

grease [gri:s] **I.** podst. **1.** masť, tuk **2.** mastivo **II.** sl. pomastiť, namastiť ● *g. sb's palm* pomastiť/podplatiť (koho)

greasy ['gri:si] **1.** mastný; *g. food* mastné jedlo; *g. fingers* mastné/zamastené prsty **2.** klzký; *g. roads* klzké cesty

great [greit] **I.** príd. **1.** veľký; *a g. success* veľký úspech; *take g. care* dávaj si veľký pozor **2.** významný, vynikajúci; *a g. writer* významný spisovateľ; *a g. speaker* vynikajúci rečník **3.** ohromný; *what a g. idea!* aká ohromná myšlienka! *G. Britain* Veľká Británia; *Alexander the G.* Alexander Veľký; *G. Charter* Magna Charta **II.** prísl. výborne, skvele; *things are going g.* ide to výborne **III.** cit. hovor. fajn, príma; *I'll go with you. – G.* Idem s tebou. – Výborne.

greatcoat ['greitkəut] obyč. vojenský zimný plášť

great-grandchild [ˌgreit'grænčaild] mn. č. – *children* [čildrən] pravnúča

great-granddaughter [ˌgreit'grændo:tə] pravnučka

great-grandfather [ˌgreit'grænfa:ðə] prastarý otec, pradedo

great-grandmother [ˌgreit'grænmaðə] prastará mama, prababička

great-grandparents [ˌgreit'grænperənts] prastarí rodičia

greatly ['greitli] veľmi; *her reading has g. improved* jej čítanie sa veľmi zlepšilo

Greece [gri:s] Grécko

greedy ['gri:di] **1.** nenásytný, hltavý, pažravý; *a g. dog* pažravý pes **2.** pren. chtivý, žiadostivý; *g. for power* túžiaci po moci, mocibažný; *a g. look* žiadostivý pohľad

green [gri:n] **I.** príd. zelený; *g. grass* zelená tráva; **II.** sl. (za)zelenať (sa) **III.** podst. **1.** zeleň; *the g. of the trees in summer* zeleň stromov v lete **2.** trávnik; *the village g.* obecné plochy **3.** *G-s* mn. č. členovia a prívrženci politických strán s programom ochrany životného prostredia; *the success of G-s in Germany* úspech „zelených" v Nemecku

greengrocer ['gri:nˌgrəusə] zeleninár, predavač zeleniny a ovocia

greenhorn ['gri:nho:n] zelenáč, nováčik

greenhouse ['gri:nhaus] mn. č. *-houses* [hauziz] skleník

Greenland ['gri:nlænd] Grónsko

greet [gri:t] **1.** (po)zdraviť; *he g-ed me by saying „hi"* pozdravil ma „ahoj" **2.** (pri)vítať, uvítať; *g. the guests* (pri)vítať hostí

greeting ['gri:tiŋ] **1.** pozdrav; *she did not return the g.* neodpovedala na pozdrav **2.** mn. č. *g-s* blahoželanie; *birthday g.* blahoželanie k narodeninám

grenade [grə'neid] granát

grew p. **grow**

grey [grei] **I.** príd. sivý, šedý, šedivý; *g. sky* sivá obloha; *g. hair* sivé vlasy; *g. eminence* sivá eminencia; *turn/grow g.* osivieť **II.** podst. sivá farba, šeď

greyhound ['greihaund] chrt

grid [grid] **1.** mriežka, rošt; *a g. over a drain* mriežka na kanáli **2.** hovor. záhradka (na streche auta) **3.** rozvodná sieť (plynu, vody, elektriny)

grief [gri:f] smútok, zármutok, žiaľ; *to my great g.* na môj veľký žiaľ; *he caused his parents a great g.* spôsobil veľký zármutok svojim rodičom

grievance ['gri:vns] sťažnosť; *the g. of the workers against their employers* sťažnosť robotníkov na zamestnávateľov; *g. against undisciplined students* sťažnosť na nedisciplinovaných študentov

grieve [gri:v] **1.** zarmútiť, zarmucovať; *it g-s me to see him unhappy* zarmucuje ma, že je nešťastný **2.** smútiť, trúchliť, trápiť sa; *g. over the dead body* smútiť nad mŕtvym; *g. at the bad news* trápiť sa pre zlé správy

grievous ['gri:vəs] **1.** bolestný, ťažký; *a g. loss* bolestná strata; *a g. car accident* ťažká autonehoda **2.** vážny; *a g. injury* vážne zranenie

grill [gril] **I.** podst. **1.** ražeň **2.** gril (el. zariadenie i jedáleň) **II.** sl. **1.** opekať (si) na ražni **2.** grilovať; *g. the chicken* grilovať kurča ● *put on the g.* podrobiť krížovému výsluchu

grim [grim] *-mm-* **1.** hrozný, zlovestný, pošmúrny; *g. news from the war zone* hrozivé správy z vojnovej oblasti; *a g. look* pošmúrny/zlovestný pohľad **2.** neľútostný, krutý; *a g. act* krutý čin; *g. humour* šibeničný humor

grimace [griˈmeis] **I.** podst. úškľabok, grimasa; *make a g. at someone* robiť na niekoho grimasy **II.** sl. škľabiť sa, robiť grimasy; *g. with pain* robiť grimasy od bolesti

grime [graim] **I.** podst. špina (zažratá, stará); *the windows covered with g.* okná pokryté špinou **II.** sl. zašpiniť, zaprášiť; *the windows g-d with dust* zaprášené okná

grin [grin] **I.** sl. *-nn-* škeriť sa, škľabiť sa; *g. from ear to ear* škľabiť sa od ucha k uchu **II.** podst. široký úsmev; *a g. at the camera* široký úsmev pre kameru

grind [graind], *ground* [graund], *ground* **1.** (zo)mlieť; *g. wheat* mlieť pšenicu; *g. coffee* zomlieť kávu **2.** pren. utláčať, týrať; *g. by taxation* týrať daňami **3.** brúsiť; *g. a knife* brúsiť nôž **4.** trieť, škrípať; *g. one's teeth* škrípať zubami **5.** drieť sa; *g. for an exam* drieť sa na skúšku

grip [grip] **I.** podst. zovretie, stisk; *the mountaineer took a g. on the rope* horolezec pevne zovrel lano ● *have a good g. of a problem* chytiť problém za správny koniec **II.** sl. *-pp-* **1.** zovrieť, pevne chytiť; *the frightened child g-ped its mother's hand* ustrašené dieťa pevne zovrelo matkinu ruku **2.** upútať (pozornosť); *the speaker g-ped the attention of the listeners* rečník upútal pozornosť poslucháčov

grizzly [ˈgrizli] **I.** príd. sivastý, prešedivený, šedivý **II.** podst. *g. bear* zool. medveď grizzly

groan [grəun] **I.** sl. stenať, vzdychať; *g. in pain* stenať od bolesti; *g. over one's stupidity* vzdychať nad (koho) hlúposťou; *the table g-ed under the weight of good food* stoly sa prehýbali pod váhou dobrého jedla **II.** podst. ston, vzdych; *let out a g.* vzdychnúť si

grocer [ˈgrəusə] obchodník s potravinami a domácimi potrebami

grocery [ˈgrəusri] obchod s rozličným tovarom; *at the g.* v potravinách, v obchode s rozličným tovarom

groggy [ˈgrogi] slabý po chorobe; *feel g.* byť slabý

groin [groin] anat. slabina

groom [gruːm] **1.** čeľadník **2.** ženích

groove [gruːv] žliabok, drážka, ryha; *the g-s of a record* ryhy na gramoplatni

grope [grəup] **1.** tápať; *g. for words* hľadať slová **2.** (*for/after*) šmátrať (po čom) aj pren.; *he g-d for the door* šmátral po dverách; *g. along through the darkness* tápať v tme

gross [grəus] **I.** príd. **1.** hrubý, drsný, vulgárny; *g. manners* hrubé spôsoby; *g. jokes* vulgárne vtipy **2.** veľmi tučný, korpulentný, zavalitý; *a g. boy* veľmi tučný chlapec; *g. national product* (skr. GNP) hrubý národný produkt; *g. income* hrubý príjem **II.** podst. celok; *in the g.* ako celok, vcelku; *by the g.* vo veľkom

grouchy [ˈgrauči] mrzutý

ground[1] p. **grind**

ground[2] [graund] **1.** zem, pôda; *stony g.* kamenistá zem/pôda; *sit on the g.* sadnúť si na zem; *fall to the g.* padnúť na zem **2.** pozemok (so špeciálnym zameraním), ihrisko; *sports g.* športové ihrisko **3.** dno; *sea g.* morské dno **4.** dôvod, príčina; *g-s for divorce* dôvody na rozvod; *on personal g-s* z osobných dôvodov **5.** spodok, základňa, báza; *g. floor* prízemie; *hold/stand one's g.* trvať na svojom, stáť pevne, nedať sa; *lose g.* strácať pôdu pod nohami, strácať pozície/vplyv

groundwater [ˈgraundwoːtə] podzemná/spodná voda

group [gruːp] **I.** podst. skupina, oddiel; *a g. of people* skupina ľudí; *a g. of soldiers* oddiel vojakov **II.** sl. zoskupiť (sa), vytvoriť skupinu; *they g-ed together* zoskupili sa **III.** príd. skupinový; *g. discussion* diskusie v skupinách

grove [grəuv] háj, lesík; *an orange g.* pomarančovníkový háj

grovel [ˈgrovl] *-ll-* (pri)plaziť sa; *g. on the floor* plaziť sa po zemi

grow [grəu], *grew* [gruː], *grown* [grəun] **1.** rásť, narásť/vyrásť; *children g. very fast* deti rastú veľmi rýchlo; *carrots g. well in this soil* mrkva dobre rastie v tejto pôde; *he let his hair g.* nechal si narásť vlasy; *he has grown into a fine young man* vyrástol v pekného mladého muža **2.** pestovať; *g. vegetables* pestovať zeleninu **3.** v spojení s príd. vyjadruje zmenu; prekladá sa príslušným slovesom; *g. dark* stmievať sa; *g. old/older* starnúť; *g. small* zmenšovať sa

grow together zrásť sa
grow up vyrásť
growl [graul] **I.** sl. **1.** zavrčať; *the dog g-ed at me* pes na mňa zavrčal **2.** dunieť; *thunder g-ing in the distance* hrom duniaci v diaľke **II.** podst. **1.** vrčanie; *the g. of a dog* vrčanie psa **2.** dunenie; *the g. of a cannon* dunenie kanóna
growth [grəuθ] rast; *a period of quick g.* obdobie rýchleho rastu
grub [grab] **I.** sl. *-bb-* **1.** hrabať; *g. the land* hrabať pôdu **2.** prehrabávať (sa); *g. the wardrobe* prehrabávať sa v skrini **II.** podst. larva, húsenica, červ
grubby [ˈgrabi] špinavý; *g. hands* špinavé ruky
grudge [gradž] **I.** sl. závidieť, nedopriať; **II.** podst. odpor, zaujatosť, nevraživosť; *bear/have/hold a g. (against)* byť zaujatý (voči komu); *I bear him no g.* nemám nič proti nemu
gruesome [ˈgruːsəm] príšerný, strašný; *a g. horror film* príšerný horor; *a g. crime* strašný zločin
grumble [ˈgrambl] reptať, frfľať, šomrať; *she's g-ing over/about her work* šomre na robotu
grumpy [ˈgrampi] nevrlý, mrzutý
grunt [grant] **1.** (o prascoch) (za)chrochtať; *a pig is g-ing in the pigsty* prasa chrochce v chlieve **2.** (o ľuďoch) zavrčať, odseknúť; *she g-ed an answer* zavrčala odpoveď
guarantee [ˌgərənˈtiː] **I.** podst. **1.** záruka aj pren.; *a clock with a year's g.* hodiny s ročnou zárukou **2.** ručiteľ; *you need a g. if you want to buy something on hire-purchase* ak si chceš kúpiť niečo na pôžičku, potrebuješ ručiteľa **II.** sl. **1.** zaručiť (sa), (za)ručiť; *I g. that they will pay back the money* ručím za to, že peniaze vrátia **2.** be g-d byť v záruke, mať záruku; *the TV set is g-d for one year* televízor má záruku jeden rok
guard [gaːd] **I.** podst. **1.** stráž; *mount/relieve g.* nastúpiť/vystriedať stráž; *keep g.* strážiť; *the honour g.* čestná stráž; *stand g.* stáť na stráži, mať stráž **2.** BR sprievodca (vo vlaku) **II.** sl. **1.** strážiť; *g. the prisoners* strážiť väzňov **2.** (against) chrániť (pred kým, čím); *g. against danger* chrániť pred nebezpečenstvom
guarded [ˈgaːdəd] opatrný, obozretný; *a g. answer* opatrná odpoveď
guardian [ˈgaːdiən] **1.** dozorca, strážca; *the g. of the castle* strážca hradu **2.** poručník, tútor; *he became the child's g.* stal sa poručníkom dieťaťa

guess [ges] **1.** hádať/uhádnuť; *g. what I am thinking* uhádni, na čo myslím **2.** AM myslieť si, domnievať sa, nazdávať sa, mať dojem; *I g. it's going to rain* mám dojem, že bude pršať
guest [gest] **I.** podst. hosť; *we're having g-s* máme hostí; *a g. of honour* čestný hosť **II.** príd. hosťujúci; *a g. pianist* hosťujúci klavirista
guffaw [ˈgəfoː] **I.** podst. rehot, chechot **II.** sl. rehotať sa, chichotať sa
guidance [ˈgaidəns] **1.** poradenstvo; *vocational g.* poradenská služba pre voľbu povolania **2.** let. vedenie, riadenie; *electronic g.* navigačný systém
guide [gaid] **I.** podst. **1.** sprievodca, vodca; *act as a g. for the group of American tourists* robiť sprievodcu skupine amerických turistov **2.** aj *g.-book* príručka, sprievodca (príručný); *a g. to gardening* príručka pre záhradkárov; *a g. to the National Gallery in London* sprievodca po Národnej galérii v Londýne; *academic g.* školiteľ **II.** sl. **1.** riadiť, usmerniť; *your comments g-d me* tvoje pripomienky ma usmernili **2.** viesť; *the teacher g-d the child's hand as he wrote* učiteľ viedol ruku dieťaťa, keď písalo
guided [ˈgaidəd] **1.** sprevádzaný sprievodcom; *a g. tour* zájazd (organizovaný cestovnou kanceláriou) s odborným výkladom sprievodcu **2.** odb. riadený; *g. missile* riadená strela
guidepost [ˈgaidpəust] stĺp s orientačnými tabuľami
guild [gild] **1.** cech, gilda; *g-s in the Middle Ages played an important role in trade* cechy hrali v stredoveku dôležitú úlohu v obchode **2.** spoločenstvo, združenie
guildhall [ˌgildˈhoːl] **1.** cechový dom **2.** radnica
guilt [gilt] vina; *a feeling of g.* pocit viny
guilty [ˈgilti] vinný; *g. of theft* vinný z krádeže; *find g.* uznať niekoho vinným
guinea [ˈgini] hist. guinea (zlatá minca v hodnote 21 šilingov)
guinea pig [ˈgini pig] **1.** morča **2.** pren. pokusný králik; *he allowed himself to be a g.* dovolil zo seba urobiť pokusného králika
guitar [giˈtaː] gitara; *play the g.* hrať na gitare
guitarist [giˈtaːrəst] gitarista
gulf [galf] **1.** záliv, zátoka; *the G. of Mexico* Mexický záliv **2.** priepasť aj pren.; *a g. between two opinions* názorová priepasť
gull[1] [gal] čajka
gull[2] [gal] hlupák, trúba, truľo

G

gullet [ˈgalət] hovor. **1.** pažerák, hltan **2.** hrdlo
gulp [galp] **I.** podst. (veľký) hlt; *she took a few g-s of coffee* dala si niekoľko hltov kávy; *in one g.* na jeden dúšok **II.** sl. hltať, zhltnúť, hodiť do seba; *g. down a glass of milk* hodiť do seba pohár mlieka
gum¹ [gam] ďasno
gum² [gam] **1.** živica, guma **2.** aj *chewing g.* žuvačka **3.** lepidlo
gun [gan] **1.** strelná zbraň **2.** delo
gunfire [ˈganfaiə] delostrelecká paľba
gunpowder [ˈganˌpaudə] strelný prach
gunshot [ˈganšot] **1.** výstrel **2.** dostrel; *within a g.* na dostrel
gurgle [ˈgəːgl] bublať, zurčať; *the g-ing stream* zurčiaci potok
gush [gaš] **I.** sl. (prudko) vytekať, striekať; *a g-ing stream of water* vytekajúci prúd vody; *g-ing blood* striekajúca krv **II.** podst. striekanie, (silný) prúd; *a g. of oil from the well* prúd ropy z vrtu
gust [gast] prudký závan, náraz; *a g. of wind* prudký závan vetra; *a g. of rain* náraz dažďa
gusty [ˈgasti] nárazový (o vetre); *a g. wind* nárazový vietor

gut [gat] *-tt-* **1.** (vy)pitvať; *g. a fish* pitvať rybu **2.** zničiť vnútrajšok, vnútro (ohňom); *a building g-ted by fire* budova zničená ohňom
guts [gats] mn. č. **1.** hovor. črevá **2.** jadro, podstata veci; *get to the very g. of the subject* dostať sa/ísť k podstate/jadru veci
gutter [ˈgatə] odkvapová rúra, odkvap; *a g. child* dieťa ulice, uličník
guy¹ [gai] lano; *the g. keeps the tent steady* lano pevne drží stan
guy² [gai] hovor. AM **1.** človek **2.** chlap; *what a funny g.* aký zvláštny chlap
guzzle [ˈgazl] hltavo jesť/piť
gym [džim] hovor. **1.** telocvična; *play basketball in the g.* hrať basketbal v telocvični **2.** gymnastika, telesná výchova
gymnasium [džimˈneiziəm] mn. č. *gymnasia* [džimneiziə] **1.** telocvična **2.** gymnázium (všeobecnovzdelávacia stredná škola ukončená s maturitou)
gymnastics [džəmˈnæstiks] gymnastika, telocvik, telesná výchova
gynecology [ˈgainəˈkolədži] gynekológia
gypsy aj **gipsy** [ˈdžipsi] **I.** podst. Róm **II.** príd. cigánsky; *g. music* cigánska hudba

H

habit [ˈhæbət] **1.** zvyk, návyk; *the h. of smoking* návyk na fajčenie **2.** rúcho, habit; *a monk's h.* mníšske rúcho ● *be in the h. of* mať vo zvyku
habitable [ˈhæbətəbl] obývateľný; *the old house is no longer h.* starý dom už nie je obývateľný
habitforming [hæəbətˈfoːmiŋ] návykový; *a h. drug* návyková droga
habitual [həˈbičuəl] **1.** obvyklý, zvyčajný; *h. morning walk* obvyklá ranná prechádzka **2.** notorický; *a h. liar* notorický klamár; *a h. criminal* recidivista
habituate [həˈbičueit] (*to*) zvyknúť si, navyknúť si (na); *he h-d himself to a cold climate* zvykol si na studené podnebie
hack [hæk] **1.** rozsekať; *he h-ed the log to pieces* rozsekal poleno na kusy **2.** sekať; *h. at the branch until it falls* sekať do konára, kým nespadne ● *h-ing cough* suchý kašeľ
hacker [ˈhækə] počítačový pirát
hackneyed [ˈhæknid] otrepaný, banálny; *a h. phrase* otrepaná fráza

had p. **have**
haddock [ˈhædək] zool. treska
hag [hæg] babizňa, ježibaba, čarodejnica
haggard [ˈhægəd] **1.** vyčerpaný, unavený (na smrť); *a h. face* unavená tvár **2.** vyziabnutý, chudý, kosť a koža; *he looks very h. after his illness* po chorobe je len kosť a koža
hail¹ [heil] **I.** podst. ľadovec, krúpy; *lightening and h.* blýskanie a krúpy **II.** sl. (o ľadovci, krúpach) padať; *it's h-ing* padá ľadovec
hail² [heil] **1.** pozdraviť, uvítať; *he was h-ed as a hero* pozdravili ho ako hrdinu **2.** zavolať, privolať; *h. a taxi* privolať taxík; *be within h-ing distance* byť na zavolanie/dosah; *H. Mary* Zdravas, Mária
hair [heə] **1.** vlas, vlasy; *find a h. in the soup* nájsť vlas v polievke; *tear one's h.* trhať si vlasy **2.** chlp, srsť; *against the h.* proti srsti; *camel's h.* ťavia srsť ● *make someone's h. stand on end* vyľakať koho na smrť
hairbrush [ˈheəbraš] kefa na vlasy
hairclip [ˈheəklip] sponka do vlasov, pinetka

hair curler [heə ˈkəːlə] natáčka
haircurling [ˈheəkəːliŋ] hrozný, hrôzyplný, strašidelný; *a h. story* strašidelný príbeh
haircut [ˈheəkat] 1. ostrihanie vlasov; *have a h.* dať si ostrihať vlasy 2. strih (vlasov); *I like her h.* páči sa mi jej strih vlasov
hairdo [ˈheədu:] účes
hairdresser [ˈheəˌdresə] kaderníčka, kaderník
hairdryer [ˈheəˌdraiə] sušič na vlasy, fén
hairless [ˈheələs] 1. plešivý, lysý 2. pren. holý 3. bezsrstý
hairpin [ˈheəˌpin] vlásenka
hair-raiser [ˈheə ˌreizə] krvák (o filme, knihe); *that book is a horrible h.* tá kniha je strašný krvák
hair-raising [ˈheə ˌreiziŋ] hrôzostrašný, hrôzyplný; *a h. adventure* hrôzostrašné dobrodružstvo
hair-trim [ˈheətrim] (o strihaní vlasov); *she had a h. after the perm* dala si ostrihať vlasy po trvalej
hairy [ˈheri] vlasatý, chlpatý; *a h. dog* chlpatý pes
hale [heil] (o staršej osobe) čiperný, svieži; *a h. grandmother* čiperná stará mať ● *h. and hearty* zdravý ako ryba
half [ha:f] mn. č. *halves* [ha:vz] I. podst. pol, polovica; *h. of the class* polovica triedy ● *by h.* polovičato; *let's not do things by h.* nerobme veci polovičato II. príd. 1. polovičný; *h. fare* polovičné cestovné 2. polovičatý, neúplný; *h. knowledge* polovičaté vedomosti III. prísl. napoly; *h. persuaded* napoly presvedčený ● *h. dead* polomŕtvy; *(flags) at h. mast* (zástavy) na pol žrde; *go h. with* ísť pol na pol
half-hearted [ˌha:fˈha:təd] váhavý, nesmelý; *a h. attempt* nesmelý pokus
half-hour [ˌha:fˈauə] polhodina
half-hourly [ˌha:fˈauəli] I. príd. polhodinový; *h. bus service* autobusová premávka v polhodinových intervaloch II. prísl. každú polhodinu; *the temperature is measured h.* teplota sa meria každú polhodinu
half-measure [ˌha:fˈmežə] polovičaté opatrenie; *if we want to improve the economic situation, it's no use trying h. m-s* ak chceme zlepšiť ekonomickú situáciu, polovičaté opatrenia nemajú význam
halfmoon [hu:fˈmu:n] polmesiac
halfpenny [ˈheipni] mn. č. *h-ies* [-pniz] al. *h--pence* [-pens] polpenca (britská minca 1/200 libry)

half-pint [ˌha:fˈpaint] 1. polpinta (0,284 l) 2. osoba malej, guľatej postavy
half-time [ˌha:fˈtaim] 1. šport. polčas; *the score at h. was 5 : 3* v polčase bolo skóre 5 : 3 2. polovičný úväzok; *h. teachers* učitelia na polovičný úväzok
half-truth [ˈha:ftru:θ] mn. č. *h-truths* polopravda
halfway [ˌha:fˈwei] I. príd. ležiaci na polceste, stredný; *the h. point* stredný bod II. prísl. uprostred, na polceste; *it is h. between London and Exeter* je to na polceste medzi Londýnom a Exeterom ● *viac-menej, aspoň* trochu; *say something h. decent* povedz aspoň niečo slušné
half-wit [ˈha:f wit] hlupák, idiot
half-witted [ˌha:f ˈwitəd] slabomyseľný, idiotský
hall [ho:l] 1. hala, sála, sieň; *a concert h.* koncertná sála; *a lecture h.* posluchareň 2. verejná budova s veľkou sálou; *town/city h.* radnica 3. predsieň; *have your coat in the h.* nechaj si kabát v predsieni ● *the H. of Justice* justičný palác; *the Royal Albert H.* Kráľovská Albertova koncertná sieň (v Londýne); *the Royal Festival H.* Kráľovský festivalový palác (v Londýne)
hallmark [ˈho:lma:k] I. podst. punc II. sl. puncovať; *h. silver* puncovať striebro
hallo [həˈləu] ahoj, servus (pozdrav pri stretnutí)
Hallowe'en, AM **Hallowen** [ˌhæləuˈi:n] predvečer Dňa všetkých svätých (spojený s hrami detí, pričom sa využívajú rozprávkové rekvizity)
hallstand [ˈho:lstænd] vešiak v predsieni
hallucination [həˌlu:səˈneišn] halucinácia, prelud, vidina
halo [ˈheiləu] mn. č. aj *-es* [-z] 1. fyz. halo (kruh okolo svetelného zdroja, napr. Mesiaca) 2. svätožiara
halt[1] [ho:lt] I. podst. (krátka) zastávka; *it's a slow train with many h-s* je to osobný vlak s mnohými zastávkami ● *bring to a h.* zastaviť, zaraziť II. sl. zastaviť (sa); *h.!* zastav!
halt[2] [ho:lt] váhať; *h. between two opinions* váhať medzi dvoma názormi
halve [ha:v] rozpol(t)iť, rozdvojiť; *h. an apple* rozpol(t)iť jablko
ham [hæm] I. podst. šunka II. príd. šunkový; *a h. sandwich* šunkový chlebík
hamlet [ˈhæmlət] malá osada, lazy
hammer [ˈhæmə] I. podst. kladivo (aj šport.); *h. throw* hod kladivom II. sl. 1. tlcť, búchať;

h. at the typewriter tĺcť do písacieho stroja **2.** zatĺcť; *h. nails* zatĺcť klince
hammer in vtĺkať do hlavy; *h. in a few rules* vtĺkať si do hlavy niekoľko pravidiel
hammock [ˈhæmək] **1.** hojdacia (visutá) sieť, visuté lôžko **2.** sieťka (na osobné potreby v spacom vozni) ● *h. chair* (skladacie) ležadlo
hamper¹ [ˈhæmpə] košík s vrchnákom *a picnic h.* kôš na piknik
hamper² [ˈhæmpə] **1.** prekážať v pohybe; *she was h-ed by a tight skirt* úzka sukňa jej prekážala v pohybe **2.** obmedziť, brzdiť; *h-ed by lack of money* obmedzený nedostatkom peňazí
hamster [ˈhæmstə] škrečok
hand [hænd] **I.** podst. ruka; *give me your h.* podaj mi ruku **1.** *by h.* ručne (vyrobený); *knitted by h.* ručne pletený **2.** doručený (poslom, osobne); *the letter was delivered by h.* list bol doručený priamo do rúk (poslom) **3.** (písaný) rukou; *a letter written by h.* list písaný ručne ● *at h.* poruke, blízko, vedľa (priestor); *he lives at h.* býva blízko; *h-s off!* ruky preč! *h-s up!* ruky hore! *change h-s* zmeniť majiteľa; *from h. to mouth* z ruky do úst **II.** sl. (po)dať, odovzdať; *h. me that book* podaj mi tú knihu
hand down 1. odkázať (dedičstvo); *legends h-ed down from one generation to another* legendy odovzdávané z generácie na generáciu **2.** vyhlásiť
hand in predložiť, odovzdať; *h. in your papers* odovzdajte písomky
hand off šport. **1.** prihrať **2.** odstrčiť
hand on podať ďalej
hand out rozdávať, rozdať, *h. out the tickets* rozdajte lístky
hand over odovzdať (ďalej)
hand round podávať dookola
handbag [ˈhændbæg] kabelka
handball [ˈhændbɔːl] **1.** hádzaná **2.** hádzanárska lopta
handbook [ˈhændbuk] príručka, tlačený sprievodca; *a h. of English grammar* príručka anglickej gramatiky; *a h. of Bratislava* (príručný) sprievodca po Bratislave
handbrake [ˈhændbreik] ručná brzda
handcuff [ˈhændkʌf] **I.** podst. putá, želiezka **II.** sl. nasadiť putá, spútať; *h. the murderer* spútať vraha
handful [ˈhændful] **1.** hrsť (množstvo); *a h. of beans* hrsť fazule **2.** hŕstka (málo); *a h. of people* hŕstka ľudí

handglass [ˈhændglɑːs] **1.** ručné zrkadlo (s rukoväťou) **2.** lupa na čítanie
handicap [ˈhændikæp] **1.** telesné poškodenie; *the loss of a leg is a h.* strata nohy je telesné poškodenie **2.** nevýhoda; *poor eyesight is a h. to a student* slabý zrak je nevýhodou pre študenta
handicapped [ˈhændikæpt] **I.** príd. telesne/duševne postihnutý, vyžadujúci osobitú starostlivosť; *a h. child* telesne/duševne postihnuté dieťa **II.** podst. *the h.* mn. č. telesne postihnutí (ako spol. skupina), invalidi
handicraft [ˈhændikrɑːft] **1.** umelecké remeslo, ručná výroba **2.** umeleckoremeselné výrobky
handiwork [ˈhændiwəːk] **1.** ručná práca; *she spends all her free time by h.* všetok voľný čas trávi pri ručných prácach **2.** výrobok, dielo; *the wardrobe is an old master's h.* skriňa je dielo starého majstra
handkerchief [ˈhæŋkəčəf] mn. č. *-chiefs/ -chieves* [-či:vz] **1.** vreckovka; *a paper h.* papierová vreckovka **2.** (ozdobná) šatka na krk
handknit(ted) [ˌhændˈnit(əd)] ručne pletený; *h. dress* ručne pletené šaty
handle [ˈhændl] **I.** podst. držadlo, rukoväť, ucho (nádoby) **II.** sl. **1.** dotknúť sa; *wash your hands before you h. my books* umy si ruky, prv než sa dotkneš mojich kníh **2.** manipulovať, zaobchádzať; *h. with care* zaobchádzať opatrne **3.** zvládnuť; *you must know how to h. your pupils* musíš vedieť, ako zvládnuť svojich žiakov **4.** obchodovať (s čím), predávať (čo); *this shop h-s imported goods* v tomto obchode sa predáva dovážaný tovar
handmade [ˌhændˈmeid] ručne vyrobený; *h. shoes* ručne vyrobené topánky
handout [hændout] **1.** almužna **2.** podklad pre prednášku al. vyučovaciu hodinu, doplnkový materiál **3.** vopred pripravené písomné vyhlásenie pre tlač
handrail [ˈhændreil] zábradlie (obyč. pri schodoch)
handset [ˈhændset] mikrotelefón
handsewn [ˈhændsəun] ručne šitý; *h. shoes* ručne šité topánky
hands-off [ˌhændz ˈof] neangažovaný, nezainteresovaný; *a h. attitude* neangažovaný postoj
handsome [ˈhænsm] pekný; *he's a h. man* je to pekný muž

hands up [ˌhændz ˈap] zdvihnúť ruky, vzdať sa; *the police asked the thief to h.* polícia vyzvala zlodeja, aby zdvihol ruky
handwritten [ˌhændˈritn] písaný rukou
handwrittig [ˈhændˌraitiŋ] rukopis, písmo; *whose h. is it?* čí je to rukopis?
handy [ˈhændi] I. príd. 1. zručný, šikovný; *he's very h. at home* doma je veľmi zručný 2. blízko, výhodne položený; *a h. restaurant* blízka jedáleň II. prísl. vhod; *come in h.* prísť vhod
handyman [ˈhændimæn] mn. č. -men [-men] domáci majster; *my wife is the h. in our family* manželka je domáci majster v rodine
hang [hæŋ], *hung* [haŋ], *hung* 1. visieť; *it's h-ing on the wall* visí to na stene 2. zavesiť; *h. the curtains* zavesiť záclony 3. aj s tvarom *hanged* obesiť; *he was h-ed for murder* obesili ho za vraždu
hang about *ponevierať sa; he likes to h. about at street corners* rád sa poneviera po rohoch ulíc
hang on 1. počkať, vydržať; *please, h. on a minute* prosím ťa, počkaj chvíľku 2. držať sa pevne; *h. on to the rope* drž sa pevne lana
hang out leňošiť, flákať sa
hangar [ˈhæŋə] I. podst. hangár II. sl. zaviesť do hangára
hanger [ˈhæŋə] vešiak na šaty
hanger-on [ˌhæŋə ˈon] mn. č. *hangers-on* [ˌhæŋəzˈon] príživník, parazit, prisluhovač; *the boss arrived with all his h-s on* šéf prišiel so všetkými svojimi prisluhovačmi
hanging [ˈhæŋiŋ] I. podst. trest smrti (smrť obesením); *there were many h-s in the Middle Ages* v stredoveku bolo veľa trestov smrti obesením II. príd. visutý; *h. gardens* visuté záhrady
hangman [ˈhæŋmən] mn. č. -men [-mən] kat
hangover [ˈhæŋəuvə] bolesť hlavy (po nadmernom požití alkoholických nápojov alebo drog, stav po opici); *he woke up with a h.* zobudil sa s bolesťou hlavy
hanky [ˈhæŋki] hovor. 1. vreckovôčka 2. šatôčka
hanse [hæns] hanza (obchodný spolok severonemeckých miest)
haphazard [ˌhæpˈhæzəd] náhodný; *he made a h. choice* spravil náhodný výber
happen [ˈhæpən] 1. stať sa, prihodiť sa; *how did it h.?* ako sa to stalo? 2. náhodou (v spojení s určitým tvarom slovesa); *I h-ed to meet him* náhodou som ho stretol

happening [ˈhæpniŋ] udalosť; *a great h.* veľká/významná udalosť
happiness [ˈhæpinəs] šťastie; *a feeling of h.* pocit šťastia
happy [ˈhæpi] šťastný; *a h. childhood* šťastné detstvo ● *as h. as the day is long* šťastný ako blcha
happy-go-lucky [ˌhæpi gəu ˈlaki] bezstarostný; *he lives a h. life* žije bezstarostným životom
harass [ˈhærəs] 1. znepokojovať, trápiť, sužovať; *the family was h-ed by the press* rodinu znepokojovali novinári 2. unaviť, vyčerpať; *the children h. her* deti ju vyčerpávajú
harassment [ˈhærəsmənt] obťažovanie *sexual h.* sexuálne obťažovanie
harbour [ˈhaːbə] I. podst. prístav II. sl. 1. (za)kotviť; *the ship h-ed yesterday* loď včera zakotvila 2. prichýliť, prechovávať; *h. a fugitive* prichýliť utečenca
hard [haːd] I. príd. 1. tvrdý; *a h. bed* tvrdá posteľ 2. ťažký, namáhavý; *h. work* ťažká práca; *reading in bed is h. on the eyes* čítanie v posteli je namáhavé na oči 3. prísny, neoblomný; *h. discipline* prísna disciplína 4. usilovný; *a h. working pupil* usilovný žiak 5. tvrdý (o alkohole); *h. drinks* tvrdý alkohol, ostré ● *h. currency* valuty, tvrdá mena; *h. fodder* jadrové krmivo; *h. hat* ochranná prilba II. prísl. 1. tvrdo, natvrdo; *boil eggs h.* variť vajcia natvrdo 2. ťažko; *work h.* ťažko pracovať 3. usilovne; *study h.* usilovne študovať ● *die h.* mať tuhý život; *be h. hit* utrpieť ťažkú stratu

harden [ˈhaːdn] 1. tvrdnúť; *mortar h-s quickly* malta rýchlo tvrdne 2. otužiť (sa); *h. the body* otužiť telo 3. navyknúť (si) na námahu, zoceliť; *h. the troops* zoceliť vojenské jednotky
hardened [ˈhaːdnd] 1. chladnokrvný; *a h. murderer* chladnokrvný vrah 2. zarytý; *a h. enemy* zarytý nepriateľ 3. zocelený; *h. in fight* zocelený v boji
hard-hit [ˌhaːd ˈhit] 1. ťažko postihnutý; *a h. family* ťažko postihnutá rodina 2. veľmi zaľúbený/zamilovaný; *the boy is h.* chlapec je veľmi zaľúbený
hard-hitting [haːd ˈhitiŋ] agresívny, útočný; *a h. campaign* útočná kampaň
hard luck [ˌhaːd ˈlak] smola, nešťastie

hardly [ˈhaːdli] sotva, ťažko; *he had h. started to study when he was expelled from school* sotva začal študovať, a už ho vylúčili zo školy ● *h. any* skoro žiadny; *there is h. any bread left* nezostal takmer nijaký chlieb
hardness [ˈhaːdnəs] tvrdosť; *h. of diamond* tvrdosť diamantu
hardship [ˈhaːdšip] utrpenie; *a life h.* utrpenie života
hard shoulder [ˌhaːd ˈšəuldə] motor. spevnená krajnica
hardware [ˈhaːdweə] **1.** železiarsky tovar **2.** technické vybavenie počítača
hardworking [ˈhaːdˌwəːkiŋ] pracovitý, usilovný; *h. men* pracovití ľudia
hardy [ˈhaːdi] otužilý; *h. men swim in the river in winter* otužilí ľudia plávajú v zime v rieke
hare [heə] mn. č. *hares* al. *hare* zajac
harm [haːm] **I.** podst. škoda, poškodenie, ublíženie, úraz; *come to no h.* neutrpieť škodu; *safety belts protect passengers from h.* bezpečnostné pásy chránia cestujúcich pred úrazom **II.** sl. poškodiť, ublížiť; *you've h-ed your good reputation* poškodil si si dobrú povesť; *have I h-ed you?* ublížil som ti?
harmful [ˈhaːmfl] škodlivý, zhubný; *a h. influence* zhubný vplyv
harmfulness [ˈhaːmflnəs] škodlivosť, zhubnosť
harmless [ˈhaːmləs] neškodný, nevinný; *a h. animal* neškodný živočích; *a h. joke* nevinný žart
harmonious [haːˈməuniəs] **1.** harmonický; *h. life* harmonický život **2.** ľubozvučný; *h. tune* ľubozvučná melódia
harmony [ˈhaːməni] harmónia, súzvuk; *the h. of colours* harmónia farieb; *be in h.* byť v súlade
harness [ˈhaːnəs] **I.** podst. **1.** postroj **2.** traky, popruhy; *a toddler on a h.* batoľa na popruhoch **II.** sl. zapriahnuť; *h. a horse* zapriahnuť koňa
harp [haːp] **I.** podst. harfa **II.** sl. hrať na harfe; *play the h. well* dobre hrať na harfe
harpist [ˈhaːpəst] harfista, harfistka
harpoon [haːˈpuːn] **I.** podst. harpúna **II.** sl. harpúnovať; *h. a whale* harpúnovať veľrybu
harrow [ˈhærəu] (poľnohosp.) brány ● *under h.* pod tlakom
harsh [haːš] **1.** tvrdý, drsný; *h. discipline* tvrdá disciplína **2.** ostrý, prenikavý, štipľavý; *h. smoke* štipľavý dym

hart [haːt] mn. č. *harts* al. *hart* jeleň (dospelý) ● *a h. of ten* desatorák
harvest [ˈhaːvəst] **I.** podst. žatva; *a good h.* dobrá žatva **II.** sl. pozvážať úrodu; *h. a crop* dostať zrno do sýpky
harvester [ˈhaːvəstə] **1.** žací stroj, kombajn, samoviazač **2.** žnec
harvest home [ˌhaːvəst ˈhəum] dožinky
has p. **have**
hash [hæš] **1.** sekané mäso, sekaná, hašé **2.** slang. hašiš, marihuana ● *make a h.* zbabrať
hashhead [ˈhæšhed] slang. fajčiar hašiša, hašišiak
hashish [ˈhæšiːš] hašiš
haste [heist] zhon, chvat; *mad h.* šialený zhon ● *be in great h.* mať naponáhlo/veľmi sa ponáhľať; *make h.* popoháňať
hasten [ˈheisn] **1.** naháňať, popohnať; *h. to the door* popohnať ku dverám **2.** urýchliť; *h. the growth* urýchliť rast **3.** poponáhľať sa; *h. home* poponáhľať sa domov
hasty [ˈheisti] **1.** rýchly, náhly; *a h. departure* náhly odchod **2.** unáhlený; *a h. decision* unáhlené rozhodnutie
hat [hæt] klobúk ● *keep (something) under one's h.* nechať si to pre seba; *my h.!* zastar. no, zbohom!, ďakujem pekne
hatch¹ [hæč] okienko; *the serving-room h.* okienko na servírovanie
hatch² [hæč] vysedieť (mladé), sedieť (na vajciach); *h. chickens* vysedieť kuriatka ● *Don't count your chickens before they h.* Nehovor hop, kým nepreskočíš.
hatchery [ˈhæčri] liaheň, inkubátor
hatchet [ˈhæčət] sekierka ● *bury/dig the h.* zakopať/vykopať vojnovú sekeru
hatching [ˈhæčiŋ] šrafovanie, čiarkové tieňovanie
hate [heit] **I.** sl. nenávidieť, neznášať; *he h-s milk* neznáša/nenávidí mlieko **II.** podst. nenávisť; *filled with h. (for)* plný nenávisti (voči)
hateful [ˈheitfl] **1.** nenávidený; *h. meal* nenávidené jedlo **2.** odporný, ohavný, hnusný; *a h. rat* odporný potkan **3.** hovor. hrozný; *it is h. to be without money* je hrozné byť bez peňazí
hatred [ˈheitrəd] (of/for) nenávisť (voči/ku komu, čomu); *there was a look of h. in his eyes* z očí mu sršala nenávisť
hatter [ˈhætə] klobučník ● *as mad as a h.* byť úplný cvok
hattrick [ˈhætrik] (šport.) hetrik, tri góly/body v jednom zápase, ktoré dosiahol jeden hráč

haughty [ˈhoːti] povýšenecký, povýšený, nafúkaný; *h. manner* povýšenecké správanie
haul [hoːl] **I.** sl. **1.** vliecť, ťahať; *h. logs* vliecť guľatinu **2.** dopravovať, voziť, prepravovať; *h. coal from the mine* dopravovať uhlie z bane **II.** podst. **1.** prudké trhnutie, ťah; *he gave the rope a h.* prudko trhol lanom **2.** úlovok
haulage [ˈhoːlidž] **1.** doprava, preprava (tovaru) **2.** *road h.* cestná preprava **3.** prepravné ťahanie
haunt [hoːnt] **I.** sl. **1.** často navštevovať, vyhľadávať; *h. bars* vyhľadávať bary **2.** prenasledovať; *h-ed by fear* prenasledovaný strachom **3.** strašiť; *the castle is h-ed* na hrade straší **II.** podst. **1.** často navštevované miesto, obľúbené miesto **2.** úkryt, brloh
haut monde [ˌəutˈmoːnd] horných desaťtisíc
have [hæv] 3. os. j. č. prít. č. *has*, [hæz] *had* [hæd], *had* **1.** pom. sl. pri tvorení predprít., min., predmin. č.; *I had already written that letter* už som ten list napísal; *I had studied English before I went to England* skôr, ako som išiel do Anglicka, som sa učil po anglicky **2.** v prít. č. aj *h. got* (v rozl. význ.) mať; *I h. a new car* mám nové auto; *h. you got a family house?* máš rodinný dom? *she will h. a baby* bude mať dieťa; *I h. some doubts* mám isté pochybnosti; *she has got a bad headache* veľmi ju bolí hlava **3.** s podst. – nominálna väzba; *h. a look* pozrieť sa (na čo); *h. a bath* okúpať sa **4.** dať si, vziať si, poslúžiť si; *will you h. a coke?* dáš si kolu? *h. some ice cream* daj si zmrzlinu **5.** *h. sth. done* dať si niečo spraviť/urobiť; *he had his car repaired* dal si opraviť auto; *I must h. my skirt cleaned* musím si dať vyčistiť sukňu **6.** *h. to/got to* musieť; *I h. got to leave* musím odísť **7.** dovoliť; *I will not h. you wearing it* nedovolím ti to obliecť ● *h. a good time* maj sa dobre; *I h. done with it!* skončil som s tým; *you've been had!* napálili ťa; *h. what it takes* mať všetko, čo treba; *he has what it takes to be a good doctor* má všetko, čo treba, aby bol dobrým lekárom
have on mať na sebe, mať oblečené; *you h. a nice coat on* máš (na sebe) pekný kabát
have up obžalovať (súdne); *he was had up for murder* bol obžalovaný z vraždy
havoc [ˈhævək] **1.** veľká škoda, katastrofa, pohroma, spúšť; *the fire caused terrible h.* oheň spôsobil veľké škody **2.** neporiadok, zmätok; *h. caused by children* neporiadok po deťoch

hawk¹ [hoːk] **I.** podst. jastrab **II.** sl. loviť pomocou dravých vtákov
hawk² [hoːk] podomovo predávať
hayloft [ˈheiloft] senník
haymaking [ˈheimeikiŋ] kosba, sená
haystack [ˈheistæk] stoh sena
hazard [ˈhæzəd] **I.** podst. riziko, nebezpečenstvo straty/neúspechu/škody; *a life full of h-s* život plný nebezpečenstiev **II.** sl. **1.** riskovať; *h. an open battle* riskovať otvorený boj **2.** odvážiť sa; *h. a guess* odvážiť sa odhadnúť
haze [heiz] **I.** podst. opar; *morning h.* ranný opar **II.** sl. zahmliť sa; *the sky h-d over at the end of the day* na sklonku dňa sa obloha zahmlila
hazel [ˈheizl] **I.** podst. lieska (strom, drevo) **II.** príd. orieškový, orechovohnedý; *h. eyes* hnedé oči
hazel-nut [ˈheizlnat] lieskovec
hazy [ˈheizi] **1.** hmlistý; *h. morning* hmlisté ráno **2.** zahmlený; *a h. mirror* zahmlené zrkadlo
H-bomb [ˈeič bom] vodíková bomba
he [hi/hiː] on
head [hed] **I.** podst. **1.** hlava (časť tela); *hit on the h.* udrieť do hlavy **2.** hlavička; *h. of a nail* hlavička klinca **3.** hlavica; *guided missiles with atomic h-s* riadené strely s atómovými hlavicami **4.** hlava (predstavený), prednosta, predseda; *the h. of the family* hlava rodiny; *the h. of the committee* predseda výboru **5.** čelo, čestné miesto; *the h. of the table* čelo stola; *the h. of the procession* čelo sprievodu ● *have no h.* nemať filipa; *h. over heels* obrátený hore nohami **II.** sl. **1.** ísť, stáť na čele; *h. an expedition* viesť výpravu **2.** dať názov/záhlavie, nazvať (článok, knihu) **3.** (vo futbale) hlavičkovať
headache [ˈhedeik] bolesť hlavy ● *be as good as a h.* (ne)byť nanič
header [ˈhedə] šport. **1.** skok hlavou dopredu; *a h. into the water* skok hlavou do vody **2.** hlavička (vo futbale)
heading [ˈhediŋ] záhlavie, nadpis, hlavička, titul; *the h. of the newspaper* záhlavie novín
headline [ˈhedlain] **I.** podst. **1.** novinový titulok; *the floods are in the h-s again* povodne sú opäť v novinových titulkoch **2.** *h-s* mn. č. stručný prehľad správ; *here are the news h-s* nasleduje stručný prehľad správ **II.** sl. otitulkovať, opatriť titulkami

headlong ['hedloŋ] **I.** prísl. **1.** strmhlav dolu (hlavou); *he fell h. into the pool* spadol dolu hlavou do bazéna **2.** neuvážene, nerozmyslene; *rush h. into danger* vrhnúť sa neuvážene do nebezpečenstva **II.** príd. neuvážený, impulzívny; *a h. rush into marriage* neuvážené uzavretie manželstva

headmaster [ˌhed'maːstə] *-mistress* žen. [-'mistrəs] riaditeľ/ka školy

headphone ['hedfəun] slúchadlo ● *a pair of h-s* slúchadlá

headquarters ['hedˌkwoːtəz] mn. č. **1.** voj. hlavný stan, veliteľstvo **2.** ústredie, centrála; *our h. is/are in London* naša centrála je v Londýne

headset ['hedset] slúchadlá s mikrofónom

headstrong ['hedstroŋ] tvrdohlavý, svojhlavý; *h. youth* tvrdohlavá mládež

headwaiter ['hedweitə] hlavný (čašník)

heady ['hedi] opojný, stúpajúci do hlavy; *a h. wine* opojné víno

heal [hiːl] **1.** (za)hojiť (sa); *the wound h-ed slowly* rana sa hojila pomaly **2.** (vy)liečiť; *h. of a sickness* vyliečiť z choroby **3.** urovnať, zmieriť; *h. family quarrels* urovnať rodinné spory ● *Time h-s all sorrows.* Čas všetko zahojí.

health [helθ] **I.** podst. zdravie; *good/poor h.* dobré/slabé zdravie **II.** príd. zdravotný; *h. centre* zdravotné stredisko ● *h. certificate* lekárske vysvedčenie; *h. insurance* nemocenské poistenie; *be on the h. scheme* byť nemocensky poistený

healthy ['helθi] zdravý aj pren.; *a h. tree* zdravý strom

heap [hiːp] **I.** podst. kopa, hromada; *a h. of rubbish* kopa smetí **II.** sl. nakopiť, nahromadiť; *h. food on a plate* nakopiť jedlo na tanier

hear [hiə], *heard* [həːd], *heard* **1.** počuť; *I heard it on the radio* počul som to z rádia **2.** vypočuť (si); *h. the evidence* vypočuť si dôkazy **3.** (*from*) dostať správu (od koho); *I haven't heard from him for a long time* dlho som od neho nedostal správu

heard p. **hear**

hearing ['hiəriŋ] **1.** sluch; *poor h.* slabý sluch **2.** vypočúvanie, výsluch; *h. of witnesses* výsluch svedkov ● *it came to my h.* dostalo sa mi do uší; *within/out of h.* v dosluchu/mimo dosluchu

hearsay ['hiəsei] reči, klebety; *it is merely h.* to sú len reči ● *by h.* z počutia, z druhej ruky

heart [haːt] **1.** srdce **2.** pren. srdiečko, miláčik, zlatko ● *by h.* naspamäť; *cross my h.* na môj dušu; *from the bottom of one's h.* z hĺbky duše; *h. and soul* telom i dušou; *loose h.* stratiť odvahu/guráž; *take to h.* brať si príliš k srdcu; *with all one's h.* z celého srdca

heart attack ['haːt əˌtæk] infarkt, srdcový záchvat

heartbeat ['haːtbiːt] tep, pulz; *we detected his h.* nahmatali sme mu pulz

heartbreaking ['haːtˌbreikiŋ] srdcervúci, žalostný; *a h. cry* srdcervúci plač

heartbroken ['haːtˌbrəukən] zničený (starosťami), zronený; *h. over the death of his best friend* zronený smrťou svojho najlepšieho priateľa

heartburn ['haːtbəːn] pálenie záhy

heart failure ['haːt ˌfeiljə] zlyhanie srdca

hearth [haːθ] **1.** kozub **2.** (kováčska) vyhňa

hearthrug ['haːθrag] rohož, predložka pred kozubom

heartless ['haːtləs] krutý, nemilosrdný, bez srdca; *how can you be so h.!* ako môžeš byť taký krutý!

hearty ['haːti] **1.** srdečný, úprimný; *a h. welcome* srdečné privítanie **2.** hovor. veselý, bodrý; *a h. man* veselý človek **3.** (o jedle) výdatný, bohatý; *a h. meal* výdatné jedlo

heat [hiːt] **I.** podst. **1.** horúčava; *summer h.* letná horúčava **2.** šport. rozplavba, rozbeh; *he was first in his h.* bol prvý v rozplavbe **II.** sl. **1.** kúriť; *don't h. so much* nekúr tak veľmi **2.** aj *h. up* zohriať (sa); *h. some water up* zohrej vodu **III.** príd. tepelný; *h. factor* tepelný faktor ● *h. exchanger* výmenník tepla; *h. wave* horúca vlna

heated ['hiːtəd] **1.** vyhrievaný; *a h. swimming pool* vyhrievaný bazén **2.** prudký, prchký; *an exchange of h. words* prudká výmena názorov

heater ['hiːtə] vykurovacie teleso, ohrievač; *turn the h. off* vypni ohrievač

heath [hiːθ] **1.** vres **2.** vresovisko ● *one's native h.* rodná hruda, rodný kraj

heathen ['hiːðn] **I.** podst. **1.** pohan aj pren.; *the Germans were h-s* Germáni boli pohania **2.** neznaboh, barbar; *grow up as a h.* vyrastať ako neznaboh **II.** príd. pohanský; *h. customs* pohanské zvyky

heating ['hiːtiŋ] kúrenie, vykurovanie; *central h.* ústredné kúrenie

heatstroke ['hiːtstrəuk] prehriatie

heave [hi:v] (s námahou) dvíhať; *h. the anchor* dvíhať kotvu

heaven ['hevn] **1.** obyč. *H-s* mn. č. nebesá; *die and go to H.* zomrieť a ísť do neba **2.** *h-s* obyč. mn. č. kniž. nebo; *the stars in the h-s* hviezdy na nebi ● *Good H-s.!* preboha!

heavy ['hevi] **1.** ťažký; *h. luggage* ťažká batožina; *h. industry* ťažký priemysel **2.** veľký; *h. responsibility* veľká zodpovednosť **3.** silný; *h. smoker* silný fajčiar **4.** hustý; *h. traffic* hustá premávka **5.** bohatý; *h. crops* bohatá úroda **6.** ťažkopádny, nudný; *h. speech* nudná reč ● *h. eyes from studying* oči unavené od štúdia; *h. hydrogen* chem. ťažký vodík; *h. metal* štýl v rockovej hudbe

heavy current [ˌhevi 'karənt] **I.** podst. elektrický prúd s vysokým napätím **II.** príd. silnoprúdový; *h. current electrical engineering* silnoprúdová elektrotechnika

heavyhearted [ˌhevi'ha:təd] kniž. smutný, melancholický

heavy-set [ˌhevi 'set] zavalitý; *a h. man* zavalitý človek

Hebraic [hi'breik] hebrejský

Hebrew ['hi:bru:] **I.** podst. **1.** Hebrejec **2.** hebrejčina **II.** príd. hebrejský

heck [hek] expr. dočerta, dofrasa, doparoma; *where the h. are they going?* kde dočerta idú?

heckle ['hekl] (otázkami) dobiedzať, obťažovať; *he was h-d by journalists* dobiedzali doň novinári

hectare ['hekta:] hektár

hedge [hedž] **I.** podst. živý plot; *trim a h.* pristrihnúť živý plot **II.** sl. ohradiť živým plotom; *h. in/off a garden* ohradiť záhradu živým plotom

hedgehog ['hedžhog] jež

heel [hi:l] **I.** podst. **1.** päta **2.** podpätok; *rubber h-s* gumené podpätky ● *at one's h-s* v pätách; *he had the police at his h-s* polícia mu bola v pätách; *take to one's h-s* vziať nohy na plecia **II.** sl. dať (si) pribiť podpätky; *have a pair of shoes h-ed* daj si pribiť podpätky na topánky

heeler ['hi:lə] obuvník

heelpiece ['hi:lpi:s] podpätok

heel-plate ['hi:lpleit] pliešok na podpätky

heffer ['hefə] (expr.) tlstaňa, tučná žena

Hegelian [hei'gi:ljən] **I.** príd. heglovský **II.** podst. hegelovec

heifer ['hefə] jalovica

height [hait] **1.** výška; *what's your h.?* koľ-

ko meriaš? **2.** výšina; *on the h.-s* na výšinách **3.** vrchol; *the h. of a career* vrchol kariéry

heighten ['haitn] zvýšiť; *h. the awareness of danger* zvýšiť vedomie nebezpečenstva

heinous ['heinəs] odporný, hnusný

heir [eə] dedič; *h. to the throne* dedič trónu ● *h.-at-law* zákonný dedič

heiress ['erəs] dedička

heirloom ['eəlu:m] dedičstvo

held p. hold

helicopter ['heləkoptə] **I.** podst. vrtuľník, helikoptéra **II.** sl. letieť/dopravovať helikoptérou

heliport ['heləpo:t] pristávacia plocha pre vrtuľník

hell [hel] peklo ● *a h. of a boy* úžasný chalan; *he is full of h.* šijú s ním všetci čerti

hell-bent [ˌhel 'bent] hovor. odhodlaný, pevne rozhodnutý; *h. on having his own way* odhodlaný ísť svojou cestou

heller ['helə] halier

hello [he'ləu] **1.** (pozdrav) ahoj, servus; *I just wanted to say hello to you* chcel som ťa iba pozdraviť **2.** (pri telefonovaní) haló; *h., who is speaking?* prosím, kto je pri telefóne?

hell-raiser ['hel ˌreizə] slang. výtržník

helm [helm] námor. kormidlo

helmet ['helmət] prilba

help [help] **I.** podst. pomoc; *thank you for your h.* ďakujem vám za pomoc **II.** sl. **1.** pomôcť; *h. me* pomôž mi **2.** podávať, servírovať jedlo; *may I h. you to some sugar?* podám vám cukor? ● *h. yourself, please* ponúknite sa, prosím

helper ['helpə] pomocník

helpful ['helpfl] nápomocný, prospešný, užitočný; *your advice was very h.* tvoja rada bola veľmi užitočná

helping ['helpiŋ] porcia (jedla); *a large h.* veľká porcia; *take a second h* (hovor.) dať si dupľu ● *a h. hand* priateľská pomoc

helpless ['helpləs] bezmocný, bezradný; *as h. as a baby* bezmocný ako dieťa

helter-skelter [ˌheltə 'skeltə] bez rozmyslu, zmätene; *people ran h. for cover* ľudia bez rozmyslu bežali do krytu

hem [hem] **I.** podst. lem, obruba **II.** sl. -mm. obrúbiť, olemovať; *h. a tablecloth* obrúbiť obrus

hemicycle ['hemiˌsaikl] polkruh

hemp [hemp] konope

hen [hen] **1.** sliepka **2.** samička vtáka; *a h. pheasant* bažantica ● *a h. party* hovor. dámska spoločnosť

hence [hens] **1.** preto, z toho dôvodu, teda; *handmade, h. nice* ručne vyrobený, a teda pekný **2.** od tejto chvíle, odteraz; *one week h.* odteraz o týždeň
henceforth [ˌhensˈfoːθ] aj **henceforward** [ˌhensˈfoːwəd] odteraz; *the company will h. be known as Chisso Comp. Ltd.* naša spoločnosť sa bude odteraz menovať Chisso, s. r. o.
hen house [ˈhen haus] kurín, kurník
hennery [ˈhenəri] slepačia farma
henpecked [ˈhenpekt] pod papučou; *a h. husband* muž pod papučou
her [həː/əː/hə/ə] **1.** žen. osob. zám. *she* v skloňovanom tvare jej/nej, ju/ňu; *give h. the pen* daj jej pero; *I can see h.* vidím ju **2.** žen. privl. zám. jej; *it is h. book* to je jej kniha
heraldry [ˈherəldri] heraldika
herb [həːb] bylina, bylinka; *flavoured with h-s* ochutené bylinkami
herbaceous [həˈbeišəz] bylinný ● *h. border* (dlhý) kvetinový záhon
herbal [ˈhəːbl] **I.** príd. bylinkový, rastlinný; *h. tea* bylinkový čaj **II.** podst. (zastar.) herbár
herbivore [ˈhəːbəvoː] bylinožravec
herd [həːd] **I.** podst. stádo; *a h. of cows* stádo kráv **II.** sl. hnať stádo
here [hiə] **1.** tu; *how long have you been h.?* ako dlho si už tu? **2.** sem; *come h.* poď sem ● *h. and now* v tomto momente, teraz; *h. we go again* a sme zasa tam, kde sme boli; *h. you are* prosím, nech sa páči (pri podávaní)
hereabouts [ˌhiərəˈbauts] niekde tu; *I saw it somewhere h.* tu som to niekde videl
hereafter [hiə aftə] na onom svete
hereby [ˌhiəˈbai] práv. týmto; *I h. certify...* týmto potvrdzujem...
hereditary [həˈredətri] dedičný; *h. disease* dedičná choroba
heredity [həˈredəti] dedičnosť
herein [ˌhiərˈin] práv. v tomto dokumente, tu; *enclosed h. you will find my cheque* tu prikladám svoj šek
heresy [ˈherəsi] -*ies*- kacírstvo
heretic [ˈherətik] kacír
heretical [həˈretikl] kacírsky
herewith [ˌhiəˈwið] **1.** týmto, tým; *I h. confirm...* týmto potvrdzujem... **2.** v prílohe (listu) *I enclose h. two copies of the contract* v prílohe predkladám dve kópie dohody
heritage [ˈherətidž] **1.** dedičstvo; *cultural h.* kultúrne dedičstvo **2.** tradícia; *rich h. of music* bohatá hudobná tradícia

hermetic [həˈmetik] vzduchotesný, nepriedušný; *a h. seal* vzduchotesný uzáver
hermit [ˈhəːmət] pustovník
hero [ˈhirəu] mn. č. -*oes* [-əuz]; *a war h.* vojnový hrdina
heroic [hiˈrəuik] hrdinský; *h. deeds* hrdinské činy
heroin [ˈherəuin] heroín
heroine [ˈherəuin] hrdinka

heroin [ˈherəuin] – heroín
heroine [ˈherəuin] – hrdinka

heroism [ˈherəuizm] hrdinstvo
heron [ˈherən] mn. č. -*ons/-on* volavka (vták)
herring [ˈheriŋ] mn. č. -*rings* al. -*ring* sleď; *kippered h.* údený sleď
hers [həːz] zám. žen. r. jej **1.** (predikatívne postavenie); *all is h.* všetko je jej **2.** (atributívne postavenie); *a friend of h.* jej (dobrý) priateľ
herself [həˈself] zám. žen. r. **1.** zvrat. (ona) sa...; *she washed h.* umyla sa **2.** ona sama/osobne; *she h. saw it* (ona) sama to videla
hesitant [ˈhezətənt] nerozhodný, váhavý; *h. attempts to speak English* váhavé pokusy hovoriť po anglicky
hesitate [ˈhezəteit] váhať; *he h-d to take such a risk* váhal, či má tak riskovať
hesitation [ˌhezəˈteišn] váhanie, pochybnosti; *agree without h.* súhlasiť bez váhania
hew [hjuː], *hewed* [hjuːd], *hewn/hewed* [hjuːn/hjuːd] (o)tesať drevo, brvno, trám ● *h. to pieces* rozsekať na kusy
hexahedral [ˌheksəˈhedrl] šesťstenný
hi [hai] ahoj; *h. Rita!* ahoj, Rita!
hiccup/hiccough [ˈhikap] **I.** podst. čkanie; *h. may be treated* čkanie sa dá liečiť **II.** sl. čkať; *he could not stop h-ing* nevedel prestať čkať
hid p. **hide²**
hide¹ [haid] (surová) koža, useň
hide² [haid], *hid* [hid], *hidden* [ˈhidn] skryť (sa), ukryť (sa), schovať (sa); *the sun was hidden* slnko sa skrylo
hide-and-seek [haid ənd siːk] **I.** podst. hra na schovávačku **II.** sl. hrať sa na schovávačku
hideaway [ˈhaidəwei] **1.** skrýša, úkryt; *he built a h.* postavil si skrýšu **2.** zapadákov; *he likes his h.* má rád svoj zapadákov
hideous [ˈhidiəs] odporný, ohavný, hnusný; *a h. dog* odporný pes; *a h. crime* ohavný zločin

hiding¹ [ˈhaidiŋ] hovor. výprask; *the rioter deserves a h.* výtržník si zasluhuje výprask
hiding² [ˈhaidiŋ] úkryt, skrýša; *go into h.* ísť do skrýše, ukryť sa
hi-fi [ˌhaiˈfai] mn. č. *hi-fis* [-z] hovor. skr. *high fidelity* prístroj s vernou reprodukciou, hi-fi; *h. shop* obchod s hi-fi prístrojmi
higgle [ˈhigl] handrkovať sa; *h. for about 5 dollars* handrkovať sa o 5 dolárov
high [hai] I. príd. 1. vysoký (v rozl. význ.); *it's a h. building* je to vysoká budova; *a h. note* vysoká nota; *a h. voice* vysoký hlas; *h. cards* vysoké karty; *h. prices* vysoké ceny; *the child has a h. fever* dieťa má vysokú teplotu; *he has a h. opinion of her work* má vysokú mienku o jej práci 2. (o vetre) prudký 3. vznešený; *h. ideals* vznešené ideály ● *h. command* vrchné velenie; *h. frequency* vysoká frekvencia; šport. *h. dive* skok z veže (do bazéna); *h. jump* skok do výšky; *h. jumper* výškar II. prísl. vysoko; *he threw the ball h.* vyhodil loptu vysoko
high-and-mighty [ˌhai əndˈmaiti] I. príd. arogantný; *a h. person* arogantná osoba II. podst. *h-ies* mn. č. horných desaťtisíc, spoločenská smotánka III. prísl. povýšene, povýšenecky; *talk h.* povýšene hovoriť
highball [ˈhaibo:l] AM alkoholický nápoj (obyč. whisky so sódou)
highbred [ˈhaibred] 1. urodzený (kto má šľachtický pôvod) *the h. descendant* urodzený potomok 2. čistokrvný; *a h. dog* čistokrvný pes 3. kultivovaný, ušľachtilý; *h. manners* kultivované spôsoby
highbrow [ˈhaibrau] I. podst. hovor. inteligent, intelektuál II. príd. intelektuálny; *h. literary critics* intelektuálski literárni kritici
high-class [ˌhai ˈkla:s] prvotriedny, kvalitný; *h. goods* prvotriedny tovar
high fidelity [ˌhai fiˈdeləti] verná reprodukcia zvuku; *a h. tape recorder* magnetofón s vernou reprodukciou zvuku
high heeled [ˌhai ˈhi:ləd] na vysokých podpätkoch; *h. shoes* topánky na vysokých podpätkoch
Highlands [ˈhailəndz] mn. č.; *the H.* Škótska vysočina
high-level [ˌhai ˈlevəl] na vysokej úrovni; *a h. meeting* stretnutie na vysokej úrovni
highlight [ˈhailait] I. podst. 1. obyč. *h-s* mn. č. najlepšie osvetlené miesto (na obraze) 2. pren. zlatý klinec; *the h. of the programme* zlatý

klinec programu II. sl. 1. prudko osvetliť; *the match flared and h-ed the faces* zápalka sa rozhorela a prudko osvetlila tváre 2. zvýrazniť, upozorniť, urobiť stredom pozornosti; *he h-ed the problems* upozornil na problémy
highly [ˈhaili] vysoko, veľmi; *he is a h. interesting personality* je to veľmi zaujímavá osobnosť
highly-strung [ˌhaili ˈstruŋ] upätý, nervózny, podráždený; *h. before the operation* nervózny pred operáciou
high-melting [ˌhai ˈmeltiŋ] taviaci sa pri vysokej teplote; *h. metal* kov taviaci sa pri vysokej teplote
high-minded [ˌhai ˈmaindəd] veľkodušný, šľachetný; *a h. friend* veľkodušný priateľ
high-mindedness [ˌhai ˈmaindədnəs] veľkodušnosť, šľachetnosť
high-necked [ˌhai ˈnekt] (o odeve) zapnutý až ku krku; *a h. blouse* blúza zapnutá až ku krku
highness [ˈhainəs] 1. vznešenosť 2. *H.* výsosť; *His Royal H.* Jeho kráľovská výsosť
high-octane [ˌhai ˈoktein] vysokooktánový; *h. petrol* vysokooktánový benzín
high-power(ed) [ˌhai ˈpauə(d)] 1. intenzívny; *h. methods in agriculture* intenzívne metódy v poľnohospodárstve 2. rozhodujúci, s vysokou právomocou; *a h. office worker* rozhodujúci úradník 3. vysokovýkonný; *a h. engine* vysokovýkonný motor
high-priced [ˌhai ˈpraist] drahý, nákladný; *h. lab equipment* nákladné vybavenie laboratória
high-principled [ˌhai ˈprinsəpəld] zásadový, čestný; *a h. teacher* zásadový učiteľ
high profile [ˌhai ˈprəufail] jednoznačné stanovisko; *take up a h. on sth.* zaujať jednoznačné stanovisko (k čomu)
high rise [ˈhairaiz] vežiak, výškový dom
high road [ˈhairəud] hradská, hlavná cesta
high school [hai sku:l] 1. AM (troj-štvorročná) stredná odborná škola 2. AM *junior/senior h.* nižšia/vyššia stredná škola 3. BR štátna stredná škola
high seas [ˌhai ˈsi:z] 1. voľné more (za hranicou teritoriálnych vôd) 2. *h. s-s* mn. č. šíre more, oceán
high season [ˌhai ˈsi:zn] plná (letná) sezóna; *the ticket costs more during the h.* lístok je drahší v plnej sezóne
high-seasoned [ˌhai ˈsi:znd] ostrý, silno korenený; *h. meal* ostré jedlo

high spirit [ˌhai ˈspirit] odvaha; *high spirits* mn. č. povznesená nálada; *be in h.* byť v povznesenej nálade, mať náladu

high street [ˈhai striːt] **1.** hlavná trieda (mesta); *there are several banks in the h.* na hlavnej triede je niekoľko bánk **2.** hovor. korzo; *I met him in the h.* stretol som ho na korze

High Tatras [ˌhai ˈtaːtras] *the H. T.* Vysoké Tatry

high-tech [haitek] skr. *high technology* špičková technika

highway [ˈhaiwei] **1.** AM autostráda **2.** hradská, hlavná cesta

Highway Code [ˌhaiwei ˈkəud] BR pravidlá cestnej premávky

highwayman [ˈhaiweimən] mn. č. -men [-men] hist. zbojník, lupič

hijack [ˈhaidžæk] **I.** sl. **1.** napadnúť, prepadnúť (lúpežne); *h. a train* prepadnúť vlak **2.** uniesť lietadlo; *h. a plane is a modern crime* uniesť lietadlo je novodobý zločin **II.** podst. prepad, únos (lietadla); *she fainted during the h.* počas únosu omdlela

hijacker [ˈhaidžækə] **1.** únosca (lietadla) **2.** lupič, zlodej

hike [haik] **I.** sl. chodiť na výlety, pestovať turistiku, trampovať **II.** podst. výlet, pešia túra; *go on a h.* ísť na pešiu túru

hiker [ˈhaikə] (peši) turista, výletník, tramp

hiking [ˈhaikiŋ] (pešia) turistika

hilarious [hiˈleriəs] bujarý, bujný, samopašný; *a h. play* samopašná hra

hilarity [hiˈlærəti] bujarosť, samopaš

hill [hil] kopec, vŕšok ● *be over the h.* mať najhoršie za sebou

hilly [ˈhili] kopcovitý; *h. countryside* kopcovitý vidiek

him [him] osob. zám. *he* v skloňovanom tvare jeho, ho; jemu, mu; *I know h. very well* veľmi dobre ho poznám; *give h. that pen* daj mu to pero

himself [himˈself] zám. muž. r. **1.** zvrat. (*on*) sa...; *he hurt h.* poranil sa **2.** on sám/osobne; *he h. went there* sám ta šiel

hind¹ [haind] laň

hind² [haind] zadný; *h. pocket* zadné vrecko; *h. legs* zadné nohy

hinder [ˈhində] prekážať, brániť; *h. in progress* prekážať v pokroku

hindrance [ˈhindrəns] prekážka; *h. to work* prekážka v práci ● *be more of a h. than help* viac prekážať ako pomáhať

Hindu [ˈhinduː] **I.** podst. **1.** Hind **2.** hindčina **3.** hinduista **II.** príd. **1.** hindský **2.** hinduistický; *H. gods* hinduistickí bohovia

hinge [hindž] **I.** podst. pánt; *the h. needs oiling* pánt treba naolejovať **II.** sl. zavesiť dvere

hint [hint] **I.** podst. **1.** pokyn; *a h. for us* pokyn pre nás **2.** náznak, znamenie, narážka; *a h. of summer* náznak leta ● *drop/give a h.* naznačiť, robiť narážky **II.** sl. **1.** naznačiť; *I h-ed I was dissatisfied with his work* naznačil som, že som nebol spokojný s jeho prácou **2.** narážať; *what are you h-ing at* na čo narážaš?

hip¹ [hip] šípka (plod)

hip² [hip] bok, bedro; *with hands on h-s* s rukami vbok

hipness [ˈhipnəs] slang. úsilie držať krok s dobou

hippie [ˈhipi] hipík (prívrženec hnutia hipies)

hippopotamus [ˌhipəˈpotəməs] mn. č. -muses [-məsiz] al. -mi [-mai] hroch

hire [ˈhaiə] **I.** sl. (pre)najať (si); *h. a car* prenajať si auto **II.** podst. nájom, prenájom; *for h.* na prenájom ● *h. purchase* nákup na splátky/pôžičku; *he bought it on h.* kúpil to na splátky

his [hiz] priv. zám. muž. r. jeho **1.** v predikatívnom postavení; *the house is h.* dom je jeho **2.** v atributívnom postavení; *a friend of h.* jeho (dobrý) priateľ

hiss [his] **I.** sl. (za)syčať; *the snake h-ed* had zasyčal **II.** podst. syčanie, sykot; *a sharp h.* ostrý sykot

historian [hiˈstoːriən] historik, dejepisec

historic [hiˈstorik] historický (dôležitý pre dejiny), slávny, epochálny; *a h. event* historická udalosť

historical [hiˈstorikl] historický, dejepisný; *h. studies* historické štúdie

history [ˈhistəri] **1.** história, dejiny; *the h. of ancient Greece* dejiny starovekého Grécka **2.** škol. dejepis; *a h. lesson at school* hodina dejepisu v škole

hit [hit], *hit* [hit], *hit* -tt- **I.** sl. **1.** udrieť; *h. in the face* udrieť po tvári **2.** zasiahnuť, trafiť; *h. the basket* trafiť do koša (pri basketbale) **3.** hovor. vyhrať (v lotérii); *h. first prize in the lottery* vyhrať prvú cenu v lotérii ● *h. sb. below the belt* udrieť (koho) pod pás; *h. the nail on the head* trafiť klinec po hlavičke **II.** podst. **1.** úder, zásah; *a bad h.* zlý zásah **2.** hovor. úspech, výhra; *a lucky h.* veľká výhra **3.** hit, šláger; *that song was a h.* tá pieseň bola šlágrom ● *make a h.* urobiť dieru do sveta

hit-and-run [ˌhit ənd ˈran] motor. zapríčiniť nehodu a ujsť

hitch [hič] **I.** sl. pripojiť, zavesiť; *h. a trailer to the car* zavesiť príves k autu **II.** podst. **1.** potiahnutie; *he gave his sock a h.* potiahol si ponožky **2.** zádrh, prekážka; *go on without a h.* pokračovať bez prekážky

hitchhike [ˈhičhaik] **I.** sl. cestovať autostopom **II.** podst. cesta autostopom

hitchhiker [ˈhičhaikə] stopár, cestujúci autostopom

hitherto [ˌhiðəˈtuː] **I.** prísl. až doteraz; *h. not discovered* až doteraz neobjavený **II.** príd. doterajší; *our h. results* naše doterajšie výsledky

hit man [ˈhit mæn] mn. č. *-men* [-men] hovor. AM najatý vrah

hit parade [ˈhit pəˌreid] hovor. hitparáda

HIV [eič ai viː], **human immunodeficiency virus** [ˈhjumn ˌimjunodiˈfišəsi vairəs] (lek.) vírus imunitnej nedostatočnosti

hive [haiv] **I.** podst. **1.** úľ; *a bee h.* včelí úľ **2.** roj (včiel v úli) **II.** sl. dať včely do úľa; *h. a swarm* dať roj do úľa

hive off (vy)rojiť sa, oddeliť sa ako nový roj

hives [haivz] mn. č. lek. žihľavka

HM [eič em] skr. *Her/His Majesty* Jej/Jeho veličenstvo *HM the Queen* Jej kráľovské veličenstvo

HMS [eič em es] skr. *Her/His Majesty Ship* loď Jej/Jeho veličenstva

hoard [hoːd] **I.** podst. zásoba, nahromadenie, hromada; *a h. of goods* zásoba tovaru **II.** sl. nahromadiť, nahrabať (si); *h. money* nahromadiť peniaze

hoarder [ˈhoːdə] chamtivec

hoarfrost [ˈhoːfrost] inovať, srieň

hoarse [hoːs] chrapľavý, zachrípnutý; *a h. voice* chrapľavý hlas

hoary [ˈhoːri] **1.** sivý (o vlasoch); *h. hair* sivé vlasy **2.** starodávny, starobylý; *h. ruins* starobylé zrúcaniny

hoax [həuks] **I.** podst. **1.** podvod; *a big h. in science* veľký podvod vo vede **2.** hlúpy vtip, kanadský žart; *they played a h. on him* utiahli si z neho **II.** sl. napáliť (koho), urobiť si dobrý deň (z koho); *h. the public* napáliť verejnosť

hoaxer [ˈhəuksə] vtipkár

hobble [ˈhobl] pokrivkávať, krívať ● *h. along with the help of a stick* chodiť o palici

hobby [ˈhobi] **I.** podst. koníček, záľuba; *his h. is singing* jeho koníčkom je spev **II.** sl. mať

nejakého koníčka (záľubu); *he h-ies in gardening* jeho koníčkom je práca v záhrade

hobnob [ˈhobnob] *-bb-* **I.** sl. **1.** kamarátiť sa; *they have h-bed since their childhood* kamarátia sa od detstva **2.** mierne pejor. udržiavať priateľské styky; *he would like h-bing with his chief* rád by sa priatelil so svojím šéfom **II.** podst. hovor. priateľský rozhovor; *have a h. pohovoriť si*

hockey [ˈhoki] hokej; *field/ice h.* pozemný/ľadový hokej ● *h. player* hokejista

hod [hod] korýtko na maltu/tehly

hoe [həu] **I.** podst. motyka **II.** sl. okopávať; *h. the garden* okopávať záhradu

hoe out vyplieť, vyjednotiť

hog [hog] **I.** podst. **1.** brav **2.** pren. nevychovaný človek **II.** sl. *-gg-* hltať, hltavo jesť; *he h-s everything in sight* pohlce všetko, čo vidí

hogling [ˈhogliŋ] zastar. prasiatko

Hogmanay [ˈhogmənei] Silvester (v Škótsku)

hoist [hoist] **I.** sl. **1.** zdvihnúť, vydvihnúť (s námahou); *h. the child onto the shoulders* zdvihnúť dieťa na plecia **2.** vytiahnuť nahor, vztýčiť; *h. a flag* vztýčiť zástavu **II.** podst. **1.** zdvihák, kladkostroj **2.** nákladný výťah

hold[1] [həuld] **I.** podst. **1.** zovretie; *his h. was firm* jeho zovretie bolo pevné **2.** vplyv; *he has a strange h. over that child* má zvláštny vplyv na to dieťa ● *h. off* odhad, zadržanie; *h. up* **1.** meškanie **2.** dopravná zápcha **3.** lúpežné prepadnutie; *a bank h.* lúpežné prepadnutie banky **II.** sl. [həuld], *held* [held], *held* **1.** držať (koho, čo); *h. it* drž to, podrž to; *he held the little girl's hand* držal dievčatko za ruku **2.** byť držiteľom (čoho), mať/vlastniť (čo); *h. a medal* byť držiteľom medaily **3.** držať sa, pridržať sa; *h. to the guide* pridržiavať sa sprievodcu **4.** konať sa; *the meeting will be held tomorrow* schôdza sa bude konať zajtra **5.** domnievať sa, myslieť si, považovať; *I h. that this was the right decision* domnievam sa, že to bolo správne rozhodnutie **6.** (po)strážiť (veci, batožinu) **7.** (o dobrom počasí) vydržať **8.** byť platný/použiteľný, platiť; *does this rule h. good in every case?* platí toto pravidlo v každom prípade?

hold[2] [həuld] nákladný priestor (v lietadle, na lodi)

hold back **1.** (za)tajiť (čo); *I was convinced she was h-ing back something* bol som presvedčený, že ona niečo tají **2.** potlačiť, zadržať, potláčať, zadržiavať (čo); *the girl hold back her tears* dievča zdržiavalo slzy

hold down udržať si; *h. down a job* udržať si prácu
hold forth rečniť
hold off 1. zadržať, odraziť; *h. off the enemy* zadržať, odraziť (nepriateľa) 2. zdržať sa, oneskoriť sa
hold out vydržať; *how long can our supplies h. out?* ako dlho vydržia naše zásoby?
hold up 1. zastaviť sa; *h. up the traffic* zastaviť premávku 2. prepadnúť (banku) 3. zadržať (výplatu)
hold with schvaľovať (čo); *she doesn't h. with smoking* neschvaľuje fajčenie
holdback [ˈhəuldbæk] zadržanie; *a h. of the salary* zadržanie výplaty
holder [ˈhəuldə] 1. držiteľ; *passport h.* držiteľ pasu 2. držiak, držadlo ● *a cigarette h.* cigaretová špička; *a candle h.* svietnik
holding [ˈhəuldiŋ] 1. držba (cenných papierov, pozemku) 2. poľnohospodárska usadlosť ● obch. *h. company* holdingová spoločnosť
hold-up man [ˌhəuldapˈmæn] mn. č. *-men* [-men] lupič, gangster
hole [həul] I. podst. 1. jama, diera; *a h. in the roof* diera v streche 2. brloh, nora; *fox h.* líščí brloh 3. (v golfe) jamka; *he won by three h-s* vyhral o tri jamky II. sl. prederaviť, prevŕtať; *the ship was h-d* loď sa prederavila
holiday [ˈholədi/ˈholədei] I. podst. 1. sviatok, voľný deň; *Sunday is a h.* nedeľa je voľný deň 2. dovolenka; *everybody is on h. in July* každý je v júli na dovolenke 3. *h-s* mn. č. prázdniny; *the Christmas h-s* vianočné prázdniny ● *be on h.* byť na dovolenke; *make/take a h.* vziať si dovolenku II. príd. 1. sviatočný, slávnostný; *in a h. mood* v slávnostnej nálade 2. prázdninový; *a h. camp* prázdninový tábor 3. rekreačný; *a h. reading* rekreačné čítanie III. sl. tráviť dovolenku; *h. in the mountains* tráviť dovolenku na horách
holidaymaker [ˈholədiˌmeikə] výletník, dovolenkár, rekreant
Holland [ˈholənd] Holandsko
hollow [ˈholəu] I. príd. 1. dutý; *a h. tree* dutý strom 2. hladný; *I feel h.* som hladný 3. vpadnutý; *h. eyes* vpadnuté oči II. prísl. duto; *it rings h.* to znie duto ● *beat all h.* poraziť na hlavu III. podst. 1. dutina, diera; *a h. in the wall* diera v stene 2. výmoľ; *a h. in the road* výmoľ na ceste IV. sl. vyhĺbiť, vydlabať; *h. a log* vydlabať poleno
holly [ˈholi] bot. cezmína

holocaust [ˈholəkɔːst] úplné vyhladenie, zničenie, katastrofa, masakra; *nuclear h.* atómová katastrofa
holy [ˈhəuli] 1. svätý; *the h. cross* svätý kríž 2. bohabojný; *a h. man* bohabojný človek ● *the H. Bible* svätá Biblia; *H. Communion* sväté prijímanie, sviatosť Večere Pánovej; *H. See* Svätá stolica; *H. Writ* Písmo sväté
homage [ˈhomidž] pocta, hold; *pay/hold/do h. to sb.* vzdať poctu (komu); *pay h. to the genius of Shakespeare* vzdať poctu Shakespearovmu géniu
home [həum] I. podst. 1. domov, domovina; *leave h.* odísť z domova; *Slovakia is my h.* Slovensko je moja domovina 2. internát, ubytovňa ● *at h.* doma II. príd. 1. domáci; *h. cooking* domáca strava 2. tuzemský, vnútorný; *h. products* tuzemské výrobky; *h. affairs* vnútorné záležitosti III. prísl. domov; *g. home* ísť domov
homeborn [ˌhəumˈbɔːn] domáci; *h. ice hockey player* domáci hokejista
homebound [ˈhəumbaund] smerujúci k domovu/domov; *a h. ship* loď smerujúca do materského prístavu
home-defence [ˌhəum diˈfens] domobrana
home help [ˌhəum ˈhelp] BR pomocnica v domácnosti, posluhovačka
homeland [ˈhəumlænd] vlasť, domovina
homeless [ˈhəumləs] I. príd bez domova, nemajúci domov; *h. persons* ľudia bez domova, bezdomovci II. podst. bezdomovec/bezdomovci
homemade [ˌhəumˈmeid] domáci (doma urobený); *h. bread* domáci chlieb
home nurse [ˈhəum ˌnɔːs] I. podst. ošetrovateľka, opatrovníčka II. sl. **homenurse** vykonávať ošetrovateľskú/opatrovateľskú službu
Home Office [ˈhəum ˌofis] BR Ministerstvo vnútra
Home Secretary [ˈhəumˌsekrətri] BR minister vnútra
homesick [ˈhəumˌsik] túžiaci po domove; *be h.* túžiť po domove
homespun [ˈhəumspan] ručne pradený
homestead [ˈhəumsted] statok, gazdovstvo; *a large h.* rozsiahle gazdovstvo
homework [ˈhəumwɔːk] len j. č., škol. domáca úloha; *do your h.* urob si domácu úlohu
homicidal [ˌhoməˈsaidl] 1. vražedný; *tendencies* vražedné úmysly 2. vraždiaci; *a h. maniac* vraždiaci maniak
homicide [ˈhoməsaid] 1. zabitie, vražda; *h. is a crime* vražda je zločin 2. vrah

homing pigeon [ˈhəumiŋ ˌpidžən] poštový holub
homogeneous [ˌhəuməˈdžiːniəs] rovnorodý, homogénny
homosexual [həuməusekšuəl] I. príd. homosexuálny II. podst. homosexuál
honest [ˈonəst] 1. čestný, poctivý; *an h. income* poctivý príjem; *an h. politician* čestný politik 2. otvorený, úprimný; *an h. face* úprimná tvár
honestly [ˈonəstli] I. prísl. čestne, poctivo, statočne; *he gained his wealth h.* svoj majetok nadobudol statočne II. časť. namojdušu, čestné slovo; *h. that's all the money I have* čestné slovo to sú všetky peniaze, čo mám
honesty [ˈonəsti] čestnosť, poctivosť, statočnosť ● *h. is the best policy* s poctivosťou najďalej zájdeš
honey [ˈhani] 1. med 2. pren. miláčik, drahý
honeybee [ˈhanibiː] včela medonosná
honeycomb [ˈhanikəum] včelí plást
honeymoon [ˈhanimuːn] I. podst. svadobná cesta, medové týždne II. sl. ísť na svadobnú cestu, byť na svadobnej ceste; *they h-ed in the High Tatras* boli na svadobnej ceste vo Vysokých Tatrách
honorary [ˈonrəri] 1. čestný, určený na poctu; *an h. degree* čestný titul 2. čestný, neplatený; *he is the h. chairman* je čestný predseda
honour [ˈonə] I. podst. 1. česť; *consider it an h.* považovať si za česť 2. pocta; *the last h-s* posledná pocta ● *Your H.* (oslovenie) slávny súd; *word of h.* čestné slovo; *on/upon one's h.* na svoju česť II. sl. 1. ctiť si, mať v úcte; *h. your parents* cti si rodičov 2. byť poctený; *I am h-ed by your invitation* som poctený vaším pozvaním 3. zaplatiť (zmenku); *the bank refused to h. his check* banka mu odmietla zaplatiť šek
honourable [ˈonrəbl] 1. čestný, statočný; *h. in all his dealings* čestný v každom svojom počínaní 2. tešiaci sa veľkej úcte, ctihodný, veľmi vážený, veľavážený; *h. professor* veľavážený profesor
hood [hud] I. podst. 1. kapucňa; *wear a h.* nosiť kapucňu 2. AM kapota, kryt motora na aute/lietadle II. sl. 1. prikryť, zakryť; *a h-ed head* zakrytá hlava 2. privrieť (oči); *h. one's eyes against the sun* privrieť oči pred slnkom
hoof [huːf] mn. č. aj *hooves* [huːvz] kopyto
hook [huk] I. podst. 1. hák; *a butcher's h.* mäsiarsky hák 2. háčik; *a fish h.* háčik na ry-

by 3. slang. zlodej, vreckár 4. šport. (v pästiarstve) hák ● *by h. or crook* po dobrom alebo po zlom II. sl. 1. zahákovať, zapnúť na háčiky; *a dress that h-s at the back* šaty, ktoré sa zapínajú vzadu 2. chytiť, uloviť na háčik; *h. a fish* uloviť rybu ● *h. it* zmizni
hooker [ˈhukə] prostitútka
hooligan [ˈhuːləgən] I. podst. chuligán, výtržník II. sl. správať sa ako chuligán III. príd. chuligánsky; *h. behaviour* chuligánske správanie
hoop [huːp] obruč; *a barrel with five h-s* sud s piatimi obručami ● *h. skirt* krinolína
hooper [ˈhuːpə] debnár
hoot [huːt] I. sl. 1. húkať, (za)trúbiť; *an owl is h-ing in the garden* sova húka v záhrade; *h. the horn of the car* zatrúbiť na aute 2. hulákať; *h. at sb.* hulákať (na koho) II. podst. 1. húkanie (sovy) 2. trúbenie (sirény, klaksónu)
hooter [ˈhuːtə] klaksón (na aute), siréna (továrenská)
hop[1] [hop] I. podst. skok, výskok ● *be on the h.* byť v pohybe (v plnej činnosti); *h. step/skip and jump* trojskok II. sl. -pp- skákať, poskakovať; *sparrows are h-ping along on the grass* vrabce poskakujú po tráve
hop[2] [hop] I. podst. chmeľ (rastlina); *h-s* mn. č. chmeľ (plody); *pick h.* zbierať chmeľ ● *h. field* chmeľnica; *h. picker* zberač chmeľu; *h. pole* chmeľová tyč II. sl. -pp- zbierať chmeľ; *go h. -ping* ísť na chmeľ, česať chmeľ
hop in naskočiť
hope [həup] I. sl. dúfať; *I h. he'll be well* dúfam, že bude v poriadku/mať sa dobre ● *h. against h.* robiť si márne nádeje II. podst. nádej; *h-s of a better future* nádeje na lepšiu budúcnosť ● *beyond/past h.* beznádejný
hopeful [ˈhəupfl] sľubný, nádejný; *he is quite a h. student* je to celkom sľubný študent
hopeless [ˈhəupləs] beznádejný, zúfalý; *a h. state* beznádejný stav; *be h. at sth.* zúfať si (nad čím); *it's h.* je to beznádejné
hop-'o-my-thumb [ˌhopəmiˈθam] Janko Hraško, škriatok
hopper [ˈhopə] skákavý hmyz ● *a grass h.* kobylka
horde [hoːd] 1. horda; *a h. of Tartars* horda Tatárov 2. roj, húf; *h-s of gnats* roje komárov
horizon [həˈraizn] obzor, horizont; *on the h.* na obzore
horizontal [ˌhorəˈzontl] vodorovný, horizontálny; *a h. line* vodorovná čiara ● *h. bar* šport. hrazda; *h-s* mn. č. bradlá

horn [hoːn] **I.** podst. **1.** roh, paroh; *shed/cast the h-s* zhodiť parohy **2.** rohovina; *the knife has a h.* handle nožík má rukoväť z rohoviny **3.** trúba, klaksón, siréna; *the driver sounded the h.* šofér zatrúbil **4.** tykadlo; *h-s of a snail* tykadlá slimáka ● *blow one's own h.* robiť si reklamu; *take the bull by the h-s* chytiť niečo za správny koniec **II.** príd. rohový, vyrobený z rohoviny; *h. rimmed spectacles* rám okuliarov vyrobený z rohoviny **III.** sl. zatrúbiť na roh

hornet [ˈhoːnət] sršeň

horrible [ˈhorəbl] **I.** príd. **1.** strašný, hrozný; *h. cruelty* strašná krutosť **2.** odporný, hnusný; *h. weather* hrozné počasie **II.** prísl. hrozne, strašne; *I feel h.* je mi strašne

horrid [ˈhorid] hovor. hrozný, ohavný, strašný; *h. weather* strašné počasie

horror [ˈhorə] hrôza; *the h-s of war* hrôzy vojny ● *h. stricken/struck* ochromený, omráčený hrôzou

hors d'oeuvre [ˌoːˈdəːvə] (studené alebo teplé) predjedlo

horse [hoːs] **I.** podst. kôň; *mount/dismount a h.* vysadnúť na/zosadnúť z koňa; *ride a h.* jazdiť na koni ● *back the wrong h.* staviť na nesprávneho koňa; *H. Guards* **1.** kráľovská jazdná garda **2.** BR brigáda gardovej jazdy **3.** BR sídlo jazdnej gardy v Londýne; *h. racing* dostihy; *h. blanket* navinutý papierový uterák **II.** príd. konský; *h. muck* konský trus

horseback [ˈhoːsbæk] konský chrbát ● *on h.* na koni; *travel on h.* cestovať na koni

horse chestnut [ˌhoːs ˈčesnat] pagaštan konský (strom, plod)

horsefly [ˈhoːsflai] ovad

horseman [ˈhoːsmən] mn. č. *-men* [mən] **1.** jazdec **2.** znalec alebo cvičiteľ koní

horsepower [ˈhoːsˌpauə] konská sila

horseradish [ˈhoːsˌrædiš] chren

horseshoe [ˈhoːsšuː] **I.** podst. podkova **II.** sl. podkovať koňa

hose [həuz] **I.** podst. hadica **II.** sl. polievať hadicou; *h. the garden* polievať záhradu

hospitable [ˈhospitəbl] pohostinný; *a h. household* pohostinná domácnosť

hospital [ˈhospitl] nemocnica; *lie in h.* ležať v nemocnici

hospitality [ˌhospəˈtæləti] pohostinnosť; *thanks for your h.* vďaka za pohostinnosť

host[1] [həust] veľké množstvo; *to face a h. of difficulties* čeliť veľkému množstvu ťažkostí

host[2] [həust] **I.** podst. **1.** hostiteľ; *act as h.* vystupovať v úlohe hostiteľa **2.** konferenciér, moderátor **II.** sl. **1.** robiť hostiteľa, hostiť; *h. the children* robiť hostiteľa deťom **2.** moderovať, uvádzať program; *h. a series on TV* uvádzať seriál v televízii

hostage [ˈhostidž] rukojemník; *they kept him as a h.* držali ho ako rukojemníka

hostel [ˈhostl] **1.** študentský domov; *he lives in a h.* býva v študentskom domove **2.** *Youth H.* turistická nocľaháreň pre mládež

hostess [ˈhəustəs] **1.** hostiteľka **2.** aj *air h.* letuška

hostile [ˈhostail] nepriateľský; *h. looks* nepriateľské pohľady

hostility [hoˈstiləti] nepriateľstvo; *I don't feel any h. towards him* necítim voči nemu nepriateľstvo

hot [hot] **1.** horúci; *a h. stove* horúci sporák **2.** nabitý, pod prúdom; *a h. wire* drôt pod prúdom **3.** idúci na dračku; *h. sales item* tovar, ktorý ide na dračku ● *hotline* horúca linka (priama telefonická linka spájajúca hlavy štátov); *h. spring* liečivý/horúci prameň; *h. springs in Slovakia are famous* liečivé pramene na Slovensku sú veľmi známe; *h. war* otvorený vojenský konflikt; *h. wave* horúca vlna (o počasí)

hot-blooded [ˌhot ˈblædəd] prudký, prchký, vznetlivý; *h. young man* prchký mládenec

hot dog [hot dog] párok v rožku

hotel [həuˈtel] hotel; *stay/put up at a h.* bývať/ubytovať sa v hoteli

hothouse [ˈhothaus] mn. č. *-houses* [-hauzəz] skleník

hour [auə] **1.** hodina (60 minút); *our English lesson lasted one h.* naša hodina angličtiny trvala hodinu **2.** *h-s* mn. č. pracovný čas; *after h-s* po pracovnom čase; *visiting h-s* návštevné hodiny ● *h. after h.* celé hodiny

hourly [ˈauəli] každú hodinu; *the medicine should be taken h.* liek sa má brať každú hodinu

house [haus] mn. č. *houses* [ˈhauzəz] **I.** podst. **1.** dom; *family h.* rodinný dom **2.** snemovňa; *the Upper/Lower H.* Horná/Dolná snemovňa ● BR *H. of Lords* Snemovňa lordov; *the H-s of Parliament* parlament **II.** príd. **1.** domáci; *the h. wine is usually cheaper* domáce víno je obyčajne lacnejšie **2.** podnikový; *a h. magazine* podnikový časopis **III.** sl. [hauz] **1.** ubytovať, poskytnúť prístrešie; *I can h. you for the weekend* môžem ťa

ubytovať cez víkend **2.** uložiť, uskladniť; *h. garden tools in a shed* uložiť záhradnícke náradie do kôlne
househelp [ˈhaushelp] pomocnica v domácnosti
household [ˈhaushəuld] **I.** podst. členovia rodiny/domácnosti; *the entire h. is in the kitchen* všetci členovia rodiny sú v kuchyni **II.** príd. **1.** domáci; *h. expenses* domáce výdavky **2.** rodinný; *h. traditions* rodinné tradície
housekeeper [ˈhausˌkiːpə] **1.** gazdiná **2.** AM správca domu
housemaid [ˈhausmeid] pomocnica v domácnosti
housewarming [ˈhausˌwoːmiŋ] oslava nového hytu
housewife [ˈhauswaif] mn. č. -*wives* [-waivz] žena v domácnosti, domáca
housework [ˈhauswəːk] iba j. č. práce v domácnosti; *do the h.* robiť práce v domácnosti
housing [ˈhauziŋ] ubytovanie, prístrešie, byty; *too many people are living in bad h.* priveľa ľudí žije v nevyhovujúcich bytoch ● *h. estate* sídlisko; *h. shortage* nedostatok bytov
hover [ˈhovə] vznášať sa; *a helicopter is h-ing over the town* helikoptéra sa vznáša nad mestom
hover about/around postávať, potĺkať sa; *what are you h-ing about?* čo tu postávaš?
hovercraft [ˈhovəkraːft] vznášadlo
how [hau] ako; *h. do you like my new suit?* ako sa ti páči môj nový oblek? *h. do I look?* ako vyzerám? ● *h. are you?* ako sa máš/máte? ● hovor. *h. about...?* a čo (tak)...? *h. about school?* a čo škola? *h. do you do* dobrý deň, teší ma (pri predstavovaní)
however [hauˈevə] akokoľvek, hocijako; *h. you may decide, I'll go there* akokoľvek rozhodneš, ja ta pôjdem
howl [haul] **I.** podst. zavýjanie, vytie, skučanie **II.** sl. **1.** zavýjať, vyť, skučať; *we heard wolves h-ing* počuli sme vyť vlky **2.** (o vetre) kvíliť, zavýjať
howl down prekričať; *h. down a speaker* prekričať rečníka
hub [hab] stred aj pren. stredobod, centrum; *the h. of cultural life* centrum kultúrneho života ● *from h. to tire* od hlavy po päty
hue [hjuː] farba, sfarbenie, odtieň, zafarbenie; *flowers of many h-s* kvety rozličných farieb; *the h. of the rainbow* farby dúhy

hug [hag] -*gg-* **I.** sl. objať, zovrieť do náručia, privinúť; *mother h-ged her daughter* matka objala dcéru **II.** podst. pevné zovretie, objatie; *she gave her mother a big h.* pevne objala svoju matku
huge [hjuːdž] obrovský, ohromný, ozrutný; *a h. building* obrovská budova
hull [hal] trup (lode, lietadla)
hullo [haˈləu] BR haló (pri telefonovaní)
hum [ham] **I.** sl. **1.** -*mm-* bzučať; *bees are h-ming in the garden* včely bzučia v záhrade **2.** hmkať (si); *h. a song* hmkať si pieseň **II.** podst. **1.** bzukot; *the h. of bees* bzukot včiel **2.** šum, hukot; *the h. of voices from the next room* šum hlasov z vedľajšej miestnosti; *the h. of distant traffic* hukot vzdialenej dopravy
human [ˈhjuːmən] ľudský; *h. voices* ľudské hlasy ● *h. being* ľudský tvor; *h. relations* mn. č. (medzi)ľudské vzťahy; *h. rights* mn. č. (prirodzené) ľudské práva
humane [hjuːˈmein] **1.** ľudský, humánny; *h. feelings* ľudské pocity; *h. treatment* ľudské zaobchádzanie **2.** zried. humanitný; *h. studies* humanitné vedy/odbory
humanism [ˈhjuːmənizm] humanizmus
humanity [hjuːˈmænəti] **1.** ľudskosť; *crimes against h.* zločiny proti ľudskosti **2.** ľudstvo; *compassion for the sufferings of h.* súcit s utrpením ľudstva **3.** *the h-ies* mn. č. humanitné predmety (v škole)
humble [ˈhambl] **I.** príd. **1.** pokorný, ponížený; *h. towards his superiors* pokorný voči nadriadeným **2.** skromný, jednoduchý; *a h. meal* skromné jedlo **3.** (o pôvode) nízky, neurodzený; *of h. origin* nízkeho pôvodu **II.** sl. zahanbiť, pokoriť, ponížiť; *h. sb's pride* pokoriť pýchu (koho)
humble-bee [ˈhamblbiː] čmeliak
humbug [ˈhambag] **I.** podst. **1.** pretvárka, klam, klamstvo; *that article in the newspaper is h.* ten článok v novinách je klamstvo **2.** človek dvojakej tváre, pokrytec; *he's not an honest man, he's a h.* nie je to čestný muž, je to pokrytec **3.** podvodník, šarlatán; *he is no doctor, he is a h.* nie je lekár ale šarlatán **II.** sl. -*gg-* (o)balamutiť; *don't try to h. me* neopováž sa ma obalamutiť
humid [ˈhjuːməd] vlhký; *h. climate* vlhké podnebie
humidifier [hjuːˈmidəfaiə] zvlhčovač
humidify [hjuːˈmidəfai] zvlhčiť, navlhčiť; *h. the atmosphere* zvlhčiť ovzdušie

humiliate [hju:'milieit] pokoriť, ponížiť; *h-ed by defeat* pokorený porážkou
humility [hju:'miləti] skromnosť, pokora
hummingbird ['hamiŋbə:d] kolibrík
humorist ['hju:mərəst] humorista, komik
humorous ['hju:mərəs] humoristický, komický; *the h.* *side of things* komická stránka vecí
humour ['hju:mə] **1.** humor, vtipnosť; *a sense of h.* zmysel pre humor **2.** žart, vtip; *good h.* dobrý vtip **3.** nálada *be in good h.* mať dobrú náladu **4.** smiešnosť, komickosť; *the h. of the situation* komickosť situácie

humour – has **u** in the stem
humorous – has no **u** in the stem

hump [hamp] **I.** podst. hrb; *have a h.* byť hrbatý, mať hrb **II.** sl. (na)hrbiť sa; *the cat h-ed its back* mačka sa nahrbila
humpback ['hampbæk] **1.** hrb **2.** hrbáč
humpbacked ['hampbækt] hrbatý
hunch [hanč] **I.** podst. hrb; *his back carried a huge h.* na chrbte mal obrovský hrb **II.** sl. hrbiť (sa); *h. over the steering wheel* hrbiť sa nad volantom
hundred ['handrəd] **I.** čísl. sto; *two hundred and one* dvesto jeden **II.** podst. stovka; *the ring was valued in the h-s of pounds* prsteň mal hodnotu niekoľkých stoviek libier
hundredfold ['handrədfəuld] **I.** príd. stonásobný **II.** prísl. stonásobne; *the production increased a h.* výroba sa zvýšila stonásobne
hundredth ['handrədθ] **I.** čísl. stý; **II.** podst. stotina
hung [hang] **1.** p. **hang 2.** nerozhodný (o výsledku hlasovania)
Hungarian [haŋ'geəriən] **I.** podst. **1.** Maďar **2.** maďarčina **II.** príd. maďarský; *H. goods* maďarský tovar **III.** prísl. maďarský; *he speaks H.* hovorí po maďarsky
Hungary ['haŋgəri] Maďarsko
hunger ['haŋgə] **1.** hlad; *feel h.* mať hlad **2.** pren. *a h. for adventure* túžba po dobrodružstve
hunger strike ['haŋgə straik] hladovka
hungry ['haŋgri] hladný; *h. children* hladné deti; *be/feel h.* mať hlad ● *as h. as a hunter* mať hlad ako vlk
hunt [hant] **I.** sl. **1.** poľovať, loviť; *h. big game* loviť divú zver **2.** (*for*) zháňať sa (po čom); *h. for a job* zháňať prácu **3.** (*to*); *h. to*

death uštvať na smrť **II.** podst. **1.** lov, poľovačka; *the h. is up* lov sa začal **2.** (*for*) zháňanie (čoho); *the h. for money* zháňanie peňazí
hunter ['hantə] **1.** poľovník, lovec **2.** lovecký, poľovnícky pes
hunting [ˌhantiŋ] poľovačka, lov; *he's very fond of h.* rád poľuje
hunting horn ['hantiŋ ˌhoːn] lesný roh
hurdle ['həːdl] **I.** podst. **1.** prekážka (pri prekážkovom behu) aj pren.; *clear a h.* preskočiť prekážku; *remove the final h-s in the way of a peace conference* odstrániť poslednú prekážku pre uskutočnenie mierovej konferencie **2.** prenosný plot **II.** sl. **1.** bežať cez prekážky **2.** oplotiť prenosným plotom
hurdler ['həːdlə] šport. prekážkar
hurl [həːl] **I.** sl. **1.** vrhnúť sa **2.** zvrhnúť; *h. from the throne* zvrhnúť z trónu **3.** rútiť sa; *a car h-ed down the street* auto sa rútilo po ulici **II.** podst. prudký vrh
hurler ['həːlə] vrhač
hurrah [hu'ra:] aj **hurray** [hu'rei] hurá!
hurricane ['harəkən] hurikán, uragán, víchrica, orkán
hurry ['hari] aj **hurry up** **I.** sl. **1.** ponáhľať sa, náhliť sa; *h. home* ponáhľať sa domov **2.** urýchlene dopraviť; *they h-ied him to hospital* urýchlene ho dopravili do nemocnice **II.** podst. chvat, ponáhľanie ● *be in a h.* ponáhľať sa; *there's no h.* netreba sa ponáhľať
hurt [həːt], *hurt* [həːt], *hurt* **I.** sl. **1.** bolieť; *my feet are h-ing* bolia ma nohy **2.** poraniť, zraniť, ublížiť aj pren.; *he h. her feelings* zranil jej city *he h. his arm playing tennis* keď hral tenis, poranil si ruku **II.** podst. **1.** poranenie, rana aj pren.; *it was a h. to his pride* to zranilo jeho hrdosť **2.** bolesť; *ease the h.* zmierniť bolesť **3.** poškodenie; *a h. to prestige* poškodenie prestíže
husband ['hazbənd] manžel; *have you met your h.?* stretla si sa s manželom? ● *h. and wife* manželia
husbandless ['hazbəndləs] nevydatá, bez manžela
husbandry ['hasbəndri] hospodárstvo; *good/bad h.* dobré/zlé hospodárstvo; *animal h.* chov dobytka
hush [haš] **I.** cit. pst!, ticho! **II.** príd. mlčanlivý, tichý **III.** podst. ticho, mlčanie; *sickroom h.* ticho nemocničnej izby ● *h. money* úplatok za mlčanie **IV.** sl. **1.** utíšiť sa, stíchnuť; *the class h-ed* trieda stíchla **2.** umlčať, utíšiť; *h. a baby* utíšiť dieťa

hush up ututlať; *h. up a scandal* ututlať škandál

Hussite [ˈhasait] **I.** podst. husita **II.** príd. husitský

hustle [ˈhasl] **I.** sl. **1.** (na)strkať, strčiť; *the police h-d him into a cell* policajti ho strčili do cely **2.** vraziť; *h. against him* vraziť doňho **II.** podst. ruch, činnosť; *the place was full of h.* miestnosť bola plná ruchu ● *h. and bustle* trma-vrma

hustler [haslə] **1.** pejor. dravý podnikateľ **2.** AM podvodník **3.** AM, slang. prostitútka, šľapka

hut [hat] **I.** podst. chata, chatrč; *a wooden h.* drevená chata **II.** sl. *-tt-* ubytovať sa na chate

hydraulic [haiˈdroːlik] hydraulický; *h. lift* hydraulický zdvihák ● *h. engineer* inžinier vodných stavieb

hydraulics [haiˈdroːliks] hydraulika

hydrogen [ˈhaidrədžn] vodík ● *h. bomb* vodíková bomba

hydrogenous [ˈhaidrədžnəs] vodíkový

hyena [haiˈeːnə] hyena

hygiene [ˈhaidžiːn] **1.** zdravoveda **2.** hygiena; *personal h.* osobná hygiena

hygienic [haiˈdžiːnik] hygienický; *h. conditions* hygienické podmienky

hypersonic [ˌhaipəˈsonik] nadzvukový; *a h. jet plane* nadzvukové lietadlo

hyphen [ˈhaifn] **I.** podst. spojovník **II.** sl. spojiť dve slová spojovníkom

hypnosis [hipˈnəusəs] hypnóza; *under h.* v hypnóze

hypocrisy [hiˈpokrəsi] pokrytectvo, pretvárka, farizejstvo

hypocrite [ˈhipəkrit] pokrytec, farizej

hypothesis [haiˈpoθəsəs] mn. č. *h-ses* [siːz] hypotéza, predpoklad; *put forward a h.* predložiť hypotézu

hy-spy [ˈhaiˌspai] BR hra na schovávačku

hysteria [hiˈstiriə] hystéria; *mass h.* masová hystéria

hysterical [hiˈsterikl] hysterický; *h. laughter* hysterický smiech

I [ai] ja; *I can't find my book* nemôžem nájsť svoju knihu

ice [ais] **I.** podst. **1.** ľad; *i. on the lake* ľad na jazere **2.** zastar. zmrzlina **3.** AM cukrová poleva ● *break the i.* prelomiť ľady **II.** sl. **1.** chladiť, vychladiť; *i-d drinks* chladené nápoje **2.** poliať cukrovou polevou; *i. the tart* poliať tortu cukrovou polevou

ice up zamrznúť; *the roads are all i-d up* cesty sú úplne zamrznuté

ice age [ˈais eidž] doba ľadová

iceberg [ˈaisbəːg] ľadovec, kryha ● *the tip of the i.* vrcholec ľadovca

icebox [ˈaisboks] AM chladnička

icebreaker [ˈaisˌbreikə] ľadoborec

ice cream [ˌais ˈkriːm] zmrzlina

ice cream cone [ˌaiskriːmˈkəun] kornútik zmrzliny

ice cube [ˌais ˈkjuːb] kocka ľadu

ice hockey [ˈaisˌhoki] ľadový hokej

Iceland [ˈaislənd] Island

Icelander [ˈaisləndə] Islanďan

Icelandic [aisˈlændik] **I.** príd. islandský **II.** podst. islandčina

ice lolly [ˈais ˌloli] nanuk

ice pudding [ˈais ˌpudiŋ] nanuková torta

ice rink [ˈais riŋk] klzisko

ice show [ˈais ˌʃəu] ľadová revue

ice tray [ˈais ˌtrei] miska na ľad

icicle [ˈaisikl] cencúľ; *i-s hanging from the roof* cencúle visiace zo strechy

icing [ˈaisiŋ] **1.** poleva **2.** šport. zakázané uvoľňovanie

icon [ˈaikon ˈəikən] **1.** ikona, obraz východnej cirkvi byzantského obradu **2.** počít. ikona, piktogram

icy [ˈaisi] **1.** ľadový aj pren.; *i. wind* ľadový vietor; *an i. welcome* chladné privítanie **2.** zľadovatený; *i. roads* zľadovatené cesty

ID [ai diː] skr. *identification/identity* identita, totožnosť, identifikácia; *establish the victim's ID* určiť totožnosť obete

idea [aiˈdiə] **1.** myšlienka, nápad; *a bad i.* zlý nápad **2.** plán; *have you any i-s for the future?* máš nejaké plány do budúcnosti? **3.** predstava; *this will give you an i. of my work* toto ti dá predstavu o mojej práci ● *I have no i.* nemám ani potuchy; *what an i.* to je ale nápad! *what's your idea?* ako si to predstavuješ?

ideal [ai'diəl] **I.** príd. ideálny; *an i. place for a holiday* ideálne miesto na prázdniny **II.** podst. ideál; *they share our democratic i-s* zdieľajú naše demokratické ideály
idealism [ai'diəlizm] idealizmus
idealistic [ˌaidiə'listik] idealistický
idealize [ai'diəlaiz] idealizovať (si); *i. a politician's qualities* idealizovať kvality politika
identical [ai'dentikl] **1.** totožný; *i. results* totožné výsledky **2.** rovnaký; *they wore i. dresses* mali na sebe rovnaké šaty
identification [aiˌdentəfə'keišn] **1.** zisťovanie totožnosti, identifikácia; *i. of the dead soldiers* zisťovanie totožnosti mŕtvych vojakov **2.** preukázanie totožnosti; *a driving licence is not sufficient i.* vodičský preukaz nie je postačujúci na preukázanie totožnosti
identify [ai'dentəfai] **1.** určiť totožnosť, identifikovať, rozpoznať; *can you i. your bag?* spoznáš svoju tašku? **2.** stotožniť; *our results do not always i.* naše výsledky sa nie vždy stotožňujú
identity [ai'dentəti] totožnosť; *proof of i.* dôkaz totožnosti
identity card [ai'dentəti ka:d] preukaz totožnosti/občiansky preukaz
idiom ['idiəm] lingv. idióm
idiot ['idiət] idiot ● *i. fringe* ostrihaný „na blbečka"
idle ['aidl] **I.** príd. **1.** potulujúci sa, potĺkajúci sa; *i. boys in the streets* chlapci potulujúci sa po uliciach **2.** lenivý, pomalý; *an i. worker* lenivý robotník **3.** zbytočný, prázdny, jalový; *i. rumour* jalové reči **II.** sl. **1.** zaháľať, leňošiť; *i. from morning till night* zaháľať od rána do večera **2.** bežať naprázdno; *i. an engine* nechať motor bežať naprázdno **III.** podst. beh naprázdno; *an engine running at i.* motor bežiaci naprázdno ● *i. time* prestoj, stratový čas
idleness ['aidlnəs] **1.** nečinnosť **2.** lenivosť, pomalosť **3.** zbytočnosť
idler ['aidlə] leňoch, poväľač
idol ['aidl] idol, vzor; *that football player was his i.* ten futbalista bol jeho idolom
ie/i. e. skr. id est to je; *the mass media, i. e. television, radio and the press* masovokomunikačné prostriedky, t.j. televízia, rozhlas a tlač
if [if] **1.** ak, keby; *I shall tell him i. I see him* poviem mu, ak ho stretnem ● *even if* aj

keď, aj keby, hoci aj; *we'll go even if it rains* pôjdeme, aj keby pršalo; *as if* akoby; *he talks as if he were tired* rozpráva, akoby bol unavený; *if only* keby len, kiežby; *if only he came in time* kiežby prišiel načas **2.** či; *I don't know i. I can come* neviem, či môžem prísť
ignitable [ig'naitəbl] zápalný
ignite [ig'nait] **1.** zapáliť, podpáliť; *i. a fire* zapáliť oheň **2.** odpáliť; *i. a rocket* odpáliť raketu **3.** podnietiť; *i. hatred* podnietiť nenávisť
ignition [ig'nišn] **1.** motor, zapaľovanie; *i. advance* predstih zapaľovania, predzápal; *i. distributor* rozdeľovač zapaľovania **2.** zapálenie, vzplanutie
ignoble [ig'nəubl] kniž. nečestný, nepoctivý; *an i. man* nečestný človek
ignominious [ˌignə'miniəs] hanebný, potupný, ponižujúci; *i. defeat* hanebná porážka; *i. labour* ponižujúca práca
ignorance ['ignərəns] nevedomosť, neznalosť; *i. of the law* neznalosť zákona
ignorant ['ignərənt] **1.** nevedomý, nevzdelaný; *he is not stupid, merely i.* nie je hlúpy, iba nevedomý **2.** neznalý, neoboznámený; *be i. of the situation* byť neoboznámený so situáciou
ignore [ig'no:] **1.** ignorovať, nevšímať si, nedbať (na); *he i-d all my warnings* ignoroval všetky moje varovania **2.** práv. zamietnuť; *i. a bill of indictment* zamietnuť žalobu
ill [il] **I.** príd. **1.** chorý; *he has been i. for a long time* už dlhší čas je chorý **2.** zlý; *i. repute* zlá povesť; *i. manners* nevyberané správanie **3.** neschopný; *i. management* neschopné vedenie **II.** prísl. zle; *an i. equipped laboratory* zle vybavené laboratórium **III.** podst. zlo, smola; *have i.* mať smolu ● *i. at ease* celý nesvoj, nervózny; *he's always i. at ease at parties* na večierkoch je vždy celý nesvoj
ill-bred [ˌil 'bred] nevychovaný, hrubý; *an i. bred child* nevychovane dieťa
illegal [i'li:gl] nezákonný, protiprávny, ilegálny; *i. activities* nezákonné činnosti
illegality [ˌili'gæləti] **1.** nezákonnosť **2.** ilegalita; *work in i.* pracovať v ilegalite
illegible [i'ledžəbl] nečitateľný; *this letter is i.* tento list je nečitateľný
ill-fated [ˌil'feitəd] nešťastný; *an i. attempt*

ending in death nešťastný pokus končiaci sa smrťou

ill-humoured [ˌil ˈhjuməd] nevrlý, mrzutý
illicit [iˈlisət] nedovolený, zákonom zakázaný, pokútny, načierno; *i. work* práca načierno; *i. sale of drugs* pokútny predaj drog
illiteracy [iˈlitrəsi] negramotnosť
illiterate [iˈlitrət] **I.** príd. negramotný **II.** podst. analfabet
ill-natured [ˌil ˈneičəd] **1.** zlomyseľný, zlý; *an i. remark* zlomyseľná poznámka **2.** zle naladený, mrzutý
illness [ˈilnəs] choroba; *a serious i.* vážna choroba
ill-tempered [ˌil ˈtempəd] nevrlý, mrzutý
ill-timed [ˌil ˈtaimd] zle načasovaný, nevhodný; *i. phonecall* zle načasovaný telefonát
illuminate [iˈluːməneit] **1.** osvetľovať, osvetliť; *i. the streets* osvetliť ulice **2.** slávnostne osvetliť; *i. the statue* slávnostne osvetliť sochu **3.** rozžiariť; *i-d face* rozžiarená tvár ● *i-ing engineering* osvetľovacia technika; *i-ing gas* svietiplyn
illumination [iˌluːməˈneišn] **1.** osvetlenie, osvetľovanie; *the i. is too weak* osvetlenie je prislabé **2.** fyz. intenzita osvetlenia
illuminator [iˌluːməˈneitə] osvetľovač, osvetľovací prístroj
illusion [iˈluːžn] **1.** ilúzia; *the i. of greater space* ilúzia väčšieho priestoru ● *be under an i.* robiť si ilúzie **2.** (priesvitný) tyl
illustrate [ˈiləstreit] **1.** ilustrovať; *i. a book* ilustrovať knihu **2.** ilustrovať, uviesť príklady, objasniť; *he said he would try to i. it* povedal, že sa pokúsi uviesť príklady
illustration [ˌiləˈstreišn] **1.** ilustrácia; *a book with plenty of i-s* kniha plná ilustrácií **2.** názorný príklad; *he gave an i. of what he meant* na názornom príklade ukázal, čo tým myslel
illustrious [iˈlastriəs] významný, slávny; *i. leader* slávny vodca
image [ˈimidž] **1.** zobrazenie, vyobrazenie, podoba, portrét; *an i. of the queen* vyobrazenie kráľovnej **2.** imidž, všeobecne vžitý názor, pôsobenie človeka na iných; *the American i. of Central Europe* americká predstava o strednej Európe ● *i. building* vytváranie imidžu
imagination [iˌmædžəˈneišn] predstavivosť, obrazotvornosť; *a product of i.* výplod obrazotvornosti

imagine [iˈmædžən] **1.** predstaviť si; *can you i. life without a car?* vieš si predstaviť život bez auta? **2.** myslieť si, domnievať sa; *don't i. that he'll do it* nemysli si, že on to spraví ● *just i.!* len si predstav!
imitable [ˈimətəbl] napodobniteľný
imitate [ˈiməteit] napodobniť; *i. a monkey* napodobniť opicu
imitation [ˌiməˈteišn] **1.** napodobňovanie, napodobenina; *i. of gothic architecture* napodobenina gotickej architektúry **2.** kópia; *true i.* verná kópia
immature [ˌiməˈčuə] **1.** nezrelý; *i. fruit* nezrelé ovocie **2.** nedospelý, nevyvinutý; *an i. person* nedospelá osoba
immediate [iˈmiːdiət] **1.** bezprostredný, priamy; *i. contact* priamy kontakt **2.** okamžitý; *an i. answer* okamžitá odpoveď
immediately [iˈmiːdiətli] **1.** ihneď, okamžite; *stop i.* ihneď zastav **2.** priamo; *he parked his car i. in front of the theatre* zaparkoval auto priamo pred divadlom
immemorial [ˌiməˈmoːriəl] prastarý, pradávny ● *from time i.* odnepamäti
immense [iˈmens] **1.** obrovský; *an i. building* obrovská budova **2.** hovor. ohromný, úžasný; *the concert was i.* koncert bol ohromný
immerse [iˈməːs] **1.** ponoriť (sa); *i. in water* ponoriť (sa) do vody **2.** pren. pohrúžiť sa, zabrať sa; *i-d in thought* pohrúžený do myšlienok
immersion [iˈməːšn] **1.** ponorenie, potopenie **2.** pren. pohrúženie sa; *i. in a problem* pohrúženie sa do problému
immersion heater [iˈməːšn ˌhiːtə] ponorný varič
immersion suit [iˈməːšn ˌsuːt/ˌsjuːt] potápačský oblek
immigrant [ˈimigrənt] **I.** podst. prisťahovalec, imigrant **II.** príd. prisťahovalecký, imigrantský
immigrate [ˈimigreit] prisťahovať sa, imigrovať; *they i-d to this country* prisťahovali sa do tejto krajiny
immigration [ˌimiˈgreišn] prisťahovalectvo
immobile [iˈməubail] nepohyblivý, neschopný pohybu, nehybný, nepojazdný; *this car is i.* toto auto je nepojazdné
immodest [iˈmodəst] **1.** neskromný; *an i. child* neskromné dieťa **2.** nemravný, necudný; *i. behaviour* nemravné správanie
immoral [iˈmorəl] nemravný, nemorálny; *i. conduct* nemravné správanie

immorality [ˌiməˈræləti] nemravnosť, nemorálnosť

immortal [iˈmoːtl] nesmrteľný; *i. fame* nesmrteľná sláva

immortality [ˌimoːˈtæləti] nesmrteľnosť

immune [iˈmjuːn] (*against/from/to*) odolný (voči/proti čomu), imúnny; *i. to antibiotics* odolný/rezistentný voči antibiotikám

immunity [iˈmjuːnəti] (*from/to*) odolnosť proti, imunita; *i. from disease* odolnosť proti chorobe

immunize [ˈimjunaiz] (*against*) imunizovať, urobiť odolným (proti čomu)

impact I. podst. [ˈimpækt] 1. náraz, úder, dopad; *the i. of a blow* náraz úderu 2. účinok, dosah, vplyv; *the i. of TV* vplyv televízie ● *i. pressure* tech. dynamický tlak II. sl. [imˈpækt] mať vplyv/dosah/účinok; *war i-s on the economy* vojna má vplyv na hospodárstvo

impair [imˈpeə] 1. poškodiť, narušiť, zhoršiť; *the accident i-ed his ability to work* nehoda narušila jeho pracovné schopnosti; *i-ed hearing* porucha sluchu; *i-ed vision/sight* porucha zraku 2. oslabiť; *the output was i-ed* výsledok bol oslabený

impart [imˈpaːt] 1. oznámiť (správu); *i. some news* oznámiť správu 2. dodať, pridať (vôňu, príchuť ap.); *cloves i. their flavour to food* klinčeky dodávajú jedlu svojskú príchuť

impartial [imˈpaːšl] nestranný, nezaujatý; *an i. judge* nestranný sudca

impartiality [imˌpaːšiˈæləti] nestrannosť, nezaujatosť

impassability [imˌpaːsəˈbiləti] 1. nezjazdnosť; *i. of the road* nezjazdnosť cesty 2. nesplavnosť; *i. of the river* nesplavnosť rieky 3. nepriechodnosť; *i. of the jungle* nepriechodnosť džungle

impassable [imˈpaːsəbl] 1. nezjazdný; *i. road* nezjazdná cesta 2. nesplavný; *i. river* nesplavná rieka 3. nepriechodný; *i. jungle* nepriechodná džungľa 4. neprekonateľný; *i. obstacles* neprekonateľné prekážky

impatience [imˈpeišns] netrpezlivosť, nedočkavosť; *growing i.* rastúca netrpezlivosť; *wait with i.* netrpezlivo očakávať

impatient [imˈpeišnt] netrpezlivý, nedočkavý

impeach [imˈpiːč] (*for*) obviniť, obžalovať (z čoho) z trestnej činnosti proti štátu; *i. sb. for a crime* obžalovať (koho) zo zločinu

impeachment [imˈpiːčmənt] obžaloba, obvinenie

impedance [imˈpiːdns] elektr. zdanlivý odpor, impedancia

impede [imˈpiːd] prekážať, brániť; *i. progress* prekážať pokroku

impediment [imˈpedəmənt] prekážka; *i. to marriage* prekážka manželstva

impel [imˈpel] *-ll-* hnať, priviesť; *what i-led him to do such a thing?* čo ho k tomu dohnalo?

impend [imˈpend] hroziť, nezadržateľne sa blížiť; *the i-ing storm* nezadržateľne sa blížiaca búrka

impenetrable [imˈpenətrəbl] nepreniknuteľný; *i. darkness* nepreniknuteľná tma

imperative [imˈperətiv] I. podst. 1. gram. rozkazovací spôsob 2. príkaz; *a moral i.* morálny príkaz II. príd. 1. rozkazovačný, veliteľský, diktátorský; *an i. tone* rozkazovačný tón 2. naliehavý; *an i. duty* naliehavá povinnosť 3. gram. rozkazovací; *the i. mood* rozkazovací spôsob

imperceptible [ˌimpəˈseptəbl] nepostrehnuteľný, nevnímateľný; *i. breeze* nepostrehnuteľný vánok

impercipient [ˌimpəˈsipiənt] ťažko chápajúci, nechápavý

imperfect [imˈpəːfikt] I. príd. 1. nedokonalý, chybný; *i. combustion* nedokonalé spaľovanie 2. gram. minulý; *the i. tense* jednoduchý minulý čas II. podst. gram. imperfektum

imperfection [ˌimpəˈfekšn] nedokonalosť, chyba, porucha, kaz; *i. of the project* nedokonalosť projektu; *i-s in the cloth* kazy na látke

imperialism [imˈpiriəlizm] 1. imperializmus 2. ovládnutie/nadvláda

imperialist [imˈpiriəlist] I. podst. 1. imperialista 2. stúpenec cisárstva II. príd. imperialistický; *an i. war* imperialistická vojna

imperil [imˈperəl] *-ll-* ohroziť; *the whole project is i-led by the lack of money* celý projekt je ohrozený nedostatkom peňazí

imperilment [imˈperəlmənt] ohrozenie

imperious [imˈpiriəs] 1. veliteľský, panovačný; *an i. girl* panovačné dievča 2. naliehavý, neodbytný; *an i. duty* naliehavá povinnosť

imperium [imˈpiriəm] mn. č. aj *imperia* [imˈpiriə] ríša, impérium

impermanent [imˈpəːmənənt] nestály, prechodný, dočasný; *i. beauty* nestála krása

impermeable [imˈpəːmiəbl] odb. nepriepustný, nepremokavý; *i. to fluids* neprepúšťajúci tekutiny

impermissible [ˌimpə:ˈmisəbl] neprípustný; *i. manners* neprípustné správanie

impersonal [imˈpə:snl] **1.** neosobný, nezúčastnený; *i. attitude* neosobný prístup **2.** objektívny; *i. interest* objektívny záujem **3.** gram. neurčitý; *i. pronoun* neosobné zámeno

impertinence [imˈpə:tənəns] **1.** bezočivosť, drzosť; *it's the height of i.* to je vrchol drzosti **2.** nevhodnosť

impertinent [imˈpə:tənənt] **I.** príd. **1.** bezočivý, drzý, impertinentný; *he's often i. to his parents* je často drzý voči svojim rodičom **2.** nevhodný; *i. remark* nevhodná poznámka **II.** podst. bezočivec, impertinentný človek

impetus [ˈimpətəs] popud, podnet, impulz, stimul; *he felt no i. to do it* nemal podnet na to, aby to spravil

impinge [imˈpindž] **1.** naraziť (na čo); *i. a problem* naraziť na problém **2.** *(on/upon)* ovplyvňovať, dotýkať sa, (rušivo) zasahovať; *i. on daily life* zasahovať do každodenného života

implacable [imˈplækəbl] **1.** nezmieriteľný; *i. fight* nezmieriteľný boj **2.** neúprosný; *i. enemy* neúprosný nepriateľ

implant [imˈplɑːnt] **1.** (pevne) vsadiť, zasadiť; *i. a diamond in a ring* vsadiť briliant do prsteňa **2.** *(in)* vštepiť (komu); *i. good habits in children* vštepiť dobré návyky deťom **3.** lek. implantovať (orgán); *pacemaker i.* kardiostimulátor

implausible [imˈplɔːzəbl] **1.** nepravdepodobný; *i. adventures* nepravdepodobné dobrodružstvá **2.** neprijateľný; *i. explanation* neprijateľné vysvetlenie

implement I. podst. [ˈimpləmənt] náčinie, náradie, nástroj aj pren.; *kitchen i-s* kuchynské náčinie; *i. of justice* nástroj spravodlivosti **II.** sl. [ˈimpləment] uskutočniť, vykonať, realizovať; *i. a plan* uskutočniť plán

implementation [ˌimpləmenˈteišn] uskutočnenie, realizácia

implicate [ˈimpləkeit] **I.** sl. *(in)* **1.** zapliesť sa (do čoho); *i. in a crime* zapliesť sa do zločinu **2.** podieľať sa (na čom) **II.** podst. dôsledok **III.** príd. [ˈimpləkət] zahrnutý, obsiahnutý, implicitný

implication [ˌimpləˈkeišn] **1.** náznak; *say by i.* naznačiť **2.** zapletenie sa (do čoho) *i. in a robbery* zapletenie do lúpeže

implicit [imˈplisət] **1.** zjavne obsiahnutý; *his speech contained i. disapproval* v jeho reči bol zjavný nesúhlas **2.** bezvýhradný, bez-

podmienečný; *i. obedience* bezvýhradná poslušnosť

implore [imˈplo:] zaprisahať, úpenlivo prosiť; *i. a friend for help* prosiť priateľa o pomoc

imploring [imˈplo:riŋ] prosebný, úpenlivý; *an i. look* prosebný pohľad

imply [imˈplai] **1.** zahŕňať, implikovať; *democracy i-ies freedom* demokracia zahŕňa slobodu **2.** znamenať; *silence i-ies consent* mlčanie značí súhlas/kto mlčí, svedčí **3.** naznačiť, chcieť povedať; *do you i. that I am lying?* chceš povedať, že klameme?

impolite [ˌimpəˈlait] nezdvorilý; *that was very i. of you* to bolo od teba veľmi nezdvorilé

import I. sl. [imˈpo:t] dovážať, importovať; *we i. rice from China* dovážame ryžu z Číny **II.** podst. [ˈimpo:t] dovoz, import; *i. duty* dovozné clo

importance [imˈpo:tns] dôležitosť, význam; *be of great i.* mať veľký význam

important [imˈpo:tnt] dôležitý, významný, závažný; *an i. event* významná udalosť

importer [imˈpo:tə] dovozca, importér

importune [ˌimpəˈtju:n] naliehavo žiadať; *she i-d for some more money* naliehavo žiadala viac peňazí

impose [imˈpəuz] **1.** uložiť (povinnosť), uvaliť; *i. conditions* uložiť podmienky; *i. a high tax on sth.* uvaliť vysokú daň (na čo) **2.** vyhlásiť; *i. a curfew on a town* vyhlásiť zákaz nočného vychádzania v meste **3.** oklamať, podviesť; *i. fake documents* podviesť falošnými dokladmi

imposing [imˈpəuziŋ] úchvatný, impozantný; *an i. building* úchvatná budova

impossibility [imˌposəˈbələti] nemožnosť, neuskutočniteľnosť; *don't expect me to do i-ies* nežiadajte odo mňa nemožné

impossible [imˈposəbl] **I.** príd. nemožný; *he's an i. person* je to nemožný človek **II.** podst. nemožnosť, nemožné

impostor [imˈpostə] podvodník

imposture [imˈposčə] podvádzanie, podvod; *make a living by i.* žiť z podvodov

impotence [ˈimpətəns] **1.** bezmocnosť, nemohúcnosť, neschopnosť; *the i. of parents* bezmocnosť rodičov **2.** impotencia

impotent [ˈimpətənt] **1.** bezmocný, nemohúci, neschopný **2.** impotentný

impoverish [imˈpovriš] schudobnieť

impractical [imˈpræktikl] **1.** neuskutočniteľný; *a totally i. plan* úplne neuskutočniteľný plán **2.** nepraktický; *an i. man* nepraktický človek

imprecate [ˈimprəkeit] (*up/on*) nadávať, hromžiť (na koho/čo); *i. the weather* hromžiť na počasie

impress [imˈpres] **1.** vtlačiť, vtisnúť; *i. a seal on wax* vtlačiť pečať do vosku **2.** zapôsobiť, urobiť dojem; *his words i-ed me* jeho slová na mňa zapôsobili

impression [imˈprešn] **1.** dojem; *what are your i-s of London?* aké máte dojmy z Londýna? **2.** výtlačok, náklad; *i. of 500 copies* 500-kusový náklad

impressive [imˈpresiv] pôsobivý, impozantný; *an i. ceremony* pôsobivý obrad

imprint [imˈprint] opečiatkovať; *i. a letter with a postmark* opatriť list poštovou pečiatkou

imprison [imˈprizn] uväzniť; *the passengers were i-ed in the plane* cestujúci boli uväznení v lietadle

imprisonment [imˈpriznmənt] uväznenie, väzenie ● *life i.* doživotné väzenie, doživotie

improbability [imˌprobəˈbiləti] nepravdepodobnosť

improbable [imˈprobəbl] nepravdepodobný; *an i. story* nepravdepodobný príbeh

improper [imˈpropə] **1.** nevhodný; *that joke was i.* ten vtip bol nevhodný **2.** nesprávny; *i. diagnosis* nesprávna diagnóza **3.** neslušný; *i. stories* neslušné príbehy

improve [imˈpruːv] zlepšiť sa, zdokonaliť sa, robiť pokroky; *his work has greatly i-d* jeho práca sa značne zlepšila

improvement [imˈpruːvmənt] **1.** zlepšenie, zdokonalenie; *a number of i-s in the town* množstvo zlepšení v meste **2.** (*on/upon*) pokrok (v čom) ● *i. suggestion* zlepšovací návrh

improver [imˈpruːvə] **1.** zlepšovateľ **2.** zlepšovací návrh, zlepšovák **3.** BR (neplatený) praktikant

imprudent [imˈpruːdnt] nerozumný, neopatrný; *an i. child* neopatrné dieťa; *an i. remark* nerozumná poznámka

impulse [ˈimpals] impulz, popud, podnet ● *on i.* impulzívne; *i. buying* bezhlavé nakupovanie

impulsive [imˈpalsiv] **1.** hnací, hybný; *i. force* hnacia sila **2.** impulzívny; *an i. person* impulzívna osoba

impure [imˈpjuə] nečistý, znečistený; *i. water* znečistená voda

impurify [imˈpjurəfai] znečistiť

impute [imˈpjuːt] (*to*) pripisovať, klásť za vinu (komu); *they i-d the crime to him* pripísali mu ten zločin

in [in] **I.** predl. **1.** (miesto, priestor) v, vo, na; *i. Europe* v Európe; *i. the house* v dome; *i. bed* v posteli; *i. the field* na poli; *i. the street* na ulici; *i. the country* na vidieku; *i. the picture* na obrázku; *i. the university* na univerzite **2.** (pohyb, smerovanie pohybu) do; *take i. hand/one's arms* vziať do ruky/do náručia; *he put his hands i. his pockets* vložil si ruky do vreciek **3.** (okolnosti, stav, spôsob) v, vo; *he is i. the army* je v armáde/je narukovaný; *dressed i. a black coat* oblečený v čiernom kabáte; *written i. English* písané v angličtine/po anglicky; *they arrived i. large numbers* prišli vo veľkom počte **4.** (časový rozsah) počas, cez, za; *i. my absence* počas mojej neprítomnosti; *i. the daytime* cez deň, za dňa, vo dne; *I'll be back i. a month* vrátim sa o mesiac; *i. the morning/evening* ráno/večer **5.** (v zhode, v súlade) podľa; *i. my opinion* podľa môjho názoru; *i. the latest fashion* podľa poslednej módy ● *i. addition to* okrem toho; *i. advance* vopred, dopredu; *thank you i. advance* vopred ďakujem; *i. apology* na ospravedlnenie; *i. case* v prípade; *i. cash* v hotovosti; *i. general* všeobecne; *i. a hurry* v rýchlosti; *i. this way* takto **II.** prísl. dnu, vnútri (za slovesom); *come i.* poď(te) dnu, vojdi(te); *be i.* **1.** byť doma/v práci/byť prítomný, prísť; *is Mr. Smith i.?* je pán Smith prítomný? *is he coming i. today?* príde dnes? *is the train i. yet?* prišiel už vlak? **2.** byť v móde; *short skirts are i. at the moment* momentálne sú v móde krátke sukne

inability [ˌinəˈbiləti] neschopnosť; *total i. in mathematics* úplná neschopnosť v matematike; *i. to do something* neschopnosť niečo urobiť

inaccessibility [ˌineksesəˈbələti] **1.** neprístupnosť, nedosiahnuteľnosť **2.** (povahová) neprístupnosť, uzavretosť

inaccessible [ˌinəkˈsesəbl] **1.** neprístupný; *the castle is i.* hrad je neprístupný, **2.** nedostupný; *at that time a new house was i. for the family* v tom čase bol nový dom pre rodinu nedostupný **3.** (povahove) uzavretý; *an i. man* uzavretý človek

inaccuracy [inˈækjurəsi] **1.** nepresnosť, nesprávnosť; *with great i.* s veľkou nepresnosťou **2.** nečistota, falošnosť (tónu)

inaccurate [inˈækjərət] **1.** nepresný, nesprávny, chybný; *i. statement* nepresný výrok **2.** nečistý, falošný (tón); *i. tune* falošná melódia

inactive [in'æktiv] **1.** nečinný; *i. life* nečinný život **2.** lenivý, nič nerobiaci; *i. pupil* lenivý žiak **3.** nevyužitý, ležiaci ladom; *i. machine* nevyužitý stroj

inadaptable [ˌinə'dæptəbl] (*to*) neprispôsobivý (čomu); *i. to new working conditions* neprispôsobivý novým pracovným podmienkam

inadequate [in'ædəkwət] **1.** neprimeraný; *i. remarks* neprimerané poznámky **2.** neschopný; *an i. individual* neschopný jednotlivec

inadhesive [ˌinəd'hi:siv] neprilipnuteľný, nepriliehavý

inadvertence [ˌinəd'və:tns] nepozornosť, prehliadnutie (z nepozornosti); *many mistakes proceed from i.* mnoho chýb pramení z nepozornosti

inalienable [in'eiliənəbl] neodcudziteľný; *i. rights* neodcudziteľné práva

in-and-out [ˌin ənd'aut] striedavo dobrý a zlý, kolísavý; *an i. performance* predstavenie striedavo dobré a zlé

inane [i'nein] hlúpy, nezmyselný; *an i. remark* hlúpa poznámka

inanimate [in'ænəmət] **1.** neživý, mŕtvy; *an i. object* neživý predmet **2.** pren. bezduchý, bez života, nevýrazný; *her i. movement on the stage* jej bezduchý pohyb na javisku

inapplicable [ˌinə'plikəbl] (*to*) nepoužiteľný, neupotrebiteľný (na čo); *the rule is i. to this case* toto pravidlo je na tento prípad neuplatniteľné

inappropriate [ˌinə'prəupriət] nepatričný, nehodiaci sa, nevhodný; *an i. method* nevhodná metóda

inapt [in'æpt] neschopný, nespôsobilý, nekvalifikovaný; *he's i. for that work* nie je súci na tú prácu

inasmuch [ˌinəz'mač] (*as*) kým, do tej miery, pokiaľ; *anything is acceptable i. as it brings good results* čokoľvek je prijateľné, kým to prináša dobré výsledky

inattention [ˌinə'tenšn] nepozornosť; *i. to details* nepozornosť voči detailom

inattentive [ˌinə'tentiv] nepozorný, nedbalý, neporiadny; *an i. student* neporiadny žiak

inaudible [in'o:dəbl] nepočuteľný; *i. whisper* nepočuteľný šepot

inaugural [i'no:gjərl] úvodný, nástupný; *i. speech* nástupná/inauguračná reč

inauguration [iˌno:gjə'reišn] inaugurácia; *I. Day* inauguračný deň (uvedenie prezidenta Spojených štátov do úradu, 20. január)

inborn [ˌin'bo:n] vrodený; *an i. talent* vrodené nadanie

inc. skr. *including* [in'klu:diŋ] vrátane, včítane; *i. postage* vrátane poštovného

Inc. skr. *incorporated* [inko:pə'reitəd] AM akciová spoločnosť, a. s.

incapability [inˌkeipə'biləti] neschopnosť; *i. of writing* neschopnosť písať

incapable [in'keipəbl] **I.** príd. neschopný; *he's i. of telling a lie* nie je schopný klamať **II.** podst. neschopný človek, hlupák

incaution [in'ko:šn] neopatrnosť, nepozornosť

incautious [in'ko:šəs] neopatrný, nepozorný; *i. remarks* neopatrné poznámky

incendiary [in'sendiəri] **I.** príd. **1.** zápalný; *an i. grenade* zápalný granát **2.** podpaľačský, štvavý, buričský aj pren.; *an i. newspaper article* štvavý článok v novinách **II.** podst. **1.** zápalná látka **2.** podpaľač

incentive [in'sentiv] **I.** príd. podnecujúci, podnetný **II.** podst. popud, podnet, pohnútka, stimul; *hope of promotion was an i. to work overtimes* nádej na povýšenie bola podnetom na prácu nad čas

incessant [in'sesnt] neprestajný, neustály, ustavičný; *i. complaining* neustále sťažovanie; *i. noise* ustavičný hluk

inch [inč] palec, cól (2,54 cm) ● *i. by i.* postupne, kúsok po kúsku

incident ['insədnt] udalosť, príhoda, incident; *a strange i.* čudná príhoda

incidental [ˌinsə'dentl] náhodný, náhodilý; *i. expense* náhodný výdavok ● *i. music* scénická hudba

incidentally [ˌinsə'dentli] mimochodom, náhodou; *i., she found the book I asked for* mimochodom, našla tú knihu, ktorú som si pýtal

incinerate [in'sinəreit] spáliť; *i. rubbish* spáliť odpad

incinerator [in'sinəreitə] spaľovňa

incise [in'saiz] narezať, rozrezať; *i. the swollen tissue* narezať zdurené tkanivo

incisive [in'saisiv] ostrý aj pren.; *i. criticism* ostrá kritika

incite [in'sait] podnecovať; *i. the crowd to rebellion* podnecovať dav k vzbure

inclement [in'klemənt] **1.** nepríjemný, drsný; *i. weather* nepríjemné počasie **2.** nemilosrdný, prísny; *an i. judge* nemilosrdný sudca

inclination [ˌinklə'neišn] **1.** sklon; *i. of the roof* sklon strechy **2.** (*to/towards/for*) sklon (k čomu), náchylnosť (na čo); *he has an i. to stoutness* má sklon k tučnote
incline I. sl. [in'klain] **1.** nakloniť (sa), skloniť (sa); *the tower i-s to one side* veža sa nakláňa na jednu stranu **2.** prikloniť sa; *I i. to believe* prikláňam sa k názoru ● *I am i-d* (*to*) chce sa mi, mám sto chutí (robiť čo) **II.** podst. ['inklain] spád, sklon, svah; *run down a steep i.* bežať dolu príkrym svahom
include [in'klu:d] zahŕňať, obsahovať; *the tip is i-d in the sum* prepitné je zahrnuté v cene
including [in'klu:diŋ] vrátane, včítane; *we were five i. our hostess* bolo nás päť vrátane našej hostiteľky
inclusive [in'klu:siv] zahrnujúci (v sebe), vrátane, včítane; *from May the 1st till July the 3rd i.* od 1. mája do 3. júla vrátane
incognizable [in'kognizəbl] nepoznateľný
incoherent [ˌinkəu'hirənt] nesúrodý, nesúvislý; *an i. text* nesúvislý text; *an i. speech* nesúvislý prejav
income ['iŋkam] príjem, zisk, dôchodok; *a large i.* veľký príjem; *i. tax* daň z príjmu
incomparable [in'komprəbl] neporovnateľný, jedinečný; *i. beauty* jedinečná krása
incompatible [ˌinkəm'pætəbl] nezlučiteľný; *i. ideas* nezlučiteľné myšlienky
incompetence [in'kompətəns] neschopnosť, nespôsobilosť; *i. to drive a car* neschopnosť viesť auto; *he was fired due to i.* vyhodili ho z práce pre neschopnosť
incompetent [in'kompətənt] **I.** príd. neschopný, neúčelný, nespôsobilý; *i. system* neschopný systém **II.** podst. neschopný človek
incomplete [ˌinkəm'pli:t] neúplný, nedokončený; *i. records* neúplné hlásenia
incomprehensible [in,kompri'hensəbl] nezrozumiteľný, nepochopiteľný; *i. lecture* nezrozumiteľná prednáška
inconceivable [ˌinkən'si:vəbl] nepredstaviteľný, nepochopiteľný; *i. wickedness* nepredstaviteľná zlomyseľnosť
incongruous [in'koŋgruəs] **1.** nesúhlasný, neladiaci, neprimeraný; *i. colours* neladiace farby **2.** nezlučiteľný; *conduct i. with avowed principles* správanie nezlučiteľné s vyznávanými zásadami
inconsequence [in'konsəkwəns] nedôslednosť

inconsequent [in'konsəkwənt] **1.** nedôsledný; *i. thinking* nedôsledné/povrchné uvažovanie **2.** rozporný, rozporuplný; *an i. remark* rozporná poznámka
inconsiderable [ˌinkən'sidrəbl] bezvýznamný; *an i. village* bezvýznamná dedina
inconsiderate [ˌinkən'sidrət] nešetrný, netaktný; *i. actions* nešetrné kroky/činy
inconsistent [ˌinkən'sistnt] **1.** odporujúci (čomu), nezlučiteľný (s čím); *actions i. with the law* činy nezlučiteľné so zákonom **2.** plný rozporov, protirečivý, nedôsledný; *his description was i.* jeho opis bol protirečivý
inconsolable [ˌinkən'səuləbl] neutešiteľný, nezmieriteľný; *i. grief* nezmieriteľný žiaľ
inconspicuous [ˌinkən'spikjuəs] nenápadný
incontestable [ˌinkən'testəbl] nepopierateľný, nesporný; *i. evidence* nepopierateľný dôkaz
inconvenience [ˌinkən'vi:niəns] ťažkosti; *the i. of living in a small flat* ťažkosti s bývaním v malom byte ● *at great i.* s veľkými ťažkosťami
inconvenient [ˌinkən'vi:niənt] nevhodný, nevyhovujúci; *she has come at a very i. time* prišla vo veľmi nevhodnom čase
incorporate I. príd. [in'ko:pərət] začlenený, zahrnutý, inkorporovaný **II.** sl. [in'ko:pəreit] **1.** začleniť, zahrnúť, inkorporovať; *i. suggestions into the plan* začleniť návrhy do plánu **2.** spojiť, zlúčiť; *i. to one organisation* zlúčiť do jednej organizácia **3.** obch. ustanoviť sa; *they will i. as soon as they have a little more capital* legálne sa ustanovia, len čo budú mať trochu väčší kapitál
incorporated company [in'ko:pəreitəd 'kampəni] AM akciová spoločnosť
incorrect [ˌinkə'rekt] **1.** nesprávny, chybný; *an i. transcription* nesprávny prepis **2.** nevhodný; *i. behaviour* nevhodné správanie
incorrigible [in'korədžəbl] nenapraviteľný, nepolepšiteľný; *an i. liar* nenapraviteľný klamár
incorruptable [ˌinkə'raptəbl] neskazený, poctivý, čestný; *he's i. in his attitude to people* má čestný prístup k ľuďom
increase I. sl. [in'kri:s] zväčšiť sa, zvýšiť sa, narastať, stúpať; *our population has i-d* naša populácia sa zvýšila **II.** podst. ['iŋkri:s] zväčšenie, zvýšenie, vzrast, vzostup; *an i. in crime* vzrast kriminality ● *be on the i.* mať vzostupnú tendenciu

incredible [inˈkredəbl] neuveriteľný; *that's an i. coincidence* to je neuveriteľná zhoda

incredulous [inˈkredjələs] nedôverčivý, neveriaci; *an i. look* nedôverčivý pohľad

incriminate [inˈkrimineit] obviniť, pripisovať vinu; *he i-d his friends* pripisoval vinu svojim priateľom

inculcate [ˈiŋkalkeit] **1.** stále opakovať; *i. the same ideas* stále opakovať tie isté myšlienky **2.** (*on/upon*) vštepovať (komu); *i. ideas on/upon sb.* vštepovať (komu) myšlienky

incur [inˈkə:] *-rr-* **1.** spôsobiť (si), privodiť (si); *i. large losses* spôsobiť veľké straty **2.** podstúpiť (čo) **3.** vystaviť (sa) (čomu); *i. a danger* vystaviť sa nebezpečenstvu

incurable [inˈkjurəbl] nevyliečiteľný; *i. illness* nevyliečiteľná choroba

incursion [inˈkə:šn] (*into/on*) vpád, invázia (do čoho); *i. into enemy territory* vpád na nepriateľské územie

indebted [inˈdetəd] **1.** (*to*) zadlžený (voči komu); *he was heavily i. to the bank* bol veľmi zadlžený v banke **2.** (*to – for*) zaviazaný (komu – za čo); *I am i. to you for your help* som ti zaviazaný za tvoju pomoc

indecent [inˈdi:snt] neslušný, neprístojný, nenáležitý; *i. behaviour* neslušné správanie

indecision [ˌindiˈsižn] **1.** nerozhodnosť; *he stopped before the door in i.* pred dverami nerozhodne zastal **2.** váhavosť, kolísavosť

indecisive [ˌindiˈsaisiv] **1.** nerozhodný (boj, výsledok, zápas); *an i. battle* nerozhodný boj **2.** nerozhodný, váhavý, kolísavý; *an i. person* nerozhodný človek

indeed [inˈdi:d] skutočne, naozaj; *thank you very much i.* naozaj veľmi pekne ďakujem

indefatigable [ˌindiˈfætigəbl] neúnavný; *an i. worker* neúnavný pracovník

indefensible [ˌindiˈfensəbl] nedotknuteľný; *i. rights* nedotknuteľné práva

indefinite [inˈdefnət] neurčitý; *an i. answer* neurčitá odpoveď; lingv. *i. article* neurčitý člen

indelible [inˈdeləbl] neodstrániteľný, nezmazateľný; *i. stain* neodstrániteľná škvrna

indenture [inˈdenčə] vzájomná dohoda (pred nástupom do učebného pomeru) ● *take up one's i.* vyučiť sa remeslu, skončiť učebný pomer

independence [ˌindəˈpendəns] nezávislosť; *declaration of i.* vyhlásenie nezávislosti *I. Day* Deň nezávislosti (štátny sviatok USA, 4. júl); *after mowing away from home, he was en-*

joying his newly found i. keď sa odsťahoval z domu, vychutnával svoju novú nezávislosť

independent [ˌindəˈpendənt] **1.** nezávislý, samostatný; *she is financially i.* je finančne nezávislá **2.** (*on, of, from*) nezávislý (od koho, čoho); *Hong Kong is i. of Britain now* Hong-kong je teraz nezávislý od Británie

indetectable [ˌindəˈtektəbl] neodhaliteľný; *an i. crime* neodhaliteľný zločin

index [ˈindeks] **1.** index, ukazovateľ; *cost of living i.* ukazovateľ životných nákladov **2.** register, index (napr. na konci knihy ap.) **3.** zoznam; *an i. of forbidden books* zoznam zakázaných kníh **4.** mat. mn. č. *indices* [ˈindisə:z] exponent

index finger [ˈindeks ˌfiŋgə] ukazovák (prst)

India [ˈindjə] India; *the Republic of I.* Indická republika

Indian [ˈindiən] **I.** podst. **1.** Ind **2.** Indián **II.** príd. **1.** indický **2.** indiánsky ● *I. file* husí pochod; *slowly moving in I. file* idúc pomaly husím pochodom; *I. summer* babie leto

india rubber [ˌindiə ˈrabə] kaučuk, guma

indicate [ˈindəkeit] **1.** ukázať; *i. the direction* ukázať smer **2.** naznačiť; *his reply i-d disagreement* jeho odpoveď naznačila nesúhlas

indication [indəˈkeišn] náznak, predzvesť; *an i. of disagreement* náznak nesúhlasu

indicative [inˈdikətiv] **I.** príd. gram. oznamovací; *the i. mood* oznamovací spôsob **II.** podst. gram. oznamovací spôsob

indict [inˈdait] (*for/of/on*) obviniť, obžalovať (z čoho); *i-ed for murder* obvinený z vraždy

indictment [inˈdaitmənt] (*for*) obvinenie (z čoho); *i. for theft* obvinenie z krádeže; *the judge read the i.* sudca prečítal obvinenie

indifference [inˈdifrəns] (*to*) ľahostajnosť (ku komu, k čomu, voči komu, čomu); *show i. towards public interests* prejaviť ľahostajnosť k verejným záujmom

indifferent [inˈdifrənt] **1.** (*to, towards*) ľahostajný; *how can you be so i. to their suffering?* ako môžeš byť taký ľahostajný k ich utrpeniu? **2.** priemerný; *I am an i. cook* som priemerný kuchár

indigestible [ˌindiˈdžestəbl] nestráviteľný; *i. food* nestráviteľné jedlo

indigestion [ˌindiˈdžesčn] porucha trávenia, pokazený žalúdok; *chronic i.* chronicky pokazený žalúdok

indignant [inˈdignənt] (*at*) rozhorčený (z koho, z čoho); *I feel i. at his behaviour* som rozhorčený z jeho správania

indignation [ˌindigˈneišn] rozhorčenie, pobúrenie; *public i. at the injustice* verejné rozhorčenie nad nespravodlivosťou ● *i. meeting* protestné zhromaždenie

indirect [ˌindəˈrekt] **1.** nepriamy; *i. road* nepriama cesta **2.** pren. vyhýbavý, neúprimný; *an i. answer* vyhýbavá odpoveď

indirect costs [ˌindərektˈkosts] režijné náklady

indirect expenses [indərekt ikˈspensəz] všeobecná réžia

indirect object [ˌindərektˈobdžikt] lingv. nepriamy predmet

indirect speech [ˌindərektˈspiːč] lingv. nepriama reč

indiscreet [ˌindiˈskriːt] **1.** nerozumný, neuvážený, nerozvážny; *an i. step* nerozumný krok **2.** indiskrétny, netaktný; *an i. question* netaktná otázka

indiscretion [ˌindiˈskrešn] **1.** nerozumnosť, neuváženosť, nerozvážnosť; *destroy one's political career because of an i.* pokaziť si politickú kariéru neuváženosťou **2.** indiskrétnosť, netaktnosť; *calculated i.* úmyselná netaktnosť

indispensable [ˌindiˈspensəbl] potrebný, nevyhnutný; *an i. book in this field* kniha potrebná v tomto odbore

indisposed [ˌindiˈspəuzd] **1.** chorý, chorľavý; *I feel i.* som chorý **2.** indisponovaný, nie vo svojej koži; *I have a headache and feel rather i.* bolí ma hlava a necítim sa vo svojej koži **3.** neochotný; *he seems i. to help us* zdá sa, že nie je ochotný pomôcť nám

indisposition [inˌdispəˈzišn] **1.** chorľavosť **2.** indispozícia **3.** neochota, nechuť; *i. towards work* nechuť k práci

indisputable [ˌindiˈspjuːtəbl] **1.** nepopierateľný; *i. facts* nepopierateľné fakty **2.** skutočný; *i. truth* skutočná pravda

indissoluble [ˌindiˈsoljəbl] **1.** nezrušiteľný; *an i. contract* nezrušiteľná zmluva **2.** nerozpustný; *i. in water* nerozpustný vo vode

indistinct [ˌindiˈstiŋkt] nejasný; *i. memories* nejasné spomienky

indistinguishable [ˌindiˈstiŋgwišəbl] nerozoznateľný; *the copy was i. from the original* kópia bola nerozoznateľná od originálu

individual [ˌindəˈvidžuəl] **I.** príd. **1.** individuálny, jednotlivý; *i. portions* jednotlivé porcie **2.** svojrázny; *an i. style of writing* svojrázny štýl písania; *i. credit* osobný úver **II.** podst. jednotlivec, jedinec; *the rights of the i.* práva jednotlivca

individually [ˌindəˈvidžuəli] **1.** jednotlivo; *address each person i.* osloviť každého jednotlivo **2.** osobne; *that will affect me i.* to ma postihne osobne

indivisible [ˌindəˈvizəbl] **I.** príd. nerozdeliteľný **II.** podst. mat. ďalej nedeliteľná veličina

indolence [ˈindələns] lenivosť

indolent [ˈindələnt] lenivý; *i. students* leniví študenti

indoor [ˈindoː] **1.** domáci; *i. clothes* domáce šaty **2.** halový; *i. games* halové hry **3.** krytý; *i. swimming pool* krytý bazén

indoors [ˌinˈdoːz] **1.** v dome, v budove; *stay i.* zostať doma **2.** do domu, dnu; *he went i.* išiel dnu

indubitable [inˈdjuːbətəbl] nepochybný

induce [inˈdjuːs] **1.** prinútiť, donútiť; *what i-d you to do it?* čo ťa prinútilo tak konať? **2.** navodiť, vyvolať; *i. sleep* navodiť spánok

induct [inˈdakt] **1.** uviesť; *i. as dean of the faculty* uviesť do funkcie dekana fakulty **2.** zasvätiť; *i. to painting* zasvätiť do maľovania

indulge [inˈdaldž] vyhovieť; *i. a sick person* vyhovieť chorému

indulge in oddávať sa, vychutnávať, dopriať si; *i. in music* oddávať sa hudbe

indulgence [inˈdaldžns] **1.** zhovievavosť; *ask for i.* prosiť o zhovievavosť **2.** oddávanie sa, holdovanie; *sweets are his i.* holduje sladkostiam **3.** záľuba; *his only i. is reading books* jeho jedinou záľubou je čítanie kníh

indulgent [inˈdaldžnt] zhovievavý; *i. teacher* zhovievavý učiteľ

industrial [inˈdastriəl] **I.** príd. priemyselný; *i. areas of the country* priemyselné oblasti krajiny **II.** podst. **1.** pracovník v priemysle **2.** priemyselný podnik

industrial accident [inˌdastriəl ˈæksədənt] pracovný úraz

industrial conscription [inˌdastriəl kənˈskripšn] pracovná povinnosť

industrial police [inˌdastriəl pəˈliːs] závodná stráž

industrial relations [inˌdastriəl riˈleišnz] pracovné vzťahy

industrious [inˈdastriəs] pracovitý, usilovný; *i. student* usilovný študent

industry [ˈindəstri] **1.** priemysel; *heavy i.* ťažký priemysel **2.** pracovitosť, usilovnosť;

he succeeded due to his i. uspel vďaka svojej pracovitosti

inedible [in'edəbl] nepožívateľný, nevhodný na jedenie; *i. food* nepožívateľné jedlo

ineffable [in'efəbl] neopísateľný; *i. beauty* neopísateľná krása

ineffective [ˌinə'fektiv] neúčinný; *i. remedy* neúčinný liek

inefficient [ˌinə'fišnt] **1.** neschopný, nevýkonný; *an i. secretary* nevýkonná sekretárka **2.** neúčinný; *i. measures* neúčinné opatrenia

ineligible [in'elədžəbl] **1.** nespôsobilý; *children are i. to vote* deti sú nespôsobilé voliť **2.** nežiaduci; *i. phenomenon* nežiadúci jav

inept [i'nept] **1.** nevhodný; *an i. remark* nevhodná poznámka **2.** nezmyselný; *an i. attempt* nezmyselné úsilie

inequality [ˌini'kwoləti] nerovnosť; *social i.* sociálna nerovnosť

inertia [i'nə:šə] **1.** nečinnosť, nepružnosť; *the i. of the government* nečinnosť vlády **2.** fyz. zotrvačnosť ● *i. reel seat belt* motor. samonavíjací bezpečnostný pás

inertial [i'nə:šl] zotrvačný; *i. force* zotrvačná sila

inevitable [in'evətəbl] nevyhnutný; *an i. amount of money* nevyhnutné množstvo peňazí

inexorable [in'eksrəbl] neúprosný, nezmieriteľný; *i. fight* neúprosný boj

inexperienced [ˌinik'spiriənst] neskúsený; *i. teacher* neskúsený učiteľ

inexplicable [ˌinik'splikəbl] nevysvetliteľný; *i. mysteries* nevysvetliteľné záhady

infallible [in'fæləbl] **1.** neomylný; *an i. teacher* neomylný učiteľ **2.** spoľahlivý; *i. memory* spoľahlivá pamäť

infamous ['infeiməs] hanebný, odporný, hnusný; *i. crime* hanebný zločin

infancy ['infənsi] detstvo; *from early i.* od raného detstva

infant ['infənt] **I.** podst. **1.** dojča **2.** malé dieťa (do 7 rokov); *i. food* dojčenská výživa; *i. mortality* dojčenská/detská úmrtnosť; *i. school* BR prvý stupeň základnej školy; *i. welfare* starostlivosť o dieťa **II.** príd. detský; *i. voices* detské hlasy

infantry ['infəntri] pechota

infatuate [in'fæčueit] **I.** sl. zaslepiť, pobláznič; *be i-d with love* byť zaslepený láskou **II.** podst. zaslepenec

infatuation [inˌfæču'eišn] zaslepenosť, pobláznenie

infeasible [in'fi:zəbl] neuskutočniteľný; *that idea is i.* ten nápad je neuskutočniteľný

infect [in'fekt] nakaziť, infikovať, zamoriť; *i. a wound* infikovať ranu

infectant [in'fæktənt] nákazlivý

infection [in'fekšn] **1.** nákaza, infekcia; *prevent i.* zabrániť nákaze **2.** lek. nákazlivá/infekčná choroba

infectious [in'fekšəs] nákazlivý aj pren.; *i. disease* nákazlivá choroba; *i. humor* nákazlivý humor

infeed [in'fi:d] elektr. napájací bod, prívod

infer [in'fə:] -rr- vyvodzovať, usudzovať, dedukovať; *I i. from your remarks* usudzujem z tvojich poznámok

inferior [in'firiə] **I.** príd. **1.** podriadený, nižší; *an i. officer* poddôstojník **2.** horší, nekvalitný, podradný; *i. goods* podradný tovar **II.** podst. podriadená osoba, podriadený; *hated by his i-s* nenávidený svojimi podriadenými

inferiority [inˌfiri'orəti] **1.** nižšie postavenie, podriadenosť **2.** horšia akosť **3.** menejcennosť; *i. complex* komplex menejcennosti

infernal [in'fə:nl] pekelný, diabolský; *an. i. machine* pekelný stroj

infertile [in'fə:tail] **1.** neúrodný; *i. soil* neúrodná pôda **2.** (o ľuďoch, zvieratách) neplodný, jalový; *an i. woman* neplodná žena

infest [in'fest] zamoriť; *buildings i-ed by rats* budovy zamorené potkanmi

infestant [in'festənt] **1.** škodca **2.** parazit

infidelity [ˌinfə'deləti] **1.** manželská nevera **2.** nepresnosť; *i-ies in the translation* nepresnosti v preklade

infiltrate ['infiltreit] **1.** preniknúť; *i. into enemy territory* preniknúť na nepriateľské územie **2.** infiltrovať

infiltration [ˌinfil'treišn] (postupné) vnikanie, presakovanie; *i. of water through gravel* presakovanie vody cez štrk

infinite ['infənət] nekonečný; *i. space* nekonečný priestor

infinitive [in'finətiv] **I.** podst. gram. neurčitok **II.** príd. neurčitý; *i. mood* gram. neurčitý spôsob

infinity [in'finəti] mat. nekonečno; *to i.* donekonečna

infirm [in'fə:m] **1.** slabý, vetchý; *i. old woman* vetchá starena **2.** váhavý, nerozhodný; *i. steps* váhavé kroky

infirmity [in'fə:məti] **1.** slabosť, chorľavosť; *i. comes with old age* chorľavosť ide s vekom **2.** telesná chyba; *suffer from an i.* mať telesnú chybu

inflammable [in'flæməbl] zápalný; *wooden boxes are i.* drevené debny sú zápalné

inflammation [‚inflə'meišn] **1.** zapálenie, vzplanutie aj pren.; *i. of nationalism* prepuknutie nacionalizmu **2.** lek. zápal; *i. of the lungs* zápal pľúc

inflate [in'fleit] **1.** nafúknuť (sa), nahustiť; *i. a balloon* nahustiť balón **2.** naplniť; *i. with gas* naplniť plynom

inflation [in'fleišn] **1.** nafúknutie, nahustenie **2.** naplnenie **3.** inflácia; *bring down the i. to below 5%* znížiť infláciu pod 5%

inflexible [in'fleksəbl] **1.** neohybný; *i. rod* neohybná tyč **2.** neoblomný, neochvejný; *i. decision* neoblomné rozhodnutie **3.** gram. neohybný

inflict [in'flikt] **1.** zasadiť úder; *I had to i. a blow upon him* musel som mu zasadiť úder **2.** presadiť (trest); *i. the death penalty* presadiť trest smrti

influence ['influəns] **I.** sl. (upon) ovplyvniť (koho, čo), mať vplyv (na koho, čo); *don't be i-ed by him* nedaj sa ním ovplyvniť **II.** podst. **1.** vplyv; *have i.* mať vplyv **2.** vplyvná osobnosť; *he's an i. in science* je vplyvná osobnosť vo vede **3.** protekcia; *he got it by i.* dostal to po protekcii **4.** elektr. indukcia

influential [‚influ'enšl] vplyvný; *i. politician* vplyvný politik

influenza [‚influ'enzə] chrípka

influx ['inflʌks] pritekanie, prítok, príliv, prílev; *i. of visitors* prílev návštevníkov

inform [in'fo:m] **1.** oznámiť, informovať **2.** (against/on) donášať (koho), udať (koho); *I shall not i. against you* neudám ťa

informal [in'fo:ml] **1.** neoficiálny; *i. discussions* neoficiálne rozhovory **2.** priateľský, neformálny; *an i. meeting* priateľské stretnutie **3.** (o slovnej zásobe) hovorový

informant [in'fo:mənt] **1.** informátor; *a confidential i.* dôverný informátor **2.** opýtaný (v ankete), respondent

information [‚infə'meišn] bez mn. č. **1.** informácia, informácie; *all necessary i.* všetky potrebné informácie **2.** vedomosti, poznatky; *a man full of i.* človek s mnohými vedomosťami

information science [‚infə'meišn 'saiəns] informatika

informer [in'fo:mə] udavač, špiceľ ● *a common i.* platený udavač

infrequent [in'fri:kwənt] zriedkavý, vzácny; *i. visits* vzácne návštevy

infringe [in'frindž] porušiť, prestúpiť, prekročiť; *i. a rule* porušiť predpis; *i. upon someone's rights* porušiť niečie práva

infuriate [in'fjurieit] rozzúriť; *his attitude i-d me* jeho postoj ma rozzúril

infuse [in'fju:z] **1.** naplniť, naliať, vliať aj pren.; *i. soldiers with fresh courage* vliať vojakom novú odvahu **2.** vylúhovať (sa); *let the tea i. for three minutes* nechaj čaj vylúhovať tri minúty **3.** zaviesť; *i. a new curriculum into universities* zaviesť nové osnovy na univerzitách

infusion [in'fju:žn] **1.** nalievanie, preliatie aj pren.; *i. of courage* vlievanie odvahy **2.** infúzia; *a need of new blood i.* potreba infúzie čerstvej krvi

ingenious [in'dži:niəs] **1.** vynachádzavý, chytrý, bystrý; *i. mind* bystrý rozum **2.** dômyselný; *an i. invention* dômyselný vynález

ingenuity [‚indžə'nju:əti] vynachádzavosť, dômyselnosť; *infinite i. of man* nekonečná vynachádzavosť človeka

ingenuous [in'dži:niəs] úprimný, otvorený, priamy; *i. smile* úprimný úsmev

ingot ['iŋgət] zlatý/strieborný prút, tehlička (zlatá); *gold i-s* zlaté tehličky

ingrained [in'greind] hlboko zakorenený; *i. prejudices* hlboko zakorenené predsudky

ingratitude [in'grætətju:d] nevďak, nevďačnosť

ingredient [in'gri:diənt] zložka, súčasť; *the i-s of the cake* prísady do koláča

ingress ['ingres] **1.** prístup; *i. to a conference* prístup na konferenciu **2.** vstup, príchod; *the i. of summer tourists* príchod letných turistov; *i. visa* vstupné vízum

inhabit [in'hæbət] obývať, bývať; *i. a small flat* obývať malý byt

inhabitable [in'hæbətəbl] obývateľný; *the building is not i.* budova je neobývateľná

inhabitant [in'hæbətənt] obyvateľ; *a city of a million i-s* mesto s miliónom obyvateľov

inhale [in'heil] vdychovať, inhalovať; *i. smoke* vdychovať dym

inherent [in'hirənt] **1.** základný, podstatný **2.** vrodený; *an i. love of nature* vrodená

---

information – is never used in the plural: We need more **information**. = Potrebujeme viac informácií.

láska k prírode; *i. contradictions* základné protirečenia ● *i. law* zákonitosť

inherit [in'herit] (*from*) (z)dediť (po kom); *he i- ed his bad temper from his father* zlú povahu zdedil po otcovi

inheritance [in'herətəns] dedičstvo; *he spent all his i. in a year* za rok minul celé dedičstvo

inhibit [in'hibət] **1.** (za)brániť, prekážať (čomu), zakázať (čo); *tight clothes i. breathing* tesné šatstvo bráni dýchaniu; *i. new contacts* zakázať nové kontakty **2.** (s)tlmiť; *i. impulses* stlmiť impulzy

inhibition [ˌinhə'bišn] **1.** psych. útlm **2.** zábrana; *wine weakens i-s* víno oslabuje zábrany

inhospitable [ˌinho'spitəbl] nehostinný, nepriateľský; *an i. place* nehostinné miesto

inhuman [in'hju:mən] neľudský; *i. treatment* neľudské zaobchádzanie

inhumanity [ˌinhju:'mænəti] neľudskosť, krutosť; *it's an example of man's i. to man* je to príklad krutosti človeka k človeku

inimical [i'nimikl] **1.** nepriateľský; *i. blocks* nepriateľské bloky **2.** škodlivý; *habits i. to good health* zdraviu škodlivé návyky

inimitable [i'nimətəbl] nenapodobniteľný, jedinečný; *i. style* jedinečný štýl

iniquitous [i'nikwətəs] **1.** zločinný, ohavný; *i. deeds* zločinné skutky **2.** nespravodlivý; *i. tax increase* nespravodlivé zvýšenie dane

iniquity [i'nikwəti] **1.** zločinnosť, ohavnosť; *i. of bribery* ohavnosť podplácania **2.** nespravodlivosť; *your i. is forgiven* odpúšťam ti tvoju nespravodlivosť

initial [i'nišl] **I.** príd. začiatočný, prvý; *i. symptoms of a disease* prvé príznaky choroby **II.** podst. **1.** začiatočné písmeno, iniciála **2.** *i-s* mn. č. monogram **III.** sl. *-ll-* parafovať; *i. an international agreement* parafovať medzinárodnú dohodu

initially [i'nišli] spočiatku, najprv; *i. she opposed the plan but later she changed her mind* spočiatku bola proti plánu, ale neskôr zmenila názor

initiate I. sl. [i'nišieit] **1.** začať, iniciovať; *i. a new programme* iniciovať nový program **2.** uviesť; *i. sb. into society* uviesť (koho) do spoločnosti **II.** príd. [i'nišiət] (dobre) oboznámený, zasvätený; *i. into a secret* zasvätený do tajomstva

initiative [i'nišətiv] iniciatíva; *he lacks i.* chýba mu iniciatíva

inject [in'džekt] **1.** vstrieknuť; *i. oil into the machine* vstreknúť olej do stroja **2.** dať/pichnúť injekciu

injection [in'džekšn] **1.** vstreknutie; *i. pump* vstrekovacie čerpadlo **2.** injekcia

injure ['indžə] **1.** (telesne) ublížiť, poraniť, zraniť; *i-d in an accident* zranený počas nehody **2.** poškodiť; *i-d health* poškodené zdravie pren. *i-d pride* ranená pýcha

injury ['indžəri] **1.** zranenie; *suffer an i.* utrpieť zranenie **2.** poškodenie; *an i. to the building* poškodenie budovy

injustice [in'džastəs] nespravodlivosť, krivda; *you do him an i.* krivdíš mu

ink [iŋk] atrament; *write in i.* písať atramentom

inkpad ['iŋkpæd] poduška na pečiatky

inland ['inlənd] **I.** podst. vnútrozemie **II.** príd. **1.** vnútrozemský; *i. towns* vnútrozemské mestá **2.** tuzemský; *i. trade* tuzemský obchod **II.** [in'lænd] prísl. do vnútrozemia; *go i.* ísť do vnútrozemia

inlet ['inlet] **1.** zátoka, záliv, fjord **2.** prítok; *i. and outlet channels* prítokové a odtokové kanály **3.** elektr. vstup, prívod; *i. pipe* prívodná/sacia trubica

inmate ['inmeit] spolubývajúci (vo väznici, v nemocnici)

inn [in] hostinec s ubytovaním (na vidieku)

innards ['inədz] mn. č. hovor. vnútornosti

innate [ˌi'neit] vrodený, prirodzený; *i. courtesy* vrodená zdvorilosť/slušnosť

innavigable [i'nævigəbl] nesplavný

inner ['inə] **1.** vnútorný; *i. feelings* vnútorné pocity; *i. tube* duša (pneumatiky) **2.** fyz. intramolekulárny

innkeeper ['inˌki:pə] krčmár, hostinský

innocence ['inəsns] nevinnosť, prostota, naivita; *the i. of childhood* nevinnosť detstva

innocent ['inəsnt] **I.** príd. **1.** nevinný, neškodný; *i. conversation* nevinný rozhovor **2.** nemajúci vedomosti; *he's i. of Latin* nemá vedomosti z latinčiny **II.** podst. **1.** nevinný (človek) **2.** naivka ● *the massacre/slaughter of the i-s* bibl. vraždenie neviniatok

innocuous [i'nokjuəs] neškodný; *i. snakes* neškodné hady

innovate ['inəuveit] inovovať

innovation [ˌinəu'veišn] **1.** novota **2.** inovácia, modernizácia

innovative ['inəˌvətiv] novátorský, zlepšovateľský; *i. ideas* zlepšovateľské nápady

innovator ['inəuˌveitə] novátor, zlepšovateľ
innumerable [i'nju:mrəbl] nespočetný, nesčíselný; *i. difficulties* nespočetné ťažkosti
inoculate [i'nokjəleit] (*with – against/for*) očkovať (čím – proti čomu); *i. with the vaccine against smallpox* očkovať vakcínou proti kiahňam
inoculation [iˌnokjə'leišn] (*against – with*) očkovanie (proti čomu – čím)
inoculative [i'nokjələtiv] očkovací
inoffensive [ˌinə'fensiv] 1. neškodný; *i. pills* neškodné tabletky 2. nebojovný, pokojný; *an i. dog* pokojný pes
inoperative [in'oprətiv] 1. neúčinný, neoperatívny; *i. measurements* neúčinné opatrenia 2. neproduktívny; *the factory has been i. for some time* továreň je už určitý čas neproduktívna
inorganic [ˌino:'gænik] 1. anorganický; *i. chemistry* anorganická chémia 2. umelý, syntetický; *an i. language* umelý jazyk
in-patient ['inˌpeišnt] nemocničný/hospitalizovaný pacient
input ['input] 1. prísun (materiálu); *increase the i. of material* zvýšiť prísun materiálu 2. elektr. príkon; *increase the i. of energy* zvýšiť príkon energie 3. výp. informácie (do počítača) 4. oznam. tech. vstup; *i. amplifier* zosilňovač; *i. circuit* vstupný obvod; *i. terminal* prívodná/vstupná svorka
inquest ['iŋkwest] 1. súdne vyšetrovanie 2. porota (vyšetrujúca príčiny smrti) 3. hovor. rozbor, diskusia (po športovom stretnutí)
inquire [in'kwaiə] (*about, upon*) (o)pýtať sa (na čo), informovať sa (o čom); *i. about accommodation* informovať sa o možnosti ubytovania
inquire into vyšetriť, preskúmať (čo); *i. into the matter* preskúmať záležitosť
inquiry [in'kwairi] 1. (*about, after*) otázka, informácia (na koho, čo o kom, čom); *on i. we learnt that...* na našu otázku sme sa dozvedeli, že... 2. skúmanie, bádanie; *an i. into the nature of truth* skúmanie podstaty pravdy; *the methods of i.* metódy skúmania 3. anketa 4. vyšetrovanie; *court of i.* vyšetrujúci súd
inquiry office [in'kwairi ofis] BR informačná kancelária
inquisition [ˌiŋkwə'zišn] I. podst. 1. prieskum; *a brief i. into the politics* stručný prieskum politiky 2. vyšetrovanie, vypočúvanie, výsluch; *a lengthy i. by the tax inspector* zdĺ-

havé vyšetrovanie daňovým kontrolórom 3. *the I.* inkvizícia II. sl. podrobiť výsluchu, vypočúvať
inquisitive [in'kwizətiv] zvedavý, skúmavý; *i. questions* zvedavé otázky
inroad ['inrəud] 1. nepriateľský vpád, nájazd; *i. into a country* nepriateľský vpád do krajiny 2. (*on, up, into*) zasahovanie, zásah (do čoho); *an i. on the principle of free speech* zasahovanie do zásad slobody prejavu
inrun ['inran] šport. nájazd (lyžiarskeho mostíka)
inrush ['inraš] nával, tlačenica; *an i. of visitors into the High Tatras* nával návštevníkov do Vysokých Tatier
insane [in'sein] 1. duševne chorý; *an i. person* duševne chorý človek 2. nezmyselný, šialený; *an i. war* nezmyselná vojna
inscription [in'skripšn] 1. nápis (na pomníku) 2. zápis (do zoznamu) 3. *i-s* mn. č. registrované cenné papiere
insect ['insekt] hmyz; *a swarm of i-s* roj hmyzu
insecticide [in'sektəsaid] 1. insekticíd; *spray i. on fields* postrekovať polia insekticídmi 2. ničenie hmyzu; *a mass i.* hromadné ničenie hmyzu
insectivore [ˌin'sektəvo:] mn. č. hmyzožravce
insectivorous [ˌinsek'tivərəs] hmyzožravý
insecure [ˌinsi'kjuə] neistý; *an i. position* neisté postavenie
insecurity [ˌinsi'kjurəti] 1. neistota; *a feeling of i.* pocit neistoty 2. nestálosť; *the i. of the marriage* nestálosť manželstva
insensible [in'sensəbl] 1. necitlivý, nevnímavý; *i. fingers* necitlivé prsty 2. v bezvedomí; *he lay i.* ležal v bezvedomí 3. nerozumný; *i. decision* nerozumné rozhodnutie
inseparable [in'seprəbl] neoddeliteľný, nerozlučný; *i. friends* nerozluční priatelia
insert [in'sə:t] I. sl. vložiť, vsunúť; *i. a new paragraph into the article* vsunúť nový odsek do článku; *i. the disk into the computer* vsunúť disk do počítača II. podst. 1. vložka, vsuvka 2. zvláštna príloha (novín, časopisu, knihy)
insertion [in'sə:šn] 1. vložka, vsuvka 2. inzerát
inshore [ˌin'šo:] I. príd. pobrežný II. prísl. (smerom) k pobrežiu; *he rowed further i.* vesloval ďalej k pobrežiu
inside [in'said] I. prísl. 1. dnu, vnútri; *there is nothing i.* vnútri nie je nič 2. pod strechou, doma; *he's i.* je doma II. predl. do; *don't*

let the cat come i. the house nevpusť mačku do domu **III.** podst. **1.** vnútro, vnútorná strana; *the i. of a box* vnútro škatule **2.** informácia z prvej ruky, spoľahlivé správy; *hear the i. on what happened* vypočuť si spoľahlivé správy o tom, čo sa stalo **IV.** príd. vnútorný; *the i. pages of a newspaper* vnútorné strany novín ● *i. left/right* ľavá/pravá spojka vo futbale

insidious [inˈsidiəs] zákerný, úskočný; *an i. enemy* zákerný nepriateľ

insight [ˈinsait] **1.** preniknutie, hlboký pohľad; *i. into human character* preniknutie do ľudskej povahy **2.** psych. vhľad

insignificant [ˌinsigˈnifikənt] bezvýznamný; *an i. quarrel* bezvýznamný spor

insincere [ˌinsinˈsiə] neúprimný; *an i. smile* neúprimný úsmev

insinuate [inˈsinjueit] **1.** (priamo) označiť; *i. to be a liar* označiť za klamára **2.** manévrovať; *i. a car through the heavy traffic* manévrovať auto cez hustú dopravu

insinuate into votrieť sa; *he i-d himself into her favour* votrel sa do jej dôvery/priazne

insinuating [inˈsinjueitiŋ] ohováračský; *i. remarks* ohováračské poznámky

insipid [inˈsipəd] bez chuti; *i. food* strava bez chuti

insist [inˈsist] **1.** (*on, upon*) trvať (na čom); *i. on the fact* trvať na fakte **2.** naliehať; *don't i. on me* nenaliehaj na mňa

insistent [inˈsistnt] **I.** príd. **1.** naliehavý; *i. demands* naliehavé požiadavky **2.** vtieravý, nápadný; *i. colours* nápadné farby **II.** podst. neodbytná osoba, dotieravec

insofar [ˌinsəˈfaː] len v spojení *i. as* tak ako, v takej miere ako; *I'll help you i. as I can* pomôžem ti, ako môžem

insolent [ˈinsələnt] **I.** príd. bezočivý, drzý; *i. sheet corner loafers* bezočiví povaľači **II.** podst. bezočivec

insoluble [inˈsoljəbl] **I.** príd. **1.** nerozpustný; *i. in water* nerozpustný vo vode **2.** nerozriešiteľný; *an i. problem* nerozriešiteľný problém **II.** podst. nerozpustná látka

insolvable [inˈsolvəbl] AM neriešiteľný; *an i. problem* neriešiteľný problém

insolvent [inˈsolvənt] platobne neschopný, insolventný; *the bank has been declared i.* banku vyhlásili za platobne neschopnú; *become i.* zbankrotovať; *i. estate* zadlžený majetok

insomnia [inˈsomniə] nespavosť; *suffer from i.* trpieť nespavosťou

insomuch [ˌinsəuˈmač] len v spojení *i. as* do tej miery; *he is guilty i. as he knew about the murder* je vinný do tej miery, že vedel o vražde

inspect [inˈspekt] **1.** prezrieť si, poprezerať si, preskúmať; *i. the spacecraft* poprezerať si raketoplán **2.** skontrolovať; *he i-ed her work* skontroloval jej prácu

inspection [inˈspekšn] **1.** (dôkladná) prehliadka **2.** inšpekcia, kontrola; *an official i.* úradná kontrola ● *on i.* pri prehliadke/kontrole

inspection test [inˈspekšnˈtest] kontrolný test

inspective [inˈspektiv] skúmavý, pátravý; *i. gaze* skúmavý pohľad

inspector [inˈspektə] dozorca, inšpektor, kontrolór; *school i.* školský inšpektor; *a ticket i. got on the train* revízor nastúpil do vlaku

inspiration [ˌinspəˈreišn] **1.** inšpirácia; *she was an i. to him* bola mu inšpiráciou **2.** vnuknutie; *divine i.* božské vnuknutie **3.** vdýchnutie

inspirational [ˌinspəˈreišənl] podnetný, inšpirujúci, inšpiratívny; *i. talks* podnetné rozhovory

inspirator [ˈinspəreitə] inhalačný prístroj, inhalátor

inspire [inˈspaiə] **1.** inšpirovať; *I was i-d to work harder by her example* jej príklad ma inšpiroval na tvrdšiu prácu **2.** vnuknúť; *words i-d by God* slová vnuknuté od Boha **3.** vdýchnuť; *i. the crisp autumn air* vdýchnuť ostrý jesenný vzduch

instability [ˌinstəˈbiləti] **1.** nestálosť; *moral/emotional i.* morálna/citová nestálosť **2.** nestabilnosť, nedostatok stability; *i. of the building* zlá statika budovy

install [inˈstoːl] **1.** (slávnostne) uviesť do úradu; *i. a dean* uviesť dekana do úradu **2.** inštalovať, namontovať, nastaviť; *I must have my TV set i-ed* musím si dať nastaviť televízor

installation [ˌinstəˈleišn] **1.** (slávnostné) uvedenie do úradu **2.** montáž, zavedenie; *gas i.* zavedenie plynu

installer [inˈstoːlə] montér; *i-s of new equipment* montéri nového zariadenia

instalment [inˈstoːlmənt] **1.** splátka; *you can pay it by/in five i-s* môžeš to splatiť v piatich splátkach **2.** pokračovanie; *a serial of seven i-s* seriál so siedmimi pokračovaniami

instance [ˈinstəns] **I.** podst. (*of*) príklad; *give me at least one i. out of many* daj mi aspoň jediný z množstva príkladov ● *at the i. of* na žiadosť (koho) **II.** sl. doložiť (príkladom); *the*

meaning is well i-d in the quoted passage význam je dobre doložený v citovanej časti
instant ['instənt] **I.** podst. okamih, chvíľa; *in an i.* ihneď ● *not an i. too soon* na poslednú chvíľu, v pravý čas **II.** príd. **1.** okamžitý, bezprostredný; *feel i. relief* pocítiť okamžitú úľavu **2.** instantný; *i. coffee* instantná káva
instantaneous [ˌinstən'teiniəs] okamžitý; *an i. reaction* okamžitá reakcia ● *i. heater* prietokový ohrievač
instantly ['instəntli] **I.** prísl. ihneď, okamžite, bezprostredne **II.** spoj. len čo, sotva, hneď ako; *I went there i. I learned about it* išiel som ta, len čo som sa to dozvedel
instead [in'sted] (*of*) namiesto, miesto (čoho); *if she can't go, take me i.* ak nemôže ísť ona, vezmi ma namiesto nej
instigate ['instəgeit] **1.** dať podnet, podnietiť; *i. a strike* podnietiť štrajk **2.** (vy)provokovať; *i. a revolt* vyprovokovať vzburu
instigator ['instəgeitə] podnecovateľ, štváč; *i. of war* podnecovateľ vojny, vojnový štváč
instinct ['instiŋkt] pud, inštinkt ● *by i.* inštinktívne, pudovo; *he learned it by i.* naučil sa to inštinktívne
instinctive [in'stiŋktiv] pudový, inštinktívny; *i. behaviour* pudové správanie
institute ['instətjuːt] **I.** podst. **1.** ústav; *a research i.* výskumný ústav **2.** vyššia priemyselná škola; *textile i.* priemyselná škola textilná **II.** sl. zaviesť; *i. reforms* zaviesť reformy
institution [ˌinstə'tjuːšn] **1.** inštitúcia, zariadenie; *the i. of marriage* inštitúcia manželstva **2.** spoločnosť, spolok; *a literary i.* literárna spoločnosť
institutional [ˌinstə'tjuːšnəl] ústavný; *i. care* ústavná starostlivosť
instruct [in'strakt] **1.** učiť, vyučovať; *i. a class in biology* vyučovať v triede biológiu **2.** poučiť, dať poučenie, vysvetliť; *they i-ed him on how to do it* poučili ho, ako to má spraviť
instruction [in'strakšn] **1.** učenie, vyučovanie; *methods of i.* vyučovacie metódy **2.** inštrukcia, poučenie, pokyn; *read the i-s* prečítaj si poučenie
instructional [in'strakšnəl] výchovný, vzdelávací, poučný; *an i. book* poučná kniha ● AM *i. television*, skr. *ITV* vnútorný televízny okruh, školská televízia
instructor [in'straktə] **1.** tréner, inštruktor, cvičiteľ; *a swimming i.* tréner plávania **2.** učiteľ; *an i. in the local school* učiteľ v miestnej škole

instrument ['instrəmənt] **I.** podst. **1.** nástroj; *surgical i-s* chirurgické nástroje **2.** navigačný prístroj; *fly on i-s* letieť s automatickým riadením lietadla ● *i. board* prístrojová/palubná doska; *i. landing* automatické pristávanie **II.** sl. hud. inštrumentovať; *i. a sonata* inštrumentovať sonátu
insufferable [in'safrəbl] neznesiteľný; *i. rudeness* neznesiteľná bezočivosť; *a thoroughly i. person* vonkoncom neznesiteľná osoba
insufficiency [ˌinsə'fišnsi] **1.** nedostatočnosť, neschopnosť **2.** nedostatok; *i. of provisions* nedostatok potravín **3.** lek. zlyhanie; *i. of kidneys* zlyhanie obličiek
insufficient [ˌinsə'fišnt] **1.** nedostatočný; *that food was i. for him* tá strava nebola preň dostatočná **2.** neschopný; *i. for that work* neschopný na tú prácu **3.** nedostatočne kvalifikovaný; *i. to discharge his duties* nedostatočne kvalifikovaný na vykonávanie svojich povinností
insulant ['insjələnt] izolátor
insular ['insjələ] **1.** ostrovný; *an i. climate* ostrovné podnebie **2.** osamotený; *an i. building* osamotená budova
insulate ['insjəleit] izolovať; *i. a wire* izolovať drôt
insulating ['insjəleitiŋ] izolačný; *i. tape* izolačná páska
insulation [ˌinsjə'leišn] izolácia; *faulty i.* chybná izolácia
insulator ['insjəleitə] **1.** izolačná látka, izolácia **2.** izolačné zariadenie, izolátor
insult **I.** podst. ['insalt] urážka; *an i. to intelligence* urážka inteligencie **II.** sl. [in'salt] uraziť; *i. the guests* uraziť hostí
insuperable [in'sjuːprəbl] neprekonateľný; *i. difficulties* neprekonateľné ťažkosti
insupportable [ˌinsə'poːtəbl] neznesiteľný; *an i. burden* neznesiteľné bremeno
insurance [in'šurəns] poistenie, poistka; *accident i.* úrazové poistenie; *life i.* životná poistka; *car i.* poistenie vozidla
insurant [in'šurənt] poistenec
insure [in'šuə] poistiť, uzavrieť poistku; *i. against fire* uzavrieť poistku proti požiaru; *i. to the full value* poistiť na plnú hodnotu
insurer [in'šurə] ručiteľ, garant
insurgence [in'səːdžns] (neorganizovaná) rebélia
insurgent [in'səːdžnt] **I.** príd. rebelantský **II.** podst. rebelant

insurmountable [ˌinsəˈmauntəbl] neprekonateľný; *i. difficulties* neprekonateľné ťažkosti

insurrection [ˌinsəˈrekšn] povstanie

intact [inˈtækt] nedotknutý, neporušený; *obtain the estate i.* dostať majetok neporušený

intake [ˈinteik] **1.** (v rozl. význ.) prijímanie; *stop the i. of new students* zastaviť prijímanie nových študentov; *i. of food* prijímanie potravy **2.** prívod **3.** nasávací ventil; *the air i. of a jet engine* nasávací ventil vzduchu prúdového motora ● *i. pipe* nasávacia trubica; *i. stroke* sací zdvih

intangible [inˈtændžəbl] **I.** príd. **1.** nehmotný; *i. property* nehmotný majetok **2.** nehmatateľný; *an i. sense of hopelessness* nehmatateľný pocit beznádeje **II.** podst. ideálna hodnota

integral [ˈintəgrəl] **I.** príd. integrálny, neodlučiteľný; *an i. part of the empire* integrálna časť ríše **II.** podst. **1.** celok **2.** mat. integrál; *i. calculus* integrálny počet; *i. equation* integrálna rovnica

integrate [ˈintəgreit] **1.** spojiť, zjednotiť; *i. an empire* zjednotiť ríšu **2.** včleniť (sa), začleniť (sa); *i. immigrants into society* začleniť prisťahovalcov do spoločnosti ● *i-d circuit* integrovaný obvod

integrity [inˈtegrəti] **1.** integrita, celistvosť; *the i. of the empire* celistvosť ríše **2.** bezúhonnosť; *a man of i.* bezúhonný človek

intellect [ˈintəlekt] rozum, schopnosť myslieť, intelekt; *the degree of i. distinguishes man from animal* stupeň schopnosti myslieť odlišuje človeka od živočícha

intellectual [ˌintəˈlekčuəl] **I.** príd. rozumový, intelektuálny; *an i. attitude* rozumový prístup **II.** podst. vzdelanec, intelektuál, duševný pracovník

intelligence [inˈtelədžns] **1.** inteligencia, dôvtip; *a boy with little i.* chlapec s nízkou inteligenciou **2.** správa, informácia; *have secret i. about the enemy's plans* mať tajné správy o nepriateľových plánoch **3.** spravodajská činnosť, špionáž; *navy i.* spravodajská služba vojnového námorníctva

intelligent [inˈtelədžnt] **I.** príd. **1.** inteligentný, rozumný; *an i. idea* rozumný nápad **2.** informovaný; *he is i. of her work* je informovaný o jej práci **II.** podst. inteligent, vzdelaná osoba

intelligentsia [inˌteləˈdženciə] inteligencia (spoločenská vrstva duševne pracujúcich ľudí)

intelligible [inˈtelədžəbl] zrozumiteľný, pochopiteľný; *i. explanation* zrozumiteľný výklad

Intelsat [inˈtelˌsæt] skr. *International Telecommunications Satellite (Consortium)* Medzinárodná organizácia pre družicové odovzdávanie informácií

intemperate [inˈtemprət] **1.** nestriedmy; *an i. drinker* pijan **2.** prudký, prehnaný; *i. attacks* prudké útoky

intend [inˈtend] **1.** zamýšľať, mieniť, mať v úmysle, chcieť; *what do you i. to do?* čo mieniš spraviť? **2.** (*for*) určiť (komu); *it was not i-ed for you* to nebolo určené tebe

intended [inˈtendəd] **I.** príd. úmyselný; *an i. insult* úmyselná urážka **II.** podst. hovor. nastávajúci, nastávajúca (manžel, manželka); *let me introduce you to my i.* dovoľte, aby som Vás predstavil svojej nastávajúcej

intense [inˈtens] intenzívny, silný, prudký; *i. amounts of radiation* silné dávky žiarenia

intensify [inˈtensəfai] zintenzívniť, (vy)stupňovať; *i. the problems* stupňovať problémy

intensity [inˈtensəti] intenzita, sila; *the i. of the sun's rays* sila slnečných lúčov; *i. of labour* pracovné úsilie; *i. of pressure* merný tlak; *i. of utilization* stupeň využitia; *i. modulation* telev. modulácia jasu

intensive [inˈtensiv] intenzívny; *i. effort* intenzívna snaha

intent [inˈtent] úmysel, zámer; *good i.* dobrý zámer

intention [inˈtenšn] úmysel, zámer; *he has no i. of coming* nemá v úmysle prísť

intentional [inˈtenšnəl] úmyselný, zámerný; *i. damage* úmyselná škoda

interact [ˌintərˈækt] vzájomne na seba pôsobiť; *the two ideas i.* tie dve myšlienky sú vzájomne prepojené

interaction [ˌintərˈækšn] vzájomné pôsobenie, súčinnosť, prepojenosť; *i. of the heart and the lungs* súčinnosť srdca a pľúc

intercede [ˌintəˈsi:d] intervenovať, prihovárať sa; *they i-d for the student* prihovárali sa za študenta

intercept [ˌintəˈsept] zachytiť; *i. a message* zachytiť správu

interchange [ˌintəˈčeindž] **I.** podst. **1.** vzájomná výmena; *i. of ideas* vzájomná výmena názorov **2.** mimoúrovňová križovatka **II.** sl. vymeniť, zameniť (si); *i. ideas* vymeniť si názory

interchangeable [ˌintəˈčeindžəbl] vymeniteľný; *the machine has i. parts* stroj má vymeniteľné časti

intercity [ˌintəˈsiti] medzimestský; *i. buses* medzimestské autobusy

intercom [ˈintəkom] skr. *intercommunication* palubný telefón; *speak over the i.* hovoriť cez palubný telefón ● *i. operator* dispečer systému Intercom

intercommunication [ˌintəkəˌmjuːnəˈkeišn] (vzájomný) styk; *i. among the scientists from all over the world* vzájomný styk medzi vedeckými pracovníkmi z celého sveta

intercontinental [ˌintəkontəˈnentl] medzikontinentálny; *i. missiles* medzikontinentálne rakety

intercorrelate [ˌintəˈkorəleit] **I.** sl. uviesť do vzájomného súladu **II.** podst. interkorelácia

intercourse [ˈintəkoːs] vzájomný styk; *trade i.* vzájomný obchodný styk; *social i.* spoločenský styk; *sexual i.* pohlavný styk

interest [ˈintrəst] **I.** podst. **1.** záujem; *a great i. in music* veľký záujem o hudbu; *lose i.* stratiť záujem; *in one's (own) i.* vo vlastnom záujme **2.** úroky; *pay 2 per cent i. on a loan* platiť 2-percentný úrok na pôžičku **II.** sl. *(in)* zaujímať sa (o čo); *it i-s me very much* veľmi ma to zaujíma

interested [ˈintrəstəd] *(in)* zaujímať sa, mať záujem (o čo); *be i. in languages* zaujímať sa o jazyky

interesting [ˈintrəstiŋ] zaujímavý; *an i. work* zaujímavá práca

interfere [ˌintəˈfiə] **1.** zasiahnuť, zakročiť; *don't i. in her work* nezasahuj do jej práce **2.** prekážať; *i. with the view* prekážať vo výhľade **3.** fyz. interferovať, rušiť

interference [ˌintəˈfirəns] **1.** zasahovanie, miešanie (sa); *his i. in my affairs* zasahovanie do mojich záležitostí **2.** fyz. interferencia, rušenie

interfuse [ˌintəˈfjuːz] (z)miešať (sa); *i. one colour with another* zmiešať jednu farbu s druhou

interhuman [ˌintəˈhjuːmən] medziľudský; *i. relations* medziľudské vzťahy

interim [ˈintərim] **I.** podst. **1.** medziobdobie, medzičas; *the i. between taking off and landing* čas medzi vzlietnutím a pristátím **2.** kompromis, predložená dohoda **II.** príd. **1.** predbežný; *an i. report* predbežná správa **2.** dočasný; *an i. worker* dočasný pracovník ● *in the i.* dočasne

interior [inˈtiriə] **I.** príd. vnútorný; *i. door* vnútorné dvere **II.** podst. **1.** vnútro, vnútrajšok; *the i. of the building* vnútrajšok budovy **2.** vnútrozemie; *the i. of South America* vnútrozemie Južnej Ameriky; *Ministry of the I.* ministerstvo vnútra (okrem USA a VB)

interior angle [inˈtiriə ˈæŋgl] geom. vnútorný uhol

interior architect [inˈtiriə ˈaːkətekt] bytový architekt

interior decorator [inˌtiriə dekəˈreitə] maliar izieb, tapetár, dekoratér

interior trade [inˈtiriə treid] vnútorný obchod

interjection [ˌintəˈdžekšn] **1.** lingv. citoslovce **2.** zvolanie **3.** poznámka, vsuvka; *editorial i-s* redakčné poznámky; *topical i.* faktická poznámka

interlanguage [ˌintəˈlæŋgwidž] umelý medzinárodný jazyk

interlayer [ˈintəleiə] **I.** podst. medzivrstva **II.** príd. medzivrstvový

interlock [ˌintəˈlok] vzájomne do seba zapadať; *the two gear wheels have i-ed* dve súkolia do seba vzájomne zapadli

intermediary [ˌintəˈmiːdiəri] **I.** príd. sprostredkujúci; *i. agent* sprostredkujúci agent **II.** podst. sprostredkovateľ; *i. between the people and the king* sprostredkovateľ medzi ľudom a kráľom

intermediate [ˌintəˈmiːdiət] **I.** príd. **1.** prechodný; *i. stage* prechodné štádium **2.** prostredný, stredný; *i.-range ballistic missile* balistická strela stredného doletu **3.** stredne pokročilý; *English for i. students* angličtina pre stredne pokročilých študentov **II.** podst. polotovar, medziprodukt

intermediator [ˌintəˈmiːdieitə] sprostredkovateľ

interminable [inˈtəːminəbl] nekonečný, bez konca; *i. road* nekonečná cesta

intermission [ˌintəˈmišn] prerušenie, prestávka; *work without i.* pracovať bez prerušenia; *during i.* cez prestávku

intermittent [ˌintəˈmitnt] prerušovaný, občasný; *i. rain* občasný dážď; *i. current* elektr. prerušovaný prúd

internal [inˈtəːnl] **1.** vnútorný; *i. bleeding* vnútorné krvácanie **2.** tuzemský, vnútorný; *i. affairs* vnútorné záležitosti

internal-combustion engine [inˌtəːnl kəmˈbasčən ˌendžən] spaľovací motor

international [ˌintəˈnæšnəl] internacionálny, medzinárodný; *i. trade* medzinárodný obchod

internationalism [ˌintəˈnæšnəlizm] internacionalizmus

internationalist [ˌintəˈnæšnəlist] **I.** príd. internacionálny, internacionalistický **II.** podst. internacionalista

interpersonal [ˌintəˈpəːsnəl] interpersonálny, medziľudský; *i. relations* medziľudské vzťahy

interphase [ˈintəfeiz] **I.** podst. medzifáza **II.** príd. medzifázový

interplanetary [ˌintəˈplænətri] medziplanetárny; *i. journey* medziplanetárny let

interpret [inˈtəːprət] **1.** vykladať, vysvetľovať, interpretovať; *i. dreams* vykladať sny **2.** tlmočiť (prekladať); *will you please i. for me?* budete mi, prosím, tlmočiť?

interpretation [inˌtəːprəˈteišn] výklad, vysvetlenie, interpretácia; *i. of the law* výklad zákona

interpreter [inˈtəːprətə] tlmočník

interrelate [ˌintəriˈleit] byť vo vzájomnom vzťahu; *wages and prices i.* mzdy a ceny sú vo vzájomnom vzťahu

interrogate [inˈterəgeit] **1.** vypočúvať; *i. a prisoner* vypočúvať väzňa **2.** (podrobne) skúmať; *i. the signature* skúmať podpis

interrogation [inˌterəˈgeišn] vypočúvanie, výsluch ● *i. mark* otáznik

interrogative [ˌintəˈrogətiv] **1.** gram. opytovací; *i. pronouns* opytovacie zámená **2.** skúmavý; *an i. look* skúmavý pohľad

interrupt [ˌintəˈrapt] **1.** prerušiť; *she i-ed her studies* prerušila štúdiá **2.** skákať do reči, prerušovať; *don't i. me* neskáč mi do reči **3.** rušiť, vyrušiť; *may I i. you?* môžem ťa vyrušiť?

interrupter [ˌintəˈraptə] elektr. prerušovač

interruption [ˌintəˈrapšn] **1.** prerušenie (štúdia ap.) **2.** vyrušovanie, vyrušenie (v práci ap.)

intersect [ˌintəˈsekt] pretínať (sa), križovať sa; *i-ing roads* pretínajúce sa cesty

intersection [ˌintəˈsekšn] **1.** pretínanie, **2.** križovatka ciest **3.** geom. priesečník

intersectional [ˌintəˈsekšnəl] geom. priesečníkový

interspace [ˌintəˈspeis] **1.** medzera **2.** medziplanetárny priestor

interstellar [ˌintəˈstelə] medzihviezdny; *i. matter* medzihviezdna hmota

interurban [ˌintərˈəːbən] medzimestský; *i. buses* medzimestské autobusy

interval [ˈintəvl] **1.** (časový) interval; *buses leaving at short i-s* autobusy odchádzajúce v krátkych časových intervaloch; *i. signal* (rozhlasová) zvučka, signál **2.** odstup; *i. between master and servant* odstup medzi pánom a sluhom ● *at i-s* občas, tu i tam

intervene [ˌintəˈviːn] **1.** prihodiť sa, stať sa; *I'll come if nothing i-s* ak sa nič nestane, prídem **2.** zasiahnuť, zakročiť; *i. in a dispute* zasiahnuť do debaty

intervention [ˌintəˈvenšn] zásah, zákrok; *surgical i.* chirurgický zákrok

interview [ˈintəvjuː] **I.** podst. **1.** interview **2.** (prijímací) pohovor; *I was called in for an i.* pozvali ma na pohovor (do zamestnania) **II.** sl. **1.** interviewovať, robiť rozhovor pre médiá (s kým); *the newspaperman i-ed the dean* novinár mal interview s dekanom **2.** konať prijímací pohovor; *I was i-ed* mal som prijímací pohovor

intestine [inˈtestən] **1.** črevo *small/large i.* tenké/hrubé črevo **2.** *i-s* mn. č. vnútornosti

intimacy [ˈintəməsi] **1.** dôverná známosť; *i. with members of the parliament* dôverná známosť s členmi parlamentu **2.** intímnosť **3.** súkromie

intimate [ˈintəmət] **1.** dôverný, dôkladný, podrobný; *an i. knowledge of Latin* dôkladná znalosť latinčiny **2.** intímny; *the i. details of his correspondence* intímne detaily jeho korešpondencie; *be/become i. with sb.* milovať sa s niekým **3.** osobný, súkromný

intimidate [inˈtimədeit] zastrašiť; *i. an eye witness* zastrašiť očitého svedka

into [ˈintu/ˈintə] **1.** (miestne) do, v; *put it i. the refrigerator* daj to do chladničky; *the car ran i. the wall* auto vletelo do múra; *they disappeared i. the mist* stratili sa/zmizli v hmle **2.** (časovo) do; *work late i. the night* pracovať dlho do noci **3.** (pri počtových úkonoch) v; *two i. four goes twice* dva v štyroch sa nachádza dvakrát ● *burst i. tears* prepuknúť v plač; *come i. an inheritance* prísť k dedičstvu, dediť; *this runs i. money* toto ide do peňazí

intolerable [inˈtolrəbl] **1.** neznesiteľný; *i. weather* neznesiteľné počasie; *i. pain* neznesiteľná bolesť **2.** neúnosný; *this delay is i.* toto preťahovanie je neúnosné

intolerant [inˈtolərənt] **1.** neznášanlivý; *an i. man* neznášanlivý človek **2.** neznášajúci; *i. of direct light* neznášajúci priame svetlo

intonation [ˌintəˈneišn] odb. intonácia

intoxicate [in'toksəkeit] **1.** lek. otráviť **2.** opojiť; *be i-d by joy* byť opojený radosťou

intractable [in'træktəbl] nepoddajný, tvrdohlavý, neskrotný; *i. children* tvrdohlavé deti

intransigence [in'trænsədžns] neústupnosť, nekompromisnosť; *i. in any situation* neústupnosť v každej situácii

intransigent [in'trænsədžnt] neústupný, nekompromisný; *i. attitude* nekompromisný postoj

intrepid [in'trepəd] neohrozený, smelý; *i. fighter* smelý bojovník

intricacy ['intrikəsi] zložitosť, komplikovanosť; *the i. of the mechanism* zložitosť mechanizmu

intricate ['intrikət] zložitý, komplikovaný; *i. task* zložitá úloha

intrig(u)ant ['intrigənt] intrigán

intrig(u)ante [‚intri'gænt] intrigánka

intrigue I. sl. **1.** [in'tri:g] intrigovať **2.** vzbudiť zvedavosť, upútať; *the news i-d all of us* správa v nás vzbudila zvedavosť **II.** podst. ['intri:g] úklad, nástraha, intriga

introduce [‚intrə'dju:s] **1.** uviesť, zaniesť; *i. new ideas* vniesť nové myšlienky **2.** predstaviť; *he i. me to his friends* predstavil ma svojim priateľom

introduction [‚intrə'dakšn] **1.** zavedenie, uvedenie; *the i. of new methods* zavedenie nových metód **2.** predstavovanie, predstavenie **3.** úvod, predslov ● *a letter of i.* odporúčanie

introductory [‚intrə'daktri] úvodný; *i. lecture* úvodná prednáška

intrude [in'tru:d] **1.** votrieť sa; *i. upon privacy* votrieť sa do súkromia **2.** (*on/upon*) vnútiť (komu); *don't i. your views upon me* nevnucuj mi svoje názory

intruder [in'tru:də] votrelec; *he shot the i. dead* zastrelil votrelca *i. aircraft* nepriateľské lietadlo

intrusive [in'tru:siv] **1.** dotieravý, neodbytný; *i. individual* dotieravý jednotlivec **2.** rušivý; *an i. remark* rušivá poznámka

intuition [‚intju'išn] intuícia; *know by i.* podvedome tušiť

inundate ['inəndeit] (*with, by*) zaplaviť (čím) aj pren.; *i-d with requests* zaplavený požiadavkami

inundation [‚inən'deišn] záplava, zaplavenie, povodeň

invade [in'veid] **1.** vpadnúť, vtrhnúť, napadnúť; *i. enemy territory* napadnúť územie

2. poškodiť, narušiť; *i. sb's privacy* narušiť súkromie (koho)

invader [in'veidə] útočník, votrelec

invalid[1] [in'vəli:d] **I.** príd. telesne postihnutý, chorý; *they need a nurse for their i. mother* potrebujú zdravotnú sestru pre chorú matku **II.** podst. invalid, chorý človek

invalid[2] [in'væləd] **1.** neplatný; *an i. passport* neplatný pas **2.** neúčinný; *this method proved to be i.* ukázalo sa, že táto metóda je neúčinná

invalidate [in'vælədeit] zrušiť platnosť

invalidity[1] [‚invə'lidəti] invalidita

invalidity[2] [‚invə'lidəti] neplatnosť

invaluable [in'væljəbl] neoceniteľný; *i. services* neoceniteľné služby

invariable [in'veriəbl] **I.** príd. nepremenný, stály, konštantný **II.** podst. mat. konštanta, stála/nepremenná veličina

invasion [in'veižn] vpád, invázia, nájazd; *an i. of locusts* invázia kobyliek

invent [in'vent] **1.** vynájsť; *when was the Segner wheel i-ed?* kedy bolo vynájdené Segnerovo koleso? **2.** vymyslieť si; *i. an excuse* vymyslieť si výhovorku

invention [in'venšn] **1.** vynález; *the i. of the steam engine* vynález parného stroja **2.** výmysel; *pure i.* číry výmysel **3.** vynaliezavosť; *it stimulates the child's i.* to podporuje detskú vynaliezavosť

inventor [in'ventə] **1.** vynálezca; *who was the i. of this machine?* kto bol vynálezcom tohto stroja? **2.** tvorca; *who's the i. of that idea?* kto je tvorcom tej myšlienky?

inverse [‚in'veə:s] **1.** obrátený, opačný; *in i. ratio (to)* v obrátenom pomere (k) **2.** mat. nepriamy; *i. proportion* nepriama úmernosť

invert [in'və:t] **1.** obrátiť, prevrátiť; *i. a glass* prevrátiť pohár **2.** lek. vypláchnuť (žalúdok); *the doctor i-ed his stomach* lekári mu vypláchli žalúdok

inverted commas [in‚və:təd 'koməz] úvodzovky (v angl. " ... "/v slov. „ ...")

invest [in'vest] investovať, vložiť (peniaze); *he i-ed his money in business* vložil peniaze do podnikania

investigate [in'vestəgeit] **1.** vyšetrovať; *the police i-ed the murder* polícia vyšetrovala vraždu **2.** skúmať; *they i-ed the validity of that method* skúmali platnosť tej metódy

investigation [in‚vestə'geišn] **1.** pátranie, hľadanie, vyšetrovanie; *the i. into the cause of the plane crash* vyšetrovanie príčin havá-

rie lietadla **2.** skúmanie, výskum; ● *be under i.* byť predmetom skúmania/vyšetrovania
investigative [in'vestəgetiv] **1.** vyšetrovací; *i. methods* vyšetrovacie metódy **2.** výskumný; *an i. scientist* výskumný pracovník
investigator [in'vestəgeitə] **1.** vyšetrovateľ **2.** pracovník vo výskume, bádateľ
investment [in'vestmənt] investícia; *make an i. in real estate* investovať do nehnuteľnosti
investor [in'vestə] **1.** investor **2.** stávkar
inveterate [in'vetərət] zarytý; *an i. smoker* zarytý fajčiar
invincible [in'vinsəbl] neprekonateľný, nepremožiteľný; *i. obstacles* neprekonateľné prekážky; *an i. army* neporaziteľná armáda
invisible [in'vizəbl] neviditeľný; *some stars are i. to the naked eye* niektoré hviezdy sú voľným okom neviditeľné
invisible mending [in,vizəbl'mendiŋ] sceľovanie (textílií)
invitation [,invə'teišn] **1.** pozvanie; *an i. to dinner* pozvanie na obed; *admission by i. only* vstup len na pozvanie **2.** výzva; *at the i. of the commitee* na výzvu výboru;
invite [in'vait] **1.** pozvať; *they i-ed him to dinner* pozvali ho na obed **2.** vyzvať; *he was i-ed to give a speech* vyzvali ho, aby predniesol reč
inviter [in'vaitə] hostiteľ
inviting [in'vaitiŋ] lákavý, príťažlivý; *that cake looks i.* ten koláč vyzerá lákavo
invoice ['invois] **I.** podst. obch. faktúra, vyúčtovanie; *make an i. of goods* vyúčtovať tovar **II.** sl. obch. fakturovať, účtovať; *orders waiting to be i-d* objednávky čakajúce na fakturáciu
invoke [in'vəuk] vzývať (Boha)
involuntary [in'voləntri] **1.** nedobrovoľný; *i. parting* nedobrovoľný odchod **2.** mimovoľný; *an i. movement* mimovoľný pohyb
involve [in'volv] **1.** týkať sa, dotýkať sa; *it i-s us all* to sa týka nás všetkých **2.** vyžadovať; *it i-s good experts* vyžaduje to dobrých odborníkov **3.** zapliesť (sa), vtiahnuť; *this i-d him in debts* tým sa zapletol do dlhov/zadĺžil sa
involved [in'volvd] komplikovaný, zložitý; *an i. sentence* zložitá veta ● *become/get i.* angažovať sa, aktívne sa zúčastniť
involvement [in'volvmənt] účasť; *i. in the project/fraud* účasť na projekte/podvode
invulnerable [in'valnrəbl] nezraniteľný; *i. position* nezraniteľné postavenie

inward ['inwəd] **1.** vnútorný, duševný; *i. happiness* vnútorné šťastie **2.** smerujúci dovnútra; *an i. curve* dovnútra klenutá krivka
inwards ['inwədz] vnútro; *the i. of the engine* vnútro motora
iodine ['aiədi:n] **1.** jód **2.** hovor. jódová tinktúra
Ionic [ai'onik] jónsky *I. order* jónsky štýl
IOU [ai əu ju:] skr. *I owe you* dlhopis
irascible [i'ræsəbl] popudlivý, hnevlivý
irate [,ai'reit] zlostný, nahnevaný; *i. words* zlostné slová
iris ['airəs] mn. č. *irides* ['aiərədi:z] **1.** dúhovka (oka) **2.** bot. kosatec
Irish ['airiš] **I.** príd. írsky **II.** podst. **1.** *the I.* Íri **2.** írčina
Irishman ['aiərišmən] mn. č. *-men* [-men] Ír
Irishwoman ['airiš,wumən] mn. č. *-women* [-wimin] Írka
irksome ['ə:ksm] protivný, odporný; *an i. person* protivná osoba
iron ['aiən] **I.** podst. **1.** železo; *raw/crude i.* surové železo **2.** žehlička ● *have several i-s in the fire* mať niekoľko železiek v ohni; *rule with a rod of i.* vládnuť železnou rukou; *put sb. in i-s* dať komu, železá (putá) **II.** príd. **1.** železný; *i. ore* železná ruda **2.** pren. pevný, železný; *i. will* železná vôľa **3.** kovový; *i. voice* kovový hlas **III.** sl. (vy)žehliť; *i. a shirt* vyžehliť košeľu; *iron away/out something* rozžehliť, vyžehliť; *i. away the wrinkles on the skirt* vyžehliť pokrčenú sukňu; *iron st. out* vyriešiť niečo
Iron Age ['aiəneidž] archeol. doba železná
iron casting [,aiən'ka:stiŋ] liatinový odliatok
iron-clad ['aiənklæd] obrnený, pancierový; *i. ship* panciérová loď
iron foundry ['aiən,faundri] zlieváreň
ironic/al [ai'ronik/l] ironický; *an i. person* ironická osoba
ironing board ['aiəniŋ,bo:d] žehliaca doska
ironize ['aiərənaiz] ironizovať, ironicky hovoriť
ironmonger ['aiən,maŋgə] železiarstvo
ironworks ['aiənwə:ks] mn. č. železiarne
irony ['airəni] irónia; *by an i. of fate* iróniou osudu
irradiate [i'reidieit] **1.** ožiariť; *i. with rays* ožiariť lúčmi **2.** rozžiariť; *i-ed faces* rozžiarené tváre
irrational [i'ræšnəl] **I.** príd. **1.** nerozumný (neschopný rozumne myslieť); *he was i. after the*

accident po nehode nebol schopný rozumne uvažovať **2.** absurdný, nezmyselný; *i. behaviour* absurdné správanie **II.** podst. mat. iracionálne číslo

irreconcilable [iˌrekənˈsailəbl] **1.** nezmieriteľný; *i. fight* nezmieriteľný boj **2.** nezlučiteľný, vzájomne si odporujúci; *i. statements* nezlučiteľné výroky

irrecoverable [ˌiriˈkavrəbl] **1.** nenapraviteľný; *i. mistakes* nenapraviteľné chyby **2.** nenahraditeľný; *i. losses* nenahraditeľné straty

irredeemable [ˌiriˈdi:məbl] **1.** nenapraviteľný; *an i. loss* nenapraviteľná strata **2.** nezameniteľný (o bankovkách); *i. paper currency* nezameniteľné papierové bankovky

irrefutable [ˌiriˈfjuːtəbl] nedokázateľný; *an i. statement* nedokázateľné tvrdenie

irregular [iˈregjələ] **1.** nepravidelný; *i. intervals* nepravidelné intervaly; *i. verbs* nepravidelné slovesá **2.** nezvyklý, neobyčajný; *an i. excuse* nezvyklá výhovorka

irregularity [iˌregjəˈlærəti] nepravidelnosť; *the i. of attending classes* nepravidelnosť v dochádzke na vyučovanie

irrelevant [iˈreləvənt] bezvýznamný, nezávažný, vedľajší; *i. remark* bezvýznamná poznámka

irremovable [ˌiriˈmuːvəbl] **1.** neodstrániteľný; *i. difficulties* neodstrániteľné ťažkosti **2.** nezosaditeľný; *i. from the office* nezosaditeľný z úradu

irrepairable [iˈrepərəbl] neopraviteľný, nenapraviteľný; *an i. watch* neopraviteľné hodinky

irreplaceable [ˌiriˈpleisəbl] nenahraditeľný; *he can't leave the company, he is i.* nemôže odísť z podniku, je nenahraditeľný

irreproachable [ˌiriˈprəučəbl] bezúhonný; *i. conduct* bezúhonné správanie

irresistible [ˌiriˈzistəbl] neodolateľný; *i. candies* neodolateľné cukríky

irresolute [iˈrezəluːt] nerozhodný, váhavý, kolísavý; *i. in fight* nerozhodný v boji; *i. in his opinion* kolísavý v názoroch

irrespective [ˌiriˈspektiv] **1.** neúctivý **2.** zastar. bezohľadný ● *i. of* bez ohľadu na; *i. of the consequences* bez ohľadu na dôsledky

irresponsibility [ˌirisponsəˈbiləti] nezodpovednosť

irresponsible [ˌiriˈsponsəbl] nezodpovedný; *an i. pupil* nezodpovedný žiak; *i. action* nezodpovedné konanie

irresponsive [ˌiriˈsponsiv] nereagujúci; *he was i. to the treatment* nereagoval na liečbu

irrevocable [iˈrevəkəbl] neodvolateľný; *an i. statement* neodvolateľný výrok

irrigate [ˈirəgeit] **1.** zavlažiť, zavodniť; *i. the field* zavlažiť pole **2.** lek. vypláchnuť; *i. the wound* vypláchnuť ranu

irrigation [ˌiriˈgeišn] **1.** zavodňovanie, zavlažovanie **2.** lek. vyplachovanie

irrigation canal [ˌiriˈgeišn kəˈnæl] zavlažovací kanál

irritable [ˈirətəbl] podráždený, popudlivý; *he gets i. because of the toothache* je podráždený, lebo ho bolí zub

irritate [ˈirəteit] podráždiť; *the smoke i-ed my eyes* dym mi podráždil oči ● *become/get i-d (at/about)* nahnevať sa, napáliť sa (na koho/čo — pre čo)

is p. be

Islam [ˈislaːm] **1.** islam **2.** moslimovia

Islamic [izˈlæmik] **1.** islamský **2.** moslimský

island [ˈailənd] **I.** podst. **1.** ostrov **2.** nástupný ostrovček (v doprave) **II.** príd. ostrovný

isle [ail] ostrov (vo vlastných podst. menách); *the British I-s* Britské ostrovy

isolate [ˈaisəleit] izolovať, separovať, oddeliť; *i. a patient with infectious disease* izolovať pacienta s infekčnou chorobou

isolated [ˈaisəleitəd] ojedinelý, sporadický; *a few i. cases* niekoľko ojedinelých prípadov

isolation [ˌaisəˈleišn] izolácia, osamotenosť; *live in i.* žiť v izolácii

isolation hospital [aisəˌleišn ˈhospitl] nemocnica pre infekčné choroby

isolation unit [aisəˌleišnˈjuːnət] infekčné oddelenie

isolation ward [ˌaisəˈleišnˈwoːd] izolačná miestnosť, izolačka

isolator [ˈaisəleitə] izolátor

issue [ˈišuː/ˈisjuː] **I.** podst. **1.** vydávanie/vydanie (novín, mincí, známok); *the Christmas issue of a newspaper* vianočné vydanie novín; *buy new stamps on the day of their i.* kúpiť nové známky v deň ich vydania **2.** sporná otázka; *the point at i.* sporný bod **3.** problém; *raise a new i.* nadhodiť nový problém **II.** sl. **1.** vydávať, vydať (publikácie, noviny, známky); *they i-d new stamps* vydali nové známky; *When was your passport i-d?* Kedy bol vydaný tvoj pas? **2.** vyjsť, vychádzať; *smoke i-ing from the chimney* dym vychádzajúci z komína

it [it] **1.** to; *drink it* vypi to **2.** ono; *that's it* to je ono
Italian [iˈtæliən] **I.** príd. taliansky **II.** podst. **1.** Talian **2.** taliančina
italics [iˈtæliks] mn. č. kurzíva
Italy [ˈitəli] Taliansko
itch [ič] **I.** podst. **1.** svrbenie; *suffer from the i.* trpieť svrbením **2.** hovor. veľká chuť, silná túžba; *I have an i. for supper* mám chuť na večeru; *an i. to travel* silná túžba cestovať **II.** sl. **1.** svrbieť; *I'm i-ing all over* svrbí ma celé telo **2.** hovor. veľmi túžiť, mať/robiť si chuť; *she i-ed to travel round the world* veľmi túžila cestovať okolo sveta ● *I have an i-ing palm* svrbí ma dlaň
item [ˈaitəm] **1.** položka; *number the i-s* očísluj položky **2.** číslo (programu); *the main i. on the programme* hlavný bod programu **3.** predmet, vec aj pren.; *an essential i. for every home* nevyhnutný predmet pre každú domácnosť; *an i. of great importance* dôležitá vec **4.** článok, informácia (v novinách ap.) **5.** (jednotlivé časti nepočítateľných abstrákt); *news i.* správa ● *down to the i.* do najmenších podrobností

itinerant [aiˈtinrənt] putujúci, cestujúci (z miesta na miesto); *an i. preacher* putujúci kazateľ; *an i. life* kočovný život
itinerary [aiˈtinrəri] **1.** plán/trasa cesty, cestovný program; *they discussed the i.* prediskutovali plán cesty **2.** sprievodca (publikácia); *a helpful i.* užitočný sprievodca
its [its] tvar od *it*, privl. zám. **1.** jeho, jej, svoj, svoja, svoje; *he dropped the pen and broke i. point* pustil pero na zem a zlomil jeho hrot; *the football team was having i. day* futbalové mužstvo malo svoj deň **2.** v spojeniach so zvieracími podst. sa prekladá sa zvratným si; *the horse broke i. leg* kôň si zlomil nohu
itself [itˈself] **1.** zvratné sa, seba; *the cat hurt i.* mačka sa zranila **2.** zdôrazňovacie po *it, which, that, this* samo osebe; *it is attractive in i.* to je samo osebe príťažlivé ● *by i.* samo od seba, automaticky
ivory [ˈaivəri] **I.** podst. slonovina **II.** príd. slonovinový; *i. chessmen* šachy zo slonoviny
ivy [ˈaivi] brečtan

J

jab [džæb] **I.** sl. *-bb-* **1.** pichnúť, bodnúť; *she j-bed the needle into her finger* pichla si ihlou do prsta **2.** štuchnúť, rypnúť; *he j-bed his elbow into my ribs* štuchol ma lakťom do rebier **3.** (*out*) vypichnúť; *don't j. my eyes out with your umbrella* nevypichni mi oči dáždnikom **II.** podst. **1.** pichnutie, bodnutie **2.** štuchanec, rypnutie; *he gave me a j.* štuchol ma **3.** hovor. injekcia; *a cholera j.* injekcia proti cholere
jabber [ˈdžæbə] **I.** podst. džavot; *listen to the j. of those children* počúvaj ten džavot detí **II.** sl. **1.** štebotať, džavotať; *j. English* džavotať po anglicky **2.** (*out*) odrapotať; *j. the poem* odrapotať báseň
jacinth [ˈdžæsinθ] hyacint
Jack¹ [džæk] hovor. Janko ● *J. of all trades* vševed
jack² [džæk] **I.** podst. zdvihák, zdvíhadlo **II.** sl., aj **jack up** zdvihnúť nadvihnúť; *j. the car and change the wheels* nadvihnúť auto a vymeniť kolesá
jack⁴ [džæk] (lodná) vlajka ● *Union J.* britská štátna zástava
jack up zvýšiť ceny/platy

jack³ [džæk] (kart.) dolník
jackal [ˈdžækɔːl, ˈdžækl] šakal
jackdaw [ˈdžækdɔː] kavka
jacket [ˈdžækət] **1.** sako, kabátik, bunda; *a tweed j.* tvídové sako **2.** šupka; *potatoes boiled in their j-s* zemiaky varené v šupke ● *dust one's j.* vyprášiť komu kožuch
jackhammer [ˈdžækˌhæmə] AM zbíjačka.
jack knife [ˈdžæknaif] mn. č. *-knives* [-naivz] vreckový nožík
jackpot [ˈdžækpot] kart. bank ● *hit the j.* mať z pekla šťastie
jade [ˈdžeid] nefrit (sivozelený polodrahokam)
jaded [ˈdžeidəd] prepracovaný, vyčerpaný; *he looks j.* vyzerá vyčerpaný
jagged [ˈdžægəd] **1.** zúbkovaný; *j. sheet of paper* zúbkovaný hárok papiera **2.** drsný, neotesaný, rozoklaný; *j. rocks* rozoklané skaly
jaguar [ˈdžægjuə] jaguár (aj značka auta)
jail [džeil] **I.** podst. väzenie, väznica, žalár; *put/send to j.* dať/poslať do väzenia **II.** sl. uväzniť; *he was j-ed for life* bol uväznený na doživotie
jailbird [ˈdžeilbəːd] hovor. (notorický) zločinec, kriminálnik, recidivista

jailbreak [ˈdžeilbreik] útek z väzenia

jailer [ˈdžeilə] zastar. žalárnik, dozorca väzňov

jam¹ [džæm] -mm- **I.** sl. **1.** vtlačiť (sa), vkliniť (sa), (na)pchať (sa); *he j-med everything into his suitcase* napchal všetko do kufra **2.** upchať, zatarasiť, blokovať; *the crowd j-med the traffic* dav zablokoval dopravu **3.** rozdrviť, rozmliaždiť, rozgniaviť; *he got his finger j-med in the door* dvere mu rozmliaždili prst **4.** (zámerne) rušiť rozhlasové vysielanie; *j. the enemy's frequencies during the war* rušiť nepriateľské vysielanie počas vojny **II.** podst. **1.** tlačenica, zápcha; *traffic j.* dopravná zápcha **2.** hovor. opletačky ● *be in/get into a j.* dostať sa do peknej kaše

jam² [džæm] **I.** podst. džem, lekvár ● *have j. on it* mať sa ako prasa v žite **II.** sl. -mm- natrieť džemom, lekvárom

James [džeimz] Jakub

jam-pack [ˌdžæmˈpæk] hovor. napchať, prepchať, preplniť; *the holidaymakers j-ed the buses* dovolenkári preplnili autobusy

Jane [džein] Jana

jangle [ˈdžængl] **I.** sl. **1.** rinčať **2.** hrmotiť, hrkotať, štrkať; *j. a bunch of keys* štrkať kľúčmi **3.** ísť na nervy (komu), dráždiť, rozčuľovať (koho); *the pupil j-d the nerves of his teacher* žiak dráždil svojho učiteľa **II.** podst. **1.** hluk, lomoz, hrmot **2.** hádka; *a degrading j. between husband and wife* ponižujúca hádka medzi manželmi

janitor [ˈdžænenətə] **1.** zastar. vrátnik **2.** AM údržbár

January [ˈdžænjuəri] január

japan¹ [džəˈpæn] **I.** podst. šelak **II.** sl. -nn- natierať/natrieť šelakom

Japan² [džəˈpæn] Japonsko

Japanese [ˌdžæpəˈniːz] **I.** príd. japonský **II.** podst. **1.** Japonec **2.** japončina

jar¹ [džaː] **I.** podst. sklená al. hlinená nádoba, pohár, krčah, džbán; *a jar of jam* pohár džemu; *a j. of milk* krčah mlieka **II.** sl. -rr- zavariť, konzervovať

jar² [džaː] **I.** podst. **1.** škripot, vrzot; *we felt a j. when he pressed the break pedal hard* počuli sme škripot, keď prudko zabrzdil **2.** vibrácia, chvenie; *the instrument should be protected from j-s* prístroj má byť chránený pred vibráciou **3.** (duševný) otras, šok; *it was a j. to my nerves* bol to šok na moje nervy **II.** sl. -rr- **1.** škrípať, vŕzgať, rinčať; *the windows j-red by the explosion* okná rinčali pri výbuchu

2. (on) ísť na nervy (komu); *his manners j-red on him* jeho spôsoby mu išli na nervy

jaundice [ˈdžoːndəs] žltačka

jaunt [džoːnt] **I.** podst. výlet, vychádzka; *a j. to the mountains* výlet do hôr **II.** sl. ísť na výlet/vychádzku; *a j. through the park* ísť na vychádzku do parku

jaunty [ˈdžoːnti] veselý, bezstarostný; *j. optimist* bezstarostný optimista

javelin [ˈdžævlən] **I.** podst. oštep, kopija, pika (býčie zápasy); *throwing the j.* hod oštepom

jaw [džoː] čeľusť; *upper/lower j.* horná/dolná čeľusť ● *j. clutch* motor. čeľusťová spojka

jaw vice [ˈdžoːvais] zverák

jay [džei] spojka

jaywalker [ˈdžeiwoːkə] neopatrný/nedisciplinovaný chodec

jazz [džæz] **I.** podst. džez; *be fond of j.* mať rád džez **II.** príd. džezový; *j. fans* džezoví fanúšikovia

jazz-bow [ˈdžæzbəu] motýlik; *wear a j.* mať/nosiť motýlik

jealous [ˈdželəs] žiarlivý; *a j. husband* žiarlivý manžel; *be j. of his wife* žiarliť na manželku

jealousness, jealousy [ˈdželəsnəs, ˈdželəsi] žiarlivosť; *blinded by j.* zaslepený žiarlivosťou

Jean [džiːn] Jana

jeans [džiːnz] džínsy, texasky

jeer [džiə] **I.** sl. (at) posmievať sa (komu); *she j-ed at him* posmievala sa mu; *the crowd j-ed at the player's poor performance* dav vypískal hráčov slabý výkon **II.** podst. posmech, výsmech; *there was a j. in his voice* v jeho hlase bolo cítiť posmech

jelly [ˈdželi] **I.** podst. **1.** rôsol, aspik **2.** (ovocné) želé **II.** sl. upraviť v rôsole; *a j-ied chicken* kurča v rôsole

jeopardize [ˈdžepədaiz] ohroziť, vystaviť nebezpečenstvu; *j. one's life* vystaviť nebezpečenstvu svoj život

jerk [džoːk] **I.** podst. trhnutie, myknutie; *the car stopped with a j.* auto sa trhnutím zastavilo ● *at one/with a j.* jedným trhnutím **II.** sl. trhať, mykať, pohodiť (hlavou); *j. one's head* pohodiť hlavou

jerk out vytiahnuť, vytasiť; *j. a pistol* vytiahnuť pištoľ

jest [džest] **I.** podst. žart; *turn everything into a j.* obrátiť všetko na žart **II.** sl. žartovať; *j. about serious things* žartovať o vážnych veciach *surely you j.* iste žartuješ

jester [ˈdžestə] **1.** vtipkár **2.** šašo; *a court j.* dvorný šašo

Jesus Christ [ˈdži:zəs kraist] Ježiš Kristus

jet¹ [džet] **I.** podst. **1.** prúd; *a j. of water* prúd vody **2.** dýza **II.** sl. *-tt-* **1.** vyvierať, prýštiť; *water j-ted from the pipe* voda prýštila z potrubia **2.** cestovať/letieť prúdovým lietadlom; *he j-ted to London* letel do Londýna prúdovým lietadlom

jet² [džet] čierny jantár

jet aircraft [ˌdžetˈeəkra:ft] prúdové lietadlo

jet-black [ˌdžetˈblæk] čierny ako uhoľ; *j. hair* vlasy čierne ako uhoľ

jetliner [ˈdžetlainə] prúdové dopravné lietadlo

jet-propelled [ˌdžet prəuˈpeld] prúdový, reaktívny

jet propulsion [ˌdžæt prəˈpalšn] prúdový pohon

Jew [džu:] **1.** Žid, Židovka (príslušník izraelského národa) **2.** žid, židovka, izraelita (vyznavač náboženstva opierajúceho sa o Starý zákon)

jewel [ˈdžu:əl] šperk, klenot, drahokam

jeweller [ˈdžu:ələ] klenotník

jewellery [ˈdžu:əlri] klenotníctvo

Jewess [ˈdžu:əs] Židovka

Jewish [ˈdžuiš] židovský; *J. calendar* židovský kalendár

jiffy [ˈdžifi] hovor. chvíľa, moment, sekunda; *I'll be back in a j.* o chvíľu sa vrátim

jigsaw [ˈdžigso:] **I.** podst. **1.** strojová lupienková píla **2.** aj **jigsaw puzzle** obrázková skladačka **II.** sl. **1.** vyrezávať (podľa šablóny) **2.** skladať, zostaviť skladačku

Jim [džim] Kubo (zdrobnenina mena James)

jingle [ˈdžingl] **I.** podst. cengot, štrngot **II.** sl. cengať, cvendžať, štrngať; *some coins j-ed in his pocket* vo vrecku mu štrngali nejaké mince

jingle bell [ˈdžiŋgl bel] spiežovec

jingo [ˈdžiŋgəu] mn. č. *jingoes* [džiŋgəuz] **I.** podst. šovinista; *j-es clamoured for war* šovinisti sa dožadovali vojny **II.** príd. šovinistický; *a j. nationalism* šovinistický nacionalizmus

job [džob] zamestnanie, práca; *he has a j. as a teacher* pracuje ako učiteľ; *what's his j.?* aké má zamestnanie? *a well paid j.* dobre platená práca ● *be out of a j.* byť bez práce, byť nezamestnaný

job-hopper [ˈdžob hopə] fluktuant

jobless [ˈdžobləs] nezamestnaný, bez prá-

ce; *j. insurance* poistenie pre prípad nezamestnanosti

jocose [džəˈkəus] žartovný, veselý; *j. stories* veselé príbehy

Joe [džəu] Jožo, Jožko

jog [džog] *-gg-* **1.** bežať pre zdravie, klusať; *he j-ged to the river* bežal k rieke **2.** drgať, štuchať; *j. sb. with an elbow* drgať niekoho lakťom

John [džon] Ján

join [džoin] **1.** pripojiť (sa), spojiť (sa); *I'll join you in a few minutes* o chvíľu sa k tebe pripojím; *j. two things together* spojiť dve veci **2.** vstúpiť (do organizácie); *j. the army* vstúpiť do armády ● *j. hands* podať si ruky

joiner [ˈdžoinə] stolár

joinery [ˈdžoinəri] stolárstvo

joint [džoint] **I.** podst. **1.** kĺb; *rheumatism in/of the j-s* reumatizmus v kĺboch **2.** stehno (zvierat); *roast j.* pečené stehno **3.** spoj, spojenie; *tighten up the j-s* pritiahnuť spojenia **4.** slang. marihuanová cigareta *smoke a j.* fajčiť marihuanovú cigaretu **II.** sl. **1.** spojiť, skĺbiť **2.** rozdeliť, porciovať (o mäse)

joint capital [ˌdžointˈkæpitl] akciový kapitál

joint coupling [ˌdžointˈkapliŋ] kĺbové spojenie

joint owner [ˌdžointˈəunə] spolumajiteľ

joint-stock company [ˌdžoint ˈstok ˌkampəni] AM akciová spoločnosť

joke [džəuk] **I.** podst. žart, vtip; *a silly j.* hlúpy vtip **II.** sl. žartovať, vtipkovať; *he's always j-ing* stále vtipkuje ● *you are joking* to nemyslíš vážne; *joking apart/aside* žarty stranou *joke off* odbiť vtipom

joker [ˈdžəukə] **1.** vtipkár **2.** žolík (v kartách)

jolly [ˈdžoli] **1.** veselý, zábavný; *a j. party* veselá spoločnosť, **2.** srdečný, úprimný; *a j. person* srdečný človek **3.** príjemný; *a j. afternoon* príjemné popoludnie

jolt [džəult] **I.** sl. **1.** hádzať, hegať; *the carriage j-ed terribly* povoz strašne hádzal **2.** spôsobiť otrasy; *an earthquake j-ed the area near Bratislava* zemetrasenie spôsobilo otrasy neďaleko Bratislavy **II.** podst. **1.** (silný) náraz; *j. caused by an explosion* náraz spôsobený výbuchom **2.** otras, šok; *he got a j. when he heard that news* dostal šok, keď počul tú správu

Joseph [ˈdžəuzəf] Jozef

jostle [ˈdžosl] **I.** sl. strkať, sácať, vrážať; *j. each other* vrážať jeden do druhého **II.** podst. vrážanie do seba, strkanie, tlačenica

J

jot [džot] -*tt*- aj **jot down** zaznamenať, zapísať si; *the policeman j-ted down his name* policajt si zapísal jeho meno

journal[1] ['džə:nl] **1.** denník, noviny **2.** odborný časopis

journal[2] tech. ložiskový čap

journalism ['džə:nlizm] žurnalistika

journalist ['džə:nləst] novinár, žurnalistka

journey ['džə:ni] **I.** podst. cesta; *set out on a j.* vydať sa na cestu **II.** sl. cestovať; *he j-ed a lot* veľa cestoval

journeyman ['džə:nimæn] mn. č. -*men* [men] tovariš

joy [džoi] radosť; *his face was beaming with j.* tvár mu žiarila radosťou; *to my great j.* na moju veľkú radosť

joyful ['džoifl] radostný; *j. news* radostná správa

joystick ['džoistik] (ručná) riadiaca páka

jubilee ['džu:bəli:] **I.** podst. **1.** výročie, jubileum; *silver/golden j.* strieborné/zlaté jubileum **2.** oslavy **II.** príd. jubilejný; *a j. issue* jubilejný výtlačok (časopisu)

judge [džadž] **I.** podst. **1.** sudca **2.** šport. rozhodca **3.** znalec; *a good j. of horses* dobrý znalec koní **II.** sl. **1.** súdiť, rozsúdiť **2.** posudzovať, hodnotiť; *he j-ed the dogs at the show* hodnotil psy na výstave

judgement ['džadžmənt] **1.** rozsudok; *pass j. on a prisoner* vyniesť rozsudok nad väzňom **2.** mienka, úsudok; *form a j.* utvor (si) mienku ● *against one's better j.* proti vlastnému presvedčeniu; *J. Day* súdny deň

judiciary [džu:'dišəri] **1.** súdnictvo **2.** sudcovský zbor

judicious [džu:'dišəs] rozumný; *a j. decision* rozumné rozhodnutie

jug [džag] krčah; *a j. of milk* krčah mlieka

juice [džu:s] **I.** podst. šťava, džús; *tomato j.* paradajková šťava **II.** sl. vytlačiť šťavu; *j. a lemon* vytlačiť šťavu z citróna

juicy ['džu:si] šťavnatý; *j. oranges* šťavnaté pomaranče

jukebox ['džu:kboks] hrací automat (na platne po vhodení mince)

July [džu'lai] júl

jumble ['džambl] aj **jumble up** zmiešať, nahádzať (na kopu); *books, shoes, dresses were j-ed up in the wardrobe* knihy, topánky, šaty boli nahádzané (na kope) v skrini

jumble sale [džambl seil] dobročinný bazár

jumbo ['džambəu] **I.** podst. **1.** hovor. slon **2.** kolos **3.** aj **jumbo jet** veľké prúdové lietadlo **II.** príd. hovor. obrovský; *a j. orchestra* obrovský orchester

jump [džamp] **I.** podst. skok ● *be all of a j./on the j.* mať plné ruky práce; *get the j-s* dostať strach **II.** sl. **1.** skákať; *don't be afraid, j.* neboj sa, skáč **2.** skočiť, preskočiť; *j. a fence* preskočiť plot **3.** poskočiť; *his heart j-ed when he heard the news* srdce mu poskočilo, keď počul tú správu **4.** (*aside*) odskočiť **5.** (*out/up*) vyskočiť

jump at (sth.) nadšene prijímať (čo)

jump on (sb.) neúprosne tvrdo kritizovať (koho)

jump to ochotne poslúchať

jumper[1] ['džampə] (vlnený) pulóver

jumper[2] ['džampə] šport. skokan

jumping board ['džampiŋ bo:d] skokanský odrazový mostík

jump rope ['džamp rəup] AM švihadlo

jumpy ['džampi] nervózny, nesvoj; *a j. person* nervózny človek

junction ['džaŋkšn] **1.** železničná križovatka **2.** spoj, spojenie; *a j. of allied armies* spojenie spojeneckých/spriatelených armád

June [džu:n] jún

jungle ['džaŋgl] džungľa; *cut a path through the j.* presekať chodník cez džungľu ● *the concrete j.* betónová džungľa, veľkomesto

junior ['džu:niə] mladší; *he's my j. by two years* je o dva roky mladší odo mňa; *Chris Faram Jr* Chris Faram mladší

junk [džaŋk] **1.** hovor. haraburdie; *a room full of j.* miestnosť plná haraburdia **2.** slang. drogy (najmä heroín)

junk food [džaŋk fu:d] nekvalitná, rýchlo pripravená strava

junky ['džaŋki] slang. toxikoman, feťák

junkyard ['džaŋkja:d] smetisko, skládka odpadu

Jupiter ['džu:pətə] Jupiter

jurisdiction [,džurəs'dikšn] jurisdikcia

jurisprudence [,džuris'pru:dns] právna veda

jurist ['džurəst] **1.** právnik **2.** BR študent práv

juror ['džurə] porotca

jury ['džuri] porota; *the j. found him guilty* porota ho uznala vinným

just [džast] **I.** prísl. **1.** (v rozl. význ.) práve; *they have j. left* práve odišli; *she is j. coming* práve prichádza; *j. at that spot* práve na tom mieste; *you came j. in time* prišiel si práve včas

2. priamo; *j. down the hill* priamo dolu kopcom ● *j. as* **1.** práve tak; *this dress is j. as nice as that one* tieto šaty sú práve také pekné ako tamtie **2.** práve keď, práve vo chvíli, keď; *the telephone rang j. as I was leaving* telefón zazvonil práve vo chvíli, keď som odchádzal; *j. the same* napriek tomu, aj tak; *j. the same, I am right* aj tak mám pravdu **II.** čast. **1.** (len) tak-tak, sotva; *he j. managed to escape* len tak-tak, že sa mu podarilo ujsť **2.** iba, len; *I've got j. ten crowns* mám iba desať korún **3.** jednoducho, proste; *the play was j. wonderful* hra bola jednoducho skvelá **III.** príd. **1.** spravodlivý, zaslúžený; *a j. reward* spravodlivá odmena **2.** oprávnený, odôvodnený; *a j. fear* oprávnený strach **3.** správny, pravdivý; *a j. statement* pravdivé tvrdenie **4.** verný, pravdivý; *give a j. picture of the events* podať pravdivý obraz o udalostiach ● *sleep the sleep of the j.* spať spánkom spravodlivých
    justice ['džastəs] **1.** spravodlivosť; *treat all people with j.* zaobchádzať so všetkými

spravodlivo **2.** BR súd, súdny dvor; *Court of j.* súdny dvor **3.** sudca (Najvyššieho súdu) ● *bring to j.* postaviť pred súd; *do full j. to the material* plne využiť materiál; *complain with j.* právom sa sťažovať
    Justice of the Peace [ˌdžastəs əf ðə'piːs] zmierovací sudca
    justifiable ['džastəfaiəbl] žalovateľný; *a j. case* žalovateľný prípad
    justify ['džastəfai] **1.** ospravedlniť; *nothing can j. such conduct* nič nemôže ospravedlniť také správanie **2.** oprávniť; *he's j-ied to act* je oprávnený konať
    jut [džat] *-tt-* aj **jut out** vyčnievať, vystupovať; *the balcony j-s out over the garden* balkón vyčnieva nad záhradou
    jute [džuːt] **1.** jutovník **2.** tech. juta
    juvenile ['džuːvənail] mladistvý; *a j. appearance* mladistvý vzhľad
    juvenile court [ˌdžuːvənail'koːt] súd pre mladistvých

K

K

kale [keil] kel (zelenina)
kangaroo [ˌkæŋgə'ruː] kengura
Kantian ['kæntiən] **I.** príd. kantovský **II.** podst. kantovec
Kantianism ['kæntianizm] kantovská filozofia
karate [kə'raːti] **I.** podst. karate **II.** sl. zasadiť úder karate
karate chop [kə'raːtiˌčop] **I.** podst. úder karate **II.** sl. *-pp-* zasadiť karatistický úder
karting ['kaːtiŋ] šport. jazda na motokáre, preteky motokár
kayak ['kaiæk] **I.** podst. kajak **II.** sl. kajakovať sa
kayaker ['kaiækə] kajakár
KC [kei siː] skr. Br *King's Counsel* kráľovský súdny radca
keel [kiːl] **I.** podst. kýl, kostra lode/vzducholode/lietadla **II.** sl. (*over/up*) obrátiť hore dnom, prevrhnúť; *the yacht k-ed over in the storm* loď sa prevrhla v búrke
keen [kiːn] **1.** horlivý, nadšený, vášnivý; *a k. sportsman* vášnivý športovec **2.** ostrý; *a k. blade* ostrá čepeľ **3.** prenikavý; *a high k. voice* vysoký, prenikavý hlas
keen-witted [kiːnwitid] ostrovtipný
keep [kiːp] *kept* [kept], *kept* **1.** pravidelne

držať, dodržiavať, zachovávať; *k. traditions* dodržiavať tradície **2.** dodržať, splniť; *k. a promise* dodržať sľub; *k. an appointment* dodržať čas schôdzky **3.** držať (nespustiť); *he was kept indoors* držali ho vnútri **4.** viesť (ako majiteľ); *he k-s a shop* vedie obchod **5.** nechať; *he kept me waiting* nechal ma čakať **6.** (*-ing* forma slovesa – trvanie deja); *k. smiling* usmievaj sa (stále)
    keep away (*from*) držať sa bokom (od čoho), nepribližovať sa (k čomu)
    keep back 1. zadržať; *they kept back his wages* zadržali mu mzdu **2.** zabrániť; *she kept him back from doing it* zabránila mu urobiť to
    keep off držať sa bokom, nezasahovať; *he kept his hands off that business* nezasahoval do tej záležitosti
    keep on pokračovať; *he kept on writing* pokračoval v písaní
    keep out (*off sth.*) nezapliesť sa do (čoho)
    keep up (*with*) držať krok (s kým), stačiť (komu); *he cant keep up with his classmates at school* nevládze držať krok so spolužiakmi v triede, zaostáva
    keep-alive ['kiːpəlaiv] elektr. ionizačný; *k. current* ionizačný prúd

keeper [ˈkiːpə] **1.** dozorca, strážca; *park k.* dozorca v parku; *Keeper of the (Great) Seal* BR strážca (veľkej) pečate **2.** opatrovník

keepsake [ˈkiːpseik] dar na pamiatku ● *for a k./by way of k./as a k.* na pamiatku; *keep this ring as a k.* ponechaj si ten prsteň na pamiatku

keg [keg] súdok

kelp [kelp] morská riasa, chaluha

ken [ken] dosah chápania, duševná kapacita ● *it's beyond my k.* to pochopiť je nad moje možnosti

kennel [ˈkenl] **I.** podst. psia búda **II.** sl. *-ll-* (*up*) **1.** zaliezť do búdy **2.** pren. expr. držať hubu, utiahnuť sa do úzadia

kept p. **keep**

kerb [kəːb] obrubník, okraj chodníka

kerb drill [ˈkəːbdril] výchova chodcov k disciplíne na prechodoch

kerb stone [ˈkəːb stəun] obrubník, kamenný kváder

kerchief [ˈkəːčəf] zastar. šatka (na hlavu)

kernel [ˈkəːnl] zrno, jadro ● *a k. of truth* zrnko pravdy

kerosene [ˈkerəsiːn] AM petrolej (na svietenie)

kerosene lamp [ˈkerəsiːn læmp] petrolejová lampa, petrolejka

kettle [ˈketl] kanvica (na varenie vody, najmä na čaj); *put the k. on* postav na čaj ● *a different k. of fish* to je iná reč; *to get himself into a fine/nice k. of fish* dostať sa do peknej kaše

key [kiː] **I.** podst. **1.** kľúč aj pren.; *leave the k. in the door* nechaj kľúč vo dverách; *the k. to the whole problem* kľúč k celému problému **2.** legenda (mapy, plánu); *there's a key under the diagram explaining the symbols* pod diagramom je legenda vysvetľujúca symboly **3.** kláves, klapka; *black/white k-s* čierne/biele klávesy, klapky **4.** stupnica (hudobná); *a tune played in the k. of C major* melódia v stupnici C dur **II.** príd. kľúčový, významný; *k industry* kľúčový priemysel; *k. people* najvýznamnejší ľudia s najväčšími právomocami

keyboard [ˈkiːbɔːd] klávesnica, klaviatúra

keyhole [ˈkiːhəul] kľúčová dierka

keynote [ˈkiːnəut] **I.** podst. **1.** hud. základný tón; *give the k.* udať základný tón **2.** základná myšlienka; *strike the k.* vystihnúť základnú myšlienku **II.** sl. udávať základný tón; *his personality k-s his doing* jeho osobnosť sa prejavuje v jeho činnosti

key ring [ˈkiːriŋ] krúžok na kľúče

key word [ˈkiːwəːd] kľúčové slovo; *look for the k. in the sentence* vyhľadaj kľúčové slovo vo vete

KG [kei dži:] skr. BR *Knight of the Garter* rytier podväzkového rádu

kibbutz [kiˈbuc] mn. č. *kibbutzim* kibuc

kick [kik] **I.** podst. **1.** kopnutie, kopanec; *give him a k.* daj mu kopanec, kopni ho **2.** kop (vo futbale); *free k.* voľný kop ● *get more k-s than halfpence* byť viac bitý ako sýty **II.** sl. kopnúť; *k. the ball* kopnúť do lopty

kick about cestovať sem a tam ● *k. the windows out* urobiť dieru do sveta

kickoff [ˈkikof] šport. výkop

kid [kid] **I.** podst. **1.** hovor. dieťa; *she took the k-s to the circus* zobrala deti do cirkusu **2.** kozliatko **II.** sl. *-dd-* **1.** uťahovať si (z koho); *you are k-ding* uťahuješ si zo mňa **2.** vrhnúť kozliatka

kidnap [ˈkidnæp] *-pp-* uniesť (hlav. osobu); *k. a child* uniesť dieťa;

kidnapper [ˈkidnæpə] únosca

kidnappig [ˈkidnæpiŋ] únos osoby

kidney [ˈkidni] oblička; *people suffering from k. trouble* ľudia trpiaci obličkovými ťažkosťami

kidney machine [ˈkidni məˌšiːn] lek. umelá oblička

kidney stone [ˈkidni stəun] obličkový kameň

kiks [kiks] kiks, chyba

kill [kil] **1.** zabiť, zabíjať aj pren.; *k-ed in World War II* zabitý v druhej svetovej vojne; *k. animals for food* zabíjať zvieratá na potravu; *k. the time* zabíjať čas **2.** odpojiť, vypnúť (prúd); *k. a live electrical circuit* vyradiť elektrický obvod pod prúdom ● *k. two birds with one stone* zabiť dve muchy jednou ranou

kill off vyvraždiť; *the enemy k-ed off the inhabitants* nepriateľ vyvraždil obyvateľstvo

killer [ˈkilə] zabijak, profesionálny vrah

killer satellite [ˌkiləˈsætəlait] bojová družica

killing [ˈkiliŋ] **I.** podst. usmrtenie, vražda; *a series of k-s* séria vrážd ● *make a k.* mať z pekla šťastie **II.** príd. smrtiaci, vražedný; *a k. shot* smrtiaca strela; *a k. hatred* vražedná nenávisť

kiln [kiln] **I.** podst. pec; *a brick k.* tehlová pec **II.** sl. páliť, vypaľovať

kilogram(me) [ˈkiləugræm] kilogram

kilometre [ˈkiləˌmiːtə] kilometer

kilt [ˈkilt] *kilt* (škótska skladaná sukňa, súčasť mužského odevu)

kin [ˈkin] príbuzenstvo, pokrvný príbuzný; *he isn't any k. to me* nie je môj pokrvný príbuzný ● *next of k.* najbližší príbuzný/príbuzná

kind¹ [kaind] láskavý, vľúdny, milý, priateľský; *he is very k. to his mother* je veľmi milý k svojej matke ● *it's very k. of you* je to od teba veľmi milé/láskavé; *be kind enough/be so k. as to do it* buď taký láskavý a urob to; *with k. regards* (záver listu) so srdečným pozdravom

kind² [kaind] **1.** druh, odroda; *what k. of fish is this?* aký je to druh rýb? *several k-s of apples* rôzne odrody jabĺk **2.** značka; *what k. of car do you drive* akej značky máte auto? ● *pay/pay back in k.* platiť/vrátiť v naturáliách

kindergarten [ˈkindəgaːtn] materská škola

kind-hearted [ˌkaindˈhaːtəd] dobrosrdečný, láskavý

kindle [ˈkindl] **1.** zapáliť (sa); *k. the fire with a match* zapáliť oheň zápalkou **2.** aj (*up*) podnietiť; *k. the interest of the public* podnietiť záujem verejnosti

kindling [ˈkindliŋ] podpalok, triesky (papier ap. na založenie ohňa); *paper makes good k. for a fire* papier je dobrý na založenie ohňa

kindly [ˈkaindli] láskavo, vľúdne, s porozumením; *she treated him k.* zaobchádzala s ním láskavo; *take criticism k.* ber kritiku s porozumením ● *I would take it k. if you say a good word for me* veľmi by ma tešilo/bol by som rád (vďačný), keby si za mňa stratil dobré slovo

kindness [ˈkaindnəs] láskavosť, dobrosrdečnosť, vľúdnosť; *show k. to people* byť láskavý k ľuďom

kindred [ˈkindrəd] **I.** príd. príbuzný; *k. languages* príbuzné jazyky **II.** podst. (pokrvné) príbuzenstvo, rodina; *most of his k-s are in England* väčšinu príbuzných má v Anglicku

kinescope [ˈkinəskəup] **1.** televízna obrazovka **2.** filmový záznam televízneho vysielania

kinetics [kiˈnetiks] fyz. kinetika

king [kiŋ] kráľ; *the K. of England* anglický kráľ

kingdom [ˈkiŋdəm] **1.** kráľovstvo; *the United K. of Great Britain and Northern Ireland* Spojené kráľovstvo Veľkej Británie a Severného Írska **2.** ríša (živočíšna/rastlinná); *the animal k.* živočíšna ríša

King's English [ˌkiŋzˈiŋgliš] BR štandardná angličtina, spisovná norma

kink [kiŋk] **1.** slučka, uzol **2.** kŕč; *have a k. in the leg* mať kŕč v nohe **3.** hovor. výstrednosť, vrtoch; *the k. in his behaviour* výstrednosť v jeho správaní

kinship [ˈkinšip] príbuzenstvo

kipper [ˈkipə] **I.** podst. údená ryba, údenáč **II.** sl. soliť a údiť ryby

kiss [kis] **I.** podst. bozk; *blow a k.* poslať bozk **II.** sl. (po)bozkať; *he k-ed her cheek* pobozkal ju na líce

kit [kit] **1.** výstroj; *soldier's k.* vojenský výstroj **2.** (remeselnícke) náradie **3.** necesér

kitchen [ˈkičən] **I.** podst. kuchyňa **II.** príd. kuchynský; *a k. table* kuchynský stôl; *a k. unit* kuchynská linka

kitchenette [ˌkičəˈnet] kuchynka (v garsónke)

kite [kait] šarkan (papierový); *fly a k.* púšťať šarkana ● slang. *be high as a k.* byť nadrogovaný

kitten [ˈkitn] mačiatko

Kleenex [kliːneks] papierová vreckovka (pôvodne obchodný názov)

knack [næk] **1.** hovor. zručnosť, cvik, trik, fígeľ; *it's quite easy when you have the k. in it* je to celkom jednoduché, ak si v tom zručný **2.** schopnosť; *a k. for remembering names* schopnosť zapamätať si mená

knapsack [ˈnæpsæk] batoh, plecniak

knave [ˈneiv] kart. dolník; *the k. of hearts* srdcový dolník

knead [niːd] **1.** miesiť; *k. dough/clay* miesiť cesto/hlinu **2.** masírovať; *k. the muscles* masírovať svaly

knee [niː] **I.** podst. koleno; *the child sat on his father's k.* dieťa sedelo otcovi na kolenách ● *put sb. across one's k.* prehnúť (koho) cez koleno; *on bended k-s* na kolenách, po/kľačiačky; *bring sb. to his k-s* zraziť (koho) na kolená **II.** sl. liezť po kolenách

knee bend [ˈniːbend] drep

kneecap [ˈniːkæp] anat. jabĺčko

knee-deep [ˌniːˈdiːp] (siahajúci) po kolená; *k. snow* sneh po kolená

kneel [niːl] *knelt* [knelt], *knelt* aj **kneel down** kľačať, kľaknúť si; *she knelt (down) to look for the needle* kľakla si a hľadala ihlu

knee timber [ˈniːtimbə] kosodrevina

knelt p. **kneel**

knew p. **know**

knickerbocker glory [kikəbokə glori] BR zmrzlinový pohár s ovocím a so šľahačkou

knickerbockers [knikəbokəz] mn. č. golfky, pumpky

K

knick-knack ['nɪknæk] čačka; *various k-s
on the shelf* rôzne čačky/suveníry na polici
knife [naɪf] mn. č. **knives** [naɪvz] **I.** podst. nôž;
cut with a k. krájať nožom ● *go under the k.*
ísť pod nôž (na operáciu); *you could have cut the
atmosphere with a k.* vzduch by sa dal krájať
nožom; *play a good k. and fork* rád a dobre si
zajesť **II.** sl. poraniť, pichnúť nožom; *he was
k-d in the back* pichli ho nožom do chrbta
knight [naɪt] **1.** rytier **2.** šach. kôň
knit [nɪt] *knitted/knit* [nɪtəd/'nɪt], *knit-
ted/knit*, *-tt-* **1.** pliesť (ihlicami); *she often knits
while listening to the radio* často pletie a po-
čúva rádio; *k. two, purl one* dve hladko, jedno
obrátene **2.** pevne spojiť; *k. together broken
bones* pevne spojiť zlomené kosti **3.** zvraštiť,
zmraštiť; *k. one's brows* zvraštiť obočie
knitting needle ['nɪtɪŋ,niːdl] ihlica (na pletenie)
knitwear ['nɪt,weə] pletený textil
knives p. **knife**
knob [nob] **1.** gombík (na rádiu, televízore);
turn the k. on zapni rádio/televíziu **2.** rúčka,
kľučka; *a door k.* kľučka na dverách **3.** hru-
da; *a k. of cheese* hruda syra
knock [nok] **I.** sl. **1.** (*at/on*) (za)klopať (na
čo); *k. at the door* klopať na dvere **2.** klepať
(o motore); *I hear the engine k-ing* počujem kle-
pať motor **3.** (*against*) udrieť (sa) (o čo), vra-
ziť, naraziť (do čoho); *he k-ed his head against
the wall* vrazil hlavou do steny
knock down zraziť; *he was k-ed d. by a car*
zrazilo ho auto
knock off I. 1. skončiť (prácu), vypadnúť (z
práce); *I k. off at three p. m.* vypadnem o tretej
popoludní **2.** znížiť, zľaviť (z ceny); *they k-ed off
10 per cent from the price* zľavili 10 percent
z ceny **3.** zničiť, zlikvidovať; *they k-ed off the re-
bellion* zlikvidovali povstanie/nepokoje **II.** podst.
tech. automatické odpojenie stroja od motora
knock out poraziť, vyradiť, knokautovať;
they k-ed him out in the seventh round pora-
zili/vyradili ho v siedmom kole
knock over rozrušiť, vyviesť z rovnováhy;
she was k-ed over by the news správa ju roz-
rušila **II.** podst. **1.** klopanie **2.** úder, rana; *a k.
on the head* úder do hlavy **3.** klepanie (motora)
knocker ['nokə] klopadlo (na dverách)
knock-kneed ['nokniːd] s nohami do x; *a
k. boy* chlapec s nohami do x
knot [not] **I.** podst. **1.** uzol; *tie a k. in your
handkerchief* uviaž si uzol na vreckovke **2.** hr-
ča (dreva) **3.** ťažkosť, problém, komplikácia;

the marriage k. manželský problém **II.** sl. *-tt-*
zaviazať na uzol; *k. your shoelace* zaviaž si
šnúrku na topánke ● *get k-ed* daj sa vypchať
knotty ['noti] *-ie-* **1.** hrčovitý; *k. pieces of
timber* hrčovité kusy dreva **2.** zložitý, kom-
plikovaný; *a k. problem* zložitý problém
know [nəu] *knew* [njuː], *known* [nəun] **1.**
(*about/of*) vedieť (o čom); *I k. about it* viem o
tom; *k. for certain* vedieť s určitosťou; *k. by
heart* vedieť naspamäť; *k. the ropes* vyznať sa
v tlačenici; *k. by sight* poznať z videnia **2.** po-
znať; *do you k. him?* poznáš ho? ● *as far as I
k.* pokiaľ viem; *k. better* mať (vlastný) rozum
know about/of dozvedieť sa; *I knew of it last
week* dozvedel som sa o tom minulý týždeň
know backwards vedieť (ovládať) do de-
tailov/dopodrobna
know from rozoznať; *it's impossible to k.
these two girls from each other* je nemožné
rozoznať tieto dve dievčatá
knowability [,nəuə'bɪləti] poznateľnosť;
the k. of the world poznateľnosť sveta
knowable ['nəuəbl] poznateľný; *the world
is k.* svet je poznateľný
know-all ['nəuɔːl] hovor. vševed
know-how ['nəuhau] (praktické) schopnosti,
vedomosti, informovanosť (technická), fortieľ;
the k. of a good mason fortieľ dobrého murára
knowingly ['nəuɪŋli] vedome, úmyselne; *she
never hurt him k.* nikdy mu úmyselne neublížila
knowledge ['nolɪdʒ] **1.** vedomosti, zna-
losti; *he has a good k. of mathematics* má dob-
ré vedomosti z matemtiky **2.** vedomie (uvedo-
menie si); *a baby has no k. of good and evil*
dieťa si neuvedomuje, čo je dobré, a čo zlé ●
working k. praktické znalosti (najmä jazyka); *she
has a working k. of English* ovláda praktic-
kú/každodennú angličtinu
known[1] p. **know**
known[2] ['nəun] **I.** príd. známy; *a k. author-
ity in his field* známa autorita vo svojom od-
bore **II.** podst. **1.** mat. známa veličina **2.** chem.
látka známeho zloženia; *chemical analyses
performed on k-s* chemické rozbory urobené
na látkach známeho zloženia
know-nothing ['nəu,nʌθɪŋ] ignorant, hlupák
knuckle ['nʌkl] **1.** kĺb (na prste) **2.** kolienko
(zvieracie); *a k. of ham* údené kolienko ● *near
the k.* na hranici slušnosti; *those jokes were
near the k.* tie vtipy boli na hranici slušnosti
knuckle-dust ['nʌkl dast] udrieť boxerom
kohlrabi [,kəul'raːbi] kaleráb

L

lab [læb] hovor. laboratórium

label [ˈleibl] **I.** podst. **1.** menovka, visačka; *luggage l-s* visačky/menovky na batožine; *plant l-s* visačky na rastlinách **2.** štítok, lístok, tabuľka (na výrobkoch) **3.** nálepka, etiketa, vineta (na fľaši, potravinách ap.) **II.** sl. *-ll-* **1.** opatriť menovkou/visačkou, pripevniť menovku/visačku; *she l-led all her suitcases* všetky kusy batožiny opatrila visačkou **2.** opatriť štítkom, lístkom, tabuľkou (výrobky) **3.** nalepiť nálepku, etiketu, vinetu (na fľaše, potraviny)

labile [ˈleibail] labilný, nestály; *l. blood pressure* nestály krvný tlak

lability [leiˈbələti] labilnosť, nestálosť

laboratory [ləˈborətri] laboratórium; *samples of her blood were sent to the l.* vzorky jej krvi odoslali do laboratória

laborious [ləˈboːriəs] prácny, namáhavý, ťažký; *a l. task* ťažká úloha

labour [ˈleibə] **I.** podst. **1.** ťažká/namáhavá práca; *earn one's living by manual l.* zarábať si na živobytie fyzickou prácou **2.** robotníctvo, pracovná sila; *cheap l.* lacná pracovná sila **3.** pôrodné bolesti; *a woman in l.* žena v pôrodných bolestiach **II.** príd. robotnícky; *a l. leader* robotnícky vodca **III.** sl. ťažko/namáhavo pracovať; *he l-ed as a miner* namáhavo pracoval ako baník ● *the l-ing class* trieda pracujúcich

labour court [ˈleibə koːt] práv. pracovný súd

Labour Day [ˈleibə dei] Sviatok práce (v USA a Kanade prvý pondelok v septembri)

labourer [ˈleibrə] nekvalifikovaný robotník

labour force [ˈleibə ˌfoːs] pracovná sila, pracovné sily, robotníctvo

labour movement [ˈleibə ˌmuːvment] robotnícke hnutie

Labour Party [ˈleibə ˌpaːti] BR polit. Labouristická strana

laboursaving [ˈleibəˌseiviŋ] uľahčujúci prácu; *l. devices* prístroje uľahčujúce prácu v domácnosti, elektrospotrebiče

lace [leis] **I.** podst. **1.** šnúrka, tkanica; *shoe l-s* šnúrky do topánok **2.** čipka; *a dress trimmed with l.* šaty zdobené čipkou **II.** sl. **1.** zaviazať šnúrku; *l. (up) your shoes* zaviaž si šnúrky na topánkach **2.** olemovať, ozdobiť čipkou

lack [læk] **I.** podst. nedostatok; *l. of sleep* nedostatok spánku; *he died for l. of water* zo-

mrel z nedostatku vody **II.** sl. nemať; *l. money* byť bez peňazí

lacquer [ˈlækə] **I.** podst. **1.** (jemný) lak **2.** lak na vlasy **II.** sl. (na)lakovať ● *l. over* prelakovať, pretrieť lakom

lad [læd] mládenec, mladík; *a l. not yet twenty* mladík ani nie 20-ročný

ladder [ˈlædə] **1.** rebrík; *folding l.* skladací rebrík **2.** pustené očko (na pančuche); *your stocking has a l.* ide ti očko

laden [ˈleidn] **1.** naložený; *a truck l. with coal* auto naložené uhlím **2.** zaťažený, obťažkaný, plný; *trees l. with apples* stromy plné jabĺk **3.** kniž. ťažký; *a l. heart* ťažké srdce

Ladies [ˈleidiz] Dámy, Ženy (označenie verejnej toalety)

ladle [ˈleidl] **I.** podst. naberačka **II.** sl. naberať naberačkou; *l. a bowl of soup* nabrať si tanier polievky

lady [ˈleidi] **1.** pani (bez priezviska), dáma; *behave like a l.* správaj sa ako dáma; *l-ies and gentlemen* dámy a páni; *the l. of the house* pani domu **2.** Lady titul manželky/dcéry, šľachtica ● *Our L.* Panna Mária

ladybird [ˈleidibəːd] lienka

ladykiller [ˈleidikiller] sukničkár

ladylike [ˈleidilaik] zastar. správajúca sa ako dáma, dobre vychovaná

lag[1] [læg] *-gg-* **I.** sl. **1.** zaostávať; *he's l-ging behind at school* zaostáva v škole **2.** vliecť sa; *how the time l-s* ako sa ten čas vlečie **II.** podst. **1.** zaostávanie; *l. behind practice* zaostávanie za praxou **2.** meškanie, oneskorenie; *l. of the tide* oneskorenie prílivu

lag[2] [læg] *-gg-* **1.** obaliť tepelnou izoláciou, izolovať; *l. the water pipes* izolovať vodovodné potrubia **2.** odebniť, zašalovať

lager [ˈlaːgə] ležiak, svetlé pivo; *a bottle of l.* fľaša ležiaka

lagoon [læˈguːn] lagúna

laid p. lay

lain p. lie

lair [leə] brloh

lake [leik] jazero ● *the Great L.* Veľká mláka, Atlantický oceán; *the L. District* zemepisný názov jazier Cumberland a Westmoreland v severozápadnom Anglicku

Lakeland [ˈleiklænd] Jazerná krajina (zemepisný názov); *the L. District* oblasť Jazerná krajina

lamb [læm] **I.** podst. **1.** jahňa **2.** jahňacie mäso, jahňacina; ● *he's anything but the snow-like l.* nie je taký nevinný, ako sa robí **II.** sl. vrhnúť jahňa

lame [leim] **I.** príd. **1.** chromý, krivý; *l. in the left leg* chromý na ľavú nohu ● *a l. duck* odpísaný (najmä v politike) **2.** nepresvedčivý, neuspokojivý; *a l. excuse* nepresvedčivá výhovorka **II.** sl. **1.** zmrzačiť; *he was l-d for the rest of his life* bol zmrzačený do konca života **2.** ochromiť, narušiť chod; *the productive capacities of the factory were l-d* výrobné kapacity továrne boli ochromené

lament [ləˈment] **I.** sl. (*over*) nariekať, bedákať, lamentovať (nad kým, čím); *l. the death of a friend* bedákať nad smrťou priateľa **II.** podst. **1.** nariekanie, bedákanie, lamentovanie **2.** žalospev, pohrebná pieseň

lamentable [ˈlæməntəbl] žalostný; *l. results* žalostné výsledky

lamp [læmp] lampa; *table/floor l.* stolná/stojaca lampa

lamp-cap [ˈlæmpkæp] elektr. pätka žiarovky

lamp-holder [ˌlæmp ˈhəuldə] objímka (žiarovky, elektrónky)

lampoon [læmˈpuːn] **I.** podst. hanopis, pamflet; *write a l. against the government* napísať pamflet proti vláde **II.** sl. parodovať, zosmiešňovať

lampshade [ˈlæmpʃeid] tienidlo lampy

land [lænd] podst. **1.** zem, pevnina; *on l. and at sea* na zemi a na mori **2.** krajina, štát; *foreign l-s* cudzie krajiny/štáty **3.** pôda, zem; *good l.* dobrá zem; *stony/clayey l.* kamenistá/hlinitá pôda **4.** pozemok, pozemky; *a house with l.* dom s pozemkom ● *see how the l. lies* zistiť, ako sa veci majú/odkiaľ vietor fúka **II.** sl. **1.** pristáť (o lodi, lietadle); *the plane l-ed* lietadlo pristálo **2.** vystúpiť, vylodiť (sa) (z lode, lietadla); *he l-ed at Dover* vystúpil v Doveri

land on (o lietadle) pristáť na palube lietadlovej lode

landing [ˈlændiŋ] **1.** pristátie, pristávanie; *emergency/forced l.* núdzové pristátie **2.** prístavisko, výkladisko **3.** podesta, odpočívadlo (na schodisku)

landing card [ˈlændiŋ ˌkaːd] vstupná karta (ktorú cestujúci vypĺňa pre pasové orgány)

landlady [ˈlændˌleidi] **1.** (pani) domáca **2.** hostinská, majiteľka penziónu ● *hang the l.* utiecť bez platenia (za nocľah)

landlord [ˈlændloːd] **1.** (pán) domáci **2.** hoteliér, hostinský, majiteľ penziónu/hotela/hostinca **3.** statkár

landmark [ˈlændmaːk] orientačný bod

landmine [ˈlændmain] pozemná mína

landowner [ˈlændˌəunə] majiteľ pôdy, statkár

land reform [ˌlænd riˈfoːm] pozemková reforma

land rover [ˈlændˌrəuvə] terénne auto

landscape [ˈlændskeip] **1.** krajina, kraj **2.** výtv. krajinka, obraz krajiny, scenéria

landscape architect [ˌlændskeip ˈaːkətekt] záhradný architekt

landslide [ˈlændslaid] **1.** zosuv pôdy **2.** polit. veľké zvýšenie počtu hlasov pre jednu stranu (vo voľbách); *l. victory* zvíťaziť drvivou väčšinou hlasov

land-to-land [ˌlænd tə ˈlænd] zem-zem; *l. missiles* riadené strely zem-zem

lane [lein] **1.** úzka cesta, poľná cesta; *a l. between two fields* úzka cesta medzi dvoma poliami **2.** úzka ulica/ulička (aj medzi domami, sedadlami, v zástupe ľudí ap.); *picturesque l-s in the Old Town* malebné uličky v starom meste **3.** pás vozovky, jazdný pás; *the inside/outside l.* vnútorný/vonkajší jazdný pás **4.** (pravidelná) linka (lodnej/leteckej dopravy) ● *blind l.* slepá ulica

language [ˈlæŋgwidʒ] **1.** jazyk, reč; *the English/foreign l.* anglický/cudzí jazyk; *computer l.* jazyk počítača **2.** výp. *program l.* programovací jazyk; *highlevel program l.* vyšší programovací jazyk; *job control l.*, skr. *JCL* jazyk na riadenie práce ● *bad l.* nadávky, vulgárne slová

languid [ˈlæŋgwid] **1.** malátny, mdlý; *l. after a long illness* malátny po dlhej chorobe **2.** chabý, slabý; *a l. attempt* chabý pokus

languish [ˈlæŋgwiʃ] **1.** (o ľuďoch) slabnúť, chradnúť, upadať; *l. after the illness* chradnúť po chorobe **2.** (o rastlinách, kvetoch) vädnúť, schnúť; *the flowers l-ed in the drought* kvety zvädli v období sucha **3.** pren. viaznuť, ochabovať; *the conversation l-ed* rozhovor viazol

lank [læŋk] (o vlasoch) rovné, hladké; *l. hair* hladké vlasy

lanky [ˈlæŋki] vyziabnutý

lantern [ˈlæntən] lampáš ● *Magic L.* laterna magica

lap [læp] lono; *have a baby on one's l.* posadiť si dieťa do lona ● *in the l. of luxury* ako v bavlnke, obklopený prepychom

lapse [læps] **1.** menšia chyba, poklesok; *a l. of the pen* chyba pri prepisovaní; *a l. of memory* chyba, zlyhanie pamäti; *do a l.* dopustiť sa poklesku **2.** práv. omyl; *l. of justice* justičný omyl **3.** plynutie času; *after a long l. of time* po dlhom čase

laptop [læp top] príručný počítač

larch [la:č] smrekovec opadavý, červený smrek

lard [la:d] **I.** podst. bravčová masť **II.** sl. **1.** pomastiť bravčovou masťou **2.** prešpikovať (mäso); *l. a chicken* prešpikovať kurča

larder [ˈla:də] **1.** špajza, komora **2.** zásoba potravín

large [la:dž] **1.** veľký (rozlohou, množstvom); *a l. house* veľký dom; *a l. sum of money* veľká suma peňazí **2.** rozsiahly; *a l. business* rozsiahly obchod ● *as l. as life* v životnej veľkosti; *at l.* na slobode

largely [ˈla:džli] do veľkej miery; *his success was l. due to his luck* za úspech do veľkej miery vďačí šťastiu

large-scale production [ˌla:džskeil prəˈdakšn] veľkovýroba

lark[1] [la:k] škovránok

lark[2] [la:k] **I.** podst. žart, vtip; *what a l.* aký vtip **II.** sl. robiť (si) žarty/vtipy, vyvádzať huncútstva

laryngitis [ˌlærənˈdžaitəs] lek. zápal hrdla

lase [leiz] fyz. vysielať laserové lúče, vystaviť účinkom laserových lúčov

laser [ˈleizə] **I.** podst., skr *Light Amplification by Stimulated Emission of Radiation* laser, kvantový zosilňovač svetla **II.** príd. laserový; *l. beam.* laserový lúč

laser printer [leizə printə] laserová tlačiareň

lash [læš] **I.** sl. (v rozl. význ.) šľahať, šibať, metať; *he l-ed the horse with his whip* šibal koňa bičom; *the tiger l-ed his tail angrily* tiger zlostne metal chvostom; *the rain was l-ing the windows* dážď šľahal do okien **II.** podst. šľahnutie, úder bičom

lass [læs], **lassie** [ˈlæsi] škót. a severoangl. **1.** dievča **2.** milá

last[1] [la:st] **1.** trvať; *the concert l-ed three hours* koncert trval tri hodiny **2.** vydržať, nekaziť sa; *these oranges will l. a long time* tieto pomaranče vydržia dlho

last[2] [la:st] posledný, ostatný, minulý; *he spent his l. money* minul posledné peniaze; *l. Christmas* minulé Vianoce ● *l. night* včera večer; *l. year* vlani; *before l.* predminulý; *the*

l. but one predposledný; *l. but not least* posledný, ale nie menej dôležitý; *at l.* konečne, nakoniec, predsa len; *to the l.* až do konca

lasting [ˈla:stiŋ] trvalý, stály; *l. colours* stále farby

lastly [ˈla:stli] nakoniec, na záver; *l. I must explain...* nakoniec musím vysvetliť...

last name [ˌla:stˈneim] najmä AM priezvisko

latch [læč] **I.** podst. **1.** závora na dverách/bráne; *lift up the gate l.* zdvihni závoru na bráne **2.** patentná zámka **II.** sl. **1.** zatvoriť závoru **2.** zabuchnúť (dvere); *l. the door* zabuchni dvere

latchkey [ˈlæčki:] **I.** podst. patentný kľúč **II.** sl. otvoriť patentným kľúčom; *he l-ed the front door* otvoril hlavný vchod do bytu

late [leit] **I.** príd. **1.** neskorý; *the l. Middle Ages* neskorý stredovek **2.** bývalý, predošlý; *his l. home* jeho bývalý domov **3.** zosnulý, nebohý; *my l. sister* moja zosnulá sestra ● *be l.* oneskoriť sa, meškať; *come l.* prísť neskoro **II.** prísl. neskoro; *he got up l.* vstal neskoro ● *work l.* pracovať dlho do noci; *at the l-st* najneskoršie; *early and l.* od rána do večera; *better l. than never* lepšie neskoro ako nikdy

latecomer [ˈleitˌkamə] **1.** oneskorenec **2.** nováčik; *he is a l. to playing the piano* je nováčik v hre na klavíri

lately [ˈleitli] nedávno, v poslednom čase; *I haven't seen him l.* v poslednom čase som ho nevidel

latent [ˈleitnt] latentný, skrytý, utajený; *l. talents* utajené talenty

latent heat [ˌleitnt ˈhi:t] fyz. skupenské teplo

later [ˈleitə] *a) l. on* neskôr; *we shall see l. (on)* uvidíme neskôr ● *see you l.* dovidenia; *sooner or l.* skôr či neskôr

lateral [ˈlætrəl] postranný, vedľajší; *the l. branch of the tree* vedľajšia vetva stromu

latest [ˈleitəst] posledný, najnovší; *the l. hit* posledný hit; *the l. joke* najnovší vtip

lath [la:θ] **1.** lata; *as thin as a l.* tenký ako lata **2.** šport. žrď

lathe [leið] **I.** podst. **1.** sústruh, točovka **2.** hrnčiarsky kruh **II.** sl. sústružiť, točovkovať, točiť (na hrnčiarskom kruhu)

lather [ˈla:ðə] **I.** podst. **1.** pena (mydlová) **2.** pot; *he worked himself into a l.* pracoval tak, až sa spotil **II.** sl. **1.** namydliť (sa/si); *l. the face before shaving* namydliť si tvár pred holením **2.** peniť, tvoriť penu; *good soap l-s quickly* dobré mydlo rýchlo pení

Latin [ˈlætin] **I.** podst. latinčina **II.** príd. **1.** latinský **2.** písaný latinkou

Latin America [ˈlætin əˈmerəkə] Latinská Amerika

Latin American [ˈlætin əˈmerikən] latinskoamerický

latitude [ˈlætətjuːd] zemepisná šírka

latter [ˈlætə] **1.** druhý (z dvoch); *the l. half of the week* druhá polovica týždňa **2.** neskorší; *the l. period of his life* neskoršie obdobie jeho života ● *the former, the l.* (ten) prvý, (ten) druhý; *of these two ideas the former is acceptable, the l. has to be refused* z týchto dvoch nápadov je prvý prijateľný, druhý treba odmietnuť

latter [ˈlætə] – ten druhý (o ktorom sa hovorilo)
later [ˈleitə] – neskorší, neskôr

lattice [ˈlætəs] **1.** mriežka **2.** geom. sieť súradníc **3.** fyz. mriežka reaktora

Latvia [ˈlætviə] Lotyšsko

laugh [laːf] **I.** podst. smiech; *the smile passed into a l.* úsmev prešiel do smiechu ● *break into a l.* vybuchnúť smiechom; *I got the l. of my life* v živote som sa tak nenasmial **II.** sl. smiať sa; *her eyes l-ed* oči sa jej smiali; *Who l-s last, he l-s best* Kto sa smeje naposledy, ten sa smeje najlepšie.

laugh at posmievať sa (komu); *they l-ed at him* vysmievali sa mu

laugh off odbiť so smiechom; *l. off the latest failure* odbiť so smiechom posledný neúspech ● *l. one's head off* hovor. urehotať sa k smrti

laughable [ˈlaːfəbl] smiešny, komický; *a l. attempt* smiešny pokus

laughter [ˈlaːftə] smiech; *burst into l.* vybuchnúť do smiechu

launch [loːnč] **I.** sl. **1.** spustiť loď na vodu **2.** rozbehnúť, spustiť akciu/program; *they l-ed a new type of car* spustili výrobu nového typu auta **3.** vypustiť, vyslať; *l. a satellite into orbit* vypustiť družicu na obežnú dráhu **4.** vrhnúť, hodiť; *l. a spear* hodiť oštepom **II.** podst. **1.** spustenie (lode) na vodu **2.** odpálenie, vypustenie (rakety)

launching [ˈloːnčiŋ] **1.** spustenie (lode) na vodu **2.** odpálenie, vypustenie (rakety)

launch(ing) pad [ˈloːnč(iŋ) pæd] **1.** odpaľovacia rampa; *the l. of Atlantis* odpaľovacia rampa Atlantisu **2.** pren. odrazový mostík (do spoločnosti)

laundry [ˈloːndri] **1.** práčovňa **2.** bielizeň (pripravená na pranie)

laureate [ˈloːriət] **I.** podst. laureát, vyznamenaný cenou, nositeľ vyznamenania; *Nobel Prize l. in chemistry* nositeľ Nobelovej ceny za chémiu **II.** sl. udeliť hodnosť na (európskej) univerzite, promovať

laurel [ˈlorəl] **1.** vavrín aj pren. **2.** bobkový list ● *rest on one's l-s* odpočívať na vavrínoch

lava [ˈlaːvə] **I.** podst. láva; *a stream of l.* prúd lávy **II.** príd. **1.** lávový; *l. flow* lávový prúd **2.** sopečný; *l. ash* sopečný popol

lavatory [ˈlævətri] hovor. *lav* [læv] **I.** podst. **1.** umyváreň **2.** záchod, toaleta **II.** príd. toaletný; *l. paper* toaletný papier

lavish [ˈlæviš] **I.** príd. štedrý, plytvajúci ● *be l. in one's habits* byť zvyknutý žiť na veľkej nohe **II.** sl. rozhadzovať, plytvať; *l. with his money* plytvať svojimi peniazmi

law [loː] **1.** zákon; *pass a l.* odhlasovať zákon ● *under the l.* podľa zákona; *the Faculty of L.* právnická fakulta; *Doctor of L-s* doktor práv; *be at l. (with)* súdiť sa (s kým) **2.** právo; *international l.* medzinárodné právo; *criminal/civil l.* trestné/občianske právo

law court [ˈloːkoːt] súdny dvor, súd

lawful age [ˌloːfl ˈeidž] plnoletosť

lawn [loːn] trávnik (nakrátko ostrihaný)

lawn chair [ˌloːn ˈčeə] záhradné ležadlo

lawn tennis [ˌloːn ˈtenis] tenis hraný na tráve

lawsuit [ˈloːsuːt] súdny proces

lawyer [ˈloːjə] **1.** právnik **2.** právny zástupca, advokát

lax [læks] **1.** uvoľnený, povolený, nenapnutý; *l. rope* povolené lano **2.** vlažný, laxný, nevšímavý, nedbanlivý; *l. in morals* laxný postoj k morálnym zásadám; *l. discipline* uvoľnená disciplína

lay¹ p. **lie**

lay² [lei] **1.** laický, neodborný; *l. opinions* neodborné názory **2.** svetský, nevysvätený; *a l. preacher* nevysvätený kazateľ

lay³ [lei], *laid* [leid], *laid* [leid] **1.** klásť, položiť; *a bricklayer l-s bric* murár kladie tehly; *she laid the baby on his back* položila dieťa na chrbát **2.** znášať vajíčka, niesť; *hens l. eggs* sliepky znášajú vajíčka **3.** prestrieť stôl; *l. the table* prestri stôl **4.** pripraviť, navrhnúť, vypracovať; *l. one's plans* vypracovať plány; *l. the design of the book* navrhnúť úpravu knihy **5.** (*sb./sth*) stavať sa (s kým o čo) ● *l. heads together* dať hlavy dohromady

lay – 1. klásť, položiť,
    2. min. čas slovesa klamať
lie – 1. ležať 2. klamať, klamstvo

lay off zastaviť prácu (v podniku)
lay on (z)organizovať; *l. on a tea party* zorganizovať posedenie pri čaji
lay up uskladniť; *we laid up many apples* uskladnili sme veľa jabĺk
lay-by [ˈlei bai] **1.** motor. odpočívadlo pri ceste, autostráde **2.** zastávka autobusu (pri ceste) **3.** vedľajšia koľaj (na železnici) ● *a lay-by chat* neoficiálny rozhovor
layer [ˈleiə] **I.** podst. **1.** vrstva; *the upper l-s of the atmosphere* horné vrstvy atmosféry **2.** nosnica (sliepka) **II.** sl. (na)vrstviť, ukladať do vrstiev
layman [ˈleimən] mn. č. *-men* [-men] laik, neodborník; *it's difficult for the l. to understand* laik to ťažko pochopí
lay-off [ˈlei of] **1.** dočasná nezamestnanosť; *there have been l-s in the industry* v priemysle je dočasná nezamestnanosť **2.** nečinnosť, oddych; *the sportsman is out of condition after his long l.* športovec stratil kondíciu po dlhom oddychu
layout [ˈleiaut] **1.** návrh, projekt; *the l. of the town hall* projekt radnice **2.** úprava, grafický návrh; *the page l. of the newspaper* grafická úprava novín
lazy [ˈleizi] **1.** lenivý; *a l. pupil* lenivý žiak **2.** pomaly sa vlečúci; *a l. afternoon* pomaly sa vlečúce popoludnie ● *l. bones* hovor. leňoch
lead¹ [liːd], *led* [led], *led* **I.** sl. **1.** (v rozl. význ.) viesť; *l. a blind man* viesť slepca; *she took the child by the hand and led him across the road* chytila dieťa za ruku a previedla ho cez cestu; *he led the horse into the stable* zaviedol koňa do stajne; *this road l-s to the next village* táto cesta vedie do najbližšej dediny; *his interest led me to this conclusion* jeho záujem ma priviedol k takémuto záveru **2.** viesť, byť vedúcim, byť/stáť na čele; *l. an expedition* viesť expedíciu **3.** *l. an army* byť na čele armády; *l. an orchestra* viesť orchester/byť umeleckým vedúcim orchestra **3.** udávať tón; *she l-s the fashion* udáva tón v móde **II.** podst. **1.** vedenie; *take the l. in the race* ujať sa vedenia v pretekoch **2.** náskok; *he has a l. of twenty metres over the man in second place* pred pretekárom na druhom

mieste má náskok dvadsať metrov **3.** prvenstvo; *have the l. in steal production* mať prvenstvo vo výrobe ocele **4.** príklad; *we all followed his l.* všetci sme nasledovali jeho príklad **5.** vôdzka, remienok (na psa) **6.** hlavná úloha, hlavná rola; *play the l. in a film* hrať hlavnú rolu vo filme
lead² [led] **I.** podst. **1.** olovo **2.** závažie, olovnica **II.** príd. olovený, olovnatý
leaden [ˈledn] olovený; *a l. coffin* olovená truhla ● *be l-footed* mať nohy ťažké ako z olova
leaden seal [ˌledn ˈsiːl] plomba, pečať
leader [ˈliːdə] **1.** vodca; *he acted as a l.* konal/správal sa ako vodca **2.** vedúci pretekár **3.** novin. úvodník
leadership [ˈliːdəʃip] **1.** vodcovstvo **2.** vedenie; *collective l.* kolektívne vedenie
lead-in [ˈliːd in] **I.** podst. elektr. prívod, zvod **II.** príd. elektr. prívodný; *a l. wire* prívodná šnúra
leading [ˈliːdiŋ] **I.** podst. vedenie ● *men of light and l.* uznávané autority **II.** príd. **1.** vedúci, hlavný, najdôležitejší; *the l. topics of the hour* najdôležitejšie témy súčasnosti **2.** úvodníkový, redakčný; *the l. article in the paper* najvýznamnejší článok v novinách; *l. article* novin. úvodník
leaf [liːf] mn. č. *leaves* [liːvz] list na strome, rastline; *put forth/out l-ves* vyháňať listy; *the tree shed its leaves* strom zhodil listy
leaflet [ˈliːflət] leták, prospekt
leaflet [liːflət] **1.** leták **2.** prospekt **3.** návod, pokyny
leafy [ˈliːfi] listnatý; *the l. forest* listnatý les
league [liːg] liga, zväz, spolok; *football l.* futbalový zväz ● *l. football* ligový futbal
leak [liːk] **I.** sl. **1.** tiecť, pretekať; *the tank is l-ing* nádrž tečie **2.** prenikať na verejnosť; *not a word can l.* ani slovo nesmie preniknúť na verejnosť
leak out **I.** sl. dostať sa na verejnosť; *news of the discovery l-ed out* správa o objave sa dostala na verejnosť **II.** podst. *leak-out* **1.** diera, štrbina; *the l. in the fuel pipe* diera v palivovom prívode **2.** prezradenie správy; *an inspired l. of the news* úmyselné prezradenie správy **3.** unikanie (tekutiny ap.); *a l. of nitrogen* unikanie dusíka
leakage [ˈliːkidž] **1.** únik, unikanie správ/informácií; *the l. of military secrets* únik vojenských tajomstiev **2.** množstvo vytečenej tekutiny; *he wiped up the l.* vyutieral vytečenú tekutinu

leakproof [ˈliːkpruf] dobre utesnený, nepriepustný; *a l. roof* dobre utesnená strecha

lean[1] [liːn] **1.** chudý (človek, zviera, mäso); *a l. tall man* chudý, vysoký človek; *l. meat* chudé mäso **2.** skromný, chudobný/slabý; *l. food* skromné jedlo; *l. harvest* slabá/chudobná žatva

lean[2] [liːn], *leaned/lent* [liːnd/lent], *leaned/lent* **1.** nakloniť sa; *l. over the child* nakloniť sa nad dieťa **2.** oprieť sa; *l. on the table* oprieť sa o stôl **3.** (*against*) oprieť sa (o čo); *l. the ladder against the wall* oprieť rebrík o stenu

lean (up/on) spoliehať sa (na koho, čo); *l. on others* spoliehať sa na druhých

leap [liːp], *leaped/leapt* [liːpt/lept], *leaped/leapt* **I.** sl. **1.** skákať, skočiť; *l. into the saddle* skočiť do sedla **2.** vyskočiť; *l. through the window* vyskočiť z okna **3.** preskočiť; *l. over the fence* preskočiť plot ● *Look before you l.* Nehovor hop, kým nepreskočíš. **II.** podst. skok ● *by l-s and bounds* míľovými krokmi

leapt p. *leap*

leap year [ˈliːp jiə:] priestupný rok

learn [ləːn], *learnt/learned* [ləːnt], *learnt/learned* **1.** (na)učiť sa; *l. foreign languages* učiť sa cudzie jazyky; *l. from one's mistakes* učiť sa na vlastných chybách **2.** dozvedieť sa; *I learnt about/of it yesterday* dozvedel som sa o tom včera

learned [ˈləːnəd] učený, vzdelaný; *Comenius was a l. man* Komenský bol učený muž

learner [ˈləːnə] **1.** žiak, študent; *he is a fast l.* je bystrý žiak **2.** motor. aj *l. driver* vodič-začiatočník

learning [ˈləːniŋ] **1.** štúdium, učenie sa; *the l. of a trade* učenie sa obchodovať, podnikať **2.** vzdelanosť; *the history of European l.* história európskej vzdelanosti

lease [ˈliːs] **I.** podst. prenájom, nájom, nájomná zmluva; *the l. expires in June* nájomná zmluva sa skončí v júni **II.** sl. prenajať, dať do prenájmu; *l. a cottage for the summer* prenajať chatu na leto

leash [liːš] **I.** podst. vôdzka/remeň (na psa); *a dog on a l.* pes na vôdzke ● *hold/keep on a l.* držať na uzde **II.** sl. uviazať na vôdzku, vodiť

leasing [leːsiŋ] prenájom (budov a predmetov dlhodobej spotreby na základe dohody o dlhodobom používaní)

least [liːst] **I.** príd. najmenší; *that is my l. worry* to je moja najmenšia starosť ● *at the l.* prinajmenšom, najmenej; *not in the l.* vôbec nie **II.** prísl. najmenej; *the l. important person* najmenej dôležitá osoba ● *l. of all* **1.**

najmenej zo všetkého, vôbec nie; *l. would I want to hurt you* vôbec som ti nechcel ublížiť **2.** rozhodne nie, v nijakom prípade; *you have the l. reason for complaining* nemáš najmenší dôvod sťažovať sa

leather [ˈleðə] **I.** podst. koža; *made of l.* vyrobený z kože, kožený **II.** sl. potiahnuť kožou, zaviazať do kože; *l. a book* zaviazať knihu do kože **III.** príd. kožený; *a l. bag* kožená taška

leatherette [ˌleðəˈret] koženka, imitácia kože

leave[1] [liːv] **1.** dovolenka; *be on l.* byť na dovolenke; *maternity l.* materská dovolenka **2.** rozlúčenie; *take l. of one's friends* rozlúčiť sa s priateľmi

leave[2] [liːv] *left* [left], *left* **1.** odísť, opustiť, zanechať; *he wants to l. Austin* chce odísť z Austinu **2.** nechať, zabudnúť, nevziať so sebou; *I left my keys at home* nechal som si kľúče doma **3.** odkázať, zanechať; *he left all his property to his son* všetok majetok odkázal synovi

leave for odcestovať; *he left for Prague* odcestoval do Prahy

leave off vysadiť (cestujúceho); *the tram left me off at the corner* električka ma vysadila na rohu

leave out vynechať; *you left out the question mark* vynechal si otáznik

leave over (*for/until*) odložiť, nechať naneskoršie; *l. it over for tomorrow* nechaj to na zajtra

leaven [ˈlevn] **I.** podst. kvasinky, kvasnice; *add more l.* pridaj viac kvasníc **II.** sl. **1.** zakvasiť **2.** nechať vykysnúť/vykvasiť; *let the dough l.* nechaj cesto vykysnúť

leaves p. *leaf*

leaving certificate [ˌliːviŋ səˈtifikət] BR maturitné vysvedčenie

lecture [ˈlekčə] **I.** podst. **1.** (*on/about*) prednáška (o čom); *attend l-s* chodiť na prednášky **2.** výčitka, napomenutie; *give a person a l.* napomenúť (koho) **II.** sl. **1.** prednášať; *he l-s at the university* prednáša na univerzite **2.** držať kázeň, hrešiť, vyčítať; *he's always l-ing me* stále mi niečo vyčíta, stále ma hreší

lecture hall [ˌlekčə ˈhoːl] poslucháreň, prednášková sieň; *a meeting in the university l.* schôdza v poslucháreň na univerzite

lecturer [ˈlekčrə] **1.** prednášateľ, lektor, odborný asistent **2.** BR docent; *l. in history* docent histórie

led p. *lead*[1]

ledge [ledž] **1.** rímsa; *a window l.* rímsa na okne **2.** polička; *a l. for chalk* polička na kriedu
ledger [ˈledžə] účtovná evidencia/kniha
lee [li:] záveterná strana, závetrie; *men smoking in the l.* chlapi fajčiaci v závetrí
leech [li:č] **I.** podst. pijavica aj pren.; *stick like a l.* držať sa ako pijavica **II.** sl. prisať sa ako pijavica
leek [li:k] pór
left[1] p. **leave**[2]
left[2] [left] **I.** príd. ľavý; *write with one's l. hand* písať ľavou rukou **II.** prísl. vľavo, doľava; *turn l.* otoč sa doľava **III.** podst. **1.** ľavá strana; *on/to the l.* na ľavú stranu **2.** polit. ľavica; *the democratic l.* demokratická ľavica
left-handed [ˌleftˈhændid] **1.** ľavoruký, ľavák **2.** nešikovný, ľavý
leftist [ˈleftəst] ľavicový; *a l. government* ľavicová vláda
left luggage office [ˌleft ˈlagidž ˌofəs] úschovňa batožiny
leftover [ˈleftəuvə] zvyšný; *the l. material* zvyšný materiál
leftovers [ˈleftˌəuvəz] mn. č. zvyšky jedla; *she made it out of l.* urobila to zo zvyškov jedla
left wing [ˌleft ˈwiŋ] polit., šport. ľavé krídlo
leg [leg] **1.** noha (celá končatina); *she has slender l-s* má štíhle nohy **2.** stehno (hydiny); *a chicken l.* stehno z kurčaťa ● *be all l-s* byť samá ruka-noha
legacy [ˈlegəsi] odkaz, dedičstvo; *leave a l.* zanechať dedičstvo
legal [ˈli:gl] **1.** právny; *l. adviser* právny poradca **2.** zákonný, legálny; *l. right* zákonné právo ● *l. action* súdna žaloba; *l. notice* súdne oznámenie; *take l. steps against sb.* súdne stíhať (koho)
legal aid bureau [ˌli:g ˈeidˈbjuəˌrəu] advokátska poradňa
legal medicine [ˌli:gl ˈmedsn] súdne lekárstvo
legal residence [ˌli:glˈrezidns] trvalé bydlisko
legation [liˈgeišn] vyslanectvo; *a member of the l.* člen vyslanectva
legend [ˈledžnd] legenda; *the l. of King Arthur* legenda o kráľovi Artušovi
legendary [ˈledžndri] legendárny; *a l. hero* legendárny hrdina
legible [ˈledžəbl] čitateľný; *l. handwriting* čitateľný rukopis
legion [ˈli:džn] légia; *Foreign L.* cudzinecká légia

legislation [ˌledžəsˈleišn] zákonodarstvo, legislatíva
legislative [ˈledžəslətiv] zákonodarný, legislatívny ● *l. assembly* zákonodarné zhromaždenie
legitimate [liˈdžitəmət] zákonitý, zákonný; *l. claims* zákonné nároky
leg-ring [ˈleg riŋ] **I.** podst. krúžok na nohe vtáka **II.** sl. krúžkovať vtáky
legume [ˈlegju:m] **1.** struk **2.** strukovina, strukoviny
leisure [ˈležə] voľný čas, chvíle voľna; *I have no l. for sport* nemám voľný čas na šport ● *at your l.* keď budete mať čas, keď sa vám to bude hodiť
leisure-time [ˈležə taim] týkajúci sa voľného času; *l. problems* problémy spojené s využitím voľného času
lemon [ˈlemən] **I.** podst. citrón ● *hand sb. a l.* dostať, dobehnúť, ošmeknúť, ogabať (koho) **II.** príd. citrónový; *a l. drink* citrónový nápoj, citronáda
lemonade [ˌleməˈneid] citronáda
lemon juice [ˌlemən ˈdžu:s] citrónová šťava
lemon peel [ˌlemən ˈpi:l] citrónová kôra
lemon squash [ˌlemən ˈskwoš] **1.** BR citronáda **2.** citrónový sirup
lend [lend], *lent* [lent], *lent* **1.** požičať; *l. me your book* požičaj mi knihu **2.** dodať; *desperation lent him strength* zúfalstvo mu dodávalo silu
lending library [ˈlendiŋ ˌlaibrəri] (výpožičná) knižnica
length [leŋθ] dĺžka; *the l. of a room* dĺžka izby ● *at l.* **1.** konečne, nakoniec; *at l. he returned* konečne sa vrátil **2.** zoširoka, obšírne, podrobne, do (všetkých) detailov; *she spoke at l. about it* hovorila o tom zoširoka; *go to any l.* nezastaviť sa pred ničím; *she'd go to any l. to get herself promoted* nezastaví sa pred ničím, len aby ju povýšili

Length:
1 in (inch) = 2,54 cm
1 ft (foot) = 30,48 cm
1 yd (yard) = 0,914 m
1 mile = 1 609 m

lengthen [ˈleŋθn] predĺžiť (sa); *l. the dress* predĺžiť šaty; *the days l. in spring* na jar sa dni predlžujú
lenient [ˈli:niənt] (*to/towards*) zhovievavý

L

(ku/voči komu), mierny; *adopt l. measures* prijať mierne opatrenia

lens [lenz] fyz. **1.** šošovka **2.** objektív

lent p. **lend**

lentil [ˈlentl] šošovica; *l. soup* šošovicová polievka

leopard [ˈlepəd] leopard ● *American l.* jaguár; *hunting l.* gepard

lesion [ˈliːžn] **1.** lek. poranenie, rana **2.** práv. poškodenie, škoda

less [les] prísl. menej; *l. money* menej peňazí; *now he feels l. guilty* teraz sa cíti menej vinný ● *choose the l-er evil* vybrať si menšie zlo; *l. and l.* čoraz menej; *do with l.* vystačiť s menším množstvom; *he earns a hundred pound l. tax* zarobí sto libier mínus daň

less-developed [ˌles diˈveləpt] menej vyvinutý, rozvojový; *l. countries* rozvojové krajiny

less-lettered [ˈles ˌletəd] menej vzdelaný; *l. employees* menej vzdelaní zamestnanci

lesson [ˈlesn] **1.** lekcia, cvičenie; *the book has thirty l-s* kniha má 30 lekcií **2.** učebná hodina; *an English l.* hodina angličtiny **3.** *l-s* mn. č. vyučovanie, škola; *Lucy is very fond of her l.* Lucia má rada školu **4.** ponaučenie; *let it be a l. to you* nech ti je to ponaučením ● *do one's l-s* pripraviť sa na vyučovanie

less-than-the-average [ˈles ðən ðiː ˈævəridž] podpriemerný

lest [lest] kniž., s konjunktívom aby ne-; *he hid himself l. he should be seen* schoval sa, aby ho nevideli

let [let], *let* [let], *let*, *-tt-* **1.** nechať; *l. him go* nechaj ho odísť **2.** dovoliť; *they will not l. her meet him* nedovolia jej, aby sa s ním stretla **3.** prenajať; *they l. a house for the summer* prenajali si dom na leto **4.** *l. us.* s neurč.významového bez *to* (rozkaz, návrh – l. os. mn. č.); *l.'s leave right away!* poďme hneď preč! **5.** s os. zám. v skloňovanom tvare a neurčitkom bez *to* (výzva, predpoklad) nech; *l. him say what he likes* nech povie, čo chce ● *l. alone* nieto (už); *the baby cannot even crawl, l. alone walk* dieťa ešte nevie liezť, nieto už chodiť; *L. sleeping dogs lie.* Nehas, čo ťa nepáli.

let down **1.** spustiť, sklopiť; *l. down a seat* sklopiť sedadlo **2.** zraniť, sklamať; *don't l. me down* nesklam ma

let in vpustiť; *let the dog in* vpusti psa

let off nepotrestať; *he made a minor traffic offence but the policeman l. him off* dopustil sa menšieho dopravného priestupku, ale policajt ho nepotrestal

let up poľaviť; *the storm is l-ting up* búrka poľavuje

lethal [ˈliːθl] **1.** smrteľný; *a l. dose of poison* smrteľná dávka jedu **2.** smrtiaci, smrtonosný; *l. weapons* smrtiace zbrane

let-pass [ˈlet ˌpaːs] priepustka

letter [ˈletə] **1.** písmeno; *capital/small l-s* veľké/malé písmená **2.** list; *we received your l.* dostali sme váš list ● *a l. of appointment* ustanovujúci dekrét; *l-s of citizenship* štátne občianstvo; *a l. of credit* akreditív

letter box [ˈletəboks] poštová schránka

lettered [ˈletəd] **1.** zastar. vzdelaný, kultivovaný, sčítaný; *a l. student* sčítaný študent **2.** zložený z písmen

letterhead [ˈletəhed] záhlavie/hlavička listu

LP [el piː] skr. *long playing record* dlhohrajúca platňa

lettuce [ˈletəs] hlávkový šalát

levee [ˈlevi] hlav. AM hrádza, násyp

level [ˈlevl] **I.** podst. **1.** hladina; *two thousand metres above sea l.* dvetisíc metrov nad hladinou mora **2.** úroveň; *on a low/high l.* na nízkej/vysokej úrovni **3.** vodováha ● *Ordinary l.* záverečná skúška v strednej škole; *Advanced l.* maturitná skúška; *on the l.* čestne, na rovinu; *the l. of prices* cenová hladina **II.** príd. **1.** rovný; *a l. road* rovná cesta **2.** vyrovnaný; *a l. race* vyrovnané preteky **3.** ustálený; *a l. temperature* ustálená teplota **III.** sl. *-ll-* zbúrať, vyrovnať; *the site must be l-led* parcela musí byť vyrovnaná

level off **1.** vyrovnať (lietadlo) do vodorovnej polohy **2.** ustáliť, stabilizovať

level crossing [ˌlevl ˈkrosiŋ] BR mimoúrovňový železničný prejazd, mimoúrovňová križovatka

level-headed [ˌlevl ˈhedid] vyrovnaný, pokojný, rozumný

lever [ˈliːvə] **I.** podst. páka; *l. arm* rameno páky **II.** sl. **1.** páčiť (pákou) **2.** zdvihnúť; *they l-ed it into position* zdvihli to do určitej polohy

lewd [luːd] oplzlý, neslušný; *l. pictures* oplzlé obrázky

lexical [ˈleksikl] slovníkový, lexikálny

liability [ˌlaiəˈbiləti], **1.** záväzok, povinnosť; *l. to/for military service* vojenská povinnosť **2.** zodpovednosť; *criminal l.* trestná zodpovednosť ● *limited l. company* (skr. Ltd.) spoločnosť s ručením obmedzeným

liability insurance [ˌlaiəˈbiləti inˈʃurəns] poistenie zákonnej zodpovednosti (za motorové vozidlá)

liable ['laiəbl] **1.** zodpovedný; *l. for his debts* zodpovedný za svoje dlhy **2.** podliehajúci dani; *l. to income tax* podliehajúci dani z príjmu **3.** (*to*) vystavený (čomu); *this road is l. to flooding* táto cesta je vystavená záplavám

liar ['laiə] klamár; *he's an arrant l.* je to notorický klamár ● *Show me a l. and I'll show you a thief.* Kto klame, ten kradne.; *L-s don't prosper.* Lož má krátke nohy.

libel ['laibl] **I.** podst. urážka na cti, ohováranie; *sue sb. for l.* žalovať (koho) za urážku na cti **II.** sl. *-ll-* uverejniť ohováranie, verejne obviniť/pošpiniť/očierniť

liberal ['librəl] **I.** príd. **1.** štedrý, veľkorysý; *a l. supply of food* štedrá dodávka potravín **2.** liberálny; *a l. attitude* liberálny prístup; *L. Party* liberálna strana **3.** voľný (preklad); *a l. translation of the text* voľný preklad textu **II.** podst. liberál

liberal education ['librəl‚edju'keišn] humanitné vzdelanie

liberate ['libəreit] **1.** oslobodiť; *l. the slaves* oslobodiť otrokov **2.** prepustiť na slobodu; *the prisoners were l-d by the new government* nová vláda prepustila väzňov na slobodu

liberation [‚libə'reišn] **1.** oslobodenie; *the l. of the country from Nazi occupation* oslobodenie krajiny od nacistickej okupácie **2.** prepustenie na slobodu; *l. of prisoners of war* prepustenie vojnových zajatcov na slobodu

liberator ['libəreitə] osloboditeľ

libertine ['libəti:n] **I.** podst. nemravník, zhýralec **II.** príd. nemravný, zhýralý

liberty ['libəti] **1.** sloboda; *political l.* politická sloboda; *civil l-ies* občianske slobody; *l. of the press* sloboda tlače **2.** dovolenie, povolenie; *I take the l. to write you* dovoľujem si napísať vám ● *be at l.* **1.** byť na slobode; *the escaped prisoner is still at l.* trestanec, ktorý ušiel, je ešte vždy na slobode **2.** mať voľnosť, môcť; *you are at l. to believe me* môžete mi veriť, a nemusíte; *take l-ies* príliš si dovoľovať

librarian [lai'breriən] knihovník

library ['laibrəri] knižnica (miestnosť, budova); *public l.* verejná knižnica; *reference l.* príručná knižnica ● *a walking l.* živá encyklopédia, vševed

lice p. **louse**

licence, AM **license** ['laisns] **I.** podst. povolenie, oprávnenie; *a l. for the sale of alcoholic drinks* oprávnenie na predaj alkoholických nápojov; *driving l.* vodičský preukaz; *gun l.*

zbrojný pas ● *off l.* zákaz predávať/konzumovať alkoholické nápoje; *on l.* právo predávať/konzumovať alkoholické nápoje **II.** sl. povoliť, dať oprávnenie ● *l-ing authorities* **1.** licenčný úrad **2.** dopravný inšpektorát

licensed ['laisnst] oprávnený predávať alkohol

lichen ['laikən] lišajník

lick [lik] **I.** sl. lízať, olizovať; *l. an ice cream* lízať zmrzlinu; *the flames are l-ing the wall* plamene olizujú stenu **II.** podst. **1.** lízanie, olizovanie **2.** prudký úder, úder; *a l. with an axe* úder sekerou

licking ['likiŋ] hovor. **1.** výprask **2.** porážka; *our hockey team got a l. yesterday* naše hokejové družstvo utŕžilo včera zdrvujúcu porážku

licorice ['likris] sladké drievko

lid [lid] **I.** podst. **1.** pokrievka, veko, vrchnák, uzáver; *the l. of a pot* pokrievka na hrniec **2.** aj *eye-l.* očné viečko ● *blow/lift/take off the l.* odhaliť škandál **II.** sl. *-dd-* prikryť vekom, pokrievkou

lie¹ [lai] **I.** podst. lož, klamstvo; *it's a l.* to je lož ● *L-s have short legs.* Lož má krátke nohy.; *One l. makes for many.* Kto klame raz, klame vždy. **II.** sl. klamať

lie² [lai], *lay* [lei], *lain* [lein], *lying* ['laiiŋ] **1.** (v rozl. význ.) ležať; *snow l-s on the fields* sneh leží na poliach; *the book lay on the table* kniha ležala na stole; *she went into the bedroom and lay on the bed* šla do spálne a ľahla si **2.** spočívať, ležať, byť; *the decision l-s with you* rozhodnutie spočíva na tebe ● *As you make your bed, so you must l. on it.* Ako si ustelieš, tak si ľahneš.

lie down ľahnúť si

lie-abed ['laiəbed] sedmospáč

lie-by ['laibai] motor. odpočívadlo (na núdzové parkovanie)

lieutenant [lef'tenənt/lu:'tenənt] voj., nám. poručík, nadporučík (v pozemnom vojsku), veliteľ ● *Lieutenant of the Tower* veliteľ Toweru v Londýne; *second l.* podporučík

life [laif] mn. č. *lives* [laivz] **I.** podst. **1.** život; *be in danger of l.* byť v nebezpečenstve života **2.** životnosť; *the l. of the machine* životnosť stroja ● *bring to l.* priviesť k vedomiu, vzkriesiť; *come to l.* nadobudnúť vedomie; *for l.* nadosmrti; *not for the l. of me* za nič na svete; *not on your l.!* nikdy v živote **II.** príd. **1.** životný; *a l. policy* životná poistka **2.** doživotný; *l. income* doživotný príjem

life belt [ˈlaif belt] záchranný pás
lifeboat [ˈlaifbəut] záchranný čln
life buoy [ˈlaifboi] záchranné koleso
lifeguard [ˈlaifgɑ:d] **1.** plavčík **2.** voj. telesná stráž **3.** *Life Guards* BR jazdecký pluk britskej armády, kráľovská garda
life jacket [ˈlaifˌdžækət] záchranná vesta
lifeless [ˈlaifləs] **1.** kniž. neživý, mŕtvy, bez života; *a l. body* mŕtve telo **2.** mdlý, nevýrazný, fádny; *a l. colour* mdlá farba
lifeline [ˈlaifˌlain] záchranné lano
lifelong [ˈlaiflɔŋ] celoživotný; *his l. work* jeho celoživotné dielo
lifetime [ˈlaiftaim] **I.** podst. **1.** životnosť **2.** celý život; *once in a l.* raz za celý život **II.** príd. **1.** celoživotný; *l. work* celoživotné dielo **2.** doživotný; *l. jail* doživotný žalár
lift [lift] **I.** podst. **1.** výťah; *take the l.* choď výťahom **2.** zvezenie, odvezenie; *give sb. a l.* odviezť niekoho, zviesť; *beg a l.* požiadať o zvezenie **II.** sl. aj **lift up** zdvihnúť, nadvihnúť, dvíhať; *the lid won't l.* veko sa nedá nadvihnúť
lift bridge [ˈlift bridž] zdvíhací most
light [lait] **I.** podst. **1.** svetlo; *read by the l. of a candle* čítať pri svetle sviečky **2.** osvetlenie; *the streets have poor l.* ulice sú slabo osvetlené ● *give sb. a l.* pripáliť niekomu cigaretu; *bring to l.* vyniesť na svetlo, odhaliť; *come to l.* vyjsť najavo, byť objavený; *see the l.* uzrieť svetlo sveta; *in the l. of* vo svetle/z hľadiska (čoho) **II.** príd. **1.** svetlý; *the room is l. and airy* miestnosť je svetlá a vzdušná **2.** (v rozl. význ.) ľahký; *a l. metal* ľahký kov; *a l. meal* ľahké jedlo; *a l. soil* ľahká pôda; *l. music* ľahká hudba **3.** drobný; *l. rain* drobný dážď ● *as l. as a feather* ľahký ako pierko; *l. industries* ľahký/spotrebný priemysel; *l. artillery* ľahké delostrelectvo; *l. engineering* ľahké strojárstvo; *a l. woman* ľahká žena **III.** sl. *lit/'lighted* [lit/laitid], *lit/lighted* zapáliť; *l. a fire* zapáliť oheň
light up hovor. **1.** zapáliť si; *l. up a cigarette* zapáliť si cigaretu **2.** rozsvietiť; *l. up the lamp* rozsvietiť lampu
lighten[1] [ˈlaitn] odľahčiť, znížiť váhu; *l. a ship's cargo* odľahčiť loď
lighten[2] [ˈlaitn] **1.** osvetliť; *the lamp l-s the room* lampa osvetľuje izbu **2.** rozjasniť; *the news l-ed his face* správa mu rozjasnila tvár **3.** blýskať (sa); *it's l-ing* blýska sa
lighter [ˈlaitə] zapaľovač
light-hearted [ˌlait ˈhɑ:təd] bezstarostný, optimistický; *a l. mood* optimistická nálada

lighthouse [ˈlaithaus] mn. č. *-houses* [-hauzəz] maják
lighting [ˈlaitiŋ] osvetlenie ● *l.-up time* čas rozsvietenia pouličných svetiel
light meter [ˈlait mi:tə] fot. expozimeter
light-minded [ˌlait ˈmaindəd] ľahkomyseľný
lightning [ˈlaitniŋ] **I.** podst. blesk; *killed by l.* zabitý bleskom; *ball l.* guľový blesk **II.** príd. bleskový; *with l. speed* bleskovou rýchlosťou
lightning beetle/lightning bug [laitniŋ ˌbi:tl/laitniŋˌbag] svätojánska muška
lightning conductor/lightning rod [ˈlaitniŋ ˌkən'daktə/ˈlaitniŋ ˌrod] bleskozvod, hromozvod
like[1] [laik] **I.** príd. podobný; *the two persons are very l. each other* tí dvaja ľudia sú si veľmi podobní ● *something l.* niečo podobné, niečo v tom zmysle; *he said something l. he would not accept it* povedal niečo v tom zmysle, že to neprijme **II.** spoj. ako; *she looks l. her sister* vyzerá ako jej sestra ● *it looks l. rain* vyzerá to na dážď; *he drinks l. a fish* pije ako dúha; *l. this* takto; *what is he l.?* aký je? *L. father l. son.* Aký otec, taký syn.
like[2] [laik] **I.** sl. **1.** mať rád; *we l. him* máme ho radi **2.** páčiť sa; *I l-d the concert* páčil sa mi koncert **3.** v podmieňovacích vetách chcieť, želať si; *I'd l. to go there* chcel by som ta ísť **II.** podst. len s mn. č. *l-s* obľúbená vec, osoba (prekladá sa individuálne); *he knows his l-s and dislikes* vie, čo sa mu páči, a čo nie ● *take l-s* obľúbiť si; *I took l-s to him at once* hneď som si ho obľúbil
likely [ˈlaikli] **I.** príd. pravdepodobný; *a l. story* pravdepodobný príbeh **II.** prísl. pravdepodobne; *he is l. to come* pravdepodobne príde ● *not l.!* ani nápad!
like-minded [ˌlaik'maindəd] rovnako zmýšľajúci
likeness [ˈlaiknəs] podobnosť; *a family l.* rodinná podobnosť
likewise [ˈlaikwaiz] **I.** časť. aj, tiež; *- Pleased to meet you. - L.* Teší ma. – Mňa tiež. **II.** prísl. takisto; *watch him and do l.* pozoruj ho a rob takisto ako on
liking [ˈlaikiŋ] *(for)* **1.** záľuba (v čom); *a l. for skiing* záľuba v lyžovaní **2.** sklon (k čomu); *a l. for medicine* sklon k medicíne ● *it's not to my l.* to nie je podľa mojej chuti
lilac [ˈlailək] **1.** orgován **2.** bledofialová, lilavá farba
lilo [ˈlailəu] BR nafukovací matrac
lily [ˈlili] ľalia ● *l. of the valley* konvalinka

limb [lim] **1.** končatina **2.** hlavný konár (stromu) ● *escape with life and l.* vyviaznuť so zdravou kožou; *be out on a l.* byť v zlej/nezávideniahodnej situácii

lime¹ ['laim] *(lime tree, linden tree)* lipa

lime² [laim] vápno; *quick l.* nehasené vápno; *slaked l.* hasené vápno

limelight ['laimlait] **1.** stredobod pozornosti; *politicians are in the l.* politici sú stredobodom pozornosti **2.** žiara reflektorov, divadelná rampa; *actors in l.* herci v žiare reflektorov

limestone ['laimstəun] **I.** vápenec **II.** príd. vápencový; *l. cliffs* vápencové útesy

limit ['limət] **I.** podst. hranica, medza; *superior/inferior l.* horná/dolná hranica ● *know no l-s* nepoznať hranice **II.** sl. obmedziť (sa); *you must l. your expenses* musíš obmedziť svoje výdavky

limitation [ˌliməˈteišn] **1.** obmedzenie, ohraničenie; *without any l.* bez obmedzenia **2.** medza, hranica možností; *he knows no l-s* nepozná nijaké medze (možností)

limited ['limətəd] **1.** obmedzený; *he's rather l.* je trochu obmedzený **2.** (skr. Ltd.) obmedzené ručenie; *a l. company* spoločnosť s ručením obmedzeným

limit switch ['limət swič] elektr. koncový vypínač/spínač

limp [limp] **I.** podst. krívanie; *he walks with a l.* kríva **II.** príd. **1.** ochabnutý, vysilený, malátny; *l. with fatigue* vysilený od námahy **2.** povädnutý, zvädnutý; *l. lettuce* zvädnutý šalát **III.** sl. krívať; *the wounded soldier l-ed across the street* ranený vojak kríval cez ulicu

limp along vliecť sa

limp away/off odkrívať

line¹ [lain] **I.** podst. **1.** čiara, priamka; *draw a l.* nakresli čiaru **2.** povraz, šnúra; *hang it on the l.* zaves to na šnúru **3.** rad; *a l. of trees* rad stromov **4.** (dopravná) linka; *bus/air l.* autobusová/letecká linka **5.** riadok; *drop me a l.* napíš mi niekoľko riadkov **6.** voj. línia, šík; *go into the front l.* ísť do prednej línie **7.** (montážna) linka; *assembly l.* montážna linka **8.** vráska (na čele) ● *be out of l.* nesúhlasiť, byť v rozpore; *prices and wages are out of l.* ceny a mzdy sú v rozpore; *read between the l-s* čítať medzi riadkami **II.** sl. **1.** (na)linajkovať; *l. the paper* (na)linajkovať papier **2.** lemovať, tvoriť špalier; *the road l-d with trees* cesta lemovaná stromami; *people l-d the streets* ľudia tvorili špalier na ulici

line² [lain] **1.** podšiť; *l. the coat with silk* podšiť kabát hodvábom **2.** obložiť (steny); *the walls l-d with bookcases* steny obložené policami na knihy

line up zoradiť (sa); *l. up before the march* zoradiť sa pred pochodom

lineage ['liniidž] rodokmeň

linen ['linən] **1.** (ľanové) plátno; *made of l.* z plátna **2.** bielizeň; *bed l.* posteľná bielizeň

line printer ['lain ˌprintə] tlačiareň (počítača)

liner ['lainə] **1.** osobná loď **2.** lietadlo pre cestujúcich

linesman ['lainzmən] čiarový rozhodca

line voltage ['lain ˌvəultidž] elektr. združené napätie

linger ['liŋgə] **1.** zdržať (sa), zdržiavať (sa); *we l-ed after the party* zdržali sme sa po oslave **2.** pretrvávať, trvať; *old custom still l-s* starý zvyk stále pretrváva

link [liŋk] **I.** podst. článok, spojenie; *the missing l.* chýbajúci článok **II.** sl. spojiť (sa); *l. together two families by marriages* spojiť dve rodiny sobášmi ● *l. sb's arm in/through a person's arm* zavesiť sa (do koho)

linkage ['liŋkidž] spojovací článok

links [liŋks] **1.** golfové ihrisko **2.** pobrežné duny

linkup ['liŋkap] spojenie; *a TV l. between studios throughout Europe* spojenie medzi televíznymi štúdiami v Európe

lion ['laiən] lev ● *fight like a l.* bojovať ako lev; *the l's share* leví podiel

lip [lip] **1.** pera; *the lower/upper l.* dolná/horná pera **2.** okraj (nádoby); *the l. of a pitcher* okraj džbánu ● *bite one's l-s* hrýzť si pery

lip-reading ['lipˌri:diŋ] porozumenie reči z pohybu pier, odzeranie

lipstick ['lipˌstik] rúž

liquid ['likwəd] **I.** príd. tekutý; *l. food* tekutá strava **II.** podst. tekutina, kvapalina; *water is a l.* voda je tekutina

liquidate ['likwədeit] **1.** (o dlhu) (z)likvidovať, vyrovnať, zaplatiť; *l. the bill* vyrovnať účet **2.** (z)likvidovať, odstrániť; *he l-d his enemies* zlikvidoval svojich nepriateľov; *l. a company* zlikvidovať podnik

liquid measure [ˌlikwəd ˈmežə] dutá miera

liquor ['likə] liehovina, alkohol; *he was under the influence of l.* bol pod vplyvom alkoholu

lisp [lisp] **I.** sl. šušlať **II.** podst. šušlanie

list¹ [list] **I.** podst. zoznam; *passenger l.* zoznam cestujúcich ● *housing l.* poradovník na

L

byty **II.** sl. **1.** dať do zoznamu; *l. a person's name* zapísať meno do zoznamu **2.** urobiť zoznam ● *a l-ed building* chránená budova
list² [list] zábradlie; *escalator l.* zábradlie eskalátora
listen [ˈlisn] *(to)* počúvať (koho, čo), načúvať; *we l. to the radio in the morning* ráno počúvame rádio; *we l-ed but heard nothing* načúvali sme, ale nič sme nepočuli ● *l. to reason* dať si povedať; *l. to temptation* podľahnúť pokušeniu
listener [ˈlisnə] poslucháč; *he's a good l.* je dobrý poslucháč
listing [ˈlistiŋ] výp. výpis
listless [ˈlistləs] apatický, bez záujmu, ľahostajný; *he's very l. to his fellow workers* je ľahostajný voči svojim spolupracovníkom
lit p. **light²**
literacy [ˈlitrəsi] gramotnosť
literal [ˈlitrəl] doslovný; *a l. translation* doslovný preklad
literary [ˈlitərəri] **1.** literárny; *a l. style* literárny štýl **2.** sčítaný; *a l. man* sčítaný človek
literate [ˈlitrət] **1.** gramotný **2.** veľmi vzdelaný, sčítaný; *he's a very l. student* je to veľmi sčítaný študent
literature [ˈlitrəčə] literatúra, písomníctvo; *the l. of England* literatúra Anglicka/anglické písomníctvo
lithe [laið] svižný, pružný, mrštný; *the l. movements of a cat* svižné pohyby mačky
Lithuania [ˌliθjuˈeinjə] Litva
litigation [ˌlitəˈgeišn] súdny spor, súd
litter [ˈlitə] **I.** podst. **1.** smeti, odpadky; *pick up the l. after picnic* pozbieraj smeti po pikniku **2.** nosidlá (napr. pre raneného) **3.** vrh (mláďat) **II.** sl. rozhádzať (smeti/šaty/hračky); *don't l. the floor with papers* nerozhádž papiere po dlážke
little [ˈlitl] **I.** príd. *less/lesser* [les/lesə], *least* [liːst] **1.** malý; *a l. village* malá dedinka **2.** pred nepočítateľným podst. – v slovenčine prísl. málo; *l. money* málo peňazí; *l. sleep* málo spánku **II.** prísl. *less* [les], *least* [liːst] málo; *I slept very l. last night* minulú noc som veľmi málo spal ● *a l.* trochu; *it's a l. cold here* je tu trochu zima **III.** podst. *(to)* málo; *the l. I have* to málo, čo mám ● *l. by l.* kúsok po kúsku, krok za krokom, postupne

little – malý, málo
a little – trochu, malé množstvo

little finger [ˌlitl ˈfiŋgə] malíček (na ruke)
little toe [ˌlitl ˈtəu] malíček (na nohe)

live **I.** príd. [laiv] **1.** živý, žijúci; *l. weight* živá váha **2.** živý, priamy (prenos v rozhlase/televízii); *l. broadcast/transmission* priamy prenos **II.** sl. [liv] **1.** žiť, byť nažive; *the longer we l. the more we learn* čím dlhšie žijeme, tým viac sa učíme/až do smrti sa učíme **2.** živiť sa (potravou, prácou); *she l-s by sewing* živí sa šitím **3.** bývať; *he l-s in a suburb* býva na predmestí; *I l. my own life* žijem svojím vlastným životom ● *l. on air* žiť zo vzduchu; *l. high* žiť na vysokej nohe; *l. high off the hog* mať sa ako prasa v žite; *l. and let l.* žiť a nechať žiť
live circuit [ˌlaiv ˈsəːkət] elektr. obvod pod napätím, zapojený okruh
livelihood [ˈlaivlihud] živobytie; *earn/gain one's l.* zarábať si na živobytie
lively [ˈlaivli] **1.** živý, rušný; *a l. discussion* živá diskusia **2.** veselý, hravý; *a l. kitten* hravé mača ● *make things l. for sb.* pripraviť (komu) ťažke chvíle
liver [ˈlivə] pečeň ● *hot l.* prudká povaha/horúca krv
livery [ˈlivri] livrej, uniforma (nie vojenská); *a driver in l.* šofér v livreji
lives p. **life**
livestock [ˈlaivstok] dobytok
living [ˈliviŋ] **I.** príd. živý, žijúci, životný; *a l. language* živý jazyk; *l. conditions* životné podmienky; *l. room* obývacia izba, obývačka **II.** podst. **1.** život, spôsob života; *a good l.* dobrý spôsob života **2.** živobytie; *earn/make a l.* zarábať (si) na živobytie ● *standard of l.* životná úroveň
lizard [ˈlizəd] jašterica
load [ləud] **I.** podst. náklad, bremeno; *a heavy l.* ťažký náklad **II.** sl. **1.** *(up)* naložiť; *l. a cart* naložiť káru **2.** nabiť strelnú zbraň/fotoaparát/kameru/batériu; *have you l-ed the gun?* nabil si pušku?

load – náklad, nabiť, naložiť
loud – hlasný, hlučný

loader [ˈləudə] (výp.) zavádzač, ukladací program
loading [ˈləudiŋ] (výp.) zavádzanie
loaf¹ [ləuf] mn. č. *loaves* [ləuvz] bochník; *a l. of bread* bochník chleba
loaf² [ləuf] aj **l. about** povaľovať sa, flákať sa; *don't l. about, there's much work* nepovaľuj sa, je veľa práce
loafer [ˈləufə] povaľač, leňoch

loan [ləun] pôžička; *domestic and foreign l-s* domáce a zahraničné pôžičky

loathe [ləuð] neznášať; *I l. having to get up so early in the morning* neznášam, keď musím ráno tak skoro vstávať

loathsome [ˈləuðsəm] odporný, hnusný, odpudzujúci; *a l. smell* odporný zápach

lobby [ˈlobi] **1.** hala, vestibul (v hoteli ap.), foyer (v divadle); *the hotel l.* hotelová hala **2.** chodba, predsieň **3.** BR hlasovacia miestnosť (v britskom parlamente) **4.** polit. nátlaková skupina, záujmová skupina

lobe [ləub] lalok; *the l. of the lung/brain* pľúcny/mozgový lalok;

lobster [ˈlobstə] morský rak, homár ● *as red as a l.* červený ako rak

local [ˈləukl] miestny, lokálny; *a l. custom* miestny zvyk; *l. anesthesia* lokálne umŕtvenie; *l. authority* miestny/obecný úrad

locality [ləuˈkæləti] **1.** učité miesto, kraj; *he moved to another l.* presťahoval sa na iné miesto **2.** lokalita, nálezisko; *a rich l. in mineral springs* lokalita bohatá na minerálne pramene ● *a sense of l.* orientačný zmysel

locate [ləuˈkeit] **1.** nájsť, objaviť, vypátrať; *they l-d the boys in the forest* vypátrali chlapcov v lese **2.** umiestiť, postaviť; *the new school in the district is l-d by the river* nová škola je postavená pri rieke

lock[1] [lok] kučera, lokňa; *my scanty l-s* moje biedne kučery

lock[2] [lok] **I.** podst. **1.** zámka; *put the key in the l.* dať kľúč do zámky **2.** stavidlo **3.** priehrada **4.** plavebná komora ● *keep sth. under l. and key* dať niečo pod zámku/držať niečo pod zámkou **II.** sl. aj *l. up* zamknúť; *l. up the door* zamkni dvere

locker [ˈlokə] skrinka (na stanici, v šatni)

locker room [ˈlokəruːm] šatňa (v škole, telocvični, plavárni ap.)

locket [ˈlokət] medailón

locksmith [ˈlokˌsmiθ] zámočník

locomotion [ˌləukəˈməušn] pohyb, schopnosť pohybu

locomotive [ˌləukəˈməutiv] lokomotíva, rušeň

locust [ˈləukəst] kobylka (hmyz) ● *l. years* roky biedy

lodge [lodž] **I.** podst. **1.** domček (pre záhradníka, strážnika ap.) **2.** vrátnica; *leave the key at the porter's l.* nechaj kľúče na vrátnici **3.** poľovnícka chata; *a hunting l. in the forest* poľov-nícka chata v lese **II.** sl. ubytovať; *can you l. us for the night?* môžete nás na noc ubytovať?

lodger [ˈlodžə] podnájomník

lodging [ˈlodžiŋ] **1.** ubytovanie, byt; *board and l.* byt a strava **2.** nocľah, prechodné ubytovanie; *find l. for the night* nájsť nocľah/ubytovanie na noc **3.** podnájom; *go into l-s* ísť do podnájmu

lodging house [ˈlodžiŋ haus] mn. č. *-houses* [-ˈhauziz] ubytovňa, slobodáreň ● *common l. h.* nocľaháreň

loft [loft] povala, podkrovie

log [log] **I.** podst. **1.** poleno, brvno; *prepare some l-s for the fire* pripraviť polená na oheň **2.** prístroj na meranie rýchlosti lode **II.** sl. *-gg-* zapísať do lodného/palubného denníka

log book [ˈlogbuk] lodný/palubný denník

log cabin [ˌlog ˈkæbin] zrub

logic [ˈlodžik] logika; *to reason with l.* logicky uvažovať

logical [ˈlodžikl] logický; *a l. conclusion* logický záver

logo [ˌləugəu] emblém firmy

loiter [ˈloitə] ťahať sa, vliecť sa, šuchtať sa; *he l-ed on his way home* vliekol sa domov

loll [lol] **1.** aj *l. about* hovieť si, voľkať si, vylihovať, považ'ovať sa; *he's l-ing about the beach* hovie si na pláži **2.** vyplaziť (jazyk); *the dog sat with a l-ing tongue* pes sedel s vyplazeným jazykom

lollipop [ˈlolipop] lízanka

lolly [ˈloli] hovor. lízanka

London [ˈlandən] Londýn

Londoner [ˈlandənə] Londýnčan

lonely [ˈləunli] **1.** osamotený, opustený; *he has been very l. since his wife left him* je veľmi osamotený, odkedy ho žena nechala **2.** osamelý; *a l. runner* osamelý bežec **3.** málo navštevovaný, ľudoprázdny; *a l. coast* ľudo-prázdne pobrežie

long[1] [loŋ] **I.** príd. **1.** dlhý; *a l. lecture* dlhá prednáška **2.** ďaleký, vzdialený; *a l. future* ďaleká budúcnosť ● *at the l-est* nanajvýš, maximálne; *before (very) l.* onedlho, čoskoro; *in the l. run* nakoniec; *the l. and the short of it* skrátka a dobre; *so l.!* do videnia! **II.** prísl. **1.** dlho, dávno; *I have l. been of that opinion* už dávno som toho názoru **2.** (v zápore a otázke) dlho; *how l. did they stay?* ako dlho zostali? ● *l. ago* už dávno; *all my life l.* po celý život; *no l-er* už nie; *my life l. ambition* moje celoživotné ambície

long[2] [loŋ] túžiť; *I'm l-ing to see her a-gain* túžim ju znova uvidieť
   long for túžiť (po kom, čom); *the children are l-ing for the holidays* deti túžia po prázdninách
   long-distance [ˌloŋ ˈdistəns] diaľkový; *l. call* diaľkový hovor; *a l. lorry driver* vodič diaľkového kamiónu; *a l. runner* bežec na dlhé trate
   long finger [ˌloŋ ˈfiŋgə] prostredník (prst)
   longhair [ˌloŋˈheə] vlasáč
   longitude [ˈlondžətjuːd] zemepisná dĺžka
   long johns [ˈloŋdžonz] mn. č. hovor. dlhé pánske spodky
   long jump [ˈloŋ ˌdžamp] skok do diaľky
   long odds [ˌloŋ ˈodz] malá šanca (na výhru)
   longsighted [ˌloŋˈsaitəd] 1. ďalekozraký 2. prezieravý
   longterm [ˈloŋtəːm] dlhodobý, ďalekosiahly; *a l. plan* dlhodobý plán
   longtime [ˈloŋtaim] 1. dlhodobý; *l. forecasts* dlhodobé predpovede 2. dlhoročný; *l. friends* dlhoroční priatelia
   loo [luː] BR hovor. záchod, toaleta
   look I. sl. 1. (*at*) dívať sa, pozerať sa (na koho, čo); *we l-ed, but saw nothing* pozerali sme sa, ale nič sme nevideli; *l. at him* pozri sa naňho 2. hľadieť, dbať; *l. that nothing worse happens* dbaj, aby sa nič horšie nestalo 3. viesť niekam, byť orientovaný; *the window l-s south* okno je orientované na juh ● *l. sb. up and down* premerať si (koho); *L. before you leap.* Dva razy meraj, raz strihaj.
   look after dozrieť, dohliadnuť; *l. after the children while I'm away* dohliadni na deti, kým budem preč
   look down (on sb.) pozerať zvysoka (na koho), pohŕdať (kým)
   look for (po)hľadať; *what are you l-ing for?* čo hľadáš?
   look forward (to) tešiť sa (na); *I'm l-ing forward to the holidays* teším sa na prázdniny
   look over I. sl. prezrieť si; *we must l. over the car before we buy it* musíme si prezrieť auto prv, než ho kúpime II. podst. *look-over* 1. pohľad; *let me have a l. at it* dovoľ, aby som sa na to pozrel 2. vzhľad; *the town has a medieval l.* mesto má stredoveký vzhľad ● *I don't like the l. of him* nepáči sa mi/nie je mi sympatický; *by the look(s) of it* podľa všetkého, ako to vyzerá
   look up 1. vyhľadať si; *I have to l. it up in a dictionary* musím si to vyhľadať v slovníku

2. navštíviť (po dlhom čase); *sometimes my former pupils l.-ed me up* niekedy ma navštívili moji bývalí žiaci 3. pozerať s obdivom (na koho)
   loom[1] [luːm] tkáčsky stav
   loom[2] [luːm] I. sl. rysovať sa, črtať sa, vynoriť sa (na obzore, v šere); *the hills were beginning to l. ahead through the haze* kopce sa začínali črtať v hmle II. podst. náhle vynorenie, obrys; *the first l. of land* prvý obrys zeme
   loop [luːp] 1. aj výp. slučka; *the l. of a lasso* slučka lasa 2. pútko; *jeans with belt l-s* džínsy s pútkami na opasok 3. ohyb, zákruta (rieky)
   loophole [ˈluːphəul] otvor na strieľbu, strieľňa; *the fort had l-s instead of windows* pevnosť mala namiesto okien strieľne
   loose [luːs] I. príd. 1. voľný, nepriviazaný; *the dog is left l. in the garden* pes sa voľne pohybuje po záhrade 2. voľný, neutiahnutý; *a l. knot* neutiahnutý uzol 3. (o tovare) voľne uložený II. sl. uvoľniť; *l. the laces of your shoes* uvoľni si šnúrky na topánkach ● *come l.* uvoľniť sa/rozviazať sa/rozopnúť sa

> **loose** – voľný, uvoľniť
> **lose** – stratiť, prehrať

   loosen [ˈluːsn] 1. uvoľniť (sa, si); *l. a screw* uvoľniť skrutku 2. rozviazať (si); *l. your shoe laces* rozviaž si šnúrky na topánkach
   loot [luːt] I. podst. korisť, lup; *a burglar's l.* lupičova korisť II. sl. (vy)lúpiť, (vy)plieniť; *l. a city* vyplieniť mesto
   lop [lop] -pp- 1. aj **l. off** orezať, prestrihať; *l. off the branches of the tree* orezať konáre stromu 2. (*away/off*) odseknúť
   loquacious [ləuˈkweišəs] zhovorčivý
   lord [loːd] 1. pán; *feudal l-s* feudálni páni 2. lord (šľachtický titul); *L. Byron* lord Byron ● *the House of L.* BR Horná snemovňa; *swear like a l.* kliať ako pohan; *My L.!* môj ty Bože!/preboha!
   lorry [ˈlori] BR nákladné auto
   lose [luːz], *lost* [lost], *l.* 1. stratiť; *he lost his money* stratil peniaze; *don't l. time* nestrácaj čas 2. meškať; *does your watch l.?* meškajú ti hodinky? 3. prehrať; *l. a game* prehrať hru
   loss [los] 1. strata; *the l. of memory* strata pamäti; *the l. of time* strata času; *the l. of money* strata peňazí 2. strata, úbytok, zmenšenie; *the l. of blood* strata krvi; *the l. of weight* úbytok na váhe ● *be at a l.* byť v rozpakoch; *be at a l. for words* stratiť reč

lost¹ [lost] **1.** stratený; *a l. ticket* stratený lístok **2.** prehraný; *the game is l.* hra je prehraná
lost² p. **lose**
lost property office [ˌlost ˈpropəti ofəs] oddelenie strát a nálezov
lot [lot] **1.** žreb, lós; *the l. fell upon me* žreb padol na mňa **2.** pozemok, parcela; *the house and the l.* it stands on dom a pozemok, na ktorom stojí **3.** osud; *his l. has been a hard one* mal ťažký osud **4.** podiel; *receive one's l.* dostať svoj podiel **5.** *the l.* všetko, všetci; *when you have seen one you have seen the l.* sú všetci rovnakí ● *a l. (of)* mnoho, veľa, kopa, hromada (koho, čoho); *what a l. of letters!* aká kopa listov!
lotion [ˈləušn] pleťová voda; *after shave l.* pleťová voda po holení
loud [laud] **I.** príd. **1.** hlasný, silný; *a l. noise* hlasný/silný zvuk **2.** krikľavý, nápadný; *l. colours* krikľavé farby **II.** prísl. hlasno, nahlas; *don't talk so l.* nerozprávaj tak nahlas
loudhailer [ˌlaudˈheilə] megafón
loudspeaker [ˌlaudˈspiːkə] reproduktor, amplión
lounge [laundž] zariadená hala; *the hotel l.* hotelová hala
louse [laus] mn. č. **lice** [lais] **I.** podst. voš **II.** sl. slang. ískať, hľadať vši
louse up 1. zavšivavieť **2.** AM zbabrať
lousy [ˈlauzi] zavšivavený, všivavý
love [lav] **I.** podst. **1.** (*of/for/to/toward*) láska (ku komu, čomu); *a mother's l.* matkina láska; *l. for profession* láska k povolaniu **2.** hovor. miláčik, milý/milá; *would you like a cup of coffee, l.?* dáš si šálku kávy, miláčik? **3.** nula (nulové skóre v tenise) ● *give/send one's l.* srdečne pozdravovať; *be in l.* byť zamilovaný **II.** sl. milovať, zbožňovať; *l. one's parents* milovať svojich rodičov; *l. music* zbožňovať hudbu
lovely [ˈlavli] **1.** prekrásny, rozkošný, pôvabný; *a l. view* prekrásny výhľad; *a l. woman* rozkošná žena **2.** hovor. vynikajúci, skvelý, báječný; *a l. meal* vynikajúce jedlo; *a l. holiday* úžasné prázdniny
lover [ˈlavə] **1.** milovník; *a l. of good food* milovník dobrého jedla **2.** milenec; *she had many l-s* mala veľa milencov
low [ləu] **I.** príd. **1.** (v rozl. význ.) nízky; *a l. ceiling* nízka povala; *a l. fence* nízky plot; *a l. number* nízke číslo; *l. temperature* nízka teplota; *l. prices/wages* nízke ceny/mzdy **2.** malý, slabý; *the fire was very l.* oheň bol malý/slabý **3.** hlboký; *a l. bow* hlboký úklon **4.**

tichý; *speak in l. voice* hovoriť tichým hlasom **II.** prísl. **1.** nízko; *fly l.* nízko letieť **2.** lacno; *buy l.* lacno (na)kúpiť **3.** hlboko; *bow l.* hlboko sa ukloniť **4.** ticho (o hlase); *speak l.* hovor ticho ● *turn the radio l.* stíš rádio
lower [ˈləuə] **I.** sl. znížiť; *l. the prices of goods* znížiť ceny tovarov **II.** príd. nižší; *l. organisms* nižšie organizmy
lower deck [ˌləuə ˈdek] námor. dolná paluba
lowland [ˈləulənd] často *l-s* mn. č. nížina; *the L-s of Scotland* Škótska nížina
low pressure [ˌləu ˈprešə] nízky tlak
low tide [ləu taid] odliv
loyal [ˈloiəl] lojálny, verný, oddaný; *a l. citizen* lojálny občan
lozenge [ˈlozəndž] kosoštvorec
Ltd. skr. *limited* [ˈlimətəd] ručenie obmedzené
LTD [el tiː diː] skr. *limited (liability)* s. r. o., spoločnosť s ručením obmedzeným
lubricant [ˈluːbrikənt] **I.** príd. mazací **II.** podst. mazadlo, mazací olej
lubricate [ˈluːbrikeit] **1.** namazať; *l. the bearings* namazať ložiská **2.** natrieť krémom, nakrémovať; *l. the skin with cold cream* namastiť pokožku pleťovým krémom
lucid [ˈluːsəd] **1.** jasný, ľahko zrozumiteľný; *a l. explanation* jasný výklad **2.** bystrý; *a l. mind* bystrá myseľ ● lek. *l. intervals* jasné chvíle
luck [lak] **1.** šťastie; *the hotel was full so we decided to try our l. elsewhere* hotel bol obsadený, tak sme sa rozhodli skúsiť šťastie inde **2.** náhoda; *I found it by l.* náhodou som to našiel ● *bad l.* neúspech, smola; *good l.* úspech, šťastie
lucky [ˈlaki] šťastný; *a l. man* šťastný človek ● *you are a l. dog/beggar* máš z pekla šťastie; *l. you* ty máš ale šťastie!
lucrative [ˈluːkrətiv] výnosný; *a l. business* výnosný obchod
ludicrous [ˈluːdəkrəs] smiešny, absurdný; *that old hat is l.* ten starý klobúk je smiešny; *a l. suggestion* absurdný návrh
luggage [ˈlagidž] BR batožina; *heavy l.* ťažká batožina

luggage – is never used in the plural

luggage cart [ˌlagidž kaːt] vozík na batožinu na letisku
luggage rack [ˈlagidž ræk] sieť/polička na batožinu (nad sedadlom vo vlaku, v autobuse, lietadle)

L

lukewarm [ˌluːkˈwoːm] vlažný; *l. water* vlažná voda

lull [lal] **1.** uspať; *l. the baby* uspať dieťa **2.** utíšiť (sa); *the wind l-ed* vietor sa utíšil

lullaby [ˈlaləbai] uspávanka

lumbago [lamˈbeigəu] lek. úsad

lumber[1] [ˈlambə] I. podst. **1.** haraburdy, staré krámy, zásoby; *get rid of that l.* zbav sa tých starých krámov **2.** rezivo, stavebné drevo **II.** sl. **1.** stínať, vytínať, rúbať (stromy); *colonists l-ed in the woods* kolonisti vytínali stromy **2.** hromadiť staré krámy/haraburdy; *don't l. those back number magazines* nehromaď tie staré čísla časopisov

lumber[2] [ˈlambə] aj **l. along/post/by** vliecť sa; *the heavy lorry l-ed along* ťažké nákladné auto sa ledva vlieklo

luminous [ˈluːmənəs] svetielkujúci, svietiaci, svietivý; *a l. dial* svetielkujúci číselník

luminous flux [ˌluːmənəs ˈflaks] fyz. svetelný tok

lump [lamp] I. podst. **1.** kus; *a l. of clay* kus hliny **2.** kocka (cukru); *a l. of sugar* kocka cukru **3.** opuchlina, hrča; *have a l. in one's throat* mať hrču v hrdle **II.** sl. *l. together* dať dokopy; *don't l. me together with him* nedávaj ma s ním dokopy

lumpy [ˈlampi] **1.** hrudkovitý; *a l. sauce* hrudkovitá omáčka **2.** zavalitý, podsaditý; *a l. man* zavalitý muž **3.** nemotorný, ťarbavý, neobratný; *a l. gait* ťarbavá chôdza

lunar [ˈluːnə] mesačný (týkajúci sa Mesiaca); *a l. cyclus* mesačný cyklus

lunar module [ˌluːnə ˈmodjuːl] kozm. mesačný modul

lunar rover [ˌluːnəˈrəuvə] aj **lunar roving vehicle** kozm. mesačné vozidlo, lunochod

lunatic [ˈluːnətik] I. príd. pejor. šialený, bláznivý; *a l. person* šialená osoba; *a l. proposal* bláznivý návrh **II.** podst. šialenec, blázon

lunch [lanč] obed (ľahký); *they were at l.* boli na obede; *have l.* obedovať; *have l. with us* naobeduj sa s nami

lung [laŋ] **1.** pľúcny lalok; *left l. cancer* rakovina ľavého pľúcneho laloka **2.** *l-s* mn. č. pľúca; *inflammation of the l.* zápal pľúc

lurch [ləːč] hanba, posmech; *leave sb. in the l.* nechať niekoho v kaši

lure [luə] I. podst. vnadidlo, návnada **II.** sl. lákať, vábiť; *he l-d talented sportsmen to his team* vábil schopných športovcov do svojho družstva

lurid [ˈluːrəd] **1.** modravý, modrastý; *a l. face* mŕtvolne bledá tvár **2.** odporný, odpudzujúci; *l. details of the murder* odpudzujúce detaily vraždy **3.** krikľavý; *a l. carpet* krikľavý koberec **4.** farebný, farbistý; *a l. sunset* farebný západ slnka

lurk [ləːk] striehnuť; *a man l-ing in the shadows* muž striehnuci v tieni ● *be on the l.* byť na postriežke

luscious [ˈlašəs] veľmi chutný, sladučký, šťavnatý; *l. peaches* šťavnaté broskyne

lust [last] **1.** chtivosť, chlipnosť ● *with l.* zmyselne **2.** (neovládateľná) túžba; *l. for power* túžba po moci

lustre [ˈlastə] **1.** lesk, ligot; *the l. of the star* ligot hviezdy **2.** pren. lesk, sláva; *add l. to one's name* pridať slávu k svojmu menu

luxurious [lagˈžuriəs] prepychový; *a l. hotel* prepychový hotel

luxury [ˈlakšri] prepych, luxus; *live in l.* žiť v prepychu

LV [el viː] skr. *luncheon voucher* stravný lístok/poukaz

lye [lai] lúh

lymph [limf] anat. lymfa, miazga; *l. node* lymfatická uzlina

lynch [linč] lynčovať

lynx [liŋks] mn. č. *lynxes/lynx* zool. rys

lynx-eyed [ˈliŋksaid] bystrozraký, s očami ako rys

lyre [laiə] lýra

lyric [ˈlirik] I. príd. lyrický; *a l. poem* lyrická báseň **II.** podst. obyč. *l-s* **1.** lyrika **2.** text piesne (najmä populárnej)

lyrical [ˈlirikl] **1.** lyrický **2.** nadšený; *she became l. over her dress* bola nadšená svojimi šatami

M

M 1. skr. *medium size* stredná veľkosť odevov, bielizne a pod. **2.** skr. BR *motorway* diaľnica

MA [em ei] skr. *Master of Arts* vysokoškolský titul magistra, magister spoločenských vied

macaroni [ˌmækəˈrəuni] makaróny

mace[1] [meis] **1.** žezlo **2.** obušok **3.** AM (jadrová) riadená strela zem-zem

mace[2] [meis] muškátový kvet (korenie)

machine [mə'ši:n] **I.** podst. stroj; *a sewing m.* šijací stroj; *m. engineering* strojárstvo **II.** sl. obrábať strojom, opracúvať; *brass m-s easily* mosadz sa ľahko obrába/opracúva

machinegun [mə'ši:ngan] **I.** podst. guľomet, samopal **II.** sl. *-nn-* ostreľovať guľometom/samopalom

machinery [mə'ši:nəri] strojové zariadenie, stroje; *the m. at the factory* strojové zariadenie továrne

machine tool [mə'ši:n ˌtu:l] obrábací stroj

macho [ma:čəu] robustný, mužný muž

mackerel ['mækrəl] mn. č. aj *mackerel* makrela

mackintosh ['mækəntoš] plášť do dažďa

mad [mæd] **1.** šialený, duševne chorý; *he is m.* šialený **2.** naštvaný; *she was m. at him* bola naň naštvaná **3.** zúrivý; *a m. panic* zúrivá panika; *a m. dog* zlý (zúrivý) pes ● *m. with joy* celý bez seba od radosti; *he's m. about tennis* je zbláznený do tenisu; *that will drive me m.* zbláznim sa z toho

madam ['mædəm] mn. č. *mesdames* ['meidæm] pani, slečna (v oslovení bez mena); *Dear M.* Vážená pani/slečna

made-up ['meid ap] vymyslený; *a m. story* vymyslený príbeh

madhouse ['mædhaus] mn. č. *-houses* [-ˌhauzəz] hovor. blázinec

madman ['mædmən] mn. č. *-men* [-men] šialenec, blázon

mag ['mæg] hovor. časopis (obyč. ilustrovaný)

magazine [ˌmægə'zi:n] **1.** časopis (obyč. ilustrovaný); *read a weekly m.* čítať týždenník **2.** sklad zbraní, streliva; *m. of arms* muničný sklad **3.** zásobník zbraní; *the gun's m. was loaded* zásobník pušky bol nabitý **4.** cievka/kazeta s filmom

maggot ['mægət] larva, červík (v ovocí, syre)

magic ['mædžik] **I.** podst. **1.** čary, trik; *he used m. to produce a rabbit from the hat* použil trik, aby vytiahol zajaca z klobúka **2.** talizman ● *white/black m.* biela/čierna mágia; *as if by m.* akoby zázrakom **II. 1.** magický, kúzelný; *a m. touch* magický dotyk **2.** zázračný; *a m. method for learning a foreign language* zázračná metóda učenia sa cudzieho jazyka

magical ['mædžikl] čarovný; *the ring must be m.* prsteň musí byť čarovný

magic eye [ˌmædžik 'ai] elektr. elektronický ukazovateľ vyladenia/nastavenia

magician [mə'džišn] čarodejník, kúzelník

magic lantern [ˌmædžik 'læntən] laterna magika

magistrate ['mædžəstreit] zmierovací sudca

magnanimous [mæg'nænəməs] veľkodušný, veľkomyseľný; *be m. towards one's enemies* byť veľkodušný voči nepriateľom

magnet ['mægnət] magnet; *a bar m.* tyčový magnet; *horse-shoe m.* podkovový magnet

magnetic [mæg'netik] **1.** magnetický; *the m. north* magnetický pól **2.** pren. príťažlivý; *a m. woman* príťažlivá žena; *a m. idea* príťažlivá myšlienka ● *m. attraction* magnetická príťažlivosť; *m. line of force* magnetická siločiara

magnetic coil [mæg,netik 'koil] elektr. budiaca cievka

magnetic field [mæg,netik 'fi:ld] magnetické pole; *the Earth's m. field* magnetické pole Zeme

magnetic needle [mæg,netik 'ni:dəl] strelka, magnetka

magnetic north [mæg,netik 'no:θ] magnetický pól

magnetic recording [mæg,netik ri'ko:diŋ] magnetický záznam

magnetic tape [mæg,netik 'teip] magnetická páska magnetofónu

magnetism ['mægnətizm] magnetizmus; *terrestrial m.* zemský magnetizmus

magnetize ['mægnətaiz] **1.** (z)magnetizovať; *m. a needle* magnetizovať ihlu **2.** priťahovať ako magnet; *m. visitors* priťahovať návštevníkov

magnificent [mæg'nifəsnt] skvelý, vynikajúci, nádherný; *m. food* skvelé jedlo; *a m. sight* veľkolepý výhľad/pohľad

magnifier ['mægnəfaiə] **1.** zväčšovacie sklo, lupa **2.** elektr. zosilňovač

magnify ['mægnəfai] **1.** zväčšiť, zväčšovať; *m. the object* zväčšiť predmet **2.** zveličiť, zveličovať; *m. the difficulties* zveličovať ťažkosti

magnifying glass ['mægnəfaiiŋ ˌgla:s] zväčšovacie sklo, lupa

magnitude ['mægnətju:d] **1.** veľkosť rozmer; *determine the m. of an angle* určiť veľkosť uhla **2.** hlasitosť; *the m. of the sound* hlasitosť zvuku **3.** dôležitosť, závažnosť, význam; *a decision of great m.* dôležité rozhodnutie ● *a star of the first m.* hviezda prvej veľkosti

magpie ['mægpai] **I.** podst. **1.** straka **2.** pren. zlodej, straka **II.** sl. kradnúť ako straka; *m. ideas from others and use them as one's own* kradnúť cudzie myšlienky/nápady a vydávať ich za vlastné

M

mahogany [mə'hogəni] **I.** podst. mahagón
II. príd. mahagónový
maid [meid] **1.** slúžka; *the m. opened the door* slúžka otvorila dvere **2.** kniž. panna ● *m. of all work* dievča pre všetko; *m. of honour* **1.** slobodná dvorná dáma **2.** družička
maiden ['meidn] **I.** podst. nevydatá mladá žena, dievča, panna **II.** príd. **1.** slobodná; *my m. aunt* moja slobodná teta **2.** uskutočnený prvý raz; *m. flight* prvý let
maiden name ['meidnneim] dievčenské meno, meno ženy za slobodna
mail¹ [meil] brnenie; *a coat of m. worn by soldiers in the Middle Ages* brnenie, ktoré nosili vojaci v stredoveku
mail² [meil] **I.** podst. pošta, zásielka; *open the m.* otvor poštu; *air m.* letecká pošta **II.** sl. hl. AM odoslať poštou, dať na poštu; *m. the letter* dať list na poštu
mailbox ['meilboks] AM poštová schránka
mailman ['meilmæn] mn. č. *-men* [-men] AM poštár
maim [meim] dokaličiť, zmrzačiť; *the explosion m-ed him for life* výbuch ho zmrzačil na celý život
main [mein] hlavný; *the m. reason* hlavný dôvod ● *M. Street* AM hlavná ulica, korzo
main course [,mein 'ko:s] hlavný chod jedla
main deck [,mein 'dek] hlavná paluba
mainland ['meinlənd] pevnina; *Britain is not part of the m. of Europe* Británia nie je súčasťou európskej pevniny
mainline ['meinlain] pichať si drogu do žily
mainly ['meinli] hlavne, najmä; *the students are m. from the city* študenti sú hlavne z mesta; *you are m. to blame* najmä ty si na vine
main road ['mein rəud] BR hradská I. triedy
mains [meinz] **I.** podst. elektr. hlavný prívod elektrickej energie, sieť; *we take our electric current from the m.* elektrinu berieme zo siete **II.** príd. sieťový, pripojiteľný na sieť; *m. radio* sieťové rádio
mainstream ['meinstri:m] **1.** hlavný prúd **2.** tradícia
maintain [mein'tein] **1.** udržiavať; *m. the chair lift* udržiavať sedačkový výťah; *m. friendly relations* udržiavať priateľské styky **2.** vydržiavať, podporovať (materiálne); *m. a son at the university* podporovať syna na univerzite **3.** tvrdiť; *he m-s that he is innocent* tvrdí, že je nevinný

maintenance ['meintnəns] **1.** udržanie, zachovanie; *the m. of peace* zachovanie mieru **2.** vydržovanie, podpora; *the m. of the family* vydržiavanie rodiny **3.** údržba; *the m. of buildings* údržba budov ● *infant's m.* výživné na dieťa
maintenance gang [,meintnəns 'gæŋ] údržbárska čata
maintenance man [,meintnəns 'mæn] mn. č. *-men* [-men] údržbár
maisonette [,meizə'net] malý rodinný dom
maize [meiz] hl. BR kukurica
majesty ['mædžəsti] **1.** majestátnosť, veľkoleposť **2.** veličenstvo ● *Her M. the Queen* Jej kráľovské veličenstvo
major ['meidžə] **I.** podst. **1.** voj. major **2.** hl. AM, škol. hlavný študijný odbor; *he took history as his m. at college* študoval na fakulte históriu ako hlavný odbor **3.** hud. dur, durový akord, durová stupnica **II.** príd. väčší; *the m. part of his work* väčšia časť jeho práce
majority [mə'džorəti] väčšina; *the absolute m. of voters* absolútna väčšina voličov ● *be in the m.* byť vo väčšine
make [meik] **I.** podst. **1.** výrobok; *is this your m.?* je to tvoj výrobok? **2.** značka; *what m. is your car?* akú máš značku auta? **II.** sl. *made* [meid], *made* **1.** (u)robiť, vyhotoviť, vyrobiť; *she m. coffee for all of us* urobila kávu pre nás všetkých; *m. a coat* ušiť kabát; *m. a car* vyrobiť auto; *made in Slovakia* vyrobené na Slovensku **2.** prinútiť; *he made me write a letter* prinútil ma napísať list **3.** byť, rovnať sa (pri počtových úkonoch); *two and two m.(s) four* dva a dva sú štyri; *twice three m-s six* dvakrát tri je šesť **4.** vo funkcii sponového slovesa byť, stať sa; *he will m. a good lawyer* bude dobrý právnik **5.** (u)robiť al. sa prekladá slovesom vyplývajúcim z povahy predmetu; *m. coffee* uvariť kávu; *m. a bed* ustlať; *m. a room* upratať izbu; *m. hay* sušiť seno; *m. a poem/epigram* napísať/zložiť báseň/epigram; *m. a jump* skočiť; *m. a landing* pristáť; *m. laws* vydávať zákony; *m. a rule* zaviesť/stanoviť pravidlo; *m. a sensation* vyvolať/spôsobiť rozruch/senzáciu; *m. war* viesť vojnu; *m. a living* zarábať na živobytie; *m. money* zarábať; *m. a mistake* urobiť chybu, pomýliť sa; *m. an offence* previniť sa, prehrešiť sa; *m. a promise* sľúbiť; *m. something clear* (niečo) objasniť/vysvetliť; *m. someone happy* potešiť (niekoho); *m. ready* pripraviť sa ● *As you m. your bed, so you*

must lie in it. Ako si ustelieš, tak si ľahneš. *Clothes m. the man.* Šaty robia človeka. *Make hay while the sun shines.* Kuj železo, kým je horúce.

> **made of** – material from which something is constructed
> **made from** – raw material from which something has been produced

make for mieriť, smerovať
make off ujsť, zmiznúť; *m. with st.* ukradnúť (čo)
make out 1. vypísať, vyplniť; *m. a check* vypísať šek; **2.** vylúštiť, vyriešiť *I can't m. his writing* neviem vylúštiť jeho písmo
make up 1. vymyslieť; *m. a story* vymyslieť príbeh **2.** nalíčiť sa; *m. your face* nalíč si tvár **3.** *m. with sb.* dohodnúť sa s niekým
maker ['meikə] výrobca; *a good washing machines m.* dobrý výrobca práčok
make-up ['meikap] **1.** kozmetické prostriedky **2.** nalíčenie tváre; *her m. had a natural look* jej nalíčenie tváre vyzeralo prirodzene
maladjusted [,mælə'džastəd] neprispôsobivý; *m. children* neprispôsobivé deti
malady ['mælədi] choroba; *he's suffering from some strange m.* trpí nejakou zvláštnou chorobou
malaria [mə'leriə] malária
male [meil] **I.** príd. **1.** mužský; *the m. population* mužská populácia **2.** samčí; *a m. animal* samec **II.** podst. **1.** muž **2.** samec
malevolent [mə'levlənt] **1.** (*to/towards*) zlomyseľný (voči) **2.** škodoradostný; *a m. smile* škodoradostný úsmev
malformation [mælfo:meišn] lek. znetvorenie, deformácia; *m. of the arm after the accident* znetvorenie ramena po úraze
malice ['mæləs] zlomyseľnosť; *he did it from m.* urobil to zo zlomyseľnosti
malicious [mə'lišəs] zlomyseľný; *m. remarks* zlomyseľné poznámky
malignant [mə'lignənt] lek. zhubný; *a m. tumor* zhubný nádor
malinger [mə'liŋgə] simulovať chorobu; *a m-ing pupil* simulujúci žiak
malingerer [mə'liŋgerə] simulant, ulievak
mall [mo:l] AM *shopping m.* nákupné stredisko
malnutrition [,mælnju'trišn] podvýživa, podvyživenosť; *about half of the population*

is suffering from m. asi polovica populácie trpí podvýživou
malt [mo:lt] slad
maltreat [,mæl'tri:t] **1.** týrať; *m. animals* **2.** zle zaobchádzať; *m. a machine* zle zaobchádzať so strojom
mam [mæm] hovor. mamička
mammal ['mæml] cicavec; *monkeys are m-s* opice sú cicavce
mammoth ['mæməθ] **I.** podst. mamut **II.** príd. mamutí, obrovský; *a m. organization* obrovská organizácia
man [mæn] mn. č. *men* [men] **I.** podst. **1.** muž; *be a m.* buď predsa muž! **2.** človek mn. č. *people* ['pi:pl] ľudia; *what can a m. do in such a case?* čo má človek robiť v takom prípade? ● *he is my m.* to je môj človek; *m. of the world* sveták; *m. of letters* spisovateľ; *the m. of the street* človek z ulice; *as one m.* ako jeden muž; *m. to m.* ako muž s mužom **II.** sl. -nn- **1.** zohnať mužstvo; *m. a ship* zohnať mužstvo na loď **2.** obsluhovať stroje; *m. the production lines* obsluhovať výrobné linky ● *m. o. s.* vzmužiť sa; *he m-ned himself to meet the shock* vzmužil sa, aby prekonal ten šok **III.** príd. m-ned s ľudskou posádkou; *a m-ned space flight* kozmický let s ľudskou posádkou
manage ['mænidž] **1.** riadiť, viesť, spravovať (čo); *m. a business* riadiť obchod **2.** zvládnuť, vedieť si poradiť; *I shan't be able to m. without help* nezvládnem to bez pomoci **3.** zariadiť; *I can m. your stay here* zariadim, aby si tu zostal **4.** dosiahnuť; *he m-d it only by careful planning* dosiahol to iba vďaka starostlivému plánovaniu **5.** výp. riadiť
manageable ['mænidžəbl] ovládateľný, poddajný; *a m. husband* ovládateľný manžel
management ['mænidžmənt] **1.** manažment, riadenie, vedenie, správa podniku; *poor m.* slabé vedenie **2.** obratnosť, šikovnosť; *it needs a great deal of m.* na to treba veľkú dávku šikovnosti **3.** výp. *data m.* správa údajov
manager ['mænidžə] riaditeľ, manažér, prevádzkar; *hotel m.* hotelový prevádzkar
mandate ['mændeit] mandát, poverenie; *he accepted the m. of the people* prijal poverenie ľudu
mane [mein] hriva; *a rich m. of hair* bohatá hriva vlasov; *lion's m.* levia hriva
manful ['mænfl] mužný
manhandle ['mænhændl] (fyzicky) zvládnuť, vykonať, ap. (vlastnými rukami); *they m-d*

M

the car out of a ditch auto vlastnoručne vytiahli z priekopy

manhood [ˈmænhud] **1.** mužský vek, dospelosť; *he grew up to m.* dospel **2.** mužnosť, odvaha; *she admired his m.* obdivovala jeho odvahu

manhour [ˈmænauə] pracovná hodina, hodina ľudskej práce

mania [ˈmeiniə] **1.** posadnutosť, mánia **2.** pren. vášeň; *he has a m. for cars* jeho vášňou sú autá

manicure [ˈmænəkjuə] manikúra; *she has a m. once a week* raz týždenne si robí manikúru

manifest [ˈmænəfest] **I.** príd. zrejmý, jasný; *a m. lie* číra lož **II.** sl. **1.** jasne ukázať, dokázať; *m. the truth of a statement* dokázať pravdu tvrdenia **2.** dať najavo; *he m-ed his approval with a smile* úsmevom dal najavo svoj súhlas

manifestation [ˌmænəfeˈsteišn] **1.** prejav (čoho); *a m. of a disease* prejav choroby **2.** verejná manifestácia, verejný prejav

manifold [ˈmænəfəuld] **I.** príd. **1.** rozmanitý, všelijaký, veľmi veľký, mnohoraký; *she has m. duties* má mnohoraké povinnosti **2.** mnohotvárny, pestrý; *a m. program for social reforms* mnohotvárny program sociálnych reforiem **II.** prísl. mnohonásobne; *that new job will increase your profits m.* nové zamestnanie ti mnohonásobne zvýši zisk

manipulate [məˈnipjəleit] **1.** narábať, manipulovať; *m. the levers of a machine* manipulovať pákami stroja **2.** (s)falšovať; *m. the results* (s)falšovať výsledky

mankind [ˌmænˈkaind] ľudstvo; *m. speaks many languages* ľudstvo hovorí mnohými jazykmi

manly [ˈmænli] mužný; *a m. voice* mužný hlas

man-made [ˌmæn ˈmeid] **1.** vyrobený ľudskou rukou; *m. objects* predmety vyrobené ľudskou rukou **2.** spôsobený človekom; *m. destruction* ničenie spôsobené človekom

manner [ˈmænə] **1.** spôsob; *the best m. how to get there* najlepší spôsob, ako sa tam dostať **2.** *m-s* mn. č. (spoločenské) spôsoby, správanie; *he has no m.* nemá žiadne spôsoby, nevie sa slušne správať ● *in this m.* takto

manoeuvre [məˈnuːvə] **I.** podst. voj. manéver; *army m-s* vojenské manévre **II.** sl. (v)manévrovať; *m. a car into a parking space* vmanévrovať auto na parkovací priestor

manor [ˈmænə] **1.** dedičný veľkostatok **2.** panské sídlo

manpower [ˈmænˌpauə] pracovná sila; *m. in industry* pracovná sila v priemysle

mansion [ˈmænšn] veľký obytný dom, panské sídlo; *they own a m. in the country* vlastnia panské sídlo na vidieku

manslaughter [ˈmænˌsloːtə] zabitie; *convicted of m.* usvedčený zo zabitia

mantelpiece [ˈmæntlpiːs] ozdobná rímsa nad kozubom; *she put the flowers on the m.* dala kvety na rímsu nad kozubom

mantis [ˈmæntəs] mn. č. aj *mantes* [ˈmæntiːz] aj *praying m.* zool. modlivka

mantle [ˈmæntl] **I.** podst. **1.** dlhý plášť **2.** geol. plášť jadra Zeme **II.** sl. zahaliť (sa), pokryť (sa); *snow m-d the trees* sneh pokryl stromy

manual [ˈmænjuəl] **I.** príd. ručný, manuálny; *m. work* práca vykonávaná ručne ● škol. *m. training* pracovné vyučovanie **II.** podst. príručka, učebnica; *m. of English conversation* príručka anglickej konverzácie

manufacture [ˌmænjəˈfækčə] **I.** podst. výroba; *domestic m.* domáca výroba **II.** sl. **1.** vyrábať; *m. a hundred cars a day* vyrábať sto áut denne **2.** vymyslieť; *that news is m-d* tá správa je vymyslená

manufacturer [ˌmænjəˈfækčərə] výrobca; *a car m.* výrobca áut

manure [məˈnjuə] **I.** podst. hnojivo **II.** sl. (po)hnojiť; *m. the fields* pohnojiť polia

manuscipt [ˈmænjəskript] rukopis; *send a m. to the printer* odoslať rukopis do tlačiarne

many [ˈmeni] pred počítateľnými podst. m. veľa, mnoho; *m. books* veľa kníh ● *how m.* koľko; *as m. as you like* koľko len chceš/chcete; *one too m.* o jeden navyše; *you gave me one ticket too m.* dal si mi jeden lístok navyše; *so m.* tak veľa; *a good/great m.* veľké množstvo

---

many – a great number
   of something (počítateľné)
much – a great amount
   of something (nepočítateľné)
a lot of – a great number/amount
   (počítateľné i nepočítateľné)

---

many-sided [ˌmeni ˈsaidəd] mnohostranný; *a m. problem* mnohostranný problém

map [mæp] **I.** podst. mapa; *a m. of Slovakia* mapa Slovenska ● *wipe off the m.* vyma-

zať z mapy **II.** sl. *-pp-* zmapovať; *m. the sur-face of the Moon* zmapovať povrch Mesiaca
maple [ˈmeipl] javor ● *m. leaf* javorový list
mar [maː] *-rr-* **I.** sl. (po)kaziť, (z)mariť, (z)ničiť; *nothing m-red the holiday* nič nepokazilo prázdniny **II.** podst. chyba, kaz
maraud [məˈroːd] plieniť, pustošiť; *m-ing bands of deserters* pustošiace bandy zbehov
marble [ˈmaːbl] **I.** podst. **1.** mramor **2.** guľka na hranie; *play m-s* hra s guľkami/v guľky **II.** príd. mramorový; *a m. statue* mramorová socha
March¹ [maːč] **I.** podst. marec **II.** príd. marcový
march² [maːč] **I.** podst. pochod; *troops on the m.* jednotky na pochode; *a. dead m.* smútočný pochod; *a. protest m.* protestný pochod **II.** sl. pochodovať; *they have m-ed twenty kilometres today* dnes pochodovali dvadsať kilometrov ● *m. at ease!* zastaviť stáť! (povel); *quick m.!* pochodom vchod! (povel)
march-past [ˈmaːčpaːst] slávnostný pochod, defilé, vojenská prehliadka; *he is fond of looking at m.* rád sa pozerá na vojenské prehliadky
mare [meə] kobyla
margarine [ˌmaːdžəˈrin] margarín; *use m. instead of butter* používať margarín namiesto masla
margin [ˈmaːdžən] **1.** okraj, kraj, margo; *wide/narrow m-s on the page* široké/úzke okraje strany **2.** ekon. hranice rentability; *a m. of production* hranica rentability výroby **3.** cenové rozpätie; *wholesale m.* veľkoobchodné rozpätie
marginal [ˈmaːdžənl] **1.** na okraji stránky, marginálny **2.** okrajový, málo dôležitý; *m. notes* okrajové poznámky
marine [məˈriːn] **I.** príd. **1.** morský; *m. products* morské výrobky **2.** námorný; *m. chart* námorná mapa **II.** podst. loďstvo; *merchant/mercantible m.* obchodné loďstvo
marital [ˈmærətl] manželský; *m. happiness/discord* manželské šťastie/manželská nezhoda
marital status [ˌmæritl steitəs] rodinný stav
maritime [ˈmærətaim] **1.** námorný; *the great m. powers* veľké námorné sily **2.** prímorský; *a m. climate* prímorské podnebie
marjoram [ˈmaːdžrəm] majorán
mark [maːk] **I.** podst **1.** škvrna; *who made m-s on the table cloth?* kto spravil škvrny na obruse? **2.** značka, označenie; *a m. of quality* značka kvality **3.** škol. známka; *a good/bad m.*

dobrá/zlá známka **4.** materské znamienko; *a small m. on her face* malé znamienko na jej tvári ● *punctuation m-s* interpunkčné znamienka; *m. of exclamation/exclamation m.* výkričník; *m. of interrogation/question m.* otáznik **II.** sl. **1.** označiť; *m. prices on goods* označiť tovar cenou **2.** poznačiť (si), zaznamenať; *the teacher m-ed the pupil's absence* učiteľ si poznamenal žiakovu neprítomnosť **3.** škol. (o)známkovať, (o)klasifikovať; *the teacher m-s strictly* učiteľ známkuje prísne **4.** vyznačiť; *the road is m-ed* cesta je vyznačená
mark down znížiť cenu
mark out **I.** sl. preškrtnúť
markdown [ˈmaːkdaun] zníženie ceny, zľava; *a m. of 5 pounds* zníženie ceny o 5 libier
marked [maːkt] **1.** výrazný, zreteľný; *a m. improvemment* výrazné zlepšenie; *a m. lack of interest* zreteľný nedostatok záujmu **2.** označený; *a m. card* označená karta
market [ˈmaːkət] **I.** podst. trh; *go to (the) m.* ísť na trh ● *be on the m.* byť na predaj **II.** sl. obchodovať na trhu
market economy [ˌmaːkət iˈkonəmi] trhové hospodárstvo
market garden [ˌmaːkət ˈgaːdn] zeleninárstvo (kde sa pestuje zelenina)
market hall [ˈmaːkət hoːl] tržnica
marketing [ˈmaːkətiŋ] **1.** nákup, nákupy; *she does all her m. once a week* robí všetky nákupy raz týždenne **2.** ekon. marketing; *professor of m. at the university* profesor marketingu na univerzite
marketplace/market square [ˈmaːkət ˌpleis/ˈmaːkət ˌskweə] trhovisko
market research [ˌmaːkət riˈsəːč] prieskum trhu
marksman [ˈmaːksmən] mn. č. *-men* [-mən] dobrý strelec; *a first class m.* prvotriedny strelec
marmalade [ˈmaːməleid] **I.** podst. pomarančový džem **II.** sl. natrieť pomarančovým džemom
marmot [ˈmaːmət] svišť
maroon [məˈruːn] **I.** podst. gaštanová farba **II.** príd. gaštanovohnedý
marquis [ˈmaːkwəs] markíz
marriage [ˈmæridž] **1.** manželstvo; *a happy m.* šťastné manželstvo; *contract a m.* uzavrieť manželstvo **2.** sobáš, svadba; *civil m. ceremony* civilný/občiansky sobáš ● *get by m.* získať manželstvom; *m. ceremony* svadobný obrad ● *m. licence* povolenie uzavrieť manželstvo

M

married [ˈmærid] **1.** ženatý; *a m. man* ženatý muž **2.** vydatá; *a m. woman* vydatá žena ● *get m.* **1.** oženiť sa **2.** vydať sa **3.** uzavrieť manželstvo; *a m. couple* manželský pár

marrow [ˈmærəu] aj *bone m.* špik; *beef m.* hovädzí špik

marry [ˈmæri] **1.** oženiť sa; *John m-ied my sister* Ján sa oženil s mojou sestrou **2.** vydať sa; *she m-ied Peter* vydala sa za Petra **3.** uzavrieť manželstvo; *they were m-ied in church* uzavreli manželstvo v kostole

marsh [ma:š] močiar, močarisko

marshal [ˈma:šl] **I.** podst. **1.** maršal **2.** AM šerif, šéf polície **3.** AM veliteľ požiarneho zboru **II.** sl. *-ll-* zoradiť (sa); *m. the facts* zoradiť fakty

marten [ˈma:tən] kuna (zviera aj kožušina)

martial [ˈma:šl] vojenský; *m. music* vojenská hudba

martial law [ˌma:šl ˈlo:] stanné právo

martyr [ˈma:tə] **I.** podst. mučeník; *first Christian m-s* prví kresťanskí mučeníci **II.** sl. (u)mučiť; *St. Joan was m-ed by the English* Johanku z Arku umučili Angličania

marvel [ˈma:vl] **I.** podst. div, zázrak; *it's a m. he survived* to je zázrak, že prežil ● *for a m.* ako zázrakom **II.** sl. *-ll-* žasnúť, diviť sa; *I m. at your courage* žasnem nad tvojou odvahou

marvellous [ˈma:vləs] neobyčajný, skvelý, zázračný; *a m. idea* skvelá myšlienka

mascara [mæˈska:rə] maskara, kozmetický prípravok na farbenie obočia a mihalníc

mascot [ˈmæskət] maskot, talizman

masculine [ˈmæskjələn] **I.** príd. mužský, mužný; *a m. member of the family* mužský člen rodiny; *a m. look* mužný výzor **II.** podst. gram. mužský rod

mash [mæš] **I.** podst. **1.** pomyje **2.** hovor. zemiaková kaša **II.** sl. (roz)drviť, (roz)mliaždiť, pomliaždiť; *m. the potatoes with a fork* rozmliaždiť zemiaky vidličkou ● *m-ed potatoes* zemiaková kaša

mask [ma:sk] **I.** podst. maska; *gas/oxygen m.* plynová/potápačská maska **II.** sl. (za)maskovať aj pren.; *m. one's feelings* maskovať city

mason [ˈmeisn] **1.** murár **2.** kamenár

masquerade [ˌmæskəˈreid] **I.** podst. **1.** maškarný ples, maškaráda **2.** predstieranie; *her show of friendship was a m.* prejav priateľstva z jej strany bolo iba predstieranie **II.** sl. **1.** zúčastniť sa na maškaráde **2.** (za)maskovať sa, vydávať sa (za čo); *the criminal was*

m-ing as a respectable businessman kriminálnik sa vydával za váženého podnikateľa

mass¹ [mæs] **I.** podst. **1.** masa, hromada; *the great m. of people* veľká masa ľudí; *a m. of data* hromada údajov **2.** tech. hmotnosť; *the two bodies have equal m.* obe telesá majú rovnakú hmotnosť **II.** príd. masový; *m. circulation* masový náklad časopisov; *m. movement* masové hnutie; *m. demonstration* masová demonštrácia ● sl. (na)hromadiť, zhromaždiť; *the clouds are m-ing* mraky sa hromadia

Mass² [mæs] omša; *what time do you go to M.?* kedy ideš na omšu?

massacre [ˈmæsəkə] vraždenie, masakrovanie, masakra; *the brutal m. of innocent people* brutálne vraždenie nevinných ľudí

massage [ˈmæsa:ž] **I.** podst. masáž; *give/have a m.* dať si masáž **II.** sl. masírovať; *she m-d my sore back* masírovala mi boľavý chrbát

masses [ˈmæsəz] ľud, ľudové masy

massive [ˈmæsiv] masívny; *m. walls* masívne steny

mass media [ˌmæs ˈmi:djə] hromadné oznamovacie prostriedky

mass noun [ˌmæs ˈnaun] lingv. hromadné podstatné meno

mass observation [ˈmæs ˌobzəˈveišn] prieskum verejnej mienky

mass production [ˌmæs prəˈdakšn] sériová výroba

mast¹ [ma:st] žaluď, bukvica (plod)

mast² [ma:st] **1.** námor. sťažeň **2.** stožiar; *a television m.* stožiar na TV antény

master [ˈma:stə] **I.** podst. **1.** pán; *the m. of the house* pán domu; *be m. of the situation* byť pánom situácie **2.** učiteľ strednej školy; *a mathematics m.* učiteľ matematiky **3.** majster remesla, umenia **II.** príd. **1.** pánsky **2.** majstrovský, vynikajúci; *a m. pianist* vynikajúci klavirista **3.** hlavný; *a m. cylinder* hlavný valec **III.** sl. zvládnuť; *he wants to m. a foreign language* chce zvládnuť cudzí jazyk

master clock [ˈma:stəklok] výp. hodiny na sekvenčné sledovanie práce počítača

masterful [ˈma:stəfl] panovačný, rozkazovačný; *a m. boss* panovačný šéf

master key [ˈma:stə ki:] univerzálny kľúč

Master of Ceremonies [ma:stə əvˈserimoniz] skr. MC hlavný ceremoniár

masterpiece [ˈma:stəpi:s] majstrovské dielo; *the „Pieta" is a m.* Pieta je majstrovské dielo

mastery ['ma:stri] (majstrovské/dokonalé) ovládanie, majstrovstvo; *m. of the English language* ovládanie angličtiny
mat[1] [mæt] **1.** rohož (podlahová krytina) **2.** rohožka; *a door m.* rohožka pred dverami **3.** podložka pod tanier (anglické prestieranie)
mat[2] aj **matt** [mæt] matný, nelesklý; *m. glass* matné sklo
match[1] [mæč] **I.** podst. **1.** zápas; *a basketball m.* basketbalový zápas **2.** vhodný doplnok; *this handbag is not an exact m. for my coat* táto kabelka nie je práve vhodný doplnok k môjmu kabátu **II.** sl. **1.** hodiť sa, ladiť, pristať; *the carpet m-es the furniture* koberec sa hodí k nábytku; *the shoes m. very nicely with your dress* topánky ti dobre ladia so šatami; *a tie to m. the suit* kravata, ktorá pristane k obleku **2.** vyrovnať sa; *he could not m. him in mathematics* nemohol sa mu vyrovnať v matematike
match[2] [mæč] zápalka; *he struck a m.* škrtol zápalkou
matchbox ['mæčboks] zápalková škatuľka
mate [meit] **I.** podst. **1.** druh, kamarát, kolega; *he was a good m.* bol dobrý kolega **2.** lodný dôstojník **3.** pomocník; *the cook's m.* kuchárov pomocník **II.** sl. páriť (sa)
material [mə'tiriəl] **I.** príd. **1.** hmotný, materiálny; *a m. world* hmotný svet **2.** telesný; *m. needs* telesné potreby **3.** závažný; *m. facts* závažné skutočnosti **II.** podst. látka, materiál; *steel is a durable m.* oceľ je pevný materiál
material damage [mətiriəl 'dæmidž] hmotná škoda
materialism [mə'tiriəlizm] materializmus
materialist [mə'tiəriləst] **I.** podst. materialista **II.** príd. materialistický
materialize [mə'tiriəlaiz] uskutočniť (sa); *I don't think the plan will m.* myslím, že plán sa neuskutoční
maternal [mə'tə:nl] materský; *m. instincts* materské inštinkty
maternity [mə'tə:nəti] materstvo; *m. suits her* materstvo jej pristane
maternity benefits [mə'tə:nəti 'benefits] materské dávky
maternity hospital [mə'tə:nəti 'hospitl] pôrodnica
maternity leave [mə'tə:nəti li:v] materská dovolenka
maternity ward [mə'tə:nəti wo:d] pôrodnícke oddelenie nemocnice
math [mæθ] hovor. AM matika

mathematical [ˌmæθə'mætikl] matematický
mathematician [ˌmæθəmə'tišn] matematik
mathematics [ˌmæθə'mætiks] matematika
matriculation [məˌtrikjə'leišn] imatrikulácia
matrimony ['mætrəməni] manželstvo, manželský stav; *holy m.* sviatosť manželstva
matrix ['meitriks] mn. č. aj *matrices* ['meitrəsi:z] **1.** matrica **2.** mat. matica
matter ['mætə] **I.** podst. **1.** vec, záležitosť; *it's a m. of habit* to je vec zvyku; *it's a serious m.* to je vážna vec **2.** hmota, látka; *the mineral m.* minerálna látka ● *as a m. of fact* vlastne, v skutočnosti; *what is the m. with you?* čo je s tebou? *m. of course* samozrejmosť **II.** sl. záležať, mať význam; *what does it m.?* čo na tom záleží? *it does not m.* na tom nezáleží; *it m-s a lot* na tom veľa záleží
mattress ['mætrəs] matrac
mature [mə'čuə] **I.** príd. zrelý; *m. fruit* zrelé ovocie **II.** sl. (do)zrieť; *m. with age* dozrieť vekom
maudlin ['mo:dlin] sentimentálny, precitlivený; *the girl began to get m.* dievča začalo byť precitlivené
Maundy Thursday [ˌmo:ndi θə:zdi] Zelený štvrtok
maw [mo:] **1.** žalúdok zvieraťa **2.** hrvoľ vtáka
maximum ['mæksəməm] mn. č. aj *maxima* ['mæksima] **I.** podst. maximum; *increase the speed to the m.* zvýšiť rýchlosť na maximum **II.** príd. maximálny, najvyšší; *m. wages* maximálne mzdy; *m. temperature* najvyššia teplota
may [mei] **1.** smieť, môcť (dovolenie); *you m. go* môžeš odísť **2.** nech, kiež, kiežby (uvádza želaciu vetu); *m. he live long* nech dlho žije, kiežby dlho žil **3.** možno, asi (možnosť, pravdepodobnosť); *he m. come to see us* možno nás príde navštíviť ● *come what m. come* nech sa deje, čo sa deje
May [mei] **I.** podst. máj; *May Day* 1. máj **II.** príd. májový
maybe ['meibi] možno, asi; *I m. stay at home* asi zostanem doma
may beetle ['mei ˌbi:tl] chrúst
may bug ['meibag] chrúst
mayor [meə] starosta ● *Lord Mayor* primátor
maze [meiz] bludisko, labyrint
MBA [em bi: ei] skr. *Master of Business Administration* inžinier ekonómie
MD [em di:] **1.** skr. *Doctor of Medicine* doktor lekárskych vied/medicíny **2.** skr. *Managing Director* výkonný riaditeľ

me [mi:] **1.** mňa, ma, mne, mi, mnou (skloňovaný tvar zám. *I*); *give it to me* daj mi to; *he saw me* videl ma; *come with me* poď so mnou; *he stood behind m.* stál za mnou **2.** ja (dôraz); *it's me* to som ja ● *dear me!* preboha! panebože!

meadow ['medəu] **I.** podst. lúka **II.** príd. lúčny; *m. green* lúčna zeleň

meagre ['mi:gə] **1.** chudý, vyziabnutý; *a m. face* vyziabnutá tvár **2.** biedny, chudobný, skromný; *a m. harvest* biedna žatva; *m. income* biedny príjem

meal[1] [mi:l] denné jedlo; *breakfast is the first m. in the morning* raňajky sú prvé denné jedlo

meal[2] [mi:l] múka; *corn m.* kukuričná múka

mean[1] [mi:n] **I.** príd. **1.** biedny, úbohý; *in m. circumstances* za biednych okolností **2.** ošarpaný, schátraný, ošumelý; *a m. house* ošarpaný dom **3.** lakomý, skúpy; *a m. person over money matters* skúpy na peniaze **4.** podradný, podpriemerný; *he is of m. intelligence* je podpriemerne inteligentný **II.** prísl. nečestne, podlo

mean[2] [mi:n] **I.** príd. stredný, priemerný; *the m. speed* priemerná rýchlosť; *the m. annual temperature* priemerná ročná teplota **II.** podst. **1.** stred, priemer, stredná cesta; *the golden happy m.* zlatá stredná cesta **2.** mat. stredná hodnota, priemer; *arithmetical m.* aritmetický priemer **3.** geom. stred; *m. proportional* geometrický stred

mean[3] [mi:n], *meant* [ment], *meant* **1.** mieniť, zamýšľať, mať v úmysle; *I m. to do it* mienim to spraviť **2.** znamenať, mať význam; *I'll tell you what that word m-s* poviem ti, čo to slovo znamená **3.** určiť; *these books are ment for him* knihy sú určené preňho ● *I m. it!* myslím to vážne!

meaning ['mi:niŋ] význam; *a word with many m-s* viacvýznamové slovo

means [mi:nz] j. č. aj mn. č. **1.** prostriedok, prostriedky, spôsob/y; *there are more m. how to learn English* je viac spôsobov, ako sa učiť po anglicky; *many m. of communication* veľa prostriedkov komunikácie **2.** iba mn. č. zdroj/e, majetok; *my financial m. are limited* moje finančné prostriedky sú obmedzené ● *live beyond one's m.* žiť nad pomery; *by all m.* rozhodne, určite, všetkými prostriedkami; *by no m.* v nijakom prípade; *by m. of* pomocou/prostredníctvom (koho/čoho)

meant p. **mean**

meantime ['mi:ntaim] medzitým, zatiaľ; *the math teacher won't come until next week,*

in the m. we've arranged for a substitute učiteľ matematiky príde až budúci týždeň, medzitým sme zabezpečili náhradného

meanwhile ['mi:nwail] zatiaľ; *mother will come later, m. let's have some coffee* matka príde neskôr, zatiaľ si dajme kávu

measles [mi:zlz] j. č. aj mn. č. osýpky; *German m.* rubeola

measure ['meʒə] **I.** podst. **1.** miera, rozmer, množstvo; *linear m.* dĺžková miera; *m. of capacity* dutá miera; *unit of m.* jednotka miery **2.** hud. takt, tempo, rytmus; *the first m.* prvý takt; *move in m.* pohybovať sa v rytme **3.** opatrenie, krok; *it's only a temporary m.* je to iba dočasné opatrenie; *take m-s* urobiť opatrenia **4.** mat. deliteľ ● *greatest common m.* mat. najväčšia spoločná miera **II.** sl. (z)merať, premerať; *m. the speed of a car* merať rýchlosť auta; *m. the room* premerať izbu ● *m. one's length* na-/roztiahnuť sa (spadnúť)

measured ['meʒəd] kontrolovaný, pokojný, umiernený; *he spoke in m. voice* hovoril pokojným hlasom

measurement ['meʒəmənt] **1.** meranie; *the metric system of m.* metrický systém merania **2.** miera; *what are your m-s, Madam?* aké sú vaše miery, pani? **3.** rozmery, veľkosť; *what are the m-s of this room?* aké sú rozmery tejto miestnosti?

measuring jug ['meʒəriŋ dʒag] kuchynská odmerka

meat [mi:t] mäso; *fresh/frozen m.* čerstvé/mrazené mäso

meat-eating ['mi:t i:tiŋ] mäsožravý; *m. animals* mäsožravé zvieratá

meat fly ['mi:t flai] mucha mäsiarka

mechanic [mi'kænik] mechanik, strojník, montér; *a car m.* automechanik

mechanical [mi'kænikl] mechanický; *m. power* mechanická sila

mechanical drawing [mikænikl 'dro:iŋ] techn. rys, výkres

mechanical engineering [mi'kænikl ˌendʒə'niriŋ] **1.** strojné inžinierstvo **2.** strojárstvo

mechanics [mi'kæniks] mechanika (veda); *m. is taught by Mr. Brown* mechaniku učí pán Brown

mechanism ['mekənizm] mechanizmus; *the m. of the alarm clock* mechanizmus budíka; *the m. of the government* mechanizmus vlády

mechanize ['mekənaiz] (z)mechanizovať; *m. industry* mechanizovať priemysel

medal [ˈmedl] medaila; *the Olympic gold m.* zlatá olympijská medaila

medallist [ˈmedləst] medailista, držiteľ medaily; *a gold m.* držiteľ zlatej medaily

meddle [ˈmedl] miešať sa, zasahovať; *m. in other people's affairs* miešať sa do záležitostí iných ľudí

media [ˈmiːdiə] masovokomunikačné prostriedky

medial [ˈmiːdiəl] **1.** odb. stredný, stredový, mediálny **2.** priemerný, bežný

mediate [ˈmiːdieit] vyjednávať, robiť sprostredkovateľa; *m. between two warring countries* vyjednávať medzi dvoma bojujúcimi krajinami

mediation [ˌmiːdiˈeišn] vyjednávanie, sprostredkovanie; *m. between conflicting countries* vyjednávanie medzi krajinami, ktoré sú v konflikte

mediator [ˈmiːdieitə] sprostredkovateľ, vyjednávač; *he acted as m.* robil vyjednávača

medical [ˈmedikl] **I.** príd. **1.** lekársky; *m. examination* lekárska prehliadka **2.** liečebný; *m. care* liečebná starostlivosť **II.** podst. **1.** hovor. medik **2.** lekárska prehliadka; *he has to have a m. before going abroad* pred odchodom do zahraničia musí ísť na lekársku prehliadku

medical benefit [ˌmedikl ˈbenifit] nemocenské dávky

medical certificate [ˌmedikl səˈtifikət] lekárske vysvedčenie

medical practitioner [ˈmedikl ˌprækˈtišnə] praktický lekár, obvodný lekár

medical record [ˈmedikl ˌrekoːd] lek. chorobopis

medical school [ˈmedikl ˌskuːl] lekárska fakulta

medical student [ˈmedikl ˌstjuːdənt] medik

medicine [ˈmedsn] **1.** lekárstvo (obyč. interné); *study m. and surgery* študovať lekárstvo a chirurgiu **2.** liek; *take m.* užívať liek ● *Doctor of M.* skr. *MD* doktor medicíny

medieval [ˌmediˈiːvl] stredoveký; *m. history* stredoveké dejiny

mediocre [ˌmiːdiˈəukə] priemerný; *m. performance* priemerné predstavenie

meditate [ˈmedəteit] **1.** premýšľať, uvažovať; *he m-d upon his future* premýšľal o svojej budúcnosti **2.** meditovať

Mediterranean [ˌmedətəˈreiniən] aj *M. Sea* Stredozemné more

medium [ˈmiːdiəm] mn. č. aj *media* [ˈmiːdiə] **I.** podst. **1.** prostriedok; *television can be a m. for giving information and opinions, for amusing people* televízia je prostriedok na podávanie informácií, názorov a na zábavu ľudí **2.** prostredie; *water is the natural m. for fish* voda je prirodzené prostredie pre ryby **3.** *media* mn. č. obyč. *mass m.* hromadné oznamovacie prostriedky **4.** stredové postavenie; ● *stick to a happy m.* držať sa zlatej strednej cesty **II.** príd. prostredný, priemerný; *m. height* priemerná výška ● *m. waves* rozhlasové stredné vlny

medley [ˈmedli] zmes; *a m. of voices* zmes hlasov ● *m. relay* polohová štafeta

meek [miːk] pokojný, tichý, nevýbojný; *she won't object she is so m.* nebude namietať, je taká zakríknutá

meet [miːt], *met* [met], *met* **1.** stretnúť (sa); *we met by chance* stretli sme sa náhodou **2.** zoznámiť sa; *I want you to m. her* chcem, aby ste sa s ňou zoznámili **3.** čakať; *I met him at the station* čakal som ho na stanici **4.** vyhovieť, splniť; *m. sb's wishes* vyhovieť želaniam (koho)

meeting [ˈmiːtiŋ] **1.** schôdza, schôdzka, zhromaždenie; *a committee m.* schôdza výboru; *a political m.* politické zhromaždenie **2.** stretnutie; *a m. in the park* stretnutie v parku ● *m. of minds* úplná zhoda názorov

melancholic [ˌmelənˈkolik] **I.** príd. melancholický **II.** podst. melancholik

melancholy [ˈmelənkli] **I.** podst. melanchólia **II.** príd. melancholický, ťažkomyseľný; *m. music* melancholická hudba

mellow [ˈmeləu] **I.** príd. **1.** zrelý, mäkký a sladký (o ovocí); *m. fruit* mäkké a sladké ovocie **2.** múdry, plný porozumenia; *he's got m-er as he got older* vekom zmúdrel **II.** sl. **1.** zjemniť; *the colours m-ed as the sun went down* farby zjemneli, keď zapadlo slnko **2.** dozrieť; *grapes m-ed in the sun* hrozno dozrelo na slnku; *she has m-ed over the years* rokmi dozrela

melodious [məˈləudiəs] melodický, ľubozvučný

melody [ˈmelədi] melódia; *old medieval m-ies* staré stredoveké melódie

melon [ˈmelən] **1.** melón **2.** dyňa

melt [melt] (roz)topiť (sa), rozpustiť (sa), rozplynúť (sa); *the ice will m. when the sun shines on it* ľad sa roztopí, keď naň svieti slnko; *sugar m-s in tea* cukor sa v čaji rozpustí;

M

the cake m-s in mouth koláč sa rozplýva v ústach ● *the clouds m-ed into rain* z mrakov sa pomaly spustil dážď
melting point [ˈmeltiŋ point] bod topenia
member [ˈmembə] **I.** podst. člen; *a m. of a club* člen klubu; **II.** príd. členský; *a m. state* členský štát
membership [ˈmembəšip] členstvo; *this society has a large m.* táto spoločnosť má početné členstvo ● *m. fees* členské príspevky
memorable [ˈmemrəbl] pamätihodný, pamätný; *the m. year of 1945* pamätný rok 1945
memorial [məˈmo:riəl] **1.** pamätník, pomník; *a war m.* vojnový pamätník **2.** pamätný spis, memorandum, nóta; *a m. submitted to the Congress* pamätný spis predložený Kongresu
Memorial Day [miˈmoriəl ˌdei] AM Deň vojnových obetí (spravidla 30. máj)
memorize [ˈmeməraiz] (na)učiť sa naspamäť; *m. a poem* naučiť sa naspamäť báseň
memory [ˈmeməri] **1.** pamäť; *have a good/bad m.* mať dobrú/zlú pamäť; *speak from m.* hovoriť spamäti; výp. *disc m.* disková pamäť; *peripheral m.* vonkajšia pamäť **2.** spomienka; *m-ies of childhood* spomienky na detstvo ● *if my m. serves me right* ak mi pamäť dobre slúži
memory bank [ˌmeməri ˈbænk] pamäť samočinného počítača
men p. **man**
menace [ˈmenəs] **I.** podst. hrozba, ohrozenie; *the m. of atomic war* hrozba atómovej vojny **II.** sl. hroziť, vyhrážať sa; *m. by/with war* vyhrážať sa vojnou
mend [mend] **1.** opraviť; *m. a car* opraviť auto **2.** zašiť; *m. a dress* zašiť šaty **3.** zlepšiť (sa); *m. your ways* zlepši svoje spôsoby **4.** zotaviť sa; *the patient is m-ing* pacient sa zotavuje
mendacious [menˈdeišəs] nepravdivý, lživý; *m. newspaper reports* lživé novinové správy
mental [ˈmentl] duševný; *be in a terrible m. state* byť v hroznom duševnom stave
mental home/hospital [ˈmentlˈhəum/ˌhospitl] psychiatrická liečebňa
mention [ˈmenšn] zmieniť sa, spomenúť; *he m-ed it to me* zmienil sa mi o tom; *he was m-ed in the newspaper* písali o ňom v novinách ● *as m-ed above* ako sme už vyššie spomenuli; *don't m. it* rado sa stalo/za málo/prosím (ako odpoveď na *thank you*)
menu [ˈmenju:] jedálny lístok, menu; *is poultry on the m. today?* je dnes na jedálnom lístku hydina?

mercantile [ˈmə:kəntail] obchodný ● *m. agency* obchodné zastupiteľstvo
mercenary [ˈmə:sənri] **I.** príd. **1.** žoldniersky; *m. soldiers* žoldnierski vojaci **2.** zištný; *m. politicians* zištní politici; *from m. motives* zo zištných dôvodov **II.** podst. žoldnier; *m-ies are fighting in Africa* v Afrike bojujú žoldnieri
mercery [ˈmə:səri] obchod s textilným tovarom
merchandise [ˈmə:čndaiz] **I.** podst. tovar; *m. from all over the world* tovar z celého sveta **II.** sl. obchodovať
merchant [ˈmə:čnt] **I.** podst. veľkoobchodník; *wine m-s* veľkoobchodníci s vínom **II.** príd. obchodný; *a m. bank* obchodná banka
merchantman [ˈmə:čntmən] mn. č. -*men* [-mən] aj **m. ship** obchodná loď
merciful [ˈmə:sifl] súcitný, milosrdný; *she was m. to the wounded soldiers* bola súcitná so zranenými vojakmi
merciless [ˈmə:siləs] neúprosný, nemilosrdný; *she was m. to him* bola k nemu neúprosná
mercury [ˈmə:kjəri] **I.** podst. ortuť; *the m. is rising in the thermometer* ortuť na teplomeri stúpa **II.** príd. ortuťový
mercury arc lamp [ˌmə:kjəri ˈa:k læmp] ortuťová výbojka
mercy [ˈmə:si] súcit, milosrdenstvo, zľutovanie; *have m. upon us* maj s nami zľutovanie ● *be at the m. of* byť vydaný na milosť a nemilosť (komu)
mere [ˈmiə] **1.** iba, len; *he is still a m. child* je ešte stále iba dieťa; *a m. form* iba forma **2.** číry; *it's a m. nonsense* je to číry nezmysel ● *sell something for a m. song* predať za babku
merely [ˈmiəli] iba, len; *I said it m. as a joke* povedal som to len ako žart
merge [mə:dž] **1.** splynúť, spojiť sa; *the two banks m-d* dve banky splynuli **2.** postupne prechádzať; *his fear m-d into curiosity* jeho strach postupne prechádzal do zvedavosti
merger [mə:džə] obch. splynutie, fúzia
meridian [məˈridiən] poludník; *zero m.* nultý poludník
merit [ˈmerət] **I.** podst. **1.** oceňovaná vlastnosť, hodnota; *opinions of his m. vary* názory na jeho hodnoty sú rôzne **2.** prednosť, klad; *he's handsome but has no other m-s* je pekný, ale nemá iné prednosti **3.** zásluha; *treat sb. according to his m-s* zaobchádzať (s kým) podľa jeho zásluh ● *a certificate of m.* čestné uznanie; *she was awarded a certificate of*

m. for good results at work udelili jej čestné uznanie za výsledky v práci **II.** sl. zaslúžiť si; *m. a raise in pay* zaslúžiť si zvýšenie platu; *a m-ed success* zaslúžený úspech

merit scholarship [ˌmerət ˈskoləšip] prospechové štipendium

mermaid [ˈmɔːmeid] **1.** morská panna **2.** vynikajúca plavkyňa

merry [ˈmeri] veselý; *M. Christmas* Veselé Vianoce; *a m. party* veselá spoločnosť

merry-go-round [ˈmeri gəuˌraund] kolotoč

merrymaking [ˈmeriˌmeikiŋ] kniž. veselá zábava, veselica; *popular m.* ľudová veselica

mesh [meš] **I.** podst. **1.** oko na sieti **2.** spleť; *a m. of narrow streets* spleť úzkych uličiek **II.** sl. **1.** chytiť do siete; *m. the fish* chytiť rybu do siete **2.** zapadať do seba; *the plans do not m.* plány do seba nezapadajú

mess [mes] **I.** podst. **1.** neporiadok; *the room was in a m.* izba bola v neporiadku **2.** vojenská námornícka kuchyňa, kantína; *the field m.* poľná kuchyňa ● *a nice m. you've made of it* dobre si to zbabral! **II.** sl. *m. about/around* majstrovať, kutiť

mess up zbabrať, zničiť, obrátiť hore nohami

message [ˈmesidž] **1.** odkaz, správa; *leave a m.* nechať odkaz; *radio m.* rozhlasová správa **2.** hlavná myšlienka diela, autora; *the writer's m. is very simple* autorova hlavná myšlienka je veľmi jednoduchá **3.** výp. hlásenie; *m-s system* systémové hlásenie ● *get the m.* pochopiť situáciu

messenger [ˈmesndžə] posol, poslíček, kuriér

Messrs páni mn. č., v listoch

messy [ˈmesi] neporiadny, neusporiadaný

met p. **meet**

metal [ˈmetl] kov; *a piece of m.* kúsok kovu

metallic [məˈtælik] kovový; *a m. ceiling* kovový strop

metallurgic(al) [ˌmetəˈləːdžik(l)] hutnícky, metalurgický

metallurgy [meˈtælədži] hutníctvo, metalurgia

metaphor [ˈmetəfə] metafora

metaphysics [ˌmetəˈfiziks] metafyzika

meteor [ˈmiːtiə] meteor ● *m. shower* meteorický roj

meter [ˈmiːtə] počítadlo spotreby; *gas m.* plynomer; *parking m.* parkovacie hodiny *water m.* vodomer

method [ˈmeθəd] metóda, spôsob, postup; *modern m-s of teaching languages* moderné metódy vo vyučovaní cudzích jazykov ●

there's m. in his madness nie je ani taký blázon, ako sa zdá

methodical [məθodikl] metodický, sústavný

meticulous [məˈtikjələs] úzkostlivo starostlivý; *m. in his work* úzkostlivo starostlivý v práci

metre [ˈmiːtə] meter; *two m-s* dva metre

metric [ˈmetrik] metrický; *the m. system* metrická sústava

metropolis [məˈtropləs] metropola

metropolitan [ˌmetrəˈpolətn] **I.** príd. **1.** centrálny; *m. newspaper* centrálne londýnske, newyorské noviny **2.** metropolitný, týkajúci sa hlavného mesta ● *a m. bishop* metropolitný biskup (vysoký správny hodnostár v pravoslávnej cirkvi) **II.** podst. obyvateľ metropoly

mew[1] [mjuː] čajka; *sea m.* morská čajka

mew[2] [mjuː] **I.** podst. mňaukanie, mrauca-nie **II.** sl. mňaukať, mraučať

mica [ˈmaikə] sľuda

mice p. **mouse**

microbe [ˈmaikrəub] mikrób, mikroorganizmus

microelectronics [ˌmaikrəuilekˈtroniks] mikroelektronika

microscope [ˈmaikrəskəup] mikroskop

microscopic(al) [ˌmaikrəˈskopik(l)] mikroskopický

microskirt [ˌmaikrəuˈskəːt] minisukňa (extrémne krátka)

microwave [maikəweiv] mikrovlna; *m. oven* mikrovlnná rúra

mid- [mid] predpona v spojení s podst. uprostred, v strede; *in the m-ocean* na šírom mori; *in m-winter* uprostred zimy

midday [ˌmidˈdei] **I.** podst. poludnie **II.** príd. poludňajší; *m. meal* poludňajšie jedlo/obed

middle [ˈmidl] **I.** podst. stred, prostriedok; *in the m. of the room* v strede izby **II.** príd. stredný; *of m. size* strednej veľkosti

middle age [ˌmidl ˈeidž] stredný/zrelý vek človeka

middle-aged [ˌmidlˈeidžd] stredného veku

Middle Ages [ˌmidl ˈeidžiz] mn. č. stredovek; *the history of the M. A.* dejiny stredoveku

middle class [ˌmidl ˈklaːs] stredná trieda, stredný stav, buržoázia

middle course [ˈmidlkoːs] stredná cesta, kompromis

middle ear [ˌmidl ˈiə] anat. stredné ucho

Middle East [ˌmidl ˈiːst] Stredný východ

middle finger [ˌmidl ˈfiŋgə] prostredník, prostredný prst

M

Middle West [ˌmidl ˈwest] Stredný západ (v USA)

middling [ˈmidliŋ] hovor. **1.** stredný, prostrednej veľkosti; *a town of m. size* stredne veľké mesto **2.** priemerný, štandardný; *a m. performance* priemerné predstavenie; *m. goods* štandardný tovar

midnight [ˈmidnait] **I.** podst. polnoc; *we close at m.* zatvárame o polnoci ● *burn the m. oil* ponocovať, študovať/pracovať dlho do noci **II.** príd. polnočný; *m. gloom* polnočná melanchólia

midsummer [ˈmidˌsamə] letný slnovrat ● *m. Day* 24. jún; *m. Night* svätojánska noc

midwife [ˈmidwaif] mn. č. *-wives* [-waivz] pôrodná asistentka

might[1] [mait] sila, moc; *he worked with all his m.* pracoval, ako len vládal ● *m. is right* kto má moc, má aj pravdu

might[2] p. **may**

mighty [ˈmaiti] **1.** mocný; *a m. ruler* mocný vládca **2.** mohutný; *m. ocean* mohutný oceán **3.** hovor. úžasný, ohromný, skvelý; *a m. show* ohromné predstavenie

migrate [maiˈgreit] sťahovať sa, migrovať; *birds and fishes m.* vtáky a ryby sa sťahujú

mike [maik] hovor. mikrofón

milady [miˈleidi] oslovenie anglickej aristokratky

mild [maild] **1.** mierny; *m. winter* mierna zima **2.** lahodný; *m. food* lahodné jedlo ● *draw it m.* nepreháňaj

mildew [ˈmildjuː] **I.** podst. pleseň **II.** sl. (s)plesnivieť; *m-ed walls* splesnivené múry

mile [mail] **I.** podst. míľa (1 609,3 m) **II.** príd. míľový

milepost [ˈmailpəust] míľnik aj pren.; *m-s in the development (of)* míľniky vo vývoji (čoho)

milieu [ˈmiːljəː] prostredie; *social m.* spoločenské prostredie

miliner [ˈmilənə] modistka, klobučníčka

militant [ˈmilətənt] **I.** príd. bojovný, útočný; *m. women* bojovné ženy; *m. political parties* útočné politické strany **II.** podst. **1.** bojovník **2.** bojujúca strana

military [ˈmilətri] vojenský; *m. uniform* vojenská uniforma; *m. academy* vojenská akadémia; *m. police* skr. *MP* vojenská polícia

militia [məˈliʃə] domobrana, milícia

milk [milk] **I.** podst. mlieko; *fresh/tinned m.* čerstvé/konzervované mlieko **II.** príd. mliečny; *m. chocolate* mliečna čokoláda **III.** sl. (po)dojiť; *m. a cow* dojiť kravu

milk bar [ˈmilk baː] mliečny bar

milkmaid [ˈmilkmeid] dojička

milk shake [ˌmilk ˈʃeik] mliečny koktail

milk tooth [ˈmilk tuːθ] mliečny zub

milky [ˈmilki] mliečny, pripomínajúci mlieko; *m. skin* mliečna pokožka

Milky Way [ˈmilki ˈwei] astron. Mliečna cesta

mill [mil] **I.** podst. **1.** mlyn; *carry grain to a m.* dopraviť zrno do mlyna **2.** továreň, závod; *paper m.* papiereň; *cotton m.* pradiareň bavlny **II.** sl. mlieť; *m. grain* mlieť obilie

millenium [miˈleniəm] mn. č. aj *millenia* [miˈleniə] tisícročie, milénium

million [ˈmiljən] milión; *m. questions* milión otázok

millionaire [ˌmiljəˈneə] milionár

millionairess [ˌmiljəˈneərəs] milionárka

millionth [ˈmiljənθ] **1.** miliónty **2.** milióntina

millipede [ˈmiləpiːd] aj **millepede** stonožka

milt [milt] mlieč

mince [mins] mlieť, rozomlieť, fašírovať; *m. meat* fašírovať mäso

mincer [ˈminsə] mlynček na mäso

mind [maind] **I.** podst. **1.** myseľ, pamäť; *keep/bear in m.* maj na mysli **2.** zmýšľanie; *the liberal m.* liberálne zmýšľanie **3.** názor, mienka; *the public m.* verejná mienka; *be of the same m.* byť toho istého názoru ● *change one's m.* rozmyslieť si; *make up one's m.* rozhodnúť sa; *meeting of the m-s* úplná zhoda názorov; *Out of sight, out of m.* Zíde z očí, zíde z mysle. **II.** sl. **1.** dať pozor (na); *m. the step* pozor, schod; *m. your head* pozor na hlavu **2.** starať sa, dbať (o); *don't m. it* nestaraj sa o to **3.** mať námietky proti; *do you m. if I smoke?* budeš mať námietky, keď si zapálim? ● *m. your own business* staraj sa o seba; *never m.* to nič, na tom nezáleží

mine[1] [main] môj, moja, moje samostatne stojace privlastňovacie zámeno; *— Whose book is it? — It is m.* – Čia je to kniha? – Moja.

mine[2] [main] **I.** podst. **1.** baňa; *a coal m.* uhoľná baňa; *he works in a m.* pracuje v bani **2.** mína; *a lorry was destroyed by a m.* nákladné auto zničila mína **II.** sl. **1.** ťažiť, dolovať; *m. for coal* dolovať uhlie **2.** mínovať, zamínovať, podmínovať; *m. the fields* zamínovať polia

miner [ˈmainə] baník

mineral [ˈminrəl] **I.** príd. minerálny, nerastný; *m. spring* minerálny prameň **II.** podst. minerál, nerast

minesweeper [ˈmainˌswiːpə] námor. **míno-lovka**

mingle [ˈmiŋgl] (za)miešať (sa); *m. with the crowd* zamiešať sa do davu ● *with m-d feelings* so zmiešanými pocitmi

minicar [ˈminikaː] miniauto, autíčko

minicomputer [ˈminikəmˌpjuːtə] stredne výkonný počítač

minimum [ˈminiməm] mn. č. aj **minima** [ˈminimə] I. podst. minimum; *reduce to a m.* znížiť na minimum II. príd. minimálny; *m. temperature* minimálna teplota; *m. wage* minimálna mzda

mining [ˈmainiŋ] baníctvo, banský priemysel

minister [ˈminəstə] I. podst. 1. minister; *the M. of Foreign Affairs* minister zahraničných vecí; *the M. for National Defence* minister národnej obrany 2. vyslanec; *the Slovak m. to the USA/in Washington DC* slovenský vyslanec v Spojených štátoch amerických/vo Washingtone ● *plenipotentiary m.* splnomocnený minister/(veľ)vyslanec; *the Prime M.* BR predseda vlády II. sl. poskytnúť pomoc; *he m-ed to the sick* poskytol pomoc chorým

ministerial [ˌminəˈstiriəl] ministerský, vládny; *m. duties* ministerské povinnosti

ministry [ˈminəstri] ministerstvo; *M. of Labour* Ministerstvo práce; *M. of Foreign Affairs* Ministerstvo zahraničných vecí

mink [miŋk] I. podst. norka II. príd. norkový; *a m. coat* norkový kožuch

minor [ˈmainə] I. príd. 1. menší; *he suffered m. injuries* utrpel menšie zranenia 2. hud. malý; *a m. third* malá tercia 3. hud. molový; *a m. scale* molová stupnica II. sl. AM študovať vedľajší odbor na vysokej škole; *he m-ed in history* študoval históriu ako vedľajší odbor

minority [maiˈnorəti] I. podst. menšina; *be in the m.* byť v menšine II. príd. menšinový; *m. government* menšinová vláda

minster [ˈminstə] 1. kláštorný chrám 2. katedrála, dóm

mint¹ [mint] I. podst. mäta II. príd. mätový, mentolový; *m. tea* mätový čaj; *m. chocolate* mentolová čokoláda

mint² [mint] I. podst. mincovňa; *the Royal M.* Kráľovská mincovňa II. sl. raziť (mince, medaily)

minus [ˈmainəs] I. príd. záporný, negatívny; *a m. sign* záporné znamienko; *a m. number* negatívne číslo II. predl. mat. bez; *four m. two equals two* štyri bez dvoch sú dva III.

podst. mat. **mínus** (znamienko); *m-es and pluses* mínusy a plusy

minute¹ [maiˈnjuːt] 1. veľmi malý, drobný; *m. differences* drobné rozdiely 2. podrobný; *a m. description* podrobný opis

minute² [ˈminət] I. podst. 1. minúta; *arrive two m-s early/late* prísť o dve minúty skôr/neskôr 2. *m-s* mn. č. zápisnica, protokol, záznam; *the m-s of the last meeting* zápisnica z poslednej schôdze ● *in a m.* o chvíľu; *to the m.* na minútu presne II. sl. urobiť záznam, zaprotokolovať; *I want it to be m-d* chcem, aby ste to zaprotokolovali

miracle [ˈmirəkl] zázrak, div; *he was saved only by a m.* zachránil sa iba zázrakom

miraculous [miˈrækjələs] zázračný; *a m. memory* zázračná pamäť

mirage [ˈmiraːž] fatamorgána

mire [ˈmaiə] 1. močiar; *stick in the m.* uviaznuť v močiari 2. bahno, hlboké blato; *a football field thick with m.* futbalové ihrisko plné blata ● *be in the m.* byť v kaši

mirror [ˈmirə] I. podst. zrkadlo; *look in the m.* pozrieť sa do zrkadla; *driving m.* spätné zrkadlo na aute II. sl. zrkadliť (sa), odrážať (sa); *the surface of the river m-ed her face* hladina rieky odrážala jej tvár

mirth [məːθ] kniž. radostná nálada; *the m. of the holiday* radostná nálada prázdnin

misadventure [ˌmisədˈvenčə] nehoda, nešťastná náhoda; *death by m.* smrť nešťastnou náhodou

misbehave [ˌmisbiˈheiv] zle/neslušne sa správať, robiť výtržnosti; *he m-d himself at the party* zle sa správal na oslave

miscarriage [ˌmisˈkæridž] 1. potrat; *have a m.* potratiť 2. nedoručenie pošty 3. justičný omyl 4. neusporiadanosť; *m. of life* neusporiadaný život

miscellaneous [ˌmisəˈleiniəs] rozličný, rôznorodý; *m. items* rozličné (ako bod), rozličnosti

mischief [ˈmisčəf] 1. škoda; *a fire did great m. to the crops* oheň spôsobil veľkú škodu na úrode 2. nezbednosť, huncútstvo, šibalstvo, lapajstvo; *boys are fond of m-s* chlapci majú radi huncútstva ● *why in the m.* prečo, dočerta

mischievous [ˈmisčəvəs] 1. zlomyseľný; *a m. remark* zlomyseľná poznámka 2. šibalský, figliarsky, huncútsky; *a m. look* šibalský pohľad ● *as m. as a monkey* prefíkaný ako opica

miser [ˈmaizə] držgroš, skupáň

M

miserable ['mizrəbl] **1.** biedny, úbohý, zlý; *m. salary* biedny plat; *the m. life of the refugees* úbohý život utečencov **2.** mizerný, ohavný; *what a m. meal!* aké mizerné jedlo!

misery ['mizri] **1.** bieda; *live in m.* žiť v biede **2.** utrpenie, trápenie; *the m. of a toothache* utrpenie z bolesti zubov

misfortune [mis'fo:čn] nešťastie; *he had the m. to break his leg in the first match* mal to nešťastie, že si zlomil nohu v prvom zápase ● *M-s never come single.* Nešťastie nikdy nechodí samo.

misgiving [‚mis'giviŋ] obava, pochybnosti; *he looked with m-s at the food on the plate* hľadel s obavami na jedlo na tanieri

mishap ['mishæp] nehoda; *arrive home without m.* vrátiť sa domov bez nehody

mislaid p. **mislay**

mislay [mis'lei], *mislaid* [mis'leid], *mislaid* **1.** založiť niekde; *he mislaid the money and could not find it* založil niekde peniaze a nevedel ich nájsť **2.** zle položiť/uložiť; *he mislaid the tiles so that the pattern was ruined* zle uložil dlaždice, a tým pokazil vzor

mislead [mis'li:d], *misled* [mis'led], *misled* zviesť na zlú cestu; *misled by a bad companion* zvedený zlým spoločníkom

misnomer [mis'nəumə] nevhodné pomenovanie, nevhodný názov; *it is a m. to call this hole a hotel* je nevhodné nazývať túto dieru hotelom

misplace [‚mis'pleis] založiť, dať na nesprávne miesto; *I m-d the list of names and I cannot find it* založil som zoznam mien a neviem ho nájsť

misprint ['misprint] **I.** podst. tlačová chyba; *the newspaper is full of m-s* noviny sú plné tlačových chýb **II.** sl. urobiť tlačovú chybu

mispronounce [‚misprə'nauns] nesprávne vysloviť

mispronunciation ['misprənausi'eišn] nesprávna výslovnosť

misquote [‚mis'kwəut] nesprávne citovať

misread [‚misri:d], *misread* [‚mis'red], *misread* nesprávne si prečítať; *he misread the instructions* nesprávne pochopil návod

misrepresent [‚misrepri'zent] prekrútiť, skresliť, nesprávne podať; *he m-ed the facts* prekrútil fakty

Miss[1] **1.** slečna (oslovenie, len s priezviskom); *M. Brown* slečna Brownová **2.** kráľovná krásy;

M. America kráľovná krásy Ameriky **3.** mn. č. *m-es* veľkosti pre štíhle ženy

miss[2] [mis] **1.** nezasiahnuť, netrafiť cieľ; *fire at a target and m.* vystreliť a netrafiť cieľ **2.** zmeškať; *m. the train* zmeškať vlak **3.** chýbať (komu); *I'll m. you* budeš mi chýbať **4.** prejsť popri (kom, čom), nestretnúť (sa), minúť (sa); *I m-ed him in the street* minul som sa s ním na ulici **5.** vynechať, zameškať; *he m-ed school all week because of illness* pre chorobu vynechal týždeň v škole **6.** (o motore) nenaskočiť

miss out vynechať, vypustiť; *m. out that word* vynechať to slovo ● *m. out the point* neporozumieť podstate veci; *m. out the boat* prepásť príležitosť

missile ['misail] strela; *guided m.* riadená strela; *intercontinental ballistic m.* interkontinentálna balistická strela/raketa

missing ['misiŋ] chýbajúci, neprítomný; *who is m.?* kto chýba?

mission ['mišn] **1.** obchodná, diplomatická misia; *a trade m. to Italy* obchodná misia v Taliansku **2.** poslanie, úloha; *a military m.* vojenské poslanie ● *m. in life* životné poslanie

misspell [‚mis'spel], *misspelled/misspelt* [‚mis'speld/‚mis'spelt] *misspelled/misspelt* robiť pravopisné chyby; *he m-ed many words through carelessness* v mnohých slovách urobil pravopisné chyby z nepozornosti

mist [mist] **I.** podst. **1.** riedka hmla, hmlistý opar; *the tower is hidden in m.* veža je zahalená v hmle **2.** závoj sĺz; *through m. of tears* cez závoj sĺz **II.** sl. aj **m. over** zahaliť sa hmlou, zahmliť (sa); *his glasses are m-ed over* má zahmlené okuliare

mistake [mə'steik] **I.** podst. chyba, omyl; *make m-s* robiť chyby; *a bad m.* veľká chyba ● *by m.* omylom; *there is no mistake that...* niet pochýb o tom, že... **II.** sl. (*for*) *mistook* [mə'stuk], *mistaken* [məs'teikən] omylom považovať (za koho, čo); *she mistook him for a teacher* omylom ho považovala za učiteľa ● *you are mistaken* mýliš sa; *if I am not mistaken* ak sa nemýlim;

Mister ['mistə] skr. *Mr.* **1.** pán (len s priezviskom alebo úradným titulom); *Mr. Brown* pán Brown; *Mr. Secretary* pán tajomník; *Mr. Chairman* pán predseda **2.** hovor. pane; *listen to me, M.!* hej, pane, počúvajte!

mistletoe ['misltəu] imelo; *kiss a girl under a m.* pobozkať dievča pod imelom (starý vianočný zvyk v Anglicku)

mistook p. **mistake**
mistress [ˈmistrəs] **1.** pani domu, majiteľka; *is the m. of the house at home?* je pani domu doma? **2.** učiteľka, profesorka; *the English m.* učiteľka angličtiny
mistrust [misˈtrast] **I.** sl. nedôverovať; *m. one's own powers* nedôverovať vlastným silám **II.** podst. nedôvera
misunderstand [ˌmisandəˈstænd], *misunderstood* [ˌmisandəˈstud], *misunderstood* nepochopiť, nechápať, nerozumieť; *m. a poem* nepochopiť báseň
misunderstanding [ˌmisandəˈstændiŋ] nedorozumenie; *we had a little m. with our neighbours* mali sme malé nedorozumenie so susedmi
misunderstood p. **misunderstand**
mitigate [ˈmitəgeit] zmierniť, utíšiť; *m. the pain* utíšiť bolesť ● *m-ing circumstances* poľahčujúce okolnosti
mitten [ˈmitn] obyč. mn. č. *m-s* palčiaky ● *get the m.* dostať košom
mix [miks] **I.** sl. **1.** (na)miešať, zamiešať, zmiešať; *m. a bottle of medicine* namiešať fľašu lieku; *m. flour and water* zamiešať múku s vodou; *m-ed drinks* miešané nápoje **2.** stýkať sa (o ľuďoch), nadväzovať kontakty; *he m-es well with people* ľahko nadväzuje kontakty
mix up **1.** spliesť si **2.** byť popletený **II.** podst. *mix-up* **1.** mixovaný/miešaný nápoj **2.** zmes; *a strange m. of people* čudná zmes ľudí
mixed [mikst] zmiešaný, nesúrodý; *m. feelings* zmiešané pocity
mixture [ˈmiksčə] zmes; *m. of languages* zmes jazykov; *beat until the m. thickens* šľahaj, kým zmes nezhustne
MO [em əu] **1.** skr. *money order* poštová poukážka **2.** skr. *Medical Officer* závodný lekár
moan [məun] **I.** podst. stenanie, stonanie, ston; *the m. of the wounded* stenanie ranených **II.** sl. stenať, stonať, nariekať; *the wind m-ed in the trees* vietor stenal v stromoch
mob [mob] **I.** podst. dav, zberba; *mishandled by the m.* utýraný davom ● *m. rule* vláda ulice **II.** sl. *-bb-* obklopiť **III.** príd. davový; *m. instincts* davový inštinkt
mobile [ˈməubail] **1.** pohyblivý; *m. troops* pohyblivé jednotky; *m. labour* pohyblivé pracovné sily **2.** pojazdný; *m. workshop* pojazdná dielňa; *m. library* pojazdná knižnica
mobilization [ˌməubəlaiˈzeišn] mobilizácia ● *m. order* mobilizačný rozkaz

mobilize [ˈməubəlaiz] **1.** mobilizovať; *m. all reserve sources* mobilizovať všetky zálohy **2.** aktivizovať; *the body m-s antibodies* telo aktivizuje obranné látky
mobil phone [ˌməubail fəun] mobilný telefón, mobil
mobster [ˈmobstə] člen gangu
mocamp [ˈməukæmp] autokemping
mock [mok] **I.** sl. posmievať sa, vysmievať sa; *they m-ed at my fears* posmievali sa môjmu strachu; *in the novel the author mocks human weaknesses* autor sa v románe vysmieva ľudským slabostiam **II.** príd. nepravý, falošný, simulovaný; *a m. battle* simulovaný boj; *m. turtle soup* nepravá korytnačia polievka
mockery [ˈmokəri] výsmech, posmech; *it was a m. of justice* to bol výsmech súdu
MOD skr. BR *Ministry of Defence* ministerstvo obrany
modal [ˈməudl] modálny, spôsobový; *m. verbs* modálne slovesá
mode [məud] **1.** spôsob; *a m. of life* spôsob života **2.** móda; *the contemporary m.* súčasná móda **3.** výp. mód; *conversational m.* konverzačný mód; *interactive m.* interaktívny mód
model [ˈmodl] **I.** podst. **1.** model, vzor; *m-s of the latest cars* modely najnovších automobilov; *a m. of cleverness* vzor múdrosti **2.** modelka, manekýnka; *she worked as a dress m.* pracovala ako modelka **II.** sl. *-ll-* **1.** (vy)modelovať, postaviť model; *he m-led a boat* postavil model lode **2.** robiť modelku/manekýnku; *she m-led gowns at a fashion show* predvádzala modely na módnej prehliadke **III.** príd. vzorný; *m. behaviour* vzorné správanie
modem [ˈməudm] počít. modem
moderate I. príd. [ˈmodrət] **1.** mierny; *m. climate* mierne podnebie; *m. prices* prijateľné ceny **2.** rozumný, umiernený; *m. opinions* rozumné názory **II.** [ˈmodəreit] sl. **1.** (z)mierniť (sa); *m. your language when the children are present* daj si pozor na jazyk v prítomnosti detí **2.** viesť diskusiu, moderovať; *m. a debate* moderovať debatu
moderation [ˌmodəˈreišn] **1.** umiernenosť; *m. in eating* umiernenosť v jedení **2.** zmierňovanie, zmiernenie; *m. of political tension* zmierňovanie politického napätia
modern [ˈmodən] moderný; *m. methods* moderné metódy ● *m. times* novovek
modernize [ˈmodənaiz] zmodernizovať

M

modest [ˈmodəst] **1.** skromný; *he's m. a-bout his work* hovorí skromne o svojej práci; *a m. hero* skromný hrdina **2.** mierny, zdržanlivý; *he's m. in behaviour* má nevtieravé/decentné správanie

modesty [ˈmodəsti] skromnosť; *his great m.* jeho veľká skromnosť ● *in all m.* pri všetkej skromnosti

modify [ˈmodəfai] **1.** upraviť, modifikovať, prispôsobiť; *m. the structure of the mixture* upraviť zloženie zmesi; *m. the demands* prispôsobiť požiadavky **2.** výp. modifikovať

modiste [məuˈdiːst] **1.** krajčírka **2.** majiteľka módneho salónu **3.** modistka, majiteľka obchodu s dámskymi klobúkmi; *I must go to m.'s to buy a new hat* musím ísť do modistva kúpiť si nový klobúk

modular [ˈmodjələ] **1.** modulový **2.** štandardný, majúci ustálené rozmery; *m. furniture* štandardný nábytok

module [ˈmodjuːl] výp. modul; *load m.* zavádzací modul; *object m.* cieľový modul

mogul [məugl] magnát, veľmi bohatý a vplyvný človek; *a car industry m.* magnát automobilového priemyslu

mohair [ˈməuheə] mohér

moist [moist] **1.** vlhký; *m. eyes* vlhké oči; *a m. wind from the river* vlhký vietor od rieky **2.** mokvajúci; *a m. wound* mokvajúca rana

moisten [ˈmoisn] navlhčiť; *m. a sponge with water* navlhčiť špongiu vodou

moisture [ˈmoisčə] vlhkosť; *this soil needs m.* táto pôda potrebuje vlahu

molar [ˈməulə] *aj m. tooth* zadný zub, stolička

mole¹ [məul] materské znamienko

mole² [məul] **1.** prístavná hrádza, mólo, **2.** umelý prístav

mole³ [məul] krt ● *as blind as a m.* slepý ako krt

molecule [ˈmolikjuːl] molekula ● *not a m. of honesty* ani štipka/kúsok cti

molehill [ˈməulˌhil] krtinec ● *make a mountain out of a m.* robiť z komára somára/z muchy slona

molest [məˈlest] obťažovať; sužovať; *m-ed by flies* obťažovaný muchami

mollify [ˈmoləfai] tíšiť, upokojiť; *m. sb.'s anger* utíšiť (niečí) hnev

mollusc [ˈmoləsk] mäkkýš

moment [ˈməumənt] **1.** okamih, chvíľa; *wait a m.* počkaj chvíľu **2.** dôležitosť, závažnosť; *an affair of great/little m.* vec malej/veľkej zá-

važnosti ● *at any m.* každú chvíľu; *at the last m.* na poslednú chvíľu; *not for a m.* ani na okamih

monad [ˈmonæd] **1.** filoz. monáda **2.** biol. jednobunkový organizmus **3.** chem. jednomocný prvok/atóm/radikál

monarch [ˈmonək] panovník, vládca, monarcha; *the m. of the Austro-Hungarian Empire* panovník Rakúsko-Uhorskej ríše; *a constitutional m.* konštitučný monarcha

monarchy [ˈmonəki] monarchia

monastery [ˈmonəstri] kláštor

Monday [ˈmandi] pondelok; *on M.* v pondelok ● *St. M.* modrý pondelok

monetary [ˈmanətri] peňažný, menový; *the m. unit* peňažná jednotka; *m. reform* menová reforma

money [ˈmani] peniaze; *m. means nothing to him* peniaze preň nič neznamenajú ● *ready m.* hotovosť; *come into m.* prísť k peniazom; *m. order* poštová poukážka; *m. makes the mare go* peniaze hýbu svetom; *be in the m.* zarábať veľa peňazí; *m. talks* peniaze hovoria za všetko; *m. talks, bullshit walks* vulg. kto má dosť peňazí, nemusí chodiť peši

money
1p – one penny/one p.
2p – two pence/two p.
50p – fifty pence/fifty p.
£1 – one/a pound
£8.34 – eight pounds
thirty-four pence/eight pounds
thirty-four/eight thirty four
£1,273.40 – one thousand two
hundred and seventy/three pounds,
forty pence/twelve hundred and
seventy/three pounds, forty (pence)

moneybox [ˈmaniboks] pokladnička

mongrel [ˈmaŋgrəl] kríženec (hl. psa)

monitor [ˈmonətə] **I.** podst. **1.** (škol.) predseda triedy **2.** ozn. techn. kontrolný prijímač; *m. screen* kontrolný prijímač v televíznom štúdiu **3.** detektor rádioaktivity v jadrovej elektrárni **II.** sl. monitorovať, odpočúvať, sledovať, kontrolovať; *the instrument m-s the patient's heartbeat* prístroj sleduje tlkot pacientovho srdca

monk [maŋk] mních

monkey [ˈmaŋki] **I.** podst. **1.** opica **2.** nezbedník; *you little m.* ty malý nezbedník **3.** hlupák; *she made a m. of him* urobila z neho hlupáka **II.** príd. opičí **III.** sl. opičiť sa

monograph [ˈmɒnəɡrɑːf] monografia
monolingual [ˌmɒnəʊˈlɪŋɡwəl] **I.** príd. jednojazyčný ● *m. dictionary* výkladový slovník **II.** podst. človek ovládajúci iba jeden jazyk; *he's m.* hovorí iba jedným jazykom
monopoly [məˈnɒplɪ] monopol; *in some countries tobacco is a government m.* v niektorých krajinách má štát monopol na tabak
monosyllabic [ˌmɒnəʊsɪˈlæbɪk] jednoslabičný; *m. answers* jednoslabičné odpovede
monotonous [məˈnɒtnəs] monotónny, jednotvárny; *m. work* jednotvárna práca
monsoon [mɒnˈsuːn] **1.** monzún; *wet m.* vlhký letný monzún **2.** obdobie dažďov
monster [ˈmɒnstə] **I.** podst. **1.** netvor, príšera; *a sea m.* morská príšera **2.** kolos, obor **II.** príd. **1.** hrozný, príšerný; *a m. dog* hrozný pes **2.** obrovský, kolosálny; *a m. ship* obrovská loď
monstrous [ˈmɒnstrəs] **1.** mamutí, obrovský; *a m. hall* obrovská hala **2.** príšerný, odporný; *a m. crime* príšerný zločin
month [mʌnθ] mesiac (časť roka); *in which m. were you born?* v ktorom mesiaci si sa narodil? ● *this day m.* od dneška za mesiac; *a m. of Sundays* celú večnosť
monthly [ˈmʌnθlɪ] **I.** príd. mesačný; *a m. study* mesačné štúdium; *m. payments* mesačné platby **II.** podst. mesačník; *a literary m.* literárny mesačník **III.** prísl. mesačne; *pay the rent m.* platiť nájomné mesačne
monument [ˈmɒnjəmənt] **1.** pamätník, pomník; *the M. commemorates the Great Fire of London in 1666* pamätník pripomína veľký londýnsky požiar z r. 1666 **2.** národná pamiatka **3.** chránená prírodná oblasť
monumental [ˌmɒnjəˈmentl] monumentálny, veľkolepý; *m. archaeological findings* veľkolepé archeologické nálezy
mood[1] [muːd] gram. spôsob; *the indicative m.* oznamovací spôsob
mood[2] [muːd] nálada; *in a merry m.* v dobrej nálade ● *be in no m.* nemať náladu; *a man of m-s* náladový človek
moon [muːn] **1.** mesiac (iba nebeské teleso); *there was no m.* nesvietil mesiac; *full/half/new/m.* spln/polmesiac/nov **2.** (astron.) Mesiac (obežnica Zeme)
moonlighter [ˈmuːnlaɪtə] hovor. fuškár
moor [mʊə] mokraď
mope [məʊp] byť apatický/nečinný, nečinne sedieť; *you must go in for sports and not m. yourself* musíš športovať, a nie nečinne sedieť

moral [ˈmɒrəl] **I.** príd. morálny, mravný; *m. values* morálne hodnoty; *m. rights* morálne práva; *give m. support* poskytnúť morálnu podporu; *lead a m. life* viesť morálny život **II.** podst. **1.** mravné ponaučenie; *the m. of the story* mravné ponaučenie príbehu **2.** *m-s* mn. č. morálka, mravnosť; *a man without m-s* človek bez morálky
morale [məˈrɑːl] morálka, duševná nálada, stav; *the army recovered its m. and fighting power* armáda znovu nadobudla morálku a bojovnosť
Moravia [məˈreɪvɪə] Morava
Moravian [məˈreɪvɪən] **I.** príd. moravský ● *M. Brethren* český bratia **II.** podst. Moravan
morbid [ˈmɔːbəd] chorobný, morbídny; *a m. growth* chorobný rast; *m. imagination* morbídna predstava
more [mɔː] **1.** viac (komparatív pre *much, many*); *m. money* viac peňazí **2.** ešte po *some, any, a little, a few*; *have some m. tea* daj si ešte čaj **3.** viac, väčšmi pri opisnom komparatíve viacslabičných príd. mien a prísloviek; *m. beautiful* krajší; *m. slowly* pomalšie ● *m. and m.* čoraz viac; *m. or less* viac-menej, zhruba; *what is/what's m.* okrem toho, ba dokonca
moreover [mɔːˈrəʊvə] navyše; *the rent is reasonable, and moreover, the location is perfect* nájomné je nízke, a navyše, miesto je vynikajúce
morgue [mɔːɡ] márnica
morning [ˈmɔːnɪŋ] **I.** podst. **1.** ráno; *this m.* dnes ráno **2.** dopoludnie; *during the m.* počas dopoludnia **II.** príd. **1.** ranný; *m. walk* ranná prechádzka **2.** dopoludňajší, predpoludňajší; *m. break* dopoludňajšia prestávka
morose [məˈrəʊs] mrzutý, nevrlý; *a m. person* nevrlá osoba
morsel [ˈmɔːsel] **1.** kúsok; *a tiny m. of land* malý kúsok zeme **2.** malý hlt, štipka; *a m. of food* iba za hlt jedla
mortal [ˈmɔːtl] **I.** príd. smrteľný; *man is m.* človek je smrteľný; *a m. wound* smrteľná rana **II.** podst. kniž. smrteľník
mortality [mɔːˈtælətɪ] **1.** smrteľnosť **2.** aj *m. rate* úmrtnosť; *m. rate among children* úmrtnosť detí; *epidemy with heavy m.* epidémia s vysokou úmrtnosťou
mortar [ˈmɔːtə] malta; *the masons are calling for m.* murári si pýtajú maltu
mortgage [ˈmɔːɡɪdʒ] **I.** podst. hypotéka; *borrow on m.* vypožičať si na hypotéku **II.** sl.

M

zaťažiť hypotékou; *m. a house* zaťažiť dom hypotékou

mortify [ˈmoːtəfai] **1.** umŕtviť; *m. passions* umŕtviť vášne **2.** pokoriť, ponížiť; *a m-ing defeat* ponižujúca porážka

mortuary [ˈmoːčuəri] márnica

mosque [mosk] mešita

mosquito [məˈskiːtəu] mn. č. aj *-es* [-z] moskyt; hovor. komár

moss [mos] mach; *m.-covered rocks* machom pokryté skaly

most[1] [məust] najviac (superlatív pre *much, many*); *which of you has made the m. mistakes?* kto urobil najviac chýb? ● *at the m.* nanajvýš, maximálne; *for the m. part* väčšinou, prevažne; *make the m. of (something)* využiť niečo čo najlepšie

most[2] [məust] väčšina; *m. people think so* väčšina ľudí tak zmýšľa ● *at the very m.* v najlepšom prípade

mostly [ˈməustli] zväčša, väčšinou; *the boys were m. at home* chlapci boli zväčša doma

moth [moθ] **1.** moľa **2.** nočný motýľ, mora

mother [ˈmaðə] **I.** podst. matka; *the m. of two children* matka dvoch detí **II.** príd. materský; *m. love* materská láska

mother country [ˈmaðə ˌkantri] rodná zem, (staršie: koloniálna veľmoc vo vzťahu ku koloniám)

motherhood [ˈmaðəhud] materstvo

mother-in-law [ˈmaðə in loː] mn. č. *mothers-in-law* svokra

motherland [ˈmaðəlænd] vlasť; *Greece is the m. of philosophy* Grécko je vlasť filozofie; *although she had lived in America for 20 years, she still missed the m. country* hoci žila v Amerike 20 rokov, vlasť jej chýbala

Mother's Day [ˈmaðəz dei] Deň matiek

mother tongue [ˌmaðə ˈtaŋ] materinská reč

motion [ˈməušn] **I.** podst. **1.** pohyb; *the m. of the Earth* pohyb Zeme **2.** chod stroja **3.** návrh na schôdzi; *on the m. of the chairman* na návrh predsedu ● *m. picture* film **II.** sl. dať pokyn; *he m-ed me to enter* dal mi pokyn, aby som vstúpil

motionless [ˈməušnləs] nehybný

motivate [ˈməutveit] motivovať, podnecovať; *m. a child to help in the household* motivovať dieťa, aby pomáhalo v domácnosti

motive [ˈməutiv] pohnútka, motív; *selfish m-s* sebecké pohnútky; *the m. for the crime* motív zločinu

motocross [ˈməutəukros] motokros

motor [ˈməutə] **I.** podst. motor; *m-s powered by compressed air* motory poháňané stlačeným vzduchom **II.** príd. **1.** motorový; *a m. boat* motorový čln **2.** motorický; *m. functions* motorické funkcie

motorbike [ˈməutəbaik] motorka, moped

motoring [ˈməutəriŋ] mototuristika, motorizmus

motorway [ˈməutəwei] BR diaľnica, autostráda

mottled [ˈmotld] škvrnitý, strakatý, mramorovaný; *m. carpet* strakatý koberec; *m. soap* mramorové mydlo

mould[1] [məuld] **I.** podst. pleseň **II.** sl. plesnivieť; *cheese m-s in hot wet weather* syr plesnivie v horúcom a vlhkom počasí

mould[2] [məuld] **I.** podst. forma, šablóna, matrica **II.** sl. odliať, formovať, (vy)modelovať; *he m-ed the clay into a ball* vymodeloval guľu z hliny

mouldy [ˈməuldi] plesnivý, plesňový; *m. cheese* plesňový syr

mount [maunt] **1.** stúpať, vystúpiť, vyliezť; *m. a hill* vystúpiť na kopec; *m. a horse* vysadnúť na koňa **2.** vztýčiť, postaviť; *m. a mast* vztýčiť stožiar; *m. a statue on its pedestal* postaviť sochu na podstavec **3.** výp. nasadiť pásku/disk

mountain [ˈmauntən] **I.** podst. hora, vrch; *the highest m. in Scotland is Ben Nevis* najvyšší vrch Škótska je Ben Nevis ● *make a m. out of a molehill* robiť z komára somára **II.** príd. horský; *m. range* horské pásmo

mountain bike [ˌmauntin baik] horský bicykel

mountaineer [ˌmauntəˈniə] **1.** horolezec **2.** horal

mountaineering [ˌmauntəˈniəriŋ] horolezectvo

mountainous [ˈmauntənəs] hornatý; *a m. country* hornatá krajina

mourn [moːn] **1.** smútiť, trúchliť, oplakávať; *m. for/over a dead child* trúchliť za mŕtvym dieťaťom **2.** nosiť smútok; *m. for a year* nosiť smútok jeden rok

mourning [ˈmoːniŋ] **I.** podst. smútok; *deep m.* hlboký smútok **II.** príd. smútočný

mourning band [ˈmoːniŋ bænd] smútočná páska

mouse [maus] mn. č. **mice** [mais] **I.** podst. myš **II.** sl. chytať myši; *our cat m-s well* naša mačka dobre chytá myši

mousehole [ˈmaushəul] myšacia diera
mouse-poor [ˈmaus ˌpuə] chudobný ako kostolná myš
mousetrap [ˈmaustræp] pasca na myši
moustache [məˈstaːš] fúzy; *wear a m.* nosiť fúzy
mouth [mauθ] **1.** ústa; *he has a cigarette in his m.* má cigaretu v ústach **2.** otvor; *the m. of the cave* otvor jaskyne **3.** ústie; *the m. of the river* ústie rieky ● *she is all m.* len vraví a vraví; *keep one's m. shut* držať jazyk za zubami
mouthful [ˈmauθfl] **1.** plné ústa; *a m. of water* plné ústa vody **2.** hlt, kúsok; *a m. of food* hlt potravy/jedla
movable [ˈmuːvəbl] **I.** príd. **1.** prenosný; *a m. armchair* prenosné kreslo **2.** pohyblivý; *a m. holiday* pohyblivý sviatok **II.** podst. práv. hnuteľnosť
move [muːv] **1.** pohybovať sa; *m. with grace* graciózne sa pohybovať **2.** premiestiť; *m. the furniture* premiestiť nábytok **3.** sťahovať (sa); *m. into a new flat* sťahovať sa do nového bytu **4.** dojať; *nothing can m. him* nič ho nedojme
movement [ˈmuːvmənt] **1.** pohyb; *the m. of the Sun* pohyb Slnka **2.** vyprázdňovanie čriev ● *be in the m.* ísť s duchom času
movie [ˈmuːvi] **1.** AM hovor. hraný film; *see the actor in his new m.* vidieť herca v jeho novom filme **2.** kino (budova) **3.** *the m-s* mn. č. kino, predstavenie; *how often do you go to the m-s?* ako často chodíš do kina?
moving [ˈmuːviŋ] **1.** pohyblivý; *a m. toy* pohyblivá hračka **2.** dojímavý, dojemný; *a m. story* dojímavý príbeh
mow [məu] (po)kosiť, žať; *m. a meadow* pokosiť lúku
MPhil [em fil] skr. magister filozofie
MP/Member of Parliament [em piː/ˈmembə əv ˈpaːliamənt] člen parlamentu, poslanec; *MP in the House of Commons* člen britského parlamentu v Dolnej snemovni
Mr [ˈmistə] pán (oslovenie, len s priezviskom alebo titulom); *M. Brown* pán Brown; *Mr President* pán prezident
MRBM [emaːbiːem] skr. *medium-range ballistic missile* balistická raketa stredného doletu
Mrs [ˈmisəz] pani (oslovenie, len s priezviskom); *Mrs Brown* pani Brownová
Ms [miz, məz] (neutrálne oslovenie) slečna/pani
MSc [emessiː] skr. *Master of Science* magister prírodných vied

Mt skr. *mount* hora v názvoch
much [mač] **1.** pred nepočítateľnými podst.; *there's m. coffee in the cup* v šálke je veľa kávy; *it has taken m. time* zabralo to veľa času **2.** pred komparatívom omnoho, oveľa; *she is m. prettier than I am* je omnoho krajšia ako ja **3.** pred trpným príčastím veľmi; *I was m. obliged to her* bol som jej veľmi zaviazaný ● *as m. as...* rovnako/takisto ako; *it is as m. your responsibility as mine* ty si takisto zodpovedný ako ja; *how m. koľko; how m. does it cost/is it?* koľko to stojí? *be not up to m.* nestáť za veľa; *nothing m.* nič mimoriadne
muck [mak] **1.** hovor. špina, odpadky; *m. in the garden* špina v záhrade **2.** hnoj
mud [mad] blato, bahno; *there's much m. in the street after rain* na ulici je po daždi veľa blata
muddle [ˈmadl] pliesť si, popliesť, pomýliť; *don't talk while I am counting, or you'll make me m. the figures* nehovor, keď počítam, lebo si popletiem čísla
muddle along/through prekonať s ťažkosťami, horko-ťažko; *we had problems but we m-d through* mali sme problémy, ale s vypätím síl sme ich prekonali
muddy [ˈmadi] zablatený; *m. shoes* zablatené topánky
mudguard [ˈmadgaːd] blatník
muffin [ˈmafən] koláčik (teplý, potretý maslom)
mug[1] [mag] **1.** džbán, krčah; *a m. of beer* krčah piva **2.** hrnček, šálka bez tanierika; *a m. of milk* šálka mlieka
mug[2] [mag] *-gg-* prepadnúť; *she was m-ged when coming home late at night* prepadli ju, keď sa neskoro v noci vracala domov
mugger [ˈmagə] lupič, násilník
mulberry [ˈmalbri] moruša (strom aj plod)
mulct [malkt] **I.** sl. pokutovať; *m. in 10 crowns* pokutovať desiatimi korunami **II.** podst. pokuta
mule[1] [mjuːl] mulica; *as obstinate as a m.* tvrdohlavý ako mulica
mule[2] [mjuːl] hovor. papuča
multangular [maltˈæŋgˈjələ] mnohouhlový
multilateral [ˌmultiˈlætrəl] mnohostranný; *m. agreement* mnohostranná dohoda
multiple [ˈmaltəpl] **I.** príd. **1.** mnohonásobný; *the driver received m. injuries* vodič mal viacero zranení **2.** elektr. zložený, paralelný; *m. circuit* paralelný obvod **II.** podst. mat. násobok; *least/lowest common m.* najmenší spoločný násobok

M

multiplication [ˌmaltəpləˈkeišn] mat. násobenie; *symbol of m.* znamienko násobenia

multiplication table [ˌmaltipliˈkeišnˌteibl] násobilka

multiply [ˈmaltəplai] **1.** (z)násobiť; *three m-ied by five makes fifteen* päťkrát tri je pätnásť **2.** množiť (sa), rozmnožiť (sa); *rats m. rapidly* krysy sa rýchlo množia

mum [mam] hovor. mami, mamička

mumble [ˈmambl] hundrať, šomrať; *he was m-ing to himself* niečo si mrmlal

mummy [ˈmami] hovor. mamička

mumps [mamps] príušnice, mumps; *m. is an infectious disease* príušnice sú infekčná choroba

munch [manč] žuť, žuvať, prežúvať nahlas; *m. a hard apple* žuť tvrdé jablko

mundane [manˈdein] svetský; *loose interest in m. affairs* stratiť záujem o svetské veci

municipal [mjuːˈnisəpl] **1.** mestský; *m. town hall* mestská radnica; *m. library* mestská knižnica **2.** miestny; *m. government* miestna samospráva

munitions [mjuːˈnišnz] **1.** vojenský materiál, výzbroj **2.** munícia

mural [ˈmjurəl] nástenná maľba, kresba

murder [ˈməːdə] **I.** podst. vražda; *commit a m.* spáchať vraždu; *guilty of m.* vinný z vraždy **II.** sl. zavraždiť; *he m-ed two persons* zavraždil dve osoby

murderer [ˈməːdərə] vrah

murmur [ˈməːmə] **I.** podst. **1.** šepot, šum; *the m. of waves* šum vln **2.** reptanie; *obey without a m.* poslúchať bez reptania **3.** mrmlanie; *there was a m. among the crowd* medzi davom bolo počuť mrmlanie **II.** sl. **1.** šumieť; *a breeze m-ed in the trees* vánok šumel v stromoch **2.** reptať; *she m-ed against taxes* reptala proti daniam **3.** (za)mrmlať; *he m-ed an excuse* zamrmlal ospravedlnenie

muscle [ˈmasl] sval; *exercises develop m-s* cvičenie rozvíja svalstvo

muse[1] [mjuːz] uvažovať, premýšľať; *she sat m-ing for hours* sedela a hodiny premýšľala

muse[2] [mjuːz] **1.** múza **2.** inšpirácia

museum [mjuːˈziəm] múzeum; *the Slovak National M.* Slovenské národné múzeum

mushroom [ˈmašruːm] **I.** podst. huba; *an edible m.* jedlá huba **II.** sl. zbierať huby

music [ˈmjuːzik] hudba; *light/pop/serious/ dance/chamber m* ľahká/populárna/vážna/

tanečná/komorná hudba; *listen to m.* počúvať hudbu

musical [ˈmjuːzikl] **I.** príd. **1.** hudobný; *m. instruments* hudobné nástroje; *m. ear* hudobný sluch **2.** melodický; *a m. voice* melodický hlas **II.** podst. muzikál

musician [mjuːˈzišn] hudobník; *a fine m.* dobrý hudobník

mussel [ˈmasl] mušľa; *freshwater m.* sladkovodná/riečna mušľa

must [mast/məst] **1.** musieť; *I m. write a letter* musím napísať list ● *it's a must* je to nevyhnutné **2.** (s neurčitkom – predpoklad, presvedčenie hovoriaceho, prekladá sa prísl.) určite, iste; *you m. be hungry* určite si hladný **3.** v zápore nesmieť; *I must not read in bed* nesmiem čítať v posteli

mustard [ˈmastəd] horčica; *French m.* francúzska horčica

muster [ˈmastə] **I.** podst. voj. nástup, prehliadka **II.** sl. nastúpiť; *the soldiers m-ed near the river* vojaci nastúpili blízko rieky

musty [ˈmasti] plesnivý, stuchnutý; *m. air in the room* stuchnutý vzduch v miestnosti

mutable [ˈmjuːtəbl] nestály, menlivý, premenlivý; *a m. foreign policy* menlivá zahraničná politika

mute [mjuːt] **1.** nemý; *a m. person* nemý človek **2.** tichý; *m. adoration* tichý obdiv

mutilate [ˈmjuːtəleit] **1.** popliesť, skomoliť; *m. a manuscript* skomoliť rukopis **2.** dokaličiť, vandalsky poškodiť; *m. a phone box* poškodiť telefónnu búdku

mutiny [ˈmjuːtəni] hl. vzbura (hlavne vojenská a námornícka); *guilty of m.* obvinený zo vzbury

mutter [ˈmatə] **1.** (za)mrmlať, (za)hundrať; *m. an answer* zahundrať odpoveď **2.** reptať; *m-ing women* reptajúce ženy

mutton [ˈmatn] baranina

mutual [ˈmjuːčuəl] **1.** vzájomný; *m. friendship* vzájomné priateľstvo **2.** spoločný; *a m. friend* spoločný priateľ

muzzle [ˈmazl] **I.** podst. **1.** náhubok **2.** hlaveň pušky/dela **II.** sl. umlčať; *he tried to speak but they m-d him* pokúsil sa hovoriť, ale umlčali ho

my [mai] **I.** zám. môj; *it is my key* to je môj kľúč **II.** cit. aj **my, my!** no nie!, ale – ale!, to sú mi veci; *My, how you have grown!* No nie, ty si ale vyrástol!

myself [maiˈself] **1.** zvratné zám. pre 1. os. j. č., mňa, sa, seba; *I hurt m.* poranil som sa; *I washed m.* umyl som sa **2.** sám (zdôrazňovacie zám.

po *l*); *I told him m.* sám som mu to povedal; *I'll do it m.* ja sám to spravím
mysterious [mi'stiriəs] tajomný, záhadný; *a m. crime* záhadný zločin
mystery ['mistri] záhada, tajomstvo; *an unsolved m.* nevyriešená záhada
mystic ['mistik] **1.** mystický; *m. ceremo-*

nies mystické obrady **2.** tajuplný; *m. word* tajuplné slovo
mystify ['mistəfai] **1.** mystifikovať, zahaliť tajomstvom **2.** zmiasť; *I was m-ied by his behaviour* bol som zmätený jeho správaním
myth [miθ] mýtus, báj; *ancient m-s* staroveké báje

N

nab [næb] *-bb-* hovor. **1.** chytiť, pristihnúť; *he was n-bed by the police* chytila ho polícia **2.** uchmatnúť, zhrabnúť; *he n-bed the largest piece of cake* schmatol najväčší kus koláča
nacre ['neikə] perleť
nag [næg] *-gg-* **1.** (*at*) dobiedzať (do koho); *she n-ged at him all day* celý deň do neho dobiedzala **2.** otravovať, trápiť; *this tooth has been n-ging me for two days* zub ma trápi už dva dni ● *n-ging pain* vytrvalá bolesť
nail [neil] **I.** podst. **1.** klinec; *hammer a n. into a wall* zatĺcť klinec do steny **2.** necht; *finger/toe n-s* nechty na rukách/nohách ● *hit the n. on the head* udrieť klinec po klinci/hlavičke **II.** sl. pribiť, priklincovať; *n. the leaflet on the door* pribiť leták na dvere
nail file ['neil fail] pilník na nechty
nail varnish ['neil ˌvaːniš] BR, **nail polish** [ˌneil' poliš] AM lak na nechty
naive [naːˈiv] naivný; *a n. girl* naivné dievča; *n. questions* naivné otázky
naked ['neikəd] **1.** nahý, holý; *that girl is almost n.* to dievča je takmer nahé; *n. trees* holé stromy; *pren. n. truth* holá pravda **2.** otvorený, nechránený; *n. fire is dangerous* nechránený oheň je nebezpečný ● *as n. as when he was born* tak, ako ho pánboh stvoril
name [neim] **I.** podst. meno, názov; *I know him by n.* poznám ho podľa mena; *his n. is Peter* volá sa Peter; *the n. of the firm* názov firmy ● *assumed n.* pseudonym; *last n.* priezvisko; *in the n. of...* v mene (koho, čoho) **II.** sl. **1.** pomenovať, nazvať; *n. a son after his father* pomenovať syna po otcovi **2.** vymenovať; *can you n. all fruits in your garden?* môžeš vymenovať všetky druhy ovocia vo svojej/vašej záhrade?
namely ['neimli] a to, totiž; *only one student was absent, n. Lucy* chýbala iba jedna študentka, a to Lucia
nameplate ['neimpleit] menovka; *you will*

know his office by the n. on the door jeho kanceláriu nájdeš podľa menovky na dverách
namesake ['neimseik] menovec; *I often get letters meant for my n.* často dostávam listy adresované môjmu menovcovi
nanny ['næni] **1.** dojka **2.** pestúnka, žena starajúca sa o (cudzie) dieťa
nanny goat ['næni gəut] koza
nap [næp] zadriemanie (cez deň), krátky spánok, zdriemnutie; *he always has a n. after lunch* poobede si vždy zdriemne ● *catch sb. n-ping* nachytať na hruškách
nape [neip] šija, väz, tylo
napkin ['næpkən] **1.** obrúsok, servítka; *table n.* obrúsok (pri stolovaní) **2.** plienka
narcotic ['naːkotik] **1.** narkotický **2.** omamný, opojný; *a n. drug* omamná droga
narrate [nəˈreit] vyrozprávať, porozprávať; *n. one's adventures* vyrozprávať dobrodružstvá
narrator [nəˈreitə] **1.** rozprávač **2.** komentátor filmu
narrow ['nærəu] **I.** príd. **1.** úzky; *a n. bridge* úzky most **2.** tesný; *he was elected by a n. majority* bol zvolený tesnou väčšinou **II.** sl. zužovať (sa); *the road is n-ing* cesta sa zužuje
narrow gauge ['nærəu ˌgeidž] **I.** podst. žel. úzky rozchod **II.** príd. úzkorozchodný, úzkokoľajný; *n. g. railway* úzkorozchodná železnica
narrow-minded [ˌnærəu 'maindəd] úzkoprsý, malicherný, obmedzený; *a n. man* obmedzený človek
nasal ['neizl] **I.** podst. nosovka **II.** príd. nosový; *n. voice* nosový hlas
nasty ['naːsti] **1.** odporný, nechutný; *a n. smell* odporný smrad/pach; *a n. story* nechutný príbeh **2.** nebezpečný, zlý; *a n. sea* nebezpečné more; *don't go near that dog, he has a n. temper* nechoď k tomu psovi, je zlý
nation ['neišn] národ, ľud; *the president spoke to the n.* prezident prehovoril k národu

national ['næšnəl] **1.** národný; *n. economy* národné hospodárstvo; *N. Gallery* Národná galéria **2.** celoštátny; *n. interests* celoštátne záujmy **3.** ľudový; *n. customs* ľudové zvyky ● *n. monument* štátom chránená kultúrna pamiatka

nationalist [næšnəlst] **I.** podst. nacionalista, národniar; *a Basque n.* Baskický nacionalista **II.** príd. nacionalistický, národný; *the N. party in Wales* Národná strana vo Walese

nationality [,næšə'næləti] **1.** národnosť; *the meeting was attended by people of various n-ies* na schôdzi boli ľudia rozličných národností **2.** občianstvo, štátna príslušnosť; *he works in Austria but his n. is British* pracuje v Rakúsku, ale má britské občianstvo

nationalization [,næšnəlai'zeišn] znárodnenie, zoštátnenie, poštátnenie

nationalize ['næšnəlaiz] znárodniť, poštátniť, zoštátniť; *n the steel industry* zoštátniť oceliarsky priemysel

nationwide [,neišn'waid] **I.** príd. celoštátny; *n. efforts* celoštátne úsilie; *a n. search for the criminals* celoštátne pátranie po zločincoch **II.** prísl. celoštátne; *the president's speech will be broadcast n.* prezidentov prejav sa bude vysielať celoštátne

native ['neitiv] **I.** príd. **1.** rodný; *n. land* rodná zem, vlasť **2.** domorodý, domáci; *n. customs* domáce zvyky **3.** rodený; *a n. Englishman* rodený Angličan **4.** vrodený; *n. intelligence* vrodená inteligencia **5.** prírodný; *in a n. state* v prírodnom stave; *n. protein* prírodný proteín **II.** podst. **1.** rodák; *a n. of Austin* rodák z Austinu **2.** domorodec; *n-s and immigrants* domorodci a prisťahovalci

NATO ['neitəu] skr. *the North Atlantic Treaty Organization* Severoatlantická aliancia

natty ['næti] elegantný, vkusný; *she's got new and n. dresses* dostala nové, elegantné šaty

natural ['næčrəl] **1.** prírodný; *n. resources* prírodné zdroje **2.** prirodzený; *n. beauty* prirodzená krása **3.** rodený; *he is a n. fool* je rodený hlupák; *he is a n. orator* je rodený rečník

naturally ['næčrəli] prirodzene, samozrejme; *speak and behave n.* hovoriť a správať sa prirodzene; *– Did you do your homework? – N. – Napísal si si úlohu? – Samozrejme.*

nature ['neičə] **1.** príroda; *n. is beautiful in spring* príroda je krásna na jar **2.** povaha; *she has a good n.* má dobrú povahu **3.** (vrodená) vlastnosť; *it is only human n. to like mon-*

ey mať rád peniaze je ľudské **4.** podstata; *the n. of heredity* podstata dedičnosti

naught [no:t] nula, nič ● *come to n.* zlyhať; *all for n.* pre nič – za nič

naughty ['no:ti] **1.** (o ľuďoch, obyč. o deťoch) nezbedný, neposlušný, nevychovaný; *a n. boy* nezbedný chlapec **2.** (o správaní) neslušný, nepekný; *it was n. of you to tell that joke* to nebolo pekné od teba, že si povedal ten vtip

nausea ['no:ziə] nevoľnosť; *n. at the sight of food one doesn't like* nevoľnosť pri pohľade na jedlo, ktoré človek nemá rád; *n. often accompanies the beginning of pregnancy* nevoľnosť často sprevádza začiatok tehotenstva

naval ['neivl] námorný; *n. battles* námorné bitky; *n. officer* námorný dôstojník

navel ['neivl] pupok; *n. cord* pupočná šnúra

navigable ['nævəgəbl] **1.** splavný; *a n. river* splavná rieka **2.** schopný plavby; *this ship is not in a n. condition* táto loď nie je schopná plavby

navigation [nævi'geišn] navigácia, navigovanie

navvy ['nævi] BR nekvalifikovaný robotník

navy ['neivi] vojnové loďstvo, námorné sily

navy blue ['neivi blu:] námornícka modrá

Nazi ['na:ci] nacista

Nazism ['na:cizm] nacizmus

near [niə] **I.** prísl. **1.** blízko; *the street you're looking for is n.* ulica, ktorú hľadáte, je blízko **2.** takmer, temer, skoro; *a n. perfect performance* takmer dokonalé predstavenie **II.** príd. blízky; *the n. future* blízka budúcnosť **III.** sl. blížiť sa, približovať sa; *the ship is n-ing land* loď sa blíži k pevnine

nearby [niə'bai] vedľa, neďaleko; *he lives n.* býva vedľa

nearly ['niəli] takmer temer, skoro; *it's n. midnight* je takmer polnoc

nearsighted [,niə'saitəd] krátkozraký

near-silk ['niəsilk] umelý hodváb

neat [ni:t] **1.** čistý (o alkohole); *n. whiskey* čistá whisky **2.** útulný; *a n. room* útulná izba **3.** úhľadný; *a n. handwriting* úhľadný rukopis **4.** elegantný, vkusný; *a n. dress* vkusné šaty **5.** poriadkumilovný; *a n. child* poriadkumilovné dieťa

nebula ['nebjələ] mn. č. aj nebulae ['nebjəli:] **1.** astron. hmlovina, nebula **2.** lek. zákal rohovky

nebulous ['nebjələs] hmlistý, nejasný

necessary ['nesəsri] potrebný, nevyhnutný; *is it n. for you?* potrebuješ to?, je to pre teba potrebné?

necessitate [nə'sesəteit] vyžadovať (si); *the increase in population n-s a greater food supply* nárast počtu obyvateľstva si vyžaduje väčšie zásoby potravín
necessity [nə'sesəti] nevyhnutnosť, nutnosť, potreba; *call him only in case of n.* volaj ho iba v prípade nevyhnutnosti; *food is a basic n.* potrava je základná potreba ● *by n.* z donútenia; *n. money* finančná rezerva
neck [nek] **I.** podst. **1.** krk, šija; *break one's n.* vykrútiť si krk **2.** hrdlo; *the n. of the bottle* hrdlo fľaše **3.** výstrih; *V-neck* výstrih v tvare V, špicatý výstrih **II.** sl. maznať sa, objímať sa, bozkávať sa
necklace ['nekləs] náhrdelník; *a pearl n.* perlový náhrdelník
necktie ['nektai] hl. AM kravata ● *n. party* AM lynčovanie
need [ni:d] **I.** sl. potrebovať; *he n-ed help* potreboval pomoc **II.** podst. **1.** potreba; *there's no n. to get up so early* nie je potrebné vstávať tak zavčasu **2.** požiadavka; *he earns enough to satisfy his n-s* zarába toľko, že uspokojí svoje požiadavky **3.** núdza, bieda; *many people are in great n.* mnoho ľudí žije vo veľkej biede
needle ['ni:dl] **1.** ihla; *thread a n.* navliecť niť do ihly ● *be on the n.* pichať si drogy **2.** ihlica (na pletenie) **3.** strelka (na kompase)
needless ['ni:dləs] zbytočný; *n. work* zbytočná práca ● *n. to say* samozrejme, to sa rozumie
needlework ['ni:dlwə:k] **1.** ručná práca **2.** šitie **3.** výšivka
nefarious [ni'feriəs] nízky, hanebný, ohavný; *a n. crime* ohavný zločin
negate [ni'geit] zaprieť, poprieť; *he n-d his statements* poprel svoje tvrdenia
negative ['negətiv] **I.** podst. **1.** negatív; *I gave away the photo but I still have the n.* fotografiu som daroval, ale negatív ešte stále mám **2.** zápor; *two n-s make an affirmative* dva zápory dávajú klad; *the answer is in the n.* odpoveď je záporná; *her tests came back n.* výsledky jej testov boli negatívne **II.** príd. záporný, negatívny; *a n. attitude* záporný postoj
neglect [ni'glekt] **I.** sl. zanedbávať (čo), nedbať (na čo); *he n-s his duties* zanedbáva svoje povinnosti; *she n-s her appearance* nedbá na svoj vzhľad **II.** podst. zanedbanie; *the garden was in a state of n.* záhrada bola zanedbaná
negligence ['neglidžns] nedbalosť; *the accident was caused by n.* nehodu zapríčinila nedbalosť

negligent ['neglidžnt] neporiadny, nedbanlivý; *he was n. in his work* bol neporiadny v práci
negligible ['neglidžibl] zanedbateľný; *the effect was n.* výsledok bol zanedbateľný
negotiable [ni'gəušiəbl] **1.** speňažiteľný **2.** obch. prevediteľný, preplatiteľný; *n. instrument* cenný papier **3.** riešiteľný, prekonateľný; *n. difficulties* riešiteľné ťažkosti
negotiate [ni'gəušieit] rokovať, vyjednávať; *n. with the employees* vyjednávať so zamestnancami; *n. a peace treaty* rokovať o mierovej dohode
negotiation [ni,gəuši'eišn] rokovanie, vyjednávanie; *peace n-s* mierové rokovania
Negro ['ni:grəu] mn. č. *Negroes* zastar. **I.** podst. černoch **II.** príd. černošský, čierny;
neigh [nei] erdžať; *they could hear the horses n-ing* počuli erdžať kone
neighbour ['neibə] sused; *we are next door n-s* sme najbližší susedia
neighbourhood ['neibəhud] **1.** susedstvo; *he lives in the n.* býva v susedstve **2.** okolie; *there's some beautiful scenery in our n.* v našom okolí je prekrásna príroda
neither ['naiðə] **I.** príd. a zám. **1.** nijaký, žiadny (z dvoch); *n. road is good* žiadna cesta (z tých dvoch) nie je dobrá **2.** ani jeden; *n. of them is right* ani jeden (z nich dvoch) nemá pravdu **II.** prísl. i spoj. ani (so záporom); *n. ...nor* ani ...ani; *he n. knows nor cares* ani nevie, ani sa o to nestará; *he n. drinks nor smokes* ani nepije, ani nefajčí
nephew ['nefju:] synovec
nepotism ['nepətizm] protežovanie (hl. príbuzných)
nerve [nə:v] **1.** nerv **2.** odvaha; *he needed a lot of n. to do it* potreboval veľa odvahy, aby to spravil **3.** bezočivosť, opovážlivosť; *what n.!* aká bezočivosť! ● *get on one's n-s* ísť na nervy; *that man has no n.* ten človek má nervy ako zo železa, toho nič nerozhádže; *lose one's n.* stratiť nervy
nerveless ['nə:vləs] **1.** malátny; *a n. body* malátne telo; *the book fell from his n. hands* kniha mu vypadla z malátnych rúk **2.** chladnokrvný, pokojný; *a n. champion* chladnokrvný pretekár
nerve-racking ['nə:v ,rækiŋ] napínajúci nervy napínavý; *it's a n. situation* to je napínavá situácia
nervous ['nə:vəs] **1.** nervový; *n. system* nervová sústava **2.** nervózny; *what is she so*

n. about? prečo je taká nervózna? ● *n. breakdown* nervové zrútenie

nest [nest] **I.** podst. hniezdo aj pren.; *a wasp's n.* osie hniezdo; *a n. of pirates* hniezdo pirátov **II.** hniezdiť; *the swallows are n-ing in the woodshed* lastovičky hniezdia v kôlni

nestle ['nesl] **1.** pohodlne sa usadiť, uvelebiť sa; *n. down in the armchair* uvelebiť sa vo foteli **2.** túliť sa; *the child was n-ing to his mother* dieťa sa túlilo k matke

net[1] [net] **I.** podst. sieť, sieťka; *a tennis n.* tenisová sieť; **II.** sl. *-tt-* **1.** chytať do siete; *they n-ted some fish* chytili do siete nejaké ryby **2.** šport. hodiť do siete, vsietiť; *he n-ted the ball* vsietil loptu

net[2] [net] čistý, netto; *n. gain* čistý zisk; *n. weight* čistá váha; *n. proceeds* čistý výnos

netiquette [netiket] počítač. zásady slušnosti pri používaní Internetu

nettle ['netl] pŕhľava, žihľava

network ['netwə:k] sieť aj pren.; *a n. of railways* železničná sieť; *a TV n.* televízna sieť

neurotic [nju'rotik] **I.** príd. neurotický, nervózny; *a n. person* neurotický človek; *she's n. about getting fat* je nervózna, že tlstne **II.** podst. neurotik, nervózny človek

neuter ['nju:tə] gram. stredný rod, neutrum

neutral ['nju:trəl] **I.** príd. **1.** neutrálny; *a n. country* neutrálna krajina **2.** stroj. nulový; *n. gear* nulová rýchlosť; *n. conductor* nulový vodič **II.** podst. neutrál; *slip the gears into n.* dať rýchlosť do neutrálu

never ['nevə] nikdy; *be has n. been abroad* nikdy nebol v cudzine ● *n. again* (už nikdy) viac; *n. mind* to nič, nič sa nestalo, na tom nezáleží; *N. N. Land* kraj, kde líšky dávajú dobrú noc

never-ceasing ['nevə ˌsi:ziŋ] ustavičný, neprestajný, neustály; *n. hunger* neustály hlad

nevertheless [ˌnevəðə'les] jednako len, predsa len, a predsa; *there was no news, n. she went on hoping* nemala žiadne správy, a predsa sa dúfala

new [nju:] nový; *a n. dress* nové šaty; *a n. discovery* nový objav ● *as good as n.* ako nový, zachovaný; *N. Year's Day* Nový rok; *N. Year's Eve* Silvester

newborn ['nju:bo:n] **I.** podst. novorodenec **II.** príd. novorodený; *a n. baby* novonarodené dieťa

newcomer ['nju:kamə] **1.** nováčik **2.** prisťahovalec

news [nju:z] j. č. **1.** správa, novina, novinka; *what's the latest n.?* aká je posledná správa? *that's n. to me* to je pre mňa novinka **2.** správy (v rozhlase); *You can hear the n. on the radio at 7 o'clock* môžete počúvať správy v rozhlase o 7. hodine ● *n. ban/black out* zákaz vydávania správ; *electric n. flash* svetelné noviny; *n. headlines* prehľad správ; *n. agency* tlačová kancelária, spravodajská agentúra; *n. media* oznamovacie prostriedky; *n. summary* prehľad (najdôležitejších) správ (v rozhlase/televízii)

> **news** – is never used in the plural

newscast ['nju:zˌka:st] správy al. televízne spravodajstvo

newscaster ['nju:zˌka:stə] hlásateľ rozhlasových/televíznych správ

newspaper ['nju:sˌpeipə] noviny; *a daily n.* denník ● *n. English* novinárska angličtina; *n. cutting/clipping* novinový výstrižok, výstrižok z novín

newspaperman ['nju:sˌpeipə'mæn] mn. č. *-men* [-men] AM novinár, žurnalista, reportér

newsreel ['nju:zri:l] **1.** filmový týždenník, žurnál **2.** aktuality

newsstand ['nju:zstænd] novinový stánok, kiosk

newt [nju:t] mlok

next [nekst] **I.** príd. **1.** budúci, ďalší; *n. week* budúci týždeň; *the n. turning to the right* ďalšia ulica vpravo **2.** najbližší; *which is the n. town?* ktoré je najbližšie mesto? **II.** prísl. **1.** potom; *what will you do n.?* čo budeš robiť potom? **2.** nabudúce; *when we meet n.* keď sa nabudúce stretneme **3.** *n. to* takmer, skoro; *it was n. to impossible* bolo to takmer nemožné **III.** predl. hneď vedľa, pri; *a seat n. to the campfire* miesto pri táboráku

next-door [ˌnekst'do:] **I.** príd. susedný, vedľajší, najbližší; *n. neighbours* najbližší susedia **II.** prísl. hneď vedľa, v susedstve; *the people n. are very* noisy ľudia bývajúci hneď vedľa sú veľmi hluční

NHL [eneič el] skr. *National Hockey League* národná hokejová liga

NHS [eneič es] skr. *National Health Service* štátna zdravotná starostlivosť

nibble ['nibl] obhrýz(a)ť; *trees are n-d by animals in winter* zvieratá v zime obhrýzajú stromy

nice [nais] **1.** pekný; *a n. day* pekný deň **2.** milý, príjemný; *a n. person* milý človek; *a n. room* príjemná izba

nick [nik] **I.** podst. zárez ● *in the n. of time* v pravý čas **II.** sl. porezať sa; *he n-ed himself when he was shaving* porezal sa pri holení
nickel ['nikl] **1.** nikel **2.** AM päták, päťcentová minca
nickname ['nikneim] **I.** podst. prezývka **II.** sl. prezývať, dať prezývku; *they n-d her Bebe* dali jej prezývku Bebe
niece [ni:s] neter
niggard ['nigəd] lakomec, skupáň
nigger ['nigə] pejor. neger
night [nait] **I.** podst. noc; *in/during the n.* v noci ● *at n.* večer; *n. and day* vo dne v noci; *last n.* včera večer/v noci; *late at n.* neskoro večer **II.** príd. nočný; *n. shift* nočná zmena; *n. watchman* nočný strážca
nightclub ['naitklab] nočný podnik, bar
nightfall ['naitfɔ:l] súmrak, stmievanie, zmrákanie
nightgown ['naitgaun] dámska/detská nočná košeľa
nightingale ['naitiŋgeil] slávik
nightmare ['naitmeə] **1.** zlý sen, nočná mora; *I had a n.* tlačila ma nočná mora **2.** prízrak; *the n. of war* prízrak vojny
nil [nil] nič, nula; *the result of the match was one to n.* výsledok zápasu bol jedna nula ● *all draw n.* nerozhodný výsledok
nimble ['nimbl] šikovný, čulý; *n. fingers* šikovné prsty
nine [nain] deväť; *she is n.* má deväť rokov ● *n. times out of ten* takmer pravidelne; *dressed up to the n-s* vyparádený, vyobliekaný
ninepins ['nain,pinz] šport. kolky
nineteen [,nain'ti:n] devätnásť
nineteenth [,nain'ti:nθ] **1.** devätnásty **2.** devätnástina
nineties ['nainti:z] mn. č. deväťdesiate roky
ninetieth ['naintiəθ] **1.** deväťdesiaty **2.** deväťdesiatina
ninety ['nainti] deväťdesiat
ninth [nainθ] deviaty
nip¹ [nip] -*pp*- **I.** sl. **1.** uštipnúť, pohrýzť; *a crab n-ped my toe* rak ma uštipol do prsta; *the dog n-ped her leg* pes ju pohrýzol do nohy **2.** štípať; *iodine n-s when it goes on a wound* jód v rane štípe **3.** zaskočiť (si); *I'll just n. into the shop for cigarettes* zaskočím si do obchodu po cigarety **II.** podst. **1.** uštipnutie, pohryznutie **2.** stisnutie, stlačenie
nip² [nip] **I.** podst. dúšok, glg; *a n. of whis-*

key dúšok whisky **II.** sl. -*pp*- popíjať; *n. wine* popíjať víno
nipple ['nipl] **1.** (prsná) bradavka **2.** cumeľ (na detskej fľaši)
nit [nit] **1.** hnida **2.** slang. hlupák, truľo, chmuľo
nitrate ['naitreit] podst. nitrát, dusičnan
nitrogen ['naitrədžn] dusík ● *n. cycle* kolobeh dusíka v prírode
nitwit ['nitwit] hovor. hlupák, trúba, sprosták
N/north [no:θ] **I.** podst. sever; *cold winds from the n.* studené vetry zo severu **II.** príd. severný; *n. wind* severný vietor ● *N. latitude* severná šírka; ● *northern lights* polárna žiara; *N. Pole* severný pól; *N. Star* Polárka **III.** prísl. severne, na sever; *n. of Bratislava* severne od Bratislavy
no [nəu] **I.** časť. nie; *Do you speak English? – No, I don't.* – Vieš po anglicky? Nie, neviem. **II.** zám. nijaký, žiadny; *she has n. friends* nemá nijakých priateľov ● *in n. time* zakrátko, čoskoro, onedlho; *n. wonder* nie div, nečudo; *by n. means* v žiadnom prípade, rozhodne nie; *whether or n.* tak či onak; *n. better* o nič lepší; *n. more* už nie, viac nie
nobility [nəu'biləti] **1.** šľachta, aristokracia; *the n. of the Middle Ages* stredoveká šľachta **2.** vznešenosť, ušľachtilosť
noble ['nəubl] **I.** príd. **1.** šľachtický, aristokratický; *a man of n. rank* človek aristokratického pôvodu **2.** ušľachtilý; *a n. mind* ušľachtilá myseľ; *a n. horse* ušľachtilý kôň **II.** podst. šľachtic, aristokrat
nobleman ['nəublmən] mn. č. -*men* [-men] šľachtic
nobody ['nəubədi] **I.** zám. nikto, nik; *I heard n.* nikoho som nepočul; *n. else offered to help* nik iný neponúkol pomoc **II.** podst. nikto, nula, bezvýznamný človek; *he wants to be famous but he is a n.* chce byť slávny, ale je to nula; *A few n-ies were elected* zvolili niekoľko bezvýznamných ľudí
nocturnal [nok'tə:nl] nočný; *owls are n. birds* sovy sú nočné vtáky
nod [nod] -*dd*- **I.** sl. **1.** prikývnuť; *he n-ded to me to show that he understood* prikývol mi na znak toho, že mi porozumel **2.** (za)kývať; *he n-ded me a welcome* zakýval mi na privítanie **3.** driemať; *he sat n-ding by the fire* sedel pri ohni a driemal **II.** podst. **1.** kývnutie, prikývnutie; *he gave me a n.* prikývol mi **2.** driemoty, driemanie, polospánok

N

node [nəud] uzlina; *a lymph n.* lymfatická uzlina

Noel [nəuˈəl] poet. Vianoce

noise [noiz] **1.** hluk, huk, hrmot, lomoz; *don't make so much n.* nerob taký veľký hluk; *a hell of a n.* pekelný lomoz; *n. pollution* zdraviu škodlivý hluk **2.** výp. šum ● *big n.* veľké zviera

noisome [ˈnoism] **1.** škodlivý, nezdravý; *a n. environment* škodlivé prostredie **2.** zapáchajúci, smradľavý; *a n. factory* zapáchajúca továreň

noisy [ˈnoizi] hlučný; *n. children* hlučné deti

nomad [ˈnəumæd] kočovný; *n. tribes* kočovné kmene

nomenclature [nəuˈmeŋkləčə] **1.** označenie, pomenovanie, názov; *n. of the streets* pomenovanie ulíc **2.** názvoslovie; *the n. in chemistry* chemické názvoslovie

nominal [ˈnomənl] **1.** nominálny; *n. wages/prices* nominálne mzdy/ceny **2.** fiktívny; *the n. leader* fiktívny vodca

nominate [ˈnoməneit] vymenovať, nominovať, ustanoviť; *n. a man for Mayor* vymenovať za primátora; *who was n-d for rector?* kto bol menovaný za rektora?

nomination [ˌnoməˈneišn] menovanie, nominácia; *n. of a rector* menovanie rektora

nominative [ˈnomənətiv] gram. nominatív, prvý pád

none [nan] **I.** zám. **1.** nikto, ani jeden; *I looked for some student to help me but there was n.* hľadal som nejakého študenta, aby mi pomohol, ale nikto tam nebol **2.** nič; *n. of this concerns me* nič z tohoto sa ma netýka **II.** príd. nijaký, žiaden; *I wanted some bread but there was n.* chcel som chlieb, ale nijaký nebol **III.** prísl. vôbec nie; *the salary I get is n. too high* plat, ktorý dostávam, nie je vôbec vysoký; *I am n. the witter* vôbec nie som múdrejší

non-interest-bearing [nonˌintrəst ˈbeəriŋ] bezúročný

No./no [nambə] skr., mn. č. *Nos./nos* číslo; *door No. 25* dvere číslo 25

nonsense [ˈnonsns] nezmysel, hlúposť; *it's sheer n.* to je číry nezmysel; *make n. of a thing* robiť (z čoho) hlúposti ● *stand no n.* nestrpieť nijaké hlúposti

non-smoker [ˌnonˈsməukə] **1.** nefajčiar **2.** BR nefajčiarsky vozeň

non-stop [ˌnonˈstop] **I.** podst. priamy rýchlik **II.** príd. priamy, bez prerušenia, bez me-

dzipristátia; *a n. train* priamy vlak; *a n. journey* cesta bez prerušenia

noodle[1] [ˈnuːdl] rezanec; *n. soup* polievka s rezancami

noodle[2] [ˈnuːdl] hlupák, mamľas

nook [nuk] kút; *a cosy n.* príjemný kút; *search every n.* prehľadať každý kút

noon [nuːn] poludnie; *at n.* napoludnie

noose [nuːs] **I.** podst. slučka ● *put one's head in the n.* **a)** strčiť hlavu do slučky **b)** nechať sa nachytať **II.** sl. **1.** chytiť do slučky **2.** obesiť

nope [nəup] hovor. ani nápad, nič také

nor [noː] v spojení *neither ... n.* ani..., ani; *he went neither to the theatre nor to the cinema* nešiel ani do divadla, ani do kina; *he doesn't like fish n. does he like pork* nemá rád ryby, ani bravčovinu

normal [ˈnoːml] **I.** príd. **1.** normálny, obyčajný; *the n. temperature of the human body* normálna teplota ľudského tela **2.** kolmý; *n. to the surface* kolmý na povrch **II.** podst. kolmica AM *n. school* učiteľský ústav

normalization [ˈnoːməlaiˈzeišn] normalizácia, usporiadanie; *the n. of diplomatic relations* normalizácia diplomatických vzťahov

Norman [ˈnoːmən] **I.** podst. **1.** normandčina **2.** Norman, Normanďan **II.** príd. normandský; *N. architecture* románska architektúra

northern [ˈnoːðən] *northern hemisphere* severná pologuľa

northwards [ˈnoːθwədz] (smerom) na sever; *travel n.* cestovať na sever

nose [nəuz] **I.** podst. **1.** nos; *a long n.* dlhý nos; *get a blow on the n.* dostať úder do nosa **2.** predná časť, nos; *the n. of the plane/car* predná časť lietadla/auta **3.** čuch; *some animals have a good n.* niektoré zvieratá majú dobrý čuch ● *blow one's n.* vysmrkať si nos **II.** sl. **1.** čuchať (vy)ňuchať; *the dog n-d the rat* pes vyňuchal potkana **2.** hovor. (into) strkať nos (do čoho); *he is always n-ing into other people's affairs* vždy strká nos do záležitostí druhých

nosebleed [ˈnəuzbliːd] krvácanie z nosa; *she suffers from frequent n-s* trpí častým krvácaním z nosa

nostril [ˈnostrəl] nozdra, nosový otvor

nosy [ˈnəuzi] **1.** nosatý **2.** hovor. zvedavý; *our neighbour is very n.* náš sused je veľmi zvedavý

Nosy Parker [ˌnəuzi paːkə] zvedavec; *he is a N. P.* do všetkého strká nos

not [not] nie záporná čast.; *will he do it or n.* spraví to, alebo nie ● *n. yet* ešte nie; *n. either* ani nie; *n. at all* vôbec nie; *whether or n.* či; *say n. so* to nevrav; *fear n.* neboj sa; *I hope n.* dúfam, že nie; *n. that* nie žeby

notable [ˈnəutəbl] pozoruhodný, významný, vynikajúci *n. technique* pozoruhodná technika

notary [ˈnəutəri] notár; *n. public* verejný notár

notch [noč] zárez, vrub

note [nəut] **I.** podst. **1.** oznam, správa, (písomný) odkaz; *he left me a n. about the meeting* nechal mi oznam o schôdzi **2.** mn. č. *n-s* poznámky; *the students took n-s on the professor's lecture* študenti si robili poznámky na profesorovej prednáške **3.** záznam; *a n. of his name* záznam jeho mena **4.** vysvetlivka; *there are n-s at the bottom of the page* na strane dolu sú uvedené poznámky **5.** bankovka; *a £5 n.* 5-librová bankovka **6.** nota; *strike the right n.* zahraj správnu notu ● *compare n-s* vymeniť si názory; *credit n.* dobropis; *delivery n.* dodací list; *explanatory n-s* vysvetlivky **II.** sl. **1.** vziať na vedomie; *please, n. my words* prosím ťa, vezmi na vedomie, čo ti vravím **2.** *n. down* poznamenať si; *the policeman n-d down my name* policajt si poznamenal moje meno

> **note** – poznámka, vysvetlivka
> **notice** – odkaz

notebook [ˈnəutbuk] zápisník, notes, diár
noted [ˈnəutəd] vychýrený, slávny, známy; *a n. scientist* známy vedec
notepad [ˈnəutpæd] poznámkový blok
notepaper [ˈnəutˌpeipə] listový papier
noteworthy [ˈnəutˌwəːði] pozoruhodný; *a n. comment* pozoruhodná pripomienka
nothing [ˈnaθiŋ] **I.** podst. nič; *there was n. in the box* v škatuli nič nebolo ● *for n.* zadarmo; *make n. of* nerozumieť; *next to n.* skoro nič; *there is n. to it* na tom nič nie je; *come to n.* nepochodiť; *have n. to do (with something)* nemať nič spoločné (s kým, čím) **II.** prísl. vôbec nie; *he is n. like his father* vôbec sa nepodobá na svojho otca
notice [ˈnəutəs] **I.** sl. zbadať, všimnúť si; *I n-d a book on the table* všimol som si knihu na stole **II.** podst. **1.** oznámenie, vyhláška; *a n. of marriage* svadobné oznámenie; *put up a n.* vyvesiť vyhlášku **2.** výpoveď; *he received a six-month n.* dostal šesťmesačnú výpoveď

notice board [ˈnəutis boːd] nástenka, vývesná tabuľa; *if you look on the n. b., you will find details of tomorrow's classes* ak sa pozrieš na nástenku, nájdeš tam podrobnosti o zajtrajšom vyučovaní
notify [ˈnəutəfai] oznámiť, ohlásiť; *n. the police of a the theft* ohlásiť krádež na polícii
notion [ˈnəušn] **1.** pojem, predstava; *I have no n. of what you mean by that* nemám ani potuchy, čo tým myslíš **2.** nápad; *his head is full of silly n-s* hlavu má plnú hlúpych nápadov
notorious [nəuˈtoːriəs] **1.** všeobecne známy; *iron is a n. conductor of heat* železo je všeobecne známy vodič tepla **2.** smutne preslávený; *a n. criminal* smutne preslávený zločinec **3.** notorický, chronický, pravidelný; *a n. late comer* chronický oneskorenec
notwithstanding [ˌnotwiðˈstændiŋ] **I.** predl. nehľadiac (na čo), aj napriek (čomu); *n. his knowledge, his experiment failed* aj napriek jeho vedomostiam mu experiment nevyšiel **II.** časť. a predsa, predsa len; *he was forbidden to take part in it n.* he went there mal zakázané zúčastniť sa na tom, a predsa ta šiel
nought [noːt] nula, nič; *the figure contained two n-s* číslo obsahovalo dve nuly; *bring to n.* zničiť; *come to n.* vyjsť nazmar
noun [naun] gram. podstatné meno
nourish [ˈnariš] živiť, vyživovať aj pren.; *n. the tissue* vyživovať tkanivo; *n. feelings of hatred* živiť pocity nenávisti
nourishing [ˈnarišiŋ] výživný; *n. food* výživná potrava
nourishment [ˈnarišmənt] **1.** potrava, výživa; *recovering patients need special n.* rekonvalescenti potrebujú špeciálnu výživu **2.** pren. podporovanie, pestovanie; *n. of hatred* pestovanie nenávisti
novel[1] [ˈnovl] román; *have you read the historical n. by Walter Scott?* čítal si ten historický román od Waltera Scotta?
novel[2] [ˈnovl] nový; *n. ideas* nové myšlienky
novelist [ˈnovləst] románopisec
novelty [ˈnovlti] novinka; *these toys are n-ies* tieto hračky sú novinkou
November [nəuˈvembə] november
novice [ˈnovəs] nováčik, začiatočník; *he is a n. swimmer* v plávaní je začiatočník
now [nau] **I.** prísl. teraz; *where is he n.?* kde je teraz? *n. is the best time to start the experiment* teraz je najlepší čas začať s pokusom ● *before n.* predtým; *by n.* doteraz, o tomto

N

čase; *every n. and then* občas; *from n. on* odteraz; *up till/to n.* doteraz **II.** spoj. *n. that* teraz, keď; *n. that I have seen her, I can understand you* teraz, keď som ju videl, chápem ťa
nowadays [ˈnauədeiz] prísl. dnes, v dnešnom čase, v súčasnosti, teraz; *people are more cautious n.* dnes sú ľudia opatrnejší
nowhere [ˈnəuweə] **1.** nikde; *the boy was n. to be found* chlapca nebolo možné nikde nájsť **2.** nikam; *such methods will get you n.* také metódy ťa nikam neprivedú
noxious [ˈnokšəs] škodlivý, zhubný; *n. chemicals* škodlivé chemikálie; *n. doctrine* zhubná doktrína
nozzle [ˈnozl] hubica, dýza; *a n. with a valve* dýza s ventilom
nuclear [ˈnjuːkliə] nukleárny, jadrový, atómový; *n. arms* atómové zbrane; *n. deterrent* nukleárna hrozba; *n. power plant* atómová elektráreň; *n. warhead* atómová hlavica; *n. waste* jadrový odpad ● *n. fission* štiepenie jadra; *n. test ban* zákaz nukleárnych skúšok
nucleus [ˈnjuːkliəs] mn. č. *nuclei* [ˈnjuːkliai] jadro
nude [njuːd] **I.** príd. **1.** nahý **2.** telovej farby; *n. stockings* pančuchy telovej farby **II.** podst. výtv. akt
nudge [nadž] štuchať; *she n-d him in the ribs* štuchla ho do rebier
nugget [ˈnagət] **1.** hrudka, zrnko (najmä čistého zlata) **2.** pren. zrnko; *a n. of wisdom* zrnko múdrosti
nuisance [ˈnjuːsns] nepríjemnosť, otrava, nešvár; *what a n.!* aká nepríjemnosť! *the gnats are a n.* komáre otravujú život
numb [nam] **I.** príd. **1.** skrehnutý; *fingers n. with cold* prsty skrehnuté od zimy **2.** ľahostajný, tupý, apatický; *n. with grief* apatický od žiaľu **II.** sl. znecitlivieť, strnúť; *his face n-ed* tvár mu strnula
number [ˈnambə] **I.** podst. **1.** číslo; *n. 21* číslo 21 **2.** číslica; *2 is a n.* 2 je číslica **3.** množstvo; *a large n. of students* veľké množstvo študentov **4.** počet; *the n. of students in the lecture hall* počet študentov v posluchárni ● *back n-s* staré čísla časopisu; *current n-s* posledné čísla časopisu; *cardinal n-s* základné číslovky; *ordinal n-s* radové číslovky; *even n.* párne čísla; *odd n.* nepárne čísla **II.** sl. **1.** (o)číslovať; *n. the pages* číslovať strany **2.** (s)počítať, zrátať; *n. the pupils* spočítať žiakov ● *his days are n-ed* jeho dni sú spočítané

Numbers
3,547,221 – three million, five hundred and forty-seven thousand, two hundred and twenty-one
Thousands, millions and billions are marked by comma.
1/2 – one half   *1/3* – one third
1/4 – one quarter   *5/8* – five eights
4/1 – four over one   *1.2* – one point two
0.015 – nought point nought one five
Point is used to mark decimal numbers.

---

numberplate [ˈnambəpleit] štátna poznávacia značka auta; *what's the n. of your car?* akú máš štátnu poznávaciu značku auta?
numeral [ˈnjuːmrəl] **I.** príd. číselný, numerický **II.** podst. **1.** číslica; *Arabic n-s* arabské číslice **2.** gram. číslovka; *cardinal n-s* základné číslovky; *ordinal n-s* radové číslovky
numerous [ˈnjuːmərəs] početný; *a n. family* početná rodina
nun [nan] mníška, rádová sestra
nuncio [nanšiəu] cirk. nuncius; *the Papal n.* pápežský nuncius
nurse [nəːs] **I.** podst. zdravotná sestra, ošetrovateľka, detská sestra; *hospital n.* zdravotná sestra v nemocnici; *Red Cross n.* sestra Červeného kríža ● *head n.* hlavná sestra; *trained n.* diplomovaná sestra **II.** sl. ošetrovať, opatrovať; *she n-s him very thoroughly* ošetruje ho veľmi starostlivo
nursery [ˈnəːsri] **1.** detská izba **2.** detské jasle; *a day n.* denné jasle ● *n. rhyme* detská rýmovačka; BR *n. school* materská škola; *n. slope* cvičná lúka pre lyžiarov
nurture [ˈnəːčə] **I.** podst. výchova a starostlivosť; **II.** sl. vychovávať a starať sa; *n. a child* vychovávať dieťa; *n. a plant* starať sa o rastlinu
nut [nat] **1.** orech **2.** matica; *n. and bolt* matica a skrutka **3.** hlupák
nutcracker [ˈnat̩krækə] aj *n-s* mn. č. luskáč na orechy
nutrition [njuˈtrišn] výživa; *items of n.* zložky výživy
nutritious [njuˈtrišəs] výživný; *milk is very n.* mlieko je veľmi výživné
nuts [nats] hl. AM *n.!* hlúposť!, blbosť!
nutshell [ˈnatšel] orechová škrupina ● *in a n.* stručne
nuzzle [ˈnazl] (against s. o.) tlačiť sa ňufákom (o zvierati – ku komu)

oak [əuk] aj *o. tree* dub (strom aj drevo)

oar [oː] I. podst. veslo II. sl. veslovať

oarsman [ˈoːzmən] mn. č. *-men* [-mən] veslár

oasis [əuˈeisəs] mn. č. *oases* [əuˈeisiːz] oáza; *the travellers stopped at an o.* cestovatelia sa zastavili pri oáze

oast house [ˈəust haus] sušiareň (chmeľu, sladu, tabaku)

oat [əut] obyč. mn. č. *o-s* ovos ● *o. flakes* ovsené vločky

oath [əuθ] mn. č. *oaths* [əuðz] prísaha; *o. of allegiance* prísaha vernosti; *be under o.* byť pod prísahou

oatmeal [ˈəutmiːl] 1. ovsená múka 2. ovsené vločky 3. AM ovsená kaša

obdurate [ˈobdžərət] neoblomný, tvrdohlavý; *o. in his determination* neoblomný vo svojom rozhodnutí

obedience [əˈbiːdiəns] poslušnosť; *blind o.* slepá poslušnosť ● *in o.* podľa rozkazu

obedient [əˈbiːdiənt] poslušný; *o. children* poslušné deti

obese [əuˈbiːs] veľmi tučný, tlstý, obézny

obey [əuˈbei] poslúchať; *children should o. their parents* deti majú poslúchať rodičov

obfuscate [ˈobfəskeit] zatemniť, otupiť myseľ, popliesť; *he was o-d by whiskey* mal myseľ otupenú od whisky; *o. the facts* popliesť fakty

obituary [əˈbičuəri] I. podst. nekrológ II. príd. úmrtný; *o. notice* úmrtie (oznámenie v novinách)

object I. podst. [ˈobdžikt] 1. predmet; *tell me the names of these o-s in English* pomenuj tieto predmety po anglicky 2. cieľ, zámer, účel; *with no o. in life* bez cieľa v živote 3. gram. predmet; *direct/indirect o.* priamy/nepriamy predmet II. sl. [əbˈdžekt] namietať, nesúhlasiť, protestovať; *I o. to her ideas* nesúhlasím s jej nápadmi; *I o. to being treated like this* protestujem proti tomu, ako sa so mnou zaobchádza

object glass [ˈobdžikt ˌglaːs] objektív

objection [əbˈdžekšn] protest, námietka, nesúhlas; *he has strong o-s to getting up early* má ostré námietky proti včasnému vstávaniu; *he took o. to what I said* nesúhlasil s tým, čo som povedal ● *consider the o-s* zvážiť námietky

objective [əbˈdžektiv] I. príd. 1. objektívny, reálny; *o. facts* reálne fakty 2. objektív-

ny, nestranný; *an o. analysis* nestranná analýza 3. gram. predmetový; *o. case* predmetový pád 4. cieľový; *o. area* cieľový priestor II. podst. cieľ (obyč. i vojenský); *all our o-s were achieved* dosiahli sme všetky svoje ciele

objurgate [ˈobdžəːgeit] veľmi ostro odsudzovať; *she o-d his way of living* veľmi odsudzovala jeho spôsob života

obligate [ˈobləgeit] zaviazať si (koho) ● *feel o-d to do sth.* považovať za svoju povinnosť urobiť niečo

obligation [ˌobləˈgeišn] 1. záväzok, povinnosť; *you are under no o. to go there* nie je tvojou povinnosťou ísť ta 2. úpis, dlhopis

obligatory [əˈbligətri] povinný, záväzný; *your attendance at the meeting is o.* tvoja prítomnosť na schôdzi je povinná; *o. precautions* záväzné opatrenia

oblige [əˈblaidž] 1. zaviazať povinnosťou; *the law o-s parents to send their children to school* zákon zaväzuje rodičov posielať deti do školy 2. prinútiť, donútiť; *he was o-d to sell his car* bol prinútený predať auto ● *an early reply will o.* prosím o skorú odpoveď

obliging [əˈblaidžiŋ] ochotný, úslužný; *o. neighbours* ochotní susedia

oblique [əˈbliːk] 1. šikmý, naklonený; *an o. line* šikmá čiara 2. geom. kosý; *o. angle* kosý uhol

obliterate [əˈblitəreit] odstrániť; *o. differences* odstrániť rozdiely

oblivion [əˈbliviən] zabudnutie; *sink/fall into o.* upadnúť do zabudnutia ● *Act/Bill of o.* politická amnestia

oblong [ˈobloŋ] I. príd. podlhovastý, obdĺžnikový; *an o. table* podlhovastý stôl II. podst. obdĺžnik

obnoxious [əbˈnokšəs] nepríjemný; *an o. person/smell* nepríjemný človek/pach

obscure [əbˈskjuə] I. príd. 1. tmavý; *an o. corner* tmavý kút 2. nejasný, nezrozumiteľný; *is the meaning still o. to you?* je ti ten význam ešte stále nejasný? 3. málo známy; *an o. village* málo známa obec II. sl. zahaliť, zatieniť; *the moon was o-d by clouds* mesiac zahalili mraky

observable [əbˈzəːvəbl] 1. hodný uchovania/zachovania; *an o. old tradition* tradícia hodná zachovania 2. badateľný, pozorovateľný; *o. differences* badateľné rozdiely

observance [əb'zə:vns] dodržiavanie (zákonov, predpisov); *the o. of the law* dodržiavanie zákona ● *in o.* na počesť (čoho)
observant [əb'zə:vnt] všímavý; *an o. boy* všímavý chlapec
observation [ˌobzə'veišn] pozorovanie, dohľad; *keep sb. under o.* mať koho pod dohľadom
observatory [əb'zə:vətri] **1.** hvezdáreň **2.** pozorovateľňa
observe [əb'zə:v] **1.** (s)pozorovať, (po)všimnúť si; *o. the behaviour of birds* pozorovať správanie vtákov; *he o-d that it had turned cloudy* všimol si, že sa zamračilo **2.** dodržiavať; *o. the speed limit* dodržiavať obmedzenie rýchlosti
observer [əb'zə:və] pozorovateľ; *an o. of nature* pozorovateľ prírody
obsession [əb'sešn] posadnutosť, utkvelá myšlienka; *he has an o. with death* má utkvelú myšlienku, že zomrie
obsolete ['obsəli:t] zastaraný, nemoderný; *an o. construction* zastaraná konštrukcia; *an o. word* zastarané slovo
obstacle ['obstəkl] (*to*) prekážka (čoho); *his inability to learn foreign languages is an o. to his career* neschopnosť naučiť sa cudzie jazyky je prekážkou jeho kariéry
obstetric [əb'stetrik] **I.** príd. aj *o-al* pôrodný, pôrodnícky; *o. ward* pôrodná sála v nemocnici **II.** podst. *o-s* mn. č. pôrodníctvo
obstinate ['obstənət] **1.** tvrdohlavý, zanovitý, hlavatý, zaťatý; *o. children* tvrdohlavé deti **2.** tvrdošijný, húževnatý, vytrvalý, úporný; *o. resistance* vytrvalý odpor; *an o. disease* úporná choroba
obstreperous [əb'strepərəs] **1.** rozvášnený, hlučný; *o. crowd* rozvášnený dav **2.** trucovitý, vzdorovitý; *an o. child* trucovité dieťa
obstruct [əb'strakt] **1.** zablokovať, zatarasiť; *the roads were o-ed by falling rocks* cesty boli zatarasené padajúcimi skalami **2.** brzdiť, prekážať; *o. the progress* brzdiť pokrok
obstructive [əb'straktiv] prekážajúci, brzdiaci; *an o. attitude* brzdiaci postoj
obtain [əb'tein] získať, nadobudnúť; *he o-ed a large sum of money* získal veľkú sumu peňazí
obtainable [əb'teinəbl] dosiahnuteľný; *that book is not o.* tú knihu nedostať
obtrusive [əb'tru:siv] vtieravý, dotieravý; *o. behaviour* dotieravé správanie
obtuse [əb'tju:s] tupý; *o. angle* tupý uhol
obvious ['obviəs] samozrejmý, zrejmý, jasný; *it's o.* to je jasné ● *make o.* dať jasne najavo

occasion [ə'keižn] príležitosť; *on the o. of her 75th birhday* pri príležitosti jej 75. narodenín
occasional [ə'keižnəl] príležitostný; *an o. trip to London* príležitostný výlet do Londýna ● *o. cause* **a)** druhotný dôvod **b)** zdanlivý dôvod
occasionally [ə'keižnəli] **1.** príležitostne **2.** občas, zavše, sem-tam; *I meet him o.* zavše sa s ním stretávam
occidental [ˌoksi'dentl] západný; *o. culture* západná kultúra ● *o. stones* nepravé drahokamy
occupation [ˌokjə'peišn] **1.** zamestnanie, povolanie; *her o. is nursing* jej povolanie je ošetrovateľstvo **2.** okupácia; *she was born in France during the German o.* narodila sa vo Francúzsku počas nemeckej okupácie
occupy ['okjəpai] **1.** obsadiť, zabrať, uchvátiť; *the enemy o-ied the city* nepriateľ obsadil mesto **2.** zaoberať sa, zamestnávať sa; *he o-ies himself with solving some algebra problems* zamestnával sa riešením nejakých algebrických problémov ● *o. one's mind* zaoberať sa v duchu (čím), premýšľať
occur [ə'kə:] *-rr-* **1.** stať sa, prihodiť sa; *don't let this o. again* nech sa to už viac nestane **2.** vyskytnúť sa; *mistakes o. everywhere* chyby sa vyskytujú všade **3.** prísť na um, napadnúť; *it has never o-red to me* nikdy mi to nenapadlo
occurrence [ə'karəns] **1.** udalosť, príhoda; *an unfortunate o.* nešťastná udalosť **2.** výskyt; *a rare o.* zriedkavý výskyt
ocean ['əušn] oceán; *the Atlantic O.* Atlantický oceán ● *o. liner* zaoceánska loď
o'clock [ə'klok] hodina, pri určovaní času; *it is 8 o'clock* je osem hodín

---

Výraz o'clock sa pridáva iba pri celej hodine. Do tridsiatich minút po celej hodine pripočítavame čas k predchádzajúcej hodine. Ak je viac ako tridsať minút po celej hodine, čas odpočítavame od nasledujúcej hodiny. Čas sa udáva po 12 hodinách, na označenie času od polnoci do poludnia sa používa skratka **a. m.**, čas od poludnia do polnoci sa označuje skratkou **p. m.** V hovorenom prejave treba čas upresniť výrazmi **in the morning, in the afternoon, in the evening** a **at night.**

octagon [ˈɒktəgən] osemuholník

octave [ˈɒktəv] (hud.) oktáva, stupnica, interval; *a singer with a range of three o-s* spevák s hlasovým rozpätím troch oktáv

October [ɒkˈtəubə] október

octopus [ˈɒktəpəs] chobotnica

ocular [ˈɒkjələ] **1.** očný; *o. diseases* očné choroby **2.** očividný, zrejmý, jasný; *o. evidence* jasný dôkaz

odd [ɒd] **1.** nepárny; *1, 3, 5, 7 are o. numbers* 1, 3, 5, 7 sú nepárne čísla **2.** čudný, zvláštny; *he's an old o. man* je to starý čudný človek **3.** príležitostný, nepravidelný; *o. jobs* príležitostné práce **4.** zvyšný, prebytočný; *an o. player* prebytočný hráč

odds [ɒdz] mn. č. **1.** pravdepodobnosť; *the o. are that the good weather will stay until tomorrow* je pravdepodobné, že pekné počasie potrvá do zajtra **2.** šanca, príležitosť na úspech; *o. are against us* nemáme šancu **3.** výhoda; *I ask no o. from them* nežiadam od nich nijakú výhodu ● *what are the o.?* čo na tom záleží? *o. and ends* maličkosti, drobnosti; *against all o.* napriek všetkým pochybnostiam

odious [ˈəudiəs] odporný, protivný, nechutný; *he's an o. young man* je to protivný mladý človek

odour [ˈəudə] AM pach, zápach; *the o. of sweat* zápach potu

of [əv, ɒv] predl. **1.** od (miestna i časová vzdialenosť); *five miles south of London* päť míľ na juh od Londýna; *within a year of his death* v priebehu roka od jeho smrti **2.** (obsah, množstvo, miera); *a glass of milk* pohár mlieka; *a gallon of petrol* galón benzínu **3.** (príčina); *die of hunger* zomrieť od hladu/hladom; *the case of the accident* príčina nehody **4.** od (autorstvo); *the works of Shakespeare* Shakespearovo dielo **5.** z (materiál, prekladá sa príd.); *built of bricks* postavený z tehál/tehlový; *a table of wood* stôl z dreva/drevený stôl; *a dress of silk* hodvábne šaty **6.** vlastnosť, charakteristika (prekladá sa obyč. príd.); *the University of Texas* Texaská univerzita; *a man of courage* odvážny človek; *a girl of eight* osemročné dievča ● *of his own accord* na vlastnú päsť; *of all things* predovšetkým; *of course* samozrejme; *of age* dospelý; *of late* v poslednom čase

off [ɒf, ɔːf] **I.** prísl. **1.** (pohyb) preč; *they got into the car and drove o.* nastúpili do auta a odišli; *o. or I'll shoot* zmizni, lebo strelím **2.** (ukončenie deja) *finish o. your work before you*

leave dokonči svoju prácu prv, než odídeš **3.** (časovú a miestnu vzdialenosť) *Christmas is one week o.* je týždeň po Vianociach; *the village is 10 kilometres o. the town* dedina je 10 km vzdialená od mesta **4.** byť mimo prevádzky, byť odpojený/zrušený; *the brakes are o.* je odbrzdené; *the bet is o.* stávka je zrušená; *the negotiations are o.* rokovanie je prerušené; *the gas is o.* plyn je vypnutý **5.** byť vypredaný; *the potatoes are o.* zemiaky sú vypredané **6.** (o potravinách) byť skazený; *the meat is certainly o.* mäso je určite skazené **7.** nebyť v práci, mať/vziať si voľno; *he took a day o. today,* *he'll come tomorrow* dnes si vzal deň voľna, príďte zajtra **II.** predl. preč z povrchu; *the vase fell o. the table* váza spadla zo stola; *a button has come o. my coat* odtrhol sa mi gombík z kabáta ● *he is o. duty* má po službe

offal [ˈɒfl] vnútornosti, drobky

offence, AM **offense** [əˈfens] **1.** priestupok; *he was fined for a minor traffic o.* platil pokutu za menší dopravný priestupok **2.** urážka; *no o. intended* nebolo to mienené ako urážka

offend [əˈfend] **1.** previniť sa, prehrešiť sa, urobiť priestupok; *o. against good manners* previniť sa voči slušnému správaniu **2.** uraziť; *he was o-ed by my remarks* moje poznámky ho urazili

offensive [əˈfensiv] **I.** príd. **1.** útočný; *o. weapons* útočné zbrane **2.** neprístojný, urážlivý; *o. remarks* urážlivé poznámky **II.** podst. útok, úder, ofenzíva; *the expected o.* očakávaný úder ● *take the o.* prejsť do útoku

offer [ˈɒfə] **I.** sl. ponúkať; *they o-ed a reward for the returned money* ponúkli odmenu za vrátené peniaze **II.** podst. ponuka; *she refused my o-s* odmietla moje ponuky ● *on o.* na predaj

offering [ˈɒfəriŋ] ponuka, dar; *the o. of bribes* ponuka úplatkov

offhand [ˌɒfˈhænd] ihneď, bez prípravy; *I can't tell you o.* neviem ti to hneď povedať

office [ˈɒfəs] **1.** kancelária; *lawyer's o.* advokátska kancelária **2.** úrad; *he is working in an o.* pracuje v úrade **3.** ministerstvo; *the Foreign O.* Ministerstvo zahraničných vecí; *Home O.* Ministerstvo vnútra **4.** funkcia; *the o. of the headmaster* funkcia riaditeľa školy ● *o. car* služobné auto; *o. hours* úradné hodiny

officer [ˈɒfəsə] **1.** dôstojník; *a naval o.* námorný dôstojník, aj *police o.* policajt **2.** štátny úradník; *customs o.* colník; *o-s of state* ministri vo vláde

official [ə'fišl] **I.** príd. úradný, oficiálny; *the news is not o.* správa nie je oficiálna ● *through o. channels* úradnou cestou; *for o. use* na služobné účely **II.** podst. úradník (štátny, vládny); *a government o.* vládny úradník

off-key [ˌof'kiː] hud. rozladený, falošný; *the band was o.* kapela hrala falošne

off-line [ˌof'lain] počítač nezapojený na ústredný počítač

offside [ˌof'said] postavenie mimo hry, ofsajd

offspring ['ofˌspriŋ] potomok; *she's the o. of a teacher and a. musician* je potomkom učiteľa a hudobníčky

often ['ofn] často; *we o. go to the cinema* často chodíme do kina ● *as o. as* zakaždým, kedykoľvek

ogre ['əugə] **1.** rozprávková ľudožravá obluda **2.** strašiak, strašidlo

oh [əu] och, ach (často používané citoslovce)

oil [oil] **I.** podst. olej; *olive o.* olivový olej; *crude o.* ropa; *the car's engine is in need of o.* auto potrebuje olej do motora **II.** sl. (na)olejovať, (na)mazať; *the machine will work better, when it is o-ed* stroj bude lepšie pracovať, keď ho namažeš

oilcan ['oilkæn] olejnička

oil-fired ['oil faiəd] **1.** vykurovaný naftou; *an o. flat* byt vykurovaný naftou **2.** na naftový pohon, naftový; *an o. car* auto na naftu

oil painting ['oil ˌpeintiŋ] olej, olejomaľba (obraz)

oilrig ['oilrig] plávajúca ťažná veža, vrtná plošina na ťažbu ropy z morského dna

oil slick ['oil slik] naftová škvrna (na vode)

oil well ['oil wel] ropný vrt

ointment ['ointmənt] hojivá masť

okay, OK [əu'kei] **I.** prísl. dobre; *the car is going o. now* auto ide teraz dobre **II.** sl. súhlasiť, dať povolenie; *has the bank o-ed your request for a loan?* súhlasila banka s tvojou žiadosťou o pôžičku? **III.** podst. súhlas, povolenie; *I got the o. to leave* dostal som súhlas na odchod

old [əuld] starý; *o. houses* staré domy; *she is fifty years o.* má 50 rokov ● *o. Church Slavonic* staroslovienčina

old age [ˌəuld 'eidž] staroba ● *live to a good o.* dožiť sa vysokého veku

old-fashioned [ˌəuld'fæšnd] staromódny; *an o. dress* staromódne šaty

old-timer [ˌəuld 'taimə] **1.** ostrieľaný, skúsený človek, veterán; *he is one of the o-s in his*

department je jeden z veteránov vo svojom oddelení **2.** starousadlík, čo si veľa pamätá

O level [ou levəl] skr. BR *Ordinary level* nižší stupeň záverečných skúšok na strednej škole

olfactory [ol'fæktri] čuchový; *o. organ* čuchový orgán

olive ['oləv] **I.** podst. oliva (strom aj plod) **II.** príd. olivový; *o. oil* olivový olej

Olympic [ə'limpik] olympijský; *O. Games* olympijské hry

Olympics [ə'limpiks] olympijské hry; *the Atlanta Olympics* Olympijské hry v Atlante

omen ['əumən] znamenie, predzvesť; *good/bad o.* dobré/zlé znamenie ● *of good/ill o.* prinášajúci šťastie/nešťastie

ominous ['omənəs] zlovestný, hrozivý; *o. silence* zlovestné ticho; *o. clouds* hrozivé mračná

omit [əu'mit] *-tt-* **1.** vynechať; *this chapter may be o-ted* túto kapitolu možno vynechať **2.** zabudnúť niečo spraviť; *she o-ted to tell him* zabudla mu to povedať

on [on] **I.** predl. **1.** na, v, do (miesto); *on the desk* na lavici; *on the right* napravo; *on the second floor* na druhom poschodí; *I got on the wrong bus* nastúpil som do nesprávneho autobusu **2.** o (téma, námet); *a book on America* kniha o Amerike; *a lecture on space flights* prednáška o vesmírnych letoch **3.** na (stav); *he's on holiday* je na dovolenke; *drink on an empty stomach* piť na lačno **4.** (smerovanie) k, na; *they marched on the town* pochodovali k mestu **5.** pri, na (blízkosť); *a shop on the main road* obchod pri hlavnej ceste **6.** v, na (účasť na niečom); *he's on the committee* je vo výbore; *which detective is working on this case?* ktorý detektív pracuje na tom prípade? **7.** v (časové určenie dňa); *on Monday* v pondelok; *on the 12th of April* 12. apríla ● *on application* na požiadanie; *on approval* na ukážku; *on good authority* z dobrého prameňa; *on business* služobne; *on sale* na predaj; *on foot* pešo; *on purpose* zámerne; *on the contrary* naopak; *on the whole* vcelku **II.** prísl. ďalej; *go on reading* čítaj ďalej; *the fight is on* bojuje sa ďalej

once [wans] **I.** prísl. **1.** raz, jedenkrát; *o. a day* raz denne **2.** voľakedy, kedysi, raz; *he o. lived in London* voľakedy žil v Londýne; *o. upon a time* kedysi dávno/kde bolo, tam bolo ● *o. and again* občas; *at o.* okamžite, ihneď; *o. more* ešte raz **II.** spojka len čo, keď; *o. the holiday is over, hard work begins* keď bude po dovolenke, začne sa ťažká práca

oncoming [ˈonˌkamiŋ] blížiaci sa; *o. year* budúci rok; *an o. car* blížiace sa auto

one [wan] **I.** čísl. jeden; *o. book* jedna kniha ● *it's all o. to me* je mi to všetko jedno **II.** zám. človek, hovor. jeden, istý; *o. never knows* človek nikdy nevie ● *o. another* navzájom; *they don't like o. another* nemajú sa navzájom radi

onerous [ˈonərəs] obťažný, ťažký; *an o. task* ťažká úloha

oneself [wanˈself] **1.** sa (predmet totožný s pôvodcom deja); *cut o.* porezať sa; *wash o.* umyť sa **2.** sám bez cudzieho zásahu; *one must do everything o.* človek si musí urobiť všetko sám

one-sided [ˌwan ˈsaidəd] jednostranný; *a o. decision* jednostranné rozhodnutie

one-way [ˌwanˈwei] jednosmerný; *a o. street* jednosmerná ulica

ongoing [ˈongəuiŋ] pokračujúci, trvajúci; *o.negotiations* pokračujúce rokovania

onion [ˈanjən] cibuľa; *put plenty of o. in the pan* daj veľa cibule do panvice

on-line/online [onlain] počítač. počítač napojený na centrálny počítač

onlooker [ˈonˌlukə] divák; *a crowd of o-s* dav divákov

only [ˈəunli] **I.** prísl. len, iba; *o. he was there* iba on tam bol; *wait o. 5 minutes* čakaj len 5 minút ● *if o.* keby len **II.** príd. jediný; *she was the o. person who went there* ona bola jediná, čo tam išla ● *o. child* jedináčik; *one and o.* jeden jediný

onset [ˈonset] začiatočný prvý útok, nápor; *the o. of the enemy* začiatočný útok nepriateľa; *the o. of the disease* začiatočný nápor choroby

onus [ˈəunəs] bez mn. č. bremeno; *the o. of duty is with you* bremeno povinnosti je na tebe

onward(s) [ˈonwəd(z)] vpred; *an o. movement* pohyb vpred

ooze [u:z] **I.** podst. bahno; *o. at the bottom of the river* bahno na dne rieky **II.** sl. **1.** presakovať; *blood was still o-ing from the wound* z rany stále presakovala krv **2.** vlhnúť, mokvať; *he was o-ing sweat* vlhol od potu

opaque [əuˈpeik] nepriehľadný, matný; *an o. glass* nepriehľadné sklo

open [ˈəupən] **I.** príd. **1.** otvorený; *leave the door o.* nechaj dvere otvorené **2.** prístupný; *be o. to an idea* byť prístupný myšlienke **3.** úprimný; *an o. face* úprimná tvár ● *o. access* voľný prístup; *in the o. air* vonku **II.** sl. **1.** otvoriť (sa); *o. the window* otvor okno; *the buds o-ed* puky/kvety sa otvorili **2.** výp. ot-

voriť; *o. a data set/file* otvoriť databázový súbor ● *o-ing address* otvárací prejav

open-air [ˌəupən ˈeə] **1.** pod šírym nebom, vonku; *an o. swimming pool* letné kúpalisko **2.** záhradný; *an o. cinema* záhradné kino

opener [ˈəupnə] otvárač; *can o.* otvárač konzerv

opening [ˈəupniŋ] **I.** podst. otvor; *an o. in the hedge* otvor v živom plote **II.** príd. úvodný, otvárací; *o. remarks* úvodné poznámky; *o. hours* otváracie hodiny

opera [ˈoprə] opera ● *o. glass(es)* divadelný ďalekohľad; *an o. house* opera (budova)

operate [ˈopəreit] **1.** fungovať, pracovať; *the lift doesn't o.* výťah nefunguje **2.** operovať; *the doctors decided to o. at once* lekári sa rozhodli ihneď operovať **3.** obsluhovať, riadiť; *who o-s the machine?* kto obsluhuje stroj? **4.** účinkovať (hlavne o lieku); *the drug o-s* liek účinkuje

operation [ˌopəˈreišn] **1.** činnosť, prevádzka; *is this machine in o.?* je tento stroj v prevádzke? **2.** lek. operácia; *an appendicitis o.* operácia slepého čreva **3.** výp. operácia; *fixed point o.* operácia s pevnou čiarkou; *floating point o.* operácia s pohyblivou čiarkou **4.** platnosť; *is this rule in o. yet?* je to pravidlo už v platnosti? ● *o-s manager* vedúci prevádzky

operational [ˌopəˈreišnəl] **1.** prevádzkový; *o. costs* prevádzkové náklady; *the factory is fully o.* továreň je v plnej prevádzke **2.** mat. operačný; *o. symbols* operačné znamienka

operator [ˈopəreitə] **1.** lek. operatér **2.** spojovateľka v centrále **3.** film. kameraman, premietač, operatér **4.** mat. operátor

opinion [əˈpinjən] mienka, názor; *what's your o.?* aký je tvoj názor? ● *in my o.* podľa môjho názoru; *public o. poll* prieskum verejnej mienky

opium [ˈəupiəm] ópium ● *o. den* narkomanský brloh; *o. habit* návyk na ópium

opponent [əˈpəunənt] odporca, oponent, protivník; *an o. of the government* odporca vlády

opportune [ˈopətju:n] vhodný, príhodný; *arrive at a most o. moment* prísť v najvhodnejšej chvíli

opportunity [ˌopəˈtju:nəti] príležitosť; *I had no o. to see the exhibition* nemal som príležitosť vidieť výstavu ● *miss the o.* prepásť príležitosť

oppose [əˈpəuz] **1.** čeliť, odporovať; *o. the government on this matter* odporovať vláde v tejto záležitosti **2.** brániť; *o. the scheme* brániť uskutočneniu návrhu/predstavy

O

opposed [ə'pəuzd] protichodný, nesúhlasný; *their opinions are o.* proti ich názorom sú námietky, s ich názormi sa nesúhlasí

opposite ['opəzət] **I.** prísl. oproti, naproti; *live o. the park* bývať naproti parku **II.** príd. opačný; *I'm on the o. side* som na opačnej strane **III.** podst. opak, protiklad; *hate is the o. of love* nenávisť je opak lásky

opposition [ˌopə'zišn] **1.** opozícia; *the democratic party is in o.* demokratická strana je v opozícii **2.** odpor; *I met with strong o.* stretol som sa so silným odporom

oppress [ə'pres] **1.** utláčať; *a nation o-ed by the enemy* národ utláčaný nepriateľom **2.** kniž. vyčerpať, (z)ničiť (fyzicky); *o-ed by/with worry* zničený starosťami

oppression [ə'prešn] **1.** útlak; *victims of o.* obete útlaku **2.** fyzická vyčerpanosť; *a feeling of o.* pocit vyčerpanosti

oppressive [ə'presiv] **1.** tvrdý, tyranský; *o. laws* tvrdé zákony **2.** nespravodlivý; *o. taxation* nespravodlivé zdanenie **3.** vyčerpávajúci, neznesiteľný; *o. heat* neznesiteľná horúčava

opt [opt] vybrať si

optic ['optik] očný; *the o. nerve* očný nerv ● *o. angle* zorný uhol

optical ['optikl] optický; *o. instruments* optické prístroje ● *an o. illusion* optický klam

optician [op'tišn] optik

optimism ['optəmizm] optimizmus; *be full of o.* byť plný optimizmu

optimistic ['optəmistik] optimistický; *an o. attitude* optimistický postoj

option ['opšn] voľba, rozhodovanie za jednu z možností; *you have no o., you will have to pay for it* nemáš inú možnosť, budeš to musieť zaplatiť

optional ['opšnəl] nepovinný, voliteľný; *Latin is an o. subject at school* latinčina je v škole nepovinný predmet

opulence ['opjələns] bohatstvo, hojnosť, nadbytok

or [ə/o:] **1.** alebo; *is it a girl or a boy?* je to dievča alebo chlapec? **2.** ani (po zápore); *he never smokes or drinks* nikdy nefajčí, ani nepije **3.** lebo; *write slowly or you will make many mistakes* píš pomaly, lebo spravíš veľa chýb ● *either ... or* buď ... alebo; *he'll go either to the theatre or to the cinema* pôjde buď do divadla, alebo do kina; *or so* približne, asi; *I bought a dozen eggs or so* kúpila som asi tucet vajec

oral ['o:rəl] ústny; *o. exams* ústne skúšky

orange ['orəndž] **I.** podst. **1.** pomaranč **2.** oranžová farba **II.** príd. **1.** pomarančový; *an o. drink* pomarančový nápoj **2.** oranžový; *an o. dress* oranžové šaty

orator ['orətə] rečník

orbit ['o:bət] **I.** podst. orbita, obežná dráha planéty/elektrónov ● *put into o.* vypustiť na obežnú dráhu **II.** sl. obiehať po obežnej dráhe, krúžiť; *o. the Earth* obiehať okolo Zeme

orbital ['o:bətl] obežný, orbitálny ● *o. velocity* prvá kozmická rýchlosť 7,9 km/s

orchard ['o:čəd] ovocný sad; *a cherry o.* čerešňový sad

orchestra ['o:kəstrə] orchester

orchestral [o:'kestrəl] orchestrálny

orchid ['o:kəd] orchidea

ordain [o:'dein] **1.** stanoviť, nariadiť zákonom; *the government has o-ed, that...* vláda nariadila, že... **2.** (cirk.) vysvätiť; *he was o-ed a priest* bol vysvätený za kňaza

ordeal [o:'di:l] tvrdá skúška, muky, utrpenie *he went through terrible o-s* prešiel tvrdými skúškami

order ['o:də] **I.** podst. **1.** poradie; *in chronological o.* v chronologickom poradí **2.** poriadok; *put the room in o.* daj izbu do poriadku **3.** rozkaz, nariadenie; *it's an o.* je to rozkaz **4.** poukážka; *money/postal o.* peňažná/poštová poukážka **5.** platobný príkaz; *a banker's o.* platobný príkaz banky ● *be out of o.* nefungovať; *o. of the day* denný program; *made to o.* vyhotovený na objednávku/na mieru **II.** sl. **1.** objednať; *o. a book* objednať knihu **2.** rozkázať, nariadiť; *mother o-ed him to stay at home* matka mu rozkázala, aby zostal doma

orderly ['o:dəli] **1.** uprataný, upravený; *an o. desk* uprataný stôl **2.** disciplinovaný; *o. crowd* disciplinovaný dav

ordinal ['o:dənl] **I.** príd. radový **II.** podst. (aj *o. number*) radová číslovka

ordinary ['o:dnri] **1.** bežný, všedný, obvyklý; *an o. day's work* obvyklá denná práca **2.** priemerný; *his poetry is rather o.* jeho poézia je dosť priemerná

ore [o:] ruda; *iron o.* železná ruda

organ ['o:gən] **1.** orgán; *the o-s of speech* rečové orgány **2.** zložka verejnej správy, orgán; *political o-s* politické orgány **3.** noviny, časopis istej politickej strany; *Union is the official o. of the Slovak Catholics in the US and Canada* Jednota je úradný orgán slovenských

katolíkov v Spojených štátoch a Kanade **4.** organ (hudobný nástroj)
organic [oːˈgænik] (v rozl. význ.) organický; *o. chemistry* organická chémia; *an o. part* organická súčasť; *an o. whole* organický celok
organization [ˌoːgənaiˈzeišn] (v rozl. význ.) organizácia; *a Youth O.* mládežnícka organizácia; *the o. of the nervous system* organizácia nervového systému; *o. of work* organizácia práce
organize [ˈoːgənaiz] **1.** (z)organizovať; *o. a conference* organizovať konferenciu ● *o. committee* organizačný výbor **2.** usporiadať, utriediť; *o. the facts* utriediť fakty
organizer [ˈoːgənaizə] organizátor
oriental [ˌoːriˈentl] orientálny; *o. civilization* orientálna civilizácia
orientate [ˈoːriənteit] **1.** (z)orientovať, určiť polohu; *the driver stopped the car to o. himself* šofér zastavil, aby sa zorientoval **2.** orientovať sa, zameriavať sa; *this English course is o-d to business English* tento kurz angličtiny sa zameriava na obchodnú angličtinu
origin [ˈorədžən] pôvod; *the o. of man* pôvod človeka
original [əˈridžənl] **I.** príd. **1.** pôvodný, originálny; *the o. inhabitants* pôvodní obyvatelia **2.** svojský, osobitý, jedinečný; *he has very o. ideas* má veľmi svojské nápady **II.** podst. pôvodina, originál; *to read Homer in the o.* čítať Homéra v origináli
originality [əˌridžəˈnæləti] pôvodnosť, originalita; *work that lacks o.* práca, ktorej chýba originalita
originally [əˈridžənli] **1.** pôvodne; *o. she was interested in poetry* pôvodne sa zaujímala o poéziu **2.** originálne; *think o.* originálne myslieť
originate [əˈridžəneit] vzniknúť, mať pôvod; *many universities o-d in the Middle Ages* mnohé univerzity vznikli v stredoveku
ornament [ˈoːnəmənt] **I.** podst. ozdoba; *a hall rich in o.* bohato vyzdobená sála **II.** sl. (vy)zdobiť, ozdobiť; *o. a dress with lace* ozdobiť šaty čipkou
ornate [oːˈneit] veľmi vyzdobený
orotund [ˈorətand] **1.** zvučný; *an o. voice* zvučný hlas **2.** bombastický; *o. speeches* bombastické prejavy
orphan [ˈoːfn] **I.** podst. sirota; *that little girl is an o.* to dievčatko je sirota **II.** sl. osirieť; *he o-ed by war* osirel počas vojny, stratil rodičov vo vojne

orphanage [ˈoːfnidž] sirotinec, ústav pre siroty
orthography [oːˈθogrəfi] pravopis, ortografia
oscillate [ˈosəleit] oscilovať, kmitať, vibrovať; *the pendulum o-s regularly kyvadlo* pravidelne kmitá
ostensible [oˈstensəbl] predstieraný, zdanlivý; *he showed o. interest in reading books* prejavil predstieraný záujem o čítanie kníh
ostrich [ˈostrič] pštros ● *have a digestion like an o.* mať dobrý žalúdok
other [ˈaðə] **I.** príd. **1.** iný; *the o. group of students* iná skupina študentov **2.** druhý z dvoch; *I've got one of my gloves, but I can't find the o. one* jednu rukavicu mám, ale neviem nájsť druhú ● *the o. day* nedávno, minule; *every o. day* každý druhý deň; *on the o. hand* naproti tomu, na druhej strane **II.** prísl. inak; *o. than* než, ako; *there was nothing we could do o. than wait* nedalo sa robiť nič, než čakať
otherwise [ˈaðəwaiz] ináč, inak(šie); *you evidently think o.* zjavne rozmýšľaš ináč
otter [ˈotə] vydra (zviera aj kožušina)
OU [əu juː] skr.BR *Open University* univerzita pre diaľkové štúdium
ought [oːt] nemá neurčitok mal by som, mal by si (odporúčaná činnosť); *you o. to see a doctor at once* mal by si ísť ihneď k lekárovi
ounce [auns] unca (váhová jednotka 28,35 g)
our [auə] náš; *it's o. duty to help the wounded* našou povinnosťou je pomôcť zranenému
ours [auəz] náš (samostatne); *this car is o.* toto auto je naše
ourselves [auəˈselvz] **1.** my sami/samy; *we o. have made the mistake* my sami sme urobili chybu **2.** sa, seba; *we enjoyed o.* zabávali sme sa/dobre sme sa cítili ● *(all) by o.* celkom sami
oust [aust] vyhnať, vystrnadiť, vyraziť; *o. a rival from work* vystrnadiť súpera z práce; *o. sb. from his post* vyraziť (koho) zo zamestnania
out [aut] **I.** prísl. **1.** von; *go o.* choď von **2.** vonku; *he's o.* je vonku/nie je doma ● *the book is o.* kniha vyšla; *the fire is o.* oheň vyhasol; *be o. of something* minúť (sa); *I'm o. of bread* minul sa mi chlieb; *o. of date* zastaraný, nemoderný; *o. of breath* bez dychu; *o. of print* rozobraný; *the book is o. of print* kniha je rozobraná; *o. of tune* rozladený; *frighten o. of one's wit* vyľakať na smrť **II.** príd. neprijateľný; *that suggestion is absolutely o.* ten návrh je neprijateľný

O

outbid [aut'bid], *outbid, outbid, -dd-* ponúknuť viac, prelicitovať na dražbe

outbreak ['autbreik] **1.** vypuknutie; *o. of war* vypuknutie vojny **2.** výbuch; *o. of laughter* výbuch smiechu **3.** vzbura; *a slave o.* vzbura otrokov **4.** prepuknutie; *the o. of flu* prepuknutie chrípky

outburst ['autbə:st] výbuch; *o. of anger* výbuch hnevu

outcast ['autka:st] vyvrheľ, vydedenec; *an o. from society* vyvrheľ spoločnosti

outclass [aut'kla:s] prekonať, byť lepší; *he was o-ed by his rival in the race* súper ho prekonal na pretekoch

outcome ['autkam] výsledok; *the o. of the experiment was not satisfactory* výsledok pokusu nebol uspokojivý

outcry ['autkrai] verejný protest; *an o. over the services* verejný protest proti službám

outdo [aut'du:], *outdid* [aut'did], *outdone* [aut'dan] prekonať; *she outdid him in playing chess* prekonala ho v šachu

outdoor [,aut'do:] uskutočnený vonku; *a teacher of o. activities* učiteľ zapojený do mimoškolskej aktivity ● *o. sports* športy na voľnom priestranstve; *an o. dress* vychádzkové šaty; *o. patients* ambulantní pacienti

outdoors [,aut'do:z] vonku, von; *it's cold o.* vonku je zima; *he went o.* išiel von

outer ['autə] **1.** vonkajší; *the o. walls* vonkajšie steny **2.** okolitý; *the o. world* okolitý svet

outfit ['aut,fit] **I.** podst. výstroj, výbava; *a pupil's o. for school* žiacka školská výbava **II.** sl. *-tt-* vybaviť (sa); *o. the family for the holidays* vybaviť rodinu na dovolenku

outflow ['autfləu] **1.** prietok; *a river's o. is expressed in cubic cm p/s* prietok rieky sa vyjadruje kubickými cm/s **2.** únik; *the o. of currency from the country* únik obeživa z krajiny

outgoing [,autg'əuiŋ] spoločenský; *an o. personality* spoločenská osobnosť

outgrow [aut'grəu] *outgrew* [aut'gru:], *outgrown* [aut'grəun] **1.** vyrásť (z čoho); *he outgrew his old shoes* vyrástol zo starých topánok **2.** prerásť; *she outgrew her elder brother* prerástla svojho staršieho brata

outgrowth ['autgrəuθ] výrastok; *an o. on a tree* výrastok na strome

outing ['utiŋ] výlet, vychádzka; *take an o.* ísť na vychádzku

outlaw ['autlo:] človek postavený mimo zákona ● *be made an o.* byť postavený mimo zákona; *Robin Hood was made an o.* Robin Hood bol postavený mimo zákona

outlet ['autlet] **1.** otvor na vypúšťanie (napr. vody), vývod, výpust; *an o. of a reservoir* výpust (vodnej) nádrže **2.** ventil; *an o. for steam* ventil na uvoľnenie pary ● *o. funnel* výlevka

outline ['autlain] **I.** podst. **1.** obrys, kontúra; *he drew the o. of her face* nakreslil kontúry jej tváre **2.** prehľad; *an o. of European history* prehľad dejín Európy ● *in o.* v hlavných črtách **II.** sl. načrtnúť; *he o-d the programme for the summer holidays* načrtol program na letné prázdniny

outlive [aut'liv] **1.** prežiť; *o. one's wife* prežiť manželku **2.** pretrvať; *an institution that o-d centuries* ustanovizeň, ktorá pretrvala storočia

outlook ['autluk] **1.** výhľad; *a pleasant o. over the valley* príjemný výhľad do doliny **2.** vyhliadky; *his business o. is very poor* jeho obchodné vyhliadky sú veľmi biedne **3.** náhľad(y) názor(y), životný postoj; *he has a strange o.* má čudné názory

outlying ['aut,laiŋ] vzdialený, odľahlý; *o. villages* odľahlé obce

outnumber [aut'nambə] prevyšovať počtom; *the boys in the class o. the girls* v triede je viac chlapcov ako dievčat

out-of-the-way [,aut əv ðə 'wei] odľahlý, zastrčený; *an o. cottage* zastrčený domček

out-patient ['aut,peišnt] ambulantný pacient ● *o. ward* ambulancia

output ['autput] **1.** produkcia, objem výroby; *the o. of the factory has increased* objem výroby továrne sa zvýšil **2.** elektr. výkon; *peak o.* najvyšší výkon **3.** výp. výstup

outrage ['autreidž] **I.** podst. **1.** urážka; *an o. upon decency* urážka slušnosti **2.** násilie, krutosť; *o-s committed by the soldiers* násilie páchané vojakmi **II.** sl. uraziť; *o. public opinion* uraziť verejnú mienku

outrageous [aut'reidžəs] **1.** urážlivý; *o. behaviour* urážlivé správanie **2.** neznesiteľný; *o. weather* neznesiteľné počasie

outright **I.** príd. [aut'rait] **1.** jasný; *he is the o. winner* je jasný víťaz **2.** otvorený, úprimný, čestný; *an o. manner* úprimné správanie **II.** prísl. [aut'rait] jasne; *tell him o. what you think* povedz mu jasne, čo si myslíš

outset ['autset] začiatok; *at/from the o. of his career* od začiatku svojej kariéry

outside [aut'said] **I.** predl. **1.** pred (miestne); *wait for me o. the hotel* počkaj na mňa pred

hotelom **2.** von z; *she ran o. the house* bežala von z domu **II.** prísl. vonku; *it's raining o.* vonku prší **III.** príd. ['autsaid] vonkajší; *o. measurements* vonkajšie rozmery **IV.** podst. vonkajšok; *the o. of the house needs painting* vonkajšok domu potrebuje maľovku
  outskirts ['autskə:ts] mn. č. okraj, periféria; *on the o. of New York* na okraji New Yorku
  outspoken [aut'spəukən] otvorený, úprimný; *o. comments* úprimné pripomienky
  outstanding [aut'stændiŋ] **1.** význačný, vynikajúci, výborný; *an o. writer* významný spisovateľ **2.** nezaplatený; *you must pay all o. bills* musíš zaplatiť všetky nezaplatené účty
  outvote [aut'vəut] prehlasovať
  outward ['autwəd] vonkajší; *for o. application* na vonkajšie použitie (liek); *o. appearance* vonkajší vzhľad
  outweigh [aut'wei] prevážiť; *do the disadvantages o. the advantages?* prevážia nevýhody nad výhodami?
  outwit [aut'wit] *-tt-* prejsť cez rozum (komu), dobehnúť, prekabátiť (koho); *the thief o-ted the police* zlodej prešiel polícii cez rozum
  oval ['əuvl] **I.** príd. oválny; *an o. face* oválna tvár **II.** podst. oval, elipsa; *he drew an o.* načrtol elipsu
  ovedose ['əuvədəus] predávkovať
  oven ['avn] rúra; *put the cake into the o.* dať koláč do rúry; *in a slow o.* v mierne vyhriatej rúre
  over ['əuvə] **1.** nad; *rule o. a country* vládnuť nad krajinou **2.** cez; *jump o. the fence* skákať cez plot **3.** o; *an argument o. money* hádka o peniaze **4.** z, zo (pohyb, strata rovnováhy); *fall o.* spadnúť; *roll o.* skotúľať sa; *the vase fell o. the table* váza spadla zo stola **5.** vy-/v- (pohyb smerom von/dnu); *the soup boiled o.* polievka vykypela **6.** pre- (opakovaný dej – od začiatku do konca); *think it o.* premysli si to; *count it o.* prepočítaj to **7.** ešte (zostatok); *is there any bread left o.?* zostal ešte nejaký chlieb? **8.** *be o.* naznačuje ukončený dej; *the lesson is o.* hodina sa skončila ● *all o.* všade; *I ache all o. my body* bolí ma celé telo; *he is famous all o. the world* je známy na celom svete; *o. there* tam; *Where's the tram stop? – O. there.* Kde je zastávka električky? – Tam.
  over- ['əuvə] pre-, príliš..., pri- (v spojení s iným slovom – prehnanie, prebytok, prekročenie normálu); *o.-heated* prekúrený; *o.-polite* prehnane slušný; *o.-tired* príliš unavený

overalls [,əuvər'o:lz] kombinéza, montérky, pracovný oblek/plášť; *put on your o. before starting work* obleč si montérky, prv než začneš pracovať
  overawe [,əuvə'o:] zastrašiť; *they were o-d by his speech* boli zastrašení jeho prejavom
  overbearing [,əuvə'beriŋ] bezočivý, drzý, arogantný; *an o. manner* arogantné správanie
  overboard ['əuvəbo:d] cez palubu; *jump o.* skočiť cez palubu
  overcast [,əuvə'ka:st] zatiahnutý, zamračený; *a slightly o. day* mierne zamračený deň
  overcoat ['əuvəkəut] vrchný kabát, zimník
  overcome [,əuvə'kam] *overcame* [,əuvə'keim], *overcome* prekonať, premôcť; *o. difficulties* prekonať ťažkosti; *o. the temptation* premôcť pokušenie
  overcrowded [,əuvə'kraudəd] preplnený, prepchatý; *o. buses and trams* preplnené autobusy a električky
  overdo [,əuvə'du:], *overdid* [,əuvə'did], *overdone* [,əuvə'dan] **1.** preháňať, zveličovať; *the scene in the play was overdone* scéna v hre bola prehnaná **2.** pripáliť (pri pečení); *overdone beef* pripálená hovädzina
  overdrawn [,əuvə'dro:n] prečerpaný; *my bank account is o.* môj bankový účet je prečerpaný
  overdue [,əuvə'dju:] **1.** oneskorený; *the train is o.* vlak mešká **2.** dávno splatný; *all bills are o.* všetky účty sú už dávno splatné
  overestimate [,əuvə'estəmeit] preceniť, nadhodnotiť; *don't o. your work* nepreceňuj svoju prácu
  overflow I. sl. [,əuvə'fləu] **1.** pretiecť, preliať sa, vyliať sa; *the lake is o-ing* jazero sa vylieva **2.** rozvodniť sa; *the river o-ed* rieka sa rozvodnila **II.** podst. ['əuvəfləu] výp. preplnenie
  overgrown [,əuvə'grəun] **1.** rýchlo vyrastený, vyhúknutý; *an o. boy* vyhúknutý chlapec **2.** zarastený; *a flower-bed o. by weeds* kvetinový záhon zarastený burinou
  overhaul [,əuvə'ho:l] **I.** sl. **1.** dôkladne vyšetriť; *to have the doctor to be o-ed* ísť k lekárovi na dôkladné vyšetrenie **2.** generálne opraviť; *to have the engine o-ed* dať auto do generálnej opravy **3.** predbehnúť; *o. a car* predbehnúť auto **II.** podst. ['əuvəho:l] **1.** dôkladné vyšetrenie **2.** generálna oprava

O

overhead [ˌəuvəˈhed] nad hlavou; *the plane flew o.* lietadlo preletelo nad hlavou

overhear [ˌəuvəˈhiə], *overheard* [əuvəˈhəːd], *overheard* **1.** tajne vypočuť; *he o. people speaking in the room* tajne vypočul ľudí zhovárajúcich sa v miestnosti **2.** náhodou vypočuť, započuť

overlap [ˌəuvəˈlæp] *-pp-* prekrývať sa; *his duties and mine o.* jeho a moje povinnosti sa prekrývajú

overload [ˌəuvəˈləud] preťažiť nákladom; *the car is o-ed* auto je preťažené ● *in o.* plne vyťažený

overlook [ˌəuvəˈluk] **1.** prezrieť si, prelistovať; *o. a book* prelistovať knihu **2.** prehliadnuť, nevšimnúť si; *o. an error* prehliadnuť chybu **3.** mať vyhliadku (na čo); *from my office window I o. the river Danube* z okna pracovne mám vyhliadku na rieku Dunaj

overnight [ˌəuvəˈnait] **I.** príd. nočný, celonočný; *an o. journey* nočná cesta ● *an o. bag* príručná batožina **II.** prísl. na noc, cez noc; *a stop o. in London* zastaviť sa na noc v Londýne

overpayment [ˌəuvəˈpeimənt] preplatok

overproduction [ˌəuvəprəˈdakšn] nadvýroba; *o. of goods* nadvýroba tovaru

overrate [ˌəuvəˈreit] preceniť, nadhodnotiť; *o. someone's abilities* preceniť (niečie) schopnosti

overrun [ˌəuvəˈran] *overran* [ˌəuvəˈræn], *overrun* **1.** zaplaviť, zamoriť (čím), byť plný (čoho); *the house was overrun with mice* dom bol plný myší **2.** prekročiť; *the broadcast overran the allotted time* vysielanie prekročilo stanovený čas

overseas [ˌəuvəˈsiːz] **I.** príd. zámorský; *o. markets* zámorské trhy **II.** prísl. **1.** za morom; *live o.* žiť za morom/v Amerike **2.** do zámoria, za more; *go o.* ísť do zámoria

oversleep [ˌəuvəˈsliːp] *overslept* [ˌəuvəˈslept], *overslept* zaspať; *he overslept this morning* dnes ráno zaspal

overt [ˈəuvəːt] otvorený, zjavný; *o. hostility* otvorená nevraživosť

overtake [ˌəuvəˈteik], *overtook* [ˌəuvəˈtuk], *overtaken* [əuvəˈteikən] **1.** zastihnúť; *he was overtaken by a storm* zastihla ho búrka **2.** predbehnúť; *o. a car on the road* predbehnúť auto na ceste ● *no o-ing* zákaz predbiehania

overthrow [ˌəuvəˈθrəu], *overthrew* [ˌəuvəˈθruː], *overthrown* [ˌəuvəˈθrəun] zvrhnúť; *o. a government* zvrhnúť vládu

overtime [ˌəuvətaim] **I.** prísl. nadčas; *work o.* pracovať nadčas **II.** podst. nadčas; *be paid extra for o.* mať osobitne platené za nadčasy

overture [ˈəuvətjuə] predohra, ouvertúra

overturn [ˌəuvəˈtəːn] prevrhnúť, prevrátiť; *he o-ed the boat* prevrhol čln

overweight [ˈəuvəweit] nadváha; *you must pay extra money for o. luggage* musíš platiť navyše za nadváhu batožiny; *she is a bit o.* má trochu nadváhu

overwhelm [ˌəuvəˈwelm] premôcť (o citoch); *o-ed by grief* premožený žiaľom

overwhelming [ˌəuvəˈwelmiŋ] prevažný, väčšinový; *an o. majority of the staff* prevažná väčšina pracovníkov

overwork [ˌəuvəˈwəːk] prepracovať (sa); *he's o-ed* je prepracovaný

owe [əu] **1.** dlhovať; *I o. you 50 crowns* dlhujem ti 50 korún **2.** vďačiť, byť zaviazaný; *we o. a great deal to our parents and teachers* za veľa vďačíme svojim rodičom a učiteľom

owing [ˈəuiŋ] (to) vďaka (čomu), vzhľadom (na čo); *o. to the rain they could not come* pre dážď nemohli prísť

owl [aul] sova

own [əun] **I.** sl. **1.** vlastniť; *who o-s this land?* kto vlastní túto pôdu? **2.** uznať, pripustiť; *I o. I was wrong* uznávam, že som sa mýlil ● *o. up to sth.* priznať sa k niečomu **II.** príd. vlastný s privlastňovacím zámenom; *it was her o. idea* to bol jej vlastný nápad; *she wants a room of her o.* chce mať svoju vlastnú izbu ● *live on his o.* žiť samostatne

owner [ˈəunə] vlastník, držiteľ, majiteľ; *who is the o. of this building?* kto je majiteľom tejto budovy? *who is the Nobel Prize o. for polarography?* kto je držiteľom Nobelovej ceny za polarografiu?

ownership [ˈəunəšip] vlastníctvo, držba

ox [oks] mn. č. *oxen* [ˈoksn] **1.** obyč. mn. č. hovädzí dobytok **2.** vôl ● *as strong as an ox* silný ako vôl; *play the giddy ox* robiť zo seba blázna

oxen pl. ox

oxide [ˈoksaid] chem. oxid, kysličník

oxygen [ˈoksidžn] chem. kyslík; *lack of o.* nedostatok kyslíka

ozonous [ˈəuzəunəs] ozónový **ozone** [ˈəuzəun] **1.** ozón **2.** morský vzduch

P

pace [peis] **I.** podst. **1.** rýchlosť, tempo; *walk at a slow p.* pomaly kráčať **2.** krok; *finish a few p-s behind the winner* skončiť niekoľko krokov za víťazom ● *keep p.* držať krok; *set the p.* udávať tempo **II.** sl. **1.** chodiť, kráčať; *p. up and down* chodiť hore-dolu **2.** *(off, out)* (krokmi) (od)merať, (vy)merať; *p. off a distance of 50 metres* odmerať vzdialenosť 50 m; *p. out a room* vymerať miestnosť
Pacific [pəˈsifik] *(the) P.* Tichý oceán
pack [pæk] **I.** podst. **1.** batoh **2.** AM škatuľka; *a p. of cigarettes* škatuľka cigariet **3.** svorka; *wolves hunt in p-s* vlky lovia vo svorkách **4.** banda; *a p. of thieves* banda zlodejov **II.** sl. **1.** (za)baliť; *p. a suitcase* zabaliť kufor **2.** natlačiť (sa), napchať (sa); *the bus was p-ed with schoolchildren* autobus bol napchatý školákmi
pack off poslať rýchlo preč; *she p-ed her son off to a camp* rýchlo poslala syna preč do tábora
pack up hovor. prestať pracovať, skončiť; *it's time to p. up* je načase skončiť (prácu)
package [ˈpækidž] **I.** podst. balík; *a p. of books* balík kníh; *she received a p. in the mail* dostala poštou balík **II.** sl. *(up)* zabaliť; *p. up old clothes and put them away* zabaliť staré šatstvo a odložiť ho
packaging [ˈpækidžiŋ] **1.** balenie **2.** obal
packet [ˈpækit] **1.** balíček, škatuľka *a p. of 20 cigarettes* škatuľka 20 cigariet; *a p. of envelopes* zväzok obálok **2.** slang. balík peňazí; *it cost a p.* stálo to kopu peňazí
pact [pækt] pakt, medzinárodná zmluva; *make a p. with sb.* uzavrieť medzinárodnú zmluvu (s kým)
pad [pæd] **I.** podst. **1.** blok; *a writing p.* blok s listovým papierom **2.** vypchávka (krajčírska, čalúnnická) **3.** šport. chránič **4.** bruško laby (psa, líšky) **II.** sl. *-dd-* vypchať, vystlať; *a jacket with p-ded shoulders* kabát s vypchatými plecami
paddle[1] [ˈpædl] **I.** podst. **1.** pádlo **2.** záber pádlom **3.** lopata lodného kolesa **II.** sl. pádlovať ● *p. one's own canoe* spoliehať sa len na seba
paddle[2] [ˈpædl] pľačkať sa; *children enjoy p-ing in shallow water* deti sa rady pľačkajú v plytkej vode
padlock [ˈpædlok] visacia zámka

pagan [ˈpeign] pohan
page[1] [peidž] **I.** podst. strana; *the p-s of a book* strany knihy **II.** sl. očíslovať (strany)
page[2] [peidž] **1.** aj *p. boy* poslíček, sluha (v hoteli, klube, zväčša v uniforme) **2.** hist. páža
pain [pein] **I.** podst. **1.** bolesť, bolesti; *cry with p.* plakať od bolesti; *chest p.* bolesť v hrudi; *have p. in the knee* mať bolesti v kolene **2.** *p-s* mn. č. námaha, úsilie; *get little for one's p-s* dostať málo uznania za svoju námahu ● *p-s and penalties* tresty a pokuty; *take p-s* snažiť sa, vynasnažiť sa **II.** sl. **1.** boliet'; *my wounded arm still p-s* poranené rameno ma ešte stále bolí **2.** trápiť, spôsobovať bolesť; *your negligence p-s your parents* tvoj nezáujem trápi tvojich rodičov
painstaking [ˈpeinzˌteikiŋ] horlivý; *p. effort* horlivé úsilie
paint [peint] **I.** podst. **1.** farba, farbivo **2.** náter; *two coats of p.* dve vrstvy náteru **3.** zastar. líčidlo **4.** *p-s* mn. č. farbičky; *p-s box* súprava farbičiek **II.** sl. **1.** maľovať; *p. in oils/in watercolours* maľovať olejovými/vodovými farbami **2.** natierať; *p. the gate green* natrieť bránku na zeleno **3.** pren. vykresliť ● *it isn't as black as it was p-ed* nie je to také zlé, ako hovoria
paintbrush [ˈpeintbraš] **1.** maliarsky štetec **2.** štetka
painter [ˈpeintə] maliar (umelec aj remeselník)
painting [ˈpeintiŋ] **1.** maľba, obraz **2.** maľovanie, maliarstvo
pair [ˈpeə] **1.** pár; *a p. of shoes* pár topánok **2.** (pri názve jediného predmetu pozostávajúceho z dvoch spojených častí); *a p. of trousers* nohavice; *a p. of sunglasses* slnečné okuliare; *a p. of scissors* nožnice
pal [pæl] hovor. kamarát/ka
palace [ˈpæləs] palác
palate [ˈpælət] podnebie (v ústach); *soft/hard p.* mäkké/tvrdé podnebie; *cleft p.* rázštep ● *have a good p. for sth.* vedieť vychutnať (čo)
pale [peil] **I.** príd. **1.** bledý; *a p. complexion* bledá pokožka **2.** (ako súčasť zložených príd.) bledo-, svetlo-; *p. blue* bledomodrý **II.** sl. (z)blednúť, stratiť farbu; *illness p-d her cheeks* od choroby jej zbledli líca
palm[1] [pa:m] **1.** palma **2.** palmová ratolesť (symbol víťazstva/slávy); ● *bear/carry off the p.* zvíťaziť

palm[2] [pa:m] dlaň ● *hold/have someone in the p. of one's hand* mať/držať koho v hrsti

palpable [ˈpælpəbl] **1.** hmatateľný; *a p. pulse* hmatateľný pulz **2.** zjavný; *a p. error* zjavná chyba

palpitate [ˈpælpəteit] **1.** lek. (o srdci) búšiť; *his heart p-d* srdce mu búšilo **2.** *p. with excitement* chvieť sa vzrušením

palsy [ˈpo:lzi] lek. ochrnutie, paralýza

paltry [ˈpo:ltri] **1.** biedny, chatrný; *a p. house* chatrný dom **2.** podlý; *a p. trick* podlý čin **3.** pren. úbohý, slabý; *a p. excuse* úbohá výhovorka

pan [pæn] **1.** panvica **2.** miska (váh)

pancake [ˈpæŋkeik] palacinka

pane [pein] sklená obločná tabuľa

panel [ˈpænl] **1.** panel, doska (kompaktná časť dverí/steny) **2.** panel (ovládacia pracovná plocha s meracími, kontrolnými a ovládacími prístrojmi); *an aircraft's control p.* ovládací/prístrojový panel lietadla **3.** skupina (ľudí so špeciálnym zameraním); *a p. of experts/advisers* skupina odborníkov/poradcov

pang [pæŋ] záchvat; *a p. of pain/regret* záchvat bolesti/ľútosti

panic [ˈpænik] **I.** podst. zdesenie, panika **II.** sl. prestrašiť, zľaknúť sa, spanikovať

panorama [ˌpænəˈra:mə] panoráma, široký rozhľad

pansy [ˈpænzi] sirôtka (rastlina)

pant [pænt] dychčať, fučať

panties [ˈpæntiz] mn. č. dámske nohavičky

pantry [ˈpæntri] komora, špajza

pants [pænts] **1.** BR nohavičky, spodky **2.** AM nohavice

panty hose [ˈpænti həuz] AM pančuchové nohavice

paper [ˈpeipə] **I.** podst. **1.** papier; *a sheet of p.* hárok papiera **2.** noviny; *the news was in all the p-s* správu priniesli všetky noviny **3.** *p-s* mn. č. doklady **4.** aj *examination p.* písomka, test **5.** (*on*) prednáška; *give/read/present a p. on the latest research* prečítať/predniesť prednášku o najnovšom výskume **II.** sl. (vy)tapetovať; *p. a room* vytapetovať izbu **III.** príd. nereálny; *p. promises* nereálne sľuby

paperback [ˈpeipəbæk] kniha (v brožovanej väzbe)

paper clip [ˈpeipə klip] sponka (na papier, spisy)

paper-mill [ˈpeipə mil] papiereň

paper money [ˈpeipə ˌmani] papierové peniaze/bankovky

paperweight [ˈpeipəweit] ťažidlo (na papier)

paperwork [ˈpeipəwə:k] papierovanie, byrokratická úradnícka práca

parable [ˈpærəbl] prirovnanie, bibl. podobenstvo

par [pa:] **1.** rovnaká úroveň; *be on a p. with sb.* byť na rovnakej úrovni/môcť sa merať (s kým); *below p.* pod úrovňou **2.** (fin.) pari, nominálna hodnota; *at p.* za nominálnu hodnotu

parachute [ˈpærəšu:t] **I.** podst. padák **II.** sl. **1.** zoskočiť s padákom; *p. behind enemy lines* zoskočiť za nepriateľskú líniu **2.** zhodiť padákom; *p. food into an inaccessible area* padákom zhodiť potraviny do neprístupnej oblasti

parachutist [ˈpærəšu:təst] parašutista, výsadkár

parade [pəˈreid] prehliadka; *a military p.* vojenská prehliadka

paradise [ˈpærədais] raj

paragon [ˈpærəgən] (vynikajúci) príklad, vzor, ideál; *he's no p. of virtue* nie je vzorom cnosti

paragraph [ˈpærəgra:f] **1.** odsek **2.** (malý) stĺpec, článok (v novinách), notička

parallel [ˈpærəlel] **I.** príd. **1.** rovnobežný, súbežný, paralelný; *two p. roads* dve rovnobežné cesty; *p. circuit* elektr. paralelný obvod **2.** obdobný, analogický; *there are p. contests run in all bigger towns* obdobné súťaže prebiehajú vo všetkých väčších mestách **II.** podst. **1.** analógia, obdoba; *her lavishness is without p.* jej rozhadzovačnosť nemá obdobu **2.** aj *p. of latitude* zemepisná rovnobežka

paralyse [ˈpærəlaiz] **1.** ochrnúť, ochromieť; *his sister has been p-d for years* jeho sestra je už roky ochrnutá **2.** ochromiť, ohromiť, omráčiť; *p-d with fear* ochromený strachom

paramount [ˈpærəmaunt] **1.** prvoradý, popredný; *a matter of p. importance* záležitosť prvoradého významu **2.** vrchný (inštančne najvyšší); *p. chiefs* vrchní šéfovia

parasol [ˈpærəsol] slnečník

parcel [ˈpa:sl] balík; *express p.* spešnina; *insured p.* cenný balík

pardon [ˈpa:dn] **I.** podst. odpustenie, milosť; *ask for p.* žiadať o milosť ● *I beg your p.* prepáčte; *p.* (so stúpajúcou intonáciou) prosím?, nerozumel som **II.** sl. odpustiť, prepáčiť ● *p. me* prepáčte

parent [ˈpærənt] **1.** rodič **2.** predok

parenthesis [pəˈrenθəsəs] mn. č. *-theses* [-θəsi:z] **1.** okrúhla zátvorka **2.** vsuvka (v texte)

parenthood [ˈpærənthud] rodičovstvo; *voluntary p.* plánované rodičovstvo

parish [ˈpæriš] **1.** farnosť **2.** spoločenstvo farníkov

parity [ˈpærəti] **1.** rovnosť, rovnocennosť, parita; *p. of pay* parita platov **2.** rovnakosť, súbežnosť, analogickosť; *p. of reasoning* analogickosť uvažovania ● *p. of exchange* prepočtový kurz; obch. *p. prices* paritné ceny

park [pa:k] **I.** podst. **1.** park, prírodná rezervácia; *national p.* národný park **2.** (ohraničená) trávnatá plocha (okolo veľkého vidieckeho sídla) **3.** hracia plocha (najmä futbalové ihrisko) **II.** sl. (za)parkovať; *I'm p-ed over there* zaparkoval som (auto) tamto

parking [ˈpa:kiŋ] **1.** parkovanie **2.** miesto na parkovanie; *there's plenty of p. behind the cinema* za kinom je dosť miesta na parkovanie

parking lot [ˈpa:kiŋ lot] AM parkovisko

parking meter [ˈpa:kiŋ ˌmi:tə] parkovacie hodiny

parliament [ˈpa:ləmənt] parlament; *summon/adjourn P.* zvolať/odročiť zasadanie parlamentu; *Act of P.* BR zákon

parliamentary [ˌpa:ləˈmentəri] parlamentný; *p. reform* parlamentná reforma

parlour [ˈpa:lə] **1.** zastar. salón (miestnosť na prijímanie návštev) **2.** (oficiálna) prijímacia miestnosť; *the Mayor's p.* prijímacia miestnosť starostu **3.** AM špeciálna prevádzkareň, salón; *a beauty p.* salón krásy

parrot [ˈpærət] papagáj aj pren.

parsley [ˈpa:sli] petržlen

parson [ˈpasn] farár, pastor

part [pa:t] **I.** podst. **1.** úsek, časť, čiastka; *only p. of the story is true* len časť príbehu je pravdivá **2.** diel, súčasť celku; *p. two of a serial* druhý diel seriálu **3.** časť, súčiastka; *this machine has over a hundred moving p-s* stroj má vyše sto pohyblivých častí **4.** rovnaký diel; *the mixture is one p. wine and two p-s water* zmes pozostáva z jedného dielu vína a dvoch dielov vody **5.** div. úloha, rola; *what is her p. in the play?* akú úlohu hrá v tej hre? **6.** *p-s* mn. č. oblasť; *you're well-known in these p-s* ste preslávený v tejto oblasti ● *for my p.* čo sa mňa týka; *in good p.* v dobrom; *in p.* čiastočne; *take sb.'s p.* zastať sa (koho); *p. and parcel of* podstatná, neoddeliteľná časť (čoho) **II.** prísl. čiastočne, sčasti; *it is p. iron and p. wood* sčasti zo železa, sčasti z dreva **III.** sl. **1.** rozdeliť sa; *the crowd p-ed* dav sa rozdelil **2.** rozísť sa; *let us p. friends* rozídme sa ako priatelia **3.** rozlúčiť sa; *they p-ed at the door* rozlúčili sa pri dverách **4.** pretrhnúť (sa); *the clouds p-ed and the sun shone* mraky sa pretrhli a slnko zasvietilo

partial [ˈpa:šl] **1.** čiastočný, neúplný; *p. success* čiastočný úspech **2.** zaujatý; *a p. judge* zaujatý sudca

participant [pa:ˈtisəpənt] účastník

participate [pa:ˈtisəpeit] (*in*) zúčastniť sa, podieľať sa (na čom); *p. in a discussion* zúčastniť sa diskusie

participle [ˈpa:təsipl] gram. príčastie, participium

particle [ˈpa:tikl] **1.** čiastočka; *p-s of dust* čiastočky prachu **2.** fyz. elementárna častica **3.** kúsok, štipka; *she hasn't a p. of sense* nemá ani štipku rozumu **4.** gram. častica

particular [pəˈtikjələ] **I.** príd. **1.** špeciálny, osobitý; *in this p. case* v tomto osobitnom prípade **2.** zvláštny, výnimočný; *for no p. reason* bez osobitného dôvodu **3.** presný, podrobný; *a full and p. account* úplný a podrobný opis **4.** úzkostlivý; *be p. about one's clothes* úzkostlivo dbať na oblečenie **5.** blízky, drahý; *she's my p. friend* je mojou blízkou priateľkou ● *in p.* obzvlášť, najmä **II.** podst. podrobnosť, detail; *go into p-s* zachádzať do podrobností

particularly [parˈtikjələli] najmä, výslovne, predovšetkým; *everybody but p. Mother* všetci, no najmä mama; *she said most p. not to do it* povedala výslovne, aby sa to nerobilo

partisan [ˌpa:təˈzæn] **1.** partizán **2.** prívrženec, stúpenec; *p. of peace* stúpenec mieru

partly [ˈpa:tli] čiastočne, sčasti; *it is p. true* je to čiastočne pravda ● *p. ...p. ...* jednak..., jednak...; *it was p. your business and p. mine* bola to jednak tvoja, a jednak moja vec

partner [ˈpa:tnə] spoločník/čka, partner/ka

partnership [ˈpa:tnəšip] **1.** partnerstvo, spolupráca; *do st. in p. with sb.* robiť niečo v spolupráci (s kým) **2.** partnerstvo, spoločenstvo

partridge [ˈpa:tridž] jarabica

part-time [ˈpa:t ˌtaim] **I.** (príd.) pracujúci na skrátený úväzok; *a p. waitress* čašníčka pracujúca na skrátený úväzok **II.** (prísl.) na skrátený úväzok; *he works p.* pracuje na skrátený úväzok

party [ˈpa:ti] **I.** podst. **1.** polit. strana; *the Labour P.* Strana práce **2.** práv. stránka, strana; *the two p-ies concerned* zúčastnené strany **3.** večierok, oslava; *a birthday p.* večierok na oslavu narodenín **II.** príd. **1.** stranícky **2.** spoločenský; *a p. dress* spoločenské oblečenie

pass [paːs] **I.** podst. **1.** lístok, priepustka; *a free p.* voľný lístok; *no admittance without a p.* vstup len na priepustku **2.** prihrávka (lopty); *a clever p.* šikovná prihrávka **3.** horský priesmyk **II.** sl. **1.** prejsť, prechádzať; *the path was too narrow for cars to p.* cestička bola priúzka na to, aby po nej mohli prechádzať autá **2.** ísť okolo, predísť, minúť; *she waved at me as she p-ed* zakývala mi, keď išla popri mne **3.** podať; *p. me the bread, please* podajte mi, prosím, chlieb **4.** tráviť; *we p-ed the time chatting* trávili sme čas rozprávaním **5.** prejsť, prekročiť; *they p-ed the frontier* prekročili hranice **6.** (oficiálne) schváliť; *p. a law* schváliť zákon **7.** zložiť, vykonať; *p. an exam* zložiť skúšku
pass away zomrieť
pass down/on odovzdať, prejsť; *p. down from father to son* prejsť z otca na syna
pass out omdlieť
passage [ˈpæsidž] **1.** aj **passageway** [ˈpæsidžˌwei] (dlhá, úzka spojovacia) chodba **2.** priechod; *we forced a p. through the crowd* vynútili sme si priechod cez dav **3.** cesta (loďou/lietadlom); *we booked our p. to New York* rezervovali sme si plavbu/let do New Yorku **4.** prechod; *the p. of vehicles over a bridge* prechod vozidiel cez most **5.** plynutie (času); *with the p. of time she forgot her old friends* časom zabudla na svojich starých priateľov **6.** pasáž (slovesného al. hudobného diela)
passenger [ˈpæsəndžə] cestujúci
passerby [ˌpaːsəˈbai] mn. č. *passersby* [ˌpaːsəzˈbai] okoloidúci
passing [ˈpaːsiŋ] **I.** (príd.) **1.** odchádzajúci, míňajúci sa; *p. time* míňajúci sa čas **2.** prchavý; *a p. thought/moment* prchavá myšlienka/okamih **II.** (podst.) **1.** prechádzanie **2.** (euf.) smrť
passion [ˈpæšn] vášeň, náruživosť
passionate [ˈpæšnət] vášnivý, náruživý; *a p. nature* náruživá povaha
passive [ˈpæsiv] **I.** príd. **1.** pasívny; *p. resistance* pasívny odpor/rezistencia **2.** ľahostajný; *a p. person* ľahostajný človek **II.** podst. gram. pasívum, trpný rod
passport [ˈpaːspoːt] cestovný pas
password [ˈpaːswəːd] **1.** heslo (vojenské, tajné) **2.** kód
past [paːst] **I.** príd. minulý, uplynulý, predošlý; *the p. tense* minulý čas; *p. generations* predošlé generácie **II.** podst. minulosť; *we*

cannot change the p. minulosť nemôžeme zmeniť **III.** predl. **1.** preč, cez, po; *ten p. eight* osem hodín 10 minút; *an old man p. eighty* starec po osemdesiatke **2.** ďalej ako, za; *he walked p. our house* šiel ďalej, ako je náš dom **3.** (prekročenie možností, schopností); *the old man is p. working* starec už nie je schopný pracovať
paste [peist] **1.** nátierka, pasta; *anchovy p.* sardelová pasta; *fish p.* rybacia nátierka **2.** maslové cesto **3.** škrobové lepidlo
pastime [ˈpaːstaim] zábava (akákoľvek činnosť na príjemné strávenie času); *photography is her favourite p.* vo voľnom čase najradšej fotografuje
pastry [ˈpeistri] **1.** cesto **2.** (sladké) pečivo, cukrárenské výrobky; *almond/butter p.* mandľové/maslové pečivo
pasture [ˈpaːsčə] podst. pastvina, pasienok
pasty [ˈpeisti] (o tvári) bledý, nezdravý
pat [pæt] **I.** podst. potľapkanie; *a reassuring p. on the arm* povzbudivé potľapkanie po pleci **II.** sl. *-tt-* potľapkať; *p. a dog* potľapkať psa **III.** prísl. ihneď, pohotovo; *a p. answer* pohotová odpoveď
patch [pæč] **1.** záplata; *trousers with p-es* nohavice so záplatami **2.** fľak, kúsok zeme; *p-es of green* fliačiky zelene **3.** záhon; *a cabbage p.* záhon kapusty
patchwork [ˈpæčwəːk] **1.** textilná technika zošívania kúskov látok; *p. quilt* prikrývka zošívaná z kúskov látky **2.** pren. zlátanina; *a p. of four languages* zlátanina štyroch jazykov
patent [ˈpeitnt] **I.** príd. **1.** jasný, zrejmý, evidentný; *he had a p. dislike for her* očividne ju nemal rád **2.** patentný; *p. lock* patentná zámka **II.** podst. **1.** patent **2.** hist. panovnícka listina
paternal [pəˈtəːnl] **1.** otcovský; *a p. smile* otcovský úsmev **2.** z otcovej strany; *p. grandfather* starý otec z otcovej strany
path [paːθ] mn. č. *p-s* [paːðz] **1.** (vychodená) cesta, cestička, chodník; *keep to the p. or you may lose your way* držte sa chodníka, aby ste nezablúdili **2.** dráha, trasa; *the Moon's p. round the Earth* dráha Mesiaca okolo Zeme
pathetic [pəˈθætik] smutný, žalostný; *a p. sight* smutný pohľad; *p. ignorance* žalostná nevedomosť
pathfinder [ˈpaːθˌfaində] priekopník, pionier
patience [ˈpeišns] **1.** trpezlivosť **2.** pasians; *play p.* vyložiť pasians ● *be out of p. (with sb.)* nemať trpezlivosť (s kým); *lose (one's) p. (with sb./sth.)* stratiť trpezlivosť (s kým/čím)

patient [ˈpeišnt] **I.** príd. trpezlivý **II.** podst. pacient/ka

patriotic [ˌpætriˈotik] vlastenecký

patriotism [ˌpætriɪtizm] vlastenectvo

patriarch [ˈpeitria:k] patriarcha aj náb.

patriot [ˈpeitriɪt] vlastenec, patriot

patrol [pɪˈtrɪul] **I.** (podst.) hliadka (policajná, vojenská) **II.** (sl.) hliadkovať

patron [ˈpeitrn] patrón

patronize [ˈpætrɪnaiz] **1.** podporovať; *p. a young artist* podporovať mladého umelca **2.** správať sa povýšene; *don't p. me, I know as much as you* nesprávaj sa tak povýšene, viem toľko ako ty

pattern [ˈpætn] **1.** vzor, príklad; *his behaviour set the p. for the others* jeho správanie bolo vzorom pre ostatných **2.** vzor, vzorka; *a geometrical p.* geometrický vzor **3.** odb. model, schéma; *new p-s of family life/behaviour* nové modely rodinného života/správania **4.** strih (na šitie)

pause [po:z] **I.** podst. **1.** prestávka, pauza; *during a p. in the conversation* v prestávke rozhovoru **2.** hud. koruna **II.** sl. spraviť prestávku, zastaviť sa (v reči, pohybe); *he p-d to look round* zastavil sa, aby sa poobzeral; *he p-d to listen to the news* odmlčal sa, aby si vypočul správu

pave [peiv] (vy)dláždiť; *p. a road* vydláždiť cestu

pavement [ˈpeivmɪnt] **1.** BR chodník **2.** AM dlažba

paw [po:] **I.** podst. laba, tlapa; *a dog's p.* laba psa **II.** sl. **1.** driapať, škrabať (labou); *the dog p-ed at the door* pes škrabal labou na dvere **2.** hrabať, rozrývať (kopytami); *the horses began p-ing* kone začali hrabať kopytami

pawn [po:n] **I.** podst. záloh **II.** sl. založiť do záložne

pawnshop [ˈpo:nšop] záložňa

pay [pei], *paid* [peid], *paid* **1.** (za)platiť; *p. in cash* platiť v hotovosti **2.** vyplácať sa; *sheep farming doesn't p.* chov oviec sa nevypláca **3.** dať, venovať; *p. attention* dávať pozor

pay back vrátiť (požičané); *I'll p. you back tomorrow* vrátim ti peniaze zajtra

pay for pykať; *he will have to p. for his foolish behaviour* za svoje nerozumné správanie bude musieť pykať

pay in/into vložiť; *p. a sum into one's account* vložiť sumu na (niečí) účet

pay off 1. vyplatiť; *p. off a debt* vyplatiť dlh **2.** podplatiť (koho)

payment [ˈpeimɪnt] platba, platenie

pay packet [ˈpei ˌpækɪt] výplatné vrecko

payroll [ˈpeirɪul] výplatná listina

PC [pi: ˈsi:] skr. *personal computer* osobný počítač

PE [pi: ˈi:] skr. *physical education* telesná výchova

pea [pi:] hrach, hrášok ● *as like as two p-s in a pod* podobní ako vajce vajcu

peace [pi:s] **1.** mier; *make one's p. (with sb.)* uzavrieť mier (s kým); *keep/breach the p.* udržať/porušiť mier **2.** pokoj, verejný poriadok; *King's/Queen's p.* verejný poriadok, ako ho zaručuje zákon; *a breach of the p.* porušenie verejného poriadku **3.** pokoj; *p. of mind* pokoj duše ● *at p.* **a)** pokojný, **b)** euf. mŕtvy; *hold one's p.* mlčať; *make one's p. (with sb.)* udobriť sa (s niekým); *Justice of the P.* zmierovací sudca

peaceful [ˈpi:sfl] **1.** mierumilovný; *p. nations* mierumilovné národy **2.** tichý; *a p. evening* tichý večer; *a p. death* pokojná smrť

peace-mission [ˈpi:s ˌmišn] mierové poslanie

peach [pi:č] broskyňa (strom i ovocie)

peacock [ˈpi:kok] páv

peak [pi:k] **I.** podst. **1.** vrchol, štít; *the climbers succeeded in reaching the p.* horolezcom sa podarilo dosiahnuť vrchol/štít **2.** špička (maximálne zaťaženie); *p. hours of traffic* dopravná špička; *off-p. flights* lety mimo špičky **3.** štítok čiapky **II.** príd. vrcholný; *p. productivity* vrcholná produktivita **III.** sl. (vy)vrcholiť; *sales have now p-ed* predaj teraz vyvrcholil

peanut [ˈpi:nat] búrsky oriešok, arašíd ● *p. butter* arašidové maslo

peanuts [ˈpi:nats] hovor. almužna; *he pays his workers p.* platí robotníkom len almužnu

pear [peɪ] hruška (plod aj strom)

pearl [pɪ:l] **1.** perla aj pren.; *a necklace of p-s* náhrdelník z perál; *a p. of wisdom* perla múdrosti **2.** aj *mother of p.* perleť; *p. buttons* perleťové gombíky ● *cast p-s before swine* hádzať perly sviniam

peasant [ˈpeznt] sedliak, roľník, vidiečan

pebble [ˈpebl] okruhliak, oblý kameň

peck [pek] **I.** sl. **1.** zobať, ďobať; *hens p. at the corn* sliepky zobú zrno **2.** hovor. letmo pobozkať; *she p-ed his cheek* letmo ho pobozkala na líce **II.** podst. **1.** zobnutie, ďobnutie **2.** letmý bozk

P

peculiar [pi'kju:liə] **1.** (*to*) vlastný, príznačný; *customs p.* to these tribes zvyky vlastné týmto kmeňom; *a style p.* to the eighteenth century štýl príznačný pre osemnáste storočie **2.** (po)divný, čudný; *a p.* taste divná chuť; *feel p.* mať čudný pocit **3.** zvláštny, mimoriadny; *a matter of p.* interest záležitosť vzbudzujúca mimoriadny záujem
pedal ['pedl] **I.** podst. pedál **II.** sl. *-ll-* šliapať na pedále; *he p-led away on his bicycle* odišiel na svojom bicykli
pedestrian [pə'destriən] **I.** podst. chodec; *p-s are often killed in traffic accidents* chodci často prichádzajú o život pri dopravných nehodách **II.** príd. **1.** peší, chodecký; *p. precinct* pešia zóna **2.** nudný, jednotvárny; *a p. performance* nudné predstavenie
pedestrian crossing [pə,destriən 'krosiŋ] prechod pre chodcov
pedestrian island [pə,destriən 'ailənd] ostrovček pre chodcov
pedestrian precinct [pə,destriən 'pri:siŋkt] pešia zóna
pedigree ['pedəgri:] **I.** podst. rodokmeň **II.** príd. čistokrvný; *a p. poodle* čistokrvný pudlík
pedlar aj **peddler** ['pedlə] AM podomový obchodník
pee [pi:] hovor. močiť
peel [pi:l] **I.** sl. (o)šúpať, (o)lúpať; *p. potatoes* šúpať zemiaky; *p. the skin off a banana* olúpať banán **II.** podst. šupa, šupka
peep [pi:p] **I.** sl. **1.** nazrieť, (na)kuknúť, kradmo/potajomky pozrieť; *p. through a keyhole* nakuknúť cez kľúčovú dierku **2.** vykuknúť; *the moon p-ed out from behind the clouds* mesiac vykukol spoza oblakov **3.** hovor. muknúť; *don't say a p. about this* ani o tom nemukni **II.** podst. krátky pohľad, mrknutie, kradmý pohľad; *have a p. through the window (at)* ukradomky pozrieť cez oblok (na koho)
peer[1] [piə] **1.** rovesník; *the opinions of his p-s are important to him* názory rovesníkov sú preň dôležité **2.** (vo Veľkej Británii) príslušník šľachty, šľachtic; *p-s of the realm* peerovia (s právom zasadať v Snemovni lordov, tzv. Hornej); *life p.* doživotný peer; *hereditary p.* peer s dedičným nárokom na členstvo v Snemovni lordov ● *without p.* s ničím neporovnateľný
peer[2] [piə] **1.** (*at/into*) uprieť zrak (na čo/do čoho); *p. into space* upierať zrak do diaľky; *p. at the street signs* upierať zrak na dopravné

značky **2.** vystrkovať (hlavu, puk), vykúkať; *crocuses begin to p.* krókusy už vystrkujú puky
peg [peg] **I.** podst. **1.** kolík; *a tent p.* stanový kolík **2.** vešiak; *hat and coat p-s* vešiaky na kabáty a klobúky **3.** štipec; *clothes p.* štipec na bielizeň **II.** sl. *-gg-* pripevniť štipcom
peg away (*at*) vytrvale pracovať (na čom)
pen [pen] pero; *fountain p.* plniace pero; *ballpoint p.* guľôčkové pero
penalty ['penlti] **1.** trest, pokuta, penále; *death p.* trest smrti **2.** šport. penalta
penalty area ['penlti ,eriə] pokutové územie
pence [pens] p. **penny**
pencil ['pensl] ceruzka
pendant ['pendənt] prívesok; *a jewelled p.* prívesok s drahokamom
pending ['pendiŋ] neukončený, neskončený
pendulum ['pendjuləm] kyvadlo
penetrate ['penətreit] **1.** (*into, to, through*) vniknúť, preniknúť (do čoho, cez čo, čím); *the knife p-d his chest* nôž mu vnikol do hrude **2.** pochopiť, odhaliť; *we soon p-d his intentions* čoskoro sme odhalili jeho zámery **3.** preniknúť, ovládnuť; *she was p-d with love for her husband* prenikla ju láska k manželovi
pen friend ['pen frend] priateľ/ka, s ktorým/ktorou si píšeme
penguin ['peŋgwən] tučniak
peninsula [pə'ninsjələ] polostrov
penis ['pi:nəs] (anat.) penis, mužský pohlavný úd
pen name ['pen,neim] pseudonym
penknife ['pennaif] mn. č. *-knives* [-naivz] vreckový nožík
penny ['peni] mn. č. *pence* [pens] penny (jednotka britskej meny)
pension[1] ['penšn] dôchodok; *old age p.* starobný dôchodok; *war p.* dôchodok pre vojnových invalidov; *retire on a p.* odísť do dôchodku
pension[2] ['pansion] (v Európe, okrem Veľkej Británie) penzión, hotel (s plnou penziou)
pensioner ['penšənə] dôchodca/dôchodkyňa
pentagon ['pentəgən] päťuholník; *the P.* Pentagon (Ministerstvo obrany USA)
penitence ['penitəns] pokánie, kajúcnosť
Pentecost ['pentikost] Turíce, svätodušné sviatky
penthouse ['penthaus] mn. č. *-houses* [-hauzəz] (luxusný) podkrovný byt
people ['pi:pl] **1.** ľudia; *streets crowded with p.* ulice plné ľudí **2.** občania, obyvateľstvo; *the p. in the village* obyvateľstvo dediny

3. ľud; *government of the p.* vláda ľudu **4.** hovor. blízki príbuzní, rodina; *come and meet my p.* poď a zoznám sa s mojou rodinou **5.** *p-s* mn. č. národy; *the p-s of the world* národy sveta

people – ľudia
peoples – národy

pep [pep] **I.** podst. hovor. sila, sviežosť, vitalita, energia ● *p. pill* tabletka na povzbudenie; *p. talk* povzbudzujúca reč **II.** sl. *-pp-(up)* hovor. povzbudiť, vzpružiť, oživiť
pepper[1] [ˈpepə] **I.** podst. mleté korenie **II.** sl. pren. zasypať; *p. sb. with questions* zasypať (koho) otázkami
pepper[2] [ˈpepə] paprika (zelenina); *green/hot p.* zelená/štipľavá paprika
peppercorn [ˈpepəkɔːn] zrnko čierneho korenia
pepper mill [ˈpepəmil] mlynček na korenie
peppermint [ˈpepəˌmint] **1.** mentol **2.** aj *mint* (cukrík) mentolka
peppery [ˈpepəri] **1.** (o)korenený; *that's too p.* je to príliš okorenené **2.** prchký; *a p. old man* prchký starec
per [pə] **1.** na, za (vyjadruje rozdelenie); *p. hour* za hodinu; *p. annum* ročne; *p. diem* na deň; *p. mille* promile; *shilling p. man* šiling na každého človeka **2.** prostredníctvom (vyjadruje prostriedok); *p. post* poštou; *p. rail* železnicou; *p. return* obratom
perambulator [pəˈræmbjəleitə], kniž., aj **pram** BR detský kočík
perceive [pəˈsiːv] **1.** vnímať; *we p. the world through our senses* svet vnímame zmyslami **2.** pochopiť, uvedomiť si; *they p-d that they were unwelcome and left* pochopili, že nie sú vítaní a odišli
per cent [pəˈsent] percento

per cent – two words

percentage [peˈsentidž] **1.** percento; *a small p. of voters* malé percento voličov **2.** výhoda; *there's no p. in it* z toho nekuká nič
perception [pəˈsepšn] vnímanie, percepcia
perch [pəːč] **I.** podst. bidlo **II.** sl. sedieť na bidle; *birds p-ed upon the television aerial* vtáky sedeli na televíznej anténe
percussion [pəˈkašn] **1.** náraz (dvoch tvrdých predmetov), úder; **2.** *(the) p.* bicie (nástroje) *a drum is a p. instrument* bubon je bicí nástroj

perennial [pəˈreniəl] **I.** príd. trvalý; *a p. problem* trvalý problém **II.** podst. trvalka
perfect [ˈpəːfikt] **I.** príd. **1.** dokonalý, vynikajúci, nádherný; *a p. rose* nádherná ruža **2.** presný; *a p. copy* presná kópia **3.** úplný, vyložený; *p. nonsense* vyložený nezmysel **II.** sl. [pəˈfekt] zdokonaliť (sa); *p. one's English* zdokonaliť sa v angličtine
perfection [pəˈfekšn] **1.** dokonalosť; *bring to p.* dosiahnuť dokonalosť **2.** dokonalá ukážka; *it was the very p. of beauty* bola to ukážka dokonalej krásy
perfectly [ˈpəːfiktli] **1.** dokonale, úplne; *p. happy* dokonale šťastný **2.** bezchybne; *she danced it p.* zatancovala to bezchybne
perforate [ˈpəːfəreit] perforovať, prepichovať, (pre)dierkovať; *a p-d sheet of postage stamps* perforovaný hárok poštových známok
perform [pəˈfɔːm] **1.** vykonať, splniť; *p. a task* splniť úlohu **2.** predviesť, zahrať; *p. „Hamlet"* zahrať „Hamleta"
performance [pəˈfɔːməns] **1.** vykonávanie, (s)plnenie; *faithful in the p. of his duties* spoľahlivý v plnení svojich povinností **2.** výkon; *are you satisfied with the p. of your new car?* ste spokojný s výkonom svojho nového auta? **3.** predstavenie; *two p-s a day* dve predstavenia denne
performer [peˈfɔːmə] účinkujúci umelec/kyňa
perfume [ˈpəːfjuːm] **I.** podst. **1.** voňavka; *French p-s* francúzske voňavky **2.** vôňa; *the p. of roses* vôňa ruží **II.** sl. navoňať, navoňavkovať
perhaps [pəˈhæps] azda, možno
peril [ˈperəl] kniž. vážne nebezpečenstvo; *be in p. of one's life* byť v nebezpečenstve života ● *at one's p.* na vlastné nebezpečenstvo
period [ˈpiriəd] **I.** podst. **1.** doba, čas, obdobie; *the p. of incubation* inkubačná doba **2.** éra, epocha, doba; *the modern p.* moderná éra **3.** vyučovacia hodina; *20 p-s a week* 20 vyučovacích hodín týždenne **4.** AM bodka; *I am not going, p.!* nepôjdem a dosť! **5.** menštruácia **II.** príd. **1.** dobový, štýlový; *p. furniture* štýlový nábytok **2.** historický; *a p. play* historická hra
periodical [ˌpiriˈodikl] periodikum/periodická tlač
perish [ˈperiš] **1.** zahynúť, zomrieť; *hundreds of people p-ed in the earthquake* pri zemetrasení zahynuli stovky ľudí **2.** umoriť, veľmi vyčerpať; *we were p-ed with hunger* hlad nás veľmi vyčerpal ● *p. the thought* nie aby ťa napadlo!
perjure [ˈpəːdžə] aj *p. oneself* krivo prisahať

P

perm [pə:m] **I.** podst. hovor. trvalá; *go to the hairdresser's for a p.* ísť ku kaderníčke na trvalú **II.** sl. hovor. urobiť trvalú; *I'm having my hair p-ed today* dám si dnes urobiť trvalú
permanent [ˈpə:mənənt] trvalý, stály; *a p. address* stála adresa ● *p. wave* trvalá ondulácia
permeate [ˈpə:mieit] preniknúť, prestúpiť, presiaknuť; *water p-d the dam* voda presiakla cez hrádzu; *bad smell p-d the room* do miestnosti vnikol zápach
permission [pəˈmišn] dovolenie, súhlas; *with your p.* s vaším dovolením; *obtain written p.* dostať písomný súhlas ● *give/grant p. (for/to)* dovoliť, aby
permissive [pəˈmisiv] zhovievavý, tolerantný; *p. parents* zhovievaví rodičia
permit I. sl. [pəˈmit] *-tt-* **1.** dovoliť; *circumstances do not p. me to help* okolnosti mi nedovolia pomôcť **2.** (*of*) pripustiť; *the situation does not p. of any delay* situácia nepripúšťa žiadny odklad **II.** podst. [ˈpə:mit] písomné povolenie/súhlas; *you won't get there without a p.* bez písomného povolenia sa ta nedostanete
permutation [ˌpə:mju:ˈteišn] zámena, obmena
pernicious [pəˈnišəs] zhubný, škodlivý; *a p. influence* zhubný vplyv
perpendicular [ˌpə:pənˈdikjələ] **1.** zvislý, kolmý **2.** gotický (v angl. architektúre)
perpetual [pəˈpečuəl] večný, neprestajný, stály, ustavičný; *p. motion* ustavičný pohyb
perplex [pəˈpleks] **1.** zmiasť, (po)pliesť, uviesť do pomykova; *he p-ed her by his actions* zmiatol ju svojím konaním **2.** zamotať, komplikovať; *don't p. the issue* nekomplikuj problém
per se [ˌpə:ˈsei] samo osebe; *that's a very beautiful piece of furniture p. s. but it doesn't go with the rest of the room* ten kus nábytku je sám osebe krásny, ale nehodí sa k ostatnému zariadeniu v izbe; *it's not the work p.s. that bothers me, it's the idle time* nie práca sama osebe ma trápi, ale premárnený čas
persecute [ˈpə:sikju:t] prenasledovať; *the Romans p-d the Christians* Rimania prenasledovali kresťanov
perseverance [ˌpə:səˈvirəns] vytrvalosť, húževnatosť
persevere [ˌpə:səˈviə] (*at/in/with*) vytrvať, vydržať (v čom); *p. in one's studies* vytrvať v štúdiu
persist [pəˈsist] **1.** (*in, with*) trvať, nepopúšťať; *we shall p. in our efforts* vytrváme v

našom úsilí **2.** pretrvať; *the fog is likely to p. all morning* hmla pretrvá asi celé dopoludnie
persistent [pəˈsistnt] **1.** dôsledný, tvrdohlavý; *a p. person* tvrdohlavý človek **2.** vytrvalý; *p. effort* vytrvalé úsilie
person [ˈpə:sn] **1.** osoba, človek; *his sister is a nice p.* jeho sestra je príjemná osoba **2.** gram. osoba; *the novel is written in the first p.* román je napísaný v prvej osobe ● *a p.* niekto; *any p.* ktokoľvek; *in p.* osobne; *in the p. of* v osobe (koho); *not a single p.* nikto, ani noha
personal [ˈpə:snəl] **1.** osobný, súkromný; *p. affairs* súkromné záležitosti; *a p. assistant* osobný tajomník **2.** priamy (týkajúci sa konkrétnej osoby); *give sb. one's p. attention* osobne sa starať (o koho) **3.** osobný, telesný; *p. hygiene* osobná hygiena ● *p. appearance* zovňajšok; *p. history* životopis; *sth. p.* niečo dôverné; *make a p. call* osobne navštíviť
personal computer [ˌpə:sənəl kəmˈpju:tə] osobný počítač
personality [ˌpə:səˈnæləti] **1.** osobnosť; *respect the p. of a child* rešpektovať osobnosť dieťaťa **2.** osobnosť (známa osoba); *p-ies of the stage and screen* osobnosti divadla a filmu
personally [ˈpə:snli] **1.** (v rozl. význ.) osobne; *he conducted me p. through the house* osobne ma sprevádzal po dome **2.** sám, ako osoba; *she may be p. very charming, but...* ona sama môže byť veľmi príjemná, ale... **3.** súkromne; *can I talk to you p.?* môžem s vami hovoriť súkromne?
personify [pəˈsonəfai] stelesňovať, zosobňovať, personifikovať; *courage p-ied* stelesnená odvaha
personnel [ˌpə:səˈnel] j. aj mn. č. **1.** osadenstvo, zamestnanci; *hotel p.* zamestnanci hotela **2.** člen posádky; *there were five airline p. on the plane* na palube lietadla bolo päť členov posádky **3.** personálne oddelenie (podniku)
perspective [pəˈspektiv] **1.** perspektíva; *drawn according to the rules of p.* kreslené podľa pravidiel perspektívy **2.** hľadisko; *see things in their right p.* vidieť veci v správnej perspektíve
perspiration [ˌpə:spəˈreišn] pot
perspire [pəˈspaiə] potiť sa
persuade [pəˈsweid] **1.** (*of/that*) presvedčiť (o čom/že); *I p-d him of my best intentions* presvedčil som ho o svojich najlepších úmysloch **2.** (*into/out of*) prehovoriť (aby/aby nie); *he p-d her into/out of going to the party* prehovoril ju, aby šla/nešla na večierok

persuasive [pə'sweisiv] presvedčivý, presvedčujúci; *she has a p. manner* má presvedčivé spôsoby, vie presvedčiť
pertain [pə'tein] *(to)* kniž. týkať sa (koho, čoho), vzťahovať sa (na koho, čo); *historical documents p-ing to Christopher Columbus* historické dokumenty, ktoré sa vzťahujú na Krištofa Kolumba
pertinent ['pə:tənənt] *(to)* týkajúci sa (čoho), vzťahujúci sa (na čo); *remarks not p. to the subject under discussion* poznámky, ktoré sa netýkajú predmetu diskusie
pervade [pə'veid] preniknúť, rozšíriť sa; *the news p-d to the public* správa sa dostala na verejnosť; *violence p-s American films* násilie preniklo do amerických filmov
pest [pest] škodca; *p. control* boj proti škodcom
pesticide ['pestəsaid] biol. pesticíd
pet [pet] I. podst. 1. domáce zvieratko (chované pre potešenie) 2. miláčik, obľúbenec; *Mary is the teacher's p.* Mária je miláčikom učiteľky II. sl. -tt- maznať sa; *she p-ted the little dog* maznala sa so psíkom
petal ['petl] lupeň; *rose p-s* lupene ruží
petition [pə'tišn] I. podst. petícia, naliehavá prosba II. sl. podať petíciu
petrify ['petrəfai] 1. skamenieť, skostnatieť; *p-ied trees* skamenené stromy 2. skamenieť, znehybnieť; *be p-ied with terror* skamenieť hrôzou
petrol ['petrəl] benzín; *fill up with p.* natankovať
petroleum [pə'trəuliəm] ropa, nafta; *p. jelly* vazelína
petrol station ['petrəl ˌsteišn] benzínová čerpacia stanica
petticoat ['petikəut] spodnička
petty ['peti] 1. drobný, malý; *p. troubles* drobné starosti; *p. cash* drobné príjmy/výdavky; *p. larceny* drobná krádež; *p. offence* drobný priestupok 2. malicherný; *p. behaviour* malicherné správanie
pew [pju:] (kostolná) lavica
phantom ['fæntəm] 1. prízrak, strašidlo; *the p. of the old castle* prízrak v starom zámku 2. zdanie; *maintain but the p. of authority* zachovať aspoň zdanie autority
pharmaceutical [ˌfa:mə'sju:tikl] farmaceutický; *the p. industry* farmaceutický priemysel
pharmacist ['fa:məsəst] lekárnik

pharmacy ['fa:məsi] 1. farmácia, lekárnictvo 2. lekáreň
phase [feiz] 1. (časovo vymedzený) úsek, obdobie, fáza; *á p. of history* historické obdobie 2. astron. fáza; *the p. of the Moon* fáza Mesiaca
PHD [ˌpi: eič 'di:] skr. *Doctor of Philosophy* doktor filozofie
pheasant ['feznt] bažant
phenomenon [fi'nomənən] mn. č. *-na* [-nə] jav, úkaz; *the p. of nature* úkaz prírody
philanthropic [ˌfilən'θropik] dobročinný, ľudomilný, filantropický; *p. institutions* dobročinné inštitúcie
philharmonic [ˌfilə'monik] filharmonický, symfonický; *p. orchestra* filharmonický/symfonický orchester
philosopher [fə'losəfə] filozof ● *p.'s stone* kameň mudrcov
philosophical [ˌfilə'sofikl] 1. filozofický 2. pokojný; *a p. attitude towards misfortune* pokojné prijatie nešťastia
philosophy [fə'losəfi] 1. filozofia 2. názor; *a man without a p.* človek bez názoru
phone [fəun] I. podst. telefón; *are you on the p.?* máš telefón? II. sl. telefonovať; *she p-s her mother every day* každý deň telefonuje matke
phone book ['fəunbuk] telefónny zoznam
phone booth ['fəun bu:ð] telefónna búdka, telefónny automat
phone box ['fəunboks] telefónna búdka
phone call ['fəun ˌko:l] telefonický rozhovor
phonecard ['fəunka:d] telefónna karta
phone-in ['fəunin] rozhlasový program, na ktorom sa poslucháči môžu zúčastniť priamym telefonickým vstupom
phoneme ['fəuni:m] lingv. fonéma
phoney ['fəuni] falošný, predstieraný, falšovaný; *p. money* falošné peniaze
phonograph ['fəunəgra:f] zastar. AM gramofón
photo [-fəutəu] mn. č. *-tos* [-təus] fotografia, fotka; *she showed me p-s of her grandchildren* ukázala mi fotografie svojich vnúčat
photograph ['fəutəgra:f] I. podst. fotografia II. sl. fotografovať
photographer [fə'togrəfə] fotograf/ka, fotografista/tka
photographic [ˌfəutə'græfik] fotografický; *p. memory* fotografická pamäť
photography [fə'togrəfi] fotografovanie
phrase [freiz] I. podst. 1. slovné spojenie, zvrat, fráza 2. hud. fráza II. sl. 1. vyjadriť,

P

formulovať; *a neatly p-d compliment* šikovne vyjadrený kompliment **2.** charakterizovať; *it is quite difficult to p.* him dosť ťažko ho možno charakterizovať
phrasebook [ˈfreizbuk] **1.** konverzačná príručka **2.** frazeologický slovník
physical [ˈfizikl] **1.** fyzický **2.** fyzikálny; *p. laws* fyzikálne zákony **3.** hmotný; *the p. world* hmotný svet **4.** telesný; *p. exercise* telocvik
physical education [ˌfizikl ədjukeišn] telesná výchova
physical training [ˌfizikl ˈtreiniŋ] telesná výchova
physician [fəˈzišn] zastar. lekár
physicist [ˈfizəsəst] fyzik
physics [ˈfiziks] fyzika
physiology [ˌfiziˈolədži] fyziologia
pianist [ˈpiənəst] klavirista
piano [piˈænəu] mn. č. *-os* [-əuz] klavír
pick [pik] **1.** trhať; *p. flowers/fruit* trhať kvety/ovocie **2.** (starostlivo) vyberať; *p. only the best* vybrať len to najlepšie **3.** zobať; *p. grain* zobať zrno ● *have a bone to p. with sb.* mať si čo vyrovnať (s kým); *p. sb.'s brain* vypytovať sa, vyzvedať sa; *p. sb.'s pocket* potiahnuť niekomu z vrecka; *p. quarrels/fights with sb.* vyhľadávať hádky/spor
pick at zobnúť si (z jedla)
pick out 1. vybrať si; *she p-ed out a matching skirt and blouse* vybrala si sukňu a k nej vhodnú blúzu **2.** vidieť, rozoznať; *can you p. out your son in this crowd?* vidíš svojho syna v tomto dave?
pick up 1. zdvihnúť; *p. up a suitcase* zdvihnúť kufor **2.** získať, nadobudnúť, pochytiť; *p. up an American accent* pochytiť americký prízvuk **3.** zachytiť; *p. up radio signals for help* zachytiť rádiom vysielané volanie o pomoc **4.** ísť po koho; *I'll p. you up at your hotel* prídem po teba do hotela ● *p. up speed* nabrať rýchlosť
pickax(e) [ˈpikæks] hovor. krompáč
pickle [ˈpikl] **I.** podst. **1.** nálev, marináda **2.** (konzervovaná, sterilizovaná) zelenina; *p-d onions* naložená cibuľka **II.** sl. sterilizovať, nakladať (zeleninu)
pickpocket [ˈpikˌpokət] vreckový zlodej
pick up [ˈpikap] **1.** zvukár **2.** hovor. známosť; *his latest p.* jeho najnovšia známosť **3.** miesto stretnutia; *she was late for the p.* prišla neskoro na miesto stretnutia **4.** techn. zrýchlenie

picnic [ˈpiknik] **1.** piknik **2.** hovor. zábava; *it's no p. having to look after four children* musieť sa starať o štyri deti nie je žiadna zábava
pictorial [pikˈtoːriəl] **I.** príd. obrazový, obrázkový; *a p. record of the event* obrazový dokument udalosti **II.** podst. ilustrovaný časopis, magazín
picture [ˈpikčə] **I.** podst. **1.** obraz **2.** verná podoba; *the boy is the p. of his father* chlapec je verná podoba svojho otca **3.** stelesnenie; *the p. of health* stelesnené zdravie **4.** BR film; *p-s* mn. č. kino **II.** sl. **1.** namaľovať; *the artist has p-d him as a young man* umelec ho namaľoval ako mladého muža **2.** predstaviť si; *just p. the scene* len si predstav tú scénu
picture book [ˈpikčə buk] obrázková kniha (najmä pre deti)
picture gallery [ˈpikčə ˌgæləri] obrazáreň, galéria
picturesque [ˌpikčəˈresk] **1.** malebný; *a p. village* malebná dedinka **2.** (o reči) živý, svieži, výrazný; *p. language* svieži jazyk **3.** (o povahe) originálny, zaujímavý; *a p. person* zaujímavý človek
pie [pai] koláč (s plnkou); *fruit p.* ovocný koláč; *meat p.* mäsový piroh
piece [piːs] **I.** podst. **1.** (časť celku) kus, kúsok; *a p. of chalk* kúsok kriedy **2.** kus, jeden (z väčšieho množstva; prekladá sa individuálne); *a p. of wallpaper* kotúč tapety; *a p. of cloth* kus látky; *a p. of advice/information* rada/informácia **3.** (literárne al. hudobné) dielo, hra, obraz; *a p. of art/music* umelecké/hudobné dielo; *a p. of poetry* báseň **4.** minca (stanovenej hodnoty); *a ten-pence p.* desaťpencová minca **5.** figúrka (v hre) ● *go (all) to p-s* (o osobe) zrútiť sa; *take to p-s* rozobrať; *p. by p.* kus po kuse, postupne; *sell by the p.* predávať na kusy **II.** sl. (*together*) spojiť, pospájať; *p. together the facts* pospájať fakty
pier [piə] **1.** mólo, prístavná hrádza **2.** pilier (mosta, stavby ap.)
pierce [piəs] **1.** prepichnúť, prebodnúť; *the arrow p-d his shoulder* šíp mu prebodol plece **2.** preťať; *a ray of light p-d the darkness* lúč svetla preťal tmu; *a sudden scream p-d the silence* náhly výkrik preťal ticho
piercing [ˈpiəsiŋ] **1.** ostrý; *a p. wind* ostrý vietor **2.** prenikavý; *a p. cry/voice* prenikavý výkrik/hlas
pig [pig] sviňa, ošípaná
pigeon [ˈpidžən] **1.** holub **2.** pren. hlupák ● *clay p.* hlinený disk (vyhodený do vzduchu ako terč na streľbu)

pigeonhole [ˈpidžənhəul] **I.** podst. otvorená priehradka (na listy, spisy); *a bureau with countless p-s* písací stôl s množstvom priehradiek **II.** sl. **1.** rozdeliť do priehradiek, kategorizovať **2.** založiť, dať ad acta; *the scheme was p-d* projekt bol odložený ad acta
pigheaded [ˌpigˈhedəd] zarytý, zanovitý
pigsty [ˈpigstai] ošipáreň, chliev
pigtail [ˈpigteil] vrkoč
pile¹ [pail] pilóta, kôl; *the bridge is resting on p-s* most spočíva na koloch
pile² [pail] **I.** podst. **1.** kopa, hromada, hŕba; *a p. of books* hŕba kníh **2.** hovor. kopa, hŕba peňazí; *make a p.* zarobiť hŕbu peňazí **3.** (pohrebná) hranica **II.** sl. (*on, up*) navŕšiť (na čo); *p. up dishes on a table* navŕšiť riad na stôl
pile³ [pail] (mäkký, hustý) vlas (zamatu, koberca ap.)
pile up (na)kopiť, (na)hromadiť (sa); *my work keeps p-ing up* práca sa mi kopí
pilgrim [ˈpilgrəm] pútnik
pilgrimage [ˈpilgrəmidž] púť, putovanie
pill [pil] pilulka
pillar [ˈpilə] **1.** pilier, stĺp; *a stony concrete p.* kamenný/betónový stĺp **2.** pren. pilier, opora; *p-s of society* opory spoločnosti **3.** stĺp (prachu, dymu)
pillar box [ˈpilə boks] poštová schránka (v tvare krátkeho stĺpa v Británii)
pillow [ˈpiləu] vankúš
pilot [ˈpailət] **1.** pilot, letec **2.** lodivod ● *p. light* kontrolná žiarovka (na el. prístroji)
pin [pin] **I.** podst. **1.** špendlík; *a drawing p.* pripináčik; *a hair p.* sponka do vlasov; *a safety p.* zatvárací špendlík **2.** ihlica; *a tie p.* ihlica do kravaty **3.** AM kolík, štipec; *a clothes p.* kolík na bielizeň **4.** váľok; *a rolling p.* váľok na vaľkanie cesta ● *be not worth a p.* nestáť ani za deravý groš, nemať žiadnu cenu; *be on p-s and needles* byť ako na ihlách; *ninep-s* kolky (hra) **II.** sl. *-nn-* **1.** zopnúť; *p. papers together* zopnúť papiere **2.** pripnúť; *p. a rose to a dress* pripnúť ružu na šaty **3.** vtlačiť; *he was p-ned under the wrecked car* bol vtlačený pod vrak auta ● *p. one's hope/faith on* spoliehať sa (na koho, čo), veriť (komu, čomu)
pin down (*to*) prinútiť, primäť (k čomu); *it's impossible to p. him down to anything* nie je možné k niečomu ho primäť
pinafore [ˈpinəfo:] šatová zástera
pincer [ˈpinsə] klepeto
pincers [ˈpinsəz] kliešte

pinch [pinč] **I.** sl. **1.** štípať, štipnúť; *he p-ed the boy's cheek* štipol chlapca do líca **2.** pricviknúť; *she p-ed her finger in the doorway* pricvikla si prst do dverí **3.** tlačiť; *these shoes p. me* tieto topánky ma tlačia **4.** hovor. potiahnuť (vziať); *who's p-ed my dictionary?* kto mi potiahol slovník? **II.** podst. **1.** štipnutie; *a playful/spiteful p.* hravé/zlostné štipnutie **2.** štipka; *a p. of salt* štipka soli
pine [pain] borovica
pineapple [ˈpainæpl] ananás
pink [piŋk] **I.** príd. ružový **II.** podst. (šľachtený) klinček
pinnacle [ˈpinəkl] vrchol
pint [paint] pinta (dutá miera 0,568 l)
pioneer [ˌpaiəˈniə] **1.** pionier, osadník (na americkom Západe) **2.** priekopník; *a p. of heart transplant operations* priekopník v transplantáciách srdca
pip¹ [pip] jadro (semeno dušinatého plodu); *an apple p.* jablkové jadro
pip² [pip] časový signál (v rozhlase/televízii)
pipe [paip] **1.** rúra, potrubie; *gas p.* plynové potrubie **2.** fajka; *smoke a p.* fajčiť fajku **3.** píšťala (hud. nástroj)
pipeline [ˈpaiplain] potrubie; *oil p.* ropovod
piping [ˈpaipiŋ] potrubie; *lead p.* olovené potrubie
piquant [ˈpi:kənt] **1.** pikantný; *a p. sauce* pikantná omáčka **2.** (príjemne) vzrušujúci; *a p. bit of gossip* vzrušujúca klebietka
pirate [ˈpairət] pirát
pirouette [ˌpiruˈet] pirueta
Pisces [ˈpaisi:z] astron. súhvezdie Ryby
piss [pis] **I.** podst., vulg. moč **II.** sl., vulg. močiť
piss off (hl. BR), slang odpáliť; *p. off!* odpáľ!
pistol [ˈpistl] pištoľ ● *hold a p. to sb's neck* priložiť nôž na krk (komu); *p. shot* výstrel z pištole
piston [ˈpistn] piest
piston ring [ˈpistn riŋ] piestny krúžok
pit¹ [pit] **1.** jama, baňa; *a coal p.* uhoľná baňa **2.** BR sedadlá vzadu na prízemí divadla **3.** montážna jama **4.** baňa sedadlá vzadu na prízemí divadla **4.** montážna jama
pit² [pit] AM kôstka
pitch¹ [pič] **1.** ihrisko; *a football p.* futbalové ihrisko **2.** hud. výška tónu **3.** vrchol; *excitement was raised to the highest p.* vzrušenie dosiahlo vrchol **4.** šport. hod, vrh
pitch² [pič] smola, asfalt; *use p. to fill cracks* použiť smolu na zaliatie trhlín ● *as black as p.* čierny ako uhoľ

pitch-black [ˌpič ˈblæk] aj **pitch-dark** [ˌpič ˈdaːk] úplne tmavý; *a p. moonless night* úplne tmavá noc bez mesačného svitu

pitcher [ˈpičə] džbán, krčah ● *The p. goes often to the well, but is broken at last.* Dovtedy sa chodí s krčahom po vodu, kým sa nerozbije; *P-s have ears.* Aj steny majú uši; *little p-s have long ears* pred deťmi si treba dávať pozor na reči

pitfall [ˈpitfoːl] nástraha; *the p. of pursuing such a drastic policy* nástrahy takej drastickej politiky

pity [ˈpiti] I. podst. 1. ľútosť 2. súcit; *she felt p. for the old woman* mala súcit so starenkou 3. škoda, ujma; *what a p. (that) you can't come* aká škoda, že nemôžeš prísť ● *for p.'s sake* preboha, pre všetko na svete; *have/take p. on sb.* zľutovať sa (nad kým) II. sl. ľutovať (koho); *she p-ied her mother* ľutovala svoju matku

pivot [ˈpivət] I. podst. 1. (otočný) čap 2. os (otáčania) 3. šport. pivot/ka, pivotman/ka II. sl. 1. (o)točiť sa; *p. on one's heels* otočiť sa na podpätku 2. nasadiť na otočný čap; *a p-ed mechanism* mechanizmus s otočným čapom 3. pren. závisieť; *the future p-s on what is done today* budúcnosť závisí od toho, čo sa urobí dnes

pixie, pixy [ˈpiksi] škriatok

placard [ˈplækaːd] plagát, štandarda, transparent

place [pleis] 1. (v rozl. význ.) miesto; *we spent our holidays in various p-s* dovolenku sme strávili na rôznych miestach; *there's a p. for your books* tu máš (voľné) miesto na knihy; *a market p.* trhovisko; *Mary took first p. in the exam* Mária bola na skúškach najlepšia/získala prvenstvo; *he's got a p. on the team* dostal miesto v pracovnom tíme/zaradili ho do tímu 2. mesto, obec ap.; *my native p.* moje rodisko 3. dom, domov, byt; *come over to my p.* stav sa u mňa doma 4. podnik; *a p. of amusement* zábavný podnik; *a cosy p. to have dinner* útulná reštaurácia, v ktorej sa dá navečerať ● *all over the p.* všade; *in p.* na správnom mieste; *in p. of* namiesto; *take p.* stať sa, uskutočniť sa; *take the p. of* nahradiť; *out of p.* nevhodný; *in the first/second p.* po prvé/druhé; *lay a p. for sb.* prestrieť (pre koho) II. sl. 1. uložiť, poukladať; *he p-d the books on the shelf* pouklal knihy na policu 2. objednať; *p. an order for fresh vegetables* objednať čerstvú zeleninu 3. umiestiť sa; *his horse was p-d second* jeho kôň bol druhý 4. zaradiť si koho, spomenúť si (na meno); *I've met*

her before but I can't p. her už som sa s ňou stretla, ale neviem si spomenúť, kto to je

placid [ˈplæsəd] mierny, pokojný, tichý; *a p. disposition* mierna povaha

plague [pleig] 1. mor, epidémia 2. súženie, trápenie; *what a p. that child is!* s tým dieťaťom je ale trápenie!

plain[1] [plein] 1. rovný, plochý, hladký; *as p. as a table* rovný ako stôl 2. zrozumiteľný, jasný; *p. language* zrozumiteľný jazyk; *the meaning is quite p.* význam je jasný; *in p. speech* zrozumiteľne 3. jednoduchý, prostý; *a p. blue dress* jednoduché modré šaty 4. (o správaní, charaktere) priamy, otvorený; *p. dealing* otvorené konanie; *be p. with sb.* otvorene hovoriť (s kým) 5. nepekný; *a p. girl* nepekné dievča 6. čistý (bez prísad); *p. mayonnaise* čistá majonéza ● *as p. as the nose on your face* jasné ako facka

plain[2] [plein] aj p-s mn. č. rovina; *the wide p-s of Canada* široké roviny Kanady

plaintiff [ˈpleintif] žalobca (pri súde)

plait [plæt] I. podst. vrkoč II. sl. zapliesť, spliesť; *p-ed hair* zapletený vrkoč; *a p-ed leather belt* spletený kožený opasok

plan [plæn] I. podst. 1. plán, zámer; *what are your p-s for the holidays?* aké sú vaše plány na dovolenku? 2. projekt, návrh; *a p. for a new school* projekt novej školy II. sl. 1. plánovať; *he never p-s ahead* nikdy nič neplánuje vopred 2. projektovať; *p. a shopping centre* projektovať obchodné centrum

plane[1] [plein] 1. skr. od *aerop.* lietadlo 2. úroveň, stupeň; *a conversation on a friendly p.* rozhovor na priateľskej úrovni 3. geom. plocha

plane[2] [plein] hoblík

plane[3] [plein] aj p. tree platan

planet [ˈplænət] planéta ● *be born under a lucky p.* narodiť sa pod šťastnou hviezdou

planetarium [ˌplænəˈteriəm] mn. č. *-riums* [-riəmz] al. *-ria* [-riə] planetárium

plank [plæŋk] doska, fo(r)šňa

plant[1] [plaːnt] I. podst. rastlina; *garden/tropical p-s* záhradné/tropické rastliny II. sl. 1. (vy)sadiť; *p. flowers* sadiť kvety; *p. a garden with rose bushes* vysadiť ružové kry v záhrade 2. tajne nainštalovať; *p. a listening device* nainštalovať odpočúvacie zariadenie

plant[2] [plaːnt] továreň, závod; *automobile p.* továreň na autá; *steel p.* oceliareň

plantation [plænˈteišn] 1. háj, sad; *p-s of fir and pine* jedľový a borovicový háj 2. plantáž; *cotton p.* bavlníková plantáž

plaque [pla:k] **1.** plaketa **2.** medaila
plaster [ˈpla:stə] **I.** podst. **1.** sadra **2.** omietka **3.** náplasť; *sticking p.* leukoplast **II.** sl. **1.** dať do sadry; *p. an arm* dať ruku do sadry **2.** omietať; *p. a wall* omietať stenu **3.** dať náplasť; *p. a cut finger* dať náplasť na porezaný prst
plastic [ˈplæstik] **1.** plastový; *p. raincoat* nepremokavý plášť (do dažďa) **2.** tvárny; *clay is a p. substance* hlina je tvárna hmota
plasticine [ˈplæstəsi:n] plastelína
plastic surgery [ˌplæstik ˈsə:džəri] plastická chirurgia
plate [pleit] **I.** podst. **1.** tanier (i obsah); *a dessert p.* tanierik; *a p. of rice* tanier ryže **2.** pokovovaná vrstva **3.** (kovový) štítok, menovka; *a name p./door p.* menovka na dverách **4.** štátna poznávacia značka (motorového vozidla); *cars with GB p-s on them* autá s poznávacou značkou Veľkej Británie **5.** typ. štočok **6.** celostranová ilustrácia **7.** fot. doska, platňa **II.** sl. pokovovať, galvanizovať
plateau [ˈplætəu] náhorná plošina
platform [ˈplætfo:m] **1.** nástupište (na stanici) **2.** (rečnícke) pódium **3.** platforma, súbor zásad
plausible [ˈplo:zəbl] prijateľný, možný; *a p. excuse* prijateľné ospravedlnenie; *a p. explanation* možné vysvetlenie
play [plei] **I.** podst. **1.** hra; *the children are at p.* deti sa hrajú; *rough p. in a football match* tvrdá hra vo futbalovom zápase **2.** divadelná hra; *the p-s of Shakespeare* Shakespearove hry **3.** ťah (v hre); *it's your p.* si na ťahu **4.** voľný priebeh; *give p. to one's fancy* dať voľný priebeh fantázii **II.** sl. hud., šport., div. film **1.** hrať; *p. the piano* hrať na klavíri; *p. tennis* hrať tenis; *p. in „Hamlet"* hrať v „Hamletovi"* **2.** hrať sa; *the children are p-ing in the garden* deti sa hrajú v záhrade
play back prehrať si (práve nahratú hudbu, reč)
play down bagatelizovať
play into (*sb.'s hands*) hrať na ruku (komu)
play off hrať rozhodujúci zápas
play up **1.** zdôrazniť **2.** spôsobiť bolesť/trápenie
playback [ˈpleibek] plejbek
player [ˈpleiə] **1.** hráč **2.** prehrávač; *record p.* gramofón
playground [ˈpleigraund] detské ihrisko
playing field [ˈpleiiŋ fi:ld] športové ihrisko
plaything [ˈpleiˌθiŋ] hračka; *he was just her p.* bol pre ňu len hračkou
playwright [ˈpleirait] dramatik

plea [pli:] **1.** práv. obhajoba **2.** žiadosť; *a p. for mercy* žiadosť o milosť **3.** (chabé) ospravedlnenie; *on the p. of illness* ospravedlnenie na základe choroby
plead [pli:d], *pleaded/pled* [ˈpliˌdəd/pled], *pleaded/pled* **1.** vystupovať pred súdom **2.** predniesť žalobu **3.** obhajovať (koho – čím) *he p-ed the prisoner's ignorance* obhajoval väzňa jeho neznalosťou **4.** priznať sa; *she p-ed guilty* priznala svoju vinu
pleasant [ˈpleznt] príjemný, milý; *a p. surprise* príjemné prekvapenie
please [pli:z] **I.** čast. (zdvorilá žiadosť, výzva, rozkaz, pritakanie) prosím; *come in p.* vojdite, prosím; *will you p. keep quiet!* buďte, prosím, ticho! *Would you like a cup of tea? – Yes, p.* Želáte si šálku čaju? – Áno, prosím sl. **II.** sl. **1.** uspokojiť (koho), vyhovieť (komu); *it's difficult to p. everybody* je ťažké uspokojiť každého **2.** spôsobiť/urobiť radosť, potešiť; *I only did it to p. you* urobil som to len preto, aby som ťa potešil **3.** želať si, chcieť; *I shall do as I p.* urobím ako budem chcieť ● *p. oneself* urobiť podľa seba
pleased [pli:zd] **1.** potešený, rád; *I'm p. about that* som tomu rád **2.** spokojný; *she looked p. with herself* vyzerala spokojná sama so sebou
pleasure [ˈpležə] **1.** potešenie, radosť; *it was a p. to see her dancing* bola radosť vidieť ju tancovať **2.** vôľa; *you may go or stay at jour p.* môžeš zostať, alebo ísť – podľa vlastnej vôle
pleat [pli:t] skladať (do záhybov); *a p-ed skirt* skladaná sukňa
plebiscite [ˈplebəsət] plebiscit, referendum (priame hlasovanie občanov)
pledge [pledž] **I.** podst. **1.** sľub, záruka; *under p. of secrecy* pod sľubom mlčanlivosti **2.** dôkaz; *a p. of friendship* dôkaz priateľstva **3.** záloh; *she borrowed some money and left her ring as p.* požičala si peniaze a nechala svoj prsteň ako záloh **II.** sl. **1.** sľúbiť, zaručiť sa; *p. one's word* dať slovo **2.** pripiť na zdravie; *p. the bride and bridegroom* pripiť na zdravie neveste a ženíchovi
plenary [ˈpli:nəri] **1.** absolútny, neobmedzený, úplný; *p. powers to negotiate* neobmedzená právomoc vyjednávať **2.** plenárny, všeobecný; *a p. session* valné zhromaždenie
plenty [ˈplenti] veľa, mnoho; *have p. of time* mať veľa času
pliable [ˈplaiəbl] **1.** ohybný; *p. metal* ohybný kov **2.** prispôsobivý, ľahko ovplyvniteľný
pliers [ˈplaiəz] mn. č. kombinované kliešte

P

plight [plait] bieda ● *be in a sad/sorry p.* byť v neutešenom stave

plot[1] [plot] **I.** podst. **1.** námet, osnova, zápletka; *a detective story with an ingenious p.* detektívka s duchaplnou zápletkou **2.** sprisahanie; *a p. to overthrow the government* sprisahanie na zvrhnutie vlády **II.** sl. (*against*) osnovať; *p. sb.'s murder* osnovať vraždu (niekoho); odb. vypočítať kurz lietadla

plot[2] [plot] (malý) pozemok, parcela; *a building p.* parcela; *a p. of vegetables* malý pozemok na pestovanie zeleniny

plough [plau] **I.** podst. pluh **II.** sl. orať

pluck [plak] **I.** sl. **1.** ošklbať; *p. a hen* ošklbať sliepku **2.** (vy)trhať; *p. one's eyebrows* trhať si obočie **3.** roztrhať; *a violent wind p-ed the sails to bits* prudký vietor roztrhal plachty na franforce ● *p. up courage* dodať si odvahu **II.** podst. hovor. odvaha

plug [plag] **I.** podst. **1.** zátka; *pull the p. out of the sink* vytiahnuť zátku z drezu **2.** elektr. koncovka do zástrčky; *put the p. in the socket* zastrčiť koncovku do zástrčky **II.** sl. -gg- (*up*) zapchať; *p. (up) a leak* zapchať dieru, trhlinu

plug in zapojiť, nastaviť; *p. in the TV set* zapojiť televízor

plum [plam] slivka (ovocie aj strom)

plumber ['plamə] inštalatér

plump[1] [plamp] **I.** príd. bacuľatý, plnoštíhly, mäsitý; *p. goose* mäsitá hus **II.** sl. (*up/out*) vypchať, zaguľatiť; *p. up a pillow* vypchať podušku

plump[2] [plamp] hodiť, šmariť; *p. sth. down* hodiť (niečo) o zem

plump down klesnúť, hodiť sa; *she p-ed down on the sofa* hodila sa na pohovku

plump for hlasovať za, podporovať; *we finally p-ed for her proposal* napokon sme hlasovali za jej návrh

plunge [plandž] (*into*) **1.** vraziť (do čoho); *p. a dagger into sb.'s heart* vraziť (komu) dýku do srdca **2.** skočiť, vrhnúť sa (do čoho); *p. into cold water* vrhnúť sa do studenej vody **3.** uvrhnúť (do čoho); *p. a country into war* uvrhnúť krajinu do vojny

plural ['plurəl] gram. množné číslo, plurál

plus [plas] **I.** spoj. a, plus; *four p. five is nine* štyri a/plus päť je deväť **II.** príd. **1.** plus (mat. elektr. a i. kladné číslo al. hodnota nad nulou) **2.** ...a viac; *all the children here are twelve p.* všetky prítomné deti tu majú dvanásť a viac rokov

pm, p. m. [ˌpiːˈem] lat. skr. *post meridiem* **1.** popoludní, poobede; *the meeting is at 5 pm* stretnutie je popoludní o piatej **2.** *PM* premiér, predseda vlády

PM [ˌpiː ˈem] skr. *Prime Minister* ministerský predseda

pneumonia [njuːˈməuniə] zápal pľúc

poach [pəuč] pytliačiť

pocket ['pokət] **I.** podst. **1.** vrecko; *trouser p.* vrecko na nohaviciach **2.** pren. peniaze; *family holidays to suit every p.* rodinné dovolenky pre každé vrecko ● *pick sb.'s p.* okradnúť (koho); *put one's hand in one's p.* ochotne siahať do vrecka; *he will suffer in his p.* jeho vrecko to pocíti; *pay out of p.* platiť v hotovosti **II.** sl. zobrať (si); *he p-ed half the money* zobral si polovicu peňazí

pocketbook ['pokətbuk] **1.** malý zápisník **2.** AM náprsná taška (na bankovky) **3.** AM zastar. dámska kabelka

pocketknife ['pokətnaif] vreckový nožík

pocket money ['pokət ˌmani] vreckové (peniaze)

pod [pod] **I.** podst. struk; *a pea p.* hrachový struk **II.** sl. -dd- lúpať; *p. peas* lúpať hrach

poem ['pəuəm] báseň

poet ['pəuət] básnik

poetic [pəuˈetik] básnický, poetický; *p. language* básnický jazyk

poetical [pəuˈetikl] básnický; *the complete p. work of Keats* zobrané básnické dielo Keatsa

poetry ['pəuətri] poézia

point [point] **I.** podst. **1.** bod; *a line between two p-s* čiara medzi dvoma bodmi **2.** špička, hrot; *she pricked herself with/on the p. of a needle* pichla sa hrotom ihly **3.** stránka, vlastnosť, črta; *strong/weak p-s in a plan* silné/slabé stránky návrhu **4.** (určitý) moment, okamih; *at the p. of arrival/departure* v momente príchodu/odchodu **5.** bodka; *a decimal p.* desatinná bodka, AM bodka (na konci vety) **6.** bod (na stupnici); *boiling/melting/freezing p.* bod varu/topenia/mrazu **7.** šport. bod; *win/be beaten on p-s* vyhrať/prehrať na body **8.** význam, zmysel; *there's little p. in protesting* nemá veľký význam protestovať ● *at all p-s* v každom ohľade; *at one p.* kedysi, raz; *at the p. of* práve pred; *on the p. of* práve keď; *to the p.* k veci, vecný; *come/get to the p.* ísť k veci (sústrediť sa na najpodstatnejšie); *be off the p.* nemať s vecou nič spoločné; *that's not the p.* o to tu nejde **II.** sl. **1.** (*at/to*) ukázať (prstom na koho, čo); *it's rude to p. at people* je neslušné ukazovať prstom na ľudí **2.** (*at/towards*) (na)mieriť (na koho, čo); *p. a gun at sb.* mieriť revolverom (na koho)

point out upozorniť; *she p-ed out that she knew nothing about the matter* upozornila, že o veci nič nevie

point to/towards nasvedčovať, svedčiť; *all the evidence p-s towards Bill as the thief* všetky dôkazy svedčia o tom, že Bill je zlodej

point up dokazovať; *p. up the need of stricter measures* dokazovať potrebu prísnejších opatrení

point-blank [ˌpoint ˈblæŋk] **I.** príd. priamy; *a p. refusal* priame odmietnutie **II.** prísl. tesne, najbližšie; *a p. shot* výstrel z tesnej blízkosti

pointed [ˈpointəd] ostrý, špicatý; *a stick with a p. end* palica so špicatým koncom; *a p. remark* ostrá poznámka

pointer [ˈpointə] **1.** ukazovadlo **2.** pren. tip; *get some p-s on what to do* dostať tip, čo urobiť

pointless [ˈpointləs] nezmyselný, márny; *it was p. to go on* nemalo zmysel pokračovať

point of view [ˈpoint əv ˌvjuː] názor

poised [poizd] sebaistý, pokojný

poison [ˈpoizn] **I.** podst. jed; *rat p.* jed na potkany; *deadly p.* smrteľný jed **II.** sl. otráviť (jedom); *somebody tried to p. our cat* niekto sa pokúsil otráviť našu mačku

poisonous [ˈpoiznəs] jedovatý aj pren.; *p. snakes* jedovaté hady; *she gave him a p. look* pozrela naň jedovatým pohľadom

poke [pəuk] **1.** štuchnúť; *he p-d her in the ribs* štuchol ju do rebier **2.** pichnúť; *he nearly p-d the child in the eye with his pencil* takmer pichol dieťa do oka svojou ceruzkou ● *p. fun at* vysmievať sa; *p. one's nose into sth.* strkať nos (do čoho)

poke about/around prehrabávať (sa); *she p-d about in her bag for her ticket* prehrabávala sa v kabelke a hľadala lístok

poker[1] [ˈpəukə] kutáč

poker[2] [ˈpəukə] poker (hazardná kartová hra)

polar [ˈpəulə] polárny; *the p. circle* polárny kruh; *P. Star (Polaris)* Polárka

pole[1] [pəul] pól; *North/South P.* severný/južný pól ● *be p-s apart* diametrálne sa odlišovať

pole[2] [pəul] tyč, žrď; *p. vault* skok o žrdi; *a tent p.* stanová tyč

police [pəˈliːs] polícia aj policajný zbor; *several hundred p. were on duty* niekoľko sto policajtov malo pohotovosť

policeman [pəˈliːsmən] mn. č. *-men* [-mən] policajt

police officer [pəˈliːs ˌofisə] člen/ka policajného zboru

policy [ˈpoləsi] **1.** politika; *foreign p.* zahraničná politika **2.** taktika, postup; *choose a clever p.* zvoliť si šikovnú taktiku

policy – politická línia, diplomacia, taktika
politics – spôsob správy štátu, forma a obsah činnosti štátu, účasť na štátnych záležitostiach

polish [ˈpoliš] **I.** podst. **1.** lesk; *a table with a high p.* stôl s vysokým leskom **2.** pasta, krém; *shoe p.* krém na topánky; *floor p.* pasta na podlahu **II.** sl. **1.** (vy)leštiť; *steel p-es well* oceľ sa ľahko leští **2.** pren. (vy)cibriť, zdokonaliť; *a p-ed speech* vycibrená reč

polish up zdokonaliť (cvičením); *p. up one's French* zdokonaliť sa vo francúzštine

polite [pəˈlait] **1.** zdvorilý, slušný, (dobre) vychovaný; *a p. remark* zdvorilá poznámka **2.** kultivovaný, vycibrený; *p. society* kultivovaná spoločnosť

political [pəˈlitikl] politický; *p. sovereignty* politická zvrchovanosť; *p. asylum* politický azyl; *p. prisoner* politický väzeň

politician [ˌpoləˈtišn] politik

politics [ˈpolətiks] politika, politický život, politické záujmy; *she went into p.* začala pôsobiť v politike

poll [pəul] **I.** podst. **1.** hlasovanie (vo voľbách) **2.** zoznam voličov **3.** účasť voličov; *a light/heavy p.* nízka/vysoká účasť voličov **4.** aj *opinion p.* prieskum verejnej mienky **II.** sl. získať hlasy; *he p-ed 8,500 votes* získal 8 500 hlasov

pollute [pəˈluːt] znečistiť; *rivers p-d with waste from factories* rieky znečistené odpadom z tovární

pollution [pəˈluːšn] znečistenie; *air p.* znečistenie ovzdušia

polo neck [ˈpəuləu nek] BR pulóver s vysokým golierom, rolák

polytechnic [ˌpoliˈteknik] (BR) polytechnika (vysoká škola hl. technického zamerania)

pompous [ˈpompəs] **1.** pompézny, honosný, veľkolepý; *p. Roman collonades* honosné rímske kolonády **2.** sebavedomý, dôležito sa tváriaci; *a p. official* dôležito sa tváriaci úradník

pond [pond] vodná nádrž

ponder [ˈpondə] (*over*) uvažovať, premýšľať (o čom); *we p-ed over the incident* uvažovali sme o príhode

pony [ˈpəuni] **1.** poník **2.** (BR), slang 25 libier **3.** (AM), slang ťahák

ponytail [ˈpəuniteil] konský chvost (účes); *she wears her hair in a p.* má vlasy upravené do konského chvosta

pool [puːl] **1.** kaluž; *after the rainstorm there were p-s of water on the roads* po búrke zostali na cestách kaluže **2.** bazén; *a swimming p.* plavecký bazén

pools [puːlz] mn. č. stávkovanie, tipovanie; *football p-s* tipovanie futbalových zápasov

poor [puə] **I.** príd. **1.** chudobný; *a p. girl* chudobné dievča **2.** slabý, chatrný, úbohý; *p. health* chatrné zdravie; *a p. crop of apples* slabá úroda jabĺk **II.** podst. (*the p.*) chudobní; *the rich and the p.* bohatí a chudobní

pop¹ [pop] **I.** podst. tresk; *the cork came out with a loud p.* korková zátka nahlas vystrelila **II.** sl. – *pp* -- praskať, pukať; *the cork p-ped and flew out of the bottle* korková zátka vystrelila a vyletela z fľaše ● *p. in* (rýchlo, krátko) vojsť; *p. in for a short chat* vojsť na kus reči; *p. out* (rýchlo, krátko) vyjsť, odskočiť si; *p. out to the shops* odskočiť si na nákupy

pop² [pop] moderná, populárna hudba; *prefer p. to classical music* mať radšej populárnu hudbu ako klasickú

Pope [poup] pápež

pop music [ˈpop ˌmjuːzik] populárna hudba

popular [ˈpopjələ] **1.** obľúbený, populárny; *a p. actor* obľúbený herec **2.** všeobecne rozšírený; „*Mary*" *used to be a p. name* „Mária" bývalo všeobecne rozšírené meno **3.** ľudový; *p. prices* ľudové ceny

popularity [ˌpopjəˈlærəti] popularita, obľúbenosť; *win p.* získať popularitu

populate [ˈpopjəleit] zaľudniť, osídliť; *thinly p-d areas* málo zaľudnené oblasti

population [ˌpopjəˈleišn] obyvateľstvo, populácia (celkový počet obyvateľov); *the p. of London* obyvateľstvo Londýna; *p. explosion* prudký nárast populácie; *p. growth* nárast populácie

porch [poːč] **1.** zastrešený vchod **2.** AM veranda

pork [poːk] bravčovina; *a leg of p.* bravčové stehno; *roast p.* bravčová pečienka

pornography [poːˈnogrəfi] pornografia

porridge [ˈporidž] ovsená kaša

port [poːt] **1.** prístav; *a naval p.* námorný prístav **2.** pren. útočište

portable [ˈpoːtəbl] prenosný; *a p. radio* prenosné rádio

porter [ˈpoːtə] **1.** nosič (batožiny) **2.** BR vrátnik (hotela, školy, nemocnice)

portfolio [poːtˈfəuliəu] **1.** mapa, obal na spisy **2.** polit. *a minister without p.* minister bez kresla

portion [ˈpoːšn] **1.** časť celku **2.** porcia; *an extra p. of potatoes* extra porcia zemiakov

portrait [ˈpoːtrət] portrét

posh [poš] hovor. módny, nóbl; *a p. hotel* nóbl hotel

position [pəˈzišn] **1.** poloha; *geographical p.* zemepisná poloha; *fix a ship's p.* určiť polohu lode **2.** postavenie, pozícia; *a high p. in society* vysoké postavenie v spoločnosti **3.** pozícia, držanie tela; *he sat in an unusual p.* sedel v nezvyčajnej polohe

positive [ˈpozətiv] **1.** kladný, súhlasný; *a p. attitude to animals* kladný vzťah k zvieratám **2.** jasný, presný; *p. knowledge* presné vedomosti **3.** mat., fyz. kladný, pozitívny **4.** zjavný, vyslovený, zrejmý; *it's a p. crime to drink and drive* je vyslovený zločin piť a potom viesť auto

possess [pəˈzes] **1.** mať, vlastniť; *p. nothing* nevlastniť nič; *he p-es great patience* má veľkú trpezlivosť **2.** pochytiť, opanovať; *what p-ed you to do that?* čo ťa to pochytilo, že si také niečo urobil? *be p-ed* byť posadnutý; *he fought like he was p-ed* bojoval ako posadnutý

possession [pəˈzešn] **1.** vlastníctvo (to, čo má človek k dispozícii); *the information in my p. is strictly confidential* informácie, ktoré mám, sú prísne dôverné **2.** *p-s* často mn. č. (osobný) majetok; *lose all one's p-s* stratiť všetok majetok ● *get p. of* získať; *take p. of* zobrať; *be in p. of one's senses* mať zdravý rozum

possessive [pəˈzesiv] **1.** sebecký; *a p. father who resents his daughter's boyfriend* sebecký otec, ktorý neznáša priateľa svojej dcéry **2.** gram. privlastňovací; *p. pronouns* privlastňovacie zámená

possibility [ˌposəˈbiləti] **1.** možnosť; *I admit the p. of your being right* pripúšťam, že môžeš mať pravdu **2.** pravdepodobnosť; *there is a strong p. that she won't come back* je veľmi pravdepodobné, že sa nevráti ● *there is no p. of his coming* je vylúčené, aby prišiel

possible [ˈposəbl] **1.** možný; *do it as soon as p.* podľa možnosti to sprav čo najskôr **2.**

prijateľný, vhodný; *a p. answer* prijateľná odpoveď; *he is the only p. man for the position* je jediný vhodný človek na to miesto
post¹ [pəust] **I.** podst. pošta (zásielka, systém dopravovania zásielok); *miss/catch the p.* zmeškať/stihnúť vyberanie pošty; *the reply is in the p.* odpoveď je v pošte **II.** sl. podať, odoslať poštou; *p. a letter* podať/poslať list
post² [pəust] stanovište (stráže ap.), postavenie, post; *the sentinels are all at their p-s* všetky stráže sú na svojich stanovištiach
post³ [pəust] **I.** podst. stĺp; *gate p-s* stĺpy brány; *lamp p-s* stĺpy osvetľovacích telies **II.** sl. (*up*) vyvesiť, nalepiť, oznámiť výveskou; *p. a wall with bills* nalepiť plagáty na steny
post⁴ [pəust] miesto (zamestnanie); *take up a p.* prijať zamestnanie
postage [ˈpəustidž] poštovné; *what is the p. for an airletter?* aké je poštovné za list podaný letecky?
postal [ˈpəustl] poštový • *p. card* korešpondenčný lístok; *p. code* poštové smerovacie číslo; *p. order* poštová poukážka
postcard [ˈpəustkɑːd] pohľadnica, korešpondenčný lístok
postcode [ˈpəustkəud] poštové smerové číslo
poster [ˈpəustə] **1.** plagát **2.** odb. (graficky prezentovaný) príspevok (na konferencii)
postman [ˈpəustmən] mn. č. *-men* [-mən] poštár, doručovateľ
post office [ˈpəust ˌofəs] pošta, poštový úrad
postpone [pəusˈpəun] odložiť (časovo); *p. a meeting* odložiť schôdzu
posture [ˈposčə] držanie tela; *good/bad p.* správne/chybné držanie tela
pot [pot] **1.** hrniec, hrnček **2.** kanvica; *tea/coffee p.* čajová/kávová kanvica **3.** kvetináč; *a decorative flower p.* ozdobný kvetináč **4.** marihuana • *p-s and pans* kuchynský riad
potato [pəˈteitəu] zemiak; *baked p-es* pečené zemiaky; *mashed p-es* zemiaková kaša
potato crisp [pəˌteitəu ˈkrisp] zemiakový lupienok
potent [ˈpəutnt] **1.** silný, mocný, vplyvný; *a p. politician* vplyvný politik **2.** presvedčivý; *a p. argument* presvedčivý argument **3.** účinný; *a p. poison* účinný jed
potential [pəuˈtenšl] potenciálny, možný; *a p. source of energy* potenciálny zdroj energie
potter [ˈpotə] hrnčiar
pottery [ˈpotəri] **1.** hrnčiarstvo **2.** hrnčiarske výrobky

pouch [pauč] vrecko, vrecúško; *a tobacco p.* vrecúško na tabak
poultry [ˈpəultri] hydina
pounce [pauns] skočiť (na korisť)
pound¹ [paund] libra **1.** funt (jednotka hmotnosti 0,454 kg) **2.** libra (jednotka meny)
pound² [paund] **1.** trieskať; *he p-ed the table angrily* nahnevane trieskal do stola **2.** búšiť, tĺcť; *her heart p-ed* srdce jej búšilo
pour [poː] (na)liať (sa); *p. some wine into a glass* naliať víno do pohára; *blood p-ed from the wound* krv sa liala z rany; *it's p-ing with rain* leje (sa) ako z krhly
pour out vychrliť zo seba; *she p-ed out all her worries* vychrlila zo seba všetky svoje starosti
poverty [ˈpovəti] chudoba, nedostatok; *that child was raised in p.* to dieťa vychovali v chudobe
powder [ˈpaudə] **1.** prášok; *milk p.* sušené mlieko **2.** púder; *baby p.* detský púder **3.** zastar. prášok (liek) • *not worth p. and shot* nestojí to ani za fajku močky/dymu
powderroom [ˈpaudə ruːm] dámska toaleta (v hoteli, reštaurácii ap.)
power [ˈpauə] **1.** moc, sila, účinnosť; *the p. of the law* účinnosť zákona **2.** právomoc; *the p. of the president* právomoc prezidenta; *p. of attorney* plná moc **3.** aj *p-s* mn. č. schopnosť; *intellectual p-s* duševné schopnosti; *he did everything in his p.* urobil všetko, čo bolo v jeho moci **4.** sila; *the p. of the hurricane* sila hurikánu **5.** energia; *water/electric p.* vodná/elektrická energia **6.** mat. mocnina **7.** mocnosť; *the Western p-s* západné mocnosti **8.** vplyvná osobnosť, organizácia
powerful [ˈpauəfl] **1.** silný, mocný; *a p. engine* silný/výkonný motor; *a p. remedy* silný liek **2.** vplyvný; *a p. person* vplyvná osoba
power plant [ˈpauə plɑːnt] hl. AM elektráreň
power station [ˈpauə ˌsteišn] elektráreň
pp skr. *pages* strany
PR [piː ˈɑː] skr. *public relations* styk s verejnosťou
practical [ˈpræktikl] **1.** praktický, účelný; *a proposal with no p. value* návrh bez praktickej hodnoty **2.** šikovný, obratný; *a p. young woman* šikovná mladá žena **3.** použiteľný; *an ingenious, but not very p. invention* dôvtipný, ale nie veľmi použiteľný vynález **4.** skutočný, ozajstný, reálny, opravdivý; *the p. difficulties of a scheme* reálne problémy plánu • *for all p. purposes* v skutočnosti

practice [ˈpræktəs] **1.** prax; *put a plan into p.* uviesť plán do praxe; *medical p.* lekárska prax **2.** obyčaj, zvyklosť, praktiky; *unfair business p-s* nekalé obchodné praktiky **3.** cvik, cvičenie; *piano-playing needs a lot of p.* hra na klavír vyžaduje veľa cvičenia ● *be out of p.* vyjsť z cviku; *p. makes perfect* cvičenie/prax robí majstra

practice – prax, zvyklosť, cvičenie
practise – cvičiť, mať vo zvyku, vykonávať

practicioner [ˌprækˈtišənə] praktik; *general p. (GP)* praktický/á lekár/ka; *dental p.* zubný/á lekár/ka
practise [ˈpræktəs] **1.** cvičiť, trénovať; *p. the piano* cvičiť na klavíri; *p. (for) two hours every day* každý deň dve hodiny trénovať **2.** mať vo zvyku, praktizovať; *p. early rising* mať vo zvyku skoro vstávať **3.** vykonávať; *p. medicine* vykonávať prácu lekára
praise [preiz] **I.** sl. (po)chváliť; *p. a man for his courage* (po)chváliť človeka za odvahu **II.** podst. chvála, pochvala; *his heroism is worthy of great p.* jeho hrdinstvo si zaslúži veľkú pochvalu
praiseworthy [ˈpreizwəːði] chvályhodný
pram [præm] skr. *perambulator* detský kočík
pray [prei] modliť sa
prayer [preə] modlitba
preach [priːč] kázať; *he p-ed on love and forgiving* kázal o láske a odpúšťaní
preacher [ˈpriːčə] kazateľ
precarious [priˈkeriəs] **1.** neistý, nezaručený; *a p. financial situation* neistá finančná situácia **2.** nebezpečný, riskantný; *the p. life of a pilot* nebezpečný život letca
precaution [priˈkoːšn] **1.** obozretnosť, predvídavosť; *take an umbrella as a p.* predvídavo si zobrať so sebou dáždnik **2.** bezpečnostné opatrenie; *take p-s against fire* urobiť bezpečnostné protipožiarne opatrenia
precede [priˈsiːd] predísť, stať sa skôr, predchádzať; *a flash of lightning p-d the sound of thunder* záblesk blesku predchádzal duneniu hromu
precedent [ˈpresədnt] precedens; *this course of action is quite without p.* takéto konanie nemá precedens
preceding [priˈsiːdiŋ] predchádzajúci; *the p. paragraph* predchádzajúci odsek

precious [ˈprešəs] vzácny, drahý, drahocenný; *blood is a p. liquid* krv je vzácna tekutina; *p. time* drahocenný čas; *p. metal* drahý kov; *p. stone* drahokam
precipice [ˈpresəpəs] strmina, zráz
precipitation [prəˌsipəˈteišn] **1.** unáhlenosť, chvat **2.** (meteor.) zrážka **3.** (chem.) precipitácia, zrážanie
précis [ˈpreisiː] mn. č. *précis* [ˈpreisiːz] (krátky) súhrn, (stručný) prehľad; *a p. of French history* stručný prehľad francúzskych dejín
precise [priˈsais] **1.** presný, precízny; *p. measurements* presné merania; *p. orders* precízne príkazy **2.** punktičkársky, pedantný; *a very p. old lady* veľmi pedantná stará pani
precisely [priˈsaisli] presne; *state the facts p.* presne uviesť fakty; *at 8 o'clock p.* presne o 8. h
precision [priˈsižn] presnosť, precíznosť; *he works with high p.* pracuje s veľkou presnosťou
precision engineering [priˈsižnˌendžəˈniriŋ] jemná mechanika
predecessor [ˈpriːdəsesə] predchodca; *Mr Brown's p. in office* predchodca pána Browna v úrade
predicament [priˈdikəmənt] nepríjemná situácia, šlamastika
predicate [ˈpredikət] gram. prísudok
predicate [ˈpredəkeit] **1.** vypovedať, tvrdiť; *p. sb. of sth.* tvrdiť (komu, o čom) **2.** zakladať, stavať; *p. sth. on sth.* stavať (čo, na čom)
predict [priˈdikt] predpovedať; *p. a good harvest* predpovedať dobrú úrodu
prediction [priˈdikšn] predpoveď
predominate [priˈdoməneit] (*over*) **1.** prevládať; *in this forest oak-trees p.* v tomto lese prevládajú duby **2.** vynikať; *he p-d over all the other students* vynikal nad všetkými ostatnými študentami
preface [ˈprefəs] predslov; *a p. to a book* predslov ku knihe
prefer [priˈfəː] -rr- (*to*) uprednostňovať, dávať prednosť (komu, čomu pred kým, čím), mať radšej; *I much p. dogs to cats* mám oveľa radšej psy ako mačky
preferable [ˈprefərəbl] vhodnejší, lepší; *find summer p. to winter* považovať leto za lepšie ako zimu
preference [ˈprefrəns] prednosť; *I have a p. for classical music* dávam prednosť klasickej hudbe
prefix [ˈpriːfiks] gram. predpona
pregnancy [ˈpregnənsi] ťarchavosť

pregnant ['pregnənt] **1.** ťarchavá **2.** brezivá; *a p. cow* brezivá/teľná krava **3.** výstižný, obsažný

prehistoric [ˌpriːhiˈstorik] prehistorický, praveký

prejudice ['predžədəs] **1.** zaujatosť, predpojatosť; *have a p. against women in politics* byť zaujatý voči ženám v politike **2.** predsudok; *racial p.* rasové predsudky

preliminary [priˈlimənri] **I.** príd. predbežný, úvodný; *make a few p. remarks before starting an interview* predniesť niekoľko úvodných poznámok pred začatím rozhovoru **II.** podst. *p-ies* mn. č. úvod, prípravné konanie; *there are a lot of p-ies to be gone through* treba prejsť množstvom prípravných konaní

premature ['premətšə] **1.** predčasný, unáhlený; *p. death* predčasná smrť **2.** nedonosený; *a p. baby* nedonosené dieťa

premeditated [priːˈmedəteitəd] zámerný, úmyselný; *p. murder* úmyselná vražda

premier ['premiə] **I.** podst. ministerský predseda **II.** príd. dôležitý; *of p. importance* mimoriadne dôležitý

premise, premiss ['preməs] **1.** predpoklad **2.** filoz. východiskový predpoklad, premisa **3.** *p-s* mn. č. areál

premium ['priːmiəm] **1.** odmena, prémia **2.** poistné

prepaid p. **prepay**

preparation [ˌprepəˈreišn] **1.** príprava, zhotovovanie (čoho); *p-s for the president's visit* prípravy na návštevu prezidenta **2.** (špeciálne pripravovaný) preparát, liek; *pharmaceutical p-s* farmaceutické preparáty

preparatory [priˈpærətri] **1.** prípravný; *p. talks* prípravné rozhovory **2.** predbežný; *p. measures* predbežné opatrenia

prepare [priˈpeə] (*for*) pripraviť (sa), chystať (sa) (na čo); *p. a meal* pripraviť jedlo; *p. students for an examination* pripraviť študentov na skúšku

prepared [priˈpeəd] **1.** (vopred) pripravený; *read a p. statement* prečítať pripravené vyhlásenie **2.** ochotný; *we're p. to help you* sme ochotní vám pomôcť

prepay [ˌpriːˈpei] *prepaid* [ˌpriːˈpeid], *prepaid* vopred zaplatiť; *send a telegram with a prepaid reply* poslať telegram s vopred zaplatenou odpoveďou

preposition [ˌprepəˈzišn] gram. predložka

prerogative [priˈrogətiv] výsada, privilégium *p. to pardon a criminal* výsada omilostiť zločinca

preschool [ˌpriːˈskuːl] predškolský

prescribe [priˈskraib] **1.** predpísať; *a p-d textbook* predpísaná učebnica; *p. a medicine* predpísať liek **2.** stanoviť, nariadiť; *penalties p-d by the law* pokuty stanovené zákonom

prescription [priˈskripšn] recept, lekársky predpis

prescriptive [priˈskriptiv] normatívny; *a p. grammar of the English language* normatívna gramatika anglického jazyka

presence ['prezns] prítomnosť; *your p. is requested* vaša prítomnosť je žiaduca ● *p. of mind* duchaprítomnosť

present[1] ['preznt] **I.** príd. **1.** prítomný; *were you p. at the party?* boli ste prítomní na večierku? **2.** súčasný, terajší; *the p. government* terajšia vláda **3.** ten, tento, náš; *in the p. case* v tomto prípade **II.** podst. (*the*) prítomnosť, súčasnosť; *the past, the p., the future* minulosť, prítomnosť, budúcnosť ● *at p.* teraz, v tejto chvíli; *for the p.* zatiaľ; *that will be enough for the p.* zatiaľ to bude stačiť

present[2] ['preznt] dar; *a birthday p.* dar k narodeninám

present[3] [priˈzent] **1.** (formálne) predstaviť; *may I p. my wife?* dovolíte, aby som predstavil svoju manželku? **2.** predložiť; *p. a petition* predložiť petíciu **3.** uviesť; *„the Globe" will p. Hamlet* „Globe" uvedie Hamleta **4.** darovať, venovať ● *p. arms* k pocte zbraň! *p. oneself* dostaviť sa

presentation [ˌpreznˈteišn] **1.** uvedenie; *the p. of a new play* uvedenie novej hry **2.** odovzdávanie; *the p. of prizes will begin at three o'clock* odovzdávanie cien sa začne o tretej hodine **3.** predloženie; *the cheque is payable on p.* šek sa vyplatí pri predložení

preservation [ˌprezəˈveišn] **1.** zachovanie; *the p. of law and order* zachovanie zákona a poriadku; *the p. of natural resources* zachovanie prírodných zdrojov **2.** konzervovanie; *the p. of food* konzervovanie potravín

preserve [priˈzəːv] **I.** sl. **1.** zachovať, uchovať; *p. one's eyesight* zachovať si zrak; *p. a tradition* zachovávať tradíciu; *only a few of his early poems are p-d* iba niekoľko z jeho raných básní sa zachovalo **2.** konzervovať; *p. fruit* konzervovať ovocie **II.** podst. **1.** džem **2.** revír *game p.* poľovný revír

P

president [ˈprezədnt] **1.** prezident; *the P. of the Slovak Republic* prezident Slovenskej republiky **2.** predseda; *he was elected p. of the Linguistic Society* zvolili ho za predsedu Jazykovednej spoločnosti

preside [priˈzaid] **1.** predsedať; *p. at a meeting* predsedať schôdzi **2.** viesť; *p. over an organisation* viesť organizáciu

presidency [ˈprezədənsi] **1.** úrad prezidenta (funkcia) **2.** doba úradu prezidenta

press [pres] **I.** podst. **1.** stisk, stisnutie; *a p. of the hand* stisk ruky **2.** tlač; *the liberty of the p.* sloboda tlače **3.** nakladateľstvo, tlačiarenská výroba; *Oxford University P.* Nakladateľstvo Oxfordskej univerzity **4.** lis **II.** sl. **1.** (s)tlačiť; *p. the button of an electric bell* stlačiť tlačidlo elektrického zvonca **2.** vytlačiť; *p. juice out of an orange* vytlačiť šťavu z pomaranča **3.** (vy)žehliť; *p. a skirt* vyžehliť sukňu **4.** naliehať; *she p-ed her guests to stay for dinner* naliehala na hostí, aby zostali na večeru ● *be p-ed for time* byť v časovej tiesni; *p. the issue* naliehať na riešenie problému; *p. one's point* trvať na svojom stanovisku; *time p-es* čas tlačí

press for naliehavo žiadať, urgovať; *p. for an answer* naliehavo žiadať odpoveď

press on **1.** nanucovať; *he p-ed another drink on me* nanucoval mi ďalší pohárik **2.** (*with*) pokračovať (bez meškania); *p. on with one's work* pokračovať v práci

press agency [ˈpres ˌeidžnsi] tlačová agentúra

press conference [ˈpres ˌkonfrəns] tlačová konferencia

pressing [ˈpresiŋ] naliehavý, neodkladný; *I have more p. things to think about* sú naliehavejšie veci, o ktorých musím premýšľať

pressure [ˈprešə] **1.** tlak; *atmospheric p.* atmosférický tlak; *blood p.* krvný tlak **2.** nátlak; *he did it under p. from his parents* urobil to pod nátlakom rodičov **3.** preťaženie; *he pleaded p. of work* vyhovoril sa na pracovné preťaženie **4.** ťarcha; *under the p. of necessity* pod ťarchou nevyhnutnosti ● *work at high p.* pracovať s vypätím síl

prestige [preˈstiːž] prestíž

presume [priˈzjuːm] **1.** predpokladať; *I p. he is right* predpokladám, že má pravdu **2.** trúfať si, opovažovať sa; *may I p. to advise you?* môžem si trúfať poradiť vám?

presume on/upon zneužiť; *p. upon sb.'s good nature* zneužiť dobrotu (koho)

pretend [priˈtend] predstierať; *p. to be asleep* predstierať spánok

pretext [ˈpriːtekst] (vymyslený) dôvod, zámienka, výhovorka; *he called on us on the p. of asking my advice* navštívil nás pod zámienkou, že ma chce požiadať o radu

pretty [ˈpriti] **I.** príd. **1.** pôvabný; *a p. girl* pôvabné dievča **2.** poriadny, dôkladný; *a p. mess you've made of it* z toho si teda urobil dôkladný neporiadok **II.** prísl. **1.** dosť, poriadne, pekne; *it's p. cold outside* vonku je poriadne chladno; *the situation seems p. hopeless* situácia je dosť beznádejná **2.** skoro, takmer; *we've p. well finished the work* prácu sme takmer skončili

prevail [priˈveil] **1.** (*over*) zvíťaziť; *truth will p.* pravda zvíťazí **2.** (*among, in*) pretrvať; *racial prejudice still p-s in many countries* v mnohých krajinách pretrvávajú rasové predsudky

prevent [priˈvent] (*from*) zabrániť, zamedziť; *p. a disease from spreading* zamedziť šíreniu choroby; *these rules are intended to p. accidents* tieto pravidlá majú zabrániť nehodám

prevention [priˈvenšn] ochrana, prevencia; *establish speed limit as p. of accidents* zaviesť obmedzený rýchlosť ako prevenciu proti nehodám ● *fire p.* protipožiarna ochrana

preview [ˈpriːvjuː] **1.** predpremiéra (hry, filmu) **2.** vernisáž (výstavy) **3.** (stručná) recenzia

previous [ˈpriːviəs] predchádzajúci, predošlý; *on the p. page* na predchádzajúcej strane

prey [prei] len j. č. korisť ● *be/become/fall p.* stať sa korisťou; *bird of p.* dravec, dravý vták; *beast of p.* šelma

price [prais] **I.** podst. **1.** cena (hodnota v peniazoch); *p-s are rising/falling* ceny stúpajú/klesajú **2.** hodnota; *a pearl of great p.* perla veľkej hodnoty ● *above p.* nesmierne cenný; *at a p.* len za vysokú cenu/za veľkých obetí; *at any p.* za každú cenu **II.** sl. **1.** (z)hodnotiť, (o)ceniť; *high-p-d goods* vysoko ohodnotený tovar **2.** vyznačiť cenu; *all our goods are clearly p-d* všetok náš tovar má jasne vyznačenú cenu

priceless [ˈpraisləs] drahocenný, neoceniteľný; *p. paintings* drahocenné maľby

price-list [ˈprais list] cenník

prick [prik] **I.** sl. prepichnúť, pichnúť (sa); *p. a ballon* prepichnúť balónik; *p. one's finger with a needle* pichnúť sa ihlou do prsta **II.** podst. **1.** pichnutie; *I can still feel the p.* stále ešte cítim to pichnutie **2.** dierka, dieročka;

a p. made by a needle dieročka urobená ihlou **3.** vulg. penis

pride [praid] **I.** podst. **1.** hrdosť; *he has no p.* nemá v sebe štipku hrdosti **2.** pýcha; *her son is her p. and joy* syn je jej pýchou a potešením **3.** rozkvet; *in the full p. of youth* v plnom rozkvete mladosti **4.** namyslenosť, pýcha; *p. was his downfall* pýcha bola jeho skazou **II.** sl. (*on/upon*) byť pyšný (na čo), pýšiť sa (čím); *he p-s himself upon his skill as a pianist* pýši sa svojou hrou na klavíri

priest [pri:st] kňaz

prim [prim] -*mm*- **1.** upätý, škrobený; *a p. old lady* škrobená stará dáma **2.** úhľadný; *a p. garden* úhľadná záhrada

primary [ˈpraimri] **1.** prvý, prvotný, základný; *the p. meaning of a word* prvotný význam slova **2.** základný, elementárny; *p. education* elementárne vzdelanie; BR *p. school* 1. stupeň základnej školy; fyz. *p. colours* základné farby **3.** hlavný; *p. stress* hlavný prízvuk **4.** gram. primárny; *p. tenses* základné časy (prítomný, minulý, budúci)

primate[1] [ˈpraimət] primát
primate[2] [ˈpraimət] (cirk). primas
prime [praim] **I.** príd. **1.** hlavný, najdôležitejší; *the p. reason/motive* hlavný dôvod/motív **2.** prvotriedny; *a piece of p. beef* kus prvotriednej hovädziny **II.** podst. **1.** najvyšší stav, najvyššia úroveň, vrchol; *the p. of perfection* vrchol dokonalosti **2.** mat. prvočíslo ● *in the p. of life* v najlepších rokoch

prime cost [ˌpraim ˈkost] výrobné náklady
prime minister [ˌpraim ˈminəstə] predseda vlády ministerský predseda,
prime time [ˈpraim ˌtaim] **I.** podst. najsledovanejší vysielací čas (v televízii) **II.** príd. *p. advertising* reklama vysielaná v najsledovanejšom čase

primeval, primaeval [praiˈmi:vl] praveký, predhistorický, pradávny; ● *p. forest* prales; *p. man* pračlovek

primitive [ˈprimitiv] (v rozl. význ.) prvotný, primitívny; *p. man* primitívny človek; *p. weapons* primitívne zbrane; *p. art* primitívne umenie ● *P. Germanic* pragermánčina

prince [prins] **1.** princ, kráľovič **2.** knieža; *the P. of Monaco* monacké knieža

princess [ˌprinˈses] **1.** princezná **2.** kňažná
principal [ˈprinsəpl] **I.** príd. hlavný, základný; *the p. rivers of Europe* hlavné rieky Európy; *the p. food of the people in China* základná

potrava ľudí v Číne **II.** podst. **1.** šéf, predstavený **2.** AM riaditeľ školy **3.** hlavný/prvý herec, hudobník, tanečník skupiny **4.** práv. hlavný vinník **5.** ekon. základný kapitál (bez úrokov)

principle [ˈprinsəpl] **1.** princíp, zásada; *moral p-s* morálne zásady **2.** základ; *the p-s of political economy* základy politickej ekonómie ● *in p.* zásadne, spravidla; *on p.* zo zásady

print [print] **I.** podst. **1.** tlač, vytlačený text; *fine/small p.* drobná tlač **2.** odtlačok, stopa; *p-s of birds in snow* vtáčie stopy v snehu **3.** kópia (fotografia) z negatívu; *order some extra p-s of a negative* dať urobiť niekoľko ďalších kópií z negatívu **4.** *p-s* mn. č. grafika; *old Japanese p-s* stará japonská grafika ● *in cold p.* čierne na bielom; *in p.* v tlači **II.** sl. **1.** vytlačiť (knihy) **2.** pren. vtlačiť/vryť (sa); *the incidents p-ed themselves on her memory* udalosti sa jej vryli do pamäti **3.** urobiť kópiu z negatívu **4.** napísať tlačeným písmom; *p. one's name in capital letters* napísať meno veľkými tlačenými písmenami **5.** potlačiť látku; *p-ed fabrics* potlačené textílie

printing office [ˈprintiŋ ˌofis] tlačiareň
printing press [ˈprintiŋ pres] tlačiarenský stroj
printout [ˈprintˌaut] (výp. tech.) výstup, výsledná sústava

prior [ˈpraiə] **I.** príd. **1.** prednostný; *a p. claim to sth.* prednostný nárok (na čo) **2.** predchádzajúci, predošlý; *a p. consideration* predchádzajúce úvahy **II.** predl. pred; *p. to any discussion* pred akoukoľvek diskusiou

priority [praiˈorəti] **1.** (*over*) prednosť, prednostné právo, priorita; *p. over others* prednostné právo pred inými **2.** prvoradá vec; *finding the lost child is a top p.* nájsť stratené dieťa je prvoradou vecou **3.** dopr. prednosť; *vehicles coming from the main road have p.* vozidlá prichádzajúce z hlavnej cesty majú prednosť

prison [ˈprizn] väzenie; *be in p.* byť vo väzení; *go to p.* ísť do väzenia

prisoner [ˈpriznə] **1.** väzeň **2.** zajatec; *p. of war* vojnový zajatec; *hold/keep somebody p.* držať niekoho v zajatí; *take somebody p.* zajať niekoho

privacy [ˈprivəsi] **1.** súkromie; *I don't want my p. disturbed* nedám si narušiť svoje súkromie **2.** tajnosť; *they were married in strict p.* zosobášili sa v úplnej tajnosti

private [ˈpraivət] **1.** dôverný, osobný; *a p. letter* dôverný list; *for p. reasons* z osobných dôvodov 2. tajný; *p. information* tajné informácie 3. neoficiálny, súkromný; *the president is paying a p. visit to Europe* prezident je na neoficiálnej návšteve v Európe 4. súkromný; *p. enterprise* súkromný podnik ● *in a p. capacity* ako súkromná osoba; *in p.* medzi štyrmi očami; *keep p.* nezverejňovať

privatize ['praivətaiz] privatizovať

privilege ['privəlidž] 1. výsada, privilégium; *education is still a p. in many countries* v mnohých krajinách je vzdelanie ešte stále privilégiom 2. česť, pocta, vyznamenanie; *he's a fine musician – it's a p. to hear him play* je výborným hudobníkom – je česť počuť ho hrať

privileged ['privəlidžd] privilegovaný, vyvolený *for a p. few* pre niekoľkých vyvolených

privy ['privi] zastar. tajný, dôverný; BR *P. Council* tajná rada; *P. Councillor/Counsellor* člen tajnej rady

prize [praiz] I. podst. 1. cena; *be awarded a p. for literature* dostať cenu za literatúru; *consolation p-s* ceny útechy 2. pren. ideál; *the p-s of life* životné ideály II. sl. ceniť si, oceňovať, vážiť si; *my most p-d possessions* to, čo si najviac cením

pro¹ [prəu] za (pozitívny postoj); ● *p. and con* za a proti; *the p-s and cons* dôvody za a proti

pro² p. **professional**

probability [,probə'biləti] 1. pravdepodobnosť; *there is little p. of his succeeding* je malá pravdepodobnosť, že bude mať úspech 2. vyhliadka; *what are the p-ies?* aké sú vyhliadky? 3. mat. pravdepodobnosť ● *in all p.* pravdepodobne

probable ['probəbl] pravdepodobný; *the p. result* pravdepodobný výsledok; *it seems p.* je pravdepodobné

probably ['probəbli] pravdepodobne, asi; *Jim's late, he's p. stuck in a traffic jam* Jim mešká, pravdepodobne uviazol v hustej premávke

probe ['prəub] I. podst. 1. sonda 2. vyšetrovanie; *the police p. revealed...* vyšetrovanie polície ukázalo... II. sl. 1. vyšetriť (sondou) 2. skúmať; *p. into sb.'s private life* skúmať (niečí) súkromný život

problem ['probləm] 1. problém; *social p-s* spoločenské problémy 2. úloha; *mathematical p-s* matematické úlohy

procedure [prə'si:džə] postup; *the usual p.* bežný postup ● *customs p.* colné odbavovanie; *questions of p.* procedurálne otázky

proceed [prə'si:d] 1. (to) prikročiť, pristúpiť; *let's p. to the next item* prikročme k ďalšie-

mu bodu 2. (with) pokračovať (v čom); *p. with your explanation* pokračujte vo vysvetľovaní *proceed from* vznikať, pochádzať (z čoho); *evil that p-s from war* zlo, ktoré pochádza z vojny

proceeds ['prəusi:dz] mn. č. (finančný) výnos, zisk; *the p. will be devoted to charity* výnos bude venovaný na dobročinné účely

process ['prəuses] I. podst. 1. proces; *a p. of chemical changes* proces chemických premien 2. postup; *the p. of learning a language* postup, ako sa učiť jazyk 3. výrobný postup (spôsob, metóda) 4. práv. proces II. sl. 1. spracovať; *p. cotton by spinning* spracovať bavlnu pradením; *p. data* spracovať údaje 2. vyvolať (pôsobením vývojky); *p. film* vyvolať film

procession [prə'sešn] 1. sprievod; *a funeral p.* pohrebný sprievod 2. (cirk.) procesia

proclaim [prə'kleim] 1. vyhlásiť, proklamovať; *p. war* vyhlásiť vojnu; *p. a republic* proklamovať republiku 2. kniž. odhaliť, prezradiť, ukázať; *his accent p-ed him a foreigner* jeho prízvuk prezradil, že je cudzinec ● *the dress p-s the man* šaty robia človeka

proclamation [,proklə'meišn] verejné oznámenie, vyhlásenie, proklamácia; *issue a p.* vydať proklamáciu; *make a p.* urobiť vyhlásenie

procure [prə'kjuə] obstarať, zadovážiť; *the book is out of print and difficult to p.* kniha je rozobraná a ťažko sa dá zadovážiť

prod [prod] 1. štuchať, pichať, bodať 2. popohnať, posúriť; *p. sb. into action* popohnať (koho) k činu

prodigy ['prodidži] div, zázrak

produce [prə'dju:s] I. sl. 1. vyrábať, produkovať; *p. woollen goods* vyrábať vlnený tovar; *p. more food* vyprodukovať viac potravín 2. tvoriť; *this artist p-s little* tento umelec tvorí málo 3. predložiť; *p. a railway ticket* predložiť železničný lístok 4. vyvolať; *the film p-d a sensation* film vyvolal senzáciu 5. inscenovať; *p. a new play* inscenovať novú hru II. podst. výrobok (z vypestovaného ovocia alebo zeleniny)

producer [prə'dju:sə] 1. výrobca 2. producent (filmu, hry ap.)

product ['prodakt] 1. výrobok, produkt; *the chief p-s of Scotland* hlavné výrobky Škótska 2. výtvor; *the p-s of a genius* výtvory génia 3. pren. následok, dôsledok; *a p. of liberal arts education* dôsledok humanitného vzdelania 4. výtvor, výplod; *he was a p. of his time* bol výplodom svojej doby 5. mat. súčin

production [prə'dakšn] **1.** výroba; *the p. of manufactured goods* výroba priemyslového tovaru **2.** produkcia, výroba (vyrobené množstvo); *increase p. by using better methods* zvýšiť výrobu lepšími metódami **3.** práca, umelecký výtvor; *his early p-s as a writer* jeho rané spisovateľské výtvory

productive [prə'daktiv] **1.** produktívny, výnosný; *p. land* výnosná pôda **2.** tvorivý; *a p. mind* tvorivá myseľ **3.** rentabilný; *a p. shop* rentabilný obchod

productivity [ˌprodak'tivəti] **1.** produktivita, výnosnosť **2.** tvorivosť **3.** rentabilnosť

profession [prə'fešn] **1.** povolanie; *he is a lawyer by p.* povolaním je právnik **2.** prejav, tvrdenie, ubezpečenie; *she doesn't believe in his p-s of passionate love* neverí jeho vášnivým vyznaniam **3.** profesia, stav (všetci príslušníci toho istého povolania)

professional [prə'fešnəl] **I.** príd. **1.** odborný; *p. skill* odborná zručnosť; *p. education* odborné vzdelanie; *p. men* odborníci (lekári, právnici) **2.** profesionálny; *a p. football player* futbalista profesionál **II.** podst., skr. **pro** [prəu] profesionál (ako protiklad amatéra) ● *turn p.* stať sa profesionálom

professor [prə'fesə] univ. profesor; AM aj docent

proficiency [prə'fišnsi] odbornosť, odborná znalosť; *a certificate of p. in English* vysvedčenie o odbornej znalosti angličtiny

profile ['prəufail] profil (v rozl. význ.); *draw a p.* nakresliť p.; *a high/low political p.* priaznivý/nepriaznivý politický profil

profit ['profət] **I.** sl. (*by/from*) získať, osožiť, prospievať; *has she p-ed by that experience?* osožila jej tá skúsenosť? *they have certainly p-ed from your advice* vaša rada im určite prospela **II.** podst. **1.** osoh; *gain p. from one's studies* mať osoh zo štúdia **2.** zisk; *he sold his car at a p.* predal auto so ziskom

profound [prə'faund] **1.** hlboký, dokonalý; *a p. silence* hlboké ticho; *a p. impression* hlboký dojem **2.** nesmierny, skutočný; *a man of p. learning* muž nesmiernych znalostí **3.** úplný; *p. deafness* úplná hluchota; *p. indifference* úplný nezáujem

program ['prəugræm] **I.** podst. výp. program (sústava inštrukcií vložených do samočinného počítačov) **II.** sl. *-mm-* naprogramovať (počítač) ● *p. input/output* vstup/výstup programu; *p. processing* spracovanie programu; *p. start/stop* začatie/zastavenie programu

programme ['prəugræm] BR, AM **program** **1.** program (televízie/rozhlasu/divadla aj jeho tlačené oznámenie) **2.** plán; *a school building p.* plán výstavby školy

progress **I.** podst. ['prəugres] **1.** pokrok, rozvoj; *make p. in one's studies* robiť pokroky v štúdiu; *p. in industry* rozvoj priemyslu; **2.** postup, pohyb (dopredu); *the daily p. of the sun* denný pohyb slnka ● *be in p.* práve prebiehať; *in p. of time* časom **II.** sl. [prə'gres] **1.** vyvíjať sa; *science p-es* veda sa vyvíja **2.** postupovať; *p. to more difficult tasks* postupovať k náročnejším úlohám

progressive [prəu'gresiv] **1.** postupný, progresívny; *a p. loss of sight* postupná strata zraku **2.** pokrokový; *a p. thinker* pokrokový mysliteľ **3.** odb. progresívny; *p. taxation* progresívne zdanenie

prohibit [prə'hibət] **1.** zakázať, nedovoliť; *smoking is strictly p-ed* fajčenie je prísne zakázané **2.** zabrániť, zamedziť; *family finances p-ed his going to college* finančná situácia rodiny mu zabránila ísť na vysokú školu

project **I.** podst. ['prodžekt] projekt, plán, návrh; *a p. for a new settlement* návrh nového sídliska; *carry out a p.* uskutočniť plán **II.** sl. [prə'džekt] **1.** tech. navrhnúť, (vy)projektovať; *p. a new school* vyprojektovať novú školu **2.** premietať; *p. a picture on a screen* premietať obraz na plátno **3.** vystreliť, vymrštiť; *p. missiles into space* vystreliť rakety do vesmíru

proliferate [prə'lifəreit] **1.** zvýšiť sa (počet) **2.** rozmnožiť sa (zvieratá) **3.** šíriť sa (myšlienky)

prolong [prə'loŋ] predĺžiť

promenade concert [ˌproməna:d 'konsət] promenádny koncert

prominent ['promənənt] **1.** vystupujúci, vyčnievajúci; *p. cheekbones* vystupujúce lícne kosti **2.** poprední, vedúci, prominentný; *p. scientists* poprední vedci **3.** dôležitý; *hold a p. position* mať dôležité postavenie

promise ['proməs] **I.** podst. **1.** sľub, prísľub; *p-s of help* prísľuby pomoci **2.** nádej; *a child that doesn't show much p.* dieťa, ktoré nie je veľkou nádejou (do budúcnosti) ● *make a p.* dať sľub, sľúbiť; *keep/break one's p.* dodržať/nedodržať sľub **II.** sl. **1.** (pri)sľúbiť; *he p-d to come* sľúbil, že príde **2.** veštiť, byť príznakom (čoho); *the clouds p. rain* mračná veštia dážď

promote [prə'məut] **1.** (*to*) povýšiť (na čo); *he was p-d to the rank of sergeant* povýšili ho na čatára **2.** podporiť (usporiadanie, vytvorenie);

p. a new business company podporiť vznik novej obchodnej spoločnosti **3.** propagovať; *p. a new ointment* propagovať nový krém

prompt [prompt] **I.** príd. okamžitý, pohotový; *p. payment* okamžitá platba; *a p. reply* pohotová odpoveď **II.** sl. (na)viesť, povzbudiť; *he was p-ed by unworthy motives* viedli ho nízke motívy; (div.) šepkať

prone [prəun] *(to)* byť náchylný (na čo), ľahko podliehať; *be prone to anger* ľahko podliehať hnevu

pronoun [ˈprəunaun] gram. zámeno

pronounce [prəˈnauns] **1.** vysloviť; *he p-s some sounds badly* zle vyslovuje niektoré hlásky **2.** vyhlásiť; *the doctors p-d him to be out of danger* lekári vyhlásili, že je mimo nebezpečenstva; *the judgment has been p-d* vyhlásili rozsudok

pronounced [prəˈnaunst] viditeľný, zjavný; *a p. limp* očividné krívanie

pronunciation [prəˌnansiˈeišn] výslovnosť; *study the p. of English* študovať anglickú výslovnosť; *his p. is improving* jeho výslovnosť sa zlepšuje

proof[1] [pru:f] **1.** dôkaz; *there's no p. of her being guilty* neexistuje dôkaz o tom, že je vinná **2.** skúška, overenie; *is that statement capable of p.?* dá sa to tvrdenie overiť? **3.** polygr. odtlačok sadzby, obťah; *pass the p-s for press* odovzdať vykorigovaný obťah do tlače ● *put to the p.* vyskúšať, podrobiť zaťažkávacej skúške; *without p.* nedokázaný, nepodložený

proof[2] [pru:f] *(against)* odolný proti (čomu); *p. against temptation* odolný voči pokušeniu

proofread [ˈpru:fri:d], *proofread* [ˈpru:fred], *proofread* čítať korektúru (čoho)

proofreader [ˈpru:fri:də] korektor/ka

prop[1] [prop] **I.** podst. podpora aj pren., podpera, opora; *the roof was supported by wooden p-s* strecha bola podopretá drevenými podperami; *her daughter was her p. during her illness* dcéra bola jej oporou v nemoci **II.** sl. -pp- *(up)* podoprieť; *the nurse p-ped her patient (up) on the pillow* sestra podoprela pacienta vankúšom

prop[2] [prop] rekvizita (v divadle)

propagate [ˈpropəgeit] rozmnožovať (rastliny)

propeller [prəˈpelə] vrtuľa

proper [ˈpropə] **1.** správny, vhodný; *are you doing it in the p. way?* robíš to správne? **2.** slušný (podľa spoločenských pravidiel); *p. behaviour* slušné správanie **3.** vlastný; *p. name* vlastné meno

4. za podst. samotný; *architecture p.* samotná architektúra **5.** hovor. vyložený, hotový; *that child is a p. nuisance* to dieťa je vyložená otrava

properly [ˈpropəli] **1.** správne; *do it p.* urob to správne **2.** hovor. úplne, celkom; *I'm p. muddled* som z toho celkom popletená

property [ˈpropəti] **1.** majetok; *the house is his father's p.* dom je majetkom jeho otca **2.** vlastnosť; *the physical p-ies of a substance* fyzikálne vlastnosti hmoty **3.** vlastníctvo; *private p.* súkromné vlastníctvo; *real p.* nehnuteľnosť ● *lost p.* nájdená vec, nález; *a man of p.* boháč

prophecy [ˈprofisi] proroctvo, predpoveď

prophecy [ˈprofisi] – veštba, proroctvo
prophesy [ˈprofisai] – veštiť, prorokovať

proportion [prəˈpo:šn] proporcia,, vzájomný pomer (v rozl. význ.); *be in/out of p.* byť/nebyť vo vzájomnom pomere; *sense of p.* zmysel pre proporcie; výtv. *get sth. in p.* proporčne správne znázorniť

proposal [prəˈpəuzl] **1.** návrh; *peace p-s* návrhy podmienok na uzavretie mieru **2.** ponuka na sobáš; *she rejected his p.* odmietla jeho ponuku na sobáš

propose [prəˈpəuz] navrhnúť, predložiť; *I p. an early start* navrhujem, aby sme čo najskôr začali/vyštartovali; *p. terms of peace* predložiť mierové návrhy ● *p. a toast* predniesť prípitok; *p. (marriage) to sb.* požiadať o ruku (koho)

prose [prəuz] próza

prosecute [ˈprosikju:t] stíhať; *p. for exceeding the speed limit* stíhať pre prekročenie rýchlosti; *p. a criminal* stíhať zločinca

prosecution [ˌprosiˈkjušn] **1.** (práv.) stíhanie **2.** obžaloba; *the counsel for the p.* štátny žalobca; *witness for the p.* svedok/svedkyňa obžaloby

prosecutor [ˈprəsikju:tə] (práv.) žalobca; *public p.* štátny žalobca, prokurátor

prospect [ˈprospekt] **1.** výhľad, vyhliadka; *have a beautiful p. over the land* mať krásny výhľad na krajinu **2.** vyhliadka, nádej; *he has no p. of finding a good job* nemá nádej nájsť dobré zamestnanie

prosperity [proˈsperəti] blahobyt; *wish sb. health, hapiness and p.* želať (komu) zdravie, šťastie a blahobyt

prosperous [ˈprosprəs] úspešný; *a p. businessman* úspešný podnikateľ

prostitute [ˈprostətju:t] prostitútka

protect [prəˈtekt] (*from, against*) chrániť, ochraňovať (pred kým, čím, proti komu, čomu); *well p-ed from the cold* dobre chránený pred zimou; *well p-ed against the weather* dobre chránený proti počasiu

protection [prəˈtekšn] **1.** ochrana; *small children need p.* malé deti potrebujú ochranu **2.** ochranca; *a dog is great p. against burglars* pes je výborný ochranca proti vlamačom

protein [ˈprəuti:n] bielkovina; *a high-p. diet* diéta s vysokým obsahom bielkovín

protest [prəˈtest] **1.** (*against*) protestovať, ohradzovať sa (proti komu, čomu); *a large crowd p-ed against the war* veľký dav protestoval proti vojne **2.** (slávnostne) vyhlásiť; *he p-ed his innocence* vyhlásil, že je nevinný

protestant [ˈprotistənt] **I.** podst. evanjelik/čka, protestant/ka **II.** príd. evanjelický, protestantský

protrude [prəˈtru:d] vyčnievať, vystupovať; *the shelf p-s from the wall* polica vyčnieva zo steny

proud [praud] **1.** hrdý; *he's very p. of his success* je veľmi hrdý na svoj úspech **2.** pyšný, namyslený; *she was too p. to join our party* bola príliš pyšná, aby prišla na našu oslavu

prove [pru:v] **1.** dokázať; *his guilt was clearly p-d* jeho vina bola jasne dokázaná **2.** ukázať sa, prejaviť sa; *he p-d to be a real friend* prejavil sa ako skutočný priateľ ● *he p-d his case* ukázal, že má pravdu; *the exception p-s the rule* výnimka potvrdzuje pravidlo; *p. true* potvrdiť sa

proverb [ˈprovə:b] príslovie ● *be a p.* byť príslovečný, byť známy; *he is a p. for inaccuracy* jeho nepresnosť je príslovečná

provide [prəˈvaid] **1.** (po)starať sa, (za)opatriť; *she has five children to p. for* musí sa postarať o päť detí; *he died without p-ing for his widow* zomrel bez toho, aby zaopatril svoju vdovu **2.** poskytnúť, zásobiť, zabezpečiť; *p. food and clothes for one's family* poskytnúť svojej rodine potravu a ošatenie **3.** stanoviť, určiť; *a clause in the agreement p-s that...* jeden odsek zmluvy určuje, že...

provided [prəˈvaidəd] s tou výhradou, že, za predpokladu, že, pod podmienkou, že; *he'll attend the party p. his sister isn't invited* zúčastní sa na večierku, iba ak jeho sestru nepozvú; *I'll go p. my expenses are paid* pôjdem, iba ak sa mi výdavky uhradia

province [ˈprovəns] **1.** provincia, správna územná jednotka **2.** oblasť, sféra, odbor

provincial [prəˈvinšl] **I.** príd. provinčný, malomestský **II.** podst., cirk. predstavený rehoľnej provincie, provinciál

provision [prəˈvižən] **1.** zásobenie (vodou, plynom a pod.) **2.** opatrenie; *make p. for the future* urobiť opatrenie do budúcnosti **3.** často mn. č. podmienka; *change p/s of one's will* zmeniť podmienky poslednej vôle **4.** mn. č. zásoby potravín

provocation [ˌprovəˈkeišn] **1.** podnecovanie, vyvolávanie, provokácia; *wilful p. of public disorder* zámerné vyvolávanie verejného nepokoja **2.** podnet, popud; *p-s to further thought* podnet na ďalšie rozmýšľanie

provoke [prəˈvəuk] **1.** provokovať, dráždiť; *are you trying to p. me?* chceš ma provokovať? **2.** vyvolať; *p. laughter/a smile* vyvolať smiech/úsmev **3.** vyprovokovať, podnietiť; *she was p-d to rapid action* vyprovokovali ju k rýchlemu konaniu

prudent [ˈpru:dnt] opatrný, obozretný; *a p. decision* obozretné rozhodnutie

prune [pru:n] **I.** podst. sušená slivka **II.** sl. obstrihať; *p. rose bushes* obstrihať ružové kry

psychiatric [ˌsaikiˈætrik] psychiatrický

psychiatrist [saiˈkaiətrist] psychiater/rička

psychiatry [saiˈkaiətri] psychiatria

psychic(al) [ˈsaikik(ə)l] nadprirodzený; ● *p. powers* nadprirodzené sily *p. research* parapsychológia; *be p.* byť jasnozrivý

psychological [ˌsaikəˈlodžikl] psychologický ● *the p. moment* priaznivý okamih

psychology [saiˈkolədži] psychológia

PTO, pto [ˌpi:ti:ˈəu] skr. *please turn over* obráťte prosím

pub [pab] aj **public house** BR hostinec (kde sa alkohol podáva len v stanovenom čase)

public [ˈpablik] **I.** príd. **1.** verejný; *p. library* verejná knižnica; *a matter of p. knowledge* vec verejne známa **2.** národný; *p. assembly* národné zhromaždenie **II.** podst. **1.** verejnosť; *the p. are not admitted* verejnosti neprístupné; *general p.* široká verejnosť **2.** publikum; *theatre-going p.* divadelné publikum ● *in p.* verejne; *make p.* uverejniť

publication [ˌpabləˈkeišn] **1.** publikovanie **2.** publikácia

public convenience [ˌpablik kənˈvi:niəns] verejný záchod

publicity [paˈblisəti] **1.** verejný záujem; *the prince's marriage got a lot of p.* princova svad-

ba sa tešila veľkému verejnému záujmu **2.** propagácia; *who is in charge of p. for our show?* kto je zodpovedný za propagáciu našej show? **public relations** [ˌpablik riˈleišnz] skr. *PR* styk s verejnosťou
public school [ˌpablik ˈskuːl] **1.** BR hl. anglické súkromné stredné internátne školy so školným **2.** AM miestne školy financované štátom
publish [ˈpabliš] **1.** vydať; *p. a book* vydať knihu **2.** uverejniť, publikovať; *p. the news* uverejniť správy ● *be p-ed* vychádzať
publisher [ˈpablišə] **1.** nakladateľ, vydavateľ **2.** nakladateľstvo, vydavateľstvo
puck [pak] puk (pri ľadovom hokeji)
pudding [ˈpudiŋ] dezert, nákyp
puddle [ˈpadl] kaluž; *p-s in the road* kaluže na ceste
puff [paf] **I.** podst. **1.** závan vzduchu/dymu; *a p. of smoke* závan dymu **2.** odfukovanie; *listen to the p. of a distant locomotive* počúvať odfukovanie vzdialenej lokomotívy **3.** obláčik (pary, dymu); *p-s from a steam engine* obláčiky pary z parnej lokomotívy **4.** labutienka; *a powder p.* labutienka na nanášanie púdru **5.** (krehké) nafúknuté pečivo **II.** sl. **1.** vypúšťať obláčiky pary/dymu **2.** dychčať; *he p-ed up the stairs* dychčal hore schodmi
***puff out* 1.** sfúknuť; *p. out a candle* sfúknuť sviecu **2.** našuchoriť; *the bird p-ed out its feathers* vták si našuchoril perie
pull [pul] **I.** podst. **1.** zatiahnutie, myknutie; *give a p. at a rope* myknúť povrazom **2.** príťažlivosť, atraktívnosť; *the p. of a singer on young people* príťažlivosť speváka pre mladých ľudí **II.** sl. **1.** ťahať; *the horse was p-ing a heavy cart* kôň ťahal ťažký voz **2.** pritiahnuť; *p. a chair up to the table* pritiahnuť stoličku k stolu; *the big match p-ed in an enormous crowd* veľký zápas pritiahol obrovské množstvo ľudí **3.** vytrhnúť, vytiahnuť; *p. out a tooth* vytrhnúť zub; *p. the cork* vytiahnuť zátku ● *p. the bell* zazvoniť na obsluhu; *p. a face/faces* robiť grimasy; *p. a good oar* dobre veslovať; *p. sb.'s leg* strieľať si (z koho); *p. at the same end of the rope* ťahať za jeden koniec povrazu; *p. one's weight* plniť svoj podiel (na práci)
***pull down* zničiť, zbúrať; *p. down a building* zbúrať budovu
***pull in* vchádzať, pristáť; *the train p-ed in on time* vlak vošiel do stanice načas; *the boat p-ed in to the bank* čln pristál pri brehu

***pull out* 1.** vyjsť; *the train p-ed out of the station* vlak vyšiel zo stanice **2.** odskočiť; *p. out of a scheme* odskočiť od plánu
***pull through* vyliečiť; *the doctor p-ed me through* lekár ma vyliečil
***pull together* vzchopiť sa
***pull up* 1.** zastaviť; *he p-ed up his car at the entrance* zastavil auto pred vchodom **2.** dohnať; *his horse soon p-ed up with the other horses* jeho kôň čoskoro dohnal ostatné kone
pulley [ˈpuli] kladka (na zdvíhanie bremien)
pullover [ˈpulˌəuvə] pulóver
pulse [pals] **1.** pulz (aj pren.); *feel/take sb.'s p.* merať pulz (komu); *the p. of life* pulz života **2.** rytmus (v hudbe) **3.** fyz. impulz
pump¹ [pamp] **I.** podst. pumpa, čerpadlo; *a petrol p.* benzínové čerpadlo; *a bicycle p.* bicyklová pumpa **II.** sl. **1.** (*out, up*) (vy)čerpať; *p. a well dry* vyčerpať studňu do dna **2.** (*into*) napumpovať, nafúkať; *p. air into a tyre* nafúkať pneumatiku **3.** pren. (*into*) vtĺčť; *p. facts into the heads of dull pupils* vtĺčť fakty do hláv hlúpych žiakov
pump² [pamp] **1.** topánky (lakovky) **2.** cvičky, tenisky **3.** AM *p-s* lodičky
pumpkin [ˈpampkən] tekvica
punch¹ [panč] **I.** sl. (silno) udrieť päsťou; *p. sb. in the chest* udrieť niekoho päsťou do pŕs **II.** podst. **1.** (silný) úder päsťou, hák; *a straight p. to the jaw* priamy hák **2.** pren. úderná sila; *a team with a terrific p.* družstvo s úžasnou údernou silou
punch² [panč] **I.** podst. **1.** dierovač, dierovací lis **2.** kliešte (na štikanie cestovných lístkov) **II.** sl. **1.** dierkovať, perforovať **2.** preštiknúť (cestovný lístok) **3.** techn. dierovať
punch³ [panč] punč (nápoj)
punctual [ˈpaŋkčuəl] presný; *she's never p. for appointments* nikdy nepríde presne na schôdzku
punctuation [ˌpaŋkčuˈeišn] interpunkcia
punctuation mark [ˌpaŋkčuˈeišn maːk] interpunkčné znamienko
puncture [ˈpaŋkčə] **I.** podst. **1.** prepichnutie (hl. pneumatiky) **2.** vpich; *the p. of a hypodermic needle* vpich injekčnej ihly **II.** sl. prepichnúť; *p. a motorcar tyre* prepichnúť pneumatiku auta; *p. an abscess* prepichnúť vred
punish [ˈpaniš] (po)trestať; *p. for stealing* potrestať za krádež; *p. for dangerous driving* trestať za nebezpečnú jazdu
punishment [ˈpanišmənt] trest; *escape without p.* ujsť bez trestu

pupil[1] ['pju:pl] žiak, žiačka
pupil[2] ['pju:pl] zrenička (oka)
puppet ['papət] bábka; *p. show* bábkové
predstavenie ● *glove p.* maňuška, mikulka;
string p. marioneta
puppy ['papi] šteňa
purchase ['pə:čəs] I. podst. kúpa, nákup;
make a p. uskutočniť kúpu II. sl. kúpiť; *we
have p-d a new house* kúpili sme si nový dom
● *p. price* nákupná cena
pure [pjuə] 1. čistý; *p. water* čistá voda 2.
rýdzi, číry; *p. gold* čisté zlato 3. jasný, čistý;
a p. note čistý tón 4. bezúhonný, neporušený;
p. in body and mind čistý na tele i na duši 5.
čisto teoretický, abstraktný; *p. science* čistá ve-
da 6. púhy, holý; *p. nonsense* holý nezmysel
purely ['pjuəli] čisto, iba, len, jedine; *I
helped him p. out of friendship* pomohol som
mu čisto z priateľstva
purgatory ['pə:gətri] očistec
puritan ['pjurətn] puritán aj pren.
purple ['pə:pl] I. červenofialový II. podst.
červenofialová (farba), purpur ● *the p.* šľach-
ta, kardinálsky stav; *be born in the p.* byť krá-
ľovskej krvi; *be raised to the p.* byť povýše-
ný na kardinála
purpose ['pə:pəs] 1. zámer, úmysel 2.
účel, cieľ, zmysel ● *this will answer our p.*
to bude vyhovovať nášmu účelu; *fixity of p.*
cieľavedomosť; *on p.* úmyselne; *serve a p.*
slúžiť účelu; *serve no p.* byť nanič; *for what
p.?* načo? *without p.* bez určitého cieľa; *want-
ing in p.* bez zámeru
purse [pə:s] I. podst. 1. BR peňaženka 2. AM
kabelka ● *be beyond one's p.* byť pridrahý;
give/put up a p. dať/venovať/vypísať peňažnú
odmenu; *hold the p. strings* kontrolovať vý-
davky II. sl. (*up*) našpúliť (ústa, pery)
pursue [pə'sju:] 1. prenasledovať, stíhať
aj pren.; *p. a robber* prenasledovať lupiča; *he
has been p-d by misfortune* prenasledovalo ho
nešťastie 2. pokračovať; *p. one's studies af-
ter leaving school* pokračovať v štúdiách po
ukončení školy
pursuit [pə'sju:t] 1. prenasledovanie, stíha-
nie; *in hot p. of sb.* tesne v pätách (komu) 2. usi-
lovanie sa (o čo), dychtivosť; *p. of knowledge*
dychtivosť po vedomostiach 3. záľuba, hobby
push [puš] I. podst. 1. posotenie; *she gave
him a p.* posotila ho 2. priebojnosť, rozhod-
nosť; *he hasn't got enough p. to succeed* ne-
má dosť priebojnosti, aby uspel 3. nápor,

útok, ofenzíva; *the enemy made a p. to cap-
ture the city* nepriateľ zosilnil útok, aby dobyl
mesto ● *at a p.* ak je to nevyhnutné; *get the
p.* dostať výpoveď; *give sb. the p.* prepustiť
(koho); *make a p.* dať sa do toho 2. zaúto-
čiť II. sl. 1. tlačiť (sa); *don't p., wait for your
turn* netlač sa, čakaj, kým prídeš na rad 2. pri-
tlačiť, prisunúť; *p. the table nearer to the wall*
pritlač stôl bližšie k stene 3. odtlačiť; *p. the
cases out of your way* odtlač kufre z cesty 4.
pretlačiť sa; *p. one's way through a crowd* pre-
tlačiť sa cez dav 5. presadiť; *you must p. your
claims* musíš presadiť svoje požiadavky 6.
(*into*) nútiť (do čoho); *he p-ed her into making
a decision* nútil ju rozhodnúť sa ● *be p-ed for
money/time* byť vo finančnej/časovej tiesni; *p.
one's fortune* chcieť si vynútiť šťastie; *p. one's
luck* príliš riskovať; *p. oneself* prinútiť sa
   push ahead/forward/on 1. napredovať;
we must p. on to our destination musíme na-
predovať k cieľu 2. dôrazne pokračovať; *they
are p-ing ahead with their scheme* dôrazne
pokračujú podľa svojho plánu
   push off odísť; *it's time we p-ed off* je na-
čase, aby sme odišli
   push through presadiť; *p. the matter
through* presadiť istú vec
pushchair ['puščeə] bugina
pussy ['pusi] mačička
put [put], *put* [put], *put -tt-* (v rozl. význ.) po-
ložiť, dať; *p. a book on the shelf* položiť kni-
hu na policu; *p. milk/sugar in one's tea* naliať
si mlieko/dať si cukor do čaju; *p. a baby to
bed* uložiť dieťa do postele ● *p. sb. at ease*
upokojiť (koho); *p. sb. to death* zabiť (koho); *p.
sb. to expenses* spôsobiť výdavky (komu); *p.
sth. right* uviesť na správnu mieru; *p. a stop
to* zaradiť, ukončiť
   put about šíriť, rozširovať; *p. rumours
about* rozširovať klebety
   put aside ušetriť, odložiť; *p. aside some
money* ušetriť peniaze
   put down 1. potlačiť; *p. down a rebellion*
potlačiť vzburu 2. zapísať (si); *p. down a tel-
ephone number* zapísať si číslo telefónu
   put forward navrhnúť; *p. forward a
plan/an idea* navrhnúť plán/nápad
   put off 1. (časovo) odložiť; *p. off a meeting*
odložiť schôdzu 2. zbaviť sa; *p. off respon-
sibilities* zbaviť sa zodpovednosti
   put on 1. obliecť (si), obuť (si); *p. on a
coat* obliecť si kabát; *p. on shoes* obuť si

P

topánky **2.** pribrať na váhe; *p. on weight* stlstnúť **3.** uviesť; *p. on a play* uviesť hru **put out** z(a)hasiť; *p. out a fire* zahasiť oheň; *p. out the lights* zhasiť svetlá **put through** spojiť telefonicky **put up 1.** postaviť, vztýčiť; *p. up a building* postaviť budovu **2.** ubytovať; *put up for the night* poskytnúť nocľah na jednu noc **put up (with)** trpezlivo zniesť; *p. up with inconveniences* trpezlivo znášať nepríjemnosti

putrefy [ˈpjuːtrəfai] hniť, zahnívať, rozkladať sa

puzzle [ˈpazl] **I.** podst. **1.** záhada, problém; *that girl was always a p. to me* to dievča bolo pre mňa vždy záhadou **2.** hádanka, hlavolam, rébus; *crossword p.* krížovka; *jigsaw p.* obrázková skladačka **3.** zmätok; *state of pure p.* úplný zmätok ● *be in a p.* byť zmätený **II.** sl. zmiasť, priviesť do pomykova/rozpakov; *you look p-d* vyzeráš zmätený ● *p. over/about sth.* lámať si (nad čím) hlavu

puzzling [ˈpazliŋ] **1.** záhadný, tajomný; *a p. note* záhadný odkaz **2.** nejasný; *a p. situation* nejasná situácia

pyjamas [pəˈdʒaːməz] pyžamo

pylon [ˈpailən] stožiar (elektr. vedenia)

Q

quad [kwod] hovor. skr. (*quadrangle*) školský dvor

quadrant [ˈkwodrənt] kvadrant

quadratic equation [kwoˌdrætik iˈkweižn] mat. kvadratická rovnica

quadrilateral [ˌkwodrəˈlætrəl] štvoruholník

quadruple [ˈkwodrupl] štvornásobiť

quadruplet [ˈkwodruplət] štvorča

qualification [ˌkwoləfəˈkeišn] kvalifikácia

qualified [ˈkwoləfaid] kvalifikovaný

qualifier [ˈkwoləfaiə] gram. prívlastok

qualify [ˈkwoləfai] **1.** kvalifikovať, oprávniť; *he is q-ied to teach* je oprávnený učiť **2.** kvalifikovať sa; *the team q-ied for the finals* družstvo sa kvalifikovalo do finále

quality [ˈkwoləti] **1.** akosť, kvalita; *these apples are first q.* tieto jablká sú prvej akosti **2.** typická vlastnosť, črta; *kindness is her typical q.* jej typická črta je láskavosť

quantity [ˈkwontəti] množstvo, kvantita

quantum [ˈkwontəm] mn. č *-ta* [-tə] **1.** množstvo **2.** fyz. kvantum ● *q. physics* kvantová fyzika; *q. theory* kvantové číslo

quarantine [ˈkworənti:n] **I.** podst. karanténa **II.** sl. uložiť karanténu

quarrel [ˈkworəl] **I.** podst. hádka, škriepka, zvada, spor ● *pick q-s* vyhľadávať škriepky **II.** sl. (*above, over, for – with*) hádať sa, škriepiť sa, vadiť sa (o čo – s kým); *they keep on q-ing over money* stále sa hádajú o peniaze

quarry [ˈkwori] **I.** podst. **1.** lom **2.** štvanec, štvané zviera **II.** sl. lámať (v lome); *q. blocks of marble* lámať bloky mramoru

quarter [ˈkwoːtə] **I.** podst. **1.** štvrtina, štvrť; *divide a cake into q-s* rozdeliť koláč na štvrti-

ny; *come at a q. to/past 10* prísť o tri štvrte na desať/štvrť na jedenásť **2.** kvartál, štvrťrok; *pay rent by the q.* platiť nájomné kvartálne **3.** štvrť (mesta); *the manufacturing q.* továrenská štvrť **4.** štvrť (fázy Mesiaca); *the Moon is in its first q.* Mesiac je vo svojej prvej štvrti **5.** štvrťdolár (25 centov v USA a Kanade) **II.** sl. **1.** rozštvrtiť; rozdeliť na štyri časti; *q. an apple* rozštvrtiť jablko **2.** (*on*) ubytovať (u koho) (hl. vojakov); *he q-ed his men on families in the town* ubytoval svoje mužstvo u rodín v meste

quarterfinal [ˌkwoːtə ˈfainl] štvrťfinále

quarterfinalist [ˌkwoːtə ˈfainləst] účastník štvrťfinále

quarterly [ˈkwoːtəli] **I.** príd. štvrťročný **II.** podst. štvrťročník (časopis)

quartermaster [ˈkwoːtəˌmaːstə] ubytovací dôstojník

quartet(te) [kwoːˈtet] hud. kvartet

quartz [kwoːc] kremeň

quay [kiː] prístavisko (kotvisko)

queen [kwiːn] kráľovná

queer [kwiə] **1.** čudný, divný, zvláštny; *q. behaviour* čudné správanie **2.** pejor. homosexuálny

quench [kwenč] **1.** uhasiť; *q. one's thirst* uhasiť smäd **2.** kniž. zahasiť; *the firemen q-ed the fire* požiarnici uhasili oheň **3.** udusiť; *q. all hope* udusiť všetku nádej

query [ˈkwiəri] **I.** podst. **1.** otázka **2.** otáznik **3.** výp. dopyt **II.** sl. **1.** vyjadriť pochybnosť; *I q. whether...* pochybujem, či... **2.** (pre)konzultovať; *q. sth. with sb.* prekonzultovať (čo s kým)

quest [kwest] hľadanie; *the q. for gold* hľadanie zlata

question ['kwesčn] **I.** podst. **1.** otázka; *answer q-s* odpovedať na otázky **2.** problém; *that difficult q. hasn't been solved yet* ten ťažký problém sa ešte nepodarilo vyriešiť **3.** pochybnosť; *there's no q. about it* o tom niet pochybnosti ● *beyond q.* nepochybne; *out of the q.* je vylúčené; *there's no q. of it* to neprichádza do úvahy **II.** sl. **1.** vypočúvať; *the young man was q-ed by the police* mladého muža vypočúvala polícia **2.** pochybovať; *q. sb.'s honesty* pochybovať o statočnosti (koho)
questionable ['kwesčnəbl] **1.** sporný, problematický; *it's q. whether she told him* je sporné, či mu o tom povedala **2.** podozrivý; *his behaviour in that matter is highly q.* jeho správanie sa v tej záležitosti je veľmi podozrivé
questionnaire [ˌkwesčə'neə] dotazník
queue [kju:] **I.** podst. rad; *there was a long q. at the bus stop* na zastávke autobusu bol dlhý rad ľudí ● *jump the q.* predbiehať sa (v rade) **II.** sl. (*up, for*) čakať v rade (na čo); hovor. stáť v rade (na čo); *q. up for theatre tickets* stáť vo fronte na lístky do divadla
quick [kwik] **1.** rýchly; *a q. response* rýchla odpoveď **2.** obratný, šikovný, zručný; *she's q. with her hands* je zručná/šikovná **3.** bystrý; *a q. child* bystré dieťa ● *be q. about it!* rýchlo!, ponáhľaj sa! *a q. temper* prudká/výbušná povaha **4.** zrýchlený; *a q. train* zrýchlený vlak
quickly ['kwikli] rýchlo
quicksand ['kwiksænd] aj *q-s* mn. č. pohyblivý/tečúci piesok
quick-sighted [ˌkwik 'saitəd] bystrozraký
quicksilver ['kwikˌsilvə] ortuť
quick-witted [ˌkwik 'witid] bystrý; *a q. young man* bystrý mladý muž
quiet ['kwaiət] **I.** príd. tichý, pokojný; *a q. conversation* tichý rozhovor; *a q. life* pokojný život **II.** podst. ticho, pokoj; *the q. of the night* ticho noci **III.** sl. AM utíšiť, upokojiť; *q. a displeased child* utíšiť nespokojné dieťa
quieten ['kwaitn] BR utíšiť, upokojiť; *he q-ed her fears* upokojil jej obavy

quilt [kwilt] paplón, prešívaná prikrývka
quince [kwins] dula
quinine ['kwini:n] chinín
quintessence [kwin'tesns] **1.** podstata, základ, jadro (veci) **2.** typický vzor; *Mary is the q. of a good cook* Mária je vzorom dobrej kuchárky
quintet [kwin'tet] kvinteto (skladba i súbor)
quintuplet ['kwintjuplət] pätorča
quip [kwip] vtipná poznámka
quit [kwit], *quit/quitted* [kwit/'kwitid] *-tt-* **1.** hovor. nechať, opustiť; *q. a job* nechať zamestnanie/odísť zo zamestnania **2.** prestať; *q. that* prestaň s tým
quite [kwait] **1.** úplne, celkom; *you're q. right* máš celkom pravdu **2.** dosť, pomerne; *q. a lot of people* pomerne veľa ľudí **3.** AM naozaj; *she's q. a beauty* je naozaj krásna

> **quite** – celkom, takmer
> **quiet** – tichý

quits [kwits] vyrovnaný, kvit; *I'm q. with you* už som s tebou kvit
quiz [kwiz] *-zz-* **I.** podst. **1.** kvíz; *a TV q. show* televízny kvíz **2.** AM krátke skúšanie; *the teacher gave the pupils a q. at the end of the lesson* učiteľ pripravil žiakom na konci hodiny krátke skúšanie **II.** sl. (*about*) vypytovať sa (koho); *he q-zed me about my sister* vypytoval sa ma na moju sestru
quota ['kwəutə] **1.** uložená práca; *meet the daily q. of work* vykonať denné množstvo práce **2.** kvóta, podiel
quotation [kwəu'teišn] **1.** citát, citácia **2.** hovor. *quote* odhad ceny práce; *give a q. for the repair of a damaged car* urobiť odhad ceny na opravu poškodeného auta
quotation marks [kwəu'teišn ma:ks] úvodzovky
quote [kwəut] **1.** (*from*) citovať; *q. from Cicero* citovať Ciceróna **2.** uviesť; *q. as an example* uviesť ako príklad **3.** odhadnúť cenu (za služby)
quotient ['kwəušnt] odb. kvocient

R

rabbi ['ræbai] rabín
rabbit ['ræbət] králik (zviera aj kožušina)
rabies ['reibi:z] besnota
race[1] [reis] **1.** preteky; *a boat r.* veslárske preteky; *a r. against time* preteky s ča-

som **2.** dostihy **3.** prúd, náhon, žľab **4.** dráha, putovanie
race[2] [reis] **1.** rasa; *people of mixed r.* ľudia zmiešaných rás **2.** pôvod, rod; *a man of noble r.* človek vznešeného pôvodu

racecourse ['reisko:s] dostihová dráha
racehorse ['reisho:s] dostihový kôň
race riot ['reis ˌraiət] rasový nepokoj
racetrack ['reistræk] pretekárska dráha
racial ['reišl] rasový; *r. hatred* rasová nenávisť, rasizmus
racialism ['reišəlizm] rasizmus
racing ['reisiŋ] pretekársky; *r. horse* pretekársky kôň
racism ['reisizm] rasizmus
racist ['reisist] **I.** podst. rasista **II.** príd. rasistický
rack¹ [ræk] **1.** stojan; *a hat r.* stojan na klobúky; *a dish r.* stojan na odkvapkávanie riadu **2.** polica, priehradka, sieťka (na batožinu) **3.** ozubená tyč, ozubnica
rack² [ræk] **I.** podst. škripec **II.** sl. trápiť, trýzniť, sužovať; *he was r-ed with pain/by doubts* trápila ho bolesť/trápili ho pochybnosti; ● *r. one's brain* lámať si hlavu
racket¹ aj **racquet** ['rækət] (tenisová) raketa
racket² ['rækət] hluk, hlučná zábava, rámus; *I hate the r. of the pubs* neznášam hluk krčiem
racketeer [ˌrækə'tiə] podvodník, gangster, vydierač, výpalník
rack railway ['ræk ˌreilwei] ozubnicová dráha
rack wheel ['ræk wi:l] ozubené koleso pre ozubnicovú dráhu
radar ['reida:] radar, rádiolokátor
radial ['reidiəl] **1.** lúčovitý **2.** polomerový, radiálny
radiant ['reidiənt] žiariaci, oslnivý; *her r. beauty* jej žiarivá krása
radiate ['reidieit] vyžarovať; *the sun r-s heat* slnko vyžaruje teplo
radiate from lúčovito vychádzať; *paths r-ing from the centre* cesty vychádzajúce lúčovito zo stredu
radiation [ˌreidi'eišn] **1.** vyžarovanie; *r. of heat* vyžarovanie tepla **2.** žiarenie; *contaminated with r.* znečistený žiarením; *radioactive r.* rádioaktívne žiarenie; *r. therapy/treatment* ožarovanie
radiator ['reidieitə] **1.** vykurovacie teleso, radiátor **2.** chladič (auta)
radical ['rædikl] **I.** príd. **1.** rázny, energický, radikálny; *a r. reduction in weight* radikálne zníženie hmotnosti **2.** polit. radikálny; *r. views* radikálne názory **II.** podst. polit. radikál
radio ['reidiəu] rádio, rozhlas; *on the r.* v rozhlasovom vysielaní

radioactive [ˌreidiəu'æktiv] rádioaktívny; *r. waste* rádioaktívny odpad
radioactivity [ˌreidiəuæk'tivəti] rádioaktivita
radiograph [ˌreidiəugrəf] **1.** rádiogram **2.** röntgenová snímka
radiographer [ˌreidi'ogrəfə] röntgenológ
radio newsreel [ˌreidiəu 'nju:zri:l] rozhlasové noviny
radio set [ˌreidiəu 'set] rozhlasový prijímač
radio station ['reidiəu 'steišn] rozhlasová stanica
radiotherapy [ˌreidiəu'θerəpi] rádioterapia
radio tube [ˌreidiəu 'tju:b] elektrónka
radish ['rædiš] reďkovka
radium ['reidiəm] rádium
radius ['reidiəs] mn. č. *-dii* [-diai] **1.** polomer **2.** rádius, okruh, dosah; *within a r. of two miles* v okruhu dvoch míľ
R. A. F. [ˌa: ei 'ef] skr. *(the) Royal Air Force* Britské kráľovské letectvo
raffle ['ræfl] tombola, vecná lotéria
raft [ra:ft] **I.** podst. plť **II.** sl. plaviť sa na plti
rag [ræg] handra
rage [reidž] **1.** zlosť, zúrivosť; *livid with r.* bledý od zlosti ● *fly into r.* rozzúriť sa **2.** vášeň, vášnivá túžba; *r. for power* vášnivá túžba po moci
ragged ['rægəd] **1.** roztrhaný, rozodraný; *a r. coat* roztrhaný kabát **2.** kostrbatý, nevycibrený, nevybrúsený; *r. rhymes* nevybrúsené rýmy; *a r. performance* nevycibrený výkon
raid [reid] **I.** podst. **1.** (náhly) útok, prepad; *a r. upon an enemy's camp* prepad nepriateľského tábora **2.** razia **II.** sl. urobiť raziu; *the police r-ed the club* polícia urobila raziu v klube
rail [reil] **1.** zábradlie; *keep your hands on the r.* držte sa zábradlia **2.** ohrada, plot (z drevených/kovových tyčiek) **3.** vešiak, držiak; *a towel r.* držiak na uteráky **4.** koľajnica; *send goods by r.* poslať tovar vlakom
railway ['reilwei] železnica, železničná trať
rain [rein] **I.** podst. **1.** dážď **2.** *r-s* mn. č. obdobie dažďov (v tropických krajinách) **II.** sl. pršať; *r. cats and dogs* liať ako z krhly
rainbow ['reinbəu] dúha
raincoat ['reinkəut] plášť do dažďa
raindrop ['reindrop] kvapka dažďa, dažďová kvapka
rainfall ['reinfo:l] vodné zrážky, množstvo zrážok; *the annual r. in this region* ročný úhrn zrážok v tejto oblasti

rain gauge ['rein geidž] dažďomer
rainy ['reini] daždivý; *r. weather* daždivé počasie
raise [reiz] **1.** zdvihnúť, vztýčiť, vytiahnuť; *she r-d her left hand* zdvihla ľavú ruku **2.** povýšiť (koho); *r. sb. to the rank of captain* povýšiť niekoho na kapitána **3.** zvýšiť; *r. the rent* zvýšiť dôchodok; *r. the temperature* zvýšiť teplotu **4.** nadhodiť; *r. a question* nadhodiť otázku **5.** pestovať; *r. wheat* pestovať pšenicu **6.** chovať; *r. horses* chovať kone **7.** zdvihnúť, spôsobiť; *the car r-d a cloud of dust* za autom sa zdvihlo mračno prachu **8.** zdvihnúť, ukončiť, zrušiť; *r. an embargo* zrušiť embargo **9.** postaviť; *r. a monument* postaviť pomník **10.** mat. umocniť ● *r. Cain/the devil/hell* spustiť krik, robiť bengál; *r. sb.'s spirits* zdvihnúť komu náladu
raisin ['reizn] hrozienko
rake [reik] **I.** podst. hrable **II.** sl. **1.** hrabať; *r. up dead leaves* hrabať suché lístie **2.** prehľadávať, prehŕňať sa; *r. through old letters* prehŕňať sa v starých listoch
rake out vyhrabať; *they have r-d out some interesting facts* vyhrabali nejaké zaujímavé fakty
rally ['ræli] **I.** podst. **1.** veľké (najmä politické) zhromaždenie **2.** aj **rallye** rely (automobilové preteky) **II.** sl. zhromaždiť (sa), sústrediť (sa), vzchopiť sa
ram [ræm] **I.** podst. **1.** baran **2.** baranidlo **II.** sl. *-mm-* vraziť; *the lorry r-med the little red car* nákladné auto vrazilo do malého červeného auta
ramble ['ræmbl] **I.** podst. vychádzka (po okolí), potulky **II.** sl. ísť na vychádzku
ramp [ræmp] rampa
rampart ['ræmpa:t] hradba, val
ramshackle ['ræmšækl] schátraný, na spadnutie; *a r. house* schátraný dom
ran p. run
ranch [ra:nč] ranč, farma (najmä na chov dobytka)
random ['rændəm] náhodný, nepravidelný; *a r. choice* náhodný výber ● *at r.* naslepo, náhodne
rang p. ring
range [reindž] **I.** podst. **1.** rozpätie, rozsah, škála; *a r. of colours/interests* škála farieb/záujmov **2.** dosah; *in within/out of r. of his ability* v dosahu/mimo dosahu jeho schopností **3.** pásmo; *a mountain r.* pásmo hôr **II.** sl. **1.** radiť, zaraďovať *she r-ed the letters to the files* zaraďovala listy do fasciklov **2.** pohy-

bovať sa (v rozpätí); *the children's ages r. from 5 to 10* vek detí sa pohybuje od 5 do 10 rokov **3.** rozprestierať sa; *woods r-ing from the sea to the mountains* lesy, ktoré sa rozprestierajú od mora k vrchom **4.** vyskytovať sa, žiť, rásť na istom mieste; *a plant which r-s from Italy to Poland* rastlina vyskytujúca sa od Talianska po Poľsko
rank[1] [ræŋk] **I.** podst. **1.** rad, šík; *the soldiers were keeping r.* vojaci pochodovali vo vyrovnaných radoch **2.** hodnosť; *the r. of colonel* hodnosť plukovníka, spoločenské postavenie; *his father was a man of high r.* jeho otec mal vysoké spoločenské postavenie **II.** sl. **1.** zoradiť **2.** zaberať miesto v poradí, patriť; *he r-s among the ten best pupils* patrí medzi desiatich najlepších žiakov
rank[2] [ræŋk] **1.** bujný; *r. grass* bujne rastúca tráva **2.** smradľavý; *r. tobacco* smradľavý tabak **3.** pren. ohavný, odporný; *a r. traitor* odporný zradca
rank and file [,ræŋk ənd 'fail] **1.** ľud, obyčajní ľudia **2.** radový vojak
ransack ['rænsæk] **1.** prehľadať; *the police r-ed the house* polícia prehľadala dom **2.** vypleniť; *the enemy r-ed the town* nepriateľ vyplienil mesto
ransom ['rænsm] výkupné
rap [ræp] *-pp-* **1.** zaklopať, (po)klopať; *r. loudly at the door* silno zaklopať; *he was nervously r-ping on the table* nervózne poklopkával prstom po stole **2.** (out) ostro povedať, vyšteknúť; *the officer r-ped out a command* dôstojník vyštekol povel
rape [reip] **1.** znásilnenie **2.** násilné zabratie, anektovanie; *the r. of Austria* anektovanie Rakúska **3.** bot. repka
rapid ['ræpid] rýchly, náhly; *a r. growth in population* rýchly rast populácie; *a r. decline of interest* náhly pokles záujmu
rare[1] [reə] **1.** vzácny, zriedkavý výnimočný; *a r. mineral* vzácny nerast **2.** neobyčajný, zvláštny; *a r. phenomenon* zvláštny jav **3.** riedky; *the r. air of the mountains* riedky horský vzduch
rare[2] [reə] **1.** neprepečený, polosurový (o mäse); *r. meat* neprepečené/krvavé mäso **2.** (vajce) na mäkko, na hniličku
rarely ['reəli] zriedkakedy, málokedy; *she r. goes to concerts* zriedkakedy chodí na koncerty
rarity ['rerəti] **1.** vzácnosť, rarita; *this stone is quite a r.* tento kameň je raritou **2.**

R

neobyčajný/zvláštny jav, zvláštnosť; *snowstorms are a r. in the South* na juhu sú snehové fujavice zvláštnosťou

rascal ['ra:skl] beťár, huncút; *he is a little r.* je to malý beťár

rash[1] [ræš] nerozvážny, prenáhlený, ľahkovážny; *a r. decision* prenáhlené rozhodnutie; *a r. promise* ľahkovážny sľub

rash[2] [ræš] vyrážka

rasp [ra:sp] 1. škriabať, zoškrabovať, obrusovať; *it's necessary to r. old paint* treba zoškrabať starú farbu 2. trhať, šklbať; *that music r-s my ears* tá hudba mi trhá uši

raspberry ['ra:zbri] malina

rat [ræt] 1. potkan 2. pren. krysa, zákerný človek

rate [reit] **I.** podst. 1. pomer, proporcia 2. sadzba; *r. of interest* úroková sadzba 3. priemerná rýchlosť; *walk at the r. of 5 miles* kráčať priemernou rýchlosťou 5 míľ; *at any r.* v každom prípade; *birth r.* pôrodnosť; *death r.* úmrtnosť **II.** sl. 1. oceniť, ohodnotiť; *they r-ed him as kind* hodnotili ho ako láskavého 2. zaradiť, radiť; *I r. him among my friends* radím ho ku svojim priateľom

rate of exchange [,reit əv iks'čeindž] devízový kurz

rather ['ra:ðə] 1. dosť; *she is r. pretty* je dosť pekná 2. trochu; *I'm feeling r. better* je mi trochu lepšie 3. radšej; *r. death than slavery* radšej smrť ako otroctvo; 4. skôr; *the parents should be blamed r. than the children* vinu treba dať skôr rodičom ako deťom

ratification [,rætəfə'keišn] ratifikácia, schválenie

ratify ['rætəfai] ratifikovať, schváliť; *r. a treaty* ratifikovať zmluvu

rating ['reitiŋ] 1. hodnotenie, ocenenie; *have favourable r.* byť priaznivo hodnotený 2. fin. *credit r.* stanovenie úverovej spoľahlivosti 3. klasifikácia; *security r.* klasifikácia bezpečnosti

ratio ['reišiəu] 1. pomer (veličín) 2. percento; *the population contains a very high r. of young people* mladí ľudia tvoria veľké percento populácie

rational ['ræšnəl] 1. rozumný; *a r. creature* rozumná bytosť 2. rozumový, racionálny, logický; *r. explanations* logické vysvetlenia

rattle ['rætl] **I.** podst. rachot, hrkot **II.** sl. (za)rachotiť, hrkotať, lomcovať; *the windows r-d in the wind* vietor lomcoval oknami; *the old car r-d along the road* staré auto hrkotalo po ceste

rattle off odrapotať; *she r-d off the poem* odrapotala básničku

rattle on rapotať; *she was r-ing on all afternoon* celé popoludnie rapotala

rattlesnake ['rætlsneik] štrkáč

ravage ['rævidž] (s)pustošiť; *the whole land was r-d by the war* vojna spustošila celý kraj

rave [reiv] 1. fantazírovať, blúzniť 2. *(about, over)* nadchýňať sa; *r. about a trip to Africa* nadchýňať sa cestou do Afriky 3. zúriť, zlostiť sa; *she r-d at the children for breaking her precious vase* nahnevane kričala na deti, lebo rozbili jej vzácnu vázu

raven ['reivn] havran

ravishing ['rævišiŋ] úžasný, úchvatný

raw [ro:] 1. surový, neuvarený; *r. meat* surové mäso 2. nespracovaný, prirodzený; *r. cotton* nespracovaná bavlna

raw material [,ro: me'tiriəl] surovina

ray [rei] lúč; *the r-s of the sun* lúče slnka; *X-rays* röntgenové lúče

raze [reiz] zrovnať so zemou, zničiť; *a city r-d by an earthquake* mesto zrovnané so zemou zemetrasením

razor ['reizə] 1. britva 2. holiaci strojček

razor blade ['reizəbleid] žiletka

razor-sharp ['reizəša:p] ostrý ako britva

RC [,a:'si:] skr. *Roman Catholic* (cirk.) rímsko-katolícky, rím.-kat.

reach [ri:č] 1. dosiahnuť; *r. an agreement* dosiahnuť dohodu 2. dôjsť; *they r-ed London in two days time* do Londýna došli o dva dni 3. dočiahnuť; *can you r. those red apples?* dočiahneš na tie červené jablká? 4. podať natiahnutím ruky; *can you r. me that book, please?* podáte mi, prosím, tú knihu?

react [ri'ækt] 1. *(to)* reagovať (na čo); *r. to a suggestion* reagovať na návrh 2. *(against)* prejaviť odpor, vzoprieť sa (proti komu/čomu); *the citizens r-ed against the demolition plans* občania sa vzopreli proti plánom na búranie 3. *(with, on)* chem. reagovať (s čím)

read [ri:d] *read* [red], *read* [red] 1. čítať 2. študovať (na univerzite); *he's r-ing psychology* študuje psychológiu 3. (o prístroji) ukazovať *what does the thermometer r.?* čo ukazuje teplomer?
● *r. between the lines* čítať medzi riadkami

readable ['ri:dəbl] 1. zaujímavý; *these novels are quite r.* tieto romány sa dobre čítajú 2. čitateľný; *r. handwriting* čitateľný rukopis

reader ['ri:də] 1. čitateľ 2. čítanka; *a Latin R.* čítanka latinského jazyka 3. BR docent, mimoriadny profesor; *he's a r. in psychology* je docentom psychológie

readily [ˈredili] ochotne; *she r. agreed to go for a swim* ochotne súhlasila, že si pôjde zaplávať

readiness [ˈredinəs] **1.** pohotovosť; *the defences must be kept in constant r.* obrana musí byť v stálej pohotovosti **2.** ochota; *r. to help* ochota pomáhať

reading [ˈriːdiŋ] **1.** čítanie (činnosť); *r. and writing* čítanie a písanie **2.** čítanie, (o texte); *difficult r. for children* ťažké čítanie pre deti **3.** recitácia; *a poetry r.* recitácia poézie **4.** údaj; *the temperature r. for the day* údaje teploty na deň

reading room [ˈriːdiŋ ruːm] čitáreň

ready [ˈredi] **1.** pripravený, hotový; *get r.* pripraviť sa **2.** pohotový; *a r. answer* pohotová odpoveď

ready-made [ˌrediˈmeid] **1.** konfekčný; *wear r. suits* nosiť konfekčné obleky **2.** nepôvodný, prevzatý; *r. ideas* prevzaté nápady

real [ˈriəl] **I.** príd. **1.** skutočný, pravý, rýdzi, nefalšovaný; *has it ever occured in r. life?* vyskytlo sa to vôbec už v skutočnom živote? *is this r. gold?* je to rýdze zlato? **2.** práv. realitný, nehnuteľný **II.** prísl. naozaj, skutočne; *we had a r. good time* naozaj sme sa mali výborne

real estate [ˌriəl iˈsteit] nehnuteľnosť

realist [ˈriəlist] realista

realistic [riəˈlistik] realistický

reality [riˈæləti] skutočnosť; *the grim r-ies of war* krutá realita vojny; ● *in r.* fakticky, v skutočnosti

realize [ˈriəlaiz] **1.** uvedomiť si, chápať; *he didn't r. his mistake* neuvedomil si svoju chybu **2.** uskutočniť; *r. one's hopes* uskutočniť svoje túžby

really [ˈriəli] **1.** skutočne, naozaj, v skutočnosti; *what do you r. think?* čo si naozaj myslíš? **2.** (vyjadruje prekvapenie, pochybnosť) nehovor!, naozaj?, ale čo? *I shall miss you. – Oh, r.?* Budeš mi chýbať. – Naozaj?

realm [relm] ríša, kráľovstvo; *the r. of dreams* ríša snov

reap [riːp] žať, kosiť, zberať úrodu; ● *Sow the wind and r. the whirlwind.* Kto seje vietor, žne búrku.

rear[1] [riə] **1.** zadná časť; *the kitchen is in the r. of the house* kuchyňa je v zadnej časti domu **2.** tylo; *attack the enemy from the r.* vpadnúť nepriateľovi do tyla

rear[2] [riə] **1.** vychovať, odchovať; *r. children* vychovať deti **2.** chovať, venovať sa chovu; *r. chicken* chovať kurence **3.** vztýčiť sa; *the snake r-ed its head* had vztýčil hlavu

rearview mirror [ˌriəvjuːˈmirə] spätné zrkadlo (auta)

reason [ˈriːzn] **I.** podst. **1.** (*for*) dôvod, príčina (čoho); *she left without giving any r.* odišla bez toho, aby uviedla dôvod; *the r. for the flood was all that heavy rain* príčinou záplavy bol silný dážď **2.** rozum, zdravý úsudok; *only man has r.* len človek má rozum **II.** sl. usudzovať, uvažovať; *man's ability to r. makes him different from the animals* schopnosť uvažovať odlišuje človeka od zvierat

reason with polemizovať; *she r-ed with me for hours* celé hodiny so mnou polemizovala

reasonable [ˈriːznəbl] **1.** rozumný; *a r. request* rozumná požiadavka; *a r. man* rozumný človek **2.** primeraný; *a r. price* primeraná cena

reassure [ˌriːəˈsuə] **1.** upokojiť (myseľ) **2.** ubezpečiť (koho o čom)

rebel [ˈrebəl] **I.** podst. burič, rebel **II.** sl. [riˈbel] -ll- (*against.*) búriť sa proti komu/čomu; *r. against authority* búriť sa proti vrchnosti

rebellion [riˈbeljn] povstanie, vzbura; *the r. of the prisoners was finally put down* vzburu väzňov konečne potlačili

rebuild [ˌriːˈbild], *rebuilt* [ˌriːˈbilt], *rebuilt* **1.** znovu postaviť, znovu vytvoriť **2.** prestavať; *r. the attic* prestavať povalu **3.** pretvoriť; *r. a society* pretvoriť spoločnosť

rebuke [riˈbjuːk] **I.** sl. (*for*) po karhať, napomenúť (za čo); *r. a pupil for being impudent* pokarhať žiaka za nezbednosť **II.** podst. pokarhanie, napomenutie, výčitka; *administer r-s to sb.* udeliť niekomu pokarhanie, pokarhať (koho)

recall [riˈkoːl] **I.** sl. **1.** odvolať, vyzvať na návrat; *r. an ambassador* odvolať vyslanca **2.** spomenúť si, pripomenúť si; *I don't r. his name* nespomínam si na jeho meno **II.** podst. **1.** odvolanie, výzva na návrat **2.** pamäť, schopnosť rozpamätať sa; *gifted with total r.* majúci dokonalú pamäť

recast [ˌriːˈkast] **1.** znovu odliať; *r. a bell* znovu odliať zvon **2.** zmeniť, prepracovať; *r. a chapter* prepracovať kapitolu; *r. a play* urobiť zmenu v obsadení (hry)

recede [riˈsiːd] **1.** ustúpiť; *the tide r-ed* nastal odliv **2.** vzďaľovať sa; *the coast slowly r-ed* breh sa pomaly vzďaľoval

R

receipt [ri'si:t] **1.** potvrdenie, potvrdenka; *he asked for a r.* požiadal o potvrdenku **2.** príjem, prijatie; *will you acknowledge r. of the book, please?* potvrdíte mi, prosím, prijatie knihy?

receive [ri'si:v] **1.** dostať; *r. a letter* dostať list **2.** prijať; *r. guests* prijať hostí

receiver [ri'si:və] **1.** príjemca **2.** slúchadlo

recent ['ri:snt] **1.** čerstvý, nový; *r. news* čerstvé správy **2.** nedávny; *a r. event* nedávna udalosť

recently ['ri:səntli] nedávno, v poslednom čase; *quite r.* len nedávno; *r. she has been living here* v poslednom čase tu býva

reception [ri'sepšn] **1.** privítanie, prijatie; *I got a warm r.* srdečne ma privítali **2.** recepcia; *there was a r. after the concert* po koncerte bola recepcia **3.** recepcia, prijímacia kancelária (v hoteli); *leave your key at the r.* odovzdajte kľúč na recepcii **4.** príjem (rozhlasu, televízie); *radio r. isn't very good here* tu nemáme veľmi dobrý príjem

receptive [ri'septiv] **1.** vnímavý; *a r. mind* vnímavá myseľ **2.** prístupný; *r. to new ideas* prístupný novým myšlienkam

recession [ri'sešn] **1.** hospodársky pokles **2.** ústup, odchod

recipe ['resəpi] recept aj pren.; *a r. for a cake* recept na koláč; *a r. for happiness* recept na šťastie

recipient [ri'sipiənt] príjemca

reciprocal [ri'siprəkl] vzájomný, obojstranný, recipročný

reciprocate [ri'siprəkeit] odplácať, opätovať; *I r. your good wishes* opätujem tvoje blahoželanie

recite [ri'sait] **1.** zarecitovať, predniesť; *r. a poem* predniesť báseň **2.** vymenovať, vypočítať; *she r-d all her complaints* vymenovala všetky svoje sťažnosti

reckless ['rekləs] **1.** (*of*) nedbajúci (na čo); *r. of danger* nedbajúci na nebezpečenstvo **2.** nezodpovedný, nebezpečný, bezohľadný, ľahkomyseľný; *r. driving* nebezpečná/bezohľadná jazda

reckon ['rekən] **1.** (vy)rátať; *the little girl can't r. yet* malé dievčatko ešte nevie rátať **2.** myslieť, nazdávať sa; *I r. (that) he'll come soon* myslím, že čoskoro príde **3.** (*among, as*) považovať (za koho, čo); *do you still r. him among your friends/as your friend?* ešte stále ho považuješ za svojho priateľa?

reckon in zarátať; *have you r-ed in the cost of postage* zarátali ste do ceny aj poštovné?

reckon on počítať (s kým/čím); *we're r-ing on your support* rátame s vašou podporou

reclaim [ri'kleim] **1.** žiadať naspäť, reklamovať; *r. one's property* žiadať naspäť svoj majetok **2.** zúrodniť, kultivovať; *r. wasteland* zúrodniť ladom ležiacu pôdu **3.** polepšiť, civilizovať, resocializovať; *r. former criminals* resocializovať bývalých zločincov **4.** (*from*) odvrátiť od (čoho); *r. a man from vice* odvrátiť človeka od zla

recline [ri'klain] **1.** ľahnúť si (na odpočinok); *r. on a couch* ľahnúť si na pohovku **2.** nakloniť (sa), oprieť (sa); *r. a seat* nakloniť sedadlo

recoat [ri'kəut] **1.** prefarbiť, prelakovať **2.** pokovovať

recognition [ˌrekəg'nišn] **1.** poznanie **2.** uznanie; *the new republic has received r. from other countries* novú republiku uznali iné krajiny **3.** uznanie, ocenenie, odmena; *accept money in r. of certain services* prijať peniaze ako odmenu za služby

recognize ['rekəgnaiz] **1.** spoznať; *r. an old acquaintance* spoznať starého známeho **2.** uznať, pripustiť; *he r-ed his lack of qualifications* pripustil, že nie je dostatočne kvalifikovaný **3.** oceniť; *his services were r-ed* ocenili jeho služby

recoil [ri'koil] (*from*) uskočiť, odskočiť (od koho/čoho), cúvnuť (pred kým/čím); *she r-ed from the snake* cúvla pred hadom

recoil on/upon vypomstiť sa; *their dishonest business methods r-ed on them* ich nečestné spôsoby podnikania sa im vypomstili

recollect [ˌrekə'lekt] spomenúť si, rozpamätať sa; *as far as I (can) r.,...* pokiaľ si spomínam,...

recollection [ˌrekə'lekšn] **1.** pamäť; *I have no r. of having ever been there* nepamätám sa, že by som tam niekedy bol **2.** spomienka; *happy r-s of childhood* šťastné spomienky na detstvo

recommend [ˌrekə'mend] odporúčať; *he has been r-ed for the job* odporúčali ho na tú prácu

recommendation [ˌrekəmən'deišn] odporúčanie; *on the r. of sb.* na odporúčanie (koho) *a letter of r.* odporúčací list

recompense ['rekəmpens] **I.** sl. **1.** odplatiť; *good with evil* odplatiť dobro zlom **2.** vynahradiť; *r. sb. for a loss* nahradiť niekomu stratu **II.** podst. **1.** odmena, odplata; *in r. for your help* ako odplatu za tvoju pomoc **2.** odškodnenie, kompenzácia *receive money in r. for the damage of the house* dostať odškodné za škody na dome

reconcile ['rekənsail] **1.** zmieriť sa, pomeriť sa; *we became r-ed* pomerili sme sa **2.** urovnať; *r. a quarrel* urovnať hádku/spor
reconcile to zmieriť sa, uspokojiť sa (s čím); *you must r. yourself to living alone* musíš sa zmieriť so samotou
reconciliation [,rekənsili'eišn] aj *reconcilement* ['rekənsailmənt] *between/with* zmierenie (s kým/čím); *a r. between father and son* zmierenie otca so synom; *a spirit of r.* duch zmierenia
reconsider [,ri:kən'sidə] znovu uvážiť; *r. one's decision* znovu uvážiť svoje rozhodnutie
reconstruct [,ri:kən'strakt] **1.** znovu vybudovať, obnoviť; *r. a city after the war* vybudovať mesto po vojne **2.** rekonštruovať; *r. a crime* rekonštruovať zločin
reconstruction [,ri:kən'strakšn] prestavba, rekonštrukcia, obnova; *the r. of old buildings* rekonštrukcia starých budov
record ['reko:d] **I.** podst. **1.** záznam; *a r. of road accidents* záznam dopravných nehôd **2.** aj *gramophone r.* gramoplatňa **3.** rekord; *set a new r.* vytvoriť nový rekord *break a r.* prekonať rekord **II.** sl. [ri'ko:d] **1.** zaznamenať; *r. events* zaznamenať udalosti **2.** nahrať; *the broadcast was r-ed, not live* vysielanie bolo zo záznamu, nie priame **3.** zaregistrovať; *the earthquake has been r-ed by the seismograph* seizmograf zaregistroval zemetrasenie
recorder [ri'ko:də] rekordér, záznamové zariadenie
recording [ri'ko:diŋ] (*of*) nahrávka, zvukový záznam; *a r. of folk songs* nahrávka ľudových piesní
record player ['reko:d,pleiə] gramofón
recount[1] [ri'kaunt] vyrozprávať, opísať, vykresliť; *he r-ed his adventures* vyrozprával svoje dobrodružstvá
recount[2] [ri:'kaunt] znova spočítať, prepočítať; *r. the votes* počítať hlasy (volebné lístky)
recover [ri'kavə] **1.** znovu nájsť, získať, nadobudnúť; *r. one's strength* znova nadobudnúť silu **2.** (*from*) vyzdravieť, zotaviť sa; *r. from illness* zotaviť sa po chorobe/vyzdravieť
recovery [ri'kavəri] **1.** nájdenie, objavenie; *the r. of the stolen jewels* nájdenie ukradnutých šperkov **2.** (*from*) uzdravenie, zotavenie; *make a quick r. from an illness* rýchlo sa zotaviť po chorobe
recreation [,rekri'eišn] zábava, potešenie, trávenie voľného času; *gardening is a r. for him* práca v záhrade je preň potešením

recruit [ri'kru:t] **I.** podst. **1.** branec, regrút **2.** nový člen (nejakej spoločnosti) **II.** sl. získavať nových členov; *r. new members to the club/party* získať nových členov do klubu/politickej strany
rectangle ['rektæŋgl] obdĺžnik
rectangular [rek'tæŋgjələ] pravouhlý
rectify ['rektifai] napraviť, dať do poriadku; *mistakes that cannot be r-ied* chyby, ktoré nemožno napraviť
recuperate [ri'kju:preit] zotaviť sa aj pren.; *r. from an injury* zotaviť sa zo zranenia; *r. one's financial losses* zotaviť sa po finančnej strate
recur [ri'kə:] -rr- **1.** znova sa vyskytnúť, opakovať sa; *a problem which r-s periodically* problém, ktorý sa pravidelne opakuje **2.** vrátiť sa; *if I may r. to your idea* ak sa môžem vrátiť k vášmu nápadu/vašej myšlienke
recurrence [ri'karəns] opätovný výskyt, opakovanie; *let there be no r. of this error* nech sa táto chyba neopakuje
recurrent [ri'karənt] opakovaný
recycle [ri'saikl] recyklovať, opätovne použiť (odpad); *made from r-d paper* vyrobené z recyklovaného papiera
recycling [ri'saikliŋ] recyklácia (odpadov, druhotné využitie)
red [red] **I.** podst. **1.** červená (farba); červeň **2.** oblečenie v červenom; *she was dressed in red* bola oblečená v červenom; ● *be in the r.* mať dlhy **II.** príd. -dd- **1.** červený; *r. roses* červené ruže **2.** ryšavý; *r. hair* ryšavé vlasy
Red Cross [,red 'kros] (*the*) Červený kríž
redcurrant [,red'karent] ríbezľa
redden ['redn] začervenať sa; *she r-ed with embarrassment* v rozpakoch sa začervenala
reddish ['rediš] červenkastý
redeem [ri'di:m] **1.** splniť; *r. promises* splniť sľuby **2.** vykúpiť; *r. from sin* vykúpiť z hriechu **3.** vymeniť, vyzdvihnúť; *r. a pawned watch* vyzdvihnúť si hodinky zo záložne
Redeemer [ri'di:mə] (*the, our*) (náb.) Vykupiteľ (Ježiš Kristus)
redid p. **redo**
red-letter day [,red'letədei] pamätný deň; *it was a r. for us when father returned home* bol to pre nás pamätný deň, keď sa otec vrátil domov
redo [ri:'du:] *redid* [ri:'did], *redone* [ri:'dan] prerobiť, znova urobiť, zmeniť; *r. the walls* znova vymaľovať pretapetovať; *r. one's hair* zmeniť si účes

R

reduce [ri'dju:s] zredukovať, znížiť; *r. one's weight* znížiť si hmotnosť

reduction [ri'dakšn] **1.** redukcia, zníženie, zmenšenie; *a r. of speed* zníženie rýchlosti; *a r. in authority* zníženie autority; *a r. of prices* zníženie cien; *a r. of strength* ubúdanie sily **2.** fot. zmenšenia

redundancy [ri'dandənsi] **1.** nadbytočnosť, nadbytok, prebytok; *r. among clerks* prebytok administratívnych pracovníkov **2.** odb. redundancia

redundant [ri'dandənt] nadbytočný, prebytočný; *r. information* nadbytočná informácia; *r. labour* prebytočná pracovná sila

reel¹ [ri:l] **I.** podst. **1.** cievka (na navíjanie priadze) **2.** kotúč (na navíjanie filmu, kábla) **3.** kotúč, diel (filmov); *a six-r.* film šesťdielny film (na šiestich kotúčoch) **II.** sl. **1.** (*in*) navinúť; *r. in the line* navinúť lano/šnúru **2.** (*off*) odvinúť; *r. off the line* odvinúť lano/šnúru

reel² [ri:l] **1.** tackať sa, kolísať sa, kráčať; *he came r-ing up the street* tackal sa hore ulicou **2.** zakolísať sa, zatackať sa; *when I hit him, he r-ed (back) and almost fell* keď som ho udrel, zakolísal sa a takmer spadol

re-elect [,ri:ə'lekt] znovu zvoliť

reel off odrapkať; *r. off a list of names* odrapkať menoslov

refer *to* [ri'fə:] *-rr-* **1.** mieniť, mať na mysli; *who were you r-ing to?* koho ste mali na mysli? **2.** pozrieť sa (do čoho), overiť si, hľadať informáciu; *the speaker often r-ed to his notes* rečník sa často pozrel do svojich poznámok **3.** týkať sa, vzťahovať sa; *the law doesn't r. to juveniles* zákon sa nevzťahuje na mladistvých **4.** odkázať, poradiť, kde sa možno informovať; *I was r-red to the Inquiry Office* odkázali ma na informačnú kanceláriu

referee [,refə'ri:] **I.** podst. sudca, arbiter, rozhodca **II.** sl. šport. sudcovať, rozhodovať; *r. a football match* rozhodovať futbalový zápas

reference ['refrəns] **1.** odkaz, poukaz na bližšie vysvetlenie **2.** zmienka; *cross-r.* odkaz na iné miesto (v tej istej knihe) ● *without r. to* bez ohľadu (na koho/čo); *passing r.* iba zmienka

reference book ['refrəns buk] príručka (náučný slovník), encyklopédia

reference library ['refrəns,laibrəri] príručná knižnica

refill [ri:'fil] **I.** sl. znovu naplniť; *r. an empty glass* znovu naplniť prázdny pohár **II.** podst. ['ri:fil] náplň, vložka; *buy a r. for a pen* kúpiť vložku do pera

refine [ri'fain] **1.** čistiť, rafinovať; *r. sugar* rafinovať cukor **2.** zjemniť, kultivovať, vycibriť; *she has a r-ed taste* má vycibrený vkus; *r-ed manners* kultivované správanie

refine on/upon zlepšovať, ďalej vyvíjať; *r. upon one's methods* ďalej zlepšovať svoje metódy

reflect [ri'flekt] **1.** odrážať (sa), odzrkadľovať (sa); *the mountains were r-ed in the lake* vrchy sa odzrkadľovali v jazere; *the sunshine was r-ed from the water* voda odrážala slnečné lúče **2.** vyjadriť; *does her answer r. how she really thinks?* vyjadruje jej odpoveď aj jej názor? **3.** (*on/upon*) považovať (o čom); *r. upon how to answer a question* považovať o odpovedi na otázku; *r. on a problem* považovať o probléme

reflection [ri'flekšn] **1.** obraz; *see one's r. in a mirror* vidieť svoj obraz v zrkadle **2.** odraz; *the r. of heat/sound/light* odraz tepla/zvuku/svetla **3.** (*on*) úvaha (o čom); *r-s on politics/criminality* úvahy o politike/kriminalite

reform [ri'fo:m] **I.** sl. zlepšiť, napraviť, reformovať; *r. the world* reformovať svet; *r. a sinner* napraviť hriešnika **II.** podst. zlepšenie, náprava, reforma; *a r. in teaching methods* zlepšenie vyučovacích metód

reformer [ri'fo:mə] reformátor

refrain [ri'frein] refrén

refresh [ri'freš] **1.** osviežiť, občerstviť; *r. oneself with a cup of tea* osviežiť sa šálkou čaju **2.** oživiť, obnoviť; *r. one's memory* oživiť si pamäť

refreshment [ri'frešmənt] **1.** osvieženie, povzbudenie; *feel r. of mind and body* pocítiť osvieženie na duchu i na tele **2.** občerstvenie (jedlo a pitie); *we worked 8 hours without r.* pracovali sme 8 hodín bez občerstvenia **3.** *r-s* mn. č. občerstvenie (podávané jedlo)

refrigerator [ri'fridžəreitə] chladnička

refuel [,ri:'fjuəl] doplniť pohonné látky, natankovať

refuge ['refju:dž] **1.** útočište; *seek r. from the floods* hľadať útočište pred záplavami **2.** prístrešok, útulok **3.** ostrovček pre chodcov

refugee [,refju'dži:] utečenec

refund [ri'fand] zaplatiť, nahradiť, refundovať, vrátiť peniaze; *r. the cost of a damaged book* zaplatiť cenu poškodenej knihy; *they r-ed us the money for the cancelled performance* vrátili nám vstupné za zrušené predstavenie

refusal [ri'fju:zl] **1.** odmietnutie; *meet with/get a r.* byť odmietnutý **2.** prednostné právo (prijať alebo odmietnuť); *the right of first r.* prednostné právo na kúpu

refuse [ri'fju:z] odmietnuť, zamietnuť; *r. a gift* odmietnuť/neprijať dar ● *r. a chance* premárniť príležitosť

refute [ri'fju:t] vyvrátiť, dokázať nesprávnosť; *r. an argument* vyvrátiť tvrdenie

regain [ri'gein] znovu získať; *r. one's strength/health* znovu získať silu/zdravie; *r. firm ground* znovu získať pevnú pôdu pod nohami

regard [ri'ga:d] **I.** podst. **1.** ohľad, zreteľ; *he has very little r. for the feeling of others* neberie ohľad na city iných **2.** pozornosť, úcta; *he holds his parents in high r.* má veľkú úctu ku svojim rodičom ● *in/with r. to sth.* vzhľadom (na čo); *in this r.* v tomto ohľade; *give one's best r-s to sb.* odovzdať (komu) srdečné pozdravy **II.** sl. **1.** považovať, pokladať; *they r. him as a hero* považujú ho za hrdinu **2.** vážiť si, ctiť, mať v úcte; *they have always r-d him highly* vždy si ho veľmi vážili **3.** dívať sa, posudzovať, hodnotiť; *I r. his reaction as unacceptable* jeho reakciu hodnotím ako neprijateľnú **4.** brať ohľad; *they seldom r. my wishes* mákoledy berú ohľad na moje želania

regarding [ri'ga:diŋ] pokiaľ ide o (čo) *r. smoking he is no exception* pokiaľ ide o fajčenie, nie je výnimkou

regardless [ri'ga:dləs] (*of*) bez ohľadu (na čo); *r. of the consequences* bez ohľadu na dôsledky

regent ['ri:džnt] regent

regime [rei'ži:m] režim; *a military r.* vojenský režim

regiment ['redžimənt] pluk

region ['ri:džn] **1.** oblasť, región, kraj, územie; *the forest r.* oblasť lesov **2.** oblasť, sféra, doména; *the r. of metaphysics* sféra metafyziky

regional [ri:džənl] oblastný, regionálny

register ['redžəstə] **I.** podst. **1.** (úradný) zoznam, súpis, matrika; *a r. of births and deaths* matrika; *r. of voters* zoznam voličov **2.** (hud.) registro; *cash r.* automatická pokladňa **3.** register hlasu/hudobného nástroja **II.** sl. **1.** dať zapísať, ohlásiť; *r. the birth of a child* dať zapísať dieťa (do matriky) **2.** zapísať sa; *I can r. for the English course* môžem sa zapísať na kurz angličtiny **3.** ukazovať, zaznamenať; *the thermometer r-ed 10 degrees above freezing-point* teplomer ukazoval 10 stupňov nad bodom mrazu **4.** poslať doporučene; *send a r-ed letter* poslať list doporučene

registration [,redžə'streišn] zápis, registrácia; *r. will begin on Thursday morning* zápis sa začne vo štvrtok ráno

registration number [,redži'streišn'nambə] štátna poznávacia značka auta

registry office ['redžistri,ofis] matričný úrad, matrika; *marry at a r. office* mať civilný sobáš

regret [ri'gret] **I.** podst. (*at*) ľútosť, poľutovanie (nad čím), (aj zdvorilé odmietnutie); *he expressed r. at not being able to help him* vyslovil ľútosť nad tým, že mu nemôže pomôcť; *he declined with many r-s* s poľutovaním odmietol **II.** sl. *-tt-* **1.** oľutovať; *later on I r-ted my decision* neskôr som svoje rozhodnutie oľutoval **2.** (pri oznámení niečoho nepríjemného) ľutovať; *we r. to say that...* s ľútosťou vám musíme oznámiť, že...

regular ['regjələ] **1.** (v rozl. význ.) pravidelný; *the r. tick of the clock* pravidelný tikot hodín; *r. features* pravidelné/súmerné črty tváre; *a r. income* pravidelný príjem; *he is one of our r. customers* je to náš stály zákazník; *is his pulse r.?* má pravidelný pulz? gram. *r. verbs* pravidelné slovesá; *the r. army* riadna armáda **2.** AM normálny, obyčajný; *r. people* normálni/obyčajní ľudia; *attend a r. school* chodiť do obyčajnej školy **3.** obvyklý, bežný; *Monday is her r. day for shopping* pondelok je jej obvyklý deň na nákupy

regulate ['regjuleit] **1.** riadiť, usmerňovať, regulovať; *r. the traffic* riadiť dopravu **2.** nastaviť stroj, regulovať; *r. the consumption of water* regulovať spotrebu vody *r. a clock* nastaviť hodiny

regulation [,regjə'leišn] **1.** regulácia, usmerňovanie; *r. of prices* regulácia cien **2.** predpis, nariadenie; *traffic r-s* dopravné predpisy

rehabilitate [,ri:hə'biləteit] **1.** rehabilitovať; *r. a disabled person* rehabilitovať postihnutého; *r. someone's reputation* rehabilitovať (čie) dobré meno **2.** začleniť; *r. an ex-criminal* začleniť bývalého odsúdenca do spoločnosti **3.** renovovať; *r. an old house* renovovať starý dom

rehearsal [ri'hə:sl] divadelná skúška; *a dress r.* generálna skúška, generálka

reign [rein] **I.** podst. panovanie, vláda; *in the r. of King George* za panovania kráľa Juraja **II.** sl. panovať, kraľovať; vládnuť aj pren.; *he r-ed for 10 years* panoval 10 rokov; *silence r-ed everywhere* všade vládlo ticho

R

reimburse [ˌriːimˈbəːs] (*to/for*) uhradiť, zaplatiť (čo); *we must r. him the costs of the journey* musíme mu uhradiť výdavky na cestu

rein [rein] opraty, liace ● *keep a tight r. on sb./sth.* mať niekoho/niečo pod kontrolou

reinforce [ˌriːinˈfoːs] 1. posilniť, podporiť; *r. sb.'s demands* podporiť požiadavky (koho) 2. armovať; *r. concrete* armovať betón

reject [riˈdžekt] 1. odmietnuť, zavrhnúť; *r. an offer of help* odmietnuť ponúkanú pomoc 2. vyradiť, odhodiť; *r. fruit that is over-ripe* vyradiť prezreté ovocie

relate [riˈleit] 1. (*to*) rozprávať, opisovať (komu čo); *he r-ed to us the story of his escape* opisoval nám svoj útek 2. spájať, uvádzať do súvislosti; *r. poverty and crime* spájať chudobu a zločin

relate *to* týkať sa *all her ambitions r. to figure skating* všetky jej ambície sa týkajú krasokorčuľovania

related [riˈleitəd] 1. príbuzný (spojený rodom alebo sobášom) 2. blízky,, príbuzný; *r. languages* príbuzné jazyky

relation [riˈleišn] 1. vzťah, pomer; *the r. between mother and child* vzťah matky k dieťaťu 2. r-s mn. č. vzťahy, styky; *diplomatic r-s* diplomatické styky 3. príbuzný; *he's a near r. of mine* je môj blízky príbuzný

relationship [riˈleišnšip] 1. vzťah, pomer; *a lasting r.* trvalý vzťah 2. príbuzenstvo, príbuzenský vzťah; *degree of r.* stupeň príbuzenstva

relative [ˈrelətiv] I. príd. 1. pomerný; *r. velocity* pomerná rýchlosť 2. porovnateľný; *the r. advantages of gas and electricity for heating* porovnateľné výhody kúrenia plynom a elektrinou 3. čiastočne pravdivý, relatívny; *happiness is r.* šťastie je relatívne 4. lingv. vzťažný; *a r. clause* vzťažná veta; *r. pronoun* vzťažné zámeno II. podst. príbuzný (strýko, teta, bratanec...)

relatively [ˈrelətivli] pomerne; *they were considered r. rich* považovali ich za pomerne bohatých

relax [riˈlæks] 1. uvoľniť sa, relaxovať; *Sit down and relax!* Sadni si a uvoľni sa! 2. poľaviť; *you must not r. your efforts for a moment* ani na chvíľu nesmieš poľaviť vo svojom úsilí

relaxation [ˌrilækˈseišn] 1. uvoľnenie, relaxácia 2. poľavenie (v snahe, úsilí)

relay [ˈriːlei] 1. striedanie; *working in/by r-s* pracovať na smeny (pri haváriách, katastrofách

– striedanie pracovných skupín) 2. aj **r. race** šport. štafeta 3. techn. relé

release [riˈliːs] 1. (*from*) pustiť na slobodu, vypustiť, prepustiť; *r. sb. from prison* prepustiť (koho) z väzenia; *r. an animal from a trap* vypustiť zviera z pasce 2. (*from*) zbaviť (čoho); *r. sb. from a promise* zbaviť koho povinnosti dodržať sľub 3. uvoľniť; *r. the handbreak* uvoľniť ručnú brzdu 4. dať súhlas na uverejnenie, uverejniť, vydať; *r. news* vydať správu 5. (o filme) uvoľniť na premietanie, uviesť do kín, (o gramofónovej platni) uviesť na trh, dať do predaja

relentless [riˈlentləs] 1. nemilosrdný; *a r. person* nemilosrdný človek 2. neústupčivý; *a r. oposition* neústupčivá opozícia 3. neutíchajúci; *r. pain* neutíchajúca bolesť

relevant [ˈreləvnt] (*to*) podstatný, dôležitý, závažný (vzhľadom na čo); *supply the facts r. to the case* poskytnúť fakty, ktoré sú pre prípad závažné

reliable [riˈlaiəbl] 1. spoľahlivý; *r. tools* spoľahlivé nástroje 2. hodnoverný, dôveryhodný; *r. information* hodnoverné informácie

relic [ˈrelik] 1. pamiatka, pozostatok, relikvia; *a r. of early civilization* pamiatka na ranú civilizáciu 2. r-s mn. č. telesné pozostatky; *his r-s were transferred to the family vault* jeho telesné pozostatky boli prenesené do rodinnej hrobky

relief [riˈliːf] 1. úľava; *the treatment brought him r.* liečenie mu prinieslo úľavu 2. pomoc, posila; *the general hastened to the r. of the fortress* generál sa ponáhľal na pomoc pevnosti 3. materiálna pomoc; *provide r. for refugees* poskytnúť materiálnu pomoc pre utečencov

relief [riˈliːf] reliéf

relieve [riˈliːv] 1. uľahčiť, uľaviť; *feel r-d* cítiť úľavu 2. zmierniť, stíšiť; *r. sb. of pain* zmierniť bolesť (komu)

religion [riˈlidžn] náboženstvo

relish [ˈreliš] potešenie, pôžitok; *to do sth. with great r.* robiť (čo) s veľkým pôžitkom

relocation [ˌriːləuˈkeišn] 1. premiestenie, presťahovanie; *the r. of industry to another region* premiestenie priemyslu do inej oblasti 2. evakuácia, vysťahovanie 3. výp. premiestenie

reluctant [riˈlaktənt] neochotný; *she's reluctant to do it* prieči sa jej to urobiť; *be r. to go for an excursion* neochotne ísť na exkurziu

rely *(on/upon)* [ri'lai] spoliehať (sa) (na koho, čo); *you may r. upon his promise* na jeho sľub sa môžeš spoľahnúť

remain [ri'mein] **1.** zostať, ostať, zvýšiť; *after the fire very little r-ed of my house* po požiari zostalo z môjho domu veľmi málo **2.** ostať, ostávať; *the situation r-s unchanged* situácia ostáva nezmenená

remainder [ri'meində] **1.** zostatok, zvyšok (aj mat.); **2.** remitenda (časopisov a kníh)

remark [ri'ma:k] **I.** podst. **1.** poznámka; *make/pass rude r-s* robiť bezočivé poznámky **2.** povšimnutie, pozornosť; *there was nothing of r. at the show* na výstave nestálo nič za povšimnutie **II.** sl. poznamenať; *he r-ed that he would not go there alone* poznamenal, že ta sám nepôjde

remark on/upon všimnúť si; *everyone r-ed on his absence* každý si všimol, že chýba

remarkable [ri'ma:kəbl] pozoruhodný, zvláštny, výnimočný; *a r. event* pozoruhodná udalosť; *r. beauty* výnimočná krása

remedy ['remədi] **I.** podst. liek; *a good r. for a cold* dobrý liek na prechladnutie **II.** sl. napraviť; *r. injustice* napraviť krivdu

remember [ri'membə] **1.** rozpamätať sa; *I can't r. his name* nepamätám si jeho meno **2.** pamätať (na koho) **3.** odkázať komu čo (v závete); *he did not r. his nephew in his will* synovcovi v závete nič neodkázal **4.** pozdravovať; *r. me to John* pozdravujte/pozdravujem Jána

remembrance [ri'membrəns] **1.** spomienka; *a service in r. of those killed in the war* pietny akt na pamiatku padlých vo vojne **2.** darček na pamiatku, malá pozornosť; *she sent us a small r. of her visit* poslala nám darček na pamiatku svojej návštevy

remind [ri'maind] **1.** pripomenúť; *please r. me to answer that letter* pripomeňte mi, prosím, aby som odpovedal na ten list **2.** pripomínať (podobnosťou), podobať sa; *he r-s me of his brother* pripomína mi svojho brata

reminder [ri'maində] **1.** spomienka, pamiatka **2.** upomienka (na zaplatenie/vrátenie čoho)

reminiscent [ˌrəmə'nisənt] **1.** podobný; *be r. of sth.* byť podobný (čomu) **2.** nostalgický; *be in a r. mood* mať nostalgickú náladu

remote [ri'məut] **1.** vzdialený, ďaleký; *a r. country* vzdialená krajina; *in the r. past* v ďalekej minulosti **2.** nepatrný; *a r. possibility* nepatrná možnosť **3.** výp. odľahlý, vzdialený

remote control [riˌməut kən'trəul] diaľkové ovládanie

removal [ri'mu:vəl] **1.** odstránenie, odpratanie **2.** sťahovanie; *r. of furniture to a new flat* sťahovanie nábytku do nového bytu **3.** zosadenie, zbavenie funkcie (koho) ● *r. van* sťahovacie auto

remove [ri'mu:v] **1.** odstrániť; *r. doubts* odstrániť pochybnosti **2.** vyzliecť; *r. one's coat* vyzliecť si kabát **3.** odložiť; *r. the cloth from the table* odložiť obrus zo stola

renaissance [ri'neisəns] **1.** obroda, obrodenie **2.** *(the) R.* renesancia

Renaissance [ri'neisns] renesancia

render [rendə] **1.** poskytnúť, preukázať; *r. thanks to God* vzdať/preukázať vďaku Bohu; *r. assistance* poskytnúť pomoc **2.** predložiť; *r. account* predložiť účet ● bibl. *r. unto Caesar the things which are Caesar's* dať cisárovi, čo je cisárovo

render down vytápať (masť)

render up odovzdať (väzňov), vzdať (mesto)

renew [ri'nju:] **1.** obnoviť; *r. a contract* obnoviť zmluvu **2.** znovu získať sily **3.** doplniť (tým istým); *r. one's supplies of food* doplniť si zásoby jedla

renewal [ri'nju:əl] obnova, obnovenie; *spiritual r.* duchovná obnova

renowned [ri'naund] *(for)* chýrny, slávny (čím); *r-ed for his skills* chýrny svojou zručnosťou

rent [rent] **I.** podst. nájomné **II.** sl. **1.** *(from)* prenajať (si), vziať do prenájmu; *r. a room from Mrs Smith* prenajať si izbu u pani Smithovej **2.** *(to/out)* dať do prenájmu, prenajať; *r. (out) rooms* dať izby do prenájmu/prenajímať izby

rental ['rentəl] nájomné

rep [rep] obchodný zástupca

repaid p. **repay**

repair [ri'peə] **I.** sl. **1.** opraviť; *r. the roads* opraviť cesty **2.** napraviť, odčiniť; *r. an injustice* odčiniť nespravodlivosť **II.** podst. **1.** mn. č. *r-s* oprava, renovácia; *the shop will be closed during r-s* obchod bude zatvorený počas renovácie **2.** stav; *in good r.* v dobrom stave

repay [ri'pei] *-paid* [peid], *-paid* **1.** splatiť (dlh); *I'll r. you next week* dlh vám splatím budúci týždeň **2.** opätovať, odplatiť; *r. a visit* opätovať návštevu; *r. sb's kindness* odplatiť (čiu) láskavosť

repayment [ˌri:peimənt] splatenie; *r. of money* splatenie dlžoby *r. of kindness* splatenie láskavosti

R

repeat [ri'pi:t] **I.** sl. **1.** zopakovať; *please, r. that word again* zopakujte to slovo, prosím **2.** (z)reprodukovať (počuté) **3.** zarecitovať (naučené) **II.** podst. opakovanie (odvysielanej relácie, hry, správ)

repeated [ri'pi:təd] opakovaný, opätovný

replace [ri'pleis] **1.** dať na pôvodné miesto, vrátiť; *r. a book on the shelf* vrátiť knihu na policu **2.** (*with/by*) nahradiť, zameniť (kým/čím); *you'll have to r. the old adding machine with/by a computer* budete musieť zameniť starú kalkulačku za počítač

replacement [ri'pleismənt] **1.** vrátenie (veci/ľudí) **2.** nahradenie; *r. of a broken window pan* nahradenie rozbitého obločného skla **3.** náhrada, zastúpenie; *find a r. before going on holiday* pred odchodom na dovolenku nájsť náhradu

reply [ri'plai] **I.** podst. odpoveď; *he made no r.* neodpovedal **II.** sl. odpovedať, odvetiť; *he failed to r.* neodpovedal

report [ri'po:t] **I.** podst. **1.** (*of/on*) hlásenie, správa (o kom/čom); *r-s on the state of the roads* hlásenie o stave ciest; *the annual r.* výročná správa **2.** zvesť; *don't listen to idle r-s* neverte planým zvestiam **II.** sl. **1.** (*to*) oznámiť, ohlásiť (komu); *r. to the police* ohlásiť na polícii; *r. a new discovery* oznámiť nový objav **2.** (*on*) písať reportáž (o čom); *r. on an earthquake* písať reportáž o zemetrasení

reporter [ri'po:tə] spravodajca, reportér

represent [,repri'zent] **1.** zastupovať reprezentovať; *she r-ed her fellow workers* zastupovala svojich spolupracovníkov **2.** predstavovať; *this picture r-s a hunting scene* obraz predstavuje poľovačku **3.** vysvetliť, objasniť; *let me r. my ideas in another way* dovoľte (mi), aby som vám svoje názory objasnil inak

representative [,repri'zentətiv] zástupca, predstaviteľ; *r-s of the press* zástupcovia tlače

repression [ri'prešn] potlačenie

reproach [ri'prəuč] **I.** sl. (*for, with*) vyčítať (čo); *r. sb. for being late* vyčítať niekomu, že mešká **II.** podst. **1.** výčitka; *she heaped r-es upon her sister* zasypala sestru výčitkami **2.** (*to*) hanba (koho, čoho); *slums that are a r. to the city council* obydlia chudoby sú hanbou mestskej správy

reproduce [,ri:prə'dju:s] **1.** reprodukovať; *r. music from a casette* reprodukovať hudbu z kazety **2.** rozmnožiť (sa); *some plants r. by spores* niektoré rastliny sa rozmnožujú výtrusmi **3.** znova narásť, znova sa vyvinúť; *lizards can r. their tails* jašericiam znova narastajú chvosty

reproduction [,ri:prə'dakšn] **1.** biol. rozmnožovanie, reprodukcia; *the r. of the cell* rozmnožovanie bunky **2.** reprodukcia (kópia umeleckého diela)

reprove [ri'pru:v] (*for*) vykročiť, pokarhať (za čo); *she r-d the boy for his misconduct* karhala chlapca za zlé správanie

reptlile ['reptail] plaz

republic [ri'pablik] republika

republican [ri'pablikən] **I.** príd. republikánsky **II.** podst. republikán

repulsive [ri'palsiv] **1.** odporný, odpudzujúci; *a r. sight* odpudzujúci pohľad **2.** fyz. odpudivý; *r. power/force* odpudivá sila

reputation [,repjə'teišn] povesť, meno, renomé, reputácia; *he is a man of high r.* má výbornú povesť; *make a r. for oneself* získať si dobré meno ● *live up to one's r.* žiť tak, ako to ľudia od človeka očakávajú

request [ri'kwest] **I.** podst. **1.** žiadosť, prosba, požiadanie; *we came at your r.* prišli sme na vaše požiadanie **2.** dopyt; *those articles are in great r.* po tom tovare je veľký dopyt ● *by r.* na požiadanie **II.** sl. požiadať, poprosiť; *I r-ed assistance* požiadal som o pomoc; *visitors are r-ed not to touch the exhibits* žiadame návštevníkov, aby sa nedotýkali vystavených predmetov

require [ri'kwai] **1.** vyžadovať; *does this machine r. much attention?* vyžaduje si tento stroj veľa pozornosti? **2.** potrebovať; *we r. extra help* potrebujeme mimoriadnu pomoc **3.** požadovať, predpisovať; *I have done all that is r-d by law* splnil som všetko, čo zákon požaduje; *these books are r-d reading* tieto knihy patria k povinnému čítaniu

requirement [ri'kwaiəmənt] požiadavka; *fulfil the r-s of the law* splniť požiadavky zákona

rescue ['reskju:] **I.** sl. (*from*) zachrániť (pred čím); *r. a child from drowning* zachrániť dieťa pred utopením **II.** podst. záchrana, pomoc; *come/go to sb's r.* prísť/ísť na pomoc (komu); *he came to her r.* prišiel jej na pomoc

research [ri'sə:č] (*in/into/on*) výskum; *do r. into/on the effects of smoking* robiť výskum o účinkoch fajčenia

resemblance [ri'zembləns] podoba, podobnosť; *there's little r. between them* podobajú sa iba trochu

resemble [ri'zembl] podobať sa; *she r-s her mother* podobá sa na svoju matku

resent [ri'zent] **1.** zazlievať; *does he r. my being here?* zazlieva mi, že som tu? **2.** neznášať, cítiť odpor; *r. criticism* neznášať kritiku
   resentment [ri'zəntment] hnev, zlosť
   reservation [ˌrezə'veišn] **1.** výhrada; *accept a plan without r.* prijať plán bez výhrad **2.** rezervovanie, zabezpečenie; *his travel agents have made all the r-s* cestovná agentúra mu zabezpečila všetko potrebné **3.** hl. AM prírodná rezervácia, chránená oblasť
   reserve [ri'zə:v] **I.** sl. **1.** zachovať, ušetriť; *r. your strength for the climb* šetri si sily na výstup **2.** rezervovať; *the first three rows are r-d for special guests* prvé tri rady sú vyhradené pre vzácnych hostí; *r. rooms at a hotel* rezervovať si izby v hoteli **II.** podst. **1.** zásoba; *a r. of food* zásoba potravín **2.** záloha; *the general kept the cavalry in r.* generál držal jazdecký oddiel v zálohe **3.** rezervácia; *a game r.* rezervácia divých zvierat (napr. v Afrike) **4.** výhrada, obmedzenie; *we accept your statement without r.* prijímame vaše vyhlásenie bez výhrad
   reserved [ri'zə:vd] **1.** rezervovaný, zdržanlivý **2.** vyhradený; *all rights r.* všetky práva vyhradené
   reservoir ['rezərwa:] **1.** zásobník, rezervoár **2.** zásobáreň (talentov, faktov)
   reside [ri'zaid] (*at*) sídliť, bývať; *the Prime Minister r-s at 10 Downing Street* Ministerský predseda sídli na Downing Street 10
   residence ['rezədns] **1.** bývanie; *take up r. in a new house* začať bývať v novom dome **2.** sídlo, rezidencia; *this family r. is for sale* toto rodinné sídlo je na predaj; *permanent r.* trvalé bydlisko ● *hall of r.* kolégium, internát (vysokoškolských študentov)
   resident ['rezidənt] obyvateľ, nájomník; *parking for r-s only* parkovanie je povolené len nájomníkom (okolitých domov)
   residential [ˌrezə'denšl] **1.** obytný; *r. area* obytná štvrť **2.** internátny; *a r. course* internátny kurz
   resign [ri'zain] **1.** odstúpiť, vzdať sa, rezignovať; *r. one's job* vzdať sa zamestnania *r. from a committee* odstúpiť z výboru **2.** zveriť, odovzdať do opatery; *I r. my children to your care* zverujem deti do vašej opatery
   resignation [ˌrezig'neišn] **1.** odstúpenie, vzdanie sa (čoho), rezignácia; *hand in one's r.* podať výpoveď/odstúpiť z funkcie **2.** rezignácia; *accept a misfortune with r.* nešťastie prijať s rezignáciou

resist [ri'zist] **1.** odolať, vzdorovať; *r. temptation* odolať pokušeniu **2.** odporovať, klásť odpor; *r. the enemy* klásť odpor nepriateľovi
   resistance [ri'zistns] **1.** odpor; *overcome the r. of the air* prekonať odpor vzduchu **2.** odboj; *the r. movement* hnutie odboja
   resistant [ri'zistnt] (*to*) odolný (voči, proti komu/čomu); *insects r. to certain insecticides* hmyz odolný proti niektorým insekticídom
   resolution [ˌrezə'lu:šn] **1.** rozhodnutie, odhodlanie; *a New Year's r. to give up smoking* novoročné odhodlanie prestať fajčiť **2.** rozhodnosť, ráznosť; *show great r.* preukázať veľkú rozhodnosť **3.** uznesenie, rezolúcia; *reject a r.* omietnuť uznesenie
   resit [ri:'sit] *resat* [ri:'sæt], *resat* **I.** sl. opakovať skúšku **II.** podst. ['ri:sit] opakovaná skúška
   resolve [ri'zolv] **1.** rozhodnúť sa, predsavzať si; *he r-d to succeed* predsavzal si, že bude úspešný **2.** rozptýliť, zahnať; *r. all doubts* zahnať všetky pochybnosti **3.** rozobrať, dôkladne prebrať; *r. a problem* rozobrať problém
   resort [ri'zo:t] **I.** podst. **1.** (dovolenkové) stredisko, letovisko; *a seaside r.* prímorské letovisko; *a skiing r.* lyžiarske stredisko **2.** útočište; *the old hut was their only r. left* stará chata bola ich jediným útočišťom; *as a/in the last r.* ako posledná možnosť **II.** sl. *resort to* uchýliť sa (k čomu), byť nútený siahnuť (po čom); *if all other means fail, we shall r. to force* ak iné prostriedky zlyhajú, budeme nútení uplatniť silu
   resource [ri'so:s] **1.** obyč. *r-s* mn. č. prostriedky, zdroje, zásoby; *the natural r-s of a country* prírodné zdroje krajiny **2.** (vnútorná) sila; *he has no inner r-es* nemá vlastnú vnútornú silu **3.** dômyselnosť, dôvtip, vynachádzavosť; *a man of r.* vynachádzavý človek
   respect [ri'spekt] **I.** podst. (*for*) **1.** úcta, vážnosť, rešpekt *he has no r. for his teachers* nemá rešpekt pred svojimi učiteľmi **2.** ohľad, zreteľ (na koho/čo); *we must have r. for the needs of others* musíme mať ohľad na potreby iných ● *give him my r-s* pozdravujte ho odo mňa; *in all r-s* v každom ohľade; *pay one's r-s to sb.* zložiť komu svoju poklonu; *with r. to* čo sa týka (čoho) **II.** sl. **1.** uctiť si, vážiť si; *r. one's elders* vážiť si starších **2.** dbať, brať ohľad; *I wish you would r. my wishes* prial by som si, aby ste brali ohľad na moje želania

respectable [ri'spektəbl] **1.** slušný, poriadny; *a r. young woman* slušná mladá žena **2.** značný, veľký, úctyhodný; *he has r. talent* má veľké nadanie

respiratory [ri'spirətri] dýchací, respiračný; *the r. system* respiračný systém, dýchacia sústava; *the r. organs* dýchacie orgány

respond [ri'spond] **1.** (*to*) odpovedať (na čo); *she hasn't r-ed to my letter* neodpovedala na môj list **2.** (*to, by, with*) reagovať (na koho/čo, čím); *r. with a laugh/by laughing* reagovať smiechom

response [ri'spons] **1.** odpoveď; *he made/gave no r.* nedal odpoveď **2.** reakcia; *stimulus and r.* podnet a reakcia **3.** ohlas, odozva, apelovanie; *my appeal to her pity met with little r.* moje apelovanie na jej súcit sa stretlo s malým ohlasom **4.** výp. odpoveď

responsibility [ri‚sponsə'biləti] **1.** zodpovednosť; *he did it on his own r.* urobil to na vlastnú zodpovednosť **2.** záväzok, povinnosť; *have a sense of r.* mať zmysel pre povinnosť

responsible [ri'sponsəbl] (*for*) zodpovedný (za koho/čo); *the pilot of an aircraft is r. for the safety of the passengers* pilot litadla je zodpovedný za bezpečnosť cestujúcich

responsive [ri'sponsiv] (*to*) citlivý, vnímavý (na koho/čo, voči komu/čomu); *a r. nature* citlivá povaha; *r. to criticism* vnímavý na kritiku

rest[1] [rest] **1.** zvyšok; *take what you want and throw the r. away* zober si, čo chceš, a zvyšok zahoď **2.** so sl.; v mn. č. ostatní; *what are the r. of you going to do?* čo sa chystáte urobiť vy ostatní?

rest[2] [rest] **I.** podst. **1.** odpočinok, oddych; *she needs some r.* potrebuje odpočinok **2.** podpera, opora, podložka, podstavec; *a head r.* opora hlavy (na sedadle auta); ● *a well-earned r.* zaslúžený oddych; *give it a r.* dať čomu pokoj; *lay to r.* uložiť na večný odpočinok/do hrobu; *come to r.* zastaviť sa **II.** sl. **1.** odpočinúť si, odpočívať; *r. for a while* chvíľu odpočívať **2.** upokojiť, zbaviť únavy; *these dark glasses r. my eyes* tmavé okuliare mi upokojujú oči **3.** oprieť (sa/si); *r. your head on my shoulder* opri si hlavu o moje plece; *r. the ladder on/against the wall* oprieť rebrík o stenu;

rest on/upon spočinúť, spočívať; *his eyes r-ed on her face* pohľadom spočinul na jej tvári; *r. on one's laurels* odpočívať na vavrínoch;

rest with patriť, prislúchať, byť v rukách (koho); *the decision r-s with you* rozhodnúť musíte vy; *the fate of the prisoner r-s with the judge* osud väzňa je v rukách sudcu

restaurant ['restront] reštaurácia; *open-air r.* záhradná reštaurácia

restaurant car ['restroŋ‚ka:] jedálenský vozeň

restful ['restfl] upokojujúci; *r. colours* upokojujúce farby

restless ['restləs] nepokojný aj pren.; *the audience was growing r.* poslucháči/diváci začali byť nepokojní

restore [ri'sto:] **1.** obnoviť; *r. law and order* obnoviť zákon a poriadok **2.** (*to*) prinavrátiť, vrátiť; *r. to health* prinavrátiť zdravie; *r. to liberty* vrátiť slobodu

restrain [ri'strein] (*from*) ovládať, krotiť; *r. one's anger* ovládať svoj hnev; *I had to r. myself from revealing her secret* musela som sa krotiť, aby som neprezradila jej tajomstvo

restraint [ri'streint] **1.** obmmedzenie; *without r.* bez obmedzenia **2.** ovládanie; *show a lack of r.* nedostatočne sa ovládať

restrict [ri'strikt] (*to*) obmedziť (na čo); *the speed of cars* obmedziť rýchlosť áut; *I had to r. myself to two coffees a day* musel som sa obmedziť na dve kávy denne

restriction [ri'strikšn] obmedzenie, obmedzovanie; *r. of expenditures* obmedzenie nákladov; *currency r-s* obmedzenie vývozu/dovozu valút; *r. of freedom* obmedzenie slobody

result [ri'zalt] **I.** podst. **1.** výsledok; *her success is the r. of hard work* jej úspech je výsledok tvrdej práce **2.** následok; *his limp is a r. of a car accident* jeho krívanie je následok autohavárie **II.** sl. (*from*) vyplývať (z čoho), vzniknúť ako následok (čoho); *an injury r-ing from a fall* zranenie spôsobené pádom

result in mať za následok, viesť (k čomu); *the car crash r-ed in the death of both drivers* zrážka áut mala za následok smrť obidvoch vodičov

resume [ri'zju:m] **1.** znovu začať (po prestávke), pokračovať; *r. one's work* pokračovať v práci **2.** vrátiť sa (na čo/k čomu), znovu zaujať; *r. one's seat* vrátiť sa na svoje miesto

resume ['rezju:mei] súhrn, súhrnný záver, resumé

resuscitate [ri'sasəteit] vzkriesiť, priviesť k životu/vedomiu; *r. a person who has been nearly drowned* priviesť k vedomiu niekoho, kto sa takmer utopil

retail ['ri:teil] **I.** podst. predaj, maloobchod; *sell goods (by) retail* predávať tovar v malom; *r. price* maloobchodná cena **II.** sl. **1.** [ri'teil] predávať v malom; *r. groceries* predávať potraviny v malom **2.** rozširovať (reči, klebety); *r. slander* rozširovať ohováranie

retailer ['ri:teilə] maloobchodník

retain [ri'tein] **1.** udržať, uchovať; *she tried to r. her self-control* pokúšala sa zachovať rozvahu **2.** zadržať, neprepustiť; *the dam r-s the waters of the lake* priehrada zadrží vody jazera

retaliate [ri'tælieit] odplatiť sa; *r. for injustice* odplatiť krivdu ● *r. in kind* odplatiť rovnakou mincou

retard [ri'ta:d] spomaľovať, zdržovať, brzdiť; *r. progress* brzdiť vývoj

retarded [ri'ta:dəd] zaostalý, retardovaný; *a mentally r. child* duševne zaostalé dieťa

reticent ['retəsnt] zdržanlivý

retire [ri'taiə] **1.** odísť do dôchodku; *Mr. Brown has just r-d* pán Brown práve odišiel do dôchodku **2.** (*from, to*) odísť, stiahnuť sa; *the members of the jury r-d to consider the verdict* členovia poroty odišli, aby zvážili rozsudok

retired [ri'taiəd] **1.** penzionovaný, na dôchodku; *a r. teacher* učiteľ na dôchodku **2.** utiahnutý; *lead a r. life* žiť utiahnuto

retirement [ri'taiəmənt] dôchodok; *announce one's r.* oznámiť odchod do dôchodku ● *r. age* dôchodkový vek

retort [ri'to:t] **I.** podst. **1.** príkra odpoveď **2.** chem. skúmavka **II.** sl. príkro, ostro odpovedať

retreat [ri'tri:t] **1.** ústup; *the army is in r.* armáda je na ústupe **2.** útočište; *have a mountain hut as r.* mať chatu v horách ako útočište

retrieve [ri'tri:v] **1.** získať späť, zachrániť; *r. a child from the lake* zachrániť dieťa z jazera **2.** nahradiť, odčiniť; *r. a defeat* odčiniť prehru **3.** vyhľadávať **4.** poľov. aportovať

retrospective [,retrə'spektiv] retrospektívny; *r. exhibition of a painter's work* retrospektívna výstava maliarových diel

return [ri'tə:n] **I.** podst. **1.** návrat; *they dreaded his r.* obávali sa jeho návratu **2.** odmena, odplata; *a poor r. for kindness* zlá odplata za láskavosť **3.** aj *r-s* mn. č. zisk, výnos; *a r. on an investment* zisk z investície **4.** spiatočný lístok; *do you want a single or r.?* želáte si jednosmerný alebo spiatočný lístok? *by r. (of post)* obratom (pošty); ● *in r. (for)* výmenou (za); *without r.* bez náhrady; *many happy r-s of the day* všetko najlepšie (k narodeninám) **II.** sl. **1.** (*from, to*) vrátiť sa; *r. from work* vrátiť sa z práce; *r. to London* vrátiť sa do Londýna **2.** (*to*) vrátiť (komu, kam); *r. a book to the library* vrátiť knihu do knižnice **3.** odplatiť, splatiť; *r. the visit* splatiť návštevu

return match [ri'tə:n,mæč] odvetný zápas

return ticket [ri'tə:n,tikət] spiatočný cestovný lístok

Rev skr. *reverend* dôstojný pán

reveal [ri'vi:l] **1.** odhaliť, odkryť; *the curtains opened to r. a darkened stage* opona sa zdvihla a odkryla tmavé javisko **2.** prezradiť; *r. a secret* prezradiť tajomstvo

revealing [ri'vi:liŋ] **1.** poučný; *a r. experience* poučná skúsenosť **2.** (veľa) odhaľujúci, odvážny; *a r. neckline* odvážny výstrih

revelation [,revə'leišn] **1.** odhalenie; *the r. of her origin took us by surprise* odhalenie jej pôvodu nás prekvapilo **2.** cirk. zjavenie

revenge [ri'vendž] **I.** podst. pomsta, odplata; *just r.* spravodlivá odplata; *thoughts of r.* úvahy o pomste; *take r. on sb.* pomstiť sa (komu) **II.** sl. pomstiť; *r. one's friend* pomstiť priateľa

revenue ['revənju:] aj *revenues* mn. č. štátne príjmy ● (BR) *Inland R.*, (AM) *Internal R.* daňový úrad; *r. stamp* kolok

reverence ['revrəns] úcta; *regard with r.* s úctou pozerať; *have/hold in great r.* mať vo veľkej úcte; *feel r. for sb.* cítiť úctu (ku komu)

reverse [ri'və:s] **I.** príd. opačný, obrátený; *in r. order* v opačnom poradí **II.** sl. **1.** obrátiť, otočiť; *r. a procedure* obrátiť postup **2.** prevrátiť, zvrátiť; *r. the course of events* zvrátiť chod udalostí **3.** zacúvať; *r. one's car into the garage* zacúvať autom do garáže; *r. the charges* telefonovať na účet volaného **II.** podst. **1.** opak, protiklad; *do the r. of what is expected* urobiť opak toho, čo sa očakáva **2.** rub; *the r. side of a coin* rub mince

reversible [ri'və:səbl] **1.** zmeniteľný, (z)vratný; *a r. process* zmeniteľný proces **2.** inverzný (film) **3.** dvojstranný, obojstranný; *a r. coat* obojstranný kabát

revert [ri'və:t] (*to*) **1.** vrátiť sa (do pôvodného stavu); *the fields have r-ed to moorland* z polí sa znovu stala slatina **2.** práv. znovu pripadnúť; *property that r-s to the state* majetok, ktorý pripadá štátu

review [ri'vju:] **I.** sl. **1.** preskúmať; *r. a decision* preskúmať rozhodnutie; *r. the past* preskúmať, prebehnúť v duchu minulosť **2.** recenzovať, posudzovať; *his novel has been favourably r-ed* jeho román bol recenzovaný kladne **II.** podst. **1.** prehľad; *a r. of the year's events* prehľad udalostí roka **2.** recenzia, posudok; *a book presented for r.* kniha poslaná na recenziu

R

revise [ri'vaiz] (z)revidovať, opraviť; *r. one's opinion (of)* zrevidovať svoj názor (na koho/čo)
revision [ri'vižn] **1.** preskúmanie, revízia **2.** nové/opravené/prepracované vydanie (knihy) **3.** opakovanie (naučeného)
revival [ri:'vaivl] **1.** oživenie, obnovenie; *the r. of an old custom* oživenie starého zvyku/obyčaje **2.** obrodenie; *religious r.* náboženské obrodenie **3.** nové uvedenie (hry ap.)
revive [ri'vaiv] **1.** oživiť, obnoviť; *r. old feuds* obnoviť staré spory **2.** vzkriesiť, oživiť; *r. a person who has fainted* vzkriesiť človeka, ktorý zamdlel; *flowers will r. in water* kvety ožijú vo vode
revoke [ri'vəuk] zrušiť, odvolať; *r. a decision* zrušiť rozhodnutie
revolt [ri'vəult] **I.** sl. **1.** (*against*) vzbúriť sa, búriť sa, revoltovať (proti komu/čomu); *they r-ed against their opressor* búrili sa proti svojmu utláčateľovi **2.** vyvolať odpor/hnus; *civilized people will r. against war crimes* vojnové zločiny vyvolávajú odpor civilizovaných ľudí **II.** podst. **1.** vzbura; *stir the people to r.* podnietiť ľud k vzbure **2.** vnútorný odpor; *she bore this injustice with r. in her heart* srdce sa jej búrilo pri takej nespravodlivosti
revolution [ˌrevə'lu:šn] revolúcia
revolutionary [ˌrevə'lu:šənri] **I.** príd. revolučný **II.** podst. revolucionár
revolve [ri'volv] **1.** krútiť sa, otáčať sa; *a r-ing door* otáčavé dvere **2.** zaoberať sa, rozoberať (v duchu), zvažovať; *r. a problem in one's mind* v duchu rozoberať problém
revolve around krútiť sa okolo (hlavného bodu); *he thinks the whole world r-s around him* myslí si, že sa celý svet krúti okolo neho
reward [ri'wo:d] **I.** podst. **1.** odplata, uznanie; *I don't expect anything in r.* nečakám nijakú odplatu **2.** (*for*) odmena (za čo); *the police are offering a big r.* polícia vypísala vysokú odmenu **II.** sl. (*for – with*) odmeniť sa (za čo – čím); *is that how you r. me for my help?* takto sa mi odmieňaš za pomoc?
rheumatic [ru:'mætik] reumatický
rheumatism ['ru:mətizm] reumatizmus
rhododendron [ˌrəudə'dendrən] rododendron
rhubarb ['ru:ba:b] rebarbora
rhyme [raim] **I.** podst. **1.** rým **2.** verš **3.** (rýmovaná) poézia **3.** riekanka, rečňovanka; *a r. for children* detská rečňovanka **II.** sl. **1.** rýmovať sa **2.** zrýmovať, zveršovať (príbeh)

rhythm ['riðm] rytmus; *keep the r. of the composition* dodržiavať rytmus skladby
rib [rib] (v rozl. význ.) rebro; *cracked r-s* zlomené rebrá; *a r. of beef* hovädzie rebierko; *the r. of a radiator* rebro radiátora ● *dig/poke sb. in the r-s* štuchnúť do rebier
ribbing ['ribiŋ] patent (pružná pletenina ako obruba)
ribbon ['ribən] **1.** stuha, stužka; *her hair was tied up with a r.* vlasy mala zviazané stuhou **2.** páska; *this typewriter r. is unusable* táto páska do písacieho stroja je nepoužiteľná **3.** zdrap, franforec; *her dress was hanging in r-s* šaty na nej viseli v zdrapoch
rice [rais] ryža
rich [rič] **I.** príd. **1.** bohatý; *r. people* bohatí ľudia **2.** drahý, cenný, luxusný; *r. furniture* cenný nábytok **3.** (o jedle) ťažký; *a r. diet* ťažká strava **4.** (o tóne) hlboký **5.** (o farbe) sýty **6.** (o pôde) úrodný **7.** (*in*) bohatý (na); *a country r. in iron ore* krajina bohatá na železnú rudu **II.** podst. (*the*) bohatí mn. č.; *the r. and the poor* bohatí a chudobní
rid [rid], **rid/ridded** [ridid], rid -dd- (*of*) zbaviť, oslobodiť od neželaného; *r. the world of a terrible disease* zbaviť svet strašnej choroby; ● *get r. of* striasť sa (koho/čoho)
riddle ['ridl] **1.** hádanka; *know the answer to a r.* poznať rozlúštenie hádanky **2.** záhada; *the r. of the universe* záhada vesmíru
ride [raid] *rode* [rəud], *ridden* ['ridn] **I.** sl. **1.** jazdiť, viezť sa, ísť; *r. a horse/a bicycle* jazdiť na koni/bicykli **2.** cestovať; *r. in a bus* cestovať autobusom **3.** nosiť sa; *the boy was r-ing on his father's shoulders* chlapec sa nosil na otcových pleciach **II.** podst. **1.** jazda (na koni, bicykli); *go for a ride* zajazdiť si **2.** lesná cesta, chodník; ● *give sb. a r.* odviezť koho autom; *take sb. for a ride* ťahať niekoho za nos
rider ['raidə] jazdec
ridge [ridž] hrebeň (vrchov, strechy); *the r. of a roof* hrebeň strechy; *sunset gilded the r. of the mountains* západ slnka pozlátil hrebeň hôr
ridiculous [ri'dikjələs] smiešny; *what a ridiculous idea!* aký smiešny nápad!
rifle ['raifl] puška
rifle-range ['raifl reindž] strelnica (na streľbu z pušky)
rift [rift] **1.** trhlina **2.** pren. roztržka (medzi priateľmi)
right¹ [rait] **I.** príd. pravý; *my r. hand* moja pravá ruka **II.** prísl. vpravo; *he looked neither*

nor left nepozeral sa ani vpravo, ani vľavo; *r. and left* zo všetkých strán, odvšadiaľ, na šetky strany, všade; *he owes money r. and left* e zadlžený na všetky strany **III.** podst. **1.** prá-á strana; *turn to the r.* obráť sa/zaboč vpra-o; *on my r.* po mojej pravici **2.** polit. pravica; *nembers of the R.* členovia pravicových strán
right² [rait] **I.** podst. **1.** správne; *know the ifference between r. and wrong* poznať roz-iel medzi správnym a nesprávnym **2.** prá-o; *he has no r. to do so* nemá právo tak ko-ať; *human r-s* ľudské práva; ● *assert one's* uplatniť svoje právo; *by r.* právom, opráv-ene; *r. of priority* prednostné právo **II.** príd. . správny; *always do what is r.* rob vždy to, o je správne **2.** pravdivý; *a r. account of facts* ravdivý opis skutočností **3.** vhodný, súci; *he the r. man for the job* hodí sa na to zamest-anie **III.** prísl. **1.** dobre, správne; *if I re-ember r.* ak sa dobre pamätám; *have I guessed* ? správne som hádal? **2.** priamo, rovno; *she ame r. from school* prišla priamo zo školy ● *ll r.* dobre; *it serves you r.* dobre ti tak; *r. and ft* všade; *r. away* už aj
right angle ['rait͵æŋgl] pravý uhol
right-angled ['rait͵æŋgləd] pravouhlý
righteous ['raičəs] **I.** príd. **1.** spravodlivý, atočný, počestný; *a r. man* spravodlivý člo-ek **2.** oprávnený, spravodlivý; *r. anger* právnený/spravodlivý hnev **II.** podst. (*the*) n. č. spravodliví, čestní; *the r. and the wicked* estní a podlí
right-hand ['raithænd] **I.** podst. pravica, ravá ruka aj pren.; *Mary is her mother's r.* Má-a je matkina pravá ruka **II.** príd. **1.** po pra-ej strane; *one's r. man* človek, ktorý stojí po avici **2.** vedené pravicou; *a r. blow* úder avicou **3.** týkajúci sa pravej ruky; *r. dexter-* obratnosť pravej ruky;
right-hander [͵rait'hændə] pravák, praváčka
rightly ['raitli] (plným) právom; *they are r. nd of their ancient buildings* sú (plným) ávom hrdí na svoje starobylé budovy
rigid ['ridžəd] **1.** neohybný, nepružný, rpnutý; *his face was r. with pain* tvár mu rpla od bolesti **2.** tvrdý, prísny; *r. disci-'ine* tvrdá disciplína
rigorous ['rigərəs] rigorózny, prísny, ne-mpromisný; *r. safety checks* prísne bez-čnostné opatrenia
rigour ['rigə] **1.** prísnosť, tvrdosť; *the crim-al was punished with the utmost r. of the law*

zločinca potrestali najprísnejším trestom, aký zákon povoľuje **2.** *r-s* mn. č. tvrdé podmien-ky; *the r-s of the long winter* tvrdé podmienky dlhej zimy
rim [rim] **I.** podst. **1.** okraj, obruba; *the r. of a cup* okraj šálky **2.** obruba, rám; *the r. of a sieve* obruba sita; *the r. of spectacles* rám okuliarov
rind [raind] kôra, kôrka, šupka; *the r. of a wa-ter melon* šupka melóna; *cheese r.* kôrka na syre
ring¹ [riŋ] **I.** podst. **1.** kruh, krúžok; *a r. of light* kruh svetla; *a key r.* krúžok na kľúče **2.** prsteň; *a diamond r.* prsteň s briliantom **3.** le-tokruh; *the r-s of a tree* letokruhy stromu **4.** aréna, ring, manéž **5.** gang (zločinecký) **II.** sl. **1.** okrúžkovať; *r. a bird* okrúžkovať vtáka (na iden-tifikáciu) **2.** zakrúžkovať, dať (čo) do krúžku
ring² [riŋ] *rang* [ræŋ], *rung* [raŋ] **I.** sl. **1.** zazvoniť; *how long has the alarm/clock been r-ing?* ako dlho už zvoní ten budík? **2.** znieť, zvučať; *his last words still r. in my ears* jeho posledné slová mi ešte znejú v ušiach **3.** (*for*) zazvoniť (na koho), privolať zvonením (koho); *she rang for the porter* zazvonila na vrátnika **4.** (*up*) zatelefonovať; *r. when you get home* za-telefonuj, keď prídeš domov; *I'll r. you up in the morning* ráno ti zatelefonujem ● *r. the alarm* zvoniť na poplach; *this r-s a bell* to mi niečo pripomína; *r. true/false* znieť pravdi-vo/nepravdivo; **II.** podst. **1.** zazvonenie; *there was a r. at the door* niekto zazvonil pri dverách **2.** zvuk, tón; *this coin has a good r.* minca vy-dáva dobrý zvuk; *there was a r. of sincerity in his promise* v jeho sľube znel tón úprimnosti
rinse [rins] **I.** sl. **1.** vyplachať, vyplákať; *r. shirts* vyplachať košele **2.** vypláchnuť si; *r. your mouth (out)* vypláchni si ústa **II.** podst. **1.** opláchnutie; *give your hair a good r.* dob-re si opláchni vlasy **2.** preliv; *take the blue r.* daj si modrý preliv
riot ['raiət] **1.** nepokoje, výtržnosť; *put down a r. by force* násilne potlačiť nepokoje **2.** hoj-nosť, bohatosť, hýrivosť; *the flower beds were a r. of colour* záhony kvetov hýrili farbami
rip [rip] **I.** podst. trhlina **II.** sl. roztrhnúť sa; *she r-ped her skirt on a nail* roztrhla si sukňu o klinec; *he r-ped the letter open* roztrhol obálku listu
rip up potrhať; *she r-ped up his picture an-grily* zlostne potrhala jeho obraz
ripe [raip] **1.** zrelý, dozretý; *r. fruit* zrelé ovocie **2.** vyzretý; *r. cheese* vyzretý syr **3.**

R

(*for*) zrelý, vhodný (na čo); *a land r. for indus-trial development* krajina zrelá na priemyselný rozvoj

rise [raiz] *rose* [rəuz], *risen* [ˈrizn] **I.** sl. **1.** vyjsť, vychádzať; *the sun r-s in the East* slnko vychádza na východe **2.** vstať; *she rose to greet her guests* vstala, aby pozdravila svojich hostí **3.** stúpať; *prices continue to r.* ceny stále stúpajú; *the road r-s steeply* cesta strmo stúpa **II.** podst. **1.** rast, vzrast; *a r. in the cost of living* vzrast životných nákladov **2.** stúpanie; *the r. and fall of the tide* stúpanie a klesanie prílivu **3.** vzostup; *the r. and fall of the Roman Empire* vzostup a pád Rímskej ríše ● *ask for a (pay) r.* žiadať zvýšenie platu; *give r. to misunderstanding* spôsobiť nedorozumenie

> **rise** [raiz]– vychádzať, vstať, stúpať, rast, stúpanie
> **raise** [reiz]– zdvihnúť, povýšiť, pestovať, vychovávať

risk [risk] **I.** podst. riziko ● *at r.* v nebezpečenstve; *at one's own r.* na vlastné riziko/nebezpečenstvo; *at all r-s* za každú cenu; *bear the r.* niesť riziko; *take/run a r.* riskovať **II.** sl. **1.** riskovať, vystaviť nebezpečenstvu; *r. one's health/neck* riskovať zdravie/hlavu **2.** brať na seba riziko; *r. failure* brať na seba riziko neúspechu

risky [ˈriski] riskantný, hazardný; *a r. enterprise* riskantné podnikanie

rite [rait] rítus, obrad; *burial r.* pohrebný obrad

ritual [ˈričuəl] **I.** podst. rituál **II.** príd. rituálny, obradný; *r. dances* obradné tance

rival [ˈraivl] **1.** súper, sok, protivník, rival; *r-s in love* sokovia v láske **2.** konkurent; *business r-s* obchodní konkurenti; ● *be without a r.* nemať seberovného, byť bez konkurencie

rivalry [ˈraivlri] **1.** rivalita **2.** obch. konkurenčný boj

river [ˈrivə] **1.** rieka; *the r. Danube* rieka Dunaj **2.** *r-s* mn. č. – pren. expr. potoky; *r-s of blood* potoky krvi

riverbank [ˈrivəbæŋk] breh rieky

riverbed [ˈrivəbed] riečisko, koryto rieky

rivet [ˈrivət] **I.** podst. nit; *fasten with r-s* upevniť nitmi **II.** sl. **1.** zamilovať sa **2.** uprieť, upierať; *he r-ed his eyes on the scene* upieral oči na scénu

roach [rəuč] **1.** zool. platica **2.** hovor. šváb **3.** slang. ohorok marihuanovej cigarety

road [rəud] **1.** cesta, hradská; *main and minor r-s* hlavné a vedľajšie cesty **2.** pren. cesta (k čomu); *there's no royal r. to wisdom* múdrosti nevedie ľahká cesta; *the r. to success* cesta k úspechu; ● *be in sb.'s r.* stáť v mu v ceste; *on the right r.* na správnej ceste; *take the r.* vydať sa na cestu

roadblock [ˈrəudblok] zátarasa, prekážka (na ceste)

road-map [ˈrəud mæp] automapa

road sign [rəudˈsain] dopravná značka

road tax [ˈrəud tæks] mýto, poplatok

roam [rəum] túlať sa (bezcieľne); *r. about the world* túlať sa po svete

roar [ro:] **I.** podst. **1.** rev; *the r. of a lion* rev leva **2.** burácanie; *the r. of the sea* burácanie mora **3.** výbuch; *r-s of laughter* výbuchy smiechu **II.** sl. **1.** revať; *lions r.* levy revú **2.** revať, nariekať; *r. with pain* revať od bolesti **3.** burácať; *the crowd r-ed* dav burácal **4.** vybuchovať; *r. with laughter* vybuchovať smiechom

roast [rəust] **I.** sl. **1.** upiecť, opekať; *the meat was r-ing in the oven* mäso sa pieklo v rúre **2.** pražiť; *r. coffee beans* pražiť kávu **3.** pražiť sa; *lie in the sun and r.* pražiť sa na slnku **II.** podst. **1.** pečienka; *cold r. for supper* studená pečienka na večeru **2.** pečenie, opekanie; *give the meat a good r.* dobre upiecť mäso

rob [rob] *-bb-* **1.** vylúpiť, vykradnúť; *the bank was r-bed last night* minulú noc vylúpili banku **2.** (*of*) olúpiť, obrať (o čo); *I've been r-bed of everything* obrali ma o všetko

robbery [ˈrobəri] lúpež; *he has committed several r-ies* spáchal niekoľko lúpeží

robe [rəub] **I.** podst. **1.** dlhé šaty, róba **2.** obyč. *r-s* mn. č. obradné rúcha, talár; *the Coronation r-s* korunovačné rúcha; *judges in their black r-s* sudcovia v čiernych talároch **II.** sl. obliecť (sa) do rúcha, obliecť (si) talár

robot [ˈrəubot] robot

rock¹ [rok] **1.** skala; **2.** útes, bralo; *an old fortress built on a r.* stará pevnosť vybudovaná na brale **3.** geol. hornina ● *as firm/solid as a r.* pevný ako skala *on the r-s* **1.** na dne/na mizine **2.** neriedený alkohol s ľadom

rock² [rok] **1.** (u)kolísať, hojdať (sa); *r. a baby to sleep* ukolísať dieťa **2.** otriasť, zrušiť; *the news of the plane crash r-ed the public* správa o havárii lietadla otriasla verejnosťou; ● *r. the boat* priviesť do riskantnej situácie; *r. with laughter* váľať sa od smiechu

rockery ['rokəri] aj *rock garden* ['rok‚ga:
ln] skalka, alpínum
rocket ['rokət] **I.** podst. raketa **II.** sl. **1.**
‚streľovať raketami **2.** prudko stúpať, zvy-
ovať sa; *prices r-ed after the war* po vojne
‚rudko stúpali ceny
rock goat ['rok gəut] zool. kozorožec
rocking chair ['‚rokiŋ čeə] hojdacie kreslo
rocking horse ['rokiŋ ho:s] hojdací kôň
rock plant ['rok‚pla:nt] skalnica, alpínka
rocky ['roki] **1.** skalnatý, skalistý; *r. soil* skal-
1atá pôda **2.** neistý; *a r. start* neistý začiatok
rod [rod] **1.** prút; *fishing with r. and line*
:hytať ryby prútom a vlascom **2.** palica, trs-
:enica **3.** žrď, tyč; *a curtain r.* tyč na záclo-
1y; ● *make a r. for one's own back* upliesť na
seba bič; *Spare the r. and spoil the child.* Ohý-
baj ma mamko, pokiaľ som ja Janko.
rode p. **ride**
rodent ['rəudnt] hlodavec
roe [rəu] ikry
roe deer ['rəu‚diə] srnec, srna
roger ['rodžə] rozumiem (v medzinárodnej rá-
diokomunikácii potvrdenie, že správa bola zachytená a po-
chopená)
role [rəul] **1.** úloha, rola; *play the title r. in
Hamlet* hrať hlavnú úlohu v Hamletovi **2.**
úloha, funkcia; *the r. of the media in political
life* úloha masmédií v politickom živote
roll [rəul] **I.** podst. **1.** kotúč; *a r. of cloth/
newsprint/carpet/photographic film etc.* kotúč
látky/novinového papiera/koberca/filmu ap.
2. rožok **3.** závin, roláda **4.** pergamenový zvi-
tok, listina, písomný dokument **5.** (úradný) zoz-
nam mien; *the r. of registered voters* zoznam
voličov; *call the r.* zisťovať prezenciu **6.** ko-
lísavý pohyb; *the r. of a ship* kolísavý pohyb
lode **7.** dunenie; *the r. of thunder/of drums* du-
nenie hromu/bubnov **8.** techn. valcovanie; **II.**
sl. **1.** (za)kotúľať sa; *the coin fell and r-ed un-
der the table* minca spadla a zakotúľala sa pod
stôl **2.** (*up*) zvinúť, skrútiť, stočiť; *r. the wool
(up) into a ball* namotať vlnu do klbka; *r. up
one's sleeves* vyhrnúť si rukávy **3.** (z)valco-
vať; *r. a road surface* zvalcovať cestu **4.**
(vy)vaľkať; *r. dough* vyvaľkať cesto **5.** du-
nieť; *the thunder r-ed* zadunel hrom
roll in hrnúť sa; *complaints kept r-ing in*
sťažnosti sa len tak hrnuli
roller ['rəulə] **1.** kotúč **2.** natáčka (na vlasy)
roller skate ['rəuləskeit] koliesková kor-
čuľa

rolling-mill ['rəuliŋ mil] **1.** valcovňa **2.**
valcovacia trať
rolling-pin ['rəuliŋpin] váľok na cesto
Roman [rəumən] rímsky; *The Roman Em-
pire* Rímska ríša
Roman Catholic [‚rəumən 'kæθəlik] **I.**
podst. rímsky katolík **II.** príd. rímskokatolícky
romance [rəu'mæns] **1.** fantastický prí-
beh, román **2.** ľúbostný príbeh, románik **3.**
hud. romanca **4.** ľúbostný vzťah ● *it's pure r.*
je to ako v rozprávke
romantic [rəu'mæntik] **I.** príd. romantický;
a r. old castle starý romantický hrad; *the r.
poets* romantickí básnici; *be r. about sb./sth.*
mať romantický vzťah (ku komu/čomu) **II.** podst.
1. romantik **2.** fantasta, rojko, romantik, stú-
penec romantizmu
Romany [rəuməni] **I.** príd. rómsky **II.** podst.
1. Róm **2.** rómčina
roof [ru:f] **I.** podst. **1.** strecha; *a flat r.* plo-
chá strecha; *the r. of a car* strecha auta **2.** pod-
nebie ● *live under the same r.* žiť pod tou is-
tou strechou; *have a r. over one's head* mať
strechu nad hlavou **II.** sl. (*with*) zastrešiť; *a
house r-ed with slates* strecha pokrytá bridlicou
room [ru:m] **1.** miestnosť, izba **2.** *r-s* mn. č.
byt; *come and see me in my r-s* príď ma navští-
viť do môjho bytu **3.** priestor, miesto; *is there
r. for me in the car?* je v aute pre mňa miesto?
4. možnosť, priestor; *there's r. for improvement
in your work* na tvojej robote je čo zlepšovať
roomer [ru:mə] AM nájomník, podnájomník
roommate ['ru:m‚meit] spolubývajúci
roomy ['ru:mi] priestorový, priestranný,
voľný; *a r. cabin* priestranná kajuta, kabína;
a r. raincoat voľný plášť do dažďa
root [ru:t] **I.** podst. **1.** koreň; *pull up a plant
by the r-s* vytrhnúť rastlinu aj s koreňmi; *take
r.* ujať sa, zakoreniť sa **2.** lingv. *the r. of the word*
koreň slova **3.** mat. odmocnina **4.** základ, prí-
čina; *money is the r. of all evil* peniaze sú prí-
činou všetkého zla ● *destroy r. and branch* zni-
čiť aj s koreňmi, úplne vyhubiť; *strike at the r.
of evil* ísť na koreň zla **II.** sl. **1.** zapustiť kore-
ne; *seedlings r. quickly* sadeničky rýchlo za-
pustia korene **2.** pren. prikovať; *fear r-ed him
to the ground* strach ho prikoval k zemi
root out úplne zničiť, vykoreniť, vykyno-
žiť; *r. out a disease* vykoreniť chorobu
rope [rəup] **I.** podst. **1.** lano, povraz; *the
robbers tied him up with a r.* lúpežníci ho
zviazali povrazom **2.** šnúra; *a r. of pearls* šnú-

R

ra perál **3.** *r-s* mn. č. povrazy boxerského ringu **4.** pletenec; *a r. of onions* pletenec cibule ● *on the r.* (horolezci) spojení navzájom lanom; *know the r-s* vyznať sa v tlačenici; *give sb. plenty of r.* dať niekomu voľnosť v konaní; *learn the r-s* vedieť chodiť (v čom)/naučiť sa všetky fígle **II.** sl. **1.** (povrazom) zviazať **2.** priviazať, pripútať

rope off ohradiť povrazom (istý priestor)

rose[1] [ruz] **1.** ruža; *she likes yellow r-s* má rada žlté ruže **2.** ružová farba **3.** kropáč polievacej krhly ● *no bed of r-s* to nie je med lízať; *no r. without a thorn* nie je ruža bez tŕňa; *under the r.* dôverne, pod pečaťou mlčania

rose[2] p. **rise**

rose hip [ˈrəuzhip] šípka; *dried r. hips* sušené šípky

rosette [rəuˈzet] ružica, rozeta

rosin [ˈrozən] kolofónia

rosy [ˈrəuzi] **1.** ružový; *r. cheeks* ružové líca **2.** pren. sľubný, nádejný, optimistický; *r. prospects* sľubné vyhliadky

rot [rot] **I.** podst. hniloba, rozklad; *a tree affected by r.* strom napadnutý hnilobou ● *talk r.* hovoriť nezmysly, tárať, trepať do vetra **II.** sl. *-tt-* **1.** hniť aj pren.; *r. in jail* hniť vo väzení **2.** spôsobiť hnitie; *heavy rains r-ted the wheat* silné dažde spôsobili hnitie pšenice

rotate [rəuˈteit] krútiť sa, otočiť sa, otáčať sa; *the Earth r-s once every 24 hours* Zem sa otočí raz za 24 hodín

rotten [ˈrotn] **1.** zhnitý; *a r. branch* zhnitá vetva **2.** hovor. mizerný; *r. weather* mizerné počasie

rotunda [rəuˈtandə] rotunda

rouble [ˈruːbl] rubeľ

rouge [ruːž] líčidlo (červené na líca)

rough [raf] **I.** príd. **1.** drsný; *a r. surface* drsný povrch **2.** rozbúrený; *r. sea* rozbúrené more **3.** hrubý, približný; *a r. sketch* hrubý náčrt; *a r. estimate* približný odhad **4.** expr. neokresaný, neohrabaný; *r. behaviour* neohrabané správanie **II.** prísl. hrubo, surovo; *treat sb. r.* hrubo s kým zaobchádzať *play r.* hrať surovo **III.** podst. **1.** hrubý náčrt **2.** expr. neokrôchanec, grobián ● *in r.* zhruba; *in the r.* v surovom stave; *take the r. with the smooth* brať veci tak ako sú/dobré zo zlým

rough-and-ready [ˌrafənˈredi] narýchlo urobený/spichnutý; *a r. meal* narýchlo urobené jedlo

round [raund] **I.** príd. **1.** okrúhly; *a r. plate* okrúhly tanier **2.** celý, plný; *a r. dozen* plný tucet **3.** zaokrúhlený; *in r. figures* za okrúhlene **4.** zvučný, sýty; *a r. voice* zvučný hlas **5.** poriadny, pekne vysoký; *at a good price* za poriadnu cenu **6.** rýchly, svižný; *a r. pace* udať svižné tempo **II.** podst. **1.** kruh **2.** kolobeh; *the daily r. of housework* denný kolobeh v domácnosti **3.** obchôdzka; *the doctor's r-s* lekárove návštevy pacientov **4.** kolo; *a boxing match of ten r-s* pästiarsky zápas s desiatimi kolami; *a r. of talks* kolo rozhovorov **5.** kolo, kruh; *dance a r.* tancovať v kole; ● *r. after r. of applause* neutíchajúci potlesk; *go the r-s* niesť sa od jedného k druhému **III.** prísl. **1.** dookola; *bread was passed r.* chlieb sa podával dookola **2.** niekde blízko; *it happened at the corner or r. there* stalo sa to na rohu alebo niekde blízko; *round the corner* za rohom **IV.** sl. **1.** zaokrúhliť; *r. the lips* našpúliť pery **2.** obísť, oboplávať, obletieť; *they r-ed the cape and sailed home* oboplávali mys a zamierili domov

round off úspešne zakončiť; *r. off one's career* úspešne zakončiť kariéru

round up zaokrúhliť číslicu/cenu (k vyššej hodnote)

roundabout [ˈraundəbaut] kruhový objazd (dopravná značka)

round-table [ˌraundˈteibl] okrúhly stôl; *r. discussion* rozhovory za okrúhlym stolom

round-the-clock [ˌraund ðəˈklok] 24 hodín, vo dne, v noci; *the police kept up a r. watch for the suspect* policajti podozrivého sledovali vo dne, v noci

round-up [ˈraundap] zhrnutie, prehľad; *a news r.* prehľad správ

rouse [rauz] **1.** (*r. from/out of*) prebudiť, zobudiť (z čoho); *the noise r-d me* hluk ma prebral **2.** (*from/out of, to*) vyburcovať (z čoho, na čo); *r. to action/from apathy* vyburcovať k činnosti/z apatie

route [ruːt] cesta, trasa; *the climbers tried to find a new r.* horolezci sa pokúsili nájsť novú cestu; *fly by the r. across the Pole* letieť trasou cez pól

routine [ruːˈtiːn] **I.** podst. bežný postup, normálna prax, rutina; *a question of r.* otázka bežného postupu **II.** príd. bežný zvyčajný, všedný; *r. duties* bežné povinnosti

row[1] [rəu] rad; *a r. of houses* rad domov

row[2] [rəu] **I.** sl. veslovať; *can you r. a boat?* vieš veslovať? **II.** podst. veslovanie; *go for a r.* ísť si zaveslovať

row³ [rau] **I.** podst. **1.** zvada, hádka, škriep-ka; *he is always ready for a r.* je vždy pripra-vený škriepiť sa; *make/kick up a r.* vyvolať zvadu/robiť krik **2.** hovor. krik, lomoz, hluk; *how can you stand all that r.?* ako môžeš zniesť všetok ten hluk? **II.** sl. (*about, with*) há-dať sa, vadiť sa (o čom, s kým); *he's always r-ing with his neighbours* večne sa vadí so susedmi

rowan [ˈrɔuən, ˈrauən] bot. jarabina (strom), plod aj *r.-berry*

royal [ˈroiəl] **1.** kráľovský; *the R. Family* kráľovská rodina; *R. Highness* kráľovská vý-sosť (titul kráľovského princa) **2.** hovor. veľkolepý, skvelý ● *get a r. welcome* byť veľkolepo pri-vítaný

royal blue [ˈroiəlˈbluː] berlínska modrá

royal jelly [ˌroiəlˈdželi] (včelia) materská kašička

royalty [ˈroiəlti] **1.** člen/členovia kráľov-skej rodiny; *the play was performed in the presence of r.* predstavenie sa hralo za prí-tomnosti členov kráľovskej rodiny **2.** kráľov-ská hodnosť, kráľovská moc, koruna **3.** li-cenčný poplatok; tantiéma, (autorský) honorár

rub [rab] *-bb-* **1.** trieť, šúchať; *r. one's eyes* trieť si oči **2.** utrieť; *r. the surface dry* utrieť povrch do sucha **3.** vtrieť; *r. salt into the meat* vtrieť soľ do mäsa **4.** (*against, on*) trieť sa (o čo); *what is the wheel rubbing against/on?* o čo sa to koleso trie?

rub out odstrániť, vygumovať; *these stains won't r. out* tie škvrny sa nedajú odstrániť; *r. out a word* vygumovať slovo

rubber [ˈrabə] **I.** podst. **1.** kaučuk **2.** guma (na gumovanie) **3.** *r-s* mn. č. gumenné prezúvky, galoše **4.** hovor. guma, prezervatív **II.** sl. po-gumovať, pokryť gumou

rubber band [ˌrabəˈbænd] gumička, gu-mový krúžok

rubber stamp [ˌrabəˈstæmp] (gumová) pe-čiatka

rubber tree [ˈrabətriː] bot. kaučukovník

rubbish [ˈrabiš] **1.** odpadky, smeti; *house-hold r.* odpadky z domácnosti **2.** nezmysel; *don't talk r.!* nehovor nezmysly!

rucksack [ˈraksæk] plecniak

rude [ruːd] **1.** hrubý, bezočivý; *r. remarks* bezočivé poznámky **2.** ťažký, silný; *get a r. shock* zažiť ťažký šok **3.** primitívny, jedno-duchý; *a r. hut* jednoduchá chata **4.** surový (ešte nespracovaný); *cotton in it's r. state* surová bavlna

rudimentary [ˌruːdəˈmentri] **1.** základný, elementárny; *a r. knowledge of mechanics* elementárne znalosti mechaniky **2.** primitív-ny; *a r. sort of building* primitívna stavba

rudiments [ˈruːdəmənts] základy; *learn the r. of the language* naučiť sa základy jazyka

ruffle [rafl] **I.** sl. **1.** (up) našuchoriť; *the bird r-ed up its feathers* vták si našuchoril perie **2.** sčeriť; *a sudden breeze r-ed the surface of the sea* náhly vánok sčeril hladinu mora **3.** (roz)strapatiť; *he delights in r-ing her hair* rád jej strapatí vlasy **4.** rozrušiť, znepokojiť; *nothing ever r-s her* nič ju nevie znepokojiť **II.** podst. volán

rug [rag] **1.** koberec; *fireside r.* kober-ček/predložka pred kozub **2.** vlnená prikrýv-ka, deka

rugby [ˈragbi] ragby

ruin [ˈruːin] **I.** podst. **1.** skaza, záhuba, zá-nik; *his rashness led to his r.* nerozvážnosť bola príčinou jeho záhuby **2.** aj *r-s* mn. č. zrú-canina, ruina; *the castle has been a r. for years* hrad je už roky iba zrúcaninou **II.** sl. **1.** skaziť, pokaziť; *the rain r-ed our holiday* dážď nám skazil dovolenku **2.** zničiť; *hail r-ed the orchard* krupobitie zničilo ovocný sad

rule [ruːl] **I.** podst. **1.** predpis, pravidlo; *obey the r-s* riadiť sa predpismi; *the r-s of the road* dopravné pravidlá **2.** vláda, vládnutie, nadvláda; *the r. of the minority* vláda menši-ny ● *as a r.* spravidla; *break the r-s* porušiť predpisy; *the exception to the r.* výnimka z pravidla **II.** sl. **1.** vládnuť, panovať; *r. over an empire* vládnuť nad ríšou **2.** obyč. trpný rod (ovládnuť); *don't be r-ed by hatred* nedajte sa ovládnuť nenávisťou **3.** hl. práv. rozhodnúť; *the court has r-ed in his favour* súd rozhodol v jeho prospech **4.** linajkovať; *a r-ed note book* linajkovaný zápisník

rule of thumb [ˌruːləvˈθam] čisto praktic-ká zásada

ruler [ˈruːlə] **1.** pravítko **2.** vládca

rumour [ˈruːmə] reči, chýry; *all sorts of r-s go round the village* po dedine sa šíria vše-lijaké chýry; *r. has it that...* hovorí sa, že...

rumple [ˈrampl] pokrčiť, skrčiť; *don't play in that new dress, you'll r. it* nehraj sa v tých nových šatách, pokrčíš si ich

run [ran] **I.** podst. **1.** behanie, beh; *every morning he goes for a r.* každé ráno si zabehá **2.** trasa; *the train is on its usual r.* vlak ide zvy-čajnou trasou **3.** obdobie; *a r. of bad luck*

R

obdobie smoly (neúspechu) **4.** výbeh pre hydinu, dobytok; ohrada; *a chicken r.* výbeh pre hydinu **5.** chod, priebeh; *the r. of events* priebeh udalostí **6.** sled, séria predstavení; *the play had a r. of five months* hru hrali päť mesiacov ● *be on the r.* **a)** byť na úteku **b)** byť stále činný *in the long r.* v konečnom dôsledku **II.** sl. [ran] *ran* [ræn], *run* [ran], *-nn-* **1.** utekať; *she ran to catch her bus* utekala, aby stihla autobus **2.** odbehnúť; *the boy ran off to get his father* chlapec odbehol, aby doviedol otca **3.** tiecť; *the hot water has been r-ning for several hours* teplá voda tečie už niekoľko hodín **4.** fungovať, byť v chode; *he left the engine r-ing* nechal motor v chode **5.** viesť, riadiť; *r. a language course* organizovať jazykový kurz; *r. a factory* riadiť továreň **6.** pohybovať sa; *trains r. on rails* vlaky sa pohybujú po koľajniciach **7.** premávať; *trams r. every 5 minutes* električky premávajú každých 5 minút

   run back pretočiť (film, magnetofónovú pásku)
   run in zabehať nové auto
   run into náhodou sa stretnúť (s kým)
   run off/with utiecť, ujsť
   run on pokračovať, neprestať
   run-down [ˌrandaun] vyčerpaný, unavený; *he feels r.* cíti sa vyčerpaný
   rung[1] [raŋ] priečka aj pren.; *the lowest r. of a ladder* spodná/najnižšia priečka rebríka
   rung[2] p. **ring**
   run-in hádka
   runner [ˈranə] **1.** bežec, pretekár **2.** (v dostihu) kôň; *eight r-s in the first race* osem koní pobeží v prvom dostihu **3.** behúň, pokrovec **4.** výhonok, šľahúň (jahody)
   runner bean [ˌranəˈbiːn] popínavá fazuľa
   runner-up **1.** umiestnený na druhom mieste, druhý **2.** *the r-s up* (mn. č.) ďalšie umiestnenia
   running [ˈraniŋ] **I.** podst. **1.** beh; *r. style* štýl behu **2.** riadenie, vedenie; *the r. of a factory* riadenie továrne **II.** príd. **1.** tečúci (o vo-

de); *r. hot and cold water* tečúca horúca a stu dená voda **2.** nepretržitý
   runway [ˈranwei] štartovacia a pristávaci● dráha (pre lietadlá)
   rural [ˈrurəl] vidiecky, dedinský; *live in ●* *r. area* bývať na vidieku
   rush [raš] **I.** podst. **1.** ruch, zhon; *she love●* *all the r. of city life* miluje ruch mestského života **2.** nával; *r-es to the refreshment tents during a hot day* návaly pri stánkoch s občerstvením cez horúci deň **3.** náhlenie; *what's al●* *the r.?* načo to náhlenie? **4.** horúčka (intenzívna činnosť); *Christmas r.* predvianočná nákupná horúčka **II.** sl. **1.** vybehnúť, (vy)rútiť sa; *they* *r-ed out into the street* vybehli na ulicu; *he r-ea* *into certain death* rútil sa do istej smrti **2.** rýchlo niečo urobiť; *he r-ed her into hospital* rýchlo ju zaviezol do nemocnice; *r. one's* *breakfast* rýchlo raňajkovať **3.** súriť (do čoho); *they r-ed her into marriage* súrili ju vydať sa
   rush hour [ˈraš auə] dopravná špička
   Russian [ˈrašn] **I.** podst. **1.** Rus **2.** ruština **II.** príd. ruský
   rust [rast] **I.** podst. hrdza **II.** sl. hrdzavieť
   rustic [ˈrastik] **1.** sedliacky; *r. entertainment* sedliacka zábava; *r. people* vidiečania **2.** (vyrobený) z neopracovaného dreva; *a r. bench* lavica z neopracovaného dreva
   rustle [ˈrasl] **I.** podst. šelestenie, šuchot; *the r. of silk* šuchot hodvábu **II.** sl. šelestiť, šuchotať; *leaves r. in the breeze* lístie šelestí vo vánku
   rustle up pozháňať; *r. up some food for an unexpected guest* pozháňať niečo pod zub pre neočakávaného hosťa
   rustproof [ˈrastpruːf] nehrdzavejúci
   rut [rat] **1.** vytlačená stopa, brázda **2.** pren. rutina, zavedená prax ● *be in a r.* pohybovať sa vo vychodených koľajach
   ruthless [ˈruːθləs] nemilosrdný, krutý, bezohľadný; *a r. politician* bezohľadný politik
   rye [rai] žito, raž

S

sable [ˈseibl] soboľ, sobolina (kožušina)
   sabre [ˈseibə] šabľa ● *rattle one's s.* rinčať zbraňami
   sack [sæk] **I.** podst. **1.** vrece; *a s. of potatoes* vrece zemiakov **2.** hovor. prepustenie, vyhodenie (zo zamestnania) ● *give sb. the s.* vyhodiť zo zamestnania; *get the s.* vyletieť zo

zamestnania **II.** sl. hovor. prepustiť zo zamestnania
   sacred [ˈseikrəd] **1.** svätý; *a s. book* posvätná kniha **2.** duchovný; *s. music* duchovná hudba **3.** sakrálny; *a s. building* sakrálna stavba **4.** slávnostný; *a s. promise* slávnostný sľub ● hovor. *s. cow* povznesený nad kritiku

sacrifice [ˈsækrəfais] **I.** podst. obeť **II.** sl. ɔbetovať

sad [sæd] *-dd-* smutný; *a s. smile* smutný úsmev

saddle [ˈsædl] **I.** podst. sedlo **II.** sl. osedlať; s. *a horse* osedlať koňa

safari [səˈfaːri] safari; *go on a s.* zúčastniť sa na safari

safe [seif] **I.** príd. bezpečný ● *be on the s. side* neriskovať; *s. and sound* v úplnom poriadku **II.** podst. trezor, sejf

safeguard [ˈseifgaːd] **I.** podst. ochrana; *as a s. against sth.* ako ochrana proti (čomu) **II.** sl. *(from,, against)* chrániť (pred čím/proti čomu)

safely [ˈseifli] bezpečne; *lock s.* bezpečne uzamknúť; *drive s.* jazdiť bezpečne, bez rizika; *s. claim/assume* s istotou požadovať/predpokladať

safety [ˈseifti] bezpečnosť, istota; *sufficient s. precautions* dostačujúce bezpečnostné opatrenia; *a place of s.* bezpečné miesto, bezpečie

safety belt [ˈseifti belt] bezpečnostný pás

safety measure [ˈseifty ˌmežə] bezpečnostné opatrenie

safety pin [ˈseifti pin] zapínací špendlík

safety precautions [ˈseifti priˈkoːšnz] bezpečnostné opatrenie

safety valve [ˈseifti vælv] poistný ventil

said p. **say**

sail [seil] **I.** podst. **1.** plachta (lode); *hoist/ lower the s-s* vytiahnuť/zvinúť plachty **2.** (výletná) plavba; *go for a s.* vybrať sa na plavbu **II.** sl. plaviť sa; *s. the seas* plaviť sa po moriach

sailing [ˈseiliŋ] **1.** šport. plachtenie **2.** vyplávanie lode; *when is the next s. for...* kedy ide ďalšia loď do...

sailing boat [ˈseiliŋ bəut] AM *sailboat* [ˈseilbəut] (pretekárska) plachetnica, jachta

sailor [ˈseilə] námorník

saint [seint] **I.** podst. svätec/svätica **II.** príd. (v spojení s menom), skr. *St*; *St Joan of Arc* svätá Jana z Arku

saintly [ˈseintli] svätý; *a s. man* svätý muž

sake [seik] *for the s. of* pre (koho, čo), kvôli (komu, čomu), v záujme (koho, čoho)

salad [ˈsæləd] šalát

salary [ˈsæləri] plat; *be on a very good s.* mať veľmi dobrý plat

---

salary – mzda, plat (duševne pracujúcich)
wages – mzda, plat (fyzicky pracujúcich)

---

sale [seil] **1.** predaj; *the s. of alcohol is forbidden* predaj alkoholu je zakázaný **2.** dopredaj (za znížené ceny) **3.** dražba; *a s. of old paintings* dražba starých malieb ● *for s.* na predaj; *on s.* v predaji

salesman [ˈseilzmən] **1.** predavač **2.** obchodný cestujúci/zástupca

salient [ˈseiliənt] vyčnievajúci, dôležitý; *the s. points of a plan* významné body plánu

saliva [səˈlaivə] slina, sliny

sally [ˈsæli] **1.** voj. výpad **2.** hovor. vtipná poznámka

salmon [ˈsæmən] mn. č. *salmon* aj *salmons* losos

saloon [səˈluːn] **1.** spoločenská miestnosť (napr. v hoteli, na lodi) **2.** klubovňa, herňa **3.** AM krčma, hostinec

salt [soːlt] **I.** podst. soľ; *cooking s.* kuchynská soľ; *bath s-s* kúpeľová soľ **II.** príd. slaný **III.** sl. **1.** (o)soliť; *s. the soup* osoliť polievku **2.** (*down*) nasoliť; *s. down meat for later use* nasoliť mäso na neskoršie použitie

salty [ˈsoːlti] slaný; *the meat is too s.* mäso je príliš slané

salutation [ˌsæljəˈteišn] **1.** pozdrav **2.** (v liste) oslovenie

salute [səˈluːt] **I.** sl. **1.** (za)salutovať; *s. an officer* zasalutovať dôstojníkovi **2.** vzdať poctu; *s. the splendid work of a scientist* vzdať poctu významnej práci vedca **3.** pozdraviť; *they s-d us with a wave of their hands* pozdravili nás zakývaním **II.** podst. **1.** (vojenské) salutovanie **2.** (čestná) salva; *a 17-gun s.* salva 17 delových výstrelov

salvage [ˈsælvidž] **I.** podst. **1.** záchrana (majetku, lode) **2.** zachránený majetok **3.** odmena (za záchranu) **4.** zber (odpadových surovín) **II.** sl. ochrániť (pred ohňom, stratou)

salvation [sælˈveišən] záchrana, spása; *the path to s.* cesta ku spáse

same [seim] **I.** príd. (*the*) rovnaký, zhodný; *they usually wear the s. dresses* zvyčajne nosievajú rovnaké šaty ● *at the s. time* zároveň, naraz; *don't all speak at the s. time* nehovorte všetci naraz **II.** zám. (*the*) to isté; *they all say the s. thing* všetci vravia to isté ● *it is all/just the s. to me* mne je to jedno **III.** prísl. (*the*) rovnako; *these two words are spelt the s.* tieto dve slová sa píšu rovnako

sample ['sa:mpl] vzorka; *a blood s.* vzorka krvi

sanction ['sæŋkšən] **I.** podst. **1.** súhlas (oficiálny); *give one's s. to sth.* dať svoj súhlas (na čo) **2.** pokuta, sankcia; *take economic s-s* uvaliť ekonomické sankcie **II.** sl. **1.** súhlasiť, autorizovať **2.** sankcionovať

sanctuary ['sæŋkčuəri] **1.** svätyňa/svätostánok **2.** útočište, azyl **3.** rezervácia; *a bird s.* vtáčia rezervácia ● *seek s. with sb.* hľadať útočisko (u koho)

sand [sænd] piesok

sandal ['sændl] sandál

sandpaper ['sænd,peipə] šmirgeľ, brúsny papier

sandstone ['sændstəun] pieskovec

sandwich ['sænwidž] obložený chlebík

sandy ['sændi] **1.** piesčitý, piesočnatý **2.** pieskovej farby

sane [sein] **1.** mentálne zdravý **2.** rozumný, logický; *s. views* rozumné názory

sang p. **sing**

sanitary ['sænətri] hygienický; *s. conditions* hygienické podmienky

sanity ['sænəti] **1.** duševné zdravie **2.** rozumnosť, zdravý úsudok

sank p. **sink**

Santa Claus ['sæntə klo:z] aj Father Christ-mas BR, AM Vianočný dedko (rozprávková bytosť)

sap [sæp] miazga

sarcastic [sa:'kæstik] uštipačný, sarkastický; *a s. laughter* uštipačný smiech

sardine [sa:'di:n] sardinka

sat p. **sit**

satchel ['sæčl] vrece, vrecko, malá taška; *a school s.* školská taška

satellite ['sætəlait] satelit, družica

satin ['sætən] satén

satire ['sætaiə] satira

satisfaction [,sætəs'fækšn] **1.** zadosťučinenie, satisfakcia; *demand s.* žiadať satisfakciu **2.** uspokojenie; *receive s. from a job well done* cítiť uspokojenie z dobre vykonanej práce

satisfactory [,sætəs'fæktəri] uspokojivý, dostačujúci; *a s. excuse* dostačujúce ospravedlnenie

satisfy ['sætəsfai] **1.** uspokojiť aj pren.; *s. one's hunger* utíšiť si hlad; *s. one's curiosity* uspokojiť si zvedavosť **2.** presvedčiť (sa), ubezpečiť (sa); *he s-ied me that he could do the work well* presvedčil ma, že prácu vie urobiť dobre

saturate ['sæčəreit] **1.** (*with*) chem., ekon. nasýtiť (čím); *s. the market with used cars* nasýtiť trh staršími autami; *a s-d solution of salt* nasýtený soľný roztok **2.** (*with/in*) nasiaknuť (čím); *the soil was s-d with water* pôda bola nasiaknutá vodou

Saturday ['sætədi] sobota

sauce [so:s] omáčka; *tomato s.* rajčinová omáčka

saucer ['so:sə] tanierik, podšálka ● *flying s.* lietajúci tanier, UFO

sauerkraut ['sauəkraut] kyslá kapusta

sausage ['sosidž] klobása, párok, jaternica

savage ['sævidž] **1.** krutý, neľútostný; *s. criticism* neľútostná kritika **2.** zastar. necivilizovaný, primitívny; *s. tribes* primitívne kmene

save [seiv] **1.** (*from*) zachrániť (pred čím); *s. from drowning* zachrániť pred utopením **2.** (*up/for*) našetriť (na čo), ušetriť; *we are s-ing (up) for a new car* šetríme na nové auto; *s. fuel* ušetriť palivo

savings ['seiviŋz] mn. č. úspory

savings bank ['seiviŋz bæŋk] sporiteľňa

savour ['seivə] **I.** podst. chuť, príchuť; *soup with a s. of garlic* polievka s príchuťou cesnaku **II.** sl. vychutnať; *he s-ed the wine* vychutnával víno

saw[1] p. **see**

saw[2] [so:] **I.** podst. píla **II.** sl. píliť (roz)rezať; *s. logs* píliť brvná

sawdust ['so:dast] piliny

say [sei], *said* [sed], *said* hovoriť, povedať (čo); *s. yes* povedať áno; *did you s. something?* povedali ste niečo? *she s-s she is hungry* hovorí, že má hlad ● *it goes without s-ing* to sa rozumie samo sebou; *s. the word* súhlasiť; *s. again* (z)opakovať; *that is to s.* inými slovami; *they s./it's said* hovorí sa; *(let us) s.* povedzme; *the less said the better* čím menej sa o tom hovorí, tým lepšie; *so to s.* takpovediac; *s. when* povedať „dosť" (pri nalievaní)

saying ['seiiŋ] úslovie, porekadlo

scaffold ['skæfld] **1.** lešenie **2.** pren. poprava ● *go to the s.* ísť na popravu

scale[1] [skeil] **1.** miska váh **2.** *s-s* mn. č. váhy; *put apples on the s-s* položiť jablká na váhu ● *hold the s-s even* spravodlivo rozsúdiť; *turn the s.(-s)* vyvolať rozhodujúci obrat

scale[2] [skeil] stupnica, škála ● *on a large/ small s.* vo veľkom/malom rozsahu

scale[3] [skeil] šupina (ryby)

scalp [skælp] **1.** koža na hlave **2.** pren. skalp, trofej

scam [skæm] hovor. podvod, podfuk
scamp [skæmp] hovor. (o dieťati) uličník
scan [skæn] *-nn-* **I.** sl. **1.** (pre)skúmať; *s. sb.'s face* skúmať tvár (koho) **2.** (zbežne) prezrieť, preletieť; *s. a newspaper* preletieť noviny **3.** prehľadávať; *the searchlight s-ed the sky* svetlomet prehľadával oblohu **4.** (o veršoch) skandovať **5.** výp. skenovať **II.** podst. lek. ultrasonografia, hovor. ultrazvuk
scandal ['skændl] **1.** pohoršenie, škandál **2.** klebety, ohováranie; *be interested in s.* zaujímať sa o klebety
scandalous ['skændləs] škandalózny; *a s. performance* škandalózne vystúpenie
Scandinavia [ˌskændə'neiviə] Škandinávia
Scandinavian [ˌskændə'neiviən] **I.** príd. škandinávsky **II.** podst. Škandinávec
scapegoat ['skeipgəut] obetný baránok
scar [ska:] jazva
scarce [skeəs] vzácny, zriedkavý; *fresh fruit is s. in winter* v zime je čerstvé ovocie vzácne
scarcely ['skeəsli] **1.** sotva; *there were s. twenty students there* bolo tam sotva dvadsať študentov **2.** skoro/takmer; *he s. spoke a word of English* takmer nehovoril po anglicky
scare ['skeə] **I.** podst. **1.** strach; *what a s. you gave me!* ale si mi nahnal strach! **2.** panika; *the news caused a s.* správa vyvolala paniku **II.** sl. vystrašiť (sa), (na)ľakať (sa); *don't let the noise s. you* nedaj sa vystrašiť tým hlukom
scarecrow ['skeəkrəu] strašiak (v poli)
scaredy-cat ['skeədi ˌkæt] hovor. bojko
scarf [ska:f] mn. č. *-s* aj *scarves* [ska:vz] **1.** šatka **2.** šál
scarlet ['ska:lət] jasnočervená, šarlátová (farba)
scarlet fever [ˌska:lət 'fi:və] šarlach
scatter ['skætə] rozptýliť (sa), roztrúsiť (sa); *the crowd s-ed* dav sa rozptýlil; *a few s-ed houses* niekoľko roztrúsených domov
scattered ['skætəd] **1.** roztrúsený; *s. settlements* roztrúsené usadlosti **2.** občasný; *s. showers* občasné prehánky
scenario [si'na:riəu] scenár
scene [si:n] **1.** scéna, výjav; *the love s. in act 3* ľúbostná scéna v 3. dejstve **2.** dejisko; *the s. of a great battle* dejisko veľkej bitky ● *come on the s.* objaviť sa na scéne
scenery ['si:nəri] **1.** krajina, scenéria; *stay to admire the s.* zastaviť sa a obdivovať krajinu **2.** div. dekorácie, kulisy, výprava

scenery – has no plural

scent [sent] **I.** podst. **1.** vôňa; *the s. of roses* vôňa ruží **2.** voňavka; *a bottle of s.* fľaštička voňavky **3.** čuch (psa); *hunt by s.* štvať zver pomocou čuchu **4.** stopa (pach zvierat); *follow up/lose/recover the s.* sledovať/stratiť/znovu nájsť stopu **II.** sl. (z)vetriť, pren. (vy)cítiť; *she s-ed danger* vycítila nebezpečenstvo; *the dog has s-ed a fox* pes zvetril líšku
sceptical ['skeptikəl] skeptický, pochybovačný; *be s. about a result* pochybovať o výsledku
schedule ['ʃedju:l, 'skedʒəl] **1.** zoznam, katalóg **2.** (pracovný) program, rozvrh, harmonogram **3.** hlav. AM cestovný poriadok ● *on s.* načas; *behind s.* oneskorene; *ahead of s.* predčasne
scheme [ski:m] **1.** plán, projekt; *propose a new manufacturing s.* navrhnúť nový plán výroby **2.** sústava, systém; *a s. of colours* sústava farieb **3.** intrigy, úklady; *a s. to defraud a business partner* intrigy na okradnutie obchodného partnera
scholar ['skolə] **1.** učenec, vedec **2.** štipendista
scholarship ['skoləʃip] **1.** štipendium; *win a s. to university* získať štipendium na univerzitu **2.** učenosť, odborné vzdelanie, vzdelanosť; *her book is a fine piece of s.* jej kniha je ukážkou odbornej zdatnosti
school [sku:l] **I.** podst. **1.** škola; *at s.* v škole **2.** vyučovanie; *before s.* pred vyučovaním **3.** fakulta (na niektorých univerzitách); *the S. of Law* Právnická fakulta **II.** sl. (*in*) (vy)cvičiť (sa) (v čom); *s. a horse* vycvičiť koňa; *s. oneself in patience* cvičiť sa v trpezlivosti
schoolbag ['sku:lbæg] školská taška
schoolboy ['sku:lboi] školák
schoolchild ['sku:lʧaild] mn. č. *-children* [-ʧildrn] školopovinné dieťa
schoolgirl ['sku:lgə:l] školáčka
school-leaving exam ['sku:l ˌli:viŋ igˈzæm] záverečná skúška
schoolmaster ['sku:lˌma:stə] učiteľ
schoolmate ['sku:lmeit] spolužiak
schoolmistress ['sku:lˌmistrəs] učiteľka
school report ['sku:l riˌpo:t] školské vysvedčenie
science ['saiəns] **1.** veda **2.** vedný odbor
science fiction ['saiəns 'fikšn] *aj sci-fi* [ˌsai 'fai] (vedeckofantastická literatúra – romány, poviedky, filmy ap.)

S

scientific [ˌsaiən'tifik] vedecký; *s. research* vedecký výskum

scientist ['saiəntəst] vedec

scissors ['sizəz] mn. č. nožnice; *a pair of s.* nožnice

scold [skəuld] zastar. hrešiť, karhať; *s. a child for having got bad marks* hrešiť dieťa za zlé známky

scoop [sku:p] naberačka

scooter ['sku:tə] **1.** kolobežka **2.** aj *motor s.* skúter

scope [skəup] **1.** rozsah, rámec; *be within/beyond the s. of sth.* spadať do rámca/mimo rámec (čoho) **2.** možnosť; *give sb. s. to do sth.* dať možnosť (komu) urobiť (čo) **3.** hovor. mikroskop, periskop, teleskop

score [sko:] **I.** podst. **1.** ryha, vyrytá čiara; *deep s-s on the floor* hlboké ryhy na podlahe **2.** šport. skóre; *the s. was one-nill* skóre bolo 1 : 0 **3.** hud. partitúra ● *pay/settle/wipe off old s-s* vybaviť/vyrovnať si staré účty; *on the s. of* na základe (čoho); *on that s.* z toho dôvodu **II.** sl. **1.** ryhovať, robiť ryhy; *s. a smooth surface* urobiť ryhy na hladkom povrchu **2.** skórovať; *s. in the final minute of the game* skórovať v poslednej minúte zápasu

score out/through vyčiarknuť, prečiarknuť; *two words have been s-d out in the letter* v liste sú vyčiarknuté dve slová

scorpion ['sko:piən] škorpión

Scot [skot] Škót

Scotch [skoč] **1.** škótsky (len na označenie výrobkov) **2.** aj *S. whisky* škótska whisky

Scotland ['skotlənd] Škótsko

Scottish ['skotiš] aj *Scots* [skots] škótsky (hlav. o ľuďoch)

scout [skaut] **1.** skaut **2.** (vojnový) vyzvedač **3.** cestná hliadka (na pomoc členom britského automotoklubu)

scramble ['skræmbl] **I.** sl. **1.** liezť, šplhať sa, škriabať sa; *they s-d up the cliff* škriabali sa hore útesom **2.** ruvať sa, biť sa, zápasiť; *the boys s-d for the ball* chlapci sa bili o loptu **3.** miešať (praženicu) **4.** tech. kódovať (hovor); *a s-d message* zakódovaná správa **II.** podst. **1.** namáhavé šplhanie; *it's quite a s. to get to the top* na vrchol sa dostanete len namáhavým šplhaním **2.** ruvačka, bitka, zápas; *a s. for the best seats* bitka o najlepšie miesta

scrambled eggs [ˌskræmbld 'egz] praženica

scrap [skræp] **I.** podst. **1.** kúsok, útržok aj pren.; *a s. of paper* útržok papiera; *s-s of news*

útržky správ; *a s. of truth* trochu pravdy **2.** *s-s* mn. č. zvyšky jedla; *give the s-s to the dog* daj zvyšky psovi **3.** druhotná surovina **II.** sl. *-pp-* vyradiť (do odpadu), zošrotovať; *s. an old car* zošrotovať staré auto

scrape [skreip] **I.** podst. **1.** škrabanec, odrenina **2.** zaškrípanie **3.** hovor. šlammastika; *get sb. out of a s.* pomôcť zo šlamastiky (komu) **II.** sl. **1.** (zo)škrabať; *s. mud from shoes* zoškrabať blato z topánok **2.** zodrieť; *s. one's knee* odrieť si koleno **3.** hovor. žgrlošiť *s. for years to buy a car* roky žgrlošiť na kúpu auta

scrape along pretĺkať sa, živoriť

scrape up/together naškriabať, zohnať; *s. up some money* zohnať nejaké peniaze

scratch [skræč] **1.** poškriabať (povrch); *the dog s-ed the paint* pes poškriabal náter **2.** škriabať (sa); *stop s-ing* prestaň sa škriabať **3.** naškriabať; *s. a few lines to a friend* naškriabať niekoľko riadkov priateľovi

scrawl [skro:l] **I.** sl. (na)čarbať; *s. a few lines* načarbať niekoľko riadkov **II.** podst. čarbanina

scream [skri:m] **I.** sl. **1.** kričať, revať; *she s-ed for help* kričala o pomoc **2.** škriekať, vrieskať; *this parrot s-s but doesn't talk* tento papagáj škrieka, ale nerozpráva **II.** podst. **1.** výkrik; *s-s of pain* výkriky bolesti **2.** škriekanie, vrieskanie; *the s. of a peacock* škriekanie páva

screen [skri:n] **I.** podst. **1.** (španielska ap.) stena, zástena; *put a s. in front of the fire* postaviť zástenu pred kozub **2.** premietacie plátno **3.** obrazovka **4.** sieť (proti komárom) **II.** sl. **1.** chrániť, kryť, zakrývať; *the trees s. our house* stromy zakrývajú náš dom **2.** zacloniť; *he s-ed his eyes with his hand* zaclonil si oči rukou **3.** premietať (na plátno) **4.** skúmať, testovať; *s. candidates for the job* testovať uchádzačov o tú prácu

screenplay ['skri:nplei] filmový scenár

screw [skru:] **I.** podst. **1.** skrutka **2.** lodná skrutka **3.** let. vrtuľa **4.** BR slang. väzenský dozorca, bachar **5.** BR hovor. zárobok **II.** sl. **1.** (pri)skrutkovať, zaskrutkovať; *s. a handle onto a drawer* priskrutkovať rúčku na zásuvku **2.** sl. slang. vybabrať (s kým) **3.** vulg. súložiť

screwdriver ['skru:ˌdraivə] skrutkovač

scribble ['skribl] načmárať, načarbať; *she s-d a note to her daughter* načmárala odkaz dcére

script [skript] **1.** rukopis **2.** scenár **3.** práv. originál dokumentu

scripture ['skripčə] aj *the s(S)-s* mn. č. **1.** Biblia, Písmo **2.** *s-s* mn. č. posvätné knihy

scrooge [skru:dž] lakomec, držgroš

scrub [skrab] *-bb-* (vy)drhnúť; *s. the floor* drhnúť podlahu

scruple ['skru:pl] škrupuľa; *he has absolutely no s-s* nemá vôbec žiadne škrupule

scrupulous ['skru:pjələs] úzkostlivý, prehnane starostlivý; *s. care* úzkostlivá starostlivosť

scrutiny ['skru:təni] **1.** bedlivé skúmanie, pozorovanie; *the minister's actions are subjected to s.* ministrove činy sa bedlivo pozorujú **2.** úradné preskúmanie (najmä odovzdaných hlasov pri voľbách)

sculpture ['skalpčə] I. podst. **1.** sochárstvo; *study s.* študovať sochárstvo **2.** sochárske dielo, socha; *there are some interesting s-s at the exhibition* na výstave je niekoľko zaujímavých sôch II. sl. vymodelovať, vytesať (z kameňa)

scurry ['skari] I. sl. uháňať, bežať, utekať (krátkymi rýchlymi krokmi); *the children s-ied for shelter from the rain* deti bežali, aby sa skryli pred dažďom II. podst. chvat, zhon; *the s. and scramble of city life* zhon a virvar mestského života

sea [si:] I. podst. **1.** *(the)* more aj pren; *the Mediterranean S.* Stredozemné more; *swim in the s.* plávať v mori **2.** (veľké) množstvo; *the actor looked at the s. of faces* herec pozeral na množstvo tvárí ● *by s.* na lodi; *go to s.* stať sa námorníkom; *put to s.* začať plavbu II. príd. morský; *s. smells* morské vône

seabed ['si:bed] morské dno

seaboard ['si:bo:d] pobrežie

seafaring ['si:ˌferiŋ] námornícky; *a s. man* námorník

seagull ['si:gal] čajka

seal[1] [si:l] tuleň

seal[2] [si:l] I. podst. **1.** pečať; *the royal s.* kráľovská pečať **2.** plomba (papierová, vosková, kovová závesná pečať) **3.** tesnenie; *the s. has worn* tesnenie sa vydralo ● *under s. of secrecy* pod pečaťou tajomstva II. sl. **1.** (za)pečatiť; *the envelope was firmly s-ed* obálka bola pevne zapečatená **2.** spečatiť, potvrdiť; *they s-ed their agreement by shaking hands* spečatili dohodu podaním rúk **3.** zaplombovať (pečaťou)

sea level [ˌsi: levl] morská hladina; *320 metres above sea level* 320 metrov nadmorskej výšky

sealingwax ['si:liŋ wæks] pečatný vosk

seam [si:m] **1.** šev, švík aj pren.; *tack a s.* zošiť šev; *the little hall was bursting at the s-s*

malá hala praskala vo švíkoch **2.** sloj, vrstva; *a coal s.* uhoľný sloj

seaman ['si:mən] mn. č. *-men* [-mən] námorník, moreplavec

seamstress ['si:mstrəs] krajčírka

seaport ['si:po:t] námorný prístav

search [sə:č] I. sl. (pre)hľadať, (vy)pátrať; *the police s-ed the house* polícia prehľadala dom II. podst. hľadanie, pátranie; *a s. for a missing child* pátranie po stratenom dieťati

seasickness ['si:ˌsiknəs] morská choroba

season ['si:zn] **1.** ročné obdobie **2.** sezóna, obdobie; *the rainy s.* obdobie dažďov; *the football s.* futbalová sezóna

seasonal ['si:zənəl] sezónny; *s. workers* sezónni robotníci

seasoned ['si:zənd] **1.** okorenený; *highly s. food* silno okorenené jedlo **2.** skúsený; *a s. climber* skúsený horolezec

season ticket ['si:zn tikət] sezónny lístok, permanentka, abonentka

seat [si:t] I. podst. **1.** sedadlo; *the front/back s. of a car* predné/zadné sedadlo auta **2.** mandát, kreslo; *he won a s. in Parliament* získal kreslo v Parlamente **3.** sídlo; *London is the s. of the British government* Londýn je sídlom britskej vlády **4.** zadok **5.** lístok (do divadla ap.) **6.** sed; *she's got a good s.* má dobrý sed (jazdca) ● *keep one's s.* zostať sedieť; *take a s.* sadnúť si; *take one's s.* zaujať svoje miesto II. sl. **1.** posadiť, usadiť; *s. oneself* usadiť sa **2.** pojať; *the hall s-s/will s. 200 people* hala pojme 200 ľudí

seat belt ['si:t belt] aj *safety belt* bezpečnostný pás

second[1] ['sekənd] I. príd. druhý (v poradí); *George is the s. son* Juraj je druhý syn II. podst. *s-s* mn. č. druhá akosť; *factory s-s* továrenské výrobky druhej akosti

second[2] ['sekənd] sekunda

secondary ['sekəndri] **1.** druhotný, sekundárny; *a s. infection brought on by a cold* sekundárna infekcia spôsobená prechladnutím **2.** (škola) druhého stupňa

secrecy ['si:krəsi] **1.** tajnosť; *prepare a celebration in s.* pripraviť oslavy v tajnosti **2.** mlčanlivosť; *he relies on his sister's s.* spolieha sa na sestrinu mlčanlivosť ● *swear to s.* prisahať mlčanlivosť

Secretary General ['sekrətri ˌdženərəl] generálny tajomník

secret ['si:krət] I. príd. tajný; *a s. passage* tajná chodba II. podst. **1.** tajomstvo; *she can't*

keep a s. nevie zachovať tajomstvo **2.** tajnosť; *this must all be done in s.* to všetko sa musí urobiť v tajnosti
secretary [ˈsekrətri] **1.** tajomník, tajomníčka, sekretárka **2.** BR *S. of State* minister; *the S. of State for Foreign and Commonwealth Affairs/Home Affairs* minister zahraničia/vnútra; AM *S. of State* minister zahraničia; *S. of the Interior* minister vnútra; *the S. General of the United Nations* Generálny tajomník Organizácie Spojených národov
Secretary of State [ˈsekrətəri əv ˌsteit] (BR) minister/ka, (AM) minister/ka zahraničných vecí
secret police [ˌsiːkrət pəˈliːs] tajná polícia
section [ˈsekšn] **1.** časť, diel; *s-s of an orange* mesiačiky pomaranča **2.** úsek; *s-s of a railway track* úseky železničnej trate **3.** sektor; *a s. of the market* hospodársky sektor **4.** rez; *the architect drew the house in section* architekt nakreslil dom v priereze
secure [siˈkjuə] **1.** (bezpečne) zatvoriť; *s. the doors and windows* zatvoriť všetky dvere a okná **2.** (*against, from*) zabezpečiť, zaistiť (proti komu, čomu/pred kým, čím); *s. a town against/from floods* zabezpečiť mesto proti povodni; *s. a house against burglars* zabezpečiť dom pred vlamačmi **3.** zabezpečiť (si), obstarať (si); *s. seats for a concert* zabezpečiť si lístky na koncert
security [siˈkjurəti] **1.** bezpečnosť, istota; *for s. reasons* v záujme bezpečnosti; *social s.* sociálna istota **2.** záruka; *lend money on s.* požičiavať peniaze na záruku **3.** *s-ies* mn. č. cenné papiere
Security Council [siˈkjurəti ˌkaunsl] Bezpečnostná rada
sedative [ˈsedətiv] sedatívum; *give a patient a s.* podať pacientovi sedatívum
sedentary [ˈsedntri] **1.** sedavý; *a s. job* sedavé zamestnanie **2.** usadlý; *a s. population* usadlá populácia
sediment [ˈsedəmənt] usadenina
seduce [siˈdjuːs] zvádzať, zviesť
seduction [siˈdakšn] pokušenie, zlákanie, zvedenie
see [siː], *saw* [soː], *seen* [siːn] **1.** vidieť; *s. well* dobre vidieť **2.** chápať, rozumieť; *I s.* chápem **3.** navštíviť; *s. a doctor* navštíviť lekára **4.** odprevadiť, vyprevadiť; *may I s. you home?* môžem ťa odprevadiť domov? **5.** prijať (návštevníka); *the manager can s. you now* riaditeľ vás môže teraz prijať **6.** (*into*) preskúmať (čo);

s. into a matter preskúmať vec ● *not s. beyond the end of one's nose* nevidieť si ani na špičku nosa; *s. stars* vidieť hviezdy (od bolesti)
see off 1. odprevadiť (na stanicu, na letisko); *he saw his mother off at the airport* odprevadil svoju matku na letisko **2.** odohnať; *the dog saw off the thieves* pes odohnal zlodejov
see out vydržať; *will our fuel s. the winter out?* vydrží nám palivo celú zimu?
see round/over prezrieť si; *s. over a house that is for sale* prezrieť si dom, ktorý je na predaj
see through prekuknúť; *she saw through his little game* prekukla jeho malú hru
see to dohliadnuť, dozrieť; *will you s. to the children?* dozrieš na deti?
seed [siːd] I. podst. **1.** semeno; *grass s.* trávové semeno **2.** pren. zárodok; *the s. of doubt* zárodok pochybnosti **3.** zastar. potomstvo; *the s. of Adam* Adamovo potomstvo II. sl. **1.** (za)siať semeno, obsiať; *s. a field with wheat* obsiať pole pšenicou **2.** šport. (hl. v tenise) nasadený; *s-ed players* nasadení hráči III. príd. osevný; *s. corn* osivo
seedy [ˈsiːdi] **1.** plný semien; *as s. as a dried fig* plný semien ako sušená figa **2.** hovor. zanedbaný, ošarpaný; *a s.-looking person* zanedbaný človek; *a s. hostel* ošarpaný internát
seek [siːk], *sought* [soːt], *sought* **1.** (po)hľadať; *s. shelter* hľadať útočište **2.** (po)žiadať, (po)prosiť; *s. advice* prosiť o radu **3.** kniž. usilovať sa (o čo); *they sought to kill him* usilovali sa zabiť ho ● *s. one's fortune* hľadať šťastie
seem [siːm] zdať sa, javiť sa, vyzerať; *things are not always what they s.* nie je všetko vždy také, ako sa zdá
seeming [ˈsiːmiŋ] zdanlivý; *a s. contradiction* zdanlivé protirečenie
seemingly [ˈsiːmiŋli] zdanlivo
seen p. **see**
segment I. podst. [ˈsegmənt] **1.** výsek; *a s. of a circle* výsek kruhu **2.** časť, diel; *a s. of an orange* dielik/mesiačik pomaranča II. sl. [segˈment] deliť na časti/diely; *s. an orange* deliť pomaranč na dieliky/mesiačiky
seize [siːz] **1.** zhabať; *s. sb.'s goods for payment of debt* zhabať niekomu tovar na zaplatenie dlhu **2.** uchopiť, chytiť; *s. sb.'s hand in excitement* v rozrušení chytiť za ruku (koho) **3.** zmocniť sa, uchvátiť; *s. power* uchvátiť moc
seldom [ˈseldəm] zriedka(kedy), zriedkavo
select [səˈlekt] I. sl. vybrať (si) II. príd. **1.** vybraný **2.** exkluzívny, výberový; *a s. club* exkluzívny klub (len pre určité kruhy)

selection [sə'lekšn] výber
selective [si'lektiv] kritický, náročný; *a s.*
approach to sth. kritický prístup (k čomu); *a s.*
reader náročný čitateľ
self [self] mn. č. *selves* [selvz] **I.** podst. vlastné
ja; *my better s.* moje lepšie ja **II.** prvá časť zlož. slov
self- samo-, seba-, sebe-; *s.-acting* samočinný;
s.-respect sebaúcta; *s.-contained* sebestačný
self-complacency [ˌselfkəm'pleisnsi] samo-
ľúbosť
self-confidence [ˌself'konfidns] sebavedo-
mie, sebadôvera
self-conscious [ˌself'konšəs] plachý; *his*
sister is a s. little girl jeho sestra je plaché
dievčatko
self-control [ˌselfkən'trəul] sebaovláda-
nie, sebakontrola
self-defence [ˌselfdi'fens] sebaobrana
self-esteem [ˌselfi'sti:m] sebaúcta
selfish ['selfiš] sebecký, egoistický; *purely*
s. motives vyslovene sebecké pohnútky
self-respect [ˌselfri'spekt] sebaúcta
self-service [ˌself'sə:vis] samoobslužný; *a*
s. shop samoobsluha (obchod)
sell [sel], *sold* [sold], *sold* **1.** predať, pre-
dávať; *s. fruit at the market* predávať ovocie
na trhu **2.** predávať sa (ísť na odbyt); *ice-cream*
s-s best in summer zmrzlina sa najlepšie pre-
dáva v lete **3.** hovor. zapredať, zradiť; *we've*
been sold zradili nás
seller ['selə] **1.** predavač/ka, predávajú-
ci/ca **2.** výrobok; *a good/slow s.* dobre/zle
predajný výrobok; *a big s.* predajný hit
semantics [si'mæntiks] mn. č. sémantika
semaphore ['seməfo:] semafor
semi- ['semi-] prvá časť zlož. slov polo-, pol-,
čiastočne, napoly
semiautomatic ['semiˌo:tə'mætik] poloa-
utomatický
semicircle ['semiˌsə:kl] polkruh
semicolon [ˌsemi'kəulən] bodkočiarka
semiconductor [ˌsemikən'daktə] polovodič
semifinal [ˌsemi'fainl] semifinále
semifinalist ['semiˌfainələst] semifinalista
seminar ['semina:] seminár ● *s. paper* se-
minárna práca
semitone ['semitəun] poltón
senate ['senət] senát
send [send], *sent* [sent], *sent* poslať (v rozl.
význ.); *s. a present/a message* poslať dar/správu;
s. the children to bed poslať deti spať ● *s. word*
poslať správu; *s. sb. packing* niekoho vyhodiť

send away/off poslať preč, na iné miesto;
he sent his children off to school in France
poslal svoje deti do školy do Francúzska
send in podať; *s. in suggestions* podať návrhy
send off šport. vylúčiť
send out rozoslať; *s. out invitations in*
good time rozoslať pozvánky načas
send up vyhnať (nahor); *s. up prices* vyhnať
ceny
senile ['si:nail] senilný
senility [si'niləti] senilita
senior ['si:niə] **1.** starší; *she's my s. by*
three years je staršia odo mňa o tri roky **2.**
nadriadený, s vyššou hodnosťou/funkciou; *a*
s. manager hlavný manažér **3.** AM študent v
posledom ročníku
sensation [sen'seišn] **1.** cit; *she has lost all*
s. in her legs stratila všetok cit v nohách **2.**
pocit; *have a s. of warmth* mať pocit tepla **3.**
rozruch, senzácia; *the news created a great s.*
správa spôsobila rozruch
sense [sens] **I.** podst. **1.** zmysel (v rozl. význ.);
human beings have five s-s človek má päť
zmyslov; *the exact s. of a word* presný zmy-
sel/význam slova; *he has no s. of humour* ne-
má zmysel pre humor **2.** cit; *a s. of duty* cit
pre povinnosť ● *make s.* dávať zmysel; *in a*
s. v istom zmysle; *common s.* zdravý rozum
II. sl. vycítiť, vytušiť; *s. danger* vycítiť ne-
bezpečenstvo
sensible ['sensəbl] **1.** rozumný, múdry; *s.*
ideas rozumné nápady **2.** praktický; *a s. wo-*
man praktická žena **3.** značný; *a s. fall in tem-*
perature značný pokles teploty
sensitive ['sensətiv] **1.** citlivý (v rozl. význ.);
s. skin citlivá koža; *s. to light* citlivý na svet-
lo; *she is very s. to criticism* je veľmi citlivá
na kritiku **2.** senzitívny, citový; *a s. writer*
senzitívny spisovateľ
sensual ['senšuəl] zmyselný, rozkošnícky,
pôžitkársky; *s. lips* zmyselné pery; *a s. life*
rozkošnícky život
sent p. **send**
sentence ['sentəns] **I.** podst. **1.** veta **2.** roz-
sudok; *pass s.* vyniesť rozsudok **II.** sl. *(to)* od-
súdiť (na čo); *he was s-d to three years in pris-*
on odsúdili ho na tri roky väzenia
sentiment ['sentəmənt] **1.** cit, citlivosť; *a*
song full of patriotic s. pieseň plná vlaste-
neckého citu **2.** *(on)* stanovisko, postoj (k čo-
mu); *would you explain your s. on the matter?*
vysvetlil by si svoje stanovisko k tej veci?

S

sentimental [ˌsentiˈmentl] sentimentálny; *for s. reasons* zo sentimentálnych dôvodov

sentimentality [ˌsentəmenˈtæləti] sentimentalita, sentimentálnosť, rozcitlivenosť, rozcítenosť

separate [ˈsepəreit] **1.** oddeliť, rozdeliť; *s. the good ones from the bad* oddeliť dobrých od zlých **2.** rozísť sa; *they s-d after midnight* rozišli sa po polnoci

separation [ˌsepəˈreišn] **1.** oddelenie, rozdelenie **2.** odluka (manželov)

September [sepˈtembə] september

septic [ˈseptik] hnisavý; *a s. wound* hnisavá rana

sequence [ˈsiːkwəns] sled, poradie; *the s. of events* sled udalostí

serene [səˈriːn] pokojný, vyrovnaný; *a s. smile* pokojný úsmev

serf [səːf] nevoľník

serfdom [ˈsəːfdəm] nevoľníctvo

sergeant [ˈsaːdžnt] seržant

serial [ˈsiriəl] **I.** podst. seriál **II.** príd. **1.** sériový; *the s. number of a banknote* sériové číslo bankovky; *s. processing on a computer* sériové spracovanie na počítači **2.** seriálový (na pokračovanie); *a s. story* príbeh na pokračovanie

series [ˈsiriːz] **1.** aj mn. č. séria; *a s. of ten concerts* séria desiatich koncertov; *a s. of stamps* séria známok **2.** seriál (televízny)

serious [ˈsiriəs] **1.** vážny; *a s. mind* vážna myseľ **2.** nebezpečný; *a s. illness* nebezpečná choroba **3.** skutočný, opravdivý, pravý; *a s. lover of horses* pravý milovník koní

sermon [ˈsəːmən] kázeň (pri bohoslužbách)

serpentine [ˈsəːpəntain] kniž. kľukatý; *the s. course of the river* kľukatý tok rieky

serum [ˈsirəm] mn. č. aj *sera* [ˈsirə] sérum

servant [ˈsəːvnt] **1.** sluha, slúžka **2.** *s-s* mn. č. služobníctvo ● *civil s.* vyšší štátny úradník; *fire is a good s. but a bad master* oheň je dobrý sluha, ale zlý pán

serve [səːv] **1.** slúžiť; *s. one's country* slúžiť vlasti **2.** obslúžiť; *there was no one in the shop to s. me* v obchode nebolo nikoho, kto by ma obslúžil **3.** poslúžiť; *that excuse will not s. you* tá výhovorka ti neposlúži **4.** podávať, servírovať; *s. tea* podávať čaj **5.** šport. podávať, servovať

service [ˈsəːvəs] **1.** (štátna, verejná, vojenská ap.) služba; *the Civil s.* štátna služba **2.** služby, servis; *telephone s.* telefónne služby **3.** pomoc, služby; *need the s-s. of a lawyer* potrebovať

pomoc právnika **4.** obsluha; *the s. in this place is bad* obsluha v tomto zariadení je zlá **5.** bohoslužby **6.** servis, súprava; *a tea s.* čajový servis **7.** šport. podanie, servis ● *at your s.* k tvojim/vašim službám; *of s.* nápomocný; *can I be of (any) s.?* môžem nejako pomôcť?

serviceman [ˈsəːvismən] mn. č. *-men* [-mən] príslušník armády

servicewoman [ˈsəːvisˌwumən] mn. č. [-ˌwimən] príslušníčka armády

session [ˈsešn] **1.** zasadanie, zasadnutie; *plenary s.* plenárne zasadanie **2.** AM akademický rok, semester; *the winter s.* zimný semester

set [set] **I.** príd. **1.** zasadený; *deep s. eyes* hlboko zasadené oči **2.** stanovený; *s. hours* stanovené hodiny; *a s. wage* stanovená mzda **3.** rozhodnutý; *I was (all) s. to go* bol som rozhodnutý ísť **4.** strnulý; *a s. smile* strnulý úsmev **II.** podst. **1.** súprava; *a tea s.* čajová súprava **2.** prístroj; *a radio s.* rádioprijímač **3.** (scénická) výprava **4.** šport. set **5.** držanie (tela) **6.** vodová ondulácia **III.** sl. *set* [set], set, *-tt-* **1.** položiť; *s. a tray down on the table* položiť tácku na stôl **2.** prestrieť; *s. the table* prestrieť na stôl **3.** dať; *s. a task* uložiť za úlohu **4.** určiť, stanoviť; *s. a wedding day* určiť deň sobáša **5.** nastaviť; *s. the alarm clock* nastaviť budík **6.** vsadiť; *have a diamond s. in a ring* dať si vsadiť briliant do prsteňa **7.** urobiť vodovú onduláciu; *have one's hair s.* dať si urobiť vodovú **8.** stuhnúť; *has the jelly s.?* stuhol už rôsol? **9.** zapadnúť; *the sun s-s in the west* slnko zapadá na západe ● *s. eyes on* uvidieť, zočiť; *s. things in motion* dať veci do pohybu; *s. sb.'s mind at ease/rest* upokojiť (koho); *s. a good example* dať dobrý príklad; *s. the pace* udať krok

set about začať, dať sa (do čoho)

set apart/aside dať bokom

set in začať; *it s. in to rain* začalo pršať, nastali dažde

set off vydať sa (na čo); *they've s. off on a journey* vydali sa na cestu

set out začať; *we s. out with the best intentions* začali sme s najlepším úmyslom

set up **1.** ustanoviť; *s. up a tribunal* ustanoviť tribunál **2.** postaviť; *s. up a memorial* postaviť pomník

settee [seˈtiː] (kratšia) pohovka, diván

setting [ˈsetiŋ] **1.** západ, zapadanie; *the s. of the sun* západ slnka **2.** pozadie; *a beautiful natural s. for a play* krásne prírodné pozadie

pre divadelnú hru **3.** prostredie; *school s.* školské prostredie **4.** osadenie (drahokamami)
settle [ˈsetl] **1.** usadiť sa; *s. in London* usadiť sa v Londýne **2.** osídliť; *the American West was s-d by different nations* americký západ osídlili rôzne národy **3.** posadiť sa, sadnúť si; *the bird s-d on a branch* vták si sadol na konár **4.** vyriešiť (nedorozumenie/spor) **5.** dohodnúť (sa); *s. on certain conditions* dohodnúť sa na určitých podmienkach **6.** zaplatiť; *s. a bill* zaplatiť účet **7.** upokojiť (sa), utíšiť (sa); *that will s. your nerves* to ti upokojí nervy
settled [ˈsetld] **1.** ustálený; *s. habits* ustálené zvyky **2.** stály; *s. weather* stále počasie
settlement [ˈsetlmənt] **1.** urovnanie; *we hope for a s. of all our troubles* dúfame v urovnanie všetkých našich problémov **2.** dohoda, zmluva; *a marriage s.* svadobná zmluva **3.** osada; *a small s. in the mountains* malá osada v horách **4.** osídlenie, kolonizácia; *the s. of the American West* kolonizácia amerického západu
settler [ˈsetlə] osadník, kolonista
set-up [ˈsetap] **1.** usporiadanie, štruktúra; *the s.-up of a company* štruktúra spoločnosti/firmy **2.** pomery; *a funny s.-up* čudné pomery **3.** prestieranie, úprava stola
seven [ˈsevn] sedem
seventeen [ˌsevnˈtiːn] sedemnásť
seventeenth [ˌsevnˈtiːnθ] sedemnásty, sedemnástina
seventh [ˈsevnθ] siedmy, sedmina; *he is in the s. heaven* je v siedmom nebi
seventieth [ˈsevntiːθ] sedemdesiaty, sedemdesiatina
seventy [ˈsevnti] **1.** sedemdesiat **2.** *the s-ies* mn. č. sedemdesiate roky
several [ˈsevrəl] niekoľko
severe [səˈviə] **1.** vážny, závažný; *a s. injury* vážne zranenie **2.** silný, prudký; *a s. gale* prudký víchor **3.** prísny, tvrdý; *s. discipline* prísna disciplína **4.** tvrdý, bezohľadný; *s. competition* tvrdá konkurencia **5.** strohý, triezvy; *s. architecture* strohá architektúra
sew [səu], *sewed* [səud], *sewn* [səun] (pri)šiť; *s. on a button* prišiť gombík;

sew [səu] – šiť
sow [səu] – siať

sew up **1.** zašiť; *s. up a hole* zašiť dieru **2.** usporiadať, uskutočniť; *the deal is sewn up* transakcia sa uskutočnila

sewer [ˈsjuːə] stoka, kanál
sewerage [ˈsjuːridž] kanalizácia
sewing machine [ˈsəuiŋ məˌšiːn] šijací stroj
sewn p. **sew**
sex [seks] pohlavie, sex
sexi [ˈseksi] **1.** sexy, vzrušujúci; *a s. girl* sexy dievča **2.** erotický; *a s. film* erotický film
sexology [sekˈsolədži] sexuológia
sexual [ˈsekšuəl] pohlavný, sexuálny ● *s. abuse* pohlavné zneužitie; *s. harassment* sexuálne obťažovanie
sexuality [ˌsekšuˈæliti] sexualita
Sgt skr. *Sergeant* [ˈsaːdžnt] čatár, seržant
shabby [ˈšæbi] **1.** obnosený, ošúchaný; *a sh. old hat* obnosený, starý klobúk **2.** otrhaný; *a sh. old tramp* starý, otrhaný tramp **3.** podlý, nečestný; *a sh. trick* podlý trik
shack [šæk] búda, chatrč
shade [šeid] **I.** podst. **1.** tieň; *light and sh.* svetlo a tieň **2.** odtieň; *different sh-s of blue* rôzne odtiene modrej **3.** tienidlo; *a lamp sh.* tienidlo lampy **4.** chládok; *trees give a pleasant sh.* stromy poskytujú príjemný chládok **II.** sl. (za)tieniť, (za)cloniť; *he sh-d his eyes with his hands* zaclonil si oči rukami

shade – tieň, chládok, odtieň
shadow – tieň, ktorý vrhajú predmety

shadow [ˈšædəu] **I.** podst. **1.** tieň (v rozl. význ.); *the sh-s lengthen as the sun sets* so zapadajúcim slnkom sa predlžujú tiene; *she has sh-s under her eyes* má tiene pod očami; *the dog was his master's sh.* pes bol pánovým tieňom; *without a sh. of doubt* bez tieňa pochybností **2.** *sh-s* mn. č. šero, prítmie; *the sh-s of evening* večerné šero ● *cast a sh.* vrhať tieň; *be afraid of one's own sh.* báť sa vlastného tieňa; *a sh. of one's former self* tieň toho, čo bol **II.** sl. **1.** kniž. zatieniť; *trees sh. the pool* stromy zatieňujú jazierko **2.** (tajne) sledovať, špehovať; *he felt he was being sh-ed* cítil, že ho sledujú **III.** príd. tieňový; *the sh. cabinet* tieňový kabinet
shaft [šaft] **1.** rukoväť, porisko **2.** oje **3.** šachta (banská) **4.** lúč (svetelný) **5.** šíp **6.** poznámka (uštipačná) ● *the sh-s of Cupid* Amorove šípy
shake [šeik], *shook* [šuk], *shaken* [ˈšeikn] **I.** sl. **1.** (po)triasť; *sh. one's head* potriasť hlavou **2.** vytriasť; *sh. a rug* vytriasť koberček

S

3. otriasť; *sh. sb. 's faith* otriasť dôverou (koho) **4.** (za)chvieť sa; *sh. with fear* chvieť sa strachom **II.** podst. **1.** potrasenie; *answer with a sh. of the head* odpovedať pokrútením hlavy **2.** koktail; *milk sh.* mliečny koktail

shaken p. **shake**

shall [šæl/šl] **1.** 1. osoba s neurčitkom – budúci čas; *I/we sh. arrive tomorrow* pricestujem/pricestujeme zajtra **2.** hlav. s *I/we* (v otázke al. ponuke – žiada sa rozhodnutie osloveného) mám?, máme? *sh. I open the window?* mám otvoriť okno? **3.** všetky osoby (povinnosť, rozkaz, záväzok – v zápore zákaz); *payment sh. be made by cheque* platba sa uskutoční šekom

shallow [ˈšæləu] **I.** príd. **1.** plytký; *sh. water* plytká voda **2.** pren. povrchný, plytký; *sh. talk* povrchná reč **II.** podst., aj *sh-s* mn. č. plytčina

sham [šæm] *-mm-* **I.** predstierať, simulovať; *he sh-ed sleep* predstieral, že spí **II.** podst. **1.** pretvárka, pokrytectvo; *a straightforward man hates sh.* priamy človek nenávidí pretvárku **2.** klamstvo, podvod; *the whole trial was a sh.* celý proces bol len podvod **3.** pokrytec **III.** príd. **1.** falošný; *sh. jewellery* falošné šperky **2.** predstieraný; *sh. compassion* predstieraný súcit

shame [šeim] **I.** podst. hanba (v rozl. význ.); *what a sh.!* aká hanba! *he has no sense of sh.* nemá v sebe štipku hanby **II.** sl. zahanbiť; *sh. one's family* zahanbiť svoju rodinu

shampoo [šæmˈpu:] **I.** podst. **1.** šampón **2.** umývanie vlasov **II.** sl. **1.** šampónovať, čistiť šampónom **2.** umývať (si) vlasy

shamrock [ˈšæmrok] ďatelina (istý druh)

shape [šeip] **I.** podst. **1.** tvar, podoba; *a cake in the sh. of a heart* torta v tvare srdca; *he looks like a devil in human sh.* vyzerá ako čert v ľudskej podobe **2.** stav; *he's in pretty bad sh.* je v biednom stave **II.** sl. tvarovať, formovať; *our plans are sh-ing well* naše plány sa vyvíjajú dobre

shapeless [ˈšeipləs] beztvarý, neforemný

share [šeə] **I.** sl. **1.** (roz)deliť (sa/si); *sh. the sweets between you* rozdeľte si sladkosti; *he sh-s his room with his brother* delí sa o izbu so svojím bratom **2.** (po)deliť (sa); *she sh-d her worries with me* podelila sa so mnou o svoje starosti **3.** zúčastniť sa, podieľať sa **II.** podst. **1.** podiel **2.** akcia, účastina

shareholder [ˈšeəˌhəuldə] AM *stockholder* akcionár

shark [ša:k] žralok

sharp [ša:p] **I.** príd. **1.** ostrý (v rozl. význ.); *a sh. knife* ostrý nôž; *a sh. bend in the road* ostrá zákruta; *a sh. pain* ostrá bolesť **2.** prenikavý; *a sh. cry* prenikavý výkrik **3.** bystrý; *a sh. mind* bystrý um **II.** prísl. **1.** presne; *at five (o'clock) sh.* presne o piatej **2.** prudko, náhle; *turn sh. to the left* prudko zabočiť doľava

sharpen [ˈša:pən] (na)ostriť, (na)brúsiť; *sh. a knife* nabrúsiť nôž; *sh. a pencil* ostrúhať ceruzku

shatter [ˈšætə] **1.** rozbiť (na malé kúsky); *she dropped the mirror on the floor and it sh-ed* zrkadlo jej spadlo na zem a rozbilo sa **2.** hovor. otriasť; *she was sh-ed to hear of his sudden death* správa o jeho náhlej smrti ňou otriasla

shattered [ˈšætəd] **1.** zničený, zmarený; *sh. hopes/dreams* zmarené nádeje/sny **2.** hovor. zničený, uštvaný

shave [šeiv] **I.** sl. **1.** (o)holiť (sa) **2.** (*off*) ohobľovať **3.** takmer sa dotknúť, prejsť v tesnej blízkosti **II.** podst. (o)holenie

shawl [šo:l] pléd

she [ši:] ona

sheaf [ši:f] mn. č. *sheaves* [ši:vz] snop; *a sh. of corn* snop obilia

shear [šiə], *sheared* [ˈšiəd], *shorn* [šo:n] *sh.* **I.** sl. strihať; *s. sheep* strihať ovce ● *be shorn of sth.* byť olúpený/okradnutý (o čo) **II.** podst. *sh-s* mn. č. záhradné nožnice

shed[1] [šed] kôlňa

shed[2] [šed] *-dd-* **1.** roniť; *sh. tears* roniť slzy **2.** zvliekať (sa); *some snakes sh. their skins* niektoré hady sa zvliekajú z kože **3.** zhodiť; *sh. a few pounds* zhodiť niekoľko funtov

sheep [ši:p] mn. č. *sheep* ovca, ovce; *a flock of sh.* kŕdeľ oviec

sheer [šiə] číry; *s. nonsense* číry nezmysel

sheet [ši:t] **1.** plachta, prestieradlo **2.** hárok (papiera) **3.** tabuľa (skla, plechu)

shelf [šelf] mn. č. *shelves* [šelvz] polica, polička ● *off the s.* tovar možno ihneď kúpiť, bez objednávok

shell [šel] **I.** podst. **1.** škrupina **2.** mušľa, ulita, lastúra **3.** kostra (budovy, lode) **4.** granát **II.** sl. **1.** lúskať, (vy)lúpať; *sh. peas* lúpať hrach **2.** ostreľovať (granátmi)

shelter [ˈšeltə] **I.** podst. **1.** prístrešok; *a bus sh.* prístrešok na zastávke autobusu **2.** kryt, úkryt; *air-raid sh.* protiletecký kryt ● *take sh.* nájsť útočište **II.** sl. (*from*) **1.** ochrániť (pred kým/čím); *sh. sb. from blame* ochrániť (koho) pred obvinením **2.** ukryť (sa), schovať (sa);

sh. a prisoner of war ukryť vojnového zajatca; *sh. under the trees* schovať sa (pred dažďom)
shepherd [ˈšepəd] pastier oviec
sheriff [ˈšerəf] **1.** BR šerif (vysoký úradník monarchie v grófstvach s právnymi a ceremoniálnymi povinnosťami) **2.** AM šerif (vedúci miestnej polície)
shield [ši:ld] **I.** podst. **1.** štít (rytiera) **2.** ochranný štít, kryt; *heat sh.* tepelný štít (družice) **II.** sl. ochraňovať, chrániť, kryť; *she lied to sh. her friend* klamala, aby kryla svoju priateľku
shift [šift] **I.** sl. **1.** premiestiť, presunúť; *sh. the furniture* presunúť nábytok **2.** pren. zvaľovať, pripisovať; *sh. the blame onto sb.* zvaľovať vinu (na koho) **II.** podst. **1.** posun, zmena; *a sh. in political opinion* zmena politického názoru **2.** pracovná zmena; *working in sh-s* práca na zmeny
shimmer [ˈšimə] trblietať sa, mihotať sa
shine [šain], *shone* [šon], *shone* **I.** sl. **1.** svietiť; *the moon is sh-ing brightly* mesiac jasne svieti **2.** žiariť, lesknúť sa aj pren.; *the windows. in the sun* okná sa lesknú na slnku; *her eyes are sh-ing with happiness* oči jej žiaria šťastím **II.** podst. lesk; *the wooden surface has a beautiful sh.* drevený povrch má krásny lesk
shiny [ˈšaini] lesklý; *sh. hair* lesklé vlasy
ship [šip] **I.** podst. loď, plavidlo **II.** sl. -pp- dopraviť loďou; *sh. one's car* dopraviť auto loďou
shipbuilding [ˈšipˌbildiŋ] stavanie lodí
shipment [ˈšipmənt] **1.** náklad **2.** doprava (lodná) **3.** nalodenie
shipping [ˈšipiŋ] **1.** riečna/námorná plavba **2.** naloďovanie
shipwreck [ˈšiprek] **I.** podst. stroskotanie lode **II.** sl. stroskotať
shipyard [ˈšipja:d] lodenica
shirt [šə:t] košeľa
shit [šit] vulg. hovno
shiver [ˈšivə] **I.** sl. (*with*) triasť sa, chvieť sa (od čoho, čím); *sh. with cold/terror* triasť sa od zimy/od hrôzy **II.** podst. **1.** triaška, chvenie **2.** *sh-s* mn. č. zimomriavky, husia koža
shock [šok] **I.** podst. otras, šok; *her marriage came as a sh. to her parents* jej vydaj bol šokom pre rodičov; *suffer from sh.* utrpieť šok **II.** sl. **1.** otriasť; *we were sh-ed by his sudden death* jeho náhla smrť nami otriasla **2.** pohoršiť; *his bad language sh-ed us* pohoršila nás jeho vulgárne vyjadrovanie
shocking [ˈšokiŋ] **1.** otrasný, šokujúci; *sh. news* šokujúce správy **2.** hrozný; *what a sh. picture* aký hrozný obraz!

shoe [šu:] **I.** podst. **1.** topánka **2.** podkova **II.** sl. podkuť (koňa)
shone p. **shine**
shook p. **shake**
shoot [šu:t], *shot* [šot], *shot* **1.** (*at*) vystreliť, strieľať; *sh. at a target* strieľať do terča **2.** zastreliť; *he shot a bird* zastrelil vtáka **3.** vyraziť (výhonky) **4.** vystreľovať (o bolesti); *the pain shot up his arm* bolesť mu vystreľovala do ramena **5.** filmovať, nakrúcať; *the film was shot in the High Tatras* film nakrútili vo Vysokých Tatrách
shooting[1] [ˈšu:tiŋ] **1.** streľba **2.** poľovačka; *go sh. ísť na poľovačku* ● *sh. gallery* strelnica; *sh. box* poľovnícka chata; *sh. stick* poľovnícka sedačka
shooting[2] [ˈšu:tiŋ] filmovanie, nakrúcanie ● *sh. script* technický scenár
shop [šop] **I.** podst. obchod ● *talk sh.* hovoriť o práci/riešiť profesionálne problémy; *set up sh.* začať pôsobiť/podnikať **II.** sl. -pp- nakúpiť
shop assistant [ˈšop əˌsistnt] predavač/ka
shopkeeper [ˈšopˌki:pə] majiteľ/ka obchodu
shoplifter [ˈšopˌliftə] zlodej v obchode
shoplifting [ˈšopˌliftiŋ] krádež v obchode
shopping [ˈšopiŋ] **I.** podst. nákup, nákupy; *do one's sh.* robiť nákupy **II.** sl. nakupovať
shopping center [ˈšopiŋ ˌsentə] nákupné stredisko
shopping mall [ˈšopiŋ ˌmo:l] nákupné/obchodné stredisko, nákupná zóna
shop steward [ˌšop ˈstju:əd] odborársky dôverník
shop window [ˌšop ˈwindəu] výklad, výkladná skriňa
shore [šo:] breh, pobrežie
shorn p. **shear**
short [šo:t] **I.** príd. **1.** krátky (v rozl. význ.); *a sh. distance* krátka vzdialenosť; *a sh. film* krátky film; *in a very sh. time* v krátkom čase, onedlho **2.** nízky, malý; *he's rather a sh. man* je veľmi nízky muž ● *at sh. notice* krátko vopred; *in sh. supply* v malom množstve **II.** prísl. náhle; *the driver stopped sh.* šofér náhle zastavil
shortage [ˈšo:tidž] nedostatok, manko
short cut [ˌšo:t ˈkat] skratka (o ceste); *we were late so we took a sh. c.* meškali sme, tak sme šli skratkou
shorten [ˈšo:tən] skrátiť
shorthand [ˈšo:thænd] rýchlopis, stenografia
shorts [šo:ts] mn. č. obyč. *(a pair of) sh.* šortky
shortsighted [ˌšo:tˈsaitəd] krátkozraký

S

short-term [ˌšoːt ˈtəːm] krátkdobý; *a sh. loan* krátkodobá pôžička

shot[1] [šot] **1.** výstrel; *hear s-s in the distance* počuť v diaľke výstrely **2.** delová guľa **3.** film. záber, šot **4.** strelec; *a first-class sh.* prvotriedny strelec **5.** hovor. injekcia (drogy)

shot[2] p. **shoot**

should [šəd] **1.** (podmieňovací spôsob prvej osoby); *I s.* go home šla by som domov; *we s. like to go with you* radi by sme išli s vami **2.** (v nepriamej reči, pri súslednosti časov namiesto „shall"); *I promised the children I s. meet them at the station* sľúbila som deťom, že ich budem čakať na stanici **3.** (vo všetkých osobách po „how", „why") mať; *how sh. I know?* ako to mám vedieť? *why sh. he think that?* prečo by si to mal myslieť? **4.** (pravdepodobnosť, očakávanie); *they sh. be there by now* už by tam mali byť **5.** (vyjadruje, čo je žiaduce/vhodné); *you sh. drink your coffee while it's hot* mala by si vypiť kávu, kým je teplá

shoulder [ˈšəuldə] **I.** podst. plece **II.** sl. **1.** vyložiť si na plecia; *sh. a burden* dať si na plecia bremeno **2.** brať/vziať si na svoje plecia; *sh. the responsibility for sth.* brať na seba zodpovednosť (za čo)

shout [šaut] **I.** podst. (vý)krik, volanie **II.** sl. kričať, volať

shove [šav] **I.** podst. sácanie, sotenie, strkanie, postrčenie **II.** sl. **1.** sotiť (prudkým nárazom); (po)strčiť; *sh. a boat into the water* postrčiť čln do vody **2.** strčiť, vopchať; *sh. some papers into the drawer* vopchať papiere do zásuvky **shove off** vypadnúť, odísť; *let's sh. off* vypadnime! *sh. off* vypadni, zmizni!

shovel [ˈšavl] **I.** podst. **1.** lopata, lopatka **2.** lopatové rýpadlo **II.** sl. -*ll*- naberať, prehadzovať (lopatou)

show [šəu] **I.** podst. **1.** výstava; *a flower sh.* výstava kvetov **2.** predstavenie, prehliadka (obyč. výpravná) **3.** prejav; *a sh. of bad temper* prejav zlej nálady **4.** zdanie, dojem; *make a sh. of interest* budiť dojem záujmu ● *on sh.* vystavené; *steal the sh.* strhnúť na seba pozornosť (na verejnom podujatí) **II.** sl. *showed* [šəud], *showed/shown* [šəun] **1.** ukázať; *she sh-ed me her new hat* ukázala mi svoj nový klobúk **2.** prejaviť; *she never sh-s her feelings* nikdy neprejaví svoje city **3.** byť viditeľný, byť vidieť; *that stain won't sh.* škvrnu nebude vidieť **4.** vystaviť; *his paintings are being s-n at the gallery* jeho obrazy sú vystavené v galérii

show around/round (*a place, a building*) poukazovať (miesto, budovu) **show in/out** voviesť, uviesť/vyprevadiť (koho); *sh. the way* **1.** ukázať cestu **2.** pren. dať príklad **show off 1.** predviesť **2.** vystatovať sa, predvádzať sa **show up 1.** ukázať sa, objaviť sa; *the crack in the wall sh-ed up in the sunshine* v slnečnom svetle sa ukázala trhlina v stene **2.** dostaviť sa; *who of the guests sh-ed up?* ktorí hostia sa dostavili?

shower [ˈšauə] **I.** podst. **1.** prehánka, spŕška **2.** záplava, hojnosť; *a sh. of questions* záplava otázok **3.** sprcha; *have/take a sh.* dať si sprchu, osprchovať sa **4.** AM večierok (na ktorom sa neveste pred svadbou dávajú dary) **II.** sl. zahrnúť, zasypať (otázkami, poctami)

showman [ˈšəumən] mn. č. -*men* [-mn] **1.** organizátor zábavných podujatí **2.** hovor. showman (kto sa vie dobre predvádzať, má zmysel pre dramatický efekt)

shown p. **show**

showroom [ˈšəurum] výstavná sieň; *a furniture sh.* výstavná sieň nábytku

show-window [ˈšəuwindəu] výklad

shrank p. **shrink**

shred [šred] **I.** podst. **1.** zdrap, útržok; *a sh. of cloth* zdrap látky **2.** pren. štipka, trocha; *not a sh. of doubt* ani štipka pochybnosti ● *tear to sh-s* roztrhať na franforce/kúsky **II.** sl. -*dd*- **1.** zošrotovať; *sh. documents* zošrotovať spisy **2.** (roz)sekať, (po)sekať; *sh. cabbage* posekať kapustu

shrewd [šruːd] rozumný, bystrý, chytrý; *sh. mind* bystrá myseľ

shriek [šriːk] **I.** podst. prenikavý výkrik, zajačanie; *a sh. of terror* výkrik hrôzy **II.** sl. zajačať

shrill [šril] **1.** prenikavý, ostrý; *a sh. whistle* ostrý hvizd **2.** krikľavý (o farbe)

shrink [šriŋk], *shrank* [šræŋk], *shrunk* [šraŋk] **1.** zraziť sa, zbehnúť sa; *jeans will sh. in the wash* džínsy sa pri praní zrazia **2.** scho vať sa, stiahnuť sa (od strachu); *fearing a beat ing, the child shrank into a corner* od strach z bitky sa dieťa stiahlo do kúta

shrivel [šrivl] -*ll*- (*up*) zošúveriť sa, zväd núť, zoschnúť; *the heat sh-led up the leave* lístie sa od horúčavy zošúverilo; *he has a sh-ed face* má zošúverenú tvár

shroud [šraud] **I.** podst. **1.** rubáš **2.** pren. zá voj, plášť; *a sh. of mist* závoj hmly **II.** sl. **1.** obliecť do rubáša **2.** pren. zahaliť, zakryť *sh-ed in mystery* zahalené tajomstvom

Shrovetide [ˌšrəuvtaid] fašiangy
Shrove Tuesday [ˌšrəuv ˈtjuːzdi] fašiangový utorok
  shrub [šrab] ker, krík
  shrug [šrag] -gg- pokrčiť/myknúť plecom; *she just sh-ged* len mykla plecom
  shrug off (ľahkovážne) ignorovať; *sh. off criticism* ignorovať kritiku
  shrunk p. **shrink**
  shudder [ˈšadə] I. sl. 1. zachvieť sa; *sh. with cold/horror* zachvieť sa zimou/hrôzou 2. pren. báť sa; *he sh-ed to think of it* bál sa čo len na to pomyslieť II. podst. chvenie, triaška
  shuffle [ˈšafl] 1. šúchať nohami (pri chôdzi) 2. pomiešať karty (hracie)
  shut [šat], *shut, shut* 1. zatvoriť; *sh. the gate* zatvoriť bránu 2. zachytiť (si), zacviknúť (si), pricviknúť (si), zaštiknúť (si); *sh. one's fingers in the door* zacviknúť si prsty do dverí
  shut down zatvoriť; *sh. down a factory* zatvoriť továreň
  shut off vypnúť; *sh. off the gas* vypnúť plyn
  shut up 1. umlčať; *s. up the dog* umlčať psa 2. zamknúť; *s. oneself up in one's room* zamknúť sa v izbe
  shutter [ˈšatə] 1. okenica 2. fot. clona
  shuttle [ˈšatl] I. podst. 1. (tkáčsky) člnok 2. kyvadlová doprava 3. raketoplán II. sl. 1. pohybovať sa/chodiť/lietať sem a tam, pendlovať 2. prepravovať kyvadlovou dopravou
  shuttlecock [ˈšatlkok] košíková loptička (používaná pri bedmintone)
  shy [šai] plachý, nesmelý
  sibling [ˈsibliŋ] súrodenec
  sick [sik] chorý; *her father is a very s. man* jej otec je veľmi chorý človek ● *be s.* cítiť nevoľnosť; *make sb. s.* veľmi znechutiť (koho)
  sickle [ˈsikl] kosák
  sick leave [ˈsik liːv] pracovná neschopnosť ● *be on s.* byť práceneschoný
  sickness [ˈsiknəs] 1. choroba 2. nevoľnosť ● *s. benefit* nemocenské dávky
  side [said] I. podst. 1. strana (v rozl. význ.); *a square has four equal s-s* štvorec má štyri rovnaké strany; *cars drive on the right s. of the road here* autá tu jazdia po pravej strane cesty; *she's an aunt on my mother's s.* je mi tetou z matkinej strany 2. bok; *the s. of a car/ship* bok auta/lode; *his daughter walked at/by his s.* dcéra kráčala po jeho boku 3. aspekt, hľadisko, stránka; *look at all s-s of the problem* pozrieť na všetky stránky problému

● *be on sb.'s s.* nadŕžať (komu); *s. by s.* bok po boku II. sl. (*with/against*) nadŕžať (komu) III. príd. bočný; *a s. door* bočné dvere; *a s. street* bočná ulica
  sideboard [ˈsaidboːd] príborník
  sideboards [ˈsaidboːdz] BR, *sideburns* [ˈsaidbəːnz] AM bokombrady
  side-effect [ˌsaidiˈfekt] vedľajší účinok
  sidelight [ˈsaidlait] bočné svetlo
  sideline [ˈsaidlain] 1. vedľajšie zamestnanie 2. postranná čiara
  siege [siːdž] obliehanie
  sieve [siv] sito, cedidlo
  sift [sift] 1. preosiať; *s. the flour* preosiať múku 2. (*through*) preskúmať; *s. through the evidence carefully* starostlivo preskúmať dôkazy
  sigh [sai] I. podst. vzdych, povzdych, povzdychnutie II. sl. vzdychať, vzdychnúť si; *s. with relief* vzdychnúť si s úľavou
  sight [sait] I. podst. 1. zrak; *have good/poor s.* mať dobrý/zlý zrak 2. pohľad; *she can't bear the s. of blood* neznesie pohľad na krv 3. pamätihodnosť; *see all the interesting s-s* pozrieť si všetky pamätihodnosti 4. muška (na zbrani) ● *catch s. of* zazrieť; *at first s.* na prvý pohľad; *within/out of s.* v dohľade/mimo dohľadu; *at/on s.* bez výzvy II. sl. zazrieť; *s. land* zazrieť zem
  sightseeing [ˈsaitˌsiːiŋ] prehliadka pamätihodností
  sign [sain] I. podst. 1. značka; *a traffic s.* dopravná značka 2. znak, symbol; *mathematical s-s* matematické symboly 3. znamenie; *don't start writing until I give the s.* nezačnite písať, kým nedám znamenie 4. aj *board s.* vývesná tabuľa 5. príznak; *the s. of a disease* príznak choroby II. sl. podpísať (sa); *s. a paper* podpísať doklad; *s. one's name* podpísať sa menom
  sign in/out zapísať príchod/odchod
  sign off/on ohlásiť koniec/začiatok vysielania (určitým signálom)
  sign over prepísať majetok
  sign to privolať (znamením); *s. to the waiter* privolať čašníka
  sign up 1. zapísať sa (do kurzu) 2. podpísať pracovnú zmluvu
  signal [ˈsignəl] I. podst. signál II. sl. -ll- signalizovať; *s. a message* signalizovať správu; *s. with flags/lights* signalizovať zástavkami/svetlom III. príd. pozoruhodný; *a s. achievement* pozoruhodný úspech
  signature [ˈsignəčə] podpis

S

significance [sig'nifikəns] význam, dôležitosť; *a matter of great s.* záležitosť veľkého významu

significant [sig'nifikənt] významný

silence ['sailəns] **I.** podst. **1.** ticho; *the s. of the night* ticho noci **2.** mlčanie ● *s. is golden* mlčať je zlato **II.** sl. **1.** utíšiť; *s. a baby's crying* utíšiť plač malého dieťaťa **2.** umlčať; *s. one's critics* umlčať svojich kritikov

silent ['sailənt] **1.** tichý; *s. footsteps* tiché kroky **2.** mlčanlivý; *her husband is the s. type* jej manžel je mlčanlivý typ

silk [silk] hodváb; *a dress made of s.* šaty ušité z hodvábu

silken ['silkən] hodvábny; *s. hair* vlasy ako hodváb

silly ['sili] hlúpy; *a s. little girl* hlúpe malé dievčatko

silver ['silvə] **I.** podst. striebro (kov aj výrobky z neho); *sell one's s. to pay one's debts* predať striebro, aby sa zaplatili dlhy **II.** príd. strieborný; *s. knives* strieborné nože ● *every cloud has a s. lining* všetko zlé je na niečo dobré; *speech is s. but silence is golden* hovoriť striebro, ale mlčať zlato **III.** sl. postriebriť

similar ['similə] podobný; *my house is s. to yours* môj dom je podobný vášmu

similarity [‚simi'lærəti] podobnosť

simmer ['simə] dusiť/variť na miernom plameni

simple ['simpl] **1.** jednoduchý (v rozl. význ.); *a s. machine* jednoduchý stroj; *a s. dress* jednoduché šaty; *a s. person* jednoduchý človek **2.** čistý, holý; *the s. truth* čistá pravda; *a s. fact* holá skutočnosť

simplicity [sim'plisəti] jednoduchosť, prostota; *s. of style* jednoduchosť štýlu

simplification [‚simpləfə'keišn] zjednodušenie

simplify ['simpləfai] zjednodušiť

simply ['simpli] **I.** prísl. jednoducho, prosto; *live s.* žiť jednoducho **II.** časť. **1.** naozaj, vskutku; *s. a gorgeous day!* vskutku prekrásny deň! **2.** skrátka, jednoducho; *I s. don't know* skrátka, neviem

simulate ['simjəleit] napodobniť, simulovať, imitovať; *s. the noise of thunder* napodobniť hrmenie

simultaneous [‚siml'teiniəs] súčasný, simultánny

sin [sin] hriech aj pren.; *deadly/mortal s.* smrteľný hriech; *commit a s.* spáchať hriech; *it's*

a s. to stay indoors on such a gorgeous day je hriech zostať doma v takýto prekrásny deň

since [sins] **I.** prísl. odvtedy; *I met him in May and haven't seen him s.* stretla som ho v máji a odvtedy som ho nevidela **II.** predl. od; *she hasn't been home s. Sunday* od nedele nebola doma **III.** spoj. pretože; *s. I have no money, I can't buy it* pretože nemám peniaze, nemôžem si to kúpiť

sincere [sin'siə] úprimný; *a s. admiration* úprimný obdiv

sincerely [sin'siəli] **1.** úprimne; *I s. hope you will come again soon* úprimne dúfam, že čoskoro prídete znova **2.** *Yours s./S. yours* So srdečným pozdravom (zdvorilé ukončenie listu)

sing [siŋ], *sang* [sæŋ], *sung* [saŋ] **1.** (za)spievať; *we enjoy s-ing* radi spievame **2.** ospevovať, vychvaľovať; *s. one's praises* ospevovať (koho) **3.** hučať; *my ears are s-ing from that loud noise* hučí mi v ušiach z toho hluku

singer ['siŋə] spevák, speváčka

single ['siŋgl] **I.** príd. **1.** jediný; *his s. aim was to finish his studies* jeho jediným cieľom bolo ukončiť štúdium **2.** slobodný (nevydatá/neženatý); *he's still s.* stále je ešte slobodný **3.** jednosmerný; *a s. ticket* jednosmerný lístok **4.** jednoposteľový; *a s. room* jednoposteľová izba **II.** podst. **1.** šport. dvojhra **2.** malá gramoplatňa

single out vybrať (z celku); *why s. him out?* prečo vybrať práve jeho?

single-breasted [‚siŋgl 'brestəd] jednoradový (oblek, sako ap.)

single-handed [‚siŋgl 'hændəd] sám, samostatne, bez pomoci; *he rebuilt his house s.* prestaval svoj dom úplne sám

single-minded [‚siŋgl 'maindəd] cieľavedomý

singular ['siŋgjələ] **I.** príd. výnimočný, mimoriadny; *a woman of s. beauty* žena výnimočnej krásy **II.** podst. jednotné číslo, singulár

sinister ['sinəstə] zlovestný; *a s. beginning* zlovestný začiatok

sink [siŋk], *sank* [sæŋk], *sunk* [saŋk] **I.** sl. **1.** klesať; *the sun was s-ing below the hills* slnko klesalo za kopce **2.** prepadávať sa; *the ground s-s to the sea* pôda sa prepadáva do mora **3.** vyhĺbiť, vyvŕtať; *s. a well* vykopať studňu **4.** potopiť; *s. a ship* potopiť loď **5.** upadnúť (do istého stavu); *s. into deep sleep* upadnúť do hlbokého spánku **II.** podst. drez

sip [sip] *-pp-* **I.** podst. dúšok, glg **II.** sl. uchlipkávať (si); *she s-ped at her coffee* uchlipkávala si kávu

sir [sə:] **1.** pane (zdvorilé oslovenie); *yes, s.* áno, pane; *are you being served, s.?* obsluhuje vás už niekto, pane? **2.** S. (oslovenie v liste); *dear S./S-s* vážený pán/vážení páni **3.** S. (titul pred krstným menom baróna al. rytiera)

sister [ˈsistə] sestra

sister-in-law [ˈsistə inˌlo:] švagriná

sit [sit], *sat* [sæt], *sat -tt-* **1.** sedieť; *s. on a chair/in an armchair* sedieť na stoličke/v kresle **2.** sadnúť si, posadiť (sa), usadiť (sa); *s. down, please* sadnite si, prosím **3.** (*on*) byť členom (čoho); *she s-s on several committees* je členkou mnohých výborov **4.** zasadať; *the House of Commons was still s-ting at 3 a. m.* Dolná snemovňa zasadala ešte ráno o tretej **5.** byť, ležať; *the parcel is s-ting on the table* balík leží na stole ● *s. for an examination* robiť skúšku; *s. in judgment* súdiť (koho); *s. on pins and needles* sedieť ako na tŕňoch; hovor. *s. tight* ani sa nepohnúť

sit up neísť spať

sit-down [ˈsitdaun] hovor. krátka prestávka ● *a s.-down meal* jedlo konzumované pri stole; *a s.-down strike* okupačný štrajk

site [sait] **I.** podst. **1.** parcela; *a s. for a new hospital* parcela na novú nemocnicu; *a building s.* stavebná parcela **2.** dejisko; *the s. of a famous battle* dejisko slávnej bitky **II.** sl. umiestiť, situovať; *where are you going to s. your new house?* kde si určíte miesto na nový dom?

sit-in [ˈsitin] demonštrácia v sede

situated [ˈsičueitəd] **1.** situovaný, umiestnený; *a house s. near the woods* dom ležiaci blízko lesa **2.** situovaný (finančne); *a well s. widow* dobre situovaná vdova

situation [ˌsičuˈeišn] **1.** poloha **2.** situácia; *be in an embarrassing s.* byť v trápnej situácii **3.** zastar. zamestnanie, práca; *s-s vacant* voľné miesta; *s-s wanted* (v novinách) prácu hľadajú

six [siks] šesť

sixteen [ˌsikˈsti:n] šestnásť

sixteenth [sikˈsti:nθ] šestnásty, šestnástina

sixth [siksθ] šiesty, šestina; *s. sense* šiesty zmysel/intúcia

sixtieth [ˈsikstieθ] šesťdesiaty, šesťdesiatina

sixty [ˈsiksti] šesťdesiat

size [saiz] **1.** veľkosť, rozmer; *a building of vast s.* budova s obrovskými rozmermi **2.** veľkosť, číslo; *s. six shoes* veľkosť/číslo topánok šesť

skate [skeit] **I.** podst. korčuľa **II.** sl. korčuľovať (sa) ● *s. on thin ice* tancovať na tenkom ľade

skate over/round šikovne sa vyhnúť (čomu); *instead of solving the problems, the committee s-d over them* výbor namiesto toho, aby problémy riešil, šikovne sa im vyhol

skateboard [ˈskeitbo:d] skejtbord, kolieskova doska

skater [ˈskeitə] korčuliar, korčuliarka

skeleton [ˈskelətn] kostra

sketch [skeč] **I.** podst. **1.** náčrtok, skica; *make a s. of a face* urobiť skicu tváre **2.** náčrt, stručné podanie; *a brief s. of a plan* stručný náčrt plánu **3.** div. skeč **II.** sl. **1.** naskicovať obraz **2.** (*out*) načrtnúť; *s. out the main points of a plan* načrtnúť hlavné body plánu

ski [ski:] **I.** podst. lyža, obyč. *s-s* mn. č. **II.** sl. lyžovať sa; *I'm learning to s.* učím sa lyžovať

skid [skid] *-dd-* **I.** sl. šmýkať sa, (po)šmyknúť sa; *it's easy to s. on an icy road* na zľadovatenej ceste sa dá ľahko pošmyknúť **II.** podst. šmyk; *the car went into a s.* auto dostalo šmyk

skiing [ˈskiiŋ] lyžovanie

skill [skil] zručnosť, šikovnosť, obratnosť

skill – is spelt with double **l**
skilful – one **l** is dropped

skilled [skild] kvalifikovaný, odborne školený

skim [skim] *-mm-* **1.** (*off, from*) zberať (z povrchu tekutiny); *s. the cream from the milk* zberať smotanu z mlieka **2.** (*through*) rýchlo čítať (a všímať si len dôležité body), prebehnúť; *I've s-med (through) the report* prebehol som správu

skin [skin] **I.** podst. **1.** pokožka; *soft s.* jemná pokožka **2.** koža aj zvieraťa **3.** kôra šupka (ovocia, rastlina); *a banana s.* šupka banána **4.** koža, kožka (na povrchu niektorých pokrmov) **II.** sl. *-nn-* **1.** odrať, stiahnuť kožu; *s. a rabbit* odrať králika **2.** olúpať, ošúpať; *s. an onion* olúpať cibuľu

skin-tight [ˌskin ˈtait] priliehavý; *a s. sweater* priliehavý sveter

skip [skip] *-pp-* **1.** skákať, skackať, poskakovať; *the child was s-ping about on the lawn* dieťa poskakovalo na trávniku **2.** preskakovať, vynechať, vynechávať; *do you read without s-ping?* čítaš všetko, nič nevynechávaš? *s. chapter two* vynechaj druhú kapitolu; *s. from one subject to another* preskočiť z jednej témy na druhú **3.** skákať cez švihadlo

skipper [ˈskipə] kapitán (lode al. športového tímu)

skipping rope [ˈskipiŋ ˌrəup] švihadlo

S

skirt [skə:t] sukňa
skull [skal] lebka
sky [skai] aj *skies* mn. č. obloha; *a clear, blue s.* jasná, modrá obloha ● *praise sb./sth. to the skies* vychvaľovať (koho/čo) až do neba
skydiving ['skai͵daiviŋ] parašutizmus
skylark ['skaila:k] škovránok
skylight ['skailait] svetlík
skyscraper ['skai͵skreipə] mrakodrap
slack [slæk] **I.** príd. **1.** nepozorný, lajdácky; *don't get s. at your work* nebuď lajdácky pri práci **2.** slabý, malátny, pomalý; *the business is s. just now* obchody idú slabo **3.** uvoľnený; *a s. rope* uvoľnený povraz **II.** sl. odbiť, lajdácky urobiť
slain p. **slay**
slam [slæm] buchnúť, tres(k)núť; *s. the door* tresnúť dvermi
slang [slæŋ] (lingv.) slang
slap [slæp] **I.** sl. *-pp-* udrieť/ples(k)núť (dlaňou); *she s-ped the child's face* plesla dieťa po líci **II.** podst. facka, zaucho; *she gave the boy a s. on the cheek* vylepila chlapcovi facku ● *a s. in the face* morálna facka; *a s. on the back* potľapkanie po pleci
slash [slæš] **I.** podst. sečná rana **II.** sl. **1.** rozsekať; *s. the air with a sword* sekať mečom do vzduchu **2.** drasticky znížiť *s. spendings* znížiť výdavky; **3.** (ostro) (s)kritizovať; *s. a new book/play* skritizovať novú knihu/divadelnú hru
slate [sleit] **I.** podst. **1.** bridlica **2.** bridlicová škridla **3.** bridlicová tabuľka **4.** AM kandidátka (politickej strany) ● *wipe the s. clean* zabudnúť (na staré nepríjemnosti); *with clean s-s* s čistým štítom **II.** sl. **1.** pokryť bridlicovou škridlou **2.** AM navrhnúť *s. to start at six* navrhnúť začať o šiestej **3.** hovor. ostro kritizovať (hru, predstavenie)
slaughter ['slo:tə] **I.** podst. **1.** zabíjanie, zabitie (dobytka) **2.** vraždenie, masakra **II.** sl. zabíjať (ľudí aj zvieratá vo veľkom počte)
slaughterhouse ['slo:təhaus] bitúnok
Slav [sla:v] **I.** podst. Slovan **II.** príd. slovanský
slave [sleiv] **I.** podst. otrok, otrokyňa **II.** sl. *(away)* otročiť; *s. (away) all day* celý deň otročiť
slavery ['sleivəri] **1.** otroctvo; *the abolition of s.* zrušenie otroctva **2.** otrokárstvo **3.** otročina; *her job is sheer s.* jej práca je holá otročina
Slavic ['sla:vik] aj **Slavonic** [slə'vonik] slovanský
slay [slei], *slew* [slu:], *slain* [slein] kniž. AM zabiť, (za)vraždiť

sleek [sli:k] lesklý/jemný (vlasy, srsť)
sleep [sli:p] **I.** podst. spánok; *fall into a deep s.* upadnúť do hlbokého spánku ● *go to s.* zaspať; *put to s.* **1.** uspať **2.** (bezbolestne) utratiť **II.** sl. *slept* [slept], *slept*; *s. well/badly* spať dobre/zle ● *s. like a log* spať ako zabitý/ako poleno
sleep in spať dlhšie ako obvykle
sleep off vyspať sa (z čoho) *s. off a bad headache* vyspať sa zo silnej bolesti hlavy
sleep on vyspať sa na to
sleeper ['sli:pə] **1.** spáč **2.** lôžko (vo vlaku)
sleepless ['sli:pləs] bezsenný
sleepwalker ['sli:p͵wo:kə] námesačný, námesačná
sleepy ['sli:pi] ospanlivý
sleeve [sli:v] **1.** rukáv **2.** BR obal gramofónovej platne ● *wear one's heart on one's s.* mať srdce na dlani; *laugh up one's s.* smiať sa do hrsti
sleigh [slei] sane (ťahané konským al. psím záprahom)
slender ['slendə] štíhly; *a s. figure* štíhla postava
slept p. **sleep**
slew p. **slay**
slice [slais] **I.** podst. **1.** krajec, okruch, okrušok (chleba); *a s. of bread* krajec chleba **2.** podiel, časť; *get a s. of the profits* dostať podiel zo zisku **II.** sl. *(up)* **1.** (po)krájať, nakrájať; *s. up a cake* rozkrájať koláč; *s. a cucumber* nakrájať uhorku **2.** zarezať; *he s-d into his finger* zarezal si do prsta
slick [slik] **I.** sl. **1.** hladký, lesklý; *a s. paper* lesklý papier **2.** šikovný, prešibaný; *a s. salesman* prešibaný obchodník **3.** ulízaný, uhladený; *s. hair* ulízané vlasy **4.** AM šmykľavý **II.** podst. hladké miesto, škvrna *oil s.* olejová škvrna na vode
slid p. **slide**
slide [slaid], *slid* [slid], *slid* **I.** sl. **1.** kízať sa, šmýkať sa, pokĺznuť sa, pošmyknúť sa; *s. on ice* kízať sa po ľade **2.** pren. postupne nadobúdať, osvojovať si zlé návyky **3.** podstrčiť, tajne dať; *she slid a coin in his hand* podstrčila mu do ruky mincu **II.** podst. **1.** kízanie, šmyk; *have a s. on the ice* dostať šmyk na ľade **2.** šmýkačka, kízačka (na detskom ihrisku) **3.** diapozitív
slight [slait] nepatrný, malý; *a s. improvement* nepatrné zlepšenie ● *not in the s-est* vôbec nie/ani najmenej
slightly ['slaitli] trocha, nepatrne, mierne; *she feels s. better* cíti sa trocha lepšie

slim [slim] -mm- **I.** príd. **1.** štíhly; *a s. girl* štíhle dievča **2.** slabý, malý, nepatrný; *a s. chance* nepatrná šanca **II.** sl. **1.** (s)chudnúť; *I'm trying to s.* pokúšam sa schudnúť **2.** (down) znížiť (veľkosť, počet); *s. down the school's staff* znížiť počet učiteľov

sling [sliŋ], *slung* [slaŋ], *slung* **I.** sl. **1.** prehodiť; *s. a coat over one's shoulder* prehodiť si kabát cez plece **2.** hovor. hodiť; *s. sth. into the wastepaper basket* hodiť (čo) do koša **II.** podst. **1.** páska; *have a broken arm in a s.* mať zlomenú ruku v páske **2.** slučka, oko (na povraze) **3.** prak

slip [slip] -pp- **I.** sl. **1.** pošmyknúť sa, pokĺznuť sa; *s. on a banana skin* pošmyknúť sa na banánovej šupke **2.** vykĺznuť, vytratiť sa; *he s-ped out of the room* vykĺzol z izby **3.** vykĺznuť, vyšmyknúť sa; *I told them the news, it just s-ped out* prezradil som im novinu, vykĺzla mi z úst **II.** podst. **1.** pošmyknutie, pokĺznutie **2.** chybička ● *a s. of the tongue* prerieknutie

slipper ['slipə] papuča

slippery ['slipəri] šmykľavý, klzký; *a wet and s. road* mokrá a šmykľavá cesta

slogan ['sləugən] heslo, slogan

slope [sləup] **I.** podst. svah; *a gentle/steep s.* mierny/strmý svah **II.** sl. **1.** zvažovať sa, znížiť sa, klesnúť; *the path s-s down to the river* chodník sa zvažuje k rieke **2.** nakloniť sa; *a s-ing handwriting* naklonené písmo

slot [slot] štrbina, škára (v stroji al. nástroji)

slot machine ['slot mə'ši:n] automat

Slovak ['sləuvæk] **I.** podst. **1.** Slovák **2.** slovenčina **II.** príd. slovenský

Slovakia [sləu'vækiə] Slovensko

slow [sləu] **I.** príd. **1.** pomalý; *s. music* pomalá hudba **2.** ťažkopádny; *a long s. process* dlhý, ťažkopádny proces **3.** zaostalý; *a s. learner* zaostalý žiak **II.** sl. (up/down) spomaliť; *s. up/down the car before the crossroads* spomaliť auto pred križovatkou

slowly ['sləuli] pomaly; *speak/learn s.* hovoriť/učiť sa pomaly

slow motion [ˌsləu 'məušn] spomalený pohyb

sludge [sladž] kal, usadenina, bahno; *clear s. from the drain* odstrániť kal z odtokovej rúry

slug [slag] slimák (bez ulity)

sluggish ['slagiš] pomalý, lenivý; *a s. stream* lenivý tok rieky

sluice [slu:s] splav, kanál

slum [slam] aj *s-s* mn. č. *slums* štvrť chudoby

slump [slamp] **I.** podst. (náhly) pokles; *a s. in popularity* pokles popularity **II.** sl. **1.** klesnúť, padnúť; *s. into a chair* klesnúť na stoličku **2.** zrútiť sa; *s. on the floor* zrútiť sa na zem

slung p. **sling**

sly [slai] prefíkaný, ľstivý, zákerný

smack [smæk] slang. heroín

smack[1] [smæk] **1.** (slabá) príchuť; *a s. of garlic* slabá príchuť cesnaku **2.** (slabá) vôňa **3.** stopa, náznak

smack[2] [smæk] **I.** podst. **1.** plesknutie (zvuk); *hear a loud s.* počuť hlasné plesknutie **2.** plesknutie (čin); *give a child a s.* plesknúť dieťa **3.** mľaskavý bozk ● *get a s. in the eye* prežiť veľké sklamanie; hovor. *have a s. at sth.* pokúsiť sa (o čo) **II.** sl. **1.** plesknúť; *s. sb.'s bottom* plesknúť po zadku (koho) **2.** mľasknúť

smack[3] [smæk] rybárska loďka

small [smo:l] **1.** malý, drobný; *a s. room* malá izba; *s. farmers* drobní roľníci **2.** bezvýznamný; *s. poets* bezvýznamní básnici

small change [ˌsmo:l 'čeindž] drobné (peniaze)

small hours [ˌsmo:l 'auəz] neskoré nočné a skoré ranné hodiny

small talk [ˈsmo:l to:k] (nezáväzná spoločenská) konverzácia

smart [sma:t] **1.** elegantný, vkusný; *a s. hat* elegantný klobúk **2.** nápadný módnym obliekaním; *s. people* moderne upravení ľudia **3.** bystrý, chytrý; *a s. student* bystrý žiak

smash [smæš] **I.** sl. **1.** rozbiť, roztriesknuť; *s. a window* rozbiť okno **2.** (prudko) naraziť, vraziť; *the car s-ed into a wall* auto narazilo do múru **3.** šport. smečovať **II.** podst. **1.** prudký úder **2.** šport. smeč **3.** (dopravná) zrážka

smear [smiə] **I.** sl. **1.** zamazať (si), zašpiniť (si) (ruky, ústa) **2.** natrieť; *s. butter on bread* natrieť chlieb maslom **3.** rozmazať; *s. the fresh paint* rozmazať čerstvý náter **II.** podst. škvrna

smell [smel], *smelt* [smelt], *smelt* **I.** sl. **1.** voňať; *this rose s-s lovely* táto ruža príjemne vonia **2.** cítiť (vnímať zmyslami); *s. gas* cítiť plyn **3.** páchnuť; *his breath s-s of brandy* dych mu páchne po brandy **II.** podst. **1.** čuch **2.** vôňa **3.** zápach

smile [smail] **I.** podst. úsmev ● *be all s-s* byť samý úsmev **II.** sl. **1.** usmievať sa; *she s-d at me* usmievala sa na mňa **2.** vyjadriť úsmevom; *she s-d her approval* úsmevom vyjadrila súhlas

smirk [smə:k] **I.** podst. úškrn **II.** sl. uškŕňať sa

smith [smiθ] kováč

smithy ['smiði] kováčska vyhňa

smog [smog] smog

smoke [sməuk] **I.** podst. dym ● *go up in s.* rozplynúť sa ako dym; *there's no s. without fire* bez vetra sa ani lístok nepohne **II.** sl. **1.** (vy)fajčiť; *he s-s 20 cigarettes a day* denne vyfajčí 20 cigariet **2.** (za)údiť; *s. sausages* údiť klobásy **3.** dymiť; *these chimneys s. terribly* tieto komíny hrozne dymia

smooth [smu:ð] **I.** príd. **1.** hladný; *a baby's s. skin* hladká pokožka dieťaťa **2.** pokojný, plynulý; *a s. flight* pokojný let **3.** jemný; *a s. sherry* jemné sherry **II.** sl. **1.** (*out, down*) vyhladiť (obrus ap.) **2.** (*away*) vyrovnať (vrásky ap.)

smoulder ['sməuldə] **I.** sl. tlieť aj pren.; *the fire was s-ing* oheň tlel; *s-ing hatred* tlejúca nenávisť **II.** podst. tlenie

smudge [smadž] **I.** podst. **1.** špina **2.** šmuha, machuľa, fľak **II.** sl. rozmazať (písmo)

smuggle ['smagl] pašovať

snack [snæk] ľahké občerstvenie

snack bar ['snæk ba:] denný bar

snail [sneil] slimák ● *at a s.'s pace* slimačím tempom

snake [sneik] **I.** podst. had **II.** sl. hadiť sa, kľukatiť sa; *the road s-s through the mountains* cesta sa kľukatí medzi vrchmi

snap [snæp] **I.** podst. **1.** (za)praskanie, prasknutie; *the twig broke with a s.* haluz sa zlomila s prasknutím **2.** lusknutie; *summon sb. with a s.* lusknutím privolať (koho) **3.** chňapnutie, rafnutie; *the dog made a s. at the sausage* pes chňapol po klobáske **4.** patentka, spínačka **5.** momentka **6.** studená vlna **II.** príd. náhly, spontánny; *a s. decision* náhle rozhodnutie **III.** sl. **1.** [*-pp-*] prasknúť; *s. the door shut* prasknúť dverami **2.** prasknutím zlomiť; *s. a twig* zlomiť haluz **3.** lusknúť **4.** vyfotiť (koho) **5.** jačať, osopiť sa; *thereis no need to s.* nemusíš hneď jačať

snap off **1.** odlomiť **2.** odhryznúť

snap out **1.** zarevať, vyšteknúť; *s. out an order* vyšteknúť rozkaz **2.** skončiť (s čím), dostať sa (z čoho) ● *s. out of it* pozbieraj sa, hlavu hore

snap up **1.** schňapnúť; *the fish s-ed up the bait* ryba zhltla návnadu. **2.** pren. zhrabnúť; *s. up the profit* zhrabnúť zisk

snarl [sna:l] **I.** podst. (za)vrčanie; *an angry s.* zlostné zavrčanie **II.** sl. (*at*) vrčať (na koho) aj pren.; *the dog s-ed at me* pes na mňa vrčal; *„shut up!" she s-ed* „mlč!" zavrčala

snatch [snæč] uchmatnúť, chňapnúť, zdrapiť; *the thief s-ed her handbag* zlodej zdrapil jej kabelku

sneak [sni:k] **1.** prikradnúť sa, zakradnúť sa; *s. round to the back door* zakradnúť sa k zadnému vchodu **2.** škol. slang. *on* žalovať (na koho)

sneak up (on, behind) prikrádať sa (ku komu); *don't s. up on me like this* neprikrádaj sa ku mne takto

sneeze [sni:z] **I.** sl. kýchať **II.** podst. kýchnutie

sniff [snif] **1.** smrkať, poťahovať nosom; *stop s-ing and blow your nose* prestaň smrkať a vysiakaj sa **2.** vtiahnuť, vdýchnuť; *s. the seaair* vdýchnuť morský vzduch **3.** šnupať, vdychovať; *s. cocaine* šnupať kokaín

sniff at ohrnúť nosom (nad čím); *s. at a friendly offer* ohŕňať nos nad priateľskou ponukou

sniff out vyčuchať, vyňuchať; *dogs s. out drugs* psy vyňuchajú drogy

snobbery ['snobəri] snobizmus

snore [sno:] **I.** sl. chrápať **II.** podst. chrápanie

snout [snaut] rypák

snow [snəu] **I.** podst. **1.** sneh **2.** sneženie **II.** sl. snežiť

snowball ['snəubo:l] (snehová) guľa

snowboard ['snəubo:d] snoubord

snowdrift ['snəu‚drift] závej

snowdrop ['snəudrop] snežienka

snowflake ['snəufleik] snehová vločka, vločka snehu

snowman ['snəumæn] mn. č. *-men* [-men] snehuliak

snowstorm ['snəusto:m] snehová víchrica

snow-white [‚snəu 'wait] snehobiely

snuff [snaf] (*out*) zhasnúť, zahasiť; *s. out a candle* zhasnúť sviecu

snuff out vyhasnúť; *a young life needlessly s-ed out* zbytočne vyhasnutý mladý život

snug [snag] **1.** útulný; *a s. little sitting room* útulná malá obývacia izba **2.** priliehavý; *a s. jacket* priliehavý kabát

so [səu] **I.** prísl. **1.** tak, takto; *so it was* tak to bolo **2.** takisto, práve tak; *he has got a lot of money and so has his sister* má veľa peňazí a takisto aj jeho sestra ● *I believe so* myslím, že áno; *so far* doteraz; *not so much as* ani; *and so on/forth* a tak ďalej; *or so* približne; *so called* takzvaný; *so ... that* **1.** aby **2.** takže; *so to say/speak* takpovediac **II.** spoj. (a) tak, preto; *she asked me to go, so I went* požiadala ma, aby som odišiel, tak som šiel

soak [səuk] **I.** podst. namáčanie **II.** sl. namočiť (bielizeň)

soak through premoknúť; *we all got s-ed through* celkom sme premokli

soak up vpiť; *the ground s-ed up the rain* zem vpila vlahu
soap [səup] **I.** podst. mydlo **II.** sl. namydliť
soapy ['səupi] mydlový; *s. water* mydlová voda; *s. taste* mydlová príchuť
soar [so:] **1.** vzniesť sa; *s. into the sky* vzniesť sa do neba **2.** rýchlo stúpať; *their hopes s-ed at the good news* nádej im stúpla pri dobrej správe **3.** prudko sa zvýšiť; *prices have s-ed* ceny sa prudko zvýšili
sob [sob] **I.** sl. vzlykať **II.** podst. vzlykanie, vzlykot
sober ['səubə] **I.** príd. triezvy (v rozl. význ.); *he was still s. when he left* bol ešte triezvy, keď odchádzal; *she wore a s. grey dress* mala na sebe sivé šaty triezveho strihu; *his account of the accident was factual and s.* jeho správa o nehode bola vecná a triezva **II.** sl. *(down/up)* vytriezvieť; *the bad news s-ed all of us* po tej zlej správe sme všetci vytriezveli
sober up vytriezvieť (z alkoholu)
so-called [,səu 'ko:ld] takzvaný; *a s. expert* takzvaný odborník
soccer ['sokə] šport. európsky futbal
social ['səušl] **1.** spoločenský; *lead an active s. life* viesť aktívny spoločenský život **2.** sociálny; *discuss s. questions* diskutovať o sociálnych otázkach
socialism ['səušəlizm] socializmus
socialist ['səušələst] socialista
socialize [səušəlaiz] stretávať sa (spoločensky); *s. a lot* viesť čulý spoločenský život
social security [,səušəl si'kjuərəti] sociálne zabezpečenie
social work ['səušl wə:k] sociálna starostlivosť
social worker [,səušəl 'wə:kə] sociálny pracovník
society [sə'saiəti] spoločnosť
sociologist [,səusi'olədžəst] sociológ/ička
sociology [,səusi'olədži] sociológia
sock [sok] ponožka
socket ['sokət] **1.** jamka, vyhĺbenina; *the eye s.* očná jamka **2.** elektr. zásuvka **3.** elektr. objímka
sodium ['səudiəm] chem. sodík; *s. bicarbonate* sóda bikarbóna/jedlá sóda; *s. chloride* chlorid sodný/kuchynská soľ
sofa ['səufa] pohovka
soft [soft] **1.** mäkký; *s. ground* mäkká pôda **2.** jemný; *a baby's s. skin* jemná pokožka dieťaťa **3.** tlmený; *s. light* tlmené svetlo

soft-boiled [,soft 'boiləd] namäkko uvarený; *he likes his eggs s.* má rád vajíčka namäkko
soft drink [,soft 'driŋk] nealkoholický nápoj
soften ['softən] **1.** zmäkčiť; *s. water* zmäkčiť vodu **2.** stlmiť; *s. the light/sound* stlmiť svetlo/zvuk **3.** oslabiť; *s. the effect/resistance* oslabiť účinok/odpor
soft palate [,soft 'pælət] mäkké podnebie
software ['softweə] výp. programové vybavenie, softvér
soil [soil] **I.** podst. **1.** zem, zemina; *rich s.* žírna zem **2.** pôda, roľa; *he makes his living from the s.* živí ho pôda **II.** sl. zašpiniť aj pren.; *children s. their clothes easily* deti si ľahko zašpinia šaty; *s. one's hands on/with dishonest business* zašpiniť si ruky nečestným obchodom
solar ['səulə] slnečný; *s. cells* slnečná batéria
solar-powered ['səuləpauəd] poháňaný slnečnou energiou
solar system ['səulə ,sistəm] slnečná sústava
sold p. **sell**
soldier ['səuldžə] vojak
sole[1] [səul] podošva, chodidlo
sole[2] [səul] **1.** (jeden-)jediný; *the s. survivor of the crash* jediný človek, ktorý prežil zrážku **2.** výhradný; *have the s. right of selling* mať výhradné právo predaja
sole[3] [səul] mn. č. *sole* aj *soles* platesa
solely ['səulli] jedine/len sám; *be s. responsible* byť jedine sám zodpovedný
solemn ['soləm] **1.** slávnostný; *give one's s. word/pledge* dať slovo/slávnostný sľub; *s. silence* slávnostné ticho **2.** vážny; *s. faces* vážne tváre
solicit [sə'lisət] **1.** úpenlivo prosiť; *s. somebody for sth.* úpenlivo prosiť (koho o čo) **2.** uchádzať sa, získavať; *s. votes* uchádzať sa o voličské hlasy
solicitor [sə'lisətə] právny poradca, advokát
solid ['soləd] **1.** pevný, tuhý; *s. fuel* pevné palivo **2.** masívny, mohutný; *s. buildings* masívne stavby **3.** čistý, rýdzi; *s. gold* rýdze zlato **4.** spoľahlivý, solídny; *a s. business firm* spoľahlivá obchodná firma **5.** jednomyseľný; *they are s. on this issue* sú jednotní v tomto bode **6.** plný, neprerušený; *sleep s. 10 hours* spať plných 10 hodín
solidarity [,soli'dærəti] spolupatričnosť, solidarita
solitary ['solətri] **1.** osamotený, osamelý, opustený; *a s. house* osamotený dom **2.** samotársky; *lead a s. life* viesť samotársky

S

život **3.** obyč. v otázke a zápore jediný; *can you give me one s. piece of proof?* môžeš mi poskytnúť jediný dôkaz?

solitude [ˈsolətjuːd] samota, osamelosť
solo [ˈsəuləu] sólo
soloist [ˈsəuləuəst] sólista, sólistka
solstice [ˈsolstəs] slnovrat • *summer/winter s.* letný/zimný slnovrat
soluble [ˈsoljəbl] **1.** rozpustný; *s. in water* rozpustný vo vode **2.** riešiteľný; *a s. problem* riešiteľný problém
solution [səˈluːšn] **1.** (*to*) (vy)riešenie; *the s. to all his problems* riešenie všetkých jeho problémov **2.** rozpúšťanie; *the s. of sugar in tea* rozpúšťanie cukru v čaji **3.** roztok; *a weak sugar s.* slabý roztok cukru
solve [solv] **1.** (vy)riešiť; *s. problems* vyriešiť ťažkosti; *s. a crossword puzzle* lúštiť krížovku **2.** objasniť; *s. a crime* objasniť zločin
some [sam] **I.** zám. (v kladných vetách) nejaký, dajaký, voľajaký; *there were s. students waiting for you* nejakí študenti čakali na vás; *he gave her s. money* dal jej dajaké peniaze • hl.AM *and then s.* a ešte o mnoho viac; *s. of* pár, niekoľko; *s. of these days* daktorý deň (v dohľadnom čase) **II.** prísl. **1.** trochu; – *Are you feeling better?* – *S., I guess.* – Cítite sa lepšie? – Myslím, že trochu. **2.** asi, tak, okolo; *a group of s.* 20 *people* skupina okolo 20 ľudí
somebody [ˈsambədi] niekto, ktosi; *there's s. at the door* niekto je pri dverách
somehow [ˈsamhau] nejako; *manage s.* nejako si poradiť
someone [ˈsamwan] niekto, ktosi; *there's s. waiting for you* niekto na teba čaká
somersault [ˈsaməsoːlt] kotúľ, kotrmelec
something [ˈsamθiŋ] niečo; *so you have found s.!* tak si (predsa) niečo našla!
sometime [ˈsamtaim] niekedy; *s. next year* niekedy na budúci rok
sometimes [ˈsamtaimz] niekedy, občas; *s. she meets me at the station* niekedy ma čaká na stanici
somewhat [ˈsamwot] trocha; *prices were s. higher last month* minulý mesiac boli ceny trochu vyššie
somewhere [ˈsamweə] **1.** niekde; *she's s. in the building* je niekde v budove **2.** niekam; *let's go to the Tatras or s.* poďme do Tatier alebo niekam inam
son [san] syn
song [soŋ] pieseň

songbird [ˈsoŋbəːd] spevavý vták
songbook [ˈsoŋbuk] spevník
sonic [ˈsonik] zvukový, akustický
sonic barrier [ˌsonik ˈbæriə] zvuková bariéra
sonic wave [ˌsonik ˈweiv] zvuková vlna
son-in-law [ˈsan in ˌloː] mn. č. *sons-in-law/son-in-laws* zať
sonorous [ˈsonərəs] zvučný, sýty, zvonivý; *a s. voice* zvučný hlas
soon [suːn] **1.** skoro; *must you go so s.?* musíš ísť tak skoro? **2.** čoskoro; *you will s. understand* čoskoro pochopíš • *as s. as* len čo; *the s-er the better* čím skôr, tým lepšie; *s-er or later* skôr či neskôr
sooner [ˈsuːnə] **1.** skôr; *s. or later* skôr či neskôr **2.** radšej; *I'd s. not do it* radšej by som to nerobil
soot [sut] **I.** podst. sadze **II.** sl. pokryť sadzami, začadiť
soothe [suːð] **1.** (*down*) upokojiť, utíšiť; *it took all her tact to s. him* (*down*) potrebovala všetok svoj takt, aby ho upokojila **2.** zmierniť; *this medicine will s. your pain* tento liek ti zmierni bolesť
sophisticated [səˈfistəkeitəd] **1.** kultivovaný; *a s. woman* kultivovaná žena **2.** komplikovaný, na vysokej úrovni; *s. devices used in spacecraft* komplikované prístroje používané vo výskume kozmu; *a s. discussion* diskusia na vysokej úrovni
sophomore [ˈsofəmoː] AM študent v druhom ročníku vysokej školy
soprano [səˈpraːnəu] soprán
sorcerer [ˈsoːsrə] strigôň, bosorák
sorceress [ˈsoːsrəs] striga, bosorka, ježibaba
sordid [ˈsoːdəd] **1.** ničomný, nízky, podlý; *s. motives* nízke motívy; *a s. story* nechutná historka **2.** (odporne) špinavý, nečistý • *s. quarters* špinavý príbytok
sore [soː] boľavý, citlivý aj pren.; *have a s. throat* mať boľavé hrdlo; *a s. heart* boľavé srdce; *a s. point* citlivé miesto
sorrow [ˈsorəu] **1.** smútok, žiaľ; *life has many joys and s-s* život skrýva veľa radosti a žiaľu **2.** ľútosť; *express s. for having done wrong* prejaviť ľútosť nad spôsobenou krivdou
sorry [ˈsori] **I.** príd. **1.** nešťastný, zúfalý; *I'm sure you were s. to hear about his death* správa o jeho smrti vás iste veľmi zronila **2.** biedny, úbohý, neuspokojivý; *a s. state of affairs* neuspokojivý stav veci • *I'm s.* ľutujem, mrzí ma; *I'm s. I forgot to return your*

book mrzí ma, že som vám zabudol vrátiť knihu; *Did I give you a fright? I'm s.* Naľakal som vás? Prepáčte.; *I am s. to say* musím, žiaľ, povedať **II.** cit. (zdvorilostná formula) **1.** *s.!* prepáčte! *Did I tread on your toe? S.!* Stúpil som vám na palec? Prepáčte! **2.** (pri žiadosti opakovať povedané) *s.?* prosím? *S., what did you say?* Prosím? Čo ste povedali?

sort [so:t] **I.** podst. druh, typ; *they sell different s-s of wine* predávajú rôzne druhy vína; *what s. of man is he?* aký typ človeka je to? **II.** sl. triediť; *s. letters in a post office* triediť listy na pošte
sort out vytriediť; *s. out old clothes* vytriediť staré šatstvo
sought p. **seek**
soul [səul] **1.** duša; *believe in the immortality of the s.* veriť v nesmrteľnosť duše **2.** cit; *he is a man without a s.* je to človek bez citu **3.** človek; *the ship sank with 200 s-s* loď sa potopila s 200 ľuďmi **4.** hud. soul
sound[1] [saund] **I.** podst. zvuk; *s. travels fast* zvuk sa šíri rýchlo **II.** sl. **1.** (za)zvoniť; *s. the alarm!* zazvoň na poplach! **2.** rozoznieť sa, znieť; *bells s-ed from the nearby church* na blízkom kostole sa rozozneli zvony **3.** vysloviť; *the „k" in „know" is not s-ed* „k" v slove „know" sa nevyslovuje **4.** zdať sa; *that s-s absolutely perfect* zdá sa, že je to úplne dokonalé
sound[2] [saund] **1.** zdravý; *a s. sleep* zdravý spánok **2.** rozumný; *s. advice* rozumná rada **3.** schopný; *a s. manager* schopný manažér
soundproof [ˈsaundpru:f] **I.** príd. zvukotesný; *s. walls* zvukotesné steny **II.** sl. zvukovo izolovať
soundtrack [ˈsaundtræk] **1.** zvuková stopa **2.** hudba k filmu
soup [su:p] polievka; *chicken s.* slepačia polievka
sour [ˈsauə] **1.** kyslý; *this apple tastes s.* jablko má kyslú chuť **2.** skysnutý; *the milk has gone s.* mlieko je skysnuté **3.** pren. nevľúdny; *a s. look* nevľúdny pohľad
source [so:s] **1.** zdroj, prameň; *a s. of income* zdroj príjmov **2.** príčina, dôvod; *the s. of trouble* príčina ťažkostí **3.** prameň; *the s. of a river* prameň rieky **4.** *s-s* mn. č. pôvodné dokumenty/pramenné materiály; *study the s-s* študovať pramenné materiály
south [sauθ] juh; *they live in the s. of the country* žijú na juhu krajiny

southeast [ˌsauθˈi:st] **I.** podst. (*the*) juhovýchod **II.** príd. juhovýchodný **III.** prísl. juhovýchodne
southerly [ˈsaðəli] **1.** na juhu/juh; *we set off in a s. direction* vydali sme sa smerom na juh **2.** južný (o vetre); *a s. breeze* južný vánok
southern [ˈsaðən] južný; *the s. hemisphere* južná pologuľa
South Pole [ˌsauθ ˈpəul] južný pól
southwest [ˌsauθˈwest] **I.** podst. juhozápad **II.** príd. juhozápadný **III.** prísl. juhozápadne
sovereign [ˈsovrən] **I.** podst. **1.** panovník (kráľ al. kráľovná) **2.** (bývalá britská) zlatá minca **II.** príd. **1.** zvrchovaný, suverénny; *s. states* zvrchované štáty **2.** účinný; *a s. remedy* účinný liek
sovereignty [ˈsovrənti] suverenita, zvrchovanosť
sow[1] [səu], *sowed* [səud], *sown* [səun] (za)siať aj pren.; *s. seeds* siať zrno; *s. hatred* zasiať nenávisť
sow[2] [sau] sviňa, prasnica
sowed p. **sow**[1]
sown p. **sow**[1]
soya beans [ˈsoiə bi:nz] aj *soybeans* [ˈsoibi:nz] sójové bôby
soy sauce [ˈsoi so:s] sójová omáčka
spa [spa:] **1.** liečivý prameň, žriedlo **2.** kúpele; *there are several famous spas in our country* v našej krajine je niekoľko slávnych kúpeľov
space [speis] **1.** priestor; *find a s. to park one's car* nájsť si priestor na zaparkovanie auta; *an open s.* voľný priestor **2.** obdobie; *a s. of two years* obdobie dvoch rokov **3.** miesto; *there's enough s. for five persons in the car* v aute je dosť miesta pre päť osôb **4.** vesmír; *launch a satellite into s.* vystreliť družicu do vesmíru
space-age [ˈspeiseidž] kozmický vek
spaceship [ˈspeisˌšip] kozmická loď
space shuttle [ˈspeis ˌšatl] raketoplán (premávajúci medzi Zemou a vesmírnou stanicou)
spacious [ˈspeišəs] priestranný, rozľahlý; *a s. office* priestranná kancelária
spade[1] [speid] rýľ
spade[2] [speid] obyč. mn. č. *s-s* piky; *the ten of s-s* piková desiatka (v kartách)
Spain [spein] Španielsko
span[1] [spæn] **I.** podst. **1.** piaď (miera) **2.** rozpätie (oblúka) **3.** doba, obdobie; *the life s.* doba života; *for a short s. of time* na krátky čas **II.** sl. *-nn-* (pre)klenúť; *the river is s-d by many bridges* rieka je preklenutá mnohými mostami

span² p. **spin**
Spaniard [ˈspænjəd] Španiel/ka
Spanish [ˈspæniš] **I.** príd. španielsky **II.** podst. španielčina mn. č. *the S.* Španieli
spank [spæŋk] vyplieskať; *s. a child* vyplieskať dieťa po zadku
spare [speə] **I.** príd. **1.** voľný; *a s. room* voľná izba (pre hosťa); *s. time* voľný čas **2.** náhradný, rezervný; *a s. wheel* náhradné koleso **3.** chudý; *a s. figure* chudá postava **II.** podst. **1.** náhradný dielec **2.** rezerva (náhradné koleso) **III.** sl. **1.** ušetriť; *s. the enemy's life* ušetriť život nepriateľa; *use the telephone and s. yourself a visit* použi telefón a ušetri si návštevu **2.** (za)obísť sa; *I can't s. him* nemôžem sa bez neho zaobísť ● *s. no expense* nešetriť peniazmi; *enough and to s.* viac ako dosť; *s. me!* omilosť ma! *if I am s-d* keď budem živý a zdravý; *no time to s.* je najvyšší čas; *S. the rod and spoil the child.* Ohýbaj ma, mamko, pokiaľ som ja Janko.
spark [spa:k] **I.** podst. iskra aj pren; *s-s are flying into the air from the campfire* z vatry vyletujú iskry; *when they meet the s-s fly* keď sa stretnú, lietajú iskry **II.** sl. **1.** iskriť; *crackers give out s-s* prskavky iskria; **2.** *s. off* pren. viesť (k čomu), vyvolať (čo); *his statement s-ed off a quarrel* jeho výrok viedol k hádke
sparkle [ˈspa:kl] **I.** podst. **1.** iskrenie; *the s. of a diamond* iskrenie briliantu **2.** pren. iskra; *the new play didn't have much s. to it* novej hre chýbala iskra **II.** sl. **1.** iskriť (sa); *the snow s-d in the sunlight* sneh sa iskril na slnku **2.** sršať; *her eyes s-d with anger* oči jej sršali hnevom
sparrow [ˈspærəu] vrabec
spasm [ˈspæzm] kŕč; *a muscle s.* svalový kŕč
spat p. **spit**
spatial [ˈspeišl] tech. priestorový; *s. arrangement* priestorové usporiadanie
spatter [ˈspætə] (*on/over*) ošpliechať, ofŕkať; *the passing car s-ed mud on my coat* prechádzajúce auto mi ofŕkalo kabát blatom
speak [spi:k], *spoke* [spəuk], *spoken* [ˈspəukn] **1.** hovoriť (v rozl. význ.); *s. slowly* pomaly hovoriť; *s. the truth* hovoriť/vravieť pravdu; *he spoke a few words to us* povedal nám pár slov; *s. on/about one's experiences in a foreign country* hovoriť o zážitkoch v cudzej krajine; *actions s. louder than words* skutky hovoria viac ako slová **2.** (o cudzom jazyku) hovoriť, vedieť, ovládať; *she s-s German* hovorí/vie po nemecky ● *not be on s-ing terms with sb.* nerozprávať sa (s kým);

nothing to s. of nestojí to ani za reč; *so to s.* takpovediac; *s. one's mind* (príliš) otvorene prejaviť svoj názor
speak for **1.** hovoriť (za koho); *s. for yourself!* hovor za seba! **2.** svedčiť, hovoriť; *the figures s. for themselves* čísla hovoria za seba
speak out (*against*) ozvať sa (proti); *will no one s. out against that stupid order?* nikto sa neozve proti tomu hlúpemu rozkazu?
speak up **1.** hovoriť hlasnejšie; *s. up, please, I can't hear you* hovorte, prosím, hlasnejšie, nepočujem vás **2.** (*for*) zastať sa (koho, čoho); *s. up for the truth* zastať sa pravdy
speaker [spi:kə] **1.** rečník, hovorca, hlásateľ **2.** reproduktor
spear [ˈspiə] oštep, kopija
special [ˈspešl] špeciálny, mimoriadny; *a s. case* mimoriadny/špeciálny prípad; *a s. occasion* mimoriadna príležitosť
specialist [ˈspešləst] odborník, špecialista
speciality [ˌspešiˈæləti] BR, *specialty* [ˈspešlti] AM **1.** špecializácia (oblasť, sféra); *her s. is baroque music* jej špecializácia je baroková hudba **2.** špecialita (produkt); *this fruit cake is my mother's s.* tento ovocný koláč je matkina špecialita
specialize [ˈspešəlaiz] špecializovať (sa); *s. in child psychology* špecializovať sa na detskú psychológiu
species [ˈspi:ši:z] j. č. aj mn. č. druh
specific [spəˈsifik] presný, určitý; *s. instruction* presné inštrukcie; *be more s., please* vyjadrite sa, prosím, presnejšie
specify [ˈspesəfai] presne stanoviť/určiť; *s. the rules* presne stanoviť pravidlá
specimen [ˈspesəmən] vzorka; *a s. of blood* vzorka krvi
spectacle [ˈspektəkl] divadlo (niečo pozoruhodné na pohľad); *the parade was a magnificent s.* slávnostné defilé bolo úchvatným divadlom
spectacles [ˈspektəklz] mn. č., obyč. aj *a pair of s.* zastar. okuliare; *I must get a new pair of s.* potrebujem nové okuliare
spectacular [spekˈtækjələ] veľkolepý, senzačný; *a s. success* senzačný úspech
spectator [spekˈteitə] divák
spectral [ˈspektrəl] tech. spektrálny; *s. analysis* spektrálna analýza
spectrum [ˈspektrəm] mn. č. *spectra* [ˈspektrə] fyz. spektrum
speculate [ˈspekjəleit] **1.** (*about, on*) uvažovať, premýšľať (o čom); *s. on what happened*

uvažovať o tom, čo sa stalo **2.** (*in*) obch. špe-
kulovať (s čím); *s. in wheat* špekulovať so pše-
nicou
   sped p. **speed**
   speech [spi:č] reč; *indistinct s.* nezreteľná reč;
the minister's s. was a success ministrov prejav
mal úspech ● *give/make a s.* predniesť prejav
   speed [spi:d] **I.** podst. (v rozl. význ.) rýchlosť;
slow/steady/full s. pomalá/rovnomerná/plná
rýchlosť; *reduce s.* znížiť rýchlosť; *pick up/
gather s.* nabrať rýchlosť; **II.** sl. *speeded/sped*
['spidəd/sped], *speeded/sped* **1.** hnať (sa); *he
sped down the stairs* hnal sa dole schodmi **2.**
prekročiť (stanovenú) rýchlosť; *was I really
speeding?* naozaj som prekročil rýchlosť'?
   speed up urýchliť, zrýchliť; *s. up produc-
tion* zrýchliť produkciu
   spell[1] [spel] *spelt* [spelt], *spelt* **1.** hlásko-
vať; *s. your name, please* hláskujte, prosím,
svoje meno **2.** správne (na)písať (ovládať pra-
vopis); *children must learn to s. words correct-
ly* deti sa musia učiť správne písať
   spell[2] [spel] **1.** (neprerušené) obdobie; *a long
s. of sunny weather* dlhé obobie slnečného po-
časia **2.** chvíľa; *wait for a s.* počkaj chvíľu
   spell[3] [spel] **1.** čaro; *the s. of her smile* ča-
ro jej úsmevu **2.** zaklínadlo; *cast a s. over sb.*
vyriecť (nad kým) zaklínadlo **3.** rozpráv. kliatba;
the witch put the princess under a s. čaro-
dejnica zakliala princeznú
   spelling ['speliŋ] **1.** pravopis; *her s. has im-
proved* zlepšila sa v pravopise **2.** hláskovanie
   spelt p. **spell**[1]
   spend [spend] *spent* [spent], *spent* **1.** utra-
tiť, minúť (peniaze); *my wife s-s a lot of money*
moja žena utráca veľa peňazí **2.** spotrebovať,
vyčerpať používaním; *s. one's energies* vy-
čerpať svoje sily **3.** (s)tráviť (čas); *s. a week-
end in the country* stráviť víkend na vidieku
   spent[1] [spent] vyčerpaný, vysilený; *a s. swim-
mer* vyčerpaný plavec; *a s. horse* vysilený kôň
   spent[2] p. **spend**
   sperm [spə:m] spermia, semeno
   sphere ['sfiə] **1.** guľa; *the Earth is not a
perfect s.* Zem nie je dokonalá guľa **2.** sféra,
oblasť; *s. of activities* oblasť činnosti
   spherical ['sferikl] guľový; *a s. object* gu-
ľový predmet
   sphinx ['sfiŋks] sfinga
   spice [spais] **I.** podst. korenie; *ginger is a s.*
zázvor je korenie **II.** sl. (*with*) okoreniť aj pren.;
s. meat with pepper okoreniť mäso čiernym

korením; *a speech s-d with humour* reč oko-
renená humorom
   spider ['spaidə] pavúk
   spike [spaik] **1.** hrot, bodec, špic(a) **2.** klas
   spill [spil] *spilt* [spilt]/AM *spilled*, *spilt* **1.**
rozliať; *s. milk* rozliať mlieko **2.** vysypať,
roztrúsiť; *s. salt* vysypať soľ **3.** zhodiť (z ko-
ňa); *his horse spilt him* kôň ho zhodil ● *s. the
beans* prezradiť tajomstvo; *cry over spilt milk*
plakať nad rozliatym mliekom
   spilt p. **spill**
   spin [spin], *span/spun* [spæn/span], *spun,
-nn-* **1.** spriadať ľan, konope **2.** krútiť sa; *the
wheel was s-ning on its axle* koleso sa krútilo
okolo osi ● *s. a yarn* rozprávať historky
   spinach ['spinidž] špenát
   spinal ['spainl] chrbticový
   spinal canal [,spainl kə'næl] miechový kanál
   spinal column [,spainl'koləm] chrbtica
   spinal cord [,spainl'ko:d] miecha
   spine [spain] **1.** chrbtica, chrbtová kosť; *he
damaged his s. when he fell* pri páde si poranil
chrbticu **2.** chrbát; *the s. of a book* chrbát knihy
   spinning wheel ['spiniŋ wi:l] kolovrat
   spinster ['spinstə] pejor. stará dievka
   spiral ['spairəl] špirála
   spire ['spaiə] špicatá veža (hlav. na kostole)
   spirit ['spirət] **1.** duch; *he's dead, but his
s. lives* je mŕtvy, ale jeho duch žije **2.** duša,
osobnosť; *he was the leading s. of the move-
ment* bol dušou hnutia **3.** obyč. *s-s* mn. č. odu-
ševnenie, odvaha **4.** liek, alkohol ● *in
high/low s-s* v dobrej/zlej nálade; *out of s-s*
nešťastný, deprimovaný; *in s.* v duchu; *the s.
of the law* duch zákona
   spirited ['spirətəd] **1.** duchaplný; *a s. con-
versation* duchaplný rozhovor **2.** odvážny; *a
s. attack* odvážny útok **3.** živý, tempera-
mentný; *a s. horse* živý kôň
   spirit level ['spirət,levəl] vodováha
   spiritual ['spirəčuəl] **I.** príd. duchovný; *s. mat-
ters* duchovné záležitosti ● *the lords spiritual*
vysoký klérus (členovia Snemovne lordov) **II.** podst.
spirituál (ľudová duchovná pieseň amerických černochov)
   spit[1] [spit] *spat* [spæt], *spat, -tt-* **I.** sl. **1.** pľu-
vať, pľuť; *s. on the floor* pľuvať na zem **2.** prs-
kať; *the cat spat at the dog* mačka prskala na
psa **3.** (*out*) (vy)chrliť, (vy)sypať zo seba; *she
spat out her reply* vychrlila odpoveď **4.** (o daž-
di) mrholiť, (o snehu) poletovať **II.** podst. slina
   spit[2] [spit] **I.** podst. ražeň **II.** sl. *-tt-* napich-
núť na ražeň

S

spite [spait] priekor(y), priek, protiveň ●
do sth. out of/from s. robiť priekor(y); *in s. of*
napriek/navzdory (čomu)

splash [splæš] **I.** podst. **1.** čľapkanie, čľa-
potanie, špliechanie **2.** škvrna (po vyšplechnutej
tekutine); *a s. of paint on the floor* škvrna od
farby na podlahe **II.** sl. čľapkať, čľapotať (sa);
špliechať; *the rain s-ed on the windows* dážď
špliechal na okná

spleen [spli:n] slezina

splendid [ˈsplendəd] **1.** nádherný; *there
are some s. paintings at the gallery* v galérii
je niekoľko nádherných malieb **2.** vynikajú-
ci; *a s. idea* vynikajúci nápad

splinter [ˈsplintə] **1.** trieska; *have a s. in
one's finger* mať v prste triesku **2.** úlomok;
s-s of glass úlomky skla

split [split] *split, split, -tt-* **I.** sl. **1.** (*up*) štie-
piť; *s. an atom* štiepiť atóm **2.** štiepať (sa);
some kinds of wood s. easily niektoré druhy
dreva sa ľahko štiepajú **3.** puknúť, prasknúť,
roztrhnúť sa; *his coat has s. at the seams* ka-
bát mu praskol vo švíkoch **4.** (*up, into*) roz-
deliť sa; *the children s. up into two groups* de-
ti sa rozdelili na dve skupiny **5.** (*up, with*)
rozísť sa; *Joe and Mary have split up* Joe a
Mary sa rozišli **II.** podst. **1.** prasklina **2.** roz-
por; *lead to a s.* viesť k rozporu **3.** šport. *the
s-s* mn. č. sed roznožný

spoil [spoil] *spoiled/spoilt* [spoilt], *spoiled/
spoilt* **1.** (po)kaziť; *s. a dish by putting too
much salt in it* pokaziť jedlo presolením **2.**
(s)kaziť sa; *some kinds of food s. quickly*
niektoré potraviny sa rýchlo kazia **3.** roz-
maznať; *s. a child* rozmaznať dieťa

spoke p. **speak**

spoken p. **speak**

spokesman [ˈspəuksmən] mn. č. *-men*
[mən] hovorca

spokeswoman [ˈspəukswumən], mn. č *-wo-
men* [wimin] hovorkyňa

sponge [spandž] **I.** podst. špongia **II.** sl.
(*down*) umyť špongiou; *s. down a wall* umyť
stenu špongiou

sponge cake [ˈspandž keik] piškóta, piškó-
tový koláč

sponger [ˈspandžə] príživník

sponsor [ˈsponsə] **I.** podst. **1.** ručiteľ **2.**
sponzor, podporovateľ; *an opera house needs
s-s* opera potrebuje sponzorov **II.** sl. (finančne)
podporovať

sponsorship [ˈsponsəšip] sponzorstvo

spontaneous [sponˈteiniəs] spontánny,
samovoľný; *he made a s. offer of help* spon-
tánne ponúkol pomoc

spoof [spu:f] hovor. paródia

spook [spu:k] hovor. strašidlo

spool [spu:l] cievka

spoon [spu:n] lyžica

sport [spo:t] šport

sporting [ˈspo:tiŋ] **1.** športový **2.** slušný,
fér; *a s. offer* férová ponuka

sports car [ˈspo:ts ka:] športový automobil

sports jacket [ˈspots ˌdžækət] športové sako

sportsman [ˈspo:tsmən] mn. č. *-men* [-mən]
1. športovec **2.** čestný človek

spot [spot] **I.** podst. **1.** bodka; *a white dress
with blue s-s* biele šaty s modrými bodkami
2. škvrna; *a s. of black paint* škvrna od čier-
nej farby **3.** vriedok, vyrážka **4.** miesto, lo-
kalita; *a nice s. for a picnic* pekné miesto na
piknik ● *on the s.* **1.** ihneď **2.** na mieste (čo-
ho) **II.** sl. *-tt-* **1.** zbadať, zazrieť; *s. a friend in
the crowd* zazrieť priateľa v dave **2.** (*with*)
pokryť (bodkami); *the yellow fields were s-ted
with red poppies* žlté polia boli ako vybod-
kované červenými makmi

spotless [ˈspotləs] **1.** úplne čistý; *a s. white
shirt* úplne čistá biela košeľa **2.** pren. bezú-
honný; *a s. reputation* bezúhonná povesť

spotlight [ˈspotlait] **1.** reflektor **2.** pren.
stredobod záujmu; *be in the/hold the s.* byť
stredobodom záujmu

spotted [ˈspotəd] **1.** bodkovaný; *a s. tie* bod-
kovaná kravata **2.** zašpinený; *her dress was s.
with grease* mala šaty zašpinené od masti

spouse [spaus] kniž. manžel/ka

sprain [sprein] vytknúť si, vyvrtnúť si; *s.
one's ankle* vyvrtnúť si členok

sprang p. **spring**

spray[1] [sprei] **1.** sprej, rozprašovač; po-
strekovač **2.** postrek; roztok na rozprašovanie

spray[2] [sprei] vetvička, konárik

spread [spred] *spread, spread* **I.** sl. **1.** (*out*)
rozprestrieť, rozložiť, rozostrieť, rozopnúť,
rozopäť; *s. a newspaper out on the table* roz-
ložiť noviny na stole; *the bird s. its wings* vták
rozopäl krídla **2.** rozprestierať sa, rozkladať
sa; *the city s-s as far as the river* mesto sa roz-
prestiera až k rieke **3.** natierať, natrieť; *s. but-
ter on the bread* natrieť maslo na chlieb **4.**
rozširovať, (roz)šíriť (sa); *s. rumours* šíriť re-
či **5.** rozširovať, roznášať; *flies s. diseases*
muchy rozširujú choroby **6.** (*over, among*)

rozvrhnúť; *s. the exams over a period of ten days* rozvrhnúť skúšky na desať dní **II.** podst. **1.** rozpätie (krídel) **2.** (*of*) šírenie (čoho); *the s. of knowledge* šírenie vedomostí; *the s. of the disease is rapid* šírenie choroby je veľmi rýchle **3.** nátierka; *cheese s.* syrová nátierka

spreadsheet [spred'ši:t] výp. tabuľkový súbor; tabuľkový procesor; pracovný hárok

spring [spriŋ] **I.** podst. **1.** jar **2.** skok **3.** pružina, pero **4.** pružnosť **5.** prameň **II.** *sprang* [spræŋ], *sprung* [spraŋ] sl. **1.** (vy)skočiť; *he sprang forward to help me* vyskočil, aby mi pomohol **2.** (*up*) objaviť sa; *weeds were s-ing up everywhere* všade sa objavila burina;
spring from prameniť (z čoho); *her fear s-s from a bad experience* jej strach pramení z nepríjemného zážitku

springboard ['spriŋbo:d] **1.** skokanská doska **2.** odrazový mostík

sprinkle ['spriŋkl] **1.** pokropiť, postriekať; *s. a dusty path with water* pokropiť zaprášený chodník **2.** posypať (pieskom); *s. sand along an icy road* posypať zľadovatenú cestu pieskom

sprinkler ['spriŋklə] postrekovač

sprint [sprint] **I.** podst. šport. šprint **II.** sl. šprintovať

sprinter ['sprintə] šprintér, šprintérka

sprite [sprait] víla; *a water s.* vodná víla

spruce [spru:s] smrek (drevo aj strom)

sprung p. **spring**

spun p. **spin**

spur [spə:] **I.** podst. **1.** ostroha **2.** popud, podnet; *criticism as a s. to increased effort* kritika ako podnet na zvýšené úsilie **II.** sl. -*rr-* (*on*) poháňať, podnecovať; *he was s-ed on by ambition* poháňali ho ambície

spy [spai] **I.** podst. špión, vyzvedač, špiónka, vyzvedačka **II.** sl. **1.** sledovať, špehovať **2.** vykonávať špionáž

squad [skwod] družstvo, skupina

squadron ['skwodrən] eskadra

squander ['skwondə] (pre)mrhať, premárniť; *s. money/a valuable opportunity* premrhať peniaze/vzácnu príležitosť

square [skweə] **I.** podst. **1.** štvorec, štvoruholník **2.** štvorcové námestie **II.** príd. **1.** štvorcový; *a s. box* štvorcová škatuľa **2.** hranatý; *a s. chin* hranatá brada **3.** priamy; *a s. refusal* priame odmietnutie **4.** čestný; *a s. game* čestná hra **III.** sl. **1.** utvoriť pravý uhol **2.** vyrovnať účet **3.** umocniť na druhú; *2 s-d equals 4* dva na druhú sú štyri **4.** podplatiť

square dance ['skweə da:ns] štvorylka

square root [ˌskweə'ru:t] odmocnina

squash [skvoš] **I.** sl. **1.** rozpučiť, rozgniaviť; *he sat on the tomato and s-ed it* sadol si na rajčinu a rozpučil ju **2.** natlačiť sa; *many people s-ed into the bus* do autobusu sa natlačilo veľa ľudí **II.** podst. **1.** tlačenica, stisk **2.** ovocná šťava

squat [skwot] -*tt-*, (*down/on*) čupnúť si, kvoknúť si (k čomu) **2.** (*in/on*) (neoprávnene) bývať (v opustenej budove)

squatter ['skwotə] **1.** (neoprávnený a neplatiaci) námomca al. obyvateľ

squaw [skwo:] žena, manželka (u severoamerických Indiánov)

squeak [skwi:k] **1.** (za)pišťať; *the mouse s-ed* myš zapišťala **2.** zaškrípať; *the gate s-ed* vráta zaškrípali

squeeze [skwi:z] **I.** sl. **1.** stlačiť, stisnúť; *s. sb's hand* stisnúť komu ruku **2.** vytlačiť; *s. a lemon* vytlačiť citrón **3.** pretisnúť sa; *s. through the door* pretisnúť sa cez dvere **4.** natlačiť (sa); *the car is full but try to s. in* auto je plné, ale skúste sa doň natlačiť **II.** podst. stisk, stisnutie; *a hug and a s.* stisnutie a objatie

squint [skwint] **1.** škúliť **2.** žmúriť; *the sun was so bright I had to s.* slnko žiarilo tak veľmi, že som musel žmúriť

squirrel ['skwirəl] veverička

St skr. **1.** *Saint* svätý; *St Paul's Cathedral* Katedrála svätého Pavla **2.** *street* ulica; *Oxford St* Oxfordská ulica

stab [stæb] -*bb-* **I.** sl. (pre)bodnúť; *he was s-bed to death* ubodali ho na smrť **II.** podst. pre/bodnutie

stabilize ['steibəlaiz] stabilizovať (sa)

stable[1] ['steibl] **1.** pevný; *a s. friendship* pevné priateľstvo **2.** stály, trvalý; *a s. job* trvalé zamestnanie **3.** vyrovnaný; *a s. mind* vyrovnaná myseľ

stable[2] ['steibl] stajňa (pre kone)

stack [stæk] **I.** podst. **1.** hŕba, kopa **2.** kopa, veľa; *a s. of helpers* kopa pomocníkov **II.** sl. *up* navŕšiť, nahromadiť, nakopiť

stadium ['steidiəm] mn. č *-diums/-dia*, [-diəms/-dia] **1.** šport. štadión **2.** lek. stav, fáza, štádium

staff [sta:f] **1.** personál, zbor; *the school s.* učiteľský zbor **2.** (pevná) palica **3.** pren. opora; *he is the s. of my old age* je oporou v mojej starobe **4.** hud. notová osnova

stage [steidž] **I.** podst. **1.** javisko **2.** pren. scéna, dejisko udalosti **3.** stupeň, fáza, etapa;

S

at an early s. of development na ranom stupni vývoja **II.** sl. **1.** inscenovať **2.** usporiadať; *s. a demonstration* usporiadať demonštráciu

stage fright [ˈsteidž frait] tréma

stage manager [ˈsteidžˌmænidžə] režisér, režisérka

stagger [ˈstægə] potácať sa; *he s-ed to the door* potácal sa k dverám

stagnate [stægˈneit] stagnovať, viaznuť; *s-ing economy* stagnujúce hospodárstvo

stain [stein] **I.** podst. **1.** škvrna; *ink s-s* atramentové škvrny **2.** pren. poškvrna; *there's no s. on his character* na jeho charaktere niet poškvrny **3.** moridlo **II.** sl. **1.** poškvrniť; *a guilt s-ed reputation* dobré meno poškvrnené vinou **2.** namoriť, napustiť farbou; *s-ed wood* namorené drevo

stainless steel [ˈsteinləsˌstiːl] nehrdzavejúca oceľ

stair [ˈsteə] schod

staircase [ˈsteəkeis] aj **stairway** [ˈsteəwei] schodisko

stake [steik] **1.** kôl **2.** stávka **3.** hranica; *condemned to the s.* odsúdený na smrť upálením ● *at s.* v stávke; *his reputation is at s.* jeho povesť je v stávke; *burnt at the s.* upálený na hranici; *go to the s. for sth.* veľmi riskovať (pre čo)

stalactite [ˈstæləktait] geol. stalaktit

stalagmite [ˈstæləgmait] geol. stalagmit

stalk[1] [stoːk] **1.** prikradnúť sa, priplaziť sa; *s. a wounded animal* prikradnúť sa k zranenému zvieraťu **2.** meravo, namyslene kráčať

stalk[2] [stoːk] stonka, stopka

stall [stoːl] **I.** podst. **1.** stánok; *a market s.* stánok na trhovisku **2.** koterec **3.** hlav. *s-s* mn. č. miesto (v divadle na prízemí) **II.** sl. **1.** (o motore) prestať pracovať, vynechať (o lietadle) stratiť rýchlosť **2.** odďaľovať; *s. for time* snažiť sa získať čas

stamina [ˈstæmənə] výdrž

stammer [ˈstæmə] zajakať sa, jachtať, koktať

stamp[1] [stæmp] **I.** podst. **1.** aj *postage s.* poštová známka **2.** pečiatka **3.** kolok **II.** sl. **1.** nalepiť známku **2.** opečiatkovať, označiť

stamp[2] [stæmp] **1.** dupnúť; *s. one's foot* dupnúť nohou **2.** podupať; *s. the ground* podupať zem **3.** zašliapnuť; *s. an insect* zašliapnuť hmyz

stance [stæns] **1.** šport. postoj; *take up a correct s.* zaujať správny postoj **2.** stanovisko, postoj

stand [stænd] **I.** podst. **1.** stanovište (taxíkov) **2.** stojan; *a hat s.* stojan na klobúky **3.** stánok; *a s. at an exhibition* stánok na výstave; *an ice cream s.* zmrzlinový stánok **II.** sl. *stood* [stud], *stood* **1.** stáť (v rozl. význ.); *we had to s.* museli sme stáť; *the train stood for an hour outside London* vlak stál asi hodinu pred Londýnom; *our house stood here once* tu kedysi stál náš dom **2.** (up) postaviť sa, vstať; *we stood (up) to see better* postavili sme sa/vstali sme, aby sme lepšie videli **3.** *s. sb. sth.* zaplatiť (komu – čo); *s. sb. a good dinner* zaplatiť dobrý obed (komu) **4.** zniesť, vydržať; *she can't s. hot weather* neznáša horúce počasie

stand by 1. podporiť, podporovať (koho), stáť (pri kom); *s. by a friend whatever happens* stáť pri priateľovi, nech by sa stalo čokoľvek **2.** nečinne stáť, nečinne sa prizerať; *s. by and do nothing when sb. needs help* nečinne sa prizerať, hoci niekto potrebuje pomoc

stand down odstúpiť (z funkcie, miesta); *s. down in favour of a younger man* odstúpiť v prospech niekoho mladšieho

stand for 1. znamenať; *what does „t" s. for?* čo znamená „t"? **2.** zniesť; *I wouldn't s. for being treated like a child* nezniesla by som, aby so mnou zaobchádzali ako s dieťaťom

stand in (for) načas zastúpiť (koho); *s. in for the regular teacher* zastúpiť riadneho učiteľa

stand out 1. vyniknúť, vynikať (nápadnejšie sa prejaviť); *this colour s-s out well* táto farba dobre vyniká **2.** vyniknúť (prejaviť vo veľkej miere, prevýšiť svoje okolie); *s. out as a writer* vyniknúť ako spisovateľ **3.** (against) odmietať; *s. out against an idea* odmietať nápad

stand up (to) **1.** stáť (rovno); *s. up strait, don't slouch* stoj rovno, nehrb sa **2.** odolať; *material that s-s up well to high temperatures* materiál, ktorý dobre odoláva vysokým teplotám **3.** *s. sb. up* neprísť na schôdzku

stand up for sb. zastať sa (niekoho); *he stood up for her* zastal sa jej

stand up to vzoprieť sa, odporovať

standard [ˈstændəd] **1.** štandarda **2.** meradlo, norma **3.** úroveň; *set high s-s* stanoviť vysokú úroveň;

standard of living [ˈstændəd əvˈliviŋ] aj *living standard* životná úroveň

standpoint [ˈstændpoint] hľadisko, stanovisko; *look at things from a personal s.* hodnotiť veci z osobného hľadiska

stand-up [ˈstændap] stojatý; *a s.-up meal* jedlo konzumované postojačky; *a s.-up collar* stojatý golier, stojačik

stank p. **stink**

staple[1] [ˈsteipl] **I.** podst. **1.** skoba **2.** spinka, sponka **II.** sl. spojiť skobou/spinkou

staple[2] [ˈsteipl] **I.** príd. základný, hlavný **II.** podst. **1.** základná potravina **2.** hlavný tovar (určitej oblasti) **3.** základná surovina

stapler [ˈsteiplə] zošívačka

star [sta:] **I.** podst. **1.** hviezda (nebeské teleso) **2.** hviezda (v rozl. význ.); *a film s.* filmová hviezda; *a football s.* futbalová hviezda; *she was born under a lucky s.* narodila sa pod šťastnou hviezdou; *a five-s. hotel* päťhviezdičkový hotel ● *see s-s* vidieť hviezdy; *reach for the s-s* siahať po hviezdach **II.** sl. -rr- **1.** hrať (hlavnú úlohu) vo filme **2.** označiť hviezdičkou; *the s-red questions are the most difficult* hviezdičkou označené otázky sú najťažšie

starch [sta:č] **I.** podst. škrob **II.** sl. škrobiť

stare [ˈsteə] **I.** podst. uprený pohľad **II.** sl. **1.** uprene sa pozerať **2.** biť do očí; *the fact is s-ing in your face* skutočnosť ti priam bije do očí

stark [sta:k] **1.** holý; *s. reality/poverty/truth* holá skutočnosť, chudoba, pravda; *s. cliffs/branches* holé útesy/vetvy **2.** prudký, oslňujúci; *s. light* oslňujúce svetlo ● *in s. contrast to sth.* v úplnom rozpore (s čím); *s. naked* nahý ako Adam; *s. raving* úplne šialený

start [sta:t] **I.** podst. **1.** začiatok; *a good s.* dobrý začiatok **2.** šport. štart; *the runners lined up at the s.* bežci sa zoradili na štarte **3.** (on, over) náskok (pred kým/čím); *she has a two-hour s. on me* ona má dvojhodinový náskok predo mnou **4.** strhnutie; *wake up with a s.* strhnúť sa zo spánku **II.** sl. **1.** začať; *s. work at 6* začať prácu o šiestej **2.** vzniknúť; *how did the trouble s.?* ako vznikli ťažkosti? **3.** naštartovať; *I can't s. my car* neviem naštartovať auto **4.** vydať sa (niekam); *s. a trip early in the morning* vydať sa na cestu skoro ráno **5.** (at) strhnúť sa; *she s-ed at the sound of his footsteps* strhla sa, keď sa ozvali jeho kroky

starter [sta:tə] predjedlo

starvation [sta:ˈveišən] hlad, hladovanie; *die of s.* umrieť hladom

starve [sta:v] hladovať; *many people s-ed during the drought* v období sucha hladovalo mnoho ľudí; *s. to death* umrieť od hladu

star wars [ˈsta: ˌwo:z] hviezdne vojny

state [steit] **I.** podst. **1.** stav, rozpoloženie; *s. of health* zdravotný stav; *a confused s. of mind* zmätené duševné rozpoloženie **2.** štát **II.** sl. **1.** vyjadriť; *s. one's views* vyjadriť svoje názory **2.** vyhlásiť, tvrdiť; *he s-ed positively that...* tvrdil, že... **3.** uviesť; *s. your name and address* uveďte svoje meno a adresu

State Departmment [ˈsteit diˈpa:tmənt] AM *(the)* Ministerstvo zahraničných vecí

statement [ˈsteitmənt] **1.** výpoveď, tvrdenie; *a signed s.* podpísaná výpoveď; *his s. was greeted with scepticism* jeho tvrdenie prijali skepticky **2.** vyhlásenie, (písomné) vyjadrenie; *issue a s.* zverejniť vyhlásenie **3.** výpis z účtu; *get a bank s.* dostať výpis z účtu **4.** formulácia; *clearness of s. is very important* jasná formulácia je veľmi dôležitá

statesman [ˈsteitsmən] mn. č. *-men* [-mən] štátnik

stateswoman [ˈsteitswumən], mn. č. *-women* [-wimən] štátnička

static [ˈstætik] **1.** stály, nemenný; *s. prices* stále ceny **2.** tech. statický; *s. electricity* statická elektrina

station [ˈsteišn] **I.** podst. **1.** stanica; *a bus/coach s.* autobusová stanica; *a radio s.* rozhlasová stanica; *a police s.* policajná stanica **2.** spoločenské postavenie **II.** sl. rozmiestiť (armádu, políciu)

stationary [ˈsteišənri] stacionárny, nepohyblivý; *a s. spaceship* stacionárna družica

stationer [ˈsteišnə] obchodník (v papiernictve); *buy some pencils and pens at the stationer's* kúpiť ceruzky a perá v papiernictve

stationery [ˈsteišənri] papiernický tovar, písacie/kancelárske potreby

statistic [stəˈtistik] štatistický údaj

statistics [stəˈtistiks] **1.** štatistika (údaje) **2.** štatistika (veda)

statue [ˈstæču:] socha

status [ˈsteitəs] **1.** stav **2.** spoločenské postavenie; *desire s. and security* túžiť po spoločenskom postavení a istote ● *s. quo* súčasný stav

statute [ˈstæču:t] **1.** práv. štatút, zákon **2.** admin. predpis

statutory [ˈstæčutəri] zákonný, zákonom stanovený; *s. holiday* zákonom stanovená dovolenka

staunch[1] [ˈsto:nč] **1.** presvedčený; *a s. Republican* presvedčený republikán **2.** verný, spoľahlivý; *a s. member/supporter* spoľahli-

S

vý člen/podporovateľ ● *be s. in one's belief* byť pevný vo viere

staunch² [ˈstoːnč] zahradiť, zastaviť; *s. a wound* zastaviť krvácanie rany

stay [stei] **I.** podst. krátky pobyt; *a s. at a hotel/with friends* krátky pobyt v hoteli/u priateľov **II.** sl. **1.** zostať, nevzdialiť sa z miesta; *s. at home* zostať doma **2.** pobudnúť, zdržať sa (krátko kde); *s. with a friend* pobudnúť u priateľky ● *s. put* zostať/nepohnúť sa; *s. up* ostať hore; *s. sb. to lunch* zdržať (koho) na obed

stay away nechodiť, vyhýbať sa (komu, čomu) *s. away from a girl* nechať dievča na pokoji

stay behind zostať, zostať po škole (ako trest)

stay in neodísť z domu

stay off vynechať, neísť (kam)

stay on ostať dlhšie (ako sa predpokladalo)

stay out **1.** zostať vonku **2.** nezapliesť sa (do čoho); *s. out of this!* do toho sa nepleť!

stay up **1.** neísť spať **2.** nespadnúť, zostať stáť, zostať visieť

steadfast [ˈstedfaːst] **1.** pevný, nemenný; *be s. to one's principles* mať pevné zásady **2.** upretý; *a s. gaze* upretý pohľad **3.** verný, spoľahlivý; *a s. friend* verný priateľ

steady [ˈstedi] **1.** pevný; *on a s. foundation* na pevnom základe **2.** rovnomerný; *s. speed* rovnomerná rýchlosť **3.** konštantný, nemenný; *a s. purpose* nemenný zámer ● *s. as a rock* pevný ako skala

steak [steik] rezeň, biftek, filé

steal [stiːl] *stole* [stəul], *stolen* [ˈstəulən] **1.** ukradnúť (v rozl. význ.); *thieves stole money and jewellery* zlodeji ukradli peniaze a šperky; *he stole a kiss from her* ukradol si od nej bozk **2.** vkradnúť sa; *he stole quietly into the room* ticho sa vkradol do izby

steam [stiːm] **I.** podst. para ● *run out of s.* stratiť paru; *under one's own s.* vlastnými silami; *let off s.* odreagovať sa **II.** sl. **1.** vypúšťať paru, pariť sa; *a cup of s-ing tea* šálka pariaceho sa čaju **2.** pariť, variť v pare; *s. rice* pariť ryžu

steam up zarosiť sa; *the windows s-ed up* okná sa zarosili

steamboat [ˈstiːmbəut] (menší) parník

steam engine [ˈstiːmˌendžən] **1.** parný stroj **2.** parná lokomotíva

steamroller [ˈstiːmˌrəulə] parný valec

steamship [ˈstiːmˌšip] parník

steel [stiːl] **I.** podst. oceľ **II.** sl. zatvrdiť (sa); *s. oneself against pity* zatvrdiť sa proti ľútosti

steelworks [ˈstiːl wəːks] j. č. aj mn. č. oceliareň

steep [stiːp] **I.** príd. **1.** strmý, príkry; *a s. path* strmý chodník **2.** hovor. prehnaný; *s. prices* prehnané ceny **II.** sl. naložiť; *s. onions in vinegar* naložiť cibuľku do octu

steeple [ˈstiːpl] vysoká špicatá veža

steeplechase [ˈstiːplčeis] steeplchase (náročný prekážkový dostih)

steer [stiə] viesť (bicykel, auto), kormidlovať

steering wheel [ˈstiəriŋ wiːl] **1.** volant **2.** kormidlo

stem¹ [stem] **1.** kmeň (stromu) **2.** byľ, stonka **3.** stopka (pohára)

stem² [stem] -mm- zastaviť, zaraziť; *s. the flow of blood* zastaviť krvácanie

step [step] **I.** podst. **1.** krok; *walk with slow s-s* kráčať pomalými krokmi **2.** opatrenie; *what's the next s.?* čo bude ďalšie opatrenie? **3.** schod; *mind the s-s* pozor na schody ● *be in s.* držať krok; *watch your s.!* dávaj si pozor! *s. by s.* krok za krokom **II.** sl. -pp- **1.** ísť, kráčať; *kindly s. this way* (choďte) tadiaľto, prosím **2.** vojsť; *s. into the house* vojsť do domu **3.** ustúpiť; *she s-ped aside to let me pass* ustúpila, aby som mohla prejsť ● *s. on the gas* pridať plyn/ísť rýchlejšie

step down/aside odstúpiť; *he feels it is time to s. down* cíti, že musí odstúpiť (z miesta/pozície)

step in zamiešať sa (do záležitostí iných)

step up zvýšiť; *s. up production* zvýšiť výrobu

stepbrother [ˈstepˌbraðə] nevlastný brat

stepchild [ˈstepčaild] mn. č. *-children* [-čildrən] nevlastné dieťa

stepdaughter [ˈstepˌdoːtə] nevlastná dcéra

stepfather [ˈstepfaːðə] nevlastný otec

stepmother [ˈstepˌmaðə] nevlastná matka, macocha

stepping-stones [ˈstepiŋ stəunz] prechod cez rieku/potok po (plochých) kameňoch

steps [ˈsteps] schody (hl. vonku a kamenné)

stepsister [ˈstepˌsistə] nevlastná sestra

stepson [ˈstepˌsan] nevlastný syn

stereo [ˈsteriəu] stereo; *in/on s.* stereofónne/stereonahrávačom

stereophonic [ˌsteriəuˈfonik] stereofónny

stereotype [ˈsteriəˌtaip] stereotyp; *the s. of the American* typický Američan

sterile [ˈsterail] **1.** sterilný **2.** neplodný

sterility [steˈriləti] **1.** sterilita **2.** neplodnosť

sterling [ˈstəːliŋ] **I.** podst. britská mena; *the pound s.* libra sterlingov **II.** príd. **1.** sterlingový (určitej čistoty kovu/štandardnej hodnoty) **2.** (sterlingový) strieborný; *s. cutlery* strieborný príbor **3.** pren. rýdzi

stern[1] [stə:n] **1.** prísny, tvrdý; *s. discipline* prísna disciplína **2.** neprívetivý; *a s. face* neprívetivá tvár **3.** vážny; *a s. warning* vážne varovanie

stern[2] [stə:n] korma

stew [stju:] **I.** sl. dusiť (mäso), sterilizovať (ovocie) **II.** podst. dusené mäso so zeleninou; *a fish s.* dusená ryba; *a beef s.* dusené hovädzie

steward ['stju:əd] **1.** správca, šafár **2.** steward (na lodi, v lietadle)

stewardess ['stjuədəs] stewardka (na lodi), letuška

stick[1] [stik] podst. **1.** vetva, haluz; *gather dry s-s* zbierať suché haluze **2.** palica, palička; *a walking s.* vychádzková palička

stick[2] [stik] *stuck* [stak], *stuck* **1.** (*in*) zapichnúť (do čoho); *s. the fork in the potato* zapichnúť vidličku do zemiaka **2.** prilepiť; *s. a stamp on a letter* prilepiť známku na list **3.** vložiť, zastrčiť; *s. flowers in a vase* vložiť kvety do vázy **4.** zadrhnúť sa, zaseknúť sa; *the key stuck in the lock* kľúč sa zadrhol v zámke

sticky ['stiki] lepkavý

stiff [stif] **1.** tvrdý; *s. paper* tvrdý papier **2.** stuhnutý; *s. fingers* stuhnuté prsty **3.** chladný, neprívetný; *get a s. reception* zažiť chladné prijatie **4.** silný, tuhý, alkoholický; *a s. drink* alkoholický nápoj **5.** silný, ostrý; *a s. breeze* silný vietor

stiffen ['stifn] **1.** vystužiť, spevniť (materiál) **2.** stuhnúť, znehybnieť; *he s-ed at her rude remarks* stuhol pri jej urážlivých poznámkach

stifle ['staifl] **1.** dusiť sa; *the heat s-d us* horúčava nás dusila **2.** potlačiť; *s. a yawn* potlačiť zívnutie **3.** udusiť, zahasiť *s. a campfire* zahasiť táborový oheň

stigma [stigmə], mmn. č. *-ta* [stig'ma:tə] **1.** stigma, znamenie hanby **2.** náb. stopa po rane na Kristovom tele

still [stil] **I.** príd. nehybný, tichý, pokojný; *keep s.* nehýb sa; *a s. airless evening* tichý, pokojný večer **II.** prísl. ešte (stále); *she's s. here* ešte je stále tu **III.** spoj. jednako, predsa len; *he has treated you badly, s. he's your brother* nepekne sa k tebe správal – predsa len je to tvoj brat **IV.** podst. poet. ticho **V.** sl. utíšiť (sa), upokojiť (sa); *her kind words s-ed the child* jej láskavé slová upokojili dieťa

stillborn ['stilbo:n] mŕtvonarodený

stimulate ['stimjəleit] povzbudiť, podnietiť, vzpružiť

stimulation [ˌstimju'leišən] **1.** povzbudenie **2.** lek. stimulácia **3.** ekon. oživenie

stimulus ['stimjələs] mn. č. *stimuli* ['stimjəlai] podnet, stimul

sting [stiŋ] *stung* [staŋ], *stung* **I.** sl. **1.** pichnúť, bodnúť, uštipnúť; *she was stung by a bee* uštipla ju včela **2.** popŕhliť; *not all nettles s.* nie každá pŕhľava pŕhli **3.** páliť, spôsobiť pálčivú bolesť; *the whip stung him* šľahnutie biča ho pálilo; *he was stung by the criticism* kritika ho ranila **II.** podst. **1.** pichnutie, bodnutie; uštipnutie **2.** popŕhlenie **3.** žihadlo **4.** osteň; *the s. of remorse* osteň ľútosti

stingy ['stindži] lakomý *he is stingy with his money* je lakomý na svoje peniaze

stink [stiŋk] *stank/stunk* [stæŋk/staŋk], *stunk* smrdieť, zapáchať; *that fish s-s* tá ryba smrdí

stink out vyhnať, odohnať (zápachom); *you'll s. the place out with your cheap cigars* tvoje lacné cigary všetkých odoženú

stint [stint] **I.** podst. penzum (práce); *do one's s.* urobiť svoju dennú prácu ● *without s.* veľkoryso, neobmedzene **II.** sl. šetriť (čím); *s. sb. of sth.* nedopriať (komu čo); *s. on sth.* šetriť (čím), žgrlošiť

stipulate ['stipjuleit] **1.** požadovať; *s. that...* požadovať, aby... **2.** stanoviť (dodaciu lehotu, termín a pod.)

stipulation [ˌstipju'leišən] podmienka; *with/on the s. that...* pod podmienkou, že...

stir [stə:] **I.** podst. vzruch, rozruch **II.** sl. **1.** hýbať (sa), pohnúť (sa) *not a leaf was s-ing* ani lístok sa nepohol **2.** (po)miešať, zamiešať, vmiešať; *s. one's tea* pomiešať čaj; *s. some sugar into the mixture* vmiešať cukor do zmesi

stir up vyvolať; *s. up trouble* vyvolať nepokoje

stitch [stič] **I.** podst. **1.** steh; *chain s.* retiazkový steh **2.** oko, očko (pri pletení); *drop a s.* nechať padnúť očko **3.** pichanie (v boku) **II.** sl. (zo)šiť, prišiť; *s. the front and back of the dress together* zošiť prednú a zadnú časť šiat; *s. a button on a coat* prišiť gombík na kabát

stock [stok] **I.** podst. **1.** zásoba, sklad; *the book is in/out of s.* kniha je/nie je na sklade **2.** rod, pôvod; *of Irish s.* írskeho pôvodu **3.** cenné papiere, akcie **4.** aj *(live-)s.* dobytok **5.** pažba (puška, samopal) **II.** sl.

1. zásobiť (sa); *a well s-ed shop* dobre zásobený obchod **2.** skladovať, mať na sklade; *s. different types of swimsuits* skladovať rôzne typy plaviek
   stockbroker [ˈstokˌbrəukə] maklér
   stock exchange [ˌstok ikˈsčeindž] burza
   stocking [ˈstokiŋ] pančucha; *a pair of s-s* pančuchy/pár pančúch
   stock market [ˈstokˌmaːkət] burza cenných papierov
   stocktaking [ˈstokˌteikiŋ] inventúra
   stoicism [ˈstəuəsizm] stoicizmus
   stoke [stəuk] naložiť (do pece, do vysokej pece); *s. the fire* naložiť do pece (uhlie); *stoke up (with/on)* **1.** priložiť do pece; **2.** do sýtosti sa najesť *don't forget to s. up before going to bed* nezabudni priložiť do pece predtým, ako pôjdeš spať
   stole p. **steal**
   stolen p. **steal**
   stomach [ˈstamək] **I.** podst. **1.** žalúdok **2.** brucho **3.** chuť, nálada; *he had no s. for further fighting* nemal náladu na ďalší boj **II.** sl. zniesť, strpieť; *how can you s. so much violence* ako môžeš strpieť toľké násilie?
   stomachache [ˈstaməkeik] bolenie brucha
   stone [stəun] **I.** podst. **1.** kameň; *throw a s.* hodiť kameň **2.** (jednotlivý) drahokam **3.** kôstka **4.** BR kameň (jednotka váhy 6,350 kg); *he weights 13 s. (-s)* váži 82,55 kg ● *within a s.'s throw to* je na dohodenie (kameňom); *kill two birds with one s.* jedným úderom zabiť dve muchy **II.** sl. **1.** (u)kameňovať; *s. to death* ukameňovať **2.** vykôstkovať, odkôstkovať; *s. the cherries* vykôstkovať čerešne
   stony [ˈstəuni] **1.** kamenistý; *s. soil* kamenistá pôda **2.** pren. tvrdý, chladný; *a s. stare* chladný pohľad
   stood p. **stand**
   stool [stuːl] **1.** stolička (bez operadla); *a bar s.* barová stolička **2.** stolček, podnožka
   stoop [stuːp] **I.** sl. **1.** zohnúť (sa), skloniť (sa), zhrbiť (sa); *she s-ed to get into the car* sklonila hlavu, aby mohla nastúpiť do auta **2.** pren. klesnúť, znížiť sa; *she would never s. to cheating* nikdy by sa neznížila k podvádzaniu **II.** podst. zohnutý/nahrbený chrbát; *walk with a s.* kráčať prihrbený
   stop [stop] *-pp-* **I.** sl. **1.** zastaviť (sa); *s. a car* zastaviť auto **2.** prestať; *the rain has s-ped* prestalo pršať **3.** zaraziť, zadržať; *the bank has s-ped payment* banka zadržala plat-

bu **4.** (*up*) zaplniť, zapchať; *s. a leak* zapchať dieru **II.** podst. **1.** zastavenie; *work ten hours without a s.* pracovať desať hodín bez zastavenia **2.** zastávka; *a bus/tram s.* zastávka autobusu/električky
   stopover [ˈstopˌəuvə] medzipristátie
   stopper [ˈstopə] zátka
   stopwatch [ˈstopwoč] stopky; *time a race with a s.* merať preteky stopkami
   storage [ˈstoːridž] **1.** uskladnenie, úschova **2.** sklad **3.** skladné
   store [stoː] **I.** podst. **1.** zásoba; *a s. of provisions* zásoba potravín **2.** sklad; *a grain s.* sklad obilia **3.** obchod; *a department s.* obchodný dom **II.** sl. **1.** (*up*) zásobiť (sa); *squirrels s. (up) nuts for the winter* veveričky sa zásobujú orieškami na zimu **2.** uskladniť; *they s. their wine in the cellar* víno si uskladňujú v pivnici
   storey [ˈstoːri] podlažie; *it's a house of two s-s* je to dvojpodlažný dom
   stork [stoːk] bocian
   storm [stoːm] **I.** podst. **1.** búrka **2.** prival; *a s. of feeling* prival citov **3.** (vojenský) útok **II.** sl. **1.** dobyť útokom; *the army s-ed the city* vojsko dobylo mesto útokom **2.** (nahnevane) vyrútiť sa; *she s-ed out of the room* nahnevane sa vyrútila z miestnosti
   story [ˈstoːri] **1.** príbeh, historka **2.** rozprávka, poviedka ● *tell s-ies* vymýšľať si; *the s. goes that* hovorí sa/povráva sa, že
   stoup [stuːp] kropenička, svätenička
   stout [staut] **1.** korpulentný, tučný **2.** silný, pevný; *a s. stick* pevná palica **3.** statočný, udatný; *a s. fellow* odvážny chlapík ● *with s. heart* odvážneho srdca
   stove [stəuv] hl. AM **1.** kachle **2.** sporák
   stow [stəu] (*away*) odložiť, uložiť, uschovať; *s. things away in the attic* odložiť veci na pôjd; *s. clothes into a trunk* uložiť šatstvo do truhlice; *stow away* ukryť sa (na lodi, v lietadle ako cestujúci bez lístka, letenky)
   stowaway [ˈstəuəwei] cestujúci bez lístka (na lodi/lietadle)
   straggle [ˈstrægl] **1.** trúsiť sa; *the pupils s-d in one by one* žiaci sa trúsili po jednom **2.** (neupravene) rásť; *vines s-d over the fence* popínavé ratliny sa ťahali cez plot **3.** zaostávať; *s. behind the teacher* zaostávať za učiteľom
   straight [streit] **I.** príd. **1.** rovný; *a s. line* rovná čiara **2.** priamy, úprimný, otvorený; *a s. answer* úprimná odpoveď **3.** (o nápojoch) čis-

tý; *a s. whisky* čistá whisky ● *keep a s. face* zdržať sa smiechu; *put the record s.* uviesť na správnu mieru **II.** prísl. **1.** rovno; *go s. to school* ísť rovno do školy **2.** priamo, úprimne, otvorene; *I told her s. out what I thought of her* povedal som jej otvorene, čo si o nej myslím **3.** ihneď; *s. after breakfast* ihneď po raňajkách

straighten [ˈstreitn] (*out, up*) vyrovnať (sa), narovnať (sa); *after several bends the road s-s out* po niekoľkých zákrutách pokračuje cesta priamo/rovno

straighten out urovnať, vyriešiť, usporiadať; *s. out a misunderstanding* urovnať spor

straighten up upratať; *s. up a room* upratať izbu

straightforward [ˌstreitˈfoːwəd] **1.** čestný, úprimný; *he was quite s. about his plans* celkom úprimne sa vyjadril o svojich plánoch **2.** jednoduchý, prostý; *written in s. language* písané jednoduchým jazykom

strain [strein] **I.** sl. **1.** napnúť; *s. every nerve* nervy na prasknutie **2.** preťažiť, presiliť; *s. one's eyes* presiliť (si) oči **II.** podst. **1.** napätie, napnutie **2.** nervové vypätie, vyčerpanie

strainer [ˈstreinə] cedidlo

strait [streit] aj *straits* mn. č. úžina, prieliv

straitjacket [ˈstreitˌdžækət] zvieracia kazajka

strange [streindž] **1.** neznámy, cudzí; *a s. land* cudzia krajina **2.** čudný, zvláštny; *a s. situation* zvláštna situácia; *a s. smell* čudný pach

stranger [ˈstreindžə] neznámy/cudzí človek

strangle [ˈstræŋgl] **1.** zaškrtiť, uškrtiť; *the criminal s-d his victim* zločinec zaškrtil svoju obeť **2.** potlačiť, zlikvidovať; *s. enterprise* potlačiť podnikanie

strap [stræp] **I.** podst. remeň, remienok; *a watch s.* remienok na hodinky **II.** sl. -*pp*- **1.** pripútať, priviazať; *s. in before the plane takes off* pripútajte sa pred vzlietnutím **2.** (*up*) obviazať (ruku, nohu)

strata p. **stratum**

strategic [strəˈtidžik] strategický; *s. retreat* strategický ústup; *at a s. point* v strategickom bode

strategy [ˈstrætədži] **1.** stratégia; *military s.* vojenská stratégia **2.** taktika

stratification [ˌstrætəfəˈkeišn] rozvrstvenie, stratifikácia

stratosphere [ˈstrætəsfiə] stratosféra

stratum [ˈstraːtəm] mn. č. *strata* [ˈstraːtə] vrstva (zemská, spoločenská)

straw [stroː] **1.** slama **2.** slamka; *sip lemonade through a s.* piť limonádu cez slamku

strawberry [ˈstroːbri] jahoda

stray [strei] **I.** sl. zablúdiť, zísť z cesty, zatúlať sa **II.** podst. zablúdené dieťa/zviera ● *waifs and s-s* bezprizorné deti **III.** príd. túlavý; *a s. cat/dog* túlavá mačka/túlavý pes

streak [striːk] **1.** pás, pásik, pruh; *a s. of paint* pruh po farbe **2.** žila (v nerastoch) **3.** záblesk; *a s. of light* záblesk svetla **4.** sklon; *a s. of jealousy* sklon k žiarlivosti **5.** náznak; *a s. of humour/madness* náznak humoru/šialenstva ● *like a s. of lightning* ako blesk; *a s. of bad luck* smola

stream [striːm] **I.** podst. **1.** prúd, tok aj pren.; *go up/down s.* ísť hore/dole prúdom; *a s. of information* tok informácií; *have the courage to go against the s.* mať odvahu plávať proti prúdu **2.** potok; *a mountain s.* horský potok **3.** rozdelenie žiakov (do tried podľa prospechu) **II.** sl. prúdiť; *water s-ed from the open tap* voda prúdila z otvoreného kohútika; *the crowd s-ed out of the cinema* dav sa valil z kina

streamline [ˈstriːmlain] **1.** zefektívniť; *s. production* zefektívniť výrobu **2.** dať aerodynamický tvar (čomu)

street [striːt] ulica; *in the s.* na ulici ● *across the s.* naproti; *high s.* BR hlavná ulica; *the man in the s.* typický/bežný občan; *s-s ahead (of)* oveľa lepší; *up/down one's s.* vo sfére vlastného záujmu

streetcar [ˈstriːtkaː] AM električka

street directory [ˈstriːt daiˈrektri] plán/plánik mesta

strength [streŋθ] **1.** sila; *s. of will* sila vôle **2.** moc; *the s. of gold* moc zlata **3.** výdatnosť (zdroja, prameňa)

strengthen [ˈstreŋθn] **1.** zosilnieť; *the wind s-ed during the day* vietor zosilnel počas dňa **2.** posilniť; *success will s. her resolve* úspech posilní jej odhodlanie

strenuous [ˈstrenjuəs] **1.** namáhavý, vyčerpávajúci; *a s. climb* vyčerpávajúci výstup **2.** energický; *a s. supporter of the new method* energický zástanca novej metódy

stress [stres] **I.** podst. **1.** stres, psychické vypätie; *times of s.* obdobie stresu **2.** záťaž; *the vehicles passing over put s. on the old bridge* prechádzajúce autá sú záťažou pre starý most **3.** dôraz, prízvuk; *a school that lays s. on foreign languages* škola, ktorá kladie dôraz na cudzie jazyky; *s. and rhythm are important in*

S

speaking English v angličtine sú dôležité prízvuk a rytmus **4.** napätie; tech. *an instrument that measures s-s* prístroj, ktorý meria napätie **II.** sl. **1.** zdôrazniť **2.** dať prízvuk

stretch [streč] **I.** sl. **1.** roztiahnuť; *try s-ing the shoes* pokúsiť sa roztiahnuť topánky **2.** natiahnuť; *s. one's neck* natiahnuť krk **3.** napínať, prepínať; *you're s-ing my patience to the limit* napínaš moju trpezlivosť do krajnosti **4.** rozprestierať sa; *the forest s-ed for miles* les sa rozprestieral na míle **II.** podst. **1.** ponaťahovanie (hl. údov) **2.** súvislý pás/úsek/obdobie; *a s. of wooded country* pás lesnatej krajiny; *a two-year s.* dvojročné obdobie

stretcher ['strečə] **1.** nosidlá **2.** napínač (topánok)

strew [stru:] *strewed* [stru:d], *strewed/ strewn* [stru:n] rozhádzať, roztrúsiť; *paper strewn all over the floor* papiere rozhádzané po celej dlážke

stricken[1] [strikən] postihnutý; *s. with a fatal illness* postihnutý smrteľnou chorobou

stricken[2] p. **strike**

strict [strikt] **1.** prísny; *s. parents* prísni rodičia; *s. instructions* prísne inštrukcie **2.** presný, jasný; *a s. interpretation of the events* presný výklad udalostí

stridden p. **stride**

stride [straid] *strode* [strəud], *stridden* ['stridn] **I.** sl. kráčať (dlhými krokmi) **II.** podst. dlhý krok ● *make great s-s* robiť pokroky

strident ['straidnt] prenikavý, škrekľavý; *a s. voice* škrekľavý hlas

strife [straif] konflikt, spor

strike [straik] *struck* [strak], *struck* **I.** sl. **1.** udrieť; *she struck him with her hand* udrela ho rukou; *the tower was struck by lightening* do veže udrel blesk **2.** škrtnúť (zápalkou) **3.** odbiť (čas); *the clock struck five* hodiny odbili päť **4.** štrajkovať **5.** naraziť, naďabiť; *s. gold* naraziť na zlato **6.** raziť (mince) **II.** podst. **1.** štrajk **2.** úder (bojovými lietadlami) **3.** (šťastný) objav

strike breaker ['straik‚breikə] štrajkokaz

striker ['straikə] **1.** štrajkujúci **2.** (vo futbale) útočník

striking ['straikiŋ] nápadný, neobyčajný, nevšedný; *a very s. woman* nevšedná žena; *a s. idea* neobyčajný nápad

string [striŋ] **I.** podst. **1.** špagát; *a ball of s.* klbko špagátu **2.** šnúra; *a s. of pearls* šnúra perál **3.** struna (nástroja) **4.** rad, reťaz; *a s. of lies* reťaz lží

II. sl. *strung* [straŋ], *strung* **1.** navliecť (perly na šnúru) **2.** napnúť (strunu) **3.** vypliesť (raketu)

string bean [‚striŋ'bi:n] fazuľka

stringed instrument [‚striŋd'instrəmənt] strunový nástroj

stringent ['strindžənt] prísny, tvrdý; *s. laws* prísne zákony

strip[1] [strip] *-pp-* **I.** *(off, from, of)* stiahnuť, zlúpať, zošúpať (z čoho); *s. the bark off a tree* zlúpať kôru zo stromu **II.** *(off)* vyzliecť sa; *they s-ped off and jumped into the water* vyzliekli sa a skočili do vody

strip[2] [strip] (úzky) pás; *a s. of land* úzky pás zeme ● *s. cartoon* kreslený seriál

strip of obrať; *s. a man of his possessions* obrať človeka o vlastníctvo

striptease ['stripti:z] striptíz

strive [straiv] *strove* [strəuv], *striven* [strivn] **1.** *(against)* bojovať (proti komu/čomu); *s. against bribery* bojovať proti podplácaniu **2.** *(for/after)* usilovať sa (o čo); *s. after perfection* usilovať sa o dokonalosť; *s. for recognition* usilovať sa o uznanie

strode p. **stride**

stroke[1] [strəuk] **1.** úder, rana; *the s. of a hammer* úder kladivom; *the s. of a lash* rana korbáčom **2.** tempo; *swimming with a low s.* plávať pomalým tempom **3.** záber; *a fast/slow s. (in rowing)* rýchly/pomalý záber (pri veslovaní) **4.** škrt; *with one s. of the pen* jedným škrtom pera **5.** porážka, ochrnutie **6.** bitie hodín; *on the s. of twelve* keď hodiny odbili dvanásť ● *s. of (good) luck* šťastná náhoda; *at a s.* naraz, ihneď; *on the s.* načas, presne

stroke[2] [strəuk] **I.** sl. (po)hladiť, (po)hladkať; *s. a cat* hladkať mačku **II.** podst. pohladenie, pohladkanie

stroll [strəul] **I.** sl. prechádzať sa **II.** podst. prechádzka

strong [stroŋ] **1.** silný; *s. arms* silné ramená; *a s. personality* silná osobnosť **2.** zdravý; *a s. baby* zdravé dieťa **3.** pevný; *a s. will* pevná vôľa

strongbox ['stroŋboks] trezor

stronghold ['stroŋhəuld] pevnosť, bašta aj pren.; *a guerrilla s.* partizánska pevnosť; *that region is a s. of Liberals* tá oblasť je baštou liberálov

strove p. **strive**

struck p. **strike**

structure ['strakčə] **1.** stavba, vnútorné usporiadanie, štruktúra; *the s. of the brain* štruktúra mozgu **2.** stavba, kostra stavby, konštrukcia; *a magnificent marble s.* veľkolepá stavba z mramoru

struggle [ˈstragl] **I.** sl. zápasiť, bojovať ● *s. for air* lapať vzduch; *s. to one's feet* ťažko sa postaviť na nohy **II.** podst. zápas, boj; *the s. for survival* boj o prežitie; *s. along* žiť z ruky do úst

strung p. **string**

stub [stab] **I.** podst. ohorok **II.** sl. *-bb-* naraziť, udrieť *s. one's toe* naraziť si palec; *stub out* zahasiť, zadusiť; *s. out a cigarette* zadusiť cigaretu

stubborn [ˈstabən] tvrdohlavý, zaťatý, tvrdošijný; *a s. child* tvrdohlavé dieťa; *s. resistance* tvrdošijný odpor ● *as s. as a mule* zaťatý ako mulica

stuck p. **stick**

student [ˈstjuːdnt] **1.** študent/ka **2.** AM žiak, žiačka

studio [ˈstjuːdiəu] **1.** štúdio; *a TV studio* televízne štúdio **2.** aj *s-os* mn. č. filmová spoločnosť; *Paramount s-s* filmová spoločnosť Paramount **3.** štúdio, fotoateliér

study [ˈstadi] **I.** podst. **1.** aj *s-dies* mn. č. štúdium; *devote all one's time to one's s-ies* venovať všetok svoj čas štúdiu **2.** predmet štúdia; *the proper s. of mankind is man* vlastným predmetom štúdia ľudstva je človek **3.** študovňa **4.** výtv. štúdia; *a s. of a bird* štúdia vtáka **5.** hud. etuda ● *be in a brown s.* byť v hlbokom zamyslení **II.** sl. **1.** študovať; *s. at a university* študovať na univerzite **2.** (starostlivo) skúmať; *s. a report* skúmať správu

stuff [staf] **I.** podst. **1.** látka, hmota; *what's that black s. on the floor?* čo to je za čiernu hmotu na zemi? **2.** haraburdy, krámy ● *do one's s.* robiť, čo je potrebné; *s. and nonsense!* to nie je pravda! **II.** sl. **1.** naplniť, napchať; *s. feathers into a bag* napchať vrece perím **2.** plniť (plnkou); *s. a chicken* plniť kurča **3.** prejedať sa, prepchávať sa; *the children have been s-ing themselves with sweets* deti sa prepchávali sladkosťami **4.** vypchať; *a s-ed eagle* vypchatý orol ● slang. *get s-ed* dať sa vypchať; *I told him to get s-ed* povedal som mu, aby sa dal vypchať

stuff up upchať; *s. up a hole* upchať dieru; *I've got a s-ed up nose* mám upchatý nos

stumble [ˈstambl] **1.** (*on, over*) potknúť sa, zakopnúť (o); *s. over the root of a tree* zakopnúť o koreň stromu **2.** zadrhať sa, zasekávať sa; *s. over one's words* zadrhať sa v reči

stun [stan] *-nn-* **1.** omráčiť (úderom) **2.** pren. ohromiť, šokovať; *he was s-ed by the news* správa ho ohromila

stung p. **sting**

stunk p. **stink**

stunning [ˈstaniŋ] fantastický; *she looks absolutely s.* vyzerá úplne fantasticky

stunt man [ˈstant mæn] kaskadér

stupid [ˈstjuːpəd] hlúpy

stupor [ˈstjuːpə] omámenie, otupenie ● *lie/sit in a s.* apaticky ležať/sedieť; *be in a drunken s.* byť spitý do nemoty

sturdy [ˈstəːdi] **1.** pevný, robustný *a s. body* robustné telo **2.** pevný, stabilný; *a s. building* stabilná budova **3.** pren. neotrasiteľný, neochvejný; *a s. resolve* neochvejné rozhodnutie

sturgeon [ˈstəːdžn] jeseter

stutter [ˈstatə] zajakať sa, jachtať

style **I.** podst. **1.** štýl, sloh **2.** móda ● *s. of life* životný štýl; *out of s.* nemoderný; *that's the s.!* to je ono, výborne! **II.** sl. **1.** titulovať; *he is s-d „Lord"* má nárok na titul „Lord" **2.** navrhnúť (tvar); *s. a new car* navrhnúť tvar nového auta; *a dress s-ed for maximum comfort* šaty navrhnuté v záujme maximálneho pohodlia

sub [sab] **I.** podst. hovor. **1.** skr. *submarine* ponorka **2.** hlav. šport. náhradník **II.** sl. *-bb-* (*for*) hovor. nahradzovať, robiť náhradníka

sub- [sab] **1.** pod-; *subcommittee* podvýbor; *sublieutenant* podporučík **2.** sub-; *subcontinent* subkontinent; *subcontractor* subdodávateľ

subconscious [ˌsabˈkonšəs] **I.** príd. podvedomý **II.** podst. (*the*) podvedomie

subdivide [ˌsabdəˈvaid] (*into*) ďalej deliť/členiť (na čo); *s. a class into smaller groups* ďalej deliť triedu na menšie skupiny

subdue [səbˈdjuː] **1.** podmaniť; *Rome s-d many nations* Rím si podmanil mnohé národy **2.** premôcť; *s. one's passions* premôcť svoje vášne

subject [ˈsabdžikt] **I.** podst. **1.** téma; *the s. of conversation* téma rozhovoru **2.** predmet, vec, objekt; *the s. of debate/criticism* predmet debaty/kritiky **3.** gram. podmet **4.** poddaný; *a loyal s. of the Queen* verný/oddaný poddaný kráľovnej **II.** sl. [səbˈdžekt] (*to*) podrobiť (si); *Ancient Rome s-ed most of Europe to her rule* staroveký Rím si podrobil väčšinu Európy;

subject to vystaviť (sa) (čomu); *s. oneself to criticism* vystaviť sa kritike

subject matter [ˈsabdžiktˌmætə] **1.** predmet (štúdia) **2.** téma (knihy, prejavu ap.)

S

subjunctive [səb'džaŋktiv] gram. konjunktív
submarine ['sabməri:n] **I.** podst. ponorka
II. príd. podmorský; *a s. volcano* podmorská
sopka
submerge [səb'mə:dž] ponoriť (sa); *the submarine s-d before our eyes* ponorka sa ponorila pred našimi očami
submersion [səb'mə:šən] **1.** ponorenie **2.** zaplavenie
submission [səb'mišən] **1.** podrobenie (sa); *force sb. into s.* donútiť sa vzdať/podrobiť (koho) **2.** podanie dokladov (na úradné vybavenie); *s. of documents* podanie dokladov
submit [sab'mit] *-tt-* **1.** (*to*) podrobiť (sa), podriadiť (sa) (komu/čomu); *s. to the enemy* podrobiť sa nepriateľovi; *s. oneself to discipline* podriadiť sa disciplíne **2.** predložiť; *s. proofs of identity* preukázať totožnosť
subordinate [sə'bo:dənət] **I.** príd. podriadený; *in a s. position* v podriadenom postavení **II.** podst. podriadený
subpoena [sə'pi:nə] súdne predvolanie
subscription [səb'skripšn] **1.** predplatné (časopisu); **2.** členský príspevok; *pay one's annual s.* zaplatiť svoj ročný členský príspevok **3.** predplatné, abonmán; *a s. concert* koncert pre abonentov;
subsequent ['sabsəkwənt] nasledujúci, neskorší; *the s. event changed all our plans* nasledujúca udalosť zmenila všetky naše plány
subsidiary [səb'sidiəri] podružný, druhoradý, vedľajší; *s. details* podružné detaily ; *s. company* pobočka (firmy)
subsidy ['sabsədi] subvencia
subsist [səb'sist] (*on*) existovať, žiť; *s. on bread and water* žiť o chlebe a vode
substance ['sabstəns] **1.** hmota, látka, substancia; *a radioactive s.* radioaktívna látka **2.** podstata; *the s. of the speech* podstata prejavu **3.** majetok, peniaze; *waste one's s.* rozhádzať majetok ● *in s.* v podstate, v skutočnosti, vlastne
substantial [səb'stænšl] **1.** pevný; *a s. oak bench* pevná dubová lavica **2.** značný, veľký; *a s. sum of money* značná suma peňazí **3.** podstatný; *s. changes to a plan* podstatné zmeny plánu
substitute ['sabstətju:t] **I.** podst. (*for*) náhrada, náhradník, zástupca; *she uses saccharin as s. for sugar* používa sacharín ako náhradu za cukor; *the history teacher fell ill, so they had to find a s.* učiteľ dejepisu ochorel,

tak museli nájsť zástupcu **II.** sl. (*for*) nahradiť (koho/čo); *s. margarine for butter* nahradiť maslo margarínom; *she s-d for the player who was ill* nahradila hráčku, ktorá bola chorá
subtitle ['sab,taitl] podtitul, podtitulok (knihy)
subtle ['satl] **1.** malý, nepatrný; *s. differences in meaning* nepatrné rozdiely vo význame **2.** jemný; *a s. taste* jemná chuť **3.** duchaplný; *a s. argument* duchaplná polemika **4.** bystrý, chytrý; *a s. mind* bystrý um
subtract [səb'trækt] odpočítať, odrátať; *s. three from seven* odpočítať tri od siedmich
subtraction [səb'trækšn] odčítanie, odrátanie
suburb ['sabə:b] predmestie
subway ['sabwei] **1.** podchod **2.** AM podzemná železnica
succeed [sək'si:d] **1.** (*in*) mať úspech (v čom); *s. in (passing) an exam* úspešne urobiť skúšku; *s. in life* mať úspech v živote **2.** nasledovať, nastúpiť (po kom); *who s-ed Churchill as Prime Minister?* kto nasledoval po Churchillovi ako ministerský predseda? **3.** (*to*) zdediť (čo); *s. to a title/an estate* zdediť titul/majetok
success [sək'ses] úspech (v rozl. význ.); *he has achieved great s. as an actor* ako herec dosiahol veľký úspech/bol veľmi úspešný; *his new book is a s.* jeho nová kniha je úspechom

success – has two cs and two ss

successful [sək'sesfl] úspešný; *a s. performance* úspešné predstavenie; *s. peace talks* úspešné mierové rozhovory
successive [sək'sesiv] za sebou, po sebe; *the school team won five s. games* školské družstvo vyhralo 5 zápasov za sebou
such [sač] **1.** taký; *s. people as these* takíto ľudia **2.** podobný; *I've never heard of s. a thing* o podobnej veci som ešte nepočul ● *s. as* ako (napr.)
suck [sak] **1.** (vy)sať, cicať, piť; *s. poison out of a wound* vysať jed z rany; *the baby went on s-ing the bottle* dieťa ešte stále pilo z fľaše **2.** cmúľať; *s. a toffee* cmúľať cukrík
suckle ['sakl] dojčiť
suckling ['sakliŋ] dojča
sudden ['sadn] náhly, nepredvídaný; *a s. recovery* náhle uzdravenie ● *all of a s.* odrazu; *all of a s. the lights went out* odrazu svetlá zhasli
suddenly ['sadnli] náhle; *she s. left the room* náhle opustila miestnosť

sue [sju:] (*for*) podať žalobu, zažalovať (koho – pre čo); *he was s-d for the breach of contract* zažalovali ho pre porušenie zmluvy
suede aj *suéde* [sweid] semiš (nehladená jelenia koža)
suffer [ˈsafə] **1.** trpieť; *he didn't s. at all* vôbec netrpel **2.** utrpieť; *s. losses/damage* utrpieť stratu/škodu **3.** zanedbať; *he was drinking heavily and his work s-ed* veľa pil a zanedbal prácu **4.** (*from*) trpieť (čím); *she s-s from headaches* trpí bolesťami hlavy
suffice [səˈfais] (po)stačiť; *your word will s.* tvoje slovo postačí; *will £10 s. for the trip?* stačí 10 libier na cestu? ● *it s-s to say that...* stačí len povedať, že...
sufficient [səˈfišnt] dostatočný, postačujúci; *s. supplies* dostatočné zásoby; *s. information* postačujúce informácie ● *beyond what is s.* viac ako dosť
suffix [ˈsafiks] **I.** podst. gram. prípona **II.** sl. gram. pripojiť ako príponu
suffocate [ˈsafəkeit] (za)dusiť (sa) aj pren.; *the fumes almost s-ed me* výpary ma skoro zadusili; *he was s-ing with rage* dusil sa od hnevu
suffrage [ˈsafridž] **1.** (volebný) hlas; podpora vo voľbách **2.** volebné/hlasovacie právo ● *universal s.* všeobecné volebné právo
sugar [ˈšugə] **I.** podst. cukor **II.** sl. osladiť
sugar beet [ˈšugə biːt] cukrová repa
sugar cane [ˈšugəˌkein] cukrová trstina
suggest [səˈdžest] **1.** navrhnúť; *I s. going to the theatre* navrhujem ísť do divadla **2.** naznačiť, napovedať; *the white look on his face s-s fear* bledosť jeho tváre naznačuje, že má strach ● *I s.* podľa môjho názoru; *this, I s., is what happened* podľa môjho názoru sa stalo toto
suggestion [səˈdžesčn] **1.** návrh; *reject a s.* odmietnuť návrh **2.** náznak, tieň, stopa; *with a s. of irony* s náznakom irónie **3.** dohad, domnienka; *a mere s.* iba domnienka ● *it conveys the s. that...* to budí dojem, že...
suicide [ˈsuːəsaid] **1.** samovražda; *commit s.* spáchať samovraždu **2.** samovrah
suit [suːt] **I.** podst. **1.** oblek, odev; *a man's s.* (pánsky) oblek; *a woman's s.* dámsky kostým **2.** farba karty s rovnakým označením **3.** (*law*) *s.* žaloba; súdny proces ● *s. of armour* brnenie; *at the s. of* na žiadosť (koho); *s. with* v zhode (s); *follow s.* urobiť to isté (čo urobil niekto iný) **II.** sl. **1.** hodiť sa, vyhovovať; *will that s. you?* bude ti to vyhovovať? **2.** pristať, svedčať; *that dress s-s you* tie šaty ti pristanú

suitability [ˌsuːtəˈbiləti] vhodnosť; *the s. of a film for children* vhodnosť filmu pre deti
suitable [ˈsuːtəbl] (*for, to*) vhodný (pre koho, na čo); *is this girl s. for your son?* je to dievča vhodné pre tvojho syna? *a present s. to show your affection* dar vhodný na preukázanie náklonnosti
suitcase [ˈsuːtkeis] kufor
suite [swiːt] **1.** sprievod, suita, družina, štáb (spolupracovníkov) **2.** súprava (nábytku) **3.** hud. suita **4.** výp. súbor programov **5.** apartmán
sulky [ˈsalki] trucovitý, vzdorovitý; *a s. child* trucovité dieťa
sullen [ˈsalən] **1.** zamračený, zachmúrený; *s. looks* zamračené pohľady **2.** pochmúrny; *a s. sky* pochmúrna obloha
sulphur [ˈsalfə] síra
sultry [ˈsaltri] **1.** dusný, sparný; *a s. atmosphere* dusná atmosféra **2.** horkokrvný, temperamentný; *a s. woman* temperamentná žena
sum [sam] **I.** podst. **1.** súčet **2.** aj *s. total* celkový počet/množstvo, súhrnná suma ● *in s.* vcelku, súhrnne **II.** sl. *sum up -mm-* **1.** zhrnúť; *s. up the arguments/evidence* zhrnúť dôvody/dôkazy **2.** zhodnotiť, ohodnotiť; *she s-med up the situation at a glance* jediným pohľadom zhodnotila situáciu
summarize aj *summarise* [ˈsaməraiz] zhrnúť, zosumarizovať
summary [ˈsaməri] **I.** podst. stručný obsah, zhrnutie, resumé **II.** príd. súhrnný, súborný, globálny
summer [ˈsamə] leto
summerhouse [ˈsaməhaus] mn. č. *-houses* [-ˌhauzəz] (záhradná) besiedka, filagória
summertime [ˈsamətaim] **1.** (*the*) leto **2.** letný čas
summit [ˈsamət] **1.** vrchol; *reach the s. (of a mountain)* dosiahnuť vrchol; *the s. of human fame* vrchol ľudskej slávy **2.** polit. najvyššia úroveň; *negotiations at the s.* rokovania na najvyššej úrovni
summon [ˈsamən] **1.** zvolať; *s. a meeting* zvolať schôdzu **2.** predvolať; *s. witnesses* predvolať svedkov **3.** vyzvať; *s. a person to do sth.* vyzvať niekoho, aby niečo urobil ● *s. Parliament* zvolať zasadanie parlamentu
summon up pozbierať; *s. up all one's courage/energy* pozbierať všetku odvahu/energiu
summons [ˈsamənz] mn. č. *-es* [-iz] **I.** podst. predvolanie (na súd) **II.** sl. predvolať (na súd)
sumptuous [ˈsampčuəs] prepychový, drahý
sun [san] **I.** podst. (*the*) slnko; *rise with the*

S

s. vstávať so slnkom; *sit in the s.* sedieť (vyhrievať sa) na slnku **II.** sl. *-nn-* slniť sa, vyhrievať sa; *the cat was s-ning itself on the path* mačka sa vyhrievala na chodníku
sunbathe [ˈsanbeið] opaľovať sa, slniť sa; *s. on the beach* slniť sa na pláži
sunbeam [ˈsanbiːm] slnečný lúč
sunburn [ˈsanbəːn] úpal
Sunday [ˈsandi] nedeľa
sundial [ˈsandaiəl] slnečné hodiny
sunflower [ˈsanˌflauə] slnečnica
sung p. **sing**
sunglasses [ˈsanˌglaːsəz] slnečné okuliare
sun god [ˈsangod] boh Slnka
sunk p. **sink**
sunken [ˈsaŋkn] potopený; *a s. ship* potopená loď; *s. treasure* potopený poklad
sunlamp [ˈsanlæmp] aj *sunray lamp* [ˈsanreilæmp] horské slnko
sunlight [ˈsanlait] slnečná žiara
sunny [ˈsani] **1.** slnečný, jasný; *a s. day* slnečný deň **2.** radostný, šťastný, optimistický; *a s. mood* optimistická nálada
sunrise [ˈsanraiz] východ slnka
sunset [ˈsanset] západ slnka
suntanned [ˈsantænd] opálený
superb [sjuˈpəːb] **1.** skvostný, nádherný; *a s. view* nádherný výhľad **2.** vynikajúci, jedinečný; *the food was s.* strava bola vynikajúca
superficial [ˌsuːpəˈfišl] **1.** povrchný; *s. knowledge* povrchné znalosti **2.** povrchový; *the wound is only s.* rana je len povrchová
superfluous [suːˈpəːfluəs] prebytočný
superior [suːˈpiriə] **1.** lepší, kvalitnejší; *of the two books, I think this one is s.* myslím si, že z týchto dvoch kníh je táto lepšia **2.** brilantný, perfektný; *s. craftsmanship* brilantné remeselné majstrovstvo **3.** nadriadený, predstavený, vyššie postavený **4.** povznesený; *s. to flattery* povznesený nad lichôtky
superiority [suːˌpiriˈrɒti] **1.** nadradenosť; *the s. of one thing to another* nadradenosť jednej veci nad druhou **2.** prevaha; *his s. in the field of medicine is obvious* jeho prevaha v oblasti medicíny je zjavná
superlative [suːˈpəːlətiv] **I.** príd. najvyšší, vynikajúci, znamenitý; *a s. performance* vynikajúci výkon **II.** podst. gram. superlatív, tretí stupeň
supermarket [ˈsuːpəˌmaːkət] veľkopredajňa
supernatural [ˌsuːpəˈnæčrəl] nadprirodzený; *s. forces* nadprirodzené sily
superpower [ˈsuːpəˌpauə] veľmoc

supersede [ˌsuːpəˈsiːd] nahradiť (staršie novším); *electric light s-d gas light* plynové osvetlenie bolo nahradené elektrickým
supersonic [ˌsuːpəˈsonik] nadzvukový; *a s. aircraft* nadzvukové lietadlo
superstition [ˌsuːpəˈstišn] povera
superstitious [ˌsuːpəˈstišəs] poverčivý
superstructure [ˈsuːpəˌstrakčə] stav., filoz. nadstavba
supervise [ˈsuːpəvaiz] dohliadnuť, dozrieť, kontrolovať; *he s-s their work* dozerá na ich prácu
supervision [ˌsuːpəˈvižn] dohľad, dozor, kontrola; *the pupils worked under the s. of their teacher* žiaci pracovali pod dohľadom svojho učiteľa
supper [ˈsapə] večera
supplant [səˈplaːnt] zaujať miesto (koho/čoho) (často nečestným spôsobom); *the minister has been s-ed by his rival* ministrovo miesto zaujal jeho odporca
supplement [ˈsapləmənt] **I.** podst. **1.** dodatok, doplnok (knihy, slovníka) **2.** príloha novín; *Sunday s.* nedeľná príloha **II.** sl. doplniť; *she s-s her income by doing some extra work* dopĺňa si príjem prácou navyše
supply [səˈplai] **I.** sl. **1.** (*to, with*) dodávať (komu čo), zásobovať (koho čím); *s. gas to consumers* dodávať plyn spotrebiteľom **2.** uspokojiť; *s. the need for more houses* uspokojiť potrebu ďalších domov **II.** podst. **1.** zásoba, rezerva **2.** dodávka; *the s. of water to households* dodávka vody do domácností
support [səˈpoːt] **I.** sl. **1.** vydržať, zniesť; *is the bridge strong enough to s. heavy lorries?* znesie most záťaž ťažkých nákladných áut? **2.** fin. podporovať; *her father s-ed them until they found jobs* jej otec ich podporoval, kým si nenašli prácu **3.** (morálne) podporiť; *s. the demands for more independence* podporiť požiadavky na väčšiu nezávislosť **II.** podst. **1.** podpora, podpera; *the roof needs an extra s.* strecha vyžaduje osobitnú podperu **2.** fin. podpora, pomoc; *unemployed people need s.* nezamestnaní potrebujú podporu **3.** pren. opora, útecha
suppose [səˈpəuz] **1.** domnievať sa, predpokladať; *let us s. (that) she is right* predpokladajme, že má pravdu **2.** myslieť si; *Will she come? – Yes, I s. so.* Príde? – Myslím, že áno.
supposition [ˌsapəˈzišən] predpoklad, špekulácia; *on the s. that...* za predpokladu, že...

suppository [sə'pozətri] lek. čípok
suppress [sə'pres] **1.** potlačiť; *s. a riot* potlačiť vzburu **2.** zamlčať, utajiť; *s. the truth* utajiť pravdu **3.** znemožniť, prekaziť; *s. a newspaper* znemožniť, aby noviny vyšli
supreme [su:'pri:m] **1.** najvyšší, vrchný; *s. commander* vrchný veliteľ **2.** vrcholný; *s. happiness* vrcholné šťastie ● *make the s. sacrifice* priniesť najvyššiu obetu (položiť život za koho, čo)
Supreme Court [su:,pri:m 'ko:t] *(the)* najvyšší súd
sure [šuə] **I.** príd. **1.** istý; *I'm not s. why he wants it* nie som si istý, prečo to chce **2.** spoľahlivý; *there's no s. remedy for colds* proti nachladnutiu neexistuje spoľahlivý liek **3.** pevný; *stand on s. ground* stáť na pevnej pôde ● *be s.* byť presvedčený, určite vedieť; *make s. of sth.* presvedčiť sa (o čom) **II.** prísl. AM hovor. iste, prirodzene; *Will you come? – S. Prídeš? – Iste.* ● *s. enough* skutočne, naozaj
surely ['šuəli] **1.** iste, určite; *you s. can't mean it* to určite nemyslíte vážne! **2.** hl. AM rád, s potešením; *could you meet me at the airport? s.!* mohli by ste prísť po mňa na letisko? s potešením! **3.** bez pochyby, iste
sureptitious [,sarəp'tišəs] **1.** skrytý, tajný **2.** tajný, kradmý; *a s. kiss* kradmý bozk
surety ['šuərəti] **1.** kaucia, peňažná záruka **2.** ručiteľ; *go/stand s. for sb.* ísť za ručiteľa (komu)
surf [sə:f] **I.** podst. príboj, vlnobitie **II.** sl. surfovať, pestovať windsurfing
surface ['sə:fəs] **I.** podst. **1.** povrch; *a smooth/rough s.* hladký/drsný povrch **2.** hladina (kvapaliny); *the submarine rose to the s.* ponorka sa vynorila nad hladinu **3.** vonkajšok; *it isn't very wise to look only at the s. of things* nie je veľmi múdre pozerať len na vonkajšok vecí **II.** sl. vynoriť sa, vyjsť na povrch; *the diver has just s-d* potápač sa práve vynoril
surfer ['sə:fə] surfista/ka
surgeon ['sə:džn] **1.** chirurg **2.** vojenský lekár
surgery ['sə:džri] **1.** lek. chirurgia; *clinical s.* klinická chirurgia **2.** ordinácia; *his s. is in James Street* jeho ordinácia je na James Street
surgical ['sə:džikəl] chirurgický; *s. instruments* chirurgické nástroje
surmise [sə'maiz] **I.** podst. domnienka; *a wrong s.* nesprávna domnienka **II.** sl. domnievať sa, myslieť si; *she s-d that her son was unhappy* myslela si, že jej syn je nešťastný

surmount [sə'maunt] prekonať; *s. obstacles* prekonať prekážky
surname ['sə:neim] priezvisko
surpass [sə'pa:s] predstihnúť, prekonať, prevýšiť; *s. in speed* prekonať v rýchlosti; *s. all expectations* predstihnúť všetky očakávania
surplus ['sə:pləs] **I.** podst. prebytok; *the country has a s. of coffee* krajina má prebytok kávy **II.** príd. prebytočný; *give away s. fruit* darovať prebytočné ovocie
surplus fund ['sə:pləs,fand] rezervný fond
surplus labour ['sə:pləs,leibə] nadpráca
surplus value ['sə:pləs,vælju:] nadhodnota
surprise [sə'praiz] **I.** podst. prekvapenie; *what a s.!* aké prekvapenie! *imagine my s. when I saw her again* predstavte si moje prekvapenie, keď som ju znovu zazrel ● *take by s.* **1.** prekvapiť **2.** voj. dobyť náhlym útokom **II.** sl. prekvapiť; *her arrival s-d us* jej príchod nás prekvapil
surprising [sə'praiziŋ] prekvapujúci; *a s. result* prekvapujúci výsledok
surrender [sə'rendə] **I.** sl. *(to)* vzdať sa, kapitulovať; *we shall never s.* nikdy sa nevzdáme; *the hijackers s-ed (themselves) to the police* únoscovia sa vzdali polícii; *s. arms* odložiť zbrane; *s. to despair* prepadnúť zúfalstvu **II.** podst. kapitulácia, vzdanie sa ● *unconditional s.* bezpodmienečná kapitulácia
surrogate ['sarəgeit] **1.** náhrada **2.** náb. svätiaci/pomocný biskup (anglikánsky) ● *a s. mother* náhradná matka (ktorá vynosí cudzie dieťa)
surround [sə'raund] obklopiť (zo všetkých strán); *a house s-ed with/by trees* dom obklopený stromami
surrounding [sə'raundiŋ] okolitý; *visit the s. villages* navštíviť okolité dediny
surroundings [sə'raundiŋz] mn. č. prostredie, okolie; *live in pleasant s.* žiť v príjemnom prostredí
surveillance [sə:'veiləns] dozor, dohľad; *keep sb. under s.* dohliadať (na koho)
survey [sə'vei] **I.** sl. **1.** skúmať, pozorovať; *s. the international situation* skúmať medzinárodnú situáciu **2.** znalecky posúdiť; *have a house s-ed* dať si dom znalecky posúdiť **3.** tech. vymerať; *s. a piece of land* vymerať kus zeme (krajiny) **II.** podst. ['sə:vei] **1.** prehľad; *make a general s. of the situation* podať všeobecný prehľad situácie; *a s. of modern literature* prehľad modernej literatúry **2.** znalecký posudok

S

surveying [sə'veiiŋ] zememeračstvo
surveyor [sə 'veiə] zememerač
survival [sə'vaivl] **1.** prežitie; *fight for s.* bojovať o prežitie **2.** pozostatok, zvyšok; *some customs are a s. of the past* niektoré zvyky sú pozostatkom minulosti
survive [sə'vaiv] (v rozl. význ.) prežiť; *s. an earthquake* prežiť zemetrasenie; *she s-d her sons* prežila svojich synov
susceptibility [sə‚septəbiləti] **1.** citlivosť, vnímavosť; *s. to pain* citlivosť na bolesť **2.** prístupnosť, vnímavosť; *s. to flattery* prístupnosť lichôtkam **3.** náchylnosť; *s. to colds* náchylnosť na prechladnutie
susceptible [sə'septəbl] **1.** vnímavý, citlivý; *he's a very s. boy* je veľmi vnímavý chlapec **2.** (*to*) prístupný (čomu); *s. to flattery* prístupný lichoteniu **3.** chúlostivý, náchylný; *s. to colds* náchylný na prechladnutie
suspect [sə'spekt] **I.** sl. **1.** domnievať sa; tušiť (niečo zlé); *I s. he's a liar* domnievam sa, že je klamár; *s. danger* tušiť nebezpečenstvo **2.** (*of*) upodozrievať (z čoho); *s. sb. of murder* podozrievať (koho) z vraždy **II.** podst. ['saspekt] podozrivý človek
suspend [sə'spend] **1.** (*from*) zhora zavesiť (na čo); *s. a lamp from the ceiling* zavesiť lampu na strop **2.** (dočasne) zastaviť (čo); *s. sales of a drug* dočasne zastaviť predaj lieku **3.** zadržať; *s. payment* zastaviť platbu **4.** odvolať, suspendovať; *s. a government official* suspendovať vládneho úradníka **5.** pozastaviť činnosť; *s. a football player for breaches of the rules* pozastaviť činnosť futbalistovi za porušenie pravidiel **6.** vznášať sa, visieť (vo vzduchu); *they could see the dust s-ed in the air* videli prach vznášať sa vo vzduchu ● *s-ed sentence* podmienečný trest
suspension [sə'spenšn] **1.** (dočasné) zastavenie; *s. of exports* zastavenie vývozu **2.** (dočasné) zbavenie úradu, vylúčenie; *s. from a sports team* dočasné vylúčenie zo športového družstva **3.** odb. suspenzia
suspicion [sə'spišn] podozrenie ● *above s.* mimo akéhokoľvek podozrenia; *be under s.* byť v podozrení/byť podozrivý
suspicious [sə'spišəs] podozrivý; *s. circumstances* podozrivé okolnosti ● *be s. of sb.* mať podozrenie (na koho); *be s. of sth.* neveriť, nedôverovať (čomu) *he became s.* **1.** stal sa podozrivým **2.** zmocnilo sa ho podozrenie
sustain [sə'stein] **1.** udržať, zachovať; *s.*

maximum attention udržať maximálnu pozornosť **2.** utrpieť; *s. defeat* utrpieť porážku
sustenance ['sastənəns] výživa; *the children were in need of s.* deťom chýbala výživa
swallow[1] ['swoləu] lastovička
swallow[2] ['swoləu] prehltnúť aj pren.; *s. one's medicine* prehltnúť liek; *s. an insult* prehltnúť urážku
swallow up pohltiť, spotrebovať; *the earth seemed to s. them up* zdalo sa, že ich pohltila zem
swam p. **swim**
swamp [swomp] **I.** podst. močiar **II.** sl. **1.** zaplaviť **2.** pren. zavaliť; *we are s-ed with work* sme zavalení robotou
swan [swon] labuť
swanky ['swænki] **1.** hovor. vystatovačný, chvastavý (človek) **2.** hovor. nóbl, luxusný (hotel, auto)
swap [swop] **I.** podst. výmena, výmenný obchod; *do a s. with sb.* meniť (s kým) **II.** sl. vy/meniť; *s. sth. for sth.* vymeniť (čo za čo); *s. places with sb.* vymeniť si miesto (s kým)
swarm [swo:m] **1.** roj (včiel) **2.** kŕdeľ (vtákov, detí)
sway [swei] **I.** sl. **1.** kolísať (sa), hojdať (sa); *the trees were s-ing gently in the wind* stromy sa mierne kolísali vo vetre **2.** ovplyvniť; *he's very easily s-ed* ľahko sa dá ovplyvniť **II.** podst. **1.** kolísanie, hojdanie; *the s. of the ship* kolísanie lode **2.** kniž moc, vláda, panstvo; *the s. of Rome* panstvo Ríma (v staroveku)
swear [sweə] *swore* [swo:], *sworn* [swo:n] **1.** prisahať; *he swore to tell the truth* prisahal, že povie pravdu **2.** nadávať; *stop s-ing in front of the children* prestaň pred deťmi nadávať ● *s. an oath* zložiť prísahu
sweat [swet] **I.** podst. pot; *he was dripping with s.* lial sa z neho pot **II.** sl. potiť sa ● *s. blood* potiť krv, pracovať ako otrok; *sweat out* vypotiť; *s. out a cold* vypotiť prechladnutie
sweat out **1.** vypotiť sa **2.** pren. *s. it out* vydržať, nevzdať sa
sweater ['swetə] sveter
sweatshirt ['swetšə:t] tepláková bunda
sweep [swi:p] **I.** podst. **1.** zametanie **2.** (široký) rozmach; *with a s. of his sword he cut through the rope* širokým rozmachom meča rozťal povraz ● *at one s.* jednou ranou; *make a s.* opísať oblúk; *make a clean s.* všetko zobrať, všetko vyhrať; *s. of vision* kam oko dovidí, obzor **II.** sl. *swept* [swept], *swept* **1.**

zametať; *s. the floor* zametať dlážku **2.** odstrániť, zmiesť; *s. all obstacles from one's path* odstrániť z cesty všetky prekážky **3.** prehnať sa; *thunderstorms swept the whole country* búrky sa prehnali celým krajom **4.** preletieť pohľadom; *his glance swept the room* pohľadom preletel miestnosť **5.** zľahka sa dotýkať; *his fingers swept the keys of the piano* jeho prsty sa zľahka dotýkali kláves klavíra ● *be swept off one's feet* dať sa premôcť citmi, nadchnúť sa

sweep aside nevšímať si, nebrať (čo) na vedomie; *our objections were swept aside* naše námietky zostávali nepovšimnuté

sweep away strhnúť, odniesť; *the bridge was swept away by the flood* povodeň strhla most

sweep off strhnúť, zhodiť; *the wind swept off my hat* vietor mi strhol klobúk

sweep up **1.** vyniesť; *s. up all the mess* vyniesť všetku špinu **2.** prudko zdvihnúť; *she swept the child up in her arms* prudko zdvihla dieťa do náručia

sweet [swi:t] **I.** príd. **1.** sladký; *a s. apple* sladké jablko **2.** čerstvý, neskazený; *s. milk* čerstvé mlieko **3.** jemný, nežný; *a s. face* nežná tvár **4.** lahodný; *s. music* lahodná hudba ● *as s. as honey* sladký ako med; *have a s. tooth* mať rád sladkosti; *at one's own s. will* podľa vlastnej vôle; *be s. on/upon sb.* mať veľmi rád (koho); *s. one* miláčik **II.** podst. **1.** cukrík **2.** sladkosť, dezert **3.** mn. č. *s-s* radosti; *taste the s-s of success* vychutnať radosti úspechu

sweetener [ˈswiːtənə] sladidlo
sweetheart [ˈswiːtˌhaːt] miláčik
swell [swel] *swelled* [ˈsweləd], *swollen/-swelled* [ˈswəuln] **I.** sl. **1.** (*up*) napuchnúť; *his knee s-ed up after the fall* po páde mu napuchlo koleno **2.** rozvodniť sa; *the river was swelled with melted snow* rieka sa rozvodnila topiacim sa snehom **3.** (*out*) nadúť; *the sails swelled out in the wind* vietor nadul plachty **4.** nadúvať sa; *he was s-ing with pride* nadúval sa od pýchy **5.** posilniť, zvýšiť počet; *they took part in the meeting to s. the numbers* zúčastnili sa schôdze, aby zvýšili počet (prítomných) **II.** podst. **1.** príboj; *there's a heavy s. today* dnes je silný príboj **2.** AM hovor. švihák, fešák

swept p. **sweep**

swift [swift] **1.** (veľmi) rýchly; *a s. runner* rýchly bežec **2.** okamžitý; *a s. reply* okamžitá odpoveď **3.** náhly; *a s. death* náhla smrť

swim [swim], *swam* [swæm], *swum* [swam], *-mm-* **I.** sl. **1.** plávať (v rozl. význ.); *s. in a lake* plávať v jazere; *meat s-ming in gravy* mäso plávajúce v šťave **2.** preplávať, zaplávať; *s. a river* preplávať rieku; *s. 500 m* zaplávať 500 m **3.** (*with*) zaliať (sa) (čím); *eyes s-ming with tears* oči zaliate slzami ● *s. with/against the tide* plávať s prúdom/proti prúdu **II.** podst. (za)plávanie ● *be in/out of the s.* zúčastniť sa/nezúčastniť sa behu udalostí/diania

swimming pool [ˈswimiŋ puːl] **1.** (plavecký) bazén **2.** krytá plaváreň **3.** kúpalisko

swimming trunks [ˈswimiŋˌtraŋks] plavky (pánske)

swimsuit [ˈswimsjuːt] aj *swimming costume* [ˈswimiŋˌkostjum] plavky (dámske)

swindle [swindl] **I.** sl. (*out of*) vylákať (od koho) (peniaze podvodom); *he s-d him out of all his savings* vylákal od neho všetky jeho úspory **II.** podst. podvod; *a big tax s.* veľký daňový podvod

swine [swain] mn. č. *swine* **1.** sviňa **2.** slang. lotor, sviňa

swing [swiŋ] *swung* [swaŋ], *swung* **I.** sl. **1.** kývať (sa), hojdať (sa), kolísať (sa); *s. on a rope* hojdať sa na povraze; *s. one's arms* kývať rukami **2.** (rýchlo) obrátiť (sa); *she swung round at the noise* na hluk sa rýchlo obrátila **3.** rezko vykračovať; *he went s-ing down the street* rezko si vykračoval dolu ulicou **II.** podst. **1.** kývanie, hojdanie, kolísanie **2.** hojdačka **3.** obrat; *a s. in public opinion* obrat vo verejnej mienke **4.** hud. swingový rytmus

swish [swiš] **1.** svišťať; *the whip s-ed through the air* bič svišťal vzduchom **2.** šušťať; *her silk dress s-ed as she passed* jej hodvábne šaty pri chôdzi šušťali

switch [swič] **I.** podst. **1.** vypínač; *the main light s.* hlavný vypínač svetla **2.** (náhla, neočakávaná) zmena; *there's been a s. in our plans* nastala zmena v našich plánoch **3.** jazdecký bičík **II.** sl. **1.** skrútiť sa; *the wind has s-ed round* vietor sa skrútil (na inú stranu) **2.** vymeniť; *let's s. seats!* vymeňme si miesta! **3.** prepnúť; *the light s-ed to green* svetlo sa preplo na zelenú

switch off vypnúť; *s. off the TV* vypnúť televízor

switch on zapnúť; *s. on the radio* zapnúť rádio

switch over prepnúť; *s. over to another channel* prepnúť na iný kanál

S

swivel ['swivl] -*ll*- **I.** sl. (o)točiť (sa); *s. round in a chair* otočiť sa na stoličke **II.** podst. obrtlík ● *a s. chair* otáčavá stolička

swollen p. swell

swoon [swu:n] bezvedomie; *fall in/be in a s.* omdlieť/byť v bezvedomí

sword [so:d] kord ● *be at s. 's points* byť (s kým) na nože; *draw the s.* tasiť meč; *put to the s.* zabiť

swore p. swear

sworn p. swear

swot [swot] -*tt*- **I.** sl. bifľovať sa; *s. at sth.* nabifľovať sa (čo) **II.** podst. bifľoš

swum p. swim

swung p. swing

sycamore ['sikəmo:] platan

syllable ['siləbl] slabika ● *repeat every s. of a story* doslova opakovať príbeh

syllabus ['siləbəs] mn. č. -*buses* al. -*bi* [-bai] učebné osnovy

symbol ['simbl] symbol, znak; *a heart is the s. of love* srdce je symbolom lásky; *mathematical s-s* matematické symboly

symbolic(cal) [sim'bolik(əl)] symbolický; *be s. of sth.* byť symbolický (pre čo)

sympathize ['simpəθaiz] (*with*) **1.** mať pochopenie, uznanie (pre koho/čo), sympatizo-

vať (s kým/čím); *s. with certain political opinions* sympatizovať s istými politickými názormi **2.** súcitiť

sympathy ['simpəθi] súcit

symphonic [sim'fonik] symfonický; *a s. poem* symfonická báseň

symphony ['simfəni] symfónia

symposium [sim'pəuziəm] mn. č. -*siums* al. -*sia* [-ziə] sympózium

symptom ['simptəm] symptóm, príznak; *the s-s of a disease* príznaky choroby

synchronize aj *synchronise* ['siŋkrənaiz] synchronizovať

syndicate ['sindəkət] syndikát

syndrome ['sindrəum] lek. syndróm

syntax ['sintæks] lingv. syntax, skladba

synthesis ['sinθəsəs] mn. č. -*ses* [si:z] syntéza

synthetic [sin'θetik] syntetický; *s. fibres* syntetické vlákna

syringe [sə'rindž] (malá ručná) striekačka; *hypodermic s.* injekčná striekačka

syrup ['sirəp] sirup; *fruit s.* ovocný sirup, ovocná šťava

system ['sistəm] systém, sústava

systematic [ˌsistə'mætik] systematický; *work in a s. way* pracovať podľa systému

T

table ['teibl] **1.** stôl (v rozl. význ.); *a dining/a kitchen t.* jedálenský/kuchynský stôl; *he keeps a good t.* ponúka bohatý stôl; *his jokes amused the whole t.* na jeho vtipoch sa zabával celý stôl **2.** tabuľka, zoznam; *a t. of contents* obsah knihy ● *at t.* pri stolovaní; *lay/set the t.* prestrieť stôl

tablecloth ['teiblkloθ] obrus

tablespoon ['teiblspu:n] polievková lyžica

tablespoonful ['teiblˌspu:nful] polievková lyžica (ako miera – množstvo múky, cukru ap.)

tablet ['tæblət] **1.** tabletka; *sleeping t-s* tabletky na spanie **2.** pamätná tabuľa (na stene budovy)

table tennis ['teiblˌtenis] stolný tenis

tabloid ['tæbloid] noviny (malého formátu, s mnohými obrázkami, kreslenými vtipmi ap.)

taboo [tə'bu:] tabu; *speaking about salaries was a t.* hovoriť o platoch bolo tabu

tabulate ['tæbjəleit] zapísať, vpísať do tabuľky

tacit ['tæsit] tichý, nevyslovený; *t. agreement* tichá dohoda

taciturn ['tæsitə:n] tichý, málovravný

tack [tæk] **1.** malý klinec **2.** AM pripináčik **3.** námor. kurz; *be on the right/wrong t.* držať dobrý/zlý kurz

tackle ['tækl] **I.** sl. zaoberať sa (čím), riešiť (čo); *t. a problem* riešiť problém **II.** podst. výstroj (rybársky ap.)

tact [tækt] takt, jemnocit

tactful ['tæktfl] taktný; *it was not t. from him to tell her the truth* nebolo od neho taktné povedať jej pravdu

tactical ['tæktikl] taktický; *a t. error* taktická chyba

tactician [tæk'tišn] taktik

tactic(s) ['tæktik(s)] taktika

tactile ['tæktail] hmatový; *the t. organs* hmatové orgány

tadpole ['tædpəul] žubrienka

taffeta ['tæfətə] taft (lesklá látka)

tag [tæg] **I.** podst. **1.** štítok, visačka; *an identification t.* identifikačný štítok **2.** kovové zakončenie šnúrky do topánky **3.** (aj) *question* **.** gram. potvrdzujúca otázka **4.** (hra) chytačka **II.** sl. *-gg-* **1.** opatriť štítkom/visačkou, oštítkovať; *t. a bottle* oštítkovať fľašu **2.** označiť; **.** sb. *as stupid* označiť (koho) za hlúpeho

tag along chodiť za kým, byť komu ustavične v pätách; *the little girl always t-s along behind her sister* dievčatko je svojej sestre stále v pätách

tail [teil] chvost aj pren.; *a bird's t.* chvost vtáka; *the t. of a kite/comet/aircraft/procession* chvost/koniec šarkana/kométy/lietadla/sprievodu; *at the t. end of a procession* na samom konci sprievodu

tailcoat [teil'kəut] frak

taillight ['teil-lait] koncové svetlo (auta)

tailor ['teilə] **I.** podst. krajčír **II.** sl. **1.** ušiť na mieru **2.** pren. prispôsobiť; *t-ed for a special purpose* prispôsobené na zvláštny účel

tailor-made [ˌteilə 'meid] šitý na mieru

take [teik], *took* [tuk], *taken* ['teikn] **1.** vziať; *t. the book and go* vezmi knihu a choď **2.** zmocniť sa, dobyť; *t. a town* dobyť mesto **3.** zajať; *t. prisoners* zajať (vojnových zajatcov) **4.** rijať; *t. presents* prijať dary **5.** odniesť; *t. letters to the post* odniesť listy na poštu **6.** zaviezť, odviezť sa, ísť (použiť dopravný prostriedok); *t. a friend home* zaviezť priateľku domov; *t. a bus/train* ísť autobusom/vlakom **7.** jesť, piť, dať si (čo); *t. a glass of wine* vypiť pohár vína; *what will you t.?* čo si dáte? **8.** odoberať; *t. a newspaper* odoberať noviny **9.** vyžadovať, potrebovať; *the work will t. 4 hours* tá práca si vyžaduje 4 hodiny **10.** *(down)* urobiť záznam ● *t. advantage of* využiť (čo); *t. advice* poradiť sa; *t. apart* rozobrať; *t. in one's arms* objať, vziať do náručia; *t. care of* starať sa (o koho, čo); *t. into consideration* vziať do úvahy; *t. turns* striedať sa; *t. sb.'s word* prijať čí sľub; *t. it easy* nerozčuľovať sa; *t. a seat* posadiť sa; *t. to pieces* rozobrať; *t. for granted* pokladať čo za isté; *t. one's leave* rozlúčiť sa; *t. it into one's mind* vziať si do hlavy; *t. it or leave it* jasne sa rozhodnúť; *t. notes* robiť si poznámky; *t. part in* zúčastniť sa (na čom); *t. place* uskutočniť sa; *t. a prize* získať cenu; *t. shelter from* schovať sa (pred čím); *t. by surprise* prekvapiť

take after podobať sa

take apart 1. rozobrať (niečo malé) **2.** hovor. šport. vysoko poraziť

take away from znížiť hodnotu/účinok

take down rozobrať (niečo veľké)

take in 1. vziať na byt **2.** zahrnúť do ceny **3.** zúžiť šaty **4.** úplne pochopiť

take off 1. vyzliecť kabát/šaty **2.** vzlietnuť **3.** vziať si voľno

take on 1. prijať do zamestnania **2.** pribrať na váhe

take out zobrať (koho) von (do divadla, kina a pod.)

take over prevziať (úrad, obchod)

take to 1. navyknúť si (piť, fajčiť) **2.** cítiť náklonnosť

take up 1. stráviť čas **2.** prijať ponuku

tale [teil] príbeh; *t-s of adventure* dobrodružné príbehy ● *the thing tells its own t.* tá vec už nepotrebuje komentár

talent ['tælənt] talent, nadanie

talk [to:k] **I.** sl. hovoriť, rozprávať **II.** podst. **1.** rozhovor; *have a t. with students about their problems* viesť rozhovor so študentmi o ich problémoch **2.** (on, about) prednáška (o kom, čom); *the doctor gave us a t. on newborn babies* lekár mal u nás prednášku o novorodencoch

talkative ['to:kətiv] veľavravný, zhovorčivý

tall [to:l] vysoký (o ľuďoch a úzkych, tenkých predmetoch); *a t. man/tree* vysoký človek/strom

tallow ['tæləu] loj

tally ['tæli] **I.** podst. **1.** evidencia; *he keeps a t. of his expenses* vedie evidenciu svojich výdavkov **2.** skóre (zápasu) **3.** štítok, visačka **II.** sl. súhlasiť, zhodovať sa; *the stories of the two men t.* rozprávanie obidvoch mužov sa zhoduje

tame [teim] **I.** príd. **1.** krotký (skrotený); *a t. monkey* krotká opica **2.** hovor. nudný; *the match was very t.* zápas bol veľmi nudný **II.** sl. skrotiť; *t. a wild animal* skrotiť divé zviera

tamper ['tæmpə] babrať, poškodiť; *the car has been t-ed with* niekto poškodil auto

tan [tæn] **I.** podst. **1.** žltohnedá farba **2.** (slnkom opálená) hnedá pokožka **II.** sl. *-nn-* opáliť sa dohneda

tandem ['tændəm] **1.** bicykel pre dvoch jazdcov **2.** pár koní (zapriahnutých za sebou) ● *in t.* jeden za druhým, spolu

tangent ['tændʒənt] mat. tangenta

tangerine [ˌtændʒə'ri:n] mandarínka

tangible ['tændʒəbl] hmatateľný, zjavný, presvedčivý, konkrétny; *t. proof* zjavný dôkaz

tangle ['tæŋgl] **I.** podst. **1.** spleť, spletenina; *a t. of branches* spleť konárov **2.** zmätok; *the traffic was in a frightful t.* v doprave vlá-

T

dol hrozný zmätok **II.** sl. **1.** pomotať (vlnu) **2.** pochlpiť, zamotať; *the wind t-d her hair* vietor jej rozstrapatil vlasy
tangle with stretnúť sa, zraziť sa (v spore ap.)
tank [tæŋk] **I.** podst. **1.** nádrž, rezervoár **2.** voj. tank **II.** sl. tankovať, čerpať (pohonné látky)
tankard ['tæŋkəd] (obyč. kovový) džbán (na pivo)
tanker ['tæŋkə] **1.** cisterna **2.** cisternová loď
tantalizing ['tæntəlaiziŋ] dráždivý, vábivý, zvodný; *a t. smell of food* vábivá vôňa jedla
tantrum ['tæntrəm] záchvat zúrivosti; *have/throw a t.* rozzúriť sa
tap[1] [tæp] **I.** podst. **1.** kohútik, uzáver; *a water/gas t.* vodovodný/plynový kohútik **2.** tajné/ilegálne odpočúvanie telefónu **II.** sl. *-pp-* **1.** naraziť; *t. a barrel* naraziť sud (piva/vína) **2.** tajne/ilegálne odpočúvať telefón **3.** (*for*) hovor. expr. vytiahnuť, vymámiť; *he t-ped me for money* vytiahol odo mňa peniaze
tap[2] [tæp] **I.** sl. *-pp-* poklopkávať; *she t-ped her foot in time to the music* poklopkávala nohou v rytme hudby **II.** podst. zaklopkanie; *there was a t. on the window* bolo počuť zaklopkanie na oblok
tap dancing ['tæp ˌdɑːnsiŋ] stepovanie
tape [teip] **I.** podst. **1.** páska, stužka; *insulating t.* izolačná páska **2.** telegrafná páska **3.** šport. cieľová páska **II.** sl. **1.** zalepiť lepiacou páskou **2.** nahrať (hudbu/odkaz na pásku/kazetu)
tape measure ['teip ˌmežə] meracie pásmo
tape recorder ['teip riˌkoːdə] magnetofón
tape recording ['teip riˌkoːdiŋ] magnetofónový záznam
tar [tɑː] **I.** podst. smola **II.** sl. pokryť smolou
tardy ['tɑːdi] oneskorený; *a t. response to a letter* oneskorená odpoveď na list
target ['tɑːgət] **1.** terč aj pren.; *hit the t.* trafiť terč; *her behaviour is the t. of criticism* jej správanie je terčom kritiky **2.** cieľ; *she has met her t.* dosiahla svoj cieľ
tarragon ['tærəgən] bot. estragón
tart[1] [tɑːt] koláčik/košíček (s ovocím alebo marmeládou)
tart[2] [tɑːt] **1.** kyslý, trpký; *t. wine* suché víno; *t. fruit* kyslé ovocie **2.** pren. ostrý, uštipačný; *a t. remark* uštipačná poznámka
tartan ['tɑːtn] tartan (škótska kockovaná vlnená látka)
task [tɑːsk] úloha, povinná činnosť, povinnosť; *he quickly performed the t-s he had been set* rýchlo splnil úlohy, ktoré mu boli

uložené ● *a thankless t.* nevďačná úloha, *take sb. to t.* hrešiť (koho)
tassel ['tæsəl] strapec (z nití, vlny)
taste [teist] **I.** podst. **1.** chuť (v rozl. význ.); *lose one's sense of t.* stratiť (necítiť) chuť; *sugar has a sweet t.* cukor má sladkú chuť **2.** záľuba; *a t. for music* záľuba v hudbe **3.** vkus; *she has excellent t. in clothes* má výborný vkus v obliekaní **II.** sl. **1.** ochutnať; *t. a cake* ochutnať koláč **2.** chutiť; *what does it t. like?* ako to chutí? **3.** vychutnávať; *t. happiness* vychutnávať šťastie
tasteful ['teistfl] vkusný; *a t. arrangement of flowers* vkusné aranžovanie kvetov
tasteless ['teistləs] **1.** bez chuti; *a t. cake* koláč bez chuti **2.** nechutný, nevkusný; *a t. remark* nevkusná poznámka
tasty ['teisti] chutný; *a t. meal* chutné jedlo
ta-ta [tæ'tɑː] hovor. det. pá, pápá
tattoo[1] [tə'tuː] **1.** len j. č. večierka; *sound the t.* odtrúbiť večierku **2.** mn. č. *t-s* vojenský festival; *the Edinburgh T.* Edinburský festival
tattoo[2] [tə'tuː] **I.** podst. tetovanie **II.** sl. tetovať
taught p. **teach**
taunt [toːnt] **I.** sl. posmievať sa, vysmievať sa; *they t-ed her because she was fat* posmievali sa jej, že je tučná **II.** podst. posmech, výsmech
tax [tæks] **I.** podst. **1.** daň **2.** peňažná dávka, poplatok, taxa **3.** záťaž **II.** sl. **1.** zdaniť, uložiť/vymerať daň **2.** odhadnúť, oceniť **3.** byť náročný; *the journey will be too t-ing* cesta bude príliš náročná
taxi ['tæksi] aj *taxicab* ['tæksikæb] taxi, taxík; *hail a t.* privolať taxík (kývnutím ruky)
taximeter ['tæksiˌmiːtə] taxameter
taxi rank ['tæksi ræŋk] hl. AM stanovište taxíkov
tea [tiː] **1.** čaj (v rozl. význ.); *I buy Chinese t.* kupujem čínsky čaj; *have a cup of t.* dajte si šálku čaju; *two t-s, please* dva čaje, prosím **2.** čaj (olovrant); *she made a cake for t.* upiekla koláč na olovrant ● *five o'clock t.* čaj o piatej; *high t.* studená večera (s čajom); *not my cup of t.* to nemám rád
teabag ['tiːbæg] vrecko čaju
teach [tiːč], *taught* [toːt], *taught* učiť, vyučovať; *t. English* vyučovať angličtinu; *t. a child to play the piano* učiť dieťa hrať na klavír
teacher ['tiːčə] učiteľ/ka
teaching ['tiːčiŋ] **1.** vyučovanie **2.** *t-s* mn. č. náuka, učenie; *the t-s of Buddha* Budhovo učenie

tea cloth ['ti: kloθ] **1.** obrúsok (na servírovacej stolík) **2.** utierka

teacup ['ti:kap] šálka na čaj

teakettle ['ti: ˌketl] kanvica na čaj (v ktorej sa varí voda)

team [ti:m] **1.** družstvo (športové), tím **2.** skupina, kolektív (pracovný) **3.** záprah (koní, volov, psov)

teamwork ['ti:mwə:k] kolektívna, tímová práca

tea pot ['ti: pot] čajník (kanvica, v ktorej sa podáva čaj)

tear[1] [teə], *tore* [to:], *torn* [to:n] **1.** (roz)trhať; *t. into pieces* roztrhať na kúsky **2.** roztrhnúť (si); *the little girl tore her dress* dievčatko si roztrhlo šaty **3.** strhnúť; *the roof was torn off by the storm* víchor strhol strechu **4.** hnať sa; *some children t. down the street* deti sa hnali dole ulicou ● *t. one's hair* trhať si vlasy; *t. oneself away* odtrhnúť sa (od koho, čoho)

tear[2] [tiə] slza, kvapka; *t-s of joy* slzy radosti; *a t. of resin* kvapka živice ● *burst into t-s* rozplakať sa; *shed bitter t-s* roniť horké slzy

tearful ['tiəfl] **1.** uplakaný, uslzený; *a t. face* uslzená tvár **2.** smutný, trúchlivý; *t. looks* smutný výzor

tear gas ['tiə gæs] slzotvorný plyn

tearoom ['ti:ru:m] čajovňa

tease [ti:z] **1.** uťahovať si (z koho), doberať si (koho), dobiedzať (do koho); *don't believe him, he was only t-ing* never mu, iba si ťa doberal **2.** znepokojovať, dráždiť; *the problem has t-d his mind for years* ten problém ho roky znepokojoval

tea service ['ti: ˌsə:vəs] aj *tea set* ['ti: set] čajová súprava

teaspoon ['ti:spu:n] čajová lyžička

teaspoonful ['ti:spu:nful] čajová lyžička (množstvo cukru ap.)

tea strainer ['ti: streinə] cedidlo na čaj

tea trolley ['ti: ˌtroli] AM *tea wagon* ['ti:ˌweigən] servírovací vozík/stolík

technical ['teknikl] **1.** technický; *t. drawing* technické kreslenie **2.** odborný; *t. training is required for the job* na toto zamestnanie sa vyžaduje odborné vzdelanie

technician [tek'nišn] technik

technique [tek'ni:k] **1.** technika (technická stránka, spôsob, postup) **2.** technická zručnosť

technological [ˌteknə'lodžikl] **1.** technologický **2.** technický

technologist [tek'nolədžəst] **1.** technológ **2.** technik

technology [tek'nolədži] **1.** technológia **2.** technika

teddy bear ['tedi beə] aj *teddy* ['tedi] medvedík, macík (z plyšu)

tedious ['ti:diəs] únavný, otravný, nudný; *a t. speech* nudná reč

teem [ti:m] hemžiť sa; *the marketplace is t-ing with people* trhovisko sa hemží ľuďmi; *the letter is t-ing with mistakes* list sa hemží chybami

teenage ['ti:neidž] aj *teenaged* ['ti:neidžd] mladistvý, dospievajúci (vo veku 13-19 rokov)

teenager ['ti:neidžə] dospievajúci chlapec, dospievajúce cievča (vo veku 13-19 rokov)

teens [ti:nz] vek dospievania (medzi 13. a 19. rokom); *she's in her t.* je vo veku dospievania

teeth p. **tooth**

teetotaller [ti:'təutlə] abstinent

telecast ['telika:st] **I.** podst. televízne vysielanie, televízny prenos **II.** sl. vysielať (televíziou)

telecommunications [ˌtelikəmju:nə'keišnz] telekomunikácie

telegram ['teləgræm] telegram

telegraph ['teləgra:f] **I.** podst. telegraf **II.** sl. telegrafovať

telegrapher [tə'ləgrəfə] aj *telegraphist* [tə'legrəfəst] telegrafista

telegraphic [ˌtelə'græfik] telegrafický; *a t. message* telegrafická správa

telegraph pole ['teləgra:f pəul] aj *telegraph post* ['teləgra:f pəust] telegrafný stĺp

telegraphy [tə'legrəfi] telegrafia

telepathy [tə'lepəθi] telepatia

telephone ['teləfəun] **I.** podst. telefón **II.** sl. telefonovať

telephone booth ['teləfəun ˌbu:θ] aj *telephone box* ['teləun boks] telefónna búdka/kabína

telephone directory ['teləfəun daiˌrektri] telefónny zoznam

telephone exchange ['teləfəun iksˌčeindž] telefónna centrála

teleprinter ['teləˌprintə] ďalekopis

teleprocessing ['teləprəuˌsesiŋ] diaľkové spracovanie dát

telerecording ['teləriko:diŋ] záznam televízneho obrazu

telescope ['teləskəup] teleskop, hvezdársky ďalekohľad

television ['teləˌvižn] televízia; *on t.* v televízii, v televíznom vysielaní

telex ['teleks] **I.** podst. **1.** telex, ďalekopisný prístroj **2.** ďalekopisná správa, telex **II.** sl. ďalekopisovať, oznamovať ďalekopisom

T

tell [tel], *told* [təuld], *told* **1.** hovoriť, rozprávať; *he's good at t-ing jokes* vie dobre rozprávať vtipy **2.** povedať (komu); *t. me your name* povedzte mi svoje meno **3.** prikázať, nariadiť; *he told her to wait* prikázal jej, aby počkala **4.** rozlíšiť, rozoznať; *I can't t. the difference* neviem to rozlíšiť ● *t. a lie* klamať; *t. the time* povedať, koľko je hodín; *to t. the truth* úprimne povedané; *who can t.?* kto to môže tvrdiť? *you can never t./you never can t.* človek nikdy nevie

temper ['tempə] **1.** povaha, charakter **2.** nálada; *keep one's t.* zachovať rozvahu; *lose one's t.* rozčúliť sa

temperance ['temprəns] **1.** umiernenosť (v správaní, reči) **2.** striedmosť (napr. v pití alkoholu)

temperature ['temprəčə] **1.** teplota; *a sudden rise in t.* náhly vzostup teploty **2.** horúčka; *have/be running a t.* mať horúčku; *take sb.'s t.* zmerať teplotu (komu)

tempest ['tempəst] **1.** víchrica (aj s dažďom, príp. snehom) **2.** pren. búrka, výbuch; *a t. of laughter* výbuch smiechu ● *t. in a teapot* búrka v pohári vody

temple[1] ['templ] chrám

temple[2] ['templ] anat. slucha, spánok, spánková kosť

temporal ['temprəl] **1.** svetský; *the lords t.* šľachtici, páni; **2.** odb. časový; *t. conjunctions* časové spojky

temporary ['tempərəri] dočasný, prechodný; *t. employment* dočasné zamestnanie; *t. residence* prechodné bydlisko

tempt [tempt] **1.** zviesť, zlákať, uviesť do pokušenia; *nothing could t. him to take such a step* nič ho nemohlo zlákať na taký krok **2.** priťahovať, vábiť; *this offer t-s me* táto ponuka ma vábi

temptation [temp'teišn] **1.** pokušenie; *yield to t.* podľahnúť pokušeniu **2.** zvádzanie, lákanie, lákadlo; *clever advertisements are t-s to spend money* šikovná reklama zvádza na míňanie peňazí

ten [ten] desať

tenacious [tə'neišəs] **1.** húževnatý, tvrdošijný, vytrvalý; *a t. adversary* tvrdošijný protivník **2.** spoľahlivý *a t. helper* spoľahlivý pomocník

tenant ['tenənt] nájomca

tend [tend] mať sklon/tendenciu

tendency ['tendənsi] sklon, tendencia

tender[1] ['tendə] **1.** boľavý aj pren.; *my leg still feels t.* noha ma stále ešte bolí; *a t. subject* boľavá vec/téma **2.** mäkký; *t. meat* mäkké mäso **3.** nežný, láskavý; *a t. heart* nežné srdce

tender[2] ['tendə] zásobovacia loď

tender[3] ['tendə] (konkurzná ponuka), tender

tendon ['tendən] lek. šľacha

tenement ['tenəmənt] **1.** obytný dom **2.** byt (v nájomnom dome)

tennis ['tenəs] tenis

tennis court [ˌtenəs 'ko:t] tenisový dvorec/kurt

tennis racket [ˌtenəs 'rækət] tenisová raketa

tense[1] [tens] **I.** príd. **1.** napnutý, natiahnutý; *t. muscles* napnuté svaly **2.** napätý; *t. nerves* napäté nervy **II.** sl. napnúť; *he t-d his muscles* napol svaly

tense[2] [tens] gram. slovesný čas

tension ['tenšn] **1.** vypätie, napätie; *nervous t.* nervové vypätie; *international t.* medzinárodné napätie **2.** napätie, napnutie; *the t. of a violin string* napnutie husľovej struny **3.** elektr. napätie; *high t. wires* drôty vysokého napätia

tent [tent] stan

tentative ['tentətiv] **1.** predbežný; *t. arrangements* predbežné opatrenia **2.** váhavý; *a t. smile* váhavý úsmev

tenth [tenθ] **I.** čísl. desiaty **II.** podst. desatina

tenuous ['tenjuəs] **1.** jemný, slabý, krehký; *the t. web of a spider* jemná pavučina **2.** slabý, bezvýznamný; *t. distinctions* slabé rozdiely

tepid ['tepəd] vlažný aj pren.; *t. water* vlažná voda; *t. interest* vlažný záujem

term [tə:m] **I.** podst. **1.** doba, obdobie; *the president's t. of office* doba úradovania prezidenta **2.** semester; *the winter/summer t.* zimný/letný semester **3.** termín, výraz; *a medical t.* lekársky termín **4.** *t-s* mn. č. podmienky; *inquire about t-s* zisťovať podmienky; *come to t-s/make t-s (with sb.)* dohodnúť sa (s kým); *be on good/bad t-s with sb.* mať dobré/zlé vzťahy (s kým) **II.** sl. označiť, pomenovať, nazvať

terminal ['tə:mənl] **I.** príd. **1.** záverečný; *t. report* záverečná správa **2.** konečný; *t. cancer* rakovina v konečnom štádiu **II.** podst. **1.** konečná stanica **2.** výp. terminál, koncové zariadenie

terminate ['tə:məneit] ukončiť, skončiť

terminological [ˌtə:mənə'lodžikl] terminologický, názvoslovný

terminology [ˌtə:mə'nolədži] terminológia, názvoslovie

terminus ['tə:mənəs] mn. č. *-ni* [-nai] al. *-nuses* [-nəsəs] konečná stanica (železnice, autobusovej linky)

termite ['tə:mait] termit

termless ['tə:mləs] neobmedzený, neohraničený

terrace ['terəs] terasa

terrible ['terəbl] strašný, hrozný; *a t. war* strašná vojna

terrific [tə'rifik] 1. hrôzostrašný, príšerný 2. hovor. šialený; *drive at a t. speed* jazdiť šialenou rýchlosťou 3. hovor. fantastický, skvelý; *a t. party* skvelý večierok; *t. destruction* príšerná skaza

territorial [,terə'to:riəl] územný; *t. claims* územné požiadavky

territorial waters [,terə'to:riəl 'wo:təz] výsostné vody

territory ['terətri] územie, teritórium

terror ['terə] 1. hrôza; *she has a t. of spiders* má hrôzu z pavúkov; *the t-s of war* hrôzy vojny 2. hovor. postrach; *that child is a real t.* to dieťa je skutočný postrach

terrorism ['terərizm] terorizmus

terrorist ['terərist] terorista

test [test] test, skúška I. podst. *acceptance t.* prijímacia skúška; *driving t.* šoférska skúška II. sl. skúšať

test card ['test ka:d] monoskop

testify ['testəfai] (*against/for/to*) svedčiť (proti komu/v prospech koho); *two witnesses t-ied against him* dvaja svedkovia svedčili proti nemu; *she t-ied for her schoolmate* svedčila v prospech svojej spolužiačky

testimony ['testəməni] 1. svedectvo 2. práv. výpoveď 3. práv. doklad, dôkaz 4. slávnostné vyhlásenie

testing ['testiŋ] ťažký; *have a t. time* prežívať ťažké obdobie

testis ['testis], mn. č. *-tes* [-ti:z] semenník

test pilot ['test 'pailət] skúšobný pilot

test tube ['test tju:b] skúmavka

text [tekst] 1. text 2. presné znenie; *print the full t. of the President's speech* vytlačiť presné znenie prezidentovho prejavu

textbook ['tekstbuk] učebnica; *a history t.* učebnica dejepisu

textile ['tekstail] I. podst. textil, látka, tkanina; *woollen t-s* vlnené látky II. príd. textilný; *the t. industry* textilný priemysel

texture ['teksčə] štruktúra; *the t. of wood* štruktúra dreva

than [ðən] než, ako; *Marry is younger th. John* Mária je mladšia ako Ján ● *barely/hardly/scarcely/no sooner ...th.* sotva..., už; *no sooner had he arrived th. he had to go right back* sotva prišiel, už sa musel vrátiť naspäť

thank [θæŋk] I. sl. (po)ďakovať; *she th-ed her uncle for the present* poďakovala strýkovi za dar ● *th. God* chvalabohu; *th. one's lucky stars* poďakovať svojej šťastnej hviezde II. podst. *th-s* mn. č. vďaka, poďakovanie ● *give th-s* vzdať vďaku; *cordial th-s* srdečná vďaka; *many th-s* tisíckrát vďaka

thanksgiving [,θæŋks'giviŋ] vďakyvzdanie; *Th. Day* (AM) Deň vďakyvzdania (posledný štvrtok v novembri)

that [ðæt] I. zám. 1. ukazovacie, mn. č. *those* [ðəuz] tamten, onen; *I don't like this dress but th. one* nepáčia sa mi tieto šaty, ale tamtie 2. (vzťažné) ktorý; *the letter th. came this morning is from my mother* list, ktorý prišiel ráno, je od mojej matky ● *at th. time* vtedy; *for all th.* ale predsa; *th.'s it* správne; *what of th.?* no a čo? *th.'s why* práve preto II. spoj. že; *I'm afraid th. I can't help you* obávam sa, že vám nemôžem pomôcť

thatch [θæč] slamená al. trstinová krytina strechy

thaw [θo:] topiť sa (o snehu a ľade)

the [ðə] pred spoluhl., [ði] pred samohl. 1. pred podst. (keď ide o osoby al. veci už známe) ten, tá, to, tí, tie; *who's the women you introduced me to?* kto je tá žena, ktorej si ma predstavil? *switch the light off* vypni to svetlo 2. s podst. v j. č. (zovšeobecnenie pojmu, neprekladá sa); *the horse is a beautiful animal* kôň je krásne zviera 3. pred spodstatnenými príd. (neprekladá sa); *the poor* chudobní; *the impossible* nemožné 4. po predl. a s príslušnými výrazmi (miera, jednotka, neprekladá sa); *this curtain material is sold by the metre* táto záclonovina sa predáva na metre 5. s tretím stupňom príd. al. prísl. (maximálna miera, neprekladá sa); *she is the best cook I know* je najlepšia kuchárka, akú poznám; ● *the... the...* čím ... tým...

theatre ['θiətə] divadlo

theatregoer ['θiətə,gəuə] častý návštevník divadla

theatrical [θi'ætrikl] 1. divadelný; *a th. company* divadelná spoločnosť 2. strojený, teatrálny; *a th. gesture* teatrálne gesto

thee [ði:] zastar. tebe, ti, teba, ťa; *God be with th.* Boh s tebou

theft [θeft] krádež

their [ðeə] 1. ich; *we admire th. courage* obdivujeme ich odvahu 2. svoj, vlastný; *have the children washed th. hands?* umyli si deti (svoje) ruky?

theirs [ðeəz] ich; *this house is th.* tento dom je ich

them [ðəm] ich, im, nimi; *she hasn't invited th. yet* ešte ich nepozvala; *the children must be hungry, give th. some sandwiches* deti sú iste hladné, daj im chlebíčky; *what will you do with th.?* čo s nimi urobíte?

theme [θi:m] **1.** námet, téma **2.** hud. motív

themselves [ðəm'selvz] **1.** (zvratný tvar zám. *they*) sa, si; *they always enjoy th.* vždy sa dobre zabávajú; *they bought th. a new house* kúpili si nový dom **2.** (dôrazové) sami, samy; *they th. did nothing wrong* oni sami nič zlé neurobili

then [ðen] **I.** prísl. **1.** vtedy; *I was still at university th.* vtedy som bol ešte na univerzite **2.** potom; *let's go to the cinema and th. home* poďme do kina a potom domov ● *by/before th.* v tej dobe/predtým; *from th. on* odvtedy; *th. and there* ihneď, okamžite; *but th.* ale vlastne; *now th.!* (ale) no tak! *what th.* čo potom; *now and th.* občas **II.** príd. vtedajší; *the th. president* vtedajší prezident

theorem ['θiərəm] teoréma

theoretic(al) [θiə'retik(l)] teoretický

theory ['θiəri] teória

therapeutic(al) [ˌθerə'pju:tik(l)] liečivý, terapeutický

therapeutics [ˌθera pju:tiks] terapia (odbor medicíny)

therapist [ˌθerəpəst] terapeutka

therapy ['θerəpi] lek. terapia, spôsob liečenia

there [ðeə] **1.** tam (na tom mieste, v tom bode); *I like living th.* rád tam bývam; *th. I disagree with you* v tom s vami nesúhlasím **2.** v spojení s *be, seen, appear* vyjadruje, že niečo al. niekto existuje, niečo sa stalo – zvyčajne sa neprekladá; *th.'s only one* existuje iba jeden; *th. appears to have been a nasty accident* zdá sa, že prišlo k vážnej nehode

thereabouts [ˌðeərə'bauts] **1.** (približne miesto) tam niekde, kdesi tam; *he ought to be somewhere th.* mal by byť kdesi tam **2.** (približný čas, číselná hodnota) tak asi, okolo; *he'll arrive at 10 o'clock or th.* príde asi tak o 10. hodine; *a hundred or th.* asi tak sto, okolo sto

thereafter [ðeər'a:ftə] kniž. odvtedy; *th. he visited us only occasionally* odvtedy nás navštevoval iba príležitostne

therefore ['ðeəfo:] preto

thermal ['θə:ml] **1.** termálny; *a th. spring* termálny prameň **2.** tepelný; *th. power stations* tepelné elektrárne

thermometer [θə'momətə] teplomer

thermos flask ['θə:məs fla:sk] termoska

thesaurus [θi'so:rəs] tezaurus (synonymický slovník)

these [ði:z] p. *this*

thesis ['θi:səs] mn. č. *theses* [θi:zis] **1.** tvrdenie, téza **2.** dizertačná/diplomová/doktorská práca

thews [θju:z] **1.** kniž. svaly **2.** pren. sila, energia; *th. and sinews* duševná i telesná sila, vitalita

they [ðei] oni, ony ● *th. say* hovorí sa

thick [θik] **1.** hrubý; *a th. book* hrubá kniha **2.** hustý; *th. hair* husté vlasy ● *through th. and thin* za každých okolností

thicket ['θikət] húština

thief [θi:f] zlodej/ka

thigh [θai] stehno

thimble ['θimbl] náprstok

thin [θin] -*nn*- **1.** tenký; *a th. slice of bread* tenký krajec chleba; *a th. line* tenká čiara **2.** riedky; *th. air* riedky vzduch **3.** chudý; *a th. child* chudé dieťa **4.** nepresvedčivý, priehľadný; *a th. excuse* nepresvedčivé ospravedlnenie ● *out of th. air* z ničoho; *have a th. time* nemať sa dobre; *on th. ice* na tenkom ľade

thing [θin] **1.** vec; *what are those th-s on the table?* čo sú to za veci na stole? **2.** *th-s* mn. č. osobné veci, potreby; *bring your swimming th-s* prines si veci na plávanie **3.** vec, záležitosť; *I must think th-s over* musím si tú vec premyslieť; *let's just forget the whole th.* zabudnime na celú vec ● *how are th-s?* ako sa máte? *not a th.* vôbec nič; *quite the th.* moderný; *that's the th.* to je ono; *just the th.* presne to

think [θiŋk], *thought* [θo:t], *thought* **1.** myslieť; *what are you th-ing about?* na čo myslíš? **2.** rozmýšľať, uvažovať, rozmyslieť si, uvážiť (čo robiť) **3.** myslieť si, domnievať sa, nazdávať sa; *do you th. it will rain?* myslíte si, že bude pršať? **4.** predstaviť si; *I can't th. what you mean* neviem si predstaviť, čo myslíte **5.** čakať, očakávať; *I never thought that I'd see you here!* nikdy som neočakával, že ťa tu stretnem ● *th. aloud* nahlas uvažovať; *th. twice (about)* dobre si uvážiť (čo); *th. highly/well/badly of* mať vysokú/dobrú/zlú mienku (o kom, o čom); *th. of it* len si predstavte

think about (po)uvažovať, dôkladne premyslieť; *th. about the proposal* pouvažovať o ponuke

think of 1. myslieť (na čo), brať do úvahy (čo); *she th-s of everything* myslí na všetko **2.** spomenúť si; *I can't th. of his name* neviem si spomenúť na jeho meno **3.** pomyslieť; *he didn't th. of inviting her* ani nepomyslel na to, aby ju pozval

think over premyslieť si; *he thought it over and accepted the offer* premyslel si to a prijal ponuku

think up vymyslieť; *th. up a plan* vymyslieť plán

thinking [ˈθiŋkiŋ] **I.** príd. rozumný, logický uvažujúci; *all th. people* všetci rozumní ľudia **II.** podst. rozmýšľanie, uvažovanie; *you are of my th.* uvažuješ ako ja

third [θəːd] **1.** tretí, tretina **2.** trojka (klasifikačná známka)

third-class [ˌθəːd ˈklɑːs] treťotriedny; *a th. hotel* treťotriedny hotel

third-degree [ˈθəːd digriː] tretieho stupňa; *th. burns* popáleniny tretieho stupňa

third degree [ˌθəːd diˈgriː] tretí stupeň; *the police gave him the th.* polícia ho podrobila výsluchu tretieho stupňa

third party [ˌθəːd ˈpɑːti] tretia osoba; *there was a th. present* bola prítomná aj tretia osoba

third-rate [ˌθəːd ˈreit] podradný, treťotriedny

thirst [θəːst] **I.** podst. smäd aj pren; *die of th.* umrieť smädom; *a th. for knowledge* smäd po vedomostiach **II.** sl. (*for*) túžiť, prahnúť (po čom); *th. for revenge* túžiť po odplate

thirsty [ˈθəːsti] smädný

thirteen [ˌθəːˈtiːn] trinásť

thirteenth [ˌθəːˈtiːnθ] trinásty, trinástina

thirtieth [ˈθəːtiəθ] tridsiaty, tridsiatina

thirty [ˈθəːti] tridsať

this [ðis] mn. č. **these** [ðiːz] tento, táto, toto; *th. story* táto historka ● *after th.* po tomto; *all th.* to všetko; *by th. time* medzitým; *th. is* volá, hlási sa (pri telefonovaní); *like th.* takto; *th. morning* dnes ráno; *th. time* tentokrát; *th. way* tadiaľto

thistle [ˈθisl] bodliak

thorn [θoːn] tŕň; *a th. in one's flesh/side* tŕň v oku

thorny [ˈθoːni] tŕni(s)tý

thorough [ˈθarə] **1.** dôkladný; *a th. knowledge* dôkladné vedomosti **2.** presný, svedomitý; *a th. worker* svedomitý pracovník

thoroughbred [ˈθarəbred] **1.** plnokrvník **2.** pren. ušľachtilý, kultivovaný

thoroughfare [ˈθarəfeə] dopravná tepna, (rušná) cesta ● *no th.* prejazd zakázaný

thoroughness [ˈθarənəs] dôkladnosť, perfektnosť

those p. **that**

thou [ðau] zastar. ty

though [ðəu] hoci, i keď; *she was not at the party th.* she had been invited nebola na večierku, hoci bola pozvaná ● *as th.* akoby; *he talks as th. he were insane* hovorí, akoby bol blázon; *what th.* čo na tom

thought¹ [θoːt] **1.** myšlienka, nápad; *she could read th-s* vedela čítať myšlienky **2.** úvaha; *after serious th.* po starostlivej úvahe **3.** zámer, úmysel; *I had no th. of annoying you* nemal som v úmysle obťažovať ťa ● *collect one's th-s* sústrediť sa; *have no th. of doing something* ani na to nepomyslieť; *lost in th.* zamyslený; *on/upon second th.(-s)* po uvážení

thought² p. **think**

thoughtful [ˈθoːtfl] **1.** zamyslený; *she looks th.* vyzerá zamyslená **2.** ohľaduplný, pozorný; *a th. friend* pozorný priateľ

thoughtless [ˈθoːtləs] **1.** nepozorný, nevšímavý; *a th. husband* nevšímavý manžel **2.** bezohľadný; *a th. action* bezohľadný čin

thought transference [ˌθoːt ˈtrænsfrəns] telepatia, prenos myšlienok

thousand [ˈθauznd] tisíc

thousandfold [ˈθauzndˌfəuld] **I.** príd. tisícnásobný **II.** prísl. tisícnásobne **III.** podst. tisícnásobok

thrash [θræš] **1.** zmlátiť; *th. the life out of sb.* zmlátiť (koho) ako koňa **2.** šport. nabiť (protivníka)

thrash out vydiskutovať (problém)

thread [θred] **I.** podst. **1.** niť; *a needle and th.* ihla a niť **2.** závit (na skrutke) **3.** niť (rozhovoru), súvislosť ● *hang by a th.* visieť na vlásku **II.** sl. navliecť (niť do ihly, perly na hodvábnu niť) ● *th. one's way through (a crowd)* predierať sa (zástupom)

threat [θret] **1.** hrozba, vyhrážka; *his letter was full of th-s* jeho list bol plný vyhrážok **2.** hrozba, ohrozenie; *nuclear weapons are a th. to mankind* nukleárne zbrane sú hrozbou pre ľudstvo

threaten [ˈθretn] (*with*) vyhrážať sa; *he th-ed us with a gun* vyhrážal sa nám strelnou zbraňou; *he th-ed revenge* vyhrážal sa pomstou

three [θriː] tri

three-lane road [ˌθriː ˈlein roud] trojprúdová cesta

thresh [θreš] (vy)mlátiť; *th. corn* mlátiť obilie

threshold [ˈθrešhəuld] prah aj odb.; *cross the th.* prekročiť prah; *have a high/low pain t.* mať vysoký/nízky prah bolesti

T

threw p. **throw**

thrift [θrift] šetrnosť, sporivosť

thrill [θril] **I.** podst. rozochvenie, vzrušenie; *the th. of joy* radostné vzrušenie **II.** sl. rozochvieť (sa), vzrušiť (sa); *we th-ed at the news* správa nás vzrušila

thriller ['θrilə] thriller, napínavý príbeh

thrilling ['θriliŋ] napínavý, vzrušujúci; *a th. finish to the race* napínavý koniec pretekov

thrive [θraiv] prosperovať; *a th-ing business* prosperujúci obchod

throat [θrəut] hrdlo; *have a sore th.* mať boľavé hrdlo ● *clear one's th.* odkašľať si; *force/thrust sth. down sb.'s th.* vnútiť (komu čo)

throb [θrob] **I.** sl. *-bb-* **1.** búšiť; *her heart was th-bing with excitement* srdce jej búšilo od vzrušenia **2.** klepotať; *the machine was th-bing gently* stroj jemne klepotal **3.** šklbať, trhať; *his leg is th-bing with pain* šklbe ho v nohe **II.** podst. **1.** búšenie srdca **2.** klepot stroja

throne [θrəun] **1.** trón **2.** *the th.* kráľovská moc; *come to the th.* nastúpiť na trón, stať sa kráľom/kráľovnou

throng [θroŋ] **I.** podst. dav, nával, tlačenica **II.** sl. tlačiť sa, tisnúť sa; *people th-ed to see the new play* ľudia sa tlačili na predstavenie novej hry

throttle ['θrotl] **I.** podst. odb. ventil; *open/close the th.* otvoriť/zatvoriť ventil; *at full th.* na plný plyn **II.** sl. **1.** (za)škrtiť; *the criminal th-d his victim* zločinec zaškrtil svoju obeť **2.** pren. potlačiť

throttle down ubrať plyn/znížiť rýchlosť

through [θru:] **I.** predl. **1.** cez; *the path goes th. the park* chodník vedie cez park **2.** prostredníctvom; *she learnt of the marriage th. a neighbour* dozvedela sa o sobáši prostredníctvom susedky **3.** od začiatku do konca; *she read th. the article but found it uninteresting* prečítala článok od začiatku do konca, no nezdal sa jej zaujímavý **II.** príd. priamy; *it's a th. train* je to priamy vlak **III.** prísl. úplne, celkom; *she got wet th.* úplne premokla; ● *right th.* priamo; *all th.* po celý čas; *th. and th.* skrz-naskrz; *put sb. th.* prepojiť (telefonicky); *carry th.* vykonať; *fall th.* prepadnúť

throughout [θru:'aut] **I.** prísl. **1.** celkom, úplne, skrz-naskrz, celý; *the timber was rotten th.* stavebné drevo bolo celkom/celé prehnité **2.** vôbec, vonkoncom; *he was wrong th.* vôbec nemal pravdu **II.** predl. **1.** všade, na celom svete; *this picture is famous th. the world* tento obraz je preslávený po celom svete **2.** po celý čas; *th. the year* po celý rok

throughway ['θru:wei] AM diaľnica, autostráda

throw [θrəu] **I.** podst. hod, vrh **II.** sl. *threw* [θru:], *thrown* [θrəun] **1.** hodiť; *th. a ball* hodiť loptu; *th. the dice* hodiť kocky **2.** vrhať; *the light bulb threw a dim light* žiarovka vrhala matné svetlo **3.** vrhnúť sa, hodiť sa; *she threw herself on the ground* vrhla sa na zem **4.** popliesť, zmiasť, priviesť do rozpakov; *he was completely thrown by her question* úplne ho zmiatla jej otázka **5.** (*off*) zhodiť (šatstvo); *he threw off his clothes and dived into the river* zhodil šaty a skočil do rieky

throw away zahodiť; *th. away old clothes* zahodiť staré šatstvo

throw in pridať (navyše, ako prídavok); *I bought a pair of shoes and got some shoe polish thrown in* kúpil som si topánky a dostal som k nim aj krém na topánky

throw off zbaviť sa (koho, čoho); *th. off a cold* zbaviť sa nádchy

throw out vyhodiť; *th. out old furniture* vyhodiť starý nábytok

throw together urobiť narýchlo, zbúchať; *th. a meal together* narýchlo pripraviť nejaké jedlo

thrush [θraš] drozd

thrust [θrast] *thrust, thrust* **I.** sl. vraziť, vstrčiť, nahádzať; *she thrust her books into the bag* nahádzala knihy do tašky **II.** podst. **1.** výpad, útok aj voj. **2.** techn. tlak; *the th. of an engine* tlak motora

thumb [θam] **I.** podst. palec na ruke ● *be all th-s* have ten th-s byť nemotorný, mať obe ruky ľavé; *rule of th.* praktická zásada; *th-s up/down* znamenie úspechu/neúspechu; *be under sb's th.* byť v područí (koho) **II.** sl. stopovať; *I th-ed a lift to London* stopoval som (auto) do Londýna (zdvihnutím palca)

thumb through (rýchle) prelistovať (knihu)

thumbtack ['θamtæk] AM pripináčik

thump [θamp] **I.** sl. búchať, tĺcť (päsťami); *th. (on) the door* tĺcť päsťami do dverí; *she th-ed the cushion flat* natriasla podušku pobúchaváním **II.** podst. (silný) úder päsťou, buchnutie

thunder ['θandə] **I.** podst. **1.** hrom **2.** dunenie, rachotenie, burácanie; *the th. of the train* rachotenie vlaku ● *th. and lightning* hromy a blesky **II.** sl. **1.** (za)hrmieť; *it th-ed* hrmelo **2.** duniať, rachotiť, burácať; *the guns th. in the distance* kanóny dunia v diaľke

thunderbolt ['θandəbəult] **1.** blesk s dunením hromu **2.** pren. ohromujúca udalosť;

the news of his death was a real th. správa o jeho smrti prišla ako blesk z jasného neba
thunderstorm [ˈθandəstoːm] búrka
thunderstruck [ˈθandəstrak] **1.** zasiahnutý bleskom **2.** pren. ohromený, šokovaný
Thursday [ˈθəːzdi] štvrtok
thus [ðas] **1.** tak, takto; *t. it was that...* a tak sa stalo, že... **2.** preto, teda; *he is ill and thus unable to attend the lecture* je chorý, a preto sa nemôže zúčastniť na prednáške ● *th. far* **1.** doteraz; **2.** potiaľto; *th. much* toľkoto
thwart [θwoːt] prekaziť, zmariť; *our plans for a trip were th-ed by the rain* dážď zmaril naše výletnícke plány
thy [ðai], (pred samohláskou) *thine* [ðain] zastar. tvoj/tvoja *Thy will be done* buď vôľa Tvoja
thyme [taim] tymián
thyroid gland [ˈθairoid glaːnd] štítna žľaza
tick[1] [tik] **1.** tikať; *this watch t-s too loudly* hodinky tikajú príliš hlasno **2.** (*off*) odfajkovať, začiarknuť; *t. off important items on a list* odfajkovať dôležité položky na zozname **3.** do tej miery
tick[2] [tik] zool. kliešť
tick away **1.** odtikávať (čas) **2.** plynúť (o živote)
tick over bežať naprázdno (o motore)
ticket [ˈtikət] I. podst. **1.** (cestovný) lístok **2.** vstupenka **3.** etiketa, vineta **4.** AM polit. kandidátka, volebná listina **5.** pokutový lístok (motoristom) II. sl. označiť (etiketou/cenovkou)
ticket office [ˈtikət ˌofis] pokladnica, výdajňa cestovných lístkov
tickle [ˈtikl] I. sl. **1.** (po)šteklíť; *she t-d the baby's foot* šteklila dieťa na nohe **2.** príjemne dráždiť, vzrušovať; *the story t-ed her fancy* historka dráždila jej fantáziu II. podst. šteklenie, dráždenie
tide [taid] **1.** príliv, odliv; *high/low t.* vrchol prílivu/odlivu **2.** pren. prúd, tendencia (verejnej mienky) ● *go/swim with the t.* isť/plávať s prúdom
tidy [ˈtaidi] I. príd. **1.** uprataný; *a t. room* uprataná izba **2.** úhľadný; *t. handwriting* úhľadný rukopis II. sl. (*up*) upratovať; *t. up a room* upratať izbu
tie [tai], *tying* I. sl. **1.** zviazať (ruky, balík) **2.** zaviazať (si); *t. your shoe laces* zaviaž si šnúrky na topánkach **3.** šport. hrať nerozhodne; *the two teams t-d tie* dve mužstvá hrali nerozhodne; ● *be t-d up* mať plno práce II. podst. **1.** šnúra, špagát **2.** puto; *the t-s of friendship* putá priateľstva **3.** kravata
tiger [ˈtaigə] tiger

tight [tait] I. príd. **1.** pevný; *a t. knot* pevný uzol **2.** tesný, úzky; *t. shoes* úzke topánky; *a t. joint* tesné spojenie **3.** nepriepustný; *water-/air-t.* vodotesný/vzduchotesný **4.** napnutý; *a t. rope* napnutý povraz II. podst. *t-s* mn. č. pančuchové nohavice
tile [tail] I. podst. **1.** škridla, škridlica **2.** dlaždica II. sl. **1.** pokryť škridlou **2.** dláždiť
till[1] [til] I. predl. (až) do; *keep it t. Sunday* nechaj si to do nedele; *goodbye t. tomorrow* dovidenia zajtra II. spoj. kým; *let's wait t. the rain stops* počkajme, kým neprestane pršať
till[2] [til] zastar. obrábať pôdu
tillage [ˈtilidž] zastar. obrábanie pôdy
tilt [tilt] I. sl. **1.** (s)klopiť, nakloniť (sa); *he t-ed his chair* sklopil sedadlo ● *t. at windmills* bojovať proti veterným mlynom II. podst. sklon ● *at full t.* plnou rýchlosťou
timber [ˈtimbə] **1.** stavebné drevo **2.** rezivo **3.** trám
time [taim] I. podst. **1.** čas; *the world exists in space and t.* svet existuje v priestore a v čase; *t. passes quickly* čas plynie rýchlo **2.** *t-s* mn. č. obdobie, časy; *those were hard t-s* boli to ťažké časy **3.** hodiny; *what's the t.?/what t. is it?* koľko je hodín? **4.** -krát; *he called seven t-s* volal sedemkrát **5.** vhodná chvíľa, čas; *now is the t. to ask him to do it* teraz je vhodná chvíľa požiadať ho, aby to urobil; ● *about t.* najvyšší čas; *all the t.* ustavične, stále; *all in good t.* všetko má svoj čas; *at t-s* občas, príležitostne; *by the t.* v čase keď; *for the t. being* načas, dočasne; *from t. to t.* z času na čas; *in t.* ísť presne (o hodinkách); *on t.* presne v určený čas; *take one's t.* dať si čas, neponáhľať sa; *t. after t./t. and t. again* znovu a znovu II. sl. **1.** načasovať si; *well/ill t-d* dobre/zle načasované **2.** merať čas

time	
2.00	– it is two o'clock
2.10	– it is ten past two
2.15	– it is (a) quarter past two
2.25	– it is twenty-five past two
2.30	– it is half past two
2.40	– it is twenty to three
2.45	– is (a) quarter to three
2.55	– it is five to three

time bomb [ˈtaimˌbom] časovaná bomba
timer [ˈtaimə] časomerač
timesaving [ˈtaimˌseiviŋ] šetriaci čas, časosporný

timetable [ˈtaimˌteibl] **1.** cestovný poriadok **2.** rozvrh hodín

timid [ˈtimǝd] plachý, nesmelý, bojazlivý

timing [ˈtaimiŋ] **1.** načasovanie, stanovenie času; *the t. of the sale is vital* načasovanie predaja je rozhodujúce **2.** časové rozvrhnutie; *the t. of a plan/activities* časové rozvrhnutie plánu/činnosti

tin [tin] **I.** podst. **1.** cín **2.** konzerva; *a t. of peas* konzerva hrášku **II.** sl. *-nn-* **1.** (po)cínovať **2.** (za)konzervovať

tinfoil [ˈtinfoil] staniol

tinge [tindž] nádych, odtieň; *her hair has a t. of red* jej vlasy majú ryšavý nádych

tingle [ˈtiŋgl] **I.** sl. štípať, páliť; *his fingers t-d with cold* prsty ho štípali od zimy **II.** podst. štípanie, pálenie

tinker [ˈtiŋkǝ] **I.** podst. drotár **II.** sl. babrať sa, piplať sa (s čím), vŕtať sa (v čom); *t. with an engine* piplať sa s motorom

tinkle [ˈtiŋkl] **I.** sl. cinkať **II.** podst. cinkot, cinkanie; *the t. of a bell* cinkot zvončeka

tin opener [ˈtinˌǝupnǝ] otvárač konzerv

tin smith [ˈtinsmiθ] klampiar

tint [tint] zafarbenie, odtieň; *t-s of green in a blue carpet* odtiene zelenej v modrom koberci

tiny [ˈtaini] **1.** maličký, drobný **2.** tenučký; *a t. voice* slabý hlások

tip[1] [tip] **1.** špic, konček, hrot **2.** náustok, špička (na cigarety) ● *have sth. on the t. of one's tongue* mať niečo na jazyku; *to the t-s of one's fingers* úplne, kompletne

tip[2] [tip] *-pp-* **1.** vyklopiť; *the lorry t-ped a load of sand onto the road* nákladné auto vyklopilo náklad piesku na cestu **2.** nakloniť; *the boat t-ped to one side* čln sa naklonil na jednu stranu ● *t. the balance of power* zvrátiť rovnováhu síl; *t. the scale(s)* byť rozhodujúcim faktorom

tip[3] [tip] **I.** podst. prepitné; *leave a t. for the waiter* nechať čašníkovi prepitné **II.** sl. dať prepitné

tip[4] [tip] rada, tip; *she gave me some useful t-s* dala mi niekoľko dobrých tipov/rád

tipsy [ˈtipsi] pripitý, podnapitý

tiptoe [ˈtiptǝu] **I.** podst. špička (prstov na nohách); *on t.* na/po špičkách; *she t-d out of the nursery* po špičkách vyšla z detskej izby

tip-top [ˌtipˈtop] hovor. bezchybný, vynikajúci, skvelý

tip-up seat [ˈtip apˌsiːt] sklápacie sedadlo

tire[1] [taiǝ] (*of*) unaviť (sa); *she t-s easily* ľahko sa unaví

tire[2] [taiǝ] AM pneumatika

tire out vyčerpať; *that long walk has tired me out* tá dlhá chôdza ma vyčerpala

tired [ˈtaiǝd] **1.** unavený; *be t. after a long walk* byť unavený po dlhej chôdzi **2.** (*of*) znechutený; *be t. of sb./sth.* byť znechutený (kým/čím)

tireless [ˈtaiǝlǝs] neúnavný, vytrvalý; *a t. fighter against injustice* neúnavný bojovník proti bezpráviu

tiresome [ˈtaiǝsm] nudný, otravný; *t. repetitions* nudné opakovania; *a t. child* otravné dieťa

tissue [ˈtišuː] **1.** tkanivo **2.** pren. spleť; *a t. of lies* spleť lží **3.** papierová vreckovka

tissue paper [ˈtišuːˌpeipǝ] hodvábny papier

titbit [ˈtitˌbit] **1.** pochúťka **2.** pikantná novinka

title [ˈtaitl] **1.** názov, titul; *the t. of a book* názov knihy **2.** titul, hodnosť **3.** odb. (*to*) právo (na); *t. to this land* právo na túto zem

title page [ˈtaitl peidž] titulná strana, titulný list (knihy)

titmouse [ˈtitmaus] zool. sýkorka

to [tǝ, tuː] **1.** (smerovanie) k(u), do, na; *walk to the window* kráčať k oknu; *travel to London* cestovať do Londýna; *go to a concert* ísť na koncert **2.** (miestna, časová al. číselná hranica) až do; *count to 20* počítaj do 20; *from Friday to Sunday* od piatka až do nedele **3.** (rozličné vzťahy) na, od, s; *what's your answer to that?* ako na to odpovieš? *where's the key to this door?* kde je kľúč od týchto dverí? *she sang to her guitar* hrala na gitaru a spievala; *have you ever been to London?* bol si už niekedy v Londýne? **4.** (uvádza porovnávací výraz) než, ako; *he's junior to me* je mladší než ja **5.** (pred neurčitkom al. rozličnými konštrukciami) aby; *he asked me to come* požiadal ma, aby som prišiel **6.** (namiesto opakovania neurčitku); *I intended to go but forgot to* chcel som ísť, ale som zabudol

toad [tǝud] ropucha

toadstool [ˈtǝudstuːl] nejedlá huba; *poisonous t.* jedovatá huba

toast [tǝust] **I.** podst. **1.** hrianka **2.** prípitok **II.** sl. **1.** opekať **2.** pripiť na zdravie

tobacco [tǝˈbækǝu] tabak

tobacconist [tǝˈbækǝunǝst] trafikant

to-be [tǝˈbiː] budúci, nastávajúci; *the mother/bride t.* budúca/nastávajúca mamička/nevesta

toboggan [tǝˈbogǝn] **I.** podst. sane **II.** sl. sánkovať sa

today [təˈdei] **I.** prísl. **1.** dnes; *are we going to the theatre t.?* pôjdeme dnes do divadla? **2.** v súčasnosti; *traffic is very heavy t.* v súčasnosti je doprava veľmi rušná **II.** podst. dnes, dnešný deň; *t. is Mary's birthday* Mária má dnes narodeniny
toddler [ˈtodə] batoľa
toe [təu] **1.** prst (na nohe) **2.** špička (topánky, ponožky); *big t.* palec (nohy); *little t.* malíček (nohy); ● *from top to t.* od hlavy po päty
toffee [ˈtofi] karamelka
together [təˈgeðə] **1.** spolu, spoločne; *they went to school t.* chodili spolu do školy **2.** naraz, súčasne; *all his troubles seemed to come t.* všetky jeho ťažkosti prišli naraz **3.** zastar. bez prestania; *they sat talking t. for hours* rozprávali sa niekoľko hodín bez prestania
toil [toil] **I.** sl. trápiť sa, namáhať sa **II.** podst. námaha, trápenie *after months of t.* po niekoľkomesačnom trápení
toilet [ˈtoilət] **1.** toaleta, úprava vzhľadu **2.** záchod, toaleta
toilet paper [ˈtoilətˌpeipə] toaletný papier
toilet water [ˈtoilətˌwo:tə] kolínska voda
token [ˈtəukən] **1.** znak; *wear black as a t. of one's grief* nosiť čierne šaty ako znak smútku **2.** prejav; *give a ring as a t. of love* dať prsteň ako prejav lásky
token strike [ˈtəukənˌstraik] varovný štrajk
told p. **tell**
tolerable [ˈtolrəbl] **1.** znesiteľný; *t. food* znesiteľná strava **2.** dostatočný; *a t. income* dostatočný príjem
tolerate [ˈtoləreit] **1.** zniesť, strpieť; *she can't t. the boy's bad manners* nemôže strpieť chlapcovo zlé správanie **2.** tolerovať, znášať, pripúšťať; *t. mistakes* tolerovať omyly
toll¹ [təul] **1.** mýto, poplatok (za používanie) **2.** pren. obete, straty
toll² [təul] **I.** sl. vyzváňať (pomaly a opakovane); *whose death is being t-ed?* komu vyzváňa umieráčik? **II.** podst. obyč. jedn. č. vyzváňanie (umieráčikom)
tomahawk [ˈtoməho:k] tomahawk, vojnová sekera severoamerických Indiánov
tomato [təˈma:təu] rajčina
tomb [tu:m] hrobka
tombstone [ˈtu:mstəun] náhrobný kameň, náhrobok
tomorrow [təˈmorəu] **I.** prísl. zajtra; *she's leaving t.* zajtra odchádza **II.** podst. zajtrajší deň; *t. is her wedding day* zajtra je jej svadobný deň

ton [tan] tona (jednotka hmotnosti)
tone [təun] **I.** podst. **1.** tón, zvuk; *that piano has a beautiful t.* ten klavír má krásny zvuk; *the doctor's t. was serious* lekárov tón bol vážny **2.** tón, odtieň; *various t-s of blue* rôzne tóny modrej farby **3.** tonus; *good muscular t.* dobrý svalový tonus **II.** sl. **1.** naladiť **2.** dať iný odtieň, zafarbiť
tone down zmierniť, oslabiť, stlmiť; *t. criticism* zmierniť kritiku
tone in (with) ladiť (s čím); *the curtains t. in with the carpet* záclony ladia s kobercom
tone up zosilniť; *exercise will t. up your body* cvičením zosilnie vaše telo
tongs [toŋz] mn. č. obyč. *(a pair) of t.* kliešte; *sugar t.* klieště na cukor
tongue [taŋ] (v rozl. význ.) jazyk; *the doctor looked at her t.* lekár jej pozrel na jazyk; *native t.* rodný jazyk; *mother t.* materinský jazyk; *she has rather a sharp t.* má nabrúsený jazyk ● *a slip of the t.* prerieknutie; *have sth. on the tip of one's t.* mať niečo na jazyku; *hold one's t.* držať jazyk za zubami
tonic [ˈtonik] **I.** príd. **1.** lek. tonický, svalový **2.** osviežujúci, posiľujúci; *t. water* tonik **II.** podst. lek. aj pren. povzbudzujúci liek; *praise can be a fine t.* chvála môže byť povzbudzujúci liek
tonight [təˈnait] **I.** prísl. dnes večer, dnes v noci; *they'll meet t.* stretnú sa dnes večer **II.** podst. dnešný večer; *we'll always remember t.* dnešný večer si budeme navždy pamätať
tonsil [ˈtonsl] lek. mandľa
tonsillitis [ˌtonsəˈlaitəs] zápal mandlí, angína
too [tu:] **1.** čast. aj, tiež; *I'd like to go, too* aj ja by som rada išla **II.** prísl. príliš; *it's too hot* je príliš horúco
took p. **take**
tool [tu:l] náradie, (pracovný) nástroj
toot [tu:t] (za)trúbiť, (za)húkať; *the drivers were t-ing their horns* šoféri vytrubovali
tootache [ˈtu:θˌeik] bolesť/bolenie zubov
tooth [tu:θ] mn. č. *teeth* [ti:θ] zub
toothbrush [ˈtu:θbraš] zubná kefka
toothpaste [ˈtu:θpeist] zubná pasta
toothpick [ˈtu:θˌpik] špáradlo
top [top] **I.** podst. **1.** vrchol; *at the t. of the hill* na vrchole kopca **2.** povrch; *polish the t. of the table* vyleštiť povrch stola **3.** koruna (stromu, rastliny); *birds were singing in the t-s of the trees* vtáky spievali v korunách stromov **4.** vrch, horná časť odevu (blúzka, svetrík ap.); *a skirt with a matching t.* sukňa s vhodnou

hornou časťou odevu ● *at the t. of one's voice* z plného hrdla; *from t. to bottom* zhora až nadol; *at t. speed* najvyššou rýchlosťou; *from t. to toe* od hlavy po päty; *on t. of* na dôvažok, navyše; *over the t.* nadmieru, vyše miery **II.** príd. **1.** vrchný; *the t. floor* vrchné podlažie **2.** špičkový, najvyšší; *one of the country's t. experts* jeden zo špičkových odborníkov krajiny **III.** sl. *-pp-* **1.** prevýšiť; *t. an offer* prevýšiť ponuku **2.** (*with*) pokryť (čím); *t. the cake with strawberries* pokryť tortu jahodami

 top off zavŕšiť; *t. off the party with champagne* zavŕšiť oslavu šampanským

 top up (with) doplniť (čím); *t. up the petrol tank* doplniť benzínovú nádrž; *t. up a drink* doliať pohár

 topaz [ˈtəupæz] topás

 topee, topi [ˈtəupi] tropická helma

 top hat [ˌtop ˈhæt] cylinder

 top-heavy [ˌtopˈhevi] vratký

 topic [ˈtopik] téma, námet, predmet (rozhovoru, článku ap.)

 topical [ˈtopikl] aktuálny; *t. issues* aktuálne otázky

 top secret [ˌtopˈsiːkrət] prísne tajné; *t. documents/information* prísne tajné spisy/informácie

 topsy-turvy [ˌtopsiˈtəːvi] **I.** príd. prevrátený, obrátený, postavený na hlavu **II.** prísl. obrátene, naopak, hore nohami

 top-up [ˈtopap] doplnenie; *would you like a t.?* môžem vám doliať?

 torch [toːč] **1.** fakľa, pochodeň **2.** baterka (vreckový elektrický lampáš)

 tore p. **tear**

 torment [ˈtoːment] **I.** podst. utrpenie, trýzeň, súženie **II.** sl. trápiť, trýzniť, sužovať; *they were t-ed by hunger* trápil ich hlad

 torn p. **tear**

 tornado [toːˈneidəu] tornádo

 torpedo [toːˈpiːdəu] **I.** podst. torpédo **II.** sl. torpédovať aj pren.; *t. a peace conference* torpédovať mierovú konferenciu

 torrent [ˈtorənt] **1.** (horská) bystrina **2.** (prudký) prúd, príval aj pren.; *a t. of words* príval slov

 torso [ˈtoːsəu] **1.** trup **2.** výtv. torzo

 tortoise [ˈtoːtəs] korytnačka

 tortoiseshell [ˈtoːtəsšel] korytnačina (rohovina z panciera korytnačky)

 torture [ˈtoːčə] **I.** podst. mučenie, týranie, trápenie **II.** sl. mučiť, týrať, trápiť

 toss [tos] **I.** sl. **1.** hodiť, vrhnúť; *t. a ball to sb.* hodiť loptu (komu) **2.** vyhodiť; *t. a coin* ho-

diť si mincu (žrebovať) **3.** zhodiť; *the horse t-ed its rider* kôň zhodil jazdca **4.** (*about*) zmietať sa; *the ship was t-ed about on the stormy sea* loď sa zmietala na rozbúrenom mori **II.** podst. **1.** hod, vrh **2.** žrebovanie; *win/lose the t.* vyhrať/prehrať v žrebovaní

 total [ˈtəutl] **I.** príd. **1.** celý, úhrnný; *the t. cost* úhrnné náklady **2.** úplný; *we sat in t. silence* sedeli sme v úplnom tichu **II.** podst. súčet, celková výška/čiastka; *the expenses reached a t. of £20* výdavky dosiahli čiastku 20 libier **III.** sl. *-ll-* robiť, dosahovať celkovú sumu

 totalitarian [təuˌtæliˈteriən] totalitný

 totality [təuˈtæləti] **1.** úhrn **2.** celistvosť, jednotnosť **3.** astron. úplné zatmenie (Slnka, Mesiaca)

 totem [ˈtəutəm] totem (kmeňový znak severoamerických Indiánov)

 totem pole [ˈtəutəm pəul] totemový stĺp

 totter [ˈtotə] tackať sa; *t. about/around* potackávať sa

 touch [tač] **I.** podst. **1.** hmat **2.** dotyk; *soft/rough to the t.* mäkké/drsné na dotyk **3.** náznak; *a t. of irony* náznak irónie **II.** sl. **1.** dotknúť sa, dotýkať sa; *don't t. the exhibits, please* nedotýkajte sa, prosím, vystavených predmetov **2.** dojať; *the sad story t-ed us* smutný príbeh nás dojal ● *t. wood* zaklopať na drevo; *in t. (with)* v styku (s); *lose t. (with)* stratiť spojenie

 touch down pristáť (lietadlom); *the plane t-ed down at 7 o'clock* lietadlo pristálo o 7 h

 touch for vylákať, vymámiť (čo); *he tried to t. his aunt for £10* pokúsil sa vymámiť od tety 10 libier

 touch on/upon dotknúť sa (v reči, v prejave), spomenúť; *in his speech he t-ed on the problem of unemployment* vo svojom prejave sa v krátkosti dotkol problému nezamestnanosti

 touching [ˈtačiŋ] dojemný, dojímavý; *a t. story* dojímavý príbeh

 touchy [ˈtači] precitlivelý, nedotklivý

 tough [taf] **1.** pevný, tvrdý; *rubber is a t. material* guma je pevná hmota **2.** (o mäse) tvrdý; *this meat is rather t.* mäso je dosť tvrdé **3.** tuhý; *a t. winter* tuhá zima **4.** húževnatý; *t. men* húževnatí muži **5.** ťažký; *a t. job* ťažká práca/ťažké zamestnanie

 toughness [ˈtafnəs] **1.** pevnosť, tvrdosť **2.** húževnatosť, odolnosť

 tour [tuə] **I.** podst. **1.** zájazd; *a coach t.* autobusový zájazd **2.** prehliadka; *a t. of the castle* prehliadka hradu; *a sightseeing t.* prehliadka pamätihodností **3.** okružná cesta; *a t.*

round Europe okružná cesta po Európe **4.** turné; *the National Theatre is on t. at present* Národné divadlo je na turné **II.** sl. cestovať; *t. the country* cestovať po krajine

tourism [ˈturizm] turistika

tourist [ˈturəst] turista

tournament [ˈtuənəmənt] **1.** šport. súťaž, turnaj **2.** hist. (rytiersky) turnaj

tow [təu] **I.** sl. odtiahnuť; *t. a broken--down car into a garage* odtiahnuť nepojazdné auto do garáže **II.** podst. odťahovanie; ● *in t.* vo vleku

towards [təˈwoːdz] **1.** (smer i časová blízkosť) k, ku; *she walked t. the house* kráčala k domu; *t. the end of the century* ku koncu storočia **2.** (vzťah) voči, k; *his feelings t. his neighbours aren't very friendly* jeho vzťah k susedom nie je veľmi priateľský

towel [ˈtauəl] **1.** uterák, utierka **2.** lek. rúško

tower [ˈtauə] **I.** podst. veža **II.** sl. (*above, over*) vypínať sa, týčiť sa; *high mountains t. over our village* nad našou dedinou sa týčia vysoké vrchy

tower block [ˈtauəblok] výšková budova, vežiak

tower of strength [ˌtauə əv ˈstreŋθ] opora, záštita

towing-line [ˈtəuiŋ lain] vlečné lano

town [taun] **1.** mesto; *she went to t. to do some shopping* šla do mesta na nákupy **2.** mesto, obyvatelia mesta; *the whole t. was talking about it* celé mesto o tom rozprávalo **3.** mesto (protiklad vidieka); *she prefers living in the town* radšej býva v meste

town centre [ˌtaunˈsentə] mestské centrum

town council [ˌtaunˈkaunsl] mestská rada

town hall [ˌtaunˈhoːl] radnica

towrope [ˈtəurəup] vlečné lano

toxic [ˈtoksik] jedovatý, toxický; *t. waste* jedovatý odpad

toy [toi] hračka

toy shop [ˈtoi šop] hračkárstvo

trace [treis] **I.** sl. **1.** (*to*) ísť po stope (koho/čo), stopovať (koho/čo); *t. a criminal* stopovať zločinca **2.** (*back, to*) zistiť pôvod (koho/čoho); *the rumour was t-d back to an envious neighbour* zistilo sa, že chýry šíril závistlivý sused **3.** odkopírovať plán, mapu **II.** podst. stopa; *did the police find any t. of the murderer?* našla polícia nejakú stopu vraha? *t-s of poison* stopy otravy

trace element [ˈtreis ˌeləmənt] stopový prvok

tracing paper [ˈtreisiŋ ˌpeipə] priesvitný papier, pauzovací papier

track [træk] **I.** podst. **1.** (súvislá) stopa; *t-s in the snow* stopy v snehu **2.** dráha, smerovanie; *the t. of a comet/spacecraft* dráha kométy/kozmickej lode **3.** trať; *single/double t.* jedno-/dvojkoľajová trať **4.** šport. pretekárska dráha **II.** sl. stopovať, sledovať stopu; *they t-ed the criminal to his hiding-place* sledovali zločinca po jeho úkryt

track down vypátrať; *she finally t-ed down her old friend's address* konečne vypátrala adresu starej priateľky

tracking station [ˈtrækiŋ ˌsteišn] pozemná pozorovacia stanica (kozmických letov)

tracksuit [ˈtræksuːt] tepláková súprava

tract [trækt] **1.** oblasť, okraj; *the wide t-s of desert* rozsiahla púštna oblasť **2.** lek. trakt; *the respiratory t.* dýchací trakt

traction [ˈtrækšn] tech. pohon, vlečná sila; *electric t.* elektrický pohon

tractor [ˈtræktə] traktor

trade [treid] **I.** podst. **1.** obchod, obchodovanie; *international t.* medzinárodný obchod **2.** zamestnanie, živnosť; **3.** odvetvie; *work in the wool t.* pracovať v odvetví spracovania vlny; *a mason by t.* vyučený murár **II.** sl. **1.** (*in/with*) obchodovať (s čím s kým); *t. furs and skins* obchodovať s kožušinami; *t. with other countries* obchodovať s inými krajinami **2.** (*for*) vymeniť, vymieňať; *t. sandals for boots* vymeniť sandále za čižmy

trade in (*for*) vymeniť (za čo); *he t-d his old car in for a new one* vymenil staré auto za nové (z ceny mu odpočítali hodnotu starého auta)

trade on/upon zneužívať, zneužiť; *he t-d on my sympathy* zneužíval môj súcit

trademark [ˈtreid maːk] obchodná značka

trade name [ˈtreid neim] názov výrobku

trader [ˈtreidə] **1.** obchodník **2.** obchodná loď

trade union [ˌtreidˈjuniən] odborová organizácia

trade wind [ˈtreid wind] pasát

trading [ˈtreidiŋ] obchodovanie ● *t. partner* obchodný partner; *t. licence* živnostenský list

tradition [trəˈdišn] tradícia; ● *by t.* tradične; *t. has it that...* podľa tradície

traditional [trəˈdišənəl] tradičný; *a t. birthday party* tradičná oslava narodenín

traffic [ˈtræfik] premávka, doprava, dopravný ruch; *heavy t.* rušná premávka, čulý dopravný ruch; *passenger t.* osobná doprava

T

traffic jam [ˈtræfik͵džæm] dopravná zápcha
traffic light(s) [ˈtræfik lait(s)] návestidlo, semafor
tragedy [ˈtrædžədi] **1.** tragédia, trúchlohra; *Shakespeare's t-ies* Shakespearove tragédie **2.** pohroma, katastrofa, tragédia; *her sudden death is a t. for her family* jej náhla smrť je tragédiou pre rodinu
tragic [ˈtrædžik] tragický; *a t. accident* tragická nehoda
trail [treil] **I.** sl. **1.** ťahať (sa), vliecť (sa); *her long skirt was t-ing on the floor* jej dlhá sukňa sa vliekla po zemi **2.** ísť po stope; *t. a wild animal* ísť po stope divého zvieraťa **3.** vliecť sa, s námahou ísť; *the wounded soldiers t-ed past us* ranení vojaci sa vliekli okolo nás **4.** ťahať sa, plaziť sa, popínať sa; *t-ing roses* popínavé ruže **II.** podst. **1.** stopa; *the tiger's t.* stopa tigra **2.** vyšliapaný chodník (ľuďmi al. zvieratami) **3.** stopa, zvyšok (po deji, veci a pod.); *a t. of blood* krvavá stopa; *a t. of destruction* stopy spustošenia
trailer [ˈtreilə] **1.** príves, karavan **2.** ukážky nových filmov **3.** plazivá/popínavá rastlina
train[1] [trein] **1.** vlak; *catch/miss the t.* stihnúť/zmeškať vlak **2.** vlečka (večerných šiat) **3.** zastar. družina, sprievod (napr. kráľa) **4.** pren. sled, reťaz; *a t. of thoughts/events* sled myšlienok/udalostí ● *by t.* vlakom; *take a t.* ísť/cestovať vlakom; *in t.* pripravený, ochotný
train[2] [trein] **1.** (*for*) (vy)školiť, vyučiť; *he was t-ed for the law* vyštudoval za právnika **2.** (*for*) trénovať; *t. a horse for a race* trénovať koňa na dostihy
training [ˈtreiniŋ] **1.** výcvik, školenie **2.** tréning ● *in/out of t.* v dobrej/v zlej telesnej kondícii
trait [treit] črta, charakteristický znak
traitor [ˈtreitə] zradca
tram [træm] **1.** električka **2.** banský vozík
tram line(s) [ˈtræm lain(s)] električková trať
tramp [træmp] **I.** sl. **1.** dupať; *the boys t-ed up the stairs* chlapci dupotali hore schodmi **2.** robiť pešie túry, putovať; *they love t-ing the woods* radi robia túry po lesoch **II.** podst. **1.** dupot; *the t. of marching soldiers* dupot pochodujúcich vojakov **2.** (pešia) túra **3.** tulák, tuláčka
trample [ˈtræmpl] **1.** (*down*) (po)dupať; *the children have t-ed (down) the flowers* deti podupali kvety **2.** (*on*) pošliapať aj pren.; *he t-d on her feelings* pošliapal jej city

tram stop [ˈtræm stop] zastávka električky
trance [tra:ns] tranz, hypnotický al. extatický stav
tranquil [ˈtræŋkwəl] pokojný, vyrovnaný
tranquillity AM *tranquility* [træŋˈkwiləti] ticho, pokoj; *the t. of the home* pokoj domova
tranquillizer [ˈtræŋkwəlaizə] lek. upokojujúci prostriedok, sedatívum
transaction [trænzˈækšn] **1.** transakcia; *the t. of business* obchodná transakcia **2.** *t-s* mn. č. správa o činnosti (hl. vedeckej spoločnosti)
transcend [trænˈsend] **1.** prekročiť, prevýšiť; *her success t-ed all our expectations* jej úspech prevýšil naše očakávania **2.** filoz. presiahnuť, prevýšiť; *t. human understanding* presiahnuť ľudské poznanie
transcendent [trænˈsendənt] **1.** fil. transcendentný **2.** vynikajúci
transcontinental [͵trænzkontiˈnentl] transkontinentálny; *a t. railway* transkontinentálna železnica
transcribe [trænˈskraib] **1.** prepísať, odpísať; *t. an ancient manuscript* odpísať starobylý rukopis **2.** transkribovať, prepísať (výslovnosť fonetickými znakmi, písmenami)
transcription [trænˈskripšn] **1.** odpisovanie **2.** transkripcia, fonetický prepis
transfer [trænsˈfə:] **I.** sl. (*from, to*) **1.** premiestiť, preložiť; *t. an office to another town* premiestiť úrad do iného mesta **2.** previesť; *t. rights to sb.* previesť práva (na koho) **3.** preniesť (na iný podklad); *t. an original recording to a compact disc* preniesť originálnu nahrávku na kompaktný disk **4.** prestúpiť; *t. from the train to a tram* prestúpiť z vlaku na električku **II.** podst. [ˈtrænsfə:] prenášanie, prevod, prenos
transferable [trænsˈfə:rəbl] prenosný
transform [trænsˈfo:m] premeniť, transformovať; *a steam engine t-s heat into energy* parný stroj premieňa teplo na energiu
transformation [͵trænsfəˈmeišn] premena
transformer [trænsˈfo:mə] transformátor
transfusion [trænsˈfju:žn] transfúzia; *the injured man was rushed to hospital for a (blood) t.* raneného rýchlo zaviezli do nemocnice na transfúziu
transgress [trænsˈgres] **1.** porušiť, prekročiť (zákon) **2.** prehrešiť sa; *t. moral principles* prehrešiť sa proti morálnym princípom
transient [ˈtrænziənt] prechodný, pominuteľný; *t. happiness* pominuteľné šťastie

transistor [træn'zistə] tranzistor
transit ['trænsət] preprava, doprava ● *free
t.* voľný prechod; *in t.* na ceste, v pohybe
transition [træn'zišən] prechod; *period of
t.* prechodné obdobie/prechodný čas; *t. stage*
prechodné štádium
transitive ['trænsətiv] prechodný (o slovese)
transitory ['trænzitəri] krátkodobý, pre-
chodný; *t. interest* prechodný záujem
translate [træns'leit] preložiť; *t. an En-
glish book into Slovak* preložiť anglickú kni-
hu do slovenčiny
translation [træns'leišn] 1. prekladanie 2.
preklad
translator [træns'leitə] prekladateľ/ka
translucent [trænz'luːsnt] priesvitný; *t.
glass* priesvitné sklo
transmission [trænz'mišn] 1. prenos, pre-
nášanie; *the t. of news* prenos správ; *the t. of
disease* prenášanie choroby 2. vysielanie; *in-
terrupt a radio t.* prerušiť rozhlasové vysie-
lanie 3. techn. prevodovka
transmit [trænz'mit] -tt- 1. vysielať; *t.
messages* vysielať správy 2. preniesť; *t. a dis-
ease* preniesť chorobu 3. odb. vodiť; *iron t-s
heat* železo vodí teplo
transmitter [trænz'mitə] vysielač, prenášač
transparent [træns'pærənt] 1. priesvitný;
t. windowpanes priesvitné okenné sklá 2.
prehľadný, zjavný; *a t. lie* priehľadná lož 3.
jasný, zrozumiteľný; *a t. style of writing* zro-
zumiteľný štýl (písania)
transpire [træn'spaiə] 1. odb. vyparovať
(sa) (povrchom) 2. vyjsť najavo, prezradiť sa;
*it has just t-d that the Minister was bribed to
vote yes* prezradilo sa, že minister bol pod-
platený, aby hlasoval za (návrh)
transplant [træns'plaːnt] 1. presadiť (rast-
linu) 2. lek. transplantovať 3. presťahovať,
presídliť; *t. people/a whole factory* presídliť
ľudí/presťahovať celú továreň
transport ['trænspoːt] I. podst. doprava,
preprava II. sl. [træn'spoːt] 1. prepravovať
(osoby, tovar) 2. hist. deportovať (trestancov, otro-
kov) ● *be t-ed with* byť uchvátený (čím); *be t-ed
with joy* nechať sa uniesť radosťou
transporter [træn'spoːtə] 1. dopravca 2.
dopravné zariadenie 3. ťažké nákladné auto
transpose [træns'pəuz] 1. premeniť, vy-
meniť 2. hud. transponovať
transvestite [ˌtrænz'vestait] transvestita
trap [træp] I. podst. pasca aj pren.; *fall into*

a t. padnúť do pasce; *set a t.* nastaviť pascu
II. sl. -pp- chytiť do pasce
trapdoor [ˌtræp'doː] 1. padacie dvere, po-
klop 2. div. prepadlisko
trapeze [trə'piːz] visutá hrazda
trapper ['træpə] lovec (loví do pascí)
trash [træš] 1. brak; *his new film is an ab-
solute t.* jeho nový film je číry brak 2. ne-
zmysel; *what you're saying is absolute t.* čo
hovoríš, je úplný nezmysel 3. AM odpad
trashy ['træši] brakový; *t. novels* brakové
romány
trauma ['troːmə] lek. trauma
travel ['trævl] I. sl. -ll- 1. cestovať, pre-
cestovať; *he t-ed thousands of miles* preces-
toval tisíce míľ 2. pohybovať sa; *light t-s fast-
er than sound* svetlo sa pohybuje rýchlejšie
ako zvuk 3. pracovať ako obchodný cestujú-
ci; *he t-s in cotton goods* predáva bavlnený
tovar II. podst. cestovanie
travel agency ['trævlˌeidžnsi] aj *travel bu-
reau* [ˌbjuːrəu] cestovná kancelária
traveller ['trævlə] 1. cestujúci 2. cesto-
vateľ 3. cestujúci obchodný zástupca
traveller's cheque [ˌtrævləs'ček] cestov-
ný šek
traverse ['trævəːs] I. sl. pretínať; *search-
lights t-d the sky* svetlomety pretínali oblohu
II. podst. priečny/pozdĺžny pohyb (cez veľmi
strmú skalnú al. ľadovcovú stenu)
tray [trei] podnos, tácka
treacherous ['trečərəs] 1. zradný, viero-
lomný; *a t. person* vierolomná osoba 2. klam-
livý; *t. weather* klamlivé počasie
treachery ['trečəri] zrada
tread [tred] *trod* [trod], *trodden* ['trodn] 1.
(*on*) stúpiť (na čo), postúpať (čo); *don't t. on the
flower beds* nepostúpaj kvetinové záhony 2.
(*down*) (u)dupať; *t. (down) the earth round the
roots* udupať zem okolo koreňov 3. vyšliapať
(si); *the cattle has trodden a path to the water*
dobytok si vyšliapal chodník k vode ● *t. on air*
vznášať sa od radosti; *t. on sb.'s toes* uraziť nie-
koho; *t. on sb.'s heels* tesne sledovať niekoho
treason ['triːzn] vlastizrada
treasure ['trežə] I. podst. (v rozl. význ.) poklad;
buried t. zakopaný poklad; *there are many art
t-s in the old house* v starom dome je mnoho
umeleckých pokladov; *his secretary is a real
t.* jeho sekretárka je skutočný poklad; *t. hunt*
honba za pokladom II. sl. vysoko si ceniť/vá-
žiť; *t. one's freedom* vážiť si slobodu

T

treasury [ˈtreʒəri] **1.** pokladnica aj pren.; *the t. of our club is nearly empty* pokladnica nášho klubu je takmer prázdna; **2.** *the T.* BR štátna finančná správa

treat [triːt] **1.** zaobchádzať; *he t-ed her well/badly* zaobchádzal s ňou dobre/zle **2.** narábať; *glass must be t-ed with care* so sklom treba narábať opatrne **3.** (*as*) pokladať; *we had better t. it as a joke* bude lepšie pokladať to za žart **4.** (*for*) liečiť, ošetrovať; *I'm being t-ed for stomach ulcer* liečim sa na žalúdočný vred **5.** (*to*) počastovať, pohostiť (čím); *they t-ed me to a good dinner* počastovali ma dobrým obedom **6.** pôsobiť (na čo)/spracúvať (čo); *t. a substance with acid* pôsobiť na látku kyselinou

treatise [ˈtriːtəz] rozprava, úvaha, odborný článok; *a t. on social problems* rozprava o sociálnych problémoch

treatment [ˈtriːtmənt] **1.** zaobchádzanie; *that poor dog has suffered from cruel t.* ten úbohý pes okúsil kruté zaobchádzanie **2.** liečenie, ošetrenie

treaty [ˈtriːti] zmluva; *a peace t.* mierová zmluva

tree [triː] strom; *an apple t.* jabloň

tremble [ˈtrembl] **I.** sl. **1.** chvieť sa, triasť sa; *t. with cold/excitement* triasť sa zimou/chvieť sa vzrušením **2.** (*at/for*) báť sa (o koho/čo); *she t-d for his safety* bála sa o jeho bezpečnosť; *t. all over* triasť sa na celom tele; *t. to think* chvieť sa pri pomyslení **II.** podst. triaška, chvenie

tremendous [triˈmendəs] **1.** obrovský, hrozný, strašný; *a t. explosion* hrozný výbuch **2.** hovor. ohromný, úžasný; *a t. concert* úžasný koncert

tremor [ˈtremə] **1.** otras, záchvev **2.** lek. trasenie, tremor

tremulous [ˈtræmjuləs] **1.** traslavý; *a t. voice* traslavý hlas **2.** plachý; *a t. smile/person* plachý úsmev/človek

trench [trenč] **1.** jarok, priekopa **2.** voj. zákop

trend [trend] **I.** trend, smer (vývoja); *an upward t. in share prices* vzostupný trend akcií; *the latest t-s in fashion* posledné módne trendy

trendy [trendi] módny, supermoderný

trespass [ˈtrespəs] vstúpiť na súkromnú pôdu (majetok) bez povolenia

trespass on/upon zneužiť; *t. upon sb.'s hospitality* zneužiť pohostinstvo (koho)

trespasser [ˈtrespəsə] nepovolaný, cudzí; *t-s will be prosecuted* cudzím vstup zakázaný

trestle [ˈtresl] stojan, koza (drevená)

trial [ˈtraiəl] **1.** súdne pojednávanie **2.** skúška; *take a machine on t.* zobrať si stroj na skúšku **3.** trápenie, starosť, starosti; *life is full of little t-s* život je plný drobných starostí

triangle [ˈtraiæŋgl] **1.** trojuholník **2.** hud. triangel

tribal [traibl] kmeňový, rodový

tribe [traib] **1.** (ľudský, domorodý) kmeň **2.** zool., bot. čeľaď

tribulation [tribjuˈleišn] trápenie, útrapy, starosti; *bear one's t-s bravely* statočne znášať útrapy

tribunal [traiˈbjuːnl] tribunál, súd

tribune [ˈtribjuːn] tribúna

tributary [ˈtribjətri] **I.** podst. **1.** vazal **2.** prítok; *the t-ies of the Danube* prítoky Dunaja

tribute [ˈtribjuːt] (vysoká) daň, poplatok; *conquered nations had to pay t. to their conquerors* podmanené národy museli platiť daň svojim podmaniteľom

trice [trais] hneď, zaraz

trick [trik] **I.** podst. **1.** trik, kúzlo; *he performed some clever magic t-s* predviedol niekoľko šikovných kúzel **2.** trik, úskok, podvod; *he got the money by a t.* získal peniaze podvodom ● *a t. of the light* optický klam; *a t. of the trade* obchodnícky trik; *do the t.* vykonať svoje **II.** sl. podviesť, oklamať; *you have been t-ed* oklamali ťa

trickle [ˈtrikl] **I.** sl. **1.** kvapkať; *blood t-d from the wound* z rany kvapkala krv **2.** stekať, tiecť; *tears t-d down her cheeks* slzy jej tiekli po tvári **3.** trúsiť sa; *students t-d out of the lecture hall* študenti sa trúsili z posluchárne **II.** podst. pramienok; *the stream had shrunk to a t.* prúd sa scvrkol na pramienok

tricky [ˈtriki] **1.** rafinovaný, prefíkaný; *a t. politician* prefíkaný politik **2.** zložitý, komplikovaný; *a t. problem* zložitý problém

trifle [ˈtraifl] **I.** podst. **1.** maličkosť, drobnosť; *waste time on t-s* márniť čas maličkosťami **2.** ovocný pohár so šľahačkou **II.** sl. *with* zahrávať sa; *he is not a man to be t-d with* nie je to človek, s ktorým sa radno zahrávať

trigger [ˈtrigə] **I.** podst. spúšť (na zbrani) **II.** sl. (*off*) spustiť, vyvolať (niečo vážne, násilie); *t. off a rebellion* vyvolať vzburu

trim [trim] **I.** sl. -mm- **1.** pristrihnúť, upraviť; *t. a hedge* pristrihnúť živý plot; *t. hair* pristrihnúť vlasy **2.** olemovať; *t. a dress with lace* olemovať šaty čipkou **II.** príd. pristrihnutý, upravený, úhľadný; *a t. garden* upravená záhrada *a t. person* človek upravený ako zo škatuľky

trimming [ˈtrimiŋ] obyč. mn. č. príloha, príkrm; *a leg of mutton and all the t-s* baranie stehno a príloha

Trinity [ˈtrinəti] náb. *the (Holy) T.* najsvätejšia Trojica

trinket [ˈtriŋkət] ozdôbka, čačka

trip [trip] **I.** podst. **1.** výlet; *a boat t.* výlet loďou **2.** cesta; *a business t.* služobná cesta; *a honeymoon t.* svadobná cesta **II.** sl. **1.** poskakovať, cupotať; *the little girl came t-ping down the garden path* dievčatko prichádzalo poskakujúc po záhradnom chodníku **2.** (*over*) potknúť sa (o čo); *she t-ped over the root of a tree* potkla sa o koreň stromu

triple [ˈtripl] **1.** trojitý, trojnásobný; *a t. whisky* trojnásobná whisky **2.** trojstranný

triplet [ˈtriplət] trojča

trite [trait] triviálny, banálny; *such a t. expression* taký triviálny výraz

triumph [ˈtraiəmf] **I.** podst. **1.** triumf, veľký úspech; *his new play is an absolute t.* jeho nová hra je dokonalým triumfom **2.** nadšenie; *shouts of t.* výkriky nadšenia **II.** sl. (*over*) zvíťazil (nad kým/čím); *t. over a severe illness* zvíťaziť nad vážnou chorobou

trivial [ˈtriviəl] **1.** všedný, banálny; *t. everyday chores* všedné každodenné práce **2.** bezvýznamný, nedôležitý; *t. matters* bezvýznamné záležitosti **3.** povrchný; *she is a very t. person* je veľmi povrchná

trod p. **tread**

trodden p. **tread**

trolley [ˈtroli] **1.** kára, vozík (dvoj-/štvorkolesový) **2.** servírovací vozík **3.** trolejbus **4.** AM električka

trolleybus [ˈtrolibas] trolejbus

trombone [tromˈbəun] hud. trombón

troop [truːp] **I.** podst. **1.** skupina, húf; *a t. of children* húf detí **2.** *t-s* mn. č. vojaci, vojsko **II.** sl. **1.** zhromažďovať sa **2.** pochodovať v útvare; *t. the colour* BR slávnostne niesť zástavu pred útvarom

trooper [ˈtruːpə] **1.** voj. (radový) vojak jazdy (al.) motorizovanej jednotky **2.** AM *state t.* policajt ● *swear like a t.* kliať ako kočiš

tropic [ˈtropik] (geogr., astron.) obratník; *T. of Cancer* Obratník Raka; *T. of Capricorn* Obratník Kozorožca

tropical [ˈtropikl] tropický; *t. diseases* tropické choroby; *t. heat* tropická horúčava

tropics [ˈtropiks] mn. č. (*the*) trópy

trot [trot] *-tt-* **I.** sl. **1.** klusať (o koni) **2.** hovor. bežať, utekať; *I must be t-ting off home* musím bežať domov **II.** podst. klus, poklus

trouble [ˈtrabl] **I.** podst. **1.** trápenie, starosti; *she has had a lot of t. recently* v poslednom čase má veľa starostí **2.** ťažkosť; *heart t.* srdcové ťažkosti **3.** nepríjemnosti; *his son had some t. with his teacher* jeho syn mal nejaké nepríjemnosti so svojím učiteľom ● *ran into t.* dostať sa do ťažkostí; *take the t.* dať si námahu **II.** sl. **1.** trápiť; *what t-s you?* čo ťa znepokojuje? **2.** (*to*) obťažovať (vo zdvorilej žiadosti); *may I t. you to shut the window?* zatvorili by ste láskavo oblok? **3.** (*about*) obťažovať (sa); *she often t-s me about her illnesses* stále ma obťažuje svojimi chorobami

troublesome [ˈtrablsm] **1.** nepríjemný; *a t. cough* nepríjemný kašeľ **2.** problémový, neposlušný, ťažko ovládateľný; *a t. pupil* problémový žiak

trough [trof] **1.** koryto, žľab, válov **2.** meteor. brázda nízkeho tlaku

troupe [truːp] div. divadelná spoločnosť, herecký súbor

trousers [ˈtrauzəz] mn. č.; obyč. *a pair of t.* nohavice; *he has bought a pair of t.* kúpil si nohavice

trousseau [ˈtruːsəu] výbava nevesty

trout [traut] aj mn. č. pstruh

truant [ˈtruːənt] záškolák, záškoláčka; *play t.* ulievať sa z vyučovania

truck[1] [trak] **1.** AM nákladné auto **2.** BR žel. nákladný vozeň (otvorený)

truck[2] [trak] **1.** konanie; *have no t. with sb./sth.* nemať dočinenia (s kým/čím) **2.** hist. platba v naturáliách **3.** AM záhradné produkty (pestované na predaj)

true [truː] **1.** pravdivý; *is it t. that...* je pravda, že... **2.** ozajstný, skutočný; *a t. friend* skutočný/verný priateľ **3.** presný; *a t. copy of a document* presná kópia dokladu ● *be t. to one's word* dodržať slovo; *come t.* splniť sa uskutočniť sa; *that's t.* to je pravda

truly [ˈtruːli] skutočne, naozaj; *a t. brave action* skutočne odvážny čin; *Yours t.* obyčajne AM (na konci listu) S úctou

trumpet [ˈtrampət] trúbka

trumpeter [ˈtrampətə] trúbkar

trunk [traŋk] **1.** kmeň (stromu) **2.** ľudský trup **3.** (veľký lodný) kufor **4.** AM batožinový priestor auta **5.** chobot

trunkcall [ˈtraŋkkoːl] zastar. medzimestský telefónny hovor

trunk road [ˈtraŋkrəud] hlavná cesta (prvej triedy)

trunks [traŋks] **1.** pánske plavky **2.** trenírky

trust [trast] **I.** podst. **1.** dôvera, viera; *t. in God* viera v Boha **2.** opatrovníctvo, poručníctvo; *the children have been placed in my t.* deti sú v mojom opatrovníctve **II.** sl. **1.** dôverovať; *I don't t. him any more* už mu nedôverujem **2.** zveriť (dať do opatery); *can you t. your car to that mechanic?* môžeš zveriť auto tomu mechanikovi?

trustworthy [ˈtrastˌwəːði] **1.** dôveryhodný, vierohodný; *a t. story* vierohodný príbeh **2.** spoľahlivý; *a t. person* spoľahlivá osoba

truth [truːθ] mn. č. *-s* [truːðz] pravda ● *tell the t.* hovoriť pravdu; *a. grain of t.* zrnko pravdy

truthful [ˈtruːθfl] **1.** pravdovravný (človek) **2.** pravdivý (príbeh) **3.** presný, verný (obraz)

try [trai] **I.** podst. pokus; *a good t.* vydarený pokus **II.** sl. **1.** skúšať, pokúsiť sa; *t. again* znova skúsiť **2.** usilovať sa, snažiť sa; *t. hard* veľmi sa usilovať **3.** vyskúšať; *t. sth. new* vyskúšať niečo nové **4.** unavovať; *the poor light tries his eyes* zlé svetlo mu unavuje oči **5.** práv. súdiť, pojednávať; *who will t. the case?* kto bude prípad pojednávať? ● *t. one's strength* vyskúšať si sily; *t. one's hand at sth.* skúšať niečo; *just you t. it!* len sa opováž!

try on skúšať (šatstvo, obuv ap.)

T-shirt [ˈtiːšəːt] tričko s krátkymi rukávmi

tub [tab] **1.** kaďa **2.** vaňa

tube [tjuːb] **1.** trubica, rúrka; *a glass t.* sklená trubica **2.** tuba; *a t. of toothpaste* tuba zubnej pasty **3.** BR hovor. podzemná dráha

tuck [tak] **I.** podst. **1.** záševok **2.** BR zastar. maškrty, dobroty, sladkosti **II.** sl. (za)strčiť (si), zasunúť; *t. it in your pocket* strč si to do vrecka; *t. your shirt in* zastrč si košeľu (do nohavíc)

tuck away odložiť si, ušetriť; *she's got some money t-ed away* odložila si pár korún

tuck in nahádzať do seba (jedlo)

tuck up (*in*) zababušiť do perín (hl. dieťa)

tuck-shop [ˈtak šop] BR zastar. školský bufet (najmä so sladkosťami a cukríkmi)

Tuesday [ˈtjuːzdi] utorok

tug [tag] *-gg-* **I.** sl. **1.** (*at*) ťahať; *the children t-ged at her sleeve* dieti ju ťahali za rukáv **2.** šklbať, kmásať **II.** podst. **1.** energické trhnutie, šklbnutie **2.** *t. (boat)* remorkér

tuition [tjuːˈišn] **1.** vyučovanie, výučba **2.** AM školné

tulip [ˈtjuːləp] tulipán

tumble [ˈtambl] **I.** sl. **1.** spadnúť, zletieť; *t. off a horse/a bicycle* zletieť z koňa/bicykla **2.** potácať sa; *the puppies were t-ing about on the floor* šteňatá sa tmolili na podlahe **II.** podst. pád; *have a nasty t.* mať škaredý pád, nebezpečne spadnúť; ● *in a t.* v zmätku/hore nohami

tumble down [ˈtambldaun] na spadnutie, rozpadajúci sa polozrútený; *a t. house* dom na spadnutie

tumble-dryer [ˈtamblˌdraiə] sušička (bielizne)

tumbler [ˈtamblə] pohár (s rovným dnom bez stopky)

tummy [ˈtami] hovor. al. det. bruško, brucho; *a t. ache* bolenie bruška

tumour AM *tumor* [ˈtjuːmə] nádor, tumor

tumult [ˈtjuːmalt] **1.** zhon, trma-vrma **2.** vzrušenie (citové)

tumultuous [tjuːˈmalčuəs] búrlivý; *a t. welcome/applause* búrlivé privítanie/búrlivý potlesk

tun [tan] veľký sud

tuna (fish) [ˈtjuːnə(fiš)] tuniak

tune [tjuːn] **I.** podst. **1.** melódia, pieseň; *whistle a t.* pískať si melódiu **2.** pren. súzvuk, harmónia; *he is in t. with his surroundings* žije v harmónii so svojím okolím ● *in/out of t.* vyladený/rozladený; *be in t. with sth.* súhlasiť s (čím) **II.** sl. **1.** (na)ladiť; *t. a guitar* naladiť gitaru **2.** (*in, to*) vyladiť (rozhlasovú al. televíznu stanicu); *t. in to BBC* vyladiť (stanicu) BBC

tuner [ˈtjuːnə] **1.** ladič (človek) **2.** ladička (nástroj)

tunnel [ˈtanl] **I.** podst. **1.** tunel **2.** podzemná chodba; *discover a secret t.* objaviť tajnú chodbu **II.** sl. raziť, prekopať tunel

turbine [ˈtəːbain] turbína

turbojet [ˈtəːbəudžet] prúdové lietadlo

turboprop [ˈtəːbəuprop] let. turbovrtuľový motor

turbulent [ˈtəːbjələnt] búrlivý aj pren.; *t. winds* búrlivé vetry; *the t. years of war* búrlivé roky vojny

tureen [tjuːˈriːn] polievková misa

turf [təːf] **I.** podst. **1.** mačina **2.** rašelina **II.** sl. pokrývať/obkladať mačinou

turkey [ˈtəːki] morka

Turkey [ˈtəːki] Turecko

turmoil [ˈtəːmoil] rozruch, zmätok

turn [tə:n] **I.** podst. **1.** otočenie; *a few t-s of the handle* niekoľko otočení kľukou **2.** obrat; *his illness took a favourable t.* v jeho chorobe nastal obrat k lepšiemu **3.** príležitosť (niečo urobiť); *it's your t. now* to je tvoja príležitosť, ty si na rade **4.** zákruta; *a t. in the road* zákruta na ceste ● *at every t.* veľmi často; *by t-s* striedavo; *take t-s* striedať sa **II.** sl. **1.** (o)točiť, otáčať; *t. the key in the lock* otočiť kľúčom v zámke; *t. a wheel* otáčať kolesom **2.** obrátiť; *t. a page* obrátiť stranu v knihe **3.** odbočiť; *t. left/right* odbočiť doľava/doprava **4.** *(round)* otočiť sa, obrátiť sa; *she t-ed round and waved* otočila sa a zamávala **5.** premeniť, zmeniť; *the witch t-ed the prince into a frog* čarodejnica premenila princa na žabiaka ● *t. on one's heels* otočiť sa na podpätku; *t. a blind eye (to)* zažmúriť oči (nad čím); *t. a deaf ear to* byť ku komu/čomu hluchý; *t. in one's grave* obrátiť sa v hrobe

turn away odmietnuť, poslať preč; *we had to t. away many people* museli sme odmietnuť mnoho ľudí

turn down 1. znížiť; *t. down the heating* zoslabiť kúrenie **2.** odmietnuť; *t. down an offer* odmietnuť ponuku

turn inside out vyvrátiť; *the wind t-ed my umbrella inside out* vietor mi vyvrátil dáždnik

turn off vypnúť; *t. off the radio* vypnúť rádio; *t. off the gas/the hot water* vypnúť plyn/teplú vodu

turn on zapnúť; *t. on the TV* zapnúť televízor

turn out vyhodiť; *her father t-ed her out* otec ju vyhodil

turn up objaviť (sa); *t. up new information* objaviť nové informácie; *she t-s up late for everything* vždy sa objaví neskoro

turncoat [ˈtə:nkəut] prebehlík, odpadlík, renegát; *be a t.* byť kam vietor, tam plášť

turner [ˈtə:nə] sústružník, tokár

turning point [ˈtə:niŋ ˌpoint] rozhodujúci okamih, zvrat, obrat; *a t. in one's life* rozhodujúci okamih života; *the disease has reached a t.* v chorobe nastal obrat

turnover [ˈtə:nˌəuvə] **1.** ekon. obrat **2.** fluktuácia; *labour t.* fluktuácia pracovných síl

turnstile [ˈtə:nstail] turniket

turquoise [ˈtə:kwoiz] **I.** podst. tyrkys (kameň) **II.** príd. tyrkysový

turtle [ˈtə:tl] korytnačka

turtledove [ˈtə:tldav] hrdlička

turtleneck [ˈtə:tlnek] AM pulóver/tričko s vyhrnutým golierom, hovor. rolák

turtle soup [ˈtə:tlsup] korytnačia polievka

tusk [task] (sloní) kel

tutor [ˈtju:tə] **1.** súkromný učiteľ, vychovávateľ **2.** BR študijný vedúci (na univerzite), konzultant

TV [ti: vi:] televízia; *what's on TV tonight?* čo je dnes večer v televízii?

tweed [twi:d] **1.** text. tvíd **2.** *t-s* mn. č. tvídový oblek

tweezers [ˈtwi:zəz] mn. č. aj *a pair of t.* pinzeta

twelfth [twelfθ] dvanásty, dvanástina

twelve [twelv] dvanásť

twentieth [ˈtwentiθ] **I.** čísl. dvadsiaty **II.** podst. dvadsatina

twenty [ˈtwenti] dvadsať

twice [twais] dvakrát

twig [twig] vetvička, ratolesť

twilight [ˈtwailait] súmrak, šero

twin [twin] dvojča, blíženec

twine [twain] **I.** podst. motúz, šnúra **II.** sl. **1.** spliesť, stočiť; *t. flowers into a wreath* uviť veniec z kvetov **2.** ovinúť (sa), omotať (sa); *vines t. round the old tree* popínavé rastliny sa vinú okolo starého stromu

twinkle [ˈtwiŋkl] **I.** sl. **1.** blikať, trblietať; *stars t. in the sky* hviezdy sa trblietajú na oblohe **2.** žiariť, iskriť; *her eyes t-ed with mischief* oči jej iskrili huncútstvom **II.** podst. **1.** blikanie, trblietanie **2.** žiarenie, iskrenie

twin set [ˈtwinˌset] (dámska) súprava pulóvra a svetra

twirl [twə:l] **I.** sl. (za)krúžiť; *they were t-ing round the dance floor* krúžili po tanečnom parkete **II.** podst. (za)krúženie

twist [twist] **I.** sl. **1.** skriviť, skrútiť; *t. a wire into the shape of a star* skrútiť drôt do tvaru hviezdy **2.** skriviť; *his face was t-ed with pain* tvár sa mu skrivila bolesťou **3.** otočiť, skrútiť; *t. a knob to the right/left* skrútiť gombíkom doprava/doľava **4.** vykrútiť; *don't t. her arm!* nevykrúť jej ruku! ● *t. sb. round one's little finger* omotať si niekoho okolo prsta **II.** podst. **1.** stočenie, skrútenie **2.** zákruta **3.** zvrat; *a t. at the end of a story* zvrat na konci príbehu **4.** twist (spoločenský tanec populárny v 60. rokoch)

twisty [ˈtwisti] **1.** krivolaký; *t. roads* krivolaké cesty **2.** pren. neúprimný, nečestný; *a t. politician* nečestný politik

twitch [twič] **I.** sl. **1.** mykať (sa), šklbať (sa); *his face t-ed with terror* od hrôzy mu šklbali svaly na tvári **2.** vyšklbnúť; *she t-ed the letter from his hand* vyšklbla mu list z ruky **II.** podst. myknutie, šklbnutie; *a nervous t.* nervózne myknutie/šklbnutie

twitter ['twitə] čvirikať, štebotať, džavotať aj pren.; *birds t. in the trees* vtáky štebocú na stromoch; *she's been t-ing all morning* džavoce celé ráno

two [tu:] **I.** čísl. dve, dva **II.** podst. dvojka ● *t. and t.* po dvoch; *in t.* na dve časti; *put t. and t. together* spočítať, zrátať si dve a dve; *the t. of us* my dvaja

two-edged [ˌtu:'edžd] dvojsečný; *a t. weapon* dvojsečná zbraň

two-faced [ˌtu:'feist] pokrytecký, dvojtvárny

twofold ['tu:fəuld] **I.** príd. dvojnásobný, dvojitý **II.** prísl. dvojnásobne, dvojito

two-handed [ˌtu:'hændəd] **1.** obojručný; *the tennis player's t. backhand* obojručný bekhend tenistu **2.** pre dve ruky; *a t. saw* pílka pre dve ruky

twosome ['tu:səm] hovor. dvojica

two-stroke [ˌtu:'strəuk] dvojtaktný (motor)

two-way [ˌtu:'wei] obojsmerný; *a t. street* obojsmerná ulica; tech. *a t. radio* vysielací a prijímací rádiový prístroj

type [taip] **I.** podst. **1.** druh, typ; *buy a new t. of camera* kúpiť si nový typ fotoaparátu **2.** typ, predstaviteľ; *he's the characteristic t. of an old aristocrat* je typický predstaviteľ starého aristokrata **3.** polygr. písmeno, litera **II.** sl. **1.** (na)klepať, (na)písať na stroji; *t. a letter* naklepať list **2.** určiť, stanoviť; *t. a person's blood* stanoviť krvnú skupinu

typewriter ['taipˌraitə] písací stroj

typhoid ['taifoid] aj *t. fever* [ˌtaifoid'fi:və] týfus

typhoon [tai'fu:n] tajfún

typhus ['taifəs] škvrnitý týfus

typical ['tipikl] typický, charakteristický; *a t. Englishman* typický Angličan

typist ['taipəst] pisár/ka; *shorthand t.* stenotypistka

tyrannize aj *tyrannise* ['tirənaiz] tyranizovať

tyranny ['tirəni] tyrania

tyrant ['tairənt] tyran

tyre ['taiə] pneumatika

U

ubiquitous [ju:'bikwətəs] všadeprítomný; *we were plagued throughout our travels by the u. mosquito* na celej ceste nás trápili všadeprítomné moskyty

udder ['adə] vemeno

UFO [ju:fəu] skr. *unidentified flying object* UFO

ugly ['agli] **1.** nepekný, škaredý; *u. houses* škaredé domy **2.** ohavný, odporný; *an u. crime* odporný zločin **3.** nepríjemný; *an u. sound* nepríjemný zvuk **4.** škaredý, nebezpečný; *an u. wound* škaredá rana

UK ['ju:kei] skr. *(the) United Kingdom (of Great Britain and Northern Ireland)* Spojené kráľovstvo Veľkej Británie a Severného Írska

ulcer ['alsə] vred; *a stomach u.* žalúdočný vred

ultimate ['altəmət] **1.** konečný, definitívny; *u. truths* konečné pravdy **2.** základný; *u. principles* základné princípy

ultimately ['altəmətli] konečne, napokon

ultimatum [ˌalti'meitəm] mn. č. *-tums* [-təmz] al. *-ta* [tə] ultimátum

ultrasonic [ˌaltrə'sonik] nadzvukový

ultrasound ['altrəsaund] ultrazvuk

umbrella [am'brelə] **1.** dáždnik **2.** pren. ochrana, záštita; *under the u. of the UNO* pod záštitou Organizácie Spojených národov

umpire ['ampaiə] **I.** podst. šport. rozhodca, sudca **II.** sl. rozhodovať; *u. a football match* rozhodovať futbalový zápas

UN [ˌju:'en] skr. *(the) United Nations (Organisation)* Organizácia spojených národov

unable [an'eibl] neschopný, nespôsobilý; *he seems u. to understand the truth* zdá sa, že nie je schopný pochopiť pravdu

unabridged [ˌanə'bridžd] neskrátený, v plnom rozsahu; *he got the report complete and u.* dostal správu úplnú a neskrátenú

unacceptable [ˌanək'septəbl] neprijateľný; *their demands are u.* ich požiadavky sú neprijateľné

unaccompanied [ˌanə'kampənid] bez sprievodu; *u. children will not be admitted* deťom bez sprievodu dospelého je vstup zakázaný

unaccomplished [ˌanə'komplišt] nedokončený, nesplnený; *an u. task* nesplnená úloha

unaccountable [ˌanəˈkauntəbl] nevysvetliteľný, neodôvodniteľný; *his disappearance was quite u.* jeho zmiznutie bolo nevysvetliteľné

unaccustomed [ˌanəˈkastəmd] **1.** (*to*) nenavyknutý (na čo); *u. to hot climates* nenavyknutý na horúce podnebie **2.** nezvyčajný, zvláštny; *u. silence* nezvyčajné ticho

unacknowledged [ˌanəkˈnolidžd] **1.** neuznaný, nepriznaný; *u. fault* nepriznaná chyba **2.** nepovšimnutý; *an u. greeting* nepovšimnutý pozdrav **3.** nepotvrdený; *an u. letter* nepotvrdený list

unaffected [ˌanəˈfektəd] **1.** prirodzený, neafektovaný; *the u. delight of a child* prirodzená radosť dieťaťa **2.** (*by*) neovplyvnený (čím); *the plants grew u. by the drought* rastliny rástli aj napriek suchu

unambiguous [ˌanæmˈbigjuəs] jednoznačný, jasný; *u. evidence* jasný dôkaz

unanimous [juːˈnænəməs] jednomyseľný, jednohlasný; *he was elected by a u. vote* bol jednohlasne zvolený

unannounced [ˌanəˈnaunst] neohlásený; *an u. visit* neohlásená návšteva

unanswered [ˌanˈaːnsəd] **1.** bez odpovede; *u. letters* listy, ktoré zostali bez odpovede **2.** neopätovaný; *u. love* neopätovaná láska

unavoidable [ˌanəˈvoidəbl] nevyhnutný, neodvratný; *an u. end* neodvratný koniec

unaware [ˌanəˈweə] (*of/that*) nevediaci (o čom), neuvedomujúci si (čo); *he was u. of my presence/that I was present* neuvedomil si moju prítomnosť/že som prítomný

unawares [ˌanəˈweəz] **1.** nevedomky, mimovoľne, neuvedomiac si; *she probably dropped the parcel u.* pravdepodobne stratila balík bez toho, aby si to uvedomila **2.** náhle, nenazdajky; *a gust of wind caught them u.* náraz vetra ich náhle prekvapil

unbalanced [ˌanˈbælənst] (duševne) nevyvážený, nevyrovnaný, pomätený; *an u. character* nevyvážená osobnosť; *an u. mind* pomätená myseľ

unbearable [anˈbeərəbl] neznesiteľný; *u. heat* neznesiteľná horúčava

unbeaten [ˌanˈbiːtn] **1.** neporazený; *an u. team* neporazené mužstvo **2.** neprekonaný; *an u. record* neprekonaný rekord

unbelievable [ˌanbəˈliːvəbl] neuveriteľný; *an u. story* neuveriteľný príbeh

unbend [anˈbend], *unbent* [anˈbent], *unbent* uvoľniť sa, relaxovať; *she finds it hard to u. even among friends* ťažko sa uvoľňuje/nevie sa uvoľniť ani medzi priateľmi

unbias(s)ed [ˌanˈbaiəst] nezaujatý, nestranný, nepredpojatý; *an u. attitude* nestranný postoj

unbounded [anˈbaundəd] neohraničený, neobmedzený; *u. ambitions* neobmedzená ctižiadosť

unbroken [ˌanˈbrəukn] **1.** nezlomný, neskrotený; *an u. will* nezlomná vôľa; *an u. horse* neskrotený, nevycvičený kôň **2.** neprerušený; *eight hours of u. sleep* osem hodín neprerušeného spánku

uncertain [anˈsəːtn] **1.** neistý, nejasný; *an u. future* neistá budúcnosť **2.** nespoľahlivý; *an u. friend* nespoľahlivý priateľ **3.** premenlivý; *an u. weather* premenlivé počasie **4.** nevyspytateľný; *a man with an u. temper* nevyspytateľný človek

uncle [ˈaŋkl] strýko, ujo

uncomfortable [anˈkamftəbl] **1.** nepohodlný; *an u. chair* nepohodlná stolička **2.** nepríjemný, trápny; *an u. feeling* nepríjemný pocit

uncommon [anˈkomən] neobyčajný, mimoriadny; *an u. offer* neobyčajná ponuka

uncommunicative [ˌankəˈmjuːnəkətiv] uzavretý, neprístupný, rezervovaný; *an u. boy* uzavretý chlapec

unconscious [anˈkonšəs] **1.** (*of*) neuvedomujúci si (čo); *she was u. of having done wrong* neuvedomila si, že konala zle **2.** v bezvedomí **3.** mimovoľný, neúmyselný; *an u. movement* mimovoľný pohyb

unconsidered [ˌankənˈsidəd] neuvážený; *an u. action* neuvážený čin

undeniable [ˌandiˈnaiəbl] nepopierateľný, nesporný; *u. success* nepopierateľný úspech

under [ˈandə] **1.** pod (nižšie od niečoho); *u. the table* pod stolom; *pass u. a bridge* prejsť pod mostom **2.** pod, niže (menej ako); *a temperature u. 20°* teplota pod 20°; *children u. fourteen years of age* deti pod štrnásť rokov **3.** za; *u. the rule of King Arthur* za vlády kráľa Artura

underachiever [ˌandərəˈčiːvə] žiak/študent, ktorý nepodáva výkon podľa svojich schopností

undercarriage [ˈandəˌkæridž] podvozok (lietadla)

underclothes [ˈandəkləuðz] spodná bielizeň

undercurrent [ˈandəˌkarənt] spodný prúd

underdone [ˌandəˈdan] (hlavne o mäse) neprepečený, nedovarený; *she likes u. meat* má rada neprepečené mäso

U

underestimate [ˌandəˈestəmeit] **1.** podceňovať; *u. the enemy's strength* podceňovať silu nepriateľa **2.** (príliš) nízko odhadnúť; *u. the cost of a new building* nízko odhadnúť náklady novej stavby

undergo [ˌandəˈgəu]*, underwent* [ˌandəˈwent] *undergone* [ˌandəˈgon] **1.** podstúpiť, podrobiť sa; *u. treatment at a hospital* podrobiť sa liečeniu v nemocnici **2.** vytrpieť, zniesť; *u. much suffering* zniesť veľké útrapy

undergraduate [ˌandəˈgrædžuət] vysokoškolák

underground [ˈandəgraund] **I.** podst. **1.** *(the)* metro **2.** podzemie **3.** polit. ilegalita **II.** príd. **1.** podzemný; *an u. cave* podzemná jaskyňa **2.** ilegálny; *an u. press* ilegálna tlač

undergrowth [ˈandəgrəuθ] podrast

underline [ˌandəˈlain] **1.** podčiarknuť; *u. a word* podčiarknuť slovo **2.** zdôrazniť; *u. one's disapproval* zdôrazniť svoj nesúhlas

underlying [ˈandəlaiŋ] **1.** spodný **2.** skrytý **3.** vlastný, základný; *the u. cause of all this* vlastná príčina všetkého

undermine [ˌandəˈmain] **1.** podkopať, podryť, podomieľať; *cliffs u-d by the sea* útesy podomleté morom **2.** pren. podkopať, vážne narušiť; *rumours to u. his authority* chýry, ktoré majú podkopať jeho autoritu

underneath [ˌandəˈniːθ] **I.** podst. *(the)* spodok; *there are the artist's initials on the u. of the vase* na spodku vázy sú umelcove iniciály **II.** predl. pod; *the note was pushed u. the door* odkaz vsunuli pod dvere; *the lost letter was found u. the book* stratený list našli pod knihou

underpass [ˈandəpaːs] podjazd, podchod

undersign [ˌandəˈsain] podpísať (list na konci); *we the u-ed* my dolupodpísaní

understand [ˌandəˈstænd] *understood* [ˌandəˈstud]*, understood* **1.** rozumieť; *u. German* rozumieť po nemecky; *I don't u. a word* nerozumiem ani slovo **2.** rozumieť, mať pochopenie (pre koho); *u. children* rozumieť deťom **3.** *(about)* rozumieť (čomu); *she doesn't u. about money* nerozumie peniazom (nevie s nimi narábať) **4.** dozvedieť sa; *I u. that you are now married* dozvedela som sa, že si sa vydatá **5.** chápať, rozumieť; *am I to u. that you refuse?* mám to chápať tak, že odmietaš?

understandable [ˌandəˈstændəbl] pochopiteľný *u. distrust* pochopiteľná nedôvera

understanding [ˌandəˈstændiŋ] **I.** podst. **1.** chápavosť, inteligencia; *that's beyond her u.*

to presahuje jej chápavosť **2.** *(of)* znalosť, ovládanie (čoho); *have an u. of computers* ovládať počítače **3.** pochopenie, porozumenie; *work for a better u. between nations* usilovať sa o lepšie porozumenie medzi národmi ● *on the u. that...* za podmienky, že... **II.** príd. chápavý; *an u. smile* chápavý úsmev

understood p. understand

undertake [ˌandəˈteik] *undertook* [ˌandəˈtuk]*, undertaken* [ˌandəˈteikn] **1.** prijať, akceptovať; *u. responsibility for the new method* akceptovať novú metódu **2.** zaviazať sa, vziať na seba; *u. to pay the money back within three months* zaviazať sa vrátiť peniaze do troch mesiacov

undertaken p. **undertake**

undertaking [ˌandəˈteikiŋ] **1.** podnikanie **2.** záväzok **3.** pohrebná služba

under-the-counter [ˌandə ðə ˈkauntə] pod pultom; *u. sales* podpultový predaj

undertook p. **undertake**

underwear [ˈandəweə] spodná bielizeň

underwent p. **undergo**

underwrite [ˌandəˈrait]*, underwrote* [ˌandərəut]*, underwritten* [ˌandəritən] **1.** fin. finančne ručiť **2.** garantovať

undeserved [ˌandiˈzəːvd] nezaslúžený; *u. praise* nezaslúžená pochvala

undesirable [ˌandiˈzairəbl] nežiaduci, neželaný; *u. consequences* nežiaduce následky

undeveloped [ˌandiˈveləpt] nerozvinutý, nevyvinutý; *u. land* nerozvinutá krajina

undid p. **undo**

undiscovered [ˌandiˈskavəd] neobjavený, neodhalený; *a former u. star* predtým neobjavená hviezda

undivided [ˌandiˈvaidəd] **1.** plne sústredený; *u. attention* sústredená pozornosť **2.** jednotný; *u. opinion* jednotný názor

undo [anˈduː]*, undid* [anˈdid]*, undone* [anˈdan] **1.** rozviazať, rozopnúť **2.** zničiť, zahubiť; *alcohol has undone him* alkohol ho zahubil **3.** zmeniť sa, napraviť sa; *what is done, cannot be undone* čo sa stalo, už sa neodstane

undoubted [anˈdautəd] nepochybný, nepopierateľný; *there is an u. improvement in his condition* jeho stav sa nepopierateľne zlepšil

undue [ˌanˈdjuː] nevhodný, neprimeraný; *exercise an u. influence upon sb.* mať nepriaznivý vplyv (na koho); *with u. haste* s neprimeraným chvatom

uneasy [anˈiːzi] **1.** znepokojený, stiesnený; *an u. feeling* stiesnený pocit **2.** nepokojný; *pass an u. night* stráviť nepokojnú noc

uneducated [anˈedjəkeitəd] nevzdelaný, nekultivovaný; *an u. young girl* nevzdelané mladé dievča; *an u. voice* nekultivovaný hlas

unemployed [ˌanimˈploid] **I.** príd. **1.** nezamestnaný **2.** voľný, nevyužívaný; *u. capital* nevyužívaný kapitál **II.** podst. *(the)* nezamestnaní

unemployment [ˌanimˈploimənt] nezamestnanosť

unendurable [ˌaninˈdjuərəbl] neznesiteľný; *u. pain* neznesiteľná bolesť

unequal [anˈiːkwəl] **1.** nerovnaký, nerovnocenný; *u. conditions* nerovnaké podmienky **2.** *(to)* nestačiaci, nepostačujúci (na čo); *I feel u. to the task* nestačím na úlohu

unessential [ˌaniˈsenšl] nepodstatný, vedľajší; *u. differences* nepodstatné rozdiely

uneven [anˈiːvn] **1.** nerovný, nevyrovnaný; *an u. battle* nerovný zápas **2.** nerovný, hrboľatý; *u. ground* hrboľatá pôda **3.** nepárny; *u. numbers* nepárne čísla ● *have an u. temper* byť nevyrovnaný (povahovo)

unexpected [ˌanikˈspektəd] neočakávaný, nečakaný *what an u. pleasure* aké nečakané prekvapenie

unfair [anˈfeə] **1.** nespravodlivý; *u. treatment* nespravodlivé zaobchádzanie **2.** nečestný, neférový; *u. competition* nečestné súťaženie

unfamiliar [ˌanfəˈmiliə] **1.** *(to)* neznámy (komu); *that face is u. to me* tá tvár mi je neznáma **2.** *(with)* neoboznámený (s čím); *he is still u. with the town* ešte sa neoboznámil s mestom

unfeeling [anˈfiːliŋ] bezcitný, nemajúci cit; *an u. response* bezcitná reakcia ● *an u. person* bezcitný človek

unfit [anˈfit] **1.** nevhodný, nehodiaci sa (na čo); *food u. for consumption* potrava nevhodná na konzumovanie; *u. to be a doctor* nehodiaci sa za lekára **2.** šport. nie vo forme; *he was u. and couldn't play in the big match* nebol vo forme a nemohol hrať v dôležitom zápase

unfold [anˈfəuld] **1.** rozložiť, rozprestrieť; *u. a newspaper* rozložiť noviny **2.** rozvinúť, rozviesť; *she u-ed her plans for the future* rozviedla svoje plány do budúcnosti

unfortunate [anˈfoːčənət] **I.** príd. nešťastný, úbohý; *be u.* byť nešťastný; *it is most u. that...* je nešťastím, že... **II.** podst. úbožiak

unfortunately [anˈfoːčnətli] nanešťastie, bohužiaľ; *u. they aren't in* bohužiaľ, nie sú doma

ungrateful [anˈgreitfl] nevďačný; *an u. child* nevďačné dieťa

unhappy [anˈhæpi] **1.** nešťastný; *an u. face* nešťastná tvár **2.** kniž. nevhodný; *an u. remark* nevhodná poznámka

unheard-of [anˈhəːd əv] bezpríkladný, mimoriadny; *u. courage* bezpríkladná odvaha

unicorn [ˈjuːnəkoːn] jednorožec

unidentified [ˌanaiˈdentəfaid] nezistený, neidentifikovaný; *the dead man is still u.* mŕtveho muža ešte neidentifikovali

uniform [ˈjuːnəfoːm] **I.** príd. **1.** rovnomerný, pravidelný; *u. acceleration* rovnomerné zrýchlenie **2.** jednotný; *u. prices* jednotné ceny **II.** podst. uniforma, rovnošata

unify [ˈjuːnəfai] zjednotiť; *u. a country* zjednotiť krajinu

uninhabited [ˌaninˈhæbətəd] neobývaný; *an u. house* neobývaný dom

unintelligible [ˌaninˈteləˈdžəbl] nezrozumiteľný; *utter u. words* vysloviť nezrozumiteľné slová

union [ˈjuːnjən] **1.** zväz, združenie; *the Students' U.* Zväz študentov; *the Trade U.* odborový zväz **2.** súlad; *live in perfect u.* žiť v úplnom súlade

unique [juːˈniːk] **1.** jedinečný, jediný, unikátny; *a u. piece of art* jedinečné umelecké dielo **2.** mimoriadny, osobitný; *u. knowledge of ancient culture* mimoriadne znalosti starovekej kultúry

unit [ˈjuːnət] **1.** *(of)* (základná) jednotka; *the metre is a u. of length* meter je jednotka dĺžky **2.** jednotka, útvar; *a cavalry u.* jazdná jednotka **3.** výp. jednotka (zariadenie); *central processing u.* centrálna jednotka, centrálny procesor; *input/output u.* vstupná/výstupná jednotka

unite [juːˈnait] zjednotiť (sa), spojiť (sa); *common interests u. them* spoločné záujmy ich zjednocujú; *u. in doing sth.* urobiť spoločne (čo)

united [juːˈnaitəd] **1.** súdržný, jednotný; *a u. family* súdržná rodina **2.** spojený; *a u. effort* spojené úsilie

United Kingdom [ˌjunaitəd ˈkiŋdəm] Spojené kráľovstvo (Veľkej Británie a Severného Írska)

unity [ˈjuːnəti] **1.** jednota; *fight for the u. of the country* bojovať za jednotu krajiny **2.** súlad, zhoda; *live together in u.* žiť spolu v súlade

universal [ˌjuːnəˈvəːsl] **1.** všeobecný, univerzálny; *u. agreement* všeobecná zhoda **2.**

U

celkový, všeobecne platný; *u. rule* všeobecne platné pravidlo **3.** všestranný; *a u. genius* všestranný/geniálny človek ● *a u. language* univerzálny (medzinárodný) jazyk
universe ['juːnəvəːs] **1.** vesmír, kozmos **2.** pren. svet, všetci, každý; *the whole u. knows it* všetci to vedia
university [ˌjuːnə'vəːsəti] univerzita, vysoká škola
unjust [ˌan'džast] nespravodlivý; *an u. judge* nespravodlivý sudca
unknown [ˌan'nəun] neznámy, neidentifikovaný; *the tomb of the u. warrior* hrobka neznámeho bojovníka
unleash [an'liːš] *(on/upon)* **1.** odviazať, pustiť; *u. a dog* pustiť psa z vôdzky **2.** uvoľniť; *u. one's fury on sb.* dať pocítiť zlosť (komu)
unless [an'les] **1.** ak ne-; *you will fail u. you work harder* nebudeš mať úspech, ak nebudeš usilovnejšie pracovať **2.** iba ak; *I shall not do it u. absolutely necessary* urobím to, iba ak to bude nevyhnutné
unlike [ˌan'laik] iný, odlišný; *my son is u. me in every respect* môj syn je po každej stránke úplne iný ako ja
unlikely [an'laikli] nepravdepodobný; *they are u. to marry* je nepravdepodobné, že sa zosobášia
unlimited [an'limitəd] neobmedzený, neohraničený; *u. opportunities* neobmedzené možnosti
unload [an'ləud] **1.** vyložiť, vyprázdniť; *u. a ship* vyložiť náklad lode **2.** vybiť, vybrať náboj (zo zbrane); *u. a rifle* vybrať náboj z pušky **3.** zbaviť sa; *she u-ed her old car* zbavila sa svojho starého auta
unlucky [an'laki] neúspečný, smoliarsky; *an u. day* smoliarsky deň
unmanned [ˌan'mænd] bez ľudskej posádky; *an u. spacecraft* kozmická loď bez ľudskej posádky
unmarried [ˌan'mærid] neženatý, nevydatá, slobodný/á
unmistakable [ˌanmə'steikəbl] nepochybný, nesporný; *an u. symptom of the disease* nesporný príznak choroby
unnecessary [an'nesəsri] nepotrebný, zbytočný; *an u remark* zbytočná poznámka
unnoticed [an'nəutist] nespozorovaný, nepovšimnutý; *her birthday passed u.* jej narodeniny prešli nepovšimnuto
unofficial [ˌanə'fišəl] neoficiálny, nepotvr-

dený; *an u. meeting* neoficiálne stretnutie; *an u. report* nepotvrdená správa
unpardonable [an'paːdnəbl] neodpustiteľný; *u. negligence* neodpustiteľná nedbanlivosť
unpick [an'pik] (roz)párať; *u. a seam* rozpárať šev
unpleasant [an'pleznt] nepríjemný, nemilý; *u. smells* nepríjemný pach; *an u. surprise* nemilé prekvapenie
unpopuplar [an'popjulə] **1.** nepopulárny; *an u. decision* nepopulárne rozhodnutie **2.** neobľúbený; *an u. teacher* neobľúbený učiteľ
unprecedented [an'presədentəd] bezpríkladný, nebývalý; *an u. drought* nebývalé sucho
unpredictable [ˌanprə'diktəbl] **1.** nepredvídaný; *u. consequences* nepredvídané následky **2.** nevypočítateľný; *an u. response* nevypočítateľná reakcia
unprejudiced [an'predžədəst] nepredpojatý, nestranný; *an u. judge* nestranný sudca
unprepared [ˌanpri'peəd] **1.** nepripravený; *an u. speech* nepripravený prejav **2.** náhly, neočakávaný; *the shock was u.* šok bol neočakávaný
unpretentious [ˌanpri'tenšəs] nenáročný, skromný; *an u. young boy* skromný mládenec
unprincipled [an'prinsəpld] bezzásadový, bezcharakterný; *an u. politician* bezcharakterný politik
unreal [ˌan'riəl] neskutočný, iluzórny
unreasonable [an'riːzənəbl] **1.** nezmyselný, nerozumný; *make u. demands* klásť nezmyselné požiadavky **2.** neprijateľný; *an u. price* neprijateľná cena
unreliable [ˌanri'laiəbl] nespoľahlivý; *he's an u. person* je to nespoľahlivý človek
unrest [an'rest] nepokoj; *social u.* sociálny nepokoj
unripe [an'raip] nezrelý; *u. apples* nezrelé jablká
unsaid [an'sed] nevyslovený, nepovedaný; *some things are better left u.* sú veci, ktoré je lepšie nepovedať
unsatisfactory [anˌsætəs'fæktri] nedostatočný, nevyhovujúci; *an u. reason* nedostatočný dôvod
unselfish [an'selfiš] nezištný, nesebecký; *an u. friend* nezištný priateľ
unsettled [ˌan'setld] **1.** rozrušený, znepokojený; *an u. mind* rozrušená myseľ **2.** nestály; *u. weather* nestále počasie **3.** neobývaný, neosídlený; *an u. region* neobývaná oblasť

unsigned [an'saind] **1.** nepodpísaný **2.** mat. nemajúci znamienko

unskilled [ˌan'skild] nekvalifikovaný, neodborný; *an u. worker* nekvalifikovaný pracovník

unsophisticated [ˌansə'fistəkeitəd] **1.** naivný, prostoduchý; *u. children* prostoduché deti **2.** jednoduchý, prostý; *u. technique* jednoduchá technika

unsuccessful [ˌansək'sesfəl] neúspešný; *u. negotiations* neúspešné rokovania

unthinkable [an'θiŋkəbl] nepredstaviteľný; *u. consequences* nepredstaviteľné následky

unthought-of [an'θɔːt əv] neočakávaný, nepredvídaný; *an u. success* nepredvídaný úspech

untidy [an'taidi] **1.** neuprataný, neporiadny; *an u. room* neuprataná izba **2.** neupravený; *an u. girl* neupravené dievča

until [an'til] **I.** predl. až do; *I shall wait u. 10 o'clock* počkám až do 10 h **II.** spoj. až kým (ne-); *go straight on u. you come to...* choďte rovno, až (kým) (ne)prídete k...

unusual [an'juːʒuəl] **1.** neobyčajný, zvláštny; *u. clothes* zvláštne oblečenie **2.** pozoruhodný; *an u. piece of art* pozoruhodné umelecké dielo

untold [ˌan'təuld] **1.** nevýslovný; *u. happiness* nevýslovné šťastie **2.** neporozprávaný

unveil [an'veil] odhaliť; *u. a painting/statue* odhaliť maľbu/sochu

unvoiced [ˌan'voist] nevyslovený, nevyjadrený; *an u. opinion* nevyslovený názor

unwanted [an'wontəd] nechcený; *an u. child* nechcené dieťa

unwilling [an'wiliŋ] **1.** neochotný; *an u. helper* neochotný pomocník **2.** nedobrovoľný; *an u. accomplice* nedobrovoľný spoluvinník

unwritten [ˌan'ritn] **1.** nezapísaný, nezaznamenaný; *the u. songs of the countryfolk* nezaznamenané ľudové piesne **2.** nepísaný; *an u. law* nepísaný zákon

up [ap] **I.** prísl. hore; *the cat is up in the tree* mačka je hore na strome ● *up and down* **1.** sem a tam **2.** hore-dolu; *up and up* stále vyššie **II.** predl. hore, nahor; *go up the stairs* ísť hore schodmi

upbringing ['apˌbriŋiŋ] výchova

update [ˌap'deit] **1.** (z)modernizovať; *u. old methods* zmodernizovať staré metódy **2.** (*on*) doplniť o najnovšie informácie, aktualizovať; *u. a textbook with new findings* zaktualizovať učebnicu novými poznatkami

upgrade ['apgreid] **I.** podst. **1.** zdokonalená verzia **2.** AM stúpanie hlavnej cesty ● *on the u.* robiť pokroky **II.** sl. **1.** povýšiť zamestnanca **2.** vylepšiť (výrobok) **3.** modernizovať (systém)

upheld p. **uphold**

uphill [ˌap'hil] **I.** príd. **1.** stúpajúci; *an u. road* stúpajúca cesta **2.** namáhavý, únavný; *an u. task* namáhavá úloha **II.** prísl. do svahu, do kopca; *walk u.* kráčať do kopca

uphold [ˌap'həuld], *upheld* [ˌap'held], *upheld* **1.** brániť; *u. the rights of the individual* brániť práva jednotlivca **2.** potvrdiť; *u. a decision* potvrdiť rozhodnutie

upon [ə'pon] kniž. **1.** na; *sit u. the ground* sedieť na zemi **2.** podľa; *act u. sb's advice* konať podľa rady (koho) ● *u. my word* na moju česť; *once u. a time* kde bolo – tam bolo (začiatok rozprávky)

upper ['apə] horný, vrchný; *u. lip* horná pera ● BR *the U. House* Horná snemovňa

upper class [ˌapə 'klaːs] aj *upper classes* mn. č. (*the*) aristokracia

upright ['aprait] **1.** vzpriamený; *an u. old man* starý muž so vzpriameným držaním tela **2.** čestný, statočný; *an u. man* čestný človek

uprising ['apˌraiziŋ] povstanie

uproar ['aproː] rozruch, všeobecné vzrušenie; *the meeting ended in an u.* schôdza sa skončila rozruchom

uproot [ˌap'ruːt] vytrhnúť s koreňmi, vyvrátiť; *the gale u-ed numerous trees* víchor vyvrátil množstvo stromov

upset I. sl. [ap'set] *upset* [ap'set], *upset*, *-tt-* **1.** prevrhnúť (sa), prevrátiť (sa); *don't u. the boat!* neprevrhni čln! **2.** znepokojiť, rozrušiť; *she's most u. that you can't come* je veľmi znepokojená tým, že nemôžeš prísť **3.** narušiť; *u. sb.'s plans* narušiť niečie plány **II.** podst. ['apset] **1.** vzrušenie, duševný šok (ľahká) nevoľnosť (obyč. žalúdočná)

upside down [ˌapsaid 'daun] **1.** dolu hlavou, hore nohami, naopak; *the picture is u.* obraz visí naopak **2.** pren. v úplnom neporiadku, hore nohami; *the house was turned u. by the burglars* vlamači prevrátili dom hore nohami

upstairs [ˌap'steəz] na poschodí, hore (schodmi); *my room is u.* moja izba je na poschodí; *he ran u.* bežal hore

up-to-date ['aptə'deit] **1.** moderný; *u. methods* moderné metódy **2.** aktuálny; *u. news* aktuálne správy

U

uptown [ˌapˈtaun] AM obytné štvrte mesta (okrajové štvrte, nie obchodné centrum)

upward [ˈapwəd] **1.** stúpajúci; *the u. trend of prices* stúpajúca tendencia cien **2.** upriamený nahor; *an u. glance* pohľad upriamený dohora

upwards [ˈapwədz] **1.** hore, navrch; *the boat was on the beach bottom u.* čln bol na pláži dnom navrch **2.** hovor. (*of*) viac ako, vyše; *u. of a hundred people* vyše sto ľudí

uranium [juəˈreinjəm] chem. urán

urban [ˈɔːbən] mestský; *the change from a rural to an u. character* zmena vidieckeho charakteru na mestský

urge [ɔːdž] **I.** sl. **1.** naliehať, nástojiť; *they u-d us to give our support* naliehali na nás, aby sme to podporili **2.** (*on*) presviedčať, pobádať (koho na čo); *he u-d on his son to study hard* pobádal syna, aby intenzívne študoval **3.** (*on/forward*) poháňať (koho); *he u-d the horses on with a whip* poháňal kone bičom **II.** podst. nutkanie; *he feels an u. to travel* má nutkanie cestovať

urgent [ˈɔːdžnt] naliehavý, bezodkladný, súrny

urinary [ˈjurənri] močový; *u. tract* močový trakt

urinate [ˈjurəneit] močiť

urine [ˈjurən] moč

us [as, əs] nám, nás, nami; *she gave us a present* dala nám dar; *a plane flew over us* lietadlo letelo nad nami

US [ˌjuːˈes] skr. *the United States (of America)* Spojené štáty americké

USA [ˌju: esˈei] **1.** skr. *United States of America* Spojené štáty americké **2.** AM skr. *United States Army* armáda Spojených štátov amerických

usage [ˈjuːzidž] **1.** narábanie, zaobchádzanie; *a toy designed for rough u.* hračka uspôsobená na nešetrné zaobchádzanie **2.** (jazykový) úzus, (jazyková) prax **3.** zvyk, obyčaj, konvencia; *it's an ancient u.* je to starobylá obyčaj

use [juːz] **I.** podst. **1.** používanie; *restrict the u. of electricity* obmedziť používanie elektriny **2.** použitie; *a tool with many u-s* nástroj, ktorý má mnohostranné použitie **3.** význam, zmysel; *what's the u. of complaining?* aký zmysel má sťažovať sa? **4.** (*of*) schopnosť používať (čo); *lose the u. of one's legs* stratiť schopnosť používať svoje nohy **II.** sl. **1.** použiť, používať; *u. a knife to cut bread* použiť nôž na krájanie chleba **2.** spot-

rebovať, konzumovať; *how much petrol does this car u.?* koľko benzínu spotrebuje toto auto?

use up úplne spotrebovať; *u. up all one's energy* spotrebovať všetku svoju energiu

used [juːzd] **1.** použitý, ojazdený; *u. cars* ojazdené autá **2.** *u. to* [ˈjuːst tə] zvyknutý na; *she is u. to getting up early* je zvyknutá skoro vstávať

useful [ˈjuːsfl] **1.** užitočný; *a spade is a u. tool* rýľ je užitočný nástroj **2.** hovor. uspokojivý; *a u. piece of advice* uspokojivé ponaučenie

useless [ˈjuːsləs] **1.** neužitočný, nepoužiteľný; *a u. suggestion* nepoužiteľný návrh **2.** zbytočný, daromný; *u. quarrels* zbytočné hádky

user [ˈjuːzə] (po)užívateľ; *be a council flat u.* užívateľ obecného bytu; *a dictionary u.* používateľ slovníka; *a drug u.* užívateľ drog

usher [ˈašə] **I.** podst. uvádzač (v kine/divadle) **II.** sl. uviesť; *the girl u-ed me to my seat* dievča ma uviedlo na miesto

usherette [ˌašəˈret] uvádzačka (v kine/divadle)

usual [ˈjuːžuəl] obvyklý, obyčajný, bežný; *they'll meet at the u. time* stretnú sa v obvyklom čase ● *as u.* ako obvykle

usually [ˈjuːžuəli] obvykle, bežne, obyčajne; *they u. start work at eight* obvykle pracujú od ôsmej

utensil [juːˈtensl] náradie, náčinie; *household u-s* potreby pre domácnosť; *writing u-s* kancelárske potreby

utility [juːˈtiləti] **1.** užitočnosť, prospešnosť **2.** *u-ies* obyč. mn. č. (verejné) služby

utilize [ˈjuːtəlaiz] využiť, použiť; *u. one's talents* využiť svoje schopnosti

utmost [ˈatməust] najvyšší, najväčší (možný), krajný; *it is of the u. importance* je to nanajvýš dôležité ● *at the u.* nanajvýš; *do one's u.* vyvinúť čo najväčšie úsilie

utter [ˈatə] **I.** sl. **1.** kniž. povedať, vysloviť; *u. a few words of encouragement* vysloviť niekoľko povzbudzujúcich slov **2.** kniž. vydať; *u. a sigh of relief* vzdychnúť si úľavou **II.** príd. úplný; *u. silence* úplné ticho

utterance [ˈatrəns] **1.** výslovnosť, spôsob reči, dikcia; *a clear u.* jasná dikcia **2.** prehovor, výrok, výpoveď; *be careful in public u-s* rozváž si, čo povieš na verejnosti

utterly [ˈatəli] úplne, totálne, celkom; *u. unreliable* úplne nespoľahlivý

U-turn [ˈjuːtəːn] **1.** obrat do protismeru (v doprave) **2.** pren. prudký obrat, zvrat; *an economic U.* prudký obrat v ekonomike

V

v., AM **vs.** skr. *versus* proti
vacancy [ˈveiknsi] **1.** neobsadené miesto;
there's a v. on our staff v pracovnom kolektíve
máme neobsadené miesto **2.** voľná izba
(v hoteli); *there are v-ies in the hotel* v hoteli sú
voľné izby **3.** prázdno, prázdnota (ducha, výrazu)
vacant [ˈveikənt] **1.** prázdny; *a v. house*
prázdny dom **2.** neobsadený, voľný; *apply
for a v. position* uchádzať sa o voľné miesto
3. bezvýrazný; *he stared into space with a v.
expression on his face* s bezvýraznou tvárou
pozeral do prázdna
　　vacation [vəˈkeišn] **1.** prázdniny (univerzit-
né), súdne **2.** uvoľnenie, uprázdnenie
　　vaccinate [ˈvæksəneit] (*against*) očkovať
(proti čomu); *v. against polio* očkovať proti obrne
　　vaccination [ˌvæksəˈneišn] očkovanie
　　vaccine [ˈvæksiːn] očkovacia látka, vakcína
　　vacuum [ˈvækjuəm] mn. č. -*s/vacua* [ˈvækjuə]
vzduchoprázdno, vákuum
　　vacuum cleaner [ˈvækjuəm ˌkliːnə] vysávač
　　vacuum flask [ˈvækjuəm flaːsk] termoska
　　vacuum tube [ˈvækjuəm tjuːb] **1.** elek-
trónka **2.** vákuová trubica
　　vague [veig] **1.** nejasný, nezreteľný; *v. out-
lines* nejasné obrysy **2.** nejasný, neurčitý; *v.
demands* nejasné požiadavky
　　vain [vein] zbytočný, márny; *a v. attempt*
márny pokus ● *in v.* márne, nadarmo
　　valid [ˈvæləd] **1.** platný; *a v. passport* plat-
ný cestovný pas **2.** práv. právoplatný, legálny;
a v. marriage právoplatný sobáš **3.** oprávne-
ný, opodstatnený; *raise v. objections* vysloviť
opodstatnené námietky
　　valley [ˈvæli] dolina, údolie
　　valuable [ˈvæljuəbl] **I.** sl. **1.** hodnotný,
cenný; *v. information* cenná informácia **2.**
drahocenný, vzácny; *v. paintings* vzácne
maľby **II.** podst. *v-s* mn. č. cennosti, skvosty
　　valuation [ˌvæljuˈeišn] **1.** (o)hodnotenie,
ocenenie, odhad (ceny/hodnoty); *the v. of a
painting* ohodnotenie maľby **2.** (*of, on*) cena,
hodnota; *the v. on the house was £90,000* hod-
nota domu bola 90 000 libier
　　value [ˈvælju:] **I.** podst. **1.** hodnota, cena;
surplus v. nadhodnota; *v. in use* úžitková hod-
nota **2.** užitočnosť, význam; *the v. of walking*
užitočnosť chôdze; *the v. of research work*
význam výskumnej práce **3.** mat. veličina

● *of no v.* bezcenný; *v. added tax* daň z pri-
danej hodnoty **II.** sl. **1.** oceniť, ohodnotiť;
have a house v-d dať si ohodnotiť dom **2.** ce-
niť si, vážiť si; *we v. her friendship* vážime si
jej priateľstvo
　　valve [vælv] **1.** ventil; *clack v.* spätný ven-
til **2.** anat. chlopňa ● *cardiac v.* srdcová chlop-
ňa **3.** tech. elektrónka **4.** hud. klapka na fúka-
cích nástrojoch
　　van¹ [væn] **1.** dodávkové auto, dodávka **2.**
BR zatvorený železničný nákladný vozeň;
luggage v. batožinový vozeň
　　van² [væn] **1.** voj. predvoj, prvá línia **2.**
kniž. avantgarda
　　vane [vein] **1.** veterník (na štíte domu) **2.** ra-
meno veterného mlyna **3.** list (lodnej skrutky)
　　vanguard [ˈvænga:d] **1.** predný voj (armá-
dy) **2.** predovj, avantgarda; *the v. of civiliza-
tion* avantgarda civilizácie
　　vanilla [vəˈnilə] vanilka
　　vanish [ˈvæniš] **1.** zmiznúť, stratiť sa; *the
plane v-ed from sight* lietadlo zmizlo z do-
hľadu **2.** zmiznúť, zaniknúť, prestať existo-
vať; *many species of animals have now v-ed*
mnohé druhy zvierat zanikli ● *v. into thin air*
rozplynúť sa vo vzduchu
　　vanity [ˈvænəti] márnivosť, márnomyseľ-
nosť, samoľúbosť; *injured v.* urazená samo-
ľúbosť
　　vantage [ˈva:ntidž] **1.** výhoda **2.** šport. vý-
hoda (v tenise)
　　vantagepoint [ˈva:ntidžpoint] **1.** výhodná
pozícia (na obranu/útok/pozorovanie) **2.** stanovi-
sko, hľadisko, perspektíva; *from my v. the ac-
tion was unwise* z môjho hľadiska bola akcia
nerozumná
　　vapid [ˈvæpəd] nudný, nezaujímavý; *v.
conversation* nudný rozhovor
　　vapour [ˈveipə] **1.** para; *water v.* vodná pa-
ra **2.** jemná hmla, opar; *v-s rose from the lake*
z jazera sa dvíhal opar ● *disappear as v.*
rozplynúť sa ako dym
　　variable [ˈveriəbl] **I.** príd. **1.** premenlivý, ko-
lísavý, nestály; *the winds today will be light and
v.* dnes bude viať ľahký a premenlivý vietor **2.**
meniaci sa, rôzny; *the team's performance this
year has been very v.* výkon mužstva sa tohto
toku veľmi menil **3.** tech. meniteľný, regulova-
teľný **II.** podst. mat. premenná (veličina)

variation [ˌveriˈeišn] **1.** premena, zmena; *v-s of temperature* zmeny teploty **2.** hud. variácie
varied [ˈveərəd] **1.** rôzny, rozmanitý; *v. interests* rôzne záujmy **2.** rušný, pohnutý; *a v. life* pohnutý život
variety [vəˈraiəti] **1.** rozmanitosť, pestrosť, mnohotvárnosť; *her work lacks v.* jej práci chýba pestrosť **2.** rad, väčší počet, množstvo; *for a v. of reasons* pre množstvo príčin **3.** druh, odroda; *a new v. of wheat* nová odroda pšenice **4.** varieté; *v. show* estráda
various [ˈveriəs] **I.** príd. rozličný, rôzny; *flowers of v. colours* kvety rôznych farieb **II.** čísl. niekoľko; *v. people saw the accident* nehodu videlo niekoľko ľudí
varnish [ˈvaːniš] **I.** podst. **1.** lak **2.** lakový náter; *scratch the v. on a table* poškriabať lakový náter stola **3.** pren. dojem, zdanie; *a v. of good manners* zdanie dobrých spôsobov **II.** sl. **1.** (na)lakovať **2.** pren. (z)idealizovať, prikrášliť
vary [ˈveri] **1.** meniť (sa), premeniť (sa), striedať (sa); *prices that v.* ceny, ktoré sa menia; *v. one's diet* striedať stravu **2.** (*in*) líšiť sa (v čom, čím), rozchádzať sa (v čom); *opinions v. on this point* názory sa v tomto bode rozchádzajú; *houses v. in size* domy sa líšia veľkosťou
vascular [ˈvæskjələ] cievny; *v. system* cievny systém
vase [vaːz] váza
vast [vaːst] nesmierny, obrovský, rozsiahly; *v. sums of money* obrovské množstvo peňazí
VAT [ˌviː ei ˈtiː] skr. *value-added tax* daň z pridanej hodnoty
vault [voːlt] **I.** podst. **1.** klenba **2.** klenutá pivnica; *wine v.* vínna pivnica **3.** hrobka, krypta **4.** trezor, sejf **II.** sl. preskočiť s oporou (ruky, žrde); *v. over a fence* preskočiť plot
veal [viːl] teľacie mäso, teľacina
vegetable [ˈvedžtəbl] **I.** podst. zelenina **II.** príd. rastlinný; *v. oil* rastlinný olej
vegetarian [ˌvedžəˈteriən] **I.** podst. vegetarián, vegetariánka **II.** príd. vegetariánsky; *a v. dish* vegetariánske jedlo
vegetarianism [ˌvedžəˈteriənizm] vegetariánstvo
vegetation [ˌvedžəˈteišn] vegetácia, rastlinstvo
vehement [ˈviəmənt] prudký, silný; *a v. reaction* prudká reakcia
vehicle [ˈviːikl] **1.** vozidlo, dopravný prostriedok **2.** prostriedok, médium; *v-s of expression* výrazové prostriedky; *television is*

an important v. for spreading ideas televízia je dôležité médium na šírenie myšlienok
veil [veil] **I.** podst. **1.** závoj; *she raised/dropped her v.* zdvihla/spustila závoj **2.** clona; *a v. of mist covered the trees* hmlistá clona zahaľovala stromy ● *take the v.* vstúpiť do kláštora **II.** sl. **1.** zastrieť/zahaliť závojom **2.** pren. utajiť; *he couldn't v. his distrust* nevedel utajiť svoju nedôveru
vein [vein] **1.** žila, véna **2.** geol. žila; *a v. of silver* striebronosná žila **3.** nálada; *in a merry v.* v dobrej nálade **4.** sklon, náklonnosť; *a satirical v.* sklon k satire
velocity [vəˈlosəti] rýchlosť; *initial v.* začiatočná rýchlosť; *v. of light* rýchlosť svetla; *uniform v.* rovnomerná rýchlosť
velvet [ˈvelvət] **I.** podst. zamat **II.** príd. zamatový
vend [vend] **1.** ponúkať na predaj (drobné veci, najmä na verejnom priestranstve) **2.** práv. predať (najmä pôdu, majetok)
vending machine [ˈvendiŋ məˌšiːn] (pouličný) automat (na predaj drobností, cigariet, potravín)
vendor [ˈvendə] predavač
venetian blind [vəˌniːšn ˈblaind] žalúzia
vengeance [ˈvendžns] pomsta, odveta; *seek v.* hľadať odvetu; *take v. on an enemy* pomstiť sa nepriateľovi
venison [ˈvenəzn] mäso z diviny, divina
venom [ˈvenəm] **1.** (hadí) jed **2.** pren. nenávisť, nevražiovsť, zloba; *her remarks were full of v.* jej poznámky boli plné zloby
venomous [ˈvenəməs] **1.** jedovatý; *v. snakes* jedovaté hady **2.** pren. plný jedu, zlomyseľný, nenávistný; *v. criticism* zlomyseľná kritika
vent [vent] **1.** vetrací otvor **2.** cesta úniku; *the floods found a v. through the dykes* záplavy si našli cestu cez hrádze **3.** pren. priechod, výlev (citov); *he gave v. to his anger by kicking the chair* vylial si zlosť tým, že kopol do stoličky
ventilate [ˈventəleit] **1.** vetrať **2.** pren. pretriasať, prerokovať (otvorene/verejne)
venture [ˈvenčə] **I.** podst. riziko, riskantné podujatie **II.** sl. **1.** (*on*) riskovať; *v. one's life to rescue a child from a burning house* riskovať svoj život na záchranu dieťaťa z horiaceho domu **2.** dovoliť si; *v. an opinion* dovoliť si vyjadriť názor ● *Nothing v-d, nothing gained.* Risk je zisk.
venue [ˈvenjuː] práv. miesto činu; pren. miesto konania podujatia/zhromaždenia

verb [vəːb] sloveso
verbal ['vəːbl] **1.** slovný, vyjadrený slovami; *v. memory* slovná pamäť **2.** ústny; *a v. statement* ústny prejav **3.** doslovný; *a v. translation* doslovný preklad **4.** slovesný; *a v. noun* slovesné podstatné meno
verdict ['vəːdikt] **1.** rozsudok, výrok poroty; *the jury brought in a v. of not guilty* výrok poroty znel – nevinný **2.** mienka, úsudok; *the popular v.* verejná mienka
verge [vəːdž] **I.** podst. **1.** okraj (cesty) **2.** trávnatý okraj záhonu **II.** sl. *on/upon* hraničiť (s čím); *such ideas v. on foolhardiness* také nápady hraničia s nerozvážnosťou ● *be on the v. of* byť na pokraji (čoho)
verify ['verəfai] **1.** overiť (si), overovať, (pre)kontrolovať; *v. a report* overiť (si) správu; *v. the figures in a report* prekontrolovať číselné údaje správy **2.** potvrdiť; *v. a suspicion* potvrdiť podozrenie
vernacular [vəˈnækjələ] nárečie
versatile ['vəːsətail] všestranný, univerzálny; *a v. inventor* všestranný vynálezca; *a v. tool* univerzálny nástroj
verse [vəːs] **1.** verš; *written in v.* písané vo veršoch **2.** poézia; *in v.* vo veršoch, poézia **3.** strofa, sloha; *a hymn of five v-s* hymnus v piatich strofách
version ['vəːšn] **1.** verzia, podanie; *contradictory v-s of what happened* protichodné verzie toho, čo sa stalo **2.** preklad; *a new v. of Molière's comedies* nový preklad Moliérových komédií
versus ['vəːsəs] práv., šport. proti, kontra skr. *v.* alebo *vs.*; (v rozvodovom procese) *Taylor v. Taylor* Taylor kontra Taylorová; *Manchester United versus FC Liverpool* Manchester United proti FC Liverpool
vertebra ['vəːtəbrə] mn. č. *-brae* [-briː] lek. stavec
vertebral ['vəːtəbrəl] stavcový
vertebral column ['vəːtəbrəlˈkoləm] chrbtica
vertical ['vəːtikəl] vertikálny, zvislý
very ['veri] **I.** prísl. **1.** veľmi; *v. tired* veľmi unavený **2.** celkom, úplne; *the v. last drop* celkom posledná kvapka ● *v. good* výborne; *v. well* teda dobre **II.** príd. **1.** (ten) pravý, práve ten; *you are the v. man we are looking for* ste práve ten, ktorého hľadáme **2.** samotný, sám (v zmysle holý, čiste); *the v. fact of his presence* samotný fakt jeho prítomnosti

vessel ['vesl] **1.** plavidlo, loď **2.** anat. cieva **3.** zastar. nádoba
vest [vest] **1.** vesta **2.** tielko
vest in spočívať; *power that v-s in the Crown* moc, ktorá spočíva v Korune (kráľovstve)
vest with udeliť (právo, moc); *v. a man with authority* udeliť komu právomoc
vestal virgin [ˌvestl ˈvəːdžən] vestálka
vestige ['vestidž] **1.** stopa; *not a v. of the old castle remains* po starom zámku niet ani stopy **2.** zrnko, náznak; *there's not a v. of truth in the report* v správe nie je ani zrnko pravdy
vestry ['vestri] sakristia
vet [vet] hovor. zverolekár skr. *veterinary surgeon* [ˌvetərənriˈsəːdžn]
veteran ['vetərən] veterán; *a teacher v.* skúsený učiteľ
veto ['viːtəu] mn. č. *-toes* [-təuz] **I.** podst. veto (nesúhlas panovníka, prezidenta ap.); *put a v. on sth.* vetovať, zamietnuť (čo) **II.** sl. *-toed* [-təud] vetovať
via ['vaiə] cez; *travel from London to Paris v. Dover* cestovať z Londýna do Paríža cez Dover ● *v. air mail* letecky
viable ['vaiəbl] **1.** životaschopný; *a v. whelp* životaschopné šteniatko **2.** rentabilný; *a v. firm* rentabilný podnik **3.** realizovateľný; *a v. plan/suggestion* realizovateľný plán/návrh
vibrate [vaiˈbreit] **1.** chvieť (sa), triasť (sa); *the house v-s whenever a heavy lorry passes* dom sa vždy otriasa, keď okolo prechádza ťažké nákladné auto **2.** kmitať, vibrovať; *the strings of a piano v.* struny klavíra vibrujú
vicar ['vikə] **1.** cirk. (anglikánsky) farár **2.** vikár; *v. general* generálny vikár (zástupca sídelného biskupa)
vice- [vais-] zástupca; *vice-president* viceprezident, zástupca prezidenta, podpredseda
vice[1] [vais] zverák
vice[2] [vais] neresť, necnosť; *excessive drinking is a v.* nadmerné pitie je neresť
vice versa [ˌvais ˈvəːsə] lat. naopak, obrátene
vicinity [vəˈsinəti] **1.** blízkosť; *they live in close v. to the church* bývajú v blízkosti kostola/pri kostole **2.** blízke okolie, susedstvo; *is there a school in your v.?* je vo vašom blízkom okolí škola?
vicious ['višəs] **1.** zlomyseľný, zlý; *a v. tongue* zlý jazyk **2.** zlý, nebezpečný; *a v. dog* nebezpečný pes **3.** krutý, brutálny; *a v. criminal* brutálny zločinec ● *a v. circle* začarovaný kruh
victim ['viktəm] obeť ● *fall v. to sth.* padnúť za obeť (čomu)

V

victor ['viktə] víťaz
Victorian [vik'to:riən] **I.** podst. viktorián **II.** príd. viktoriánsky; *v. furniture* viktoriánsky nábytok
victorious [vik'to:riəs] víťazný; *the v. team* víťazné družstvo
victory ['viktri] víťazstvo; *gain/win a v. over the enemy* zvíťaziť nad nepriateľom
video ['vidiəu] **I.** podst. videozáznam ● *v. cassette* videokazeta; *v. game* videohra; *v. recorder* videorekordér; *v. phone* videotelefón; *v. tape* videopáska **II.** sl. nahrať na video
view [vju:] **I.** podst. **1.** pohľad, rozhľad, výhľad; *a sea v.* výhľad na more **2.** (*about, on*) názor (na čo), stanovisko (k čomu); *express one's v. on a subject* vyjadriť názor na vec **3.** prehliadka; *a private v. of an exhibition* súkromná prehliadka výstavy ● *in my v.* podľa mňa/môjho názoru; *in v.* (mať) vo výhľade; *in v. of* vzhľadom na; *on v.* vystavený (na výstave) **II.** sl. **1.** prezrieť (si); *v. a house* prezrieť si dom **2.** posúdiť, zhodnotiť; *I v. his action as a breach of trust* posudzujem jeho čin ako sklamanie dôvery
viewer ['vju:ə] televízny divák
viewfinder ['vju:ˌfaində] fot. hľadáčik
viewpoint ['vju:point] stanovisko, hľadisko
vigilance ['vidžələns] ostražitosť, bdelosť; *exercise v.* zachovávať bdelosť
vigilant ['vidžələnt] ostražitý, bdelý
vigorous ['vigərəs] **1.** silný, zdatný; *a v. person* silná osoba **2.** energický; *v. measures* energické opatrenia **3.** rezký; *v. walk* rezká chôdza **4.** dynamický; *a v. player* dynamický hráč **5.** ohnivý, vášnivý; *a v. speech* ohnivá reč
Viking ['vaikiŋ] Viking
villa ['vilə] vila
village ['vilidž] dedina
villager ['vilidžə] dedinčan/ka
vine [vain] **1.** vinič **2.** popínavá rastlina
vinegar ['vinigə] ocot
vineyard ['vinjəd] vinica
vintage ['vintidž] **I.** podst. **1.** oberačka **2.** ročník vína; *bottles of the 1973 v.* fľaše z ročníka 1973 **II.** príd. vynikajúci (trvácej hodnoty); *a v. silent film* vynikajúci nemý film
vinyl ['vainil] chem. vinyl
viola [vi'əulə] viola
violate ['vaiəleit] porušiť, prestúpiť, nedodržať; *v. an agreement* nedodržať dohodu; *v. a treaty* porušiť zmluvu
violence ['vaiəlns] **1.** prudkosť, sila; *the wind blew with great v.* vietor dul veľkou silou;

the v. of his words alarmed her prudkosť jeho slov ju zarazila **2.** násilie; *too much v. is shown on television* televízia vysiela priveľa násilia
violent ['vaiələnt] **1.** prudký; *a v. storm* prudký víchor **2.** násilný; *a v. death* násilná smrť
violet ['vaiələt] **I.** podst. fialka **II.** príd. fialový
violin [ˌvaiə'lin] husle
violinist [ˌvaiə'linəst] huslista
violoncello [ˌvaiələn'čeləu] violončelo
VIP [ˌvi:ai:pi:] skr. *very important person* prominent, všeobecne známy človek
viper ['vaipə] **1.** vretenica, zmija **2.** pren. had, zmija (zlomyseľný, zradný človek)

viper ['vaipə(r)] – zmija
wiper ['waipə(r)] – stierač

virgin ['və:džən] **I.** podst. panna **II.** príd. panenský, čistý, nepoškvrnený, nedotknutý; *v. snow* nedotknutý sneh; *v. soil* panenská pôda
virginity [və'džinəti] panenstvo
virtual ['və:čuəl] **1.** praktický, vlastný; *it is a v. admission of failure* je to prakticky doznanie neúspechu **2.** výp. virtuálny
virtually ['və:čuəli] prakticky, v skutočnosti; *the problem is v. solved* problém je prakticky vyriešený
virtue ['və:ču:] **1.** cnosť; *patience is a v.* trpezlivosť je cnosť **2.** schopnosť, prednosť; *the v. of resisting heat* schopnosť odolávať vysokej teplote **3.** účinnosť, zvláštna sila; *the v. of herbs* účinnosť liečivých rastlín ● *by/in v. of* na základe (čoho); *make a v. of necessity* urobiť z núdze cnosť
virtuous ['və:čuəs] cnostný
virus ['vairəs] vírus
visa ['vi:zə] vízum; *entry/exit v.* vstupné/výstupné vízum
visible ['vizəbl] **1.** viditeľný; *a v. stain* viditeľná škvrna **2.** očividný, zjavný; *v. impatience* očividná netrpezlivosť
vision ['vižn] **1.** zrak; *a perfect v.* výborný zrak **2.** predstava, vidina; *a v. of the future* vidina budúcnosti **3.** predvídavosť; *a man of v.* predvídavý človek ● *field of v.* zorné pole
visit ['vizət] **I.** podst. návšteva; *we came here on/for a v.* prišli sme na návštevu; *pay a v. to a patient* navštíviť chorého **II.** sl. navštíviť; *v. a friend* navštíviť priateľa
visiting card ['vizətiŋ ka:d] vizitka, navštívenka

visitor ['vizətə] návštevník
visual ['vižuəl] vizuálny, zrakový; *v. aids* vizuálne pomôcky; *v. memory* vizuálna pamäť
visualize ['vižuəlaiz] **1.** predstaviť si (v duchu) **2.** očakávať, predpokladať; *v. mischief* očakávať lapajstvo
vital ['vaitl] **1.** životne dôležitý; *a v. organ* životne dôležitý orgán **2.** závažný, kľúčový, podstatný; *v. problems* závažné problémy **3.** osudný; *a v. error* osudný omyl
vitality [vai'tæləti] životnosť, životaschopnosť, vitalita
vitamin ['vitəmən] vitamín
vivid ['vivəd] **1.** jasný, žiarivý; *a v. green dress* žiarivozelené šaty **2.** živý; *a v. imagination* živá predstavivosť **3.** živý, pútavý; *a v. description of the events* pútavý opis udalostí
viz [viz] z lat. *videlicet*, môže sa čítať aj *namely* ['neimli] totiž, t. j.
vocabulary [və'kæbjələri] **1.** slovná zásoba **2.** slovník, slovníček (na konci knihy) **3.** výp. zoznam kódov
vocal ['vəukl] **1.** rečový; *v. organs* rečové orgány **2.** vokálny, hlasový; *prefer v. to instrumental music* dávať prednosť vokálnej hudbe pred inštrumentálnou ● *become v.* ozvať sa
vocal cords ['vəukl ko:dz] hlasivky
vocation [vəu'keišn] **1.** (*for*) vloha, dispozícia; *he has no v. for teaching* nemá vlohy na vyučovanie **2.** povolanie, zamestnanie; *miss one's v.* minúť sa povolaním **3.** poslanie, určenie, povolanosť; *the nursing of the sick is a v. as well as a profession* starať sa o chorých nie je len zamestnanie, ale aj poslanie
vocational school [vəu'keišnəl ‚sku:l] odborná škola
vogue [vəug] **1.** móda **2.** obľuba, popularita; *his novels had a great v. ten years ago* jeho romány boli pred desiatimi rokmi veľmi populárne ● *be in/come into v.* byť/stať sa módou; *be/go out of v.* vyjsť z módy
voice [vois] **I.** podst. **1.** hlas; *a high/low/deep v.* vysoký/nízky/hlboký hlas **2.** výraz, vyjadrenie; *his sympathy found v. in his words* svoj súcit vyjadril slovami **3.** hlas, hlasovacie právo; *I have no v. in the matter* k tejto veci sa nemôžem vyjadriť **II.** sl. vysloviť, vyjadriť; *v. one's opinion* vyjadriť svoj názor
volatile ['volətail] **I.** príd. **1.** chem. prchavý; *v. oils* éterické oleje **2.** impulzívny; *a v. character* impulzívna povaha **3.** neistý, výbušný;

a v. situation neistá situácia **II.** podst., výp. volatilná pamäť (energeticky závislá)
volcanic [vol'kænik] sopečný
volcano [vol'keinəu] sopka
volition [və'lišn] vôľa; *of one's own v.* z vlastnej vôle
volley ['voli] **I.** podst. **1.** salva; *the soldiers fired a v. into the air* vojaci vypálili salvu do vzduchu **2.** pren. príval slov/otázok; *a v. of curses* príval nadávok **3.** šport. volej (úder do letiacej lopty) **II.** sl. **1.** vypáliť/vystreliť salvu **2.** vychrliť prúd slov **3.** vystreliť z voleja
volleyball ['volibo:l] volejbal
volt [vəult] fyz. volt
voltage ['vəultidž] elektrické napätie
volume ['volju:m] **1.** zväzok, kniha; *v. three of the encyclopedia* tretí zväzok encyklopédie **2.** objem, obsah; *the v. of a cask* objem suda **3.** objem, množstvo; *the v. of wine in a cask* množstvo vína v sude **4.** hlasitosť; *v. control* regulácia hlasitosti **5.** výp. nosič dát, médium
voluntary ['voləntri] **1.** dobrovoľný; *a v. statement* dobrovoľná výpoveď **2.** (financovaný) z dobrovoľných príspevkov; *v. contributions* dobrovoľné príspevky **3.** práv. úmyselný; *v. manslaughter* úmyselné zabitie **4.** anat. vôľou ovládaný; *a v. muscle* vôľou ovládaný sval
volunteer [‚volən'tiə] **I.** podst. dobrovoľník **II.** sl. dobrovoľne sa (pri)hlásiť; *she v-ed to wash the dishes* prihlásila sa, že umyje riad
vomit ['vomət] **1.** (vy)vracať, dáviť **2.** pren. chrliť (lávu, dym)
vote [vəut] **I.** podst. **1.** hlas (pri hlasovaní) **2.** hlasovací lístok **3.** počet hlasov (vo voľbách) **4.** hlasovacie právo ● *carry all v-s* získať všetky hlasy; *cast a v.* odovzdať hlas **II.** sl. (*for/against*) hlasovať, voliť (za/proti); *v. against a candidate* hlasovať proti kandidátovi
voter ['vəutə] volič
vouch [vauč] *for* **1.** ručiť (za koho/čo); *I am ready to v. for my son* som ochotná ručiť za svojho syna **2.** potvrdiť (čo); *v. for the correctness of a calculation* potvrdiť správnosť výpočtu
voucher ['vaučə] **1.** poukážka, poukaz, bon; *hotel/meal v-s* poukaz na hotel/stravu (vopred zaplatený) **2.** ručiteľ
vow [vau] **I.** podst. slávnostný sľub, prísaha; *take/make a v.* zložiť prísahu; *break a v.* porušiť prísahu **II.** sl. prisahať, sľúbiť; *he v-ed never to do it again* prisahal, že to viac neurobí
vowel ['vauəl] samohláska
voyage ['voiidž] plavba, cesta

V

vs. BR **v.** skr. *versus* proti

vulgar [ˈvalgə] **1.** hrubý, drsný, vulgárny; *v. language* vulgárna reč **2.** všeobecný, bežný; *v. errors* bežné chyby **3.** ľudový; *the v. tongue* ľudový jazyk (v minulosti v Anglicku, konfrontovaný s latinčinou)

vulnerable [ˈvalnrəbl] **1.** (*to*) zraniteľný, vystavený (čomu); *be v. to criticism* byť vystavený kritike **2.** citlivý; *a young and v. girl* mladé citlivé dievča

vulture [ˈvalčə] **1.** sup **2.** pren. koristník (človek, ktorý využíva nešťastie iných)

W

wad [wod] **I.** podst. **1.** chumáč; *a w. of cotton wool* chumáč vaty **2.** zvinutý/zložený zväzok (bankoviek, dokladov) **II.** sl. *-dd-* vatovať; *a w-ded jacket* vatovaný kabát

wade [weid] (*across*) brodiť sa (čím, cez čo); *w. across the river* brodiť sa cez rieku

wafer [ˈweifə] **1.** oblátka (napr. na zmrzlinu) **2.** náb. hostia **3.** tech. membrána, tesniaci krúžok

wafer-thin [ˌweifə ˈθin] tenučký, tenulinký; *a w. slice of ham* tenulinký plátok šunky

wag [wæg] *-gg-* **1.** vrtieť; *the dog w-ged its tail* pes vrtel chvostom **2.** hroziť prstom; *don't w. your finger at me* mne sa nevyhrážaj ● *tongues are beginning to w.* začínajú sa šíriť reči

wage[1] [weidž] *w-s* obyč. mn. č. *w-s* mzda; *get good w-s* dostať dobrú mzdu; *w. freeze/rise* zmrazenie/zvýšenie miezd; *w. drift* stúpanie miezd (nad všeobecný priemer) ● *w. packet* výplatná obálka

wage[2] [weidž] viesť (kampaň, vojnu ap.), rozpútať (vojnu)

wager [ˈweidžə] *lay/make a w.* staviť sa

waggle [ˈwægl] hovor. kývať (sa); *w. one's toes* kývať prstami na nohách

wagon aj *waggon* [ˈwægən] **1.** voz, povoz; *a hay w.* rebriniak **2.** BR (otvorený železničný) nákladný vozeň/vagón **3.** AM servírovací stolík

wagon memory [ˌwægən ˈmemri] výp. zásobníková pamäť

wail [weil] **I.** sl. **1.** nariekať, plakať, oplakávať; *w. over one's fate* nariekať nad svojím osudom; *w. for a lost child* oplakávať stratené dieťa **2.** zavýjať, skučať; *the wind w-ed in the treetops* vietor zavýjal v korunách stromov **II.** podst. nárek, kvílenie; *the w. of sirens* kvílenie sirén

waist [weist] driek, pás; *she has a very small w.* je veľmi tenká v drieku

waistcoat [ˈweistkəut] vesta; *a suit with a w.* oblek s vestou

waist-high [ˌweist ˈhai] (siahajúci) po pás; *the wheat was w.* pšenica siahala (až) po pás

waistline [ˈweistlain] objem pása; *a girl with a neat w.* dievča so štíhlym pásom

wait [weit] **I.** podst. čakanie; *we had a long w. for the train* dlho sme čakali na vlak; *lie in w.* čakať (na koho/čo) **II.** sl. (*for*) čakať, počkať (na koho/čo); *w. a minute!* počkaj! *w. for me* počkaj na mňa! ● *w. and see* uvidíme; *w. your turn* počkaj, kým prídeš na rad; *w. at table* obsluhovať pri stole

wait on obsluhovať (hl. v reštaurácii)

wait up ostať hore (nejsť spať) a čakať

waiter [ˈweitə] čašník

waiting list [ˈweitiŋ list] poradovník; *put sb. on a w.* zapísať (koho) do poradovníka

waiting room [ˈweitiŋ rum] čakáreň

waitress [ˈweitrəs] čašníčka, servírka

waive [weiv] vzdať sa, zriecť sa; *w. one's rights* zriecť sa svojich práv

wake[1] [weik] **I.** podst. bdenie pri mŕtvom **II.** sl. (*up*) woke/waked [wəuk/weikt], woken/waked [ˈwəukn] budiť sa, zobudiť sa; *he never w-s (up) early* nikdy sa nezobudí skoro; *don't w. the baby* nebuď dieťa

wake[2] [weik] **1.** brázda (sčerenej vody) za loďou **2.** vzduchový vír (za pohybujúcim sa telesom) ● *in the w. (of)* hneď za (kým, čím), v stopách (koho, čoho)

wake up prebrať k činnosti; *she needs sb. to w. her up* potrebuje, aby ju niekto prebral k činnosti

wakeful [ˈweikfl] **1.** bezsenný, prebdený; *pass a w. night* prebdieť noc **2.** neschopný zaspať; *excitement made the children w.* vzrušenie nedalo deťom zaspať

walk [woːk] **I.** podst. **1.** chôdza; *I recognized him by his w.* spoznal som ho podľa chôdze **2.** prechádzka; *let's go for a w.* poďme na prechádzku **3.** chodníček, cestička; *a gravelled w.* štrkom vysypaná cestička **4.** obyč. *w. of life* profesia, zamestnanie **II.** sl. **1.** kráčať, ísť pešo **2.** prechádzať sa

walkie-talkie [ˌwoːki ˈtoːki] krátkovlnná vysielačka

walking stick ['wo:kiŋstik] vychádzková palica

wall [wo:l] **I.** podst. **1.** stena, múr **2.** hradba, val ● *be up against a w.* byť v úzkych; *w-s have ears* aj steny majú uši; *drive/push sb. to the w.* zahnať koho do úzkych **II.** sl. **1.** ohradiť múrom; *a w-ed garden* záhrada ohradená múrom **2.** lemovať, tvoriť múr; *tall trees w. the avenue* vysoké stromy lemujú ulicu **III.** príd. nástenný; *a w. clock* nástenné hodiny

wallet ['wolət] náprsná taška

wallpaper ['wo:l‚peipə] tapeta

walnut ['wo:lnat] vlašský orech (strom aj plod)

waltz [wo:ls] **I.** podst. valčík **II.** sl. tancovať valčík

wand [wond] palička, čarovný prútik

wander ['wondə] **1.** potulovať sa, túlať sa, kočovať; *w. all over the world* potulovať sa po svete; *w-ing tribes* kočovné kmene **2.** (*from, off*) odbočiť, odchýliť sa (od čoho); *don't w. off the point* neodbočuj od veci

want [wont] **I.** sl. **1.** chcieť; *she w-s to go home* chce ísť domov **2.** potrebovať; *these plants w. a lot of water* tieto rastliny potrebujú veľa vody **3.** trpieť nedostatkom; *many children still w. food* mnoho detí ešte stále trpí nedostatkom potravy **II.** podst. **1.** nedostatok, núdza; *they have lived in w. since their father died* od otcovej smrti žijú v núdzi **2.** potreba; *satisfy one's w-s* uspokojiť svoje potreby

wanting ['wontiŋ] nevyhovujúci; *a candidate found w.* nevyhovujúci kandidát ● *he is never found w.* naň sa dá vždy spoľahnúť

wanton ['wontən] **1.** kniž. rozmarný, vrtošivý; *in a w. mood* v rozmarnej nálade **2.** nekontrolovaný, divý; *w. growth* divý rast **3.** nezmyselný, bezdôvodný; *w. destruction* nezmyselné ničenie

war [wo:] **1.** vojna; *the horrors of w.* hrôzy vojny **2.** boj; *the w. against disease* boj proti chorobám ● *declare w. (on sb.)* vyhlásiť vojnu (komu); *wage w. on/against* viesť vojnu (proti komu); *a w. of nerves* vojna nervov

war correspondent ['wo: kɔurə‚spondənt] vojnový spravodajca

war cry ['wo: krai] aj *battle cry* vojnový pokrik

ward [wo:d] **I.** podst. **1.** poručenská starostlivosť; *a child in w.* dieťa v poručenskej starostlivosti **2.** volebný okres **3.** oddelenie nemocnice/väzenia, izolačná miestnosť; *the*

isolation w. izolačná miestnosť/izolačné oddelenie **II.** sl. **1.** umiestiť (v nemocnici, ústave) **2.** zast. kryť sa, chrániť sa

ward off zabrániť (čomu), odvrátiť (čo); *w. off danger* odvrátiť nebezpečenstvo

war dance ['wo :da:ns] vojnový tanec

warden ['wo:dn] správca, vedúci; *the w. of a youth hostel* správca internátu

warder ['wo:də] dozorca vo väznici

wardrobe ['wo:drəub] **1.** skriňa na šaty, šatník zabudovaný v stene **2.** šatník, garderóba; *my w. needs to be updated* musím si zmodernizovať šatník **3.** divadelná šatňa

ware [weə] **1.** obyč. v zloženinách výrobky; *silverw.* výrobky zo striebra; *householdw.* výrobky pre domácnosť **2.** *w-s* mn. č. tovar na predaj; *advertise one's w-s* robiť svojmu tovaru reklamu

warehouse ['weəhaus] mn. č. *-houses* [-‚hauzəz] **I.** podst. **1.** sklad **2.** hl. BR veľkoobchod **II.** sl. uložiť v sklade

warfare ['wo:feə] vojna, vedenie vojny

warhead ['wo:hed] hlavica; *nuclear w-s* nukleárne hlavice

warlike ['wo:laik] bojovný; *a w. nation* bojovný národ

warm [wo:m] **I.** príd. **1.** teplý; *a w. bath* teplý kúpeľ **2.** srdečný; *a w. welcome* srdečné prijatie **3.** láskavý; *she has a w. heart* má láskavé srdce **4.** čerstvý (o stope); *the dogs were following a w. trail* psy sledovali čerstvú stopu **II.** sl. (*up*) zohriať sa/sa; *they w-ed up their hands by the fire* zohriali si ruky pri ohni; *w. up some milk* zohriať mlieko

warm to **1.** obľúbiť si; *the pupils w-ed to their new teacher* žiaci si obľúbili svojho nového učiteľa **2.** nadchýnať sa; *the more he spoke the more he w-ed to his subject* čím viac hovoril, tým viac sa nadchýnal svojou témou

warmonger ['wo:‚maŋgə] vojnový štváč

warmth ['wo:mθ] teplo; *the w. of the fire* teplo ohňa

warn [wo:n] varovať, vystríhať; *you've been w-ed* varovali vás; *he was w-ed of the danger* vystríhali ho pred nebezpečenstvom

warning ['wo:niŋ] **I.** podst. **1.** varovanie, výstraha; *attack without w.* napadnúť bez výstrahy **2.** (termínovaná) výpoveď; *he gave the gardener a month's w.* dal záhradníkovi jednomesačnú výpoveď **II.** príd. varovný, výstražný; *a w. shot* varovný výstrel; *a w. look* výstražný pohľad

W

warrant ['worənt] **I.** podst. **1.** oprávnenie, právo; *he had no w. to say so* nemal právo tak hovoriť **2.** písomný príkaz/rozkaz; *a w. to arrest sb.* príkaz na zatknutie (koho) **II.** sl. **1.** ospravedlniť; *nothing can w. such behaviour* nič nemôže ospravedlniť také správanie **2.** zaručiť; *I can't w. it to be genuine* nemôžem zaručiť, že je to pravé **3.** oprávniť; *the law w-s this procedure* zákon oprávňuje tento postup
warrantee [,worən'ti:] splnomocnenec
warranty ['worənti] **1.** zmocnenie, právo, plná moc; *what w. have you for doing this?* aké máte právo takto konať? **2.** záruka; *my car is still under w.* moje auto je ešte v záruke
warring ['wo:riŋ] **1.** vedúci vojnu; *w. nations* národy, ktoré vedú vojnu **2.** protichodný; *w. interests* protichodné záujmy
warrior ['woriə] kniž. bojovník, vojak; *an Indian w.* indiánsky bojovník
warship ['wo:ˌšip] vojnová loď
wart [wo:t] bradavica
wartime ['wo:taim] obdobie vojny; *in w.* za vojny/v období vojny
wary ['weri] obozretný, ostražitý; *a w. old politician* obozretný starý politik
was p. **be**
wash [woš] **I.** podst. **1.** umývanie **2.** AM pranie **II.** sl. **1.** umyť; *w. one's hands* umyť si ruky **2.** prať; *w. linen* prať bielizeň **3.** (*against, over*) obmývať; *the waves w. against the shore* vlny obmývajú breh ● *w. one's dirty linen (in public)* verejne prať špinavú bielizeň; *w. one's hands of* umývať si ruky (z čoho); *in the w.* v praní; (hovor.) *come out in the w.* **1.** vyjsť najavo (niečo nepríjemné) **2.** dobre sa skončiť
wash down **1.** umyť (množstvom vody); *w. down the car* umyť auto **2.** (*with*) zapiť; *w. down a medicine with water* zapiť liek vodou
wash out vyprať; *w. out a shirt* vyprať košeľu
wash up umyť riad
washbasin ['woš,beisn] umývadlo
washer ['wošə] **1.** práčka **2.** tech. tesniaci krúžok, podložka (pod maticu) ● *dish washer* umývačka riadu
washerwoman ['wošə,wumən] mn. č. *-women* [-,wimən] práčka
washing machine ['wošiŋ mə,ši:n] práčka (stroj)
washing powder ['wošiŋ ,paudə] prací prášok
wasp [wosp] osa

wasp-waisted [,wosp 'weistəd] štíhly v drieku; *a w. woman* žena so štíhlym driekom
waste [weist] **I.** podst. **1.** plytvanie; *a w. of time* plytvanie časom **2.** odpad; *poisonous w.* jedovatý odpad **II.** príd. **1.** ladom ležiaci; *a piece of w. land* kus ladom ležiacej pôdy **2.** spustošený; *a burnt and w. city* vypálené a spustošené mesto **3.** odpadový; *w. water/material* odpadová voda/odpadový materiál; *w. pipes* odpadové rúry **III.** sl. **1.** (*on*) plytvať; *w. electricity* plytvať elektrinou; *w. one's time* plytvať časom **2.** spustošiť; *a country w-d by war* krajina spustošená vojnou
waste away chradnúť; *he's w-ing away fast* rýchlo chradne
wastebasket ['weist,ba:skət] AM kôš na odpadky (hl. na papier)
wasteful ['weistfl] **1.** márnotratný; *a w. person* márnotratný človek **2.** nákladný; *w. habits* nákladné návyky
wastepaper basket [,weist'peipə ,ba:skət] BR kôš na odpadky (hl. na papier)
watch [woč] **I.** podst. **1.** hodinky; *loose one's w.* stratiť hodinky **2.** stráž, stráženie; *keep w.* byť na stráži **II.** sl. **1.** pozerať sa, dívať sa; *w. TV* dívať sa na televíziu **2.** pozorovať, sledovať; *w. a patient's progress* pozorovať zlepšovanie stavu pacienta **3.** dávať si pozor; *w. when you cross the street* dávaj pozor, keď prechádzaš cez ulicu **4.** bdieť; *w. at the bedside of a sick child* bdieť pri posteli chorého dieťaťa
watch for striehnuť; *w. for a chance* striehnuť na príležitosť
watch out dávať pozor; *W. out! There's a car coming.* Pozor! Ide auto.
watch over (po)strážiť; *w. over a baby while his mother is out* strážiť dieťa, kým jeho matka nie je doma
watchdog ['wočdog] strážny pes
watchful ['wočfl] bdelý, ostražitý
watchmaker ['woč,meikə] hodinár
watchman ['wočmən] strážca; *nigh* nočný strážca
watchtower ['woč,tauə] strážna veža
watchword ['wočwə:d] slogan, heslo
water ['wo:tə] **I.** podst. voda **II.** sl. **1.** polievať **2.** napojiť; *w. the horses* napojiť kone **3.** slziť; *the smoke made my eyes w.* od dymu mi slzili oči ● *his mouth w-ed* zbiehali sa mu sliny; *be in/get into hot w.* mať veľké ťažkosti; *Still w-s run deep.* Tichá voda brehy podmýva.

water down 1. riediť vodou; *w. down wine* riediť víno vodou 2. oslabiť (kritickosť); *w. down a report* oslabiť správy

waterborne [ˈwoːtəboːn] 1. dopravovaný po vode (o tovare); *w. trade* obchodovanie s tovarom, ktorý sa dopravuje po vode 2. šírený pitnou vodou (o chorobe); *w. diseases* choroby šírené infikovanou pitnou vodou

water cart [ˈwoːtə ˌkaːt] polievacie auto

water closet skr. *WC* [ˈwoːtəˌklozət] splachovací záchod

watercolour [ˈwoːtəˌkalə] 1. vodová farba 2. akvarel; *an exhibition of w-s* výstava akvarelov

watercress [ˈwoːtəkres] žerucha

waterfall [ˈwoːtəfoːl] vodopád

watering can [ˈwoːtriŋ kæn] polievacia krhla

watermark [ˈwotəmaːk] 1. vodotlač 2. označenie vodnej hladiny (vodného stavu)

watermelon [ˈwoːtəˌmelən] dyňa, melón

waterpower [ˈwoːtəˌpauə] vodná sila/energia

waterproof [ˈwoːtəpruːf] 1. nepremokavý; *w. material* nepremokavá látka 2. vodotesný; *a w. watch* vodotesné hodinky

watertight [ˈwoːtətait] 1. vodotesný, nepriepustný, nepremokavý; *a w. box* vodotesná škatuľa; *w. boots* nepremokavé čižmy 2. pren. jednoznačný, nenapadnuteľný; *a w. agreement* jednoznačná dohoda

waterway [ˈwoːtəwei] 1. splavný kanál 2. vodná cesta/trasa

waterworks [ˈwoːtəwəːks] 1. vodáreň 2. (ozdobná) fontána

wave [weiv] I. podst. 1. (v rozl. význ.) vlna; *the w-s crashed against the rocks* vlny sa lámali na skalách; *the pain came in w-s* bolesť prichádzala vo vlnách 2. obyč. *w-s* mn. č. fyz. vlna; *sound w-s* zvukové vlny; *radio w-s* rádiové vlny 3. zakývanie, zamávanie; *a farewell w.* zamávanie na rozlúčku II. sl. 1. (za)kývať, (za)mávať; *she w-d to her parents* zakývala rodičom; *she w-d her hand as she left* ako odchádzala, kývala 2. kývať sa; *the branches are w-ing in the wind* konáre sa kývu vo vetre 3. vlniť sa; *her hair w-s beautifully* vlasy sa jej krásne vlnia

wave aside odsunúť ako nedôležité

wave away mávnutím poslať preč

wave on mávnutím poslať ďalej

wavelength [ˈweivleŋθ] vlnová dĺžka

waver [ˈweivə] 1. mihotať sa; *w-ing shad-* ows/flames mihotajúce sa tiene/plamene 2. (za)kolísať; *she never w-ed in her loyalty to us* nikdy nezakolísala v náklonnosti voči nám 3. váhať, nevedieť sa rozhodnúť; *w. between two opinions* váhať medzi dvoma názormi

wax[1] [wæks] I. podst. vosk; *a w. figure* vosková figurína; *floor w.* vosk na podlahu II. sl. (na)voskovať; *w. the floor* navoskovať podlahu

wax[2] [wæks] (o Mesiaci) pribúdať, dorastať

wax[3] [wæks] slang. zúrivosť; *get into a w.* rozzúriť sa

waxwork [ˈwəkswəːk] 1. vosková figurína 2. *w-s* mn. č. múzeum voskových figurín

way [wei] 1. cesta al. sa prekladá individuálne; *which w. shall we go?* ktorou cestou pôjdeme? *can you tell me the w. to the university?* môžete mi poradiť, ako sa dostanem k univerzite? *it is a log w. to the school* je to ďaleko do školy; *the nearest shops are only a short w. away* najbližšie obchody sú len kúsok odtiaľto 2. spôsob; *the right/wrong w.* správny/nesprávny spôsob; *you can do it in several different w-s* môžete to urobiť množstvom rozličných spôsobov ● *any w.* v každom prípade; *both w-s* tak i tak/obidvoma spôsobmi; *either w.* tak i onak; *this w.* tadiaľto; *by the w.* mimochodom; *in a w.* v istom zmysle; *in this w.* takto; *in the w. of* na spôsob (čoho); *w. in* vchod; *w. out* východ; *have/get one's own w.* dosiahnuť svoje; *Where there's a will there's a w.* Kde je vôľa, je aj cesta;

wayward [ˈweiwəd] svojhlavý, nezvládnuteľný; *a w. child* svojhlavé dieťa

we [wiː] my

weak [wiːk] 1. (v rozl. význ.) slabý; *he is very w.* je veľmi slabý (fyzicky); *a w. heart* slabé srdce; *w. eyes* slabé oči; *w. tea* slabý čaj; *a w. teacher* slabý učiteľ; *she is w. at English* je slabá v angličtine; *w. arguments* slabé argumenty 2. jaz. oslabený, redukovaný ● *w. at the knees* slabý v kolenách

weaken [ˈwiːkən] 1. oslabiť; *disease w-s the body* choroba oslabuje telo 2. (zo)slabnúť, ochabnúť; *a w-ing rain* slabnúci dážď; *a w-ing will* slabnúca vôľa

weakling [ˈwiːkliŋ] slaboch

weakness [ˈwiːknəs] 1. slabosť; *mental/physical w.* duševná/telesná slabosť 2. (for) slabá stránka, slabosť, slabôstka; *smoking is his w.* fajčenie je jeho slabosť; *she has a w. for chocolate* jej slabôstkou je čokoláda

weaksighted [ˌwiːkˈsaitəd] slabozraký

W

wealth [welθ] **1.** bohatstvo; *the country's w. comes from the mines* bohatstvo krajiny pochádza z baní **2.** veľké množstvo, záplava; *a w. of experience* množstvo skúseností/bohaté skúsenosti; *a w. of information* záplava informácií

wealthy ['welθi] bohatý

wean [wiːn] odstaviť (dojča), prestať dojčiť *wean from/off* odvyknúť, odučiť (od čoho); *w. sb. from tobacco* odučiť (koho) fajčiť *wean on* odchovať; *young people are being w-ed on television* mladí ľudia sú odchovaní televíziou

weapon ['wepən] zbraň

wear [weə] **I.** podst. **1.** nosenie; *a suit for everyday w.* oblek na každodenné nosenie **2.** opotrebovanie, obnosenie; *the shoes are showing signs of w.* na topánkach vidieť znaky obnosenia **3.** (v zloženinách) druh odevu al. obuvi; *children's w.* detské ošatenie; *underw.* spodná bielizeň; *footw.* obuv **II.** sl. *wore* [woː], *worn* [woːn] **1.** nosiť; *she never w-s a hat* nikdy nenosí klobúk **2.** zodrať, obnosiť; *this overcoat is much worn* tento kabát je veľmi zodratý *wear away* zodrieť; *the footsteps of hundreds of people had worn away the steps* kroky stoviek ľudí zodreli schody *wear down* zodrať; *the heels of your shoes are worn down* opätky na vašich topánkach sú zodraté *wear off* strácať sa; *the pain is w-ing off* bolesť sa stráca *wear on* vliecť sa; *the meeting wore on for five hours* schôdza sa vliekla päť hodín

wearisome ['wirism] **1.** únavný; *a w. march* únavný pochod **2.** nudný; *a w. person* nudný človek

weary ['wiri] **I.** príd. **1.** unavený; *w. in body and mind* unavený na tele i na duši **2.** únavný, vysiľujúci, namáhavý; *a w. waiting* únavné čakanie **II.** sl. unaviť, unavovať; *you w. me with your requests* unavuješ ma svojimi požiadavkami

weasel ['wiːzl] **1.** lasica (zviera i kožušina) **2.** pren. líška (človek), chytrák

weather ['weðə] **I.** podst.; *in cold w.* za chladného počasia ● *King's/Queen's w.* nádherné počasie; *make heavy w. of sth.* mať veľké ťažkosti (s čím); *under stress of w.* vplyvom zlého počasia **II.** sl. **1.** prestať, prekonať, prežiť; *w. a crisis* prežiť krízu **2.** nechať odležať; *w. wood* nechať odležať drevo

weather – počasie
whether – či (spojka)

weather-beaten ['weðə ˌbiːtn] ošľahaný vetrom; *a w. face* tvár ošľahaná vetrom

weather-chart ['weðə čaːt] poveternostná mapa

weathercock ['weðəkok] veterník

weather forecast ['weðə ˌfoːkaːst] predpoveď počasia

weather report ['weðə riˌpoːt] správa o počasí

weather station ['weðəˌsteišn] meteorologická stanica

weave [wiːv], *wove* [wəuv] *woven* ['wəuvn] **1.** (u)tkať; *w. linen* tkať plátno **2.** votkať; *w. a design into a rug* votkať vzor do koberca **3.** (u)pliesť, (u)viť; *w. flowers* uviť veniec z kvetov

web [web] **1.** sieť aj pren.; *a spider's w.* pavučina; *a w. of lies* sieť lží; *a w. of roads* cestná sieť **2.** plávacia blana (vodných vtákov), lietacia blana (netopiera)

wed [wed] zastar. -dd- zosobášiť sa; *they were w-ded in autumn* zosobášili sa na jeseň

wed [wed], *wed/wedded* ['wedəd], *wed/wedded* **1.** brať si za ženu/za muža **2.** (zo)sobášiť (sa); *they were wed in autumn* zosobášili sa na jeseň **3.** spojiť, snúbiť; *beauty wedded with money* krása spojená s peniazmi **4.** pren. lipnúť, trvať (na čom)

wedding ['wediŋ] svadba, sobáš; *attend a w.* zúčastniť sa na svadbe

wedding cake ['wediŋ keik] svadobná torta

wedding ring ['wediŋ riŋ] snubný prsteň

wedge [wedž] **I.** podst. klin aj pren.; *drive a w. into the log* zatĺcť klin do brvna; *the differences in their standpoints were driving a w. between them* rozdielnosť názorov sa stala klinom vrazeným medzi nimi **II.** sl. **1.** upevniť klinom **2.** vtesnať, vtlačiť; *she was w-d between her brother and sister* bola vtlačená medzi svojho brata a sestru

wedlock ['wedlok] zastar. manželstvo; *a child born in lawful w./out of w.* manželské/nemanželské dieťa

Wednesday ['wenzdi] streda ● *Ash W.* popolcová streda

wee [wiː] hovor. maličký, nepatrný; *just a w. drop of brandy* len kvapôčka brandy ● *a w. bit* máličko

weed [wi:d] **I.** podst. burina ● *be running to w-s* zarastať burinou; *Ill w-s grow apace.* Zlá zelina nevyhynie. **II.** sl. (vy)plieť; *w. the garden* vyplieť burinu v záhrade
weed out vyradiť, odstrániť; *w. out the herd* vyradiť nekvalitné zvieratá zo stáda
weedkiller [ˈwiːdkilə] herbicíd
week [wiːk] týždeň ● *w. after w.* týždeň za týždňom; *w. by w.* každý týždeň; *w. in w. out* z týždňa na týždeň
weekday [ˈwiːkdei] všedný deň, pracovný deň; *most people work only on w-s* väčšina ľudí pracuje len v pracovné dni
weekend [ˌwiːkˈend] **I.** podst. víkend, koniec týždňa **II.** sl. stráviť víkend, ísť na víkend; *he's w-ing at his mother's* víkend strávi u svojej matky
weekly [ˈwiːkli] **I.** príd. týždenný; *a w. wage of £50* týždenná mzda 50 libier **II.** prísl. každý týždeň, týždenne; *pay rent w.* platiť nájomné týždenne **III.** podst. týždenník (časopis)
weep [wiːp], *wept* [wept], *wept* plakať; *w. for joy* plakať od radosti; *w. over one's sad fate* plakať nad svojím smutným osudom
weigh [wei] **1.** od/vážiť (sa); *w. potatoes* vážiť zemiaky; *w. oneself on the scales* odvážiť sa na váhe **2.** vážiť; *the watermelon w-s three kilos* dyňa váži tri kilá **3.** zvážiť, uvážiť; *w. the facts* zvážiť fakty **4.** zavážiť; *w. with somebody* zavážiť u niekoho **5.** ťažiť; *the problem w-ed heavy on his mind* problém mu ťažil myseľ **6.** námor. *w. anchor* zdvihnúť kotvu ● *w. one's words* vážiť/starostlivo voliť každé slovo
weigh down 1. prehýbať sa (pod ťarchou); *the branch was w-ed down with apples* konár sa prehýbal pod ťarchou jabĺk **2.** zroniť, skľúčiť; *be w-ed down with sorrows* byť zronený starosťami
weigh in šport. (od)vážiť pred pretekmi/zápasom
weigh up zvážiť, zhodnotiť (aj pren.); *w. up the pros and cons* zvážiť výhody a nevýhody
weight [weit] **1.** váha, hmotnosť; *my w. is 60 kilos* vážim 60 kg **2.** bremeno, ťarcha aj pren.; *the pillars have a great w. to bear* piliere musia uniesť veľkú ťarchu; *the w. of the secret* bremeno tajomstva **3.** váha, závažnosť; *the w. of the evidence* váha dôkazov **4.** závažie; *a clock working by w-s* hodiny poháňané závažím

Weight:
1 oz (ounce) – 28,35 g
1 lb (pound) – 453,6 g
1 stone – 6,35 kg
1 cwt (hundredweight) – 50,8 kg
(AM 45,36 kg)
1 ton – 1016 kg (AM 907 kg)

weightlifting [ˈweitˌliftiŋ] šport. vzpieranie
weighty [ˈweiti] **1.** ťažký; *a w. load* ťažký náklad **2.** závažný, dôležitý; *a w. decision* závažné rozhodnutie
weir [wiə] hrádza, hať
weird [wiəd] **1.** tajomný; *a w. old house* tajomný starý dom **2.** hovor. čudný, zvláštny; *a w. hat* čudný klobúk; *the w. sisters* sudičky
welcome [ˈwelkəm] **I.** sl. (pri)vítať; *w. a friend to one's home* privítať priateľa vo svojom dome **II.** príd. **1.** vítaný; *w. news* vítaná správa **2.** (samozrejmý súhlas); *you are w. to the use of my car* môžete, samozrejme, použiť moje auto ● *you are w.* rado sa stalo (odpoveď na poďakovanie); *you are w. to it* len si poslúžte, len si berte **III.** podst. privítanie, prijatie; *we received a warm w.* naše prijatie bolo srdečné **IV.** (to) cit. vitaj(te)! *w. home!* vitaj doma! *w. to our country!* vitajte v našej krajine!
weld [weld] **1.** zvariť; *w. the pieces of a broken axle* zvariť časti zlomenej osi **2.** pren. spojiť, stmeliť, pripútať; *her gratitude w-ed her to him* vďačnosť ju k nemu pripútala; *arguments that are closely w-ed* dôvody, ktoré úzko súvisia
welder [ˈweldə] zvárač
welfare [ˈwelfeə] **1.** blaho, prospech; *work for the w. of the nation* pracovať pre blaho národa **2.** sociálna starostlivosť; *child w.* sociálna starostlivosť o dieťa; *public w.* verejná sociálna starostlivosť
welfare centre [ˌwelfeə ˈsentə] úrad sociálnej starostlivosti
welfare officer [ˌwelfeə ˈofisə] sociálny pracovník
welfare work [ˌwelfeə ˈwəːk] sociálna činnosť
well[1] [wel] **I.** podst. **1.** studňa; *drive/sink a w.* navŕtať/vykopať studňu **2.** zastar. prameň aj pren.; *a w. of knowledge* prameň vedomostí **3.** vrt; *oil w-s* naftové vrty **4.** šachta (na schodisko, výťah) **5.** výp. oblasť pamäti **II.** sl. (up) vytrysknúť; *tears w-ed (up) in her eyes* slzy jej vytryskli z očí
well[2] [wel], *better* [ˈbetə], *best* [best] **I.** prísl.

W

1. dobre; *speak English w.* hovoriť dobre po anglicky **2.** veľmi; *she didn't look so w. pleased* nevyzerala tak veľmi potešená **3.** hodne; *he was w. ahead* bol hodne vpredu **4.** oprávnene; *you may w. be surprised* môžeš byť oprávnene prekvapený ● *as w.* **1.** tiež **2.** tak isto; *as w. as* ako aj; *w. and truly* úplne; *w. done* výborne **II.** cit. **1.** dobre, tak dobre; *very w. then, we'll talk it over tomorrow* tak dobre, pohovoríme si o tom zajtra **2.** tak, teda, nuž; *w. here we are at last* nuž, teda sme konečne tu; *w., as I was saying* nuž, ako som povedal

well-advised [ˌwel əd'vaizd] rozvážny, múdry; *a w. decision* múdre rozhodnutie

well-balanced [ˌwel 'bælənst] vyrovnaný, vyvážený

well-being ['welbi:iŋ] pohoda; *have a sense of w.* byť v pohode

well-earned [ˌwel 'ə:nd] zaslúžený; *a w. rest* zaslúžený odpočinok

well-educated [ˌwel 'edjukeitəd] vzdelaný; *a w. young woman* vzdelaná mladá žena

well-fitted [ˌwel 'fitəd] dobre vybavený; *a w. kitchenette* dobre vybavená kuchynka

well-founded [ˌwel 'faundəd] opodstatnený, odôvodnený; *a w. suspicion* odôvodnené podozrenie

well-known [ˌwel 'nəun] slávny, populárny

well-meant [ˌwel 'ment] dobre mienený; *w. advice* dobre mienená rada

well-off [ˌwel 'of] bohatý

well-read [ˌwel 'red] sčítaný

well-spoken [ˌwel 'spəukn] výrečný

well-to-do [ˌwel tə'du] zámožný

Welsh [welš] **I.** podst. waleština; *the W.* Walesania **II.** príd. waleský

went p. **go**

wept p. **weep**

were p. **be**

west [west] **I.** podst. *(the)* západ; *the sun sets in the w.* slnko zapadá na západe **II.** príd. západný; *the w. door* západná brána **III.** prísl. na západ, západne; *my balcony faces w.* mám balkón smerom na západ; *w. of London* západne od Londýna

western ['westən] **I.** príd. západný; *W. Europe* západná Európa **II.** podst. western (film s tematikou Divokého západu)

westward ['westwəd] (smerom) na západ; *in a w. direction* západným smerom

westwards ['westwədz] na západ; *travel w.* cestovať na západ

wet [wet] **I.** príd. **1.** mokrý; *a w. road* mokrá

cesta; *w. hair* mokré vlasy **2.** daždivý; *a w. day* daždivý deň ● *get w.* zmoknúť; *get w. to the skin* premoknúť do nitky **II.** sl. **1.** navlhčiť; *w. one's fingers* navlhčiť si prsty **2.** pomočiť sa; *the child w-ted its bed* dieťa sa pomočilo do postele

whale [weil] veľryba

wharf [wo:f] mn. č. aj *wharves* [wo:vz] (nákladné) prístavisko

what [wot] **1.** čo; *w. happened?* čo sa stalo? **2.** aký; *w. books have you read?* aké knihy ste čítali? ● *w. about/of* a čo; *w. about you?* a čo ty? *w. for* prečo; *w. did you do that for?* prečo si to urobil? *w. like* aký

whatever [wot'evə] **1.** akýkoľvek, hocijaký, každý; *people believe w. nonsense they hear* ľudia uveria akejkoľvek hlúposti, ktorú počujú **2.** čokoľvek, všetko; *eat w. you like* jedzte všetko, čo vám chutí **3.** hovor. čo (za vec), čo vlastne; *w. are you doing?* čo to vlastne robíš?

whatsoever [ˌwotsəu'evə] vôbec; *nothing w.* vôbec nič

wheat [wi:t] pšenica

wheel [wi:l] **I.** podst. **1.** koleso, kruh; *a bicycle has two w-s* bicykel má dve kolesá; *a potter's w.* hrnčiarsky kruh **2.** volant, kormidlo; *who was at the w.?* kto sedel za volantom? ● *be at the w.* byť pri kormidle; *go on w-s* ísť ako po masle; *put one's shoulder to the w.* priložiť ruku k dielu **II.** sl. **1.** tlačiť; *w. a barrow* tlačiť fúrik **2.** (*round, around*) zvrtnúť sa; *she w-ed round and looked at me* zvrtla sa a pozrela sa na mňa

wheelbarrow ['wi:lˌbærəu] tragač, fúrik, táčky

wheelchair ['wi:lčeə] invalidný vozík

whelp [welp] šteňa

when [wen] **I.** zám. kedy; *w. can you come?* kedy môžeš prísť? **II.** spoj. **1.** keď; *it was raining w. we arrived* keď sme došli, pršalo **2.** hoci; *he walks w. he might take a taxi* ide peši, hoci by si mohol vziať taxík

whenever [wen'evə] **1.** kedykoľvek, hocikedy, vždy keď; *come w. you like* príďte, keď sa vám to hodí **2.** (začudovanie) kedy vlastne; *w. did I promise that?* kedy vlastne som také niečo sľúbil?

where [weə] **1.** (miesto) kde; *w. are you?* kde si? **2.** (smer) kam; *w. are you going?* kam ideš?

whereabouts I. zám. [ˌweə'bauts] kde (asi), kam (asi); *w. is your home?* kde asi je tvoj domov? *I wonder w. he put it* som zvedavý, kam to asi dal **II.** podst. ['werəbauts] miesto pobytu; *he's hiding his w.* tají svoje miesto pobytu

whereas [wer'æz] **1.** zatiaľ čo, naproti tomu; *I like coffee w. my sister prefers tea* ja mám rada kávu, zatiaľ čo moja sestra dáva prednosť čaju **2.** práv. s ohľadom na, ak berieme do úvahy, že...

whereby [we'bai] pomocou čoho (čím); *a plan w. he could escape* plán, pomocou ktorého by mohol ujsť

wherever [wer'evə] kdekoľvek, kamkoľvek; *sit w. you like* sadni si, kam(koľvek) chceš; *go w. he tells you to go* choď tam, kam ti povie

whet [wet] *-tt-* nabrúsiť; *w. a knife* nabrúsiť nôž ● *w. sb. 's appetite* povzbudiť chuť (na viac)

whether ['weðə] čo; *ask him w. he can come* opýtaj sa ho, či môže prísť ● *w. or no/not* v každom prípade/chtiac-nechtiac

which [wič] zám. **1.** (opytovacie) ktorý; *w. of the boys is your friend?* ktorý z chlapcov je tvoj priateľ? **2.** (vzťažné) ktorý, ten ktorý, ten čo; *take the book w. is lying on the table* vezmi si knihu, ktorá leží na stole

whichever [wič'evə] ktorýkoľvek, hociktorý; *take w. book you like best* vezmi si hociktorú knihu, čo sa ti najviac páči

while [wail] **I.** podst. len j. č. chvíľa; *a short w. ago* pred chvíľou **II.** spoj. **1.** zatiaľ čo, kým; *w. there is life there is hope* kým človek žije, dúfa **2.** hoci, i keď; *w. I admit that she is clever...* i keď pripúšťam, že je šikovná...

whilst [wailst] počas, pri, v priebehu; *he likes reading w. eating* pri jedení rád číta

whim [wim] vrtoch, chvíľkový nápad; *I bought it on a w.* kúpil som to z vrtochu

whimper ['wimpə] **I.** sl. mrnčať, fňukať; *the little girl is w-ing in her bed* dievčatko mrnčí vo svojej posteli **II.** podst. mrnčanie, fňukanie

whimsical ['wimzikl] podivný, čudný, nezvyčajný; *a w. smile* čudný úsmev

whine [wain] **I.** sl. **1.** kňučať, skučať; *the puppies were w-ing from hunger* šteňatá skučali od hladu **2.** pejor. fňukať, plačlivo sa ponosovať; *w. about one's misfortune* fňukať nad svojím nešťastím **II.** podst. **1.** kňučanie, skučanie **2.** fňukanie

whip [wip] **I.** podst. **1.** bič, korbáč **2.** vrchný psovod (pri love) **3.** organizačný tajomník politickej strany **II.** sl. *-pp-* **1.** šibať; *w. a horse* šibať koňa **2.** (vy)šľahať; *w. cream/egg whites* vyšľahať smotanu/bielky

whirl [wə:l] **I.** podst. **1.** vír, vírenie; *a w. of dust* vírenie prachu **2.** pren. zmätok; *my head's in a w.* mám v hlave zmätok **II.** sl. **1.** víriť;

the wind w-ed the dead leaves about vietor víril suché lístie **2.** krúžiť; *the dancers w-ed round the room* tanečníci krúžili vo víre tanca po miestnosti

whirlwind ['wə:l‚wind] vzdušný vír, smršť, tornádo ● *Sow the wind and reap the w.* Kto seje vietor, žne búrku.

whisk [wisk] **I.** podst. **1.** šľahnutie; *with a w. of its tail* šľahnutím chvosta **2.** šľahač (prístroj) **II.** sl. **1.** šľahnúť; *the horse w-ed its tail* kôň šľahol chvostom **2.** rýchlo dopraviť; *he w-ed her off to the airport* rýchlo ju dopravil na letisko **3.** (vy)šľahať; *w. eggs* šľahať vajcia

whiskers ['wiskəz] obyč. mn. č. fúzy (ľudské aj zvieracie); *cat's w-s* mačacie fúzy

whisper ['wispə] **I.** sl. **1.** (za)šepkať, pošepkať; *„Listen!“ she w-ed* „Počúvaj!“ zašepkala **2.** šepkať sa; *it is w-ed* pošepkáva sa **3.** šelestiť, šumieť; *the wind was w-ing in the trees* vietor šelestil v stromoch **II.** podst. **1.** šepot; *he answered in a w.* odpovedal šeptom **2.** chýr, klebeta, reči; *w-s are going round that...* povráva sa, že..., šíria sa reči, že...

whistle ['wisl] **I.** podst. **1.** pískanie, piskot, hvízdanie; *the w. of an engine* piskot stroja; *the w. of the wind* hvízdanie vetra **2.** píšťala; *a willow w.* vŕbová píšťala **II.** sl. pískať, hvízdať; *the boy was w-ing merrily* chlapec si veselo pískal; *the wind w-d up the chimney* vietor hvízdal v komíne

white [wait] **I.** príd. **1.** biely; *a long w. winter* dlhá biela zima **2.** bledý; *her face went w.* zbledla jej tvár **3.** pren. nevinný, neškodný; *a w. lie* milosrdná lož **II.** podst. **1.** bieloba, biela farba, belosť; *dressed in w.* oblečená v bielom **2.** bielok; *take the w-s of two eggs* zoberte bielky z dvoch vajec

Whitehall ['waitho:l] ulica v Londýne, sídlo vládnych úradov, pren. britská vláda

White House [‚wait'haus] Biely dom (sídlo prezidenta USA)

who [hu:] zám. **1.** (opytovacie) kto; *w. is that man?* kto je ten muž? **2.** (vzťažné) ktorý (len pre osoby); *this is the man w. wanted to see you* to je ten muž, ktorý ťa chcel navštíviť ● *w. knows* kto(ho)vie; *w. 's w.* kto je kto (zoznam osobností so stručnými životopisnými údajmi)

whoever [hu:'evə] ktokoľvek, hocikto; *w. comes, is welcome* ktokoľvek príde, bude vítaný

whole [həul] **I.** príd. **1.** celý, úplný; *I waited for a w. hour* čakal som celú hodinu **2.** neporušený, celý; *she bought a w. watermelon* kú-

W

pila celú dyňu **II.** podst. celok; *four quarters make a w.* štyri štvrtiny tvoria celok ● *on the w.* vo všeobecnosti, vcelku; *as a w.* ako celok

whole-hearted [ˌhəul ˈhɑːtəd] **1.** nadšený, horlivý; *w. effort* horlivá snaha **2.** vážny, seriózny; *a w. attempt* vážny pokus

wholesale [ˈhəulˌseil] obchod vo veľkom, veľkoobchod ● *by/*AM *at w.* vo veľkom; *sell by/at w.* predávať vo veľkom

wholesaler [ˈhəulseilə] veľkoobchodník

wholesome [ˈhəulsəm] zdravý, zdraviu (telesnému aj duševnému) prospešný; *w. food* zdravá výživa; *w. advice* dobrá rada

wholly [ˈhəuli] **1.** celkom, úplne; *I w. agree with you* úplne s tebou súhlasím **2.** výhradne, výlučne; *devote oneself w. to one's work* venovať sa výlučne svojej práci

whom [huːm] (predmetový pád zám. *who,* v hovorenom prejave *who*) koho, komu, s kým; *who(m) did you give it to?* komu si to dal? *who(m) did you see?* koho si navštívil?

whose [huːz] zám. **1.** (opytovacie) čí, čia, čie, koho; *w. is this car?* čie je to auto? **2.** (vzťažné) ktorého, ktorej, ktorých; *the man w. car I borrowed is my friend* muž, čie auto som si vypožičal, je môj priateľ

why [wai] **I.** prísl. prečo; *w. hasn't she come?* prečo neprišla? **II.** cit. AM ale! no! nuž! *w., what's the harm?* ale čo je na tom zlé? *w., what's the matter?* nuž, čo je vo veci?

wicked [ˈwikəd] **1.** (o ľuďoch) nemorálny, skazený; *what a w. person he is!* aký to je nemorálny človek! **2.** zlomyseľný; *w. gossip* zlomyseľné ohováranie **3.** šibalský, huncútsky; *a w. grin* šibalský úsmev

wicker [ˈwikə] **I.** podst. prútie (na pletenie) **II.** príd. prútený; *a w. basket* prútený kôš

wicket [ˈwikət] **1.** bránka, dvierka, vrátka (v bráne) **2.** okienko (pokladne)

wide [waid] **I.** príd. široký aj pren.; *a w. road* široká cesta; *w. interests* široké záujmy **II.** prísl. sl. naširoko; *the door was w. open* dvere boli naširoko otvorené ● *far and w.* široko-ďaleko; *w. apart* ďaleko od seba

widely [ˈwaidli] **1.** mnoho, hodne; *he travelled w.* mnoho cestoval; *differ w. in opinion* hodne sa líšiť v názoroch **2.** široko-ďaleko; *it is w. known* široko-ďaleko sa o tom vie

widen [ˈwaidn] rozšíriť sa; *the road w-s after that bend* cesta sa za tou zákrutou rozširuje

widespread [ˈwaidspred] rozšírený; *w. rumours* rozšírené chýry

widow [ˈwidəu] vdova

widowed [ˈwidəud] ovdovený/á

widower [ˈwidəuə] vdovec

widowhood [ˈwidəuhud] vdovstvo

width [widθ] **1.** šírka; *the w. of the road* šírka cesty **2.** pren. slobodomyseľnosť, liberálnosť; *the w. of views* liberálnosť názorov

wife [waif] mn. č. **wives** [waivs] manželka, žena; *his lawful/wedded w.* jeho zákonitá manželka; *make a good w.* byť dobrou ženou manželkou; ● *old w'-ves tale* babské reči, klebety

wig [wig] parochňa

wigwam [ˈwigwæm] vigvam (šiator severoamerických Indiánov)

wild [waild] **1.** (v rozl. význ.) divý; *a w. cat* divá mačka; *w. poppy* divý mak **2.** (o živloch) divoký, prudký, búrlivý; *a w. wind* prudký/divoký vietor **3.** (o ľuďoch) divý, zúrivý, besný, bez seba; *w. with anger* divý/besný od zlosti **4.** hovor. divoký; *a w. party* divoký večierok

wilderness [ˈwildənəs] divočina

wildlife [ˈwaildlaif] zvieratstvo a rastlinstvo

wildly [ˈwaildli] divo, šialene; *rush w. about* divo pobehovať; *hit out w.* divo tĺcť okolo seba; *be w. happy* byť šialene šťastný

wilful [ˈwilfl] **1.** svojhlavý, zanovitý; *a w. child* svojhlavé dieťa **2.** úmyselný, zámerný; *w. waste* úmyselné plytvanie

will[1] [wil] **I.** podst. **1.** vôľa; *the freedom of the w.* sloboda vôle; *the w. to live* vôľa žiť **2.** závet, testament, posledná vôľa; *make one's w.* urobiť závet ● *against sb.'s w.* proti vôli (koho); *of one's own free w.* dobrovoľne **II.** sl. odkázať v závete; *he w-ed his house to his son* dom odkázal svojmu synovi

will[2] [wil] **1.** (súčasť bud. času slovies); *the birthday party w. be tomorrow* večierok z príležitosti narodenín bude zajtra **2.** (zdvorilá žiadosť); *w. you open the window, please?* otvorili by ste, prosím, okno? **3.** (pravidelnosť, bežnosť istých javov); *the sun w. rise in the East and set in the West* slnko vychádza na východe a zapadá na západe; *accidents w. happen* nehody sa stávajú

willing [ˈwiliŋ] **1.** ochotný; *I'm not w. to pay for it* nie som ochotný za to zaplatiť **2.** dobrovoľný; *w. obedience* dobrovoľná poslušnosť

willingly [ˈwiliŋli] ochotne

willingness [ˈwiliŋnəs] ochota

willow [ˈwiləu] vŕba

willpower [ˈwilˌpauə] sila vôle

willy-nilly [ˌwili ˈnili] chtiac-nechtiac, voľky-nevoľky; *she will have to accept their offer w.-n.* chtiac-nechtiac bude musieť prijať ich ponuku
wilt [wilt] (z)vädnúť; *the flowers are w-ing from lack of water* kvety vädnú pre nedostatok vody
win [win], *won* [won], *won, -nn-* 1. vyhrať; *w. a race* vyhrať preteky 2. získať aj pren.; *she won a gold medal* získala zlatú medailu ● *w. sb's heart* získať si niečie srdce; *w. the day* mať úspech, vyhrať; *w. hands down* ľahko vyhrať
win back znovuzískať
win over/round presvedčiť
win through presadiť sa
winch [winč] kladkostroj
wind [wind] vietor
wind [waind], *wound* [waund], *wound* 1. krútiť; *w. a handle* krútiť kľukou 2. *(up)* natiahnuť; *w. (up) a clock* natiahnuť hodiny 3. omotať, ovinúť, namotávať; *w. a scarf round one's neck* ovinúť šál okolo krku 4. motať; *w. wool into a ball* namotať vlnu do klbka 5. vinúť sa; *the path w-s through the woods* chodník sa vinie lesom
windbreak [ˈwindbreik] vetrolam
wind down [waind daun] 1. spustiť (okno auta) 2. postupne ukončiť (prevádzku) 3. upokojiť sa
windmill [ˈwindˌmil] veterný mlyn ● *fight w-s* bojovať proti veterným mlynom
window [ˈwindəu] oblok, okno aj pren.; *look out of a w.* pozerať z okna ● *a w. on the world* okno do sveta
window frame [ˈwindəu ˌfreim] okenný rám
windowpane [ˈwindəupein] okenná tabuľa
window-shop [ˈwindəu šop] *-pp-* pozerať si výklady
windowsill [ˈwindəuˌsil] parapet
windpipe [ˈwindpaip] priedušnica
windscreen [ˈwindskriːn] čelné sklo (motorového vozidla)
windscreen wiper [ˈwindskriːn ˌwaipə] stierač (čelného skla na mot. vozidle)
windshield [ˈwindšiːld] AM čelné sklo (motorového vozidla)
windstorm [ˈwindstoːm] víchrica
windsurfer [ˈwindˌsəːfə] (wind) surfista
windsurfing [ˈwindˌsəːfiŋ] (len s plachtou) surfing, windsurfing
windy [ˈwindi] 1. veterný, búrlivý; *w. weather* veterné počasie 2. vystavený vetrom; *a w. plain* planina vystavená vetrom

wine [wain] víno
wing [wiŋ] 1. krídlo (vtáka/lietadla/budovy/politickej organizácie) ● *on the w.* pri lietaní; *take w.* uletieť; *under sb.'s w.* pod ochranou (koho); *clip sb.'s w-s* pristrihnúť krídla (komu) 2. blatník (auta) 3. *w-s* mn. č. kulisy
winger [ˈwiŋə] šport. krídlo, krídelný útočník
wink [wiŋk] I. sl. (za)žmurkať, mrkať, mrknúť; *w. at a pretty girl* žmurknúť na pekné dievča II. podst. (za)žmurkanie, mrkanie, mrknutie; ● hovor. *tip sb. the w.* zažmurkať (na koho ako znamenie/varovanie); *I didn't sleep a w.* ani oka som nezažmúril
winner [ˈwinə] 1. víťaz 2. výherca
winter [ˈwintə] I. podst. 1. zima (ročné obdobie); *a hard w.* tuhá zima 2. kniž. rok; *many w-s ago* pred mnohými rokmi II. sl. (pre)zimovať; *w. in the south* prezimovať na juhu
wintry [ˈwintri] 1. zimný, studený; *severe w. weather* drsné zimné počasie 2. pren. chladný, nevľúdny; *a w. greeting* chladný pozdrav
wipe [waip] 1. utrieť; *w. the table/the dishes* utrieť stôl/riad 2. zotrieť; *w. the blackboard* zotrieť tabuľu
wipe out vyhladiť, vyhubiť, zničiť; *the population of the whole region was w-d out by the disease* choroba vyhubila obyvateľstvo celej oblasti
wire [waiə] I. podst. 1. drôt; *steel/barbed w.* oceľový/ostnatý drôt 2. AM hovor. telegram II. sl. 1. zviazať drôtom 2. AM hovor. poslať telegram
wireless [ˈwaiələs] I. príd. 1. bezdrôtový; *w. telegraphy* bezdrôtový telegraf 2. rozhlasový; *a w. set* rozhlasový prijímač, rádio II. podst. zastar. rádio, rozhlas; *listen to a concert over the w.* počúvať koncert z rozhlasu
wisdom [ˈwizdəm] múdrosť; *all the accumulated w. of the ages* všetka nahromadená múdrosť vekov
wise [waiz] múdry; *a w. old man* múdry starec; *a w. decision* múdre rozhodnutie
wish [wiš] I. sl. 1. želať si, priať si; *she w-ed herself home* želala si, aby bola zase doma 2. (za)želať, (po)priať; *w. sb. a merry Christmas/good luck* zaželať (komu) veselé Vianoce/veľa šťastia II. podst. želanie
wistful [ˈwistfl] 1. túžobný, smutný; *a w. expression* túžobný výraz 2. nostalgický; *in a w. mood* v nostalgickej nálade
wit [wit] aj *w-s* mn. č. dôvtip, inteligencia; *he hadn't the w-s/hadn't w. enough to realize what to do* nemal dosť dôvtipu, aby vedel, čo

W

má robiť; *a conversation sparkling with w.* konverzácia iskriaca vtipom

witch [wič] čarodejnica, bosorka, striga; *a w. on a broomstick* bosorka na metle

witchcraft ['wičkra:ft] čarodejníctvo, bosoráctvo, čary

with [wið] **1.** s, so; *I was walking w. my friend* bol som na prechádzke so svojím priateľom; *a girl w. long hair* dievča s dlhými vlasmi; *he rose w. the sun* vstával s východom slnka **2.** k, ku; *put this book w. the others* polož túto knihu k ostatným **3.** s al. bezpredložkový inštrumentál; *fill this jug w. milk* naplň džbán mliekom; *cut it w. a knife* odrež to nožom

withdraw [wið'dro:], *withdrew* [wið 'dru:], *withdrawn* [wið'dro:n] **1.** *(from)* stiahnuť; *w. a drug from the market* stiahnuť liek z obehu **2.** *(from)* vybrať; *w. money from the bank* vybrať peniaze z banky **3.** odvolať; *w. an accusation* odvolať obvinenie **4.** stiahnuť sa, odísť; *the army withdrew* armáda sa stiahla; *the ladies withdrew from the room* dámy odišli z miestnosti

withdrawal [wið'dro:əl] odvolanie, stiahnutie; *w. of an ambassador* odvolanie vyslanca; *w. of a charge* stiahnutie obžaloby; *w. of troops* stiahnutie vojenských oddielov

withdrawn [wið'dro:n] **1.** uzavretý; *a w. character* uzavretá povaha **2.** p. *withdraw*

wither ['wiðə] **1.** *(up)* vysušiť; *the hot summer w-ed (up) the grass* horúce leto vysušilo trávu **2.** zošúveriť sa; *the flowers w-ed in the cold* kvety sa zošúverili zimou **3.** *(away)* pren. odumrieť, miznúť, strácať sa; *my hopes w. away* moje nádeje sa strácajú

withhold [wið'həuld], *withheld* [wið 'held], *withheld* **1.** *(from)* zatajiť (pred kým); *he tried to w. the truth from us* pokúsil sa zatajiť pred nami pravdu **2.** odmietnuť; *I shall w. my consent* odmietnem dať svoj súhlas

within [wið'in] **I.** predl. **1.** v, vo, vnútri; *w. sight* v dohľade; *w. the country* vnútri krajiny **2.** v rámci (čoho); *live w. one's income* žiť (len) zo svojho príjmu **II.** prísl. znútra; *he decorated the house w. and without* vyzdobila dom znútra i zvonka

without [wið'aut] **1.** bez; *a rose w. a thorn* ruža bez tŕňov **2.** bez toho, aby; *he passed w. seeing me* prešiel bez toho, aby ma videl **3.** (lit. zastar.) zvonka ● *w. doubt* bezpochyby, nepochybne; *w. fail* určite

withstand [wið'stænd], *withstood* [wið 'stud], *withstood* **1.** odolať **2.** zniesť, vydržať; *w. criticism* zniesť kritiku

witless ['witləs] obmedzený, hlúpy, neschopný; *w. obstinacy* hlúpa tvrdohlavosť

witness ['witnəs] **I.** podst. **1.** svedok; *a w. of the accident* svedok nehody; *call sb. as a w.* povolať koho za svedka; *w. for the defence* svedok obhajoby **2.** svedectvo; *give w. on sb.'s behalf in a lawcourt* podať svectvo pred súdom v prospech (koho); *bear w.* dosvedčiť, potvrdiť; *bear w. to the truth of a statement* potvrdiť pravdivosť vyhlásenia **II.** sl. **1.** byť svedkom; *w. an accident* byť svedkom nehody **2.** svedčiť (o čom), prezrádzať (čo); *her tears w-ed the grief she felt* slzy prezrádzali smútok, ktorý prežívala

witness box ['witnəs boks] AM *witness stand* ['witnəs stænd] svedecká lavica

witty ['witi] vtipný, duchaplný; *a w. remark* vtipná poznámka

wives p. **wife**

wizard ['wizəd] čarodejník, mág, kúzelník aj pren.; *he is a real w. at playing the violin* hrá na husliach ako čarodejník

wobble ['wobl] **1.** kolísať sa, kývať sa; *this table w-s* stôl sa kýve **2.** váhať, kolísať (medzi); *w. between two opinions* kolísať medzi dvoma názormi

woke p. **wake**

woken p. **wake**

wolf [wulf] mn. č. *wolves* [wulvz] vlk ● *a w. in a sheep's clothing* vlk v ovčom rúchu

woman ['wumən] mn. č. *women* ['wimən] žena; *a single w.* nevydatá žena

womanhood ['wumənhud] **1.** ženstvo, ženskosť; *grow to reach w.* vyrásť v ženu **2.** všetky ženy (napr. v štáte); *the w. of a nation* ženská časť národa

womb [wu:m] **1.** lono aj pren.; *in the w. of the earth* v lone zeme **2.** maternica ● *in the w. of time* v ďalekej budúcnosti

women p. **woman**

won p. **win**

wonder ['wandə] **I.** podst. **1.** (ú)div; *w. mingled with awe* údiv zmiešaný s posvätnou úctou **2.** div, zázrak; *it's a w. you didn't lose your way in the dark* je to zázrak, že si v tej tme nezablúdil **II.** sl. **1.** *(at)* diviť sa (čomu); *can you w. at it?* môžeš sa tomu diviť? **2.** *(about)* premýšľať, uvažovať (o čom); *I was just w-ing* len som uvažoval **3.** byť zvedavý; *I w. who he is* som zvedavý, kto to je **III.** príd. zázračný; *a w. child* zázračné dieťa

wander [ˈwɒndə]– putovať, túlať sa
wonder [ˈwɒndə] – čudovať sa, byť
zvedavý

wonderful [ˈwɒndəfl] nádherný, obdivu-
hodný, skvelý; *w. weather* nádherné počasie;
what a w. memory she has! akú má obdivu-
hodnú pamäť!
wonderland [ˈwɒndəlænd] krajina/ríša di-
vov; *Alice in W.* Alenka v ríši divov
woo [wu:] **1.** zastar. uchádzať sa (o priazeň, o
ruku dievčaťa, ženu), dvoriť (komu); *w. a woman*
uchádzať sa o ruku ženy **2.** usilovať sa zís-
kať/dosiahnuť; *w. fame* usilovať sa o slávu
wood [wud] **1.** drevo; *made of w.* vyrobené
z dreva **2.** obyč. *w-s* mn. č. les (nie príliš rozsiahly);
go for a walk in the w-s ísť na prechádzku do
lesa **3.** drevený sud; *wine in the w.* víno v su-
de; *drawn from the w.* čapované zo suda ● *not
see the w. for the trees* pre stromy nevidieť les
woodcarver [ˈwudˌkɑːvə] rezbár
woodcraft [ˈwudkrɑːft] **1.** znalosť lesa a
života v ňom **2.** zručnosť v práci s drevom
woodcutter [ˈwudˌkʌtə] drevorubač
wooden [ˈwudn] **1.** drevený; *w. walls* dreve-
né steny **2.** prázdny, dutý; *a w. head* dutá hlava
3. drevený, meravý, neobratný; *w. movements*
drevené pohyby; *a w. smile* meravý úsmev
woodenware [ˈwudnweə] výrobky z dre-
va, drevený tovar
woodland [ˈwudlənd] lesnatá oblasť
woodpecker [ˈwudˌpekə] ďateľ
woodwork [ˈwudwɜːk] **1.** tesárčina **2.** vý-
robky z dreva **3.** hovor. časti domu vyrobené
z dreva (drevená konštrukcia, drevené vybavenie vnút-
ra domu)
wool [wul] vlna; *the w. trade* obchod s vl-
nou; *wear w. next to the skin* nosiť vlnenú bie-
lizeň; *cotton w.* vata; *glass w.* sklená vata; ●
pull the w. over sb.'s eyes vodiť niekoho za nos
woollen, AM **woolen** [ˈwuln] **1.** vlnený; *w.
lining* vlnená podšívka **2.** vlnársky; *w. in-
dustry* vlnársky priemysel;
word [wɜːd] **1.** slovo; *put thoughts into
w-s* vyjadriť myšlienky slovami **2.** len jedn. č.
správa, informácia, odkaz; *send w.* poslať
správu; *leave w.* nechať odkaz **3.** len jedn. č.
rozkaz *his w. is law* jeho rozkaz je zákonom
● *at a w.* na slovo/okamžite/zaraz; *w. for w.*
slovo za slovom; *put in/say a good w. for* stra-
tiť slovko, prihovoriť sa (za koho); *be as good*

as one's w. dodržať sľub/stáť si za slovom;
have a w. with porozprávať sa (s kým); *have the
last w.* mať posledné slovo; *keep/break one's
w.* dodržať/nedodržať dané slovo; *waste one's
w-s* hádzať hrach na stenu
wording [ˈwɜːdiŋ] štylizácia, formulácia;
the exact w. of a legal contract presná for-
mulácia zmluvy
wordless [ˈwɜːdləs] bez slov, nevyjadrený,
nemý; *w. grief* nemý žiaľ
word order [ˈwɜːd ˌɔːdə] lingv. slovosled
word processor [ˈwɜːd prəuˈsesə] výp. tex-
tový procesor
word stock [ˈwɜːd ˌstɒk] lingv. slovná zásoba
wordy [ˈwɜːdi] rozvláčny; *a w. explana-
tion* rozvláčne vysvetľovanie

wore p. **wear**
work [wɜːk] **I.** podst. **1.** práca; *he's fond of
his w.* má rád svoju prácu **2.** zamestnanie; *have
difficulty in finding w.* mať ťažkosti pri hľa-
daní zamestnania, ťažko hľadať zamestnanie
3. dielo, práca; *the w-s of famous painters* die-
la slávnych maliarov ● *at w.* v práci; *out of
w.* bez práce; *w. of art* umelecké dielo **II.** sl.
1. pracovať; *w. hard all day* usilovne praco-
vať po celý deň **2.** fungovať; *the telephone is
not w-ing* telefón nefunguje ● *w. one's fin-
gers to the bone* zodrať si ruky od roboty
work in zapracovať, vniesť; *w. in a few jokes
into a story* zapracovať zopár vtipov do príbehu
work off zbaviť sa; *w. off a debt* zbaviť sa
dlhu
work on/upon pôsobiť; *w. on sb.'s feelings*
pôsobiť na (niečie) city/svedomie
work out 1. vyvinúť sa; *the situation w-ed
out well* situácia sa dobre vyvinula **2.** vychá-
dzať; *the sum doesn't w. out* suma nevychá-
dza **3.** vypracovať; *w. out a method* vypraco-
vať metódu
work up 1. vybudovať; *w. up a business* vy-
budovať obchod **2.** vybičovať; *w. up the feel-
ings of an audience* vybičovať pocity publika
3. (*into*) postupne spracovať; *w. up notes into
a book* spracovať poznámky do knihy
workbook [ˈwɜːkbuk] pracovný zošit
workday [ˈwɜːkdei] pracovný deň; *an
eight-hour w.* osemhodinový pracovný deň
worker [ˈwɜːkə] **1.** pracujúci; *office/re-
search w-s* pracovníci v administratíve/vo
výskume **2.** robotník; *steel w-s* oceliarski
robotníci
workforce [ˈwɜːkfɔːs] robotníctvo

W

working ['wə:kiŋ] **I.** podst. činnosť, fungovanie, pochod; *the w-s of his mind* jeho myšlienkové pochody; *put a machine in w. order* opraviť stroj tak, aby fungoval **II.** príd. **1.** pracovný; *w. conditions/load* pracovné podmienky/zaťaženie **2.** pracujúci; *the w. people* pracujúci

working class [‚wə:kiŋ 'kla:s] robotnícka trieda

workman ['wə:kmən] mn. č. *-men* [-mən] manuálny pracovník

workmanship ['wə:kmənšip] majstrovstvo, zručnosť, šikovnosť

workplace ['wə:kpleis] pracovisko

workshop ['wə:kšop] **1.** dielňa; *a mobile w.* pojazdná dielňa **2.** seminár, tvorivá dielňa; *a drama w.* seminár o dráme

world [wə:ld] **1.** *(the)* svet aj pren.; *the Old W.* Starý svet (Európa, Ázia a Afrika); *a journey round the w.* cesta okolo sveta; *the w. of art* svet umenia **2.** ríša, oblasť; *animal w.* živočíšna ríša ● *against the w.* proti celému svetu; *how does the w. go with you?* ako sa ti darí? *do sb. the w. of good* veľmi dobre urobiť (komu); *not for the w.* ani za svet

world-famous ['wə:ld ‚feiməs] svetoznámy

world-weary [‚wə:ld 'wiri] unavený životom; *a w. young man* mladý muž unavený životom

worldwide [‚wə:ld'waid] **I.** príd. celosvetový; *w. fame* celosvetová sláva **II.** prísl. do celého sveta, v/po celom svete; *travel w.* cestovať po celom svete

worm [wə:m] červ aj pren.; *birds eat w-s* vtáky žerú červy; *You miserable w.!* pejor. ty úbohý červ! ● *even a w. will turn* aj trpezlivosť má hranice

worn p. **wear**

worn-down [‚wo:n 'daun] **1.** obnosený, opotrebovaný; *w. shoes* obnosené topánky **2.** nervovo vyčerpaný, unavený; *she is w. by her four small children* je vyčerpaná zo svojich štyroch malých detí

worn-out [‚wo:n'aut] **1.** zodraný, zodratý; *a w. coat* zodraný kabát **2.** zodratý, vyčerpaný; *a w. old woman* zodratá starena

worried ['warid] *about* znepokojený; *be w. about sth.* byť znepokojený (niečím) ● *be worried sick* byť strachom bez seba

worry ['wari] **I.** sl. **1.** robiť si starosti, znepokojovať sa; *don't w. about trifles* neznepokojuj sa nad taľafatkami **2.** obťažovať, trápiť, sužovať; *the noise w-ied her* hluk ju obťažoval; *what's w-ing you?* čo ťa trápi? **II.**

podst. trápenie, starosti; *life is full of w-ies* život je plný trápenia; *money w-ies* finančné starosti

worrying ['wariiŋ] **I.** príd. znepokojúci; *it's a w. time* je to znepokojujúca doba **II.** podst. znepokojenie, obavy; *w. won't help* obavy nepomôžu

worse [wə:s] **I.** príd. horší; *his work is w. than yours* jeho práca je horšia ako tvoja **II.** prísl. horšie; *sleep w.* spať horšie; *I feel w. today than I felt yesterday* dnes sa cítim horšie ako včera

worsen ['wə:sən] zhoršiť (sa)

worship ['wə:šip] **I.** podst. **1.** uctievanie, poklona; *the w. of God* uctievanie Boha; *bow one's head in w.* skloniť hlavu na znak poklony **2.** bohoslužba **3.** zbožňovanie, obdiv; *hero w.* obdiv hrdinov **II.** sl. **1.** chodiť na bohoslužby; *w. at a certain church* chodiť na bohoslužby do určitého kostola **2.** zbožňovať; *she w-s her elder brother* zbožňuje svojho staršieho brata

worst [wə:st] **I.** príd. najhorší; *the w. book I've ever read* najhoršia kniha, akú som kedy čítal **II.** prísl. najhoršie; *Tom played badly, John played worse and I played w.* Tom hral zle, John horšie a ja najhoršie

worsted ['wustəd] **I.** podst. priadza z česanej vlny, vlnená látka **II.** príd. (vyrobený) z česanej vlny, vlnený; *a w. suit* vlnený oblek

worth [wə:θ] **I.** podst. **1.** hodnota; *discoveries of great w.* objavy veľkej hodnoty **2.** množstvo tovaru určitej hodnoty; *a pound's w. of apples* množstvo jabĺk v hodnote jednej libry **II.** príd. (majúci určitú hodnotu) hodný, cenný; *it's not w. more than two pounds* nie je to hodné viac ako dve libry ● *it's w. while* stojí to za to

worthless ['wə:θləs] **1.** bezcenný; *a w. paper* bezcenný doklad **2.** zbytočný; *it would be w. to continue* bolo by zbytočné pokračovať

worthwile [‚wə:θ'wail] oplatiaci sa; *a w. book* kniha, ktorú sa oplatí prečítať ● *be w.* stáť za to

worthy ['wə:ði] dôstojný; *a w. successor* dôstojný nasledovník **2.** *(of/to)* hodný (čoho); *w. of admiration* hodný obdivu

would [wud] **1.** (tvorí podmieňovací spôsob); *he w. gladly take that job* rád by to zamestnanie prijal **2.** (vyjadruje opakovaný dej v minulosti); *they w. go for long walks during the weekends* cez víkendy chodievali na dlhé prechádzky **3.**

(nahradzuje *will* v nepriamej reči al. otázke); *they said they w. come soon* povedali, že čoskoro prídu **4.** (vyjadruje zdvorilú žiadosť); *w. you mind waiting a moment?* počkali by ste láskavo chvíľu?

would-be ['wudbi:] zdanlivý; *a w. expert* akože odborník

wound[1] [wu:nd] **I.** podst. rana aj pren., zranenie; *a bullet w.* strelná rana; *a w. to his pride* rana jeho pýche **II.** sl. poraniť, zraniť; *ten soldiers were killed and thirty w-ed* desať vojakov bolo zabitých a tridsať zranených

wound[2] p. **wind**

wove p. **weave**

woven p. **weave**

wrap [ræp] **I.** podst. AM šatka **II.** sl. -*pp*- **1.** (*up, in*) zabaliť (do čoho); *w. a child in a warm shawl* zabaliť dieťa do teplej šatky; *w. up a parcel* zabaliť balík **2.** zahaliť; *the mountain top was w-d in mist* končiar vrchu zahaľovala hmla

wrap up naobliekať sa

wrath [roθ] kniž. hnev, zlosť

wreath [ri:θ] mn. č. *wreaths* [ri:ðz] **1.** veniec; *funeral w.* pohrebný veniec **2.** kniž. kúdol dymu/hmly

wreck [rek] **1.** stroskotanie; *the w. of a ship in a storm* stroskotanie lode vo víchrici **2.** vrak (lode, auta) **3.** troska; *she's a mere nervous w.* je z nej len troska nervov

wreckage ['rekidž] trosky; *the w. of an aircraft* trosky lietadla

wrench [renč] **I.** podst. **1.** (prudké) trhnutie, šklbnutie; *open the door with a w.* otvoriť dvere trhnutím **2.** vytknutie, vyvrtnutie; *he gave his ankle a w.* vytkol si členok **3.** tech. francúzsky kľúč **II.** sl. **1.** vytrhnúť, vyšklbnúť; *he w-ed the letter out of her hand* vytrhol jej list z ruky **2.** vytknúť, vyvrtnúť; *I fell and w-ed my elbow* spadol som a vyvrtol som si lakeť

wrestle ['resl] (*with*) **1.** zápasiť (s kým) (športovo, podľa pravidiel) **2.** bojovať (s kým, čím); *w. with a temptation* bojovať s pokušením

wrestler ['reslə] zápasník

wretch [reč] chudák, úbožiak, chúďatko; *the poor w.* to chúďatko

wretched ['rečəd] **1.** úbohý, biedny; *a w. life* biedny život **2.** mizerný, zlý; *w. weather* mizerné počasie

wriggle ['rigl] **1.** krútiť sa; *the worm w-d on the fish-hook* červík sa krútil na udici **2.**

vrtieť sa, hniezdiť sa; *he w-d in his seat* hniezdil sa na svojom sedadle

wriggle out vykrútiť sa; *he hoped to w. out of the obligation* dúfal, že sa mu podarí vykrútiť z povinností

wring [riŋ], *wrung* [raŋ], *wrung* **1.** (vy)krútiť; *w. a chicken's neck* vykrútiť kure krk **2.** (*out*) (vy)žmýkať; *w. out wet clothes* vyžmýkať mokré šatstvo **3.** pren. vynucovať si, (vy)drankať; *he wrung money from his mother* vydrankal od matky peniaze

wrinkle ['riŋkl] **I.** podst. **1.** vráska; *she's beginning to get w-s* robia sa jej prvé vrásky **2.** hovor. trik; *he gave her some useful w-s* prezradil jej niekoľko užitočných trikov **II.** sl. (*up*) zmraštiť; *w. up one's forehead* zmraštiť čelo

wrist [rist] zápästie

wristwatch ['ristwoč] náramkové hodinky

write [rait], *wrote* [rəut], *written* ['ritn] (na)písať; *learn to read and w.* učiť sa čítať a písať; *w. a letter* napísať list

write down zapísať (si); *w. down an address* zapísať si adresu

write off odpísať, vyradiť; *w. off an old tape recorder* odpísať starý magnetofón

writer ['raitə] **1.** pisateľ; *the w. of this letter* pisateľ tohto listu **2.** autor; *the w. of this novel* autor tohto románu **3.** spisovateľ; *Shakespeare is a famous English w.* Shakespeare je slávny anglický spisovateľ

writing ['raitiŋ] **1.** rukopis; *the doctor's w. is difficult to read* lekárov rukopis sa ťažko číta **2.** písomný dokument **3.** *w-s* mn. č. spisy; *collected w-s* zobrané spisy ● *in w.* písomne

writing desk ['raitiŋ desk] písací stôl

writing paper ['raitiŋ ˌpeipə] listový papier

written p. **write**

wrong [roŋ] **I.** príd. **1.** nesprávny, zlý, chybný; *a w. answer* nesprávna odpoveď **2.** nemorálny; *it is w. to steal* kradnúť je nemorálne **II.** prísl. nesprávne, zle; *guess w.* zle hádať **III.** podst. zlo; *know the difference between right and w.* poznať rozdiel medzi dobrom a zlom **IV.** sl. (u)krivdiť; *he w-ed me when he said...* krivdil mi, keď hovoril...

wrote p. **write**

wrought [ro:t] tepaný; *a bracelet w. of silver* náramok z tepaného striebra

wrung p. **wring**

wry [rai] ironický; *a w. smile* ironický úsmev

xerox [ˈziroks] xerox, xerografický stroj
Xmas [ˈkrisms] hovor. Vianoce
x-ray [ˈeks rei] **I.** podst. röntgenový lúč; *an x-ray diagnosis* diagnóza na základe röntge- nologického vyšetrenia; *x-ray photograph* röntgenová snímka **II.** sl. snímkovať
xylograph [ˈzailəugraːf] drevoryt
xylophone [ˈzailəfəun] xylofón

yacht [jot] **I.** podst. jachta **II.** sl. plaviť sa na jachte
yachting [ˈjotiŋ] jachtárstvo
yak [jæk] jak
yank [jæŋk] **I.** sl. hovor. trhnúť, šklbnúť; *y. (on) a rope* trhnúť lanom **II.** podst. trhnutie, šklbnutie
Yankee [ˈjæŋki] **1.** hovor. AM rodák z Nového Anglicka (USA) **2.** Severoameričan (rodák z niektorého severného štátu USA – za americkej občianskej vojny) **3.** hovor. Američan (typický občan Spojených štátov)
yard¹ [jaːd] dvor, nádvorie; *a school y.* školský dvor
yard² [jaːd] yard (dĺžková miera 0,9144 m)
yarn [jaːn] **1.** priadza **2.** historka, príbeh; *spin sb. a y. about sth.* vymýšľať si príbehy, zveličovať
yawn [joːn] zívať; *he y-ed and went to bed* zíval a išiel si ľahnúť
yeah [jeə] hovor. áno
year [jəː, jiə] rok; *school y.* školský rok; *leap y.* priestupný rok ● *y. after y.* rok po roku; *all the y. round* (po) celý rok; *y. in y. out* rok čo rok
yearbook [ˈjiəːbuk] ročenka
yearly [ˈjiəːli] **1.** každoročný; *a y. ball* každoročný ples **2.** ročný, jednoročný; *y. income* ročný príjem; *y. output* ročná výroba (produkcia)
yearn [jəːn] (*for*) túžiť (po kom, čom); *he y-ed to return to his native land* túžil vrátiť sa do vlasti; *he y-ed for her return* túžil, aby sa vrátila
yeast [jiːst] kvasnice, droždie
yell [jel] **I.** sl. jačať, revať, vrieskať; *she y-ed at me, because she was angry* vrieskala na mňa, lebo sa zlostila **II.** podst. jačanie, rev, vrieskanie; *they greeted us with y-s of hate* vítali nás nenávistným revom
yellow [ˈjeləu] **I.** príd. **1.** žltý; *y. roses* žlté ruže **2.** senzáciechtivý, bulvárny; *the y. press* bulvárna tlač **II. 1.** žltá farba **2.** osoba žltej pleti **III.** (z)ožltnúť; *y. with age* zožltnúť časom

yelp [jelp] zaskučať; *the dog y-ed when I trod on its paw* pes zaskučal, keď som mu stúpil na labku
yeoman [ˈjəumən] mn. č. *-men* [-mən] hist. slobodný sedliak; *Y. of the Guard* člen kráľovskej osobnej stráže (dnes iba pri slávnostných ceremóniách)
yes [jes] **I.** prísl. áno; *Isn't she beautiful? - Y., she is.* Nie je krásna? – Áno, je. **II.** podst. áno; *answer with a plain „y.“ or „no“* odpovedz jednoznačne – áno, alebo nie
yesterday [ˈjestədi] včera; *he arrived y.* prišiel včera
yet [jet] **I.** prísl. **1.** doteraz, ešte; *be thankful you are y. alive* buď rád, že ešte žiješ; *we have not y. done it* doteraz sme to neurobili **2.** už; *is it time y.?* už je čas? **II.** spoj. ale, predsa, však; *it is good, y. it could be better* je to dobré, predsa by to však mohlo byť lepšie
yield [jiːld] **I.** sl. **1.** vynášať, prinášať zisk/úžitok; *this business y-s big profits* tento obchod prináša veľké zisky **2.** (*to*) ustúpiť (komu, čomu); *we will never y. to force* nikdy neustúpime sile **II.** podst. výťažok, výnos, zisk, úroda; *a good y. of wheat* dobrá úroda pšenice
YMCA [waiemsiːˈei] skr. *Young Men's Christian Association* Kresťanské združenie mladých mužov
yoga [ˈjəugə] joga
yogurt, aj *yoghurt, yoghourt* [ˈjogət] jogurt
yoke [jəuk] **I.** podst. **1.** chomút, jarmo **2.** volský záprah; **3.** pren. jarmo, útlak, tyrania; *the y. of public opinion* tlak verejnej mienky; *she submitted to his y.* podrobila sa jeho tyranii **II.** sl. zapriahnuť (do jarma); *y. oxen to a plough* zapriahnuť voly do pluhu
yolk [jəuk] žĺtok; *beat up the y. of three eggs* vyšľahať žĺtky z troch vajec
you [juː] **1.** ty, teba, tebe; *y. are my joy* (ty) si moja radosť; *I'm waiting for y.* čakám na teba **2.** vy, vám, vás; *y. are my friends* (vy)

ste moji priatelia; *this is for y.* toto je pre vás
3. človek, jeden, istý; *you never know* človek nikdy nevie
young [jaŋ] **I.** príd. mladý; *a y. girl* mladé dievča **II.** podst. (*the*) **1.** mladí, mládež **2.** mláďa (zvieraťa)
youngster [ˈjaŋstə] chlapec, dieťa; *he is just a y.* je to ešte chlapec/dieťa
your [jo:] **1.** váš; *are these y. children?* sú toto vaše deti? **2.** tvoj; *is John y. friend?* je Ján tvojím priateľom? **3.** ten váš, ten tvoj (zdvorilý záujem al. irónia); *so that is y. famous cake?* to je teda ten váš slávny koláč?
yours [jo:z] **1.** váš (v postavení menného prísudku); *this is my book and that is y.* toto je moja kniha a tamtá je vaša **2.** tvoj; *is that pencil y.?* je to vaša ceruza? **3.** (ako ukončenie listu) váš; *Y. truly/sincerely/faithfully* s úctou/pozdravom – Váš
yourself [jəˈself] mn. č. *-selves* [-selvz] **1.** sa, seba, si; *did you hurt y.?* poranil si sa? **2.** ty

sám; *you y. said so* ty si to sám povedal ● *(all) by y.* celkom sám; *to y.* sám pre seba
youth [ju:θ] **1.** mladosť; *she spent her y. with her grandparents* mladosť strávila u starých rodičov **2.** mladík; *a promissing y.* nádejný mladík; **3.** (mn. č.) *y-s* [ju:ðz] mladí ľudia; *y-s of both sexes* mladí obidvoch pohlaví **4.** hromad. mládež, mladí ľudia; *a y. camp* mládežnícky tábor
youthful [ˈju:θfl] **1.** mladistvý; *y. enthusiasm* mladistvé nadšenie **2.** svieži; *exercise will keep you y.* cvičením si zachováš sviežosť
youth hostel [ˈju:θˌhostl] ubytovňa pre mládež
yowl [jaul] **I.** sl. zavýjať; *that dog won't stop y-ing* ten pes neprestáva zavýjať **II.** zavýjanie
yuppie, yuppy [ˈjapi] mladý zbohatlík
YWCA [waidablju:si:ˈei] skr. *Young Women's Christian Association* Kresťanské združenie mladých žien

Z

zeal [zi:l] nadšenie, zápal, horlivosť; *work with great z.* pracovať s nadšením
zealous [ˈzeləs] nadšený, horlivý; *a z. supporter* horlivý stúpenec
zebra [ˈzi:brə] mn. č. *-bra/bras* zool. zebra
zebra crossing [ˌzi:brə ˈkrosiŋ] (označený) priechod pre chodcov
zero [ˈzirəu] mn. č. *-ros* al. *-roes* nula; *the thermometer fell to z.* teplomer klesol na nulu
zigzag [ˈzigzæg] **I.** príd. kľukatý, cikcakový; *a z. path* kľukatý chodník **II.** podst. kľukatosť **III.** sl. kľukatiť sa
zinc [ziŋk] zinok
zip [zip] aj *zip fastener* [ˌzip ˈfa:stənə] zips
zip code [ˈzip kəud] AM poštové smerovacie číslo

zipper [ˈzipə] AM zips, zipsový uzáver
zodiac [ˈzəudiæk] astron. zvieratník, zvieratníkové znamenie; *which is your sign of the z.?* v akom znamení zvieratníka si sa narodil?
zone [zəun] pásmo, oblasť, zóna; *no parking z.* zóna zákazu parkovania
zoo [zu:] zoologická záhrada; *take children to the z.* zobrať deti do zoologickej záhrady
zoologist [zu:ˈolədžəst] zoológ
zoology [zu:ˈolədži] zoológia
zoom [zu:m] **I.** podst. **1.** bzukot, bzučanie (stroja) **2.** strmý vzlet (lietadla) **3.** fot. aj *zoom lens* transfokátor **II.** sl. **1.** bzučať **2.** strmo vzlietnuť
zoom in fot. urobiť nájazd transfokátorom
zoom out fot. vzdialiť sa transfokátorom

Z

STRUČNÝ PREHĽAD ANGLICKEJ GRAMATIKY

Angličtina má tieto slovné druhy (Parts of Speech):

1. (Noun) podstatné meno
2. (Adjective) prídavné meno
3. (Pronoun) zámeno
4. (Numeral) číslovka
5. (Verb) sloveso

6. (Adverb) príslovka
7. (Preposition) predložka
8. (Conjuction) spojka
9. (Interjection) citoslovce

PODSTATNÉ MENÁ

Podstatné meno má tieto kategórie: číslo (number), počítateľnosť (countability), určenosť (determination), rod (gender), pád (case).

Číslo

Pri podstatných menách sa rozlišuje jednotné (singular) a množné (plural). Jednotné číslo sa neoznačuje nijakou koncovkou.

Množné číslo *pravidelné* sa označuje:
   a) koncovkou **-s** (friend – friends, table – tables);
   b) koncovkou **-es** po sykavkách (-s, -ss, -sh, -ch, -x: bus – buses, class – classes) a po –o (tomato – tomatoes, hero – heroes).

Ak sa však slovo končiace sa na -o pociťuje ako cudzie, tvorí sa množné číslo iba koncovkou **-s** (photo – photos, piano – pianos).

Slová zakončené na -y, pred ktorým je spoluhláska, menia toto -y na -i a priberajú -es (city – cities, army – armies).

Množné číslo *nepravidelné* je uvedené pri heslách v anglicko-slovenskej časti slovníka. Príklady:

child – children	half – halves
foot – feet	knife – knives
man – men	loaf – loaves
mouse – mice	thief – thieves
tooth – teeth	wife – wives
woman – women	

Slová *latinského a gréckeho pôvodu* majú často svoje pôvodné množné číslo:

datum – data	basis – bases
phenomenon – phenomena	crisis – crises

Počítateľnosť

Počítateľné sú konkrétne bytosti alebo veci (boys, cats, pictures, rooms).
Nepočítateľné sú:
– beztvaré látky (water, butter, air),
– abstraktné pojmy (succes, music, friendship).

Určenosť

Na vyjadrenie tejto kategórie sa používa: 1. určitý člen **the,**
2. neurčitý člen **a, an** (iba v jednotnom čísle),
3. neprítomnosť člena.

Jedn. č. – mn. č.
the book – the books
the eye – the eyes

Jedn. č. – mn. č.
a book – books
an eye – eyes

Používanie určitého člena: pri počítateľných aj nepočítateľných podstatných menách bližšie určených.

Okrem toho sa určitý člen používa vždy pred názvami:
– svetových strán (the north),
– riek a morí (the Thames, the Danube, the Baltic Sea),
– pohorí a súostroví (the Alps, the Canaries),
– krajín v množnom čísle (najmä niektorých viacslovných – the U.S.A., the Netherlands, the Ukraine),
– niektorých významných budov (the Tower, the Houses of Parliament).

Používanie neurčitého člena: pri počítateľných menách v jednotnom čísle, označujúcich živú bytosť alebo vec, ktoré nie sú bližšie určené. Má tvar **a** pred vyslovovanou spoluhláskou (a boy) a **an** pred vyslovovanou samohláskou (an eye, an hour).

Do slovenčiny členy neprekladáme. Určitý člen môže byť zastúpený ukazovacím zámenom, neurčitý člen číslovkou **one** alebo zámenami **some, any.**

Bezčlennosť

Člen sa nepoužíva:
– ak je pred podstatným menom zámeno (this letter, his father),
– pri vlastných menách osôb, svetadielov, krajín a ostrovov v jedn. čísle, hôr, jazier, miest, ulíc, námestí (John Smith, Europe, Denmark, Island, Oxford Street, Trafalgar Square),
– pri názvoch farieb a jazykov (the girl in red, do you speak French?),
– pri názvoch chorôb (he has influenza/cancer),
– pri názvoch ročných období, mesiacov, dní, sviatkov vo všeobecnom význame (winter, Easter, Friday),
– denných jedál a hier vo všeobecnom význame (breakfast, tea, football, tennis),
– ustálených spojeniach a väzbách (at home, by day, at last, in time, on tiptoe, from beginning to end),
– v zaužívaných spojeniach so slovesom (to declare war, to have reason) atď.

Rod

V angličtine je prirodzený rod.

Mužský rod:	man, father, boy (osoby mužské)
Ženský rod:	woman, mother, girl (osoby ženské)
Stredný rod:	house, air, dog (veci a zvieratá)

Formálne sa rod vyjadruje iba v tretej osobe jednot. čísla osobným zámenom (he, she, it) a privlastňovacím zámenom (his, her, its).

Niektoré podstatné mená majú mužský aj ženský tvar, väčšinou utvorený prechyľovacou koncovkou -ss (actor – actress, host – hostess), pozrí heslo v slovníkovej časti.

Rod sa rozlišuje aj pomocou zložených slov, kde *mužský rod* je signalizovaný výrazmi man, boy, male, he a *ženský rod* výrazmi woman, lady, girl, female, she (girlfriend, boyfriend, male and female teachers, man-servant, maid-servant). Pri *personifikácii* niektorých vecí alebo zvierat sa tiež ustálil ženský rod napr. v slovách ship, aircraft, car. Zo zvierat, s ktorými človek žije v domácnosti, bývajú mužského rodu dog, horse, canary, ženského rodu cat, parrot, fish.

Pád

Podst. mená majú v skutočnosti iba dva pády: **všeobecný pád** (Commom Case), ktorý tvoria 1., 3. a 4. pád, t.j. tvary bez koncoviek, a **privlastňovací pád** (Possessive Case), t.j. 2. pád. Tvorí sa pridaním 's alebo pomocou predložky of. Veta v angličtine má pevný slovosled, a tak sa pády v našom chápaní vyjadrujú postavením vo vete a pomocou predložkových väzieb (2.pád – **of,** 3.pád – **to,** 6.pád – **about,** 7.pád – **with, by**).

Skloňovanie podstatného mena

	Jednotné číslo	Množné číslo
1. pád (nominatív)	the boy, a boy	the boys, boys
2. pád (genitív)	the boy's, a boy's	the boys', boys'
	of the boy, of a boy	of the boys, of boys
3. pád (datív)	(to) the boy, (to) a boy	(to) the boys, (to) boys
4. pád (akuzatív)	the boy, a boy	the boys, boys
5. pád (vokatív)	boy!	boys!
6. pád (lokál)	about a boy	about boys
7. pád (inštrumentál)	with a boy	with boys

PRÍDAVNÉ MENÁ

Prídavné meno sa nemení v čísle, rode ani v páde (an old man, an old woman, old men, old women, an old man's face, he is old, she is old, they are old).

Jednotné číslo	Množné číslo
dobrý	dobrí
good — dobrá	dobré
dobré	dobré

Stupňovanie prídavných mien

Rozlišujeme stupňovanie:
1. Pravidelné
a) pomocou koncoviek -(e)r, -(e)st:

	1. stupeň (positive)	2. stupeň (comparative)	3. stupeň (superlative)
	short long	shorter longer	shortest longest
po koncovom **-e** iba **-r** a **-st**	fine	finer	finest
-y po spoluhláske sa mení na **-i**	happy	happier	happiest
zdvojuje sa kmeňová spoluhláska po prízvučnej samohláske	big	bigger	biggest

Týmito príponami sa stupňujú prídavné mená jednoslabičné a dvojslabičné končiace sa samohláskou alebo tie, ktoré majú prízvuk na koncovej slabike.

b) opisom
(Ide o dvoj- a viacslabičné prídavné mená).

1. stupeň (positive)	2. stupeň (comparative)	3. stupeň (superlative)
interesting beautiful	more interesting more beautiful	most interesting most beautiful

2. Nepravidelné

1. stupeň (positive)	2. stupeň (comparative)	3. stupeň (superlative)
good	better	best
bad ill	worse	worst
little	less	least
much many	more	most
late	latter later	last latest

1. stupeň (positive)	2. stupeň (comparative)	3. stupeň (superlative)
far	farther [+] / further	farthest [+] / furthest
near	nearer	nearest [+] / next
old	older [+] / elder	oldest [+] / eldest

[+] Rozdiely v použití pozri v slovníkovej časti

Porovnávanie prídavných mien:

1. stupeň
   as-as taký... ako (he ist as tall as John)
   not so (as)...as nie taký...ako (he ist not as (so) tall as John)

2. stupeň
   than ako, než (he ist taller than John)

3. stupeň
   ...of (he ist the tallest of all)

ZÁMENÁ

Osobné zámená		Privlastňovacie zámená		Zvratné a zdôrazňovacie zámená
Podmetové	Predmetové	Nesamostatné (Prívlastkové)	Samostatné	
I	me	my	mine	myself
you	you	your	your	yourself
he	him	his	his	himself
she	her	her	hers	herself
it	it	its	its	itself
we	us	our	ours	ourselves
you	you	your	yours	yourselves
they	them	their	theirs	themselves

Osobné zámená

Osobné zámená vo funkcii podmetu sú vo vete bezprostredne pred slovesom, inak sa používajú predmetové tvary (I go home – ale: it's me).

I sa píše vždy s veľkým písmenom, **you** (aj v listoch) s malým písmenom.

Privlastňovacie zámená

Privlastňovacie zámená nesamostatné (prívlastkové) stoja pred podstatným menom (môže byť rozvité: my new dress) a môžu byť zdôraznené výrazom **own** (their own house). Samostatné privlastňovacie zámená stoja samostatne namiesto podstatného mena (this is my book – this book is mine).

Angličtina nemá ekvivalent slovenského zámena svoj, používa sa zámeno príslušnej osoby.

Zvratné a zdôrazňovacie zámená

Pri slovese v neurčitku sa používa tvar **oneself** (to hurt oneself – tvar v 1. osobe: I hurt myself).

Slovenským zvratným slovesám zodpovedajú anglické nezvratné väzby (to afford, to behave) alebo iné (to be afraid, to change one's clothes).

Zdôrazňovacie zámená sa používajú na zosilnenie alebo zdôraznenie podstatného mena – vo význame sám, osobne, priamo (I must do it myself. Ask the man yourself).

Ukazovacie zámená

Jednotné číslo	Množné číslo
this that	these those

This a these poukazujú na niečo priestorovo aj časovo blízke, *that* a *those* na niečo vzdialenejšie.

Who told you this? Kto ti to povedal?
This is what you must do. Musíš urobiť toto.
That seems early enough. Zdá sa, že je to dosť zavčasu.

Po this alebo that možno použiť *zástupné* **one**, aby sa podstatné meno nemuselo opakovať. Zástupné **one** sa v prípade *nepočítateľných* podstat. mien a po *these* a *those* nepoužíva.

You like that picture, I prefer this one. Tebe sa páči tamten obraz, mne tento.
I don't like these gloves, I'll take those. Nepáčia sa mi tieto rukavice, vezmem si tamtie.

Opytovacie zámená

Opytovacie zámená sú: who, whose, what a which.

Pád	Osoby	Veci
Podmetový Privlastňovací Predmetový	*who* kto *what* čo *whose* čí, čia, čie *who(m)* koho	*what* čo, čoho

Who is it? Kto to je?
Whose book is that? Čia je to kniha?
Whom did you meet? Koho si stretol?
What is that? Čo je to?
What is your name? Ako sa voláš?
Which number is that? Aké je to číslo?
Which of you will have tea? Kto z vás si dá čaj?

Vzťažné zámená

a)*Obmedzovacie* – uvádzajú takú vzťažnú vetu, ktorá je nevyhnutná na spresnenie
významu hlavnej vety a nedá sa vynechať. Neoddeľuje sa čiarkami.

Pád	Osoby	Nie osoby
Podmetový	*who, that*	*that, which*
Predmetový	*(that), (whom)*	*that (which)*
Predložkový	*(that)* predložka	*(that)* ...predložka
		Predložka + *which*
Privlastňovací	*whose*	*of which, whose*

Pozn.: Zámená v zátvorkách možno vynechať. Pred *that* nesmie byť predložka (jej
miesto je na konci):
A postman is a man who/that delivers letters. Poštár je človek, ktorý roznáša listy.
Did you see the book that/which he brought? Videl si knihu, ktorú priniesol?
There are lots of things (that) I need to do today. Je veľa vecí, ktoré dnes musím urobiť.
There's the man (that) I was telling you about. Tam je ten muž, o ktorom som ti ho-
voril.
That's the gun (that) he was shot with. To je puška, ktorou bol zastrelený.
That's the man whose house is over there. To je človek, ktorého dom je tamto.
A new computer whose price is very attractive. Nový počítač, ktorý má veľmi prí-
ťažlivú cenu.
Alebo: A new computer the price of which is very attractive. Nový počítač, ktorého
cena je veľmi príťažlivá.

b)*Popisné*, t.j. neobmedzujúce vzťažné zámena uvádzajú vedľajšiu vynechateľnú
vzťažnú vetu. Takáto veta sa oddeľuje čiarkou.

Pád	Osoby	Nie osoby
Podmetový	,*who*..,	,*which*..,
Predmetový	,*whom*..,	,*which*..,
Predložkový	,predložka + *who*..,	,predložka + *which*..,
	,*who*.. + predložka	,*which*.. + predložka
Privlastňovací	,*whose*..,	,*whose*..,

George, who lives in London, is a teacher and my very good friend.
Jane, for whom I bought this present, will come tomorrow.
Ann, whose sister is a film star, will be there too.

Neurčité zámená
Sú to:
all, each, every, either, neither, both, some, any, no, none, much, many, little, few, other, another, one, else.

all celý, všetci
all day, all my friends, in all my life, all over the world
Často sa vyskytuje v ustálených spojeniach, napr.:
not at all (vôbec; niet za čo), in all (vcelku), above all (nadovšetko), first of all (predovšetkým).

each (iba v jednotnom čísle) každý z určitého počtu
each man, on each side, each of us

every
každý bez výnimky, používa sa pre viac ako dvoch členov
every day, every man, every three days (každé tri dni)
Zloženiny s every: everybody, everyone, everything, everywhere

either
– jeden ako druhý (jeden z dvoch),
– jeden aj druhý, obaja, obe,
– po zápornom slovese tiež nie; žiadny.
Here are two books, you can have either of them. (Tu sú dve knihy, môžeš si jednu vziať.), at either side of the street (po obidvoch stranách ulice)
I don't play the piano either. (Ja tiež (ani ja) nehrám na klavír.)
I don't want either of them. (Nechcem žiadnu z nich.)

either... or buď..., alebo
You can either send a letter or a postcard. (Môžeš poslať list alebo pohľadnicu).

neither
ani jeden, ani druhý (z dvoch)
She won't eat, neither shall I. (Ona nebude jesť, ani ja nebudem.)

neither... nor ani ... ani

both
oba, obe, jeden aj druhý (z dvoch)
Both my sisters are married. (Obidve moje sestry sú vydaté.)
They both like swimming. (Obidve rady plávu.)
both children – obidve deti

*both... and...*aj
both, father and mother (aj otec aj matka)

some, any, no a ich zloženiny

some	– nejaký, niektorý	v kladnej vete
		v otázke, ak čakáme kladnú odpoveď
any	– ktorýkoľvek	v kladnej vete
	– nejaký	v otázke
	– nijaký	v zápornej vete
no	– nijaký, žiadny	= not any

Pre zloženiny platia tie isté pravidlá o používaní.

Osoba	Vec	Miesto	Čas
somebody, someone	*something*	*somewhere*	*sometimes*
niekto	niečo	niekde	niekedy
anybody, anyone	*anything*	*anywhere*	*(at) any time*
ktokoľvek	čokoľvek	kdekoľvek	kedykoľvek
niekto	niečo	niekde	
nikto	nič	nikde	
nobody, no one	*nothing*	*nowhere*	*never*
nikto	nič	nikde	nikdy

Poznámka: V anglickej vete môže byť iba jeden zápor, preto je pri nobody, nothing, nowhere, never sloveso kladné.
I have nothing to do. Nemám nič na práci. Nobody was there. Nikto tam nebol.

many, much, little, few
S počítateľnými podstatnými menami **many** veľa (books) **few** málo (people)
S nepočítateľnými podstatnými menami **much** veľa (time) **little** málo (water)

V kladných oznamovacích vetách namiesto *many a much* používame aj výrazy *plenty of, a lot of, lots of,* pri nepočítateľných menách aj výraz *a great deal of.*

Poznámka:
few a little s neurčitým členom majú iný význam:
A few niekoľko, zopár: in a few days – o niekoľko dní
A little trocha: a little water – trocha vody

other, another

other	iný, ďalší	others	iní
the other	druhý	the others	ostatní

another = 1. iný; 2. ďalší, ešte jeden.

Can we meet some other time? (Stretneme sa inokedy?)
A few of them are red, the others are brown. (Zopár ich je červených, ostatné sú hnedé.)
One is red, the other is brown. (Jeden je červený, ten druhý je hnedý.)
There must be another way out. (Musí existovať aj iná cesta von.)
Have another cup of tea. (Dajte si ešte jednu šálku čaju.)

Poznámka: They like each other. (Majú sa radi navzájom.)
every other day (každý druhý deň)

one
je číslovka jeden, ale má aj funkciu:
1. neurčitého podmetu, v slovenčine napr. človek, ľudia, my:
   It makes one wonder. (Tomu sa musí človek čudovať.)
2. zastupuje podstatné meno, ktoré by sa muselo opakovať:
   Do you want this paper or that one? (Chcete tieto noviny alebo tamtie?)
   Privlastňovací pád je *one's* a zvratné zámeno *oneself*.
3. má význam akýsi, istý, jeden: early one morning (zavčasu jedného rána).
   The victim was one John Smith. (Obeťou je istý John Smith.)

ČÍSLOVKY

0	[nought]	v bežnom jazyku
	[zero]	v odborných výrazoch, číslica nula
	[nil]	najmä v športových výsledkoch
	[əu]	často po desatinnej bodke a v telefónnych číslach

Základné

1 one	20 twenty
2 two	21 twenty-one
3 three	22 twenty-two
4 four	23 twenty-three
5 five	30 thirty
6 six	40 forty
7 seven	50 fifty
8 eight	60 sixty
9 nine	70 seventy
10 ten	80 eighty
11 eleven	90 ninety
12 twelve	100 one hundred
13 thirteen	125 one hundred and twenty-five
14 fourteen	200 two hundred
15 fifteen	1000 one thousand
16 sixteen	1,000.000 one milion
17 seventeen	2,000.000 two milion
18 eighteen	2,000.500 two milion five hundred
19 nineteen	

Radové

1st	the first
2nd	the second
3rd	the third
4th	the fourth
5th	the fifth
6th	the sixth
7th	the seventh
8th	the eighth
9th	the ninth
10th	the tenth
11th	the eleventh
20th	the twentieth
21st	the twenty-first
30th	the thirtieth
100th	the hundredth
1000th	the thousandth
1,000.000th	the milionth

Násobné:

1x	once
2x	twice
3x	three times
10x	ten times

Zlomky:

1/2	one half
2/3	two thirds
5/4	five quarters
4/5	four fifths
10/8	ten eighths
5/20	five twentieths
2 1/2	two and a half
25/45	twenty five over forty five

Poznámky:

V základných aj radových číslovkách je medzi desiatkami a jednotkami spojovník (twenty-five).

Medzi stovkami a desiatkami sa vyslovuje spojka and (two hundred and fifty-five).

Číslovky *hundred, thousand, million* nepriberajú koncovku množného čísla -s, keď pred nimi stojí určitá číslovka – one hundred, two hundred.

Ak majú koncovku -s, stávajú sa neurčitými číslovkami.

There were hundreds of people (stovky ľudí).

Pri písaní číslic sa tisícky oddeľujú čiarkou, alebo sa vynechá medzera. (1,000/1000)

V radových číslovkách od 4 vyššie je koncovka -th. Koncové -y sa mení na -ie (forty – fortieth).

Vo viacciferných číslovkách je radová vždy až posledná číslica:

421st - four hundred and twenty-first

Radové číslovky majú obyčajne pred sebou určitý člen (the second).

Zapisujeme ich číslicou a poslednými dvomi písmenami: 1st, 25th atď.

Dátum

Používajú sa radové aj základné číslovky:

The 24th (of) February, 1998

February 24th, 1998

February 24, 1998

Napr.: I was born on the 24th of February (on February 24).

Letopočty sa čítajú po dvojiciach: 1989 – nineteen eighty-nine.

2001 – twenty-o-one

(al.: two thousand and one)

Počtové výrazy

Addition: 2 + 3 = 5 two and/plus three is /equals/ makes five
Subtraction: 5 − 3 = 2 five less/minus three is /equals/ makes two
Multiplication: 6 x 5 = 30 six times five is/are thirty, six multiplied by five equals thirty
Division: 30 : 5 = 6 five into thirty goes six (times), thirty divided by five equals six

Desatinná bodka:

Desatinné číslo čítame:
18.256 eighteen point two five six
0.36 (nought) point three six
(nulu pred desatinnou bodkou môžeme vynechať pri čítaní)

Určovanie času

5.00	it is five o'clock
5.10	it is ten past five
5.15	it is a quarter past five
5.30	it is half past five
5.40	it is twenty to six
5.45	it is a quarter to six
5.55	it is five to six

Výraz *o'clock* sa používa iba pri celej hodine. **Do** pol *pripočítavame* čas k predchádzajúcej hodine, **od** pol *odpočítavame* od nasledujúcej hodiny.

V údajoch o doprave sa čítajú iba číslice.

Čas sa udáva po 12 hodinách, na odlíšenie sa v čase od polnoci do poludnia (0.00 – 12.00) pridáva skratka a.m. (ante meridiem), od poludnia do polnoci (12.00 – 24.00) p. m. (post meridiem). V poslednom čase sa začína počítať s 24 hodinovým časom, najmä v rozhlase a TV.

SLOVESÁ

Anglické slovesá sa delia na:

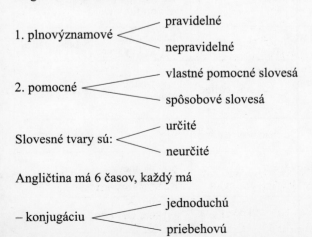

1. plnovýznamové — pravidelné
— nepravidelné

2. pomocné — vlastné pomocné slovesá
— spôsobové slovesá

Slovesné tvary sú: — určité
— neurčité

Angličtina má 6 časov, každý má

— konjugáciu — jednoduchú
— priebehovú

– rod

Poznámka: V trpnom rode môžeme použiť každé vhodné plnovýznamové sloveso.

Nepravidelné slovesá tvoria nepravidelne: jednoduchý minulý čas a minulé príčastie (Pozri zoznam v tejto kapitole, alebo slovníkovú časť).

Prehľad časov a časovania plnovýznamových slovies

	Činný rod (Active Voice)	**Trpný rod** (Passive Voice)
Prítomný čas (Present Tense) jednoduchý (Simple)	I/you/we/they call he/she/it calls	I am he/she/it is called we/you/they are
priebehový (Continuous)	I am he/she/it is calling we/you/they are	I am he/she/it is being called we/you/they are
Predprítomný čas (Present Perfect) jednoduchý	I/you/we/they have called he/she/it has	I you/we/they have been called he/she/it/has
priebehový	I/you/they have been calling he/she/it has	–
Minulý čas (Past) jednoduchý	I/you/we/they called he/she/it	I/he/she/it was called we/you/they were
priebehový	I/he/she/it was calling we/you/they were	I/he/she/it was being called we/you/they were
Predminulý čas (Past Perfect) jednoduchý	I/you/we/they had called he/she/it	I/you/we/they had been called he/she/it
priebehový	I/you/we/they had been calling he/she/it	–
Budúci čas (Future) jedoduchý	I/you/we/they will call he/she/it	I/you/we/they will be called he/she/it
priebehový	I/you/we/they will be calling he/she/it	–

	Činný rod (Active Voice)	**Trpný rod** (Passive Voice)
Budúci dokonavý čas (Future perfect)	I/you/we/they he/she/it > will have called	I/you/we/they he/she/it > will have been called
priebehový	I/you/we/they he/she/it > will have been calling	–
Future-in -the-Past (Conditional) prítomný podmieňovací spôsob jednoduchý	I/you/we/they he/she/it > would call	I/you/we/they he/she/it > would be called
priebehový	I/ you/we/they he/she/it > would be calling	–
Future-Perfect- in-the-past (Conditional Perfect) minulý podmieňovací spôsob jednoduchý	I/you/we/they he/she/it > would have called	I/you/we/they he/she/it > would have been called
priebehový	I you/we/they he/she/it > would have been calling	–

Použitie jednoduchých časov:

Prítomný čas – plnovýznamové slovesá priberajú v 3. osobe jedn. č. koncovku -/e/s.
Vyjadruje: 1. Výpoveď, ktorá má všeobecnú platnosť.
        The Earth rotates on its axis. Zem sa otáča okolo svojej osi.
     2. Dej, ktorý sa pravidelne alebo stále opakuje.
        The postman calls twice. Poštár chodí dvakrát.
     3. Dej, ktorým sa označuje charakteristická vlastnosť podmetu.
        He speaks French fluently. Hovorí plynne po francúzsky.

Poznámka: slovesá, ktoré vyjadrujú zmyslové vnímanie, duševné pochody, citové
        vzťahy, sa používajú iba v jednoduchom (nie v priebehovom) tvare:
        She loves him. Ľúbi ho. I don't understand you. Nerozumiem ti.

Predprítomný čas – tvorí sa pomocným „have" + príčastie min.
    Vyjadruje dej, ktorý svojimi následkami zasahuje do prítomnosti. Čas deja nie je určený.
    I have bought a new coat. Kúpil som si nový kabát.
    Používa sa často s príslovkovými určeniami času napr. (ever, never, just atď).

Minulý čas – sa tvorí koncovkou -/e/d pri pravidelných slovesách. (Zoznam nepravidelných slovies pozri ďalej).

Poznámky: Koncové -y sa po spoluhláske mení na **-ied.**

      to study – he studied

      Koncová spoluhláska sa **zdvojuje** po prízvučnej samohláske, alebo ak sa končí na -1:

      to permit – she permitted

      to compel – he compelled

      Vyjadruje dej, skončený v minulosti, väčšinou jednorazový, ktorý sa uskutočnil v určitom čase v minulosti a nemá vzťah k prítomnosti.

He was born in 1955. Narodil sa v roku 1955. She died last year. Zomrela minulý rok. Did you speak to your mother? Rozprával si sa s mamou?

Predminulý čas – tvorí ho minulý čas slovesa have + príčastie minulé významového slovesa.

      Vyjadruje dej, ktorý sa skončil pred určitým časovým bodom v minulosti, alebo pred začiatkom iného deja v minulosti.

She got dressed after she had washed. Keď sa umyla, obliekla sa.

Budúci čas – tvorí pomocné sloveso *shall* /1.os.jedn.a mn.č./ a *will* + prítomný neurčitok významového slovesa.

Poznámka: Na vyjadrenie budúceho času sa sloveso shall v modernej angličtine už takmer nepoužíva.

Vyjadruje: budúci dej alebo stav, predpoklad, ponuku alebo zdvorilú žiadosť.

      We shall be away next week. Na budúci týždeň budeme preč.

      She will understand how I feel. Pochopí, ako sa cítim.

      Will you shut the door, please? Zavriete, prosím, dvere?

Budúci čas sa môže vyjadriť aj inými spôsobmi, sú to:

a) jednoduchý prítomný čas spolu s príslovkovým určením času;

      She arrives tomorrow. Príde zajtra.

      What time does the bus leave? Kedy odchádza autobus?

b) priebehový prítomný čas – vyjadruje bezprostrednú budúcnosť;

      We are playing golf on Saturday. V sobotu hráme golf.

      I am expecting a visit this summer. Toto leto očakávam návštevu.

c) väzba *to be going* + neurčitok významového slovesa vyjadruje vôľu alebo úmysel.

      What are you going to do during the weekend? Čo budete robiť cez víkend?

      It's going to snow. Bude snežiť.

Budúci dokonavý čas – pomocné sloveso *shall* alebo *will* + minulý neurčitok významového slovesa.

Vyjadruje:
a) budúci dej, ktorý sa skončí v budúcnosti pred určitým časom, vyjadreným príslovkovým určením, obyčajne **by** (do) alebo pred iným budúcim dejom, vyjadreným *časovou vetou;*
By the end of the year 2000 the population will have risen to over 20 milion. Do roku 2000 sa počet obyvateľstva zvýši na vyše 20 miliónov.
b) predpoklad o deji, ktorý už bol v minulosti skončený.
He will probably have heard the news. On už asi počul tú správu.

Použitie priebehových tvarov:
Tvoria sa z príslušného času slovesa *to be* + *prítomného činného príčastia význ. slovesa*:
he is speaking
he was speaking
he had been speaking

Priebehový prítomný čas
– vyjadruje dej, ktorý prebieha práve v tej chvíli, keď sa o ňom hovorí:
I am looking at you, you are listening to me. Ja sa na teba pozerám, ty ma počúvaš.
– vyjadruje bezprostrednú budúcnosť, najmä pri slovesách pohybu:
When are you leaving? Kedy odchádzaš? John is travelling to London tomorrow. John zajtra cestuje do Londýna.

Priebehový predprítomný čas
– vyjadruje dej, ktorý sa alebo práve skončil alebo pokračuje v prítomnosti a môže pokračovať aj v budúcnosti:
What have you been doing today? I've been writing letters all the morning. (= and I'm still writing them now.) Čo si dnes robil? Celé dopoludnie som písal listy. (= a ešte stále ich píšem.)

Priebehový minulý čas
– vyjadruje dej, ktorý prebiehal súčasne s dejom v hlavnej vete:
I met him when he was crossing the street. Stretol som ho, keď prechádzal cez cestu.

Priebehový predminulý čas
– vyjadruje dej, ktorý sa začal a pokračoval určitý čas v minulosti.
Čas trvania obyčajne vyjadruje príslovka.
Before he came to England, Paul had been living on the Continent. Prv než prišiel do Anglicka, Pavol žil v Európe.

Priebehový budúci čas
– vyjadruje budúci dej, ktorý bude prebiehať v určitom čase:
When I get back, we'll be having supper. Keď sa vrátim, navečeriame sa.

Priebehový budúci dokonavý čas
– vyjadruje dej, ktorý bude prebiehať určitý čas do určitého okamihu v budúcnosti, alebo pred iným budúcim dejom. (S týmto tvarom sa pomerne zriedka stretá-

vame.) Our friends will not arrive until eight. By then we'll have got everything ready. Naši priatelia neprídu pred ôsmou. Dovtedy budeme mať všetko pripravené.

Zápor plnovýznamových slovies sa tvorí pomocou slovesa „to do" a slova „not" v prítomnom a minulom jednoduchom čase:

Prítomný čas	I/you/we/they he/she/it	do not (don't) know does not (doesn't) know
Minulý čas	I/you/we/they he/she/it	did not (didn't) know

Otázka sa tvorí pomocou slovesa „to do" v príslušnej osobe (so zmeneným slovosledom) v prítomnom a minulom jednoduchom čase:

Prítomný čas	do I/you/we/they does he/she/it	know?
Minulý čas	did I/you/we/they he/she/it	know?

Vo všetkých iných časoch otázku a zápor tvoria *pomocné slovesá*:
are you calling? I was not calling
have you called? I have not been calling

Podmieňovací spôsob

a) *Prítomný* (Future in the Past) = would + prítomný infinitív významového slovesa bez **to**
  you *would be* bol by si; *I would come* prišiel by som
b) *Minulý* (Future Perfect in the Past) = would + minulý infinitív významového slovesa
  You *would have been* bol by si býval; *I would have come* bol by som prišiel

Rozkazovací spôsob

Pre 2. osobu jedn. aj množ. čísla použijeme neurčitok slovesa *bez to*:
  Be quiet! Buď ticho! Stop talking! Prestaň rozprávať! Go and see what's the matter! Choď sa pozrieť, čo sa stalo!
  Záporný rozkazovací spôsob sa tvorí vždy pomocou *to do* v zápornom tvare (vrátane to be a to have).
  Don't do that! Nerob to! Don't be silly! Nebuď hlúpy! Don't open the window! Neotváraj okno!
  Rozkazovací spôsob pre *1. a 3. osobu jedn. a množ. čísla* sa tvorí pomocou *let* + podst. meno alebo objektový pád zámena + neurčitok významového slovesa.
  Let him go! Nech ide! Let us go! Poďme! Let me go! Idem! Don't let him do that! Nech to neurobí!

Súslednosť časov

Hlavná veta	Vedľajšia veta
Prít. čas She **says**	(that) she — helps her helped him has helped him will help her would help her
Min. čas She **said**	(that) she — helped her had helped her had helped her would help her would have helped her

V súvetiach, v ktorých sa hovorí o určitej skutočnosti z hľadiska *minulosti*, sa časy vo vedľajšej vete *posúvajú* do minulosti: He **said** he **was** born in 1967. Hovorí, že sa narodil v roku 1967.

Poznámka: Výnimky tvoria vedľajšie vety, kde je čas presne určený, alebo v ktorých sú všeobecne platné tvrdenia.
People **did** not believe that the Earth **moves.**

Neurčité slovesné tvary

Neurčitok	Činný		Trpný
	jednoduchý	priebehový	
prítomný	to call	to be calling	to be called
minulý	to have called	to have been calling	to have been called

Častica **to** sa nepoužíva:
1. Po pomocných slovesách *shall, will, do* a po spôsobových *can, may, must, need, dare*
2. Po slovesách zmyslového vnímania (napr. *see, hear, feel*)
3. Po slovesách *let, make, have,* po výrazoch *I had better, I would rather* atď.

Pomocné a spôsobové slovesá
be: Ako **významové** sloveso (byť, existovať):
There is a man in the garden. V záhrade je muž.
The meeting was on Tuesday.
Schôdza bola v utorok.
Ako **pomocné** sloveso sa používa pri tvorení priebehových tvarov:
I am calling. Volám. It is called. Je volané. (Volá sa.)

have: Ako **významové** sloveso (mať, vlastniť), často v tvare
 I have got – mám
 He has got – má
 Vo funkcii významového slovesa tvorí *otázku a zápor* pomocou
 to do (ak nemá pri sebe got):
 I do not have – nemám.
 Ako **pomocné** sloveso sa používa v:
 1. predprítomnom čase – I have called;
 2. predminulom čase – I had called;
 3. budúcom dokonavom čase – I will have called.

do: Ako **pomocné** sloveso sa používa na tvorenie otázky a záporu v jednoduchom prítomnom a minulom čase.
 Ako **významové** sloveso tvorí otázku a zápor pomocou *do*. V tejto funkcii má niekoľko významov, pozri slovníkovú časť.
 I do not sleep. Nespím. I did not sleep. Nespal som.
 Do you sleep? Spíš? Did you sleep? Spal si?

shall – should: Ako spôsobové sloveso má význam ponuky, záväzku,
  povinnosti:
  Shall I read it? Mám si to prečítať?
  You should go there. Mal by si tam ísť.
  Funkciu pomocného slovesa v modernej angličtine stratilo.

will – would: Ako pomocné sloveso tvorí budúci a budúci dokonavý čas:
  She will call you. Zatelefonuje ti.
  She will have finished her work by five o'clock.
  Skončí svoju prácu o piatej.
  Would ako pomocné sloveso tvorí podmieňovací spôsob:
  He would help you. Pomohol by ti.
  Will – would ako spôsobové slovesá vyjadrujú vôľu, úmysel alebo rozhodnutie; v zápornej vete je zmysel opačný.
  I will do it. Urobím to.
  The engine would not start. Motor nechce štartovať.

can – could: Spôsobové sloveso; význam: môcť, smieť, byť schopný.
  I can go home. Môžem ísť domov. I can play the piano. Viem hrať na klavíri.
  Could môže vyjadrovať minulý čas alebo podmieňovací spôsob.
  He could carry the parcel easily. Ľahko uniesol ten balík.
  Could you tell me the way to B? Mohli by ste mi vysvetliť, ako sa dostanem do B?
  Chýbajúce tvary sa nahrádzajú opisným tvarom **to be able to:**
  They will not be able to stay up so late. Nebudú môcť byť tak dlho hore.

may – might: Spôsobové sloveso s významom smieť, mať dovolenie; možnosť.
May I come in? Smiem vojsť? He may miss the train. Môže zmeškať vlak.
Might sa používa ako minulý čas iba vo vedľajších vetách a ako podmieňovací spôsob.
I wanted to know if I might use the phone. Chcel som vedieť, či smiem použiť telefón.
Chýbajúce tvary sa nahrádzajú opisným tvarom **to be allowed to:**
He will not be allowed to drink alcohol. Nebude smieť piť alkohol.
Zápor „nesmieť" vyjadruje *must not* alebo *may not:*
I must not sunbathe. Nesmiem sa opaľovať.

must: Spôsobové sloveso s významom musieť, mať záväzok.
You must stay at home. Musíš zostať doma.
Chýbajúce tvary sa nahrádzajú opisnými tvarmi, napr.: **to have to, to be to, to be obliged to.**
We had to walk. Museli sme ísť peši.
Must + minulý neurčitok vyjadruje možnosť deja – v slovenčine asi, určite.
She must have forgotten. Asi/určite zabudla.
Zápor sa vyjadruje pomocou **need not.**

ought to – má význam ako spôsobové *should*, je však dôraznejšie.
You ought to make sure. Mala by si sa presvedčiť.

Prehľad skrátených tvarov pomocných a spôsobových slovies

Plné tvary		Skrátené tvary	
be	I am /not	I'm	I'm not
	you/we/they/are/not	you're, we're they're	we/you/they aren't
	he/she/it is/not	he's, she's, it's	he/she/it isn't
	I/he/she/it was/not		I/he/she/it wasn't
	you/we/they were/not		you/we/they/weren't
have	I/you/we/they have/not	I've, you've, we've they've	I/you/we/they haven't
	he/she/it has/not	he's, she's, it's	he/she/it hasn't
	I/you/we/they he/she/it 〉 had/not	I'd/you'd ...	I/you... hadn't
do	I/you/we/they do/not		don't
	he/she/it does/not		doesn't
	I/you/we/they he/she/it 〉 did /not/		didn't
can	cannot	–	can't
could	could not	–	couldn't

Plné tvary		Skrátené tvary	
may		–	
might	might not	–	mightn't
will	will not	'll	won't
would	would not	'd	wouldn't
shall	shall not	'll	shan't
should	should not	'd	shouldn't
must	must not	–	mustn't
need	need not	–	needn't
ought to	ought not	–	oughtn't

Príčastie činné

Príčastie	Činné	Trpné
prítomné	*calling*	*being called*
minulé	–	*called*
dokonavé /perfektové/	*having called*	*having been called*

Príčastie minulé *nepravidelných* slovies pozri 3. tvar v zozname alebo v slovníkovej časti.

Používa sa napr. ako
– slovesné prídavné meno:
  I found her sitting on the steps. Našiel som ju sediacu na schodoch.
– prechodník:
  Having finished her work, she went home. Skončiac svoju prácu odišla domov.
– po slovesách zmyslového vnímania:
  I saw her crossing the street. Videl som ju ako prechádza cez cestu.

Gerundium

Gerundium	Činné	Trpné
prítomné	*calling*	*being called*
minulé	*having called*	*having been called*

Môže mať funkciu mennú alebo slovesnú.
Ako podstatné meno môže:
1. byť menný člen vety;
2. mať pred sebou predložku;
3. mať za sebou prídavné meno
      privlastňovacie zámeno
      privlastňovací pád podstatného mena.

V slovesnej forme stojí ako predmet predchádzajúceho slovesa.
– He is fond of singing.
– Do you like smoking?
– I don't like your/you coming late.

V slovenčine môže mať význam:
1. slovesného podstatného mena
   I'm tired of waiting. /...čakaním/;
2. neurčitku
   The coat wants shortening. /...treba skrátiť/;
3. prechodníka /knižne/
   He passsed without greeting her. /...ani ju nepozdraviac/;
4. podstatného mena
   Thanking for helping me. /Ďakujem vám za pomoc./

Po určitých slovesách môže stáť neurčitok alebo gerundium.
Gerundium má potom všeobecný význam: I hate telling lies. Neznášam klamanie.
Neurčitok hovorí o určitom prípade: I hate to tell this. Nerád to hovorím.

Nepravidelné slovesá

P znamená, že sloveso má aj pravidelný tvar.
Ak sú uvedené dva tvary vedľa seba, prvý tvar je bežnejší.

abide [ə'baid] zniesť, prebývať	*abode* [ə'bəud]	*abode* [e'bəud]
arise [ə'raiz] nastať	*arose* [ə'rəuz]	*arisen* [ə'rizn]
awake [ə'weik] zobudiť sa	*awoke* [ə'wəuk], P	*awoken* [ə'woukn],
be [bi:] byť	*was* [woz], *were* [wə:]	*been* [bi:n]
bear [bəa] niesť	*bore* [bo:]	*borne* [bo:n]
bear [bəa] rodiť	*bore* [bo:]	*born* [bo:n]
beat [bi:t] biť	*beat* [bi:t]	*beaten* [bi:tn]
become [bi'kam] stať sa	*became* [bi'keim]	*become* [bi'kam]
befall [bi'fo:l] prihodiť sa	*befell* [bi'fel]	*befallen* [bi'fo:ln]
begin [bi'gin] začať	*began* [bi'gæn]	*begun* [bi'gan]
behold [bi'həuld] vidieť	*beheld* [bi'held]	*beheld* [bi'held]
bend [bend] ohnúť	*bent* [bent]	*bent* [bent]
bereave [bi'ri:v] obrať	*bereft* [bi'reft], P	*bereft* [bi'reft], P
beseech [bi'si:č] prosiť	*besought* [bi'so:t]	*besought* [bi'so:t]
bespeak [bi'spi:k] dokazovať	*bespoke* [bi'spəuk]	*bespoken* [bi'spəukn]
bet [bet] staviť sa	*bet* [bet]	*bet* [bet]
bid [bid] želať, prikázať	*bid* [bid]	*bid* [bid]
bind [baind] viazať	*bound* [baund]	*bound* [baund]
bite [bait] hrýzť	*bit* [bit]	*bitten* [bitn]
bleed [bli:d] krvácať	*bled* [bled]	*bled* [bled]
blend [blend] zmiešať	P, *blent* [blent]	P, *blent* [blent]
blow [bləu] fúkať	*blew* [blu:]	*blown* [bləun]

break [breik] rozbiť	*broke* [brəuk]	*broken* [brəukn]
breed [bri:d] chovať	*bred* [bred]	*bred* [bred]
bring [briŋ] priniesť	*brought* [bro:t]	*brought* [bro:t]
broadcast [bro:dka:st] vysielať	*broadcast* [bro:dka:st]	*broadcast* [bro:dka:st]
build [bild] stavať	*built* [bilt]	*built* [bilt]
burn [bə:n] horieť	*P, burnt* [bə:nt]	*P, burnt* [bə:nt]
burst [bə:st] puknúť	*burst* [bə:st]	*burst* [bə:st]
buy [bai] kúpiť	*bought* [bo:t]	*bought* [bo:t]
cast [ka:st] hodiť	*cast* [ka:st]	*cast* [ka:st]
catch [kæč] chytiť	*caught* [ko:t]	*caught* [ko:t]
choose [ču:z] vybrať	*chose* [čəuz]	*chosen* [čəuzn]
cling [kliŋ] lipnúť	*clung* [klaŋ]	*clung* [klaŋ]
come [kam] prísť	*came* [keim]	*come* [kam]
cost [kost] stáť	*cost* [kost]	*cost* [kost]
creep [kri:p] liezť	*crept* [krept]	*crept* [krept]
crow [krəu] kikiríkať	*P, crew* [kru:]	*crowed* [krəud]
cut [kat] krájať, rezať	*cut* [kat]	*cut* [kat]
dare [deə] odvážiť sa	*P, durst* [də:st]	*dared* [deəd]
deal [di:l] zaoberať sa	*dealt* [delt]	*dealt* [delt]
dig [dig] kopať	*dug* [dag],	*dug* [dag]
do [du:] robiť	*did* [did]	*done* [dan]
draw [dro:] kresliť, ťahať	*drew* [dru:]	*drawn* [dro:n]
dream [dri:m] snívať	*dreamt* [dremt], P	*dreamt* [dremt], P
drink [driŋk] piť	*drank* [dræŋk]	*drunk* [draŋk],
		drunken [draŋkn]
drive [draiv] šoférovať	*drove* [drouv]	*driven* [drivn]
dwell [dwel] bývať	*dwelt* [dwelt]	*dwelt* [dwelt]
eat [i:t] jesť	*ate* [eit]	*eaten* [i:tn]
fall [fo:l] padať	*fell* [fel]	*fallen* [fo:ln]
feed [fi:d] kŕmiť	*fed* [fed]	*fed* [fed]
feel [fi:l] cítiť	*felt* [felt]	*felt* [felt]
fight [fait] bojovať	*fought* [fo:t]	*fought* [fo:t]
find [faind] nájsť	*found* [faund]	*found* [faund]
fling [fliŋ] šmariť	*flung* [flaŋ]	*flung* [flaŋ]
fly [flai] utekať	*fled* [fled]	*fled* [fled]
fly [flai] letieť	*flew* [flu:]	*flown* [fləun]
forbid [fə'bid] zakázať	*forbade* [fə'beid]	*forbidden* [fə'bidn]
forget [fə'get] zabudnúť	*forgot* [fə'got]	*forgotten* [fə'gotn]
forgive [fə'giv] odpustiť	*forgave* [fə'geiv]	*forgiven* [fə'givn]
forsake [fə'seik] opustiť	*forsook* [fə'suk]	*forsaken* [fə'seikn]
freeze [fri:z] mrznúť	*froze* [frəuz]	*frozen* [frəuzn]
get [get] dostať	*got* [got]	*got* [got]
gild [gild] zlátiť	*gilded* [gildid]	*P, gilt* [gilt]
gird [gə:d] pripásať	*P, girt* [gə:t]	*P, girt* [gə:t]
give [giv] dať	*gave* [geiv]	*given* [givn]

go [gəu] ísť	*went* [went]	*gone* [gon]
grind [graind] mlieť	*ground* [graund]	*ground* [graund]
grow [grəu] rásť, pestovať	*grew* [gru:]	*grown* [grəun]
hang [hæŋ] zavesiť	*hung* [haŋ]	*hung* [haŋ]
have [hæv] mať	*had* [hæd]	*had* [hæd]
hear [hiə] počuť	*heard* [hə:d]	*heard* [hə:d]
heave [hi:v] dvíhať, tisnúť	P, *hove* [həuv]	P, *hove* [həuv]
hew [hju:] ťať	*hewed* [hju:d]	P, *hewn* [hju:n]
hide [haid] skryť	*hid* [hid]	*hid(den)* [hid(n)]
hit [hit] udrieť	*hit* [hit]	*hit* [hit]
hold [həuld] držať	*held* [held]	*held* [held]
hurt [hə:t] raniť	*hurt* [hə:t]	*hurt* [hə:t]
keep [ki:p] nechať si	*kept* [kept]	*kept* [kept]
kneel [ni:l] kľačať	*knelt* [nelt], P	*knelt* [nelt], P
knit [nit] pliesť	P, *knit* [nit]	P, *knit* [knit]
know [nəu] vedieť	*knew* [nju:]	*known* [nəun]
lay [lei] položiť	*laid* [leid]	*laid* [leid]
lead [li:d] viesť	*led* [led]	*led* [led]
lean [li:n] nakláňať sa	P, *leant* [lent]	P, *leant* [lent]
leap [li:p] skočiť	*leapt* [lept], P	*leapt* [lept], P
learn [lə:n] učiť sa	*learnt* [lə:nt], P	*learnt* [lə:nt], P
leave [li:v] odísť, opustiť	*left* [left]	*left* [left]
lend [lend] požičať	*lent* [lent]	*lent* [lent]
let [let] nechať, dovoliť	*let* [let]	*let* [let]
lie [lai] ležať	*lay* [lei]	*lain* [lein]
light [lait] zapáliť, horieť	*lit* [lit], P	*lit* [lit], P
lose [lu:z] stratiť	*lost* [lost]	*lost* [lost]
make [meik] robiť	*made* [meid]	*made* [meid]
mean [mi:n] znamenať	*meant* [ment]	*meant* [ment]
meet [mi:t] stretnúť	*met* [met]	*met* [met]
mow [məu] kosiť	*mowed* [məud]	*mown* [məun], P
overcome [ˌəuvəˈkam] prekonať	*overcame* [ˌəuvəˈkeim]	*overcome* [ˌəuvəˈkam]
pay [pei] platiť	*paid* [peid]	*paid* [peid]
put [put] položiť	*put* [put]	*put* [put]
read [ri:d] čítať	*read* [red]	*read* [red]
rend [rend] trhať	*rent* [rent]	*rent* [rent]
rid [rid] zbaviť	P, *rid* [rid]	*rid* [rid]
ride [raid] jazdiť	*rode* [rəud]	*ridden* [ridn]
ring [riŋ] zvoniť	*rang* [ræŋ]	*rung* [raŋ]
rise [raiz] dvíhať sa	*rose* [rəuz]	*risen* [rizn]
run [ran] bežať	*ran* [ræn]	*run* [ran]
saw [so:] píliť	*sawed* [so:d]	*sawn* [so:n], P
say [sei] povedať	*said* [sed]	*said* [sed]
see [si:] vidieť	*saw* [so:]	*seen* [si:n]

seek [si:] hľadať	*sought* [so:t]	*sought* [so:t]
seethe [si:ð] klokotať	P, *sod* [sod]	P, *sudden* [sodn]
sell [sel] predať	*sold* [səuld]	*sold* [səuld]
send [send] poslať	*sent* [sent]	*sent* [sent]
set [set] umiestniť	*set* [set]	set [set]
sew [səu] šiť	*sewed* [səud]	*sewn* [səun]
shake [šeik] triasť	*shook* [šuk]	*shaken* [šeikn]
shave [šeiv] holiť	*shaved* [šeivd]	P, *shaven* [šeivn]
shear [šiə] (o)strihať	P, *shore* [šo:ə]	*shorn* [šo:n], P
shed [šed] roniť, liať	*shed* [šed]	*shed* [šed]
shine [šain] žiariť	*shone* [šon]	*shone* [šon]
shoe [šu:] podkuť	*shod* [šod]	*shod* [šod]
shoot [šu:t] strieľať	*shot* [šot]	*shot* [šot]
show [šəu] ukázať	*showed* [šəud]	*shown* [šəun], P
shrink [šriŋk] zraziť sa	*shrank* [šræŋk]	*shrunk* [šraŋk]
shut [šat] zavrieť	*shut* [šat]	*shut* [šat]
sing [siŋ] spievať	*sang* [sæŋ]	*sung* [saŋ]
sink [siŋk] klesnúť	*sank* [sæŋk]	*sunk* [saŋk],
		sunken [saŋkn]
sit [sit] sedieť	*sat* [sæt]	*sat* [sæt]
sleep [sli:p] spať	*slept* [slept]	*slept* [slept]
slide [slaid] kĺzať sa	*slid* [slid]	*slid* [slid]
sling [sliŋ] prevesiť	*slung* [slaŋ]	*slung* [slaŋ]
slink [sliŋk] zakrádať sa	*slunk* [slaŋk]	*slunk* [slaŋk]
slit [slit] zarezať, zastrihnúť	*slit* [slit]	*slit* [slit]
smell [smel] čuchať	*smelt* [smelt], P	*smelt* [smelt], P
smite [smait] ovaliť	*smote* [sməut]	*smitten* [smitn]
sow [səu] siať	*sowed* [səud]	*sown* [səun], P
speak [spi:k] hovoriť	*spoke* [spəuk]	*spoken* [spəukn]
speed [spi:d] uháňať	*sped* [sped]	*sped* [sped]
spell [spel] hláskovať	*spelt* [spelt], P	*spelt* [spelt], P
spend [spend] stráviť	*spent* [spent]	*spent* [spent]
spill [spil] rozliať	*spilt* [spilt], P	*spilt* [spilt], P
spin [spin] krútiť sa	*spun* [span],	*spun* [span]
	span [spæn]	
spit [spit] pľuť	*spat* [spæt],	*spat* [spæt],
	spit [spit]	spit [spit]
split [split] štiepať	*split* [split]	*split* [split]
spoil [spoil] kaziť	*spoilt* [spoilt], P	*spoilt* [spoilt], P
spread [spred] šíriť	*spread* [spred]	*spread* [spred]
spring [spriŋ] skočiť	*sprang* [spræŋ]	*sprung* [spraŋ]
stand [stænd] stáť	*stood* [stud]	*stood* [stud]
steal [sti:l] kradnúť	*stole* [stəul]	*stolen* [stəuln]
stick [stik] pichnúť	*stuck* [stak]	*stuck* [stak]
sting [stiŋ] štípať	*stung* [staŋ]	*stung* [staŋ]

stink [stiŋk] zapáchať	stank [stæŋk], stunk [staŋk]	stunk [staŋk]
strew [stru:] roztrúsiť	strewed [stru:d]	strewn [stru:n], P
stride [straid] vykračovať si	strode [strəud]	stridden [stridn], strid [strid]
strike [straik] udrieť	struck [strak]	struck [strak]
string [striŋ] navliecť	strung [straŋ]	strung [straŋ]
strive [straiv] zápasiť	strove [strəuv]	striven [strivn]
swear [sweə] kliať	swore [swo:]	sworn [swo:n]
sweat [swet] potiť sa	P, sweat [swet]	P, sweat [swet]
sweep [swi:p] zametať	swept [swept]	swept [swept]
swell [swel] opuchnúť	swelled [sweld]	swollen [swəulən], P
swim [swim] plávať	swam [swæm]	swum [swam]
swing [swiŋ] hojdať sa	swung [swaŋ]	swung [swaŋ]
take [teik] vziať	took [tuk]	taken [teikn]
teach [ti:č] učiť	taught [to:t]	taught [to:t]
tear [teə] trhať	tore [to:]	torn [to:n]
tell [tel] povedať	told [təuld]	told [təuld]
think [θiŋk] myslieť	thought [θo:t]	thought [θo:t]
thrive [θraiv] prekvitať	throve [θrəuv]	thriven [θrivn]
throw [θrəu] hodiť	threw [θru:]	thrown [θrəun]
thrust [θrast] strčiť	thrust [θrast]	thrust [θrast]
tread [tred] šliapať	trod [trod]	trodden [trodən]
understand [ˌandə'stænd] rozumieť	understood [ˌandə'stud]	understood [ˌandə'stud]
wake [weik] zobudiť	woke [wəuk], P	P, woken [wəukn]
wear [weə] mať oblečené	wore [wo:]	worn [wo:n]
weave [wi:v] tkať	wove [wəuv]	woven [wəuvn]
weep [wi:p] plakať	wept [wept]	wept [wept]
win [win] vyhrať	won [won]	won [won]
wind [waind] namotať	wound [waund]	wound [waund]
withdraw [wið'dro:] stiahnuť	withdrew [wið‚dru:]	withdrawn [wið'dro:n]
withhold [wið'həuld] odmietnuť	withheld [wið‚held]	withheld [wið'held]
work [wə:k] pracovať	P, wrought [ro:t]	P, wrought [ro:t]
wring [riŋ] žmýkať	wrung [raŋ]	wrung [raŋ]
write [rait] písať	wrote [rəut]	written [ritn]

PRÍSLOVKY

Príslovky vyjadrujú čas, miesto, spôsob, mieru a pod.
Podľa formy ich delíme na:
1. jednoduché, napr. almost, back, early atď. Niektoré majú rovnaký tvar ako príd. meno:
   early – skorý, skoro
   fast – rýchly, rýchlo

2. odvodené   – utvorené koncovkou -ly, napr.
   slow – slowly, part - partly
   – zložené z iných slovných druhov, napr. *otherwise, sometimes.*
3. zložené z niekoľkých slov, napr. *in the end, at last, as well, by the way.*

Stupňovanie

1. jednoslabičné – ako prídavné mená príponami -er, -est, napr. fast – faster – fastest
2. odvodené príponou -ly, opisne s *more a most* napr. easily – more easily – most easily
3. odvodené od prídavných mien s nepravidelným stupňovaním sa tiež stupňujú nepravidelne:

1. stupeň	2. stupeň	3. stupeň
well	better	best
badly, ill	worse	worst
much	more	most
little	less	least
far	further	furthest
	(farther)	(farthest)

NÁZVY KRAJÍN A ICH OBYVATEĽOV

Afghanistan [æf'gænəsta:n] Afganistan

Afgha(n) [æfgæ(n)] Afgánec

Afghan ['æfgæn] afgánsky

Africa ['æfrikə] Afrika

African ['æfrikən] Afričan

African ['æfrikən] africký

Alaska [ə'læskə] Aljaška

Alaskan [ə'læskən] Aljašťan

Alaskan [ə'læskən] aljašský

Albania [æl'beiniə] Albánsko

Albanian [æl'beiniən] Albánec

Albanian [æl'beiniən] albánsky

Algeria [æl'džiəriə] Alžírsko

Algerian [æl'džiəriən] Alžírec

Algerian [æl'džiəriən] alžírsky

America [ə'merəkə] Amerika

American [ə'merəkən] Američan

American [ə'merəkən] americký

Angola [æŋ'gəulə] Angola

Angolan [æŋ'gəulən] Angolčan

Angolan [æŋ'gəulən] angolský

Antarctic [æn'ta:ktik] Antarktída

Antarctic [æn'ta:ktik] Antarktíďan

Antarctic [æn'ta:ktik] antarktický

Argentina [a:džən'ti:nə] Argentína

Argentinian [a:džən'ti:niən] Argentínčan

Argentinian [a:džən'tiniən] argentínsky

Arctic ['a:ktik] Arktída

–

Arctic ['a:ktik] arktický

Armenia [a:'mi:niə] Arménsko

Armenian [a:'mi:niən] Armén

Armenian [a:'mi:niən] arménsky

Asia ['eišə] Ázia

Asian [eišən] Ázijčan

Asian ['eišən] ázijský

Atlantic [ət'læntik] Atlantik

–

Atlantic [ət'læntik] atlantický

Austrália [o'streiliə] Austrália

Australian [o'streiliən] Austrálčan

Australian [o'streiliən] austrálsky

Austria ['o:striə] Rakúsko

Austrian ['o:striən] Rakúšan

Austrian ['o:striən] rakúsky

Azerbaijan [ˌæzəbai'dža:n] Azerbajdžan

Azerbaijani [ˌæzəbai'dža:ni] Azerbajdžanec

Azerbaijani ['æzəbai'dža:ni] azerbajdžanský

Bahamas [bə'ha:məz] Bahamy

Bahamian [bə'ha:miən] Bahamčan

Bahamian [bə'ha:miən] bahamský

Bangladesh [ˌbæŋglə'deš] Bangladéš

Bangladeshi ['bæŋglə'deši] Bangladéšan

Bangladeshi [ˌbæŋglə'deši] bangladéšsky

Belarus [ˌbjeləu'rus] Bielorusko

Belarussian [bjelə'rašən] Bielorus

Bielarussian [bjelə'rašən] bieloruský

Belgium [ˌbeldžəm] Belgicko

Belgian ['beldžən] Belgičan

Belgian [ˌbeldžən] belgický

Bermuda [bə'mju:də] Bermudy

Bermudan [bə'mju:dn] Bermuďan

Bermudan [bə'mju:dn] bermudský

Bolivia [bə'liviə] Bolívia

Bolivian [bə'liviən] Bolívijčan

Bolivian [bə'liviən] bolívijský

Bosna Herzegovina [ˌbozniə ˌhə:tsəgəu'vi:na] Bosna a Hercegovina

Bosnian ['bozniən] Bosniak

Bosnian ['bozniən] bosniansky

Brazil [brə'zil] Brazília

Brazilian [brə'ziliən] Brazílčan

Brazilian [brə'ziliən] brazílsky

Bulgaria [bal'geəriə] Bulharsko

Bulgarian [bal'geəriən] Bulhar

Bulgarian [bal'geəriən]bulharský

Burma ['bə:mə] Barma

Burmese [bə:'mi:z] Barmčan

Burmese [bə:'mi:z] barmský

Cameroon [ˌkæmə'ru:n] Kamerún

Cameroonian [ˌkæmə'ru:niən] Kamerunčan

Cameroonian ['kæmə'ru:niən] kamerunský

Canada ['kænədə] Kanada

Canadian [kə'neidiən] Kanaďan

Canadian [kə'neidien] kanadský

Chechnya [če'čenia] Čečensko

Chechen [če'čen] Čečen

Chechen [če'čen] čečenský

Chile ['čili] Čile

Chilean ['čiliən] Čílan

Chilean ['čiliən] čílsky

China ['čainə] Čína

Chinese [ˌčai'ni:z] Číňan

Chinese [ˌčai'ni:z] čínsky

Colombia [kə'lambiə] Kolumbia

Colombian [kə'lambiən] Kolumbijčan

Colombian [kə'lambiən] kolumbijský

Costa Rica [ˌkostə 'ri:kə] Kostarika

Costa Rican [ˌkostə 'ri:kən] Kostaričan

Costa Rican [ˌkostə 'ri:kən] kostarický

Croatia [krəu'eišə] Chorvátsko
Cuba ['kju:bə] Kuba
Cyprus ['saiprəs] Cyprus
Czechia ['čekiə] Česko
Denmark ['denma:k] Dánsko
Dominican Republic
[də'minikən ri'pablik]
Dominikánska republika
Ecuador ['ekwədo:]
Ekvádor
Egypt ['i:džipt] Egypt
El Salvador [el 'sælvə,do:]
El Salvador
Estonia [i'stəuniə] Estónsko
Ethiopia [,i:θi'əupiə] Etiópia
Europe ['juərəp] Európa
Finland ['finlənd] Fínsko
France [fra:ns] Francúzsko

Germany ['dže:məni] Nemecko
Georgia ['džo:džə] Gruzínsko
Ghana ['ga:nə] Ghana
Greece [gri:s] Grécko
Guatemala [,gwa:tə'ma:lə]
Guatemala
Haiti ['heiti] Haiti
Holland ['holənd] Holandsko
Honduras [hon'djuərəs]
Honduras
Hungary ['haŋgəri] Maďarsko

Iceland ['aislənd] Island
India ['indiə] India
Indonesia [,ində'ni:žə]
Indonézia
Iran [i'ra:n] Irán
Iraq [i'ra:k] Irak
Ireland ['aiəlænd] Írsko

Israel ['izreil] Izrael
Italy ['itəli] Taliansko
Jamaica [džə'meikə] Jamajka
Japan [džə'pæn] Japonsko
Jordan ['džo:dn] Jordánsko

Croatian [,krəueišən] Chorvát
Cuban ['kju:bən] Kubánec
Cypriot ['sipriət] Cyperčan
Czech [ček] Čech
Dane [dein] Dán
Dominican [domə'ni:kən]
Dominikánec

Ecuadorian [,ekwə'do:riən]
Ekvádorčan
Egyptian [i'džipšən] Egypťan
Salvadorian [,sælvə'do:riən]
Salvadorčan
Estonian [i'stəuniən] Estónec
Ethiopean [i:θi'əupiən] Etiópčan
Europian [,juərə'piən] Európan
Finn [fin] Fín
Frenchman, -woman ['frenčmən,
-wumən] Francúz/-ka
(národ) French [frenč] Francúzi
German ['džə:mən] Nemec
Georgian ['džo:džən] Gruzínec
Ghanaian [ga:'neiən] Ghančan
Greek [gri:k] Grék
Guatemalan [,gwa:tə'ma:lən]
Guatemalčan
Haitian ['heišən] Haiťan
Dutch [dač] Holanďan
Honduran [,hon'djuərən]
Hondurasan
Hungarian [,haŋ'geəriən] Maďar

Icelander ['aisləndər] Islanďan
Indian ['indiən] Ind
Indonesian [,ində'ni:žən]
Indonézan
Iranian [i:reiniən] Iránec
Iraqui [i'ra:ki] Iračan
Irishman/woman ['aiərišmən/-
wumən] Ír/-ka
(národ) Irish ['aiəriš] Írovia
Israeli [iz'reili] Izraelčan
Italian [i'tæliən] Talian
Jamaican [džə'meikən] Jamajčan
Japanese [džæpə'ni:z] Japonec
Jordanian [džo:'deiniən] Jordánec

Croatian [krəu'eišn] chorvátsky
Cuban ['kju:bən] kubánsky
Cypriot ['sipriət] cyperský
Czech [ček] český
Danish [deiniš] dánsky
Dominican [doməni:kən]
dominikánsky

Ecuadorian [,ekwə'do:riən]
ekvádorský
Egyptian [i'džipšən] Egyptský
Salvadorian [,sælvə'do:riən]
salvadorský
Estonian [i'stəuniən] estónsky
Ethiopian [,i:θi'əupiən] etiópsky
European [,juərə'pi:ən] európsky
Finnish ['finiš] fínsky
French [frenč] francúzsky

German ['džə:mən] nemecký
Georgian ['džo:džən] gruzínsky
Ghanaian [ga:'neiən] ghanský
Greek [gri:k] grécky
Guatemalan [gwa:tə'malən]
guatemalský
Haitian ['heišən] haitský
Dutch [dač] holandský
Honduran [hon'djuərən]
honduraský
Hungarian [haŋ'geəriən]
maďarský
Icelandic [ais'lændik] islandský
Indian ['indiən] indický
Indonesian [,ində'nižən,]
indonézsky
Iranian [i'reiniən] iránsky
Iraqi [i'ra:ki] iracký
irish ['aiəriš] írský

Israeli [iz'reili] izraelský
Italian [i'tæliən] taliansky
Jamaican [dže'meikən] jamajský
Japanese [džæpə'ni:z] japonský
Jordanian [džo:'deiniən]
jordánsky

Kenya [ˌkenjə] Keňa

Kampuchea [ˌkæmpuˈčiə]
Kampučia

Korea, North [ˌnɔːθ kəˈriə]
Severná Kórea

Korea, South [sauθ kəriə]
Južná Kórea

Kuwait [kuˈweit] Kuvajt

Laos [ˈlaːos] Laos

Latvia [ˈlætviə] Litva

Lebanon [ˈlebənən] Libanon

Liberia [laiˈbiəriə] Libéria

Libya [ˈlibiə] Líbya

Liechtenstein [ˈliktənstain]
Lichteštajnsko

Lithuania [ˌliθjuːˈeiniə] Lotyšsko

Luxemburg [ˈlaksəmbəːg]
Luxembursko

Macedonia [ˌmæsiˈdəuniə]
Macedónia

Madagascar [ˌmadəˈgæskər]
Madagaskar

Malaysia [məˈleiziə] Malajzia

Malta [ˈmoːltə] Malta

Mauritania [ˌmorəˈteiniə]
Maurétania

Mexico [ˈmeksikəu] Mexiko

Monaco [ˈmonəkəu] Monako

Mongolia [moŋˈgəuliə]
Mongolsko

Morocco [məˈrokəu] Maroko

Mozambique [ˌmeuzəmˈbiːk]
 Mozambik

Namíbia [nəˈmibiə] Namíbia

Nepal [niˈpoːl] Nepál

The Netherlands
[ðəˈneðələndz]
Holandsko

New Zealand [njuːˈziːlənd]
Nový Zéland

Nicaragua [ˌnikəˈrægjuə]
Nikaragua

Nigéria [naiˈdžiəriə] Nigéria

Kenyan [ˈkenjən] Keňan

Kampuchean [ˌkæmpuˈčiːən]
Kampučan

North Korean [ˌnoːθ kəˈriən]
Severokórejčan

South Korean [ˌsauθ kəˈriən]
Juhokórejčan

Kuwaiti [kuˈweiti] Kuvajťan

Laotian [ˈlaošən] Laosan

Latvian [ˈlætviən] Litovčan

Lebanese [ˌlebəˈniːz] Libanónčan

Liberian [laiˈbiəriən] Libérijčan

Libyan [ˈlibiən] Líbyjčan

Liechtensteiner [ˈliktənstainə]
Lichtenštajnčan

Lithuanian [ˌliθjuːˈeiniən] Lotyš

Luxemburger [ˈlaksəmbəːgə]
Luxemburčan

Macedonian [ˌmæsiˈdəuniən]
Macedónec

Madagascan [ˌmadəˈgæskən]
Madagaskarčan

Malaysian [məˈleiziən] Malajzičan

Maltese [ˌmoːlˈtiːz] Malťan

Mauritanian [ˌmorəˈteiniən]
Mauretánec

Mexican [ˈmeksikən] Mexičan

Monegasque [ˌmoniˈgæsk]
Monačan

Mongol(ian) [ˈmoŋgol,
moŋˈgəuliən] Mongol

Maroccan [məˈrokən] Maročan

Mozambiquean [ˌməuzəmˈbiːkən]
Mozambičan

Namibian [nəˈmibiən] Namíbijčan

Nepalese [ˌnepəˈliːz] Nepálčan

Dutchman/-woman
[ˈdačmən/ - wumən] Holanďan/-ka
(národ) Dutch [dač] Holanďania

New Zealender [njuːˈziːləndə]
Novozélanďan

Nicaraguan [ˌnikəˈrægjuən]
Nikaragujec, Nikaragujčan

Nigerian [naiˈdžiəriən]
Nigérijec, Nigérijčan

Kenyan [ˈkenjən] keňský

Kampuchean [ˌkæmpuˈčiːən]
kampučský

North Korean [nɔːθ kəˈriən]
severokórejský

South Korean [ˌsauθ kəˈriən]
juhokórejský

Kuwaiti [kuˈweiti] kuvajtský

Laotian [ˈlaošən] laoský

Latvian [ˈlætviən] litovský

Lebanese [ˌlebəˈniːz] libanonský

Liberian [laiˈbiəriən] libérijský

Libyan [ˈlibiən] líbyjský

Liechtenstein [ˈliktənstain]
lichtenštajnský

Lithuanian [ˌliθjuːˈeiniən]
lotyšský

Luxemburg [ˈlaksəmbəːg]
luxemburský

Macedonian [ˌmæsiˈdəuniən]
Macedónsky

Madagascan [ˌmadəˈgæskən]
madagaskarský

Malyasian [məˈleiziən] malajský

Maltese [ˌmoːlˈtiːz] maltézsky

Mauritanian [ˌmorəˈteiniən]
mauretánsky

Mexican [ˈmeksikən] mexický

Monegasque [ˌmoniˈgæsk]
monacký

Mongolian [moŋˈgəuliən]
mongolský

Maroccan [məˈrokən] marocký

Mozambiquean
[məuzəmˈbiːkən] mozambický

Namibian [nəˈmibiən] namíbijský

Nepalese [ˌnepəˈliːz] nepálsky

Dutch [dač] holandský

New Zealand, Maori
[njuːziːlənd, mauəri]
novozélandský, maorský

Nicaraguan [ˌnikəˈrægjuən]
nikaragujský

Nigerian [naiˈdžiəriən]
nigérijský

Norway ['no:wei] Nórsko

Norwegian [ˌno:'wi:džən] Nór

Norwegian [ˌno:'wi:džən] nórsky

Oman [əu'ma:n] Omán

Omani [əu'ma:ni] Ománčan

Omani [əu'ma:ni] ománsky

Pakistan [ˌpa:ki'sta:n]

Pakistani [ˌpa:ki'sta:ni] Pakistanec

Pakistani [ˌpa:ki'sta:ni] pakistanský

Palestine ['pæləstain]

Palestinian [ˌpælə'stiniən]

Palestinian [ˌpælə'stiniən]

Palestína

Palestínčan

palestínsky

Panama [ˌpænə'ma:]

Panamanian [ˌpænə:'meiniən]

Panamanian [ˌpænə'meiniən]

Panama

Panamec, Panamčan

panamský

Papua New Guinea [ˌpæpuə nju:'gini]

Papuan ['pæpuən] Papuánec

Papuan ['pæpuən] papuánsky

Papua-Nová Guinea

Paraguay ['pærəgwai]

Paraguayan [ˌpærə'gwaiən]

Paraguayan [ˌpærə'gwaiən]

Paraguaj

Paraguajčan

paraguajský

Peru [pə'ru:] Peru

Peruvian [pə'ru:viən] Peruánec

Peruvian [pə'ru:viən] peruánsky

Poland ['pəulənd] Poľsko

Pole [pəul] Poliak

Polish ['pəuliš] poľský

Polynesia [ˌpoli'ni:ziə]

Polynesian [poli'ni:ziən]

Polynesian [poli'ni:ziən]

Polynézia

Polynézan

polynézsky

Portugal ['pɔ:čugəl]

Portuguese [po:ču'gi:z]

Portuguese [po:ču'gi:z]

Portugalsko

Portugalčan, Portugalec

portugalský

Puerto Rico [ˌpwə:təu 'rikəu] Portoriko

Puerto Rican [ˌpwətəu: 'ri:kən] Portoričan

Puerto Rican [ˌpwə:təu'ri:kən] portorický

Romania [ru:'meiniə]

Romanian [ru:'meiniən] Rumun

Romanian [ru:'meiniən]

Rumunsko

rumunský

Russia ['rašə] Rusko

Russian ['rašən] Rus

Russian ['rašən] ruský

Rwanda [ru'ændə] Rwanda

Rwandan [ru'ændən] Rwanďan

Rwandan [ru'ændən] rwandský

Saudi Arabia [ˌsaudi ə'reibiə] Saudská Arábia

Saudi (Arabian) [ˌsaudi (ə,reibiən)] Saudský Arab

Saudi Arabian [ˌsaudi ə'reibiən] saudsko-arabský

Senegal [ˌseni'go:l] Senegal

Senegalese [ˌsenigə'li:z] Senegalčan, Senegalec

Senegalese [ˌsenigə'li:z] senegalský

Serbia ['sə:biə] Srbsko

Serb [sə:b] Srb

Serbian ['sə:biən] srbský

Singapore [ˌsiŋə'po:] Singapur

Singaporean [ˌsiŋə'po:riən] Singapurčan

Singaporean [ˌsiŋə'po:riən] singapurský

Slovakia [ˌsləu'vækiə] Slovensko

Slovak ['sləuvæk] Slovák

Slovak ['sləuvæk] slovenský

Slovenia [ˌslə'vi:niə] Slovinsko

Slovene [slə'vi:n] Slovinec

Slovenian [slə'vi:niən] slovinský

Somalia [səu'ma:lia] Somálsko

Somali [səu'ma:li] Somálčan

Somali [səu'ma:li] somálsky

South Africa [sauθ 'æfrikə] Južná Afrika

South African [sauθ 'æfrikən] Juhoafričan

South African [sauθ 'æfrikən] juhoafrický

Spain [spein] Španielsko

Spaniard ['spænjəd] Španiel

Spanish ['spæniš] španielsky

Sri Lanka [sri:'læŋkə] Srí Lanka

Sri Lankan [sri:'læŋkən] Srílančan

Sri Lankan [sri:'læŋkən] srílanský

Sudan [su'dæn] Sudán

Sudanese [ˌsu:də'ni:z] Sudánec

Sudanese [ˌsudə:ni:z] sudánsky

Swaziland ['swa:zilænd] Svazijsko

Swazi ['swa:zi] Svazijčan

Swazi ['swa:zi] svazijský

Sweden ['swi:dn] Švédsko

Swede [swi:d] Švéd

Swedish ['swi:diš] švédsky

Switzerland ['swicələnd] Švajčiarsko

Swiss [swis] Švajčiar

Swiss [swis] švajčiarsky

Syria ['siriə] Sýria

Syrian ['siriən] Sýrčan

Syrian ['siriən] sýrsky

Tahiti [tə'hi:ti] Tahiti   **Tahitian** [tə'hi:šən] Tahiťan   **Tahitian** [tə'hi:šən] tahitský

Taiwan [ˌtai'wa:n]   **Taiwanese** [ˌtaiwə'ni:z]   **Taiwanese** [ˌtaiwə'ni:z]
Tchajwan   Tchajvanec, Tchajvančan   tchajvanský

Tanzania [ˌtænzə'niə]   **Tanzanian** [ˌtænzə'niən]   **Tanzanian** [ˌtænzə'niən]
Tanzánia   Tanzánijec, Tanzánijčan   tanzánijský, tanzánsky

Thailand ['tailænd] Thajsko   **Thai** [tai] Thajčan   **Thai** [tai] thajský

Tibet [ti'bet] Tibet   **Tibetan** [ti'betən] Tibeťan   **Tibetan** [ti'betən] tibetský

Tunisia [tju'niziə] Tunis   **Tunisian** [tju:'niziən] Tunisan   **Tunisian** [tju:'niziən] tuniský

Turkey ['tə:ki] Turecko   **Turk** [tə:k] Turek   **Turkish** ['tə:kiš] turecký

Uganda [ju:'gændə] Uganda   **Ugandan** [ju:'gændən] Uganďan   **Ugandan** [ju:'gændən] ugandský

Ukraine [ju:'krein] Ukrajina   **Ukrainian** [ju:'kreiniən] Ukrajinec   **Ukrainian** [ju:'kreiniən] ukrajinský

United Kingdom of Great Britain and Northern Ireland [ju:'naitəd kiŋdəm əv greit 'britən ænd 'no:ðən 'aiələnd] Spojené kráľovstvo Veľkej Británie a Severného Írska   **Briton** ['britən] Brit, (národ) **British** ['britiš] Briti   **British** ['britiš] britský

England ['iŋglənd] Anglicko   **Englishman/ - woman** [ˌiŋglišmən/ -wumən] Angličan, Angličanka, (národ) **English** ['iŋgliš] Angličania   **English** ['iŋgliš] anglický

Scotland ['skotlənd] Škótsko   **Scot** [Skot] Škót/-ka, alebo **Scotsman, -woman** ['skotsmən/ -wumən], (národ) **Scots** [Skots] Škóti   **Scottish** ['skotiš] škótsky

Wales [weilz] Wales   **Welshman, -woman** ['welšmən/ -wumən] Walesan/-ka, (národ) **Welsh** [welš] Walesania   **Welsh** [welš] waleský

United States of America [ju:'naitəd 'steits əv ə' merəkə] Spojené štáty americké   **American** [ə'merəkən] Američan   **American** [ə'merəkən] americký

Uruguay ['juərəgwai] Uruguaj   **Uruguayan** [ˌjuərə'gwaiən] Uruguajec   **Uruguayan** ['juərə'gwaien] uruguajský

Venezuela [ˌvenə'zweilə] Venezuela   **Venezuelan** [ˌvenə'zweilən] Venezuelčan   **Venezuelan** [ˌvenə'zweilən] venezuelský

Vietnam [ˌvjet'næm] Vietnam   **Vietnamese** [ˌvjetnə'mi:z] Vietnamec   **Vietnamese** [ˌvjetnə'mi:z] vietnamský

Yugoslavia [ˌju:gəu'sla:viə] Juhoslávia   **Yugoslav** ['ju:gəusla:v] Juhoslovan   **Yugoslavian** [ˌju:gəu'sla:viən] juhoslovanský

Zaire [za'irə] Zair   **Zairean** [zai'riən] Zairčan   **Zairean** [zai'riən] zairský

Zambia ['zæmbiə] Zambia   **Zambian** ['zæmbiən] Zambijčan   **Zambian** ['zæmbiən] zambijský

Zimbabwe [zim'ba:bwei] Zimbabwe   **Zimbabwean** [zim'ba:bweiən] Zimbabwčan   **Zimbabwean** [zim'ba:bweiən] zimbabwiansky

SLOVENSKO-ANGLICKÁ ČASŤ

A, Á

a[1] (písmeno) a [ei] ● *od A do Z* from A to Z; (v knihe) from cover to cover; *nepovedať ani a, ani b* not to say a word

a[2] spoj. **1.** (zlučovacia) and [ənd, ænd]; *ty a ja* you and I; *a tak ďalej,* skr. atď. and so on, etc.; *a podobne, a iné* and the like **2.** (odporovacia) *ale* and, but [bat]; *učil sa, a skúšky neurobil* he studied a lot and yet he failed **3.** (vysvetľovací význam) *a to* namely

abeceda 1. alphabet [ˈælfəbet]; *usporiadať podľa a-y* arrange in alphabetical order/alphabetically; *Morseova a.* Morse code **2.** (základy) ABC [ˌeibiːˈsiː]; *a. varenia* ABC of cooking

abecedný alphabetical [ˌælfəˈbetikl]; *a. poriadok* alphabetical order

abnormálny abnormal [ˌæbˈnoːml]; *je a-a horúčava* it's abnormally hot

abonent (predplatiteľ) subscriber [səbˈskraibə]

abonentka 1. (predplatiteľka novín ap.) subscriber [səbˈskraibə] **2.** hovor. (lístok) season ticket [ˈsiːzn ˌtikət]

abonentný subscription [səbˈskripšn]; *a. koncert* subscription concert; *a. lístok* season ticket

absencia absence [ˈæbsns]

absentér absentee [ˌæbsnˈtiː]

absolutistický absolutist [ˈæbsəluːtist]; *a. režim* absolutist system

absolutizmus absolutism [ˈæbsəluːtizm]

absolútny (v rozl. význ.) absolute [ˈæbsəluːt]; *a-a pravda* absolute truth; *a. vládca* absolute ruler; *a. pokoj* absolute/complete rest

absolvent BR (vysokej školy), AM (všeobecne) graduate [ˈgrædžuət]

absolvovať 1. (dokončiť štúdium kde) graduate [ˈgrædžueit] (from), finish/complete one's studies [ˈfiniš/kəmˈpliːt wans ˈstadiz], pass out [paːs aut]; *a-la štúdium v Oxforde* she graduated from Oxford **2.** (zúčastniť sa) take* part [teik paːt] (in); *a. preteky* take part in a race

absorbovať absorb [əbˈsoːb]

absorpčný: *a-á schopnosť* absorbent ability; *a-á chladnička* absorption refrigerator

abstinent teetotaller [tiːˈtəutlə]

abstraktný abstract [ˈæbstrækt]; *a-é umenie* abstract art

absurdný absurd [əbˈsəːd], preposterous [priˈpostrəs]; *a-á situácia* preposterous situation; *to je ale a. nápad!* what an absurd idea!

aby I. spoj. that [ðæt], so that [səu ðæt], in order that [in ˈoːdə ðæt], in order to; *dones to bližšie, aby som to lepšie videl* bring it nearer so that/in order that I can see it better/bring it nearer in order to see it better; *bojí sa, aby nebol chorý* he's afraid he might be ill; *chce, aby bol pokoj* he wants (a bit of) peace and quiet **II.** čast. (expr. želanie); *aby si sa nepošmykol!* mind you don't slip; *aby to čert vzal!* Oh, damn!

acetón acetone [ˈæsitəun]

adaptácia adaptation [ˌædæpˈteišn]; *televízna a. románu* adaptation of a novel for television

adaptovať adapt [əˈdæpt]; *a. román pre film* adapt a novel for a film // **a. sa** (na čo) adapt (to); *oko sa a-uje na tmu* the eye adapts to dark

adjektívum lingv. adjective [ˈædžəktiv]

administrácia (časopisu) distribution office [ˌdistrəˈbjuːšn ofəs]

administratíva administration [ədˌminəˈstreišn]; *mať skúsenosti v a-e* have experience in administration

adoptívny adoptive [əˈdoptiv], adopted [əˈdoptəd]; *a-i rodičia* adoptive parents; *a. syn* adopted son

adoptovať adopt [əˈdopt]; *a. sirotu* adopt an orphan

adresa 1. address [əˈdres]; *a. bydliska* home address; *a. pracoviska* business address; *na a-u (koho)* (pri prechodnom bydlisku) c/o skr. (care of); *pani J. u slečny A.* Mrs J., c/o Ms A. **2.** (bydlisko) (place of) residence [ˈrezidns] ● *povedať čo na a-u koho* direct sth. at sb.; *obrátiť sa na nepravú a-u* bark up the wrong tree

adresár directory [daiˈrektri]

adresát addressee [ˌædreˈsiː]

adresovať 1. (opatriť adresou) address [əˈdres]; *je tu list a-ný vám* there's a letter addressed to you **2.** (určiť komu) address (to), direct [dəˈrekt] (at/to); *otázky a-né mladým poslucháčom* questions addressed to the young audience; *varovanie je a-né tebe!* the warning is directed at you!

advokát lawyer [ˈloːjə], (hl. v Anglicku) solicitor [səˈlisətə], AM attorney [əˈtəːni] ● *robiť komu a-a* plead for sb.

aerodynamický aerodynamic [ˌeərəudai-ˈnæmik], streamline(d) [ˈstriːmlain(d)]; *a. tvar* aerodynamic shape

aeroklub flying club [ˈflaiŋ klab]

aerolínie (pravidelná linka, letecká spoločnosť) airline(s) [ˈeəlain(z)], (súčasť názvu) airway(s) [ˈeəwei(z)]; *Britské a.* British Airways

aerotaxi air-taxi [ˈeətæksi]

afektovaný affected [əˈfektəd]; *a-á reč* affected way of speaking/affected speech

aféra affair [əˈfeə] ● *robiť a-u (z čoho)* blow sth. up

agát acacia [əˈkeišə]

agátový: *a. kvet* acacia flower; *a. med* acacia honey

agenda agenda [əˈdžendə]; *viesť a-u* run the agenda

agent 1. (obchodný) agent [ˈeidžnt], sales representative [ˈseilz ˌrepriˈzentətiv] 2. (tajný) secret agent [ˌsiːkrət ˈeidžnt]

agentúra agency [ˈeidžnsi]; *tlačová a.* press agency; *obchodná a.* business agency

agilný agile [ˈædžail], active [ˈæktiv]; *byť a.* take the initiative

agitácia 1. (za koho, čo/proti komu, čomu) agitation [ˌædžəˈteišn] (for/against) 2. polit. i obch. (za čo) canvass [ˈkænvəs] (for); *volebná a.* electioneering

agitátor (najmä politický) agitator [ædžə-ˈteitə], (kto obchádza ľudí) canvasser [ˈkænvəsə]

agitovať (za koho, čo/proti komu, čomu) (presviedčať) agitate [ˈædžəteit] (for/against); *a. za vyššie platy* agitate for higher wages; polit. aj obch. (za čo) canvass [ˈkænvəs] (for)

agónia agony [ˈægəni]

agrárny agrarian [əˈgreriən]; *a. štát* agrarian country

agregát (zoskupenie strojov) aggregate [ˈægrigət]

agresia aggression [əˈgrešn]; *ozbrojená a.* armed aggression

agresívny aggressive [əˈgresiv]; *a-a vojna* aggressive war

agresor aggressor [əˈgresə]

agronóm agronomist [əˈgronəmist]

agronómia agronomy [əˈgronəmi], agriculture [ˈægriˌkalčə]

aha, ahá oh [əu], O. K. [ˌəu ˈkei], (už rozumiem) I see [ai ˈsiː], (pozri) look [luk]

ahoj hallo, hello [həˈləu], hullo [haˈləu] hi [hai], (pri lúčení) cheerio [ˌčiriˈəu], (good) bye [(gud) bai], hovor. bye-bye [ˌbaiˈbai]

ach, ách oh [əu], ouch [auč]

aj I. spoj. 1. and [ənd], also [ˈoːlsəu], too [tuː], as well as [æz wel æz]; *nôž aj vidlička* knife and fork; *aj ja som bol v Paríži* I also have been to Paris/I, too, have been to Paris; *dal mi peniaze aj radu* he gave me money as well as advice 2. dvojitá zlučovacia spojka *aj ... aj* both ... and [bəuθ ənd]; *aj mladí, aj starí* both young and old 3. (v rámci prípustkovej spojky) *aj keď, aj keby* even if [ˈiːvn if], though [ðəu], even though; *dokončím to, aj keď mi to bude trvať celú noc* I'll finish it even if it takes me all night 4. *nielen..., ale aj* not only..., but also... II. časť. 1. (stupňovací význam) (dokonca aj) even; *aj deťom sa páčil koncert* even the children enjoyed the concert 2. (zdôrazňovací význam) *aj tak* anyway [ˈeniwei]; *aj tak prídeme neskoro* we're going to be late anyway

ak I. spoj. if [if], (v prípade) in case [in ˈkeis], (za predpokladu) provided [prəˈvaidəd]; *ak ho poprosíš, pomôže ti* if you ask him, he will help you; *ak zabudnem, pripomeň mi to* in case I forget, please, remind me about it; *ostanem, ak ona ostane doma* I'll stay provided she stays at home II. (záporný význam) *ak ne-/nie* unless [anˈles]; *ak ma nepozvú, ostanem doma* I'll stay at home, unless I'm invited

akadémia 1. academy [əˈkædəmi]; *A. vied* Academy of Sciences 2. (škola) college [ˈkolidž], AM high school [hai skuːl]

akademický academic [ˌækəˈdemik], university [ˌjunəˈvəːsəti]; *a-á otázka* academic question; *a-é vzdelanie* university education ● *a-á hodnosť* degree

akademik academician [ˌəkædəˈmišn]

akcent accent [ˈæksnt], (prízvuk) stress [stres]

akceptovať accept [əkˈsept], (súhlasiť) agree [əˈgriː]; *a. návrh* agree to a suggestion

akcia¹ 1. (činnosť, konanie) action [ˈækšn]; *podpisová a.* petition [pəˈtišn]; *dobročinná a.* charity campaign 2. (predaj za znížené ceny) sale [seil]

akcia² (účastina) share [šeə], (hromadná) stock [stok]

akcionár shareholder [ˈšeəˌhəuldə], AM stockholder

akciový stock [stok]; *a. kapitál* joint-stock; *a-á spoločnosť* joint-stock company

akčný (of) action [ˈækšn]; *a. rádius* range of action; *a. výbor* action-group committee

aklimatizovať acclimatize [əˈklaimətaiz], acclimate [əˈklaimət] // **a. sa** (na čo) get* /become* acclimatized [əˈklaimətaizd] (to);

a. sa na nové životné podmienky get acclimatized to new living conditions

ako I. opyt. prísl. (v otázke i zvolaní) how [hau]; *a. sa máš/máte?* how are you? *a. dlho tu bude?* how long will he stay? *a. sa povie po anglicky...?* what's the English for...? *a. sa volá?* what is his name? *a. to vyzerá?* what is it like? *a. pekne!* how nice! *a a.!* and how! **II.** čast. porovnávacia as [əz, æz], than [ðən], like [laik]; *som taký vysoký a. ty* I'm as tall as you; *je a. jeho otec* he is like his father; *som vyššia a. ty* I'm taller than you **III.** časová spojka *prv a./skôr a.* before [bi'fo:]; *odvtedy a.* since [sins]; *prv a. pôjdeš* before you go; *odvtedy, a. sa vydala, má málo času* she hasn't got much time since she has got married **IV.** vzťažná v predmetovej vete how, as, like; *rozmýšľal, a. sa vrátiť* he thought how to get back; *cítil, a. slabne* he felt he was loosing strength; *rob tak a. ja* do as I do; *tak, a. som povedal* like I said ● *a. napr.* such as

akoby as if/though [æz if/ðəu]; *hovorí, a. o tom všetko vedel* he talks as if he knew all about it

akokoľvek however [hau'evə], in whatever way [in wot'evə wei]; *a. sa snaží, nikdy neuspeje* however hard he tries, he'll never succeed

akord[1] hud. (súzvuk) chord [ko:d]; *udrieť a.* strike a chord

akord[2] (normovaná práca) piece work ['pi:s wə:k]

akosi somehow ['samhau]; *bol som a. sklamaný* I was somehow disappointed

akosť quality ['kwoləti]; *najlepšia a.* the superior quality

akostný 1. (kvalitatívny) qualitative ['kwolətətiv]; *a. rozbor* qualitative analysis **2.** (kvalitný) first-quality [ˌfə:st'kwoləti], first-rate [ˌfə:st'reit]; *a. tovar* first-rate goods

akože 1. p. **ako 2.** (zaváhanie) so to say [səu tə sei]

akrobacia acrobatics [ˌækrə'bætiks]; *letecká a.* aerobatics

akrobat acrobat ['ækrəbæt]

akrobatický acrobatic [ˌækrə'bætik]

akt 1. (čin, dejstvo) act [ækt] **2.** (umelecké dielo) nude [nju:d]

aktivita activity [æk'tivəti]; *pracovná a.* working activity

aktívny 1. active ['æktiv]; *a-a (vojenská) služba* active service **2.** (vykazujúci zisk) profit-able ['profətəbl]; *a. podnik* a profitable company/enterprise

aktovka briefcase ['bri:fkeis]

aktualita topical event [i'vent]; *politické/kultúrne/športové a-y* topical political /cultural/sporting events

aktuálny (časový) topical ['topikl], of the day [əv ðə 'dei], (súčasný) modern ['modən], up-to-date [ap tə deit], (naliehavý) urgent ['ə:džənt]; *veľmi a. problém* a very urgent matter

> slovo **actual** neznamená **aktuálny**, ale **skutočný**, aktuálny = topical

akty (spisy) papers ['peipəz], documents ['dokjəmənts]

akumulácia accumulation [əˌkju:mjə'leišn]; *a. kapitálu* accumulation of capital

akumulátor accumulator [ə'kju:mjəleitə]

akustický acoustic [ə'ku:stik]

akustika acoustics [ə'ku:stiks]; *miestnosť má dobrú/zlú a-u* the acoustics of the room are very good/bad

akútny 1. (naliehavý) pressing ['presiŋ], (súrny) urgent ['ə:džnt]; *a. problém* a pressing problem **2.** (prudký, pálčivý) acute [ə'kju:t]; *a. nedostatok* an acute shortage

akvarel watercolour ['wo:təˌkalə]

akvárium aquarium [ə'kweriəm]

aký 1. (v otázke) what [wot]; *s a-mi vlastnosťami* what kind/sort of [wot'kaind/'so:t əv] **2.** (vo zvolaniach) what; *a. pekný deň!* what a lovely day! **3.** (v porovnaní) *a. ... taký* such ... such [sač sač], like ... like [laik laik] ● *A-á matka, taká Katka* Like mother, like daughter; *nech je, a. chce* whatever he may be like

akýkoľvek any ['eni], whatever [wot'evə], (pri výbere) whichever [wič'evə], hovor. no matter what/which; *a. plán je lepší než žiadny* any plan is better than no plan; *zober si akúk. knihu* take whichever book; *nech je pri moci akák. strana* no matter which party is in power

akýsi a [ə], some (sort of) [sam (so:t əv)], a certain [ə 'sə:tn]; *a. pán Smith vás čaká* a certain Mr Smith is waiting for you; *je to akási pomoc, aby sme porozumeli problému* that is some help towards understanding the problem

akýže p. **aký**

alabaster alabaster ['æləbɑ:stə]

albánčina Albanian [æl'beiniən]

Albánec Albanian [æl'beiniən]
Albánsko Albania [æl'beiniə]
albánsky Albanian [æl'beiniən]
albín albino [æl'bi:nəu]
album album ['ælbəm]; *rodinný a.* a family album; *a. známok* a stamp album
ale I. spoj. 1. but [bat]; *dobrý chlapec, a. nie veľmi inteligentný* a good boy but not very intelligent 2. *nielen..., a. aj* not only ... but also/even [not'əunli bat 'o:lsəu/'i:vn] II. časť. (zosilnenie významu) *a. áno* oh yes, of course [əu jes ˌəv 'ko:s]; *a. vôbec nič* nothing at all ● *a. choď/te* don't say so; *a. kde* not that/nothing of the sort; *a. predsa* yet; *a., a.* come, come
alebo 1. (rozlučovací vzťah) or [o:], často either ... or ['aiðə o:]; *kávu, a. čaj?* coffee or tea? *a. je blázon, a. je opitý* he must be either mad or drunk 2. (stupňovací vzťah) *a. aj/a. dokonca* even ['i:vn]; *vyzeral veľmi smutný, a. dokonca samovražedne* he looked very sad, even suicidal
alegória allegory ['æləgri]
alegorický allegorical [ˌælə'gorikl]; *a-é vozy* floats
aleja (pestovaná) alley ['æli], (vidiecka) lane [lein]
alergia allergy ['ælədži]
alergický (na čo) allergic [ə'lə:džik] (to); *a-á nádcha* (senná) hay fever
algebra algebra ['ældžibrə]
algebrický algebraic(al) [ˌældži'breik(l)]; *a-á rovnica* an algebraic equation
algoritmus algorithm ['ælgəriðm]
alchýmia alchemy ['ælkəmi]
alibi alibi ['ælibai]; *dokázať svoje a.* prove one's alibi
alibizmus buck-passing ['bakpa:siŋ]
aligátor alligator ['æligeitə]
alimenty (pomn.) alimony ['æləməni]; *platiť a.* pay alimony
alkohol 1. (chem., lieh) alcohol ['ælkəhol] 2. (nápoj) alcohol, spirits ['spirits], hard drink ['ha:d driŋk]
alkoholický alcoholic [ˌælkə'holik]; *a-é nápoje* alcoholic/hard drinks
alkoholik alcoholic [ˌælkə'holik], drinker ['driŋkə]
alkoholizmus alcoholism ['ælkəholizm], alcohol abuse ['ælkəhol 'æbju:z]
almužna alms [a:mz], (malá odmena) charity ['čærəti]
alobal (aluminium kitchen) foil [(ˌælju-'miniəm 'kičən) foil]

alpinista mountaineer [ˌmauntə'niə], mountain climber ['mauntən ˌklaimə]
alpinizmus mountaineering [ˌmauntə-'niriŋ], mountain climbing ['mauntən ˌklaimiŋ]
alpský alpine ['ælpain]
Alpy Alps [ælps]
alt alto ['æltəu], (nižší ženský hlas) contralto [kən'træltəu]
alternatíva alternative [o:l'tə:nətiv]
alternatívny alternative [o:l'tə:nətiv]; *dve a-e odpovede* two alternative answers
alternovať alternate ['o:ltəneit]; *a. hlavné úlohy* alternate the leading roles
amatér amateur ['æmətə]
ambícia ambition [æm'bišn]; *politické a-e* political ambitions
ambulancia 1. (zdrav. ustanovizeň) out-patients department/clinic ['autˌpeišnts di-'pa:tmənt/'klinik]; 2. (pre ranených) casualty ward ['kæžuəlti wo:d]
ambulantný (pohyblivý) mobile ['məubail]; *a. pacient* an outpatient; *a. predaj* peddling
americký American [ə'merikən]; *a. kontinent* the American continent; *a. Slovák* an American Slovak
Američan American [ə'merikən], hovor. Yankee ['jæŋki]
Amerika 1. America [ə'merəkə] 2. (Spojené štáty americké) United States of America [ju:'naitəd steits əv ə'merəkə]
amerikanizovať ə' americanize [ə'merəkə-naiz]
amfiteáter amphitheatre ['æmfiθiətə]
amnestia amnesty ['æmnəsti]; *vyhlásiť a-u* declare an amnesty; *udeliť a-u (komu)* grant sb. a free pardon
amnestovať (koho) grant sb. a free pardon
ampér amp(ere) ['æmp(eə)]
amplión (loud)speaker [(laud)'spi:kə]
amputovať amputate ['æmpjəteit]; *a. nohu* amputate sb.'s leg
analfabet illiterate (person) [i'litrət ('pə:sn)]
analfabetizmus illiteracy [i'litrəsi]
analógia analogy [ə'nælədži]
analogický analogous [ə'næləgəs] (with, to); *dva a-é procesy* two analogous processes
analógový analogue ['ænəlog]; *a. počítač* an analogue computer
analytický analytic(al) [ˌænə'litikl]; *a-á geometria* analytical geometry
analýza analysis [ə'næləsis], mn. č. -ses [-si:z]; *podrobná a.* a detailed analysis

A

analyzovať analyse [ˈænəlaiz]; *a. vedecký problém* analyse a scientific problem

ananás pineapple [ˈpainæpl]

anarchia anarchy [ˈænəki]

anarchista anarchist [ˈænəkəst]

anatómia anatomy [əˈnætəmi]

anekdota anecdote [ˈænikdəut]

anémia an(a)emia [əˈniːmiə]

angažovať engage [inˈgeidž], make* a contract [meik ə ˈkontrækt] (with); *a. herca do súboru* make a contract with an actor for the company; *a. koho do verejnoprospešnej činnosti* engage sb. in public activities // **a. sa** (v čom) engage in, be engaged in [ˌbi: inˈgeidžd] contract in [konˈtrækt in]; *a. sa v politickej činnosti* engage in political activities

angína tonsilitis [ˌtonsəˈlaitəs]

Anglicko England [ˈiŋglənd]

anglický English [ˈiŋgliš]; *a. park* a landscaped park/natural gardens; *a-é* (výdatné) *raňajky* an English breakfast

Angličan Englishman [ˈiŋglišmən]; *A-ka* Englishwoman; *A-ia* the English

angličtina the English (language) [ˈiŋgliš (ˈlæŋgwidž)]

anglikán Anglican [ˈæŋglikən]

Anglosas Anglo-Saxon [ˌæŋgləuˈsæksn]

ani I. spoj. **1.** (záporný zlučovací vzťah) nor [no:]; *Nejdem. – A. ja.* I don't go. – Nor do I. **2.** (záporný rozlučovací vzťah) *a. ... a.* neither ... nor [ˈnaiðə no:]; *a. môj otec, a. ja sme tam neboli* neither my father nor I were there **3.** (stupňovací vzťah) *a. nie tak..., ako...* not quite/really ... more probably [not kwait/ˈrəli ... mo: ˈprobəbli]; *a. nie tak deti, ako skôr ich rodiča* not really the children, more probably their parents **4.** (prirovnávanie) like [laik]; *hladký ani sklo* smooth like glass **5.** (krajná podmienka) *a. keby* even if [ˈiːvən if] **II.** časť. v zápore not even [not ˈiːvn]; *a. som sa ho nedotkol* I didn't even touch him ● *a. najmenej* not in the least; *a. slovo o tom* not a word about it; *a. trocha* not a bit; *a. za svet* not for the world

animovaný: *a. film (kreslený)* animated cartoon

anjel angel [ˈeindžl], (aj pren); *a. strážca* a guardian angel; *ďakujem ti, si a.!* thanks, you're an angel!

anketa inquiry [inˈkwairi], survey [ˈsəːvei]; *usporiadať a-u verejnej mienky* do/make /carry out a survey of public attitudes; *robiť verejnú a-u* conduct a public inquiry

áno yes [jes], AM yeah [jeə], hovor. yep [jep], (často s opakovaním slovesa); *Si prichystaný? – Áno.* Are you ready? – Yes, I am.; *Páčilo sa ti to? – Áno.* Did you like it? – Yes, I did. ● *myslím, že áno* yes, I think so; *áno, určite* yes, certainly; *aj áno, aj nie* yes and no

anóda anode [ˈænəud]

anonymný anonymous [əˈnonəməs]; *a. list* an anonymous letter

anorganický inorganic [ˌinoːˈgænik]; *a-á chémia* inorganic chemistry

anotácia annotation [ˌænəˈteišn]

antarktický Antarctic [ænˈtaːktik]

Antarktída Antarctic [ænˈtaːktik]

anténa antenna [ænˈtenə], aerial [ˈeriəl]; *televízna izbová a.* inside television antenna

antibiotikum antibiotic [ˌæntibaiˈotik]

antický antique [ænˈtiːk]; *a-á váza* an antique vase

antifašista anti-Fascist [æntiˈfæšist]

antikoncepcia contraception [ˌkontrəˈsepšn]

antikoncepčný: *a-é prostriedky* contraceptives; *a-á tabletka* the pill

antikoro stainless steel [ˌsteinləs ˈstiːl]

antikvariát secondhand bookshop [ˌsekəndhænd ˈbukšop]

antikvárny secondhand [ˌsekəndˈhænd]

antisemitizmus anti-Semitism [ænˈtisəmətizm]

antológia anthology [ænˈθolədži]

anulovať annul [əˈnal]

aparát 1. (prístroj) apparatus [ˌæpəˈreitəs]; *fotografický a.* camera [ˈkæmrə] **2.** (administratívny orgán) machine [məˈšiːn], apparatus; *stranícky a.* a party machine

aparatúra apparatus [ˌæpəˈreitəs]

apartmán (hotelový) suite [swiːt]

aperitív aperitif [əˌperəˈtiːf]

aplauz applause [əˈploːz]; *búrlivý a.* enthusiastic applause

aplikácia 1. application [ˌæpliˈkeišn] **2.** (nášivka) appliqué [əˈpliːkei]

aplikovať (použiť) apply [əˈplai]; *a. teoretické vedomosti v priemysle* apply theoretical knowledge to industry; *a-ná matematika* applied mathematics

apostrof apostrophe [əˈpostrəfi]

apoštol apostle [əˈposl]

apríl April [ˈeiprəl] ● *1. apríl* All Fools' Day, April Fools' Day

aprobácia 1. (schválenie) approval [əˈpruːvl]

2. (spôsobilosť) qualification [ˌkwoləfəˈkeišn]; *mať a-iu* be qualified (as)

Arab Arab [ˈærəb]

arabský 1. Arabian [əˈreibiən]; *A-á púšť* the Arabian Desert; *a-á káva* Arabian coffee **2.** Arabic [ˈærəbik]; *a-á číslica* Arabic numeral; *a. jazyk* Arabic

aranžér (výkladnej skrine) dresser [ˈdresə]

aranžmán arrangement [əˈreindžmənt]

aranžovať (odborne upravovať) arrange [əˈreindž], (tovar) dress [dres]; *a. hudobnú skladbu* arrange a piece of music (for); *a. výkladnú skriňu* dress a shop window; *a. výstavu* put* on/stage an exhibition

arašid peanut [ˈpiːnat], groundnut [ˈgraundnat]

arcibiskup archbishop [ˌaːčˈbišəp]

areál area [ˈeəriə], (vysokoškolský) campus [ˈkæmpəs]; (firemný) premises [ˈpremisəz]

aréna arena [əˈriːnə]

argument (dôvod) argument [ˈaːgjəmənt]; *uviesť a.* argue

archeológ arch(a)eologist [ˌaːkiˈolədžəst]

archeológia arch(a)eology [ˌaːkiˈolədži]

archeologický arch(a)eological [ˌaːkiəˈlodžikl]; *a-é vykopávky* archaeological excavations

architekt architect [ˈaːkitekt]

architektúra (v rozl. význ.) architecture [ˈaːkitekčə]; *a. starého Grécka* the architecture of ancient Greece; *študovať a-u* study architecture

archív archives [ˈaːkaivz]

archivár archivist [ˈaːkəvəst]

archívny archive [ˈaːkaiv]; *a. materiál* archive material

ária aria [ˈaːriə]; *operná á.* an aria from an opera

aristokracia 1. (šľachta) aristocracy [ˌærəˈstokrəsi], nobility [nəuˈbiləti] **2.** (privilegovaná vrstva) aristocracy, privileged classes [ˈprivəledžd klaːsiz]; *statkárska a.* the landed gentry

aritmetický arithmetic(al) [ˌæriθˈmetik(l)]; *a. priemer* arithmetical mean

aritmetika arithmetic [əˈriθmətik]

arktický arctic [ˈaːktik]; *a. vzduch* arctic air

armáda army [ˈaːmi], armed forces [aːmd ˈfoːsiz], troops [truːps]; *hlavný veliteľ a-y* commander in chief of the armed forces

armatúra 1. fixture [ˈfiksčə]; *a. potrubia* fixtures and fitting **2.** (výstuž) reinforcement [ˌriːənˈfoːsmənt]

artéria anat. artery [ˈaːtəri]

artérioskleróza lek. arteriosclerosis [aːˌtiriəuskləˈrəusəs]

artičoka artichoke [ˈaːtəčəuk]

artista artist [aːˈtəst]

artistický artistic [aːˈtistik]

arzén arsenic [ˈaːsnik]

asanácia (budovy, obce) clearance [ˈklirəns]

asfalt asphalt [ˈæsfælt]

asfaltovať asphalt [ˈæsfælt]

asfaltový asphalted [ˈæsfæltəd]; *a. cesta* an asphalted road

asi 1. (azda) perhaps [pəˈhæps], maybe [ˈmeibi], possibly [ˈposəbli], vyjadrenie pomocou slovesa may; *a. príde* he may come **2.** (približne) about [əˈbaut], some [sam]; *a. o druhej* about two o'clock; *a. pred dvadsiatimi rokmi* some twenty years ago; *kto to a. bol* I wonder who it was

asistent 1. (pomocný odborný pracovník) assistant [əˈsistnt] **2.** (vysokoškolský) assistant lecturer [əˈsistnt ˈlekčrə]

asistovať assist [əˈsist]; *a. pri operácii* assist in performing an operation

asociácia (v rozl. význ.) association [əˌsəusiˈeišn]; *a. predstáv* association of ideas; *a. vedeckých pracovníkov* the Association of Scientific Workers

aspekt aspect [ˈæspekt], (hľadisko) point of view [point əv ˈvjuː]

aspik aspic [ˈæspik]; *šunka v a-u* ham in aspic

aspoň at least [æt ˈliːst], at any rate [æt ˌeni ˈreit], but [bat]; *a. povedz, že ťa to mrzí* at least, say you're sorry; *už nebýva v Paríži – a. tak som počula* he is no more living in Paris – at any rate that's what I have heard; *a. to skúsime* we can but try

astma asthma [ˈæsmə]

astmatický asthmatic [æˈsmætik]; *a. záchvat* an asthmatic fit

astra aster [ˈæstə]

astrológia astrology [əˈstrolədži]

astronaut astronaut [ˈæstrənoːt]

astronómia astronomy [əˈstronəmi]

astronomický astronomic(al) [ˌæstrəˈnomik(l)]; *a. ďalekohľad* an astronomical telescope; *a-é číslo* an astronomical number

ašpirant 1. (uchádzač, kandidát) candidate [ˈkændidət] **2.** (vedecký) postgraduate [ˌpəustˈgrædžuət], research student [riˈsəːč ˌstjuːdnt]

ašpirantúra research student's post [ri'sə:č stju:dənts ˌpəust]

ataš é attaché [ə'tæšei]

atď. skr. *a tak ďalej* (v texte) etc. (lat. skr. et cetera), (čítame) and so on [ənd səu on]

ateista atheist ['eiθiist]

ateizmus atheism ['eiθiizm]

ateliér studio ['stju:diəu]; *filmové a-y* (film) studios

atentát attempt [ə'tempt]; *spáchať a. (na koho)* attempt sb.'s life

atlas[1] (kniha máp) atlas ['ætləs]; *a. sveta* a world atlas

atlas[2] (lesklá tkanina) satin ['sætin]

atlét athlete ['æθli:t]

atletický athletic [æθ'letik]; *a-é preteky* an athletics meeting

atletika athletics [æθ'letiks]

atmosféra atmosphere ['ætməsfiə] (aj pren.); *nepríjemná a.* an unpleasant atmosphere

atmosférický atmospheric [ˌætməs'ferik]; *a. tlak* atmospheric pressure

atóm atom ['ætəm]

atómový atomic [ə'tomik], nuclear ['nju-:kliə]; *a-á bomba* atomic bomb, A-bomb; *a-á energia* atomic energy; *a-á fyzika* nuclear physics; *a. reaktor* a nuclear reactor

atrament ink [iŋk]

atramentový: *a-á škvrna* an ink stain; *a-á ceruzka* an indelible pencil

atrapa dummy ['dami]

átrium atrium ['eitriəm]

audiencia audience ['o:diəns]; *ísť na a-iu (ku komu)* have an audience with

august August ['o:gəst]; *v a-e* in August

aukcia auction ['o:kšn]

aula great hall [greit ho:l], assembly hall [ə'sembli ˌho:l]

aut šport. out [aut]; *zahrať do a-u* kick into out

auto (motor)car [('məutə)ka:], AM automobile ['o:təməbi:l]; *nákladné a.* (zatvorené) van, (otvorené, veľké) lorry, AM truck

autobiografia autobiography [ˌo:təbai'ogrəfi]

autobiografický autobiographic(al) [ˌo:təbai'ogrəfik(l)]; *a. román* an autobiographical novel

autobus bus [bas], (diaľkový, zájazdový) coach [kəuč]; *cestovať a-om* travel by bus/coach

autobusový: *a-á doprava* a bus service; *a-á stanica* a bus station

autogram autograph ['o:təgra:f]

autokar coach [kəuč]; *vyhliadkový a.* a sightseeing coach

automapa road map [rəud mæp]

automat **1.** (prístroj) automatic machine [ˌo:tə'mætik mə'ši:n]; *hrací a.* (hudobný) a juke-box ['džu:k boks]; (predajný) vending machine **2.** (samopal) automatic (gun) [gan] • *robiť ako a. (bezmyšlienkovito)* act like a machine

automatický automatic [ˌo:tə'mætik]; *a-á regulácia teploty* an automatic temperature control; *a-á reakcia* an automatic response

automatizácia automation [ˌo:tə'meišn]

automatizovať automate ['o:təmeit], (pomocou počítača) computerize [kəm'pju:təraiz]; *plnoa-ná výrobná linka* a fully automated production line

automechanik motor mechanic [ˌməutə mi'kænik]

automobil (osobný) (motor)car [('məutə)ka:], AM automobile ['o:təməbi:l]; *nákladný a.* (zatvorený) van, (ťažký, otvorený) lorry, AM truck

automobilka hovor. car factory [ka: 'fæktri]

autonómia autonomy [o:'tonəmi]

autonómny autonomous [o:'tonəməs]; *a-a republika* an autonomous republic

autoopravovňa garage ['gæra:ž/'gæridž], service station ['sə:vis ˌsteišn]

autor author ['o:θə]

autorita (v rozl. význ.) authority [o:'θorəti]; *mať a-u* carry authority; (vedúci odborník) a leading authority

autoritatívny authoritarian [o:θorə'teriən]; *a-e tvrdenia* authoritarian statements

autorský: *a-é právo* copyright; *a. honorár* royalty; *a. výtlačok* complimentary copy

autorstvo authorship ['o:θəšip]

autosalón motor show ['məutə šəu]

autostop hitchhiking ['hičhaikiŋ]; *cestovať a-om* hitchhike

autostráda motorway ['məutəwei], AM expressway [ik'spreswei], freeway ['fri:wei]

autoškola driving school ['draiviŋ ˌsku:l]

avantgarda vanguard ['vænga:d], avant-garde [ˌævo:ŋ'ga:d]

averzia aversion [ə'və:žn]; *a. k mačkám* an aversion to cats

avízo advice [əd'vais]; *dostať a.* get an advice; *poslať a.* send an advice

avizovať advise [əd'vaiz]; *a. príchod* advise the arrival

avšak but [bat], however [hau'evə]; *bol*

ustatý, a. išiel he was tired, but he went; *lístky sú drahé, a. do divadla pôjdeme* the tickets are expensive, however, we will go to the theatre

axióma axiom [ˈæksiəm]

azalka azalea [əˈzeiljə]

azbest asbestos [æzˈbestəs]

azbuka Russian alphabet [ˈrašn ˈælfəbet]

azda perhaps [pəˈhæps], maybe [ˈmeibi]; *boli to traja muži, alebo a. štyria* there were three men, or perhaps four; *a. pôjdem tiež* maybe I'll go, too

Ázia Asia [ˈeišə]

ázijský Asian [ˈeišn], Asiatic [ˌeišiˈætik]; *a-á chrípka* Asian influenza

azyl asylum [əˈsailəm]

až I. spoj. **1.** (v časových vetách) **a)** (kým) till [til], until [anˈtil]; *počkajme, až prestane pršať* let's wait till the rain stops; *nepôjdem, až (kým) nepríde Bob* I won't go until Bob comes **b)** (potom, keď) when [wen]; *dokončím to, až sa vrátim* I'll finish it when I come back

c) (v tom čase, keď) when; *až pôjdeme domov, môžeme si vziať taxík* when we go home, we can take a taxi **2.** (v účinkových vetách) till; *až mu vyhŕkli slzy* till the tears came **3.** (zriedkavé hovor. v podmienk. vetách) if; *až to nepovieš...* if you don't tell... **II.** časť. **1.** (krajná miera, časový význam) to [tə], till, as late as [æz leit ˈæz]; *je v dlhoch až po uši* he is up his ears in debt; *až do minulého týždňa* up until last week **2.** (miestne) as far as [æz fa: æz]; *až po križovatku* as far as the crossing **3.** (množstvo) as much as [æz mač æz]; *môže to stáť až 10 libier* it may cost as much as £10 **4.** (zdôrazňuje pripojený výraz – len, iba) not until [not anˈtil]; *až dnes* not until today **5.** (rozpätie) to [tə]; *dve až tri hodiny* two to three hours **III.** predl. *až na (okrem)* but [bat], except for [ikˈsept fo:]; *každý dostal knižku, až na mňa* everyone has got a book except for me

až-až enough and to spare [iˈnaf ænd tə ˈspeə]

B

ba I. spoj. (stupňovací vzťah) even [ˈi:vn]; *vyzeral smutne, ba až biedne* he looked sad, even depressed **II.** časť. (zdôraznenie kladnej alebo zápornej odpovede po zápornej otázke) yes [jes], of course [əv ˈko:s], sure [ˈšuə]; *Nepomohol si mu? — Ba áno!* Did you help him? — Sure/of course (I did).

baba 1. (stará žena) old woman [ˌəuld ˈwumən] **2.** (zlá žena) hag [hæg] **3.** pejor. (zbabelec) coward [ˈkauəd] ● *hra na slepú b-u* blind man's buff

bába det. (hračka) doll [dol]

bábätko, bábo hovor. baby [ˈbeibi]

babička 1. (stará mama) grandmother [ˈgrænˌmaðə], hovor. granny [ˈgræni] **2.** (starenka) old woman [ˌəuld ˈwumən], old lady [ˌəuld ˈleidi]

bábika doll [dol]

babka p. **babička**

bábka 1. (figúrka) puppet [ˈpapət], marionette [ˌmæriəˈnet]; (maňuška) glove puppet [ˈglav ˌpapət] **2.** (bábika) doll [dol] ● *byť b-ou v rukách koho* be puppet of fate

bábkový: *b-é divadlo* (predstavenie) a puppet show; pren. *b-á vláda* a puppet government

babrák bungler [ˈbanglə], butterfingers [ˈbatəˌfingəz]; hovor. expr. clumsy oaf [ˈklamzi əuf]

babrať 1. (špiniť, znečisťovať) dirty [ˈdə:ti]; *b. si ruky* dirty one's hands **2.** (kaziť, neodborne robiť) botch [boč], bungle [ˈbangl]; *b. robotu* bungle a job **3.** (s čím) (poškodiť) tamper [ˈtæmpə] with // **b. sa 1.** potter [ˈpotə], fiddle [ˈfidl]; *b. sa v záhrade* potter in the garden; *b. sa so strelnou zbraňou* fiddle around with a gun **2.** (pri jedle) pick at [ˌpik ˈæt]; *b. sa v jedle* pick at one's food

babylon hovor. expr. babel [ˈbeibl]

babylonský: *b-á veža* the Tower of Babel

bacil bacillus [bəˈsiləs], mn. č. bacilli [ˈbəsilai]

bacilonosič carrier [ˈkæriə]

bača shepherd [ˈšepəd]

badať notice [ˈnəutis], (vidieť) see* [si:]

bádať research [riˈsə:č], carry out/do* some research (in, into, on); *b. v oblasti jadrovej fyziky* carry out/do some research into/on the nuclear physics

bádateľ (vedec) research worker [riˈsə:č ˈwə:kə]

bádateľný visible [ˈvizəbl]; *b-á zmena* a visible change

baganča boot [bu:t]; *okovaná b.* hobnailed boot

bager excavator [ˈekskəveitə], (čerpadlový) dredger [ˈdredžə]

bagrovať excavate ['ekskəveit], (vo vode) dredge [dredž]

bahnistý muddy ['madi]; *b-é dno* oozy bottom; *b-é vody* muddy waters

bahno 1. mud [mad]; *b. na dne rieky* ooze [u:z]; *liečivé b.* mud bath **2.** expr. mire ['maiə]

bachor 1. (žalúdok prežúvavca) reticulum [ri-'tikuləm] **2.** expr. (brucho) paunch [po:nč]

bachratý expr. **1.** (bruchatý) big-bellied ['big-belid], paunchy ['po:nči] **2.** (objemný) bulky ['balki]; *b. balík* a bulky parcel

báj (mýtus) myth [miθ], (povesť) legend ['ledžnd]

báječný hovor. expr. **1.** (prekrásny) wonderful ['wandəfl], marvellous ['ma:vləs], smashing ['smæšiŋ]; *b. život* a wonderful life; *aké b-é počasie* what a marvellous weather; *b-á dovolenka* a smashing holiday **2.** (výborný) excellent ['ekslənt], smashing; *b-é jedlo* excellent food; *b. nápad* an excellent idea

bájka fable ['feibl]; *Ezopove b-y* Aesop's fables

bájkar fabulist ['fæbjuləst]

bájny 1. (mýtický) mythical ['miθikl], fabulous ['fæbjələs]; *b-i hrdinovia* mythical heroes; *b-a postava* a fabulous creature **2.** expr. (čarovný) glamorous ['glæmərəs]; *b-e filmové hviezdy* glamorous film stars

bakalár (akad. hodnosť) bachelor ['bæčələ], skr. B. C.

bakelit bakelite ['beiklait]

baktéria bacterium [bæk'tiriəm], mn. č. bacteria [bæk'tiriə]

bál ball [bo:l]; *maškarný b.* a fancy ball

balada ballad ['bæləd]

balamutiť mislead* [ˌmis'li:d], fool [fu:l]; *nedaj sa b. jej úsmevmi* don't be misled by her smiles

balansovať 1. (držať rovnováhu) balance ['bæləns] **2.** (robiť výkyvy) sway [swei] (aj pren); *b. medzi dvoma názormi* sway between two opinions

baldachýn canopy ['kænəpi]

balenie 1. (obal) packing ['pækiŋ], package ['pækidž] **2.** (baliaca technika) packaging ['pækidžiŋ]

balet ballet ['bælei]

baletka, baletník ballet-dancer ['bælei ˌda:nsə]

baliaci: *b. papier* brown paper; *b. stroj* a packing machine

balík parcel ['pa:sl], (malý) packet ['pækit];

dať b. na poštu take the parcel to the post office; *sprievodka na b.* a dispatch-note

baliť 1. (dávať obal na niečo) wrap [ræp] (up); *b. do baliaceho papiera (čo)* wrap sth. up in brown paper **2.** (robiť balíky) package ['pækidž] **3.** (pripravovať sa na cestu) pack [pæk]; *b. kufre do* one's packing

balkón 1. (na dome) balcony ['bælkəni] **2.** (v divadle, kine) balcony, circle ['sə:kl]

balón (v rozl. význ.) balloon [bə'lu:n]; *nafúknuť b.* blow up a balloon; *letieť b-om* fly in a balloon

baloniak hovor. (balónový plášť) raincoat ['reinkəut], mackintosh ['mækəntoš], mac(k) [mæk], trenchcoat ['trenčkəut]

balvan boulder ['bəuldə], rock [rok]

balzam balm [ba:m]

bambus bamboo [ˌbæm'bu:]

bambusový: *b-á palica* a bamboo stick

baňa mine [main]; *uhoľná b.* a coalmine, a pit; *zlatá b.* (aj pren.) a goldmine; *pracovať v b-ni* work down the pit

banálny banal [bə'na:l], trite [trait]; *b-a poznámka* a banal remark

banán banana [bə'na:nə]

banánový: *b-á šupka* a banana skin; *b-á republika* a banana republic

baňatý ball-shaped ['bo:lšeipt]; *b-á nádoba* a ball-shaped vessel

banda pejor. (zberba) gang [gæŋ]

bandita bandit ['bændət], brigand ['brigənd]

baník miner ['mainə], (v uhoľnej bani) pitman ['pitmən]

banka[1] (v rozl. význ.) bank [bæŋk]; *mať peniaze v b-e* have money in the bank; *krvná b.* a blood bank

banka[2] (nádobka) flask [fla:sk]

bankár banker ['bæŋkə]

banket banquet ['bæŋkwət]; *usporiadať b.* get up/arrange for a banquet

bankomat cash dispenser ['kæš diˌspensə]

bankovka (bank)note [(ˈbæŋk)nəut], AM bill [bil]; *b-y* mn. č. paper money

bankovníctvo banking ['bæŋkiŋ]

bankový: *b-é konto* a bank account

bankrot bankruptcy ['bæŋkraptsi] (aj pren.); *morálny b.* moral bankruptcy

bankrotovať (go*) bankrupt [(gəu) 'bæŋk-rapt]

bansKý mining ['mainiŋ]; *b. inžinier* a mining engineer; *b. požiar* mine fire; *b-á spoločnosť* a mining company

bar[1] **1.** (nápojový pult) bar [ba:] **2.** (podnik) nightclub ['naitklab]; *denný b.* a snack bar
bar[2] (fyz. jednotka) bar [ba:]
barak 1. (drevená stavba) cabin ['kæbən]; *vojenské b-y* barracks mn. č. **2.** expr. (obyt. dom) house [haus]
baran 1. (zviera) ram [ræm] **2.** expr. (tvrdohlavý človek) pigheaded person
barančina (kožušina) sheepskin ['ši:p,skin]; *kožuch z b-y* a sheepskin coat
baranica fur/sheepskin cap ['fə:/'ši:p,skin kæp], astrakhan cap ['æstrəkən ,cæp]
baranidlo stav. ram [ræm]
baranina (mäso) mutton ['matn]
baránok 1. zdrob. lamb [læmb] (aj pren.); *nevinný ako b.* a snow-white lamb **2.** náb. *B. Boží* the Lamb (of God) **3.** (obláčik) fleece [fli:s]
barbar barbarian [ba:'beriən]
barbarstvo barbarity [ba:'bærəti]
baretka beret ['berei]; *škótska b.* (s brmbolcom) tammy ['tæmi]
bariéra barrier ['bæriə] (aj pren.); *zvuková b.* the sound barrier
barikáda barricade ['bærəkeid]
barina puddle ['padl]
bárka barge [ba:dž]
barla crutch [krač]; *chodiť o b-ách* walk on crutches
barman barman ['ba:mən], hl. AM bartender ['ba:,tendə]
barok baroque [bə'rok]
barokový: *b. sloh* the baroque style
barometer barometer [bə'romitə]; *b. stúpa/klesá* the barometer is rising/falling
barón baron ['bærən]
bár(s) I. časť. **1.** (kież by) if only ['if ,əunli]; *b. by prišiel načas!* if only he arrived in time! **2.** (pre mňa – za mňa) if you like [if ju 'laik]; *môžeme ísť b. aj von* we can go out if you like **II.** (ako časť zloženého slova) *bárskto, bárščo, bárskde* atď. anybody, anything, anywhere ['enibodi, 'eniθiŋ, 'eniweə]
barytón baritone ['bærətəun]
bas bass [beis]
basa 1. (kontrabas) contrabass [,kontrə'beis], double bass [,dabl 'beis] **2.** hovor. (väzenie) clink [kliŋk], jug [džag]
báseň poem ['pəuəm]; *lyrická b.* a lyric; *epická b.* an epic
basista 1. (spevák) bassist ['beisəst] **2.** (kontrabasista) double-bass player ['dablbeis ,pleiə]
basketbal basketball ['ba:skətbo:l]

basketbalista basketball player ['ba:skətbo:l ,pleiə]
basketbalový: *b-é ihrisko* a basketball field
básnický poetic [pəu'etik]; *b. jazyk* a poetic language
básnik poet ['pəuət]
básniť 1. (skladať básne) write* poetry [,rait 'pəuətri] **2.** hovor. expr. (nadšene rozprávať) enthuse [in'θju:z]; *b. o svojej dovolenke* enthuse about one's holiday **3.** expr. (vymýšľať si) tell* stories [,tel 'sto:riz]
bašta bastion ['bæstiən]
báť sa 1. (mať strach) be* afraid [,bi: ə'freid], be* frightened [,bi: 'fraitnd]; *niet sa čoho b.* there's no need to be afraid; *b. sa vyjsť v noci von* be afraid to go out at night; *dieťa sa b-lo* the child was frightened **2.** (koho, čoho) be* afraid of, be* frightened of; *nebojí sa tvrdej práce* he isn't afraid of hard work **3.** (o koho, čo) be* afraid for; *báť sa o zamestnanie* be afraid for one's job
batéria (v rozl. význ.) battery ['bætri]; *b. sa vybila* the battery has gone flat; *b. nástrojov* a battery of tools; *kúpeľňová b.* bathroom taps; *delostrelecká b.* a battery
baterka 1. hovor. (galvanický článok) battery ['bætri]; *budík na b-y* a battery-powered alarmclock **2.** (elektrický lampáš) electric torch [i'lektrik to:č], AM flashlight ['flæšlait]
batoh 1. bundle ['bandl]; *zviazať čo do b-a* tie up sth. into a bundle; *b. raždia* a bundle of sticks **2.** (plecniak) rucksack ['raksæk], AM backpack ['bækpæk]
batoľa toddler ['todlə]
batoliť sa toddle ['todl]
batožina luggage ['lagidž], AM baggage ['bægidž]; *úschovňa b-y* left luggage office; AM baggage room, checkroom
batožinový: *b. vozeň* luggage van, AM baggage car; *b. lístok* luggage/baggage check; *b. priestor* (v aute) boot, AM trunk
baviť 1. (rozveseľovať) amuse [ə'mju:z], entertain [,entə'tein], divert [dai'və:t]; *b. deti novou hrou* amuse/divert the children with a new game; *hra obecenstvo neb-la* the play didn't entertain the audience **2.** (tešiť, zaujímať) enjoy [in'džoi], interest ['intrəst]; *b-í ma chodiť do kina* I enjoy going to the cinema; *politika ma neb-í* politics doesn't interest me **3.** (zdržiavať) keep* [ki:p] *nebav ho dlho* don't keep him long ● *už ma to prestáva b.* I'm rather

fed up of it // **b. sa 1.** (zabávať sa) amuse oneself, enjoy oneself; *veľmi dobre sa b-ím na tomto večierku* I enjoy myself very much at this party **2.** (rozprávať sa) talk* [to:k]; *b-li sa o cene* they talked about the price

bavlna cotton [ˈkotən]

bavlnený cotton [ˈkotən]; *b-é šaty* a cotton dress

bavlník cotton [ˈkotən]

bavlnka (na vyšívanie) cotton (yarn) [ˈkotən (ˌjaːn)]

baza elder [ˈeldə]

báza 1. kniž. (základňa) base [beis]; *výrobná b.* the manufacturing base **2.** (fakty, princípy ap.) basis [ˈbeisəs], mn. č. bases [ˈbeisiːz]; *vedecká b.* the scientific basis; *výsledky na b-e prieskumu názorov* results on the basis of opinion poll **3.** *b. dát* database [ˈdeitəˌbeis]

bazár 1. (trh) bazaar [bəˈzaː] **2.** (komisionársky obchod) second-hand shop [ˈsekəndˌhænd šop]

bazén (kúpalisko) (swimming) pool [(ˈswimiŋ) puːl]; *krytý b.* swimming bath(s)

bazilika basilica [bəˈsilikə]

bažant pheasant [ˈfeznt]

bažantnica pheasantry [ˈfezntri]

bdelý 1. (ostražitý) watchful [ˈwočfl], vigilant [ˈvidžələnt], alert [əˈləːt] **2.** (nespiaci, čulý) wide-awake [ˌwaidəˈweik], alert, watchful; *b-á myseľ* an alert mind

bdieť 1. (nespať) be* awake [bi: əˈweik], be*/sit* up [bi:/sit ap]; *b. celú noc* sit up all night **2.** (nad kým, čím) watch over [woč ˈəuvə]; *b. nad chorým* watch over a sick person

beda I. cit. alas [əˈlæs] **II.** prísl. woe [wəu]; *b. mi* woe (to) me

bedákať 1. (nad kým, čím) lament [ləˈment] (over); *b. nad svojím nešťastím* lament over one's misfortunes **2.** (hlasno nariekať) moan [məun], groan [grəun]; *ranený b-l* the injured was groaning

bedár 1. (chudobný človek) wretch [reč] **2.** expr. (mrzák) cripple [ˈkripl]

bedliť (nad kým, čím) watch [woč] (over); *b. nad bezpečnosťou cestujúcich* watch over the safety of the passengers

bedlivý (starostlivý, pozorný) careful [ˈkeəfl], mindful [ˈmaindfl], cautious [ˈko:šəs]; *b. dozor* careful watching; *b. na svoje povinnosti* mindful of one's duties

bedrá pomn. loins [loinz]

beh 1. run(ning) [ˈran(iŋ)], jog [džog]; *dať sa/pustiť sa do b-u* set to run; *v b-u* running

2. šport. running race [reis], run; *b. na lyžiach* cross-country skiing; *prekážkový b.* a hurdle race; *orientačný b.* a cross-country run; *b. na 10 km* a 10 km race **3.** (fungovanie, chod) working [ˈwəːkiŋ], operation [ˌopəˈreišn]; *b. stroja* operation of a machine; *uviesť motor do b-u* set the motor going **4.** (priebeh) course [ko:s]; *b. udalostí* a course of events **5.** poľov. (zveri) leg [leg]

behať 1. run* [ran]; *b. sem a tam* run here and there/up and down/be on the run; *b. bosky* run barefoot; *b. za dievčatami* run after girls; hovor. *dieťa už b-á* the child is already walking **2.** (ako cvičenie) jog [džog]; *každé ráno b-á v parku* he is jogging in the park every morning ● *mráz mi b-l/zimomriavky mi b-li po chrbte* a shiver ran down my spine; *tá myšlienka mi stále b-á po rozume* the thought keeps running through my head

behúň 1. (rýchly bežec) runner [ˈranə]; *prvý b.* the first runner; **2.** (koberec) runner; *5 m dlhý sivý b.* grey runner 5 m long

belasý blue [blu:]; (ako obloha) azure [ˈæžə]

belavý light blue [lait ˌblu:], azure [ˈæžə]; *b-é oči* blue eyes; *b-á obloha* lait blue sky

beletria fiction [ˈfikšn], belles-lettres [ˌbelˈletrəz]

Belgicko Belgium [ˈbeldžəm]

belgický Belgian [ˈbeldžən]

Belgičan Belgian [ˈbeldžən]

belieť turn white [təːn wait]; *vlasy mu b-ejú* his hair is turning white

beľmo 1. white of the eye [ˌwait əv ði: ˈaj], anat. albuginea [ˌælbjuːˈdžinjə] **2.** (biely zákal) leucoma [ljuːˈkəumə]

beloch, beloška white [wait]; *b-si* mn. č. the white race

benzín 1. petrol [ˈpetrəl], AM gasoline [ˈgæsəlin], gas [gæs] **2.** (čistiaci prostriedok) benzine [ˈbenziːn]

benzínový: *b-á čerpacia stanica* petrol /filling station, AM gas station; *b-á nádrž* (v aute) petrol tank, AM gas tank

beseda 1. (debata) chat [čæt], talk [to:k] **2.** (stretnutie s debatou na istú tému) informal meeting [ˌinˈfo:ml ˈmi:tiŋ] **3.** (osvetová organizácia) education(al) organization [ˌedjəˈkeišn(əl) ˌo:gənaiˈzeišn]

besedovať have* a friendly chat/talk [ˌhæv ə frendli čæt/to:k]

besiedka 1. (záhradný domček) summerhouse [ˈsaməhaus] **2.** (zábava, posedenie) party [ˈpa:ti]; *školská b.* a schoolchildren party

besnota rabies ['reibi:z]
besný **1.** (postihnutý besnotou) rabid ['ræbid]
2. expr. (šialený) furious ['fjuriəs], mad [mæd];
je ako b. he's like mad
beštia beast [bi:st], brute [bru:t]
beštiálny beastly ['bi:stli], bestial ['bestil],
brutal ['bru:tl]
betón concrete ['koŋkri:t] • expr. *na b.* as
sure as sure can be
betonáreň concrete mixing plant [('koŋ-kri:t)'miksiŋ pla:nt]
betónovať concrete ['koŋkri:t]
betónový: *b-á miešačka* a concrete mixer
bez, bezo **I.** predl. **1.** without [wið'aut]; *b.*
peňazí without money **2.** (pri odpočítavaní) less
[les], minus ['mainəs]; *osem b. dvoch je šesť*
eight minus two is six **II.** spoj. (b. toho, že by/aby)
without; *nevie hovoriť po nemecky b. toho, že*
by robil chyby he can't speak German without
making mistakes
bezatómový nuclear-free [ˌnju:kliə'fri:];
b-é pásmo a nuclear-free zone
bezbolestný painless ['peinləs]
bezbranný defenceless [di'fensləs]
bezcenný worthless ['wə:θləs], valueless
['vælju:ləs]
bezcieľny aimless ['eimləs]
bezcitný heartless ['ha:tləs], cold(hearted)
[ˌkəuld('ha:təd)]
bezdetný childless ['čaildləs]; *b-í manže-lia* a childless couple
bezdôvodný groundless ['graundləs],
without reason [ˌwiðaut 'ri:zn]; *b-é podozre-nie* a groundless suspicion
bezdrôtový **1.** wireless ['waiələs]; *b-á te-legrafia* wireless telegraphy **2.** cordless
['ko:dles]; *b-ý telefón* a cordless telephone
bezduchý **1.** (bez života) lifeless ['laifləs] **2.**
pejor. (obmedzený, hlúpy) silly ['sili], (prázdny) va-cant ['veikənt]; *b. výraz* a vacant expression
bezfarebný **1.** colourless ['kalələs]; *voda*
je b-á tekutina water is colourless liquid
2. (nevýrazný, jednotvárny) monotonous
[mə'notənəs], dull [dal]; *b. hlas* a monotonous
voice
bezhlavý **1.** (bez hlavy) headless ['hedləs] **2.**
(nepremyslený) thoughtless ['θo:tləs], foolish
['fu:liš]; *b. čin* a thoughtless action
bezcharakterný unprincipled [an'prinsəpld],
unscrupulous [an'skru:pjələs]; *b-é správanie*
unprincipled behaviour; *b. obchodník* an
unscrupulous businessman

bezchybný faultless ['fo:ltləs], perfect
['pə:fikt]; *b. výrobok* a perfect product
bezmála almost ['o:lməust], very nearly
[(veri)'niəli]; *je b. sedem hodín* it's nearly
seven o'clock
bezmäsitý meatless ['mi:tləs], vegetarian
['vedžəteriən]; *b-á diéta/strava* a meatless
/vegetarian diet/food
bezmocnosť impotence ['impətəns]
bezmocný **1.** (bezvládny) helpless ['helpləs];
b-é dieťa a helpless child **2.** (bez možnosti konať,
zabrániť čomu) powerless ['pauələs] **3.** (slabý)
frail [freil], feeble ['fi:bl]
bezmotorový motorless ['məutələs]; *b-é*
lietadlo a glider
bezmyšlienkovitý thoughtless ['θo:tləs],
(bez vôle) involuntary [in'voləntri]; *b. pohyb* an
involuntary movement
beznádej despair [di'speə]
beznádejný hopeless ['həupləs], desperate
['despərət]; *b. prípad* a hopeless case; *b-á si-tuácia* a desperate state; *v b-om stave* past all
hope
bezoblačný cloudless ['klaudləs]
bezočivosť insolence ['insələns]
bezočivý insolent ['insələnt], cheeky
['či:ki]; *b-é správanie* insolent behaviour; *b.*
chlapec a cheeky boy
bezodkladný urgent ['ə:džnt], pressing
['presiŋ]
bezohľadnosť carelessness ['keələsnəs]
bezohľadný reckless ['rekləs], careless
['keələs]; *b. vodič* a reckless/careless driver
bezpečie place of safety [ˌpleis əv 'seifti];
zaviesť (koho) do b-ia lead (sb.) to a place of
safety; *byť v b-í* be safe/in safety
bezpečnosť safety ['seifti], security
[si'kjurəti]; *prísne opatrenia kvôli b-ti* strict
security measures; *ohroziť b. druhých* endanger
the safety of other people
bezpečnostný: *b. pás* (v aute, lietadle) seat
/safety belt; *b-é opatrenia* safety precautions
/security measures; *B-á rada* Security Coun-cil; *b-é sklo* safety glass
bezpečný safe [seif], secure [si'kjuə]; *mať*
čo na b-om mieste keep sth. in a safe place;
cítiť sa b. feel secure
bezplatný free (of charge) [ˌfri: (əv 'ča:dž)];
b. vstup admission free
bezpodmienečný unconditional
[ˌankən'dišnəl], categorical [ˌkætə'gorikəl],
(úplný) absolute ['æbsəlu:t]; *b-á kapitulácia*

absolute surrender *b. príkaz* categorical imperativ

bezpochyby doubtless ['dautləs], no doubt [nəu daut]

bezprácny unearned [an'ə:nd]; *b. zisk* unearned income

bezprašný dustless ['dastləs]

bezprávie 1. (nespravodlivosť) injustice [in'dʒastəs]; *páchať na kom b.* do sb. an injustice 2. (bezprávny stav) lawlessness ['lo:ləsnəs], anarchy ['ænəki]

bezprávny 1. lawless ['lo:ləs]; *b-a situácia* a lawless situation 2. (kto je bez práva) rightless ['raitləs]; *b. občan* a rightless citizen

bezpredmetný groundless ['graundləs], without reason [ˌwiðaut 'ri:zn]

bezpríkladný unprecedented [an'presədentəd], unparalleled [an'pærəleld]

bezprizorný (bez domova) homeless ['həumləs]; *b-é dieťa* a homeless child

bezprostredný 1. (priamy, nesprostredkovaný) direct [də'rekt]; *b. kontakt* a direct contact 2. (v susedstve) immediate [i'mi:diət]; *môj b. sused* my immediate neighbour 3. (o správaní) straightforward [ˌstreit'fo:wəd], going straight to the point [ˌgəuiŋ streit tu ðə 'point]

bezradný (nerozhodný) irresolute [i'rezəlu:t], indecisive [ˌindi'saisiv]; *byť b.* be at a loss

bezstarostný carefree ['keəfri:], happy--go-lucky [ˌhæpi gəu 'laki]; *byť b.* take things easy

bezšvíkový seamless ['si:mləs]; *b-é pančuchy* seamless stockings

beztak anyway ['eniwei], anyhow ['enihau]; *b. je už teraz príliš neskoro* it's too late now, anyway

beztvárny shapeless ['šeipləs], odb. amorphous [ə'mo:fəs]; *b-a hmota* an amorphous mass

bezúčelný (márny) useless ['ju:sləs], of no use [əv ˌnəu 'ju:z]; *b-á námaha* useless pains

bezúhonnosť integrity [in'tegrəti]; *obchodná b.* commercial integrity

bezúhonný spotless ['spotləs], clean [kli:n]; *b-á povesť* a spotless reputation; *byť b.* have a clean record

bezúročný non-interest bearing [nonˌintrəst 'beriŋ]; *b-á pôžička* a non-interest bearing loan

bezútešný 1. (zúfalý) disconsolate [dis'konslət] 2. (pošmúrny) desolate ['desələt]; *b-á, vetru vystavená oblasť* a desolate, wind-swept area

bezvedomie unconsciousness [an'konšəs-nəs]; *byť v b-í* be unconscious

bezvetrie calm [ka:m]

bezvládie anarchy ['ænəki]

bezvládny paralysed ['pærəlaizd], helpless ['helpləs]; *byť b. od pása dole* be paralysed from the waist down; *b. invalid* helpless invalid

bezvýhradný unconditional [ˌankən'dišnəl]; *b-á poslušnosť* unconditional subordination

bezvýsledný fruitless ['fru:tləs], vain [vein]

bezvýznamný insignificant [ˌinsig'nifikənt], (nezávažný) irrelevant [i'reləvənt], meaningless ['mi:niŋləs], trivial ['triviəl]; *b. detail* an insignificant detail; *b-é poznámky* irrelevant remarks

bezzásadový unprincipled [an'prinsəpld]

bezzemok landless person [ˌlændləs 'pə:sən]

bezzubý toothless ['tu:θləs]

bežať 1. (v rozl. význ.) run* [ran]; *b. z kopca* run down the hill; *b. hore schodmi* run upstairs; *pes b-í za zajacom* the dog is running after a rabbit; *bež ihneď po lekára!* run and fetch a doctor at once!; *stroj b-í naprázdno* the engine is running empty; *film b-l dva mesiace* the film ran for two months 2. (plynúť) run*, pass [pa:s], go* by [gəu bai]; *čas rýchlo b-í* time goes by/passes quickly 3. hovor. (ponáhľať sa) run*, hurry ['hari], fly* [flai]; *už musím b. domov* I must fly/be off; *b. na pomoc (komu)* go to the aid of sb. ● *b. s vyplazeným jazykom* run like mad; *nechať b. (koho, čo)*, (nezasahovať) let sb./sth. be

bežec runner ['ranə] (aj než iv.); *b. na dlhé trate* a long-distance runner

bežiaci: tech. *b. pás* conveyor belt

bežky mn. č. šport. cross-country skis [ˌkros'kantri ski:s]

bežný 1. (obyčajný) common ['komən], usual ['ju:žuəl], ordinary ['o:dənri], everyday ['evridei]; *b. človek* a common man; *b-é prechladnutie* a common cold; *b-á úroveň* the usual standard; *b. život* everyday life; *b. typ auta* an ordinary sort of car; *b-m spôsobom* in the ordinary way 2. (práve prebiehajúci) current ['karənt]; *b. rok* the current year; *b. účet* the current account

béžový beige [beiž]

biatlon šport. biathlon [bai'æθlən]

Biblia Bible ['baibl]

biblický biblical ['biblikl]

bibliografia bibliography [ˌbibliˈogrəfi]
bibliografický bibliographic(al) [ˈbibli-ˈogrəfik(l)]
bicí: *b-ie hodiny* a striker; *b-ie nástroje* the percussion
bicykel bicycle [ˈbaisikl], hovor. bike [baik]; *horský b.* mountain bike
bicyklista bicyclist [ˈbaisikləst], hovor. cyclist [ˈsaikləst]
bicyklovať sa bicycle [ˈbaisikl], hovor. cycle [ˈsaikl]
bič whip [wip]
bičovať whip [wip], lash [læš] (aj pren.); *dážď b-uje okná* the rain is lashing (against) the windows
bidlo 1. (žŕdka) pole [pəul] 2. (pre sliepky) roost [ruːst]
bieda 1. (núdza) poverty [ˈpovəti]; *žiť v b-e* live in poverty 2. (trápenie) misery [ˈmizəri] ● *s b-ou* (s námahou) somehow manage (to do sth.)
biedny 1. (chudobný) poor [ˈpuə], poorly off [ˌpuəli ˈof]; *b-i ľudia* poor people 2. (úbohý) wretched [ˈrečəd], miserable [ˈmizrəbl]; *b-a strava* wretched food; *cítiť sa b-e* feel miserable
bieliť 1. (bielizeň) bleach [bliːč] 2. (vápnom) whitewash [ˈwaitwoš]
bielizeň linen [ˈlinən]; *prať b.* wash linen; *posteľná b.* bed clothes/bed linen; *dámska b.* lingerie [ˈlænžəriː]; *spodná b.* underwear /underclothes
bielizník linen cupboard [ˈlinən ˌkabəd], (so zásuvkami) chest of drawers [čest əv ˈdroːəz]
bielko (očné) white of the eye [wait]
bielkoviny albumen [ˈælbjumən]
bielok (vajca) white [wait] of an egg; *ušľahať tuhý sneh z b-kov* beat egg whites until stiff
biely white [wait]; *B. dom* the White House; *b-e mäso* white meat; *b-a káva* coffee and milk; *za b-eho dňa* in broad daylight; *B-a sobota* holy Saturday; *b-a pani* White Lady ● *b. ako stena* as white as a sheet
bifľovať sa škol. slang. swot [swot]; *b. sa na skúšky* swot the exams
biftek beef steak [ˈbiːf steik]
bikiny pomn. bikini [bəˈkiːni]
biľag brand [brænd], mark [maːk]
bilancia balance [ˈbæləns]; *platobná b.* balance of payments; *obchodná b.* balance of trade; *zostaviť b-iu* strike a balance

bilancovať balance [ˈbæləns]
biliard billiards [ˈbiljədz]
bilión billion AM [ˈbiljən], one thousand million BR [ˈwan ˌθausənd ˈmiljən]
binárny binary [ˈbainəri]; *b-e protiklady* binary opposites; *b. systém* the binary system
biografia biography [baiˈogrəfi]
biochémia biochemistry [ˌbaiəuˈkeməstri]
biológ biologist [baiˈolədžəst]
biológia biology [baiˈolədži]
biologický biological [ˌbaiəˈlodžikl]
bionika bionics [baiˈoniks]
biosféra biosphere [ˈbaiəsfiə]
biotechnológia biotechnology [ˌbaiəutekˈnolədži]
biskup bishop [ˈbišəp]
biskupstvo bishopric [ˈbišəprik]
bistro bistro [ˈbiːstrəu]
bit výp. bit [bit]
biť 1. (trestať bitkou) beat* [biːt]; *b. koňa bičom* whip up a horse; *b. po chrbte (koho)* beat sb. on the back 2. (udierať, búsiť) throb [θrob], hit* [hit], strike* [straik], beat*; *b. (koho) do žalúdka* hit/strike sb. in the stomach; *b. päsťou do stola* strike the table with heavy blows; *dážď b-je do okien* the rain is beating against the windows 3. (pri nárazoch vydávať zvuk) strike*, beat*; *hodiny b-jú šesť* the clock strikes six; *srdce mu b-je* his heart is beating; *zvon b-je* a bell rings; *hromy b-jú* it thunders ● *b. na poplach* raise/beat/sound an alarm, give alarm; *to b-je do očí* it's striking to the eye; *vie, koľko b-je* he knows what is up // **b. sa** 1. (zápasiť, bojovať) fight* [fait], struggle [ˈstragl]; *b. sa za slobodu* fight for one's freedom; *b. sa za nezávislosť* struggle for independence 2. hovor. (nehodiť sa k sebe farebne) clash [klæš]; *sukňa a blúzka sa farebne b-jú* this skirt clashes with the blouse
bitka 1. (ruvačka) fight [fait], hovor. scrap [skræp]; *dostať sa do b-y* get into scraps 2. (boj) fight, (obyč. vojenská) battle [ˈbætl] 3. (výprask) beating [ˈbiːtiŋ], thrashing [ˈθræšiŋ]; *dostal poriadnu b-u* he was given a severe beating
bitkár fighter [ˈfaitə], thug [θag]
bitúnok slaughterhouse [ˈsloːtəhaus]
bivak bivouac [ˈbivuæk]
bizón bison [ˈbaisn]
bižutéria artificial jewellery [ˌaːtəfišl ˈdžuːəlri]
bľačať bleat [bliːt]

blaho 1. (pocit šťastia) bliss [blis], wellbeing [ˌwelˈbiːiŋ]; *pocit b-a* a sense of wellbeing **2.** (dobro, prospech) welfare [ˈwelfeə]; *pre b. detí* for the welfare of the children

blahobyt prosperity [proˈsperəti]; *žiť v b-e* live in prosperity

blahobytný affluent [ˈæfluənt], prosperous [ˈprosprəs]; *b-á spoločnosť* an affluent society

blahodarný beneficial [ˌbenəˈfišl]; *b-e pôsobenie* beneficial effect

blahopriať p. **blahoželať**

blahosklonný condescending [ˌkondiˈsendiŋ], (zhovievavý) indulgent [inˈdaldžənt]

blahoželanie congratulations [kənˌgrӕčəˈleišnz]; *b. k narodeninám* congratulations on birthday

blahoželať congratulate [kənˈgrӕčəleit], wish [wiš]; *b-ám(e) k sobášu* congratulations on your marriage; *b-ám ti k narodeninám* (I wish you) many happy returns of the day; *b-ám vám k Novému roku* I wish you a happy New Year

blamáž disgrace [disˈgreis], shame [šeim], (veľká) scandal [ˈskӕndl]; *utrpieť b.* make a fool of oneself/disgrace oneself

blamovať (koho) disgrace [disˈgreis], make* a fool (of sb.) [ˈmeik ə ˈfuːl] // *b. sa* disgrace oneself, make* a fool of oneself

blana 1. membrane [ˈmembrein]; *zápal mozgových blán* meningitis; *plávacia b.* web **2.** (rozmnožovacia) stencil [ˈstensl]; *rozmnožiť na b-u* stencil

blanitý membraneous [ˈmembrənəs], webbed [webd]; *b-é krídla* webbed wings

blanketa (application) form [(ˌӕpliˈkeišn) foːm]; *vyplniť b-u* fill (in) a form

blatistý muddy [ˈmadi], oozy [ˈuːzi]; *b-á cesta* a muddy road

blatník mudguard [ˈmadgaːd]

blato mud [mad], ooz [uːz] ● *dostať sa z b-a do kaluže* (get) out of the frying pan into the fire

blázinec 1. hovor. mental hospital [ˈmentl ˌhospitl], lunatic asylum [ˈluːnətik əˈsailəm] **2.** expr. madhouse [ˈmӕdhaus]; *to je hotový b.* it's an absolute madhouse

bláznit' be* mad [bi: mӕd], be* out of one's mind [bi: aut əv wans ˈmaind] // *b. sa* (za kým, čím) be* mad/crazy [bi: mӕd/ˈkreizi] (about)

bláznivý 1. (choromyseľný) mad [mӕd], insane [inˈsein], crazy [ˈkreizi] **2.** (pochabý)

foolish [ˈfuːliš], silly [ˈsili] **3.** expr. (prudký) violent [ˈvaiələnt], wild [waild]; *b. vietor* a wild wind; *b. tanec* a violent dance

blázon 1. (chorý) lunatic [ˈluːnətik], mental patient [ˌmentl ˈpeišnt], mentally deficient person [ˈmentəli diˈfišnt ˈpəːsn] **2.** (pochábeľ) fool [fuːl] ● *mať koho za b-a/robiť si b-a z koho* make a fool of sb.; *zbláznim sa z toho* it drives me mad

blažený blissful [ˈblisfl]

blbosť 1. subst. idiocy [ˈidiəsi] **2.** (somarina, nezmysel) subst. bullshit [ˈbulˌšit]

blbý subst. **1.** (sprostý, hlúpy) stupid [ˈstjuːpəd], idiotic [ˌidiˈotik]; *b. nápad* stupid idea **2.** (mizerný, zlý) bad [bӕd], wretched [ˈrečəd]; *b-é počasie* bad/wretched weather

blčať blaze [bleiz] (aj pren.); *oheň b-l* the fire was blazing; *b. hnevom* blaze with anger

blednúť 1. (o tvári) become*/turn* pale [biˈkam/təːn peil] **2.** (o farbe) fade [feid]; *b. na slnku* fade in the sunshine **3.** pren. (miznúť z pamäti) fade out [feid aut] of mind ● *b. závisťou* be full of envy/be green with envy

bledý (nemajúci sýtu farbu) fair [feə], pale [peil]; *b-á pleť* a fair/pale complexion ● *b. ako stena/ako krieda* as white as a sheet; expr. *je to s ním b-é* his odds are slight

blesk 1. lightning [ˈlaitniŋ]; *zasiahol ho b.* he was struck by lightning; *b-y sa križujú* the sky is ablaze **2.** fot. flash (light) [flӕš (lait)] ● (rýchly) *ako b.* like a flash, quick as a flash; *ako b. z jasného neba* like out of the blue; *stáť ako b-om zasiahnutý* stand absolutely thunderstruck

bleskový 1. (veľmi rýchly) blitz [blic]; *b. útok* blitz attack; *b-á vojna* blitzkrieg; *b-á správa* news flash **2.** (vydávajúci prudké osvetlenie) flash; *b-é svetlo* flashlight; *b-á žiarovka* a flashbulb

bleskozvod lightning rod/conductor [ˈlaitniŋ rod/konˈdaktə]

blcha flea [fliː]

blikať blink [bliŋk], wink [wiŋk]

blíz(k)o I. prísl. (op. ďaleko) near [niə], nearby [ˌniəˈbai], close [kləus]; *bývať celkom b.* live quite near; *trocha bližšie* a bit nearer; *nechoď príliš b.* don't come too close **II.** predl. near, close; *dom b. stanice* a house near the station; *b. kostola* close to the church **III.** čast. (skoro, takmer) near, close; *má b. päťdesiat (rokov)* he's near fifty

blízky 1. (v rozl. význ.) near [niə], close [kləus]; *b. príbuzný* a close relative; *B. vý-*

chod the Near East; *v b-ej budúcnosti* in the near future; *tento problém mi je veľmi b.* this question is a subject close to my heart **2.** (pôvodom, znakmi) allied [ˈælaid]

blizna bot. stigma [ˈstigmə]

blíženci twins [twinz], astron. *B.* Gemini [ˈdžeminai]

blížiť sa approach [əˈprəuč], come*/get* /draw* near [kam/get/dro: niə]; *b. sa k mestu* approach the city; *čas odchodu sa b-i* the time of departure is approaching; *práca sa b-i ku koncu* the work is nearing completion

blok 1. (zoskupenie predmetov) block [blok]; *b. domov* a block of houses **2.** (zoskupenie ľudí, hl. politické) bloc [blok]; *vojenský b.* a military bloc **3.** (zápisník) pad [pæd]; *poznámkový b.* a writing pad **4.** obch. bill [bil], AM check [ček]

blokáda blockade [bloˈkeid]; *vyhlásiť b-u* impose a blockade

blokovať 1. block [blok], obstruct [əbˈstrakt]; *b. dopravu* block/obstruct the traffic; *b. konto* block an account; *b. telefónnu linku* engage the telephone line; šport. *b. súpera* block the opponent **2.** (v pokladnici) register [ˈredžəstə]

blond blond [blond], fair [feə]; *b. vlasy* fair hair

blondín blond [blond]

blondína, blondínka blonde [blond]

blud 1. error [ˈerə] **2.** cirk. heresy [ˈherəsi]

bludisko labyrinth [ˈlæbərinθ], maze [meiz]

blúdiť 1. (isť nesprávnou cestou) stray [strei]; *b. v lese* stray/get lost in the woods **2.** (bezcieľne chodiť) wander [ˈwondə] (about); *b. po uliciach* wander up and down the streets; pren. *myseľ mu b-i kdesi inde* his mind is wandering off the point

bludný 1. (túlavý) stray [strei], wandering [ˈwondriŋ], errant [ˈerənt]; *b. rytier* a knight-errant **2.** (náhodne zanesený) stray; *b-á strela* a stray bullet **3.** (nesprávny) erroneous [iˈrəuniəs]; *b. teória* an erroneus theory ● *b. kruh* a vicious circle

blúz(k)a blouse [blauz]

blúzniť 1. (v horúčke) be* delirious [bi: diˈliriəs] **2.** expr. (rojčiť) daydream* [ˈdeidri:m]; *b. o šťastí* be daydreaming about happiness

blys(k)núť 1. (zažiariť) flash [flæš], glare [gleə], flare [fleə]; *slnko b-lo do okien* the sun flashed into the windows; *zápalka b-la v tme* a match flared up in the darkness **2.** (preblesknúť) flash; *v obloku sa b-la postava* a figure

flashed in the window; *hlavou mu b-la myšlienka* an idea flashed through his mind // **b. sa 1.** neos. (o blesku): *b-lo sa a zahrmelo* there was a thunderbolt **2.** expr. (popýšiť sa) parade [pəˈreid], flaunt [flo:nt], show* off [šəu of]; *b. sa vedomosťami* parade one's knowledge

blyšťať sa shine* [šain], glitter [ˈglitə]; *hladina jazera sa b-i* the water surface of the lake is shining ● *Nie je všetko zlato, čo sa b-i.* All that glitters is not gold.

bobkový: *b. list* bay leaf

bobok (trus) droppings [ˈdropiŋz] mn. č.; *zajačie b-bky* rabbit droppings

bobor beaver [ˈbi:və]

bobuľa berry [ˈberi]; *b. hrozna* a vine grape; *b-le egreša* gooseberries

boby bobsleigh [ˈbobslei], bobsled [ˈbobsled]; *jazdiť na b-och* ride in a bobsleigh

bocian stork [sto:k]

bočiť 1. (stániť sa) keep*/remain aloof [ki:p/riˈmein əˈlu:f], (nezúčastniť sa niečoho) take* no part [teik nəu ˈpa:t], (stáť bokom) stand* aside [stænd əˈsaid]; *b. od ľudí* keep oneself /remain aloof from people **2.** (odbočovať) turn off [tə:n əf], odb. deflect [diˈflekt]

bočnica side(piece) [ˈsaid(pi:s)]

bočný 1. (zboku) side [said], lateral [ˈlætrəl]; *b. pohľad* (na predmet) a side view **2.** (postranný) side; *b-á ulica* a side street; *b-é dvere* a side door; *b-á cesta* a byway/a byroad **3.** (druhoradý) secondary [ˈsekəndri]; *b. zárobok* a sideline

bod (v rozl. význ.) point [point]; *oporný b.* point of support; *styčný b.* point of contact; *orientačný b.* orientating point; *b. mrazu/varu/topenia* freezing/boiling/melting point; *hlavný b. programu* the main item of the agenda; *b. za b-om* point by point; *vyhrať na b-y* win by points; *dosiahnuť plný počet b-ov* gain full points

bodák bayonet [ˈbeiənət]

bodať 1. (ostrým predmetom) prick [prik], stab [stæb] **2.** (o hmyze) sting* [stiŋ]

bodavý 1. stabbing [ˈstæbiŋ]; *b-á bolesť* stabbing pain **2.** (o hmyze) stinging [ˈstiŋiŋ]

bodec spike [spaik]

bodka 1. dot [dot]; *b-y na ovocí* fruit with dots; *blúzka s bielymi b-mi* a blouse with white dots **2.** (grafický znak) point [point], dot; *b. na konci vety* full stop, AM point; *b. nad písmenom* dot; *desatinná b.* decimal point ● *do poslednej b-y* to the last detail

bodkočiarka semicolon [ˌsemiˈkəulən]

bodkovaný: *b-á čiara* a dotted line; *b-á látka* a spotted material

bodliak thistle [ˈθisl]

bodný 1. (určený na bodanie) stabbing [ˈstæbiŋ]; *b-á zbraň* a stabbing weapon **2.** (spôsobený bodnutím) stab [stæb]; *b-á rana* a stab wound

bodovať 1. (hodnotiť počtom bodov) mark [maːk], give* marks [giv maːks]; *b. výkony* mark for results **2.** šport. score [skoː]; *mužstvo b-lo* the team scored

bodrý good-humoured [ˌgudˈhjuːməd], jovial [ˈdžəuviəl]; *b. mladý muž* a jovial young man; *b. úsmev* a good-humoured smile

bodyček šport. body-check [ˈbodiček]

boh god [god], (v jednobožstve Boh) God, Lord God, Our Lord [ˈauə loːd] ● *bože!* good gracious!/good lord!; *vďaka b-u!* thank God! *nedajbože!* the Lord forbid! *pánbohvie* Lord knows; *pánub-u za chrbtom* out-of-the-way; *preb-a!* for God's sake!

boháč rich (man) [rič (mæn)], a man of wealth [ə mæn əv welð]

bohapustý infamous [ˈinfəməs], godless [ˈgodləs]; *b-é správanie* infamous behaviour; *b-á lož* a downright lie; *b. čin* an infamy

bohatier (legendary) hero [(ˈledžndri) ˈhirəu]

bohatnúť (z čoho) grow*/get* rich [grəu/get rič] (on)

bohatstvo 1. wealth [welθ], riches [ˈričəz] **2.** (veľké množstvo, hojnosť) abundance [əˈbandns], plenty [ˈplenti], wealth; *kniha s b-m ilustrácií* a book with a wealth of illustrations; *nerastné b.* mineral resources; *b. skúseností* a wealth of experience

bohatý 1. rich [rič], wealthy [ˈwelθi]; *b-í ľudia* rich people; *b. kupec* wealthy merchant **2.** (hojný) abundant [əˈbandənt], rich; ● *b-á činnosť* extensive activity; *b-é skúsenosti* wide experience

bohém bohemian [bəuˈhiːmiən]

bohemista bohemicist [bəuˈhiːməsəst]

bohoslužba divine service [dəˈvain ˈsəːvəs], divine worship [ˈwəːšip], (omša) mass [mæs]

bohužiaľ unfortunately [anˈfoːčnətli]; *musím, b., povedať...* I am sorry to say...

bohyňa goddess [ˈgodəs]

bochník loaf (of bread) [ləuf (əv ˈbred)]; *kilový b.* a two-pound loaf

boj 1. (ozbrojené stretnutie) action [ˈækšn], (bitka) battle [ˈbætl]; *zabitý v b-i* killed in action; *isť do b-a* go into action **2.** (úsilie, zápas) struggle [ˈstragl], battle, fight [fait]; *b. o život/za nezávislosť* struggle for life/independence; *b. o moc* battle for power; *b. proti chorobám* battle against diseases; *b. proti zneužívaniu drog* fight against drug abuse

bója buoy [boi]

bojazlivý timid [ˈtiməd], shy [šai]

bojisko battlefield [ˈbætlfiːld], battleground [ˈbætlgraund]; aj pren. *politické b.* a political battlefield

bojko a timid fellow [ə ˈtiməd ˈfeləu]

bojkot boycott [ˈboikot]; *vyhlásiť b.* declare a boycott

bojkotovať boycott [ˈboikot]; *b. voľby* boycott the election

bojler boiler [ˈboilə], (water) heater [(ˈwotə) ˈhiːtə]; *plynový b.* geyser [ˈgiːzə]

bojovať 1. (zvádzať boj, bitku) fight* [fait], battle [ˈbætl]; *b. za slobodu* fight for freedom **2.** (usilovať sa) struggle [ˈstragl], fight; *b. o uznanie/za mier* struggle for recognition/peace; *b. o zrovnoprávnenie* fight for equal rights

bojovník fighter [ˈfaitə], combatant [ˈkombətənt], lit. warrior [ˈworiə]; *b. za mier* a peace-fighter; *b. proti rasizmu* a fighter against racism

bojovný warlike [ˈwoːlaik], militant [ˈmilitənt], belligerent [bəˈlidžərənt]; *b. národ* a warlike nation; *b. výzor* warlike appearance; *b. človek/postoj* a belligerent person/attitude; *b. duch* fighting spirit

bojový: *b-á technika* fighting equipment; *b-é lietadlo* a fighter; *b-á hlavica* a warhead; *b-á výzva* a challenge; *b-á pieseň* a war song

bok 1. (časť tela) hip [hip], (celá strana tela) side [said]; *s rukami v b.* with one's hands akimbo; *bolesť v boku* a pain in one's side; *sedieť po b-u (komu)* sit by/at sb.'s side **2.** (bočná strana) side; *pohľad zb-u* a side view; *na b-u cesty* at the side of the road/at the roadside ● *(bojovať) b. po b-u (s kým)* (fight) side by side with sb.

bokom aside [əˈsaid]; *ustúpiť b.* step aside; *nechať (čo) b.* leave sth. aside; *zostať b. (v pozadí)* remain in the background

bokombrady mn. č. whiskers [ˈwiskəz]

boľavý sore [soː], painful [ˈpeinfl]; *b-é hrdlo/nohy* sore throat/legs; ● *mať b-é celé telo* be aching all over; pren. *to je preň b-á vec* that's a sore point with him

bolesť 1. pain [pein], ache [eik], (bodavá) stich, (prudká) pang; *b. hlavy* a headache; *b. hrdla* a sore throat; *b. zuba* a tooth-ache; *b-i hrudníka* pain in the chest 2. (žiaľ, bôľ) grief [gri:f]

bolestivý painful [ˈpeinfl], grievous [ˈgri:vəs], smart [sma:t]; *b-á rana* a painful /grievous wound; *b. pocit* a smart sensation

bolestné (odškodné) smart money [ˌsma:t ˈmani]

bolestný painful [ˈpeinfl], grievous [ˈgri:vəs], (trpký) bitter [ˈbitə]; *b-á strata* a grievous loss; *b-é sklamanie* a bitter disappointment

bolieť ache [eik], hurt [hə:t]; *všetko ma b-í* I ache all over; *kde to b-í?* where does it hurt? *b-í ma hlava* I have a headache; *často ju b-í žalúdok* she often gets stomachaches; *po čokoláde ma b-ia zuby* chocolate gives me toothache; *b-va ju chrbát* she suffers from backache

bomba 1. bomb [bom]; *atómová b.* the (atomic) bomb; *časovaná b.* a timebomb 2. (na plyn, tlaková nádoba) cylinder [ˈsiləndə] ● *pôsobiť ako b.* go like a bomb

bombardér bomber [ˈbomə]

bombardovať 1. bomb [bom], bombard [bomˈba:d]; *b. mesto* bomb a town 2. pren. expr. pelt [pelt]; *b. otázkami (koho)* pelt sb. with questions

bon voucher [ˈvaučə]

bonbón sweet [swi:t], AM candy [ˈkændi], (čokoládový) chocolate [ˈčoklət]

bonboniéra chocolatebox [ˈčoklətˌboks]

bonifikácia compensation [ˌkompənˈseišn]

bor, bôr 1. (borovica) pine(tree) [ˈpain (tri:)] 2. (borina) pinewood(s) [ˈpainwud(z)]

borievka juniper [ˈdžu:nəpə]

borovica pine(tree) [ˈpain(tri:)]

borovička gin [džin]

bosorka witch [wič]; *honba na b-y* witch-hunt

bosý barefoot(ed) [ˌbeəˈfu:t(əd)]; *b-é nohy* barefeet; *chodiť b.* go/walk barefoot/walk in bare feet

botanický botanical [bəˈtænikl]; *b-á záhrada* a botanical garden

botanik botanist [ˈbotənəst]

botanika botany [ˈbotəni]

box[1] (pästiarstvo) boxing [ˈboksiŋ]

box[2] 1. (vo veľkogaráži) lock-up (garage) [ˈlokap (ˈgæra:ž)] 2. (v stajni) box [boks]

boxer 1. (pästiar) boxer [ˈboksə] 2. (pes) boxer 3. (kovový predmet na úder pri bitke) knuckleduster [ˈnaklˌdastə]

boxovať box [boks]

bozk kiss [kis]

bozkať, bozkávať kiss [kis]; *b. ruky* kiss hands; *b. deti na dobrú noc* kiss the children goodnight; *b. na čelo (koho)* kiss sb. on the forehead

božechráň God forbid! [god fəˈbid]

boží, Boží God's [godz], the Lord's [ðə ˈlo:dz], of God [əv ˈgod]; *z milosti B-ej* by the Grace of God; *celý B. rok* all the year round; *celý B. deň* all the livelong day ● *s B-ou pomocou* God helping/willing

božský 1. (vzťahujúci sa na Boha) godlike [ˈgodlaik], divine [dəˈvain]; *b-á krása* godlike beauty; *b-á sila* the divine strength 2. (nádherný) divine, heavenly [ˈhevnli]; *b-é šaty* a heavenly dress

božstvo 1. deity [ˈdeiəti]; *b-á starého Grécka* the deities of ancient Greece 2. (Boh) the Deity

bôb bean [bi:n]; *sójové b-y* soya beans

bôčik flank [flæŋk]; *bravčový b.* a flank of bacon

bôr p. **bor**

brada 1. (časť tváre) chin [čin]; *dvojitá b.* a double chin 2. (dlhé chlpy) beard [biəd]; *mať/nosiť b-u* have/wear a beard; *nechať si rásť b-u* be growing a beard ● *ešte mu tečie mlieko po b-e* he is still wet behind the ears

bradavica wart [wo:t]

bradavka 1. (u človeka) nipple [ˈnipl] 2. (u iných cicavcov) teat [ti:t]

bradlá parallel bars [ˈpærəlel ba:z]

brak trash [træš], shoddy [ˈšodi]; *literárny b.* shoddy literature

bralo cliff [klif]

brána 1. (vchod) gate [geit], gateway [ˈgeitwei] (aj pren.); *drevená/železná b.* a wooden /iron gate; *záhradná b.* a garden gate; *búchať na b-u* knock at the gate; *vstupná b. nákazy* a gate for infection; *b. k poznaniu* a gateway to knowledge 2. šport. goal [gəul]; *útočiť na b-u* forward; *byť v b-e* keep goal 3. *b-y* obyč. pomn., poľnohosp. harrow [ˈhærəu]

branec conscript [ˈkonskript], recruit [riˈkru:t]

bránica diaphragm [ˈdaiəfræm]

brániť[1] 1. (chrániť, obhajovať) defend [diˈfend], protect [prəˈtekt]; *b. vlasť proti ne-*

priateľom defend one's country against enemies **2.** (zabraňovať) hinder ['hɪndə]; *b. v práci (komu)* hinder sb. from working // **b. sa 1.** (stavať sa na odpor) defend oneself **2.** (odolávať) resist [rɪ'zɪst]; *b. sa pokušeniu* resist temptation ● *b. sa zubami-nechtami* fight tooth and nail

brániť² (pole) harrow ['hærəu]

brankár goalkeeper ['gəulˌkiːpə]; hovor. goalie ['gəuli]

branný 1. (ozbrojený, vojenský) armed [aːmd], military ['mɪlɪtri]; *b-á moc* the armed/military forces **2.** (o povinnej voj. službe): *b-á povinnosť* conscription

brány p. **brána**

brat 1. (súrodenec) brother ['brʌðə] **2.** (člen cirkvi, rádu, profesie) brother, mn. č. brethren ['breðrən]

brať 1. (chytať do rúk) take* [teɪk], handle ['hændl]; *b. knihu zo stola* take a book from the table; *b. tovar do ruky* handle the goods; *b. dieťa na ruky* take a baby in one's arms; *b. liek* take a medicine **2.** (odcudzovať) take* away, deprive [dɪ'praɪv]; *b. peniaze (komu)* deprive sb. of money **3.** (dostávať peniaze) get* [get]; *b. vysoký plat* be on a very good salary; *b. štipendium* get a scholarship; *b. podporu* be on the dole **4.** (prijímať k sebe) take* in; *b. študentov na byt* take students in **5.** (odnášať) carry/blow* away ['kæri/bləu ə'weɪ]; *voda berie pôdu* water carries away the soil; *vietor berie strechy* the wind blows away the roofs **6.** (zaberať) bite [baɪt]; *ryby dnes berú* the fish are biting today **7.** ako formálne sloveso *b. na vedomie (čo)* take cognisance of sth.; *b. na zodpovednosť (koho)* blame sb.; *b. do úvahy (čo)* take sth. into consideration; *b. si vzor/príklad (od koho)* follow sb.'s example // **b. sa 1.** (sobášiť sa) get married [get 'mærɪd] **2.** (odchádzať) leave* [liːv] // **b. si 1.** (sobášiť sa s kým) marry ['mæri] sb. **2.** (jedlo) help [help] oneself; *zober si!* help yourself!

bratanec cousin ['kʌzn]

bratovražedný fratricidal ['frætrəsaɪdl]; *b-á vojna* fratricidal war

bratský brotherly ['brʌðəli], fraternal [frə'təːnl]; *b-á rada* brotherly advice

bratstvo brotherhood ['brʌðəhud], fraternity [frə'təːnəti]

brav pig [pɪg], odb., AM hog [hog]

bravčovina 1. (mäso) pork [poːk]; *b-á kotleta* a pork chop **2.** pig(s) [pɪg(z)]; *b-á koža* pigskin

brázda 1. furrow ['farəu]; *novovyoraná b.* a newly turned furrow; pren. *b-y na čele* furrows on one's forehead **2.** (za loďou) wake [weɪk] **3.** meteor. ridge [rɪdʒ]; *b. vysokého tlaku* a ridge of high pressure

brázdiť 1. (robiť ryhy) furrow ['farəu] **2.** (pohybovať sa po čom, križovať) cruise [kruːz]; *b. Stredozemné more* cruise the Mediterranian

Brazília Brazil [brə'zɪl]

brazílsky Brazilian [brə'zɪliən]

brčkavý curly ['kəːli]; *b-é vlasy* curly hair; *b-é dievča* a curly-headed girl

brečka 1. (riedke blato, riedky sneh) slush [slaʃ] **2.** (nechutné jedlo al. nápoj) wish-wash ['wɪʃ waʃ]

brečtan ivy ['aɪvi]

breh 1. (rieky) bank [bæŋk], (väčšej vodnej plochy) shore [ʃoː], (mora) coast [kəust]; *na b-u* ashore; *na b-u jazera* on the shore of a lake ● *Tichá voda b-y myje.* Still waters run deep. **2.** (stráň) hillside ['hɪlsaɪd]; *hore b-om* uphill; *cesta dolu b-om* the path downhill

brechať bark [baːk] ● *Pes, ktorý b-še, nehryzie.* His bark is worse than his bite.

bremeno burden ['bəːdn]; *niesť b.* carry the burden; *byť b-m pre rodičov* be a burden to one's parents

brest elm [elm]

breviár breviary ['briːviəri]

breza birch [bəːtʃ]

brezový: *b. háj* a birch wood

bridiť sa loathe [ləuð], dislike [dɪs'laɪk/dɪslaɪk], disgust [dɪs'gast]; *b-í sa mu pach jedla* he loathes the smell of food; *to sa mi b-í* it makes me sick

bridlica slate [sleɪt]

brieždiť sa dawn [doːn]; *už sa b-í* dawn is already breaking ● *b-í sa mi v hlave* it gradually dawns at me

brigáda 1. voj. brigade [brɪ'geɪd] **2.** (výpomoc) temporary job ['tempərəri ˌdʒob]; *prázdninová b.* a holiday job

briliant brilliant ['brɪljənt], cut diamond [kat 'daɪəmənd]

briliantový: *b. prsteň* a diamond ring

Brit Britain, kniž. Briton ['brɪtn]; *B-i* the British

Británia Britain ['brɪtn]; *Veľká B.* Great Britain

britský British ['brɪtɪʃ]; *b. občan* a British citizen

britva razor ['reɪzə] ● *ostrý ako b.* razor-sharp

brko quill [kwil]
brloh 1. (zvierací) den [den], lair ['leə], (menší, zajačí) burrow ['barəu] 2. (úkryt ľudí žijúcich na okraji spoločnosti) den, (krčma) dive [daiv]; *ópiový/hráčsky b.* an opium/gambling den 3. (biedne obydlie) slum(s) [slam(z)]
brmbolec ball [boːl], (na šnúrke) tassel ['tæsl]; *b. z vlny* a ball of wool
brnkať strum [stram]; *b. na gitare* strum (on) the guitar ● *b. na (citlivú) strunu (komu)* strike sb. home
brod ford [foːd]; *prejsť cez b.* cross a ford
brodiť sa (cez čo, čím) wade [weid] (in /through), (s námahou) flounder ['flaundə]; *b. sa riekou* wade through the stream; *b. sa snehom* flounder in the snow
brok buckshot ['bakšot]
brokát brocade [brə'keid]
brokovnica shotgun ['šotgan]
bronz bronze [bronz]
bronzový: *b-á doba* the Bronze Age; *b-á medaila* a bronze medal
broskyňa 1. (plod) peach [piːč] 2. (strom) peach-tree ['piːčtriː]
brošňa brooch [brəuč]
brožovaný (in) paperback ['peipəbæk]
brožúra booklet ['buklət], (hl. politická) pamphlet ['pæmflət]
bručať 1. (nezrozumiteľne hundrať) mutter ['matə], growl [graul]; *b. si pod fúzy* mutter away for oneself 2. (o medveďovi) growl
bruchatý pot-/big-bellied [ˌpot/ˌbig'belid]; *b. chlap* a pot-bellied man
brucho 1. hovor. belly ['beli]; odb. abdomen ['æbdəmən]; *bolenie b-a* bellyache; *s prázdnym b-m* on an empty stomach; *ležať na b-u* lie on one's belly; *škvŕka mu v b-u* his stomach is rumbling 2. (spodná vydutá časť čoho) belly; *b. lode* the belly of the ship ● *plaziť sa pred kým po b-u* cringe before sb.
brús grindstone ['graindstəun]
brusič grinder ['graində]
brúsiť 1. (ostriť) sharpen ['šaːpn], grind* [graind]; *b. nože a nožnice* grind the knifes and scissors 2. (opracúvať) cut* [kat]; *b. drahokamy* cut gems 3. (zdokonaľovať) improve [im'pruːv], better ['betə]; *b. si štýl* improve one's style 4. (túlať sa, chodiť) rove [rəuv], hovor. mooch about/around [muːč ə'baut/ə'raund]; *b. po meste* mooch around the town; *b. za dievčatami* chase after girls ● *b. si zuby (na čo)* set one's heart on sth.

brúska grinder ['graində]
brusnica cranberry ['krænbri]
bruško 1. (časť trupu) belly ['beli], hovor. a det. tummy ['tami] 2. (prsta) ball [boːl]
brutalita brutality [bruːˈtæləti]
brutálny brutal ['bruːtl], (neľudský) inhumane [inˈhjuːmən]; *b-e potlačenie ľudských práv* brutal violation of human rights; *b-e zaobchádzanie* inhumane treatment
brva eyelash ['ailæš]
brvno log [log], (nosné) beam [biːm]
bryndza sheep cheese [šiːp čiːz]
brzda brake [breik] (aj pren.); *záchranná b.* an emergency brake; *ručná/nožná b.* a hand /foot brake; *b. pokroku* a brake on progress
brzdiť 1. brake [breik]; *b. v zákrutách* brake around the curves 2. (brániť v činnosti) keep/hold back [kiːp/həuld bæk]; *b-í ho nedostatočné vzdelanie* his poor education is holding him back; *b. pokrok* act as a brake on progress
brzdný braking ['breikiŋ]; *b-á dráha* braking distance
bubeník drummer ['dramə]
bubienok drum [dram]; *ušný b.* the eardrum
bublať gurgle ['gəːgl], bubble ['babl]; *potok b-e* the brook is gurgling; *voda b-e v hrnci* water is bubbling in the pot
bublina bubble ['babl]; *mydlová b.* a soap bubble
bubnovať drum [dram] (aj pren.); *b. prstami na stôl* drum on the table with one's fingers
bubon drum [dram]; *hrať na b.* play a drum; *b. práčky* drum of a washing machine ● *ísť s b-nom na zajace* let the cat out of the bag
bucľatý chubby ['čabi], plump [plamp]; *b-é líčka* chubby cheeks; *b-é nôžky* plump little legs
bučať (o hovädzom dobytku) moo [muː], kniž. low [ləu]
buď v spojení *buď – alebo, buď – buď* either – or ['aiðə oː]; *b. je blázon, alebo opitý* he must be either mad or drunk
búda booth [buːð], (domček) hut [hat]; *psia b.* kennel ['kenl]
budíček 1. (hodiny) alarm-clock 2. (signál na vstávanie) voj. reveille [riˈvæli], hovor. wakey wakey [ˌweiki 'weiki]
budík alarm-clock [əˈlaːm klok]; *b. zvoní* the alarm-clock is ringing
budiť 1. (prebúdzať) wake* (up) [weik (ap)], waken ['weikən]; *b. koho o siedmej* wake sb.

up at seven o'clock **2.** (vzbudzovať, vyvolávať) waken, call up [koːl ap], evoke [iˈvəuk]; *b. spomienky* call up memories; *b. obdiv* evoke the admiration; *b. záujem* waken the interest // **b. sa** wake* (up), awake* [əˈweik]; *b. sa zavčasu* wake (up) early

    buditeľ revivalist [riˈvaivləst]

    búdka booth [buːð], box [boks]; *telefónna b.* telephone booth; *strážna b.* sentry box; *vtáčia b.* nest box

    budova building [ˈbildiŋ], structure [ˈstrakčə], block [blok]; *administratívna b.* an office block; *šesťposchodová b.* a six-storey structure/building; *výšková b.* a tower block

    budovať 1. (stavať) build* (up) [bild (ap)], construct [kənˈstrakt]; *b. dom/železnicu* build/construct a house/a railway **2.** (tvoriť) build*, establish [iˈstæbliš], set* up [set ap]; *b. dôveru/vzťah* build confidence/relationship; *b. nový systém* establish a new system; *b. organizáciu* set up an organization

    budovateľ 1. (staviteľ) builder [ˈbildə] **2.** (tvorca) creator [kriˈeitə]

    budúci príd. **1.** future [ˈfjuːčə]; *b-e generácie* future generations; gram. *b. čas* future tense **2.** (nasledujúci) following [ˈfoləuiŋ]; (bezprostredne ďalší) next [nekst], forthcoming [ˌfoːθˈkamiŋ]; *b. pondelok* the following Monday; *b. týždeň/rok* next week/year **3.** (nastávajúci) to-be [ˌtə ˈbiː]; *b. nevesta* daughter--in-law to-be

    budúcnosť future [ˈfjuːčə]; *v b-ti* in (the) future/in time to come; *máš pred sebou šťastnú b.* you are facing a happy future

    bufet snack bar [snæk baː], AM fast-food place/restaurant [ˈfaːstˌfuːd pleis/ˈrestroːnt]

    búchať 1. (hrmotiť) bang [bæŋ], slam [slæm]; *niekto hore b-a* there is someone banging about upstairs; *prosím, neb-jte dverami* please don't slam the door **2.** (udierať, búsiť) bang, pound [paund], thump [θamp], knock [nok]; *b. päsťami po stole* bang on the table with one's fists; *b. na dvere* knock on/at the door; *srdce mi b-lo vzrušením* my heart pounded with excitement

    buchnát blow [bləu], (silný) thump [θamp]; *dať b. (komu)* give sb. a blow

    buchot bang(ing) [ˈbæŋ(iŋ)], bangs [bæŋz]; *robiť b.* be banging

    buchta 1. (pečený kysnutý koláč) baked yeast dumpling [ˈbeikd jiːst ˈdampliŋ] **2.** (pohodlný človek) sluggard [ˈslagəd]

    bujak bull [bul]

    bujný 1. luxuriant [lagˈzjuriənt]; *b-á tropická vegetácia* the luxuriant vegetation of the tropics **2.** (neviazaný, bujarý) high-spirited [ˌhaiˈspirətəd], (plný života) exuberant [igˈzjuːbrənt]; *b. kôň* a high-spirited horse; *b-á nálada* exuberant high spirits

    bujón beef tea [ˌbiːf ˈtiː], broth [broθ]

    buk beech [biːč] ● *zdravý ako b.* as fit as a fiddle

    bukvica beechnut [ˈbiːčnat]

    buldozér bulldozer [ˈbuldəuzə]

    Bulhar Bulgarian [balˈgeəriən]

    Bulharsko Bulgaria [balˈgeəriə]

    bulharský Bulgarian [balˈgeriən]

    buľva (repy, kalerábu) root [ruːt]

    bunda 1. (prešívaná vetrovka s kapucňou) anorak [ˈænəræk], AM parka [ˈpaːkə] **2.** (iba proti vetru) wind-cheater [ˈwind ˌčiːtə], (sports) jacket [(spoːts) ˈdžækit]; *kožená b.* a leather jacket

    buničina cellulose [ˈseljələus]

    buničitý cellulose [ˈseljələus]

    bunka (v rozl. význ.) cell [sel]; *.rastlinné b-y* plant cells; *b-y včelieho plástu* cells of a honeycomb; *teroristická b.* a terrorist cell ● *má na to b-y* he's got plenty of brains to do it

    bunker bunker [ˈbaŋkə]

    bunkový cellulous [ˈseljələus]

    burácať roar [roː], thunder [ˈθandə]; *more b-a* the sea roars

    búrať pull/tear* down [pul/teə daun], demolish [diˈmoliš]; *b. staré domy* pull down old houses

    burcovať 1. (prebúdzať) rouse [rauz], waken* [ˈweikn]; *b. zo spánku (koho)* rouse sb. from/out of a sleep **2.** (podnecovať) rouse, agitate [ˈædžəteit]; *b. do činnosti* rouse sb. to action

    burič rebel [ˈrebl], rioter [ˈraiətə]

    buričský rebellious [riˈbeljəs], riotous [ˈraiətəs]; *b-é správanie* rebellious behaviour

    burina weed [wiːd]; *trhať b-u v záhrade* weed the garden

    búriť 1. (podnecovať) provoke [prəˈvəuk], stir [stəː], agitate [ˈædžəteit], rouse [rauz], rail [reil] **2.** (búrlivo sa prejavovať) thunder [ˈθandə], roar [roː] // **b. sa 1.** (prejavovať nespokojnosť) protest [prəˈtest], revolt [riˈvəult], rebel [riˈbel]; *b. sa proti vojne* protest against the war; *b. sa proti vládcom* revolt/rebel against the rulers **2.** (podráždene reagovať) be up [biː ap]; *b-i sa mi krv* my blood is up

búrka 1. storm [sto:m], (s bleskami a hrmením) thunderstorm [ˈθandəsto:m]; *snehová b.* a snowstorm **2.** (prejav citu) storm; *b. protestu/nadšenia/potlesku* a storm of protests /cheering/applause **3.** (prudká hádka, zvada) squall [skwo:l]; *rodinná b.* a domestic squall ● *b. v pohári vody* a storm in a teacup

búrkový stormy [ˈsto:mi]; *b-é počasie* a stormy weather

búrlivý 1. (rozbúrený) rough [raf], tempestuous [temˈpesčuəs]; *b-é more* rough sea; *b-á plavba cez more* a rough crossing **2.** pren. stormy, tempestuous; *b-á schôdza* a stormy meeting; *b-é nadšenie* a storm of cheering; *b. potlesk* a storm of applause; *b-á mládež* boisterous youth

burza exchange [iksˈčeindž]; *akciová b.* Stock Exchange; *obilná b.* Corn Exchange

buržoázia bourgeoisie [ˌbuəžwaˈzi:]

buržoázny bourgeois [ˈbuəžwa:]

busta bust [bast]

bútľavý hollow [ˈholəu]; *b. strom* a hollow tree

buzola compass [ˈkampəs]

bydlisko (place of) residence [(ˌpleis əv) ˈrezədns]; *trvalé b.* the permanent address/the domicile; *zmena b-a* a change of address

býk 1. bull [bul] **2.** astron. *B.* Taurus [ˈto:rəs]

byľ stalk [sto:k], stem [stem]

bylina herb [hə:b]; *liečivé b-y* herbs

bylinový: *b. čaj* herb tea

bylinožravec herbivore [ˈhə:bəvo:]

byrokracia bureaucracy [bjuˈrokrəsi]

byrokrat bureaucrat [ˈbjurəkræt]

byrokratický bureaucratic [ˌbjurəˈkrætik]

bystrina torrent [ˈtorənt]; *horská b.* a mountain torrent

bystrý 1. (rýchly) swift [swift]; *b-á odpoveď* a swift reply; *b. potok* a torrent **2.** (o zmysloch, mysli) keen [ki:n], acute [əˈkju:t], sharp [ša:p]; *b. zrak* keen eyesight; *b-á myseľ* an acute mind **3.** (chápavý – o človeku) bright [brait], clever [ˈklevə]; *b. chlapec* a bright /clever boy

byt flat [flæt], AM apartment [əˈpa:tmənt]; *dvojizbový byt* a two-room flat; *družstevný b.* a housing society flat; *vziať na b. (koho)* let/AM rent a room to sb.

byť 1. (jestvovať) be* [bi:], exist [igˈzist]; *čo je to?* what is it? *to som ja* it's me; *bol raz jeden kráľ...* once upon a time there was

a king...; *sú ľudia, čo hovoria...* some people say; *boli časy* at one time **2.** (konať sa, uskutočňovať sa) be* (held), take* place [teik pleis] **3.** (zdržiavať sa, byť prítomný) be*; *otec nie je doma* father isn't at home; *b. v práci/ v škole* be at work/at school; *b. na návšteve* be visiting **4.** (nachádzať sa niekde) be*, obyč. 3. os. *je/sú* (there) is/are; *v mojej polievke je mucha* there is a fly in my soup; *knihy sú na stole* the books are on the table; *auto je v garáži* the car is in the garage; *na stole je nejaká kniha* there is a book on the table **5.** (pochádzať) come* from [kam frəm]; *odkiaľ ste?* where do you come from? **6.** (znamenať) mean* [mi:n]; *práca v škole je pre ňu všetkým* her work at school means everything to her **7.** (b. v určitom stave) be*; *b. smädný/hladný* be thirsty/hungry; *b. šťastný/smutný* be happy/sad **8.** hovor. (chcieť) will* have [wil ˈhæv]; *budeš ešte čaj?* will you have some tea? **9.** (stať sa) be*, become* [biˈkam]; *chce byť lekárkou* she wants to be/become a doctor **10.** neos. *čo ti je?* what's the matter (with you)?; *je mi ľúto* I'm sorry; *je načase* it's high time; *je mi zima* I am cold; *je mi ľúto* I'm sorry; *nie je mi dobre* I don't feel well; *čo je nové?* what's the news? ● *to jest* (to značí) it is, v texte i. e. (lat. skr. id est); *tak je to* it's like this; *do toho ma nič nie je* it's all the same to me/I don't care at all

bytie being [ˈbi:iŋ], existence [igˈzistns]

bytosť being [ˈbi:iŋ]; *ľudská b.* the human being

bývalý former [ˈfo:mə], late [leit]; *jej b. manžel* her former husband; *b-á manželka* his ex-wife; *b. minister* the former minister /the ex-minister; *b-á vláda* the late government

bývať 1. (mať trvalé bydlisko) live [liv], reside [riˈzaid], inhabit [inˈhæbət]; *b. v tom istom dome* live in the same house **2.** (byť ubytovaný kratší čas) stay [stei], dwell* [dwel]; *b. v hoteli/u priateľov* stay at a hotel/with friends **3.** (v podnájme) lodge [lodž], AM room [rum]; *b-a v našom dome v podnájme* he's rooming at our house

byvol buffalo [ˈbafələu]

byzantský Byzantine [baiˈzæntain]; *B-á ríša* the Byzantine Empire

bzučať buzz [baz], hum [ham]; *včely/muchy b-ia* the bees/flies are buzzing

C

cap billy goat ['bili ˌgəut] ● *spraviť/uro-biť c-a záhradníkom* set a wolf to mind the sheep; *streliť c-a* put one's foot in it

cár czar [zaː], tsar/tzar [caː]

cárovič czarevitch [ˈzaːrəvič]

cárovná czarina [zaːˈriːnə]

cársky czarist [zaːˈrist]

cecok teat [tiːt]

cédečko hovor. CD [ˌsiː ˈdiː]

céder cedar [ˈsiːdə]

cedidlo strainer [ˈstreinə], (jemné) filter [ˈfiltə], (dierkovaná misa) colander [ˈkaləndə]; *c. na čaj* a tea-strainer

cediť strain [strein]; *c. polievku* strain soup ● *c. slová cez zuby* grind out; *c. slzy* be in shed tears // **c. sa 1.** (liať sa) shed* [šed]; *krv sa c-í* blood is shedding **2.** (husto pršať) neos. pour (down) [ˌpo: (daun)]; *celý deň sa c-í* it is pouring down all day

ceduľa piece of paper [piːs əv ˈpeipə], note [nəut], message [ˈmesidž]

cech 1. (stavovská organizácia) guild [gild] **2.** (výrobný a organizačný útvar) department [diˈpaːtmənt], division [dəˈvižn] ● *zaplatiť cech* pay/foot the bill

cela cell [sel]; *väzenská c.* a prison cell

celistvosť integrity [inˈtegrəti]; *c. národa* integrity of a nation; *územná c.* territorial integrity

celistvý 1. (ucelený) compact [kəmˈpækt]; *c-á hmota* a compact mass **2.** (celkový) general [ˈdženrəl]; *c. dojem* a general impression

celkom I. prísl. (úplne) quite [kwait], entirely [inˈtaiəli], completely [kəmˈpliːtli], all [oːl]; *plech bol c. pokrivený* the sheet of metal was completely deformed **II.** časť. (dosť) quite [kwait], vôbec, vonkoncom at all [æt oːl]; *c. malý kúsok* quite a little bit; *c. nič* nothing at all ● *c. určite príde* he'll come without fail

celkový 1. (úhrnný) total [ˈtəutl]; *c-é množstvo* total amount **2.** (súhrnný) comprehensive [ˌkompriˈhensiv]; *c. opis* a comprehensive description **3.** (zameraný na celok, op. čiastkový) general [ˈdženrəl], overall [ˌəuvərˈoːl]; *c. dojem* an overall impression; *c. pohľad* a general view

celodenný all-day [ˈoːldei]; *c. výlet* an all-day trip; *c-á strava* full board

celofán cellophane [ˈseləfein]

celok 1. (jednotný útvar) unit [ˈjuːnət], whole [həul], integrity [inˈtegrəti]; *územný c.* a territorial integrity; *šaty v c-ku* a one-piece dress **2.** (spoločenstvo, kolektív) collective [kəˈlektiv], group (of people) [gruːp (əv ˈpiːpl)], body [ˈbodi] ● *vzdať sa v prospech c-ku (čoho)* give up sth. for the common wealth

celonárodný nationwide [ˌneišnˈwaid]; *c-é rozhlasové vysielanie* nationwide broadcast; *c-é noviny* a national newspaper

celoročný all the year round [oːl ðəˌjiəˈraund], yearlong [ˈjiəloŋ]; *c-á neprítomnosť* a yearlong absence; *c. pobyt* a yearlong stay; *c. cestovný lístok* a year's season ticket

celospoločenský universal [ˌjuːnəˈvəːsl]; *predmet c-ého záujmu* a subject of universal interest

celostranový full-page [ˌfulˈpeidž]; *c. inzerát* a full-page ad(vertisement)

celosvetový worldwide [ˌwəːldˈwaid]; *c. trend* a worldwide trend

celovečerný full-length [ˌfulˈleŋθ]; *c. film* full-length feature/film

celozrnný coarse-grained [ˈkoːsgreind]

celoživotný lifelong [ˈlaifloŋ]; *môj c. priateľ* my lifelong friend; *c-é dielo* life/life's work

celta (plachtovina) canvas [ˈkænvəs]

celuloid celluloid [ˈseljəloid]

celulóza cellulose [ˈseljələus]

celý 1. (úplný, všetok) all [oːl]; *na c-om svete* all over the world; *c. Londýn* all London; *c. môj život* all my life; *c-é číslo* the whole number, the integer **2.** (neporušený, v jednom kuse) whole [həul]; *c. bochník* the whole loaf; *nevidel som ho c-ú večnosť* I haven't seen him for ages; *c-ch desať rokov* ten whole years **3.** expr.; *c. premočený* all wet; *je c. bledý* he's very pale; *c. sa trasie* he's trembling all over ● *z c-ého srdca* from all my heart; *smiať sa na c-é kolo* laugh one's heart out; *to je c. otec* he is just like his father; *to je c. on* that's just like him

cement cement [siˈment]

cementáreň cement works [siˈment wəːks]

cementovať cement [siˈment]

cena 1. (peňažná hodnota) price [prais], (náklady) cost [kost]; *c-y domov stúpajú* house prices are rising; *veľké zníženie cien* big

price reductions; *maloobchodná c.* retail price; *veľkoobchodná c.* wholesale price [ˈhəulseil prais] **2.** (vlastná hodnota) value [ˈvæljuː], worth [wəːθ]; *nemať c-u* be of no value; *c. amerického dolára* the value of the American dollar **3.** (odmena v súťaži) prize [praiz]; *vyhrať prvú c-u* win the first prize; *udeliť c-u* award a prize; *nositeľ Nobelovej c-y* Nobel prize-winner • *za každú c-u* at all costs; *za žiadnu c-u* not at any price; *to nemá c-u* (je to zbytočné) it's useless/it isn't of any use
cencúľ icicle [ˈaisikl]
cengať 1. (o zvončeku, telefóne) ring* (the bell) [riŋ (ðə bel)]; *niekto c-á* someone's ringing (the bell); *c. pri dverách* ring the doorbell; *c-á telefón* the phone's ringing **2.** (štrngať) jingle [ˈdžingl], (jemne) tickle [ˈtiŋkl]; *c. kľúčmi* jingle one's keys
ceniť 1. value [ˈvæljuː], (určiť hodnotu) estimate [ˈestəmeit]; *c. si dom na 35 tisíc libier* value the house at £35 thousand **2.** (hodnotiť, posudzovať koho) esteem [iˈstiːm]; *c. si starého učiteľa* esteem an old teacher **3.** (kladne hodnotiť) appreciate [əˈpriːšieit] // **c. si** (vážiť si) value, appreciate; *c. si priateľstvo* value sb.'s friendship; *veľmi si c-me vašu pomoc* we greatly appreciate your help
cenník price-list [ˈpraislist]; *cena podľa c-a* the list price
cennosť 1. (cenná vec) valuable [ˈvæljuəbl]; *uschovať si c-ti* deposit one's valuables **2.** (hodnota, význam) value [ˈvæljuː]; *c. vzdelania* the value of education
cenný valuable [ˈvæljuəbl], (vzácny, drahý) precious [ˈprešəs]; *c. kov* a precious metal; *c-é obrazy* valuable paintings; *c. objav* a valuable discovery; *c. list* insured letter; *c-é papiere* securities; *veľmi c.* of great worth/value
cenovka price label [ˈprais ˌleibl], (visačka) price tag [prais tæg]
cent 1. (metrický) metric/double centner [metrik/dabl sentnə] **2.** (stotina dolára) cent [sent]
centimeter centimetre [ˈsentəˌmiːtə]
centrála 1. (telefónna ústredňa) exchange [iksˈčeindž], (v úrade, hoteli) switchboard [ˈswičbɔːd] **2.** (ústredie polície, armády) headquarters [ˈhedˌkwoːtəz]; *špionážna c.* AM Central Intelligence Agency (CIA)
centralizmus centralism [ˈsentrəlizm]
centrálny central [ˈsentrl]
centrum (v rozl. význ.) centre [ˈsentə]; *v c-e mesta* in the centre of the town; *bankové a fi-*

nančné c. a banking and financial centre; *c. reči* the speech centre; *športové c.* a sports centre; *c. verejnej pozornosti* the centre of public attention/limelight
cenzúra censorship [ˈsensəšip]; *c. tlače* censorship of the press
cenzurovať censor [ˈsensə]
cep flail [fleil]
ceremónia (v rozl. význ.) ceremony [ˈserəməni]; *promočná c.* a graduation ceremony; *s príslušnou c-ou* with due ceremony • *bez zbytočných c-ií* without ceremony
ceriť: *c. zuby* snarl [snaːl] // **c. sa** expr. (škeriť sa) grin [grin]
certifikát certificate [səˈtifikət]; *zdravotný c.* certificate of health
ceruza, ceruzka pencil [ˈpensl]; *farebná c.* coloured pencil; *zastrúhať c-u* sharpen a pencil
cesnak garlic [ˈgaːlik]; *strúčik c-u* a clove of garlic
cesta 1. (dopravná komunikácia) road [rəud]; *hlavná c.* main road; *vedľajšia c.* side road; *asfaltová c.* asphalted road; *prašná c.* dirt road; *poľná c.* lane; *prístupová c.* access road; *c. pre chodcov* footpath **2.** (spôsob dopravy, priechod) way [wei]; *pozemná c.* way; *letecká c.* airline; *vodná c.* waterway; *c. do mesta/z mesta* the way to/out of town; *pýtať sa na c-u* ask the way; *ukázať c-u (komu)* tell sb. the way • astron. *Mliečna c.* the Milky Way; anat. *dýchacie c-y* the respiratory system; anat. *močové c-y* the urinary tract **3.** (cestovanie) journey [ˈdžəːni]; *c. vlakom* train journey; *c. lietadlom* flight; *c. okolo sveta* round-the-world tour; *c. so sprievodcom* conducted tour; *služobná c.* official/business trip; *c. do práce trvá hodinu* it takes an hour to get to work; *šťastnú c-u!* a pleasant journey! **4.** (postup činnosti, spôsob) way; *úradnou c-ou* through the official channels; *mierová c.* peaceful way; tech. *chemickou c-ou* chemically • *zlatá stredná c.* the golden mean; *posledná c.* one's last journey; *je to na dobrej c-e* things are going well; *niet inej c-y* there's no other way

---

journey – dlhšie trvajúce cestovanie,
trip – kratšia rekreačná, poznávacia alebo obchodná cesta s pobytom mimo bydliska,
voyage – plavba po mori,
flight – let

cestár roadman [ˈrəudmən]
cestička path [pa:θ]; *lesná c.* path through the woods
cestný: *c-á doprava* road transport; *c-á sieť* road network
cesto dough [dəu]; *maslové c.* paste; *kysnuté c.* yeast paste; *miesiť c.* mix dough
cestopis book of travels [ˈbuk əv ˌtrævlz]
cestovať travel [ˈtrævl]; *c. vlakom/autobusom* go* by train/by bus take* a train/a bus; *c. autom* drive*/go*/travel in a car; *c. do cudziny* travel/go abroad; *c. po celom svete* travel round the world; *c. na dovolenku* go on holidays
cestovateľ traveller [ˈtrævlə], tourist [ˈturist], hovor. globetrotter [ˈgləubtrotə]
cestovina pasta [ˈpæstə]; *zavariť c-u* boil the pasta in water
cestovné 1. (poplatok) fare [ˈfeə]; *zaplatiť c.* pay one's fare **2.** (výdavky) travelling expenses [ˈtrævliŋ ikˈspensəz]; *nárokovať si náhradu c-ého* claim one's travelling expenses
cestovný travel(ling) [ˈtrævl(iŋ)]; *c. poriadok* time-table; *c. pas* passport; *c-á kancelária* travel agency; *c. lístok* a ticket; *c. ruch* tourism; *c-á horúčka* excitement about the journey
cestujúci passenger [ˈpæsəndžə], traveller [ˈtrævlə]; *obchodný c.* a sales representative, a travelling salesman
cez 1. (z jednej strany na druhú) over [ˈəuvə], through [θru:], (krížom) across [əˈkros]; *c. hranicu/múr* over the frontier/the wall; *ísť c. cestu* walk across the street; *c. les* through the forest; *c. okno* through the window; *predierať si cestu c. dav* push one's way through the crowd **2.** (smerom c.) via [ˈvaiə], through; *do Londýna c. Dover* to London via Dover **3.** (časovo) over, during [ˈdjuriŋ]; *c. víkend/Vianoce* over the weekend/Christmas; *c. leto* during/in the summer; *c. noc* overnight; *c. deň* by day **4.** (ponad) over, across [əˈkros]; *most c. Dunaj* a bridge across the Danube; *preskočiť c. plot* jump over the fence; *prehodiť si šatku c. plecia* put a scarf over one's shoulders ● *prejsť (komu) c. rozum* get the better of sb.; *prerásť (komu) c. hlavu* be above sb.'s head; *ísť c. mŕtvoly* stop at nothing
cezpoľný 1. non-resident [nonˈrezədnt], (pravidelne, dochádzajúci) commuter [kəˈmjuːtə] **2.** šport. *c. beh* cross-country running [ˌkrosˈkantri ˈraniŋ]
ciachovať gauge [geidž], (označkovať) brand [brænd]

cibriť (zdokonaľovať, zjemniť) perfect [pəˈfekt] ● *c. si zručnosť* perfect one's skill; *c. si jazyk* refine the language
cibuľa 1. (zelenina) onion [ˈaniən] **2.** (kvetu) bulb [balb]
cibuľový: *c-á polievka* onion soup; *c. vzor* (na porceláne) cobalt ornament of pomegranates
cicat (v rozl. význ.) suck [sak]; *c. šťavu z pomaranča* suck the juice from an orange; *dojča c-ia z matkinho prsníka* a baby sucks its mother's breast
cicavec mammal [ˈmæml]
cieľ 1. (cesty) destination [ˌdestəˈneišn]; *dôjsť do c-a cesty* arrive at one's destination **2.** (terč) target [ˈta:gət] (aj pren.); *trafiť/netrafiť c.* hit/miss the target; *c. kritiky* the target of criticism **3.** (účel) aim [eim], goal [gəul], target, purpose [ˈpəːpəs], (dlhodobý) objective [əbˈdžektiv]; *životný c.* one's aim in life; *s. c-om pomôcť* with the aim of helping; *c. stretnutia* the aim of the meeting; *dlhodobý c.* a long-term aim; *bez c-a* aimlessly; *náš c. je dosiahnuť plnú zamestnanosť* our objective is (to reach) full employment; *vytýčiť si jasný určitý c.* set oneself a clearly defined goal/target; *bez určitého c-a* without purpose **4.** šport. finish [ˈfiniš]; *c. pretekov* finish of a race
cieľavedomý tenacious of purpose [təˈneišəs əv ˈpəːpəs], strong-minded [ˌstroŋˈmaindəd], purposeful [ˈpəːpəsfl], (rezolútny) determined [diˈtəːmənd]
cieliť 1. (mieriť) aim [eim]; *c-l na leva* he aimed at the lion **2.** (smerovať) direct [dəˈrekt], be* bound [bi: baund] (for); *c. domov* be bound for home
cieva anat. blood-vessel [ˈbladˌvesl]
cievka 1. p. **cieva 2.** (na navíjanie) spool [spuːl], reel [riːl], el. coil [koil]
cievny vascular [ˈvæskjələ]; *c-e tkanivo* vascular tissue
cifferník dial [ˈdaiəl]
cifrovať hovor. ornament [ˈoːnəmənt], decorate [ˈdekəreit]
cigán gipsy, gypsy [ˈdžipsi], (Róm) Romany [ˈrəuməni]
cigániť lie [lai], (podviesť) deceive [diˈsiːv]; *aby som nec-l...* to tell the truth...
cigánsky gipsy [ˈdžipsi]; *c-a kapela* a gipsy band; *c-a* (pečienka) a steak à la gipsy way
cigara cigar [siˈgaː]
cigareta cigarette [ˌsigəˈret]; *zapáliť si c-u*

light a cigarette; *zahasiť c-u* stub the cigarette; *škatuľka c-iet* a packet of cigarettes
cigória chicory ['čikəri]
cikáda cicada [sə'ka:də]
cikať pee [pi:], piddle ['pidl]
cikcak zigzag ['zigzæg]
cimbal (podobný c-u) dulcimer ['dalsimə]
cimburie battlements ['bætlmənts]; *s. c-ím* castellated
cín tin [tin]
cinkať clink [kliŋk]; *c. peniazmi/pohármi* clink the coins/glasses
cintorín cemetery ['semətri], (vidiecky pri kostole) churchyard ['čə:čja:d]
cíp (konček, výbežok) tip [tip], end [end], (roh) corner ['ko:nə]; *mesto na južnom c-e Indie* a town at the southern tip of India; *c-y obrusu* the corners of a table-cloth • *samý c.* all/full of ends
cirkev Church [čə:č]; *anglikánska c.* the Church of England; *katolícka c.* the Catholic Church; *evanjelická c.* Evangelical Church of Augsburg Confession
cirkevný: *mať c. sobáš* be married in church; *c. pohreb* Christian burial; *c-á hudba* ecclesiastical music
cirkulácia circulation [ˌsə:kjə'leišn]; *c. vzduchu* the circulation of air
cirkulárka (píla) circular saw ['sə:kjələ so:]
cirkulovať circulate ['sə:kjəleit]; *krv c-uje v tele* blood circulates through the body
cirkus circus ['sə:kəs]
cisár emperor ['empərə]
cisárovná empress ['emprəs]
cisársky imperial [im'piriəl]; *c-y rez* caesarean (section)
cisterna 1. (storage) tank [('sto:ridž) tæŋk]; *c. na vodu* a water tank 2. (vozidlo al. loď) tanker ['tæŋkə]
cit 1. (duševný vzťah) feelings ['fi:liŋz], sentiment ['sentəmənt]; *materinský c.* maternal feelings; *raniť c-y (koho)* hurt sb.'s feelings; *v obchodovaní nie je miesto na c-y* there's no place for sentiment in business 2. (hmat) feeling; *stratiť c. v prstoch na nohách* lose all feeling in one's toes 3. (zmysel) feeling, sense [sens]; *cit pre krásu prírody* feeling for the beauty of nature; *mať dobre vyvinutý c. (na čo)* have got a good sense of sth.
citát quotation [kwəu'teišn]; *c-y zo Shakespeara* quotations from Shakespeare
citát (z knihy) excerpt ['eksə:pt]

citeľný sensible ['sensəbl], appreciable [ə'pri:šəbl], (veľmi silný) sharp [ša:p]; *c-á zmena teploty* a sensible change in the temperature; *c. rozdiel* an appreciable difference; *c-á bolesť* (silná) sharp pain
cítenie feeling ['fi:liŋ]; *prejaviť c. s utrpením iných* show feeling for the sufferings of others
cítiť 1. (vnímať zmyslami, hmatom ap.) feel* [fi:l], (čuchom) smell* [smel], (zacítiť) scent [sent]; *c. bolesť* feel pain; *c. hlad* feel hungry; *c-m, že sa niečo páli* I can smell something burning 2. (tušiť) feel*, smell; *c. nebezpečenstvo/nepríjemnosti* smell danger/trouble; *c-la, že je niekto v izbe* she felt that there was someone in the room 3. (c. s kým) sympathize ['simpəθaiz] (with) • *nec-m si ruky od zimy* my hands are quite numb with cold; *nemôžem ho ani c.* I can't stand him; *c. pevnú pôdu pod nohami* have a firm footing // *c. sa* feel*; *ako sa c-š?* how do you feel? *c-m sa chorý* I feel ill
citlivosť sensibility [ˌsensə'biləti]
citlivý 1. sensitive ['sensətiv]; *oči sú c-é na svetlo* the eyes are sensitive to light; *c. gramofón* a sensitive record-player 2. (nedotklivý) touchy ['tači] 3. (chúlostivý) squeamish ['skwi:miš] 4. (vnímavý) sensitive, responsive [ri'sponsiv], susceptible [sə'septəbl]; squeamish; *c. na zaobchádzanie* responsive to treatment
citoslovce interjection [ˌintə'džekšn]
citovať quote [kwəut], (ako príklad) cite [sait]; *c. poznámku (koho)* quote sb.'s remark; *c. čísla ako dôkaz* cite the figures as proof
citový emotional [i'məušnəl], sentimental [ˌsentə'mentl]; *c-é problémy* emotional problems
citrón lemon ['lemən]; *čaj s c-om* tea with lemon juice
citronáda lemonade [ˌlemə'neid], hl. BR lemon squash [ˌlemən 'skwoš]
citrónový: *c-á šťava* lemon juice; *c-á kôra* lemon peel
citrusový citrus, citrous ['sitrəs]; *c-é ovocie* citrus fruits
civieť gaze [geiz], stare ['steə]; *c. do prázdna* stare into space; *c. do ohňa* gaze at the fire
civil 1. (občiansky, nevojenský život) hovor. civ(v)y ['sivi]; *prepustiť do c-u (koho)* civilianize [sə'viljənaiz] 2. (občiansky oblek) civ(v)ies ['siviz]; *dôstojník v c-e* an army officer in civies
civilista civilian [sə'viljən]

civilizácia civilization [ˌsivlaiˈzeišn]; *c. ľudstva* civilization of mankind
  civilizačný: *c. proces* a proces of civilization
  civilizovať civilize [ˈsivlaiz]
  civilný 1. (nevojenský) civilian [səˈviljən]; *c-é obyvateľstvo* the civilians; *c. oblek* civilian clothes 2. (občiansky) civil [ˈsivl]; *mať c. sobáš* be married in a civil ceremony
  clivý melancholy [ˈmelənkəli], sad [sæd]; *c-á pieseň* a sad song; *mať c-ú náladu* be in the dumps
  clo customs duty [ˌkastəmz ˈdjuːti]; *bez c.* duty-free; *platiť c.* pay customs duty
  clona 1. (fotoaparátu) diaphragm [ˈdaiəfræm] 2. (tieniaca) screen [skriːn]; *c. stromov* a screen of trees; *dymová c.* a smoke-screen
  cloniť screen [skriːn], shade [šeid]; *c. si oči pred slnkom* shade/screen one's eyes from the sun
  cmar buttermilk [ˈbatəˌmilk]
  cmúľať suck [sak]; *dieťa si c-a prsty* the child sucks its thumbs; *c. cigaretu* suck at a cigarette
  cnieť sa neos. (za kým, čím) pine [pain] (for); *c. sa za domovom* pine for home
  cnosť virtue [ˈvəːčuː]; *trpezlivosť je c.* patience is a virtue ● *robiť z núdze c.* make a virtue of necessity
  cnostný virtuous [ˈvəːčuəs]
  cól (palec – miera) inch [inč]
  colnica customs [ˈkastəmz], (budova) custom-house [ˈkastəmˌhaus]; *prejsť cez c-u* get through customs
  colník Customs officer [ˌkastəmz ˈofisə]
  colný customs [ˈkastəmz]; *c. úrad* customs authorities; *c. poplatok* customs duty; *c-á únia* customs union
  crčať trickle* [ˈtrikl], drip [drip]; *z ruky mu c-la krv* his hand was dripping blood; *c-nie vody* trickling of water
  ctený (oslovenie v obch. liste) esteemed [iˈstiːmd], (v oslovení) dear [diə]; *váš c. list* your esteemed letter; *c. pán Green* Dear Mr Green
  ctibažný ambitious [æmˈbišəs]
  ctihodný venerable [ˈvenrəbl]; (oslovenie duchovného) *c. otec* venerable abbot
  — **ctiteľ** admirer [ədˈmairə]; *jej mladí c-lia* her young admirers
  ctiť (si) 1. (vážiť si) respect [riˈspekt], honour [ˈonə], lit. venerate [ˈvenəreit]; *všetci si ho c-ia* he is respected by everyone; *c-i si otca aj matku* honour your father and mother; *c-ia si pamiatku starého pána* they venerate

the old man's memory 2. (uctievať) worship [ˈwəːšip]; *c. Boha* worship God 3. (robiť česť komu) do (sb.) credit [ˈkredət]
  ctižiadosť ambition [æmˈbišn]; *plný c-i* filled with ambition
  ctižiadostivý ambitious [æmˈbišəs]; *c-é plány* ambitious plans
  cucať suck [sak]; *c. šťavu z pomaranča* suck the juice from an orange
  cudný chaste [čeist], (hanblivý) shy [šai]; *c. pohľad* a shy look; *c-á žena* a chaste woman
  cudzí 1. (patriaci inému) someone else's [ˌsamwan ˈelsiz] 2. (neznámy) strange [streindž]; *nejaký c. človek* a strange man; *ulica mi bola c-ia* the street was strange to me 3. (nezodpovedajúci povahe) foreign [ˈforən], alien [ˈeiliən]; *luhanie mu je c-ie* lying is foreign to his nature; *c-ie prostredie* an alien environment 4. (nepatriaci) foreign; *c-ie teleso v oku* a foreign body in the eye 5. (zahraničný) foreign; *c. jazyk* a foreign language; *c. výrobok* foreign--made/foreign produce; *c-ie slovo* (prevzaté) loanword [ˈlounwoːd], international term [ˌintərˈnašnəl ˈtəːrm] 6. (ľahostajný) indifferent [inˈdifrənt]; *sú si navzájom c.* they are quite indifferent to each other ● *chváliť sa/pýšiť sa c-m perím* adorn oneself with borrowed plumes
  cudzina foreign country [ˌforən ˈkantri]; *do c-y/v c-e* abroad
  cudzinec 1. (neznámy) stranger [ˈstreindžə]; *c. vo vlastnej rodine* a stranger in one's own family 2. (príslušník iného štátu, národa) foreigner [ˈforənə], alien [ˈeiliən]; *to nie je náš občan, ale c.* he is not our citizen, he's a foreigner/an alien
  cudzinecký foreign [ˈforən]; *c-á légia* foreign legion;
  cudzojazyčný foreign [ˈforən]
  cudzoložstvo adultery [əˈdaltri]
  cudzopasník parasite [ˈpærəsait]
  cudzorodý heterogeneous [ˌhetərəˈdžiːniəs]
  cukor sugar [ˈšugə]; *kryštálový/kockový /práškový c.* granulated/cubed/powder sugar
  cukornička sugar bowl [ˈšugə ˌbəul]
  cukrár confectioner [kənˈfekšnə]
  cukráreň confectionery [kənˈfekšənri]
  cukrík sweet [swiːt], hl. AM candy [ˈkændi], (karamelka) toffee [ˈtofi]
  cukriť, cukrovať sugar [ˈšugə], sprinkle with sugar [ˌsprinkl wið ˈšugə]
  cukrovar (aj rafinéria) sugar-house [ˈšugəhaus], sugar-mill [ˈšugəmil], (rafinéria) sugar-refinery [ˈšugəriˌfainəri]

C

cukrovinky sweets [swi:ts], confectionery [kən'fekšənri]
cukrovka 1. (repa) sugar/white-beet ['šugə/'wait bi:t] **2.** (choroba) diabetes [ˌdaiə'bi:ti:z]
cukrovkár diabetic [ˌdaiə'betik]
cukrový sugar ['šugə]; *c-á poleva* icing; *c-á repa* sugar/white-beet; *c-á trstina* sugar cane; *c-á vata* candy floss
cumeľ, cumlík (baby's) dummy [(ˌbeibiz) 'dami]
cúvať back [bæk]; *c. autom do garáže* back the car into the garage
cvakať click [klik]; *dvere c-li* the door clicked shut; *c. zubami* (od zimy/strachom) chatter one's teeth
cval gallop ['gæləp]
cválať gallop ['gæləp]; *c-l cez pole* he galloped across the field
cverna thread [θred]; *ihla a c.* a needle and thread
cvičebnica textbook ['tekstbuk]; *c. gramatiky* a textbook on grammar
cvičenie 1. (telesné cviky) exercise ['eksəsaiz], (tréning) training ['treiniŋ]; *robiť telesné c.* take/get some exercise; *bicyklovanie je zdravá forma c-a* cycling is a healthy form of exercise **2.** (získavanie zručnosti) practice ['præktəs], drill [dril]; *gramatické c. pre študentov angličtiny* a grammar drill for students of English; *hra na klavíri si vyžaduje veľa c-a* piano playing needs a lot of practice **3.** škol. (v cvičebnici) exercise; *pozrite si c. 1 vo svojich knihách!* look at exercise 1 in your books! **4.** (vojenské) exercise, drill
cvičiť 1. (robiť telesné cviky) exercise ['eksəsaiz]; *mali by sme viac c.* we should exercise more **2.** (precvičovať) practise ['præktəs]; *c. na klavíri* practise the piano **3.**

(viesť, trénovať) train [trein], exercise, drill [dril]; *c. psa* train one's dog; *c. deti aritmetiku* exercise children in arithmetics // **c. sa** train, exercise, practise
cvičiteľ trainer ['treinə], couch [kəuč], instructor [in'straktə]
cvičky (a pair of) gymshoes [(ə peə əv) 'džimšu:z], (plátenné) (a pair of) plimsolls ['plimslz], AM (a pair of) sneakers ['sni:kəz]
cvičný practice ['præktəs], training ['treiniŋ]; *cvičná streľba* shooting practice; *c. úbor* a gym-dress
cvik exercise ['eksəsaiz], practice ['præktəs], (zručnosť) skill [skil]; *mať v čom c.* be practised in sth.; *nadobudnúť c.* become practised; *vyjsť z c-u* get out of practice
cvikla beetroot ['bi:tru:t], AM beet [bi:t]
cvok 1. hobnail ['hobneil]; *čižmy s c-mi* hobnailed boots **2.** (blázon) subst. nut [nat]
cvrček 1. cricket ['krikət] **2.** pren. žart. (o dieťati) tiny tot [ˌtaini 'tot]
cvrkať (o hmyze) chirp [čə:p]
cyklický cyclic ['saiklik]
cyklista bicyclist ['baisikləst], cyclist ['saikləst]
cyklistický cycling ['saikliŋ]; *c-é preteky* cycling race; *c-á dráha* cycling track
cyklus cycle ['saikl]; *c. piesní* a song cycle; *ročný c.* the cycle of the seasons
cylinder 1. (valec) cylinder ['siləndə] **2.** (klobúk) top hat [ˌtop 'hæt] **3.** (chránič lampy) chimney ['čimni]
cynický cynical ['sinikl]; *c. úsmev* a cynical smile
cyprus cypress ['saiprəs]
cyrilika Cyrillic (alphabet) [səˌrilik ('ælfəbet)]

Č

čadič basalt ['bæso:lt]
čaj tea [ti:]; *čínsky/cejlónsky č.* China /Ceylon tea; *mätový/kamilkový/bylinný č.* mint /camomile/herb tea; *porciovaný č.* teabag(s); *podávať č.* serve tea ● *č. o piatej* (zábava) a tea party
čajka seagull ['si:gal]
čajník teapot ['ti:pot]
čajovňa tearoom ['ti:ru:m], (v Číne, Japonsku) teahouse ['ti:haus]

čajový: *č-á lyžička* teaspoon, (dávka) teaspoonful; *č-é pečivo* a teacake, (drobné) biscuits ● *č. večierok* tea party
čakan pick [pik]
čakáreň waiting room ['weitiŋ ru:m]
čakať 1. (na koho, čo) wait [weit] (for); *č. na lepšie počasie* wait for better weather; *nechať č. (koho)* keep sb. waiting; *č. v rade (na čo)* queue up (for sth.) **2.** (očakávať) expect [ik'spekt]; *neč-li sme tak veľa ľudí* we did not

expect so many people; *č. dieťa* be expecting **3.** (odkladať) put* off [put of], delay [di'lei]; *č. do zajtra* put off till tomorrow; *č. s otvorením* delay opening ● *to sa dalo č.* it's according to expectations

čakateľ person on the waiting list ['pəːsn on ðə 'weitiŋ list], (uchádzač) candidate ['kændədət]

čalamáda mix pickle [miks pikl]

čalúniť upholster [ap'həulstə]

čalúnnictvo **1.** (remeslo) upholstery [ap'həulstri] **2.** (obchod) upholsterer's

čalúnnik upholsterer [ap'həulstərə]

čap **1.** (v sude) tap [tæp] **2.** (kovový, závesný) hinge [hindž], (otočný) pivot ['pivət] **3.** (stolársky) tenon ['tenən]

čapica cap [kæp] ● *mať pod č-ou* be tipsy

čapovať **1.** (nalievať) tap [tæp] (off); *č-né pivo* beer on tap; *č. pivo zo suda* draw beer from a barrel **2.** (spájať čapmi) tenon ['tenən]

čarbať scribble ['skribl], (neúhľadne písať) scrawl [skroːl]

čaro charm [čaːm], spell [spel]; *osobné č.* personal charm; *č. hudby* the spell of music

čarodejnica witch [wič], sorceress ['soːsrəs]; *honba na č-e* witch-hunt

čarodejník (bosorák) sorcerer ['soːsrə]

čarovať, čariť conjure ['kandžə], practise sorcery/witchcraft [,præktəs 'soːsri/'wičkra:ft]

čarovný **1.** (nádherný) charming ['čaːmiŋ], bewitching [bi'wičiŋ]; *č-á dáma* a charming lady; *č. úsmev* a bewitching smile **2.** (zázračný) magic(al) ['mædžik(l)]; *č. prútik* a magic wand

čary witchcraft ['wičkra:ft]

čas **1.** (doba) time [taim]; *č. sú peniaze* time is money; *nejaký č.* some time; *po celý č.* all the time; *č. obeda* lunch-time; *v tom istom č-e* at the same time; *za starých čias* in ancient times; *č-y sú dobré/zlé* times are good/bad; *letný č.* summer time; *vyžadujúci veľa č-u* time-consuming; *šetriaci č.* time-saving **2.** (pracovný) working hours [,wəːkiŋ 'auəz] **3.** (voľná chvíľa) leisure ['ležə] **4.** (počasie) weather ['weðə]; *pekný/zlý č.* nice/bad weather; *v č. i neč-e* in all weathers **5.** gram. tense [tens]; *prítomný/minulý/budúci č.* present/past/future tense ● *máš č.?* are you free? *v pravý č.* in good time; *najvyšší č.* high time; *z č-u na č.* from time to time

časom as time goes on [æz taim gəuz on], in course of time [in koːs əv taim]

časomerač timekeeper ['taimki:pə]

časopis (periodikum) periodical [,piri'odikl], (veľký, obrázkový) magazine [,mægə'zi:n], (odborný) journal ['džə:nl]; *módny č.* a fashion magazine; *lekársky č.* a medical journal

časovanie gram. conjugation [,kondžə'geišn]; *č. nepravidelných slovies* conjugation of irregular verbs

časovať gram. conjugate ['kondžəgeit]

časový **1.** (of) time [(əv) taim]; *č. limit* time limit; *č. signál* time signal; *č. spínač* time switch; *v č-om poriadku* in chronological order **2.** gram. temporal ['temprəl]; *č-á veta* a temporal clause

časť part [pa:t], (väčšieho celku) portion ['po:šn], (oddelená rezom) section ['sekšn], (mesta, zeme) district ['distrikt]; *č-ti knihy* parts of the book; *predná č. vlaku* the front portion of the train; *č-ti modelu* the sections of the model; *hornatá č.* a mountainous district ● *po č-tiach* in parts, by degrees

častica **1.** small part [smo:l 'pa:t], element ['eləmənt], particle ['pa:tikl]; *elementárna č.* elementary particle; *č. alfa* alpha particle **2.** gram. particle

často often ['ofn]; *ako č. chodia autobusy?* how often do the buses run? *dosť č.* frequently; *pomerne č.* more often than not

častokrát many times [,meni 'taimz]

častovať p. hostiť

častý frequent ['fri:kvənt]; *č. návštevník* a frequent visitor

čašníčka waitress ['weitrəs]

čašník waiter ['weitə]

čata troop [tru:p], squad [skwod]; *pracovná č.* a gang [gæŋ]; *vojenská č.* a troop

čatár **1.** (hodnosť poddôstojníka) sergeant ['sa:džnt] **2.** (vedúci pracovnej skupiny) foreman ['fo:mən]

čečina brushwood ['brašwud], loppings mn. č. ['lopiŋs]

Čech Czech [ček]

Čechy Bohemia [bəu'hi:miə]

čeľaď **1.** (služobníctvo v hospodárstve) domestics [də'mestiks] **2.** bot., zool. tribe [traib], family ['fæmli]

čelenka (pásik na čelo) headband ['hedbænd], (z kvetov, zo vzácnych materiálov, korunka) coronet ['korənet]

čeliť face [feis], confront [kən'frant]; *č. nebezpečenstvu* face danger(s)

čelný **1.** (predný) frontal ['frantl]; *č. útok* a frontal attack; *č-á strana novín* the front page of a newspaper **2.** (popredný) leading ['li:diŋ], (dôležitý) prominent ['prominənt]; *súčasní č-í predstavitelia* the leading men of the day; div. *č-á predstaviteľka* the leading lady; *mať č-é miesto vo verejnom živote* play a prominent part in public life

čelo[1] **1.** forehead ['forəd] **2.** (predná časť) front [frant], face [feis], head [hed]; *č. budovy* the front of a building **3.** (vedúce miesto) head; *na č-e triedy* at the head of the class

čelo[2] (hud. nástroj) (violon)cello [(ˌvailən)'čeləu]

čeľusť 1. jaw(bone) ['džo:(bəun)]; *horná/dolná č.* the upper/lower jaw **2.** (č. nástroja) jaws [džo:z]

čepeľ blade [bleid] (aj bot.); *č. britvy* razor blade

čepiec bonnet ['bonət] ● *dostať sa pod č.* get married

čerešňa 1. (plod) cherry ['čeri] **2.** (strom) cherry-tree ['čeri tri:]

čeriť (sa) 1. (jemne sa vlniť) ripple ['ripl]; *vietor č-í hladinu jazera* the wind ripples the surface of the lake **2.** (čistiť (sa)) clarify ['klærəfai]; *č. víno* clarify the wine

čerň black [blæk]

černica blackberry ['blækbri]

černoch black [blæk], Negro ['ni:grəu]

černoška black woman [blæk 'wumən]

černošský black [blæk], Negro ['ni:grəu]; *č-á rasa* the dark-skinned, the Negro race

čerpadlo pump [pamp]

čerpať pump [pamp] (aj pren.); *č. benzín do auta* pump petrol into a car; *č-á od nej informácie* he pumps information out of her

čerstvý 1. (v rozl. význ.) fresh [freš]; *č-é maslo* fresh butter; *ísť na č. vzduch* go out for some fresh air **2.** (o správe) latest ['leitəst], recent ['ri:snt]; *č-é správy* latest/recent news **3.** (svieži, rezký) fresh, brisk [brisk]; *č. krok* a brisk walk

čert devil ['devl] ● *do č-a!* to hell! *od č-a k diablu* from pillar to post; *nemaľuj č-a na stenu!* you are looking for trouble; *to nám bol č. dlžný!* it was good riddance to it

čertovský devilish ['devliš]; *č. problém* a devilish problem

červ worm [wə:m] ● *č. pochybnosti* seeds of doubt

červavý wormy ['wə:mi]; *č-é jablko* a wormy apple

červeň red [red], (na tvári) blush [blaš]; *zaliala ho č.* he blushed all over

červenať sa 1. (pýriť sa) blush [blaš], redden ['redn], turn red [tə:n red]; *č-l sa od rozpakov* he blushed with embarrassment **2.** (stávať sa červeným) turn red

červenohnedý (o vlasoch) auburn ['ə:bən], reddish-brown [ˌrediš'braun]

červený red [red]; *č. od hnevu* red with anger ● *prejsť na č-ú* jump the lights; *Č. kríž* the Red Cross; rozpr. *Č-á Čiapočka* the Little Red Riding-hood

červienka 1. zool. robin ['robən] **2.** (choroba ošípaných) red murrain [red 'marən]

červivý wormy ['wə:mi]

č(e)rvotoč woodworm ['wudwə:m]; *rozožratý č-ou* worm-eaten

česať 1. comb [kəum], do one's hair [du: wanz heə] **2.** (vlnu ap.) comb; *č. vlnu* comb wool // **č. sa** comb

Česko Czechia ['čekiə]

česko-slovenský Czecho-Slovak [ˌčekəu'sləuvæk]; *č-é vzťahy* Czecho-Slovak relations

český Czech [ček]; *Č-á republika* the Czech Republic; *č. jazyk* the Czech (language)

česť 1. (morálna pocta) honour ['onə]; *preukázať č. (komu)* do sb. the honour (of); *mám č. informovať vás, že...* I have the honour to inform you that...; *na moju č.* on my honour **2.** (dobré meno) credit ['kredət]; *ku cti (koho)* to sb.'s credit; *vyšiel z toho so cťou* he came out of it with credit

čestný 1. (počestný) honest ['onəst], honourable ['onrəbl]; *č. človek* an honest man; *č. vo svojom konaní* honourable in all his dealings **2.** (ako pocta) honorary ['onrəri]; *č. člen/titul* honorary member/title; *č. hosť* a guest of honour; *č-á stráž* guard of honour ● *dať č-é slovo* give one's word of honour; *(moje) č-é slovo* upon my word

čeština Czech [ček]

či 1. if [if], whether ['weðə]; *som zvedavý, či to bude dosť veľké* I wonder whether it's large enough; *neviete, či je pán Smith doma?* do you know if Mr Smith is at home? **2.** (alebo) or [o:]; *kávu, či čaj?* coffee or tea? **3.** *či — či (aj — aj)* both ... and [bəuθ ənd]; *či vtedy, či teraz* both then and now

čí, čia, čie whose [hu:z]; *čí je to kabát?* whose coat is it/this? ● *nevedel, čí je* he didn't know where he was

čiapka cap [kæp]; *kúpacia č.* a swimming cap

čiara line [lain]; *urobiť č-u od A do B* draw a line from A to B; *prešla lopta cez č-u?* did the ball cross the line? mat. *zlomková č.* a fraction line, (šikmá) a stroke; šport. *štartová č.* a starting line; *pod č-ou* in a footnote ● *na celej č-e* all along the line

čiarka 1. (short) line [(ˌšoːt) ˈlain] **2.** (interpunkcia) comma [ˈkomə], (nad písmenom) accent [ˈæksnt]; *dať/urobiť č-u pred/za čím* put a comma before/after sth. ● *nenapísať ani č-u* write next to nothing

čiarkovaný dashed [ˈdæšt]

čiastka 1. part [paːt] **2.** (podiel) share [šeə]; *č. zo zisku* a share in the profits **3.** (suma) amount /sum of money [əˈmaunt/sam əv ˈmani]; *ušetriť peknú č-u* save a nice sum

čiastočka particle [ˈpaːtikl], atom [ˈætəm]; *č-y prachu* dust particles

čiastočný partial [ˈpaːšl]; *č. úspech* a partial success; *č-é zatmenie* a partial eclipse

čičíkať soothe [suːð]; *č. plačúce dieťa* soothe a crying baby

čiernobiely black and white [ˌblæk ənd ˈwait]

čiernooký blackeyed [ˈblækaid]

čiernovlasý with black hair [wið blæk heə]; *č-é dievča* a girl with black hair

čierny black [blæk]; *č. chlieb* brown bread; *č-e pivo* dark ale; *č-e uhlie* black coal; *č. humor* black humour; *č. kašeľ* whooping cough; *č-a káva* black coffee; *na č-om trhu* on the black market; *č. pasažier* a fare dodger ● *chcem to mať č-e na bielom* I want it in black and white; *trafiť do č-eho* hit the nail on the head

číhať (na koho, čo) lie* in wait [ˌlai in ˈweit] (for)

čím I. spoj., s 2. st. príd. *č. — tým* the ... the... [ðə ðə] *č. viac, tým lepšie* the more the better **II.** čast. (*č. viac*) as ... as possible [æz...æz ˈposəbəl]; *príď č. skôr* come as soon as possible

čin 1. act [ækt], (konanie) action [ˈækšn]; *krutý č.* a cruel act; *súdiť podľa č-ov* judge by actions **2.** (trestný) offence [əˈfens]; *obžalovaný z vážneho trestného č-u* charged with a serious offence **3.** (odvážny, dobrodužný) exploit [ikˈsploit] ● *muž č-u* a man of action; *miesto č-u* the scene of the crime; *pristihnúť pri č-e* catch sb. red-handed

Čína China [ˈčainə]

Číňan Chinese [čaiˈniːz]

činidlo reagent [riːˈeigənt]

činiť 1. (robiť, konať) do* **2.** kniž. (pri počítaní — rovnať sa) amount [əˈmaunt]; *naše dlžoby č-a 1000 korún* our debts amount to 1000 crowns ● *to nemá s tým nič do č-enia* it has nothing to do with it // *č. sa* do one's best

činiteľ 1. (politický) functionary [ˈfaŋkšənri]; *verejný č.* the public servant **2.** mat., fyz. factor [ˈfæktə]

činka dumbbell [ˈdambəl]

činnosť 1. (konanie) activity [ækˈtivəti], action [ˈækšn]; *spoločenská č.* social activities; *postup č-i* the course of action **2.** (chod, fungovanie) function [ˈfaŋkšn], (stály chod) operation [ˌopəˈreišn], working [ˈwəːkiŋ]; *č. oddelenia* function of the department; *č. srdca* working of the heart; *udržiavať stroje v č-ti* keep the machines working/in operation

činný active [ˈæktiv]; *č-á sopka* an active volcano; *zárobkovo č.* gainfully employed; gram. *č. rod* active voice

činohra play [plei], drama [ˈdraːmə]

čínsky Chinese [čaiˈniːz]; *č-a štvrť* (vo veľkomeste) Chinatown; *Č. múr* the Great Chinese Wall/the Great Wall of China; *č. porcelán* china

čínština Chinese [čaiˈniːz]

činžiak block of flats [ˌblok əv ˈflæts], tenement [ˈtenəmənt]; AM apartment house [əˈpaːtmənt haus]

čipka lace [leis]

čipkový: *č. golier* a lace collar

číry 1. (priezračný) pellucid [peˈljuːsəd], (vyčistený) clarified [ˈklærəfaid] **2.** (skutočný, úplný, čistý) pure [pjuə], sheer [šiə], nothing but [ˈnaθiŋ bat]; *č-a pravda* pure truth; *č-ou náhodou* by sheer chance; *č-e plytvanie času* sheer waste of time, nothing but waste of time

číselník dial [ˈdaiəl]

číselný numerical [njuˈmerikl]; *č-é symboly* numerical symbols

číslica figure [ˈfigə], digit [ˈdidžət], numeral [ˈnjuːmərl]; *arabské č-e* arabic numerals

číslo 1. number [ˈnambə], skr. No, mn. č. Nos; *izba č. 145* room No 145; *č. domu* the house number **2.** (označenie veľkosti) size [saiz]; *topánky č. 5* size five shoes **3.** (výtlačok) copy [ˈkopi] **4.** gram. *jednotné/množné č.* singular [ˈsiŋgjulə]/plural [ˈplurəl] **5.** (v programe) number [ˈnambə] ● *poštové smerovacie č.* postcode, AM zip code; *telefónne smerovacie č.* dialing code, AM area code

čislovať number [ˈnambə]; *č. strany* page
čislovka numeral [ˈnjuːmrəl]; *základné č-y* cardinal numbers; *radové č-y* ordinal numbers
čistiareň dry cleaner's [ˌdrai ˈkliːnəz]
čistina clearing [ˈkliəriŋ]
čistiť 1. clean (up) [kliːn (ap)], (ranu) cleanse [klenz] 2. (od primesí) chem. purify [ˈpjuːrəfai], clarify [ˈklærəfai]; *č. terén* clear 3. (bieliť, lúpať) peel [piːl] // **č. sa** clear [kliə]; *po búrke sa obloha vyč-la* after the storm the sky cleared
čistka purge [pəːdž]
čistokrvný thoroughbred [ˈθarəbred]
čistopis fair copy [ˌfeə ˈkopi]
čistotnosť cleanliness [ˈklenlinəs]
čistotný cleanly [ˈkliːnli]; *mačky sú č-é zvieratá* cats are cleanly animals
čistý 1. (op. špinavý) clean [kliːn]; *č-é ruky* clean hands; *č-á bielizeň* clean linen; *č. papier* **a)** (nezašpinený) a clean piece of paper **b)** (nepopísaný) a blank sheet of paper 2. (rýdzi, nepomiešaný) pure [ˈpjuə]; *č. lieh* pure alcohol; *č. vzduch* pure air; *č-á vlna* pure wool; *č. hodváb* pure silk 3. (mravne bezúhonný) chaste [čeist], pure; *č-á láska* true/pure love; *č-é svedomie* clear conscience; *žiť č-m životom* have no blot on one's escutcheon/character 4. (úplný, opravdivý) pure, sheer [šiːə]; *č-á pravda* pure/sheer truth; *č-á teória* a pure theory 5. (netto) net, nett [net]; *č-á váha, hmotnosť* net weight; *č-á mzda* the take-home pay; *č. zisk* net profit ● *hrať č-ú hru (s kým)* play fair; *mať č-é ruky* have clean hands; *naliať si č-ého vína* come clean; *vzduch je č.* all clear
čítanie reading [ˈriːdiŋ]
čítanka reader [ˈriːdə], reading-book [ˈriːdiŋ buk]
čitáreň reading room [ˈriːdiŋ ruːm]
čítať read [riːd], (aj pren.); *č. myšlienky (koho)* read sb.'s thoughts
čitateľ 1. reader [ˈriːdə] 2. mat. numerator [ˈnjuːməreitə]
čitateľný legible [ˈledžəbl]
čiže or [oː], that is [ˈðæt is], skr. i. e.
čižma (high) boot [(ˌhai)ˈbuːt]; *gumené č-y* gum/Wellington boots, AM rubber boots
článok 1. lit., práv., ekon. article [ˈaːtikl] 2. (zostaveného celku) element [ˈeləmənt] 3. (reťaze,

spájací) link [liŋk] 4. fyz. cell [sel] 5. anat. (prsta) phalanx [ˈfælæŋks]
čľapkať sa splash [splæš], dabble [ˈdæbl]; *č. sa vo vode* splash (about) in water
člen 1. živ. member [ˈmembə]; *č. vedeckej al. univerzitnej spoločnosti* a fellow [ˈfeləu]; *každý č. rodiny* every member of the family; *č. parlamentu* Member of Parliament, skr. MP; *č. britskej akadémie* Fellow of the British Academy 2. neživ. gram. article [ˈaːtikl]; *určitý/neurčitý č.* definite/indefinite article; *vetný č.* part of a sentence 3. neživ. mat. term [təːm]; *výraz má dva č-y* the expression has two terms
členiť (rozdeľovať) divide [diˈvaid], structure [ˈstrakčə]
členitý (nerovný) uneven [anˈiːvn], rough [raf]
členok ankle [ˈæŋkl] ● *nesiaha mu ani po č-ky* he is just not up to him
členské (poplatok) (membership) fee [(ˌmembəšip) ˈfiː]
členstvo membership [ˈmembəšip], fellowship [ˈfeləušip]
čln boat [bəut], (malý č. s veslami al. plachtami) dinghy; *gumový č.* a rubber dinghy; *rybársky čln* a fishing boat; *skladací č.* a folding boat; *č. s veslami* a rowing boat; *č. s plachtami* a sailing boat; *motorový č.* a motorboat
člnkovať sa sail [seil], go* sailing [gəu ˈseiliŋ], (veslovať) row [rəu]; *č. sa hore-dolu po rieke* row up and down the river
človek 1. (ľudská bytosť) man [mæn], mn. č. *ľudia* men [mən], people [ˈpiːpl], human (being) [ˈhjuːmən (ˌbiːiŋ)] 2. (neurčitá osoba, niekto) one [wan]; *č. nikdy nevie* one never knows 3. (chlap) chap [čæp], fellow [ˈfeləu] 4. (vo zvolaní) *č-če!* hi [hai]
čmeliak bumblebee [ˈbamblbiː]
čnieť tower [ˈtauə]; *mrakodrapy č-ejúce nad New Yorkom* the skyscrapers towering over New York
čo I. zám. 1. opyt. what [wot]; *čo je to?* what is this? *čo si želáte?* what can I help you? *čím je tvoj otec?* what's your father? hovor. *čo?* what? *čo si za to dal?* how much did it cost? *čo sa smeješ?* why are you laughing? *čo je to za poriadok?* what on earth's this? 2. vzťaž. that [ðæt], what, where [weə]; *rob si, čo chceš* do what you want to; *robí, čo mu sily stačia* he does his utmost; *dom, čo v ňom bývam* the house

where I live; *kniha, čo si mi požičal* the book you lent me; *neurobil to, čo nás prekvapilo* he didn't do it what surprised us; *nemali čo jesť* they hadn't anything to eat ● *stoj čo stoj* at any cost **II.** spoj. **1.** *čo aj, čo priam, čo ako* even ['i:vn]; *urobím to, čo sa aj nahneváš* I'll do it even if you get angry **2.** po časových výrazoch *odvtedy čo, zatiaľ čo, len čo* since [sins], while [wail], as much as [æz mač æz]; *už je odvtedy rok, čo zomrel* it's already a year since he died; *my pracujeme, zatiaľ čo vy tu len tak postávate* we are working while you are just standing about **3.** v zreteľovej vete as; *čo sa ja pamätám,...* as I can remember... **4.** v príčinnej vete so [səu]; *nemohol prejsť cez dvere, čo bol taký tučný* he was so fat that he couldn't get through the door **5.** v účelovej vete that; *daj mi motúz, čo to poviažem* give me a string (that) I could tie it **6.** pri porovnávaní (ako) as; *vládze toľko čo chlap* he is as powerful as a grown-up man **III.** čast. **1.** expr. (čože); *čo ja viem?* I never know; *čo na tom záleží?* what does it matter? **2.** (však — vyjadrené pomocou otázky) *dobrá robota, čo?* a good piece of work, is it? **3.** (s 3. stupňom príd. a prísl.) *čo najväčší* the biggest possible **4.** opakovanie v čase by [bai]; *deň čo deň* day by day **5.** (čo len) just [džast]; *povedz čo len slovo* say just one word **6.** (iba, len čo) only ['əunli]; *iba čo ma trápiš* you are only worrying me

čochvíľa 1. (o chvíľu) soon [su:n], (with)in a short time [(wið)in ə šo:t taim], before long [bi'fo: loŋ] **2.** (každú chvíľu) every now and then ['evri nau ənd ðen]

čokoláda chocolate ['čoklət]; *mliečna č.* milk chocolate

čokoľvek anything ['eniθiŋ], whatever [wot'evə], no matter what [nəu 'mætə wot]; *chcem niečo jesť, môže to byť č.* I want something to eat, anything will do; *buď pokojný, nech sa stane č.* keep calm no matter what happens

čosi something ['samθiŋ]; *č. je na zemi* there's something on the floor

čoskoro soon [su:n], in a short time [in ə šo:t taim]; *č. budeme doma* we shall soon be home

čpavok ammonia [ə'məuniə]

črep 1. (črepina) splinter ['splintə] **2.** (črepník) flowerpot ['flauəpot]

črevný intestinal [in'testənl]

črevo 1. intestine [in'testən]; *tenké/hrubé č.* small/large intestine; *slepé č.* appendix; *zápal slepého č-a* appendicitis **2.** č-á mn. č. guts [gats], bowels ['bauəlz], intestines **3.** (materiál na výrobu strún) gut

črieda herd [hə:d], flock [flok]; *č. dobytka* a herd of cattle; *č. oviec* a flock of sheep; pren. *č. turistov* a flock of tourists

črta 1. (línia, ťah) line [lain], (výrazná) feature ['fi:čə]; *hlavné č-y* an outline; *človek s orientálnymi č-mi* a man with oriental features **2.** (charakteristická vlastnosť) characteristic [,kærəktə'ristik], peculiarity [pi,kju:li'ærəti] **3.** lit. sketch [skeč], article ['a:tikl]

čučoriedka bilberry ['bilbri]

čudný 1. (zvláštny) peculiar [pi'kju:liə], strange [streindž], odd [od]; *č-á situácia* a peculiar situation; *aké č-é šaty!* what strange clothes!; *č. meteorit* an unusual meteorite; *č. pohľad* an odd look **2.** (záhadný) curious ['kjuriəs], queer [kwiə]; *č. človek* a curious-looking man; *č-é zvuky* queer noises

čudovať sa (čomu) wonder ['wandə] (at), be*/feel* surprised [bi:/fi:l sə'praizd] (at), marvel ['ma:vl] (at); *neč-ujem sa, že sa nechce zaň vydať* I don't wonder at her refusing to marry him; *č-ujem sa jej trpezlivosti* I marvel at her patience

čuch scent [sent], sense of smell [sens əv smel]; *psy majú ostrejší č. než ľudia* sense of smell is more acute in dogs than in men; pren. *mať dobrý č.* have the (good) sense; *po č-u* by smell/sent

čuchať smell* [smel]; *č-ni si a povedz mi, čo je to* smell this and tell me what it is

čulý 1. (o ľuďoch — vrtký, obratný) agile ['ædžail], full of life [ful əv laif], nimble ['nimbl], alive [ə'laiv]; *č-é deti* children full of life; *starý pán je ešte stále veľmi č.* the old man is still very active/very much alive; *č-á myseľ* an agile/nimble mind **2.** (živý, aktívny, častý) active ['æktiv], lively ['laivli], intensive [in'tensiv]; *č-é obchodné styky* intensive business activities **3.** (rušný) busy ['bizi], lively; *č-á debata* a lively discussion

čupieť crouch [krauč]

čupnúť si squat (down) [skwot (daun)]; *č. si k dieťaťu* squat down beside the child

čušať be* silent [bi: 'sailənt], (neprehovoriť) hold* one's tongue [həuld wanz taŋ]; *povedz mu, aby č-l* tell him to shut up

čvirikať chirp [čə:p], twitter ['twitə]

D

dabing dubbing ['dabiŋ]
dabovať dub [dab]
ďakovať 1. (vyjadrovať vďaku) thank [θæŋk]; *ď-ujem za obed/jedlo* thanks for the meal; *nie, ďakujem* no, thank you/thanks **2.** (vďačiť) owe [əu]; *za svoj úspech ď-uje viac šťastiu* he owes his success more to good luck
ďakovný: *ď. list* a letter of thanks
ďalej I. prísl. **1.** (miesto) further ['fə:ðə]; *ď. na východ* further east **2.** (o väčšej vzdialenosti) farther ['fa:ðə]; *je nebezpečné chodiť ď.* it's not safe to go any farther; *ď!* (vstúpte!) come in **3.** (v rozvinutejšom štádiu al. do rozvinutejšieho štádia) further; *neskúšaj ď. moju trpezlivosť!* don't try my patience any further **4.** (pokračovanie deja) on (so slovesom); *pracovať ď. celú noc* work on all night; *rozprávať ď.* keep on talking; *pokračujte ď. (v práci)* go on (with your work); *takto to už ď. nejde* it can't go on like this • *a tak ď.* and so on, v texte etc. (lat. skr. et cetera); *čím ď., tým viac* more and more; *pomaly ď. zájdeš* slow but sure **II.** časť. (okrem toho) besides [bi'saidz], (navyše) furthermore [,fə:ðə'mo:]; *a ď. by som chcela...* and besides, I'd like...
ďaleko a long way [ə ,loŋ 'wei], far [fa:]; *nešli sme ď.* we didn't go far; *je to ď. odtiaľto* it's a long way from here; *veľmi ď.* far away; *ď. v horách* far up in the mountains; *nemať ď. do plaču* be near to tears; *ď. vpredu* far/well ahead
ďalekohľad (a pair of) binoculars [(ə peə əv) bi'nokjələz]; *hvezdársky ď.* a telescope; *divadelný ď.* opera glasses; *poľný ď.* field glasses
ďalekopis telex ['teleks]
ďalekosiahly far-reaching [,fa:'ri:čiŋ]; *ď-e následky* far-reaching consequences
ďalekozraký longsighted [,loŋ'saitəd]
ďaleký distant ['distənt], far [fa:]; *ď. výhľad* a distant view; *ď. príbuzný* a distant relative; *ď-é kraje* faraway places; *ď-á cesta* a long way; *mať ď. dosah* be far-reaching; *Ď. východ* Far East
ďalší 1. (nasledujúci v čase, priestore) further ['fə:ðə], (v poradí) next [nekst]; *získať ď-ie informácie* get further information; *aký je ď. vlak do...?* what's the next train to...? **2.** (pokračujúci) further; *máte ešte ď-ie otázky?* have you any further questions? **3.** (pri vyratúvaní) other ['aðə], another [ə'naðə]; *ď-ie tri týždne* another three weeks; *ď-ch tristo korún* another three hundred crowns

dáma 1. (osoba) lady ['leidi] **2.** (v šachu, kartách) queen [kwi:n] **3.** (hra) draughts ['dra:fts]
dámsky lady's, ladie's ['leidiz]; *d. klobúk* a lady's hat; *d-a volenka* ladie's privilege
daň tax [tæks], (zdanenie) taxation [tæk'seišn]; *d. z príjmu* income tax; *d. z motorových vozidiel* car tax; *cestná d.* toll; *d. z pridanej hodnoty* value added tax
Dán Dane [dein]
dánčina (the) Danish (language) ['deiniš]
daniel fallow deer ['fæləu diə]
daňový: *d-á politika* taxation policy; *d-é priznanie* (tax) return
dánsky Danish ['deiniš]; *d. jazyk* Danish
daný given ['givən]; *v d-ch podmienkach* under the given conditions
dar present ['preznt], gift [gift]; *vianočný d. a* Christmas present/gift; *dať do d-u (komu)* make sb. a present; *d. reči* gift of the gab; *d. od Boha* a gift from the God
darca giver ['givə]; odb. donor ['dəunə], donator [dəu'neitə]; *d. krvi* a blood donor
darebák 1. (lenivec) idler ['aidlə], good-for-nothing [,gud fə 'naθiŋ] **2.** (ničomník) rascal ['ra:skl], rogue [rəug], crook [kruk]
darebný lazy ['leizi], idle ['aidl], good-for-nothing [,gud fə 'naθiŋ]
dariť sa 1. (mať úspech, napredovať) do* well [du: wel], prosper ['prospə], succeed [sək'si:d]; *v podnikaní sa mu d-í* his business prospers; *jej sa všetko d-í* she succeeds anywhere **2.** (prospievať) thrive* [θraiv], flourish ['flariš]; *na púšti sa d-í máloktorým rastlinám* few plants thrive in the desert; *deťom sa dobre d-í* the children are thriving; *čiernemu trhu sa d-í* the black market is flourishing
darmo in vain [in vein], no use [nəu ju:s]; *d. nariekaš* it's no use of (your) complaining; *d. sa s nimi škriepite* it's useless to argue with them; *d. sme sa pokúšali* we tried in vain
daromný 1. (zbytočný) useless ['ju:sləs], unnecessary [an'nesəsri]; *d-é reči* idle talk **2.** (neporiadny) slovenly ['slavnli], careless ['keələs]
darovať present [pri'zent], give* [giv]; *d-li mi hodiny* I was presented a clock; *d-l som mu knihu* I gave him a book • *d. život (komu)* (porodiť) give sb. life
ďasno gum [gam]
dať 1. (odovzdať, poskytnúť, v rozl. význ.) give*

[giv]; *d. komu na narodeniny knihu* give sb. a book for his birthday; *d. pracovníkovi (čo ako) odmenu* give sb. sth. as an award; *d. deťom peniaze* give the children some money; *d. chorému kurča na obed* give the patient a chicken for lunch; *d. kupujúcemu potvrdenku* give the buyer a receipt **2.** (položiť, vložiť) place [pleis], put* [put]; *d. knihy pekne na policu* place carefully the books on the shelf; *d. zošit na stôl* put the notebook on the table; *d. mlieko do čaju* put milk in one's tea; *d. dieťa spať* put the child to bed; *d. gól* score **3.** (spôsobiť, zapríčiniť) give*, cause [koːz]; *kniha mu d-la veľa práce* the book caused/gave him a lot of trouble; *to ned-lo veľa práce* it was no trouble at all; *výchova detí d-la rodičom hodne námahy* they had a great difficulty to bring up the children **4.** (zariadiť, rozkázať) have*/get* sth. done; *d. si opraviť topánky* have one's shoes mended **5.** (podrobiť sa istému výkonu) have; *d. sa vyšetriť* have a medical examination; *d. sa ostrihať* have one's hair cut **6.** (predať) sell*; *d. mu za to 100 korún* he sold it to him for 100 crowns **7.** (ako formálne sloveso) *d. pozor* mind sth.; *d. prednosť* give way; *d. príkaz* give an order; *d. radu* give an advice; *d. odpoveď* give an answer; *d. na vedomie* let sb. know; *d. k dispozícii* make sth. available ● *d. si pozor na jazyk* mind one's p's and q's // **d. sa 1.** (pustiť sa) set* [set] (to); *d. sa do práce* set to work; *d. sa do reči (s kým)* enter into conversation (with) **2.** (zamieriť, pobrať sa) turn [təːn]; *d. sa napravo* turn to the right **3.** (rozhodnúť sa pre istú činnosť) take* to [teik tə], turn to; *d-l sa na pitie* he took/turned to (the) drink ● *nedá sa nič robiť* it can't be helped; *to sa dá na prstoch jednej ruky porátať* one could count it on the fingers of one hand // **d. si 1.** (objednať si) have* [hæv]; *d. si na obed bryndzové halušky* have dumplings with sheep cheese for lunch; *čo si dáte na pitie?* what will you drink? **2.** (dohovoriť sa) make* [meik], fix [fiks]; *d. si stretnutie pred divadlom* make/have an appointment in front of the theatre

podať niekomu – give
Give it to your mum. Podaj to mame.
položiť – put
Put it on the desk. Polož to na stôl.

dáta pomn. data ['deitə]; *d. sú pripravené na spracovanie* the data is ready for processing
ďateľ woodpecker ['wudˌpekə]

ďatelina clover ['kləuvə]
datív gram. dative ['deitiv]
datľa date [deit]
datľovník date palm ['deit paːm]
datovať (sa) date [deit]; *d. svoj list* date one's letter; *d. nálezy do 5. storočia* date the discoveries back to the 5th century; *listiny sa d-ujú do r. 1900* the documents date back to 1900
dátum date [deit]; *d. narodenia* the date of birth; *aký je dnes d.?* what's today's date? what's the date today?

najobvyklejší zápis:
17 January 1999, January 17 1999
zápis číslicami:
17/1/99, 17-1-99, 17.1.99

dav crowd [kraud]; *d. ľudí* a crowd of people; *neusporiadaný útočný d.* a mob
dáviť[1] (vracať) vomit ['vomət]
dáviť[2] (dusiť) strangle ['stræŋgl] // **d. sa** suffocate ['safəkeit] (with), stifle ['staifl], choke [čəuk] (on)
dávka 1. (jedla) portion ['poːšn], helping ['helpiŋ] **2.** (lieku) dose [dəus] **3.** (várka) *d. chleba do pece* batch [bæč] **4.** (poplatok) rate [reit]
dávkovať dose [dəus]; *d. liek* dose a medicine
dávno 1. (pred dlhým časom) long ago [ˌloŋ əˈgəu], a long time/while ago [ə ˌloŋ 'taim/wail əˈgəu]; *je to d., čo zomrel* he died a long time ago **2.** (dlhý čas, dlho) a long time, hovor. age(s) ['eidžˈiz]; *d. sme sa nestretli* it's been ages since we met; *poznáme sa už d.* we have known each other for a long time
dávnovek antiquity [ænˈtikwəti]
dávnoveký primeval [praiˈmiːvl], (staroveký) ancient ['einšnt]
dávny 1. (staroveký, dávnoveký) ancient ['einšnt] **2.** (minulý, veľmi vzdialený) bygone ['baigon]; *v d-ch dňoch* in bygone days; *d-a doba* a bygone era **3.** (dlhoročný) old [əuld]; *d-a túžba* an old wish; *d. priateľ* an old friend
dážď rain [rein], (spŕška) shower ['šauə] (aj pren.); *d. kameňov* a shower of stones ● *dostať sa z da-a pod odkvap* get out of frying pan into the fire; *rásť ako huby po da-di* spread like a wildfire
daždivý rainy ['reini]; *d-é počasie* the rainy weather; *d-á jeseň* the rainy autumn

dáždnik umbrella [am'brelə]; *skladací d.* a telescopic umbrella; *roztiahnuť d.* open one's umbrella

dážďovka earthworm ['ə:θwə:m]

dbať 1. (starať sa o koho, čo) (take*) care [(teik) keə] (of); *d-j na seba* take care of yourself; *d. na poriadok* be tidy **2.** (brať do úvahy) regard [ri'ga:d], mind [maind], pay* attention [ˌpei ə'tənšn] (to); *málokedy d-á na moje rady* he seldom regards my advice; *d. na (svoju) povinnosť* mind one's duty; *ned-ám* I don't mind; *naňho ned-j* never mind him; *ned. na varovanie* not to regard sb.'s warning

dcéra daughter ['do:tə]; *naša d. sa bude vydávať* our daughter is getting married

debata discussion [dis'kašn], debate [di'beit]; *búrlivá d.* an argument; *po dlhej d-e* after a long debate ● *bez d-y* doubtless

debatovať (o čom) discuss [dis'kas], debate [di'beit]; *d. o posledných udalostiach* discuss the recent events; *búrlivo d.* (vadiť sa) argue; *d. o svojich plánoch s rodinou* talk one's plans over with the family; *o tom sa ešte d-uje* it is still under discussion

debna 1. case [keis], box [boks]; *drevená d.* a wooden box; *d. whisky* a case of whisky **2.** (veľká prepravka) crate [kreit]

debnenie boarding ['bo:diŋ], timbering ['timberiŋ]

debniť board [bo:d] (up); *d. okno* board up a window

december December [di'sembə]; *v d-ri* in December

deci hovor. gill [džil]; *d. vína* a gill of wine

decibel decibel ['desəbel]

deciliter decilitre ['desiˌli:tə]

decimeter decimetre ['desiˌmi:tə]

decko p. dieťa

dedič heir [eə]

dedička heiress ['erəs]

dedičnosť heredity [hə'redəti]

dedičný hereditary [hə'redətri]; *d-é choroby* hereditary diseases

dedičský: *d. podiel* an inheritance; *d-á daň* inheritance tax; *d-é právo* the right of succession

dedičstvo heritage ['herətidž], legacy ['legəsi]

dedina village ['vilidž], (dedinka) hamlet ['hæmlət]; *na dedine* in a village ● *to je pre mňa španielska d.* it's all Greek/double Dutch to me

dedinčan villager ['vilidžə]

dedinský country ['kantri], (svojrázny) rustic ['rastik], (protiklad k mestskému) rural ['ruərəl], (v spoločenskom význame) provincial [pro'vinšəl];

dediť inherit [in'herət]; *d. majetok po rodičoch* inherit the property from one's parents; *d. nadanie na hudbu* inherit the gift for music

dedo 1. (starý otec) grandfather ['grændˌfa:ðə], hovor. grand(d)ad ['grændæd], grandpa ['grænpa] **2.** (starec) old man [ˌəuld 'mæn]

dedukovať deduce [di'dju:s]; *d. z tézy záver* deduce a conclusion from a premise

defekt defect ['di:fekt], (menší) imperfection [ˌimpə'fekšn]; *d. na pneumatike* a puncture in a tyre

defenzíva defensive [di'fensiv]; *stiahnuť sa do d-y* become defensive

deficit deficit ['defəsət]

defilé defile [di:'fail]

defilovať march past [ma:č pa:st]

definícia definition [ˌdefə'nišn]; *d. pojmu* the definition of the concept

definitívny definitive [di'finətiv]; *d-a odpoveď* a definitive answer

definovať define [di'fain], give a definition [giv ə ˌdefə'nišn]

deformácia 1. (znetvorenie) deformity [di'fo:məti] **2.** (zmena tvaru) deformation [ˌdi:fo:'meišn]

defraudovať defraud [di'fro:d]; *d. peniaze* defraud sb's money

degenerovať degenerate [di'dženəreit]

degradácia degradation [ˌdegrə'deišn]

degradovať degrade [di'greid] (aj pren.) // **d. sa** degrade oneself; *nedegraduj sa tým, že...* don't degrade yourself by...

decht tar [ta:]; *pokryť d-om* tar

dej 1. (hry, románu) action ['ækšn], (hl. filmu) story ['sto:ri] **2.** gram. (slovesný d.) the aspect form (of a verb)

dejepis history ['histəri]

dejiny history ['histəri]; *d. staroveku/stredoveku/novoveku* the ancient/medieval /modern history

dejisko scene [si:n]; *d. románu* the scene of the novel

dejstvo act [ækt]; *hra v troch dejstvách* a play in three acts

deka cover ['kavə]; *vlnená d.* a rug, (na posteľ) a blanket; *prikryť sa d-ou* put a cover on

dekáda decade ['dekeid]; *prvá d. 20. storočia* the first decade of the 20th century

dekagram dekagram(me) ['dekəgræm]
dekan škol., cirk. dean [di:n]; *d. fakulty* the dean of the faculty
dekanát 1. škol. dean's office [ˌdi:nz 'ofəs] 2. cirk. deanery ['di:nəri]
deklarácia declaration [ˌdeklə'reišn]; *D. nezávislosti* the Declaration of Independence
deklinácia fyz. declination [ˌdeklə'neišn]
dekorácia 1. (ozdoba) decoration [ˌdekə'reišn] 2. (kulisy) scenery ['si:nəri]
dekoračný, dekoratívny decorative ['dekərətiv]
dekrét decree [di'kri:]; *vydať d.* issue a decree; *prevziať d. o vymenovaní za profesora* receive an appointment to a professorship by decree
delegácia delegation [ˌdelə'geišn]; *vládna d.* the government delegation
delegát delegate ['deləgət]; *d. na konferenciu* a delegate to a conference
delenec mat. dividend ['divədənd]
delenie 1. division [di'vižn] (aj mat.); *d. času na dni* the division of time into days; *d. na triedy* classification 2. biol. fission ['fišn]
delfín dolphin ['dolfən]
delikátny (v rozl. význ.) delicate ['delikət], (o chuti) dainty ['deinti]; *d-a chuť ryby* a delicate /dainty flavour of a fish; *d. človek* a delicate man; *d-a vec* a delicate matter
deliť 1. (na časti) divide [də'vaid], separate ['sepəreit], share [šeə]; *d. na dve polovice* divide into two halves; *d. majetok* share the property 2. (triediť) classify ['klæsəfai]; *d. knihy podľa obsahu* classify books by subjects 3. (rozdávať, rozdeliť) divide; *d. rovnako peniaze* divide money equally 4. (tvoriť hranicu) separate; *rieka delí mesto na dve časti* the river separates the town into two parts 5. mat. divide; *d. dvanásť tromi* divide twelve by three // **d. sa** 1. be* divided/separated 2. (rozdeľovať si niečo s kým) share [šeə]; *d. sa o hračky* share the toys; *d. sa o starosti a problémy (s kým)* share worries and problems with sb.; *majetok sa d-l medzi deti* the property was shared (out) between the children
deliteľ mat. divisor [də'vaizə]
deliteľný divisible [də'vizəbl]; *d. tromi* divisible by three
delo cannon ['kænən], gun [gan]
delostrelec artilleryman [a:'tilərimən]
delostrelectvo hromad. artillery [a:'tiləri]
demagógia demagogy ['deməgogi]

demarkačný: *d-á čiara/línia* the line of demarcation
dementovať deny [di'nai]; *d. správu* deny the news
demilitarizácia demilitarization [ˌdi:militərai'zeišn]; *d. krajiny* demilitarization of a country
demisia resignation [ˌrezig'neišn]
demokracia democracy [di'mokrəsi]
demokrat democrat ['deməkrət]
demokratický democratic [ˌdemə'krætik]; *d-á vláda* a democratic government
demokratizácia democratization [diˌmokrətai'zeišn]; *d. školstva* democratization of the school system
demonštrácia demonstration [ˌdemə'nstreišn], hovor. demo ['deməu]; *študentská d.* a student demonstration
demonštrant, demonštrátor demonstrator ['demənstreitə]
demonštrovať (v rozl. význ.) demonstrate ['demənstreit]; *d. proti vojne* demonstrate against the war; *d. nové metódy* demonstrate new methods; *d. v sede* sit in
demontovať dismantle [dis'mæntl], dismount [dis'maunt]; *d. motor* dismantle an engine
deň day [dei]; *všedný/pracovný d.* a weekday; *sviatočný d.* a holiday; *d. pracovného voľna* a day off; *pamätný d.* a red-letter day; *Štedrý d.* Christmas Day; *d. narodenia* one's birthday; *dobrý d.!* hello, good morning /afternoon; *vo dne/v priebehu dňa* in the day-time, by day ● *za bieleho dňa* in broad daylight; *vo dne-v noci* day and night; *d. čo d.* day by day; *zo dňa na deň* **a)** (zrazu) from day to day **b)** (čoraz väčšmi) day by day; *nechváľ dňa pred večerom* don't count your chickens before they are hatched; *(u)robiť si z koho dobrý d.* make a fool of sb.; *robiť si z čoho dobrý d.* see the funny side of sth.
denne 1. (každý d.) daily ['deili], every day ['evri dei]; *d. cvičiť* do exercises every day 2. (za deň) a day [ə dei]; *pracovať 8 hodín d.* work an eight-hour day
denník 1. (noviny) daily ['deili]; *vydávať d.* publish a daily 2. (zápisník) diary ['dairi], journal ['džɔ:nl]; *písať d.* keep a diary 3. (oficiálny záznam o ceste lode al. lietadla) log [log]
denný daily ['deili], day [dei]; *d-é svetlo* the daylight; *d-á práca* work; *d-é štúdium* full-time study; *d-á tlač* the dailies; *predme-*

D

ty d-ej spotreby the necessities ● *je to na d-om poriadku* it's a daily routine

dentista dentist [ˈdentəst]

depeša despatch [diˈspæč]

deponovať deposit [diˈpozət]; *d. peniaze v banke* deposit money in a bank

deportovať deport [diˈpoːt]; *špióna d-li z krajiny* the spy was deported from the country

depresia (v rozl. význ.) depression [diˈprešn]; *d. tridsiatych rokov* the depression of the 1930s; *d. v pôde* a depression on the ground

deprimovať depress [diˈpres]; *d-ujúce správy* depressing news

deptať violate [ˈvaiəleit], oppress [oˈpres], cut* up [kat ap]; *d. ľudské práva* violate the human rights

deravý full of holes [ˌful əv ˈhəulz], perforated [pəˈfəreitəd], (o nádobe) leaky [ˈliːki]; *d. zub* a hollow tooth ● *d-á pamäť* a memory like a sieve; *nestáť za d. groš* be not worth the candle

derivácia derivation [ˌderəˈveišn]

desať, živ. aj **desiati** ten [ten]; *d. korún* ten crowns; *o d. minút* in ten minutes; *d-iati muži* ten men ● *tvári sa/vyzerá, akoby nevedel do d. narátať* he looks as if butter would not melt in his mouth

desaťboj decathlon [diˈkæθlən]

desaťhaliernik ten-heller coin [ten helə ˈkoin]

desatina tenth [tenθ]

desatinný decimal [ˈdesəml]; *d-á sústava/čiarka* the decimal system/point; *d. zlomok* a decimal fraction

desaťkorunáčka (minca) ten-crown coin [ten kraun nəut]

desaťkorunák (minca) ten-crown coin [ten kraun koin]

desaťnásobný tenfold [ˈtenfəuld]; *d. majster sveta* a tenfold world champion

desatoro (počet) ten [ten]; *d. dvier* ten doors; náb. *D. Božích prikázaní* the Ten Commandments

desaťročie decade [ˈdekeid]; *prvé d. tohto storočia* the first decade of this century

desaťtisíc: *d. korún* ten thousand crowns ● *horných d.* the upperclass, the upper ten (thousand)

desiata (jedlo) mid-morning snack [ˌmidˈmoːniŋ snæk]

desiatka 1. (číslo) ten [ten]; *rímska d.*

Roman ten 2. hovor. (10 kusov) ten; *baliť po d-ach* pack ten at a time 3. hovor. (číslo izby, dopr. prostriedku ap.) ten; *býva na d-e* his room number is ten 4. (pivo) medium strong ale [ˈmiːdiəm stroŋ eil]

desiatkový decimal [ˈdesəməl]; *d-á sústava* decimal system

desiatnik voj. corporal [ˈkoːprəl]

desiatovať get* mid-morning snack [get ˌmidˈmoːniŋ snæk]

desiaty tenth [tenθ]; *o d-ej hodine* at ten o'clock

desiť frighten [ˈfraitn], horrify [ˈhorəfai]; *ten hluk ťa d-í?* does the noise frighten you? // **d. sa** dread [dred]; *d-í sa návštevy u zubára* he dreads a visit to the dentist

desivý grisly [ˈgrizli], dreadful [ˈdredfl], horrible [ˈhorəbl], appaling [əˈpoːliŋ]; *aká d-á pohroma!* what a dreadful disaster! *d. zločin* a horrible crime; *d-á poviedka* a grisly story; *d-á krutosť* appaling cruelty

deskriptívny descriptive [diˈskriptiv]; *d-a geometria* descriptive geometry; lingv. *d-a gramatika* a descriptive grammar

despotický despotic [diˈspotik]; *d. vládca* a despotic ruler

destilovať distil, AM distill [diˈstil]; *d-á voda* distilled water

dešifrovať decode [ˌdiːˈkəud], decipher [diˈsaifə]; *kód sa dá d.* the code can be deciphered/is decipherable

detail detail [ˈdiːteil]; *všetky d-y* the full details; *do d-u* in detail; *premyslieť do d-ov (čo)* think sth. out/through; *zachádzať do d-ov* go into detail(s); hovor. *to je d.* it's a trifle

detektív detective [diˈtektiv]

detektívka detective story/novel [diˈtektiv ˌstori/ˌnovl]; *písať d-y* write detective stories

detektívny: *d. príbeh* a detective story

detinský childish [ˈčaildiš], childlike [ˈčaildlaik]; *d-é dôvody* childish arguments; *d-á dôvera* childlike trust

detský 1. (súvisiaci s deťmi) childish [ˈčaildiš]; *d-é teliečko* the child's/baby's body; *d. smiech* a childish laughter 2. (určený pre deti) *d. kočík* a pram; *d-á izba* a child's bedroom; *d-é jasle* a créche [kreš] 3. (naivný) infantile [ˈinfəntail]; *d. nápad* an infantile idea

detstvo childhood [ˈčaildhud]; *poznáme sa od d-a* we know each other since we were children

devalvácia devaluation [diːˌvæljuˈeišn]; *d. meny* devaluation of the currency

devalvovať devalue [di:'vælju:]; *d. dolár* devalue the dollar

devastácia devastation [ˌdevəˈsteišn]; *d. lesov* forest devastation

devastovať devastate ['devəsteit]; *mestá d-né vojnou* towns devastated by war

deväť, živ. aj **deviati** nine [nain]; *d. rokov* nine years; *d-iati žiaci* nine pupils

deväťdesiat, živ. aj **deväťdesiati** ninety ['nainti]

deväťdesiaty ninetieth ['naintiəθ]; *d. v poradí* the ninetieth

devätnásť nineteen [ˌnainˈti:n]

devätnásty nineteenth [ˌnainˈti:nθ]

deviatka 1. (číslo 9) nine [nain] **2.** (označené číslicou 9) number nine ['nambə nain]; *býva na d-e* he lives at number (no.) nine; *chodí do d-y* (triedy) he goes to the ninth form/grade

deviaty ninth [nainθ]; *d-a trieda/d-y ročník* the ninth form/grade

devíza obyč. mn. č. *d-y* foreign currency [ˌforən ˈkarənsi]

devízový: *d-é predpisy* foreign exchange regulations; *d. kurz* exchange rate/rate of exchange

dezert dessert [diˈzə:t]; *ovocný d.* fresh fruit dessert

dezertný: *d-é víno* dessert wine

dezertovať desert [diˈzə:t]; *d. z frontu* desert the front line

dezinfekčný: *d. prostriedok* a desinfectant

dezinfikovať desinfect [ˌdisənˈfekt]; *d. ranu* disinfect a wound

dezodorant deodorant [di:ˈəudrənt]

dezolátny dilapidated [dəˈlæpədeitəd]; *dom v d-om stave* a dilapidated house

diabetický diabetic [ˌdaiəˈbetik]; *d-é jedlo* a diabetic meal

diabol devil ['devl]; *pokušenie d-la* the devil's temptation; pren. *d. v ľudskej podobe* a devil of a fellow ● *zlý ako d.* an evildoer; *báť sa ako d-la (koho)* be scared stiff of sb.; *od čerta k d-lu* from pillar to post; *posadnutý d-lom* possessed by evil spirit

diabolský diabolical [ˌdaiəˈbolikl]; *d. plán* a diabolic plan

diagnostikovať diagnose ['daiəgnəuz]

diagnóza diagnosis [ˌdaiəˈgnəusəs]; *urobiť d-u* make a diagnosis, diagnose

diagram diagram ['daiəgræm], graph [græf]

dialekt dialect ['daiəlekt]; *hovoriť d-om* speak a dialect

dialektický dialectical [daiəˈlektikəl]

dialektika dialectics [daiəˈlektiks]

dialektológia dialectology [ˌdaiəlekˈtolədži]

diaľka distance ['distəns]; *v d-e* in the distance; *z d-y* from a distance; *skok do d-y* the long jump

diaľkový remote [riˈməut], long-distance [ˌloŋˈdistns]; *d-é ovládanie* remote control; *d-á doprava* long-distance traffic/transport; *d-é štúdium* part-time studies; *d-é svetlá* distance lights

diaľnica BR motorway ['məutəwei], AM speedway ['spi:dwei]

dialóg dialogue, AM dialog ['daiəlog]; *d. medzi dvoma osobami* a dialogue between two persons; *písané v d-u* written in dialogue

diamant diamond ['daiəmənd]

diamantový: *d. náhrdelník* a diamond necklace

diametrálny diametric(al) [ˌdaiəˈmetrik(l)]; *d. protiklad* a diametrical contradiction

diapozitív slide [slaid]; *premietať d-y* show the slides

diaprojektor slide projector [ˌslaid prəˈdžektə]

diár diary ['dairi]

diať sa happen ['hæpən], occur [əˈkə:], take* place [teik pleis]; *čo sa s tebou deje?* what's the matter with you? *čo sa deje?* what is going on? *deje sa mu krivda* he is being wronged

diel 1. (časť celku) part [pa:t], piece [pi:s], (pri delení) portion ['po:šn]; *rozkrájať koláč na šesť d-ov* cut the cake in six pieces; *náhradný d.* a spare part **2.** (románu, filmu) volume ['volju:m], part; *román v troch d-och* a novel in three volumes **3.** (dedičský podiel) share ['šeə]

dielec 1. part [pa:t], segment ['segmənt], (panelový) panel ['pænl] **2.** (dielik, časť stupnice) segment, degree [diˈgri:]

dielňa workshop ['wə:kšop]; *údržbárska d.* a maintenance shop

dielo work [wə:k]; *d-o slávneho sochára* the work of a famous sculptor; *d. z kameňa* a stonework; *d. z dreva* woodwork; *zobrané Shakespearovo d.* the complete work(s) of Shakespeare; *umelecké d.* a work of art ● *prilož ruku k d-u* to work!

dielovedúci foreman ['fo:mən], mn. č. -men [-mən]

diera (v rozl. význ.) hole [həul]; *d. na noha-viciach* a hole in the trousers; *d. v zube* a hole in a tooth; *cesta plná d-r* a road full of holes; *myšacia d.* a mouse's hole; pren. *v akej úbohej d-e to býva!* what a wretched little hole he lives in!

dierka 1. zdrob. small hole [ˌsmɔːl ˈhəul] **2.** (nosná) nostril [ˈnɔstrəl] **3.** (gombíková) button-hole [ˈbatnhəul]

dier(k)ovač punch [panč]

dierkovať perforate [ˈpəːfəreit]; punch [panč]; *d. list papiera* perforate a sheet of paper; *d. lístky* punch the tickets

dierny punched [pančd]; *d. štítok* punch(ed) card

dierovať perforate [ˈpəːfəreit]; (štítky, údaje) punch [panč]

dieťa child [čaild], mn. č. children [ˈčildrən], (malé) baby [ˈbeibi], hovor. kid [kid]; *najmladšie d. rodiny* the baby of the family; *vychovávať d-i* bring up children ● *vyliať s vaničkou aj d.* throw the baby out with the bath water

diéta diet [ˈdaiət]; *držať d-u* be on a diet; *lekár jej nariadil d-u* the doctor put her on a diet

diéty (výdavky) expenses [ikˈspensəz]; *cestovné d.* travelling expenses

dievča 1. girl [gəːl]; *pekné d.* a pretty girl **2.** (milá) girlfriend [ˈgəːlfrend] **3.** (slúžka) maid [meid]

dievčenský girlish [ˈgəːliš]; *d. smiech* girlish laughter; *d. vek* maidenhood; *d-é meno* maiden name

dievka 1. girl [gəːl]; *d. na vydaj* a girl of marriageable age; *stará d.* a spinster; *predajná d.* a prostitute **2.** hovor. (dcéra) daughter [ˈdɔːtə]

diferencia difference [ˈdifrəns]; *d. v cene* a difference in price; *názorová d.* a difference of opinion

diferenciál differential [ˌdifəˈrenšl]

diferencovať differentiate [ˌdifəˈrenšieit]; *d. jednu odrodu od druhej* differentiate one variety from another

digitálny digital [ˈdidžətl]; *d-e hodinky* a digital watch

dikobraz porcupine [ˈpɔːkjəpain]

diktát 1. dictation [dikˈteišn]; *písať d.* write a dictation **2.** (nátlak) dictate [ˈdikteit]

diktátor dictator [dikˈteitə]

diktatúra dictatorship [ˌdikˈteitəšip]

diktovať (v rozl. význ.) dictate [dikˈteit]; *d. list sekretárke* dictate a letter to a secretary; *mne nebude nikto d.* I won't be dictated to

dimenzia dimension [daiˈmenšn]

dioptrický dioptric(al) [daiˈoptrik(l)]; *d-é okuliare* dioptrical glasses

diplom diploma [dəˈpləumə]; *d. z architektúry* a diploma in architecture

diplomacia diplomacy [dəˈpləuməsi]

diplomat diplomat [ˈdipləmæt]

diplomatický (v rozl. význ.) diplomatic [ˌdipləˈmætik]; *d-é styky* diplomatic relations; *d-á štylizácia* a diplomatic style; *d. zástupca* a diplomatic representative

diplomový: *d-á práca* a thesis

dirigent conductor [kənˈdaktə]

dirigovať conduct [kənˈdakt]; *d. orchester* conduct an orchestra

disciplína 1. (v rozl. význ.) discipline [ˈdisəplən]; *nedodržiavať d-u* break discipline **2.** šport. event [iˈvent]; *lyžiarske d-y* ski events

disciplinovaný disciplined [ˈdisəplənd]; *d-é správanie* disciplined conduct

disk 1. šport. discus [ˈdiskəs]; *hádzať d-om* throw a discus **2.** tech. disc [disk]

diskár discus thrower [ˈdiskəs ˌθrəuə]

disketa diskette [disˈket]

diskotéka 1. discotheque [ˈdiskətek], hovor. disco [ˈdiskəu]; *ísť na d-u* go to a disco **2.** (zbierka) record library [ˈrekɔːd ˌlaibrəri]; *bohatá d.* a rich record library

diskrétny discreet [disˈkriːt]; *zachovať d-e ticho* maintain a discreet silence; *d. človek* a discreet person

diskriminácia discrimination [diˌskrimə-ˈneišn]; *rasová d.* racial discrimination, colour bar

diskusia discussion [disˈkašn], debate [diˈbeit]; *živá d.* a lively discussion; *zapojiť sa do d-e* engage in a discussion; *to je bez/mimo d-e* it's indisputable

diskutér debater [diˈbeitə]

diskutovať discuss [disˈkas], debate [diˈbeit]; *d. o probléme* discuss a problem; *búrlivo d.* argue, dispute

diskvalifikovať disqualify [disˈkwoləfai]; *byť d-ný z účasti na olympijských hrách* be disqualified from taking part in the Olympic Games; *d-l sa svojím správaním* his behaviour disqualified him (from)...

dispečer controller [kənˈtrəulə]

dispozícia 1. (možnosť použiť) disposal [diˈspəuzl]; *mať čo k d-i* be at sb.'s disposal;

byť k d-i be at disposal/be available; *dať k d-i (komu – čo)* put sth. at sb.'s disposal **2.** (predpoklady, sklony) disposition [ˌdispə'zišn]; *telesné a duševné d-e* physical and mental dispositions; *mať d-e na cukrovku* have a disposition to diabetes **3.** (pokyn, príkaz) instruction(s) [in'strakšn(z)]; *postupovať podľa d-í* follow the instruction **4.** (rozvrhnutie, plán) disposal, disposition; *d. bytu* the disposition of the flat

distribúcia distribution [ˌdistrə'bju:šn]; *d. kníh* the distribution of books

distribuovať distribute [dis'trəbju:t]; *d. finančné prostriedky* distribute the financial means

dištancovať šport. suspend [sə'spend]; *d. futbalového hráča* suspend a football player // **d. sa** dissociate oneself [di'səušieit] (from); *rád by som sa d-l od toho, čo sa tu povedalo* I wish to dissociate myself from what has just been said

div 1. (zázrak) miracle ['mirəkl], wonder ['wandə]; *to je technický d.* it's a miracle of technology **2.** (údiv) wonder; *nie div, že ste prišli tak neskoro* no wonder you were so late; *to je div, že...* it's a wonder that... ● *sedem divov sveta* the Seven Wonders of the World

divadelný theatre ['θiətə], theatrical [θi-'ætrikl], dramatic [drə'mætik]; *d-á budova* a theatre building; *d-á hra* a play/drama; *autor d-ch hier* a playwright; *d. návštevník* a theatregoer; *d-é kostýmy* theatrical costumes; *d-á kritika* dramatic criticism

divadlo 1. (budova, inštitúcia) theatre ['θiətə]; *Slovenské národné d.* the Slovak National Theatre; *chodiť do d-a* go to the theatre **2.** (predstavenie) performance [pə'fo:məns], show [šəu], theatricals [θi'ætriklz]; *ochotnícke d.* amateur theatricals; pren. *hrať d.* make a play **3.** (dramatické umenie) drama ['dra:mə], theatre; *dejiny anglického d-a* a history of the English theatre **4.** (niečo pozoruhodné) show, spectacle ['spektəkl]; *prehliadka bola fantastické d.* the parade was a tremendous spectacle

divák 1. (umeleckého predstavenia, zápasu ap.) spectator [spek'teitə]; *televízny d.* a viewer **2.** (okolostojaci) bystander ['baistændə]

dívať sa 1. (na koho, čo) look at [luk æt]; *d. sa na dlážku/von oblokom* look at the floor /out of the window; *d. sa na televíziu* watch TV; *d-j sa, kade ideš* look where you are going; *d-j sa, ako to robím* watch how I do it;

D

uprene sa d. gaze **2.** (brať do úvahy) take* into consideration [teik intə kənˌsidə'reišn]; *d. sa na hodnoty človeka, nie na peniaze* appreciate sb.'s abilities not his money **3.** (posudzovať, hodnotiť) take*, regard [ri'ga:d]; *d-l som sa na vás ako na čestného človeka* I took you to be an honest man ● *d. sa krivým okom (na koho)* give sb. a dirty look

diviak boar [bo:]

divina 1. (zver) game [geim] **2.** (mäso) venison ['venəzn]

diviť sa (čomu) wonder ['wandə] (at), be* /feel* surprised [bi:/fi:l sə'praizd] (at), marvel ['ma:vl] (at); *vôbec sa ned-ím* I don't wonder; *niet sa čomu d.* it is not to be wondered at

divízia division [di'vižn]

divný peculiar [pi'kju:liə], strange [streindž], odd [od], unusual [an'ju:žuəl]; *d-á situácia* a peculiar situation; *d. meteorit* an unusual meteorite; *d. pohľad* an odd look; *bolo mi d-é, že neprišiel* I wondered why he didn't come

divočina wildlife ['waildlaif], wild [waild]

divoch 1. (necivilizovaný človek) savage ['sævidž] **2.** (nedisciplinovaný človek) hovor. wildcat ['waildkæt]

divoký 1. p. **divý 2.** wild [waild]; *d. západ* the wild West; *d-á nálada* exuberant high spirits

divý 1. (necivilizovaný, divoký) savage ['sævidž], primitive ['primətiv]; *d-é kmene* savage tribes **2.** (voľne žijúci v prírode) wild [waild]; *d. králik* a wild rabbit; *d-é kvety* wild flowers; *d-é huby* poisonous mushrooms; *d-á sviňa* a boar; *d-á príroda* a wild scenery **3.** (prudký, zúrivý) wild, fierce [fiəs]; *d. pes* a fierce/wild dog; *d. vietor* a wild wind; *d. výraz tváre* a wild look **4.** (krikľavý, výstredný) gaudy ['go:di], flashy ['flæši] ● *byť d. za niečím* be wild about sth.

dizajn design [di'zain]

dizajnér designer [di'zainə]

dizertácia dissertation [ˌdisə'teišn], (doktorská práca) thesis ['θi:səs], mn. č. theses ['θi:səz]; *d. na tému...* a dissertation on/upon /concerning...; *predložiť d-u* submit a thesis

dizertačný: *d-á práca* a PhD thesis

dlabať (dlátom) chisel ['čizl]; *d. otvor v dreve* chisel a hole in the wood

dlaha splint [splint]; *sadrová d.* a plastercast

dlaň palm [pa:m]; *mozoľnaté d-ne* horny

palms ● *rovný ako d.* as flat as a board; *poznať čo ako svoju d.* know/stuff one's onions
dláto chisel ['čizl]; *sekať d-m* cut with a chisel
dláviť 1. (dusiť) stifle ['staifl], suffocate ['safəkeit] **2.** (tlačiť) press [pres]
dlažba pavement ['peivmənt] ● *byť na d-e* be on the street
dláždený paved ['peivd]
dlaždica (kamenná) paving stone ['peiviŋ ˌstəun], flagstone ['flægstəun]; *keramická d.* a tile; *obkladať stenu d-mi* tile the wall
dláždiť pave [peiv]; *d. cestu* (aj pren.) pave the way
dlážka 1. (podlaha) floor [flo:] **2.** (krytina) flooring ['flo:riŋ]; *zametať d-u* sweep the floor
dlh debt [det]; *vyplatiť všetky svoje d-y* pay all one's debts ● *upadnúť do d-ov* run into debt
dlho 1. (dlhý čas) long [loŋ], (for) a long time [for ə loŋ taim]; *nebude to d. trvať* it won't take long; *nebuď d.* (preč) don't be long **2.** (dávno) a long time, hovor. age(s) ['eidž(iz)]; *d. sme sa nestretli* it's been ages since we met
dlhodobý long term [ˌloŋ 'tə:m], long-range [ˌloŋ'reindž]; *d-é dohody* long-term agreements; *d-á predpoveď počasia* a long-range weather forecast
dlhohrajúci: *d-a platňa* long-play(ing) record [ˌloŋ plei(ŋ) 'reko:d], skr. LP
dlhopis bond [bond]
dlhotrvajúci lasting ['la:stiŋ]; *d. účinok* a lasting effect
dlhovať 1. (mať dlh) owe [əu]; *d-uje rodičom peniaze* he owes his parents some money **2.** (byť zaviazaný) owe; *d-ujeme rodičom za veľa* we owe a lot to our parents
dlhý (v rozl. význ.) long [loŋ]; *d-é vlasy* long hair; *d-á vzdialenosť* long distance; *d-á cesta* a long journey; *20 metrov d.* 20 metres long ● *odísť s d-m nosom* leave empty-handed; *mať d-é vedenie* be slow-witted; *mať d-é prsty* be light-fingered; *je mu d. čas* time hangs heavy on his hands
dĺžeň quantity mark ['kwɔntəti ma:k]
dĺžka 1. length [leŋθ]; *d. času* the length of time; *d. 300 míľ* 300 miles in length; *po d-e* lengthwise/lengthways; *d. vlny* the wave length **2.** geogr. longitude ['londžətju:d]
dĺžkový: *d-á miera* linear measure; *d-é meradlo* a tape measure
dlžný, dlžen: *byť d.* (dlhovať) owe, be in debt

dlžoba debt [det]; *splatiť všetky svoje d-y* pay all one's debts
dnes 1. today [tə'dei], (on) this day [on ðis 'dei]; *d. je nedeľa* it is Sunday today **2.** (v súčasnosti) nowadays ['nauədeiz], these days [ði:z 'deiz]; *d. ráno/večer* this morning /evening; *d. večer* tonight; *v noci na dnes* last night
dnešný today('s) [tə'dei(z)]; *d-é noviny* today's newspaper; *d-í mladí ľudia* the young people of today; *d-é deti sú oveľa zdravšie* nowadays children are much healthier ● *nie som d.* (nie som hlúpy) I was not born yesterday
dnešok today [tə'dei], this day [ðis 'dei]; *to je na d.* všetko it's all for today/the present; *nakúpiť na d.* do the shopping for today; *do d-ka* up to now/this day; *odo d-ka* from today
dno bottom ['botəm]; *na d-e* at the bottom; *až na d./do d-a* (down) to the bottom
dnu in, inside [in'said]; *pozri sa d.* look inside; *vojsť d. do domu* come inside the house; *je niekto d.?* is anyone in? *išla d. variť večeru* she went in to cook the dinner
do 1. (miestne) **a)** (smerom dovnútra) into ['intu/'intə], in; *poď do záhrady* come into the garden; *skočiť do vody* jump into water; *dať si cukor do čaju* put sugar in one's tea; *cestovať do zahraničia* travel abroad **b)** (až po) to [tə], until [an'til]; *umyť sa do pása* wash to the waist; *až do Paríža* until Paris **c)** (opak: z) up [ap]; *stúpať do kopca* climb up the hill **2.** (časove) till [til], until, to; *do zajtra* till tomorrow **3.** (s kvantitat. údajmi) to; *počítať od jeden do sto* count from one to hundred; *do konca* to the last; *do posledného muža* to the last man; *všetci do jedného* to a man; ● *dvakrát do týždňa* twice a week; *deti do 3 rokov* children under the age of three; *do tretice* in the third **4.** (spôsob, miera) to al. slovesné vyjadrenie; *do určitej miery* to a certain extent; *upiecť do hneda* brown sth.; *skrútiť sa do klbka* cuddle up; *premoknúť do nitky* drench to the skin **5.** (účel, cieľ) to, in, v niektorých ustálených spojeniach so sl. put, set, stand, place, insert ap.; *uviesť do pohybu* set to motion; *dať do väzenia* put sb. in prison; *plášť do dažďa* a raincoat; *preložiť do angličtiny* translate into English; *dostať sa do ťažkostí* get into trouble **6.** (zreteľ) *čo do* as to [æz tə]; *čo do farby a veľkosti vyhovuje* as to size and colour it'll do ● *do videnia!* so long!, see you later!, bye-bye! *čo ťa do toho!* mind your own business; *choď do čerta!* to hell with you!

doba 1. (vymedzený čas) time [taim], era ['irə], period ['piriəd]; *naša d.* our era; *pracovná d.* working hours; *v predhistorickej d-e* in prehistoric times; *kresťanská d.* the Christian era; *d. Francúzskej revolúcie* the period of the French Revolution; *skúšobná d.* a probationary period 2. (jednotka rytmu, taktu) time
  ďobať peck [pek]; *ďateľ ď-e do stromu* a woodpecker pecks at the tree
  dobehnúť 1. p. **dostihnúť** 2. exp. (prejsť cez rozum) bamboozle [bæmbu:zl]
  dobiedzať tease [ti:z], (dráždiť) provoke [prə'vəuk]; *prestaň d.!* stop teasing me!
  dobierka delivery [di'livri]; *zaplatiť za dobierku* pay cash on delivery
  dobový period ['piriəd]; *mali oblečené d-é kostýmy* they wore period costumes
  dobrácky kind-hearted [ˌkaind'ha:təd], kindly ['kaindli], good-natured [ˌgud'neičəd]; *d-a tvár* a kindly look
  dobrák good-natured fellow [gudˌneičəd 'feləu] ● *d. od kosti* a good soul, as good as gold
  dobre I. prísl. 1. (opak: zle) well [wel]; *spieva veľmi d.* she sings very well; *d. oblečený* well-dressed; *mať sa d.* be well, have a good time; *d. sa zamestnať* get/have a good job; *d. by bolo vedieť* we ought to know; *d. vychovaný* well bred; *veľmi d. hovoriť po anglicky* speak English very well 2. (stav organizmu ap.) well; *cítiť sa d./lepšie/oveľa lepšie* feel well/better/much better 3. (správne) right [rait], good [gud]; *d., že sme ta nešli* it's good we didn't go there ● *d. mu to padlo* he was very glad; *d. mu tak* it serves him well/right; *všade d., doma najlepšie* there's no place like home II. časť. 1. (súhlas) yes [jes], right [rait], all right [ˌo:l 'rait], you are right, okey [əu'kei] 2. (dobre, že; div že nie) nearly ['niəli], almost ['o:lməust]; *d. že nezomrel* he very nearly died
  dobro 1. good [gud], (blaho) welfare ['welfeə]; *konať d.* do good; *pre jeho vlastné d.* for his own good 2. účt.: *pripísať k d-u (na účte)* credit to sb.'s account
  dobročinnosť charity ['čærəti]
  dobročinný charitable ['čærətəbl]; *d-á organizácia* a charitable institution; *na d-é účely* to charity
  dobrodinec benefactor [ˌbenə'fæktə]
  dobrodinka benefactress ['benəˌfæktrəs]
  dobrodruh adventurer [əd'venčrə]

dobrodružný adventurous [əd'venčrəs]; *d-á cesta* an adventurous voyage/journey
  dobrodružstvo adventure [əd'venčə]; *mať rád d.* be fond of adventure; *ľúbostné d.* a (love) affair
  dobromyseľný kind-hearted [ˌkaind-'ha:təd], good-natured [ˌgud'neičəd], full of good intentions [ˌful əv gud in'tenšnz]; *d-é upozornenie* a well-intentioned warning
  dobrosrdečný kind-hearted [ˌkaind-'ha:təd]; *d-á povaha* a kind-hearted nature
  dobrota goodness ['gudnəs]; *d. srdca* goodness of heart ● *je stelesnená d.* he/she is a goodness itself; *robiť/sekať d-u* toe the line
  dobrotivý kind [kaind], benign [bi'nain], (o Bohu) gracious ['greišəs]; *d. Bože!* Good Gracious!
  dobrovoľník volunteer [ˌvolən'tiə]; *oddiel d-ov* a volunteer corps
  dobrovoľný voluntary ['voləntri]; *d-á práca* voluntary work
  dobrý I. príd. 1. (v rozl. význ.) good [gud]; *d. otec* a good father; *môj d. známy* a good friend of mine; *mať d. prospech* have good results at school; *robiť d-é skutky* do good (deeds); *d-á kniha* a good book; *d. sluch* a good hearing; *d-á pôda* rich soil; *d-é počasie* good weather; *veľmi d. dojem* a very good impression; *má d-é miesto v banke* he has a good job in a bank; *strávili sme tam d-é tri hodiny* we spent there a good three hours; *d. večer!* (pozdrav, želanie) good evening; *d-é ráno!* (pozdrav) good morning; *všetko najlepšie!* all the best! 2. (správny) right [rait], correct [kə'rekt], good; *d-á odpoveď* a correct answer; *d. deň na výlet* a good day for a trip; *ideme d-ým smerom?* are we going in the right direction? ● *byť v d-ch rukách* be in good hands; *mať d-é meno/d. zvuk* have a good reputation; *je to na d-ej ceste* things are going well II. podst. (v klasifikácii) good; *veľmi d.* very good
  dobyť 1. (zmocniť sa čoho) conquer ['koŋkə]; *d. mesto* conquer a town 2. (dosiahnuť) gain [gein]; *d. víťazstvo* gain a victory
  dobytok cattle ['kætl], livestock ['laivstok]; *dvadsať kusov d-ka* twenty head of cattle; *držať/chovať d.* keep livestock
  dobývať sa (kde) get into [get intə], gain entrance [ˌgein 'entrəns], burgle [bə:gl]
  dobyvateľ conqueror ['koŋkərə]
  docent (univerzitný) reader ['ri:də], AM associate professor [ə'səušieit pro'fesə], (na

niektorých amerických univerzitách) docent [dəʊ̯ˈsent]; *d. slovenského jazyka* a reader in Slovak language

dočasný temporary [ˈtemprəri]; *d-é zamestnanie* a temporary job

dočiahnuť reach [riːč]; *d-eš (na) tú knihu?* can you reach that book? *d. až po čo* reach as far as

dočkať (na koho, čo) wait [weit] (for); *d-j ešte chvíľu* wait a little longer // **d. sa** wait to see; *nemohol sa jej d.* he couldn't wait to see her

dodať 1. (v rozl. význ.) add [æd]; *d. do zoznamu nejaké mená* add a few new names to the list; *a dúfam, že skoro prídeš – d-l* and I hope you'll come early – he added; *d. chuť do jedla* stimulate the appetite 2. (doručiť) deliver [diˈlivə]; *d. tovar* deliver the goods; *d. stravu a nápoje* (na pohostenie) cater [ˈkeitə] 3. (dať, poskytnúť čo komu) provide [prəˈvaid], supply [səˈplai] (sb. with sth.); *d-jú nám všetky potrebné knihy* they'll provide/supply us with all necessary books 4. (vniesť) give* [giv]; *d. nádej (komu)* give sb. hope; *d. odvahu* encourage [inˈkaridž] 5. (zhoršiť stav) aggravate [ˈægrəveit]; *choroba mu d-la* the illness has aggravated his health

dodatočný additional [əˈdišnəl], supplementary [ˌsaplэˈmentri]; *d-é rozpočty pre d-é výdavky* supplementary estimates for additional expenditure; *d-é voľby* by-election

dodatok addition [əˈdišn], (príloha) supplement [ˈsapləmənt]; (v knihe) appendix [əˈpendiks]; *d-ky do zoznamu* additions to the list

dodávateľ supplier [səˈplaiə], (potravín a nápojov) caterer [ˈkeitərə]

dodávka 1. (činnosť) delivery [diˈlivəri] 2. (tovaru) supply [səˈplai] 3. hovor. (auto) (delivery) van [(diˈlivəri) væn], (malá) pick-up (truck) [ˈpikap (trak)]

dodnes up to now [ap tə nau], to this day [tə ðis dei]

dodržať (čo) keep* to [kiːp tə]; *d. sľuby* keep to one's promises

dofrasa hovor. expr. heck [hek]; *kde je, d.?* where the heck is he?

dogmatický dogmatic [dogˈmætik]; *d. výklad* a dogmatic explanation

dohad guess [ges], assumption [əˈsampšn], speculation [ˌspekjəˈleišn]; *to sú len d-y* it's pure assumption; *to viedlo k d-om* it led to speculation

dohadovať sa 1. (vadiť sa o čom) argue [ˈaːgjuː] (over, about); *ned-uj sa so mnou*

don't argue with me 2. (tušiť) guess [ges], assume [əˈsjuːm]; *nevie určite, len sa d-uje* he isn't certain, he just guesses

dohľad 1. (o vzdialenosti) sight [sait], range of seeing [ˌreindž əv ˈsiːiŋ]; *na d.* (with) in sight; *mimo d-u* out of sight 2. (dozor) supervision [ˌsuːpəˈvižn], custody [ˈkastədi]; *pod d-om (koho)* under the supervision of sb. *d. nad kým* custody of sb.

dohľadný 1. (o vzdialenosti) within sight [ˌwiðin ˈsait] 2. (o čase): *v d-om čase* in the near future, before long

dohnať 1. (prihnať) drive* [draiv]; *vietor doženie dážď* the wind will drive the rain 2. (dohoniť) catch* [kæč], (doháňať) gain [gein]; *d. autobus* catch the bus; *d. na ceste (koho)* catch up with sb. 3. (dohoniť zameškané) catch* up (on); *musím d. dnes večer, čo som zameškal na mojej práci* I have to catch up on my work tonight 4. (doviesť, priviesť) drive*; *d. do zúfalstva (koho)* drive sb. to despair

dohoda 1. (dohodnutie) agreement [əˈgriːmənt]; *vzájomná d.* mutual agreement; *dosiahnuť d-u* reach agreement; *obchodná d.* a trade agreement 2. (zmluva) treaty [ˈtriːti]; *mierová d.* a peace treaty; *podpísať d-u* sign the treaty

dohodnúť settle [ˈsetl]; *nič nie je ešte d-uté* nothing is settled yet // **d. sa** *o čom* agree [əˈgriː] (about, on), come to an agreement [ˌkam tu: ən əˈgriːmənt]; *sme d-utí?* are we agreed? *d-li ste sa o cene?* have you agreed about the price? ● *D-uté!* Done!, Agreed!

dohola: *byť ostrihaný d.* be close-cropped

dohoniť catch* [kæč]; *d. vlak/autobus* catch the train/the bus; *d. koho* (na ceste) catch sb. up/up with sb.; *d. čo* catch up with sth.; *d. ostatných v triede* catch up with the rest of the class

dohovor (dohoda) agreement [əˈgriːmənt]; *podľa d-u* by agreement

dohovoriť 1. (dokončiť reč) finish speaking [ˌfiniš ˈspiːkiŋ] 2. (dohodnúť) settle [ˈsetl]; *všetko je d-ené* everything's settled // **d. sa** 1. (dohodnúť sa o čom) agree [əˈgriː] (about, on); *sme d-ení?* are we agreed? *d-li ste sa o ďalšom stretnutí?* have you agreed about/on the next meeting? 2. (dorozumieť sa) communicate [kəˈmjuːnəkeit]; *d. sa cudzím jazykom* make oneself understood in a foreign language

dohrať finish playing [ˌfiniš ˈpleiŋ]; *d. zápas* finish the match; *orchester d-l* the orchestra has finished to play ● *d. svoju úlohu* be a played-out

dohromady 1. (v rozl. význ.) together [təˈɡeðə]; *viazať d. (čo)* tie sth. together; 2. (dovedna, súhrnne) in all [in ˈoːl]; *je nás d. desať* we are ten in all ● *dajte hlavy d.* put your heads together

dochádzať 1. (pravidelne prichádzať) come [kam], commute [kəˈmjuːt]; *d. do mesta za prácou* (vlakom ap.) commute every day; *do školy d-a pešo* he walks to school 2. (byť dodávaný) come in, be delivered [ˌbi: diˈlivəd]; *nové zásielky kníh d-jú denne* new books are delivered daily 3. (ubúdať) decline [diˈklain]; *sily mu d-jú* his strength slowly declines

dochádzka attendance [əˈtendns]; *pravidelná d. do školy* regular school attendance

dojať move [muːv], touch [tač]; *veľmi ma to d-lo* it moved me deeply

dojatie emotion [iˈməušn]; *s veľkým d-ím* with deep emotion

dojatý moved [muːvd], affected [əˈfektəd]; *byť d. k slzám* be moved to tears

dojča suckling [ˈsakliŋ], baby [ˈbeibi]

dojčenský: *d. vek* the babyhood; *d-á strava* baby food

dojčiť suckle [ˈsakl], brest feed [brest fiːd]

dojednať (cenu) negotiate [niˈɡəušieit]; *d. predaj* negotiate a sale // *d. sa* (o cene) agree [əˈɡriː]; *ešte sme sa ned-li na cene* we haven't agreed about the price yet

dojem impression [imˈprešn]; *mám d., že...* I have an impression that...; *byť pod d-mom* be under the impression; *urobiť dobrý d.* make a good impression; *aký máš z neho d.?* what's your impression of him?

dojemný touching [ˈtačiŋ], moving [ˈmuːviŋ]; *d-á žiadosť o pomoc* a touching request for help

dojič milker [ˈmilkə]

dojička 1. (osoba) milkmaid [ˈmilkmeid] 2. (prístroj) milker [ˈmilkə]

dojímavý moving [ˈmuːviŋ], touching [ˈtačiŋ]; *d-á scéna* a touching scene; *d. film* a moving film

dojiť milk [milk]; *d. kravu* milk a cow

dojka wetnurse [ˈwetnəːs]

dojný: *d-á krava* (aj pren. expr.) milch cow [ˈmilč kau]

dok dock [dok]; *prístavné d-y* docks

dokaličiť cripple [ˈkripl], maim [meim]; *d-ení vojaci* crippled soldiers; *d-ený do konca života* maimed for life

dokázať 1. (podať dôkaz) prove [pruːv],

demonstrate [ˈdemənstreit]; *môžeš mi to d.?* can you prove it to me? *d. svoju nevinu* prove one's innocence; *d. svoju oddanosť* demonstrate one's loyalty 2. (vedieť urobiť) achieve [əˈčiːv], manage [ˈmænidž]; *nikdy nič ned-že* he will never achieve anything; *s týmito nástrojmi to ned-žeme* we can't manage with these tools

dokázateľný provable [ˈpruːvəbl]; *d-á chyba* a provable fault

dokedy how long [hau loŋ]; *d. tu ostanete?* how long will you stay here?

dokiaľ p. **dokedy**

doklad 1. (osvedčenie) certificate [səˈtifikət], document [ˈdokjəmənt]; *d. o sobáši* a marriage certificate 2. (potvrdenie/dôkaz) evidence [ˈevədns], proof [pruːf]; *dôležitý d.* an important piece of evidence; *d. o vlastníctve* a proof of ownership 3. (citát) passage [ˈpæsidž], quotation [kwəuˈteišn]

dokonalý perfect [ˈpəːfikt], (majstrovský) accomplished [əˈkamplišd], (v každom ohľade) thorough [ˈθarə]; *d-á manželka* a perfect wife; *d. tanečník* an accomplished dancer; *d. vo svojom odbore* thorough in one's work

dokonavý gram. perfective [pəˈfektiv]; *d-é sloveso* a perfective verb

dokonca even [ˈiːvn]; *bola tam zima d. aj v júli* it was cold there even in July

dokončiť finish [ˈfiniš], complete [kəmˈpliːt]; *d. svoju prácu* finish one's work; *d. štúdium* complete one's studies, AM graduate from a school

dokopy p. **dohromady**

dokorán wide open [ˌwaid ˈəupən]; *otvoriť dvere d.* open a door wide

doktor 1. (univerzitný titul) Doctor [ˈdoktə]; *d. práv* Doctor of Laws; *d. filozofie* Doctor of Philosophy, skr. PhD; *d. medicíny* Doctor of Medicine, skr. MD 2. (lekár) physician [fiˈzišn], hovor. doctor

doktorát doctorate [ˈdoktrət], doctor's degree [ˌdoktəz diˈɡriː]

doktrína doctrine [ˈdoktrən]

dokument document [ˈdokjəmənt], (úradná listina o vlastníctve) deed [diːd]; *preukázať d-mi* prove by documents; *doložiť d-mi* document

dokumentácia documentation [ˌdokjəmenˈteišn]

dokumentárny documentary [ˌdokjəˈmentri]; *d. film* a documentary (film)

dolár dollar [ˈdolə]

doľava (to the) left [(ˌtə ðə) left]; *pozri sa d.!* look left!

dole p. **dolu**

dolet let. flying range [ˌflaiiŋ ˈreindž]

doliehať 1. (tesne zapadať) fit tight [fit ˈtait] (in); *panely ned-jú* the panels don't fit tight **2.** (na koho, postihovať koho) befall* (sb.) [biˈfoːl]; *d-l naňho čudný osud* a strange fate befell him **3.** (prenikať, o zvuku) come* [kam]; *zo sály d-la hudba* music was coming from the hall **4.** (naliehať na koho) press [pres], urge [əːdž] (sb.), persuade [pəˈsweid]; *otec naňho d-l, aby išiel študovať na univerzitu* father persuaded him into going to the university

dolina valley [ˈvæli], poet. dale [deil]

dolný low [ləu], lower [ˈləuə]; *d-á pera* the lower lip; *d-é končatiny* lower limbs; *d. tok* (rieky) downstream; *d-é poschodie* downstairs; BR *D-á snemovňa* House of Commons

dolovať mine [main], dig [dig] (for); *d. zlato* mine gold; *d. uhlie* dig for coal

doložiť 1. (peniaze) give*/pay* some more [giv/pei səm moː], **2.** (podať dôkaz) support by evidence [səˈpoːt baiˈevidns], (dokladmi) document [ˈdokjəmənt]

doložka 1. práv. clause [kloːz]; *d. najvyšších výhod* most favoured-nation clause **2.** (dodatok) appendix [əˈpendiks]

dolu, dole I. prísl. (v rozl. význ.) down [daun], below [biˈləu]; *prísť d.* come down; *d. na dne mora* down at the bottom of the sea; *od riaditeľa d.* from the director down; *pozrite sa na stranu 10 d.* see page 10 below; *dať d.* (zložiť) put down; *dať si d. kabát* take off one's coat ● *dať klobúk d. (pred kým)* take one's hat off (to sb); *ide to s ním d. z kopca* he's going downhill; expr. *d. s ním!* down with him! **II.** predl. down; *plávať d. riekou* swim down the river

dom 1. (na bývanie) house [haus]; *rodinný d.* a family house; *stavať d.* build a house; *vlastník d-u* an owner-occupier; *v priestore d-u* indoors; *d. na prenajatie* a house to let; *Biely d.* the White House **2.** (domov) home [həum]; *žiť ďaleko od d-u* live far from home **3.** (domácnosť) household [ˈhaushəuld]; *pán d-u* the master of the house **4.** (inštitúcia) centre [ˈsentə]; *d. módy* a fashion centre; *obchodný d.* a department store ● *nevytiahne päty z d-u* he's a stay-at-home; *zamiesť si pred vlastným d-om* put one's house in order

dóm cathedral [kəˈθiːdrəl]

doma (vo vlastnom byte, dome, v rodnom kraji) at home [ət ˈhəum]; *bol som celý deň d.* I was at home all day; *d. vyrobený* homemade; *na Slovensku som d.* Slovakia is my home; *ostať d.* stay indoors ● *cítiť sa v niečom d.* (byť si istý) be/feel at home with sth.; *cítiť sa/byť ako d.* make oneself at home; *všade dobre, d. najlepšie* there's no place like home

domáca 1. (vlastníčka domu, bytu) mistress of the house [ˈmistrəs], landlady [ˈlændleidi] **2.** (pracujúca v domácnosti) housewife [ˈhauswaif]

domáci I. príd. **1.** home [həum], domestic [dəˈmestik], house- [haus-], inland [ˈinlənd]; *d. priemysel* home industry; *d-a strava* home cooking; *d-e starosti* domestic problems; *d-e práce* housework; *d-a pani* the housewife; *d-a úloha* a homework; *mať d-e väzenie* be under house arrest; *d-e zvieratá* domestic animals **2.** (tuzemský) inland; *d. trh* inland trade **II.** podst. (vlastník domu, bytu) householder [ˈhausˌhəuldə], master of the house [ˌmaːstə əv ðə ˈhaus], landlord [ˈlændloːd]

domácnosť household [ˈhaushəuld]; *vedenie d-ti* the house keeping

domáhať sa demand [diˈmaːnd], (práva) claim [kleim]; *d. sa ospravedlnenia* demand an apology

dominanta hud. dominant [ˈdomənənt] (aj pren.)

dominantný dominant [ˈdomənənt]; *d-á téma* the dominant theme; *d. faktor* the dominant factor; *mať d-é postavenie* be in a dominant position

dominikán Dominican [dəˈminikən]

dominium dominion [dəˈminjən]

domnienka supposition [ˌsapəˈzišn], (dohad) presumption [priˈzampšn], assumption [əˈsampšn]; *založené na d-e* based on supposition; *v d-e, že...* on the presumption that..; *mylná d.* a mistaken assumption

domnievať sa suppose [səˈpəuz]; *Príde? – D-m sa, že áno/že nie.* Will he come? – Yes, I suppose so/No, I don't suppose so.

domorodec native [ˈneitiv], (pôvodný obyvateľ) aboriginal [ˌæbəˈridžənl], aborigine [ˌæbəˈridžəni]; *londýnsky d.* a native of London

domorodý native [ˈneitiv], (pôvodný) aboriginal [ˌæbəˈridžənl]; *d. obyvateľ* the aboriginal inhabitant

domov 1. home [həum]; *ísť d.* go home; *bez d-a* homeless **2.** (inštitúcia) home; *d. dôchodcov* a rest home; *študentský d.* (nocľaháreň)

hostel ['hostl]; *turistický d. pre mládež* a youth
hostel **3.** (vlasť) native land/country [ˌneitiv
'lænd/'kantri], home-country [həum'kantri]
   domovina native country [ˌneitiv 'kantri],
home-country [həum'kantri], poet. homeland
['həumlænd]
   domovník, domovníčka doorkeeper
['do:ki:pə], caretaker ['keəˌteikə]
   domovský native ['neitiv], home [həum],
odb. domiciliary [ˌdoməˈsiliəri]; *d-é mesto*
home town; *mať d-é právo* have the right of
domicile
   domyslieť si fathom [fæðəm]
   donaha naked ['neikəd]; *vyzliecť d.* strip
naked
   donášač informer [in'fo:mə], (v škole) sneak
[sni:k]
   donáška delivery [di'livri]; *d. mlieka* (do do-
mu) milk delivery
   doniesť 1. (priniesť) bring* [briŋ], (zaniesť)
take* [teik], (isť a doniesť) fetch [feč]; *d. stolič-
ku* bring a chair; *d-li mi knihu* they brought
me a book; *d-li sme jej darček* we took her a
present; *d-esiem ti kabát?* shall I fetch your
coat? **2.** (uverejniť) carry ['kæri]; *noviny d-li
správu (o čom)* the newspaper carried an
article (about) **3.** (spôsobiť) bring* about
[ə'baut], (be the) cause [(ˌbi: ðə) 'ko:z]; *veda
nám d-la veľa zmien* the science has brought
about many changes ● *hovoriť, čo slina na
jazyk d-esie* say what (ever) first comes into
the head // **d. sa** (o zvuku) come* [kam] (from)
   donútiť compel [kom'pel], force [fo:s],
(k poslušnosti) coerce [kəu'ə:s]; *robiť čo z d-enia*
be forced to do sth.
   doobeda in the morning [ˌin ðə 'mo:niŋ];
d. sa učila she was studying in the morning;
dnes d. this morning
   dookola round [raund], AM around [ə'ra-
und]; *pozri sa d.* look round; *vo všetkých de-
dinách d.* in all the villages round about
   dopad 1. (dopadnutie) impact ['impækt], fall
[fo:l], (náhly) drop [drop]; *rozbiť sa pri d-e*
break on impact **2.** subst. (dosah, vplyv) impact,
incidence ['insədns]; *celkový d. zmien* the full
impact of the changes; *uhol d-u* the angle of
incidence
   dopadnúť 1. fall* (down) ['fo:l (daun)],
drop [drop], AM impact [im'pækt] **2.** hovor.
(skončiť sa) turn out [ˌtə:n 'aut]; *všetko dobre
d-lo* everything turned out well
   doping dope [dəup]; *podať d.* dope

dopisovateľ correspondent [ˌkorə'spondənt];
vojnový d. a war correspondent
   doplatiť 1. (zaplatiť zvyšok, rozdiel) pay* a
surcharge [pei ə 'sə:ča:dž]; *d. päť libier* pay
£5 extra; *mať čo d.* be surcharged **2.** pren. (mať
neúspech) pay* for [pei fo:]; *na to d-i!* he'll
have to pay for this!
   doplatok surcharge ['sə:ča:dž]; *platiť d. za
list* be surcharged on the letter
   doplniť 1. (pridať) supplement ['sapləment];
d. si príjem písaním supplement one's income
by writing **2.** (dosiahnuť úplnosť) complete
[kəm'pli:t]; *d. sadu* complete the set **3.** (dosiah-
nuť naplnenie, napr. nádoby) top up [top ap], fill up
[fil ap], fill in [fil in]; *d. olej* top up with oil; *d.
pohár* top up a drink // **d. sa** fill up
   doplnok 1. (dodatok) addition [ə'dišn],
supplement ['sapləmənt], práv. (k zmluve) clause
[klo:z], (v knihe) appendix [ə'pendiks]; *d-y k
zoznamu* additions to the list **2.** obyč. mn. č.
d-ky accessories [ək'sesəriz]; *módne d-ky*
fashion accessories **3.** gram. complement
['kompləmənt]
   dopoludnie morning ['mo:niŋ]; *počas d-ia*
in/during the morning; *dnes d-a* this morning
   dopoly half [ha:f]; *d. prázdna fľaša* a half
empty bottle
   doporučený pošt. registered ['redžəstəd];
poslať d. list register the letter
   doposiaľ until/till now [an'til/til nau], so
far [səu fa:]; *d. to bola ľahká práca* the work
has been easy so far
   dopovať dope [dəup]; *d-ný* hovor. dopey
   doprava¹ transport ['trænspo:t], AM trans-
portation [ˌtrænspo:'teišn]; *cestná d.* road
transport; *lodná d.* shipment; *pouličná/letec-
ká d.* traffic; *hustá d.* heavy traffic
   doprava² (to the) right [(ˌtə ðə) 'rait]; *po-
zri sa d.!* look right!
   dopravca transporter [træn'spo:tə]
   dopraviť transport [træn'spo:t], carry
['kæri], (poštou aj loďou) ship [šip]; *d. tovar ná-
kladným autom* transport goods by lorry; *au-
to mi d-a loďou* my car will be shipped
   dopravník conveyer [kən'veiə]; *pásový d.*
a conveyer belt
   dopravný (of) transport ['trænspo:t], (v or-
ganizácii dopravy) traffic ['træfik]; *d-é prostried-
ky* means of transport; *d-á zápcha* a traffic
jam; *d-é svetlá* traffic lights; *d. systém* the
transport system; *d-é poplatky* transport
charges/costs of freight

D

dopredu 1. (o smere) forward [ˈfoːwəd], ahead [əˈhed]; *ísť d.* go forward; *d. a dozadu* forward(s) and backward(s); *plnou rýchlosťou d.!* full speed ahead! *veci sa pohli d.* things are going ahead **2.** (vopred – časove) in advance [in ədˈvaːns], beforehand [biˈfoː-hænd]; *pošlite si batožinu d.* send your luggage beforehand; *dostať platbu vopred* to receive the payment in advance

dopriať (poskytnúť) grant [graːnt], give* [giv]; *d. niekoľko minút rozhovoru* grant a few minutes of conversation; *d. oddych/radosť* give rest/the pleasure // **d. si** afford [əˈfoːd]; *toto leto si môžem d. dlhú dovolenku* I can afford a long holiday this summer

doprostred in the middle [in ðə ˈmidl]; *dať si stoličku d. izby* put the chair in the middle of the room

dopustiť (dovoliť) let* [let], allow [əˈlau], permit [pəˈmit]; *d., aby deti robili neporiadok v izbe* let the children make a mess in the room // **d. sa** commit [kəˈmit]; *d. sa vraždy* commit murder

dopyt 1. obch. (po čom) demand [diˈmaːnd] (for); *po našom tovare je veľký d.* our goods are in great demand; *veľký d. po pisárkach* a great demand for typists **2.** (otázka) question [ˈkwesčn]; *odpovedať na d.* answer the question

dorast rising/young generation [ˈrais iŋ/jaŋ ˌdžənəˈreišn]; *hokejový d.* the junior hockey team

dorásť grow* up [grəu ap]; *keď chlapci d-astú* when the boys grow up; *d-tol na pekného mládenca* he has grown into a fine young man

dorastenec junior [ˈdžuːniə]

doraziť 1. (zabiť) give* a deathblow [giv ə ˈdeθbləu] **2.** (prísť) arrive [əˈraiv]; *d-li sme domov zdraví* we arrived home safely

doriadiť (koho) mess sb. about [mes əˈbaut], make* a mess [meik ə ˈmes], (koho, čo) batter [ˈbætə], play havoc [ˌplei ˈhævək] (with), cause havoc [koːs ˈhævək]; *búrkou d-ená záhrada* a garden battered by the storm; *na zápase ho d-li* they messed him about considerably at the match

dorozumieť sa 1. (komunikovať) come* to an understanding [ˌkam tuː ən ˌandəˈstændiŋ]; *vo všetkom sa d-me* we can come to an understanding about everything **2.** (dohovoriť sa) make* oneself understood [ˌmeik wanˈself ˌandəˈstud]; *už sa d-e po nemecky* he can already make himself understood in German

dórsky Doric [ˈdoːrik]; *d. sloh* the Doric style

doručiť deliver [diˈlivə]; *d-li ste moju správu?* did you deliver my message?

doručovateľ deliveryman [diˈlivərimən]; *poštový d.* a postman, AM a mailman

dosah 1. (dosiahnuteľné miesto) reach [riːč]; *na d. ruky* within easy reach; *z d-u* out of reach **2.** (pôsobnosť) effect [iˈfekt], (zbrane) range [reindž] **3.** (význam, dôležitosť) importance [imˈpoːtns]; *d. rozhodnutia* the importance of sb.'s decision

dosiahnuť 1. (v rozl. význ.) reach [riːč]; *d. na knihu* reach the book; *rebrík d-e až po okno* the ladder reaches (as far as) the window; *d. vrchol kopca* reach the top of a mountain; *d. rekordnú úroveň* reach record levels; *d. (vek) 50 rokov* reach the age of 50 **2.** (úsilím, prácou) achieve [əˈčiːv]; *d. vytýčené ciele* achieve one's objectives

dosiaľ until now [anˌtil ˈnau], up to now [ap tu nau], so far [səu faː]; *d. všetko išlo dobre* up to now everything has gone well

doska 1. (drevená) board [boːd]; *na d-ách javiska* on the boards **2.** (tabuľa, platňa) board, plate [pleit], slab [slæb]; *rysovacia d.* a drawing board; *základová d.* a foundation plate; *kamenná d.* a stone slab; *rozvodová d.* a switch board

doskočisko pit [pit]

doslov epilogue [ˈepilog]

doslova word for word [wəːd fə ˈwəːd], verbatim [vəːˈbeitim]; *d. zapísať/tlmočiť* report a speech verbatim

doslovný literal [ˈlitrəl], verbatim [vəːˈbeitəm] *d. preklad* a literal translation

dospelosť (vek) adulthood [ˈædalthud], (zrelosť) maturity [məˈčurəti]

dospelý I. príd. adult [ˈædalt], grown-up [ˈgrəun ap], (zrelý) mature [məˈčuə]; *osoby v d-om veku* persons of mature years; *d. lev* an adult lion; *d-á dcéra* a grown-up daughter **II.** podst. adult, grown-up; *iba pre d-ch* for adults only

dospieť 1. (dôjsť) reach [riːč]; *d. ku koncu cesty* reach the end of the journey **2.** (vývinom prísť) come* [kam], reach; *d. k záveru* come to the conclusion; *d. k dohode* reach an agreement **3.** (dosiahnuť zrelosť) mature [məˈčuə], grow* up [grəu ap]

dospievanie adolescence [ˌædəˈlesns]

dosť I. čísl. neurč. enough [iˈnaf], fairly [ˈfeəli], rather [ˈraːðə]; *je d. jedla pre každé-*

ho there's enough food/food enough for everybody; *času máme d.* we have plenty of time; *mať už všetkého d.* (byť znechutený) be fed up (about, of, with); *d. na tom* (skrátka) briefly **II.** prísl. enough; *bežať d. rýchlo* run fast enough; *tak už d.!* enough (of that)! *si d. starý na to, aby si mal rozum* you are old enough to be reasonable; *bol to d. prekvapujúci výsledok* it was a rather surprising result; *všetci sme boli d. vyčerpaní* we were all rather exhausted

> **fairly** – najmenší stupeň vlastnosti
> **quite** – stredný stupeň vlastnosti
> **rather** – najväčší stupeň vlastnosti

dostať 1. (prijať poskytované, posielané) get* [get], receive [ri'siːv], kniž. obtain [əb'tein]; *d. list/balík* receive a letter/parcel; *d. dobrú správu* obtain a good news **2.** (získať čo) get* (často sa vyjadruje trpným rodom); *d. nejaké peniaze* get some money; *d. odmenu* be rewarded; *d. do daru* be presented **3.** (byť postihnutý) get*, come*; *d. chrípku* get a flu; *d. výpoveď* get a sack **4.** (dolapiť) get*, catch* [kæč], hovor. cop [kop]; *veď ťa ja d-nem!* you will catch it! **5.** (donútiť urobiť čo) force [foːs], make* sb. to do sth.; *nemôže ho d. z bytu* she can't make him to leave the flat **6.** (ako formálne sloveso) *d. rozum* become* sensible; *d. strach* be*(come*) frightened; *d. chorobu* fall* ill; *d. mladé* get* kittens ● *d. príučku* get* a lesson // **d. sa** prísl. (v rozl. význ.) get*, come*, run*; *d. sa von* get out; *d. sa do Anglicka* get to England; *d. sa dnu* (do domu) get in; *d. sa do ťažkostí* get in a tight corner/into difficulty; *d. sa do dlhov* run into debts; *d. sa z choroby* get over/through an illness; *d. sa k majetku/k peniazom* come into possession of a fortune; *d. sa k moci* get into/come to power ● *d. sa čomu na koreň* get at a root of sth.; *d. sa z dažďa pod odkvap* get out of the frying pan into the fire

dostatočný sufficient [sə'fišnt]; *d-é množstvo* a sufficient number/quantity

dostatok 1. (dostačujúce množstvo) sufficiency [sə'fišnsi]; *d. paliva* a sufficiency of fuel; *d. jedla pre všetkých* sufficient food for everybody **2.** (hojnosť, blahobyt) affluence ['æfluəns], abundance [ə'bandns]; *d. jedla aj pitia* food and drink in abundance

dostavník stagecoach ['steidžkəuč]

dostihnúť 1. (dosiahnuť, dohoniť) reach [riːč], gain on [gein on]; *d. druhých bežcov* gain on

the other runners **2.** (chytiť, dohoniť) catch* [kæč]; *d. vlak* catch a train; *d. koho* (na ceste) catch sb. up/up with sb.; *d. ostatných v triede* catch up with the rest of the class **3.** (pristihnúť) catch*; *d. pri čine* catch sb. in the act/sb. red-handed

dostihy races ['reisiz]; *prekážkové d.* a steeplechase

dostrel range [reindž]; *d. pušky* a rifle range

dostupný 1. (k dispozícii) available [ə'veiləbl]; *najnovšie d-é informácie* latest available information; *použiť všetky d-é prostriedky* employ all available means **2.** (prístupný) accessible [ək'sesəbl]; *d. vlakom/železnicou* accessible by rail

dosvedčiť 1. testify ['testəfai]; *d-l, že ho videl* he testified that he had seen him **2.** (potvrdiť) certify ['səːtəfai]; *d-li pravosť kópie* they certified (that) this was a true copy (of)

dosýta one's fill [wanz fil]; *najesť sa d.* eat one's fill

dotácia subsidy ['sabsədi]; *d-e na potraviny* food subsidies; *vládne d-e* government subsidies

dotazník questionnaire [‚kwesčə'neə]

doterajší present ['preznt], existing [ig'zistiŋ]; *d-ia vláda* the present government; *d. režim* the existing regime

doteraz till/until now [til/an'til nau], up to now [ap tə nau]; *d. sme mali šťastie* until now we have been lucky

dotiaľ up to then/that time [ap tə 'ðən/ðæt 'taim]; *d. bol zdravý, kým nepil* up to that time he didn't drink he was healthy

dotieravý importunate [im'poːčənət]; *d-i ľudia* importunate people

dotknúť sa 1. touch [tač] (aj pren.); *ned-ýkať sa exponátov!* not to touch the exhibits! *tá smutná poviedka sa nás d-la* the sad story touched us **2.** (zmieniť sa) hint [hint] (at); *d. sa možnosti* hint at the possibility

dotlač reprint ['riː‚print]

dotovať subsidize ['sabsədaiz]; *čiastočne d-ný* partly subsidized

dotyčnica geom. tangent ['tændžənt]

dotyk touch [tač], contact ['kontækt]; *citlivý na d.* soft to the touch

dotykový contact ['kontækt]; *d-á plocha* the area of contact

doučovací: *chodiť na d-ie hodiny* coach (with sb.)

doučovať coach [kəuč]; *d. žiakov* coach the pupils

D

dovedna p. **dohromady**

dovidenia, do videnia so long ['səu loŋ], see you (later) [ˌsi: ju: ('leitə)]; *d. zajtra/vo štvrtok* see you tomorrow/on Thursday

doviesť 1. (priviesť) bring* [briŋ]; *d. si priateľa* bring one's friend; *čo ťa sem d-lo?* what brings you here? **2.** (spôsobiť, zapríčiniť) bring*, lead* [li:d] (to); *d. do nepríjemností* lead/bring to trouble

doviezť 1. (dopraviť vozidlom) bring*, take*; *d. nábytok autom* take the furniture in a car **2.** (zo zahraničia, importovať) import [im'po:t]; *dovezené autá* imported cars // **d. sa** (pricestovať) come* [kam]; *d. sa autom (s kým)* get a lift; *d. sa vlakom* come by train

dovnútra in [in], inside [in'said]; *pozri sa d.* look inside; *vojsť d. (do domu)* come inside the house; *pošli ho d.!* send him in!

dovolať sa 1. (koho) call [ko:l] (for), (telefónom) get* through [get θru:]; get sb. on the phone [get on də fəun]; *nemohol som sa d.* I couldn't get through **2.** (dosiahnuť) gain [gein], assert [ə'sə:t]; *d. sa práva* gain/assert one's rights; *d-li sa spravodlivosti* justice has been done

dovolenka holiday(s) ['holədi(s)], AM vacation [və'keišn]; *ísť na d-u k moru* go for one's holidays to the seaside; *platená d.* paid holiday; *byť na d-e* be on holiday; *zdravotná d.* a sick leave

dovolenkár hovor. holiday maker ['holədi ˌmeikə], AM vacationer [və'keišnə]

dovoliť allow [ə'lau], permit [pə'mit]; *fajčenie tu nie je d-ené* smoking is not allowed here; *situácia to ned-í* the situation does not permit it; *otec jej ned-í ísť samej do kina* her father won't let her go to the cinema alone; *d-ľ(te)!* I beg your pardon! *d-te, aby som vám predstavil pána Smitha* let me introduce Mr. Smith to you // **d. si 1.** (opovážiť sa) dare ['deə]; *ako si si to d-l povedať!* how dared you to tell something like that! **2.** (dožičiť si) afford [ə'fo:d]; *toto leto si nemôže d. ísť na dovolenku do zahraničia* he can't afford to go on holiday abroad this summer

dovoz 1. (dovezenie) transport ['trænspo:t]; *d. tovaru* transport of goods **2.** (zo zahraničia) import ['impo:t], (obyč. mn. č.) imports; *d. potravín* food imports

dovozca importer [im'po:tə]

dovrchu I. prísl. **1.** (nahor) uphill [ˌap'hil]; *ísť d.* walk uphill **2.** (do plna) full up [ful ap];

naložiť voz d. load up a van **II.** predl. top up [top ap]; *naliať vodu d. pohára* top the glass up with water

dovŕšiť complete [kəm'pli:t], crown [kraun]; *d-l dvadsať rokov svojho života* he completed the twentieth year of his life; *na d-ie všetkého* to crown it all

dovtedy up to then/that time [ap tu ðən /ðæt taim], till then [ˌtil 'ðen]

dovtípiť sa 1. (uhádnuť) guess [ges] **2.** (domyslieť sa) infer [in'fə:]

dozadu backward(s) ['bækwəd(z)]; *pozrel sa d. cez plece* he looked backwards over his shoulder

dozajtra till tomorrow [til tə'morəu]; *počkať d.* wait till tomorrow

dozerať 1. (dávať pozor) look after [luk 'a:ftə], mind [maind]; *d. na deti* look after the children **2.** (kontrolovať) oversee [ˌəuvə'si:]; *d. na prácu* oversee the work

doznať confess [kən'fes]; *d. svoje hriechy* confess one's sins

doznieť die away [dai ə'wei]; *hudba d-ela* the music died away

dozor control [kən'trəul], supervision [ˌsu:pə'vižn], charge [ča:dž], prísny dohľad surveillance [sə:'veiləns]; *deti bez rodičovského d-u* children beyond parental control; *pod d-om* (v opatere) in charge of; *pod d-om (koho)* under sb.'s supervision; *mať/vykonávať d.* supervise, be in charge

dozorca warden ['wo:dn], (strážca) keeper ['ki:pə], guardian ['ga:diən]; *väzenský d.* a warder

dozrieť¹ (dať pozor) look after [luk 'a:ftə], mind [maind]; *d. na deti* look after the children; *d-te mi na tašku* will you mind my bag?

dozrieť² 1. (stať sa zrelým) mature [mə'čuə], be* ripe [bi: raip]; *čas d-el* the time was ripe; *víno d-e po šiestich rokoch* after six years the wine will have matured **2.** (dorásť) grow* [grəu] (into); *d-el na pekného mládenca* he has grown into a fine young man

dozvedieť sa learn [lə:n], be* told /informed [bi: təuld/in'fo:md]; *ešte sme sa ned-eli, či došiel* we haven't yet learned if he arrived

dožičiť give* [giv], allow [ə'lau], kniž. grant [gra:nt]; *d. oddych/radosť* give rest/the pleasure // **d. si** afford [ə'fo:d]; *d. si dlhú dovolenku* to afford a long holiday

dožiť sa čoho live to see [ˌliv tə 'si:], (veku)

live to be [ˌliv tə biː]; *d. sa 100 rokov* live to be hundred

doživotie: *odsúdený na d.* sentenced to life (imprisonment)

doživotný (for) life [(ˌfə) ˈlaif]; *d. dôchodok* life annuity

dôchodca pensioner [ˈpenšnə]

dôchodok 1. (príjem, zisk) income [ˈiŋkam]; *doživotný d.* annuity; *národný d.* revenue **2.** (penzia) pension [ˈpenšn]; *starobný d.* retirement pension, old age pension **3.** (situácia) pension; *odísť do d-ku* retire on pension; *dať do d-u* pension off

dôjsť 1. p. **prísť 2.** p. **minúť sa 3.** (dovariť sa) finish cooking [ˈfiniš ˈkukiŋ]

dôkaz proof [pruːf], evidence [ˈevədns]; *poskytnúť d.* produce evidence; *na d. čoho* in proof of; *d-y prosperity* evidences of prosperity

dôkladný thorough [ˈθarə]; *d-é pátranie* a thorough search; *d. človek* a very thorough person

dôležitosť importance [imˈpoːtns]; *mať veľkú d.* be of great importance

dôležitý important [imˈpoːtnt]; *životne d.* vital; *d-é rozhodnutie* an important decision; *to nie je veľmi d-é* it doesn't matter much

dômyselný ingenious [inˈdžiːniəs]; *d. nástroj* an ingenious tool

dôraz (v rozl. význ.) stress [stres], emphasis [ˈemfəsəs]; *dávať d. (na čo)* lay stress /emphasis (on); *s d-om na* with the emphasis (on)

dôrazný emphatic [imˈfætik]; *d-é odmietnutie* an emphatic refusal; *d-é „nie"* an emphatic „No"

dôsledný consistent [kənˈsistnt]; *d. zástanca* a consistent advocate

dôsledok 1. consequence [ˈkonsəkwəns]; *niesť d-ky* take the consequences; *v d-ku toho* consequently **2.** (nepriaznivý) aftermath [ˈaːftəmæθ]

dôstojník officer [ˈofəsə]

dôstojnosť dignity [ˈdignəti]; *bojí sa o svoju d.* he's afraid of losing dignity ● *to je pod ľudskú d.* it's beneath one's dignity

dôstojný dignified [ˈdignəfaid]; *d-á stará dáma* a dignified old lady; *d-é správanie* dignified manners

dôvera confidence [ˈkonfədns], trust [trast]; *mať/stratiť d-u* have/lose confidence

dôverčivý credulous [ˈkredjələs], trustful [ˈtrastfl], trusting [ˈtrastiŋ]; *d-á povaha* a trustful nature

dôverník (osobný) confident [ˈkonfədənt]

dôverný 1. (blízky) intimate [ˈintəmət], familiar [fəˈmiliə]; *mať d. vzťah (ku komu)* be on familiar terms with sb. **2.** (tajný) confidential [ˌkonfəˈdenšl]; *prísne d-á správa* a confidential report

dôverovať trust [trast], be* confident [biː ˈkonfədnt]; *d. synovi* trust one's son; *d. v úspech* be confident in success

dôveryhodný trustworthy [ˈtrastˌwəːði], reliable [riˈlaiəbl]; *d. priateľ* a trustworthy friend

dôvod reason [ˈriːzn], (s dôkazom) ground(s) [ˈgraund(z)] (for); *máš na to nejaký d.?* is there any reason for that?; *z d-u (čoho)* on (the) grounds (of); *mať vážne d-y* have good grounds (for)

dôvtip ingenuity [ˌindžəˈnjuːəti], wit [wit]; *nemať dosť d-u* not to have wit enough; *treba trocha d-u* it takes some ingenuity

dôvtipný 1. (vtipný) witty [ˈwiti], adroit [əˈdroit]; *d-á odpoveď* an adroit reply **2.** (vynachádzavý, dômyselný) resourceful [riˈzoːsfl], ingenious [inˈdžiːniəs]; *d-á konštrukcia* an ingenious construction

dráha 1. (na rýchlostné preteky) track [træk]; *automobilová d.* a motor-racing track; *cyklistická d.* a cycling track; *bežecká d.* a running track; *dostihová d.* a race-course **2.** (železnica) railway [ˈreilwei]; *podzemná d.* an underground (railway), hovor. tube; *lanová d.* a funicular (railway) **3.** (smer pohybu) course [koːs], (obežná) orbit [ˈoːbət]; *d. strely/rakety* the course of a bullet/missile; *d. Zeme okolo Slnka* the Earth orbit round the Sun; *pristávacia/štartovacia d.* (pre lietadlá) runway **4.** (životná) career [kəˈriə]; *vedecká d.* a career in science

draho dear(ly) [diə(li)], expensively [ikˈspensivli]; *predávať d.* sell dear ● *to ti príde d.* it will cost you dear

drahocenný precious [ˈprešəs]; *d. prsteň* a precious ring; *môj čas je d.* my time is precious

drahokam precious stone [ˌprešəs ˈstəun], (opracovaný) gem [džem], (klenot) jewel [ˈdžuːəl]

drahota high prices/cost [ˌhai ˈpraisiz/kəust] ● *robiť d-y* be coy

drahý 1. (cenovo) expensive [ikˈspensiv], costly [ˈkostli], hovor. pricey [ˈpraisi]; *d-é šaty* an expensive dress; *d. omyl* a costly mistake **2.** (hodnotný, vzácny) valuable [ˈvæljuəbl]; *d. obraz* a valuable painting **3.** (milý) dear [diə]; *moja d-á matka* my dear mother

drak dragon [ˈdrægən] ● *robiť/byť do roboty ako d.* work like hell

dráma 1. drama [ˈdrɑːmə], (hra) play [plei]; *historická d.* a historical play **2.** (rušná udalosť) drama; *veľká d.* a high drama

dramatický 1. dramatic [drəˈmætik]; *d-é umenie* dramatic art, drama; *d-é zmeny* dramatic changes **2.** (divadelný) dramatic, theatrical [θiˈætrikl]; *d-á spoločnosť* a theatrical company; *d. krúžok* a dramatic society

dramatik dramatist [ˈdræmətəst], playwright [ˈpleirait]

dramatizácia dramatization [ˌdræmətaiˈzeišn];

drapľavý rough [raf]; *d-é ruky* rough hands

draslík potassium [pəˈtæsiəm]

drastický drastic [ˈdræstik]; *d-é zmeny* drastic changes; *d. zákrok* a drastic intervention

dravec (zviera) beast of prey [biːst əv prei], (vták) bird of prey [bəːd əv prei]

dravý 1. (o zvieratách) of prey [əv prei]; *d. vták* a bird of prey **2.** (prudký) violent [ˈvaiələnt]; *d. vietor* a violent wind **3.** (o človeku) rapacious [rəˈpeišəs], (nenásytný) greedy [ˈgriːdi]

dražba auction [ˈoːkšn]; *predať na d-e* sell by auction

dráždiť 1. (nutkať na čo) irritate [ˈirəteit]; *dym jej d-i oči* the smoke irritates her eyes **2.** (popudzovať) irritate, provoke [prəˈvəuk]; *d. učiteľa* irritate the teacher; *d. psa* provoke a dog

dráždivý 1. (ktorý dráždi) irritant [ˈirətənt]; *d-é chemikálie* irritant chemicals **2.** (popudlivý) irritable [ˈirətəbl], irritative [ˈirəteitiv]; *d-i ľudia* irritable people; *d-ý kašel* an irritative cough

dražé coated tablet [ˈkəutəd ˌtæblət]

drážka groove [gruːv]; *vypíliť d-u* groove

dreň 1. (rastlinná) pith [piθ], pulp [palp] **2.** (kostná) marrow [ˈmærəu], bone marrow [bəun], (zubná) pulp

drenáž drainage [ˈdreinidž]

drep squat [skwot]; *čupnúť si do d-u* squat

dres sports dress [spoːts dres]; *reprezentačný d.* club colours

drevák clog [klog], (obyč. mn. č.) *d-y* a pair of clogs

drevársky: *d. priemysel* wood/timber industry; *d. závod* a timber mill

drevenica log cabin [log ˈkæbin]

drevený 1. wooden [ˈwudn], (zo stavebného dreva) timbered [ˈtimbəd]; *d-á noha* a wooden leg **2.** (meravý) wooden, stiff [stif]; (neobratný) clumsy [ˈklamzi]; *d-é pohyby* clumsy movements ● *figu d-ú* (nič) damn all

drevnatý woody [ˈwudi]; *d-é byle rastliny* woody stems of a plant

drevo wood [wud]; *vyrobený z d-a* made of wood; *mäkké/tvrdé d.* soft/hard wood; *stavebné d.* timber; *narúbať d-a* chop wood ● *voziť d. do lesa* carry coals to Newcastle; *spať ako d.* sleep like a log

drevorezba woodcut [ˈwudkat]

drevorubač woodcutter [ˈwudˌkatə]

drevoryt woodcut [ˈwudkat]; polygr. xyloghraph [ˈzailəuˌgraːf]

drez sink [siŋk]

drezúra (výcvik zvierat) dressage [ˈdresaːž]

drgať (strkať) bump [bamp]; *ned-j do mňa!* don't bump into me! // **d. sa** expr. (natriasať) jolt [džoult], shake* up [šeik ap]; *d-li sme sa v starom autobuse* we had a shaky ride in the old bus

drhnúť 1. (čistiť) scrub [skrab]; *d. dlážku* scrub the floor **2.** (škrtiť, dusiť) strangle [ˈstræŋgl], throttle [ˈθrotl] **3.** expr. (hrdlačiť) drudge [dradž]; *d. na poli* drudge in the field

driapať 1. (škriabať) scratch [skræč]; *mačka d-e* the cat scratches **2.** (trhať na kusy) tear* to pieces [teə tə ˈpiːsiz] // **d. sa** expr. (namáhavo vystupovať) clamber (up) [ˈklæmbə]

driečny handsome [ˈhændsm]; *d. mládenec* a handsome boy

driek 1. (pás) waist [weist]; *60 cm v d-u* 60 centimetres round the waist **2.** (pásová časť oblečenia) waist; *predĺžený d.* a law waist

driemať doze [dəuz], drowse [drauz]; *d. pri televízii* be dozing in front of the television

dvieň dogwood [ˈdogwud]

drieť, drieť sa 1. (trieť sa, zadrhať) rub [rab]; *koleso sa d-e o rám* the wheel is rubbing against the frame **2.** expr. (ťažko robiť) drudge [dradž]; *d. (sa) celý deň* drudge all day **3.** (netvorivo sa učiť) expr. swot [swot]; *d. sa na skúšku* swot for the exam

drina expr. drudgery [ˈdradžəri], hard work [haːd wəːk]

drkotať 1. (hrkotať) jolt [džoult], rattle [ˈrætl]; *voz d-l po kamenistej ceste* the cart rattled along the stony road **2.** (o zuboch) chatter [ˈčætə]; *d-l zubami od zimy* his teeth were chattering through cold **3.** expr. (trkotať) chatter, rattle on

drobčiť trip [trip], toddle ['todl]; *d. dole cestou* trip down the path

drobiť crumble ['krambl], (majetok) share (out) [šeə aut] // **d. sa** be crumbly; *tento chlieb sa d-í* this bread is crumbly

drobivý crumbly ['krambli]; *d-é keksy* crumbly biscuits

drobky pomn. giblets ['džibləts]

drobnosť (maličkosť) trifle ['traifl], odds and ends [odz ənd endz]

drobný I. príd. **1.** (veľmi malý) tiny ['taini], minute [mai'nju:t]; *d-é častice* minute particles **2.** (nevýznačný) petty ['peti]; *d-é problémy* petty problems **II.** podst. *d-é* (peniaze) pomn. (small) change [smo:l čeindž]

droby pomn. giblets ['džibləts]

droga drug [drag]; *tvrdé d-y* hard drugs; *brať d-y* be on drugs

drogéria chemist's ['keməsts], AM drug-store ['dragsto:]

dromedár dromedary ['dromədri]

drop veľký zool. bustard ['bastəd]

drotár tinker ['tiŋkə]

drozd blackbird ['blækbə:d], thrush [θraš]

droždie yeast [ji:st], leaven ['levn]

drôt wire ['waiə]; *telefónny d.* a telephone wire; hovor. *mať koho na d-e* have sb. on the phone; *s vlasmi ako d-y* wirehaired

drôtenka **1.** (do postele) spring mattress [spriŋ 'mætrəs] **2.** (na riad) scourer ['skaurə]

drôtený (z drôtu) wire ['waiə], (ako drôt) wiry ['wairi]; *d-á kefa* a wire brush

drsný **1.** (drapľavý) rough [raf], coarse [ko:s]; *d. papier* rough paper; *d-á pokožka* rough skin [raf skin]; **2.** (s hrubými spôsobmi) rough; *d. chlapec* a rough boy; *d-é správanie* rough behaviour **3.** (nepríjemný) unbearable [an'berəbl] rough, severe [sə'viə]; *d-é podnebie* severe weather conditions

druh¹ **1.** (živočíchov, rastlín) variety [və'raiəti], species ['spi:ši:z], (odrodový) breed [bri:d]; *nový d. pšenice* a new variety of wheat; *dobrý d. dobytka* a good breed of cattle; *ohrozený d.* an endangered species **2.** (rovnakého typu) sort [so:t], (rôzneho typu) kind [kaind], type [taip]; *literárne d-y* genres; lingv. *slovné d-y* parts of speech; *nový d. počítača* a new type of a computer

druh² **1.** companion [kəm'pænjən], comrade ['komrid], fellow ['feləu]; *výborný d.* (spoloč-

ník) an excellent companion; *jeho d. zo školy* his schoolfellow **2.** (žijúci v spoločnej domácnosti) common-law husband [ˌkomən lo:'hazbənd]

druhohory pomn. Mesozoic (period) [ˌmesəu'zəuik ('periəd)]

druhoradý **1.** (horšej kvality) second-rate [ˌsekənd 'reit], inferior [in'firiə]; *d. film* a second-rate film **2.** (menej významný) secondary ['sekəndri]; *d-é problémy* secondary problems

druhotný secondary ['sekəndri]; *d-é príznaky* secondary symptoms; *d-é suroviny* secondary raw materials

druhý **1.** (v rozl. význ.) second ['sekənd]; *d. mesiac roka* the second month of the year; *d. diel románu* the second part of a novel; *po prvé, po druhé* (at) first, (at) second; lingv. *d-á osoba* (slovesná) the second person; lingv. *d. stupeň* (príd. mena) comparative (degree); lingv. *d. pád* genitive; mat. *d-á odmocnina* the square root; hud. *d. hlas* the second part; tech. *d. rýchlostný stupeň* the second gear **2.** (stojaci na nižšej úrovni) second, inferior [in'firiə]; *d. tajomník veľvyslanectva* the Second Secretary of the Embassy; *výrobky d-ej kvality* products of inferior quality **3.** (budúci) next [nekst]; *odložiť čo na d. týždeň* postpone to the next week **4.** (protiľahlý) the other [ði: 'aðə]; *na d-ej strane ulice* on the other side of the street; *preplávať na d. breh* swim to the other side of /across the river **5.** (druhý z dvoch) the other, the latter [ðə 'lætə]; *ten prvý ... ten d.* the former ... the latter ● *d. stav* pregnancy; *informácia z d-ej ruky* a second-hand report; *d-á strana mince* the other side of the coin; *rozprávať jedno cez d-é* talk like a muddle-headed; *hrať d-é husle* play second fiddle

družba¹ (na svadbe) best man [best mæn]; *ísť za d-u* be a best man

družba² (priateľstvo) friendship ['frendšip]; *dvadsaťročná d.* a friendship of twenty years

družica **1.** (na svadbe) bridesmaid ['braidzmeid] **2.** (kozmické teleso) satellite ['sætəlait]; *umelá d. Zeme* the Earth satellite; *vypustiť d-u na obežnú dráhu* launch a satellite into the orbit

družina **1.** (sprievod) suite [swi:t] **2.** (školská) after-school centre

družka common-law wife [ˌkomənlo: waif]

družný sociable ['səušəbl], friendly ['frendli]; *d-é posedenie* a friendly talk

družobný *d-é mestá* twinned towns

družstevník farm cooperative [fa:m kəuˈoprətiv]

družstevný cooperative [kəuˈopərətiv]; *d-é hospodárenie* cooperative farming; *d. byt* a cooperative flat, condominium

družstvo 1. (bytové) housing society /cooperative [ˌhausiŋ səˈsaiəti/kəuˈoprətiv]; (roľnícke) agricultural cooperative [ˌægriˈkalčərəl kəuˈoprətiv] 2. šport. team [ti:m]

drviť (tlakom drobiť) crush [kraš]; *d-ený kameň* crushed stone // **d. sa** štud. slang. swot [swot]

drzosť impudence [ˈimpjudns], arrogance [ˈærəgns], cheek [či:k]; *mal tú d....* he had the cheek/impudence to...

drzý impertinent [imˈpə:tənənt], cheeky [ˈči:ki]; *d-é poznámky* impertinent remarks

držadlo (rúčka) handle [ˈhændl], (držiak) holder [ˈhəuldə]

držať 1. (mať v ruke) hold* [həuld]; *d-l nôž v ruke* he held the knife in his hand; *dievčatko d-lo otca za ruku* the girl was holding his father's hand 2. (udržiavať) hold* (on), keep* [ki:p]; *d. šaty v poriadku* keep one's clothes in order 3. (mať uložené) store [sto:]; *d. zeleninu v pivnici* store vegetable in the cellar; *d. doklady v trezore* keep the documents in a safe 4. (chovať) keep*; *d. sliepky* keep hens 5. (vydržiavať si) keep*; *d. slúžku* keep a servant 6. (nadŕžať komu) favour [ˈfeivə] (sb.) ● *d. palce (komu)* keep one's fingers crossed (for); *d. krok (s kým, čím)* keep up with the Joneses // **d. sa** 1. (rukami, zvierať) hold* on to sth.; *d. sa otcovej ruky* hold father's hand; *d. sa za hlavu* clasp one's head 2. (mať sa dobre) keep*/be* well; *dúfam, že sa d-íte* I hope you're keeping well 3. (pridŕžať sa) comply [kəmˈplai] (with); *d. sa predpisov* comply with the regulations ● *d. koho na uzde/nakrátko* keep sb. well under control; *d-ž hlavu hore!* hold your head up!

držiteľ holder [ˈhəuldə]

držky pomn. tripe [traip]; *polievka z d-iek* tripe soup

dub oak [əuk]

dubový: *d. stôl* an oak table; *d. les* an oak forest

dúfať hope [həup]; *d-me, že vás čoskoro uvidíme* we hope to see you soon

dúha rainbow [ˈreinbəu]

dúhovka iris [ˈairəs]

duch[1] 1. (opak hmoty, bytia, nadprirodzená bytosť) spirit [ˈspirət]; náb. *D. svätý* Holy Spirit; *veľký d.* (vynikajúca osobnosť) (man of) spirit 2. (strašidlo, zjavenie) ghost [gəust]; *veriť v ghosts*; *v dome sú d-ovia* (straší) the house is haunted ● *hodina d-ov* the witching hour; expr. *zmiznúť ako d.* take French leave

duch[2] 1. (duchovná sféra, myšlienky, myseľ) mind [maind], spirit [ˈspirət]; *vidieť v d-u* see in one's mind eye 2. (duševné schopnosti) intellect [ˈintəlekt]; *žena vynikajúceho d-a* a woman of superior intellect; *byť veselého d-a* be in high spirits; *d. doby* the spirit of the age/of the time ● *chudobný d-om* poor in spirit; *byť d-om neprítomný* be absent-minded; *v zdravom tele zdravý d.* a sound mind in a sound body; *v d-u zákona* in the spirit of the law

duchaplnosť ingenuity [ˌindžəˈnju:əti]

duchaplný ingenious [inˈdži:niəs], spirited [ˈspirətəd], brilliant [ˈbriljənt]; *d-á odpoveď* a spirited reply; *d. vedec* a brilliant scientist

duchaprítomný ready [ˈredi]; *d-á odpoveď* a ready answer

duchovenstvo hromad. clergy [ˈklə:dži]

duchovný I. príd. spiritual [ˈspirəčuəl], sacred [ˈseikrəd]; *d-á oblasť* spiritual life; *d-é veci* spiritual matters; *d-á hudba* sacred music; II. podst. priest [pri:st], (v anglikánskej cirkvi) clergyman [ˈklə:džimən]

dukát ducat [ˈdakət]

dula quince [kwins]

ďumbier ginger [ˈdžindžə]

duna dune [dju:n]

Dunaj Danube [ˈdænju:b]

dunieť roll [rəul], rumble [ˈrambl]; *hromy d-eli v diaľke* the thunders rumbled in the distance

dupať 1. (prudko našľapovať) stamp [stæmp], trample [ˈtræmpl]; *d. nohami* stamp one's feet; *d. po kvetoch* trample on the flowers 2. (ponižovať koho) put* (sb.) down [put daun]

dúpä 1. (brloh) den [den], lair [leə]; *líščie d.* a fox lair 2. pejor. (skrýša) den, dive [daiv]; *zlodejské d.* a den of thieves

duplikát duplicate [ˈdju:pləkət]

dupot stamp [stæmp], tramp [træmp]; *d. vojakov* the tramp of soldiers

dur(ový) in a major key [in ə ˈmeidžə ki:]; *symfónia D dur* a symphony in D major

dusičnan chem. nitrate [ˈnaitreit]

dusík nitrogen [ˈnaitrədžn]

dusiť 1. (škrtiť) stifle [ˈstaifl], choke [čəuk]; *výpary nás d-li* the fumes stifled us; *dym ho* *d-l* the smoke choked him **2.** (hasiť) put* out [put aut]; *d. oheň* put the fire out **3.** (zadržiavať) stifle, choke back [čəuk bæk]; *d. v sebe zlosť/plač* choke back one's anger/one's tears **4.** (variť na miernom plameni) stew [stju:]; *d-ené mäso* stewed meat // **d. sa** stifle, choke, suffocate ['safəkeit]; *d. sa od zlosti/smiechu* choke with fury/laugh; *d-ím sa tu!* I'm stifling /suffocating in here

dusivý 1. suffocating ['safəkeitiŋ], choky ['čəuki], stifling ['staifliŋ]; *d. dym* stifling smoke; *d. kašeľ* (suchý) a hacking cough **2.** (tiesnivý) sultry ['saltri]; *d-á atmosféra* a sultry atmosphere

dusno sultry weather [ˌsaltri 'weðə]

dusný (sparný) sultry ['saltri], (nevetraný) stuffy ['stafi]; *d-á miestnosť* a stuffy room

duša 1. (v rozl. význ.) soul [səul]; *vkladať d-u do svojej práce* put one's soul into the work; *nesmrteľnosť d-e* the immortality of the soul; *je to šľachetná d.* he is the soul of honour; *byť d-ou (čoho)* be the soul of sth.; *d. drahá* my dear; *nemá to d-u* it's lacking soul **2.** (vnútorná, obalená časť, dreň) pith [piθ], (lopty) bladder ['blædə], (v pneumatike) inner tube ['inə tju:b] ● *nebolo tam živej d-e* there wasn't a soul to be seen

duševný mental ['mentl], psychic ['saikik]; *d-é zdravie* mental health; *d-á choroba* a mental illness

---

mental je opakom slova **physical**

---

dúšok draught [dra:ft], nip [nip]; *d. vody* a draught of water; *d. whisky* a nip of whisky ● *vypiť na jeden d./jedným d-kom* drink sth. in one drought

duť blow* [bləu]; *d-l silný vietor* a strong wind was blowing

dutina cavity ['kævəti], (diera) hollow ['holəu]; *d. v zemi* a hollow in the ground; *d. v stene* a cavity in a wall

dutý hollow ['holəu]; *d. strom* a hollow tree

dužina pulp [palp]; *d. banána* banana pulp

dva, m. živ. **dvaja**, ž. a str. **dve** two [tu:]; *rozrezať na d. kusy* cut into two parts/in two; *d. chlapi* two men; *počkať rok-d.* wait a year or two; *po d-och* two and two, in pairs ● *sedieť na d-och stoličkách* sit on the fence; *mať d. ľavé ruky* be ham-fisted

dvadsať twenty ['twenti]

dvadsiaty twentieth ['twentiiθ]; *d-e roky* the twenties

dvakrát twice [twais]; *d. toľko* twice as much/as many; *d. za deň* twice a day

dvanásť twelve [twelv]; pren. *o päť minút d.* in the eleventh hour

dvanástnik duodenum [ˌdju:ə'di:nəm]

dvanásty twelfth [twelfθ]

dvere door [do:]; *stáť medzi d-mi* stand in the doorway; *hlavné/predné d.* the front door; *zadné d.* the back door; *otvoriť/zatvoriť d.* open/shut the door; *d. na skrini/aute* the cupboard/car door ● *ukázať niekomu d.* (vyhodiť) show sb. the door; *za zatvorenými d-mi* (tajne) behind closed doors

dvíhať 1. (zdvíhať) lift [lift], raise [reiz], pull up [pul ap], hoist [hoist]; *d. ruku* lift one's hand; *d. dieťa* lift the child; *d. náklad* hoist the cargo; *d. žeriavom* lift sth. by a crane; *d. klobúk* raise one's hat; *d. strop* raise the ceiling **2.** (zdvíhať niečo spadnuté) pick up [pik ap]; *d. papiere od cukríkov* pick up the sweet papers **3.** (zvyšovať počet, množstvo) raise; *d. ceny/nájomné* raise the prices/the rent; *d. hlas* raise one's voice **4.** (zlepšovať) improve [im'pru:v]; *d. životnú úroveň* improve the standard of living // **d. sa** (v rozl. význ.) rise* [raiz]; *ceny sa d-ajú* the prices are rising; *cesta sa prudko d-a* the road rises steeply; *teplota sa d-a* the temperature is rising; *d. sa zo stoličky* rise from the chair; *kopce sa d-li po ľavej strane* the hills rose on our left; *ľud sa d-ihol proti utláčateľom* the people rose (up) against their oppressors ● *žalúdok sa mi pritom d-a* it makes my stomach turn

dvojaký 1. (dvoch druhov) of two kinds/sorts/types [əv tu: kaindz/so:ts/taips], double ['dabl]; *d. význam/účel* a double meaning/purpose; **2.** (neúprimný) double-dealing ['dablˌdi:liŋ], two-faced [ˌtu:'feist]

dvojbodka colon ['kəulən]

dvojča twin [twin]; *bratia d-tá* twin brothers

dvojdielny two-piece [ˌtu:'pi:s]; *d-e plavky* a two-piece swim suit; *d. román* a novel in two volumes

dvojdom semidetached house [ˌsemi-di'tæčt 'haus]

dvojhra šport. single(s) ['siŋgl(z)]

dvojica couple ['kapl], pair ['peə]; *tvoria peknú d-u* they make a handsome couple

dvojičky pomn. hovor. twins [twinz]

dvojitý double [ˈdabl]; *d-é okno* (dve sklá) double-glazing

dvojjazyčný bilingual [baiˈliŋgwəl]; *d. slovník* a bilingual dictionary

dvojka 1. (číslica 2) number two [ˈnambə tuː]; *pripísať d-u* add (number) two 2. (niečo označené číslicou 2) number two; *cestovať d-ou* take the number two; *dostať d-u z matematiky* get the beta double plus in math; *preradiť rýchlosť na d-u* drive in second gear; šport. *d. s kormidelníkom* a coxed pair; *párová d.* a coxless pair

dvojmiestny mat. *d-e číslo* a double figure; (pre dvoch) for two

dvojmo double [ˈdabl], (s kópiou) in duplicate [in ˈdjuːpləˌkeit]; *zložiť d.* fold double

dvojnásobný double [ˈdabl], twofold [ˌtuːˈfəuld]; *d-á rýchlosť* a double speed; *d. majster sveta* a twofold world champion

dvojnásobok double [ˈdabl]; *d. zisku* a double profit

dvojník double [ˈdabl]; *byť d-om niekoho* be one's double

dvojposteľový: *d-á izba* (v hoteli) a double bed/a double room

dvojradový double-breasted [ˌdabl ˈbrestəd]; *d. kabát* a double-breasted coat

dvojspev duet [djuˈet]

dvojstranný 1. (používaný z 2 strán) reversible [riˈvəːsəbl], two-edged [ˌtuːˈedžd]; *d. kabát* a reversible coat; *d. nôž* a two-edged knife 2. (platný medzi 2 stranami) bilateral [baiˈlætrəl]; *d-á dohoda* bilateral agreement

dvojtaktný *d. motor* a two-stroke (engine)

dvojtýždenný 1. (trvajúci dva týždne) fortnight's [ˈfoːtnaits]; *d-á dovolenka* a fortnight's holiday 2. (opakovaný každý 2. týždeň) fortnightly [ˈfoːtnaitli]; *d-á kontrola* a fortnightly control

dvojtýždňový 1. (trvajúci dva týždne) fortnight's [ˈfoːtnaits]; *d. program* a fortnight's programme 2. (dva týždne starý) two weeks old [tuː wiːks əuld]; *d-é šteniatko* a two weeks old puppy

dvojzmenný two shift [tuː šift]; *d-á prevádzka* a two shift run

dvojzmyselný ambiguous [æmˈbigjuəs]; *d-é vtipy* ambiguous jokes

dvor 1. courtyard [ˈkoːtjaːd] 2. (panovnícky) the Court [koːt]

dvoran courtier [ˈkoːtiə]; *kráľ a jeho d-ia* the king and his courtiers

dvorana hall [hoːl]

dvorec šport. court [koːt]; *tenisový d.* a tennis court

dvoriť (komu) court [koːt], make love [meik lav]; *d-l jej dlho* he has been courting her for a long time

dvorný courteous [ˈkəːtiəs]; *d-é vystupovanie* courtesy

dyha veneer [viˈniə]

dych breath [breθ]; *zatajiť d.* catch/hold one's breath ● *bez d-u* out of breath, breathless; *do posledného d-u* to the last breath; *jedným d-om* in one/in the same breath; *vyraziť komu d.* take sb.'s breath away

dýchací odb. respiratory [riˈspirətri]; *d-ie cesty* the respiratory tract; *d. prístroj* a respiration apparatus

dýchanie breathing [ˈbriːðiŋ], odb. respiration [ˌrespəˈreišn]; *umelé d.* artificial respiration

dýchať breathe [briːð]; odb. respire [riˈspaiə]; *d. nosom* breathe through one's nose; *slobodne d.* breath freely; *hlboko d.* breathe in deeply; *ešte d-a* (žije) he's still breathing; *prestať d.* (zomrieť) breath one's last ● *ani nedýchať* with bated breath

dychčať pant [pænt]; *d. od námahy* pant after a great effort

dychovka hovor. brass band music [ˌbraːs bænd ˈmjuːzik]

dychový breathing [ˈbriːðiŋ]; *d-á kapela* a brass band; *d-é nástroje* the brasses

dychtiť (po čom, za čím) be* eager [biː ˈiːgə] (for); *d. za úspechom* be eager for success /to succeed

dychtivý eager [ˈiːgə], keen [kiːn]; *d. po úspechu* eager for success; *d. po moci* eager for power

dýka dagger [ˈdægə] ● *vraziť d-u do chrbta (komu)* stab sb. in the back

dym smoke [sməuk], (výpary) fumes [fjuːmz]; *d. valiaci sa z továrenského komína* smoke rising from a factory chimney

dymiť (sa) smoke [sməuk]; *tento kozub veľmi d-í* this fireplace smokes badly; *z komína sa d-í* the chimney is smoking

dyňa melon [ˈmelən]; *červená d.* a watermelon; *žltá d.* a honeydew melon

dynamický dynamic [daiˈnæmik]; *d. rozvoj* a dynamic development

dynamika dynamics [daiˈnæmiks]

dynamit dynamite [ˈdainəmait]

dynamo dynamo [ˈdainəməu]

dynastia dynasty [ˈdinəsti], AM [ˈdainəsti]; *d. Tudorovcov* the Tudor dynasty

dýza jet [džet]; *plynová d.* a gas jet
dyzentéria dysentery [ˈdisntri]

DŽ

džavot chatter [ˈčætə]; *detský dž.* the chatter of children
džbán jug [džag], AM pitcher [ˈpičə]; *dž. na mlieko* a milk jug
džber pail [peil]; *dž. na vodu* a water pail
džem jam [džæm]
džentlmen gentleman [ˈdžentlmən]; *naozajstný dž.* a true gentleman
džez jazz [džæz]

džezový: *dž. orchester* a jazz band
džínsy jeans [džiːnz]
džíp jeep [džiːp]
džungľa jungle [ˈdžəŋgl]; *zákon dž-e* the law of the jungle
džús juice [džuːs], (zriedená šťava) squash [skwoš]; *pohár pomarančového dž-u* a glass of orange juice

E

E, É

eben ebony [ˈebəni] ● *čierny ako e.* black as ebony
ebonit ebonite [ˈebənait]
edícia edition [iˈdišn], series (of books) [ˌsiəriəs (əv ˈbuks)];
efekt (v rozl. význ.) effect [iˈfekt]; *zvukové e-y* sound effects; *vypočítať na e.* calculate for effect; *to nemá veľký e.* it doesn't have much effect
efektívny effective [iˈfektiv]; *e-e opatrenia* effective measures
efektný (pôsobivý) effective [iˈfektiv], striking [ˈstraikiŋ], showy [ˈšəui]; *e-é šaty* a showy dress
egoista egoist [ˈiːgəuist]
egoistický egoistic [ˌiːgəuˈistik]
egoizmus egoism [ˈiːgəuˌizm]
egreš gooseberry [ˈguzbri]
Egypt Egypt [ˈiːdžipt]
egyptský Egyptian [iˈdžipšn]
echo p. **ozvena**
ekológia ecology [iˈkolədži]
ekologický ecological [ˌiːkəˈlodžikl]; *e-é následky* ecological consequences
ekonóm economist [iˈkonəməst]
ekonómia 1. (veda) economics [ˌekəˈnomiks] 2. (hospodárnosť) economy [iˈkonəmi]; *zlepšiť e-u krajiny* improve the economy of a country; *nestabilná e.* an unstable economy
ekonomický 1. (hospodársky) economic [ˌekəˈnomik]; *vládna e-á politika* the government's economic policy 2. (hospodárny) economical [ˌekəˈnomikl]; *e-é malé auto* an economical little car

ekonomika economy [iˈkonəmi]; *kapitalistická e.* a capitalist economy
ekumenický ecumenical [ˌiːkjəˈmenikl]; *e-é hnutie* the ecumenical movement
ekzém eczema [ˈeksəmə]
elán zest [zest]; *životný e.* a zest for life
elastický elastic [iˈlæstik]; *plavky z e-ého materiálu* a swimming costume made of elastic material
elegantný 1. (dobre vyzerajúci) elegant [ˈeləgənt]; *e-é dlhé šaty* an elegant long dress 2. (noblesný a drahý) swanky [ˈswæŋki]; *e-á reštaurácia* a swanky restaurant
elektráreň power station [ˈpauə ˌsteišn], hl. AM power plant [ˈpauə plaːnt]; *vodná e.* a hydroelectric power station/plant
elektrický 1. electric [iˈlektrik]; *e-é hodiny* an electric clock; *e. prúd* electric current; *e-á energia* electric energy; *e. šok* an electric shock 2. (týkajúci sa elektriny, používajúci elektrinu) electrical [iˈlektrikl]; *e-á chyba v systéme* an electrical fault in the system; *e-á aparatúra* an electrical apparatus; *e-á šnúra* (spotrebiča) flex
električenka (predplatný lístok) season-ticket [ˈsiːzn ˌtikət]
električka tram(car) [ˈtræm(kaː)], AM streetcar [ˈstriːtkaː]
elektrifikácia electrification [iˌlektrəfəˈkeišn]
elektrifikovať electrify [iˈlektrəfai]
elektrikár (odborník) electrician [iˌlekˈtrišn]
elektrina 1. electricity [iˌlekˈtrisəti]; *poháňaný e-ou* driven by electricity 2. (zariadenie, drôty ap.) electrics [iˈlektriks]

elektrizovať galvanize [ˈgælvənaiz]
elektróda electrode [iˈlektrəud]; *kladná e.* anode, positive pole; *záporná e.* cathode, negative pole
elektroinštalatér electrician [iˌlekˈtrišn]
elektroinžinier electrical engineer [ˈiˈlektrikl ˌendžəˈniə]
elektromer electricity meter [iˌlekˈtrisəti ˈmiːtə]
elektrón electron [iˈlektron]
elektronický electronic [iˌlekˈtronik]; *e. počítač* computer; *e-é spracovanie údajov* data processing; *e-á hudba* electronic music; *e-á pošta* e-mail
elektronika electronics [iˌlekˈtroniks]
elektrónka (electron) valve [(iˈlektron) vælv], cathode-ray tube [ˌkæθəudˈrei tjuːb]
elektrónový: *e. mikroskop* electron microscope
elektrospotrebič electrical appliance [iˈlektrikl əˈplains]
elektrotechnický electrotechnic(al) [iˌlektrəuˈteknik(l)]
elektrotechnika electrical engineering [iˈlektrikl ˌendžiniəriŋ]
elementárny elementary [ˌeləˈmentri]; *e. kurz* an elementary course; *e-a aritmetika* elementary arithmetic
eliminovať eliminate [iˈliməneit], remove [riˈmuːv]
elipsa ellipse [iˈlips]
eliptický elliptic(al) [iˈliptik(l)]; *e-á obežná dráha* an elliptical orbit
email (farba aj zubná sklovina) enamel [iˈnæml]
emancipácia emancipation [iˌmənsəˈpeišn]
emancipovaný emancipated [iˈmænsəpeitəd]
embargo embargo [imˈbaːgəu], mn. č. -goes [-gəuz]; *uvaliť e.* lift an embargo
emigrácia emigration [ˌeməˈgreišn]
emigrant emigrant [ˈemigrənt]
emigrovať emigrate [ˈeməgreit]; *e. do Ameriky* emigrate to America
emócia emotion [iˈməušn]; *silné e-e* strong /deep emotions
empirický empirical [imˈpirikl]
emulzia emulsion [iˈmalšn]
encián gentian [ˈdženšn]
encyklopédia encyclopedia [inˌsaikləˈpiːdiə]
encyklopedický encyclopedic [inˌsaikləˈpiːdik]

energetický of energy [əv ˈenədži]; *e. zdroj* a source of energy
energia (v rozl. význ.) energy [ˈenədži]; *je plný e-e* he's full of energy; *atómová/elektrická e.* atomic/electrical energy
energický energetic [ˌenəˈdžetik]
enormný enormous [iˈnoːməs]; *e-á suma peňazí* an enormous sum of money
enzým enzyme [ˈenzaim]
epicentrum epicentre [ˈepisentə]
epický epic [ˈepik]
epidémia epidemic [ˌepəˈdemik]; *chrípková e.* a flu epidemic
epika epic [ˈepik]
epištola epistle [iˈpisl]; *E-y Nového Zákona* the Epistles
epizóda episode [ˈepəsəud]
epocha epoch [ˈiːpok]; *nová e. v matematike* a new epoch in mathematics
epochálny epoch-making [ˈiːpokˌmeikiŋ]; *e. vynález* an epoch-making invention
epos epic [ˈepik]
éra era [ˈirə]; *kresťanská e.* the Christian era
erb coat of arms [kəut əv aːmz]
erdžať neigh [nei]
erotický erotic [iˈrotik]; *e. zážitok* an erotic sensation
erózia erosion [iˈrəužn]; *e. pôdy* soil erosion
erozívny erosive [iˈrəusiv]
esej essay [ˈesei]
esencia essence [ˈesəns]
eskadra squadron [ˈskwodrən]
eskamotér juggler [ˈdžaglə]
Eskimák Eskimo [ˈeskiməu]
eso ace [eis] (aj pren.)
espresso 1. (káva) espresso [eˈspresəu] **2.** (malá kaviareň) cafe [ˈkæfei], coffee bar [ˈkofi baː]
estakáda flyover [ˈflaiəuvə], AM overpass [ˈəuvəpaːs]
estetický aesthetic, esthetic [iːsˈθetik]
estetika aesthetics, esthetics [iːsˈθetiks]
Estónec Estonian [eˈstəunjən]
Estónsko Estonia [eˈstəunjə]
estónsky Estonian [eˈstəunjən]; *e. jazyk* Estonian
estráda (variety) show [(vəˈraiəti) šəu]
estragón bot. tarragon [ˈtærəgən]
ešte I. prísl. 1. (trvanie deja) still [stil]; *ty si e. tu?* you are still here? **2.** (v zápornej vete) yet [jet]; *e. nie* not yet; *e. neodpovedal na list* he hasn't answered the letter yet **3.** (okrem toho, navyše) still, even [ˈiːvn]; *v noci bude e. chlad-*

nejšie it'll be still/even colder at night; *e. jednu šálku kávy* another cup of coffee; *e. raz mi to zopakuj* repeat it once more/again, please; *e. lepší* even better; *čo e. chceš?* what else do you want?; *e. trocha* a (little) bit more **II.** časť. (zdôraznenie, prekvapenie) even; *e. aj deti tam boli* even the children were there

etapa stage [steidž], phase [feiz]; *vývinová e.* a stage of development; *po e-ách* by stages; šport. *e. pretekov* the stage of a race

éter ether ['iːθə]

etický ethical ['eθikl]; *e-é normy* ethical standards

etika 1. (mravné princípy) ethic ['eθik], **2.** (veda) ethics ['eθiks]

etiketa 1. (obyč. j. č.) etiquette ['etiket]; *pravidlá e-y* the rules of etiquette **2.** (nálepka) label ['leibl], sticker ['stikə]; *e. na fľaši* a label on the bottle

Európa Europe ['jurəp]

Európan European [ˌjurə'piən]

európsky European [ˌjurə'piən]; *E-a únia* European Union

evakuovať evacuate [i'vækjueit]; *deti boli e-né na vidiek* the children were evacuated to the country

evanjelický evangelic(al) [ˌiːvæn'dželik(l)], (luteránsky) Lutheran ['luːθərn], Protestant ['protistənt]

evanjelik Protestant ['protistənt]

evanjelium gospel ['gospl]; *Lukášovo e.* St Luke's Gospel

eventuálny possible ['posəbl], prospective [prə'spektiv]; *e. kandidát* the prospective candidate

> slovo **eventually** neznamená
> **eventuálne**, ale **nakoniec**
> eventuálny = possible

evidencia (prehľad) survey [sə'vei],(zoznam) register ['redžəstə], (súbor informácií) record ['reko:d]; *viesť e-u* keep the record

evidenčný: *e-é číslo* registration number; *e. list* registration document

evidentný evident ['evədənt]

evidovať register ['redžəstə], keep a register [ki:p ə 'redžəstə], (zaznamenávať) record [ri'ko:d]; *auto je e-né na moje meno* the car is registered in my name

exaktný exact [ig'zækt]; *e-é vedy* exact sciences

examinátor examiner [ig'zæmənə]

excelencia Excellency ['eksələnsi], (v oslovení) *Vaša E.* Your Excellency

exekúcia distraint [di'streint]

exekútor distrainor [di'streinə]

exemplár 1. (kus) copy ['kopi]; *jeden e. knihy* a copy of the book **2.** (vzorka) sample ['saːmpl], specimen ['spesəmən]

exhalácia exhalation [ˌekshə'leišn]

exhumovať exhume [ig'zjuːm]

exil exile ['egzail]; *žiť v e-e* live in exile

existencia 1. existence [ig'zistns]; *veriť v e-iu duchov* believe in the existence of ghosts **2.** (živobytie) living ['liviŋ]; *zarábať na holú e-u* earn one's bare living

existovať exist [ig'zist], be* [biː]; *e-uje život na Marse?* does life exist on Mars?

exkluzívny (v rozl. význ.) exclusive [ik'skluːsiv]; *e-e kluby* exclusive clubs; *mať e-e práva* (výlučné) have exclusive rights; *e. rozhovor* an exclusive interview

exkurzia excursion [ik'skəːšn]; *ísť na e-u* go on excursion

exotický exotic [ig'zotik]; *e-é vtáky* exotic birds

expanzia expansion [ik'spænšn]; *e. plynov* the expansion of gases

expedícia 1. (výprava) expedition [ˌekspə'dišn]; *ísť na e-u* go on an expedition; *vyslať e-u* send an expedition **2.** (vypravovanie, odosielanie) dispatch [di'spæč]; *e. pošty* a post dispatch department

expedovať dispatch [di'spæč], consign [kən'sain]; *e. tovar* consign the goods

experiment experiment [ik'sperəmənt]; *robiť chemický e.* perform/carry out an experiment in chemistry

experimentálny experimental [ikˌsperə'mentl]; *e-e metódy* experimental methods; *e-a fyzika* experimental physics

experimentovať experiment [ik'sperəmənt]; *e. s novými metódami* experiment with new methods

expert expert ['ekspəːt]; *e. v ekonomike* an expert in economics

expertíza expertise [ˌekspəːˈtiːz]

explodovať explode [ik'spləud] (aj pren.); *bomba e-la* the bomb exploded; *e-l od zlosti* he exploded with rage

explózia explosion [ik'spləužn]; *e. bomby* a bomb explosion

exponát exhibit [ig'zibət]; *nedotýkajte sa e-ov* do not touch the exhibits

E

exponent mat. exponent [ik'spəunənt]
exponovať fot. expose [ik'spəuz] // **e. sa** (angažovať sa) be an exponent [bi: ən ik'spəunənt] (of); *veľmi sa e-uje v psychiatrii* she is one of the leading exponents of psychiatry
export export ['ekspɔ:t]; *zákaz e-u zlata* a ban on the export of gold
exportér exporter [ik'spɔ:tə]
exportovať export [ik'spɔ:t]; *e. obilie do Ázie* export corn to Asia
expozícia **1.** (výstava) exposition [ˌekspə'zišən] **2.** (fot.) exposure [ik'spəužə]
expres **1.** express [ik'spres]; *poslať tovar/list e.* send goods/a letter express **2.** (vlak) express (train), fast train
expresný **1.** (list) express [ik'spres]; *poslať*

e. list send the letter by express delivery **2.** dopr. *e. autobus* an express bus
extáza ecstasy ['ekstəsi]
exteriér exterior [ik'stiriə]; *e. budovy* the exterior of a building
externista (študent) external student [ek'stə:nl ˌstjudənt], AM externe [ik'stə:n], (žiak) dayboy ['deiboi], (žiačka) daygirl ['deigə:l]
externý external [ik'stə:nl]; *e-é štúdium* external study; *e. examinátor* external examiner
extrém extreme [ik'stri:m]; *zachádzať do iného e-u* go to the other extreme; *e-y tepla a chladu* the extremes of heat and cold
extrémny extreme [ik'stri:m]; *e-e názory* extreme views
exulant exile ['egzail]; *politický e.* a political exile

F

facka slap [slæp] (in the face), smack [smæk]; *dať komu f-u* slap sb.'s face ● *kúpiť čo za f-u* buy sth. for a song; *jasné ako f.* as clear as day
fádny hovor. dull [dal], monotonous [mə'notnəs]; *f-a kniha* a dull book; *f-a práca* a monotonous work
fagot bassoon [bə'su:n]
fajčiar smoker ['sməukə]; *silný/slabý f.* a heavy/light smoker; *oddelenie pre f-ov* a smoking department, (vozeň) a smoker
fajčiť smoke [sməuk]; *f. fajku* smoke a pipe; *f. zakázané* no smoking ● *f-í ako Turek* he's a chain-smoker
fajka pipe [paip] ● *nestojí to za f-u dymu* it's not worth the candle
fakľa torch [to:č]
fakt **I.** podst. fact [fækt]; *holé f-y* plain /bare facts; *f. je, že...* fact is that... **II.** čast. (zvolanie al. súhlas) really ['riəli], in fact [in 'fakt]
faktický actual ['ækčuəl], real [riəl]; *f. dôvod* the real reason; *f-á poznámka* a comment, (pri diskusii) on a point of order...
faktor factor ['fæktə]; *neznámy f.* an unknown factor
faktúra invoice ['invois], (účet) bill [bil]; *vystaviť f-u* make out an invoice; *f. za opravy* a bill for the repairs
fakturovať invoice ['invois]
fakulta faculty ['fækəlti]; *lekárska f.* the Faculty of Medicine

fakultatívny optional ['opšnəl]; *f-e predmety* (v škole) optional subjects
faloš falsehood ['fo:lshud]
falošný **1.** (neúprimný) false [fo:ls], fake [feik], deceitful [di'si:tfl]; *f. priateľ* a false friend; *f. smiech* a fake laugh **2.** (dopúšťajúci sa podvodu) false; *f-é svedectvo* a false statement; *f. pas* a false passport **3.** (nepravý, falšovaný) false, fake, forged ['fo:džd]; *f-é dvere* a false door; *f-é zuby* false teeth; *f-é dno* a false bottom; *f. obraz* a fake painting; *f. pas* a forged passport; *f-é obvinenie* a frame-up; *f. hráč* (v kartách) a cardsharper **4.** (nesprávny, chybný) wrong [roŋ]; *byť na f-ej ceste/stope* be on the wrong track; **5.** hud. out of tune
falšovanie forgery ['fo:džəri]
falšovať forge [fo:dž], (pomeniť) falsify ['fo:lsəfai], fake [feik]; *f. podpis/pas* forge sb.'s signature/a passport; *f. účty* falsify accounts; *f. olejomaľbu* fake an oil-painting
falzifikát forgery ['fo:džəri], fake [feik]
familiárny familiar [fə'miliə], (nenútený) informal [in'fo:ml], (dôverný) intimate ['intəmət]; *hovoriť f-m tónom* speak with a familiar tone; *bolo to veľmi f-e stretnutie* it was a very informal meeting
fanatický fanatic(al) [fə'nætik(l)]; *f-é nadšenie* fanatic enthusiasm
fanatizmus fanaticism [fə'nætəsizm]
fanfára fanfare ['fænfeə], flourish ['flariš]; *f. na trúbky* a flourish of trumpets; *trúbiť f-y* sound a fanfare

fánka doughnut ['dəunat]

fantastický fantastic [fæn'tæstik]; *f-é po-nuky* fantastic proposals; *je to f-é dievča* she's a fantastic girl

fantázia 1. (obrazotvornosť) fantasy ['fæntəsi], imagination [i‚mædžə'neišn]; *bujná f.* a vivid /fertile imagination **2.** (výmysel) fantasy; *celá historka je iba f.* the whole story is a fantasy ● *popustiť uzdu f-i* give (free) rein to one's imagination

> neobvyklé želania,
> o ktorých snívame – **fantasy**
> predstavivosť – **fancy**
> fantázia (v bežnom zmysle) = **imagination**

fanúšik fan [fæn]; *futbaloví f-ovia* football fans

fara 1. (farnosť) parish ['pæriš] **2.** (budova) parsonage ['pa:snidž]

faraón pharaoh ['ferəu]

farár 1. (v katolíckej cirkvi) parish ['pæriš], priest [pri:st], hovor. parson ['pa:sn] **2.** (kňaz anglikánskej cirkvi) clergyman ['klə:džimən], mn. č. -men [-mən], hovor. parson

fárať (do bane) go* down (the pit) [gəu daun (ðə pit)]

farba 1. (sfarbenie) colour, AM color ['kalə]; *červená a modrá f.* a red and blue colour; *modrá pastelová f.* pastel blue; *vodová f.* watercolour; *stratiť f-u* (zblednúť) lose colour; *ľudia všetkých f-ieb* people of all colours; *meniť f-u* change colour **2.** (farbivo) paint [peint], (na tkaninu) dye [dai], (olejová) oil paint; *natierať f-ou* paint **3.** (symbol príslušnosti) colours, AM colors ['kaləz] **4.** (hlasu, hud. nástroja) timbre ['tæmbə] ● *vyjsť s f-ou von* show one's true colours; *nemať zdravú f-u* be off colour; *hrať všetkými f-mi* have all the colours of the rainbow

farbiareň dye-works ['dai‚wə:ks]

farbička 1. (ceruzka) crayon ['kreiən], (v tube al. tuhom stave) paints [peints]; *detské f-y* children's crayons; *škatuľka/puzdro s f-mi* a paint box **2.** (krášliaci prostriedok) make-up [meik ap]

farbiť 1. (natierať) paint [peint]; *f. dvere na bielo* paint the door white **2.** (dávať farbu) dye [dai]; *f. šaty na zeleno* dye a dress green; *f. (si) vlasy* dye one's hair // **f. sa** colour, AM color ['kalə]; *listy sa už začali f.* the leaves have started to colour

farbivo 1. colouring matter [‚kaləriŋ 'mætə]

2. (prírodné) pigment ['pigmənt] **3.** (farbiarske) dye [dai]

farboslepý colourblind ['kaləblaind]

farebný coloured ['kaləd], (o rase) Coloured, (opak čiernobieleho) colour; *f. film* colour film; *f-á televízia* colour television; *f-é fotografie* coloured photographs; *f. papier* coloured paper

farma farm [fa:m]; *hydinárska f.* a poultry farm; *pracovať na f-e* work on the farm

farmaceut pharmacist ['fa:məsəst]

farmaceutický pharmaceutical [‚fa:mə'sju:tikl]; *f-é spoločnosti/firmy* pharmaceutical companies

farmácia pharmacy ['fa:məsi]

farmár farmer ['fa:mə]

farnosť parish ['pæriš]

fasáda front/face of a building [frant/feis], facade [fə'sa:d]

fascikel 1. (obal na písomnosti) folder ['fəuldə] **2.** (zväzok spisov) file [fail]

fascinovať fascinate ['fæsəneit]; *deti boli f-né výstavou* the children were fascinated by the exhibition; *f-ujúce dievča* a fascinating girl

fašiangy (obdobie pred Veľkou nocou) Shrovetide ['šrəuvtaid], carnival ['ka:nəvl]

fašírka mince [mins], minced meat [minst mi:t] AM mincemeat ['minsmi:t]

fašírovať mince [mins]; *f. mäso* mince meat

fašista fascist ['fæšəst]

fašistický fascist ['fæšəst]

fašizmus fascism ['fæšizm]

fatálny fatal ['feitl]

fatamorgána mirage ['mira:ž]

faul šport. foul [faul]

faulovať foul [faul]; *f. hráča* foul a player

fauna fauna ['fo:nə]; *africká f.* the fauna of Africa

favorit (obľúbenec aj predpokladaný víťaz) favourite ['feivrət]; *staviť peniaze na f-a* put one's money on the favourite

fax fax [fæks]

fáza 1. phase [feiz]; *kritická f.* the critical phase; *f-y Mesiaca* the phases of the Moon **2.** (štádium) stage [steidž]; *v počiatočnej f-e* at an early stage

fazóna 1. (štýl) style [stail], (strih šiat, vlasov) cut [kat], (ušitie) fit [fit]; *najmodernejšia f.* the latest style; *moderná f.* a fashionable cut; *f. účesu* a hair style **2.** (golier, chlopňa) lapel [lə'pel], revers [ri'viə]; *úzka f.* narrow lapels

fazuľa bean [bi:n]; *zelená/suchá f.* green /baked beans

fazuľový: *f-á polievka* bean soup

február February [ˈfebruəri]; *vo f-i* in February

federácia federation [ˌfedəˈreišn]

federálny federal [ˈfedrəl]; *f-a vláda* federal government

federatívny federative [ˈfedrətiv]; *f-a republika* a federative republic

fejtón feature [ˈfi:čə], (v Európe) feuilleton [ˈfəːitoŋ]

fén (sušič vlasov) hairdryer/hairdrier [ˈheəˌdraiə]

fenikel fennel [ˈfenl]

fenomén (jav, nevšedná osobnosť) phenomenon [fiˈnomənən], mn. č. phenomena [fiˈnomənə]

fermež varnish [ˈva:niš]

festival festival [ˈfestəvl]; *hudobný f.* a festival of music; *filmový f.* a film festival

fešák 1. (zjavom) a smart man [sma:t ˈmæn] 2. (chlapec, s ktorým dievča chodí) boyfriend [ˈboifrend]

feudalizmus feudalism [ˈfju:dlizm]

feudálny feudal [ˈfju:dl]; *f-e vlastníctvo pôdy* feudal holding of land; *f. systém* the feudal system

fiaker cab [kæb], horse-drawn carriage [ˌho:s dro:n ˈkæridž]

fialka violet [ˈvaiələt]

fialový violet [ˈvaiələt], bluish-purple [ˌblu:išˈpə:pl]

fičať 1. whiz [wiz], howl [haul]; *guľky f-li okolo* the bullets whizzed past; *vietor f-l medzi stromami* the wind howled through the trees 2. (rýchlo bežať) zoom

figa fig [fig]; *list f-y* a fig-leaf ● *dostaneš f-u borovú* you'll get damn all

fígeľ 1. (žart) joke [džəuk] 2. (dôvtip) wit [wit] 3. (prefíkanosť) cunning [ˈkaniŋ]

figliar wag [wæg]

figliarsky waggish [ˈwægiš], arch [a:č]; *f. úsmev* an arch smile

figúra (v rozl. význ.) figure [ˈfigə]; *skupina f-r na obraze* a group of figures on the painting; *mať dobrú f-u* have a fine figure; *f. pri korčuľovaní* a figure in skating

figurína 1. (dekoratívna) figurine [ˌfigəˈri:n] 2. (model postavy človeka) dummy [ˈdami]; *krajčírska f.* a dressmaker's dummy

figurovať figure [ˈfigə]; *f. v hre/na zozname* figure in a play/in the list

filatelia philately [fəˈlætəli]

filatelista philatelist [fəˈlætələst], stamp--collector [stæmp kəˈlektə]

filé fillet [ˈfilət/ˈfilei]; *hovädzie f.* (rezeň) a fillet steak

filharmónia philharmonic orchestra [ˌfiləˈmonik ˈo:kəstrə]

filharmonický philharmonic [ˌfiləˈmonik]; *f. orchester* the philharmonic orchestra

filiálka branch [bra:nč]; *f. banky* a branch of a bank

film 1. (pás na fotografovanie) film [film]; *vyvolať f.* develop (a film) 2. (sfilmované dielo) film, AM movie [ˈmu:vi]; *dokumentárny f.* a documentary film; *hraný celovečerný f.* a feature film; *kreslený f.* (animated) cartoon; *nakrútiť f.* make a film; *širokouhlý f.* cinemascope, cinerama

filmár film producer [film prəˈdju:sə], (pri kamere) cameraman [ˈkæmrəmən]

filmovať film [film], shoot a film [ˌšu:t ə ˈfilm]; *f. hru* film a play

filmový film [film]; *f-á hviezda* a film star; *f. ateliér* a film-studio; *f. pás* a film-strip; *f. týždenník* newsreel; *f-á kamera* a film/movie camera

filológ philologist [fəˈlolədžəst]

filológia philology [fəˈlolədži]

filologický philological [ˌfiləˈlodžikl]

filozof philosopher [fəˈlosəfə]

filozofia philosophy [fəˈlosəfi]

filozofický philosophical [ˌfiləˈsofikl]

filozofovať philosophize aj philosophise [fiˈlosəfaiz]

filter filter [ˈfiltə]; *f. na kávu* a coffee filter; *cigareta s f-om* a filter-tipped cigarette

filtrovať filter [ˈfiltə]

Fín Finn [fin]

finále final(s) [ˈfainl(z)]; *tenisové f.* the tennis finals; *dostať sa do f.* get through to the finals

financie 1. (vzťahy v peňaž. fondoch) finance [ˈfainæns]; *odborník na f.* an expert in finance; *minister f-í* the Minister of Finance; *dostať f.* get finance 2. (majetkové pomery) finances [ˈfainænsəz]

financovať finance [ˈfainæns]; *f. opravu školy* finance the repairs of the school

finančný financial [fəˈnænšl]; *byť vo finančných ťažkostiach* be in financial difficulties; *f. poradca* a financial adviser

fingovať 1. (predstierať) simulate [ˈsimjuleit] 2. (falšovať) falsify [ˈfo:lsəfai], forge [fo:dž]; *f. účty* falsify accounts

finiš finish ['finiš]; *bojovať až do f-u* fight to the finish

Fínsko Finland ['finlənd]

fínsky Finnish ['finiš]; *f. jazyk* Finnish

firma 1. (obch. organizácia) firm [fə:m], business ['biznis], commercial enterprise [kə'mə:šl 'entəpraiz], (veľká) concern [kən'sə:n] **2.** (názov) title ['taitl], (vývesná tabuľa) fascia ['feišə]

fixka (ceruzka) felt-tip(ped) pen [felt tip(əd) pen]

fixný fixed [fikst]; *f-á idea* a fixed idea

flákať sa 1. (vyhýbať sa práci) loaf [ləuf]; *nef-j sa* don't loaf about **2.** (nečinne sa potĺkať) idle ['a-idl]; *f. sa celé dni* be idling away one's time

flanel flannel ['flænl]; *nohavice z f-u* flannels

fľaša bottle ['botl], (s úzkym hrdlom, laboratórna) flask [fla:sk]; *ovocie zavarené vo f-i* bottled fruit; *otvoriť f-u* unscrew/uncork a bottle; *vyprázdniť f-u* empty a bottle; *kŕmiť z f-e* (dieťa) bottle-feed (a baby)

flauta flute [flu:t]; *hrať na f-e* play the flute

flautista flautist ['flo:təst], AM flutist ['flu:təst]

flegmatický phlegmatic [fleg'mætik]; *f-á povaha* a phlegmatic character

flirtovať flirt [flə:t]; *f-uje s každým mužom* she flirts with every man; *f-l s myšlienkou, že pôjde* he's been flirting with the idea of going to

flór (riedka priesvitná látka na smútočné účely) (mourning) crape [(ˌmo:niŋ) kreip]

flóra flora ['flo:rə]

flotila fleet [fli:t], (malých al. vojnových lodí) flotilla [flə'tilə]

fňukať hovor. snivel ['snivl]; *f-júce deti* snivelling children

fólia foil [foil]; *alumíniová f.* (staniol) aluminium foil

folklór folklore ['fəuklo:]

fond (finančný) fund [fand]; *mzdový f.* wage(s)-fund; *športový f.* a sports fund

fonetický phonetic [fə'netik]; *f. pravopis* phoneticism; *f-á abeceda* a phonetic alphabet

fonetika phonetics [fə'netiks]

fontána fountain ['fauntin]

forma 1. (vonkajšia podoba, tvar) form [fo:m], shape [šeip]; *vo f-e kríža* in the form of cross; *mraky rôznych f-iem* clouds of different shapes; *vo f-e hrušky* shaped like a pear, pear-shaped; *nadobudnúť f-u* take shape/form; *literárna f.* a literary form **2.** (nástroj na dodávanie tvaru) mould [məuld]; *odlievacia f.* a casting

mould **3.** (spôsob) form, way [wei]; *zaužívané f-y správania* accepted forms of behaviour; *zdvorilostná f.* a form of politeness; *všetky f-y cvičenia* all forms of exercise; *f. myslenia* a way of thinking; *pre f-u* (formálne) for the sake of form **4.** (formalita) formality [fo:'mæləti]; *je to len f.* it's a mere formality **5.** hovor. (kondícia) form, shape; *Smith nie je vo f-e* Smith is out of/is not on form; *byť vo f-e* (v poriadku) be in good shape

formácia formation [fo:'meišn]

formalita formality [fo:'mæləti]; *to je iba f.* it's purely a matter of form

formálny formal ['fo:ml]; *vykonať f-u návštevu (u koho)* pay a formal call (on sb.); *f. súhlas* (oficiálny) a formal consent

formát 1. (tvar, veľkosť) size [saiz], (hl. knihy) format ['fo:mæt] **2.** (úroveň, význam) class [kla:s]; *človek veľkého f-u* a man with real class

formovať (v rozl. význ.) form [fo:m], shape [šeip], fashion ['fæšən]; *f. hrniec z hliny* shape a pot of clay; *f. závery* form conclusions // **f. sa** take* shape, shape up [šeip ap]; *moje plány sa f-ujú* my plans are taking shape

formula (v rozl. význ.) formula ['fo:mjələ]; *tajná/prijateľná f.* a secret/an acceptable formula; *chemická/matematická f.* a chemical /mathematical formula; *autá F-y 1* Formula One cars

formulár form [fo:m]; *f. žiadosti na vízum* a visa application form; *vyplniť f.* fill in a form

formulovať formulate ['fo:mjəleit]; *f. svoju odpoveď* formulate one's reply

fo(r)šňa plank [plæŋk]

fórum (miesto pre diskusie) forum [fo:rəm]

fosfor phosphorus ['fosfərəs]

fotel armchair [ˌa:m'čeə]; *sedieť vo f-i* sit in an armchair

fotoamatér amateur photographer [ˌæmətə fə'togrəfə]

fotoaparát camera ['kæmrə]

fotobunka photoelectric cell [ˌfəutəui'lektrik sel]; *dvere sa otvárajú na f-u* the door is opened by photo(electric) cell

fotograf photographer [fə'togrəfə]

fotografia photograph ['fəutəgra:f], hovor. photo ['fəutəu], (momentka) snapshot ['snæpšot]; *čiernobiela/farebná f.* a black and white/colour photograph; *urobiť f-u* (vyfotografovať) take a photograph

fotografický photographic [ˌfəutə'græfik]; *f. ateliér* a photographic studio *f. pamäť* a photographic memory

F

fotografista photographer [fəˈtogrəfə]
fotografovať (take* a) photograph [(teik ə)ˈfəutəgraːf]; *f-l svojho syna* he took photographs of his son/he photographed his son
fotomodelka (photo)model [(ˈfəutəu)ˌmodl]
fotomontáž composite [ˈkompəsət]
fotoreportáž photoreportage [ˌfəutəuriˈpoːtidž]
foyer foyer [ˈfoiei], (v hoteli al. verejnej budove) lobby [ˈlobi]
fragment fragment [ˈfrægmənt]
frajer hovor. **1.** (milý) boyfriend [ˈboifrend] **2.** (sukničkár) lady-killer [ˈleidikilə]
frajerka hovor. (milá) girlfriend [ˈgəːlfrend]
frak tailcoat [teilˈkəut], cutaway [ˈkatəwei]
frakcia (v rozl. význ.) fraction [ˈfrækšn]; *f. v politickej strane* a fraction within a party
Francúz Frenchman [ˈfrenčmən], mn. č. (the) French
Francúzsko France [fraːns]
francúzsky French [frenč]
francúzština the French (language) [frenč (længuidž)]
fraška div. (aj pren.) farce [faːs]; *bola to f.* it was a farce
fráza phrase [freiz], (otrepaná) platitude [ˈplætətjuːd]; *prejav plný f-z* a speech full of platitudes
frčať hovor. buzz [baz]; *f. po ceste* be buzzing along the road; *f. okolo* buzz about/around
frčka (do nosa, aj pren.) fillip [ˈfilip]; *dať f-u komu* give a fillip to sb.
frekvencia **1.** (častosť) frequency [ˈfriːkwənsi]; *narastajúca f. nehôd* increasing frequency of accidents **2.** (premávka) traffic [ˈtræfik]; *veľká f.* very heavy/busy traffic **3.** (kmitočet) frequency; *vysielať na rôznych f-ách* broadcast on different frequencies
frekventovaný busy [ˈbizi], frequent [ˈfriːkwənt]; *f-é slovo* a frequent word; *f-á ulica* a busy street
freska fresco [ˈfreskəu]
fréza cutter [ˈkatə], (malá) milling machine [ˈmiliŋ məˌšiːn]; *snehová f.* snow-plough
frflať hovor. rail [reil], (stále) bitch [bič]; *prestaň f.!* stop bitching!
fŕkať **1.** splash [splæš], spray [sprei]; *f. vodu (na koho, čo)* splash water (at sb., sth.) **2.** (o koňoch) snort [snoːt]
front **1.** (v rozl. význ.) front [frant]; *ťažké boje na f-och* heavy fightings on the fronts; *prišiel o život na f-e* he lost his life at the front;

poslať na f. send to the front; meteor. *teplý/studený f.* a warm/cold front; pren. *pokrok na všetkých f-och* advances on all fronts **2.** (priečelie, strana budovy) front, facade [fəˈsaːd], face [feis]; *západný f. kostola* the west front of the church
fučať **1.** (o vetre) howl [haul], (fúkať) blow* [bləu] **2.** (od námahy) wheeze [wiːz]
fufnať **1.** (pri prechladnutí) sniffle [ˈsnifl], snuffle [ˈsnafl] **2.** (nezreteľne hovoriť) mumble [ˈmambl]
fuj! ugh [əːch], disgusting [disˈgastiŋ], (hanba) shame [šeim]
fujara shepherd's pipe [ˈšepədz paip]
fujavica snowstorm [ˈsnəustoːm]
fúkací: *f. hudobný nástroj* a woodwind instrument
fúkaná hovor. (účes) blow-dry [ˈbləudrai]
fúkať (v rozl. význ.) blow* [bləu]; *vietor f-a* the wind is blowing; *f. si nos* blow one's nose; *f. na trúbku* blow a trumpet; *f. sklo* blow glass
fungovať function [ˈfaŋkšn], operate [ˈopəreit], work [wəːk]; *telefón nef-l* the telephone was not functioning/working; *výťah nef-l dobre* the lift was not operating properly; *to f-uje na elektrinu* it works by electricity
funkcia (v rozl. význ.) function [ˈfaŋkšn]; *f. sudcu* the function of a judge; *f. mozgu* the function of the brain; mat. *kvadratická f.* the quadratic function
funkcionár functionary [ˈfaŋkšənri], official [əˈfišl]
funkčný functional [ˈfankšənəl]; *f. nábytok* functional furniture; *f. stroj* functional machine
fúra **1.** (naložené množstvo) lorryload [ˈloriləud]; *f. piesku/dreva* a lorryload of sand/wood **2.** hovor. expr. (veľké množstvo, veľa čoho) loads [ləudz], heaps [hiːps], lots [lots]; *f. peňazí* a load of money; *mať f-u času* have heaps of time
fúrik wheelbarrow [ˈwiːlˌbærəu]
fuška **1.** hovor. (namáhavá práca) hard work [haːd ˈwəːk], (drina) drudgery [ˈdradžəri]; *to bola poriadna f.* that was a hell of a job **2.** (vedľajšia práca) on the side [on ðə said]; *chodiť na f-y* make money on the side
fušovať (neodborne) tinker [ˈtiŋkə]; *nefušuj mi do auta* don't tinker with my car
futbal **1.** (hra) football [ˈfutboːl], soccer [ˈsokə] **2.** (lopta) football

futbalista football player [ˈfutboːl ˌpleiə]
fúzatý: *f. muž* a man with a moustache; *f-á pšenica* bearded wheat
fúzy 1. (nad hornou perou) moustache [məˈstaːš] 2. (živočíchov, napr. mačky) whisker [ˈwiskə] 3. (ôstie obilia, výrastky na rastlinách) beard [biəd]
fyzický physical [ˈfizikl]; *f. svet* the physical world; *f-é cvičenie* (telesné) physical exercise; *f-á práca* physical work
fyzik physicist [ˈfizəsəst]
fyzika physics [ˈfiziks]
fyzikálny physical [ˈfizikl]; *f. zemepis* physical geography; *f-e vedy* physical sciences
fyziológia physiology [ˌfiziˈolədži]
fyziologický physiological [ˌfiziəˈlodžikl]

G

gáfor camphor [ˈkæmfə]
gágať (o husi) honk [hoŋk], gaggle [ˈgægl]
gágor throat [θrəut]; *dole g-om* down one's throat
gajdoš piper [ˈpaipə]
gajdy bagpipes [ˈbægpaips]; *hrať na g.* play the bagpipes
galantéria (tovar aj obchod) haberdashery [ˈhæbədæšəri], AM notions [ˈnəušnz]
galantný gallant [ˈgælənt], (pozorný) attentive [əˈtentiv], (dvorný) courteous [ˈkəːtiəs]; *g. muž* a gallant man
galeje galleys [ˈgəliæz]; *poslať (koho) na g.* send sb. to the galleys
galéria gallery [ˈgæləri]; *umelecká g.* an art gallery
galoše galoshes [gəˈlošiz], overshoes [ˈəuvəšuːz], AM rubbers [ˈrabəz]
gamaše (dlhé) leggings [ˈlegiŋz], (krátke) gaiters [ˈgeitəz]
gangster gangster [ˈgæŋstə]
garantovať (peniazmi) underwrite*
garáž garage [ˈgæraːž/ˈgæridž]; *dať auto do g-e* garage a car
garbiar tanner [ˈtænə]
garbiareň tannery [ˈtænəri]
garda guard [gaːd]; *g. na ochranu panovníka* the Guards; *stará g.* old gard
garniža pelmet [ˈpelmət]
garsónka flatlet [ˈflætlət]
Gašparko (postava bábkového divadla) Punch [panč]
gaštan 1. (jedlý) chestnut [ˈčesnat]; *pečené g-y* roasted chestnuts 2. (divý) horse chestnut [hoːs ˈčesnat], (semeno) conker [ˈkoŋkə] 3. (strom) chestnut tree [česnat ˈtriː] 4. (kôň gaštanovej farby) chestnut [ˈčesnat] ● *ťahať/vyberať za koho horúce g-y z ohňa* do sb.'s dirty work for sb.
gaštanovohnedý chestnut [ˈčesnat], auburn [ˈəːbən]

gaštanový 1. chestnut [ˈčesnat]; *g-é pyré* chestnut purée; *g-á roláda* swiss roll filled with chestnut cream 2. (o farbe) maroon [məˈruːn]
gauč couch [kauč]
gavalec bunk [baŋk]
gavalier 1. (ušľachtilý človek) gentleman [ˈdžentlmən] 2. (štedrý človek) generous person [ˌdženərəs ˈpəːsn] 3. (dvorný muž) gallant man [gəˈlænt mæn] ● *hrať sa na g-a* play a lord
gáza gauze [goːz]; *sterilná g.* sterile gauze
gazda 1. (roľník) farmer [ˈfaːmə] 2. hovor. (hlava domácnosti) (the) master (of the house) [(ðə) ˈmaːstə (əv ðe ˌhauz)] 3. (majiteľ) landlord [ˈlændloːd] 4. (správca) manager [ˈmænidžə]
gazdiná 1. (na gazdovstve) farmer's wife [ˈfaːməz waif] 2. (žena v domácnosti) housewife [ˈhauswaif] 3. (domáca) landlady [ˈlændleidi]
gazdovať 1. (obrábať zem) farm [faːm]; *g. na pôde* farm arable land 2. (spravovať) manage [ˈmænidž]; *g. veľmi dobre s peniazmi* manage one's money very well 3. (hospodárne, rozumne s čím narábať) economize [iˈkonəmaiz]; *g. s vodou* economize on water
gazdovstvo 1. farm [faːm], AM (s chovom dobytka) ranch [raːnč] 2. (dom) farmhouse [ˈfaːmhaus]
gazela gazelle [gəˈzel]
gejzír geyser [ˈgiːzə]
geleta pail [peil]
gén gene [džiːn]
generácia generation [ˌdženəˈreišn]; *mladá g.* the young generation; *počítače piatej g-e* fifth-generation computers
generál general [ˈdženrəl]
generalizovať generalize aj generalise [ˈdženərəlaiz]; *g. použitie nového vynálezu* generalize the use of a new invention; *g. zákon* generalize a law
generálka 1. div. dress rehearsal [ˌdres riˈhəːsl] 2. (generálna oprava) complete overhaul [kəmˈpliːt ˈəuvəhoːl]

G

generálny (v rozl. význ.) general ['dženrəl]; *g. štáb* the general staff; *g. štrajk* a general strike; *g-a oprava* a complete overhaul

generátor generator ['dženəreitə]

genetický genetic [džə'netik]; *g-á chyba* a genetic defect

genetika genetics [džə'netiks]

geniálny genious ['dži:niəs]; *g. človek* a genious; *g-e diela* works of genious

genitív genitive (case) ['dženətiv (keis)]

génius genius ['dži:niəs]; *Einstein bol matematický g.* Einstein was a mathematical genius

geodézia geodesy [dži'odəsi], surveying [sə:'veiiŋ]

geografia geography [dži'ogrəfi]

geológ geologist [dži'olədžəst]

geológia geology [dži'olədži]

geologický geological [ˌdžiə'lodžikl]

geometria geometry [dži'əmətri]

geometrický geometric(al) [ˌdžiə'metrək(l)]; *g-é vzory* geometrical patterns

Germán German ['džə:mən], (Starogermán) Teuton ['tju:tən]

gestikulovať gesticulate [dže'stikjəleit]

gesto gesture ['džesčə]; *odmietavé g.* a gesture of refusal; *priateľské g.* a gesture of friendship

gestor director and coordinator [di'rektə ənd ˌkəu'o:dəneitə]

geto ghetto ['getəu]

gigantický gigantic [džai'gæntik]

girlanda garland ['ga:lənd]; *ozdobiť g-ou* decorate with a garland

git putty ['pati]

gitara guitar [gi'ta:]; *hrať na g-e* play a guitar

gitarista guitarist [gi'ta:rəst]

gitovať putty ['pati]; *g. dieru* putty up a hole

glazúra 1. glazing ['gleiziŋ] 2. kuch. (poleva) icing ['aisiŋ]

glej glue [glu:]

glejiť glue [glu:]; *g. dva kusy dreva* glue two pieces of wood

glg draught [dra:ft]; *g. vody* a draught of water

globálny global ['gləubl]; *g. pohľad* a global view

glóbus globe [gləub], pren. (zemeguľa) the globe

gobelín tapestry ['tæpəstry]

gól goal [gəul], (počet gólov) score [sko:]; *dať g.* score a goal; *vlastný g.* one's own goal

golf[1] golf [golf]; *g-é ihrisko* a golf-course, golf-links

golf[2] (morský záliv) gulf [galf]

golfský: *G. prúd* Gulf Stream

golier collar ['kolə] ● *chytiť koho za g.* collar sb.

gombík (v rozl. význ.) button ['batn]; *stlačiť g.* press/push the button; *zapnúť si kabát na g-y* button (up) one's coat

gombíkový: *g-á dierka* a buttonhole

gorila gorilla [gə'rilə]

gotický Gothic (style) ['goθik (stail)]

graf graph [græf]; (diagram) diagram ['daiəgræm]

grafický graphic ['græfik]; *g-é umenie* a graphic art

grafika graphic ['græfik], (umenie) graphic art [a:t], (dielo) graphic design [di'zain]

gram gram, gramme [græm], skr. g

gramatický grammatical [grə'mætikl]; *g-é pravidlá* grammatical rules

gramatika grammar ['græmə]; *nemecká g.* German grammar; *dobre ovládať g-u* have a good command of grammar

gramofón record-player ['reko:d ˌpleiə]

gramofónový: *g-á platňa* a gramophone record [ə 'græməfəun 'reko:d]

gramotný literate ['litrət]

granát 1. (zbraň) shell [šel], grenade [grə'neid]; *ručný g.* a hand grenade 2. (minerál) garnet ['ga:nət]

granátový: *g. šperk* a garnet jewel; *g-é jablko* a pomegranate ['pomigrænət]

grapefruit grapefruit ['greipfru:t]

gratulácia congratulations [kənˌgræčə'leišnz]; *odovzdajte jej, prosím, moju srdečnú g-u* please, give my heartiest congratulations to her

gratulačný congratulatory [kənˌgræčə'leitəri]; *g. telegram* a congratulatory telegram

gratulovať congratulate [kən'græčuleit]; *g. k svadbe (komu)* congratulate sb. on marriage; *g-ujem ku skúške!* congratulations on passing the exam!

gravitácia 1. (sila) gravity ['grævəti]; *zákon g-e* the law of gravity 2. (gravitačné pôsobenie) gravitation [ˌgrævə'teišn]

gravitačný gravitational [ˌgrævə'teišnəl]; *g-é sily* gravitational forces

Grécko Greece [gri:s]

gréckokatolícky Greek Catholic [ˌgri:k 'kæθlik]

grécky Greek [gri:k]; *g. jazyk* Greek (language)

Grék Greek [gri:k]
grgať belch [belč], hovor. burp [bə:p]
gril **1.** (elektr. prístroj) grill [gril], (mriežka) gridiron [ˈgridaiən], (s otvoreným ohňom) barbecue [ˈbɑ:bikju:] **2.** (miestnosť, reštaurácia) grill-room [ˈgrilrum]
grilovať grill [gril], AM broil [broil]; *g-é klobásky* grilled sausages
grimasa grimace [griˈmeis]; *robiť g-y* make /pull faces
grobian lout [laut], ill-mannered man [ˌilˈmænəd mæn]
gróf count [kaunt], V.B. earl [ə:l]
grófstvo county [ˈkaunti]; *Kentské g.* the County of Kent
groteska **1.** grotesque [grəuˈtesk] **2.** (filmová kreslená) (animated) cartoon [(ˌænimeitəd) kaːˈtuːn]
groteskný grotesque [grəuˈtesk]; *g-á situácia* a grotesque situation
grúň grassy slope [ˈgrɑ:si sləup], hillside [ˈhilsaid]
Gruzínec Georgian [ˈdžo:džjən]
Gruzínsko Georgia [ˈdžo:džiə]
gruzínsky Georgian [ˈdžo:džjən]
guľa **1.** (guľatý predmet) ball [bo:l]; *hádzať g-ou* throw a ball; *snehová g.* a snow-ball; *delová g.* shell **2.** (geom.) sphere [ˈsfiə] **3.** fyz., astron. globe [gləub] **4.** kuch. hovor., obyč. mn. č. (knedle) dumplings [ˈdampliŋz]; *slivkové g-e* plum dumplings **5.** štud. slang (nedostatočná známka) fail [feil]; *dostať g-u z matematiky* fail in math
guláš goulash [ˈgu:læš]; *hovädzí/bravčový g.* beef/pork goulash
gúľať (sa) (v rozl. význ.) roll [rəul]; *peniaz sa g-l pod stôl* the coin rolled under the table; *slzy sa jej g-li po tvári* the tears were rolling down her cheeks; *g. očami* roll one's eyes

guľatý round [raund], ball-shaped [ˈbo:l-šeipt], spherical [ˈsferikl]; *g. predmet* a round object
guľka **1.** (strela, náboj) bullet [ˈbulət] **2.** mn. č. (detská hra) marbles [ˈma:blz]
guľomet machine gun [məˈši:n ˌgan]
guľovačka snowball fight [ˈsnəubo:l fait]
guľovať sa have a snowball fight [hæv ə ˈsnəubo:l fait]
guľovitý spherical [ˈsferikl], globular [ˈglobjələ]
guľovnica rifle [ˈraifl]
guľôčkový: *g-é pero* a ballpoint (pen), biro [ˈbairəu]; *písané g-m perom* written with a biro/in biro
guma **1.** rubber [ˈrabə] **2.** (na gumovanie) rubber, eraser [iˈreizə] **3.** (bielizňová) elastic [iˈlæstik]
gumička, gumka (krúžok z gumy na tesnenie, spájanie ap.) rubber band [ˌrabəˈbænd], elastic band [iˈlæstikˌbænd]
gumovať rub out [rab aut], erase [iˈreiz]; *to sa nedá dobre g.* it won't rub out properly
gunár gander [ˈgændə]
guvernér governor [ˈgavnə]; *g. štátu New York* the Governor of New York State
gýč trash [træš]
gymnasta gymnast [ˈdžimnæst]
gymnastický gymnastic [džimˈnæstik]
gymnastika gymnastics [džimˈnæstiks]
gymnázium grammar school [ˈgræmə sku:l], (v strednej Erurópe) gymnasium [gimna:-ˈziəm]
gynekológ gynaecologist [ˌgainəˈkolədžəst]
gynekológia gynaecology [ˌgainəˈkolədži]
gyps **1.** plaster of paris [ˌplaːstər əv ˈpærəs]; *obväz z g-u* plaster cast **2.** (surovina – sadrovec) gypsum [ˈdžipsm]

H

habarka twirling stick [ˈtwə:liŋ stik]
habilitovať sa habilitate [həˈbiliteit]
háčik **1.** (malý hák) hook [huk] **2.** (rybársky) fish hook [fiš huk] **3.** (na háčkovanie) crochet-hook [ˈkrəušei huk] ● *v tom je ten h.* there is the rub
háčkovať crochet [ˈkrəušei]
had snake [sneik]
hádam perhaps [pəˈhæps], maybe [ˈmeibi]
hádanka **1.** (hra) puzzle [ˈpazl] **2.** (záhada)

riddle [ˈridl], puzzle; *hovoriť v h-ách* speak in riddles; *to je h.* (nerozumiem tomu) it's a bit of a puzzle
hádať **1.** guess [ges]; *h-j, koľko vážim* can you guess my weight? **2.** (veštiť) foretell* [foːˈtel]; *h. budúcnosť (komu)* foretell sb.'s future; *h. z ruky (komu)* read sb.'s palm
hádať sa quarrel [ˈkworəl], argue [ˈa:gju:]
hádavý quarrelsome [ˈkworəlsm]; *h-á povaha* quarrelsome by nature

hadica hose [həuz]; *polievať/umývať h-ou* hose

hádka 1. quarrel [ˈkworəl], argument [ˈaːgjəmənt]; *h. o peniaze* a quarrel about money **2.** (slovný spor) dispute [diˈspjuːt]; *náboženské h-y* religious disputes

hádzaná handball [ˈhændboːl]

hádzanár handball player [ˈhændboːl ˌpleiə]

hádzanársky: *h. turnaj* a handball tournament

hádzať (sa) p. **hodiť (sa)**

háj (mladý les) grove [grəuv], (zelený porast) greenwood [ˈgriːnwud] ● expr. *choď do h-a!* damn you!

hájiť 1. (brániť (sa)) defend [diˈfend], (strážiť) guard [gaːd], protect [prəˈtekt]; *h. svoju krajinu proti nepriateľovi* defend one's country against enemies; *h. svoju povesť* guard /protect one's reputation; *niektoré vtáky sú h-ené zákonom* some birds are protected by a special law **2.** (pred súdom) plead [pliːd]; *h-i ju/h. sa proti nej* he pleads for her/against her

hájnik gamekeeper [ˈgeimkiːpə]

hák hook [huk], peg [peg]; *palica s h-om na konci* a crook; *h. na mäso* a meat-hook

hala (obytná al. predsieň) hall [hoːl], AM hallway [ˈhoːlwei], (sieň) lounge [laundž]; *hotelová h.* a cocktail lounge; *športová h.* a sports hall; *montážna h.* an assembly hall

halda (kopa) heap [hiːp], pile [pail]; *h. smetí* a heap of rubbish; *h. piesku* a heap/pile of sand

halier heller [ˈhelə] ● *to ťa nebude stáť ani h.* it won't cost you a penny; *byť bez h-a* be penniless

haló I. cit. hello [həˈləu]; (v telefóne) *h., kto tam?* hello, who's speaking, please? **II.** hovor. podst. expr. sensation [senˈseišn]; *bolo z toho veľké h.* it caused a great sensation

halový 1. chem. halogenous [haləˈdžinəs] **2.** šport. indoor [ˈindoː]; *h-é športy* indoor sports

halucinácia hallucination [həˌluːsəˈneišn]

halušky dumplings [ˈdampliŋž]; *h. s bryndzou* dumplings with sheep cheese

haluz branch [braːnč], (veľká) bough [bau]

hana kniž. blame [bleim]; *bez h-y* blameless

hanba I. prísl. shame [šeim]; *to je h.* it's a shame; *cítiť h-u* feel shame; *červenať sa od h-y* blush **II.** podst. disgrace [disˈgreis]; *tie ošarpané domy sú h-ou pre mesto* those shabby buildings are a disgrace to the city

hanbiť sa be* ashamed [biː əˈšeimd]; *mal by si sa h.* you should be ashamed of yourself; *neh-í sa* he has no shame/is without shame; *h-i sa!* shame on you!

hanblivý ashamed [əˈšeimd], (nesmelý) shy [šai], bashful [ˈbæšfl]; *h-é dieťa* a bashful kid

handra rag [ræg], (zdrapy) tatters [ˈtætəz]; *oblečený v h-ách* dressed in rags

hanebný shameful [ˈšeimfl], vile [vail], infamous [ˈinfəməs]; *h-é správanie* infamous behaviour; *h. nedostatok vedomostí* a shameful lack of knowledge

hangár hangar [ˈhæŋə]

haniť (koho za čo) blame [bleim] (sb. for sth.), find* fault [faind foːlt] (with sb.); *neh-ím ju za to* I don't blame her for it

hánka knuckle [ˈnakl]

hanobiť disgrace [disˈgreis], dishonour [disˈonə]; *neh-b meno rodiny* don't disgrace the family name

harfa harp [haːp], *hrať na h-e* harp, play the harp

haring herring [ˈheriŋ] (bez mn. č.) ● expr. *natlačení ako h-y* packed like sardines

harmanček camomile [ˈkæməmail]

harmónia harmony [ˈhaːməni]; *h. farieb* the harmony of colours

harmonický harmonious [haːˈməuniəs]; *h-é zvuky* harmonious sounds

harmonika 1. (ťahacia) accordion [əˈkoːdiən] **2.** (fúkacia) mouth-organ [ˈmauθˌoːgən]

harmónium harmonium [haːˈməuniəm]

hárok 1. sheet [šiːt], (veľkého rozmeru) foolscap [ˈfuːlskæp]; *h. papiera* a sheet of paper **2.** typ. (tlačový) folded sheet [ˈfəuldid šiːt]

harpúna harpoon [haːˈpuːn]; *zasiahnuť h-ou* strike with a harpoon

hasiaci: *h. prístroj* extinguisher [ikˈstiŋgwišə]

hasič fireman [ˈfaiəmən]

hasiť 1. (oheň) put* out fire [put aut ˈfaiə], extinguish [ikˈstiŋgwiš] **2.** (smäd) quench [kwenč]; *h. smäd pohárom mlieka* quench one's thirst with a glass of milk ● *čo ťa nepáli, nehas* mind your own business

hasnúť 1. (prestávať horieť) burn* low [bəːn ləu] **2.** (slabnúť) wane [wein]; *jeho sláva h-e* his reputation is waning

haspra bar [baː]; *zavrieť dvere na h-u* bar the door

hať p. **hrádza**

hatiť (mariť) thwart [θwoːt], frustrate [fra-

'streit], (brzdiť) act as a brake ['ækt æs ə ˌbreik]; *h. komu plány* thwart sb.'s plans; *h. pokrok* act as a brake of progress

havária breakdown ['breikdaun], accident ['æksidnt], (s nárazom) crash [kræš]; *smrteľná h.* a fatal accident; *h. lietadla/auta* a plane/car crash; *mať h-u* have an accident

havarijný: *h-á čata* a breakdown team; *h. stav* unfitness for use; *h-á poistka* an accident insurance

havarovať break down [breik daun], (have) crash [(hæv) kræš]; *h. autom* have a car accident

háveď expr. (škodlivé živočíchy aj ľudia) vermin ['vəːmin]

havran rook [ruk], raven [reivn]

hazardný hazardous ['hæzədəs]; *h-é hry* gambling; *h. výstup* (na bralo) a hazardous climb

hazardovať 1. (s čím) hazard (sth.) ['hæzəd], (take* the) risk [(teik ðə) risk]; *horolezci niekedy h-ujú so životom* rock-climbers sometimes hazard their lives; *h-uješ so svojím zdravím* you're risking your health 2. (v hre) gamble ['gæmbl]; *h. v hre s kartami* gamble at cards

hebký soft (and smooth) [soft (ənd smuːθ)], (jemný) fine [fain], (ako zamat) velvety ['velvəti]; *h. kožúštek mačiatka* the kitten's velvety fur; *h-á detská pokožka* a baby's soft skin

hebrejský Hebraic [hiːˈbreik]; *h. jazyk* Hebrew ['hiːbruː]

hegať jolt [džəult]; *starý autobus h-l na drsnej ceste* the old bus jolted along the rough road

hej I. čast. (áno) yes [jes] II. cit. hello [həˈləu]; *h., je tu niekto?* Hello! Is anybody here?

hektár hectare ['hektaː]

helikoptéra helicopter ['helikoptə]; *letisko pre h-y* heliport

hélium helium ['hiːliəm]

helma helmet ['helmət]

hemžiť sa teem [tiːm] (with); *ryby sa h-a v tejto rieke* this river teems with fish; *list hemžiaci sa chybami* a letter teeming with mistakes

heraldika heraldry ['herəldri]

herbár herbarium [həˈbeəriəm]

herec actor ['æktə]; *filmový h.* (veľmi známy) film star

herečka actress ['æktrəs]; *filmová h.* (veľmi známa) film star

hermelín ermine ['əːmən]; *plášť lemovaný h-om* a gown trimmed with ermine

herňa 1. gambling room/club ['gæmbliŋ ruːm/klab]; (budova) casino [kəˈsiːnəu] 2. (pre deti) playroom ['pleiruːm]

heroín heroin ['herəuin], slang. smack [smæk]

heslo 1. slogan ['sləugən], watchword ['wočwəːd], (vedúca myšlienka) motto ['motəu] 2. (v slovníku) entry ['entri], headword ['hedwəːd], (v zozname) item ['aitəm] 3. (dohovorené poznávacie znamenie) password ['paːswəːd]

heslovitý telegraphic [ˌteləˈgræfik]

hever jack [džæk]; *dvíhať auto h-om* jack (up) the car

hierarchia hierarchy ['haiəraːki]

história 1. (dejiny, minulosť) history ['histəri]; *dom s čudnou h-ou* a house with a strange history; *štúdium h-e* historical studies 2. (príbeh, udalosť) story ['stoːri]; *to je stará h.* it's an old story ● *vojsť do h-e* make history

historický 1. (týkajúci sa minulosti) historic [hiˈstorik]; *h-á udalosť* a historic event 2. (týkajúci sa histórie, patriaci do histórie) historical [hiˈstorikl]; *h. román* a historical novel

historka (vymyslená) tale [teil], story ['stoːri], hovor. yarn [jaːn]; *zábavná h.* anecdote; *dobrodružné h-y* tales of adventure; *h. zo skutočného života* a true-life story; *rozprávať, vymýšľať si h-y* spin yarns

hlad 1. (v rozl. význ.) hunger ['haŋgə]; *trpieť h-om* starve/suffer from hunger; *h. po novostiach* hunger for news; hovor. *zomieram od hladu* I'm starving 2. (núdza, bieda) poverty ['povəti]; *smrť h-om* starvation

hľadaný 1. (žiadaný) very much in/in great demand ['veri mač in/in greit diˈmaːnd]; *náš tovar je veľmi h.* our goods are in great demand 2. (osoba hľadaná políciou) wanted ['wontəd]; *h-á osoba* a wanted person

hľadať 1. look for [luk foː], (usilovne) seek* [siːk]; *h. stratenú knihu/zamestnanie* look for a lost book/a job; *h. pravdu* seek after the truth; *h. úkryt pred dažďom* seek a shelter from the rain 2. (pátrať) search [səːč]; *h-li malého chlapca po lese* they searched the woods for the little boy; *h. spôsob liečenia* search for a cure ● *h. ihlu v kope sena* look for a needle in a haystack

hľadieť 1. look [luk], (uprene) gaze [geiz], (vytrvalo) stare ['steə]; *h-eli sme, ale nič sme nevideli* we looked but saw nothing; *h. von oknom* look out of the window; *sedela a h-ela* *do ohňa* she sat gazing at the fire; *h-ela do diaľky* she was staring into the distance **2.** (brať ohľad) regard [ri'ga:d], consider [kən'sidə]; *neh. na varovanie* not to regard sb's warning **3.** (posudzovať) regard, see* [si:]; *h. na mučenie ako na zločin* regard torture as a crime; *ako ja na to h-ím* as I see it **4.** (dbať) see*; *h-ď, aby dvere boli zamknuté* see that the door is locked **5.** (predstavovať si) see*; *h-el na seba ako na spasiteľa* he saw himself as the saviour **6.** *h. si (koho, čoho)* attend to [ə'tend tə]; *h-ela si najprv svojich detí* she attended to her children first ● *h. ako teľa na nové vráta* seem completely nonplussed

hladina 1. (úroveň; v rozl. význ.) level ['levl]; *100 m nad h-ou mora* 100 metres above the sea level; *h. vody* the water level; *cenová h.* the level of prices **2.** (povrch) surface ['sə:fəs]; *ponorka sa vynorila na h-u* the submarine rose to the suface; *h. jazera bola pokojná* the surface of the lake was still

hľadisko 1. (stanovisko) point of view [,point əv 'vju:], viewpoint ['vju:point], standpoint ['stændpoint]; *z h-a spotrebiteľa* from the standpoint of the consumer **2.** (v divadle ap.) auditorium [,o:də'to:riəm]

hladiť 1. (hladkať) stroke [strəuk], (ľúbostne) caress; *h. si bradu* stroke one's beard **2.** (žehliť) iron ['aiən]

hladký 1. (vyrovnaný, rovný) even ['i:vn]; *dokonalo h. trávnik* a perfectly even lawn **2.** (ľahký) smooth [smu:ð]; *h. priebeh cesty* a smooth journey **3.** (jednoduchý) plain [plein]; *h-é šaty* a plain dress **4.** (lesklý) slick [slik]; *h. papier* slick paper ● *h-é očko* a plain stich; *h-á múka* fine-ground flour

hladný hungry ['haŋgri]; *byť h.* be hungry; *h. po novinkách* hungry for news ● *h. ako vlk* as hungry as a hunter

hladomor famine ['fæmən]

hladovať be*/go* hungry [bi:/gəu 'haŋgri], suffer from hunger ['safə frəm 'haŋgə], starve [sta:v]

hladovka hunger strike ['haŋgə straik]

hlas 1. voice [vois]; *stratil h.* he has lost his voice; *h. Boží* the voice of God; *hlučným/tichým h-om* in a loud/soft voice **2.** hud. part [pa:t] **3.** (volebný) vote [vəut]; *odovzdať svoj h.* cast one's vote

hlásať preach [pri:č], propagate ['propəgeit]; *h. budhizmus* preach Buddhism; *h. svoje myšlienky* propagate one's ideas

hlásateľ announcer [ə'naunsə]

hlásenie announcement [ə'naunsmənt], report [ri'po:t], information [,infə'meišn]

hlásiť 1. (oznamovať) announce [ə'nauns], inform [in'fo:m] (of) **2.** (ohlásiť) report [ri'po:t]; *h. zmenu adresy* report the change of address; *h. príchod/odchod* check in/out [ček in/aut] // **h. sa 1.** report [ri'po:t] oneself, (do zoznamu) register ['redžistə]; *musím sa h. na polícii* I must register (myself) with the police **2.** (za dobrovoľníka) volunteer [,volən'tiə] (for) **3.** (o niečo) claim [kleim]; *h. sa o peňažný príspevok* claim an allowance **4.** (v škole) hold* up one's hand [həuld ap wanz hænd]

hlasivky vocal cords ['vəukəl ko:dz]

hláska (vocal) sound [('vəukl) saund]

hláskovať spell* [spel]; *h-ujte svoje meno, prosím* spell your name, please

hlasno loud [laud], aloud [ə'laud], in a loud voice [in ə laud vois]; *čítaj to, prosím, h.* please, read it aloud

hlasný loud [laud]; *h-á hudba* a loud music; *h. protest* loud protest

hlasovací: *h. lístok* a ballot; *h-ie právo* vote(s)

hlasovať vote [vəut]; *h. za/proti* vote for/against

hlasový vocal ['vəukl]; *h-é orgány* the vocal organs

hlava 1. (časť tela) head [hed]; *prikývla h-ou* she nodded her head; *bolí ma h.* I have a headache; *byť o h-u vyšší* be a head taller **2.** (pamäť) memory ['meməri]; *nemám h-u na čísla* I haven't got sa head for figures; *počítať z h-y* a head count **3.** (človek ako jednotlivec) head; *stojí to 10 libier na h-u* it costs £10 per head **4.** (vedúca osobnosť) head; *h. rodiny* the head of the family **5.** (vec podobná hlave) head; *kapustná h.* a head of cabbage; *h. šalátu* a head of lettuce ● *krúti sa mi h.* I am giddy/I feel dizzy; *h-u hore!* cheer up! *vtĺcť si do h-y (čo)* get sth. into one's head; *od h-y po päty* from head to foot; *ísť h-ou proti múru* knock/hit one's head against a brick wall; *uchovať si chladnú/jasnú h-u* keep a cool/a clear head; *pchať h-u do piesku* bury one's head in the sand; *dať h-y dokopy* put one's heads together; *stratiť h-u* lose one's head

hlavatý (tvrdohlavý) obstinate ['obstənət], wilful ['wilfl], stubborn ['stabən]; *h-é dieťa* an obstinate/wilful child

hlaveň barrel ['bærəl]; *h. pušky* a rifle barrel

hlavica 1. (piliera) capital [ˈkæpətl] **2.** (výbušná nálož) warhead [ˈwoːhed]; *atómová h.* nuclear warhead

hlávkový: *h. šalát* lettuce [ˈletəs]

hlavný I. príd. **1.** (najdôležitejší) chief [čiːf], main [mein], principle [ˈprinsəpl]; *h-é rieky Európy* principal/chief/main rivers of Europe; *h-á cesta* the major road; *h-á ulica* a main street; *h-é mesto* the capital (city); *h-á stanica* the central station; *h. stan* voj. headquarters; *v h-ch úlohách* featuring/staring; *h-é body* (spravodajstvo) headlines **2.** (hierarchicky najvyšší, vedúci) head [hed], chief; *h. policajný úradník* the chief constable; *h. čašník* the head waiter **II.** podst. hovor. waiter [ˈweitə]; *pán h., platím!* waiter! the bill, please

hlavolam brain-teaser [ˈbrein-ˌtiːzə]

híbať (o čom) meditate [ˈmedəteit] (on), ponder [ˈpondə] over; *h. nad problémom* ponder over a problem

híbavý thoughtful [ˈθoːtfl]; *h. pohľad* a thoughtful look

híbiť deepen [ˈdiːpən], (kopať) excavate [ˈekskəveit], (bagrovaním) dredge [dredž]; *h. studňu* deepen a well

híbka (v rozl. význ.) depth [depθ]; *v h-e 10 m* at a depth of 10 metres; *v h-e oceána* (v hlbinách) in the depths of the ocean; *h. citu* the depth of feeling; *študovať do h-y (čo)* study sth. in depth

hlboko (v rozl. význ.) deeply [ˈdiːpli], deep [diːp]; *sme vám h. vďační* we are deeply grateful; *dom h. v lese* a house deep in the forest; *h. do noci* deep into the night; *zatlačil palicu h. do blata* he pushed his stick deep into the mud

hlboký (v rozl. význ.) deep [diːp]; *h-á rieka* a deep river; *h-á rana* a deep wound; *jama h-á dva metre* a hole two metres deep; *h-m hlasom* in a deep voice; *v h-om spánku* in a deep sleep; *h. vzdych* a deep sigh ● *h. výstrih* (na šatách) a low neckline

hliadka 1. watch [woč]; *mať h-u* be on the watch/keep watch **2.** (stráž) guard [gaːd], voj. sentry [ˈsentri] **3.** (obchôdzka) patrol [pəˈtrəul]; *policajná h.* a police patrol; *štrajková h.* picket

hliadkovať be* on/keep* guard [biː on /kiːp gaːd], (keep) patrol [(kiːp) pəˈtrəul], (pred štrajkujúcim podnikom) picket [ˈpikət]

hlien phlegm [flem]

hlina earth [əːθ], (spracovateľná) clay [klei]

hlinený earthen [ˈəːθən]; *h. riad/tovar* earthenware

hliník aluminium [ˌæljuˈminiəm]

hlísta worm [wəːm]

hlivieť (leňošiť) laze [leiz], idle [ˈaidl]; *neh-v tu!* don't idle (about)!

hlodať gnaw [noː]; *pes h-l kosť* the dog was gnawing (at) a bone; pren. *úzkosť h-júca v srdci* anxiety gnawing (at) the heart

hlodavec rodent [ˈrəudnt]

hloh hawthorn [ˈhoːθoːn]

hlt gulp [galp], (glg) draught [draːft]; *h. vody, vína* a draught of water/wine; *niekoľko h-ov kávy* a few gulps of coffee

hltan gullet [ˈgalət], odb. pharynx [ˈfæriŋks]

hltať 1. (prehltať) swallow [ˈswoləu], gulp [galp] ● *h. očami (koho)* eye sb. **2.** (hltavo jesť) devour [diˈvauə], (aj hlučne) gobble [ˈgobl]; *hladný chlapec h-l večeru* the hungry boy devoured his dinner

hlúb stalk [stoːk]

hlučný 1. noisy [ˈnoizi], (z veselosti) boisterous [ˈboistrəs]; *h-é deti* noisy children **2.** (o hlase) loud [laud]; *h. smiech* loud laughter **3.** (rušný) busy [ˈbizi]; *h-á ulica* a busy street

hluchonemý deaf-mute [ˌdefˈmjuːt], deaf-and-dumb [ˈdefən(d)ˌdam]

hluchota deafness [ˈdefnəs]

hluchý 1. deaf [def]; *h. od narodenia* deaf from birth; *h. na jedno ucho* deaf in one ear **2.** (pustý, jalový) dead [ded]; *h-á hornina* dead rock ● *byť k niečomu h.* (ľahostajný) be deaf to sth.; *telefón je h.* the telephone went dead

hluk 1. noise [noiz], (veľký) din [din], (spôsobený masou ľudí) uproar [ˈaproː]; *nerob taký h.* don't make so much noise **2.** (rozruch o nedôležitom) fuss [fas]; *narobiť zbytočný h. (okolo čoho)* make a fuss of

hlupák blockhead [ˈblokhed], (pomaly chápajúci, najmä v škole) dunce [dans] ● *robiť z niekoho h-a* make a fool (of)

hlúposť stupidity [stjuːˈpidəti], (bláznivosť) foolishness [ˈfuːlišnəs], (nezmysel) nonsense [ˈnonsns] ● *h!* nonsense! *robiť h-i* play the fool

hlúpy stupid [ˈstjuːpəd], silly [ˈsili], (obmedzený) dull [dal]; *h-i žiaci* dull pupils

hlušina deads [dedz], dead rocks [ded roks]

hľuza bulb [balb]

hmat touch [tač]; *h-om* by touch

hmatať touch [tač], (cítiť hmatom) feel* [fiːl]

hmatateľný tangible [ˈtændžəbl]; *h. dôkaz* a tangible proof

hmla fog [fog], (nie hustá) mist [mist]; *hustá h.* thick fog; *kopce skryté v h-e* hills hidden in mist

hmlistý 1. foggy ['fogi], misty ['misti] **2.** (nejasný) vague [veig]; *h-é plány* vague plans

hmlovina nebula ['nebjələ]

hmota 1. matter ['mætə]; *organická/anorganická h.* organic/inorganic matter **2.** (látka, materiál) material [mə'tiriəl], (druh hmoty) substance ['sabstəns]; *stavebné h-y* building materials; *umelá h.* plastics; *tuhá h.* solid

hmotnosť 1. materiality [mə'tiriæləti], fyz. mass [mæs] **2.** (váha) weight [weit]; *h. vreca je 70 kg* the weight of the sack is 70 kg

hmotný 1. material [mə'tiriəl]; *h-é škody* material damage **2.** (týkajúci sa financií) financial [fə'nænšl]; *h-é ťažkosti* financial difficulties; *h-é prostriedky* (peniaze) means

hmyz insect ['insekt]

hmyzožravec insectivore [in'sektəvo:]

hmyzožravý insectivorous [ˌinsek'tivərəs]; *lastovičky sú h-é* swallows are insectivorous

hnačka diarrh(o)ea [ˌdaiə'riə]

hnať 1. (uvádzať do pohybu) drive* [draiv], propel [prə'pel]; *voda ženie mlyn* water drives the mill; *plachetnicu ženie vietor* a sailing boat is propelled by wind; pren. *h. ceny hore* drive the prices up **2.** (poháňať) drive*; *h. dobytok* drive the cattle **3.** (vyháňať) drive* sb. from/out (of); *h. nepriateľa z krajiny* drive the enemy out of the country **4.** (nútiť do rýchleho pohybu) rush [raš], hurry ['hari], urge [ə:dž]; *nežeň ma!* don't rush/hurry me! *h-l kone ďalej* he urged the horses on **5.** (veľkou rýchlosťou) race [reis], rush ● *h. niekomu vodu na mlyn* play into sb.'s hands; *h. niečo do krajnosti* carry sth. too far // **h. sa** rush, dash [dæš]; *h. sa dole ulicou* dash down the road; *h-l sa ku dverám* he rushed towards the door

hneď I. prísl. **1.** (okamžite) at once [ət wans], immediately [i'mi:diətli]; *h. teraz* right now; *poď h. sem!* come here at once! *h. s tým prestaň!* stop that immediately **2.** (o chvíľu) in a moment [in ə 'məumənt], directly [də'rektli], in a minute [ˌin ə 'minət], in a few minutes [ˌin ə fju: 'minəts] **3.** (v tesnej blízkosti) *h. za (kým, čím)* directly behind; *h. oproti* opposite **II.** spoj. **1.** *h. ... h.* now ... now [nau]; *ceny idú h. hore, h. dole* prices are now rising, now falling **2.** *h. čo/h. ako* immediately; *môžeš ísť h., ako príde* you can go immediately he comes

hnedý brown [braun], (opálený) tanned ['tænd]; *h-é oči* brown eyes; *mať h-ú pokožku* be brown-skinned; *h-é uhlie* brown coal, lignite

hnev anger ['æŋgə], kniž. wrath [roθ]; *plný h-u* filled with anger; *h. Boží* the wrath of God; *krotiť svoj h.* contain one's anger

hnevať annoy [ə'noi], make* angry [meik 'æŋgri], irritate ['irəteit], (veľmi) rile [rail]; *prestaň ma h.!* do stop annoying me! *jeho spôsoby ma h-jú* his manner riles me // **h. sa** (na koho; čo) be angry/cross [bi: 'æŋgri/kros] (with; at); *h. sa jeden na druhého* be angry with one another

> **hnevať sa**
> (na niečo) – be angry **at** something
> (na niekoho) – be angry **with** somebody

hnida nit [nit]

hniesť knead [ni:d]; *h. cesto* knead dough

hniezdiť nest [nest]; *väčšina vtákov h-i na stromoch* most birds nest in trees // **h. sa** (vrtieť sa) fidget ['fidžət]

hniezdo nest [nest]; pren. *h. zločinu* a nest of crime

hniloba rot [rot], (rozklad) decay [di'kei]; *plný h-y* full of rot

hnilý rotten ['rotn]

hnis pus [pas]

hnisať fester ['festə], lek. suppurate ['sapjəreit]; *rana h-á* the wound festers

hnisavý: *h-á rana* a festering wound

hniť rot [rot], putrefy ['pju:trəfai], (rozkladať sa) decay [di'kei]; *jablká h-jú* the apples are rotting

hnoj dung [daŋ], (hnojivo) mannure [mə'njuə]

hnojiť manure [mə'njuə], fertilize ['fə:təlaiz]; *h. pôdu* fertilize the soil

hnojivo manure [mə'njuə], fertilizer ['fə:təlaizə]; *umelé h.* artificial fertilizer

hnus disgust [dis'gast], (nechuť) distaste [dis'teist]; *odvrátil sa s h-om* he turned away in disgust

hnusiť sa be disgusted [ˌbi: dis'gastəd], loathe [ləuð]; *h-lo sa nám to, čo sme videli* we were disgusted at/with what we saw; *h-l sa jej ten zápach* she loathed the smell; *h-í sa mi to povedať* it is distasteful to me to say this

hnusný disgusting [dis'gastiŋ], loathsome ['ləuðsəm]; *h-é správanie* a disgusting behaviour; *h-á choroba* a loathsome disease

hnuteľný movable ['mu:vəbl]; *h. majetok* movables

hnutie movement ['mu:vmənt]; *ležal bez h-a* he lay without movement; *h. za občianske práva* the civil rights movement

hnúť (sa) p. **pohnúť (sa)**

ho (akuz. zám. *on*) him [him]; *vidím h.!* I can see him

hoblík plane [plein]

hobľovať plane [plein]; *h. drevo* plane wood

hoboj oboe ['əubəu]; *hráč na h.* an oboist

hoci I. spoj. though [ðəu], although [o:l'ðəu]; *h. mám veľmi staré auto, ešte dobre jazdí* although/though my car is very old, it still runs very well II. čast. if you like [if ju 'laik], maybe ['meibi]; *polož to h. aj sem* put it over here, maybe; *môžeš prísť h. aj hneď* you can come immediately, if you like

hocičo anything ['eniθiŋ], whatever [wot'evə]; *chcem niečo jesť, môže to byť h.* I want something to eat, anything will do; *buď pokojný, nech sa stane h.* keep calm, whatever happens; pren. *postaviť dom nie je h.* it's not so simple/easy to build a house

hocijaký 1. whatever [wot'evə], any ['eni]; *nech noviny napíšu h. nezmysel, ľudia uveria* whatever nonsense the newspaper print, people believe it 2. (všetok, každý) every (last) ['evri (la:st)]; *pozbieraj h. kúsok papiera* pick up every bit of paper

hocikde wherever [weə'evə], anywhere ['eniweə]; *h. budeš, budem ťa nasledovať* wherever you are, I'll follow you; *pôjdeme h. chceš* we'll go anywhere you like

hocikedy I. zám. neurč. prísl. (kedykoľvek) whenever [wen'evə]; *príď, h. chceš* come whenever you like II. spoj. whenever, at any time [ət 'eni taim]; *porozprávame sa o tom h. chceš* I'll discuss it with you whenever/at any time you like

hocikto (ktokoľvek) whoever [hu:'evə], anybody ['enibodi], anyone ['eniwan]; *h. ti povie, kde je zastávka* anyone will tell you where the stop is; *h. to povedal, nemá pravdu* whoever says that, is wrong

hociktorý whichever [wič'evə], any ['eni]; *príď v h. deň chceš* come any day you like

hod šport. throw(ing) ['θrəu(iŋ)]; *h. diskom* throwing the discus; *dobre mierený h.* a well-aimed throw

hodina 1. (časová jednotka) hour [auə]; *h. cesty* an hour journey; *úradné h-y* office hours;

návštevné h-y visiting hours; *platený na h-u* paid by the hour 2. (udanie času) o'clock [ə'klok] (v otázke) time [taim]; *koľko je h-ín?* what time is it? what is the time? *sú tri h-y* it's three o'clock; *o šiestej h-e presne* at six (o'clock) sharp 3. (vyučovacia) lesson ['lesn], class [kla:s]; *h-y angličtiny* English lessons; *kedy sa začína budúca h.?* what time does the next class begin?

jednotka času – 60 minút – **hour**
vyučovacia hodina – **class, lesson**
o'clock – súčasť časového údaja celej hodiny

hodinár watchmaker ['woč‚meikə]

hodinový (trvajúci hodinu) one hour's; *h-á mzda* time wages; *h-ý hotel* sleazy hotel

hodiny, hodinky 1. (nástenné, vežové ap.) clock [klok]; *h. meškajú* the clock is slow; *h. idú dopredu* the clock is fast 2. (hodinky) watch [woč]; *natiahnuť h.* wind up one's watch; *nastaviť h. podľa rádia* set one's watch by the radio; *digitálne h.* a digital watch; *náramkové h.* a wristwatch 3. (merací prístroj) meter ['mi:tə]; *plynové h.* a gas meter; *parkovacie h.* a parking meter

hodiť 1. (vrhnúť) throw* [θrəu], (prudko) sling* [sliŋ], fling* [fliŋ]; *h-ď mi loptu!* throw me the ball! *niekto do mňa h-l kameň* somebody threw a stone at me; *h. si kabát cez plecia* throw/sling one's coat over one's shoulders; *h-l to do koša* he slung it into the wastepaper basket; *h. tri šestky* (v kockách) throw three sixes; pren. *h. nazlostený pohľad (na koho)* throw sb. an angry look 2. (myknúť) toss [tos]; *h. hlavou* toss one's head; pren. *h. plecom* shrug one's shoulder ● *h. flintu do žita* throw in the sponge/the towel // **h. sa** 1. throw* oneself, fling; *h. sa niekomu okolo krku* fling one's arms round sb.'s neck; *h-la sa na posteľ* she threw herself down on the bed; *h. sa na kolená* go down on one's knees; *h. sa do vody* (skočiť) jump into the water 2. (vyhovovať) suit [su:t]; *bude sa ti h. štvrtok?* will Thursday suit (you)? 3. (pristať) suit, match [mæč]; *ideálne sa k sebe h-a* they are ideally suited (to each other); *tieto farby sa k sebe celkom neh-a* these two colours don't quite match

hodne I. prísl. (veľa) much [mač], very ['veri]; *h. skúsil* he suffered much; *je h. starší* he is much older; *h. dlho* for a very long time II.

neurč. čísl. (mnoho, veľa) plenty [ˈplenti], a lot [ə lot], a great/good deal [ə greit/gud di:l]; s počítateľným podst. many [ˈmeni], s nepočítateľným podst. much [mač]; *máme h. vajec* there are plenty of eggs; *minúť h. peňazí* spend a great deal of money; *h. ľudí si to myslí* many people think so; *h. z toho, čo hovoríš, je pravda* much of what you say is true

hodno: *(je to) h.* (it is) worth [(it iz) wə:θ]; *je/nie je to h. viac než dve libry* it's worth/not worth more than two pounds

hodnosť 1. rank [ræŋk]; *h. kapitána* the rank of captain **2.** (akademická) degree [diˈgri:]; *dosiahnuť h. doktora* take a degree of a Doctor

hodnostár dignitary [ˈdignətri]

hodnota value [ˈvælju:], worth [wə:θ]; *h. amerického dolára* the value of the American dollar; *h. pozemkov* land values; *poznať h-u priateľa* know a friend's worth; *akú h-u má tvoje auto?* how much is your car worth? *skutočná h.* the true value

hodnotenie (hodnoty, ceny) (e)valuation [i₁væljuˈeišn], (hodnoty al. množstva) assessment [əˈsesmənt], (odhad) estimation [₁estəˈmeišn]; *h. situácie* an assessment of the situation

hodnotiť value [ˈvælju:], assess [əˈses], evaluate [iˈvæljueit], (porovnaním) rate [reit]; *h. dom na 100 000 libier* value the house at £100 thousand; *h. schopnosti (koho)* assess sb.'s abilities; *na koľko h-íte jeho majetok?* what do you rate his wealth at?

hodnotný valuable [ˈvæljuəbl], worthy [ˈwə:ði], of great value [əv greit ˈvælju:]

hodnoverný authentic [o:ˈθentik], reliable [riˈlaiəbl]; *h-á správa* an authentic news; *h. svedok* a reliable witness; *h-á informácia* a reliable information

hodný 1. worthy [ˈwə:ði], deserving [diˈzə:viŋ]; *h-é podpory* worthy/deserving of support; *byť h. súcitu* be deserving of sympathy **2.** hovor. (silný, urastený) well-set [₁welˈset]; *h. mládenec* a well-set boy

hodovať feast [fi:st]; *h. celý večer* feast all evening

hodváb 1. silk [silk]; *umelý h.* rayon [ˈreion] **2.** (na šitie) silk/rayon yarn [ja:n]

hodvábny 1. silk [silk]; *h-a šatka* a silk scarf **2.** (ako hodváb) silken [ˈsilkən]; *h-e vlasy* silken hair ● *h. papier* tissue (paper)

hody feast [fi:st]

hojdací rocking [ˈrokiŋ]; *h-ie kreslo* a rocking-chair; *h. kôň* a rocking-horse

hojdačka swing [swiŋ]

hojdať 1. (kolísať) rock [rok]; *h. dieťa* rock a baby **2.** (knísať) swing [swiŋ]; *ruky sa mu h-li* his arms swung

hojiť cure [kjuə]; *h. ranu* cure a wound // **h. sa** heal [hi:l] (up, over); *rana sa mu h-la* the wound healed up

hojivý healing [ˈhi:liŋ]; *h-á masť* a healing ointment

hojnosť (veľa) plenty [ˈplenti], (nadbytok) abundance [əˈbandəns]; *h. jedla a pitia* food and drink in abundance

hojný abundant [əˈbandənt], plentiful [ˈplentifl]; *h-á zásoba paliva* an abundant /a plentiful supply of fuel

hokej hockey [ˈhoki]; *ľadový h.* ice hockey; *pozemný h.* field hockey; *hrať h.* play hockey

hokejista hockey player [ˈhoki ₁pleiə]

hokejka hockey stick [ˈhoki stik]

hokejový: *h. zápas* a hockey match

hoľa, hole grassy uplands [₁graːsi ˈaplændz]

Holanďan Dutchman [ˈdačmən]

Holandsko Holland [ˈholənd], (Nizozemsko) the Netherlands [ˈneðələndz]

holandský Dutch [dač]; *h. syr* Dutch cheese

hold homage [ˈhomidž]; *vzdať h. (komu)* do*/pay* homage (to)

holdovať (čomu) indulge [inˈdaldž] (in); *h. hudobným pôžitkom* indulge in musical pleasures

holeň shin [šin]

holiaci: *h. strojček* razor; *elektrický h. strojček* shaver

holič 1. (pánsky) barber [ˈba:bə] **2.** (kaderník) hairdresser [ˈheədresə]

holička (kaderníčka) hairdresser [ˈheədresə]

holičstvo barber's (shop) [ˈba:bəz (šop)]

holiť (sa) shave [šeiv]

holobriadok (nováčik) greenhorn [ˈgri:nho:n]

holohlavý 1. (bez vlasov) bald(headed) [ˈbo:ld(hædid)] **2.** (s nepokrytou hlavou) bare-headed [₁beəˈhædəd]

holub pigeon [ˈpidžən]

holubica hen-pigeon [ˈhen ₁pidžən], pren. dove [dav]; *h. mieru* dove of peace

holubník dovecote [ˈdavkəut]

holý 1. (nahý) naked [ˈneikəd]; *h-é dieťa* a naked child **2.** (nezarastený) bald [bo:ld]; *h-á hlava* a bald head; *h-á stráň* a bare hillside **3.** (nepokrytý) bare [beə]; *spať na h-ej zemi* sleep /lie on a bare floor; *chodiť s h-ou hlavou* be bare-headed **4.** (prázdny) bare; *bojovať s h-mi*

rukami fight with bare hands **5.** (číry) bare,
stark; *povedať h-ú pravdu* tell the bare truth;
holá skutočnosť the stark reality ● *pod h-ým
nebom* in the open air; gram. *h-á veta* a simple
sentence; *byť h.* (bez peňazí) be broke/flat broke
　　homogénny homogeneous [ˌhəumə'dži:niəs]
　　homoľa cone [kəun]
　　homosexuál homosexual [ˌhəumə'sekšuəl],
gay [gei]
　　hon poľnohosp. (časť poľa) strip of land [ˌstrip
əv 'lænd]
　　honorár fee [fi:]; *autorský h.* royalty
　　honosiť sa (čím) boast [bəust] (about, of);
h. sa deťmi boast about one's children
　　honosný ostentatious [ˌostən'teišiəs], (vy-
beraný) exquisite [ek'skwizət]; *h. životný štýl*
an ostentatious lifestyle
　　hora 1. (les) wood(s) [wud(z)], (veľký)
forest ['forəst]; *v h-e* in the woods **2.** (vrch)
mountain ['mauntən], (v názvoch) mount
[maunt], skr. Mt.: Mt. Everest ● *sľubovať
h-y-doly* promise sb. the moon/the earth;
chlap ako h. a bruiser
　　horák burner ['bə:nə]; *naftový h.* an oil-
-burner; *h. plynového variča* a gas-ring
　　horár forester ['forəstə]
　　horčica mustard ['mastəd]
　　horčík magnesium [mæg'ni:ziəm]
　　hore I. prísl. **1.** (vo výške) up [ap], high up
[hai ap], above [ə'bav]; (v dome) upstairs
[ˌap'steəz]; *h. v horách* up in the mountains;
v izbe h. in the room above; *spomenuté h.* (v
texte) mentioned above **2.** (smerom nahor) up-
wards ['apwədz], (do kopca) uphill [ap hil], (po
schodoch) upstairs; *pozerať h. na oblohu* look
upwards at the sky **3.** hovor. (o cenách) upwards;
náklady idú h. costs are moving upwards **II.**
predl. (smerom do výšky) up; *šplhať sa h. na ko-
pec/na rebrík* climb up the hill/the ladder; *ísť
h. po schodoch* go/walk up the stairs ● *h. no-
hami* upside-down; *h.-dolu* up and down; *byť
dlho h.* (nespať) sit up/stay up late; *ruky h.!*
hands up!
　　horeznačky on one's back [on wanz bæk];
padnúť h. fall on one's back
　　horieť 1. burn* [bə:n]; *drevo ľahko h-í*
wood burns easily; *dom h-í!* the house is
burning! *H-í!* Fire! *začať h.* catch alight; pren. *h.
od hnevu* burn with anger; *h. od hanby* blush
with shame **2.** (svietiť) have* the light on [hæv
ðə lait on], be alight [bi: ə'lait]; *v každom okne
h-elo svetlo* every window was alight

horizont horizon [hə'raizn]; *nad/pod h-om*
above/below the horizon
　　horizontálny horizontal [ˌhorə'zontl]
　　horký bitter ['bitə] (aj pren.); *h-é sklamanie*
a bitter disappointment; *h-é slzy* bitter tears ●
zhltnúť h-ú pilulku swallow a bitter pill
　　horľavina combustible [kəm'bastəbl]
　　horľavý combustible [kəm'bastəbl]; *ben-
zín je h.* petrol is highly combustible
　　horlivý 1. (zápalistý) keen [ki:n], enthusiastic
[inˌθju:zi'æstik]; *má h. záujem o svoju prácu*
he has a keen interest in his work; *h-í fanúši-
kovia* enthusiastic fans **2.** (oddaný veci) dedi-
cated ['dedəkeitəd]
　　hormón hormone ['hə:məun]
　　hornatý mountainous ['mauntənəs], (kopco-
vitý) hilly ['hili]; *h. kraj* a mountainous country
　　hornina rock [rok], (nerast) mineral ['minrəl]
　　horný upper ['apə], top [top]; *h. tok* up-
stream; *h-á pera* the upper lip; *na h-ej polici*
on the top shelf ● *h-ch desaťtisíc* the upper
class
　　horolezec mountaineer [ˌmauntə'niə],
mountain climber ['mauntən ˌklaimə]
　　horolezectvo mountaineering [ˌmauntə-
'niriŋ], (rock) climbing [(rok) 'klaimiŋ]
　　horor horror ['horə]; (film) horror film, (be-
letria) horror fiction
　　horoskop horoscope ['horəskəup]
　　horský 1. mountain ['mauntən]; *h. hrebeň*
mountain chain/range; *h-á služba* Mountain
rescue service/team **2.** lek. *h-é slnko* ultraviolet
rays [ˌaltra'vaiələt reiz], sun-lamp ['sanlæmp]
　　horší worse [wə:s], (o postavení, kvalite)
inferior [in'firiə]; *oveľa h.* much worse; *nič
h-ieho než* nothing worse than; *tovar h. než
vzorky* goods inferior to samples
　　horúci 1. hot [hot]; *h-e počasie* hot
weather; *je mi h-o* I feel hot; *h-a povaha* a hot
temper **2.** (vrúcny) affectionate [ə'fekšnət];
h-e objatie an affectionate hug ● *chodiť ako
mačka okolo h-ej kaše* beat about the bush
　　horúčava heat [hi:t]; *to je h.!* it's stinking
hot; *h-y* heatwave
　　horúčka 1. fever ['fi:və], temperature
['temprəčə]; *vysoká h.* a high fever; *mať h-u*
have (got) a temperature; *mať slabú h-u* be a
bit feverish **2.** (nervozita) fever; *futbalová h.*
football fever; *cestovná h.* excitement before
a journey
　　horúčkovitý feverish ['fi:vəriš]; pren. *h. sen*
a feverish dream; *h-é náhlenie* feverish haste

H

hospodár (správca) manager ['mænidžə] ●
byť dobrý h. be economical (of)
   hospodáriť 1. (spravovať) manage
['mænidž]; *h. podľa rozpočtu* manage (the
business, a company) within budget 2. (gaz-
dovať, roľníčiť) farm [fa:m]; *h. na 100 akroch
pôdy* farm a 100 acres of land 3. (úsporne zaob-
chádzať) economize [i'konəmaiz]; *h. s vodou*
economize on water
   hospodárny economical [ˌekə'nomikl],
thrifty ['θrifti]; *h. systém* an economical
system; *h-a domáca pani* a thrifty housewife
   hospodársky 1. economic [ˌekə'nomik];
h. politika economic policy/policies 2. (poľ-
nohospodársky) farm [fa:m]; *h. pracovník* a
farmhand, a farm labourer; *h-e zvieratá* farm
animals
   hospodárstvo 1. economy [i'konəmi]; *tr-
hové h.* the market economy 2. (gazdovstvo)
farm [fa:m], AM (s chovom dobytka) ranch [ra:nč]
   hosť 1. (pozvaný hotelový) guest [gest]; *má-
me h-tí na večeru* we're having guests to
dinner; *ste môj h.* you are my guest; *berie na
byt h-tí v lete* she takes in paying guests
during the summer 2. (návštevník) visitor
['vizətə]; *letní h-ia* summer visitors 3. (hosťu-
júci umelec ap.) guest; *ako h.* as guest ● *nevíta-
ný h.* an unwelcome visitor
   hosteska hostess ['həustəs]
   hostia cirk. Host [həust]
   hostina 1. banquet ['bæŋkwət]; *svadobná
h.* a wedding banquet 2. (vyberané jedlo) feast
[fi:st]
   hostinec pub [pab], (štýlový) inn [in], (reštau-
rácia) restaurant ['restront]
   hostinský publican ['pablikən]
   hostiť entertain [ˌentə'tein]; *často h. (ko-
ho)* entertain a great deal, do a great deal of
entertaining // **h. sa** feast (on, upon) [fi:st
(on/a'pon)]
   hostiteľ host [həust]
   hostiteľka hostess ['həustəs]
   hotel hotel [həu'tel], (štýlový) inn [in]; *bývať
v h-i* stay in a hotel
   hotovosť (peniaze) cash [kæš]; *nemám pri
sebe peniaze v h-ti* I haven't any cash on me;
platiť v h-ti pay in cash
   hotový 1. (dokončený) finished [ˌfiništ],
complete [kəm'pli:t]; *kniha je h-á* the book is
complete 2. (pripravený) ready ['redi]; *môžeme
začať, som h.* I'm ready, we can start 3. (od-
hodlaný, ochotný) ready; *byť h. poradiť* be ready

with advice 4. hovor. (konfekčný) ready-made
['redimeid]; *h. oblek* a ready-made suit 5. ho-
vor. (skutočný, dokonalý) perfect ['pə:fikt], real
['riəl], complete [kəm'pli:t]; *h. nezmysel* a
perfect nonsense; *si h. blázon!* you're a real
fool/a complete fool! *to je h-á lahôdka* this is
a complete treat! ● *to je h-á vec* that's a fait
accomplit
   hovädo 1. head of cattle [hæd əv 'kætl],
(zviera) beast [bi:st], (posmešne) brute [bru:t] 2.
(ako nadávka) *ty h.* You beast! You brute!
   hovädzí: *h. dobytok* cattle; *h-ie mäso* beef;
rezeň h-ieho mäsa a beefsteak
   hovädzina beef [bi:f]
   hovno (subšt.) crap [kræp]
   hovor (volanie) call [ko:l]; *telefonický h.* a
(telephone) call; *medzimestský h.* a long-
-distance call
   hovorca spokesman ['spəuksˌmən]
   hovoriť 1. (vyjadrovať myšlienky, ovládať nejaký
jazyk) speak* [spi:k]; *h-te pomalšie, prosím*
please, speak more slowly; *h-í niekoľkými ja-
zykmi* he speaks several languages; *rád by
som s vami h-l* I'd like to speak to/with you
2. (rozprávať) talk [to:k]; *o čom h-a?* what are
they talking about? 3. (oznamovať, vravieť)
speak*, say* [sei]; *myslíš, že h-l pravdu?* do
you think he was speaking the truth? *každý o
nej h-í veľmi dobre* everybody speaks very
well of her; *h-í, že je smädný* he says he's
thirsty; *v návode sa h-í, že...* the instructions
say that... 4. (mať prejav) speak*; *h-l v klube o
svojich skúsenostiach z Ameriky* he spoke to
the club on/about his experiences in America
5. (nasvedčovať) speak*; *všetko tu h-í o dobrom
plánovaní* everything speaks here of careful
planning ● *h. k veci* get/come to the point;
ako sa h-í (takpovediac) so to say; *h-te si, čo
chcete* say what you like; *škoda o tom h.* don't
waste your breath!

> **talk** – rozprávať sa, zhovárať sa
> *We talked about habits.*
> **speak** – hovoriť
> *I shall speak to him on Monday.*

   hovorkyňa spokeswoman ['spəuksˌwumən]
   hovorňa 1. (na pošte) call-box ['ko:lboks] 2.
(pre návštevníkov) parlour ['pa:lə]
   hovorový colloquial [kə'ləukwiəl]; *h. vý-
raz* a colloquial expression
   hra 1. (v rozl. význ.) play [plei]; *divadelná h.*

a theatre play; *televízna h.* a televison play; *h-y pre deti* plays for children; *h. slnka a tieňa* the play of sunshine and shadow **2.** (podľa pravidiel) game [geim]; *olympijské h-y* the Olympic Games; *h. v karty* a game of cards **3.** (herecký prejav, výkon) performance [pə'foːməns], acting ['æktiŋ]; *jej h. sa mi veľmi páčila* I liked her performance very much ● *hrať dvojakú/špinavú h-u* play a dirty trick (on); *to je hazardná h.* it's a bit of a gamble

hrabať 1. (hrabľami) rake [reik] (aj pren.); *h. zem* rake the soil **2.** (o zvieratách) grub [grab] **3.** (o vtákoch) claw [kloː], paw [poː] // **h. sa 1.** (ísť s námahou) plod [plod], trudge [tradž]; *h. sa hore svahom* plod uphill **2.** (v niečom) rummage ['ramidž], rake; *h. sa v zásuvke* rummage (about) in a drawer; *h. sa v papieroch* rake among one's papers

hrabivý greedy ['griːdi]; *h. človek* a greedy fellow

hrable rake [reik]

hrací playing ['pleiiŋ]; *h-ie karty* playing-cards; *h-ia plocha* (ihriska) playing field, (pre deti) a playground; *h. automat (hudobný)* juke--box

hračka 1. toy [toi]; *obchod s h-mi* a toy shop **2.** (maličkosť) child's play [čaildz plei]; *to je h.!* that's a child's play!

hráč(ka) player ['pleiə]; *tenisový h.* tennis--player; *h-i* a team; *hazardný h.* a gambler

hrad castle ['kaːsl]

hrada beam [biːm]

hradby mn. č. walls [woːlz]; *staré mestá boli obohnané h-ami* old towns had walls right around

hradiť (platiť) pay* [pei], refund [ri'fand]; *h. účty* pay one's bills; *h. náklady na poštovné* refund the cost of postage

hrádza dike [daik], (priehrada) dam [dæm], (nábrežná, prístavná) wharf [woːf], (mólo) pier [piə]; *postaviť h-u cez rieku* dam up a river

hrach pea [piː]; *lúpať h.* shell peas ● *rovnaké ako dva h-y* as like as two peas; *akoby h. na stenu hádzal* turn a deaf ear to sth.

hrana edge [edž]; *h. útesu* the edge of a cliff; *kocka má dvanásť h-án* a cube has twelve edges; *s ostrou h-ou* sharp-edged

hranatý 1. angular ['æŋgjələ], square ['skweə]; *h-á tvár* an angular face; *h-é zátvorky* square brackets **2.** (ťarbavý) clumsy ['klamzi]

hranica 1. (štátna) frontier ['frantiə]; *prekročiť h-u* cross the frontier **2.** (pohraničie) border

['boːdə]; *strážiť h-u* guard the border **3.** (medza) boundary ['baundəri]; *potok tvorí h-u medzi našimi pozemkami* the stream forms a boundary between our lands; pren. *h-e ľudského poznania* the boundaries/frontiers of human knowledge **4.** (krajná medza) limit ['limət]; *dostať sa na h-u trpezlivosti* get to the limit of one's patience; *veková h.* age limit

hraničiť (s čím) bound [baund], border ['boːdə] on/upon; *Anglicko h-í na severe so Škótskom* England is bounded in the north by Scotland; *môj pozemok h-í s vaším* my land borders on yours

hranol prism ['prizm]

hrášok (young) peas [(ˌjaŋ) 'piːz]

hrať 1. play [plei]; *h. futbal* play football; *Anglicko h-á s Walesom* England plays (against) Wales; *h. karty* play cards **2.** (na nástroji) play; *h. na husliach* play the violin **3.** div. play, act [ækt], (vo filme) star [staː], (predstavenie) perform [pə'foːm]; *Othela h-l Olivier* Othello was played by Olivier; *kto h-á Hamleta?* who is acting Hamlet? *bude h. na klavíri* he will be performing at the piano; *h-l v množstve filmov* he starred in a lot of films **4.** (hazardne) gamble ['gæmbl] **5.** (byť na programe) be on (the programme) [bi: on (ðə prəugræm)]; *čo dnes h-jú?* what's on today? **6.** (ihrať, ligotať) play; *úsmev jej h-l na perách* a smile played across her lips; *slnečné svetlo h-á na vode* the sunlight is playing on the water ● *h. o čas* play for time; *h. (komu) do rúk* play into sb.'s hands // **h. sa 1.** (na čo – o deťoch) play (at); *deti sa h-jú na vojakov* the children are playing soldiers **2.** (predstierať) play at, act, pretend [pri'tend]; *h-á sa na skúseného muža* he's acting an experienced man; *h-á sa na podnikateľa* he just plays at business; *často sa h-á na hluchého* he often pretends deafness ● *h. sa s ohňom* play with fire

hravý playful ['pleifl]; *h. psík* a playful little dog

hrazda šport. (horizontal cross) bar [(ˌhorə'zontl kros)baː]

hrb 1. (u človeka) hunchback ['hančbæk] **2.** (ťavi) hump [hamp]

hŕba heap [hiːp], pile [pail], stack [stæk]; *h. piesku* a heap of sand; *h. kníh* a pile of books *h. pomocníkov* a stack of helpers

hrbatý hunch-backed ['hančbækt]

hrbiť sa 1. stoop [stuːp]; *seď rovno, neh-b sa!* don't stoop, you must sit upright ● *h. sa* *vekom* stoop with age **2.** (krčiť sa od strachu, s ponížením) cringe [krindž], cower ['kauə]; *h. sa pred vedúcim* cringe before the boss

hrboľ (na povrchu) bulge [baldž], bump [bamp]; *h-le na ceste* bumps on the road

hrboľatý rugged ['ragəd], (o ceste) bumpy ['bampi]; *h. terén* rugged terrain

hrča 1. (opuchlina) bump [bamp], swelling ['sweliŋ] **2.** (uzol) knot [not] **3.** (hlúčik, skupina) group [gru:p]

hrdelný 1. (o hlase) throaty ['θrəuti] **2.** práv. criminal ['krimənl], (trestný) capital ['kæpətl]; *h. čin* (trestný) a capital offence

hrdina hero ['hirəu]; *vojnový h.* a war hero

hrdinka heroine ['herəuin]

hrdinský heroic [hi'rəuik]; *h-é činy* heroic deeds; *h. epos* a heroic poem

hrdinstvo heroism ['herəuizm]; *veľké h.* an act of great heroism

hrdlačiť drudge [dradž]

hrdlička turtle-dove ['tə:tl͵dav]

hrdlo 1. (vnútorná časť krku) throat [θrəut]; *bolí ma h.* I have a sore throat **2.** (vonkajšia časť) neck [nek] **3.** (niečo podobné hrdlu) neck; *h. fľaše* the neck of a bottle

hrdý proud [praud]; *h. na svoj úspech* proud of one's success/of being successful

hrdza rust [rast]

hrdzavieť rust [rast], get*/grow* rusty [get/grəu rasti] ● *stará láska neh-e* old love is never forgotten

hrdzavý 1. rusty [rasti]; *h. klinec* a rusty nail **2.** (ryšavý) red [red]; *h-é vlasy* red hair

hrebeň 1. comb [kəum] **2.** (vtáčí; vodnej vlny) crest [krest] **3.** (horský; strechy) ridge [ridž]; (pohorie) mountain chain/range ['mauntən čein/reindž]; meteorol. *h. vysokého tlaku* a ridge of high pressure

hrešiť 1. (nadávať) swear* [sweə] **2.** (karhať) censure ['senšə]; *h. koho pre lenivosť* censure sb. for being lazy; *ostro h.* scold [skəuld]; *h. dieťa* scold a child **3.** náb. (čím) sin [sin] (in); *všetci máme sklon h.* we are all liable to sin

hriadeľ shaft [ša:ft]

hriadka bed [bed]; *h. zeleniny* a bed of vegetable

hrianka toast [təust]; *dve h-y* two slices of toast

hriať warm [wo:m]; *h. mlieko* warm (up) the milk // **h. sa** warm (oneself); *h. sa pri ohni* warm oneself by the fire; *h. sa na slnku* bask in the sunshine; *polievka sa h-eje v hrnci* the soup is warming in the pot

hríb mushroom ['mašru:m] (aj pren. *atómový*); *zbierať h-y* gather mushrooms; *ísť na h-y* go mushrooming

hríbový: *h-á polievka* mushroom soup

hriech sin [sin], (previnenie) offence [ə'fens]; *h. proti Bohu/zákonom* an offence against God/law; *spovedať sa z hriechov* confess one's sins

hriešnik 1. sinner ['sinə] **2.** (previnilec) offender [ə'fendə]

hriešny 1. sinful ['sinfl]; *h. človek* a sinful man **2.** (trestuhodný) sinful, criminal ['krimənl]; *h-e márnenie času a peňazí* a sinful waste of time and money ● expr. *na môj h-u dušu* cross my heart

hriva (konská, levia, aj pren.) mane [mein]

hrkálka rattle ['rætl]

hrkať rattle ['rætl]; *h. vo vetre* rattle in the wind

hrmieť thunder ['θandə]; *h-elo a blýskalo sa* it was thundering and lightening; *delá h-eli* the cannons thundered

hrmot din [din], (ťažký) rumble ['rambl]; *deti robili veľký h.* the children were making so much din

hrnček mug [mag], little pot ['litl pot]

hrnčiar potter ['potə]

hrnčiarsky: *h-e koleso* the potter's wheel; *h. tovar* pottery, earthenware

hrniec pot [pot]; *tlakový h.* a pressure-cooker

hrnúť shove [šav], (lopatou) shovel ['šavl]; *h. smeti na lopatu* shovel the litter // **h. sa 1.** (valiť sa) pour [po:]; *turisti sa h-ú do Londýna* tourists pour into London **2.** expr. (ponáhľať sa do čoho) rush [raš], sweep [swi:p] (into); *h. sa do manželstva* rush into marriage; *dav sa h-ul cez bránu* the crowd swept through the gate

hrob grave [greiv] ● *byť jednou nohou v h-e* have one foot in the grave

hrobár sexton ['sekstən], grave-digger ['greiv͵digə]

hrobka tomb [tu:m]

hrobový sepulchral [si'palkrəl] ● *h-é ticho* dead silence

hroch hippopotamus [͵hipə'potəməs]

hrom thunder ['θandə]; *úder h-u* a crash of thunder ● *aj keby h-y bili!* damn! dash it!

hromada pile [pail], stack [stæk], heap [hi:p], (veľký objem) bulk [balk]; *na ihrisku boli h-y piesku* there were piles/heaps of sand on the playground; *na dlážke boli h-y kníh* there were heaps of books on the floor

hromadiť accumulate [ə'kju:mjəleit], amass [ə'mæs], (na kopu) heap [hi:p], (tajne) hoard [hoːd]; *h. drahé kamene* accumulate precious stones; *h. potraviny* hoard food // **h. sa** accumulate, pile up [pail ap]; *práca sa mi h-í* my work is piling up

hromadný (masový) mass [mæs], (spoločný) collective [kə'lektiv], common ['komən]; *h-á doprava* mass transport; *h-é oznamovacie prostriedky* mass media; lingv. *h-é podstatné meno* a collective noun

hromobitie thunderstorm ['θandəstoːm]

hromozvod lightning-conductor/-rod [ˌlaitniŋ kən'daktə/rod]

hromžiť swear* [sweə]; *h-l naňho, že sa oneskoril* he swore at him for being late

hroší: *s h-ou kožou* thick-skinned

hrot 1. point [point]; *h. ceruzky/noža* the point of a pencil/knife **2.** (bodec) spike [spaik]

hrozba 1. (vyhrážka) threat [θret]; *byť pod h-ou vyhostenia* be under the threat of expulsion **2.** (nebezpečenstvo) menace ['menəs]; *h. pre svetový mier* menace to world peace

hrozienka raisins ['reiznz], (korintské) currants ['karənts]

hroziť 1. (vyhrážať sa) threaten ['θretn]; *h. zamestnancovi prepustením* threaten an employee with dismissal; *h. pomstou* threaten a vengeance **2.** (ohrozovať) threaten, menace ['menəs]; *znečistenie h-í našej krajine* pollution is menacing our countryside; *h-i nám nebezpečenstvo* danger threatens us; *h-í búrka* there's a storm imminent; *h-í mu smrť* he's in imminent danger of death // **h. sa** be horrified [ˌbi: 'horifaid], (báť sa) fear [fiə]; *h. sa staroby* fear old age

hrozivý threatening ['θretəniŋ], menacing ['menəsiŋ], horrifying ['horəfaiiŋ]; *h. list* a threatening letter; *h-é mraky* menacing clouds; *h-é správy* horrifying news

hrozno 1. (bobuľa) grape [greip], hromad. grapes [greips]; *strapec h-a* a bunch of grapes; *biele/čierne h.* white/black grapes **2.** (vinič) vine (plant) [vain (plant)];

hrozný 1. (strašný) terrible ['terəbl], horrible ['horəbl], awful ['oːfl], shocking ['šokiŋ]; *h-á nehoda* a terrible accident; *h-á krutosť* horrible cruelty; hovor. *h-é počasie* horrible weather; *zomrel h-ou smrťou* he died an awful death **2.** expr. (veľký, obrovský) enormous [i'noːməs], terrible; *h. krik* a terrible noise; *h-é množstvo peňazí* an enormous amount of money

hrôza horror ['horə], (postrach) terror ['terə], (hrozba) dread [dred]; *žiť v h-e* live in dread; *mať h-u z pomyslenia* dread to think; *naplniť h-ou* terrify; *h-y vojny* horrors of war

hrôzovláda reign of terror [rein əv 'terə]

hrsť 1. (dlaň) palm [paːm] of one's hand; *držať (čo) v h-ti* hold sth. in the palm of one's hand **2.** (kôpka) handful ['hændful]; *h. orechov* a handful of nuts

hrtan larynx ['læriŋks]

hrúbka thickness ['θiknəs]; *4 cm h-y* four centimetres in thickness

hrubozrnný coarse-grained ['koːsgreind], wholemeal ['həulmiːl]; *h. chlieb* wholemeal bread

hrubý 1. (op. tenký) thick [θik]; *h-á kniha* a thick book; *h-á vrstva snehu* a thick layer of snow; *h. štyri centimetre* four centimetres thick **2.** (hrboľatý, drsný) rough [raf]; *h. povrch* a rough surface **3.** (zrnitý, op. jemný) coarse [koːs]; *h. piesok* course sand; *h-á pokožka* coarse skin **4.** (surový, nevychovaný) outrageous [aut'reidžəs], rough, rude [ruːd]; *h-é správanie* an outrageous behaviour; *h. chlapec* a rough boy **5.** (celkový, všeobecný) rough; *h. odhad* a rough guess **6.** (o množstve, brutto) gross [grəus]; *h. príjem* gross income **7.** (veľký, značný) gross; *h-á nedbanlivosť* a gross negligence

hruď chest [čest], (prsia) breast [brest]

hruda 1. (zeme) clod [klod], lump [lamp] (of earth) **2.** (veľký kus) lump **3.** (vzácneho kovu v zemi) nugget ['nagət]; *h. zlata* a gold nugget

hrudník chest [čest]

hruška pear [peə]

hrvoľ 1. (vtáčí) crop [krop] **2.** (struma) goitre ['goitə]

hrýzť 1. (žuť, obhrýzať) gnaw [noː] (at), nibble ['nibl] (at), bite* [bait]; *h. jablko* nibble at an apple; *pes hryzie kosť* the dog is gnawing (at) a bone; *h. si nechty* gnaw at/bite one's fingernails; *h. si pery* bite one's lips **2.** (o psovi – napádať) bite*; *tento pes h-yzie* this dog bites **3.** hovor. (spôsobovať svrbenie) scratch [skræč]; *tento pulóver h-yzie* this is a scratchy pullover ● expr. *h-ie ho svedomie* his conscience pricks him, he has a guilty conscience

huba[1] **1.** mushroom ['mašruːm]; *zbierať h-y* gather mushrooms **2.** (špongia) sponge [spandž]

huba[2] pejor. (ústa, papuľa) mouth [mauθ], mug [mag] ● *drž h-u!* shut up!

hubár mushroom-picker ['mašruːm pikə]

hubatý pert [pə:t], cheeky [ˈčiːki]; *h-é die-ťa* a pert child

hubiť (ničiť) destroy [diˈstroi], (celkom vyhubiť) exterminate [ikˈstə:məneit]

hubovitý sponge-like [ˈspandžlaik], spongy [ˈspandži], bot. fungoid [ˈfaŋgoid]

huckať expr. incite [inˈsait], provoke [prəˈvəuk]

hučať howl [haul], (hrozivo) roar [roː]; *vietor h-l v stromoch* the wind howled through the trees; *nákladné autá h-li okolo* the lorries roared past; *h-í mi v ušiach/v hlave* my ears are/my head is buzzing

hudba 1. music [ˈmjuːzik]; *hodina h-y* a music lesson **2.** (hud. teleso) band [bænd], (orchester) orchestra [ˈoːkəstrə]; *dychová h.* a brass band ● *h. k filmu* soundtrack [ˈsaundtræk]

hudobník musician [mjuːˈzišn]

hudobnina sheet of music [šiːt əv ˈmjuːzik]

hudobný musical [ˈmjuːzikl]; *h. nástroj* a musical instrument; *h. skladateľ* a musician, a composer

húf crowd [kraud], drove [drəuv]; *h. ľudí* a crowd of people; *h-y turistov* droves of sightseers; *h. rýb* a shoal

huhňať mumble [ˈmambl]

húkačka horn [hoːn], hooter [ˈhuːtə]; *húkať h-ou* blow the horn; *h. v aute* a car horn

húkať (húkačkou) hoot [huːt], (ťahavo) howl [haul]

hulákať hovor. (kričať) shout [šaut], (revať) bawl [boːl]; *neh-j na mňa!* don't shout at me!

humanistický humanistic [ˌhjuːməˈnistik]

humanita humanity [hjuːˈmænəti]

humanitárny humanitarian [hjuːˌmænəˈteəriən]

humanizmus humanism [ˈhjuːmənizm]

humánny humane [hjuːˈmein]; *h. človek* a man of human nature

humno (stodola) barn [baːn], shed [šed]

humor humour [ˈhjuːmə]; *zmysel pre h.* a good sense of humour; *čierny h.* black humour

humorista humorist [ˈhjuːmərəst]

humorný humorous [ˈhjuːmərəs]; *h-á poznámka* a humorous remark

humus [ˈhjuːməs], top-soil [ˈtop soil]

huňatý shaggy [ˈšægi], (chlpatý) hairy [ˈheri]; *h. pes* a shaggy dog

huncút rogue [rəug], (o dieťati) rascal [ˈra:skl]

huncútstvo roguery [ˈrəugəri]; *vyvádzať h-a* make some rogueries

hundrať grumble [ˈgrambl]; *stále h-e* he's always grumbling

hurá! hurrah [huˈraː]

hurhaj tumult [ˈtjuːmalt], (výtržnosť) riot [ˈraiət]

hus goose [guːs], mn. č. geese [giːs] (aj pren.); *h. syčí/gága* the goose hisses/honks

húsenica caterpillar [ˈkætəˌpilə]

**husí, husací: *h-ia koža* gooseflesh; *h-ia pečienka* liver of a goose, (paštéta) (paté de) foie gras

husle violin [ˌvaiəˈlin]; *hrať na h-iach* play the violin

huslista violinist [ˌvaiəˈlənist]

huspenina meat jelly [ˈmiːt dželi], aspic [ˈæspik]

hustnúť thicken [ˈθikən], become* thick [biˈkam θik]

hustota 1. density [ˈdensəti]; *h. obyvateľstva* density of the population **2.** (tekutiny) thickness [ˈθiknəs]

hustý 1. (nepriezračný) dense [dens]; *h-é stromy* dense trees; *h-á hmla* a dense fog **2.** (op. riedky) thick [θik]; *h-é vlasy* thick hair; *h. les* a thick forest

húšťava, húština thicket [ˈθikət]; *skryť sa v h-e* hide in the thicket

huta smelting works [ˈsmeltiŋ wəːks]; *železná h.* iron-works

hutnícky metallurgical [ˌmetəˈləːdžikl]

hutníctvo metallurgy [meˈtælədži]

hutník smelter [ˈsmeltə], odb. metallurgist [meˈtælədžəst]

húževnatý 1. (pevný) tough [taf] **2.** (vytrvalý) stubborn [ˈstabən], tenacious [təˈneišəs] ; *klásť h. odpor* put up a stubborn resistance

húžvať crumple [ˈkrampl]; *h. šaty/list papiera* crumple one's clothes/a sheet of paper

hvezdár astronomer [əˈstronəmə]

hvezdáreň observatory [əbˈzəːvətri]

hvezdársky astronomical [ˌæstrəˈnomikl]

hvezdárstvo astronomy [əˈstronəmi]

hviezda (v rozl. význ.) star [staː]; *h-y vychádzajú* the stars are coming out; *filmová h.* film star

hvízdať whistle [ˈwisl]; *h. melódiu* whistle a melody; *h. na psa* whistle to one's dog; *vietor h-l v komíne* the wind whistled in the chimney

hyacint hyacinth [ˈhaiəsənθ]

hybaj! (preč) get* out! [get aut], (poď!) come* on [kam on]

hýbať (uvádzať do pohybu) move [muːv], (jemne) stir [stəː]; *h. stoličkou* move the chair; *h. nohami* move one's legs; *vetrík h-l listami* a breeze stirred the leaves // **h. sa** (v rozl. význ.) move; *práca na stavbe sa rýchlo h-e* work on the building is moving quickly; *vlak sa h-e* the train is moving; *nevládze sa h.* he can't move
hybný motive [ˈməutiv]; *h-á sila* the motive power/force
hydina poultry [ˈpəultri]; *h. je drahá* poultry is expensive
hydrant hydrant [ˈhaidrənt]
hydraulický hydraulic [haiˈdroːlik]
hydraulika hydraulics [haiˈdroːliks]
hydroelektráreň (hydrocentrála) hydroelectric power station [ˌhaidrəu iˈlektrik ˈpauə ˈsteišn]
hyena hyena, hyaena [haiˈiːnə]
hygiena hygiene [ˈhaidžiːn]
hygienický hygienic [haiˈdžiːnik]; *h-é podmienky* hygienic conditions

hymna anthem [ˈænθm]; *národná h.* the national anthem
hynúť perish [ˈperiš], (umierať) die [dai]; *pri zemetrasení h-ú tisícky ľudí* thousands of people perish in the earthquake; *kvety bez vody čoskoro h-ú* flowers soon die without water
hyperbola hyperbole [haiˈpəːbələ]
hypermoderný ultra-modern [ˈaltrəˌmodən]
hypnóza hypnosis [hipˈnəusəs]
hypotéka mortgage [ˈmoːgidž]
hypotéza hypothesis [haiˈpoθəsəs]
hýriť 1. (čím) revel -*ll*- (in) 2. (v pitkách) carouse [kəˈrauz] 3. (plytvať) lavish
hystéria hysteria [hiˈstiriə]
hysterický hysterical [hiˈsterikl]; *h. smiech* hysterical laughter
hyzdiť disfigure [disˈfigə]; *h. mesto nepeknými budovami* disfigure the town by ugly buildings; *h. tvár* disfigure the face

CH

chabý feeble [fiːbl], weak [wiːk]
chalan 1. (starší chlapec) hovor. lad [læd], youngster [ˈjaŋstə] 2. (šarvanec) rascal [ˈraːskl]; *nezbedný ch.* a naughty boy
chaluha seaweed [ˈsiːwiːd]
chalupa 1. (dedinský dom, obyč. drevený) cottage [ˈkotidž] 2. (na rekreačné ciele) (weekend) cottage
chamtivý greedy [ˈgriːdi], grasping [ˈgraːspiŋ]; *nie je hladný, iba ch.* he is not hungry, just greedy; *ch. po peniazoch* grasping for money
chaos chaos [ˈkeios]
chaotický chaotic [keiˈotik]; *v ch-om stave* in a state of chaos
chápadlo zool. tentacle [ˈtentəkl]
chápať 1. (rozumieť) understand* [ˌandəˈstænd], comprehend [ˌkompriˈhend], follow [ˈfoləu]; *nech-l, čo som povedal* he didn't understand what I said; *tento žiak rýchlo ch-e* this is a quick-witted pupil 2. (mať porozumenie) understand*; *ch. deti* understand children; *ch-em tvoje ťažkosti* I can understand how you feel
chápavý 1. clever [ˈklevə], bright [brait], (rýchlo) quick-witted [ˌkwikˈwitid]; *ch. chlapec* a bright/clever boy 2. (majúci, vyjadrujúci porozumenie) understanding [ˌandəˈstændiŋ], knowing [ˈnəuiŋ]; *ch-í rodičia* understanding parents; *ch. pohľad* a knowing look

charakter (v rozl. význ.) character [ˈkærəktə]; *silný ch.* strong character; *ch. mesta* the character of the town
charakteristický characteristic [ˌkærəktəˈristik], distinctive [diˈstiŋktiv]; *to je preňho ch-é* it's characteristic of him; *ch-á chuť vína* the characteristic taste of wine
charakteristika characteristic [ˌkærəktəˈristik]; *stručná ch. osoby/národa* a concise characteristic of a person/a nation
charakterizovať characterize [ˈkærəktəraiz]; *ch. hlavného hrdinu knihy* characterize the hero of the book
charakterný high-principled [ˌhaiˈprinsəpld]; *ch. človek* a high-principled man/a man of character
charakterový *ch-é chyby* faults of one's character; *ch. herec* character actor
charta charter [ˈčaːtə]; *Ch. Organizácie Spojených národov* the United Nations Charter
chata 1. weekend house [ˈwiːkənd haus], cottage [ˈkotidž]; *poľovnícka ch.* hunting-box, (väčšia) hunting-lodge 2. *horská/turistická ch.* (pre turistov) chalet [ˈšælei] , (malá) lodge [lodž], (pre mládež) youth hostel [ˈjuθ ˌhostl]
chatár 1. (majiteľ chaty) cottager [ˈkotidžə] 2. (správca) landlord [ˈlændloːd]
chatrč shack [šæk], shanty [ˈšænti]

chatrný 1. (biedny) flimsy ['flimzi]; *ch. starý dom* a flimsy old house 2. (zodratý) shabby ['šæbi], worn-out [wo:n aut]; *ch. odev* shabby clothes 3. (slabý) frail [freil], feeble ['fi:bl]; *ch. starec* a feeble old man; *mať ch-é zdravie* be in poor health

chcieť 1. (vôľa, úmysel) want [wont], will* [wil]; *dnes ch-eme ísť do kina* we want to go to the cinema today; *všade ch-e byť prvý* he always wants to be the first 2. (želať si) want, wish [wiš]; *čo ch-š k narodeninám?* what do you want/wish for your birthday? *ch-š čaj?* will you have some tea? *môžu robiť, čo ch-ú* they can do whatever they wish 3. (mieniť, mať v úmysle) intend [in'tend], will [wil], be going to [bi: goiŋ tu]; *ch-la chytiť raňajší vlak* she intended to catch the morning train; *ch-me ísť do Talianska toto leto* we are going (to go) to Italy this summer 4. (želať, žičiť) wish, mean* [mi:n]; *ch-e mu len dobre* she wishes him well; *nech-e mu zle* he means him no harm 5. (iba v zápore – o veciach, javoch) *rana sa nech-e hojiť* the wound won't heal; *nech-e pršať* it won't rain ● *(či) ch-š, (či) nech-š* willy-nilly; *nech to stojí, čo ch-e* whatever the cost // **ch. sa** feel* like [fi:l laik]; *ch-e sa mi tancovať* I feel like dancing; *nech-e sa mi do toho* I don't feel like it

chémia chemistry ['kemǝstri]

chemický chemical ['kemikl]; *ch-á látka* a chemical; *ch-é zbrane* chemical weapons; *ch-á čistiareň* a dry cleaner's

chemik chemist ['kemǝst]

chemikália chemical ['kemikl]

chichotať sa giggle ['gigl]

chinín quinine ['kwini:n]

chirurg surgeon ['sǝ:džn]; *byť kvalifikovaný ch.* be qualified in surgery

chirurgia surgery ['sǝ:džri]

chirurgický surgical ['sǝ:džikl]; *ch-é nástroje* surgical instruments

chlad 1. cold [kǝuld]; *zimný ch.* the cold of winter; *nepríjemný ch.* chill [čil] 2. (odmeranosť) chill; *ch. vo vzťahoch* a chill in relations

chladený cooled (down) [ku:ld (daun)], iced [aisd]; *ch. vodou* water-cooled; *ch. vzduchom* air-cooled; *ch-é nápoje* iced drinks; (o alkoholickom nápoji) *ch. ľadom* on the rocks

chladič 1. (zariadenie) cooler ['ku:lǝ] 2. (motora) radiator ['reidieitǝ]

chladiť cool [ku:l], refrigerate [ri'fridžǝreit], chill [čil]; *ch. mäso/potraviny* refrigerate

meat/food; *ch. víno* chill the vine; *studený obklad ch-í* a cold compress cools

chladnička refrigerator [ri'fridžǝreitǝ], skr. fridge [fridž]; *elektrická/plynová ch.* an electric/a gas fridge

chladno I. prísl. cold [kǝuld], chilly ['čili]; *ch. sa správať (ku komu)* be cold towards sb.; *je tu ch.* it's cold in here; *je mi ch.* I feel chilly **II.** podst. (chlad, zima) cold, (nepríjemné) chill

chladnokrvný coldblooded [ˌkǝuld'bladǝd], sangfroid [sa:ŋfrwa], collected [kǝ'lektǝd]

chladný (v rozl. význ.) cool [ku:l], chill [čil], chilly ['čili]; *ch-é jesenné počasie* a cool autumn weather; *ch. vietor* a chilly wind; *ch-é privítanie* a chilly welcome; *ch. pozdrav* a chill greeting; *má ch-ú hlavu* (je rozvážny) he has a cool head; *byť ch. (ku komu)* be cool towards sb.

chládok 1. (tieň) shade [šeid]; *stromy dávajú príjemný ch.* the trees give a pleasant shade 2. hovor. (väzenie) jug [džag], lock-up [lok ap]

chlácholiť (upokojovať) console [kǝn'sǝul], (mierniť) soothe [su:ð]; *ch. plačúce dieťa* soothe a crying baby

chlácholivý soothing ['su:ðiŋ], consoling [kǝn'sǝuliŋ]; *ch. hlas* a soothing voice

chlap guy [gai], (muž) man [mæn], hovor. fellow ['felǝu], bloke [blǝuk]; *pekný vysoký ch.* a nice and tall man; *silný ch.* an able-bodied, a bruiser; *do (posledného) ch-a* to the last man

chlapčenský 1. boyish ['boiš]; *ch-á postava* a boyish figure 2. (pre chlapcov) boy's [boiz]; *ch-á škola* a boy's school

chlapec 1. boy [boi], young man [jaŋ mæn], hovor. lad [læd] 2. (milý) boyfriend ['boifrend] 3. hovor. (muž) boy

chlebíček, chlebík: *obložený ch.* open sandwich

chlebník (kapsa na plece) knapsack ['næpsæk]

chlieb 1. (pokrm) bread [bred]; *bochník/krajec/kus ch-a* a loaf/slice/piece of bread; *čierny ch.* brown-bread; *opekaný ch.* (hrianka) toast; *ch. s maslom* bread and butter; *o ch-e a vode* on bread and water 2. hovor. (živobytie) daily bread [ˌdeili 'bred]; *zarábať si na ch.* earn a living/one's daily bread ● *žiť o cudzom ch-e* sponge off sb.

chliev 1. cattleshed, cowshed [kætlšed, kaušed], (pre ošípané) pigsty ['pigstai] 2. (špinavá miestnosť) pigsty; *ako môžeš žiť v takom ch-e?* how can you live in such a pigsty?

chlipný lecherous [ˈlečərəs]

chlopňa 1. krajč. flap [flæp]; *ch. vrecka* the flap of a pocket 2. anat. valve [vælv]; *srdcové ch-ne* valves of the heart

chlór chlorine [ˈkloːriːn]

chloroform chem. chloroform [ˈklorəfoːm]

chlorofyl chlorophyll [ˈklorəfil]

chlp 1. hair [heə]; *mačacie ch-y* the cat's hair; *ch-y na nohách* the hair on legs 2. bot. trichome [ˈtraikəum] 3. (koberca) pile [pail] ● *minúť o ch.* miss by a hair's breadth

chlpatý hairy [ˈheri], shaggy [ˈšægi]; *ch-á hruď* a hairy chest; *ch-é nohy* hairy legs; *ch-á brada* a shaggy beard; *ch. pes* a shaggy dog; *ch. koberec* a pile carpet

chmára 1. (mrak) black cloud [blæk klaud] 2. pren. (beznádej) gloom [gluːm]; *ch-y sa nad nimi stiahli* gloom settled on them

chmeľ hop [hop]; *ísť na ch.* go hopping

chmeľnica hop-garden [hop ˈgaːdn]

chmúrny 1. (zamračený) cloudy [ˈklaudi]; *ch. deň* a gloomy day; *ch-a obloha* a cloudy sky 2. (nevľúdny, smutný) gloomy [ˈgluːmi], grim [grim]; *ch. výraz* a grim expression

chobot (slona) trunk [traŋk]

chobotnica octopus [ˈoktəpəs]

chod 1. (prevádzka) operation [ˌopəˈreišn], workings [ˈwəːkiŋz]; *uviesť stroj do ch-u* put a machine into operation; *ch. továrne* the operation of the factory 2. (priebeh, postup) course [koːs]; *ch. udalostí* the course of events 3. (v rade jedál) course; *večera s piatimi ch-mi* a fivecourse dinner

chodba corridor [ˈkorədəː]; *spojovacia ch.* passage

chodec 1. pedestrian [pəˈdestriən]; *priechod pre ch-cov* pedestrian crossing/crosswalk 2. šport. walker [ˈwoːkə]

chodidlo sole [səul]

chodiť 1. (o človeku) walk [woːk], go* [gəu]; *ch. pešo* go on foot; *ch. sem a tam* walk up and down; *ch. bez cieľa* stroll; *ch-li sme po parku* we strolled in/around the park 2. (pravidelne dochádzať, navštevovať) go*, attend [əˈtend] *ch. do školy* go to school, attend school; *ch. do práce* go to work; *ch. nakupovať/plávať* go shopping/swimming; *ch. na angličtinu* take English lessons 3. (premávať) run* [ran]; *tento vlak nech-í v nedeľu* this train doesn't run on Sundays 4. (ch. dopravným

prostriedkom) go*, take* [teik], (viesť) drive* [draiv]; *ch. vlakom* go by train/take a train; *ch. autom* go by car/drive a car; *ch. na bicykli* ride a bicycle 5. (cestovať) travel [ˈtrævl]; *poch. celý svet* travel (over) the whole world /round the world 6. (mať známosť) go out (together) with sb.; *ch. s dievčaťom/chlapcom* date a boy/girl, go out with a girl/a boy 7. (o veciach, byť v činnosti) run*; *autá ch-a rýchlo* the cars run quickly; *ch. na takom aute je drahé* it's an expensive car to run 8. (o zásielkach) be delivered [bi: dˈlivəd], come [kam]; *listy ch-a každý deň* the letters are delivered every day 9. (mať oblečené) be dressed [bi: drest]; *ch. pekne oblečený* be finely dressed; *ch. bosky* go barefoot ● *ch. poza školu* play truant; *vedieť ch. v čom* know the ropes

chodník 1. (pás po okrajoch ulice) pavement [ˈpeivmənt], AM sidewalk [ˈsaidwoːk] 2. (cestička) (foot)path [(fut) paːθ]; *lesný ch.* a path through woods

chodúle (a pair of) stilts [(ə peə əv) stilts]

chochol crest [krest]

cholera cholera [ˈkolərə]

chomút horse-collar [ˈhoːsˌkolə]

chopiť sa 1. (chytiť) take* hold [teik həuld], (pevne) grasp [graːsp]; *ch. sa zbrane* take hold of arms 2. (využiť vo svoj prospech) seize [siːz], grasp; *ch. sa príležitosti* seize/grasp an opportunity 3. (pustiť sa do čoho) set* [set] to, take* hold of sth.; *ch. sa práce* set to work; *ch. sa pera* take hold of the pen; *ch. sa problému* tackle a problem

chór 1. (časť kostola) choir [ˈkwaiə] 2. (zborový spev) chorus [ˈkoːrəs] 3. (skupina spevákov) choir [ˈkwaiə]

chorál chorale [koˈraːl]

chorľavieť be* ailing [bi: ˈeiliŋ], be* in poor health [bi: in puə helθ]; *deti stále ch-ejú* the children are always ailing

chorľavý sickish [ˈsikiš], sickening [ˈsikəniŋ], ailing [ˈeiliŋ]

choroba 1. disease [diˈziːz], sickness [ˈsiknəs], (chorobný stav) illness [ˈilnəs], (ťahká) ailment [ˈeilmənt]; *ch. z povolania* an occupational disease; *duševná ch.* mental disease /illness; *morská ch.* seasickness; *infekčná ch.* an infectious disease; *nepracovať pre ch-u* be on a sick leave; *trpieť na nejakú ch-u* suffer from an illness; *sociálne ch-y* diseases of the society 2. (u zvierat, hl. infekčná) distemper [disˈtempə]

CH

chorobný 1. (súvisiaci s chorobou) sick [sik], ill [il], diseased [di'zi:zd]; *ch-á predstava* a diseased imagination **2.** (nenormálny) morbid ['mo:bəd], pathological [,pæθə'lodžikl]; *ch. strach z tmy* a pathological fear of dark; *ch. záujem* morbid fascination

choroboplodný infectious [in'fekšəs]; *ch-é baktérie* infectious bacteria

choromyseľný insane [in'sein], mad [mæd], mentaly ill [,mentəli 'il]

Chorvátsko Croatia [krəu'eišjə]

chorvátsky Croatian [krəu'eišjən]

chorý I. príd. ill [il], unwell [an'wel], sick [sik]; *duševne ch.* mentaly ill; *vážne ch.* seriously ill; *ch. na čo* suffering from sth. **II.** podst. patient ['peišnt]

> **ill** – (BR) používa sa po slovese
> *I was ill last week.*
> **sick** – ako prívlastok, (AM aj po slovese)
> *She takes care for her sick child.*
> **be sick** – cítiť nevoľnosť

chotár territory of a village ['terətri əv ə 'vilidž]

chov breeding ['bri:diŋ]; AM raising ['reiziŋ]; *ch. koní/dobytka* horse-/cattle-breeding; *ch. hydiny* poultry-farming; *ch. včiel* bee-keeping

chovanec 1. (v ústave) ward [wo:d] **2.** (dieťa prijaté do rodiny) foster-child ['fostə čaild]

chovať 1. (zvieratá) breed* [bri:d], AM raise [reiz] **2.** (živiť, opatrovať) bring* up [briŋ ap] **3.** (kŕmiť) feed* [fi:d] **4.** kniž. (prechovávať) nurse [nə:s], entertain [,entə'tein]; *ch. myšlienky/pochybnosti* entertain ideas/doubts; *ch. (v sebe) nádej* nurse a hope

chovateľ breeder ['bri:də], AM raiser ['reizə]; *ch. koní* horse breeder

chôdza 1. (chodenie) walk [wo:k]; *10-minútová ch.* ten minutes walk; *podľa jeho ch-e* by his walk **2.** (spôsob chodenia) gait [geit]; *čudná ch.* an awkward gait

chradnúť 1. (chorľavieť) waste (away) [weist (e'wei)]; *telesne ch.* waste bodily **2.** (vädnúť) fade [feid]; *kvety rýchlo ch-ú* the flowers fade soon **3.** (upadať) deteriorate [di'tiriəreit]

chrám temple ['templ], (kresťanský) cathedral [kə'θi:drəl]; *ch. hudby* the temple of music

chrániť 1. (ochraňovať) protect [prə'tekt], shelter ['šeltə], safeguard ['seifga:d], shield [ši:ld]; *ch. (si) tvár proti úderu* protect/shield one's face from the blow; *ch. (čo) pred pria-*

mym slnkom shelter sth. from direct sunshine **2.** (strážiť) protect, guard [ga:d]; *ch. tajomstvo* guard the secret; *ch. (si) svoju povesť* protect one's reputation; *ch-ené druhy živočíchov* protected species; *zákonom ch-ená značka* registered trademark // **ch. sa** (vyhýbať sa) avoid [ə'void], guard; *ch. sa pred narkotikami* avoid the drugs; *ch. sa pred infekciou* guard against infection

chrápať snore [sno:] ● *ch-e, akoby drevo pílil* he's snoring like a pig

chrapčať (prašťať) crunch [kranč]

chrapľavý hoarse [ho:s], husky ['haski]; *ch. hlas* a hoarse/husky voice

chrapúň pejor. churl [čə:l], bumpkin ['bampkin]

chrasta scab [skæb] ● *čušať ako voš pod ch-ou* be silent as a grave

chrastie hromad. brushwood ['brašwud]

chrbát 1. (v rozl. význ.) back [bæk]; *bolesti v ch-e* backache; *ležať na ch-e* lie on one's back; *niesť na ch-e* carry on one's back; *ch. ruky* the back of one's hand **2.** (horský) ridge [ridž] **3.** (knihy) spine [spain] ● *ukázať ch. (komu)* turn one's back on sb.; *robiť čo za ch-om* do sth. behind sb.'s back

chrbtica backbone ['bækbəun], spine [spain], spinal column [,spainl 'koləm]

chrbtový back [bæk], spinal ['spainl]; *ch-á kosť* backbone, spine, spinal column ● *bez ch-ej kosti* spineless

chrčať rattle ['rætl]; *ch. od bolesti* rattle with pain

chren horseraddish ['ho:srædiš]; *strúhaný ch.* grated horseraddish

chripieť speak* in a hoarse/husky voice [spi:k in ə ho:s/haski vois]

chrípka influenza [,influ'enzə], hovor. flu [flu:]

chrípkový: *ch-á epidémia* an epidemic of influenza

chrliť (v rozl. význ.) spout [spaut], belch [belč], gush [gaš]; *fontány ch-a vodu* fountains are gushing water; *fabrické komíny ch-a dym* factory chimneys are belching smoke; *sopka ch-í dym a popol* a volcano belches out smoke and ashes; pren. *tlač ch-í politické heslá* the press is spouting political slogans // **ch. sa** gush, spout; *voda sa ch-í z rúry* water is spouting out from the pipe; *krv sa ch-la z rany* the blood gushed from the wound

chrobák beetle ['bi:tl], hovor. AM a bug

[bag] ● *hovor. nasadiť ch-a do hlavy (komu)* put a bee in sb.'s bonnet

chróm chromium [ˈkrəumiəm]

chromý lame [leim], crippled [ˈkripld]

chronický chronic [ˈkronik]; *ch-á choroba* a chronic illness

chronologický chronological [ˌkronə-ˈlodžikl]; *v ch-om poriadku* in chronological order

chrt grayhound [ˈgreihaund]

chrumkavý crisp [krisp]; *ch-é hrianky* crisp toasts

chrup (set of) teeth [set əv tiːθ]; *mliečny ch.* milk teeth, AM baby teeth, med. child's deciduous teeth; *umelý ch.* denture

chrupka gristle [ˈgrisl], (hl. u mladých živočíchov) cartilage [ˈkaːtlidž]

chrúst cockchafer [ˈkokčeifə]

chryzantéma chrysanthemum [kriˈsænθəməm]

chtiac-nechtiac willy-nilly [ˌwiliˈnili]; *ch. musel zaplatiť* he had to pay willy-nilly

chtivý eager [ˈiːgə], greedy [ˈgriːdi]; *ch. úspechu* eager for success; *ch. zisku* greedy for gain

chúďa poor thing [puə θiŋ]; *ch. dieťa* poor child

chudák wretch [reč]; *ch. teta ostala sama* poor aunt remained alone

chudnúť get*/become*/grow* thinner /slimmer [get/biˈkam/grəu ˈθinə/ˈslimə], lose* weight [ˌluːz ˈweit]

chudoba poverty [ˈpovəti]; *žiť v ch-e* live in poverty; *ch. myšlienok* poverty of ideas

chudobný (v rozl. význ.) poor [ˈpuə]; *ch. človek* a poor man; *ch-á pôda* poor soil; *strava ch-á na vitamíny* food poor in vitamins; *ch. duchom* poor in spirit ● expr. *ch. ako kostolná myš* as poor as a church mouse

chudý 1. thin [θin], (štíhly) slim [slim], (vychudnutý) meagre [ˈmiːgə] **2.** (bez tuku) lean [liːn]; *ch-é mäso* lean meat ● *ch. ako trieska* thin as a rake

chuchvalec 1. wisp [wisp]; *ch. dymu/prachu* a wisp of smoke/dust **2.** (vlny, vlasov) flock [flok] **3.** (zrazenina) clot [klot]; *ch. krvi* a blood clot

chúlostivý 1. (málo odolný) delicate [ˈdelikət]; *ch-é dieťa* a delicate child; *ch. porcelán* delicate china **2.** (precitlivený) (hyper)sensitive [(ˌhaipə)ˈsensitiv], squeamish [ˈskwiːmiš]; *ch. na chlad* sensitive to cold **3.** (nepríjemný) delicate; *ch-á situácia* a delicate situation; *ch-á otázka* a vexed question

chumáč tuft [taft]; *ch. vlasov/trávy* a tuft of hair/grass

chumelica snowstorm [ˈsnəustoːm]

chumeliť sa 1. (o dyme, prachu ap.) eddy [ˈedi] **2.** (o snehu): *ch-í sa* it is snowing ● *akoby sa nech-lo* as if nothing had happened

chuť 1. (do jedla) appetite [ˈæpətait]; *mať zdravú ch. do jedla* have a healthy appetite **2.** (vlastnosť látok) taste [teist]; (príchuť) flavour [ˈfleivə]; *sladkej/kyslej ch-ti* sweet/sour to the taste; *zmrzlina s rôznymi ch-ami* ice cream with various flavours; *bez ch-ti* tasteless **3.** (chcenie) appetite; *ch. do práce* appetite for work; *nemám ch. na tancovanie* I don't feel like dancing; *máš ch. na kávu?* do you feel like a cup of coffee? ● *podľa mojej ch-ti* to my taste; *podľa ch-ti* to taste; *to mi nie je po ch-ti* it isn't to my taste; *nemôžem tomu prísť na ch.* I can't come to like it; *S jedlom rastie ch.* Appetite grows on what it feeds upon

chutiť 1. (mať určitú chuť) taste [teist]; *ch. horkasto/sladko* taste bitter/sweet **2.** (príjemne pôsobiť) enjoy [inˈdžoi]; *ch-l ti obed?* did you enjoy the lunch? *nech-tí mi* I've lost my appetite

chutný 1. (dobre chutiaci) nice [nais], delicious [diˈlišəs], palatable [ˈpælətəbl], hovor. tasty [ˈteisti]; *ch-é jedlo* a delicious meal **2.** (pekný) nice [nais], lovely [ˈlavli], dainty [ˈdeinti], pretty [ˈpriti]; *ch-é dievča* a pretty girl; *ch-é šaty* a dainty dress

chvála praise [preiz]; *hodný ch-y* worthy of praise

chvalabohu thank God [ˌθæŋk ˈgod], thank one's lucky stars [ˌθæŋk wanz ˈlaki staːz]; *ch., prišiel včas* thank our lucky stars he came in time

chváliť praise [preiz]; *ch. človeka za odvahu* praise sb. for his courage; *ch. jedlo* praise the meal // *ch. sa* swank [swæŋk], show off [šəu of]; *ch. sa pred priateľmi novým autom* show off one's new car to one's friends ● *nech-ľ deň pred večerom* don't count the chicken before they're hatched

chválitebný laudable [ˈloːdəbl]; *ch. skutok* a laudable action

chválospev eulogy [ˈjuːlədži] ● *spievať ch-y (na koho, čo)* make a eulogy about sb./sth.

chvályhodný praiseworthy [ˈpreizwəːði], commendable [kəˈmendəbl]; *ch. čin* a commendable act

CH

chvastať sa (čím) brag [bræg], boast [bəust] about/of sth.; *ch. sa úspechmi* boast about one's accomplishments; *ch. sa známosťami* brag about one's connections

chvastúň boaster ['bəustə]

chvat 1. (zhon) hurry ['hari], haste [heist]; *prečo ten ch.?* why all this hurry/haste? **2.** (zápasnícky) grip [grip]

chviet' sa 1. (triasť sa) shiver ['šivə], tremble ['trembl]; *ch. sa ako osika* shiver/tremble like a leaf; *ch. sa od zlosti/strachu* tremble with rage/fear **2.** (kmitať, vibrovať) vibrate [vai'breit], oscillate [ˌosə'leit]

chvíľa while [wail], moment ['məumənt], instant ['instənt]; *o ch-u* in a moment/an instant/a minute; *pred ch-ou* just now; *na ch-u* for a while; *ch-u, prosím* just a moment, please ● *mať dlhú ch-u* be bored

chvíľkový momentary ['məuməntəri], transient ['trænziənt]; *ch-é šťastie* transient happiness

chvost 1. tail [teil] **2.** (konský) ponytail ['pəuniteil]; *nosiť konský ch.* wear one's hair in a ponytail

chyba 1. (omyl) mistake [mə'steik], error ['erə]; *robiť ch-y* make mistakes/go wrong; *pravopisné ch-y* spelling errors/mistakes; *tlačová ch.* a misprint **2.** (záporná vlastnosť) fault [fo:lt]; *napriek mojim ch-ám* in spite of my faults; *ch. v elektrickom spojení* a fault in the electrical connections **3.** (odchýlka od normálneho stavu) defect [di'fekt], (nedokonalosť) shortcoming [ˌšo:t'kamiŋ]; *ch. v systéme* a defect in the system; *sluchová ch.* a hearing defect **4.** šport. fault ● *učiť sa na vlastných ch-ách* learn by one's mistakes

> **fault** – chyba v súvislosti s ľuďmi (vlastnosti, správanie)
> **mistake** – akákoľvek chyba

chýbať 1. (byť neprítomný) be* absent [bi: 'æbsənt]; *ch. v škole/v práci* be absent from school/work **2.** (nemať) lack [læk], be*/go* short of [bi:/gəu šo:t əv]; *ch-a mu sebadôvera* he is lacking in confidence; *vždy mu ch-jú peniaze* he's always short of money **3.** (pociťovať stratu, neprítomnosť) miss [mis]; *ch-a mi moja peňaženka* I miss my purse; *ch-a mu otec* he misses his father

chybiť 1. make* a mistake [meik ə mis'teik], err [ə:], go* wrong [gəu 'roŋ], (závažne)

blunder ['blandə] **2.** (netrafiť, minúť) miss [mis]; *ch. cieľ* miss the target

chybný 1. (nesprávny) wrong [roŋ], incorrect [ˌinkə'rekt]; *ch-á odpoveď* a wrong/an incorrect answer; *ch. postup* an incorrect procedure; *vykrútiť ch-é číslo* dial a wrong number; *urobiť ch. krok* make a slip-up **2.** (s chybou) faulty ['fo:lti], defective [di'fektiv]; *ch. tovar* faulty goods; *ch. výrobok* a defective product

chýliť sa 1. (nakláňať sa) bend* [bend], incline [in'klain]; *slnko sa ch-i k západu* the sun is inclining to the west; *konáre sa ch-a k zemi* the branches are inclining downwards **2.** (schyľovať sa k čomu) come close [kam kləuz], near [niə]; *práca sa ch-i ku koncu* the work is nearing completion; neos. *ch-i sa k večeru* it'll soon be evening

chýr 1. (zvesť) news [nju:z], rumour ['ru:mə]; *kolujú ch-y* rumour has it that/ rumours are going round **2.** (povesť) reputation [ˌrepjə'teišn]; *mať dobrý/zlý ch.* have a good/bad reputation ● *ani ch-u/slychu (o kom, čom)* one doesn't hear of sb./sth.

chýrny (slávny) famous ['feiməs], (veľmi známy) well-known [wel nəun]; *ch. maliar* a famous painter

chystať prepare [pri'peə]; *ch. jedlo* prepare a meal **// ch. sa** prepare, be* going to [bi: goiŋ tu:]; *ch. sa na večierok* prepare oneself for the party; *ch-á sa kúpiť auto* he's going to buy a car

chytačka (detská hra) tag [tæg]

chytať 1. (ryby) fish [fiš], (loviť na udicu) angle ['æŋgl] **2.** (ohmatávať) grope [grəup]; *nechytaj ma!* don't grope for me! **3.** hovor. (byť brankárom) be* a goal for [bi: a gəul fə:]; *ch. za futbalový klub* be the goal for a football club

chytiť 1. (uchopiť) seize [si:z]; *ch. (koho) za ruku* seize sb.'s hand; *ch. zlodeja za golier* seize the thief by the collar **2.** (v rozl. význ.) catch* [kæč]; *ch. loptu* catch the ball; *ch. rybu* catch a fish; hovor. *ch. vlak* catch the train; hovor. *ch. nádchu* catch a cold **3.** hovor. (zachytiť) tune in [tju:n in] (to); *ch. dobrú hudbu v rozhlase* tune in to a good music on the radio **4.** (prichytiť sa) stick [stik]; *známka nechce ch.* the stamp won't stick **5.** (zachvátiť) attack [ə'tæk], be seized [bi: si:zd], have a fit [hæv ə fit]; *ch-l ho kašeľ* he had a fit of coughing; *ch-la ho žiarlivosť* he had a fit of jealousy; *ch-li ho bolesti* he was seized with pains ● *ch. rozum do hrsti* keep one's wits about one; *ch. (koho) za* *slovo* take sb. at his word // **ch. sa 1.** (pridržať sa čoho) catch* at [kæč 'æt], hold* on [həuld on] (to), (pevne) grip [grip]; *ch. sa zábradlia* hold on to the railing; *ch-l sa matkinej ruky* he gripped his mother's hand; *kto sa topí, ch-tí sa aj slamky* a drowning man will catch even at a straw **2.** (lapiť sa) be* trapped [bi: træpt], get* caught [get ko:t]; *ch. sa do pasce* fall into the trap **3.** (pustiť sa do čoho) go/set about [gəu/set ə'baut]; *ch. sa do roboty* go/set one's work **4.** (ujať sa) take* root [teik ru:t]; *ružový krík sa ch-l* the rosebush has taken root **5.** (začať horieť) catch* fire [kæč 'faiə]; *oheň sa rýchlo ch-l* the fire caught quickly

chytľavý 1. (nákazlivý) catching ['kæčiŋ], contagious [kən'teidžəs]; *šarlach je ch.* scarlet fever is contagious; pren. *smiech je ch.* laughter is contagious **2.** (zápalný) inflammable [in'flæməbl]

chytrý 1. (rýchly) fast [fa:st], quick [kwik], rapid ['ræpid]; *ch-é rozhodnutie* a quick/rapid decision; *ch. rast* a fast growth ● *ch-o!* be quick! hurry up! **2.** (dôvtipný) clever ['klevə], bright [brait]; *ch. nápad* a bright idea

chyžná chambermaid ['čembəmeid]

I, Í

i 1. zlučovací vzťah (aj, tiež, skompletizovanie) and [ənd], also ['o:lsəu], too [tu:], as well (az) [æs wel (æz)], both ... and [bəuθ ənd]; *budeš potrebovať i nový kufor* you'll need a new suitcase, too; *i ja si musím kúpiť nový* I must buy a new one as well; *navštívil New York i Londýn* he visited both New York and London; *dal mu peniaze i jedlo* he gave him to eat as well as money **2.** stupňovací vzťah *nielen ... ale i* not only ... but also; *nielen dnes, ale i zajtra* not only today, but also tomorrow **3.** odporovací vzťah *ale i* not only ... but also [not 'əunli bat 'o:lsəu]; *bolo nielen zima, ale i mokro* it was not only cold, but also wet

iba I. spoj. **1.** (ibaže, ale) only ['əunli], but [bat]; *chce ísť do Paríža, i. nemá dosť peňazí* she wants to go to Paris, only/but she hasn't got enough money **2.** (iba čo) hardly ['ha:dli], scarcely ['skeəsli]; *i. čo začali hrať, začalo pršať* hardly/scarcely had the game begun it started raining **3.** (iba keď) all at once [o:l ət wans]; *ulicou si kráča, i. keď sa proti nemu rúti auto* he was walking along the street and all at once a car darted towards him **4.** (iba ak) maybe ['meibi]; *dnes to nedokončím, i. ak zajtra* I can't finish it today, maybe tomorrow **II.** čast. only; *i. Ján ho videl* only John saw him; *také topánky kúpiš i. v Londýne* only in London you can buy shoes like that

idea idea [ai'diə]

ideál ideal [ai'diəl]; *toto je môj i.* that's my ideal

idealista idealist [ai'diələst]

idealistický idealistic [ˌaidiə'listik]

idealizmus idealism [ai'diəlizm]

ideálny ideal [ai'diəl]; *i-e miesto na dovo-*

lenku an ideal place for a holiday; *i. systém* an ideal system

identický identical [ai'dentikəl]

identifikovať identify [ai'dentəfai]

identita identity [ai'dentəti]

ideológia ideology [ˌaidi'olədži]

ideologický ideological [ˌaidiə'lodžikl]

ideový conceptual [kən'sepčuəl]; *i. obsah hry* the conceptual framework of the play

idiot idiot ['idiət]

idol idol [aidl]

idyla idyll ['idil]

idylický idyllic [i'dilik]

igelit plastic ['plæstik]

igelitový: *i-é vrecko* a plastic bag

ignorovať ignore [ig'no:]

ihla (v rozl. význ.) needle ['ni:dl]; *navliecť do i-y* thread a needle; *ucho i-y* the eye of a needle; *injekčná striekačka a i.* a syringe and a needle ● hovor. *sedieť ako na i-ách* be on tenterhooks

ihlan pyramid ['pirəmid]

ihlica pin [pin], needle ['ni:dl]; *i. do vlasov* a hairpin; *i. na pletenie* a knitting pin/needle

ihličie needles mn. č. ['ni:dlz]

ihličnatý coniferous [kə'nifərəs]; *i. strom* a conifer

ihneď at once [ət wans], immediately [i'mi:diətli], (obratom ruky) trice ['trais]; *i. poď sem!* come here at once! *môžeš ísť i.* you can go immediately

ihrisko 1. (detské) playground ['pleigraund] **2.** šport. playing field ['pleiiŋ fi:ld]

ich their [ðeə], theirs [ðeəz]; *jeden z i. zvykov* a habit of theirs/one of their habits

ikona icon, ikon ['aikon]

I

ikra (hard) roe [(ha:d) rəu], (hromad.) *i-y* spawn [spo:n]; *klásť i-y* lay spawn

íl clay [klei]

ilegalita illegality [ˌiliˈgæləti], underground [ˈandəgraund]; *prejsť do i-y* go underground

ilegálny illegal [iˈli:gl]

ílovitý clayey [ˈkleii]; *í-á pôda* clayey soil

ilustrácia (v rozl. význ.) illustration [ˌiləˈstreišn]; *i. knihy* the illustrations of a book; *uviesť na i-u* (ako príklad) illustrate; *na i-u (čoho)* by way of illustration

ilustrovať illustrate [ˈiləstreit]; *pekne i-ná kniha* a well illustrated book

ilúzia illusion [iˈlu:žn]; *robiť si i-e* delude oneself

iluzórny illusory [iˈlu:səri]; *i-e víťazstvo* illusory victory

imanie p. **majetok**

imatrikulácia matriculation [məˌtrikjəˈleišn]

imatrikulovať matriculate [məˈtrikjəleit]

imelo mistletoe [ˈmisltəu]

imitácia imitation [ˌiməˈteišn]; *i. kože* an imitation leather

imperialistický imperialistic [imˌpiriəˈlistik]

imperializmus imperialism [imˈpiriəlizm]

impérium empire [ˈempaiə]; *Rímske i.* the Roman Empire

import import [ˈimpo:t]

importovať import [imˈpo:t]

impotencia impotence [ˈimpətns]

impozantný stately [ˈsteitli]; *i-é paláce* stately palaces

impregnovať (čím) impregnate [ˈimpregneit] with sth.

impresionistický impressionist [imˈprešnəst]

impresionizmus impressionism [imˈprešnizm]

improvizovať improvise [ˈimprəvaiz]; *i-ný rozhovor* an improvised interview

impulz (v rozl. význ.) impulse [ˈimpals]; *elektrický i.* an electrical impulse; *dať i.* give an impulse

impulzívny impulsive [imˈpalsiv]; *človek i-ej povahy* a man with an impulsive nature

imunita (v rozl. význ.) immunity [iˈmju:nəti]; *i. proti chorobe* immunity from disease; *diplomatická i.* diplomatic immunity

imúnny immune [iˈmju:n]; *i. organizmus* an immune organism; *i. proti kritike* immune to criticism

ináč, inak(šie) I. prísl. (inak, odlišne) other-wise [ˈaðəwaiz], differently [ˈdifrəntli]; *ty zrejme rozmýšľaš i.* you evidently think otherwise/differently **II.** spoj. (v opačnom prípade) otherwise; *radšej už choď, i. zmeškáš vlak* you'd better go now, otherwise you'll miss the train **III.** časť. otherwise, in some other way [in sam ˈaðə wei], else [els]; *nejako sa ta dostaneš, vlakom, alebo i.* you'll get there somehow, by train or otherwise; *ako i.* how else; *alebo i.* or else

inakší (quite a) different [(kwait ə) ˈdifrənt], another [əˈnaðə]; *život je i. ako predtým* life today is different from life long ago; *nechcem, aby bola i-a, než je teraz* I do not wish her to be another than she is now

incident incident [ˈinsədənt]; *spôsobiť i.* cause an incident

Ind Indian [ˈindiən]

inde elsewhere [elsˈweə], somewhere else [ˈsamweə els]; *býva niekde i.* he lives somewhere else

index (v rozl. význ.) index [ˈindeks]; *i. životných nákladov* cost-of-living index; *i. na konci knihy* an index at the back of a book; *kniha je na i-e* the book is on the black-list

India India [ˈindjə]

Indián (Red) Indian [(red) ˈindiən]

indický Indian [ˈindiən]; *i. jazyk* Indian language; *i. čaj* Indian tea

indiferentný indifferent [inˈdifrənt]; *mne je to i-é* it is indifferent to me; *byť i. (voči čomu)* be indifferent to/towards sth.

indiskrétny indiscreet [ˌindiˈskri:t]; *i-a otázka* an indiscreet question

indisponovaný indisposed [ˌindiˈspəuzd]

individuálny individual [ˌindiˈvidžuəl]; *i-a pozornosť/starostlivosť* an individual attention; *i. štýl* an individual style

indivíduum individual [ˌindiˈvidžuəl]

indonézsky Indonesian [ˌindəˈni:žn]; *i-e jazyky* Indonesian languages

indukcia fyz. (myšlienkový postup – opak dedukcie) induction [inˈdakšən]

infarkt heart-attack [ha:t əˈtæk]

infekcia infection [inˈfekšn]

infekčný infectious [inˈfekšəs]; *i-á choroba* an infectious disease

infikovať infect [inˈfekt]; *i. ranu* infect the wound // **i. sa** be/become infected

infinitív gram. infinitive [inˈfinətiv]

inflácia inflation [inˈfleišn]

informácia [ˌinfəˈmeišn]; *poskytnúť i-e*

provide some pieces of information; výp. tech.
vyhľadávanie i-i information retrieval
informačný: *i-á služba* Inquiries, Inquiry
Office; *i. systém* system of information
informovať (o čom) inform [in'fo:m] (of),
instruct [in'strakt]; *pravidelne ma i-ujte o tom*
keep me informed of it; *zle i.* misinform; *dob-*
re i-ný well-informed; *banka ma i-la* I have
been instructed by my bank // **i. sa** (o čom)
inform oneself of sth.
 infračervený infrared [ˌinfrə'red]
 inhalovať inhale [in'heil]
 iniciála initial [i'nišl]
 iniciatíva initiative [i'nišətiv]; *urobiť z vlast-*
nej i-y (čo) do sth. on one's own initiative;
vyjsť s i-ou take the initiative
 iniciatívny: *i. človek* a man of action; *byť*
i. have/take the initiative
 injekcia injection [in'džekšn]; *pichnúť i-u*
penicilínu inject penicillin
 inkaso incashment [in'kæšmənt]
 inkasovať collect [kə'lekt]; *i. poplatky*
collect the dues/fees
 inkognito incognito [ˌinkog'ni:təu]; *cesto-*
vať i. travel incognito
 inkubačný: *i-á doba* incubation period
[iŋkjə'beišn pi:riəd]
 inkvizícia inquisition [ˌiŋkwi'zišn]; *stre-*
doveká i. the Inquisition
 inokedy another time [ə'naðə 'taim], at
some other time [æt sam aðə taim]; *príď i.*
come at some other time
 inovať hoarfrost ['ho:frost]
 inscenácia 1. staging ['steidžiŋ]; *i. diva-*
delnej hry staging of a play 2. (úprava, spraco-
vanie hry, filmu pre televíziu, rozhlas) production
[prə'dakšn]
 inscenovať stage [steidž]; *i. divadelnú hru*
stage a play
 insignie insignia [in'signiə]; *kráľovské i.*
royal insignia
 inšie something else ['samθiŋ els]; *nič i.*
nothing else
 inšpekcia inspection [in'spekšn]; *konať*
i-u inspect
 inšpektor inspector [in'spektə]; *školský i.*
inspector of schools, vo V. Británii Her Majesty's
Inspector of Schools, skr. HMIS
 inšpirácia inspiration [ˌinspə'reišn]; *i. prí-*
rodou inspiration from nature
 inšpirovať inspire [in'spaiə]; *hudba i-ná*
poéziou music inspired by poetry // **i. sa**

have an/draw one's inspiration; *i. sa prírodou*
draw one's inspiration from nature
 inštalácia installation [ˌinstə'leišn]; *i.*
osvetlenia lighting installation
 inštalatér fitter ['fitə], (potrubia) plumber
['plamə]
 inštalovať (v rozl. význ.) install [in'sto:l]; *i.*
ústredné kúrenie install central heating; *i. de-*
kana install a dean
 inštinkt instinct ['instiŋkt]; *riadiť sa i-om*
follow one's instincts
 inštinktívny instinctive [in'stiŋktiv]; *i. po-*
hyb an instinctive move
 inštitúcia 1. (ustanovizeň) institution
[ˌinstə'tju:šn], establishment [i'stæblišmənt];
vedecká i. a scientific establishment; *dobro-*
činné i-e charity institutions 2. (súhrn vzťahov)
institution; *i. manželstva* the institution of
marriage
 inštitút institute ['instətju:t]
 inštrukcia instruction [in'strakšn], (oficiál-
ny príkaz) directive [də'rektiv]; *dať i-e* give in-
structions
 inštruktáž instruction [in'strakšən]
 inštruktor instructor [in'straktə]; *lyžiar-*
sky i. a ski instructor
 inštruovať instruct [in'strakt]
 integrácia integration [inte'greišən]; *do* into
 integrálny integral ['intəgrəl]; *i. počet*
integral calculus
 intelekt intellect ['intəlekt], hovor. brain
[brein]
 intelektuál intellectual [ˌintə'lekčuəl]
 inteligencia 1. (duševná vyspelosť) intelligence
[in'telədžns] 2. (spoločenská vrstva) intelligentsia
[inˌtelə'dženciə]; *technická i.* technology
intelligentsia
 inteligentný intelligent [in'telədžnt]; *i.*
človek an intelligent person; *i-á hra* an intel-
ligent game
 intenzita intensity [in'tensəti]; *i. svetla*
/žiarenia intensity of light/radiation
 intenzívny intensive [in'tensiv]; *i-e štú-*
dium an intensive study; *i. kurz angličtiny* an
intensive course in English/a crash course in
English
 interiér interior [in'tiriə]; *bytový i.* the
interior of a flat
 interkontinentálny intercontinental
[ˌintəkontə'nentl]; *i-a raketa* intercontinental
ballistic missile
 internacionálny international [ˌintə'næšnəl]

internačný *i. tábor* detention camp [di'tenšn ˌkæmp]

internát hostel ['hostl]; *vysokoškolský i.* a hall of residence, AM dormitory; *dievčenský i.* a hall for girls

internista physician [fi'zišn], specialist in internal diseases ['spešləst in in'təːnl di'ziːziz]

internovať intern [in'təːn]; *i. cudzincov* intern foreign citizens

interný internal [in'təːnl]; *i-á medicína* internal medicine

interpretovať (v rozl. význ.) interpret [in'təːprət]; *i. sonátu pre klavír* interpret a piano sonata

interpunkcia punctuation [ˌpaŋkču'eišn]

interpunkčný: *i-é znamienka* punctuation marks

interval interval ['intəvl]; *šesťmesačný i.* a six-month interval; *v minútových i-och* at one minute intervals

intervencia **1.** (zásah) intervention [ˌintə'venšn] **2.** (v niečí prospech) intercession [ˌintə'sešn] on sb.'s behalf

intervenovať **1.** (zasahovať do čoho) intervene [ˌintə'viːn] in sth. **2.** (prihovoriť sa za koho) intercede [ˌintə'siːd] for/on behalf of sb.

intimita intimacy ['intiməsi]

intímny (v rozl. význ.) intimate ['intəmət]; *i. priateľ* an intimate friend; *i-e podrobnosti o živote* the intimate details of one's life; *byť v i-om pomere* be on intimate terms

intonácia intonation [ˌintə'neišn]; *vetná i.* intonation of a sentence

intriga (obyč. mn. č.) intrigue ['intriːg], plot [plot]; *robiť i-y (proti komu)* intrigue against sb.

intrigovať intrigue [in'triːg], plot [plot]; *i. proti vedúcemu* plot against the boss

intuícia intuition [ˌintju'išn]; *umelecká i.* intuition of an artist

invalid invalid ['invəliːd], disabled [dis-'eibld]; *prístup (bez bariér) pre i-ov* access for the disabled

invalidita disability [ˌdisə'biləti]; *úplná i.* total disability

invalidný: *i. dôchodok* a disability pension; *i. vozík* a wheelchair

invázia invasion [in'veižn]

inventár inventory ['invəntri]; *zapísať do i-a* to enter in an inventory

inventúra inventory ['invəntri]; *robiť i-u* take stock, make an inventory

investícia investment [in'vestmənt]; *výhodné i-e* profitable investments

investor investor [in'vestə]

investovať invest [in'vest]; *i. 1000 libier do podniku* invest 1 000 £ in a business

iný **1.** (odlišný, inakší (než)) other ['aðə], another [ə'naðə] (than), different ['difrənt] (from); *dnešný život je i.* life today is different; *má oblečené i-é šaty* she wears a different dress /another dress; *je to teraz i. človek* he is another man now; *to je niečo i-é* that's something else **2.** (ďalší) else [els]; *požiadaj niekoho i-ého* ask somebody else; *kto i.?* who else? ● *byť v i-om stave* be pregnant; *I. kraj, i. mrav.* Do in Rome as the Romans do

inzerát advertisement [əd'vəːtismənt], skr. ad; *dať i. do novín* put an advertisement in the newspaper; *i-om hľadať pisárku* advertise for a typist

inzerovať advertise ['ædvətaiz]; *i. dom* (na predaj) advertise one's house

inzulín insulin ['insjələn]

inžinier engineer [ˌendʒə'niə]; *stavebný /elektrotechnický i.* a civil/electrical engineer

inžiniersky engineering [ˌendʒə'niriŋ]; *i-e stavby* engineering structures; *i-a sieť* engineering network

Ir Irishman ['airišmən]

írečitý **1.** (rázovitý) typical ['tipikl], characteristic [ˌkærəktə'ristik] **2.** (pôvodný) original [ə'ridʒənl]

irónia irony ['airəni]; *i. osudu* irony of fate

ironický ironic [ai'ronik]; *i. úsmev* an ironic smile

írsky Irish ['airiš]

ischias sciatica [sai'ætikə]

ískať (vo vlasoch) run* one's fingers through (sb.'s hair) [ran wanz fiŋgəz θruː]

iskra spark [spaːk]; *spŕška i-ier* a shower of sparks; *i-y lietajú* the sparks fly

iskriť sparkle ['spaːkl]; *oči jej i-li od vzrušenia* her eyes sparkled with excitement

iskrivý **1.** (trblietavý) sparkling ['spaːkliŋ], glittering ['glitəriŋ]; *i. sneh* sparkling snow **2.** (žiarivý) bright [brait], sparkling; *i-é oči* bright eyes **3.** (duchaplný) bright, sparkling; *i. humor* sparkling humour

Island Iceland ['aislənd]

islandský Icelandic [ais'lændik]

ísť **1.** (kráčať) go* [gəu], walk [woːk]; *i. pomaly* go slowly; *i. rýchlo* march; *i. na prechádzku* go for a walk; *i. von/dnu* go out/in;

í. preč go away; *poď sem!* come here! *už ide*
a) (prichádza) he is coming **b)** (odchádza) he is
leaving **2.** (i. s istým cieľom) go*; *i. na návštevu*
go to see sb., visit sb.; *i. do práce/do školy* go
to work/to school; *i. po lekára* call a doctor;
i. na dovolenku go on holiday(s); *i. na huby*
go mushrooming; *poďme do kina* let's go to
the cinema **3.** (viezť sa, cestovať (čím)) go* (by),
take* (sth.), travel ['trævl] (by), ride* [raid]
(sth.), drive* [draiv] (sth.); *i. na koni* ride a
horse, go on horseback; *i. na bicykli* ride a
bicycle; *i. autom* (viesť auto) drive a car; *i.*
autom/autobusom/vlakom go by car/bus
/train; *i. autobusom* take a bus; *i. vlakom*
go/travel by train **4.** (odchádzať) leave* [li:v],
depart [di'pa:t]; *vlak/lietadlo ide o druhej* the
train/plane leaves at two o'clock **5.** (fungovať)
work [wə:k], go*; *hodiny idú presne* the clock
works/goes properly/accurately **6.** (smerovať)
go*, lead* [li:d]; *táto cesta ide na stanicu* this
road goes/leads to the station **7.** (voliť si povol
anie, stav ap.): *i. za svedka* be sb.'s witness; *i. do*
dôchodku retire (on a pension); *ide na vysokú*
(školu) he goes to university **8.** (dariť sa): *ang-*
ličtina mu ide he's good at English, he's getting
on very well in English; *obchody nej-dú* trade
isn't getting on well **9.** neos. *ide o (koho, čo)* (tý-
ka sa) it concerns [it kən'sə:ns], be concerned [bi:
kən'sə:nd], depend [di'pend]; *pokiaľ ide o bra-*
ta... as far as my brother is concerned...; *pokiaľ*
nejde o mňa if it doesn't concern me; *ide o to*
the point is **10.** hovor. (hodiť sa k čomu) match
[mæč], (pristať komu) suit [su:t]; *koberec ide k zá-*
clonám the carpet matches the curtains; *tá far-*
ba jej nejde that colour doesn't suit her ● *ide*
to ako po masle it goes very smoothly; *ide to*
s ním dolu kopcom he's going downhill; *ide do*
tuhého things are going hot; *i. s duchom času*
keep up with the times; *i. hlavou proti múru*
knock one's head against a brick wall; *nejde mi*
to do hlavy it is beyond me; expr. *choď do čer-*
ta! go to Jericho! ['džerikəu]

ísť vlakom/autom/bicyklom/autobusom
= go by train/car/bicycle/bus

iste, isto certainly ['sə:tnli], surely ['šurəli],
no doubt [nəu daut]; *i. pracuje veľmi usilovne*
he certainly works very hard; *Pomôžeš mi? –*
Iste. Will you help me? – Certainly.; *i. si naňho*
pamätáš surely you remember him
istiť 1. secure [si'kjuə]; *horolezec sa i-í la-*
nom the climber is secured on the rope **2.** el.
protect by a fuse [prə'tekt bai ə fju:z]; *i. ká-*
bel protect the cable
istota 1. (pevné presvedčenie) certainty ['sə:tnti];
mať i-u v čom play sth. safe, be on the safe
side **2.** (záruka bezpečnosti) security [si'kjurəti],
safety ['seifti]; *sociálna i.* social security
istý I. príd. **1.** (nepochybný) certain ['sə:tn],
sure [šuə]; *je to viac ako i-é* that's for sure; *som*
si i., že ma videl I'm certain/sure that he saw me
2. (dokonale ovládajúci) firm [fə:m], steady ['stedi];
hovoriť i-m hlasom speak in a firm voice; *mať*
i-ú ruku have a steady hand **3.** (bezpečný) secure
[si'kjuə], safe [seif]; *i-é miesto* a secure job; *byť*
si i. pred nebezpečenstvom be safe from danger
4. (ten i.) the same [ðə seim]; *to i-é dievča* the
same girl; *ten i. deň* the same day **II.** zám. (bližšie
nemenovaný/neurčený) a certain [ə 'sə:tn]; *i. pán*
Smith a certain Mr. Smith; *do i-ej miery* to a
certain extent; *i-é dôvody* certain reasons
íver splinter ['splintə]
izba room [ru:m]; *obývacia i.* a sitting-
-room; *nemocničná i.* a ward; *detská i.* a nursery
izbový: *i. teplomer* room thermometer; *i-é*
rastliny pot plants
izolácia 1. isolation [ˌaisə'leišn]; *v úplnej*
i-i in complete isolation; *i. pacienta* isolation
of the patient **2.** odb. insulation [ˌinsjə'leišn];
zvuková/tepelná i. sound/thermal insulation
izolačný insulating ['insjəleitiŋ]; *i-á páska*
an insulating tape
izolátor insulator ['insjəleitə]
izolovať 1. (oddeliť) isolate ['aisəleit] **2.** odb.
insulate ['insjəleit]
izoterma isotherm ['aisəθə:m]
izotop isotope ['aisətəup]
Izrael Israel ['izreil]

J

ja I. osob. zám. I [ai]; **1.** (v spojení s 1. os. sl.);
ja som Peter I am Peter; **2.** (zdôraznenie činiteľa
deja) me [mi:]; *iba ja* me alone; *to som ja* it's
me **3.** (ja sám) I myself [ˌai mai'self]; *(ja) sám*

som sa porezal I cut myself **II.** podst. ego ['iːgəu]; *dobré pre vlastné ja* good for one's ego; *myslieť len na svoje ja* be egocentric
jablčník apple pie ['æpl pai]
jablko apple ['æpl]; *Adamovo j.* Adam's apple ● *j. nepadá ďaleko od stromu* like father like son; *jablko sváru* apple of discord
jablkový: *j-á šťava* cider ['saidə]
jabloň apple tree ['æpl triː]
jačať yell [jel], shriek [šriːk]; *j. od strachu* yell with fright; *siréna j-la* the siren was shrieking
jačmeň 1. barley ['baːli] **2.** hovor. (hnisavý zápal na viečku) sty(e) [stai]
Jadran Adriatic [ˌeidriˈætik]
jadrný 1. (krátky a výstižný) pithy ['piθi]; *j-é poznámky* pithy remarks; *j-á reč* a pithy speech **2.** (zdravý, pevný) hearty ['haːti]
jadro 1. (orechov) kernel ['kəːnl], (dužinatých plodov) pip [pip] **2.** (stred, vnútro) core [koː]; *j. elektromagnetu* the core of an electromagnet; *historické j. mesta* the historic centre of the town **3.** odb. nucleus ['njuːkliəs]; *j. atómu* the nucleus of an atom; *j. bunky* the nucleus of a cell **4.** (podstata, základ) core, heart [haːt]; *dostať sa k j-u problému* get to the heart/core of the matter
jadrový 1. (súvisiaci s jadrom) kernel ['kəːnl]; *j-é ovocie* kernel fruit **2.** odb. nuclear ['njuːkliə]; *j-á energia* nuclear energy; *j-á fyzika* nuclear physics; *j. reaktor* nuclear reactor
jagať sa glitter ['glitə], sparkle ['spaːkl]
jaguár jaguar ['džægjuə]
jahňa lamb [læm]
jahňacina 1. (mäso z jahňaťa) lamb [læm] **2.** (koža z jahňaťa) lambskin ['læmˌskin]
jahoda strawberry ['stroːbri]
jahodový: *j. džem* strawberry jam
jachta yacht [jot]
jachtár yachtman ['jotmən]
jachtárstvo yachting ['jotiŋ]
jachtať 1. (zajakávať sa) stutter ['statə] **2.** expr. stammer ['stæmə]; *j-l slová vďaky* he stammered out his thanks
jalovica heifer ['hefə]
jalový 1. (v rozl. význ.) barren ['bærən]; *j-á pôda* barren land; *j-á diskusia* a barren discussion **2.** (neplodný, nerodiaci) infertile [in'fəːtail]; *j-á krava* an infertile cow; *j. klas* an empty ear
jama pit [pit]; *silážová j.* a food silo; *montážna j.* a fitting pit
jamka 1. (v zemi) hole [həul] **2.** anat. pit [pit]; *očná j.* the eye-socket

jantár amber ['æmbə]
jantárový: *j. náhrdelník* an amber necklace
január January ['džænjuəri]; *v j-i* in January
Japonec Japanese [ˌdžæpəˈniːz]
Japonsko Japan [džəˈpæn]
japonský Japanese [ˌdžæpəˈniːz]; *j. jazyk* Japanese
jar spring [spriŋ]; *na j.* in spring
jarabica partridge ['paːtridž]
jarmo yoke [jəuk] (aj pren.); *zvrhnúť j. poroby* throw off the yoke of servitude
jarmok fair [feə], (trh) market ['maːkət]
jarok 1. (pri ceste) ditch [dič] **2.** (plytký j.) gutter ['gatə] **3.** (menší potok) brook [bruk]
jas 1. brightness ['braitnəs] **2.** fyz. (svietivosť) luminosity [ˌluːmiˈnosəti]
jasať (hlasno) cheer [čiə]; *j. od radosti (nad čím)* rejoice at sth.
jaseň ash [æš]
jaskyňa cave [keiv], (veľká) cavern ['kævən]; hist. *obyvateľ j-ne* caveman ['keivmæn]
jasle 1. (rebrinové) crib [krib], (žľabové) manger ['meindžə] **2.** (ustanovizeň) day nursery ['dei ˌnəːsri], crèche ['kreiš]
jasniť sa clear up [kliə ap]; *obloha sa j-í* the sky is clearing up
jasno, jasne I. prísl. (zrozumiteľne) plain [plein], clear ['kliə]; *dúfam, že som to povedal j.* I hope I've made myself plain/clear **II.** vetná prísl. (jasno) daylight ['deilait], clear weather [ˌkliə 'weðə], bright (sky) [brait (skai)]; *vonku je j.* the sky is clear **III.** podst. (jasnosť, zrozumiteľnosť) clear; *vniesť j. do veci* make things clear
jasnosť 1. brightness ['braitnəs], serenity [si'renəti], (zreteľnosť) clearness ['kliənəs] **2.** (titul, oslovenie panovníka) Highness ['hainəs]; *Jeho/Jej J.* His/Her Highness
jasnovidec clairvoyant [kli'voiənt]
jasný 1. (žiariaci) bright [brait]; *j-é slnko* bright sun **2.** (čistý, priesvitný) clear [kliə]; *j-á obloha* a clear sky ● *ako blesk z j-ého neba* as a bolt from the blue **3.** (zrejmý) obvious ['obviəs], clear, evident ['evidənt]; *to je (celkom) j. prípad* it's quite an obvious/clear case; *mne je to úplne j-é* it's quite evident to me **4.** (zrozumiteľný) clear; *ešte mi to nie je celkom j-é* I'm still not quite clear about it **5.** (schopný jasne uvažovať) clear; *udržať si j-ú myseľ* keep a clear head **6.** (o zvuku) clear; *hlas j. ako zvon* a voice (as) clear as a bell **7.** (o farbe) bright; *j-á červená (farba)* a bright red

jastrab hawk [hoːk]

jašiť sa 1. be* mad/crazy [biː mæd/ˈkrei-zi]; (veselo sa hrať) frolic [ˈfrolik] 2. (o koňoch) bolt [bəult]

jašter saurian [ˈsoːriən]

jašterica lizard [ˈlizəd]

jaternica sausage [ˈsosidž]

jatka 1. (bitúnok) slaughter-house [ˈsloːtəhaus] 2. pren. (krvavé vraždenie) slaughter [ˈsloːtə]

jav phenomenon [fiˈnomənən], mn. č. -ena [-inə]; *prírodné javy* the phenomena of nature

javisko 1. stage [steidž]; *otáčavé j.* a revolving stage 2. kniž. (dejisko) scene [siːn], theatre [ˈθiətə]; *j. historickej udalosti* the scene of a historic event

javor maple [ˈmeipl]

javorový: *j. list* a maple leaf; *javorový sirup* maple syrup

jazda 1. ride [raid], (šoférovanie) drive [draiv]; *j. na bicykli* cycling; *j. na lyžiach* skiing; *okružná j.* tour; *dať prednosť v j-e* give way; *mať prednosť v j-e* have a right of way 2. (jazdectvo) cavalry [ˈkævlri]

jazdec 1. rider [ˈraidə]; *skúšobný j.* a test rider 2. (na koni) horseman [ˈhoːsmæn] 3. šach. knight [nait]

jazdecký: *j. kôň* a riding horse; *j. šport* horseback riding

jazdiť 1. drive* [draiv]; *j. na aute* drive a car; *učiť sa j.* take driving lessons 2. (na koni, bicykli) ride* a horse/bicycle; *j. na lyžiach* ski

jazdný: *j-á polícia* mounted police; *j-á dráha* carriageway, roadway; *j. pás* lane

jazero lake [leik], (v Škótsku) loch [lok]

jazmín jasmine [ˈdžæzmən]

jazva scar [skaː]; *zanechať j-y* leave scars

jazvec badger [ˈbædžə]

jazvečík dachshund [ˈdækshund], hovor. sausagedog [ˈsosidždog]

jazyk 1. (v rozl. význ.) tongue [taŋ]; *vyplaziť j.* put one's tongue out; *údený/bravčový j.* a smoked/pork tongue; *j. v topánke* the tongue in a shoe 2. (reč) tongue, language [ˈlæŋgwidž]; *materský j.* one's mother language; *programovací j.* a programming language ● *na j-u* on the tip of one's tongue; *držať j. za zubami* hold one's tongue; *čo na srdci, to na j-u* wear one's heart on one's sleeve; *mať ostrý j.* have a sharp tongue; *mať dušu na j-u* be breathing one's last; *bolo to pošmyknutie j-a* it was a slip of the tongue

jazykoveda linguistics [liŋˈgwistiks]

jazykovedný linguistic [liŋˈgwistik]

jazykový: 1. *j-é svalstvo* tongue muscles 2. *j-é laboratórium* a language laboratory; *j-á škola* a (night) language school

jed 1. poison [ˈpoizn], *hadí j.* venom [ˈvenəm] 2. hovor. (hnev) anger [ˈæŋgə]; *od j-u* in anger

jedáci: *j. príbor* cutlery, AM flatware; *j-a lyžica* a tablespoon

jedák eater [ˈiːtə]; *je veľký j.* he is a big eater

jedáleň 1. (v byte) dining room [ˈdainiŋ rum] 2. (verejná, samoobslužná) lunchroom [ˈlančrum], tea-room [ˈtiːrum]; *závodná j.* canteen [kænˈtiːn]

jedálny: *j. lístok* menu; *j. vozeň* dining-car, diner

jeden 1. (číslo i počet) one [wan], a [ə]; *j. človek* one/a man; *j-ny nohavice* one pair of trousers; *j. z nás* one of us; *je j-na hodina* it's one o'clock; *j-ným smerom* in one way; *nebol tam ani j.* there was not a single one 2. (ten istý) the same [ðə ˈseim]; *bývajú v j-nom dome* they live in the same house 3. (istý, nejaký) one; *j-ného rána* one morning; (obyč. začiatok rozprávky) *žil raz j. kráľ* once upon a time there was a king 4. (vo dvojici) *j. – druhý* each other [iːč ˈaðə]; *pomáhal j. druhému* they helped each other 5. *j-no* v platnosti podst. one point [ˌwan ˈpoint]; *j. neviem pochopiť* there's one point I'm missing ● *hovoriť v j-om kuse* chatter away; *byť j-a ruka (s kým)* get on very well with sb.; *hádzať všetko do j-ého vreca* lump all together; *ťahať za j. povraz* close ranks; *mne je to j-no* I don't mind/care

jedenásť eleven [iˈlevn]

jedenástka eleven [iˈlevn]; *futbalová j.* the football eleven

jedenásty eleventh [iˈlevnθ]

jedenkrát 1. once [wans] 2. (kedysi) once; *j. ráno* one morning

jedináčik only child [ˈəunli čaild]; *Ján je j.* John is an only child

jedine (iba) only [ˈəunli]; *videl som j. Jána* I saw only John

jedinec, jednotlivec individual [ˌindiˈvidjuəl]; *silný j.* a strong individual

jedinečný unique [juːˈniːk]; *j. jav* a unique phenomenon

jediný only [ˈəunli], sole [səul], single [ˈsingl]; *j. syn* the only son; *j-á príčina nehody* the sole cause of the accident; *j. dôkaz* a single piece of evidence

jedľa fir [fə:]

jedlo 1. (pokrm) food [fu:d], dish [diš]; *teplé/studené j.* a warm/cold dish; *diétne j.* health food **2.** (podávané, chod) dish; *jeho obľúbené j.* his favourite dish **3.** (jedenie) meal [mi:l]; *j. trikrát denne* three meals a day; *pri j-e* during a meal/at table ● *s j-m rastie chuť* the more you eat the more you want

jedlý edible ['edəbl], (určený na varenie) cooking ['kukiŋ]; *j-é huby* edible mushrooms *j. olej* cooking oil

jednako 1. (rovnako) in the same way [in ðə seim wei] **2.** (predsa) nevertheless [‚nevəðə'les], still [stil]; *nemala o ňom žiadne správy, j. dúfala* there was no news from him, nevertheless/still, she was on hoping

jednaký (rovnaký) the same [ðə 'seim], identical [ai'dentikl]; *j. vek* the same age; *mať j-é rozmery* be of the same size; *naše názory sú j-é* our views are identical

jednať sa (o čom) bargain ['ba:gən] about, (handrkovať sa) haggle the price ['hægl ðə prais]; *j. sa na trhu o cene* haggle at the fair over the price

jednoaktovka one-act play [wan ækt plei]

jednodielny 1. (z jedného kusa) one-piece [wan pi:s] **2.** (majúci jeden diel): *j-a skriňa* one-door cupboard

jednoducho I. prísl. simply ['simpli]; *j. oblečený* simply dressed; *žiť j.* live simply; *j. povedané* to put it simply **II.** časť. simply; *robím to j. preto, lebo...* I do it simply because...

jednoduchý 1. (op. zložený) single ['siŋgl]; *j-é dno* a single bottom; *j. zlomok* a vulgar/common fraction; *j-á veta* a simple sentence **2.** (nekomplikovaný) simple ['simpl]; *j-á úloha* a simple task; *j-á otázka* a simple question **3.** (obyčajný, prostý) simple, plain [plein]; *j-á strava* simple/plain food; *j-é šaty* a simple dress

jednofarebný plain(-coloured) [plein ('kaləd)]; *j-é šaty* a plain dress

jednofázový el. single-phase [‚siŋgl'feiz]; *j. prúd* the single-phase current

jednohlasný 1. (jednomyseľný) unanimous [ju:'næniməs]; *j-á voľba* a unanimous vote **2.** hud. unisonant [ju:'nisənənt], unisonous [ju:'nisənəs]

jednoizbový: *j. byt* bedsitter [‚bed'sitə]

jednokoľajový (v jednej línii) [‚siŋgl'træk], (s jednými koľajnicami) monorail ['monəureil]

jednoliaty homogenous [‚həumə-'dži:niəs]

jednomocný chem. univalent [‚ju:nə-'veilənt]

jednomyseľný unanimous [ju:'næniməs]; *j-é zvolenie* an unanimous vote

jednoposteľový: *j-á izba* (v hoteli) single bed [‚siŋgl 'bed], single room [‚siŋgl 'ru:m]

jednoradový: *j. kabát* a single-breasted coat [ə siŋgl-brestəd kəut]

jednorazový single ['siŋgl], one-off [wan of], (na jedno použitie) throwaway [θrəuə'wei]; *j-á odmena* a one-off bonus

jednoročný 1. one-year old [wan jiə əuld]; *j-é dieťa* a one-year old child **2.** (trvajúci 1 rok) one-year; *j. pobyt v cudzine* a one-year stay abroad

jednoslabičný monosyllable ['monə‚siləbl]

jednosmerný one-way [wan wei]; *j-á ulica* a one-way street

jednostranný one-sided [‚wan-'saidid] (op. pestrý), uniform ['ju:nəfo:m]; *j-á strava* uniform food; *j-é informácie* one-sided information

jednota 1. (spojenie do celku) unity ['ju:nəti]; *politická j.* political unity; *stranícka j.* party unity **2.** (jednomyseľnosť) unanimity [‚ju:nə'niməti]; *j. vo voľbe* unanimity of vote **3.** (súlad) union ['ju:njən], unity; *žiť v dokonalej j-e* live in perfect union/unity **4.** (združenie, spolok) union, association [ə‚səusi'eišn], šport. club [klab]

jednotka 1. (číslo) one [wan] **2.** škol. best mark [best ma:k]; *samé j-y* full marks **3.** (zákl. veličina) unit ['ju:nət]; *j. dĺžky* the unit of length; *menová j.* the unit of currency **4.** voj. troop [tru:p], unit **5.** (zložka) unit; *výrobná j.* a production unit **6.** lek. (miera) unit; *dve j-y morfia* two units of morphia

jednotlivec individual [‚indi'vidžuəl]

jednotlivý 1. (oddelený) separate ['sepəreit]; *j-é časti* separate parts **2.** mn. č. *j-í* (niektorí) some [sam]; *j-é osoby* some individuals

jednotný 1. (ucelený) unified ['ju:nəfaid], uniform ['ju:nəfo:m]; *j. štát* a unified country **2.** (spoločný) common ['komən]; *mať j. názor* be on common ground **3.** gram.: *j-é číslo* singular ['siŋgjələ]

jednotvárny monotonous [mə'notnəs]; *j-a práca* a monotonous work

jednoúčelový dedicated ['dedikeitəd]

jednozmenný: *j-á prevádzka* one-shift run

jednoznačný unambiguous [ˌanəmˈbig-juəs], unequivocal [ˌaniˈkwivəkl], explicit [ikˈsplisət]; *j-á odpoveď* an explicit answer

jedovať annoy [əˈnoi], make* angry [meik ˈæŋgri], irritate [ˈirəteit]; *prestaň ma j.!* do stop annoying me! // **j. sa** (na koho) be angry/cross with sb. [bi: ˈæŋgri/kros wið səmbadi]

jedovatý **1.** (obsahujúci jed) poisonous [ˈpoiznəs], toxic [ˈtoksik]; (o hadoch a hmyze, ktoré produkujú jed) venomous [ˈvenəməs]; *j-é rastliny* poisonous plants; *j-é hady* venomous /poisonous snakes **2.** (zlostný, nenávistný) poisonous, venomous; *j. človek* a man with poisonous tongue; *j. pohľad* a poisonous look; *j-á kritika* venomous criticizm ● *j-á huba* toadstool [ˈtəudstuːl]

jeho **1.** privl. zám. (muž. r.) his [hiz], (str. r.) its [its]; *toto je j. kniha* this is his book; *je to j. priateľ* he is a friend of his **2.** osob. zám. (ako predmet) him [him]; *j. si nevidel?* haven't you seen him?

jej **1.** privl. zám. (žen. r.) her [həː], hers [həːz]; *toto je j. kniha* this is her book; *to je jeden z j. priateľov* he's a friend of hers **2.** osob. zám. žen. r. (datív) her [həː]; *daj j. tú knihu!* give her the book

jeleň **1.** stag [stæg], hart [haːt] **2.** (ako druh vysokej zveri) red deer [red diə] ● *byť z čoho j.* be completely flummoxed

jelení: *j-ie parohy* stag's antlers; *j-ia zver* red deer

jelenica **1.** (laň) hind [haind] **2.** (koža) deerskin [ˈdiəskin]; *rukavice z j-e* deerskin gloves **3.** (na leštenie a umývanie) chamois (leather) [ˈšæmi (leðə)], shammy [ˈšæmi]

jelša alder [ˈoːldə]

jemnocit sense of delicacy [ˌsens əv ˈdelikəsi], tact [tækt]; *preukázať j.* show a great tact

jemný **1.** (v rozl. význ.) fine [fain]; *j. piesok* fine sand; *j. hodváb* fine silk; *j. umelecký vkus* a fine taste in art **2.** (ľahký) soft [soft], gentle [ˈdžentl]; *j. dotyk* a gentle touch; *j. vetrík* a soft breeze **3.** (hebký) soft, tender [ˈtendə], delicate [ˈdelikət]; *j-á kožušina* soft fur; *j-á pokožka* delicate/tender/soft skin; *j-á múka* soft flour **4.** (kvalitný) fine; *j-é víno* fine wine **5.** (citlivý) delicate, gentle, (taktný) tactful [ˈtæktfl]; *j. muž* a gentleman

jeseň autumn [ˈoːtəm], AM fall [foːl]; *na j. in autumn*; pren. *j. života* the autumn of life

jesenný autumnal [oːˈtamnl]; *j-é počasie* autumn weather

jeseter sturgeon [ˈstəːdžn]

jesť **1.** eat* [iːt]; *j. chlieb* eat bread; *j. na raňajky (čo)* have sth. for breakfast; *dať j. (komu)* give sb. to eat; *jedol by som* I feel like having sth.; *j. hltavo* gobble [ˈgobl] **2.** hovor. (stravovať sa) have*/take* one's meals [hæv /teik wanz miːlz]

jestvovať be* [biː], exist [igˈzist]; *j-uje život na Marse?* does life exist on Mars?

jež hedgehog [ˈhedžhog] ● *držať sa ako pes j-a* stick to one's guns

ježatý **1.** (ostnatý) prickly [ˈprikli]; *j. bodliak* a prickly thistle **2.** (zježený) bristled [ˈbrisld]; *j-é chlpy* bristled hair

ježibaba witch [wič]

Ježiš Jesus [ˈdžiːzəs]

Ježiško (kto na Vianoce nosí darčeky) Santa Claus [ˈsæntə ˌkloːz]; *darček od J-a* a Christmas present

ježiť sa **1.** bristle [ˈbrisl]; *vlasy sa mu j-li* his hair bristled **2.** expr. (zlostiť sa) bristle with anger

jód iodine [ˈaiədiːn]

jódovať iodize [ˈaiədaiz]

joga yoga [ˈjəugə]

jogín yogi [ˈjəugi]

jogurt yogurt, yoghurt, yoghourt [ˈjogət]

jubilant person celebrating an anniversary

jubileum anniversary [ˌænəˈvəːsri], jubilee [ˈdžuːbəliː]; *sláviť j.* celebrate an anniversary

juh south [sauθ]; *na j-u* in the south; *na j.* to the south

Juhoslávia Yugoslavia [ˌjuːgəuˈslaːviə]

juhovýchod southeast [ˌsauθˈiːst]

juhozápad southwest [ˌsauθˈwest]

júl July [džuˈlai]; *v j-i* in July

jún June [džuːn]; *v j-i* in June

junácky **1.** (odvážny) brave [breiv] **2.** (mladistvý) youthful [ˈjuːθfl]

junior junior [ˈdžuːniə]; (za menom) Junior, skr. Jr

justícia judiciary [džuˈdišri]

justičný judicial [džuˈdišl]; *j. omyl* a miscarriage of justice; *j-á vražda* a judicial murder

juta jute [džuːt]

južný **1.** (obrátený na juh) southern [ˈsaðən]; *j-á Európa* southern Europe **2.** (v názvoch) south [sauθ]; *J-á Amerika* South America

K

k, ku 1. (smer) to [tə, tu:], towards [tə'wo:dz]; *bežala k svojej matke* she ran to her mother; *ísť k moru* go to the seaside; *kráčal (smerom) k dedine* he was walking towards the village; *svet smeroval k vojne* the world was moving towards war **2.** (blízkosť) at [æt, ət]; *sadnúť si ku stolu* sit down at table; *dôjsť k záveru* arrive at a conclusion **3.** (časový úsek) at, towards; *celková hodnota k 1. marcu je...* the total value at March 1 is...; *ku koncu storočia* towards the end of the century **4.** (účel, vzťah) to, towards; *byť priateľský (ku komu)* be kind (to sb.)/be friendly (towards sb.); *ísť k lekárovi* see the doctor; *byť k dispozícii (komu)* be at sb.'s disposal; *všetko najlepšie k narodeninám* Happy birthday to you! **5.** mat. to; *tri ku dvom* three to two
kabaret cabaret ['kæbərei], music-hall ['mju:zik ho:l]
kabát 1. (dlhý) coat [kəut]; *zimný k.* a winter coat, an overcoat; *jednoradový k.* a single-breasted coat; *dvojradový k.* a double-breasted coat; *bez k-a* in one's shirt-sleeves **2.** (krátky) jacket ['džækət] ● *obrátiť k.* be a turncoat
kábel cable ['keibl]; *podmorský telefónny k.* an underwater telephone cable
kabela bag [bæg]; *cestovná k.* a travelling bag; *školská k.* a satchel
kabelka handbag ['hændbæg], AM purse [pə:s]
kábelogram cable ['keibl]
kabína 1. cabin ['kæbən] **2.** (výťahu) cage [keidž] **3.** (búdka, oddelenie) box [boks] **4.** (kozmickej lode) capsule ['kæpsju:l] **5.** (lanovky) gondola
kabinet 1. (školský) room [ru:m] **2.** (ministerský, vláda) cabinet ['kæbənət]
kacír heretic ['herətik]
kacírsky heretical [hə'retikl]
kacírstvo heresy ['herəsi]; *obvinený z k-a* accused of heresy
káča duckling ['daklin]
káčer drake [dreik]
kačica duck [dak] ● expr. *novinárska k.* canard
kaďa tub [tab], (na kvasenie, farbenie) vat [væt]
kade (kadiaľ) **1.** expr. (otázka na smer a miesto) which way [wič wei], where [weə]; *k. mám ísť?* which way shall I take?, how can I get

to...? **2.** (uvádza vzťažnú vetu) everywhere ['evriweə], wherever [weə'evə]; *k. chodím, tade chodí za mnou* everywhere/wherever I go, he follows me
kader lock [lok], curl [kə:l]; *k-e vlasov* curls (of hair)
kaderníctvo hairdresser's ['heədresəz]
kaderník, kaderníčka hairdresser ['heədresə]; *ísť ku k-e* go to the hairdresser's
kadiaľ where [weə], which way [wič wei]; *k. pôjdeme?* which way shall we go?
kadidelnica incensory ['insensəri]
kadidlo incense ['insens]
kadiť (sa) smoke [sməuk]; *kozub veľmi k-í* the fireplace smokes badly; *z komína sa k-í* the chimney is smoking
kahan 1. (laboratórny) Bunsen burner [,bansn 'bə:nə] **2.** (banícky) (miner's) lamp [('mainəz] læmp]
kachl'a, kachlička tile [tail], (obkladačka) wall-tile ['wo:ltail]; *farebná k.* a Dutch tile; *obkladať steny k-mi* tile the walls
kachle stove [stəuv]; *stavané k.* (kuchynské) a tiled (kitchen) stove; *elektrické/plynové k.* an electric/a gas stove
kajak kayak ['kaiæk]
kajať sa repent [ri'pent], do* penance [du: 'penns]
kajúcny penitent ['penətənt], repentant [ri'pentənt]; *k. list* a penitent letter; *k. plač* repentant tears
kajuta 1. cabin ['kæbən] **2.** (s lôžkom) berth [bə:θ]
kakao (prášok, nápoj) cocoa ['kəukəu]
kakaovník cacao [kə'kau]
kakaový: *k-é bôby* cacao-beans
kaktus cactus ['kæktəs]
kal 1. (blato) mud [mad], sludge [sladž] **2.** (usadenina) dregs [dregz], sediment ['sedəmənt]
kalamár ink-pot ['inkpot], (súprava) ink-stand ['inkstænd]
kalamita calamity [kə'læməti], disaster [di'za:stə]; *snehová k.* a snow-disaster
kálať chop [čop], (nahrubo) hack [hæk]
kalendár 1. (v rozl. význ.) calendar ['kæləndə]; *gregoriánsky k.* the Gregorian calendar; *nástenný/stolový k.* a wall/desk calendar **2.** (s článkami, informáciami) almanach ['o:lmənæk] **3.** (vreckový, diár) diary ['dairi]

kalendárny: *k. rok* a calendar year
kaleráb kohlrabi [ˌkəul'ra:bi], turnip cabbage ['tə:nip ˌkæbidž]
kalich 1. (čaša) goblet ['goblət], (bohoslužobný) chalice ['čæləs] 2. bot. cup [kap] ● *vypiť k. horkosti do dna* one's cup of bitterness is full
kalika cripple ['kripl]; *po havárii ostal k-ou* the accident crippled him for life
kalíšok, kalíštek 1. zdrob. (small) cup [(smo:l) kap] 2. (pohárik) glass [gla:s]; *k. na vajce* an egg-cup
kaliť 1. (mútiť) cloud [klaud], spoil [spoil], make* turbid [meik' tə:bəd]; *prúd k-í vodu* the stream makes the water turbid; *k. radosť* spoil one's pleasure, cast a cloud over 2. tech. (kov) harden ['ha:dn], temper ['tempə] // **k. sa** 1. become* (grow) dim/turbid; *oči sa mi k-a* my eyes are growing dim 2. tech. harden, temper
kalkulácia calculation [ˌkælkjə'leišən]
kalkulačka calculator ['kælkjə'leitə]; *elektronická/vrecková k.* an electronic/a pocket calculator
kalkulovať 1. obch. calculate ['kælkjəleit], reckon ['rekən]; *k. náklady* calculate the costs 2. (uvažovať) speculate ['spekjəleit]
kalný 1. (s kalom, blatom) muddy ['madi], (zvírený, zahmlený) turbid ['tə:bəd] 2. (nejasný) dim [dim]; *k. zrak* dim (eye) sight ● *loviť v k-ých vodách* fish in troubled waters
kalória calorie ['kæləri]
kalorický calorific [ˌkælə'rifik]; *k-á hodnota* the calorific value
kaluž(a) pool [pu:l], (hl. dažďová) puddle ['padl]; *v k-i krvi* in a pool of blood
kalvária 1. náb. Calvary ['kælvəri], (krížová cesta) Way of the Cross [wei əv ðə kros] 2. pren. (trápenie) calvary; *to bola preňho skutočná k.* it was a veritable calvary for him
kam 1. zám. opyt. prísl. where [weə]; *k. ideš?* where are you going? 2. (uvádza vzťažnú vetu) where; *pôjdeme tam, k. nikto nechodí* we'll go where nobody goes ● *nevedieť, k. z konopí* be at a loss
kamarát (priateľ) friend [frend], (spoločník) mate [meit], hovor. pal [pæl], AM buddy ['badi]; *bol mi dobrým k-om* he has been a good friend to me; *kde ideš, k.?* where are you going, mate? *k. zo školy* a schoolmate
kamarátiť sa (s kým) be* friendly [bi:'frendli] (with), be on friendly terms [tə:mz] (with), pal up [pæl ap] (with)

kamarátsky (ku komu) friendly ['frendli] (to, towards); *mať k. vzťah ku komu* be friendly (with)
kamarátstvo friendship ['frendšip]
kamelot newsboy ['nju:zboi], newsman ['nju:zmən], AM hovor. newsy ['nju:zi]
kameň 1. (v rozl. význ.) stone [stəun]; *cesta z k-ov* a stony road; *drahý k.* a precious stone; *náhrobný k.* a gravestone, (hrobka) a tombstone; *obrubný k.* a kerbstone; *k. mudrcov* a philosopher's stone 2. (zubný, vínny) tartar ['ta:tə] 3. (usadenina podobná kameňu) stone; *žlčový k.* a gallstone; *vodný k.* fur, scale ● *nenechať k. na k-ni* leave no stone unturned; *k. úrazu* stumbling block
kamenár stonemason ['stəunmeisn]
kamenie 1. stone [stəun] 2. (malé kamienky) pebbles ['peblz] 3. (štrk) gravel ['grævl]
kamenina earthenware ['ə:θnweə], (s kremeňom) stoneware ['stəunweə]
kamenistý stony ['stəuni]; *k-á pôda* stony soil
kamenný (of) stone [(əv) stəun]; *k-á budova* a stone building; *k-á doba* the Stone Age; *k-é uhlie* stone-coal
kameňolom quarry ['kwori]
kamera camera ['kæmrə]; *filmová k.* a film /a movie camera; *televízna k.* a TV camera
kameraman cameraman ['kæmrəmən], operator ['opəreitə]
kamión lorry ['lori], AM truck [trak], hovor. juggernaut ['džægənə:t]
kamkoľvek anywhere ['eniweə], no matter where [nəu 'mætə weə], wherever [weə'evə]; *pôjdeme k. chceš* we'll go anywhere /wherever you like; *polož to k.* put it down no matter where
kampaň 1. polit. campaign [kæm'pein] 2. poľnohosp. season ['si:zn]; *repná k.* a sugar-beet season
kamufláž camouflage ['kæməfla:ž]
kamzík chamois ['šæmwa:]
kaňa (myšiak) buzzard ['bazəd]
Kanada Canada ['kænədə]
Kanaďan Canadian [kə'neidjən]
kanadský Canadian [kə'neidjən]
kanál 1. (stoka) sewer ['sju:ə], (odtok) drain [drein] 2. (umelý, zavlažovací, prieliv) canal [kə'næl]; *Suezský k.* (zastar.) the Suez Canal 3. (v rozl. význ.) channel ['čænl]; *k. La Manche* (zast. Lamanšský prieliv) the English Channel; *televízny k.* a TV channel

K

kanalizácia sewerage [ˈsjuːridž], (odvodnenie) drainage [ˈdreinidž], (odtok nečistôt) sanitation [ˌsæniˈteišn]

kanapa divan [diˈvæn]

kanárik canary [kəˈneri]

kanava needlework canvas [ˌniːdlvəːk ˈkænvəs]

kancelár chancellor [ˈčaːnslə]

kancelária office [ˈofəs], agency [ˈeidžnsi]; *informačná k.* an inquiry office; *cestovná k.* a travel-agency; *tlačová k.* a press agency

kandidát (uchádzač) candidate [ˈkændədət], (žiadateľ) applicant [ˈæplikənt]

kandidátka (listina) list of candidates [list əv ˈkændədəts]

kandidatúra candidature [ˈkændədəčə], candidacy [ˈkændədəsi]; *oznámiť svoju k-u* announce one's candidacy

kandidovať 1. (uchádzať sa o čo) aspire [əˈspaiə] (to) 2. (pri voľbách) be as (a) candidate [bi: æz (ə) ˈkændədət] (for)

kanec boar [boː]

kanibalizmus cannibalism [ˈkænəbəlizm]

kanistra can [kæn]; *k. na naftu* an oil-can

kanoe canoe [kəˈnuː]

kanoista canoeist [kəˈnuːist]

kanón cannon [ˈkænən], častejšie gun [gan]

kaňon canyon [ˈkænjən]

kantáta cantata [kænˈtaːtə]

kántriť 1. (zabíjať) kill [kil], exterminate [ikˈstəːməneit]; *k. zvieratá na potravu* kill animals for food 2. (ničiť) destroy [diˈstroi]

kanva can [kæn]; *k. na benzín* a petrol can; *(veľká) k. na mlieko* churn [čəːn]; *k. na polievanie* a watering can

kanvica (na varenie vody) kettle [ˈketl]; *elektrická k.* an electric kettle; *k. na čaj* a teapot; *k. na kávu* a coffeepot

kaolín kaolin [ˈkeiələn]

kapacita 1. capacity [kəˈpæsəti]; *k. (na sedenie) pre 500 ľudí* seating capacity of 500; *výrobná k.* productive capacity 2. (vynikajúci odborník) authority [oːˈθorəti]

kapela band [bænd]; *dychová/džezová k.* a brass/jazz band

kapelník bandmaster [ˈbændˌmaːstə], (dirigent) conductor [kənˈdaktə]

kapitál 1. ekon. capital [ˈkæpətl]; *veľký k. na podnikanie* a lot of capital to start up a business; *investovať k. (do čoho)* invest one's money (in) 2. (peniaze) capital, money [ˈmani], fortune [ˈfɔːčn] ● *vytlcť k. (z čoho)* make capital (out of)

kapitalista capitalist [ˈkæpətləst]

kapitalistický capitalistic [ˌkæpətˈlistik]

kapitalizmus capitalism [ˈkæpətlizm]

kapitán (v rozl. význ.) captain [ˈkæptən], (lode al. športového tímu) skipper [ˈskipə]; šport. *k. hokejového mužstva* the captain of the hockey team

kapitola (v rozl. význ.) chapter [ˈčæptə]; *posledná k.* the last chapter; *úvodná k.* preface, (dlhšia) introduction; *smutná k. v histórii* a sad chapter in the history

kapitulácia capitulation [kəˌpičəˈleišn]

kapitulovať 1. capitulate [kəˈpičəleit] 2. (podľahnúť) surrender [səˈrendə] (to)

kaplán chaplain [ˈčæplən]

kaplnka chapel [ˈčæpl]

kapor carp [kaːp]

kapota bonnet [ˈbonət], AM hood [hud]

kapsa bag [bæg], (školská ap.) satchel [ˈsæčl]

kapucňa hood [hud]

kapusta (white) cabbage [(wait) ˈkæbidž]; *kyslá k.* sauerkraut

kapustnica cabbage soup [ˈkæbidž ˌsuːp]

kapustný, kapustový: *k-á hlávka* a head of cabbage

kára cart [kaːt], push-cart [ˈpuškaːt], (ručná) handcart [ˈhændkaːt]

karafa decanter [diˈkæntə]

karambol (zrážka) collision [kəˈližn], (nehoda) accident [ˈæksədnt]; *čelný k.* a head-on collision; *mať malý k.* have a slight accident

karamel caramel [ˈkærəml]

karamelový: *k-é cukríky* toffees

karanténa quarantine [ˈkworəntiːn]; *byť v k-e* be in quarantine; *dať do k-y* (put in) quarantine

karát carat, AM karat [ˈkærət]

karátový: *18-k. zlatý prsteň* an 18-carat gold ring

karavan 1. (obytné auto) caravan [ˈkærəvæn], AM trailer [ˈtreilə] 2. (príves) trailer

karavána caravan [ˈkærəvæn]; *obchodná k.* a caravan of merchants

karburátor carburettor [ˌkaːbjəˈretə]

kardinál cardinal [ˈkaːdnl]

karfiol cauliflower [ˈkoliˌflauə]

karfiolový: *k-á polievka* cauliflower soup

karhať (za čo) censure [ˈsensə], reproach [riˈprəuč] (for); *k. za lenivosť* censure for being lazy

kariéra career [kəˈriə]; *politická k.* a political career; *robiť k-u* make a career

karikatúra caricature [ˈkærikəčuə]

karikaturista caricaturist [ˌkærikəˈčurəst]
karikovať caricature [ˈkærikəčuə]
karneval carnival [ˈkaːnəvl]
kárny disciplinary [ˈdisəplinəri]; *k-e opatrenia* disciplinary action/procedures
karoséria car body [ˈkaː bodi]
karotka carrot [ˈkærət]
károvaný checked [čekt]; *k-á sukňa* a checked skirt
karta 1. (hracia) card [kaːd]; *hracie k-y* playing cards; *hrať k-y* play (at) cards; *k-y* a pack of cards 2. (pohľadnica) postcard [ˈpəustkaːd]; *vianočná k.* a Christmas card 3. (druh preukazu) card; *kreditná k.* a credit card; *telefónna k.* a phone card ● *hrať s otvorenými k-mi* lay/put one's cards on the table
kartel cartel [kaːtəl]
kartón 1. (lepenka) cardboard [ˈkaːdbɔːd] 2. (škatuľa) carton [kaːtn], box [bɔks]; *k. cigariet* a carton of cigarettes
kartotéka (súbor lístkov) card index [kaːd ˈindeks], file [fail]
kasáreň, kasárne barracks [ˈbærəks]
kaskáda (vodopád, aj pren.) cascade [kəˈskeid]
kaskadér(ka) 1. (predvádzajúci riskantné cviky) artist [ˈaːtəst], (na motocykli, aute) stunt driver [stant draivə] 2. (pre film) stunt man [stant mən]; *k-ka* stunt woman [stant wumən]
kasta caste [kaːst]
kastról saucepan [ˈsɔːspæn]
kaša 1. (rozdrvený materiál) pulp [palp] 2. (pokrm) mash [mæš], (pre deti) pap [pæp]; *zemiaková k.* mashed potatoes; *ovsená k.* porridge; *krupičná k.* semolina pudding ● *byť v k-i* be in a soup
kašeľ cough [kɔf]; *čierny k.* whooping cough
kašľať 1. cough [kɔf] 2. pren. (opovrhovať čím) not to care [nɔt tə keə]; *k-em na to, čo si myslí* I don't care (about) what he thinks
kaštieľ manor-house [ˈmænə haus]
kat executioner [ˌeksəˈkjuːšnə], (pri poprave povrazom) hangman [ˈhæŋmæn]
katafalk catafalque [ˈkætəfælk]
katakomby catacombs [ˈkætəkuːmz]
katalóg catalogue [ˈkætəlɔg]; *knižničný k.* a library catalogue
katalyzátor catalyst [ˈkætələst]
katan tyran [ˈtairənt], torturer [ˈtɔːčərə]
katar catarrh [kəˈtaː]; *chronický k.* a chronic catarrh
katastrálny cadastral [kəˈdæstrəl]; *k-a mapa* a cadastral map

katastrofa catastrophe [kəˈtæstrəfi], disaster [diˈzaːstə]; *letecká k.* an air disaster
katastrofálny catastrophic [ˌkætəˈstrɔfik], disastrous [diˈzaːstrəs]; *k-e záplavy* disastrous floods; *k-e následky* catastrophic consequences
katedra 1. (stôl pre učiteľa) (teacher's) desk [(ˈtiːčəz) desk] 2. (vysokoškolský útvar pracovníkov) chair [čeə], (vo V. B.) department [diˈpaːtmənt]; *k. anglistiky* the English Department; *k. filozofie* the Chair of Philosophy
katedrála cathedral [kəˈθiːdrəl]
kategória (v rozl. význ.) category [ˈkætəgri]
kategorický categorical [ˌkætəˈgɔrikl]; *k-é tvrdenie* a categorical statement; *k-é popieranie* a categorical denial
katechizmus catechism [ˈkætəˌkizm]
katóda cathode [ˈkæθəud]
katolícky Catholic [ˈkæθlik]
katolík Catholic [ˈkæθlik]
kaucia bail [beil], (peňažná záruka) surety [ˈsuərəti]; *prepustiť na k-u (koho)* bail sb. out
kaučuk india-rubber [ˌindiə ˈrabə], caoutchouc [ˈkaučuk]
Kaukaz Caucasus [ˈkɔːkəsəs]
káva 1. coffee [ˈkɔfi]; *čierna k.* black coffee; *biela k.* coffee with milk/white coffee 2. (zrno) coffee-bean [ˈkɔfibiːn]
kaviareň cafe [ˈkæfei], (espreso) coffee-bar [ˈkɔfi ˌbaː]
kavka zool. jackdaw [ˈdžækdɔː]
kávovar coffee machine [ˈkɔfi məˌšiːn], coffee maker [ˈkɔfi ˌmeikə]
kávovník coffee-tree [ˈkɔfitriː]
kávový coffee [ˈkɔfi]; *k. mlynček* a coffee mill; *k-á lyžička* a teaspoon, (miera) a teaspoonful; *k-á usadenina* coffee grounds
kaz flaw [flɔː], defect [ˈdiːfekt], fault [fɔːlt]; *zubný k.* dental caries
kazajka jacket [ˈdžækət]; *zvieracia k.* a strait jacket
kázať 1. (prikazovať) order [ˈɔːdə]; *lekár mi k-l ostať v posteli* the doctor ordered me to stay in bed 2. (hlásať učenie, mať kázeň) preach [priːč]; *k. evanjelium* preach the gospel; *k. z kazateľnice* give a sermon from a pulpit
kazateľ preacher [ˈpriːčə]
kazateľnica pulpit [ˈpulpit]
kázeň (reč) sermon [ˈsəːmən]; *mať k.* give a sermon
kazeta 1. (škatuľa) casket [ˈkaːskət], box [bɔks] 2. (na film, pásku) cassette [kəˈset]

kazetový: *k. prehrávač* a cassette player; *k-á povala* a panel ceiling

kaziť 1. (ničiť) damage [ˈdæmidž], spoil [spoil]; *k. zdravie/povesť* damage one's health /reputation; *k. deti* spoil the children **2.** (morálne) corrupt [kəˈrapt] **3.** (mariť) spoil, mar [maː]; *k. si šťastie* mar one's happiness // **k. sa 1.** (stať sa nepoužívateľným) spoil, (hniť) decay [diˈkei]; *niektoré potraviny sa rýchlo k-ia* some kinds of food soon spoil; *k-iace sa zuby* decaying teeth **2.** (stať sa zlým) worsen [ˈwəːsn], become* worse [biˈkam wəːs]; *počasie sa k-í* the weather is worsening

kazový defective [diˈfektiv], faulty [ˈfoːlti]; *k. tovar* goods of inferior quality

každodenný daily [ˈdeili], everyday [ˈevridei], day-to-day [ˌdei tə ˈdei]; *k. život* the everyday life; *k-á cesta do práce* one's daily journey to work

každoročný yearly [ˈjiəːli], annual [ˈænjuəl]

každý I. príd. **1.** (všetci) every [ˈevri], (z dvoch al. viacerých) each [iːč]; *na k-om jeho boku* on each side of him; *k. deň/týždeň* every day /week **2.** (akýkoľvek) any [eni]; *potrebovať k-ú pomoc* need any help • *za k-ú cenu* at all costs; *k-ú chvíľu* any moment **II.** podst. **1.** (každý človek) everybody [ˈevribodi], everyone [ˈevriwan] **2.** (každý z dvoch) either [ˈaiðə] **3.** (hocikto) anybody [ˈenibodi]

kde I. 1. zám. opyt. prísl. where [weə]; *k. si?* where are you? *k. bývaš?* where do you live? **2.** (uvádza vzťažnú vetu) where; *to je budova, kde pracujem* this is the building where I work **II.** časť. *k. inde* where else; *k. bolo – tam bolo* once upon a time

kdejaký 1. (rozmanitý) various [ˈveriəs]; *rozprával nám k-é príhody* he told us various stories **2.** (nepríjemný) difficult [ˈdifiklt]; *zažil k-é chvíle* he was placed in difficult circumstances **3.** (pochybný) doubtful [ˈdautfl]; *k-í ľudia sem chodia* doubtful characters come here

kdekoľvek wherever [weəˈevə], anywhere [ˈeniweə]; *sadni si k. chceš* sit wherever /anywhere you like

kdesi somewhere [ˈsamweə]

keby I. spoj. **1.** (v podmienkovej vete) if [if], in case [in keis]; *k. si ho požiadal, pomohol by ti* if you asked him, he would help you; *k. horelo* in case of fire; *k. pršalo* in case it rained **2.** (s význ. želania) if, I wish [ai wiš]; *bol by som rád, k. prišiel* I'd be pleased if he came; *k. som bol vtákom* I wish I were a bird; *k. som ťa ni-*

kdy nebol stretol I wish I had never met you; *k. len* if only; *k. len neprišiel* if only he wouldn't come **3.** (v prirovnávacej vete) as if [æz if], as though [æz ðəu]; *vyzerá, ako k. nemala peniaze* she looks as if she had no money **II.** časť. (v zdvorilostnej vete) if; *k. ste nás láskavo informovali* if you will keep us informed; *k. ste boli taký láskavý/á...* will you be so kind (as...)

keď 1. (v čas. vete) when [wen]; *k. prídem domov...* when I come home...; *čo budeš robiť, k. toto dokončíš?* what will you do when you will have finished this? *pršalo, k. sme prišli* it was raining when we had arrived **2.** (v podmienkovej vete — ak) if [if], in case [in keis]; *k. bude pršať, ostaneme doma* if/in case it rains we'll stay at home **3.** (krajná podmienka — aj k.) even if [ˈiːvən if], even though [ˈiːvn ðəu]; *aj k. pršalo, museli sme ísť* even though it was raining, we had to leave

kedy 1. zám. opyt. prísl. čas. when [wen], at what time [æt wot taim]; *k. môžeš prísť?* when/at what time can you come? **2.** (uvádza vzťažnú vetu) when; *neviem, k. príde* I don't know when he is coming **3.** v spoj. so slovesom *nemať k.* have no time, be not free, be busy; *dnes nemám k.* I have no time today

kedykoľvek I. zám. neurč. prísl. (hocikedy, vždy keď) whenever [wenˈevə]; *príď, k. chceš* come whenever you like; *k. chcel, prišiel* he came whenever he liked **II.** spoj. whenever, no matter when [nəu ˈmætə wen]; *k. sem prídem, vždy prší* whenever/no matter when I come here it rains

kedysi once [wans]; *k. býval tu* he once lived here

kedy-tedy (občas) every now and then [ˈevri nau ænd ðen]

keďže since [sins], as [æz], because [biˈkoːz]; *k. nemáme peniaze, nemôžeme si to kúpiť* since/as we have no money, we can't buy it; *k. ma o to požiadal, urobil som to* I did it because he asked me to do it

kefa, kefka brush [braš]; *k. na vlasy* a hairbrush; *zubná k.* a toothbrush

kefovať brush [braš]

keks biscuit [ˈbiskət], AM cookie [ˈkuki]

kel¹ green cabbage [grin: ˈkæbidž]; *ružičkový k.* Brussels sprouts

kel² (zub) tusk [task]; *slonie kly* elephant's tusks

kelový: *k. prívarok* stewed green cabbage

Kelt Celt, Kelt [selt/kelt]
keltský Celtic, Keltic ['seltik/'keltik]
kemp(ing) camp [kæmp], holiday-camp ['holidei kæmp]; *bývať v k-e* stay in a camp
kempovať camp [kæmp]; go* camping [gəu 'kæmpiŋ]
kengura kangaroo [ˌkæŋgə'ru:]
ker bush [buš], (nízky) shrub [šrab]; *ružový k.* a rose-bush
keramický ceramic [sə'ræmik]
keramika (výroba aj výrobky) ceramics [sə'ræmiks], pottery ['potəri]; *modranská k.* pottery of Modra
kiahne (pravé) smallpox ['smo:lpoks]; *ovčie k.* chickenpox
kiež if (...) only; *k. by prišiel čoskoro* if only he would come early
kikiríkať crow* [krəu]
kilo hovor. kilo ['ki:ləu]; *k. jablk* a kilo of apples
kilogram kilogram(me) ['kiləgræm], skr. kg
kilometer kilometre, AM kilometer ['kiloˌmi:tə], skr. km
kinetický kinetic [ki'netik]; *k-á energia* kinetic energy
kino 1. (budova al. sála) cinema ['sinəmə] 2. (predstavenie) pictures ['pikčəz], hovor. AM movies ['mu:viz]; *ísť do k-a* go to the cinema /to the pictures
kiosk stall [sto:l], stand [stænd]; *k. s predajom kníh* a book-stall; *novinový k.* a newsstand
kľačať kneel [ni:l]; *k. pred kým na kolenách* kneel down (to)
klad positive (quality) ['pozətiv ('kwoləti)]; *k-y a zápory* pros and cons
klada log [log], beam [bi:m]
kladina šport. balancing beam ['bælənsiŋ bi:m]
kladivo hammer ['hæmə]; šport. *hod k-m* throwing the hammer
kladka pulley ['puli]
kladkostroj block and tackle [blok ənd 'tækl]
kladný positive ['pozətiv], affirmative [ə'fə:mətiv]; *k. postoj/náboj* a positive attitude /charge; *k-á odpoveď* an affirmative answer; mat. *k-á hodnota* a positive amount
kľaknúť si kneel down [ni:l daun]; *k. si (pred kým) na kolená* kneel down (to sb.); *k. si a modliť sa* kneel in prayer
klaksón motor-horn ['məutə ho:n]

klam 1. (zdanie, omyl) illusion [i'lu:žn]; *optický k.* an optical illusion 2. (klamstvo) deception [di'sepšn], (faloš) deceit [di'si:t]
klamár liar ['laiə]
klamať 1. (luhať) tell* (sb.) lies [tel laiz], lie* [lai] (to); *on k-e!* he's lying! 2. (mýliť) deceive [di'si:v], (zavádzať) mislead [mis'li:d]; *ak ma zrak neklame... unless my eyes deceive me...*; *táto reklama k-e* this advertisement is misleading 3. (podvádzať) cheat [či:t], (byť neverný) deceive; *k. v kartách* cheat at cards ● *k-e, až sa hory zelenajú* he lies in (through) his teeth
klamlivý, klamný 1. (zdanlivý, klamný) false [fo:ls], delusive [di'lu:siv]; *k-é nádeje* false hopes; *k-á predstava* a delusion 2. (nestály, menlivý) unsteady [an'stedi], changeable ['čeindžəbl]; *k-é počasie* changeable weather
klampiar tinman ['tinmən], (inštalatér) plumber ['plamə]
klamstvo lie [lai], deceit [di'si:t]
kľaňať sa 1. bow [bau] (to) 2. náb. (uctievať) worship ['wə:šip]; *k. sa Bohu* worship God
klapka 1. (zatváracia) valve [vælv]; *poistná k.* a safety valve; (škrtiaca) throttle ['θrotl] 2. (telefónna prípojka) extension [ik'stenšn]; *k. 255* extension 255 3. (tlačidlo) (push) button [(puš) 'batn] 4. (chránidlo) flap [flæp]; *čiapka s k-mi na uši* cap with flaps; *konské k-y* blinkers; pren. *mať k-y na očiach* have blinkers on
klarinet clarinet [ˌklærə'net]
klas ear [iə]; *obilný/pšeničný k.* an ear of corn/wheat
klasický classical ['klæsikl]; *k-á hudba* classical music
klasifikácia 1. (zatriedenie) classification [ˌklæsəfə'keišn] 2. (známkami) marking ['ma:kiŋ], rating ['reitiŋ]
klasifikovať 1. (zatriediť) classify ['klæsəfai] 2. (známkami) mark [ma:k], rate [reit]
klasik classic ['klæsik]
klasika classics ['klæsiks]
klásť 1. (ukladať) lay* [lei]; *k. tehly* lay bricks; (o živočíchoch) *k. vajcia* lay eggs 2. (dať, položiť) put* [put]; *k. dieťa do postele* put the baby to bed; *k-dol knihy na stôl* he was putting the books on the table ● *k. otázku* ask a question; *k. dôraz* emphasize; *k. požiadavky* make demands (on); *k. odpor* put up resistance; *k. oheň* make fire

K

kláštor (muž.) monastery ['monəstri], (žen.) convent ['konvənt], nunnery ['nanəri]

klát 1. block [blok]; *k. na kálanie dreva* chopping-block **2.** (úľ) (bee)hive [('bi:)haiv]

klaun clown [klaun]

klauzula clause [klo:z]

kláves key [ki:]

klávesnica, klaviatúra keyboard ['ki:bo:d]

klavír piano [pi'ænəu], (krídlo) grand piano [grænd pi'ænəu]

klavirista pianist ['piənəst]

kíb 1. joint [džoint] **2.** (na prste) knuckle ['nakl]

klbko ball [bo:l]; *k. vlny/špagátu* a ball of wool/string

klčovať grub [grab]; *k. pozemok* grub the land

klebeta gossip ['gosəp]

klebetiť gossip ['gosəp]

klebetník, klebetnica gossipmonger, scandalmonger ['gosəp,maŋgə/'skændl,maŋgə]

klebetný gossipy ['gosəpi]

klenba 1. vault [vo:lt]; *krížová k.* a cross vault; *kupolovitá k.* a domical vault **2.** (oblúk) arch [a:č]; *k. chodidla* the arch of the foot

klenot gem [džem], jewel ['džu:əl]; *k-y* jewellery

klenotnica 1. (miestnosť, budova) treasury ['trežəri] **2.** (šperkovnica) casket ['ka:skət], jewellery box ['džu:əlri boks]

klenotníctvo jeweller's ['džu:ələz]

klenotník jeweller ['džu:ələ]

klenutý vaulted ['vo:ltəd]

klepať 1. (udierať) knock [nok], (jemne) tap [tæp], (silno) hammer ['hæmə]; *k. na dvere* knock at the door; *k. na okno* tap on the window; *k. prstami* tap one's fingers; *motor k-e* the engine is knocking **2.** (písať na stroji) type [taip]

klepec trap [træp]; *chytiť do k-ca* catch in a trap; *k. na myši* a mousetrap

klepeto claw [klo:]; *račie k-á* claws of a crab

klerika cassock ['kæsək]

klérus clergy ['klə:dži]

klesať, klesnúť 1. (v rozl. význ.) go* down [gəu daun], sink* [siŋk]; *hladina vody k-la* the water level sank; *drevo vo vode nek-ne* wood does not sink in water; *k-la na stoličku* she sank into the chair **2.** (stratiť na intenzite, padnúť) fall [fo:l], (zrazu) drop [drop]; *teplota k-á* the temperature is falling; *ceny naraz k-li* prices dropped rapidly **3.** (zmenšovať sa, zhoršo-

vať sa) decline [di'klain]; *jeho vplyv k-ol* his influence declined; *k-júca morálka* declining morality **4.** (zvažovať sa) slope down(wards) [sləup 'daun(wo:dz)] ● *k. od únavy, vysilením* break* down, be exhausted

kliať swear* [sweə], curse [kə:s]

kliatba curse [kə:s]; *vysloviť k-u* put a curse

klíčiť 1. (o listoch, kvetoch) bud [bad] **2.** (o semenách) germinate ['džə:məneit]

klient client ['klaiənt]

kliesniť (haluze) lop [lop]; *k. si cestu* force one's way

kliešť tick [tik]

klieště 1. (na klince) (a pair of) pincers [ə peə əv 'pinsəz], (ploché) pliers ['plaiəz] **2.** (v tvare U) tongs [toŋgz]; *k. na cukor* sugar tongs

klietka cage [keidž]; *vtáčia k.* a bird cage

klika clique [kli:k]

klíma climate ['klaimət]

klimatický climatic [klai'mætik]; *k-é kúpele* a health resort; *k-é podmienky* climatic conditions

klimatizácia air-conditioning [,eəkən-'dišniŋ]

klimatizovaný air-conditioned [,eəkən-'dišnəd]

klin wedge [wedž]

klinček 1. (malý klinec) tack [tæk] **2.** (kvet) carnation [ka:'neišn], pink [piŋk] **3.** (korenie) clove [kləuv]

klinec 1. nail [neil], (malý) tack [tæk]; *zatĺcť k.* hammer a nail **2.** (kvet) carnation [ka:'neišn] ● *trafiť k. po hlavičke* hit the nail on the head; *zlatý k. programu* the highlight of the programme

klinický clinical ['klinikl]; *k-é lekárstvo* clinical medicine

klinika clinic ['klinik]; *ušná, nosná a krčná k.* ear, nose and throat clinic

klinový wedge-shaped ['wedžšeipt], cuneiform ['kju:nifo:m]; *k-é písmo* cuneiform characters

klipkať (očami) blink [bliŋk], wink [wiŋk] (the eyes)

klipsa, klipsňa clip [klip]

klk 1. (chuchvalec) tuft [taft] **2.** (črevný) villus ['viləs]

klobása sausage ['sosidž]

klobučníctvo hatter's ['hætəz]

klobučník, klobučníčka hatter ['hætə]

klobúk hat [hæt]; *k. dolu* (pred kým) take one's hat off! (to)

klokotať bubble [ˈbabl]
kloktadlo gargle [ˈgaːgl]
kloktať gargle [ˈgaːgl]
klopať (udierať) knock [nok], (jemne) tap [tæp], (silno) hammer [ˈhæmə], (o srdci) beat* [biːt]; *k. na dvere* knock at the door; *motor k-e* the engine is knocking
  klub club [klab]; *člen k-u* a member of the club
  klubovka (kreslo) armchair [ˈaːmčeə]
  klubovňa clubroom [ˈklabruːm], (budova) clubhouse [ˈklabhaus]
  kľúč 1. key [kiː]; *k. od domu/bytu* a latch-key; *francúzsky k.* a spanner, a wrench **2.** (pomôcka na riešenie) key **3.** (k. k poznaniu) clue [kluː] **4.** hud. clef [klef]; *husľový/basový k.* a treble/a bass clef
  kľučka handle [ˈhændl]; *stisnúť k-u* press the handle; *otočiť k-ou* turn the handle
  kľučkovať 1. dodge [dodž] **2.** (s loptou) dribble [ˈdribl] **3.** (slovne) quibble [ˈkwibl]
  kľúčový key [kiː]; *k-á dierka* a keyhole; pren. *k. priemysel* key industry; *k. bod* a keynote; *k-é postavenie* a key position
  kľuka handle [ˈhændl], (na točenie) crank [kræŋk]
  kľukatiť sa (sem-tam) zigzag [ˈzigzæg], (vinúť sa) wind* [waind], (o rieke) meander [miˈændə]
  kľukatý zigzag [ˈzigzæg]; *k-á cestička* a zigzag path
  klus trot [trot]; *dať sa do k-u* set off at a trot
  klusať trot [trot]
  klystír enema [ˈenəmə]; *dať k.* administer an enema
  kĺzačka 1. slide [slaid]; *k. na ľade* a slide on the ice **2.** (zariadenie na ihrisku) children's playground slide
  klzák 1. (lietadlo) glider [ˈglaidə] **2.** (čln) speed-boat [ˈspiːdbəut]
  kĺzať (sa) (hladko, kĺzavo) glide [glaid], (šmýkať sa) slide [slaid]; *loď sa k-že po jazere* the boat glides across the lake; *k. sa po ľade* slide along the ice
  klzisko skating-rink [ˈskeitiŋˌriŋk]
  klzký 1. (šmykľavý) slippery [ˈslipəri]; *chodníky sú k-é* the pavements are slippery **2.** (úlisný) oily [ˈoili]; *k-é správanie* oily manner
  kmeň 1. (stromu) trunk [traŋk] **2.** (ľudí) tribe [traib]; *indiánske k-e* the Indian tribes **3.** bot. species [ˈspiːšiːz] **4.** gram. stem [stem]
  kmeňový 1. (tvoriaci podstatu) basic [ˈbeisik], (pôvodný) original [əˈridžənl] **2.** jaz. stem

[stem]; *k-á samohláska* stem vowel **3.** (rodový, národnostne príbuzný v pôvodnej spoločnosti) tribal [ˈtraibl], racial [ˈreišl]
  kmitať 1. oscillate [ˈosəleit] **2.** (o svetle — blikať) blink [bliŋk]
  kmotor (krstný otec) godfather [ˈgodfaːðə]
  kmotra (krstná matka) godmother [ˈgodmaðə]
  kňaz 1. priest [priːst] **2.** (anglikánskej cirkvi) clergyman [ˈkləːdžimən]
  kňažná princess [ˌprinˈses]
  knedľa dumpling [ˈdampliŋ]; *slivkové k-le* plum dumplings
  knieža prince [prins]
  kniežatstvo principality [ˌprinsəˈpæləti]
  kniha 1. book [buk]; *rozprávková k.* a book of fairy tales **2.** (na dopĺňanie, záznamy) register [ˈredžəstə]; *pozemková k.* land register; *triedna k.* a school attendance register ● *stále sedieť v k-ách/nad k-mi* be buried in books
  kníhár bookbinder [ˈbukˌbaində]
  kníhkupec bookseller [ˈbukˌselə]
  kníhkupectvo bookshop [ˈbukšop], AM bookstore [ˈbukstoː]
  knihomoľ expr. bookworm [ˈbukwəːm]
  knihovník librarian [laiˈbreriən]
  kníhtlač letter-print [ˈletəprint], typography [taiˈpogrəfi]
  kníhtlačiareň printing-house [ˈprintiŋhaus]
  knísať (sa) swing* [swiŋ], rock [rok]
  knižka book [buk], (malá, tenká) booklet [ˈbuklət]; *k. vreckového formátu* a pocket-book; *vkladná k.* a bankbook
  knižnica 1. (zbierka, miestnosť, inštitúcia) library [ˈlaibrəri]; *verejná k.* a public library **2.** (skriňa) bookcase [ˈbukkeis]
  knižný 1. book [buk]; *k. veľtrh* a book fair; *k-á poukážka* a book token **2.** lingv. formal [ˈfoːml]
  knôt wick [wik]
  kňučať whine [wain], (nariekavo) whimper [ˈwimpə]
  koalícia coalition [ˌkəuəˈlišn]; *utvoriť k-u* form a coalition
  koaličný coalition [ˌkəuəˈlišn]; *k. vláda* a coalition government
  kobalt cobalt [ˈkəuboːlt]
  koberec carpet [ˈkaːpət], (malý koberček) rug [rag]; *prášiť k.* beat a carpet; pren. *machový k.* a carpet of moss
  kobka cell [sel]
  kobra cobra [ˈkəubrə]

K

kobyla mare [meə]
kobylka (hmyz) **1.** (európska, lúčna) grasshopper ['gra:shopə] **2.** (saranča) locust ['ləukəst]
kocka 1. cube [kju:b]; *k. cukru* a sugar lump **2.** (hracia, očíslovaná) dice [dais]; *hrať k-y* dice **3.** (na hranie, stavebnicová) brick [brik] **4.** (dlažobná) (paving) block/stone [('peiviŋ) blok/stəun] **5.** (vzorka) check [ček]; *bielo-červená k.* white and red check ● *k-y sú hodené* the dice is cast; *povedať to v k-e* put it in a nutshell
kockovaný check(ed) ['ček(d)]; *k. obrus* a check(ed) tablecloth
kocúr tomcat ['tomkæt]
Kocúrkovo Gotham ['gotəm]
koč coach [kəuč], (cestovný) carriage ['kæridž]
kočík pram [præm], aj AM baby carriage ['beibi ˌkæridž], baby buggy ['beibi ˌbagi]; *skladací k.* a pushchair, a stroller; *k. pre bábiku* a doll's carriage
kočiš (na koči) coachman ['kəučmən]
kočovať wander ['wondə], travel from place to place ['trævl frəm pleis tə pleis], migrate [mai'greit]
kočovník nomad ['nəumæd]
kočovný nomadic [nəu'mædik], wandering ['wondriŋ]; *k-á divadelná spoločnosť* a touring theatre company; *k. kmeň* a nomadic tribe
kód code [kəud]; *rozlúštiť k.* break a code
kódex code [kəud]
koedukácia co-education [kəuˌedjə'keišn]
koeficient coefficient [ˌkəuə'fišnt]
kohézia cohesion [kəu'hi:žn]
koho who(m) [hu:(m)] p. **kto**
kohút cock [kok], AM (domáci) rooster ['ru:stə]
kohútik 1. cock [kok], (mladý) cockerel ['kokrəl] **2.** (uzáver vývodu) tap [tæp], AM faucet ['fo:sət]; *otvoriť/zatvoriť k.* turn the tap on/off **3.** (zbrane) cock **4.** (účes) quiff [kwif]
kochať sa (čím, v čom) delight [di'lait] (in)
kója 1. (lodné lôžko) berth [bə:θ] **2.** (oddelený priestor, kabína) cubicle ['kju:bikl] **3.** (pre koňa) box [boks] **4.** (stánok) kiosk ['ki:osk]
kokaín cocain [kəu'kein]
koketovať (s kým) flirt [flə:t] (with)
kokos 1. (orech) coconut ['kəukənat] **2.** (palma) coconut palm ['kəukənat pa:m] **3.** (múčka) shredded coconut [ˌšredid 'kəukənat]
koks coke [kəuk]

koktail, kokteil 1. (nápoj) cocktail ['kokteil] **2.** (spoločenská príležitosť) cocktail (party) ['pa:ti]
koktať stammer ['stæmə], stutter ['statə]
koktavý stammering ['stæməriŋ]
kolaborant collaborator [kə'læbəreitə]
koláč cake [keik], (ovocný) pie [pai], AM cookie ['kuki]
koľaj 1. (vyhĺbená) track [træk] **2.** (železničná) railway ['reilwei], line [lain]; *hlavná k.* the main line
koľajnica rail [reil], (ozubená) rack [ræk]
kolár wheelwright ['wi:lrait]
kolaudácia approval [ə'pru:vl]
kolaudovať (preskúmať a schváliť) pass [pa:s], (súhlasiť) approve [ə'pru:v]
koleda carol ['kærəl]; *vianočná k.* Christmas carol
koledovať carol ['kærəl] // **k. si** (o čo) ask [a:sk] (for)
kolega, kolegyňa colleague ['koli:g]
kolegiálny friendly ['frendli]; *byť k.* (ku komu) be friendly (with sb.)
kolekcia 1. (zbierka) collection [kə'lekšn] **2.** (cukroviniek) assortment [ə'so:tmənt]
kolektív (spolupracovníci) team [ti:m], (skupina) group [gru:p], collective [kə'lektiv], (ľudia so spoločným cieľom) body ['bodi]
kolektívny collective [kə'lektiv]; *k-e vlastníctvo* collective ownership; *k-a zodpovednosť* collective responsibility
koleno 1. knee [ni:]; *zohnúť nohu v k-e* bend one's knee; *hlboký po k-á* knee-deep; *podlamujú sa mu k-á* he's weak at the knees; *diera na k-e nohavíc* a hole in the knee of one's trousers **2.** (rúry) knee-joint ['ni:džoint] ● *zraziť na k-á (koho)* (pokoriť) bring sb. to his knees; *na staré k-á* in one's old age
koleso 1. (voza, auta ap.) wheel [wi:l]; *zadné/predné k.* the back/front wheel; *ozubené k.* a cog wheel **2.** (kotúč) coil [koil]; *k. drôtu* a coil of wire **3.** (na vode) ring [riŋ]
koliba shepherd's hut ['šepədz hat]
kolidovať (s čím) clash [klæš] (with), collide [kə'laid]
koliesko 1. small wheel [smo:l wi:l] **2.** (pod nábytkom) castor, caster ['ka:stə]
kolík peg [peg], pin [pin]; *stanový k.* a tent-peg; *k. na bielizeň* a clothes peg
kolínska hovor. (eau de) cologne [(əu də) kə'ləun]
kolísať 1. (hojdať) rock [rok]; *k. dieťa* rock the child **2.** (byť menlivý) fluctuate ['flakčueit],

vary ['veri]; *ceny k-šu podľa sezóny* the prices vary with the season 3. (váhať) vacillate ['væsəleit]; *k. v mienke* vacillate in opinion // **k. sa** rock; *čln sa k-l na vode* the boat rocked (to and fro) on the water
  kolísavý 1. (knísavý) swaying ['sweiiŋ], rocking ['rokiŋ] 2. (nestály) unsteady [an'stedi], (menlivý) fluctuating ['flakčueitiŋ]; *k-á teplota* fluctuating temperature; *k-é ceny* unsteady/ fluctuating prices
  kolíska cradle ['kreidl]
  kolízia collision [kə'ližən]; *čelná k.* a head--on collision
  kolkáreň bowling-alley ['bəuliŋ͵æli]
  koľko 1. how much/many [hau mač/ ͵meni]; *k. mäsa?* how much meat? *k. jabĺk?* how many apples? *k. je hodín?* what time is it?/what's the time? *k. máš rokov?* how old are you? 2. (uvádza vzťažné vety) *toľko — k.* as much/many as [æz mač/meni æz]; *nechaj si (toľko), k. chceš* keep as much as you like
  koľkokrát, koľko ráz how many times [hau meni taimz], (ako často) how often [hau 'ofn]; *k. som ti to hovoril!* many's the time I've told you that!
  kolkovať stamp [stæmp]; *k. žiadosť* stick a stamp (duty) to the application; *k. papierové peniaze* stick stamps to banknotes
  kolky (hra) skittles ['skitlz]
  koľký what [wot]; *k-ého je dnes?* what day is it today?/what's today's date?
  kolmica vertical (line) ['və:tikl lain], perpendicular (line) [͵pə:pən'dikjulə lain]
  kolmý perpendicular [͵pə:pən'dikjulə], vertical ['və:tikl]
  kolo 1. (kruh) circle ['sə:kl] 2. šport. (súťažné, tanca) round [raund]; *zahrať si jedno k. v kartách* have a round of cards; *šieste k. pohára* the sixth round of the Cup
  kolobeh cycle ['saikl], (obeh) circulation [͵sə:kjə'leišn]; *k. ročných období* the cycle of the seasons; *k. života* the life cycle
  kolobežka (skate) scooter [(skeit) 'sku:tə]
  kolofónia rosin ['rozən]
  kolok (cenina) stamp [stæmp]
  kolomaž axle grease ['æksl gri:s]
  kolóna column ['koləm]; *k. áut* a column of cars, AM a motorcade
  kolonáda colonnade [͵kolə'neid]
  kolónia (v rozl. význ.) colony ['koləni]; *bývalé francúzske k-e v Afrike* former French colonies in Africa; *k. mravcov* a colony of ants

koloniálny colonial [kə'ləuniəl]; *k-a mocnosť* a colonial power; *k-a nadvláda* colonial rule
  kolonizácia colonization [͵kolənai'zeišn]
  kolonizovať colonize ['kolənaiz]
  kolónka column ['koləm]
  kolos colossus [kə'losəs]
  kolosálny colossal [kə'losl]
  kolotoč merry-go-round ['meri gəu raund]; *voziť sa na k-i* ride round on a merry-go-round
  kolovať circulate ['sə:kjəleit]; *nechám k. knihu (medzi vami)* I'll circulate this book (among you); *krv k-uje v tele* blood circulates through the body
  kolovrat spinning-wheel ['spiniŋ wi:l]
  kolt Colt ['kəult]
  komando commando [kə'ma:ndəu]
  komár gnat [næt], (moskyt) mosquito [mə'ski:təu]; *uštipnutie k-om* a gnat bite ● *robiť z k-a somára* make a mountain out of a molehill
  kombajn combine-harvester [͵kəmbain-'ha:vəstə]
  kombinácia combination [͵kəmbə'neišn]; *v k-ii (s čím)* in combination (with)
  kombiné slip [slip]
  kombinéza overalls ['əuvəro:lz], boiler suit ['boilə ͵su:t], AM overall
  kombinovať 1. combine [kəm'bain]; *k. farby* match a colour with an other one 2. (špekulovať) speculate ['spekjəleit]; *už zas niekto k-je* there's some speculation again
  komédia comedy ['komədi]
  komentár 1. commentary ['komntri]; *rozhlasový k.* a radio commentary 2. (názor, kritika, poznámka) comment ['koment]; *bez k-a!* no comment!
  komentátor commentator ['komənteitə], (novinár) analyst ['ænələst]; *rozhlasový k.* a broadcast commentator
  komentovať (čo) comment ['koment] (on)
  komerčný commercial [kə'mə:šl]; *k-á banka* a commercial bank
  kométa comet ['komət]
  komfort 1. (pohodlie) comfort ['kamfət]; *žiť vo veľkom k-e* live in great comfort 2. (komfortné zariadenie) convenience [kən'vi:niəns]; *dom je vybavený všetkým moderným k-om* the house has all modern conveniences
  komfortný (pohodlný) comfortable ['kamftəbl], (prepychový) luxurious [lag'žuriəs], luxury ['lakšri]; *k. hotel* a luxury hotel

komický 1. comic [ˈkomik]; *k-á opera* comic opera 2. (smiešny) comical [ˈkomikl]; *k. starý klobúk* a comical old hat

komik comedian [kəˈmiːdiən]

komín 1. chimney [ˈčimni] 2. (parníka, lokomotívy) funnel [ˈfanl], smokestack [ˈsmoukstæk]

kominár chimneysweep(er) [ˈčimniˌswiːp(ə)]

komisár commissioner [kəˈmišnə]

komisia commission [kəˈmišn], committee [kəˈmiti], board [boːd] *volebná k.* the scrutineers; *skúšobná k.* a board of examiners; *vládna k.* the Commisioners

komnata chamber [ˈčeimbə], (veľká) hall [hoːl]

komodita commodity [kəˈmodəti]

komoliť garble [ˈgaːbl]; *k. výsledok schôdze* garble the account of the meeting

komora 1. (na potraviny) larder [ˈlaːdə], (na veci) lumber-room [ˈlambərum] 2. (srdcová k., dutina v tele živočíchov, v stroji) chamber [ˈčeimbə] 3. (organizácia) chamber 4. (plavebná) lock [lok] (on a canal)

komorná chambermaid [ˈčeimbəmeid]

komorník 1. butler [ˈbatlə], footman [ˈfutmən] 2. hist. (vysoký úradník) chamberlain [ˈčeimbələn]

komorný chamber [ˈčeimbə]; *k. koncert* a chamber concert; *k-á hudba* chamber music

kompa ferry-boat [ˈferibəut], (bez motora) punt [pant]

kompaktný compact [kəmˈpækt], (pevný) solid [ˈsoləd]

kompas compass [ˈkampəs]

kompenzácia compensation [ˌkompənˈseišn]

kompenzovať (čo) compensate [ˈkompənseit] (for)

kompetencia competence [ˈkompətəns], (oprávnenie) authority [oːˈθorəti]

kompetentný (povolený) competent [ˈkompətənt], (oprávnený) authorized [ˈoːθəraizd]; *k. vyučovať francúzštinu* competent to teach French

komplet I. podst. set [set], kit [kit]; *k. nástrojov* a set/a kit of tools; *dámsky k. dvoch svetrov* a twin-set II. prísl. (celkom) quite [kwait], completely [kəmˈpliːtli]; *byť k. hotový* be quite ready

kompletný complete [kəmˈpliːt]

komplex 1. (súbor) complex [ˈkompleks], set [set]; *k. problémov* a set of problems 2. (súbor pocitov) complex; *k. menejcennosti* inferiority complex

komplexnosť complexity [kəmˈpleksəti]

komplikácia complication [ˌkompləˈkeišn]

komplikovaný complicated [ˈkompləkeitəd]

komplikovať complicate [ˈkompləkeit]; *toto k-uje veci* this complicates matters

komponent constituent [kənˈstičuənt], (stroja al. systému) component [kəmˈpəunənt]; *k-y cementu* the constituents of cement

komponovať compose [kəmˈpəuz]; *k. pieseň* compose a song

kompost compost [ˈkompost]

kompót stewed fruit [stjuːd fruːt], (konzervovaný v pohári) bottled fruit [ˌbotld ˈfruːt]

kompozícia (umeleckého diela, školská) composition [ˌkompəˈzišn], essay [ˈesei]

kompromis compromise [ˈkomprəmaiz]; *dosiahnuť k.* arrive at a compromise

kompromitovať compromise [ˈkomprəmaiz] // *k. sa* compromise oneself

komu (to) who(m) [(tə) huː(m)]

komúna commune [koˈmjuːn]

komunálny municipal [mjuːˈnisəpl]; *k-e budovy/záležitosti/služby* municipal buildings /affairs/services

komunikácia 1. (doprava) communications [kəˌmjuːnəˈkeišnz]; *sieť k-í* a network of communications 2. (dorozumievanie) communication

komunikačný communicative [kəˈmjuːnəkətiv]; *k-é prostriedky* means of communication, media [ˈmidiə]

komuniké communiqué [kəˈmjuːnəkei]

komunikovať communicate [kəˈmjuːnəkeit]; *k. s ľuďmi* communicate with people

komunizmus communism [ˈkomjənizm]

koňak brandy [ˈbrændi], (pravý) cognac [ˈkonjək]

konár branch [braːnč], (veľký) bough [bau]; *medzi k-mi* among the branches

konať do* [duː]; *k-j svoju povinnosť* do your duty // *k. sa* take* place [teik pleis], be* held [bi: held]; *konferencia sa bude k. v Londýne* the conference will be held in London

koncentrácia concentration [ˌkonsənˈtreišn]

koncentračný: *k. tábor* a concentration camp

koncentrovať (v rozl. význ.) concentrate [ˈkonsntreit]; *k. myšlienky* concentrate one's thoughts; *k-ná šťava* a concentrated juice // *k. sa* concentrate; *k. sa na prácu* concentrate on one's work

koncepcia conception [kənˈsepšn], (myšlienková) concept [ˈkonsept], notion [ˈnəušn] *zastaraná k.* an old-fashioned notion; *k. knihy* the conception of the book

koncept draft [dra:ft], (náčrt) sketch [skeč]; *k. prejavu* a draft for a speech; *k. plánov* a sketch of one's plans ● *byť vyvedený z k-u* be* upset, get* a shock, be* speechless

koncern syndicate ['sindəkət], trust [trast]

koncert concert ['konsət], (skladba) concerto [kən'čə:təu]; *k. pre klavír* a piano concerto

koncertný concert ['konsət]; *k. majster* a concertmaster; *k-á sieň* a concert hall

koncertovať give a concert [giv ə 'konsət]

koncesia concession [kən'sešn], (na prevádzku) licence ['laisns]; *rozhlasová k.* a wireless concession

koncil council ['kaunsl]

koncipovať draft [dra:ft], draw* up [dro: ap]; *k. štúdiu* make a draft of a paper

koncom towards the end [tə'wə:dz ði end]; *k. mesiaca* towards the end of the month

koncovka 1. gram. (aj v šachu) ending ['endiŋ] **2.** el. terminal ['tə:mənl]; hovor. *zástrčka* plug [plag]

koncový end [end]; *k. vozeň vlaku* the end carriage; *k-á hra* the end-game

končatina limb [lim], (obyč. mn. č.) *k-y* extremities [ik'stremətiz]

konček tip [tip]; *k-y prstov* fingertips

končiar peak [pi:k]

končina region ['ri:džn], part [pa:t] (of a country)

končiť end [end], finish ['finiš]; *k. robotu* finish one's work // **k. sa 1.** end, finish; *ako sa k-í tá poviedka?* how does the story end? *slovo sa k-í na samohlásku* the word ends on a vowel; *koncert sa k-í o 10 hod.* the concert finishes at ten o'clock **2.** (chýliť sa ku koncu) be* at an end [bi: ət ən 'end], come* to an end [kam tə ən end]; *rok sa k-í* the year is at an end **3.** (uplynúť) terminate ['tə:məneit]; *zmluva sa k-í v máji* the contract terminates in May

kondenzácia condensation [ˌkonden'seišn]

kondenzovať condense [kən'dens]; *k-né mlieko* condensed milk; *k. plyn* condense gas

kondícia 1. (telesná) physical condition ['fizikl kən'dišn] **2.** (vyučovanie) private lesson/coaching [ˌpraivət 'lesn/'kəučiŋ]; *brať k-e* be coached (in); *dávať k-e* do some private coaching

kondicionál gram. conditional [kən'dišnəl]

kondolencia condolence [kən'dəuləns], (listom) a letter of condolence

kondolovať (komu) condole [kən'dəul] (with)

kondóm condom ['kondəm]

konečne I. prísl. at last [æt la:st], finally ['fainli]; *k. ide* he's here, at last **II.** časť. finally, last but not least [la:st bat nət li:st]; *a k. sa musíme aj poďakovať...* last but not least our thanks are due to...

konečník rectum ['rektəm], anus ['einəs]

konečný 1. (posledný) terminal ['tə:mənl], (a výsledný) eventual [i'venčuəl], (skončený) final ['fainl]; *k-á zastávka* the terminal; *k-é rozhodnutie* final decision; *k-é štádium* the final stage **2.** (op. nekonečný) finite ['fainait]; *k-á množina* finite set **3.** (definitívny, trvalý) final, definitive [di'finətiv]; *k-á odpoveď* the final answer; *k-é rozhodnutie najvyššieho súdu* a definitive decision by the supreme court

konexia contact ['kontækt]; *mať dobré k-e* have some good contacts

konfederácia confederation [kənˌfedə'reišn]

konfekcia 1. (oblečenie) ready-made clothes [ˌredi'meid kləuðz] **2.** (obchod) clothes shop [kləuðz šop], ready-made shop [ˌredi'meid šop]

konfekčný ready-made [ˌredi'meid], ready-to-wear [ˌredi tə 'weə]; *k. oblek* a ready-made suit; *k-é šaty* a ready-to-wear dress

konferencia conference ['konfrəns], meeting ['mi:tiŋ]; *byť na k-i* be in conference; *(us)poriadať k-u* hold a conference; *tlačová k.* a press conference; *školská k.* a staff meeting; *k. na najvyššej úrovni* a summit (meeting)

konferencier compere ['kompeə], AM emcee [ˌem'si:] (Master of Ceremonies)

konferovať 1. (mať zasadnutie) (o čom — s kým) confer [kən'fə:] (with sb. about sth.) **2.** (uvádzať zábavný program) compere ['kompeə], AM emcee [ˌem'si:]

konfident (donášač) (police) informer [(pə'li:s) in'fo:mə]

konfiškovať confiscate ['konfəskeit], seize [si:z]; *k. majetok* seize one's property

konflikt conflict ['konflikt]; *dostať sa do k-u (s kým)* clash with sb.

konfrontovať 1. (porovnávať čo s čím) compare [kəm'peə] (sth. to/with sth.); *k. dva preklady* compare two translations **2.** (koho s kým — súčasne vypočúvať) confront [kən'frant] (sb. with sb./sth.)

kongres congress ['koŋgres]; *lekársky k.* a medical congress

kongresový congressional [kən'grešənəl]; *k. výbor* congressional committee

koniareň stable [ˈsteibl]

koníček 1. (malý koník) colt [kəult], (mladý kôň) foal [fəul] **2.** (záľuba) hobby [ˈhobi], pastime [ˈpaːstaim]; *máte k-ky?* have you got any pastimes?

koniec 1. end [end], (zakončenie) finish [ˈfiniš], (časového obdobia) close [kləuz]; *na k-ci ulice* at the end of the street; *na k-ci storočia* at the end of the century; *k. zápasu* the finish of the match; *ku k-cu storočia* towards the close of the century; *k-com* towards the end; *k. týždňa* the week-end; *urobiť k. (čomu)* put an end (to); *bez k-ca* endless; *od začiatku do k-ca* from beginning to end/from start to finish **2.** (záverečná časť) conclusion [kənˈkluːžn]; *zaujímavý k. knihy* an interesting conclusion of the book

konjunktúra boom [buːm], prosperity [proˈsperəti]

konkretizovať concretize [kənkrəˈtaiz]

konkrétny 1. concrete [ˈkonkriːt]; *k. predmet* a concrete object **2.** (nie všeobecný) particular [pəˈtikjələ], concrete; *k-e návrhy* particular proposals; *k. dôkaz* concrete evidence

konkurencia competition [ˌkompəˈtišn], rivalry [ˈraivlri]; *tvrdá k.* a tough competition ● *bez k-ie* unrivalled

konkurenčný competitive [komˈpetətiv]; *veľký k. boj* a fierce/intense rivalry

konkurent competitor [kəmˈpetətə], rival [ˈraivl]; *silný k.* an archrival

konkurovať (komu) compete [kəmˈpiːt] (against/with)

konkurz 1. (súbeh) competition [ˌkompəˈtišn]; *zúčastniť sa k-u/vstúpiť do k-u* enter a competition **2.** (bankrot) bankruptcy [ˈbæŋkraptsi]

konope hemp [hemp]

konopný hempen [ˈhempn]; *k-é lano* a hempen rope

konsolidovať consolidate [kənˈsolədeit], make* firm/steady [meik fəːm/ˈstedi]; *k-né pomery* consolidated situation

konspekt 1. (výťah) abstract [ˈæbstrækt] **2.** (prehľad, osnova) outline [ˈautlain]

konšpiračný conspiratorial [kənˌspirəˈtoːriəl]

konštanta odb. constant [ˈkonstənt]

konštantný constant [ˈkonstənt], invariable [inˈveriəbl]; *k. tlak* constant pressure; *k-á teplota* an invariable temperature

konštatovať state [steit]; *k-l, že toho človeka nikdy nevidel* he stated he had never seen the man

konštitučný constitutional [ˌkonstəˈtjuːšnəl]; *k-á monarchia* a constitutional monarchy

konštrukcia 1. construction [kənˈstrakšn] **2.** (stavba) structure [ˈstrakčə] **3.** (telesná) physique [fəˈziːk]

konštruktér designer [diˈzainə]

konštruktívny constructive [kənˈstraktiv]

konštruovať construct [kənˈstrakt]

kontajner container [kənˈteinə]

kontakt 1. contact [ˈkontækt]; *byť v k-e (s kým)* be in contact (with); *prísť do k-u (s kým)* come into contact (with) **2.** el. contact

kontaktný contact [ˈkontækt]; *k-á šošovka* contact lens

kontext context [ˈkontekst]; *uhádnuť z k-u* guess from the context

kontinent continent [ˈkontənənt]

kontinuita continuity [ˌkontəˈnjuːəti]

konto account [əˈkaunt]; *bankové k.* a bank account; *otvoriť si k.* open an account; *na k. (čoho)* on account (of)

kontrabas double bass [ˌdabl beis]

kontrakt contract [ˈkontrækt]; *urobiť k. (s kým – na čo)* enter into/make a contract (with sb. – for)

kontrarevolúcia counter-revolution [ˌkauntəˌrevəˈluːšn]

kontrast contrast [ˈkontraːst]; *v k-e (s čím)* by contrast (with)

kontrastovať (s čím) contrast [kənˈtraːst] (with)

kontrola 1. (dozor) control [kənˈtrəul]; *byť mimo rodičovskej k-y* be beyond parental control; *byť pod k-ou* be in control (of); *dostať sa spod k-y* get out of control; *získať k-u* take control (of); *pasová k.* passport control; *colná k.* customs examination **2.** (overenie presnosti) check [ček], (zhora) inspection [inˈspekšn] **3.** (dozor a riadenie) supervision [ˌsuːpəˈvižn]

kontrolný control [kənˈtrəul]; *k. panel* the control panel; *k-á skupina* the control group

kontrolór 1. inspector [inˈspektə], examiner [igˈzæmənə]; *k. cestovných lístkov* a ticket inspector; *daňový k.* a tax inspector; *bankový k.* a bank examiner **2.** (kto reguluje) controller [kənˈtrəulə]

kontrolovať 1. control [kənˈtrəul]; *k. výdavky* control expenditure **2.** (presnosť) check [ček] (up) **3.** (dozerať a riadiť) supervise [ˈsuːpəvaiz]

kontúra contour [ˈkontuə], outline [ˈautlain]

konvalinka lily-of-the-valley [ˌlili əv ðə ˈvæli]

konvencia convention [kən'venšn]; *Ženevská k.* the Geneva Conventions; *byť otrokom k-í* (zvyklosti) be a slave to convention
konvenčný conventional [kən'venšnəl]; *k. pozdrav* conventional greetings; *k. vzor na koberec* (tradičný) a conventional design for a carpet
konvergencia convergence [kən'və:džns]
konverzácia conversation [ˌkonvə'seišn]; *spoločenská k.* a small talk
konverzovať (s kým) converse [kən'və:s], have* a conversation [hæv ə ˌkonvə'seišn] (with), talk [to:k] (to); *k. v angličtine* talk in English
konvoj convoy ['konvoi]; *plaviť sa s k-om* sail under convoy
konzerva tin [tin], AM can [kæn]; *mäsová k.* tinned meat
konzerváreň cannery ['kænəri]
konzervativizmus conservatism [kən'sə:vətizm]
konzervatívny conservative [kən'sə:vətiv]
konzervatórium conservatory [kən'sə:vətri], AM conservatoire [kən'sə:vətwa:]
konzervovať tin [tin], AM can [kæn]; *k-né potraviny* tinned/canned food
konzistencia consistency [kən'sistnsi]; *správna k.* the right consistency
konzola bracket ['brækət], console ['konsəul]
konzul consul ['konsl]
konzulát consulate ['konsjələt]
konzultácia consultation [ˌkonsl'teišn]; *na k-i (s kým)* in consultation (with)
konzultovať (s kým) consult [kən'salt] (sb.)
konzumment consumer [kən'sju:mə]
konzumný consumer [kən'sju:mə]; *k. tovar* consumer goods; *k-á spoločnosť* a consumer society
konzumovať consume [kən'sju:m], (spotrebovať) use up [ju:z ap]
kooperácia cooperation [kəuˌopə'reišn]; *v k-i (s kým)* in cooperation (with)
koordinovať coordinate [kəu'o:dəneit]
kop kick [kik], šport. *trestný k.* penalty kick; *rohový k.* corner kick
kopa 1. heap [hi:p], (čo leží na sebe) pile [pail]; *k. piesku* a heap of sand; *k. kníh* a pile of books; *k. sena* a hay-stack; expr. *k. času* heaps of time 2. (stará miera, 60 kusov) three score [θri: sko:] ● *sedieť ako k. nešťastia* be woebegone; *zarobiť k-u peňazí* make a packet

kopačka obyč. mn. č. *k-y* (šport. obuv) football boot ['futbo:l bu:t]
kopanec kick [kik]
kopať 1. (zem) dig [dig]; *k. záhradu/jamu* dig the garden/a hole 2. (nohou) kick [kik]; *k. loptu* kick a ball
kopcovitý hilly ['hili]
kopec hill [hil]; *ísť do k-ca/z k-ca* go up the hill/down the hill
kópia 1. copy ['kopi]; *urobiť tri k-e* make three carbon copies 2. (presná k.) duplicate ['dju:pləkət] 3. (falošná) forgery ['fo:džəri], falsification [ˌfo:lsəfə'keišn]
kopija lance [la:ns]
kopírovať 1. copy ['kopi]; *k. podľa originálu* copy from the original 2. (napodobniť) imitate ['iməteit], copy 3. (tech. plán) blueprint ['blu:ˌprint] 4. (film) print [print]
kopiť heap (up) [hi:p (ap)], (na seba) pile [pail]
kopula dome [dəum], (malá k. v streche) cupola ['kju:pələ]
kopyto 1. hoof [hu:f] 2. (obuvnícke) last [la:st] ● *všetko na jedno k.* all alike
koráb vessel ['vesl]; *kozmický k.* a (space) ship
koral coral ['korəl]
korál bead [bi:d]; *k-e* beads
korálový coral ['korəl]; *k. ostrov* a coral island
korbáč whip [wip]
korčuľa skate [skeit], obyč. mn. č. *k-e* (a pair of) skates; *kolieskové k-e* roller-skates
korčuliar skater ['skeitə]
korčuľovať sa skate [skeit]
kord[1] (zbraň) sword [so:d]
kord[2] (tkanina) corduroy ['ko:džəroi]
kordón (policajný, bot.) cordon ['ko:dn]
Kórea Korea [kə'riə]
Kórejčan Korean [kə'riən]
korekcia correction [kə'rekšn]
korektor (v tlačiarni) proof-reader ['pru:fˌri:də]
korektúra 1. correction [kə'rekšn] 2. (kontrolný obťah) proof sheet ['pru:f ˌši:t]
koreň root [ru:t]; *zapustiť k-ne* take roots ● *ísť na k. veci* get to the root of the problem; *k. slova* the root of a word
korenie 1. (prísada) spice [spais]; *čierne k.* (black) pepper; *celé čierne k.* peppercorn 2. (koreniny) seasoning ['si:zəniŋ]
korenistý spicy ['spaisi]

K

koreniť season ['siːzn]; *veľmi k-ené jedlo* a highly seasoned/hot dish

korešpondencia 1. (písomný styk) correspondence [ˌkorəˈspondns] 2. (listy) letters ['letəz]

korešpondenčný: *k. lístok* a postcard

korešpondent 1. (dopisovateľ) correspondent [ˌkorəˈspondənt] 2. *člen k.* (vedecký) corresponding member [ˌkorəˈspondiŋ ˈmembə]

korešpondovať (v rozl. význ.) (s kým, čím) correspond [ˌkorəˈspond] (with)

korigovať correct [kəˈrekt], (robiť korektúru) proofread* ['pruːfriːd]

korisť loot [luːt], (vojnová) booty ['buːti], plunder ['plandə]

koriť sa 1. (božstvu, aj pren.) worship ['wəːšip], adore [əˈdoː] 2. (uctievať) venerate ['venəreit], pay*/do* homage [pei/duː 'homidž] (to)

kormidelník helmsman ['helmzmən]

kormidlo helm [helm] (aj pren.); *byť pri k-e* be at the helm

kormidlovať steer [stiə]; *k. na sever* steer north

korodovať corrode [kəˈrəud]; *hrdza k-uje železo* rust corrodes iron

korok cork [koːk]

korózia corrosion [kəˈrəužn]

korporatívne (spolu) in a body [in ə ˈbodi]; *všetci k. odišli* they all left in a body

koruna (v rozl. význ.) crown [kraun]; *slovenské/dánske k-y* Slovak/Danish crowns; *kráľovská k.* the royal crown; (kráľovstvo) the Crown; *k. stromu* the crown of a tree ● *k. všetkého* to crown it all

korunka 1. (zuba) crown [kraun] 2. (čelenka) coronet ['korənət]

korunovácia coronation [ˌkorəˈneišn]

korunovať crown [kraun]; *k-né hlavy Európy* the crowned heads of Europe; *k-ný úspechom* crowned with success

korupcia corruption [kəˈrapšn], bribery ['braibəri]

korupčný corrupt [kəˈrapt]

korytnačka tortoise ['toːtəs], (vodná) turtle ['təːtl]

koryto 1. (náhonu) trough [trof] 2. (rieky) river bed ['rivə bed]

kosa scythe [saið]

kosačka lawn-mower ['loːnˌməuə]

kosák sickle ['sikl]

kosatec iris ['airəs]

kosínus cosine ['kəusain]

kosiť mow [məu], cut* grass [kat graːs]

kosodĺžnik parallelogram [ˌpærəˈleləgræm]

kosodrevina dwarf pine [dwoːf pain]

kosoštvorec rhombus ['rombəs]

kosť bone [bəun]; *chrbtová k.* the spine, the backbone, the spinal column; *slonová k.* ivory ● *byť len k. a koža* be all skin and bones

kostený (made of) bone [meid əv bəun]; (z rohoviny) horn [hoːn]

kostica whalebone ['weilbəun]

kostlivec skeleton ['skelətn]

kostnatý bony ['bəuni]; *k-é ruky* bony hands

kostol church [čəːč]

kostolník parish clerk [ˌpæriš klaːk], verger ['vəːdžə]

kostra 1. (človeka) (human) skeleton [(ˌhjuːmən) 'skelətn] 2. tech. ap. skeleton, framework ['freimwəːk]; *oceľová k.* a steel skeleton 3. (náčrt, skica) skeleton; *k. referátu* a skeleton of a report

kostrbatý rugged ['ragəd], (nerovný) uneven [anˈiːvn]; *k. terén* a rugged terrain; *k. povrch cesty* an uneven road surface; *k. štýl* a rugged style

kostrč coccyx ['koksiks], tailbone [ˌteilˈbəun]

kostým costume ['kostjuːm]; *dámsky k.* a tailor(ed) suit; *nohavicový k.* a trouser suit

kosý oblique [əˈbliːk]; *k. uhol* oblique angle

košatý (rozvetvený) branching ['braːnčiŋ]

košeľa shirt [šəːt]; *pánska nočná k.* a nightshirt; *dámska k.* a chemise; *dámska nočná k.* a night gown; *len v k-li* (bez saka) in one's shirtsleeves

košiar sheep pen ['šiːp pen]

košík 1. basket ['baːskət] 2. (náhubok) muzzle ['mazl]

koštiaľ (kosť) bone [bəun]

kóta elevation point [ˌeləˈveišn point]

kotiť sa kitten ['kitn]

kotkodákať cackle ['kækl]

kotleta chop [čop], cutlet ['katlət]

kotlík kettle ['ketl]

kotlina hollow ['holəu], (údolie) valley ['væli]

kotol 1. (na varenie) kettle ['ketl], (veľký) cauldron ['koːldrən] 2. (zásobník na vodu) boiler ['boilə] 3. hud. kettledrum ['ketldram]

kotolňa boiler-room ['boilə ˌruːm]

kotrmelec p. **kotúľ**

kotúč 1. disc, disk [disk]; *slnečný k.* the sun's disc 2. (zvinutý do valca) roll [rəul], (film, cievka) spool [spu:l], reel [ri:l]; *zviazané do k-a* a ring; *k. papiera* a roll of paper

kotúľ somersault [ˈsaməso:lt]; *urobiť k.* turn a somersault

kotúľať (sa) roll [rəul]; *slzy sa jej k-li po tvári* tears were rolling down her cheeks

kotva anchor [ˈæŋkə]; *spustiť k-u* drop anchor; *zdvihnúť k-y* weigh anchor

kotviť be* anchored [bi: ˈæŋkəd], lie at anchor [lai æt ˈæŋkə]

kov metal [ˈmetl]; *vyrobené z k-u* made of metal; *drahé k-y* precious metals

kováč (black)smith [(blæk) smiθ]

kovať, kuť 1. forge [fo:dž], (kladivom) hammer [ˈhæmə] 2. (koňa) shoe [šu:]

kovboj cowboy [ˈkauboi]

kovopriemysel metal industry [ˌmetl ˈindəstri]

kovový metal [ˈmetl], metallic [məˈtælik]; *k-á skrinka* a metal box; *k. zvuk* metallic sound; *k-á minca* a coin

koza 1. goat [gəut]; *dojná k.* nanny-goat 2. (podstava, stojan) trestle [ˈtresl], (na rezanie dreva) saw-jack [ˈso:džæk] 3. šport. buck horse [bak ho:s]

kozľa kid [kid]

kozmetický cosmetic [kozˈmetik]

kozmetička cosmetician [ˌkozməˈtišn]

kozmetika cosmetics [kozˈmetiks]

kozmický cosmic [ˈkozmik], space [speis]; *k-é žiarenie* cosmic rays; *k-á loď* a spacecraft, a spaceship, a space shuttle

kozmodróm spaceport [ˈspeispo:t]

kozmonaut cosmonaut [ˈkozmæno:t], astronaut [ˈæstrəˌno:t]

kozmopolitický cosmopolitan [ˌkozməˈpolətn]

kozmos cosmos [ˈkozmos], space [speis]; *let do k-u* a space flight

Kozorožec geogr. Capricorn [ˈkæpriko:n]; *Obratník K-ca* Tropic of Capricorn

kozub fireplace [ˈfaiəpleis]

koža 1. (ľudská aj zvieracia) skin [skin], (na hlave) scalp [skælp] 2. (zvieracia, vyrobená) hide [haid], (so srsťou) pelt [pelt] 3. (materiál) leather [ˈleðə] 4. (na potravinách) skin [skin], (šupa) peel [pi:l] ● *mať husiu k-u* have gooseflesh; *mať hrošiu k-u* be insensitive; *skúsiť na vlastnej k-i (čo)* try sth. for size

koženka leatherette [ˌleðəˈret]

kožený leather [ˈleðə]; *k-é rukavice* leather gloves

kožný skin [skin], odb. dermic [ˈdə:mik], dermal [ˈdə:ml]; *k-á choroba* dermatitis, skin disease

kožuch fur coat [fə: kəut]; *líščí k.* a fox fur coat; *ovčí k.* a sheepskin coat

kožušina fur [fə:]; *umelá k.* artificial/synthetic fur

kožušníctvo furrier's [ˈfariəz]

kožušník furrier [ˈfariə]

kôl stake [steik]

kôlňa shed [šed]; *k. na náradie* a tool-shed; *k. na drevo* a wood-shed

kôň 1. horse [ho:s]; *na koni* on horseback; *jazdiť na koni* ride a horse; *dostihový k.* a racehorse 2. šport. vaulting horse [ˈvo:tiŋ ho:s]; *skákať cez koňa* jump over a vaulting horse; *hojdací k.* a rocking horse 3. šach. knight [nait]

kôpor dill [dil]

kôra 1. (drevín) bark [ba:k] 2. (ovocia, syra, slaniny) rind [raind]; anat. *mozgová k.* cortex [ˈko:teks] 3. (chleba, zeme, snehu) crust [krast]; *zemská k.* the earth's crust

kôstka (ovocná) stone [stəun], (jadierko ovocia) pip [pip]; *čerešňová/slivková k.* a cherry /plum stone

kôš basket [ˈba:skət]; *nákupný k.* a shopping basket; *k. na odpadový papier* hl. AM a waste (paper) basket; *k. na odpadky* a litterbin ● *dostať ko-om* be refused

krab crab [kræb], (homár) lobster [ˈlobstə]

kráčať (ísť pešo) walk [wo:k], (pochodovať) march [ma:č], (určitým smerom) step [step], (dlhými krokmi) stride [straid]; *k-l pomaly dole ulicou* he walked slowly down the street; *k. cez potok* step across a stream; *vojaci k-li po ceste* the soldiers were marching along the road

krádež theft [θeft], (v malom a bezvýznamná) a pilferage [ˈpilferidž], (vlúpaním) a burglary; *k. v obchodnom dome* hovor. shoplifting

kradmý furtive [ˈfə:tiv]; *k. pohľad* a furtive glance

kradnúť steal* [sti:l]; *k. v malom množstve* pilfer [ˈpilfə], hovor. (v obch. dome) lift [lift]

---

rob – vykradnúť, okradnúť
steal – ukradnúť

---

krahulec sparrow-hawk [ˈspærəu ho:k]

krach 1. (úpadok) crash [kræš], bankruptcy [ˈbæŋkraptsi] 2. (zvuk) crash [kræš]

kraj 1. (okraj, hrana) edge [edž], border [ˈbo:də]; *na k-i jazera/lesa* on the edge of a lake/wood; *na k-i taniera* on the edge of the plate; *vreckovka s modrým k-om* a handkerchief with a blue border 2. (pohára, klobúka) brim [brim]; *klobúk s k-om smerujúcim hore alebo dolu* a hat with the brim turned up or down 3. (krajina) country ['kantri], (videcky k.) countryside ['kantrisaid], (scenéria) landscape ['lændskeip]; *môj rodný k.* my native country; *hornatý k.* a mountainous countryside 4. (správna jednotka, oblasť) region ['riːdžn], vo VB country ['kantri]; *Západoslovenský k.* the western region of Slovakia ● *to nemá konca-k-a* it's endless

krájač (nôž) carver ['kaːvə], (aj strojček) slicer ['slaisə]

krajan(ka) compatriot [kəm'pætriət]; (z tej istej oblasti) (fellow) country-man [(ˌfələu) 'kantrimən], (krajanka) countrywoman ['kantriwumən]

krájať cut* (up) [kat (ap)], (varené mäso) carve [kaːv], (na rezy, krajce) slice (up) [slais (ap)]

krajčír tailor ['teilə]

krajčírka dressmaker ['dres ˌmeikə]

krajec slice [slais]; *k. chleba* a slice of bread

krajina 1. (územie, kraj — aj polit.) country ['kantri]; *hornatá k.* a mountainous country; *európske k-y* (štáty) European countries; *videcka k.* the countryside; *typická anglická k.* a typical English countryside 2. (scenéria) landscape ['lændskeip] 3. (kraj, oblasť) region ['riːdžn]; *arktická k.* the Arctic region; lek. *brušná k.* abdominal region

krajinár landscape painter [ˌlændskeip 'peintə]

krajinka landscape ['lændskeip]

krajnica (cesty) verge [vəːdž], border ['boːdə]

krajnosť extreme [ik'striːm]; *hnaný do k-i* driven to extremes

krajný 1. (na okraji) side [said]; *k-é okno* the side window 2. (idúci do krajnosti) extreme [ik'striːm], (presahujúci krajnosť) exceeding [ik'siːdiŋ]; *k-á trpezlivosť* extreme patience

krajový regional ['riːdžnəl]

krákať croak [krəuk]

kráľ (v rozl. význ.) king [kiŋ]; *stať sa k-om* become king; *k. zvierat* the king of beasts

králik rabbit ['ræbət] ● *byť pokusným k-om* be a guinea-pig

kraľovať reign [rein]

kráľovná (v rozl. význ.) queen [kwiːn]; *k. Alžbeta II.* Queen Elisabeth the Second

kráľovský 1. royal ['roiəl]; *k-á rodina* the royal family; *Jeho k-á Výsosť* His Royal Highness 2. (pripomínajúci kráľa, vhodný pre kráľa) kingly ['kiŋgli]; *k-é spôsoby* kingly manner; *k-á hostina* (slávnosť) a kingly feast

kráľovstvo kingdom ['kiŋdəm]; *Spojené k.* the United Kingdom

krám 1. hovor. (obchod) shop [šop] 2. (haraburda) lumber ['lambə]

kras karst [kaːst]

krása beauty ['bjuːti], (príjemná) loveliness ['lavlinəs]; *k-y nášho mesta* the beauties of our city

krásavica beauty ['bjuːti], lovely woman [ˌlavli 'wumən]; *nie je to k.?* isn't she a beauty?

kraslica (painted) Easter egg [('peintəd) 'iːstə eg]

krásny beautiful ['bjuːtəfl], lovely ['lavli]; *k-e dievča* a beautiful/lovely girl; *k. výhľad* a lovely view; *k-e počasie* a lovely weather

krasokorčuliar(ka) figure skater ['figə ˌskeitə]

krasokorčuľovanie figure skating ['figə ˌskeitiŋ]

krasopis calligraphy [kə'ligrəfi], beautiful handwriting [ˌbjuːtəfl 'hændraitiŋ]

kráter crater ['kreitə]

krátiť 1. (skracovať) shorten ['šoːtn]; *k. šaty* shorten a dress 2. (zmenšovať) reduce [ri'djuːs]; *k. výdavky* reduce expenses

krátko shortly ['šoːtli], (stručne) briefly ['briːfli]

krátkodobý short [šoːt], (krátkotrvajúci) short-lived [ˌšoːt 'livd], (na krátku dobu) short-term [ˌšoːt'təːm], (prechodný) transient ['trænzient], aj transitory ['trænzətəri]

krátkozraký shortsighted [ˌšoːt'saitəd]

krátky 1. short [šoːt] 2. (stručný) brief [briːf], concise [kən'sais]; *k-e vlasy* short hair; *k-a cesta* a short journey; *k. obsah* (resumé) a brief summary; *k. slovník* a concise dictionary; *k-e spojenie* short circuit; *k-e vlny* short waves

kraul šport. crawl [kroːl]

krava cow [kau]

kravata (neck) tie [('nek)tai]

kravín cowshed ['kaušed]

kravinec cowpat ['kauˌpæt]

kŕč spasm ['spæzm], (bolestivý) cramp [kræmp]; *dostať k.* be seized with cramp; *astmatický k.* asthma spasm

krčah jug [džag]; *k. na mlieko* a milk-jug; *k. mlieka* a jug of milk

krčiť 1. (kožu na tvári) wrinkle ['riŋkl]; *k. nos (nad čím)* wrinkle one's nose at sth.; *k. plecami* shrug one's shoulders **2.** (látku, papier) crease [kri:s] **3.** (ohýbať) bend* [bend] // **k. sa 1.** crease; *táto látka sa ľahko k-í* this material creases easily **2.** (zohýbať sa) bend*, (v páse) double up [ˌdabl ap]; *k. sa od bolesti* double up with pain

krčma pub [pab], AM saloon [sə'lu:n]

krčmár(ka) inn-keeper ['inki:pə], landlord ['lændlo:d]; *k-ka* landlady ['lændleidi], AM saloon-keeper [sə'lu:nki:pə]

kŕčovitý spasmodic [spæz'modik], convulsive [kən'valsiv]

kŕčový spasmodic [spæz'modik]; *k-é žily* varicose veins

kŕdeľ (vtákov, oviec,) flock [flok], (husí) gaggle ['gægl]

kredenc cupboard ['kabəd], dresser ['dresə]

krehký 1. brittle ['britl], (ľahko lámavý) fragile ['frædžail]; *k. porcelán* fragile china **2.** (chrumkavý) crisp [krisp], (drobivý) short [šo:t] ● *k-é zdravie* fragile health

krém 1. cream [kri:m]; *k. na tvár* a face-cream; *pudingový al. vaječný k.* custard **2.** (na leštenie) polish ['poliš]; *k. na topánky* a shoe polish

kremácia cremation [krə'meišn]

krematórium crematorium [ˌkremə'to:riəm], crematory ['kremətri]

kremeň quartz [kwo:c], flint [flint]

kremík silicon ['silikən]

krep crepe, crape [kreip]

krepový: *k. papier* crepe paper

kresať (tesať) carve [ka:v], (dlátom) chisel ['čizl]; *k. trením* (iskry) strike

kresba drawing ['dro:iŋ], (náčrt) sketch [skeč], (humorná) cartoon [ka'tu:n]

kreslenie drawing ['dro:iŋ]

kreslený: *k. film* animated cartoon

kreslič drawer ['dro:ə], AM draftsman ['dra:ftsmən]

kresliť draw* [dro:] (aj pren.); *k. obraz* draw a picture; *k. charaktery postáv* draw the characters

kreslo 1. armchair ['a:mčeə] **2.** (ministerské) seat [si:t]

kresťan Christian ['krisčn]

kresťanský Christian ['krisčn]

kresťanstvo Christianity [ˌkristi'ænəti]

kretén cretin ['kretən]

kreveta shrimp [šrimp]

krhla (polievacia) watering-can ['wo:təriŋ kæn]

kričať cry [krai], (silno) shout [šaut], (vrešťať) scream [skri:m], (volať) call [ko:l]; *k. o pomoc* call/shout for help

krídlo 1. (v rozl. význ.) wing [wiŋ]; *roztiahnuť k-a* spread the wings; *západné k. budovy* the west wing of a building; *liberálne k. strany* the liberal wing of a party **2.** hud. (klavír) grand piano [grænd pi'ænəu] **3.** šport. (krídelný útočník) winger ['wiŋə] ● *pod ochrannými k-mi (koho)* under sb.'s wing

krieda chalk [čo:k]

kriesiť revive [ri'vaiv]

krik cry [krai], (prenikavý) scream [skri:m] ● *mnoho k-u pre nič* much ado about nothing

kriket cricket ['krikət]

krikľavý 1. (prenikavý) shrill [šril]; *k. hlas* a shrill voice **2.** (nápadný) gaudy ['go:di], (o farbe, správaní) loud [laud]

kriminalista criminologist [ˌkrimə'nolədžəst]

kriminalita crime-rate ['kraimreit]; *obdobie zvýšenej k-y* crime-wave

kriminálny criminal ['krimənl]; *k. čin/film* a criminal act/film

krištáľ crystal ['kristl]

krištáľový crystal ['kristl]; *k-é sklo* crystal glass

kritérium criterion [krai'tiriən]

kritický critical ['kritikl], crucial ['kru:šl], (náročný) selective [sə'lektiv]; *k-é poznámky* critical remarks; *k. stav* a critical stage; *v k-ej chvíli* at the crucial moment; *k. bod v živote* a turning-point in one's life; *k. čitateľ* a selective reader

kritik critic ['kritik]; *literárny k.* a literary critic

kritika criticism ['kritəsizm]

kritizovať criticize ['kritəsaiz]

krívať limp [limp]

krivdiť (komu) (do) wrong [(du:) roŋ] (to)

kriviť (ohýbať) crook [kruk], bend* [bend], make* crooked [meik 'kru:kəd]; *k. drôt* bend a wire // **k. sa** warp [wo:p], deform [di'fo:m], bend*; *drevo sa k-í vo vlhkom prostredí* wood warps in damp conditions

krivka curve [kə:v]

krivolaký zigzag ['zigzæg]; *k-á cestička* a zigzag path

krivoprísažný perjured [ˈpə:džəd]; *k-é svedectvo* perjured testimony
krivý 1. crooked [ˈkru:kəd], (zakrivený) curved [kə:vd] 2. (o povrchu) uneven [anˈi:vn], rugged [ˈragəd] 3. (chromý) lame [leim] 4. (nepravdivý) false [fo:ls]; *k-é svedectvo* false testimony
kríza crisis [ˈkraisəs]; *hospodárska k.* slump depression
kríž cross [kros]; *Červený k.* the Red Cross; *niesť svoj k.* bear one's cross; *je s ním k.* he is difficult to deal with
kríže loins [loinz]; *mať bolesti v k-och* suffer from backache
kríženec hybrid [ˈhaibrəd], (zviera al. rastlina) crossbreed [ˈkrosbri:d], (pes; aj pren.) mongrel [ˈmaŋgrəl]
križiak 1. (hist.) crusader [kru:ˈseidə] 2. (pavúk) cross/garden spider [ˈspaidə]
krížiť 1. bot., biol. crossbreed [ˈkrosbri:d] 2. (zámery) cross [kros], thwart [θwo:t] 3. (prekrížiť) cross; *k. cestu/meče* cross the road/swords // **k. sa** cross, (pretínať) intersect [ˌintəˈsekt]; *čiary sa k-a v pravom uhle* the two lines cross each other at right angles
krížnik cruiser [ˈkru:zə]
krížom across [əˈkros], crosswise [ˈkroswaiz], (uhlopriečne) diagonally [daiˈægənli]; *k.-krážom* criss-cross; *ísť k. cez cestu* walk across the street
križovať 1. (ísť krížom, pretínať) cross [kros]; *k. cestu* cross a road 2. (plávať po mori) aj pren. cruise [kru:z] // **k. sa** 1. cross; *naše listy sa k-li* our letters crossed in the post 2. (prežehnávať sa) cross oneself
križovatka 1. (ciest) crossroads [ˈkrosrəudz] (aj pren.), crossing [ˈkrosiŋ]; *k. života* a crossroads in one's life 2. (kde sa spájajú cesty al. železnica) junction [ˈdžaŋkšn]; *úrovňová k.* level crossing; *mimoúrovňová k.* two-level crossing
krížovka crossword (puzzle) [ˈkroswə:d (pazl)]
krížový cross [kros]; *k. výsluch* a cross-examination
krk neck [nek]; *okrútiť si šál okolo k-u* wrap a scarf round one's neck ● *hodiť na k. (komu čo)* saddle sb. (with); *byť v niečom po k.* be up to one's neck (in); *mať niečoho po k.* be fed up (with)
kŕkať (o žabách) croak [krəuk]
krkavec zool. raven [ˈreivn]
krkolomný breakneck [ˈbreiknek]; *k-ou rýchlosťou* at breakneck speed

kŕmiť feed* [fi:d]; *k. dieťa lyžicou* feed the baby with a spoon; *k. psy surovým mäsom* feed one's dogs on fresh meat; pren. *k. (koho) informáciami* feed sb. with information // **k. sa** eat* [i:t]; *priveľa sa k. (čím)* stuff oneself (with)
krmivo (pre kone a dobytok) fodder [ˈfodə], forage [ˈforidž]
kroj folk-costume [ˈfəuk ˌkostju:m]
krok 1. (chôdza, vzdialenosť) step [step]; *pomalými k-mi* with slow steps; *dlhý k.* stride; *držať k. (s kým)* keep step (with); *byť o k. ďalej (pred kým)* be one (foot) step ahead (of); *urobiť k.* step 2. (zvuk) footstep [ˈfutstep]; *tiché k-y na schodoch* soft footsteps on the stairs ● *k. za k-om* step by step; *na každom k-u* at every step; *držať k. s kým* keep up with the Joneses
krokodíl crocodile [ˈkrokədail]
krokva rafter [ˈra:ftə]
krompáč mattock [ˈmætək]
kronika chronicle [ˈkronikl]
kronikár chronicler [ˈkroniklə]
kropiť sprinkle [ˈspriŋkl], (polievať) water [ˈwo:tə]
krosná loom [lu:m]
krotiť 1. (zviera) tame [teim]; *k. leva* tame a lion 2. (o človeku) curb [kə:b], control [kənˈtrəul]; *k. netrpezlivosť* curb one's impatience; *k. hnev* keep a curb on one's anger; *k. svoje nálady* control one's temper // **k. sa** control (oneself)
krotiteľ tamer [ˈteimə]; *k. levov* a lion-tamer
krotký tame [teim]; *k-á opica* a tame monkey; *jej muž je k. človek* her husband is a tame man
krov truss [tras]
krovie bush [buš], (v záhrade) shrubbery [ˈšrabəri]
krpatý 1. (nedorastený) undersized [ˌandəˈsaizd], (trpasličí) dwarfish [ˈdwo:fiš] 2. (nevyvinutý) stunted [ˈstantid]; *k-é telo* a stunted body
krst baptism [ˈbæptizm], christening [ˈkrisniŋ]
krstiť baptize [bæpˈtaiz], christen [ˈkrisn]
krstný: *k-é meno* Christian/first name; *k. list* birth certificate; *k-í rodičia* godparents; *k-á matka* godmother; *k. otec* godfather; *k. syn* godson; *k-á dcéra* goddaughter
krt mole [məul]
krtinec mole-hill [ˈməulˌhil]

kruh 1. (v rozl. význ.) circle ['sə:kl]; *stáť v k-u* stand in a circle; *široký k. priateľov* (okruh) a large circle of friends; *začarovaný k.* a vicious circle; *polárny k.* the Arctic circle **2.** (prstenec) ring [riŋ]; *k. okolo Mesiaca* a ring of light round the Moon

kruhový cicular ['sə:kələ]; *k. oblúk* a circular arch; *k-á píla* a circular saw; *k. objazd* a roundabout; *k-é námestie* a circus

krupica semolina [ˌseməˈli:nə]

krupobitie hailstorm ['heilstoːm]

krúpy 1. peeled barley [ˌpiːld ˈbaːli] **2.** (ľadovec) hail (stone) ['heil (stəun)]

krušný 1. hard [haːd], difficult ['difiklt]; *k-é časy* a hard/difficult time **2.** (príliš náročný) severe [sə'viə]; *k-á zima* severe winter

krútiť 1. (točiť) turn [tə:n]; *k. kohútikom* turn a tap **2.** (navíjať) twist [twist], wind* [waind]; *k. kľukou* wind a handle **3.** (o vlasoch) curl [kə:l] // **k. sa 1.** (robiť krúživý pohyb) turn; *kolesá sa k-a* the wheels are turning **2.** (kľukatiť sa) wind* [waind]; *cesta sa k-i lesom* the path winds through the woods **3.** (šúveriť sa) warp [wo:p]; *drevo sa k-i* the wood warps ● *k-i sa mi hlava* I feel dizzy

krútňava whirl(pool) ['wə:l(pu:l)], (malý vír) eddy ['edi]

krutovláda tyranny ['tirəni]; *žiť pod k-ou* live under a tyranny

krutý 1. cruel ['kruəl] **2.** (tuhý) severe [sə'viə]; *k-á zima* a severe winter

kružidlo (a pair of) compasses [(ə peə əv) 'kampəsiz]

krúžiť 1. circle ['sə:kl]; *lietadlo k-i nad letiskom* the aircraft is circling (over) the airport **2.** (okolo stredu osi) revolve [ri'volv], (obiehať okolo osi) rotate [rəu'teit]; *planéty k-a okolo Slnka* the planets revolve round the Sun

kružnica circle ['sə:kl]

krúžok 1. (prstenec) ring [riŋ]; *k. na kľúče* a key-ring **2.** (záujmový) circle ['sə:kl]

krv blood [blad]; *darca k-i* a blood donor; *transfúzia k-i* a (blood) transfusion

krvácať bleed* [bli:d]

krvavnica, krvavnička blood-sausage ['bladˌsosidž]

krvavý 1. bloody ['bladi]; *k-á bitka* a bloody battle; *k. nos* a bloody nose **2.** (znečistený od krvi) bloodstained ['bladsteind]; *k-é šaty* bloodstained clothing

krvilačný bloodthirsty ['bladθə:sti]

krvinka obyč. mn. č. *k-y* (blood) corpuscle [(blad)'ko:pəsl]; *biele/červené k-y* white/red corpuscles

krviprelievanie bloodshed ['bladšed]

krvismilstvo incest ['insest]

krvný blood [blad]; *k-á skupina* a blood group; *vysoký k. tlak* a high blood pressure

kryha floe [fləu], (ľadovec v mori) iceberg ['aisbə:g]

krypta crypt [kript]

krysa rat [ræt]

kryštál crystal ['kristl]; *k-y soli* salt crystals

kryštalický crystalline ['kristəlain]; *k-é horniny* crystalline rocks

kryštalizovať crystallize ['kristəlaiz]

kryštálový crystal ['kristl]; *k. rádioprijímač* a crystal set; *k. cukor* granulated sugar

kryt 1. (na zakrývanie) cover ['kavə]; *k. motora* a bonnet, AM a hood **2.** (obal) case [keis] **3.** (úkryt) shelter ['šeltə], cover; *protiletecký k.* an air-raid shelter

kryť (pokrývať) cover ['kavə], (chrániť) shelter ['šeltə], protect [prə'tekt] // **k. sa** cover oneself, (ukryť sa) hide [haid]

krytie (rozsah, napr. poistky) coverage ['kavridž]

krytina cover(ing) ['kavə(riŋ)], (strechy) roofing (material), (škridly) tiles [tailz]

krytý (zakrytý) covered ['kavəd], (strechou) roofed ['ru:ft]; *k-á plaváreň* swimming bath(s)

kto 1. opyt. zám. who [hu:]; *k. je ten človek?* who is that man? *komu si to dal?* who(m) did you give it? *koho si videl?* who(m) did you see? *k. z vás?* which of you? *k. ešte/iný* who else? **2.** vzťaž. zám. who, that [ðæt]; *ten, k.* the man who; *jediný, k.* the only man that

ktokoľvek whoever [hu:'evə], anyone ['eniwan], anybody ['enibodi]; *k. vám to povie* anybody will tell you (that); *k. to hovorí, nemá pravdu* whoever says that is wrong

ktorý 1. opyt. zám. which [wič], what [wot]; *k-ou cestou?* which way? *k-é knihy ste čítali na túto tému?* what books have you read on this subject? *nikdy neviem, k. je k.* I never know which is which **2.** vzťaž. zám. who [hu:], which, that [ðæt]; *to je ten muž, k-ého som stretol* that is the man who(m) I met; *tá kniha, k-á leží na stole* the book which/that is lying on the table

ktorýkoľvek whichever [wič'evə], any ['eni]; *zober si k. sa ti páči* take whichever you like; *príď k. deň chceš* come any day you like

ktosi somebody [ˈsambodi], someone [ˈsamwan]; *k. ťa volá (telefónom)* there's someone on the phone for you

Kuba Cuba [ˈkju:bə]

Kubánec Cuban [ˈkju:bən]

kubánsky Cuban [ˈkju:bən]

kubický cubic [ˈkju:bik]; *jeden meter k.* one cubic meter

kubizmus cubism [ˈkju:bizm]

kubizmus cubism [ˈkju:bizm]

kučeraviť (sa) curl [kə:l], (drobne) frizz [friz]

kučeravý curly [ˈkə:li], (drobno) frizzy [ˈfrizi]; *dievča s k-ou hlavou* a curly-headed girl

kúdeľ tow [təu]

kúdol wreath [ri:θ], curl [kə:l]; *k. dymu* a wreath/curl of smoke

kufor suit-case [ˈsu:tkeis], (veľký) trunk [traŋk]

kuchár(ka) cook [kuk]

kuchársky culinary [ˈkalinri], cook [kuk]; *k-é skúsenosti* culinary skills; *k-a kniha* a cookery/cook book

kuchyňa 1. kitchen [ˈkičən] 2. (závodná) canteen [kænˈti:n] 3. (spôsob varenia) cooking [ˈkukiŋ], (štýl varenia) cuisine [kwiˈzi:n], (kuchárske umenie) cookery [ˈkukri]

kuchynský kitchen [ˈkičən]; *k-á linka* a kitchen unit; *k. kút* a kitchenette

kujny malleable [ˈmæliəbl]; *k-é kovy* malleable metals

kukla 1. (hmyzu) chrysalis [ˈkrisəlis] 2. (ochranná) hood [hud], (potápačská) helmet [ˈhelmət]

kúkoľ corn-cockle [ˈko:nˌkokl]

kukučka cuckoo [ˈkuku:]

kukučkový: *k-é hodiny* a cuckoo-clock

kukurica maize [meiz], AM (indian) corn [(indiən) ko:n]

kulisa wing [wiŋ]; *za k-mi* behind the scene(s)

kulma (na vlasy) curling-irons/-tongs [ˈkə:liŋˌaiənz/toŋz]

kulminovať culminate [ˈkalməneit]

kult 1. (prepiate uctievanie) cult [kalt]; *k. osobnosti* personality cult 2. (uctievanie) worship [ˈwə:šip]

kultivácia cultivation [ˌkaltəˈveišn]; *k. pôdy* the cultivation of the soil

kultivovaný cultivated [ˈkaltəveitəd], (o osobe, vkuse, záujme) cultured [ˈkalčəd]; *k. pozemok* a cultivated land; *k. človek* a cultivated /cultured person

kultúra (v rozl. význ.) culture [ˈkalčə], (vývojový stupeň) civilization [ˌsivlaiˈzeišn]; *vplyv európskej k-y* the impact of European civilization; *stará grécka k.* the ancient Greek culture; *včelia k.* a bee culture; *k. baktérií* a culture of bacteria

kulturistika body-building [ˈbodiˌbildiŋ]

kultúrny 1. cultural [ˈkalčrəl]; *k. ústav* a cultural institute; *k-e pamiatky* historical monuments; *k-e udalosti* cultural events 2. (vzdelaný) of culture [əv ˈkalčə]; *k. človek* a man of culture

kumbál closet [ˈklozət], hovor. den [den]

kuna marten [ˈma:tən]

kúpa purchase [ˈpə:čəs]; *výhodná k.* a bargain

kúpalisko swimming pool [ˈswimiŋ pu:l]

kúpať bath [ba:θ], AM bathe [beið]; *k. dieťa* bath the baby // *k. sa* 1. (umývať sa) bath 2. (plávať, športovať) bathe [beið]

kupé (vo vlaku) compartment [kəmˈpa:tmənt]

kupec 1. (kupujúci) buyer [ˈbaiə], purchaser [ˈpə:čəsə] 2. (v min. obchodník) grocer [ˈgrəusə], merchant [ˈmə:čnt]

kúpeľ bath [ba:θ]; *parný k.* Turkish bath

kúpele spa [spa:], (rekreačné a liečivé) health resort [ˌhelθ riˈzo:t]

kúpeľňa bathroom [ˈba:θru:m]

kúpiť (si) buy* [bai], (zadovážiť) get* [get]; *k-l to za 5 libier* he bought it for £5; *kde si k-la ten sveter?* where did you get that sweater? *k. za hotové* (peniaze) buy (for) cash; *k. na splátky (čo)* get sth. on hire purchase; *dá sa k. šťastie za peniaze?* can money buy happiness? ● *k. mačku vo vreci* buy a pig in a poke

kupola dome [dəum], (malá v streche) cupola [ˈkju:pələ]

kupón coupon [ˈku:pon], (kontrolný) counterfoil [ˈkauntəfoil]

kura 1. (sliepka) hen [hen] 2. (kurča) chicken [ˈčikən]

kúra (liečba) cure [kjuə]; *vitamínová k.* a vitamin cure; *odtučňovacia k.* a slimming diet

kurča chicken [ˈčikən]; *pečené k.* roast chicken; *grilované k.* grilled chicken

kúrenie heating [ˈhi:tiŋ]; *ústredné k.* central heating

kurič boilerman [ˈboiləmən], (najmä na lodi) stoker [ˈstəukə]

kuriér courier [ˈkuriə]

kurín hen-house [ˈhen haus]

kuriózny odd [od], unusual [anˈju:žuəl]

kúriť heat [hi:t], (pod kotlom) stoke [stəuk]; *k. drevom/uhlím* use wood/coal as fuel

kurivo fuel ['fjuəl]

kurizovať flirt [flə:t], (dvoriť) court [ko:t], woo [wu:]

kurt court [ko:t]; *tenisový k.* a tennis-court

kurz 1. (školenie) course [ko:s], training ['treiniŋ]; *k. pre začiatočníkov* a course for beginners; *k. pre pokročilých* an advanced course 2. (finančný) rate of exchange [reit əv iks'čeindž], exchange rate [iks'čeindž reit] 3. (smer) course, (námor.) tack [tæk]; *loď má správny k.* the ship is on right tack ● *byť v k-e* (obľúbený) be a well-thought-of

kurzíva 1. (typ písma) italics [i'tæliks] 2. (článok v novinách) column ['koləm]

kus (v rozl. význ.) piece [pi:s]; *k. nábytku* a piece of furniture; *k. dreva* a chunk of wood; *k. papiera* a piece of paper; *rozobrať na k-y* take sth. to pieces, knock down; *platiť od k-a* pay by the piece; *vykonal pekný k. práce* he did a good piece of work; *videl k. sveta* he has knocked about ● *v jednom k-e* (stále) uninterruptedly

kúsok 1. bit [bit]; *k. chleba/papiera/dreva* a bit of bread/paper/wood 2. (odkrojený) slice [slais]; *k. chleba/torty* a slice of bread/cake

kusý (neúplný) incomplete [,inkəm'pli:t], (zlomkovitý) fragmentary ['frægməntri]; *k-é znalosti* fragmentary knowledge

kuť forge [fo:dž], (kladivom) hammer ['hæmə]

kút corner ['ko:nə]; *v k-e miestnosti* in the corner of the room; *k. zeme* a corner of the earth; *kuchynský k.* a kitchenette; *sprchovací k.* a shower

kutáč poker ['pəukə]

kútik 1. (oka, úst) corner ['ko:nə] 2. (v časopise) column ['koləm] 3. (zastrčený) nook [nuk]

kuvik barn-owl ['ba:n,aul]

kúzelník magician [mə'džišn]

kúzelný magic ['mædžik]

kúzlo magic ['mædžik]; *použiť k.* use magic; pren. *k. poézie* the magic of poetry

kužeľ 1. geom. cone [kəun] 2. šport. club [klab]

kužeľovitý conical ['konikl]

kužeľový conic ['konik]

kváder 1. (geom. tvar) rectangular parallelpiped [rek'tængjələ ,pærə,ləl'paipəd] 2. (kameň takéhoto tvaru) ashlar

kvadrant quadrant ['kwodrənt]

kvákať 1. (o žabách) quack [kwæk] 2. (ťahať za vlasy) pull* *sb.'s hair* [pul heə]

kvalifikácia qualification [,kwoləfə'keišn]; *odborná k.* the qualification for a particular job or position; *má k-iu učiteľa angličtiny* he's qualified as a teacher of English

kvalifikovaný qualified ['kwoləfaid]; *k. lekár* a qualified doctor

kvalifikovať qualify ['kwoləfai]; *jeho vzdelanie ho k-uje na toto miesto* his training qualifies him for this post

kvalita quality ['kwoləti]; *zlepšiť k-u* improve the quality; *tovar vysokej k-y* high--quality goods

kvalitatívny qualitative ['kwolətətiv]

kvalitný good/best/first quality [gud/best/fə:st 'kwoləti], (prvotriedny) first-rate [fə:st reit]; *k. učiteľ* a first-rate teacher

kvantita quantity ['kwontəti]

kvantitatívny quantitative ['kwontətətiv]

kvantový *k-á teória* quantum theory

kvantum quantum ['kwontəm]

kvapalina liquid ['likwəd]

kvapalný liquid ['likwəd]

kvapeľ stalactite ['stæləktait], stalagmite ['stæləgmait]

kvapka drop [drop]; *dažďové k-y* raindrops; *neostala ani k. mlieka* there isn't a drop of milk left; *k. v mori* a drop in the ocean; *očné k-y* eyedrops; *po k-ách* drop by drop

kvapkadlo dropper ['dropə]

kvapkať drip [drip], (tiecť po kvapkách) trickle ['trikl]; *kohútik k-á* the tap is dripping

kvartál quarter ['kwo:tə]

kvarteto quartet(te) [kwo:'tet]; *sláčikové k.* a string quartet

kvas ferment ['fə:ment]

kvasenie fermentation [,fə:men'teišn]

kvasinka yeast [ji:st]

kvasiť ferment [fə'ment]

kvasnice yeast [ji:st]

kvások leaven ['levən]

kvet 1. (kvetina) flower ['flauə]; *kytica k-ov* a bunch of flowers 2. (časť rastliny) bloom [blu:m], (ovocných stromov) blossom ['blosəm]; *v plnom k-e* in full bloom; *stromy v k-e* trees in blossom ● *byť ako k.* be all roses; *muškátový k.* mace

kvetena flora ['flo:rə]

kvetina flower ['flauə]

kvetináč flowerpot ['flauəpot]

kvetinárstvo florist's (shop) ['florists (šop)]

kvetník flowerpot ['flauəpot]
kvetovaný flowered ['flauəd], flowery ['flauəri]; *k. koberec* a flowered carpet; *k. vzor* a flowery pattern
kvičať (o bravovi, svini) squeal [skwi:l]
kvíliť (hlasno) wail [weil], (žalostne) moan [məun]; *k-enie vetra* the moan of the wind
kvinteto quintet(te) [kwin'tet]; *sláčikové k.* a string quintet
kvitnúť 1. bloom [blu:m], (be* in) flower [bi: in 'flauə], (o ovocnom strome) (be in) blossom ['blosəm] **2.** (prosperovať) flourish ['flariš]; *jeho podnikanie k-e* his business is flourishing
kvíz quiz [kwiz]
kvóta quota ['kwəutə]
kvôli 1. because of [bi'koz əv], on account of [on ə'kaunt əv]; *k. jeho chorej nohe neodcestovali* they couldn't leave because of his bad leg **2.** (po vôli) for the sake (of) [fo: ðə seik (əv)], for one's sake; *urob to k. mne* do it for my sake
kybernetický cybernetic [ˌsaibə'netik]
kybernetika cybernetics [ˌsaibə'netiks]
kydať (hnoj) muck out [mak aut]
kýchať sneeze [sni:z]
kyjak club [klab]
kýl keel [ki:l]
kým 1. (pokiaľ) while [wail]; *ostaň tu, k. budem preč* stay here while I am away **2.** (za ten čas/ale na druhej strane) while; *Jana bola v Londýne, k. Mária bola v Paríži* Jane was in London while Mary was in Paris; *on sa smial, k. ostatní plakali* he was laughing while the others were crying

kynožiť destroy [di'stroi], exterminate [ik'stə:məneit]
kypieť 1. (o tekutine) boil over [boil 'əuvə] **2.** (búriť sa) seethe* [si:ð]; *k. hnevom* seethe with anger
kypriť make* loose [meik 'lu:s]
kyprý 1. (o pôde) loose [lu:s], light [lait] **2.** (bucľatý) plump [plamp], (o žene) buxom ['baksəm]
kyselina acid ['æsəd]; *k. sírová* sulphuric acid
kysličník oxide ['oksaid]
kyslík oxygen ['oksidžn]
kyslíkový oxygen ['oksidžn]; *k-á maska* an oxygen mask
kyslý acid ['æsəd], sour ['sauə], (s kyslou príchuťou) tart [ta:t]; *k. dážď* acid rain; *k-é mlieko* sour milk; *k-é ovocie* sour fruit; *k-é jablko* a tart apple; *k-á pôda* acidic soil
kysnúť 1. (o ceste) rise* [raiz] **2.** (stať sa kyslým) get*/go* sour [get/gəu 'sauə] **3.** (kvasiť) ferment [fə'ment]
kytica bunch of flowers [banč əv 'flauəz], (do ruky) bouquet [bu'kei]
kyvadlo pendulum ['pendjələm]; *chod k-a* the swing of the pendulum
kývať 1. (mávať komu) wave [weiv] (to) **2.** (privolávať koho) beckon ['bekən], (na koho) beckon to sb. **3.** (pohybovať čím) swing* [swiŋ]; *k-l rukami pri chôdzi* his arms swung as he walked **4.** (na súhlas) nod [nod]; *k-nuť komu* (na súhlas, na pozdrav) nod [nod] (to); *k. hlavou* nod one's head // *k. sa* swing*

L, Ľ

laba paw [po:]; *medvedie l-y* bear's paws
Labe the Elbe [elb]
labilný uncertain [an'sə:tn], unstable [an'steibl], unsteady [an'stedi]; *l-á poloha* an uncertain position; *l-á chôdza* an unsteady walk; *duševne l. človek* a person suffering from mental disorder
laborant (lab/laboratory) technician [(læb/lə'borətri) tek'nišn], analyst ['ænələst]
laboratórium laboratory [lə'borətri], hovor. lab [læb]; *jazykové l.* language laboratory
laboratórny laboratory [lə'borətri]; *l-e pokusy* laboratory experiments; *l-e sklo* laboratory glass
labuť swan [swon]

labutí swan('s) [swon(z)]; *l-ia šija* swan neck; *l-ia pieseň* swan song
labužník gourmet ['guəmei]
labyrint labyrinth ['læbərinθ]
lacný 1. (op. drahý) cheap [či:p]; *veľmi l-é šaty* a very cheap dress; *lacný a nekvalitný* cheap and nasty [ˌči:p ənd 'na:sti] **2.** (bezvýznamný, bezcenný) worthless ['wə:θləs], cheap; *l. šperk* a worthless jewel; *l-é víťazstvo* a cheap victory ● *kúpiť za l. groš* get sth. on the cheap
lačný 1. (hladný) hungry ['haŋgri]; *l. človek* a hungry man; *na l. žalúdok* on an empty stomach **2.** (dychtivý) eager ['i:gə]; *l. za poznaním* eager for knowledge; *žiadostivý* greedy

['gri:di]; *l. za ziskom* greedy for gain ● *člo-vek l. za peniazmi* a money-grubber
ľad 1. ice [ais] **2.** (klzisko) skating-rink ['skeitiŋ‚riŋk] ● *studený ako ľ.* icecold, icy; *lá-mať ľ-y* break the ice; *tancovať na tenkom ľ-e* skate on thin ice; *ľ-y sa pohli* the ice is broken
ladiť 1. hud. tune [tju:n]; *l. hudobný nástroj* tune a musical instrument **2.** (o rádiu) tune in to **3.** (dávať do súladu, harmonizovať s čím) harmonize ['ha:mənaiz] with sth., blend [blend] with sth., match [mæč] with sth.; *l. farby* harmonize the colours; *tieto vzorky dobre l-a* these samples blend well
ladný graceful ['greisfl]; *l-é pohyby* graceful movements
ľadoborec icebreaker ['ais‚breikə]
ľadovec 1. (vo veľhorách) glacier ['glæsiə] **2.** (krupobitie) hails [heilz]; *padá ľ.* it hails
ľadový ice [ais]; *ľ. vietor* icy wind ● *ľ-á doba* Ice Age; *ľ. hokej* ice-hockey; *ľ. medveď* polar bear
ľadvina kidney ['kidni]; *umelá ľ.* kidney machine
lagúna lagoon [lə'gu:n]
ľahkoatletický athletic [æθ'letik]; *ľ-é preteky* athletic race
ľahkomyseľný frivolous ['frivələs], careless ['keələs], carefree ['keəfri:], light-headed [‚lait'hedid], reckless ['rekləs]; *ľ-á povaha* a frivolous nature; *ľ-é deti* carefree children; *ľ. počínanie* a reckless action
ľahký 1. (v rozl. význ.) light [lait]; *ľ-é šaty* light clothes; *ľ-á práca* light work; *ľ-á hudba* light music; *ľ-á literatúra* light reading; *ľ-á strava* light food; *ľ. spánok* light sleep; *ľ-é víno* light wine **2.** (op. ťažký, nevyžadujúci námahu) easy ['i:zi]; *ľ-á smrť* easy death; *veľmi ľ-á skúška* a very easy exam ● *ľ. guľomet* bran gun; šport. *ľ-á atletika* athletics; *ľ. ako pierko* as light as a feather; *s ľ-m srdcom* with a light heart
ľahnúť si lie* down [lai daun]; *ľ. si na chrbát/na bok* lie down on one's back/side; *ísť si ľ.* go to bed
lahodný (na chuť) delicate ['delikət], (na chuť aj čuch) delicious [di'lišəs]
ľahostajný indifferent [in'difrənt], indolent ['indələnt], apathetic [‚æpə'θetik]; *ľ. voči utrpeniu a biede* indifferent to suffering and poverty; *je mi to ľ-é* it's all the same to me
lahôdka delicacy ['delikəsi], titbit ['tit‚bit]; *predajňa l-ok* delicatessen [‚delikə'tesn]
laický lay [lei]; *l. názor* lay opinion

laik layman ['leimən]
lajdák loiterer ['loitərə]
lajno (kravinec) dung [daŋ]
lak varnish ['va:niš], (priezračný al. farebný) lacquer ['lækə]; *l. na nechty* nail varnish, nail polish; *l. na vlasy* hair-spray
lákať 1. (vábiť) allure [ə'ljuə], (priťahovať) attract [ə'trækt] **2.** (mámiť čo od koho) wheedle sth. out of ['wi:dl aut əv]; *l-ť od koho sľuby/informácie* wheedle a promise/information out of sb.
ľakať scare [skeə], frighten ['fraitn] // **ľ. sa** be frightened
lákavý tempting ['temptiŋ], alluring [ə'ljuəriŋ], (príťažlivý) attractive [ə'træktiv]; *l-á ponuka* a tempting offer; *l-á príležitosť* an alluring opportunity; *l-á investícia* an attractive investment
lakeť elbow ['elbəu] ● *mať široké l-te* be pushy/pushing
lakmus litmus ['litməs]
lakmusový: *l. papier* litmus-paper ['litməs‚peipə]
lakomec miser ['maizə], niggard ['nigəd]
lakomý 1. stingy ['stindži], mean [mi:n]; *l. človek* miser, niggard **2.** (chamtivý) greedy ['gri:di]; *l. na peniaze* greedy for money
lakovať paint [peint], (špeciálnym lakom) varnish ['va:niš], (priezračným al. farebným lakom) lacquer ['lækə]; *l. nábytok* paint the furniture; *l. si nechty* paint one's nails
lakový: *l. náter* a coat of paint; *l-é topánky* patent leather shoes
ľalia lily ['lili] ● *čistý ako ľ.* lily-white
lalok 1. anat. lobe [ləub]; *pľúcny l.* lobe of the lungs; *mozgový l.* lobe of the brain **2.** (u vtákov) wattle ['wotl] **3.** (dvojitá brada) double chin ['dabl čin] **4.** (u dobytka) dewlap ['dju:læp]
lámaný broken ['brəukn]; *l-á angličtina* broken English ● *l. kameň* quarry stone
lámať 1. (v rozl. význ.) break* [breik]; *l. konáre zo stromu* break branches from a tree; hovor. *l. rekordy* break records **2.** (o reči) *l. nemčinu* speak in broken German ● *l. si hlavu (nad čím/na čom)* rack one's brain for sth.; *l. (si) krk(y)/väzy* break (one's) neck
lampa 1. lamp [læmp]; *stolová l.* a table lamp; *stojaca l.* standing l.; *zapáliť l-u* switch/turn the lamp on; *zhasnúť l-u* switch the lamp off **2.** el. valve [vælv]
lampáš latern [lætən]; *elektrický vreckový l.* torch
lampión Chinese lantern [‚čaini:z 'læntən]

laň hind [haind]
lán tract [trækt]; *l. poľa* tract of farmland
ľan flax [flæks]
lano rope [rəup], (kovové) cable ['keibl], (hrubé, oceľové) hawser ['hoːsə]; (horolezecké) rope; *šplhať sa na l-e* swarm up the rope
lanovka cable-railway ['keibl͵reilwei]; *visutá l.* ropeway; *kabína l-y* cable car; *pozemná l.* (zubačka) cog-railway
ľanový 1. linen ['linən]; *ľ-á tkanina* linen cloth 2. *ľ-é semeno* linseed ['lin͵siːd]; *ľ. olej* linseed oil
lanský last year's [last jəːz]; *l. rok* last year
lapať p. chytať ● *l. dych* gasp for breath
larva larva ['laːvə], grub [grab]
lasica weasel ['wiːzl]
láska love [lav], (hlboká, najmä materinská) affection [ə'fekšn]; *l. k vlasti* love of one's country ● *l. na prvý pohľad* love at first sight; *stará l. nehrdzavie* old love never forgotten; *l. hory prenáša* love will find a way
láskavosť kindness ['kaindnəs], favour ['feivə]; *urobiť l.* (komu) do* sb. a kindness
láskavý kind [kaind], (dobrý) good [gud]; *bolo to od vás l-é, že ste nám pomohli* it was kind/good of you to help us; *buď taký l. a príď skoro* will you be so kind as to come early /would you be kind enough to come early
laso lasso [læ'suː]
lastovička swallow ['swoləu] ● *jedna l. leto nerobí* one swallow does not make a summer
lata lath [laːθ], board [boːd] ● *tenký ako l.* as thin as a lath; *dať koho do l-y* knock/lick sb. into shape
latinčina Latin ['lætin]; *písané v l-e* written in Latin
latinka Roman letters [͵rəumən 'letəz]
latinský Latin ['lætin]; *L-á Amerika* Latin America;
latka 1. pale [peil] 2. šport. bar [baː] ● *postaviť si vysoko l-u* set oneself high a target
látka 1. (hmota) matter ['mætə]; *organická/anorganická l.* organic/anorganic matter 2. text. cloth [kloθ]; *tri metre l-y* three metres of cloth; *vlnená l.* woolen cloth; *bavlnená l.* cotton cloth 3. (námet) subject matter [͵sabdžikt 'mætə]; *učebná l.* syllabus ['siləbəs]
latrína latrine [lə'triːn]
láva lava ['laːvə]; *prúd l-y* a stream of lava
ľavák left-handed person [͵left'hændəd 'pəːsn], left-hander [͵left 'hændə], odb. sinistral ['sinistrl]

lavica bench [benč], (bez operadla) form [foːm] ● *l. obžalovaných* dock; šport. *trestná l.* trainer's bench
ľavica 1. (ľavá ruka) left hand [left hænd] 2. (ľavá strana) left-hand side [left hænd said] 3. polit. the Left (Wing) [left (wiŋ)]
lavička (v parku) (park)bench [(paːk) benč]
lavína avalanche ['ævəlaːnš] ● *šíriť sa ako l.* snowball
lávka (cez potok) (wooden) footbridge [(wudn)'futbridž]
ľavý 1. left [left]; *na ľ-ej strane cesty* on the left side of the road 2. polit. left, leftist ['leftəst]; *ľ-é krídlo* the Left Wing ● *vstať ľ-ou nohou* get out of bed on the wrong side; *má obidve ruky ľ-é* he is ham-handed; *urobiť čo ľ-ou rukou* do sth. standing on one leg
laz solitary cottages (on slopes) [͵solətəri 'kotidžis (on sləups)]
lazaret field military hospital [fiːld ͵milətri 'hospitl]
lebka skull [skal]
lebo 1. (pretože) because [bi'koz]; *urobil som to, l. to odo mňa žiadali* I did it because they asked me to do it 2. (v opačnom prípade) otherwise ['aðəwaiz]; *urob, čo sa ti kázalo, l. budeš potrestaný* do what you have been told, otherwise you will be punished
lečo stewed vegetable (tomato and pepper) salad [stjuːd 'vedžətəbl (tə'maːtəu and 'pepə) 'sæləd]
ledabolo carelessly ['keələsli]
ledva I. časť. 1. (horko-ťažko) hardly ['haːdli]; *l. zodvihol tú tašku* he could hardly lift the bag 2. (sotva) hardly, barely ['beəli]; *l. ju poznám* I hardly know her; *l. sme mali čas chytiť vlak* we barely had time to catch the train II. spoj. hardly, scarcely ['skeəsli]; *l. prišiel, už musel odísť* hardly/scarcely had he arrived when he had to leave again
legálny legal ['liːgl]
legenda legend ['ledžnd]
legendárny legendary ['ledžndri]; *l-i hrdinovia* legendary heroes
légia legion ['liːdžn]; *cudzinecká l.* (French) Foreign Legion
legitimácia (identity) card [(ai'dentəti) kaːd]; *členská l.* membership card
legitimovať sa prove one's identity [pruːv ai'dentəti]
lehota time (limit) ['taim (limət)], time allowance [taim ə'launs]; *dodacia l.* time of

delivery; *záručná l.* guarantee period; *výpovedná l.* term of notice; *dodržať l-u* keep the limit of time

lejak downpour ['daunpo:], (krátkotrvajúci) shower ['šauə]

lekár physician [fə'zišn], doctor ['doktə], (chirurg) surgeon ['sə:džn]; (vo Veľkej Británii obvodný, praktický l.) general practitioner ['dženrl ˌprӕktišnə] (G.P.); *zubný l.* dentist ['dentəst]; *detský l.* pediatrician [ˌpi:diə'trišn]; *očný l.* ophtalmologist [ˌofθӕl'molədžəst]; *ženský l.* gynaecologist [ˌgaini'kolədžəst] ● *čas je najlepší l.* time heals all (wounds)

lekáreň pharmacy ['fa:məsi], chemist's ['kemsts], AM drugstore ['dragsto:]

lekárnička (lieky prvej pomoci) first aid box [ˌfə:st 'eid boks]

lekárnik pharmacist ['fa:məsəst], chemist ['keməst]

lekársky medical ['medikl]; *l-a fakulta* faculty of medicine; *l-e vyšetrenie, l-a prehliadka* medical (examination); *l. posudok* medical report (certificate); *l. predpis* prescription

lekárstvo medicine ['medsn]; *súdne l.* forensic medicine

lekcia (cvičenie, vyučovanie) lesson ['lesn]; *l. angličtiny* an English lesson ● *dostať l-u* learn one's lesson; *dať l-u komu* teach sb. a lesson

lekno waterlily ['wo:təlili]

lektor 1. (v nakladateľstve) reader ['ri:də] **2.** (učiteľ na univerzite) lecturer ['lekčrə], reader

lektorovať (rukopis) read* [ri:d]

lekvár jam [džӕm], (z citrusov) marmalade ['ma:məleid]; *slivkový l.* plum jam; *malinový l.* raspberry jam

lem (obruba) hem [hem]

lemovať 1. hem [hem]; (strapcami) fringe [frindž], border ['bo:də]; *sukňa l-á čipkou* a skirt bordered with lace **2.** (okraj cesty, rybníka) border, fringe; *rybník l-ujú stromy* a line of trees fringes the pool

len I. čast. **1.** (obmedzenie, vyčlenenie) only ['əunli]; *to môže urobiť l. lekár* only a doctor can do that; *boli doma l. deti* only the children were at home **2.** (zdôraznenie rozkazu, výzvy, želania; prekladá sa individuálne); *l. to skús!* just try! *l. poď!* come along! *l. aby prišiel domov!* if only he would come home! **3.** (zdôraznenie obsahu) *čo l.* what ever [wot 'evə]; *čo sa to l. stalo tvojmu priateľovi?* whatever happened to your friend?; *príď l. čím skôr!* do come as soon as

possible! ● *l.-l. že* **a)** (so záporom dokonavého slovesa — význam: takmer, skoro) almost ['o:lməust] nearly; *l.-l. že som nezmeškal vlak* I nearly missed the train **b)** (s kladným slovesom — význam: sotva, horko-ťažko) (only) just [('əunli) džast]; *l.-l. že sme chytili vlak* we (only) just caught the train **II.** spoj. **1.** (sotva) hardly ['ha:dli]; *l. začal, už ochorel* he had hardly started when he fell ill **2.** (uvádza časovú vetu) as soon as [ӕz su:n ӕz]; *l. čo sme vyšli z domu, začalo pršať* it began to rain as soon as we left the house

leniť sa be* lazy [bi: 'leizi], not to feel like [not tə fi:l laik]; *l-í sa mu vstať* he's (too) lazy to get up; *l-í sa mu písať* he's too lazy to write letters

lenivý lazy ['leizi] ● *l. ako voš* as lazy as a pig, bone-lazy

leňoch lazy-bones ['leiziˌbəunz], idler ['aidlə]

leňošiť (be*) idle [bi: 'aidl]; *nel-š tu!* don't idle (about)

leopard leopard ['lepəd]

lep adhesive [əd'hi:siv], paste [peist], (prírodný z gumy) gum [gam], (glej) glue [glu:]; *obuvnícky l.* cobbler's wax ● hovor. *sadnúť na l.* (nechať sa oklamať) be taken in by sb.

lepenka 1. (druh papiera) cardboard ['ka:dbo:d] **2.** (druh krytiny — dechtová) tar paper [ta: 'peipə]

lepiaci adhesive [əd'hi:siv]; *l-a páska* adhesive tape

lepidlo adhesive [əd'hi:siv], paste [peist], (prírodné z gumy) gum [gam], (glej) glue [glu:]

lepiť 1. stick* [stik], (glejom) glue [glu:], (prírodným lepom z gumy) gum [gam]; *l. známky na listy* stamp the letters; *l. plagáty* stick bills **2.** (zlepovať) stick (together) // **l. sa 1.** (prichytávať sa) be* sticky [bi: 'stiki], cling* [kliŋ]; *mokrá košeľa sa mu l-la na telo* his wet shirt clung to his body **2.** expr. (na koho) cling*; *dieťa sa l-í na matku* the child clings to his mother ● *smola sa mu l-í na päty* he is down on his luck; *oči sa mu l-a* his eyes are heavy with sleep

lepkavý sticky ['stiki]; *mať l-é prsty* be light-fingered

lepší 1. 2. st. k dobrý better ['betə]; *o nič l. než* no better than **2.** (dobrý, vybraný) good [gud], better class ['betə kla:s]; *dievča z l-ej rodiny* a girl from a good family; *l-ie šaty* (sviatočné) one's Sunday best

lepšie better ['betə]; *pacient sa cíti l.* the patient feels better; *čím skôr, tým l.* the sooner, the better; *urobil by si l.* you would do better

lepšiť sa improve [im'pru:v], (get*) better [(get) 'betə]; *počasie sa l-í* the weather improves/is getting better

lept etching ['ečiŋ]

leptať 1. (rytinu) etch [eč] 2. (ničiť) corrode [kə'rəud]; *kyselina l-á kov* acid corrodes metal

les wood [wud], (nepestovaný) forest ['forəst]; *ihličnatý l.* wood with coniferous trees; *listnatý l.* wood with deciduous trees; *vyrúbať stromy v l-e* cut down trees in the wood ● *pre stromy nevidieť l.* not to see the wood for the trees; *nosiť/voziť drevo do l-a* carry coals to Newcastle

lesk 1. (ligot) lustre ['lastə], (vzniknutý leštením) polish ['poliš]; *l. perál* the lustre of pearls; 2. (nádhera) splendour ['splendə], glitter ['glitə]; *v plnom l-u* in all one's glory; *vonkajší l.* show [šəu]; *udalosť plná l-u* a glittering occasion 3. (jas) brightness ['braitnəs]

lesklý lustrous ['lastrəs], shiny ['šaini], (vyleštený) polished ['polišt]; *l. papier* glazed paper; *l-á srsť* shiny hair

lesknúť sa shine* [šain], (o mokrom al. vyleštenom povrchu) glisten ['glisn], (ligotať sa) sparkle ['spa:kl]

lesnatý woody ['wudi]; *l. kraj* woodland

lesníctvo forestry ['forəstri]

lesník forester ['forəstə]

lesný of/in a wood, the woods' [əv/in ə wud, ðə wudz], odb. forestry; *l-á cesta* wood path; *l-é hospodárstvo* forestry ● hud. *l. roh* French horn

lešenie scaffold ['skæfld]; *rúrkové l.* tubular scaffold

leštidlo polish ['poliš]

leštiť polish ['poliš]; *l. nábytok/topánky* polish furniture/shoes

let (v rozl. význ.) flight [flait]; *l. vtáka* the flight of a bird; *l. do New Yorku* the flight to New York; *l. do vesmíru* space flight/travel; *v l-ku* (letiac) in the flight; šport. *l-y na lyžiach* ski-jump(ing)

leták leaflet ['li:flət], handover ['hændəuvə]

letec flyer/flier ['flaiə], airman ['eəmən], AM aviator ['eivieitə], (pilot) pilot ['pailət]; *skúšobný l.* test pilot

letecký air [eə]; *l-á pošta* airmail; *l-á doprava* airline; *l-á fotografia* aerial photograph ● *l-á akrobacia* acrobatics; *l. deň* air display /show; *l-á spoločnosť* airline(s), airways

letectvo aviation [ˌeivi'eišn]; *vojenské l.* airforce

letenka flight/air ticket [flait/eə 'tikət]

letieť 1. (v rozl. význ.) fly* [flai]; *vtáky l-a* the birds fly; *l. z Londýna do Paríža* fly from London to Paris 2. (utekať) fly, run* [ran], dash [dæš]; *l-el dolu kopcom* he flew down the hill ● hovor. *l. zo zamestnania (byť prepustený)* be* fired

letisko 1. (veľké, medzinárodné) airport ['eəpo:t] 2. (pristávacia plocha so zariadením) airfield ['eəfi:ld]

letmý quick [kwik]; *l. pohľad* glance [gla:ns]

letný summer ['samə]; *l-é šaty* a summer dress; *l. čas* summer time; *l-é prázdniny* the summer holidays, AM summer vacation/long vacation (long vac)

leto summer ['samə] ● *babie l.* Indian summer; *v zime-v l-te* summer and winter, all the year round

letopisy annals [ænəlz]

letopočet 1. (éra) era ['irə], epoch ['i:pok]; *pred naším l-tom* before our era, before Christ (skr. B.C.) 2. (údaj o roku) year [jə:]

letovisko summer resort [ˌsamə ri'zo:t]

letový (týkajúci sa letu) flight [flait]; *l. plán* flight plan

letuška air hostess ['eə ˌhəustəs], stewardess ['stju:ədəs]

lev lion ['laiən] ● *silný, mocný ako l.* as brave as a lion; *l. salónov* lady-killer

levanduľa lavender ['lævəndə]

leví lion's ['laiənz]; *l-ia hriva* lion's mane; *l. podiel* lion's share

levica lioness ['laiənes]

lexikálny lexical ['leksikl]; *l-a jednotka* lexical item, lexeme

ležadlo 1. (záhradné, lodné) deck-chair ['dekˌčeə] 2. (vo vlaku) couchette [ku:'šet]

ležať 1. lie* [lai]; *l. na chrbte* lie on one's back; *l. v posteli* be in bed 2. (byť chorý) take* to one's bed; *l. v nemocnici* be an in-patient 3. (rozprestierať sa) lie*/be* situated [lai/bi: ˌsitju'eitd]; *mesto l-í na severnom pobreží* the town is situated on the north coast 4. (byť pochovaný) be* buried [bi: 'berid] 5. (nepredávať sa) have* sth. on one's hands ● *l. v troskách* be in ruins

ležatý horizontal [ˌhorə'zontl]; *l-é písmo* sloping handwriting

ležiačky lying ['laiŋ]

ležiak 1. (pivo) lager ['la:gə] 2. (tovar) unsaleable goods [an'seiləbl ˌgudz]

liadok saltpetre [so:lt'pi:tə]

liaheň 1. (umelá) brooder ['bru:də] **2.** (aj sádka) hatchery ['hæčri]

liahnuť sa hatch [hæč], (o vodných živočíchoch) spawn [spo:n]

liana liana [li'a:nə]

liať 1. pour [po:]; *l. víno do fľaše* pour wine into a bottle **2.** (odlievať) cast [ka:st]; *l. železo* cast iron **3.** neos. expr. (pršať) pour [po:] *silno leje* it's pouring down/pouring with rain ● *l. olej na oheň* pour oil on the fire/add fuel to the flames // **l. sa 1.** (tiecť) pour; *krv sa l-la z rany* blood poured from the wound **2.** neos. expr. pour; *celý deň sa leje* it's been pouring all day ● *l-e sa ako z krhly* it is raining in sheets/torrents

liatina cast iron [ka:st 'aiən]

liberálny 1. liberal ['librəl] **2.** (znášanlivý, slobodomyseľný) broad-minded [ˌbro:d'maindəd]

libra (zákl. peňažná i váhová jednotka) pound [paund], skr. £ (peniaze), lb (váha)

libreto libretto [li'bretəu]

líce 1. cheek [či:k] **2.** (op. rub) face [feis], right side [rait 'said] *l. mince* obverse ['obvə:s]

licencia licence, license ['laisns]; *vyrobené v l-i* made under licence

lícny facial ['feišl]; *l-a kosť* cheekbone

líčidlo make-up ['meikap], hovor. paint [peint]; *divadelné l-á* stage make-up

líčiť 1. (natierať farbou) paint [peint], (vápnom) whitewash ['waitwoš] **2.** (maskovať) make* [meik] sb. up // **l. sa** make oneself up

liečba (medical) treatment [('medikl) 'tri:tmənt], odb. therapeutics [ˌθerə'pju:tiks], cure [kjuə]; *kúpeľná l.* a cure at a spa

liečebný medical ['medikl], therapeutic [ˌθerə'pju:tik]; *l-á metóda* a therapeutic method; *l. ústav* nursing-home, sanatorium

liečiť treat [tri:t], cure [kjuə] // **l. sa** heal [hi:l]; *rana sa rýchlo l-la* the wound healed up quickly; *sestra sa l-i na srdce* my sister is treated for a heart condition

liečivý (hojivý) curative ['kjurətiv], medicinal [mə'disnəl]; *l-é byliny* medicinal herbs; *l. prameň* a medicinal spring

lieh (priemyselný) spirit(s) ['spirit(s)], (čistý) alcohol ['ælkəhol]; *denaturovaný l.* methyl alcohol

liehovar distillery [di'stiləri]

liehovina liquor ['likə], alcoholic drink [ˌælkəholik 'driŋk], spirit ['spirət]

liehový sprirituous ['spirətjuəs], spirit ['spirət]; *l-é nápoje* alcoholic drinks; *l. varič* a spirit-stove

liek medicine ['medsən], remedy ['remədi], (všeobecne) drug [drag]; *predpísať l. (komu na čo)* prescribe (a medicine) to sb. for sth.; *užívať l.* take the medicine

lienka ladybird ['leidibə:d]

lieska hazel ['heizl]

lieskovec hazel-nut ['heizlnat]

lietadlo aeroplane ['erəplein], odb. aircraft ['eəkra:ft], AM airplane ['eəplein]; *dopravné l.* a passenger aircraft; *vojenské l.* a military aircraft; *letieť l-m* fly/travel by air

lietať 1. (v rozl. význ.) fly*; *vtáky/muchy l-jú* birds/flies fly; *lietadlo l-a z Londýna do Paríža každý deň* the plane flies from London to Paris every day **2.** expr. (chodiť, behať) run* [ran] here and there, up and down, chase [čeis]; *l. za dievčatami* run after girls; *l. po celom meste* chase all over the town ● *vysoko l.* fly high

lievanec (raised) pancake [(reizd) 'pæŋkeik], griddle-cake ['gridl keik]

lievik funnel ['fanl]

liezť 1. creep* [kri:p], (plaziť sa) crawl [kro:l], slither ['sliðə]; *had lezie v tráve* a snake slithers through the grass **2.** (šplhať sa) climb [klaim]; *l. na strom* climb a tree **3.** expr. (vliecť sa) creep*; *l. po štyroch* creep on all fours; *l. ako slimák* creep like a snail **4.** hovor. expr. (pchať sa niekam) squeeze (oneself into) [skwi:z (ˌwan'self 'intu)]; *nelez sem!* run away!

liga league [li:g]; *futbalová l.* the football league

ligotať sa shine* [šain], twinkle ['twinkl]; *hviezdy sa l-cú* the stars are twinkling

lichobežník geom. trapezium [trə'pi:ziəm]

lichotiť 1. (komu) flatter ['flæə] sb., (pochlebovať) ingratiate [in'greišiət] (oneself with sb.); *l. vedúcemu* ingratiate o. s. with the boss **2.** (dobre padnúť) be* flattered [bi: 'flætəd] at sth., feel* [fi:l] flattered by sth.; *obdiv jej l-i* she feels flattered by being admired

lichotivý flattering ['flætəriŋ]; *l-é poznámky* flattering remarks

lichva (dobytok) cattle ['kætl]

likér liqueur [li'kjuə]

likvidovať 1. (odstrániť aj fyzicky) liquidate ['likwədeit] **2.** (zrušiť) eliminate [i'liməneit]; *l. nezamestnanosť* eliminate unemployment **3.** účt. liquidate; *l. pohľadávky* liquidate the debts

limit limit ['limət]; *stanoviť l.* set a limit; *vekový l.* age limit; *v l-e* within limit

limonáda (citrónová) lemonade [ˌleməˈneid], (z ovocnej šťavy) squash [skwoš]
lineárny linear [ˈliniə]
lingvista linguist [ˈlinguist]
lingvistika linguistics [linˈguistiks]
línia (v rozl. význ.) line [lain]; *stranícka l.* party line; *demarkačná l.* line of demarcation; *obranná l.* line of defence; *nová módna l. topánok* a new line of shoes
linka 1. (spoj) line [lain], (cesta, trasa) route [ru:t]; *letecká l.* airline; *autobusová l.* bus line; *telefónna l.* telephone line 2. (zostava) line; *automatická výrobná l.* automated production line ● *l. dôvery* Samaritan service, the Samaritans
linkovaný lined [ˈlainəd]; *l. papier* lined paper
linoleum linoleum [ləˈnəuliəm]
lipa lime (tree) [laim (tri:)]
lipnúť 1. (držať na) adhere [ədˈhi:ə] to 2. (byť pripútaný na čo) cling [kliŋ] to sth.
lis press [pres]; *hydraulický l.* hydraulic press
lisovať press [pres]; *l. hrozno* press grapes
list 1. (rastliny) leaf [li:f] mn. č. leaves 2. (papiera) leaf, sheet [ši:t] 3. pošt. letter [ˈletə]; *doporučený l.* registered letter 4. (doklad) certificate [səˈtifikət]; *rodný l.* a birth certificate; *sobášny l.* marriage certificate; *záručný l.* guarantee certificate ● *l. píly* blade leaf

Oslovenie v liste:
Dear Bob /Dear Mrs Hill
/Dear Dr Watson /Professor Andrews,

Záver listu
(neformálne):
Love/Yours/All our love
(formálne):
With best wishes/Kind regards
(veľmi formálne):
Yours sincerely (BR)/Yours truely (AM)

listáreň (rubrika v tlači, rozhlase ap.) correspondence column [ˌkorəˈspondns ˈkoləm]
lístie leaves [li:vz] mn. č., hromad. foliage [ˈfəuliidž]; *suché l.* dead leaves
listina document [ˈdokjəmənt], papers [ˈpeipəz] mn. č.; *poverovacie l-y* credentials; *výplatná l.* payroll; *prezenčná l.* register
listnatý leafy [ˈli:fi]; *l. strom* deciduous tree

lístok 1. zdrob. small leaf [smo:l li:f] 2. (doklad) ticket [ˈtikət], (s kontrol. ústrižkom) check [ček]; *l. do divadla* theatre ticket; *cestovný l.* ticket; *spiatočný l.* return ticket; *mesačný /predplatný l.* season ticket; *l. od šatne* cloakroom ticket, AM hat check; *l. z úschovne* left luggage ticket 3. bot. leaf [li:f], (okvetný) petal [ˈpetl] 4. (odkaz) note [nəut] ● *jedálny l.* menu; *korešpondenčný l.* postcard
listovať turn (over) [tə:n (ˈəuvə)] the leaves/the pages/the sheets, (v knihe) thumb through a book [ˈθam θru: ə ˌbuk]
listový 1. bot. leaf(y) [ˈli:f(i)]; *l-á zeleň* leaf-green [li:f gri:n], chlorophyl [ˈklarəfil] 2. (písomný) letter [ˈletə]; *l. papier* writing paper; *l. styk* correspondence; *l-é tajomstvo* secrecy of mail ● *l-é cesto* puff/flaky pastry; *l-á píla* bow-saw
lišaj[1] (kožná choroba) tetter [ˈtetə]
lišaj[2] (nočný motýľ) hawk-moth [ho:k moθ]
lišajník bot. lichen [ˈlaikn]
líšiť sa differ [ˈdifə] from, contrast [kənˈtra:st] with
líška fox [foks]; *strieborná l.* silver fox; *polárna l.* arctic fox ● *prefíkaný ako l.* as cunning as a fox; *každá l. svoj chvost chváli* every cook praises his own broth; *kde l-y dávajú dobrú noc* a God-forsaken place
líškať sa (komu) fawn [fo:n] on sb.
lišta list [list], (aj žalúziová) slat [slæt]
liter litre, AM liter [ˈli:tə]
literárny literary [ˈlitrəri]; *l-e dielo* work of literature; *l. časopis* a literary magazine /journal
literatúra literature [ˈlitrəčə]; *krásna l.* belles-lettres; *odborná l.* professional literature
Litva Lithuania [ˌliθjuːˈeinjə]
livrej livery [ˈlivri]
lízanka lollipop [ˈlolipop]
lízať lick [lik] ● expr. *l. komu päty* be a lickspittle
loď 1. (menšia) boat [bəut]; *rybárska l.* fishing boat; *riečna l.* (na paru) river steamer 2. (veľká, obyč. zámorská) ship; *osobná l.* passenger ship; *nákladná l.* cargo ship/boat; *cisternová l.* tanker; *obchodná l.* merchant ship; *materská lietadlová l.* aircraft-carrier; *kozmická l.* space-ship; *na l-di* on board 3. (chrámu) nave [neiv]
lodenica 1. (závod) shipyard [ˈšipja:d] 2. (úschovňa) boat-house [ˈbəuthaus]
lodičky (topánky) court shoes [ˌko:t šu:z]
lodivod pilot [ˈpailət]

loďka (rybárska) smack [smæk]
lodník sailor ['seilə], mariner ['mærənə]
lodný ship- [šip]; *l. kapitán* Captain; *l. náklad* shipload; *l-á doprava* shipment; *l. denník* logbook
loďstvo shipping ['šipiŋ], marine [mə'ri:n]; *vojnové l.* navy; *obchodné l.* merchant marine
logaritmický logarithmic [ˌlogə'riθmik]; *l-é tabuľky* logarithmic tables
logaritmus logarithm ['logəriðm]
logický logical ['lodžikl]; *l. argument* logical argument
logika logic ['lodžik]
loj suet [su:ət]
lojálny loyal ['loiəl]; *l. občan* a loyal citizen
lokaj 1. (pánsky) footman ['futmən] 2. (prisluhovač) lackey ['læki]
lokalita (určité miesto) locality [ləu'kæləti]
lokalizovať locate [ləu'keit]
lokálka local (train) ['ləukl (trein)]
lokomotíva locomotive [ˌləukə'məutiv], engine ['endžən]
lom 1. (trhlina) fracture ['frækčə] 2. (svetla) refracture [ri'frækčə] 3. (kameňolom) quarry ['kwori], stone-pit ['stəunpit]
lomcovať shake* [šeik]; *l-uje ním horúčka* he is shaken by fever; *l-uje ním zlosť* he is bursting with anger
Londýn London ['landən]
Londýnčan Londoner ['landənə]
lono 1. lap [læp]; *mala dieťa v l-e* she had a baby on her lap 2. (rodidlá) womb [wu:m] • *zložiť ruky do l-a* put one's hands on/in one's lap
lopár small board ['smo:l ˌbo:d], (na mäso) chopping board ['čopiŋ bo:d]
lopata shovel ['šavl] • *povedať čo po l-e* spell sth. out for sb.
lopatka 1. shovel ['šavl]; *l. na smeti* dustpan 2. (lodnej skrutky, vrtule) blade [bleid] 3. anat. shoulderblade ['šəuldəbleid]
lopta ball [bo:l]; *futbalová l.* football; *tenisová l.* tennisball
lopúch burdock ['bə:dok]
los zool. elk [elk]
lós (žreb) lot [lot]
losos salmon ['sæmən]
losovať draw lots [dro: lots]
lotéria lottery ['lotəri]
lotor 1. (zlý človek) ruffian ['rafiən], (zločinec) crook [kruk] 2. (lapaj) rascal ['ra:skl]
lotos lotus ['ləutəs]

Lotyš Latvian ['lætviən]
Lotyšsko Latvia ['lætviə]
lov (poľovačka) hunt(ing) ['hant(iŋ)]; *l. rýb* fishing
lovec hunter ['hantə]
loviť 1. (divú zver) hunt [hant] 2. (ryby) fish [fiš] 3. expr. (hľadať) fish for; *l. čo vo vrecku* fish for sth. in one's pocket; *l. informácie* fish for information
lož lie [lai]; *hovoriť lži* tell lies • *l. má krátke nohy* lies have short lives
lóža div. box [boks]
ložisko 1. deposit [di'pozət] 2. stroj. bearing ['beriŋ]; *guľkové l.* ball-bearing 3. lek. centre ['sentə]
lôžko 1. (posteľ) bed [bed] 2. (vo vlaku, v kabíne) berth [bə:θ]
lôžkoviny bedding ['bediŋ], bedclothes ['bedkləuðz]
lôžkový: žel. *l. vozeň* sleeping car ['sli:piŋ ka:]; *a sleeper* ['sli:pə]
ľstivý sly [slai], (rafinovaný) cunning ['kaniŋ], tricky ['triki]
lub: *mať niečo za l-om* be up to sth. [bi: ap tə 'samθiŋ]
ľúbezný delightful [di'laitfl], lovely ['lavli], sweet [swi:t]; *ľ-é dieťa* a lovely baby; *ľ-á pieseň* a delightful song; *ľ. úsmev* a sweet smile
ľúbiť 1. (milovať) love [lav] 2. (mať v obľube) like [laik], be* fond of [bi: fond əv]; *ľ. hudbu* be fond of music // **ľ. sa** 1. (páčiť sa) like; *to dievča sa mi ľ-i* I like that girl 2. (byť vhod, páčiť sa) enjoy [in'džoi]; *ako sa ti ľ-la tá hra?* how did you enjoy the play?; *ako sa mu ľ-i* as he likes
ľúbostný love [lav]; *ľ-ý list* a love letter; *ľ-á poézia* love poetry
ľubovoľný arbitrary ['a:bətrəri], (akýkoľvek) any ['eni], (podľa vlastného výberu) optional ['opšnəl]; *ľ. počet* any amount of; *príďte v ľ. deň* come any day you like
ľubozvučný melodious [mə'ləudiəs]
lúč ray [rei], fyz. beam [bi:m]; *slnečné l-e* the rays of the sun; *röntgenové l-e* X-rays; *laserový l.* a laser beam
lúčiť sa (s kým, čím) take* leave [teik li:v] (of sb./sth.), say* one's goodbye, see* sb. out; *l. sa so starým rokom* see the Old Year out
ľud people ['pi:pl]; *slovenský ľ.* the Slovak people
ľudia 1. (mn. č. k človek) people mn. č., hovor. folk [fəuk] mn. č., (ľudské bytosti) human beings

L

[ˌhjuːmən ˈbiːiŋz]; *zástup ľ-í* a crowd of people; *mladí/starí ľ.* young/old people **2.** (vo funkcii všeobecného podmetu) people; *ľ. vravia, že...* people say (that)...

ľudnatý populated [ˈpopjəleitəd]; *ľ-é časti Indie* the densly populated parts of India

ľudoprázdny empty [ˈempti], depopulated [ˌdiːˈpopjəleitid]; *ľ-e ulice* empty/lonely streets

ľudový 1. (vlastný ľudu) folk [fəuk]; *ľ-á pieseň* folksong; *ľ-á hudba* folk music; *ľ. tanec* folk dance; *ľ-á múdrosť* folk wisdom; *ľ-é rozprávky* folktales **2.** (určený pre ľud) popular [ˈpopjələ]; *ľ-é ceny* popular prices **3.** (týkajúci sa ľudu) people's [piːplz]; *ľ-á strana* People's Party

ľudožrút cannibal [ˈkænəbl]

ľudskosť humanity [hjuːˈmænəti]; *zločiny proti ľ-ti* crimes against humanity

ľudský (v rozl. význ.) human [ˈhjuːmən]; *ľ-é telo* the human body; *ľ-á bytosť* a human being; *ľ. život* human existence/life ● *to je pod ľ-ú dôstojnosť* it's beneath one's dignity

ľudstvo 1. humanity [hjuːˈmænəti] **2.** (ľudské pokolenie) mankind [ˌmænˈkaind]

lúh lye [lai]; chem. *sodný l.* sodium lye

luhár liar [ˈlaiə]

luhať lie* [lai], tell* lies [tel laiz]

luk bow [bəu]; *strieľať z l-u* shoot with bow (and arrows)

lúka meadow [ˈmedəu]

lukostreľba šport. archery [ˈaːčəri]

lukostrelec archer [ˈaːčə]

lupa magnifying-glass [ˈmægnifaiŋ glaːs]

lúpať 1. (ovocie, zemiaky) peel [piːl] **2.** (vajcia, orechy, hrach) shell [šel] **3.** (zrno, kukuricu) husk [hask] // **l. sa** (o koži) peel

lupeň (okvetný lístok) petal [ˈpetl]

lúpež robbery [ˈrobəri]

lupič (vlamač) burglar [ˈbəːglə], robber [ˈrobə]; *bankový l.* a bank-robber

lupienok zdrob.: *zemiakové l-ky* crisps [krisps], AM chips [čips]

lupiny mn. č. (vo vlasoch) dandruff [ˈdændrəf]

lúpiť rob [rob]

luskáč(ik) nutcracker [ˈnatˌkrækə]

lúskať 1. crack [kræk]; *l. orechy* crack nuts **2.** (prstami) snap [snæp] (one's fingers)

luster chandelier [ˌšændəˈliə]

lúštiť 1. (vylupovať semená) shell [šel] **2.** (riešiť) solve [solv]; *l. krížovku* solve a crossword puzzle

ľúto (koho) prísl.: *je mi ľ. (koho, čoho)* I am

sorry [sori] for sb., sth.; feel pity for sb.; *je mi ľ., že si nespravil skúšku* I'm sorry you didn't pass your exam; (ospravedlnenie) I'm sorry; *veľmi nám bolo ľ., že...* we deeply regretted...

ľútosť 1. (súcit, sústrasť) pity [piti]; *mať ľ. (s kým)* feel pity for sb. **2.** (žiaľ) sorrow [ˈsorəu], grief [griːf]; *ľ. nad stratou priateľa* sorrow over the loss of one's friend; *ľ. nad smrťou otca* grief at father's death

ľútostivý 1. (kto podlieha ľútosti) sensitive [ˈsensətiv], tenderhearted [ˈtendəˈhaːtəd]; *ľ. človek* a sensitive man **2.** (žalostný) sorrowful [ˈsorəufl], heartrending [ˈhaːtˌrendiŋ]; *ľ. plač* a heartrending cry

ľutovať 1. (koho) be* sorry [biː ˈsori] for sb., feel* sorry/pity [fiːl ˈsori/piti] for sb.; *ľ. chorých* feel pity for sick people **2.** (čo, i so spoj. že) be* sorry [biː ˈsori], regret [riˈgret], repent [riˈpent]; *ľ-ujem, čo som spravil* I regret what I did; *ľ-ujem svoj hrubý čin* I repent my act of cruelty; *ľ-ujem, že nemôžem prísť* I'm sorry but I won't be able to come ● (ospravedlnenie) *veľmi ľ-ujem* much to my regret; *veľmi ľ-ujem, že nemôžem prijať vaše pozvanie* much to my regret I am unable to accept your invitation; *ľ-ujem, ale musím vám povedať, že...* I'm sorry to say that...

luxus luxury [ˈlakšri]

luxusný luxurious [lagˈžuriəs]; *l. hotel* a luxurious hotel; *l. život* a life of luxury

lyko bast [bæst]

lynčovať lynch [linč]

lýra lyre [laiə]

lyrický lyric [ˈlirik]; *l-á báseň* a lyric poem

lyrika lyric [ˈlirik]

lysina 1. (lysé miesto) bald spot [boːld spot] **2.** (u zvieraťa) patch [pæč]

lysý 1. (bez vlasov) baldheaded [ˈboːldhedid], hairless [ˈheələs], bald [boːld]; *l-á hlava* a bald head **2.** (holý) bare [beə]; *l-é temeno kopca* a bare hilltop

lýtko calf [kaːf] mn. č. calves

lyža ski [skiː], obyč. mn. č. (a pair of) skis [(ə peə əv) skiːs]; *vodné l.* water-ski

lyžiar skier [ˈskiːə]

lyžiarsky: *l. môstik* ski-jump [ski: džamp]; *l. výťah* (sedačkový) chair-lift [ˈčeə ˌlift]; *l. vlek* ski-lift [ˈski ˌlift], ski tow [ˈski ˌtəu]; *l. palica* ski pole [ˈski pəul]; *l. stredisko* ski resort; *l-a trať* ski run, ski track

lyžica 1. spoon [spuːn]; *polievková l.*

soup-spoon; *l. cukru* a soup-spoon/soup-spoonful of sugar **2.** (murárska) trowel ['trauəl] **3.** (obuvák) shoehorn ['šu:ho:n]
lyžička teaspoon ['ti:spu:n]; *kávová l.*

coffee spoon; *tri l-y cukru* three teaspoons /teaspoonfuls of sugar ● *v l-e vody by ho utopil* he'd rather see him dead
lyžovať (sa) ski [ski:]; *ísť sa l.* go skiing

M

macocha stepmother ['step͵maðə] ● *byť od m-y* bear a grudge/grudges
mača kitten ['kitn]
mačka **1.** cat [kæt], det. pussy(cat) ['pusi(kæt)] **2.** *m-y* (horolezecké) climbing-irons ['klaimiŋ͵aiənz] ● *chodiť ako m. okolo horúcej kaše* beat about the bush; *kúpiť si m-u vo vreci* buy a pig in a poke
Maďar Hungarian [haŋ'gæriən]
Maďarsko Hungary ['haŋgəri]
maďarský Hungarian [haŋ'gæriən]; *m. jazyk* Hungarian language; *m-á saláma* Hungarian salami
magister Master ['ma:stə], skr. MA/M.A.
magistrála artery ['a:təri], main road [mein rəud]; *železničná m.* railway artery
magistrát city council [͵siti 'kaunsl], municipality [mju:͵nisə'pæləti]
magma magma ['mægmə]
magnát mogul ['mougl]
magnet magnet ['mægnət]
magnetický magnetic [mæg'netik]; *m-é pole* the magnetic field
magnetizmus magnetism ['mægnətizm]
magnetofón tape recorder ['teip ri͵ko:də]; *kazetový m.* a cassette recorder
magnetofónový magnetic [mæg'netik]; *m-á páska* magnetic tape; *m-á kazeta* cassette; *m. záznam* tape recording
magnézium chem. magnesium [mæg'ni:ziəm]
magnólia magnolia [mæg'nəuliə]
mahagón mahogany [mə'hogəni]
mach moss [mos]; *pokrytý m-om* moss-covered
machuľa blot [blot]; *urobiť m-u* blot
máj **1.** May [mei]; *Prvý m.* May Day; *v m-i in May* **2.** (ovenčený strom) maypole ['meipəul]
maják lighthouse ['laithaus]
majáles May festival ['mei ͵festəvl]; *usporiadať m.* organize a May festival
majer farm [fa:m]
majestát (v rozl. význ.) majesty ['mædžəsti]; (hodnosť al. titul panovníka) His/Her Majesty; *m. hôr* the mountains in all their majesty

majestátny majestic [mæ'džestik]; *m-a príroda* the majestic nature
majetný (bohatý) well-off [wel of], wealthy ['welθi]; *m-á rodina* a wealthy family
majetok **1.** (vlastníctvo) possession [pə'zešn], property ['propəti], estate [i'steit]; *štátny/súkromný/družstevný m.* state/private/cooperative property; *osobný m.* belongings **2.** (hospodárstvo) farm [fa:m]
majiteľ **1.** owner ['əunə]; *m. domu* the owner of the house **2.** (hotela, obchodu, pozemku, patentu) proprietor [prə'praiətə]
majolika ceramics [sə'ræmiks], majolica [mə'jolikə/mə'džolikə]
majonéza mayonnaise [͵meiə'neiz]
major major ['meidžə]
majorán marjoram ['ma:džrəm]
majster **1.** (vyučený remeselník aj umelec) master ['ma:stə]; *stolársky m.* master carpenter; *zbierka starých m-rov* (maliarov) a collection of old masters **2.** (vedúci čaty, dielne) foreman ['fo:mən] **3.** (odborník) master, expert ['ekspə:t] **4.** šport. champion ['čæmpiən]; *m. v boxe* a boxing champion
majstrovský **1.** (týkajúci sa majstra) master ['ma:stə]; *m-á skúška* the title of master /master degree **2.** (vynikajúci) masterly ['ma:stəli]; *m-é predstavenie* a masterly performance; *m-é dielo* a masterpiece; *m-é ovládanie (čoho)* mastery of sth. **3.** šport. champion ['čæmpiən]; *m. titul* the title of a champion
majstrovstvo **1.** (v rozl. význ.) mastery ['ma:stəri]; *štylistické m.* stylistic mastery **2.** šport. pomn. *m-á* championship ['čæmpiənšip]; *m. Európy v basketbale* the European basketball championship(s)
mak poppy ['popi]; *vlčí m.* corn poppy ● *ani zam.* not a bit
makaróny macaroni [͵mækə'rəuni]
maketa model ['modl]; *m. zaoceánskeho parníka* a model of an ocean liner
maklér stock-broker ['stok ͵brəukə]
makovica poppy-head ['popihed]
makovník poppy cake ['popikeik]

makrela mackerel [ˈmækrəl]

makulatúra waste paper [weist ˈpeipə]

malachit malachite [ˈmæləkait]

malária malaria [məˈleriə]

malátny torpid [ˈtoːpəd]; *cítiť sa m.* feel torpid; *m-e telo* a torpid body

maľba 1. (v rozl. význ.) painting [ˈpeintiŋ]; *technika m-y* painting technique; *nástenná m.* wall painting 2. (náter) paint [peint] 3. (stien) distemper [disˈtempə]

malebný picturesque [ˌpikčəˈresk]; *m-á dedina* a picturesque village

maliar 1. (obrazov) painter [ˈpeintə]; *m. portrétov* a portrait painter; *m. krajiniek* a landscape painter; *akademický m.* an artist 2. (bytov, domov, nápisov ap.) painter, decorator [ˈdekəreitə]

maliarsky paint(ing) [peint(iŋ)]; *m. štetec* paintbrush; *m. stojan* easel

maliarstvo 1. (umenie) painting [ˈpeintiŋ], art [aːt] 2. (bytov, domov, písma) painting, (bytov) decoration [ˌdekəˈreišn]

malíček (na ruke) little finger [ˌlitl ˈfiŋgə], (na nohe) little toe [ˌlitl təu] ● *mať v m-ku* have sth. at one's fingertips; *okrútiť si okolo m-a (koho)* twist sb. round one's little finger

maličkosť (v rozl. význ.) trifle [ˈtraifl]; *vadiť sa pre m-ti* quarrel over trifles; *plakať pre každú m.* be a crybaby; *to je iba m.* it's only a trifle; *to nie je m.* it is no joke ● žart. *moja m.* my humble self

maličký I. príd. 1. (nepatrný) wee [wiː] 2. (drobný) tiny [ˈtaini]; *m-á kvapka* a wee drop; *od m-a* from childhood, since he was a kid II. podst. (malý chlapec, malé dievča) hovor. expr. the little one

malicherný 1. (op. veľkorysý) small-minded [ˌsmoːlˈmaindəd]; *m. človek* a small-minded person 2. (bezvýznamný) trivial [ˈtriviəl], insignificant [ˌinsigˈnifikənt]; *m-é veci* (malichernosti) trivial matters

malina raspberry [ˈraːzbri]; *zbierať m-y* pick raspberries ● *dievča ako m.* a girl as sound as a bell

malinovka 1. (z malín) raspberry juice [ˈraːzbəri džuːs] 2. (z ovocnej šťavy) squash [skwoš], lemonade [ˌleməˈneid]

máliť sa seem to be little/unsufficient [siːm tə bi: litl/ˌansəˈfišnt]; *to sa mu m-i* it seems to him little/unsufficient

> **little** – spája sa s nepočítateľnými podst. menami: *little time*
> **few** – spája sa s počítateľnými podst. menami: *few vacant seats*

málo I. čísl. 1. (s nepočítateľným podst.) little [ˈlitl]; *m. času* little time; *m. peňazí* little money 2. (s počítateľným podst.) few [fjuː]; *m. chlapcov* few boys II. prísl. little; *m. hovoriť* speak very little; *m. známy fakt* a little-known fact III. podst. little; *uspokojiť sa s m-m* put up with the little one gets

máločo hardly anything

málokde hardly anywhere [ˌhaːdli ˈeniweə]

málokedy scarcely ever [ˌskeəsli ˈevə]

málokrvný anaemic [əˈniːmik]

málokto hardly anybody/anyone [ˌhaːdli ˈenibodi/ˈeniwan]; *iba m. to vie* few people know about it

maloletý I. príd. underage [ˌandəˈeidž], práv. minor [ˈmainə] II. podst. práv. minor

malomesto small/provincial town [smoːl /prəˈvinšl taun]

malomestský provincial [prəˈvinšl]

malomeštiacky provincial [prəˈvinšl]; *m-e správanie* provincial manners

malomeštiactvo petty bourgeoisie [ˌpetiˈbu.žwaˈziː]

malomeštiak petty bourgeois [ˌpeti ˈbuəžwaː], provincial [prəˈvinšl]

malomocenstvo leprosy [ˈleprəsi]

malomocný podst. aj príd. leprous [ˈleprəs]

maloobchod retail [ˈriːteil]

maloobchodný: *m-é ceny* retail prices

maľovať 1. (zobrazovať farbami) paint [peint]; *m. olejovými farbami* paint in oils; *m. portrét* paint one's portrait 2. (ozdobovať farbami) decorate [ˈdekəreit]; *m. byt* decorate the flat; *m. vajíčka* decorate the eggs ● *m. čerta na stenu* look for trouble, talk of the devil // **m. sa** make oneself up, do one's make-up [ˈmeik wanˈself ap, doː wanz ˈmeikap]

maľovka (stien) distemper [disˈtempə]

málovravný reticent [ˈretəsnt]; *m. člověk* a reticent person

malta mortar [ˈmoːtə]; *miešať m-u* mix the mortar; *spájať tehly m-ou* join bricks with mortar

malý 1. (rozmermi, rozsahom) small [smoːl]; *m. dom* a small house; *m-é mesto* a small town; *m-é písmeno* a small letter 2. (časovo krátky) short [šoːt]; *m-á prestávka* a short break; *po m-ej chvíli* in a short while 3. (nízky) short, small; *m. člověk* a short/small man 4. (nedospelý) little [ˈlitl], small; *môj m. brat* my little brother; *to je pre m-é deti* this is for small children; *keď som bol m.* when I was a child

5. (tesný, úzky) small, tight [tait]; *m-é topánky* tight/small shoes **6.** (nízky, slabý) low [ləu], little; *m-ou rýchlosťou* at a low speed; *s m-m príjmom* on a low income; *m-á pravdepodobnosť/nádej* little probability/hope ● geogr. *Malé Karpaty* Little Carpathians; geogr. *Malá Ázia* Asia Minor; astron. *Malý voz* Little Bear; anat. *m. mozog* little brain; hud. *m-á tercia* minor third; *m-é pivo* a halfpint; *kúpa/predaj v m-om* retail; *aj m-é ryby sú ryby* every little bit counts; *ísť na m-ú potrebu* spend a penny /go to the loo; *mať m-ú dušičku* feel uneasy

> **small** – malý veľkosťou: *small capacity*
> **little** – malý veľkosťou, vyjadruje citový postoj hovoriaceho: *little girl*

mama mummy [ˈmami]; *stará m.* grandmother, hovor. granny/grannie

mámiť (lákať) cheat [čiːt]; *m. od koho peniaze* cheat sb. (out) of money

mamut mammoth [ˈmæməθ]

mandarínka tangerine [ˌtændžəˈriːn]

mandát mandate [ˈmændeit]; *m. od voličov* a mandate from the electorate; *vykonávať m.* carry out one's mandate

mandľa 1. almond [ˈaːmənd]; *slané/horké m-le* salt/bitter almonds **2.** anat. tonsil [ˈtonsl]

manekýn(ka) (fashion) model [(ˈfæšn) ˌmodl]

manéver 1. (v rozl. význ.) manoeuvre [məˈnuːvə]; *taktický m.* tactical manoeuvre **2.** *m-re* pomn. manoeuvres; *ísť na m.* go on manoeuvres

manévrovať manoeuvre [məˈnuːvə]; *m. autom* manoeuvre the car

manéž circus ring [ˈsəːkəs ˌriŋ]

mangeľ mangle [ˈmæŋgl]

mangľovať mangle [ˈmæŋgl]; *m. bielizeň* mangie clothes

mánia mania [ˈmeiniə]; *m. za motorkami* a mania for motorbikes

manifest manifesto [ˌmænəˈfestəu]

manifestácia 1. (prejav čoho) manifestation [ˌmænifeˈsteišn] **2.** (verejný prejav, zhromaždenie) demonstration [ˌdemənˈstreišn]

manifestovať 1. (prejaviť sa) manifest [ˈmænifest] **2.** (verejne prejaviť, zhromaždiť sa) take part in a demonstration [teik paːt in ə ˌdemənˈstreišn]

manikúra manicure [ˈmænəkjuə]

manipulovať 1. (odborne narábať s čím) manipulate [məˈnipjuleit], handle [ˈhændl];

m. strojom manipulate a machine; *m. s materiálom* handle a stuff **2.** (ovplyvňovať) manipulate; *m. verejnú mienku* manipulate the public opinion

manko 1. deficit [ˈdefəsət], deficiency [diˈfišnsi]; *m. 5 libier* a deficiency of £5 **2.** (nedostatok) shortage [ˈšoːtidž]

mantinel (hokejový) boards [boːdz] ● *od m-a k m-u* from one extreme to the other

manuálny manual [ˈmænjuəl]; *m-a práca* manual work

manufaktúra manufacture [ˌmænjəˈfækčə]

maňuška glove puppet [ˈglav ˈpapət]

maňuškový: *m-é divadlo/m-á hra* a puppet show

manzarda attic [ˈætik], (izba) garret [ˈgærət]

manžel 1. husband [ˈhazbənd], práv. spouse [spaus] **2.** *m-ia* iba mn. č. husband and wife [ˌhazbənd ənd waif], married couple [ˌmærid ˈkapl]

manželka wife [waif], práv. spouse [spaus]

manželský: *m. život* married life; *m. pár* a married couple; *m. stav* matrimony

manželstvo marriage [ˈmæridž], (stav) matrimony [ˈmætrəməni]; *uzavrieť m. (s kým)* marry (sb.), get married (to sb.)

manžeta 1. (na rukáve) cuff [kaf] **2.** (na nohaviciach) turn-up [ˈtəːnap], AM cuff

manžetový: *m. gombík* cufflink

mapa 1. map [mæp]; *m. sveta* a map of the world; *m. ciest* a road map; *navigačná m.* chart **2.** (obal na listiny) folder [ˈfəuldə] **3.** pren. hovor. (fľak) blotch [bloč]

mapovať map [mæp]; *m. zemský povrch* map the surface of the Earth

maratón marathon [ˈmærəθn]

maratónec marathon runner [ˈmærəθn ˌranə]

marcipán marzipan [ˈmaːcəpæn]

marec March [maːč]; *v m-ci* in March

margaréta marguerite [ˌmaːgəˈrit]

margarín margarine [ˌmaːdžəˈriːn], marge [maːdž]

margo margin [ˈmaːdžən]; *poznámky na m.* marginal comments

marhuľa apricot [ˈeiprəkot], (strom) apricot--tree

marhuľový: *m. lekvár* apricot jam; *m. koláč* an apricot cake

marihuana marijuana [ˌmærəˈwaːnə]

marináda marinade [ˌmærəˈneid]

M

maringotka caravan [ˈkærəvæn], AM trailer [ˈtreilə]

mariť thwart [θwoːt]; *m. plány* thwart one's plans // **mariť sa**: *marí sa mi* it seems to me

markantný marked [maːkt], striking [ˈstraikiŋ], significant [sigˈnifikənt]; *m-é zlepšenie* a marked/significant improvement; *m. rozdiel* a striking contrast

marketing marketing [ˈmaːkətiŋ]

marmeláda jam [džæm], (z citrusov) marmalade [ˈmaːməleid]

márne in vain [ˌin ˈvein]

márnica mortuary [ˈmoːčuəri]

márniť 1. (plytvať) waste [weist]; *m. čas a peniaze* waste one's time and money 2. (kántriť, zabíjať) kill [kil], (hubiť) exterminate [iksˈtəːməneit], (ničiť) destroy [diˈstroi]

márnivý vain [vein]

márnotratný spendthrift [ˈspendθrift], extravagant [ikˈstrævəgənt], wasteful [ˈweistfl]; *viesť m. život* lead a spendthrift /wasteful life

márny 1. (zbytočný) vain [vein]; *m-e nádeje* vain hopes; *to je m-e* it's in vain 2. (bezcenný, prázdny) empty [ˈempti], idle [ˈaidl]; *m-e sľuby* empty promises; *m-e reči* idle talk ● *m-a sláva* it can't be helped; *rozbiť sa na m-e kúsky* fall to pieces

maród hovor.: *byť m.* be* sick

maródovať hovor. be* on the sick list

Maroko Morocco [məˈrokəu]

maršal marshal [ˈmaːšl]; *poľný m.* Field-Marshal

maršalský: *m-á hodnosť* marshal's rank; *m-á palica* marshal's staff

máry bier [biə] ● *je na m-ach* he has been gone the way of all flesh

masa mass [mæs], (hmota) substance [ˈsabstəns]; *čokoládová m.* chocolate substance; *m-y čitateľov* masses of readers; *široké m-y* grass roots

masakra slaughter [ˈsloːtə], massacre [ˈmæsəkə]

masakrovať slaughter [ˈsloːtə], massacre [ˈmæsəkə]

masáž massage [ˈmæsaːž]; *m. nôh/srdca* massage of feet/heart

masírovať (koho) massage [ˈmæsaːž], give a massage to sth./sb.; *m. chrbticu* massage sb.'s backbone

masív massif [ˈmæsif]

masívny massive [ˈmæsiv], (pevný) solid

[ˈsoləd]; *m. múr* a solid/massive wall; *m. nábytok* massive furniture

maska 1. mask [maːsk]; *posmrtná m.* death mask; *plynová m.* gasmask; *ochranná m.* face mask 2. (kozmetická) pack [pæk]; *pleťová m.* a face pack

maskér make-up man [ˈmeikap mən]

maskovať 1. (maskou) mask [maːsk]; *m-ný zlodej* a masked robber 2. (líčidlom) make* up [meik ap]; *m. herca* make up an actor 3. (utajovať) camouflage [ˈkæməflaːž]; *m. tajný východ* camouflage a secret exit; pren. *m. svoje city* mask one's feelings

maslo butter [ˈbatə]; *chlieb s m-om* bread and butter; *mäkký ako m.* as soft as butter ● *ísť ako po m-e* be all honey; *mať m. na hlave* be to blame

masový mass [mæs]; *m-á hystéria* mass hysteria; *m. vrah* a mass murderer; *m-é komunikačné prostriedky* mass media

masť 1. lard [laːd], (tuk) fat [fæt] *bravčová m.* lard; *husacia m.* goose fat 2. (liečivá) ointment [ˈointmənt] 3. (mazadlo) grease [griːs] ● *je všetkými m-ami mazaný* he's a sly old fox

mastiť 1. (jedlo) lard [laːd], butter [ˈbatə], oil [oil]; *m. zemiaky maslom* butter potatoes 2. (mazať) grease [griːs], lubricate [ˈluːbrikeit]; *m. súčiastky stroja* grease/lubricate the machine parts; *m. pekáč* grease a baking dish 3. (natierať masťou, krémom) apply [əˈplai], rub in [rab in], put* on [put on] (ointment, a cream) 4. expr. (podplácať) grease sb.'s palm ● *m. karty* play cards; *m. si vrecká* line one's purse /pocket; *m-i preč!* be off with you! // **m. sa** get greasy [get ˈgriːsi]

mastnota fat [fæt], grease [griːs]

mastný 1. (obsahujúci mastnotu) grease [griːs], greasy [ˈgriːsi], fat [fæt], fatty [ˈfæti]; *m-é mäso* fatty meat; *m-é jedlo* greasy food; *m. krém* a fat cream 2. (pokrytý mastnotou) greasy; *m-é vlasy* greasy hair 3. hovor. (veľký, drahý) pricey [ˈpraisi], heavy [ˈhevi]; *m-á pokuta* a heavy fine ● nem.-neslaný wishy-washy

maškaráda masquerade [ˌmæskəˈreid]

maškarný fancy [ˈfænsi]; *m. ples* a fancy /masked ball; *m. kostým* fancy dress

maškrta titbit [ˈtitˌbit]

maškrtiť have a sweet tooth [hæv ə ˌswiːt ˌtuːθ]

maškrtný dainty [ˈdeinti]; *byť m.* have a sweet tooth

mašľa bow [bəu]; (stuha) ribbon [ˈribən]

maštaľ (pre kone) stable [ˈsteibl], (pre kravy) cowshed [ˈkaušed]; *vyčistiť m.* clean out the muck ● expr. *je tam ako v m-li* (špinavo) it's like in a pigsty

mať 1. (vlastniť) have* [hæv], hovor. have got, own [əun], possess [pəˈzes]; *mám auto* I have (got) a car; *m. dom* own a house; *m. zbraň* possess a gun **2.** (držať) have*, hold* [həuld]; *m. v ruke (čo)* have sth. in one's hand; *m. dieťa v náručí* hold a baby in one's arms **3.** (byť v príbuzenskom al. spoločenskom vzťahu s kým) have* sb.; *m. brata/sestru* have a brother /sister; *má dve deti* she's got two children; *má veľa známych* he has a lot of friends **4.** (o rokoch) be* old; *má dvadsať rokov* he is twenty (years old) **5.** (obsahovať ako súčasť): *byt má tri izby* it's a three-room flat; *šaty m-jú vrecká* it's a dress with pockets **6.** (pravidelne dostávať): *má vysoký dôchodok* he receives a high pension; *má obedy v internáte* he has lunch in hall **7.** (mať rád) like [laik], be* fond of [biːfond əv]; (veľmi ľúbiť) love [lav]; *mám rada kávu* I like coffee, I am fond of coffee; *mám veľmi rada takéto počasie* I love such a weather **8.** (nevyhnutnosť, povinnosť, zámer) be* (to) [biː (tuː)]; v podmieňovacom spôsobe should [šud], ought* (to) [oːt (tə)]; v otázke shall* [šæl]; *mám ho zajtra navštíviť* I am to see him tomorrow; *mám to urobiť?* am I to do it? *m-l by si mu pomôcť* you ought to help him; *mám otvoriť okno?* shall I open the window? **9.** (výskyt, stav, vlastnosť) be*; *obed máš na stole* your meal is on the table; *kde máš pero?* where's your pen? *talent má po matke* she's talented after her mother **10.** (ako formálne sloveso v spojení s podst., prekladá sa individuálne) *m. odvahu* have the courage; *m. výhodu* have an advantage; *m. právo* be in the right *m. radosť* be pleased, have a great pleasure; *m. strach* be afraid; *m. chuť* feel like; *m. úspech* be successful, succeed, have a success ● *m. čo proti komu* object to sb.; *m. čo s kým* have sth. in common with sb.; *m. čierne na bielom (čo)* have sth. in black and white; *m. na jazyku (čo)* be on the tip of one's tongue; expr. *m. dlhé vedenie* be a blockhead; *m-j sa dobre!* have a nice time! *dobre máš!* (tak ti treba) serves you right; *má, čo chcel* he has had it; *to má čas!* take your time; *máš ešte niečo?* anything else? *máš to u mňa* **a)** (som ti dlžníkom) I'm much obliged to you **b)** (pomstím sa ti) I'll pay you back for that! // **m. sa:** *m. sa dobre/zle* be well/not to be well; *ako sa máš?* how are you? ● *m. sa k životu/k svetu* be full of life; *m. sa na pozore* be careful; *ty sa máš!* lucky you!

mátať haunt [hoːnt]

matematický mathematical [ˌmæθəˈmætikl]; *m. vzorec* mathematical formula; *s m-ou presnosťou* with mathematical precision

matematik mathematician [ˌmæθəməˈtišn]

matematika mathematics [ˌmæθəˈmætiks], hovor. maths [mæθs]; *aplikovaná m.* applied mathematics

materiál 1. (látka) material [məˈtiriəl]; *m. na šaty* dress material; *stavebný m.* building material; *kvalitný m.* material of good/high quality **2.** (údaje, veci) matter [ˈmætə], material; *zbierať m. na knihu* collect material for a book; *písomný m.* documents; *archívny m.* archive material

materializmus materialism [məˈtiriəlizm]

materiálny material [məˈtiriəl]; *m-e potreby* material needs

materinčina, materčina mother tongue [ˌmaðə ˈtaŋ]

materinský 1. mother [ˈmaðə]; *m. jazyk* mother tongue **2.** (pochádzajúci od matky al. pripomínajúci matku) motherly [ˈmaðəli], maternal [məˈtəːnl]; *m-á starostlivosť* motherly care; *m-á láska* one's maternal love **3.** *m-é znamienko* a birthmark

maternica anat. womb [wuːm]

materský 1. (pochádzajúci od matky) maternal [məˈtəːnl], mother's [ˈmaðəz]; *m-é mlieko* mother's milk; *m-é znamienko* a birthmark **2.** (súvisiaci s materstvom) maternity [məˈtəːnəti]; *m-á dovolenka* a maternity leave; *m-é šaty* a maternity dress ● *m-á bunka* a mother-cell; *m-á škola* (od 5 rokov) a kindergarten, (od 3 do 5 rokov) a nursery school; *m-á lietadlová loď* an aircraft carrier

materstvo motherhood [ˈmaðəhud], maternity [məˈtəːnəti]

matica 1. (súčasť skrutky) nut [nat] **2.** mat. matrix [ˈmeitriks]

matka 1. mother [ˈmaðə]; *stať sa m-ou* become mother; *slobodná m.* an unmarried /single mother; *stará m.* a grandmother; *nevlastná m.* a stepmother; *m. príroda* Mother Nature ● *Aká m., taká Katka* Like father like son **2.** hovor. (matica) nut [nat]

matný 1. (nejasný) dim [dim]; *m-é obrysy/spomienky* dim outline/memories **2.** (nelesklý) mat(t) [mæt]; *m. povrch* mat finish

matrac mattress [ˈmætrəs]; *drôtený m.* a spring mattress; *nafukovací m.* an airbed

matrica odb. matrix [ˈmeitriks]

matrika register [ˈredžistə]

matúra, maturita school leaving examination [skuːl liːviŋ igˌzəmiˈneišn], AM graduation [ˌgrædjuˈeišn]

maturant leaver [ˈliːvə], AM graduate [ˈgrædžuət]

maturitný: *m-á skúška* school leaving examination; *m. večierok* a school farewell party; *m-é vysvedčenie* Certificate of Secondary Education, skr C.S.E.

maturovať take*/sit* for a leaving examination [teik/sit for ə liːviŋ igˌzəmiˈneišn], AM be graduated [bi: ˈgrædžueitəd]

mauzóleum mausoleum [ˌmoːsəˈliːəm]

mávať wave [weiv]; *m. zástavou/rukou* wave a flag/one's hand

maximálny 1. (veľmi veľký) maximal [ˈmæksiml]; *m-a hodnota* maximal value 2. (najväčší možný al. zaznamenaný) maximum [ˈmæksəməm]; *m-a teplota* the maximum temperature

maz lek. wax [wæks]; *ušný m.* wax in the ears

mazadlo (olej al. tuk) lubricant [ˈluːbrikənt], grease [griːs]

mazať 1. (mastiť) oil [oil], lubricate [ˈluːbrikeit] 2. (pásku, nahrávku) erase [iˈreiz] 3. hovor. expr. (ponáhľať sa) be* in a hurry [bi: in ə ˈhari], (odísť) be off [bi: of]; *m-ž domov!* be off with you! ● *m-ný všetkými masťami* an artful dodger, a cunning old fox

maznáčik pet [pet]

maznať sa fondle [ˈfondl]; *m. sa s mačiatkom* fondle a kitten

mažiar mortar [ˈmoːtə]

mäkčeň hook [huk]

mäkčiť soften [ˈsofn]; *m. vodu* soften water

mäkký (v rozl. význ.) soft [soft]; *m-á pôda* soft soil; *m-á kožušina* a soft fur; *m-á voda* soft water; *m-é srdce* a soft heart ● anat. *m-é podnebie* soft palate; *m-é drevo* softwood; *na m-o uvarený* softboiled, (o mäse) tender

mäkkýš mollusc [ˈmoləsk]

mäsiar butcher [ˈbučə]; *u m-a* at the butcher's

mäsitý 1. (op. bezmäsitý) meat [miːt]; *m. chod* (pri obede) a meat course 2. (tučný, hrubý) fleshy [ˈfleši]; *m-é pery* fleshy lips

mäso 1. meat [miːt]; *chudé/tučné m.* lean/fat meat; *mleté m.* minced meat; *údené m.* smoked meat; *hovädzie m.* beef; *bravčové m.* pork; *teľacie m.* veal; *baranie m.* mutton; *jahňacie m.* lamb 2. (živé, surové m., svalstvo) flesh [fleš] 3. (dužina) flesh

mäsový (v rozl. význ.) meat [miːt]; *m. extrakt/výťažok* (v kocke) meat cube; *m-á polievka* broth

mäsožravý carnivorous [kaːˈnivərəs], flesh-eating [ˈfleš iːtiŋ]

mdloba faint [feint]; *v m-ách* in a faint; *idú na mňa m-y* I am feeling faint

mdlý 1. (zoslabnutý, unavený) faint [feint], exhausted [igˈzoːstəd], tired [ˈtaiəd]; *m. hlas* a faint voice 2. (nevýrazný) insipid [inˈsipəd]; faint; *m-á chuť* insipid taste

meč sword [soːd]; *ostrý ako m.* as sharp as a knife

mečať bleat [bliːt]

med (včelí) honey [ˈhani]; *sladký ako m.* honey-sweet ● *to nie je nijaký m.* it isn't all beer and skittles

meď copper [ˈkopə]

medaila medal [ˈmedl]; *olympijská zlatá m.* an Olympic gold medal; *vybojovať bronzovú m-u* win a bronze medal

medailista medalist [ˈmedləst]

medicína 1. (lek. veda) medicine [ˈmedsn]; *doktor m-y* a doctor of medicine (skr. MD) 2. (liek) medicine, všeob. drug [drag]

medik medical student [ˌmedikl ˈstjuːdənt]

meditácia meditation [ˌmediˈteišn]

meditovať meditate [ˈmediteit]

medovník honey-cake [ˈhani keik], gingerbread [ˈdžindžəbred]

medový 1. honey [ˈhani]; *m. cukrík* honey candy 2. pren. expr. honeyed [ˈhanid]; *m-é reči* honeyed words ● *m-é týždne* honeymoon; *preťahovať m-é motúzy popod nos (komu)* pull the wool over sb.'s eyes

medúza jellyfish [ˈdželifiš]

medveď bear [beə]; *ľadový m.* a polar bear; *kožušina z m-a* a bearskin

medza 1. (na poli) balk [boːk] 2. (vyznačená hranica) boundary [ˈbaundri] 3. (vymedzenie) limit [ˈlimət]; *v m-iach zákona* legitimate; *v m-iach slušnosti* considered polite; *všetko má svoje m-e* it (really) is the limit

medzera 1. (voľný priestor) space [speis], (pravidelné medzery) intervals [ˈintəvls]; *m-y medzi slovami* spaces between printed words; *s dvadsaťmetrovými m-mi* at intervals of twenty metres 2. (štrbina) gap [gæp], (dlhá úzka štrbina) slit [slit]; *m. v plote* a gap in the hedge; *m. pod dverami* a slit under the door **3.** hovor. (nedostatok) gap; *veľké m-y vo vedomostiach* wide gaps in one's knowledge

medzi 1. (miesto, priestor, rozličné vzťahy), (medzi viacerými) among [ə'maŋ], (medzi dvoma) between [bi'twi:n]; *m. stromami* among trees; *m. Tatrami a Dunajom* between the Tatras and the Danube; *m. priateľmi* among friends; *m. nami (dvoma)* between ourselves/between you and me; *rozdeľ peniaze m. dvoch z nich* divide the money between the two of them **2.** (výskyt, jestvovanie v rámci skupiny) among; *nespokojnosť m. nezamestnanými* discontent among the unemployed; *prišiel m. prvými* he arrieved among the firsts **3.** (časová al. číselná hranica *od — do*) between; *m. piatou a šiestou ráno* between five and six o'clock in the morning; *bude to stáť m. 8 až 10 dolármi* it will cost between 8 and 10 dollars **4.** (smerovanie doprostred) in; *stáť m. dverami* stand in the doorway ● *čítať m. riadkami* read between the lines; *m. štyrmi očami* in private; *žiť m. štyrmi stenami* live within four walls

> **medzi**
> (dvoma) – **between**
> *between six and seven o'clock*
> (viacerými) – **among**
> *among the schoolchidren in the classroom*

medzičasom in the meantime [in ðə 'mi:ntaim], meanwhile ['mi:nwail]

medzihra interlude ['intəlu:d], (hudobná) intermezzo [ˌintə'medzəu]

medzikontinentálny intercontinental [ˌintəkontə'nentl]; *m-a raketa* an intercontinental ballistic missile

medziľudský interpersonal [ˌintə'pə:snəl]; *m-é vzťahy* interpersonal relationships

medzimestský (doprava) intercity [ˌintə'siti]; *m-á vlaková doprava* intercity trains; *m. telefónny hovor* longdistance call

medzinárodný international [ˌintə'næšnəl]; *m-á konferencia* an international conference; *m-é obchodné dohody* international trade agreements; *m. futbalový zápas* an international football match; *m. rýchlik* an international train

medziplanetárny interplanetary [ˌintə'plænətri]; *m. priestor/let* interplanetary space /travel

medziposchodie mezzanine ['mezəni:n]

medzipristátie stopover ['stopˌəuvə]; *let bez m-ia* a direct flight

medzištátny international [ˌintə'næšnəl], AM interstate [ˌintə'steit]; *m. zápas* an international match

medzitým meanwhile ['mi:nwail], in the meantime [in ðə 'mi:ntaim]

medzník landmark ['lændma:k] (aj pren.); *historický m.* a landmark in the history

mech 1. (vrece) sack [sæk]; *m. zemiakov* a sack of potatoes; *plný m.* a sackful **2.** obyč. mn. č. *m-y* bellows ['beləuz]; *kováčske m-y* (black)smith's bellows

mechanický (v rozl. význ.) mechanical [mi'kænikl]; *m-é rýpadlo* a mechanical digger; *m-á odpoveď* a mechanical answer; *m-á práca* (každodenná) a routine job

mechanik mechanic [mi'kænik]

mechanika mechanics [mi'kæniks]; *jemná m.* precision mechanics

mechanizácia mechanization [ˌmikənai'zeišn]

mechanizmus 1. mechanism ['mikənizm]; *m. hodín* the mechanism of a clock **2.** (stroja) machinery [mə'ši:nəri] **3.** (mechanický postup) mechanism, routine [ru:'ti:n]

mechanizovať mechanize aj mechanise ['mikənaiz]

mechúr bladder ['blædə]; *žlčový/močový m.* a gall/urinary bladder

melanchólia melancholy ['melənkli]

melancholický melancholic [ˌmelən'kolik]

melasa molasses [mə'læsiz] mn. č.

meliorácia (pôdy) reclamation [ˌreklə'meišn] (of soil)

melódia 1. melody ['melədi] **2.** (nápev) tune [tju:n]; *ľudové m-e* folktunes

melodický 1. melodic [mə'lodik] **2.** (ľubozvučný) melodious [mə'ləudiəs]

melón melon ['melən]; *červený m.* watermelon

meluzína expr. wailing wind ['weiliŋ wind]

membrána membrane ['membrein]

memorandum memorandum [memə'randəm]

mena currency ['karənsi]; *cudzia m.* (zahraničná) foreign currency

menčester corduroy ['ko:džəroi]

menčestrový: *m-é nohavice* cords, corduroys

menej p. málo

menejcennosť inferiority [inˌfiri'orəti]; *komplex m-ti* inferiority complex

M

menejcenný inferior [inˈfiriə]; *cítiť sa m-ým* feel inferior

meniny name day [neim dei]; *oslavovať m.* celebrate one's name day (v angloamerickom prostredí neobvyklé)

meniť 1. (na niečo iné, nové) change [čeindž], transform [trænsˈfoːm]; *m. adresu* change one's address; *m. postoj/mienku* change one's attitude/mind; *m. názory* transform one's ideas **2.** (zamieňať) change, alter [ˈoːltə]; *m. libry na doláre* change one's English money for/into dollars; *m. miesto/zamestnanie* change places/jobs; *m. šaty* (preobliecť sa) change (one's dress); *to m-í situáciu* that alters the situation **3.** (pretvárať) transform, turn [təːn]; *m. teplo na energiu* transform heat into power; *m. vodu na ľad* turn water into ice ● *m. farby* change colours; *m. kabát* turn one's coat // **m. sa** change; (premieňať sa) alter, vary [ˈveri]; *móda sa m-í ako počasie* fashions change like the weather; *ceny sa m-a podľa sezóny* the prices vary according to the season

menlivý changeable [ˈčeinžəbl]; *m-é počasie* a changeable weather

meno 1. name [neim]; *rodné m.* one's surname/family name; *krstné m.* the first /Christian name; *dievčenské m.* the maiden name; gram. *podstatné m.* a noun/a substantive; gram. *prídavné m.* an adjective; *v m-e koho* in the name/on behalf of sb.; *poznám ho len podľa m-a* I know him by name only **2.** (dobrá povesť) reputation [ˌrepjəˈteišn]; *mať dobré m. ako lekár* have a good reputation as a doctor **3.** hovor. (meniny) name day ● *nazvať veci pravým m-m* call a spade a spade; *urobiť si m.* make one's name

menoslov list of names [list əv neimz]

menovať 1. (uvádzať, nazývať) name [neim] **2.** (vymenúvať) name, appoint [əˈpoint], nominate [ˈnom022neit]; *m-li p. V. za riaditeľa* they appointed Mr V. (to be) director // **m. sa** be called *ako sa m-uješ?* what's your name?

menovateľ mat. denominator [diˈnoməneitə]; *spoločný m.* a common denominator; *previesť na spoločného m-a* convert sth. to one common denominator

menovite by (sb.'s) name [bai neim]; *poznať všetkých žiakov m.* know all the pupils by name

menovitý explicit [ikˈsplisət], nominal [ˈnominl]; *m-á hodnota* the nominal value

menovka name badge [neim bædž],

nameplate [ˈneimpleit], (na dverách) doorplate [ˈdoːpleit]

menový: *m-á jednotka* the unit of currency; *m-á reforma* monetary reform

menší p. malý

menšina minority [maiˈnorəti]; *národnostná m.* a national minority

mentalita mentality [menˈtæləti]; *národná m.* the national mentality

mentálny mental [ˈmentl]; *m-a porucha* a mental deficiency

menu menu [ˈmenjuː]

menza canteen [kænˈtiːn], (študentská) student's hall [ˈstjuːdənts hoːl]

meradlo 1. tech. measure [ˈmežə]; *kontrolné m.* (štandardné) gauge [geidž] **2.** (kritérium) criterion [kraiˈtiriən]; *aké m-á používate na posúdenie (čoho)?* what criteria do you use to judge sth.?

merať 1. (zistiť mieru) measure [ˈmežə]; *m. plochu ihriska* measure the playground area; *m. rýchlosť* measure the speed; *m. čas* measure time; *m. dieťaťu teplotu* take the child's temperature **2.** (mať rozmery) measure; *trať m-ia 5 km* the track measures 5 kilometres/is 5 kilometres long **3.** (hodnotiť) judge [džadž]; *m. výsledky práce* judge the results of one's work **4.** (kriticky premeriavať) look [luk] sb. up and down ● *dva razy m-j, raz strihaj* look before you leap

meravieť (tuhnúť) stiffen [ˈstifn], (krehnúť) numb [nam], go stiff [gəu stif] *telo mu m-e* his body is going stiff; *m. od zimy* numb with cold

meravý stiff [stif], numb [nam]; *m-á tvár* a stiff face; *prsty m-é od zimy* fingers numb with cold

mesačník monthly [ˈmanθli]

mesačný 1. (na 1 mesiac, za 1 mesiac) monthly [ˈmanθli]; *m. lístok* a monthly season ticket; *m. plat* a monthly salary **2.** (vo veku 1 mesiaca) one month old [wan manθ əuld]; *m-é dieťa* a baby of one month/a one month old baby **3.** astron. moon [muːn], lunar [ˈluːnə]; *m. svit* the moonlight; *m. modul* the lunar modul; *m-á krajina* the lunarscape

mesiac 1. (čiastka roka) month [manθ]; *letné m-e* the summer months; *celé m-e* for months; *budúci m.* next month **2.** astron. moon [muːn]; *spln M-a* full moon; *let na M.* a moon shot ● *akoby spadol z M-a* like moonstruck

mesto town [taun], (veľké a dôležité) city [ˈciti]; *hlavné m.* the capital (city); *rodné m.*

the native town; *okresné m.* a district town ●
ísť do m-a nakupovať go to town to do some
shopping

> **city** – významné a veľké mesto, alebo
> mesto, ktoré dostalo osobitný štatút
> **town** – každé iné mesto

mestský town [taun], city ['siti], urban
[ə:bən], municipal ['mjunəsəpəl]; *m-á radni-*
ca the town hall, the city hall; *m-í ľudia*
townpeople; *m-é štvrte* urban areas; *m-á ve-*
rejná doprava the city public transport
system; *m-á správa* municipal administration
  mešec pouch [pauč]; *m. na tabak* a tobacco
pouch
  mešita mosque [mosk]
  meškať 1. (oneskorovať sa) be* late [bi: leit],
delay [di'lei]; *m-l kvôli nehode* he was delayed
by an accident; *vlak m-l 2 hodiny* the train was
delayed two hours; *hodiny m-jú 5 minút* the
clock is five minutes slow 2. (omeškávať sa) be*
delayed in sth.; *m. s odpoveďou* be delayed in
replying 3. (otáľať) delay; *nemeškaj a choď!*
don't delay and go!
  mešťan citizen ['sitizn]; *m-ia Paríža* the
citizens of Paris
  meštiak 1. bourgeois ['buəžwa:] 2. pejor.
(malomeštiak) provincial [prə'vinšl]
  metafora metaphor ['metəfə]
  metafyzika metaphysics [metə'fiziks]
  metať fling [fliŋ]; *m. kamene* fling stones; *m.*
rukami fling one's arms about // **m. sa** toss [tos]
  metelica snowstorm ['snəusto:m], (prudká)
blizzard ['blizəd]
  meteor meteor ['mi:tiə]; *zažiariť ako m.*
flare up like a meteor
  meteorit meteorite ['mi:tərait]
  meteorológ meteorologist [mi:tiə'ro-
lodžəst]
  meteorológia meteorology [mi:tiə'rolədži]
  meteorologický meteorological [mi:tiərə-
'lodžikl]; *m-á predpoveď* weather forecast;
m-é správy weather report
  meter 1. (jednotka dĺžky) metre, AM meter
['mi:tə]; *m. látky na šaty* one metre of a dress
material; *štvorcový m.* a square metre 2. (me-
radlo) ruler ['ru:lə], (pásmo) a tape measure
[teip 'mežə]; *skladací m.* folding ruler
  metla broom [bru:m], (prútená) besom
['bi:zm] ● *nová m. dobre metie* new broom
sweeps clean

  metóda method ['meθəd]; *moderné vyu-*
čovacie m-y modern teaching methods; *lie-*
čebná m. a method of medical treatment
  metodický methodological [meθədə-
'lodžikl]; *m-é pomôcky* methodological aids
  metodika methodology [meθə'dolədži]
  metrický metric ['metrik]; *m-á sústava* the
metric system
  metro underground (railway) ['andəgra-
und ('reilwei)], (v Londýne) the Underground,
tube [tju:b], (v Európe) metro ['metrəu], AM
subway ['sabwei]; *cestovať m-om* travel by
tube, go by underground
  metropola metropolis [mə'tropləs]; *ob-*
chodná m. a business metropolis
  miasť confuse [kən'fju:z] // **m. sa** make
mistakes [meik 'misteiks]
  miazga 1. sap [sæp] 2. anat. lymph [limf]
  miecha spinal chord [spainl 'ko:d]
  mieniť 1. (chcieť, zamýšľať) intend [in'tend],
mean* [mi:n], be* going [bi: 'goiŋ]; *tak som*
to nem-l I didn't mean to; *čo m-š dnes robiť?*
what do you intend to do today? *m-me strá-*
viť dovolenku v Nitre we're going to spend
our holidays in Nitra ● *dobre m-ená rada* a
well-meant advise; *m-m to vážne* I'm in
earnest (about it) 2. (mať na mysli) mean; *čo tým*
m-te? what do you mean by that?
  mienka opinion [ə'pinjən]; *verejná m.* a
public opinion; *mať o kom dobrú/zlú m-u*
have a good/bad opinion of sb.; *povedať svo-*
ju m-u give one's opinion; *podľa mojej m-y*
in my opinion
  mier peace [pi:s]; *uzavrieť m.* make peace;
žiť v m-i live in peace
  miera 1. (jednotka merania) measure ['mežə];
dĺžková m. a measure of length 2. (rozsah, veľ-
kosť) rate [reit]; fin. *úroková m.* the interest
rate; ekon. *m. inflácie* the inflation rate 3. (roz-
mery) size [saiz], measurements ['mežəmənts];
vziať m-u (komu) take sb.'s measurements; *ša-*
ty na m-u a dress made-to-measure 4. (rozsah,
množstvo) extent [ik'stent], measure; *m. vedo-*
mostí the extent of one's knowledge; *do urči-*
tej m-y to a certain/some extent, in some
measure; mat. *najväčšia spoločná m.* the greatest
common measure ● *uviesť na pravú m-u* put
sth. right; *vyviesť z m-y (koho)* nonplus sb.,
upset sb.
  mieriť 1. (cieliť na koho, čo) aim [eim] at
sb./sth.; *m. puškou (na koho)* aim one's rifle
at sb. 2. (mať na mysli) aim (at), direct [də'rekt]

M

(at); *moje poznámky neboli m-é na teba* my remarks were not aimed at you; *viem, kam m-te* I know what are you driving at

mierka 1. (zariadenie na meranie) gauge [geidž] **2.** (na mape) scale [skeil] **3.** (nádoba) measure ['mežə]

miernit' moderate ['modərət] // **m. sa** relax [ri'læks], (v hneve) calm down ['ka:m daun]

mierny 1. (op. prudký) gentle ['džentl], slight [slait], mild [maild]; *m-a bolest'* a slight pain; *m. svah* a gentle slope; *má m-u povahu* he has a mild nature **2.** (o podnebí) mild; *m-a zima* a mild winter **3.** (striedmy) moderate ['modrət]; *m. v jedení* a moderate eater; *m. fajčiar* a moderate smoker

mierový: *m-á zmluva* a peace treaty; *m-á konferencia* a peace conference; *m-é hnutie* the peace movement

mierumilovný peaceful ['pi:sfl], pacific [pə'sifik]; *m-é národy* pacific nations

miesit' knead [ni:d]; *m. cesto/hlinu* knead the dough/clay // **m. sa 1.** (brodit' sa) flounder ['flaundə]; *m. sa v blate* flounder in mud **2.** expr. (tlačit' sa) throng [θroŋ]; *l'udia sa m-li v úzkych uliciach* people thronged in narrow streets

miest' sweep* [swi:p] ● *nová metla dobre metie* new broom sweeps clean

miestenka seat-reservation ticket ['si:t ‚rezə'veišn 'tikət]

miestnost' room [ru:m]; *spoločenská m.* lounge, (v škole) common room

miestny local ['ləukl]; *m-e zvyky* local customs; *m. úrad* (mestský) local government, local authorities; *m-e správy* local news

miesto¹ 1. (v rozl. význ.) place [pleis]; *m. na slnku* a place in the sun; *m. stretnutia* a meeting-place; *m. určenia* the (place of) destination; *m. narodenia* the birthplace; *m. pobytu* (trvalého) the place of residence; mat. *desatinné m.* the decimal place; *dat' veci na m.* put the things in their place **2.** (na sedenie) seat [si:t], place; *otcovo m. pri stole* father's seat at the table; *zaujmite svoje m-a, prosím!* take your seats, please! **3.** (určité m.) spot [spot]; *naše obl'úbené m.* our favourite spot; *byt' rýchlo (príst') na m-e* be soon on the spot; *vyznačit' (určité) m.* mark the spot **4.** (poloha budovy ap.) situation [‚siču'eišn]; *dom je na prekrásnom m-e* the house is in a charming situation **5.** (priestor) space [speis], room [ru:m]; *uvol'nit' m. na knihy* clear the space for books; *m. na státie* standing room **6.** (dejisko) site [sait]; *m. bit-*

ky the site of the battle; *m. činu* the scene of the crime **7.** (zamestnanie, funkcia) position [pə'zišn], (zodpovedné) post [pəust]; *byt' bez m-a* be out of work/job, be unemployed /jobless ● *mat' srdce (dušu) na m-e* to one's heart's content

miesto² I. predl. instead of [in'sted əv], in place of [in pleis əv], in one's place; *pôjdem m. teba* I will go instead of you; *išla som m. nej na konferenciu* I attended the conference in her place **II.** spoj. (miesto toho, aby) instead of; *m. toho, aby pracovala, leží v posteli* instead of working she is lying in bed

miestopis topography [tə'pogrəfi]

miešač (osoba aj stroj) mixer ['miksə]

miešačka (osoba aj stroj) mixer; *m. na betón* concrete-mixer

miešaný mixed ['mikst]; *m. šalát* mixed salad; šport. *m-á štvorhra* mixed doubles

miešat' 1. (krúživo pohybovat') stir [stə:]; *m. kašu* stir the gruel; *m. kávu* stir one's coffee **2.** (tvorit' zmes) mix [miks], (a zvýšit' kvalitu) blend [blend]; *m. maslo s cukrom* mix butter and sugar up together; *m. nápoje* mix drinks **3.** (menit' poradie) shuffle ['šafl]; *m. karty* shuffle (playing) cards // **m. sa** (do čoho) interfere in [‚intəfiə in], meddle in ['medl in]; *nem-j sa mi do mojich vecí* don't meddle in my affairs

migréna migraine ['mi:grein]

mihalnica 1. (viečko) eyelid ['ailid] **2.** (riasy) obyč. mn. č. eyelashes ['ailæšiz]

mihat' (sa) flash [flæš], twinkle ['twiŋkl]; *m. očami* twinkle with eyes; *m. svetlom* flash the light; *hviezdy sa m-jú* the stars are twinkling; *vlak sa m-ol okolo nás* the train flashed past us

mikrób microbe ['maikrəub], (aj bacil) germ [džə:m]

mikrobiológia microbiology [‚maikrəubai 'olədži]

mikrobus minibus ['minibas]

mikroelektronika microelectronics [‚maikrəuilek'troniks]

mikrofón microphone ['maikrəfəun], hovor. mike [maik]

mikroprocesor microprocessor [‚maikrəu 'prəusesə]

mikroskop microscope ['maikrəskəup]

mikroskopický microscopic [‚maikrə 'skopik]; *m-é vyšetrenie* microscopic examination

mikrovlnný: *m-á rúra* microwave (oven) ['maikəweiv (‚avən)]

Mikuláš St Nicholas [ˌseint ˈnikələs]
míľa mile [mail]; *anglická m.* the statute mile; *metrická m.* the metric mile; *námorná m.* the nautical mile
  miláčik 1. (obľúbenec) darling [ˈdaːliŋ], favourite [ˈfeivrət], pet [pet]; *m. obecenstva* the darling of the audience 2. (dôverné oslovenie) love [lav], honey [ˈhani], sweetheart [ˈswiːthaːt]
  milenec 1. lover [ˈlavə], sweetheart [ˈswiːthaːt] 2. mn. č. *m-ci* lovers [ˈlavəz]
  milenka sweetheart [ˈswiːthaːt], mistress [ˈmistrəs]
  miliarda milliard [ˈmiljaːd], AM billion [ˈbiljən]
  miligram milligram(me) [ˈmiləˌgræm]
  milimeter millimetre [ˈmiləˌmiːtə]
  milión million [ˈmiljən]; *m. dolárov* a million dollars; *tri m-y libier* three million pounds; *boli tam m-y ľudí* there were millions of people there
  milionár millionaire [ˌmiljəˈneə]
  milionárka millionairess [ˌmiljəˈneərəs]
  míľnik landmark [ˈlændmaːk]; *historický m.* a landmark in the history
  milosrdenstvo 1. mercy [ˈməːsi] 2. (dobročinnosť) charity [ˈčærəti]
  milosrdný merciful [ˈməːsifl]; *m-á smrť* a merciful death
  milosť 1. (priazeň) favour [ˈfeivə]; *nebyť v m-i (u koho)* be out of favour with sb. 2. (súcit, milosrdenstvo) mercy [ˈməːsi]; *byť odkázaný na m. (koho)* be left to sb.'s mercy; *bez m-i* mercilessly 3. (odpustenie trestu) mercy, pardon [ˈpaːdn]; *udeliť m. (komu)* grant sb. a pardon 4. (Božia) grace [greis]; *z m-i Božej* by the grace of God 5. Jeho/Vaša Milosť (titul panovníkov) His/Your Grace ● *byť vydaný na m. (komu)* be at the mercy of sb.
  milostivý gracious [ˈgreišəs]
  milovaný beloved [biˈlavəd]; *všetkými m.* beloved by all; *moja m-á manželka* my beloved wife
  milovať 1. (ľúbiť) love [lav], be* in love with sb.; *m. rodičov/svoju vlasť* love one's parents/one's country 2. (mať v obľube) be* fond of [bi: fond əv]; *m. hudbu* be fond of music
  milovník 1. lover [ˈlavə]; *m. hudby* a lover of music 2. (obdivovateľ, fanúšik) fan [fæn], admirer [ədˈmairə] 3. (herec v hlavnej role) juvenile lead [ˌdžuːvənail ˈliːd]
  milý 1. (milovaný) dear [ˈdiə] (aj oslovenie v liste); *m-á matka* dear mother; *môj najm-ší priateľ* my dearest friend; *M. pane* Dear Sir; *M-á pani* Dear Madame; *M. pán Green* Dear Mr. Green 2. (pôvabný) lovely [ˈlavli]; *aké m-é dieťa!* what a lovely little child! 3. (láskavý) kind [kaind]; *buďte taký m.* will you be so kind
  mím mime [maim]
  mimika mimicry [ˈmimikri]
  mimo I. prísl. (bokom) aside [əˈsaid] II. predl. out of [aut əv]; *byť m. mesta* be out of town; *m. nebezpečenstva* out of danger; *m. prevádzky* out of order
  mimochodom I. časť. by the way [bai ðə wei], incidentally [ˌinsəˈdentli]; *m., tú knihu ti prinesiem nabudúce* by the way, I'll bring you the book next time II. prísl. (náhodne) by chance [bai čaːns]; *spomenul to len tak m.* he mentioned it quite by chance
  mimoriadny 1. extraordinary [ikˈstroːdnri]; *m-e počasie* extraordinary weather 2. (op. riadny) extra [ˈekstrə]; *plat za m-u prácu* pay for extra work; *m-a schôdza* an extraordinary meeting; *m. veľvyslanec* an ambassador extraordinary; *m. profesor* an assistant professor, AM associated professor; *m-e opatrenia* emergency measures; *m. autobus* an extra bus; *m. poplatok* an extra charge
  mimovoľný involuntary [inˈvoləntri]; *m. pohyb* an involuntary move
  mína mine [main]
  míňať 1. (vydávať, utrácať) spend* [spend]; *m. veľa peňazí/času* spend a lot of money /time 2. (ísť okolo, popri) pass [paːs] (by) // *m. sa* pass [paːs], run* out [ran aut], run* short [ran šoːt]; *hodiny sa pomaly m-li* the hours passed slowly; *naše zásoby uhlia sa m-jú* our supply of coal is running short/out
  minca coin [koin]; *drobné m-e* coins; *raziť m-e* coin ● *druhá strana m-e* the other side of the coin
  mincovňa mint [mint]
  minerál mineral [ˈminrəl]
  minerálka mineral water [ˈminrəl ˌwoːtə]
  mineralógia mineralogy [ˌminəˈrælədži]
  miniatúra miniature [ˈminiəčə]
  miniatúrny miniature [ˈminiəčə]; *m. vláčik* a miniature train
  minikalkulačka hovor. pocket calculator [ˈpokət ˌkælkjəleitə]
  minimálny 1. (najmenšie v množstve al. stupni) minimal [ˈminəml]; *m-a vegetácia* minimal vegetation 2. (najmenšie možné množstvo al. stupeň) minimum [ˈminəməm]; *m-a teplota* the minimum temperature

M

minimum minimum [ˈminəməm]; *existenčné m.* subsistence level, living wage; *znížiť na m.* reduce to a minimum

minister minister [ˈminəstə]; *m. zahraničia/školstva* the Minister of Foreign Affairs /of Education

ministerský ministerial [ˌminəˈstiriəl]; *m. predseda* the Prime Minister skr. PM [ˌpiː ˈem]

ministerstvo ministry [ˈminəstri], department [diˈpaːtmənt]; *m. školstva* the Department of Education; *m. vnútra* the Home Office; *m. zahraničia* the Foreign Office, AM State Department; *m. obrany* the Ministry of Defence

minisukňa hovor. mini [ˈmini]

minule 1. (minulý raz) last time [laːst taim], the other day [ðiː ˈaðə dei]; *m. prišiel neskoro* he was late the other day **2.** (nedávno) recently [ˈriːsntli], not long ago [not lɒŋ əˈɡəu]; *m. tam horelo* there was a fire recently there

minulosť past [paːst]; *v m-ti* in the past; *vec m-ti* a thing of the past; *slávna m.* a glorious past; *žena s m-ou* (zlou) a woman with a past

minulý 1. (op. budúci) past [paːst]; *m-é generácie* past generations; gram. *m. čas* past tense **2.** (predošlý) last [laːst], previous [ˈpriːviəs]; *m. týždeň* last week

mínus I. spoj. mat. minus [ˈmainəs], less [les]; *päť m. dva* five minus two; *50 libier na týždeň m. 10 libier na nájomné* £50 a week minus £10 for the rent **II.** prísl. (záporná veličina) minus; *m. dva stupne* minus two degrees **III.** podst. **1.** mat. (znak odčítania) minus (sign) [ˈmainəs (sain)] **2.** hovor. (nedostatok) minus; *jeden z m-ov bývania v meste* one of the minuses of living in town

minúť 1. (vydať, utratiť) spend* [spend]; *m-l veľa peňazí na nový kabát* he spent a lot of money on a new coat; *m-li sme tam hodinu* (času) we spent an hour there **2.** (prejsť popri čom) pass [paːs] sth.; *keď m-iete poštu, zaboč-te doprava* when you pass the post office, turn right **3.** (o čase) pass; *6 mesiacov m-ulo* six months passed // **m. sa 1.** run* out [ran aut]; *m-ul sa nám chlieb* we have run out of bread **2.** (obísť koho) cross [kros]; *m-uli sme sa na ceste* we crossed each other on the way; *naše listy sa m-uli* our letters crossed in the post

minúta 1. minute [ˈminət]; *o tri m-y* in three minutes **2.** hovor. (chvíľa) moment [ˈməumənt], minute; *počkaj m-u!* just a minute/wait for a moment ● *na m-u presne* to the minute; *každá m. je drahá* every minute counts

minútka kuch. minute steak [ˈminət steik]

misa 1. (plytká) dish [diš]; *m. na mäso* a meat-dish **2.** (hlboká) bowl [bəul], basin [ˈbeisn]; *šalátová m.* a salad bowl; *polievková m.* tureen ● *studená m.* cold meats; *záchodová m.* a lavatory pan

misia mission [ˈmišn]; *vojenská/diplomatická m.* a military/diplomatic mission; *splniť m-u* complete one's mission

misionár missionary [ˈmišənri]

miska 1. small bowl [bəul], basin [ˈbeisn], (plochá) dish [diš] **2.** (váh) scale [skeil]

míting 1. (zhromaždenie) meeting [ˈmiːtiŋ], rally [ˈræli]; *slávnostný m.* a festive/state meeting **2.** (preteky) competition [ˌkompəˈtišn], (v rýchlosti) race [reis]

mixér 1. živ. **a)** (miešač liehových nápojov) barman [ˈbaːmən] **b)** hovor. (zvukový technik) mixer [ˈmiksə] **2.** neživ. (elektrický prístroj) mixer

mixovať mix [miks], (na vytvorenie špeciálnej chuti al. vône) blend [blend]

mizerný 1. (nevyhovujúci, zlý) wretched [ˈrečəd], miserable [ˈmizrəbl], poor [puə]; *m-á cesta* a wretched road; *m-é zdravie* poor health; *m-é podmienky bývania* miserable housing conditions **2.** expr. (naničhodný) good-for-nothing [gud fə ˈnaθiŋ]; *m. chlap* a wretch

mizivý (veľmi malý) minimal [ˈminəml], (zanedbateľný) negligible [ˈneglidžəbl]; *m-é množstvo* a negligible quantity

miznúť 1. disappear [ˌdisəˈpiə]; *slnko m-e za mrakmi* the sun is disappearing behind the clouds **2.** (pomaly sa strácať) fade (away) [ˈfeid (əˌwei)]; *naše nádeje m-ú* our hopes are fading

mláďa 1. young [jaŋ], (mäsožravých zvierat) cub [kab]; *líščie m.* a fox cub **2.** (neskúsený človek) greenhorn [ˈɡriːnhoːn], (mladý a neskúsený) cub

mládenec youth [juːθ], hovor. lad [læd]; *starý m.* a bachelor

mládež youth [juːθ], young people [ˌjaŋ ˈpiːpl]; *školská m.* schoolchildren; *m-i neprístupné* adults only

mládežnícky youth [juːθ]; *m-a ubytovňa* a youth hostel

mladistvý I. príd. youthful [ˈjuːθfl]; *m. výzor* a youthful appearance **II.** podst. (nedospelý) juvenile [ˈdžuːvənail]

mladnúť grow*/become* young [ɡrəu /biˈkam jaŋ]

mladomanžel(ka) 1. a newly wed ['nju:li wed] **2.** mn. č. *m-ia* newly-married couple [ˌnju:li ˌmærid 'kapl], newly-weds

mladosť youth [ju:θ]; *za mojej m-ti* in my young days; *vrátiť m.* restore youth

mladucha bride [braid]

mladý I. príd. (v rozl. význ.) young [jaŋ]; *m. človek* a young man; *môj m-ší brat* my younger brother; *Tom Brown m-ší* Tom Brown Junior (skr. *Jnr, Jr*); *m. strom* a young tree, a sapling; *m-á generácia* the rising generation; *v m-ch rokoch* in one's young years ● *od m-a* since my youth; *za m-a* in one's young years; *m-í — starí* (všetci) young and old **II.** podst. **1.** (m. človek v pomere k rodičom); *náš m.* our junior; *naši m-í* (mladý pár) our young couple **2.** (m-í ľudia) the young

mláka pool [pu:l], (špinavá) puddle ['padl] ● *za veľkou m-ou* overseas

mľaskať smack [smæk]

mláťačka threshing machine ['θrešiŋ ˌmə'ši:n], thresher ['θrešə]

mlátiť 1. (obilie ap.) thresh [θreš] **2.** expr. (surovo biť) strike* [straik], beat* [bi:t], thrash [θræš], flog [flog] **3.** expr. (prudko udierať) bang [bæŋ]; *m-l na dvere* he banged at the door; *m-l päsťou do stola* he banged his fist on the table ● *m. hlava-nehlava (koho)* beat sb. black and blue ● *m. prázdnu slamu* flog a dead horse

mlčanlivý reticent ['retəsnt], taciturn ['tæsiˌtə:n], (tichý) silent ['sailənt]

mlčať 1. (nehovoriť) be*/remain silent [ˌbi:/ri'mein'sailənt] **2.** (zachovávať tajomstvo) hold* one's tongue [həuld wanz taŋ], keep* silent [ki:p 'sailənt] ● *m. ako hrob* be as silent as the grave; *kto m-í, ten svedčí* silence gives consent

mlčky in silence [in 'sailns], silently ['sailəntli]; *m. počúvať* listen in silence

mletý ground [graund], (mäso) minced ['minst]; *m-é mäso* minced meat

mliaždiť crush [kraš], crunch [kranč]

mliečie 1. (ryby) soft roe [soft rəu] **2.** bot. milky sap [ˌmilki 'sæp]

mliečny 1. milk [milk]; *m-a čokoláda* milk chocolate; *m. zub* milk-tooth; *m-e sklo* opaque glass **2.** (ako mlieko) milky ['milki]; *M-a cesta* the Milky Way (the Galaxy)

mliekareň (predajňa aj podnik) dairy ['deri]

mlieko milk [milk]; *plnotučné m.* whole milk; *sušené m.* dry milk; *zbierané/odtučnené m.* skim(med) milk; *pleťové m.* skin lotion ●

plakať nad rozliatym m-m cry over spilt milk

mlieť 1. grind [graind], (mäso) mince [mins]; *m. obilie na múku* grind corn into flour; *m. kávu* grind coffee; *m-é mäso* minced meat **2.** expr. (rýchlo odriekať) rattle off ['rætl of] ● *Kto prv príde, ten prv melie* First come first served; *m. z posledného* reach the end of one's tether

mlok salamander ['sæləˌmændə], newt [nju:t]

mlyn mill [mil]; *veterný m.* a windmill ● *hnať komu vodu na m.* bring grist to one's mill; *bojovať proti veterným m-om* fight a losing battle

mlynár miller ['milə]

mlynček grinder ['graində]; *m. na kávu* a coffee-grinder; *m. na mäso* mincer

mňaučať, mňaukať mew [mju:], miaow [mi:'au]

mních monk [maŋk] ● *žiť ako m.* live like a hermit

mníška nun [nan]

mnoho I. čísl. **a)** (s nepočítateľným podst.) much [mač] **b)** (s počítateľným podst.) many ['meni] **c)** (v kladných oznamovacích vetách) plenty (of) ['plenti (əv)], a lot (of) [lot (əv)], a large number/quantity (of) [əˈlaːdžˌnambə/ 'kwontəti (əv)], a great/good deal (of) [ə greit /gud di:l (əv)]; *nemáme doma m. jedla* there isn't much food in the house; *príliš m. peňazí* too much money; *m. ľudí si to myslí* many people think so; *m. peňazí sa minulo na nábytok* a great deal of money has been spent on furniture; *m. šťastia!* good luck! **II.** prísl. much; *m. rozprávať* talk too much ● *čo je m., to je m.* enough's enough

mnohokrát, mnoho ráz many times ['meni taimz], (veľmi často) very often [ˌveri 'ofn]

mnohonásobný 1. multiple ['maltəpl], (početný) numerous ['nju:mərəs]; *m-é zranenia* multiple injuries **2.** (opakovaný) repeated [ri'pi:təd]; *m. neúspech* repeated failure

mnohostranný 1. (týkajúci sa mnohých strán) multilateral [ˌmalti'lætrəl]; *m-é dohody medzi štátmi* multilateral international agreements **2.** (všestranný) versatile ['və:sətail], all-round [ˌo:l'raund]; *m. športovec* an all-round sportsman

mnohoznačný ambiguous [æm'bigjuəs]; *m-á odpoveď* an ambiguous reply

mnohoženstvo polygamy [pə'ligəmi]

mnohý many a man/a one [ˌmeni ə mən /ə wan]; *m-í (nejeden) z nás súhlasí* many a man/a one of us agree; *m-í* (ľudia) mn. č. many/a lot of people

množina mat. set [set]; *m. bodov* a set of points

množiť (zväčšovať počet) multiply [ˈmaltəplai], increase in number [inˈkriːs in ˈnambə] // **m. sa** multiply aj biol., reproduce [ˌriːprəˈdjuːs]; *tieto rastliny sa ľahko m-a* these plants reproduce easily

množný gram. *m-é číslo* plural [ˈpluərl]

množstvo 1. (počet) quantity [ˈkwontəti], amount [əˈmaunt], fyz. quantum [ˈkwontəm] **2.** (veľký počet) multitude [ˈmaltətjuːd], abundance [əˈbandns]; *m. dôvodov* a multitude of reasons; *veľké/malé m.* a large/a small amount

mobilizácia mobilization [ˌməubəlaiˈzeišn]

mobilizovať mobilize [ˈməubəlaiz]

mobilný mobile [ˈməubail] *m. telefón* cellular telephone/cellphone

moc 1. (v rozl. význ.) power [ˈpauə]; *liečivá m. rastlín* the curative power of herbs; *m. zákona* the power of the law; *mať m. (nad kým)* have power over sb.; *to nie je v mojej m-i* it's beyond my power **2.** (vláda) power, rule [ruːl], control [kənˈtrəul]; *ujať sa m-i* seize the power **3.** (právomoc) authority [oːˈθorəti]; práv. *plná m.* plenary powers **4.** voj. force [foːs]; *branná m.* armed forces

mocenský power [ˈpauə]; *m-á politika* power politics

mocenstvo chem. valency [ˈveilənsi]

mocnina mat. power [ˈpauə]; *druhá/tretia m. troch* the second/third power of three

mocnosť power [ˈpauə]; *svetová m.* a world power; *temné m-ti* the powers of darkness

mocný 1. powerful [ˈpauəfl], mighty [ˈmaiti]; *m. nepriateľ* a powerful enemy; *m. národ* a powerful/mighty nation **2.** (pôsobivý) strong [stroŋ]; *m. dojem* a strong impression; *m. hlas* a laud voice

moč urine [ˈjurən]

močarina swamp [swomp], marsh [maːš]

močiar bog [bog], swamp [swomp]

močiť 1. (namáčať) wet [wet], moisten [ˈmoisn], (dať nasiaknuť) soak [səuk], (ponoriť do tekutiny) steep [stiːp], odb. macerate [ˈmæsəreit] **2.** (vylučovať moč) urinate [ˈjurəneit], hovor. pee [piː]

močový 1. urinary [ˈjurənri]; *m. mechúr* the urinary bladder **2.** chem. uric [ˈjurik]; *kyselina m-á* the uric acid

móda 1. (spôsob obliekania, správania ap.) fashion

[ˈfæšn], style [stail]; *oblečený podľa najnovšej m-y* dressed in the latest fashion; *prísť do m-y* come into fashion; *vyjsť z m-y* go out of fashion; *najnovšia m. topánok/účesu* the latest style in shoes/in hair-dressing **2.** (panujúci vkus) fashion, vogue [vəug]; *byť v m-e* be in vogue/trendy ; *vyjsť z m-y* go out of fashion /vogue; *držať krok s m-ou* keep up with the fashion

modálny modal [ˈməudl]; *m-e slovesá* modal verbs

model model [ˈmodl]; *m. lode* a model ship; *m. auta* a model car; *m. šiat* a dress model; *stáť ako m.* stand as a model

modelka model [ˈmodl]; *m. predvádzajúca modely* a fashion model; *pracovať ako m.* model

modelovať model [ˈmodl]; *m. hlavu z hliny* model sb.'s head in clay

modem modem [ˈməudəm]

moderátor moderator [ˈmodəreitə]

modernizovať modernize [ˈmodənaiz], update [apˈdeit]; *m-ná kuchyňa* a modernized kitchen; *m-ná metóda* an updated method

moderný 1. (súčasný) modern [ˈmodən], up-to-date [ˌap tə ˈdeit]; *m-é metódy* modern /up-to-date methods **2.** (módny) fashionable [ˈfæšnəbl]

modistka milliner [ˈmilənə]

modla idol [ˈaidl]

modliť sa pray [prei]; *m. sa k Bohu* pray to God

modlitba prayer [preə]

módny fashionable [ˈfæšnəbl]; *m. klobúk* a fashionable hat; *m-a prehliadka* a fashion show

modrina bruise [bruːz]; *je samá m.* he's black and blue all over

modrotlač blue-and-white print (textile) [ˌbluːənd wait print (ˈtekstail)]

modrý blue [bluː]; *m-é oči* blue eyes ● *m-á krv* blue blood; *mať m. pondelok* keep blue Monday; *zniesol by mu (aj) m-é z neba* he'd promise the Earth

modul module [ˈmodjuːl]

mohamedán Mohammedan [məuˈhæmədn]

mohér mohair [ˈməuheə]

mohutný 1. (obrovský) enormous [iˈnoːməs], huge [hjuːdž] **2.** (o postave) robust [rəˈbast]

mohyla barrow [ˈbærəu]

mok 1. lek. humour [ˈhjuːmə] **2.** (nápoj) potion [ˈpəušn]

mokasína obyč. mn. č. *m-y* mocassin [ˈmokəsin]

moknúť get* wet [get wet], get* drunched [get drenčəd]

mokrý 1. wet [wet]; *m-é šaty/vlasy* wet clothes/hair 2. (daždivý) rainy [ˈreini], wet; *m-é leto* wet/rainy summer ● *byť m. ako myš* be wet/drenched to the skin

mokvať ooze [uːz]

mol hud. minor [ˈmainə]; (v stupnici) *d mol* in D minor

moľa, moľ moth [moθ]

molekula molecule [ˈmolikjuːl]

molekulárny molecular [məˈləkjulə]

moletka hovor. well-proportioned woman [ˌwelprəˈpoːšənd ˈwumən], shapely woman [ˌšeipli ˈwumən]

mólo pier [piə], mole [məul]

moment 1. (chvíľa) moment [ˈməumənt]; *m., prosím!* just a moment, please; *v každom m-e* at any moment 2. (činiteľ) factor [ˈfæktə], moment; *m. prekvapenia* the moment of surprise; fyz. *m. sily/zotrvačnosti* the moment of force/inertia

momentálne at/for the moment [æt/fə ðə ˈməumənt]; *m̀. nemám čas* I am busy at the moment; *m. som spokojný s platom* for the moment I am content with my salary

momentálny momentary [ˈməuməntri]; *v m-om zmätku* in momentary confusion

momentka snapshot [ˈsnæpšot]; *urobiť m-u* snap

monarcha monarch [ˈmonək]

monarchia monarchy [ˈmonəki]

Mongolsko Mongolia [monˈgəuliə]

mongolský Mongolian [monˈgəuliən]

monitor monitor [ˈmonətə]

monočlánok mono-cell [ˈmonəsel]

monogram monogram [ˈmonəgræm], initials [iˈnišlz] mn. č.

monológ monologue, AM monolog [ˈmonəlog]

monopol monopoly [məˈnopli]; *vládny m.* the government monopoly

monotónny monotonous [məˈnotənəs]

montáž 1. fitting [ˈfitin], assembly [əˈsembli] 2. (umelecká) montage [ˈmontaːž] 3. (obrazová, fotomontáž) composite [ˈkompəsət]

montér fitter [ˈfitə], fixer [ˈfiksə]

montérky overalls [ˈəuvəroːlz] mn. č.

montovať 1. (dokopy) assemble [əˈsembl], fix [fiks] together; *m. dom* assemble a house; *m. autá* assemble cars 2. (pripevňovať) mount [maunt], fix; *m. policu* fix a shelf

monumentálny monumental [ˌmonjəˈmentl]

monzún monsoon [monˈsuːn]

moped moped [ˈməuped], motorbike [ˈməutəˌbaik]

mor 1. plague [pleig] 2. (hydinový) pest [pest] ● *šíriť sa ako m.* spread like wildfire

morálka 1. (etika) morals [ˈmorəlz] mn. č., morality [məˈræləti]; *m. v politike* morality in politics 2. (disciplína) morale [məˈraːl]; *m. vojakov bola vysoká/zlá* the soldiers' moral was high/low

morálny moral [ˈmorəl]; *m-e zásady* moral standards; *m-a podpora* moral support; *žiť m-m životom* live a moral life

Morava 1. (územie) Moravia [məˈreiviə] 2. (rieka) the Morava river

moravský Moravian [məˈreivjən]

morča guinea pig [ˈgini pig]

more 1. sea [siː]; *rozbúrené m.* rough /stormy sea; *lode plávajú po m-i* ships sail on the sea; *plávať v m-i* swim in the sea; *ísť k m-u* go to the seaside; *pri m-i* at the seaside; *za m-om* overseas 2. expr. (veľa) plenty of [ˈplenti əv], heaps of [hiːps əv]; *m. miesta* plenty of room; *m. peňazí* plenty of money; *m. času* heaps of time

morený (o dreve) stained [ˈsteinəd]

moreplavec seafarer [ˈsiːferə]

morfológia morphology [moˈfolədži]

moriak turkey [ˈtəːki]

moriť¹ (mučiť) torture [ˈtoːčə], torment [ˈtoːmənt]; *m. hladom* torment with hunger // **m. sa** (umárať sa) toil [toil]

moriť² (drevo) stain [stein]

morka turkey-hen [ˈtəːki hen]

morský sea [siː]; *m-é ryby* sea fish; *m. breh* the seashore; *mať m-ú chorobu* feel seasick; *m-é oko* a tarn ● *m. vlk* a sea dog

moruša mulberry [ˈmalbri]

mosadz brass [braːs]

moskyt mosquito [məˈskiːtəu]

most 1. bridge [bridž]; *cestný m.* a road bridge; *padací m.* drawbridge 2. (niečo podobné mostu) *vzdušný m.* airlift; tel. *urobiť m.* bridge ● *spáliť za sebou všetky m-y* burn one's bridges

mostík, môstik (v rozl. význ.) bridge [bridž]; *kapitánsky/zubný m.* bridge; *odrazový m.* spring board; *lyžiarsky skokanský m.* ski-jump

motať 1. (navíjať) wind* [waind] (up); *m. vlnu* (do klbka) wind (up) wool into a ball, (na

M

cievku) reel [riːl] **2.** (mýliť, pliesť) mess up [mes ap] **3.** (táraťʼ) mess about [mes əˈbaut] // **m. sa** reel [riːl]; *m-l sa ako opitý* he reeled like a drunken man

motel motel [məuˈtel], AM motor lodge [ˈməutə ˌlodž]

motív 1. (podnet) motive [ˈməutiv] **2.** (umeleckého diela) motif [məuˈtiːf]; *m. vraždy* the murder motive; *ľúbostný m. piesne* a love motif of a song

motivácia motivation [məutiˈveišn]

motocykel motor-cycle [ˈməutə ˌsaikl], hovor. motorbike [ˈməutəbaik]

motocyklista motorcyclist [ˈməutə ˌsaikləst]

motokros motocross [ˈməutəukros]

motor 1. (elektrický) motor [ˈməutə]; *vybavený m-om* motored; *poháňaný elektrickým m-om* driven by an electric motor **2.** (spaľovací) engine [ˈendžən]; *m. s vnútorným spaľovaním* internal-combustion engine; *prúdový m.* jet engine

motorest roadhouse [ˈrəudhaus], hovor. pull-in [ˈpulin]

motorka hovor. **1.** (motocykel) motorbike [ˈməutəbaik] **2.** (vlak) diesel [ˈdiːzl]

motorový motor [ˈməutə]; *m-é vozidlo* a motor vehicle

motúz string [striŋ], (hrubší) cord [koːd]

motyka hoe [həu] ● *plávať ako m.* swim like a stone/brick

motýľ butterfly [ˈbatəflai]

motýlik 1. (druh viazanky) bowtie [ˈbəutai] **2.** šport. butterfly stroke [ˈbatəflai strəuk]

mozaika mosaic [məuˈzeik]

mozgový: *zápal m-ch plien* meningitis [ˌmenənˈdžaitəs]; *m-á porážka* apoplexy

mozoček 1. anat. little brain [ˌlitl ˈbrein], odb. cerebellum [ˌseriˈbeləm] **2.** (jedlo) brains [breinz]

mozog 1. brain [brein]; *mať otras m-gu* suffer from concussion **2.** (rozum) brain(s); *dobrý/bystrý m.* good brains/plenty of brains; *mať slepačí (kuraci) m.* be bird-brained ● *ide mu to na m.* it is driving him mad

mozoľ callus [ˈkæləs], callosity [kæˈlosəti]; *m-le na rukách* calluses on one's hands

mozoľnatý callous [ˈkæləs]; *m-é ruky* callous hands

možno I. časť. (asi) perhaps [pəˈhæps], maybe [ˈmeibi], might [mait]; *m. zmeškal vlak* he may have/perhaps he has missed his

train; *m. by to bolo zaujímavé* it might be interesting **II.** vetná prísl. (je možné) it is possible [it iz ˈposəbl]; *m. povedať, že...* it is possible to say/one can say that...; *čo m. najviac* as much as possible

možnosť 1. (aj pravdepodobnosť) possibility [ˌposəˈbiləti], chance [čaːns]; *m. požiaru* the possibility of fire; *mať m. čoho* be in/with a chance of... **2.** (príležitosť) opportunity [ˌopəˈtjuːnəti], chance; *využiť poslednú m.* take the last opportunity; *mať m.* have a chance/get the opportunity **3.** (schopnosti) possibilities mn. č.; *mať tvorivé m-ti umelca* be a man of creative possibilities

možný (v rozl. význ.) possible [ˈposəbl]; *to je jediné m. riešenie* this is the only possible solution; *to nie je m-é* that is not possible, that's impossible

môcť 1. (byť schopný, vládať, vedieť) can* [kæn], be* able [bi: ˈeibl]; *m-žeš to zodvihnúť?* can you pick/lift it up?; *robí, čo m-že* he's doing all he can **2.** (smieť) can*, (formálne) may* [mei]; *m-žeš ísť domov* you can go home; *m-žem vstúpiť?* may I come in? **3.** hovor. (pravdepodobnosť) may; *m-že byť 9 hodín* it may be nine o'clock; *to m-že, a nemusí byť pravda* that may or may not be true **4.** (výčitka, výzva) might* [mait], ought* [oːt], should [šəd]; *mohol si povedať aspoň „ďakujem"* you might at least have said „thank you"; *mohol si mu pomôcť* you ought to have/should have helped him **5.** (niesť zodpovednosť za čo) be* to blame [bleim]; *deti za to nemohli* the children were not to blame for it

> Pravdepodobnosť sa vyjadruje slovesami **may, might, could** alebo výrazom **maybe**
> *Môže mať asi 20 rokov.*
> = *She might be about 20.*

môj, moja, moje 1. my [mai], (of) mine [(ə)v) main]; *m. syn* my son; *m. rada* my advice; *je v m-ich rokoch* he is my age; *to je m.* that's mine; *to je m. dobrý priateľ, (jeden z viacerých),* he is a good friend of mine **2.** hovor. *m-i (moja rodina)* my people [mai ˈpiːpl]

môstik p. **mostík**

mračiť (vraštiť) wrinkle [ˈriŋkl]; *m. tvár* wrinkle one's face // **m. sa 1.** be cloudy [biː ˈklaudi], become cloudy [biˈkam ˈklaudi] **2.** (o človeku) frown [fraun]; *m-l sa od nespokojnosti* he frowned with displeasure

mračno heavy/dark cloud [ˌhevi/daːk klaud]; *prietrž m-ien* a cloudburst; *m-á sa zbiehajú* dark clouds are gathering; pren. *m. prachu* a heavy cloud of dust
mrak (dark) cloud [(daːk) klaud]; *je pod m-om* it is cloudy
mrakodrap skyscraper [ˈskaiˌskreipə]
mrákota faint [feint]; *išli naňho m-y* he nearly fainted
mramor marble [ˈmaːbl]; *socha z m-u* a marble statue; *obložený m-om* marbled
mraštiť wrinkle [ˈriŋkl]; *m. čelo* wrinkle one's forehead // **m. sa** frown [fraun]; *m-l sa od nespokojnosti* he frowned with displeasure
mraučať whimper [ˈwimpə]
mrav 1. (správanie) manners [ˈmænəz]; *dobré/zlé m-y* good/bad manners **2.** (zvyk) habit [ˈhæbit], custom [ˈkastəm] ● *iný kraj, iný m.* do in Rome as the Romans do
mravec ant [ænt]
mravenisko anthill [ˈænthil]
mravnosť morality [məˈræləti], ethic [ˈeθik]
mravný moral [ˈmorəl], ethical [ˈeθikl]; *m. človek* a man of moral principles; *m-é zásady* moral principles
mráz 1. frost [frost]; *silný m.* a hard frost; *pod bodom m-azu* below freezing point; *päť stupňov m-azu* five degrees of frost; *prízemný m.* ground frost **2.** (srieň) hoarfrost [ˈho:frost] ● *prebehol mu m. po chrbte* a shiver ran down his spine; *exp. prišiel na psa m.* his turn has come
mrazený frozen [ˈfrəuzn]; *m-é potraviny* frozen food
mraziť 1. freeze* [friːz], (rýchlo) deep freeze [diːp friːz]; *m. mäso/ovocie* freeze meat/fruit **2.** (mať pocit chladu) feel* chilly [fiːl ˈčili]
mrazivý 1. frosty [ˈfrosti]; *m-é počasie* frosty weather **2.** (nevľúdny) chilly [ˈčili]; *m-é privítanie* a chilly/frosty welcome
mraznička deep-freeze [ˌdiːp ˈfriːz], (veľká) freezer [ˈfriːzə]
mrazuvzdorný frost-hardy [frost ˌhaːdi]; (nemrznúci) frost-free [frost friː]; *m-á zmes* an antifreeze
mreža 1. bar [baː], (ochranná) grating [ˈgreitiŋ] **2.** (ozdobná, na okne) grille [gril] **3.** elektr. grid [grid] **4.** (mrežová štruktúra) lattice [ˈlætəs] ● *byť za m-mi* (vo väzení) be behind bars; *dostať sa za m-e* be put in prison/be sent to prison

mrhať waste [weist]; *m. časom a peniazmi* waste one's time and money
mrholiť drizzle [ˈdrizl]; neos. *m-í* it is drizzling
mrieť (na čo) die [dai] of sth.; *m. hladom* be starving; pren. *m. zvedavosťou* be dying of curiosity
mriežka 1. (ozdobná, okenná) grille [gril] **2.** techn. grid [grid], screen [skriːn]; *m. nad (odpadovým) kanálom* a grid over a drain; *optická/magnetická m.* an optical/magnetic screen **3.** (ochranná v kozube) fender [ˈfendə]
mrknúť 1. (očami) blink [bliŋk], wink [wiŋk] **2.** expr. aj *m. sa (na koho, čo)* keep* an/one's eye on [kiːp ən ai on], (tajne) peep [piːp] at; *choď sa m. na dieťa, prosím* keep an eye on the baby, please ● *ani okom nem-ol* he didn't bat an eyelid
mrkva carrot [ˈkærət]
mrož walrus [ˈwo:lrəs]
mŕštiť wrinkle [ˈriŋkl]; *m. čelo* wrinkle one's forehead
mŕtvica apoplexy [ˈæpəpleksi], stroke [strəuk]; *ranila ho m.* he's had a stroke
mŕtvola corpse [ko:ps], dead body [ded ˈbodi] ● *ísť cez m-y* stop at nothing, stop short at sth.
mŕtvonarodený stillborn [ˈstilbo:n]; *m-é dieťa* a stillborn child
mŕtvy I. príd. (v rozl. význ.) dead [ded]; *m-e ticho* dead silence; *m. jazyk* a dead language; geogr. *M-e more* Dead Sea; *ostať na m-om bode* reach a deadlock; *vzdať poctu m-m* honour the dead **II.** podst. the dead
mrviť crumble [ˈkrambl]; *m. chlieb* crumble the bread // **m. sa 1.** be crumbly [bi: ˈkrambli]; *chlieb sa m-í* the bread is crumbly **2.** hovor. (vrtieť sa, hniezdiť sa) fidget [ˈfidžət]
mrzák cripple [ˈkripl]
mrzieť (čo) worry [ˈwari] about sth.; be*/feel* sorry [biː/fiːl ˈsori] about/for sth.; *m-í ma to* I'm sorry about it; *nem-í ťa to, čo si spravil?* aren't you sorry for/about what you've done? // **m. sa** (hnevať sa) be annoyed [bi: əˈnoid]
mrzký 1. (nepekný) ugly [ˈagli], nasty [ˈna:sti]; *m-á rana* an ugly wound; *m. zápach* a nasty smell; *m. pohľad* a nasty look **2.** (podlý) mean [miːn], vile [vail]; *m-é klebety* a vile slander
mrznúť 1. freeze* [friːz]; *voda m-e pri teplote 0 °C* water freezes at the temperature

M

of 0 degrees Celsius; *túto noc bude m.* it will freeze tonight; neos. *m-e* it is freezing **2.** (trpieť zimou) freeze*; *m-ú mi ruky* my hands are icy ● *krv mu m-e v žilách* it makes his blood freeze

mrzutosť trouble [trabl], inconvenience [inkən'vi:niəns]

mrzutý ill-feeling [il 'fi:liŋ], bad-tempered [bæd 'tempəd]; *byť m.* be in a bad temper

mučeník martyr ['ma:tə]; *urobiť zo seba m-a* make a martyr of oneself

mučiť 1. (telesne) torture ['to:čə] **2.** torment ['to:mənt]; *m-ený bolesťou/hladom* tormented with pain/hunger

múčka: *zemiaková m.* potato starch

múčnik 1. (ako choď jedla) sweet [swi:t], (pečený koláč, torta) cake [keik] **2.** (ako posledný chod) dessert [di'zə:t]

múčny: 1. *m-e jedlo* farinaceous food, sweet meal **2.** (dezert po obede) dessert [di'zə:t]

mudrc sage [seidž], wise man [wais mæn]

múdrosť wisdom ['wizdəm], kniž. sagacity [sə'gæsəti]; *m. našich predkov* the wisdom of our ancestors ● *zub m-ti* wisdom tooth; expr. *myslí si, že pojedol všetku m. sveta* he thinks he knows all the answers

múdry wise [waiz]; *m. človek* a wise man; *m-a rada* a good piece of advice ● *nie som z toho m-ejší* I am none the wiser; *m-ejší ustúpi* discretion is the better part of valour

mucha fly [flai] ● *zabiť dve m-y jednou ranou* kill two birds with one stone; *ani m-e neublíži* he wouldn't hurt a fly; *vie, od čoho m-y dochnú* he knows which side of one's bread is buttered

muchotrávka toadstool ['təudstu:l]

múka flour [flauə]; *hrubá m.* coarse flour; *hladká m.* fine-ground flour; *celozrnná múka* wholemeal flour; *ovsená m.* oatmeal

mul(a) zool. mule [mju:l]

mulat mulato [mju:'lætəu]

mulica mule [mju:l]

múmia mummy ['mami]

munícia ammunition [ə,mjə'nišn]

múr wall [wo:l]; *nosný m.* supporting wall ● *ísť hlavou proti m-u* bang one's head against a brick wall; *byť pritlačený k m-u* have one's back to the wall

murár bricklayer ['brik,leiə]

murivo brickwork ['brikwə:k], (z kameňa) masonry ['meisnri]

murovať lay* bricks [lei briks], (stavať) build in bricks [bild in briks]

musieť 1. (nevyhnutnosť) must* [məst, mast], have* (got) [hæv (got)], (v zápore) need [ni:d]; *m-ím zavolať rodičom* I must phone my parents; *m-iš tu ostať cez noc* you must stay/you have to stay the night; *budem m. urobiť všetko znova* I shall have to do it all over again; *nem-íme ísť tak skoro* we needn't go so soon **2.** (povinnosť) must*, have*, have*got; *m-i sa starať o deti* he has to care for the children **3.** (predpoklad, istota) must; *m-ela byť krásna* she must have been beautiful; *obed už m-í byť hotový* the lunch must be ready by now ● *to nem-elo byť* you didn't have to, you know

muška 1. (drobný hmyz) midge [midž], little fly [,litl flai]; *svätojánska m.* a firefly **2.** ryb. fly [flai] **3.** (časť mieridla) sight [sait]

muškát 1. bot. (pelargónia) geranium [džə'reiniəm] **2.** (víno) muscatel [,maskə'tel]

muškátový: *m. kvet* mace; *m. oriešok* nutmeg

mušľa mussel ['masl], (cockle)shell [('kokl)šel]

mušt 1. (jablkový) cider ['saidə] **2.** (hroznový) grape juice [greip džu:s]

mutácia mutation [mju:'teišn]

mútiť 1. (kaliť) make* muddy [meik 'madi], mud [mad] **2.** (vyrábať maslo) make* butter [meik 'batə] ● *m. vodu* stir up mud // **m. sa** (kaliť sa) grow muddy [grəu 'madi]

mútny 1. (kalný) muddy ['madi], turbid ['tə:bəd]; *m. potok* the turbid/muddy waters of a stream **2.** (zakalený, zahmlený) turbid, dim [dim]; *m-e oči* dim eyes ● *loviť v m-ch vodách* fish in troubled waters

mutovať 1. (spôsobovať genetickú zmenu) mutate [mju:'teit] **2.** (o hlase v čase dospievania) break*; *chlapec m-uje* the boy's voice is breaking

múza muse [mju:z]; *ľahká m.* light muse

múzeum museum [mju:'ziəm]; *prírodovedecké m.* (natural) science museum

muzikál musical (comedy) ['mju:zikl ('komədi)]

muzikant hovor. musician [mju:'zišn] ● *ja nič, ja m.* don't look at me!

muž 1. man [mæn], mn. č. men [mən], (i v armáde — vojak); *ženatý m.* a married man; *slobodný m.* a single man; *vojenčina z neho spraví m-a* the army will make a man of him **2.** (manžel) husband ['hazbənd], hovor. man; *vziať si za m-a (koho)* get married to sb. ● *slovo* *robí m-a* be a man of one's word; *do posledného m-a* to the last man

mužný manly ['mænli], virile ['virail], masculine ['mæskjələn]; *mať m. výzor* look masculine; *hlboký m. hlas* a deep manly voice

mužský male [meil], masculine ['mæskjələn]; *m. hlas* a masculine voice; *m. zbor* a male-voice choir; gram. *m. rod* masculine gender

mužstvo 1. men [men]; *dôstojníci a m.* officers and men 2. šport. team [tiːm]; *národné m.* the national team 3. (posádka, personál) crew [kruː]

my we [wiː], (ako predmet) us [as, əs], (sami) ourselves [ˌauəˈselvz]; *ideš s nami?* will you join us? *u nás* (v našej krajine) in our country; *u nás* (doma) at our place ● *medzi nami* between you and me, between ourselves

mydliny suds [sadz]

mydliť soap [səup]; *m. si ruky* soap one's hands // **m. sa** soap oneself; (pred holením) lather [ˈlaːðə]

mydlo soap [səup]; *holiace m.* shaving--soap; (valčekové) shaving-stick; *toaletné m.* toilet soap

mydlový: *m-á pena* lather; *m. prášok* soap-powder; *m-é vločky* soap flakes

mykať (priadzu) card (wool) [kaːd (wul)] // **m. sa** jerk [džəːk]

mýliť 1. (miasť, uvádzať do omylu) confuse [kənˈfjuːz], bewilder [biˈwildə]; *nedaj sa m.* don't get confused 2. (rušiť, prekážať, vyrušovať) disturb [disˈtəːb], interfere [ˌintəˈfiə] (with); *m-i ma jeho prítomnosť* I'm rather disturbed by his presence; *tvoje rádio ma m-i v práci* your radio interferes with my work // **m. sa** be* mistaken [biː məˈsteikn], be* wrong [biː roŋ] // **m. si** mistake [məˈsteik]; *m-a si ho s jeho bratom* they mistake him for his brother

mýlka error [ˈerə], mistake [məˈsteik]

mylný (nepravdivý, chybný) wrong [roŋ], mistaken [məˈsteikn]; *jeho názory sú m-é* his opinions are wrong/mistaken; *m. dojem* a mistaken impression

myrta myrtle [ˈməːtl]

mys cape [keip]; *M. dobrej nádeje* the Cape of Good Hope

myseľ 1. (myslenie) mind [maind]; *bystrá m.* a sharp mind; *mať čo, koho na m-li* have sth./sb. on one's mind; *prísť na m.* come to one's mind 2. (presvedčenie) mind, opinion

[əˈpinjən]; *byť jednej m-le* be of one mind/of the same opinion; *byť proti m-li (komu)* go against the grain for sb. 3. (nálada) mood [muːd]; *byť dobrej m-e* be in a good mood ● *zíde z očí, zíde z m-e* out of sight, out of mind

myslieť 1. (v rozl. význ.) think* [θiŋk]; *m. na následky/na riziko* think of the consequence /the risks; *na čo m-íš?* what are you thinking about? *nem-ím, že je to správne* I don't think it's right; hovor. *dobre mu to m-í* he has a good brain 2. (mať na mysli) mean [miːn]; *povedala utorok, ale m-ela pondelok* she said Tuesday but she meant Monday // **m. si** think; *čo si o tom m-íš?* what do you think of it? *to som si mohol m.!* I thought as much ● *veľa si o sebe m-í* he thinks himself highly

mysliteľ thinker [ˈθiŋkə]; *veľký m.* a great thinker

mystický mystic(al) [ˈmistik(l)]; *m-á sila* a mystical power

mystika 1. (mysticizmus) mysticism [ˈmistəsizm] 2. (mystérium) mystique [miˈstiːk]

myš mouse [maus], mn. č. mice [mais] (aj doplnok k počítaču) ● *mokrý ako m.* drenched to the skin; *chudobný ako kostolná m.* as poor as a church mouse; *hrať sa ako mačka s m-ou (s kým)* play cat and mouse with sb.

myšací: *m-ia diera* a mousehole; *m. pach* mousy smell

myšlienka 1. thought [θoːt]; *čítať m-y (koho)* read sb.'s thoughts; *hlavou mu preletela m.* a thought has crossed his mind; *vyjadriť m-u slovom* express oneself 2. (plán, nápad) idea [aiˈdiə]; *má plno nových m-ok* he's full of new ideas; *to je dobrá m.!* that's a good idea!

mýto 1. (poplatok) toll [təul] 2. (miesto, kde sa platí poplatok) toll-bar [ˈtəul baː], ˈtoll-gate [ˈtəul geit]

mytológia mythology [miˈθolədži]

mytologický mythological [ˌmiθəˈlodžikl]

mýtus myth [miθ]; *pohanské m-y* pagan myths

mzda 1. (za hodinu, deň, týždeň) wages [ˈweidžəz]; *priemerná týždenná m.* the average weekly wage 2. (mesačný plat) salary [ˈsæləri], (plat) pay [pei]

mzdový: *m. systém* a pay system; *m-é náklady/m-á listina* a pay-roll; *m-á učtáreň* wages clerk's office

M

N, Ň

na¹ čast. (ponuk. význ.), mn. č. *nate* here you are [hiə ju: a:], take it [teik it], here's to/for you [hiəz tə/fə: ju:], here it is [hiə it iz]

na² **a)** predl. s A. **1.** (miesto, smerovanie) on [on], to [tə]; *sedieť na stoličke* sit on the chair; *skočiť na zem* jump to the ground; *zavesiť obraz na stenu* hang the picture on the wall; *na tabuľu* on the blackboard **2.** (smer, smerovanie) to [tə]; *vtáky odlietajú na juh* the birds fly to the south; *cesta na Brno* the road to Brno **3.** (účel, cieľ) for [fo:], to [tə]; *pozvať na svadbu* invite to wedding; *na šálku čaju* for a cup of tea; *voda na pitie* water for drinking; *potrebovať na obživu* need for living; *kefa na šaty* a clothes brush; *prášky na spanie* sleeping pills **4.** (spôsob, miera) to [tə], on [on], at [æt]; *na vlastnú kožu* on one's skin; *stáť na vlastných nohách* be on one's own; *priblížiť sa na dva metre* come near to two metres; *vajcia na tvrdo* hard boiled eggs **5.** (čas) in [in], at [æt], for [fo:]; *na jeseň* in autumn; *na Vianoce* at Christmas; *odložiť cestu na budúci mesiac* postpone the trip for the next month **6.** (príčina) at [æt], of [əv]; *prísť na zavolanie* come at the right time; *umrieť na infarkt* die of a hearth attack **7.** (zreteľ) for [fo:]; *je primladý na to* he is too young for it **8.** (väzba pri slovesách a menách) at [æt], in [in], within [wið'in], to [tə], upon [ə'pon], beyond [bi'jond], on [on]; *kandidát na prezidenta* a candidate for president; *na prvý pohľad* at first sight; *na dosah ruky* within reach; *slová končiace sa na -y* words ending in -y; *čo povedal na to?* what did he say to that? *je to na vás* it's up on you, it's up to you; *na môju dušu* upon my soul; *na počudovanie* surprisingly; *na nepoznanie* beyond recognition; *predávať na dlh* sell on credit **b)** s L. **1.** (miesto al. prostredie) on [on], in [in]; *sedieť na lavičke* sit on the bench; *ležať na slnku* lie in the sun; *bývať na vidieku* live in the country **2.** (účel, cieľ) *byť na odchode* be about to leave **3.** (spôsob, nástroj al. miera) on [on], by [bai]; *na koni* on horseback; *na krídlach* on the wings; *sprevádzať na klavíri* accompany on the piano; **4.** (čas) at [æt]; *vrátil sa na svitaní* he returned at down; *na konci roka* at the end of the year **5.** (príčina) at [æt]; *smiať sa na žartoch* laugh at jokes **6.** (väzba pri slovesách a menách) on [on], in [in], to [tə]; *dohodnúť sa*

na postupe agree on the procedure; *lipnúť na deťoch* stick to children; *zúčastniť sa na projekte* take part in the project

nabádať incite [in'sait], spur on [spə: on], move [mu:v], exhort [ig'zo:t]; *n. na vzburu* incite to rebellion; *n. k činnosti* spur on to action; *n-l ho, aby povedal prejav* he moved him to make a speech; *n-li ich, aby statočne bojovali* they exhorted them to fight bravely

nabádavý exhortative [ig'zo:tətiv], inciting [in'saitiŋ]

nabaliť **1.** (kufor) pack up [pæk ap]; *n. batožinu* pack up the luggage **2.** (jedlo) prepare [pri'peə]; *n. jedlo* prepare a parcel of food

nabažiť sa (čoho) get* tired [get 'taiəd] (of), get* fed up [get fed əp] (with); *n. sa cestovania* get tired of travelling; *nemôžem sa toho n.* I can never have enough of it, I am never tired of it

nábeh **1.** (sklon) inclination [,iŋklə'neišn]; *n. na tučnotu* inclination to obesity **2.** (začiatok, rozbeh) start [sta:t], run [ran]

nabehať run* [ran]; *koľko kilometrov si na-l?* how many kilometres did you run? // **n. sa** (expr.) run* off one's feet [ran əv wanz fi:t]; *n-l sa, kým to dostal* he ran himself off his feet till he got it

nabehlina swelling ['sweliŋ], tumor ['tju:mə]

nabehnúť **1.** (napuchnúť) swell* [swel]; *n-li jej nohy* her legs are swollen **2.** (prudko naraziť) run* on [ran on]; *n. na prekážku* run on an obstacle

naberač tech. dipper ['dipə]; *n. oleja* an oil dipper

naberačka ladle ['leidl]; *n. na polievku* a soup ladle

naberať **1.** ladle ['leidl]; *n. polievku* ladle some soup **2.** (záhyby) fold [fəuld]

nabiediť sa suffer much ['safə mač]; *ľudia sa cez vojnu n-li* people suffered much during the war

nabieliť whitewash ['waitwoš], whiten ['waitn]; *túto stenu možno ľahko n.* this wall whitewashes easily

nabíjačka elektr. charger ['ča:džə]

nabijak odb. loader ['ləudə]

nabiť **1.** (zbiť) spank [spæŋk]; *n. dieťa po zadku* spank the child on the buttocks **2.** (na-tĺcť) drive* [draiv]; *n. klince do steny* drive nails into the wall **3.** expr. (natlačiť) cram [kræm]; *n-tý vlak* crammed train **4.** (elektrinu) charge [ča:dž]; *n. batériu* charge the battery **5.** (naplniť nábojom) load [ləud]; *n. delo/pušku* load a gun/rifle ● *n. do hlavy (komu)* hammer into a person's head

nabitý 1. (o zbrani) loaded [ˈləudəd] **2.** (elektrinou) live [laiv], charged [ča:dž] **3.** (preplnený) crammed [kræmd], crowded [ˈkraudəd], packed with people [pækt wið ˈpi:pl]

nablízku nearby [ˌniəˈbai]; *pošta je celkom n.* the post office is quite nearby

náboj 1. (strela) charge [ča:dž], cartridge [ˈka:tridž] **2.** elektr. charge [ča:dž]

nábojnica shell [šel]

nabok aside [əˈsaid]; *dal knihu n.* he laid the book aside; *ustúpil n.* he stepped aside

nábor 1. voj. enlistment [inˈlistment], recruiting [riˈkru:tiŋ] **2.** polit. campaign [kæmˈpein]

náboženský religious [riˈlidžəs]; *n-á sloboda* religious freedom

náboženstvo religion [riˈlidžn], faith [feiθ]; *kresťanské n.* christian religion

nábožný religious [riˈlidžəs], pious [ˈpaiəs]

nabrať 1. (vziať) take* [teik], ladle [ˈleidl], spoon [spu:n]; *n. polievku* take some soup **2.** (zriasiť) gather [ˈgæðə], fold [fəuld]; *sukňu* gather a skirt // **n. sa** (objaviť sa, vyskytnúť sa) come* from [kam frəm]; *kde sa tu n-lo toľko ľudí?* where do all these people come from?

nábrežie embankment [imˈbæŋkmənt], quay [ki:]; *n. Dunaja* embankment of the Danube

nabrúsiť sharpen [ˈša:pn]; *n. nôž* sharpen a knife ● *mať n-ený jazyk* have got a sharp tongue

nabrýzgať expr. scold [skəuld]; *n. dieťaťu* scold a child

nabrznúť hovor. (o mlieku) go*/turn sour [gəu/tə:n sauə]; *n-uté mlieko* sourish milk

nabudúce next (time) [nekst (taim)]; *keď sa n. stretneme, vrátim ti to* when I next see you, I'll give it back to you

nabúrať (autom) smash [smæš]; *n-l autom do steny* he smashed his car into the wall

nábytok furniture [ˈfə:ničə]; *vstavaný n.* a built in furniture

nacionálie pomn. personal data [ˌpə:snəl ˈdeitə]

nacionalista nationalist [ˈnæšnələst]

nacionalistický nationalistic [ˌnæšnəˈlistik]

nacionalizmus nationalism [ˈnæšnəlizm]

nacionálny national [ˈnæšnəl]

nacista Nazi [ˈna:ci]

nacizmus Nazism [ˈna:cizm]

nactiutřhač slanderer [ˈsla:ndərə]

nacvičiť practise [ˈpræktəs], drill [dril]; *n. tanec* practise the dance

nácvik practice [ˈpræktəs], drill [dril]; *n. anglickej intonácie* drill in English intonation

načas 1. (presne) in time [in taim]; *príď n., aby si stihol vlak* come in time to catch the train **2.** (dočasne) temporarily [ˈtemprərili]; *ubytovať sa n.* accommodate temporarily

načať 1. (začať) start [sta:t]; *n. pletenie svetra* start knitting a sweater **2.** (porušiť celistvosť) cut* [kat], open [ˈəupən]; *n. koláč* cut the cake; *n. fľašu* open the bottle

náčelník 1. (vedúci) head [hed], leader [ˈli:də], commander [kəˈma:ndə]; *n. stanice* stationmaster; hovor. boss [bos] **2.** (kmeňa) chief [či:f]

načerpať 1. (tekutinu) draw* [dro:]; *n. vodu* draw water **2.** (získať) gain [gein]; *n. vedomosti* gain knowledge; *n. novú nádej* gather fresh hope

načertiť sa expr. be* in a rage [bi: in ə reidž]; *n-l sa* he was in a rage

načesať hovor. (vlasy) do* up the hair [du ap ðə heə]; *n-la si vlasy* she did up her hair

načiahnuť (vystrieť) extend [ikˈstend], stretch out [streč aut]; *n. ruky* extend hands // **n. sa** reach out [ri:č aut]; *n. sa za knihou* reach out for the book

načierniť blacken [ˈblækn]

načierno (bez zaplatenia) without paying [ˌwiðaut ˈpeiŋ]; *cestoval n.* he travelled without paying

náčinie hromad. (v domácnosti) utensils [ju:ˈtenslz], (mechanické) implements [ˈimpləments], (elektrické) gagets [ˈgædžits], (iné) tools [tu:lz]; *kuchynské n.* kitchen utensils

načisto 1. (do čistej podoby) clean [kli:n]; *n. vypraný* clean washed; *napísať n.* make a fair copy **2.** hovor. (celkom, úplne) absolutely [ˈæbsəlju:tli], utterly [ˈatəli]; *to je n. nemožné* it is absolutely impossible; *n. sa zbláznil* he went absolutely mad

načmárať expr. scribble [ˈskribl]; *n. niekoľko riadkov* scribble a few lines

načo what for [wot fo:]; *n. sú mu peniaze?* what is money good for him?

načrieť 1. (načerpať, nabrať) ladle [ˈleidl]; *n. polievku* ladle some soup **2.** (načrieť) scoop out [skuːp aut]; *n. rukami do piesku* scoop out the sand with hands
náčrt (skica, stručné podanie) sketch [skeč], outline [ˈautlain]; *n. amerických dejín* an outline of American history
načrtnúť (naskicovať, stručne opísať) sketch [skeč], outline [ˈautlain]; *n. portrét* sketch a portrait; *n. myšlienky* outline ideas
náčrtok sketch [skeč]
načúvať 1. listen [ˈlisn] **2.** (odpočúvať) eavesdrop [ˈiːvzdrop]
nad a) predl. s A. **1.** (smerovanie kam) above [əˈbav], over [ˈəuvə]; *zdvihnúť ruky n. hlavu* raise hands above the head; *zavesiť obraz n. posteľ* hang the picture over the bed; *skloniť sa n. spiace dieťa* lean over the sleeping child **2.** (miera) above [əˈbav], beyond [biˈjond]; *teplota n. 30 stupňov* temperature above 30 degrees; *to je n. moje očakávania* it's beyond my expectations **b)** s L. **1.** (miesto) above [əˈbav], over [ˈəuvə]; *500 m n. morom* 500 metres above (the) sea level; *hmla n. mestom* fog above the city; *n. ohňom* over the campfire **2.** (účel, cieľ) over [ˈəuvə]; *sedieť n. úlohami* ponder over the homework **3.** (väzba pri slovesách a menách) over [ˈəuvə], on [on]; *vládnuť n. chudobou* rule over the poor; *víťaziť n. predsudkami* win over prejudices; *zľutovať sa n. nepriateľom* take mercy of the enemy
naďabiť come* across [kam əˈkros]; *n. na starého priateľa* come across an old friend
nadácia foundation [faunˈdeišn], grant [graːnt]
naďalej henceforth [ˌhensˈfoːθ], (aj v budúcnosti) from now on [frəm nau on], in the future [in ðə ˈfjuːčə]; *budú n. spolupracovať* they will cooperate in the future
nadanie talent [ˈtælənt], gift [gift]; *n. na hudbu* gift for music
nadaný gifted [ˈgiftəd], talented [ˈtæləntəd] *n-í študenti* gifted/talented students
nadarmo 1. (márne) in vain [in vein], without success [ˌwiðˈaut sakˈsəs]; *čakal n.* he waited in vain; *n. míňať čas* spend the time without success **2.** (bez dôvodu) to no purpose [tə nəu ˈpəːpəs]; *šiel ta n.* he went there to no purpose
nadávať scold [skəuld], swear* [sweə], tell* off [tel of]; *n. ako pohan* swear like a trooper

nadávka swearword [ˈsweəwəːd]
nadbehnúť 1. (predbehnúť) take* a short cut [teik ə šoːt kat]; *n-ol ich cez park* he took a short cut across the park **2.** (dohoniť) outrun* [ˌautˈran], catch* up with [ˌkæč ap ˈwið]; *musí n. spolužiaka* he must catch up with his classmate **3.** (prísť do cesty) come* the person's way [kam ðə ˈpəːsənz wei]; *zajac n-ol poľovníkovi* the rabbit came the hunter's way
nadbytočný superfluous [suːˈpəːfluəs]; *n-é zásoby* superfluous stocks
nadbytok surplus [ˈsəːpləs], abundance [əˈbandns]; *n. surovín* a surplus of raw materials
nadčlovek superman [ˈsuːpəmæn]
nádej hope [həup], (očakávanie) expectation [ˌekspekˈteišn], (vyhliadka) prospect [ˈprəspekt]; *žiť v n-i* live in hope ● *ukájať sa n-ou* cherish hopes
nádejať sa hope [həup], believe [biˈliːv]; *n-m sa, že zvíťazím* I hope/believe in victory
nádejný hopeful [ˈhəupfl], promising [ˈpromisiŋ]; *n. spisovateľ* a promising writer
nádenník day-labourer [ˈdeiˌleibərə]
nádhera 1. (krása) splendour [ˈsplendə] **2.** (prepych) luxury [ˈlakšri]; *žiť v n-e* live in luxury
nádherný 1. (krásny) splendid [ˈsplendəd]; *n. výhľad* splendid view **2.** (prepychový) luxurious [lagˈžuriəs]; *n-é budovy* luxurious buildings
nadhodnota ekon. surplus value [ˈsəːpləs ˈvæljuː]
nádcha cold [kəuld]; *chytiť/dostať n-u* catch a cold
nadchnúť (oduševniť) inspire [inˈspaiə]; *prednáška ho n-la* the lecture inspired him // **n. sa** (čím, za čo) feel*/be* enthusiastic [fiːl/ biː inˌθjuːziˈæstik]; *n. sa krásou myšlienky* feel enthusiastic about the idea
nadchod viaduct [ˈvaiədakt]
nádielka distribution of presents/gifts [ˌdistrəˈbjuːšn əv ˈprezənts/gifts]; *vianočná n.* Christmas box [ˈkrisməs boks]
nadieť 1. (napchať) fill up [fil ap]; *n. klobásu* fill up the sausage **2.** (naplniť) stuff [staf]; *n. kurča* stuff the chicken
nadjazd BR flyover [ˈflaiəuvə], AM overpass [ˈəuvəpaːs], road bridge [rəud bridž]
nadľahčiť 1. lighten [ˈlaitn] **2.** (zmierniť) relieve [riˈliːv]
nadlaktie upper arm [ˈapə aːm]

nadlho for a long time [fə: ə loŋ taim]; *odišiel n.* he left for a long time

nadľudský superhuman [ˌsu:pə'hju:mən]; *n-á námaha* superhuman effort

nadížiť lengthen ['leŋθn]; *n. sukňu* lengthen a skirt

nadmerný 1. excessive [ik'sesiv]; *n-á spotreba* excessive consumption 2. (nad stanovenú veľkosť) oversized ['əuvəsaizd]; *n-ý byt* an underoccupied flat

nadmorský above (the) sea level [ə'bav si: 'levl]; *n-á výška tisíc metrov* one thousand metres above sea level

nadnes for today [fo: tə'dei]; *lístky do kina n.* tickets to the cinema for today

nádoba vessel ['vesl]; *spojené n-y* joined vessels; *n. na odpadky* a waste bin, AM a garbage can

nadoblička (obyč. mn. č.) *n-y* anat. suprarenal gland [ˌsu:prə'ri:nl glænd]

nadobro hovor. for good [fə gud], (úplne) entirely [in'taiəli]; *n. stratený* lost for good; *n. mŕtvy* as dead as a doornail

nadobudnúť acquire [ə'kwaiə], obtain [əb'tein]; *n. vedomosti* acquire knowledge; *n. veľkú sumu peňazí* obtain a large sum of money; *n. skúsenosti* obtain experience

nadol down [daun], downwards ['daunwədz]; *ísť n.* go downwards

nádor tumour ['tju:mə]; *rakovinový n.* carcinoma

nadosmrti expr. for life [fə: laif]; *zapamätá si to n.* he'll remember it for life

nadovšetko I. prísl. (veľmi) very much ['veri mač]; *má to n. rád* he likes it very much II. čast. (predovšetkým) especially [i'spešəli], in particular [in pə'tikjulə], first and foremost [fə:st and fo:məust]; *potrebuje si najmä odpočinúť* first and foremost he needs a rest

nadpis (nadpis knihy, článku) title ['taitl], (záhlavie) heading ['hediŋ], (záhlavie novín) headline ['hedlain], (nápis) inscription [in'skripšn], (nápis nad iným textom) superscription [ˌsu:pə'skripšn]

nadplán surplus plan ['sə:pləs plæn]

nadpočetný surplus ['sə:pləs]

nadpolovičný more than half [mo: ðən ha:f]; *n-á väčšina* more than half majority

nadporučík (first) lieutenant [(fə:st) lef'tenənt]; BR let. flying officer ['flaiŋ 'ofisə]

nadpozemský supernatural [ˌsu:pə'næčrəl]; *n-á sila* supernatural power

nadpráca surplus work ['sə:pləs wə:k]

nadpriemerný above the average [ə'bav ði 'ævəridž]

nadprirodzený supernatural [ˌsu:pə'næčrəl]; *n-é bytosti* supernatural beings

nadradený superior [su'piriə]; *cítiť sa n.* feel superior

nadriadený I. príd. superior [su:'piriə]; *jeho n. dôstojník* his superior officer II. podst. superior ['supiriə]; *je jeho n.* he is his superior

nadrieť sa expr. work very hard [wə:k veri ha:d], drudge [dradž]; *n. sa pri tvorbe slovníka* drudge at dictionary making

ňadro poet. bosom ['buzm], breast [brest]

nádrž 1. (veľká nádoba) tank [tæŋk], (teplovodná) boiler ['boilə] 2. (priestor na zachytávanie vody) reservoir ['rezəvwa:], basin ['beisn]

nadŕžať favour ['feivə], patronize ['pætrənaiz], back up [bæk ap]; *n-a priateľovi* he favours his friend

nadstavba 1. stav. additional stor(e)y [ə'dišnəl 'sto:ri]; *luxusná n.* penthouse ['penthaus] 2. filoz. superstructure ['su:pəˌstrakčə]

nadstavbový: *n-é štúdium* extension lectures

nadstaviť 1. (nadstavať) add [æd], build* on [bild on]; *n. poschodie* add/build on a stor(e)y 2. (predížiť) lengthen ['leŋθn]; *n. sukňu* lengthen the skirt 3. (nadložiť) hold on; *n. nohu (komu)* trip sb. up

nadstranícky above parties [ə'bav ˌpa:tiz] *n. prezident* an above parties president; *n. výbor* all parties committee

nadšenec enthusiast [in'θju:ziæst]

nadšenie (elán) enthusiasm [in'θju:ziæzm], (obdiv) admiration [ˌædmə'reišn]

nadšený enthusiastic [inˌθju:zi'æstik]; *nie som tým n.* I have no heart for it

nadškrtnúť expr. hint [hint]; *n. možné zmeny* hint possible changes

nadúroda bumper harvest ['bampə 'ha:vəst]

nadutec swollen-head ['swəuln hed], snob [snob]

nadutý expr. haughty ['ho:ti], conceited [kən'si:təd]; *n. človek* a haughty person; *n-é správanie* conceited manners

nadváha overweight ['əuvəweit]; *trpieť nadváhou* suffer from overweight; *príplatok za nadváhu* (batožiny v lietadle) excess baggage

nadviazať 1. (viazaním spojiť) link up [liŋk ap], tie together [tai tə'geðə] 2. (začať rozvíjať) enter into [ˌentə 'intu], establish [i'stæbliš]; *n. rozhovor/korešpondenciu* enter into conversation

/correspondence; *n. styky* establish relations; *n. priateľstvo* make* friends; *n. známosť* make* an acquaintance 3. (pripojiť sa k čomu, pokračovať v čom) take* up [teik ap], follow up [ˈfɔləu ap]; *n. na tradície* follow (up) traditions ● *n. niť* (rozprávania) take* up the thread of a story

nadvláda (nad inými) hegemony [ˈhigəməni], dominance [ˈdomənəns], (prevaha) supremacy [suːˈpreməsi], (ovládanie) rule [ruːl]

nádvorie courtyard [ˈkoːtjaːd]

nadvýkon overperformance [ˌəuvəpəˈfoːməns]

nadvýroba overproduction [ˌəuvəprəˈdakšn]; *kríza z n-y* crisis resulting from overproduction

nádych 1. (nadýchnutie) deep breath [diːp breθ] 2. (farebný) tinge [tindž], tint [tint]; *červený n. pokožky* red tint

nadýchnuť sa breathe in [briːð in], inhale [inˈheil]; *n. sa čerstvého vzduchu* breathe in fresh air

nadzemný above-ground [əˌbav ˈgraund], overground [ˌəuvəˈgraund]; *n-á časť budovy* the above ground part of the building

nadzvukový supersonic [ˌsuːpəˈsonik], ultrasonic [ˌaltrəˈsonik]; *n-é lietadlo* a supersonic airplane

nadživotný above life-size [əˈbav ˈlaifsaiz]; *socha n-ej veľkosti* a sculpture of above life-size

nafackať hovor. slap [slæp]; *n-l zlodeja* he slapped the thief

nafta (rock) oil [ˈ(rok)oil]; *motorová n.* diesel oil

naftový oil [oil]; *n-é ložiská* oil deposits; *n-é pole* oil field

nafúkanosť conceit [kənˈsiːt]

nafúkaný expr. conceited [kənˈsiːtəd], (drzý) arrogant [ˈærəgənt]; *n-é správanie* conceited manners

nafúknuť 1. (zväčšiť objem) inflate [inˈfleit], blow* up [bləu ap] 2. (zveličiť) exaggerate [igˈzædžəreit] 3. (spôsobiť plynatosť čriev) make* flatulant [meik ˈflætjulnt] // **n. sa** (zväčšiť objem) puff up [paf ap], bloat [bləut]

nafukovací inflatable [inˈfleitəbl]; *n. matrac* inflatable mattress/li-lo [ˈlailəu], airbed [ˈeəbed]

nagazdovať save [seiv]; *n. peniaze* save money

naháč a naked fellow [ˈneikəd ˌfeləu]

naháňačka 1. hovor. (honba) pursuit [pəˈsjuːt]; *n. zlodejov* a pursuit of thieves 2. (hra) chase [čeis]

naháňať (behom dostihovať) chase [čeis], run* after [ran ˈaːftə]; *n. zajaca* chase the hare // **n. sa** 1. (behať) chase [čeis]; *deti sa n-jú* the children are chasing 2. expr. (mať zhon) rush [raš]; *nen-j ma!* don't rush me!

náhľad 1. (názor, mienka) opinion [oˈpinjən], point of view [ˌpoint əv ˈvjuː]; *podľa môjho n-u* from my point of view/in my opinion 2. polygraf. (posledná kontrola sadzby pred tlačou) press proof [ˈpress ˌpruːf]

nahlas aloud [əˈlaud], loudly [ˈlaudli]; *hovoriť n.* speak* loudly/up

nahlas (silným zvukom) – loudly (nie iba v myšlienkach) – aloud *Hovorte prosím nahlas. = Please, speak up.*

náhle suddenly [ˈsadnli], unexpectedly [ˌanikˈspektədli], (s prerušením deja) abruptly [əˈbraptli]; *zomrel n.* he died suddenly; *prišiel n.* he came unexpectedly; *povedal n.* he said abruptly

náhlivý hasty [ˈheisti]; *n-é kroky* hasty steps

nahluchlý hard of hearing [haːd əv ˈhiəriŋ]; *n. dedko* a hard of hearing old man

náhly (ktorý sa rýchlo stane) sudden [ˈsadn], (neočakávaný) unexpected [ˌanikˈspektəd]; *n-a zmena počasia* sudden change of weather; *n-a bolesť* sudden pain; *n. príchod* unexpected arrival; *n-e šťastie* windfall

nahmatať feel* [fiːl], find* [faind]; *n. vypínač* find the switch

nahnať 1. (vohnať) drive* [draiv]; *n. statok do maštale* drive the cattle into the shed 2. (prinútiť) force [foːs]; *n. ľudí do roboty* force people to work 3. (vyvolať) raise [reiz]; *n. strach (komu)* make/give a person feel fright, scare a person

nahnevaný angry [ˈæŋgri], cross with/about [kros wið/əˈbaut]; *byť n. na susedov* be angry with the neighbours

nahnevať make* angry [meik ˈæŋgri]; *n. učiteľa* make the teacher angry // **n. sa** become*/get* angry [biˈkam/get ˈæŋgri]; *n. sa a odišiel* he got angry and left

nahnitý half rotten [haːf ˈrotn]; *n-é jablko* a half rotten apple

nahnúť incline [inˈklain] (ohnutím) bend* [bend], (vyklonením) tip over/up [tip ˈəuvə/ap];

n. telo incline one's body; *n. drôt* bend the wire; *n. fľašu* tip over/up a bottle ● *má to nahnuté* he is badly off // **n. sa** bend over [bend 'əuvə]; *n. sa nad stôl* bend over the table

náhoda chance [čaːns], accident ['æksədnt], coincidence [kəu'insədns]; *šťastná n.* a lucky chance

nahodiť 1. (naložiť, naplniť) load [ləud]; *n. voz uhlím* load a cart with coal; *n. maltu* rough cast **2.** hovor. (načrtnúť) draft [draːft], sketch [skeč]; *n. myšlienku na papier* draft an idea

náhodný accidental [ˌæksi'dentl]; *n-é stretnutie* accidental encounter; *n-ý výber* random selection

náhodou by chance/accident [bai 'čaːns /'æksədnt]; *stretli sa n.* they met by chance

náhon 1. (prevod hnacej sily) drive [draiv]; *zadný n.* back wheel drive **2.** (žľab, kanál) race [reis]; *mlynský n.* mill-race

nahonobiť expr. acquire [ə'kwaiə], save [seiv]; *n. majetok* acquire possession; *n. peniaze* save money

nahor up [ap]; *výťah ide n.* the elevator is going up

nahota nakedness ['neikədnəs], nudity ['njuːdəti]

nahovoriť 1. (naviesť) induce [in'djuːs], put* up to [put ap tə]; *n-l ju na výlet* he induced her to go for a trip; *n-l ju, aby šla s ním na obed* he put her up to go and have lunch with him **2.** (narozprávať) talk* a lot [toːk ə lot]; *ľudia všeličo n-a* people talk a lot **3.** hovor. (nadviazať známosť) woo [wuː], court [koːt]; *n-l si priateľovu dcéru* he wooed his friend's daughter **4.** (na zvukový záznam) record [ri'koːd] ● *kto ti to n-l?* who put that idea into your head?

náhrada 1. (vyrovnanie) compensation [ˌkəmpen'seišn], restitution [ˌresti'tjušn] **2.** (zastúpenie) substitute [ˌsabstə'tjuːt]; *musíme nájsť n-u* we must find a substitute

nahradiť 1. (dať náhradu za čo) compensate ['kompənseit], make* up (for) [meik ap (foː)]; *n. stratený čas* make up for the lost time **2.** (vymeniť) replace [ri'pleis], substitute ['sabstətjuːt]; *n. kľúče* replace the keys

nahraditeľný replaceable [ri'pleisəbl]; *n-á súčiastka* replaceable spare part

náhradník substitute ['sabstətjuːt]

náhradný spare [speə]; *n-é súčiastky* spare parts; *n-é koleso* spare wheel

nahrať 1. (na záznam) record [ri'koːd]; *n. pieseň* record a song **2.** (prihrať) pass [paːs]; *n.*

loptu pass a ball ● *byť n-tý/ný* be done for, be lost

nahrávka recording [ri'koːdiŋ]

náhrdelník necklace ['nekləs]

nahrnúť push* (up, together) [puš ap /tə'geðə]; *n. spadnuté lístie* push together the fallen leaves // **n. sa** (o dave) crowd [kraud], throng [θroŋ]; *ľudia sa n-uli do izby* people crowded into the room

náhrobník tombstone ['tuːmstəun]

nahromadiť (ac)cumulate [(ə)'kjuːmjəleit], heap [hiːp], gather ['gæðə]; *n. kopu dreva* heap a pile of wood; *n. peniaze* accumulate money

náhubok (zvierací) muzzle ['mazl]; *dať psovi n.* muzzle a dog

nahuckať incite [in'sait], set on [set on]; *n. psa na zlodeja* incite the dog against the thief

nahustiť 1. odb. (napumpovať) blow* up [bləu ap], inflate [in'fleit]; *n. pneumatiku* blow up the tyre; *n. balón* inflate the balloon **2.** hovor. (husto nahromadiť) squeeze in/into [skwiːz in/'intə]; *n-ené informácie* squeezed information

nahý 1. (nezakrytý odevom) naked ['neikəd], nude [njuːd]; *n-é dieťa* a naked child; *n. do pása* topless **2.** (holý, neprikrášlený) bare [beə]; *n-á skutočnosť* bare reality ● *ako n. v tŕní* in a sorry plight

nach kniž. purple ['pəːpl]

nachádzať find* [faind] // **n. sa** be* situated [bi: ˌsitju'eitəd]

nachladnúť catch* a cold [kæč ə kəuld]; *dieťa je n-uté* the child has caught a cold

nachýliť (nakloniť) bow (down) [bau (daun)], bend* [bend]; *n. hlavu* bow the head // **n. sa** bend* over; *n. sa nad stôl* bend over the table

náchylnosť (vrodená) (pre)disposition [(priː)ˌdispə'zišn], (sklon k) inclination [ˌinklə'neišn]; *n. míňať priveľa peňazí* an inclination to spend too much money

náchylný 1. (na čo) predisposed [ˌpriːdis'pəuzd] (to), prone [prəun] (to); *n. na choroby* prone to diseases **2.** (náklonný, ochotný) inclined [in'klaind]; *je n. súhlasiť* he is inclined to agree

nachystať prepare [pri'peə]; *n. obed* prepare lunch

nachytať 1. (získať isté množstvo) catch* [kæč]; *n. ryby* catch some fish **2.** (pri čine) catch* [kæč], cop [kop]; *n-li ho pri krádeži peňazí* they copped him stealing money

N

naisto for sure [fo: šuə]; *n. ti nepožičia žiadne peniaze* he will not lend you any money, that's for sure

naivita naivety [nai'vəti], simple-mindedness [ˌsimpl 'maindədnəs]

naivný naive [na'iːv], artless ['aːtləs], simple ['simpl]; *n-á otázka* a naive question

najať (si) 1. (prenajať) hire ['haiə]; *n. si taxík* hire a taxi 2. (nehnuteľnosť) rent [rent]; *n. si záhradu* rent a garden 3. (budovu, stroje, dopravné prostriedky) lease [liːs]; *n. dom na jeden rok* lease a house for one year 4. (zjednať za plácu) engage [in'geidž], hire ['haiə]; *n. robotníkov* engage some workers; *n-tý vrah* hired killer ● *robiť ako n-tý* work one's head off

najavo: *vyjsť n.* become* evident

nájazd 1. (vpád) raid [reid] 2. šport. run on [ran on] 3. (na diaľnici) slip road [slip rəud]

najazdiť: *n. niekoľko kilometrov* run* /cover several kilometres

najbližšie the next time [ðə nekst taim]; *keď sa n. stretneme...* when we meet next time...

najedovať expr. make* angry [meik 'æŋgri]; *n-l ho* he made him angry // **n. sa** get* angry [get 'æŋgri]; *n-l sa* he got angry

naježiť sa bristle (up) ['brisl (ap)]

najmä above all [ə'bav ˌoːl], especially [i'spešəli], particularly [pə'tikjuləli], namely ['neimli]; *rád cestujem, najmä lietadlom* I like travelling, particularly by plane

najmenej at least [æt liːst]; *musí mať n. pätnásť rokov* he must be at least fifteen

najneskôr at the latest [æt ðə 'leitəst]; *prídem n. o ôsmej večer* I'll come at eight p.m. at the latest

nájom hire ['haiə], tenancy ['tenənsi], (podľa zmluvy) lease [liːs], let out on lease

nájomné rent [rent]; *platiť n.* pay the rent

nájomník tenant ['tenənt], (celého domu) renter

najprv first (of all) [fəːst (əv oːl)]; *n. premýšľaj, potom odpovedz* first think then answer

nájsť (v rozl. význ.) find* [faind]; *n. stratené pero* find the lost pen; *n. doma hostí* find guests at home; *n. prácu* find a job; *n. riešenie* find a solution

najvyšší (v postavení, vážnosti) supreme [suː'priːm]; *n. súd* Supreme Court

nákaza infection [in'fekšn]; *chrániť pred n-ou* protect from infection, (dotykom) contagion [kən'teidžn], (znečistením) taint [teint]

nakaziť infect [in'fekt], contaminate [kən'tæməneit]; *n-ené studne* contaminated wells

nákazlivý 1. infectious [in'fekšəs]; *n-á choroba* infectious disease, (dotykom) contagious [kən'teidžəs] 2. pren. catching ['kæčiŋ]; *zívanie je n-é* yawning is catching

náklad 1. (tovar) load [ləud], freight [freit], (lodný) cargo ['kaːgəu] 2. (výdavok) cost [kost], expense [ik'spens], expenditure [ik'spendičə] 3. (počet výtlačkov novín) circulation [ˌsəːkjə'leišn], (kníh) number of copies printed ['nambə əv 'kopiːz 'printəd]

nakladací loading ['ləudiŋ]; *n. priestor* loading place/ramp

nakladateľ publisher ['pabliša]

nakladateľstvo publishing house ['pablišiŋ haus]

nákladný 1. (týkajúci sa nákladu) freight [freit], cargo ['kaːgəu]; *n-á doprava* carriage of freight; *n-é lietadlo* freight plane; *n-á loď* cargo boat/ship/vessel; *n-é auto* BR lorry, AM truck; *n-á stanica* BR goods station, depot ['depəu], AM freight yard; *n. vlak* BR goods train, AM freight train; *n. výťah* BR goods lift /hoist, AM freight elevator 2. (drahý) expensive [ik'spensiv], costly ['kostli], priceless ['praisləs]; *n. náhrdelník* costly necklace

naklonený 1. (šikmý) inclined [in'klaind], leaning ['liːniŋ], slanting ['slaːntiŋ]; *n-á rovina* inclined plain; *n-á veža* leaning tower 2. (prajný) favoured ['feivəd]; *je mu n.* he favours him

nakloniť (skloniť) incline [in'klain]; *n. hlavu* incline one's head // **n. sa** lean* [liːn]; *n. sa ponad stôl* lean over the table; *n. sa k dieťaťu* lean towards the child

náklonnosť 1. inclination [ˌinklə'neišn]; *n. študovať angličtinu* inclination to study English 2. (priazeň) favour ['feivə]; *cítia k sebe n.* they show favour to each other

náklonný inclined [in'klaind]; *je n. na nachladnutie* he is inclined to catch a cold

nakoniec I. prísl. finally ['fainli], in the end [in ði: end]; *n. sa vzdal* in the end he gave up II. čast. eventually [i'venčuəli], at last [æt laːst]; *n. prišiel* he came at last ● *to sa n. ukáže* it'll come out in the wash

nakopiť heap up [hiːp ap]; *n. zem* heap up some soil

nakrátko 1. (krátky čas) for a short time [fə ə šoːt taim]; *zostal n.* he stayed for a short time **2.** (stručne) briefly ['briːfli], in short [in šoːt]; *vysvetliť n.* explain briefly/in short **3.** (na menšiu dĺžku) short; *ostrihať n.* cut short; *n. ostrihané vlasy* bobbed hair ● *držať n.* have a firm hand

nákres drawing ['droːiŋ], sketch [skeč], outline ['autlain]

nakresliť draw* [droː]; *n. obraz* draw a picture

nakrivo askew [ə'skjuː], aslant [ə'slaːnt]; *zavesiť obraz n.* hang a picture askew

nakŕmiť feed* [fiːd]; *n. deti* feed the children

nakrútiť 1. (namotať) twist [twist], wind* [waind]; *n. okolo kotúča* twist around a reel **2.** (zachytiť na zvukový pás) record [ri'koːd]; *n. program z rozhlasu* record the radio programme; (na film) film [film], make* a film [meik ə film]

nakuknúť 1. peep [piːp]; *n. cez malý otvor* peep through a small opening **2.** pren. drop in [drop in]; *zajtra k vám n-em* tomorrow I'll drop in

nákup purchase ['pəːčəs], shopping ['šopiŋ]; *dobrý n.* a good purchase; *ísť na n.* go shopping

nakúpiť buy* [bai]; *n. potraviny* buy some food

nakupovať do* one's shopping [duː wanz 'šopiŋ]; *zajtra musím n.* I must do my shopping tomorrow

nakvapkať 1. drop [drop]; *n. tekutinu do oka* drop some liquid to the eye **2.** (po kvapkách natiecť) drip [drip]; *vosk n-l na obrus* the wax has dripped on the table cloth

nákyp pudding ['pudiŋ], soufflé [sufleː]; *ryžový n.* rice soufflé

nakysnúť 1. (kysnutím zväčšiť objem) rise* [raiz]; *cesto n-lo* the dough has risen ● (pren. expr.) *n-utá žena* a plump woman **2.** (trocha skysnúť) turn sourish [təːn 'sauəriš]; *víno n-lo* the wine has turned sourish; *n-uté mlieko* blink milk

nalačno on an empty stomach [on ən empti stamək], lek. with starving blood [wið 'staːving blad]

nálada (citové rozpoloženie) **1.** mood [muːd], temper ['tempə]; *mať dobrú/zlú n-u* be in a good/bad temper; *kaziť n-u* act as a damper; *nemať n-u* be out of humour **2.** (postoj) sentiment(s) ['sentəment(s)]; *silná n. proti nezamestnanosti* strong sentiments against unemployment ● *byť v ružovej n-e* be tipsy

naladený 1. (o citovom rozpoložení) humoured ['hjuːməd]; *dobre/zle n.* good/bad humoured **2.** hud. tuned [tjuːnd]

naladiť 1. hud. (ladením nastaviť) tune [tjuːn] **2.** (vyladiť, napr. rádio) tune in [tjuːn in]

náladový 1. (vrtošivý) capricious [kə'prišəs], moody ['muːdi]; *n-é dieťa* a moody child **2.** (ktorý spôsobuje náladu) *n-á hudba* background music

naľakať frighten ['fraitn], scare [skeə]; *n. dieťa* frighten a child // **n. sa** get* scared [get skeəd]; *n. sa psa* get scared of a dog

naľavo 1. (doľava) to the left [tu ðə left] **2.** (na ľavej strane) on the left

nalepiť stick* [stik]; *n. známku* stick a stamp

nálepka sticker ['stikə], label ['leibl]

nálet air raid ['eə reid], (veľký) blitz [blic]

naletieť 1. (naraziť) fly*/get* in(to) [flai/get in(tə)] hovor. butt in(to) [bat in(tə)], bump on [bamp on]; *n. hlavou do steny* bump one's head on the wall **2.** hovor. expr. (dať sa oklamať) get* caught/trapped [get koːt/træpt]; *n-l som mu* I got trapped by him

nález 1. (nájdenie niečoho strateného) find [faind]; *skutočný n.* real find **2.** (čo sa našlo) findings ['faindiŋz]; *archeologické n-y* archeological findings; *lekársky n.* medical findings; *má n. na pľúcach* he has an affection on his lungs ● *Straty a n-y* Lost Property Office

nálezca finder ['faində]; *odmena statočnému n-ovi* a reward to the honest finder

nálezisko finding place ['faindiŋ pleis]; *archeologické n.* archeological finding place

nálezné (finder's) reward [(,faindəz) ri'woːd]

náležitý appropriate [ə'prəuprieit], proper ['propə]; *n. postup* proper procedure

naliať (liatím naplniť) fill [fil], pour [poː]; *n. krčah vodou* fill the jug with water; *n. ešte jednu šálku čaju* pour another cup of tea ● *n. si čistého vína* come* clean // **n. sa** (miazgou) run* up [ran ap], bud [bad]

naliehať insist [in'sist], press [pres]; *n-l, aby som odišiel* he insisted I should go

naliehavý pressing ['presiŋ], urgent ['əːdžnt]; *n-á vec* a pressing business; *n-ý odkaz* an urgent message

nalodiť ship [šip], load a ship [ləud ə š`ip]; *n. tovar, výrobky* ship goods, products // **n. sa** board [boːd], embark [im'baːk]; *cestujúci sa n-li v Londýne* passengers embarked at London

nalomiť crack [kræk]; *viem to n., ale neviem to zlomiť* I can crack it but I can't break it; *n. konár stromu* crack the branch of a tree

nálož charge [ča:dž]

naložiť 1. load up [ləud ap]; *n. na káru* load up on a cart **2.** (konzervovať) preserve [pri'zə:v], pickle ['pikl]; *n. uhorky* pickle cucumbers **3.** (zachovať sa istým spôsobom) treat [tri:t]; *dobre n. s peniazmi* treat the money well

námaha effort ['efət], (veľká) pains mn. č. [peinz], trouble ['trabl]; *nešetril n-ou* he spared no pains; *stojí to za n-u?* is it worth the trouble?

namáhať si strain [strein]; *n. si oči* strain one's eyes // **n. sa** exert [ig'zə:t]; *nen-j sa* don't exert yourself; *ani sa nen-l* he didn't even bother ● *n. si hlavu/mozog* rack one's brain(s)

namáhavý difficult ['difiklt], hard [ha:d], (únavný) tiring ['tairiŋ], tiresome ['taiəsm]; *n-á práca* a difficult work; *n-á cesta* a tiring trip

namaľovať 1. paint [peint]; *n. obraz* paint a picture **2.** (nafarbiť) make* up [meik ap], paint [peint]; *n-uj si oči* make up your eyes

namazať oil [oil], grease [gri:z], lubricate ['lu:brikeit]; *n. časti stroja* grease parts of a machine // **n. sa** subst. have a glass too much

namäkko soft [soft]; *vajce n.* a soft boiled egg ● (expr.) *dnes je n.* he is in a sentimental /soppy mood today

námesačný sleep walking ['sli:p ˌwo:kiŋ], somnambular [ˌsomnæm'bjələ]

námestie square [skweə], place [pleis]; *býva na n-í* he lives in the square

námestník deputy ['depjəti]; *n. ministra* deputy minister

námet 1. (téma) subject ['sabdžikt], theme [θi:m], topic ['topik]; *to je dobrý n. na rozhovor* it's a good topic to speak about **2.** (návrh) suggestion [sa'džescn]; *aký je tvoj n.?* what's your suggestion?

námezdný wage-earning ['weidžə:niŋ]; *n-á práca* wage labour

namiesto instead of [in'sted əv]; *choď ta n. mňa* go there instead of me

namietať (proti čomu) object [əb'džekt] to/against; *n. proti výsledkom* object against the results

námietka objection [əb'džekšn], protest ['prəutest]; *žiadne n-y* no objections

namočiť soak [səuk], dip [dip]; *n. bielizeň* soak the linen; *n. si prsty do vody* dip one's hands into water ● *n. sa do niečoho nepríjemného* have one's fingers in a pie

namojdušu believe it or not [bi'li:v it o: not]; *n., závidím ti* believe it or not I envy you

námorník sailor ['seilə], mariner ['mærənə], odb. seaman ['si:mən]

námorný naval ['neivl], maritime ['mærətaim]; *n. dôstojník* naval officer; *n-é právo* maritime law; *n-á cesta* sea route

námraza icing ['aisiŋ]

namrzený annoyed [ə'noid], peevish ['pi:viš], sullen ['salən]; *učiteľ bol n. na žiaka* the teacher was annoyed with his student; *n. pohľad* a sullen look

namydliť soap [səup]; *n. si ruky* soap one's hands ● *ako n-ený blesk* like greased lightening

namyslený (self)conceited [(self)kən'si:təd]

nanajvýš I. prísl. to a high degree [tə ə hai də'gri:]; *n. spokojný* satisfied to a high degree **II.** časť. at the most [æt ðə məust], at the longest [æt ðə'loŋəst]; *jeden, n. dva prípady* one at most two cases

nanebovstúpenie Ascension [ə'senšn]

nanebovzatie Assumption [ə'sampšn]

nanič I. prísl. feel* sick [fi:l sik]; *je mi z toho n.* I feel sick at it **II.** neskl. príd. good for nothing [gu:d fə: 'naθiŋ], wishy-washy ['wišiˌwoši]; *je to n.* it's good for nothing; *n. hudba* wishy-washy music

naničhodný 1. (o človeku) good for nothing [gu:d fə: 'naθiŋ], worthless ['wə:θləs], useless ['ju:sləs] **2.** (bezcenný) worthless ['wə:θləs]; *n-á investícia* worthless investment

nános deposit [di'pozət], odb. alluvium [ə'lu:viəm]

nanosiť pile (up) [pail (ap)], bring* in a lot [briŋ in ə lot]; *n. veľa blata* bring in a lot of mud; *n. drevo* pile up some wood

nanovo anew [ə'nju:], kniž. afresh [ə'freš]

nánožník foot muff ['fut maf], warmer ['wo:mə]

nanuk choc-ice ['čokais]

naobedovať sa have*/take* one's lunch /dinner [hæv/teik wanz lanč/'dinə]

naoko seemingly ['si:miŋli], (just) for show [(džast) fə: šəu]

naokolo 1. (dookola) around [ə'raund]; *nik nie je n.* there is nobody around **2.** (okľukou) round about [ˌraund ə'baut]; *šli sme n.* we took a round about route

naopak I. prísl. the other way round [ði: aðə wei raund]; *ísť n.* go the other way round **II.** časť. on the contrary [on ðə 'kontrəri]; *Je to dobré? – N., veľmi zlé!* Is it good? – Just the contrary, very bad! ● *skôr n.* rather the opposite

naostriť sharpen ['ša:pn]; *n. nôž* sharpen a knife

naostro with live cartridges [wið laiv 'ka:tridžiz]; *strieľať n.* shot* with live cartridges; pren. *vysielať n.* broadcast live

naozaj really ['riəli], indeed [in'di:d]; *n. neviem* I really don't know

naozajstný real ['riəl], true [tru:], actual ['ækčuəl]; *n. tulák* a real tramp; *n. príbeh* a true story; *n-é výsledky* actual results

nápad idea [ai'diə]; *dostať dobrý n.* get a good idea; *to je n.!* what an idea!

nápadník suitor ['sju:tə]

napadnúť 1. (nahromadiť sa) fall* [fo:l]; *n-lo veľa snehu* the snow fell thickly 2. (zaútočiť) attack [ə'tæk]; *n. nepriateľa* attack the enemy 3. hovor. (náhle prísť na um) get* an idea, occur [ə'kə:]; *n-lo mi* it occured to me

nápadný striking ['straikiŋ], conspicuous [kən'spikjuəs]; *dopravné značky by mali byť n-é* traffic signs should be conspicuous

napáchnuť (čím) catch* the smell [kæč ðə smel] of; *ruky mi n-li dymom* my hands caught the smell of smoke

napájať give sb. to drink ['giv tə driŋk], (el. prúdom) charge [ča:dž], (organizačne) affiliate with [ə'filiət wið], join to [džoin tə]; *n. batériu* charge the battery

napáliť 1. expr. make* angry [meik æŋgri]; *tá správa ho n-la* that news made him angry 2. (oklamať) dupe [dju:p], cheat [či:t]; *predavač n-l zákazníka* the salesman duped the customer // **n. sa** get* angry [get 'æŋgri]; *ľahko sa n-i* he gets angry easily

naparovať sa boast [bəust]; *n-uje sa, že všetko vie* he boasts he knows everything

napätie 1. (vzrušené očakávanie) excitement [ik'saitmənt]; *s n-ím počúvať* listen with excitement 2. (nevyjasnená situácia) tension ['tenšn], strain [strein]; *n. v rodine* tension in the family 3. (elektrické) voltage ['vəultidž]; *vysoké n.* high voltage; *pod n-ím* live

napätý 1. (vystretý) stretched [strečt]; *n-é lano* a stretched rope; *n-é svaly* stretched muscles 2. (vzrušený) excited [ik'saitəd]; *n. pohľad* an excited look 3. (nevyjasnený) tense [tens], strained ['streind]; *n-á situácia v rodine* a tense situation in the family

nápev melody ['melədi], tune [tju:n]; *na n....* to the tune of...

napínavý thrilling ['θriliŋ]; *n-é predstavenie* a thrilling performance; *n. film* thriller

nápis (oznamujúci) notice ['nəutəs], (oficiálny) inscription [in'skripšn]; *n. na minci* inscription on a coin; *náhrobný n.* epitaph ['epita:f]

napísať write* (down) [rait (daun)], put* down [put daun]; *n. list* write a letter; *n. pár riadkov* drop a line

napiť sa have* a drink [hæv ə driŋk]

náplasť (adhesive/sticking) plaster [(æd'hi:siv /'stikiŋ) 'pla:stə]

náplava deposit [di'pozət], silt [silt]; *hrubá n. blata* a thick deposit of mud

naplaviť deposit [di'pozət]; *n-ený piesok* deposited sand

náplň 1. filling ['filiŋ], refill ['ri:fil], cartridge ['ka:tridž]; *koláč s ovocnou n-ou* a cake with fruit filling; *kúpiť n. do pera* buy a refill for the pen; *n. do pištole* a gun cartridge 2. (obsah) content(s) [kən'tent(s)]

naplniť fill [fil], (fľašu) bottle ['botl]; *zvláštna vôňa n-la izbu* a strange smell filled the room; *n. fľaše vínom* bottle the wine

naplno fully ['fuli]; *pracuje n.* he is fully engaged

napnúť 1. (natiahnuť) stretch [streč]; *n. povraz* stretch the rope; *n. plátno na rám* stretch the canvas on a frame 2. (zvýšiť činnosť) strain [strein]; *n. každý sval* strain every muscle 3. (vyvolať vzrušenú pozornosť) thrill [θril]; *n. divákom nervy* thrill the audience nerves

napodiv surprisingly [sə'praiziŋli], strange to say [streindž tə sei]; *je n. pokojný* he is surprisingly calm

napodobenina imitation [,imə'teišn], sham [šæm], fake [feik]

napodobniť imitate ['iməteit], fake [feik]; *n. herca* imitate the actor; *n. podpis* fake the signature

nápoj drink [driŋk], beverage ['bevridž]; *liehové n-e* alcoholic drinks, spirits; *nealkoholické n-e* soft drinks; *horúce n.* hot beverages

napojiť (človeka) give* to drink [giv tə driŋk], (zviera) water ['wo:tə]; *n. dobytok* water the cattle

napokon I. prísl. (nakoniec) finally ['fainəli], in the end [,in ði: 'end]; *n. môj otec prehovoril* finally my father spoke II. čast. (konečne) in the end [,in ði: 'end], ultimately ['altəmətli]; *na tom n. nezáleží* in the end it doesn't matter

napolitánka wafer ['weifə]

napoludnie at noon [æt nu:n]; *príde n.* he'll come at noon

N

napoly half [haːf]; *n. uvarené* half cooked
napomenúť 1. (pokarhať) reprimand [ˌreprəˈmaːnd], reprove [riˈpruːv]; *n. žiaka za lenivosť* reprimand the pupil for being lazy 2. (pripomenúť) remind [riˈmaind]
nápomocný helpful [ˈhelpfl]
naponáhlo hurriedly [ˈharidli], hastily [ˈheistili]; *mať n.* be in a hurry
nápor impact [ˈimpækt], stress [stres], gust [gast]; *n. nových myšlienok* the impact of new ideas; *n. na nervy* a stress for nerves; *n. vetra* a gust of wind
naposledy I. prísl. for the last time [fə ðə laːst taim], last [laːst]; *n. som ho videl pred rokom* I saw him last a year ago ● *kto sa smeje n., ten sa smeje najlepšie* he who laughs last, laughs best II. čast. actually [ˈækčuəli]; *na tom n. nezáleží* actually it does not matter
  napospas at the mercy (of) [ət ðˈməːsi]; *vydať n.* leave to the mercies
  napovedať (naznačiť) hint [hint]; *n-l možné zmeny* he hinted possible changes
náprava[1] reform [riˈfoːm], improvement [imˈpruːvmənt]; *n. vo vyučovacích metódach* reform in teaching methods; *n. je potrebná* there's a need for improvement
náprava[2] tech. (vozidla) axle [ˈæksl]
napraviť 1. (uviesť do pôvodného správneho stavu) set*/put*/make* (right) [set/put/meik (rait)]; *n. hodiny* set the clock/time 2. (polepšiť) improve [imˈpruːv], better [ˈbetə]; *n. výchovu dieťaťa* improve the child's education 3. (odčiniť) make* amends [meik əˈmendz]; *n. škodu* make amends for a loss; *n. krivdu* redress a wrong // **n. sa** better oneself; *n-v sa* better yourself
nápravnovýchovný: *n. ústav* community home [kəˈmjuːnəti həum]
nápravný corrective [kəˈrektiv], reformatory [riˈfoːmətri]; *n. výcvik* corrective training; *n-é zariadenie* reformatory prison; *n-é cvičenie* remedial exercise
napravo 1. (na pravej strane) on the right [on ðə rait]; *budova je n.* the building is on the right 2. (doprava) (to the) right [(tə ðə) rait]; *odboč n.* turn to the right
napred 1. (vpred) forward [ˈfoːwəd]; *ísť n.* go forward 2. (časovo vopred) first [fəːst]; *otec išiel n.* father went first
napredovať 1. (pohybovať sa vpred) advance [ədˈvaːns]; *armáda n-uje* the army advances 2. (robiť pokroky) get on [get ˈon]

napriamiť straighten [ˈstreitn]; *n. chrbát* straighten a back // **n. sa** straighten up [ˈstreitn ap]
naprieč across [əˈkros]; *ísť n. cez cestu* walk across the road
napriek I. prísl. in defiance [ˌin diˈfains]; *urobil n.* he acted in defiance II. predl. in spite of [in spait əv]; *n. všetkej pozornosti sa pomýlil* in spite of all concentration he made a mistake
napríklad for instance [fə ˈinstəns], for example [fə igˈzaːmpl], skr. e. g.
naproti I. prísl. (oproti) opposite [ˈopəzət] II. predl. opposite [ˈopəzət]; *domy n. stanici* houses opposite the station
náprstok thimble [ˈθimbl]
napuchnúť swell* [swel]; *n-uté oči* swollen eyes
napumpovať pump [pamp] (up)
narábať handle [ˈhændl], manipulate [məˈnipjəleit]; *vie n. s ľuďmi* he knows to handle people; *n. zbraňou* manipulate with arms
náradie hromad. 1. (remeselnícke) tools [tuːlz] 2. (telocvičné) gymnastic apparatus [džimˈnæstik ˌæpəˈreitəs]; *cvičenie na n-í* apparatus work
náramne too much [tuː mač]; *n. sa mi to páči* I like it too much
náramok bracelet [ˈbreislət]
narásť 1. (rastom sa zväčšiť) grow* [grəu]; *deti n-tli* the children have grown; *tráva vysoko n-la po daždi* the grass has grown after the rain 2. (zväčšiť sa, vyrásť) increase [inˈkriːs]; *počet obyvateľov n-tol* the number of inhabitants has increased ● *ako mu zobák n-tol* in plain English, plainly; *n-tli mu rohy* he is showing his crest
naraz 1. (súčasne) at the same time [æt ðə seim taim]; *prišli n.* they came at the same time 2. (náhle) suddenly [ˈsadnli]; *n. nastala tma* suddenly it got dark 3. (na jeden raz) in one go [in wan gəu]; *vypi to n.* drink it in one go
naraziť 1. (udrieť, vraziť) bump [bamp]; *auto n-lo do stromu* the car bumped the tree; *n-l hlavou do steny* he bumped his head against the wall 2. (náhodou sa stretnúť) stumble up(on) [ˌstambl əˈpon]; *n. na priateľa* stumble upon a friend 3. (nastoknúť) knock [nok]; *n. si čiapku* knock one's cap over the ears; *n. na kôl* impale [imˈpeil] 4. hovor. (stretnúť sa s odporom) meet with opposition/resistance

nárazník buffer ['bafə], bumper ['bampə]; *predný/zadný n.* front/back car bumper

narážať hint [hint]; *na čo n-te?* what are you hinting at?

narážka allusion [ə'lu:žn], hint [hint]; *robiť n-y* make allusions

narcis daffodil ['dæfədil]

nárečie dialect ['daiəlekt]; *východoslovenské n.* east Slovakian dialect

nárek lament [lə'ment], moaning ['məuniŋ]; *pohrebný n.* funeral lament; *n. ranených* the moaning of the wounded

nárez mixed cold meat [‚mikst kəuld mi:t], slices of cold meat ['slaisiz əv kəuld mi:t]

nariadenie order ['o:də], (úradné) decree [di'kri:], (pravidlo, predpis) regulation [‚regjə'leišn]; *n. vlády* order in council; *n. obce* regulation by the law; *zbierka zákonov a n-í* statute book

nariadiť order ['o:də]; *n. útok* order an attack; *n. výnosom* issue a decree

nariekať lament [lə'ment]; *n. nad stratou rodičov* lament over the death of parents

narkoman drug addict [drag ə'dikt]

narkománia addiction to drugs [ə'dikšn tə dragz]

narkotizovať narcotize ['na:kətaiz]

narkóza narcosis [na:'kəsis], anaesthesia [‚ænəs'θi:ziə]; *v n-e* under the narcosis

náročky on purpose [on 'pə:pəs], intentionally [in'tenšnli]; *spravil to n.* he did it on purpose

náročný exacting [ig'zæktiŋ], demanding [di'ma:ndiŋ]; *n. učiteľ* an exacting teacher; *n-á práca* a demanding work

národ 1. nation ['neišn]; *slovenský n.* Slovak nation; *Organizácia Spojených n-ov* United Nations Organization, skr. UNO 2. hovor. people ['pi:pl]; *na ulici bolo veľa n-a* there were many people in the street

narodenie birth [bə:θ]; *od n-a* since birth ● *N. Pána* the Lord's Birth

narodeniny birthday ['bə:θdei]; *dar na n.* a birthday present; *všetko najlepšie k n-ám* many happy returns of the day

narodený born [bo:n]; *n. v apríli* born in April

narodiť sa be* born [bi: bo:n]; *n-l som sa v Bratislave* I was born in Bratislava ● *n. sa pod šťastnou hviezdou* be born with a silver spoon in the mouth

národnooslobodzovací national-libera-

tion ['næsnəl ‚libə'reišn]; *n-ie hnutie* national-liberation movement

národnosť 1. nationality [‚næšə'næləti]; *slovenská n.* Slovak nationality 2. (menšinový národ) national minority [‚næšnəl mai'nərəti]; *n-ti na Slovensku* national minorities in Slovakia

národnostný national ['næšnəl]; *národnostné menšiny* national minorities

národný national ['næšnəl]; *n-é povedomie* national consciousness; *n. kroj* folk costume; *n-é zhromaždenie* national assembly, BR Parliament, AM Congress; *n. sviatok* (štátny) bank holiday

národohospodár national economist ['næšnəl i:'kənoməst]

národopis ethnography [eθ'nogrəfi]

národopisec ethnographer [eθ'nogrəfə]

národovec patriot ['pætriət]

nárok 1. (oprávnenie) title ['taitl], right [rait]; *má n. na tento pozemok* he has title to this land 2. (požiadavka) claim [kleim]; *robiť si n-y* lay claims

nárokovať si claim [kleim], lay* claims [lei kleims]; *n. si uznanie* lay claims to recognition

narovnať 1. (vyrovnať) straighten ['streitn]; *n. chrbát* straighten one's back 2. (upraviť) arrange [ə'reindž]; *n. knihy na polici* arrange the books on the shelf // *n. sa* straighten up ['streitn ap], (pri sedení) sit* up [sit ap]

naruby inside out ['insaid aut], upside down ['apsaid daun]; *obrátiť n.* turn inside out ● *obrátené n.* at sixes and sevens

náručie 1. arms [a:mz] mn. č.; *vziať do n-a* take into arms 2. (množstvo) armful ['a:mfəl]; *n. kvetov* armful of flowers

narukovať hovor. join the army [džoin ði 'a:mi]

narušiť impair [im'peə]; *n. rovnováhu* impair the balance; *n. štátne hranice* trespass on foreign territory

náruživý 1. keen [ki:n]; *n. čitateľ* keen reader 2. (vášnivý) passionate ['pæšnət]; *n-á žena* a passionate woman

narýchlo in haste [in heist], hurriedly ['haridli]; *n. pripravený obed* hurriedly prepared lunch

nárys umel., tech. drawing ['dro:iŋ]; *n. domu* a drawing of a house

narysovať draw* [dro:]; *n. čiaru* draw a line

N

násada 1. (rúčka) handle ['hændl], haft [ha:ft]; *n. sekery* the haft of the axe 2. (podsada) hatching ['hæčiŋ]; *n. vajec na liahnutie* eggs for hatching 3. (rýb) fry [frai]
nasadiť[1] 1. fit* [fit], put* on [put on]; *n. rúčku* fit the handle; *n. si klobúk* put on the hat 2. (podsadiť) hatch [hæč]; *n. vajcia* hatch the eggs 3. (začať): *n. tempo* spurt [spə:t]; *n. tón* set* the tone 4. (uviesť do činnosti) apply [ə'plai]; *n. nové stroje* apply new machines ● *n. chrobáka do hlavy (komu)* put* a bee in sb's bonnet; *n. všetky páky* strain every nerve; *n. parohy* cuckold ['kakld]; *n. vlastnú kožu* risk one's neck
nasadiť[2] (rastliny) plant [pla:nt]
naschvál on purpose [on 'pə:pəs], deliberately [di'librətli]; *urobil to n.* he did it on purpose
nasiaknuť soak up [səuk ap]; *obväz n-ol krvou* the bandage soaked up the blood
násilie force [fo:s], violence ['vaiəlns]; *n-ím* by force; *spáchať n.* commit violence
násilník violator ['vaiəleitə]
násilný 1. forcible ['fo:səbl], violent ['vaiələnt]; *n-é vniknutie do budovy* forcible entry into a house; *n-á smrť* violent death; *n. čin* act of violence 2. (neprirodzený, silený) forced [fo:st]; *n. smiech* forced laughter
nasilu by force [bai fo:s]; *n. odvliecť* take by force
naskočiť 1. (vyskočiť) jump [džamp]; *n. na vlak* jump into a train 2. (objaviť sa) get*; *n-la mu zelená* he got green, the lights went green 3. hovor. (začať fungovať) spring* (up) [spriŋ (ap)]; *motor n-l* the engine sprang up
náskok start [sta:t]; *desaťminútový n.* a ten minute's start
naskutku at once [æt wans], immediately [i'mi:diətli]; *n. odíď!* leave at once!
následník successor [sək'sesə]; *n. trónu* successor to the throne
následok consequence ['konsəkwəns], effect [i'fekt]; *niesť n-ky* face consequences; *n. jeho správania* the consequence of his behaviour; *n-ky počasia* the effects of the weather; *mať za n.* result in
nasledovať (v rozl. význ.) follow ['foləu]; *všade ho n-uje* he follows him everywhere; *po správach n-uje film* the film follows the news
nasledovne as follows [əz 'fələuz]; *pokračujeme n.* we continue as follows

nasledujúci the following [ðə 'fələuiŋ], next [nekst]; *n. deň* the following day; *n. vlak* the next train
naslepo at random [ət 'rændəm]; *udrieť n.* hit at random
nasľubovať satisfy with empty promises ['sætisfai wið ‚empti 'promisiz]
nasmiať sa laugh one's head off [la:f wanz hed of]
násobenec mat. multiplicand [mal'tiplikænd]
násobenie multiplication [‚maltəplə'keišn]
násobilka multiplication table [‚maltəpli'keišn teibl]
násobiť mat. multiply ['maltəplai]; *n. piatimi* multiply by five
násobiteľ mat. multiplier ['maltəplaiə]
násobok mat. multiple ['maltəpl]; *najmenší spoločný n.* the lowest common multiple
nasoliť 1. (posoliť) salt [so:lt]; *n. mäso* salt the meat 2. hovor. expr. (uložiť) deal* [di:l]; *n. pokutu* deal a fine
naspamäť by heart [bai ha:t]; *učiť sa n.* learn by heart
naspäť back [bæk]; *ísť n.* go back
naspodku I. prísl. at the bottom [æt ðə 'botəm]; *cukor zostal n.* the sugar remained at the bottom II. predl. on the bottom [on ðə 'botəm]; *n. skrine je zásuvka* there's a drawer on the bottom of the wardrobe
nasťahovať sa move into [mu:v 'intə]; *n-l sa do nového bytu* he moved into a new flat
nastálo permanently ['pə:mənəntli], for good [fə gud]; *odišiel n.* he left for good
nastať set* in [set in], come* [kam]; *n-la noc* the night has set in; *n-la zima* winter has come
nastávajúci I. príd. future ['fju:čə]; *n. manžel* future husband II. podst. hovor. *môj n. (manžel)* my husband to-be; *moja n-a (manželka)* my wife to-be
nástenka notice board ['nəutis bo:d], newsboard [‚nju:z'bod]; *na n-e* on the notice board
nástenný wall [wo:l]; *n-á mapa* wall map; *n. kalendár* wall calendar
nástojčivý persistent [pə'sistnt]; *n. problém* persistent problem
nástojiť insist [in'sist]; *n-l na svojich požiadavkách* he insisted on his demands
nastokrát many hundred times [‚meni 'handrəd ‚taimz]; *škoda n.* a thousand pities
nastoliť 1. (uviesť do platnosti) install [in'sto:l], introduce [‚intrə'dju:s]; *n. novú vládu*

install a new government; *n. nový poriadok* introduce new order **2.** hovor. (predložiť) raise [reiz]; *n. otázku* raise a question

nástraha trap [træp]

nastrašiť frighten [ˈfraitn], terrify [ˈterifai]; *n-l deti* he frightened the children // **n. sa** get frightened [get ˈfraitnd]; *n-l sa, že stratil kľúče* he got frightened that he had lost the keys

nastriekať spray [sprei], sprinkle [ˈsprinkl]; *n. auto* spray a car; *n. vodu na dlážku* sprinkle water on the floor

nástroj 1. (pracovný) implement [ˈimpləmənt], instrument [ˈinstrəmənt], tool [tuːl], utensil [ˈjutənsil]; *poľnohospodárske n-e* farming implements; *chirurgický n.* surgical instrument; *súprava n-ov* a set of tools **2.** (prostriedok, inštrument) means [miːnz], instrument [ˈinstrəmənt]; *n. dorozumenia* means of communication; *hudobný n.* musical instrument

nástrojáreň tool shed/room/house [tuːl šed/ruːm/haus]

nástup 1. (nastupovanie) entrance [ˈentrəns], entry [ˈentri] **2.** (zoradenie) lining up [ˈlainiŋ ap], voj. call up [koːl ap] **3.** (začatie) coming [ˈkamiŋ]; *n. jari* coming of spring

nástupca successor [səkˈsesə]; *n. trónu* a successor to the throne

nástupište platform [ˈplætfoːm]; *vlak odchádza zo šiesteho n-a* the train departs from platform six

nastúpiť 1. (do doprav. prostriedku) get* on /into [get on/ˈintə]; *n. do autobusu* get on the bus; *n. do lietadla/na loď* board the plane/ship **2.** (zoradiť sa) line up [lain ap]; *vojaci n-li* the soldiers have lined up **3.** (začať činnosť) take* (up) [teik (ap)]; *n-l do novej práce* he took up a new job; *n-l na dovolenku* he took his holiday

násyp bank [bæŋk], earthwork [ˈəːθwəːk], mound [maund]

nasypať 1. (naplniť) fill [fil] **2.** (hydine) throw* corn to the fowls [θrəu koːn tə ðə faulz]

nasýtený 1. (najedený) satiated [ˈseišieitəd], full [ful]; *n. po dobrom jedle* satiated after a huge meal **2.** (uspokojený v potrebe) saturated [ˈsæčəreitəd]; *n. trh* saturated market **3.** chem. saturated [ˈsæčəreitəd]; *n. roztok* saturated solution

nasýtiť 1. (nakŕmiť) feed*; *n. deti* feed the children **2.** (uspokojiť v potrebe) saturate [ˈsæčəreit]; *n. trh tovarom* saturate the market with goods // **n. sa** eat* one's fill [iːt wanz fil]

náš I. privl. zám. our [auə], (samostatné) ours [auəz]; *n. dom* our house; *je náš* it's ours **II.** podst. hovor. *naši* our people

našepkať prompt [prompt]; *n. odpoveď* prompt the answer

našinec hovor. **1.** one of us/ours [wan əv as/ˈauəz] **2.** (krajan) fellow countryman [ˈfeləu ˌkantrimən]

naškrobiť starch [staːč]; *n. blúzku* starch the blouse

našťastie fortunately [ˈfoːčənətli], luckily [ˈlakili]; *n. nič sa nestalo* fortunately nothing happened

natáčať shoot*; *n. film* shoot a film; *n-cia hala* film studio

natáčka hair curler [heə ˈkəːlə], roller [ˈrəulə]

náter coat [kəut], paint [peint]; *dať nový n.* put* a new coat/paint; *lesklý n.* polish [ˈpoliš]; *fermežový n.* varnish [ˈvaːniš]

nateraz for the time being [fə ðə taim ˈbiːiŋ], for the present [fə ðə ˈpreznt]; *n. pracuje 10 ľudí pre firmu* for the time being there are 10 people working for the firm

natiahnuť 1. (ťahaním napnúť) tighten [ˈtaitn], spread* [spred]; *n. šnúru na bielizeň* tighten the clothes-line; *n. plachtu* (na posteli) spread the sheets **2.** (predĺžiť) stretch [streč]; *zdá sa, že projekt sa n-ol do budúceho roka* it looks that the project will stretch into next year **3.** (vystrieť) hold* out [həuld aut], reach out [riːč aut]; *n. ruku* reach out the arm **4.** (presiliť) strain [strein]; *n. si svaly* strain the muscles **5.** (navliecť) put* on [put on]; *n. si rukavice* put on the gloves **6.** (urobiť schopným chodu) wind up [waind ap]; *n. hodiny* wind up the clock ● *n. na škripec* put a person on the rack // **n. sa** stretch (out) [streč (aut)]; *sveter sa n-e* the sweater will stretch ● *n. sa ako žaba* fall full length, fall flat

natierač (farbou) painter [ˈpeintə], (lakom) varnisher [ˈvaːnišə]

nátlak pressure [ˈprešə]; *robiť n.* bring* /exert pressure

natoľko enough [iˈnaf]; *je n. múdry, aby mu pomohol* he is clever enough to help him

natrafiť come* across [kam əˈkros]; *n. na priateľa* come across a friend

natrhnúť rip [rip]; *n. si nohavice na klinci* rip the trousers on a nail

natriasť 1. (nahromadiť isté množstvo) shake* down [šeik daun]; *n. ovocie* shake down fruits **2.** (načuchrať) plump up [plamp ap]; *n. vankúš* plump up the pillow // **n. sa** (nastrachovať sa) be in a fear

natrieť 1. (naniesť vrstvu hmoty) spread* [spred]; *n. maslo na chlieb* spread butter on bread **2.** (potrieť) apply [ə'plai], paint [peint]; *n. krém na tvár* apply cream on the face; *n. policu nabielo* paint the shelf white

naturálie kind [kaind]; *platiť v n-ách* pay in kind

natvrdo hard [ha:d]; *vajce n.* hard boiled egg

naučiť (poskytnúť vedomosti) teach* [ti:č]; *n. deti čítať* teach the children to read // **n. sa** learn*; *n. sa tancovať* learn to dance; *n. sa naspamäť* learn by heart

náučný instructive [in'straktəv]; *n. film* instructive film; *n. slovník* encyclop(a)edia [,ensaiklə'pi:djə]

náuka theory ['θiəri]; *scholastická n.* scholastic theory; *n. o svetle* optics; *n. o teple* thermics; *n. o tvorbe slov* lexical morphology; *n. o tovare* technology of commodities

náušnica earring ['iərriŋ]; *strieborné n-e* silver earrings

nával 1. (tlačenica) crowd [kraud]; *n. ľudí a* crowd of people **2.** (nápor) rush [raš]; *n. práce* rush of work; *n. krvi* rush of blood

navečer 1. (podvečer) at sunset [æt 'sanset] **2.** (vo večernom čase) in the evening [in ði 'i:vniŋ]

navečerať sa take* one's supper [teik wanz 'sapə]

naveky forever [fə'revə]; *nič netrvá n.* nothing lasts for ever ● *n. vekov* in eternity

naverímboha hovor. expr. at random [ət 'rændəm], haphazard [,hæp'hæzəd]; *mesto vyrástlo n.* the town grew in a haphazard way

návesť signal ['signl]

náveterný windward ['windwəd]; *n-á strana* windward side

navidomoči obviously ['obviəsli], apparently [ə'pærəntli]; *n. klame* he apparently lies

naviesť 1. (nahovoriť) instigate ['instəgeit], incite [in'sait]; *n-dol ho na krádež* he incited him to steal **2.** (nasmerovať) vector ['vektə]; *n. lietadlo* vector an airplane; *n. na obežnú dráhu* put* into orbit

navijak 1. capstan ['kæpstən]; *dvíhať kotvu n-om* raise anchor by a capstan **2.** (udice) spinning reel ['spiniŋ ri:l]

navinúť roll up [rəul ap], wind* up [waind ap], (na cievku) reel [ri:l], take* up [teik ap]; *n. niť* reel a thread

navlas accurately ['ækjurətli]; *n. to isté* accurately the same

navlhčiť moisten ['moisn], damp [dæmp]; *n. si pery* moisten the lips; *n. šaty pred žehlením* damp the dress before ironing

navliecť thread* [θred], (na niť) string [striŋ]; *n. ihlu* thread a needle; *n. koráliky* string beads // **n. sa** (teplo sa obliecť) clothe warmly [kləuð 'wo:mli]

návnada bait [beit]

navnadiť 1. (rybu) bait [beit] **2.** (nalákať) allure [ə'ljuə]; *plagáty n-li ľudí do kina* posters allured people to the cinema

návod 1. (pokyn) directions [də'rekšnz]; *podľa n-u* as directed; *n. na použitie* directions for use **2.** (pracovný postup) instructions [in'strakšnz]

navoňavkovať scent [sent]; *n. vreckovku* scent a handkerchief

navonok outwardly ['autwədli]; *n. bol pokojný* he was outwardly calm

navoskovať wax [wæks]

návrat return [ri'tə:n], coming ['kamiŋ]; *n. domov* home-coming

navrátilec home-comer ['həum,kamə], (politický) returnee ['ritəni:], repatriate [ri:'pætriət]

návratka receipt on delivery [rə'si:t on di'livəri]

návratný returnable [ri'tə:nəbl]; *n-é fľaše* returnable bottles

navrčaný hovor. grumbling ['grambliŋ]

návrh proposal [prə'pəuzl], suggestion [sə'džesčn]; *podať n.* put forward a suggestion, (na odhlasovanie) motion ['məušn], (konštrukčný) design [di'zain]; *n. rezolúcie* draft of resolution; *prijať n. zákona* pass a bill

návrhár(ka) designer [di'zainə]

navrhnúť propose [prə'pəuz], suggest [sə'džest]; *n-ol mu, aby prišiel* he suggested him to come

navrchu I. prísl. on the top [on ðə top]; *knihy sú n.* the books are on the top **II.** predl. on the top [on ðə top]; *kabát je n. tašky* the coat is on the top of the bag

návršie knoll [nəul], hill(ock) ['hil(ok)]; *na n-í stojí zámok* there is a castle on the hillock

navŕšiť 1. (nakopiť) pile up [pail ap]; *n. drevo* pile up some wood **2.** (vytvoriť) heap up [hi:p ap]; *n. štrk v záhrade* heap up the gravel in the garden

návšteva 1. visit ['vizit], call (on) [ko:l (on)]; *ísť na n-u* go on a visit **2.** (divadelná)

audience ['o:diəs]; *n. divadla* the audience at the theatre 3. (školy) attendance [ə'tendns]
návštevník visitor ['vizətə], caller ['ko:lə]; *privítať n-a* welcome the visitor
navštívenka (visiting/business) card [('vizitiŋ/biznis) ka:d]
navštíviť (koho) call on [ko:l on], visit ['vizit]; *n-l priateľa* he visited his friend
návyk custom ['kastəm], (dlhodobý) habit ['hæbit]; *fajčenie je zlý n.* smoking is a bad habit
navyknúť get* used to [get ju:st tə]; *n. žiakov na koncerty* get the pupils used to concerts // **n. si** get* accustomed to [get ə'kastəmd tə]; *n-la som si skoro vstávať* I got accustomed to getting up early
návykový addictive [ə'diktiv]; *n-é drogy* addictive drugs
navyše in addition (to) [in ə'dišn (tu)], moreover [mo:rəuvə]; *je lenivý a navyše klamár* he is lazy and in addiction to it he is a liar; *je fešák, a navyše je aj bohatý* he is handsome, moreover he is rich
navzájom one another [wan ə'naðə], each other [i:č 'aðə]; *n. si dôverovali* they trusted one another
navzdory in spite of [in spait əv], kniž. notwithstanding [ˌnotwið'stændiŋ]; *n. únave nemohol zaspať* in spite of being tired, he could not fall asleep; *n. dažďu odišiel* notwithstanding the rain he left
navždy forever [fə'revə] ● *raz n.* once and for all
nazad 1. (smerom dozadu) back(wards) ['bæk(wədz)]; *ta a n.* there and back 2. (na pôvodné miesto) back [bæk]; *daj to n.* put it back
nazajtra on the following day [on ðə 'fələuiŋ dei]; *zvolali schôdzu n.* they called the meeting on the following day
nazbierať (nahromadiť) collect [kə'lekt], pick [pik], accumulate [ə'kju:mjəleit]; *n. peniaze na výskum* collect money for research; *n. huby* pick mushrooms; *n. skúsenosti* accumulate experience
nazdávať sa suppose [sə'pəuz]; *n-m sa, že máš pravdu* I suppose you are right
nazlostený angry ['æŋgri]; *n-á odpoveď* angry answer
nazlostiť make* angry [meik 'æŋgri]; *n-l priateľa* he made his friend angry // **n. sa** get* angry [get 'æŋgri]; *ľahko sa n-í* he gets angry easily

nazmar be* fruitless [bi: 'fru:tləs], go* to waste [gəu tə 'weist]; *tá práca vyšla n.* that work went to waste
naznačiť indicate ['indəkeit], (narážkou) hint [hint]; *n-l, že rozhovor sa skončil* he indicated the interview was over; *čo tým chceš n.?* what are you hinting at?
naznak on the back [on ðə bæk]; *spadol n.* he fell on the back
náznak indication [ˌində'keišn], hint [hint]; *n. poklesu úrokových sadzieb* indication of falling interest rates; *n. leta* a hint of summer
názor opinion [ə'pinjən], view [vju:]; *podľa môjho n-u* in my opinion; *mať ten istý/opačný n.* be of the same/a different opinion; *všeobecný n.* general view
názorný graphic ['græfik], vivid ['vivəd]; *n. opis* graphic description; *n-é vyučovanie* object teaching
názov 1. (pomenovanie) name [neim]; *miestne n-vy* local names 2. (titul) title ['taitl]; *n. knihy* the title of the book 3. (termín) term [tə:m]; *odborné n-vy* special terms
nazrieť 1. (krátko nahliadnuť) take* a look at [teik ə 'lu:k æt], peek into [pi:k 'intə]; *n. do knihy* peek into a book 2. (prísť na krátku návštevu) drop in [drop in]; *dávno si k nám nen-l* you haven't dropped in for a long time
nazvať call [ko:l], name [neim]; *n-li ho Jánom* they called him John ● *n. veci pravým menom* call a spade a spade
názvoslovie terminology [ˌtə:mə'nolədži], (v sústave) nomenclature [nəu'menkləčə]; *odborné n.* special terminology; *lekárske n.* medical nomenclature
nažívať get* along with [get ə'loŋ wið]; *n-jú spolu dobre* they get along with each other well
naživе alive [ə'laiv]; *našli ho n.* they found him alive
naživo (priamym prenosom) live [laiv]; *prejav sa vysielal n.* the speech was broadcast live
nealkoholický non-alcoholic [non-'ælkəholik]; *n. nápoj* soft drink
neandertálsky Neandertal [ni'ændəta:l]
neangažovaný uncommitted [ˌankə'mitəd]; *n-é krajiny* uncommitted countries
nebadane unnoticed [an'nəutist]; *odišiel n.* he left unnoticed
nebeský 1. (týkajúci sa neba) celestial [sə'lestiəl]; *n-é telesá* celestial bodies 2. (dokonalý) heavenly ['hevnli]; *aké n-é jedlo!* what a

N

heavenly dish! ● *Kráľovstvo n-é* The Kingdom of Heaven

nebezpečenstvo danger [ˈdeindžə], risk [risk]; *n. života* danger of life; *vydávať sa n-u* run a risk ● *na vlastné n.* at one's own risk

nebezpečný dangerous [ˈdeindžrəs], risky [ˈriski]; *n-á situácia* dangerous situation

nebo 1. (obloha) sky [skai]; *na n-i* in the sky **2.** náb. Heaven(s) [ˈhevn(z)]; *v n-i* in Heavens ● *byť v siedmom n-i* be in the seventh heaven; *ako blesk z jasného n-a* like a bolt from the blue; *nikto učený z n-a nespadol* there is no royal road to learning

nebohý late [leit], deceased [diˈsiːst]; *moja n-á matka* my late mother

nebojácny fearless [ˈfiələs], intrepid [inˈtrepəd]; *n-i horolezci* intrepid mountaineers

neborák poor [puə]; *n. sused!* poor neighbour!

nebotyčný sky-high [ˈskaihai]; *n-é vrchy* sky-high mountains ● *n. rozdiel* a world of difference

nebožiec borer [ˈboːrə], (jemný) gimlet [ˈgimlət]

nebývalý unprecedented [anˈpresədentəd]; *n. rast cien* unprecedented prize increase

necelý less than [les ðæn]; *o n. rok* in less than a year

necudný shameless [ˈšeimləs], (v prejave) obscene [obˈsiːn]; *n-á reč* obscene language

nečakaný unexpected [ˌanikˈspektəd]; *n-á správa* unexpected news

nečasový out-of-date [aut əv deit]; *n-é problémy* out-of-date problems

nečestný dishonest [disˈonəst], low [ləu]; *je to n. človek* he's a low person

nečinnosť inactivity [ˌinækˈtivəti], idleness [ˈaidlnəs]; *tráviť život v n-ti* spend the life in idleness

nečinný inactive [inˈæktiv], idle [ˈaidl]; *n. život* idle life

nečistota 1. uncleanliness [ˈanklenlinəs] **2.** (špina) dirt [dəːt], filth [filθ]; *n. na sídliskách* the dirt in the housing estates; *umyť n-u z rúk* wash the filth off the hands **3.** impurity [impˈjurəti]; *odstrániť n-y* remove the impurities

nečistý 1. (špinavý) dirty [ˈdəːti], filthy [ˈfilθi]; *n-é telo* dirty body **2.** odb. impure [imˈpjuə]; *n. kov* impure metal **3.** (mravne chybný) filthy [ˈfilθi]; *n-é myšlienky* filthy ideas

nečitateľný illegible [iˈledžəbl]; *jeho rukopis je n.* his handwriting is illegible

nečudo no wonder [nəu ˈwandə]; *n., že sa bál* no wonder he was afraid

neďaleko I. prísl. not far [not faː]; *stanica je n.* the station is not far **II.** predl. not far from [not faː frəm]; *n. mesta* not far from the city

nedávno lately [ˈleitli], recently [ˈriːsntli]; *stretol som ho n.* I have met him lately

nedávny recent [ˈriːsnt]; *n-e udalosti ho prinútili odísť* recent events made him leave

nedbalý careless [ˈkeələs], inattentive [ˌinəˈtentiv]; *n-á práca* careless work; *n. študent* careless student

nedeľa Sunday [ˈsandi]

nedeliteľný indivisible [ˌindəˈvizəbl]; *n. celok* indivisible whole; *n-á dohoda* package deal

nedobytný impregnable [imˈpregnəbl]; *n-á pevnosť* impregnable fortress; *n-á pokladnica* (burglar proof) safe, strong box

nedočkavosť impatience [imˈpeišns]

nedočkavý impatient [imˈpeišnt]; *n-i diváci* impatient audience

nedokázateľný unprovable [anˈpruːvəbl]

nedokonalý imperfect [imˈpəːfikt], defective [diˈfektiv]; *n-á práca* imperfect work; *n-é spaľovanie* defective combustion

nedonosený prematurely born [ˈpremətʃəli boːn]; *n-é dieťa* a prematurely born child

nedopatrenie oversight [ˈəuvəsait]; *chyba sa stala n-ím* the mistake was a result of an oversight; *došlo k n-u* there was an oversight

nedopečený underdone [ˌandəˈdan], half-done [ˈhaːfdan]; *mäso je n-é* the meat is underdone

nedoplatok arrears [əˈriəz], AM back payment [ˈbæk ˌpeimənt]; *n. za nájomné* arrears with the rent

nedorozumenie misunderstanding [ˌmisandəfˈstændiŋ]; *medzinárodné n.* international misunderstanding

nedoručiteľný not deliverable [not diˈlivrəbl]; *n. list* dead letter

nedoslýchavý hard of hearing [haːd əv ˈhiriŋ]; *n. na jedno ucho* hard of hearing in one ear

nedostatočný I. príd. insufficient [ˌinsəˈfišnt], unsatisfactory [anˌsætəsˈfæktri]; *n. záujem* insufficient interest **II.** podst. škol. (najhoršia známka) fail [feil]; *n-á z dejepisu* a fail in history

nedostatok 1. (chýbanie) lack [læk], shortage [ˈšoːtidž], want [wont]; *n. dôkazov* lack of evidence; *n. peňazí* lack of money; *n. potravín* food shortages; *n. pracovných síl* labour shortage; *n. času* want of time **2.** (bieda) misery ['mizri]; *žiť v n-ku* live in misery **3.** (chyba) imperfection [ˌimpə'fekšn]; *bojovať proti n-kom* fight against imperfection

    nedostupný 1. inaccessible [ˌinək'sesəbl]; *n-á pevnosť* inaccessible fortress; *n-á informácia* inaccessible information; **2.** (o cenách) exorbitant [ig'zoːbətənt]; *n-é ceny* exorbitant prices

    nedotklivý touchy ['tači]; *n. človek* a touchy man

    nedouk half/semi educated person ['haːf /'semiˌedjukeitəd 'pəːsn]

    nedovolený illicit [i'lisət], illegal [i'liːgl]; *n. obchod s drogami* illicit trade in drugs

    nedôstojný undignified [an'dignəfaid]; *n-é správanie* undignified manner

    nedôvera mistrust, distrust [mis'trast /dis'trast]; *mať n-u voči bankám* have mistrust of banks; *n. v lietadlá* distrust in aeroplanes; *prejav n-y pri hlasovaní* a vote of no confidence; *vysloviť n-u* pass a vote of no confidence

    nedôverčivý mistrustful, distrustful [mis-'trastfl/dis'trastfl]; *n. človek* a distrustful man

    nedôverovať distrust, mistrust [dis/mis'trast]

    neduživý ailing ['eiliŋ], sickly ['sikli]; *n-é dieťa* a sickly child

    nedvojzmyselný unambiguous [ˌanæm-'bigjuəs]

    neekonomický uneconomical [ˌaniːko'nomikl]; *n-á metóda vykurovania* uneconomical method of heating

    neestetický tasteless ['teistləs], ugly ['agli]; *n-é domy* ugly houses

    nefajčiar non-smoker [non'sməukə]; *pre n-ov* for non-smokers

    nefalšovaný genuine ['džɛnjuən]; *n. údiv* genuine astonishment

    neforemný formless ['foːmləs], shapeless ['šeipləs]; *n. starý sveter* a shapeless old sweater

    neformálny informal [in'foːml]; *n-e oblečenie* informal clothes

    negatívny negative ['negətiv]; *n. postoj* negative attitude

    negramotnosť illiteracy [i'litrəsi]; *odstrániť i.* do away with illiteracy

    negramotný illiterate [i'litrət]; *n. človek* an illiterate man

    neha tenderness ['tendənəs], gentleness ['džentlənəs]

    nehľadiac (na koho, čo) apart from [ə'paːt frəm], regardless of [ri'gaːdləs əv]; *n. na dôvody* apart from the reasons; *n. na výdavky* regardless of expense

    nehmatateľný impalpable [im'pælpəbl]; *n. pulz* impalpable pulse

    nehnuteľnosť real estate [ˌriəl is'teit]

    nehoda accident ['æksidnt]; *dopravná n.* traffic accident

    nehorázny outright [aut'rait]; *n-a lož* outright lie

    nehorľavý flame-proof ['fleimpruːf], non--inflammable [ˌnon in'fleiməbl]

    nehospodárnosť lack of economy [læk əv i'konəmi]

    nehospodárny uneconomical [ˌaniːko-'nomikl], wasteful ['weistfl]; *n. spôsob výroby* uneconomical way of production; *n-e návyky* wasteful habits

    nehostinný inhospitable [ˌinho'spitəbl]

    nehrdzavejúci stainless ['steinləs]; *n-a oceľ* stainless steel

    nehudobný unmusical [an'mjuːzikl]; *n. sluch* an unmusical ear

    nehybnosť immobility [ˌimo'biləti]

    nehybný immobile [i'məubail], motionless ['məušnləs], (stojatý) stagnant ['stægnənt], (postavený napevno) stationary ['steišənri]; *n-á noha* immobile leg; *n-é telo* motionless body; *n-é vody* stagnant waters; *n. cieľ* stationary target

    nech expr. **I.** spoj. **1.** (v účelovej vete) so that [səu ðæt], in order that [in 'oːdə ðæt]; *choď von, n. sa deti môžu hrať* go out so that/in order that the children can play **2.** (v podmienkovej vete) if [if]; *bol by spadol, n. sa nedrží matkinej ruky* he would have fallen if he hadn't held his mother's hand **II.** časť. **1.** (želanie) let [let]; *n. tam nie je žiadna chyba* let there be no mistake **2.** (rezignácia) never mind ['nevəˌmaind], it does not matter [it daz not 'mætə]; *Je lepší ako ty. – N. (je).* He is better than you are. – It does not matter. ● *n. je, ako chce* be it as it may; *n. je tak, či onak* for better for worse

    nechápavý slow witted [sləu ˌwitəd], dull [dal], uncomprehending [ˌankəmpri'hendiŋ]; *n. žiak* a dull pupil; *n. pohľad* uncomprehending look

    nechať 1. (dovoliť) let* [let]; *n-j ho odísť* let him go **2.** (zanechať, ponechať) leave* [liːv]; *n. deti samy doma* leave the children alone at

                                       N

home; *n-la ho žena* his wife left him **3.** (prestať) stop [stop], drop [drop], give* up [ˈgiv ˌap]; *n-l fajčenie* he stopped smoking; *n-áš to!* stop it!; *n-l štúdiá* he dropped his studies **4.** (ponechať) keep* [kiːp]; *n-j si drobné* keep the change • *nen. ani vlas na hlave* pull/pick a person to pieces; *n-j to na pokoji* pass it over; *to by som tak nen-l* I wouldn't swallow that; *n. po škole* keep after school; *n. sa uniesť* fall under spell; *to si nen-ám!* I won't stand it!

necht (finger)nail [(ˈfiŋgə)neil]; *dlhé n-y* long nails; *nalakované n-y* painted nails

nechtiac unwillingly [anˈwiliŋli]; *n. ho urazil* he offended him unwillingly

nechutný 1. (o jedle) insipid [inˈsipəd]; *n-é jedlo* insipid food **2.** (budiaci nechuť) disgusting [disˈgastiŋ], nasty [ˈnaːsti]; *n-é žarty* disgusting jokes; *n. zápach* nasty smell

neistota uncertainty [anˈsəːtnti], insecurity [ˌinsiˈkjurəti]; *skrývať pocit n-y* hide the feelings of insecurity; *nechať v n-e* leave in the dark

neistý uncertain [anˈsəːtn], insecure [ˌinsiˈkjuə], insafe [inˈseif], (človek) self-conscious [self-konšəs]; *n-á budúcnosť* uncertain future; *n. hlas* insecure voice

nejako somehow [ˈsamhau]; *musíme n. prejsť* we must somehow get through *n. jej neslúži zdravie* she is not in the best of health

nejaký (v rozl. význ.) some [sam]; *nájsť (si) n-ú prácu* find some job; *mám n-é peniaze* I've got some money; *na n. čas* for some time • *volal n. pán Brown* a certain Mr. Brown called

nejasný 1. (nezreteľný) dim [dim], hazy [ˈheizi]; *n-é svetlo* dim light; *n-á snímka* a hazy picture/photograph **2.** (nepresný) unclear [ˈankliə]; *n-é pokyny* unclear instructions

nejednotný disunited [ˈdisjuˌnaitəd]; *n. postup* disunited procedure

nekalý kniž. unfair [anˈfeə]; *n. úmysel* an evil intention

nekompromisný uncompromising [anˈkomprəmaiziŋ]; *n-ý postoj* uncompromising attitude

nekonečno infinity [inˈfinəti]

nekonečný 1. (neohraničený v priestore a čase) infinite [ˈinfənət]; *vesmír je n.* the universe is infinite; *n. číselný rad* infinite numbers **2.** expr. (veľmi dlhý) endless [ˈendləs]; *n. rad* endless queue

nekrčivý crease resistant [kriːs riˈzistnt]; *n-á látka* crease resistant material

nekrológ obituary [əˈbičuəri]

nekrytý 1. uncovered [anˈkavd], open air [ˈəupn eə]; *n. bazén* an open air swimming pool **2.** (finančne nezabezpečený) dud [dad]; *n. šek* dud cheque; *n. úver* blank credit

nekultúrny uncivilized [anˈsivəlaizd]; *n-e správanie* uncivilized behaviour

nekvalifikovaný unskilled [ˌanˈskild]; *n. robotník* unskilled worker

nekvalitný low grade [ˈləu greid], poor /low quality [puə/ləu ˈkwoləti]; *n. tovar* low quality goods

nelegálny illegal [iˈliːgl]; *n-a organizácia* illegal organization

neliečiteľný uncurable [anˈkjurəbl]; *n-á choroba* uncurable illness

nelichotivý unflattering [anˈflætəriŋ]; *n-á kritika* unflattering criticism

nelogický illogical [iˈlodžikl]

neľúbosť displeasure [disˈpležə]; *vzbudiť n.* arise* displeasure; *prejaviť n.* show displeasure

neľudský 1. (bezcitný) inhumane [inˈhjuːmən]; *n-é zaobchádzanie* inhumane treatment; *n. tyran* inhuman tyrant **2.** (nadľudský) superhuman [ˌsuːpəˈhjuːmən]; *n-á námaha* superhuman effort

neľútostný 1. (nemilosrdný) merciless [ˈməːsiləs], pitiless [ˈpitiləs]; *n. sudca* merciless judge **2.** (drsný, tvrdý) harsh [haːš]; *n. boj* harsh battle

nemajetný poor [puə]; *n-é vrstvy obyvateľstva* poor sections of population

nemanželský illegitimate [ˌiləˈdžitəmət]; *n-é dieťa* illegitimate child

nemčina (the) German (language) [θə ˈdžəːmən (ˈlæŋwidž)]

Nemec German [ˈdžəːmən]

nemecký German [ˈdžəːmən]; *n. jazyk* German (language)

nemehlo pejor. clumsy clot [ˌklamzi klot]

nemenej no less [ˈnəu ˈles]; *ďalšia správa, n. dôležitá* another report no less important

nemenný unchangeable [anˈčeindžəbl]; *n-é zákony* unchangeable laws

nemierny immoderate [ˈimodəreit], excessive [ikˈsesiv]; *n-e pitie* (alkoholu) immoderate drinking (of spirits)

nemiestny out of place [aut əv pleis], impertinent [imˈpəːtənənt]; *n-e správanie* impertinent behaviour; *n-a hrdosť* unjustified pride

nemilosrdný merciless ['mə:siləs], (krutý) cruel ['kruəl]; *n. boj* a cruel fight

nemilosť disfavour [dis'feivə], disgrace [dis'greis]; *upadnúť do n-ti* hovor. fall into disgrace/disfavour; be in the dog-house

nemluvňa baby ['beibi], infant ['infənt]

nemoc kniž. (stav) illness ['ilnəs], sickness ['siknəs], disease [di'zi:z], disorder [dis-'o:də]; *n. tráviaceho systému* disease of the digestive system

nemocenský I. príd. health [helθ]; *n-é poistenie* health insurance **II.** *n-é* (peňažná dávka) sickness benefit ['siknəs ˌbenəfit], allowance [ə'lauəns], hovor. sick-pay

nemocnica hospital ['hospitl]; *prijať do n-e* admit to hospital; *v n-i* in hospital

nemocničný kniž. hospital ['hospitl]; *n-á izba* hospital room

nemocný kniž. sick [sik], ill [il]; *byť n.* be*/feel* ill

nemoderný out of date [aut əv deit], out--dated [aut-deitəd], old fashioned [əuld 'fæšnd]; *n. nábytok* an old fashioned furniture

nemohra dumb show [dam šou], pantomime ['pæntəmaim]

nemota dumbness ['damnəs] ● *zbiť do n-y* beat* black and blue; *spitý do n-y* blind drunk

nemotorný clumsy ['klamzi]; *n. pohyb* a clumsy movement

nemožný impossible [im'posəbl], absurd [əb-'sə:d]; *to je takmer n-é* it is next to impossible

nemravnosť immorality [ˌimə'ræləti]

nemravný immoral [i'morəl]; *n. život* immoral life

nemý I. príd. **1.** (neschopný hovoriť) dumb [dam], mute [mju:t]; *narodiť sa n.* be born dumb; *n. úžas* mute astonishment **2.** (tichý) silent ['sailənt]; *n. obdiv* silent admiration; *n. film* silent film ● *čo si n.?* have you lost your tongue? *n. ako ryba* as silent as a grave **II.** podst. *n.* dumb [dam]

nemysliteľný unthinkable [an'θiŋkəbl]

nenahraditeľný irreplaceable [ˌiri'pleisəbl]; *n-á strata* irreplaceable loss

nenajedený ever-hungry ['evəhaŋgri]

nenápadný inconspicuous [ˌinkən'spikjuəs]; *n. človek* an inconspicuous man

nenapraviteľný incorrigible [in'korədžəbl]; *n. zlodej* incorrigible thief

nenáročný unpretentious [ˌanpri'tenšəs], modest ['modəst]; *n-á strava* modest food

nenasýtený chem. unsaturated [an'sæčərei-təd]; *n. roztok* unsaturated solution

nenásytník glutton ['glatn]

nenásytný 1. (stále hladný) insatiable [in-'seišəbl], voracious [və'reišəs]; *n-é dieťa* an insatiable child; *n-á šelma* voracious beast **2.** (chtivý) greedy ['gri:di]; *n-á túžba po moci* greedy desire for power

nenávidieť hate [heit]; *n. násilie* hate violence

nenávisť hatred ['heitrəd]; *plný n-ti* full of hatred; *prechovávať n.* harbour hatred

nenávratný disposable [di'spəuzəbl]; *n-é fľaše* disposable bottles, hovor. throw-away

nenazdajky unawares [ˌanə'weəz]; *zazrela ho n.* she spotted him unawares

nenormálny 1. (neprirodzený) aberrant ['æbərənt]; *n-e správanie* aberrant behaviour **2.** insane [in'sein]

nenútený free and easy [fri: ənd 'i:zi]; informal [in'fo:ml]; *n. prejav* informal speech

neoblomný hard-hearted [ha:d'ha:təd], steadfast ['stedfa:st]; *n. charakter* steadfast character

neobmedzený unlimited [an'limitəd]; *n-é možnosti* unlimited possibilities; *n. vládca* an absolute ruler

neobyčajný 1. (zvláštny) unusual [an'ju:žuəl]; *n. jav* unusual phenomenon **2.** (výnimočný) extraordinary [ik'stro:dnri]; *n-á krása* extraordinary beauty; *n-á zručnosť* extraordinary skill

neobývaný uninhabited [ˌanin'hæbətəd]; *n-á oblasť* uninhabited area

neoceniteľný invaluable [in'væljuəbl]; *poskytnúť n-é služby* render invaluable services

neočakávaný unexpected [ˌanik'spektəd]; *n-á návšteva* unexpected visit; *n-á smrť* sudden death

neodborník non-expert [ˌnoneks'pert], non-professional [ˌnonprə'fešənl], layman ['leimən]

neodbytný pertinacious [ˌpə:ti'neišəs]; *n. protivník* pertinacious opponent

neodcudziteľný inalienable [in'eiljənəbl]; *n-é práva* inalienable rights

neoddeliteľný inseparable [in'seprəbl]; *obsah a forma sú n-é* contents and forms are inseparable

neodkladný urgent ['ə:džnt]; *n-á práca* urgent work

neodolateľný irresistible [ˌiri'zistəbl]; *n. úsmev* irresistible smile

N

neodvolateľný irrevocable [i'revəkəbl]; *n-é rozhodnutie* irrevocable decision

neogabanec hovor. expr. booby ['bu:bi]

neohrabaný clumsy ['klamzi]; *n-á chôdza* clumsy walking

neohrozený dauntless ['do:ntləs]; *n-í bojovníci* dauntless fighters

neohybný 1. unbending [an'bendiŋ], stiff [stif]; *n-é prsty* stiff fingers 2. lingv. inflexible [in'fleksəbl]; *n-é slová* inflexible words

neochotný unwilling [an'wiliŋ]; *n. pracovať* unwilling to work

neokrôchaný hovor. expr. ill-bred [ˌil'bred]; *n. človek* an ill-bred man

neomylný infallible [in'fæləbl]; *n-á pamäť* infallible memory

neónový neon ['ni:on]; *n-é osvetlenie* strip lighting

neopatrný careless ['keələs]; *n. vodič* a careless driver

neoprávnený unauthorized [an'o:θəraizd]

neotesaný rough [raf]; *n. chlap* a rough fellow

nepárny odd [od]; *n-e čísla* odd numbers

nepatrný 1. (malý množstvom) slight [slait]; *n. rozdiel* slight difference 2. (bezvýznamný) insignificant [ˌinsig'nifikənt]; *n. rozdiel* insignificant difference

neplatič dodger ['dodžə]; *daňový n.* tax dodger

neplatný invalid [in'væləd], void [void]; *n. pas* invalid passport; *dohoda bez podpisu je n-á* the agreement not having been signed is void

neplnoletý not of age [not əv eidž]

neplodný 1. sterile ['sterail]; *n-á žena* a sterile woman 2. (o pôde) barren ['bærən]; *n-á zem* barren lands

nepoddajný stubborn ['stabən]; *n-é vlasy* stubborn hair

nepodplatný incorruptible [ˌiŋkə'raptəbl]; *n. úradník* incorruptible clark

nepohodlný 1. uncomfortable [an'kamftəbl]; *n-é kreslo* an uncomfortable armchair 2. (neželaný) unwanted [an'wontəd]; *n. spoločník* an unwanted companion

nepohyblivý immobile [i'məubail]

nepochopiteľný beyond comprehension [bi'jond komprə'henšən]; *to je n-é* it is beyond comprehension

nepochybne no doubt [nəu daut], doubtlessly ['dautləsli], undoubtedly [an'dautədli]

nepokoj 1. restlessness ['restləsnəs]; *duševný/telesný n.* mental/psychical restlessness 2. (spoločenského celku) unrest [an'rest]; *politické n-e* political unrest

nepokojný restless ['restləs], uneasy [an'i:zi]; *strávil n-ú noc* he spent a restless night; *n. kvôli budúcnosti* uneasy about the future; *n-é more* rough sea

nepomer disproportion [ˌdisprə'po:šn]; *n. medzi bohatstvom a biedou* disproportion between wealth and poverty

nepopísaný blank [blæŋk]; *n. hárok* blank sheet

neporiadny 1. (nedbanlivý) disorderly [dis'o:dəli], untidy [an'taidi]; *n. človek* disorderly man; *n-a domácnosť* untidy household 2. (neusporiadaný) loose [lu:s]; *n. život* loose life

neporiadok 1. disorder [dis'o:də]; *dom je v úplnom n-ku* the house is in a state of complete disorder; *aký n.!* what a mess! 2. (rozpor) discrepancy [dis'krepənsi]; *n. v účtoch* discrepancies in the accounts

neporušený intact [in'tækt]; *n. balík* an intact parcel

neposedný fidgety ['fidžəti], restless ['restləs]; *n-é deti* fidgety children

neposlúchať disobey [ˌdisə'bei]

neposlušnosť disobedience [ˌdisə'bi:diəns]; *občianska neposlušnosť* civil disobedience

neposlušný disobedient [ˌdisə'bi:diənt], naughty ['no:ti]; *n-é deti* disobedient children

nepostrádateľný indispensable [ˌindi'spensəbl]; *n. pre podnik* indispensable to the company

nepoškvrnený immaculate [i'mækjulət]; *n-é počatie* Immaculate Conception

nepotrebný (neužitočný) useless ['ju:sləs], (nadbytočný) waste ['weist]; *stať sa n-m* become useless; *kôš na n. papier* waste-paper basket

nepovinný 1. (voliteľný) optional ['opšnəl]; *n-é predmety v škole* optional subjects at school 2. (dobrovoľný) voluntary ['voləntri]

nepovolaný: *N-ým vstup zakázaný* No Admittance Except on Business, (na súkr. pozemok) Trespassers will be prosecuted, (do miestnosti) Private

nepozorný inattentive [ˌinə'tentəv]; *n. žiak* inattentive pupil

nepozorovaný unnoticed [an'nəutist]; *n. pohyb* unnoticed movement

nepravdivý false [fo:ls], untrue [an'tru:]; *n-é vyhlásenie* false statement

nepravidelný irregular [i'regjələ]; *n. tep* irregular pulse

neprávom unjustly [an'džastli]; *n. trpieť* suffer unjustly

nepravý false [fo:ls]; *n-é perly* false pearls; mat. *n-é zlomky* improper fractions

nepredajný 1. (nie na predaj) not for sale ['not fə seil]; *pozemok je n.* the land is not for sale; *n. tovar* dead stock 2. (nepodplatiteľný) incorruptible [ˌinkə'raptəbl]; *n. charakter* incorruptible character

nepredvídaný unforseen [ˌanfo:'si:n]; *n-é ťažkosti* unforseen difficulties

neprehľadný unclear ['ankliə], blind [blaind]; *n-á situácia* unclear situation; *n-á premávka* blind traffic

neprekonateľný insuperable [in'sju:prəbl], invincible [in'vinsəbl]; *n-é ťažkosti* insuperable difficulties; *n. odpor* invincible aversion

nepremenný mat. invariable [in'veriəbl], unchangeable [an'čeindžəbl]

nepremokavý waterproof ['wo:təpru:f]; *n. plášť* mackintosh, raincoat, waterproof

nepremožiteľný invincible [in'vinsəbl], unconquerable [an'konkərəbl]; *n-á armáda* invincible army; *n-á krajina* unconquerable country

nepresný inaccurate [in'ækjərət]; *n. opis* inaccurate description; *n. zásah* near miss

nepresvedčivý unconvincing [ˌankən'vinsiŋ]; *n-á výhovorka* lame excuse

nepretržitý (stály) continuous [kən'tinjuəs]; *n. pohyb* continuous movement; *n-á prevádzka* (obchodu) open 24 hours

nepriamy indirect [ˌində'rekt]; *n. dôkaz* indirect evidence; mat. *n-a úmernosť* reverse proportion; *n. pomer* inverse ratio

nepriateľ(ka) 1. enemy ['enəmi]; *skrytý n.* hidden enemy; *n. postúpil* the enemy has advanced 2. (odporca) hater ['heitə]; *n. žien* woman hater

nepriateľský hostile ['hostail], enemy ['enəmi]; *n-é územie* hostile territory; *n-á armáda* enemy army

nepriateľstvo hostility [ho'stiləti]; *n. voči všetkému cudziemu* hostility toward everything foreign

nepriazeň disfavour [dis'feivə]; *byť v n-ni* be in disfavour

nepriaznivý unfavourable [ˌan'feivərəbl]; *n-é počasie* unfavourable weather; *za n-ých okolností* under unfavourable conditions

nepríčetný insane [in'sein]; *n. človek* an insane man

nepriedušný hermetic(al) [hə:'metək(l)], air-tight ['eətait]; *n-á látka* hermetical material

nepriehľadný opaque [əu'peik]; *n-é sklo* opaque glass

nepriestreľný bullet proof ['bulət pru:f]; *n-é sklo* bullet proof glass

neprijateľný inacceptable [ˌinæk'septəbl]; *n-á ponuka* inacceptable offer

nepríjemnosť inconvenience [ˌiŋkən'vi:niəns]; *mať veľké n-ti* suffer great inconvenience

nepríjemný inconvenient [ˌiŋkən'viniənt], unpleasant [an'pleznt]; *n-é prekvapenie* unpleasant surprise; *n. pocit* uncomfortable feeling; *to je n-é!* what a nuisance!

neprimeraný inadequate [in'ædəkwət]; *n-é správanie* inadequate behaviour; *n. (vysoký) plat* an unduly high salary

neprístupný 1. (nedostupný) inaccessible [ˌinæk'sesəbl]; *n. končiar* an inaccessible peak 2. (uzavretý) inapproachable [ˌinə'prəučəbl]; *n. človek* an inapproachable man ● *mládeži n.* adults only

neprítomne absent-mindedly [ˌabsnt-'maindədli]; *pozerať n.* look absent-mindedly

neprítomnosť absence ['æbsns]; *počas jeho n-ti* during his absence

neprítomný 1. (vzdialený) absent ['æbsnt], missing ['misiŋ]; *n. v práci* absent from work; *kto je n.?* who is missing? 2. (nevšímavý) absent-minded [ˌæbsnt'maindəd]; *n. pohľad* absent-minded look

nerast mineral ['minrəl]

nerastný mineral ['minrəl]; *n-é bohatstvo* mineral riches

neraz not once [not wans], many a time [meni ə taim]; a number of times [ə 'nambə əv taimz]; *n. si na ňu spomenie* she remembers her many a time

neresť vice [vais], (zhýralosť) lechery ['lečri], depravity [di'prævəti]; *ľudské n-ti* human vices

nerestný vicious ['višəs], (zhýralý) lecherous ['lečərəs]

neriešiteľný insoluble [in'soljəbl]; *n. problém* insoluble problem

nerovnaký different ['difrənt], unequal [ˌan'i:kwəl]; *n-é podmienky* different conditions; *n-é množstvo* unequal amount

N

nerovnoprávny not enjoying equal rights /privileges [not in'džoiŋ ˌiːkwəl raits /'privilidžəs]; underprivileged [ˌandə'privilidžd]

nerovný 1. (hrboľatý) rough [raf], bumpy ['bampi]; *n-á cesta* rough road 2. (zakrivený) bent [bent]; *n-á tyč* bent rod 3. (nerovnaký) unequal [an'iːkwəl]; *n. boj* uneven fight; mat. *n. nule* non null

nerozbitný unbreakable [an'breikəbl]; *n-é sklo* unbreakable glass

nerozborný indestructible [ˌindi'straktəbl];

nerozhodný 1. (váhavý) irresolute [i'rezəluːt], undecided [ˌandə'saidəd]; *n-í voliči* undecided voters 2. (bez víťaza) draw [droː]; *n-á hra* a draw game; *n-á bitka* a draw battle/fight ● *n-á povaha* a wavering nature

nerozlučný inseparable [in'seprəbl]; *n-í priatelia* inseparable friends

nerozpustný insoluble [in'soljəbl]; *n. vo vode* insoluble in water

nerozum silliness ['silinəs]

nerozumieť misunderstand* [ˌmisandə'stænd]; *n. odkaz* misunderstand the message

nerozumný foolish ['fuːliš], unwise ['anwaiz], senseless ['sensləs]; *n-é dieťa* a foolish child

nerozvážny thoughtless ['θɔːtləs]; *n-a reč* a thoughtless speech

nerv nerve [nəːv]; *mozgové n-y* brain nerves ● (expr.) *ide mi to na n.* it gets on my nerves; *mať n-y ako zo železa* have iron/steel nerves; *mať slabé n-y* loose one's nerves

nervák subst. 1. (napätá situácia) hairy/nerve--racking situation ['heəri/'nəːvˌrækiŋ sitju'eišn]; *prežívať n.* experience nerve-racking situation 2. (o napínavom filme) cliff-hanger [klif'hæŋɡə], thriller ['θrilə], stomach-wobbler ['staməkwoblə]; *film bol n.* the film was a thriller

nervový nervous ['nəːvəs]; *n-á sústava* nervous system; *n-é napätie* nervous tension

nervózny nervous ['nəːvəs]; *byť n.* be over-excited, be on edge [bi: on edž]

nesčíselný innumerable [i'njuːmrəbl], countless ['kauntləs]

nesebecký unselfish [an'selfiš]

neschodný impassable [im'paːsəbl]; *n-é cesty* impassable roads

neschopný unable [an'eibl], incapable [in'keipəbl], unfit [an'fit]; *n. pochopiť (čo)* unable to understand; *n. jazdiť* unfit to drive ● *n. slova* speechless ['spiːčləs]

neskladný unstorable [an'stoːrəbl]; *n. tovar* unstorable goods

neskoro late [leit]; *prísť n.* come late ● *Kto n. chodí, sám sebe škodí* Last come last served

neskorý late [leit]; *n-á jeseň* late autumn

neskôr later (on) ['leitə (on)]; *prídem n.* I'll come later ● *skôr či n.* sooner or later

neskrývaný unconcealed [ˌankən'siːld], open ['əupən]; *n-á nenávisť* open hatred

neskúsený inexperienced [ˌiniks'piriənst]; *n-é dievča* an inexperienced girl

neskutočný unreal [an'riəl]; *n-é príbehy* unreal stories

neslaný unsalted [an'soːltəd], saltless ['soːltləs]; *n-á polievka* unsalted soup; *n. diéta* saltless diet ● *n.-nemastný* dull

neslávny infamous ['infeiməs]; *n. koniec* infamous end

neslušný impolite [ˌimpə'lait], indecent [in'diːsnt], dirty ['dəːti]; *n-é správanie* impolite behaviour; *n-é vtipy* dirty jokes

nesmelý shy [šai], timid ['timəd]; *n. chlapec* a shy boy; *n. pokus* half hearted attempt

nesmierny enormous [i'noːməs], immense [i'mens]; *n-a suma peňazí* an enormous sum of money

nesmrteľný immortal [i'moːtl]

nespavosť insomnia [in'somniə], sleeplessness ['sliːplsnəs]; *trpieť n-ou* suffer from insomnia

nespočetný innumerable [i'njuːmrəbl]; *n-é množstvo kníh* an innumerable amount of books

nespokojný discontented [ˌdiskən'tentəd], dissatisfied [di'sætisfaid]; *n-ý zákazník* a discontented customer

nespoľahlivý unreliable [ˌanri'laiəbl]; *n-á informácia* unreliable information; *n-á pamäť* treacherous memory

nesprávny wrong [roŋ], incorrect [ˌinkə'rekt]; *n-e údaje* wrong data

nespravodlivý unjust [an'džast], unfair [an'feə]; *n. trest* unjust punishment

nespútaný unchained [an'čeind], lax [læks]; *n-á zábava* unchained party; *n. život* lax life

nestály unsteady [an'stedi], inconsistent [ˌinkən'sistnt]; *n-e ceny* unsteady prices; *n. v princípoch* inconsistent in principles; *n-a farba* fading colour

nestranícky non-party [non'paːti]

nestranný impartial [im'paːšl], objective [əb'džektiv]; *sudca musí byť n.* a judge must be impartial; *n-e rozhodnutie* objective decision

nestráviteľný indigestible [ˌindiˈdžestəbl]; *n-é jedlo* indigestible meal

nesúhlas 1. (vyjadrenie odlišného názoru) disapproval [ˌdisəˈpruːvl]; *potriasť hlavou na znak n-u* shake of disapproval; *prejavy n-u* calls of dissent **2.** (nezhoda, nesúlad) disagreement [ˌdisəˈgriːmənt]; *n. medzi dvoma výpočtami* a disagreement between two calculations

nesúlad disharmony [disˈhaːmni]; discrepancy [disˈkrepənsi]

nesúmerný asymetrical [ˌeisəˈmetrikl]; *n-á tvár* asymetrical face

nesúrodý incongruous [inˈkoŋgruəs], heterogeneious [ˌhetrəuˈdžiːniəs]; *n-á skupina mladých ľudí* a heterogenious group of young people

nesúvislý incoherent [ˌinkəuˈhirənt]; *n-á reč* incoherent talk/speech

nesvoj (iba v mennom prísudku al. doplnku) out of ease/place/sorts [aut əv iːz/pleis/soːts]; *cíti sa n.* he is out of ease

nešikovný 1. (neobratný) cack-handed [ˌkækˈhændəd]; *n-á krajčírka* cack-handed dressmaker **2.** hovor. (nevhodný) cumbersome [ˈkambəsm]; *n-á taška* cumbersome bag

neškodný harmless [ˈhaːmləs]; *n. plyn* harmless gas

nešťastie 1. (nehoda) accident [ˈæksədnt]; *zavinit' n.* cause an accident **2.** (trápenie) misery [ˈmizri]; *priviesť do n-a* lead into misery • *šťastie v n-í* every cloud has a silver ring; *nikdy nechodí samo* misfortunes never come alone

nešťastník unfortunate [anˈfoːčnət]

nešťastný (v rozl. význ.) unhappy [anˈhæpi]; *n-á rodina* unhappy family; *n. z neúspechu* unhappy about the failure; *n-á náhoda* unhappy coincidence; expr. *n-á poznámka* unhappy remark

neter niece [niːs]

netopier bat [bæt]

netrafiť miss [mis]; *n. cieľ* miss the target

netreba it is not necessary [it iz not ˈnesəsəri]; *n. tam ísť* it is not necessary to go there

netrpezlivosť impatience [imˈpeišns]

netrpezlivý impatient [imˈpeišnt]; *n. zákazník* impatient customer

netto: *n. váha* net weight; *n. zisk* net profit

netvor monster [ˈmonstə]; *morský n.* sea monster

netýkavka 1. bot. touch-me-not [ˈtačmiːˌnət] **2.** (o ľuďoch) touchy fellow [ˈtači ˌfələu]

neúctivý disrespectful [ˌdisriˈspektfl]

neúčasť 1. (neprítomnosť) absence [ˈæbsns], non-participation [ˌnonpaːtisəˈpeišn] **2.** (nezáujem) unconcern [ˌankənˈsəːn]

neúčinný ineffective [ˌinəˈfektiv], inefficient [ˌinəˈfišnt]; *n-é opatrenia* ineffective measures

neudržateľný untenable [anˈtenəbl]; *n-á situácia* untenable situation; *n. pomery* intolerable conditions

neúmerný disproportionate [ˌdisprəˈpoːšnət]; *výsledok je n. vloženej námahe* the result is disproportionate to the pains involved

neúnavný untiring [anˈtairiŋ], tireless [ˈtaiələs]; *n. pracovník* a tireless worker

neúplný incomplete [ˌinkəmˈpliːt]; *n-é údaje* incomplete data

neúpravený untidy [anˈtaidi], messy [ˈmesi]; *n-á žena* an untidy woman

neúprimný insincere [ˌinsinˈsiə], false [foːls]

neúprosný 1. (neoblomný) implacable [imˈplækəbl]; *n. otec* implacable father **2.** (neľútostný) inexorable [inˈeksrəbl]; *n. osud* inexorable fate

neurčitok gram. infinitive [inˈfinətiv]

neurčitý indefinite [inˈdefnət], vague [veig]; *n-é názory* indefinite opinions; gram. *n. člen* indefinite article

neúroda bad/poor crop [bæd/puə krop], crop failure [krop ˈfeiljə]

neúrodný barren [ˈbærn], (neplodný) infertile [inˈfəːtail]; *n-á zem* barren lands

neurológia neurology [njuˈrolədži]

neuróza neurosis [njuˈrəusəs]

neúspech failure [ˈfeiljə]; *skončiť s n-om* end in failure

neúspešný unsuccessful [ˌanskˈsesfl]; *n. pokus* unsuccessful try

neustálený unsettled [anˈsetld]; *n-é počasie* unsettled weather

neustály unceasing [anˈsiːsiŋ]; *n-e napätie* unceasing tension

continual – často sa opakujúci
continuous – neprestávajúci, nepretržitý

neústupný unyielding [anˈjiːldiŋ], obstinate [ˈobstinət], stubborn [ˈstabən]; *n-é dieťa* an obstinate child

neutralita neutrality [njuˈtræləti]

neutrálny neutral [ˈnjuːtrəl]; *n. štát* a neutral state; lingv. *štylisticky n-e slovo* a stylistically neutral word

N

neuveriteľný incredible [in'kredəbl], unbelievable [ˌanbə'li:vəbl]; *to je n-é* it is incredible/beyond belief

nevädza corn-flower ['ko:nˌflauə]

nevďačný ungrateful [an'greitfl]; *n-é deti* ungrateful children

nevedomý 1. (neznalý) ignorant ['ignərənt]; *n-í ľudia* ignorant people **2.** (nie úmyselný) unwilling [an'wiliŋ]; *n-á urážka* unwilling offence

nevera faithlessness ['feiθləsnəs]

neverný unfaithful [an'feiθfl], faithless ['feiθləs]; *n. v láske* unfaithful in love; *n. priateľovi* faithless to a friend

neveselý cheerless ['čiələs]; *n-á nálada* a cheerless mood

nevesta 1. (mladucha) bride [braid] **2.** (synova žena) daughter-in-law ['do:tə in lo:] ● *Predaná nevesta* Bartered Bride

nevhod at the wrong/inconvenient time [ət ðə'roŋ/ˌiŋkən'vi:njənt taim]; *príst' n.* come at the wrong time

nevhodný inconvenient [ˌiŋkən'vi:niənt], improper [im'propə]; *n-á návšteva* inconvenient visit; *n-é šaty do divadla* improper dress for wearing in the theatre

nevídaný uncommon [an'komən]; *n. jav* uncommon phenomenon

nevidiaci I. príd. (slepý) blind [blaind]; *n-e deti* blind children **II.** podst. (slepý človek) the blind(s) [ðə 'blaind(s)]; *koncert pre n-ch* a concert for the blinds

neviditeľný invisible [in'vizəbl]; *n-á sila* invisible force

nevina innocence ['inəsns]

nevinný (v rozl. význ.) innocent ['inəsnt]; *n. bozk* an innocent kiss; *n-é dievča* an innocent girl; *n. žart* an innocent joke; *súd ho uznal za n-ého* the verdict of the court was not guilty

nevítaný unwelcome [an'welkam]; *n. hosť* an unwelcome guest

nevkus bad/poor taste ['bæd/'puə teist]

nevkusný tasteless ['teistləs], tactless ['tæktləs]; *n-á výzdoba* a tasteless decoration; *n. žart* a tactless joke

nevlastný step [step]; *n. otec* step father

nevľúdny unkind [an'kaind], unfriendly [an'frendli]; *n. kraj* unfriendly surroundings

nevoľníctvo serfdom ['sə:fdəm]

nevoľník serf [sə:f]

nevraživosť rancour ['ræŋkə]

nevraživý spiteful ['spaitfl], rancorous ['ræŋkrəs]

nevrlý surly ['sə:li], peevish ['pi:viš]; *n-á odpoveď* a surly answer

nevšedný uncommon [an'komən], extraordinary [ˌikstr'o:dnri]; *n-á moc* extraordinary power

nevšímavý indifferent [in'difrənt]; *n. pohľad* an indifferent look

nevtieravý unobtrusive [ˌanəb'tru:siv]; *n-é správanie* unobtrusive behaviour

nevyhnutný 1. (nutný) necessary ['nesəsri]; *n-é prípravy* necessary arrangements **2.** (neodvratný) inevitable [in'evətəbl]; *n-é dôsledky* inevitable consequences

nevýhoda disadvantage [ˌdisəd'va:ntidž], drawback ['dro:bæk]; *má to svoje n-y* it has some drawbacks

nevýhodný disadvantageous [ˌdisədvən-'teidžəs]; *n-é postavenie* disadvantageous position

nevychovaný ill-bred [ˌil'bred], ill-mannered [ˌil'mænəd], naughty ['no:ti]; *n-é dieťa* naughty child

nevyliečiteľný incurable [in'kjurəbl]; *n-á choroba* an incurable illness

nevýnosný unprofitable [an'profitəbl]

nevyplnený (o tlačive) blank [blæŋk]; *n. tlačivo* a blank form

nevýrazný blank [blæŋk], inexpressive [ˌineks'presəv]; *n. pohľad* a blank look

nevýslovný inexpressible [ineks'presəbl]; *n-á radosť* an inexpressible joy

nevyvrátiteľný irrefutable [ˌiri'fju:təbl]; *n. dôkaz* irrefutable evidence

nevzdelaný uneducated [an'edjəkeitəd]; *n-í roľníci* uneducated peasants

nevzhľadný plain [plein], ill-looking [ˌil-'lukiŋ], ugly ['agli]; *n-á budova* a plain building; *n-é topánky* ugly shoes

nezábudka forget-me-not [fə'get miˌnot]

nezabudnuteľný unforgettable [ˌanfə-'getəbl], never to be forgotten ['nevə tə bi: fə-'gotn]; *n. priateľ* an unforgettable friend

nezákonný illegal [i'li:gl]; *n. postup* illegal procedure

nezamestnanosť unemployment [ˌanim-'ploimənt]; *podpora v n-ti* unemployment benefit

nezamestnaný I. príd. unemployed [ˌanim-'ploid], jobless ['džobləs]; *n-í robotníci* unemployed workers **II.** podst. the unemployed [ði ˌanim'ploid] ● *N-m vstup zakázaný* No Admittance Except on Business

nezáujem lack of interest [læk əv ˈintərəst], unconcern [ˌankənˈsɔːn]

nezávažný irrelevant [iˈreləvənt], (bezvýznamný) insignificant [ˌinsiɡˈnifikənt]

nezáväzný not binding [ˌnotˈbaindiŋ], noncommittal [ˌnonkəˈmitl]; *n-á odpoveď* a noncommittal reply

nezávislosť independence [ˌindəˈpendəns]; *Vojna za n.* The War of American Independence

nezávislý independent [ˌindəˈpendənt]; *finančne n.* financially independent

nezáživný dull [dal], arid [ˈærəd]; *n-á prednáška* a dull lecture; *n-é štúdium* arid studies

nezbedný naughty [ˈnoːti]; *n-é deti* naughty children

nezdaniteľný exempt from taxation [eˈkzemt frəm tækˈseišn], tax-free [ˈtæksfriː]

nezdar failure [ˈfeiljə]; *pokus sa skončil n-om* the experiment was a failure

nezdravý (v rozl. význ.) unhealthy [anˈhelθi]; *n-é deti* unhealthy children; *n-é ovzdušie* unhealthy atmosphere; *n-á práca* unhealthy work

nezdvorilý impolite [ˌimpəˈlait]; *n-é správanie* impolite behaviour

nezhoda 1. (nesúlad) disagreement [ˌdisəˈɡriːmənt]; *n. medzi teóriou a praxou* disagreement between theory and practice **2.** (nedorozumenie) misunderstanding [ˌmisandəˈstændiŋ]; *rodinné n-y* family misunderstandings

nezištný unselfish [anˈselfiš]; *n. priateľ* an unselfish friend

nezlomný steady [ˈstedi], firm [fəːm]; *n-é presvedčenie* firm conviction

nezlučiteľný incompatible [ˌinkəmˈpætəbl]; *n-é javy* incompatible phenomena

nezmazateľný indelible [inˈdeləbl]; *n-á ceruzka* indelible pencil; *n. rúž* kiss-proof lipstick

nezmeniteľný unchangeable [anˈčeindžəbl]; *n. úmysel* unchangeable intention

nezmieriteľný irreconciliable [irekonˈsailəbl]; *n. boj* an irreconciliable fight

nezmysel nonsense [ˈnonsns]; *tárať n-ly* talk nonsense

nezmyselný absurd [əbˈsəːd]; *n-é nápady* absurd ideas; *n-é vojny* absurd wars

neznaboh hovor. expr. atheist [ˈeiθiist]

neznalosť ignorance [ˈignərəns]; *n. zákona neospravedlňuje* ignorance of the law is no defence

neznámy I. príd. unknown [anˈnəun], unfamiliar [ˌanfəˈmiliə], strange [streindž]; *n. človek* strange man **II.** podst. i *n-a* unknown person

neznášanlivý intolerant [inˈtolərənt]; *n. človek* an intolerant man

neznelý fon. voiceless [ˈvoisləs]; *n-é spoluhlásky* voiceless consonants

neznesiteľný unbearable [anˈberəbl]; *n-á bolesť* unbearable pain

nezničiteľný indestructible [ˌindiˈstraktəbl]; *n. materiál* indestructible material; *n. humor* irrepressible humour; *n. priateľstvo* lasting friendship

nezodpovednosť irresponsibility [ˌirisponsəˈbiləti]

nezodpovedný irresponsible [ˌiriˈsponsəbl]; *n-á činnosť* irresponsible activity

nezrelý 1. (o plodoch) unripe [anˈraip]; *n-é ovocie* unripe fruits **2.** (nedospelý) immature [ˌiməˈčuə]; *n. chlapec* immature boy

nezriedka not infrequently [not inˈfriːkwəntli], quite often [ˌkwait ofən]

nezrovnalosť discrepancy [disˈkrepənsi]; *n-i v účtoch* discrepancies in the accounts

nezrozumiteľný unintelligible [ˌaninˈteledžəbl], incomprehensible [inˌkompriˈhensəbl]; *n-é dôkazy* unintelligible arguments; *n. rukopis* incomprehensible handwriting

nezvestný I. príd. missing [ˈmisiŋ]; *n-á osoba* missing person **II.** podst. the missing [ðə ˈmisiŋ]

než spoj. **1.** (porovnávacia veta pri nerovnakosti) than [ðæn]; *je lepší n. ja* he is better than I am **2.** (časová veta) before [biˈfoː]; *n. odídete* before you leave; *prv n. odídeš, zavolaj* call before you leave

neženatý single [ˈsiŋgl], unmarried [ˌanˈmærid]

nežiaduci undesireable [ˌandiˈzairəbl]; *n-e javy* undesireable phenomena

nežný 1. (útly) slender [ˈslendə]; *n-á žena* slender woman **2.** (láskavý) tender [ˈtendə]; *n-á starostlivosť* tender care ● (expr.) *n-é pohlavie* fair sex

nič I. zám. nothing [ˈnaθiŋ]; *n. nepočul* he heard nothing; *n. nepotrebujem* I need nothing; *n. zlé(ho)* nothing wrong **II.** čast. (zdôrazňuje zápor – vôbec nie) not at all [not æt oːl]; *n. mi nepomohol* he did not help me at all; *n. som nespal* I slept none ● *z ničoho n.* out of thin air; *pre n.-za n.* for no earthly reason; *za n. na sve-*

te not for worlds; *do toho vás n.* it's none of your business

ničiť 1. (kaziť) destroy [di'stroi], ruin ['ru:in]; *n. budovy* destroy the buildings; *n. si zdravie* ruin one's health 2. (hubiť, zneškodňovať) kill [kil], destroy [di'stroi]; *n. hmyz* kill the insects; *n. zbrane hromadného ničenia* destroy the mass destruction armaments

ničivý destructive [di'straktiv]; *n-á búrka* a destructive storm

nie 1. (záp. odpoveď na zisťovaciu otázku) no [nəu]; *Bol si tam? – N.* Have you been there? – No. 2. (údiv) no! [nəu]; *Kúpil som to za tristo korún. – N.!* I bought it for three hundred crowns. – N.! 3. (popretie platnosti výrazu) not [not]; *to n. je pravda* it is not true 4. (pobádanie na súhlas) not [not]; *Pôjdeme domov, n.?* We shall go home, shall we not? /shan't we?

niečo something ['samθiŋ]; *daj mi n. jesť* give me something to eat ● *n. za n.* trade one thing for another; *to už n. znamená!* that's really something!

niekam somewhere ['samweə]; *poďme n.* let's go somewhere

niekde (v rozl. význ.) somewhere ['samweə]; *n. v dome* somewhere in the house; *stromy sú tu vysoké, n. i nízke* the trees are here high, somewhere low

niekedy 1. (občas) sometimes ['samtaimz]; *n. je dobre odísť* sometimes it is good to leave; *n. býva veľmi tuhá zima* sometimes the winter is very cold 2. (dakedy) sometime ['samtaim]; *stalo sa to n. v stredoveku* it happened sometime in the Middle Ages 3. (voľakedy v minulosti) once [wans]; *n. som chcel byť lekárom* once I wanted to be a doctor 4. (voľakedy v budúcnosti) round about [raund ə'baut]; *príde n. koncom týždňa* he'll come round about the end of the week

niekoľko, niekoľkí several ['sevrəl], some [sam]; *pracoval iba n. hodín* he worked only several hours; *n-í z nás* some of us

niekoľkokrát, niekoľko ráz several times ['sevrəl taimz]; *n. si prečítať článok* read the article several times; *n. trestaný* an old lag

niekoľkonásobný multiple ['maltəpl]; *n-é zranenia* multiple injuries

niekto somebody ['sambodi], (v otázke a zápore) anybody ['eni,bodi], someone ['samwan], anyone ['eniwan]; *n. klope* somebody is

knocking; *je tu n.?* is anybody there?; *poznáš tu n-ho?* do you know anybody here?

niektorý some of [sam əv]; *n. z nás* some of us

nielen not only [not 'əunli]; *je n. dobrý, ale aj bohatý* he is not only good but rich as well

niesť 1. (pohybovať sa s čím) carry ['kæri], bring* [briŋ]; *n. kôš* carry a basket; *n. dieťa na rukách* carry a child in one's arms 2. (prinášať) bring* [briŋ]; *nesiem dobré správy* I'm bringing good news; *n. (obed) na stôl* serve the table 3. unášať bear* [beə]; *rieka nesie člny* a river bears boats; *vietor nesie dym* wind bears the smoke 4. (podopierať) bear* [beə], support [sə'po:t], hold* [həuld], carry ['kæri]; *stĺpy nesú oblúk* pillars carry an arch 5. (dávať plody, úžitok) bear* [beə], carry ['kæri]; *strom nesie šťavnaté ovocie* the tree bears juicy fruits; *kapitál nesie zisk* capital yields profit 6. (o vtákoch) lay* [lei]; *n. vajcia* lay eggs 7. (mať istý dostrel) bear* [beə], have* a range of [hæv ə reindž əv], carry ['kæri]; *puška nesie dobre* the gun bears well ● *ledva ho nohy nesú* his legs can hardly carry him; *čo nám nesiete?* what's the news?; *n. kožu na trh* risk one's (own) skin/life, stick one's neck out

nijako 1. (žiadnym spôsobom) by no means [bai 'nəu ,mi:nz] 2. (za žiadnych okolností) not at all [not æt o:l]; *n. sa mi to nehodí* it does not suit me at all

nijaký no [nəu]; *v n-om prípade* in no case

nik p. **nikto**

nikam nowhere ['nəuweə]; *n. nepôjdeš* you'll go nowhere

nikde nowhere ['nəuweə], (v otázke a zápore) anywhere ['eniweə]; *n. sme ho nenašli* we found him nowhere/we could not find him anywhere

nikdy never ['nevə]; *n. viac* never more

nikel nickel ['nikl]

nikto nobody ['nəubodi], no one [nəu wan], (z určitého počtu) none of [nan əv]; *n. neotvoril dvere* nobody opened the door; *n. z nich neodišiel* none of them left

nit tech. rivel ['rivl]

niť thread [θred]; *tenká n.* a thin thread ● *stratiť n.* lose the thread of the story

nízky (v rozl. význ.) low [ləu]; *n-a tráva* low grass; *N-e Tatry* the Low Tatras; *n-e ceny* low prices; *n-e napätie* low tension; *n-e pudy* low drives

nížina lowlands ['ləuləndz]

no I. spoj. but [bat], yet [jet], still [stil]; *prší, no je teplo* it's raining but warm; *učil sa veľa, no nevedel to* he had learned a lot, yet he did not know it; *to auto sa mu páčilo, no nekúpil ho* he liked that car, still he did not buy it **II.** čast. well [wel]; *n., obávam sa, že nie* well, I'am afraid, not

noc night [nait]; *cez n.* overnight; *celú n.* all night; *v n-i* at night; *vo dne-v n-i* day and night ● *tma ako v n-i* pitch dark, jet-black; *to je ako deň a n.* it's chalk and cheese; *Veľ-ká n.* Easter; *škaredý ako n.* as ugly as sin

nocľah (night's) lodging [(naits) 'lodžiŋ]; *hľadať n.* look for lodging

nocľaháreň lodging house ['lodžiŋ haus], hostel ['hostl], (podniková) dormitory ['do:mətri]

nočník (chamber) pot [('čeimbə) pot], hovor. potti ['poti]

nočný night [nait]; *n-á košeľa* night shirt, (dámska) night gown; *n. stolík* bed-side table; *n-é ticho* the dead of night

noha 1. (celá končatina aj podpera na predmete) leg [leg]; *pes má štyri n-y* a dog has four legs; *n. stoličky* a chair leg **2.** (chodidlo) foot [fut]; *malé n-y* small feet ● *K n-e!* Heel!; *stavať sa na zadné n-y* be on one's high horse; *vziať n-y na plecia* flee/take* to one's heels; *hore n-mi* upside down; *K n-e zbraň!* Order arms!; *postaviť na n-y* raise someone to his feet; *byť na vojnovej n-e* be on a warpath; *div nespadol z nôh* he almost knocked the props from under him

> foot – chodidlo
> leg – celá dolná končatina

nohatý expr. long-legged ['loŋlegd]; *n-í chlapci* long legged boys

nohavice trousers ['trauzəz] (len mn. č.); *flanelové n.* flannels; *dámske n.* slacks; *jazdecké n.* breeches; *lyžiarske n.* ski-pants; *pančuchové n.* tights ● (expr.) *mať plné n.* be in a blue funk

nohavičky panties ['pæntiz]

nominálny nominal ['nomənl]; ekon. *n-a hodnota* face value

nominatív gram. nominative ['nomənətiv]

Nór Norwegian [no:'wi:džiən]

nora poľov. burrow ['barəu]; *líščia n.* a fox's earth; *n. na králiky* warren

nórčina Norwegian [no:'widžiən]

norka mink [miŋk]

norma 1. (štandard) norm [no:m]; *plniť n-u* meet* the norm **2.** (právna) regulation [ˌregjə'leišn]

normálny normal ['no:ml], regular ['regjulə]; *n. tlak* normal pressure

normohodina ekon. manhour ['mænauə]

Nórsko Norway ['no:wei]

nórsky Norwegian [no:'wi:džiən]; *n-e fjordy* Norwegian fjords

nos nose [nəuz]; *dýchať n-om* breathe through the nose; *tečie mu krv z n-a* his nose is bleeding ● *zatvoriť dvere pred n-om* shut the door in a person's face; *čo mu sadlo na n.?* what ails him?; *s dlhým n-om* make a long face; *prepiť n. medzi očami* spend all on drink; *strkať všetko pod n.* make everything handy for sb.; *vešať na nos (komu čo)* bamboozle; *vidno mu to na n-e* it is written all over his face; *vodiť niekoho za n.* lead sb. by the nose

nosič 1. (kto sa zamestnáva nosením) porter ['po:tə], bearer ['berə]; *n. batožiny* baggage porter; *n. ranených* litter bearer; *n. zástavy* banner bearer **2.** (prenášač) carrier ['kæriə]

nosidlá pomn. stretcher ['strečə]

nosiť 1. (niesť) carry ['kæri]; *n. kufor* carry a suitcase **2.** (mať oblečené) wear*; *n. uniformu* wear a uniform; *n. okuliare* wear glasses ● *nosiť na rukách (koho)* carry a person in one's arms; *n. drevo do hory* carry coals to Newcastle

nositeľ(ka) 1. (štátnej moci) holder (of the office of) ['həuldə əv ði: 'əfis əv] **2.** (ceny) winner ['winə]; *n. Nobelovej c.* Nobel Prize winner **3.** (prenášateľ) carrier ['kæriə]; *n. infekcie* carrier of infection **4.** (myšlienky) bearer ['berə]; *n. myšlienky* bearer of ideas

nosnica (sliepka) layer ['leiə]

nosník tech. girder ['gə:də]

nosnosť 1. bearing capacity/power [ˌberiŋ kə'pæsəti/'pauə] **2.** (žeriavu) lifting capacity [ˌliftiŋ kə'pæsəti] **3.** (dopravného prostriedku) maximum load capacity [ˌmæksiməm ləud kə'pæsəti] **4.** (lodí) tonnage ['tanidž]

nosný 1. (podporný) supporting [sə'po:tiŋ]; *n. stĺp* supporting pillar **2.** (rakety) carrier ['kæriə]; *n-á raketa* carrier rocket; *n-á vlna* carrier wave **3.** (chovaný na znášanie vajec) layer ['leiə]

nosohltan nasal and laryngal cavities ['neizl ænd 'lærəndžl 'kævətiz]

nosorožec rhinoceros ['rainosrəs]

nosovka nasal ['neizl]

nosový: *n-á dutina* nasal cavity

nostrifikácia official recognition of a foreigner's documents [ə'fišl rikəg'nišn əv ə 'forənəz 'dokjumənts], domestication of degrees [do'mestikeišn əv də'gri:z], validation [ˌvælə'deišn]

nostrifikovať domesticate [do'mestəkeit], validate ['vælədeit]

noša back-basket ['bæk ˌba:skət]

nota 1. note [nəut]; *štvrtinová n.* crotchet, AM quarter note; *osminová n.* quaver, AM eight note **2.** *n-y* (tlač) a book/sheet of music

nóta note [nəut], memorandum [ˌmemo-'rændəm]; *odovzdať n-u* pass a note

notár notary ['nəutəri]; *verejný n.* a public notary

notársky notarial ['nəutəriəl]; *n. úrad* notarial, notary's office

notes note book ['nəut buk]

notorický notorious [nəu'to:riəs]; *n. alkoholik* a notorious drunkard

notový: *n. papier* music paper; *n-é písmo* staff notation

nov new moon [nju: mu:n]

nováčik 1. (začiatočník) beginner [bi'ginə], hovor. greenhorn ['gri:nho:n] **2.** (vojak) recruit [ri'kru:t]

novátor innovator ['inəuveitə]

novátorský innovatory [ˌinəu'veitri]

novela¹ (prozaický útvar) short story [šə:t 'sto:ri]

novela² (zákona) amendment [ə'mendmənt]; *odporúčať n-u zákona* move an amendment to the bill

novelizovať amend [ə'mend]; *n. zákon* amend a law/bill

november November [nəu'vembə]

novicka novice ['novəs]

novina 1. (niečo nové) novelty ['novlti] **2.** (správa) news [nju:z]; *mám pre teba dobrú n-u* I have a good news for you

novinár newspaperman ['nju:speipəmən], journalist ['džə:nləst], AM pressman ['presmən], columnist ['koləmnəst]; *n-i* the press

novinársky journalists' ['džə:nələsts]; *n. štýl práce* journalists' style of work; *n-a kačica* hoax [həuks], canard [kæ'na:d]

novinárstvo journalism ['džə:nlizm]

novinový news(paper) ['nju:s(peipə)]; *n. článok* newspaper article; *n. papier* newsprint; *n. stánok* news agent/stand

noviny (news)paper [(nju:s)peipə], (denná tlač) the daily press ['deili pres]

novomanželia newly-married couple ['nju:li mærid 'kapl], newly wed ['nju:li wed]

novoročný New Year's [nju: jiə:z]; *n. pozdrav* New Year's greetings

novorodenec a newly-born child/baby [ə 'nju:li bo:n čaild/'beibi]

novostavba recently erected building ['ri:sntli i'rektəd 'bildiŋ]

novota novelty ['novlti], innovation [ˌinəu'veišn]; *zavádzať n-y* introduce novelties

novovek modern era ['modən ˌiərə]

novoveký modern ['modən]; *n-é dejiny* modern history, history of modern times

nový 1. (v rozl. význ.) new [nju:]; *n-é šaty* a new dress; *n-é sídlisko* a new housing estate; *n-é metódy vo vyučovaní angličtiny* new methodology of teaching English; *začať n. život* start a new life; *N. rok* New Year's Day **2.** (moderný) modern ['modən]; *n-á výchova* modern education; *n. vek* new era ● (expr.) *hľadieť ako teľa na n-é vráta* gaze stupidly; *n-á metla dobre metie* a new broom sweeps clean

nozdra nostril ['nostrəl]

nožík: *vreckový n.* a pen knife [pen naif]

nožnice scissors ['sizəz] mn. č., (veľké) sheers ['šiəz]

nôta tune [tju:n], melody ['melədi]; *smutná n.* a sad tune/melody, (ária) air [eə]

nôtiť 1. (spievať) tune; *n. pesničku* tune a song **2.** (hmkať) hum [ham]

nôž knife [naif]; *vreckový n.* a pen knife ● *byť na no-e* be in war to the knife; *vyhrotiť na ostrie no-a* be on a knife/razor's edge; *mať n. na krku* be in a terrible fix/jam

nuda boredom ['bo:dəm]; *z n-y* out of boredom

nudista nudist ['nju:dəst]

nudistický nudist ['nju:dəst]; *n-á pláž* a beach for nudists

nudiť bore [bo:]; *román ho n-l* the novel bored him // **n. sa** feel* bored [fi:l bo:d]; *n-l sa na zábave* he felt bored at the party

nudizmus nudism ['nju:dizm]

nudný tedious ['ti:diəs], dull [dal]; *n-á hodina* a boring class; *n. človek* a bore [ə 'bo:]; *n-á pasáž* longueur [loŋ'gə:]

núdza 1. (bieda) want [wont]; *prežiť celý život v n-i* live all the life in want; *žiť v úplnej finančnej n-i* live in utter penury **2.** (nedostatok) lack [læk]; *n. o vodu* lack of water ● *v n-i poznáš priateľa* a friend in need is a friend indeed

núdzový emergency [i'mə:džnsi]; *n. východ* emergency exit

ňuch smell [smel], sense of smell [sens əv smel]; *pes má dobrý ň.* a dog has a good sense of smell

ňuchať sniff [snif]; *pes n-l okolo stĺpa* the dog sniffed at/around the pillar

núkať 1. (ponúkať) offer [ˈofə]; *n. koláče* offer some cakes **2.** (pobádať) urge on [ˈɔːdž on]; *n. žiaka do učenia* urge a pupil to learn

nukleárny nuclear [ˈnjuːkliə]; *n-a fyzika* nuclear physics; *n-e zbrane* nuclear weapons

nula I. čísl. zero [ˈzirəu]; *nad/pod n-ou* above /bellow zero **II.** podst. (číslica) **1.** (šport.) nil [nil], (pri hrách cez sieť) love [lav], (pri čítaní číslic) O [əu]; *izba č.305* room number three-O-five **2.** hovor. (o človeku) a nobody [əˈnəubədi]

nútený 1. (nedobrovoľný) forced [fɔːst]; *n-é práce* forced labour **2.** (neúprimný) false [fɔːs]; *n. úsmev* false smile

nútiť force [fɔːs], make* [meik]; *n-li ho, aby odišiel* they forced him to leave; *n-li ho do učenia* they made him learn // **n. sa** force oneself [fɔːs wanˈself]; *n. sa do jedla* force oneself to eat some food

nutnosť necessity [nəˈsesəti]; *urobiť čo z n-i* do something of necessity

nutný necessary [ˈnesəsri]; *urobiť n-é opatrenia* take necessary measures

nuž I. spoj. so [səu]; *dávali, n. bral* they offered so he took **II.** čast. well [wel]; *n., cíti sa lepšie* well, he feels better

O, Ó

o¹ (písmeno); *nohy do o* bandy/bow legs [ˈbændi/bəu legz]

o² predl. **a)** s A. **1.** (miesto dotyku) against [əˈgenst], to [tu], on [on]; *oprieť sa o dvere* lean against the door; *udrieť sa o stenu* hit against the wall; *priviazať o strom* tie to the tree; *hodiť o zem* throw down on the floor **2.** (miera) by [bai]; *skrátiť o 10 cm* shorten by 10 cm; *o 3 stupne chladnejšie* colder by 3 degrees **3.** (zreteľ) for [fɔː]; *je núdza o byty* there is a need for housing **4.** (časový úsek) in [in]; *prísť o chvíľu* come in a minute; *výsledok sa prejaví o deň* the result will be seen in a day **5.** (príčina) about [əˈbaut]; *trápiť sa o deti* be anxious about the children; *mať obavy o budúcnosť* be worried about the future **6.** (väzba pri slovesách a menách) *usilovať sa o mier* struggle for peace; *ide mu o život* his life is at stake; *boj o moc* fight for power; *o čo vám ide?* what are you aiming at? **b)** s L. **1.** (časový bod) at [æt]; *o ôsmej (hodine)* at eight (o'clock); *o polnoci* at midnight **2.** (spôsob, prostriedok) on [on], (wiď) [wið]; *žiť o chlebe* live on bread; *chodiť o palici* walk with a stick **3.** (väzba pri slovesách a menách) *hovoriť o výhre* speak about the win; *správa o záplavách* a report on floods ● *má o koliesko viac* he has got a screw loose

ó o, oh [ˈəu], ah [aː]; *ó, aká krása* oh, what a beauty

oáza oasis [əuˈeisəs]

oba(ja) both [bəuθ]; *o. obrazy* both pictures

obal 1. (na tovare) packing [ˈpækiŋ], wrapping [ˈræpiŋ], cover [ˈkavə]; *plátenný o.* cloth cover; *pevný o.* casing [ˈkeisiŋ] **2.** (na spisy) fold [fəuld] **3.** (obloženie) cover [ˈkavə]; *kožený o.* leather cover ● *povedať bez o-u* point blank

obalamutiť expr. fool [fuːl], hoax [həuks], (oklamať) deceive [diˈsiːv]; *o. dievča* fool a girl

obaliť 1. (zabaliť) wrap (up) [ræp (ap)]; *o. do igelitu* wrap in vinyl **2.** (obložiť vrstvou) cover [ˈkavə]; *o-ený kožou* covered with leather // **o. sa** envelope [ˈenvələup]; *o. sa tukom* envelop in fat

obálka 1. (listu) envelope [ˈenvələup]; *zalepiť o-u* seal the envelope **2.** (knihy) cover [ˈkavə]

obanovať hovor. regret [riˈgret]; *o-l, že zrušil cestu* he regretted he had cancelled the trip

obariť 1. (obliať horúcou vodou) singe [sindž]; *o. prasa* singe a pig **2.** (popáliť horúcou vodou, parou) scald [skɔːld]; *o-l si ruky horúcou vodou* he scalded his hands with hot water ● *byť ako o-ený* be dumb-founded // **o. sa** scald [skɔːld]; *o-li sa parou* they were scalded

obava fear [fiə], apprehension [ˌæpriˈhenšn]; *z o-y pred nebezpečenstvom* from the fear of danger; *buď bez o-áv* there's nothing to fear; *mám o-y o jeho bezpečnosť* I feel apprehension for his safety

obávať sa apprehend [ˌæpriˈhend], be* afraid (of) [bi: əˈfreid (əv)]; *o-š sa ťažkosti?* do you apprehend any difficulty? *o-m sa, že nemáš pravdu* I'm afraid you are not right

O

občan 1. citizen [ˈsitəzn]; *slovenský o.* a Slovak citizen; *čestný o.* an honorary citizen **2.** (podliehajúci štátu s monarchiou) subject [ˈsabdžikt]; *britský o.* British subject

občas (every) now and then [(ˈevri) nau ənd ðen], from time to time [frəm taim tə taim], occasionally [əˈkeižnəli]; *o. ide do kina* he occasionally goes to the cinema

občerstvenie refreshment [riˈfrešmənt]; *malé o.* a small refreshment, (na diaľnici) pull in [pul in], road side coffee [rəud said kaˈfei]

občerstviť (sa) refresh [riˈfreš], (vedomosti) brush up [braš ap]; *o-l sa čerstvou vodou* he refreshed himself with fresh water; *o. vedomosti* brush up one's knowledge

občianka 1. citizen [ˈsitizn] **2.** (podliehajúca štátu s monarchiou) subject [ˈsabdžikt]

občiansky 1. civil [ˈsivl]; *o-e práva* civil rights; *o-a vojna* civil war; *o. preukaz* identity card; *o-a náuka* civics; *o. zákonník* Code of Civil Law **2.** (civilný) civil [ˈsivl]; *o. zamestnanec* civil servant

občianstvo citizenship [ˈsitəznšip]; *zbaviť o-a* deprive of citizenship; *štátne o.* nationality

obdariť present [priˈzent], reward [riˈwoːd]; *o. úsmevom* reward with a smile

obdiv admiration [ˌædməˈreišn]; *plný o-u* full of admiration

obdivovať admire [ədˈmaiə]; *musím ťa o.* I cannot but admire you

obdivovateľ admirer [ədˈmairə]

obdivuhodný admirable [ˈædmrəbl]; *o-á maľba* an admirable painting

obdĺžnik rectangle [ˈrektæŋgl], oblong [ˈobloŋ]

obdĺžnikový rectangular [ˈrektæŋgjələ], oblong [ˈobloŋ]

obdoba analogy [əˈnælədži]

obdobie 1. period [ˈpiriəd]; *v krátkom časovom o-í* in a short period of time; *skúšobné o.* test period; *funkčné o.* official period **2.** (ročné) season [ˈsiːzn]; *štyri ročné o-a* the four seasons of the year

obdobný analogous [əˈnæləgəs]; *o. jav* analogous phenomenon

obec 1. (územnosprávna jednotka) municipality [mjuːˌnisəˈpæləti], municipal corporation [mjuːˈnisəpl ˌkoːpəˈreišn]; *farská o.* parish **2.** (skupina ľudí so spoločnými záujmami) community [kəˈmjuːnəti]; *čitateľská o.* reading public

obecenstvo the public [ˈpablik], (poslucháči,

diváci) audience [ˈoːdins], (diváci) spectators [ˈspekteitəz]

obecný 1. municipal [mjuːˈnisəpl], city [ˈsiti], local [ˈləukl]; *o-é zastupiteľstvo* municipal council, local board **2.** (spoločný) common [ˈkomən]; *o-é pastviny* common pastures

obed 1. (poludňajšie jedlo) lunch [lanč], (hlavné jedlo dňa) dinner [ˈdinə]; *pri o-de* over lunch *zostať na o.* stay for dinner **2.** (poludnie) noon [nuːn]; *naobed* (napoludnie) at noon

obedovať have*/take* one's lunch [hæv/teik wanz lanč], lunch [lanč]; *čo si o-l?* what did you have for lunch?

obeh circulation [ˌsəːkjəˈleišn], orbit [ˈoːbət]; *o. krvi* circulation of blood; *dať do o-u /stiahnuť z o-u* (bankovky) put into/withdraw from circulation; *o. Zeme okolo Slnka* the Earth's orbit round the Sun

obehnúť 1. (vykonať obeh okolo čoho) run* round [ran raund]; *o. okolo jazera* run round the lake **2.** (behom obísť) call (round) [koːl (raund)]; *o. ľudí* call round on people **3.** (po obežnej dráhe) orbit [ˈoːbət]

oberačka (zber plodov) gathering [ˈgæðəriŋ], (vinobranie) vintage [ˈvintidž]

oberať 1. (ovocie) pick [pik], gather [ˈgæðə]; *o. ovocie* pick fruit **2.** (lúpiť) rob [rob]; *o-l ho o peniaze* he robbed him of money

obesiť hang* [hæŋ]; *poprava o-ením* execution by hanging // **o. sa** (v rozl. význ.) hang [hæŋ]; *o-l sa* he has hanged himself; expr. *o-l sa na mňa* he hung on to me ● *o. sa na krk (komu)* fasten on a person

obeť 1. (dar božstvu) sacrifice [ˈsækrəfais]; *priniesť o.* offer a sacrifice **2.** (zasiahnutý ničivým dôsledkom) victim [ˈviktəm]; *o. hladu* the victim of famine; *vojnové o-e* casualties

obetavý 1. self-sacrificing [ˌself sækrəˈfaisiŋ] **2.** (oddaný) devoted [diˈvəutəd]; *o. priateľ* a devoted friend

obetovať 1. sacrifice [ˈsækrəfais]; *o. Bohu* sacrifice to God **2.** (nezištne konať) offer [ˈofə]; *o. život* offer one's life **3.** (vzdať sa) give* up [giv ap], devote [diˈvəut]; *o. dovolenku* devote one's holiday; *o. čas* devote one's time

obeživo fin. currency [ˈkarənsi]

obežnica planet [ˈplænət]

obežník circular [ˈsəːkələ]; *vydať o.* pass a circular

obhádzať throw* sth. round [θrəu samθiŋ raund]; *o. dom omietkou* throw plaster round a house

obhajca 1. (obranca) defender [diˈfendə] **2.** (právny zástupca) advocate [ˈædvəkət] **3.** (funkcia) defence counsel [diˈfensˌkaunsl], BR (na najvyššom súde) barrister [ˈbærəstə]

obhájiť 1. defend [diˈfend]; *o. si postavenie* defend one's position **2.** (na súde) plead [pliːd]; *o. prípad* plead a case

obhajoba 1. (skúška) (oral) defence [(oːrəl) diˈfens] **2.** (súdna) pleading [ˈpliːdiŋ], counsel for defence [ˈkaunsl fə diˈfens]

obhliadka inspection [inˈspekšn], examination [igˌzæmiˈneišn]; *o. poškodeného auta* the inspection of the damaged car; *o. terénu* terrain survey; *o. mesta* sightseeing

obhliadnuť (si) inspect [inˈspekt], examine [igˈzæmən]; *o. situáciu* examine the situation

obhospodarovať work [wəːk]; *o. pole* work a field

obchod 1. (kúpa a predaj) business [ˈbiznəs]; *dobrý o.* a good business; *medzinárodný o.* commerce; *vnútorný o.* trade; *zahraničný o.* foreign trade **2.** (miestnosť) shop [šop], AM store [stoː]; *ísť do o-u* go to a shop

obchodník 1. businessman [ˈbiznəsmən] **2.** (majiteľ) shopkeeper [ˈšopˌkiːpə], AM storekeeper [ˈstoːˌkiːpə]

obchodný business [ˈbiznəs], commercial [kəˈməːšl]; *o. list* business letter; *o. cestujúci* a commercial traveller; *o-á spoločnosť* trading company

obchodovať do business [duː ˈbiznəs], deal*/trade with [diːl/treid wið]; *o. s drevom* trade with wood

obchôdzka 1. walk-about [ˌwoːkəˈbaut] **2.** (služobná) rounds [raundz]; *robiť o-u* do the rounds

obidva, oba neživ., *obidvaja, obaja* živ. both [bəuθ]; *o. prípady* both cases; *o-ja prišli* both have come

obiehať (byť v obehu) circulate [ˈsəːkjəleit]; *zvesť o-la mesto* the news circulated the city; (stále krúžiť) orbit [ˈoːbət]; *Zem o-a okolo Slnka* the Earth orbits the Sun

obieliť 1. (stenu) whitewash [ˈwaitwoš]; *o. steny* whitewash the walls **2.** (olúpať ovocie, zeleninu) peel [piːl]; *o. jablko* peel an apple

obilie corn [koːn], (v USA, Kanade, Austrálii) grain [grein]

obilnina cereal [ˈsiriəl]

obísť 1. (chôdzou) go round [ˈgəu raund], walk around [woːk əˈraund]; *o. záhradu* walk around the garden **2.** (vyhnúť sa) bypass [ˈbaipaːs],

dodge [dodž]; *o. mesto* bypass the town; *o. ťažkosti* dodge the difficulties **3.** (prejsť popri niečom) pass (by) [paːs (bai)]; *o-išiel ma bez pozdravu* he passed (by) me without greeting **4.** (nevziať do úvahy) circumvent [ˌsəːkəmˈvent]; *o. daňové predpisy* circumvent the tax laws **5.** (postupne navštíviť) visit [ˈvizət], go*round [gəu raund]; *o. priateľov* go round to see the friends **6.** (pochodiť) fare [feə]; *dobre o.* fare well; *zle o.* have bad luck ● *o. nasucho/lacno* get off easily // **o. sa 1.** (zaobísť sa) do without [duː wiðˈaut]; *o. sa bez peňazí* do without money **2.** (minúť sa, nestretnúť sa) miss [mis]; *o-išli sa* they missed each other

obiť 1. (pribíjaním pokryť) cover [ˈkavə]; *o. stenu doskami* cover the wall with boards; *o. plechom* plate **2.** (údermi pozrážať) knock (off) [nok (of)]; *o. ovocie* knock off some fruit **3.** (otlcť) bang [bæŋg]; *o. nábytok* bang the furniture

objasniť make clear [meik kliə], clarify [ˈklærəfai]; *o. význam slova* make clear the meaning of the word; *o. problémy* clarify the problems

objať embrace [imˈbreis], hug [hag], put one's arm(s) round; *o-li sa* they embraced; *o-l dievča okolo pása* he put his arm round the girl's waist

objatie embrace [imˈbreis]; *silné o.* close embrace

objav discovery [disˈkavri]; *vedecký o.* a scientific discovery

objaviť 1. discover [disˈkavə]; *Kolumbus o-l Ameriku* Columbus discovered America **2.** (odhaliť) detect [diˈtekt]; *o. úkryt* detect a shelter // **o. sa** appear [əˈpiə]; *o-l sa ráno* he appeared in the morning

---

discover –objaviť existujúce, ale predtým neznáme
discover a new cave
invent – objaviť čo ešte neexistovalo, vynájsť, *invent the steam engine*

---

objaviteľ discoverer [disˈkavərə]

objednať 1. (požiadať o tovar, službu) order [ˈoːdə]; *o. nejaké jedlo* order some meal **2.** (vopred) book [buk]; *o. si izbu/let* book a room/flight // **o. sa** make an appointment [meik ən əˈpointmnt]; *o. sa u lekára* make an appointment with the doctor

objednávateľ buyer [ˈbaiə], customer [ˈkastəmə]

objednávka order [ˈoːdə]; *zhotovený na o-u* made to order

objekt 1. (predmet) object ['obdžikt]; *o. skú-mania* the object of investigation **2.** (budova) building ['bildiŋ]; *o. školy* a school building **3.** gram. object ['obdžikt]

objektív lens [lenz], object-glass ['obdžikt-gla:s], objective [əb'džektiv]

objektívnosť objectivity [ˌəbdžik'tivəti], impartiality [imˌpa:ši'æləti]; *o. v myslení* impartiality in thinking

objektívny objective [əb'džektiv]; *o. svet* objective world; *o. učiteľ* an objective teacher

objem 1. (rozmer telesa) size [saiz], volume ['voljum]; *o. kontajnera* the size/volume of the container **2.** (rozsah, množstvo) bulk [balk], volume ['voljum]; *o. zisku* the bulk of the profit; *o. výroby* the volume of production **3.** (obvod) size [saiz], measurement ['mežəmənt]; *o. pása* the size of waist; *o. prs* bust measurement

objemný bulky ['balki], voluminous [vəl'ju:minəs]; *o. balík* bulky parcel

objímať (sa) embrace [im'breis]; *vrúcne sa o-li* they were locked in each other's arms

objímka holder ['həuldə]; *o. žiarovky* the holder of the lamp

obklad 1. compress ['kompres]; *studený/teplý o.* cold/warm compress **2.** (stavebný) facing ['feisiŋ]

obkladačka wall facing [wo:l feisiŋ], tile [tail]; *drevená o.* wooden tile

obkladať (povrch) face [feis], (znútra) line [lain]; *o. stenu kachličkami* line the wall with tiles

obklopiť surround [sə'raund]; *o-li ho ľudia* he was surrounded by people; *o-ený knihami* surrounded by books

obkľúčenie 1. (obliehanie) siege [si:dž] **2.** (ohradenie) enclosure [in'kləužə]

obkľúčiť besiege [bi'si:dž], surround [sə'raund]; *nepriateľ o-l mesto* the enemy besieged the city; *žiaci o-li učiteľa* the teacher was surrounded by his pupils

obkročmo astride [ə'straid]; *sedieť o.* sit astride

oblačný cloudy ['klaudi], clouded ['klaudəd]; *je o-o* the sky is cloudy

oblafnúť hovor. expr. cheat [či:t]; *o. v kartách* cheat at cards

oblak cloud [klaud]; *ťažké o-y* heavy clouds; *o. dymu* a cloud of smoke ● *lietať /vznášať sa v o-ch* have one's head in the clouds

oblasť 1. (územie) region ['ri:džn], area ['eriə], territory ['terətri]; *severná o.* northern region; *neznáma o.* unfamiliar territory **2.** (časť tela) region ['ri:džn]; *bolesť v o-ti srdca* a pain in the region of the heart **3.** (okruh činnosti) sphere ['sfiə]; *politická o.* political sphere

oblátka wafer ['weifə]; *vianočné o-y* Christmas wafers

oblečenie clothing ['kləuðiŋ], clothes [kləuðz]; *o. do školy* school clothes

oblek suit [su:t]; *tmavý o.* a dark suit; *pracovný o.* overall/boiler suit

obletieť 1. orbit ['o:bət]; *družica o-la Mesiac* the satellite orbited the Moon **2.** (letom ponavštevovať) fly around [flai ə'raund]; *vtáky o-li les* the birds flew around the wood

obletovať 1. fly* around [flai ə'raund] **2.** (dvoriť) court [ko:t]; *o-l ju roky* he courted her for years

obliať 1. (poliať) spill [spil], pour water [po:'wo:tə]; *o. koberec kávou* spill coffee over the carpet; *o. dievčatá na Veľkonočný pondelok* pour water on girls on Easter Monday **2.** (zaplaviť) suffuse [sə'fju:z]; *o-l ho pot* he was suffused with perspiration

obličaj face [feis]; *vráskavý o.* face full with wrinkles

oblička anat. kidney ['kidni]

obliecť dress [dres], put* on [put on], clothe [kləuð]; *o. deti* dress the children; *o-č si sukňu* put on your skirt; *dobre o-ečená žena* a well dressed woman // **o. sa** dress [dres], get* dressed [ˌget 'drest], put* sth. on [put 'on]

obliečka (na vankúš) pillow case/slip ['piləu keis/slip], (na paplón) quilt cover ['kwilt ˌkavə]

obliehanie siege [si:dž]

obliehať besiege [bi'si:dž]; *o. mesto* besiege a town

obliekareň dressing room ['dresiŋ ru:m], šport. changing room ['čeindžiŋ ru:m]

obligátny (zvyčajný, bežný) usual ['ju:žuəl], customary ['kastəmri]; *o-a otázka* an usual question

obligatórny kniž. obligatory [ə'bligətri], compulsory [kəm'palsri]; *o-e predmety* obligatory subjects; *o-e poistenie* compulsory insurance

oblízať 1. lick [lik]; *o. si prsty* lick one's fingers **2.** (zlízať) lick off ● *mohol by si všetkých desať prstov o.* he would rub his hands in glee

obločnica 1. (ochranné krídlo) shutter ['šatə]; *zatvoriť o-u* close the shutter **2.** (podobločnica) window sill ['windəu sil]; *očistiť o-u* clean the window sill

obloha sky [skai]; *na o-e* in the sky

oblok 1. window ['windəu]; *rozbiť o.* break the window **2.** (na lodi) port(hole) ['pɔːt(həul)]

obložiť line [lain], panel ['pænl]; *o. steny kachličkami* line the walls with tiles; *o. steny drevom* panel the walls; kuch. *o. kurča zeleninou* garnish the chicken with vegetables; *o-ený chlebík* open sandwich

obľuba 1. (priazeň) favour ['feivə]; *byť v o-e* be in favour **2.** (záľuba) liking ['laikiŋ]; *lyžuje s o-ou* he has a liking for skiing ● *všeobecná o.* popularity; *nebyť v o-e* be frown upon

obľúbený 1. (u jednotlivca) favourite ['feivrət]; *Simon je môj o. spevák* Simon is my favourite singer **2.** (všeobecne) popular ['pɒpjulə]; *je veľmi o.* he is very popular

obľúbiť si (koho, čo) **1.** (zahrnúť do priazne) take* a fancy/liking to; *hráči si o-li trénera* the players took a liking to their coach **2.** (nájsť potešenie) become* fond of [bi'kam fond əv]; *o-l si hudbu* he became fond of music

obluda monster ['mɒnstə]

oblúk 1. arch [aːč], bow [bəu], (mostný) span [spæn] **2.** geom., elektrotech. arc [aːk] **3.** (ohyb) curve [kəːv]; *o-om* in a curve **4.** (klenba) vault [vɔːlt]

oblý round [raund], roundish ['raundiš]; *o-é boky* round hips

obmäkčiť mollify ['mɒləfai], placate [plə'keit]; *o-l ju tým, že jej priniesol kvety* he mollified her by bringing flowers; *nedá sa o.* he is implacable

obmedzenec narrow-minded (person) ['nærəu ˌmaindəd ('pəːsn)], dunce [dans]

obmedzenie limitation [ˌlimə'teišn]; *o. kapacity* the limitation of capacity; *o. rýchlosti* speed limit

obmedzený 1. (časove, finančne) limited ['limətəd]; *o. finančne* limited for money **2.** (rozumovo) narrow-minded [ˌnærəu'maindəd], dull [dal]; *o. človek* a dull man

obmedziť limit ['limət], restrict [ri'strikt], reduce [ri'djuːs]; *o. výdavky* limit expenses, spendings; *o. počet cigariet* restrict the number of cigarettes; *o. rozpočet* cut down the budget

obmena modification [ˌmodifi'keišn], variation [ˌveri'eišn]; *o. melódie* the variation of the tune

obmeniť vary ['veri], alter ['ɔːltə]; *o. trasu električky* vary the tram route; *o-ená podoba románu* the altered form of a novel

obnažiť bare ['beə], (vyzlečením) strip; *o. hlavu* bare one's head

obnosený shabby ['šæbi], worn out [woːn aut]; *chodí v o-ch šatách* she wears a shabby dress; *o-é topánky* worn out shoes

obnosiť wear* out [weə aut]; *o. odev* wear out clothing

obnova renovation [ˌreno'veišn], restoration [ˌrestə'reišn], renewal [ri'njuːl]; *o. starej budovy* the renovation of the old building; *zatvorené počas o-y* closed during renovation; *o. rokovaní* the renewal of negotiations

obnoviť 1. (uviesť do pôvodného stavu) renew [ri'njuː], restore [ri'stoː]; *o. pas* renew the passport; *o. budovu* restore the building **2.** (opäť začať) reopen [ri'əupn]; *o. súdny proces* reopen the case; *o. rovnováhu* redress the balance

obočie eyebrow ['aibrau]; *zdvihnúť o.* raise one's eyebrows

obohatiť enrich [in'rič]; *objavenie ropy o-i krajinu* the discovery of crude oil will enrich the country; *hudba ho o-la* the music enriched him // **o. sa** become* rich; *o-l sa obchodovaním* he became rich by business

obohnať 1. enclose [in'kləuz]; *dom o-ný živým plotom* a house enclosed by a hedge **2.** (obklopiť) surround [sə'raund]; *o-ný priekopou* surrounded by a ditch **3.** (hradbou) wall in [woːl in]

obohrať (koho) **1.** clear sb. of money [kliə 'sambadi əv 'mani], skin a person [skin ə 'pəːsn]; *o. v kartách* clear sb. of money in card games **2.** (zodrať) wear* [weə]; *o. platňu* wear a record

obojaký 1. ambiguous [æm'bigjuəs]; *o-á odpoveď* an ambiguous answer **2.** (falošný) hypocritical [ˌhipə'kritikl], double-dealing ['dabl‿diːliŋ]; *o. človek* a hypocritical man

obojok (dog) collar [(dog) 'kolə]

obojsmerný two-way [ˌtuː'wei]; *o-á doprava* two-way traffic; *o. lístok* two-way ticket

obojstranný 1. (dvojstranný) bilateral [bai'lætrəl], twosided ['tuːˌsaidəd]; *o-é rokovania* bilateral negotiations **2.** (vzájomný) mutual ['mjuːčuəl], reciprocal [ri'siprəkl]; *o-é porozumenie* mutual understanding

obojživelník amphibian [æm'fibiən]

obojživelný amphibious [æm'fibiəs]; *o-é plavidlo* amphibious landing craft

O

obor giant [ˈdžaiənt], ogre [ˈəugə]

oboriť sa 1. (osopiť sa) thunder (at) [ˈθandə æt]; *o-l sa na mňa* he thundered at me **2.** (zaútočiť) fire up [faiə ap]; *o-l sa na nepriateľa* he fired up at the enemy

oboznámiť inform [inˈfoːm]; *o. s programom* inform about the programme // **o. sa** (s čím) become* familiar with [biˈkam fəˈmiliə wið]; *o. sa so situáciou* become familiar with the situation

obozretný circumspect [ˈsəːkəmspekt], cautious [ˈkoːšəs]; *o-á otázka* a cautious question

obrábať 1. (pôdu) cultivate [ˈkaltəveit], bring* under plough [briŋ ˈandə plau]; *o. pôdu* cultivate the land **2.** (súčiastky) (rough) work [(raf) wəːk]

obracač (stroj) turner [ˈtəːnə]; *o. sena* swath turner

obrad ceremony [ˈserəməni]; *pohrebný o.* funeral ceremony; *náboženský o.* rite

obradný 1. ceremonial [ˌserəˈməuniəl], ritual [ˈričuəl]; *o-é povinnosti* ceremonial duties; *o-é tance* ritual dances **2.** (slávnostný) festive [ˈfestiv]; *o-é privítanie* a festive welcome

obrana 1. defence [diˈfens]; *o. proti útočníkovi* defence against the attacker; *protiletecká o.* air defence; *civilná o.* civilian defence **2.** šport. defence [diˈfens] **3.** voj. defensive [diˈfensiv]

obranca 1. defender [diˈfendə] **2.** šport. back [bæk]; *pravý/ľavý o.* right/left back; *futbalový o.* fullback

obranný defensive [diˈfensiv]; *o-é postavenie* defensive position

obranyschopnosť striking power [ˈstraikiŋ pauə], defense capacity [diˈfens kəˈpæsəti]; *o. krajiny* the defense capacity of a country

obrásť grow* over [grəu ˈəuvə], overgrow [ˈəuvəgrəu]; *hrob o-tol trávou* the grass grew over the grave

obrat 1. (obrátenie) turn [təːn]; *o. vpravo/vľavo* right/left turn; *o. o 180°* U-turn **2.** (premena, zvrat) change [čeindž], turn [təːn]; *o. k horšiemu* turn to the worse ● *o-om ruky* in the turn of a hand **3.** ekon. turn-over [ˈtəːnˌəuvə]; *daň z o-u* turn-over tax

obrať 1. (v rozl. význ.) pick [pik]; *o. ovocie* pick fruit; *o. kosť* pick a bone **2.** (okradnúť) rob [rob]; *o. o peniaze* rob of money

obrátiť 1. (dať na opačnú stranu) turn [təːn]; *o. stranu* turn the page **2.** (otočiť) reverse [riˈvəːs]; *o. auto* reverse the car; *o. slovosled* reverse the word order **3.** (dať istý smer) change [čeindž], turn [təːn]; *o. reč* change the subject; *o. zrak* turn one's eyes ● *o. každú korunu* look at every penny twice; *o. pozornosť* draw attention; *o. na popol* turn to ashes; *o. naruby* turn inside out; *o. na vieru* convert // **o. sa 1.** turn [təːn]; *o. sa na chrbát* turn on the back **2.** (zmeniť sa) change [čeindž], turn [təːn]; *počasie sa o-lo* the weather has changed; *o. sa na dobré* change /turn for better **3.** (prísť s prosbou) apply [əˈplai]; *o-tte sa na miestny úrad* apply to the local council ● *karta sa o-la* the fortune has changed; *o. sa na zlú adresu* bark up the wrong tree

obrátka 1. (stroja) revolution [ˌrevəˈluːšn]; *sto o-ok za minútu* a hundred revolutions per minute **2.** šport. turn [təːn] ● *na plné o-y* at full speed

obrátkomer tech. speedometer [spiˈdomətə]

obratník tropic [ˈtropik]; *O. Kozorožca* the Tropic of Capricorn

obratnosť skill [skil], dexterity [dekˈsterəti]; *o. s akou hrá na klavíri* the dexterity with which he plays the piano

obratný 1. (zručný) dext(e)rous [ˈdekstrəs]; *o-é prsty* dexterous fingers **2.** (pohotový) deft [deft], skilful [ˈskilfl]; *o. vyjednávateľ* a skilful negotiator

obratom by return [bai riˈtəːn]; *o. pošty* by return of the post

obraz 1. picture [ˈpikčə]; *zavesiť o.* hang a picture; *televízny o.* TV picture; *maľovaný o.* painting; *slávny o.* a famous painting **2.** (odraz) reflection [riˈflekšn], image [ˈimidž]; *o. krajiny v jazere* the reflection of the country in the lake; *je verným o-om svojho otca* he is a very image of his father **3.** (zrakové dojmy) picture [ˈpikčə], sight [sait]; *živé o-y z detstva* vivid pictures of childhood; *o. biedy a utrpenia* sorry sight **4.** (predstava) image [ˈimidž]; *mať jasný o.* have clear image **5.** dram. act [ækt]; *hra v troch o-och* a play in three acts **6.** lek.: *krvný o.* blood count ● *opiť sa pod o. boží* drunk as a lord

obrazáreň (picture) gallery [(ˌpikčə) ˈgæləri]

obrazec figure [ˈfigə]; *geometrický o.* geometric(al) figure

obrázkový illustrated [ˌiləˈstreitəd]; *o. časopis* illustrated magazine

obrazný symbolic(al) [sim'bolik(l)], metaphorical [ˌmetə'forikl]; *o-á reč* metaphorical speech

obrazotvorný imaginative [ˌimæ'džənətiv]; *o-á myseľ* imaginative mind

obrazovka (television) screen [('telə‚vižn) skriːn]

obrna paralysis [pa'ræləsəs]; *detská o.* polio(myelitis) ['pəuliəu(maiə'laitəs)]

obrnený armoured ['aːməd]; *o-é vozidlo* armoured vehicle

obrniť 1. (obiť brnením) armour ['aːmə] 2. (zbraňami) arm [aːm]

obroda revival [ri'vaivl]; *kultúrna o.* cultural revival

obrodenie revival [ri'vaivl]; *národné o.* the National Revival

obrodiť revive [ri'vaiv]

obrovský 1. gigantic [džai'gæntik], huge [hjuːdž], vast [vaːst]; *o-á sila* gigantic power; *o-á stavba* a huge building; *o-é výdavky* vast expenses 2. šport. giant ['džaiənt] *o. slalom* giant slalom

obruba 1. (úprava okraja) border ['boːdə], edge [edž], hem [hem] 2. (rám) frame [freim] 3. (chodníka) kerb, curb (stone) ['kəːb (stəun)] 4. (v zlatníctve) chasing ['čeisiŋ]

obrúbiť edge [edž], border ['boːdə], hem [hem]; *o. sukňu čipkou* border a skirt with lace; *ulice o-ené stromami* streets edged with trees

obrubník edge stone [edž stəun], curb (stone) [kəːb (stəun)]

obruč hoop [huːp]; *železná, drevená o.* iron, wooden hoop

obrúčka 1. (na kľúče) key ring [kiː riŋ] 2. (snubný prsteň) wedding ring ['wediŋ riŋ]

obrus table cloth ['teibl kloθ]; *prestrieť o.* lay the table; *čistý o.* clean table cloth

obrúsiť grind* off [graind of]; *o. výčnelky* grind off the projections

obrúsok (table) napkin [('teibl) næpkin]

obrva eyebrow ['aibrau]; *husté o-y* thick/bushy eyebrows

obrys 1. (kontúra) contour (line) ['kontuə (lain)]; *o. vrchov* the contour of the hills 2. (hlavné črty) outline ['autlain]; *v hrubých o-och* in rough outline

obsadiť 1. (zaujať miesto) occupy ['okjəpai]; *všetky miesta sú o-ené* all seats are occupied /taken; *(telefónna) linka je o-á* the line is engaged 2. (zaujať miesto v zamestnaní) fill [fil];

o. voľné miesto fill the vacant post 3. (zmocniť sa) occupy ['okjəpai]; *o. krajinu* occupy the country 4. (poveriť hereckou úlohou) cast [kaːst]; *režisér ho o-l ako hrdinu* the director cast him as a hero

obsah (v rozl. význ.) content(s) ['kontent(s)]; *o. šálky* the content(s) of the cup; *o. v knihe* the table of contents; *veľký o. tuku* high fat content; *o. alkoholu* alcohol content; *o. listu* the content of a letter; *o. prejavu* the content of the speech; *o. románu* the content of the novel; *stručný o.* summary; *o. diela* plot

obsahovať contain [kən'tein], hold* [həuld]; *kniha o-uje všetky potrebné informácie* the book contains all necessary information; *pivo o-uje alkohol* beer contains alcohol; *čo o-uje tá taška?* what does that bag hold?

obsažný comprehensive [ˌkompri'hensiv]; *o. opis* a comprehensive description

observatórium observatory [əb'zəːvətri]

obsiahly extensive [iks'tensiv], broad [broːd]; *o-e vedomosti* extensive knowledge

obsiahnuť 1. (uchopiť) grasp [graːsp]; *o. lano* grasp the rope 2. (zvládnuť) master ['maːstə]; *o-ol celú problematiku* he mastered all problems 3. (pojať, zahrnúť) embrace [im'breis], comprehend [ˌkompri'hend]; *kurz o-e každý moderný pohľad na literatúru* the course embraces every modern aspect of literature

obskakovať 1. (skákať okolo) bustle around [ˌbasl ə'raund], hop around [hop ə'raund]; *pes o-uje okolo chlapca* the dog is hopping around the boy 2. expr. (zahrnovať pozornosťou) dance attendance upon a person [daːns ə'tendəns ə'pon ə 'pəːsən]; *o. hostí* dance attendance upon guests

obsluha 1. service ['səːvəs]; *o. je zlá* the service is bad 2. (personál) staff [staːf], (v obchode) assistant [ə'sistnt] (na verejnom mieste) attendant [ə'tendənt]

obslúžiť 1. serve [səːv], attend to [ə'tend tə]; *o. zákazníka* serve/attend to the customer; *o. pri stole* wait on a person at a table; *o-ž sa* help yourself 2. (opatriť chorého) nurse [nəːs]; *o. choré dieťa* nurse the sick child 3. (postarať sa o chod) operate ['opəreit]; *o. vykurovací systém* operate the heating system

obstarať 1. provide [prə'vaid]; *o. obživu pre rodinu* provide food for the family 2. (zariadiť) see to [siː tə]; *o. dovoz surovín* see to the import of raw material

obstarožný expr. **1.** (o ľudoch) elderly ['eldəli]; *o-é osoby* elderly persons **2.** (o veci) obsolete ['obsəli:t]; *o-é stroje* obsolete machinery

obstáť 1. (vydržať stáť) keep* standing [ki:p 'stændiŋ]; *o. na jednej nohe* keep standing on one leg **2.** (vydržať) be* able to hold/keep [bi: 'eibl tə həuld/ki:p]; *pri maľovaní dlho neo-ojí* he is not able to keep painting for a long time **3.** (osvedčiť sa) stand* up [stænd ap]; *o. v konkurencii* stand up to competition; *o. na skúške* pass an examination ● *nič pred ním neo-í* he is the sort of person who spoils everything

obstojný tolerable ['tolrəbl], passable ['pa:səbl]; *o. plat* a tolerable salary; *o-á práca* a passable piece of work

obstúpiť surround [sə'raund]; *o-li ho priatelia* he was surrounded by friends

obsypať cover ['kavə], pour over/on [po: 'əuvə/on]; *stromy o-né snehom* trees covered with snow; *o-ný vyrážkami* covered with a rash; *obloha o-ná hviezdami* a star-studded sky

obšírne in detail [in 'di:teil], at great length [ət greit leŋθ], tediously ['ti:diəsli]

obšírny detailed ['di:teild], extensive [iks-'tensiv], lengthy ['leŋθi], tedious ['ti:diəs]; *o-e vysvetlenie* detailed explanation

obšívka trimming ['trimiŋ], border ['bo:də]; *sukňa s červenou o-ou* a skirt with red trimming

obšmietať sa expr. dangle after/(a)round /about ['dæŋgl 'a:ftə/(ə)'raund/ə'baut]; *vždy sa okolo nej niekto o-a* she always has some men dangling around

obšťastniť make* a person happy [meik ə 'pesən 'hæpi]; *o. darom (koho)* make a person happy with a present

obťah 1. polygr. pull [pul], (na papieri, tlač) proof [pru:f] **2.** (poťah) cover(ing) ['kavə(riŋ)]

obťažný difficult ['difiklt], hard [ha:d]; *o-á situácia* difficult situation; *o-á úloha* hard task

obťažovať 1. (byť na ťarchu) trouble ['trabl]; *o. otázkami* trouble with questions **2.** (byť dotieravý) bother ['boðə]; *neo-uj, mám prácu* don't bother, I am busy

obušok cudgel ['kadžl], club [klab], heavy stick ['hevi stik], (policajný) truncheon ['trančn]

obuť put* on [put on]; *o. si topánky* put on one's shoes

obuv footwear ['futweə], boots and shoes [bu:ts ənd šu:z]; *športová o.* sports footwear

obuvák shoehorn ['šu:ho:n]

obuvník shoemaker ['šu:meikə]

obväz dressing ['dresiŋ], bandage ['bændidž], sling [sliŋ]; *sadrový o.* plaster cash

obväzový: *o. materiál* dressing material

obveseliť cheer up [čiə ap], entertain [,entə-'tein]; *o-l spoločnosť žartmi* he entertained the party with jokes

obviazať 1. (ovinúť) tie (up) [tai (ap)]; *o. si hlavu šatkou* tie a scarf over one's head **2.** (opatriť obväzom) bind* up [baind ap], dress [dres], bandage ['bændidž]; *o. ranu obväzom* dress a wound with bandages

obvinenie charge [ča:dž], accusation [,ækjə'zeišn]; *krivé o.* false accusation

obviniť accuse of [ə'kju:z əv], charge with [ča:dž wið]; *o-li ho z vraždy* he was accused of murder

obvod 1. geom. perimeter [pə'rimi:tə], (kruhu, elipsy) circumference [sə'kamfrəns], (stromu) girth [gə:θ]; *v o-e troch kilometrov* within the radius of three kilometres **2.** (správny celok) district ['distrikt], region [ri:džən]; *mestský o.* municipal/town district; *farský o.* parish **3.** (elektrický) circuit [sə:kət]; *prerušenie dodávky elektrickej energie* a break in the circuit

obvodný district ['distrikt]; *o-á zdravotná sestra* district nurse; *o. lekár* local doctor, general practitioner, skr. G.P.

obvyklý usual ['ju:žuəl]; *ísť o-ou trasou* take the usual route

obyčaj custom ['kastəm], habit ['hæbit]; *národná o.* national custom; *má v o-i vstávať neskoro* he is in the habit of getting up late; *to je jeho o.* it is a habit with him

obyčajne usually ['ju:žuəli], generally ['dženrəli]; *o. chodí neskoro* he is usually late; *ako o.* as usual

obyčajný 1. (bežný, zvyčajný) common ['komən]; *o. materiál* common material **2.** (jednoduchý) ordinary ['o:dnri]; *o-í ľudia* ordinary people **3.** (bez ozdôb, vzoru, príchute) plain [plein]; *o-á deka* plain blanket; *o-á voda* plain water

obydlie dwelling ['dweliŋ], (sídlo) residence ['rezidns], (byt) flat [flæt], AM apartment [ə'pa:tmənt]

obytný: *o-á štvrť* residential area; *o. dom* dwelling house; *o-á plocha* floor, space; *o. automobil* caravan, AM camper

obývačka hovor. sitting/living room ['sitiŋ /'liviŋ ru:m]

obývať live in [liv in], inhabit [in'hæbət]; *izba nebola o-ná* the room wasn't lived in; *husto o-né územie* densely inhabited territory

obyvateľ(ka) 1. inhabitant [in'hæbətənt]; *počet o-ov* the number of inhabitants **2.** (akéhokoľvek príbytku — časť v zložených slovách) -dweller ['dwelə]; *o-ia miest* city dwellers; *o-ia jaskýň* cave dwellers

obyvateľný habitable ['hæbətəbl], fit to live in [fit tə liv in]; *to územie je už neo-é* that territory is no longer habitable; *ten starý dom je ešte stále o.* that old house is still fit to live in

obyvateľstvo population [,popjə'leišn], inhabitants [in'hæbətənts]; *o. Slovenska* the population of Slovakia; *o. mesta* the city inhabitants

obzor 1. (horizont) horizon [hə'raizn]; *na o-e* on the horizon **2.** (duševný rozhľad) horizon [hə'raizn]; *rozšíriť svoj o.* broaden one's horizon

obzrieť (si) look round [luk raund]; *o-el si výstavu* he looked round the exhibition; *o-el si mesto* he looked round the city // **o. sa 1.** (obrátiť sa) turn round [tə:n raund]; *prv než odišiel, obrátil sa a povedal...* before he had left, he turned round and said... **2.** (preskúmať) scan [skæn]; *o. sa po izbe* scan the room **3.** hovor. (zaopatriť sa) look around for [luk ə'raund fo:]; *o. sa po novom byte* look around for a new flat **4.** (venovať pozornosť) attend to [ə'tend tə]; *viac sa o to ani neo-m* I do not attend to it any more

obzvlášť kniž. **I.** časť. (najmä) chiefly ['či:fli], mainly ['meinli]; *hovoria o. o práci* they speak mainly about work **II.** prísl. (výnimočne) especially [i'spešli], particularly [pə'tikjələli]; *je o. múdry* he is particularly clever

obžaloba 1. (obvinenie) accusation [,ækjə'zeišn]; *román je o-ou spoločnosti* the novel is an accusation of the society **2.** (súdna) prosecution [,prosi'kju:šn]; *svedok o-y* prosecution witness

obžalovaný accused [ə'kju:zd]; *o. z vraždy* accused of murder, (v občianskom spore) defendant [di'fendənt]

obžalovať accuse [ə'kju:z]; *o. z nezodpovednosti* accuse of irresponsibility

obživa livelihood ['laivlihud], living ['liviŋ]; *zabezpečiť o-u* work for livelihood; *zdroj o-y* source of living

obživiť kniž. **1.** (zabezpečiť obživu) maintain [mein'tein], sustain [sə'stein]; *sotva o-í rodi-*

nu he hardly maintains his family **2.** (oživiť) come*/bring* to life; *myšlienka ho o-la* the idea brought him to life

oceán ocean ['əušn]; *Atlantický o.* the Atlantic Ocean; *Tichý o.* the Pacific Ocean

ocediť strain [strein]; *o. zemiaky* strain the potatoes

oceľ steel [sti:l]; *kalená o.* tempered steel; *nehrdzavejúca o.* stainless steel; *surová o.* rough steel *tvrdý ako o.* as hard as nails

oceliareň steelworks ['sti:lwə:ks]

oceľový steel [sti:l]; *o. drôt* steel wire; *o-á farba* steel-gray; *o-á liatina* crucible steel

oceniť 1. (určiť cenu) price [prais]; *všetok tovar je o-nený* all goods are priced **2.** (stanoviť výšku) assess [ə'ses]; *výška škody bola o-nená* damages were assessed; *o. odhadom* estimate **3.** (kladne hodnotiť) value ['vælju:]; *o-l tvoju radu* he valued your advice

ocitnúť sa find* o.s. in [faind in]; *o. sa v nebezpečenstve* he found himself in danger ● *o. sa na ulici* land up in a street

ocliť clear goods for customs [kliə gu:dz fə 'kastəmz], empose duty [im'pəuz dju:ti]; *máte niečo o.?* anything to declare?

ocot vinegar ['vinigə] ● *ostať na o.* be left on the shelf

octan chem. acetate ['æsəteit]; *o. hlinitý* acetate of aluminium/aluminium acetate

očakávanie expectation [,ekspek'teišn]; *veľké o.* great expectation; *nad o.* beyond expectation

očakávať 1. (čakať) wait (for) [weit (fo:)]; *o. priateľa* wait for a friend **2.** (predpokladať) expect [ik'spekt]; *o-a pomoc* he expects some help; *to sa dalo o.* that was to be expected **3.** (vyčkávať) await [ə'weit]; *dlho o-ný* long awaited

očarený charmed ['ča:md], spellbound ['spelbaund], enchanted [in'ča:ntid]; *o-é obecenstvo* spellbound audience

očariť charm [ča:m], enchant [in'ča:nt]; *jej krása ho o-la* her beauty charmed him

očarujúci charming ['ča:miŋ], enchanting [in'ča:ntiŋ]; *o. úsmev* a charming smile

očervenieť become* red [bi'kam red], turn red [tə:n red]; *tvár jej o-ela* her face turned red

očesať (česaním očistiť) comb [kəum]; *o. psa* comb the dog

očierniť (ohovárať) slander ['sla:ndə], backbite* ['bækbait], blacken ['blækn]; *o-li ho na porade* he was slandered at the meeting

očíslovať number ['nambə]; *o. strany* number the pages

očistec purgatory ['pə:gətri]

očistiť **1.** (zbaviť nečistoty) clean [kli:n], cleanse [klenz]; *o. topánky* clean the shoes; *o. ranu* cleanse the wound **2.** (zbaviť vrchnej časti) peel [pi:l]; *o. zemiaky* peel the potatoes

očitý: *o. svedok* eye witness

očividný evident ['evədnt], obvious ['obviəs]; *o. nezáujem* evident lack of interest; *o-á výhoda* obvious advantage

očko 1. bot. graft [gra:ft]; *o. ruže* a rose graft **2.** (úpletu, siete ap.) mesh [meš], loop [lu:p]; *o. siete* the mesh of the net; *uteká mi o. na pančuche* my stocking has a ladder **3.** (sardelový rez) rolled anchovy [rəuld 'ænčəvi] **4.** (kartová hra) pontoon [pon'tu:n], vingt-et-un [ˌvæntei'ə:ŋ] ● *hodiť o-m po niekom* give sb. the glad eye

očkovanie 1. bot. grafting ['graftiŋ] **2.** lek. vaccination [ˌvæksə'neišn]

očkovať 1. bot. graft [gra:ft], bud [bad] **2.** lek. vaccinate ['væksəneit]; *o. proti chorobám* vaccinate against diseases

očný 1. eye [ai], ocular ['okjələ]; *o-á choroba* eye disease; *o-á šošovka* ocular lense **2.** lek. optic ['optik]; *o. nerv* optic nerve; *o. lekár* ophthalmologist [ofθæl'molodžíst]

očuchať sniff [snif]; *pes o-l kosť* the dog sniffed at the bone

od predl. s G. **1.** (priestorové, časové východisko, východisko poradia) from [frəm], since [sins]; *od neho* from him; *od piatej* from five o'clock; *od detstva* from childhood; *od hlavy po päty* from head to toes; *od začiatku do konca* from the beginning to the end; *od leta* since summer; *od piatka* since Friday **2.** (miestny vzťah) of [əv, ov]; *na západ od Košíc* west of Košice; *napravo od budovy* on/to the right of the building **3.** (príčina, dôvod) for [fo:], of [əv, ov], from [frəm], by [bai]; *skákať od radosti* jump for joy; *zdediť od rodičov* inherit from parents; *poštípaný od včiel* bitten by bees; *báseň od Keatsa* a poem by Keats **4.** (spôsob) by [bai], from [from]; *od slova do slova* word by word; *od oka* by rule of thumb; *odkaz od sestry* a message from sister; *zmeniť od základu* change from A to Z **5.** (účel, cieľ) against [ə'genst]; *dobré od smädu* good against thirst; *užívať od prechladnutia* use against cold **6.** (zreteľ, často pri 2. st. príd. mien) than [ðən], of [əv, ov]; *mladší odo mňa* younger than me; *to nie je pekné od teba* it is not nice

of you **7.** (väzba pri slovesách al. menách) on [on], of [əv, ov], from [frəm]; *závisieť od podmienok* depend on condition; *odučiť od zlozvyku* break a person of a bad habit; *odlíšiť od ostatných* differenciate from the others ● *sám od seba* by itself; *hovoriť od veci* not to speak to the point

óda ode [əud] ● *spievať ó-y* sing odes

odbaviť 1. (skončiť, urobiť istý úkon) accomplish [ə'kampliš], clear [kliə], execute ['eksəkju:t], perform [pə'fo:m]; *o. domáce práce* accomplish the household tasks; *o. vlak/lietadlo* clear the train/plane; *o. plán výroby* execute the plan of production; *o. slávnosť* perform a ceremony **2.** hovor. (odbiť) get* rid of sth.; *o. poštu* get rid of the correspondence

odbehnúť 1. (behom sa vzdialiť) run* away [ran ə'wei]; *dieťa o-lo za loptou* the child ran after the ball **2.** hovor. (na chvíľu odísť, odskočiť) nip [nip], pop out [pop aut]; *o. z práce* pop out of work

odber 1. taking ['teikiŋ]; *o. krvi* taking of blood, blood-taking; *o. tovaru* delivery of goods **2.** (spotreba) consumption [kən'sampšn]; *o. plynu* consumption of gas **3.** (tlače) subscription [səb'skripšn]; *o. dennej tlače* subscription to the daily newspapers

odberateľ 1. (zákazník) customer ['kastəmə], buyer ['baiə] **2.** (predplatiteľ) subscriber [sab'skraibə]

odbočiť 1. (zahnúť) turn [tə:n], take* a turning [teik ə 'tə:niŋ]; *o. vpravo* turn right **2.** (odchýliť sa) digress [dai'gres]; *o. od témy* digress from the subject

odbočka 1. (odbočenie) turning ['tə:niŋ]; *o. na juh* turning to south; *o-y od témy* digressions from the subject **2.** (pobočka, filiálka) branch [bra:nč]; *miestna o.* local branch

odboj revolt [ri'vəult], resistance [ri'zistns]

odbor 1. (oddelenie organizácie) department [di'pa:tmənt], division [də'vižn]; *o. dopravy* the department of transport; *o. exportu* the division of export **2.** (odvetvie) line [lain], field [fi:ld], branch [bra:nč]; *to nie je môj o.* it does not fall in my line/field; *študijný o.* field/branch of study **3.** *o-y* trade unions [ˌtreid 'juniənz]

odborár trade unionist [ˌtreid 'ju:niənəst]

odborník expert ['ekspə:t], specialist ['spešləst]; *o. na stredoveké dejiny* expert in medieval history; *poradiť sa s o-om* consult a specialist

odborný 1. professional [prə'fešnəl], expert ['ekspət]; *o-á literatúra* professional literature; *o-é vzdelanie* professional education; *o-ý výklad* expert exposition; *o-á škola* technical school, college 2. (týkajúci sa istého odboru) special(ized) ['spešl(aizd)]; *o. slovník* special(ized) dictionary; *o. lekár* specialist

odborový trade-union [ˌtreid'juːniən]; *o-á organizácia* trade-union organization

odbyt sale [seil], marketing ['maːkətiŋ]; *ísť na o.* sell well/go off

odcestovať travel ['trævl], leave* for [liːv fə]; *o-l do Košíc* he travelled to Košice

odcudziť 1. (neoprávnene prisvojiť) misappropriate [ˌmisə'prəuprieit]; *o-l peniaze, ktoré patrili podniku* he misappropriated the company's money 2. (urobiť citovo cudzím) estrange [i'streindž]; *o-ená dcéra* an estranged daughter // **o. sa** become estranged; *syn sa nám o-l* our son has become estranged from us

odčítať 1. (odrátať) subtract [səb'trækt], deduct [di'dakt]; *o. desať od tridsať* subtract ten from thirty; *o. škodu z platu* deduct the damage from pay 2. (zrátať) count [kaunt]; *o. cestujúcich* count the number of passengers 3. (prečítať na prístroji) read* the meter [riːd ðə'miːtə]; *o. na plynomeri* read the gasometer

oddanosť devotion [di'vəušn], (vernosť) loyalty ['loiəlti]

oddaný devoted [di'vəutəd] loyal ['loiəl]; *o. priateľ* a devoted friend

oddať sa devote [di'vəut]; *o-l sa práci* he devoted himself to work; *o-l sa pitiu* he indulged in drinking ● *o. sa zúfalstvu* give oneself up to despair

oddávna since long ago [sins loŋ ə'gəu], long since [loŋ sins]; *o. spolupracujeme* we have been cooperating since long ago

oddelene separately ['sepərtli], apart [ə'paːt]; *bývať o.* live apart

oddelenie 1. (organizačná jednotka) department [di'paːtmənt], section ['sekšn] 2. (vo vlaku) compartment [kəm'paːtmənt] 3. (v obchode) counter ['kauntə] 4. (v nemocnici) ward [woːd]

oddeliť separate ['sepəreit]; *vojna ich o-la* the war separated them; *o. bielok od žĺtka* separate the white from the yolk

oddialiť 1. (vzdialiť) draw*/move away [droː/muːv ə'wei]; *o. magnet od železa* draw*/move away the magnet from iron 2.

(odložiť na neskoršie) postpone [pəust'pəun], delay [di'lei]; *o. dovolenku* postpone the holiday; *o. publikovanie článku* delay publishing the article // **o. sa** draw/move away [dro: /muːv ə'wei], delay [di'lei]; *uzávierka sa o-la* the deadline was delayed

oddiel 1. (organizačná jednotka) detachment [di'tæčmənt], squad [skwod]; *vojenský o.* the detachment of troops; *futbalový o.* a football squad 2. (časť celku) part [paːt]; *o. knihy* the part of the book

oddnes from today [frəm tə'dei], from now on [frəm nau on]; *o. sme slobodní* from today we are free

oddýchnuť si 1. (odpočinúť si) have* a rest [hæv ə rest], rest [rest], pause a little [poːz ə 'litl]; *o. si po ťažkej práci* have a rest after hard work 2. (pocítiť úľavu) fetch a sigh of relief [feč ə sai əv ri'liːf]

odev clothing ['kləuðiŋ], clothes [kləuðz]; *ochranný o.* protective clothing; *pracovný o.* working clothes

odevníctvo (ready made) clothing industry [(redi meid) 'kləuðiŋ ˌindastri]

odfarbiť decolour [di:'kalə] *o-ená blondínka* peroxide blonde [pə'roksaid ˌblond]

odfarbovač decolorizer [di'kaləraizə]

odfúknuť blow* away [bləu ə'wei], puff away [paf ə'wei]; *o. dym* blow away the smoke

odhad estimate ['estəmət], valuation [ˌvælju'eišn]; *približný o.* rough estimate; *predbežný o.* assessment; *o. dane* tax assessment; *urobiť o.* make a valuation

odhadca (ceny, hodnoty) estimator ['estəmeitə], valuer ['væljuə]; *o. škôd* claims adjuster; *odborný o.* appraiser

odhadnúť guess [ges]; *o. vzdialenosť* guess the distance, (cenu, hodnotu) estimate ['estəmət], value ['vælju:]

odhaliť 1. (odkryť, obnažiť) lay* bare [lei beə]; *o. plecia* lay bare one's shoulders; *o. sochu* unveil a statue 2. pren. *o. si srdce* disclose one's heart 3. (vypátrať, objaviť) reveal [ri'vi:l], (zločin) detect [di'tekt]; *o. pravdu* reveal the truth; *o. lož* nail a lie

odháňať drive* away [draiv ə'wei]

odhlásiť (zrušiť prihlášku) cancel ['kænsl]; *o. výlet do Londýna* cancel the trip to London // **o. sa** (z hotela) check out [ček aut]; *policajne sa o.* deregister with the police

odhlasovať decide by vote [di'said bai vəut]; *o. zákon* pass a law; *o. návrh* carry out

O

a motion; *o. (ne)dôveru* pass a vote of (no) confidence

odhláška notice of departure [ˌnəutəs əv diˈpaːčə], deregistration [ˌdiredžəˈstreišn]

odhmyziť desinsect [diˈsinsekt], devermin [diˈvəːmən]

odhodiť throw* away [θrəu əˈwei]; *o. staré topánky* throw away an old pair of shoes; *o. zbrane* drop the weapons ● *o. masku* throw off one's mask

odhodlanosť determination [deˌtəːməˈneišn], resoluteness [ˈrezəluːtnəs]

odhodlaný resolute [ˈrezəluːt], decided [diˈsaidəd], determined [diˈtəːmənd]; *plne o. (na čo)* firmly decided to do something; *o. bojovať* determined to fight

odhodlať sa decide [diˈsaid], determine [diˈtəːmən], dare [deə]; *o-l sa učiť po anglicky* he decided to learn English; *o-l sa ísť na operáciu* he determined to undergo an operation; *o-l som sa povedať to* I dared say it

odhora from above [frəm əˈbav]

odhovoriť dissuade [diˈsweid]; *o-l ju od cesty* he dissuaded her from travelling

odhrabať rake off/away [reik of/əˈwei]; *o. smeti* rake off the rubbish

odhrnúť draw* aside [droː əˈsaid]; *o. záclonu* draw aside the curtain; *o. lopatou sneh* shovel the snow off

odchádzať depart [diˈpaːt], leave* [liːv]; *vlak o-a o piatej* the train departs at five; *dnes o-m do Prahy* today I am leaving for Prague

odchod departure [diˈpaːčə]; *o. vlakov* departure of trains; *vlak je pripravený na o.* the train is ready to leave/depart *o. do dôchodku* retirement

odchov rearing [ˈriəriŋ]; *o. kôz* rearing of goats

odchýliť 1. (odkloniť) turn away/aside [təːn əˈwei/əˈsaid], divert [daiˈvəːt]; *o. dopravu* divert the traffic; *o. sa od cesty* turn off the road 2. (trocha otvoriť) open slightly [ˈəupən ˌslaitli]; *o. dvere* open slightly the door

odchýlka 1. (odklon) diversion [daiˈvəːšn]; *o. dopravy* traffic diversion 2. (nedodržanie, odchýlenie) deviation [ˌdiːviˈeišn]; *o. od plánu* deviation from the plan

odchylný different [ˈdifrənt], divergent [daiˈvəːdžnt]; *o-é postupy* different procedures; *o-é názory* divergent views

odinakiaľ from elsewhere [frəm ˈelsweə],

from somewhere else [frəm ˈsamweə els]; *prišiel o.* he came from somewhere else

odísť 1. (vzdialiť sa) go* away [gəu əˈwei], leave* [liːv]; *o-išiel do Bratislavy* he left for Bratislava 2. (vlakom) depart [diˈpaːt], (autom) drive* off [draiv of]; *o-išiel pred hodinou* he drove off an hour ago 3. (opustiť) leave*; *o-išiel od rodiny* he left his family 4. (do dôchodku) retire [riˈtaiə]; *o. do dôchodku s plným platom* retire on full pay ● *o. s dlhým nosom* pull a long face

odistiť release the safety-catch of something [riˈliːs ðə ˈseifti kæč əv samθiŋ], unlock [anˈlok]; *o. granát* release a safety-catch of a grenade

odizolovať 1. (izolovaním oddeliť) insulate [ˈinsjəleit] 2. (zbaviť izolácie) remove isolation [riˈmuːv ˌaisəˈleišn]

odjakživa (vždy v minulosti) always [oːlwəz]; *zimy tu boli odjakživa dlhé* winters were always very long here

odkaz 1. (správa) message [ˈmesidž]; *písomný o.* a written message 2. (dedičstvo, majetok) bequest [biˈkwest], heritage [ˈherətidž]; *kultúrny o.* cultural heritage 3. (upozorňujúca poznámka) reference [ˈrefrəns]; *o. na slovník* a reference to a dictionary

odkázaný dependent on [diˈpendənt on]; *deti sú o-é na rodičov* children are dependent on their parents

odkázať 1. (poslať odkaz) send* a message [send ə ˈmesidž]; *o-li, že prídu* they sent a message they'd come 2. (koho — na koho, čo) refer to [riˈfəː tə]; *o. na sekretariát* refer to the secretary's 3. (poručiť) bequeath [biˈkwiːð]; *otec mu o-l veľký majetok* his father bequeathed him a fortune

odkedy since when [sins wen]; *o. tu pracuješ?* since when have you been working here?

odkiaľ from where [frəm weə]; *o. si?* where are you from?

odklad delay [diˈlei], suspension [saˈspenšn]; *to nestrpí o.* it brooks no delay; *bez o.* without delay; *o. výkonu trestu* suspension of a sentence

odkladací: *o. stolík* side table

odklepať 1. (na stroji) type (write*) [ˈtaip (rait)]; *o. článok* type (write*) an article 2. (klepaním odstrániť) knock off [nok of]; *o. popol z cigarety* knock off the ashes of one's cigarette

odklon 1. (odklonenie smeru) diversion [daiˈvəːšn], declination [ˌdekləˈneišn]; *o. dopra-*

vy o 15 stupňov traffic declination of 15 degrees **2.** (myšlienkové odklonenie) departure [di-ˈpaːčə]; *o. od romantizmu* departure from romanticism

odkloniť 1. (vychýliť) turn aside [təːn əˈsaid], deflect [diˈflekt]; *strela sa o-la, keď narazila na strom* the bullet deflected when it hit the tree **2.** (spôsobiť zmenu) decline [diˈklain], divert [daiˈvəːt]; *základy morálky sa o-li* the standards of morality have declined; *o. rieku* divert the river

odkrojiť cut* [kat], slice off [slais of]; *o. krajec chleba* cut a slice of bread

odkryť 1. (zbaviť prikrytia) lay* open [leiˈəupən], uncover [anˈkavə]; *o. potrubie* uncover the pipeline **2.** (odhaliť) detect [diˈtekt]; *o. pravdu* detect the truth ● *o. karty* lay one's cards on the table

odkvap gutter [ˈgatə] ● *dostať sa z dažďa pod o.* get from the frying pan into the fire

odkvapkať drip away/off [drip əˈwei/of]; *voda o-la* the water has dripped away

odkvitnúť pass blooming [paːs ˈbluːmiŋ]; *ruže už o-li* roses have passed blooming

odľahčiť 1. (zbaviť ťarchy) lighten [ˈlaitn]; *loď od nákladu* lighten the ship's cargo **2.** (uľaviť) relieve [riˈliːv]; *o. svedomiu* relieve one's conscience

odľahlý 1. (vzdialený) remote [riˈməut]; *o. kraj* a remote country **2.** (okrajový) marginal [ˈmaːdžənl]; *o-á téma* marginal topic

odlákať entice [inˈtais], get* away from [get əˈwei frəm], (zlanáriť) lure away [ˈljuːə əˈwei]; *o. od povinnosti* entice from duty; *o. hokejových hráčov* lure away the ice hockey players

odlakovač (nail) varnish remover [(neil)ˈvoːniš riˈmuːvə]

odlepiť unstick [anˈstik], unglue [anˈgluː]; *o. známku* detach a stamp // **o. sa** come* off [kam of]; *nálepka sa o-la* the sticker has come off

odlesk reflex [ˈriːfleks], reflection [riˈflekšn]; *o. slnka* the reflection of the sun

odlet 1. (lietadla) flight departure [flait diˈpaːčə] **2.** (vtákov) flight away/home [flait əˈwei/həum], migration [ˌmaiˈgreišən]

odletieť 1. (vzdialiť sa letom) fly* away [flai əˈwei]; *lietadlo o-elo* the plane flew away **2.** (odcestovať lietadlom) depart [diˈpaːt]; *delegácia o-ela* the delegation has departed **3.** (náhle sa vzdialiť) fly* off [flai of]; *gombík o-el* the button has flown off

odliať 1. pour off [po: of]; *o. vodu* pour off some water **2.** tech. cast [kaːst]; *o. sochu* cast a statue

odliatok cast [kaːst]; *bronzový o.* a bronze cast

odlíšiť 1. (určiť rozdiel) distinguish [diˈstiŋgwiš]; *o. pravdu od lži* distinguish the truth from the lie **2.** (urobiť odlišným) differentiate [ˌdifəˈrenšieit]; *o. výrobky* differentiate the products // **o. sa** become* different [biˈkam-ˈdifrənt]

odlišný different [ˈdifrənt]; *o-é znaky* different signs

odliv 1. (periodické klesanie morskej hladiny) ebb [eb], low tide [ləu taid] **2.** (odčerpanie) outflow [ˈautfləu]; *o. zlata* (z krajiny) outflow of gold (from the country)

odlomiť break* off [breik of]; *o. si kúsok koláča* break off a piece of cake // **o. sa** break* off; *konár sa o-l pod váhou snehu* a branch broke off under the heavy snow

odložiť 1. (dať nabok) put* aside [put əˈsaid]; *o. kúsok koláča* put aside a piece of cake **2.** (dať na miesto, uložiť) put*/lay*/set* off/aside [put/lei /set of/əˈsaid]; *o. si veci* put off one's things; *o. si nejaké peniaze* put aside some money **3.** (odsunúť) put off [put of]; *o. schôdzu* put off the meeting; *o. na neurčito* go into obeyance

odlúčiť 1. (oddeliť) separate [ˈsepəreit]; *vojna ich o-la* the war separated them **2.** (odstaviť mláďa) wean [wiːn] // **o. sa** part with [paːt wið], (podľa nejakého meradla) segregate [ˈseɡriɡeit]

odlučné living-out maintenance [ˈliviŋ aut ˈmeintnəns]

odmalička from (early) childhood [frəm (ˈɔːli) ˈčaildhud]; *nevideli sa o.* they haven't seen each other from childhood

odmastiť defat [diˈfæt]; *o. pokožku* defat the skin

odmäk thaw [θoː]; *nastal o.* the thaw has set in

odmena reward [riˈwoːd], (prémia) bonus [ˈbəunəs]; *dostať o-u* get a reward; *o. za mlčanie* hush money

odmeniť reward [riˈwoːd]; *o-la ho úsmevom* she rewarded him with a smile

udeliť cenu, priznať odškodné – **award**
odplatiť sa – **reward**

odmeraný 1. (pravidelný) regular [ˈreɡjələ]; *o-é dýchanie* regular breathing **2.** (zdržanlivý)

O

restrained [ri'streind], reserved [ri'zə:vd]; *o-á odpoveď* a restrained answer; *o-é správanie* reserved behaviour

odmerať measure (off) ['mežə (of)]; *o. si teplotu* measure the temperature ● *môj čas je o-ný* my time will be out soon

odmerka graduated glass ['grædžueitəd gla:s], measuring jug ['mežəriŋ džag]

odmietavý negative ['negətiv]; *o-á odpoveď* a negative reply; declining [di'klainiŋ]; *o-á poznámka* a declining remark

odmietnuť 1. (odoprieť) refuse [ri'fju:z]; *o. povolenie* refuse permission 2. (neprijať) decline [di'klain]; *o. pozvanie* decline an invitation 3. (zavrhnúť) reject [ri'džekt]; *o. návrh* reject a suggestion

odmietnutie refusal [ri'fju:zl] rejection [ri'džekšn]; *kategorické o.* flat refusal

odmlčať sa (prestať hovoriť) fall*/become* silent [fo:l/bi'kam 'sailənt]; *spev sa o-l* the singing became silent; *uprostred reči sa náhle o-l* he stopped short in the middle of his speech

odmocnenec mat. radicand ['rædiknd]

odmocnina mat. root [ru:t]; *druhá/tretia o.* square/cube root

odmocniť mat. extract the root of [iks'trækt ðə ru:t əv]

odmocniteľ mat. index of a root ['indeks əv ə ru:t], radical index [ˌrædikl 'indeks]

odmocňovanie mat. extraction of root/root extraction [iks'trækšn əv ru:t/ru:t iks'trækšn]

odmontovať dismantle [dis'mæntl], dismount [dis'maunt], take* off [teik of]; *o. anténu* dismount an aerial; *o. si korčule* take off the skates

odmotať unwind* [an'waind]; *o. vlnu* unwind the wool

odmraziť defrost [di:'frost]; *o. mäso* defrost the meat

odmrazovač defroster [di:'frostə]

odmyslieť think* apart from something [θiŋk ə'pa:t frəm samθ], disregard [ˌdisri'ga:d]; *o. si nejaké fakty* disregard some facts

odnárodniť (sa) denationalize [di:'næšnəlaiz], (menšinu) assimilate [ə'siməleit]

odnaučiť cure/break* a person of a habit [kjuə/breik ə 'pə:sn əv ə 'hæbət]; *o-li ho fajčiť* they cured him of the habit of smoking

odniekiaľ from somewhere [frəm 'samweə]

odniesť 1. (nesením dopraviť preč) carry/take* away ['kæri/teik ə'wei]; *museli ho o.* they had to carry him away 2. (doplatiť na niečo) pay* for something; *o-esieš si to!* you will pay for it!

odnož offshoot ['ofšu:t]; *o. veľkej organizácie* an offshoot of a large organization

odobrať 1. (vziať isté množstvo) take* (away) [teik (ə'wei)]; *o. vzorky* take some samples 2. (zobrať úradne) seize [si:z], confiscate ['konfəskeit]; *o. (komu) vodičský preukaz* revoke sb.'s licence 3. (prevziať) take* [teik], collect [kə'lekt]; *o. tovar* take the goods; *o. peniaze* collect the money // **o. sa** 1. (odísť) go* away [gəu ə'wei], leave* [li:v]; *o-l sa spať* he went away to sleep 2. (rozlúčiť sa) say* good bye [sei gud'bai]; *o-l sa a odišiel* he said good bye and left

odohnať 1. (prinútiť vzdialiť sa) drive*/chase away [draiv/čeis ə'wei]; *o. muchy* drive away the flies 2. (zahnať) repel [ri'pel]; *o. pokušenie* repel the temptation

odoka (odhadom) offhand ['ofhænd]; *nemôžem ti to povedať o.* I can't tell you off hand

odolať resist [ri'zist], withstand [wið'stænd]; *o. pokušeniu* withstand the temptation

odolný resistant [ri'zistnt], proof [pru:f]; *o. voči antibiotikám* resistant to antibiotics; *o. voči vode* waterproof

odomknúť unlock [an'lok]; *o. bránu* unlock the gate

odopnúť 1. (gombíky) unbutton [an'batn], (remienok) unstrap [an'stræp]; *o. kabát* unbutton the coat; *o-ni si hodinky* unstrap your watch 2. tech. detach [di'tæč]; *o. rúčku* unstrap the handle // **o. sa** unbutton [an'batn], unstrap [an'stræp]; *kabát sa o-ol* the coat has unstrapped

odoprieť refuse [ri'fju:z]; *o. poslušnosť* refuse to obey

odosielateľ sender ['sendə], (tovaru) consigner [kən'sainə], (na obálke) Sent by ['sent ˌbai]

odoslať send* (off) [send (of)]; *o. balík* send off a parcel; *o. list* post a letter; *o. tovar loďou* ship the goods

odostlať make* the bed [meik ðə bed]; *o-iem vám v obývačke* I make the bed for you in the living room

odovzdať 1. (doručiť) deliver [di'livə]; *o. listy* deliver the letters; *o. tovar* deliver the goods 2. (postúpiť) hand over [hænd 'əuvə]; *o. odkaz* hand over a message

odozva (kniž.) response [ri'spons], echo ['ekəu], (v činoch) repercussion [ˌri:pə'kašn];

jeho činy nemali o-u his activities had no response

odôvodniť give* reasons [giv ˈriːznz]; *o-i svoju žiadosť* give reasons for your application

odpad 1. (neupotrebiteľné zvyšky) waste [veist] *chemický o.* chemical waste; *rádioaktívny o.* radioactive waste **2.** (odtokové zariadenie) drain [drein], sink [siŋk]; *prečistiť o.* clean the drain **3.** (odtok) outflow [ˈautfləu], outlet [ˈautlet]; *o. vody* water outlet

odpadky rubbish [ˈrabiš], litter [ˈlitə]; *kôš na o.* rubbish/litter bin [ˈrabiš/ˈlitə bin], AM garbage can [ˈgaːbidž kæn]; *vyberači o-ov* can bums

odpadnúť 1. (padnúť) fall*/come* off [foːl /kam of]; *jablko o-lo zo stromu* the apple has fallen off the tree **2.** (omdlieť) faint [feint]; *o. od horúčosti* faint in the hot sun **3.** (nekonať sa) not to take* place [not tə teik pleis]; *predstavenie o-lo* the performance did not take place **4.** (zrieknuť sa viery) apostatize [əˈpostətaiz]

odpáliť 1. (vystreliť) fire [ˈfaiə] **2.** (vypustiť raketu) blast off [blaːst of], launch [loːnč] **3.** (priviesť k výbuchu) set* off [set of]; *o. nálož* set off the charge

odpariť sa evaporate [iˈvæpəreit]; *voda sa rýchlo o-la* the water has quickly evaporated

odparovač evaporator [iˌvæpəˈreitə]

odpich 1. (hutnícky) tapping [ˈtæpiŋ] **2.** šport. start [staːt]

odpis 1. (kópia) copy [ˈkopi] **2.** (dlhu) remission [riˈmišn] **3.** (hodnoty) write off; *o. dane* tax write off

odpísať 1. (písomne odpovedať) write* back [rait bæk], answer [ˈaːnsə]; *o-l im, že príde* he wrote back he would come **2.** (napísať podľa predlohy) copy [ˈkopi]; *o. rozvrh hodín* copy the timetable **3.** (zapísať ako stratu) write* off [rait of]; *o. z účtu sto korún* write off one hundred crowns from the account; *o. auto* write off a car **4.** (odrátať) deduct [diˈdakt]; *o. z platu* deduct from pay

odplata retaliation [ˌritæliˈeišn], reward [riˈwoːd]; *o. za usilovnosť* reward for diligence

odplatiť retaliate [riˈtælieit] reward [riˈwoːd], pay back [ˈpei bæk]; *o. námahu* reward pains; *o. návštevu* pay back the visit

odplaviť wash away [ˌwoš əˈwei]; *voda o-la čln* water washed away the boat

odpočet odb. (plynu, elektriny) reading of a meter [ˌriːdiŋ əv ə ˈmiːtə]

odpočinok 1. (oddych) rest [rest], repose

[riˈpəuz]; *aktívny o.* active rest **2.** (dôchodok) retirement [riˈtaiəmənt] ● *posledný o.* one's last resting place

odpočinúť si have*/take* a rest [hæv/teik ə rest], rest [rest], relax [riˈlæks]; *o. si po obede* have a rest after dinner; *o. si od detí* rest from the children

odpočítať 1. (odrátať) deduct [diˈdakt], subtract [səbˈtrækt]; *o. výdavky* deduct the expenses **2.** (zrátať) count [kaunt]; *o. peniaze* count the money

odpočívadlo 1. (ležadlo) couch [kauč] **2.** (plošina na schodišti) landing [ˈlændiŋ] **3.** (na autostráde) resting place [ˈrestiŋ pleis]

odpočívať have*/take* a rest [hæv/teik ə rest], rest [rest]; *po robote o-l* he had a rest after work ● *o-j v pokoji* rest in peace

odpočúvať 1. (tajne počúvať) overhear [ˌəuvəˈhiə]; *o. telefón* tap a phone [tæp ə fəun] **2.** (protiprávne skrytým mikrofónom) bug [bag]; *o. miestnosť* bug a room

odpojiť disconnect [ˌdiskəˈnekt]; *o. kábel* disconnect the cable; *o. vagón* uncouple the carriage

odpoludnia in the afternoon [in ði ˌaːftəˈnuːn]; *dnes o.* this afternoon

odpoludnie afternoon [ˌaːftəˈnuːn]

odpor 1. (sila proti inej činnosti) aversion [əˈvəːšn], dislike [disˈlaik]; *o. proti vojne* aversion against war; *o. voči mačkám* dislike to cats **2.** el. resistance [riˈzistns], reluctance [riˈlaktns]; *magnetický o.* magnetic reluctance **3.** (nechuť) distaste [disˈteist], aversion [əˈvəːšn]; *hľadieť s o-om* look with distaste **4.** (nesúhlas) opposition [ˌopəˈzišn]; *naraziť na o.* meet with opposition ● *cesta najmenšieho o-u* the way of least resistance

odporca opponent [əˈpəunənt], adversary [ˈædvəsri]; *politický o.* political opponent

odporný repulsive [riˈpalsiv], distasteful [disˈteistfl], disgusting [disˈgastiŋ]; *o. zápach* repulsive smell; *o. vzhľad* distasteful appearance; *o. príbeh* disgusting story

odporovací lingv. adversative [ədˈvəːsətiv]; *o-ie spojky* adversative conjunctions

odporovať 1. (klásť odpor) [riˈzist]; *mesto o-lo nepriateľovi* the city resisted the enemy **2.** (protirečiť) contradict [ˌkontrəˈdikt]; *stále o-uje otcovi* he always contradicts his father

odporúčanie recommendation [ˌrekəmenˈdeišn]; *napísať dobré o.* write a good recommendation

odporučiť recommend [ˌrekə'mend]; *o-li mu, aby zostal* they recommended him to stay // **o. sa** (rozlúčiť sa) take leave [teik li:v]

odpoveď answer ['a:nsə], reply [ri'plai]; *písomná o.* a written answer

odpovedať answer ['a:nsə], reply [ri'plai]; *o. na list* answer the letter

odpracovať 1. (čas) work [wə:k]; *o. zmenu* work a shift 2. (niečo navyše) work off ['wə:k of]; *o. záväzok* work off a pledge

odpradávna from time immemorial [frəm taim ˌime'mo:riəl], ever since [ˌevə 'sins]

odpratať clear [kliə]; *o. smeti* clear the litter

odpredaj sale [seil], (dražbou) auction *nútený o.* enforced sale

odpredu from the front [frəm ðə frant]; *dom bol o. zelený* the house was green from the front

odprevadiť see* off [si: of], accompany [ə'kampni]; *o. hostí* see the guests off; *o. domov* accompany home

odprisahať swear* [sweə], take* an oath [teik ən əuθ]; *o-l, že bude hovoriť pravdu* he swore to tell the truth

odprosiť ask/beg one's pardon [a:sk/beg wanz 'pa:dn]; *o. rodičov* beg the parents' pardon

odpudiť (zahnať) repel [ri'pel]; *o. komáre* repel the gnats

odpuchnúť swell* off [swel of]; *tvár mu o-la* his face has swollen off

odpustiť 1. (prepáčiť) forgive* [fə'giv], pardon ['pa:dn]; *nikdy ti neo-ím* I'll never forgive you 2. (upustiť od čoho) remit [re'mit]; *o. trest* remit a sentence

odpustky indulgences [in'daldžənsi:z]

odpútať 1. (uvoľniť) release [ri'li:s], untie [an'tai]; *o. čln* untie the boat 2. (pozornosť) divert [dai'və:t]; *o. pozornosť* divert the attention

odpykať: *o. (si) trest* serve a sentence [sə:v ə 'sentəns]

odradiť dissuade [di'sweid], discourage [dis'karidž]; *počasie ich o-lo* the weather discouraged them

odrapotať expr. rattle off ['rætl of]; *o. báseň* rattle off a poem

odrastený grown up [grəun ap]; *o-é deti* grown up children

odrátať 1. (odpočítať) subtract [səb'trækt], deduct [di'dakt]; *o. výdavky* deduct the expenses 2. (zrátať) count [kaunt]; *o. peniaze* count the money

odraz 1. (odrazenie) rebound [ri'baund], reflection [ri'flekšn]; *o. lopty* the rebound of the ball; *o. svetla* the reflection of light; *uhol o-u* the angle of reflection 2. (prejav, vyjadrenie) reflection [ri'flekšn]; *dielo je o-om jeho života* the work is the reflection of his life

odraziť 1. (dať opačný smer) rebound [ri'baund]; *o. loptu* rebound a ball 2. (odvrátiť) drive* back; *o. útok* drive back an attack 3. (odbiť) strike off; *o. hrdlo z fľaše* strike off the neck of the bottle // **o. sa** 1. (dostať iný smer) ricochet ['rikəšəi]; *guľka sa o-la od kovu* the bullet ricocheted from the metal 2. (o lúči) reflect [ri'flekt]; *svetlo sa o-lo od zrkadla* the light was reflected from the mirror 3. (o zvuku) echo ['ekəu]; *zvuk sa o-l od skál* the rocks echoed to the sound 4. (prejaviť sa) reflect [ri'flekt]; *nedostatky dôkazov sa o-li vo výsledku* the lack of evidence was reflected in the result

odrazu (all) at once [('o:l) ət wans], suddenly ['sadnli]

odrecitovať recite [ri'sait], declaim [di'kleim]; *o. báseň* recite a poem

odrenina scratch [skræč], graze [greiz]; *o-y na rukách* some scratches on the hands; *vyviaznuť s o-mi* get away with a few grazes

odrezať 1. (rezaním oddeliť) cut* off [kat of]; *o. kúsok mäsa* cut off a piece of meat 2. (zabrániť spojeniu s kým, čím) isolate ['aisəleit]; *dedina o-ná od sveta* a village isolated from the world

odriecť, odrieknuť call off [ko:l of], cancel ['kænsl]; *o. schôdzu* call off a meeting

odrieť 1. scrape [skreip]; *o. si koleno* scrape one's knee 2. (oškrieť) scratch [skræč]; *o. nábytok* scratch the furniture

odrobina crumb [kram]; *o-y chleba* crumbs of bread

odrobiť (si) (odpracovať) work off [wə:k of]; *o-l si osem hodín* he worked off eight hours

odročiť kniž. postpone [pəust'pəun]; *o. zasadanie* postpone the session

odroda variety [və'raiəti], kind ['kaind], type [taip]; *nová o. obilia* a new variety of corn

odrodilec renegade ['renəgeid], (politický) turncoat ['tə:nkout]

odrodiť sa become*/turn a renegade [bi'kam /tə:n ə 'renəgeid]

odsadnúť (si) sit* away from [sit ə'wei frəm]; *o-la si od neho* she sat away from him

odsek paragraph ['pærəgra:f]; *nový o.* a new paragraph

odseknúť 1. (seknutím odstrániť) cut* off [kat of]; *o. konár* cut off the branch (of the tree) **2.** (odvrknúť) retort [ri'to:t], snap back [snæp bæk]; *o-l, že sa nepamätá* he snapped back he did not remember

odskočiť 1. (uhnúť) jump aside/away/off [džamp ə'said/ə'wei/of]; *o. nabok od auta* jump aside from the car **2.** (odraziť sa) rebound [ri'baund]; *lopta o-la od steny* the ball rebounded from the wall **3.** hovor. (odbehnúť) nip out [nip aut], hop off [hop of]; *o-l si k susedom* he hopped off to his neighbours

odspod(k)u from the bottom [frəm ðə 'botəm]

odsťahovať (sa) move (away) [mu:v ə'wei]; *o-li sa pred mesiacom* they moved away a month ago

odstáť (státím prečkať) take* a turn in a queue [teik ə tə:n in ə kju:]; *o-l si hodinu v rade* he took a turn in a queue for an hour

odstávať protrude [prə'tru:d]; *o-júce uši* protruding ears

odstaviť 1. (postaviť na iné miesto) put*/set* aside [put/set ə'said]; *o. hrniec* put aside the pot **2.** (prestať dojčiť) wean [wi:n] (from the breast) **3.** hovor. (zbaviť funkcie) sidetrack ['saidtræk]; *o-l ma vlastný kolega* I was sidetracked by my own colleague

odstrániť 1. (odpratať) get*/put* a thing out of the way [get/put ə θiŋ aut əv ðə wei], remove [ri'mu:v]; *o. smeti* get the litter away; *o. míny* remove the mines **2.** (zlikvidovať) do* away with [du: ə'wei wið]; *o. zdroj nákazy* do away with the source of infection **3.** (zbaviť sa niekoho nepohodlného) get* rid of [get rid əv]; *o. soka* get rid of the rival

odstrašiť deter [di'tə:], frighten away [ˌfraitn ə'wei]; *o. mladých od drog* deter the young from taking drugs; *porážka ho neo-la* the defeat did not frighten him away

odstrašujúci deterrent [di'terənt]; *o. príklad* a warning example

odstrčiť 1. (odtisnúť) push aside/away [puš ə'said/ə'wei]; *o. tanier* push aside the plate **2.** (zapudiť) overlook [ˌəuvə'luk], treat with neglect [tri:t wið ni'glekt]; *o. dieťa* treat a child with neglect

odstrediť 1. (z roztoku) separate ['sepəreit]; *o. mlieko* separate milk **2.** (bielizeň) spin-dry ['spindrai]

odstredivka separater ['sepəreitə], centrifuge ['sentrəfju:dž], (na bielizeň) spin drier/dryer ['spin ˌdraiə]

odstredivý centrifugal [ˌsentri'fjugl]; *o-á sila* centrifugal force

odstrel 1. shooting ['šu:tiŋ], killing ['kiliŋ]; *o. vysokej zveri* killing the game **2.** (skaly) blasting ['bla:stiŋ]

odstreliť 1. shoot* (a person dead) [šu:t (ə 'pə:sn ded)] **2.** (horninu) blast [bla:st]

odstrihnúť clip off/away [klip of/ə'wei]; *o. kúsok látky* clip off a piece of cloth

odstup 1. (priestorová al. časová vzdialenosť) distance ['distəns], interval ['intəvl]; *v 20 minútových o-och* in 20 minute intervals; *časový o.* lapse of time **2.** (odmeranosť) aloofness [ə'lu:fnəs]

odstúpiť 1. (ustúpiť) step aside [step ə'said]; *o. od okna* step aside from the window **2.** (vzdať sa funkcie, postavenia) resign [ri'zain]; *vláda o-la* the government has resigned **3.** (neuskutočniť) give up [giv ap]; *o. od plánu* give up the plan **4.** (prenechať) cede [si:d]; *o. tretinu územia* cede one third of the territory

odstupné compensation [ˌkəmpen'seišn]; *o. v peniazoch* compensation in money, hovor. golden handshake

odstupňovať grade [greid], (na stupnici) scale [skeil]

odsúdenec convict ['konvikt]

odsúdenie condemnation [ˌkondem'neišn], sentence ['sentns]; *o. na smrť* death sentence

odsúdiť 1. (na súde) sentence ['sentns], condemn [kon'dem]; *o. na smrť* sentence to death; *o. na doživotie* give a life sentence **2.** (ostro odmietnuť) condemn [kon'dem]; *o. politiku (koho)* condemn a policy of sb.

odsun transfer ['trænsfə], displacement [dis'pleismənt]; *elektronický o. peňazí* the electronic transfer of money; *o. vojsk* the displacement of the army; *o. obyvateľstva* evacuation of citizens

odsunúť 1. (odtiahnuť) shift aside [šift ə'said]; *o. záclonu* shift aside the curtain **2.** (prepraviť) transfer [trans'fə:], displace [dis'pleis]; *o. vojsko* displace the army; *o-uté obyvateľstvo* displaced population **3.** (časovo oddialiť) postpone [pəust'pəun]; *o. dovolenku* postpone the holiday ● *o. na vedľajšiu/bočnú koľaj* sidetrack ['saidtræk]

odškodné compensation [ˌkompən'seišn], indemnity [in'demnəti], damages ['dæmidžiz]; *nárokovať si o.* claim damages

odškodniť indemnify [in'demnəfai], compensate ['kompənseit]

O

odškriepiť hovor. deny [di'nai]; *to nemôžeš o.* you can't deny it

odťahovací: *o-ia služba* towing service ['təuwiŋ ˌsəːvəs]; *o. voz* breakdown lorry ['breikdaun lori], AM wrecker's truck ['rekəz trak]

odtajiť deny [di'nai]; *o. pravdu* deny the truth

odteraz from now on [frəm nau on], henceforth [ˌhens'fɔːθ]; *o. sa všetko zmení* from now on everything will change

odtiahnuť 1. (na iné miesto) pull/draw*/drag away [pul/drɔː/dræg ə 'wei]; *o. stoličku* pull the chair away 2. (ťahaním odviesť) tow away [təu ə'wei]; *o. poškodené auto* tow away the damaged car 3. (hromadne odísť) march off [maːč of]; *vojsko o-lo* the army has marched off

odtiaľ from there [frəm ðeə] ● *o. potiaľ* there are limits to everything

odtieň shade [šeid]; *rôzne o-e modrej* various shades of blue; *rôzne názorové o-e* different shades of opinion

odtisnúť push away [puš ə'wei]; *o-la mu ruku* she pushed away his hand

odtlačiť 1. (odsunúť) push/press away [puš /pres ə'wei] 2. (v tlačiarni) reprint [ˌriː'print]

odtlačok (re)print ['riːˌprint], copy ['kopi]; *o. prsta* finger print

odtok 1. (odtekanie) outlet ['autlet], flow [fləu]; *o. vody* the outlet of water; *o. krvi* the flow of blood 2. (zariadenie na odpad) drain(age) ['drein(idž)], ditch [dič], waste pipe [weist paip]

odtokový: *o. kanál* a drainage ditch ['dreinidž dič]

odtrhnúť 1. (trhnutím oddeliť) tear* off [teə of]; *o. kvet* tear off a flower 2. (násilím oddeliť) pull apart [pul ə'paːrt] ● *o-ť si od úst* deny oneself (as food) // *o. sa* break away from [breik ə'wei frəm]; *pes sa o-ol z reťaze* the dog broke away from the chain

odtučniť defat [di'fæt], free from fat [fri: frəm fæt]

odtučňovací slimming ['slimiŋ]; *o-ia diéta* a slimming diet [ə 'slimiŋ ˌdaiət]

odučiť (zbaviť zlozvyku) make* a person give up/stop [meik ə 'pəːsən giv ap/stop]; *o. niekoho fajčiť* make a person give up smoking // *o. sa* give* up [giv ap], get* rid of a habit [get rid əv ə 'hæbit]; *o-l sa fajčiť* he got rid of a habit of smoking

odumrieť die away [dai ə'wei]; *o-eté stromy* died away trees

oduševnený enthusiastic [inˌθjuːzi'æstik]; *o-á reč* an enthusiastic speech

odvábiť entice away [in'tais ə'wei], lure away [l(j)uə ə'wei]; *o-la jej muža* she lured away her husband

odvaha courage ['karidž]; *dodať o-u* summon up courage; *nadobudnúť o-u* take heart ● *ten má ale o-u!* what a nerve!

odvaliť roll away [rəul ə'wei]; *o. skalu* roll away the rock

odvar decoction [di'kokšn], concoction [kən'kokšn]; *silný čajový o.* a strong tea brew

odvážiť weigh (out) [wei (aut)]; *o. vrece múky* weigh a bag of flour

odvážiť sa (dodať si odvahy) dare ['deə], venture ['venčə]; *ako sa o-žuješ!* how dare you!

odvážny brave [breiv], courageous [kə'reidžəs], bold [bəuld]; *o. človek* a brave man; *o. čin* a bold act

odvčera since yesterday [sins 'jestədi]; *nevidel som ho o.* I haven't seen him since yesterday

odvďačiť sa return sb.'s kindness [ri'təːn 'sambodiz 'kaindnəs]

odveký ancient ['ænšnt], everlasting [ˌevə'laːstiŋ]; *o-á bieda* an everlasting misery

odveta retaliation [ˌritæli'eišn]; *vojenská o.* military retaliation

odvetiť kniž. reply [ri'plai], answer ['aːnsə]

odvetný retaliatory [ri:'tælieitri]; *o-é opatrenie* retaliatory measure; *o. zápas* return match

odvetvie line [lain], branch [braːnč]; *o. priemyslu* the branch of industry; *o. obchodu* the area of business

odviať blow* away [ˌbləu ə'wei]; *vietor o-l lístie* the wind blew away the leaves

odviesť 1. (dopraviť) take*/get*/carry (away) [teik/get/kæri (ə'wei)]; *o. dieťa do školy* take the child to school 2. (odvábiť) lure [luə]; *o-dla jej priateľa* she lured her friend 3. (odobrať) enlist [in'list]; *o. na vojnu* enlist in the army 4. (odvrátiť) distract [dis'trækt]; *o. pozornosť* distract the attention

odviezť (vezením dopraviť) take*/carry away [teik/kæri ə'wei]; *o. do nemocnice* take a person to hospital; *o. nábytok* carry away the furniture // *o. sa* travel ['trævl]; *o. sa vlakom* travel by train

odvod 1. outlet ['autlet], ekon delivery [di'liveri]; *o. vody* water outlet 2. voj. conscription [kənˈskripšn], call up [koːl ap]; *dostaviť sa na o.* report at a recruitig station

odvodenina derivation [ˌderəˈveišn]

odvodiť derive [diˈraiv], (logicky) deduce [diˈdjuːs]

odvodniť drain [drein]; *o. močiar* drain a marsh (chemicky), dehydrate [ˌdiːhaiˈdreit]

odvolanie 1. (pozbavenie funkcie) removal [riˈmuːvl], recall [riˈkoːl]; *o. z úradu* the removal from the office; *o. veľvyslanca* the recall of the ambassador **2.** (zrušenie) cancellation [ˌkænsəˈleišn], withdrawal [wiðˈdroːəl], revocation [ˌrevəˈkeišn]; *o. nariadenia* the revocation of an order; *až do o-a until revoked* **3.** (námietka) appeal [əˈpiːl]; *podať o. proti rozsudku* lodge an appeal against a sentence

odvolať 1. (zavolať na iné miesto) call off [koːl of]; *o. posádku* call off the army **2.** (zbaviť úradu) recall [riˈkoːl]; *o. veľvyslanca* recall the ambassador **3.** (zrušiť) cancel [ˈkænsl]; *o. sľub* cancel a promise // **o. sa 1.** (na koho, čo) refer to [riˈfəː tə]; *o. sa na iného autora* refer to another author **2.** (podať námietky) appeal [əˈpiːl]; *o. sa proti rozsudku* appeal against verdict

odvoz transport [ˈtrænspoːt], carting off [ˈkaːtiŋ of]; *o. smetí* removal of refuse/litter

odvrátiť 1. (obrátiť iným smerom) turn aside /off [təːn əˈsaid/of]; *o-ť hlavu* turn aside your head; *o. pohľad* look away from; *o. pozornosť* distract the attention **2.** (zamedziť) avert [əˈvəːt]; *o. nebezpečenstvo* avert danger // **o. sa** look/turn away/aside [luk/təːn əˈwei /əˈsaid]; *o-l sa a mlčal* he turned aside and kept quiet

odvrávať talk back [toːk bæk]; *neo-j!* don't talk back!

odvtedy since (then) [sins (ðen)]; *o. neprišiel* he hasn't come since (then)

odvyknúť (od čoho) lose* the habit of something [luːz ðə ˈhæbit əv samθiŋ], cure /break* a person of a habit [kjuə/breik ə pəːsn əv ə ˈhæbit]; *o. si od fajčenia* loose the habit of smoking

odzadu from behind [frəm biˈhaind], from the rear [frəm ðə riə]; *napadnúť nepriateľa o.* attack the enemy from the back

odzbrojenie disarmament [disˈaːməmənt]; *konferencia o o-í* disarmament conference

odzbrojiť disarm [disˈaːm]; *o. útočníka* disarm the attacker

odznak badge [bædž]; *čestný o.* badge of honour; *vojenský o.* mark of distinction

odznieť 1. (doznieť) fade away [feid əˈwei]; *kroky o-eli* the steps have faded away **2.** (byť prednesený) deliver [diˈlivə], present [priˈzent]; *správa práve o-ela* the report has just been presented

odzvoniť ring* off [riŋ of], toll a bell for [təul ə bel foː]; *zvony o-li* the bells have just stopped ● *tomu už o-li* they rang down the curtain on him

ofenzíva offensive [əˈfensiv]; *začať o-u* launch an offensive

oficiálny official [əˈfišl]; *o-a mienka* official opinion

ofina fringe [frindž]; *nosiť o-u* wear a fringe

ofsajd offside [ˌofˈsaid]; *pravidlo o-u* offside rule

oháňať sa gesticulate [džeˈstikjəleit], swing* one's arms [swiŋ wanz aːmz] ● *mám sa čo o.* I have plenty of work on my hands; *musí sa viac o.* he has got to buck up

ohava monster [ˈmonstə], brute [bruːt]

ohavnosť abomination [ˌəbomiˈneišn]

ohavný 1. (veľmi škaredý) ugly [ˈagli]; *o. výzor* ugly appearance **2.** (hanebný) disgraceful [disˈgreisfl], abominable [əˈbomənəbl]; *o. skutok* abominable act

oheň 1. fire [ˈfaiə]; *rozložiť o.* make fire; *táborový o.* camp fire **2.** (požiar) fire [ˈfaiə], conflagration [ˌkonfləˈgreišn]; *hasiť o.* extinguish the conflagration ● *hrať sa s o-ňom* play with fire; *páliť ako o.* burn like hell; *liať olej na o.* add fuel to the fire; *skúška o-ňom* trial by fire

ohľad 1. (prihliadnutie, zreteľ) consideration [kənˌsidəˈreišn]; *spoločenské o-y* social considerations **2.** (hľadisko, zreteľ) regard [riˈgaːd], respect [riˈspekt], view [vjuː], consideration [kənˌsidəˈreišn]; *v tomto o-e* in this respect/point; *s o-om na* with respect to; *bez o-u* without regard, regardless; *bez o-u na rodičov* regardless of parents

ohľaduplný considerate [kənˈsidrət]; *o-é správanie* considerate manners

ohlas 1. (ozvena) echo [ˈekəu]; *počuť o.* hear an echo **2.** (reakcia) response [riˈspons], acceptance [əkˈseptns]; *nemať o.* have no response; *kniha sa stretla s o-om* the book met with acceptance; *mať veľký o.* meet with a wide public

ohlásiť 1. (dať na vedomie, oznámiť) announce [əˈnauns]; *o. zmenu programu* announce the change of the programme **2.** hovor. let* know [let nǝu]; *o-s ma, keď pôjdeš* let me know when you leave // **o. sa 1.** (ozvať sa) make* one's heard [ˌmeik wanz ˈhǝːd], respond [riˈspond]; *o-s sa z Londýna* make yourself heard from London **2.** (ozvať sa proti) sound a protest [saund ǝ ˈprǝutest], object [obˈdžekt]; *o-l sa proti neporiadku v spoločnosti* he sounded a protest against the disorders in the society

ohluchnúť become* deaf [biˈkam def]; *v šesťdesiatke o-ol* he became deaf in his sixties

ohnisko 1. (kozub) fireplace [ˈfaiǝpleis]; *otvorené o.* open fireplace **2.** fyz. focus [ˈfǝukǝs] **3.** (činnosť) centre [ˈsentǝ]; *o. odporu* the centre of resistance

ohnivko link [liŋk]; *železné o.* iron link

ohnivý 1. (horúci, pálivý) hot [hot]; *o-é leto* hot summer **2.** (silný) fiery [ˈfairi]; *o-á pálenka* fiery spirit **3.** (vášnivý) fiery, flaming [ˈfleimiŋ]; *o. tanečník* fiery dancer; *o-á reč* flaming speech

ohňostroj fireworks [ˈfaiǝwǝːks]; *spustiť o.* let off fireworks

ohňovzdorný fire proof [ˈfaiǝpruːf]; *o. materiál* fire proof material

ohnúť bend* [bend]; *o. tyč* bend a rod // **o. sa** bend [bend], bow [bau]

ohobľovať plane off [plein of]; *o. lavicu* plane off the desk

ohodnotiť rate [reit], value [ˈvæljuː]; *o. prácu* value the labour; *o. ako hrdinský čin* rate as a heroic deed; *o. vedomosti žiaka* mark the pupil's knowledge

oholiť shave* [ˈšeiv]; *o. si fúzy* shave the moustach // **o. sa** have a shave [hæv ǝ šeiv]; *o-l sa a odišiel* he had a shave and left

ohorok (cigarety) cigarette-end [sigǝˈretend] butt [bat], stump [stamp]

ohovoriť slander [ˈslaːndǝ], backbite* [ˈbækbait]

ohrada 1. (ohradenie istého priestoru) fence [fens]; *železná o.* iron fence **2.** (ohradený priestor) enclosure [inˈklǝužǝ]; *o. pre dobytok* pen [pen], fold [fǝuld]

ohradiť fence [fens], wall in/up [woːl in/ap]; *o. záhradu* fence the garden // **o. sa 1.** (oddeliť sa ohradou) fence oneself in [fens wanˈself in]; *o-li sa, aby ich nik nevidel* they fenced themselves in so that nobody could see them **2.** (prejaviť nesúhlas) protest [prǝˈtest] against/about/at, object [obˈdžekt] to; *o-li sa proti daniam* they protested against taxes

ohraničiť 1. (oddeliť hranicami) demarcate [ˈdimaːkeit]; *o. územie štátu* demarcate the state territory **2.** (obklopiť) surround [sǝˈraund]; *mesto o-ené horami* a city surrounded by forests **3.** (obmedziť) limit [ˈlimǝt]; *mať o-ený čas* have a limited time

ohriaknuť exp. shout down [šaut daun]; *o. deti* shout down the children

ohriať heat [hiːt]; *o. polievku* heat the soup // **o. sa** warm up [woːm ap]; *vzduch sa o-l* the air has warmed up

ohrievací warming [ˈwoːmiŋ]; *o-ia fľaša* hot water bottle; *o-ia poduška* electric (warming) pad

ohrievač warmer [ˈwoːmǝ], heater [ˈhiːtǝ]; *o. na nohy* foot warmer; *o. vody* water heater; *plynový o.* gas heater

ohromiť astound [ǝsˈtaund]; hovor. flabbergast [ˈflæbǝgaːst]; *správa ho o-la* the news astounded him; *cena tovaru ho o-la* he was flabbergasted by the price of the goods

ohromný 1. (obrovský) immense [iˈmens], enormous [iˈnoːmǝs], huge [hjuːdž], astounding [ǝˈstaundiŋ]; *o-é zlepšenie* an immense improval; *o-á suma peňazí* an enormous sum of money **2.** hovor. (vynikajúci) formidable [ˈfoːmǝdǝbl], astounding [ǝˈstaundiŋ], huge [hjuːdž]; *o-é vedomosti* formidable knowledge; *o-á pamäť* astounding memory; *o. úspech* huge success

ohroziť endanger [inˈdeindžǝ]; *o. mier* endanger peace; *nikým, ničím neo-ený* unchallenged; *o. spoločnú vec* rock the boat

ohryzok 1. (zvyšok nedojedeného ovocia) core [koː]; *o. jablka* a core of an apple **2.** anat. Adam's apple [ˌædǝmz ˈæpl]

ohyb bend [bend], curve [kǝːv]; *o. rieky* the bend of a river

ohybný 1. (pružný) flexible [ˈfleksǝbl], pliable [ˈplaiǝbl]; *o. kov* flexible metal; *o. materiál* pliable material **2.** lingv. flexible; *o-é slová* flexible words

ohyzdný ugly [ˈagli], hideous [ˈhidiǝs]; *o-á budova* an ugly building; *o. skutok* a hideous deed

och o [u], ah [aː]; *och, aká škoda!* ah, what a pity!

ochabnúť become* feeble [biˈkam ˌfiːbl], weaken [ˈwiːkǝn], slacken [ˈslækn]; *telo mu o-lo* his body became feeble; *disciplína o-la* the discipline slackened; *pozornosť o-la* the attention wandered

ochladiť 1. (vychladiť) cool [ku:l], chill [čil]; *o. čaj* cool the tea; *o. víno* chill the wine **2.** (zbaviť pocitu horúčosti) cool [ku:l]; *o. ruky v rieke* cool the hands in the river // **o. sa** become /turn cold [bi'kam/tə:n kəuld]; *o-lo sa* it has turned cold

ochorieť fall ill [fo:l il], become sick [bi'kam sik]; *vážne o-el* he has fallen seriously ill; *o-el na zápal pľúc* he has got pneumonia

ochota willingness ['wiliŋnəs], readiness ['redinəs]; *bez o-y* without any willingness

ochotne willingly ['wiliŋli], readily ['redili], gladly ['glædli]; *išiel ta o.* he willingly went there

ochotnícky amateurish [ˌæmə'tə:riš]; *o-e divadlo* amateur theatre

ochotník amateur (player/actor) ['æmətə (ˌpleiə/ˌæktə)]

ochotný ready ['redi], willing ['wiliŋ], prepared [pri'peəd]; *je o. ísť ta* he is willing to go there

ochrana 1. (starostlivosť o odvrátenie nebezpečenstva) protection [prə'tekšn]; *o. proti povodniam* protection against flood **2.** (stráž) safeguard ['seifga:d], ward [wo:d], hovor. umbrella [am'brelə] ● *o. pamiatok* conservation of monuments; *zákon na o-u republiky* National Defence Act; *Spolok na o-u zvierat* Society for Prevention of Cruelty to Animals

ochranár protectionist [prə'tekšnist], (prírody a pamiatok) conservationist [ˌkənsə'veišnist]

ochranca protector [prə'tektə], patron ['peitrən]; *o. ľudských práv* a protector of human rights; *o. umenia* a patron of the arts

ochrániť protect [prə'tekt]; *o. tvár pred úderom* protect the face from the blow; *o. sa pred dažďom* protect against the rain

ochranný protective [prə'tektiv]; *o. odev* protective clothing; *o-á značka* trade mark; *o-é opatrenia* safety measures

ochrnúť be*/become* paralysed [bi: /bi'kam 'pærəˌlaizd]; *nohy mu o-li* his feet became paralysed; *o-té nervy* paralysed nerves

ochudobniť 1. (urobiť chudobným) impoverish [im'povriš]; *zlá úroda ich o-la* the bad harvest impoverished them **2.** (oslabiť hodnotu čoho) deprive [di'praiv]; *o. detstvo o zážitky* deprive one's childhood of experiences

ochutnať taste [teist]; *o. jedlo* taste the food

oje shaft [ša:ft]

ojedinelý 1. (osamotený, jedinečný) isolated ['aisəleitəd]; *o-é prípady* isolated cases **2.** (je-

dinečný) unique [ju:'ni:k]; *o-á príležitosť* a unique opportunity

okamih moment ['məumənt], instant ['instənt]; *počkaj o.* wait a moment; *v poslednom o-u* in the last moment/minute; *ani na o.* not for an instant

okamžitý immediate [i'mi:diət], momentary effect; *o-á výpoveď* a moment's notice

okatý 1. (majúci výrazné oči) large eyed [la:dž aiəd]; *o-é dieťa* a large eyed child **2.** (očividný) striking ['straikiŋ]; *o. rozdiel* a striking difference

okenica shutter ['šatə]

oklamať 1. (ocigániť) lie* [lai], tell* lies [tel laiz]; *o-l matku* he told lies to his mother **2.** (podviesť) deceive [di'si:v], cheat [či:t]; *o. zákazníka* cheat the customer // **o. sa** (pomýliť sa) be wrong/mistaken [bi: roŋ/mis'teikn]

okľuka 1. (nepriama cesta) roundabout (way) ['raundˌəbaut (wei)], detour ['di:tuə]; *ísť o-ou* make a detour **2.** (nepriamy spôsob) roundabout way ['raundˌəbaut wei]; *povedať o-ou* say in a roundabout way; *bez o-y* point blank; *nerob o-y* get on with it; *robiť o-y* beat around the bush

okno 1. window ['windəu]; *krídlové o.* casement window; *spúšťacie o.* (posuvné zvislo) sash window; *o. na lodi* port(hole) **2.** hovor. (voľný časový úsek) blank [blæŋk]; *mám úplné o.* my mind is a complete blank

oko 1. mn. č. oči (orgán zraku) eye [ai]; *šikmé oči* slanted eyes **2.** mn. č. oká (v rozl. význ.); *kurie o.* corn; *o. siete/sita/tkaniny* mesh, stick; *o. na pančuche* ladder, AM run; *o. na reťazi* chain loop; *morské o.* mountain lake ● *ani o-a z nej nespustil* he did not let her out of his sight; *akoby mu z o-a vypadol* the spitting image of him; *do očí bijúci* striking; *choď mi z očí* get out of my sight; *medzi štyrmi očami* between you and me; *povedať do očí* tell to one's face; *pozerať skutočnosti do očí* face reality; *Zíde z očí, zíde z mysle.* Out of sight out of mind. ● *zoči-voči* face to face

okolie surroundings [sə'raundiŋz], environment [in'vairənmənt], neighbourhood ['neibəhud], vicinity ['vəsinəti]; *o. mesta* the city surroundings; *na o-í je veľa obchodov* there are many shops in the neighbourhood

okolitý surrounding [sə'raundiŋ], neighbouring ['neibəriŋ]; *o-é vrchy* the surrounding mountains; *o-é krajiny* the neighbouring countries

okolkovať[1] (v reči) ramble ['ræmbl], beat* about the bush [bi:t ə'baut ðə buš]

O

okolkovať[2] (opatriť kolkom) stamp [stæmp]

okolky ado [ə'du:], fuss [fas]; *bez o-ov* without much ado; *nerob o.* make no fuss

okolnosť circumstance ['sə:kəmstæns]; *priťažujúca o.* aggravating circumstance ● *za žiadnych o-í* in no way

okolo I. prísl. 1. (zo všetkých strán) around [ə'raund]; *o. boli iba hory* there were only mountains around 2. (popri) past [pa:st]; *auto prešlo o.* the car went past II. predl. 1. (vôkol) (a)round [(ə)'raund]; *o. domu* around the house; *sedieť o. stola* sit round the table 2. (časove) about [ə'baut], around [ə'raund]; *o. polnoci* about midnight; *o. obeda* around noon 3. (popri) past [pa:st]; *prešiel o. mňa* he went past me 4. (pozdĺž) along [ə'loŋ]; *prechádzať sa o. rieky* walk along the river III. čast. (asi, približne) about [ə'baut], around [ə'raund]; *o. sto metrov* about one hundred metres; *má o. tridsať* he is around thirty

okoloidúci I. príd. passing by ['pa:siŋ bai]; *o. autobus* a passing by bus II. podst. passer-by [ˌpa:sə bai]; *všímať si o-ch* notice the passer-bys

okolostojaci I. príd. bystanding ['baistændiŋ]; *o-e deti* bystanding children II. podst. bystander ['baistændə]; *všimnúť si o-ch* notice the bystanders

okop voj. trench [trenč]

okopanina root crops [ru:t krops]

okopať hoe [həu], dig around [dig ə'raund]; *o. zemiaky* hoe the potatoes

okoreniť spice [spais], season ['si:zn]; *o. mäso* spice the meat; *o. zeleninu* season the vegetables

okostica periosteum [ˌperi'ostiəm]; *zápal o-e* periostitis

okotiť sa (o mačke) kitten ['kitn]

okovať 1. (koňa) shoe [šu:]; *o. koňa* shoe a horse 2. (obiť železom) bind* [baind] with iron; *o. sud* bind the barrel with iron

okovy fetters ['fetəz], irons ['airənz], (na ruky) handcuffs ['hændkafs]

okradnúť rob [rob]; *o-li ho* he was robbed

okraj 1. (kraj) border ['bo:də], edge [edž], brim [brim]; *na o-i jazera* on the border of the lake; *na o-i kabáta* on the edge of the coat; *až po o. šálky* to the brim of the cup; *na o-i mesta* on the outskirts of the city; *o. chodníka* curb 2. (margo) margin ['ma:džən]; *čarbať na o.* scribble in the margin

okrajový 1. (územie oblasti) border ['bo:də], peripheral [pe'rifrəl]; *o-é oblasti* peripheral

areas 2. (vedľajší) marginal ['ma:džənl], peripheral; *o. problém* a marginal problem; *o. záujem* of a peripheral interest

okrasa ornament ['o:nəmənt], decoration [ˌdekə'reišn], embellishment [em'belišmənt] ● *na o-u* for show

okrasný ornamental [ˌo:nə'mentl], decorative ['dekərətiv]; *o. strom* a decorative tree

okrášliť adorn [ə'do:n], beautify ['bju:təfai], decorate ['dekəreit], embellish [im'beliš]; *o. príbeh* adorn a story; *o. šaty* beautify a dress; *o. koláč* decorate a cake; *o. klobúk kvetmi* embellish a hat with flowers

okrem 1. (vynímajúc) except [ik'sept]; *každý prišiel o. otca* everybody came except father 2. (navyše) apart from [ə'pa:t frəm]; *o. dvoch detí sa stará aj o svojich rodičov* apart from two children he takes care of his parents

besides – okrem (ak pridávame)
Besides the violin she plays the flute.
except – okrem (ak vyberáme)
I like all your relatives except uncle Tom.

okres district ['distrikt]

okresný district ['distrikt]; *o. súd* district court; *o. lekár* district medical officer

okriať recover [ri'kavə]; *o. na dovolenke* recover on holiday

okríknuť shout down [šaut daun]; *o. deti* shout down the children

okrivieť become* lame [bi'kam leim]; *kôň o-el* the horse became lame

okrskár superintendent [ˌsju:pərin'tendnt]

okruh 1. (kruhová dráha) circle ['sə:kl], ring [riŋ]; *vnútorný o.* ring road; *vonkajší o.* circular road, outskirts 2. (sféra, pole) sphere [sfiə], field [fi:ld]; *o. činnosti* the sphere of action; *o. záujmu* the field of interest 3. (skupina ľudí s rovnakým záujmom) circle ['sə:kl]; *má veľký o. priateľov* he has a large circle of friends 4. (dosah) radius ['reidiəs], range [reindž]; *v o-u jedného kilometra* within a radius of one kilometre; *o. viditeľnosti* the range of visibility

okrúhly 1. (kruhovitý) round [raund], rotund [rəu'tand]; *o. stôl* a round table 2. (bucľatý) chubby ['čabi]; *o-a tvár* a chubby face 3. (o číslach) round up [raund ap]; *o-a suma* a round up sum

okrúžkovať band [bænd], ring* [riŋ]; *o. vtáka* band a bird; *o. stromy* ring the trees

okružný round [raund]; *o-á cesta* a round trip/tour

oktánový: *o-é číslo* octane rating

oktáva hud. octave [ˈoktəv]; *rozsah troch o-v* a range of three octaves

október October [okˈtəubə]

okuliare (eye)glasses [(ai)ˈglaːsiz], spectacles [ˈspektəklz]; *nosiť o.* wear glasses; *kúpiť si nové o.* buy a new pair of glasses; *slnečné o.* sun glasses; *ochranné o.* goggles

okúňať sa (zdráhať sa, váhať) hesitate [ˈheziteit], (ostýchať sa) be* shy [biː ˈšai]; *o-l sa prísť* he hesitated to come; *o-l sa prehovoriť* he was shy to speak

okúňavý shy [šai], hesitant [ˈhezətənt], bashful [ˈbæšfl]; *o. chlapec* a shy boy

okupácia occupation [ˌokjəˈpeišn]; *vojenská o.* military o.; *za o-ie* during occupation

okupačný: *o-á armáda* army of occupation

okupant invader [inˈveidə], intruder [inˈtrudə]

okúpať bath [baːθ]; *o. dieťa* bath a child // **o. sa** have*/take* a bath [hæv/teik ə baːθ], (zaplávať si) bathe [beið]; *o. sa v rieke* bathe in the river

okupovať occupy [ˈokjəpai]; *o. územie* occupy a territory

okúsiť (ochutnať) taste [teist]; *o. víno* taste the wine

okúzliť charm [čaːm], fascinate [ˈfæsəneit], enchant [inˈčaːnt]

okvetie bot. perianth [ˈperəænθ]

okvetný: *o-é lístky* petals

okyptiť cripple [ˈkripl], maim [meim], mutilate [ˈmjuːtəleit]; *vrátil sa z vojny o-ený* he returned from the war crippled; *prežil nehodu, ale zostal o-ený* he survived the accident but was maimed for life; *o-ené telo* a mutilated body

okysličiť oxidize [ˈoksədaiz]

olámať lop [lop], brake* [breik]; *o. konáre stromu* lop the branches of the tree

oldomáš hovor. handsel [ˈhænsl], drink [driŋk]

olej oil [oil]; *ľanový o.* linsed oil; *o. na mazanie* lubricating oil; *o. na opaľovanie* suntan oil ● *prilievať o. do ohňa* add fuel to the flames

olejomaľba oil (painting) [oil (ˈpeintiŋ)]

olejovať oil [oil], (mazať stroj) lubricate [ˈluːbrikeit]

olejový: *o-á farba* oil paint; *o-á lampa* oil lamp

oliva bot. olive [ˈoləv]

olízať 1. lick [lik], lap [læp]; *o. si pery* lick the lips **2.** (uhladiť) sleek [sliːk]; *o. si vlasy* sleek one's hair

oliznúť lick [lik], taste [teist]; *o. med* lick the honey // **o. sa** lick one's chops

olovený lead [led]; *o. drôt* lead wire

olovnatý plumbic [ˈplambik]; *o-é sklo* plumbic glass

olovnica plumb-line [ˈplamlain]

olovo chem. lead [led] ● *mám nohy ako z o-a* I have leaden limbs

olovrant afternoon tea [ˌaːftəˈnuːn tiː], snack [snæk]; *je čas na o.* it's tea time

olovrantovať take* the afternoon tea [teik ði ˌaːftəˈnuːn tiː], have* one's snack [hæv wanz snæk]

oltár altar [ˈoːltə]; *bočný o.* shrine [šrain] ● *položiť život na o. vlasti* lay one's life down for one's country

oltárny altar [ˈoːltə]; *o-a sviatosť* Eucharist [ˈjuːkərəst]

olúpať peel [piːl]; *o. zemiaky* peel the potatoes

olúpiť rob [rob], (úplne) strip [strip]; *o. chodca* rob the walker

oľutovať regret [riˈgret]; *o-l, že prišiel* he regretted he had come

olympiáda Olympics [əˈlimpiks], Olympic Games [əˈlimpic ˈgeimz]; *letná, zimná o.* Summer/Winter Olympic games

olympijský Olympic [əˈlimpik]; *o-á fakľa* Olympic torch; *o-é hry* Olympic Games

omáčka sauce [soːs], (šťava z mäsa) gravy [ˈgreivi]; *tatárska o.* Tartar sauce

omáčnik sauce dish pan [soːs diš pæn]

omámiť 1. (omráčiť) stun [stan], daze [deiz]; *úder ho o-l* the blow stunned him; *o. drogami* drug **2.** (opojiť, očariť) charm [čaːm], fascinate [ˈfæsəneit]; *o-ený jej krásou* fascinated by her beauty

omamný stupefying [ˌstjuːpəˈfaiŋ], dazing [ˈdeiziŋ]; *o-á vôňa* a stupefying smell; *o. jed* drug, dope, narcotic

omastiť lard [laːd], grease [griːz], add fat [æd fæt]; *o-ené zemiaky* greased potatoes

omdlieť faint [feint], swoon [swuːn]; *o. na slnku* faint in the sun; *o. od bolesti* swoon with pain, hovor. pass out [paːs aut]

omeleta omelette [ˈomlət]; *syrová o.* a cheese omelette

omietka plaster [ˈplaːstə], coat of plaster [kəut əv ˈplaːstə]

omietnuť plaster ['pla:stə], coat with plaster ['kəut wið ˌpla:stə]

omilostiť pardon ['pa:dn], give*/grant pardon [giv/gra:nt 'pa:dn]

omínať pinch [pinč]; *nekupuj topánky, ak o-jú* don't buy shoes if they pinch

omladiť make* young [meik jaŋ]; *dovolenka ho o-la* the holidays made him young

omladnúť become* young (again) [bi'kam jaŋ (ə'gen)]

omnoho much [mač] (s druhým stupňom príd.); *dnes sa má o. lepšie* he is much better today

omočiť wet [wet], (navlhčiť) moisten ['moisn]; *o. si pery* moisten one's lips, (namočiť) dip [dip]; *o. sa do chladnej rieky* dip into the cool river

omotať 1. (navinúť) bind* [baind], wind* [waind]; *o. niť okolo prsta* wind the yarn around the finger **2.** (ovinúť) wrap [ræp], envelope ['envələup]; *o. sa do osušky* envelop into a bath sheet

omráčiť 1. stun [stan]; *o-ený pádom* stunned by a fall **2.** expr. (ohúriť) flabbergast ['flæbəga:st]; *novina ho o-la* he was flabbergasted by the news

omrvina crumb [kram]

omrzieť annoy [ə'noi]; grow* sick/tired /weary [grəu sik/'taiəd/'wiri]; *o-elo ho myslieť na problémy* it annoyed him to think of his problems; *život ho o-el* he grew weary of life

omrzlina frostbite [ˌfrost'beit], chilblain ['čilblein]

omrznúť get* frostbitten [get 'frostbitn]; *o-li mu uši* his ears are frostbitten

omrznutý frozen ['frəuzn], chilblaned ['čilbleind]; *o-é uši* frozen ears; *o-é prsty* chilblained fingers

omša mass [mæs]; *ísť na o-u* attend mass; *slúžiť o-u* say mass; *tichá o.* low Mass; *veľká o.* high Mass; *svätá o.* Holy Mass

omyl error ['erə], mistake [mə'steik]; *byť na o-e* be in error, be mistaken; *to je veľký o.* it's blunder

omylom by mistake [bai 'məsteik]; *zobral to o-om* he took it by mistake

on he [hi/hi:]

ona she [ši:]

onak otherwise ['aðəwaiz] ● *tak či o.* one way or other, in either case

ondatra 1. (hlodavec) musk-rat ['maskræt] **2.** (kožušina, bizam) musquash ['maskwoš]

ondulácia wave [weiv], hairdo ['heədu:]; *trvalá o.* perm(anent wave)

ondulovať wave [weiv], curl [kə:l]; *o. si vlasy* curl one's hair

onedlho before long [bi'fo: loŋ], soon [su:n]; *o. bude jar* spring is coming soon

onehdy the other day [ði: 'aðə dei]; *o. mi napísal* he wrote me the other day

onemieť 1. (stať sa nemým) be*/become* dumb/mute [bi:/bi'kam dam/mju:t]; *po chorobe o-el* he became dumb after the illness **2.** (stratiť nakrátko reč) be*/become* speechless [bi:/bi'kam ˌspi:čləs]; *o-el od jedu* he became speechless with anger

onemocnieť fall*/be* taken ill [fo:l/bi: 'teikən il]; *o-el* he has fallen ill

onen that [ðæt], that one [ðæt wan]; *o. výsledok bol zlý* that result was wrong; *ten alebo o.* this one or that one

oneskorenec laggard ['lægəd], latecomer ['leitˌkamə:]; *o-cov nevpustili* the latecomers were kept off

oneskorenie delay [di'lei], lateness ['leitnəs]; *úroky z o-a* penalty interest

oneskorený late ['leit], delayed [di'leid]

oneskoriť sa be* late [bi: leit], delay [di'lei]; *o-l sa so správou* he was late with the report; *vlak sa o-l* the train had a delay

oni they [ðei]

ono it [it]

onuca footrag ['futræg], footwrap ['futræp]; *mokré o-e* wet footwraps

oňuchať sniff [snif], snuff [snaf]; *pes o-l stožiar* the dog sniffed at the lamppost

ony they [ðei]

opáčiť 1. (ohmatať) touch [tač], feel* [fi:l]; *o. svaly* touch the muscles **2.** (ochutnať) taste [teist], try [trai]; *o. polievku* taste/try the soup

opačne conversely [kən'və:sli], contrary ['kontrəri]; *konať o.* act contrary

opačný 1. (protiľahlý) opposite ['opəzət]; *o. smer* opposite direction **2.** (protichodný) contrary ['kontrəri]; *výsledok bol o.* the result was contrary; *v o-om prípade* otherwise

opadnúť 1. fall* off [fo:l of], come* off [kam of]; *omietka o-la* the plaster has come off **2.** (stratiť lístie) loose*/drop/shed leaves [lu:z/drop/šed li:vz]; *stromy do rána o-li* the trees dropped their leaves by morning

opacha expr. monster ['monstə]

opak 1. (opačná strana, rub) reverse [ri'və:s], opposite ['opəzət]; *o. kabáta* the reverse (side) of the coat **2.** (protiklad) contrary ['kontrəri], opposite ['opəzət]; *je to pravý o.* it's just the contrary

opakovací repeating [ri'pi:tiŋ]; *o-ia puška* pump gun, (lekcia, cvičenie) revision [ri'vižn]; *o-ia lekcia* revision lesson

opakovačka hovor. repeating rifle [ri'pi:tiŋ 'raifl], automatic [ˌoːtə'mætik]

opakovanie repetition [ˌrepi'tišn]; *po mnohých o-ach si to zapamätal* he remembered it after numerous repetitions

opakovať 1. (hovoriť to isté) repeat [ri'pi:t]; *o-uj po mne* repeat after me **2.** (robiť viackrát to isté) make the same [meik ðə 'seim]; *o. chyby* make the same mistakes **3.** (znovu preberať učivo) repeat [ri'pi:t], recapitulate [ˌrikə'pičəleit], revise [ri'vaiz]; *o. si poznámky z dejepisu* revise the history notes // **o. sa** repeat o.s. [ri'pi:t wan'self]; *dejiny sa o-ujú* the history repeats itself

opál opal ['əupl]

opálený sunburnt [san'bə:nt], (sun)tanned [san'tænd]

opáliť 1. (plameňom) singe [sindž]; *o. prasa* singe a pig **2.** (o slnku) tan [tæn], burn* [bə:n]; *pekne o-ená tvár* a nicely tanned face // **o. sa** get* (sun)tanned/burnt [get (san)tænd/bə:nt]; *o-l sa na dovolenke* he got suntanned on holidays

opaľovací: *o. krém* suncream ['sankri:m]; *o-ie šaty* sunbathing costume [ˌsanbeiðiŋ 'kostjum]

opanovať subdue [səb'dju:], rule [ru:l]; *o. trh* rule the market; *hróza ho o-la* he was gripped /seized by terror // **o. sa** keep* one's temper [ki:p wanz 'tempə], control [kən'trəul]

opar 1. (hmla) haze [heiz] **2.** (kožná choroba) herpes ['hə:pi:z], heat pimple [hi:t pimpl]; *o. na perách* herpes on the lips

opariť scald [sko:ld]; *o. si kožu* scald the skin

opásať (sa) gird [gə:d], belt [belt]; *o. sa remeňom* gird with a belt

opasok belt [belt]; *uvoľniť o.* loose the belt

opát abbot ['æbət]

opatera care [keə], attendance [ə'tendns], nursing ['nə:siŋ]; *lekárska o.* medical care; *vziať do o-y* take in custody

opatrenie step [step], measures ['mežəz]; *náležité o-a* necessary steps; *bezpečnostné o-a* security measures; *urobiť o-a* take/make measures

opatriť 1. (postarať sa) take* care [teik keə]; *o. deti* babysit **2.** (zadovážiť) get* [get], obtain [əb'tein]; *o. si peniaze* get the money

opatrne carefully ['keəfli], cautiously ['ko:šəsli]; *drž to o.* hold it carefully; *otvor o. dvere* open the door cautiously; *O!* Handle with care!

opatrovať (postarať sa) take* care [teik keə], nurse [nə:s], guard [ga:d], babysit ['beibisit]; *o. deti* take care of children; *o. pacienta* nurse the patient

opatrovateľka day/dry nurse [dei/drai nə:s], babysitter [beibisitə]

opatrovník 1. (osôb) day/dry nurse [dei/drai nə:s] **2.** (poručník) guardian ['ga:diən]

opäť again [ə'gen], (once) more [(wans) mo:]; *o. si prišiel neskoro* you are late again

opätok heel [hi:l]; *vysoké o-y* high heels

opätovať 1. (vracať) return [ri'tə:n]; *o. láskavosť* return one's kindness **2.** kniž. (opakovať) repeat [ri'pi:t]; *o. slová* repeat the words

opečiatkovať stamp [stæmp]; *o. obálku* stamp the envelope

opekač roaster ['rəustə], grill [gril], (hrianok) toaster ['təustə]

opekať roast [rəust], grill [gril], broil [broil], (tenké plátky) toast [təust]; *o. na ražni* broil on the grid; *o. chlieb* toast bread // **o. sa** (na slnku) bask in the sun [ba:sk in ðə san]

opeliť pollinate ['polineit]; *o. rastliny* pollinate the plants

opera opera ['oprə]; *budova o-y* the opera building

operácia 1. (lekársky zákrok) operation [ˌopə'reišn]; *o. kolena* the operation on the knee; *kozmetická o.* cosmetic surgery; *vykonať o-u* perform an operation; *podrobiť sa o-ii* undergo an operation **2.** (výkon, úkon) transaction [trænz'ækšn]; *obchodná o.* business transaction; *vojenská o.* campaign, operation

operačný operational [ˌopə'reišnəl], operating [ˌopə'reitiŋ]; *o-á sála* operating room/theatre

operadlo 1. (zadné) back [bæk]; *o. stoličky* the back of the chair **2.** (na ruky) arm-rest ['a:m rest]; *položiť (si) ruky na o.* put the arms on the arm-rest

operatér lek. surgeon ['sə:džn]

operatívny 1. lek. operative ['oprətiv]; *o. zákrok* operative surgery **2.** (plynulý, pružný) operational [ˌopə'reišnəl]; *nové stroje nie sú veľmi o-e* the new machines are not very operational

opereta comic/musical opera ['komik /'mju:zikl oprə], operetta [ˌopə'retə]

operiť plume [plu:m]; *o. klobúk* plume a hat // **o. sa 1.** get* feathers [get ˈfeðəz] **2.** hovor. expr. (zbohatnúť) become* rich [biˈkam rič]; *rýchlo sa o-l* he became rich very quickly

operný opera [ˈoprə]; *o. spevák* opera singer

operovať operate [ˈopəreit], perform an operation [pəˈfo:m ən ˌopəˈreišn]; *včera ho o-li* they performed an operation on him yesterday

opevnenie fortification [ˌfɔ:təfəˈkeišn]; *stredoveké o-a* medieval fortifications

opevniť fortify [ˈfo:təfai]; *o-ené mesto* a fortified city

opica monkey [ˈmaŋki], ape [eip] ● *mať o-u* be in a fuddle/be tipsy; *vyspať o-u* sleep it off

opičiť sa expr. ape [eip], copy [ˈkopi], keep* up with the Joneses [ki:p ap wið ðə ˈdžəunsiz]

opilec drunk [draŋk], drunkard [ˈdraŋkəd]

opilstvo drunkenness [ˈdraŋkənəs]

opis 1. description [diˈskripšn]; *o. udalostí* the description of events **2.** štyl. essay [ˈesei]

opísať 1. (podať opis) describe [diˈskraib], (charakterizovať) express [iksˈpres]; *o. príbeh* describe the story; *o. význam slova* express the meaning of the word **2.** geom. (kružnicu) circumscribe [ˈsə:kəmˌskraib]

opisný descriptive [diˈskriptiv]; *o-á báseň* a descriptive poem

opiť make* drunk [meik draŋk]; *o-li ho* they made him drunk ● *o. niekoho rožkom* dupe a person easily // **o. sa** get*drunk [get draŋk]

opitý 1. drunk [draŋk], drunken [ˈdraŋkn]; *o. námorník* a drunken sailor **2.** (opojený) drunk [draŋk]; *o. radosťou* drunk with joy ● *o. ako snop* drunk as a lord

ópium opium [ˈəupiəm]

opláchnuť, opláknuť rinse [rins], wash off [woš of]; *o. si ruky* rinse one's hands; *dážď o-ol chodníky* the rain washed off the pavements

oplakať mourn [mo:n], (nariekať) lament [ləˈment]; *o-la ho* she mourned over him

oplan pejor. rascal [ˈra:skl], scoundrel [ˈskaundrəl]

oplatiť pay back [pei bæk], repay [riˈpei]; *o. návštevu* repay a visit ● *o. dobré zlým* bite the hand that feeds one

oplatiť sa be* worthwhile [bi: wə:θˈwail]; *to sa o-í kúpiť* it's worthwhile buying; *to sa neo-í* that won't pay

oplechovať plate [pleit], coat [kəut]; *o. strechu* plate the roof

oplesnieť become* mouldy [biˈkam ˈməuldi]

oplešivieť get* bald [get bo:ld]; *predčasne o-el* he got bald very early

oplodnenie fertilization [ˌfə:təlaiˈzeišn], (umelé) insemination [inˌseməˈneišn]

oplodniť fertilize [ˈfə:təlaiz], (umelo) inseminate [inˌseməˈneit]

oplotiť fence [fens]; *o. záhradu* fence a garden, (dreveným, živým plotom) hedge [hedž]

opľuť, opľuvať spit (on) [ˈspit (on)]; *o. dlážku* spit on the floor

oplývať abound in/with [əˈbaund in/wið]; *rieka o-a rybami* the river abounds with fish; *o. zdravím* overflow with health

oplzlý lewd [lu:d], dirty [ˈdə:ti]; *o-é slová* lewd words; *o-é vtipy* dirty jokes

opodstatnený well-founded [ˌwelˈfaundəd], grounded [ˈgraundəd]; *o-á kritika* well-founded criticism

opojenie 1. (povznášajúca nálada) elation [iˈleišn], high spirit [ˌhai ˈspirət] **2.** (alkoholom) intoxication [ˌintoksəˈkeišn]

opojiť 1. (omámiť) drink* [driŋk]; *o-ený mocou* drunk with power **2.** (opiť) intoxicate [inˈtoksəkeit]

opomenúť neglect [niˈglekt], (prehliadnutím) omit [əuˈmit]

opona curtain [ˈkə:tn]; *železná o.* iron curtain; *o. sa dvíha* the curtain is rising; *o. spadla* the curtain dropped

oponent opponent [əˈpəunənt]

oponentský opposer's [əpˈəuzəz]; *o. posudok* expert opinion

oponentúra (oral) disputation (of a thesis) [(orəl) ˌdispjəˈteišn əv ə ˈθi:ziz]

oponovať oppose [əˈpəuz], argue [ˈa:gju:], reason [ˈri:zn]; *o-l som mu* I argued with him; *dovoľujem si o.* I beg leave to differ on that point

opora 1. (podpera) support [səˈpo:t] **2.** (pomoc, podpora) mainstay [ˈmeinstei], support [səˈpo:t]; *o. rodiny* the mainstay of the family

oporný supporting [səˈpo:tiŋ]; *o. pilier* supporting pillar

opotrebovaný worn out [wo:n aut]; *o-é súčiastky* worn out parts

opotrebovať wear* out [wea aut]

opovážiť sa dare* [deə]; *neo-ž sa!* don't dare; *o-m sa tvrdiť* I dare say; *ako si sa o-žuješ.!* how dare you!

opovážlivý daring [ˈderiŋ], bold [bəuld], audacious [oːˈdeišəs]; *o. chlapec* a daring boy

opovrhnúť despise [diˈspaiz], scorn [skoːn], look down upon [ˌluk ˈdaun apon]; *spoločnosť ním o-la* the society despised him

opovrhnutie scorn [skoːn], disdain [disˈdein], contempt [kənˈtempt]

opovržlivý contemptuous [kənˈtempčuəs]; *o. úsmev* contemptuous smile

opozícia 1. (politická) opposition [ˌopəˈzišn]; *ľavá o.* left opposition 2. (odpor) resistance [riˈzistns]; *stáť v o-i* put up a resistance

opracovať (rough) work [(raf) wəːk], process [ˈprəuses]; *o. teplom* process by heat

oprášiť dust [dast]; *o. stoličku* dust the chair // **o. sa** shake* the dust off [šeik ðə dast of]

oprať wash [woš]; *o. si košeľu* wash one's shirt; *to sa nedá o.* it will not stand washing

opraty (leading) rein(s) [(ˈliːdiŋ) rein(z)]; *zatiahnuť o.* pull on the reins ● *(pevne) držať o. v rukách* keep a tight rein

oprava 1. repair [riˈpeə], reparation [ˌrepəˈreišn]; *o. obuvi* shoe repairs; *o. na počkanie* repair while you wait; *generálna o.* complete overhaul; *dať čo do o-y* have/get sth. repaired 2. škol., typ. correction [kəˈrekšn]; *robiť o-y červenou ceruzkou* make corrections in red pencil

opraváreň repair shop [riˈpeə šop], repair service [riˈpeə ˈsəːvis]; *o. áut* garage [ˈgæraːž]

opravdivý true [truː], real [riəl]; *o. príbeh* a true story

opraviť 1. repair [riˈpeə], mend [mend]; *o. potrubie* repair the pipeline; *o. košeľu* mend a shirt 2. (chybu) correct [kəˈrekt]; *o. testy* correct the tests; *o. účet* rectify the bill; *cesta sa o-uje* road under repair; *to sa nedá o.* it is beyond repair // **o. sa** correct oneself [kəˈrekt wanˈself]

---

repair, mend – dať znovu do prevádzky
correct – odstrániť chyby

---

oprávnenie 1. (právo) authorization [ˌoːθəraiˈzeišn], right [rait], competency [ˈkompetənsi]; *má o. na tie peniaze* he has a right to that money 2. (povolenie) licence [ˈlaisns]; *vodičské o.* a driving licence 3. (dôvod) justification [ˌdžastəfəˈkeišn]; *nemá o. kritizovať ho* he has no justification for criticizing him

oprávnený 1. (majúci právo) authorized [ˈoːθəraizd], competent [ˈkompətənt]; *je o.*

konať namiesto mňa he is authorized to act for me; *je o. riadiť auto* he is competent to drive a car 2. (kompetentný) justified [ˈdžastəfaid], entitled [inˈtaitld]; *o-é požiadavky* justified requirements

oprávniť 1. (dať povolenie) authorize/authorise [ˈoːθəraiz]; *nik ich neo-l takto konať* nobody authorized them to act like that 2. (opodstatniť) justify [ˈdžastəfai], entitle [inˈtaitl]; *ten úspech ho o-l na optimizmus* that success justified him in optimism

opravovňa repair shop [riˈpeə šop]; *o. obuvi* shoe repair shop; *o. auta* garage [ˈgæraːž]

opreteky: *utekať o.* run head over heels

opŕchnuť fall* down [foːl daun], loose* [luːz], drop [drop]; *lístie o-lo* the leaves fell down

oprieť 1. (podoprieť) lean* against [liːn əˈgenst]; *neo-i sa o stenu!* don't lean against the wall! 2. (odôvodniť) support [səˈpoːt]; *teória o-á o experiment* a theory supported by experiment // **o. sa** 1. lean* on/against [liːn on/əˈgenst]; *o. sa o strom* lean against the tree; *o-i sa o jeho plece* lean on his arm 2. (spoľahnúť sa) rely [riˈlai]; *o. sa o rodičov* rely on the parents

oproti I. prísl. 1. (naproti) opposite [ˈopəzət]; *bývam o.* I live opposite 2. (v ústrety): *ísť niekomu o.* go out to meet someone II. predl. (proti) against [əˈgenst], opposite [ˈopəzət]; *zastávka električky je o. stanice* the tram stop is opposite the station ● *ísť niekomu o.* go out to meet someone, meet halfway

optický optical [ˈoptikl]; *o-é prístroje* optical; *o. klam* optical illusion

optik optician [opˈtišn]

optika optics [ˈoptiks]

optimista optimist [ˈoptəmist]

optimistický optimistic [ˌoptəˈmistik]; *o. pohľad na život* a rose coloured vision of life

optimizmus optimism [ˈoptəmizm]

opuchlina swelling [ˈsweliŋ]; *o. na nohe* a swelling on the leg

opuchnúť swell* [swel]; *o-utá tvár* a swollen face

opustenosť (pocit) loneliness [ˈləunlinəs]

opustený 1. (pustý) lonely [ˈləunli]; *o-é miesto* a lonely place 2. (osamelý) alone [əˈləun], lonely [ˈləunli], lonesome [ˈləunsm], deserted [diˈzəːtd]; *cítiť sa o.* feel lonesome

opustiť 1. (odísť odniekiaľ) leave* [liːv]; *o. mesto* leave the city 2. (odísť od koho) desert [di'zə:t]; *o-l rodinu* he deserted his family **3.** (stratiť sa) fail [feil]; *odvaha ho o-la* his courage failed him

opýtať sa ask [a:sk]; *o. sa na rodičov* ask about parents

oráč ploughman, -men ['plaumən]

oráčina ground ['graund], field ['fi:ld]

orámovať frame ['freim]; *o. obraz* frame a picture

orať plough [plau]; *o. polia* plough the fields

orba ploughing ['plauiŋ]; *jarná/jesenná o.* spring/autumn ploughing

ordinácia consulting room [kən'saltiŋ ru:m], surgery ['sə:džri]

ordinačka hovor. doctor's office ['doktəz 'ofəs], examination room [ig͵zæmə'neišn ru:m]

ordinárny common ['komən], vulgar ['valgə]; *o. vtip* a vulgar joke

ordinovať **1.** (vyšetrovať pacienta) receive [ri'si:v], hold* surgery [həuld 'sə:džəri]; *o-ujem každý deň* I receive patients every day; *dnes sa neo-uje* no office/no surgery hours today **2.** (predpisovať lieky) prescribe [pri'skraib]; *o. lieky* prescribe medicine

orech **1.** (strom) (wal)nut tree [('wo:l)nat tri:] **2.** (plod) nut [nat]; *vlašský o.* walnut; *lieskový o.* hazel nut **3.** (drevo) walnut ['wo:lnat] ● *zdravý ako o.* as hard(y) as an oak

orechový nut [nat]; *o. koláč* a nut cake

orezať trim [trim]; *o. krík* trim the bush

organ (pipe) organ [(paip)'o:gən]; *hrať na o-e* play the (pipe) organ

orgán **1.** (ústroj) organ ['o:gən]; *hlasový o.* vocal organ **2.** admin. authority [o:'θorəti], (pracovné zoskupenie) body ['bodi] **3.** (úradník) officer ['ofəsə], inspector [in'spektə]

organický organic [o:'gænik]; *o-á chémia* organic chemistry

organizácia **1.** (organizovanie) organization [͵o:gənai'zeišn]; *o. práce* organization of work **2.** (združenie) organization [͵o:gənai'zeišn]; *odborová o.* trade-union organization; *O. Spojených národov* skr. OSN United Nations (Organization), skr. UNO

organizačný organizing ['o:gənaiziŋ]; *o. výbor* organizing committee; *o. talent* a gift for organizing things

organizátor organizer ['o:gənaizə]

organizmus organism ['o:gənizm]; *živý o.* a living organism

organizovať organize ['o:gənaiz]; *o. konferenciu* organize a conference // **o. sa** become*

a member [bi'kam ə 'membə], (na akciu) get* mobilized [get 'məubə͵laizd]

orgie orgy ['o:dži]

orgován lilac ['lailək]

orchester orchestra ['o:kəstrə]; *sláčikový o.* a string orchestra; *symfonický o.* a symphony orchestra

orchidea orchid ['o:kəd]

orient Orient ['o:rient], East [i:st]

orientácia orientation [͵o:rien'teišn]; *mať zlú o-u* have a bad orientation; *stratiť o-u* lose one's bearings

orientálny Oriental [͵o:ri'entl]; *o-e krajiny* Oriental countries

orientovať **1.** (polohovo určovať) orientate ['o:rienteit], AM orient ['o:rient]; *o. výhľad na západ* orientate the view westwards **2.** (usmerňovať) orientate ['o:rienteit], AM orient ['o:rient], aim [eim], direct [də'rekt]; *o. na počítače* orientate towards computers; *program o-ný na bankovníctvo* a programme aimed at banking; *občianske nepokoje o-né proti vojne* civic unrest directed against war // **o. sa** **1.** (zemepisne) find* one's way about [faind wanz wei ə'baut], take* one's bearings [teik wanz 'beriŋz]; *o. sa podľa mapy* take one's bearings with the map **2.** (mať rozhľad) be* orientated [bi: ͵orien'teitəd], be* informed [bi: in'fo:md]; *byť dobre o-ný v literatúre* be well orientated in literature

oriešok nutlet ['natlət]; *búrsky o.* peanut ['pi:nat] ● *to je tvrdý o.* it's a hard nut to crack

originál **1.** (pôvodina) original [ə'ridžənl]; *v ktorom múzeu je o.?* in which museum is the original in? **2.** (pôvodné znenie) original; *čítať v o-i* read in original

orkán hurricane ['harəkən]

orlí eagle's ['i:glz], aquiline ['ækwilain]; *o. nos* aquiline nose; *o. zrak* eagle's eye

orlica female eagle ['fi:meil ͵i:gl]

orlíča eaglet ['i:glət]

orloj astronomical clock [͵æstrə'nomikl klok]

ornament ornament ['o:nəmənt]; *farebné o-y* coloured ornaments

ornát vestment ['vestmənt]

ornica arable land ['ærəbl lænd], plough land [plau lænd]

orný arable ['ærəbl]; *o-á pôda* arable land

orodovanie intercession [͵intə'sešn]

orodovať **1.** (prihovárať sa) intercede [͵intə'si:d]; *neo-uj zaňho* don't intercede for him **2.** náb. pray [prei]

orol eagle [ˈiːgl]

orosený wet with dew [wet wið djuː]

orosiť bedew [biˈdjuː]

ortieľ verdict [ˈvəːdikt], sentence [ˈsentəns]; *o. smrti* death sentence

ortodoxný orthodox [ˈoːθədoks]

ortuť quicksilver [ˈkwikˌsilvə], mercury [ˈməːkjəri] ● *živý ako o.* lively as a cricket

ortutnatý mercuric [ˈməːkjərik]; *dusičnan o.* mercuric nitrate

os 1. mat., fyz. axis [ˈæksəs]; *optická os* optic axis; *os úsečiek* an axis of abscissae 2. bot. stem [stem], axis 3. (na stroji) arbor [ˈaːbə], shaft [šaːft], beam [biːm], (kolesa) axle [ˈæksl]; *zadná os* rear axle

osa wasp [wosp]

osada 1. settlement [ˈsetlmənt], *malá o. v údolí* a small settlement in the valley 2. (re-kreačná) recreation [ˌrikriˈeišn], summer camp [ˈsamə kæmp] 3. (v cudzom etnickom prostredí) community [kəˈmjuːnəti]; *slovenská o. v Amerike* a Slovak community in America

osadenstvo (závodu) staff [staːf], personnel [ˌpəːsəˈnel]

osadiť 1. (osídliť) settle [ˈsetl], colonize [ˈkolənaiz], plant [plaːnt]; *o. úľ včelami* plant a hive with bees 2. (upevniť na patričné miesto) set* [set], fix [fiks]; *o. okno* set the window

osádka manning [ˈmæniŋ], crew [kruː]; *o. lietadla* the crew of the plane

osadník 1. settler [ˈsetlə] 2. (kolonista) colonist [ˈkolənəst]

osamelý 1. (vyskytujúci sa sám) lonely [ˈləunli], solitary [ˈsolətri]; *o. dom* a lonely house; *o. strom* a solitary tree 2. (opustený) lonesome [ˈləunsm]; *cítiť sa o. bez detí* feel lonesome without children 3. (prázdny, opustený) deserted [diˈzəːtəd]; *tiché, o-é ulice* silent, deserted streets

osamieť 1. (ostať sám) remain alone [riˈmein əˈləun]; *o-el po odchode hostí* he remained alone after the guests had left 2. (ostať osamelý) become* lonely

osamostatnenie independence [ˌində-ˈpendəns]; *o. Slovenska spod nadvlády Uhorska* independence of Slovakia from Hungarian supremacy

osamostatniť make* independent [meik ˌindəˈpendənt] // **o. sa** 1. become* independent [biˈkam ˌindəˈpendənt] 2. (obchodne, v podnikaní) set* up in business [set ap in ˈbiznəs]

oscilovať fyz. oscillate [ˈosəleit]; *o-ujúce kyvadlo* an oscillating pendulum

osebe itself [itˈself]; *kritika sama o. nestačí* criticism itself is not enough

osedlať saddle [ˈsædl]; *o. koňa* saddle a horse ● *mať o-ného koho* have a person on toast/get* sb. under one's thumb

osem eight [eit]; *má o. rokov* he is eight years old

osemdesiat eighty [ˈeiti]

osemdesiaty eightieth [ˈeitiiːθ]; *o. v rade* the eightieth in the queue; *o. roky* the eighties

osemdňový eight-day [eit dei], lasting eight days [ˈlaːstiŋ eit deiz]

osemhodinový eight hours [eit auəz]; *o. pracovný čas* eight-hours working day

osemmesačný eight months (old) [ˈeit manθs (əuld)]

osemnásobný eightfold [ˈeitfəuld]

osemnásť eighteen [eiˈtiːn]

osemnásty eighteenth [eiˈtiːnθ]

osemročný eight year old [ˈeit jiə əuld]; *o-é dievča* an eight-year old girl/a girl of eight

osemstranný octagonal [okˈtægənl]

osemuholník geom. octagon [ˈoktəgən]

osemveslica šport. eight oar [eit oː]

osev sowing [ˈsəuiŋ]; *jarný o.* spring sowing

osevný sowing [ˈsəuiŋ]; *o-á plocha* crop area, acrage sown

osiať sow [səu]; *o. pole* sow a field

osídliť settle [ˈsetl], colonize [ˈkolənaiz]

osídlo (pasca) trap [træp], snare [ˈsneə]; *vlákať do o-a* entice into snares

osievať 1. (piesok, múku) sift [sift] 2. (siať) sow* [səu]

osika aspen [ˈæspən] ● *triasť sa ako o.* tremble like an aspen leaf

osinieť turn blue/livid [təːn bluː/ˈlivid]

osirelý orphaned [ˈofnd]; *o-é dieťa* an orphaned child

osirieť become* an orphan [biˈkam ən ˈoːfn], orphan [ˈoːfn]; *o-l keď mal šesť rokov* he was orphaned when he was six

osivo seed [siːd], corn [koːn], grain [grein]

oslabiť weaken [ˈwiːkən]; *o. moc* weaken the power

osladiť sweeten [ˈswiːtn], (cukrom) sugar [ˈšugə]; *o. kávu* sugar the coffee ● *o. si život* sugar the pill for someone

oslava celebration [ˌseləˈbreišn]; *rodinná o.* a family celebration; *na o-u (koho)* in honour of

oslávenec celebrated [ˈseləbreitəd]; *vinš o-covi* a wish to the celebrated

O

osláviť celebrate ['seləbreit]; *o. víťazstvo* celebrate the victory

oslepiť 1. (urobiť slepým) blind [blaind] 2. (oslniť) dazzle ['dæzl]; *silné svetlo ho o-lo* the strong light dazzled him

oslniť 1. (prudkým svetlom) dazzle ['dæzl] 2. (omámiť) dazzle ['dæzl], fascinate [ˌfæsə'neit]; *náhly úspech ju o-l* she was dazzled by sudden success

oslobodenie 1. liberation [ˌlibə'reišn]; *o. spod útlaku* liberation from oppression 2. (od daní) tax exemption

oslobodiť 1. (vyslobodiť) liberate ['libəreit], make*/set* free [meik/set fri:]; *o. politických väzňov* liberate the political prisoners 2. (zbaviť viny) acquit [ə'kwit]; *porota ho o-la* the jury acquitted him 3. (zbaviť povinnosti) exempt [ig'zempt]; *o-ený od dane* tax exempt // **o. sa** 1. (vyslobodiť sa) free [fri:], liberate ['libəreit]; *o. sa spod jarma* throw off the yoke 2. (zbaviť sa čoho) get rid of [get rid əv], relieve [ri'li:v]; *o. sa od povinností* get* rid of duties; *o. sa od napätia* relieve the tension

osloboditeľ liberator ['libəreitə]

osloviť 1. (pomenovať osloveného) address [ə'dres]; *ako o. veľvyslanca* how to address the ambassador 2. (prihovoriť sa otázkou) ask [a:sk]; *o. okoloidúceho* ask the passerby

osmička (the figure of) eight [(ðə 'figə əv) eit]

osmina I. čís. (one) eighth [(wan) eitθ] II. hud. quaver ['kweivə], AM eighth note [eitθ nəut]

osmoraký of eight (different) kinds [əv eit ('difərnt) kaindz]; *o-é farby* of eight (different) kinds of colours

osnova 1. (myšlienková) outline ['autlain], draft [dra:ft], plot [plot]; *o. knihy* the outline of the book 2. (notová) staff [sta:f] 3. (učebná) curriculum [kjə'rikjələm], (prednášky) syllabus ['siləbəs] 4. práv. draft [dra:ft]; *o. zákona* a draft of a bill 5. text. warp [wo:p]

osnovať 1. (tajne pripraviť niečo zlé) plot [plot]; *o. atentát* plot an assassination 2. (usporiadať) frame [freim], plan [plæn]; *o. učebnú látku* plan the syllabus

osoba 1. (ľudská bytosť) person ['pə:sn], (jednotlivec) individual [ˌində'vidžuəl]; *je to dôležitá o.* it's an important person; *právnická o.* a legal person; *o-y a obsadenie* the cast; *na o-u* per head; *významná o.* VIP (very important person); expr. *papaláš* a big bone/shot 2. (postava v umeleckom diele) character ['kærəktə]

osobitný 1. (samostatný, oddelený) separate ['sepəreit]; *o. vchod* a separate entrance 2. (mimoriadny) special ['spešl]; *o-á komisia* a special committee; *vypraviť o. vlak* put on a special train 3. (výnimočný) individual [ˌində'vidžuəl]; *venuj mu o-ú pozornosť* pay him an individual attention

osobne personally ['pə:snli]; *o. zodpovedný* personally responsible

osobnosť 1. (človek s vyhranenými duševnými vlastnosťami) personality [ˌpə:sə'næləti]; *silná o.* a strong personality 2. (jednotlivec s významným postavením) personage ['pə:snidž]; *známa o.* a famous personage

osobný 1. (týkajúci sa osoby ako ľudského jednotlivca) personal ['pə:snəl]; *o-é potreby* personal needs; *o-á zodpovednosť* personal responsibility; *o-á sloboda* personal freedom; *o-é vlastníctvo* personal property; admin. *o-é oddelenie* personnel department; *o. vlak* slow/local train; *o-é mená* surnames gram. *o-é zámená* personal pronouns; *o-á prehliadka* (kvôli zbrani) frisk(ing) 2. (subjektívny) personal; *o-é dôvody* personal reasons 3. (bezprostredný, priamy) face to face [ˌfeis tə 'feis], personal; *o-é stretnutie* a face to face meeting; *o-á účasť* personal participation 4. (pridelený istej osobe) private ['praivət]; *o. šofér* a private chauffeur; *o-á stráž* body guard

osočovať slander ['sla:ndə]; (verejne) denounce [di'nauns]; *bol o-ný na schôdzi* he was slandered at the meeting; *minister bol o-ný v novinách* the minister was denounced in the newspapers

osoh profit ['profət], gain [gein], benefit ['benəfit]; *o. z obchodu* trading profit; *prinášať o.* be of benefit; *mať o. z niečoho* drive benefit from

osol donkey ['doŋki], ass [æs] (aj ako hlupák); *ty si ale o.!* what an ass you are!

osoliť salt [so:lt]; *o. polievku* salt the soup

osový tech. axial ['æksiəl], axle ['æksl]; *o-é ložisko* axle bearing; *o-é mazivo* axle grease

osožiť benefit ['benəfit], profit ['profət], be of use [bi: əv ju:s]; *plávanie mu o-í* he benefits from swimming

osožný useful ['ju:sfl], profitable ['profətəbl]; *o-á rada* a useful piece of advice; *o. obchod* a profitable business

ospanlivec sleepyhead ['sli:pihed]

ospanlivý 1. (ospalý) sleepy ['sli:pi]; *o-é dieťa* a sleepy child 2. (pomalý) drowsy ['drauzi]; *je o. od liekov* drugs make him drowsy

ospravedlnenie excuse [ik'skju:z]; *písomné o.* a written excuse

ospravedlniť excuse [ik'skju:z]; *prosím, o-te ma, že som omylom otvoril váš list* please, excuse me for opening your letter by mistake // **o. sa** apologize [ə'polədžaiz]; *o. sa za nedodržanie slova* apologize for not keeping the word

osprchovať shower ['šauə]; *o. dieťa* shower a child // **o. sa** have*/take* a shower [hæv /teik ə 'šauə] *o. sa teplou vodou* have a warm shower

ostať 1. (nevzdialiť sa) stay [stei]; *o. na večeru* stay for dinner **2.** (zotrvať) remain [ri'mein]; *o. sedieť* keep seated; *situácia o-la nezmenená* the situation remained unchanged ● *o. ako kôl v plote* be left alone; *o. na ocot* remain single

ostatný 1. (posledný) last [la:st]; *toto sú moje o-é peniaze* this is my last money **2.** (z nejakého celku) rest [rest], remaining [ri'meiniŋ]; *o-í zostanú tu* the rest of you will stay here

ostatok rest [rest]; *o. si nechal* he kept the rest

osteň thorn [θo:n], prick [prik]; *o. ruže* the thorn of the rose; *o-ne ježa* hedgehog stings

ostnatý thorny ['θo:ni], prickly ['prikli]; *o-é ruže* thorny roses; *o-é kríky* prickly bushes; *o. drôt* a barbed wire

ostražitosť wakefulness ['weikflnəs], vigilance ['vidžələns]

ostražitý watchful ['wočfl], vigilant ['vidžələnt]; *o. vojak* a watchful soldier

ostreľovač sniper ['snaipə]

ostreľovať shell [šel], (guľometom) machine gun [mə'ši:n gan]; *o. vežu* shell the tower

ostrie edge [edž]; *o. noža* a knife edge

ostrihať 1. (vlasy, nechty) cut* [kat]; *o. nakrátko* cut short; *o. dohola* crop sb.'s hair to the skull; *dať si o. vlasy* have one's hair cut; *o. si nechty* trim/cut one's nails **2.** (ovcu) shear* [šiə]; *o. ovcu* shear a sheep **3.** (kríky, vetvy, trávnik) prune [pru:n], trim [trim]; *o. nové výhonky* prune the fresh sprouts; *o. trávnik* trim the grass

ostriť sharpen ['ša:pn], whet [wet]; *o. nožnice* sharpen the scissors ● *o. si zuby (na čo)* whet one's appetite for

ostroha spur [spə:]

ostrov island ['ailənd]; *neobývaný o.* an uninhabited island

ostrovid lynx [liŋks]

ostrovný insular ['insjələ]

ostrovtip sagacity [sə'gæsəti], keen-witt ['ki:nwit]

ostrúhať 1. (ceruzku) sharpen ['ša:pn]; *o. ceruzku* sharpen a pencil **2.** (strúhaním odstrániť) scrape off [skreip of]; *o. kôru z citróna* scrape off the skin of the lemon

ostružina blacberry ['blækbri]

ostrý 1. (op. tupý) sharp [ša:p]; *o. nôž* a sharp knife; *o-á hrana* a sharp edge **2.** (špicatý) pointed ['pointəd]; *o. nos* a pointed nose **3.** (silno pôsobiaci na zmysly) keen [ki:n]; *o-á príchuť* keen savour; *o-é korenie* hot pepper **4.** geom. acute [ə'kju:t]; *o. uhol* acute angle **5.** (prudký) sharp [ša:p]; *o-á bolesť* sharp pain **6.** (drsný) rough [raf]; *o-á kefa* a rough brush; *o-é podnebie* rough climate **7.** (prenikavý, nepríjemný) piercing ['piəsiŋ]; *o. hlas* a piercing voice; *o. vietor* a piercing wind; *o-é svetlo* a piercing light **8.** (príkry) strong [stroŋ]; *o. protest* a strong protest ● *o. mládenec* a dashing young fellow

ostýchavý shy [šai]; *o. úsmev* a shy smile

osud destiny ['destəni], fate [feit]; *krutý o.* a cruel destiny; *prenechať to o-u* leave it to its fate; *o. si s ním zahráva* fortune/fate plays trick on/with him; *o. to tak chcel* fate decreed ● *ponechať svojmu o-u* leave a person to his fate

osudie (polling) urn [('pəuliŋ) ə:n]

osudný fatal ['feitl], fateful ['feitfl]; *o. omyl* a fatal mistake

osuheľ hoarfrost ['ho:frost]; *polia pokryté o-ľou* fields covered with hoarfrost

osúch ash-cake ['æškeik], potato cake [pə'teitəu keik], flat cake [flæt keik]

osušiť dry up [drai ap], wipe off [waip of]; *o. si ruky* dry up one's hands; *o. si slzy* wipe off the tears

osuška bath towel sheet [ba:θ tauəl ši:t]

osve separately ['sepərtli]; *zabaliť o.* wrap up separately

osvedčenie certificate [sə'tifikət]; *o. o štátnej príslušnosti* citizenship certificate; *o. o technickom stave vozidla* MOT. [em əu ti:]

osvedčený proved to be useful/suitable

osvedčiť certify ['sə:təfai], testify ['testəfai], (overiť) verify ['verəfai] // **o. sa** prove competent ['pru:v,kompətənt]

osveta culture ['kalčə], cultural activities ['kalčərl æk'tivəti:z]; *zdravotnícka o.* health education

osvetár cultural worker [ˈkalčərl ˌwəːkə]

osvetlenie light(ing) [ˈlait(iŋ)], illumination [iˌluːməˈneišn]; *plynové o.* gas illumination; *vianočné o.* Christmas illumination; *o. zhora* skylight

osvetliť 1. (zdrojom svetla) light (up) [lait (ap)], illuminate [iˈluːməneit]; *dobre o-ená ulica* a well lit up street 2. (vysvetliť) elucidate [iˈluːsədeit]; *o. problém* elucidate the problem

osvetový cultural [ˈkalčərl], educational [ˌedjuˈkeišnəl]; *o-á beseda* (social and) cultural club, (na dedine) village hall; *o-á práca* cultural work, adult education

osvietenstvo enlightenment [inˈlaitnmənt]; *obdobie o-a* Enlightenment

osvietiť 1. illuminate [iˈluːməneit]; *o. miestnosť* illuminate the room 2. (vysvetliť) enlighten [inˈlaitn]

osviežiť 1. refresh [riˈfreš], enliven [inˈlaivn]; *o. sa pohárom vody* refresh oneself with a glass of water 2. (pamäť) brush up [braš ap] 3. (vzpružiť) revive [riˈvaiv]

osviežovač (vzduchu) air freshener [eəˈfrešnə]

osvojiť si 1. (naučiť sa) adopt [əˈdopt], acquire [əˈkwaiə]; *o. si metódu* adopt a method; *o. si cudzí jazyk* acquire a foreign language 2. práv. adopt [əˈdopt]; *o. si dieťa* adopt a child

osýpky lek. measles [ˈmiːzlz]

ošarpaný shabby [ˈšæbi]; *o. dom* a shabby house

ošatenie clothing [ˈkləuðiŋ]

ošatiť clothe [kləuð], dress [dres]; *o. rodinu* clothe the family

ošedivieť turn/grow* grey [təːn/grəu grei]; *o-el* he has grown grey

ošetriť 1. (poskytnúť zdrav. pomoc) treat [triːt], attend to [əˈtend tə]; *o. ranu* treat a wound; *o. pacienta* attend to a patient 2. (poskytnúť starostlivosť) take* care [teik keə]; *o. stromy* take care of trees

ošetrovateľ(ka) (dry) nurse [(drai) nəːs]; *diplomovaná o.* a graduate nurse, RN (registered nurse); *hlavná o.* head/chief nurse

ošetrovňa first aid station [fəːst eid ˈsteišn], (v nemocnici) surgery (and dispensary) [ˈsəːdžəri (ænd disˈpensəri)], (vojenská a na lodi) sickbay [ˈsikbei]

ošípaná sow [sau]; *chov o-ých* hog raising

ošklivý 1. (výzorom nepekný) ugly [ˈagli]; *o-é farby* ugly colours; *o-á žena* a plain woman 2. (vzbudzujúci nepríjemné pocity) disgusting [dis-ˈgastiŋ], nasty [ˈnaːsti]; *o-á robota* disgusting work; *o-é počasie* nasty weather

oškrabať 1. scrape off [skreip of]; *o. blato* scrape off the mud 2. (očistiť) peel [piːl]; *o. zemiaky* peel the potatoes

oškvarok crackling [ˈkrækliŋ]

ošľahaný lashed [læšt], weather-beaten [ˈweðəˌbiːtn]; *stromy o-é dažďom* rain lashed trees; *o-á tvár* a weather-beaten face

ošmirgľovať sandpaper [ˈsændˌpeipə]; *o. kúsok dreva* sandpaper a piece of wood

ošomrať grumble [ˈgrambl]; *o. každú robotu* grumble about every work

ošpliechať splash [splæš]; *o. si tvár studenou vodou* splash the face with cold water

oštara nuisance [ˈnjuːsns], bother [ˈboðə], trouble [ˈtrabl]

oštep 1. (zbraň) spear [speə]; *vrhnúť o.* hurl a spear 2. šport. javelin [ˈdžævlən]; *hod o-om* throwing the javelin

oštiepok (smoked) sheep cheese [(sməukt) šiːp čiːz], sharp cheese [šaːp čiːz]

ošudiť expr. cheat [čiːt], deceive [diˈsiːv]; *o. priateľa* cheat a friend

ošúchaný 1. (obdratý) shabby [ˈšæbi], ragged [ˈrægəd], worn [woːn]; *o. starý klobúk* a shabby old hat; *o. kabát* a worn coat 2. (otrepaný) banal [bəˈnaːl]; *o-é frázy* hackneyed phrases

ošúchať 1. (šúchaním očistiť) rub [rab]; *o-j si topánky* rub your shoes 2. (nosením obdrať) wear out [weə aut]; *tieto topánky sa rýchle o-jú* this pair of shoes will wear out quickly

ošumelý 1. (zodratý) worn [woːn]; *o. oblek* a worn suit 2. (spustnutý) shabby [ˈšæbi]; *o. dom* a shabby house

ošúpať peel [piːl]; *o. jablko* peel the apple

otáčať turn [təːn]; *o. hlavou* turn one's head; *o. mäso na ražni* turn the meat on the spit

otáčavý 1. turning [ˈtəːniŋ]; *o. pohyb* turning movement 2. (otočný) revolving [riˈvolviŋ]; *o-á stolička* a revolving chair; *o-é dvere* a revolving door

otáčka turn(ing) [ˈtəːn(iŋ)], (motora) revolution [ˌrevəˈluːšn]; *počet o-ok* the number of revolutions; *pridať o-y* rev up

otáčkomer revmeter [ˈrevmiːtə], counter [ˈkauntə]

otázka 1. (dopyt) question [ˈkwesčn]; *odpovedať na o-u* answer the question; *dať o-u* ask a question; *chúlostivá o.* a ticklish question; lingv. *priama/nepriama o.* direct/indirect question **2.** (problém) problem ['probləm]; *by-tová o.* housing problem **3.** (sporný bod) issue ['išu:, 'isju:]; *sporná o.* point at issue **4.** (záležitosť) matter ['mætə]; *to je o. niekoľkých minút* it's a matter of a few minutes

otáznik question mark ['kwesčn ma:k]

otázny questionable ['kwesčnəbl], in question [in 'kwesčn]; *je o-e, či...* it is questionable if...; *výsledok je o.* the result is in question

otcovský paternal [pə'tə:nl], fatherly ['fa:ðəli]; *o-á autorita* paternal authority; *o-á láska* fatherly love

otcovstvo paternity [pə'tə:nəti], fatherhood ['fa:ðəhud]; *poprieť o.* deny paternity

Otčenáš (modlitba) the Lord's Prayer [ðə 'lo:dz 'preə] ● *vedieť ako O.* have a thing at one's fingertips, know something backwards

otčim step father ['step,fa:ðə]

otčina native country [,neitiv 'kantri], fatherland ['fa:ðəlænd]

otec 1. (vo vzťahu k dieťaťu) father ['fa:ðə]; *stal sa o-com* he became a father; *podobá sa na o-ca* he takes after his father; *starý o.* grand father **2.** (muž zastupujúci otca) *krstný o.* godfather; *o-covia mesta* the city fathers **3.** kniž. (predkovia) the forefathers [ðə ,fo:'fa:ðəz] **4.** cirk. *Svätý o.* Holy Father [,holi 'fa:ðə] ● *aký o., taký syn* like father like son, like master like man

otecko dad(dy) ['dæd(i)], papa [pə'pa:]

otehotnieť become pregnant [bi'kam 'pregnənt]

oteliť sa calve [ka:v], give birth to a calve [give bə:θ tə ə 'ka:v]

otep bunch [banč], (dreva) faggot ['fægət]

oteplenie warm spell [wo:m spel]

otepliť warm (up) [wo:m (ap)]; *slnko o-lo vodu v rieke* the sun has warmed up the water in the river // **o. sa** grow/get warmer [grəu/get 'wo:mə]; *včera sa o-lo* yesterday it grew warmer

otepľovačky warm-(up)suit [wo:m(ap) su:t]

otlačiť make* callous/sore (by pressing) [meik 'kæləs/so: bai 'presiŋ]; *o. si chrbát* make the back sore (by pressing)

otlak corn [ko:n]; *boľavý o.* a painful corn

otíct' 1. knock off [nok of]; *o. maltu* knock off the mortar **2.** (poškodiť) batter ['bætə]; *o. hrnce* batter the dishes ● *o. o hlavu* tell a person one's mind as regards

otočiť 1. (zvrtnúť) turn [tə:n]; *o. kľúčom* turn the key; (vypnúť, zapnúť) turn off/on [tə:n of/on]

2. (obrátiť) turn round [tə:n raund]; *o. autom* turn round a car // **o. sa** turn [tə:n]

otras 1. lek. shock [šok], (mozgu) concussion [kən'kašn]; *nervový o.* a nervous shock **2.** (otrasenie) vibration [vai'breišn], shake [šeik] **3.** (prudká politická zmena) shattering ['šætəriŋ]; *o. monarchie* the shattering of the monarchy

otrava 1. (jed) poison ['poizn]; *o. na potkany* rat poison; *tieto hríby obsahujú smrteľnú o-u* these mushrooms contain a deadly poison **2.** (nuda) bore [bo:]; *strašná o.* a crashing bore

otravný 1. poisonous ['poiznəs]; *o. plyn* poisonous gas **2.** (o ľuďoch) boring ['bo:riŋ], annoying [ə'noiŋ]; *je strašne o.* he is a terrible nuisance

otravovať hovor. expr. (obťažovať) bother ['boðə]; *neo-uj ma!* stop bothering me!

otrepaný exp. stale [steil]; *o-é vtipy* stale jokes

otrepať (striasť) shake* down/off [šeik daun /of]; *o. lístie* shake down the leaves; *o. si blato z topánok* shake off the mud from the shoes

otrhanec pejor. ragamuffin ['rægə,mafən]

otrhaný ragged ['rægəd]; *o-á košeľa* a ragged shirt

otriasť 1. (mocne zatriasť) shake* [šeik]; *výbuch o-ol dvermi* the explosion shook the door **2.** (trasením odstrániť) shake* off [,šeik 'of]; *o. blato z topánok* shake off the mudd from the shoes **3.** (vzrušiť) shatter ['šetə]; *správa ním o-la* he was shattered by the news

otrocký slavish ['sleiviš]; *o-á práca* slave labour; *o-á oddanosť* slavish devotion; *o. preklad* word for word translation

otroctvo slavery ['sleivəri]; *zrušenie o-a* abolition of slavery

otročina slavery ['sleivəri], drudgery ['dradžəri]

otrok 1. slave [sleiv]; *obchod s o-mi* slave trade **2.** expr. (ovládnutý čím) slave [sleiv]; *byť o-om alkoholu* be a slave to drink

otrokár slave owner [sleiv əunə]

otruby bran [bræn] ● *má v hlave o.* he is very stupid

otupený 1. (tupý, neostrý) blunt [blant] **2.** (duševne ľahostajný) dull [dal], apathetic [,æpə'θətik]

otupiť 1. (ostrie) blunt [blant]; *o. nôž* blunt the knife **2.** (duševne) dull [dal], make dull [meik dal]; *o. myseľ* make the mind dull

otupný (nudný) boring ['bo:riŋ]; *o. život* a boring life

O

otužilý hardy ['ha:di]; *o-í mladí ľudia* hardy young people

otužiť harden ['ha:dn]; *o. telo športom* harden one's body with sporting activity

otvárací (týkajúci sa otvorenia) opening ['əupəniŋ]; *o-ie hodiny* opening hours/time; *o. prejav* opening address

otvárač opener ['əupnə]; *o. na konzervy* can opener

otvárať (v rozl. význ.) open ['əupən]; *o. dvere* open the door; *o. dáždnik* open an umbrella; *o. fľašu* open the bottle; *o. obálku* open the envelope; *o. schôdzu* open the meeting // **o. sa** open ['əupən]; *kurzy sa o-jú zajtra* the courses open tomorrow

otvor opening ['əupniŋ], (na automate) slot [slot]; *o. v plote* an opening in the fence; *úzky o.* aperture ['æpəčə]; *vetrací o.* venthole; *vlož mincu do o-u* put the coin in the slot

otvorený (v rozl. význ.) open ['əupən]; *nechať o-é dvere* let the door open; *o-á taška* an open bag; *cesta je o-á* the road is open; *o-é more* the open sea; *o-á nenávisť* an open hatred; *o-á otázka* an open question ● *o-á hlava* a bright head

otvoriť 1. (v rozl. význ.) open ['əupən]; *o. oblok* open the window; *o. knihu* open the book; *o. obchod* open the shop; *o. obálku* open the envelope; *o. schôdzu* open a meeting; *o. účet* open an account; *o. možnosti* open the possibilities 2. (prívod) turn on [tə:n on]; *o. (vodovodný) kohútik* turn on the tap; *o. plyn* turn on the gas ● *o. s údivom ústa* gape; *o. si srdce* open one's heart, unburden one's heart; *o. oči (komu)* open sb.'s eyes; *nechať si o-é dvere* leave the back door open // **o. sa** open (up) ['əupən (ap)]; *o. sa obchodu* open up to trade

ovácie cheer [čiə], ovation [əu'veišn]

ovad gadfly ['gædflai]

ovál oval ['əuvl]

oválny oval ['əuvl]; *o-a tvár* an oval face

ovca ewe [ju:], (hromadne) sheep [ši:p]; *stádo o-iec* a flock of sheep ● *čierna o. rodiny* the black sheep of the family

ovčiak sheepdog ['ši:pdog]

ovčiareň sheepfold [,ši:p'fəuld]

ovčiarstvo sheep breeding [ši:p 'bri:diŋ]

ovdovený widowed ['widəud]; *o. muž* a widowed (man)

ovečka (jahňa) lamb [læmb]

oveľa (by) much [(bai) mač], by far [bai fa:]; *o. viac* much more, by far more

ovenčiť wreathe [ri:ð], crown with [kraun wið]; *o. víťaza* crown the victor

overenie 1. verification [,verəfə'keišn]; *o. údajov* verification of data 2. práv. attestation [,ətes'teišn], authentication [o:,θenti'keišn]; *o. podpisu* authentication of signature

overiť (si) 1. verify ['verəfai]; *o. údaje* verify the data 2. práv. attest [ə'test], authenticate [o:'θentikeit]; *o. podpis* authenticate the signature

ovešať 1. hang* [hæŋ]; *o. miestnosť obrazmi* hang the room with pictures 2. (vyzdobiť) decorate ['dekəreit], trim [trim]; *o. vianočný stromček* decorate a Christmas tree

oviať blow* over/upon [bləu 'əuvə/ə'pon]; *o-l ho chladný vietor* a chill wind has blown over him

ovinúť wind* (round) [waind (raund)], wrap round [ræp raund]; *o. obväz* wind a bandage; *o. šál okolo pliec* wrap the shawl round the shoulders

ovládanie 1. control [kən'trəul]; *o. auta* car control; *diaľkové o.* remote control 2. (vedomosti) command [kə'ma:nd], mastery ['ma:stəri]; *dobré o. angličtiny* a good command of English

ovládať 1. control [kən'trəul], have control [hæv kən'trəul]; *neo-l auto* he had no control over his car 2. (opanovať) rule [ru:l], govern ['gavən]; *o. krajinu* rule a country 3. (dobre sa naučiť) master ['ma:stə]; *o. cudzie jazyky* master foreign languages // **o. sa** keep* one's temper [ki:p wanz 'tempə]; *nevie sa o.* he can't control his temper

ovlažiť damp [dæmp], moisten ['moisn]; *o. si pery* moisten one's lips

ovocie fruit [fru:t]; *južné o.* tropical fruit; *oberať o.* pick fruit; *pestovanie o-a* fruit growing; *sušené o.* dried fruit ● *zakázané o. chuti najlepšie* forbidden fruit is the sweetest

ovocinár 1. (pestovateľ) fruit grower [fru:t 'grəuə] 2. (obchodník s ovocím) greengrocer ['gri:ngrəusə]

ovocinárstvo fruitgrowing ['fru:tgrəuiŋ], fruitculture ['fru:tkalčə], fruit farming ['fru:t fa:miŋ]

ovocný fruit [fru:t]; *o-á šťava* fruit juice; *o-ý sad* orchard

ovoňať smell [smel]; *o. kvet* smell the flower

ovos oat(s) [əut(s)]

ovplyvniť influence ['influəns]; *o. rozhodnutie* influence the decision

ovrúbiť (upraviť okraj) border [ˈboːdə], (začistiť okraj) edge [edž], (začistiť záložku látkou) hem [hem]

ovsený oat [əut]; *o-á kaša* oat meal; *o. chlieb* oat bread

ovzdušie atmosphere [ˈætməsfiə]; *priateľské o.* friendly atmosphere; *znečisťovanie o-a* air pollution

oxid oxide [ˈoksaid]

ozaj **1.** (naozaj) really [ˈriəli]; *je to o. dobrý pracovník* he is really a good worker **2.** (nadväzuje na kontext) indeed [inˈdiːd]; *Odišiel bez zaplatenia. – O.?* He left without paying. – Did he indeed?

ozajstný **1.** real [riəl], true [truː]; *o. príbeh* a true story **2.** (skutočný) actual [ˈækčuəl]; *o. stav vecí* the actual position of affairs

ozbíjať rob [rob]; *o. bezbranného človeka* rob a helpless man

ozbrojiť arm [aːm]; *o. dobrovoľníkov* arm the volunteers; *o-ené sily* armed forces

ozdoba decoration [ˌdekəˈreišn], ornament [ˈoːnəmənt]; *o. hlavy* head dress

ozdobiť **1.** decorate [ˈdekəreit], ornament [ˈoːnəmənt]; *o. miestnosť* decorate the room **2.** (odev) trim [trim]; *o. kabát kožušinou* trim the coat with fur

ozdobný **1.** (okrasný) decorative [ˈdekrətiv], ornamental [ˌoːnəˈmentl]; *o-é vankúše* decorative pillows **2.** (ozdobený) decorated [ˌdekˈreitəd], decorative [ˈdekərətiv]; *o. telegram* a decorated wire

ozdravenie recovery [riˈkavri]

ozdravieť recover [riˈkavə], get* well [get wel], regain one's health [riˈgein wanz helθ], recuperate [riˈkuːpəˌreit]; *želám ti, aby si čím skôr o-el* I wish you to recover soon

ozdraviť restore to health [riˈstoː tə həlθ]; *o. mestá* improve the living conditions in the cities

ozdravovňa sanatorium [ˌsænəˈtoːriəm], convalescent home [ˈkonvələsənt ˌhəum]

oziabať feel*/be* cold/chilly [fiːl/biː kəuld/ˈčili], be numb with cold [biː nam wið kəuld]; *o-jú ma prsty* my fingers are numb with cold

ozimina winter corn/crops [ˈwintə koːn /krops]

ozlomkrky head over heels [hed ˈəuvə hiːlz]; at breakneck speed [æt ˈbreiknek spiːd]; *bežal o.* he ran at breakneck speed

označenie branding [ˈbrændiŋ], mark [maːk]; *o. ceny tovaru* a price mark; *o. obsahu* stating of content

označiť **1.** (urobiť značku) brand [brænd], mark [maːk]; *o. tovar cenami* mark the price; *o. ovce* brand the sheep **2.** (určiť) indicate [ˈindəkeit], state [steit]; *lístok s o-eným dátumom* a ticket with a stated date **3.** (vyhlásiť, nazvať) declare [diˈkleə]; *o. za zradcu* declare a person a traitor

označkovať mark [maːk], brand [brænd], label [ˈleibl]; *o. výrobok* mark the product; *o. ovce* brand the sheep; *o. zásielku* label the consignment

oznam announcement [əˈnaunsmənt], notice [ˈnəutəs]

oznámenie announcement [əˈnaunsmənt], notice [ˈnəutəs]; *svadobné o.* a wedding announcement; *úradné o.* an official announcement; *písomné o.* a written notice; *úmrtné o.* an obituary; *trestné o.* legal complaint

oznámiť **1.** announce [əˈnauns], notify [ˈnəutifai], (verejne) publish [ˈpabliš]; *o. dátum svadby* announce the date of wedding; *o-l mi, že odcestuje* he notified me about his departure **2.** (udať) report [riˈpoːt], inform [inˈfoːm]

oznámkovať **1.** (oklasifikovať) mark [maːk], AM grade [greid]; *o. žiakov* mark the pupils **2.** (ofrankovať) stamp [stæmp]; *o. list* stamp a letter

oznamovateľ announcer [əˈnaunsə], (v tlači) advertiser [ˈædvətaizə] ● *malý o.* small adds

ozón ozone [ˈəuzəun]

ozónový ozone [ˈəuzəun]; *o-á vrstva* ozone layer; *o-á diera* a hole in the ozone layer

ozrejmiť make* clear [meik kliə], elucidate [iˈluːsədeit]; *môžete o. vaše rozhodnutie?* can you elucidate your decision?

ozruta giant [ˈdžaiənt], monster [ˈmonstə]

ozrutný gigantic [džaiˈgæntik], enormous [iˈnoːməs]; *o-á sila* an enormous power

ozubený cog(ged) [kog(d)]; *o-é koleso* a cogwheel; *o-á dráha* a rack railway

ozvať sa **1.** (vydať zvuk) sound [saund], be* heard [biː həːd]; *zvon sa o-l o dvanástej* the bell sounded at twelve; *o-l sa spev* a song was heard **2.** (reagovať) respond [riˈspond]; *o-l sa hlas* a voice responded **3.** (ohlásiť sa) make* itself felt [meik itˈself felt]; *bolesť sa o-la* the pain let itself felt **4.** (vysloviť nesúhlas) raise one's voice against [reiz wanz vois əˈgenst]; *o-i sa proti nečestnosti* raise your voice against unfairness

ozvena echo [ˈekəu] reverberation [riˌvəːbəˈreišn]; *počúvať o-u* listen to the echo

ozvučiť (film) provide a sound track [prə'vaid ə saund træk]

oželieť 1. (zmieriť sa so stratou) get* over the loss [get 'əuvə ðə los]; *o. peniaze* get over the loss of money 2. (oľutovať) be* sorry [bi: 'sori]; *o. omyl* be sorry for the mistake

oženiť marry off ['mæri of]; *o-li syna proti jeho vôli* they married off their son against his will // **o. sa** get* married [get 'mærid], marry ['mæri]; *pred týždňom sa o-l* he got married a week ago

ožiariť 1. (ir)radiate [(i)'reidieit]; *o. nádor* irradiate the tumor 2. (žiarou zaliať, aj pren.) illuminate [i'luːməneit]; *o. ulice* illuminate the streets; *úsmev jej o-l tvár* a smile illuminated her face 3. (röntgenom) X-ray ['eksrei]

ožiť 1. (nadobudnúť znova život) revive [ri-'vaiv], come* alive [kam ə'laiv]; *rastlina o-la* the plant revived 2. (oživnúť) enliven [in'laivn]; *mesto o-lo* the city has enlivened

oživiť (v rozl. význ.) revive [ri'vaiv], animate ['enimeit]; *o. bábiku* (v rozprávke) revive the doll; *o. spomienky* revive the memories; *o. výrobu* revive the production

ožltnúť become*/turn yellow [bi'kam/tə:n 'jeləu]; *lístie o-lo* the leaves turned yellow

ožobráčiť beggar ['begə], impoverish [im'povriš]; *stavba domu ich o-la* they were beggared by building a house; *vojnou o-ená krajina* a country impoverished by war

ožran drunkard ['draŋkəd], soak [səuk]

ožrať sa get* drunk [get draŋk]

ôsmy eighth ['eitθ]; *ô. deň mesiaca* the eighth day of the month

P

pá, pápa bye-bye ['baibai]; *ísť p.* go walkies

paberkovať glean [gli:n]; *p. zrno* glean the corn

pác (zvuk pri údere, páde) bang [bæŋ]

pacient patient ['peišnt]; *liečiť p-a* treat a patient

pacifikovať pacify ['pæsəfai]; *p. situáciu v krajine* pacify the situation in the country

pacnúť hovor. expr. slap [slæp], smack [smæk]; *p-la ho namiesto pozdravu* she slapped him as a greeting; *p-la ho po chrbte* she smacked his back

pačesy hovor. expr. (vlasy, štica) tuft of hair [taft əv heə] ● *chytiť príležitosť za p.* take the bull by the horns, take time by the forelock

páčiť sa 1. (mať pocit krásy, dobra) like [laik], have* a liking [hæv ə 'laikiŋ], appeal [ə'pi:l], please [pli:z]; *kvety sa mi p-a* I like flowers; *dieťa sa mi akosi nep-i, je choré* the child doesn't appeal to me, he may be ill; *chce sa nám p.* she wants to please our eyes 2. (obyč. v opyt. vete) like [laik], find* [faind]; *ako sa ti to p-i?* how do you find it? neos. *bude sa vám p. kávy?* would you like some coffee? (vo zdvorilej reči, pri podávaní) *nech sa p.* here you are [hiə ju: a:]; *nech sa p-i (vstúpiť)* come in, please [kam in, pli:z]

pačmaga pejor. brat [bræt], scamp [skæmp]; *ty p.!* you scamp!

pád 1. (v rozl. význ.) (down)fall [(daun)fo:l]; *p. meteoru* the fall of a meteor; *voľný p.* free fall; *p. vlády* the fall of the government; *p. mesta* the fall of a town; *mravný p.* moral fall, decline 2. lingv. case [keis] ● *Pýcha predchádza p.* Pride will have a fall

padací falling ['fo:liŋ]; *p-ie dvere* trap door; *p. most* drawbridge

padák parachute ['pærəšu:t]; *zoskok p-om* parachute jump

padať 1. (klesať na zem) fall* (down) [fo:l (daun)], drop [drop]; *všetko mi p-á z rúk* everything falls from my hands; *p-la ti peňaženka* you dropped your wallet; *p-á sneh* it is snowing; *p-jú krúpy* it is hailing 2. (uvoľňovať sa) fall* out [fo:l aut]; *p-jú mu vlasy* his hair falls out 3. (posúvať sa dolu, klesať) go* down [gəu daun]; *opona p-á* the curtain is going down 4. (o vodnej hladine, teplote) fall* [fo:l], drop [drop] 5. (strácať vzpriamenú polohu) droop [dru:p]; *p. od únavy* droop of tiredness 6. (týkať sa) lie* [lai]; *vina p-á na neho* the blame lies on him 7. (hromadne umierať) go* down [gəu daun]; *p. ako muchy* go down like flies

padavka 1. (o ovocí) windfall ['windfo:l]; *zbierať p-y* pick windfalls 2. hovor. (o ľuďoch) wimp [wimp], weakling ['wi:kliŋ]

pádlo šport. paddle ['pædl]; *dvojlistové p.* a double paddle

pádlovať šport. paddle [pædl]

padlý fallen ['fo:ln]; *p-í v boji* killed in action

padnúť 1. fall* [fo:l], drop [drop], (náhle) tumble ['tambl]; *p. do vody* fall into water; *p. na zem* drop to the ground; *steny p-li* the walls tumbled down 2. (zahynúť) be* killed [bi: kild]; *p-ol v boji* he was killed in action 3. (byť dobytý) fall* [fo:l]; *pevnosť p-la* the fortification has fallen; *p-li tri rekordy* three records were broken 4. (mať účinok) do* well/bad [du: wel/bæd]; *teplý čaj ti dobre p-e* warm tea will do you well 5. (náhle sa uskutočniť) be* decided [bi: di'saidəd]; šport. *p-ol gól* he scored 6. (pripadnúť na istý časový termín) fall* on [fo:l on]; *Nový rok p-ol na stredu* New Year's Day fell on Wednesday 7. expr. (uplynúť, skončiť) be* over [bi: 'əuvə]; *p-la* time is over 8. hovor. (svedčať, pristať) fit [fit], suit [su:t, sju:t]; *tie šaty jej p-ú* that dress suits her ● *p. do oka* **a)** (upútať pozornosť) catch a person's eye, be noticed **b)** (zapáčiť sa) take a fancy; *p-li ostré slová* there was an exchange of words; *p-la kosa na kameň* diamond cut diamond, he's found just what he wanted

pádny (presvedčivý) convincing [kən'vinsiŋ]; *p. dôvod* a convincing argument

padúcnica epilepsy ['epilepsi]; *mať p-u* be epileptic

pagáč oil cake [oil keik]

pagaštan bot. horse chestnut [ˌho:s'česnət]

paholok farm-labourer [fa:m leibrə], farm-servant [fa:m sə:vnt], farm-hand ['fa:m hænd]

pahorkatina hilly country [ˌhili 'kantri]

pahorok (small) hill [(smo:l) hil], hillock ['hilək]

pahreba embers ['embəz], live coal [laiv kəul]; *piecť zemiaky v p-e* bake potatoes in live coal

pach odour ['əudə], smell [smel], (jemný) scent [sent]; *kuchynské p-y* kitchen smells

páchať commit [kə'mit], perpetrate [ˌpə:pə'treit]; *p. zločiny* commit crimes; *p. násilie (na kom)* perpetrate violence against someone; *p. zlo* do evil/wrong

páchateľ perpetrator ['pə:pətreitə], culprit ['kalprət], criminal ['kriminl]; *p. zločinu* perpetrator of a crime

páchnuť smell [smel]; *p-e cesnakom* he smells of garlic; *p-e z neho whisky* he smells of whiskey

pacholľa babe [beib], infant ['infnt], baby boy ['beibi boi]

pachtiť (sa) 1. (túžiť po niečom) long for [loŋ fə:]; *p. (sa) za peniazmi* long for money 2.

(namáhať sa) labour ['leibə]; *starec sa p-l hore kopcom* an old man laboured up the hillside

pachuť (after)taste [(ˈa:ftə)ˌteist]

paják clown [klaun], buffoon [ba'fu:n], merry andrew [ˌmeri 'ændru:]; *robiť zo seba p-a* play the clown/buffoon

páka 1. (tyč na dvíhanie bremien) lever ['li:və]; *oceľová p.* a steel lever 2. (súčiastka rozl. strojov) *rýchlostná p.* gearshift; *spúšťacia p.* firing/trigger lever

pakľúč master key ['ma:stə ki:], skeleton key ['skelətn ki:], picklock ['piklok]; *otvoriť dvere p-m* pick a lock

pakostnica gout [gaut]

pakt pact [pækt]; *p. piatich veľmocí* a five power pact; *p. o neútočení* a non aggression pact

palác palace ['pælis]; *justičný p.* hall/court of justice

palacinka pancake ['pænkeik], griddlecake ['gridlkeik]; *tvarohová p.* a cottage cheese pancake

páľava heat [hi:t]; *letná p.* summer heat

paľba fire [faiə]; *byť pod p-ou* be under fire; *spustiť/zastaviť p-u* open/cease fire

palčiak obyč. mn. č. *p-y* mitten ['mitn]; *vlnené p-y* woolen mittens

pálčivý 1. (páliaci) burning ['bə:niŋ] 2. (naliehavý) pressing ['presiŋ], urgent ['ə:džnt]; *p. problém* an urgent/pressing problem

palec 1. anat. thumb [θam], (na nohe) toe [təu] 2. (miera) inch [inč] ● *držať p-ce (komu)* keep one's fingers crossed

pálenka spirit ['spirət]; *domáca p.* home brew

paleolit (st. kamenná doba) stone age [stəun eidž]

paleta palette ['pælət]

palica 1. stick [stik]; *chodiť o p-i* walk with a stick; *lyžiarska p.* ski stick, pole; *golfová p.* golf club; *biskupská p.* crozier ['krəuzə] 2. (za feudalizmu) lash [læš]; *dostal 25 p-íc* he was given 25 lashes ● *vyšiel na žobrácku p-u* he went to the dogs

palicovať (za feudalizmu) beat*/lash with a stick; *p. nevoľníka* beat the serf with a stick

páliť 1. burn* [bə:n]; *slnko veľmi p-i* the sun is burning hot 2. (strieľať) fire [faiə] ● *čo ťa nep-i, nehas!* let sleeping dogs lie!; *p-a ho peniaze* the money is burning a hole in his pocket; *p-i ho pôda pod nohami* the earth is hot under his feet; *p-i ma záha* I have a heartburn

palivo fuel [fjuəl]; *tekuté/tuhé p.* liquid /solid fuel

palma palm [pɑːm]; *p. datľová* date palm; *p. víťazstva* the palm of victory

paluba deck [dek]; *na p-e* on the deck; *na p-e lode* aboard (a ship) ● *hodiť cez p-u (koho)* throw* a person overboard

pamäť 1. memory ['meməri]; *bystrá p.* a sharp memory; *mať slabú p.* have a weak memory 2. kniž. (spomienka) remembrance [ri'membrns]; *vybaviť si v p-ti* call to remembrance 3. (počítačová) memory ['meməri]; *vložiť do p-ti* put in(to) memory ● *blahej p-ti* of happy memory; *mať v živej p-ti* remember vividly; *pokiaľ mi p. siaha* within my memory

pamätať (sa) 1. remember [ri'membə], keep*/bear* in mind [kiːp/beə in maind]; *ak sa dobre p-ám* if I remember well; *p-j si tie údaje* keep in mind those data 2. (mať na zreteli, myslieť na koho, čo) think* [θiŋk], remember [ri'membə]; *p. na budúcnosť* think of future ● *dobre si p-jte!* mind you!; *p. na zadné kolieska/dvierka* mind the days which are to come

pamätihodnosť memorabilia [ˌmemərə'bilia], (turistická) sight [sait]; *pozrieť si p-i mesta* see the sights of the city

pamätihodný memorable ['memrəbl]; *p. rok 1848* the memorable year of 1848

pamätník¹ 1. (socha, dielo) monument ['monjəmənt], memorial [mə'moːriəl]; *postaviť p.* put up a memorial 2. (inštitúcia na uchovanie lit. pamiatok) memorial [me'moːriəl]; *P. slovenskej literatúry* the Memorial of Slovak literature 3. (svedok) (eye) witness [(ai) 'witnəs], contemporary [kən'temprəri]; *p-ci prvej svetovej vojny* the contemporaries of World War I

pamätník² (kniha s podpismi) album ['ælbəm], notebook ['nəutbuk]

pamätný memorable ['memrəbl], commemorative [kə'məmrətiv]; *p. deň* a memorable day; *p-á minca* a commemorative coin; *p-á tabuľa* a memorial plaque; *p-á listina* a memorandum; *p-á kniha* a souvenir book

pamiatka 1. (spomienka) memory ['memri]; *na p-u padlých v boji* in memory of killed in action; *P. zosnulých* All Souls Day 2. (pamätihodnosť) monument ['monjəmənt], memorabilia [meməːrə'bilia]; *stavebné p-y* architectural monuments; *historické p-y* historical relies

memorial – pomník, pamätník
monument – väčší objekt, socha, stĺp, budova
relic (of) – pozostatok minulého obdobia
sight – pamätihodnosť

pamiatkový: *p. úrad* Office for Preservation of Memorials, Landmarks or Historical Sights

pampúch doughnut ['dəunat]

pán 1. (vládca) ruler ['ruːlə], lord [loːd]; *feudálny p.* feudal lord 2. (muž) gentleman ['džentlmən]; *dámy a p-i* ladies and gentlemen 3. (oslovenie) a) (bez mena) sir [səː]; *Vážený pa-e* Dear Sir b) (s menom) mister ['mistə], skr. Mr; *p. Smith* Mr Smith 4. (vlastník) owner ['əunə]; *kto je p-om záhrady?* who is the owner of the garden? 5. náb. *Kristus P.* Christ Our Lord; *P. Ježiš* Our Lord Jesus; *p. farár* the Reverend/the Rector/the parson 6. (domáci) landlord ['lændloːd] 7. (kto rozkazuje, zamestnávateľ) master ['maːstə], boss [bos] ● *hrať sa na veľkého p-a* to play a big shot; *Komu P-boh, tomu všetci svätí.* He who has the Lord on his side has also the aid of the saints.; *slúžiť dvom p-om* serve two masters; *odpočívať v P-u* rest in the Lord; *Aký p., taký krám.* Like master like man.

panák jumping jack ['džampiŋ džæk]

panamerický Pan-American [ˌpænə'mærikən]; *p-á konferencia* the Pan-American conference

pánboh (cirk.) *(Pán) Boh* the Lord [loːd], Lord God [loːd god]

pancier armour(plate) ['aːmə(pleit)]

pancierový armoured ['aːməd]; *p-é auto* an armoured car; *p-á skriňa* safe [seif]

pančucha stocking ['stokiŋ]; *p-y* a pair of stockings [ə 'peə əv 'stokiŋz]

pandrava zool. grub [grab]

panebože (cirk.) *Pane Bože* good Lord [gud Loːd]; *p., prestaň* good Lord, stop it

panel 1. (stavebný dielec) (prefabricated) panel [(ˈpriːfæbrikeitəd) 'pænl] 2. (doska s meracími prístrojmi) board [boːd]

panelák hovor. prefab (block of flats) ['priːfæb (blok əv flæts)]

panelový panel ['pænl], (o stavbe) prefab (bed) building ['priːfæb (bed) 'bildiŋ]

panenský virginal ['vəːdžinl], maiden ['meidn]; *p-á plavba* maiden voyage; *p-á pôda* virgin land

panenstvo virginity [vəˈdžinəti]
pani 1. (žena, dáma) lady [ˈleidi] 2. (oslovenie)
a) (bez mena) madam [ˈmædəm] b) (s menom)
mistress [ˈmistrəs], skr. Mrs [ˈmisəz]; *p. Brownová* Mrs Brown 3. (manželka) wife [waif]; *moja p.* my wife 4. (domáca) landlady [ˈlænd-ˌleidi] 5. (zamestnávateľka) mistress [ˈmistrəs] 6. (k deťom) babysitter [ˈbeibisitə]
panika panic [ˈpænik]; *ľudí sa zmocnila p.*
people were overcome by panic
panikár panic-monger [ˈpænikmaŋə]
pankhart pejor. bastard [ˈbæstəd], brat
[bræt]; *ty nepodarený p.!* you spoilt brat!
panna 1. virgin [ˈvəːdžən], maiden
[ˈmeidn]; *p. Orleánska* the Maid of Orleans
2. (morská p.) mermaid [ˈməːmeid], siren
[ˈsairn] 3. náb. *P. Mária* Virgin Mary [ˈvəːdžən
mæri]; *Požehnaná P. Mária* the Blessed
Virgin Mary (BVM)
panoramatický panoramic [ˌpænəˈraːmik]
panovačný imperious [imˈpiriəs]; *p. človek* an imperious man
panovať 1. (vládnuť) rule [ruːl], reign
[rein]; *za p-nia Márie Terézie* under the reign
of Maria Theresa 2. (mať dominantné postavenie)
dominate [ˈdomineit]; *doma p-la žena* the
woman dominated over the family
pánovitý domineering [ˌdoməˈniriŋ],
imperious [imˈpiriəs]; *p-é spôsoby* domineering manners
panovník ruler [ˈruːlə], sovereign
[ˈsovrən]; *absolutistický p.* an absolutist ruler
panský 1. seigniorial [ˈsiːnjəriəl], lordly
[ˈloːdli]; (šľachtický) noble [ˈnəubl]; *p-é fígle*
lordly tricks 2. expr. (na vyššej spoločenskej úrovni)
high [hai]; *p-á spoločnosť* high society; *p.
stav* the nobility; *p-á rodina* a noble family
pánsky (gentle)man's [[(ˈdžentl)ˌmænz]; *p.
kabát* a man's coat
pansláv Pan- Slav [ˌpænˈslaːv]
panstvo 1. (vláda, moc) rule [ruːl], power
[ˈpauə]; *koloniálne p.* colonial power 2. (územie, feudálny majetok) estate [iˈsteit], domain
[dəˈmein], manor [ˈmænə]
pánt hinge [hindž]; *sňať dvere z p-ov* take
the door off its hinge
pantať sa expr. fumble [ˈfambl]; *p. sa v tme*
fumble in the dark
panteizmus pantheism [ˈpænθiizm]
pantomíma pantomime [ˈpæntəmaim]
panva 1. (plytká nádoba) pan [pæn]; *p. na vyprážanie* a frying pan 2. geogr. basin [ˈbeisn];

Amazonská p. the Amazon Basin 3. anat.
pelvis [ˈpelvəs]; *úzka p.* narrow in pelvis
panvica pan [pæn], (s rúčkou) sauce pan
[ˈsoːs pæn], (na smaženie) frying pan [ˈfraiŋ
pæn]
panychída 1. (smútočný obrad v pravosl. cirkvi)
service for the dead [ˈsəːvəs foː ðə ded] 2. (smútočná slávnosť) mourning meeting [ˈmoːniŋ ˈmiːtiŋ]
papagáj parrot [ˈpærət]
papaláš hovor. pejor. big bone [big bəun], big
shot [big šot]
papek hovor. stick [stik], rod [rod]
páperie 1. (spodné vtáčie perie) down [daun]
2. (niečo podobné jemnému periu) flock [flok]
pápež pope [pəup] ● *byť pápežskejší ako
p.* be more Catholic than the Pope
pápežský papal [ˈpeipl]; *p-á komora* papal
chamber; *p. dvor* papal court; *p-á stolica*
Holy See
papier 1. paper [ˈpeipə]; *zabalený do p-a*
wrapped in paper; *listový p.* writing paper; *toaletný p.* toilet paper; *prieklepový p.* second
sheet; *kus p-a* a piece of paper 2. (listina, doklad) document [ˈdokjəmənt]; *tajné p-e* secret
documents 3. (cenné p-e) bonds [bonds], stocks
[stoks], securities [seˈkjurətiːz]; *štátne p-e*
public stocks ● *p. znesie všetko* youth and
white paper take any impression
papiereň paper mill [ˈpeipə mil]
papiernictvo (predajňa) stationer's [ˈsteišnəz],
stationery [ˈsteišənri]; *kúpil to v p-e* he bought
it at the stationer's
papierový paper [ˈpeipə]; *p-é peniaze*
paper money; *p-é odrezky* paper shavings; *p.
zvitok* a paper roll; *p-á vreckovka* disposable
handkerchief ● *p-á vojna* bureaucratic war;
p. člen member on paper only; *p. hrdina* a
would be hero
papkáč hovor. expr. (big) eater [ˈiːtə]
paplón bed blanket [bed ˈblænkət], quilt
[kwilt]
papľuh expr. brat [bræt], punk [paŋk],
rascal [ˈraːskl]
papračka hovor. exp. (big) tedious work
[ˈtiːdiəs wəːk], puttering [ˈpatəriŋ]
papraď bot. fern [fəːn]
paprčiť (sa) expr. fret (and fume) [fret (ənd
fjuːm)]; *nep-č sa pre maličkosti* don't fret
over trifles
paprčka paw [poː], (bravčová) trotter [ˈtrotə]
paprika 1. (rastlina aj plod) paprika
[ˈpæprikə], bell pepper [ˈbel ˌpepə]; *zelená p.*

P

green paprika **2.** (korenie) red pepper [red 'pepə], paprika ['pæprikə]; *kurča na p-e* paprika chicken

paprikáš red peppered stew ['pepəd stju:]

papuča 1. slipper ['slipə]; *obuj si p-e* put on your slippers **2.** (o človeku) noodle ['nu:dl] ● *byť pod p-ou* be under the thumb

papuľa hovor., expr. muzzle ['mazl]; *dať po p-i* slap on the muzzle ● *držať p-u* keep mum

papuľnatý expr. big mouthed [big 'mauθəd]; *p-á žena* a big mouthed woman

papuľovať expr. be* saucy [bi: 'so:si], talk* back [to:k bæk]; *nep-uj!* don't talk back!

pár¹ 1. (dvojica k sebe patriacich ľudí) couple ['kapl]; *manželský p.* a married couple **2.** (dvojica k sebe patriacich vecí) pair ['peə]; *p. topánok* a pair of shoes ● *nemá p-u* he/she is beyond comparison

pár² (málé množstvo) a few [ə fju:]; *napísať p. riadkov* write/drop a few lines

para 1. steam [sti:m], vapour ['veipə] **2.** (opar) haze [heiz] ● *plnou p-ou* full steam, at full/toys speed

parabola¹ geom. parabola [pə'ræbələ]

parabola² lit. parable ['pærəbl]

páračky (kolektívne páranie peria) (feather) stripping [('feðə) 'stripiŋ]

paráda 1. (ozdobná vonkajšia úprava) finery ['fainəri]; *hostia v svadobnej p-e* guests in their wedding finery **2.** (slávnostne usporiadané podujatie) ceremony ['serəməni]; *mimoriadna p.* a special ceremony; *vojenská p.* a military parade ● *vziať (si) do p-y (koho)* take sb. to task

paradajka tomato [tə'ma:təu]; *pestovať p-y* grow tomatoes

paradajkový tomato [tə'ma:təu]; *p. pretlak* tomato purée ['pjurei]

parádiť (sa) dress up [dres ap], (okázale) show* off [šəu of]; *p-i sa podľa poslednej módy* she dresses up in the height of fashion

parádnica a dressy woman ['dresi wumən], a fancy dresser ['fænsi dresə]

paradox paradox ['pærədoks]

paragraf 1. (odsek) paragraph ['pærəgra:f] **2.** práv. article ['a:tikl]; *p. zákona* article of the law

paralela parallel ['pærəlel]

paralelný parallel ['pærəlel]; *dve p-é cesty* two parallel roads

paralýza paralysis [pə'ræləsəs]; *dočasná p. ramena* a temporal paralysis of the arm

paralyzovať paralyze ['pærəlaiz]

parašutista parachutist ['pærəšu:təst]

párať 1. (šaty, pletenie) unsew* [an'səu], undo* [an'du]; *p. sukňu* unsew a skirt **2.** (perie) strip [strip]; *p. perie* strip feathers // **p. sa** get* unsewn/undone [get 'ansəun/'andan]

parazit 1. (cudzopasník) parasite ['pærəsait] **2.** pejor. (príživník) parasite ['pærəsait], sponge [spandž], cadger [kædžə]

parcela (stavebná) building site/plot ['bildiŋ sait/plot], (pridelená) lot; *nezastavaná p. a* vacant lot

parciálny kniž. partial ['pa:šl]; *p-a úloha* a partial task

pardon (prepáčte) excuse me [iks'kju:z mi:] sorry ['sori] ● *bez p-u* without any pardon

parenica steamed cheese [sti:md či:z]

parenisko hotbed ['hotbed]; *zelenina z p-a* hotbed vegetable(s)

parfum parfume [pə'fju:m], scent [sent]; *voňať p-om* smell of parfume

páriť 1. (dávať do párov) pair [peə], couple ['kapl] **2.** (o zvieratách) mate [meit] // **p. sa** copulate ['kopjəleit], mate [meit]

parita kniž. parity ['pærəti]

pariť (sa) steam [sti:m]; *z hrnca sa p-í* the pot is steaming

park 1. (trávnatá plocha) park [pa:k]; *mestský p.* city park **2.** (súhrn vozidiel, strojov) rolling stock ['rəuliŋ stok]

parket: *tanečný p.* dancing floor

parketa parquet ['pa:kei]; *ukladať p-y* lay a parquet floor

parkovací parking ['pa:kiŋ]; *p-ie svetlá* parking lights; *p-ie hodiny* parking meter

parkovať park [pa:k] ● *Zákaz p.!* No parking!

parkovisko car park [ka: pa:k], AM parking lot [pa:kiŋ lot], (pri ceste) lay-by ['leibai], (taxíkov) taxi rank/stand [,tæksi ræŋk/stænd]

párkrát a few times [ə'fju: taimz], several times ['sevrəl taimz]

parlament 1. (zbor poslancov) parliament ['pa:ləmənt]; *rozpustiť p.* dissolve the parliament; *člen p-u* an MP (Member of Parliament) **2.** (budova) the building of parliament [ðə 'bildiŋ əv 'pa:ləmənt]

parlamentárny parliamentary [,pa:lə'məntəri]; *p-é voľby* parliamentary elections

parník steamer ['sti:mə], steamship ['sti:mšip]

parný steam [sti:m]; *p. stroj* steam engine

párny even ['i:vn]; *p-e číslo* even number

parobok youngster [ˈjaŋstə], lad [læd]
paródia parody [ˈpærədi]
paroh antler [ˈæntlə]
paroháč 1. (zviera) stag [stæg] **2.** pren. iron.
(klamaný manžel) cuckold [ˈkakld]
parochňa wig [wig]; *nosiť p-u* wear a wig
párok frankfurter [ˈfræŋkfɔːtə], (údenina)
sausage [ˈsosidž]; *teplý p. s horčicou* hot dog
parom hovor. expr. deuce [djuːs] ● *ber sa do
p-a!* begone! [biˈgon], to hell with you!
parovod tech. steam pipeline [ˈstiːm ˌpaiplain]
párový in pairs [in peəz], paired [peəd],
odb. dual [ˈdjuːəl], binary [ˈbainəri]; *p-á kon-
trola* dual control
part hud. part [paːt]
parta expr. group [gruːp], lot [lot], company
[ˈkəmpəni]; *veselá p.* a happy company; *p.
mladistvých* gang; *to je dobrá/zohratá p.* they
get on together like a house on fire
parte (úmrtné oznámenie) obituary notice
[əuˈbičuəri ˈnəutəs]
partia 1. (časť diela) part [paːt], passage
[ˈpæsidž]; *najzaujímavejšia p. románu* the
most interesting part of the novel **2.** (časť, úsek)
area [ˈeriə], region [ˈriːdžn]; *p. okolo srdca* the
region around the heart **3.** hovor. (spoločnosť, oso-
by) party [ˈpaːti]; *veselá p.* a happy party **4.**
(hra) game [geim]; *šachová p.* a game of chess
5. hovor. (výhodný partner na uzavretie manželstva)
match [mæč]; *dobrá p.* a good match
participium lingv. participle [ˈpaːtəsipl]
partiový: *p. tovar* substandard goods
[sabˈstændəd guːdz], hovor. jumble [ˈdžambl],
junk [džaŋk]
partitúra hud. score [ˈskoː]; *p. klasickej
hudby* a score of classical music
partizán partisan [ˌpaːtəˈzæn], guerilla
[gəˈrilə]
partizánsky partisan [ˌpaːtəˈzæn]; *p-e
hnutie* partisan movement
partner(ka) partner [ˈpaːtnə]; *obchodný p.*
business/trade partner; *životný p.* partner in life
pas passport [ˈpaːspoːt]; *oddelenie p-ov*
passport division; *vydať p.* issue a passport
pás 1. (dlhý užší pruh) strip [strip], band
[bænd]; *p. zeme* a strip of field; *tanier s mod-
rým p-om* a plate with a blue band; *bežiaci p.*
conveyor; *výroba na bežiacom p-e* assembly
line production **2.** (opasok) belt [belt]; *kožený
p.* a leather belt; *záchranný p.* a life/safety belt
3. (driek) waist [weist]; *štíhly v p-e* slender in
waist

pasák 1. hovor. herdsmen [həːdzman] **2.**
(ochranca prostitútok) pimp [pimp]
pasáž 1. (priechod cez budovu. medzi dvoma ulica-
mi) way through [wei θruː], passage [ˈpæsidž],
passage-way [ˈpæsidž wei] **2.** (časť slovesného
alebo hudobného diela) passage [ˈpæsidž]
pasažier hovor. passenger [ˈpæsəndžə];
čierny p. a stowaway
pasca trap [træp]; *p. na myši* mousetrap;
dostať sa/padnúť do p-e fall into a trap ● *na-
staviť p-u (komu)* set a trap
paseka hovor. havoc [ˈhævok], helter-skelter
[ˌheltə ˈskeltə]; *urobiť p-u* play havoc; *aká p.!*
what a mess
pasia hovor. pleasure [ˈpležə], hobby [ˈhobi];
len tak z p-e just as a hobby
pasienok pasture [ˈpaːsčə]
pasírovať sieve [siv], strain [strein]; *p.
polievku* sieve a soup; *p. zeleninu* strain the
vegetables
pasivita passivity [pæˈsivəti]; *zostať v p-e*
remain in passivity
pasívny passive [ˈpæsəv]; *p. odpor* passive
resistance
pasívum[1] gram. passive (voice) [ˈpæsiv (vois)]
pasívum[2] (obyč. mn. č.) *p-a* liabilities
[ˈlaiəbilətiz]; *aktíva a p-a* assets and liabili-
ties
páska ribbon [ˈribən], band [bænd], tape
[teip]; *p. do písacieho stroja* a typewriter
ribbon; *smútočná p.* a mourning band; *lepia-
ca p.* an adhesive tape; *izolačná p.* an insulat-
ing tape; *cieľová p.* a finish line
pásmo 1. (oblasť) zone [zəun]; *okupačné p.*
occupation zone; *pohraničné p.* frontier zone
2. (súvislý rad častí tvoriacich celok) *rozhlasové p.* a
broadcast commentary; *filmové p.* a film strip
3. (stupnica): *vlnové p.* (wave) band [weiv bænd]
4. (zvinuteľné meradlo) tape measure [teip ˈmežə]
5. (horstvo) chain [čein], range [reindž]; *horské p.*
a chain of mountains, mountain range
pásomnica tapeworm [ˈteipwoːm]
pasovať[1] hist. knight [nait]; *p-li ho za/na
rytiera* they knighted him
pasovať[2] hovor. (byť vhodný, pristať) fit [fit];
kľúč p-uje do zámky the key fits into the lock
pasovať sa 1. (zápasiť) wrestle [ˈresl];
chlapci sa p-ujú boys wrestle with each other
2. pren. hovor. struggle [ˈstragl]; *p. sa s problé-
mami* struggle with problems
pásť 1. graze [greiz], mind [maind], tend
(cattle) [tend (ˈkætl)]; *p. dobytok* graze the

P

cattle; *p. (si) oči (na kom, čom)* feast one's eyes on sth. **2.** (sliediť) be* after [bi: 'a:ftə]; *polícia po ňom pa-ie* the police is after him // **p. sa** graze [greiz] ● *ja som s tebou kravy/husi/svine nep-ol* who do you thing you are?

pasta paste [peist]; *zubná p.* a tooth-paste
pastel pastel ['pæstl]
pastelka crayon ['kreiən]
pastelový pastel ['pæstl]; *p-é farby* pastel colours
pastier shepherd ['šepəd], herd(sman) ['hə:d(zmən)]
pastor clergyman ['klə:džimən], pastor ['pa:stə], parson ['pa:sn]
pastorkyňa stepdaughter ['step‚do:tə]
pašerák smuggler ['smaglə]; *p-ci zlata* smugglers of gold
pašie cirk. Passion ['pæšn]
paškvil lampoon [læm'pu:n]
pašovať smuggle ['smagl]; *p. tovar do krajiny* smuggle goods into a country; *p. list do väzenia* smuggle a letter into a prison
paštéta (v ceste) pie [pai]; *pečeňová p.* paté ['pætei]
pat (v šachu) stalemate ['steilmeit]
patália hovor. trouble ['trabl]; *mať p-e s čím* have troubles over sth.
patent ['peitnt], licence ['laisns]; *popis p-u* patent specification; *porušenie p-u* patent infringement; hist. *tolerančný p.* toleration edict ● iron. *myslí si, že má p. na rozum* he thinks he knows it all
patentka press/snap button [pres/snæp batn]; *zapnúť p-u* fasten the snap button
patentovať patent ['peitnt]; *p. vynález* patent the invention ● *daj si to p.* pull the other one
páter 1. (pred menom) Father ['fa:ðə]; *p. Urban* Father Urban **2.** (kňaz) clergyman ['klə:džimən]
patológ pathologist [pə'θolədžəst]
patológia pathology [pə'θolədži]
patologický pathological ['pæθəlodžikl]
pátračka hovor. **1.** search [sə:č] **2.** (pátrací oddiel) flying squad ['flaiŋ skwod]
pátrať search [sə:č]; *p. po zločincovi* search for the criminal
patriarcha patriarch ['peitria:k]
pátričky pomn. hovor. rosary ['rəusəri]
patričný due [dju:], proper ['propə]; *po p-om zvážení* after due consideration; *v p-ej vzdialenosti* at a proper distance

patriť 1. (náležať komu) belong [bi'loŋ]; *dom p-í bratovi* the house belongs to my brother **2.** (zaraďovať sa niekam) rank among [ræŋk ə'maŋ]; *p-í medzi najlepších spisovateľov* he ranks among the best writers; *p-í k delegácii* he is a member of the delegation
patriť sa be* proper [bi: 'propə]; *to sa nep-í* it is not proper; *zatočil s ním, ako sa p-í* he gave him what he asked for
patrola patrol [pə'trəul]
patrón[1] (ochranca) patron ['peitrən]
patrón[2] hovor. (náboj) cartridge ['ka:tridž]; *pás na p-y* cartridge belt
patronát patronage ['pætrənidž]; *mať p. nad školou* sponsor a school; *pod p-om dekana Filozofickej fakulty* under the auspices of the Dean of the Faculty of Philosophy
paušál lump sum [lamp sam], flat rate [flæt reit]
paušalizovať 1. (vymerať paušál) assess a lump sum [ə'ses ə lamp sam]; *poštovné p-né* bulk posting charge **2.** (zovšeobecňovať) generalize ['dženrəlaiz]
pauza pause [po:z], break [breik], rest [rest]; *urobiť p-u v speve* make a pause in singing; *urobme si p-u* let's have a rest
pauzovací tech. *p. papier* tracing paper
páv peacock ['pi:kok]; *pyšný ako p.* proud as a peacock
pavián zool. baboon [bə'bu:n]
pávica peahen ['pi:hen]
pavilón pavilion [pə'viljən]; *výstavný p.* exhibition hall
pavučina cobweb ['kobweb], spiderweb ['spaidəweb]; *mucha v p-e* the fly in a spiderweb
pavúk spider ['spaidə]
pazucha armpit ['a:mpit]; *pod p-ou* under the armpit
pazúr claw [klo:] ● *dostať sa do p-ov (koho/komu)* fall into someone's clutches
pazvuk cacophony [kæ'kofəni]
páža page [peidž]
pažba (pušky) stock [stok], butt (end) [bat (end)]; (pištole) handle [hændl]
pažerák anat. gullet ['galət], oesophagus [i:'sofəgəs]
pažiť 1. (green) sward [(gri:n) swo:d] **2.** (nižší trávnatý porast) turf [tə:f]
pažítka chive [čaiv]
pažravec pejor. greedy fellow ['gri:di 'feləu], glutton ['glatn]; *zjedol si všetko, ty p.!* you've eaten everything, you glutton!

pažravosť pejor. (v jedle) voraciousness [vəˈreišəsnəs], greediness [ˈgridinəs], gluttony [ˈglatəni]; *to je p.!* it's greediness!

pažravý pejor. greedy [ˈgriːdi], voracious [vəˈreišəs], gluttonous [ˈglatnəs]; *nie je hladný, iba p.* he is not hungry, only greedy

pásť fist [fist]; *udrel ma p-ou* he struck me with his fist ● *na vlastnú p.* of one's own accord; *to sa hodí ako p. na oko* it's completely out of place

    pästiar boxer [ˈboksə]

    pästiarstvo boxing [ˈboksiŋ]

    päť five [faiv] ● *robí sa/vyzerá, akoby nevedel do p. narátať* he looks as if butter would not melt in his mouth; *nemá všetkých p. pohromade* he is not all there/he is not all in

    päta heel [hiːl]; *byť (komu) v p-ách/za p-ami* be at a person's heels ● *lízať p-y (komu)* lick someone's boots; *nemá to ani hlavu, ani p-u* there's neither rhyme nor reason to it/that makes no sense; *vytiahnuť p-y z domu* step out of the house; *od hlavy po p-y* from head to foot/from top to bottom/from stem to stern; *ukázať p-y (komu)* take to one's heels

    päťadvadsať five-and-twenty; *p. úderov* five-and-twenty laskes

    päťboj šport. pentathlon [penˈtæθlon]

    päťcípy five pointed [faiv ˈpointəd]; *p-a hviezda* a five pointed star

    päťčlenný five membered [faiv ˈmembəd]; *p. výbor* a five-member committee

    päťdesiat fifty [ˈfifti]

    päťdesiatka 1. (číslo 50) fifty [ˈfifti] 2. (výročie) fiftieth anniversary [ˈfiftiiθ ˌæniˈvəːsri] 3. (bankovka) fifty-crown banknote [ˌfifti ˈkraun ˈbæŋknəut]

    päťdesiatnik (osoba) quinquagenarian [ˌkwiŋkwədžiːˈneriən]

    päťdesiaty fiftieth [ˈfiftiiθ]

    pätina (one) fifth [fifθ]; *p. hostí odišla* one fifth of the guests has/have left

    päťka 1. (číslo 5) five [faiv] 2. (v škole) a five, bad mark; *dostal p-u* he got a five

    päťkorunák a five-crown piece [ə faiv kraun piːs]

    päťmesačný 1. (5 mesiacov starý) five-months old [ˈfaiv manθs əuld]; *p-é dieťa* a five months old child 2. (trvajúci 5 mesiacov) five months' [faiv manθs]; *p. pobyt* five months' stay

    päťmiestny *p-e číslo* a five figure number

    päťmocný chem. quinquivalent [ˈkwiŋ kwivələnt]

päťnásobný fivefold [ˈfaivfəuld]; *p. majster sveta* five-time world champion

pätnásť fifteen [ˌfifˈtiːn]

pätolizač pejor. bootlicker [ˈbuːtlikə]

pätoraký of five sorts [əv faiv soːts]; *p-é farby* colours of five sorts

pätorčatá quintuplets [ˈkwintjuːpləts]

päťsto five hundred [faiv ˈhandrəd]

päťuholník pentagon [ˈpentəgən]

pec 1. (kachle, piecka) stove [stəuv]; *zakúriť do p-e* fire up a stove 2. (pri výrobe) furnace [ˈfəːnis]; *vysoká p.* blast furnace 3. (na sušenie) kiln [kiln]; *p. na tehly* brickkiln ● *horúco ako v p-i* scorching/sweltering hot

peceň loaf [ləuf]; *p. chleba* a loaf of bread

pečať seal [siːl]; *opatriť p-ou (čo)* affix a seal on a thing

pečatný sealing [ˈsiːliŋ]; *p. vosk* sealing wax; *p. prsteň* signet ring

pečeň liver [ˈlivə]

pečený 1. (z múky) baked [beikt]; *p. chlieb* baked bread 2. (o mäse) roast [rəust]; *p-á hovädzina* roast beef ● *je u nich p.-varený* he is their frequent guest

pečiatka stamp [stæmp]; *poštová p.* postmark

pečiatkovať stamp [stæmp]; *p. listiny* stamp documents; *p. listy* postmark

pečivo baker's ware [ˈbeikəz weə]; *cukrárenské p.* pastry; *čajové p.* biscuits

pedagóg teacher [ˈtiːčə], schoolmaster [ˈskuːlˌmaːstə], kniž. pedagogue [ˈpedəgog]

pedagogický pedagogic(al) [ˈpedəgodžik(l)], educational [ˌedjəˈkeišnəl]; *p-á psychológia* educational psychology

pedagogika pedagogy [ˈpedəgodži]

pedál pedal [ˈpedl]

pedantný pedant [ˈpednt]; *p. človek* a pedant man

pedikúra pedicure [ˈpedikjuə]

peha freckle [ˈfrekl]; *mať p-y na tvári* have a face covered with freckles

pehavý freckled [ˈfrekld]; *p-á tvár* a freckled face

pech hovor. bad luck [bæd lak]; *mať p.* have bad luck

pechota infantry [ˈinfntri]

pekáč baking tray [ˈbeikiŋ ˌtrei]

pekár baker [ˈbeikiŋˌtrei]

pekáreň bakery [ˈbeikri]

pekelný hellish [ˈheliš], infernal [inˈfəːnl]; *p-á krutosť* infernal cruelty; *p. stroj* infernal machine; *p-é muky* pains/pangs of hell

peklo hell [hel] ● *majú doma p.* they have a heat wave at home

pekne nicely ['naisli], prettily ['pritili]; *ďakujem p.* many thanks; *dnes je p.* it is nice today

pekný 1. (príjemne pôsobiaci) nice [nais], pleasant ['pleznt]; *p-é šaty* a nice dress; *p-á krajina* a nice scenery; *p-é spomienky* pleasant memories 2. (o žene) pretty ['priti]; *p-á žena* a pretty woman; *p-é dievča* a pretty girl 3. (o mužovi) handsome ['hænsm]; *p. muž* a handsome man 4. (o počasí) fine [fain], fair [feə]; *p-é počasie* fine weather 5. hovor. (dosť veľký) pretty good ['priti gud]; *má p. plat* he receives a pretty good salary ● *p. poriadok!* a pretty mess!; *p. vtáčik* a fine one

handsome – o mužovi
pretty – o žene

peľ pollen ['polən]

peľasť bedside ['bedsaid]; *sadnúť si na p.* sit on the bedside

pelech 1. (brloh zvierat) den [den], lair [leə]; *medvedí p.* a bear's den 2. expr. (brloh) den [den]; *p. zlodejov* a den of thieves

pelendrek hovor. (obušok) life preserver [laif pri'zə:və]

pelerína cape [keip]

pelikán zool. pelican ['pelikən]

peň trunk [traŋk]; *p. stromu* a tree trunk ● *hluchý ako p.* as deaf as a post, stone deaf

pena foam [fəum]; *p. na holenie* shaving foam; *p. na pive* the foam on the bear ● *byť ticho ako p.* be as quiet as a mouse

penále penalty ['penəlti], penaulty ['penəlti], fine [fain]; *zaplatiť p.* pay the fine

penalta penalty ['penəlti]

peňazokazec faker ['feikə], money forger [,mani 'fo:dže]

peňaženka (dámska) purse [pə:s], (pánska) wallet ['wolət]

peňažný 1. (finančný) financial [fə'nænšl]; *p-é ústavy* financial institutions; *p-é prostriedky* financial means 2. (vyjadrený v peniazoch) money ['mani]; *p-á poukážka* money order; *p. trh* money market 3. (systém) monetary ['monətri]; *p-á reforma* monetary reform

peniaz 1. (kovové platidlo) coin [koin]; *strieborný p.* a silver coin 2. hromad. hovor. penny ['peni]; *stálo ho to pekný p.* it cost him a pretty penny

peniaze money ['mani]; *zarobiť p.* earn money; *hotové p.* ready money, cash; *drobné p.* change ● *čas sú p.* time is money; *mať p-í ako pliev* be well heeled, have money to burn; *p. svetom vládnu* money makes the world go round; *stáť nekresťanské p.* cost a fortune; *vyhadzovať p. (von) oknom* make the money fly; *za málo p-í málo muziky* you only get what you pay for; *p. alebo život* stand and deliver

peniť (sa) foam [fəum] ● *p-í sa mi krv* my blood is up

penzia 1. hovor. (dôchodok) pension ['penšn]; *starobná p.* old age pension; *ísť do p-e* retire 2. (denný poplatok za byt a stravu) board(ing) ['bo:d(iŋ)], pension ['penšn]; *plná p.* full pension

penzión boarding-house ['bo:diŋ,haus]

penzionovať put* on the retire list [put on ðə ri'taiə list], pension sb. off ['penšn of]

penzista (old age) pensioner [(əuld eidž) 'penšnə]

pepitový checkered ['čekəd], black and white [blæk ənd wait]

pera lip [lip]; *rúž na p-y* lipstick

peračník, perečník pen/pencil case ['pen /'pensl keis]

percento per cent [pə'sent]; *sto p.* a hundred per cent

v angličtine dve slová: **per cent**

percentuálny percentual [pə'senčuəl]

perfektný perfect ['pə:fikt]; *p-é hodnotenie pokusu* a perfect evaluation of the experiment

perfektum gram. perfect (tense) ['pə:fikt (tens)]; *minulé p.* past perfect (tense)

pergamen parchment ['pa:čmənt]

perie feather(s) ['feðə(z)], (ozdobné) plumage ['plu:midž] ● *pýšiť sa cudzím p-ím* adorn oneself with borrowed plumes

periféria periphery [pə'rifəri], (mesta) outskirts of a town ['autskə:ts əv ə taun]

perina feather-bed ['feðəbed], eider-down ['aidədaun], continental quilt [,kənti'nentl kwilt]

perióda 1. (časový úsek, obdobie) period ['piriəd]; *p. medzi dvoma vojnami* a period between two wars 2. (menštruácia) period ['piriəd], menstruation [,menstru'eišn]; *silná p.* a heavy period

periodický periodic(al) [piri'odi(kl)]; *p-á sústava* periodic system

perla pearl [pə:l]; *lovec p-ál* pearl fisher; *vyšívaný p-mi* pearl-lined ● *hádzať p-y sviniam* cast pearls before swine

perleť mother of pearl ['maðə əv pə:l]

perliť sa sparkle ['spa:kl]; *víno sa p-í* the wine sparkles

perlový pearl [pə:l]; *p. náhrdelník* a pearl necklace

permanentka hovor. card [ka:d], pass [pa:s], season ticket [‚si:zn 'tikət]; *p. do divadla* a theatre pass

perník gingerbread ['džindžəbred]

pero 1. (vtáčie) feather ['feðə], (ozdobné) plume [plu:m]; *husie p.* goose feather **2.** (na písanie) pen [pen]; *guľôčkové p.* a ball point pen; *plniace p.* a fountain pen **3.** (pružina) spring [spriŋ]

perohryz pejor. scribbler ['skriblə]

perokresba pen and ink drawing [‚pen ənd iŋk 'dro:iŋ]

perón hovor. platform ['plætfo:m]

perovanie spring suspension [‚spriŋ səs-'penšn]; *auto má dobré p.* the car has a good spring suspension

perovať be springy [bi: 'spriŋgi]; *dobre p-ný* well sprung

personál personnel [‚pə:s'nel], staff [sta:f]; *technický p.* technical staff

perspektíva 1. (zdanlivé zbiehanie rovnobežiek) perspective [pə:'spektiv]; *kresba so zlou p-ou* a drawing with wrong perspective; *vtáčia p.* bird's eye view **2.** obyč. mn. č. (výhľady, nádeje) prospect ['prospekt], view [vju:] ● *v ďalekej p-e* in the long run; *mierové p-y* peace outlook

perspektívny prospective [pro'spektiv], with good prospects [wið gud 'prospekts]; *p-e plánovanie* prospective planning

perzekúcia persecution [‚pə:si'kju:šn]; *rasová p.* racial persecution

pes 1. dog [dog], (lovecký) hound [haund]; *strážny p.* a watch dog **2.** (o osobe) rascal ['raskl] ● *podpsa* bloody awful, beneath contempt; *Nebude zo psa slanina.* A leopard never changes its spots.; *P., ktorý breše, nehryzie.* Barking dogs seldom bite.; *Príde na psa mráz.* You'll get what is coming to you.; *tu je p. zakopaný* that's the issue, that's where the shoe pinches

pesimista pessimist ['pesəmist]

pesimistický pessimistic [‚pesi'mistik]; *p-é názory* pessimistic views

pesnička song [soŋ]; *ľudová p.* a folk song ● *to je stará p.* that's right just keep it up

pestovanie cultivation [‚kaltə'veišn]; *p. bavlny* the cultivation of cotton

pestovať 1. (sadiť a ošetrovať) grow* [grəu], cultivate ['kaltəveit]; *p. zemiaky* grow potatoes **2.** (zaoberať sa čím) go* in for [gəu in fo:]; *p. šport* go in for sports; *p. hudbu* cultivate music **3.** (starať sa o čo) take* care of [teik keə əv]; *p. si ruky* take care of one's hands ● *p. styky* keep in touch with

pestovateľ cultivator ['kaltəveitə]

pestrofarebný manycoloured ['meni‚kaləd], multicoloured ['malti‚kaləd]; *p-á blúzka* a manycoloured blouse

pestrý 1. (rôznofarebný) gay [gei], jolly ['džoli]; *p-é kvety* jolly flowers **2.** (rozmanitý) varied ['verid]; *viesť p. život* lead a varied life ● *p-á minulosť* colourful/checkered past

pestúnka 1. nanny ['næni], faster(er) ['fa:stə(rə)], baby sitter ['beibi ‚sitə] **2.** práv. (opatrovník) guardian ['ga:diən]

pestvo tricks [triks]; *vystrájať p-á* play tricks

peši, pešky, pešo on foot [on fut]; *ísť p.* go on foot

peší I. príd. walking ['wo:kiŋ]; *p-ia turistika* a walking tour **II.** podst. pedestrian [pə'destriən]; *len pre p-ch* for pedestrians only

pešiak 1. foot soldier ['fut səuldžə], infantry ['infəntri]; *syn slúži u p-ov* my son is in the infantry **2.** (šachová figúrka) pawn [po:n]

petícia petition [pə'ti:šn]; *podpísať p-u za/proti* sign the petition for/against

petrolej paraffin (oil) ['pærəfən (oil)], AM kerosene ['kerəsi:n]

petržlen parsley ['pa:sli]

pevne firmly ['fə:mli], steadfastly ['stedfa:stli]; *p. veriť* believe firmly

pevnieť grow* strong ['grəu stroŋ], grow firm [grəu fə:m]; *svaly p-ejú* the muscles grow strong

pevnina 1. (pevná zem, súš) mainland ['meinlənd]; *na p-e* on the mainland **2.** (svetadiel) continent ['kontənənt]; *európska p.* the European Continent

pevnosť 1. (vlastnosť) firmness ['fə:mnəs], stability [stə'biləti] **2.** (objekt) fortress ['fo:trəs]; *stredoveká p.* medieval fortress

pevný 1. (odolávajúci mechanickým účinkom) firm [fə:m], solid ['soləd]; *p-é múry* solid walls; *p-á zem* firm ground **2.** (telesne alebo duševne silný) strong [stroŋ], sound [saund], solid ['soləd]; *p. chlap* a strong man; *p-á vôľa*

strong will; *p-á viera* strong belief; *p. charakter* strong character; *p-é svaly* solid muscles **3.** (nepohyblivý, statický) stationary ['steišənri]; *p. bod* stationary point **4.** (trvalý) firm [fə:m]; *p-é priateľstvo* firm friendship **5.** (ustálený dohodou) fixed [fikst]; *p-é mzdy* fixed wages; *p-á sadzba* fixed tariff; *p-é ceny* fixed prices ● *p. ako skala* as firm as a rock; *mať p-ú pôdu pod nohami* be on firm ground
  pchať 1. (vtláčať) stuff [staf]; *p. si vatu do uší* stuff one's ears with cotton wool **2.** (zapínať) cram [kræm]; *p. listy do škatule* cram the letters into a box // **p. sa** (tlačiť sa) crowd [kraud], force one's way [fo:s wanz wei] *p. sa do autobusu* force one's way into a bus
  piaď span [spæn]; *p. zeme* a spot of soil ● *neustúpiť ani o p.* not to give an inch
  piadimužík dwarf [dwo:f], pigmy ['pigmi]
  pianíno upright piano [ˌaprait pi'ænəu]
  pianista pianist ['piənəst]; *koncertný p.* a concert pianist
  piano piano [pi'ænəu]
  piatak a fifth form pupil [ə fifθ fo:m 'pju:pl], AM a fifth grade pupil [ə fifθ greid 'pju:pl]
  piatok Friday ['fraidi]; *Veľký p.* Good Friday ● *nemá ani p-ku, ani sviatku* he knows no rest/has no respite
  piaty fifth [fifθ] ● *p-e koleso na voze* a superfluous person
  piecť 1. (z múky) bake [beik]; *p. chlieb* bake bread **2.** (mäso) roast [rəust] **3.** (na ražni) grill [gril]
  piesčitý sandy ['sændi]; *p-á pláž* a sandy beach
  pieseň song [soŋ]; *ľudová p.* folk song ● *labutia p.* swan song
  piesok sand [sænd] ● *sypať p. do očí (komu)* pull wool over someone's eyes
  piest piston ['pistn]; *zdvih p-a* piston stroke
  pieta pieta [ˌpie'ta]
  pichačky pomn. hovor. time clock/recorder ['taim klok/riko:də]
  pichať 1. (bodať) stab [stæb], prick [prik]; *p. palicou* stab with a stick; *p. špendlíkom* prick with a pin **2.** (spôsobovať bolesť) sting* [stiŋ], prick [prik], bite* [bait]; *ostré svetlo p-á v očiach* the strong light stings eyes; *p-á ma v pľúcach* I have a pricking pain in my lungs ● *p. do osieho hniezda* poke a hornet's nest
  pichľavý 1. (majúci ostne) barbed [ba:bd]; *p. drôt* a barbed wire **2.** (ostrý, bodavý) prickly ['prikli], pricking ['prikiŋ]; *p-á bolesť*

pricking pain **3.** pren. (uštipačný) biting ['baitiŋ]; *p-é poznámky* biting remarks ● *p-é oči* piercing eyes
  pichliač spine [spain]; *jež má p-e* a hedgehog has spines
  pijak blotting-paper ['blotiŋˌpeipə], blotter ['blotə]
  pijan drinker ['driŋkə], drunkard ['draŋkəd]
  pijavica zool. leech [li:č]; *p. lekárska* medicinal leech
  pikantný 1. piquant ['pi:kənt], (o jedle) spicy ['spaisi] **2.** (vzrušujúci) juicy ['džu:si]; *p. príbeh* a juicy story
  piknik picnic ['piknik]
  pikový: *p-á dáma* queen of spades
  píla 1. saw [so:]; *cirkulárna p.* a circular saw; *oblúková p.* a frame-saw; *pásová p.* a band saw; *p. na kov* a hack saw **2.** (závod) saw mill [so: mil]
  Pilát Pilate ['pailt] ● *dostať sa do čoho ako P. do kréda* get into sth. by mere chance; *chodiť od Pontia k P-ovi* send a person from pillar to post
  pilier 1. pillar ['pilə], post [pəust]; *nosný p.* supporting pillar; *mostný p.* pier [piə] **2.** pren. (opora) corner stone ['ko:nə stəun]
  pilina obyč. mn. č. *p-y* **1.** (z rezania pílou) sawdust ['so:dast] **2.** (pilníkom) filling(s) ['filiŋ(z)], shavings ['šeiviŋz]
  píliť saw* [so:]; *p. drevo* saw logs
  pílka hand-saw [hænd so:]
  pilník file [fail]; *p. na nechty* a nail-file
  pilot pilot ['pailət]; *skúšobný p.* a test pilot
  pilulka pill [pil]; *p. na spanie* a sleeping pill
  pineta hair pin [heə pin]
  pingpong hovor. table tennis ['teibl tenis]
  pinka zool. finch [finč]
  pinta (0,57 l) pint [paint]
  pinzeta tweezers ['twi:zəz], odb. pincette [pin'set]
  pionier pioneer [ˌpaiə'niə]
  pípať 1. (o vtákoch) chirp [čə:p] **2.** (o prístroji, hodinkách) peep [pi:p]
  piplať sa expr. trifle ['traifl]; *p. sa s robotou* trifle with work
  piplavý expr. trifling ['traifliŋ], slow [sləu]; *p-á robota* slow work
  pirát pirate ['pairət], corsair ['ko:seə]
  piroh 1. (so sladkou plnkou) sweetcurd ['switkə:d] **2.** (s mäsom) meatcurd ['mi:tkə:d]
  písací writing ['raitiŋ]; *p. stôl* a writing desk; *p. stroj* a typewriter; *p-ie potreby* stationery ['steišənri]

písanie writing [ˈraitiŋ]; *p. je pre deti ťažké* writing is difficult for children; *máš niečo na p.?* have you got anything to write with?

písanka copybook [ˈkopibuk], exercise book [ˈeksəsaiz ˈbuk]

písaný written [ˈritn]; *p. rukou* handwritten; *p. strojom* typewritten

pisár(ka) 1. (nižší úradník) clerk [klaːk] **2.** (kto odpisuje) copyist [ˈkopiəst] **3.** (na stroji) typist [ˈtaipəst]; *dobrý p.* a good typist

písať (v rozl. význ.) write*; *p. ceruzou* write in pencil; *p. úlohu* write a homework; *p. list* write a letter; *p. do novín* write in/for the paper

pisateľ writer [ˈraitə]

pískať 1. whistle [ˈwisl], (na hud. nástroji) blow [bləu]; *p. na prstoch* whistle through fingers; *p. na píšťale* blow a pipe **2.** (o veciach) creek [kriːk]; *dvere p-jú* the door is creeking; *rádio/budík p-a* the radio alarm clock is peeping **3.** šport. referee [ˌrefəˈriː]; *p. zápas* referee a match ● *bude ináč p.* he will change his time; *tancuje, ako ona p-a* he dances attendance to her

piskot whistling [ˈwisliŋ]; *p. divákov* hiss [his]

písmeno letter [ˈletə]; *veľké/malé p.* capital /small letter ● *do posledného p-a* fulfill something to the very letter

písmo 1. (sústava grafických znakov) script [skript], alphabet [ˈælfəbet]; *latinské p.* Roman script; *grécke p.* Greek alphabet; *slepecké p.* Braille **2.** (rukopis) handwriting [ˈhændraitiŋ]; *čitateľné/nečitateľné p.* legible /illegible handwriting **3.** *P. sväté* the Word [ðə wəːd], the Holy Bible [ˌðə holi ˈbaibl] ● *ovládať reč slovom i p-m* master the spoken and written language

písomka hovor. written exam [ˈritən igˈzæm]; *záverečná p.* paper

písomne in writing [in ˈraitiŋ], (listom) by letter; *p. oznámiť (čo)* announce sth. by letter

písomnosť document [ˈdokjəmənt]; *staré p-i* old documents

písomný written [ˈritn]; *p-á skúška* written exam(ination)

piškóta sponge cake [ˈspandž keik], biscuit [ˈbiskit]

píšťala 1. (hud. nástroj) pipe [paip] **2.** (sudcovská, detská) whistle [ˈwisl] **3.** anat. tibia [ˈtibiə]

píšťať squeek [skwiːk]; *myši p-a* mice squeek

pištoľ(a) pistol [ˈpistl]; *výstrel z p-le* a pistol shot

pištoľník gunman [ˈganmən]

piť 1. drink [driŋk], have a drink [hæv ə driŋk]; *p. varené víno* drink hot wine **2.** (opíjať sa) drink heavily [driŋk ˈhevili] **3.** (cicať) suck [sak]; *p. džús slamkou* suck the juice through a straw ● *p-je mi krv* he is sucking my blood; *p-je ako dúha* he drinks like a fish

pitevňa dissecting room [diˈsektiŋ ruːm]

pitný drinkable [ˈdriŋkəbl], drinking [ˈdriŋkiŋ]; *p-á voda* drinking water

pitva dissection [diˈsekšn], autopsy [ˈoːtəpsi]; *súdna p.* official autopsy

pitvať dissect [diˈsekt]

pitvor anteroom [ˈæntiruːm]

pivár hovor. beer-drinker [ˈbiədriŋkə]

piváreň beerhouse [ˈbiəhaus], alehouse [ˈeilhaus]

pivnica cellar [ˈselə]; *vínna p.* wine cellar

pivo beer [biə]; *fľaškové p.* bottle beer; *malé p.* short beer; *čapované p.* beer on tap; *anglické p.* ale; *čierne p.* porter, brown ale

pivónia peony [ˈpiːəni]

pivotman, pivot šport. pivot [ˈpivət]

pivovar brewery [ˈbruəri]

pivovarníctvo beerbrewing [ˈbiəˌbruːiŋ]

pivový: *p. pohár* a beer glass; *p-á fľaša* a beer bottle

pizza pizza [ˈpiːcə]

pižmo musk [mask]

pláca wages [ˈweidžiz], payment [ˈpeimənt] ● *Aká práca, taká p.* No gain without pain.

placka flat cake [ˈflæt keik], pancake [ˈpænkeik]; *zemiakové p-y* potato pancakes

plač crying [ˈkraːiŋ], weeping [ˈwiːpiŋ]; *je mi do p-u* I feel like crying, I'm on the verge of crying; *vypuknúť v p.* burst into tears; *s p-om* sobbing, in tears

plačko crybaby [ˈkraibeibi]

plačlivý tearful [ˈtiəfl], weeping [ˈwːipiŋ]

plagát placard [plæˈkaːd], poster [ˈpəustə], (divadelný) playbill [ˈpleibil], (veľkoplošný) billboard [ˈbilbɔːd]

plagiát plagiarism [ˈpleidžərizm]

plagiátor plagiarist [ˈpleidžərəst]

plagizovať plagiarize [ˈpleidžəraiz]

plachetnica sailing boat/ship [ˈseiliŋ bəut /šip], (veľká, zábavná) yacht [jot]

plachta 1. sheet [šiːt]; *posteľná p.* bed sheet **2.** (lodná) sail [seil]; *rozvinúť p-y* set sail ● *vziať (komu) vietor z p-iet* steal sb.'s thunder

plachtár šport. glider [ˈglaidə]

plachtiť 1. (vo vzduchu) glide [glaid] **2.** (na vode) sail [seil]

plachtovina canvas [ˈkænvəs]

plachý shy [šai], timid [ˈtiməd]; *p-é dievča* a shy girl; *p. ako zajac* as timid as a rabbit

plakať cry [krai], weep* [wi:p]; *p. od šťastia* weep for joy; *usedavo p.* shed bitter tears • *p. nad rozliatym mliekom* cry over spilt milk; *tu (už) nepomôže ani p.* nothing can be done

plákať, pláchať rinse [rins]; *p. bielizeň* rinse the linen

plameň flame [fleim], (prudký) blaze [bleiz], flare [fleə]; *dom v p-och* a house in flames

plameniak zool. flamingo [fləˈminŋgəu]

plamenný flaming [ˈfleimiŋ], blazing [ˈbleiziŋ], fiery [ˈfairi]; kniž. *p-á reč* a fiery speech

plameňomet flame-thrower [ˈfleimθrəuə]

plán 1. (zámer) plan [plæn]; *p. do budúcnosti* plan for the future **2.** (časový) schedule [ˈšedju:l]; *podľa p-u* according to schedule **3.** (pôdorys terénu, stavby) design [diˈzain], project [ˈprəudžəkt], plan [plæn]; *p. novej knižnice* the design for the new library; *p. konštrukcie* a construction project; *p. mesta* city/town plan; *p. pracovných síl* manpower budget

pláň plain [plein], flat country [ˈflæt kantri]; *horská p.* table land [ˈteibl lænd]

planéta 1. planet [ˈplænət]; *na tejto p-e* on this planet **2.** (osud) fortune [ˈfo:čn] • *narodiť sa pod šťastnou p-ou* be born under a good sign

planetárium planetarium [ˌplæniˈteriəm]

planina plateau [ˈplætəu]; *náhorná p.* upland plateau

planírovať hovor. level [ˈlevl], plane [plein]; *p. cestu* level the road

plánka 1. (strom) crab-tree [kræb tri:] **2.** (plod) crab-apple [kræb æpl]

plánovací planning [ˈplæniŋ]; *p. úrad* planning office

plánovač planner [ˈplænə]

plánovaný planned [plænd]; *p. výlet* a planned trip; *p-é hospodárstvo* planned economy; *p-é rodičovstvo* birth control

plánovať plan [plæn]; *p. výlet* plan a trip

planta hovor. plant [pla:nt]

plantáž plantation [plænˈteišn]

plantážnik planter [ˈpla:ntə], plantation owner [plænˈteišn ˌəunə]

planúť kniž. blaze [bleiz], (plápolať) flame [fleim], (prudko blčať) flare [fleə]; *oči mu p-ú* his eyes are blazing

planý 1. (divý, neštepený) wild [waild], crab [kræb]; *p-á jabloň* a wild/crab apple tree **2.** (zlý) wicked [ˈwikəd]; *p-á žena* a wicked woman **3.** (nedobrý, nekvalitný) bad [bæd]; *p-é jedlo* bad meal; *p-é časy* bad times **4.** (neužitočný, jalový) idle [ˈaidl], false [fo:s]; *p-é reči* idle talk; *p. poplach* false alarm

plápolať blaze [bleiz], flare [fleə], (mihotať) flicker [ˈflikə]

plást 1. honey comb [ˈhani kəum] **2.** (doskovitá vrstva) layer [leiə]

plastelína plasticine [ˈplæstəsi:n]; *farebná p.* colour(ed) plasticine

plastický 1. (v rozl. význ.) plastic [ˈplæstik]; *p-á hmota* plastic material; *p-á chirurgia* plastic surgery **2.** (priestorový) relief [riˈli:f]; *p-á mapa* relief map

plastika 1. plastic art [ˈplæstik a:t], relief [riˈli:f], sculpture [ˈskalpčə] **2.** hovor. (operácia) surgery [ˈsə:džri]

plašiť 1. (naháňať strach) scare [skeə], frighten [ˈfraitn]; *p. deti* frighten the children **2.** (zver) chase away [čeis əˈwei] // **p. sa** shy [šai]; *kôň sa p-l pri každom výstrele* the horse shied at every shot

plášť 1. (dlhý kabát) coat [kəut], cloak [kləuk]; *p. do dažďa* raincoat, mack(intosh), waterproof; *pracovný p.* smock **2.** odb. (vonkajší obal niečoho) envelope [ˈenvələup], case [keis]; *p. pneumatiky* rubber tyre, outer tube • *kam vietor, tam p.* be a weathercock, trim one's sails to the wind

pláštenka mantle [ˈmæntl]

plat 1. pay [pei]; *plný/polovičný p.* full/half pay; *týždenný p.* wages [ˈweidžiz] **2.** (úradnícky, mesačný) salary [ˈsæləri]; *veľmi malý p.* very low salary

plát slice [slais]; *p. syra* a slice of cheese

platan plane(tree) [ˈplein(tri:)]

plátať 1. (zašívať) mend [mend]; *p. košeľu* mend a shirt **2.** (prišívať záplaty) patch [pæč]; *p. nohavice* patch the trousers

platba payment [ˈpeimənt]; *zastaviť p-y* stop the payments

platca payer [ˈpeiə], remitter [reˈmitə]

plátenky canvas shoes [ˈkænvəs šu:z]

platený paid [peid]; *p. funkcionár* a paid functionary; *dobre p.* well paid

platidlo currency [ˈkarənsi], means of payment [mi:nz əv ˈpeimənt]; *tvrdé p.* hard currency

platina platinum [ˈplætənəm]

platiť 1. pay* [pei]; *p. nájomné* pay the rent; *p. v hotovosti* pay in cash; *p. na splátky* pay in instalments; *p. vopred* pay in advance 2. (byť v platnosti) be* valid [bi: 'vælid]; *lístok p-í tri dni* the ticket is valid for three days; *čo som povedal, to p-í* whatever I have said, applies/goes; *o tom p-a osobitné predpisy* special rules apply regarding the matter; *toto pravidlo p-í* this rule applies; *zákon p-í od 1. januára* the law is in force as of January 1; *platí!* agreed!, okay!

platiteľ payer ['peiə], remitter [re'mitə]

platňa 1. plate [pleit], sheet [ši:t]; *oceľová p.* a steel plate 2. (gramofónová) record ['reko:d]; *pustiť si p-u* play the record 3. (na sporáku) hotplate ['hotpleit]

plátno 1. linen (cloth) ['linən (kloθ)], (hrubé) coarse cloth [ko:s kloθ] 2. (maliarske) canvas [kænvəs] 3. (premietacie) screen [skri:n]; *na striebornom p-e* on the screen

platnosť validity ['væləditi]; *p. pasu* the validity of the passport; *s p-ou od...* with effect from...; *zákon je ešte v p-ti* the law still holds/the law is still in effect

platný 1. (záväzný) valid ['væləd]; *p. pas* a valid passport; *podľa p-ch predpisov* in accordance with regulations in force; *p-á minca* a good coin 2. (účinný) effective [i'fektiv]; *kedy bude zmluva p-á?* when does the agreement become effective? *málo p-é* little use

platobný of payment [əv 'peimənt]; *p-á bilancia* balance of payment; *p-é podmienky* terms of payment

plátok 1. (potraviny) slice [slais]; *p. šunky/citrónu* a slice of lam/lemon 2. pejor. (podradná tlač) rag [ræg], yellow paper ['jeləu peipə]

platonický Platonic [plæ'tonik]; *p-á láska* Platonic love

platový of pay/wage/salary [əv pei/weidž /'sæləri]; *p-á stupnica* pay/salary scale; *p-é zaradenie* point on pay, salary scale; *p. postup* increments

plavák float [fləut]

plaváreň swimming pool ['swimiŋ pu:l]; *otvorená p.* an open air swimming pool

plávať 1. swim* [swim]; *p. prsia* swim breast-stroke; *p. znak* swim back-stroke; *p. voľným spôsobom* swim crawl-stroke; expr. *p. ako sekera* swim like a brick 2. (o plavidle) sail [seil]; *p. cez Atlantik* sail across the Atlantic 3. (voľne sa niesť na vode) drift [drift],

float [fləut]; *drevo p-a v rieke* a piece of wood is drifting down the river 4. hovor. expr. *p. na skúške* plough an exam ● *nechať čo p.* give a thing a miss

float – byť nadnášaný
swim – prekonávať vzdialenosť na/vo vode

plavba 1. (cestovanie loďou) sailing ['seiliŋ], voyage ['voiidž]; *p. dolu riekou* sailing down the river; *p. z Anglicka do Ameriky* a voyage from England to America; *zábavná p.* cruise 2. (doprava po vode) shipping ['šipiŋ]; *obchodná p.* merchant shipping

plavčík 1. (na lodi) cabin boy ['kæbin boi], deckhand ['dekhænd] 2. (na plavárni, pláži) lifeguard [laifga:d]

plavec swimmer ['swimə]

plavidlo vessel ['vesl]

plaviť (dopravovať vodným tokom) float [fləut], (plťou) raft [ra:ft]; *p. drevo* float timber // **p. sa** sail [seil], (na plti) raft [ra:ft]

plávka chantarelle [,čæntə'rel]

plavky 1. (dámske) swimsuit ['swimsu:t], bathing costume ['beiðiŋ ,kostju:m] 2. (pánske) swimming/bathing trunks ['swimiŋ /'beiðiŋ traŋks]

plavovláska blonde [blond]

plavovlasý blond [blond], fair-haired [,feə'heəd]; *p-é dievča* a fair-haired girl

plavý blond [blond]

plaz reptile ['reptail]; *had je p.* a snake is a reptile

plaziť sa 1. (o plazoch) slither ['sliðə]; *had sa p-í po tráve* a snake is slithering through the grass 2. (o človeku, zvieratách) crawl [kro:l]; *dieťa sa p-lo po izbe* the baby crawled across the room 3. (o rastline) trail [treil]

plazma plasma ['plæzmə]; *krvná p.* blood plasma

pláž beach [bi:č], kniž. strand [strænd]

plebejec plebeian [pli:'biən]

plece shoulder ['šəuldə]; *široké p-ia* broad shoulders; *pokrčiť p-ami* shrug one's shoulders ● *vziať/zobrať nohy na p-ia* beat it, run away, take off

plecnatý broad-shouldered [brəud 'šəuldəd]; *p. muž* a broad-shouldered man

plecniak rucksack ['raksæk]

plečka weeder ['wi:də]; *motorová p.* a motor-weeder

pléd (prehoz) plaid [plæd]

P

plech 1. (kovový materiál) metal plate ['metl pleit]; *biely p.* tin; *vlnitý p.* corrugated iron **2.** (nádoba na pečenie) cake/baking sheet [keik /'beikiŋ ši:t]
plecháč hovor. tin pot [tin pot]
plechavieť grow bald [grəu bo:ld]
plechavý bald(headed) ['bo:ld(hedəd)]
plechovka can [kæn], tin [tin]; *prázdna p.* an empty tin
plejbek playback ['pleibæk]
plemenárstvo breeding ['bri:diŋ]
plemenný brood [bru:d], kept for breeding [kept fə 'bri:diŋ]; *p-á kobyla* a broodmare; *p-a prasnica* a brood-sow; *p-á ovca* ewe [ju:]; *p. statok* breeding stock; *p. kôň* stallion
plemeno 1. (ľudská rasa) race [reis]; *biele /čierne p.* white/black race **2.** (národ) nation ['neišn]; *slovanské p.* Slavonic/Slavic nation **3.** (skupina zvierat) breed [bri:d], stock [stok]
plen loot [lu:t], plunder ['plandə]; *tatársky p.* Tartar/Tartarian plunder
plenárka hovor. plenary session/meeting ['pli:nəri sešn/mi:tiŋ]
plenárny plenary ['pli:nəri]
plenta screen [skri:n]; *ísť za p-u* go behind the screen
plénum general assembly [,džɑ:nərəl ə'sembli]; *byť členom pléna* be a memeber of the general assembly; *otázky z p-a* questions from the floor
ples ball [bo:l]; *maškarný p.* fancy dress ball
plesať expr. rejoice [ri'džois]; *p. nad víťazstvom* rejoice over the victory
pleseň mould [məuld], mildew ['mildju:]; *p. zemiaková* potato blight [po'teitəu blait]
plesnivec bot. edelweiss ['eidlvais]
plesnivieť grow* mouldy [grəu 'məuldi], moulder ['məuldə]; *staré múry p-ejú* old walls grow mouldy
plesnivý mouldy ['məuldi]; *p. syr* mouldy /blue cheese
pleso tarn [ta:n], mountain lake ['mauntin ˌleik]
plesový ball [bo:l]; *p-é šaty* evening dress
plešina bald head ['bo:ld hed], bald spot [bo:ld spot]
plešivieť grow* bald [grəu bo:ld]; *hlava mu p-e* his head is growing bald
plešivý bald(headed) ['bo:ld(hedəd)]; *p. človek* a bald(headed) man

pleť complexion [kəm'plekšn], skin [skin]; *suchá p.* dry complexion
pletací knitting ['nitiŋ]; *p. stroj* a knitting machine
pletenec 1. (pečivo) twisted cake/roll ['twistəd keik/rəul] **2.** (niečo vzniknuté pletením) plait [plæt]; *p. vlasov* a plait (of hair); *p. cibule* a bunch of onions
pletenie knitting ['nitiŋ]
pletený knitted ['nitəd]; *p-é šaty* a knitted dress; *p. nábytok* wicker furniture
pletiareň knitting mill ['nitiŋ mil]
pletivo 1. (pletený materiál) mat [mæt], netting ['netiŋ]; *drôtené p.* wire netting; *husté p.* mat **2.** biol. tissue ['tišu:], web [web]
pletka 1. (maličkosť) trifle ['traifl]; *vyhodiť peniaze na p-y* spend money on trifles **2.** (ľúbostná) love affair ['lav ˌəfeə]; *mať ľúbostné p-y* have some love affairs
pleťový face [feis], skin [skin]; *p. krém* face cream; *p-á maska* face pack; *p-á voda* skin lotion
pleva chaff [ča:f], husk [hask] ● *má peňazí ako p-iev* he has oodles of money; *oddeliť p-y od zrna* separate the chaff from the grain
plexisklo plexiglass ['pleksigla:s]
plch dormouse ['do:maus]
pliaga plague [pleig], scourge [skə:dž]; *Európa v stredoveku trpela mnohými p-mi* Europe suffered many plagues in the Middle Ages; *p. ľudstva* scourge of mankind
pliecko (časť mäsa zvieraťa) shoulder ['šouldə], neck [nek]; *bravčové p.* a spring of pork; *teľacie p.* a scrag of veal
plieniť (pustošiť) plunder ['plandə], (rabovať) loot [lu:t]; *nepriateľ p-l dediny a mestá* the enemy plundered the towns and villages; *armáda p-la obkľúčené mestá* the army looted the captured towns
plienka nappy ['næpi], AM diaper ['daiəpə] ● *byť ešte v p-ch* be budding
plieskať 1. (spôsobovať prenikavý zvuk úderom) crack [kræk]; *p. bičom* crack the whip **2.** (udierať, trepať) slap [slæp]; *p-la ho po tvári* she slapped his face **3.** expr. (prudko hádzať) slap [slæp]; *p-l knihy na zem* he slapped the books down on the floor
pliesť 1. (sveter ap.) knit* [nit]; *p. sveter* knit a sweater **2.** (vrkoč, kôš a pod.) plait [plæt], AM braid [breid]; *p. si vlasy* plait one's hair; *p. si kožený remeň* plait a leather belt **3.** (mýliť, miasť) confuse [kən'fju:z]; *nep-eť ma* don't

confuse me **4.** expr. (hovoriť nezmysly) talk nonsense [toːk 'nonsns] ● *p. hlavu (koho)* addle a person's brain // **p. sa 1.** hovor. interfere [ˌintə'fiə]; *nep-eť sa do cudzích vecí* don't interfere in other people's affairs **2.** (mýliť sa) make* a mistake [meik ə mis'teik], be* mistaken [biː mis'teikn] ● *p-etie sa mu jazyk* his tongue is heavy (with drink)

plieť weed [wiːd]; *p. záhradu* weed the garden

plisovať pleat [pliːt], kilt [kilt]; *p. sukňu* pleat a skirt

plnenie 1. filling ['filiŋ], (fliaš) bottling ['botliŋ]; **2.** (sľubov) fulfilment [ful'filmənt]

plnený filled [filəd], stuffed [staft]; *p-é kurča* stuffed chicken

plniaci filling ['filiŋ], loading ['ləudiŋ]; *p-e pero* fountain pen

plniť 1. (robiť plným) fill [fil]; *p. poháre mliekom* fill the glasses with milk **2.** (spĺňať) fulfill [ful'fil]; *p. podmienky zmluvy* fulfill the conditions of the contract // **p. sa 1.** fill [fil]; *nádrž na olej sa p-í* the oil tank is filling **2.** (uskutočňovať sa) come* true [kam truː]; *sny sa jej začali p.* her dreams started to come true

plnka filling ['filiŋ], stuffing ['stafiŋ]; *čokoládová p.* chocolate filling/cream

plno I. čísl. a lot of [ə lot əv], plenty of ['plenti əv]; *maťp. práce* have plenty of work; *p. rečí* plenty of talk; *p. ľudí* a crowd of people **II.** prísl. **1.** (úplne, plne) fully ['fuli]; *p. súhlasiť* fully agree **2.** (naplnený priestor) full [ful]; *v dome bolo p.* there was a full house; *v reštaurácii je p.* the restaurant is full

plnoautomatický, plnoautomatizovaný fully automatic ['fuli ˌoːtə'mætik]; *p-á práčka* a fully automatic washing machine

plnohodnotný full value [ful 'væljuː]; *p-á strava* high quality food

plnokrvný thoroughbred ['θarəbred]; *p. kôň* a thoroughbred horse

plnoletosť being of age ['biːiŋ əv eidž], majority [mæ'džorəti]; *dosiahnuť p.* come of age, become a major

plnoletý of age [əv eidž]; *byť p.* be of age

plnoprávny of full rights [əv ful raits]; hovor. fully fledged ['fuli fledžd]; *p. občan* a citizen of full rights; *p. člen* a fully fledged member

plnoštíhly half-slim ['haːf slim], evenly slender ['ivənli slendə]; *p-a postava* a half slim figure

plnotučný full-fat ['fulfæt]; *p. syr* full-fat cheese; *p. mlieko* full cream milk

plný 1. (op. prázdny) full [ful], hovor. packed [pækt]; *p. pohár vody* a glass full of water; *na p. žalúdok* on a full stomach; *námestie p-é ľudí* a square packed with people **2.** (úplný) full [ful]; *p. mesiac* full moon; *p. zásah* straight hit **3.** práv. plenary ['pliːnəri]; *p-á moc* plenary power **4.** (bez dutín) solid ['soləd]; *p-é tehly* solid bricks **5.** (oblý) round(ed) ['raund(id)], full [ful]; *p-á postava* a round figure; *p-é pery* full lips **6.** (zvučný) rich [rič]; *p. hlas* a rich voice ● *mať p-é gate* be in a blue funk; *p-é ruky práce* hands full of work

plod 1. fruit [fruːt]; *lesné/tropické p-y* forest/tropical fruits **2.** (zárodok v tele matky) foetus ['fiːtəs], embryo ['embriəu] **3.** (výsledok) product ['prodakt], result [ri'zalt]; *p-y usilovnej práce* the products of hard work; *literárne p-y* literary results

plodina plant [plaːnt], crop [krop]; *priemyselné p-y* industrial plants; *hlavné p-y Jamajky sú banány a cukor* bananas and sugar are the main staples of Jamaica

plodiť (v rozl. význ.) produce [prə'djuːs]; *tieto stromy p-a jablká* these trees produce apples; *p. deti* produce children; kniž. *každá lož p-í nedorozumenia* every lie produces misunderstandings // **p. sa** reproduce [ˌriːprə'djuːs]; *ryby sa p-a kladením ikier* fish reproduce by laying eggs

plodnosť fertility [fə'tiləti]; *znak p-ti* a fertility symbol

plodný 1. (v rozl. význ.) fertile ['fəːtail]; *p-á pôda* fertile soil; *p-á samica* a fertile female **2.** (tvorivý) productive [prə'daktiv]; *p. spisovateľ* a productive writer

plodový foetal ['fiːtl]; *p. koláč* placenta

plocha 1. (dvojrozmerný útvar) surface ['səːfəs]; *hladká p.* smooth surface; *štartovacia p.* a take off area **2.** geom. plane [plein] ● *dostať sa na šikmú p-u* go off the straight and narrow

plochý flat [flæt]; *p-é nohy* flat feet; šport. *p-á dráha* speedway

plomba 1. leaden seal ['ledn siːl] **2.** (zubná) stopping ['stopiŋ], filling ['filiŋ]

plombovať 1. seal with lead [siːl wið led] **2.** (zuby) stop [stop], fill [fil]; *p. zuby* fill the teeth

plošina 1. (plochá krajina) plateau ['plætəu], flat land [flæt lænd] **2.** (nástupište) platform ['plætfoːm]

P

plošný *p-á miera* square measure [skweə mežə]

ploštica (bed) bug [(bed)bag] ● (expr.) *drzý ako p.* as bold as a brass monkey

plot fence [fens]; *skákať cez p.* jump over the fence; *živý p.* hedge [hedž] ● *sám ako kôl v p-e* as lonely as a long distance runner/like a sore thumb

plsť felt [felt]

plstený felt [felt]; *p-é papuče* felt slippers

plť raft [ra:ft]; *plávajúca p.* a floating raft

pltník rafter ['ra:ftə], raftsman ['ra:ftsmən]

pľúca lungs [laŋz]; *zdravé p.* healthy lungs; *zápal p-c* pneumonia

pľúcka (jedlo) lights [laits]

pľúcnik bot. lungwort ['laŋwə:t]

pľúcny pulmonar(y) ['palmənr(i)], lung [laŋ]; *p-e choroby* pulmonary diseases

pluh plough [plau]; *snehový p.* a snow plough

pľuha pejor. dirt [də:t], drab [dræb], slut [slat]

pľuhavý expr. ugly ['agli]; *p-é počasie* ugly weather

pluk regiment ['redžəmənt]; *peší p.* infantry regiment

plukovník colonel ['kə:nl]

plurál gram. plural ['plurəl]

plus I. spoj. mat. plus [plas]; *päť p. tri* five plus three II. prísl. mat. plus [plas]; *p. desať stupňov nad nulou* plus ten degrees above zero III. neskl. 1. (znak sčítania) plus [plas] 2. hovor. (prednosť, klad) plus [plas], advantage [əd'va:ntidž]; *rýchlosť je jeho p.* speed is his advantage

pluskvamperfektum gram. pluperfect [ˌplu:'pə:fikt]

pľušť sleet [sli:t]; *jesenné p-te* autumnal sleets

pľuť spit* [spit]; *nep-jte na dlážku* no spitting on the floor

plutva 1. fin [fin] 2. (potápačská) flipper ['flipə]

pľuvanec spit [spit]

pľuvať spit* [spit]

pľuzgier blister ['blistə]; *mám p.* I've got a blister

plyn (rozpínavá látka i palivo) gas [gæs]; *množstvo p-u* the volume of gas; *otrava p-om* gas poisoning; *pridať p.* step on the gas

plynáreň gasworks ['gæswə:ks]

plynný¹ gassy ['gæsi], gaseous ['gæsiəs]; *p-é skupenstvo* gaseous state

plynný² (plynulý) fluent ['flu:ənt]; *p-á reč* fluent speech

plynojem gas holder ['gæs ˌhəuldə]

plynomer gasometer [gæ'somi:tə]

plynovod gas-pipe ['gæspaip], gas-main ['gæsmein]; *diaľkový p.* a long-distance gas pipeline

plynulý fluent ['flu:ənt], (nepretržitý) continuous [kən'tinjuəs]; *p-é zásobovanie* continuous catering; *p-á výroba* continuous/flow production

plynúť kniž. 1. flow [fləu], stream [stri:m]; *rieka tíško p-ie* the river flows quietly 2. (ubiehať) pass [pa:s], elapse [ə'læps]; *čas p-ie rýchlo* the time passes quickly

plyš plush [plaš]

plyšový plush [plaš]; *p. vankúš* plush pillow; *p. medvedík* teddy bear

plytčina shallows ['šæləuz]; *p. pri ústí rieky* the shallows near the mouth of the river

plytký 1. (op. hlboký) shallow ['šæləu]; *p-á voda* shallow water; *p. tanier* dinner plate 2. (povrchný) superficial [ˌsu:pə'fišl]; *p-é vedomosti* superficial knowledge

plytvať waste [weist], squander ['skwondə]; *p. slovami* waste words; *p. peniazmi* squander one's money

plzenské (pivo) Pilsner beer ['pilznə biə]

pĺznuť moult [məult], shed hair [šed heə]; *psy obyčajne na jar p-u* dogs usually moult in spring

pneumatika tyre ['taiə]; *vymeniť p-u* change the tyre

po I. predl. A) s A. 1. (priestorová, časová al. číselná hranica) as far as [æz fa: æz], to [tə], up to [ap tə]; *ísť až po radnicu* go as far as the town-hall; *odprevadiť po školu* accompany to school; *po kolená* up to the knees; *lúka siaha po rieku* the meadow spreads up to the river; *dostať sa len po 50* get only to 50 2. (účel, cieľ) for [fo:]; *ísť po vodu* go for water; *ísť po lekára* go for a doctor/call the doctor 3. (časové úseky) for [fo:], all [o:l], throughout [θru:'aut]; *staré tradície trvajú po stáročia* old traditions last for centuries; *po celý deň* all day long; *po celý rok* throughout the year 4. (rozloženosť na časti) apiece [ə'pi:s], each [i:č]; *kivi je po 5 korún za kus* kiwi is 5 crowns apiece; *kapusta je po 10 korún* cabbage is 10 crowns each 5. (poradie) for [fo:]; *vidieť (čo) po prvý raz* see sth. for the first time; *(pri vyratúvaní) po prvé* first(ly) B) s L. 1. (smerovanie) on [on], along [əˈloŋ]; *po klávesnici* on the keyboard; *po tráve* on the grass; *udrieť po hlave* hit on the head; *chodiť po nábreží* walk along the river bank; *chodiť po svete* travel around the world **2.** (spôsob) on [on]; *ísť po špičkách* go on tiptoes **3.** (rozloženosť) by [bai], in [in]; *vstupovať po jednom* enter one by one; *po častiach* in instalments **4.** (cieľ) round [raund]; *chodiť po obchodoch* go round the shops **5.** (následnosť v čase al. poradí) after [ˈaːftə]; *po Vianociach* after Christmas; *jeden po druhom* one after another **6.** (pôvod) of [əv], from [from]; *voňať po mydle* smell of soap; *zdediť po rodičoch* inherit from parents **7.** (väzba po slovesách, menách) *po lopate* in plain language; *zamilovaný po uši* over head and ears in love; *študovať po nociach* burn the midnight oil; *mať po krk (čoho)* be fed up with sth. **II.** časť. **1.** (distribúcia) for [foː], by [bai]; *predávať po dve koruny* sell for two crowns; *sedia po dvoch* they sit two by two **2.** prísl. spôs. in [in]; *kniha je napísaná po anglicky* the book is written in English; *hovoriť po anglicky* speak English

pobabrať expr. **1.** (pokaziť) mess (up) [mesˈap], spoil [spoil]; *p. skúšku* mess up an exam; *p. si život* spoil one's life **2.** (zašpiniť) soil [soil]; *p. si ruky atramentom* soil the hands with ink

pobádať incite [inˈsait], stimulate [ˈstimjəleit]; *p. na povstanie* incite to uprising; *p. do práce (koho)* stimulate a person to work; *p. koňa* (ostrohami) spur on a horse

pobalamutiť expr. confuse [kənˈfjuːz], mislead [ˌmisˈliːd]; *p. dievča peknými rečami* confuse a girl with sweet words

pobaliť pack (up) [pæk (ap)], wrap (up) [ræp (ap)]; *p. si kufor* pack the suitcase; *p. si zošity* wrap the copybooks // **p. sa** pack up [pæk ap]; *už si sa p-l?* have you already packed up?

pobaviť amuse [əˈmjuːz]; *ten vtip ho p-l* that joke amused him // **p. sa** amuse oneself [əˈmjuːz ˌwanˈself]; *deti sa p-li* the children amused themselves

pobehaj pejor. vagabond [ˈvægəbənd], rogue [rəug]; *on je len taký p.* he is such a rogue

pobehlica wanton [ˈwontən]

poberať admin. get* [get]; *p. plat* get a salary; *p. dávky nemocenského poistenia* be on sickness benefit; *p. príspevok v nezamestnanosti* be on unemployment benefit, hovor. be on a dole

pobiť **1.** (usmrtiť) kill [kil]; *p. zver* kill the game **2.** (rozbiť) break* [breik]; *p-li všetky poháre* they broke all glasses **3.** (pokryť, obiť) cover [ˈkavə], (plechom) plate [pleit]; *p. strechu plechom* plate the roof // **p. sa** fight with each other [fait wið iːč aðə]; *chlapci sa p-li* the boys fought with each other

pobláznit' expr. make* crazy [meik ˈkreizi] // **p. sa** go/be crazy [gəu/biː ˈkreizi]; *p. sa do lyžovania* be crazy about skiing

poblednúť go* rather pale [gəu ˈraːðə peil]; *tvár mu p-la* his face went rather pale

poblúdiť **1.** (stratiť smer, zablúdiť) lose* one's way [luːz wanz wei]; *p. v hore* lose one's way in the woods **2.** kniž. (odchýliť sa od správnych názorov) go* astray [gəu əˈstrei], be* led astray [ˌbiː led əˈstrei]; *chlapec p-l* the boy went astray

pobočka branch-office [ˈbraːnčˌofis], subsidiary [səbˈsidiəri]; *p. Poľnohospodárskej banky* the Branch office of the Agricultural bank

pobočník adjutant [ˈædžətnt]; *p. generála* aide-de-camp [ˌeid də ˈkaːmp]

pobosorovať expr. cast* a spell [kaːst ə spel], bewitch [biˈwič]; *p-la mu* she cast a spell on him

pobozkať (koho, čo komu) kiss [kis] (on); *p. dieťa na čelo* kiss a child on the forehead // **p. sa** kiss each other [kis iːč aðə]

pobožnosť **1.** (r.-kat. omša) Mass [mæs] (bohoslužba) divine/religious service/Christian worship **2.** (zbožnosť) devotion [diˈvəušn], piety [ˈpaiəti]

pobožný devout [diˈvaut], pious [ˈpaiəs]; *p. katolík* a devout catholic; *p-á žena* a pious woman

pobrať **1.** (zobrať) take* away [teik əˈwei]; *p-l všetky knihy* he took away all books **2.** (nezákonne odňať) rob a person [rob ə ˈpəːsn]; *vlamač im p-l všetky peniaze* the burglar robbed them of all their money

pobrať sa **1.** (začať kráčať, cestovať) leave* [liːv], set* out [set aut]; *žiaľ, musíme sa p.* sorry, we must be leaving; *p-l sa na výlet* he set out on a trip **2.** (pustiť sa do čoho) set* [set]; *p. sa do práce* set to work

pobrežie coast [kəust], (sea) shore [(ˈsiː) šoː], seaside [ˈsiːsaid]; *na p-í* on the coast /seashore/seaside

pobrežný coast(al) [ˈkəust(l)]; *p-á polícia* coast guards; *p-é vody* coastal waters

pobrušnica anat. peritoneum [ˌperitəuˈniəm]; *zápal p-e* peritonitis [ˌperitəuˈnaitəs]

P

pobudnúť stay (a while) [stei (ə wail)]; *priateľ u nás p-ol dva dni* our friend stayed with us for two days

pobúrenie commotion [kə'məušn]; *vysoké dane vyvolali p.* high taxes caused commotion

pobúriť 1. (podráždiť) irritate ['irəteit]; *zlá správa ho p-la* the bad news irritated him 2. (popudiť) exasperate [ig'za:spəreit]; *bola som p-ená jeho správaním* I was exasperated by /at his behaviour

pobyt stay [stei]; *počas p-u* during the stay; *prechodný p.* sojourn ['sodžə:n]; *trvalý p.* place of (permanent) residence; *povolenie p-u* residence permit

pocínovať tin [tin], tin-plate [tin pleit]

pocit 1. (citový zážitok) sensation [sen'seišn], feeling ['fi:liŋ]; *p. neistoty* a feeling of insecurity 2. (vedomie niečoho) sense [sens]; *p. bezmocnosti* a sense of helplessness

pocítiť 1. (zacítiť) feel* [fi:l], sense [sens]; *p. bolesť* feel pain; *p. nebezpečenstvo* sense danger 2. (uvedomiť si) perceive [pə'si:v]; *p-l, že je nevítaný* he perceived he was unwelcomed

pocta honour ['onə]; *je to pre nás veľká p.* it's a great honor for us; *vzdať p-u* salute; voj. *K p-e zbraň!* Present arms!

poctiť honour ['onə], favour ['feivə]; *p. návštevou* honour with a visit; *p. cenou* award a prize

poctivosť honesty ['onəsti]

poctivý 1. (statočný) honest ['onəst]; *p. človek* an honest man 2. (pohlavne nedotknutý) chaste [čeist]; *p-é dievča* a chaste girl

pocukriť sugar ['šugə]; *p. koláč* sugar the cake

počarbať expr. scribble ['skribl]

počariť 1. (urieknuť) bewitch [bi'wič], cast a spell ['ka:st ə spel]; *p-la mu* she bewitched him 2. expr. (uchvátiť) enchant [in'ča:nt]; *hudba mu vždy p-í* he is always enchanted by music

počas during [ˈdjuriŋ]; *p. vojny* during the war

počasie weather ['weðə]; *predpoveď p-ia* a weather forecast

počastovať (pohostiť) treat [tri:t], offer ['ofə]; *p. vínom* treat a person to/with wine

počať kniž. 1. (začať) begin* [bi'gin], start [sta:t]; *p-l rátať od začiatku* he started to count from the beginning 2. (o žene) conceive [kən'si:v]; *p. dieťa* conceive a child ● *čo si p-nem?* what shall I do?, how shall I manage?

počatie (dieťaťa) conception [kən'sepšn]

počerný blackish ['blækiš], dark complexion(ed) [da:k kəm'plekšn(d)]

počesť honour ['onə]; *na p. víťazstva* in honour of victory

počestný honest ['onəst]; *p-í občania* honest citizens

počet 1. (číselne vyjadriteľné množstvo) number ['nambə]; *v plnom p-te* in full numbers; *veľký p. divákov* a great number of spectators; *zišli sa v plnom p-te* they turned out in full strength 2. (mat. systém) calculus [kæl'kju:ləs]; *diferenciálny p.* differential calculus

počiatočný initial [i'nišl]; *p-é ťažkosti* initial difficulties

počiatok 1. (pôvod, prameň) source [so:s], origin ['orədžən]; *p. nešťastia bol v nedbanlivosti šoféra* the origin of the accident was in the carelessness of the driver 2. (prvé obdobie niečoho) obyč. mn. č. beginnings [bi'giniŋz]; *p-ky slovenskej literatúry* the beginnings of the Slovak literature 3. (začiatok) beginning, start [sta:t]; *od p-ku až do konca* from the beginning to the end ● *každý p. je ťažký* nothing is easy at the start

počínanie (konanie, správanie) doing ['duiŋ], action ['ækšn], performance [pə'fo:məns]; *múdre p.* a clever action

počítací calculating ['kælkjəleitiŋ]; *p. stroj* computing machine, data computer

počítač 1. (stroj na spracovanie informácií) computer [kəm'pju:tə], (starší zratúvací) counter ['kauntə] 2. (prístroj na zaznamenávanie počtu al. spotreby) meter ['mi:tə]; *p. spotreby plynu* a gas meter

počítadlo (guľôčkové) abacus ['æbəkəs]

počítať 1. (rátať, zisťovať počet) count [kaunt]; *p. peniaze* count the money 2. (riešiť matematickú úlohu) calculate ['kælkjəleit], do* arithmetic sums [du æriθmətik sams]; *p. rovnicu* calculate an equation 3. (predpokladať) reckon (with/on) ['rekən (wið/on)]; *p-m, že príde* I reckon he'll come 4. (zaraďovať, zahŕňať) count [kaunt]; *je nás šesť, p-júc mojich rodičov* there are six of us counting my parents 5. (požadovať istú sumu) charge [ča:dž]; *koľko p-eš za...?* how much do you charge for...? *počítajúc (do toho)* including

počkať wait [weit]; *p. chvíľu* wait a minute /a little; *p. s odchodom* wait with the departure

počtár arithmetitian [ə,riθmə'tišn]; *dobrý p.* a good arithmetitian

počty (vyučovací predmet) mathematics [,mæθə'mætiks], hovor. maths [mæθs]

počuť (v rozl. význ.) hear* [hiə]; *p-jem hudbu* I can hear some music; *p-jem dobre* I can hear well; *o tom som ešte nep-l* I haven't heard of it yet; *nechce o tom ani p.* he won't even hear about it

počúvať 1. (vnímať sluchom, načúvať) listen ['lisn]; *p. rádio* listen to the radio **2.** (dozvedieť sa) hear* [hiə]; *p-m, že chceš odísť* I hear you want to leave **3.** (poslúchať) obey [ə'bei]; *p-j svojich rodičov* obey your parents

> **listen** – vedome a cielene vnímať zvuky
> *Listen and repeat the sentence.*
> **hear** – uvedomovať si doliehajúce zvuky
> *I hear the cat purr.*

pod, podo predl. **A)** s A. **1.** (smerovanie nižšie od koho, čoho) under ['andə]; *skryť p. posteľ* hide under the bed; *padnúť p. stôl* fall under the table **2.** (podliehanie inštitúcii, útvaru, sile) to [tə], under ['andə]; *patriť p. fakultu* belong to the faculty **3.** (miera) below [bi'ləu], under ['andə]; *teplota klesla p. nulu* the temperature dropped below zero; *p. priemer* under the average **4.** (účel, cieľ) in [in], into ['intə], under ['andə]; *vziať dieťa p. opateru* take a child into care; *p. ochranu* under protection **B)** s L. **1.** (miesto položené nižšie od niečoho, niekoho) under ['andə], below [bi'ləu]; *sedieť p. stromom* sit under the tree; *plávať p. hladinou* swim below the surface of the water **2.** (podliehanie inštitúcii, útvaru, sile) under ['andə]; *pracovať p. prísnym vedením* work under strict management **3.** (spôsob, prostredníctvo, miera) under ['andə], below [bi'ləu]; *p. cudzím menom* under a false/assumed name; *predať p. cenou* sell below cost; *teplota p. nulou* temperature below zero **4.** (príčina, dôvod) under ['andə]; *p. tlakom rodičov* under the pressure of parents; *p. hrozbou smrti* under the threat of death **5.** (podmienka) on [on], under ['andə]; *p. podmienkou, že* on condition that, under the condition ● *spitý p. obraz boží* plastered /dead drunk

> **below** – ak jedna vec nie je presne pod druhou
> *below the summit of the mountain*
> **under** – ak jedna vec úplne alebo čiastočne prekrýva druhú
> *The dog likes to sit under the chair.*

podací posting ['pəustiŋ]; *p. lístok* postal receipt

poďakovanie thanking ['θæŋkiŋ], thanks [θæŋks] ● *Deň p-a/vďakyvzdania* (v USA – posledný štvrtok v novembri) Thanksgiving Day

poďakovať (sa) thank [θæŋk]; *p. sa za knihu* thank for the book

podanie 1. (listu, oznámenie úradu) filing ['failiŋ], posting ['pəustiŋ]; *p. žiadosti* filing of petition/application; *p. žaloby* filing of a complaint/suit; *p. listu* posting a letter; *miesto p-a* place of origin **2.** (spôsob stvárnenia) presentation [ˌprezn'teišn], interpretation [inˌtə:prə'teišn], performance [pə'fo:məns]; *realistické p.* realistic presentation; *spôsob p-a* method of presentation; *ústne p.* oral tradition **3.** šport. serve [sə:v]

podarený 1. (vydarený) great [greit], capital ['kæpitl]; *p. pokus* a great experiment; *mal p. prejav* he made a capital speech **2.** expr. (komický): *p. človek* quite a man

podariť sa 1. (vydariť sa) turn out well [tə:n aut wel]; *operácia sa p-la* the operation has turned out well **2.** (dosiahnuť úspech) succeed [sə'ksi:d]; *p-lo sa mu vyriešiť problém* he succeeded in solving the problem

podaromnici expr. in vain [in vein], vainly ['veinli], uselessly ['ju:sləsli]; *p. čakať* wait in vain; *p. míňať peniaze* spend money uselessly

podať 1. (dať do ruky) hand (over) [hænd ('əuvə)], pass [pa:s]; *p-j mi tú knihu* hand me that book, please; *p-j mi soľ* pass me the salt, please **2.** (chytiť dlaň iného) give* [giv], lend* [lend]; *p. ruku (komu)* (aby nespadol) give a person a (helping) hand, (pri pozdrave) shake hands [šeik hændz]; *priatelia si p-li ruky* the friends shook hands **3.** (predložiť, ponúknuť) offer ['ofə], give* [giv]; *p. pohár vody* offer a glass of water; *p. liek chorému* give some medicine to the patient **4.** (úradne predložiť) file [fail], hand in [hænd in], register [re'džistə]; *p. žiadosť* file an application; *p. demisiu* hand in one's resignation; *p. doporučený list* register a letter; *p. návrh* propose a motion; *p. návrh zákona* introduce a bill; *p. sťažnosť* lodge a complaint **5.** (ukázať, predviesť) perform [pə'fo:m]; *mužstvo p-lo dobrý výkon* the team was performing well

podať sa (zdediť podobu, vlastnosti) resemble [ri'zembl], take* after [teik 'a:ftə]; *p-l sa na otca* he resembles his father

podateľňa filing room ['failiŋ ru:m], registry ['redžəstri]

podávací *p. úrad* issuing office, office of posting; *p. protokol* journal; *p. pás* delivery belt, conveyer (belt)

podávač 1. (živ.) handy-man ['hændi-mən] **2.** (neživ.) conveyer [kən'veiə]

podávateľ 1. (žiadosti) applicant ['æplikənt] **2.** (zásielky) sender ['sendə]

podbeľ bot. colt's foot [kəults fut]

podberák landing net ['lændiŋ net]

podbiť (obuv) sole [səul]; *dať si p. topánky* have the shoes soled

podbradník 1. (detský) bib [bib] **2.** (remeň na prilbe, klobúku) chin strap [čin stræp]

podbradok double chin ['dabl čin]

podbrušie abdomen ['æbdəmen]; *bolesti v p-í* pains in abdomen

podceniť underrate [,andə'reit], underestimate [,andə'estəmeit]; *p-l nepriateľa* he underrated the enemy; *p. nebezpečenstvo* minimize the danger

podčiarknuť 1. underline [,andə'lain]; *p. chyby* underline the mistakes **2.** kniž. (zdôrazniť) emphasize ['emfəsaiz], stress [stres]

poddajný 1. (tvárny) yielding ['ji:ldiŋ]; *p. materiál* yielding material **2.** (ústupčivý, ľahko ovplyvniteľný) amenable [ə'mi:nəbl]; *je veľmi p.* he is very amenable

poddanstvo 1. (stav závislosti od feudála) serfdom ['sə:fdəm], villeinage ['vilinidž]; *zrušenie p-a* the abolition of serfdom **2.** (poddaní) serfdom, villeinage ['vilinidž]; *búriace sa p.* the revolting villeinage **3.** (poroba, útlak) servitude ['sə:vətju:d]; *ponižujúce p.* humiliating servitude

poddaný hist. villein ['vilin], serf [sə:f]; *pôda obrábaná p-mi* land cultivated by serfs

poddať sa 1. (vzdať sa, prestať bojovať) give* up [giv ap], surrender [sə'rendə]; *nepriateľ sa p-l* the enemy gave up; *únoscovia lietadla sa p-li polícii* the hijackers surrendered to the police **2.** (dať sa ovládnuť) surrender [sə'rendə], yield [ji:ld]; *p-l sa nátlaku* he yielded to pressure

poddôstojnícky non-commissioned officer (N.C.O.) [non kə'mišənd 'ofisə]; *p-a škola* N.C.O. school

poddôstojník non-commissioned officer (N.C.O.) [non kə'mišənd 'ofisə]

podeliť 1. (rozdeliť) divide [di'vaid]; *p. na dve polovice* divide into two halves **2.** (porozdeľovať) distribute [di'stribju:t]; *p. cukríky deťom* distribute the sweets among children //

p. sa share [šeə]; *p-l sa s ním o chlieb* he shared the bread with him

podesiť frighten ['fraitn], scare [skeə]; *výbuch ho p-l* the explosion frightened him // **p. sa** terrify ['terəfai]; *p-l sa myšlienky na stratu matky* the idea of losing his mother terrified him

podfuk hovor. expr. deception [di'sepšn], trick [trik], cheat [či:t]; *dostal to p-om* he got it by tricks

podhlavnica pillow ['piləu]

podhodiť 1. (hodiť pod niečo) throw* under [θrəu 'andə]; *p. štrk pod kolesá auta* throw gravel under the tyres of the car **2.** (podstrčiť) change secretly [,čeindž 'si:krətli]; *p. dokumenty* change secretly the documents

podhradie outer bailey [,autə 'beili]; *bývať v p-í* live in the outer bailey

podchod subway ['sabwei], AM underpass ['andə,pa:s]

podchytiť 1. (podoprieť) support [sa'po:t]; *p-l ho, aby sa nepošmykol* he supported him so that he did not slip **2.** (vzbudiť záujem) catch* up [kæč ap]; *p. záujem mladých* catch up the interest of the young

podiel 1. (časť celku pripadajúca na jednotlivca) share [šeə], (pri vyplácaní) dividend ['divədənd]; *p. na zisku* share in profit; *členský p.* member's share **2.** (účasť) part [pa:t]; *náš p. na úspechu* our part in success **3.** mat. quotient ['kwəušnt]

podieľať sa 1. (mať podiel) share [šeə]; *p. sa na zisku* share in profit **2.** (mať účasť, zúčastňovať sa) participate [pa:'tisəpeit], take* part [teik pa:t]; *p. sa na výskume* take part in the research

podielový (účet) share account [šeə ə'kaunt], joint account [džoint ə'kaunt]

podieť do* away with [du: 'əwei wið] ● *kde ste rozum p.?* where is your mind? *p. sa* disappear [,disə'piə]; *kde sa p-eli moje okuliare?* where have my glasses disappeared?

podistým 1. (iste) surely ['šuəli]; *priateľ p. príde* my friend will surely come **2.** (asi) probably ['probəbli]; *p. bude pršať* it will probably rain

pódium (zvýšená plošina na verejné vystúpenie) platform ['plætfo:m], tribune ['tribju:n], podium ['pəudjəm], rostrum ['rostrəm]

podívať sa look at [luk æt], take*/have* a look [teik/hæv ə luk]; *p-j sa na ňu* have a look at her

podiviť sa wonder ['wondə]; *p-l sa jeho slovám* he wondered at his words

podivný 1. (čudný) strange [streindž], funny ['fani]; *p. pocit* a strange feeling; *p-é dievča* a funny girl 2. (nezvyčajný) queer [kwiə]; *p. spôsob hovoru* a queer way of talking

podivuhodný wonderful ['wandəfl]; *p-é predstavenie* a wonderful performance

podjazd subway ['sabwei], AM underpass ['andəpa:s]

podjeseň early autumn ['ə:li 'o:təm]; *teplá p.* a warm early autumn

podkasať tuck up [tak ap]; *p. (si) šaty* tuck up one's dress

podklad 1. (vrstva, ktorá je pod niečím) foundation [faun'deišn], base [beis]; *stĺp stojí na železnom p-e* the pillar stands on iron base 2. (východisko, základ, dôvod) basis ['beisəs]; *právny p.* legal basis; *získať p-y na požiadavky* find bases for requirements

podkladať put* under [put andə], lay* under [lei andə] // **p. sa** cringe [krindž]; *vždy sa šéfovi p-á* he always cringes to the boss

podkolienky knee socks ['ni: soks], stockings ['stokiŋz]; *nosiť p.* wear knee socks

podkopať 1. (podryť) dig* under [dig 'andə], undermine [ˌandə'main]; *p. základy domu* undermine the foundations of the house 2. (narušiť, naštrbiť) undermine [ˌandə'main]; *p. autoritu (koho)* undermine someone's authority; *dlhá choroba jej pomaly p-la zdravie* her long illness gradually sapped her health

podkova 1. (konská) horse-shoe [ho:s šu:] 2. (na topánke) heel iron ['hi:l aiən]

podkovať, podkuť 1. (koňa) shoe (a horse) [šu: (ə ho:s)] 2. (pribiť podkovu na podpätok) (hob) nail [(hob) neil]

podkožný subcutaneous [ˌsabkju:'teiniəs], hypodermic [ˌhaipə'də:mik]; *p-é tkanivo* subcutaneous tissue; *p-á injekcia* a hypodermic injection

podkrovie attic ['ætik], AM loft [loft]

podkúriť 1. (zakúriť) make* a fire [meik ə faiə], heat [hi:t]; *hneď zrána p-la* she made fire early in the morning 2. expr. (spôsobiť ťažkosti) make* things hot [meik θiŋz hot]; *p-la mu* she made things hot for him

podľa predl. s G 1. (spôsob v súlade s niečím) according to [ə'ko:diŋ tə], in accordance with [in ə'ko:dns wiδ]; *p. našich záznamov* according to our records; *p. colných predpisov* in accordance with custom regulations; *užívať*

liek p. predpisu take medicine as prescribed 2. (v závislosti od) according to [ə'ko:diŋ tə]; *podporoval rodičov p. svojich finančných možností* he supported his parents according to his financial resources 3. (zreteľ) by [bai], according to [ə'ko:diŋ tə], in [in]; *hrdina p. mena* a hero by name; *súdiac p. vzhľadu* judging by appearance; *p. môjho názoru* in my opinion 4. hovor. (popri, pozdĺž) along(side) [ə'loŋ(said)]; *p. potoka rastú stromy* trees grow along the river (bank)

podlaha floor [flo:]; *parketová p.* a parquet floor

podľahnúť 1. (utrpieť porážku) give* in [giv in]; *mužstvo p-lo* the team gave in 2. (byť zničený) succumb [sə'kam]; *p-ol chorobe* he succumbed to his illness 3. (byť ovládaný kým, čím) yield [ji:ld]; *p. pokušeniu* yield to temptation

podlažie storey ['sto:ri]; *budova má tri p-a* the building has three storeys

podlepiť paste [peist]; *p. papierom* paste with paper

podlhovastý oblong ['obloŋ]; *p-á tvár* an oblong face

podliak scoundrel ['skaundrl]

podliať baste [beist]; *p. mäso* baste the meat // **p. sa** get* suffused [get sə'fju:zd]; *oči sa mu p-li krvou* his eyes got bloodshot

podliatina bruise [bru:z], lek. contusion [kən'tju:žn], ecchymosis [ˌeki'məuzis]; *krvná p.* extravasation of blood

podlízavý fawning ['fo:niŋ], adulating [ˌædžə'leitiŋ]; *p. úsmev* a fawning smile

podlizovať sa fawn [fo:n], (lichotiť) flatter ['flætə]; *p. sa bohatému príbuznému* flatter on a rich relative

podložiť 1. put* [put], place under [pleis andə]; *p. stolček pod nohy* place a stool under the feet 2. (podoprieť) back up [bæk ap]; *p-l svoje tvrdenie výskumom* he backed up his claims by research; *ničím nep-ené tvrdenie* an undersubstantiated statement/claim; *p. dokumentmi* buttress with documents 3. (postrčiť) foist [foist], pass [pa:s]; *p. poškodený tovar* foist damaged goods

podložka base [beis]; *drevená p.* a wooden base; *p. na písanie* a writing pad

podlubie arcade ['a:keid]

podlý base [beis], wicked ['wikəd]; *vedený p-mi motívmi* acting from base motives; *p. úder* a wicked blow

podlžnosť debt [det]; *zaplatiť p.* pay the debt

P

podmaniteľ conqueror [ˈkoŋkərə]

podmaniť (si) 1. (podrobiť násilím) conquer [ˈkoŋkə], subjugate [ˈsabdžəgeit], subdue [səbˈdjuː]; *p. krajinu* conquer a country; *p-ený ľud* a subjugated people; *Napoleon si p-l veľkú časť Európy* Napoleon subdued much of Europe **2.** (dostať pod svoj vplyv) subdue [səbˈdjuː]; *p-l si jeho city* he subdued his feelings **3.** (uchvátiť) captivate [ˈkæptəveit]; *svojou hudbou si p-l obecenstvo* his music captivated the audience

podmanivý captivating [ˈkæptiveitiŋ]; *p. úsmev* a captivating smile

podmaslie buttermilk [ˈbatəmilk]

podmet gram. subject [ˈsabdžəkt]

podmienečný conditional [kənˈdišnəl]; práv. *p. trest* suspended sentence; *p-é odsúdenie* condemnation; *p-é prepustenie* parol (of a prisoner)

podmienený conditioned [kənˈdišnd]; *p. reflex* conditioned reflex, stimulus

podmienka 1. (požiadavka) condition [kənˈdišn], terms [təːmz]; *pod p-ou* on/under conditions; *p-y zamestnania* terms of employment **2.** iba mn. č. (okolnosti, situácia) conditions [kənˈdišnz], circumstances [ˈsəːkəmstænsiːz]; *existenčné p-y* living conditions; *za žiadnych p-ok* under no circumstances

podmieňovací gram. conditional [kənˈdišnəl]; *p. spôsob* conditional mood

podmínovať undermine [ˌandəˈmain], voj. mine [main]; *p. most* mine the bridge

podmorský submarine [ˈsabməriːn]; *p-á sopka* submarine volcano; *p. život* submarine life

podmurovať (spevniť múrom) underpin [ˌandəˈpin]; *p. svah* underpin the slope/hill side

podmyť wash away/out/under [woš əˈwei /aut/ˈandə]; *voda p-la hrádzu* the water washed away the dam

podnájom sublease [ˈsabliːs], subtenancy [ˈsabtenənsi]; *bývať v p-me* live in lodgings /AM rooms/hovor. digs

podnájomník subtenant [ˌsabˈtenənt], lodger [ˈlodžə], AM roomer [ˈruːmə]

podnapiť sa get* tipsy [get ˈtipsi]

podnapitý tipsy [ˈtipsi]; *prišiel domov p.* he came home tipsy

podnebie[1] (klíma) climate [ˈklaimət]; *mierne p.* mild climate

podnebie[2] anat. palate [ˈpælət]; *mäkké, tvrdé p.* soft, hard palate

podnebný[1] (klimatický) climatic [klaiˈmætik]

podnebný[2] anat. palatal [ˈpælətl]

podnecovať instigate [ˈinstigeit]; *p. vzburu* instigate a revolt

podnes to this (very) day [tə ðis (veri) dei], up to [ap tə], till this day [til ðis dei], (v záp. vete) as yet [æz jet]; *p. sa na to pamätá* he remembers it to this very day; *p. to nevrátil* he has not returned it as yet

podnet instigation [ˌinstiˈgeišn], stimulation [ˌstimjəˈleišn], stimulus [ˈstimjələs], impulse [ˈimpals]; *p. a reakcia* stimulus and response; *dať p. na protest* raise protests; *z vlastného p-u* on one's own initiative

podnetný stimulating [ˈstimjəleitiŋ]; *p-á myšlienka* a stimulating idea

podnik 1. (závod) enterprise [ˈentəpraiz], factory [ˈfæktəri], works [wəːks], plant [plaːnt]; *poľnohospodársky p.* agricultural enterprise **2.** (obchodná spoločnosť) corporation [koːrpəˈreišn] **3.** (pohostinská ustanovizeň) club [klab], bar [baː]; *nočný p.* a night club; *denný p.* a daily bar **4.** (podujatie) gathering [ˈgæðəriŋ]; *spoločenský p.* social gathering

podnikať 1. (konať, uskutočňovať) undertake* [ˌandəˈteik], make* [meik]; *p. dlhé služobné cesty* undertake long business trips; *p. útoky* make attacs; *p. kroky, opatrenia* take steps, precautions **2.** (vykonávať ekon. činnosť) undertake [ˌandəˈteik], kniž. enterprise [ˈentəpraiz]

podnikateľ enterpreneur [ˌentəprəˈnəː], businessman [ˈbiznismən], (zmluvný) contractor [kənˈtræktə]; *stavebný p.* building contractor

podnikavý enterprising [ˈentəpraiziŋ]; *p. človek* an enterprising fellow/man

podnikový of business [əv ˈbiznis]; *p-á rada* workers' council; *p-é sporenie* save-as-you can, skr. S.A.Y.C.

podnos tray [trei]; *strieborný p.* a silver tray

podnožka footstool [ˈfutstuːl]; *sadnúť si na p-u* sit on the footstool

podoba 1. (tvar) form [foːm], shape [šeip]; *v ľudskej p-e* in human form; *v oválnej p-e* in oblong shape **2.** (výzor, vzhľad) looks [luks], appearance [əˈpiərəns]; *nepáči sa mi jej p.* I don't like her appearance **3.** (podobnosť) resemblance [riˈzembləns]; *nápadná p. dvojčiat* a strong resemblance between the twins

podobať sa resemble [riˈzembl], look like [luk laik], take* after [teik ˈaːftə], be* alike [biː əˈlaik]; *p-á sa na svoju sestru* she resembles her sister

podobenstvo parable ['pærəbl]; *p. o stratenej ovci* parable of the lost sheep

podobizeň portrait ['po:trət]; *maľovaná p.* a painted portrait

podobne similarly ['similəli], in a similar way/manner; *rozmýšľame/cítime p.* we think/feel much the same

podobný resembling [ri'zembliŋ], similar ['simlə], alike [ə'laik]; *je p. svojmu starému otcovi* he is resembling his grandpa *tieto dva podpisy sú veľmi p-é* these two signatures are very similar; *p. prípad* a similar case; *títo dvaja sú si veľmi p-í* these two are very alike

podobrotky willingly ['wiliŋli]; *ísť p.* go willingly

podojiť milk [milk]; *p. kravu* milk a cow

podokenica windowsill ['windəusil]; *kvety na p-i* flowers on the window sill

podomový 1. (konaný z domu do domu) house to house [haus tə haus], door to door ['do: tə do:]; *p. obchod* peddling 2. (chodiaci z domu do domu) peddler ['pedlə]

podoprieť (v rozl. význ.) support [sə'po:t]; *p. jabloň* support the apple tree; *p. múr* support the wall; *p. rodinu* support the family; *výsledky p-ú pôvodnú teóriu* the original theory is supported by the results

podošva 1. (podrážka) sole [səul]; *gumená p.* rubber sole 2. (chodidlo) sole (of the foot) [səul (əv ðə fut)]

podotknúť mention ['menšn]; *treba p.* it is necessary to mention

podozrenie suspicion [sə'spišn]; *v p-í* under suspicion

podozrievať suspect [sə'spekt]; *p-li ho z vraždy* he was suspected of murder

podozrivý suspicious [sə'spišəs]; *pes p. z besnoty* a dog suspicious of rabies

podpaľač incendiary [in'sendiəri]; pren. *vojnový p.* warmonger [wo:maŋə]

podpaľačstvo arson ['a:sn]

podpáliť 1. (spôsobiť požiar) set* fire to [set faiə tə], kindle ['kindl]; *p. dom* set fire to a house 2. (zapáliť) make* a fire [meik ə 'faiə], light a fire [lait ə 'faiə]

podpalubie lower deck ['ləuə dek]; hold ['həuld]

podpásať gird [gə:d]; *p. sa opaskom* gird with a belt

podpazušie armpit ['a:m‚pit]

podpätok heel [hi:l]; *vysoké p-ky* high heels

podpera support [sə'po:t]; *drevené p-y* wooden supports

podperiť feather ['feðə], (ozdobiť) decorate ['dekəreit]; *p-ený klobúk* a feathered hat

podpis signature ['signəčə]; *nečitateľný p.* illegible signature; *predložiť na p.* present for signature; *vlastnoručný p.* sign manual

podpísať sign [sain], put one's signature [put wanz 'signəčə]

podplatiť bribe [braib]; *p-li ho* they bribed him; *dať sa p.* accept a bribe

podplatiteľný corruptible [kə'raptəbl]; bribable ['braibəbl]; *p. človek* a corruptible man, a bribable fellow

podplukovník lieutenant-colonel [lef'tenənt kə:nl]

podpora 1. (vec) support [sə'po:t], prop [prop]; *drevená p.* a wooden support 2. (pomoc) aid [eid], help [help], support [sə'po:t]; *morálna p.* moral help/support 3. (peňažná výpomoc) benefit ['benəfit]; *p. v nezamestnanosti* unemployment benefit, (hovor.) dole [dəul]; *dostávať p-u* be on the dole

podporovať 1. (poskytovať morálnu pomoc) uphold* [‚ap'həuld]; *p. práva občanov* uphold the rights of citizens; *p. dobrú myšlienku* back up a good idea; *p. návrh* second a motion 2. (poskytovať peňažnú pomoc) support [sə'po:t]; *p. syna veľkou sumou* support the son by a large sum of money 3. (sponzorovať) sponsor ['sponsə]; *operu p-ujú obchodné spoločnosti* the opera is sponsored by commercial companies; *vláda p-uje výskumné programy* the government sponsors research programmes

podporovateľ 1. supporter [sə'po:tə], benefactor ['benə‚fæktə]; *p. umenia* art benefactor 2. (sponzor) sponsor ['sponsə]

podporučík second lieutenant ['sekənd lef'tenənt], let. pilot officer ['pailət ‚ofisə]

podpredseda deputy chairman [‚depjəti 'čeəmen], vicepresident [‚vais'prezidnt]; *p. vlády* deputy premier [‚depjəti 'premiə]

podpriemerný under/below average ['andə /bi'ləu 'ævridž], substandard [‚sab'stændəd]; *je p.* he is below average; *p-á škola* a substandard school

podprsenka 1. brassiere ['bræziə], hovor. bra [bra:] 2. (diel plaviek) top [top]; *bez p-y* braless, topless

podradený subordinate [sə'bo:dənət]; *všetky úvahy sú p-é zisku* all considerations are subordinate to profit

podradiť subordinate [sə'bo:dəneit]; *p. osobné záujmy všeobecnému dobru* subordinate the personal wishes to general benefit

podradný inferior [in'firiə], secondrate ['sekndreit]; *p. tovar* secondrate goods

podraďovací gram. subordinate [sə-'bo:dənət]; *p-ie súvetie* complex sentence

podrásť grow* (a little) [grəu (ə 'litl)]; *deti p-tli* the children have grown a little

podraz dirty/mean trick ['də:ti/mi:n trik]

podraziť 1. (človeka) play* a trick on a person [plei ə trik on ə 'pə:sn]; expr. *p. nohy (komu)* trip up a person's feet 2. (topánky) sole [səul]

podráždenie irritation [ˌiri'teišn]

podráždený irritated ['irəteitəd], cross [kros]; *p. pohľad* an irritated look

podrážiť irritate ['irəteit]; *dym mu p-l oči* the smoke irritated his eyes

podrážka sole [səul]; *kožená p.* leather sole

podrep crouch [krauč], (pri lyžovaní) high crouch [hai krauč], (v gymnastike) half squat [ha:f skwot]

podrezať 1. (narezať al. prerezať pri spodku) clip [klip], prune [pru:n]; *p. konáre* prune the branches 2. (usmrtiť) cut* the throat [kat ðə θrəut], slash [slæš]; *p. si žily* slash one's veins

podriadenosť subordination [səˌbo:di'neišn]

podriadený I. príd. subordinate [sə-'bo:dənət]; *p-é postavenie* subordinate position *učiteľ je p. svojmu riaditeľovi* a teacher is subordinate to his headmaster II. podst. subordinate [sə'bo:dənət]; *zle zaobchádzať s p-mi* treat the subordinates very badly

podriadiť sa submit oneself [səb'mit wan-'self]; *p-l sa rozkazu* he submitted himself to the order

podrieknuť sa slip up [slip ap], make a slip of the tongue [meik ə slip əv ðə taŋ]

podriemať si doze off [dəuz of]; *p. si vo foteli* doze off in the armchair

podrobiť (si) 1. (podmaniť) conquer ['koŋkə]; *p. si krajinu* conquer the country 2. (urobiť predmetom zásahu) subject [səb'džekt]; *p. román kritickej analýze* subject the novel to a critical analysis // **p. sa** 1. give* in [giv in], surrender [sə'rendə]; *p. sa požiadavkám* give in to demands 2. (podvoliť, privoliť) undergo* [ˌandə'gəu]; *p. sa skúške, operácii* undergo an examination, operation

podrobne in details [in 'di:teilz]; *p. vysvetliť* explain in details

podrobnosť detail ['di:teil]; *ísť do p-tí* go into details; *do najmenších p-tí* to the minutest details

podrobný detailed ['di:teild]; *p. výklad* a detailed explanation

područie subjection [səb'džekšn]; *byť v p-í šľachty* be subordinated to the nobility; *dostať sa do p-a (koho)* fall into clutches (of)

podržať hold* [həuld]; *p. kabát* hold the coat

podstata (základ, jadro) basis ['beisəs], gist [džist], essential [i'senšl]; *p. veci* the gist of the matter; *p. gramatiky* the essentials of grammar; práv. *skutková p.* corpus delicti

podstatný 1. (základný) basic ['beisik], essential [i'senšl], substantial [səb'stænšl]; *p. rozdiel je v kvalite* the basic difference is in quality; *peniaze sú p-é pre továreň* money is essential for the factory; gram. *p-é meno* noun, substantive 2. (významný) substantial [səb'stænšl]; *p-é zmeny* substantial changes

podstavec base [beis], stand [stænd], pedestal ['pedistl]; *drevený p.* a wooden base; *maliarsky p.* easel ['i:zl]

podstlať (dobytku) litter ['litə]

podstrešie attic ['ætik]

podstúpiť 1. (podrobiť sa) undergo* [ˌandə'gəu]; *p. liečbu* undergo a treatment 2. (vytrpieť) suffer ['safə]; *p. smrť* suffer death

podsvetie 1. (v mytológii) the Underworld [ði: 'andəwə:ld], the nether world [ðə 'neðə wə:ld] 2. (zločinecké) underworld ['andəwə:ld], gangland ['gæŋglænd]; *londýnske p.* London's underworld

podšiť line [lain]; *p. vetrovku* line the parka; *p. kožušinou* fur-line

podšívka lining ['lainiŋ]

podťať 1. (rúbaním) cut* down [kat daun]; *p. strom* cut down a tree 2. (podraziť) undermine [ˌandə'main]; *p. rivala* undermine a rival

podtext allusion [ə'lu:žn]; *ironický p.* ironical allusion; pren. *v p-e* between the lines

podtiecť flow* under [fləu 'andə]; *voda p-la pod stan* the water flowed under the tent

podtitul subtitle ['sabˌtaitl]; *p. článku* the subtitle of an article

podtlak underpressure [ˌandə'prešə]

podtrhnúť 1. (podraziť nohy) trip up a person's feet [ˌtrip ap a 'pə:snz fi:t] 2. (podčiarknuť) underline [ˌandə'lain]

podujať sa undertake* [ˌandə'teik]; *p. sa na ťažkú úlohu* undertake a hard task

podujatie undertaking [ˌandəˈteikiŋ], event [iˈvent]; *športové p.* sports event

poduška **1.** cushion [ˈkušn], (v posteli) pillow [ˈpiləu] **2.** (pečiatková) pad [pæd]

podvádzať **1.** cheat [čiːt]; *p. na skúške* cheat in an examination; (v kartách) sharp [šaːp]; (finančne) swindle [ˈswindl] **2.** (dopustiť sa nevery) be faithless [biː ˈfeiθles]; hovor. *p. manžela* cuckold a husband

podväzkový: *P. rad* Order of the Garter [ˈodə ˌəv ðə ˈgaːtə]

podväzok (dámsky) garter [ˈgaːtə]; (pánsky) sock suspender [sok səˈspendə];

podvečer nightfall [ˈnaitfoːl]; *teplý jarný p.* a warm spring nightfall

podvedomie subconsciousness [sabˈkonšəsnəs]

podvedomý subconscious [sabˈkonšəs]; *p-é túžby* subconscious desires

podviazaný tied (up) [taid (ap)]; *p-é vlasy* tied up hair

podviazať tie up [tai ap]; *p. si vlasy* tie up one's hair

podviesť **1.** (dopustiť sa podvodu) cheat [čiːt], trick [trik], (finančne) swindle [ˈswindl] **2.** (dopustiť sa nevery) be* faithless/untrue [biː ˈfeiθləs/anˈtruː]

podvihnúť lift [lift]; *p-i hlavu* lift your head

podvliecť drag underneath [dræg ˌandəˈniːθ]

podvod (klamstvo) cheat [čiːt], deceit [diˈsiːt], fraud [froːd], swindle [ˈswindl]; *veľký daňový p.* a big tax swindle; *dostal päť rokov za p.* he got a five year jail sentence for fraud

podvodník fraud [froːd], cheat [čiːt], deceiver [diˈsiːvə], swindler [ˈswindlə]

podvojný dual [djul]; *p-á kontrola* dual control; *p-é účtovníctvo* double-entry accounting, book keeping

podvoliť sa comply [kəmˈplai]; *p. sa želaniu* comply with the wish

podvozok undercarriage [ˈandəˌkæridž], chassis [ˈšæsi], (let.) landing gear [ˈlændiŋ ˌgiə]

podvrátiť **1.** (rozvrátiť) subvert [səbˈvəːt]; *p. vládu* subvert the government **2.** (vyvrátiť) refute [riˈfjuːt]; *p. tvrdenie* refute an argument

podvratník subversive [səbˈvəːsiv], a subversive person [ə səbˈvəːsiv pəːsn]; *zákerný p.* a treacherous subversive

podvratný subversive [səbˈvəːsiv]; *p-á činnosť* subversive agitation

podvrh (falzifikát) fake [feik]

podvrhnúť change secretly [čeindž ˈsiːkrətli]; *p. dokumenty* change secretly the documents

podvýbor subcommittee [ˈsabkəˌmiti]

podvýživa undernourishment [ˌandəˈnarišmnt]; *trpieť p-ou* suffer from undernourishment

podvyživený underfed [ˌandəˈfed]; *p-é dieťa* an underfed child

podzemie (tajné hnutie) underground [ˈandəgraund]; *teroristi museli prejsť do p-ia* the terorists have had to go underground

podzemný (v rozl. význ.) underground [ˈandəgraund]; *p-é hnutie* underground movement; *p-á dráha* underground, hovor. tube, AM subway

poet kniž. poet [ˈpəuit]

poézia poetry [ˈpəuetri]

pohádať sa quarrel [ˈkworəl], have a row/an argument [ˌhæv ə ˈrəu/an aːgjəmənt]; *p-li sa o peniaze* they quarrelled about money

pohan pagan [ˈpeigən], bibl. heathen [ˈhiːðən]; *považujú nás za p-ov* they regard us as pagans ● expr. *hrešiť/nadávať ako p.* swear like a trooper

pohana disgrace [disˈgreis]; *to mu prinieslo p-u* it brought him disgrace

poháňací driving [ˈdraiviŋ]; *p-ia sila* driving force

poháňať **1.** (uvádzať do pohybu) drive* [draiv]; *stroje p-jú loď* the engines drive the ship **2.** (nútiť, súriť do činnosti) urge [əːdž]; *netreba ho p. do práce* it is not necessary to urge him to work **3.** (povzbudzovať do rýchlejšieho pohybu) drive* [draiv]; *p. kone* drive the horses

pohánka (rastlina i plod) buckwheat [ˈbakwhiːt]

pohár **1.** glass [glaːs]; *p. vody* a glass of water **2.** šport. cup [kap]; *svetový p.* world cup

pohľad **1.** (pozretie) look [luk], sight [sait]; *čudný p.* a strange look; *na prvý p.* at first sight **2.** (rozhľad, výhľad) view [vjuː]; *p. z hradu je nádherný* the view from the castle is beautiful **3.** (názor) point of view [point əv vjuː], viewpoint [ˈvjuːpoint]; *realistický p.* a realistic viewpoint ● *láska na prvý p.* love at first sight

pohľadať seek* [siːk], look for [luk foː], search [səːč]; *p. prístrešie pred dažďom* seek shelter from rain; *p. drobné* look for change

pohľadávka **1.** claim [kleim]; *platobné p-y* payment claims **2.** (nezaplatený dlh) outstanding debt [ˌautˈstændiŋ det], overdue payment [ˈəuvədju: ˈpeimənt]; *vzájomná p.* offset

pohladiť caress [kəˈres], pat [pæt], stroke [strəuk]; *p. dieťa po líci* caress a child on the cheek

pohľadnica (picture)postcard [(ˌpikčə) ˈpəustkaːd]; *farebná p.* a coloured picturepostcard

pohlavár chief(tain) [ˈčiːf(tən)], headman [ˈhedmən]

pohlavie sex [seks]; *mužské p.* male sex; *ženské p.* female sex

pohlavný sexual [ˈsekšuəl]; *p-á choroba* veneral disease; *p. styk* sexual intercourse

pohltať swallow up/down [ˈswoləu ap /daun]; *rýchlo p-l všetko mäso* he quickly swallowed down all meat

pohltiť absorb [əbˈsoːb]; *pôda p-la všetku vodu* the ground absorbed all water

pohlušiť expr. kill [kil], murder [ˈməːdə]; *p. dobytok* kill the cattle

pohmatať palpate [ˈpælpeit]; *lekár mu p-l brucho* the doctor palpated his abdomen

pohmkať (si) hovor. hem and haw [hem ənd hoː]

pohnať 1. drive* [draiv]; *p. do práce* drive to work 2. (pred súd) summon [ˈsamən]

pohnevať si anger [ˈæŋgə]; *p. si rodičov* anger one's parents // **p. sa** get* angry [get ˈæŋgri]; *bratia sa p-li* brothers got angry with each other

pohnojiť manure [məˈnjuə]; *p. pole* manure the field

pohnúť 1. (v rozl. význ.) move [muːv]; *p. rukou* move one's hand; *nemohol p. ťažkú skriňu* he couldn't move the heavy wardrobe; *p-ol nás k slzám* he moved us to tears 2. (uviesť do činnosti) drive* [draiv]; *p. niekoho do zvýšenej činnosti* drive someone to greater/higher acitivity; *hlad ho p-ol ku krádežiam* hunger drove him to stealing ● *ani prstom nep-ol* he did not even lift a finger // **p. sa** stir [stəː]; *p-la sa v spánku* she stirred in her sleep; *niečo sa vo mne p-lo* something stirred within me ● *bez vetra sa ani list nep-e* there is no smoke without fire

pohnutie emotion [iˈməušn]; *myslela na svoje deti s p-ím* she thought of her children with emotion

pohnútka motive [ˈməutiv]; *nenávisť bola p-ou k vražde* hatred was the motive for murder

pohnutý kniž. 1. (dojatý) moved [muːvd]; *hovoriť p-m hlasom* speak in a moved voice 2. (rušný) eventful [iˈventfl]; *mal p. život* he had an eventful life

pohoda 1. (spokojnosť) wellbeing [ˈwelbiːiŋ], contentment [kənˈtentmənt]; *rodinná p.* family contentment 2. (pekné počasie) fair weather [ˈfeə weðə]

pohodlie comfort [ˈkamfət]; *žiť v p-í* live in comfort; *urobiť si p.* make oneself comfortable /at home

pohodlný 1. (poskytujúci pohodlie) comfortable [ˈkamftəbl]; *p-á stolička* a comfortable chair 2. (vyžadujúci málo námahy) easy [ˈiːzi]; *p-á práca* easy work 3. (lenivý) indolent [ˈindələnt]; *p. človek* an indolent man 4. (ľahostajný) lax [læks]; *p. postoj* a lax attitude

pohon 1. (zdroj energie) drive [draiv]; *elektrický p.* electric drive 2. (prenasledovanie) persecution [ˌpəːsiˈkjuːšn]; *policajný p.* a police persecution 3. (naháňačka) hunt [hant], chase [čeis]

pohonič driver [ˈdraivə], coachman [ˈkəučmən]

pohonný 1. (hnací) driving [ˈdraiviŋ]; *p. remeň* a driving belt 2. (hmota) fuel [ˈfjuəl]; *p. plyn* fuel gas; *p-é palivo* fuel (and oil); *p-á zmes* fuel mix(ture)

pohorenisko fire ruins [ˈfaiə ruinz], burnedover area [ˈbəːndəuvə ˌeriə]

pohorie mountain range [ˈmauntən reindž], range of mountains/hills [reindž əv ˈmauntənz /hilz]

pohorieť hovor. expr. fail utterly [feil ˈatəli], have* the worst of it [hæv ðə wəːst əv it]; *p. na skúške* fail utterly in an examination

pohoršenie scandal [ˈskændl]; *vyvolať p.* cause a scandal

pohoršiť 1. (zhoršiť) worsen [ˈwəːsn], make worse [meik wəːs]; *dážď p-l žatvu* the rain worsened the harvest 2. (pobúriť) scandalize [ˈskændlaiz]; *bol p-ený, keď počul tú správu* he was scandalized when he heard the news // **p. sa** 1. become*/get* worse [biˈkam/get wəːs], worsen [ˈwəːsn]; *p-l sa v matematike* he became/got worse in mathematics 2. (rozhorčiť sa) take* offence [teik ˈofəns]; *dúfam, že sa nepíš, keď ťa požiadam, aby si odišiel* I hope you won't take offence when I ask you to leave

pohoršujúci scandalous [ˈskændələs], shocking [ˈšokiŋ]; *p-a správa* a scandalous news

pohostenie treat [tri:t]; *to je moje p., ja platím* this is my treat, I'm going to pay

pohostinnosť hospitality [ˌhospəˈtæləti]; *vďaka za p.* thanks for hospitality

pohostinný hospitable [ˈhospitəbl]; *moja rodina je veľmi p-á* my family is very hospitable

pohostinstvo 1. iba jedn. č. (pohostinnosť) hospitality [ˌhospəˈtæləti]; *rodina známa p-m a family* with well-known hospitality **2.** (hostinec) pub [pab]

pohostiť treat [tri:t]; *dobre ho p-li* they treated him well

pohotovo readily [ˈredili], promptly [ˈpromptli]; *odpovedal p.* he answered readily

pohotovosť 1. (schopnosť rýchlo reagovať) readiness [ˈredinəs], promptness [ˈpromptnəs] **2.** (stav pripravenosti na zásah) emergency [iˈmə:dʒnsi]; *stav p-ti* a state of emergency

pohotovostný stand-by [ˈstænd bai]; *p-á služba* a stand-by duty, emergency duty; *p-é oddiely* stand-by detachments, emergency services

pohotový 1. (rýchlo reagujúci) ready [ˈredi]; *p-á odpoveď* ready answer **2.** (rýchlo vykonaný) prompt [prompt]; *p. policajný zásah* a prompt police intervention

pohov tel., voj. (povel): At ease! ● *dať si p.* have a rest

pohovieť relax [riˈlæks]; *p. si v kresle* relax in an armchair

pohovka couch [kauč], sofa [ˈsəufə], (kratšia na sedenie) settee [seˈti:]

pohovor interview [ˈintəvju:], talk [to:k]; *prijímací p.* students' admission interview; *priateľský p.* friendly talk

pohovoriť si have* a talk [hæv ə to:k] hovor. chat [čæt]; *príjemne si p.* have a nice talk

pohrabať rake up [reik ap]; *p. záhradu* rake up a garden

pohraničie borderland [ˈbo:dəlænd], frontier region(s) [ˈfrantiə ˈri:džnz]; *slovensko-rakúske p.* Slovak-Austrian borderland

pohraničný frontier [ˈfrantiə]; *p-á stráž* frontier guard; *p-é pásmo* frontier zone; *p. styk* borderland contacts

pohrať sa 1. (zahrať sa) play [plei], toy [toi]; *p. sa s deťmi* toy with the children **2.** hovor. (dlhšie sa niečomu venovať) dally [ˈdæli]; *p. sa s myšlienkou* dally with the idea

pohrávať sa toy [toi]; *kým rozprával, p-l sa s ceruzkou* while talking he toyed with a pencil

pohŕdanie contempt [kənˈtempt], disdain [disˈdein], scorn [sko:n]; *odpovedať s p-ím* answer with contempt; *neprejavuj svoje p.* don't show your disdain; *odmietnuť návrh s p-ím* dismiss a suggestion with scorn

pohŕdať scorn [sko:n], disdain [disˈdein]; *politik by mal p. pochlebovačmi* a politician should disdain flatterers

pohŕdavý scornful [ˈsko:nfl], contemptuous [kənˈtempčuəs]; *p. úsmev* a contemptuous smile

pohreb burial [ˈberiəl], (obrad, obyč. nábožensky) funeral [ˈfju:nrəl], (spopolnením) cremation [krəˈmeišn]; *p. vykonal biskup* the bishop conducted the funeral

pohrebisko burial ground/place [ˈberiəl graund/pleis]; *pohanské p.* a pagan burial ground

pohrebný funeral [ˈfju:nrəl]; *p-á hostina* a funeral wake; *p. obrad* a funeral ceremony; *p-á reč* funeral oration; *p. ústav* undertaker's (parlour)

pohrobok posthumous child [ˈpostju:məs čaild]; *Ladislav P.* Ladislaus the Posthumous

pohroma calamity [kəˈlæməti], (katastrofa) disaster [diˈza:stə]; *zemetrasenie je strašná p.* an earthquake is a terrible disaster; *odvrátiť p-u* ward off a disaster ● *bez p-y* safe and sound

pohromade (spolu) together [təˈgeðə]; *držať p.* keep together

pohrudnica pleura [ˈplurə]; *zápal p-e* pleurisy [ˈplurəsi]

pohrúžiť sa plunge [plandž], be*/become* engrossed [bi:/biˈkam inˈgrəusəd]; *p. sa do vody* plunge into water; *p. sa do práce* be /become engrossed in work

pohrýzť 1. (požuť) chew [ču:]; *dobre to p-z* chew it well **2.** (uhryznúť) bite* [bait]; *pes ho p-ol* a dog has bitten him

pohundrať (si) grumble [ˈgrambl]; *trochu si p.* grumble a little

pohyb 1. (zmena polohy) movement [ˈmu:vmənt], motion [ˈməušn]; *aj najmenší p. mu spôsobil bolesti* even the slightest motion caused him pain; *p-om ruky zavolal čašníka* he called the waiter with the motion of his hand **2.** (chod) motion [ˈməušn], operation [ˌopəˈreišn]; *dať do p-u* set in motion; *p. stroja* operation of a machine **3.** (telesný p.) excercise [ˈeksəsaiz]

pohyblivý 1. movable [ˈmu:vəbl], mobile [ˈməubail]; *bábika s p-mi rukami a nohami* a doll with movable arms and legs; *p-é sviatky* movable holidays; *p-é schody* escalator, moving staircase 2. (vrtký, rýchly) agile [ˈædʒail]; *p. futbalista* an agile football player

pohybovať (v rozl. význ.) move [muːv]; *nemôže p. nohami* he cannot move his legs; *vietor p-l lístím* the wind moved the leaves; *mlyn p-lo vodné koleso* the windmill was moved by a propeller // **p. sa 1.** move (on) [muːv (on)]; *po ceste sa p-ujú autá* there are cars moving on the road **2.** (žiť, účinkovať v istom prostredí) mix [miks]; *p. sa v spoločnosti* mix in a society

pochábeľ expr. fool [fuːl]

pochabosť craziness [ˈkreizinəs], foolishness [ˈfuːlišnəs]

pochabý crazy [ˈkreizi], foolish [ˈfuːliš]; *bolo to od teba p-é* it was crazy of you

pochádzať 1. (mať pôvod) come* from [kam frəm]; *p-a z Košíc* he comes from Košice **2.** (časove) date back to [deit bæk tə]; *to p-a zo 16. storočia* it dates back to the 16th century

pochlapiť sa expr. show*/take* courage [šəu/teik ˈkaridž]; *keď sa p-íme, zvládneme to* when we show courage we'll manage

pochlebovač pejor. flatterer [ˈflætərə]

pochlebovať pejor. flatter [ˈflætə]; *p-l nadriadenému* he flattered his boss

pochmúrny 1. (zamračený, chmúrny) dull [dal], cloudy [ˈklaudi]; *p-e počasie* a dull weather **2.** (nevľúdny) gloomy [ˈgluːmi]; *p. starý dom* a gloomy old house

pochod 1. (rovnomerná chôdza) march [maːč]; *dať sa na p.* set out on a march; *husí p.* Indian file; (povel) *P-om — vchod!* Quick, forward march! **2.** (sprievod) procession [prəuˈsešn]; *mierový p.* peace procession **3.** (postup) process [ˈprəuses]

pochodeň torch [toːč]; *zapáliť p.* light a torch

pochodovať march [maːč]; *p. na prehliadke* march past; *p. na mieste* march time

pochopenie understanding [ˌandəˈstændiŋ], comprehension [ˌkompriˈhenšn]; *prijal to s p-ím* he accepted it with understanding; *nemám pre tento problém p.* that problem is beyond my comprehension

pochopiť 1. (vystihnúť zmysel) comprehend [ˌkompriˈhend]; *p. význam slova* comprehend the meaning of the word **2.** (zaujať uznanlivý postoj) understand* [ˌandəˈstænd]; *p. priateľa* understand one's friend

pochopiteľný comprehensible [ˌkompriˈhensəbl]; *p. výklad odborníka* a comprehen-

sive exposition of a specialist; *ľahko p.* easily understood

pochovať bury [ˈberi], (spopolniť) cremate [krəˈmeit]; *p. mŕtvych* bury the dead

pochôdzka round [raund], errand [ˈerənd]; *lesník sa vrátil z p-y* the forester has returned from the round

pochrómovať chrome-plate [ˈkrəumˌpleit]

pochúťka delicacy [ˈdelikəsi], titbit [ˈtitˌbit]; *ako p.* as a delicacy

pochutnať si enjoy [inˈdžoi]; *p-l si na obede* he enjoyed his lunch

pochvala compliment [ˈkompləmənt]; *udelili mu p-u* he was paid a compliment; *písomná p.* written commendation

pochváliť praise [preiz]; *učiteľ p-l žiaka* the teacher praised the pupil // **p. sa** brag [bræg]; *p-la sa svojimi známosťami* she bragged about her connections

pochyba doubt [daut]; *o tom niet p-y* there's no doubt about it

pochybný 1. (neistý) doubtful [ˈdautfl]; *p-á budúcnosť* a doubtful future; *p. dokument* a doubtful document **2.** (zlej povesti) questionable [ˈkwesčnəbl]; *p-é správanie* questionable behaviour

pochybovať doubt [daut]; *p-ujem o tom* I doubt it

pochytiť seize [siːz]; *p-l ho strach* he was seized by fear

pointa point [point], feature [ˈfiːčə], climax [ˈklimæks]; *p. anekdoty* the climax of an anecdote

poistenec the insured [ði inˈšuəd]; *p. obdržal peniaze* the insured received a sum of money

poistenie insurance [inˈšurəns]; *p. auta* car insurance; *nemocenské p.* health insurance; *životné p.* life insurance; *uzavrieť p.* take* out an insurance policy; *p. zákonnej zodpovednosti* third party insurance

poistiť 1. (zmluvou) insure [inˈšuə]; *p. proti krádeži* insure against theft **2.** (urobiť technické opatrenia) secure [ˌsiˈkjuə]; *p. okná* secure the windows

poistka 1. (zmluva) insurance [inˈšurəns]; *p. proti záplavám* insurance against floods **2.** elektr. (safety, electric) fuse [(ˈseifti, iˈlektrik) fjuːz]; *p. sa vybila* the fuse has blown

poistné 1. (poplatok za poistenie) insurance [inˈšurəns]; *p. na dom je veľmi vysoké* the insurance on a house is very high **2.** (suma vy-platená poisťovňou) insurance premium [inˈšurəns ˈpriːmiəm], a sum of money [ə sam əv ˈmani]

poisťovňa insurance company [inˈšurəns ˈkampəni]

pojať 1. (mať kapacitu) hold* [həuld]; *miestnosť p-me dvadsať ľudí* the room will hold twenty people **2.** (zahrnúť) include [inˈkluːd], incorporate [inˈkoːpəreit]; *p. tovar do zoznamu* include the goods in the list; *p. návrhy do plánu* incorporate the suggestions into the plan

pojazdný (meniaci miesto) mobile [ˈmoubail], travelling [ˈtrævliŋ], circulating [ˈsəːkjəleitiŋ]; *p. žeriav* a mobile crane; *p. obchod* a travelling shop; *p-á knižnica* a circulating library

pojednávanie práv. trial [ˈtraiəl]; *p. trvalo šesť týždňov* the trial lasted six weeks

pojem concept [ˈkonsept], idea [aiˈdiə], notion [ˈnəušən]; *pochopiť p.* grasp the concept ● *to je preň neznámy p.* he has no idea about it

pokánie penance [ˈpenəns]; *činiť p.* do penance

pokaziť (v rozl. význ.) spoil* [spoil]; *p. rádio* spoil the radio; *p. zábavu* spoil the party; *p. dieťa* spoil the child // **p. sa 1.** spoil [spoil]; *jedlo sa v tomto teple p-í* the food will spoil in this heat **2.** (prestať fungovať) stop working [stop ˈwəːkiŋ]; *motor sa p-l* the engine has stopped working **3.** (nepriaznivo sa zmeniť) worsen [ˈwəːsn], get* worse [get wəːs]; *počasie sa p-lo* the weather has got worse

pokiaľ I. zám. opyt. prísl. **1.** (miestne) how far [hau faː]; *p. môžem ísť?* how far can I go? **2.** (časove) as long as [æz loŋ æz]; *p. som tu, neodídeš* as long as I am here, you will not leave **II.** spoj. podraď. **1.** (zreteľ) as to [æz tə], concerning [kənˈsəːniŋ]; *p. ide o návrh, súhlasím* concerning that suggestion I agree **2.** (miera) as far as [æz faː æz]; *p. viem, odišiel* as far as I know he left **3.** (podmienka) provided [prəˈvaidəd], if [if]; *p. pôjdeš ty, pôjdem aj ja* I will go, provided you go too

poklad (v rozl. význ.) treasure [ˈtrežə]; *zakopaný p.* buried treasure; *knižnica obsahuje cenné p-y* the library contains valuable treasures; *moja sekretárka je ozajstný p.* my secretary is a real treasure

pokladať (koho, čo za čo) consider [kənˈsidə], take* for [teik foː]; *p-ám to za svoju povinnosť* I consider it my duty; *p-j to za samozrejmé* take it for granted

pokladnica 1. (schránka na peniaze, cennosti) money chest/box [ˈmani čest/boks]; (v banke) safe [seif]; *ohňovzdorná p.* a money proof safe **2.** (miesto na prijímanie a vydávanie peňazí) cash desk [kæš desk], (v banke) teller's desk [ˈteləz desk], (v doprave) booking office [ˈbukiŋ ofəs], (v divadle) box office [boks ˈofəs]; *registračná p.* cash register; *platiť pri p-i* pay at the cash desk; *kúpiť si lístok v p-i* buy a ticket in the booking office **3.** (inštitúcia): *štátna p.* Treasury

pokladničný cash [kæš]; *p-á kniha* cash book; *p-á hotovosť* cash balance; *p-á poukážka* cash slip; *p. zvyšok* cash surplus

pokladník cashier [ˈkæšiə], (v podniku organizácie) treasurer [ˈtrežərə]

poklepať tap [tæp]; *p. po pleci* tap on the shoulder

pokles decrease [ˈdiːkriːs], fall [foːl]; *p. ceny benzínu* decrease in the price of petrol; *viesť k p-u* set back

poklesnúť fall* [foːl], drop [drop]; *ceny prudko p-li* the prices have dropped; *p. na duchu* become depressed

poklesok fall [foːl], offence [əˈfens], wrong-doing [ˈroŋ duiŋ]; *morálny p.* moral fall

poklona 1. (úklon) bow [bau] **2.** (pochvala) compliment [ˈkompləmənt]; *robiť p-y* pay compliments

pokloniť sa 1. (ukloniť sa) bow [bau] **2.** (vzdať poctu) pay homage [pei ˈhomidž]

poklus trot [trot]; *p-om — v klus!* get set, go!

pokĺznuť sa slip [slip]; *p. sa na ľade* slip on the ice

pokoj 1. quiet(ness) [ˈkwaiət(nəs)], calm(ness) [ˈkaːm(nəs)]; *nočný p.* the quietness of the night **2.** (mier) peace [piːs] ● *daj mu p.!* let him be/alone; *odpočívať v p-i* rest in peace

pokojamilovný peaceful [ˈpiːsfl]

pokojný 1. (nerozbúrený) calm [kaːm]; *more je po búrke p-é* the sea is calm after the storm **2.** (nerušený) quiet [ˈkwaiət]; *p. večer* a quiet evening **3.** (vyrovnaný, spokojný) calm [kaːm]; *hovoriť p-m hlasom* speak in a calm voice **4.** (mierumilovný) peaceful [ˈpiːsfl]; *p-é obyvateľstvo* peaceful inhabitants

pokolenačky on one's knees [on wanz niːz]

pokolenie 1. (generácia) generation [ˌdženəˈreišn]; *do tretieho p-a* to the third generation; *mužské, ženské p.* masculine, feminine sex; *v priamom p-í* in direct line **2.** (zvieracie al. rastlinné potomstvo) breed [bri:d]; *nové p. ruží* a new breed of roses; *silné psie p.* a strong breed of dogs **3.** (plemeno) race [reis]; *ľudské p.* human race

pokora humility [hju:ˈmiləti], humbleness [ˈhamblnəs]; *žiť v p-e* live in humility

pokoriť 1. (ponížiť) humiliate [hju:ˈmilieit]; *cítiť sa p-ený* feel humiliated **2.** (podmaniť, zvíťaziť nad kým) humble [ˈhambl]; *p. nepriateľa* humble the enemy

pokorný 1. (ponížený) humble [ˈhambl]; *p. človek* a humble man **2.** (odovzdaný) meek [mi:k]; *p. pohľad* a meek look; *tichý a p. srdcom* calm and humble of heart

pokožka skin [skin], lek. epidermis [ˌepəˈdə:məs]

pokračovanie 1. (činnosť) continuation [kənˌtinjuˈeišn]; *p. na strane 13* continued on page 13; *podporovať p. organizácie* support the continuation of the organization **2.** (seriál) serial [ˈsiriəl]; *román na p.* a serial novel **3.** (konanie) proceeding [prəˈsi:diŋ]; *trestné p.* criminal proceeding; *súdne p.* trial

pokračovať 1. (v začatej činnosti) continue [kənˈtinju:], go* on [gəu on], carry on [ˈkæri on]; *p-ujte v práci* continue your work; *p-ujte v čítaní* go on reading; *diskusia bude p. po prestávke* the discussion will carry on after the break **2.** (napredovať) progress [prəˈgres]; *práca na novej ceste p-uje dobre* work on the now road progresses well **3.** (konať, postupovať) proceed [prəˈsi:d]; *práca p-uje podľa plánu* the work is proceeding according to plan **4.** (tiahnuť sa) continue [kənˈtinju:]; *cesta p-uje týmto smerom* the road continues this way

pokraj 1. (okraj) verge [və:dž], brink [briŋk], edge [edž]; *stáť na p-i vody* stand on water's edge **2.** kniž. (začiatok) point [point]; *na p-i vojny* at the point of war; *na p-i zúfalstva* at breaking point

pokrájať cut* up [kat ap]; *p. chlieb* cut up the bread

pokrčiť 1. (zhúžvať) crumple [ˈkrampl]; *p. papier* crumple a piece of paper; *p-ené šaty* a crumpled dress **2.** (čelo, nos) wrinkle [ˈriŋkl]; *p-la nosom* she wrinkled her nose ● *p. plecami* shrug one's shoulders

pokrievka cover [ˈkavə], lid [lid]; *prikryť hrniec p-ou* cover the pot with a lid

pokrm (jedlo) food [fu:d], (predkladaný) dish [diš]; *pripraviť p.* prepare food

pokročilý I. príd. advanced [ədˈva:nst]; *p. priemyselný rozvoj* advanced industrial development; *p. vek* advanced age; *p. večer* late evening **II.** podst. advanced [ədˈva:nst]; *kurz angličtiny pre p-ch* a course of English for advanced

pokročiť 1. (urobiť kroky) step forward [step ˈfo:vəd], get on [ˌget ˈon]; *dieťa p-lo k matke* the child stepped forward to his mother **2.** (zaznamenať vzostup) advance [ədˈva:ns]; *p. v štúdiu angličtiny* advance in learning English

pokrok 1. iba j. č. (vyšší stav vývinu) progress [ˈprəugres]; *technický p.* technical progress; *sociálny p.* social progress **2.** (lepšie výsledky) advancement [ədˈva:nsmənt]

pokrokový progressive [prəˈgresiv]; *p. mysliteľ* a progressive thinker; *p-á technológia* progressive technology

pokrovec 1. (koberec) carpet [ˈka:pət]; *perzský p.* a Persian carpet **2.** (deka) cover [ˈkavə], blanket [ˈblæŋkət]; *teplý p.* a warm cover; *vlnený p.* a woolen blanket

pokrstiť baptize [ˈbæptaiz], christen [ˈkrisn]; *p. dieťa* christen a child

pokrútiť turn [tə:n], twist [twist]; *p-l hlavou* he turned his head; *p. drôt* twist the wire

pokrvný related by blood [riˈleitəd bai blad]; *p-é príbuzenstvo* blood relationship

pokryť (v rozl. význ.) cover [ˈkavə]; *p. strechu škridľami* cover the roof with slates; *p. dlážku kobercom* cover the floor by a carpet; *polia sú p-té snehom* the fields are covered with snow; *p. škody* cover the damage

pokrytec hypocrite [ˈhipəkrit]

pokrytecký hypocritical [ˌhipəˈkritikl]; *p. úsmev* a hypocritical smile

pokrytectvo hypocrisy [hiˈpokrəsi]

pokrývač roofer [ˈru:fə]

pokrývka 1. (prikrývka) blanket [ˈblæŋkət]; *teplá p.* a warm blanket **2.** (vrstva na niečom) cover [ˈkavə]; *snehová p. na poliach* a snow cover on the fields **3.** (pokrievka) lid [lid], cover [ˈkavə]; *prikryť hrniec p-ou* cover the pot with a lid

pokus 1. (úsilie vykonať niečo) attempt [əˈtempt], try [trai]; *p. o útek* an attempt to flee; *na prvý p.* on first attempt; *stojí to za p.* it is worth trying **2.** (skúmanie) experiment [ikˈsperəmənt]; *chemický p.* a chemical experiment **3.** (overenie) test [test]; *atómový p.* a nuclear test

pokúsiť sa try [trai], attempt [əˈtempt], make* an attempt [meik ən əˈtempt]; *p. sa o nemožné* try for impossible

pokusný 1. (určený na pokus) experimental [ˌikspɜˈmentl]; *p-é zviera* an experimental animal 2. (robený na skúšku) trial [ˈtraiəl]; *p. balón* a trial balloon ● *p. králik* a guinea pig

pokušenie temptation [tempˈteišn]; *uvádzať do p-a* lead to temptation

pokušiteľ 1. tempter [ˈtemptə] 2. (zvodca) seducer [siˈdjuːsə]

pokuta (za nedodržanie pravidiel) penalty [ˈpenlti], (peňažná) fine [fain]; *zaplatiť p-u* pay the fine

pokútny clandestine [klænˈdestən]; *p-a schôdza* a clandestine meeting; *p. obchod* unlicensed business

pokutovať fine [fain]; *p-li ho za dopravné priestupky* they fined him for traffic offences

pokvapkať sprinkle [ˈspriŋkl]; *p. vodou* sprinkle with water

pokým as long as [əz loŋ əz], till [til], until [anˈtil]; *p. žijem* as long as I live; *počkaj, p. sa zotmie* wait until it gets dark

pokyn 1. (kývnutie) motion [ˈməušn]; *p. rukou* a motion with hand 2. (smernica) instruction [inˈstrakšn], briefing [ˈbriːfiŋ], suggestion [səˈdžesčn]; *čítajte p-y!* read the instructions!; *na čí p.?* at whose suggestion?

pokynúť kniž. nod [nod], give* a sign [giv ə sain]; *p-ul jej, aby si sadla* he nodded her to sit down

pokývať 1. (pohybom vyjadriť súhlas) nod [nod]; *p. na súhlas* nod in agreement 2. (uviesť do kývavého pohybu) wave [weiv]; *vietor p-l stromami* the wind waved the trees

pol half [haːf]; *p. tretej* half past two; *na p. ceste* half way ● *hovoriť na p. úst* mumble into one's beard

pól pole [pəul]; *severný p.* North Pole; *južný p.* South(ern) Pole

poľadovica ice (on road) [ais (on rəud)], black ice [blæk ais], sheet of ice [šiːt əv ais]

poľahčujúci: *p-e okolnosti* mitigating circumstances

poľahky lightly [ˈlaitli], with ease [wið iːz], easily [ˈiːzəli]; *p. sa to naučil* he easily learned it, he learned it with ease

polámať break* [breik]; *p. stoličku* break the chair // **p. sa** break to pieces [breik tə ˈpiːsiz]; *stolička sa p-la* the chair broke to pieces

poľana mountain meadov/pasture [ˈmauntin medəu/ˌpaːsčə]

polarita polarity [pəˈlærəti]; *p. medzi dvoma názormi* a polarity between two opinions

polarizácia polarization [ˌpəuləraiˈzeišn]

polarizačný polarizing [ˈpəuləraiziŋ]; *p-á vnímavosť* polarizing capacitance; *p-é sklá* polarized lenses

polarizovať polarize [ˈpəulæraiz]; *protichodné názory p-ujú krajinu* controversial ideas polarize the country

Polárka North Star [ˈnoːθ staː]

polárny polar [ˈpəulə], arctic [ˈaːktik]; *p-a žiara* polar light; *p-a noc* arctic night

poláskať caress [kəˈres]; *p. dieťa* caress a child

poľaviť 1. (stať sa miernejším) abate [əˈbeit]; *mrazy p-li* the frosty weather has abated; *bolesť p-la* the pain has eased off 2. (znížiť výkon) slacken [ˈslækən], fall* off [foːl of]; *p. v práci* fall off in work

polčas half-time [haːf taim]

poldeň half-day [ˈhaːf dei]

pole 1. (v rozl. význ.) field [fiːld]; *na p-i* in the field; *ryžové p.* rice field; *diamantové p.* diamond field; *bojové p. (bojisko)* a field of battle, battlefield; *magnetické p.* magnetic field; *gravitačné p.* gravitation field 2. (oblasť) sphere [sfiə]; *je to osobnosť na p-i fyziky* he is a personality in the sphere of physics ● *mať voľné p.* have a bare field

polemický polemical [pəˈlemikl]; *p. článok* a polemical article

polemika polemic(s) [pəˈlemik(s)], controversy [ˈkontrəvəːsi]

poleno log [log]; *píliť p-á* saw logs ● *hádzať p-á pod nohy (komu)* obstruct someone; *hluchý ako p.* stone deaf

polepšiť improve [imˈpruːv]; *p-li mu plat* they improved his salary // **p. sa** grow* better; *mal by si sa p.* you should grow better

polepšovňa approved school [əˈpruːvd skuːl], hist. reformatory [riˈfoːmətri]

polesný forest warden [ˈforəst ˈwoːdn]

poletovať fly* about [flai əˈbaut], flit about [flit əˈbaut]; *vtáky p-ujú* the birds are flying about

poleva 1. kuch. icing [ˈaisiŋ] 2. (na keramických výrobkoch) glaze [gleiz]

poležiačky lying [ˈlaiiŋ], lek. in prone position [in prəun pəˈzišn]

polhárok half-sheet [ˈhaːfˌšiːt]

polhodina half an hour [haːf ən auə]

poliať 1. (naliať) pour [poː]; *p. dlážku vodou* pour water on the floor 2. (polevou) glaze [gleiz], coat [kəut]; *p. tortu čokoládou* coat the cake with chocolate 3. (dať vlahu rastlinám, pôde) water ['wo:tə], irrigate ['irəgeit]; *p. kvety* water the flowers; *p. pôdu* irrigate the land // **p. sa** spill* over [spil 'əuvə]; *p-la sa kávou* she spilt coffee over herself

polica shelf [šelf]; *p. na knihy* a book shelf; *položiť knihy na p-u* put the books on the shelf

policajný police [pə'li:s]; *pod p-m dozorom* under police observation; *p-e hlásený* registered with the police

policajt policeman [pə'li:smən], (britský) constable ['kanstəbl], hovor. BR bobby ['bobi], AM cop [kop]

polícia police [pə'li:s]; *p. prehľadáva dom* the police is/are searching the house

polievka soup [sup], (mäsová, vývar) broth [broθ]; *zeleninová p.* vegetable soup; *kuracia p.* chicken broth

polihovať lie* idle [lai 'aidl], loll [lol]

poliklinika health centre [‚həlθ 'sentə]

politický political [pə'litikl]; *p-á strana* political party; *p-á vyspelosť* political maturity

politik 1. politician [‚polə'tišn], AM statesman ['steitsmən] **2.** (chytrák) wheeler-dealer ['wi:lə 'di:lə]

politika 1. (činnosť orgánov moci) politics ['polətiks], policy ['poləsi]; *p. moci* power politics; *zahraničná p.* foreign policy **2.** (spravovanie istej oblasti) policy ['poləsi]; *školská p.* school policy

> **policy** – smerovanie, taktika na dosiahnutie cieľa
> *the social policy of the government*
> **politics** – konflikty medzi jednotlivými záujmovými skupinami:
> *to go into politics*

politizovať discuss politics [di'skas 'polətiks]; *p. pri káve* discuss politics over a cup of coffee

politúra polish ['poliš]

polka polka ['polkə]

polkruh semicircle ['semi‚sə:kl]; *deti sediace v p-u* children sitting in a semicircle

polmesiac halfmoon ['ha:fmu:n], crescent ['kresnt]

polnoc midnight ['midnait]; *minula p.* it is past midnight

poľnohospodár farmer ['fa:mə], agriculturalist [‚ægri'kalčrəlist]

poľnohospodársky agricultural [‚ægri'kalčərl]; *p-a fakulta* college/school of agriculture; *p-e výrobky* agricultural products

poľnohospodárstvo agriculture ['ægri‚kalčə], field culture ['fi:ld 'kalčə]

poľný field [fi:ld]; *p-á kuchyňa* field kitchen; *p-á nemocnica* field hospital; *p-é práce* farm work; *p-é kvety* field flowers

pólo šport. polo ['pəuləu]; *vodné p.* water polo

poloautomatický semiautomatic [‚semio:tə'mætik]; *p. stroj* a semiautomatic machine

poloblázon half-witted person [ha:f ‚witəd 'pə:sn], dolt [dolt]

pologuľa hemisphere ['hemərsfiə]; *západná/východná p.* Western/Eastern Hemisphere

poloha 1. position [pə'zišn]; *zmeniť p-u* change the position **2.** (v miesto s prírodnými danosťami) location [ləu'keišn]; *vhodná p. na táborenie* a suitable location for camp **3.** hud. pitch [pič]; *vysoká p.* high pitch

polointeligent pejor. half-educated [‚ha:f-'edjukeitəd]

polomäkký semisoft ['semisoft], (o mäse) half done

polomer radius ['reidiəs]

polomŕtvy expr. half-dead [ha:f ded]; *p. od strachu* half dead with fright

polosirota half orphan [ha:f 'o:fn], fatherless/motherless child ['fa:ðələs/'maðələs 'čaild]

polospánok half-sleep ['ha:f‚sli:p], light sleep ['lait sli:p]; *povedala to v p-ku* she told it in half-sleep

polostrov peninsula [pi'ninsjələ]; *Taliansko je p.* Italy is a peninsula

polotieň half-shade ['ha:fšeid]; *sedieť v p-ni* sit in the half shade

polotma semidarkness ['semi‚da:knəs], dusk [dask]; *večerná p.* the evening dusk

polotovar 1. semifinished article [‚semi-'finišt 'a:tikl], semimanufactured product [‚semimænju:'fækčəd 'prədakt] **2.** (na kuchynskú úpravu) ready to cook ['redi tə kuk], oven ready food [ovn redi fu:d]; *mrazené p-y* frozen ready to cook food

polotučný 1. semi/half fat ['semi/'ha:f fæt]; *p-é mlieko* half fat milk **2.** typ. bold face [bəuld feis]; *p-é písmo* bold face letters

poloupečený half baked/done ['ha:f beikt /dan]; *p-é hovädzie mäso* half done steak

poloúradný semiofficial [‚semiə'fišl]; *p-á správa* a semiofficial report

poľovačka hunt(ing) ['hant(iŋ)]; *p. na lišku* fox hunting; *ísť na p-u* go hunting

poľovať hunt [hant], (prenasledovať) chase [čeis]; *zákaz p.* no hunting

polovica 1. (one) half [(wan) ha:f]; *p. jablka* (one) half of an apple 2. (stred, časť niečoho) half [ha:f], mid [mid]; *v prvej p-i 19. storočia* in the first half of the 19th century; *v p-i januára* in the mid of January 3. žart. (manželka): *moja lepšia p.* my better half ● *ísť na p-u s kým* go half with someone

polovičný half [ha:f]; *p-é cestovné* half-fare; *p-á porcia* a small helping

poľovník hunter [ˈhantə], huntsman [ˈhantsmən]

polovodič semiconductor [ˌsemikənˈdaktə]

polovzdelaný pejor. half-educated [ˌha:fedjukeitəd]

polozamestnaný part-time working [ˌpa:tˈtaim ˈwə:kiŋ]; *je p.* he is a part time worker

položenie situation [ˌsičuˈeišn]; *v ťažkom p-í* in difficult situation

položiť 1. (dať na nejaké miesto) put* [put], lay* [lei]; *p. knihu na stôl* put the book on the table; *p. základný kameň* lay the corner stone; *p. veniec* lay a wreath 2. (zložiť) put* down [put daun]; *p. slúchadlo* put down the receiver 3. (premôcť) knock out [nok aut], lay* a person low [lei ə ˈpə:sn ləu]; *p-l ho na lopatky* he knocked him out; *chrípka ju p-la* she was laid low with flu 4. (stanoviť): *p. otázku* ask a question ● *p. život za koho* lay down one's life for someone // **p. sa** 1. (ľahnúť si) lie* [lai]; *p-l sa na posteľ* he lay on the bed 2. hovor. (zrútiť sa) collapse [kəˈlæps]; *p-l sa, keď to počul* he collapsed when he had heard it

položka 1. item [ˈaitəm] 2. (zápis do knihy) entry [ˈentri] 3. (suma) amount [əˈmaunt]

polpenzia half board/pension [ha:f bo:d/ˈpenšn]

polrok 1. BR six months [siks manθs], AM, BR fin. half-year [ha:f jiə:] 2. (vyučovací) term [tə:m], semester [siˈmestə]

Poľsko Poland [ˈpəulənd]

poľský Polish [ˈpəuliš]

poltón hud. halftone [ˈha:ftəun]

poltopánka low shoe [ləu šu:]; *čierne p-y* black low shoes

poludnie noon [nu:n], midday [ˈmiddei]; *na p.* at noon

poludník meridian [məˈridiən]

poľudštiť humanize [ˈhju:mənaiz]; *p. svet* humanize the world

poľutovaniahodný deplorable [diˈplo:rəbl]; *p. omyl* a deplorable error

poľutovanie regret [riˈgret]; *s p-ím* with regret; *byť na p.* be in a sorry state

poľutovanie pity [ˈpiti]

polytechnický polytechnical [ˌpoliˈteknikl]; *p-á výchova* polytechnical education

polytechnika polytechnic [ˌpoliˈteknik]

pomáhať help [help], (organizovane) aid [eid]; *p. chudobným* help the poor; *p. pri pátraní* aid in investigations; *p-l otcovi* he assisted his father ● *p-j Pánboh!* may the Lord help you!

pomaly I. prísl. slowly [ˈsləuli]; *pohybovať sa p.* move slowly II. čast. (takmer) almost [ˈo:lməust]; *je p. päť hodín* it is almost five o'clock

pomalý 1. slow [sləu], sluggish [ˈslagiš]; *p-é auto* a slow car; *p. motor* a sluggish engine 2. (postupný) gradual [ˈgrædžuəl]; *p. rast pôrodnosti* a gradual increase in the birth rate

pomaranč orange [ˈorindž]

pomarančový orange [ˈorindž]; *p-á šťava* orange juice

pomastiť 1. (namastiť) lard [la:d], grease [gri:s]; *p. kolesá* grease the wheels 2. hovor. expr. (podplatiť) grease someone's palm [gri:s ˈsamwanz pa:lm], bribe [braib]; *keď p-íš, všetko je možné* if you grease someone's palm, everything is possible

pomazanie cirk. anointment [əˈnointmənt]; *posledné p.* the last anointing

pomazať 1. (zašpiniť) soil [soil]; *p. masťou* soil with fat 2. cirk. anoint [əˈnoint]

pomätenec lunatic [ˈlu:nətik], madman [ˈmædmən]; *konať ako p.* act as a madman

pomätený crazy [ˈkreizi], lek. mad [mæd], insane [inˈsein]

pomedzi (medzi dvoma) between [biˈtwi:n], (medzi väčším počtom) among [əˈmaŋ], (uprostred) amidst [əˈmidst]; *bežal p. domy* he ran among the houses; *precedil p. zuby* he muttered

pomenovanie name [neim], designation [ˌdezigˈneišn]; *úradné p.* official designation

pomenovať name [neim], call [ko:l]; *p. most* name the bridge; *p. dieťa po otcovi* name the child after his father; *dieťatko p-me Lucia* we shall call the baby Lucia

pomer 1. (vzťah) relationship [riˈleišnšip], (postoj) attitude [ˈætətju:d]; *priateľský p.* a friendly relationship; *kladný p. k politickým stranám* a positive attitude to political parties

P

2. (hodnota určená vo vzťahu k inej hodnote) rate [reit], relationship [ri'leišnšip], proportion [prə'po:šn]; *aký je p. slovenskej koruny k nemeckej marke?* what is the rate of the Slovak crown to the German mark? *p. medzi mzdami a cenami* the relationship between the wages and prices; *p. mužov a žien v populácii Slovenska sa zmenil* the proportion of men and women in Slovak population has changed **3.** odb.: (pracovný p.) employment [em'ploimənt] **4.** (intímny ľúbostný vzťah) intimacy ['intəməsi], love affair [lav 'əfeə]; *mať p.(s kým)* have a love affair with someone

pomeriť sa reconcile ['rekənsail]; *odmietol sa p. s bratom* he refused to reconcile with his brother

pomerne I. prísl. relatively ['relətivli]; *skúška bola p. ľahká* the exam was relatively easy; *je p. mladý* he is relatively young **II.** čast. rather ['ra:ðə]; *ten hrad je p. starý* that castle is rather old; *je to p. ďaleko* it's rather far away

pomerný 1. relative ['relətiv]; *p-é pohodlie* relative comfort; *p. pokoj* relative calm **2.** (proporcionálny) proportional [prə'po:šnəl]; *p-é zastúpenie v parlamente* proportional representation in the parliament

pomery pomn. conditions [kən'dišnz]; *spoločenské p.* social conditions; *bytové p.* housing conditions; *napäté p.* strained relations ● *žiť nad p.* live beyond one's means

pomiagať expr. mash [mæš]; *p. zemiaky vidličkou* mash potatoes with a fork

pomiasť confuse [kən'fju:z]; *jeho slová ma p-tli* his words confused me

pomiešať 1. mix [miks]; *p. vodu so šťavou* mix water with juice **2.** (trocha zamiešať) stir [stə:]; *p-j si kávu, máš tam cukor* stir your coffee, you have got sugar in it

pomíňať spend* [spend]; *p. všetky peniaze* spend all money

pominúť (sa) 1. (uplynúť, zaniknúť) pass [pa:s]; *nebezpečenstvo sa p-ulo* the danger has passed; *jeho hnev sa p-ul* his anger has passed **2.** (zomrieť) pass away ['pa:s ə'wei]; *p-ul sa pred dvoma rokmi* he passed away two years ago

pomlčka 1. (prestávka v reči) pause [po:z]; *dlhá p.* a long pause **2.** hud. stop [stop] **3.** (interpunkčné znamienko) dash [dæš]

pomliaždenina bruise [bru:z]; *menšie p-y* minor bruises

pomlieť grind [graind]; *p. kávu* grind the coffee

pomník monument ['monjəmənt], (pamätník) memorial [mə'mo:riəl]; *p. padlým v prvej svetovej vojne* a monument to the dead in World War I

pomoc 1. (poskytnutie podpory al. prostriedkov) help [help], aid [eid]; *priateľská p.* friendly help; *prvá p.* first aid; *právna p.* legal aid; *štátna p.* state aid, subsidy **2.** (prevzatie časti povinnosti) help [help], assistance [ə'sistns]; *murári dostali p.* the bricklayers were given some assistance ● *Komu niet rady, tomu niet p-i.* He who spurns advice, is beyond help.

pomocnica (v domácnosti) maid [meid], home help [həum help]

pomocník helper ['helpə], (podriadený) assistant [ə'sistnt], (spolupáchateľ) accomplice [ə'komplis]

pomocný subsidiary [səb'sidiəri]; *p-á sila* a subsidiary assistant; *p-á otázka* a subsidiary question; lingv. *p-é sloveso* auxiliary verb ● *podať p-ú ruku* (komu) lend a helping hand

pomocou by means of [bai mi:nz əv], with the help of [wið ðə help əv]; *zdvihnúť p. žeriavu* lift by crane

pomočiť sa (get*) wet [(get) wet]; *dieťa sa p-lo* the baby got wet

pomodliť sa pray [prei], say one's prayers [sei wanz 'preiəz]; *p. sa k Bohu* say one's prayers to God

pomotaný (nejasný) confused [kən'fju:zd]; *p-á reč* confused speech

pomôcka aid [eid], (provizórna) stopgap ['stopgæp]; *učebné p-y* teaching/school aids

pomôcť 1. (poskytnúť pomoc) help [help], give*/lend* a helping hand [giv/lend ə 'helpiŋ hænd], aid [eid], assist [ə'sist]; *p. priateľovi* lend a friend a helping hand; *obvinili ho, že p-ohol teroristom* he was accused of aiding the terrorists; *p-l vreckárom* he assisted the pickpockets **2.** (spôsobiť zlepšenie) help [help]; *liek mu p-ohol* the medicine has helped him ● *P-áhaj si človeče, aj Pánboh ti p-že.* God helps those who help themselves.

pomsta revenge [ri'vendž], vengeance ['vendžəns]; *plánovať p-u* plan/scheme a revenge; *horieť p-ou* burn with vengeance; *horieť p-ou* burn with vengeance; *krvná p.* blood vengeance ● *p. je sladká* revenge is sweet

pomstiť avenge [ə'vendž], revenge [ri'vendž]; *p. smrť otca* revenge father's death; *p. poráž-*

ku revenge the defeat // **p. sa** take one's revenge [teik wan'z ri'vendž]

pomstivý vindictive [vin'diktiv]; *p. úsmev* a vindictive smile

pomyje slops [slops], pigswill ['pigswil]

pomýliť mislead* [ˌmis'li:d], confuse [kən'fju:z]; *tá informácia ho p-la* that information confused him; *p. si krok* take a wrong step // **p. sa** make* a mistake [meik ə mi'steik], err [ə:]

pomyslieť (si) 1. think* of [θiŋ əv]; *kto by si to p-el* who would have thought of it 2. (predstaviť si) imagine [i'mædžən]; *len si p-i (te)!* just imagine!

ponad above [ə'bav]; *p. priekopu* above the moat

ponáhľať sa 1. hurry [hari], be* in a hurry; *p-l sa domov* he hurried home 2. (konať rýchlo) be* quick [bi: kwik]; *p. sa s upratovaním* be quick with cleaning; *nep-ť sa* take one's time

ponášať sa resemble [ri'zembl]; *dcéra sa p-a na matku* the daughter resembles her mother

poňatie 1. (chápanie, ponímanie) comprehension [ˌkompri'henšn], conception [kən'sepšn], understanding [ˌandə'stændiŋ] 2. (predstava) idea [ai'diə]; *o tom nemám ani p-ia* I have no idea (about it)

ponaučenie warning ['wo:niŋ], lesson ['lesn], (mravné) moral ['morəl]; *to mu bolo dobrým p-ím* that was a good lesson to him

pondelok Monday ['mandi]; *stalo sa to v p.* it happened on Monday; *Veľkonočný p.* Easter Monday ● *modrý p.* Blue Monday

ponechať 1. (pre seba) keep* [ki:p]; *p. si všetky peniaze* keep all money 2. (prenechať) leave* [li:v]; *p. prácu kolegovi* leave the work to your colleague; *p. osudu* leave to fate

ponemčiť germanize ['džə:mənaiz]

ponevierať sa ramble ['ræmbl]; *p. sa po ulici* ramble in the street

poniektorý some [sam]; *p-í hostia odchádzajú* some guests are leaving

poník pony ['poni]

ponímanie understanding [ˌandə'stændiŋ] conception [kən'sepšn]; *moderné p. života* modern conception of life

poniže I. prísl. below [bi'ləu], beneath [bi'ni:θ]; *p. sa rozprestierajú polia* the fields spread out beneath II. predl. below [bi'ləu], beneath [bi'ni:θ]; *kabát mu siaha p. kolien* his overcoat reaches below his knees; *dedina je p. rieky* the village is beneath the river

poníženie humiliation [hju:ˌmili'eišn]

ponížený humble ['hambl]; *váš p. služobník* your humble servant

ponížiť humiliate [hju:'milieit], humble ['hambl]; *triedny učiteľ p-l žiaka pred celou triedou* the head teacher humiliated the student in front of the whole class

ponor 1. (pod hladinu) draught [dra:ft] 2. (vzdialenosť lodného dna od vodnej hladiny): *čiara p-u* (load) waterline

ponoriť 1. (strčiť pod hladinu) dip [dip]; *p. ruku do vody* dip one's hand into the water 2. (vsunúť) slip [slip]; *p. ruky do vreciek* slip the hands into the pockets // **p. sa** 1. plunge [plandž], submerge [səb'mə:dž]; *p. sa do vody* plunge into the water, (dolu hlavou) dive [daiv] 2. (zahĺbiť sa) be*/become* absorbed /engrossed [bi:/bikam əb'so:bd/in'grəust]; *p. sa do práce* be engrossed in work; *p. sa do čítania* bury oneself in reading

ponorka submarine ['sabməri:n], (nem. p. v 2. svet. vojne) U-boat ['jubəut]

ponorný: *p. varič* immersion heater

ponosovať sa (na) complain (of) [kəm'plein əv]; *p. sa na bolesť hlavy* complain of a headache

ponožka sock [sok]; *bavlnené p-y* cotton socks

pontón pontoon [pon'tu:n]

ponuka 1. (podnet na vykonanie niečoho) bid [bid], offer ['ofə]; *p-y na stavbu mosta* bids for building the bridge; *odmietnuť p-u* refuse an offer 2. (tovar na predaj) offer ['ofə], supply [sə'plai]; *široká p. tovaru* a large supply of goods; *zákon p-y a dopytu* the law of supply and demand

ponúknuť offer ['ofə]; *p. pomoc* offer some help; *môžem vám p. kávu?* may I offer you some coffee?

ponurý 1. (pochmúrny, tmavý) dark [da:k]; *p. les* a dark forest 2. (chmúrny, nevľúdny) gloomy ['glu:mi]; *p. starý dom* a gloomy old house

poobede in the afternoon [in ði: ˌa:ftə'nu:n]; *p. je veľmi teplo* it is very warm in the afternoon

poobedňajší afternoon [ˌa:ftə'nu:n]; *p. spánok* afternoon sleep

poobzerať sa 1. (preskúmať okolie) look (a)round [luk (ə)'raund]; *p. sa po izbe* look around the room 2. hovor. (usilovať sa nájsť) look for [luk fo:]; *p. sa po novej práci* look for a new job

popadnúť 1. (uchopiť) grab [græb]; *p-ol ho za ruku* he grabbed his hand **2.** (zmocniť sa, ovládnuť) overcome* [əuvəˈkam]; *p-ol ho strach* fear overcame him

popálenina burn [bə:n]; *ťažké p-y* heavy burns

popáliť burn* [bə:n]; *p. si ruky* burn one's hands // **p. sa** get* burnt [get bə:nt]; suffer a burn [ˈsafə ə bə:n] ● *p. si prsty* burn one's fingers, get stuck

popanštiť sa pejor. rise* in society [ˌraiz in səˈsaiəti], move* up a station in life [mu:v ap ə ˈsteišn in laif], be bumped up [bi: bampt ap]

popásť 1. (chvíľu pásť) feed* [fi:d], graze [greiz]; *p. kravy na tráve* graze the cows on the grass **2.** pren. (s úľubou si pozrieť) feast one's eyes [fi:st wanz aiz]; *p. si oči na peknom výhľade* feast one's eyes on the nice view

popierať deny [diˈnai]; *p-l svoje vlastné slová* he denied his own words

popíjať drink* [driŋk], sip [sip]; *sedeli a p-li čaj* they were sitting and sipping tea; *celý večer p-l pivo* he has been guzzling beer all evening

popínavý climbing [ˈklaimiŋ], creeping [ˈkri:piŋ]; *p-á rastlina* a creeper

popis description [diˈskripšn]; *p. života na farme* a description of life on a farm; *p. práce* competence

popísať 1. (pozapisovať) note down [nəut daun]; *p. si mená očitých svedkov* note down the names of the eyewitnesses **2.** (písaním zaplniť) fill [fil]; *p-l tri strany* he filled three pages

popisný: *p-é číslo* land registry number

poplach 1. (náhly rozruch) panic [ˈpænik]; *vyvolať p.* cause panic **2.** (výzva na pohotovosť pred nebezpečenstvom) alarm [əˈla:m]; *trúbiť na p.* sound the alarm; *planý p.* false alarm; *letecký p.* air raid warning

poplašiť startle [ˈsta:tl], alarm [əˈla:m]; *tá správa ho p-la* that news alarmed him

poplašný 1. (spôsobujúci poplach) alarming [əˈla:miŋ]; *p-é správy* alarming reports **2.** (poplachový) alarm [əˈla:m]; *p-é zariadenie* alarm system/device

poplátať patch up [pæč ap], mend [mend]; *p. šaty* mend the dress

poplatník ratepayer [ˈreitˌpeiə]; *daňový p.* taxpayer

poplatok charge [ča:dž]; *p. za služby* service charge; *p. podľa sadzby* tax; *colný p.* customs duty; *rozhlasový a televízny p.* licence fee; *kúpeľný p.* watering rate

popletený perplexed [pəˈplekst], confused [kənˈfju:zd]; *bol p. jej správaním* he was perplexed by her behaviour ● *mať to p-é* have the wrong end of the stick

popliesť confuse [kənˈfju:z]; *p. niekoho otázkami* confuse someone with questions ● expr. *p. hlavu (komu)* turn one's head // **p. sa** get* confused [get kənˈfju:zd], be perplexed [bi: pəˈplekst]; *žiak sa celkom p-ol* the student got quite confused

popľuť spit* at [spit æt]; *p. si dlane* spit on one's hands

popod under [ˈandə]; *p. most* under the bridge

popol ash [æš], (z uhlia) cinders [ˈsindəz] ● *obrátiť na p.* turn to ashes; *sypať si p. na hlavu* wear sackcloth and ashes

popolavý ash coloured [ˈæšˌkaləd], ashy [ˈæši], ashen [ˈæšn]; *p-á tvár* ash coloured face

popolcový: *P-á streda* Ash Wednesday

popolček fall [fo:l]

popolnica urn [ə:n]

popolnicový urn [ə:n]; *p-é pole* urn field

popolník ashtray [ˈæštrei], (stojan) ashstand [ˈæšstænd]

popoludní in the afternoon [ˌin ði: a:ftəˈnu:n]; *prišiel p.* he came in the afternoon

popoludnie afternoon [ˌa:ftəˈnu:n]; *slnečné p.* a sunny afternoon

Popoluška Cinderella [ˌsindəˈrelə]

Popolvár Idler [ˈaidlə], Lazybones [ˈleizibəunz]

poprašok spray [sprei]; *snehový p.* a sprinkling of snow

poprava execution [ˌeksəˈkju:šn]; *p. na elektrickom kresle* electrocution

popravisko place of execution [pleis əv ˌekzəˈkju:šn], gallows [ˈgæləuz], scaffold [ˈskæfəuld]

popraviť execute [ˈeksəkju:t]; *p-li ho za vraždu* he was executed for murder; *dať p.* put to death

popravný: *p-á čata* firing squad

popredný outstanding [autˈstændiŋ], prominent [ˈpromənənt]; *p. hudobník* an outstanding musician; *p. kritik* a prominent critic

popŕhliť sting* [stiŋ]; *p. si ruku žihľavou* sting a hand by nettles

popŕchať drizzle [ˈdrizl]; *začalo p.* it has started to drizzle

popri 1. (povedľa) by [bai], along [əˈloŋ]; *isť p. rieke* go along the river **2.** (okrem) besides [bi'saidz]; *p. hre na klavíri hrá aj tenis* besides playing the piano he plays tennis as well

poprieť deny [di'nai]; *p-el, že to napísal* he denied he had written it

poprosiť ask [a:sk]; *p. o pomoc* ask for help

poprsie 1. bosom ['buzm] **2.** (busta) bust [bast]

popruh strap [stræp]

popud impulse ['impals]; *urobil to na môj p.* he did it on my impulse; *z vlastného p-u* of one's own accord

popudiť 1. (nahnevať) irritate ['irəteit], make* angry [meik 'æŋgri]; *jej reči ho p-li* her talking made him angry **2.** (poštvať) provoke [prə'vəuk]; *p-li ho proti mne* they provoked him against me **3.** (podnietiť) stimulate ['stimjəleit]; *p-li ho na pomstu* they stimulated him for revenge

popudlivý irritable ['iritəbl]; *p. človek* an irritable man

popukať (sa) crack (all over) [kræk (o:l 'əuvə)]; *stena sa p-la* the wall has cracked ● expr. *ísť sa p. od smiechu* crease up with laughter

populácia population [ˌpopjə'leišn]; *vzrast p-e* the increase of population

popularita popularity [ˌpopjə'lærəti]; *strácať p-u* decline popularity

popularizovať popularize ['popjələraiz]; *p. mladého umelca* popularize a young artist

populárny (v rozl. význ.) popular ['popjələ]; *p-a brožúra* a popular booklet; *p-a osobnosť* a popular personality; *stať sa p-m* win popularity

popustiť 1. (uvoľniť) loosen ['lu:sn]; *p. opasok* loosen the belt **2.** (ustúpiť, vzdať sa) give* in [giv in]; *rozhodli sa nep.* they decided not to give in; *bol nútený p.* he was forced to yield; *p-i zo svojich plánov* concede a portion of your plans

popýtať 1. ask for [a:sk fo:]; *p. o pomoc* ask for help **2.** (dievča o ruku) propose [prə'pəuz]

pór[1] anat. pore [po:]

pór[2] (zelenina) leek [li:k]

porada (tematické rokovanie) conference ['konfrəns], (schôdza) meeting ['mi:tiŋ]; *ministerská p.* a cabinet meeting; *konať p-u* hold a meeting

poradca adviser [əd'vaizə]; *právny, technický p.* legal, technical adviser; *p. pre voľbu povolania* career's specialist; *p. na škole* counsellor; *daňový p.* tax consultant

poradenský counselling ['kaunsəliŋ]; *p-á služba* counselling service; *p-á psychológia* counselling psychology

poradie sequence ['si:kwəns], order ['o:də]; *v akom p-í?* in what sequence?; *abecedné p.* an alphabetical order

poradiť 1. (dať radu) advise [əd'vaiz], give* an advice [giv ən əd'vais]; *právnik mu p-l čakať* the lawyer advised him to wait **2.** (navrhnúť) suggest [sə'džest]; *p. alternatívny plán* suggest an alternative plan // **p. sa** consult [kən'salt]; *p. sa s lekárom* consult a doctor

poradňa Advisory Board [əd'vaizəri bo:d]; *p. pre deti* child-welfare centre ['čaildˌwelfeə 'sentə]; *advokátska p.* law centre

poradný 1. (určený na porady) consulting [kən'saltiŋ]; *p-á sála* consulting room **2.** (poskytujúci rady) advisory [əd'vaizəri]; *p. zbor* advisory council; *delegát s p-m hlasom* a non voting observer

poraniť wound [wu:nd], hurt [hə:t]; *strela mu p-la ruku* the bullet wounded his arm; *pri páde si p-la nohu* she hurt her leg when she fell // **p. sa** injure ['indžə], become injured [bi'kam 'indžəd]; *vážne sa p-la pri autonehode* she was seriously injured in a car accident

porast growth [grəuθ]; *machový p.* moss-growth

porátať count [kaunt]; *p. peniaze* count the money; *p. na prstoch* count on one's fingers

poraziť 1. (zvíťaziť, premôcť) defeat [di'fi:t], beat* [bi:t]; *p. armádu* defeat an army; *p-l ma v šachu* he beat me in chess **2.** hovor. neos. (dostať porážku) get* a stroke [get ə strəuk]; *p-lo ho* he got a stroke ● *skoro ho p-lo* he almost had a fit

porážka 1. (prehra v boji) defeat [di'fi:t]; *utrpieť p-u* suffer a defeat **2.** (ochrnutie tela, mŕtvica) stroke [strəuk], apoplexy ['æpəpleksi]; *dostať p-u* get*/have* a stroke

porcelán porcelain ['po:slən], china ['čainə]

porcia portion ['po:šn]; *dve p-e zemiakov* two portions of potatoes; *môžem dostať ešte jednu p-u?* may I have another helping?

porekadlo proverb ['provəb], (old) saying ['seiiŋ]

poriadny 1. (dbajúci na poriadok) orderly ['o:dəli], tidy ['taidi]; *p. žiak* an orderly pupil; *p-a gazdiná* a tidy housekeeper **2.** (statočný, slušný) decent ['di:snt]; *p-e dievča* a decent girl **3.** hovor. (primerany) adequate ['ædikwət]; *p. byt* an adequate apartment/flat **4.** expr. (veľký, značný): *mám p. hlad* I'm simply starving

poriadok 1. (náležité usporiadanie) order ['o:də]; *zachovať p.* keep order; *dať do p-ku* put in order 2. (súhrn pravidiel, predpisov) regulations [ˌrəgjəˈleišnz]; *školský p.* school regulations; *dopravný p.* traffic regulations; *cestovný p.* time table; *trestný p.* criminal procedure; *rušenie verejného p-ku* breach of public order 3. (poradie, sled) order [ˈoːdə]; *abecedný p.* alphabetical order; *po p-ku* in proper, due order; *rokovací p.* order of proceedings ● *byť na dennom p-ku* be a daily occurence; *v p-ku* all right

poroba bondage [ˈbondidž], (otroctvo) slavery [ˈsleivri]

porodiť give* birth to [giv bəːθ tə], deliver a child/baby [diˈlivə ə čaild/beibi], bear* [beə]; *p. chlapca* give birth to a boy

porosiť moisten with dew [ˈmoistən wiθ djuː]; *p. si nohy v tráve* moisten one's feet with dew in the grass

porota jury [ˈdžuri]; *p. vyniesla rozsudok* the jury has given a verdict; *predseda p-y* the foreman of the jury

porotca juror [ˈdžurə]

pórovitý porous [ˈpoːrəs], spongy [ˈspandži]; *p-á tehla* a porous brick; *p. chlieb* spongy bread

porovnanie comparison [kəmˈpærəsn]; *v p-í s tebou je on lepší* by comparison with you he is better

porovnať compare [kəmˈpeə]; *p. kópiu s originálom* compare the copy with the original; *to sa nedá p.* there is no comparison

> **compare with** – zistiť podobnosť a rozdiely medzi dvoma rovnakými vecami
> **compare to** – zistiť podobnosť medzi dvoma rozličnými vecami

porovnateľný comparable [ˈkomprəbl]; *p-é ceny* comparable prices

porovnávací comparative [kəmˈpærətiv]; *p-ia metóda* a comparative method

porozprávať (sa) tell* [tel], talk [toːk]; *p-l nám celý príbeh* he told us the whole story; *p-li sa* they had a talk

porozumenie understanding [ˌandəˈstændiŋ]; *mať veľké p. pre hudbu* have great understanding for music; *medzinárodné p.* international understanding; *vzájomné p.* mutual understanding

porozumieť 1. (pochopiť) comprehend [ˌkompriˈhend], grasp [græsp]; *dieťa čítalo knihu, ale jej nep-elo* the child read the book but did not understand it; *p. význam slova* grasp the meaning of the word 2. (pochopiť správ-

vanie, situáciu koho) understand* [ˌandəˈstænd]; *vzájomne si p.* understand each other

porto postage [ˈpəustidž]; *aké je p.?* what's the postage?

portrét portrait [ˈpoːtrət]

portrétovať portray [poːˈtrei]; *dať sa p.* have a portrait painted; *p. život na vidieku* portray life in the country

poručík lieutenant [ˈleftenənt]

poručiť bequeath [biˈkwiːð]; *otec mu p-l majetok* his father bequeathed him a fortune

poručník guardian [ˈgaːdiən]

porucha 1. (technická) breakdown [ˈbreikdaun] 2. (prevádzky) stoppage [ˈstopidž] 3. lek. disorder [disˈoːdə]

poruchovosť breakdown rate [ˈbreikdaun reit]; *nízka p. strojového zariadenia* a low breakdown rate of the machinery

poruchový: *p-á služba* repair service

poruke at hand [æt hænd]; *výsledky ešte nie sú p.* the results are not at hand yet; *isť p. (komu)* cooperate with

porušiť 1. (poškodiť) damage [ˈdæmidž]; *p. obal* damage the package; *p. rovnováhu* throw* a thing out of balance 2. (prestúpiť, nedodržať) break* [breik], violate [ˈvaiəleit]; *p. dohodu* break the agreement; *p. služobné tajomstvo* break a secret; *p. zákony* violate the laws

posadiť 1. (usadiť) seat* [siːt]; *p. dieťa na stoličku* seat a child on the chair 2. (umiestniť) place [pleis]; *p. chlieb do pece* place the bread into the oven 3. (zasadiť) plant [plaːnt]; *p. zemiaky* plant the potatoes ● *p. žiaka* floor a student // **p. sa** sit* down [sit daun], take* a seat [teik ə siːt]; *p-ďte sa, prosím* take a seat /be seated, please

posádka 1. voj. garrison [ˈgærisn] 2. (lietadla, lode) crew [kruː]; *s ľudskou p-ou* manned; *bez p-y* unmanned

posadnutý possessed [pəˈzest]; *p. diablom* possessed by the devil

posedenie party [ˈpaːti]; *priateľské p.* a friendly party

poschodie floor [floː]; *na druhom p-í* on the second floor; *byt na p-í* an upstairs flat/apartment

poschodový storeyed [ˈstoːrid]; *p. dom* a storeyed house; *p-á posteľ* bunk (bed)

posilniť 1. invigorate [inˈvigəreit]; *plávanie vás p-í* swimming will invigorate you 2. (upevniť) strengthen [ˈstreŋθn]; *p. korunu proti iným* *menám* strengthen the crown against other currencies **3.** (zvýšiť počet) reinforce [ˌriːənˈfoːs]; *p. armádu* reinforce the army; *p. mestskú hromadnú dopravu* reinforce the municipal/public transport

posiľovňa fitness room/centre [ˈfitns ruːm /ˈsentə]; *dobre zariadená p.* a well equipped fitness room

poskakovať hop [hop]; *vrabce p-ujú na tráve* the sparrows are hopping on the grass

poskladať 1. (skladať) unload [ˌanˈləud]; *p. tovar* unload the goods; *p. skúšky* pass the exams **2.** (postupne zložiť) fold [fəuld]; *p. papier* fold the paper

poskytnúť offer [ˈofə], grant [graːnt], render [ˈrendə]; *p. pomoc* offer some help; *p. štipendium* grant a scholarship; *p. zľavu* grant a deduction; *p. veľkú sumu peňazí* render a large sum of money; *p. prvú pomoc (komu)* give a person first aid

poslanec deputy [ˈdepjəti], Member of Parliament, skr. M.P. [ˈmembə əv ˈpaːləmənt]

poslanecký deputy's [ˈdepjətiz], parliamentary [ˌpaːləˈməntri]; *p-á snemovňa* House of Commons, House of Representatives; *p-á imunita* parliamentary privilege

poslanie (úloha, určenie) mission [ˈmišn]; *tajné p.* secret mission

poslať 1. (spôsobiť, aby niekto odišiel za istým cieľom) send* [send]; *p. chlapca po cigarety* send the boy for cigarettes; *lekár ho p-l do nemocnice* the doctor sent him to hospital **2.** (zaslať) send* [send], mail [meil], post [pəust]; *p. list* post a letter

posledný I. čísl. rad. neurč. last [laːst]; *p. deň roka* the last day of the year ● *p-é slovo* one's last word **II.** príd. **1.** (jediný, ostatný) last [laːst]; *vyrúbali p. strom* they have cut down the last tree; *do p-ej minúty* up to the last minute **2.** (nedávno minulý) latest [ˈleitəst]; *p-á správa* the latest news ● *p. súd* the Last Judgement; *p-á večera* the Last Supper

poslepiačky blindly [ˈblaindli], blindfold [ˈblaindfəuld]

posluhovačka help [help], daily [ˈdeili], cleaning woman [ˈkliːniŋ ˌwumən], charwoman [ˈčaːˌwumən]

poslucháč(ka) 1. listener [ˈlisənə], (neúmyselný) hearer [ˈhirə]; *recitácia upútala pozornosť p-ov* the recitation drew the attention of the listeners **2.** (vysokoškolský študent) student [ˈstjuːdnt]; *p. filozofie* the student of philosophy

posluchačstvo audience [ˈoːdjəns], hearers [ˈhirəz]

posluchareň lecture hall/room [ˈlekčə hoːl /ruːm], auditorium [ˌoːdəˈtoːriəm]

poslúchať obey [əˈbei]; *deti by mali p. rodičov* children should obey their parents

poslušnosť obedience [əˈbiːdiəns]

poslušný obedient [əˈbiːdiənt]; *p. pes* an obedient dog

poslúžiť 1. (preukázať službu) attend [əˈtend]; *p. chorému* attend to the patient **2.** (pomôcť, stať sa osožným) help [help], serve [səːv]; *čerstvý vzduch vám p-i* the fresh air will help you; *ten vynález p-l ľudstvu* that invention served to the mankind **3.** (poskytnúť, dať) give* [giv], offer [ˈofə]; *p. pohárom vody* offer a glass of water; *čím p-m?* what can I do for you?

posmech mockery [ˈmokəri], ridicule [ˈridəkjuːl]; *obrátiť na p.* turn into ridicule; *robiť si p. (z)* make* fun (of); *bol im len na p.* he was nothing but a laughing stock to them

posmeliť encourage [inˈkaridž]; *jej slová ho p-li* her words encouraged him

posmeľujúci encouraging [inˈkarədžiŋ]; *p-e slová* encouraging words

posmešný mocking [ˈmokiŋ]; *p. pohľad* a mocking look

posmievať sa (komu, čomu) mock [mok], ridicule [ˈridəkjuːl]; *nemal by si sa mu p.* you should not mock him; *deti sa jej p-li pre pehy* the children ridiculed her freckles

posmrtný posthumous [ˈpostjəməs], obituary [oˈbičuəri]; *p-á sláva* posthumous fame; *p-é oznámenie* obituary notice; *p-á maska* death mask; *p. život* after-life

posol messenger [ˈmesəndžə], (rýchly) courier [ˈkuriə]; *kráľovský p.* royal courier

posoliť salt [soːlt]; *p. jedlo* salt one's meal

posolstvo (v rozl. význ.) message [ˈmesidž]; *odovzdať p.* pass a message; *novoročné p.* New Year's message

pospolitý common [ˈkomən]; *p. ľud* common people

pospolu together [təˈgeðə]; *držať sa p.* keep together

postarať sa 1. see* to [siː tə]; *p-j sa o to* see to it; *o to je p-né* it has been seen to it **2.** (venovať starostlivosť, zaopatriť) take* care [teik keə]; *p. sa o rodinu* take care of the family

postava 1. (ľudské telo) figure [ˈfigə]; *územčistá p.* a stout figure **2.** (osobnosť stvárnená v ume-

ní) character [ˈkærəktə]; *historická p.* a historical character

postavenie 1. (rozmiestnenie, poloha) position [pəˈzišn]; *strategické p.* strategic position; šport. *p. mimo hry* off-side **2.** (stav, situácia) situation [ˌsičuˈeišn]; *byť v zúfalom p-í* be in a desperate situation **3.** (významná funkcia) post [pəust]; *mať dobré p.* hold a good post; *človek s vysokým p-ím* a man with a high status

postaviť 1. (umiestiť) put* [put], place [pleis]; *p. vázu na stôl* put the vase on the table **2.** (dať variť) cook [kuk], put* on [put on]; *p. na polievku* cook the soup; *p. na čaj* put the kettle on **3.** (vybudovať) build* [bild], erect [iˈrekt]; *p. most* build a bridge; *p. pomník* erect a monument **4.** (určiť miesto, funkciu) place [pleis]; *bol p-ený na čelo armády* he was placed on command of the army **5.** (utvoriť, zostaviť) form [foːm]; *p. družstvo* form a team ● *p. na nohy (koho)* put somebody back on his feet; *p. otázku* ask a question // **p. sa 1.** stand* up [stænd ap]; *žiak sa p-l* the pupil stood up; *p. sa na špičky* stand on tiptoe **2.** (zaujať miesto stojačky); *p. sa do radu* queue up; *p. sa do pozoru* come to attention **3.** (vzoprieť sa) set* one's face against [set wanz feis əˈgenst]; *p-l sa proti šéfovi* he set his face against his boss ● *p. sa na stranu koho* take* up sb.'s cause

posteľ bed [bed]; *skladacia p.* folding bed; *ísť do p-le* go to bed ● *byť pripútaný na p.* be confined to bed

posteľný: *p-á bielizeň* bed linen

poste restante poste restante [ˌpəustˈrestont]

postgraduálny post-graduate [pəust ˈgrædžuət]; *p-é štúdium* a postgraduate course /study

posteľka cot [kot], (zavesená, hojdacia) crib [krib]

postih práv. right of recovery [rait əv riˈkavri], recourse [riˈkoːs]

postihnúť (zasiahnuť) hit* [hit], strike* [straik]; *mesto p-lo zemetrasenie* the city was struck by an earthquake; *telesne p-ý* physically handicaped

postihnutý 1. stricken [ˈstrikn]; *p. povodňou* flood-stricken; *p. vojnou* war-stricken **2.** (telesne) handicapped [ˈhændikæpt]; *p-é dieťa* a handicapped child

postiť sa fast [faːst]; *choroba ho prinútila p. sa* illness made him fast

postlať (posteľ) make* the bed [meik ðə bed] ● *ako si p-elieš, tak si ľahneš* as you make your bed, so you must lie on it

postoj 1. (držanie tela) pose [pəuz]; *rozličné p-e modelky* various poses of the model **2.** (stanovisko) attitude [ˈætətjuːd], standpoint [ˈstændpoint]; *pozitívny p. k stránkam* a positive attitude to the clients; *p. voliča* the standpoint of the voter

postrach fright [frait], terror [ˈterə]; *chlapec bol p-om okolia* the boy was the terror of the neighbourhood

postranný 1. (bočný) side [said], lateral [ˈlætrəl]; *p-é osvetlenie* side light; *p-á ulica* side street **2.** (tajný, skrytý) hidden [ˈhidn]; *p. úmysel* hidden intention

postreh 1. perception [pəˈsepšn]; *brankár musí mať bystrý p.* a goalkeeper must have a keen perception **2.** (pozorovanie) observation [ˌobzəˈveišn]; *zaujímavé p-y zo súčasného života* interesting observations of the current life

postrehnúť perceive [pəˈsiːv], observe [əbˈzəːv]; *p. zmeny v správaní* perceive some changes in manners; *p-ol si niečo neobyčajné?* did you observe anything unusual?

postrek spray [sprei]; *p. proti hmyzu* insect spray

postriekať 1. (striekaním pokropiť) spray [sprei]; *p. ovocné stromy* spray the fruit trees **2.** (striekaním znečistiť) sprinkle [ˈspriŋkl]; *p. auto blatom* sprinkle the car with mud

postroj harness [ˈhaːnəs]; *konský p.* horse's tackle

postup 1. (pohyb dopredu) progress [ˈprəugres]; *pomalý p.* slow progress **2.** (časové poradie) proceeding [prəˈsiːdiŋ]; *p. prác* work proceedings **3.** (ustálený spôsob práce) procedure [prəˈsiːdžə], method [ˈmeθəd]; *technologický p.* technological procedure **4.** (prechod do vyššej hodnosti) promotion [prəˈməušn]; *rýchly p.* quick promotion ● *p-om času* in the course of time

postúpiť 1. (podísť) move [muːv]; *p. k dverám* move to/towards the door **2.** (posunúť sa dopredu) advance [ədˈvaːns]; *Napoleonova armáda p-la k Moskve* Napoleon's army advanced on Moscow **3.** (pokročiť) proceed [ˌprəˈsiːd]; *práca p-la podľa plánu* the work has proceeded according to the plan **4.** (dosiahnuť vyššie zaradenie) progress [prəˈgres], make progress [meik ˈprəugres]; *za posledné roky vôbec nep-l* he has made no progress in recent years **5.** (prenechať, odstúpiť) transfer [trænsˈfəː]; *p. vlastníctvo deťom* transfer the ownership to children

postupne gradually [ˈgrædʒuəli], step by step [step bai step]; *p. renovovať domy* reconstruct the houses gradually; *p. obmedzovať* scale down

postupný gradual [ˈgrædʒuəl]; *p. nárast pôrodnosti* a gradual increase in the birth rate

posúdiť 1. (zvážiť, odhadnúť) judge [dʒadʒ], evaluate [iˈvæljueit], consider [kənˈsidə]; *p. úspech* evaluate the success; *p. situáciu* consider the situation; *p-ďte sami* judge for yourself **2.** (urobiť posudok) review [riˈvjuː]; *p. knihu* review a book

posudkový: *p-á komisia* consultative commission

posudok 1. expert opinion [ˈekspət əˈpinjən]; review [riˈvjuː]; *podať lekársky p.* deliver a medical opinion **2.** (osobný) reference [ˈrefrəns]

posúch flat cake [ˈflæt ˌkeik]; *kapustné p-y* cabbage flat cakes

posunkový: *p-á reč* sign language

posunok gesture [ˈdʒesčə]

posunúť 1. (postrčiť) move [muːv], push [puš], shift [šift]; *p. stôl* move the table; *p. stoličku nabok* push the chair aside; *p. páku* shift the lever **2.** (preložiť na iný termín) postpone [pəusˈpəun]; *p. schôdzu na zajtra* postpone the meeting for tomorrow // **p. sa 1.** shove [šav]; *p-ň sa!* shove over **2.** (o pôde) slide [slaid]

posúriť speed up [spiːd ap]; *p. vydanie cestovného pasu* speed up the process of issuing the passport

posuvný sliding [ˈslaidiŋ]; *p-é dvere* a sliding door; *p-á strecha auta* sunroof

posvätiť 1. (vysvätiť) consecrate [ˈkonsəkreit]; *p. nový kostol* consecrate a new church **2.** kniž. (zasvätiť) dedicate [ˈdedəkeit]; *p-l život vede* he dedicated his life to science

posvätný 1. (nábožensky uctievaný) sacred [ˈseikrəd], holy [ˈhəuli]; *p-é miesto* a sacred place **2.** (svedčiaci o veľkej vážnosti) religious [riˈliːdʒəs]; *p-á starostlivosť* religious care

posviacka consecration [ˌkonsəˈkreišn]; *biskupská p.* episcopal consecration; *p. kostola* consecration of the church; *vykonať p-u* perform a consecration

posyp spreading [ˈsprediŋ]; *p. ulíc* spreading of streets

posypať sprinkle [ˈspriŋkl]; *p. chodníky pieskom* sprinkle sand over the paths

posýpka sprinkle [ˈspriŋkl]; *maková p.* poppy-seed sprinkle

pošepkať 1. (šeptom povedať) whisper [ˈwispə]; *p. do ucha* whisper in a person's ear **2.** (našepkať) prompt [prompt]; *p. spolužiakovi odpoveď* prompt an answer to a classmate

pošepky in a whisper [in əˈwispə], in whispers [in ˈwispəz]; *povedal p.* he said in a whisper

poškodený I. príd. **1.** (chybný) broken [ˈbrəukn], damaged [ˈdæmidʒd]; *p. motor* a broken engine; *p. dom* a damaged house **2.** (ktorému sa stala škoda) injured [ˈindʒəd]; *p-á strana* the injured party **II.** podst. práv. the injured party [ðiː ˈindʒəd ˈpaːti]

poškodiť 1. (spôsobiť škodu, pokaziť) break* [breik], damage [ˈdæmidʒ], do*/cause damage [duː/koːz dæmidʒ]; *p. písací stroj* break the typewriter; *p. potrubie* damage the pipeline **2.** (ublížiť) injure [ˈindʒə]; *p. práva občana* injure the citizen's rights **3.** (uškodiť) harm [haːm]; *nejedz, p-í ti to žalúdok* don't eat it, it will harm your stomach // **p. sa** (pokaziť sa) break* down [ˈbreik daun]; *stroj sa p-l* the machine broke down

poškrabať scratch [skræč]; *mačka ho p-la* the cat scratched him // **p. sa** scratch (oneself) [skræč (wanˈself)]; *p. sa na tŕni* scratch oneself on a thorn

poškriepiť sa have* an argument [hæv ən ˈaːgjəmənt]; *p-li sa pre peniaze* they had an argument about money

pošliapať trample down [ˈtræmpl daun]; *p. kvety* trample down the flowers

pošmúrny gloomy [ˈgluːmi], dark [daːk]; *p. deň* a gloomy day; *p. starý dom* a dark old house

pošmyknúť sa slip [slip]; *p-ol sa a spadol* he slipped and fell down

pošta 1. (inštitúcia, budova) post office [ˈpəust ˌofəs]; *hlavná p.* general post office, skr. G.P.O. **2.** (súhrn pošt. zásielok) BR post [pəust], AM mail [meil]; *prišla už p.?* has the post come yet?; *letecká p.* air mail; *obratom p-y* by return of post; *p-ou* by post; *dať na p-u* post

poštár BR postman [ˈpəustmən], AM mailman [ˈmeilmæn]

poštátniť nationalize [ˈnæšnəlaiz]; *p. železnice* nationalize the railways

poštípať 1. (prstami stisnúť pokožku) pinch [pinč]; *p-l ju na líci* he pinched her on the cheek **2.** (obyč. o hmyze) sting* [stiŋ], bite* [bait]; *p-la ho včela* he was stung by a bee; *p-li ho komáre* he was bitten by gnats

P

poštovné postage [ˈpəustidž]; *oslobodený od p-ho* postage free

poštový post [pəust], postal [ˈpəustəl]; *p-á poukážka* postal/money order; *p-á sprievodka* delivery form; *p-á schránka* letter/mail box; *p-á priehradka* post office box; *p-á sporiteľňa* post office saving bank

pošuškať whisper [ˈwispə]; *p-li si niečo medzi sebou* they whispered something to each other

pošva 1. (puzdro na čepeľ) case [keis], sheath [ši:θ] 2. anat. vagina [vəˈdžainə]

pot perspiration [ˌpə:spəˈreišn], sweat [swet] ● *pracovať v p-e tváre* work in the sweat of one's brow

potácať sa stagger [ˈstægə], reel [ri:l]

poťah (povlak z látky, kože ap.) covering [ˈkavəriŋ], coating [ˈkəutiŋ]

potajomky in secret [inˈsi:krət], secretly [ˈsi:krətli]; *chlapci fajčili p.* the boys smoked in secret

potápač diver [ˈdaivə], frogman [ˈfrogmən]; *športový p.* skin diver

potápačský diving [ˈdaiviŋ]; *p-á výzbroj* diving equipment

potápať sa dive [daiv]

potápka diver [ˈdaivə]

potaš chem. potash [poˈtæš]

potecha kniž. comfort [ˈkamfət], consolation [ˌkonsəˈleišn]; *jediná p. je jej dieťa* the only comfort is her child; *pre p-u* for joy

potešenie delight [diˈlait], pleasure [ˈpležə]; *čítať knihu s p-ím* read the book with delight; *robiť niečo pre p.* do something for pleasure ● *p. je na mojej strane* the pleasure is mine

potešiť (sa) make* sb. happy [ˌmeik ˈhepi]; *dar ho p-l* the present made him happy

potiahnuť 1. pull [pul], tug [tag]; *p. šnúru* pull the cord; *p. za rukáv* tug at the sleeve 2. (smrknúť) sniff [snif] 3. expr. (vypiť si) sip [sip]; *p. si vína z fľaše* sip wine from the bottle 4. expr. (ukradnúť) pinch [pinč]; *niekto mi p-ol peňaženku* somebody has pinched my wallet

potiaľ 1. (miestne) up to here [ˌap tə ˈhiə], as far as here [æz fa: æz], *p. išli spolu* they went together ap to here 2. (časove) as long as [æz loŋ æz]; *p. bol zdravý, kým nezačal piť* he was healthy as long as he started to drink 3. (do tej miery) so far [səu fa:]; *p. má pravdu* so far he is right

potichu 1. (ticho) quietly [ˈkwaiətli], softly [ˈsoftli], gently [ˈdžentli]; *zatvoriť dvere p.* shut

the door quietly 2. (tajne) secretly [ˈsi:krətli]; *p. sa zobrali* they were secretly married

potiť sa perspire [pəˈspaiə], sweat [swet]; *p-l sa od strachu* he was sweating with fear ● *p. krv* toil and moil

potkan (brown) rat [(braun) ræt], sewer rat [ˈsjuə ræt]

potknúť sa stumble over [ˈstambl ˈəuvə], trip over [ˈtrip ˈəuvə]; *p. sa na prahu* trip over the threshold

potlačiť 1. (posunúť) push [puš]; *p. stoličku* push the chair 2. (zatlačiť) press [pres]; *p. gombík (na výťahu)* press the button 3. (zdolať) suppress [səˈpres]; *p. vzburu* suppress a revolt; *p. v zárodku* nip something in a bud; *p. štrajk* break a strike

poťapkať pat [pæt]; *p. po pleci* pat on the shoulder

potlesk applause [əˈplo:z]; *búrlivý p.* deafening applause; *odmeniť p-om* applaud someone

potĺkať sa expr. hang about/around [ˌhæŋ əˈbaut/əˈraund], loiter [ˈloitə]; *p. sa po meste* hang about the city

potme in the dark [in ðə ˈda:k]; *sedeli p.* they were sitting in the dark

potmehúd expr. sneak [sni:k]

potmehúdsky expr. treacherous [ˈtrečərəs], sneaky [ˈsni:ki]; *p. úsmev* a sneaky smile

potok brook [bruk], AM creek [kri:k] ● *tiecť p-om* flow in a steady stream

potom I. prísl. 1. (časove) then [ðen], afterwards [ˈaftəwə:dz], next [nekst]; *prezrel si časopis a p. šiel spať* he reviewed the magazine and then he went to bed; *dali sme si kávu a p. sme šli domov* we had coffee and went home afterwards; *čo budeš robiť p.?* what will you do next? 2. (priestorove) then [ðen]; *chodník vedie cez les a p. k potoku* the path goes through the woods and then to the brook 3. (v druhom rade) then [ðen], next [nekst]; *najprv mysli, p. hovor* first think then speak; *najprv zohrej vodu a p. pridaj soľ* first heat the water and next add salt II. časť. then [ðen]; *to muselo byť p. veľké prekvapenie* it must have been a great surprise, then!

potomok descendant [diˈsendənt], (dieťa) offspring [ˈofspriŋ]; *priamy p.* a direct descendant

potomstvo descendants [diˈsendənts]

potopa flood(s) [flad(z)], deluge [ˈdelju:dž]; *silný dážď spôsobil p-u* heavy rain caused floods

potopiť 1. sink* [siŋk]; *p. loď* sink the ship **2.** (ponoriť pod hladinu) submerge [səbˈmɔːdž]; *p. si hlavu pod vodu* submerge one's head under water // **p. sa 1.** (klesnúť na dno) sink* [siŋk], submerge [səbˈmɔːdž], drown [draun]; *loď sa p-la* the ship has drowned; *ponorka sa p-la* the submarine has submerged **2.** (ponoriť sa pod hladinu) dive [daiv]; *potápač sa p-l* the diver has dived

potrat abortion [əˈboːšn], miscarriage [ˌmisˈkæridž]

potratiť 1. (strácať) loose [luːz]; *p-l všetky doklady* he lost all documents **2.** (o žene) miscarry [misˈkæri], abort [əˈboːt]; *p. dieťa* abort a baby ● *čo si rozum p-l?* did you go off your head?

potrava food [fuːd], (výživa) nourishment [ˈnarišmənt]; *odmietať p-u* refuse food; pren. *duševná p.* intellectual nourishment

potraviny 1. foodstuffs [ˈfudstafs]; *čerstvé p.* fresh foodstuffs **2.** (obchod) grocer's [ˈgrəusəz]

potreba 1. (nevyhnutnosť) need [niːd], want [wont]; *p. vody* want of water **2.** (dopyt) demand [diˈmaːnd] *rastúca p. bytov* the growing demand for flats **3.** (vyprázdňovanie čriev); *ísť na p-u* relieve oneself **4.** (existenčné podmienky) necessity [nəˈsesəti]; *životné p-y* necessities of life **5.** obyč. mn. *p-y* equipment [iˈkwipmənt]; *domáce p-y* household equipment; *školské p-y* school equipment; *kancelárske p-y* office supplies; *pracie p-y* washing products ● *podľa p-y* as (may be) required

potrebný 1. (nevyhnutný) [ˈnesəsəri]; *potrava je p-á pre život* food is necessary for life **2.** (užitočný) useful [ˈjuːsfl]; *p-á rada* useful advice

potrebovať need [niːd], want [wont]; *p. peniaze* need money; *deti p-ujú mlieko* children need milk; *izba p-uje novú maľovku* the room wants a new coating

potrestať punish [ˈpaniš]; *otec p-l syna* father punished his son

potriasť shake* [šeik]; *p. priateľovi ruku* shake hands with one's friend; *p. fľašu* shake the bottle

potrieť 1. (pokryť vrstvou) smear [smiə], (rozotrieť) spread* [spred]; *p. olejom* smear with oil; *p. chlieb maslom* spread butter on bread **2.** (istý čas trieť) wipe [waip]; *p. si dlaňou čelo* wipe one's forehead

potrpieť si be particular [biː pəˈtikjələ]; *p-i si na dobré jedlo* he is particular about good food

potrubie pipeline [ˈpaiplain]; *plynové p.* gas pipe-line

potucha iba v spojení *nemať (ani) p-y (o čom)* have no idea [həv nəu aiˈdiə], have not the slightest notion about [ˈhəv not ðə ˈslaitist ˈnəušn əˈbaut]

potulný 1. (meniaci miesto pobytu) strolling [ˈstrəuliŋ]; *p-í herci* strolling actors **2.** (túlavý) stray [strei]; *p-é mačky* stray cats

potulovať sa (bezcieľne chodiť) wander [ˈwondə], hang* about/around [hæŋ əˈbaut /əˈraund], stroll [strəul]; *p. sa po uliciach* wander in the streets; *p. sa po parku* stroll in the park

potupa disgrace [disˈgreis]; *jeho činnosť vystavila p-e celú rodinu* his activity brought disgrace to the whole family; *vystaviť p-e* expose to scorn

potupiť disgrace [disˈgreis]; *p. meno rodiny* disgrace the family name

potupný disgraceful [disˈgreisfl], ignominious [ˌignoˈminiəs]; *p. čin* a disgraceful act; *p. mier* dishonourable peace

potvora beast [biːst], shrew [šruː]

potvrdenie confirmation [ˌkonfəˈmeišn]; *p. o rozsudku* confirmation of judgement; *p. objednávky* a letter of confirmation; *p. o prevzatí peňazí* acknowledgement of money receipt; *p. o zamestnaní* proof of employment

potvrdenka receipt [riˈsiːt]; *na p-u* on presentation of receipt

potvrdiť 1. (dosvedčiť správnosť niečoho) confirm [kənˈfəːm]; *p-l všetko, čo sa povedalo* he confirmed everything that had been said **2.** (uznať, schváliť) acknowledge [əkˈnolidž]; *p. porážku* acknowledge the defeat; *p. príjem peňazí* acknowledge the receipt of money; *p. rozsudok* acknowledge the court's verdict **3.** (písomne osvedčiť) certify [ˈsəːtəfai]; *týmto p-zujem...* this is to certify...

potýčka skirmish [ˈskəːmiš]; *nie boj, ale p.* no fight but skirmish

potykať si use first names [juːz fəːst neimz]; *p-li si* they agreed to use their first names/they drank to close friendship

poučenie 1. (návod) instruction [inˈstrakšn]; *prečítaj p.* read the instruction **2.** (poznatky) lesson [ˈlesn]; *p. z nedávnej minulosti* a lesson from the recent past

poučiť instruct [inˈstrakt], teach* [tiːč]; *p. používateľa* instruct the user; *p. deti, ako sa* *majú správať* teach the children how to behave // **p. sa** draw* a lesson [dro: ə 'lesn]

poučka theorem ['θiərəm]; *matematická p.* mathematical theorem

poučný instructive [in'straktiv]; *p-á prednáška* an instructive lecture; *p. prípad* good case in point

poukaz (doklad oprávňujúci na kúpu, odber ap.) voucher ['vaučə]; *p-y na obedy* luncheon vouchers

poukázať 1. (upozorniť) point out [point aut], refer [ri'fə:]; *p-l na jeho chyby* he pointed out his mistakes; *p. na zmeny* refer to changes 2. (dať vyplatiť poukážkou) remit [ri'mit]; *p. poukážkou* remit by cheque

poukážka 1. (príkaz na platbu) order ['o:də]; *poštová p.* postal order 2. (poukaz) voucher ['vaučə]

pouličný street [stri:t]; *p-é osvetlenie* street lights; *p-é šarvátky* street skirmishes

použiť 1. use [ju:z]; *p. zbraň* use a weapon 2. (nasadiť, aplikovať) apply [ə'plai]; *p. nové metódy* apply new methods

použiteľný applicable [ə'plikəbl]; *p-á metóda* applicable method

používateľ user ['ju:zə]

povaha (človeka, veci) nature ['neičə], character ['kærəktə], temper ['tempə]; *má dobrú p-u* he is good natured; *príjemná p.* sweet temper; *človek s dobrou p-ou* a man of good character ● *podľa p-y vecí* in the nature of things

povahový character ['kærəktə]; *p-é vlastnosti* character traits

povala 1. (strop) ceiling ['si:liŋ]; *drevená p.* wooden ceiling 2. (pôjd) loft [loft]; *prerobená p. (na byt)* a converted loft

povaľač idler ['aidlə], loafer ['ləufə]

povaľovať sa 1. (o ľuďoch) loll about [lol ə'baut], idle ['aidl]; *p-uje sa v kresle* he is lolling in the armchair 2. (o veciach) litter ['litə]; *knihy sa p-li na dlážke* the books littered on the floor

povážlivý precarious [pri'keriəs]; *naša finančná situácia je p-á* our financial situation is precarious

považovať consider [kən'sidə], regard [ri'ga:d]; *p-ujem ho za priateľa* I consider him a friend; *p-ujú ho za veľmi dobrého spisovateľa* he is regarded as a very good writer

poväčšine mostly ['məustli]; *boli to p. mladí ľudia* they were mostly young people

povďačný grateful ['greitfl], thankful ['θæŋkfl]; *byť p. za pomoc* be grateful for help

povedať 1. say* [sei], tell* [tel]; *p-l, že sa necíti dobre* he said he didn't feel well; *p. pravdu* tell the truth 2. (vysloviť názor) say* [sei]; *čo by si na to p-l?* what would you say to it? 3. (predniesť) recite [ri'sait]; *p. báseň* recite a poem; *p. reč* deliver a speech; *p. prípitok* propose a toast 4. (určiť, stanoviť) set* [set]; *p. cenu* set the price ● *nedá si p.* he can't be told; *nep-l ani pol slova* he did not utter a word; *len p-dz* just say; *presne p-né* strictly speaking; *tým je všetko p-né* that speaks volumes; *už som p-l!* it was my last word!

Ako sa povie po anglicky plátno?
What's the English for plátno?
How do you say plátno in English?

povedomie consciousness ['konšəsnəs]; *spoločenské p.* social consciousness

povedomý faintly familiar [ˌfeintli fə'miliə], wellknown [wel nəun]; *prichodil mi akýsi p.* I seemed to be faintly familiar with him; *p-á tvár* a wellknown face; *je mi to p-é* I am conscious of it

povedzme (let's) say [(lets) sei]; *vrátim sa, p., o hodinu* I'll be back let's say in an hour

povel command [kə'ma:nd], order ['o:də]; *vydať p.* issue a command; *dať p.* give an order

povera superstition [ˌsju:pə'stišn]; *to je obyčajná p.* it is a common superstition

poverčivý superstitious [su:pə'stišəs]; *p. človek* a superstitions man

poverenie mandate ['mændeit], commission [kə'mišn]; *z p-a* by authority of

poveriť charge [ča:dž], put* a person in charge [put ə pə:sn in ča:dž]; *p-li ho prestavbou domu* he was put in charge of the reconstruction of the house; *p. starostlivosťou* entrust with care (of)

poverovací: *p-ie listiny* credentials [kri'denšlz]

povesť 1. (vymyslené rozprávanie) myth [miθ], (ľudová) tale [teil]; *p. o starom hrade* the myth of an old castle; *ľudové p-ti* folk tales 2. (chýr) rumour ['ru:mə], hovor. buzz [baz]; *šla o ňom p., že...* there was a rumour going on about him that... 3. (meno) reputation [ˌrepjə'teišn]; *mať zlú p.* have a bad reputation

povestný notorious [nəu'to:riəs]; *p. dobrodruh* a notorious adventurer

poveternosť weather ['weðə]; *vplyv p-i* weather influence

poveternostný weather ['weðə], atmospheric [ˌætməs'ferik]; *p-é správy* weather forecast; *p-é podmienky* atmospheric conditions

povetrie 1. air [eə], atmosphere ['ætməsfiə] **2.** (podnebie) climate ['klaimət]; *suché p.* dry climate ● *vyhodiť do p-a* blow sth. up; *vyletieť do p-a* explode, blow up

poviedka short story [šo:t 'sto:ri], (ľudové rozprávanie) tale [teil]; *zbierka p-ok* a collection of short stories

poviedkar story-teller ['sto:ri ˌtelə], story-writer ['sto:ri ˌraitə]

povievať blow* [bləu]; *v lese p-a vánok* there is a breeze blowing in the woods

povíchrica (víchrica) gale [geil], storm [sto:m], tempest ['tempəst], (snehová) blizzard ['blizəd]

povinnosť duty ['dju:ti]; (záväzok) obligation [ˌobli'geišn]; *občianska p.* civic duty; *ohlasovacia p.* obligation to report; *platobná p.* liability [ˌlaiə'biləti] ● expr. *to je jeho psia p.* it is his bounden ['bəundən] duty

povinný 1. (o osobe) obliged [ə'blaidžd], bound [baund]; *je p. to vysvetliť* he is obliged to explain it **2.** (o činnosti, kt. sa má vykonať) compulsory [kəm'palsri], obligatory [ə'bligətri]; *p-á školská dochádzka* compulsory school attendance; *p-é prednášky* obligatory lectures; šport. *p-é cvičenia* compulsory exercises; *p-á jazda* school figures ● *p-á starostlivosť* reasonable care; *p-é ručenie* third party risk cover; *p-é čítanie* must/required reading; *p-á vojenská služba* conscription; *p. výtlačok* free copy

povlak 1. coat(ing) ['kəut(iŋ)], (tenká vrstva na povrchu) film [film]; *p. na jazyku* fur on the tongue **2.** (obliečka) cover ['kavə]

povliecť cover ['kavə]

povodeň flood [flad]; *jarná p.* spring flood

povodie river basin ['rivə ˌbeisn]

povojnový postwar ['pəust,wo:]; *p-é obdobie* post war period

povolanie 1. profession [prə'fešn]; *učiteľské p.* teacher's profession **2.** (poslanie) mission ['mišn], calling ['ko:liŋ]; *jeho p-ím bolo zabávať ľudí* his mission was to entertain people

povolaný competent ['kompətənt]; *p. odborník* a competent specialist; *nie je p. vypočuť ťa* he is not competent to hear you

povolať call [ko:l]; *p. do zbrane* call to arms; *p. za svedka* call to witness

povolávací: *p. rozkaz* call up papers

povolenie permission [pə'mišn], (písomné) permit ['pə:mit]; *pracovné p.* work permit; *p. exportu* export permit; *p. na živnosť* (occupational) licence

povoliť 1. (popustiť) loosen ['lu:sn], slacken ['slækn]; *p. opasok* loosen the belt; *p. laná* slacken the ropes **2.** (dať povolenie) grant permission [gra:nt pə:'mišn], permit [pə'mit], allow [ə'lau]; *p-li im opustiť krajinu* they were granted permission to leave the country; *nep-li mu napísať to* he was not allowed to write it **3.** (zoslabnúť) let* up [let ap]; *zima p-la* the cold has let up

povoľný compliant [kəm'plaiənt]; *p. k deťom* lenient with children

povoz cart [ka:t] vehicle ['vi:ikl], carriage ['kæridž]; *p. s ťažkým nákladom* a heavy loaded carriage

povoziť give* a ride [giv ə raid]; *p. deti* give the children a ride

povozník carter ['ka:tə], truckman ['trakmən]

povrávať (šíriť reči) be* rumoured [bi: 'ru:məd]; *p-a sa, že opustil krajinu* he is rumoured to have left the country

povraz rope [rəup]; *poviazať niekoho p-om* tie someone up with a rope ● *ťahať za jeden p. (s kým)* pull at the same rope/end

povrch 1. (vonkajšia strana) surface [sə:fəs]; *hladký p.* smooth surface; *p. vody* surface of the water **2.** (plocha) area ['eriə]

povrchný superficial [ˌsu:pə'fišl]; *p-á práca* superficial work

povrchový surface ['sə:fəs]; *p-é napätie* surface tension

povstalec insurgent [in'sə:džnt], rebel ['rebl]; *p-ci sa sústreďujú na severe* the insurgents are gathering in the north

povstanie insurrection [ˌinsə'rekšn], (ľudu) (up)rising [(ap)'raiziŋ]; *Slovenské národné p.* the Slovak National Uprising

povstať 1. (postaviť sa) stand* up [stænd ap]; *žiaci p-li* the pupils stood up **2.** (vzbúriť sa) rise* up [raiz ap], rebel [ri'bel]; *p. proti utláčateľom* rise against oppressors; *ľud p-l proti vládcom* the people rebelled against the rulers

povyše above [ə'bav]; *tráva p. kolien* grass above knees

povýšenec upstart ['apsta:t], haughty fellow [ˌho:ti 'feləu]

P

povýšený (neprimerane sebavedomý) haughty
['ho:ti]; *p. človek* a haughty man

povýšiť 1. (udeliť vyššiu hodnosť) promote
[prə'məut]; *p. na generála* promote to a
general **2.** (povzniesť) raise [reiz]; *p. úroveň
vzdelávaním* raise the standard by education

povzbudiť 1. (dodať odvahu) encourage [in-
'karidž], hovor. give* a push [giv ə puš]; *p. žia-
ka* encourage the pupil **2.** (podnietiť) stimulate
['stimjəleit]; *p. srdcovú činnosť* stimulate the
heart activity

povzbudzujúci encouraging [in'karədžiŋ];
p. úsmev encouraging smile

povzdych sigh [sai]; *odpovedať s p-om*
respond by a sigh

povznesený 1. (citovo vzrušený) elated
[i'leitəd], cheered ['čiəd]; *p-á nálada* high
spirits **2.** (povýšený) haughty ['ho:ti]; *p. pohľad*
a haughty look

poza behind [bi'haind]; *ísť p. záhradu* go
behind the garden

póza pose [pəuz]; *zaujať p-u urazeného* act
offended

pozadie (v rozl. význ.) background ['bæk-
graund]; *spoločenské p.* social background;
robiť p. (čomu) form a background to a thing;
pren. *ustúpiť do p-a* take a back seat

pozadu 1. (vzadu) lag behind [læg bi'haind];
si p. you are lagging behind; *hodiny idú p.* the
clock is slow **2.** (po uplynutí lehoty) delayed
[di'leid]; *vyplácať platby p-* make delayed
payments

pozajtra the day after tomorrow [ðə dei
a:ftə tə'morəu]

pozbaviť deprive [di'praiv]; *p. slobody
(koho)* deprive of freedom; *p. úradu (koho)*
relieve of office

pozdĺž I. prísl. alongside [ə,loŋ'said]; *po-
ložiť niečo p.* put* something alongside **II.**
predl. along [ə'loŋ]; *prechádzať sa p. rieky*
walk along the river

pozdrav 1. greeting ['gri:tiŋ], salutation
[,sæljə'teišn]; *neodpovedala na môj p.* she
did not return my greeting; *zdvihol ruku na p.*
he raised his arm in salutation; *so srdečným
p-om* (na konci listu) sincerely yours **2.** (blahože-
lanie al. iný prejav pozornosti) greeting ['gri:tiŋ];
vianočný p. Christmas greeting; *odovzdaj
môj p.(komu)* give my best regards (to)

pozdraviť 1. greet [gri:t]; *p. učiteľa* greet
the teacher **2.** (nadšene, ováciami) salute [sə'lu:t];
dav p-l víťazné družstvo the crowd saluted the

winning team **3.** (odovzdať pozdrav) give* one's
regards [giv wanz ri'ga:dz]; *p-v ho odo mňa*
give him my (best) regards

pozemkový land [lænd]; *p-á kniha* land
register; *p-á reforma* land reform; *p. úrad*
land office; *p-á daň* rates

pozemný land [lænd], ground [graund];
p-é vojsko land/ground army; *p-é staviteľstvo*
overland building; šport. *p. hokej* field hockey

pozemok (piece of) land [(pi:s əv) lænd],
ground [graund], (stredne veľký) plot [plot]; **1.**
(stavebná parcela) lot [lot]; **2.** (okolo domu) estate
[i'steit], práv. real estate ['riəl i'steit]

pozemský earthly ['ə:θli]; *p-é šťastie*
earthly bliss; *p-é statky* wordly wealth; *p. ži-
vot* life on earth

pozemšťan terrestrial [tə'restriəl], earth
dweller ['ə:θ ,dwelə]

pozerať (sa) 1. look [luk]; *p. sa do zrkad-
la* look into the mirror; *p-ri sa na mňa* look at
me **2.** (sledovať) watch [woč]; *p. televíziu*
watch TV ● *nemôžem sa na to ani p.* I can't
bear the sight of it; *p. sa zvysoka/cez plece (na
koho)* look superciliously; *p. sa pánubohu do
okien* look into space; *p. sa niekomu na prs-
ty* watch a person's every move; *p. sa smrti
do tváre* be face to face with death; *p. sa ako
teľa na nové vráta* stare with sheepish
astonishment

pozícia (v rozl. význ.) position [pə'zišn]; *p.
pri sedení* a sitting position; *p. podniku je zlá*
the company's position is bad; *p. žien vo ve-
rejnom živote* the position of women in
public life; *útočná p.* attacking position; *mať
dobrú p-u* have/be in a good position; *politi-
ka z p-e sily* position-of-strength policy

pozitívny positive ['pozətiv]; *p-e výsledky*
positive results; *p. postoj k životu* a positive
attitude to life

pozlátiť gild [gild], gold-plate ['gəuld-
pleit]; *p-ená socha* a gilded statue; pren. *slnko
p-lo strechy* sunshine gilded the roofs

pozlátka gold-foil ['gəuld foil], pren. tinsel
['tinsl]; *p. a sláva Hollywoodu* the tinsel and
glamour of Hollywood

pozlotky hovor. with bad grace [wið bæd
greis], by violence [bai 'vaiələns]

pozmeniť alter ['o:ltə], change [čeindž],
modify ['məudifai]; *p. poslednú vôľu* alter the
last will

poznačiť 1. (opatriť značkou) mark [ma:k]; *p.
dobytok* mark the cattle; *p. miesto* mark the

place 2. (zaznamenať) note (down) [nəut (daun)], jot down [džot daun], put* down [put daun]; *p. si všetky nové slovíčka* jot down all the new words

poznamenať 1. (vysloviť poznámku) remark [ri'ma:k]; *p-l, že sa stmieva* he remarked it was getting dark **2.** (písomne zachytiť) note (down) [nəut (daun)], jot down [džot daun]; *p. do zápisníka* jot down into the notebook **3.** (zanechať stopu) mark [ma:k]; *choroba ho veľmi p-la* the illness marked him badly

poznámka 1. (pripomienka) note [nəut] **2.** (komentár) remark [ri'ma:k] **3.** (vysvetlivka) footnote ['futnəut]; *p-y pod čiarou* footnotes; *p-y na okraji* (knihy) marginal notes ● *bez p-y* no comment

poznámkový note [nəut]; *p. blok* note pad, jotting paper; *p. notes* notebook

poznať[1] (v rozl. význ.) know* [nəu]; *p. cestu* know the way; *p. osobne (koho)* know someone personally; *robí sa, že ho nep-á* he pretends he does not know him; *p-á len seba* he knows only himself ● *p. čo ako vlastnú dlaň/ako starý peniaz* know very well // **p. sa** know each other [nəu i:č 'aðə]; *p-jú sa od detstva* they know each other from childhood

poznať[2] **1.** (spoznať) recognize ['rekəgnaiz]; *p. na fotografii* recognize in the picture; *daj pozor, aby ťa nep-li* be careful so that they don't recognize you **2.** (nadobudnúť predstavu, názor) know* [nəu]; *p. pravdu* know the truth; *p. skutočnosť* know the reality **3.** (zoznámiť sa) make* acquaintance [ˌmeik ə'kweintəns]; *rád by som ho p-l* I would like to meet him; *teší ma, že som vás p-l* I'm glad to have met you **4.** (zbadať, zistiť) recognize ['rekəgnaiz]; *bolo p., že sa bojí* his fear was noticeable; *bolo na ňom p. stopy choroby* he showed traces of illness; *nedať na sebe p.* conceal one's feelings **5.** (zažiť, skúsiť) experience [ik'spiriəns]; *nikdy nepoznal smútok* he has never experienced grief ● *V núdzi p-áš priateľa.* A friend in need is a friend indeed. // **p. sa** get* to know each other [get tə nəu i:č 'aðə]; *p-li sa vo vlaku* they got to know each other in the train; *dobre sa p-jú* they know each other well

poznatok knowledge ['nolidž]; *teoretické p-ky* theoretical knowledge; *naše p-ky o...* our knowledge of...; *základné p-ky* rudiments /basic information

poznávací: *štátna p-ia značka* number /car plate; *medzinárodná p-ia značka* international registration letter

pozor I. podst. **1.** attention [ə'tenšən]; *dávať p.* pay attention; *mať sa na p-e* be careful; *dávať p. na pacientov* attend to the patients **2.** voj. šport. *P!* Attention!; *stáť v p-e* stand to attention **II.** cit. (varovanie) look out [luk aut], caution ['ko:šən]; *p., ide autobus* look out, the bus is coming; *P., zlý pes!* Beware of the dog!; *P. na vlak!* Danger — Train!; šport. *Pripraviť sa, p., štart!* Ready! Steady! Go!

pozornosť 1. (záujem) attention [ə'tenšn]; *upútať p.* draw the attention; *venovať p.* devote attention; *budiť p.* cause sensation **2.** (dar) small gift, [smo:l gift]

pozorný 1. (sústredene sledujúci) attentive [ə'tentiv]; *p. žiak* attentive pupil **2.** (ostražitý) watchful ['wočfl]; *p. strážca* watchful guard **3.** (zdvorilý) attentive [ə'tentiv], courteous ['kə:tiəs]; *p-á hostiteľka* attentive landlady; *p. muž* courteous gentleman

pozorovací observation [ˌobzə'veišn]; *p-ia stanica* observation station

pozorovanie observation [ˌobzə'veišn]; *byť v nemocnici na p-í* be in hospital under observation; *vedecké p.* scientific observation; *zaznačiť si p-a* make observations

pozorovať 1. (sústredene sledovať) observe [əb'zə:v]; *p. hviezdy* observe the stars; *p. pokusné zvieratá* observe experimental animals **2.** (zisťovať, badať) notice ['nəutəs]; *p-l som, že je veľmi nervózny* I noticed he was very nervous

pozorovateľ observer [əb'zə:və]; *nestranný p.* impartial observer

pozorovateľňa observatory [ob'zə:vətri]; voj. observation post [ˌobzə'veišn pəust]; *vojenská p.* military observation post

pozorovateľný observable [ob'zə:vəbl]; *p-é zlepšenie* observable improvement

pozoruhodnosť sight [sait]; *p-ti Bratislavy* the sights of Bratislava

pozoruhodný noteworthy ['nəutˌwə:ði], remarkable, [ri'ma:kəbl]; *p. umelec* a remarkable artist; *v tej správe nie je nič p-é* there is nothing noteworthy in that report

pozostalosť 1. (dedičstvo) inheritance [in'herətəns], (v testamente) legacy ['legəsi] **2.** (literárna) literary remains ['litrəri ri'meinz], posthumous works ['postjə:məs wə:ks]

pozostalý I. príd. bereaved [bə'ri:vd]; *p. manžel* bereaved of his wife **II.** podst. obyč. mn. *p-í* the family of the deceased [ðə 'fæmli əv ðe di'si:zd]

P

pozostatok remnant [ˈremnənt]; *p-ky bývalej slávy* remnants of former glory; *telesné p-ky* (mortal) remains/relics

pozrieť (sa) 1. (podívať sa) look [luk], have* a look [hæv ə luk]; *p. sa von oknom* look out of the window; *p-i sa na obrázky* have a look at the pictures 2. (zrakom zistiť, overiť) see* [siː]; *bola sa p., či spí* she went to see if he was sleeping 3. (pohľadať) look for [luk foː]; *p. sa niekde za prácou* look somewhere for a job 4. (navštíviť) see* [siː]; *išiel sa na ňu p.* he went to see her 5. (vyhľadať) look up [luk ap]; *p-i to slovo v slovníku* look that word up in the dictionary; *p-i stranu sedem* see page seven

pozvanie invitation [ˌinviˈteišn]; *dostať p. na posedenie* get an invitation to the party

pozvánka invitation (card) [ˌinviˈteišn (kaːd)], letter of invitation [ˈletə əv inviˈteišn]; *rozoslať p-y* send out invitations

pozvaný invited [inˈvaitəd]; *p-í hostia* invited guests; *Len pre p-ch* Invited guests only

pozvať invite [inˈvait], call [koːl]; *p. priateľov na obed* invite friends for lunch; *p. dnu (koho)* call someone in

pozvoľna 1. (pomaly) slowly [ˈsləuli]; *kráčať p.* walk slowly 2. (postupne) gradually [ˈgrædžuəli]; *lúka sa p. zvažuje* the meadow slopes down gradually

požadovať require [riˈkwaiə], demand [diˈmaːnd]; *p. vysvetlenie* demand explanation; *p. náhradu škody* claim compensation

požalovať (sa) complain [kəmˈplein]; *p. sa polícii* complain to the police

požehnanie blessing [ˈblesiŋ]; *rodičovské p.* parents' blessing

požehnať bless [bles]; *Boh ťa p-j* God bless you

požiadať ask [aːsk], demand [diˈmaːnd]; *p. o peniaze* ask for money; *p. o zverejnenie faktov* demand that all facts be made public; *p. o okamžité rozhodnutie* require an immediate decision; *p. dievča o ruku* propose to a girl

požiadavka claim [kleim], demand [diˈmaːnd], requirement [riˈkwaiəmənt]; *zvážiť platové p-y odborov* consider the union's pay claims; *podľahnúť p-ám teroristov* give in to the terrorists' demands; *uchádzači, ktorí nesplnia p-y, nebudú prijatí na univerzitu* candidates who fail to meet the requirements will not be admitted to the university

požiar fire [faiə], (veľký, hromadný) conflagration [ˌkonfləˈgreišn]; *nebezpečenstvo p-u* the danger of fire; *založiť p.* set fire

požiarnik fireman [ˈfaiəmən]

požiarny fire [faiə]; *p. zbor* fire brigade

požičať lend* [lend]; *p. knihu priateľovi* lend a book to a friend // **p. si** borrow [boˈrəu]; *p. si knihu z knižnice* borrow a book from the library

> **borrow (from)** – požičať si od niekoho
> **lend (to)** – požičať niekomu

požičovňa lending agency [ˈlendiŋ ˌeidžənsi], exchange [iksˈčeindž]; *p. filmov* film exchange; *p. kníh* lending library, circulation library

požívateľ user [ˈjuːzə], beneficiary [ˌbenəˈfišəri]; *p. dôchodku* pensioner

požívatina eatables [ˈiːtəblz], food [fuːd]

požrať (o zvieratách) devour [diˈvauə]; *prasce všetko p-li* the pigs have devoured everything

pôda 1. (zem, zemina) earth [əːθ], soil [soil], land [lænd]; *úrodná p.* fertile soil; *orná p.* arable land; *obrábať p-u* cultivate the land 2. (poľnohospodársky pozemok) land(s) [lændz] 3. (územie, kraj, prostredie) soil [soil], ground [graund]; *rodná p.* native soil; *na školskej p-e* on the school ground 4. (podmienky, prostredie) grounds [graundz]; *byť na nebezpečnej p-e* be on dangerous grounds ● *stratiť p-u pod nohami* lose ground(s); *horí mu p. pod nohami* he is in for high jump

pôdohospodár agriculturalist [ˌægriˈkalčrələst], farmer [ˈfaːmə]

pôdohospodársky agricultural [ˌægriˈkalčrəl]; *p-e stroje* agricultural machinery

pôdohospodárstvo agriculture [ˈægriˌkalčə]

pôdorys ground plan [graund plæn]; geom. horizontal projection [ˌhorizontl prəuˈdžekšn]

pôjd loft [loft], attic [ˈætik]

pôrod (child)birth [ˈ(čaild)bəːθ], delivery [diˈlivri]; *predčasný p.* premature birth; *pomáhat pri p-e* assist in delivery

pôrodnica maternity hospital [məˈtəːnəti hospitl]

pôrodník obstetrician [ˌobsteˈtrišn]

pôrodný: *p-á asistentka* midwife; *p-é bolesti* labour (pains)

pôsobiť 1. (byť príčinou) cause [koːz]; *p. ťažkosti* cause difficulties 2. (účinkovať) have* an effect [hæv ən i'fekt]; *p. na nervy* have an effect on nerves **3.** (byť činný, zamestnaný) be* engaged [bi: in'geidžd]; *p-i ako môj asistent* he is engaged as my assistant **4.** (budiť dojem) make* an impression [ˌmeik ən im'prešn]; *p. dobrým dojmom* make a good impression; *p. na mládež* have an influence on youth

    pôsobivý effective [i'fektiv], impressive [im'presiv]; *p. účes* an effective hairdo; *p-á melódia* an impressive tune

    pôst 1. (zdržiavanie sa mäsitých al. iných pokrmov) fast(ing) ['fa:st(iŋ)] **2.** (časť cirk. roka pred Veľkou nocou) Lent [lent]

    pôvab grace [greis], charm [ča:m], attraction [ə'trækšn]; *pohybovať sa s p-om* move with grace; *staré mesto má veľký p.* the Old City has a great charm; *cestovanie má pre mňa svoj p.* travelling holds attraction for me

    pôvabný attractive [ə'træktiv], charming ['ča:miŋ], graceful ['greisfl]; *p. úsmev* an attractive smile; *p-é dievča* a charming girl; *p-é pohyby* graceful movements

    pôvod 1. (v rozl. význ.) origin ['orədžən]; *p. rieky* the origin of the river; *slovo slovenského p-u* a word of Slovak origin; *je p-om Nemec* he is a German by origin; *žena skromného p-u* a woman of humble origin **2.** (príčina vzniku) source [so:s]; *p. ťažkostí* the source of troubles

    pôvodca 1. (strojca) originator [əˌridžə'neitə]; *p. škôd* the originator of damages **2.** (diela) author ['o:θə]; *p. teórie* the author of the theory

    pôvodný (v rozl. význ.) original [ə'ridžənl]; *p. plán* original plan; *p. majiteľ budovy* the original owner of the building; *p-á americká literatúra* original American literature; *p-á maľba* an original painting

    pôžička loan [ləun]; *štátna p.* government loan; *na p-u* on loan

    pôžitkár pleasure seeker ['pležə 'si:kə]

    pôžitok enjoyment [in'džoimənt], pleasure ['pležə]; *nemal som veľký p. z tej knihy* I didn't get much enjoyment out of that book; *čítať s p-kom* read with pleasure; *to bol ale p.!* that was what I call (a meal, a dance...)

    práca 1. (v rozl. význ.) work [wə:k]; *telesná p.* manual work; *duševná p.* mental work; *ťažká p.* hard work; *ručná p.* handiwork; *verejné p-e* public work; *p. nadčas* overtime work; *mať veľa p-e* have much work **2.** (práca ako spol. jav) labour ['leibə]; *kvalifikovaná p.* skilled labour; *námezdná p.* hired labour; *nútené p-e*

forced labour; *právo na p-u* right to work; *hľadať p-u* look for a job **3.** (činnosť zameraná na dosiahnutie, vyrobenie niečoho) work [wə:k]; *poľné p-e* farm work; *záchranné p-e* relief work; *kancelárske p-e* office work **4.** (činnosť, chod) operation [opə'reišn], function(ing) ['faŋkšn(iŋ)]; *p. stroja* the operation of the machine; *p. srdca* the function(ing) of the heart **5.** (písomný výtvor) škol. *písomná p.* composition; *vedecká p.* paper, treatment; *diplomová p.* dissertation; *doktorská p.* thesis ● *Bez p-e nie sú koláče.* No cross no crown.; *Aká p., taká pláca.* No gain without pain.; *Najprv p., potom zábava.* Business before pleasure

    práceneschopný (pre chorobu) be on sick leave [bi: on sik li:v]; *je tri dni p.* he has been on sick leave for three days

    prací washing ['wošiŋ]: *p. prostriedok* detergent

    pracka (prostriedok na spínanie) clasp [klæsp], buckle ['bakl]; *strieborná p.* a silver buckle

    praclík pretzel ['precl]

    pracovať 1. (v rozl. význ.) work [wə:k]; *p. v záhrade* work in the garden; *p. v továrni* work in the factory; *p. na novej knihe* work on a new book; *p. s číslami* work with figures; *p. pre odbory* work for the trade unions **2.** (byť v chode, fungovať) operate ['opəreit], *stroj p-uje dobre* the machine operates well; *nový zákon p-uje proti nám* the new law doesn't operate in our favour ● *p. do úmoru* work like a cart horse

    pracovisko place of work [ˌpleis əv 'wə:k], workplace ['wə:kpleis]; *na p-u* at the workplace

    pracovitý hardworking [ˌha:d'wə:kiŋ]; *p. človek* a hardworking man

    pracovňa (doma, v škole) study ['stadi], (na pracovisku) office room ['ofəs ru:m]

    pracovník 1. worker ['wə:kə]; *výskumný p.* research worker; *odbojový p.* underground worker; *duševný p.* white-collar worker; *verejný p.* public figure **2.** (človek v pracovnom pomere) employee [im'ploii:], staff member [staf 'membə]; *všetci p-ci továrne* all employees of the factory/all factory employees; *má na starosti desať p-ov* he is in charge of ten staff (members)

    pracovný work [wə:k], working ['wə:kiŋ]; *p-á morálka* work morale; *p. deň* working day; *p. čas* working/office hours; *p-é sily* manpower

P

pracujúci I. príd. working [ˈwəːkiŋ]; *p-a žena* working woman **II.** podst. workers [ˈwəːkəz], working people [ˈwəːkiŋ ˈpiːpl]

práčka 1. (žena, kt. perie) washerwoman [ˈwoʃə ˌwumən] **2.** (prací stroj) washing machine [ˌwoʃiŋ məˈʃiːn]

pračlovek primaeval man [praiˈmiːvl mən]

práčovňa 1. washhouse [ˈwoʃhaus] **2.** (podnik) laundry [ˈloːndri], (samoobslužná) laund(e)rette [loːnˈdret]

pradávno: *od p-a* from time immemorial [ˌfrəm taim iməˈmoːriəl], hovor. from the year dot [frəm ðə jiə dot]; *poznám ho od p-a* I know him from time ‚immemorial

pradávny ancient [ˈeinšnt]; *p-e časy* ancient times

pradedo great grandfather [greit ˈgræn(d)faːðə]

pradeno hank [hæŋk]; *p. vlny* a hank of wool

prádlo hovor. **1.** linen [ˈlinən]; *posteľné p.* bed linen; *spodné p.* underwear **2.** (na pranie) laundry [ˈloːndri], washing [ˈwoʃiŋ]; *zavesiť p.* hang up the washing

prah threshold [ˈθrešhəuld]; *prekročiť p.* cross the threshold; *na p-u vedomia* on the threshold of consciousness; *na p-u nového roka* on the eve of New Year/on New Year's Eve

prahmota prime matter [praim ˈmætə]

prahnúť kniž. (túžiť) long (for) [ˈloŋ (foː)] thirst for [θəːst foː]; *p. po moci* long for power; *p. po sláve* hanker after glory

prach 1. dust [dast]; *zvíriť p.* raise a cloud of dust; *uhoľný p.* coal dust **2.** (výbušnina) powder [ˈpaudə]; *strelný p.* gunpowder ● *pokoj p-u jeho* may he rest in peace

práchnivieť decay [diˈkei], rot [rot], moulder [ˈməuldə]; *drevo p-e* wood decays; *steny starých domov p-ejú* the walls of old houses moulder

práchnivý rotten [ˈrotn], decayed [diˈkeid]; *p-é drevo* rotten wood

prachovka duster [ˈdastə]

prachy hovor. expr. (peniaze) lolly [ˈloli], dough [dəu]

prajazyk lingv. primitive language [ˈprimitiv ˈlæŋgwidž], protolanguage [ˌprotəu ˈlæŋuidž]

prajný 1. (žičlivý) well wishing [ˈwel wišiŋ]; *p. človek* a well wishing man **2.** (priaznivý) favourable [ˈfeivrəbl]; *p. vývoj* favourable development

prak sling [sliŋ], AM catapult [kætəpalt]

prakticky I. prísl. practical/ly [ˈpræktikl/i]; *byť p. oblečený* be dressed in a practical way **II.** časť. practically [ˈpræktikli]; *výskum p. neexistoval* the research work practically did not exist; *je to p. vylúčené* there is no real chance of that

praktický 1. (týkajúci sa praxe) practical [ˈpræktikl]; *p-é cvičenia* practical classes; *p. lekár* general practitioner, skr. G.P. **2.** (o osobe) handy [ˈhændi], businesslike [ˈbiznəslaik]; *p. v práci* handy at work; *p-é spôsoby* businesslike manners **3.** (o veci) sensible [ˈsensəbl]; *p-é topánky* sensible shoes

praktik practician [prækˈtišn], (vo svojom odbore) practitioner [prækˈtišnə]

praktikant probationer [prəˈbeišnə], volunteer [ˌvolənˈtiə], trainee [treiˈniː] train as a nurse

praktizovať 1. (realizovať) apply something in practice [əˈplai ˈsamθiŋ in ˈpræktis] **2.** hovor. (praxovať) practise [ˈpræktəs]; *p. v nemocnici* practise in hospital; *p. ako zdravotná sestra* train as a nurse

pralátka kniž. prime matter [praim ˈmætə]

prales primaeval forest [ˈpraimiːvl ˈforəst]

prameň 1. (prirodzené vyvieranie vody al. inej kvapaliny) spring [spriŋ]; *teplý p.* thermal spring, (nafty) well [wel] **2.** (pôvod, zdroj) source [soːs]; *p. príjmu* a source of income; *viem to z hodnoverného p-a* I know it on competent authority **3.** (zoskupenie vláken) strand [strænd]; *p. vlasov* a strand of hair; *p. lana* a ply of rope **4.** (spis, doklad) source [soːs]; *historické p-ne* historical sources

pramenistý spring [spriŋ]; *p-á voda* spring water

prameniť 1. (vyvierať zo zeme) spring* [spriŋ], rise* [raiz], (prudko) gush [gaš]; *kde p-í Dunaj?* where does the river Danube rise? **2.** (mať pôvod) stem from [stem frəm]; *ťažkosti p-a z nedostatku informácií* the difficulties stem from lack of information

pramenný (o údajoch získaných z pôv. prameňov) source [soːs]

pramica barge [baːdž]

pranie washing [ˈwoʃiŋ]

pranier hist. pillory [ˈpiləri]; *kamenný p.* stone pillory

prápor voj. battalion [bəˈtæliən]; *peší p.* infantry battalion

práporčík (voj. hodnosť) warrant officer [ˈworənt ˌofəsə]

prarodičia first parents [fəːst ˈperənts], great grandparents [greit ˈgrændperənts]

prasa 1. BR pig [pig] AM hog [hog] **2.** (nadávka) swine [swain] ● *ani za zlaté p.* not for worlds/not for all the tea in China; *maťsa ako p. v žite* be in clover; *to by ani p. nezjedlo* you would not give it to pigs; *špinavý ako p.* as dirty as a piglet

prasiatko piglet [ˈpiglət]; *morské p.* guinea pig

prask crack [kræk], bang [bæŋ]

praskať 1. (pukať, trhať sa) crack [kræk]; *okno p-lo* the window cracked **2.** (vydávať zvuk, prašťať) crackle [ˈkrækl], creak [kriːk]; *oheň p-á* the fire crackles; *podlaha p-á* the floor creaks **3.** (i *práskať* — švihať) crack [kræk]; *p. bičom* crack the whip

prasklina crack [kræk], fissure [ˈfišə]

praslica distaff [ˈdistaf] ● *po p-i* on the distaff side

praslička bot. horse-tail [ˈhoːsteil]

praslovanský proto-Slavic [ˌprəutəu-ˈslævik], early-Slavic [ˌəːli ˈslævik]

prašan hovor. powdery snow [ˈpaudri snəu]

prašina 1. (kožná choroba zvierat) mange [meindž], (u oviec) scab [skæb] **2.** (nadávka) scurvy [ˈskəːvi], scurvy fellow [ˈskəːvi ˈfeləu]

prášiť 1. (vírit prach) raise dust [reiz dast]; *nepráš!* don't raise dust! **2.** (zbavovať prachu): *p. koberce* beat the carpets ● *utekal, až sa za ním p-lo* he dashed off like a bat out of hell

prašivý mangy [ˈmeindži]; *p. pes* a mangy dog; pren. *p-á ovca* black sheep

práškový powder [ˈpaudə]; *p. cukor* caster sugar

prašný dusty [ˈdasti]; *p-á cesta* a dusty road

prášok 1. (v rozl. význ.) powder [ˈpaudə]; *kypriaci p.* baking powder; *mydlový p.* soap powder; *rozomlieť na p.* grind into powder **2.** (lekársky) pill [pil]; *p. na spanie* sleeping pill; *p. proti boleniu hlavy* headache pill; *p. proti bolesti* pain killing pill

prať wash [woš], do the washing [ˈduː ðə wošiŋ]; *p. bielizeň* wash the linen

pratať sa expr. run* away [ˌran əˈwei]; *p-c sa!* scram!

pravák right-handed (person) [ˌrait ˈhændəd (ˈpəːsn)]

pravda 1. (zhoda názoru so skutočnosťou) truth [truːθ]; *povedať p-u* tell the truth; *čistá p.* the plain truth; *je to p.* it is true **2.** (správny názor): *má p-u* he is right ● *svätá p.* the Gospel truth;

p. oči kole truth hurts; *udalosti mu dali za p-u* events bore him out

pravdaže of course [əv ˈkoːs], I dare say [ai deə sei]; *p., je to pravda* of course it is true; *p. má pravdu* I dare say he is right

pravdepodobne I. prísl. probably [ˈprobəbli]; *znie to veľmi p.* it sounds very probably **II.** čast. probably [ˈprobəbli]; *p. už nie je doma* probably he is not at home any more

pravdepodobnosť probability [ˌprobə-ˈbiləti]; *je veľká p., že nádor sa dá operovať* there is a great probability that the tumor is operable; *počet p-tí* probability calculus

pravdepodobný probable [ˈprobəbl]; *p. úspech* probable success; *je to veľmi p-é* it is highly probable

pravdivý truthful [ˈtruːθfl], true [truː]; *p. príbeh* a true story

práve I. prísl. just [džast]; *p. prišiel domov* he has just come home **II.** čast. (priam) just [džast], exactly [igˈzæktli]; *p. naopak* just the opposite; *položil to p. k dverám* he put it exactly to the door

pravek primaeval age [praiˈmiːvl eidž], prehistoric times [ˌpriˈhistorik ˈtaimz]

praveký primaeval [praiˈmiːvl], prehistoric [priˈhistorik], primitive [ˈprimitiv]; *p-é nálezy* prehistoric findings

pravica 1. right hand [rait hænd] **2.** polit. the Right [ðə rait]

pravicový rightist [ˈraitəst], right wing [rait wiŋ]; *p-é odbory* right wing trade unions; *p-é strany* right wing parties/rightist parties

praviičiar polit. a rightist [ə ˈraitəst]

pravidelnosť regularity [ˌregjəˈlæriti]

pravidelný (v rozl. význ.) regular [ˈregjələ]; *p. návštevník* a regular visitor; *p-á armáda* a regular army; *p-á tvár* regular features of face; *p. príjem* a regular income; *p. dych* regular breathing; *p-é lety* scheduled flights

pravidlo rule [ruːl]; *gramatické p-á* grammatical rules; *p-á hry* the rules of the game; *nepísané p.* unwritten rule; *podľa všetkých p-iel* by all the rules; *p-á cestnej premávky* the Highway Code ● *výnimka potvrdzuje p.* the exception proves the rule

pravítko ruler [ˈruːlə]

pravlasť country of origin/birth [ˈkantri əv ˈoridžən/ˈbəːθ], original home [oˈridžənl həum]

P

právnický juridical [džu'ridikl], legal ['li:gl]; *p-á osoba* juridical person; *p. výraz* legal term; *p-á fakulta* Faculty of Law, AM Law School

právnik 1. lawyer ['lo:jə] **2.** (vedec) jurist ['džurəst]

pravnučka great-granddaughter [ˌgreit-græn'do:tə]

pravnuk great-grandson [greit'grænsan]

právny legal ['li:gl], juridical [džuridikl]; *p. úkon* juridical proceedings; *p. poradca* solicitor; *p. zástupca* counsel/attorney; *p-a istota* legal security; *p-a listina* legal document; *p-a ochrana* legal protection; *p-a pomoc* legal aid; *p. nárok* legal claim; *p. poriadok* law and order; *p. spor* lawsuit

právo 1. (nárok) right [rait]; *p. na prácu* right to work; *ľudské p-a* human rights; *menšinové p-a* minority rights; *všetky p-a vyhradené* all rights reserved; *hlasovacie p.* franchise; *domovské p.* right of domicile; *zrieknuť sa p-a* renounce a right **2.** iba jedn. č. (štátom ustanovené normy a predpisy) law [lo:]; *občianske p.* civil law; *trestné p.* criminal/penal law; *pracovné p.* industrial law; *cirkevné p.* cannon law; *zvykové p.* common law; *mestské p.* urban law; *porušenie p-a* violation of law **3.** (právny systém, štátna moc): *stanné p.* martial law; *vyhlásiť stanné p.* impose martial law ● *vziať p. do svojich rúk* take the law into one's hands

právom by right [bai rait], rightfully ['raitfli]

právomoc competence ['kompətəns], práv. jurisdiction [ˌdžurəs'dikšn]; *to je mimo mojej p-i* it is outside my competence

pravopis orthography [o:'θogrəfi], spelling ['speliŋ]

pravopisný orthographic(al) [ˌo:θə'græfik(l)]; *p-á chyba* spelling mistake

právoplatný 1. valid (in law) ['væləd (in lo:)], legal ['li:gl], final ['fainl]; *p. rozsudok* final verdict **2.** (oprávnený podľa zákona) legitimate [li'džitəmət]; *p. dedič* legitimate heir

pravoslávie (Orthodox) Eastern Church [('o:θədoks) 'i:stən čə:č]

pravoslávny orthodox ['o:θədoks]; *p. kostol* orthodox church

pravostranný dextral ['dekstrəl]

pravotočivý dextral ['dekstrəl], clockwise ['klokwaiz]; *p. závit* right handed screw

pravouhlý rectangular [rek'tæŋgjələ]; *p. trojuholník* rectangle

pravoverný orthodox [o'θədoks]; *p. moslim* orthodox muslim

pravý 1. (op. ľavý) right [rait], right-hand [ˌrait 'hænd]; *p-á ruka* the right hand; *p-á strana* the right-hand side **2.** polit. rightist ['raitəst]; *p-é krídlo* the rightist wing **3.** (skutočný) real ['riəl], true [tru:], typical ['tipikl], pure [pjuə]; *p. muž* a real man; *p-á láska* true love; *p. Američan* a typical American; *p. hodváb* pure silk; *p-é poludnie* high noon; *p. zlomok* proper fraction **4.** (správny) real ['riəl]; *to je jeho p-é meno* it is his real name; *v p. čas* at the right moment **5.** (naozajstný): *p. opak* quite the reverse **6.** geom.: *p. uhol* perpendicular ● *ukázať svoju p-ú tvár* show oneself in one's true colours; *v p-om zmysle slova* in the real sense of the word

prax 1. (op. teória) practice ['præktəs]; *spojiť teóriu s p-ou* apply/put theory into practice; *využiť metódu v p-i* use the method in practice **2.** (príprava na prácu) training ['treiniŋ]; *dôkladná p.* a thorough training; *p. posluchačov* students' training **3.** (činnosť v istom odbore vôbec) experience [ik'spiriəns]; *mať dlhú p.* have long years of experience; *získať p.* gain experience

prázdninový holiday ['holədi]; *p. tábor* holiday camp

prázdniny BR holiday(s) ['holədi(z)], AM vacation [və'keišn]; *letné p.* summer holidays; *byť na p-ách* be on holiday; *ísť na p.* go on holiday

prázdny 1. (v rozl. význ.) empty ['empti]; *p. pohár* an empty glass; *p. žalúdok* empty stomach; *p-e ulice* empty streets; *p-e sľuby* empty promises; *p-e slová* empty words **2.** (nevyplnený) blank [blæŋk]; *p. papier* blank paper **3.** (voľný) vacant ['veikənt]; *p-e sedadlo* vacant seat; *p. život* vacant/idle life ● *p-e reči* blah-blah ['bla:'bla:]; *prísť s p-mi rukami* come empty-handed

praženica scrambled eggs ['skræmbld egz]

pražiareň (kávy) coffee roasting plant ['kofi ˌrəustiŋ pla:nt]

pražiť 1. (opekať) fry [frai]; *p. mäso* fry meat **2.** (prudko, sušiť) roast [rəust]; *p. kávu* roast coffee **3.** hovor. (páliť) heat* down [hi:t daun]; *slnko p-í* the sun is heating down // **p. sa 1.** roast [rəust]; *mäso sa pekne p-í* the meat is roasting well **2.** (na slnku) bake* in the sun [beik in ðə san]

prd vulg. fart [fa:t]

prdieť vulg. fart [faːt], lay* a fart [ˌlei ə ˈfaːt]
pre predl. s A. **1.** (príčina, dôvod) because of
[biˈkoz əv], due to [dju: tə]; *neprišiel p. cho-*
robu he hasn't come because of his illness; *p.*
zlé počasie due to the bad weather **2.** (zreteľ,
prospech, účel) for [foː]; *typický p. Američanov*
typical for Americans; *žiť p. rodinu* live for
family; *ubytovanie p. zamestnancov* accom-
modation for the employees; *umenie p. ume-*
nie art for art; *p. každý prípad* for any even-
tuality; *p. prípad smrti* in case of death ● *p.*
mňa-za mňa for all I care
 prebdieť stay awake [stei əˈweik], (pri cho-
rom) keep* watch [kiːp woč], sit up [sit ap] *p.*
celú noc stay awake all night
 prebehlík 1. (v boji) deserter [diˈzəːtə] **2.** (v
hnutí) renegade [ˈrenəgeid]
 prebehnúť 1. (rýchlo prejsť cez istý priestor) run
across [ˌrun əˈkros]; *p. cez ulicu* run across the
street **2.** (behom absolvovať) run [ran], cover
[ˈkavə]; *p. denne 5 kilometrov* run* 5 kilo-
metres a day **3.** (vykonať rýchly pohyb) run* over
[ran ˈəuvə]; *p. po klávesoch* run over the key-
board; *p. očami list* run over the letter **4.** (o
čase) pass [paːs]; *roky rýchle p-li* the time has
passed quickly **5.** (uskutočniť sa) proceed
[prəˈsiːd], be in progress [bi: in ˈprəugres];
diskusia p-la dobre the discussion proceeded
well **6.** (pridať sa k inému) join the others
[ˌdžoin ði ˈaðəz]; *p. k nepriateľovi* desert to
the enemy ● *mráz mu p-ol po chrbte* he had
a cold chill down his spine // **p. sa** go* for a
run [ˌgəu fə əˈran]
 prebiť 1. (preraziť) knock a hole through
[nok ə həul θruː]; *p. otvor do steny* knock a
hole through the wall **2.** (priveľmi nabiť) over-
load [ˌəuvəˈləud]; *p. akumulátor* overload the
battery **3.** (v kartách) overtrump [ˈəuvətramp]
// **p. sa** fight one's way through [fait wanz wei
θruː]; *p-l sa cez nepriateľa* he fought his way
through the enemy
 prebles(k)núť flash [flæš], gleam [gliːm];
slnko p-lo cez mraky the sun was peeping
through the clouds; pren. *p. mysľou* flash
across one's mind
 prebodnúť (nožom, dýkou ap.) stab [stæb],
(mečom) pierce with a sword [piəs wið ə soːd];
p. ho nožom he stabbed him with knife
 preboha for God's sake [fə godz seik], for
Heaven's sake [fə ˈhevnz seik]; *čo si to, p.,*
urobil! what have you done, for Heaven's
sake!

prebojovať achieve/gain (through strug-
gle) [əˈčiːv/gein (θru: ˈstragl)] // **p. sa** fight
one's way through [fait wanz wei θru:]
 prebrať 1. (roztriediť) sort [soːt]; *p. jablká*
sort the apples; *p. listy* sort the letters **2.** (pre-
vziať) take* over [teik ˈəuvə]; *p. balík* take
over the parcel **3.** (dôkladne prerokovať, premyslieť)
discuss [disˈkas], think over [θiŋk ˈəuvə]; *p.*
situáciu think over the situation; *p. bod za bo-*
dom take up point after point; *p. celú vec*
review/go over the entire matter **4.** (pri vyučo-
vaní) go* through [gəu θru:]; *p. celú gramati-*
ku go through the whole grammar **5.** (prebu-
diť) awake* [əˈweik]; *hluk ho p-l zo spánku*
the noise awoke him **6.** (odvábiť) hovor. pinch
[pinč]; *p. dievča (komu)* pinch someone's
girlfriend // **p. sa 1.** (zo spánku) awake from
sleep [əˈweik frəm sliːp] **2.** (z mdlôb) regain
consciousness [riˈgein ˈkonšəsnəs]
 prebudiť wake* (up) [ˈweik (ap)], waken
[ˈweikn]; *p. spiace dieťa* wake up the sleeping
child // **p. sa** wake up [weik ˈap]; *p-l sa o šies-*
tej he woke up at six
 prebudovať rebuild* [ˌriːˈbild]; *p. zámok*
rebuild the castle; *p. priemysel* rebuild the
industry
 prebytočný superfluous [suːˈpəːfluəs]; *p-á*
energia superfluous energy
 prebytok surplus [ˈsəːplas]; *p. áut* a sur-
plus of cars; *mať čoho p.* have a surplus of sth.
 precediť 1. strain [strein], filter [ˈfiltə]; *p.*
polievku strain a soup; *p. kávu* filter the
coffee **2.** expr. (cez zuby) mutter [ˈmatə]
 preceniť (privysoko oceniť) overestimate
[ˌəuvəˈestəmeit], overrate [ˌəuvəˈreit]; *p. svo-*
je schopnosti overestimate one's ability
 precestovať tour [tuə], travel through
[ˈtrævl θru:]; *počas dovolenky sme p-li celé*
Taliansko we were touring Italy for our holi-
day
 precitený full of feeling [ˌfəl əv ˈfiːliŋ], deep-
-felt [ˈdiːpfelt]; *p. prejav* a deep-felt speech
 precitlivený over-sensitive [ˌəuvəˈsensətiv];
p-á pokožka over-sensitive skin
 precitnúť 1. (prebudiť sa) awaken [əˈweikn]
2. (z mdlôb) regain consciousness [riˈgein
ˈkonšəsnəs]
 precliť impose duty (on) [imˈpəuz ˌdjuːti
(on)]; *máte niečo na p-enie* anything to declare?
 preč 1. away [əˈwei], gone [gon], off [of];
ísť p. go away; *je p.* he has gone; *ruky p.* hands
off **2.** (časove) over [ˈəuvə]; *popoludnie je p.*

the afternoon is over; *má 15 rokov p.* he is over 15 ● *byť celý p.(z čoho)* be in raptures; *byť celý p. (do koho)* be crazy about somebody

prečiarknuť cross (out) [kros (aut)], strike* out [straik aut]; *p. slovo* cross out a word

prečin (priestupok) offence [əˈfens] práv. crime [kraim]; *dopustiť sa p-u* offend against; *neodpustiteľný p.* unforgivable crime

prečítať read through [riːd θruː]; *p. list* read through a letter

prečo 1. why [wai]; what ... for [wot ... foː]; *p. si neprišiel?* why did you not come?; *Idem do Paríža. – Prečo?* I'm going to Paris. – What for? **2.** (príčina, dôvod) reason [ˈriːzn]; *p. to urobila?* what's the reason she did it?; *nemám p.* I have no reason

pred, predo A) s A. **1.** (smerovanie na prednú stranu čoho) before [biˈfoː]; *dostať sa p. dom* get* before the house **2.** (účel, cieľ) before [biˈfoː]; *p. plánovaciu komisiu* before the planning committee **B)** s L **1.** (miesto vpredu) before [biˈfoː], in front of [in frant əv]; *stáť p. bránou* stand before the gate; *p. žiakmi* in front of the pupils **2.** (čas) ago [əˈgəu], before [biˈfoː]; *p. chvíľou* a moment ago; *p. príchodom* before the arrival; *p. svadbou* before the wedding; *p. naším letopočom* before Christ **3.** (zreteľ, príčina, dôvod) against [əˈgenst], before [biˈfoː]; *vystríhať p. nebezpečenstvom* warn against danger; *dať prednosť kvalite p. kvantitou* put quality before quantity; *povedať niečo p. sudcom* say something in the presence of the judge; *stáť p. otázkou* be confronted with a question

> pred (čas) – **before** (viaže sa na konkrétny časový údaj – hodinu, deň, dátum, udalosť a pod.)
> *before Christmas*
> – **ago** (v súvislosti s časovým údajom, ktorý uplynul od minulosti do dneška)
> *two years ago*
> pred (miesto) – **in front of**

predaj sale [seil]; *na p.* for sale; *p. vo veľkom/v malom* wholesale/retail sale

predajňa shop [šop], store [stoː], salesroom [ˈseilzruːm]; *p. kníh* bookshop; *p. odevov* clothing/dress shop; *p. potravín* grocery; *v p-ni mäsa* at the butcher's

predajný 1. (týkajúci sa predaja) selling [ˈseliŋ]; *p-á cena* selling price **2.** (kt. je na predaj) saleable [ˈseiləbl], sales [seilz], marketable [ˈmaːkətəbl]; *p. tovar* saleable commodity; *p-á hodnota* sales value; *p-á zmluva* sales contract; *ľahko p. tovar* marketable goods **3.** (človek, ktorý sa dá získať peniazmi, podplatiteľný) corruptible [kəˈraptəbl]; *p. politik* a corruptible politician

predák 1. (vedúci prac. skupiny) foreman [ˈfoːmən] **2.** (kto zaujíma popredné miesto) leader [ˈliːdə]; *odborový p.* (trade) union leader

predať sell* [sel]; *p. dom* sell the house; *p. na dražbe* sell by auction; *p. draho* sell dear ● *p. čo za babku/za fajku dymu* sell for a mere song

predavač (v obchode) shop assistant [šop əˈsistnt], salesman/saleswoman [ˈseilzmən /ˈseilzwumən] salesclerk [ˈseilzklaːk], distributor [diˈstribjətə]; *podomový p.* peddler; *pouličný p.* street vendor; *p. novín* news agent

predávať sa sell* [sel]; *kniha sa dobre p-a* the book sells well

predávkovať overdose [ˌəuvəˈdəuz]; *p. liek/pacienta* overdose the medicine/patient

predbehnúť 1. overtake [ˌəuvəˈteik], beat* [biːt]; *p. nákladné auto* overtake a lorry; *p. súpera* beat the rival **2.** (predstihnúť) forestall [foːˈstoːl], surpass [səˈpaːs]; *p-ol moje plány* he forestalled my plans; *výsledky p-li naše očakávania* the results surpassed our expectations; *p. svoju dobu* be ahead of one's time; *dobehnúť a p. nejakú krajinu* catch up with and surpass a country

predbežný preliminary [priˈlimənri]; *p. test* a preliminary test; *p. rozpočet* a tentative budget; *p-é výpočty* rough estimates, preliminary figures

predčasne prematurely [ˈpremčəli]; *p. narodený* prematurely born; *p. zomrieť* die before one's time

predčasný premature [ˈpremčə]; *p. pôrod* premature birth; *p-á smrť* untimely death; *p. štart* false start

predčítať read* aloud to a person [riːd əˈlaud tə ə ˈpəːsn]

preddavok advance (money) [ədˈvaːns (mani)]

predeliť divide [diˈvaid]

prederaviť perforate [ˈpəːfəreit], puncture [ˈpaŋkčə], make a hole in [meik ə həul in]; *p. papier* perforate the paper; *p. pneumatiku* puncture a tyre; *p. ponožku* make a hole in the sock

predhorie foothills [ˈfuthilz]; *p. Karpát* the foothills of the Carpathians

predhovor (predslov) preface [ˈprefəs], foreword [ˈfoːwəːd], práv. preamble [ˈpriːæmbl]

predchádzajúci preceding [priˈsiːdiŋ]; *p-e udalosti* preceding events

predchodca predecessor [ˈpriːdəsesə]; *nový lekár je mladší ako jeho p.* the new doctor is younger than his predecessor

predierkovať perforate [ˈpəːfəreit], punch [panč]; *p. papier* perforate the paper; *p. lístok* punch the ticket

predísť 1. (chôdzou) get*/move ahead of [get/muːv əˈhed əv]; *deti nás na prechádzke p-išli* the children got/moved ahead of us while we were walking 2. (predstihnúť) outstrip [autˈstrip]; *p. konkurenciu v predaji počítačov* outstrip the competitors in selling computers 3. (zabrániť) prevent [priˈvent]; *p. nehodám* prevent accidents

predizba hall [hoːl]; *čakať v p-e* wait in the hall

predjazdec šport. forerunner [foˈranə]

predjedlo hors d'oeuvre [ˌoː ˈdəːv], starter [ˈstaːtə]

predklon šport. trunk bending [traŋk ˈbendiŋ]

predkloniť sa bend forward [bend ˈfoːwəd], lean forward [liːn ˈfoːwəd]

predkrm hors d'oeuvre [oː ˈdəːv], starter [ˈstaːtə]

predlaktie anat. forearm [ˈfoːraːm]

predloha 1. (vzor) pattern [ˈpætn]; *podľa p-y* according to specifications 2. (literárna) model [ˈmodl]; *podľa p-y* after the model 3. práv. bill [bil]

predložiť 1. (na posúdenie, vybavenie) put* forward [put ˈfoːwəd], present [priˈzent], submit [səbˈmit]; *p. plán* put forward a plan; *p. návrh* submit a proposal; *p. konkurznú ponuku* submit a tender; *p. na rozhodnutie* submit for decision; *p. na podpis* submit for signature; *p. pas* produce a passport 2. (jedlo) serve [səːv]; *p. vajcia na raňajky* serve eggs for breakfast 3. (odovzdať na posúdenie) pose [pəuz], present [priˈzent]; *p. otázku* pose a question; *p. prosbu* present a request

predložka 1. (koberček) rug [rag] 2. lingv. preposition [ˌprepəˈzišn]

predĺžiť 1. (urobiť dlhším v priestore) lengthen [ˈleŋθn]; make* something longer [meik ˈsamθiŋ ˈloŋgə]; *p. sukňu* lengthen a skirt 2. (urobiť dlhším v čase) prolong [prəˈloŋ];

p. pobyt o dva týždne prolong the stay by two weeks

predmanželský premarital [priːˈmærətl]; *p-á poradňa* premarital counselling

predmestie suburb [ˈsabəːb]; *bývať na p-í* live in the suburb

predmestský suburban [səˈbəːbən]; *p-á oblasť* suburban area

predmet 1. (vec) object [ˈobdžikt], thing [θiŋ], article [ˈaːtikl]; *neidentifikovaný p.* an unidentified object; *robiť p-y z dreva* make things out of wood; *bezcenné p-y* articles of no value; *spomienkový p.* souvenir 2. (predmet nejakej činnosti) topic [ˈtopik], theme [θiːm], subject [ˈsabdžikt], matter [ˈmætə]; *p. rozhovoru* the topic of conversation; *p. konferencie* the theme of the conference; *p. kritiky* the subject of criticism; *povinné p-y* (v škole) obligatory subjects; práv. *p. sporu* the matter in dispute 3. lingv. object [ˈobdžikt]

predmetový gram. *p-á veta* object/objective clause

predmostie bridgehead [ˈbridžhed]

prednášať lecture on [ˈlekčə on], give lectures [giv ˈlekčə]; *p. o literatúre* give lectures on literature

prednášateľ(ka) lecturer [ˈlekčərə], speaker [ˈspiːkə]

prednáška (v rozl. význ.) lecture [ˈlekčə]; *mať p-u* give a lecture; *chodiť na p-y* attend /hear* lectures

prednes 1. (prednášanie) reading [ˈriːdiŋ], recital [riˈsaitl], recitation [ˌresəˈteišn]; *p. poézie* a poetry reading; *klavírny p.* a piano recital 2. (spôsob prednesu) diction [ˈdikšn], delivery [diˈlivri], interpretation [inˌtəːprəˈteišn]; *herci potrebujú nácvik p-u* actors need training in diction; *pomalý p.* a slow delivery; *nádherný p. symfónie* a wonderful interpretation of the symphony

predniesť 1. (prejav) deliver [diˈlivə], present [priˈzent]; *p. prejav* deliver a speech; *p. referát* present a paper 2. (umelecké dielo) recite [riˈsait], perform [pəˈfoːm]; *p. báseň* recite a poem; *p. skladbu na klarinete* perform a composition on the clarinet 3. (ústne predložiť) present [priˈzent]; *p. požiadavku* present a request

prednosť 1. (vynikajúca vlastnosť, výhoda) advantage [ədˈvaːntidž], merit [ˈmerət]; *p-ti ústredného kúrenia* the advantage of central heating; *spoľahlivosť je jeho p.* reliability is his merit **2.** (väčší nárok na poprednejšie miesto) preference ['prefrəns]; *uchádzači s praxou majú p.* we give preference to applicants with some experience; *dámy majú p.* ladies first **3.** (pri jazde) right of way [rait əv wei]

prednosta chief [či:f], head [hed], director [di'rektə]; *p. kliniky* head/chief doctor; *p. úradu* chief/head clerk; *p. stanice* stationmaster, hovor. boss [bos]

prednostný preferential [,prefə'renšl]; *p-é zaobchádzanie* preferential treatment; *p. výber* right of first refusal; práv. *p-é právo* priority claim

predný 1. (nachádzajúci sa vpredu) front [frant], fore [fo:]; *p-é koleso* a front wheel; *p-é zuby* front teeth; *p-é nohy* forelegs; *p-é sklo auta* windscreen; *p-é svetlá auta* headlights **2.** (popredný, dôležitý) important [im'po:tnt]; *človek je p-ejší ako peniaze* a man is more important than money

predohra 1. (úvodná skladba k hud. dielu) overture ['əuvətjuə], prelude ['prelju:d]; *p. k Wagnerovej opere* an overture to Wagner's opera; *p. k opere* a prelude to the opera **2.** (čin, kt. pred niečím predchádza) prelude ['prelju:d]; *p. vojny* a prelude to war

predok¹ 1. (príslušník toho istého rodu v minulosti) ancestor ['ænsəstə] **2.** (príslušník toho istého národa v minulosti) forefather ['fo:,fa:ðə]; *jazyk našich p-kov* the language of our forefathers

predok² 1. (predná časť) front [frant], fore part [fo: pa:t]; *p. domu* the front part of the house **2.** (vyčnievajúca časť vozidla, lietadla, lode) nose [nəuz]

predošlý previous ['pri:viəs]; *p. rok* the previous year

predovšetkým first and foremost [fə:st ənd 'fo:məust], especially [i'spešli]; *napísal veľa románov, ale p. je básnik* he has written many novels but first and foremost he is a poet; *kúpil som to p. pre teba* I bought it especially for you

predpažiť tel. stretch arms forward [streč a:mz 'fo:wəd]; *P! Arms forward!*

predpis 1. (písomné nariadenie) regulation [,regjə'leišn]; *colné p-y* customs regulations; *dopravné p-y* traffic regulations; *bezpečnostné p-y* safety regulations; *podľa p-u* according to regulations; *proti p-om* contrary to regulations **2.** (ustálený spôsob konania, pravidlo) rule [ru:l]; *porušiť p-y* break/violate the rules; *dodržiavať p-y* obey/observe the rules **3.** (písomný návod) recipe ['resəpi]; *kuchárske p-y* a

recipe book; *p. na prípravu torty* a recipe for making a cream tart; *lekársky p.* medical prescription; *len na lekársky p.* available only on prescription **4.** odb. assessment [ə'sesmənt]; *daňový p.* tax assessment

predpísať 1. (predpisom nariadiť) stipulate ['stipjəleit], prescribe [pri'skraib]; *p. poplatky* stipulate the payments; *p. povinné čítanie* set the prescribed texts; *p. vysokú daň* impose high tax **2.** (určiť ako liek) prescribe [pri'skraib]; *p. liek proti bolesti* prescribe for the pain; *p. diétu* put somebody on a diet **3.** (napísať ako vzor) write* up a model [rait əp ə 'modl]

predplatiteľ subscriber [səb'skraibə]; *p. časopisu* subscriber to a magazine

predplatné subscription (fee) [səb'skripšn (fi:)]

predpojatý prejudiced ['predžədəst], biased ['baiəst]; *rasove p.* racially prejudiced; *sudca bol p.* the judge was biased

predpoklad 1. (domnienka) assumption [ə'sampšn], hypothesis [hai'poθəsəs]; *mylný p.* a mistaken assumption; *ak akceptujeme p., že...* if we accept the hypothesis, that... **2.** (podmienka) condition [kən'dišn]; *za p-u* on condition; *má p-y* he has the makings of

predpokladať 1. (očakávať) expect [ik'spekt]; *p-áme, že čoskoro začneme* we expect to begin soon **2.** (mať niečo ako základ) assume [ə'sju:m]; *armáda p-á kontrolu* the army assumes control; *úspech p-á usilovnosť* success assumes diligence

predpoludňajší morning ['mo:niŋ]; *p-ie vyučovanie* morning classes

predpoludnie morning ['mo:niŋ]

predpoludním in the morning [in ðə 'mo:niŋ]

predpona lingv. prefix ['pri:fiks]

predposledný last but one [la:st bət wan]; *p-á zastávka električky* the last but one tram stop

predpoveď 1. prediction [pri'dikšn]; *jeho p. sa splnila* his prediction has come true **2.** (počasie) weather forecast [weðə 'fo:ka:st]; *p. počasia na zajtra* the weather forecast for tomorrow

predpovedať forecast ['fo:ka:st], predict [pri'dikt]; *p. vzrast predaja* forecast an increase in sales; *p. smrť* foretell the death; *p. vzrast inflácie* predict an increase in the rate of inflation

predpredaj 1. (predaj vstupeniek na istý čas dopredu) advance booking [əd'va:ns bukiŋ], booking in advance ['bukiŋ in əd'va:ns]; *p.*

lístkov na koncerty sa už začal advance booking for concerts has already started **2.** (predajňa na predaj vstupeniek dopredu) advance booking office [əd'va:ns bukiŋ ofəs], ticket agency ['tikət 'eidžnsi]; *zájsť do p-a* go to the ticket agency

predražiť overcharge [ˌəuvə'ča:dž]; *p. tovar* overcharge the goods

predsa I. časť. (naozaj) surely ['šurəli]; *p. si ju pamätáš* surely you remember her; *poďte p. ďalej* do come in; *vy p. prídete, nie?* you will come, won't you? **II.** spoj. (ale) yet [jet], still [stil], nevertheless [nevəðə'les]; *je chorý, a p. prišiel* he is ill and yet he has come; *bránil sa, a p. súhlasil* he defended himself nevertheless he agreed

predsavzatie resolution [ˌrezə'lu:šn]; *novoročné p.* New Year's resolution

predsavziať si resolve [ri'zolv]; *p-al si, že ta nepôjde* he resolved he would not go there

predseda chairman ['čeəmən], hovor. the chair [čeə]; *pán p.* Mr Chairman; *Ministerský p.* Prime Minister, Premier ['premiə]; *p. snemovne* the Speaker; *p. národného zhromaždenia* the president of the National Assembly; *p. súdu* the presiding judge

predsedať preside [pri'zaid], be in the chair [bi: in ðə čeə]; *p. zasadnutiu výboru* preside over a committee

predsedníctvo 1. (funkcia) presidium [pri'sidiəm], chairmanship ['čemənšip] **2.** (vedúci funkcionári) board of directors [bo:d əv di'rektəz], managing committee [ˌmænidžiŋ kə'miti]; *p. vlády* the Cabinet; *užšie p.* executive administrative board

predsieň 1. hall [ho:l], (v hoteli) lobby ['lobi]; *tmavá p.* a dark hall **2.** anat. chamber ['čeimbə]; *p. srdca* the chamber of the heart

predslov 1. (predhovor) foreword ['fo:wə:d], introduction [ˌintrə'dakšn], preface ['prefəs], (k zákonu ap.) preamble [pri:'æmbl]; *p. k dohode* a preamble to the treaty **2.** (úvodný prejav) introduction [ˌintrə'dakšn]; *krátky p.* a brief introduction

predstava idea [ai'diə], notion ['nəušn]; *p. ideálnej ženy* the idea of an ideal wife; *nemám ani najmenšiu p-u* I haven't (got) the slightest idea; *nemáte p-u ako...* you have no idea how...

predstavenie 1. (hry) performance [pə'fo:məns], show [šou]; *pohostinské p.* guest performance **2.** (zoznámenie) introduction [ˌintrə'dakšn]

predstavenstvo directorate [di'rektrət], board of directors [bo:d əv di'rektəz], managing committee ['mænidžiŋ kə'miti]

predstavený superior [su'piriə], chief [či:f], AM boss [bos]; *najbližší p.* immediate superior

predstaviť 1. (zoznámiť) introduce [ˌintrə'dju:s]; *p-l mi svoju ženu* he introduced his wife to me **2.** (verejne ukázať) present [pri'zent]; *výstava p-la diela mladých umelcov* the exhibition presented the works of young artists **3.** (predviesť slovom, obrazom) introduce [ˌintrə'dju:s]; *autor p-l čitateľom svoje myšlienky* the writer introduced his ideas to the readers // **p. sa** introduce oneself [ˌintrə'dju:s wan'self]

predstaviteľ 1. representative [ˌrepri'zentətiv]; *p. mesta* the city representative **2.** (herec) actor ['æktə], performer [pə'fo:mə]; *p. Hamleta* a Hamlet actor, performer of Hamlet

predstierať pretend [pri'tend], sham [šæm], (chorobu) simulate ['simjəleit]; *p. prekvapenie* pretend surprise; *p-l, že je mŕtvy* he shammed death; *p. bolesti hlavy* simulate a headache

predsudok prejudice ['predžədəs]; *mať p-ky* be prejudiced; *bez p-kov* unprejudiced

predtucha premonition [ˌpremə'nišn]; *zlá p.* bad premonition

predtým before [bi'fo:]; *vedel o tom už p.* he knew about it before; *ako p.* as before

predurčiť predetermine [ˌpri:di'tə:mən]; *stretnúť sa na p-enom mieste* meet at the predetermined spot; *plán bol p-ený na neúspech* the plan was predestined to failure

predvariť precook [ˌpri:'kuk]; *p-ené mäso* precooked meat

predvčerom the day before yesterday [ðə dei bi,fo: 'jestədi]; *p. bolo pekne* the weather was nice the day before yesterday

predvečer eve [i:v]; *stalo sa to v p. jeho narodenín* it happened on the eve of his birthday

predvídať foresee* [fo:'si:], anticipate [æn'tisəpeit]; *p. ťažkosti* foresee the troubles; *p. príjmy* anticipate incomes; *je možné p.* predictably

predvídavý circumspect ['sə:kəmspekt]; *p. politik* a circumspect politician

predviesť 1. (mocou priviesť) bring* [briŋ]; *p. pred súd (koho)* bring a person before the court **2.** (názorne ukázať) demonstrate ['demənstreit]; *p., ako pracuje stroj* demonstrate how the machine works **3.** (zahrať, premietnuť) perform [pə'fo:m],

present [pri'zent]; *kúzelník p-dol vynikajúce tri-
ky* the magician performed astonishing tricks; *p.
novú hru* present a new play
predvlani in the year before last [in ðə jiə
bi'fo: la:st]
predvoj vanguard ['vænga:d]; *p. priemy-
selného pokroku* the vanguard of industrial
progress
predvojnový prewar [ˌpri:'wo:]; *p-é roky*
prewar years
predvolanie call [ko:l], summons ['samənz];
na p. on call; *súdne p.* court summons
predvolať call [ko:l], summon ['samən];
p. rodičov do školy call the parents to school;
p. na súd summon to court
predvolebný preelection [ˌprii'lekšn];
p-á kampaň pre-election campaign; *p. boj*
electioneering
predzápas preliminary [pri'limənri]
predzvesť kniž. (znak) first signs [fə:st sainz],
harbinger ['ha:bindžə]; *p. jari* harbinger of
spring; *zlá p.* bad omen ['əumən]; *p. vojny*
portents ['po:təns] of war
prefabrikát prefab ['pri:fæb]
prefíkaný cunning ['kaniŋ], sly [slai]; *p-á
osoba* a cunning person; *p-á stará líška* a sly
old fox
preglejka plywood ['plaiwud]
preglgnúť swallow ['swoləu]; *p. víno*
swallow the wine
prehajdákať expr. squander ['skwondə],
waste [weist]; *p. príležitosť* squander an
opportunity; *p. peniaze* waste money
preháňadlo laxative ['læksətiv], purge
[pə:dž]
prehánka scattered shower ['skætəd šauə]
prehľad 1. (celkové poznanie) review
[ri'vju:]; *ročný p. výdavkov* an annual review
of expenditure; *mať p.* be in the know 2. (krát-
ke zhrnutie) summary ['saməri], survey
['sə:vei], outline ['autlain]; *krátky p.* a short
summary; *p. správ* a news summary; *p. uda-
lostí* headlines; *p. modernej anglickej litera-
túry* a survey of modern English literature; *p.
svetových dejín* an outline of world history
prehľadať search (thoroughly) [sə:č
('θarəli)], ransack ['rænsæk]; *p. zásuvku*
ransack a drawer
prehľadný well arranged [wel ə'reindžd],
clear [kliə]; *p-é poznámky* well arranged
notes; *p-é pokyny* clear instructions; *p-á mapa*
a small scale map; *p. terén* an open country

prehlasovať vote down [vəut daun]; *p.
opozíciu* vote down the opposition
prehlbiť 1. (urobiť hlbším) deepen ['di:pn];
p. koryto rieky deepen the river bed; *p. pria-
teľstvo* deepen the friendship 2. (zdokonaliť)
extend [ik'stend]; *p. vedomosti* extend the
knowledge // **p. sa** deepen ['di:pən]; *dno rie-
ky sa p-lo* the river bed has deepened; *kríza
sa p-la* the crisis has deepened
prehliadka 1. (dôkladné prezretie) inspection
[in'spekšn], search [sə:č]; *úradná p.* an official
inspection; *dôkladná p. auta* a thorough car
inspection; *domová p.* a house search; *lekár-
ska p.* examination; *colná p.* customs examina-
tion; *osobná p.* frisking 2. (celkové prezretie)
visit ['vizət]; *p. múzea* a visit to a museum; *p.
mesta* sightseeing 3. (predvádzanie niečoho)
demonstration [ˌdemən'streišn], show [šəu];
p. stroja a demonstration of the machine;
módna p. a fashion show; *vojenská p.* a
military parade
prehliadnuť 1. (dôkladne preskúmať) inspect
[in'spekt], examine [ig'zæmən], (policajne kvôli
zbraniam) frisk; *p. batožinu* inspect the luggage;
*dvaja policajti ho držali za ruky, kým tretí ho
p-ol* two policemen grabbed his arms while
another one frisked him *p. pacienta* examine
the patient 2. (odhaliť) see* through [si: θru:];
p-ol som ho I saw through him/I found him out
prehltnúť swallow ['swoləu]; *p. kúsok
chleba* swallow a piece of bread; *p. liek*
swallow the medicine
prehnaný excessive [ik'sesiv], exagerated
[ˌigzədžə'reitd]; *p-é ceny* excessive prices *je-
ho p-á láskavosť* his exaggerated kindness
prehnúť bend* [bend]; *p. drôt* bend the
wire ● *p.cez koleno (koho)* bend over the
knee // **p. sa** bend* down [bend daun]
prehodiť 1. (hodením premiestiť) throw* over
[θrəu 'əuvə]; *p. loptu cez plot* throw the ball
over the fence 2. (zľahka položiť) slip/throw*
over [slip/θrəu 'əuvə]; *p. na seba župan*
throw a dressing gown over one's shoulders
3. (prevrhnúť) knock over [nok 'əuvə]; *p. vázu*
knock over the vase 4. (zameniť) change
[čeindž]; *p. slová vo vete* change the words in
a sentence 5. (inak nastaviť) shift [šift]; *p. rých-
losť* shift the gear 6. hovor. (prehovoriť) remark
[ri'ma:k], say* [sei]; *p-l niekoľko slov* he
said a few words
prehodnotiť revalue [ri'vælju:], revaluate
[ri'væljueit]; *p. dejiny* revaluate the history

prehovoriť 1. (povedať, vysloviť čo) speak* [spi:k]; *nikto nep-l* nobody spoke 2. (porozprávať sa) talk [to:k], say a few words [sei ə fju: wə:dz]; *chcel by som s vami p.* I would like to talk to you 3. (verejne povedať reč) make* a speech [meik ə spi:č], address [ə'dres]; *p. k davu* address a crowd of people 4. (presvedčiť) persuade [pə'sweid]; *p-l ju, aby sa vrátila* he persuaded her to return ● *p. do duše (komu)* have a serious talk with somebody

prehra loss [los]; *p. v kartách* loss at cards; *zaplatiť p-u* pay the loss

prehradiť (mrežami) bar [ba:], (zatarasiť) block [blok]; *p. cestu* block the way; *p. rieku* dam up the river

prehrať 1. (utrpieť porážku) lose* [lu:z]; *p. zápas* lose the match; *p. veľa peňazí* lose a lot of money; *p. majetok v kartách* gamble away a fortune at cards 2. (hraním stráviť) spend* [spend]; *p-l celú noc v kartách* he spent the entire night playing cards 3. (zahrať od začiatku) play [plei]; *p. platňu* play the record ● *u mňa si to p-l* I am through with you

prehŕňať sa expr. rummage ['ramidž]; *p. sa v starých papieroch* rummage about/among old papers

prechádzať sa walk [wo:k], stroll [strəul]; *p. sa po záhrade* walk round the garden; *p. sa po parku* stroll around in the park

prechádzka walk [wo:k]; *ísť na p-u* go* for a walk

prechladnúť catch* cold [kæč ə kəuld]

prechmat slip [slip], blunder ['blandə]; *dopustiť sa p-u* make a slip; *politický p.* a political blunder

prechod 1. (pohyb z miesta na miesto) crossing ['krosiŋ], transit ['trænsət]; *p. cez rieku* crossing of a river; *p. cez Slovensko* transit through Slovakia; *p. zakázaný* no thorough fare 2. (zmena) change [čeindž]; *p. na trhové hospodárstvo* change to market economy 3. (medzistupeň spájajúci dva rozličné javy) transformation [‚trænsfə-'meišn]; *p. ku kapitalizmu* transformation to capitalism

prechodiť 1. (chodením stráviť) walk (through) [wo:k (θru:)]; *p. mesto* walk through the city; *p. Tatry* walk the Tatra Mountains 2. (prečkať bez liečenia): *p-ená choroba* neglected illness

prechodník gram. participle ['pa:təsipl]

prechodný 1. (dočasný) temporary ['temprəri]; *p-é bydlisko* temporary address; *p-é ťažkosti* temporary difficulties 2. (tvoriaci prechod) transformational [‚trænsfo:'meišənl]; *p-é obdobie* a transformational period 3. gram. transitive ['trænsətiv]; *p-é slovesá* transitive verbs

prechovávať 1. (tajne ukrývať) conceal [kən'si:l]; *(tajne) p-ná zbraň* a concealed weapon 2. kniž. (pestovať v sebe) harbour ['ha:bə]; *p. nenávisť* harbour hatred

prejav 1. (vyjadrenie) manifestation [‚mænəfe'steišn] 2. (znamenie) token ['təukn], show [šəu]; *p. nespokojnosti* a manifestation of discontent; *p. vďaky* a token of gratitude; *p. sily* a show of strength; *p. (ne)dôvery* a vote of (non)confidence 3. (reč určená verejnosti) speech [spi:č], address [ə'dres]; *mať p.* deliver a speech/an address 4. lingv. utterance ['atrəns]

prejaviť express [ik'spres], show* [šəu]; *p. prekvapenie* express surprise; *p. záujem* show interest; *p. úctu* show respect; *p. sústrasť* offer one's condolence/sympathy // *p. sa* 1. (ukázať sa) show* itself [šou is'self]; *jeho charakter sa p-l* his character showed itself 2. (vyjadriť sa) express oneself [iks'pres wan'self]

prejazd 1. (komunikácia križujúca sa s inou komunikáciou) crossing ['krosiŋ] 2. (prejdenie jazdou) passage ['pæsidž]; *p. ťažkých vozidiel* the passage of heavy vehicles

prejsť 1. (chôdzou sa premiestiť) go* [gəu], walk [wo:k]; *p. do izby* go/walk into the room 2. (dostať sa cez čo) cross [kros]; *p. cez rieku* cross the river; *p. cez hranice* cross/pass the border; *p. utrpením* go through suffering 3. (minúť, obísť) passby ['pa:s bai]; *p-šiel okolo bez pozdravu* he passed by without greeting 4. (pochodiť) walk/hike through [wo:k/haik θru:]; *p-šiel celé Tatry* be hiked through the Tatra Mountains 5. (prekonať) go* through [gəu θru:]; *p. základným vojenským výcvikom* go through/pass the initial military training 6. (jazdou zraniť, usmrtiť koho, čo) run over [ran 'əuvə]; *p-šlo ho auto* he was run over by a car 7. (pochodiť zrakom) look through [luk θru:]; *p. zrakom po izbe* look through the room 8. (zbežne prečítať) review [ri'vju:]; *p. noviny* review the newspapers 9. (uplynúť) pass [pa:s], expire [ik'spaiə]; *p-šlo veľa rokov* many years have passed; *p-šla doba platnosti* the term/date has expired 10. škol. pass [pa:s], scrape through [skreip θru:]; *5 žiakov na skúške nep-šlo* 5 pupils haven't passed the exams; *p. s ťažkosťami* (cez skúšky) scrape through the exams **11.** (preniknúť): *p-šiel ho mráz* he was chilled by the frost **12.** (stratiť sa) pass [pa:s]; *chrípka ho už p-šla* his flue has already passed **13.** (zmeniť sa) change [čeindž]; *hádky p-šli do bitky* quarrels have changed into fight **14.** (nechať bez povšimnutia): *p. mlčaním cez čo* pass over something in silence ● *p. niekomu cez rozum* outwit someone // **p. sa** have a walk/stroll [hæv ə wo:k/strol]; *ísť sa p.* go for a walk

prekabátiť expr. fool someone over [fu:l samwan əuvə]

prekádrovať hovor. screen [skri:n]; *dôkladne p. (koho)* screen a person thoroughly

prekaziť thwart ['θwo:t], foil [foil]; *p. plány* thwart the plans; *p. pokus* foil an attempt

prekážať 1. (stáť v ceste) be in someone's way [bi: in samwanz wei]; *stolička mi p-a* the chair is in my way **2.** (zabraňovať) hinder ['hində], hamper ['hæmpə], impede [im'pi:d]; *p. pokroku* hinder the progress; *zlé počasie p-lo pri záchranných prácach* the rescue attempt was impeded by bad weather

prekážka 1. obstacle ['obstəkl]; *neprekonateľná p.* insurmountable obstacle; *bez p-y* without hindrance **2.** šport. hurdle ['hə:dl]; *beh cez p-y* hurdle race **3.** (okolnosť na ťarchu) difficulty ['difiklti]; *prekonať p-y* overcome difficulties

prekážkar šport. hurdler ['hə:dlə]

preklad 1. translation [træns'leišn]; *doslovný p.* literal translation **2.** stav. lintel ['lintl]

prekladateľ(ka) translator [træns'leitə], (tlmočník) interpreter [in'tə:prətə]

preklať stab [stæb]

preklenúť 1. (spojiť dve miesta mostom) span [spæn]; *p. rieku mostom* span the river by a bridge **2.** kniž. (prekonať) overcome* ['əuvəkam], get* over [get 'əuvə]; *p. ťažkosti* overcome the difficulties

preklep (typing) error [('taipiŋ) 'erə]; *písať bez p-ov* type without typing errors

prekliaty damned [dæmd]; *p-a vojna* damned war

prekonať 1. overcome [,əuvə'kam], surmount [sə'maunt]; *p. chorobu* overcome a disease; *p. prekážky* surmount the obstacles **2.** (výkonom prevýšiť) break* [breik]; *p. rekord* break the record // **p. sa** outdo* oneself [,autdu: wan'self]

prekonateľný surmountable [sə:'mauntəbl]; *p-é ťažkosti* surmountable difficulties

prekrásny beautiful ['bju:təfl]; *p-e počasie* beautiful weather

prekročiť 1. cross [kros], step over [step 'əuvə]; *p. hranice* cross the border; *p. prah* step over the threshold **2.** (prestúpiť, nedodržať) exceed [ik'si:d], overstep [,əuvə'step] overdraw* [,əuvə'dro:]; *p. rýchlosť* exceed the speed limit; *p. rozpočet* exceed the budget; *p. limity* overstep the limits; *p. hranicu slušnosti* overstep the bounds of decency; *p. účet* overdraw the account; *p. zákon* break the law

prekrojiť cut* in two [kat in tu:]; *p. koláč* cut the cake in two

prekrútiť 1. (krútením poškodiť) overwind [,əuvə'waind]; *p. pero v hodinkách* overwind the watch spring **2.** (zámerne nesprávne vyložiť) distort [di'sto:t]; *p. fakty* distort the facts

prekvapene surprisingly [sə'praiziŋli]; *tváriť sa p.* pretend surprise

prekvapenie surprise [sə'preiz]; *to je ale p.!* what a surprise!; *na moje veľké p.* to my great surprise

prekvapiť 1. (udiviť) surprise [sə'praiz]; *p. dieťa darom* surprise a child with a present **2.** (pristihnúť) take* somebody by surprise [teik 'sambodi bai sə'praiz], surprise [sə'praiz]; *p. zlodeja* take the burglar by surprise; *p-la nás búrka* we were caught by/in the storm

prekvapujúci startling ['sta:tliŋ]; *p. úspech* a startling success

prekypieť boil over [boil 'əuvə]; *mlieko p-elo* the milk has boiled over

preletieť 1. fly* over [flai 'əuvə]; *p. cez Atlantický oceán* fly over the Atlantic **2.** (zbežne prezrieť) glance/run*/skim over [gla:ns/ran /skim 'əuvə]; *p. článok* skim the article; *p. prstami po klaviatúre* run one's fingers over the keys **3.** (o čase) fly [flai]; *rok rýchlo p-el* the year has quickly flown (by)

preliať 1. (z nádoby do nádoby) pour [po:]; *p. do inej nádoby* pour into another container **2.** (cez okraj) spill* [spil] **3.** (zaliať) pour [po:]; *p. čaj vriacou vodou* pour boiling water over the tea

prelietavý 1. (sťahovavý) migratory ['migrətri]; *p-é vtáky* migratory birds **2.** (nestály) fickle ['fikl], inconstant [in'konstənt]; *p. šťastie* fickle fortune

preliezť climb over [klaim 'əuvə]

prelínať (sa) overlap* [,əuvə'læp]; *udalosti sa p-jú* the events overlap

prelistovať leaf through [li:f θru:]; *p. časopis* leaf through a magazine

prelom kniž. **1.** (obrat, zvrat) turning point ['tə:niŋ point], break [breik]; *p. v priemyselnom rozvoji krajiny* the turning point in a country's industrial development; *p. v ekonomike* a break in economy **2.** (dejinný medzník) turn [tə:n]; *na p-e 19. storočia* at the turn of the 19th century

prelomiť break* [breik]; *p. palicu* break a stick // **p. sa** break* [breik], give* way [giv wei]; *p. sa na dvoje* break in two; *ľad sa p-l* the ice gave way

preložiť **1.** (premiestiť) move over [mu:v 'əuvə], reload [ˌri:'ləud]; *p. stoličku* move the chair over; *p. tovar* reload the goods **2.** (určiť na iné pôsobisko) transfer [træns'fə:]; *p. učiteľa na inú školu* transfer a teacher to another school **3.** (preložiť cez niečo) cross [kros]; *p. nohy* cross the legs **4.** (prehnúť) fold [fəuld]; *p. papier* fold the paper **5.** (presunúť na iný čas) postpone [pəus'pəun]; *p. schôdzu na zajtra* postpone the meeting for tomorrow **6.** (pretlmočiť do iného jazyka) translate [træns'leit]; *p. z angličtiny do slovenčiny* translate from English into Slovak ● *nep-ť krížom ani slamku* not to lift a finger

prelud phantom ['fæntəm], illusion [i'lu:žn]; *vo sne ho prenasledovali p-y* the phantoms troubled his dreams

preľudniť overpopulate [ˌəuvə'popjəleit], overcrowd [ˌəuvə'kraud]; *p-ené mesto* an overpopulated city

premáhať overcome* [ˌəuvə'kam]; *p. zlo* overcome evil

premárniť **1.** (ľahkomyseľne spotrebovať) squander ['skwondə]; *p. priateľove peniaze* squander the friend's money **2.** (neužitočne prežiť) waste [weist], idle ['aidl], fritter away [ˌfritə ə'wei]; *p. čas* waste the time; *p. celý deň* idle the whole day; *p-la celý svoj život* she frittered away all her life ● *p. každú príležitosť* pass up every opportunity

premávať run* [ran]; *električky p-jú pravidelne* trams run regularly

premávka traffic ['træfik]; *hustá p.* heavy traffic

premena **1.** (zmena) transformation [ˌtrænsfə'meišn]; *p. prírody* the transformation of nature; *p. názorov* transformation of ideas; *za posledné roky sa udiala veľká p.* the recent years have undergone a complete

transformation **2.** (fyziol. proces): *látková p.* metabolism

premeniť **1.** (zmeniť koho, čo) transform [træns'fo:m]; *p. krajinu na vyspelú priemyselnú mocnosť* transform the country into an advanced industrial power; *nová práca ju úplne p-la* the new job has completely transformed her; *p. spoločnosť* transform a society **2.** (dať iný vzhľad) change [čeindž]; *p. hlas* change the voice; *more p-lo farbu* the sea has changed its colour **3.** (zameniť) change [čeindž]; *p. libry na doláre* change pounds into dollars // **p. sa** change [čeindž], undergo a change ['andəgəu ə čeindž]; *vietor sa p-l na víchricu* the wind has changed into a gale; *čarodejnica sa p-la na žabu* the witch has changed/turned into a frog

premenlivý changeable ['čeindžəbl]; *počasie je veľmi p-é* the weather is very changeable

premenný variable ['veriəbl]; *p-á veličina* variable quantity

premenovať change the name [čeindž ðə neim]; *p. ulicu* change the name of the street

premerať **1.** (vymerať) measure ['mežə]; *p. pozemok* measure the land **2.** (znovu zmerať) remeasure ['ri:mežə], measure sth. again [mežə samθiŋ ə'gen], check the measurement of [ček ðə 'mežəmənt əv]; *p. látku* remeasure the cloth **3.** (skúmavo pozrieť) size sb. up [saiz 'sambodi ap], look sb. up and down [luk sambodi ap ænd daun]; *chlapci sa nahnevane p-li* the boys looked each other up and down angrily **4.** expr. (prejsť) pace out [peis aut]; *p. izbu* pace out the room

premeškať miss [mis]; *p. príležitosť* pass over an opportunity, miss the bus; *p. termín zaplatenia* be in default

premet head-spring ['hed spriŋ], somersault ['saməso:lt], (letecký) looping ['lu:piŋ]

prémia **1.** (odmena v tipovacej súťaži) special prize [ˌspešl 'praiz] **2.** (osobitná odmena za zvýšený výkon) bonus ['bəunəs]

premiér Prime Minister [ˌpraim 'ministə], skr. P.M., Premier ['premiə]

premiéra first night (performance) ['fə:st nait (pə'fo:məns)]

premiest(n)iť displace [dis'pleis], transfer [træns'fə:]; *p. nábytok* displace the furniture; *p-li nás do inej izby* we have been transferred to another room

premietací *p-ia kabína* projection booth; *p. aparát* projector/projection apparatus

premietačka hovor. projector [prə'džektə], projection apparatus [prə'džekšn ˌæpə'reitəs]
premietať project [prə'džekt], (v kine) screen [skri:n]; *bude sa p. film* there will be a showing of a film
prémiový: *p-é sporenie* Premium Bond saving
premlčaný expired [ik'spaiəd]; práv. *p. nárok* be in lapse
premlčať 1. (mlčaním stráviť) pass in silence [pa:s in 'sailəns]; *p. celé popoludnie* pass the whole afternoon in silence **2.** práv. be* barred by the statute of limitations [bi: ba:d bai ðə 'stæču:t əv limə'teišn]
premoknúť get* wet/soaked/drenched [get wet/səukt/drenčt]; *šaty mi p-li* my dress got drenched with rain; *p. do nitky* get drenched wet to the skin
premôcť 1. (poraziť) defeat [di'fi:t]; *p. nepriateľa* defeat the enemy **2.** (vôľou potlačiť) overcome* [ˌəuvə'kam]; *p. pokušenie* overcome the temptation **3.** (o citoch, telesných stavoch) overwhelm [ˌəuvə'welm]; *p-ohla ho ľútosť* he was overwhelmed by sorrow; *p. zívanie* stifle a yawn // **p. sa** control oneself [kən'trəul wan'self]
premrhať squander (away) ['skwondə (ə'wei)]; *p. dedičstvo po predkoch* squander ancestral heritage; *p. celé popoludnie* waste the whole afternoon ● *p. príležitosť* miss the bus
premrštený exaggerated [ig'zædžəreitəd]; *p-é nápady* exaggerated ideas; *p-é ceny* exorbitant prices
premrznúť freeze* through [fri:z θru:]; *pôda p-la* the soil has frozen through; *p-ol na ľadovom vetre* he froze stiff in the ice-cold wind
premyslený well thought out [wel θo:t aut]; *p-á aktivita* a well thought out activity
premyslieť think* over [θiŋk 'əuvə]; *p-i si to* think it over
premýšľať think* about [ˌθiŋk ə'baut], ponder ['pondə]; *p-j o tom* think about it; *p-la o svojich problémoch* she pondered about/on her problems
prenáhlený hurried ['harid]; *p-é konanie* hurried activity
prenajať rent [rent]; *p. študentovi izbu* rent a room to a student; *p. si auto* rent a car
prenajímateľ lessor ['lesə]; nájomca lessee [le'si:]

BR: **let something to** – prenajať niečo (svoje vlastníctvo);
rent something from – prenajať si niečo (cudzie vlastníctvo)
AM: **rent out** – prenajať (svoje vlastníctvo); **rent** – prenajať si niečo (cudzie vlastníctvo)

prenájom hire [haiə], lease [li:s]; *dom na p.* a house for hire; *p. kancelárskej budovy* a lease on an office building
prenasledovanie persecution [ˌpə:si'kjušn], pursuit [pə:'sju:t], (politické) victimization [ˌviktəmai'zeišn]; *p. kresťanov* the persecution of Christians; *politické/rasové p.* political/racial victimization
prenasledovať 1. (sledovať utekajúceho) pursue [pə:'sju:], chase [čeis]; *p. vraha* pursue a murderer; *p. rysa* chase a lynx **2.** (stíhať mocou) persecute ['pə:sikju:t]; *Rimania p-li kresťanov* the Romans persecuted the Christians **3.** (stavične sledovať) keep close on sb.'s heels [ki:p kləuz on sambodiz hi:lz], follow ['foləu]; *p. neznáme dievča* follow an unknown girl; *p. pohľadmi (koho)* gaze after sb.
prenasledovateľ pursuer [pə:s'ju:ə], persecutor ['pə:sikju:tə]
prenechať 1. (postúpiť) leave* something to somebody [li:v 'samθiŋ tə 'sambodi]; *p. bratovi dom* leave the house to a brother **2.** (ponechať) leave* [li:v]; *p-j to osudu* leave it to chance; *p-ám to na vaše rozhodnutie* I submit it for your consideration
preniesť 1. (dopraviť) carry (over) ['kæri (əuvə)]; *p. dieťa cez potok* carry a child over the stream **2.** (prepašovať) smuggle ['smagl]; *p. tovar cez hranice* smuggle goods cross the border **3.** (umiestniť inde) move [mu:v]; *p. nábytok* move the furniture **4.** (spôsobiť, zaniesť) transfer [træns'fə:]; *p. chorobu* transfer a disease
prenikavý 1. (prudko vnikajúci) penetrating ['penətreitiŋ]; *p-á vlhkosť* a penetrating dampness **2.** (pôsobiaci na zmysly) piercing ['piəsiŋ]; *p. plač* a piercing cry; *p. zvuk* a piercing/shrill sound; *p. pohľad* a piercing look; *p-á bolesť* a sharp pain **3.** (ďalekosiahly) pervasive [pə'veisiv]; *p. vplyv televízie* the pervasive influence of television; *p. úspech* a resounding success; *p-á kritika* incisive criticism; *p-é zmeny* sweeping changes
preniknúť (v rozl. význ.) penetrate ['penətreit]; *voda p-la do pivnice* water penetrated into

the cellar; *hmla p-la do miestnosti* the mist penetrated (into) the room; *izbu p-ol zápach* bad smell penetrated the room; *nové myšlienky p-li do krajiny* new ideas penetrated the country

prenocovať sleep* (at sb.'s place) [sli:p (æt sambodiz pleis)], stay (overnight) [ˈstei (əuvənait)]; *p. u priateľa* sleep at a friend's place; *p. v hoteli* stay in a hotel

prenos 1. transfer [ˈtrænsfə]; *p. energie* the transfer of energy **2.** (rozhlasu, televízie) transmission [trænsˈmišn]; *diaľkový p.* long distance transmission **3.** (vysielanie) broadcast [ˈbrɔːdkaːst]; *priamy p.* live broadcast

prenosný 1. (premiestniteľný) portable [ˈpɔːtəbl]; *p. televízor* a portable TV set **2.** (choroba) contagious [kənˈteidžəs]

prenosový: *p. voz* radio car [ˈreidiəu kaː], skr. O.B.V. (outside broadcasting van)

preobliecť (sa) 1. change (clothes) [čeindž (kləuðz)]; *p. si košeľu* change a shirt **2.** (za čo) disguise [disˈgaiz]; *p-kol sa za čerta* he disguised himself as devil

preorientovať (sa) reorientate [ˌriːˈorienteit], switch over to [swič ˈəuvə tə]; *p. sa na novú výrobu* switch over to a new production

prepáčiť excuse [ikˈskjuːz], pardon [ˈpaːdn]; *p-te, že vás vyrušujem* excuse/pardon my disturbing you; *p-te!* I'm sorry/pardon me!

prepad 1. (quick) attack [(kwik) əˈtæk], raid [reid]; *p. nepriateľa* the attack of the enemy; *nočný p.* a night raid **2.** (vody) overflow [ˈəuvəfləu]

prepadnúť 1. (padnúť cez čo) fall* through [foːl θruː]; *kamene p-li cez mreže* the stones have fallen through the lattice **2.** (zaútočiť) attack suddenly [əˈtæk ˈsadnli], invade [inˈveid], take by surprise [səˈpraiz]; *vojaci p-li mesto* the soldiers invaded the town; *p. nepriateľa* take the enemy by surprise **3.** (utrpieť neúspech) be* a failure [ˈbiː ə ˈfeilə]; *ten film p-ol* that film was a failure **4.** (podľahnúť čomu) be* addicted to [biː əˈdiktəd tə]; *p. drogám* be addicted to drugs **5.** (stratiť platnosť) lose* validity [luːz vəˈlidəti], expire [ikˈspaiə]; *letenky p-li* the air-tickets have expired **6.** (v škole) fail [feil]; *p. zo slovenčiny* fail in Slovak ● *nech sa na mieste p-em* I'll be damned first // **p. sa** cave in [keiv in]; *strecha sa p-la* the roof caved in ● *p. sa od hanby* be deeply ashamed

prepáliť burn* a hole in [bəːn ə həul in]; *p. košeľu* burn a hole in a shirt // **p. sa** burn through [bəːn θruː]

prepelica quail [kweil]

prepiaty (v rozl. význ.) exalted [igˈzoːltəd]; *p. nacionalista* an exalted nationalist; *p-e správanie* exalted behaviour

prepichnúť 1. (prederaviť) prick [prik]; *p. balón* prick the balloon; *p. pľuzgier* prick the blister; *p. lístok* punch the ticket/card **2.** (pichnutím utvoriť) pierce [piəs]; *p. uši* pierce the ears **3.** (prebodnúť) stab [stæb]; *p. nožom* stab with a knife ● *p. očami/pohľadom (koho)* look daggers at a person

prepínač switch [swič]

prepis 1. (transkripcia) transcription [trænˈskripšn]; *fonetický p.* phonetic transcription **2.** (vyjadrenie inými umeleckými prostriedkami) version [ˈvəːžn]; *filmový p. románu* the film version of the novel **3.** (písomné prevedenie majetku na inú osobu) transfer [ˈtrænsfəː]

prepísať 1. (znovu napísať) rewrite* [ˌriːˈrait]; *p. domácu úlohu* rewrite the homework; *p. koncept na čisto* make a fair copy **2.** (napísať v inej sústave) transcribe [trænˈskraib]; *p. staroveků listinu* transcribe a manuscript **3.** (prepracovať) elaborate [iˈlæbəreit]; *p. úvod ku knihe* elaborate the introduction to the book **4.** (previesť majetok) transfer [trænsˈfəː]; *p. dom na deti* transfer the house to the children

prepiť waste on drink(s) [weist on drink(s)]; *kde si to p-l?* where have you dropped it?

prepitné tip(s) [tip(s)]; *dať p.* tip sb.

preplakať pass the time in tears [paːs ðə taim in tiəz]; *p-la celú noc* she passed the whole night in tears

preplákať, prepláchať rinse out [rins aut]; *p. košele* rinse out the shirts

prepláknuť, prepláchnuť (kanál) scour [skauə]; *p. potrubie* scour a pipe

preplatok excess/surplus payment [ˈeksəs /ˈsəːpləs peimənt]

preplávať 1. (plávaním sa dostať) swim* (across) [swim (əˈkros)]; *p. rieku* swim across the river **2.** (preplaviť sa) sail [seil], get* across [get əˈkros]; *loď p-la úžinu* the boat got across the straits **3.** (stráviť plávaním) swim* [swim]; *p-la celé popoludnie* she has been swimming the whole afternoon

preplaviť sa sail [seil], get* across [get əˈkros], pass through [paːs θruː]; *p. sa cez Stredozemné more* pass through the Mediterranean

P

preplniť overfill [,əuvə'fil], cram [kræm]; *p. izbu nábytkom* cram the room with furniture; *p-ený autobus* an overcrowded bus

prepnúť 1. (prepojiť) switch over [swič 'əuvə]; *p. televízor na iný program* switch the TV to another programme **2.** (príliš napnúť) overstrain [,əuvə'strein]; *p-é nervy* overstrained nerves

prepočítať 1. (prerátať) count [kaunt]; *p. peniaze* count the money **2.** fin. (cudziu menu) convert [kən'vəːt]; *p. libry na doláre* convert pounds into dollars // **p. sa** miscalculate [mis-'kælkjəleit]; *p. sa v čase* miscalculate in the time

prepojiť switch [swič]; *p-íme vás na Bratislava* we switch you to Bratislava

prepracovaný overworked ['əuvəvəːkt]

prepracovať 1. (inak spracovať) revise [ri'vaiz]; *p-né vydanie* revised edition **2.** (vypracovať) elaborate [i'læbəreit]; *p. návrh* elaborate the proposal

preprava transport ['trænspoːt], transportation [,trænspoː'teišn], transit ['trænsət]; *p. tovaru lietadlom je drahá* the transport of goods by plane is expensive; *tovar sa poškodil počas p-y* the goods were damaged in transit

prepravca transport contractor [,trænspoːt kən'træktə]

prepraviť transport [træn'spoːt], carry ['kæri]; *p. tovar na nákladnom vozidle* transport the goods by a lorry // **p. sa** cross (a thing) [kros (ə θiŋ)]

prepravný transporting [træn'spoːtiŋ], load--carrying ['ləud ,kæriiŋ]; *p-á kancelária* shipping/fright office; *p. poplatok* freight charges

prepuknúť burst* [bəːst], break* out [breik aut]; *vojna p-la v lete* the war broke out in summer

prepustiť 1. (na slobodu) release [ri'liːs]; *p. z väzenia* release from a jail **2.** (uvoľniť) dismiss [dis'mis]; *p. z práce* dismiss from work, hovor. sack [sæk]; *p-li ho z práce* he was sacked; *p. na hodinu* give an hour's notice **3.** (nechať prejsť) let* pass [let paːs]; *vrátnik ho p-l* the porter let him pass **4.** (odstúpiť) leave* [liːv], cede [siːd]; *p. tretinu územia* cede a third of the territory

prepúšťací: *p. list* a letter of discharge

prepych luxury ['lakšri]; *žiť v p-u* live in luxury; *daň z p-u* luxury tax

prepychový luxurious [lag'zjuriəs]; *p. kožuch* a luxurious fur coat; *p. tovar* de-luxe merchandise

preradiť 1. transfer [træns'fəː]; *p. výrobu do novej továrne* transfer the production to a new plant; *p. hráča* transfer a player **2.** motor. shift [šift]; *p. rýchlosť* shift the gear

prerásť 1. (rastom prevýšiť) overgrow* [,əuvə'grəu]; *p-tol otca* he has overgrown his father **2.** (prevýšiť) outgrow [,aut'grow]; *žiak p-ol učiteľa* the pupil outgrew his teacher ● *p. cez hlavu (komu)* be too much for a person

preraziť 1. (úderom) perforate ['pəːfəreit]; *p. plech* perforate a tin sheet **2.** (silou preniknúť) break* through [breik θruː]; *p. potrubie* break through the pipeline ● *hlavou múr nep-íš* don't bang your head against a brick wall

préria prairie ['preri]

prerieknuť sa 1. (podrieknuť sa) let* it out [let it aut], let the cat out of the bag; *deti sa p-li* the children let the cat out **2.** (náhodne zle vysloviť) make* a slip (of the tongue) [meik ə slip (əv ðə taŋ)]

prerieknutie slip of the tongue [slip əv ðə taŋ]

prerobiť 1. (prepracovať) redo* [,riː'duː], remodel [,riː'modl]; *p. kúpeľňu* redo the bathroom; *p. šaty* remodel the dress **2.** hovor. (utrpieť stratu) suffer a loss ['safə ə los]; *pri predaji domu p-l kopu peňazí* he suffered a great loss selling the house

prerokovať deliberate [di'libəreit], discuss [di'skas], negotiate ['negəušieit]; *výbor p-l náš návrh* the committee deliberated our proposal; *p-li návrh mierovej zmluvy* they negotiated the draft of the peace treaty; *p. plány* discuss the plans

prerušenie interruption [,intə'rapšn], cut [kat]; *p. diplomatických stykov* severance of diplomatic relations; *p. cesty* stopover; *p. dodávky elektrického prúdu* power cut

prerušiť 1. (dočasne nepokračovať al. zastaviť činnosť) interrupt [,intə'rapt], break* (off) [breik (of)], stop [stop], rusticate ['rasti,keit]; *p. konverzáciu* interrupt the conversation; *p. ticho* break the silence; *p. cestu* break the journey; *p. diplomatické styky* break off diplomatic relations; *p. činnosť* stop the activity; *p. štúdium* rusticate a student **2.** (porušiť súvislý celok) disconnect [,diskə'nekt]; *p. vodovodné potrubie* disconnect the waterpipe **3.** (skončiť) stop [stop], cut* off [kat of]; *p. prácu* stop the work; *linka je p-ená* the line has been cut off/the line is off

presadiť[1] 1. (rastlinu) transplant [træns-'plaːnt], (kvet do kvetináča) repot [ri'pot]; *p. ruže* transplant the roses **2.** (posadiť inam) move to another place [mu:v tə əˈnaðə pleis]; *p. žiaka na iné miesto* move a pupil to another seat

presadiť[2] (plán, úmysel) put* through [put θru:]; *p. reformy* put the reforms through; *p. svoje* get/have one's way // **p. sa** win recognition [win ˌrekəgˈnišn]

presadnúť 1. (sadnúť si na iné miesto) move to another seat [mu:v tə əˈnaðə si:t]; *p-ol si k oknu* he moved to another seat at the window **2.** (prestúpiť) change [čeindž]; *kde mám p. do Košíc?* where shall I change for Košice?

presiaknuť (o tekutine) seep/soak through [si:p/səuk θru:]; *voda p-la cez plafón* the water seeped through the ceiling; *dažďom p-té pole* a rain soaked field

presídlenec émigré [ˈemigrei]; *politický p.* a political émigré; (z ohrozenej oblasti) evacuee [iˌvækjuˈi:]

presídliť move [mu:v], emigrate [ˈemərgreit], (z ohrozenej oblasti) evacuate [iˈvækjueit]; *p. rodinu na vidiek* move the family to the country; *dedinu p-li kvôli záplavám* the village was evacuated because of floods // **p. sa** emigrate [ˈemərgreit]; *p-li sa do Ameriky* they emigrated to America

presila superior power/force [sjuːˈpiriə pauə/fo:s]; *podľahnúť p-e* yield to superior power; *letecká p.* superior airforce; *sme v p-e* the odds are in our favour

presiliť strain [strein]; *p. si oči* strain the eyes // **p. sa** overstrain o. s. [ˌəuvəstrein ˈwanself]; *nep-ľ sa!* don't overstrain yourself!

presilový: šport. *p-á hra* power play

preskočiť 1. (skokom sa dostať cez čo) jump over [džamp ˈəuvə]; *p. cez plot* jump over the fence **2.** hovor. expr. (predstihnúť v zamestnaní) pass sb. over [pa:s ˈsambodi ˈəuvə] **3.** (zmeniť predmet rozhovoru) switch over [swič ˈəuvə]; *p. na inú tému* switch over to a different subject **4.** (o hlase) falter [ˈfo:ltə]; *hlas mu p-l* he faltered **5.** (vynechať) skip [skip]; *p. nudný text* skip the boring text ● *p-lo mu v hlave* he is as mad as a March hare; *nepovedz hop, kým nep-iš* don't count your chickens before they are hatched

preskúmať scrutinize [ˈskruːtənaiz], investigate [inˈvestəgeit]; *p. zločin* investigate the crime

preslaviť make* famous [meik ˈfeiməs]; *kniha ho p-la* the book made him famous // **p. sa** become* famous [biˈkam ˈfeiməs]

presmerovať divert [daiˈvə:t]; *p. dopravu/rieku* divert the traffic/river

presne exactly [igˈzæktli], accurately [ˈækjərətli], precisely [priˈsaisli]; *viem to p.* I know it exactly; *idú hodiny na veži p.?* does the towerclock work accurately? *vlak odchádza p.* the train leaves precisely; *p. tak* exactly /precisely/quite so ● *p. na chlp* on the dot

presnosť exactness [igˈzæktnəs], accuracy [ˈækjərəsi], precision [priˈsižn]; *p. údajov* the exactness of the data; *p. účtu* the accuracy of the account; *pracovať s veľkou p-ou* work with great precision; *s p-ou jedného milimetra* with the accuracy to one milimetre

presný 1. (v rozl. význ.) exact [igˈzækt], accurate [ˈækjərət], precise [priˈsais], punctual [ˈpaŋkčuəl]; *p. čas* the exact time; *správa bola veľmi p-á* the report was very accurate; *p-é výpočty* precise calculations; *nikdy nie je p.* he is never punctual **2.** (prísny) strict; *p. poriadok* strict order

presoliť oversalt [ˌəuvəˈso:lt]; *p. polievku* oversalt the soup

prespať 1. (stráviť spaním) sleep through [sli:p θru:]; *p. celý deň* sleep through the whole day **2.** (prenocovať) stay overnight [stei ˈəuvənait]; *môžem u vás p.?* can you put me up?

presťahovať sa move [mu:v]; *p. sa do nového bytu* move (in) to a new flat

prestať stop [stop]; *p-ň hovoriť* stop talking; *p-lo pršať* it has stopped raining; *v najlepšom treba p.* stop before it turns sour on you

prestavba reconstruction [ˌrikənˈstrakšn], rebuilding [ˌri:ˈbildiŋ]; *p. mosta* the reconstruction of the bridge; *p. priemyslu* the rebuilding of industry

prestávka (krátke prerušenie činnosti) break [breik]; *školská p.* break; *obedňajšia p.* lunch break; *pracovná p.* rest period; *p. v divadle* interval; *p. v reči* pause; *hovoriť bez p-y* speak without interruption

prestieradlo 1. (vlnená prikrývka) blanket [ˈblæŋkət] **2.** (plachta) sheet [ši:t]

prestieranie (anglické) place setting [ˈpleis ˌsetiŋ]

prestrieť spread* [spred]; *p. koberec* spread the carpet; *p. stôl* lay/set the table

prestrihnúť cut* [kat]; *p. stuhu* cut the ribbon

prestup change [čeindž], transfer [ˈtrænsfə]; *p. z osobného vlaku na rýchlik* a change from a slow train to a fast train; *p. do iného podniku* a transfer to another company

prestúpiť 1. (prekročiť) step over [step ˈəuvə], cross [kros]; *p. prah* (domu) step over

P

the threshold; *p. hranice* cross the border **2.** (prejsť na iný dopravný prostriedok) change [čeindž], transfer [træns'fə:]; *p. v Košiciach* change trains at Košice; *p. z lietadla na autobus* transfer from the plane to a bus **3.** (zameniť príslušnosť k istému celku) transfer [træns'fə:]; *p. do iného družstva* transfer to another team; *p. na inú vieru* convert to another faith **4.** (dopustiť sa priestupku) break* [breik], violate ['vaiəleit]; *p. zákon* break the law; *p. dopravný predpis* make traffic offences

prestupný, prestupový transfer ['trænsfə:]; *p. lístok* transfer ticket; *p. stanica* transfer /interchange station

presvedčenie conviction [kən'vikšn], (viera) belief [bi'li:f]; *konať z p-a* act from conviction

presvedčený convinced [kən'vinst], persuaded [pə'sweidəd] ; *p. kresťan* a convinced Christian; *byť o čom p.* be sure/convinced /persuaded of sth.

presvedčiť convince [kən'vins], persuade [pə'sweid]; *p. o nevine* convince of innocence; *fakty ho p-li* the facts persuaded him; *p. koho o opaku* talk sb. round // **p. sa** convince [kən'vins], make sure of something [meik šuə əv 'samθiŋ]; *p. sa na vlastné oči* see for o. s.

presvedčivý convincing [kən'vinsiŋ]; *p-é víťazstvo* convincing victory; *p. dôkaz* convincing evidence

prešiť 1. alter ['o:ltə]; *p. šaty* alter a dress **2.** (stehmi upraviť) stich through [stič θru:]

preškoliť retrain [,ri:'trein]; *p. zamestnancov* retrain the employees

prešľap šport. overstep ['əuvəstep]

prešmyknúť sa slip [slip]; *p. sa do izby* slip into the room

preštudovať study thoroughly ['stadi 'θarəli]; *p. článok* study the article thoroughly

preťať 1. (rozťať) cut* into two [kat 'intə tu:], sever ['sevə]; *p. haluz* cut the branch into two; *p. (si) tepnu* sever an artery **2.** (prejsť cez niečo) cut* through/across [kat θru:/ə'kros]; *p. cestu* cut across the road ● *p. gordický uzol* cut the Gordian knot

preťažiť overload [,əuvə'ləud]; *p. auto* overload a car; *p. autobus* overcrowd the bus; *p. žiakov úlohami* overburden the pupils with homeworks, drive the students too hard

pretekár competitor [kəm'petitə], contestant [kən'testnt]; *automobilový p.* race driver

pretekať take* part in a competition [,teik pa:t in ə ,kompə'tišn]; *pre zranenie už nep-á*

he stopped taking part in competitions because of injuries

pretekať sa compete [kəm'pi:t]; *p. sa v plávaní* compete in swimming; *p. sa o priazeň (koho)* compete for sb.'s favour

preteky (v rozl. význ.) competition [,kompə'tišn], contest ['kontest], race [reis]; *plavecké p.* swimming competition/contest; *automobilové p.* car race; *p. v zbrojení* arms race

pretiahnuť 1. (ťahaním premiestiť) pull [pul]; *p. skriňu do rohu miestnosti* pull the wardrobe to the corner of the room **2.** (prevliecť) pull/run* through [pul/ran θru:]; *p. niť uchom ihly* pull the thread through the needle **3.** (ťahaním poškodiť): *p. hodinky* overwind* the wristwatch; *p. si svaly* pull the muscles **4.** (časove predĺžiť) prolong [prə'loŋ]; *p. schôdzu* prolong the meeting; *p. návštevu* prolong the visit

pretlačiť 1. (prestrčiť) get* through [get θru:]; *p. hlavu cez plot* get the head through the fence; *p. hrach cez sito* rub peas through the sieve **2.** (pretlačiť) push (through) [puš (θru:)]; *p. skriňu do predsiene* push the wardrobe to the hall **3.** (prelisovať) press [pres]; *p. hrozno* press the grape // **p. sa** squeeze through [skwi:z θru:]; *p. sa cez dav* squeeze through the crowd

pretlak 1. purée ['pjurei]; *jablkový/paradajkový p.* apple/tomato purée **2.** tech. excess pressure [ik'ses 'prešə]

preto I. zám. prísl. that's why ['ðæts wai]; *bol chorý, p. nemohol prísť* he was ill and that is why he could not come **II.** spoj. therefore ['ðeəfo:]; *urobil chybu, a p. prepísal úlohu* he made a mistake and therefore he rewrote the homework **III.** časť.: *veď p.!* that's just the reason

pretože because [bi'ko:z], as [æz], since [sins]; *nepríde, p. je chorý* he won't come because he is ill; *nekúpil to, p. nemal peniaze* since he didn't have money, he didn't buy it

pretvárka hypocrisy [hi'pokrəsi]

pretvarovať sa pretend [pri'tend]; *p-la sa, že je chorá* she pretended she was ill

preukaz card [ka:d], certificate [sə:'tifikət], document ['dokjəmənt]; *členský p.* membership card; *občiansky p.* identity card; *vodičský p.* driving licence; *technický p.* M.O.T. (certificate), certificate of road worthiness; *p. na vstup* pass

preukázať 1. (dať najavo) show* [šəu], display [dis'plei]; *p. odvahu* show courage **2.**

(urobiť v niečí prospech) do* a favour [du: ə 'feivə]; *p-l mu láskavosť* he did him a favour // **p. sa** prove one's identity [pru:v wanz ai'dentəti]; *p. sa vstupenkou* produce a ticket

prevádzka 1. (chod podniku) operation [ˌopə'reišn]; *p. na tri zmeny* a three shift operation **2.** (činnosť stroja) working ['wə:kiŋ]; *byť v p-e* be in operation/service; *výťah nie je v p-e* the lift is out of order, the lift does not work

prevaha superiority [su:ˌpiri'orəti]; *číselná p.* numerical superiority; *p. vo vzduchu* air superiority; *byť v p-e* be in the majority

prevaliť 1. (váľaním obrátiť) turn over [ˌtə:n 'əuvə]; *vietor p-l skalu* the wind turned over the rock **2.** (tlakom preraziť) break* through [ˌbreik 'θru:]; *voda p-la hrádzu* water broke through the dam

prevariť (vodu) boil [boil], (jedlo) overcook ['əuvəkuk]

prevažne predominantly [pri'domənəntli]; *obyvateľstvo Afriky je p. čierne* Africa's population is predominantly black

prevažný predominant [pri'domənənt]; *p-á väčšina obyvateľstva* the bulk of the population

prevažovať 1. (znovu vážiť) weigh sth. again [wei 'samθiŋ ə'gen]; *p. tovar* check the weight of the goods, weigh the goods again **2.** (prevládať) predominate [pri'doməneit], prevail [pri'veil]; *city p-li nad zdravým rozumom* emotions predominated over common sense

prevencia [pri'venšn]; *p. kriminality/chorôb* the prevention of criminality/diseases

preventívny preventive [pri'ventiv]; *p-e očkovanie* preventive vaccination

preveriť 1. (fakty) check [ček], verify ['verəfai]; *p. údaje* check the data; *p. detaily* verify the details; *p. teóriu* examine a theory **2.** (ľudí) screen [skri:n], (v štátnej službe) vet [vet]

preverovací screening ['skri:niŋ]; *p-ia komisia* screening committee

prevetrať air [eə]; *p. chodbu* air the corridor; *p. (si) pľúca* get some fresh air

previazať 1. (povrazom) tie up [tai ap]; *p. balík* tie up the parcel **2.** (vymeniť obväz) dress [dres], bandage (up) ['bændidž (ap)]; *p. ranu* dress a wound; *p. zlomenú ruku* bandage (up) a broken arm

previesť 1. (ako sprievodca) guide [gaid]; *p. cez mesto* guide through the city **2.** (vedením dopraviť) escort [i'sko:t], take* across [teik ə'kros]; *p. slepca* escort the blind; *p. deti cez*

ulicu take the children across the street **3.** (urobiť prevod) endorse [in'do:s], convey [kən'vei]; *p. šek* endorse the cheque; *p. dom na deti* convey the house to the children **4.** mat. transpose [træn'spəuz] ● *p. cez lávku (koho)* put sb.'s nose out of point

previezť transfer [træns'fə:]; *p. pacienta do nemocnice* transfer the patient to hospital // **p. sa** drive* around [draiv ə'raund]; *p. sa na koči po meste* be driven around the town in a carriage; *p. na kompe cez rieku (koho)* ferry sb. over/across a river

previnenie transgression [trænz'grešn], misdemeanour [ˌmisdi'mi:nə]; *dopustiť sa p-a* perpetrate a transgression

previnilec delinquent [di'liŋkwənt]; *mladistvý p.* juvenile delinquent

previniť sa commit an offence [kə'mit ən ə'fens]; *čím sme sa p-li?* what have we committed? *p. sa proti zákonu* offend against the law

previs (skalný) overhang ['əuvəhæŋ], overhanging rock [ˌəuvə'hæŋiŋ rok], (snehový) cornice ['ko:nəs]

prevládať predominate [pri'doməneit], prevail [pri'veil]; *ešte stále p-a mienka, že...* the idea still prevails that...

prevliecť 1. (pretiahnuť úzkym otvorom) pull through [pul θru:]; *p. niť cez ucho ihly* pull the thread through the needle/thread the needle **2.** (vymeniť posteľnú bielizeň) change the bed linen [čeindž ðə bed 'linən] // **p. sa** push one's way through [puš wanz wei θru:]; *p. sa cez otvor v plote* push one's way through the opening in the fence

prevliečka case [keis], slip [slip]; *p. na vankúš* pillowcase/pillowslip

prevod 1. (stroja) gear [giə] **2.** (účtu) endorsement [in'do:smənt] **3.** práv. transfer ['trænsfə:]; *p. majetku* the transfer of property

prevodka credit note ['kredət nəut]

prevodovka gear (unit) [giə ('ju:nət)]

prevoz transport ['trænspo:t], transportation [ˌtrænspo:'teišn]

prevrat 1. (náhla zmena, obrat) breakthrough ['breikθru:]; *p. v liečbe rakoviny* a breakthrough in the treatment of cancer **2.** (násilná zmena) overthrow ['əuvəθrəu], (politická zmena) upheaval [ap'hi:vl]; *veľký politický p.* a great upheaval; *štátny p.* coup d'état [ˌku:dei'ta:]

prevrátiť 1. (otočiť) turn [tə:n]; *p. stranu* turn a page; *p. šaty* turn the dress inside out

2. (prevrhnúť) overturn [ˌəuvəˈtəːn]; *p. stôl* overturn a table // **p. sa** **1.** overturn [ˌəuvəˈtəːn]; *čln sa p-l* the boat has overturned **2.** (obrátiť sa): *p. sa v posteli* toss and turn (in bed) ● *p. kabát* become a turncoat; *p. čo hore nohami* turn upside down

prevratný revolutionary [ˌrevəˈluːšənri], epoch-making [ˈiːpok meikiŋ]; *p-é udalosti* revolutionary events; *p. vynález* an epoch-making invention

prevrhnúť knock over [nok ˈəuvə]; *p. vázu* knock over the vase

prevýchova reeducation [ˌriːedjəˈkeišn], (politická) indoctrination [inˌdoktrəˈneišn]

prevychovať reeducate [ˌriːˈedjəkeit], (politicky) indoctrinate [inˈdoktrəneit]

prevziať **1.** (v rozl. význ.) take* over [teik ˈəuvə]; *p. vlastníctvo* take over the ownership; *vláda p-ala železnice* the government took over the railways; *p. list* take over a letter; *p. úrad* take over the office **2.** šport. *p. vedenie* take a lead

prezenčný: *p-á listina* sheet of registration, (v škole) call list, (v kurzoch) attendance list

prézent gram. present (tense) [ˈpreznt (tens)]

prezident president [ˈprezədnt]; *p. republiky* the president of a republic; *p. súdneho senátu* presiding judge

prezidentský presidential [ˌprezəˈdenšl]; *p-é voľby* presidential elections

prezliecť **1.** (obliecť do iných šiat) change (one's clothes) [čeindž wanz kləuðz]; *p. (si) šaty* change the dress **2.** (vymeniť posteľnú bielizeň) change the bed linen [čeindž ðə bed ˈlinən]

prezradiť **1.** betray [biˈtrei]; *p. najlepšieho priateľa* betray the best friend **2.** (odhaliť) reveal [riˈviːl]; *p. tajomstvo* reveal the secret // **p. sa** give oneself away [giv wanˈself əˈwei], show [šəu]; *dobrá práca sa p-í* good work shows itself

prezuť (sa) change one's shoes [čeindž wanz šuːz]

prezuvka (obyč. mn. č.) *p-y* overshoe [ˈəuvəšuː], galosh [gəˈloš]

prezývka nickname [ˈnikneim]; *dať niekomu p-u* nickname sb.

prežiť **1.** (stráviť) spend* [spend]; *p. celý život v práci* spend the whole life at work; *p. dovolenku v Tatrách* spend the holidays in the Tatra Mountains **2.** (zažiť) experience [ikˈspiriəns]; *p. šťastie* experience happiness **3.**

(zostať nažive dlhšie ako iný) outlive [autˈliv]; *deti p-jú svojich rodičov* children outlive their parents **4.** (prekonať živý) survive [səˈvaiv]; *p. autonehodu* survive the car accident

prežitok anachronism [əˈnækrənizm]; *spoločenské p-ky* social anachronisms

prežuť, prežúvať **1.** (dôkladne rozhrýzť) chew [čuː]; *p. potravu* chew the food **2.** (o dobytku) ruminate [ˈruːməneit]; *p. trávu* ruminate the grass

prežúvavec ruminant [ˈruːminənt]

pŕhľava bot. nettle [ˈnetl]

prchký short tempered [šoːt ˈtempəd], rash [ræš]; *p. človek* a short tempered man; *p-é rozhodnutie* a rash decision

pri predl. s L. **1.** (miesto) by [bai], at [æt], close to [kləus tə]; *p. ceste* by the road; *p. okne* at the window; *p. stole* at the table; *letieť nízko p. zemi* fly close to the ground **2.** (prítomnosť pri kom, čom) at [æt], by [bai], with [wið], on [on]; *zostať p. deťoch* stay with the children; *mať peniaze p. sebe* have money on s. o.; *pomôcť p. práci* help with work; *čítať p. sviečke* read by candlelight **3.** (zreteľ) with [wið]; *p. tomto počasí bude žatva veľmi zlá* with this weather the harvest will be very bad **4.** (časový úsek, počas) over [ˈəuvə], during [ˈdjuriŋ]; *p. káve* over a cup of coffee; *p. poslednej búrke* during the last storm; *p. vyučovaní* during classes **5.** (podmienka) with [wið]; *p. otvorenom okne sa zotaviš rýchlejšie* you will recover faster with the window open **6.** (prípustka) with [wið]; *p. najlepšej vôli* with the best will **7.** (spôsob, miera) to [tə]; *plece p. pleci* shoulder to shoulder **8.** (okolnosť deja) *p. čine* in the act; *p. narodení* at birth; *p. odchode/príchode* on departure/arrival; *p. príležitosti* on the occasion; *p. ruke* at hand; *p. požiari* in case of fire; *bitka p....* the battle of...; *p. niektorých nedostatkoch* in spite of certain shortcomings; *Stála delegácia p. OSN* Permanent delegation to the UN; *všetko zostalo p. starom* everything remained unchanged

priadza yarn [jaːn]; *bavlnená p.* cotton yarn; *česaná p.* worsted yarn

priamka line [lain]

priamo I. prísl. **1.** (rovno) straight [streit]; *choďte p.* go straight; *isť p. do práce* go straight to work **2.** (vzpriamene) upright [ˈaprait]; *stáť p.* stand upright **3.** (bez sprostredkovania) directly [diˈrəktli]; *kupovať tovar p. od výrobcu* buy goods directly from the manufacturer **4.**

(úprimne, otvorene) frankly ['fræŋkli], openly ['əupnli]; *povedať p.* say openly ● *P. hľaď!* Ready front! **II.** časť. downright ['daunrait]; *bol p. bezočivý* he was downright rude

priamočiary straitlined [‚streit'laind], fyz. rectilinear ['rektəliniə]

priamy 1. (rovný) straight [streit]; *p-a čiara* a straight line **2.** (vzpriamený) upright ['aprait]; *p-a postava* an upright figure **3.** (bezprostredný) direct [də'rekt]; *p-e voľby* direct elections; *p-a daň* direct tax; *p-a linka* direct line; *p. dô-kaz* direct evidence; lingv. *p-a reč* direct speech; *p. styk* immediate contact; *p. prenos* live broadcast **4.** (úprimný) frank [fræŋk], open ['əupn]; *p. človek* a frank man

prianie wish [wiš], desire [di'zaiə]; *zbožné p.* pious wish

priasť 1. spin [spin]; *p. priadzu* spin the thread **2.** (o mačke) purr [pə:]

priať (želať) wish [wiš]; *p. veľa úspechov* wish s. o. great success // **p. si** wish [wiš]; *p-ajem si, aby si prišiel* I wish you to come

priateliť sa make* friends [meik frendz], be friends [bi: frendz], be on friendly terms [bi: on frendli tə:mz]; *p-ím sa s ním* I am on friendly terms with him

priateľ(ka) (boy/girl)friend [('boi/'gə:l)-frend]; *vážení p-ia* dear friends; *Združenie rodičov a p-ov školy* Parents-teachers association (P.T.A.) ● *V núdzi poznáš p-a.* A friend in need is a friend indeed.

priateľský friendly ['frendli]; *p. rozhovor* a friendly talk; *p-é vzťahy* friendly terms

priateľstvo friendship ['frendšip]; *p. na život a na smrť* unbreakable bonds of friendship

priazeň favour ['feivə]; *získať si p. (koho)* win sb.'s favour

priaznivec 1. (mecenáš) sponsor ['sponsə]; *opera by neprežila bez p-cov* the opera house would not survive without sponsors **2.** (priateľ) friend [frend]; *p. klubu* a club's friend

priaznivý 1. favourable ['feivrəbl]; *p-é podmienky* favourable conditions **2.** (prajný) nice [nais], hospitable ['hospitəbl], fair [feə]; *p-é podnebie* a hospitable climate; *p. vietor* a fair wind

príbeh story ['sto:ri], tale [teil]; *životný p.* a life story; *dobrodružný p.* an adventure story; *rozprávkový p.* a fairy tale

pribehnúť come* running up [kam 'raniŋ ap]

pribiť nail [neil]; *p. dosku* nail the board down; *p. obraz na stenu* nail the picture to the wall ● *stáť ako p-tý* stand petrified

priblížiť bring* close [briŋ kləusə]; *p. problém* bring the problem close // **p. sa** approach [ə'prəuč]; *p. sa k nepriateľskému táboru* approach the enemy's camp

približne approximately [ə'proksəmətli]; *lietadlo pristane p. o hodinu* the plane will land approximately in one hour

približný approximate [ə'proksəmət]; *p. odhad* an approximate guess

príboj surf [sə:f], rush of water [raš əv 'wo:tə], (vlna) breaker ['breikə]

príbor knife and fork [naif ənd fo:k], cutlery ['katlri], (silver) set [('silvə) set]

príborník sideboard ['saidbo:d]

pribrať 1. (vziať a pridať inam) take* a little more [teik ə 'litl mo:]; *p. si ryže* take a little more rice; *p. nových zamestnancov* take on employees **2.** (na hmotnosti) put* on/gain weight [put on/gein weit]

pribúdať increase [in'kri:s], grow* [grəu]; *práce p-a* work is increasing; *v rieke p-a vody* the water in the river is rising

príbuzenstvo 1. (vzťah) relationship [ri'leišnšip], kinship ['kinšip] **2.** hromad. (rodina) family ['fæməli], relatives ['relətivz]; *blízke a vzdialené p.* close and distant relatives

príbuzný I. príd. related [ri'leitəd]; *p-é jazyky* related languages **II.** podst., mn. č. príbuzní the relatives [ðə 'relətivz]; *p-í z manželovej/manželkinej strany* in laws; *najbližší p-í* the next of kin; *vzdialení p-í* distant relatives

príbytok dwelling ['dweliŋ], home [həum]

príčastie gram. participle ['pa:təsipl]

príčesok hairpiece ['heəpi:s]

príčina 1. cause [ko:z]; *p. nehody* the cause of accident **2.** (dôvod) cause [ko:z], reason ['ri:zn]; *p. a následok* cause and effect; *z tej p-y* for that reason, therefore; *odišla bez p-y* she left without reason; *je p-ou všetkého zla* she's the cause of all evil

pričiniť sa try hard [trai ha:d], endeavour [in'devə]; *p. sa o úspech* try hard to succeed

pričítať (vinu) blame for [bleim fo:]; *p. vinu za nehodu* blame for the accident

pričom whereupon [‚weərə'pon]; *vzájomne sa obvinili, p. sa strhla bitka* they blamed each other, whereupon a fight broke out

pridať 1. (dodať) add [æd]; *p. soli* add some salt; *p-jte si polievky* have some more soup; (na koncerte) *p-ť!* encore! ['aŋko:] **2.** (zväčšiť, zvýšiť): *p. do kroku* walk faster; *p. plyn* step on the gas; *p. v práci* step up one's effort //

P

p. sa join [džoin]; *p. sa k rozhovoru* join (in) the conversation; *p. sa k víťaznej strane* come down on the right side of the fence

prídavný: lingv. *p-é meno* adjective ['ædžəktiv]

prídavok 1. addition [ə'dišn] **2.** (príplatok) extra ['ekstrə], bonus ['bəunəs]; *p. na živobytie* a cost of living bonus; *vianočný p.* a Christmas bonus; *p. na deti* a family allowance

prídel ration ['ræšn]; *p. benzínu* petrol ration; *byť na p-i* be on ration

pridelenec attaché [ə'tæšei]; *obchodný p.* commercial attaché

prideliť 1. (dať, uložiť) allot [ə'lot], assign [ə'sain]; *p. peniaze* allot a sum of money; *p. prácu* assign a job **2.** (dať do užívania) assign [ə'sain]; *p-li nám miestnosti* the rooms have been assigned to us **3.** (zaradiť, určiť) assign [ə'sain], station ['steišn]; *bol p-ený do laboratória* he was assigned to the laboratory; *počas výkonu vojenskej služby ho p-li do Košíc* he was stationed in Košice during his military service

prídelový: *p. systém* rationing

pridružiť affiliate [ə'filieit]; *p. k inej organizácii* affiliate to/with another organization; *p-ená (registrovaná obchodná) spoločnosť* an incorporated company // **p. sa** join [džoin]; *p. sa k sprievodu* join the procession

pridržať hold* [həuld]; *p. rebrík* hold the ladder // **p. sa** hold on to [həuld on tə]; (v dopravnom prostriedku) hang* on to [hæŋ on tə]

priebeh course [ko:s]; *p. udalostí* course of events; *v p-u rokovania* in the course of the negotiation(s)

prieberčivý fastidious [fæ'stidiəs]; *je p. v jedle* he is fastidious about his food

priebojný pushing ['pušiŋ], pushy ['puši], vigorous ['vigərəs]; *nie je veľmi p.* he is not very pushy; *p. človek* a go-getter

priecestie crossing ['krosiŋ]; *železničné p.* a railway crossing

priečelie (budov) facade [fə'sa:d]

priečinok 1. (zásuvka) drawer ['dro:ə] **2.** (na poštovom úrade): *poštový p.* a post office box

priečiť sa 1. (klásť odpor) oppose [ə'pəuz]; *p. sa polícii* oppose the police **2.** (byť v rozpore) be* contrary to [bi:'kontrəri tə]; *to sa p-i logike* that's contrary to logic

priečka 1. (na rebríku) rung [raŋ] **2.** (stena) partition [pa:'tišn] **3.** geom. transversal (line) [trænz'və:sl (lain)]

priečny 1. (spurný, tvrdohlavý) quarrelsome ['kworəlsm], obstinate ['obstənət]; *p. človek* a quarrelsome man; *p-e dieťa* an obstinate child **2.** (ležiaci krížom) cross [kros], transverse [trænz'və:s]; *p. rez* cross section; *p. trám* a transverse beam

priedomie porch [po:č]; *sedieť na p-í* sit on the porch

prieduška anat. bronchus ['broŋkəs]; *zápal p-iek* bronchitis

priedušnica anat. windpipe ['windpaip], trachea [trə'ki:ə]

priehľadný 1. (priesvitný) transparent [træns'pærənt], see-through ['si: θru:], clear [kliə]; *p-é sklo* a transparent glass; *p-é šaty* a see-through dress; *p-á voda* a clear water **2.** (zrejmý) transparent; *p-á lož* a transparent lie

priehlavok instep ['instep]

priehlbina hollow ['holəu], cavity ['kævəti]

priehrada 1. (konštrukcia deliaca priestor) partition [pa:'tišn]; *drevená p.* a wooden partition **2.** (na rieke) dam [dæm], (jazero) reservoir ['rezə,vua:]; *Oravská p.* the Orava Dam/Reservoir

priehrštie handful ['hændful]; *za p. čerešní* handful of cherries ● *rozdávať plným p-ím (čo)* hand round

priechod passage ['pæsidž]; *úzky p.* a narrow passage; *p. pre chodcov* pedestrian crossing ● *dať voľný p. (čomu)* give vent to sth.

priek defiance [di'faiəns]; *robiť p-y* act in defiance

prieklep (kópia na písacom stroji) carbon copy ['ka:bən 'kopi]

prieklepový: *p. papier* carbon paper

priekopa ditch [dič], trench [trenč]; *p. plná vody* a ditch full of water; *hrad obkolesený p-ou* a castle surrounded by a trench

priekopnícky pioneer [,paiə'niə]; *p-a práca* pioneer work

priekopník pioneer [,paiə'niə]

priekupník middleman ['midlmæn], huckster ['hakstə]

prieliv strait(s) [streit(s)], channel ['čænl]; *Doverský p.* the Strait of Dover; *Lamanšský p.* the English Channel

prielom 1. break [breik]; *p. v múre* an opening in the wall **2.** voj. breakthrough ['breikθru:]

priemer 1. (stredná hodnota) average ['ævridž]; *pod/nad p.* above/below the average; *v p-e* on the average **2.** geom. diameter [daiə'mi:tə] **3.** mat. mean [mi:n]; *aritmetický p.* arithmetic mean

priemerný average ['ævridž]; *p-á rýchlosť* average speed; *p. žiak* average student

priemysel industry ['indəstri]; *ľahký/ťažký/kľúčový/domáci p.* light/heavy/key/cottage industry; *pracovať v p-le* work in industry

priemyselník industrialist [in'dastriələst]

priemyselný industrial [in'dastriəl]; *p-á revolúcia* industrial revolution; *p-é odvetvia* branches of industry; *p-á televízia* closed circuit television

priemyslovka hovor. technical college ['teknikl 'kolidž]

priepasť abyss [ə'bis]; *na kraji p-ti* on the brink of (an) abyss ● *rútiť sa do p-i* be on the brink of ruin

prieplav canal [kə'næl]; *Panamský p.* the Panama Canal

priepust culvert ['kalvət], outlet ['autlet]

priepustka pass [pa:s], permit [pə:mit]

priepustný permeable ['pə:miəbl]; *p-á pôda* permeable soil

prierez cross-section [kros 'sekšn]; *p. potrubia* a cross-section of a pipeline

priesada seedling ['si:dliŋ]; *zeleninová p.* a vegetable seedling

priesečník (point of) intersection [(point əv) ˌintə'sekšn]

prieskum investigation [inˌvestə'geišn]; *vedecký p.* research; *p. verejnej mienky* public opinion poll; *geologický p.* geological survey

priesmyk pass [pa:s]; *Dukliansky p.* the Dukla Pass

priestor (v rozl. význ.) space [speis]; *batožinový p.* loading/cargo space; *čas a p.* time and space; *medziplanetárny p.* interplanetary/outer space; *voľný p.* open space; *vzdušný p.* airspace

priestorný spacious ['speišəs]; *p-á miestnosť* spacious room

priestupný: *p. rok* leap ['li:p] year

priestupok transgression [trænz'grešn]; *morálny p.* moral transgression; *menší dopravný p.* a minor traffic offence

priesvitný transparent [træns'pærənt]; *p-é sklo* a transparent glass

prieť sa argue ['a:gju:]; *p. sa so susedom* argue with a neighbour

prietok flow [fləu]; *rýchlosť p-u* the rate of flow

prietokový: *p. ohrievač vody* continuous-flow water heater/flow heater

prietrž: *p. mračien* cloud burst, downpour, torrential rain

prievan draught [dra:ft]

prievoz (prostriedok na prevážanie z jedného brehu na druhý) ferry (boat) ['feri (bəut)]

prievozník ferryman ['ferimən]

priezvisko surname ['sə:neim]

prihlásiť register ['redžəstə]; *p. narodenie dieťaťa* register the birth of a baby; *p. auto* register a car // **p. sa 1.** (ohlásiť prítomnosť) report [ri'po:t]; *p. sa v práci* report at work; *p. sa na polícii* register with the police **2.** (zúčastniť sa na čom) enter for [ˌentə 'fo:]; *p. sa na skúšku/súťaž* enter for the exams/competition; *p. sa o slovo* ask the floor **3.** (zaradiť sa) enrol [in'rəul], apply for [ə'plai fo:]; *p. sa na školu* enrol in school; *p. sa na vysokú školu* apply for admission to a university

prihlasovací: *p-ia povinnosť* obligation to register with the police

prihláška 1. (prihlásenie) application [ˌæpli'keišn]; *členská p.* application for membership **2.** (tlačivo) application form [ˌæpli'keišn fo:m]; *vyplniť p-u* fill in the application form

prihliadnuť take* into account [teik intə ə'kaunt]; *p. na okolnosti* take into account the circumstances

príhoda event [i'vent]; *zaujímavá p.* an interesting event; lek. *srdcová p.* heart attack

prihodiť sa happen ['hæpn]; *čo sa p-lo?* what has happened? what's the matter?

príhodný suitable ['su:təbl], convenient [kən'vi:niənt]; *p-á chvíľa na šálku kávy* a suitable moment for a cup of coffee; *p-é miesto* a convenient place

prihorieť get burnt [get bə:nt]; *mäso p-elo* the meat got burnt

príhovor 1. (prejav) address [ə'dres]; *otvárací p.* an opening address **2.** (intervenovanie za koho) intercession [ˌintə'sešn]; *dostal miesto na môj p.* he got the job with intercession on my behalf

prihovoriť sa 1. (rečniť) address [ə'dres], make* a speech [meik ə' spi:č]; *p. sa účastníkom* address the participants **2.** (požiadať o priazeň pre koho) intercede [ˌintə'si:d]; say* a word for [sei ə wə:d fo:]; *p-l sa za mňa u otca* he interceded with the father for me; *p-r sa za mňa* say a word for me

P

prihrať assist [ə'sist], pass [pa:s]; *p. loptu* pass a ball

prihrávka šport. pass [pa:s]

príchod 1. (prídenie) arrival [ə'raivl]; *neskorý p.* late arrival 2. (začiatok) coming ['kamiŋ]; *p. leta* the coming of summer 3. (prístup) access ['æksəs]; *p. k vlakom* access to the trains

príchuť 1. (vedľajšia chuť) taste [teist], savour ['seivə]; *kyslastá p. vína* a soury taste of wine, pren. tinge [tindž]; *v hlase má p. smútku* she has a tinge of sadness in her voice 2. (prísada do potravín a nápojov) flavour(ing) ['fleivər(iŋ)]; *rumová p.* rum flavouring

prijať 1. (vziať dávanú vec) accept [ək'sept]; *p. dar* accept a present 2. (vziať na vedomie) adopt [ə'dopt], accept [ək'sept]; *p. rezolúciu* adopt a resolution; *p. stanovy* adopt bylaws; *p. blahoželanie* accept the congratulation 3. (vziať do inštitúcie, organizácie) admit [əd'mit]; *p. do školy/nemocnice* admit to school/hospital 4. (pripustiť k sebe na návštevu) receive [ri'si:v]; *p. delegáciu/hostí* receive a delegation/guests 5. (schváliť) pass [pa:s], accept [ək'sept], approve [ə'pru:v]; *p. zákon* pass a law; *p. projekt* approve a project 6. (zaradiť na pracovné miesto) engage [in'geidž]; *p. vrátnika* engage a porter 7. (vziať k sebe) take* in [teik in], adopt [ə'dopt]; *p. študenta* (na byt) take* in a student; *p. dieťa* adopt a child

prijateľný acceptable [ək'septəbl]; *p-é podmienky* acceptable conditions

príjem 1. (prijímanie) acceptance [ək'septəns], reception [ri'sepšn]; *p. tovaru* acceptance of goods; *televízny/rozhlasový p.* television/radio reception 2. (výsledok hospodárskej činnosti) receipt [ri'si:t]; *denník p-mov* receipt book; *p. štátu* revenue; *p. tržby* returns 3. (zárobok) earnings ['ə:niŋz], income ['iŋkam]; *mesačný p.* monthly earnings; *rodiny s nízkymi p-mami* low income families; *žiť podľa svojich p-mov* live according to one's income

príjemca 1. recipient [ri'sipiənt] 2. (zásielky) consignee [ˌkonsai'ni:] 3. (výhry) taker ['teikə]

príjemný agreeable [ə'gri:əbl], pleasant ['pleznt]; *p-á osoba* an agreeable person; *p-é popoludnie* a pleasant afternoon

prijímací reception [ri'sepšn]; *p-ia miestnosť* a reception room; *p-ie hodiny* reception hours; *p-ie skúšky* entrance examinations/exams

prijímač receiver [ri'si:və]; *rádiový p.* a (radio) receiver/wireless set; *televízny p.* a television set

prijímanie 1. receiving [ri'si:viŋ] 2. cirk. (Holy) Communion [(həuli) kə'mju:njən] 3. (tovaru) acceptance of merchandise [ək'septəns əv 'mə:čndaiz]

príkaz command [kə'ma:nd], order ['o:də]; *dať p.* issue an order

prikázanie commandment [kə'ma:ndmənt]; náb. *Desatoro božích p-í* Ten Commandments

prikázať order ['o:də], command [kə'ma:nd]; *p-li mu vstať* he was ordered to stand up

príklad 1. example [ig'za:mpl]; *zlý p.* a bad example; *klasický p. stredovekej architektúry* a classic example of medieval architecture 2. mat. problem ['probləm], example [ig'za:mpl] ● *p-y priťahujú* people learn by example

prikladať 1. add [æd], attribute [ə'tribju:t] 2. (do pece) add to the fire [æd tu ðə faiə], stoke a fire [stəuk ə faiə]

príkladný exemplary [ig'zempləri]; *p. rodinný život* an exemplary family life

prikloniť sa 1. incline [in'klain], bend* [bend]; *p. sa k uchu koho* bend someone's ear 2. (prejaviť súhlas) incline [in'klain], tend to ['tend tə]; *p. sa k opačnému názoru* incline to/take* the opposite point of view; *p. sa k názoru* tend to the opinion

príklop, príklopka (vrchnák) lid [lid], cover ['kavə]

príkon elektrotech. input ['input], wattage ['wotidž]

príkorie wrong [roŋ]; *robiť p. (komu)* do sb. wrong

prikrádať sa slink* in [sliŋk in], come slinking [kam 'sliŋkiŋ]

príkrm (príloha) garnish ['ga:niš], side dish ['said diš]

prikročiť 1. (pristúpiť) step [step], walk up ['wo:k ap]; *p. k oknu* step to the window 2. (začať niečo robiť) proceed [prə'si:d], get* down [get daun]; *p. k veci* get down to business

príkrov: *snehový p.* blanket of snow

príkry 1. (strmý) steep [sti:p]; *p. svah* a steep slope 2. (prísny, silný) severe [si'viə], strict [strikt]; *p-e slová* severe words 3. (výrazný, silný) sharp [ša:p]; *p-a bolesť* sharp pain 4. (chuťovo nepríjemný) bitter ['bitə]; *p-a chuť* bitter taste

prikryť 1. cover [ˈkavə]; *p. dieťa* cover the child **2.** (stôl) lay* the table [lei ðə ˈteibl]

prikrývka cover [ˈkavə], (vlnená) blanket [ˈblæŋkət], (prešívaná) quilt [kwilt]

prikývnuť nod [nod]; *p. na súhlas* nod in agreement

priľahlý adjoining [əˈdžoiniŋ], adjacent [əˈdžesnt]; *p-á budova* adjacent building

prilba helmet [ˈhelmət]; *p. pre motoristov* a crash helmet; *vojenská p.* soldier's helmet; *banícka p.* miner's helmet

prilepiť glue on [glu: on], stick on [stik on]; *p. známku* affix a stamp; *p. nálepku* label; *p. plagáty* post up bills // **p. sa** stick [stik], adhere [ədˈhiə]

prílet arrival [əˈraivl]; *p. lietadla/vtákov* arrival of plane/birds

priletieť 1. (doletieť) come* flying [kam ˈflaiŋ], arrive [əˈraiv]; *lietadlo práve p-elo* the plane has just arrived **2.** expr. (rýchlo prísť) rush up [raš ap], come* flying [kam ˈflaiŋ]

príležitosť opportunity [ˌopəˈtju:nəti], occasion [əˈkeižn], chance [ča:ns]; *dobrá p.* a good opportunity; *pri p-ti* on the occasion; *posledná p.* last chance ● *p. robí zlodeja* opportunity makes the thief

príležitostný occasional [əˈkeižnəl], casual [ˈkæžuəl]; *p-é cesty* occasional trips; *p-i robotníci* casual labourers; *p-é vydanie* commemorative issue

priliehavý close fitting [kləus ˈfitiŋ], tight [tait]; *p-é šaty* a close fitting dress

príliš too [tu:]; *p. drahý oblek* a too expensive suit; *p. mnoho* too much

príliv 1. tide [taid], flood tide [flad taid]; *p. a odliv* ebb and tide **2.** (prílev) flow [fləu]; *p. peňazí* flow of money

priľnúť kniž. adhere to [ədˈhiə]; *p. k rodičom* adhere to parents

príloha 1. (v liste) enclosure [inˈkləužə] **2.** (pokrm) side dish [ˈsaid diš] **3.** (tlačovina pripojená ako dodatok) supplement [ˈsapləmənt]

priložiť 1. (položiť na niečo al. k niečomu) put* [put], apply [əˈplai]; *p. obväz* put/apply a bandage; *p. pušku k lícu* raise the gun to one's shoulder **2.** (pripojiť) enclose [inˈkləuz], attach [əˈtæč]; *p. šek* enclose a cheque; *pozri p-ené doklady* see attached documents **3.** (pridaním zväčšiť množstvo) add [æd]; *p. do pece* add coal/wood to the stove ● *p. ruku k dielu* put*/set* one's shoulder to the wheel

príložník T-square [ˈti:skweə]

primár(ka) head physician/doctor [hed fiˈzišn/ˈdoktə]

primátor Lord Mayor [lo:d meə]; *p. Bratislavy* the Lord Mayor of Bratislava

primeraný adequate [ˈædikwət], suitable [ˈsu:təbl], (o cene) reasonable [ˈri:znəbl]; *p. plat* an adequate salary; *p-á cena* a reasonable price; *p-á práca* a suitable job; *p-é parkovacie možnosti* adequate parking facility

prímerie armistice [ˈa:məstəs]; *uzavrieť p.* conclude armistice; *Deň p-a* Armistice Day (11. nov. 1918); *dohoda o p-í* truce agreement

primitívny 1. (na najnižšom stupni spoločenského vývoja) primitive [ˈprimətiv]; *p-e kmene* primitive tribes **2.** (jednoduchý) rudimentary [ˌru:dəˈmentri]; *p-e myslenie* rudimentary thinking; *p-e nástroje* rudimentary equipment **3.** (nekultúrny) gross [grəus]; *p-e správanie* gross behaviour

prímorie coastal area [ˈkəustl ˌeriə]

prímorský coastal [ˈkəustl], seaside [ˈsi:said], maritime [ˈmærətaim]; *p-é oblasti* seaside resorts; *p-é podnebie* maritime climate

prinajlepšom at best [ət best]; *toto je p. iba dočasné riešenie* this is, at best, only a temporary solution

prinajmenej, prinajmenšom at least [ət li:st]; *bolo ich tam p. sto* there were at least a hundred of them

princ prince [prins]; *korunný p.* crown prince

princezná princess [ˌprinˈses]

princíp principle [ˈprinsəpl]; *p. slobody prejavu* the principle of free speech; *jeden z p-ov je...* one of the principles is...

priniesť bring* [briŋ], (ísť a priniesť) fetch [feč]; *p. dobrú správu* bring a good news; *choď a p-es mi pohár vody* fetch me a glass of water ● *p. obeť* make a sacrifice; *p. plody* bear fruit; *p. dieťa na svet* bear a child

prínos contribution [ˌkontrəˈbju:šn]; *cenný p. do literatúry* an important contribution to literature

prinútiť compel [kəmˈpel], force [fo:s], make* [meik]; *svedomie ho p-lo priznať sa* his consciousness compelled him to confess; *p-l ma tam ísť* he forced me to go/he made me go there

prípad (v rozl. význ.) case [keis]; *typický p.* a typical case; *klinický p.* a clinical case; *v každom p-e* at any case/rate; *v p-e potreby* in

P

case of need; *v p-e požiaru* in case of fire; *vo väčšine p-ov* in the majority of cases; *v najlepšom/najhoršom p-e* at best/worst ● *z p-u na p.* from case to case

pripadnúť 1. (v rozl. význ.) fall* [foːl]; *bratovi p-la zodpovednosť za dom* the responsibility for the house fell on my brother; *peniaze p-li štátu* the money fell to the state; *Vianoce p-li minulý rok na pondelok* Christmas fell on Monday last year 2. (počtom) receive [riˈsiːv]; *na každého p-la jedna kniha* everybody received one book 3. (zdať sa) seem [siːm]; *matka mi p-á unavená* my mother seems tired

prípadný eventual [iˈvenčuəl]; *p-é úspory ti môžu pomôcť* the eventual savings might help you; *p-é námietky* possible objections

pripáliť 1. burn* [bəːn]; *p. rezeň* burn the steak 2. (dať oheň) light [lait]; *p. cigaretu* light a cigarette // **p. sa** be*/get* burnt [biː/get bəːnt]

pripevniť fix [fiks]; *p. policu na stenu* fix the shelf on the wall

pripichnúť pin [pin]; *p. oznam na nástenku* pin the notice on the board

pripínací: *p. golier* removable collar; *p. klinček* drawing pin

pripináčik drawing pin [ˈdroːiŋ pin]

prípis (official) letter [(əˈfišl) ˈletə], (vyrozumenie) notification [ˌnəutəfəˈkeišn], note [nəut]; *dostať p.* get* an official letter

pripísať 1. add [æd], attach [əˈtæč]; *p. meno do zoznamu* add the name to the list 2. (prisúdiť) blame somebody for something [bleim foː]; *p. vinu za nedostatky (komu)* blame somebody for the drawbacks 3. účt. credit [ˈkredət]; *p. úroky* credit sb.'s account with interest; *p. k dobru* add to the credit 4. (venovať) dedicate [ˈdedəkeit]; *p-l knihu manželke* he dedicated the book to his wife

pripiť toast [təust], drink* a toast [driŋk ə təust]; *p. oslávencovi* raise one's glass to the guest of honour

prípitok toast [təust]; *povedať p.* say a toast

príplatok additional charge/payment [əˈdišnl ča:dž/peimənt]; *rýchlikový p.* express surcharge; *drahotný p.* cost-of-living allowance; *p. za prácu nadčas* overtime bonus

pripočítať add [æd]; *p. odmenu k platu* add the bonus payment to the salary; *p. si výdavky* include one's expenses

prípoj connection [kəˈnekšn]; *v Bratislave máte p. do Viedne* (in) Bratislava is your (direct) connection for Vienna

pripojiť 1. (spojiť do celku) attach [əˈtæč], connect [kəˈnekt]; *p. rukoväť* attach the handle; *p. terminály na počítač* connect the terminals to the mainframe computer 2. (pridať, pričleniť) enclose [inˈkləuz], annex [əˈneks]; *p. šek* enclose a cheque; *p. krajinu* annex a country 3. žel. couple [ˈkapl]; *p. vagóny* couple the carriages and the van together // **p. sa** join [džoin]; *p-j sa k nám* join us

prípojka connection [kəˈnekšn]; *telefónna p.* telephone connection

pripomenúť 1. (oživiť v pamäti) commemorate [kəˈmeməreit]; *p. výročie narodenia Shakespeara* commemorate the anniversary of the birth of Shakespeare 2. (vyvolať, vzbudiť predstavu) remind [riˈmaind]; *krajina mu p-ula domov* the country reminded him of his home; *to mi p-ulo detstvo* it reminded me of my childhood 3. (poznamenať, podotknúť) point out [point aut], mention [ˈmenšn]; *rád by som p-ul, že...* I'd like to point out, that...

prípona lingv. suffix [ˈsafiks]

príprava 1. preparation [ˌprepəˈreišn]; *p. na skúšky* preparation for exams; *p-y na návštevu* preparations for the visit; *p. jedla* making, AM cooking; *hovoriť bez p-y* speak* off hand; *prekladať bez p-y* translate at sight 2. (krajčírska) linings and trimmings [ˌlainiŋz ænd ˈtrimiŋz]

pripravený ready [ˈredi]; *som p. na odchod* I am ready to leave

pripraviť 1. (prichystať) prepare [priˈpeə]; *p. študenta na skúšky* prepare the student for the exams 2. (upraviť, prihotoviť jedlo ap.) get* ready [get ˈredi], prepare [priˈpeə]; *p. večeru* get the dinner ready; *p. jedlo* prepare the meal; *p. liek* dispense a prescription 3. (spôsobiť, zapríčiniť) make* [meik]; *p. deťom radosť* make the children happy 4. (spôsobiť stratu čoho) deprive [diˈpraiv]; *p. o peniaze (koho)* deprive sb. of money; *p. o rozum* drive sb. mad // **p. sa** prepare [priˈpeə], be*/get* ready [biː/get ˈredi]; *p. sa na skúšky* prepare for the exams; *P. sa, pozor, štart!* Ready, steady, go!

prípravný preparatory [priˈpærətri], introductory [intrəˈdaktəri] ; *p. kurz* preparatory course; *p-é rozhovory* exploratory talks

prípravok preparation [ˌprepəˈreišn]; *nový p. na čistenie pleti* a new preparation for cleaning the skin; *čistiaci p.* cleaning agent; *dezinfekčný p.* disinfectant

pripustiť 1. (dovoliť prístup niekam al. účasť na niečom) admit [ədˈmit], allow [əˈlau]; *p. na skúšku* admit to enter for the exams; *návštevy v nemocnici sa nep-úšžťajú* visits to hospital are not allowed; **2.** (zviera na párenie) put to [put tə] **3.** (povoliť, strpieť) admit [ədˈmit], allow [əˈlau]; *p. výnimku* admit an exception; *p. výklad* allow an interpretation; *p. si myšlienku* allow an idea to enter one's head **4.** (uznať za možné) admit [ədˈmit]; *p-l, že nemá pravdu* he admitted he was not right; *p. omyl* admit a fault **5.** (dodatočne napustiť) let* in [let in]; *p. vody do vane* let in water into the bath tub ● *p. si k srdcu* take* to heart; *p. k slovu (koho)* tell* sb. get a word

prípustný admissible [ədˈmisəbl], permissible [pəˈmisəbl], allowed [əˈlaud]; *p-á odchýlka* permissible variation; *p-á rýchlosť* allowed speed; *p-é zaťaženie* load limit

pripútať 1. (pripevniť putami) chain [čein], tie (up) [tai (ap)]; *p. zajatca* chain a prisoner of war; *zlodeji ho p-li a zamkli* the robbers tied him up and locked him in the room; *P-jte sa!* (v lietadle) Fasten your belts. **2.** kniž. (pridržať natrvalo na istom mieste) bind* [baind]; *p. si k sebe (koho)* bind sb. to oneself; *p. na lôžko* confine to bed

prírastok 1. (zväčšenie množstva, počtu) increase [ˈiŋkriːs], growth [grəuθ]; *p. kapitálu* increase of capital; *p. na váhe* increase/gain in weight; *p. obyvateľstva* rise in population; *p. kníh* (v knižnici) acquisition of books **2.** (do rodiny) an addition to the family [ən əˈdišn tə ðə ˈfæməli]

priraziť 1. (pribuchnúť) slam [slæm]; *p. dvere pred nosom (komu)* slam the door in sb.'s face **2.** (pristáť) strike shore [straik šo:]

prirážka additional charge [əˈdišənl čaˑdž], surcharge [ˈsəˑčaˑdž]; *daňová p.* surtax; *p. k cene* addition to the price; *zisková p.* premium

príroda nature [ˈneičə]; *v p-e* in the open air/in the country; *škola v p-e* open air school; *divadlo v p-e* open air theatre; *život v p-e* open air life; *od p-y* from nature

prírodný natural [ˈnæčrəl]; *p-é bohatstvo* natural wealth; *p. jav* natural phenomenon; *p-á rezervácia* national park; *p-é vedy* natural sciences

prírodopis natural history [ˈnæčrəl ˈhistri]

prírodoveda natural science [ˈnæčrəl ˈsaiəns]

prírodovedec scientist [ˈsaiəntəst]

prirodzene I. prísl. naturally [ˈnæčrəli]; *rozprávať p.* speak naturally **II.** čast. naturally [ˈnæčrəli]; *máš, p., pravdu* you are naturally right

prirodzený 1. natural [ˈnæčrəl]; *p-á smrť* natural death; *p-é nadanie* natural talent; *p. výber* natural choice **2.** (bezprostredný) free [friː]; *p-é správanie* free and easy manners

prirovnanie comparison [kəmˈpærizn]

prirovnať compare [kəmˈpeə]; *p. A k B* compare A to B

príručka handbook [ˈhændbuk], manual [ˈmænjuəl]; *p. anglickej konverzácie* a handbook of English conversation; *p. k autu* a car manual

príručný: *p-á knižnica* reference library; *p. slovník* concise dictionary; *p-á batožina* hand luggage, (v lietadle) cabin luggage

prísada ingredient [inˈgriːdiənt]

prisadnúť take* one's seat [teik wanz siːt]; *p-i si k stolu* take your seat at the table

prísaha oath [əuθ]; *pod p-ou* under oath; *zložiť p-u* take an oath

prisahať swear* [ˈsweə], take* an oath [teik ən əuθ]; *p-ám!* I swear! *p. lásku (komu)* swear love to sb.; *krivo p.* perjure

prísediaci assessor [əˈsesə], (súdny) associate judge [əˈsəušiət džadž], (pri skúške) observer [əbˈzəːvə]

príslovie proverb [ˈprovəːb]

príslovka lingv. adverb [ˈædvəːb]

prísľub promise [ˈproməs]; *dodržať p.* keep a promise

prisľúbiť promise [ˈproməs]; *p. pomoc* promise help

príslušenstvo: *byt s p-m* a flat with all conveniences; *vysávač so špeciálnym p-m* a vacuum cleaner with special attachment; *auto s p-m* a car with accessories

príslušník member [ˈmembə]; *p. klubu* a club member; *p. rodiny* a (family) dependent; *štátny p.* citizen; *britský štátny p.* a British subject; *cudzí štátny p.* a foreign national

príslušnosť (štátna) nationality [ˌnæšəˈnæləti], citizenship [ˈsitəznšip]

príslušný 1. (kompetentný) competent [ˈkompətənt], in charge [ˌin ˈčaːdž]; *p. úrad* competent office; *p. úradník* the official in charge **2.** (náležitý) appropriate [ə'prəuprieit]; *privítať hostí s p-ou úctou* welcome the guests with appropriate respect

prísne strictly ['striktli], severely [si'viəli]; *p. tajné* top secret; *p. dôverné* strictly confidential; *p. ma potrestali* I was severely punished

prísny 1. strict [strikt]; *p-i rodičia* strict parents; *p-a diéta* a strict diet **2.** (dôsledný) severe [sə'viə]; *p-a disciplína* severe discipline; *p. sudca* severe judge; *p-a kritika* severe criticism; *p-e opatrenia* stringent measures **3.** (vážny, odmeraný) severe [sə'viə]; *p. pohľad* a severe look

prisoliť add salt [æd so:lt]; *p. polievku* add salt to the soup

príspevok 1. (v rozl. význ.) contribution [,kontrə'bju:šn]; *dobrovoľný p.* voluntary contribution; *p. k dejinám literatúry* a contribution to the history of literature; *p. do diskusie* a contribution to the discussion **2.** allowance [ə'lauəns], (na výživu) alimony ['ælimony]; *peňažný p.* cash allowance; *rodinný p.* family allowance; *členský p.* membership dues/subscription

prispieť 1. (poskytnúť pomoc) assist [ə'sist]; *p. radou (komu)* assist sb. in word **2.** (aktívne sa zúčastniť na niečom) help [help]; *p. k vyriešeniu problému* help solve the problem **3.** (publikovať v novinách ap.) contribute [kən'tribju:t]; *p. do časopisu* contribute to the magazine

prispôsobiť (sa) adapt to [ə'dæpt tə]; *p. sa prostrediu* adapt to environment

prísť 1. (v rozl. význ.) come* [kam]; *p. domov* come home; *p. na návštevu* come to see; *p-šla jar* the spring has come; *p-šla, aby som jej pomohol* she came for help **2.** (o dopravnom prostriedku) arrive [ə'raiv], come* [kam]; *autobus ešte nep-išiel* the bus hasn't come yet **3.** (vrátiť sa) come* back [kam bæk], return [ri'tə:n]; *p-išiel zo školy* he came back from school; *práve p-šli z dovolenky* they have just returned from their holidays; *dlhé sukne opäť p-šli do módy* long skirts have come back **4.** (nastúpiť do funkcie) take* up [teik ap]; *p-šiel pracovať do banky ešte počas štúdia* he took up work at the bank while he was at college **5.** (byť dopravený, doručený) deliver [di'livə], receive [ri'si:v]; *pošta ešte nep-išla* the post hasn't been delivered yet; *p-šiel mi list* I received a letter **6.** (ocitnúť sa v istej situácii) find*

[faind]; *p. do ťažkej situácie* find o.s. in a tight spot; *p. na mizinu* be ruined **7.** (dostať sa niekam) get* [get], fall* [fo:l]; *p. do väzenia* get to jail; *p. niekomu do rúk* fall into sb.'s hands **8.** (získať, nadobudnúť čo) come* [kam], regain [ri'gein]; *p. k peniazom* come into money; *p. k vedomiu* regain consciousness **9.** (byť zbavený koho, čoho) lose* [lu:z]; *p. o peniaze* lose money; *p. o oko* lose one's eye **10.** (postihnúť, zachvátiť) fall* [fo:l]; *p-šla na ňu choroba* she has fallen ill; *p-šla na ňu mdloba* she had fainting fit **11.** (pripadnúť) get* [get]; *na každého p-de pohár vína* everybody will get a glass of wine **12.** (objaviť, nájsť) find* [faind]; *p. na chybu* find the mistake ● *p. do rečí* become a subject of conversation/gossip; *p. k rozumu* wise up; *p. k slovu* get a word; *p. k záveru* arrive at/come to a conclusion; *p. o život* lose one's life; *p. vhod* come in handy; *p. o nervy* lose one's nerves; *p. z očú* get hexed; *p. na myseľ* occur; *p. na myšlienku* hit upon the idea; *na každého p-de rad* everybody will have his turn; *kto prv p-de, (ten) prv melie* first come, first served

prisťahovalec immigrant [i'məgrənt]

prisťahovať sa move [mu:v], (do inej krajiny) immigrate ['iməgreit]; *p. sa do Košíc* move in/to Košíc

pristať 1. (súhlasiť) agree [ə'gri:]; *p. na kompromis* agree to a compromise **2.** (slušať) become* [bi'kam], suit [su:t]; *ten klobúk jej p-ne* that hat becomes her; *tá farba mu nepristane* that colour doesn't suit him

pristáť (zo vzduchu) land [lænd], touch down [tač daun]; *p. bez podvozka* make a belly landing/crash land; *núdzovo p.* make an emergency landing

pristátie landing ['lændiŋ], (rakety) splash down ['splæš daun]; *mäkké p.* soft landing; *núdzové p.* emergency landing

prístav 1. port [po:t], (prírodný) harbour ['ha:bə]; *vplávať do p-u* enter a port/harbour **2.** (zariadenie obchodného prístavu) docks [doks]

prístavba extension [ik'stenšn]; *p. domu* an extension built onto a house

pristaviť 1. (pribudovať) add [æd], build [bild], extend [ik'stend]; *p. ďalšie poschodie* add another storey **2.** (postaviť do blízkosti čoho) draw* [dro:]; *p. stoličku k oknu* draw a chair to the window **3.** (žel. vozne) link on [liŋk on] **4.** (zastaviť) stop [stop], halt [ho:lt]; *p. priateľa na ulici* stop a friend in the street // **p. sa** stop

[stop]; *p. sa na šálku kávy* stop for a cup of coffee

prístavný port [po:t], harbour ['ha:bə]; *p-á správa* port/harbour authorities; *p. mostík* gangway/gangplank; *p-é mesto* port

prístavok 1. gram. apposition [ˌæpə'zišn] **2.** (v divadle, kine) extra seat ['ekstrə si:t] **3.** stav. outbuilding ['autˌbildiŋ]

prístelka extra bed ['ekstrə bed]

pristihnúť catch* [kæč]; *p. pri čine* catch in the act

prístrešie shelter ['šeltə]; *poskytnúť p. pre utečencov* provide shelter for the refugees; *byť bez p-a* be homeless

prístroj apparatus [ˌæpə'reitəs], device [di'vais], instrument ['instrəmənt]; *merac**í** p.* measuring instrument; *hasiaci p.* fire extinguisher; *počítací p.* computer; *fotografický p.* camera; *dýchací p.* breathing apparatus; *p. na uľahčenie práce v domácnosti* labour saving device

prístup 1. (možnosť vstúpiť) admission [əd'mišn], admittance [əd'mitns]; *povoliť p.* give admission; *p. zakázaný!* no admittance! **2.** (príchod) access (road) ['ækses (rəud)]; *p. na hrad je namáhavý* the access road to the castle is tiring **3.** (možnosť dosiahnuť niečo) access ['ækses]; *p. k vzdelaniu* access to education **4.** (postoj) approach [ə'prəuč]; *vedecký p.* scientific approach

prístúpiť 1. walk [wo:k], go* up to [gəu ap tə]; *p. k dverám* go up to the door **2.** (nastúpiť) get* in [get in]; *p. do vlaku* get in to the train; **3.** (pripojiť sa) join [džoin]; *p. do družstva* join the cooperative **4.** (prikročiť) proceed [prə'si:d]; *p. k veci* proceed to business **5.** (privoliť) agree [ə'gri:]; *p. na návrh* agree to a suggestion

prístupný 1. (dostupný) accessible [æk'sesəbl]; *hrad je p.* the castle is accessible **2.** (dovolený prístup) open ['əupn]; *park je p. verejnosti* the park is open to the public; *mládeži p. film* a film carrying a U-certificate **3.** (zrozumiteľný) comprehensible [ˌkompri-'hensəbl]; *p-á správa* a comprehensible report **4.** (ľahko dostupný) accessible [æk'sesəbl]; *p-á literatúra* accessible literature

prisúdiť (prizvať) adjudge [ə'džadž]; *p. zem a majetok deťom* adjudge land and property to children

prísudkový gram. predicative [pri'dikətiv]

prísudok gram. predicate ['predikət]

prísun (dodávka) supply [sə'plai]; *p. tovaru* goods supply

prisvedčiť agree [ə'gri:], say „yes" [sei jes], nod [nod]

príšera 1. (netvor) monster ['manstə]; *rozprávková p.* a fairy-tale monster **2.** pren. spectre ['spektə]; *p. vojny* a spectre of war

príšerný 1. (strašný) ghastly ['ga:sli]; *p-é sny* ghastly dreams **2.** hovor. expr. (veľký) tremendous [tri'mendəs]; *p. hluk* tremendous noise

prišiť sew* on [səu: on]; *p. gombík* sew a button on; *p. záplatu* put a patch on

príťaž 1. (záťaž) ballast ['bæləst]; *loď s p-ou* a ship carrying ballast **2.** (ťarcha) burden ['bə:dn]; *byť na p.* be a burden

príťažlivosť 1. attractiveness [ə'træktivnəs] **2.** fyz. gravitation [ˌgrævə'teišn]

príťažlivý 1. attractive [ə'træktiv]; *p-é dievča* an attractive girl **2.** fyz. gravitational [ˌgrævə'teišnəl]; *p-é sily* gravitational forces

pritiahnuť 1. (posunúť) draw*/pull up [dro:/pul ap]; *p. stoličku* pull up the chair **2.** (pevnejšie zatiahnuť) tighten ['taitn]; *p. skrutku* tighten the screw **3.** fyz. attract [ə'trækt]; *magnet p-ol špendlíky* the magnet attracted the pins

pritlačiť 1. press against [pres ə'genst]; *p. hráča k mantinelu* press the player against the (side) board **2.** (tlačením pritisnúť) press down [pres daun]; *p. veko* press the lid down ● *p. k múru/k stene (koho)* put sb.'s back against the wall

prítmie dusk [dask]

prítok (rieky) tributary ['tribjətri]; *p-y Váhu* the tributaries of the Váh

pritom I. prísl. at the same time [æt ðə seim taim]; *spieva a p. tancuje* she is singing and dancing at the same time **II.** spoj. prir. at the same time; *často obdivujeme cudzie tradície, (a) p. vlastné nepoznáme* we often admire foreign traditions and at the same time, we don't know ours

prítomnosť 1. presence ['prezns]; *v jeho p-i* in his presence **2.** (jestvovanie) existence [ig-'zistns]; *p. Boha* the existence of God **3.** (terajší čas) the present [ðə 'preznt]; *žiť v p-ti* live in the present

prítomný present ['preznt]; *p. život* the present life; *p-í žiaci* the present pupils; gram. *p. čas* the present tense

P

pritúliť sa cuddle up ['kadl ap]; *deti sa navzájom p-li* the children cuddled up to each other

prítulný cuddly ['kadli]; *p-é malé dieťa* a cuddly little baby

príušnica anat. mumps [mamps]

príval 1. rush [raš]; *p. ľudí* the rush of people 2. (vody) flush [flaš], torrent ['torənt]

prívarok side dish ['said diš]; *zeleninový p.* vegetable side dish

privatizácia privatisation [ˌpraivətai-'zeišn]; *p. železníc* the privatisation of the railways

privatizovať privatize ['praivətaiz]

príves (auta) trailer ['treilə], (obytný) caravan ['kærəvæn]

prívesný: *p. voz* trailer ['treilə]

prívesok pendant ['pendənt]; *strieborný p.* a silver pendant

prívet speech of welcome [spi:č əv 'welkəm]

prívetivý friendly ['frendli], kind [kaind], pleasant ['pleznt]; *p. úsmev* friendly smile; *p-á osoba* kind person; *p. hlas* pleasant voice

priviazať tie up [tai ap]; *p. psa* tie up the dog

priviesť 1. (doviesť) take* [teik], bring* [briŋ]; *p. dieťa do škôlky* take the child to the kindergarten; *p-dol so sebou brata* he brought his brother with him 2. tech. let in [let in]; *p. vodu* let in water 3. (spôsobiť, že sa niekto/niečo ocitne v istom stave) bring* [briŋ]; *p. vodu do varu* bring the water to the boil; *p. do rozpakov* embarrass; *p. k vedomiu* bring sb. round 4. (zbaviť čoho, pripraviť o čo) deprive [di'praiv]; *p. o peniaze (koho)* deprive sb. of money ● *p. do hrobu (koho)* send/drive sb. to the grave; *p. dieťa na svet* bring a child to the world; *čo ťa/vás sem p-dlo?* what has brought you here?

priviezť bring* [briŋ], (tovar) deliver [di-'livə]; *p. autom (koho)* bring sb. by car; *p. tovar* deliver the goods

privilégium privilege ['privəlidž]

privinúť sa cuddle ['kadl]; *dieťa sa p-lo k matke* the child cuddled up to her mother

privítací: *p. prejav* welcoming speech/ address

privítať 1. receive [ri'siv], welcome ['welkəm], extend a welcome [ik'stend ə welkəm], greet [gri:t]; *p. hostí* receive guests; *srdečne p.* extend a heartily welcome to sb.;

p. potleskom (koho) greet sb. with cheers 2. (prijať s uspokojením) welcome ['welkəm]; *p. nové opatrenia* welcome the new measures

privlastniť si appropriate [ə'prəuprieit]; *p. si niečie peniaze* appropriate sb.'s money; *vždy si p-ňuje moje nápady* he always appropriates my ideas; *p. si právo* usurp a right

privlastňovací possessive [pə'zesiv]; *p. pád* possessive case

prívlastok gram. attribute ['ætrəbju:t]

prívod supply [sə'plai]; *p. vody* water supply; *p. oleja* oil feed; *p. tepla* heat input; *odpojiť p. vzduchu* cut off intake/flow of air

privolať 1. call/send* for [ko:l/send fo:]; *p. políciu* call for the police; *p. lekára* send for the doctor 2. (spôsobiť, že sa stane niečo nepríjemné) court [ko:t]; *p. nebezpečenstvo* court danger

privrieť: *p. oblok* set* the window ajar [ə'dža:]; *p. oči* screw up one's eyes

prívrženec follower ['foləuə], supporter [sə'po:tə]; *Robin Hood a jeho p-ci* Robin Hood and his followers; *p-ci voľného trhu* free market supporters

privyknúť (si) get* used to [get ju:st tə], get accustomed to [get ə'kastəmd tə]; *p. si na ťažkú prácu* get used to hard work

prízemie 1. ground floor [graund flo:], AM first storey [fə:st 'sto:ri] 2. div. pit [pit]

príznak symptom ['simptəm]; *p-y choroby* symptoms of illness

priznanie 1. confession [kən'fešn]; *podpísal úplné p. svojej viny* he signed a full confession of his guilt 2. fin.: *daňové p.* tax return

priznať 1. (uznať) admit [əd'mit], confess [kən'fes]; *p-l svoju vinu* he admitted his guilt; *musím p., že má pravdu* I must admit he is right; *p-l, že to ukradol* he confessed he had stolen it 2. (pririeknuť) grant [gra:nt], give* [giv]; *p. odmenu* grant an award // **p. sa** confess [kən'fes]; *p-l sa k vražde* he has confessed to the murder

prízrak phantom ['fæntəm]

prízvučný stressed [strest], accented [ək'sentəd]; *p-á slabika* stressed syllable

prízvuk accent ['æksent], stress [stres]; *hlavný p.* main accent/stress; *slovný p.* word accent; *hovoriť cudzím p-om* have a foreign accent/speak with a foreign accent

prízvukovať accentuate [ək'sen̆cueit], stress [stres]

príživník parasite ['pærəsait], hovor. sponger ['spandžə]

problém problem ['probləm]; *zaoberať sa p-om* deal with a problem; *pálčivý p.* a burning question; hovor. *to nie je p.* it's no problem

problematický problematic [ˌproblə'mætik]; *p-é výsledky* problematic results

problematika problems ['probləmz]; *sociálna p.* social problems

proces **1.** (súdne konanie) trial ['traiəl], lawsuit ['lo:s(j)u:t]; *p. trval tri týždne* the trial lasted three weeks; *trestný p.* criminal trial; *hromadný p.* mass trial **2.** (plynulý priebeh deja) process ['prəusəs]; *vyučovací p.* educational process; *chemický p.* chemical process ● *urobiť krátky p. (s kým čím)* give sb., sth. short shrift

procesia procession [prə'sešn]; *zúčastniť sa na p-i* march in procession

produkcia **1.** (výroba) production [prəˌ'dakšn], (celková) output ['autput]; *p. ocele* the production of steel; *továreň na automobily zvýši p-u o 30 %* the car factory increases its output by 30 %; *celková p. je denne 36 ton* the output is 36 tons a day **2.** (súhrn umeleckých diel) production(s) [prə'dakšnz]; *hudobná p.* musical production **3.** (predvádzanie umeleckých diel) performance [pə'fo:məns]

produkovať (v rozl. význ.) produce [prə'dju:s]; *p. autá* produce cars; *pankreas p-uje inzulín* the pancreas produces insulin; *p. hudobné skladby* produce musical compositions

produkt (v rozl. význ.) product ['prodakt]; *poľnohospodárske p-y* agricultural products; *bytové problémy sú typickým p-om dneška* the housing problems are the typical products of this time; *konečný p. chemickej reakcie* the final product of the chemical reaction; *vedľajší p.* byproduct

produktivita productivity [ˌprodak'tivəti]; *p. práce* productivity of work

produktívny (v rozl. význ.) productive [prə'daktiv]; *p-e sily* productive forces; *p-a kapacita továrne* the factory's productive capacity; *p-e poľnohospodárstvo* productive agriculture; *p-a schôdza* productive meeting; *p. spisovateľ* productive writer

profesionál [prə'fešnəl]

profesor **1.** (vysokoškolský učiteľ) professor [prə'fesə]; *p. histórie* a professor of history **2.** (stredoškolský učiteľ) teacher ['ti:čə], master ['ma:stə]; *p. dejepisu* a master of history

profesúra professorship [prə'fesəšip], university chair [ˌjuni'və:səti čeə]

profil **1.** (v rozl. význ.) profile ['prəufail]; *mať zaujímavý p.* have an interesting profile; *fotografoval ju z p-u* he photographed her in profile; *p. budovy* the profile of the building; *politický p.* political profile; *morálny p.* moral profile; *exkluzívny p. tenisového hráča* an exclusive profile of a tennis player **2.** odb. section ['sekšn]

prognóza prognosis [pro'gnəusəs], forecast ['fo:ka:st]

program **1.** (vopred pripravený postup) programme ['prəugræm], AM program; *televízny p.* a TV programme; *čo je na p-e?* what's on the programme? *podľa p-u* according to the programme **2.** (tlačené oznámenie o slede podujatia, konferencie ap.) agenda [ə'džendə], programme ['prəugræm]; *byť na p-e* (konferencie) be on the agenda; *čo je na p-e?* (v kine, divadle) what's on? **3.** (rozvrh činnosti a cieľov) platform ['plætfo:m], programme ['prəugræm]; *hlavný p. politickej strany* the main platform of the political party **4.** odb. (na spracovanie informácií) program ['prəugræm]; *napísať nový p.* write a new program

programátor programer ['prəugræmə]

programovať program ['prəugræm]; *p. počítací stroj* program a computer

programovateľný programmable ['prəugræməbl]; *p-é vykurovacie zariadenie* a programmable heating system

progresívny **1.** (pokrokový) progressive [prə'gresiv]; *p. mysliteľ* a progressive thinker **2.** (vzostupný) progressive [prə'gresiv], increasing [in'kri:siŋ]; *p-a strata zraku* a progressive loss of sight; *p-e normy* increasing norms

projekt project ['prodžekt], scheme [ski:m]; *p. bytovej výstavby* a housing project; *zavlažovací p.* irrigation scheme

projektant designer [di'zainə], architect ['a:kətekt]

projektovať design [di'zain]; *p. autostrádu* design a motorway

prokurátor prosecutor [ˌprosi'kju:tə]; *generálny p.* Attorney General

proletár proletarian [ˌprəulə'teriən]

proletariát proletariat [ˌprəulə'teriət]

promócia graduation (ceremony) [ˌgrædʒuˈeišn (ˈseremǝni)]

promovať 1. confer a degree on a person [kǝnˈfǝ: ǝ diˈgri: on ǝ ˈpǝ:sn]; *p-li ho za doktora filozofie* the faculty has conferred upon him the degree of PhD **2.** (byť promovaný) take* a degree [teik ǝ diˈgri:]; *p-l som roku 1983* I took my degree in 1983

propaganda [ˌpropǝˈgændǝ]; *šuškaná p.* whispering propaganda

propagovať propagate [ˈpropǝgeit], promote [prǝˈmǝut]; *p. myšlienky politickej strany* propagate the ideas of the political party *spevák p-l svoj nový album* the singer promoted his new album

> **propagate** znamená najmä **rozmnožovať** propagovať = promote/promulgate

prorektor vice-rector [vais ˈrektǝ], vice-chancellor [vais ˈčɑ:nslǝ]

prorok prophet [ˈprofǝt]; *falošný p.* a false prophet

prorokovať prophesy [ˈprofǝsai]; *p. vojnu* prophesy a war

prosba request [riˈkwest], (písomná) petition [pǝˈtišn]; *naliehavá p.* an urgent request; *predniesť svoju p-u* present one's request; *obrátiť sa s p-ou na predsedu vlády* petition to the prime minister

prosím 1. (ako zdvorilostný výraz) please [pli:z]; *p., poďte ďalej!* come in, please; *sadnite si, p.* sit down, please, (odpoveď na ďakujem) not at all, don't mention it, you are welcome, it's O.K., (pri podávaní predmetu) *nech sa páči, p.* here you are, (pri otázke) *(nerozumiem), prosím?* (I beg your) pardon? (pri zavolaní) *p!* yes! **2.** (uvádza výraz s upozornením, výzvou) please [pli:z]; *pivo, p.* beer, please

prosiť ask [ɑ:sk], (naliehavo) beg [beg]; *p. o pomoc* ask for help; *p-l o peniaze* he begged for money; *p-ím o odpustenie* I beg forgiveness; *p-ím si to zabaliť* may I have it wrapped? *smiem, p.?* may I have a dance, please? // **p. sa** beg [beg]; *nebudem sa mu p.* I won't beg him

proso millet [ˈmilǝt]

prospech 1. (úžitok) benefit [ˈbenǝfit]; *peniaze sa majú použiť v p. detí* the money is to be used for the benefit of children; *v p. ľudstva* for the benefit of mankind; *v p. koho* in favour of sb.; *to je jeho osobný p.* it is his own

profit **2.** škol. results [riˈzalts]; *mať v škole dobrý/zlý p.* have good/bad results at school

prospechár pejor. utilitarian [ju:ˌtilǝˈteriǝn]

prosperita prosperity [proˈsperǝti], boom [bu:m]

prosperovať, prosper [ˈprospǝ], flourish [ˈflariš]; *závod p-l* the firm prospered

prospešný profitable [ˈprofǝtǝbl]; *p-é investície* profitable investments

prospieť 1. benefit [ˈbenǝfit], profit [ˈprofit]; *to mu p-eje* it will benefit him **2.** (v učení) have good results [ˈhæv gud riˈzalts]; *p. s vyznamenaním* have excellent marks

prostitúcia prostitution [ˌprostǝˈtju:šn]

prostitútka prostitute [ˈprostǝtju:t], hovor. tart [tɑ:t]

prostoduchý simple(minded) [ˈsimpl (maindǝd)], plain [plein]; *p-é dieťa* a plain child

prostoreký plainspoken [ˌpleinˈspǝukn]; *p-á žena* a plain-spoken woman

prostred amid(st) [ǝˈmid(st)], in the middle of [in ðǝ ˈmidl ǝv]; *p. ulice* in the middle of the street; *p. leta* in the middle of summer

prostredie 1. environment [inˈvairǝnmǝnt], (okolie) surroundings [sǝˈraundiŋz]; *domáce p.* home environment; *pracovné p.* working environment; *zabrániť znečisťovaniu p-a* prevent the pollution of environment; *príjemné p.* pleasant surroundings **2.** lit., film. setting [ˈsetiŋ]

prostredníctvom by means of [bai mi:nz ǝv], through [θru:]; *dozvedel som sa o tom p. inzerátu* I learnt about it through an advertisement

prostredný 1. (stredný) middle [ˈmidl]; *p-á izba* a middle room **2.** (priemerný) average [ˈævridž]; *p. žiak* an average pupil

prostriedok 1. (stred) middle [ˈmidl]; *v p-ku mesiaca* in the middle of the month **2.** (vec, zariadenie) means of [mi:nz ǝv]; *dopravné p-ky* means of transport; *dorozumievacie p-ky* means of communication; *právne p-ky* legal means; *pracie p-ky* detergents; *finančné p-ky* funds; *byť bez p-kov* be penniless ● *účel svätí p-ky* the end justifies the means

prostý 1. (skromný, jednoduchý) simple [ˈsimpl], plain [plein], modest [ˈmodǝst]; *p-é šaty* a simple dress; *p-á strava* plain food; *p. domov* a modest home **2.** (nekomplikovaný) simple [ˈsimpl]; *p. prístup* a simple attitude; *p-é vysvetlenie* a simple explanation; *p. štýl* a simple style

protekcia (sústavná) patronage ['pætrənidž], (v určitých prípadoch) string-pulling [striŋ 'puliŋ]; *má p-u u šéfa* he has a lot of string-pullings with the boss; *má p-u* he has a person to pull strings for him

protekcionár string puller ['striŋ pulə]

protektorovať (pneumatiku) retread [ˌriː-'tred]; *p. ojazdenú pneumatiku* retread a worn tyre

protest protest ['prəutest]; *napísať p.* file a protest; *na p. (proti komu, čomu)* in protest against sb./sth.

protestovať protest [prə'test]; *p. proti systému* protest against the system

protéza 1. (končatiny) artificial limb [ˌɑːtə'fišl lim] 2. (zubná) false teeth/denture [foːs tiːθ/'denčə]

proti predl. s D. 1. (smerovanie) against [ə'genst], opposite ['opəzət]; *plávať p. prúdu* swim against the stream; *dvere p. vchodu a door* opposite the entrance 2. (zreteľ) comparing to/with [kəm'peəriŋ tə/wið]; *p. nemu je malý* comparing with him he is small 3. (spôsob) against [ə'genst]; *to je p. mojej vôli* it is against my will 4. (účel) against [ə'genst], for [foː]; *bojovať p. nepriateľovi* fight against the enemy; *liek p. bolesti hrdla* medicine for a sore throat; *hlasovať p.* vote against ● *ísť p. prúdu* buck the tide; *p. zdravému rozumu* against common sense; *je mu to p. srsti* this goes against his grain

protihodnota counter-value [ˌkauntə'væljuː], equivalent [i'kwivlənt]

protihráč opponent [ə'pəunənt]

protichodný opposite ['opəzət], opposed [ə'pəuzd]; *p-é stanovisko* opposite view, *ich názory sú diametrálne p-é* their opinions are diametrically opposed

protijed antidote ['æntidəut]

protiklad antithesis [æn'tiθəsəs], contradiction [ˌkontrə'dikšn]; *v p-e s/k...* in contrast with/to

protikladný contrasting [kən'traːstiŋ]; *p-é názory* contrasting opinions

protiľahlý opposite ['opəzət]; geom. *p. uhol* opposite angle

protilátka antitoxin ['æntitoksən]

protiletecký antiaircraft [ˌænti'eəkraːft]; *p-á obrana* antiaircraft defence; *p. úkryt* airraid shelter

protinávrh counter-motion ['kauntə-'məušn]

protinožec antipode ['æntipəud]

protiopatrenie countermeasure ['kauntəmežə]; *urobiť p-a* take countermeasures

protipožiarny: *p-e cvičenie* fire drill; *p-a ochrana* fire prevention

protiprávny illegal [i'liːgl], unlawful [an'loːfl]; *p. prisťahovalec* illegal immigrant; *p-e zadržanie* false arrest

protirečenie contradiction [ˌkontrə'dikšn]; *p-ia vo výpovedi* contradictions in the testimony

protirečiť 1. (odporovať) contradict [ˌkontrə'dikt]; *nikdy nep-l svojim rodičom* he has never contradicted his parents 2. (byť v rozpore) be in contradiction [bi: in ˌkontrə'dikšn]; *správy si p-li* the reports were in contradiction

protireformácia Counter Reformation [ˌkauntə refə'meišn]

protislužba return service [ri'təːn 'səːvəs]; *urobiť komu p-u* do sth. in return for sb.

protismer opposite direction ['opəzət də'rekšn]; *obrátiť auto do p-u* make a turn

protispoločenský antisocial [ˌænti'səušl]

protišmykový antiskid ['æntiskid], nonskid ['nonskid]; *p-á reťaz* a nonskid chain

protišpionáž counter-intelligence ['kauntə 'intelidžəns]

protiúčet part exchange [ˌpaːt iks'čeindž]; *predať na p.* sell in part exchange

protiústavný unconstitutional [anˌkonstə'tjuːšnl]; *p. postup* unconstitutional procedure

protiútok counterattack ['kauntərətæk]; *zastaviť p.* stop the counterattack

protiváha counterbalance ['kauntə ˌbæləns]

protiviť sa 1. (stavať sa na odpor) oppose [ə'pəuz], stand up against [stænd ap ə'genst]; *p. sa nariadeniam* stand up against orders 2. (vzbudzovať odpor) disgust [dis'gast], detest [di'test]; *mačky sa mi p-a* I detest cats; *to sa mi p-í* it makes me sick

protivládny antigovernmental ['æntigavnmentl]; *p-e sprisahanie* antigovernmental plot

protivník 1. opponent [ə'pəunənt], antagonist [æn'tægənəst] 2. (súper) rival ['raivl]

protivný (odpudzujúci) disgusting [dis'gastiŋ], nasty ['naːsti]; *p. smrad* nasty smell; *nebuď p.* don't be cheeky

protizákonný illegal [i'liːgl]; *p. proces* an illegal lawsuit

protokol 1. (úradný záznam) minutes ['minəts], record ['rekoːd]; *p. o dopravnej ne-*

hode a road accident record **2.** (sústavný záznam) record of proceedings ['reko:d əv prə'si:diŋz] **3.** (diplomatický) protocol ['prəutəkol]; *porušenie p-u* a breach of protocol

protokolovať record [ri'ko:d], register ['redʒəstə]; *p. výpoveď* take down sb.'s statements

proviant hovor. provisions [prə'vižnz], food [fu:d]

provincia province ['provəns]

província commission [kə'mišn]; *predávať tovar za p-u* sell goods on commission

provizórny temporary ['temprəri]; *p. byt* a temporary flat

provokácia provocation [ˌprovə'keišn]

provokatér agent provocateur [ˌæžon/ˌe- idžənt provokə'tə:], (na schôdzi) heckler ['heklə]

provokatívny provocative [prə'vokətiv], provoking [prə'voukiŋ]; *p-e poznámky* provocative remarks

provokovať provoke [prə'vəuk]; *p. nepriateľa* provoke the enemy

próza prose [prəuz]

prozaický 1. prosaic [prəu'zeik]; *p-é dielo* prose work **2.** (všedný) down to earth [daun tə ə:θ]; *p-é starosti* down to earth worries

prozreteľnosť providence ['provədns]; *božia p.* divine providence

prozreteľný provident ['provədnt]

prsia 1. (hruď) brest [brest], chest [čest]; *chlpaté p.* hairy chest; *biť sa v p.* beat one's breast; *kuracie p.* chicken breast **2.** (prsníky) breasts [brests] **3.** (plavecký štýl) breaststroke ['breststrəuk]

prsiar šport. breast-stroke swimmer [brest - strəuk 'swimə]

prskať 1. (vystrekovať sliny so sprievodným sykotom) spit* [spit]; *mačka p-la na psa* the cat spat at the dog **2.** (rozstrekovať sa so syčivým zvukom) sputter ['spatə], sizzle ['sizl]; *raketa p-á* the rocket sputters; *olej na panvici p-á* the oil is sizzling in the frying pan **3.** hovor. expr. (hnevať sa) spit* [spit] ● *p. od zlosti* fret and fume

prskavka (fire) cracker [('faiə) krækə], (vianočná) sparkler ['spa:klə]; *p. na vianočnom stromčeku* a sparkler on a Christmas tree

prsník breast [brest]

prsný pectoral ['pektrəl]; *p-é svaly* pectoral muscles; *p-é bradavky* nipples

prst 1. (na ruke) finger ['fiŋgə]; *tenké p-y* thin fingers; *pískať na p-och* whistle through

fingers **2.** (na nohe) toe [təu] **3.** (na rukavičke) finger ['fiŋgə] ● *nepohnúť ani p-om* not to lift a finger; *ani p-om by som sa ho nedotkol* I would not touch him with a barge pole; *mať v niečom p-y* be in something; *ťahať sa za p-y (o čo)* wrangle about something; *omotať/okrútiť si okolo p-a (koho)* twist sb. round one's finger

> **finger** – prst na ruke
> **toe** – prst na nohe

prsteň ring [riŋ]; *snubný p.* a wedding ring; *pečatný p.* a signet ring

prstenec (vlasov) curl [kə:l], ringlet ['riŋlət]

prstenník ring finger ['riŋ 'fiŋgə]

pršať rain [rein], (silno) pour [po:]; *p-í, len sa leje* it rains cats and dogs; *p-l drobný dážď* there was a drizzle

prúd 1. (prudký tok tekutiny) stream [stri:m], current ['karənt]; *Golfský p.* the Gulf Stream; *proti p-u* up-stream; *plávať proti p-u* swim against the current; *p-y sĺz* floods of tears **2.** el. tech. electric current [i'lektrik karənt]; *jednosmerný/striedavý p.* direct/alternative current **3.** (svetla, vzduchu ap.) flood [flad], stream [stri:m]; *p. svetla* the flood of light; *p. slov* the flood/torrents of words; *p. vozidiel* a stream of vehicles **4.** (sled, postup) progress ['prəugres]; *prednáška je v plnom p-e* the lecture is in full progress **5.** (smer, hnutie) movement ['mu:vmənt], trend [trend]; *nové filozofické p-y* new movements in philosophy ● *ísť proti p-u* buck the tide

prúdiť stream [stri:m]; *prasklo potrubie a voda p-la na dlážku* the pipe broke and the water streamed onto the floor; *krv p-i v žilách* blood circulates in the veins

prudký 1. (strmý, príkry) steep [sti:p], sharp [ša:p], precipitous [prə'sipətəs]; *p. svah* steep slope; *p-é stúpanie* precipitous gradient **2.** (majúci veľkú silu, intenzitu) heavy ['hevi], sharp [ša:p], swift [swift]; *p. lejak* heavy rain; *p. pohyb* swift movement; *p. tok rieky* swift river; *p-é svetlo* fierce light **3.** (intenzívne prežívaný) strong [stroŋ], sharp [ša:p], violent ['vaiələnt]; *p-á bolesť* sharp pain; *p. hnev* violent anger; *p-á nenávisť* implacable hatred **4.** (prchký, výbušný) hot tempered [hot 'tempəd]; *p. človek* hot tempered man; *má p-ú povahu* he is hot tempered

pruh strip [strip]; *p. papiera* a strip of

paper; *p. zeme* a strip of land; *jazdný p.* traffic line

pruhovaný striped [straipt]; *p-é šaty* a striped dress

prút 1. (výhonok) switch [swič]; *lieskový p.* a hazel switch **2.** (niečo podobné prútu) rod [rod]; *rybársky p.* a fishing rod; *zlatý p.* gold ingot

prútený wicker ['wikə]; *p. košík* a wicker basket

prútie wickers ['wikəz]

pružina spring [spriŋ]; *oceľová p.* a steel spring

prúžkovaný striped [straipt]; *p-á košeľa* a striped shirt

pružnosť elasticity [ˌilæs'tisəti], flexibility [ˌfleksə'biləti]

pružný 1. (o materiáli) elastic [i'læstik]; *plavky vyrobené z p-ého materiálu* a swimsuit made of elastic material **2.** (ohybný, svižný) supple ['sapl]; *p-é telo* supple body **3.** (prispôsobivý) flexible ['fleksəbl]; *p. politik* a flexible politician; *p. pracovný čas* flexible work(ing) time

prv I. prísl. **1.** (včaššie) earlier ['ə:liə], sooner ['su:nə]; *dnes prídem p. domov* I'll come earlier home today; *p. to nestihnem* I can't finish it sooner **2.** (predtým) before [bi'fo:]; *p. si o tom nehovoril* you haven't talked about it before **3.** (najprv) first [fə:st]; *p. by som ho chcel vidieť* first I would like to see him ● *Kto p. príde, ten p. melie.* First come first served. **II.** v spojkových výrazoch *p. než, p. ako* before [bi'fo:]; *p. než odpoviem* before I answer

prvák the pupil of the first form [ðə 'pju:pl əv ðə fə:st fo:m], first former [fə:st 'fo:mə]

prvenstvo primacy ['praiməsi], priority [prai'orəti]

prvočíslo prime number [praim 'nambə]

prvohory Palaeozoic (age) ['pæliəuzoik (eidž)]

prvok[1] **1.** (súčiastka) part [pa:t], component [kəm'pəunənt]; *stavebné p-ky* construction elements **2.** chem. element ['eləmənt]; *kovové p-ky* metal elements

prvok[2] zool. (jednobunkový živočích) protozoan [ˌprəutə'zəuən]

prvopis original [ə'ridžənl], top copy [top 'kopi]

prvoradý primary ['praiməri]; *p. cieľ návštevy* the primary purpose of the visit

prvorodený firstborn ['fə:stbo:n]; *p-é dieťa* the first born child

prvosienka bot. primrose ['primrəuz], (jarná) cowslip ['kauslip]

prvotný 1. (pôvodný) primeval ['praimi:vl]; *p-á spoločnosť* primeval society **2.** (hlavný, primárny) prime [praim]; *p-á príčina ekonomického poklesu je nedostatok investícií* a prime reason for the economic decline is lack of investment

prvotriedny first-class ['fə:st kla:s], first-rate ['fə:st reit]; *p. odborník* a first class expert; *p. tovar* first rate goods/top quality goods; hovor. *p. hlupák* an absolute chump

prvý 1. (v rozl. význ.) first [fə:st]; *p. deň mesiaca* the first day of the month; *p-á pomoc* first aid; *p. dojem* first impression; *na p. pohľad* at first sight; *p. raz* for the first time; *po p-é* first(ly) **2.** (predný) front [frant]; *p-á strana* (novín) the front page (of newspapers) **3.** (precedentný) maiden ['meidn]; *p. let* a maiden flight; *p-á reč* (v parlamente) a maiden speech (in the parliament) ● *informácia z p-ej ruky* first hand information

prvýkrát, prvý raz for the first time ['fo: ðə fə:st taim]; *včera som ho videl p.* I saw him for the first time yesterday

psí 1. (patriaci psovi) dog- [dog]; *p-ia búda* doghouse, kennel; *p. štekot* bark(ing) **2.** (pripomínajúci niečím psa) dog-like [dog-laik]; *p-ia oddanosť* dog-like devotion **3.** expr. (zlý) dog's [dogz]; *viesť p. život* lead a dog's life; *p-ie počasie* filthy weather

pstruh trout [traut]

psychiater psychiatrist [sai'kaiətrəst]

psychiatria psychiatry [sai'kaiətri]

psychiatrický psychiatric [ˌsaiki'ætrik]; *p-á liečba* psychiatric treatment

psychológ psychologist [sai'kolədžəst]

psychológia psychology [sai'kolədži]

psychóza psychosis [sai'kəusəs]

pšenica wheat [wi:t]; *pestovať p-u* grow wheat

pšeničný wheat [wi:t]; *p. chlieb* wheat bread

pštros ostrich ['ostrič]

puberta puberty ['pju:bəti], adolescence [ˌædə'lesəns]; *byť v p-e* be in puberty

pubertálny: *p. vek* age of puberty; *p-e správanie* adolescent behaviour

publicista journalist ['džə:nləst]

publicistický journalistic ['džə:nlistik]

publicistika journalism ['džə:nlizm]

publicita publicity [pa'blisəti]

P

publikácia (publikovanie i dielo) publication [ˌpablə'keišn]; *p. volebných výsledkov* the publication of the election results;

publikačný: *p-á činnosť* (vedeckých pracovníkov) works published; *p-é možnosti* outlets for publication

publikovať publish ['pabliš]; *p. román* publish a novel

publikum audience ['o:diəns]; *vďačné p.* grateful/applauding audience; *športové p.* spectators

puč putsch [puč]; *protištátny p.* coup d'éta [ˌku: dei'ta:]

pučať 1. (o rastlinách) bud [bad]; *p-iace stromy* budding trees 2. (vyrastať) sprout [spraut]; *p-ia mu fúzy* he is sprouting a moustache

pučista rebel ['rebl]

pučiť press [pres], squeeze [skwi:z]; *p. ovocie* squeeze fruit // **p. sa** expr. 1. (zlostiť sa) be angry [bi: 'æŋgri] 2. (od smiechu) burst with laughter [bə:st wið 'la:ftə]

pud instinct ['instiŋkt]; *p. sebazáchovy* instinct of self-preservation; *pohlavný p.* sexual drive

pudel, pudlík poodle ['pu:dl]

púder powder ['paudə]

puding custard ['kastəd]; *karamelový p.* caramel custard

pudingový: *p. prášok* custard powder

pudový instinctive [in'stiŋktiv]; *p-é správanie* instinctive behaviour

pudrenka powder box ['paudə boks]

pudrovať (sa) powder ['paudə]; *p. si tvár* powder one's face

puchnúť swell* (up) [swel (ap)]; *p-e mu prst* his finger is swelling

puk[1] 1. bud [bad]; *p. ruže* a rose bud 2. hovor. (na nohaviciach) crease [kri:s]; *p-y na nohaviciach* creases in trousers

puk[2] (hokejový) puck [pak]

pukance popcorn ['popko:n]

pukať (sa) 1. (praskať, trhať sa) chap [čæp], crack [kræk]; *suchá koža p-á* the dry skin chaps; *zem (sa) p-á* the land cracks 2. (vydávať praskavý zvuk) creak [kri:k]; *dlážka v starom dome p-á* the floor in the old house creaks

puklica (veko kolesa na motorovom vozidle) hubcap ['habkæp]

puklina crevice ['krevəs], crack [kræk]; *p. v skale* a crevice in the rock; *šálka s p-ou* a cup with a crack in it

puknúť crack [kræk]; *sklo iba p-lo, neroz-*

bilo sa the glass only cracked, it did not break ● *(ísť) p. od smiechu* burst with laughter; *hlava mi ide p.* my head is about to burst/split

pulóver pullover ['pulˌəuvə]

pult 1. (na predávanie tovaru) counter ['kauntə]; *stáť za p-om* stand behind/at the counter; *pod p-om* under the counter 2. (v hostinci) bar [ba:] 3. (stojan): *dirigentský p.* stand; *rečnícky p.* rostrum; *predávať pod p-om* sell illicitly/under the counter

pulz pulse [pals]; *nahmatať p.* feel the pulse; *zrýchlený p.* accelerated pulse

pulzovať pulsate [pal'seit]; *krv p-uje v žilách* the blood pulsates through one's veins; pren. *v meste p-uje život* the town is vibrant with life

puma puma ['pju:mə]; *p. na slobode* a puma at large

pumpa pump [pamp]; *p. na pneumatiky* a tyre pump; *benzínová p.* petrol station, AM gas(oline) station

pumpár petrol pump attendant [ˌpetrl pamp ə'tendənt]

pumpky knickerbockers ['nikəˌbokəz], knee breeches [ni: 'bri:čiz]

pumpovať (v rozl. význ.) pump [pamp]; *p. vodu zo studne* pump water from the well; *p. žalúdok* pump the stomach; *p. pneumatiky* pump the car tyres

punc hallmark ['ho:ma:k]

puncovať hallmark ['ho:lma:k]; *p-ný prsteň* a hallmarked ring

punč punch [panč], toddy ['todi]; *horúci p.* a hot toddy

puntičkár pedant ['pednt], hairsplitter ['heəˌsplitə]

púpava dandelion ['dændəlaiən]

pupenec (vyrážka) pimple ['pimpl]; *tvár plná p-ov* a face full of pimples

pupok navel ['neivl], hovor. belly button ['beli ˌbatn], paunch [po:nč]; *rastie mu p.* he is developing a paunch; pren. expr. *p. sveta* the hub of the universe

puritán puritan ['pjurətn]

purpur purple ['pə:pl]

pustatina waste (land) [weist (lænd)]; *skalná p.* a stony waste

pustiť 1. (nechať padať) drop [drop], let* something fall [let 'samθiŋ fo:l]; *p. tácku* drop the tray; *p. košeľu na zem* let the shirt fall onto the floor 2. (dovoliť odísť) let* go [let gəu]; *p-la syna do kina* she let her son go to the cinema; *p. dovnútra* let (go) in; *p. z väzenia* release from prison; *p. na slobodu* set free **3.** (prístroj) turn on [tə:n on], switch on [swič on]; *p. rádio/televízor* turn on the radio/televison; *p. motor* switch on the engine; *p. platňu* put on a record **4.** (vypusiť) turn on [tə:n on]; *p. vodu/plyn* turn on the water/gas; *p. si vodu* do vane run oneself a bath **5.** (farbu) lose* colour [lu:z ˈkalə] ● *p. z hlavy* dismiss; *p. korene* take roots; *p. k vode (koho)* jilt sb.; *p. si k telu (koho)* let sb. at arm's length // **p. sa 1.** (čoho) leave hold of sth. [li:v həuld əv samθiŋ]; *p. sa ruky* leave hold of the hand **2.** (do čoho) tackle [ˈtækl]; *p. sa do problémov* tackle the problems; *p. sa do práce* go down to business **3.** (vydať sa) set* out [set aut]; *p. sa iným smerom* set out in another direction **4.** (začať tiecť): *p-la sa mu krv (z nosa)* he began bleeding (from his nose)

pustnúť become* desolate [biˈkam ˈdesələt]; *(o človeku)* go to seed; *dom p-ol* the house is becoming desolate

pustošiť devastate [ˈdevəsteit]; *oheň p-l lesy* the fire devastated the forests

pustý waste [weist], (opustený) deserted [diˈzə:təd]; *p-á zem* a waste land; *p-é mesto* a deserted town

puška rifle [ˈraifl], gun [gan]; *dvojhlavňová p.* a double barreled gun

púšť desert [ˈdezət] ● kniž. *hlas volajúceho v p-ti* a voice crying in the desert

púť pilgrimage [ˈpilgrəmidž]; *p. do Mekky* a pilgrimage to Mecca

pútavý gripping [ˈgripiŋ], catchy [ˈkæči]; *p-á kniha* a gripping book; *p. titul* a catchy title

pútec parting [ˈpa:tiŋ]

pútko (na kabáte ap.) tab [tæb]

pútnik pilgrim [ˈpilgrəm]

puto obyč. mn. č. *p-á* **1.** (okovy, železá) shackles [ˈšæklz], handcuffs [ˈhændkafs]; *väzni mali p-á* the prisoners were kept in shackles **2.** (zväzok) tie [tai], bond [bond]; *p-á priateľstva* ties of friendship

putovať 1. wander [ˈwondə], hike [haik]; *p. po Európe* wander around Europe **2.** (konať cestu na pútnické miesto) go* on a pilgrimage [gəu on ə ˈpilgrəmidž]

putovný travelling [ˈtrævəliŋ]; *p-á výstava* a travelling exhibition; *p-á knižnica* a circulating library; *p. pohár* a challenge cup; *p-á cena* a challenge trophy

puzdro case [keis], box [boks]; *p. na cigarety* a cigarette case; *p. na šperky* a jewel box

pýcha pride [praid]; *jeho tvár prezrádza p-u* his face shows pride; *uraziť p-ou (koho)* hurt sb.'s pride; *hovoriť s p-ou o vlasti* speak with pride about the native country; *rodičovská p.* parental pride ● *P. predchádza pád.* Pride comes before a fall.

pykať suffer for [ˈsafə fo:], pay for [pei fo:]; *p. za chyby* pay for errors

pýr bot. couch grass [ˈku:č gra:s]

pyramída pyramid [ˈpirəmid]

pyré puree [ˈpjurei], mash [mæš]; *zemiakové p.* mashed potatoes; *gaštanové p.* sweet chestnut puree

pysk lip [lip], (psí) chop [čop]; *zajačí p.* harelip

pýšiť sa pride on [praid on], be proud of [bi: praud əv]; *p-i sa, že je dobrý klavirista* he prides himself (up)on his skill as a pianist; *nemať sa čím p.* there is nothing to be proud of

pyšný proud [praud]; *p-á šľachta* proud nobility; *byť p. na deti* take pride in children

pytač suitor [ˈsju:tə]

pytačky proposal [prəˈpəuzl]

pýtať sa (v rozl. význ.) ask [a:sk]; *p. sa na cestu* ask the way; *p. sa na zdravie* ask about the health; *p. sa na cenu* ask about the price; *veľa sa p-š* you are asking too many questions ● *kto sa veľa p-a, veľa sa dozvie* curiosity killed the cat

pýtať (si) ask (for) [a:sk fə]; *p. (si) peniaze* ask for money; *p. si jesť* ask sth. to eat; *p. si dovolenie* ask for permission

pytliačiť poach [pəuč]; *p. v susedovom revíri* poach on a neighbour's land/district

pytliak poacher [ˈpəučə]

pyžama, pyžamo pyjamas [pəˈdža:məz]

P

R

rabat discount [ˈdiskaunt], rebate [ˈriːbeit]; *20 % r.* a rebate of 20 per cent

rabín rabbi [ˈræbai]

rabovať 1. (drancovať, plieniť) loot [luːt], plunder [ˈplandə]; *vojaci r-li mesto* the soldiers looted the town; *r. obyvateľov* plunder the citizens **2.** (nehospodárne ťažiť) plunder [ˈplandə], drain [drein]; *r. prírodné zdroje* drain the natural resources

racionalizácia rationalization [ˌræšnəlai-ˈzeišn]; *r. priemyslu* rationalization of industry

racionalizmus rationalism [ˈræšnəlizm]

racionalizovať rationalize [ˈræšnəlaiz]; *r. výrobu* rationalize the production

racionálny (v rozl. význ.) rational [ˈræšnəl]; *r-e rozhodnutie* a rational decision; *r-a organizácia práce* rational organization of work

ráčiť: *čo srdce r-i* to one's heart content; *ako r-ite* suit yourself

rad¹ 1. (viac jednotlivcov alebo vecí usporiadaných vedľa seba) row [rəu]; *sedí v prvom r-e* he is sitting in the first row **2.** (zástup) queue [kjuː], AM line [lain]; *stáť v r-e* queue up **3.** (skupina vecí spojená spoločnými vlastnosťami) chem. group [gruːp], class [klaːs], bot. order [ˈoːdə], mat. progression [prəˈgrešn]; *aritmetický r.* arithmetical progression **4.** (množstvo) number [ˈnambə]; *celý r. rokov* a number of years **5.** (poradie) *si na r-e* it's your turn ● *r. (za) r-om* in turn/by turns; *v prvom r-e* primarily [ˈpraimərəli]

rad² (vyššie štátne vyznamenanie) order [ˈoːdə]; *udeliť r. (komu)* pass an order to ● *R. Bieleho orla* Order of the White Eagle; *Podväzkový r.* Order of the Garter

rád¹ (rehoľa) order [ˈoːdə]; *jezuitský r.* Jesuit Order [ˈdžezjuət]

rád² 1. (s radosťou) gladly [ˈglædli], with pleasure [wiðˈpležə]; *r. pracuje v záhradke* he enjoys gardening; *r. pôjde s tebou* he'll gladly go with you; *r. ti pomôžem* I'll help you with pleasure **2.** (obyčajne, spravidla) usually [ˈjuːžuəli]; *v apríli ra-o prší* it usually rains in April **3.** s podm. sp (želací význam — chcieť); *r. by som to vedel* I would like to know it **4.** (mať rád, ľúbiť) like [laik]; *má r. deti* he likes children **5.** (byť rád, mať radosť, tešiť sa) be glad [biː glæd]; *som r., že si prišiel* I'm glad you've

come ● *r. — ner., musel...* he had to ... willy-nilly; *ra-o sa stalo* the pleasure is mine/don't mention it

rada 1. advice [ədˈvais]; *dobrá r.* a good advice **2.** (poradný orgán) council [ˈkaunsl], board [boːd]; *Bezpečnostná r.* Security Council; *Slovenská národná rada* Slovak National Council/the Slovak parliament; *správna r.* board of directors; *je členom univerzitnej r-y* he sits in the University Board ● *nevie si r-y* he cannot help; *Dobrá r. nad zlato.* Good advice is beyond price.

radar radar [ˈreidaː], voj. A.I. [ei ai] (aircraft interception)

radca 1. (poradca) adviser [ədˈvaizə]; *otec je jeho najlepší r.* his father is his best adviser **2.** (vyšší štátny úradník) councillor, AM counsellor [ˈkaunslə]

radiácia radiation [ˌreidiˈeišn]

radiátor radiator [ˈreidieitə]

radikálny radical [ˈrædikəl], (bezohľadný) drastic [ˈdræstik]; *r-e opatrenia* drastic measures

rádio 1. (rozhlasový prijímač) radio [ˈreidiəu], wireless (set) [ˈwaiələs (set)]; *zapnúť/vypnúť r.* turn on/off the radio; *naladiť r.* turn in (the radio) **2.** hovor. (rozhlas) radio [ˈreidiəu]; *počúvať r.* listen to the radio; *hlásilo to r.* it was on the radio

rádioaktivita radioactivity [ˌreidiəu-ækˈtivəti]

rádioaktívny radioactive [ˌreidiəuˈæktiv]; *r. spad* radioactive fall out [ˌreidiəuˈæktiv foːl aut]

rádioprijímač radio [ˈreidiəu], wireless (set) [ˈwaiələs (set)]; *prenosný r.* portable radio

rádioterapia radiotherapy [ˌreidiəuˈθerəpi]

rádiovka beret [ˈberei]

radista signaller [ˈsignələ], radio-operator [ˈreidiəu opəˈreitə]

radiť 1. (dávať radu) advise [ədˈvaiz], give* advice [giv ədˈvais]; *r-l mi pri stavbe domu* he gave me advice how to build a house **2.** (odporúčať) recommend [ˌrekəˈmend]; *r-l mu, aby prestal piť* he recommended him to stop drinking // *r. sa* consult [kənˈsalt]; *r. sa so školiteľom* consult your academic guide

rádium chem. radium ['reidiəm]

radnica town-hall ['taunho:l], AM city hall ['siti ho:l]

radno advisable [əd'vaizəbl]; *nebolo r. ta isť* it wasn't advisable to go there

radosť 1. (opak žiaľu) joy [džoi], pleasure ['pležə]; *plakať od r-ti* weep with joy; *s r-ou* with pleasure 2. (čo spôsobuje potešenie) delight [di'lait], pleasure; *čítať knihu s r-ou* read the book with delight; *dieťa je jej najväčšou r-ou* the child is her greatest pleasure ● *dievča jedna r.* the girl a sheer delight

radostný joyful ['džoifl], cheerful ['čiəfl], happy ['hæpi]; *r-é stretnutie* a joyful encounter; *r-á nálada* cheerful mood; *r-á udalosť* a happy event

radovánky merry-making ['meri‚meikiŋ]; *prázdninové r.* holiday merry-making

radovať sa rejoice [ri'džois]; *r. sa z úspechu* rejoice at/in success

radový 1. (usporiadaný do radu) in a row of [in ə rəu əv], BR terrace ['terəs], AM row [rəu]; *dom v r-ej zástave* one in a row of houses; *r. dom* terrace/row house 2. lingv. ordinal ['o:dənl]; *r-á číslovka* ordinal numeral 3. (obyčajný) rank and file [ræŋk ənd fail], ordinary ['o:dnri]; *r. člen strany* a rank and file party member; *r. pracovník* ordinary worker

radšej 1. better ['betə]; *r. choď* you better go; *r. nie* better not 2. *mať r. (než/ako)* prefer [pri'fə:] to; *mať r. kino ako divadlo* prefer cinema to theatre ● *r. by som...* I'd rather...

rafinéria refinery [ri'fainəri]; *r. cukru* sugar refinery

rafinovaný 1. (prefíkaný) artful ['a:tfl], crafty ['kra:fti], shifty ['šifti], cunning ['kaniŋ]; *je r., keď chce niečo dosiahnuť* he is very artful in getting what he wants; *r. podvodník* a shifty crook 2. (cukor) refined [ri'faind]

rachot rattle ['rætl], crash [kræš], rumble ['rambl]

rachotiť rattle ['rætl], rumble ['rambl] *staré auto r-í na ulici* an old car is rumbling along the street

raj paradise ['pærədais], Eden [i:dn] ● *mať sa/žiť ako v r-i* it's sheer paradise

rajčina tomato [tə'ma:təu]

rajnica saucepan ['so:spæn]

rak zool. crayfish ['kreifiš], crab [kræb]; *morský r.* lobster ['lobstə]; *Obratník R-a* Tropic of Cancer ● *ani ryba, ani r.* neither fish nor fowl

raketa¹ šport. racket ['rækət]; *tenisová r.* a tennis racket

raketa² (strela) rocket ['rokət], missile ['misail]; *kozmická r.* a space rocket; *vystreliť r-u* launch a rocket

rakovina cancer ['kænsə]; *zomrel na r-u* he died of cancer

Rakúsko Austria ['ostriə]

rakúsky Austrian ['ostriən]

rakva coffin ['kofən], AM casket ['ka:skət]

rám (v rozl. význ.) frame [freim], rim [rim]; *strieborný r.* a silver frame; *r. dverí* a door frame; *r. okuliarov* the rim of the glasses; *r. bicykla* a bicycle frame

rámcový skeleton ['skelətn]; *r. plán* a skeleton plan

rámec framework ['freimwə:k]; *v r-ci vášho programu* in the framework of your program

rameno 1. (časť ľudskej hornej končatiny) arm [a:m]; *pokrčiť r-ami* shrug the arms 2. (časť niečoho vybiehajúca bokom) arm [a:m], leg [leg], branch [bra:nč]; *r. rieky* a branch of a river; *r. sily* arm of force

ramienko 1. (plecnica) shoulder strap ['šəuldə stræp] 2. (vešiak) hanger ['hæŋə]

rampa 1. (nakladacia) ramp [ræmp] 2. (predná časť javiska) footlight(s) ['futlait(s)] 3. (na odpaľovanie rakiet) pad [pæd], launching site ['lo:nčiŋ sait] 4. (na priecestí) gate [geit]

rana 1. wound [wu:nd]; *hlboká r.* deep wound; *bodná r.* stab [stæb], *tržná r.* cut [kat] 2. (pohroma) disaster [di'za:stə]; *najväčšia r. storočia* the greatest disaster of the century 3. hovor. (úder) blow [bləu]; *r. do hlavy* a blow on the head ● *zabiť jednou r-ou dve muchy* kill two birds with one stone

raňajkovať take*/have* breakfast [teik/hæv 'brekfəst]; *r-ujem doma* I take my breakfast at home

raňajky breakfast ['brekfəst]; *pri r-ách* at breakfast

rande hovor. appointment [ə'pointmənt], date [deit]; *mať r.* have* a date; *ísť na r.* go* out on date

ranený I. príd. wounded ['wu:ndəd]; *r. vojak* a wounded soldier II. podst. the wounded [ðə wu:ndəd]; *r-ch odniesli do nemocnice* the wounded were taken off to hospital ● *mŕtvi, r-í a nezvestní* the casualties

raniť 1. wound [wu:nd]; *guľka mu r-la ruku* the bullet wounded his arm; neos. *r-la ho*

R

mŕtvica he had a stroke **2.** pren. hurt* [həːt]; *jeho slová ju r-li* his words hurt her

ranný morning ['moːniŋ]; *r-é slnko* morning sun; *r-á rosa* morning dew

ráno I. podst. morning ['moːniŋ]; *od r-a prší* it has been raining since morning; *dobré r.!* good morning! ● *do bieleho r-a* till broad daylight ● *r. je múdrejšie večera* it's best to sleep on it **II.** prísl. morning; *dnes/zajtra r.* this/tomorrow morning

raný (skorý, včasný) early ['əːli]; *r-á gotika* early Gothic; *r-é zemiaky* new potatoes

rapavý pock-marked ['pokmaːkt]; *r-á tvár* a pock-marked face

rapkáč rattle ['rætl]

rasa race [reis]; *ľudská r.* the human race

rasca 1. (rastlina) cumin ['kamən], caraway ['kærəwei] **2.** (korenie) caraway seed ['kærəwei siːd]

rascový flavoured with caraway ['fleivəd wið 'kærəwei]; *r. chlieb* caraway seed bred

rasový race [reis]; *r-é predsudky* race prejudices

rast 1. (o organizme) growth [grəuθ]; *r. tela* the growth of the body **2.** (postava, vzrast) build [bild]; *r-om malý* small in build **3.** (napredovanie, vzostup) growth, increase [iŋ'kriːs]; *obdobie rýchleho ekonomického r-u* the period of rapid economic growth; *r. obchodu* increase in business **4.** (o cene) rise *prudký r. cien* a sharp rise in prices

rásť 1. (o organizme, rastlinách) grow* [grəu]; *dieťa rýchlo r-tie* a child grows fast; *ten strom divo r-tie* that tree grows wild; *r-tie mu hrb* he is growing a hump; *nechal si r. bradu* he has grown a beard **2.** (vyrastať, dospievať) mature ['məčuə] **3.** (silnieť, rozvíjať sa) grow* [grəu], increase [iŋ'kriːs]; *obchodná spoločnosť rýchlo r-tie* the trade company has grown rapidly; *r-túce násilie* increasing violence **4.** (vznikať, vzmáhať sa) mushroom ['mašruːm]; *na okraji mesta r-tú nové sídliská* new housing estates mushroom on the edge of the town ● *r-tie ako z vody* no stopping him growing; *r-tú mu rožky* he is breaking out; *počuť trávu r.* imagine things

rastlina plant [plaːnt]; *liečivé r-y* medicinal plants

rastlinný vegetable ['vedžtəbl]; *r. olej* vegetable oil

rastlinstvo flora ['floːrə]

rašelina peat [peːt], turf [təːf]

rátať count [kaunt], calculate ['kælkjəleit]; *r. peniaze* count the money; *r. z hlavy* calculate from memory; *r-júc do toho* including [in'kluːdiŋ]; *zajali 5 ľudí r-júc do toho 2 deti* they captured 5 people including 2 children

ratica hoof [huːf]

ratifikovať ratify ['rætəfai]; *r. zmluvu* ratify an agreement

ratolesť 1. (vetvička) twig [twig] **2.** (najmladší člen rodiny) off-spring ['ofspriŋ]

raz 1. once [wans]; *ešte r.* once more; *r. a navždy* once for all; *r. alebo dvakrát* once or twice **2.** (v budúcnosti) one day [wan dei], someday ['samdei]; *r. príde* he will come one day **3.** (pri počítaní a povelOch) one [wan]; *raz, dva, tri* one, two, three ● *r. za uhorský rok* once in a blue moon; *r. navždy* once for all; *tento r./tentor.* this time; *r. za čas* once in a while; *bol r. jeden kráľ* once upon a time there lived a king

ráz (charakter) character ['kærəktə]

rázcestie crossroads ['krosrəudz]; *stáť na r-í* stand at the crossroads

razia raid [reid]; *urobiť r-u* carry out a raid

raziť[1] 1. (mince, medaily) mint [mint], strike* [straik]; *r. medaily* strike medals **2.** (híbiť, prekopávať) tunnel ['tanl]; *r. chodbu v bani* tunnel a passage in the mine **3.** (uvoľňovať, prerážať); *r. si cestu* make*/force one's way [meik/foːs wanz wei]

raziť[2] hovor. (páchnuť) stink* ['stiŋk], smell* of [smel əv]; *r. cesnakom* smell of garlic

rázny energetic [ˌenə'džetik], brisk [brisk]; *r. človek* an energetic man; *r. krok* a brisk pace

razom 1. (hneď) at once [ət wans]; *r. príď ku mne* come to me at once **2.** (náhle) suddenly ['sadnli]; *r. sa ochladilo* it has suddenly got cool

rázovitý typical ['tipikl], natural ['næčrəl], unspoilt [an'spoilt], true to type [tru: tə taip]; *r-á slovenská dedina* a typical Slovak village; *r-á krajina* unspoilt countryside; *r-á pieseň* a true to type song

rázporok (na nohaviciach) fly [flai], (na sukni) slit [slit]

raž rye [rai]

raždie hromad. dead twigs [ded twigs], loose/dry sticks [luːs/drai stiks]; *zbierať r.* gather loose sticks

ražeň spit [spit]; *piecť na r-ni* roast on the spit (vo voľnej prírode) barbecue ['baːbikjuː]

ražný rye [rai]; *r. chlieb* rye bread
ražovica rye whisky [ˈrai wiski]
reagovať respond [riˈspond], react [riˈækt],
aj chem.; *r. na otázku* respond to a question;
r. na zmeny react on changes
reakcia 1. (odpoveď, ohlas) reaction [riˈækšn],
response [riˈspons]; *akcia a r.* action and
reaction; *podnet a r.* stimulus and response **2.**
polit. reaction [riˈækšn]; *bojovať proti r-i* fight
against reaction
reakcionár reactionary [riˈækšənri]
reakčný reactionary [riˈækšənri]; *r-á tlač*
reactionary press
reaktor reactor [riˈæktə]; *atómový r.*
nuclear reactor
reálie (study of) life and institutions [laif
ənd ˌinstəˈtjuːšnz]; *britské r.* British life and
institutions, British studies
realista realist [ˈriəlist]
realistický realistic [ˌriəˈlistik]; *r. postoj*
a realistic attitude; *r-á literatúra* realistic
literature
realita 1. (skutočnosť) reality [riˈæləti] **2.** (ne-
hnuteľnosť) real estate [ˌriəl iˈsteit]
realizmus realism [riəˈlizm]
realizovať realize [ˈriəlaiz], carry out
[ˈkæri aut]; *r. skryté nádeje* realize secret
hopes; *r. plán* carry out a plan
reálny (v rozl. význ.) real [ˈriəl]; *r-e nebezpe-
čenstvo* real danger; *r. záujem* real interest;
ekon. *r-a mzda* real wages; mat. *r-e číslo* real
number
rebarbora rhubarb [ˈruːbaːb]
rebrík ladder [ˈlædə]; *dvojramenný r.* step-
ladder [ˈstepˌlædə]
rebro anat. rib [rib] ● *možno mu r-á spočí-
tať* he is as thin as a rake
rébus (picture) puzzle [(ˈpikčə) ˌpazl]
recenzent reviewer [riˈvjuə]
recenzia review [riˈvjuː]; *r. knihy* a book
review; *písať r-u* write a review
recenzovať review [riˈvjuː]; *r. knihu*
review a book
recepcia (v rozl. význ.) reception [riˈsepšn];
nechaj kľúč na r-i leave your key at reception;
*usporiadať r-u na počesť nového veľvyslan-
ca* hold a reception to welcome the new
ambassador
recept 1. lek. prescription [priˈskripšn];
r. na očné kvapky prescription for eye drops
2. kuch. recipe [ˈresəpi]; *r. na koláč* recipe for
a cake

recidíva relapse [riˈlæps]; *r. chrípky*
relapse of flue
recidivista recidivist [riˈsədəvəst], hovor.
old lag [əuld læg]
recitácia recitation [ˌresəˈteišn]; *zborová
r.* group recitation
recitačný: *r-é preteky* poetry reading
competition
recitátor reciter [ˈrisaitə]
recitovať recite [riˈsait]; *r. báseň* recite
a poem
reč 1. (schopnosť hovoriť) speech [spiːč]; *po-
rucha r-i* speech disturbance **2.** (jazyk) lan-
guage [ˈlæŋgwidž], tongue [taŋ]; *cudzie r-i*
foreign languages; *materinská r.* mother
tongue **3.** (rozprávanie, rozhovor) talk [toːk],
conversation [ˌkonvəˈseišn] **4.** (rečnícky prejav,
prívet) speech [spiːč], address [əˈdres]; *pred-
niesť r.* give* a speech; *otváracia r.* opening
address ● *o tom nemôže byť ani r-i* that's out
of question; *nestojí to za r.* it's not worth
mentioning; *prísť do r-i* be talked about;
z r-i do r-i one word led to another; *prázdne
r-i* idle talk; *dar r-i* gift of speech ● *aby
r. nestála* keep the ball rolling
rečnícky rhetorical [riˈtorikl]; *r. talent*
rhetorical skill; *r-a otázka* rhetorical question
rečník speaker [ˈspiːkə], orator [ˈorətə],
(z pléna) spokesman [ˈspəuksmən]
rečniť make*/deliver a speech [meik/di-
ˈlivə ə spiːč]
redakcia 1. (redigovanie) editing [ˈedətiŋ] **2.**
(redaktori) editorial board/staff [ˌedəˈtoːriəl
boːd/staf]; *člen r-e* member of the editorial
board **3.** (pracovisko redaktorov) editor's/editorial
office [ˈedətəz/edəˈtoːriəl ˈofis]; *poslať člá-
nok do r-e* send the article to the editor
redakčný editorial [ˌedəˈtoːriəl]; *r-á práca*
editorial work; *r-é poznámky* editorial
comments
redaktor(ka) editor [ˈedətə]; *hlavný r.*
chief editor, editor-in-chief; *športový r.* sports
editor
redigovať edit [ˈedət]; *r. noviny* edit
a newspaper
reďkovka radish [ˈrædiš]
rednúť thin [θin], become* thinner
[biˈkam ˌθinə]; *dav r-ol* the crowd thinned
redukcia reduction [riˈdakšn]
redukčný 1. reduction [riˈdakšn] **2.** (pre-
počítavací) conversion [kənˈvəːšn]; *r-é tabuľky*
conversion tablets ● *r-á diéta* slimming diet

R

redukovať reduce [ri'dju:s]; *r. počet pracovníkov* reduce the number of workers

referát 1. (prednáška) paper ['peipə], report [ri'po:t]; *mať r.* read* a paper 2. (správa) report; *podať r.* give* a report 3. (organizačná zložka inštitúcie) department [di'pa:tmənt]

referendum referendum [,refə'rendəm]; *usporiadať r.* hold a referendum

referent 1. (prednášajúci) speaker ['spi:kə], polit. platform speaker ['plætfo:m spi:kə], (špecializovaný) correspondent [,korə'spondənt] 2. (úradník) official in charge [o'fišl in ,ča:dž], desk officer [desk ofisə]; *kultúrny r.* cultural affairs official; *osobný r.* personnel officer; *tlačový r.* public relations man

referovať 1. (o čom) give* a talk on [giv ə to:k on]; *r-li o výsledkoch experimentu* they gave a talk on the results of the experiment 2. (podať správu) report [ri'po:t]; *r-l mi, čo včera urobil* he reported what he had done yesterday

reflektor 1. (svetlomet) floodlight ['fladlait] 2. (vozidla) headlight lamp ['hedlait ,læmp] 3. voj. searchlight ['sə:člait]

reflektovať lay* claim [lei kleim], show interest [šəu 'intərəst]; *r-ujeme na vaše služby* we lay claim on your service

reflex reflex ['ri:fleks]; *podmienený r.* conditioned reflex

reflexívny reflexive [ri'fleksiv]; *r-e zámeno* reflexive pronoun

reforma reform [ri'fo:m]; *pozemková r.* land reform

reformácia hist. Reformation [,refə'meišn]; *politická r.* political reformation; *náboženská r.* religious reformation

reformovať reform [ri'fo:m]; *r. školstvo* reform the educational system

refrén refrain [ri'frein]

regál shelf [šelf]; *kniha je na r-i* the book is on the shelf

register 1. (abecedný zoznam) index ['indeks], register ['redžəstə]; *vecný r.* card index, register; *r. voličov* the register of voters; *trestný r.* crime register 2. (súbor tónov rovnakého zafarbenia) register

registrovať 1. (zapísať do zoznamu) register ['redžəstə]; *r. auto* register a car 2. (zaznamenať) place on record [pleis on 'riko:d]

regrút hovor. conscript ['konskript], recruit [ri'kru:t]

regulácia 1. regulation [,regju'leišn]; *r. počatia* birth control 2. (nastavenie) adjustment [ə'džastmənt]; *r. toku* canalization adjustment ● *r. cien* retailprice manitenance

regulovať regulate ['regjəleit], settle ['setl]; *r. dopravu* regulate the traffic; *r. rieku* canalize ['kænlaiz]

rehabilitácia 1. lek. rehabilitation ['rihə,bilə'teišn] 2. práv. restoration [,restə'reišn], rehabilitation, (navrátenie do funkcie) reinstatement [ri:,ən'steitmənt]

rehabilitovať 1. polit. restore a person to his rights [ris'to: ə 'pə:sən tə hiz raits] 2. lek. rehabilitate [rəhəbilə'teit]

rehoľa order ['o:də]; *predstavený r-le* the superior of a religious order

rehoľníčka nun [nan]

rehoľník monk [maŋk], friar ['fraiə]

reklama advertisement [əd'və:təsmənt]; *televízna r.* TV advertisement; *pouličná r.* bill(-board)

reklamácia claim [kleim], complaint [kəm'pleint]; *r. je neplatná* this claim is invalid; *vaša r. bude hneď vybavená* your complaint will be settled at once

reklamný advertising ['ædvətaiziŋ]; *r-á kancelária* advertising office/agency

reklamovať (re)claim [(ri)'kleim], make a complaint [meik a kəm'pleint]; *r. balík* reclaim a parcel; *ak chcete r., choďte za naším riaditeľom* if you want to make a complaint, see our director

rekomando I. prísl. (doporučene) registered ['redžəstəd]; *poslať list r.* send* the letter registered II. hovor. podst. (doporučená zásielka) registered post ['redžəstəd pəust]

rekonštrukcia reconstruction [,ri:kən'strakšn], restoration [,restə'reišn]; *r. hradu* restoration of a castle

rekord record ['reko:d]; *prekonať r.* set up/break up a record; *svetový r.* world record

rekordér record-holder ['reko:d 'həuldə]

rekordný record ['reko:d]; *r-á úroda* record crop

rekreácia recreation [,rekri'eišn], holidays ['holədeiz]; *na r-i* on holidays; *poukaz na r-u* holiday voucher

rekreačný holiday ['holədi/'holədei], recreation [,rekri'eišn]; *r-é stredisko* holiday centre; *r-á oblasť* holiday resort; *r. zájazd* holiday trip; *r. poukaz* holiday voucher

rekreant holiday maker ['holədi ,meikə]

rekreovať sa have a holiday/recreation [hæv ə 'halədi/,rekri'eišn]

rektor chancellor ['ča:nslə], rector ['rektə]
rektorát rector's office ['rektəz ˌofəs]
rekviem requiem ['rekviəm]
rekvirovať requisition [ˌrekwi'zišn], confiscate [ˌkonfəs'keit]; *r. tovar* confiscate goods/commodities
rekvizita requisite ['rekwizit]; *divadelné r-y* stage properties [steidž 'propətiz]
relácia radio/TV programme [ˌreidiou/ˌti: vi: 'prougræm], broadcast ['bro:dka:st]; *rozhlasová r.* radio broadcast
relatívny relative ['relətiv]; *r-e pohodlie* relative comfort; *r-a rýchlosť* relative speed
relikvie relics ['reliks]
remeň 1. (opasok) belt [belt]; *kožený r.* leather belt **2.** odb. strap [stræp], belt [belt]; *hnací r.* driving belt
remenár saddler ['sædlə]
remeselnícky artisan's ['a:təznz]; *r. učeň* artisan's apprentice; *r-a dielňa* artisan's workshop
remeselník tradesman ['treidzmən]; *umelecký r.* craftsman
remeslo trade [treid], craft [kra:ft]; *stolárske r.* cabinet-maker's trade; *krajčírske r.* tailor's/dressmaker's trade; *umelecké r.* craft ● *Remeslo má zlaté dno* A useful trade pays dividends
remíza[1] (vozovňa) coach house [kəuč haus], tram depot [træm 'depəu]
remíza[2] (nerozhodná hra) draw [dro:], drawn game [dro:n geim]; *zápas sa skončil r-ou* the game ended in a draw
remizovať play a draw [plei ə dro:]
remorkér tug [tag]
renesancia Renaissance [ri'neisns]; *raná/neskorá r.* early/late Renaissance
renovovať repair [ri'peə], renovate ['renoveit]; *r. starú budovu* renovate an old building
renta annuity [ə'nju:əti], rent [rent]
rentabilita profitableness ['profətəblnəs], lucrativeness ['lju:krətivnəs]; *r. investícií* lucrativeness of investments
rentabilný profitable ['profətəbl]; *r-é investície* profitable investments
reorganizácia reorganization [ˌre:orgəni-'zeišn]
reostat rheostat ['riəustæt]
repa: *krmna r.* turnip ['tə:nip]; *cukrová r.* sugar beet ['šugə bi:t] ● *zdravý ako r.* as fit as a fiddle

reparát re-sit ['re sit], AM make-up [meik ap]; *zložiť r.* pass a re-sit/make up
repertoár repertory ['repətəri], repertoire ['repətwa:]
repík bot. agrimony ['ægriməni]
reportáž reportage [ˌrepə'ta:ž]; *filmová r.* film report; *rozhlasová r.* broadcast; *priama r.* live/outside broadcast
reportér reporter [ri'po:tə], newsman ['nju:zmən]
represálie reprisals ['ri:praizlz]; *vyhrážať sa r-ami* threaten with reprisals
reprezentačný 1. grand [grænd], stately ['steitli]; *r-á budova* a grand edifice; *jeho r-ý domov* his stately home **2.** state [steit]; *r-é futbalové mužstvo* state football team ● *r. fond* expenses account
reprezentant representative [ˌrepri'zentətiv]
reprezentatívny (v rozl. význ.) representative [ˌrepri'zentətiv]; *r-á budova* a representative building; *r-á vzorka* a representative sample
repríza 1. subsequent show, subsequent performance ['sabsəkwənt šəu/pə'fo:məns]; *prvá r.* second night ['sekənd nait] **2.** (znovuuvedenie, najmä filmu) re-run [ri:'ran]
reprodukcia 1. (odtlačok) print [print] **2.** (napodobenina diela) reproduction [ˌri:prə'dakšn]; *lacná r.* a cheap reproduction **3.** (kópia) copy ['kopi]
reprodukovať 1. reproduce [ˌri:prə'dju:s] **2.** (urobiť odtlačok) copy ['kopi] ● *r-ná hudba* recorded music
reproduktor amplifier ['æmpləfaiə], loudspeaker ['laudspi:kə]
republika republic [ri'pablik]; *Slovenská r.* the Slovak Republic; *zákon na ochranu r-y* internal security law
republikán republican [ri'pablikən]
reputácia reputation [ˌrepjə'teišn]
respektíve or ... as the case may be [o: ... æz ðə keis mei bi:]; *prídem zajtra, r. pozajtra* I'll come tomorrow or the day after tomorrow as the case may be
resumé summary ['saməri]
rešeto sieve [siv]
rešpekt respect [ri'spekt]; *mať r. (pred kým)* have respect (for)
rešpektovať respect [ri'spekt]; *r. učiteľa* respect the teacher; *r. predpisy* respect the regulations
reštaurácia[1] **1.** (pohostinský podnik) restaurant ['restro:nt] **2.** (menšia jedáleň) café ['kæfei]

R

reštaurácia² (obnovenie hradu, monarchie) restoration [ˌrestəˈreišn]

reštaurátor (umeleckých pamiatok) restorer [riˈstoːrə]

reštaurovať restore [riˈstoː]; // **r. sa** be under restoration [bi: ˈandə ˌrestəˈreišn]

reťaz chain [čein]; *železná r.* iron chain; *snehové r-e* snow chains

retiazka necklace [ˈnekləs]; *zlatá r.* a gold necklace

reuma rheumatics [ruːˈmætiks]

reumatický rheumatic [ruːˈmætik]; *r-é bolesti v kĺboch* rheumatic pain in the joints

reumatizmus rheumatism [ˈruːmətizm]

rev roar [roː], scream [skriːm] (v rozl. význ.); *r. tigra* the roar of a tiger; expr. *r. davu* the roar of a crowd; *r. dieťaťa* the roar of a child; *r. motora* the roar of an engine

réva (vínna) wine [wain], AM grapewine [ˈgreipwain]

revať roar [roː], scream [skriːm] (v rozl. význ.); *divá zver r-e* the wild animals roar; expr. *futbaloví fanúšikovia r-li* the football fans roared; *jej dieťa r-lo* her baby screamed; *r. od bolesti* roar with pain; *r. od jedu* roar with anger ● *r. ako tur* roar like a wounded bull, scream blue murder

reverz bond [bond], waiver [ˈweivə]; *podpísať r.* sign a waiver

revidovať audit [ˈoːdət]; *r. účty* audit accounts

revír 1. preserve [priˈzəːv] 2. poľov. shooting/hunting ground [ˈšuːtiŋ/ˈhantiŋ graund], 3. (banský) mining district [ˈmainiŋ ˈdistrikt]

revízia inspection [inˈspekšn]; *úradná r.* official inspection; *r. účtov* audit [ˈoːdət]

revízny checking [ˈčekiŋ], auditing [ˈoːdətiŋ]; *r-a komisia* control board

revízor inspector [inˈspektə]; *r. cestovných lístkov* ticket inspector; *r. účtov* auditor [ˈoːdətə]

revolúcia 1. revolution [ˌrevəˈluːšn]; *buržoázna r.* bourgeois revolution 2. (prevrat) revolution; *priemyselná r.* industrial revolution

revolucionár revolutionary [ˌrevəˈluːšənri]

revolučný revolutionary [ˌrevəˈluːšənri]; *r. duch* revolutionary spirit

revolver revolver [riˈvolvə], AM gun [gan]

rez (rezanie, zárez) cut [kat]; *hlboký r.* a deep cut; lek. *cisársky r.* caesarean section

rezák incisor [inˈsaizə]

rezance mn. č. (ribbon) noodles [(ribən)ˈnuː-

dlz]; *polievka s r-ami* noodle soup; *r. s tvarohom* cottage cheese noodles

rezať 1. (rozdeľovať na časti) cut* [kat]; *r. drevo* cut wood; *r. slamu* chop straw [čop] 2. (krájať) cut [kat]; *nôž dobre r-že* the knife cuts well 3. (usmrcovať) slaughter [ˈsloːtə]; *r. ovce* slaughter the sheep 4. (bolestivo pôsobiť): *r-vá bolesť* rankling pain

rezba výtv. carving [ˈkaːviŋ]

rezbár wood carver [ˌwud ˈkaːvə]

rezbárstvo wood-carving [ˌwudˈkaːviŋ]

rezeň (mäsa) cutlet [ˈkatlət]; *hovädzí r.* (beef) steak; *teľací r.* veal cutlet; *jahňací r.* mutton chop; *vyprážaný viedenský r.* (Wiener) schnitzel

rezerva 1. (zásoba) stock [stok], reserve [riˈzəːv]; *r. potravín* stocks of food; *mať peniaze v r-e* have money in reserve 2. hovor. (náhradné koleso) spare wheel [ˈspeəˌwiːl]

rezervácia reservation [ˌrezəˈveišn]; *r. pre Indiánov* Indian Reservation; *prírodná r.* nature reserve [riˈzəːv]

rezervný spare [speə]; *r-é topánky* spare shoes; *r-é súčiastky* spare parts

rezervovaný (zdržanlivý); *r-é správanie* reserved manners

rezervovať reserve [riˈzəːv], book [buk]; *r. stôl* reserve a table; *r. lístky* book the tickets

rezidencia seat [siːt], residence [ˈrezidns]; *biskupská r.* bishop's residence; *stredoveká r.* mansion [ˈmænšn]

rezignácia resignation [ˌrezigˈneišn]

rezký (v rozl. význ.) brisk [brisk]; *r-é melódie* brisk tunes; *r-é kroky* brisk steps; *r. vietor* brisk wind

rezný cutting [ˈkatiŋ]; *r-á rana* incised wound [inˈsaizd wuːnd]

rezolúcia resolution [ˌrezəˈluːšn]; *prijať r-u* adopt a resolution; *schváliť r-u* pass a resolution

rezolútny resolute [ˈrezəluːt]; *r-a odpoveď* resolute answer/response

rezort department [diˈpaːtmənt]; *r. školstva* department of education

réžia 1. (náklady) overhead charges/expenses [ˈəuvəhed ˈčaːdžiz/iksˈpensiz]; *mať vysokú r-u* have overhead charges 2. div., film. production [prəˈdakšn], AM direction [diˈrekšn]

režijný 1. overhead [ˈəuvəhed]; *r-é náklady* overhead charges; *r-á cena* overhead price/cost; *r. (cestovný) lístok* travel pass, rail pass 2. div., film of production, AM of direction

režim **1.** (vládny systém) regime [rei'dži:m]; *demokratický r.* democratic regime; *vojenský r.* military regime **2.** (rozvrh života, práce) regimen ['redžəmən]; *nemocničný r.* regimen; *prísny r.* strict regimen; *denný r.* daily routine

režírovať stage [steidž], produce [prə'dju:s], AM direct [də'rekt]; *r. novú hru* produce a new play

režisér stage manager ['steidž ˌmænidžə], producer [prə'dju:sə]; *filmový r.* film producer, AM director [di'rektə]

riad hromad. dishes ['dišiz], utensils [ju:-'tenslz]; *kuchynský r.* kitchen utensils; *porcelánový r.* china (ware); *umývať r.* wash the dishes, wash up

riadenie **1.** (spravovanie) management ['mænidžmənt]; *zlé r.* bad management; *teória r-a* theory of management **2.** (mechanizmus) control [kən'trəul]; *automatické r.* automatic control; *diaľkové r.* remote control

riadiaci **1.** (vedúci) managerial [ˌmænə'džiriəl]; *r-e postavenie* managerial position **2.** tech. control [kən'trəul]; *r-a páka* control stick/bar; *r-a veža* control tower; *letový r. systém* flight control system

riadiť[1] **1.** (spravovať) manage ['mænidž]; *r. podnik* manage a company **2.** (usmerňovať) direct [də'rekt]; *r. dopravu* direct the traffic **3.** (mechanizmus) operate ['opəreit]; *r. žeriav* operate a crane ● *r-ená strela* guided missile // **r. sa** (čím) follow ['foləu]; *r. sa pokynmi* follow the instructions

riadiť[2] (upratovať) clean (up) [kli:n (ap)], tidy ['taidi]; *r. miestnosť* clean the room

riaditeľ director [di'rektə], (executive) manager ['eksəkjutiv 'mænidžə], head [hed]; *r. školy* headmaster ['hedma:stə], AM principal ['prinsəpl]

riaditeľňa (kancelária) manager's/director's office ['mænidžəz/di'rektəz ofəs]; (v škole) headmaster's study ['hedma:stəz 'stadi]

riaditeľstvo management ['mænidžmənt], board of directors [bo:d əv di'rektəz]; *policajné r.* police headquarters

riadkovať **1.** make* line/spaces [meik lain/'speisəz] **2.** poľnohosp. drill [dril]

riadny **1.** (normálny) regular ['regjulə]; *r-a dovolenka* regular leave; *r. študent* regular student **2.** (náležitý) proper ['propə]; *r-e nástroje* proper tools **3.** (poriadny) orderly ['o:dəli]; *viesť r. život* live/lead an orderly life

riadok line [lain] ● *čítať medzi r-kami* read between the lines

riasa **1.** (záhyb) fold [fəuld] **2.** (mihalnica) eyelash ['ailæš] **3.** bot. sea weed [si: wi:d]

riasiť fold [fəuld], (naberaním) gather ['gæðə], (skladaním) pleat [pli:t]

riava torrent ['torənt]; *horská r.* mountain torrent

ríbezľa (ker aj plod) currant ['karənt]; *čierne r-le* black currants; *červené r-e* red currants

ricínový: *r. olej* castor oil ['ka:stər oil]

riečisko river bed ['rivə bed]; *hlboké r.* deep river bed

riečny river ['rivə]; *r-a loď* river boat

riedidlo thinner ['θinə], diluent ['diljuənt]

riediť dilute [dai'lju:t], thin [θin]; *r. víno vodou* dilute wine with water

riedky **1.** thin [θin]; *r. vzduch* thin air; *r. les* thin forest; *r-e vlasy* thin hair **2.** (rozptýlený) sparse [spa:s]; *r-a populácia* sparse population

rieka river ['rivə]; *hlboká r.* deep river

riekanka rhyme [raim]; *detská r.* nursery rhyme

riešenie solution [sə'lu:šn]; *nájsť r.* find* a solution

riešiť solve [solv]; *r. úlohu* solve the task ● *to nič ner-i* that resolves nothing

riešiteľný solvable ['solvəbl]; *ľahko r.* easy to solve

rigol **1.** (priekopa) ditch [dič] **2.** (výtlk) pot-hole ['pot həul]

rigorózum oral(s) for the doctorate ['orəl(z) fə ðə ˌdoktərət], doctorate ['doktərət]

richtár (predstaviteľ obce) village/town-mayor ['vilidž/taun meə]

rímsa **1.** (pod strechou) cornice ['ko:nis] **2.** (nad kozubom) mantelpiece ['mæntlpi:s] **3.** (okenná) window-ledge ['windəu ledž]

rímskokatolícky Roman Catholic ['rəumən 'kæθəlik]; *r. kostol* Roman Catholic church

rinčať **1.** (čím) clatter ['klætə]; *r. zbraňami* clatter with arms **2.** (o skle) clink [kliŋk]

ring ring [riŋ]; *pästiarsky r.* boxing ring

ringlota greengage ['gri:ngeidž]

ringový ring [riŋ]; *r. rozhodca* ring referee

risk risk [risk] ● *r. je zisk* fortune favours the bold/brave

riskantný risky ['riski]; *r-á investícia* risky investment; *r-á cesta* risky journey

R

riskovať hovor. **risknúť** risk [risk], take*/run* a risk; *ja to r-m* I'll run a risk

ríša 1. (štátny útvar) empire ['empaiə]; *Britská r.* the British Empire; *Veľkomoravská r.* the Great Moravian Empire; *Nemecká r.* the Reich [raik] 2. (oblasť, okruh) kingdom ['kiŋdəm], realm [relm]; *r. fantázie* realm of imagination; *rastlinná r.* vegetable/plant kingdom; *živočíšna r.* animal kingdom ● *r. snov* dreamland

ríšsky imperial [im'piriəl]; *r-a koruna* the imperial crown ● *r-e jablko* the orb; *R. snem* the Reichstag

rituál ritual ['ričuəl]

rítus rite [rait]

rival rival ['raivl]; *futbaloví r-i* football rivals

rivalita rivalry ['raivlri]; *r. športových klubov* sports clubs rivalry

riviéra riviera [ˌrivi'erə]; *Francúzska r.* the French Riviera

riziko risk [risk]; *na vlastné r.* at one's own risk ● *r. podnikania* risk in anything one does

rizoto risotto [ri'zotəu]; *kuracie r.* chicken risotto

róba gown [gaun], robe [rəub]; *večerná r.* evening gown

robiť 1. (pracovať) work [wə:k]; *ťažko r.* work hard; *r. na poli* work in the field; *r. v továrni* work in a factory 2. (konať, počínať si) do*; *čo r-íš?* what are you doing? *r-ím, čo môžem* I am doing my best 3. (pripravovať, vyrábať) make* [meik]; *r. čaj* make tea; *r. autá* make cars 4. (uskutočňovať; prekladá sa individuálne): *r. opatrenia* take* measures; *r. poriadok* bring order; *r. korektúru* read the proofs; *r. nákupy* do the shopping; *r. si úlohu* do the homework 5. (formálne sloveso s podst. menom): *r. hluk* make noise; *r. ťažkosti* make troubles; *r. rozdiel* make* difference; *r. pokrok* make progress; *r. chybu* make a mistake; *r. láskavosť* do a favour ● *r. cirkus* make fuss (about); *Šaty r-a človeka.* Clothes make the man. *r. hanbu* bring shame upon; *r. si nádeje* cherish hopes; *r. si nároky* lay* claims // **r. sa** (predstierať) pretend [pri'tend]; *r-í sa chorý* he pretends to be ill

robot robot ['rəubot]; *kuchynský r.* food processor

robota 1. (práca) work [wə:k]; *ťažká, tvrdá r.* hard work 2. (zamestnanie, práca) job [džob], work [wə:k]; *byť bez r-y* be without job 3.

(drina) labour ['leibə], AM labor ['leibə] ● *mať plné ruky r-y* be all works

robotika robotics [rəu'botiks]

robotnícky working ['wə:kiŋ]; *r-a trieda* working class, labour ['leibə], AM labor ['leibə]; *r-e hnutie* labour movement

robotník worker ['wə:kə], workman ['wə:kmən]; *sezónny r.* seasonal worker

robotný hard working ['ha:d wə:kiŋ]; *r. človek* a hard working man

robustný robust [rə'bast]; *r. muž* a robust man

ročenka year-book [jiə: buk], annual ['ænjuəl]

ročník 1. škol. class [kla:s], form [fo:m], AM grade [greid]; *je v prvom r-u* he is in his first form/grade 2. (na univerzite) year [jiə]; *je v prvom r-u* he is in his first year 3. (časopisov ap.) a year's volume [jiəz 'voljum]; *staré r-y čoho* back files

ročný 1. annual ['ænjuəl]; *r. plat* annual salary 2. (jeden rok starý) one year old [wan jiə əuld] ● *r-é obdobie* season (of the year)

rod 1. (pokolenie) family ['fæməli]; *šľachtický r.* a noble family 2. (pôvod) by birth [bai bə:θ]; *r-om Slovák* Slovak by birth 3. zool., bot. family ['fæməli] 4. lingv. gender ['džendə]; *mužský, ženský, stredný r.* masculine ['mæskjələn], feminine ['femənən], neuter ['nju:tə] gender

rodák native ['neitiv]; *r. z Košíc* a native of Košice

rodený 1. (v rozl. význ.) born [bo:n]; *je r. spevák* he is a born singer 2. *r-á* (meno ženy za slobodna) née [nei]; *Nováková, rodená Brownová* Nováková, née Brown

rodičia parents ['perənts]; *starí r.* grand parents

rodička woman in travail/child bed ['wumən in 'travai/čaild bed]

rodičovský parental [pə'rəntl]; *r. dom* parental house; *r-á zodpovednosť* parental responsibility

rodidlá female genitals ['fi:meil 'dženətlz]

rodina 1. family ['fæməli]; *člen r-y* member of the family 2. (príbuzní) relatives ['relətivz]; *vzdialená r.* distant relatives

rodinkárstvo nepotism ['nepətizm]

rodinný (v rozl. význ.) family ['fæməli]; *r-é stretnutie* family meeting; *r. dom* family house; *r. príslušník* family dependent [di'pendənt]

rodisko birthplace ['bə:θpleis]

rodiť 1. (privádzať na svet deti, mláďatá) bear* [beə]; *r-í zdravé deti* she bears healthy children 2. lek. give* birth [giv 'bə:θ], deliver a baby [də'livə ə 'beibi] 3. (prinášať plody) yield [ji:ld]; *ten strom r-í veľa ovocia* that tree yields plenty of fruit // **r. sa** 1. (prichádzať na svet) be born ['bi: bo:n]; *r-í sa veľa detí* many children are born 2. (prinášať úrodu) yield [ji:ld], produce [prə'dju:s]

rodný 1. (vlastný) own [əun]; *moja r-á sestra* my own sister 2. (súvisiaci s narodením) native ['neitiv]; *r-é mesto* native town; *r-á zem* native country; *r. list* birth certificate; *r. dom* parental house; *r-é číslo* citizen's card index number

rodokmeň pedigree ['pedəgri:]

rodový family ['fæməli]; *r-é tradície* family traditions

roduverný patriotic [ˌpætri'otik]

roh 1. (zvierat) horn [ho:n]; *baraní r.* ram's horn 2. (stola, ulice) corner ['ko:nə]; *za r-om* round the corner 3. hud. *lesný r.* hunting horn [ˌhantiŋ 'ho:n] 4. šport. hovor. corner ['ko:nə]; *výkop z r-u* corner kick ● *r. hojnosti* cornucopia [ˌko:nju'kəupjə]; *narástli mu r-y* he became quite bold

roháč zool. stag-beetle ['stægˌbi:tl]

rohatý (o čertovi) Old Horny [əuld 'ho:ni]

rohovitý horned ['ho:nd], horny ['ho:ni]; *r-á pokožka* horned skin

rohovka anat. cornea ['ko:niə]

rohový šport. *r. kop* corner kick

rohož mat [mæt]

rohožka door-mat ['do:mæt]

roj 1. (hmyzu) swarm [swo:m] 2. voj. troop [tru:p], party ['pa:ti], squad [skwod] 3. let. flight [flait], squadron ['skwodrən]

rojčiť day-dream ['deidri:m]

rojiť sa swarm [swo:m]; *r-ace sa včely* swarming bees

rojko dreamer ['dri:mə]; *romantický r.* a romantic dreamer

rok year [jiə]; *budúci, minulý r.* next, last year; *školský r.* school year, (na vysokej škole) academic year; *priestupný r.* leap year; *služobné r-y* service record; *r-u 1990* in 1990; *tohto r-u* this year; *dnes je to r.* it is now a year since; *koľko máš r-ov?* how old are you?; *r-y som ho nevidel* I haven't seen him for ages ● *takto r.* a year hence; *na takto r.* in a year's time; *ako je r. dlhý* all the year round;

muž v najlepších r-och a man of advanced age; expr. *raz za uhorský r.* once in a blue moon

rokfort Roquefort ['rokfo:]

rokľa gorge [go:dž], (menšia) hollow ['holəu]; *spadnúť do r-le* fall into a gorge

rokovací: *r. poriadok* order of proceedings ['o:də əv prə'si:diŋz]

rokovanie negotiation [niˌgəuši'eišn]; *cena je vecou r-a* the price is a matter of negotiation; *súdne r.* trial ['traiəl]

rokovať negotiate [ni'gəušieit]; *odbory r-li s vládou* the trade unions negotiated with the government

rola (úloha) rôle [rəul], part [pa:t]; *hrať hlavnú r-u* play a leading rôle

roľa field [fi:ld], arable land ['ærəbl lænd], acres ['eikəz]; *orať r-u* plough a field

roláda (cukrárska) Swiss roll ['swis rəul], (mäsová) meat roll ['mi:t rəul]

rolák hovor. turtle-neck ['tə:tlnek]

rolba (na ľadovej ploche) snow-track ['snəutræk], ice-smoother [ais 'smu:θə]

roleta 1. blind [blaind], window shades ['windəu šeidz]; *stiahnuť r-u* pull down the blinds 2. (na obchode) awning ['o:niŋ]

roľnícky field [fi:ld]; *r. pôvod* of farmer, peasant origin(s)

roľníctvo hromad. peasantry ['pezntri]

roľník farmer ['fa:mə], (sedliak) peasant ['peznt]

rolovať 1. (zvinovať) roll [rəul]; *r. papier* roll a piece of paper 2. let. taxi ['tæksi]; *lietadlo r-lo na štart* the plane taxied on the runway

román novel ['novl]; *historický r.* historical novel; *r. zo súčasnosti* a novel of contemporary life; *znie to ako r.* it sounds like a story book

romanca romance [rə'mæns]

romanistika Romance philology studies [rə'mæns fi'lolodži 'stadiz]

románsky Romanesque ['rəumənesk] *r. architektúra* Romanesque architecture

romantik romanticist [rə'mæntisist]

romantizmus Romanticism [rə'mæntisizm]

roniť shed [šed]; *r. slzy* shed tears

ropa crude oil [kru:d oil]; *naraziť na r-u* strike* crude oil

ropovod oil pipeline ['oil ˌpaiplain]

ropucha zool. toad [təud]

roráty cirk. Advent matins ['ædvənt ˌmætənz]

R

rosa dew [dju:]; *ranná r.* morning dew

rosnička zool. tree frog [tri: frog]

rošt 1. grate [greit] 2. (na pečenie mäsa) gridiron [grid'aiən]

roštenka roast beef [ˈrəust bi:f]

rota voj. company [ˈkampəni]

rotačka rotary press [ˈrəutəri pres]

rotmajster BR regimental sergeant major (RSM) [ˈredžəmentl ˌsa:džənt ˈmeidžə], AM sergeant major [sa:džnt meidžə]

rotný company sergeant major (CSM) [ˈkampəni ˌsa:džnt ˈmeidžə], warrant officer [ˈwarənt ˈofisə], let. flight sergeant [ˈflait sa:džnt]

rotor rotor [ˈrəutə]; *turbínový r.* turbine rotor

rotovať odb. rotate [rəuˈteit]; *Zem r-uje* the Earth rotates

rováš tally [ˈtæli]; *mať čo na r-i (u koho)* to have to account for other things too [hæv tə əˈkaunt fo:]

roveň kniž. on a par [on ə pa:]; *postaviť koho na r. (koho/komu)* put on a par (with) ● *ty si mi nie r.* you are not my equal

rovesník contemporary [kənˈtemprəri]

rovina 1. (krajina, pôda s rovným povrchom) plain [plein], flat land [ˈflæt lænd], (nížina) lowland [ˈləulənd]; *úrodná r.* fertile lowland 2. geom., fyz. plain; *naklonená r.* slanting, sloping plain 3. odb. (súhrn javov) level [ˈlevl]; *r. ekonomických vzťahov* the level of economic relations

rovinatý flat [flæt], plain [plein]; *r-á krajina* flat country

rovnaký 1. (zhodný) equal [ˈi:kwəl]; *mince r-ej hodnoty* coins of equal value 2. (ten istý, totožný) same [seim]; *r-á mienka* the same opinion

rovnať 1. (urovnávať) smooth [smu:θ]; *r. cestu* smooth the way 2. (vyrovnávať) straighten [ˈstreitn], flatten [ˈflætn]; *r. drôt* straighten the wire 3. (usporadúvať) put* in order [put in ˈo:də], arrange [əˈreindž]; *r. knihy na polici* arrange the books on the shelf // **r. sa** 1. (prirovnávať sa) equal [ˈi:kwəl], come up to [kam ap tə]; *nemôžem sa mu r.* I cannot equal him 2. mat. equal; *dve plus tri sa r-á päť* two plus three equals five

rovnica equation [iˈkweišn]; *r. s dvoma neznámymi* equation with two unknowns

rovník equator [iˈkweitə]

rovno 1. (vzpriamene) upright [ˈaprait]; *sedieť r.* sit* upright 2. (vodorovne) horizontally

[ˌhorəˈzontli] 3. (priamym smerom) straight away [streit əˈwei]; *ísť r.* go straight away 4. (priamo) straight [streit]; *dieťa bežalo r. k matke* the child ran straight to her mother 5. (presne) exactly [igˈzæktli], straight [streit]; *mám r. sto korún* I've got exactly hundred crowns 6. (otvorene) straight [streit], directly [dəˈrektli]; *povedal som mu to r.* I told him straight ● *hovoriť r. k veci* speak to the point

rovnobežka 1. (priamka) parallel (line) [ˈpærəlel (lain)] 2. geogr. parallel (of latitude) [ˌpærəlel (əv ˈlætiˌtju:d)]; *na 38. r-e* at the 38th parallel of latitude

rovnobežník geom. parallelogram [ˌpærəˈleləgræm]

rovnobežný parallel [ˈpærəlel]; *r-é čiary* parallel lines

rovnocenný equivalent [iˈkwivlənt], (spoločensky) equal [ˈi:kwəl]

rovnodennosť equinox [ˈi:kwənoks]; *jarná r.* vernal/spring equinox; *jesenná r.* autumnal equinox

rovnomenný of the same name [əv ðə seim neim]

rovnomerný even [ˈi:vn], equable [ˈi:kwəbl]; *r-á rýchlosť* even speed

rovnoprávny with equal rights [wið ˈi:kwəl raits]; *r. občan* citizen with equal rights

rovnoramenný isosceles [aiˈsosəli:z]; *r. trojuholník* isosceles triangle

rovnostárstvo equalitarianism [iˈkwolətəriənizm]

rovnostranný equilateral [ˌi:kwəˈlætrəl]; *r. trojuholník* equilateral triangle

rovnošata uniform [ˈju:nəfo:m]; *nosiť r-u* wear a uniform

rovnováha (v rozl. význ.) 1. balance [ˈbælns]; *udržať r.-u* keep the balance; *stratiť r-u* lose the balance; *vyviesť (koho) z r-y* put a person off balance 2. (dosahovaná mechanicky) equilibrium [ˌi:kwəˈlibriəm]; *r. lode* ship's equilibrium

rovný 1. (op. krivý) straight [streit]; *r-á čiara* straight line; *r-á cesta* straight road 2. (bez vyvýšenín) even [ˈi:vn]; *r. terén* even grounds 3. (vzpriamený) upright [ˈaprait] 4. (plochý) flat [flæt]; *r-á strecha* flat roof 5. (hladký) smooth [smu:ð]; *r. chodník* smooth pavement 6. (rovnaký) equal [ˈi:kwəl]; *všetci ľudia sú si r-í* all people are equal 7. (otvorený, priamy) straight [streit], direct [dəˈrekt]; *to je r-á odpoveď* it is a straight answer ● *Vrana k vrane sadá, r. rovného si hľadá.* Birds of a feather flock together.

rozbahniť become* muddy [bi'kam madi]; *r-ená cesta* muddy road

rozbaliť unpack [an'pæk]; *r. balík* unpack a parcel

rozbeh 1. (začiatok behu, rozbiehanie) start [sta:t]; *stroj má zlý r.* the machine has a bad start 2. šport. run-up [ran'ap], heat [hi:t]; *r. na skok* run-up for a jump; *bol vyradený v r-u* he was knocked out in the qualifying heats

rozbehnúť sa 1. start running [sta:t 'raniŋ]; *dieťa sa r-lo za matkou* the child started running after his mother 2. publ. (začať sa) get* under way [get 'andə wei]; *práca na slovníku sa úspešne r-la* the work on the dictionary got under way 3. expr. (rozpŕchnuť sa) scatter ['skætə]; *dav sa r-ol, keď vybuchla bomba* the crowd scattered when the bomb exploded

rozbehový: *r-á dráha* runway ['ranwei]

rozbesniť expr. drive* furious [draiv 'fju:riəs] // **r. sa** fly into a rage [flai intə ə reidž]; *dav sa r-l* the crowd flew into a rage

rozbiť 1. break* [breik], smash [smæš]; *r. na kúsky* break to pieces; *r. auto* smash a car; *r. si koleno* bruise a knee 2. (rozvrátiť) break* up [breik ap], split [split]; *r. schôdzu* break up a meeting 3. fyz. smash [smæš]; *r. atóm* smash an atom // **r. sa** break [breik]; *zrkadlo sa r-lo* the mirror broke

rozbolieť start to ache [sta:t tə eik]; *r-el ho zub* his tooth started to ache

rozbor (v rozl. význ.) analysis [ə'næləsis]; *r. textu* textual analysis; *chemický r.* chemical analysis

rozbrieždiť sa neos. dawn [do:n]; *r-lo sa* it has dawned ● *r-lo sa mu v hlave* it has dawned upon him

rozbúrať demolish [di'moliš], tear* down [teə daun]; *r. dom* demolish/tear down a house

rozbúrený: *r-é more* heavy/rough sea

rozbuška detonator ['detəneitə], (načasovaná) time fuse ['taim fju:z]

rozcítiť sa become* sentimental [bi'kam ‚senti'mentl]; *r-la sa pri spomienke na syna* she became sentimental remembering her son

rozcvičiť sa warm up [wo:m ap]; *r. sa pred zápasom* warm up before the match

rozcvička warming up ['wo:miŋ ap]; *ranná r.* early morning exercises

rozčarovať disenchant [‚disən'ča:nt], disillusion [‚disə'lu:žn]; *skutočnosť ho r-la* the fact disenchanted him; *očakával raj, no rýchlo bol r-ný* he expected paradise but soon was disillusioned

rozčertiť expr. put* a person into a devil of a temper [put ə 'pə:sən 'intə a 'devəl əv ə 'tempə], drive a person furious [draiv ə 'pə:sən 'fju:riəs]; *neporiadok v izbe ho r-l* the mess in the room drove him furious

rozčesať comb thoroughly [kəum 'θarəli]; *r. si vlasy* comb one's hair thoroughly

rozčesnúť split* [split]; *blesk r-ol strom na dvoje* the lightning split the tree into two

rozčúlený excited [ik'saitəd], agitated ['ædžəteitəd], exasperated [ig'za:spə‚reitəd]; *r. hlas* excited voice; *bol r. jej hlúposťou* he was exasperated by her stupidity

rozčúliť excite [ik'sait], exasperate [ig'za:spəreit]; *jej odpoveď ho r-la* her answer excited him; *jeho pomalosť ma často rozčúli* his slowness often exasperates me // **r. sa** loose* temper [lu:z 'tempə], fly* into a rage [flai 'intə ə reidž]

rozdať 1. (dať) give* out [giv aut]; *r-l všetky peniaze* he gave out all his money 2. (rozdeliť) distribute [‚di'stribju:t], hand out [‚hænd 'aut]; *r. študentom texty* hand out the texts to the students; *r. karty* deal cards

rozdelenie distribution [‚distrə'bju:šn], division [di'vižn], split [split], separation [‚sepə'reišən]; *r. úloh* distribution of tasks division [di'vižn]; *r. na skupiny* division into groups; *r. Československa* split of Czechoslovakia

rozdeliť 1. (na diely) divide [di'vaid]; *r. na tri časti* divide into three parts 2. (roztriediť) sort out [so:t aut]; *r. listy* sort out the letters 3. (rozdať) distribute [di'stribju:t], hand out [‚hænd 'aut]; *r. cukríky medzi deti* distribute sweets among children 4. (oddeliť, rozlúčiť) separate ['sepəreit]; *r. bijúcich sa chlapcov* separate the fighting boys ● *r-ľ a panuj* divide and conquer // **r. sa** divide [di'vaid] 1. (na časti); *trieda sa r-la na dve skupiny* the class divided into two groups 2. (podeliť sa) share [šeə]; *o všetko sa s ním r-la* she shared everything with him

rozdeľovač tech. distributor [di'stribjətə]

rozdeľovňa distributing centre [di'stribju:-tiŋ 'sentə]

rozdeľovník distribution list/index

[ˌdistriˈbju:šn list/indeks]; *r. pošty* mailing list [ˈmeiliŋ list]

rozdiel 1. difference [ˈdifrəns]; *v tom je veľký r.* that makes a great difference; *nevidím nijaký r.* I can't see any distinction; *bez r-u národnosti* regardless of nationality [riˈgɑː:dləs]; *na r. od* in contrast to/with **2.** (finančný) balance, margin [ma:džin]; *rozdiel ceny v prospech/neprospech sprostredkovateľa* the dealer's margin on the price

rozdielny different [ˈdifrənt]; *r-e názory* different views

rozdrobiť crumble [ˈkrambl]; *r. chlieb* crumble the bread

rozdrviť crush [kraš]; *stroj mu r-l prsty* the machine crushed his fingers

rozdúchať 1. blow up [bləu ap], fan [fæn]; *r. plameň* blow up a flame; *r. oheň* fan a fire **2.** pren. inflame [inˈfleim]; *r. požiar vojny* inflame the flames of war

rozdvojiť 1. (rozdeliť na dve časti) disunite [ˌdisju:ˈnait], divide into two [diˈvaid intu ˌtu:] **2.** (odlúčiť) disjoin [disˈdžoin], separate [ˈsepəreit], split [split]; *r-á osobnosť* split personality // **r. sa** (o ceste) fork [fo:k]

rozgajdaný expr. loosened [ˈlu:zənd], slovenly dressed [sləˈvenli drest]; *prišiel r.* he came slovenly dressed

rozhádzať 1. (porozhadzovať) scatter about [ˌskætə əˈbaut]; *r. hračky po izbe* scatter toys all over the room **2.** (minúť) squander [ˈskwondə], play ducks and drakes with money [plei daks ənd dreiks wið ˈmani] **3.** hovor. expr. (rozčúliť) get* angry [get ˈæŋgri]; *jeho nič ner-dže* that leaves him cold

rozhalenka open-neck shirt [ˈəupən nek ˈšə:t]

rozháňať dispel [disˈpel], (na všetky strany) disperse [disˈpə:s] // **r. sa** swing [swiŋ], swipe at [swaip ət]

rozháraný disorderly [disˈoːdəli], chaotic [keiˈotik]; *r-ý rodinný život* disorderly family life; *r-á myseľ* chaotic mind

rozhľad 1. (výhľad) view [vju:], outlook [ˈautluk], prospect [ˈprospekt], panorama [ˌpænəˈrɑːmə]; *ohromný r.* breathtaking view **2.** (vedomosti, úsudok) outlook [ˈautluk] range/scope of vision [reindž/skəup əv vižn]; *dobrý politický rozhľad* good political scope of vision

rozhľadňa outlook tower [ˈautluk ˈtauə]

rozhlas 1. (informačný prostriedok) radio

broadcasting [ˈreidiəu ˈbroːdkɑːstiŋ]; *miestny r.* public address system [ˈpablik ˌədres ˈsistəm]; *r. po drôte* cable piped radio [ˈkeibl paipt ˈreidiəu]; *vysielať v r-e* broadcast over the radio [ˈbroːdkɑːst ˈəuvə ðə ˈreidiəu]; *oznámiť v r-e* announce on the radio [əˈnauns] *počúvať r.* listen to the radio; *počul som to v r-e* I heard it on the radio **2.** (inštitúcia) broadcasting corporation [ˈbroːdkɑːstiŋ ˌkoːpəˈreišn]; *britský r.* British Broadcasting Corporation, skr. B.B.C. [ˈbiːbiːsiː]; *pracovať v r-e* be in the radio

rozhlásiť announce [əˈnauns], broadcast [ˈbroːdkɑːst], (rozšíriť) spread [spred]; *r. správu* spread the news

rozhlasový broadcasting [ˈbroːdkɑːstiŋ]; *r. hlásateľ* announcer [əˈnaunsə]; *r. prijímač* wireless (set), [ˈwaiələs (set)], receiver [riˈsiːvə], radio [ˈreidiəu]; *r. prejav* radio talk [ˈreidiəu toːk]; *r-á sieť* radio network [ˈreidiəu ˈnetwəːk]

rozhnevať sa get* angry/cross [get ˈæŋgri/kros]; *otec sa r-l na syna* father got cross with his son

rozhodca 1. arbitrator [ˈɑːbitreitə] **2.** šport. referee [ˌrefəˈriː]; *r. vylúčil dvoch hráčov* the referee sent two players off the field

rozhodne I. prísl. decidedly [diˈsaidədli], definitely [ˈdefənətli]; *r. protestovať* protest decidedly **II.** čast. (bezpochyby) no doubts [nəu dauts]; *cíti sa r. lepšie* no doubts he is/feels better

rozhodnúť 1. (s konečnou platnosťou) arbitrate [ˈɑːbitreit]; *r. medzi A a B* arbitrate between A and B **2.** (určiť); decide [diˈsaid]; *r-li, aby ta šiel* they decided for him to go there // **r. sa** make up one's mind [meik ap wanz maind], resolve [riˈzolv] *r. sa, že zostane doma* he resolved to stay at home

rozhodnutie 1. decision [diˈsižn] **2.** (úradné) decree [diˈkriː]; *vydať r.* issue a decree

rozhodnutý determined [diˈtəːmənd]; *som r. odísť* I am determined to leave

rozhodný 1. (závažný) decisive [diˈsaisiv]; *urobiť r. krok* make a decisive step **2.** (rázny) resolute [ˈrezəluːt], firm [fəːm]; *r-á odpoveď* resolute answer; *r. hlas* firm voice

rozhodujúci decisive [diˈsaisiv]; *r. činiteľ* decisive factor

rozhorčený exasperated [igˈzɑːspeˌreitəd], indignant [inˈdignənt], embittered [imˈbitəd]; *r. dav* exasperated crowd; *r. zákazník* indignant customer; *r. nad neúspechom* embittered by failure

rozhorčiť sa exasperate [ig'za:spəreit]; *r. sa nad surovosťou* be exasperated by rudeness

rozhorieť sa burst into flame [bə:st 'intə fleim], flare up [fleə ap]; *sviečka sa r-ela* the candle has flared up

rozhorúčiť sa get*/become* heated up [get/bi'kam 'hi:tid ap]; *kachle sa r-li* the stove became heated up

rozhovor 1. talk [to:k], conversation [ˌkonvə'seišn]; *vážny r.* serious talk **2.** (dvoch zúčastnených) dialogue ['daiəlog]; *r. otca so synom* a dialogue between father and son **3.** (telefonický) call [ko:l]

rozhrabať 1. (rozhrnúť) poke [pəuk], stir (up) [stə: (ap)]; *r. oheň* poke the fire **2.** (rozryť) scratch up [skræč ap]; *sliepky r-li záhradu* the chicken scratched up the garden

rozhrešenie cirk. absolution [ˌæbsə'lu:šn]; *dať r.* grant absolution

rozhrnúť push apart/aside [puš ə'pa:t/ə'said]; *r. záclony* push apart/aside the drapes

rozhýbať set* in motion [set in 'məušn]; *vietor r-l stromy* the wind set the trees in motion // **r. sa** get going [get 'gəuiŋ]

rozchod 1. parting ['pa:tiŋ], separation [ˌsepə'reišn], break [breik], split [split]; *r. je ťažký* parting, is difficult; *po r-e zostal sám* after their separation he remained alone; *dlhý r.* a long break **2.** tech. gauge [geidž]; *r. koľajníc* a standard gauge ● (povel) *Rozchod!* Dismiss!

rozísť sa 1. (porozchádzať sa) scatter ['skætə], disperse [dis'pə:s]; *žiaci sa po hodine r-išli* the pupils dispersed after the lesson **2.** (rozlúčiť sa) part [pa:t]; *musíme sa r.* we must part **3.** (v názoroch) disagree [ˌdisə'gri:], differ ['difə] **4.** (s partnerom) split up [split ap]

rozjasniť sa 1. (stať sa jasným) clear up [kliə ap], brighten ['braitn]; *obloha sa r-la* the sky has cleared up **2.** (nadobudnúť veselý vzhľad) cheer up [čiə ap]; *tvár sa mu r-la* his face cheered up

rozjazd start [sta:t]

rozjímanie meditation [ˌmedi'teišn]

rozjímať meditate ['mediteit]; *r. o budúcnosti* meditate on future

rozkaz 1. order ['o:də]; *poslúchať r-y* obey orders; *vydať r-y* issue orders; *platobný r.*

order to pay; *podľa r-u* as directed **2.** (povel) command [kə'ma:nd]

rozkázať 1. (nariadiť) order ['o:də], command [kə'ma:nd]; *generál r-l ustúpiť* the general commanded a retreat **2.** (objednať si) order ['o:də]; *r. si obed* order lunch

rozkazovací imperative [im'perətiv]; gram. *r. spôsob* imperative mood

rozklad 1. odb. analysis [ə'næləsəs], (štiepením) fission ['fišn]; *r. atómov* fission of atoms; *r. svetla* dispersion [di'spə:šn] **2.** (hnitie) decomposition [ˌdi:kəmpə'zišn], decay [di'kei]; *r. zeleniny* decomposition of vegetables; *r. mäsa* decay of meat

rozkladací folding ['fəuldiŋ]; *r-ia posteľ* folding bed; *r-ie kreslo* collapsible couch; *r-ie ležadlo* deck chair; *r-í stôl* pull out table

rozkol 1. split [split]; *r. v politickej strane* a split in the political party **2.** cirk. schism [s(k)izm]

rozkoš delight [di'lait], (vášeň) passion ['pæšn], lust [last]; *čítať dobrú knihu s r-ou* read a good book with delight; *pôsobí mu to r.* it gives him a great pleasure

rozkošný charming ['ča:miŋ], delightful [di'laitfl], lovely ['lavli]; *r-á deva* a charming girl; *r. pohľad* a delightful view

rozkrádač (v malom) pilferer ['pilfərə], (vo veľkom) unlawful appropriator [an'lo:fl,əprəupr'ietə]

rozkročmo astride [ə'straid]; *stáť r.* stand astride

rozkročný: tel. *stoj r.* straddling position ['strædliŋ pə'zišn]

rozkrojiť (na dve časti) cut* in two [kat in tu:], (na viac častí) chop [čop]

rozkrok crotch [kroč]

rozkvet (kvetov) bloom [blu:m]; (stromov a kríkov) blossom ['blosm]; *doba r-u* golden age ['gəuldn eidž]; *v r-e života* in the prime of life [in ðə 'praim əv ˌlaif]

rozkvitnúť 1. (o kvetoch) bloom [blu:m], (o stromoch a kroch) blossom; *stromy r-li* the trees came into blossom ['blosm] **2.** (rozvinúť sa) flourish ['flariš]; *r-l čierny trh* the black market has flourished

rozkvitnutý in full bloom [in ful blu:m]; *na jar sú kvety r-é* in spring the flowers are in full bloom

rozladiť 1. set* out of tune [set aut əv tju:n]; *klavír je r-ený* the piano is set out of tune **2.** (zapríčiniť stratu dobrej nálady) upset* ['apset]; *jeho slová ho r-li* his words upset him

rozľahlý spacious ['speišəs]; *r-é miestnosti* spacious rooms; *r-á oblasť* vast area

rozlepiť unglue ['anglu:]; *r. listy v knihe* unglue the pages in the book // **r. sa** come* off [kam of], fly*/fall* apart [flai/fo:l ə'pa:t]

rozleptať corrode [kə'rəud]; *kyselina r-áva kov* acid corrodes metal

rozliať 1. spill* [spil]; *pozor, r-eješ* mind you're spilling 2. (ponalievať) pour out [po: aut]; *r. víno do pohárov* pour out wine into glasses

rozličný 1. (nerovnakého druhu) various ['veriəs]; *r. tovar* various goods 2. (rozdielny) different ['difrənt]; *r-í ľudia* different people 3. (ako bod programu) miscellaneous [,misə'leiniəs]

rozlíšiť 1. distinguish [dis'tiŋgwiš]; *r. dobré od zlého* distinguish good from bad 2. (odlíšiť) differentiate [,difə'renšieit], discern [di'sə:n]; *r. pravdu* discern the truth

rozloha (plocha) area ['eriə]; *aká je r. vášho bytu?* what is the area of your flat?

rozložiť 1. lay*; *r. šaty na posteľ* lay the dress on the bed 2. (rozprestrieť) spread* [spred]; *r. mapu na stôl* spread the map on the table 3. (rozobrať) take* to pieces [teik tə 'pi:siz]; *r. hodinky* take the watch to pieces 4. (spôsobiť rozklad) break* down; *r. podnik* break down the company 5. (založiť) start [sta:t]; *r. oheň* start/set* a fire

rozlúčiť sa 1. part [pa:t], take* leave [,teik 'li:v]; *prišiel som sa rozlúčiť* I came to take leave; *je čas r. sa* it is time to part 2. (pozdraviť sa pri odchode) say* good bye [sei gud bai]; *r-l sa a odišiel* he said good bye and left

rozlúčka (rozchod) parting ['pa:tiŋ]; *r. je bolestivá* parting is painful; *posledná r.* the last goodbye [la:st gud'bai]

rozlúštiť solve [solv]; *r. problém* solve the problem; *r. hádanku* solve a puzzle

rozmach 1. (prudký rozvoj) rise [raiz], boom [bu:m]; *r. obchodu* rise of trade 2. (prudký pohyb) swing* [swiŋ]; *r. rúk* a swing of arms

rozmanitý various ['veriəs], manifold [,mæni'fəuld]; *r-é jedlá* various foods; *r-é kultúrne programy* manifold cultural programs

rozmar whim [wim]; *detský r.* child's whim

rozmarný capricious [kə'prišəs]; *r-á žena* a capricious woman

rozmazať 1. smear [smiə]; *r. písmená* smear the letters 2. expr. blow* up [bləu ap]; *r. rodinnú záležitosť* blow up the family affairs

rozmaznať pamper ['pæmpə], spoil* [spoil]; *r-né dieťa* a spoilt child

rozmer 1. mat., fyz. dimension [di'menšn]; *tretí r.* third dimension 2. (veľkosť) size [saiz]; *aký r.?* what size?

rozmerný 1. (priestorovo) spacious ['speišəs]; *r-á stavba* spacious building 2. (rozsiahly) extensive [iks'tensiv]; *r-é dielo* extensive work

rozmiestiť place [pleis], (zbrane) deploy [di'ploi]; *r. stoličky okolo stola* place the chairs round the table; *r. zbrane* deploy arms/weapons

rozmnožiť 1. increase [in'kri:s]; *r. rady nezamestnaných* increase the number of unemployed 2. (urobiť väčší počet exemplárov) duplicate ['dju:pləkeit], make* copies [meik 'kopi:z]; *r. letáky* make copies of the leaflets 3. (biologicky) reproduce [,ri:prə'dju:s] 4. (rastliny) propagate ['propəgeit] // **r. sa** spread* widely [spred 'waidli]; *burina sa rýchlo r-la* the weed spread widely

rozmnožovač duplicator ['dju:plikeitə]

rozmraziť defrost [di:'frost], defreeze* [di'fri:z]; *r. mäso* defrost the meat

rozmrznúť thaw [θo:]

rozmyslieť si 1. think* over [θiŋk 'əuvə]; *dobre si to r-i* think it well over 2. (rozhodnúť sa inak) make* up/change one's mind [meik ap/čeindž wanz maind]; *chcel odísť, ale si to r-el* he wanted to leave but made up/changed his mind

rozmýšľať think over/about [θiŋk 'əuvə/ə'baut]; *r. nad problémom* think over/about a problem

roznášať 1. deliver [di'livə]; *r. poštu* deliver the mail 2. (rozširovať) spread* [spred]; *r. zlé správy* spread bad news

roznietiť 1. (zapáliť) kindle ['kindl], ignite [ig'nait]; *r. oheň* ignite a fire 2. (vzbudiť, podnietiť) stir up [stə: ap]; *r. podozrenie* stir up suspicion

roznožka tel. straddleg/straddle vault ['strædleg/'strædl vo:lt]

rozobrať 1. (na časti) take* to pieces [teik tə 'pi:siz]; *r. pušku* take the rifle to pieces 2. (vypredať) sell* out [sel aut]; *kniha je r-tá* the book is sold out 3. (urobiť rozbor) analyse ['ænəlaiz]; *r. problém* analyse the problem

rozodnievať sa dawn [dɔːn]; *v lete sa rýchlo r-a* in summer it is dawning quickly; *r-a sa* the day is breaking, it is getting light

rozodrať wear* out [weə aut]; *topánky sú r-té* the shoes are worn out

rozohnať 1. break* up [breik ap]; *r. dav* break up the crowd 2. (zapudiť) drive* away [draiv əˈwei], dispel [disˈpel]; *r. sny* dispel the dreams // **r. sa** swing [swiŋ], thrash [θræš]; *r. sa rukou* thrash one's arm

rozohrať start playing [staːt ˈpleiŋ]; *r. hru* start playing a game

rozochvieť 1. fyz. (spôsobiť chvenie) vibrate [vaiˈbreit]; *r. membránu* vibrate the membrane 2. (citovo pohnúť) move [muːv], excite [ikˈsait]; *správa ho r-ela* the news moved/excited him

rozopnúť 1. unbutton [anˈbatn], unfasten [anˈfaːsn]; *r. kabát* unbatton the coat 2. (roztiahnuť do šírky) spread* [spred]; *r. krídla* spread the wings

rozorať furrow [ˈfarəu], plough [plau]; *r. pole* plough the field

rozorvaný disturbed [disˈtəːbd], unbalanced [anˈbælənst]; *r. človek* unbalanced person

rozoslať send* out [send aut]; *r. obežníky* send out the circulars

rozosmiať make* laugh [meik laːf]; *šašo r-l divákov* the clown made the audience laugh

rozostlať (posteľ) make*/prepare the beds [meik/priˈpeə ðə bedz]; *r. posteľ na noc* make the bed for the night

rozostrieť spread* (out) [spred (aut)]; *r. plachtu* spread the sheet

rozostúpiť sa stand* apart [stænd əˈpaːt], make* way [meik wei]; *dav sa r-l* the crowd made way

rozoštvať set* against [set əˈgeinst]; *r. národy* set the nations against each other

rozoznať 1. (odlíšiť) distinguish [disˈtiŋgwiš] 2. (rozpoznať) recognize [ˈrekəgnaiz]; *nemohol ho v hmle r.* he wouldn't recognize him in the fog

rozpačitý puzzled [ˈpazld], perplexed [pəˈplekst]; *r. pohľad* puzzled look

rozpad 1. desintegration [disˌintəˈgreišn]; *r. Rímskej ríše* the disintegration of the Roman Empire 2. fyz. fission [ˈfišn]; *r. atómu* fission of atom

rozpadnúť sa fall* to pieces [fɔːl tə ˈpiːsiz]; *dom sa r-ol* the house has fallen to pieces

rozpaky pomn. embarrassment [imˈbærəsmənt]; *uviesť do r-ov* embarrass ● *byť v r-och* be at a loss

rozpálený: *r. kov* red-hot metal

rozpamätať sa recollect [ˌrekəˈlekt], remember [riˈmembə]; *r-l sa na domov* he remembered his home

rozpárať 1. rip up [rip ap]; *r-l si si rukáv* you have ripped up your sleeve 2. (rezom otvoriť) rip open [rip ˈəupən]; *r-li mu brucho* they ripped his belly open

rozparok slit [slit]; *r. na sukni* a skirt with a slit

rozpažiť raise arms sideways [reiz aːmz ˈsaidweiz]

rozpätie 1. span [spæn]; *r. krídel* wing span; *hlasové r.* voice range; *frekvenčné r.* frequency range 2. ekon. margin [ˈmaːdžən]

rozpečatiť unseal [anˈsiːl], break* the seal off [breik ðə siːl of]; *r. list* unseal the letter

rozpíliť saw* through [soː θruː]; *r. brvno* saw the log through

rozpínavý expansive [iksˈpænsiv]

rozpis specification [ˌspesifiˈkeišn]; *r. plánu* specification of the plan

rozpitvať dissect [diˈsekt]; *r. žabu* dissect a frog

rozplakať make* weep/cry [meik wiːp/krai]; *pieseň ju r-la* the song made her cry // **r. sa** burst into tears

rozplánovať plan in detail [plæn in ˈdiːteil]

rozplynúť sa dissolve [diˈzolv], melt (away) [melt]; *hmla sa r-a* the mist has dissolved; *sny sa mu r-li* his dreams melted away

rozpočet budget [ˈbadžət]; *zahrnúť do r-tu* include in the budget; *vyvážiť r.* balance a budget

rozpočítať calculate [ˈkælkjəleit]; *r. náklady* calculate the costs

rozpojiť 1. (prerušiť) disconnect [ˌdiskəˈnekt]; *r. telefónne spojenie* disconnect a telephone connection 2. (zrušiť spojenie) uncouple [anˈkapl]; *r. vagóny* uncouple the carriages

rozpoliť break* into halves [breik ˈintə haːvz], halve [haːv]

rozpoltiť cleave* [kliːv]; *r. poleno* cleave a log

rozpomenúť sa remember [riˈmembə]; *r. sa na svoju mladosť* remember one's youth

rozpomienka reminiscence [ˌremiˈnisns];

R

r. na školské roky reminiscences of the school years

rozpor difference ['difrəns], contradiction [ˌkontrə'dikšn]; *urovnať r-y* settle the differences; *tento výrok je v r-e s tým, čo ste povedali* this statement is in contradiction with what you said

rozposlať send* out [send aut]; *r. pozvánky* send out invitations

rozpovedať tell* [tel]; *r. zážitky* tell about one's experiences

rozpoznať identify [ai'dentəfai]; *r. hlavnú príčinu problému* identify the main cause of the problem

rozpracovať work out [wə:k aut]; *r. problém* work out a problem

rozprášiť spray [sprei]; *r. dezinfekčný prostriedok* spray a disinfectant

rozprašovač sprayer ['spreiə]

rozprava debate [di'beit]; *r. v parlamente* a debate in parliament

rozprávač storyteller ['sto:riˌtelə]

rozprávať 1. (hovoriť, vravieť) speak* [spi:k]; *r. po anglicky* speak English 2. (vyjadrovať dojmy) talk* [to:k]; *o čom r-š?* what are you talking about? *r. z cesty* talk wild; *r. do vetra* talk to the winds // *r. sa* talk [to:k]; *r. sa o deťoch* talk about children

rozprávka fairy tale ['feri 'teil]; *ľudové r-y* folk tales; *rozprávať r-y* tell fairy tales/stories

rozprávkar story teller [ˌsto:ri 'telə]

rozprávkový 1. (týkajúci sa rozprávky) fairy tale ['feriˌteil], story ['sto:ri]; *r-á kniha* fairy tale, story book 2. (nádherný) fabulous ['fæbjələs]; *r-é šaty* fabulous dress

rozprestrieť spread* [spred]; *r. noviny po zemi* spread out newspapers on the floor; *vták r-el krídla na let* the bird spread its wings ready for flight

rozpršať sa neos. begin* to rain [bi'gin tə rein]; *r-lo sa* it began to rain, the drizzle turned into rain

rozptyl dispersion [di'spə:šn]; *r. svetla* dispersion of light; *uhol r-u* angle of dispersion

rozptýlenie diversion [dai'və:šn], amusement [ə'mju:zmənt], distraction [di'strækšn]; *túžiť po r-í* long for diversion

rozptýliť 1. (spôsobiť rozplynutie) dispel [dis'pel] aj. pren.; *slnko r-lo hmlu* the sun dispelled the mist; *r. pochybnosti* dispel

doubts 2. fyz. disperse [dis'pə:s]; *r. svetlo* disperse light 3. (rozohnať) break* up [breik ap]; *polícia r-la dav* the police broke up the crowd 4. (rozveseliť) distract [dis'trækt]; *spoločnosť ju r-la* the party distracted her // *r. sa* 1. (rozveseliť sa) entertain [ˌentə'tein]; *šla na zábavu, aby sa r-la* she went to a party to entertain herself 2. (zmiznúť) disappear [ˌdisə'piə]; *strach sa r-l* the fear disappeared

rozpučať sa (rozviť sa) burst* into [bə:st 'intə]; *stromy sa r-li* the trees burst into blossom

rozpučiť smash up [smæš ap]; *r. zemiaky* smash up the potatoes

rozpuk bud [bad]; *kvety krátko pred r-om* flowers coming into bud

rozpukať sa crack [kræk]; *ľad sa r-l* the ice cracked

rozpustiť 1. (rozviazať) loosen ['lu:sn]; *r. si vlasy* loosen one's hair 2. (zastaviť činnosť) dissolve [di'zolv]; *r. parlament* dissolve a parliament 3. (roztopiť) dissolve [di'zolv]; *r. tabletku* dissolve a tablet 4. (dať impulz na rozchod) break* up [breik ap]; *r. schôdzu* break up a meeting

rozpustný soluble ['soljəbl]; *r-é tabletky* soluble tablets

rozpúšťadlo solvent ['solvent]; *r. olejov* solvent of grease

rozpútať launch [lo:nč]; *r. kampaň* launch a campaign

rozradost(n)iť cheer up [čiə ap]; *darčeky ju r-li* the presents cheered her up

rozrásť sa spread out [spred aut]; *v posledných rokoch sa mesto veľmi r-tlo* the town has spread out rapidly in the last years

rozrevať sa (rozplakať sa) start crying [sta:t 'kra:jiŋ]; *dieťa sa r-lo* the child started crying

rozrezať cut* in two [kat in tu:]; *r. papier* cut the paper in two

rozriediť dilute [dai'lu:t]; *r. pomarančovú šťavu vodou* dilute orange juice with water

rozriešiť solve [solv]; *r. hádanku* solve the riddle

rozrobiť 1. (rozpracovať) have* started [hæv 'sta:təd]; *r. rôzne veci* have different things started 2. (rozmiešať) mix [miks]; *r. maslo* mix butter 3. (rozložiť) make* [meik]; *r. oheň* make fire

rozrúbať chop up [čop ap], cut up [kat ap]; *r. peň* chop up a trunk; *r. starý nábytok* cut up old furniture

rozruch commotion [kə'məušn], fuss [fas]; *spôsobiť r.* cause commotion; *nerob taký r.!* don't make such a fuss!

rozrušiť 1. (znepokojiť, vzrušiť) agitate ['ædžəteit], upset [ap'set]; *správa ho r-la* he became agitated when he heard the news; *nerozruš ho* don't upset him **2.** (porušiť, narušiť, aj pren.) erode [i'rəud]; *voda r-la skaly* water eroded the rocks; *žiarlivosť r-í priateľstvo* jealousy erodes friendship

rozsadiť 1. (rastliny) plant out [pla:nt aut]; *r. kvety* plant out flowers **2.** (usadiť) seat [si:t]; *r. ľudí okolo stola* seat the persons round the table **3.** (zmeniť miesta sedenia) seat away [si:t ə'wei]; *r. žiakov* seat away the pupils from each other

rozsah 1. (rozloha) extent [ik'stent]; *r. budovy* the extent of the building **2.** (veľkosť, množstvo, objem) extent [ik'stent], scope [skəup]; *r. škody* the extent of the damage; *r. vedomostí* the scope of knowledge; *r. hlasu* the compass of voice **3.** tech. volume ['volju:m]

rozsekať chop up [čop'ap], cut* [kat]; *r. mäso* chop up meat; *r. ľad* cut the ice

rozsiahly 1. (rozľahlý) extensive [ik'stensiv], large [la:dž], widespread ['waidspred], wideranging [ˌwaid'reindžiŋ]; *r-a rovina* large lowland; *r-e právomoci* extensive competencies **2.** (veľký, obšírny) great [greit], extensive [ik'stensiv]; *r-a škoda* great damage

rozsievať sow* [səu] aj pren.; *r. zrno* sow the seed; *r. podozrenie* saw the seed of suspicion

rozstreknúť spatter ['spætə]; *auto r-lo blato* the car spattered mud

rozstriekať spray [sprei]; *r. voňavku* spray perfume

rozstrihnúť 1. (rozdeliť) cut* [kat]; *r. špagát* cut a string **2.** (zastrihnúť, upraviť) slit* [slit]; *sukňa na boku r-utá* a skirt slit at the side

rozsudok judg(e)ment ['džadžmənt], sentence ['sentəns]; *nestranný r.* impartial judgement; *r. smrti* death sentence

rozsvietiť 1. (zažať) turn/switch on [tə:n/swič on]; *r. svetlá* turn/switch on the lights **2.** (ožiariť) light* up [lait ap]; *blesk r-l oblohu* the sky was lit up by lightning

rozsypať 1. (rozhodiť) scatter ['skætə]; *r. umelé hnojivo* scatter artificial fertilizer **2.** (vysypať) spill* [spil]; *r. cukor po stole* spill some sugar on the table

rozšíriť 1. (zväčšiť šírku) broaden ['brəudn],

widen ['waidn]; *r. chodník* broaden/widen a path; *r. obzor* broaden one's horizon **2.** (zväčšiť počet, rozsah) expand [ik'spænd]; *r. trh* expand the market **3.** (rozhlásiť) spread* [spred]; *r. klebety* spread rumours // **r. sa** spread [spred]; *infekčná choroba sa rýchlo r-la* the infectious disease spread quickly

rozšliapať 1. trample (down) ['træmpl (daun)]; *dobytok r-l trávu* the cattle trampled down the grass **2.** (rozchodiť) break* in [breik in]; *r. nové topánky* break in the new pair of shoes

rozšliapnuť trample (down) ['træmpl (daun)]; *r. dážďovku* trample an earthworm

rozšnurovať unlace [an'leis]; *r. topánky* unlace the shoes

rozštiepiť split [split]; *r. poleno* split the log

rozštvrtiť quarter ['kwo:tə]; *r. jablko* quarter an apple

rozťahovací extending [iks'tendiŋ]; *r. gauč* extending sofa bed

rozťať cut* [kat]; *r. uzol* cut a knot

roztaviť smelt [smelt]; *r. železnú rudu* smelt iron ore

roztiahnuť 1. (rozprestrieť) spread* [spred]; *r. deku* spread a blanket **2.** (rozhrnúť) draw* [dro:]; *r. záclony* draw the curtains **3.** (oddialiť od seba) draw* apart [dro: ə'pa:t] // **r. sa** spread* [spred]

roztiecť sa 1. (tečením sa rozptýliť) flow* away [fləu ə'wei]; *voda sa r-kla po dlážke* the water flowed away on the floor **2.** (roztopiť sa) melt [melt]; *ľad sa r-kol na slnku* the ice melted in the sun

roztíct' **1.** (rozdrviť) crush [kraš]; *r. klinčeky* crush the cloves **2.** (rozbiť) break* [breik]; *r. tanier* brake a plate

roztočiť spin* [spin]; *para r-la turbínu* steam span the turbine

roztok solution [sə'lu:šn]; *cukrový r.* sugar solution

roztomilý lovely ['lavli]; *r-é dieťa* a lovely child

roztopašný mischievous ['misčəvəs]; *r-é deti* mischievous children

roztopiť 1. melt [melt]; *slnko r-lo sneh* the sun melted the snow **2.** (rozpustiť) dissolve [di'zolv]; *r. cukor v šálke kávy* dissolve sugar in a cup of coffee

roztrasený 1. shaky ['šeiki]; *r. starec* a shaky old man **2.** expr. trembling ['trembliŋ]; *r. hlas* trembling voice

R

roztres(k)núť sa shatter ['šætə]; *pohár sa r-ol na dlážke* the glass shattered on the floor

roztrhnúť (v rozl. význ.) tear* [teə]; *r. špagát* tear the string; *r. si šaty* tear one's dress // **r. sa** break* [breik]; *lano sa r-lo* the rope broke ● *r-lo sa s nimi vrece* there was no end of them

roztriasť 1. (rozkývať) shake* (up) [šeik (ap)]; *zemetrasenie r-lo dom* the earthquake shook up the house **2.** (unaviť otrasmi) tremble ['trembl], make a person tremble; *bol r-asený po dlhej ceste* the long walk made him tremble // **r. sa** start shaking; *r-li sa mu ruky* his hands started shaking

roztriediť assort [ə'soːt]; *r. listy* assort letters

roztrieštiť split (up) [split (ap)]; *r. organizáciu* split up an organization

roztrpčenie embitterment [im'bitəmənt]; *v jeho hlase poznať r.* embitterment shows in his voice

roztrpčený embittered [im'bitəd]; *r. neúspechmi* embittered by failures

roztržitý absent-minded [ˌæbsnt-'maindəd]; *r. učiteľ* an absent-minded teacher

roztržka skirmish ['skəːmiš], rupture ['rapčə]; *r. medzi bratmi* a skirmish between brothers; *došlo medzi nimi k r.* they came to a rupture

roztúžený lovesick ['lavsik]; *r-á žena* a lovesick woman

roztvoriť spread* open [spred 'əupən]; *r. okno* spread open a window

rozum 1. (um) reason ['riːzn]; *len človek má r.* only man has reason **2.** (uvažovanie) sense [sens], intellect ['intəlekt]; *zdravý r.* common sense; *bystrý r.* bright intellect ● *hýbať r-om* use one's brains; *stratiť r.* be out of mind; *priviesť k r-u (koho)* bring to reason, make someone toe the line; *to je nad ľudský r.* it is beyond comprehension; *manželstvo z r-u* marriage de convenience ● *prejsť cez r. (komu)* outwit; *ťahať r-y (z koho)* draw someone out; *to dá r.* it stands to reason; *maj r.* be sensible

rozumieť (v rozl. význ.) understand* [ˌandə'stænd]; *r. po anglicky* understand English; *žena mu ner-ela, preto sa rozišli* his wife didn't understand him that's why they separated; *bratia si dobre r-eli* the brothers understood each other well; *r. politickej situácii* understand the political situation; *r. výz-*

namu slova understand the meaning of the word ● *to sa r-e* it stands to reason

rozumný 1. (majúci rozum) reasonable ['riːznəbl]; *r. človek* a reasonable person **2.** (logický) sensible ['sensəbl]; *r. návrh* a sensible suggestion

rozutekať sa run* away [ran ə'wei]; *deti sa r-li* the children ran away

rozvaha caution ['koːšn]; *požiadavky treba riešiť s r-ou* the claims should be treated with caution

rozvalcovať roll a thing flat [rəul ə θiŋ flæt]

rozvalina ruin ['ruːən]; *r. starého hradu* the ruin of an old castle

rozvariť boil to mush [boil tə maš]

rozvášniť work up [wəːk ap]; *politik r-l dav* the politician worked up the crowd

rozvážač deliveryman [de'livərimən]

rozvážiť 1. (vážením rozdeliť) weigh out [wei aut]; *r. múku do vriec* weigh out flour into sacks **2.** (premyslieť) consider [kən'sidə]; *r-ž (si), čo hovoríš* consider what you are saying

rozvážny cautious ['koːšəs]; *r. politik* a cautious politician

rozvedený divorced [də'voːst]

rozveseliť cheer up [čiə ap]; *ten príbeh ju r-l* that story cheered her up

rozviazať 1. (uvoľniť) untie [an'tai], undo* [an'duː], unlace [an'leis]; *r. špagát* untie a string; *r. balík* undo a parcel; *r. (si) šnúrky na topánkach* unlace one's shoes **2.** (zrušiť) break* off [breik of]; *krajiny r-li diplomatické vzťahy* the countries broke off diplomatic relations; *r. pracovnú zmluvu* cancel the contract

rozvidnieť sa 1. (svitnúť) dawn [doːn]; *r-elo sa* it has dawned **2.** (rozjasniť sa) clear up [kliə ap]; *po búrke sa r-elo* it has cleared up after the storm

rozviedka intelligence service [in'telidžəns ˌsəːvis]

rozviesť 1. (zaviesť na rozličné miesta) take* to all parts of... [teik tə oːl paːts əv...]; *r. po meste* take to all parts of the town **2.** (podrobne osvetliť) specify ['spesəfai]; *r. problém* specify a problem **3.** (vykonať rozvod) divorce [də'voːs]; *r. manželstvo* divorce a married couple // **r. sa** divorce [də'voːs]; *r-dli sa roku 1993* they divorced in 1993

rozviezť (dopraviť) deliver [di'livə]; *r. mlieko* deliver milk

rozvinúť 1. (niečo zavinuté) unroll [an'rəul], unfold [an'fəuld]; *r. koberec* unroll a carpet; *r. mapu* unfold a map 2. (uskutočniť, prehĺbiť) deploy [di'ploi], develop [di'veləp]; *r. útok* deploy an attack; *r. nápad* develop an idea // **r. sa** (o kvete) open ['əupən]; *kvet sa r-ul* the flower has opened

rozvíriť 1. (zvíriť) whirl [wə:l]; *vietor r-l prach* the wind whirled the dust 2. (rozprúdiť) stir [stə:], rouse [rauz]; *r. činnosť* stir, rouse to action 3. (vzrušiť) stir up [stə: ap], rouse; *r. mysle ľudí* stir up people's minds

rozvitý 1. (rozkvitnutý) open (out) ['əupn (aut)]; *kvet je r.* the flower is open 2. (rozvinutý) developed [di'veləpt]; *r-é hospodárstvo* developed economy 3. gram. *r-á veta* complex sentence

rozvláčny verbose [və:'bəus], longwinded [‚loŋ'windid]; *r-e vysvetlenie, r. referát* a verbose explanation/contribution; *r-a reč* a longwinded speech

rozvod 1. (manželstva) divorce [də'vo:s] 2. (vedenie plynu, vody, elektriny) distribution [distribju:šən], main(s) [meinz]; *r. prúdu* power distribution

rozvodie watershed ['wo:təšed]

rozvodka 1. (el. prúdu) distributor [‚distri-'bju:tə] 2. (na pílu) saw set [so: set]

rozvodniť sa flood [flad]; *po búrke sa rieka r-la* the river has flooded after the thunderstorm

rozvodový: *v. r-om konaní* with a divorce suit pending

rozvoj development [di'veləpmənt]; *r. výroby, priemyslu* the development of production, industry; *duševný r.* spiritual development

rozvojový developing [di'veləpiŋ]; *r-á krajina* developing country

rozvrat disruption [dis'rapšn]; *morálny r. spoločnosti* moral disruption of the society; *manželský r.* irretrievable breakdown of marriage; *r. rodiny* broken home

rozvrátiť disrupt [dis'rapt]; *r. manželstvo* disrupt a marriage; *r. spoločnosť* disrupt a society

rozvratný disruptive [dis'raptiv]; *mať r. vplyv* have a disruptive influence

rozvrh schedule ['šedju:l]; *r. plánu výroby* a production schedule; *r. hodín* timetable ['taim‚teibl]

rozvrhnúť 1. (premyslieť) plan (out) [plæn

(aut)]; *r. si prácu* plan out one's work 2. (rozdeliť) plan [plæn], design [di'zain]; *účelne r-uté obytné priestory* adequately designed living space

rozvrstvenie stratification [‚strætəfə'keišn]; *r. spoločnosti* stratification of society

rozzúrený furious ['fjuriəs], wild [waild]; *r. vojak* a furious soldier; *r. pes* a wild dog

rozzúriť drive* mad [draiv mæd], infuriate [in'fjurieit] // **r. sa** get* into a fury [get 'intə ə 'fjuri]

rozžehliť iron out ['aiən aut], smooth [smu:θ], flat [flæt]; *r. skladanú sukňu* iron out a pleated skirt

rozžeraviť glow [gləu]; *r-ené uhlíky* glowing embers

rozžialiť fill with grief [fil wið gri:f]

rožný 1. (nárožný) corner ['ko:nə]; *r. dom* corner house 2. (majúci rohy) horned ['ho:nd]; *r. dobytok* horned cattle

rožok roll [rəul]

rôsol jelly ['dželi], aspic ['æspik]; *šunka v r-e* jellied ham

rôznobežka transverse [trænz'və:s]

rôznobežný transversal [trænz'və:sl], non-parallel [non'pærələl]

rôznojazyčný multilingual [‚malti'liŋguəl]

rôznorodý heterogenious [‚hetrəu'dži:-niəs]; *r-á spoločnosť* a heterogenious society

rôzny different ['difrənt]; *r-e predmety* different objects

röntgen 1. (prístroj) an X-ray machine ['eksrei mə'ši:n] 2. (jednotka ožiarenia) X-ray

röntgenovať X-ray ['eksrei]; *r. zlomenú nohu* X-ray a broken leg

rub 1. reverse [ri'və:s], back [bæk]; *r. látky* the reverse side of the cloth 2. (nepriaznivá stránka javu) back side [bæk said] ● *každá minca má svoj r. a líce* there are two sides to every story

rúbať 1. (stínať) hew* [hju:]; *r. stromy* hew down trees 2. (kálať) chop [čop]; *r. drevo* chop wood

rubín ruby ['ru:bi]

rubrika 1. column ['koləm] 2. (v časopise, novinách) section ['sekšn]; *športová r.* sports section

rúcať demolish [di'moliš]; *r. staré domy* demolish old houses // **r. sa** fall to pieces [fo:l tə 'pi:səz], collapse [kə'læps]; *plány sa r-jú* the plans have collapsed

ručička 1. (zdrob. k *ruka*) little hand

[ˌlitl 'hænd] **2.** (na prístroji) finger ['fiŋgə] **3.** (na hodinách) hand [hænd] ● *viesť za r-u* keep a person on a lead; *nechá sa od matky vodiť za r-u* he is tied to his mother's apron strings

ručiť guarantee [ˌgærən'tiː], warrant ['worənt]; *výrobca r-í tri roky za výrobok* the manufacturer guarantees the product for three years; *pestovateľ r-í, že rastliny sú zdravé* the grower warrants that the plants are free from diseases

ručiteľ guarantor/tee [ˌgærən'toː/'tiː] warranter, warrantor ['worəntə]

rúčka 1. (zdrob. k *ruka*) little hand [ˌlitl 'hænd] **2.** (rukovāť) handle ['hændl]; *r. kufra* the suitcase handle ● *z r-y do r-y* here and now

ručník 1. (šatka) scarf [skaːf]; *vlnený r.* a woollen scarf **2.** (vreckovka) handkerchief ['hæŋkəčif]

ručný 1. (vykonávaný rukami) manual ['mænjuəl]; *r-á práca* manual work **2.** (ovládaný rukami) hand [hænd]; *r-á brzda* hand break **3.** (vyrobený rukami) hand made [hænd meid]; *r-é výrobky* hand made products ● *r-á práca* needlework, (školská) handlework

ruda ore [oː]; *železná r.* iron ore

rudný: *r-é bane* ore mines

rúhať sa blaspheme [blæs'fiːm]; *r. sa Bohu* blaspheme against God

ruch 1. (zhon) rush [raš], bustle ['basl]; *vianočný r.* Christmas rush; *mesto plné r-u* a town bustling with activity **2.** (aktivita) hustle and bustle ['hasl ənd 'basl]; *cestovný r.* tourism ['turizm]

rúcho gown [gaun]; *svadobné r.* a wedding gown

ruina 1. (zrúcanina) ruin ['ruːən]; *r. hradu* the ruin of a castle **2.** (ľudská) wreck

ruja rut [rat]; *jelenia r.* deer rut

ruka 1. (horná končatina) arm [aːm] **2.** (časť ruky od zapästia s prstami) hand [hænd]; *pravá r.* righthand; *r-ky vo vreckách* hands in pockets; *má šikovné r-y* she is very good with her hands; *list písaný r-ou* a letter written by hand; *podať r-u* give a hand to; *to dieťa potrebuje pevnú r-u* that child needs a firm hand **3.** (rukopis) handwriting ['hændraitiŋ]; *spoznal otcovu r-u* he recognized his father's handwriting ● *r. zákona/spravodlivosti* the arm of the law; *r. v r-e* arm in arm; *r-u na srdce* cross your heart; *r-u na to* shake (hands) on it; *z r-y do r-y* from hand to hand; *r-y hore!*

hands up!; *r-y preč (od čoho)* hands off; *mať plné r-y práce* be all works; *nechať voľnú r-u (komu)* to give free rein to someone; *priložiť r-u k dielu* to put one's shoulder to the wheel; *sedieť so založenými r-mi* to be doing nothing; *žiť z r-y do úst* to live from hand to mouth; *r-a r-u umýva* one good term deserves another

> ruka od pleca po zápästie – **arm**
> ruka od zápästia po konce prstov – **hand**

rukáv sleeve [sliːv]; *šaty s krátkymi/dlhými r-mi* a dress with short/long sleeves ● *už je ruka v r-e* signed, sealed and delivered

rukavica glove [glav]; *vlnené/kožené r-e* woollen/leather gloves; *palcové r-e* mitten ['mitn] ● *hodiť r-u (komu)* throw down the gauntlet

rukojemník hostage ['hostidž]; *teroristi držia dve deti ako r-ov* the terrorists are keeping two children as hostages

rukolapný tangible ['tændžəbl]; *r. dôkaz* tangible proof

rukopis 1. (písmo) handwriting ['hændraitiŋ]; *nečitateľný r.* illegible handwriting **2.** (dielo pripravené do tlače) clear copy [kliə 'kopi], manuscript ['mænjuːskript] **3.** (rukou písaná lit. pamiatka) manuscript ['mænjuːskript]; *stredoveké r-y* medieval manuscripts

rukovať enlist [in'list]; *r-l, keď mal 18 rokov* he enlisted when he was 18

rukovät 1. (držadlo) handle ['hændl] **2.** (príručka) handbook ['hændbuk]; *r. slovenskej literatúry* a handbook of Slovak literature

ruksak hovor. rucksack ['raksæk]

ruleta roulette [ruːlet]

rum rum [ram]; *čaj s r-om* tea with rum

rumanček camomile, chamomile ['kæməmail]

rumelka vermilion [vəˈmiljən]

rumenec kniž. blush [blaš]

rumovisko debris ['debri]; *po zemetrasení zostalo z mesta len r.* after the earthquake there was only debris left of the town

Rumun R(o)umanian ['ruːmeiniən]

Rumunsko R(o)umania, Rumania ['Ruːmeiniə]

rumunský R(o)umanian ['ruːmeiniən]

rúno fleece [fliːs]

ruptúra rupture ['rapčə]

rúra 1. pipe [paip]; *plynová, kanalizačná*

r. gas, sewage pipe **2.** (na pečenie) oven ['avn]; *elektrická r.* electric oven; *mierne zohriata r.* slow oven

Rus Russian ['rašn]

rusalka water nymph ['wo:tə ˌnimf]

Rusko Russia ['rašə]

ruský Russian ['rašn]

rušeň locomotive [ˌləukə'məutiv], engine ['endžən]

rušiť **1.** (zrušovať) discontinue [ˌdiskən'tinju:], abolish [ə'boliš]; *r. prevádzku autobusu* discontinue a bus service; *r. rozsudok* abolish a judgement; *r. embargo* raise/lift an embargo **2.** (kaziť, mariť) disturb [dis'tə:b]; *r. spánok* disturb a person's sleep; *r. rozhlasové vysielanie* jam [džæm] **3.** (vyrušovať) disturb [dis'tə:b]; *ľutujem, že vás r-ím* sorry to disturb you

rušivý disturbing [dis'tə:biŋ]; *r. zvuk* disturbing noise

rušňovodič engine driver ['endžən ˌdraivə]; *r. osobného vlaku* slow train engine driver

rušný **1.** (plný ruchu, pohybu) busy ['bizi]; *r. deň* busy day; *r-á ulica* busy street **2.** (živý) animated ['ænimeitəd]; *r-á debata* animated debate

ruština Russian ['rašn]

rutina routine [ru:'ti:n], skill [skil]; *ubíjajúca r.* stultifying routine; *maliarska r.* a painter skill; *jednať s r-ou* handle with skill

rutinovaný skilled [skild]; *r. rečník* a skilled speaker

rútiť sa **1.** (prudko padať z výšky) fall* rapidly [fo:l 'ræpədli]; *vodopád sa r-i* the waterfall is falling rapidly **2.** (prudko sa pohybovať vpred) dash [dæš]; *r. sa dolu kopcom* dash downhill **3.** (boriť sa, rozsypávať sa) tumble down ['tambl daun]; *budova sa r-i* the building is tumbling down

ruvačka row [rau], (dog) fight [(dog) fait], fracas ['fræka:]

ruvať sa expr. tussle (with) ['tasl wið]; *chlapci sa r-li na lúke* the boys were tussling on the meadow

rúž lipstick ['lip ˌstik]

ruža rose [rəuz]; *kytica červených r-í* a bunch of red roses ● *červený ako r.* rose red; *nemá na r-iach ustlané* his bed is not all roses; *trpezlivosť r-e prináša* patience conquers the world

ruženec rosary ['rəuzəri]; *modliť sa r.* say one's rosary

ružový **1.** rose [rəuz]; *r. ker* a rose bush **2.** (bledočervený) pink [piŋk]; *r-é klince* pink carnations **3.** (radostný) rosy ['rəuzi]; *r-é sny* rosy dreams ● *hľadieť cez r-é okuliare* take a rosy view through rose coloured/tinted spectacles

ryba fish [fiš]; *riečna r.* fresh water fish *morská r.* sea fish ● *ani r., ani rak* neither fish no fowl; *ako r. na suchu* like a fish out of water; *od hlavy r. smrdí* the rot starts at the top

rybací, rybí: *r-ia polievka* fish soup

rybačka hovor. fishing ['fišiŋ]; *ísť na r-u* go fishing

rybár fisherman ['fišəmən], angler ['æŋglə]

rybársky fishing ['fišiŋ]; *r. čln* fishing boat; *r. lístok* angling permit/licence; *r-a sieť* drag (net)

rybník fish farm ['fiš ˌfa:m]

rybolov fishing ['fišiŋ]

rydlo engraving tool [in'greiviŋ tu:l], graving chisel ['greiviŋ 'čizl]

rýdzi **1.** (čistý) pure ['pjuə]; *r-e zlato* pure gold **2.** (pravý) genuine ['džƏnjuən] **3.** (ušľachtilý) sterling ['stə:liŋ]

ryha groove [gru:v]

rýchlik express [iks'pres], fast train [fa:st trein]; *cestovať r-om* travel by express/fast train

rýchlikový: *r-ý príplatok* express surcharge [iks'pres 'sə:ča:dž]

rýchlo quickly ['kwikli]; *poď r.* come quickly/fast; *r. kráčať* walk fast

rýchločistiareň express cleaner's [iks'pres 'kli:nəz]

rýchlodoprava express (transport) service [iks'pres ('trænspo:t) 'sə:vis]

rýchlokorčuliar speedskater ['spi:dskeitə]

rýchlokorčuľovanie speed-skating [ˌspi:d 'skeitiŋ]

rýchlomer speedometer [spi'domətə], speedo ['spi:dəu]

rýchlonohý swift-footed [ˌswift 'futəd]

rýchlooprava quick repair [ˌkwik ri'peə]

rýchlopis shorthand ['šo:thænd]; *robiť poznámky r-om* make notes in shorthand/make shorthand notes

rýchlosť **1.** (veličina) speed [spi:d]; *rovnomerná r.* a steady speed; *naberať r.* pick up/gather speed **2.** (chvat) rapidity [ræ'pidəti], quickness ['kwiknəs], promptitude ['promtitju:d]; *s r-ou niečo zariadiť* manage something with promptitude **3.** (rýchlostný stupeň) gear [giə]; *prehodiť r. (v aute)* change gear

rýchlostný gear [giə]; *r-á páka* gear lever; *r. príplatok* express surcharge

rýchly 1. (op. pomalý) fast [faːst], quick [kwik]; *r. rast* fast growth; *r. pracovník* quick/fast worker; *r. kôň* fast horse; *r-e tempo* quick pace **2.** (náhly) rapid ['ræpid]; *r. úpadok* rapid decline **3.** (okamžitý) prompt [prompt], swift [swift]; *r-a pomoc* prompt help; *r-a odpoveď* prompt/swift answer

rýľ spade [speid]

rýľovať dig* [dig]; *r. záhradu* dig the garden

rým rhyme [raim]

rýmovať (sa) rhyme (with) [raim wið]

rýpadlo excavator ['ekskəveitə]

rypák (prasaťa) snout [snaut]

rýpať 1. (niečím ostrým) scratch [skræč]; *r. do nábytku* scratch the furniture **2.** expr. (zlomyseľne napádať) nag [næg]

rys¹ zool. lynx [links]

rys² (výkres) drawing ['droːiŋ]

rysovací drawing ['droːiŋ]; *r-ia doska* drawing board

rysovanie drawing ['droːiŋ]

rysovať draw* [droː]; *r. diagram* draw a diagram

ryšavý red [red]; *r-é vlasy* red hair

ryť 1. (kopať) dig* [dig]; *r. zem* dig the ground **2.** (do kovu) engrave [in'greiv]; *r. obraz do kovu* engrave a picture on metal

rytec engraver [in'greivə]

rytier knight [nait] ● *r. smutnej postavy* knight of the doleful countenance; *r. bez bázne a hany* a knight without fear and reproach

rytiersky chivalrous ['šivlrəs]; *r. starý pán* a chivalrous old gentleman; *r. rád* order of knighthood

rytina engraving [in'greiviŋ]; *r. starej Bratislavy* an engraving of old Bratislava

rytmický rhythmic(al) ['riðmik(l)]; *r. tlkot srdca* the rhythmic beating of one's heart

rytmus rhythm ['riðəm]; *r. piesne* the rhythm of the song

ryža rice [rais]; *mäso s r-ou* meat and rice

ryžový: *r-é polia* rice fields; *r. nákyp* rice soufflé/pudding

S

s, so 1. with [wið]; *poď so mnou* come with me; *s radosťou* with pleasure **2.** and [ænd/ənd]; *šunka s vajcom* ham and eggs

sa 1. (seba) oneself [wan'self]; *zabávať sa* enjoy oneself; *umyť sa* wash oneself **2.** (neosobne) they [ðei]; *povráva sa* they say **3.** trpný rod: *hľadá sa vinník* the offender is wanted

sabotáž sabotage ['sæbətaːž]

sabotér saboteur [,sæbə'təː]

sad 1. park [paːk], gardens ['gaːdns] (obyč. mn. č.); *mestský/verejný s.* a public park; *Kensingtonský s.* Kensington Gardens **2.** (ovocný) orchard ['oːčəd]

sadiť plant [plaːnt]; *s. zemiaky* plant potatoes

sadlo fat [fæt]

sadnúť (si) 1. sit* down ['sit daun]; *s-ite si, prosím* sit down, please **2.** (o vtákoch) perch [pəːč]; *lastovičky si s-li na telefónny drôt* the swallows perched on the telephone wires ● *s. na lep* to swallow with hook, line, and sinker

sadra 1. plaster of Paris [,plaːstər əv 'pærəs] **2.** hovor. (sadrový obväz) plaster cast [,plaːstə 'kaːst]

sadrovať plaster ['plaːstə]; *s. diery v stene* plaster the walls

sadza soot [sut]

sadzač typesetter ['taip,setə], compositor [kəm'pozətə]

sadzba¹ rate [reit]; *mzdová s.* rate of pay; *úroková s.* rate of interest

sadzba² typ. composition [,kompə'zišn]

sako jacket ['džækət]

sakristia vestry ['vestri]

sála hall [hoːl]; *koncertná s.* music hall; *operačná s.* operating theatre

saláma salami [sə'laːmi]

salón salon ['sælon]; *hudobný s.* the music salon; *kadernícky s.* a hairdressing salon; *prijímací s.* reception room

salva volley ['voli]; *vypáliť s-u* fire a volley; *čestná s.* salute

sám alone [ə'ləun], on one's own [on ,wanz 'əun]; *byť s.* be all alone; *žiť s.* live on one's own ● *urobil si to s.* he did it himself

samec male [meil]

samica female ['fiːmeil]

samočinný 1. automatic [ˌoːtəˈmætik]; *auto so s-m radením rýchlostí* a car with automatic gears **2.** (živelný) spontaneous [sponˈteiniəs]

samohláska vowel [ˈvauəl]; *krátka/dlhá s.* a short/long vowel

samoobsluha (obsluhovanie seba samého aj predajňa) self-service [ˌselfˈsəːvəs]

samopal automatic rifle [ˌoːtəˈmætik ˈraifl]

samospráva self-government [ˌselfˈgavəmənt], self-rule [ˌselfˈruːl]

samostatný independent [ˌindəˈpendənt]; *je veľmi s-á* she's very independent; *s. národ* an independent nation

samota solitude [ˈsolətjuːd], loneliness [ˈləunlinəs]; *žiť v s-e* live in solitude; *trpieť s-ou* suffer from loneliness

samotár solitary [ˈsolətri]; *žiť životom s-a* live a solitary life

samouk a self-educated/self-taught person [ˌself ˈedjukeitəd/ˌself toːt ˈpəːsn]

samourčenie self-determination [ˌselfdiˈtəːməˈneišn]; *právo národov na s.* the right of all peoples to self-determination

samoväzba solitary confinement [ˈsolətri kənˈfainmənt]

samovláda autocracy [oːˈtokrəsi]

samovražda suicide [ˈsuːəsaid]; *spáchať s-u* commit suicide

samovznietenie self-ignition [ˌselfigˈnišn], spontaneous combustion [sponˌteiniəs kəmˈbasčn]

samozrejmý self-evident [ˌselfˈevidənt]; *s. fakt* a self-evident fact; *pokladať za s-é, že...* take for granted, that...

samý 1. (výlučne) all [oːl]; *boli tam s-í mladí ľudia* those present were all young people **2.** (v rozl. význ.) very [ˈveri]; *dôjsť na s. koniec mesta* reach the very end of the town; *boli na s-om vrchu* they got to the very top ● *som s-é ucho* I'm all ears

sanatórium sanatorium [ˌsænəˈtoːriəm], convalescent home [ˌkonvəˈlesnt ˌhəum]

sandál (obyč. mn. č.) *s-e* sandal [ˈsændl]

sane 1. toboggan [təˈbogən], sledge [sledž] **2.** (ťahané koňmi) sleigh [slei]

sanitka hovor. ambulance [ˈæmbjələns]

sánka (dolná čeľusť) lower jaw [ˌləuə ˈdžoː]

sánkovať sa go tobogganing/sledging [ˌgəu təˈbogəniŋ/ˈsledžiŋ]

sardela anchovy [ˈænčəvi]

sardinka sardine [saːˈdiːn]

satelit satellite [ˈsætəlait]

satira satire [ˈsætaiə]

sauna sauna [ˈsaunə/ˈsoːnə]

scediť strain [strein]; *s. zemiaky* strain the potatoes

scéna 1. (v rozl. význ.) scene [siːn]; *ľúbostná s.* love scene; *prvá s. dejstva* the first scene of an act **2.** (javisko) stage [steidž] ● *urobila mu s-u* she made him a scene

scenár scenario [səˈnaːriəu]; *s. výstavy* the scenario for an exhibition; *filmový s.* screenplay

scivilizovať civilize [ˈsivlaiz]

sčasti partly [ˈpaːtli], partially [ˈpaːšli]; *s. osvetlený stôl* a partly lit table

sčervenieť turn red [təːn red], (zapýriť sa) blush [blaš]; *s-ela od zlosti* she turned red with anger; *v rozpakoch s-ela* she blushed with embarrassment

sčítaný well-read [ˌwelˈred]

sčítať add (to, up) [æd (tə, ap)]; *s. čísla* add up figures

sebadôvera self-confidence [ˌselfˈkonfədns]; *získať s-u* gain self-confidence

sebaistota self-assurance [ˌselfəˈšurəns]

selfconsciousness = neistota
self-confidence = sebaistota

sebaklam self-delusion [ˌselfdiˈluːžn]

sebakontrola self-control [ˌselfkənˈtrəul], self-command [ˌselfkəˈmaːnd]; *stratiť s-u* lose one's self-control

sebaobrana self-defence [ˌselfdiˈfens]; *v s-e* in self-defence

sebaovládanie self-control [ˌselfkənˈtrəul]; *stratiť s.* lose one's self-control

sebaúcta self-respect [ˌselfriˈspekt]

sebaurčenie self-determination [ˌselfdiˌtəːməˈneišn]

sebavedomie self-confidence [ˌselfˈkonfədns]; *nedostatok s-a* lack of self-confidence

sebavzdelávanie self-education [ˌselfedjukˈkeišn]

sebazáchova self-preservation [ˌselfprizəˈveišn]; *pud s-y* instinct of self-preservation

sebazapieranie self-denial [ˌselfdiˈnaiəl]

sebec egoist [ˈiːgəuist]

sebecký egoistic [ˌiːgəuˈistik], selfish [ˈselfiš]; *s. človek* an egoistic person; *s-é motívy* selfish motives

S

sedadlo seat [si:t]; *predné/zadné s. auta* the front/back seat of a car
sedavý sedentary ['sedntri]; *s-é zamestnanie* a sedentary job
sedem seven ['sevn]
sedemdesiat seventy ['sevnti]
sedemdesiaty seventieth [ˌsevn'ti:θ]; *s-e roky* the seventies
sedemnásť seventeen [ˌsevn'ti:n]
sedemnásty seventeenth [ˌsevn'ti:nθ]
sedieť (v rozl. význ.) sit* [sit]; *s. na stoličke* sit on a chair; *s. vo výbore* sit on a committee; *vták s-í na streche* a bird is sitting on the roof; *kabát ti nes-í* the coat doesn't sit well on you ● *s. na dvoch stoličkách* sit on the fence; *s. mame na sukni* be tied to one's mother's apron strings
sedlať saddle ['sædl]; *s. koňa* saddle a horse
sedliak peasant ['peznt]
sedlo saddle ['sædl]
sedmokráska daisy ['deizi]
sedmoraký sevenfold ['sevnfəuld]
sedmospáč sluggard ['slagəd]
sejačka seeding-machine [ˌsi:diŋmə'ši:n]
sejba seed [si:d]; *je čas s-y* it's seedtime
sekať chop up ['čop ap]; *s. mäso* chop up meat
sekcia section ['sekšn]
sekera 1. axe [æks]; *rúbať drevo s-ou* split logs with an axe **2.** (mäsiarska) chopper ['čopə]
sekerka hatchet ['hæčət]
sekrécia secretion [si'kri:šn]
sekretár[1] secretary ['sekrətri]; *generálny s.* secretary general
sekretár[2] (druh nábytku) bureau ['bjurəu], AM secretary ['sekrətəri]
sekt champagne [šæm'pein]
sekta sect [sekt]
sekunda second ['sekənd]
sem here [hiə]; *poď s.* come here; *s. a tam* to and fro
semafor 1. traffic light(s) ['træfik lait(s)] **2.** žel. semaphore ['seməfo:]
sémantika semantics [si'mæntiks]
semeno seed [si:d]
semester term [tə:m]; *zimný/letný s.* the winter/summer term
seminár 1. (cvičenie) seminar ['seməna:] **2.** (kňazský) seminary ['semənəri]
semiš suede [sweid]
sen dream [dri:m] ● *chodiť ako vo sne* go about in a dream

senát polit. aj hist. senate ['senət]
senátor senator ['senətə]
sendvič sandwich ['sænwidž]
senník hayloft ['heiloft]
senný: *s-á nádcha* hay fever
seno hay [hei]; *kopa s-a* haystack, hayrick; *sušiť s.* make hay ● *hľadať ihlu v kope s-a* look for a needle in a bundle of hay
sentimentálny sentimental [ˌsentə'mentl]; *s. človek* a sentimental person
senzácia sensation [sen'seišn]; *vyvolať s-u* cause a sensation
senzačný sensational [sen'seišnəl]; *s-é správy* sensational news
september September [sep'tembə]
séria series ['siri:z]; *s. pokusov* a series of experiments
seriál serial ['siriəl]; *rozhlasový/televízny s.* a radio/TV serial; *sentimentálny rozhlasový/televízny s.* soap opera aj soap
seriózny serious ['siriəs]; *s-a práca* serious work; *s. článok* a serious article
serpentína winding road ['waindiŋ rəud]
servírka waitress ['weitrəs]
servírovať serve [sə:v]; *s. jedlo* serve a meal
servis[1] (údržba výrobkov) service ['sə:vəs]
servis[2] (náčinie na podávanie jedál a nápojov) service ['sə:vəs]; *čajový s.* a tea service
servítka napkin ['næpkən]; *papierová s.* a paper napkin
sesternica cousin ['kazn]
sestra 1. sister ['sistə] **2.** (zdravotná) nurse [nə:s] **3.** (rádová) nun [nan]
set šport. set [set]
sever north [no:θ]; *letieť na s.* fly to the north
severák north wind [ˌno:θ 'wind]
severan Northerner ['no:ðənə]
severný 1. (nachádzajúci sa na severe, idúci zo severu) north [no:θ]; *s-á strana budovy* the north side of the building; *s. pól* the North Pole; *s. vietor* a north wind **2.** (patriaci severnej časti sveta, krajiny) northern ['no:ðən]; *s-á pologuľa* the northern hemisphere
severoeurópsky Northern European ['no:ðən jurə'piən]
severovýchod northeast [ˌno:θ'i:st]
severovýchodný northeast [ˌno:θ'i:st]; *s. vietor* a northeast wind
severozápad northwest [ˌno:θ'west]
severozápadný northwest [ˌno:θ'west]; *s-á oblasť* the northwest area

sex sex [seks]
sexuálny sexual ['sekšuəl]
sezóna season ['siːzn]; *letná s.* the summer season; *v s-e* in season; *mimo s-y* out of season ● *uhorková s.* silly season
sezónny seasonal ['siːznəl]; *s-a práca* seasonal employment
sfarbenie colouring ['kaləriŋ]; *ochranné s.* protective colouring
sféra sphere [sfiə]; *s. vplyvu* sphere of influence
sfilmovať film [film]; *s. rozprávku* film a fairy tale
sfúknuť 1. (zahasiť) blow* out ['bləu aut]; *s. sviečku* blow a candle out 2. (odfúknuť) blow* off ['bləu of]; *vietor mu s-ol klobúk* the wind blew his hat off
schéma schema ['skiːmə]
schladiť chill [čil]; *s. víno* chill wine // **s. sa** get cold; neos. *s-lo sa* it got cold
schod 1. step [step] 2. (iba mn.č.) *s-y* stairs [steəz]; *ísť hore s-mi* go up the stairs; *zbehnúť po s-och* run down the stairs; *pohyblivé s-y* an escalator/a moving staircase
schodište staircase ['steəkeis], stairway ['steəwei]
schodný passable ['paːsəbl]; *s-á cesta* a passable path
schopnosť ability [ə'biləti], capability [ˌkeipə'biləti], faculty ['fækəlti], capacity [kə'pæsəti]; *s. myslieť* the ability to reason; *organizačná s.* capability for organizing; *duševné s-ti* mental faculties; *s. naučiť sa* capacity for learning
schopný 1. able ['eibl]; *je s. urobiť to* he is able to do it 2. (kto má autoritu, vedomosti) competent ['kompətənt]; *je s. vyučovať angličtinu?* is he competent to teach English? 3. apt [æpt]; *s. študent* an apt student
schovať sa hide* [haid]; *s. darček* hide a present // **s. sa**; *s. za dvere* hide behind the door
schovávačka hide-and-seek [ˌhaid-ənd-'siːk]; *hrať sa na s-u* play hide-and-seek
schôdza meeting ['miːtiŋ]; *zúčastniť sa na s-i* attend a meeting
schôdzka date [deit]; *dať si s-u o šiestej* have a date at six
schránka box [boks]; *poštová s.* pillar/post box
schudnúť lose* weight [ˌluːz 'weit]; *veľmi s-la* she has lost a lot of weight

schváliť approve (of) [ə'pruːv (əv)]; *s. plán* approve (of) a plan
schválny deliberate [di'librət]; *s-a lož* a deliberate lie
siahať (v rozl. význ.) reach [riːč]; *s. po knihe* reach for a book; *voda mu s-a po kolená* the water reaches his knees ● expr. *nes-a mu ani po členky* he isn't fit to hold a candle to him
siakať blow* one's nose [ˌbləu wanz 'nəuz]
siať sow* [səu]; *s. pšenicu* sow wheat ● *Ako kto seje, tak žne.* As you sow, so will you reap.; *Kto seje vietor, žne búrku.* Sow the wind and reap the whirlwind.
sídlisko housing estate ['hauziŋ isˌteit]
sídliť kniž. reside [ri'zaid]; *prezident s-i na hrade* the president resides in the castle
sídlo 1. residence ['rezədns], seat [siːt]; *staré rodinné s.* an old family residence; *s. vlády* the seat of the government 2. (sídlisko) settlement ['setlmənt]; *staré s-a Slovanov* the old settlements of the Slavs
siedmy seventh ['sevnθ] ● *byť v s-om nebi* be in the/one's seventh heaven
sieň hall [hoːl]; *koncertná s.* a concert hall
sieť 1. (pletivo) net [net] 2. (niečo rozvetvujúce sa) network ['netwəːk]; *železničná s.* railway network
sietnica anat. retina ['retənə]
signál signal ['signl]; *svetelné s-y* light signals; *televízny s.* a television signal
signalizovať signal ['signl]; *s. svetlom* signal with light
sila 1. (energia) strength [streŋθ]; *fyzická s.* physical strength 2. (v rozl. význ.) power ['pauə]; *s. víchra* the power of the gale; *s. alkoholu* the power of alcohol; *pracovná s.* man-power 3. (v rozl. význ.) force [foːs]; *s. explózie* the force of the explosion; *s. zvyku* the force of habit; *s. argumentu* the force of the argument; náb. *nadprirodzené s-y* supernatural forces; voj. *ozbrojené s-y* the armed forces
siláž silage ['sailidž], ensilage ['ensilidž/in'sailidž]
silný (v rozl. význ.) strong [stroŋ]; *s. chlap* a strong man; *s. vietor* a strong wind; *s-á osobnosť* a strong personality; *s. čaj* strong tea; *s. liek* a strong drug; *s-á armáda* a strong army
silo silo ['sailəu]
silueta silhouette [ˌsilu'et]

S

silvestrovský: *s. program* New Year's Eve programme

simulant malingerer [mə'liŋgərə]

simulovať 1. (chorobu) malinger [mə'liŋgə] **2.** techn. simulate ['simjuleit]; *s. bezváhový stav* simulate nongravity

simultánny simultaneous [ˌsiml'teiniəs]

sinka bruise [bru:z]

sínus mat. sine [sain]

síra sulphur ['salfə]

síran chem. sulphate ['salfeit]

sírnik chem. sulphide ['salfaid]

sirota orphan ['o:fn]

sirotinec orphanage ['o:fnidž]

sírovodík chem. hydrogen sulphide [ˌhaidrədžn 'salfaid]

sírový sulphuric [sal'fjurik]; chem. *kyselina s-á* sulphuric acid

sirôtka pansy ['pænzi]

sirup syrup ['sirəp]; *s. proti kašľu* cough syrup/mixture

sitko strainer ['streinə]

sito sieve [siv]; *precediť polievku cez s.* put the soup through a sieve

situácia situation [ˌsiču'eišn]; *politická s.* the political situation

sivý grey [grei], AM gray; *s. kabát* a grey coat

skade, skadiaľ where...from ['weə ... frəm]; *s. pochádza?* where does he come from?

skala 1. rock [rok], stone [stəun] **2.** (bralo, útes) cliff [klif] ● (o osobe) *tvrdý ako s.* as hard as nails

skalica vitriol ['vitriəl]; *modrá s.* blue/copper vitriol; *zelená s.* green vitriol

skalnatý rocky ['roki]; *s. chodník* a rocky path; *s-á pôda* rocky soil

skalp scalp [skælp]

skamenelina fossil ['fosl]

skamenieť petrify ['petrəfai] (aj pren.); *s-ené rastliny* petrified plants; *s. od hrôzy* petrify with terror

skaut scout [skaut]

skaza destruction [di'strakšn], ruin ['ru:ən]; *hnať sa do s-y* rush into destruction

skaziť (sa) spoil [spoil]; *s. si náladu* spoil one's good mood; *šunka sa v teple s-í* the ham will spoil in the heat

skeč sketch [skeč]

skica sketch [skeč]; *s. tváre* a sketch of a face

skicár sketchpad ['skečpæd], sketchbook ['skečbuk]

sklad 1. (skladisko) store [sto:] **2.** (záhyb) pleat [pli:t] ● *bez ladu a s-u* at sixes and sevens

skladací folding ['fəuldiŋ], collapsible [kə'læpsəbl]; *s-ia posteľ/stolička* a folding bed/chair; *s. čln/bicykel* a collapsible boat/bicycle

skladačka (detská hra) jig-saw puzzle ['džigso: pazl]

skladaný pleated ['pli:təd]; *s-á sukňa* a pleated skirt

skladateľ composer [kəm'pəuzə]

skladba 1. (štruktúra, zloženie) structure ['strakčə]; *s. programu* programme structure **2.** hud. composition [ˌkompə'zišn] **3.** lingv. syntax ['sintæks]

skladné (poplatok) storage ['sto:ridž]

skladník warehouse clerk ['weəhaus kla:k]

skladovať store [sto:]; *s. potraviny* store provisions

sklamanie disappointment [ˌdisə'pointmənt]; *nedokázala skryť s.* she couldn't hide her disappointment

sklamať disappoint [ˌdisə'point]; *s. priateľa* disappoint a friend

sklár glassblower ['gla:sˌbləuə]

skláreň glassworks ['gla:swə:ks]

sklársky: *s-e výrobky* glass products

sklenár glazier ['gleiziə]

sklenárstvo glaziery ['gleizri:]

skle(ne)ný glass [gla:s], (meravý) glassy ['gla:si]; *s-é vlákno* glass fibre; *s. tanier* a glass plate; *s. pohľad* a glassy stare

skleník greenhouse ['gri:nhaus], glasshouse ['gla:shaus]

sklo [gla:s]; *krištáľové s.* cut glass; *zväčšovacie s.* magnifying glass

sklobetón tech. glass concrete [ˌgla:s 'koŋkri:t]

sklolaminát laminated glass ['læmənətəd ˌgla:s]

sklon 1. (spád) slope [sləup]; *mierny s.* a gentle slope **2.** (náklonnosť) inclination [ˌinklə'neišn]; *má s. k tučnote* she has an inclination to grow fat

skloniť incline [in'klain]; *s. hlavu* incline one's head // *s. sa* bend* [bend]; *s. sa k dieťaťu* bend down to a child

skloňovanie gram. declension [di'klenšn]

skloňovať gram. decline [di'klain]

skľúčený dejected [di'džektəd]; *s. človek* a dejected person

skoba cramp [kræmp]; *spojiť s-ou* fasten with a cramp

skočiť jump [džamp], spring* [spriŋ]; *s-l do vody* he jumped into the water; *s-l ku dverám* he sprang to the door ● *s. do reči (komu)* butt in/on sb.'s conversation

skok 1. jump [džamp]; *s. do diaľky* long jump; *s. do výšky* high jump; *s. o žrdi* pole vault; *s. do vody* dive 2. (náhla zmena) leap [li:p]; *myšlienkové s-y* leap of imagination ● *je to len na s.* it's but a stone's throw distant; *s. do neznáma* a leap in the dark

skokan jumper ['džampə]

skokanský: *s. mostík* ski jump; *s-á veža* diving tower

skompletizovať complete [kəm'pli:t]; *s. zbierku* complete a collection

skomponovať compose [kəm'pəuz]; *s. symfóniu* compose a symphony

skonať pass away [ˌpa:s ə'wei]; *s. v spánku* pass away in one's sleep ● *až do s-nia* to one's dying day

skončiť finish ['finiš], end [end], conclude [kən'klu:d]; *s. debatu* finish a debate *s. schôdzu* conclude a meeting // **s. sa** end, be* over ['bi: ˌəuvə]; *zápas sa s-l* the match is over

skontrolovať check [ček]; *s. účet* check a bill

skóre score [sko:]; *s. bolo 1:0 pre hostí* the score was 1:0 for the guests

skorigovať correct [kə'rekt]; *s. úlohy žiakov* correct pupils' homeworks

skornatieť lek. calcify ['kælsəfai]

skoro I. prísl. 1. (čoskoro) soon [su:n]; *s. bude svadba* there will be a wedding soon 2. (zavčasu) early ['ə:li]; *s. ráno* early in the morning **II.** čast. (takmer) almost ['o:lməust], nearly ['niəli]; *s. vždy* almost/nearly always

skorý early ['ə:li]; *s-é broskyne* early peaches

skôr I. prísl. 1. (včaššie) sooner ['su:nə]; *prišla s., ako sme ju čakali* she came sooner than we expected her 2. (kedysi, predtým) before [bi'fo:]; *všetko je ako s.* everything is as before ● *s. alebo nes.* sooner or later; *čím s., tým lepšie* the sooner the better **II.** spoj. 1. (priraďovacia) rather ['ra:ðə]; *s. by sme mali robiť ako čítať* we should rather work than read 2. (podraďovacia) before [bə'fo:]; *vyzdravel s., ako*

začal užívať ten liek he had recovered before he began taking that medicine

skrat short circuit [šo:t 'sə:kət]

skrátiť 1. shorten ['šo:tn]; *s. šaty* shorten a dress; *s. správu* shorten a report 2. (slovo, titul) abbreviate [ə'bri:vieit]; *s. pani na p.* abbreviate Mistress to Mrs/Ms 3. (román, interview) abridge [ə'bridž]; *s-ená verzia románu* the abridged version of a novel

skratka 1. abbreviation [əˌbri:vi'eišn] 2. hovor. (kratšia cesta) short cut [šo:t kat]

skrátka briefly ['bri:fli]; *s., mali by sme prijať ponuku* briefly, we should accept the offer

skreslený distorted [di'sto:təd]; *s-é informácie* distorted information

skresliť distort [dis'to:t], misrepresent [ˌmisrepri'zent]; *mikrofón s-í hlas* the microphone distorts the voice; *s. pravdu* misrepresent the truth; *s. informáciu* misinterpret an information

skriňa 1. cupboard ['kabəd], (šatník) wardrobe ['wo:drəub] 2. odb.: *rýchlostná s.* gearbox ['giəboks]

skrinka box [boks], (kazeta) case [keis]; *s. na nástroje* a tool box; *s. na šperky* a jewel case

skriviť twist [twist] (aj pren.); *s. kľúč* twist a key; *s. tvár bolesťou* twist a face with pain

skrížiť 1. (v rozl. význ.) cross [kros]; *s. nohy* cross one's legs; *s. plány* cross sb.'s plans 2. crossbreed ['krosbri:d]; *s. raž a pšenicu* crossbreed rye and wheat ● *s. zbrane* cross swords

skromnosť modesty ['modəsti]

skromný 1. (nenáročný) modest ['modəst]; *má s-é požiadavky* he is modest in his requirements 2. (jednoduchý) humble ['hambl]; *s. domov* a humble home

skrotiť tame [teim]; *s. leva* tame a lion

skrutka screw [skru:]

skrutkovač screwdriver ['skru:ˌdraivə]

skrvavený bloodstained ['bladsteind]; *s-é šaty* a bloodstained dress

skrýša hiding-place ['haidiŋˌpleis]

skryť 1. (schovať) hide* [haid]; *s. darček* hide a present 2. (utajiť) conceal [kən'si:l]; *s. sklamanie* conceal disappointment // **s. sa** hide* [haid]; *s. sa za záves* hide behind a curtain

skrývačka hide-and-seek [ˌhaid-ənd-'si:k]; *hrať sa na s-u* play hide-and-seek

skrývať sa hide* [haid] *s-li sa v lesoch* they were hiding in the woods

skučať howl [haul], whine [wain]; *vietor s-l v stromoch* the wind howled in the trees

skúmadlo chem. reagent [ri:'eidžənt]

skúmať 1. (študovať) examine [ig'zæmən]; *s. históriu ľudstva* examine the history of mankind **2.** (sústredene prezerať) study ['stadi]; *s. správu* study a report; *s. tvár priateľa* study the face of a friend **3.** (zisťovať) explore [ik'splo:], search [sə:č]; *s. možnosti* explore the possibilities; *s. si svedomie* search one's conscience

skúmavka test tube ['test tju:b]

skúmavý searching ['sə:čiŋ]; *s. pohľad* a searching look

skupenstvo chem. consistency [kən'sistənsi], consistence [kən'sistəns]

skupina (v rozl. význ.) group [gru:p]; *s. ľudí* a group of people; *s. stromov* a group of trees; *s. baníkov* a group of miners; *veková s.* age group; biol. *krvná s.* blood group

skúpiť buy* up ['bai ap]; *s. všetky stavebné pozemky* buy up all the building sites

skúpy stingy ['stindži], mean [mi:n]; *je s. na peniaze* he is stingy/mean with his money

skúsenosť experience [ik'spiriəns]; *výmena s-tí* exchange of experience

skúsený experienced [ik'spiriənst]; *s. právnik* an experienced lawyer

skúsiť 1. (v rozl. význ.) try [trai]; *s. dohodnúť sa* try to reach an agreement; *s. otvoriť dvere* try to open the door; *s. niečo iné* try something else **2.** (okúsiť, zažiť) experience [ik'spiriəns]; *s. bolesť* experience pain

skúšať 1. examine [ig'zæmən]; *s. študentov* examine students **2.** rehearse [ri'hə:s]; *herci s-li celé hodiny* the actors were rehearsing for hours

skúška 1. (v rozl. význ.) test [test]; *výkonnostná s.* an endurance test; *krvná s.* a blood test; *vodičská s.* a driving test **2.** (hodnotenie vedomostí) exam [ig'zæm]; *podrobiť sa s-e* sit for an exam; *zložiť s-u* pass an exam; *nezložiť s-u* fail an exam **3.** (divadelná) rehearsal [ri'hə:sl]; *generálna s.* a dress rehearsal **4.** (overenie výsledku, pokus) trial ['traiəl]; *klinické s-y* clinical trials; *vziať pisárku na s-u* appoint a typist for a trial period

skúter motor scooter ['məutə ˌsku:tə]

skutočne I. prísl. really ['riəli]; *to sa s. sta-* *lo* it has really happened **II.** čas. really; *s. neviem, pochybujem* I really don't know, I doubt it

skutočnosť fact [fækt], reality [ri'æləti]; *holá s.* the plain/bare fact; *sociálna s.* social reality ● *v s-ti* in fact

skutočný 1. (reálny) real [riəl]; *s. život* real life; *s. príbeh* a real story **2.** (pravý) actual ['ækčuəl]; *s-á cena opravy* the actual cost of the repair; *s-é výsledky volieb* the actual election results

skutok act [ækt], action ['ækšn], kniž. deed [di:d]; *S-ky apoštolov* Acts of the Apostles; *súdiť (koho) podľa s-kov* judge sb. by his actions; *zlé s-ky* evil deeds

skvapalniť liquefy ['likwəfai]

skvelý splendid ['splendəd], brilliant ['briljənt]; *mali sme s-ú dovolenku* we had a splendid holiday; *s. rečník* a brilliant speaker

skvost jewel ['džu:əl], gem [džem] (aj pren.); *tá maľba je skutočný s.* that painting is a real gem; *moja manželka je s.* my wife is a jewel

skysnúť sour ['sauə]; *mlieko cez noc s-lo* the milk has soured overnight

slabika syllable ['siləbl]

slabikotvorný lingv. syllabic [si'læbik]

slabikovať syllabize ['siləbaiz]; *s. slovo* syllabize a word

slabina 1. anat. groin [groin] **2.** (nedostatok) weakness ['wi:knəs]; *poznať niečie s-y* know sb.'s weaknesses

slabnúť weaken ['wi:kən]; *nohy mi s-ú* my legs weaken

slabo 1. lightly ['laitli]; *s. sa dotknúť* touch lightly **2.** slightly ['slaitli]; *s. sa triasť* shake slightly **3.** weakly ['wi:kli]; *s. zdôraznený* weakly stressed

slaboch weakling ['wi:kliŋ]

slabomyseľný imbecile ['imbəsi:l]

slabý (v rozl. význ.) weak [wi:k]; *s-é stvorenie* a weak creature; *s. čaj* weak tea; *má s-é srdce* he has a weak heart; *je s. v matematike* he is weak at maths; *s-í rodičia* weak parents **2.** (chabý) feeble ['fi:bl]; *s. starec* a feeble old man ● *s. v kolenách* weak at the knees; *to je jeho s-á stránka* that's his weakness

sláčik bow [bəu]

sláčikový: *s-é nástroje* stringed instruments

slad malt [mo:lt]

sladidlo sweetener ['swi:tnə]

sladiť sweeten ['swi:tn]; *s. kávu* sweeten one's coffee

sladkovodný freshwater [ˌfreʃ'wo:tə]; *s-é jazerá* freshwater lakes; *s-é ryby* freshwater fish

sladký (v rozl. význ.) sweet [swi:t]; *s-é víno* sweet wine; *s-á hudba* sweet music; *s. hlas* a sweet voice; *s-á voda (op. morská)* fresh water

sladovňa malt-house ['mo:lthaus]

slalom slalom ['sla:ləm]; *obrovský s.* giant slalom

slama straw [stro:]; *stoh s-y* a stack of straw ● *mlátiť prázdnu s-u* talk a lot of piffle

slamený: *s. klobúk* a straw hat ● *s. vdovec* grass widower; *s-á vdova* grass widow

slanina bacon ['beikən]

slaný salt [so:lt], salty ['so:lti]; *s-á voda* salt water; *s-á polievka* salty soup

slasť delight [di'lait], bliss [blis]

slatina moor [muə]

sláva **1.** (znamenitá povesť) fame [feim], glory ['glo:ri], renown [ri'naun]; *získať s-u* win fame/renown; *nehynúca s. hrdinov* the everlasting glory of the heroes **2.** (nádhera) glory [glo:ri]; *s. katedrály/hradu* the glory of the cathedral/castle

slávik nightingale ['naitiŋgeil]

sláviť celebrate ['seləbreit]; *s. narodeniny* celebrate a birthday

slávnosť festival ['festəvl]; *školská s.* school festival; *hudobné s-ti* a music festival

slávnostný 1. festive ['festiv]; *s-á nálada* festive mood **2.** solemn ['soləm]; *s-á hudba* solemn music

slávny 1. (chýrny) famous ['feiməs], celebrated ['seləbreitəd]; *s. herec* a famous actor; *s. spisovateľ* a celebrated writer **2.** (významný) distinguished [di'stiŋgwiʃt]; *s. politik* a distinguished politician

slávobrána triumphal arch [traiˈamfl ˌa:k]

slečna young lady [ˌjaŋ 'leidi]; (pri oslovení s menom) miss [mis]; *s. Nováková* Miss Nováková

sled sequence ['si:kwəns]; *s. ťažkých nehôd* a sequence of bad accidents

sleď herring ['heriŋ]

sledovať (v rozl. význ.) follow ['foləu], watch [woč]; *s. podozrivú osobu* follow a suspect; *s. diskusiu* follow a discussion; *s. očami* follow with one's eyes; *s. televízny program* watch a TV programme

slepačí: *s-ie vajce* chicken egg; *s-ia polievka* chicken soup

slepecký: *s-é písmo* braille

slepota blindness ['blaindnəs]

slepý (v rozl. význ.) blind [blaind]; *s-é dieťa* a blind child; *s. od narodenia* blind from birth; *s-á viera* blind faith; *s-á ulica* a blind alley ● *hrať sa na s-ú babu* play blind man's buff; *byť s. a hluchý* be deaf and blind; *dostať sa do s-ej uličky* be trapped in a blind alley

slezina anat. spleen [spli:n]

sliepka hen [hen] ● žart. *chodiť spať so s-mi* go to bed with the chickens

slimák snail [sneil]

slina saliva [sə'laivə] ● *s-y sa mi zbiehajú* it makes my mouth water

slinný: *s-é žľazy* salivary glands

slivka 1. (plod) plum [plam] **2.** (strom) plum tree [plam tri:]

slivkový: *s. lekvár* plum jam

slivovica plum brandy ['plam ˌbrændi]

sliz mucus ['mju:kəs], slime [slaim]

sliznica mucous membrane [ˌmju:kəs 'membrein]

slnečnica sunflower ['sanˌflauə]

slnečnicový: *s. olej* sunflower oil

slnečný sunny ['sani], solar ['səulə]; *s. byt* a sunny flat; *s-é hodiny* sundial; astron. *s-á sústava* the solar system; *s-á energia* solar energy

slniť sa sunbathe ['sanbeið]

slnko 1. (the) sun [san]; *východ/západ s-a* sunrise/sunset; *zatmenie s-a* solar eclipse **2.** *horské s.* sun lamp ● *to je nad s. jasnejšie* it is as clear as daylight

slnovrat solstice ['solstəs]; *letný/zimný s.* summer/winter solstice

sloboda freedom ['fri:dəm], liberty ['libəti]; *s. myslenia* freedom of thought; *s. prejavu* freedom/liberty of speech; *bojovať za s-u* fight for freedom; *prepustiť väzňa na s-u* set a prisoner at liberty

slobodáreň home/house of flatlets (for unmarried people) [ˌhəum/ˌhauz əv 'flætləts (fə an'merid ˌpi:pl)]

slobodník private/private soldier ['praivət/ˌpraivət 'səuldžə]

slobodný 1. (v rozl. význ.) free [fri:]; *s. občan* a free citizen; *s-á krajina* a free country; *s-á tlač* the free press **2.** (neženatý, nevydatá) single ['siŋgl]; *je stále ešte s.* he is still single; *s-á žena* a single woman

sloh (v rozl. význ.) style [stail]; *gotický s.* the

S

Gothic style; *s. listu* the style of a letter; škol. *hodina s-u* a class in essay writing

sloha stanza ['stænzə]

slon elephant ['eləfənt] ● *ako s. v porceláne* like a bull in a china shop

slonovina ivory ['aivəri]

Slovák Slovak ['sləuvæk]

Slovan Slav [sla:v]

slovanský Slavonic [slə'vonik]; *s-é jazyky* the Slavonic languages

slovenčina Slovak ['sləuvæk]

Slovensko Slovakia [sləu'vækiə]

slovenský: *s. jazyk* the Slovak language; *S-á republika* the Slovak Republic

slovesný lingv. verbal ['və:bl]; *s-é podstatné meno* verbal noun

sloveso verb [və:b]; *pomocné s.* an auxiliary verb; *nepravidelné s.* an irregular verb

slovník 1. dictionary ['dikšənri] 2. (slovná zásoba) vocabulary [və'kæbjələri]

slovnikár lexicographer [ˌleksi'kogrəfə]

slovný: *s-á zásoba* vocabulary

slovo (v rozl. význ.) word [wə:d]; *nové s.* a new word; *prevzaté s.* a loan word; *písané/hovorené s.* a written/spoken word; *dodržať s.* keep one's word ● *škoda slov* it's a waste of words; *mať posledné s.* have the final/last word; *inými s-ami* in other words

slovosled lingv. word-order ['wə:dˌo:də]

sľub promise ['promis]; *dodržať s.* keep a promise; *slávnostný s.* vow

sľúbiť promise ['promis]; *s-la, že príde* she promised to come

sľubný promising ['promisiŋ]; *s. začiatok* a promising start

slučka (aj pasca) noose [nu:s]; *robiť s-u* form a noose; *chytiť do s-y* catch with a noose

sluha servant ['sə:vnt]

sluch hearing ['hiəriŋ]; *slabý s.* weak hearing; *porucha s-u* impaired hearing

slucha anat. temple ['templ], obyč. mn. č. *s-y* temples

slúchadlo 1. (telefónneho prístroja) receiver [ri'si:və]; *zdvihnúť s.* pick up the receiver 2. mn. č. *s-á* (rádiového prístroja) earphones ['iəfəunz], headphones ['hedfəunz]

slušať fit [fit]; *šaty jej s-ia* this dress fits her well

slušivý smart [sma:t]; *s. kabát* a smart coat

slušnosť decency ['di:sənsi]

slušný 1. (zdvorilý) decent ['di:snt]; *s. člo-*

vek a decent person 2. (primeraný) reasonable ['ri:znəbl]; *s-á cena* a reasonable price 3. (značný) fair [feə]; *s-á suma* a fair sum

služba 1. (v rozl. význ.) service ['sə:vəs]; *vojenská s.* military service; *tajná s.* secret service; *pracuje v diplomatických s-ách* he works in the diplomatic services 2. duty ['dju:ti]; *nočná s.* night-duty; *byť/nebyť v s-e* be on/off duty

slúžiť (v rozl. význ.) serve [sə:v]; *s. v armáde* serve in the army; *s. vlasti* serve one's country; *s. ako úkryt* serve as shelter

slúžka maid [meid]

slza tear [tiə]; *s-y radosti* tears of joy ● *roniť s-y* shed tears

smalt enamel [i'næml]

smaragd emerald ['emrəld]; *retiazka so s-om* a chain with an emerald pendant

smažiť fry [frai]; *s. rybu* fry fish

smäd thirst [θə:st]; *uhasiť s.* quench one's thirst; expr. *umierať od s-u* die of thirst

smädný thirsty ['θə:sti]; *byť s.* feel thirsty

smelý 1. (odvážny) brave [breiv]; *s. bojovník* a brave soldier; *s. čin* a brave act 2. (v rozl. význ.) bold [bəuld]; *s. plán* a bold plan; *s. nápad* a bold idea; *s-é správanie* bold behaviour 3. (trúfalý) audacious [o:'deišəs]; *s. čin* an audacious act

smer 1. direction [də'rekšn]; *správny s.* the right direction; *s. vetra* the direction of the wind 2. tendency ['tendənsi]; *nové s-y v umení* new artistic tendencies

smernica directive [də'rektiv]; *vydať novú s-u* issue a new directive

smerovať head [hed]; *s-ujú domov* they are heading home

smerovka indicator ['indəkeitə]

smeti litter ['litə]; *ulice sú plné s-í* the streets are full of litter; *kôš na s.* wastepaper basket

smetisko dump [damp]; *mestské s.* the town rubbish/refuse dump

smetník dustbin ['dastˌbin], AM garbage can ['ga:bidž kæn]

smiať sa 1. laugh [la:f]; *s. sa vtipom* laugh at sb.'s jokes 2. (posmievať sa) mock [mok]; *nemal by si sa iným s.* you shouldn't mock other people 3. (usmievať sa) smile [smail]; *zriedkakedy sa s-eje* he rarely smiles

smiech 1. laughter ['la:ftə]; *veselý s.* joyful laughter; expr. *dusiť sa s-om* choke with laughter 2. (posmech) ridicule ['ridəkju:l]; *byť ľuďom na s.* be exposed to public ridicule

smiešny funny ['fani]; *s. príbeh* a funny story

smieť be* allowed to [ˌbiː əˈlaud tə]; *nes-e jesť zmrzlinu* she's not allowed to eat icecream, she mustn't eat icecream

smoking dinner jacket ['dinə ˌdžækət]

smola 1. pitch [pič] **2.** hovor. (nešťastie) bad luck [ˌbæd ˈlak]; *mať s-u* have bad luck ● *čierny ako s.* pitch dark

smotana cream [kriːm]; *kyslá s.* sour cream

smrad stink [stiŋk], stench [stenč]; *aký s.!* what a stink!; *s. skazeného mäsa* the stench of rotten meat

smradľavý stinking ['stiŋkiŋ]; *s-á ryba* a stinking fish

smrdieť stink* [stiŋk]; *ryba s-í* that fish stinks

smrek spruce/fir ['spruːs/fəː]

smrkať sniff [snif]; *prestaň s. a vyfúkaj si nos* stop sniffing and blow your nose

smršť whirlwind ['wəːlˌwind]

smrť death [deθ]; *tragická s.* tragic death; *klinická s.* clinical death; *odsúdiť na s.* condemn to death ● *na prahu s-ti* at death's door; *mať s. na jazyku* feel like death warmed

smrteľník mortal ['moːtl]; *sme všetci s-ci* we are all mortals

smrteľný 1. (v rozl. význ.) mortal ['moːtl]; *človek je s.* man is mortal; *s-é zranenie* mortal injury; *s-é nebezpečenstvo* mortal danger; *s. hriech* a mortal sin **2.** (smrtiaci) lethal ['liːθl]; *s-á zbraň/choroba* a lethal weapon/disease ● *ležať na s-ej posteli* be on deathbed; *s-á bledosť* deathlike paleness

smútiť mourn [moːn], grieve [griːv]; *s. za manželom* mourn/grieve for one's husband

smutný sad [sæd], sorrowful ['sorəufl]; *s-á novina* sad news; *s-é oči* sad eyes; *s. život* a sorrowful life

smútočný: *s. obrad* funeral service; *s-é oznámenie* death notice, obituary

smútok 1. (žiaľ, zármutok) sorrow ['sorəu]; *život je plný radosti a s-u* life has many joys and sorrows **2.** (čierne šaty) mourning ['moːniŋ]; *nosiť s.* be in mourning/dressed in mourning; *vdova v hlbokom s-ku* a widow dressed in deep mourning

snáď perhaps [pəˈhæps], maybe ['meibi]; *s. príde* maybe he will come; *s. sa ešte uvidíme* perhaps we will meet again

snaha effort ['efət]; *napriek všetkej s-e to nedokázala* despite all her efforts she couldn't manage it

snažiť sa take* pains [ˌteik ˈpeinz]; *s. sa zapáčiť (komu)* take pains to please sb.

snaživý painstaking ['peinzˌteikiŋ]; *nie je veľmi múdry, ale je s.* he is not very clever but he is painstaking

sneh 1. snow [snəu]; *pokrytý s-om* covered with snow; *padá s.* it's snowing **2.** kuch. beaten egg whites ['biːtən ˈegwaits]

snehobiely snow-white [ˌsnəuˈwait]; *s. obrus* a snow-white tablecloth

snehovka (obyč. mn. č.) *s-y* galoshes [gəˈlošiz], overshoes ['əuvəšuːz]

snehový: *s. závej* snowdrift; *s-á fujavica* snowstorm; techn. *s-é reťaze* snowchains

snehuliak snowman ['snəumæn]

snem congress ['koŋgres]

snemovňa parliament ['paːləmənt]; *S. ľudu* the House of Commons; *S. lordov* the House of Lords; *poslanec s-ne* Member of Parliament

snežienka snowdrop ['snəudrop]

snežiť snow [snəu]; *už týždeň s-í* it has been snowing for a week

snímka 1. photograph ['fəutəgraːf], photo ['fəutəu], picture ['pikčə]; *urobiť s-u* take a photo(graph) **2.** (záznam zvuku) recording [riˈkoːdiŋ]; *magnetofónová s.* a tape recording **3.** (filmový záznam) shot [šot]

snímkovať (röntgenom) x-ray ['eksrei]; *s-li jej zuby* they X-rayed her teeth

snívať dream* [driːm]; *o čom sa ti s-lo?* what did you dream about? ● *ani sa mu o tom nes-lo* he wouldn't dream of it; *s-a s otvorenými očami* she is daydreaming

snob snob [snob]

snobizmus snobbery ['snobəri]

snop sheaf [šiːf]; *s. pšenice* a sheaf of corn

snúbenec fiancé [fiˈansei]

snúbenica fiancée [fiˈansei]

snubný: *s. prsteň* wedding ring

sob reindeer ['reindiə]

sobáš wedding ['wediŋ]; *civilný/cirkevný s.* a registry office/church wedding; *výročie s-a* wedding anniversary

sobášiť marry ['mæri]; *s-l ich mladý kňaz* a young priest married them // **s. sa** marry [mæri]; *kde ste sa s-li?* where were you married?

sobášny: *s. obrad* marriage ceremony; *s. list* marriage certificate

soboľ sable ['seibl]

sobota Saturday ['sætədi]; *Biela s.* Holy Saturday

socialistický socialist [ˈsəušəlist]; *s-á strana* socialist party

socializácia socialization [ˌsəušəlaiˈzeišn]

socializmus socialism [ˈsəušəlizm]

sociálny (v rozl. význ.) social [ˈsəušl]; *s. rozvoj* social development; *s-a revolúcia* social revolution; *s. pracovník* social worker

sociológ sociologist [ˌsəusiˈolədžəst]

sociológia sociology [ˌsəusiˈolədži]

sociologický sociological [ˌsəusiəˈlodžikəl]; *s. výskum* sociological research

sóda (v rozl. význ.) soda [ˈsəudə]; *s. na pranie* washing-soda; *s. bikarbóna* bicarbonate of soda; *whisky so s-ou* whisky and soda

sodík chem. sodium [ˈsəudiəm]

socha statue [ˈstæču:]; *bronzová s.* a bronze statue

sochár sculptor [ˈskalptə]

sochárstvo sculpture [ˈskalpčə]

sochor crowbar [ˈkrəuba:]

sója soy [soi] aj soya [ˈsoiə]

sojka jay [džei]

sok rival [ˈraivl]; *nebezpečný s.* a dangerous rival

sokol falcon [ˈfoːlkən]

soľ salt [soːlt]; *kuchynská s.* cooking/table salt; *štipka s-li* a pinch of salt ● *byť s-ou zeme* be the salt of the earth

solidarita solidarity [ˌsoliˈdærəti]

solídny (v rozl. význ.) decent [ˈdiːsnt]; *s. človek* a decent man; *s-a úroveň* a decent standard; *s-e jedlo* a decent meal

sólista soloist [ˈsəuləuəst]

soliť (v rozl. význ.) salt [soːlt]; *s. polievku* salt the soup; *s. mäso* salt down meat; hovor. *s. cesty* salt the roads

soľnička saltcellar [ˈsoːltˌselə]

somár donkey [ˈdoŋki], ass [æs] (aj pren.); *híkať ako s.* bray like a donkey; *namyslený s.* a pompous ass

sonda probe [prəub]; *kozmická s.* a space probe

sondovať 1. (skúmať pomocou sondy) sound [saund], probe [prəub] 2. hovor. (zisťovať) take* soundings [ˌteik ˈsaundiŋz]

sopečný volcanic [volˈkænik]; *s-á činnosť* volcanic activity

sopka volcano [volˈkeinəu]; *činná/vyhasnutá s.* an active/extinct volcano

soptiť 1. (o sopke) erupt [iˈrapt] 2. expr. (zlostiť sa) fly into a fury [ˌflai intə ə ˈfjuəri]

sorta kind [kaind]; *jablká rôznych s-rt* apples of various kind

sortiment assortment [əˈsoːtmənt]; *široký s. tovaru* a good assortment of goods

sosna (borovica lesná) Scotch pine [skoč pain]

soška statuette [ˌstæčuˈet]

sotiť 1. (drgnúť) push [puš]; *tak ju s-l, že spadla* he pushed her and she fell down 2. (prudko postrčiť) shove [šav]; *s-l tašku pod stôl* he shoved his bag under the table

sotva I. čast. 1. (ledva) barely [ˈbeəli], hardly [ˈhaːdli]; *s. badateľný úsmev* a barely noticeable smile; *od únavy s. vidí* she's so tired, she can hardly see 2. (asi nie) hardly; *Prídeš? — S.* Will you come? — Hardly. II. spoj. (len čo) hardly ... when [haːdli...wen], no sooner ... than [nəu ˈsuːnə...ðæn]; *s. prišiel, už ho volali* he had hardly arrived when they phoned, he had no sooner arrived than they phoned

sova owl [aul]

spací: *s. vak* a sleeping bag; *s. vozeň* a sleeping car

spáč 1. sleeper [ˈsliːpə]; *tuhý s.* a heavy/sound sleeper 2. (spachtoš) sleepyhead [ˈsliːpihed]

spadnúť (v rozl. význ.) fall* [foːl]; *s. z koňa* fall off a horse; hovor. *s. na nos* fall flat on one's face; *s-ol prvý sneh* the first snow has fallen; *s-la strecha* the roof fell in ● *Jablko nes-e ďaleko od stromu.* Like father, like son.

spáchať commit [kəˈmit]; *s. zločin* commit a crime; *s. samovraždu* commit suicide

spájkovačka soldering iron [ˈsoldəriŋ ˌaiən]

spálenina burn [bəːn]; *utrpieť vážne s-y* suffer severe burns

spáliť (v rozl. význ.) burn* [bəːn]; *s. starý papier* burn old paper; *s. si ruku* burn one's hand; *s. všetko uhlie* burn all coal ● *s. za sebou všetky mosty* burn one's boats/bridges; *s. si prsty* burn one's fingers, get one's fingers burnt

spálňa bedroom [ˈbedrum]

spaľovací: *s. motor* combustion engine

spaľovať expr. (ničiť, trápiť) burn* up [ˈbəːn ap]; *s-uje ho žiarlivosť* he is burnt up with jealousy

spamätať sa (v rozl. význ.) recover [riˈkavə]; *s. sa kým nie je neskoro* recover oneself before it is too late; *finančne sa s.* recover one's losses; *s. sa zo šoku* recover from shock

spamäti by heart [bai 'ha:t]; *naučiť sa bá-*
seň s. learn a poem by heart

spánok[1] sleep [sli:p]; *krátky/hlboký s.*
a short/deep sleep

spánok[2] (obyč. mn. č.) *s-ky* temples ['templz]

sparný sultry ['saltri]; *s. deň* a sultry day

spása salvation [sæl'veišn]

spať sleep* [sli:p]; *dobre/tuho s.* sleep
well/soundly; *s. pod holým nebom* sleep in
the open ● expr. *s. ako zabitý/ako poleno*
sleep like a log

späť (v rozl. význ.) back [bæk]; *položiť kni-*
hu s. put a book back (on a shelf); *ísť ta a s.*
go there and back; *vrátiť sa o rok s.* (do minu-
losti) return a year back

spätný backward ['bækwəd]; *s. pohyb*
a backward movement; *s-é zrkadlo* rear-view
mirror; *v s-om pohľade* in retrospect; odb. *s-á*
väzba feedback

spečatiť seal [si:l]; *s-li dohodu podaním rúk*
they sealed their agreement by shaking hands

speleológia speleology [ˌspi:li'olədži]

spešnina express parcel [iks'pres 'pa:sl]

spev 1. singing ['siniŋ]; *hodiny s-u* singing
lessons 2. song [soŋ]; *s. škovránka* the song
of the lark

spevák singer ['siŋə]; *operný s.* an opera
singer

spevník songbook ['soŋbuk]

spevniť reinforce [ˌri:ən'fo:s]; *s. múry*
reinforce the walls

spiatočný 1. return [ri'tə:n]; *s. lístok* return
ticket 2. tech. reverse [ri'və:s]; *s-á rýchlosť*
reverse gear

spievať (v rozl. význ.) sing* [siŋ]; *s. pieseň*
sing a song; *vtáky s-jú* birds sing; kniž. *s. o rod-*
nej zemi sing of the native country; hovor.
s. v zbore sing in a choir

spinka clip [klip]; *s. na spínanie spisov*
paper clip

spis 1. (písomnosť) document ['dokjəmənt];
súdny s. a legal document 2. (lit. dielo) writings
['raitiŋz]; *Darwinove vedecké s-y* Darwin's
scientific writings

spisovateľ writer ['raitə]; *známy s.* a well-
-known writer

spisovný standard ['stændəd]; *s-á anglič-*
tina standard English

spláchnuť 1. (zmyť) wash down ['woš
daun]; *prach s-e dážď* the rain will wash
down the dust 2. (očistiť) flush [flaš]; *s. záchod*
flush the toilet

splachovač flush [flaš]

splatiť (v rozl. význ.) repay [ri'pei]; *s. pôžič-*
ku repay a loan; *s. pohostinnosť* repay sb.'s
hospitality

splátka instalment [in'sto:lmənt]; *zaplatiť*
posledný s-u pay the last instalment of a loan

splatný repayable [ri'peiəbl]; *dlh je s. do*
30 dní the debt is repayable in 30 days

splav 1. (hrádza) weir [wiə] 2. (prúd vody)
sluice [slu:s]

splavný navigable ['nævəgəbl]; *s-á rieka*
a navigable river

spleť tangle ['tæŋgl]; *s. konárov* a tangle
of branches

spln full moon [ˌful 'mu:n]; *čas od novu po*
s. from new moon to full moon

splniť (v rozl. význ.) fulfil [ful'fil]; *s. pod-*
mienky fulfil the conditions; *s. si povinnosti*
fulfil one's duties; *s. predpovede* fulfil
prophecies // **s. sa** come* true [ˌkam 'tru:];
sen sa jej s-l her dream came true

splnomocnenec proxy ['proksi]

splnomocnenie authorization [ˌo:θərai-
'zeišn]; *dať s. (komu)* authorize sb. to do sth.

splynúť merge [mə:dž]

spočítať 1. add [æd]; *s. tri a päť* add three
and five; *s-j tieto čísla* add up these figures 2.
count [kaunt]; *s. prítomných* count those
present

spod from under [frəm 'andə]; *s. stola* from
under the table

spodina (spoločnosti) dregs [dregz]

spodky pomn. underpants ['andəpænts]

spodnička petticoat ['petikəut]; *čipková s.*
a lace petticoat

spodný bottom ['botəm], lower ['ləuə];
s-á polica the bottom shelf; *s-á pera* the low-
er lip; *s-á bielizeň* underwear

spodok bottom ['botəm]; *s. pohára* the
bottom of the glass

spoj 1. (v rozl. význ.) connection [kə'nekšn];
uvoľnený s. a loose connection; *autobusový s.*
a bus connection; *zmeškať s.* miss one's
connection 2. (iba mn. č.) *s-e* the Post (Office)

spojenec ally ['ælai]

spojenecký allied ['ælaid]; *s-é vojská* the
allied forces

spojenectvo alliance [ə'laiəns]

spojenie (v rozl. význ.) connection
[kə'nekšn]; *elektrické s.* electrical connec-
tion; *obchodné s.* business connection; *vla-*
kové s. railway connection; *zmeškať s.* miss

S

one's connection; *zlé telefonické s.* a bad telephone connection; *s. medzi dvoma zločinmi* a connection between two crimes el. tech. *krátke s.* short circuit

spojený united [juːˈnaitəd]; *Organizácia S-ch národov* the United Nations Organization

spojiť 1. (v rozl. význ.) connect [kəˈnekt]; *s. dve rúry* connect two pipes; *s. dve mestá železnicou* connect two towns by railway **2.** (zjednotiť, zviazať) unite [juːˈnait], join [džoin]; *s. sily* join forces; *s. životy* unite in marriage **3.** (vykonať súbežne) combine [kəmˈbain]; *s. príjemné s užitočným* combine business with pleasure // **s. sa** unite [juˈnait]; *s-li sa v boji proti nepriateľovi* they united in fighting the enemy

spojka 1. tech. connection [kəˈnekšn] **2.** (automobilu) clutch [klač] **3.** gram. conjunction [kənˈdžaŋkšn] **4.** šport. centre [ˈsentə]

spojovateľ operator [ˈopəreitə]

spojovka anat. conjunctiva [ˌkondžaŋkˈtaivə]; *zápal s-iek* conjunctivitis

spojovník lingv. hyphen [ˈhaifn]

spokojnosť satisfaction [ˌsætəsˈfækšn]; *s. z dobre vykonanej práce* satisfaction on a well done job

spokojný content [kənˈtent], satisfied [ˈsætisfaid]; *je s. so svojím životom* he is content with his life; *niektorí ľudia nikdy nie sú s-í* some people are never satisfied

spoľahlivý reliable [riˈlaiəbl]; *s. zdroj informácií* a reliable source of information; *s-é auto* a reliable car

spoliehať sa rely on/upon [riˈlai on/əˌpon]; *s. sa na priateľov* rely on one's friends

spoločenský (v rozl. význ.) social [ˈsəušl]; *s-é vedy* the social sciences; *s. život* social life; *s. klub* a social club; *náš sused je veľmi s.* our neighbour is very social; *s-é šaty* an evening dress

spoločenstvo 1. (v rozl. význ.) community [kəˈmjuːnəti]; *Europske hospodárske s.* the European Economic Community; *mestské s.* urban community; bot. *rastlinné s.* a community of plants **2.** (spojenectvo) partnership [ˈpaːtnəšip]; *obchodné s.* a business partnership

spoločne together [təˈgeðə]; *s. bývať/pracovať* live/work together

spoločník 1. companion [kəmˈpænjən]; *s. vo vlaku* a travelling companion **2.** partner [ˈpaːtnə]; *s. firmy* a partner in a firm; *tichý s.* a sleeping partner

spoločnosť 1. (v rozl. význ.) society [səˈsaiəti]; *civilizovaná s.* civilized society; *konzumná s.* the consumer society; *vyspelá s.* a sophisticated society; *uviesť do s-ti* introduce into society **2.** company [ˈkampəni]; *súkromná/verejná/štátna s.* a private/public/state-owned company

spoločný 1. (patriaci viacerým) common [ˈkomən]; *s-é dobro* common good **2.** (rovnaký u viacerých) joint [džoint]; *s-é úsilie* joint effort ● *nájsť s-ú reč* speak the same language

spolok association [əˌsəusiˈeišn]; *založiť s.* set up/form an association

spolu together [tə ˈgeðə]; *idú s. do školy* they go to school together; *s. je to 100 korún* that comes to/makes 100 crowns all together/in all

spoluautor coauthor [kəuˈoːθə]

spolubývajúci roommate [ˈruːmmeit]

spolucestujúci fellow traveller [ˌfeləu ˈtrævələ]

spoludedič práv. joint heir [ˌdžoint ˈeə]

spoluhláska lingv. consonant [ˈkonsənənt]

spoluhráč fellow player [ˌfeləu ˈpleiə]

spolumajiteľ joint owner [ˌdžoint ˈəunə]

spolunažívanie coexistence [ˌkəuigˈzistns]; *mierové s. národov* peaceful coexistence of nations

spoluobčan fellow citizen [ˌfeləu ˈsitəzn]

spolupráca cooperation [kəuˌopəˈreišn]; *medzinárodná s.* international cooperation

spolupracovať cooperate [kəuˈopəreit]; *s. s priateľmi* cooperate with friends

spolupracovník fellow worker [ˌfeləu ˈwəːkə], co-worker [ˌkəuˈwəːkə]

spoluzodpovednosť joint responsibility [ˌdžoint riˌsponsəˈbiləti]

spolužiak schoolmate [ˈskuːlmeit]

spomalený 1. slowed down [ˈsləud daun]; *s. rast* slowed down growth **2.** slow motion [sləu ˈməušn]; *s. film* a slow motion film

spomaliť slow down [ˈsləu daun]; *s. ekonomický rast* slow down economic growth

spomedzi from among [frəm əˈmaŋ]; *vyšiel s. stromov* he stepped out from among the trees

spomenúť mention [ˈmenšn]; *nikdy nes-ie svojho otca* he never mentions his father // **s. si** remember [riˈmembə], recollect [ˌrekəˈlekt]; *neviem si s. na jeho meno* I can't remember his name

spomienka 1. remembrance [ri'membrəns]; *s. na zomrelých* remembrance of the dead **2.** iba mn. č. *s-y* (pamäti) memoirs ['memwa:z]; *písať s-y* write one's memoirs

spona 1. clasp [kla:sp]; *opasok so s-ou* a belt with a clasp; *s. do vlasov* a hairgrip **2.** lingv. copula ['kopjələ]

sponad from over [frəm 'əuvə]; *hľadieť s. okuliarov* be looking at somebody from over the top of one's glasses

spontánny spontaneous [spon'teiniəs]; *s. potlesk* a spontaneous cheer

spopod from beneath [frəm bi'ni:θ], from under [frəm 'andə]; *vyšiel s. stromov* he emerged from under the trees

spopolniť cremate [krə'meit]; *chce sa dať s.* he wants to be cremated

spor 1. (nezhoda) controversy ['kontrəvə:si], dispute [di'spju:t]; *s. o hranice* a dispute over a boundary **2.** (škriepka) quarrel ['kworəl]; *vyvolať s.* pick a quarrel ● *o tom niet s-u* it is beyond all dispute

sporák cooker ['kukə]; *plynový/elektrický s.* a gas/electric cooker

sporiť 1. (robiť úspory) save [seiv]; *s. na nové auto* save up for a new car **2.** (obmedzovať spotrebu) economize [i'konəmaiz]; *s. s vodou* economize on water

sporiteľňa savings bank ['seiviŋz bæŋk] AM, thrift institution [θrift ˌinstə'tju:šən]

sporný disputable [di'spju:təbl], contentious [kən'tenšəs], controversial [ˌkontrə'və:šl]; *s-é nároky* disputable claims; *s-é rozhodnutie* a contentious/controversial decision

spotreba consumption [kən'sampšn]; *s. mlieka klesla/stúpla* the consumption of milk has declined/increased

spotrebič appliance [ə'plaiəns]; *elektrické s-e* domestic appliances

spotrebiteľ consumer [kən'sju:mə]

spotrebovať (v rozl. význ.) consume [kən'sju:m]; *s. všetky zásoby* consume all supplies; *s. palivo* consume fuel; *vyrábať viac, ako sa s-uje* produce more than is consumed

spoveď confession [kən'fešn]; *ísť na s.* go to confession

spovedať confess [kən'fes]; *kňaz s-á každé ráno* the priest confesses every morning // **s. sa** confess [kən'fes]; *s. sa z hriechov* confess one's sins

spovednica confessional [kən'fešnəl]
spovedník confessor [kən'fesə]

spoza from behind [frəm bi'haind]; *vybehla s. domu* she ran out from behind the house

spoznať 1. (zistiť totožnosť) recognize ['rekəgnaiz]; *najprv som ťa nes-l* I didn't recognize you at first **2.** (uvedomiť si) realize ['riəlaiz]; *neskoro s-l, čo vykonal* he realized too late what he had done

spozorovať 1. (zbadať) notice ['nəutis]; *s. neznámeho človeka* notice a stranger (in the street) **2.** (postrehnúť) observe [əb'zə:v]; *s-l, že sa zmenila* he observed that she had changed

spôsob 1. (v rozl. význ.) way [wei], manner ['mænə]; *s. myslenia* the way of thinking; *týmto s-om* in this way/manner; *na istý s.* in a certain way/in the manner of **2.** (obyč. mn. č.) *s-y* manners; *mať jemné/zlé s-y* have good/bad manners; *nemá s-y* he has no manners at all

spôsobilý capable ['keipəbl], fit [fit]; *nie je s. na ťažkú prácu* he isn't capable of/fit for hard work

spôsobiť cause [ko:z]; *s. radosť* cause joy

spracovať (v rozl. význ.) process ['prəuses]; *s. kožu* process leather; *s. potraviny* process food; *s. informácie* process information; výp. tech. *s-nie údajov* data processing

sprava from the right [frəm ðə 'rait]; *prichádza s.* she's coming from the right

správa¹ 1. news [nju:z]; *dobrá s.* good news; *večerné s-y* (rozhlasu) the radio evening news **2.** (písaná) report [ri'po:t]; *napísať výročnú s-u* write an annual report

**správa² ** (v rozl. význ.) management ['mænidžmənt]; *s. podniku* the management of an enterprise; *neúspech zapríčinila zlá s.* the failure was due to bad management

správanie manners ['mænəz]; *má dobré s.* he has good manners

správať sa behave [bi'heiv]; *s. sa slušne* behave well

správca administrator [əd'ministreitə], manager ['mænidžə]; *s. školy* a school administrator

spravidla as a rule [ˌæz ə 'ru:l]; *z práce ide s. pešo* as a rule he walks home from his work

spraviť do* [du:], make* [meik]; *s. (si svoju) robotu* do one's work; *s. chybu* make a mistake; *čo s-íš s peniazmi?* what are you going to do with the money?

správny¹ right [rait], correct [kə'rekt]; *s.*

S

smer the right direction; *to je s-e!* that's right!; *s-a odpoveď* the right/correct answer; *s. postup* correct procedures

správny² administrative [əd'minəstrətiv]; *s-a budova* an administrative building

spravodajca reporter [ri'po:tə], correspondent [ˌkorə'spondənt]; *zahraničný s.* foreign correspondent

spravodlivosť justice ['džastəs]; *mať cit pre s.* have a sense of justice

spravodlivý (v rozl. význ.) just [džast], fair [feə]; *s-é rozhodnutie* a just/fair decision; *s. človek* a just man; *s. rozsudok* a just sentence; *s. podiel* a fair share

spravovať manage ['mænidž]; *s. majetok* manage a property

spreneveriť embezzle [im'bezl]; *s. peniaze* embezzle money

sprevádzať (v rozl. význ.) accompany [ə'kampəni]; *s. priateľa* accompany a friend; *speváka s-l pianista* the singer was accompanied by a pianist; *s-l ho nezdar* he was accompanied by bad luck

sprcha 1. (prúd vody) shower ['šauə]; *zo strechy ho zasiahla s.* he got a shower of water from the roof 2. (v kúpeľniach) shower(bath) [šauə (ba:θ)]

sprchovať sa take*/have* a shower [ˌteik/ˌhæv ə 'šauə]; *s. sa studenou vodou* take a cold shower

spriateliť sa 1. become*/make* friends [biˌkam/ˌmeik 'frendz]; *s-li sa na univerzite* they became friends at the university 2. (zmieriť sa) acquaint oneself with [ə'kweint wan'self wiδ]; *s-l sa s myšlienkou, že sa bude sťahovať* he acquainted himself with the idea of moving to another place

spriemyselniť industrialize [in'dastriəlaiz]; *s. stavebníctvo* industrialize the building industry

sprievod 1. procession [prə'sešn]; *karnevalový s.* a carnival procession 2. (suita) suite [swi:t]; *prezident a jeho s.* the President and his suite 3. (v umeleckom prejave) accompaniment [ə'kampənimənt]; *spievať so s-om klavíra* sing with a piano accompaniment

sprievodca 1. (kto sprevádza aj príručka) guide [gaid]; *s. turistov* a tourist guide; *s. po Bratislave* a guide to Bratislava 2. (v doprave) conductor [kən'daktə]

sprievodka delivery note [di'livri ˌnəut]

sprievodný: *s. znak* concomitant; *s. text* accompanying text; *s-é okolnosti* attendant circumstances; *s. list* covering letter; voj. *s-á loď* escort (ship)

sprisahanec conspirator [kən'spirətə]

sprisahanie conspiracy [kən'spirəsi]; *odhaliť s.* reveal a conspiracy

sprostredkovať mediate ['mi:dieit]; *s. dohodu* mediate a settlement

sprostredkovateľ mediator ['mi:dieitə]

sprostý 1. (hlúpy) stupid ['stju:pəd]; *s. človek* a stupid person 2. hovor. expr. (nepríjemný) nasty ['na:sti]; *s-á situácia* a nasty situation

spŕška shower ['šauə]

sprvu at first [ət 'fə:st]; *s. tam chodil rád* at first he enjoyed going there

spuchnúť swell* (up) ['swel (ap)]; *s-té oči* swollen up eyes

spustiť 1. (nechať klesnúť) lower ['ləuə], let* down ['let daun]; *s. oponu* lower the curtain; *s. lano* let down a rope 2. (dať unášať) launch [lo:nč]; *s. loď na vodu* launch a ship 3. (uviesť do chodu) start [sta:t]; *s. motor* start an engine // **s. sa** go* down ['gəu daun], come* down ['kam daun]; *s-l sa na kolená* he went down on his knees; *s-l sa dážď* the rain came down

spustošiť devastate ['devəsteit], lay* waste ['lei weist], ravage ['rævidž]; *oheň s-l mesto* the fire devastated the city/the city was ravaged by fire; *vojna s-la krajinu* the country was laid waste by the war/the country was ravaged by the war

spúšť (na zbrani) trigger ['trigə], (na fotoaparáte) release [ri'li:s]; *stisnúť s. revolvera* pull the trigger of a gun; *stisnúť s. fotoaparátu* press the release

spútať, sputnať 1. (poviazať) tie* up ['tai ap]; *lúpežníci ho s-li* the robbers tied him up 2. (dať do pút) handcuff ['hændkaf]; *policajt s-l zločinca* the policeman handcuffed the criminal

spýtať sa ask [a:sk]; *s-l sa jej, ako sa cíti* he asked her how she was feeling

Srb Serb [sə:b], Serbian ['sə:bjən]

Srbsko Serbia ['sə:biə]

srbský Serb [sə:b], Serbian ['sə:bjən]

srdce heart [ha:t] ● *mať s. na pravom mieste* have one's heart in the right place; *klásť na s.* (komu — čo) urge something on somebody; *brať si k s-u* (čo) take sth. to heart; *spadol mu kameň zo s-a* that's a weight off his mind; *trhá mi to s.* it wrings my heart; *mať čo s. ráči* to one's heart's content; *mať s.*

ako kameň have a heart of stone; *z hĺbky s-a* from the bottom of one's heart; *od s-a k s-u* heart-to-heart; *ruku na s.* cross my (your) heart; *z celého s-a* whole-heartedly

srdcový cardiac [ˈkɑːdiæk]; *s. sval* cardiac muscle

srdečný hearty [ˈhɑːti], cordial [ˈkɔːdiəl]; *s-é privítanie* a hearty/cordial welcome

srieň hoarfrost [ˈhɔːfrost]

srna roe deer [ˈrəu diə]

srčí: *s-a zver* roe deer

srnec roebuck [ˈrəubak]

srsť (hustá) fur [fəː], hair [heə], coat [kəut]; *hodvábna s.* silky fur; *s. psa sa zdravo leskla* the dog's coat was shiny and healthy looking ● *je mu to proti s-ti* it goes against the grain for him

sršať flash [flæš]; *oči mu s-li hnevom* his eyes flashed with anger

sršeň hornet [ˈhɔːnət]

sťa as [æz]; *biely sťa sneh* white as snow

stabilita stability [stəˈbiləti]; *s. meny* the stability of the currency

stabilný stable [ˈsteibl]

sťaby as if [ˌæzˈif]; *zmizol s. sa bol prepadol* he disappeared as if the earth had swallowed him up

stacionárny stationary [ˈsteišənri]; *s-a družica* a stationary spacecraft

stačiť 1. (postačovať) suffice [səˈfais], do* [duː]; *jeho príjem im s-í* his income suffices their needs; *to jedlo jej s-í* that food suffices her; *to s-í!* that will do! 2. (držať krok s kým) keep pace with somebody

stádo herd [həːd] (aj pren., pejor.); *s. slonov* a herd of elephants; *ísť so s-m* follow the herd

stagnácia stagnation [stægˈneišn]; *hospodárska s.* economic stagnation

sťahovanie migration [maiˈgreišn]; *s. národov* migration of peoples

sťahovať sa 1. (meniť byt) move [muːv], move house [ˌmuːv ˈhaus]; *s-ujú sa do nového bytu* they move into a new flat 2. (meniť sídlo, miesto výskytu) migrate [maiˈgreit]; *vtáky sa s-ujú na juh* birds migrate to the south

sťahovavý migratory [maiˈgreitəri]; *s-é vtáky* migratory birds

stajňa 1. (pre kone) stable [ˈsteibl] 2. (pre kravy) cowshed [ˈkaušed]

stále continually [kənˈtinjuəli]; *s. sa na všetko ponosuje* he continually complains about everything

stály 1. (neprestajný) continuous [kənˈtinjuəs]; *s. pohyb mora* the continuous movement of the sea 2. (rovnaký) constant [ˈkonstənt]; *s-a teplota* constant temperature 3. (pravidelný); *s-i návštevníci divadla* theatregoers

stan 1. tent [tent]; *postaviť s.* put up a tent 2. voj. v spoj. *hlavný s.* headquarters

stanica (v rozl. význ.) station [ˈsteišn]; *železničná/autobusová s.* a railway/bus station; *požiarna s.* fire station

stanný: *s-é právo* martial law

stánok stall [stɔːl], stand [stænd]; *s. na trhu* market stall; *novinový s.* newsagent

stanovať camp [kæmp]; *ísť s.* go camping

stanovisko standpoint [ˈstændpoint], view [vjuː], viewpoint [ˈvjuːpoint], point of view/attitude [ˌpoint əv ˈvjuː/ˈætitjuːd]; *zaujať kladné/záporné s.* express one's positive/negative view

stanovište stand [stænd], pitch [pič]; *s. taxíkov* a taxi stand/rank, AM cabstand

stanoviť determine [diˈtəːmən]; *s. obsah olova vo farbe* determine the lead content of paint

stanovy pomn. statute [ˈstæčuːt]

starať sa 1. (o koho, čo) care for [ˈkeə fɔː], look after [ˈluk ˌɑːftə]; *s-la sa o matku* she cared for her mother 2. care [keə]; *s-á sa len o peniaze* the only thing he cares about is money ● *S-j sa o seba!* Mind your own business!

starec old man [ˌəuld ˈmæn]

starena old woman [ˌəuld ˈwumən]

starnúť age [eidž], grow* old [ˌgrəu ˈəuld]; *zdá sa, že rýchlo s-e* she seems to age quickly; *matka nám s-e* our mother grows older

staroba old age [ˌəuld ˈeidž]; *aj v s-e bol aktívny* he was still active in his old age

starobinec old people's home [ˌəuld ˈpiːplz həum]

starobný: *s. dôchodok* old age pension, retirement pension

starobylý ancient [ˈeinšnt]; *s. zámok* an ancient castle

staromódny old-fashioned [ˌəuldˈfæšnd]; *s. klobúk* an old-fashioned hat

starosť worry [ˈwari]; *finančné s-ti* money worries

starosta mayor [meə]

starostlivosť care [keə]; *úroveň lekárskej*

s-i the standard of medical care; *sociálna s.* social welfare

starostlivý careful [ˈkeəfl]; *po s-ej úvahe* after careful consideration

starovek (antika) antiquity [ˌænˈtikwəti]

starožitník antiquarian [ˌæntəˈkweriən] aj antiquary [ˈæntəkweri]

starožitnosť antique [ænˈtiːk]

starožitný antique [ænˈtiːk]; *s-á váza* an antique vase

starý (v rozl. význ.) old [əuld]; *s. muž* an old man; *s-á tvár* an old face; *s-é šaty* an old dress; *S. zákon (S-á zmluva)* The Old Testament; *s. byt* an old flat; *s-á pani* an old lady; *s-á matka* grandmother; *s. otec* grandfather; *s. mládenec* bachelor; *s-á dievka* spinster

stať sa 1. (zmeniť stav) become* [biˈkam]; *s. sa učiteľom* become a teacher **2.** (prihodiť sa) happen [ˈhæpən]; *čo sa mu s-lo?* what has happened to him? ● *rado sa s-lo* you're welcome; *nič sa nes-lo* that's all right

stáť[1] (v rozl. význ.) stand* [stænd]; *s. na špičkách* stand on tiptoe; *s. v pozore* stand to attention; *stôl s-ojí v kúte* the table stands in the corner; *s. v ceste* stand in the way ● *s. na vlastných nohách* stand on one's own feet; *nevie, kde mu hlava s-ojí* he doesn't know whether he is going or coming

stáť[2] **1.** cost* [kost]; *čo to s-ojí?* what does it cost? **2.** (byť hoden) be* worth [ˌbiːˈwəːθ]; *s-ojí za pokus* it's worth a try ● *stoj čo stoj* by hook or by crook; *to nes-ojí za reč* it's not worth mentioning; *môže ho to s. krk* that may cost his life

sťať 1. (zoťať) cut* down [ˈkat daun]; *s. vrcholec stromčeka* cut down the top of a tree **2.** (popraviť) behead [biˈhed], decapitate [diˈkæpəteit]; *verejne s. zločinca* behead a criminal in public

statika statics [ˈstætiks]

statkár landowner [ˈlændˌəunə]

statočný 1. (čestný) honest [ˈonəst]; *s. zamestnanec* an honest employee **2.** (odvážny) courageous [kəˈreidžəs]; *s. čin/človek* a courageous action/person

statok[1] (dobytok) cattle [ˈkætl]

statok[2] estate [iˈsteit]; *dedičný s.* hereditary estate

stav 1. state [steit], condition [kənˈdišn]; *zdravotný s.* the state of health; *duševný s.* mental state; *dom vo výbornom/úbohom s-e* a house in perfect/poor condition; *jej s. sa*

zlepšuje her condition is improving **2.** (rodinný) status [ˈsteitəs]; *uveďte svoj (manželský) s.* state your marital status ● *byť v inom/druhom s-e* be pregnant/be with child

stavať build* [bild], construct [kənˈstrakt]; *s. dom* build a house; *s. most* construct a bridge // **s. sa 1.** (na obranu niekoho) stand* up for sb. [ˈstænd ap fə] **2.** (proti komu/čomu) stand* out against sb./sth. [ˈstænd aut əˌgenst] **3.** (do radu) queue up [ˈkjːu ap] ● *s. sa chrbtom (ku komu)* turn one's back on sb.

stavba 1. (budova aj činnosť) building [ˈbildiŋ] **2.** (štruktúra) structure [ˈstrakčə]; *s. buniek* the cell structure; *s. vety* the structure of a sentence

stavebnica brick-box [ˈbrikboks]

stavebníctvo building industry [ˈbildiŋ ˌindastri]

stavebný: *s. materiál* building material; *s. inžinier* civil engineer

stavec vertebra [ˈvəːtəbrə]

stavenisko building site [ˈbildiŋ ˌsait]

stavidlo sluice [sluːs], sluice gate [ˈsluːs geit]

staviť bet* [bet]; *s. na koňa* bet on a horse // **s. sa** bet [bet]; *s-ím sa s tebou o 100 korún* I'll bet you 100 crowns

staviteľ builder [ˈbildə]

stavivo building materials [ˈbildiŋ məˌtiriəlz]

stávka bet [bet]; *vyhrať/prehrať s-u* win/lose a bet

sťažeň mast [maːst]

sťažnosť complaint [kəmˈpleint]; *podať s.* lodge a complaint

sťažovať sa complain [kəmˈplein]; *s. sa na bolesti* complain about the pain

steblo blade [bleid]; *s. trávy* a blade of grass

steh stitch [stič]; *retiazkový s.* a chain stitch

stehno 1. anat. thigh [θai] **2.** kuch. leg [leg]; *husacie s.* a leg of goose

stehovať stitch [stič]

stena 1. (v rozl. význ.) wall [woːl]; *s-y izby* the walls of a room; *sklenená s.* a glass wall; *španielska s.* a Japanese screen; *s-y nádoby* the walls of a vessel; *s-y cievy* the walls of a blood vessel **2.** (strmá plocha) face [feis]; *severná s. vrchu* the north face of the mountain ● *(aj) s-y majú uši* walls have ears; *maľovať čerta na s-u* think/imagine the worst, tempt fate/providence

stenať, stonať moan [məun], groan

[grəun]; *s. od bolesti* moan of pain; *stále s.* moan and groan; pren. *vietor s-á* the wind is moaning

stenografia shorthand [ˈšoːthænd]

stenografický: *s. záznam* a shorthand note

stenografka shorthand typist [ˈšoːthænd ˌtaipəst], AM stenographer [steˈnogræfə]

step steppe [step], steppes [steps]

sterilizácia sterilization [ˌsterəlaiˈzeišn]

sterilizovať sterilize [ˈsterəlaiz]

sterilný sterile [ˈsterail]; *s. obväz* a sterile dressing

steward steward [ˈstjuːəd]

stewardka stewardess [ˈstjuːədəs], (v lietadle) air hostess [eə ˈhəustəs]

stiahnuť 1. (dolu) pull down [ˈpul daun]; *s. roletu* pull down the blind **2.** (strhnúť) pull off [ˈpul of]; *s. rukavice* pull off the gloves **3.** (zbaviť kože) skin [skin]; *s. králika* skin a rabbit **4.** (pritiahnuť) draw* [droː]; *s. si opasok* draw one's belt tighter **5.** (o častiach tváre) pucker up [ˈpakə ap]; *s. obočie/pery* pucker up one's brows/lips **6.** (víno) bottle [ˈbotl] **7.** (z obehu) call in [ˈkol in]; *s. bankovky* call in banknotes **8.** (zrazit') deduct [diˈdakt]; *s. zo mzdy* deduct from the pay // **s. sa 1.** (zmenšiť sa) shrivel (up) [ˈšrivl (ap)]; *koža sa s-la* (od sucha) the heat shriveled the leather **2.** (utiahnuť sa) withdraw* [wiðˈdroː]; *vojsko sa s-lo* the troops withdrew

stierač windscreen wiper [ˈwindskriːn ˌwaipə]

stierať (prach) dust [dast], (vodu, špinu) wipe [waip]; *s. prach z nábytku* dust the furniture; *s. sklo* wipe the glass

stíhač 1. (prenasledovateľ) pursuer [pəˈsjuːə] **2.** voj. (stíhací letec) fighter pilot [ˈfaitə ˌpailət]

stíhačka hovor. (vojenské stíhacie lietadlo) fighter plane [ˈfaitə ˌplein]

stíhať 1. (prenasledovať) pursue [pəˈsjuː]; *s. zlodeja* pursue a thief **2.** (úradne zakročovať proti komu) prosecute [ˈprosikjuːt]; *s. za prekročenie rýchlosti* prosecute for exceeding the speed limit

stihnúť 1. (v rozl. význ.) catch* [kæč], manage [ˈmænidž]; *ponáhľali sa, aby s-li správy* they hurried to catch the news; *s-li vlak* they caught the train; *nes-la ísť ku kaderníkovi* she didn't manage to go to the hairdresser's **2.** (postihnúť) meet* with [ˈmiːt wið]; *s-lo ho nešťastie* he met with an accident

stíchnuť 1. (utíchnuť) quieten (down) [ˈkwaiətn (daun)]; *ulica s-la* the street

quietened down **2.** (utíšiť sa) cease [siːz], calm down [ˈkːam daun]; *vietor s-l* the wind ceased; *dieťa s-o* the child calmed down

stimul stimulus [ˈstimjələs]

stisk 1. (stisnutie) press [pres], squeeze [skwiːz]; *s. ruky* a press/a squeeze of the hand **2.** (nával ľudí) crowd [kraud]

stisnúť 1. (zovrieť) squeeze [skwiːz]; *s-ol jej ruku* he squeezed her hand **2.** (stlačiť) press [pres]; *s. gombík* press a button

stlačiť 1. (zhustit') compress [kəmˈpres]; *s-ený vzduch/plyn* compressed air/gas **2.** (stisnúť) press [pres]; *s. gombík* press a button **3.** (zmenšiť) reduce [riˈdjuːs]; *s. ceny* reduce the prices

stlmiť lower [ˈləuə], dip [dip]; *s. hlas* lower one's voice; *s. svetlá auta* dip the headlights of a car

stĺp 1. (kôl) post [pəust], pole [pəul]; *drevený s.* a wooden post; *s-y elektrického osvetlenia* lamp posts **2.** (pilier) column [ˈkoləm], pillar [ˈpilə]; *jónsky s.* a Ionic column; pren. *s-y našej spoločnosti* the pillars of our community

stĺpec (v rozl. význ.) column [ˈkoləm]; *ortuťový s.* a column of mercury; *s. čísel* a column of figures; *strana slovníka má 2 s-ce* there are 2 columns on each page of the dictionary

stĺporadie colonnade [ˌkoləˈneid]

stmavieť darken [ˈdaːkən], turn dark [ˌtəːn ˈdaːk]

stmeliť cement [siˈment] (aj pren.); *s. priateľstvo* cement a friendship

stmievať sa get* dark [ˌget ˈdaːk]; *rýchlo sa s-a* it's getting dark fast

sto hundred [ˈhandrəd]; *s. rokov* a hundred years; *rátať do s.* count (up) to one hundred; *jeden zo s-a* one of a hundred

stočiť 1. twist [twist]; *s. drôt* twist a wire **2.** (tekutinu do fliaš) bottle [ˈbotl] // **s. sa** turn [təːn]; *vietor sa s-l* the wind turned

stodola barn [baːn]

stoh 1. (slamy, sena) stack [stæk] **2.** (kníh, spisov) pile [pail], (neusporiadaný) heap [hiːp]

stojan stand [stænd], rack [ræk]; *s. na noty* a music stand; *s. na dáždniky* an umbrella stand; *s. na kabáty* a coat rack; *maliarsky s.* easel

stojatý 1. (postavený v zvislej polohe) stand up [ˈstænd ap]; *s. golier* a stand up collar **2.** (nehybný) stagnant [ˈstægnənt]; *s-á voda* stagnant water

S

stojka handstand [ˈhændstænd]; *urobiť s-u* do a handstand

stok (sútok) confluence [ˈkonfluəns]

stoka sewer [ˈsjuːə]

stokráska daisy [ˈdeizi]

stolár joiner [ˈdžoinə], (umelecký) cabinet-maker [ˈkæbənət ˌmeikə]

stolárstvo joinery [ˈdžoinəri]

stolica 1. (sedadlo) stool [stuːl] (aj lek.) 2. (súdna) tribunal [traiˈbjuːnl]

stolička 1. chair [čeə] 2. (zub) molar [ˈməulə] ● *sedieť na dvoch s-ách* sit on the fence

stolný: *s. tenis* table tennis

ston groan [grəun]

stonásobný hundredfold [ˈhandrədfəuld]

stonať groan [grəun], moan [məun]; *stále s-á* she is groaning and moaning

stonka stalk [stoːk], stem [stem]

stonožka centipede [ˈsentəpiːd]

stopa 1. (stupaj) footprint [ˈfutprint], (odtlačok) track [træk]; *s-y medveďa* footprints of a bear; *s-y v snehu* tracks in the snow 2. (zvyšok, pozostatok) trace [treis]; *s-y arzénu* traces of arsenic; *s-y dávnej civilizácie* traces of ancient civilization 3. (stará miera) foot [fut] ● *zmiznúť bez s-y* vanish into thin air; *zahladiť s-y* cover up one's tracks

stopár[1] 1. (človek) tracker [ˈtrækə] 2. (pes) tracker dog [ˈtrækə dog]

stopár[2] hovor. (auta) hitchhiker [ˈhičhaikə]

stopiť melt [melt]; *s. maslo* melt butter

stopka stem [stem], stalk [stoːk]; *dlhá/krátka s.* a long/short stem; *s. ruže* the stalk of a rose

stopky stopwatch [ˈstopwoč]

stopovať[1] (sledovať) trace [treis]; *s. zločinca* trace a criminal

stopovať[2] (auto) hitchhike [ˈhičhaik]

storočie century [ˈsenčəri]; *na prelome s-a* at the turn of the century

storočnica centenary [senˈtiːnəri]

stovka hundred [ˈhandrəd]; *platiť s-ou* pay with a hundred note; *ísť s-ou* (rýchlosťou 100 km/hod.) drive at a speed of 100 kmph; (exp.) *prišli s-y ľudí* there came hundreds of people

stožiar pole [pəul], (lode) mast [maːst]

stôl (v rozl. význ.) table [ˈteibl]; *kuchynský s.* a kitchen table; *prestrieť (na) s.* set the table; pren. *bohatý s.* a rich table; *zabávať celý s.* amuse the whole table; *biliardový s.* a billiard table ● publ. *rozhovor za okrúhlym s-olom* a round-table discussion

strach fear [fiə]; *premohol ho s.* he was overcome by fear ● *žiadne s-y!* no fear!

straka magpie [ˈmægpai]

strakatý motley [ˈmotli]; *s-á látka* a motley material

stráň hillside [ˈhilsaid]

strana 1. (v rozl. význ.) side [said]; *ľavá s. ulice* the left side of the street; *predná s. domu* the front side of the house; *štvorec má štyri s-y* a square has four equal sides; *pravá s. látky* the right side of the cloth; *môj starý otec z matkinej s-y* my grandpa on my mother's side 2. polit. party [ˈpaːti]; *S. práce* the Labour Party ● *chytiť s-u (komu)* take sides; *z mojej s-y* as far as I'm concerned

stránit' sa shun [šan]; *s. sa spoločnosti* shun society

stránka 1. (strana) page [peidž]; *posledné s-y knihy* the last pages of a book 2. (vlastnosť) aspect [ˈæspekt]; *preštudovať vec zo všetkých s-ok* study every aspect of a subject 3. (strana) party [ˈpaːti]; *obe s-y sa dohodli* the two parties reached an agreement ● *to je jeho silná/slabá s.* that's his best/weak point

stránkový: *s-é hodiny* office hours

strapatý: *s-é vlasy* ruffled hair

strapec 1. (ozdobné zakončenie tkaniny) fringe [frindž]; *obrus so s-cami* a tablecloth with fringes 2. (plodov) cluster [ˈklastə], bunch [banč]; *s. bobúľ* a cluster of berries; *s. hrozna* a bunch of grapes

strašiak 1. (na poli, v záhrade) scarecrow [ˈskeəkrəu] 2. pren. (hrozba) bugbear [ˈbagbeə]; *s. vojny* the bugbear of war

strašidlo ghost [gəust]; *veriť v s-á* believe in ghosts

strašiť 1. (mátať) haunt [hoːnt]; *na zámku s-í* the castle is haunted 2. (ľakať) frighten [ˈfraitn], scare [skeə]; *s. dieťa* frighten a child

strašný 1. terrible [ˈterəbl], awful [ˈoːfl]; *s-á nehoda* a terrible accident; *zomrel s-ou smrťou* he died an awful death; *s-é počasie* a horrible weather 2. hovor. expr. (veľký, hrozný) awful [ˈoːfəl]; *s. smäd* an awful thirst

strata (v rozl. význ.) loss [los]; *s. vedomia/krvi* loss of consciousness/blood; *predať so s-ou* sell at a loss; voj. *utrpieť ťažké s-y* suffer heavy losses in war; *s-y na životoch* casualties

stratiť (v rozl. význ.) lose* [luːz]; *s. dáždnik* lose one's umbrella; *s. čas* lose time; *s. oko* *pri nehode* lose an eye in an accident; *s. cestu* lose one's way; *s. rodičov* lose one's parents ● *s. hlavu* lose one's head; *s. odvahu* lose heart; *s. srdce* lose one's heart to sb. // **s. sa 1.** get* lost [ˌget ˈlost]; *dávaj si pozor, mohol by si sa s.* be careful, you might get lost **2.** (zmiznúť) disappear [ˌdisəˈpiə]; *s-l sa v dave* he disappeared in the crowd

stratosféra stratosphere [ˈstrætəsfiə]

strava 1. (pokrm) food [fuːd]; *tekutá s.* liquid food; pren. *duševná s.* food for thought **2.** (stravovanie) fare [feə], board [boːd]; *domáca s.* homely fare; *s. a nocľah* board and lodging

stráviť¹ 1. (potravu) digest [daiˈdžest]; *s. pokrm* digest food **2.** (zničiť) consume [kənˈsjuːm]; *plamene s-li dom* the flames consumed the house

stráviť² 2 (zotrvať istý čas) spend* [spend]; *s. týždeň v Prahe* spend a week in Prague; *s. voľný čas čítaním* spend one's leisure reading

stráviteľný digestible [daiˈdžestəbl]; *ľahko s-é jedlo* a digestible meal

stravník boarder [ˈboːdə]

stravovať board [boːd]; *s. študentov* board students // **s. sa** board [boːd]; *s. sa v jedálni* board at a cafeteria

stráž (stráženie aj osoba) guard [gaːd], watch [woč]; *byť na s-i* keep guard; *čestná s.* the guard of honour; *držať s. pred domom* keep watch on the house

strážca watchman [ˈwočmən]; *nočný s.* night watchman

strážiť guard [gaːd], watch over [ˈwoč ˌəuvə]; *s. tábor/zajatcov* guard a camp/prisoners; *s. majetok* watch over one's property ● *s. ako oko v hlave* cherish like the apple of one's eye

strážny: *s. pes* watchdog; *s-a veža* watchtower

strčiť 1. put* [put]; *s. ruku do vrecka* put one's hand into one's pocket **2.** (sotiť) push [puš]; *s-l ju do bazéna* he pushed her into the swimming pool ● *s. do všetkého nos* poke one's nose into everything; *s. do vrecka (koho)* beat sb.

stred 1. (prostriedok) middle [ˈmidl], centre [ˈsentə]; *s. izby* the middle of the room; *s. mesta* the centre of the town **2.** (stredobod) centre [ˈsentə]; *byť v s-e záujmu* be the centre of interest

streda Wednesday [ˈwenzdi]; *Popolcová s.* Ash Wednesday

stredisko centre [ˈsentə]; *nákupné s.* shopping centre; *s. kultúrneho života* the centre of cultural life

stredný 1. middle [ˈmidl], central [ˈsentrəl]; *s-á izba* the middle room; *s-á Európa* central Europe; *s-á škola* secondary school **2.** (priemerný) medium [ˈmiːdiəm]; *s-á akosť* medium quality; *človek s-ej postavy* a man of medium height; gram. *s. rod* neuter; *zlatá s-á cesta* the golden mean

stredobod (the) centre [ˈsentə]; *s. záujmu* the centre of interest

stredoškolák pupil/student of a secondary school [ˈpjuːpl/ˈstjuːdnt əv ə ˌsekndəri ˈskuːl]

stredoškolský: *s-é vzdelanie* secondary education

stredovek (the) Middle Ages [ˌmidl ˈeidžəz]

stredozemný: *S-é more* the Mediterranean Sea

strecha 1. roof [ruːf]; *škridľová s.* a tiled roof **2.** (okraj klobúka) brim [brim]; *klobúk s prehnutou s-ou* a hat with the brim turned up ● *žiť pod jednou s-ou* live under the same roof; *nemať s-u nad hlavou* have no roof over one's head

strela 1. (náboj) projectile [prəˈdžektail] **2.** šport. shot [šot] ● *letieť, bežať ako s.* be as swift as an arrow

streľba shooting [ˈšuːtiŋ], fire [faiə]; *začať/zastaviť s-u* open/cease fire

strelec 1. shot [šot]; *výborný/dobrý/zlý s.* first-class/good/poor shot **2.** šach. bishop [ˈbišəp]

streliť 1. fire [ˈfaiə], shoot* [šuːt]; *s. na cieľ* shoot/fire at a target **2.** (v loptových hrách) score [skoː]; *s. gól* score a goal ● expr. *s. zaucho* give sb. a clip on the ear; expr. *s. capa* make a blunder

strelivo ammunition [ˌæmjəˈnišn]

strelnica shooting range [ˈšuːtiŋ ˌreindž], rifle range [ˈraifl ˌreindž]

stretnúť meet* [miːt], encounter [ˌinˈkauntə]; *s. starého priateľa* meet an old friend // **s. sa** meet* [miːt]; *kde sa s-eme?* where do we meet?

stretnutie 1. (náhodné) encounter [ˌinˈkauntə], (zámerné) meeting [ˈmiːtiŋ]; *rodinné s.* a family meeting **2.** (zápolenie) meeting [ˈmiːtiŋ]; *športové s.* a sports-meeting

strhnúť 1. tear* off [ˈteə of]; *víchor s-l strechu domu* the roof of the house was torn

S

off by the storm **2.** (zraziť) deduct [di'dakt];
s. z platu deduct from the pay // **s. sa** start
[sta:t]; *s-la sa pri zvuku krokov* she started at
the sound of footsteps ● *s. za sebou všetky
mosty* burn one's boats/bridges

strieborný (v rozl. význ.) silver ['silvə];
s. príbor table silver; *s-á minca* a silver coin;
s-é plátno the silver screen; *s-á medaila*
a silver medal; *s-á svadba* the silver wedding

striebro (v rozl. význ.) silver ['silvə]; *šperky
zo s-a* silver jewellery; *rodinné s.* family
silver; *šport. slang. olympijské s.* olympic silver
● *Hovoriť s., mlčať zlato.* ● Speach is silver,
silence is golden.

striebrosivý silver grey ['silvə ˌgrei]
striedať alternate ['o:ltəneit]; *s. láskavosť
s prísnosťou* alternate kindness with severity
// **s. sa 1.** alternate ['o:ltəneit]; *daždivé dni sa
s-li s peknými* wet days alternated with fine
ones **2.** (vymieňať sa) take* turns [ˌteik 'tə:ns];
s. sa pri lôžku chorého take turns at sb.'s
sickbed

striedavý alternating ['o:ltəneitiŋ]; elektro-
tech. *s. prúd* alternating current

striedmosť temperance ['temprəns]
striedmy temperate ['temprət]; *s. v jede-
ní/pití* temperate in eating/in drinking

striehnuť lie in wait [ˌlai in 'weit]; *s. na
zlodejov* lie in wait for the thieves

striekačka 1. (požiarna) fire engine ['faiə
ˌendžən] **2.** (injekčná) syringe ['sirindž]

striekať 1. spurt [spə:t]; *krv s-la z rany*
blood spurted from the wound **2.** spray
[sprei]; *s. ovocné stromy* spray fruit-trees

strieľať shoot* [šu:t]; *s. do terča* shoot at
a target ● *z toho sa nes-a* that isn't important

strieľňa loophole ['lu:phəul]

striga witch [wič]

strigôň (bosorák) sorcerer ['so:srə]

strih (v rozl. význ.) cut [kat]; *s. vlasov*
a haircut; *s. obleku* the cut of a suit; *moderný
s.* a fashionable cut

strihač 1. (oviec) shearer ['šiərə] **2.** (v kraj-
čírstve) cutter ['katə]

strihať 1. cut* [kat]; *s. (si) nechty/vlasy*
cut one's fingernails/hair; *s. kvety* cut flowers
2. clip [klip]; *s. ovce* clip/shear the sheep;
s. živý plot clip the hedge

strmeň stirrup ['stirəp]

strmhlav headlong ['hedloŋ]; *skočiť s. do
vody* jump headlong into water; *rútiť sa s. do
nebezpečenstva* rush headlong into danger

strmina bluff [blaf]; *skalná s.* a rocky bluff
strmý steep [sti:p], sheer [šiə]; *s. chodník*
a steep path; *s-á skala* a sheer rock

strnisko 1. stubble ['stabl]; *zaorať s.*
plough a stubble **2.** pren. expr. (neoholené chlpy na
tvári) a stubbly growth of beard [ə ˌstabli
'grəuθ əv ˌbiəd]

stroj machine [mə'ši:n], engine ['endžən];
šijací s. a sewing machine; *písací s.* a type-
writer ● *robí ako s.* (presne) he works like
a machine

strojárstvo engineering [ˌendžə'niriŋ]
strojníctvo mechanical engineering
[miˌkænikl ˌendžə'niriŋ]

strojopis 1. (písanie) typewriting ['taiprai-
tiŋ] **2.** (text) typescript ['taipskript]

strojovňa machine works [mə'ši:n ˌwə:ks]
strojvodca engine driver ['endžən ˌdraivə]
strom tree [tri:]; *ovocný s.* a fruit tree; *list-
natý/ihličnatý s.* a deciduous/coniferous tree
● *Jablko nepadá ďaleko od s-u.* ● Like
father, like son.

stromoradie 1. (rad stromov) avenue
['ævənju:] **2.** (aleja) alley ['æli]

strop (povala aj najvyššia hranica niečoho) ceiling
['si:liŋ]; *stanoviť mzdový s.* set/impose
a ceiling on wages

stroskotať 1. (o lodiach) shipwreck ['šiprek]
2. (zlyhať) break* down ['breik daun]; *mierové
rozhovory s-li* the peace talks broke down

stručný brief [bri:f]; *s. list* a brief letter;
s-á správa a brief report

strúhadlo 1. grater ['greitə]; *s. na syr*
a cheese grater **2.** (na orezávanie ceruzky)
sharpener ['šaːpənə]

strúhať 1. grate [greit]; *s. syr* grate
cheese **2.** sharpen ['šaːpən]; *s. ceruzku*
sharpen a pencil

struk (plod) pod [pod]; *hrachový s.* a pea
pod

strukoviny leguminous plants [li'gju:mənəs
ˌplaːnts]

struna 1. hud. string [striŋ] **2.** (pružina, pero)
spring [spriŋ]

strunový stringed [striŋd]; *s-é hudobné
nástroje* stringed instruments

strýc, strýko uncle ['aŋkl]
stryná aunt [a:nt]
studený (v rozl. význ.) cold [kəuld]; *s-á voda*
cold water; *s-á sprcha* a cold shower; *s. ako
ľad* as cold as ice; *podávať s-é mäso* serve
cold meat; *s-é prijatie* a cold welcome

studňa well [wel]; *kopať/vŕtať s-u* sink/drive a well

stuha ribbon ['ribən]

stupaj 1. (chodidlo) foot [fut]; *poraniť si s.* hurt one's foot **2.** (stopa) foot-print ['fut print]; *ľudské s-e* human footprints **3.** (stúpadlo) step [step]; *s-e schodov* the steps of the stairs

stúpať 1. (v rozl. význ.) rise* [raiz]; *dym/hladina rieky s-a* smoke/the river is rising; *jeho hlas s-l* his voice rose higher; *cesta s-a* the road rises; *ceny s-jú* prices are rising **2.** climb [klaim]; *s. hore kopcom* climb a hill; *s. po schodoch* climb the stairs ● *s. na päty (komu)* be hard upon sb.'s heels

stupeň 1. degree [di'gri:]; *s. zručnosti* degree of skill; *s. teploty* degree of temperature **2.** phase [feiz]; *kritický s. choroby* the critical phase of an illness **3.** (miery, hodnoty) grade [greid]; *s. autority* the grade of authority

stúpenec adherent [əd'hirənt], supporter [sə'po:tə]; *návrh získava stále viacej s-cov* the proposal is gaining more and more adherents

stúpiť step [step], tread* [tred]; *s. na črepinu skla* step on a glass splinter; *s. na kvety* tread on the flowers ● expr. *s. niekomu na prsty* tread on sb.'s toes

stupnica (v rozl. význ.) scale [skeil]; *s. barometra* the scale on a barometer; hud. *cvičiť s-e* practice scales; *platová s.* a scale of wages

stupňovanie 1. gradation [grə'deišn] **2.** gram. comparison [kəm'pærəsn]

stužka ribbon ['ribən]

stvárniť shape [šeip]; *s. umelecké dielo/povahu* shape a piece of art/a person's character

stvol bot. stalk [sto:k], stem [stem]

stvorenie expr. (tvor, bytosť) creature ['kri:čə]

stvoriť (v rozl. význ.) create [kri:'eit]; *Boh s-l svet* God created the world; *básnik/maliar s-l dielo* a poet/painter created a piece of art

stvoriteľ creator [kri:'eitə], (Boh) (the) Creator

stvrdnúť become* hard [bi'kam ˌha:d], harden ['ha:dən] (aj pren.); *srdce mu s-lo* he hardened his heart

stý hundredth ['handrədθ]; *s-é výročie* the hundredth anniversary

styk contact ['kontækt], intercourse ['intəko:s]; *nadviazať s. (s kým)* make contact with sb.; *spoločenský s.* social intercourse; *pohlavný s.* sexual intercourse

stýkať sa 1. (stretávať sa) associate [ə'səuši-eit]; *s-jú sa po práci* they associate after office hours **2.** (spájať sa) meet* [mi:t]; *kde sa s-a cesta s riekou* where the road and river meet

súbeh competition [ˌkompə'tišn]

súbežný parallel ['pærəlel]; *s-é čiary* parallel lines

subjektívny subjective [səb'džektiv]; *s. dojem* subjective impression; *s-e hodnotenie* subjective judgement

súboj duel ['dju:əl]

súbor 1. (komplex) set [set]; *s. článkov* a set of articles **2.** (zbor) ensemble [an'sambl], group [gru:p]; *tanečný s.* a dance group; **3.** (spevácky) chorus ['ko:rəs], choir [kwaiə]

substantívum lingv. noun [naun], substantive ['sabstəntiv]

subtropický subtropical [ˌsab'tropikl]; *s-á vegetácia* subtropical vegetation

subvencia subsidy ['sabsədi]; *štátne s-e* government subsidies; *dostať s-u* get a subsidy

súcit compassion [kəm'pæšn], sympathy ['simpəθi] *mať s. s trpiacimi* have/take compassion on sufferers; *vyjadriť s.* (komu) express one's sympathy

súčasne simultaneously [ˌsiml'teiniəsli], at the same time [ət ðə seim taim]; *vošli do miestnosti s.* they entered the room simultaneously

súčasník contemporary [kən'temprəri]

súčasnosť the present [ðə'preznt]; *v s-i* at present

súčasný 1. (terajší) present ['preznt], contemporary [kən'temprəri], current ['karənt]; *s-á vláda* the present government; *s-é umenie* contemporary art; *s-á morálka* contemporary morals *s-é dianie* current events **2.** (paralelný) contemporaneous [kənˌtempə'reiniəs]; *s-é udalosti* contemporaneous events

súčasť component (part) [kəm'pəunənt (pa:t)]

súčet sum [sam], sum total [ˌsam 'təutl]

súčiastka part [pa:t]; *náhradné s-y* spare parts

súčiniteľ odb. coefficient [ˌkəuə'fišnt]

sud barrel ['bærəl]; *s. na pivo* a beer barrel

súd 1. (orgán aj zbor sudcov) court [ko:t]; *Najvyšší s.* the Supreme Court; *postaviť niekoho pred s.* put sb. on trial **2.** (súdne rozhodnutie aj ná-

S

zor) judgment ['džadžmənt]; *vyriecť/vyniesť s.* pass judgment; bibl. *posledný s.* the day of judgment/the last judgment

sudca 1. judge [džadž] **2.** hovor. (rozhodca) referee [ˌrefəˈriː]

sudička (obyč. mn. č.) *s-y* (mytologické bytosti) the Fates [ðəˈfeits]

súdiť (v rozl. význ.) judge [džadž]; *s. súdny prípad* judge a law case; *s. exponáty na výstave* judge the exhibits at a show; *s. podľa zdania* judge by the appearance

súdnictvo judiciary [džuːˈdišri]

súdny judicial [džuːˈdišl]; *s-e rozhodnutie* a judicial decision; *s-a sieň* court room; *s-e lekárstvo* forensic medicine

sugescia suggestion [səˈdžesčn]; *hypnotická s.* hypnotic suggestion

súhlas 1. (zhoda v názore) agreement [əˈgriːmənt], assent [əˈsent]; *prikývla na s.* she nodded in agreement; *riaditeľ dal svoj s.* the director gave his assent **2.** (odobrenie) approval [əˈpruːvl], consent [kənˈsent]; *získať s.* meet with approval; *odišiel bez nášho s-u* he left without our consent

súhlasiť (v rozl. význ.) agree [əˈgriː]; *s-ím s tebou* I agree with you; *výpovede svedkov s-a* the witnesses' statements agree (with each other)

súhra (v rozl. význ.) harmony ['haːməni]; *s. farieb* the harmony of colours; *v rodine panuje s.* the family live together in harmony

súhrn summary ['saməri]

súhvezdie constellation [ˌkonstəˈleišn]

suchota drought [draut]; *rieky vyschli od s-y* the rivers dried up during the drought

suchý (v rozl. význ.) dry [drai]; *s-á pokožka* a dry skin; *s-á pôda* a dry soil; *s-é podnebie* a dry climate; *s. kašeľ* a dry cough; *s. humor* dry humour

suka bitch [bič]

sukňa skirt [skəːt]; *skladaná s.* a pleated skirt

súkno cloth [kloθ]; *jemné s.* soft cloth

súkromie privacy ['praivəsi]; *s. vlastného domova* the privacy of one's own home

súkromný (v rozl. význ.) private ['praivət]; *s-é vlastníctvo* private ownership; *s. majetok* private property; *s. rozhovor* a private discussion; *to sú moje s-é starosti* that's my private business

súlad harmony ['haːməni]; *žiť v úplnom s-e* live in perfect harmony

sulfát chem. sulphate ['salfeit]

sultán sultan ['saltn]

suma sum [sam]; *veľká s. peňazí* a large sum of money

sumarizovať sum up ['sam ap]; *s. výsledky* sum up the results

súmrak dusk [dask], twilight ['twailait] (aj pren.); *s. dejín* the twilight of history

súostrovie archipelago [ˌaːkəˈpeləgəu]

sup vulture ['valčə]

súper 1. (protivník) rival ['raivl]; *s-i v láske* rivals in love **2.** (v súťaži) opponent [əˈpəunənt]; *poraziť s-a* defeat one's opponent

súperiť 1. rival ['raivl]; *môže hokej s. s futbalom?* can hokey rival football? **2.** compete [kəmˈpiːt]; *s. o prvenstvo* compete for the first place

súpis 1. (ľudu) census ['sensəs] **2.** (inventúra) inventory ['invəntri]

súprava set [set]; *čajová s.* a tea set; *obedová s.* a dinner set; *s. kancelárskeho nábytku* office fittings

súradnica coordinate [ˌkəuˈoːdənət]

surfing hovor. surfing ['səːfiŋ]

surfista hovor. surfer ['səːfə]

surfovať hovor. surf [səːf]

súrny urgent ['əːdžənt]; *s. odkaz* an urgent message

súrodenec sibling ['sibliŋ]

súrodý kniž. homogeneous [ˌhəuməˈdžiːniəs]

surovina raw material [ˌroː məˈtiriəl]

surový (v rozl. význ.) raw [roː] (aj pren.); *s-á koža* rawhide; *s-é mäso* raw meat; *s. vietor* raw wind; *s-á strava* uncooked food

sused neighbour ['neibə]

susedný neighbouring ['neibriŋ]; *s. dom/štát* the neighbouring house/state

susedstvo neighbourhood ['neibəhud]

sústava system ['sistəm]; *školská/nervová s.* the school/nervous system

sústavný systematic [ˌsistəˈmætik]; *s-á príprava* systematic preparation

sústrasť sympathy ['simpəθi], condolence [kənˈdəuləns]; *prejaviť s.* express sympathy; *prijmite moju úprimnú s.* please, accept my condolences (on your husband's death)

sústredenie (v rozl. význ.) concentration [ˌkonsnˈtreišn]; *s. moci/kapitálu* concentration of power/capital; *štúdium vyžaduje s.* studies require concentration

sústrediť (v rozl. význ.) concentrate ['konsntreit]; *s. výrobu* concentrate production; *s. pozornosť na prácu* concentrate attention on one's work; *s. priemysel v jednej oblasti* concentrate industry in one area // **s. sa** concentrate ['konsntreit]; *s. sa na prácu* concentrate on one's work

sústruh lathe [leið]

sústružník turner ['tə:nə]

sušený dried [draid]; *s-é ovocie/mlieko* dried fruit/milk

sušiť dry [drai]; *s. bielizeň na slnku* hang out the linen to dry in the sun; *s. ovocie* dry fruit

súťaž competition [ˌkompəˈtišn], contest ['kontest]; *medzi novinármi existuje tvrdá s.* there is intense/fierce competition among journalists; *s. krásy* a beauty contest

súťažiť compete [kəmˈpi:t]; *s. o ceny* compete for prizes

suterén basement ['beismənt]

sútok confluence ['konfluəns]; *s. Dunaja a Moravy* the confluence of the Danube and the Morava

suverén 1. (suverénny vládca) sovereign ['sovrən] 2. hovor. (kto niečo vynikajúco ovláda) expert ['ekspə:t]

suverenita sovereignty ['sovrənti]; *štátna s.* the sovereignty of the state

súvis (prirodzené spojenie, súvislosť) coherence [ˌkəuˈhirəns], connection [kəˈnekšn]; *nájsť s. s udalosťami* find the connection with the events

súvisieť be connected [ˌbi: kəˈnektəd]; *úzko s.* (s kým/čím) be closely connected (with sb./sth.)

súvislosť connection [kəˈnekšn]; *nájsť s. medzi udalosťami* find a connection between the events; *uvádzať do s-i* connect sth. with sth.

súvislý 1. (plynulý) coherent [ˌkəuˈhirənt]; *s-á reč* coherent speech 2. (neprerušený) continuous [kənˈtinjuəs]; *s-á púšť* a continuous desert

súzvuk harmony ['ha:məni]; *s. hlasov* the harmony of voices; pren. *s. farieb* the harmony of colours

súženie affliction [əˈflikšn]; *s. staroby* the afflictions of old age

súžiť afflict [əˈflikt]; *s-i ho choroba* he's afflicted with his disease; *s-i ho zlá správa* he feels afflicted by the bad news

svadba wedding ['wediŋ]; *strieborná/zlatá s.* silver/golden wedding

svadobný: *s-á torta* wedding cake; *s-é šaty* wedding dress; *s-á hostina* wedding party

svah slope [sləup], hillside ['hilsaid]; *lyžiarsky s.* a ski slope

sval muscle [masl]

svalový muscular ['maskjələ]; *s-é tkanivo* muscular tissue

svätec saint [seint], skr. St

svätica saint [seint]

svätý holy ['həuli], sacred ['seikrəd], (uctievaný) saint [seint], skr. St, mn. č. SS; *Duch s.* Holy Ghost/Spirit; *s-á omša* Mass; *S-é písmo* the Holy Bible/Holy Writ; *S-á zem* the Holy Land; *S-á stolica* the Holy See; *Sv. Svorad* St Svorad ● *nič mu nie je s-é* nothing is sacred to him

svedčiť (v rozl. význ.) witness ['witnəs]; *s. o pravde* witness to the truth; *jej bledá tvár s-í o strachu* her pale face witnesses her fear

svedok witness ['witnəs]; *očitý s.* eye witness; *hlavný s.* chief/principal witness; *vystúpiť ako korunný s.* turn King's/Queen's evidence, AM State's evidence; *s-kovia pri závete* witnesses to the will

svedomie conscience ['konšns] ● *mať čisté s.* have a clear conscience; *mať zlé s.* have a bad/guilty conscience; *s. ho hryzie* he is conscience-stricken; *Najlepší vankúš je čisté s.* A quiet conscience sleeps in thunder.

svedomitý conscientious [ˌkonšiˈenšəs]; *s. pracovník* a conscientious worker

svet (v rozl. význ.) world [wə:ld]; *národy s-a* the peoples of the world; *Starý/Nový s.* the Old/New world; *živočíšny s.* the animal world; *celý s. o tom vie* the whole world knows about it ● *priviesť na s.* bring into the world; *ani za celý s.* not for the world

svetadiel continent ['kontənənt]; *africký/európsky s.* the African/European continent

svetelný: *s. rok* light year; *s. zdroj* light source; *s. lúč* beam

sveter sweater ['swetə]

svetlík skylight ['skailait]

svetlo (v rozl. význ.) light [lait]; *slnečné/mesačné s.* sunlight/moonlight; *zapáliť s.* turn on/switch on the light ● *vyjsť na s.* come to light; *postaviť do nepriaznivého s-a* (čo) show sth. in a bad light; *vniesť do niečoho s.* throw/shed light on sth.

svetlomet searchlight ['sə:člait]

svetlovlasý fair haired [feə'heəd]

svetlý 1. (jasný) light [lait]; *s-é farby* light colours; *s-é šaty* a light-coloured dress **2.** (žiariaci) bright [brait]; *s-é slnko* bright sunshine; *s-á budúcnosť* bright future

svetobežník globetrotter ['gləubtrotə]

svetobôľ melancholy ['meləŋkli], spleen [spli:n]

svetonázor philosophy of life [fə'losəfi əv ˌlaif]; filoz. polit. world view ['wə:ld vju:], outlook on life ['autluk on ˌlaif]

svetoobčan cosmopolitan [ˌkozmə'politən]

svetový: *s. jazyk* world language; *prvá/druhá s-á vojna* World War I/II

svetoznámy world-wide famous [ˌwə:ld waid 'feiməs]; *s-e kúpele* a world-wide famous spa

svetský worldly ['wə:ldli], (op. duchovný) mundane [man'dein]; *s-é záležitosti* mundane affairs

sviatok holiday ['holədi/'holədei]; *vianočné s-ky* Christmas holidays

svieca candle ['kændl]

svietidlo lamp [læmp]

svietiplyn coal gas ['kəul gæs]

svietiť 1. (žiariť) shine* [šain]; *slnko/hviezda s-i* the sun/the star shines **2.** (používať svietidlo) have the light on [ˌhæv ðə 'lait on]; *s. dlho do noci* have the light on until late at night

svietnik candlestick ['kændlˌstik]

svieži (v rozl. význ.) fresh [freš]; *s-a pleť* a fresh complexion; *s-e ráno* a fresh morning; *s-a zelenina* fresh vegetable

sviňa sow [sau], swine [swain] (aj pren.) ● *hádzať perly s-am* cast pearls before swine

sviniar 1. (pastier sviň) swineherd ['swainhə:d] **2.** (hrubá nadávka) swine [swain]

svišť zool. marmot ['ma:mət]

svit 1. (žiara) shine [šain]; *slnečný s.* sunshine **2.** (úsvit) dawn [do:n], daybreak ['deibreik]; *na s-e* at daybreak

svitať (aj pren.) dawn [do:n]; *s-á* the day is just dawning; pren. dawn on/upon; *s-á mu pravda* the truth begins to dawn upon him

svižný brisk [brisk]; *s-á chôdza* a brisk walk; *s-é tempo* a brisk pace

svoj 1. (privlastňovanie príslušnej gram. osobe) my [mai], your [jo:], his [hiz], her [hə:], its [its], our [auə], your [jo:], their [ðeə]; *prichádza so s-imi deťmi* he's coming with his children **2.**

(vlastný) own [əun]; *bývať vo s-om dome* live in one's own house

svojhlavý wilful ['wilfl], obstinate ['obstinət]; *s-é dieťa* a wilful/obstinate child

svojpomoc self-help [ˌself'help]

svojráz specificity [ˌspesə'fisəti]; *národný s.* national specificity

svokor father-in-law ['fa:ðə in lo:]

svokra mother-in-law ['maðə in lo:]

svorka 1. (vlkov, psov) pack [pæk] **2.** (na spájanie) clamp [klæmp]

svrbieť itch [ič]; *s-í ho celé telo* he's itching all over

svrček zool. cricket ['krikət]

syčať hiss [his]; *had s-í* a snake hisses

sykavka fon. sibilant ['sibələnt]

sýkorka tit [tit], titmouse ['titmaus]

sykot hiss [his]; *s. hada* the hiss of a snake

symbol symbol ['simbl]; *holubica je s-om mieru* the dove is the symbol of peace

sympatia sympathy ['simpəθi]; *prejavovať s-u voči priateľom* have sympathy with one's friends; *mať s-e (ku komu)* feel sympathy for somebody

sympatický congenial [kən'dži:niəl], likeable ['laikəbəl]

syn son [san]; *prvorodený syn* the firstborn son

synagóga synagogue ['sinəgog]

synček sonny ['sani]

synonymický synonymous [sə'nonəməs]; *s-é slová* synonymous words

synovec nephew ['nefju:]

syntéza synthesis ['sinθəsəs]

sypať pour [po:]; *s. múku/cukor do vriec* pour flour/sugar into sacks ● *s. hrach na stenu* turn a deaf ear to sb./sth. // *s. sa* pour *sneh sa s-l* snow was pouring down; (expr.) *deti sa s-li zo školy* children were pouring out of school

sýpka granary ['grænəri]

syr cheese [či:z]; *smotanový s.* cream cheese; *nastrúhať s.* grate cheese

systém system ['sistəm]; *školský s.* the school system; *nervový s.* the nervous system

systematický systematic [ˌsistə'mætik]; *s-á práca* systematic work

sýtič tech. choke [čəuk]
sýtiť satiate [ˈseišieit]; *s. hladné deti* satiate hungry children // **s. sa** (aj pren.) *s. sa potravou/krásou* be satiated with food/ beauty

sýty 1. (najedený) satiated [ˈseišieitəd]; *s. po výdatnom jedle* satiated after a huge meal **2.** (v rozl. význ.) rich [rič]; *s-e raňajky* a rich breakfast; *s. hlas* a rich voice; *s-a farba* a rich colour

Š

šabľa sabre [ˈseibə]
šablóna 1. stencil [ˈstensl] **2.** pren. (schéma) pattern [ˈpætn]; *pracovať podľa š-y* follow a pattern at work
šablónovitý stereotypical [ˌsteriəuˈtipikl]; *š-é postavy románu* stereotypical characters of a novel
šafran saffron [ˈsæfrən]
šach chess [čes]; *dať š.-mat* checkmate; *hrať š.* play chess
šachista chess-player [ˈčespleiə]
šachovnica chessboard [ˈčesbo:d]
šachta shaft [ša:ft]; *výťahová š.* a lift shaft; *zvislá banská š.* a mine shaft
šakal jackal [ˈdžækl]
šál shawl [šo:l]; *vlnený š.* a woollen shawl
šalát 1. salad [ˈsæləd]; *uhorkový š.* cucumber salad **2.** (hlávkový) lettuce [ˈletəs]
šálka cup [kap]; *porcelánová š.* a china cup; *š. kávy* a cup of coffee
šalvia sage [seidž]
šampanské champagne [šæmˈpein]
šampión champion [ˈčæmpiən]; *svetový š. v tenise* the world tennis champion
šampón shampoo [šæmˈpu:]; *š. na vlasy* a hair shampoo
šanca chance [ča:ns]; *nemať š-u* don't stand a chance; *životná š.* the chance of a lifetime
šarkan 1. (drak) dragon [ˈdrægən]; *sedemhlavý š.* a seven-headed dragon **2.** (papierová hračka) kite [kait]; *púšťať š-a* fly a kite
šarlach scarlet fever [ˌska:lət ˈfi:və]
šarm charm [ča:m]; *mať š.* have charm
šarmantný charming [ˈča:miŋ]
šarvátka skirmish [ˈskə:miš]; *krvavá š.* a bloody skirmish
šarža hovor. rank [ræŋk]; *vyslúžiť si š-u* attain a rank
šašo 1. (kráľovský) jester [ˈdžestə] **2.** (klaun) clown [klaun] **3.** expr. (hlupák) buffoon [bəˈfu:n]
šatka scarf [ska:f]; *hodvábna š.* a silk scarf

šatňa 1. (v divadle) cloakroom [ˈkləukrum]; *dať si kabát do š-ne* leave one's coat in the cloakroom **2.** (na prezliekanie) dressing room [ˈdresiŋ rum]; *herecká š.* an actor's dressing room
šatniar(ka) cloakroom attendant [ˈkləukru:m əˈtendənt]
šatník (v rozl. význ.) wardrobe [ˈwo:drəub]; *uložiť si šaty do š-a* put one's clothes in the wardrobe; *obnoviť si š.* renew one's wardrobe
šaty 1. (vrchné oblečenie) clothes [kləuðz]; *má krásne š.* she has beautiful clothes **2.** (dámske) dress [dres] ● *Š. robia človeka.* Fine feathers make fine birds.
šedivý grey [grei]; *š-é vlasy* grey hair
šéf chief [či:f]; hovor. boss [bos]
šéfkuchár chief cook [ˌči:fˈkuk], chef [ˈšef]
šek cheque [ček]; *vystaviť š.* write a cheque; *platiť š-om* pay by cheque
šelest rustle [ˈrasl]; *š. lístia* the rustle of leaves; *š. na srdci* heart murmur
šelma beast of prey [bi:st əv prei]
šepkár(ka) prompter [ˈpromptə]
šepkať 1. whisper [ˈwispə] **2.** (text hercom/ v škole) prompt [prompt]
šepot whisper [ˈwispə]; *tichý š.* a quiet whisper; pren. *š. vetra* the whisper of the wind
šerm fencing [ˈfensiŋ]
šermiar fencer [ˈfensə]
šermovať 1. šport. fence [fens] **2.** expr. (oháňať sa) fidget [ˈfidžət]; *š. nožom* fidget with a knife
šero 1. (ranné) dawn [do:n], daybreak [ˈdeibreik] **2.** (večerné) dusk [dask]
šerý gloomy [ˈglu:mi]; *š. večer* a gloomy evening
šesť six [siks]
šesťdesiat sixty [ˈsiksti]
šestka (the number) six [(ðə ˈnambə) siks]; *býva na š-e* she's staying at number six
šestnásť sixteen [ˌsikˈsti:n]

Š

šetriť 1. (neplytvať) save [seiv]; *š. palivom* save fuel **2.** (sporiť) save (up) [seiv (ap)]; *š. na nové auto* save (up) for a new car **3.** (chrániť) preserve [pri'zə:v]; *š. si oči* preserve one's eyesight

šetrný 1. (sporivý) thrifty ['θrifti] **2.** (ohľaduplný) considerate [kən'sidrət]

šev seam [si:m]; *pančuchy bez švov* seamless stockings

šialenec 1. (mentálne chorý) lunatic ['lu:nətik] **2.** madman ['mædmən]; *jazdí ako š.* he drives like a madman

šialený 1. (choromyseľný) mad [mæd], odb. insane [in'sein] **2.** expr. frantic ['fræntik]; *š-á radosť* frantic joy

šibal rascal ['ra:skl]

šibenica gallows ['gæləuz] ● *ujsť spod š-e* cheat the gallows

šička seamstress ['si:mstrəs]

šidlo awl [o:l]

šiesty sixth [siksθ] ● *š. zmysel* the sixth sense

šifra cipher ['saifə]

šichta hovor. (pracovná zmena) shift [šift]

šija 1. nape [neip] **2.** (geogr.) isthmus ['isməs]

šík rank [ræŋk], (len osôb) file [fail]

šikmý 1. slanting ['sla:ntiŋ]; *š-á strecha* a slanting roof **2.** oblique [ə'bli:k]; *š-á čiara* an oblique line ● *dostať sa na š-ú plochu* go wrong

šikovný 1. (obratný) skillful ['skilfl]; *š. pracovník* a skillful worker **2.** (bystrý) clever ['klevə]; *š. žiak* a clever pupil **3.** hovor. (dobrý, vhodný) smart [sma:t]; *š-é šaty* a smart dress

šiling shilling ['šiliŋ]

šimpanz chimpanzee [ˌčimpæn'zi:]

šindeľ shingle ['šiŋgl]

šíp arrow ['ærəu]; *jedovatý š.* a poisoned arrow

šípka 1. (plod) hip [hip], rose hip ['rəuzhip] **2.** (ukazovateľ smeru) arrow ['ærəu]; *východ je označený š-ou* the exit is arrowed

šíriť 1. (vydávať zo seba) emit [i'mit]; *š. teplo/vôňu* emit heat/smell **2.** (rozširovať) spread* [spred]; *š. správy/reči* spread the news/rumours; *š. nákazu* spread a disease

šírka breadth [bredθ], (zemepisná) latitude ['lætətju:d]; *merať š-u rieky* measure the breadth of a river

široko-ďaleko far and wide ['fa: ənd 'waid]

široký broad [bro:d], wide [waid]; *rieka je dva metre š-á* the river is two metres

broad; *š-á cesta* a wide road; *š. úsmev* a broad smile

šíry open ['əupən]; *š-e polia* open fields; *š-e more* open sea; *pod š-m nebom* under open skies, in the open (air)

šiška (plod) cone [kəun]

šiť 1. sew* [səu]; *š. šaty* sew a dress **2.** lek. suture ['su:čə]; *š. ranu* suture a wound

škála 1. (stupnica, aj hud.) scale [skeil] **2.** (rozpätie) range [reindž]; *farebná š.* the range of colours

škandál 1. (verejné pohoršenie) scandal ['skændl], disgrace [dis'greis]; *to je š.!* it's a disgrace! **2.** (scéna, výstup) row [rau], scene [si:n]; *urobiť š.* kick up a row/make a scene

Škandinávec Scandinavian [ˌskændə'neiviən]

Škandinávia Scandinavia [ˌskændə'neiviə]

škandinávsky Scandinavian [ˌskændə'neiviən]

škaredý 1. ugly ['agli]; *š-á tvár* an ugly face **2.** (odporný) hideous ['hidiəs]; *š-é rany* hideous wounds

škatuľa box [boks]

škatuľka box [boks]; *zápalková š.* matchbox; *š. cigariet* a packet of cigarettes

šklbať 1. tear* [teə]; *š. papier* (na kusy) tear a paper to pieces; *š. si vlasy* tear one's hair **2.** pluck [plak]; *š. sliepku* pluck a hen

škoda I. podst. **1.** (hmotná) damage ['dæmidž]; *vojnové š-y* war damages; *š. na zdraví* damage to the health; *spôsobiť š-u* cause damage **2.** (ujma, strata) loss [los], waste [weist] ● *učíme sa na vlastnej š-e* we learn by/from our mistakes **II.** (vetná prísl.) pity ['piti]; *aká š.!* what a pity!; *š. času* it's a waste of time; *š. sa namáhať* it isn't worth the trouble

škodiť harm [ha:m]; *š. rastlinám/deťom* harm plants/children

škodlivý harmful ['ha:mfl], detrimental [ˌdetrə'mentl], noxious ['nokšəs]; *zdraviu š-á látka* a substance harmful to health; *š-é chemické látky* noxious chemicals

škola (v rozl. význ.) school [sku:l]; *základná š.* elementary/basic school; *stredná š.* secondary school; *vysoká š.* university; *materská š.* nursery; *š. v prírode* outdoor schooling; *chodiť do š-y* attend school; *husľová š.* school of violin ● *š. života* the university of life; *chodiť poza š-u* play truant

školáčka schoolgirl ['sku:lgə:l]

školák schoolboy [ˈskuːlbɔi]
školený trained [treind], skilled [skild]; *š. hlas* a trained voice; *š. personál* skilled personnel
školiť train [trein]; *š. nový personál* train new personnel
školné (school)fee [(skuːl)fiː]
školník caretaker [ˈkeəˌteikə], AM janitor [ˈdʒænitə]
školský: *š. dvor* schoolyard; *š-á budova* school building; *š-á jedáleň* cafeteria; *š. rozhlas* school broadcasting; *š. rok* schoolyear; *š-é prázdniny* school holidays
školstvo (system of) education [ˈsistəm əv ˌedjuˈkeišn]
škorec starling [ˈstaːliŋ]
škorica cinnamon [ˈsinəmən]
škorpión scorpion [ˈskoːpiən]
Škót a Scotsman [ˈskotsmən]
Škótsko Scotland [ˈskotlənd]
škótsky 1. (len o ľuďoch) Scots [skots], Scottish [ˈskotiš]; *š. právnik* a Scots/Scottish lawyer 2. (o výrobkoch) Scotch [skoč]; *š-a whisky/vlna* Scotch whisky/wool
škovránok skylark [ˈskailaːk]
škôlka kindergarten [ˈkindəgaːtn], nursery
škrabák scraper [ˈskreipə]
škrabanec 1. (ľahké poranenie) scrape [skreip]; *š. na tvári* a scrape on the face 2. scratch [skræč]; *š. na dverách* a scratch on the door
škrabať, škriabať 1. (driapať) scratch [skræč]; *pes š-e na dvere* the dog's scratching at the door; *neš-b si nos* stop scratching your nose 2. (šúpať) scrape [skreip]; *š. zemiaky* scrape the skin off the potatoes
škrečok hamster [ˈhæmstə]
škrek, škrekot squawk [skwoːk]; *š. čajky* the squawk of a seagull
škriatok sprite [sprait]
škridla tile [tail]
škriekať squawk [skwoːk]; *papagáj š-a* a parrot squawks
škriepiť sa (s kým – o čo) quarrel (with – about/over) [ˈkworəl (wið – əˈbaut/əuvə)]; *š. sa s priateľom* quarrel with a friend
škriepka quarrel [ˈkworəl]; *vyvolať š-y* pick quarrels
škriepny quarrelsome [ˈkworəlsm]; *š. človek* a quarrelsome person
škrípať 1. screech [skriːč]; *brzdy š-u* the brakes screech 2. grind* [graind]; *š. zubami* grind one's teeth

škripec 1. hovor. (kladka) pulley [ˈpuli] 2. (mučiaci nástroj) rack [ræk]
škripot screech [skriːč]; *š. brzd* the screech of brakes
škrob starch [staːč]
škrobiť starch [staːč]; *š. obrus* starch a tablecloth
škrt stroke [strəuk]; *š. pera* a stroke of the pen ● *urobiť š. cez rozpočet (komu)* cross sb.'s plans
škrtať 1. (zápalkou) strike* [straik] 2. (vyčiarknuť) cross out [kros aut]; *š. časti textu* cross parts of the text out
škrtiť 1. throttle [ˈθrotl]; *úzky golier ho š-í* the tight collar is throttling him 2. (obmedzovať prietok plynu, kvapaliny) throttle down [ˈθrotl daun]
škrupina shell [šel]; *vajcová š.* an eggshell
škrupulózny scrupulous [ˈskruːpjələs]
škuľavý squint-eyed [ˈskwint aid]
škúliť squint [skwint]
škvara slag [slæg]
škvrna stain [stein]; *krvavá/mastná š.* a blood/grease stain
škvrnitý spotted [ˈspotəd] ● lek. *š. týfus* spotted fever
šľahačka whipped cream [ˈwipt kriːm]; *jahody so š-ou* strawberries with whipped cream
šľahať 1. (šibať) lash [læš]; *š. koňa* lash a horse 2. kuch. whip [wip]; *š. smotanu* whip cream
šľacha sinew [ˈsinjuː]
šľachetný noble [ˈnəubl]; *š. čin* a noble deed
šľachta nobility [nəuˈbiləti]
šľachtic nobleman [ˈnəublmən]
šľachtický noble [ˈnəubl]; *š. pôvod* of noble birth
šľachtiť breed* [briːd]; *š. ovce* breed sheep
šľachtiteľ breeder [ˈbriːdə]; *š. koní* a breeder of horses
šľapa foot [fut], mn. č. feet [fiːt]
šľapaj footprint [ˈfutˌprint] ● *isť, kráčať š-ach (koho)* follow in the footsteps of sb.
šliapať tread* [tred]; *š. na kvety* tread on flowers
šminkovať hovor. make up* [meik ap]; *š. si tvár* make up one's face
šmirgeľ emery [ˈemri], (brúsny papier) emery paper [ˈemri ˈpeipə]
šmuha smudge [smadž]; *čierna š.* a black smudge

Š

šmyk skid [skid]; *auto dostalo š.* the car went into a skid

šmýkačka (kĺzanie aj kĺzačka) slide [slaid]

šmýkať sa (v rozl. význ.) slide* [slaid]; *š. sa po ľade* slide along the ice; *kolesá sa š-li na ľade* the wheels went into a slide on the ice

šmykľavý slippery ['slipəri]; *š-á cesta* a slippery road

šnúra 1. line [lain]; *š. na bielizeň* clothesline/washing line 2. string [striŋ]; *š. perál* a string of pearls ● *pupočná š.* the umbilical cord [am'bilikl 'ko:d]

šnúrka lace [leis]; *š-y do topánok* shoelaces ['šu:leisiz]

šnurovať lace (up) [leis (ap)]; *š. si topánky* lace up one's shoes

šofér driver ['draivə]

šoférovať drive* [draiv]; *učiť sa š.* learn to drive (a car)

šok shock [šok]; *utrpieť š.* suffer from shock

šokujúci shocking ['šokiŋ]; *š-a nehoda* a shocking accident

šomrať grumble ['grambl]; *stále š-l na svojich učiteľov* he kept grumbling about his teachers

šopa shed [šed]

šortky shorts [šo:ts]

šošovica lentil ['lentl]

šošovka lens [lenz]

špagát string [striŋ], (hrubý) cord [ko:d] ● *vodiť na š-e (koho)* have someone on a string

špagety spaghetti [spə'geti]

Španiel Spaniard ['spænjəd]

španielčina Spanish ['spæniš]

Španielsko Spain [spein]

španielsky Spanish ['spæniš]

špáradlo toothpick ['tu:θˌpik]

špargľa asparagus [ə'spærəgəs]

špecialista specialist ['spešləst]; *navštíviť š-u* see a specialist

špecialita (v rozl. význ.) speciality [ˌspeši'æləti]; *zeleninové s-y* vegetable specialities; *skok do výšky je jeho š-ou* high jump is his speciality

špecializovať sa specialize ['spešəlaiz]; *š. sa na kozmický výskum* specialize in cosmic research

špeciálny special ['spešl]; *š-a mapa* a special map

špecifický specific [spə'sifik]

špecifikovať specify ['spesəfai]; *š. výdavky* specify expenses

špeh spy [spai]

špenát spinach ['spinidž]

špendlík pin [pin]; *zatvárací š.* safety pin

šperk jewellery ['džu:əlri]

šperkovnica jewel box ['džu:əl boks]

špička 1. point [point]; *š. ihly* the point of the needle 2. tip [tip]; *š. jazyka* the tip of the tongue; *š. prsta* the tip of the finger; *š. ľadovca* the tip of the iceberg 3. top [top]; *š. vrchu* the top of the mountain ● *nevidieť si ani na š-u nosa* not see beyond the end of one's nose

špičkový top [top]; *š-á forma* top form

špik marrow ['mærəu]

špina 1. dirt [də:t]; *š. na dlážke* dirt on the floor 2. expr. (nemravnosť, nečestnosť) filth [filθ]; *mravná š.* moral filth ● expr. *kydať/váľať š-u (na koho)* dig up some dirt about sb.

špinavý 1. dirty ['də:ti]; *š-é ruky* dirty hands 2. (nemorálny, nemravný) filthy ['filθi]; *š-á fantázia* filthy thoughts

špiniť 1. soil [soil]; *š. si ruky* soil one's hands 2. (haniť) slander ['sla:ndə], calumniate [kə'lamnieit]; *š. pamiatku priateľa* slander the memory of a friend

špión spy [spai]

špionáž espionage ['espiəna:ž], counter-intelligence [ˌkauntə 'intelidžəns]

špirála spiral ['spairəl]

šplhať (sa) climb (up) [klaim (up)]; *š. sa na skalu* climb a rock

špongia sponge [spandž]

šport sport [spo:t]; *zimné/letné š-y* winter/summer sports

športovať go in for sports [gəu in fə spo:ts]

športovec sportsman ['spo:tsmən]

športovkyňa sportswoman ['spo:ts ˌwumən]

športový sports [spo:ts]; *š. klub* a sports club; *š-é auto* a sports car

šprint sprint [sprint]; *záverečný š.* the finishing sprint

šprintér sprinter ['sprintə]

šrot 1. (rozdrvené obilie) groats [grəuts] 2. (znehodnotené kovové predmety) scrap [skræp]

štáb staff [sta:f]; *hlavný š.* headquarters

štadión stadium ['steidiəm]; *futbalový š.* a football stadium

štádium stage [steidž]; *v počiatočnom š-iu* at an early stage

štafeta relay race ['ri:lei ˌreis]

štandard standard ['stændəd]; *vysoký/nízky š.* high/low standard

štandarda standard [ˈstændəd]; *š. prezidenta republiky* the standard of the President of the Republic

štart (v rozl. význ.) start [staːt]; *š. sa zdržal* the start had to be delayed; *chybný š.* a false start; *dobrý/zlý š. do nového roka* a good/bad start into the new year; *postaviť sa na š.* line up at the start; *prvý š.* the first start

štartér 1. (človek) starter [ˈstaːtə] **2.** tech. (self)starter [(sel)fˈstaːtə]

štartovací: *š-ia pištoľ* starting pistol; let. *š-ia dráha* runway

štartovať (v rozl. význ.) start [staːt]; *š. auto* start a car; *š. na pretekoch* start in a race

štartový: *š-á čiara* starting line; *š-é číslo* starting number

šťastie 1. (pocit, stav blaha) happiness [ˈhæpinəs] **2.** (úspech) luck [lak]; *mať/nemať š.* be in/out of luck ● *veľa š-a!* good luck!; *š. v nešťastí* every cloud has a silver lining; *š. sa naňho usmialo* fortune smiled on him

šťastný 1. (blažený) happy [ˈhæpi]; *š. úsmev* a happy smile **2.** (šťastlivý) lucky [ˈlaki]; *š. deň* a lucky day ● *byť narodený pod š-ou hviezdou* be born unter a lucky star

> **happy** –veľmi spokojný, naplnený radosťou
> **lucky** – zasiahnutý šťastnou náhodou

štát state [steit]

štatistika statistics [stəˈtistiks]

štátnica state examination [steit igˌzæmiˈneišn], state exam [steit igˈzæm]

štátnik statesman [ˈsteitsmən]

štátny: *š-a banka* the state bank; *š-e hranice* the border; *š. znak* the national emblem; *š-e občianstvo* citizenship; *š. sviatok* bank holiday, AM state holiday; *š-e služby* civil service; *š. zamestnanec* civil servant

šťava 1. (nápoj) juice [džuːs]; *pomarančová/paradajková š.* orange/tomato juice **2.** z mäsa gravy [ˈgreivi]

šťavnatý juicy [ˈdžuːsi]; *š-é jablko* a juicy apple; *š. rezeň* a juicy steak

štebot twitter [ˈtwitə]; *š. vtákov* the twitter of birds

štebotať 1. (o vtákoch) twitter [ˈtwitə], chirp [čəːp] **2.** pren. expr. chatter [ˈčætə]; *dievčence š-li* the girls were chattering

štedrý (v rozl. význ.) generous [ˈdženrəs]; *byť š.* be generous; *š. dar* a generous gift; *š-á úroda* a generous harvest ● *Š. večer* Christmas Eve

štekať bark [baːk]

šteklíť (v rozl. význ.) tickle [ˈtikl]; *š. dieťa* tickle a child; *vôňa kávy š-í v nose* the smell of coffee tickles the nose

šteňa pup(py) [ˈpap(i)]; whelp [welp]

štep graft [graːft]

štepiť graft [graːft]; *š. ruže* graft roses

štetec paintbrush [ˈpeintbraš]

štetina (obyč. mn. č.) *š-y* bristle [ˈbrisl]

štetka brush [braš]; *maliarska š.* paintbrush

štiepať chop [čop]; *š. triesky* chop firewood

štíhly slender [ˈslendə]; *š-a postava* a slender figure

štikútať hiccup [ˈhikap]

štípať 1. (prstami) pinch [pinč]; *š. dieťa na líci* pinch a child's cheek **2.** (o hmyze) bite [bait]; *muchy š-u* the flies bite **3.** (páliť) burn [bəːn]; *paprika š-e* pepper burns on the tongue

štipec peg [peg]; *š-ce na bielizeň* clothes pegs, AM clothespins

štipendium grant [graːnt]; *dostať š.* get a grant

štipka pinch [pinč]; *š. soli* a pinch of salt

štipľavý 1. (v rozl. význ.) pungent [ˈpandžənt], biting [ˈbaitiŋ]; *š-á omáčka* a pungent sauce; *š-é poznámky* pungent/biting remarks; *š-á zima* biting cold **2.** (ostrý, tuhý) hot [hot]; *š-á paprika* hot pepper

štít 1. (výzbroj) shield [šiːld] **2.** (erb) coat of arms [ˌkəut əvˈaːms] **3.** (domu) gable [ˈgeibl] **4.** (vrchol) peak [piːk]

štítiť sa loathe [ləuð]; *š. sa špiny* loathe dirt

štítny: *š-a žľaza* thyroid gland [ˈθairoid ˌg læːnd]

štočok process block [ˈprəusesˌblok]

štóla stole [stəul]

štopkať darn [daːn]; *š. ponožky* darn socks

štôlňa gallery [ˈgæləri]

štrajk strike [straik]; *generálny š.* general strike

štrajkokaz strikebreaker [ˈstraikˌbreikə]

štrajkovať be on strike [ˌbeː onˈstraik]; *začať š.* go on strike; *š. za lepšie pracovné podmienky* strike for better working conditions

štras paste [peist]

štrbina cleft [kleft], opening [ˈəupəniŋ]; *skalná š.* a cleft in the rocks; *š. v plote* an opening in the fence

štrk gravel [ˈgrævl]

Š

štrkáč rattlesnake ['rætlsneik]

štrkať, štrkotať rattle ['rætl]; *š. peniazmi* rattle coins

štrnásť fourteen [ˌfoːˈtiːn]

štrnástka (the number) fourteen [(ðə ˈnambə) ˌfoːˈtiːn]

štrnásty fourteenth [ˌfoːˈtiːnθ]

štrngať clink [kliŋk] // **š. si** (s kým) clink glasses

štruktúra structure ['strakčə]

študent student ['stjuːdnt]

štúdia (v rozl. význ.) study ['stadi]; *teoretické š-e* theoretical studies; *š. hlavy* a study of a head

štúdio studio ['stjuːdiəu]; *televízne š.* a television studio

štúdium (v rozl. význ.) study ['stadi]; *š. cudzích jazykov* the study of foreign languages; *denné š.* full-time studies; *š. vesmíru* space study

študovať study ['stadi]; *š. psychológiu* study psychology

študovňa study ['stadi], reading room ['riːdiŋ ruːm]; *univerzitná š.* the reading room at a university

šťuka pike [paik]

štváč instigator ['instəgeitə]; *vojnový š.* warmonger ['woːˌmoŋgə]

štvať 1. (naháňať) chase [čeis]; *š. zločinca* chase a criminal 2. (huckať) instigate ['instəgeit]; *š-l robotníkov, aby prestali pracovať* he instigated workers to down tools

štvorboký quadrilateral [ˌkwodrəˈlætrəl]

štvorec square [skweə]

štvorhra šport. doubles ['dablz]; *š. mužov/žien* the men's/women's doubles

štvorka (the number) four [ðə ˈnambə foː]; *bývať na š-e* live at number four; *cestovať š-ou* go by a number four; *má (na vysvedčení) tri š-y* she's got three fours (in her school report)

štvorlístok 1. four-leaved clover [ˌfoːliːvdˈkləuvə] 2. (heraldický) quarterfoil ['kwotəfoil]

štvormiestny: *š-e auto* a four-seated car

štvornásobný quadruple ['kwodrupl], fourfold ['foːfəuld]

štvornohý four-legged [ˌfoːˈlegd]

štvorročný four-year-old [ˌfoː jiər ˈəuld]; *š-e dieťa* a four-year-old child

štvorručný four-handed [ˌfoːˈhændəd]; *š-á skladba* a four-handed piece of music

štvorstranný quadrilateral [ˌkwodrəˈlætrəl]; *š-é rokovania* quadrilateral negotiations

štvorstup four-in-line [ˌfoːinˈlain]

štvortaktný tech. four-cycle ['foːsaikl]; *š. motor* a four-cycle engine

štvoruholník quadrangle ['kwodræŋgl]

štvrť 1. quarter ['kwoːtə]; *š. litra* a quarter of a litre 2. (mestská) district ['distrikt]

> časť mesta = **district/part of the town** oblasť mesta s určitými typickými znakmi = **neighbourhood/area**

štvrťfinále šport. quarterfinal [ˌkwoːtəˈfainl]

štvrťhodina a quarter of an hour [ə ˈkwoːtə əv ən ˈauə]

štvrtina quarter ['kwoːtə]; *š. dňa* a quarter of a day

štvrtok Thursday ['θəːzdi]; *Zelený š.* Maundy Thursday

štvrťrok a quarter of a year [ə ˈkwoːtə əv ə ˈjiə]

štvrtý fourth [foːθ]

štýl (v rozl. význ.) style [stail]; *životný š.* the style of life; *barokový š.* the baroque style; *publicistický š.* journalistic style; *voľný š.* freestyle

štylistika stylistics [staiˈlistiks]

štyri four [foː] ● *medzi š-i očami* between you, me and the gatepost/bedpost

štyridsať forty ['foːti]

štyridsiaty fortieth ['foːtiəθ]

štyrikrát four times [foː taimz]

štyristo four hundred ['foː ˌhandrəd]

šuhaj lad [læd]

šúchať 1. (trieť) rub [rab]; *š. si ruky* rub one's hands 2. (nohami) drag [dræg] 3. (drhnúť) scrub [skrab]; *š. dlážku* scrub the floor

šuchot rustle ['rasl]; *š. suchého lístia* the rustle of dry leaves

šuchotať rustle ['rasl]; *š. novinami* rustle a newspaper

šúľať roll [rəul]; *š. cigaretu* roll a cigarette

šúľok 1. (valček) roll [rəul] 2. (klas) cob [kob]; *kukuričný š.* maize cob

šum murmur ['məːmə]; *tlmený š. hlasov* a soft murmur of voices

šumieť murmur ['məːmə]; *lístie š-í the* leaves murmur

šumivý 1. (o nápoji) effervescent [ˌefəˈvesnt] 2. (o víne) sparkling ['spaːkliŋ]

šunka ham [hæm]; *š. s vajcom* ham and eggs
šupa peel [pi:l]; *pomarančová š.* orange peel
šúpať peel [pi:l]; *š. zemiaky* peel potatoes
šupina (obyč. v mn. č.) *š-y (rýb)* scale [skeil]
šuška cone [kəun]
šuškať whisper [ˈwispə]
šušlať lisp [lisp]
šušťať rustle [ˈrasl]; *suché lístie š-í* dry leaves rustle
švagor brother-in-law [ˈbraðə in lo:]
švagriná sister-in-law [ˈsistə in lo:]
Švajčiar Swiss [swis]

Švajčiarsko Switzerland [ˈswicələnd]
švajčiarsky Swiss [swis]; *š. syr* Swiss cheese
Švéd Swede [swi:d]
švédčina Swedish [ˈswi:diš]
Švédsko Sweden [ˈswi:dn]
švédsky Swedish [ˈswi:diš]
švihadlo skipping-rope [ˈskipiŋ rəup]
švihať 1. lash [læš]; *š. koňa* lash a horse 2. swish [swiš]; *š. chvostom* swish the tail
švík seam [si:m]; *zastehovať š.* tack a seam
● *praskať vo š-och* bursting at the seams
švitoriť twitter [ˈtwitə]; *vtáky š-a* birds twitter

T, Ť

ta there [ðeə]; *cesta ta a späť* the way there and back ● *sem a ta* to-and-fro
tabak 1. (rastlina) tobacco plant [təˈbækəu ˌplaːnt] 2. (sušené listy) tobacco [təˈbækəu]; *fajkový t.* pipe tobacco ● *to nestojí ani za fajku t-u* it isn't worth the paper it was written on
tabletka tablet [ˈtæblət], pill [pil]; *t-y na spanie* sleeping pills
tábor camp [kæmp]; *vojenský t.* a military camp; *pracovný t.* a labour camp
táborák hovor. campfire [ˈkæmpfaiə]
táborisko campground [ˈkæmpgraund], AM campsite [ˈkæmpsait]
táboriť camp [kæmp]; *t. pri rieke* camp near the river
táborový: *t. oheň* campfire; *t. život* camp life
tabu taboo [təˈbu:]
tabuľa 1. (školská) blackboard [ˈblækbo:d], AM chalkboard [ˈčo:kbo:d] 2. board [bo:d]; *reklamná t.* billboard 3. (predmet v tvare dosky) tablet [ˈtæblət]; *kamenná t.* a stone tablet; *sklená, obločná t.* pane 4. zastar. (stôl) table [ˈteibl]; *bohatá t.* a rich table
tabulátor tech. tabulator [ˈtæbjuleitə]
tabuľka 1. (usporiadanie údajov) chart [ča:t], table [ˈteibl]; *logaritmická tabuľka* log table 2. *t. čokolády* a bar of chocolate
tackať sa stagger [ˈstægə]; *opitý sa t-á* the drunken man staggers
tácňa, tácka tray [trei]; *strieborná t.* a silver tray
táčky wheelbarrow [ˈwi:lˌbærəu]

tade there [ðeə], that way [ˌðæt ˈwei]; *t. zablúdiš* there you'll get lost; *vždy t. rád chodieval* he always liked to walk there
tadiaľto this way [ˌðis ˈwei]
taft taffeta [ˈtæfətə]
ťah 1. (ťahanie) pull [pul], draw [dro:] 2. (perom) stroke [strəuk] 3. (na šachovnici) move [mu:v] 4. (čísla, výhry) draw [dro:] 5. (z fajky) puff [paf] 6. (zámerný postup, krok) gambit [ˈgæmbət]
ťahák 1. expr. (film, kniha ap.) hit [hit] 2. škol. cheating aid [ˈči:tiŋ eid], crib [krib]
ťahať 1. (v rozl. význ.) draw* [dro:]; *ť. vozík* draw a cart; *ť. los* draw a lot; *v peci dobre ť-á* the chimney draws well; *ť-á ho domov* he is drawn home 2. pull [pul]; *ť. lano* pull a rope 3. (posúvaním viesť) move [mu:v]; *ť. pešiakom* move a pawn 4. expr. (preťahovať) drag out [ˈdræg aut]; *ť. schôdzu* drag out a meeting ● *ť. za jeden povraz* act in union; *ť. za kratší koniec* be left out in the cold // **ť. sa** expr. (v rozl. význ.) drag [dræg]; *ť. sa s ťažkým kufrom* drag a heavy case; *ť-á sa z práce domov* he drags himself home from work; *proces sa ť-l celé týždne* the trial dragged on for weeks
ťahúň draught horse [ˈdra:ft ho:s]
tachometer speedometer [spiˈdomətə]
tajfún typhoon [taiˈfu:n]
tajiť conceal [kənˈsi:l]; keep secret [ˌki:p ˈsi:krət]; *t. svoje plány* conceal/keep secret one's plans
tajný (v rozl. význ.) secret [ˈsi:krət]; *t-á chodba* a secret passage; *t-á polícia* secret police;

t. obdivovateľ a secret admirer; *t-á schôdzka* a secret rendezvous; *t-é hlasovanie* ballot

tajomník secretary [ˈsekrətri]; *t. riaditeľa* secretary to the manager; *generálny t. OSN* the United Nation's Secretary General

tajomný mysterious [miˈstiriəs]; *t-é zmiznutie* a mysterious disappearance

tajomstvo secret [ˈsiːkrət], mystery [ˈmistri]; *t. úspechu* the secret of success; *t. života* mystery of life; *zachovať t.* keep a secret ● *verejné t.* an open secret

tajuplný mysterious [miˈstiriəs]; *t-é zvuky* mysterious sounds

tak I. zám. prísl. so [səu], this [ðis], as [æz]; *prečo ideš t. neskoro?* why are you so/this late? *t. ako* so as; *takže* so that ● *t. či onak* either way; *ani t., ani onak* neither way **II.** spoj. so, as; *t. ... ako* as...as; *nie t. ...ako* not so/as ... as **III.** čast. so; *t. vidíš* so you see; *t. okolo šiestej* so about six; *t. to je ono* so that's it

takisto, tak isto I. zám. prísl. just as [ˈdžast ͵æz]; *t. dôležitý* just as important; *t. dávno* just as long ago **II.** (iba takisto) čast. (just) as well as [(džast) ͵æz ˈwel æz]; *tešil sa t. ako ja* he was just as pleased as I was

takmer nearly [ˈniəli], almost [ˈoːlməust]; *t. umrel* he nearly/almost died

takt[1] (rytmus) time [taim], (rytmický úsek) bar [baː]; *vyklepávať t.* beat time; *zaspievať prvé t-y piesne* sing the first bars of a song

takt[2] (spoločenský) tact [tækt]; *prejaviť t.* show tact

taktický tactical [ˈtæktikl]; *t. manéver* a tactical manoeuvre

taktika tactics [ˈtæktiks]; *stratégia a t.* strategy and tactics

taktný tactful [ˈtæktfl]; *t-é správanie* tactful manner

takto I. zám. like this [ˈlaik ͵ðis], in this way [in ͵ðisˈwei]; *t. to pokrájaj* cut it like this **II.** čast. thus [ðas], so [səu]; *nebol t. zlý človek* he wasn't thus a bad man

taktovka baton [ˈbæton]

taký 1. such [sač], so [səu]; *t-é kvety sa mi páčia* I like such flowers; *buď(te) t. dobrý* be so kind **2.** *t. ...aký, t. ...že* such...as, so...that; *dostal t-ú odmenu, akú si zaslúžil* he got such a reward as he deserved; *je t. hladný, že zje hocičo* he is so hungry that he will eat anything ● *t. a t.* so-and-so; *aký otec, t. syn* like father, like son

takýto such [sač]; *v takomto prípade* in such a case; *takáto hanba!* such a shame!

takzvaný so-called [səuˈkoːld], would-be [ˈwudbiː]; pejor. *t. odborník* a so called/would-be expert

taľafatka expr. trifle [ˈtraifl]; *vyhadzovať peniaze na t-y* spend money on trifles

talár gown [gaun]

talent talent [ˈtælənt]; *hudobný t.* musical talent

talentovaný talented [ˈtæləntəd]; *t. herec* a talented actor

Talian Italian [iˈtæliən]

taliančina Italian [iˈtæliən]

Taliansko Italy [ˈitəli]

taliansky Italian [iˈtæliən]; *t. jazyk* the Italian language; *t-i majstri* Italian masters

talizman talisman [ˈtæləzmən]

tam there [ðeə]; *poznám to, už som t. bol* I know it, I've already been there; *už t. nechodím* I don't go there any more ● *sem-t.* (zavše) from time to time; *sem a t.* to and fro

tampón tampon [ˈtæmpon]

tamten that one [ˈðæt wan]; *t. vysoký, to je on* that tall one, that's him

tamto over there [ˈəuvə ðeə]; *t. stojí moje nové auto* over there that's my new car

tancovať (v rozl. význ.) dance [daːns]; *t. valčík* dance the waltz; *písmená mu t-li pred očami* the letters danced up and down in front of his eyes ● *t-uje, ako mu pískajú* he dances to their tune

tandem tandem [ˈtændəm]; *sedieť na t-e* ride a tandem

tanec (v rozl. význ.) dance [daːns]; *rýchly t.* a quick dance; *ľudové t-ce* folk dances; hovor. *usporiadať t.* give/hold a dance

tanečník, čka dancer [ˈdaːnsə]

tanier [pleit]; *naložiť si plný t. zeleniny* pile a plate high with vegetable; *zjesť (za) t. zemiakov* eat a plate of potatoes ● *podať (ako) na t-i* hand sth. on a plate

tank (v rozl. význ.) tank [tæŋk]; *vyrábať nové t-y* produce modern tanks; *t. na vodu* a water tank

tankovať tank up [ˈtæŋk ap]; *t. benzín* tank up petrol

tantiéma (podiel autora na výnose diela) royalty [ˈroiəlti]

tápať grope [grəup]; *t. v tme* grope one's way in the dark

tapeta wallpaper [ˈwoːl͵peipə]

tapetovať (wall)paper [(ˌwoːl)ˈpeɪpə]; *t. izby* paper the rooms

tapiséria tapestry [ˈtæpəstri]

tárať expr. twaddle [ˈtwodl], talk rubbish [ˌtoːk ˈrabiš]

ťarbavý expr. clumsy [ˈklamzi]; *ť. človek* a clumsy person

ťarcha 1. weight [weit] **2.** (bremeno) burden [ˈbəːdn]

ťarchavá pregnant [ˈpregnənt]

taška 1. bag [bæg]; *nákupná t.* a shopping bag **2.** (náprsná) t. wallet [ˈwolit]

tatko dad [dæd]

tatuško daddy [ˈdædi]

ťava camel [ˈkæml]

taviareň foundry [ˈfaundri]

taviť smelt [smelt]; *t. železnú rudu* smelt iron ore

taxa rate [reit]; *zaplatiť t-u* pay the rate

taxi, taxík taxi(cab) [ˈtæksi(kæb)]; *privolať t.* (kývnutím rukou) hail a taxi

taxikár taxidriver [ˈtæksiˌdraivə]

ťažba 1. mining [ˈmainiŋ] **2.** (vyťažené množstvo) output [ˈautput]

ťažidlo paper-weight [ˈpeipə weit]

ťažisko centre of gravity [ˌsentə əv ˈgrævəti]

ťažiť 1. mine [main]; *t. uhlie/diamanty* mine coal/diamonds **2.** (využívať) exploit [ikˈsploit]; *ť. zo situácie* exploit the situation

ťažkať si complain [kəmˈplein]; *t. si na nevďačnosť ľudí* complain about the ingratitude of people

ťažký 1. (v rozl. význ.) heavy [ˈhevi]; *ť. kufor* a heavy suitcase; *ť. priemysel* heavy industry; *ť-é boje* heavy fighting; chem. *ť-á voda* heavy water; *ť-é jedlo* heavy food; *ť. osud* heavy fate; *ť. deň* a heavy day **2.** (namáhavý, neľahký) hard [haːd]; *ť-á práca* hard work; *ť. problém/život* a hard problem/life **3.** (silný, veľký) serious [ˈsiriəs], severe [səˈviə]; *ť-á choroba/situácia* a serious illness/situation; *ť. trest* severe punishment **4.** (obtiažny) difficult [ˈdifiklt]; *ť-á situácia* a difficult situation ● *mať ť-é viečka* have heavy eyes; *ť. oriešok* a hard nut to crack; *s ť-m srdcom* with a heavy heart; *ť. úder* a heavy blow

ťažný draught [draːft]; *ť. kôň* draught horse

teda I. časť. then [ðen], so [səu]; *t. dobre* well then; *t. to je tvoja dcéra!* so, that's your daughter! **II.** spoj. thus [ðas], so [səu]; *je od-*cestovaný, t. nepríde na večierok he's out of town and thus unable to attend the party

tehelňa brickfield [ˈbrikfiːld], AM brickyard [ˈbrikjaːd]

tehla brick [brik]

tehotenstvo pregnancy [ˈpregnənsi]

tehotná pregnant [ˈpregnənt]

technický (v rozl. význ.) technical [ˈteknikl]; *t-á literatúra* technical literature; *t-é vzdelanie* technical training; *t-á dokonalosť klaviristu* the pianist's technical brilliance; *t-á zručnosť* technical skill

technik technician [tekˈnišn]

technika 1. technology [tekˈnolədži]; *veda a t.* science and technology **2.** (spôsob, postup) technique [tekˈnik]; *t. maľovania* painting technique

> technique – metóda, postup
> technology – technika

technológia (v rozl. význ.) technology [tekˈnolədži]; *chemická t.* chemical technology; *moderná t.* modern technology

tekutina liquid [ˈlikwəd], fluid [ˈfluːəd]; *voda je t.* water is a liquid; *chorému treba podávať len t-y* the sick man must be fed fluids only

tekutý liquid [ˈlikwəd]; *t-é mydlo* liquid soap

tekvica pumpkin [ˈpampkən]

teľa calf [kaːf]

teľacina 1. (mäso) veal [viːl] **2.** (vypracovaná koža) calf [kaːf]

telefón (v rozl. význ.) telephone [ˈteləfəun], phone [fəun]; *zavolať niekoho t-om* speak to sb. by telephone/on the telephone; *máš t.?* are you on the phone? *dvíhať t.* answer the telephone/phone

telefonista operator [ˈopəreitə]

telefónny: *t-e číslo* (tele)phone number; *t-e spojenie* (tele)phone connection; *t. zoznam* phone book/telephone directory; *t-a búdka* (tele)phone box, AM (tele)phone booth, call box; *t-a ústredňa* telephone exchange

telefonovať telephone [ˈteləfəun], phone [fəun], ring* (up) [riŋ (up)]; call [koːlt]; *t. po lekára* (tele)phone/call the doctor

telegraf telegraph [ˈteləgraːf]

telegram telegram [ˈteləgræm], AM wire [waiə]; *poslať t.* send a telegram; *blahoprajný t.* a greetings telegram

T

telekomunikácia telecommunications [ˌtelikəmjuːnəˈkeišnz]

telepatia telepathy [təˈlepəθi]

teleskop telescope [ˈteləskəup]

telesný bodily [ˈbodəli], physical [ˈfizikl], corporal [ˈkoːprəl]; *t-é funkcie* bodily functions; *t-á sila* physical strength; *t. trest* corporal punishment; *t-á stráž* bodyguard; *t-á výchova* physical education (skr. PE)

teleso 1. body [ˈbodi], geom. solid [ˈsoləd]; astron. *nebeské t-á* heavenly bodies; *cudzie t. (v oku)* a foreign body (in the eye) **2.** (organizovaný celok) *hudobné t.* ensemble; *spevácke t.* chorus; *vojenské t.* army corps

televízia (v rozl. význ.) television [ˈteləˌvižn] aj TV [ˌtiːˈviː] *pozerať t.* watch television; *Slovenská t.* the Slovak Television; *čo je večer v t-i?* what's on TV tonight?

televízor television (set) [ˈteləˌvižn (set)]

telo body [ˈbodi]; *ľudské t.* the human body ● *t-m aj dušou* with heart and soul; *(držať koho) na tri kroky od t-a* hold at arm's length

telocvičňa gymnasium [džimˈneiziəm]

telocvik physical exercise [ˌfizikl ˈeksəsaiz]

telovýchova physical training [ˌfizikl ˈtreiniŋ], physical education [ˌfizikl ˌedjuˈkeišn]

téma theme [θiːm]

temeno 1. (hlavy) top/croun of the head [ˌtop/ ˈkraun əv ðə ˈhed] **2.** (vrchol) top [top] *vystúpiť na vrchol hory* reach the top of the mountain

temer nearly [ˈniəli], almost [ˈoːlməust]; *t. modrá obloha* an almost blue sky

temný 1. (tmavý) dark [daːk]; *t-á noc* a dark night **2.** (nejasný) obscure [əbˈskjuə]; *t-á minulosť* the obscure past **3.** (chmúrny) gloomy [ˈgluːmi]; *t-á chodba* a gloomy corridor

temperament temperament [ˈtemprəmənt]; *výbušný t.* an excitable temperament

tempo 1. (stupeň rýchlosti) pace [peis]; *nasadiť t.* set the pace **2.** hud. tempo [ˈtempəu] ● *robiť niečo slimačím t-m* do sth. at a snail's pace

ten, tá, to this [ðis], that [ðæt]; *čo tu chce ten človek?* what is this man doing here?; *tá žena je moja sestra* that woman is my sister; *ten...onen* this...that ● *to alebo ono* this, that, and the other

tendencia tendency [ˈtendənsi], trend [trend]

tendenčný tendentious [tenˈdenšəs]

tenis tennis [ˈtenəs]; *stolný t.* table tennis

teniska obyč. mn. č. *t-y* tennis shoes [ˌtenəs ˈšuːz]

tenisový: *t-á raketa/lopta* tennis racket/ball; *t. dvorec* tennis court

tenista tennis player [ˌtenəs ˈpleiə]

ten istý (the) same [seim]; *bol to ten istý človek* it was the same person

tenký 1. (v rozl. význ.) thin [θin]; *t. papier* thin paper; *t. hlas* a thin voice **2.** (štíhly) slim [slim]; *t. chlapec* a slim boy

tenorista tenor [ˈtenə]

tento, táto, toto, tieto this [ðis], these [ðiːz]; *toto auto* this car; *viac obchodov tu niet, iba tento tu* there are no other shops only this one; *čie sú tieto veci?* whose are these things? ● *(obstarať) toto a tamto* (get) this and that

teológia theology [θiˈolədži]

teoretický theoretical [θiəˈretikl] aj theoretic [θiəˈretik]; *t-á možnosť* theoretical possibility

teoretik theorist [ˈθiərəst], theoretician [ˌθiorəˈtišn]

teória theory [ˈθiəri]; *hudobná t.* musical theory; *spájať t-u s praxou* combine theory with practice

tep pulse [pals]; *nepravidelný t.* irregular pulse

tepať beat* [biːt]; *t. kov* beat metal

tepelný thermal [ˈθəːməl]; *t-á izolácia* thermal insulation

tepláky track-suit [ˈtræksuːt]

teplácel thermal power-station [ˌθəːməl ˈpauə ˌsteišn]

teplo 1. warmth [woːmθ]; *živočíšne t.* animal warmth **2.** fyz. heat [hiːt]

teplokrvný warm-blooded [ˌwoːmˈbladəd]; *t. živočích* a warm-blooded animal

teplomer thermometer [θəˈmomətə]; *lekársky t.* a clinical thermometer

teplota temperature [ˈtemprəčə]; *priemerná t.* the average temperature

teplý (v rozl. význ.) warm [woːm]; *t-é mlieko* warm milk; *t-é šaty* warm clothes; *t-é farby* warm colours

tepna 1. anat. artery [ˈaːtəri] **2.** dopr. arterial road [ˈaːtəriəl rəud]

terajší present [ˈpreznt]; *t-ia politická situácia* the present political situation

terapeutický therapeutic [ˌθerəˈpjuːtik]; *t-é účinky* therapeutic effects

terapia 1. (odbor medicíny) therapeutics

[ˌθerəˈpjuːtiks] **2.** (spôsob liečby) therapy [ˈθerəpi]; *fyzikálna t.* physiotherapy

terasa terrace [ˈterəs]; *opaľovať sa na t-e* sunbathe on the terrace

teraz now [nau], at present [ət ˈpreznt]; *t. je už neskoro* now it's too late; *t. nemám čas* I'm busy at present ● *t., alebo nikdy* now or never

terč target [ˈtaːgət]; *strieľať do t-a* do one's target practice

terén 1. ground [graund] **2.** (pracovisko) field [fiːld]; *výskum v t-e* research in the field

teritórium territory [ˈterətri]; *neznáme t.* unfamiliar territory; *historické t. štátu* the historic territory of a state

termálny thermal [ˈθəːməl]; *t-e pramene* thermal springs

termín¹ time [taim]; *dokončiť prácu pred t-om* complete the work ahead of time; *konečný t.* deadline

termín² (pomenovanie) term [təːm]; *lekársky t.* a medical term

terminológia terminology [ˌtəːməˈnolədži]; *lekárska t.* medical terminology

termofor hot-water bottle [ˌhotˈwoːtəˌbotl]

termonukleárny thermonuclear [ˌθəːməuˈnjuːkliə]; *t-a vojna* thermonuclear war

termoska thermos flask [ˈθəːməs flaːsk]

terorizovať terrorize [ˈterəraiz]; *t. obyvateľstvo* terrorize the population

terpentín turpentine [ˈtəːpəntain]

tesák 1. (nôž) bowie knife [ˈbəui naif] **2.** (očný zub niektorých zvierat) fang [fæŋ]

tesár carpenter [ˈkaːpəntə]

tesárstvo carpentery [ˈkaːpəntri]

tesať chisel [ˈčizl]; *t. kameň/mramor* chisel stone/marble

tesnenie seal [siːl]; *t. sa zodralo* the seal has worn

tesný 1. (úzky) tight [tait]; *t-é topánky* tight shoes **2.** (veľmi blízky) close [kləuz]; *t-é spojenie* close connection **3.** (s malým rozdielom) narrow [ˈnærəu]; *t-é víťazstvo* a narrow victory

testament will [wil]; *urobiť t.* make one's will ● *spísať t.* draw* up one's testament

tešiť 1. (spôsobiť radosť) please [pliːz] **2.** (utešovať) comfort [ˈkamfət] ● *t-í ma* (I'm) pleased to meet you // **t. sa** enjoy [inˈdžoi]; *dieťa sa teší novej hračke* the child enjoys its new toy

teta 1. aunt [aːnt] **2.** hovor. auntie, aunty [ˈaːnti]

tetiva 1. (luku) bow-string [ˈbəu striŋ] **2.** geom. chord [koːd]

text text [tekst]; *tlačený t.* printed text

textil textile [ˈtekstail]

textilný textile [ˈtekstail]; *t. priemysel* textile industry

textúra texture [ˈteksčə]; *t. hodvábu* the texture of silk

tchor polecat [ˈpəulkæt]

tiahnuť 1. (o vtákoch) migrate [maiˈgreit] (priťahovať) draw* [droː]; *t-e ho to k priateľom* he feels drawn towards his friends // **t. sa** stretch [streč]; *lesy sa t-u celé míle* the forest stretches for miles

tiecť 1. flow [fləu]; *rieky tečú do mora* rivers flow into the sea **2.** (o nádobách) leak [liːk]; *hrniec tečie* the pot is leaking

tieň 1. (v rozl. význ.) shadow [ˈšædəu]; *t-ne sa predlžujú* the shadows lengthen; *ani t. pochybnosti* not a shadow of doubt; *očné t-ne* eye shadows **2.** (chládok) shade [šeid]; *je 30 stupňov v t-ni* it's thirty degrees in the shade ● *chodiť za niekým ako t.* be sb.'s shadow; *vrhať t. (na koho/čo)* cast a shadow over sb./sth.; *svetlo a t-ň* light and shade

tienidlo lampshade [ˈlæmpšeid], elektrotech. screen [skriːn]

tiež also [ˈoːlsəu], as well [æz wel], (na konci vety) too [tuː]

tiger tiger [ˈtaigə]

tichý 1. (op. hlasný) low [ləu], soft [soft]; *t. zvuk* a low noise; *t. šepot* a soft whisper **2.** (nehovoriaci, mĺkvy) silent [ˈsailənt]; *t-é čítanie* silent reading **3.** (nerušený zvukmi) quiet [ˈkwaiət], silent [ˈsailnt], still [stil]; *t-á ulica* a quiet street; *t-á noc* a silent night **4.** geogr. *T. oceán* the Pacific Ocean **5.** (skrytý, tajný) quiet [kwaiət]; *t. protest* a quiet protest ● *T-á voda brehy podmýva.* Still waters run deep.

tikať (o hodinách) tick [tik]

tiket pools coupon [ˈpuːlz ˌkuːpon]; *vyplniť t.* fill in the pools coupon

tím team [tiːm]; *pracovný t.* a team of workers

tinktúra tincture [ˈtiŋkčə]; *jódová t.* tincture of iodine

tip tip [tip]; *dať komu t.* give sb. a tip; *riadiť sa t-om* take sb.'s tip; *dostať t.* be tipped off/receive a tip-off

tipovať tip [tip]; *t. výsledok zápasu* tip the result of a match

tisíc thousand [ˈθauznd]

tisícka **1.** (the number) thousand [ðə ˌnambə ˈθauznd], (1000 dolárov) grand [grænd] **2.** (bankovka) a thousand-crown banknote [əˈθauzndkraun ˌbæŋknəut]

tisíckorunáčka a thousand-crown note [ə ˈθauzndkraun ˌnəut]

tisícročie millennium [miˈleniəm]

tisnúť **1.** (tlačiť) push [puš]; *t. kočík* push a pram **2.** (vtláčať) press [pres]; *t. niekomu niečo do ruky* press sth. into sb.'s hand **3.** (pritisnúť) clutch [klač]; *matka t-e dieťa v náručí* the mother clutches her baby in her arms **4.** (stískať) clasp [kla:sp]; *srdečne t. ruky* clasp hands warmly

tíšiť **1.** (chlácholiť) calm [ka:m], soothe (down) [su:ð (daun)]; *t. dieťa* calm a baby **2.** (zmierňovať) soothe [su:ð]; *t. bolesť* soothe pain

titul **1.** (v rozl. význ.) title [ˈtaitl]; *t. majstra sveta* the title of a world champion; *t. knihy* the title of a book; *z t-u vlastníctva* according to sb.'s title to (the land) **2.** (článku) headline [ˈhedlain]

titulok **1.** (nadpis článku) headline [ˈhedlain] **2.** (písaný text na/pod obrazom) caption [ˈkæpšn], subtitle [ˌsabˈtaitl]

titulovať address [əˈdres]; *t. koho pán prezident* address sb. as „Mr President"

tkáč weaver [ˈwi:və]

tkanina fabric [ˈfæbrik]

tkanivo tissue [ˈtišu:]

tkať weave* [wi:v] aj pren.; *t. látku* weave cloth; *pavúk t-á pavučinu* a spider weaves a web

tlač **1.** (technika) printing [ˈprintiŋ]; *vynález t-e* the invention of printing **2.** (v rozl. význ.) press [pres]; *sloboda t-e* the freedom/liberty of the press; *pripravovať rukopis do t-e* get a manuscript ready to press; *v t-i* in (the) press

tlačenica throng [θroŋ]

tlačiar printer [ˈprintə]

tlačiareň printing office [ˈprintiŋ ˌofis]

tlačiť **1.** (vyvíjať tlak) press [pres]; *t. na rýchlostný pedál* press the accelerator pedal **2.** (posúvať) push [puš]; *t. auto (do kopca)* push a car (uphill) **3.** (pôsobiť bolesť) pinch [pinč]; *topánky t-a* the shoes pinch **4.** (rozmnožovať tlačou) print [print]; *t. knihy* print books ● *každý vie, kde ho topánka t-i* everybody knows where his shoe pinches; *t. niekoho k múru* thrust sb. to the wall // **t. sa** **1.** (tisnúť sa) push [puš]; *pre-*

staň sa t.! stop pushing! **2.** (tiesniť sa) crowd [kraud]; *t. sa v malom byte* crowd in a tiny flat

tlačivo form [fo:m]; *vyplniť t.* fill in/fill up/fill out a form

tlačovina printed matter [ˈprintəd ˌmætə]

tlačový news [nju:z], press [pres]; *t-á agentúra* news agency; *t-á konferencia* news/press conference

tlak (v rozl. význ.) pressure [ˈprešə]; *t. vzduchu* air pressure; *krvný t.* blood pressure; *robiť niečo pod t-om* do sth. under pressure

tlakomer barometer [bəˈromitə]

tlama mouth [mauθ]; *levia t.* the lion's jaws

tlapa paw [po:]; *medvedia t.* a bear's paw

tĺcť **1.** (v rozl. význ.) beat* [bi:t]; *t. do dverí* beat upon the door; *srdce tlčie* the heart beats; *t-kli ho palicou* they beat him with a stick **2.** (vtĺkať) drive* [draiv]; *t. klinec do steny* drive a nail into the wall ● (expr.) *t. si hlavu o múr* beat one's head against a brick wall

tlieskať clap [klæp], applaud [əˈplo:d]; *obecenstvo nadšene t-lo* the audience clapped/applauded enthusiastically

tĺk pestle [ˈpesl]

tĺkot beat [bi:t]; *t. srdca* heartbeat

tlmiť subdue [səbˈdju:], muffle [ˈmafl]; *t. hlas* subdue the voice; *t. zvuk* muffle the sound

tlmočiť interpret [inˈtə:prət]; *t. z angličtiny do slovenčiny* interpret from English to Slovak

tlmočník interpreter [inˈtə:prətə]

tlstnúť put* on weight [ˌput on ˈweit], grow* fat [ˌgrəu ˈfæt], get* stout [ˌget ˈstaut]

tlstý fat [fæt], stout [staut]

tma dark [da:k], darkness [ˈda:knəs]; *vrátiť sa za t-y* return after dark; *báť sa t-y* be afraid of the dark; *zahalený do t-y* kept dark; *úplná t.* complete darkness ● *tápať v t-e* be in the dark

tmavý (v rozl. význ.) dark [da:k]; *t-é šaty* a dark dress; *t-á komora* a dark-room

tmel cement [siˈment], (git) putty [ˈpati]

to **I.** zám. it [it] **II.** spoj. (uvádza vysvetlenie) *to je*, skr. *t.j.* i.e. [ˌaiˈi:], that is [ˌðæt iz]

toaleta **1.** (dámsky spoločenský úbor) gown [gaun] **2.** (úprava zovňajška) toilet [ˈtoilət] **3.** (miestnosť) toilet hovor. loo [lu:]; the gents/the ladies, AM restroom

točiť **1.** (odťáčať aj zhotovovať na točovke) turn [tə:n]; *t. koleso* turn a wheel **2.** (natáčať) shoot* [šu:t]; *t. film* shoot a film // **t. sa 1.** rotate [rəu'teit] **2.** (o ceste, rieke) wind* [waind]

točitý winding ['waindiŋ]; *t-é schody* winding stairs

točovka lathe [leið]

tok (v rozl. význ.) flow [fləu]; *t. vody* the flow of water; *t. informácii* the flow of information; *t. peňazí* cash flow; *t. myšlienok* the flow of thought; *horný/dolný t. Dunaja* the upper/lower reaches of the Danube

tokár turner ['tə:nə]

toľko as/so much, as/so many [æz/səu 'mač, æz/səu 'meni]; *dvakrát t.* twice as many; *t. koľko treba* as much as needed; *to je t. ako nič* that is as much as nothing; *t. mi stačí* so much will do

tón (v rozl. význ.) tone [təun]; *nízky t.* a low tone; *optimistický t.* an optimistic tone; *udávať t.* set the tone; *dobrý t.* good manners

tona ton [tan]

topánka (obyč. mn. č.) *t-y* shoe [šu:]; *športové t-y* sports shoes; *tlačia ho t-y* his shoes pinch ● *každý vie, kde ho t-a tlačí* everybody knows where his shoe pinches

topiť[1] (usmrcovať) drown [draun]; *t. mačence* drown kittens // **t. sa** start drowning [sta:t 'drauniŋ]; *dieťa sa začalo t.* the child started drowning

topiť[2] (rozpúšťať teplom) melt [melt]; fyz. *bod t-enia* melting point // **t. sa** melt [melt], thaw [θɔ:]; *sneh/ľad sa topí* the snow/ice melts/thaws

topoľ poplar ['poplə]

topor adze [ædz]

toporisko helve [helv], haft [ha:ft]

torpédo torpedo [tɔ:'pi:dəu]

torpédoborec destroyer [di'strɔiə]

torta cake [keik]

totiž namely ['neimli]

totožnosť identity [ai'dentəti]

totožný identical [ai'dentikl]; *t-é názory* identical views

tovar goods [gudz], merchandise ['mə:čəndaiz]; *spotrebný t.* consumer goods

továreň factory ['fæktri], plant [pla:nt]; *t. na nábytok* a furniture factory; *veľká chemická t.* a huge chemical plant

tovariš journeyman ['džə:nimən]

toxický toxic ['toksik], poisonous ['poiznəs]; *t. odpad* toxic waste

tôňa shade [šeid]; *posedieť si v t-ni* sit in the shade

tradícia tradition [trə'dišn]; *národné t-e* national tradition; *podľa t-e* by tradition/ tradition has it that...; *povesti uchovávané t-ou* legends preserved by tradition

tradicionalizmus traditionalism [trə'dišnəlizm]

tradičný traditional [trə'dišnəl]; *t-é jedlo* a traditional meal; *t. prístup/postup* a traditional approach/procedure

trafika tobacconist's [tə'bækənəsts]

trafikant tobacconist [tə'bækəunəst]

trafiť (v rozl. význ.) hit* [hit]; *t. do terča* hit the target; *guľka ho t-la* the bullet hit him; *t. na vodu* hit water ● *t. klinec po hlavičke* hit the nail on the head; *t. vedľa* guess wrong

tragédia tragedy ['trædžədi]

tragický tragic ['trædžik]; *t-á nehoda* a tragic accident

tragikomédia tragicomedy [ˌtrædži'komədi]

traja three [θri:]; *t. chlapci v člne* three boys in a boat; *t. z(a)mrznutí svätí* three Saints' Days

trajler trailer ['treilə]

trakt 1. (krídlo budovy) wing [wiŋ] **2.** anat. (ústrojenstvo) tract [trækt]; *tráviaci t.* digestive tract

traktor tractor ['træktə]

traky braces ['breisz] AM suspenders [sə'spendəz]; *nosiť nohavice s t-mi* wear trousers with braces

trám beam [bi:m], (šikmý strešný) rafter ['ra:ftə]

tramp wanderer ['wondərə]

trampoty pomn. hovor. worries ['wari:z], trouble ['trabl]; *prekonal množstvo t-t* he has been through a lot of worries/trouble

transakcia ekon. transaction [træn'zækšn]; *obchodná t.* the transaction of business

transformátor techn. transformer [træns-'fo:mə]

transfúzia transfusion [træns'fju:žn]

transkripcia transcription [træn'skripšn]

transplantácia transplant ['trænspla:nt]; *t. srdca* heart transplant

tranz trance [tra:ns]; *byť v t-e* be in a trance

tranzistor 1. transistor [træn'zistə] **2.** hovor. (tranzistorové rádio) transistor radio [træn'zistə 'reidiəu]

trápiť torment [tɔ:'ment]; *hlad ho t-i* he's tormented by hunger; *t-i ho vina* his guilt torments him // **t. sa** worry ['wari]; *net-p sa!* don't worry!

T

trápny awkward ['ɔːkwəd], embarassing [imˈbærəsiŋ] *t-e ticho* an awkward silence
trasa route [ruːt]
traskavina explosive [ikˈspləusiv]
trasľavý trembling [ˈtrembliŋ]; *t. hlas* a trembling voice
trať 1. line [lain]; *železničná t.* railway line 2. (ustálená trasa) route [ruːt] 3. šport. track [træk]; *pretekárska t.* a race track
tratiť (v rozl.význ.) lose* [luːz]; *t. veci z vrecka* lose things out of one's pocket; *t. sily/pamäť* lose strength/memory ● *t. vládu nad sebou* lose one's temper // *t. sa* 1. vanish [ˈvæniš]; *svetlo sa t-í* the light is vanishing 2. disappear [ˌdisəˈpiə]; *začali sa po jednom t.* they were disappearing one by one
tráva grass [graːs]; *morská t.* seaweed
tráviaci digestive [daiˈdžestiv]; *t-a sústava* the digestive system
tráviť[1] (potravu) digest [daiˈdžest]
tráviť[2] (prežívať) spend* [spend]; *t. dovolenku pri mori* spend one's holiday at the seaside
tráviť[3] (usmrcovať jedom) poison [ˈpɔizn]
trávnik lawn [lɔːn]
trblietať sa glitter [ˈglitə]; *hviezdy sa t-cu* the stars glitter
trčať 1. (vyčnievať) stick* out [ˈstik aut] 2. expr. (zdržiavať sa) stick* about/around [ˈstik əˌbaut/əˌraund]; *t. doma* stick about the house 3. (väzieť) stick* [stik]; *auto ostalo t. v blate* the car stuck in the mud
treba there's need (of/for) [niːd]; *má všetko, čo t.* he has everything he needs; *net. sa náhliť* there's no need to hurry ● *tak mu t.* it serves him right
trebárs though [ðəu], although [ɔːlˈðəu]; *necítil zimu, t. vonku bolo chladno* he didn't feel the cold though it was chilly outside
tréma stage fright [ˈsteidž frait]; *mať/dostať t-u* have/get stage fright
tréner coach [kəuč], trainer [ˈtreinə]
trenie friction [ˈfrikšn]
tréning training [ˈtreiniŋ]; hovor. (cvičenie vôbec) practice [ˈpræktis]; *chýba mu t. v písaní* he has no practice in writing
trénovať 1. train [trein], practise [ˈpræktis] 2. (viesť) coach [kəuč]
trepať (v rozl. význ.) beat* [biːt]; *vták t-e krídlami* the bird beats its wings; *t. na bubon* beat the drum; *t. sneh z bielkov* beat (up) the egg whites

trepotať flutter [ˈflatə]; *vták t-l krídlami* the bird fluttered its wings // *t. sa* flutter [ˈflatə]; *zástavy sa t-cú vo vetre* the flags flutter in the wind
treska cod(fish) [ˈkɔd(ˌfiš)]
treskot crash [kræš]; *t. hromov* a crash of thunder
trest punishment [ˈpanišmənt]; *t. smrti* capital punishment
trestanec convict [ˈkɔnvikt]
trestať punish [ˈpaniš]
tretí third [θəːd]
tretina one third [wan ˈθəːd]; *t. obyvateľstva* one third of the population
trezor safe [seif]
trh 1. (v rozl. význ.) market [ˈmaːkət]; *svetový t.* world market; *čierny t.* black market; *vianočný t.* Christmas market 2. (trhovisko) marketplace [ˈmaːkətpleis]
trhať 1. (šklbať, driapať) tear* [teə], rip [rip]; *t. na kusy* tear/rip to pieces 2. (vytrhať) reap [riːp], pull [pul]; *t. konope* reap hemp; *t. zub* pull a tooth 3. (zbierať, oberať) pick [pik], pluck [plak]; *t. kvety/ovocie* pick flowers/fruit; poet. pluck flowers 4. (roztrhať) blast [blaːst]; *t. skaly* blast rocks 5. (násilne brať) rend* [rend]; *t. z rúk* rend from one's hands
trhavina explosive [ikˈspləusiv]
trhavý jerky [ˈdžəːki]; *t. pohyb* a jerky movement
trhlina crack [kræk], (hlboká, najmä v skale, v zemi) fissure [ˈfišə]; *t. v stene* a crack in the wall
trhovisko marketplace [ˈmaːkətpleis]
tri, živ. **traja** three [θriː]; *t. ženy* three women ● *(držať niekoho) na t. kroky od tela* hold at arm's length; *tárať dve na t.* talk off a donkey's hind-legs; *traja z(a)mrznutí svätí* three Saint's Days
triasť (v rozl. význ.) shake* [šeik]; *t. strom* shake a tree; *t. jablká* shake apples from a tree; *t-asie ho od zimy* he's shaking with cold // *t. sa* 1. shake*; *ruky sa mu t-asú* his hands are shaking; *t-asie sa na celom tele* he's shaking all over 2. (v rozl. význ.) tremble [ˈtrembl]; *hlas sa mu t-asie* his voice is trembling; *zem sa t-asie* the ground is trembling; *t-asie sa o bezpečnosť svojho syna* she's trembling for her son's safety ● *t. sa ako osika* tremble like an aspen leaf
triaška 1. tremble [ˈtrembl], shaking [ˈšeikiŋ] 2. (zimnica) ague [ˈeigjuː]

tribúna 1. (vyvýšené miesto pre rečníka) rostrum ['rostrəm] **2.** (hľadisko) stand [stænd], stands [stændz], grandstand ['grændstænd]

tribunál tribunal [trai'bju:nl]

tričko 1. (športový úbor) T-shirt ['ti:šə:t] **2.** (spodná bielizeň) vest [vest], AM undershirt ['andəšə:t]

tridsať thirty ['θə:ti]

tridsiatka (the number) thirty [ðə ˌnambə 'θə:ti]

tridsiaty (the) thirtieth [ðə 'θə:ti:θ]

trieda 1. (spol. vrstva) class [kla:s] **2.** (hovor. postupný ročník) form [fo:m], class [kla:s] **3.** (miestnosť) classroom ['kla:srum] **4.** (úroveň) standard ['stændəd]

triediť sort [so:t], classify ['klæsəfai]; *t. jablká* sort apples; *t. knihy/informácie* classify books/information

trieska splinter ['splintə], chip [čip]

trieskať 1. (búchať, plieskať) bang [bæŋ]; *t. dverami* bang the door **2.** (udierať) pound [paund]; *t-l do stola* he pounded the table ● *t. si hlavu o múr* bang one's head against a brick wall

trieť rub [rab]; *t. si oči* rub one's eyes

triezvy 1. (neomámený alkoholom) sober ['səubə] **2.** (rozumný, rozvážny) sensible ['sensəbl], conservative [kən'sə:vətiv], matter-of-fact [ˌmætə əv 'fækt]; *podľa t-eho odhadu* at a conservative estimate

trik (v rozl. význ.) trick [trik]; *získať t-om* get sth. by trick; *t-y s kartami* card tricks; *filmový t.* a film trick

trikot (oblečenie) tights ['taits]; *baletky v t-och* ballet dancers in tights

trikrát, tri razy three times ['θri: taims]; *t. opakované želanie* a three times repeated wish

trinásť thirteen [ˌθə:'ti:n]

trinásty (the) thirteenth [ðə ˌθə:'ti:nθ]

triumf triumph ['traiəmf]; *sláviť t.* score a triumph

trma-vrma helter-skelter [ˌheltə 'skeltə]

tŕň thorn [θo:n]; *pichnúť si t. do prsta* prick one's finger on a thorn ● *niet ruže bez t-a* no rose without a thorn

trnka blackthorn ['blækθo:n]

trofej trophy ['trəufi]

trocha, trochu, expr. **troška, trošku I.** čísl. a little [ə 'litl], a few [ə 'fju:]; *t. peňazí* a little money; *t. jablk* a few apples **II.** prísl. a little bit [ə 'bit]; *je t. neskoro* it's a little late; *je to*

t. hlúpe it's a bit stupid **III.** podst. (kúsok, málo) a bit [ə 'bit]; *pri t-e šťastia* with a bit of luck

trojhran triangle ['traiæŋgl]

trojica 1. trinity ['trinəti] **2.** náb. *Svätá T.* the Holy Trinity

trojičky triplets ['tripləts]

trojitý triple ['tripl]; *t-á vrstva kameňa* a triple layer of rocks

trojka (v rozl. význ.) (the number) three [ðə ˌnambə 'θri:]; *bývať na t-e* stay at room number three; *cestovať t-ou* travel by a number three; *dostať t-u* get a three; *ruská t. a troika*

trojkolka tricycle ['traisikl]

trojnásobný triple ['tripl], threefold ['θri:fəuld]

trojnožka (a) three-legged stool [ə ˌθri:-'legd ˌstu:l], (podstavec) tripod ['traipod]

trojpodlažný threestorey(ed) [ˌθri:-'sto:rid]

trojrozmerný three-dimensional [ˌθri:-dai'menžənl]

trojskok triple jump ['tripl džamp]

trojštvrťový three-quarter [ˌθri:kwo:tə]; *t. kabát* a three-quarter length coat; *v t-om takte* in three-four time

trojuholník triangle ['traiæŋgl]; *pravouhlý t.* a right-angled triangle

trolejbus trolleybus ['trolibas]

tromf 1. (karta) trump [tramp] **2.** expr. (presvedčivý dôkaz) trump card ['tramp ka:d], master card ['ma:stə ka:d]; *obhajoba predložila t.* the defence played its trump card ● *mať t. v rukách* have a card up one's sleeve

trón throne [θrəun]; *zasadnúť na t.* come to the throne/ascend the throne

trópy tropics ['tropiks]

troska[1] (obyč. mn. č.) *t-y* (zvyšok) ruin ['ru:ən], wreck [rek]; *ležať v t-ách* lie in ruins

troska[2] (odpad pri tavení rúd) slag [slæg]

trpaslík 1. dwarf [dwo:f] **2.** (veľmi malý človek, malé zviera) pygmy [pigmi]

trpezlivý patient ['peišnt]; *t. starý otec* a patient grandfather

trpieť 1. (znášať utrpenie) bear* [beə]; *t. bolesť* bear pain **2.** (chorieť) suffer from ['safə frəm]; *t. na reumu* suffer from rheumatism **3.** (dovoľovať) suffer ['safə], tolerate ['toləreit]; *t. niekoho v dome* suffer sb. to stay in one's house

trpký (v rozl. význ.) bitter ['bitə]; *t. liek* a bitter drug; *t-á pravda* bitter truth; *t-á skúsenosť* bitter experience

trpný passive [ˈpæsiv]; *t-é očakávanie udalostí* passive expectation of the events; gram. *t. rod* the passive voice

trstenica cane [kein]

trstina reed [ri:d]

trúba 1. (nástroj) trumpet [ˈtrampət] **2.** (rúra) oven [ˈavn]

trubadúr troubadour [ˈtru:bədo:]

trubica tube [tju:b]

trúbiť 1. blow* [bləu]; *t. na trúbke* blow the trumpet; *t. na klaksóne* blow the horn **2.** trumpet [ˈtrampət] aj pren. *slony t-a* elephants trumpet; pren. expr. *večne t-i to isté* he always trumpets the same

trúbka trumpet [ˈtrampət]; *hrá na t-e* he's playing the trumpet

trucovitý hovor. sulky [ˈsalki]; *t-é dieťa* a sulky child

trúd drone [drəun]

trudnomyseľný melancholic [ˌmelənˈkolik]

trúfalý audacious [o:ˈdeišəs], daring [ˈdæriŋ]; *t. človek* an audacious person

trúfať si dare [ˈdeə]; *net-m si viacej povedať* I daren't tell you any more

truhla 1. (na uskladnenie šatstva, ap.) chest [čest] **2.** (rakva) coffin [ˈkofən]

trup 1. anat. trunk [traŋk] **2.** (lode) hull [hal], (lietadla) fuselage [ˈfju:zəla:ž]

trus 1. (konský) dung [daŋ] **2.** (vtáčí) droppings [ˈdropiŋz]

trúsiť 1. scatter [ˈskætə]; *t. omrvinky* scatter crumbs **2.** expr. (rozširovať) spread* [spred]; *t. reči* spread rumours

trvalý 1. (stály) permanent [ˈpə:mənənt]; *t-é bydlisko* permanent address **2.** (nemenný) lasting [ˈla:stiŋ]; *t. úžitok* a lasting effect **3.** (dlhší čas trvajúci) persistent [pəˈsistnt]; *t-é dažde* persistent rains

trvanlivý durable [ˈdjurəbl]; *t-á látka* a durable material

trvať last [la:st]; *schôdzka t-la dve hodiny* the meeting lasted two hours; *t. na svojom stanovisku* insist on one's standpoint

trýzeň torment [ˈto:ment], (hlavne duševná) anguish [ˈæŋgwiš]

trýzniť 1. torment [to:ˈment] *t. niekoho hladom* torment somebody by hunger **2.** (týrať) torture [ˈto:čə]

tržba takings [ˈteikiŋz]; *počítať dennú t-u* count the day's takings

tržnica market hall [ˈma:kət ho:l]

tu I. prísl. here [hiə]; *čo tu robíš?* what are you doing here?; *už som tu* here I am; *tu(ná) Karol ti poradí* Charles here will help you; *tu a tam* here and there **II.** časť. there [ðeə]; *už nečakali nikoho, a tu dvaja hostia* they didn't expect anybody and there two guests

tuba 1. tube [tju:b]; *t. lepidla* a tube of glue **2.** (hudobný nástroj) tuba [ˈtju:bə]

tucet 1. dozen [ˈdazn]; *t. vreckoviek* a dozen handkerchieves **2.** (neurčité množstvo) dozens [daznz]; *takých prípadov poznám t.* I know dozens of cases like this ● *mať na t-ty* have dozens and dozens

tuctový commonplace [ˈkomənpleis]; *t. román* a commonplace novel

tučniak penguin [ˈpeŋgwən]

tučnieť get*/become* fat [ˌget/biˌkam ˈfæt]

tučný 1. (tlstý) fat [fæt]; *t-é mäso* fat meat **2.** (obsahujúci tuk) rich [rič]; *t-é jedlo* rich food **3.** (hrubý) *t-é litery* boldface types [ˌboldfeis ˈtaips]

tuha graphite [ˈgræfait]

tuhnúť 1. solidify [səˈlidəfai], harden [ˈha:dn]; *želé t-e v chlade* the jelly will solidify in a cool place; *cement t-e* cement hardens **2.** (meravieť) stiffen [ˈstifn]; *nohy mu t-li od námahy* the strain stiffened his legs

tuhý 1. (pevný, tvrdý) solid [ˈsoləd], hard [ha:d]; *t-é palivo* solid fuel; *t. sneh* hard frozen snow **2.** (odolný, silný) tough [taf]; *t. život* tough life **3.** (presvedčený) staunch [sto:nč]; *t. fanúšik* a staunch fan

tuk fat [fæt]

tulák tramp [træmp]

túlať sa 1. roam [rəum], wander [ˈwondə], go on a hike [ˌgəu on ə ˈhaik] *rád sa t.* enjoy wandering around; *t. sa svetom* roam about the world **2.** (prechádzať sa) stroll [strəul]; *t. sa po parku* stroll around the park

tuleň seal [si:l]

tulipán tulip [ˈtju:ləp]

túliť cuddle [kadl]; *dievčatko t-lo k sebe psíka* the little girl cuddled her pet dog // **t. sa** nestle [ˈnesl]; *dieťa sa t-i k matke* the child nestles against his mother

tunel tunnel [ˈtanl]

tuniak tuna [ˈtju:nə], tunny [ˈtani]

tupý 1. (zbavený ostrosti) blunt [blant]; *t. nôž* a blunt knife **2.** geom. obtuse [əbˈtju:s]; *t. uhol* an obtuse angel **3.** (v rozl. význ.) dull [dal]; *t-á bolesť* a dull pain; *t. žiak* a dull pupil; *t-é zvuky* dull sounds

túra tour [tuə]
turbína turbine ['tə:bain]
turbovrtuľový turboprop ['tə:bəuprop]
Turecko Turkey ['tə:ki]
turecký Turkish ['tə:kiš]
Turek Turk [tə:k]
Turíce Whitsun ['witsan]
turista tourist ['turəst]
turistika tourism ['turizm]

> **tourist** – cestovateľ, dovolenkár,
> **tourism** – turistika, cestovný ruch
> **hiker** – peší turista
> **hiking** – pešia turistika

turnaj (stredoveký aj šport.) tournament ['tuənəmənt]; *šachový t.* a chess tournament
turné tour [tuə]; *Národné divadlo je na t.* the National Theatre is on tour
tuš[1] Indian ink ['indiən iŋk]
tuš[2] (hud. prejav) flourish ['flariš]; *zahrať t.* play a flourish
tušenie presentiment [pri'zentəmənt], premonition [‚premə'nišn]; *t. nebezpečenstva* a presentiment/premonition of danger ● *nemať ani t-a (o čom)* not to have the slightest idea of sth.
tušiť have* a presentiment [‚hæv ə pri'zentəmənt]; *t. nebezpečenstvo* have a presentiment of danger
tútor guardian ['ga:diən]
tuzemsko Home [həum]; *v t-u a v zahraničí* at home and abroad
tuzemský home [həum]; domestic [də'mestik]; *t. tovar* home-produced goods; *t. trh* home market; *t-é lety* domestic flights
túžba aspiration [‚æspə'reišn], longing ['loŋiŋ], yearning ['jə:niŋ], desire [di'zaiə]; *t. po sláve* a yearning/longing/an aspiration for fame; *t. po uznaní* a yearning for recognition; *t. po vzdelaní* a desire to acquire knowledge; *t. za domovom* homesickness
tužidlo fixative ['fiksətiv]
túžiť long [loŋ], yearn [jə:n], desire [di'zaiə]; *t. po slobode* long/yearn for freedom; *t. po šťastí* desire happiness
tužka pencil ['pensl]
túžobný longing ['loŋiŋ]; *t. pohľad* a longing look
tvar 1. shape [šeip], form [fo:m]; *trojuholníkový t.* a triangle shape 2. gram. accidence ['æksədns]

tvár (v rozl. význ.) face [feis]; *okrúhla t.* a round face; *smutná/usmievavá t.* a sad/a smiling face; *pozerať niekomu do t-e* look sb. in the face; *spadnúť na t.* fall on one's face; *bledá t.* paleface; *nemé t-e* dumb creatures ● *(vy)strúhať vážnu t.* keep a straight face; *hľadieť nebezpečenstvu do t-e* face the music; *nemá t.* dumb creature
tváriť sa pretend [pri'tend]; *t. sa nahnevano* pretend to be angry
tvaroh curd [kə:d], curds [kə:dz]
tvaroslovie morphology [mo:'folədži]
tvoj your [jo:]; *t. dom* your house; *t. návrh* your suggestion; *t. vlak* your train; (v liste) *s pozdravom T.* yours
tvor creature ['kri:čə]
tvorba 1. (utváranie) production [prə'dakšn]; *t. buniek* production of cells 2. (umelecká al. vedecká činnosť) creation [kri'eišn], creative work [kri'eitiv wə:k] *t. umelca* an artist's creative work
tvorca creator [kri'eitə]
tvoriť 1. (dávať vznik) produce [prə'dju:s]; *t. bunky* produce cells 2. (byť pôvodcom) create [kri'eit]; *t. umelecké dielo* create a piece of art 3. (v rozl. význ.) form [fo:m]; *priamky t-a uhol* straight lines form an angel; *t. plány* form plans; *t. skrýšu* form a shelter
tvorivý creative [kri'eitiv]; *t. umelec* a creative artist; *t-é schopnosti* creative aptitudes
tvrdiť[1] assert [ə'sə:t], maintain [mein'tein], claim [kleim]; *t-l, že je to pravda* he claimed it to be true; *t-la, že je nevinná* she asserted/maintained her innocence
tvrdiť[2] (kaliť) harden ['ha:dən]; *t-ená oceľ* hardened steel
tvrdohlavý obstinate ['obstinət]; *t-á osoba* an obstinate person
tvrdý (v rozl. význ.) hard [ha:d]; *t. ako kameň* hard as rock; *t-é drevo* a hard kind of wood; odb. *t-á valuta* hard currency; *t-é podnebie* hard palate; *t. človek* a hard man; *t-é slová* hard words; *mať t-é srdce* be hard-hearted; *t-á droga* a hard drug ● *t. oriešok* a hard nut to crack
ty you [ju:]; arch./bibl. thou [ðau] ● *ako ty mne, tak ja tebe* tit for tat; expr. *(ja) byť tebou* if I were you
tyč bar [ba:], (dlhá, tenká) rod [rod]
tykadlo feeler ['fi:lə]
tykať call somebody his Christian name [ko:l 'sambədi hiz 'krisčən neim]

U

týkať sa 1. (dotýkať sa) touch [tač]; *ned-j sa ničoho!* don't touch anything! **2.** concern [kən'sɜːn]; *čo sa t-a výchovy* as far as education is concerned

tyl tulle [tjuːl]; *závoj z t-u* a veil of tulle

tylo 1. anat. nape [neip] **2.** (zázemie) rear [riə]; *napadnúť nepriateľa v t-e* attack the enemy in the rear

tymian thyme [taim]

typ (v rozl. význ.) type [taip]; *pôvodný t.* the original type; *atletický t.* an athletic type; *nový t. automobilu* a new type of a car; polygr. *kovové/drevené t-y* metal/wooden types

typický (v rozl. význ.) typical ['tipikl]; *t. predstaviteľ svojej generácie* a typical representative of his generation; *t-á figúra* a typical figure

typizácia standardization [ˌstændədai'zeišn]

typograf typographer [tai'pogrəfə]

typografia typography [tai'pogrəfi]

typografický typographic(al) [ˌtaipə'græfik(l)]; *t-á úprava knihy* layout

typovať (stanoviť typ) type [taip]

tyran tyrant ['tairənt]

tyrania tyranny ['tirəni]

tyranizovať tyrannize ['tirənaiz]; *t. krajinu* tyrannize a country; *t. rodinu* tyrannize one's family

týrať 1. maltreat [mæl'triːt]; *t. dieťa* maltreat a child **2.** (sužovať) torment [toː'ment]; *t-ný výčitkami* tormented by guilt

týždeň week [wiːk]; *raz do t-dňa* once a week; cirk. *Veľký t.* the Holly Week; *päťdňový pracovný t.* a five-day working week; *medové t-ne* honey-moon

týždenník (časopis) weekly ['wiːkli], (spravodajský film) newsreel ['njuːzriːl]

týždenný 1. (opakovaný každý týždeň) weekly ['wiːkli]; *t-á návšteva lekára* a weekly visit at the doctor's **2.** (trvajúci týždeň) one week [wan wiːk]; *t-á dovolenka* a one week holiday

týždňový: *t. pobyt v horách* a week's stay in the mountains

U, Ú

u 1. at [ət/æt]; *u susedov* at the neighbour's; *u mäsiara* at the butcher's **2.** with [wið]; *býva u rodičov* he lives with his parents **3.** in [in]; *u nás (v našej krajine)* in our country

ubehnúť 1. (o vzdialenosti) cover ['kavə]; *u-ol už polovicu cesty* he covered half the distance **2.** (o čase) pass [paːs]; *hodina u-la rýchlo* the hour passed quickly

ubezpečiť assure (of) [ə'šuə (əv)]; *u-l nás o pravdivosti svojich slov* he assured us of his telling the truth // **u. sa** make* sure [ˌmeik 'šuə]; *u-l sa, že je zamknuté* he made sure of the door being locked

úbočie hillside ['hilsaid]

úbohý 1. poor [puə]; *ú-á sirota* poor orphan **2.** (slabý) miserable ['mizrəbl]; *ú. výsledok* a miserable outcome

úbor dress [dres], clothes [kləuðz]; *večerný ú.* evening dress; *školský/športový ú.* school/sports clothes

úbožiak poor devil/fellow ['puə 'devl/'feləu]

ubrať 1. (zmenšiť pôvodné množstvo) reduce [ri'djuːs]; *u. zo sumy* reduce the sum **2.** (zmenšiť význam, hodnotu) lessen ['lesn]; *u. niekomu na dôležitosti* lessen a person's importance

úbytok decrease ['diːkriːs], loss [los];

ú. energie/síl decrease of energy/power; *ú. hmotnosti* loss of weight

ubytovanie accommodation [əˌkoməˈdeišn], lodging ['lodžiŋ]

ubytovať 1. lodge [lodž]; *u. študentov* lodge students **2.** voj. quarter (on) ['kwoːtə (on)]; *u-l svojich vojakov v rodinách* he quartered his men on families // **u. sa** lodge, accommodate [ə'komədeit]; *u. sa u priateľov* lodge with friends; *v hoteli sa môže u. 600 hostí* the hotel can accommodate 600 guests

ubytovňa hostel ['hostl]

úcta respect [ri'spekt], regard [ri'gaːd]; *mať ú-u k svojim rodičom* have respect to one's parents; *povinná ú.* due respect; *mať vo veľkej ú-e* hold in high/greatest regard

uctiť (si) 1. respect [ri'spekt]; *u. si starších* respect one's elders **2.** (pohostiť) entertain [ˌentə'tein]; *u. si hostí večerou* entertain guests

úctivý respectful [ri'spektfl], polite [pə'lait]; *v ú-ej vzdialenosti* at a respectful distance; *ú. človek* a polite person

úctyhodný 1. honourable ['onrəbl]; *ú. skutok* a honourable deed **2.** hovor. (veľký, značný) considerable [kən'sidrəbl]; *ú. suma peňazí* a considerable sum of money

učarovať charm [čaːm]; *u-li mu Benátky* he was charmed by Venice

účasť 1. (podiel) participation [paˌtisəˈpeišn] **2.** (prítomnosť) presence [ˈprezns] **3.** (porozumenie) sympathy [ˈsimpəθi]

účastina share [ˈšeə]

účastinár shareholder [ˈšeəˌhəuldə]

účastinná spoločnosť joint-stock company [džoint stok ˈkampəni]

účastník participant [paːˈtisəpənt]; *ú-ci pretekov* participants in the race

učebňa classroom [ˈklaːsrum], lecture hall [ˈlekčə hoːl]

učebné osnovy curriculum [kəˈrikjələm]

učebnica textbook [ˈtekstbuk]

účel purpose [ˈpəːpəs]; *ú. cesty* the purpose of a trip ● *ú. svätí prostriedky* the end justifies the means

učeň apprentice [əˈprentəs]

učenec scholar [ˈskolə]

učenie teaching [ˈtiːčiŋ] aj teachings [ˈtiːčiŋz]; *u. Kristovo* Christ's teachings

učeník kniž. disciple [diˈsaipl]; *Ježiš a jeho u-ci* Jesus and his disciples

učený learned [ˈləːnəd]; *u. profesor* a learned professor

účes hairdo [ˈheduː]

učesať comb [kəum]; *u. dieťa* comb a child's hair // **u. sa** comb one's hair

účet 1. (faktúra) invoice [ˈinvois] **2.** (konto) account [əˈkaunt]; *bežný ú.* current account **3.** (suma na zaplatenie) bill [bil]; *telefónny ú.* a phone bill ● *vyrovnať si s niekým staré účty* pay off old scores

učilište educational establishment [ˌedžəkeišnl iˈstæblišmənt]

účinkovať 1. (pôsobiť) take* effect [teik iˈfekt]; *liek rýchlo ú-l* the medicine took effect quickly **2.** (vystupovať) appear [əˈpiə]; *súčasne ú-je v televízii* she's currently appearing on television

účinný effective [iˈfektiv]; *ú-á pomoc* effective help

účinok effect [iˈfekt]; *ú. lieku* the effect of a medicine

učiť* (v rozl. význ.) teach* [tiːč]; *u. žiakov čítať/písať* teach pupils how to read/write; *u. hrať na klavíri* teach sb. to play the piano; *u. na strednej škole* teach at a secondary school; *(osobitné zručnosti)* instruct [inˈstrakt] // **u. sa** learn [ləːn]; *u. sa plávať* learn to swim; *u. sa naspamäť* learn

by heart ● *u. sa na vlastnej škode* learn one's lesson

učiteľ(ka) teacher [ˈtiːčə], schoolteacher [ˈskuːlˌtiːčə], schoolmaster/schoolmistress [-ˌmaːstə -ˌmistrəs]

učivo subject matter [ˈsabdžikt ˌmætə]

učňovský pomer apprenticeship [əˈprentəsšip]

účtovníctvo bookkeeping [ˈbukˌkiːpiŋ]

účtovník bookkeeper [ˈbukˌkiːpə]

úd limb [lim]; *pohlavný ú.* penis [ˈpiːnəs]

údaj datum [ˈdeitəm]; *osobné ú-e* personal data

údajný alleged [əˈledžd]; *ú. zlodej* an alleged thief

udalosť event [iˈvent]; *spoločenské/historické u-ti* social/historical events

udať 1. (určiť) set* [set]; *u. cenu* set a price **2.** (urobiť udanie) inform against [inˈfoːm əˌgenst], denounce [diˈnauns]; *u. páchateľa* inform against an offender **3.** (uviesť) state [steit]; *u. meno a adresu* state one's name and address

udatný brave [breiv]; *u. bojovník* a brave warrior

udavač informant [inˈfoːmənt]

údel lot [lot]; *znášať svoj ú.* be content with one's lot; *smrť je ú. človeka* death is man's lot

udeliť (ako výhodu, právo) confer (on/upon) [kənˈfəː (on/aˈpon)], grant [graːnt]; *u. niekomu čestný titul* confer a honorary degree on sb.; *u-li mu štipendium* he was granted scholarship ● *u. slovo* call upon sb. to make a speech/to address a meeting

údenáč kipper [ˈkipə], bloater [ˈbləutə]

údený smoked [sməukt]; *ú. losos* smoked salmon

úder stroke [strəuk], blow [bləu] (aj pren.); *u. kladiva* the stroke of a hammer; *zabiť jedným ú-om* kill with one stroke; *ú. do hlavy* a blow on the head; *smrť dieťaťa bola pre ňu veľkým ú-om* her child's death was a great blow to her

udica fishing rod [ˈfišiŋ rod]

údiť smoke [sməuk]; *ú. mäso* smoke meat

údiv astonishment [əˈstonišmənt], amazement [əˈmeizmənt]; *pozeral sa na ňu s ú-om* he looked at her in astonishment/amazement

udivený amazed [əˈmeizd]; *u. výraz tváre* an amazed expression on sb.'s face

udiviť amaze [əˈmeiz], astonish [əˈstoniš]; *jeho znalosti nás u-li* his knowledge amazed us

udobriť conciliate [kənˈsilieit]; *u. rozhne-*

U

vaných susedov conciliate angry neighbours // **u. sa** reconcile [ˈrekənsail]; *hádali sa, ale znovu sa u-li* they quarrelled but now they're reconciled

údolie valley [ˈvæli]

udomácniť domesticate [dəˈmestəkeit]; *u. nové plemeno dobytka* domesticate a new breed of cattle // **u. sa** settle down [ˈsetl daun]; *u-l sa v novej škole* he settled down in his new school

udrieť 1. hit* [hit]; *u. niekoho po hlave* hit sb. on the head 2. (päsťou) punch [panč]; *u-el ho pästou do nosa* he punched him on the nose 3. (za/útočiť) strike* [straik]; *kto u-el prvý?* who struck first? // **u. sa** knock [nok], bump [bamp], bang [bæŋ]; *u. sa do hlavy* bang one's head on sth.; *u-el si koleno o stôl* he bumped his knee against the table ● (expr.) *u. sa po vrecku* loosen one's purse-strings

udržať keep* [kiːp], preserve [priˈzəːv]; *u. chorého pri živote* keep a patient alive; *podarilo sa mu u. si nezávislosť* he managed to preserve his independence // **u. sa** (o potravinách) keep* [kiːp]; *v lete sa potraviny dlho neu-ia čerstvé* food won't keep fresh long in summer

údržba maintenance [ˈmeintnəns], upkeep [ˈapkiːp]; *ú. auta* car maintenance/upkeep

udržiavať maintain [meinˈtein]; *dobre u-ný dom* a well-maintained house

udusiť 1. choke [čəuk]; *vrah obeť u-l* the criminal choked his victim 2. kuch. stew [stjuː]; *u. zeleninu* stew the vegetable 3. throttle [ˈθrotl], stifle [ˈstaifl]; *u. vzburu* stifle a revolt

uhádnuť 1. (vytušiť) guess [ges]; *u-i, kto prišiel* guess who has come 2. (rozlúštiť) solve [solv]; *u. hádanku* solve a riddle

uhasiť 1. put* out [put aut]; *u. oheň* put out a fire 2. (stíšiť) quench [kwenč]; *u. smäd* quench one's thirst

uhladený 1. smoothed [ˈsmuːðəd]; *u-é vlasy* smoothed down hair 2. (zdvorilý) urbane [əːˈbein]; *u. človek* an urbane person 3. (upravený) elegant [ˈeləgənt]; *u. zovňajšok* elegant appearance

úhľadný trim [trim], neat [niːt]; *u-á záhrada* a trim garden; *u. rukopis* a neat handwriting

uhliak (nádoba) (coal)scuttle [(ˈkəul)ˌskatəl]

uhličitý carbonic [kaːˈbonik]; *kyselina u-á* carbonic acid

uhlie coal [kəul]; *vrece u-a* a sack of coal

uhlík carbon [ˈkaːbən]

uhľokresba charcoal drawing [ˈčaːkəul ˌdroːiŋ]

uhlomer protractor [prəˈtræktə]

uhlopriečka diagonal [daiˈægənl]

uhľovodík chem. hydrocarbon [ˌhaidrəˈkaːbən]

uhniezdiť sa 1. nest [nest]; *pod strechou sa u-li lastovičky* swallows are nesting under the roof 2. expr. settle in [ˌsetəlˈin]; *u. sa na novom mieste* settle in a new place

uhol angle [ˈæŋgl]; geom. *pravý u.* a right angle; *zorný u.* angle

uhoľ (na kreslenie) charcoal [ˈčaːkəul]; *kresba u-ľom* a charcoal drawing ● *čierny ako u.* coal-black/jet-black/black as night

úhor eel [iːl] ● *klzký ako ú.* as slippery as an eel

uhorka cucumber [ˈkjuːkambə] ● *nos ako u.* a bottle-nose

úhrada settlement [ˈsetlmənt], payment [ˈpeimənt]; *posielame šek na 20 000 Sk ako ú-u vašej požiadavky* we are sending a cheque for 20,000 Sk in settlement of your claim

uhradiť settle [ˈsetl]; *u. výdavky* settle the claims

uchádzač applicant [ˈæplikənt]; *o miesto bolo veľa u-ov* there were many applicants for the job

uchádzať sa apply [əˈplai]; *u. sa o miesto* apply for a job

uchlácholiť soothe [suːð]; *u. plačúce dieťa* soothe a crying baby

uchlipkávať (si) sip [sip]; *u. si kávu* sip one's coffee

ucho 1. mn. č. *uši* anat. ear [iə] 2. mn.č. *u-á* (krčahu ap.) handle [ˈhændl] 3. mn. č. *u-á* (ihly) eye [ai] ● *až po uši* up to one's ears; *je zadlžený až po uši* he is up to his ears in debt; *byť samé u.* be all ears; *má tenké uši* he has a good/fine ear; *natŕčať/naťahovať uši* prick up one's ears; *(aj) steny majú uši* walls have ears

uchopiť seize [siːz], grab [græb] (aj pren.); *u. niečo obidvoma rukami* seize sth. with both hands; *u. príležitosť/šancu* seize an opportunity/grab a chance

uchovať 1. preserve [priˈzəːv]; *u. historické pomníky* preserve historical monuments 2. (v pamäti) keep* in mind [ˈkiːp in ˈmaind], (výp. tech.) store [stoː]

uchýliť sa 1. (odbočiť) deviate [ˈdiːvieit]; *lietadlo sa u-lo od pravidelnej leteckej trasy* the plane deviated from its regular flight path **2.** (nájsť útočisko) shelter [ˈšeltə]; *u. sa v v daždi pod strechou* shelter (from the rain) under a roof

úchylka deviation [ˌdiːviˈeišn; *duševná ú.* mental deviation; *ú. od pôvodného zámeru* a deviation from the original intention

uistiť assure [əˈšuə]; *u-l nás o svojej ochote pomôcť* he assured us of his readiness to help

ujasniť clarify [ˈklærəfai], make* clear [ˌmeik ˈkliə] ; *u. tvrdenie* clarify a statement

ujať sa 1. (postarať sa o koho) take* care of [teik keə əv]; *u. sa sirôt* take care of the orphans **2.** (začať niečo) assume [əˈsjuːm]; *u. sa svojich povinností* assume one's responsibilities **3.** (zakoreniť) take* root [teik ruːt]; *priesada sa u-la* the seedling has taken root **4.** (rozšíriť sa) catch* on [kæč on]; *táto móda sa iste u-me* this fashion will certainly catch on

ujec uncle [ˈaŋkl]

ujo hovor. uncle [ˈaŋkl]

ujsť 1. (tajne odísť) run* away [ran əˈwei]; *u. z domu* run away from home **2.** (uniknúť) escape [iˈskeip]; *u. nebezpečenstvu* escape from danger **3.** (o čase) pass by [paːs bai]; *dovolenka nám rýchlo ušla* our holiday passed by fast • *u. hrobárovi z lopaty* narrowly escape the grave

úkaz phenomenon (mn. č. phenomena) [fiˈnomənən]; *prírodný ú.* a natural phenomenon

ukázať 1. (v rozl. význ.) show* [šəu]; *u. cestu* show the way; *u. priateľom byt* show one's flat to friends; *u-ž ruky!* show your hands!; *u. preukaz* show one's identity card; *u. dobrú vôľu* show good will **2.** (pohybom ruky, gestom na koho/čo) point at [point ət]; *u. prstom na koho* point at sb. // **u. sa 1.** (objaviť sa) turn up [təːn ap], show up [šou ap]; *ani sa neu-že* he doesn't even turn up/show up **2.** (vyjsť najavo) turn out [təːn aut]; *u-lo sa, že má pravdu* it turned out that he was right • (expr.) *u. dvere (komu)* show sb. the door

ukazovák index finger [ˈindeks ˌfiŋgə], forefinger [ˈfoːˌfiŋgə]

ukazovateľ 1. (prístroj, zariadenie) signpost [ˈsainpəust] **2.** (údaj) coefficient [ˌkəuəˈfišnt] **3.** (register) index [ˈindeks]

ukážka 1. (vzorka) sample [ˈsaːmpl]; specimen [ˈspesəmən] **2.** (filmov) trailer [ˈtreilə]

úklady mn. č. intrigue [ˈintriːg], plot [plot]

úklon 1. bow [bau]; *pozdraviť ú-om* give a bow **2.** tel. bend [bend]; *ú. vpravo/vľavo* a right/left bend

ukloniť sa bow [bau]; *u. sa kráľovnej* bow before the Queen

ukončiť finish [ˈfiniš]; conclude [kənˈkluːd]; *u. prácu* finish one's work; *u. schôdzu* conclude the meeting

ukoristiť seize [siːz]; *u. zbrane* seize weapons

ukradnúť steal* [stiːl]; *u. peniaze* steal money; pren. *u. niekomu nápad* steal sb.'s ideas

ukradomky furtively [ˈfəːtivli], stealthily [ˈstelθili]; *u. pozrela na hodinky* she stealthily glanced at her watch

ukrižovať crucify [ˈkruːsəfai]

ukrutný 1. (nemilosrdný) cruel [ˈkruəl]; *u. človek* a cruel man **2.** expr. (veľký, ohromný) tremendous [triˈmendəs]; *u. hlad* a tremendous hunger

ukryť hide* [haid]; *u. utečencov* hide refugees // **u. sa** hide [haid]; *u. sa za dvere* hide behind the door

úkryt hiding-place [ˈhaidiŋ ˌpleis], shelter [ˈšeltə]

úľ (bee)hive [(ˈbiː)haiv]

úľak fright [frait]; *spamätať sa z ú-u* recover from a fright

úľava relief [riˈliːf]; *tento liek prinesie ú-u* this medicine will give/bring some relief

uletieť fly* away [flai əˈwei]; *vtáčik u-el* the bird has flown away

uliať sa hovor. expr. (zo školy) play truant [plei ˈtruːənt]

ulica street [striːt], avenue [ˈævinjuː]; *hlavná u.* BR high street, AM main street

ulička 1. lane [lein]; *malebné u-y starého mesta* picturesque lanes of an old town **2.** (medzi sedadlami) aisle [ail] • *dostať sa do slepej u-y* be trapped in a blind alley

uličník rascal [ˈraːskl]

ulita shell [šel]; *u. slimáka* a snail shell

úloha 1. (povinná činnosť) task [taːsk]; *určiť ú-u* set a task **2.** škol. *domáca ú.* homework [ˈhəumwəːk]; *písať si ú-u* write one's homework **3.** div. role [rəul]; *hrať hlavnú ú-u* play the leading role **4.** (niečo určené na riešenie) problem [ˈprobləm]; *riešiť matematickú ú.* solve a mathematical problem

ulomiť break* off [breik of]; *víchor u-l konár stromu* a branch broke off in the storm

úlomok fragment [ˈfrægmənt], splinter [ˈsplintə]

uložiť 1. (odložiť) store [stoː]; *u. potraviny do komory* store food in a larder 2. (poukladať) stack [stæk]; *u. drevo* stack wood into a pile 3. (dať do banky) deposit [diˈpozit]; *u. peniaze na knižku* deposit money in a bank 4. (do postele) put* to bed [put tə bed]; *u. deti do postele* put the children to bed 5. (prikázať) set* [set]; *u. komu za úlohu* set sb. a task

ultrafialový fyz. ultraviolet [ˌaltrəˈvaiəlt]; *u-é lúče* ultraviolet rays

ultrazvuk ultrasound [ˈaltrəsaund]

um intellect [ˈintəlekt] ● *zišlo mu na um* it occurred to him

umelec artist [ˈaːtəst]

umelecký artistic [aːˈtistik]; *u-é vlohy* artistic inclinations;

umelý 1. (nie prirodzený) artificial [ˌaːtəˈfišl]; *u-é kvety* artificial flowers; *u-é osvetlenie* artificial lighting; *u-é dýchanie* artificial respiration; *u-á oblička* an artificial kidney/a kidney machine; pren. *u. úsmev* an artificial smile 2. (op. prírodný) artificial [ˌaːtəˈfišəl]; *u-á hmota* plastic; *u. hodváb* artificial silk; *u-é hnojivo* an artificial fertilizer 3. (nie ľudový): *u-á pieseň* a popular song

umenie art [aːt]; *ľudové u.* folk art; *kuchárske u.* culinary skills

úmera mat. proportion [prəˈpoːšn]

úmerný proportional [prəˈpoːšnəl]; *odmena nie je ú-á vynaloženej námahe* the effort required isn't proportional to the reward

umieráčik knell [nel]; *zvoniť u-om* toll the knell

umierať die [dai] ● *u. strachom* get the fright of one's life

umiernený moderate [ˈmodrət]; *u. politik* a moderate politician

umiest(n)iť place [pleis]; *dočasne u. nábytok* temporary place the furniture // **u. sa** place [pleis]; *u-l sa ako druhý* he was placed second

umlčať silence [ˈsailəns]; *u. protivníka* silence an opponent

úmor 1. (vyčerpanie) exhaustion [igˈzoːsčn]; *robiť do ú-u* work until exhaustion 2. penaž. amortization [əˌmoːtaiˈzeišn]

úmorný exhausting [igˈzoːstiŋ]; *u-á horúčava* exhausting heat

umožniť enable [iˈneibl], make* possible [meik ˈposəbl]; *u. štúdium (komu)* enable sb. to study

umrieť die (of) [dai (əv)]; *u. hladom/od hladu* die of hunger; *náhle u.* die a sudden death

úmrtie death [deθ]

úmrtnosť mortality [moːˈtæləti], mortality/death rate [moːˈtæləti/ˈdeθ reit]; *dojčenská ú.* infant mortality

umŕtviť lek. anesthetize [əˈniːsθətaiz]; *u. prst* anesthetize a finger

úmysel intention [inˈtenšn]; *mať mnoho dobrých ú-lov* be full of good intentions

úmyselný intentional [inˈtenšnəl], deliberate [diˈlibrət]; *u-á urážka* an intentional/a deliberate insult

umyť wash [woš]; *u. riad* wash the dishes; *u. si ruky* wash one's hands // **u. sa** wash [woš]; *u. sa v studenej vode* wash in cold water

umývačka (osoba aj stroj) washer [ˈwošə]; *u. riadu* dishwasher

umývadlo (wash)basin [(ˈwoš)ˌbeisn]

umývať sa wash [woš]; *u. sa v studenej vode* wash in cold water ● *u. si ruky* wash one's hands of sth.

unáhlený precipitate [prəˈsipətət]; *u. odchod* a precipitate departure

únava fatigue [fəˈtiːg], tiredness [ˈtaiədnəs], weariness [ˈwiəriˌnəss]; *odpadol od ú-y* he dropped with fatigue

unavený tired [ˈtaiəd], fatigued [fəˈtiːgd], weary [wiəri]

unaviť tire [ˈtaiə]; *cestovanie ho u-uje* travelling tires him // **u. sa** become*/get* tired [biˈkam/get ˌtaiəd]; *rýchlo sa u-í* she gets tired fast

únavný tiresome [ˈtaiəsm], tedious [ˈtiːdiəs]; *ú-á cesta* a tiresome journey; *ú-á prednáška* a tedious lecture

unca ounce [auns], skr. oz

únia union [ˈjuːnjən]; *odborová ú.* trade union

uniesť 1. carry [ˈkæri]; *taký ťažký kufor neu-esieš* you can't carry such a heavy suitcase 2. (zvládnuť, zniesť) bear* [beə]; *u. zodpovednosť* bear the responsibility 3. (odniesť, vziať) carry away [ˈkæri əˈwei]; *prúd u-ol čln* the boat was carried away by the stream 4. (násilím) kidnap [ˈkidnæp], hijack [ˈhaidžæk]; *u. dieťa* kidnap a child; *u. lietadlo* hijack a plane

uniforma uniform [ˈjuːnəfoːm]; *vojenská u.* a military uniform

únik 1. escape [iˈskeip]; *pokus o ú.* an

attempt to escape **2.** leak [liːk]; *u. plynu* a gas leak **3.** (strata) flight [flait]; *ú. kapitálu* a flight of capital

uniknúť 1. (vyhnúť sa) escape [i'skeip]; *u. nebezpečenstvu* escape danger **2.** (o látkach) leak (out) [liːk (aut)]; *olej u-ol z diery* oil was leaking out of a hole **3.** (nebyť spozorovaný) evade [i'veid]; *u. pozornosti* evade attention

univerzálny universal [ˌjuːnə'vəːsl]

univerzita university [ˌjuːnə'vəːsəti]; *študovať na u-e* study at a university

univerzitný: *u-é štúdium* university studies; *u. profesor* a university professor; *u-á knižnica* a university library

únos (ľudí) kidnapping ['kidnæpiŋ], (hl. lietadla) hijacking ['haidʒækiŋ]

únosca (ľudí) kidnapper ['kidnæpə], (hl. lietadla) hijacker ['haidʒækə]

unúvať trouble ['trabl]; *prepáčte, že vás u-m* excuse my troubling you // **u. sa** bother ['boðə]; *neu-jte sa* don't bother

upadnúť fall* [foːl], decline [di'klain]; *morálka družstva u-la* the moral of the team fell; *popularita politika u-la* the politician's popularity declined ● *u. do bezvedomia* faint

úpadok decline [di'klain]; *hospodársky ú.* economic decline; *morálny ú.* decadence

úpal 1. (páľava) heat [hiːt] **2.** sunstroke ['sanstrəuk]; *dostať ú.* suffer a sunstroke

upáliť (usmrtiť) burn* at the stake [ˌbəːn ət ðə 'steik]

úpätie foot of the mountain [fut əv ðə 'mauntən]

upevniť 1. strengthen ['streŋθn]; *u. si postavenie* strengthen one's position **2.** (pripevniť) fasten ['faːsn]

upiecť bake [beik], roast [rəust]; *u. chlieb* bake bread; *u. kura* roast a chicken

upír vampire ['væmpaiə]

uplatniť 1. apply [ə'plai]; *u. nové metódy* apply new methods **2.** assert [ə'səːt]; *u. požiadavky/práva* assert one's demands/rights // **u. sa** assert oneself [ə'səːt wan'self]; *u. sa proti (komu)* assert oneself against sb.

úplatok bribe [braib]

upliesť knit [nit]; *u. pulóver* knit a pullover ● *u. na seba bič* make a rod for one's own back

úplne totally ['toutəli]; *ú. s tebou súhlasím* I totally agree with you

úplný 1. (celý) entire [in'taiə], complete [kəm'pliːt]; *dosiahnuť ú-ú zhodu* reach entire agreement; *ú-á zbierka známok* a complete collection of stamps **2.** (dokonalý) absolute ['æbsəluːt]; *ú-á dôvera* absolute trust

uplynúť 1. (o čase) go* by [ˌgəu 'bai], pass [paːs]; *u-ulo niekoľko rokov* several years went by; *u-ulo niekoľko dní, kým si na neho zvykla* several days had passed before she got used to him **2.** (o termíne) run* out [ran aut]; *lehota už u-ula* the appointed time has run out

upodozrievať suspect [sə'spekt]; *u. koho z krádeže* suspect sb. of theft

upokojiť calm down [kaːm daun]; *nemohli sme ho u.* we couldn't calm him down // **u. sa** quieten (down) ['kwaitn (daun)]; *deti sa u-li* the children quietened down

upomienka reminder [ri'maində]

upozorniť call/draw* attention to [ˌkoːl/droː ə'tenʃn tə]; *u. na skryté nebezpečenstvo* call attention to hidden dangers

upratať 1. (vyriadiť) clean out [kliːn aut]; *u-la svoju izbu* she cleaned out her room **2.** (dať na miesto) tidy (away) ['taidi (ə'wei)]; *u. svoje veci* tidy one's things away

upratovačka charwoman ['čaːˌwumən]

úprava 1. (vonkajší vzhľad) arrangement [ə'reindžmənt]; *ú. kvetov* a flower arrangement **2.** (prispôsobenie) adjustment [ə'džastmənt], modification [ˌmodəfə'keišn]; *ú. plánu* adjustment to the plan

upraviť 1. (vonkajší vzhľad) arrange [ə'reindž], do* [duː]; *u. kvety vo váze* arrange flowers in a vase; *u. si vlasy* do one's hair **2.** (prispôsobiť) arrange [ə'reindž], modify ['modəfai]; *u. ľudovú pieseň pre zbor* arrange a folk song for the choir **3.** (spracovať) dress [dres]; *u. šalát* dress the salad; *u. kurča* (na varenie) dress a chicken // **u. sa** *stav pacienta sa u-l* the patient's state has improved

uprázdniť vacate [və'keit]; *u. sedadlo* vacate a seat

upražiť roast [rəust], fry [frai]; *u. kávu* roast coffee; *u. vajíčka na slanine* fry eggs on bacon

upriet'¹ focus ['foːkəs]; *u. pozornosť na rečníka* focus one's attention on the speaker; *u. zrak na more* focus one's eyes to the sea

upriet'² deny [di'nai]; *u. právo na vzdelanie (komu)* deny sb. the right to education

úprimný 1. (otvorený, priamy) frank [fræŋk]; *ú. človek* a frank person **2.** (skutočný, nefalšovaný) sincere [sin'siə]; *ú. priateľ* a sincere friend

U

uprostred I. predl. s G. **1.** (v strede) in the middle/centre of [in ðə ˈmidl/ˈsentə əv]; *u. izby* in the middle/centre of the room **2.** (počas) in the middle of [in ðə ˈmidl əv]; *vyrušila ho u. práce* she disturbed him in the middle of his work **II.** prísl. in the middle [in ðə ˈmidl]; *presne u.* right in the middle

upustiť 1. (vzdať sa) give* up [giv ap]; *u. od požiadaviek* give up one's claims **2.** práv. withdraw* [wiðˈdroː]; *u. od žaloby* withdraw a lawsuit

úrad 1. (admin. orgán) office [ˈofəs], authority [oːˈθorəti]; *poštový ú.* the post office; *obecný ú.* the local authority **2.** (funkcia) office [ˈofəs], function [ˈfaŋkšn]; *ujať sa svojho ú-u* come into office/enter upon one's functions

úradník official [əˈfišl], (vládny, verejný) officer [ˈofəsə], (štátny) civil servant [ˌsivl ˈsəːvnt], (nižší) clerk [klaːk]; hovor. white-collar worker [ˌwait kolə ˈwəːkə]

úradný official [əˈfišl]; *ú-é povolenie* official permission; *ú-é povinnosti* official duties; *ú-é hodiny* office hours

uragán hurricane [ˈharəkən]

urán uranium [juˈreiniəm]

úraz injury [ˈindžəri]; *pracovný ú.* injury at work

urazený hurt [həːt], wounded [ˈwuːndəd], offended [əˈfendəd]; *u-é city* hurt feelings; *u-á pýcha* wounded pride; *nebuď u.!* don't be offended

uraziť[1] insult [inˈsalt], affront [əˈfrant], offend [əˈfend]; *u. česť koho* insult sb.'s honour; *u. hrdosť koho* affront sb.'s pride // **u. sa** feel* offended [fiːl əˈfendəd]

uraziť[2] kniž. (o vzdialenosti) cover [ˈkavə]; *u. 100 km za hodinu* cover 100 km per hour

urážka affront [əˈfrant], insult [ˈinsalt]; práv. *u. na cti* (najmä napísaná alebo publikovaná) libel [ˈlaibl]

urážlivý 1. offensive [əˈfensiv]; *u-é poznámky* offensive remarks **2.** touchy [ˈtači]; *u. človek* a touchy person

určenie 1. (stanovenie) determination [diˌtəːməˈneišn]; *u. príčiny smrti* the determination of the cause of death **2.** (poslanie, cieľ) destination [ˌdestəˈneišn]; pošt. *miesto u-a* place of destination

určiť 1. determine [diˈtəːmən]; *u. náklady/polohu* determine the costs/the position **2.** design [diˈzain]; *film je u-ený mládeži* the film is designed for young people

určitý 1. (istý, určený) certain [ˈsəːtn]; *u-é dni* certain days **2.** (zreteľný) definite [ˈdefənət]; *u-á odpoveď* a definite answer **3.** gram. *u. člen* definite article

urna 1. urn [əːn] **2.** (volebná) ballot box [ˈbælət boks]

úroda crop [krop] (aj pren.); *ú. jabĺk* the crop of apples; *ú. nových študentov* this year's crop of new students

úrodný fertile [ˈfəːtail], productive [prəˈdaktiv]; *ú-á zem* fertile soil; *ú. kraj* productive land

úrok interest [ˈintrəst]; *na trojpercentný ú.* at 3 per cent interest

úroveň 1. (rovina) level [ˈlevl]; *ú. mora* sea level **2.** (stupeň) standard [ˈstændəd]; *životná ú.* standard of living

urovnať 1. (upraviť) arrange [əˈreindž]; *u. knihy na polici* arrange the books on the shelf **2.** (vyriešiť) settle [ˈsetl]; *u. spor* settle a quarrel

urýchliť accelerate [əkˈseləreit], speed up [spiːd ap]; *u. vývoj* accelerate the development; *u. výrobu* speed up the production

úryvok passage [ˈpæsidž]; *čítať ú. z listu* read a passage of a letter

usadiť settle [ˈsetl]; *u. hosťa do kresla* settle a guest in an armchair // **u. sa** settle [ˈsetl]; *u-li sa na vidieku* they settled in the country

usalašiť sa expr. settle down [ˈsetl daun]; *u-la sa vo foteli* she settled down in an armchair

úsečný 1. (stručný) brief [briːf]; *ú-é vety* brief sentences **2.** (chladný) curt [kəːt]; *ú-á odpoveď* a curt reply

úsek 1. section [ˈsekšn], stretch [streč]; *ú. terénu* a section of land; *ú. cesty* a stretch of the road **2.** (odbor) section [ˈsekšn]; *výrobný/obchodný ú.* the production/business section

uschovať (cennosti) deposit [diˈpozət]

úschovňa (batožín) left luggage office [ˌleft ˈlagidž ˌofəs], AM baggage room/checkroom [ˈbægidž ruːm/ˈčekruːm]

úsilie effort [ˈefət], endeavour [inˈdevə]; *vynaložil všetko ú., aby nám pomohol* he made every effort to help us

usilovať sa strive* [straiv]; *u. sa o uznanie/dokonalosť* strive for recognition/perfection

usilovný diligent [ˈdilədžnt], hardworking [ˌhaːdˈwəːkiŋ]; *u. človek* a diligent man

úskok trickery ['trikəri]

uskutočniť realize ['riəlaiz], carry out [ˌkeri 'aut], implement [implimənt]; *jej túžba stať sa herečkou sa u-la* her ambition to become an actress was realized; *u. pokus* carry out an experiment; *u. plán* implement a plan; // **u. sa** come* true [kam tru:]; *jeho sny sa u-li* his dreams have come true

usmerniť direct [də'rekt]

úsmev smile [smail]; *hrdý/milý ú.* a proud/lovely smile

usmiať sa smile [smail]; *u. sa milo/smutne* smile kindly/sadly

usmrtiť kill [kil]; *u-l ho blesk* he was killed by lightning

uspávanka lullaby ['laləbai]

úspech success [sək'ses]; *dosiahnuť ú.* meet with success

úspešný successful [sək'sesfl]; *u-é predstavenie* a successful performance

uspokojiť satisfy ['sætisfai]; *u. skúšajúceho* satisfy the examiner; *u. zvedavosť* satisfy sb.'s curiosity // **u. sa** be satisfied [bi: 'sætisfaid]; *u. sa s málom* be satisfied with little

uspokojivý satisfactory [ˌsætəs'fæktri]; *u-é ospravedlnenie* a satisfactory excuse

usporiadať 1. (upraviť) tidy ['taidi]; *u. veci na písacom stole* tidy up the desk 2. (zoradiť) arrange [ə'reindž]; *u. podľa abecedy* arrange in alphabetical order 3. (uskutočniť) organize ['organaiz]; *u. oslavu* organize a party

usporiadateľ organizer ['o:gənaizə]

usporiť (v rozl. význ.) save [seiv]; *u. peniaze* save money; *u. palivo* save fuel; *u. čas* save time

ústa mouth [mauθ] ● *žiť z ruky do ú-t* live from hand to mouth; *zbiehajú sa mu sliny v ú-ch* it makes his mouth water; *zobral si mi to z ú-t* you took the words out of my mouth

ustáliť fix [fiks]; *u. ceny* fix the prices; *u. termín sobáša* fix the date of the wedding

ustanovenie (zákona) enactment [i'næktmənt], (závetu) disposition [ˌdispə'zišn]

ustanoviť 1. (určiť) assign [ə'sain]; *u. termín/deň* assign the date/the day 2. (vymenovať, utvoriť) institute ['instətju:t]; *u. vládu* institute a government 3. (poveriť funkciou) appoint [ə'point]; *u-li ho za predsedu* he was appointed chairman

ustanovizeň institution [ˌinstə'tju:šn]

ustať[1] (unaviť sa) tire [taiə], feel* fatigued

[ˌfi:l fə'ti:gd]; *u-l po dlhej ceste* he felt fatigued after the long journey

ustať[2] (prestať) cease [si:s]; *vietor u-l* the wind ceased

ustatý weary ['wiri], tired ['taiəd]; *u-í cestujúci* weary travellers; *prišiel domov u.* he came home tired

ústav institute ['instətju:t]; *výskumný ú.* a research institute

ústava constitution [ˌkonstə'tjušn]

ustavičný continuous [kən'tinjuəs]; *u. pohyb* continuous motion

ústavný[1] institutional [ˌinstə'tju:šnəl]; *ú-á starostlivosť/strava* institutional care/food

ústavný[2] constitutional [ˌkonstə'tju:šnəl]; *ú-é práva* constitutional rights

ústavodarný constituent [kən'stičuənt]; *ú-é zhromaždenie* constituent assembly

ústie mouth [mauθ], estuary ['esčuəri]; *ú. rieky* the mouth of a river; *ú. Temže* the Thames estuary

ustlať make* the bed [meik ðə 'bed]

ústny (v rozl. význ.) oral ['o:rəl]; *ú-e podanie* oral tradition; *ú-a dutina* oral cavity; *ú-a skúška* oral examination

ústranie 1. (odlúčenosť) seclusion [si'klu:žn]; *žiť v ú-í* live in seclusion 2. (miesto ležiace bokom) retreat [ri'tri:t]; *chalúpka v ú-í* a little hut in a retreat

ustrašený frightened ['fraitnd]; *u-é dieťa* a frightened child

ústredie centre ['sentə]

ústredňa (telefónna) telephone exchange ['teləfəun iks,čeindž]

ústredný central ['sentrəl]; *ú-á banka dát* central database ['deitə,beis]

ustrica oyster ['oistə]

ústrižok 1. (papiera) slip [slip] 2. (kontrolný) counterfoil ['kauntəfoil]

ústroj organ ['o:gən]

ústup retreat [ri'tri:t]; *armáda sa dala na ú.* the army was in retreat

ustúpiť 1. (z cesty) get* out of the way [get aut əv ðə 'wei], (nabok) step aside [step ə'said] 2. (pred nátlakom) retreat [ri'tri:t] 3. (urobiť ústupky) make* concessions [meik kən'sešnz]

ústupok concession [kən'sešn]; *urobiť ú-ky* make concessions

usúdiť conclude [kən'klu:d]; *porota u-la, že nie je vinný* the jury concluded that he was not guilty

U

úsudok conclusion [kən'klu:žn]; *urobiť si ú.* come to/draw/reach a conclusion

usvedčiť convict [kən'vikt]; *u-li ho z vlastizrady* he was convicted of high treason

úsvit dawn [do:n], daybreak ['deibreik]; *na ú-e* at dawn/at daybreak

ušetriť 1. (usporiť) save [seiv]; *u. čas* save time 2. (uchrániť) spare [speə]; *vojna neu-í nikoho* war spares nobody

úškľabok grimace [gri'meis], grin [grin]

uškodiť harm [ha:m]; *skoré vstávanie neu-í nikomu* getting up early won't harm anybody

úškrn(ok) grin [grin]; *bezočivý ú.* a cheeky grin

ušľachtilosť noble-mindedness [ˌnəubl-'maindədnəs]

ušľachtilý noble ['nəubl], noble-minded [ˌnəubl 'maindəd]; *u. čin* a noble deed

ušpiniť soil [soil]; *u. si ruky* soil one's hands

uštipnúť sting* [stiŋ]; *u-la ho osa* he was stung by a wasp

utajiť hide* [haid], conceal [kən'si:l]; *u. informácie* hide information; *u. sklamanie* hide one's disappointment; *u. city* conceal one's feelings

utečenec refugee [ˌrefju'dži:]; *prenasledovať u-a* persecute a refugee

útecha comfort ['kamfət]; *slová ú-y* words of comfort

útek 1. (vzdialenie sa behom) flight [flait]; *nepriateľ sa dal na ú.* the enemy took to flight 2. (odchod, únik) escape [i'skeip]; *vojnovým zajatcom sa podaril ú.* the prisoners of war managed an escape

utekať run* [ran], flee* [fli:]; *u-l, aby stihol vlak* he ran to catch the train; *u-li pred búrkou* they fled before the storm

uterák towel ['tauəl]

útes cliff [klif]

utešený lovely ['lavli]; *u. pohľad/deň* a lovely sight/day

utešiť comfort ['kamfət]; *u-l matku v jej zármutku* he comforted his mother in her grief

utiecť 1. flee* [fli:]; *u-kol pred ohňom* he fled the fire 2. (tajne) run* away [ˌran ə'wei]; *u-kol z domu* he ran away from home

utierka tea towel ['ti:ˌtauəl], AM dish towel

utíchnuť 1. (stíchnuť) quieten (down) ['kwaiətn (daun)]; *deti u-li* the children quietened down 2. (prestať) cease [si:s]; *paľba u-la* the fire ceased

utíšiť (v rozl. význ.) soothe [su:ð]; *u. plačúce dieťa* soothe a crying baby; *u. bolesť zuba* soothe an aching tooth // **u. sa** quieten ['kwaiətn], calm down [ka:m daun]; *rozruch sa u-l* the commotion quietened down

útlak oppression [ə'prešn]; *znášať ú.* bear oppression

útlocit tenderness ['tendənəs]; *prejaviť ú.* show tenderness

útly slender ['slendə]; *ú-a dievčina* a slender girl

útočište refuge ['refju:dž]; *hľadať/nájsť u.* seek/take refuge

útočiť attack [ə'tæk]; *ú. na nepriateľa* attack an enemy

útočník aggressor [ə'gresə]

útočný 1. (agresívny) aggressive [ə'gresiv]; šport. *ú-á hra* aggressive play 2. (určený na útok) offensive [ə'fensiv]; *ú-é zbrane* offensive weapons

útok attack [ə'tæk]; *ú. je vraj najlepšia obrana* attack is said to be the best form of defence

utópia utopia [ju:'təupiə]

utopiť drown [draun]; *u. mača* drown a kitten // **u. sa** drown [draun]; *u-la sa v rieke* she drowned in the river

utorok Tuesday ['tju:zdi]

utrápený worried ['warid]; *u-á tvár* a worried face

útrapy pomn. afflictions [ə'flikšnz]; *ú. staroby* the afflictions of old age

útrata expenses [ik'spensəz]; *zaplatiť ú-y* pay the expenses

utratiť 1. (minúť) spend* [spend]; *u. peniaze* spend money 2. zastar. (stratiť) waste [weist]; *u. mladosť* waste one's young years

utrieť 1. (zbaviť vlhkosti) dry* [drai]; *u. si ruky do uteráka* dry one's hands on a towel 2. (prach) dust [dast]; *u. prach z políc* dust the shelves

utrpenie suffering ['safriŋ], distress [di'stres]; *trpezlivo znášať u.* bear sufferings patiently; *správanie syna bolo pre matku u-ím* her son's behaviour was a distress to his mother

utrpieť suffer ['safə], sustain [sə'stein]; *u. stratu* suffer a loss; *u. porážku* suffer a defeat; *u. ťažké zranenia* sustain severe injuries

útržok 1. slip [slip]; *ú. papiera* a slip of paper 2. (úryvok, zlomok) fragment ['frægmənt]; *počuť u-ky rozhovoru* hear fragments of a conversation

útulný cosy [ˈkəuzi]; *ú. malý dom* a cosy small house

útulok 1. (útočisko) shelter [ˈšeltə]; *hľadať ú.* seek shelter **2.** (ustanovizeň) home [həum]; *ú. pre starých ľudí* an old people's home

útvar formation [foːˈmeišn]; *lietanie v ú-och* formation flying

utvoriť (v rozl. význ.) form [foːm]; *u. si názor* form an opinion; *u. novú vládu* form a new government // **u. sa** form [foːm]; *pri pokladnici sa u-l rad* a queue has formed at the booking office

uvádzač(ka) usher [ˈašə]

úvaha 1. consideration [kənˌsidəˈreišn]; *po zrelej ú-e* after due consideration **2.** (štyl. útvar) essay [ˈesei]

uvariť cook [kuk]; *u. večeru* cook dinner

uvážiť consider [kənˈsidə]; *starostlivo u. návrh* consider a suggestion carefully

uvažovať consider [kənˈsidə]; *u. o zmene* consider a change; *u. o stavbe školy* consider building a new school

uvädnúť fade [feid], wither [ˈwiðə] (aj pren.); *odrezané kvety skoro u-ú* flowers soon fade when cut; *u-uté nádeje* withered hopes

uväzniť imprison [imˈprizn]; *u. zločinca* imprison a criminal

úväzok load [ləud]; *pedagogický ú.* teaching load

uvedomiť si realize [ˈriəlaiz]; *neu-la si svoje chyby* she hasn't realized her faults

úver credit [ˈkredət]; *poskytnúť ú.* grant a credit

uverejniť publish [ˈpabliš]; *u. báseň v časopise* publish a poem in a magazine

uveriť believe [biˈliːv]; *u-l, keď ju zbadal* he believed when he saw her

úverovať grant a credit [ˌgraːnt ə ˈkredət]

uviazať 1. tie [tai]; *u. si šatku na hlavu* tie a scarf over one's head **2.** (priviazať) chain [čein]; *u. psa* chain up a dog

uviesť 1. (voviesť) usher [ˈašə]; *u-dla návštevníka do miestnosti* she ushered the visitor into the room **2.** (sprostredkovať vstup) introduce [ˌintrəˈdjuːs]; *u. snúbenicu do rodiny* introduce one's fiancée to the family **3.** (do chodu) put*/set* in motion [put/set in ˈməušn]; *u. stroj do chodu* set a machine in motion **4.** (predviesť) issue [ˈišuː]; *u. nový film* issue a new film **5.** (udať) quote [kwəut]; *u. príklady* quote examples **6.** (do úradu) install [inˈstoːl], (slávnostne) inaugurate [iˈnoːgjureit]

uvítať welcome [ˈwelkəm]; *u. hostí* welcome guests

úvod introduction [ˌintrəˈdakšn]; *napísať ú. ku knihe* write an introduction to a book

úvodník leader/leading article [ˈliːdə/ˈliːdiŋ ˈaːtikl], editorial [ˌediˈtoːriəl]

úvodzovky inverted commas [inˌvəːtəd ˈkoməz]

uvoľniť 1. (vyslobodiť) loosen [ˈluːsn]; *u. zovretie* loosen the grip; *u. kravatu* loosen the tie **2.** (povoliť) relax [riˈlæks]; *u. svaly* relax the muscles

úzadie background [ˈbækgraund]; *držať sa v ú-í* remain in the background

uzamknúť lock up [lok ap]; *u. spisy v zásuvke* lock up documents in a drawer

uzatvoriť shut* [šat]; *dôkladne u. okná* shut the windows tight

uzávierka 1. (skončenie termínu) deadline [ˈdedlain] **2.** účt. balance [ˈbæləns]

uzavretý 1. closed [ˈkləuzd]; *u-á cesta* a closed road; *u-á spoločnosť* private party; **2.** (ohradou) enclosed [inˈkləuzd]; *u. dvor* an enclosed yard **3.** (neprístupný) self-contained [ˌselfkənˈteind]; *u. povaha* a self-contained character

uzavrieť 1. shut* off [šat of]; *u. prívod plynu* shut off the gas **2.** (zakončiť) close [kləuz]; *u. diskusiu* close a discussion

uzda bridle [ˈbraidl]

uzdraviť cure [kjuə]; *u. chorého* cure a patient // **u. sa** recover [riˈkavə]; *u. sa z choroby* recover from an illness

územie territory [ˈterətri]

uzemniť earth [əːθ]; *u. elektrický prístroj* earth an electrical apparatus

územný territorial [ˌterəˈtoːriəl]; *ú-é požiadavky* territorial claims

uzhodnúť sa agree [əˈgriː]; *u. sa na postupe* agree on the procedure

úzkokoľajka narrow gauge [ˈnærəu ˌgeidž]

úzkoprsý narrow-minded [ˌnærəuˈmaindəd]; *ú. človek* a narrow-minded person

úzkosť anxiety [æŋˈzaiəti]; *u. nad možnou stratou zamestnania* anxiety about possible job loss

úzkostlivý anxious [ˈæŋkšəs]; *vrhla na mňa ú. pohľad* she gave me an anxious look

úzky 1. narrow [ˈnærəu]; *ú-a cestička* a narrow path **2.** (blízky) close [kləus]; *ú. kontakt* close contact ● *byť v ú-ch* be in a fix

uzlina anat. ganglion [ˈgæŋgliən]

V

uznanie 1. (ocenenie) acknowledgment [ək'nolidžmənt], recognition [ˌrekəg'nišn]; *dostal zlaté hodinky ako u. za pomoc* he was given a gold watch in acknowledgment/ recognition of his help 2. (pochopenie, súcit) sympathy ['simpəθi]; *mám u. pre to, čo robí* I have sympathy for what she is doing
 uznať 1. (pripustiť) acknowledge [ək'nolidž]; *u. chybu* acknowledge having made a mistake 2. (schváliť) recognize ['rekəgnaiz]; *u. štát/vládu* recognize a state/ a government 3. (oceniť) appreciate [ə'pri:šie-it]; *u. ochotu* appreciate sb.'s good will
 uznesenie resolution [ˌrezə'lu:šn]; *prijať u.* pass a resolution
 uzol 1. (v rozl. význ.) knot [not]; *zaviazať špagát na u.* tie a string in a knot; *loď pláva rýchlosťou 20 u-lov za hodinu* the ship makes 20 knots an hour; *doska je plná u-lov* the board has a lot of knots 2. (železničný) junction ['džaŋkšn] ● *preťať/rozťať gordický u.* cut the Gordian knot
 uzrieť see* [si:] ● *u. svetlo sveta* (first) see the light of day
 uzurpovať usurp [ju:'zə:p]; *u. trón* usurp the throne
 úzus usage ['ju:zidž]; *vžitý ú.* common usage
 už I. prísl. 1. (zavŕšenie, ukončenie deja) already [o:l'redi], (vo väčšine otázok) yet [jet]; *už odišiel* he's already left; *už si skončil?* have you finished yet? 2. (okamžité nastúpenie deja) now [nau]; *keď ti poviem, zazvoň! – už!* ring the doorbell when I say so! – now! 3. *už-už* (dej takmer nastal) just about [džast ə'baut]; *už-už chcel odpovedať, ale ktosi ho prerušil* he was just about to answer the question when sb. stopped him II. časť. 1. (pripája aktuálny výraz: *veru, vlastne*) actually ['ækčuəli], cer-

tainly ['sə:tnli]; *na tom sa už nedá nič meniť* there's actually/certainly nothing you can do about it 2. (hodnotiaci postoj k vete al. k výrazu) even ['i:vn]; *ak už teraz nevyhráme, tak nikdy* if even now we don't win, then never; (zdôraz-ňuje platnosť výrazu) already [o:l'redi]; *už zrána bolo horúco* the very morning was hot already 3. (v spoj. s časť. *aj, ani* zosilňuje rozkaz); *už aj sa ber!* get going!; (zdôrazňuje nasledujúci výraz) even; *už ani hovoriť sa s ním nedá* you can't even talk to him III. *ešte (ani) – (a) už* hardly – when ['ha:dli ˌwen]; *eš-te ani päť minút neprešlo, už zvonil telefón* five minutes had hardly passed when the phone rang
 úžas amazement [ə'meizmənt], astonishment [ə'stonišmənt]; *pozrel sa na mňa v ú-e* he looked at me in amazement/ astonishment
 užasnúť amaze [ə'meiz], astonish [ə'stoniš]; *u-ol, keď počul, že sa vrátila* he was astonished to hear that she had come back
 úžasný amazing [ə'meiziŋ]; *ú-á rýchlosť* an amazing speed
 úžera usury ['ju:žəri]
 úžina (morská) strait [streit] aj straits [streits]; *Beringova ú.* the Bering Strait
 užiť 1. take* [teik]; *u. liek* take a medicine 2. enjoy [in'džoi]; *u. si život* enjoy life
 užitočný useful ['ju:sfl]; *u. nástroj* a useful tool
 úžitok 1. (zisk) profit ['profət] 2. (výhoda) advantage [əd'va:ntidž]; *prinášať (komu) ú.* be of advantage to sb.
 užívateľ user ['ju:zə]; *u-lia ciest* road users
 uživiť keep* [ki:p]; *u. ženu a päť detí* keep a wife and five children
 užovka adder ['ædə]

V

v, vo predl. **A)** s L. 1. (umiestenie) in [in]; *se-dieť v aute* sit in a car; *mať slzy v očiach* have tears in the eyes 2. (čas priebehu deja) in [in], at [ət], during ['djuriŋ]; *vo dne* during the day; *v zime* in winter; *v tomto momente* at the moment 3. (stav) in; *byť v nebezpečenstve* be in danger; *mať veci v poriadku* have one's

things/belongings in order 4. (spôsob, miera) in [in], at [æt], on [on]; *dĺžka v metroch* the length in metres; *stáť v pozore* stand at at-tention; *v plnom rozsahu* on full scale 5. (väz-ba pri slovesách a menách) in [in], for [fə], with [wið]; *sklamať sa v priateľovi* be disappointed in/with a friend **B)** s A.1. (časový údaj) on[on], in [in]; *v nedeľu* on Sunday; *(ešte) v to isté le-to* in the same summer **2.** (väzba pri slovesách a menách) for [fo:], in [in]; *dúfať v to najlešie* hope for the best; *viera vo víťazstvo* faith in victory **C)** (ako súčasť predl. výrazov a druhotných predl.) in [in]; *v porovnaní s* in comparison with; *v súvislosti s* in connection with; *vo vzťahu k* in relation to; *v závislosti od* in dependence on; *v priebehu (štúdia)* in the course of (sb.'s studies); *v prípade (požiaru)* in case (of fire)

vábiť attract [ə'trækt], draw* [dro:], entice [in'tais], tempt [tempt]; *v. úsmevom* attract by a smile; *v. divákov* draw an audience

vábivý attractive [ə'træktiv], enticing [in'taisiŋ], tempting ['temptiŋ]; *v. úsmev* an attractive smile; *v-á vôňa* an enticing smell; *v-á ponuka* a tempting offer

vačok pocket ['pokət]; *dal si ruky do v-ku* he put his hands into his pockets ● *načrieť hlboko do v-ku* dip deep into one's purse

vadiť sa quarrel ['kworəl]; *susedia sa v-a* the neighbours are quarrelling

vagón 1. (na prepravu osôb) railway carriage ['reilwei ˌkæridž] **2.** (na prepravu nákladu) van [væn], (otvorený) truck [trak]/ wagon [wægən]; *v. uhlia* a truck load of coal

váha 1. (hmotnosť) weight [weit]; *pribrať na v-e* put on weight **2.** (dôležitosť) weight [weit], importance [im'po:təns] *pripisovať niečomu veľkú v-u* attach great weight to sth. **3.** (prístroj) scales [skeilz] ● *brať niečo na ľahkú v-u* make light of sth.

váhať hesitate ['hezəteit]; *v. s odpoveďou* hesitate with the answer

váhavý hesitant ['hezətənt]; *v-á odpoveď* a hesitant response

vajce 1. egg [eg]; *v. namäkko/natvrdo* a soft-/hard-boiled egg; *znášať v-ia* lay eggs; *z v-a sa vyliahlo vtáčatko* the chick hatched out of the egg **2.** (obyč. mn. č.) *v-ia* (pohlavný ústroj) testicles ['testiklz] ● *podobať sa ako v. v-u* as like as two peas; *v. chce byť múdrej-šie ako sliepka* teach one's grandmother to suck eggs; *zaobchádzať s niekým ako s maľovaným v-om* handle sb. with kid gloves

vajcovitý egg-shaped ['egšeipt]

vaječník anat. ovary ['əuvəri]

vak bag [bæg]; *kožený vak* a leather bag

vakcína vaccine ['væksi:n]

vákuum vacuum ['vækjuəm]

val embankment [im'bæŋkmənt]

váľať (v rozl. význ.) roll [rəul]; *v. kláty* roll logs; *v. cesto* roll the dough; *v. všetko na kopu* roll up everything; pren. *v. vinu (na koho)* put/lay the blame on sb. // **v. sa 1.** (prevaľovať sa) wallow ['woləu]; *v. sa vo vode/v blate* wallow in water/in mud **2.** (leňošiť) lie* in [lai in]; *v. sa celý deň* lie in all day; *v. sa v peniazoch* be wallowing in money; expr. *v-l sa od smiechu* his sides were shaking with laughter

valcovať roll out [rəul aut]; *v. železo* roll out iron

valcovňa rolling mill ['rəuliŋ mil]

valčík waltz [wo:ls]

valec 1. (v rozl. význ.) cylinder ['siləndə]; *kovový v.* a metallic cylinder; stroj. *v-ce motora v aute* the cylinders of a car; *v. písacieho stroja* the carriage of a typewriter **2.** (stroj na valcovanie) roller ['rəulə]; *parný v.* a steamroller

valný: *v-é zhromaždenie* plenary session

váľok rolling pin ['rəuliŋ ˌpin]

válov manger ['meindžə] ● *byť pri (plnom) v-e* live a life of ease

valuta foreign currency [ˌforən 'karənsi]

vaňa bath [ba:θ], AM bathtub [ba:θtab]

vanilka vanilla [və'nilə]

vankúš 1. pillow ['piləu], (ozdobný) cushion ['kušən] **2.** (vrstva nejakej látky) cushion ['kušən]; *vzduchový v.* a cushion of air

vánok breeze [bri:z]; *jarný v.* a spring breeze

vápenec limestone ['laimstəun]

vápnik calcium ['kælsiəm]

vápno lime [laim]; *nehasené v.* quicklime

var boil [boil]; *uviesť vodu do v-u* bring water to the boil; *bod v-u* boiling point ● *dostať (koho) do v-u* make sb.'s blood boil

varecha wooden spoon [ˌwudn 'spu:n]

variácia variation [ˌveri'eišn]

varič hotplate ['hotpleit]

variť 1. cook [kuk]; *vie dobre v.* she is a good cook **2.** (uvádzať do varu) boil [boil]; *v. vodu* boil water // **v. sa** boil [boil]; *voda sa v-í (na čaj)* the kettle is boiling ● *v. sa vo vlastnej šťave* stew in one's (own) juice

varovať 1. (upozorňovať) warn [wo:n]; *v. pred nebezpečenstvom* warn of danger **2.** (dozerať, chrániť) look after [luk 'a:ftə]; *v. deti* look after children

varovkyňa childminder ['čaildmaində], baby-minder ['beibi 'maində]; (na krátko, obyč. večer) baby-sitter ['beibi 'sitə]

V

varovný warning ['wo:niŋ]; *v. signál* a warning signal

váš, vaša, vaše, vaši 1. (v rozl. význ.) your [jo:]; *váš otec* your father; *Vaša Excelencia* Your Excellency; *váš záujem* your interest; *je asi vo v-ich rokoch* he is about your age **2.** expr. (v liste) yours [jo:z]; *Váš oddaný* Sincerely yours

vášeň (v rozl. význ.) passion ['pæʃn]; *daťsa strhnúť v-ňou* fly into a passion; *v. k žene* passion for a woman; *zberateľská v.* a passion for collecting

vášnivý (v rozl. význ.) passionate ['pæʃnət]; *v-á debata* a passionate discussion; *v-í milenci* passionate lovers; *v. poľovník* a passionate hunter

vata 1. cotton wool [ˌkotn 'wu:l] *krajčírska v.* wadding [wodiŋ], padding ['pædiŋ] **2.** hovor. (výplň textu) padding

vatovaný wadded ['wodəd]; *v. kabátik* a wadded jacket

vatra bonfire ['bonfaiə], campfire ['kæmpfaiə]

vavrín laurel ['lorəl] ● *odpočívať/ležať /spať na v-och* rest on one's laurels

váza vase [va:z/veis]

vazelína vaseline ['væsəli:n]

vážiť (v rozl. význ.) weigh [wei]; *v. múku* weigh flour; *dieťa v-i 15 kg* the child weighs 15 kilograms; *v-í každé slovo* she weighs her words* // *v. si* respect [ri'spekt]; *v. si rodičov* show respect to one's parents

vážne I. prísl. seriously ['siriəsli]; *brať všetko v.* take everything seriously; *je v. chorý* he's seriously ill **II.** čast. seriously ['siriəsli]; *ty si sa v. nezmenil* seriously, you haven't changed

vážny 1. (neprejavujúci radosť) earnest ['ə:nəst]; *v. mladý muž* an earnest young man **2.** (v rozl. význ.) serious ['siriəs]; *v-a choroba* a serious illness; *v. záujem* serious interest; *v-a hudba* classical music

väčšina majority [mə'dʒɔrəti]; *v. obyvateľstva* the majority of the population; *získať vo voľbách v-u* be elected by a majority

väčšinou mostly ['məustli]; *večer v. odpočíva* he mostly rests in the evening

vädnúť 1. (o rastlinách) fade [feid], wilt [wilt]; *kvety v-ú* flowers fade/wilt **2.** (o človeku) become* frail/feeble [bi'kam freil/'fi:bl]; *babička nám v-e* granny is becoming frail

väzba 1. text. weave [wi:v]; *plátnová v.*

plain weave **2.** (pevný obal knihy) binding ['baindiŋ] **3.** gram. construction [kən'strakʃn]; techn. *spätná v.* feedback **4.** (väznenie) imprisonment [im'priznmənt]; *vyšetrovacia v. custody*

väzeň prisoner ['prizənə]

väzenie 1. (väznica) prison ['prizn], jail [dʒeil], gaol [dʒeil] **2.** (trest) imprisonment [im'priznmənt]

väzivo anat. ligament ['ligəmənt]

väzy neck [nek]; *zlomiť si v.* break one's neck

vcelku I. prísl. altogether [ˌo:ltə'geðə]; *v. s ním nesúhlasím* I don't altogether agree with him; *bolo v. päť možností* there were altogether five possibilities **II.** čast. on the whole [ˌon ðə 'həul]; *som s ním v. spokojný* on the whole, I'm satisfied with him

včas 1. (presne) in time [in taim]; *dúfam, že príde v.* I hope he'll come in time **2.** (zavčasu) early ['ə:li]; *v. na jar* early in spring

včasný 1. (skorý, raný) early ['ə:li]; *v-á zelenina* early vegetable **2.** (vo vhodnom čase) timely ['taimli]; *v-é varovanie im zachránilo životy* timely warning saved their lives

včela bee [bi:] ● *usilovný ako v.* working like beavers

včelár beekeeper ['bi: ki:pə]

včelárstvo bee-keeping ['bi: ki:piŋ]

včelí: *v. med* real/natural honey

včelín apiary ['eipiəri]

včera yesterday ['jestədi]; *v. pršalo* it was raining yesterday

včítane I. prísl. inclusive [in'klu:siv]; *od 1. do 10. v mesiaci v.* from the 1st to the 10th of the month inclusive **II.** predl. including [in'klu:diŋ]; *všetci v. detí* everybody, including the children

vďačiť owe to [əu tə]; *v-í rodičom za dobrú výchovu* he owes his good upbringing to his parents

vďačný grateful ['greitfl], thankful ['θæŋkfl]; *som jej veľmi v. za pomoc* I'm most grateful to her for her help

vďaka I. podst. thanks [θæŋks]; *srdečná v.* many thanks **II.** predl. thanks to [θæŋks tu], owing to [owiŋ to]; *v. úsiliu záchranárov...* thanks/owing to the efforts of the rescuers...

---

vďaka: due to - príčina
owing to - dôvod

vdova widow [ˈwidəu] ● *slamená v.* grass widow

vdovec widower [ˈwidəuə] ● *slamený v.* grass widower

vdovský: *v. dôchodok* widow's pension

vdýchnuť inhale [inˈheil]; *v. škodlivé výpary* inhale exhaust fumes

vec **1.** (v rozl. význ.) thing [θiŋ]; *pobrať si v-i* collect one's things; *hlavná v. je, že...* the main thing is that...; *vyrába pekné v-i z dreva* he makes beautiful things out of wood **2.** (záležitosť) matter [ˈmætə], affair [əˈfeə]; *je to v. názoru* it is a matter of opinion; *to je jeho v.* that is his affair; *ministerstvo zahraničných v-í* the Foreign Office ● *ísť priamo/rovno k v-i* get to the point; *postaviť (koho) pred hotovú v.* present sb. with a fait accompli

vecný **1.** (vzťahujúci sa na vec) material [məˈtiriəl]; *v-á škoda* material damage; *v-á lotéria* raffle; *v. katalóg* subject catalogue **2.** (objektívny) pertinent [ˈpəːtənənt], objective [əbˈdžektiv], matter-of-fact [ˌmætə əv ˈfækt]; *v-á poznámka* a pertinent comment; *v. popis* an objective description; *v. tón/hlas* a matter-of-fact tone/voice

večer **I.** podst. (časť dňa aj večerná udalosť) evening [ˈiːvniŋ]; *letný v.* a summer evening; *hudobný v.* a musical evening ● *ráno je múdrejšie v-a* morning brings counsel **II.** prísl. in the evening [in ði: ˈiːvniŋ]; *prišiel neskoro v.* he came late in the evening

večera (hlavné jedlo dňa) dinner [ˈdinə]; *pozvať na v-u* ask sb. to dinner; *slávnostná v.* a dinner-party; *ľahká v.* supper

večerať (hlavné jedlo) have* dinner/supper [hæv ˈdinə/ˈsapə]

večerník evening paper [ˌiːvniŋ ˈpeipə]

večerný: *v. program* evening programme; *v-é šaty* evening dress, gown

večierka tattoo [təˈtuː]; *vybubnovať/odtrúbiť v-u* beat/sound the tattoo

večierok party [ˈpaːti]; *usporiadať v.* give a party

večne eternally [iˈtəːnəli]; for ever [fə ˈevə]; *v. vďačný* eternally grateful ● *nič netrvá v.* nothing lasts for ever

večnosť (v rozl. význ.) eternity [iˈtəːnəti]; *z hľadiska v-ti* from the standpoint of eternity; *žiť pre v.* live for eternity; *trvalo to celú v.* it lasted an eternity

večný 1. (časovo neobmedzený) eternal [iˈtəːnl]; *v. život* eternal life; *v-é zatratenie* eternal

damnation **2.** (trvalý aj stále sa opakujúci) everlasting [ˌevəˈlaːstiŋ]; *v-é priateľstvo* everlasting friendship; *v-á nespokojnosť* everlasting complaints ● *nič netrvá v-e* nothing lasts for ever

veda science [ˈsaiəns]; *prírodné v-y* the natural sciences

vedec scientist [ˈsaiəntəst]

vedecko-fantastický (román/film) science fiction [ˌsaiəns ˈfikšn]

vedecký scientific [ˌsaiənˈtifik]; *v. výskum* scientific research; *v. pracovník* scientist

vedieť **1.** (mať vedomosť o čom) know* [nəu], can [kæn]; *viem o tom* I know about it; *viete (mi povedať), kde je stanica?* can you tell me where the station is? **2.** (ovládať) can [kæn]; *viete čítať?* can you read? **3.** (vyznať sa v niečom) can [kæn]; *nevie to pochopiť* he can't understand it **4.** *dať v.* let know; *dajte mi v.* let me know ● *v., ako na to* know one's business; *vie, čo chce* he knows his own mind; *vie, koľko udrelo* he knows what's what; *každý vie, kde ho topánka tlačí* everybody knows where the shoe pinches

vedľa **I.** prísl. close by [kləuz bai], next door [nekst doː]; *spala v.* she slept next door **II.** predl. **1.** (povedľa) beside [biˈsaid], next to [nekst tə]; *sedí v. matky* he's sitting beside his mother; *stoja jeden v. druhého* they are standing next to each other **2.** (okolo, povedľa) near [niə], by [bai]; *kráčal chodníkom v. starého parku* he followed the path near the old park **3.** (spolu) side-by-side [ˈsaid bai ˈsaid]; *pracovali v. seba* they worked side-by-side

vedľajší **1.** (v susedstve) next [nekst]; *pri v-om stole* at the next table **2.** (bočný) side [said], by [bai]; *v-ia cesta/ulica* side-road/side-street; *v-ie produkty* by-products; *v-ia veta* subordinate clause; *v-ie zamestnanie* an additional job

vedomie (v rozl. význ.) consciousness [ˈkonšəsnəs]; *spoločenské v.* social consciousness; *stratiť v.* lose consciousness; *v. viny* consciousness of fault; *brať na v.* take cognizance of ● *podľa najlepšieho v-a a svedomia* to the best of one's knowledge/belief

vedomosť knowledge [ˈnolidž]; *rozsiahle v-ti* considerable knowledge

vedomý conscious [ˈkonšəs], aware [əˈweə]; *v-é úsilie* conscious effort; *byť si v. (čoho)* be conscious/aware (of)

V

vedro bucket [ˈbakət] ● *leje sa ako z v-a* it is raining cats and dogs

vegetácia vegetation [ˌvedžəˈteišn]; *bujná v.* luxuriant vegetation

vegetarián vegetarian [ˌvedžəˈteriən]

vegetariánsky vegetarian [ˌvedžəˈteriən]; *v-a strava* vegetarian food

vejár fan [fæn]

vek (v rozl. význ.) age [eidž]; *pretrvať v-y* last for ages; expr. *celé v-y* for ages; *školský v.* school age; *v šesťdesiatom roku svojho v-u* at the age of sixty; *atómový v.* the nuclear age ● *zlatý v.* the golden age

veko lid [lid]; *v. škatule* the lid of a box

veľa **I.** čísl. much [mač], many [ˈmeni], a lot of [ə lot əv]; *v. ľudí* many people; *v. peňazí* much money; **II.** prísl. much [mač]; *v. jesť* eat much; *v. hovoriť* talk much

---

much – s nepočítateľnými podstatnými menami
much snow
many – s počítateľnými podstatnými menami
many letters

---

veľakrát, veľa ráz many times [ˈmeni taimz]; *v. mu to pripomínala* she reminded him many times of it

veľdielo masterpiece [ˈmaːstəpiːs], masterwork [ˈmastəwəːk]

velenie command [kəˈmaːnd]; *ujať sa v-a (armády)* take command of (the army); *hlavné v. armády* the high command of the army

velezrada high treason [hai ˈtriːzn]

veličenstvo (titul vládnuceho panovníka) Majesty [ˈmædžəsti]; *Jeho/Jej v.* His/Her Majesty

veličina magnitude [ˈmægnətjuːd]

veliť **1.** (viesť) command [kəˈmaːnd]; *kto v-í armáde?* who commands the army? **2.** (vydávať rozkazy) give commands

veliteľ commander [kəˈmaːndə]; *hlavný v.* commander in chief

veliteľstvo headquarters [ˈhedˌkwoːtəz]

veľkodušný generous [ˈdženrəs], magnanimous [mægˈnænəməs]; *v. človek* a generous person; *v-é gesto* a magnanimous gesture

veľkofilm superfilm [ˈsuːpəˌfilm]

veľkokapitál high finance [ˌhai faiˈnæns]

veľkolepý **1.** (prekrásny) magnificent [mægˈnifəsnt], splendid [ˈsplendəd], grand [grænd]; *v-é divadlo* a magnificent show; *v-á udalosť* a splendid affair; *v. výhľad* a grand view **2.** (vynikajúci) splendid [ˈsplendid], grandiose [ˈgrændiəus]; *v-é plány* grandiose schemes

veľkomesto city [ˈsiti]

veľkonočný; *v-é vajíčko* Easter egg; *v-é zvyky* Easter customs; *V. pondelok* Easter Monday

veľkoobchod wholesale [ˈhəulseil]

veľkoobchodník wholesaler [ˈhəulseilə]

veľkopredajňa supermarket [ˈsuːpəˌmaːkət]

veľkorysý generous [ˈdženrəs]; *v. dar* a generous gift

veľkosť (v rozl. význ.) **1.** size [saiz]; *v. topánky* the size of the shoe; *obraz v životnej v-ti* a life-sized picture; *v. majetku* the size of the property; *v. oceána* the size of the ocean **2.** (dôležitosť, hodnota) greatness [ˈgreitnəs]; *v. charakteru* the greatness of character

veľkovýroba large-scale production [ˌlaːdžskeil prəˈdakšn], wholesale manufacture [ˈhəulseil ˌmænjəˈfækčə]

veľký **1.** (v rozl. význ.) big [big]; *ty si také v-é dieťa* you're such a big child; *v. pes* a big dog; *v-é písmená* capital/big letters; *v. požiar* a big fire; *v. rozdiel* a big difference; *v. fanúšik* a big fan; *v-á láska* big love **2.** large [laːdž]; *v. dom* a large house; *v-é mesto* a large town; *v. formát* large size; *v-á rodina* a large family; anat. *v. mozog* cerebrum **3.** (op. malý, nízky) tall [toːl]; *v. človek/strom* a tall man/tree **4.** (vysoký) high [hai]; *v-é percento* a high percentage; *v-á úmrtnosť* high mortality **5.** great [greit]; *v. umelec* a great artist; *to je v-á vec* it's a great thing; *Karol V.* Charles the Great; admin. *V-á Británia* Great Britain; astron. *V. voz* the Great Bear, Plough, AM Big Dipper ● *vo v-om* on a large scale; *žiť na v-ej nohe* live the high life; *je to v-é zviera* he's a big shot; *hrať v-ú úlohu* play an important role

---

veľký rozmermi, rozsahom – **big, large**
veľký významom – **great**

---

veľmi very [ˈveri], (so slovesom) very much [ˈveri mač], a lot [ə lot]; *v. veľký* very big/large; *v. pekné dievča* a very pretty girl; *v. sa narobil* he has worked a lot/very much; *syn ho v. nepočúva* his son doesn't listen very much to him

veľmoc world power [ˌwəːld ˈpauə], (vojenská a politická) superpower [ˈsuːpəˌpauə]

veľryba whale [weil]

veľtrh fair [feə]; *knižný v.* book fair

veľvyslanec ambassador [æmˈbæsədə]; *v. vo Francúzsku* ambassador to France

veľvyslanectvo embassy [ˈembəsi]

vemeno udder [ˈadə]

veniec wreath [riːθ]; *vavrínový v.* a laurel wreath

veno dowry [ˈdauri]

venovanie (v knihe ap.) dedication [ˌdedəˈkeišn]

venovať 1. (dať ako dar) donate [dəuˈneit]; *v. peniaze na výskum rakoviny* donate money to cancer research 2. (pripísať) dedicate [ˈdedəkeit]; *v-l svoju prvú knihu matke* he dedicated his first book to his mother 3. (poskytnúť) devote [diˈvəut]; *v-uje veľa času osobným záľubám* he devotes much time to his hobbies // **v. sa** devote oneself to [diˈvəut wanˈself tə]; *v. sa rodine* devote oneself to one's family

ventil valve [vælv]; *poistný v.* safety valve

ventilácia ventilation [ˌventəˈleišn]

ventilátor ventilator [ˈventəleitə]

verbálny (slovný aj slovesný) verbal [ˈvəːbl]; práv. *v. delikt* a verbal abuse; lingv. *v-e substantívum* a verbal noun

verbovať recruit [riˈkruːt]; *v. vojsko* recruit an army

verejnosť public [ˈpablik]; *park prístupný v-ti* a park open to the public

verejný (v rozl. význ.) public [ˈpablik]; *v-é záujmy* public concern; *v-á knižnica* a public library; *v-á doprava* public transport; *v-á mienka* public opinion; *v-é WC* public convenience ● *v-é tajomstvo* an open secret

veriaci believer [bəˈliːvə]

veriť (v rozl. význ.) believe [biˈliːv]; *v. v Boha* believe in God; *nev-í mu* he doesn't believe him; *v. vo víťazstvo* believe in victory ● *nev-l vlastným očiam* he couldn't believe his eyes

veriteľ creditor [ˈkreditə]

vernosť fidelity [fiˈdeləti], loyalty [ˈloiəlti]; *v. manželke/manželovi* fidelity to one's wife/husband; *v. ideálom* fidelity/loyalty to one's ideals

verný 1. (oddaný) faithful [ˈfeiθfl], loyal [ˈloiəl]; *v. priateľ* a faithful/loyal friend; *v. pes* a faithful dog 2. (skutočný) true [truː]; *v-á láska* true love 3. (presný) faithful [ˈfeiˌθfl] *v. odpis* a faithful copy

verš verse [vəːs]

vertikálny vertical [ˈvəːtikl]; tech. perpendicular [ˌpəːpənˈdikjələ]

verzia version [ˈvəːšn]; *pôvodná v.* the original version

veselý 1. (naplnený radosťou) merry [ˈmeri], cheerful [ˈčiəfl]; *v. človek* a merry fellow; *v-á hudba* cheerful music 2. (radostne pôsobiaci) cheerful [ˈčiəfl]; *v-é ráno* a cheerful morning

veslo oar [oː]; ● *byť pri v-e* pull the strings

veslovať row [rəu]; *v. proti prúdu* row up the river

vesmír universe [ˈjuːnəvəːs], space [speis], cosmos [ˈkozmos]

vesta 1. waistcoat [ˈweistkəut], AM vest [vest] 2. *plávacia v.* life jacket [ˈlaif ˌdžækət]

vestibul vestibule [ˈvestəbjuːl], lobby [ˈlobi]; *v. hotela* the hotel lobby; *v. divadla* foyer [ˈfoiei]

vešať hang* [hæŋ]; *v. záclony* hang the curtains ● *v. hlavu* be downcast/crestfallen; expr. *v. komu čo na nos* tell sb. all about sth. // **v. sa** hang* [hæŋ]; *v zúfalstve by sa hneď v-l* he would hang himself in despair

vešiak 1. rack [ræk], stand [stænd]; *v. na klobúky* hatstand/hatrack 2. (na vešanie šiat) hanger [ˈhæŋə]

veštba prophecy [ˈprofəsi]

veštiť prophesy [ˈprofəsai], foretell* [foːˈtel]; *v. z ruky* read sb.'s palm; *v. z karát* tell sb.'s fortune from the cards

veštkyňa fortune-teller [ˈfoːčn ˈtelə]

veta 1. sentence [ˈsentəns]; *tvoriť v-u* form a sentence; *hlavná/vedľajšia v.* main/subordinate clause 2. hud. movement [ˈmuːvmənt]

veterinár veterinary surgeon [ˌvetrənri ˈsəːdžn]

veterinárstvo veterinary science [ˈvetrənri ˌsaiəns]

veterník 1. weathercock [ˈweðəkok]; *v. na streche* the weathercock on the roof 2. (zákusok) cream puff [kriːm paf]

veterný windy [ˈwindi]; *v-é počasie* a windy weather; *v. mlyn* a windmill

vetchý (používaním aj vekom) decrepit [diˈkrepət]; *v-á, stará stolička* a decrepit old chair; *v. starec* a decrepit old man

veto veto [ˈviːtəu]; *vysloviť v.* exercise one's power/right of veto

vetrať air [eə], ventilate [ˈventəleit]; *v. izbu* air/ventilate a room

vetrík breeze [briːz]

vetristý windy ['windi]; *v. deň* a windy day

vetriť (o zvieratách, expr. o ľuďoch) scent [sent]; *pes v-í stopu líšky* the dog scents the fox; *v. nebezpečenstvo* scent danger

vetrolam windbreak ['windbreik]

vetroň glider ['glaidə]

vetrovka anorak ['ænəræk]

vetva (v rozl. význ.) branch [braːnč]; *spodné v-y stromu* the lower branches of a tree; *severná v. železničnej siete* the northern branch line on the railway network; *miestna v. spoločnosti* the local branch of the union; *staršia v. rodu* the older branch of the family

vetvička twig [twig]

vetviť sa (rozkonárovať sa aj rozdvojovať sa) branch [braːnč]; *strom sa v-í* the tree branches; *rieka sa v-í* the river branches

veverica squirrel ['skwirəl]

veža tower ['tauə]; *kostolná v.* a church tower; *na v-i odbilo päť* the clock on the tower struck five; *skokanská v.* (na skoky na lyžiach) skijump tower ['skidžamp tauə], (na skoky do vody) diving tower [daiviŋ tauə]; *kontrolná v.* (na letisku) air traffic control tower

vhod handy ['hændi]; *prísť v.* come in handy

vhodný suitable ['suːtəbl], convenient [kən'viːniənt], fit [fit]; *v. okamih* a suitable/convenient moment; *nájsť v. výraz* find a suitable expression; *v-é miesto* a convenient place; *v-é knihy pre mládež* books fit for young people

vchod entrance ['entrəns]; *v. do divadla* the entrance to the theatre; *v. nie je povolený* no entrance

viac (v rozl. význ.) more [moː]; *v. peňazí* more money; *oveľa v. výrobkov* much more products; *v. pracovať* work more; *to je v. ako isté* it's more than certain; *v. neprišiel* he didn't come any more; *v. nemusíš hovoriť* you needn't say more ● *stále v. a v./čoraz v.* always more and more; *v. očí v. vidí* more eyes see more

viacfarebný multicoloured [ˌmalti'kaləd]; *v-é sklo* multicoloured glass

viacjazyčný multilingual [ˌmalti'liŋgwəl]; *v-ý slovník* a multilingual dictionary

viackrát several times ['sevrəl taimz]; *knihu čítal v.* he read the book several times

viac-menej more or less ['moːr oː les]; *práca je v.-m. hotová* the job's more or less finished

viacnásobný multiple ['maltəpl]; *v-á ozvena* a multiple echo

Vianoce Christmas ['krisməs], skr. Xmas, lit. Noel [nə'vel]

vianočný: *v. stromček* Christmas tree; *v-é zvyky* Christmas customs

viať 1. (fúkať) blow* [bləu]; *veje teplý južný vietor* there's a warm south wind blowing **2.** (povievať) wave [weiv]; *zástavy vejú* the flags are waving ● *nové vetry vejú v krajine* the wind of change is blowing in the country

viazanie (lyžiarske) binding ['baindiŋ]

viazanka tie [tai]

viazať 1. tie [tai]; *v. uzol* tie a knot; *v. mašľu* tie a ribbon into a bow; *v. obilie do snopov* tie corn stalks together into sheaves; *v. kyticu* make up a bunch **2.** tie down [tai daun]; *v-že ho starostlivosť o choré dieťa* having to look after his sick child ties him down **3.** bind* [baind]; *v. knihu* bind a book; *v-že ho sľub* he's bound by his promise; *v-že ich priateľstvo* they are bound by friendship // **v. sa** get* tied down [get 'taid daun]; *nechce sa v.* he doesn't want to get tied down

vibrácia vibration [vai'breišn]; *v. motora* the vibration of an engine

viceprezident vice-president [ˌvais'prezədnt]; *v. spoločnosti* vice-president of a company

videokazeta video cassette [ˌvidiəu kə'set]

videorekordér video cassette recorder [ˌvidiəu kəˌset ri'koːdə]

vidiečan countryman ['kantrimən]

vidiek country ['kantri]; *žije na v-u* he lives in the country

vidieť (v rozl. význ.) see* [siː]; *na pravé oko nev-í* he doesn't see with/in his right eye; *je tma, nič nev-ím* it's dark I can't see anything; *dávno sme sa nev-eli* we haven't seen each other for ages; *v-ím, ako to myslí* I can see her point; *ja to v-ím ináč* that's not how I see it ● (expr.) *nev. si ďalej od nosa* not see beyond the end of one's nose; *nev. les pre stromy* not see the wood for the trees; *v. všetko v ružovom svetle* see everything in a rosy light; *v. všetko čierne* be pessimistic; *robí, čo jej na očiach v-í* he anticipates her every wish

viditeľný visible ['vizəbl]; *v-é stopy* visible tracks; *v-é znaky úpadku* visible signs of decay; *v. pokrok* visible progress

vidlička fork [foːk]

vidly pitchfork ['pičfoːk]

viečko eyelid ['ailid]

viera faith [feiθ], belief [bəˈliːf]; *v. v Boha* faith/belief in God; *v. v človeka* faith in man

vierohodný trustworthy [ˈtrastˌwəːði]; *v-á osoba* a trustworthy person

vierovyznanie confession of faith [kənˌfešn əv ˈfeiθ]

viesť 1. (v rozl. význ.) lead* [liːd]; *v. nevidiaceho* lead a blind man; *v. koňa za opraty* lead a horse by the reins; *v. armádu/expedíciu/politickú stranu* lead an army/an expedition/a political party; *cesta vedie do dediny* the road leads to the village; *v. mizerný život* lead a miserable existence; *naše mužstvo vedie* our team has the lead 2. run* [ran]; *v. obchod* run a shop/a hotel 3. conduct [kənˈdakt]; *v. schôdzu* conduct a meeting 4. keep* [kiːp]; *v. záznamy* keep records; *v. účtovníctvo* keep the books; *v. agendu* keep the files; *v. záznam výdavkov* keep an account of spendings ● *Všetky cesty vedú do Ríma.* All roads lead to Rome.; *v. ženu k oltáru* lead a woman to the altar

vietor wind [wind]; *silný v.* a strong wind ● *vie, odkiaľ v. fúka* he knows/notices the way the wind is blowing; *kam v., tam plášť* trim one's sails to the wind

viezť transport [trænsˈpoːt], carry [ˈkæri], drive* [draiv]; *v. uhlie* transport coal; *v. tovar* carry goods; *v. priateľa na stanicu* drive a friend to the station // **v. sa** go* [gəu]; *v. sa električkou* go by tram

víchor windstorm [ˈwindstoːm], gale [geil]

víchrica storm [stoːm], tempest [ˈtempəst]; *snehová v.* snowstorm

víkend weekend [ˌwiːkˈend]

vila villa [ˈvilə]

víla fairy [ˈfeəri]; *dobrá v.* a fairy godmother

vilový: *v-á štvrť* exclusive residential area

vina 1. blame [bleim], fault [foːlt]; *bez jeho vlastnej v-y* through no fault of his own; *zvaliť v-u na druhého* fasten the blame on sb. else 2. (previnenie) guilt [gilt]; *pocity v-y* feelings of guilt

vináreň winehouse [ˈwainhauz], (pivnica) winecellar [ˈwainselə]

vinica vineyard [ˈvinjəd]

vinič (grape)vine [(ˈ)greip)vain]

viniť blame [bleim]; *mňa nev-ň, nie je to moja chyba* don't blame me, it's not my fault

vinník culprit [ˈkalprət]

vinný guilty [ˈgilti]; *necíti sa v-m* he doesn't feel guilty

víno wine [wain] ● *naliať si čistého v-a* tell sb. the plain truth; *vodu káže, v. pije* he isn't practising what he preaches

vinobranie vintage [ˈvintidž]

vinohrad vineyard [ˈvinjəd]

vinúť 1. (navíjať) wind* [waind]; *v. vlnu do klbka* wind wool into a ball 2. (nežne túliť) nestle [ˈnesl]; *v-ula k sebe dieťa* she nestled a child in her arms // **v. sa** 1. (ovíjať sa) climb [klaim]; *brečtan sa v-ie po múre* the ivy is climbing the wall 2. (túliť sa) nestle up [nesl ap]; *v. sa (ku komu)* nestle up against sb. 3. (hadiť sa) wind* [vaind]; *chodník sa v-ie údolím* the path winds (its way) across the valley

viola viola [viˈəulə]

violončelo violoncello [ˌvaiələnˈčeləu]

vír (krútňava aj rýchly pohyb) whirl [wəːl]; *vodný v.* whirlpool; *vzdušný v.* whirlwind; *v. veľkomesta* the whirl of life in a big city

víriť whirl [wəːl]; *vietor v-i prach* the wind is whirling dust into the air

viróza virosis [ˌvaiəˈrəusis]

virtuóz virtuoso [ˌvəːčuˈəuzəu]

vírus virus [ˈvairəs]

visačka tag [tæg]; *v. s údajom ceny* a price tag

visieť (v rozl. význ.) hang* [hæŋ]; *obraz v-í na stene* the picture is hanging on the wall; *šaty na nej v-a* the dress is hanging on her; *mračná v-ia nad mestom* clouds are hanging over the town; *v-í nad nami hrozba* danger is hanging over us; *rodičia v-a na deťoch* parents are very attached to their children ● *niečo v-í vo vzduchu* there's sth. in the air; *život mu v-í na vlásku* his life is hanging by a thread; *v. na niekom očami* fix one's eyes on sb.

višňa sour cherry [sauə ˈčeri]

vitaj, vitajte welcome [ˈwelkəm]; *v. v Anglicku* welcome to England

vitalita vitality [vaiˈtæləti]

vitálny vital [ˈvaitl]; *v. človek* a man of vital manner

vitamín vitamin [ˈvitəmən]

vítaný 1. (milý) welcome [ˈwelkəm]; *v. hosť* a welcome guest 2. (vhodný) welcome, agreeable [əˈgriːəbl]; *v-á zmena* a welcome change

vítať (v rozl. význ.) welcome [ˈwelkəm]; *tradícia v. chlebom a soľou* the tradition to welcome sb. with bread and salt; *v-li ho nadšenými výkrikmi* they welcomed him

V

with cheers; *v. spoluprácu* welcome cooperation

víťaz winner ['winə], lit. victor ['viktə]; *v. súťaže* the winner of the contest

víťazný 1. victorious [vik'to:riəs], triumphant [trai'amfnt]; *v-é družstvo* the victorious team; *v-é vojsko* a triumphant army 2. (pripomínajúci víťazstvo) triumphal [trai'amfl]; *v. oblúk* a triumphal arch

víťazoslávny expr. triumphant [trai'amfnt]; *v. úsmev* a triumphant smile

víťazstvo victory ['viktri] ● *Pyrrhovo v.* Pyrrhic victory

vitrína showcase ['šəukeis]; *v. so zbierkou mincí* a showcase with a coin collection in it

vizitka visiting/business card ['vizitiŋ/'biznis ka:d]

vizuálny visual ['vižuəl]; *silný v. dojem* a strong visual impact

vízum visa ['vi:zə]; *vstupné v.* an entry visa; *dostať v.* be granted a visa

vjazd 1. (vojdenie vozidlom) entry ['entri]; *zákaz v-u* no entry 2. (miesto vchádzania) driveway ['draivwei]

vklad deposit [di'pozət]; *uložiť v.* make a deposit

vkročiť enter ['entə], step into [step intə]; *v. do miestnosti* step into/the enter room

vkus taste [teist]; *mať dobrý/zlý v. v obliekaní* have a good/a bad taste in clothes

vkusný tasteful ['teistfl]; *v-á výzdoba* a tasteful decoration

vláčiť 1. drag [dræg]; *v. okraj šiat v prachu* drag the rim of a dress in the dust 2. lug [lag]; *v. ťažký kufor* lug a heavy case

vláčny 1. pliant ['plaiənt]; *v-e cesto* pliant dough 2. (pružný) lithe [laið]; *v-e pohyby* lithe movements

vláda 1. government ['gavmənt]; *federálna v.* a federal government 2. (vládnutie) rule [ru:l], reign [rein]; *za v-y Juraja IV.* under the rule of George the IV; *v. Márie Terézie* the reign of Maria Theresa 3. (moc) power ['pauə] ● *stratiť v-u nad sebou* lose one's temper

vladár sovereign ['sovrən], prince [prins]

vládca ruler ['ru:lə], monarch ['monək]; *neobmedzený v.* an absolute ruler

vládnuť 1. (panovať) rule [ru:l], reign [rein]; *v krajine v-li králi* kings ruled the country 2. (byť, panovať) reign [rein]; *všade v-lo ticho* silence reigned everywhere

vlaha moisture ['moisčə]; *rastliny potrebujú v-u* plants need moisture

vlajka flag [flæg]; *vztýčiť v-u* hoist the flag

vlak train [trein]; *osobný/nákladný v.* a passenger/goods train; *cestovať v-om* travel by train; *nastúpiť do/vystúpiť z v-u* get on/off a train

vláknitý fibrous ['faibrəs]; *v-é rastliny* fibrous plants

vlákno fibre ['faibə]; *prirodzené/umelé v-a* natural/synthetic fibres; anat. *nervové v-a* nerve fibres

vlamač burglar ['bə:glə]

vlámanie burglary ['bə:gləri]

vlámať sa burgle ['bə:gl], break into [breik 'intə]; *v. sa do domu* break into a house; *niekto sa im v-l do domu* their house was burgled

vlaňajší: *v-ie udalosti* last year's events

vlani last year [ˌla:st 'jiə]; *zomrel v.* he died last year

vlas hair [heə]; *kučeravé v-y* curly hair; *vlnisté v-y* wavy hair; *konské v-y* horsehair ● (expr.) *v-y mu z toho dupkom vstávajú* it makes his hair stand on end; *trhať si v-y* tear one's hair

vlásenka hairpin ['heəˌpin]

vlásočnica odb. capillary [kə'piləri]

vlasť 1. (domovina) (the) mother country [ðə 'maðə ˌkantri], homeland ['həumlænd]; *láska k v-i* love for one's mother country 2. (miesto pôvodu) home [həum], motherland ['maðəlænd]; *staré Grécko je v-ou európskej kultúry* ancient Greece is the home of European culture

vlastenec patriot ['pætriət]

vlastizrada treason ['tri:zn]

vlastne actually ['ækčuəli], really ['riəli]; *v. ani neviem, kto to je* I actually don't know who that is

vlastníctvo 1. ownership ['əunəšip], property ['propəti]; *osobné/súkromné v.* personal/private property; *dohady o v-e* disputes over ownership 2. (majetok) property ['propəti]; *dom je jeho v.* the house is his property

vlastník owner ['əunə]

vlastniť own [əun], possess [pə'zes]; *v. dom/auto* own a house/a car

vlastnosť 1. (podstatný znak) quality ['kwoləti], property ['propəti], characteristic [ˌkærəktə'ristik]; *chemické v-ti prvkov* the chemical qualities of the elements; *liečivé v-i rastlín* the medicinal properties of plants; *základná v. výrobku* the main characteristic of the product **2.** (základná povahová črta) attribute [ˈætrəbjuːt], characteristic [ˌkærəktəˈristik], quality [qwoləti]; *jeho najlepšie v-ti sú čestnosť a odvaha* his chief attributes are honesty and courage

vlastný 1. (v rozl. význ.) own [əun]; *v. dom* one's own house; *urobiť vlastnými rukami* do sth. with one's own hands; *nepoznal v-ú ženu* he did not recognize his own wife **2.** (v zloženinách) [ˈoːtəu]; *v. životopis* autobiography; *v. portrét* autoportrait ● *vidieť (čo) na v-é oči* see with one's own eyes; *stáť na v-ch nohách* stand on one's own two feet

vľavo left [left]; *prvá ulica v.* the first street on the left; *zabočte v.* turn left

vlažný 1. (letný) lukewarm [ˌluːkˈwoːm], tepid [ˈtepəd]; *v. čaj* lukewarm/tepid tea **2.** (o ovzduší) mild [maild]; *v. vánok* a mild breeze **3.** (ľahostajný) lukewarm [ljukwoːm]; *v-é prijatie* a lukewarm reception

vlek 1. tow [təu]; *vziať vozidlo/čln do v-u* take a car/a boat in tow **2.** (zariadenie na dopravu); *lyžiarsky v.* ski lift [ski lift] **3.** (príves, vlečka) trailer [ˈtreilə]

vlhčiť moisten [ˈmoisn]; *v. si pery* moisten the lips

vlhkosť moisture [ˈmoisčə]; *v. vzduchu* humidity

vlhký moist [moist]; *v-á zem/vzduch* moist earth/air

vliecť 1. drag [dræg], (mať vo vleku) tow [təu]; *v. odťatý konár* drag a cut branch along; *v. auto do garáže* tow a car to a garage **2.** expr. (teperiť) lug [lag]; *v. ťažký kufor* lug a heavy suitcase // **v. sa** drag, trail along [ˌtreil əˈlɔŋ]; *v. sa za inými* drag behind the others; *dlhá sukňa sa jej v-ie po zemi* her long skirt is trailing along on the ground ● *čo sa v-ie, neutečie* postponed is not cancelled

vliezť creep* in (to) [ˈkriːp in (tə)]; *chlapci v-li do stanu* the boys crept into their tent

vlk wolf [wulf] ● *byť hladný ako vlk* be ravenous

vlna¹ (v rozl. význ.) wave [weiv]; *morské v-y* sea waves; *v-y na vlasoch* the waves in one's hair; fyz. *dlhé/stredné/krátke v-y* long/medium/short waves; *v. horúčavy* a heat wave

vlna² wool [wul]; *klbko v-y* a ball of wool; hovor. *čistá v.* pure wool

vlnený woolen [ˈwulən]; *v. kabát* a woolen coat

vlnovka a wavy line [ˈweiviˌlain]; *keramika ozdobená v-mi* ceramics decorated with wavy lines

vločka flake [fleik]; *snehová v.* a flake of snow; *mydlová/ovsená v.* a soap/a corn flake

vloha gift [gift], talent [ˈtælənt]

vložiť 1. put* [put]; *v. knihy do tašky* put some books in the bag **2.** (uložiť) deposit [diˈpozət]; *v. cennosti do sejfu* deposit valuables in a safe **3.** (investovať) invest [inˈvest]; *v. peniaze do firmy* invest money in a firm

vľúdny 1. (prívetivý) kind [kaind], affable [ˈæfəbl]; *je ku každému v.* he's affable to everybody **2.** (milo pôsobiaci) cosy [ˈkəuzi]; *v-e prostredie* cosy surroundings

vnadidlo bait [beit] (aj pren.); *ryba zhltla v.* the fish took/swallowed the bait; *v. pre kupujúcich* a bait to attract customers

vnem percept [ˈpəːsept], perception [pəˈsepšn]; *zrakový v.* visual perception

vniknúť 1. (preniknúť) penetrate [ˈpenətreit], permeate [ˈpəːmieit], (napadnúť) invade [inˈveid]; *voda v-la cez steny pivnice* water penetrated through the walls of the cellar; *svetlo v-lo cez záclony* the light penetrated through the curtains; *nepriateľ v-ol do mesta* the enemy invaded the town **2.** (zapôsobiť na zmysly, city) penetrate [ˈpenətreit], touch [tač]; *do nosa jej v-la známa vôňa* a well-known smell penetrated her nose **3.** (pochopiť) penetrate [ˈpenətreit], understand* [ˌandəˈstænd]; *v. do tajomstva atómu* penetrate the mystery of the atom

vnímať perceive [pəˈsiːv]; *v. krásu prírody* perceive the beauty of natural scenery

vnímavý 1. perceptive [pəˈseptiv]; *v. čitateľ* a perceptive reader **2.** (náchylný) sensitive [ˈsensətiv]; *v. na chlad* sensitive to cold

vnúča grandchild [ˈgrænčaild]

vnučka granddaughter [ˈgrænˌdoːtə]

vnuk grandson [ˈgrænsan]

vnuknúť instil [inˈstil], inspire [inˈspaiə]; *v. myšlienku (komu)* instil an idea into sb.'s mind; *v. nápad* inspire an idea

vnuknutie inspiration [ˌinspəˈreišn]; *dostať/mať náhle v.* have a sudden inspiration

vnútornosti entrails [ˈentreilz]

vnútorný 1. (op. vonkajší) inner [ˈinə], internal [inˈtəːnl], inside [ˈinsaid]; *v-é mesto*

V

the inner city; anat. *v-é orgány* the internal organs; *v-é krvácanie/poranenia* internal bleeding/injuries; *v-é strany novín* the inside pages of a newspaper **2.** (op. zahraničný) internal [intəːnl]; *v. obchod* internal trade; *v-é veci* internal affairs **3.** (týkajúce sa podstaty) inherent [inˈhirənt], intrinsic [inˈtrinsik]; *v-é protirečenie* inherent contradiction; *v-á súdržnosť* inherent consistency; *v-é hodnoty* intrinsic merits **4.** (duševný) inner [ˈinə], inward [ˈinwəd]; *v. život* inner life; *v. pokoj* inward peace

vnútrajšok interior [inˈtiriə], (the) inside [ðiː ˈinsaid]; *v. domu* the inside of the house/the interior

vnútri I. prísl. (op. vonku) inside [inˈsaid]; *ostať v.* stay inside **II.** predl. inside [inˈsaid]; *pomery v. štátu* conditions inside the state

vnútro 1. (vnútrajšok) interior [inˈtiriə], (the) inside [ðiː ˈinsaid]; *v. domu* the inside of a house; *v. jaskyne* the interior of a cave **2.** (vnútorné veci štátu) interior [inˈtiriə]; *ministerstvo v-a* Ministry of the Interior, (v Británii) Home Office **3.** (duševný život človeka) (the) inner man/woman [ðiː ˌinə ˈmæn/ˈwumən], bottom of the heart [ˈbotəm əv ðə ˈhaːt]

vnútrozemie interior [inˈtiriə], inland [ˈinlənd]; *expedícia do v-a* an expedition into the interior; *ísť ďalej do v-a* head further inland

vnútrozemský inland [ˈinlənd], interior [inˈtiriə]; *v. obchod* inland trade; *v-é vodné cesty* inland waterways; *v-é oblasti krajiny* the interior regions of the country

voda (v rozl. význ.) water [ˈwoːtə]; *pramenitá v.* spring water; *pohár v-y* a glass of water; *hlboká v.* deep water; *veľká v.* floods; *svätená v.* holy water ● *krv nie je v.* blood is thicker than water; *Tichá v. brehy podmýva.* Still waters run deep.; *udržať sa nad v-ou* keep one's head above water; *hnať v-u na mlyn (komu)* (all) grist to one's/the mill; *liať v-u do mora* carry coals to Newcastle; *loviť v mútnych v-ách* fish in troubled waters; *Dovtedy sa chodí s krčahom po v-u, kým sa nerozbije.* The pitcher goes often to the well, but it is broken at last.

vodák water sportsman [ˌwoːtə ˈspoːtsmən]

vodáreň waterworks [ˈwoːtəwəːks]

vodca 1. (kto stojí na čele) leader [ˈliːdə]; *rodený v.* a born leader **2.** (kto udáva smer) guide [gaid]

vodič¹ driver [ˈdraivə]; *v. autobusu* a bus driver

vodič² odb. conductor [kənˈdaktə]; *drevo je zlý v. tepla* wood is a poor conductor of heat

vodík hydrogen [ˈhaidrədžn]

vodiť 1. lead* [liːd]; *v. slepca* lead a blind man **2.** (sprevádzať) guide [gaid]; *v. turistov* guide tourists **3.** odb. conduct [kənˈdakt]; *kov dobre v-í teplo/elektrinu* metal is a good conductor of heat/electricity **4.** expr. *v. za nos (koho)* pull sb.'s leg

vodivý conductive [kənˈdaktiv]; *meď je silne v. kov* copper is a very conductive metal

vodník water-sprite [ˈwoːtəsprait]

vodný: *v. tok* watercourse; *v-á hladina* water level; *v-á energia* waterpower; *v-é sklo* water-glass; *v-á turbína* water turbine; *v-é pólo* water polo; *v-é lyžovanie* water skiing; *v-á doprava* water transport; *v-é cesty* waterways; *v-é vtáctvo* water birds; *v-á víla* water nymph

vodojem reservoir [ˈrezəvwaː]

vodoliečba hydrotherapy [ˌhaidrəuˈθerəpi]

vodomet fountain [ˈfauntən]

vodopád waterfall [ˈwoːtəfoːl]

vodorovný horizontal [ˌhorəˈzontl]; *v-á čiara* a horizontal line

vodotesný waterproof [ˈwoːtəpruːf], watertight [ˈwoːtətait]; *v-é hodinky* a waterproof watch; (na lodi) *v. priestor* a watertight compartment

vodovod water supply [ˈwoːtə səˌplai]; *kohútik v-u* tap

vojak soldier [ˈsəuldžə]

vojenčina military service [ˈmilətri ˈsəːvis]

vojenský military [ˈmilətri]; *v-á uniforma* a military uniform; *v-á disciplína* military discipline; *v. výcvik* military training

vojna 1. war [woː]; *2. svetová v.* World War II; *vypovedať v-u (komu)* declare war on somebody **2.** hovor. (vojenčina) military service

vojsko army [ˈaːmi], force [foːs]; *moderné, dobre vyzbrojené v.* a modern, well-equipped army; *nepriateľské v.* enemy forces

vojsť 1. enter [ˈentə]; *v. do obchodu* enter a shop **2.** (vniknúť) go* into [gəu ˈintə], penetrate [ˈpenətreit]; *klinec v-šiel do dreva* the nail went into the wood; *nôž mu v-šiel do srdca* the knife penetrated his heart **3.** (preniknúť) enter [ˈentə], come* into [kam ˈintu]; *v. do života* enter sb.'s life; *v. do platnosti* come into force **4.** (vmestiť sa) have room [hæv ruːm]; *všetko v-de do kufra* everything has room in the suitcase ● *v. do dejín* make history; *niečo mu v-šlo do hlavy* an idea crossed his mind; expr. *v-šli doňho všetci čerti* he must have had a devil in him

vojvoda duke [djuːk]

vokál lingv. vowel [ˈvauəl]

voľačo something [ˈsamθiŋ], a bit [ə ˈbit]; *v. sa muselo stať* something must have happened; *je o v. mladší* he's a bit younger

voľajako somehow [ˈsamhau]; *v. si už poradíme* we'll manage somehow

voľakde somewhere [ˈsamweə]; *bude v. v záhrade* he'll be somewhere in the garden

voľakedy sometime [ˈsamtaim], some time or other [oː ˌaðə], a long time ago [ˈloŋ taim əˈgou]; *v. ho asi uvidíš* you'll meet him sometime/some time or other; *v. tu rástli stromy* a long time ago there were trees growing here

voľakto somebody [ˈsambodi], someone [ˈsamwan]; *v. zvoní* somebody/someone is ringing the doorbell

volán frill [fril]; *v. na spodku sukne* a frill on the bottom of a skirt

volant steering wheel [ˈstiəriŋ ˈwiːl]

volať (v rozl. význ.) call [koːl]; *v. na priateľov* call out to one's friends; *v. o pomoc* call out for help; *matka ma v-á* Mother is calling me; *v-la sestre* she called up her sister; *v-li ho Tajfún* they called him Typhoon; *v. po pomste* call for revenge ● *hlas v-júci na púšti* the voice of one calling in the desert; *Ako sa do hory v-á, tak sa z hory ozýva.* You get as much as you give. // *v. sa* be called [biː kold]; *v-á sa Katarína* she's called Catherine

voľba 1. (výber) choice [čois]; *správna v.* the right choice 2. (obyč. pomn.) *v-y* (hlasovanie) election [iˈlekšn]; *tajné v-y* ballot [ˈbælət]

volebný electoral [iˈlektrəl]; *v. systém* the electoral system

volejbal volleyball [ˈvoliboːl]

volenka: *dámska v.* ladies' choice

volič voter [ˈvəutə]; *zoznam v-ov* electorial roll/register

voliť 1. (vybrať si) choose* [čuːz]; *v. si odbor štúdia* choose a subject of study 2. (odovzdávať hlas) elect [iˈlekt]; *v. prezidenta* elect a president

voľnomyšlienkar freethinker [ˌfriːˈθiŋkə]

voľnosť freedom [ˈfriːdəm], liberty [ˈlibəti]; *cez prázdniny sa deti tešia v-ti*

during the holidays children enjoy their freedom; *mať v. konania* have the liberty of action

voľný (v rozl. význ.) free [friː]; *v. koniec lana* the free end of the rope; *v-é miesto* (na sedenie) a free seat; *v. miesto* (v zamestnaní) a vacancy; *v. čas* free/spare time; *cesta je v-á* the way is free; *v. lístok* a free ticket; *v. preklad* a free translation; *si v., môžeš ísť, kam chceš* you're free, you can go wherever you like to; *v. kyslík* free oxygen

von I. prísl. (v rozl. význ.) out [aut]; *chodiť v. a dnu* go out and in; *ísť s deťmi v.* go out with the children; *žiada sa mu v., na vidiek* he wants to go out, to the country; *dostal sa v. z dlhov* he got out of his debts II. predl. out; *pozerať v. oblokom* look out of the window

voňať smell* [smel]; *kvety sladko v-jú* the flowers smell sweet; *v. plyn* smell gas

voňavka perfume [ˈpəːfjuːm], scent [sent]

voňavý aromatic [ˌærəˈmætik]; *v-é látky* aromatic substances

vonkajší 1. (zvonka) exterior [ikˈstiriə], outside [ˌautˈsaid], outer [ˈautə]; *v-ie steny* exterior/outside walls; *v. svet* the outer world 2. (pôsobiaci zvonka) external [ikˈstəːnl]; *liek na v-ie použitie* a medicine for external use

vonkajšok exterior [ikˈstiriə]; *láskavý človek s drsným v-kom* a gentle man with a rough exterior

vonku 1. (op. vnútri) outdoors [ˌautˈdoːz], outside [ˌautˈsaid]; *deti sa hrajú v.* the children are playing outdoors; *v. prší* it's raining outside 2. hovor. out [aut]; *je v. v Austrálii* he is out in Australia

vopred 1. (čas. význ.) in advance [in ədˈvaːns], ahead [əˈhed], beforehand [biˈfoːhænd]; *zaplatiť v.* pay in advance 2. (miest. význ.) in front (of) [in ˈfrant (əv)], ahead (of) [əˈhed (əv)]; *šiel v.* he went ahead

vosk wax [wæks]; *včelí v.* beewax; *pečatný v.* sealing wax

voskovať wax [wæks]; *v. lyže* wax the ski

voš louse [laus], mn. č. lice [ˈlais]

votrieť sa intrude [inˈtruːd]; *v. sa do súkromia* intrude upon a person's privacy

voz 1. (dvoj- al. štvorkolesový) cart [kaːt], (štvorkolesový na ťažký náklad) wagon/waggon [ˈwægən] 2. hovor. (auto) car [kaː]

vozeň (železničný zakrytý) van [væn], (železničný otvorený) wagon [ˈwægən]

vozidlo vehicle [ˈviːikl]

V

vozovka roadway [ˈrəudwei]

vôbec I. prísl. in general [in ˈdženrəl]; *hovorili o hudbe v.* they spoke about music in general **II.** čast. (pri zápore) at all [ət ˈoːl]; *v. nič* nothing at all

vôl ox [oks]; *pár vo-ov* a pair of oxen

vôľa (v rozl. význ.) will [wil]; *slobodná v.* free will; *železná v.* iron will; *proti jej v-li* against her will; *z vlastnej v-le* of one's own free will; *dobrá v.* goodwill ● *ani pri najlepšej v-li* not with the best will in the world; *nech je po tvojej v-li* be it at your will; *podriadila sa otcovej v-li* she submitted to her father's will; *Dobrá v. všetko zdolá.* Where there's a will, there's a way.

vôňa smell [smel], fragrance [ˈfreigrəns], scent [sent]; *dobrá/neobyčajná v.* a nice/an unusual smell; *v. jarných kvetov* the fragrance of spring flowers; *v. ruží* the scent of roses

vplyv influence [ˈinfluəns]; *byť pod zlým v-om* be under a bad influence; *má na neho dobrý v.* he has a good influence on him

vplývať influence [ˈinfluəns]; *v-a na svoje deti* he influences his children

vpravo right [rait]; *druhé dvere v.* the second door on the right; *odbočiť v.* turn right

vpredu in the front [in ðə frant]; *sedieť v. v autobuse* sit in the front of a bus

vpustiť 1. (pustiť dovnútra) admit [ədˈmit], let* in [let in]; *v. hostí do domu* admit guests into the house/let guests in **2.** (nechať vniknúť) let in [let in]; *v. svetlo a vzduch* let in light and air

vrabec sparrow [ˈspærəu] ● *o tom už v-ce čvirikajú* every schoolboy knows that; *Lepší v. v hrsti ako zajac v chrastí/ako holub na streche.* A bird in the hand is worth two in the bush.

vrah murderer [ˈməːdrə]; *zákerný v.* assassin

vraj supposedly [səˈpəuzdli]; *v. je bohatá* supposedly, she's a rich woman

vrak wreck [rek]; *v. starej galeóny* the wreck of an old galleon; *z auta zostal bezcenný v.* the car was a worthless wreck

vrana crow [krəu] ● *V. k v-e sadá, rovný rovného si hľadá.* Birds of a feather flock together.

vráska wrinkle [ˈriŋkl]; *v-y okolo očí* wrinkles around the eyes

vráta gate [geit]

vrátane including [inˈkluːdiŋ]

vrátiť 1. (poslať späť) return [riˈtəːn], send*

back [send bæk], put* back [put bæk]; *v. balík* send back/return a parcel; *v. ručičky hodín* put back the clock **2.** (dať pôvodnému majiteľovi) return [riˈtəːn], give* back [giv bæk]; *v. pero* give back/return a pen **3.** (obnoviť) give* back [giv bæk]; *v. zdravie* give back health **4.** (opätovať) pay back [pei bæk]; *v. pohostinstvo* pay back hospitality // **v. sa** return [riˈtəːn], come* back [kam bæk]; *v. sa domov* return home

vratký 1. (labilný) rickety [ˈrikəti], unsteady [anˈstedi]; *v-á chôdza* unsteady walk; *v-á stará stolička* a rickety old chair **2.** (neistý) unsteady [anˈstedi]; *v-é postavenie* an unsteady position

vrátnik doorkeeper [ˈdoːkiːpə], (v hoteli, v divadle) doorman [ˈdoːmæn]; (najmä BR – v hoteli, škole, nemocnici) porter [ˈpoːtə]

vravieť say* [sei], tell* [tel]; *čo v-el?* what did he say?; *v. pravdu* tell the truth ● *to mi nič nev-í* that doesn't ring a bell; *zlé jazyky v-ia* rumour/malicious gossip has it

vražda murder [ˈməːdə]; *obviniť (koho) z v-y* accuse sb. of murder; *spáchať v-u* commit murder

vraždiť murder [ˈməːdə]; *úkladne v.* assassinate

vŕba willow [ˈwiləu]; *smutná v.* weeping willow

vrece sack [sæk]; *v. zemiakov* a sack of potatoes; *papierové v.* a paper sack ● *kúpiť mačku vo v-i* buy a pig in a poke

vreckár hovor. pickpocket [ˈpikˌpokət]

vrecko 1. bag [bæg]; *papierové/igelitové v.* a paper/polythene bag **2.** (na odeve) pocket [ˈpokət]; *vytiahol kľúče z v-a* he took the keys out of his pocket ● *strčiť/vopchať koho do v-a* beat sb.; *mať prázdne v./v-á* be out of pocket

vreckovka handkerchief [ˈhæŋkəčif]

vreckový: *v. nožík* pocketknife; *v. zlodej* pickpocket

vred ulcer [ˈalsə]

vres heather [ˈheðə]

vretenica viper [ˈvaipə]

vreteno spindle [ˈspindl]

vrh 1. throw [θrəu]; *rekordný v.* a record throw, šport. *v. guľou* shot-put **2.** (porodenie mláďat) litter [ˈlitə]

vrhať 1. (hádzať) throw* [θrəu]; *v. kocky* throw dice; *v. guľou* put the shot **2.** (vydávať) cast [kaːst]; *v. tieň* cast shadows; *v. hnevlivé* *pohľady (na koho)* cast angry glances at sb. **3.** kniž. plunge [plandž]; *v. svet do skazy* plunge the world into disaster // **v. sa 1.** plunge [plandž], fling* [fliŋ], hurl [hə:l]; *v. sa do vody* plunge into water, fling/hurl oneself into water; *v. sa do náručia (komu)* fling oneself into sb.'s arms **2.** (prepadať) hurl [hə:l], (so zbraňou) thrust* [θrast]; *v. sa na nepriateľa* hurl oneself upon an enemy **3.** expr. (púšťať sa) fling* [fliŋ]; *v. sa do roboty* fling oneself into a job **4.** kniž. plunge [plandž]; *v. sa do nešťastia* plunge into misery

vrch 1. hill [hil]; *strmý v.* a steep hill; *ísť hore v-om* go uphill **2.** (horná časť) top [top]; *naplniť fľašu až po v.* fill the bottle up to the top

vrchnák (truhlice, smetiaka) lid [lid]; *zdvihnúť v.* take off the lid

vrchnosť authority [o:'θorəti]; *cirkevná v.* the church authorities

vrchný 1. (v hornej časti) upper ['apə]; *v-á paluba* upper deck **2.** (najvyšší) chief [či:f]; *v. veliteľ* commander in chief

vrchol 1. top [top], summit ['samət], peak [pi:k]; *v. stromu* the top of the tree; *v. Mount Everestu* the summit of Mount Everest **2.** apex ['eipeks], zenith ['zeniθ]; *v. dokonalosti* the apex of perfection; *v. jeho kariéry* the apex of his career ● *to je (už) v. (všetkého)!* that's the limit!

vrcholec peak [pi:k]

vrcholiť climax ['klaimæks]; *prípravy v-a* the preparations have reached the climax

vriaci boiling ['boiliŋ]; *v-a voda* boiling water

vrieť boil [boil] (aj pren. expr.); *mlieko v-ie* the milk is boiling; *zlosť v ňom v-ie* he's boiling with rage

vrkoč plait [plæt]

vrodený inborn [ˌin'bo:n], innate [i'neit]; *v-á vlastnosť/schopnosť* an inborn/innate quality/ability

vrstovník contemporary [kən'temprəri]

vrstva layer ['leiə] *v. zeme* a layer of earth; *v. uhlia* a layer of coal

vrt 1. (vŕtanie) boring ['bo:riŋ] **2.** (otvor) bore [bo:], borehole ['bo:həul]

vŕtačka drill [dril]; *zubná v.* a dentist's drill; *pneumatická v.* pneumatic drill

vrták 1. borer ['bo:rə]; *vyvŕtať otvor v-om* bore a hole with a borer **2.** expr. (všetečný človek) a nosy parker [ə 'nouzy 'pa:kə]

vŕtať (v rozl. význ.) drill [dril], bore [bo:];

v. zub drill a tooth; *v. dieru do steny* drill a hole in the wall; *v. do tvrdej skaly* bore through solid rock; *v. studňu* bore a well; *v. ropu* drill for oil; *červ v-a v dreve* a worm bores into the wood

vrtieť 1. (chvostom) wag [wæg]; *pes v-í chvostom* the dog is wagging its tail **2.** (hlavou) shake [šeik]; *v. hlavou* shake one's head // **v. sa 1.** (krútiť sa) twirl [twə:l]; *v. sa v tanci* twirl round the dance floor **2.** (hniezdiť sa) wriggle ['rigl]; *v. sa na stoličke* wriggle on a chair

vrtoch caprice [kə'pri:s]; *ženské v-y* the caprice of women

vrtošivý capricious [kə'prišəs]; *v-é počasie* capricious weather

vrtuľa propeller [prə'pelə]

vrtuľník helicopter ['helikoptə]

vrúcny ardent ['a:dnt]; *v-e priateľstvo* ardent friendship

vryť 1. (rytím vyhíbiť) engrave [in'greiv]; *ozdoby v-té do kovu* ornaments engraved on metal **2.** (zaryť) burrow ['barəu]; *v. rypák do zeme* burrow the snout into earth // **v. sa** (aj pren.): *v. sa do pamäti* engrave on one's memory

vŕzgať 1. creak [kri:k], squeak [skwi:k]; *podlaha v-a* the floorboards creak; *dvere v-jú* the door creaks/squeaks; *sneh v-a pod nohami* the snow crunches under the feet **2.** (spôsobovať vŕzgavý zvuk) scrape [skreip]; *v. stoličkou* scrape the chair on the floor **3.** pejor. (vŕzať) scrape [skreip]; *v. na husličkách* scrape the violin

vŕzgavý creaky ['kri:ki]; *v-é schody* creaky stairs

vsadiť set* [set]; *v. briliant do prsteňa* set a diamond in a ring

vsiaknuť soak [səuk]; *atrament v-ol do papiera* the ink has soaked in the paper; *voda v-la do pôdy* the ground soaked up the water

vskutku indeed [in'di:d]; *počasie bolo v. krásne* the weather was indeed beautiful

vstať 1. stand* up [stænd ap]; *v-ňte, učiteľ prichádza* stand up, the teacher is coming **2.** (zobudiť sa) get* up [get ap], rise* [raiz]; *v. skoro* get up early; *v. za tmy* rise before light ● *v. ľavou nohou* get out of bed on the wrong side

vstavať build* in [bild in]; *skrine v-né do steny* built in wardrobes

V

vstrebať absorb [əb'sɔ:b], suck up [sak ap]; *v. vlahu zo zeme* absorb/suck up moisture from the soil

vstreknúť inject [in'džekt]; *v. sérum do žily* inject serum into the vein

vstup 1. (vchod) entrance ['entrəns]; *v. do parku* the entrance to the park 2. (vstúpenie) entry ['entri]; *legálny v. do budovy* legal entry into the building; *v. zakázaný* no entry

vstupenka admission ticket [æd'mišən 'tikət]; *voľná v.* a free ticket

vstúpiť 1. enter ['entə]; *v. do miestnosti* enter a room 2. join [džoin]; *v. do klubu* join a club; *v. do armády* join the army

vstupné admission [əd'mišn], (na športové podujatie) gate money ['geit ‚mani]; *v. 10 Sk* admission 10 Sk (Slovak crowns)

vsunúť 1. put* [put]; *v. pero do puzdra* put the pen in the case 2. insert [in'sə:t]; *v. nový odsek dó článku* insert a new paragraph in the article

vsuvka insertion [in'sə:šn], parenthesis [pə'renθəsəs]

všade everywhere ['evriweə]; *v. žijú ľudia* people live everywhere

však I. spoj. (ale) but [bat]; *neprišiel, poslal v. telegram* he didn't come but sent a telegram II. čast. (všakže, všakver): *pekný výhľad, v.?* it's a nice view, isn't it?; *hovoríš po anglicky, v.?* you speak English, don't you?

všedný common ['komən], commonplace ['komənpleis], ordinary ['ɔ:dnri]; *v-í ľudia* common people; *v-é auto* a commonplace/an ordinary car

všeličo 1. all sorts of things [ol 'sɔ:ts əv 'θiŋz], different things [‚difrənt 'θiŋz]; *doniesol v.* he brought all sorts of things; *v-mu sa priučil* he learnt different things 2. expr. a good many things [ə ‚gud mæni 'θiŋz]; *tam môže v. nachytať* there he can catch a good many things

všelikto different/various people [‚difrənt/‚veriəs 'pi:pl]; *v. sa na teba pýtal* various people asked after you

všemocný omnipotent [om'nipətənt]

všemohúci almighty [ɔ:l'maiti]; *V. Boh* God Almighty

všeobecný 1. (týkajúci sa všetkých, všetkého) universal [‚ju:nə'və:sl], general ['džženrəl]; *v. súhlas* universal agreement; *v-é základné vzdelanie* universal primary education; *v-é vzdelanie* general education 2. (nie podrobný)

general ['džženrəl]; *v-é pokyny* general instructions

všestranný many-sided ['meni 'saidəd], varied ['verid]; *v. umelec* a many-sided artist; *v-é záujmy* varied interests

všetečný nosy, nosey ['nəuzi], inquisitive [in'kwizətiv]; *v-í susedia* nosy neighbours; *v-é otázky* inquisitive questions

všetok, všetko, všetci I. zám. all [ɔ:l], the whole [ðə 'həul]; *v-ky peniaze* all the money; *v. voľný čas* the whole free time; *v. štyria* all four ● *nemá v-ých doma* he is all nuts; *je v-ými masťami mazaný* he is a shrewd customer/he knows all the tricks II. čísl. *všetko* (op. nič) everything ['evriθiŋ], all [ɔ:l]; *urobím v.* I'll do everything; *tešiť sa v-ému* enjoy everything ● *podľa v-ého* for all I know; *bolo mu v. jedno* it was all the same to him

vševediaci omniscient [om'nišnt]; *V. Boh* God the Omniscient

všimnúť si 1. (zbadať) notice ['nəutəs]; *v-ol si jej nové šaty* he noticed her new dress; *nev-mol si, že...* he didn't notice (that)... 2. (prejaviť záujem) heed [hi:d], take* heed of; *nev-mla si rady* she didn't heed the advice

vštepiť 1. (zaštepiť) engraft [in'gra:ft] 2. (vtlačiť do pamäti) implant [im'pla:nt]; *v. deťom úctu k starým ľuďom* implant respect to the aged into children

vták bird [bə:d]; *spevavý v.* song-bird

vtedajší the then [ðə ðen], of that time [əv ðæt taim]; *v. riaditeľ* the then manager; *v-ia móda* the fashion of that time

vtedy 1. then [ðen], at that time [ət ðæt taim]; *v. sme bývali na vidieku* at that time we were living in the country; *súhlasil hneď v.* he agreed there and then 2. (v tom prípade) then [ðen]; *pravidlo platí i v.* even then you must obey the rule

vtesnať squeeze [skwi:z]; *v-l nohu do topánky* he squeezed his foot into the shoe // **v. sa** squeeze [skwi:z]; *v-li sa do auta* they squeezed into the car

vtiahnuť 1. (dostať dovnútra) pull into [pul 'intə]; *v. sánky do dvora* pull the sledge into the yard 2. (vnútiť vstup) drag in [dræg in]; *v-li ho do hádky* he got dragged in into their argument 3. (vdýchnuť) draw* in [dro: in]; *v. vzduch* draw in air 4. (vsunúť) duck [dak]; *pes v-ol hlavu do búdy* the dog ducked his head into the kennel 5. (vniknúť) march in [ma:č in]; *vojsko v-lo do mesta* the army marched in the town

vtieravý obtrusive [əb'tru:siv]; *v-á hudba* obtrusive music

vtip 1. (dôvtip) wit [wit]; *prejaviť v.* show wit **2.** (žart) joke [džəuk], jest [džest]; *rozprávať v-y* tell jokes; *povedal to ako v.* he said it as a jest

vtipkár joker ['džəukə]

vtipný witty ['witi]; *v. rečník* a witty speaker; *v-á poznámka* a witty remark

vtlačiť 1. push [puš]; *v. auto do dvora* push the car into the yard **2.** impress [im'pres]; *v. vzorku do hliny* impress a pattern on clay

vtĺcť hammer ['hæmə]; *v. klinec do steny* hammer a nail in the wall ● *v. komu čo do hlavy* hammer sth. in sb.'s head

vtom at that (very) moment [ət ðæt (veri) 'məumənt]; *vošiel, v. sa ozval telefón* he entered the room, at that very moment the telephone rang

vtrhnúť (vpadnúť) invade [in'veid]; *nepriateľ v-ol do susednej krajiny* the enemy invaded the neighbouring country

vtrieť rub into [ˌrab 'intə]; *v. krém do pokožky* rub ointment into the skin

vulgárny vulgar ['valgə]; *v-e spôsoby* vulgar habits

vulkán volcano [vol'keinəu]

vulkanizovať tech. vulcanize ['valkənaiz]

vy you [ju:]; *vy ste starí kamaráti* you are old friends; *ďakujeme Vám za Váš list* thank you for your letter ● *(ja) byť vami pane/chlapci* if I were you sir/boys

vybaliť 1. unwrap [an'ræp]; *v. tovar* unwrap goods **2.** (vyprázdniť) unpack [an'pæk]; *v. kufor* unpack a suitcase

výbava 1. (nevesty) trousseau ['tru:səu] **2.** (výstroj) equipment [i'kwipmənt]; (na cestu) outfit ['autˌfit]

vybavenie equipment [i'kwipmənt]; *továreň s moderným v-ím* a factory with modern equipment

vybaviť 1. deal* with [di:l wið], take* care of [teik keə əv]; *v. objednávku* deal with an order; *v. niečo osobne* take care of sth. personally **2.** (uviesť do poriadku) settle ['setl], dispatch [di'spæč]; *v. úradné veci* dispatch business **3.** equip [i'kwip]; *dobre v-né sídlisko* a well-equipped housing estate

výbeh run [ran]; *v. pre hydinu* a chicken run

vybehnúť 1. (von) run* out ['ran aut]; *v. na ulicu* run out into the street **2.** (hore) run* up ['ran ap]; *v. hore schodmi* run up the stairs

výber 1. choice [čois]; biol. selection [sə'lekšn]; *mať na v.* be offered/given a choice **2.** (čo vzniklo vyberaním) selection [sə'lekšn], choice [čois]; *v. Mozarta* selections from Mozart; *v. otázok* choice questions **3.** hovor. (tovar najlepšej akosti) choice [čois]

vyberač collector [kə'lektə]; *v. daní* a tax collector

vyberaný: *v-é výrazy* choice phrases; *v-é ovocie* choice fruit

výbežok 1. (zeme do mora) promontory ['proməntri] **2.** (pohoria) spur [spə:]

vybieliť bleach [bli:č], whitewash ['waitwoš]; *v. plátno* bleach linen; *v. steny* whitewash walls

vybiť 1. (zbiť) beat* [bi:t]; *otec ho v-l pre neposlušnosť* his father beat him for being disobedient **2.** (zbaviť elektrického náboja) discharge [dis'ča:dž]; *v. akumulátor* discharge an accumulator

vyblednúť fade [feid]; *farby v-li* the colours faded

vybočiť deviate ['di:vieit]; *lietadlo v-lo z kurzu* the plane deviated from its flight path

výboj 1. (ozbrojený výpad) conquest ['koŋkwest] **2.** (energie) discharge [dis'ča:dž]

výbojka discharge lamp [dis'ča:dž ˌlæmp]

výbojný aggressive [ə'gresiv]; *v-é kmene* aggressive tribes

výbor committee [kə'miti]; *byť vo v-e* be on a committee

výborný I. príd. excellent ['ekslənt]; *v. žiak* an excellent pupil; *v-é výsledky* excellent results **II.** podst. (stupeň prospechu v školskej klasifikácii) excellent ['ekslənt]

vybrať 1. choose* [ču:z]; *v. dar* choose a gift **2.** draw* [dro:]; *v. peniaze z banky* draw money from a bank account **3.** (inkasovať) collect [kə'lekt]; *v. dane* collect taxes

výbuch 1. explosion [ik'spləužn]; *v. bomby* a bomb explosion **2.** expr. burst [bə:st]; *v. smiechu* a burst of laughter

vybuchnúť 1. explode [ik'spləud]; *bomba v-la ráno* the bomb exploded in the morning **2.** expr. burst* out [bə:st aut]; *v-la do smiechu* she burst out laughing

vyburcovať arouse [ə'rauz]; *v. z hlbokého spánku (koho)* arouse sb. from deep sleep; *v. z pasivity (koho)* arouse sb. from passivity

výbušnina explosive [ik'spləusiv]

V

výbušný explosive [ik'spləusiv] (aj pren.); *v-á látka* explosive material; *v-á povaha* explosive temper

výcvik training ['treiniŋ]; *odborný v.* specialist training; *doba v-u* training period; *podrobiť sa v-u* receive training

vyčalúniť upholster [ap'həulstə]; *v. stoličky* upholster chairs

výčap 1. (miestnosť) pub [pab]; (pult) bar [ba:] 2. (čapovanie) serving of drinks ['sə:viŋ əv 'driŋks]

výčapník barman ['ba:mən]

vyčariť 1. (vyvolať) call up [ko:l ap]; *v. úsmev* call up a smile 2. (šikovne urobiť) conjure ['kandžə]; *v. hostinu* conjure up a good meal

vyčerpať 1. (odčerpať) drain [drein]; *v. vodu z nádrže* drain the water from a tank 2. (minúť) use up [ju:z ap]; *v. zásoby* use up the supplies 3. (vysiliť) exhaust [ig'zo:st]; *v. všetky sily* exhaust all one's strength; *v. problém* exhaust a problem // *v. sa* 1. get* used up [get ju:zd ap]; *prostriedky sa v-li* all means got used up 2. get* exhausted [get ig'zo:stəd]; *úplne sa v-l* he got all exhausted

vyčiarknuť cross out [kros aut]; *v. meno zo zoznamu* cross out a name from a list

vyčísliť appraise [ə'preiz]; *v. škodu* appraise the damage

vyčistiť 1. clean [kli:n]; *dala si v. šaty* she had her clothes cleaned; *v. mesto* (od zločincov) clean up the town 2. (čistením odstrániť) remove [ri'mu:v]; *v. fľaky* remove stains ● *v. žalúdok (komu)* haul sb. over the coals

vyčítať reproach [ri'prəuč]; *nemáš si čo v.* you have nothing to reproach yourself

vyčítavý reproachful [ri'prəučfl]; *v. pohľad* a reproachful glance

výčitka reproach [ri'prəuč]; *robiť v-y (komu)* heap reproaches upon sb.; *mať v-y svedomia* have a guilty conscience

vyčkať wait [weit]; *v. na vhodnú príležitosť* wait one's opportunity/chance; *ešte v-jme* let's wait a bit

výčnelok protrusion [prə'tru:žn]

vyčnievať protrude [prə'tru:d]; *v-júce klince* protruding nails

vydanie edition [i'dišn]; *prvé v. knihy* the first edition of a book; *brožované/viazané v.* paperback/hardcover edition

vydať 1. (dať) give* out [giv aut]; *v. všetku silu* give out all strength 2. (odovzdať do moci) render up [,rendər 'ap]; *v. mesto nepriateľovi* render up a city to the enemy 3. (dať za ženu) marry ['mæri]; *v-l dcéru za bohatého muža* he married his daughter to a rich man 4. (vyhlásiť) issue ['išu:]; *v. komuniké* issue a communiqué 5. (publikovať) publish ['pabliš]; *v. knihu* publish a book 6. (minúť peniaze) spend* [spend]; *v-la všetky svoje peniaze* she's spent all her money 7. (vrátiť drobné) give* back [giv bæk]; *v. drobné* give back small change ● *v. na milosť a nemilosť (koho)* leave to sb.'s tender mercies; *v. svedectvo* bear witness to // *v. sa* 1. (na cestu) set* out [set aut]; *v-li sa na cestu pred brieždením* they set out before dawn 2. (za koho) marry ['mæri]; *v-la sa za herca* she married an actor

výdatný substantial [səb'stænšl], massive ['mæsiv]; *v-é raňajky* substantial breakfast; *v. dážď* massive rain

vydavateľ editor ['editə]; *v. novín* the editor of a newspaper

výdavok expense [ik'spens]; *bežné v-ky* everyday expenses

vydediť 1. (vylúčiť z dedičstva) disinherit [,disən'herət]; *v-l syna* he disinherited his son 2. expr. (vylúčiť zo spoločnosti) expel [ik'spel]; *v-ený z krajiny* expelled from the country

vydeliť 1. assign [ə'sain], allot [ə'lot]; *v. prácu (komu)* assign sb. work to be done; *v. povinnosti* allot duties 2. divide [di'vaid]; *v. tridsať šiestimi* divide thirty by six

vydierač blackmailer ['blækmeilə]

vydlážďiť pave [peiv]; *v. dvor* pave a courtyard

vydobyť win* [win]; *v. (si) dobrú pozíciu* win oneself a good position

výdobytok achievement [ə'či:vmənt]; *v-ky civilizácie* the achievements of civilization

vydra otter ['otə]

vydrhnúť 1. scrub [skrab]; *v. dlážku* scrub the floor 2. (vyšúchať) rub [rab]; *v-i si vlasy do sucha* rub your hair dry; *v. koňa* rub down a horse

vydriduch expr. bloodsucker ['blad,sakə]

vydržať 1. (ostať) endure [in'djuə]; *v. do konca* endure to the end 2. (zniesť) stand* [stænd]; *v. tempo práce* stand the pace of work

vydržiavať keep* up [ki:p ap]; *v. veľkú domácnosť* keep up a large household

vydutina bulge [baldž]

výdych expiration [,ekspi'reišn]

vydýchať consume air [kən'sju:m eə], use

up air [juːz ap eə]; *v-ný vzduch v miestnosti* used up air in a room

vydýchnuť breathe out [briː aut], exhale [eksˈheil]; *hlboko sa nadýchnuť a potom pomaly v.* breathe in deeply and then exhale slowly ● *naposledy v.* breathe one's last // **v. si** breathe a sigh of relief [briːð ə sai əv rəˈliːf]; *v-i si!* have a breather

výfuk tech. exhaust [igˈzoːst]; *v. auta* exhaust pipe

vyfúkať (v rozl. význ.) blow* [bləu]; *v. prach z prístroja* blow out the dust of an apparatus; *v. vajce* blow an egg; *v. sklenú figúrku* blow a glass figure

výfukový: *v-é plyny* exhaust fumes

vygumovať erase [iˈreiz] (aj pren.); *v. poznámky* erase notes; *v. niečo zo spomienok* erase from the mind the memory of sth.

vyhádzať throw* away [θrəu əˈwei]; *v. staré nepotrebné veci* throw away old useless things

vyhasnúť go* out [gəu aut]; *oheň práve v-l* the fire has just gone out

výherca winner [ˈwinə]; *šťastný v.* the lucky winner

výhľad 1. view [vjuː]; *mať prekrásny v. z okna* have a marvellous view from the window 2. prospect [ˈprospekt]; *nemá radostné v-y do budúcnosti* she hasn't got a very cheerful prospect

vyhľadať look up [luk ap]; *v. slovo v slovníku* look up a word in a dictionary

vyhladiť smooth out [smuːð aut]; *v. povrch (čoho)* smooth the surface of sth.; *v. obrus* smooth out the tablecloth

vyhladovať starve [staːv]; *v-ná šelma* a starved beast of prey

vyhlásenie declaration [ˌdekləˈreišn], proclamation [ˌprokləˈmeišn]; *v. vojny* declaration/proclamation of war

vyhlásiť 1. declare [diˈkleə]; *v. víťaza zápasu* declare sb. the winner of a fight; *v. vojnu* declare war 2. (úradne) pronounce [prəˈnauns]; *v. za mŕtveho* pronounce sb. dead

vyhláška public notice [ˈpablikˌnəutis]

vyhliadka 1. view [vjuː]; *izba s v-ou na more* a room with a seaview 2. (nádej, výhľad) outlook [ˈautluk]; *zlé v-y na obchod* a poor outlook for the trade

vyhňa forge [foːdž]

vyhnanec exile [ˈeksail]

vyhnanstvo exile [ˈeksail]; *poslať do v-a* send into exile

vyhnať 1. (prinútiť na odchod) turn out [təːn aut], chase out [čeis aut]; *v. dcéru z domu* turn a daughter out of the house; *v. deti z kuchyne* chase the children out of the kitchen 2. (prinútiť opustiť isté prostredie) banish [ˈbæniš]; *v. z krajiny* banish from the country 3. hovor. expr. (zdvihnúť) drive* up [draiv ap]; *v. ceny* drive up the prices 4. (o rastline) shoot* [šuːt]; *ruže zase v-li* rose bushes shot again ● *nehodno ani psa von v.* I wouldn't send a dog out in this weather

vyhnúť sa 1. (v rozl. význ.) avoid [əˈvoid]; *v-i sa autu!* avoid the car!; *v. sa nebezpečenstvu* avoid danger 2. (nahnúť sa von) lean* out [liːn aut]; *v. sa z okna* lean out of the window

výhoda advantage [ədˈvaːntidž]; *poskytovať v-y* give advantage

vyhodiť 1. (do výšky) toss [tos]; *v. loptu do vzduchu* toss the ball in the air 2. (výbuchom zničiť) blow* up [bləu ap]; *v. most do vzduchu* blow up a bridge 3. (von) throw* out [θrəu aut]; *dieťa v-lo hračku z okna* the child threw its toy out of the window 4. expr. kick out [kik aut]; *v-li ho za podvody* he was kicked out for cheating; *v-li ho z práce* they fired him 5. (odstrániť) throw* away [θrəu əˈwei]; *v. staré topánky* throw away old shoes 6. (pri hre v karty) discard [disˈkaːd]; *v. srdcovú kráľovnú* discard the Queen of Hearts ● *v. (koho) na ulicu* turn sb. out onto the streets; *v. z práce (koho)* sack sb.; *to si v-ď z hlavy* just forget about it

vyhodnotiť evaluate [iˈvæljueit]; *v. výsledky* evaluate the results

výhodný advantageous [ˌædvənˈteidžəs]; *v-á pozícia* an advantageous position; *to je v-á kúpa* it's a bargain

výhonok shoot [šuːt], sprout [spraut]

vyhorieť 1. (zhorieť do základov) burn* down [bəːn daun]; *dedina v-ela* the village burnt down 2. (dohorieť, vyhasnúť) burn* out [bəːn aut]; *žiarovka v-ela* the light bulb has burnt out

vyhostiť expel [ikˈspel]; *v. zahraničných novinárov z krajiny* expel foreign journalists from the country

vyhovieť 1. (urobiť po vôli) do* right [duː rait]; *tebe nik nev-ie* no one can do anything right for you; *každému nemožno v.* you can't please all of the people all of the time 2. (splniť požiadavky, potreby) meet* [miːt]; *v. potrebám/požiadavkám* meet the needs/the demands

vyhovoriť talk out [toːk aut]; *nedá si to v.* she can't be talked out of it // **v. sa 1.** talk [toːk]; *potrebuje sa v.* she needs talking **2.** (nájsť výhovorku) take* as excuse [teik əz ikˈskjuːz]; *v. sa na chorobu* take a disease as excuse

výhovorka excuse [ikˈskjuːz]; *úbohá v.* a lame excuse

vyhovujúci suitable [ˈsuːtəbl]; *je to v. byt* it's a suitable flat

výhra 1. (hlavne v športe) win [win]; *mali sme dve v-y a tri prehry* we've had two wins and three defeats **2.** (cena, odmena) prize [praiz]; *hlavná v.* first prize

vyhrabať 1. (vyhíbiť) dig* out [dig aut]; *v. dieru* dig out a hole **2.** (odstrániť) dig* up [dig ap]; *pes v-l kosť* the dog dug up a bone **3.** expr. (objaviť) dig* up [dig ap], unearth [anˈəːθ]; *v. zaujímavé informácie* dig up/unearth interesting information

výhrada reservation [ˌrezəˈveišn]; *prijať ponuku bez v-d* accept an offer without reservation

vyhradiť reserve [riˈzəːv]; *všetky práva v-ené* all rights reserved; *zmena programu v-ená* the programme is subject to alterations; *miesta sú v-ené pre starých a chorých* these seats are reserved for old an sick people

výhradný exclusive [ikˈskluːsiv]; *v-é právo publikovať* the exclusive right of publication

vyhrať win* [win]; *v. preteky* win the race; *v. voľby* win the election; *v. prvú cenu* win the first prize

vyhrážať sa threaten [ˈθretn]; *v-l sa, že vyhodí lietadlo do vzduchu* he threatened to blow up the plane

vyhrážka threat [θret]; *brať v-y vážne* take threats seriously; *prázdne v-y* empty threats

vyhrešiť scold [skəuld], reprove [riˈpruːv]; *v. dieťa* scold a child; *v-la ho pre klamstvá* she reproved him for telling lies

vyhriať heat [hiːt]; *v. dom* heat the house

vyhubiť exterminate [ikˈstəːməneit]; *v. potkanov* exterminate rats

vyhýbavý evasive [iˈveisiv]; *v-á odpoveď* an evasive answer

výhybka BR points [points], AM switches [swičəz]

vyhynúť die out [dai aut], become* extinct [biˌkam ikˈstiŋkt]; *v-uté druhy* extinct species; *dobré zvyky, ešte nev-uli* good habits haven't died out yet

vychádzka 1. walk [woːk], stroll [strəul]; *robiť v-y* go for strolls/walks **2.** hovor. pass [paːs]; *mať v-u do 22. hodiny* have a pass until 10 p. m.

vychladnúť cool [kuːl]; *nechať čaj v.* let the tea cool (down)

východ 1. (op. vchod) exit [ˈegzət]; *núdzový v.* fire exit; *v. zakázaný* no exit **2.** (slnka) sunrise [ˈsanraiz] **3.** (svetová strana) East [iːst]; *kde je v.?* which way is East? **4.** *V.* (krajiny vo východnej oblasti Zeme) the East; *Blízky/Stredný/Ďaleký V.* the Near/Middle/Far East

východisko 1. (miesto) starting position [ˌstaːtiŋ pəˈzišn] **2.** (základné hľadisko) starting point [ˈstaːtiŋ ˈpoint] **3.** (spôsob riešenia situácie) way out [wei aut]; *nájsť v.* find a way out; *niet iného v-a* there's no other alternative

vychodiť 1. (chodením vyznačiť) tread* [tred]; *v. chodník* tread a path **2.** (chodením opotrebovať) wear* down [weə daun]; *v. topánky* wear down shoes **3.** (dokončiť) finish [ˈfiniš]; *v. strednú školu* finish secondary school, AM graduate from high school

východný (na východe) east [iːst], (východná časť) eastern [ˈiːstən]; *v. vietor* an east wind; *v-é oblasti krajiny* the eastern regions of the country

výchova 1. upbringing [ˈapˌbriŋiŋ]; *prísna v.* a strict upbringing **2.** (vzdelávanie) education [ˌedjuˈkeišn]; *telesná v.* physical education

vychovaný well-bred [ˌwel ˈbred]; *dobre v. mladý človek* a well-bred young man

vychovať 1. (poskytnúť výchovu) rear [riə]; *v. mnoho detí* rear a large family **2.** (výchovou sformovať) bring up [briŋ ap]; *v. z niekoho statočného človeka* bring sb. up to be a fine upstanding person

vychovávateľ educator [ˌedjuˈkeitə], tutor AM

výchovno-vzdelávací educational [ˌedjuˈkeišnəl]; *v. systém* the educational system

vychutnať 1. relish [ˈreliš], enjoy [inˈdžoi], savour [ˈseivə]; *v. dobré jedlo* relish/enjoy good food; *v. každú kvapku kvalitného vína* drink a good wine savouring every drop **2.** expr. (s pôžitkom prežiť) enjoy [inˈdžoi]; *v. krásy prírody* enjoy the beauties of nature

vychýliť deviate [ˈdiːvieit]; *lietadlo sa v-lo z letového kurzu* the plane deviated from its usual flight path

výchylka deviation [ˌdiːviˈeišn], (magnetky) declination [ˌdekləˈneišn]; *v. magnetky o 15 stupňov* a declination of 15 degrees

vyjadrenie 1. expression [ik'sprešn]; *dar ako v. vďačnosti* a present as an expression of gratitude **2.** (úradné vyhlásenie) statement ['steitmənt]; *presné, jasné v.* a clear statement **vyjadriť** express [ik'spres], state [steit]; *v. vďaku* express gratitude; *v-l svoje názory* he stated his views // **v. sa** express oneself [ik'spres wan'self]; *nevedel sa presne v.* he couldn't express himself clearly

vyjasniť 1. (urobiť jasným) brighten ['braitn] **2.** (ujasniť) clarify ['klærəfai]; *v. vzťahy* clarify relations; *v. si postavenie* clarify one's position // **v. sa** clear up [kliə ap], brighten [braitən]; *nebo sa v-lo* the sky has cleared up/brightened

vyjednať negotiate [ni'gəušieit]; *v. kontrakt/podmienky* negotiate a contract/conditions

vyjednávač negotiator [ni'gəušieitə]

vyjsť 1. (dostať sa von) go* out [gəu aut]; *Mária v-šla z izby* Mary went out of the room **2.** (vystúpiť) go* up [gəu ap], mount [maunt]; *v. po schodoch* mount the stairs; *v. na prvé poschodie* go up to the first floor **3.** (o nebeských telesách) rise* [raiz]; *slnko v-šlo* the sun has risen **4.** (tlačou) publish ['pabliš]; *kniha v-šla vlani* the book was published last year **5.** (vziať ako východisko) base on/upon [beis on/ə'pon]; *v. z tradície* base on tradition **6.** (podariť sa) work out [wə:k aut]; *výpočty mu v-šli* the sums worked out; *nové zamestnanie jej v-šlo* the new job worked out for her **7.** (vystačiť) manage on ['mænədž on]; *v. z platu* manage on one's pay **8.** (zniesť sa) get* on/along [get on/ə'loŋ]; *v. so susedmi* get on with one's neighbours **9.** (minúť sa) run* out [ran aut]; *v-šli nám zásoby* we've run out of supplies ● *v. s farbou (von)* come clean; *v. z konceptu* lose one's thread; *v. najavo* leak out; *v. nazmar* go to rack and ruin; *v. na mizinu/na žobrácku palicu* be reduced to beggary/go to the dogs; *v. na posmech* become the laughingstock of (sb.)

výkal excrement ['ekskrəmənt]

vykántriť expr. exterminate [ik'stə:məneit]; *v. potkanov* exterminate rats

vykasať roll up [rəul ap]; *v. si rukávy/nohavice* roll up one's sleeves/trousers

vykastrovať castrate [kæ'streit]

vykašlať, vykašľať cough up [kof ap]; *v. krv* cough up blood // **v. sa 1.** finish coughing ['finiš 'kofiŋ]; *ráno sa musí v.* he

must finish coughing in the morning **2.** hovor. expr. (stratiť záujem) not give*/not care a damn [nət 'giv/'keə ə ˌdæm]

výkaz return [ri'tə:n]; *daňový v.* tax return; *štatistický v.* a statistical return

výklad¹ shop window [šop 'windəu]; *pozerať si v-y* go windowshopping

výklad² interpretation [inˌtə:prə'teišn]; *v. zákona* interpretation of the law; *v. básne* interpretation of a poem

vykladač interpreter [in'tə:prətə]; *v. snov* an interpreter of dreams; *v. karát* a fortuneteller

vykĺbiť dislocate [ˌdislə'keit]; *v-l si rameno* he dislocated his arm // **v. sa** get* dislocated; *noha sa mu pri páde v-la* his leg got dislocated by his fall

výklenok niche [nič]; *v. so sochou* a niche with a statue in it

vyklíčiť sprout [spraut], germinate ['džə:məneit]; *zemiaky v-li* the potatoes have begun to sprout; *zrno v-i* the seed will germinate

vykĺznuť 1. (vyšmyknúť sa) slip out [slip aut]; *mydlo mi v-lo z ruky* the soap slipped out of my hand **2.** (vytratiť sa) slide* out [slaid aut]; *v-la z izby* she slid out of the room **3.** expr. (mimovoľne vyjsť z úst) slip [slip], escape [i'skeip]; *v-la mu neuvážená poznámka* he let slip an ill-considered remark; *zlostné slovo mu v-lo z úst* an angry word escaped his lips

vykoľajiť derail [ˌdi:'reil]; *skala môže v. vlak* a rock may derail the train // **v. sa** be* derailed [bi: ˌdi:reild]; *rýchlik sa v-l* the express train was derailed

výkon 1. achievement [ə'či:vmənt]; *pozoruhodný v.* a remarkable achievement **2.** performance [pə'fo:məns]; *si spokojný s v-om svojho auta?* are you satisfied with the performance of your car?

vykonať 1. perform [pə'fo:m], do* [du:], execute ['eksəkju:t]; *v. zázrak/operáciu* perform a miracle/an operation; *v. veľa práce* do a lot of work; *v. rozkaz* execute an order **2.** (urobiť niečo dobré/zlé) do* [du:]; *pozri, čo si v-l!* look what you've done!

výkonný 1. executive [ig'zekjətiv]; *v-á moc* executive power **2.** efficient [i'fišnt]; *v. pracovník/stroj* an efficient worker/machine

výkop 1. (základov) excavation [ˌekskə'veišn] **2.** (vo futbale) kickoff ['kikof]

V

vykopať 1. (vyhĺbiť) dig* [dig], excavate [ˈekskəveit]; *v. jamu* dig/excavate a hole; *v. studňu* sink a well **2.** (vybrať) dig* [dig], dig* up [dig ap], lift [lift]; *v. strom aj s koreňmi* dig up a tree by the roots; *v. zemiaky* dig/lift potatoes

vykopnúť 1. kick off [kik of]; *v. loptu* kick off a ball **2.** hrub. (vyhnať) kick out [kik aut]; *takmer ho v-li na ulicu* they almost kicked him out into the street

vykoreniť eradicate [iˈrædikeit]; *v. zlo/zločin* eradicate evil/crime

vykorisťovateľ exploiter [ikˈsploitə]

vykradnúť burgle [ˈbəːgl], rob [rob]; *v noci ich v-li* their house was burgled last night; *v. banku* rob a bank // **v. sa** steal* out [stiːl aut]; *v. sa z domu* steal out of the house

výkres 1. drawing [ˈdroːiŋ] **2.** hovor. (papier na kreslenie) drawing paper [ˈdroːiŋ ˈpeipə]

vykresliť 1. (nakresliť) draw* [droː]; *v. každý detail* draw every detail **2.** (opísať) depict [diˈpikt]; *majstrovsky v-ená postava* an excellently depicted character

výkričník exclamation mark [ˌeksklə-ˈmeišn maːk]

výkrik exclamation [ˌekskləˈmeišn]; *v. prekvapenia* an exclamation of surprise

vykríknuť exclaim [ikˈskleim], cry out [krai aut]; *radostne v-la* she exclaimed in delight; *v-ol od bolesti* he cried out with pain

vykŕmiť fatten [ˈfætn]; *v. ošípanú* fatten a pig

vykrútiť 1. (uvoľniť, odstrániť) unscrew [anˈskruː]; *v. žiarovku* unscrew a light bulb **2.** (skrútiť) turn [təːn]; *v. kolesá napravo* turn the wheels to the right **3.** (skrútením ublížiť) twist [twist], wring* [riŋ]; *v. niekomu ruku* twist sb.'s arm; *v. krk sliepke* wring a chicken's neck // **v. sa 1.** (uvoľniť sa) wriggle free [ˌrigl ˈfriː]; *v. sa z objatia* wriggle free of an embrace **2.** (vyhovoriť sa) wriggle out [ˌrigl aut]; *je to tvoja chyba, nev-š sa!* you're to blame, you can't wriggle out of it!

vykrvácať bleed* to death [bliːd tə ˈdeθ]

vykúpať 1. bath [baːθ]; *v. dieťa* bath the child **2.** bathe [beið]; *v. si oči* bathe one's eyes

Vykupiteľ náb. Redeemer [riˈdiːmə], Redemptor [riˈdemptə], (the, our) Saviour [ˈseivjə]; *v. otrokov* saviour of the slaves

výkupné ransom [ˈrænsm]; *zaplatiť vysoké v.* pay a large ransom

výkvet elite [eiˈliːt]; *v. národa* the elite of the nation

vykvitnúť bloom [bluːm]; *už v-li ruže* the roses are blooming

výkyv 1. (vychýlenie) swing [swiŋ]; *v. kyvadla* the swing of the pendulum **2.** (kolísanie) fluctuation [ˌflakčuˈeišn]; *v-y teploty* temperature fluctuation

vyladiť tune [tjuːn]; *v. rádio na istý kanál* tune the radio to a certain channel; *v. hudobný nástroj* tune (up) an instrument

vylákať 1. (zvábiť) lure [luə]; *slniečko ich v-lo von* the sun has lured them out into the open **2.** (vymámiť) get* out [get aut]; *v. peniaze (od koho)* get money out of sb.

vyľakať startle [ˈstaːtl], frighten [ˈfraitən], scare [skeə]; *v-l si ma* you startled me; *v. na smrť* scare to death // **v. sa** get* startled [get ˈstaːtld]; *dieťa sa pri búrke v-lo* the child got startled by the thunderstorm

výlet trip [trip], outing [ˈautiŋ]; *v. autobusom/loďou* a bus/a boat trip

vyletieť 1. (von) fly* out [flai aut]; *v. z okna* fly out of the window; *vták v-el z hniezda* the bird left its nest **2.** (hore) climb [klaim]; *lietadlo v-elo do výšky* the plane climbed in the sky **3.** expr. (prudko vybehnúť) rush out [raš aut]; *v-el z izby* he rushed out of the room **4.** (o veciach) fly* off [flai of]; *taška jej v-ela z ruky* the bag flew off her hand **5.** (pri explózii) blow* up [bləu ap]; *most v-el do vzduchu* the bridge was blown up **6.** expr. (o slovách) let* slip [let slip]; *poznámka jej v-ela z úst* she let slip a remark **7.** expr. (byť vylúčený) get* kicked out [get ˈkikt aut]; *v-el zo školy* he got kicked out of school

výlevka sink [siŋk]

vyliahnuť sa hatch [hæč]; *kurence sa v-li* the chicks have hatched (out)

vyliať 1. (vypustiť) pour away [poːr əˈwei]; *v. špinavú vodu* pour away the dirty water **2.** (vyprázdniť) pour out [poːr aut]; *v. vedro vody* pour out a bucket of water **3.** (vyroniť) shed* [šed]; *v. krv za slobodu* shed blood for freedom ● *v. svoje srdce (komu)* pour out one's heart to sb.; *v. s vaničkou aj dieťa* throw out the baby with the bathwater // **v. sa** overflow [ˌəuvəˈfləu]; *rieka sa v-la z brehov* the river overflowed its banks

vylíčiť whitewash [ˈwaitwoš]; *v. steny* whitewash walls

vyliečiť (v rozl. význ.) cure [kjuə]; *v nemoc-*

nici ho v-li he was cured in hospital; *v. chorobu* cure a disease; *v. niekoho z lenivosti* cure sb. of his laziness // **v. sa 1.** be cured [bi: kjuəd]; *v. sa z chrípky* be cured of flu **2.** expr. (zbaviť sa) get* over [get ˈəuvə]; *v. sa zo sklamania* get over a disappointment

vyliezť 1. (dostať sa von) get* out [get aut], creep* out [kri:p aut]; *myš v-la z diery* the mouse got out of the hole; *chlapci v-li zo stanu* the boys crept out of their tent **2.** (dostať sa hore) climb [klaim]; *v. po rebríku* climb a ladder **3.** expr. (vyjsť) come* out [kam aut], get* out [get aut]; *celý deň nev-ezie z izby* she doesn't come out of her room the whole day long

vylisovať 1. (lisovaním spracovať) press [pres]; *v. kvety/hrozno* press flowers/grapes **2.** (lisovaním zhotoviť) mould [məuld]; *v. tácku z plastickej hmoty* mould a tray out of plastic **3.** (lisovaním získať) squeeze [skwi:z]; *v. šťavu z ovocia* squeeze juice out of fruit

vylízať 1. lick out [lik aut]; *v. všetok med* lick out all honey **2.** lick [lik]; *v. misku* lick a dish clean

vylodiť 1. (cestujúcich) disembark [ˌdisəmˈba:k]; *v. ľudí* disembark people **2.** (náklad) discharge [disˈča:dž]; *v. náklad* discharge the cargo

vyložiť¹ 1. (premiestiť von) unload [anˈləud]; *v. balíky z auta* unload parcels from a car; *v. vagóny* unload wagons **2.** (položiť hore) put* up [put ap]; *v. knihu na policu* put a book up on a shelf **3.** (vystaviť) display [disˈplei]; *v. ovocie do výkladu* display fruit in a shop window **4.** (pokryť) pave [peiv]; *v. chodník dlažbovými kockami* pave a path with paving stones

vyložiť² 1. (vysvetliť) explain [ikˈsplein]; *v. význam slova* explain the meaning of a word **2.** (rozpovedať) tell* [tel], give* an account of [giv ən əˈkaunt əv]; *v-l svoje zážitky* he told us/he gave an account of his experiences

výložka (obyč. mn. č.) *v-y* facings [ˈfeisiŋz]

vylúčiť 1. (zbaviť účasti) expel [ikˈspel], send* off [send of], eliminate [iˈlim-əneit]; *v. žiaka zo školy* expel a pupil from school; *v. hráča z hry* send off a player; *byť v-ený zo súťaže* be eliminated from a competition **2.** (chemickým pochodom) extract [ikˈstrækt]; *v. z roztoku železo* extract iron from a solution **3.** (odviesť z tela) excrete [ikˈskri:t] **4.** (nepripustiť) exclude [ikˈsklu:d]; *v. možnosť, že sa vráti* exclude the possibility of his returning

výlučne solely [ˈsəuləli]; *vychovala ho v. matka* he has solely been brought up by his mother

výlučný 1. (výhradný) sole [səul], exclusive [ikˈsklu:siv]; *v-é právo* sole/exclusive right **2.** (mimoriadny) exclusive [ikˈsklu:siv]; *v-é postavenie* an exclusive position

vylúpať shell [šel]; *v. hrach* shell peas

vylúpiť (vykradnúť) rob [rob]; *v. banku* rob a bank

výmena exchange [iksˈčeindž]; *v. názorov/skúseností* exchange of views/experience

vymeniť 1. (vystriedať) change [čeindž]; *v. obrus* change a tablecloth; *v. si blúzku* change a blouse **2.** (zameniť) exchange [iksˈčeindž], (navzájom) swap [swop]; *v. peniaze* (v zmenárni) exchange money; *v. si skúsenosti* exchange experience; *v. si kabáty* (navzájom) swap coats ● *je ako v-ený* he's completely changed

vymenovať 1. (uviesť v poradí) enumerate [iˈnju:məreit], (označiť menom) name [neim] **2.** (ustanoviť) appoint [əˈpoint]; *v-li ho za predsedu* he was appointed chairman

výmera (rozloha) area [ˈeəriə]

vymerať 1. (určiť rozmery) measure [ˈmežə]; *v. ihrisko* measure a playground **2.** (úradne určiť) inflict [inˈflikt]; *v. najvyšší trest* inflict the severest possible penalty **3.** (časovo vymedziť) allot [əˈlot]; *čas v-ný na štúdium* time allotted to study

vymeškať miss [mis]; *v. vyučovanie* miss school; *nev-á príležitosť, aby...* he doesn't miss a chance to...

vymiesiť (cesto) knead [ni:d], (hlinu) work [wə:k]

vymiešať mix up [miks ap]; *v. maslo s cukrom* mix up butter and sugar

vymiznúť fade away [feid əˈwei]; *spomienka nev-e z pamäti* the memory doesn't fade away

vymlátiť 1. thresh [θreš]; *v. obilie* thresh corn **2.** expr. (zbiť) give* a good beating [giv ə gud ˈbi:tiŋ]; *v-l chlapca* he gave the boy a good beating

vymodelovať mould [məuld]; *v. postavu z hliny* mould a figure out of clay

výmoľ pothole [ˈpothəul]

vymrieť die out [dai aut]; *starý rod v-el* the old family has died out

výmysel fabrication [ˌfæbriˈkeišn], invention [inˈvenšn]; *celá príhoda bola holým v-lom* the whole story was a complete fabrication/invention
vymyslieť 1. (vynájsť) invent [inˈvent]; *v. nový spôsob spracovania* invent a new way of processing **2.** (povymýšľať) invent [inˈvent], fabricate [ˈfæbrikeit], make* up [meik ap]; *v-ená historka* an invented/a made up story; *v-ené obvinenie* a fabricated accusation
vynahradiť compensate [ˈkompənseit], make up for [ˈmeik ap foː]; *nič nemôže v. stratu zdravia* nothing can compensate for the loss of health
vynachádzavý inventive [inˈventiv]; *v-á myseľ* an inventive mind
vynájsť 1. (objaviť) invent [inˈvent]; *A. G. Bell vynašiel telefón* A. G. Bell invented the telephone **2.** (nájsť) devise [diˈvaiz]; *v. nový systém obrany* devise a new system of defence
vynález 1. (novej veci, javu) invention [inˈvenšn]; *prevratný v.* a revolutionary invention **2.** (predmet) device [diˈvais]; *zbierka v-ov* a collection of devices
vynálezca inventor [inˈventə]
vynasnažiť sa take* pains [teik peinz], strive* [ˈstraiv], spare no effort [ˈspeə nəu ˈefət]; *v-la sa zapáčiť učiteľke* she took great pains to please her teacher
vynásobiť multiply [ˈmaltəplai]
výňatok (úryvok) extract [ˈekstrækt]; *v. z opery* an extract from an opera
vynechať 1. (neuviesť) omit [əuˈmit]; *to slovo sa môže v.* that word may be omitted **2.** (vymeškať) miss [mis]; *v. prednášku* miss a lecture **3.** (zlyhať) stop working [stop ˈwəːkiŋ]; *motor v-l* the engine stopped working
vyniesť 1. (von) carry out [ˈkæri aut]; *v. nábytok z domu* carry the furniture out of the house **2.** (hore) carry/take* up [ˈkæri/teik ap]; *v. staré veci na povalu* take some old things up in the attic **3.** (úradne vyhlásiť) pass [paːs], pronounce [prəˈnauns]; *v. rozsudok* pass/pronounce a sentence **4.** (zisk) yield [jiːld] *to v-sie veľký zisk* that will yield big profit
vynikajúci prominent [ˈprominənt], distinguished [diˈstiŋgwišt], outstanding [autˈstændiŋ]; *v. vedec* a prominent/distinguished scientist
vyniknúť 1. (prevýšiť svoje okolie) stand* out

[stænd aut], excel [ikˈsel]; *v. vedomosťami* stand out due to one's knowledge; *v. v športe* excel in sports **2.** (nápadnejšie sa prejaviť) stand* out [stænd aut]; *táto farba v-e na tmavom pozadí* this colour will stand out from a dark background
výnimka exception [ikˈsepšn]; *urobiť v-u* make an exception; *všetci okrem malých v-iek* with a few exception, everyone
výnimočný exceptional [ikˈsepšnəl]; *v. prípad* an exceptional case; *v-á odvaha* exceptional bravery
vynoriť sa 1. (vystúpiť nad hladinu) surface [ˈsəːfəs], come* up [kam ap]; *potápač sa v-l* the diver surfaced **2.** (nečakane sa objaviť) appear [əˈpiə], emerge [iˈməːdž]; *z hmly sa v-lo auto* a car appeared out of the fog; *slnko sa v-lo spoza oblakov* the sun emerged from behind the clouds **3.** (náhle sa prejaviť) emerge [iˈməːdž]; *v-li sa nepredvídané problémy* unforseen problems emerged
výnos 1. (úradné rozhodnutie) edict [ˈiːdikt], decree [diˈkriː]; *vydať v.* issue an edict/a decree **2.** (výťažok) yield [jiːld]; *vysoké v-y z ovocných stromov* a high yield of fruit
vyňuchať scent [sent]; *pes v-l líšku* the dog has scented a fox
vynútiť 1. (vymôcť) enforce [inˈfoːs], exact [igˈzækt]; *v. súhlas* enforce an agreement; *v. sľub* exact a promise **2.** (nasilu prejaviť) force [foːs]; *v-ený úsmev* a forced smile
vyobliekať dress up [dres ap]; *v. bábiku* dress up a doll; *v. sa na večierok* dress up for a party
výpad 1. thrust [θrast]; *útočiace vojsko urobilo náhly v.* the invading army made a sudden thrust **2.** (slovný útok) invective [inˈvektiv]; *reč plná v-ov* a speech filled with invective
vypadnúť 1. (von) fall* out [foːl aut]; *dieťa v-lo z okna* the child fell out of the window **2.** hovor. (byť vyradený) drop out [drop aut]; *v. zo súťaže* drop out of a competition ● *v-lo mu to z pamäti* it went out of his mind; expr. *div mu oči nev-ú/idú mu oči v.* his eyes will pop out of his head in a minute
vypáliť 1. (ohňom) burn* down [bəːn daun]; *v-ené dediny* burnt down villages **2.** (utvoriť horúcim pôsobením) burn* [bəːn]; *v. dieru do sukne* burn a hole in a skirt **3.** (žiarom vtláčiť) brand [brænd]; *v. značku dobytku* brand the cattle **4.** (vystreliť) fire [faiə]; *v. z revolve-*

ra fire a gun; hovor. *v. loptu na bránu* shoot a goal **5.** (pálením upraviť) bake [beik]; *v. tehly* bake bricks **6.** expr. (vyletieť) shoot* out [šu:t aut]; *v. z dvier* shoot out through the door

vypárať undo* [an'du:]; *v. stehy* undo the seams

vypariť sa evaporate [i'væpəreit]; *všetka voda sa v-la* all water evaporated

vypátrať search out [sə:č aut]; *v. starého priateľa* search out an old friend; *v. tajomstvo* search out a secret

vypätie strain [strein]; *duševné/fyzické v.* psychic/physical strain

vypestovať cultivate ['kaltəveit]; *v. obilie* cultivate crops; *v. cit pre krásu* cultivate a feeling for beauty

vypchať 1. (zachovať žiadanú podobu) stuff [staf]; *v. mokré topánky novinami* stuff wet shoes with newspaper **2.** (upchať) stop up [stop ap]; *v. škáry machom* stop up cracks with moss

vypínač switch [swič]; *hlavný v.* the main switch

vypísať 1. (odpísať) copy out ['kopi aut]; *myšlienka v-ná z knihy* a thought copied out from a book **2.** (vyplniť) write* out [rait aut], fill in [fil in]; *v. potvrdenku/šek* write out a receipt/a cheque; *v. prihlášku* fill in a registration form **3.** (oznámiť) announce [ə'nauns]; *v. schôdzu* announce a meeting; *v. voľby* call an election; *v. súťaž* invite tenders for a competition **4.** (zošiť) fill in with writing [fil in wið 'raitiŋ]

vypiť 1. (požiť) drink* [driŋk]; *v. kávu* drink some coffee **2.** (pitím vyprázdniť) drink* up [driŋk ap]; *v. pohár mlieka* drink up a glass of milk **3.** hovor. (vsať do seba) soak up [səuk ap]; *kvety v-li všetku vodu* the flowers have soaked up all the water

vypláchnuť rinse [rins]; *v-i si ústa!* rinse your mouth (out)!; *v. čajník* rinse (out) the teapot; lek. *v. žalúdok* irrigate the stomach

výplata pay [pei]; *deň v-y* payday; *minúť celú v-u* spend all the pay

vyplatiť 1. (dať ako úhradu) pay* out [pei aut]; *v. mzdu* pay out wages **2.** (uspokojiť) pay* off [pei of]; *v. veriteľov* pay off creditors // **v. sa** pay [pei]; *chov oviec sa tu v-í* sheep farming pays here; *nev-í sa s ňou dohadovať* it won't pay to argue with her

vyplávať 1. (o plavidle) sail out [seil aut]; *loď v-la z prístavu* the ship sailed out of the

harbour **2.** (na povrch) surface ['sə:fəs]; *potápač v-l na hladinu* the diver surfaced

vyplieť weed [wi:d]; *v. záhradu* weed the garden; *v. burinu* remove weeds

vyplniť 1. (zaplniť) fill [fil]; *v. formu cestom* fill a baking tin with dough **2.** (údaje v tlačive) fill in [fil in]; *v. dotazník* fill in an application form // **v. sa** fulfil [ful'fil]; *proroctvo sa v-lo* the prophecy was fulfilled

vyplývať follow ['foləu]; *z tohto vyplýva, že...* from this it follows that...

vypnúť 1. (op. zapnúť) switch off [swič of], turn off [tə:n of]; *v. rádio* switch/turn off the radio; *v. motor* switch off the engine **2.** (vysunúť) thrust out [θrast aut]; *v-ol hruď* he thrusted out his chest

výpočet 1. calculation [ˌkælkjə'leišn]; *v. nákladov* calculation of costs; *štatistické v-ty* statistical calculations; *podľa mojich v-tov* by my calculations **2.** enumeration [iˌnju:mə'reišn], list [list]; *v. chýb* the enumeration of faults

vypočítať 1. (vyrátať) work out [wə:k aut]; *v. sumu* work out a sum **2.** (určiť, vyrátať) calculate ['kælkjəleit]; *v. cenu* calculate the price **3.** (vymenovať) enumerate [i'nju:məreit]; *v-li mu všetky chyby* they enumerated all his faults

vypočuť 1. (počuť) listen in ['lisn in]; *v. si správy* listen in to the news **2.** (nechať hovoriť) listen ['lisn]; *v. sťažnosť* listen to a complaint **3.** (podrobiť výsluchu) examine [ig'zæmin]; *v-li obžalovaného* they have examined the accused

výpomoc 1. help [help], aid [eid]; *v. v núdzi* help in need; *prijať na dočasnú v.* take on as temporary substitute **2.** fin. income support [ˌinkam sə'po:t]

vypomôcť help out [help aut]; *matka mi v-ohla peniazmi* my mother helped me out with some money

vypomstiť sa revenge [ri'vendž]; *v. sa na nevinnom* revenge oneself on an innocent man; *v-l sa za smrť svojho priateľa* he took revenge for the death of his friend ● *to sa ti v-í* that will come home to you

vypotiť sweat out [swet aut]; *v. chorobu* sweat out an illness // **v. sa** sweat out [swet aut]; *ľahnúť si a v. sa* go to bed and sweat out (the flu)

výpoveď 1. (vyjadrenie) statement ['steitmənt], lingv. utterance ['atrəns]; *prísaž-*

ná v. a sworn statement; *v. svedka* the witness's statement **2.** (z práce) notice ['nəutis], dismissal [dis'misl]; *zajtra dávam v.* I'm giving in my notice tomorrow; *v. zamestnancovi* dismissal of an employee

vypovedať 1. (vysloviť) say* [sei], utter ['atə]; *nevie ani slova v.* he can't say a word **2.** (vyhlásiť) declare [di'kleə]; *v. vojnu* declare war **3.** (uskutočniť výpoveď) terminate ['tə:məneit], cancel ['kænsl], revoke [ri'vəuk]; *v. zmluvu* terminate a contract; *v. úver* cancel a credit **4.** (prestať fungovať) stop working [stop 'wə:kiŋ]; *motor v-l* the engine stopped working **5.** (vyhnať) expel [ik'spel], give* notice [giv 'nəutis]; *v. (koho) z krajiny* expel sb. from the country; *v. nájomníka* give a tenant notice to quit

vypožičať (si) borrow ['borəu]; *v. si auto od priateľa* borrow a car from a friend

vypracovať 1. (utvoriť) work out [wə:k aut], elaborate [i'læbəreit]; *v. plán* work out a plan; *v. novú koncepciu* elaborate a new conception **2.** (zhotoviť) finish ['finiš]; *dobre v-ný nábytok* a well-finished furniture; *zle v-ná sukňa* a badly finished skirt; *v. cesto* knead the dough // **v. sa** work one's way up ['wə:k wanz wei ap]

vyprať wash [woš]; *v. bielizeň* wash the linen; *v. fľaky* wash out the stains

vypratať clear out [kliə aut]; *v. nepotrebné veci z pivnice* clear out useless things of a cellar; *v. byt* clear out a flat

výprava 1. expedition [ˌekspə'dišn]; *horolezecká v.* a climbing expedition **2.** (javiskavá) scenery ['si:nəri]

vyprávať narrate [nə'reit], tell* (a story) [tel ə 'sto:ri]; *v-l svoje zážitky* he told his experiences // **v. sa** talk [to:k]; *v-a sa so susedom* he talks to his neighbour

vyprázdniť 1. empty ['empti]; *v. obsah tašky* empty a bag of its contents; *v. izbu* empty a room **2.** (zbaviť výlučkov) excrete [ik'skrit]

vypražiť fry [frai]; *v. kurča* fry a chicken

výpredaj clearance sale ['kliərəns seil]

vypredať sell* out [sel aut]; *v. knihy* sell out books; *lístky sú v-né* tickets are sold out

vyprevadiť see* off [si: of]; *v-l priateľov na stanicu* he saw his friends off at the station

vypriahnuť 1. (kone) unhitch [an'hič], (voly) unyoke [an'jo:k] **2.** hovor. expr. have a break [hæv ə 'breik]; *je prepracovaný, musí v.* he is overworked, he must have a break

vyprosiť ask for [ask fə]; *v. pomoc pre postihnutých* ask for help for the disabled

vyprovokovať provoke [prə'vəuk]; *v. súpera do bitky* provoke a rival into a fight; *v. vojnu* provoke war

vypršať expire [ik'spaiə]; *záručná doba v-la* the guarantee has expired

vypučať shoot* [šu:t], bud [bad]; *stromy v-li* the trees shot again; *kvety v-li* flowers budded again

vypuklina bulge [baldž]

vypuknúť 1. break* out [breik aut]; *v dome v-ol oheň* a fire broke out in the house **2.** kniž. (o človeku) burst* [bə:st]; *v. v plač* burst into tears

výpust odb. outlet ['autlet]; *v. nádrže* the outlet of a tank

vypustiť 1. (v rozl. význ.) let* out [let aut]; *v. holuby* let out pigeons; *v. vodu z vane* let out water from the bath; *v. sukňu v páse* let out the waist of a skirt **2.** deflate [di'fleit]; *v. vzduch z balóna* deflate a balloon **3.** (vyslať do ovzdušia) launch [lo:nč]; *v. raketu* launch a rocket **4.** (pustiť) let* go [let gəu]; *v. loptu z ruky* let go of a ball **5.** (vynechať) leave* out [li:v aut]; *v. dôležité slovo z vety* leave out an important word in a sentence ● *v. dušu/ducha* breathe one's last

vypýtať ask for [a:sk fə]; *v. (si) pohár vody* ask for a glass of water; *v. dievča* ask for a girl's hand in marriage

vypytovať sa inquire [in'kwaiə]; *v. sa na cestu na stanicu* inquire the way to the station; *v-l sa na zdravie mojej matky* he inquired after my mother's health

výr eagle-owl ['i:glˌaul]

vyrásť 1. (narásť) grow* [grəu]; *chlapec za rok v-tol o päť cm* the boy grew five cm in a year **2.** (dospieť) grow* up [grəu ap]; *v-tla nová generácia* a new generation has grown up; *v-tla na pekné dievča* she grew into a beautiful girl **3.** (presiahnuť rozmery) grow* out [grəu aut]; *v. zo šiat* grow out of the clothes

výraz 1. expression [ik'srešn]; *dala mu dar ako v. vďačnosti* she gave him a present as an expression of gratitude; *v. strachu/radosti na tvári* an expression of fear/joy on sb.'s face **2.** term [tə:m]; *lekársky v.* a medical term

výrazný 1. (osobitý) expressive [ik'spresiv]; *v-á tvár* an expressive face **2.** (zreteľný) marked [ma:kt]; *v. vzrast výroby* a marked increase in production; *v-é zlepšenie* a marked improvement

výrečný eloquent ['eləkwənt]; *v. rečník* an eloquent speaker; *v-é svedectvo vojny* an eloquent reminder of war

vyriešiť solve [solv]; *v. problém/rovnicu* solve a problem/an equation

výroba 1. (vyrábanie) production [prə'dakšn], manufacture [ˌmænjə'fækčə]; *sériová v.* series production; *v. topánok* manufacture of shoes 2. production [prə'dakšn]; *poľnohospodárska v.* agricultural production; *celková ročná v.* annual production

vyrobiť 1. (zhotoviť) produce [prə'dju:s]; *v. oceľ* produce steel 2. (vypracovať surovú kožu) tan [tæn]; *dobre v-ená koža* a well-tanned hide 3. (zarobiť) earn [ə:n]; *v. si na živobytie* earn one's living

výrobok product ['prodakt]; *vedľajší/finálny v.* by-product/end product

výročie anniversary [ˌænə'və:sri]; *v. svadby* wedding anniversary

výročný annual ['ænjuəl]; *v-á správa* an annual report; *v. jarmok* an annual fair

výrok 1. statement ['steitmənt]; *historický v.* a historical statement 2. (súdny) sentence ['sentəns]; *vyniesť v.* pass/pronounce sentence

vyroniť shed* [šed]; *v. slzy* shed tears

vyrovnaný 1. equable ['ekwəbl]; *mať v-ú povahu* have an equable nature 2. even ['i:vn]; *stav zápasu je v.* the scores are even; *v. krok* an even pace

vyrovnať 1. (narovnať) level out ['levəl aut], smooth out [smu:ð aut], straighten ['streitn]; *v. nerovnosti* (v teréne) level out uneven patches; *v. papier* smooth out paper; *v. kus drôtu* straighten a piece of wire 2. (zaplatiť, uhradiť) settle ['setl], balance ['bæləns]; *v. dlžobu* settle a debt; *v. účet* balance a bank account 3. šport. equalize ['i:kwəlaiz]; *v. stav zápasu na 1:1* equalize the score at 1 all // **v. sa** 1. (vystrieť sa) straighten out ['streitn] ; *vlasy sa jej v daždi v-li* her hair straightened out in the rain 2. (dostať sa do rovnováhy) even out ['i:vn aut]; *ceny sa v-li* prices evened out 3. (zúčtovať) come* to terms [kam tə 'tə:mz]; *v. sa s minulosťou* come to terms with the past 4. (dostihnúť) be a match for [bi: ə 'mæč fə]; *nikto sa mu nev-á* there's no match for him

vyrozprávať tell* [tel]; *v-l mu svoje zážitky* he told him his experiences

vyrozumieť 1. (pochopiť) gather ['gæðə]; *nev-el som veľa z jej rozprávania* I didn't gather much from the story she told me 2. (upovedomiť) send* word [send wə:d]; *v. rodičov o rozhodnutí riaditeľa* send word to the parents about the headmaster's decision

vyrúbať (v rozl. význ.) hew* [hju:]; *v. stromy* hew down trees; *v. les* hew a forest; *v. priesek* hew a passage; ban. *v-né uhlie* hewed out coal

vyrubiť levy ['levi]; *v. daň na alkohol* levy a tax on alcohol

vyrušovať disturb [di'stə:b]; *nedajte sa v.* don't let me disturb you

výsada privilege ['privəlidž]; *hospodárske v-y* economic privileges; *v mnohých krajinách je vzdelanie v-ou bohatých* education is a privilege of the rich in many countries

vysadiť 1. (vyložiť) set* down [set daun]; *autobus v-í deti pred bránou školy* the bus sets the children down outside the school gate 2. odb. (na čas prerušiť) cut* out [kat aut]; *motor v-l* the engine has cut out 3. (výsadbou pokryť) plant [pla:nt]; *v. stráň stromami* plant the hillside with trees

výsadkár parachutist ['pærəšu:təst]

vysadnúť 1. mount [maunt]; *v. na koňa/na bicykel* mount a horse/a bicycle 2. (vystúpiť) get* off [get of]; *v. z električky* get off a tram

vysať 1. (saním odstrániť) suck out of [sak aut]; *v. jed z rany* suck poison out of a wound 2. (zbaviť prachu) hoover ['hu:və]; *v. koberec* hoover a carpet

vysávač hoover ['hu:və], vacuum cleaner ['vækjuəm ˌkli:nə]

vysekať 1. cut* down [kat daun]; *v. kríky* cut down bushes 2. cut* [kat]; *v. cestu cez les* cut a way through the forest

výsev sowing ['səuiŋ]

vyschnúť dry up [drai ap]; *koryto rieky v-lo* the river bed has dried up; *kvapky rosy v-li* the drops of dew have dried up

vysiať sow* [səu]; *v. semeno* sow seeds; *v. pole (pšenicou)* sow a field (with wheat)

vysielač transmitter [trænz'mitə]; *krátkovlnný v.* a short wave transmitter; *rozhlasový/televízny v.* a radio/television transmitter

vysielanie broadcast ['bro:dka:st]; *v. televíznych/rozhlasových správ* a television/radio news broadcast

vysielať 1. broadcast ['bro:dka:st]; *v. koncert priamym prenosom* broadcast a concert

V

live 2. (vydávať) send* out [send aut]; v. ultra-
fialové žiarenie send out ultraviolet radiation
vysilený exhausted [igˈzoːstəd]; byť úplne
v. be completely exhausted
vyskočiť jump [džamp], leap* [liːp]; v-l
(von) oknom he jumped out of the window;
v-la na rovné nohy she jumped to her feet;
v-l na obranu svojej sestry he leapt to his
sister's defence
výskum research [riˈsəːč]; laboratórny v.
laboratory research; pracovať vo v-e be
engaged in research; robiť v. do research;
v. verejnej mienky opinion poll
vyskúmať 1. (vybádať) investigate
[inˈvestəgeit]; v. možnosti predaja výrobku na
trhu investigate the market for sales of a prod-
uct 2. (zistiť) research [riˈsəːč]; v. účinky faj-
čenia research into the effects of smoking
výskumník researcher [riˈsəːčə]
vyskúšať 1. test [test], try on [trai on];
v. nový výrobok test a new product; v. si nové
šaty try on a new dress 2. examine
[igˈzæmin]; v. študenta examine a student
výskyt occurrence [əˈkarəns]; v. škodcov
the occurrence of pests
vyskytnúť sa occur [əˈkəː]; v-li sa nové
prípady neznámej choroby new cases of an
unknown disease occurred
vyslanec 1. (poverený úlohou) envoy [ˈenvoi]
2. (veľvyslanec) ambassador [æmˈbæsədə];
britský v. v Kanade the British High
Commissioner in Canada
vyslanectvo legation [liˈgeišn], embassy
[ˈembəsi]
vyslať 1. send* [send]; v. posla send
a messenger 2. (vypustiť) send* out [send aut];
družica v-la prvé signály the satellite has sent
out the first signals
výsledok result [riˈzalt], outcome
[ˈautkam]; v. skúmania the result of the
investigation; v. zápasu the result of the match;
v. diskusie the outcome of the discussion
vyslobodiť set* free [friː], liberate [ˈlibəreit],
rescue [ˈreskjuː]; v. zajatcov free/liberate
captives; v. z nebezpečenstva rescue from
danger
vysloboditeľ liberator [ˈlibəreitə]
vysloviť 1. (vypovedať) voice [vois]; v. hlá-
sku voice a sound 2. (slovami vyjadriť) express
[ikˈspres]; v. vďaku express gratitude
výslovnosť pronunciation [prəˌnansiˈeišn];
dobrá/zlá v. good/poor pronunciation

výslovný explicit [ikˈsplisət]; je to jej v-é
želanie it's her explicit wish
vyslovovať pronounce [prəˈnauns]; ako
v-ujete svoje meno? how do you pronounce
your name?
výsluch interrogation [inˌterəˈgeišn],
examination [igˌzæməˈneišn]; v. svedkov
examination of witnesses; podrobiť v-u
subject to interrogation
výslužba retirement [riˈtaiəmənt]; odísť do
v-y retire
vyslúžilec veteran [ˈvetrən]
výsmech derision [diˈrižn], ridicule
[ˈridəkjuːl], mockery [ˈmokəri]; stať sa pred-
metom v-u become an object of derision/
ridicule; súdne pojednávanie bolo v-om spra-
vodlivosti the trial was a mockery of justice
výsmešný derisive [diˈraisiv]; v. smiech
derisive laughter; v-é slová derisive words
vysmiať, vysmiať sa laugh at [laːf ət];
v-li ho/v-li sa mu they laughed at him ● v. sa
do očí (komu) laugh in sb.'s face; expr. nedaj
sa v.! don't make a fool of yourself!
vysmievať, vysmievať sa make* fun of
[meik ˈfan əv], ridicule [ˈridəkjuːl], mock
[mok]; v-jú sa jej they make fun of her; v. sa
ponuke ridicule a proposal
vysočina highland(s) [ˈhailənd(z)]
vysokoškolák undergraduate [ˌandəˈgræ
džuət]
vysoký I. príd. (človek) tall [toːl], (v rozl.význ.)
high [hai]; v. dom a high building; v-é
podpätky high heels; v-é tóny high notes;
v. hlas a high voice; v. tlak high pressure;
v-á teplota high temperature; v-á vlhkosť
high humidity; v-é napätie high voltage/
tension; v-á škola/univerzita college/
university; v. úradník a high official; v-á
morálka high moral; mať v-ú mienku (o kom)
have a high opinion of sb.; mať priateľov
na v-ch miestach have friends in high
places; v. vek a ripe old age ● žiť na v-ej
nohe live the high life II. vysoká (zver)
red deer [red ˌdiə]; poľovať na v-ú hunt red
deer

---

tall – ľudia, stromy, vysoké budovy,
tenké vysoké objekty
high – všetko ostatné, čo dosahuje
určitú výšku

---

výsosť (oslovenie člena panovníckej rodiny)

His/Her Royal Highness, (panovníka) His/Her Royal Majesty ['mædžəsti];

výsostný sovereign ['sovrən]; *v-é právo* sovereign power

vyspať sa 1. get*/have* a good sleep [get/hæv ə gud sli:p]; *dobre/zle sa v.* get a good/a bad sleep; *vôbec som sa nev-l* I haven't had a minute's sleep 2. sleep* on [sli:p on]; *prečo sa na to nev-íš?* why don't you sleep on it? 3. sleep* off [sli:p of]; *v. sa z bolenia hlavy* sleep off a bad headache

vyspelý mature [mə'čuə], sophisticated [sə'fistəkeitəd]; *je na svoj vek veľmi v-á* she's very mature for her age; *v-á spoločnosť* an advanced/sophisticated society

vyspieť grow* up [grəu ap], mature [mə'čuə]; *kiež by si už v-el* I wish you'd grow up; *v posledných rokoch povahovo v-el* his character matured during the last years

vyspovedať hear*/take* confession [hiə/teik kən'fešn]; *v. umierajúceho* hear confession of a dying man // *v. sa* confess; *v. sa z hriechov* confess one's sins

vysťahovalec emigrant ['emigrənt]

vysťahovať evict [i'vikt]; *v. nájomníka* evict a tenant // *v. sa* emigrate ['eməgreit]; *v. sa do Ameriky* emigrate to America

výstava exhibition [ˌeksə'bišn], show [šəu]; *v. malieb* an exhibition of paintings; *inštalovať v-u* mount an exhibition; *v. psov/mačiek/áut* a dog/cat/car show

výstavba construction [kən'strakšn]; *priemyselná v.* construction industry; *most je vo v-e* the bridge is under construction; *v. textu* the structure of a text

výstavisko exhibition grounds [ˌeksə'bišn graundz]

vystaviť 1. (vyložiť) exhibit [ig'zibət], display [dis'plei]; *v. obrazy v obrazárni* exhibit paintings in an art gallery; *v. tovar* display goods 2. (vypísať) write out [rait aut]; *v. potvrdenku* write out a receipt 3. (ponechať vplyvu) expose [ik'spəuz]; *v. vetru a dažďu* expose to wind and rain

vystavovateľ exhibitor [ig'zibətə]

vystihnúť 1. (postrehnúť) grasp [gra:sp]; *nev-li situáciu* they failed to grasp the situation 2. (vyjadriť) express [ik'spres]; *v. podstatu problému* express the gist of the problem

výstraha warning ['wo:niŋ]; *nevšímal si moju v-u* he paid no attention to my warning

výstredný eccentric [ik'sentrik]; *v-é správanie* eccentric behaviour

výstrel shot [šot]; *zaznel v. z pušky* there was the sound of a rifle shot

vystreliť 1. fire [faiə]; *v. z revolvera* fire a gun; *v. salvu* fire a salute 2. (do brány) shoot [šu:t]; *v. loptu* shoot a ball // **v. si** hovor. expr. (z koho) play a joke on sb. [plei ə 'džəuk]

vystriedať take* over [teik 'əuvə]; *náhradník v-l brankára* the substitute took over from the goalkeeper // **v. sa** relieve [ri'li:v]; *stráž sa v-a o polnoci* the guard will be relieved at midnight

výstrih neckline ['neklain]; *hlboký v.* a low neckline

vystríhať warn [wo:n]; *v. pred nebezpečenstvom* warn of danger // **v. sa** be on one's guard ['bi: on wans 'ga:d]; *v-j sa zlých kamarátov* be on your guard against false friends

vystrihnúť cut* out [kat aut]; *v. zaujímavý článok z novín* cut out an interesting article out of a newspaper; *v. šaty* cut out a dress

výstrižok cutting ['katiŋ], AM clipping ['klipiŋ]; *v-ky z novín* press cuttings

výstroj equipment [i'kwipmənt]; *horolezecký v.* climbing equipment

vystrojiť 1. (vybaviť) equip [i'kwip]; *dobre v-né laboratórium* a well-equipped laboratory 2. (zorganizovať) prepare [pri'peə]; *v. hostinu* prepare a banquet 3. (vychystať) get* ready [get 'redi]; *v. deti do školy* get the children ready for school 4. (vyobliekať) get* dressed [get drest]; *v. mladuchu* get the bride dressed

výstup 1. ascent [ə'sent]; *úspešný v. na vrch* a successful ascent of the mountain 2. odb. output ['autput]; *v. počítača* computer output 3. appearance [ə'pirəns]; *mať prvý v. na scéne* have one's first appearance 4. scene [si:n]; *prvý/druhý v.* the first/second scene 5. (hádka): *urobiť v.* make a scene

vystúpiť 1. (hore) ascend [ə'send]; *v-l po schodoch* he ascended the stairs 2. (von) get* off [get of]; *v. z autobusu* get off a bus 3. (opustiť) quit [kwit]; *v. zo školy* quit school 4. (op. klesnúť) rise* [raiz]; *horúčka v-la na maximum* the temperature rose to the maximum 5. (účinkovať) appear [ə'piə]; *v-la v televízii* she appeared on television

vystupňovať intensify [in'tensəfai]; *v. úsilie* intensify efforts

vysušiť 1. (ususiť) dry [drai]; *v-la si vlasy* she dried her hair 2. (odvodnením odstrániť)

V

drain [drein]; *v. močiar* drain a swamp **3.** (zbaviť vlhkosti) dry up [drai ap]; *v-ené koryto rieky* a dried up river bed

vysvätiť 1. consecrate ['konsəkreit]; *v. nový kostol* consecrate a new church **2.** ordain [o:'dein]; *v. za kňaza* ordain sb. priest

vysvedčenie certificate [sə'tifikət]; *lekárske v.* a certificate of health; *školské v.* school report

vysvetliť 1. explain [ik'splein]; *v. význam slov* explain the meaning of words **2.** (urovnať) clear up [kliə ap]; *v. nedorozumenie* clear up a misunderstanding

vysvetlivka note [nəut]; *robiť v-y na okraji* make notes on the margin; *v. pod čiarou* footnote

vysviacka consecration [ˌkonsə'kreišn]; *v. kostola* the consecration of a church; *v. za kňaza* ordination

vyše I. predl. **1.** above [ə'bav]; *voda nám siaha v.* kolien the water comes up above our knees **2.** (viac ako) over ['əuvə]; *čakal v. hodiny* he waited over an hour **II.** časť. over ['əuvə]; *pri v. polmiliónovej škode* at a damage of over half-million

vyšetriť 1. investigate [in'vestəgeit]; *v. príčinu nehody* investigate the cause of the accident **2.** (lekársky) examine [ig'zæmin]; *v. pacienta* examine a patient

vyšiť 1. embroider [im'broidə]; *v. obrus* embroider a tablecloth; *v. ornament* embroider an ornament **2.** (spotrebovať) use up [ju:z ap]; *v. všetok hodváb* use up all the silk thread

vyšívanie embroidery [im'broidri]

výška 1. height [hait]; *v. budovy* the height of a building; *lietadlo naberá v-u* the aircraft is gaining height; šport. *skok do v-y* high jump **2.** (miera) size [saiz], amount [ə'maunt]; *v. príjmu* the size of income **3.** odb. pitch [pič]; *v. tónu* pitch; *štandardná v. tónu hudobných nástrojov* concert pitch

vyškoliť train [trein]; *v. za zdravotnú sestru* train for nursing; *v-ený hlas* a trained voice // **v. sa** train [trein]; *v. sa za inštalatéra* train as plumber

výškomer altimeter ['ælti,mi:tə]

vyšľahať 1. whip [wip], whisk [wisk]; *v. bielky* whip the eggwhites **2.** (zbiť) whip [wip]; *v. koňa* whip a horse

vyšliapať 1. tread* [tred]; *v. chodník* tread a path **2.** (schodiť) wear* down [weə daun]; *v-né topánky* worn down shoes

vyšplhať sa climb [klaim]; *v. sa na strom* climb a tree

výťah¹ lift [lift], AM elevator [elə'veitə]; *ísť v-om na tretie poschodie* take the lift to the third floor

výťah² summary ['saməri]; *v. výročnej správy* summary of the annual report; *v. knihy/filmu/hry ap.* synopsis [sə'nopsəs]

vytapetovať paper ['peipə]; *v. izbu* paper a room

vyťať 1. cut* down [kat daun], fell [fel]; *v. strom* cut down/fell a tree **2.** expr. (zbiť) slap [slæp]; *v. facku (komu)* slap sb.'s face

výťažok 1. (rastliny) extract ['ekstrækt] **2.** (výnos) yield [ji:ld]

vytiahnuť 1. (dostať von) pull out [pul aut]; *v. udicu z vody* pull a fishing rod out of the water **2.** (hore) pull up [pul ap]; *raneného v-li na lane* they pulled the injured man up on a rope; *v. zástavu* hoist a flag **3.** (vybrať) take* out [teik aut]; *v-ol si z vrecka vreckovku* he took a handkerchief out of his pocket **4.** (ťahaním upraviť) stretch [streč]; *v. záclonu* stretch a curtain **5.** (posunúť dohora) raise [reiz], lift [lift]; *v. obočie* raise an eyebrow **6.** (získať) draw* [dro:]; *v. si kartu* draw a card **7.** expr. (vymámiť) get* out [get aut]; *v. peniaze/informácie (od koho)* get money/information out of sb. ● *v. z blata/z kaše (koho)* get sb. out of a jam; *v. na svetlo (čo)* drag sth. out into the open

vytknúť¹ dislocate ['disləkeit]; *v. si palec na nohe/na ruke* dislocate one's big toe/thumb

vytknúť² reproach [ri'prəuč]; *v-la mu, že prišiel neskoro* she reproached him for his coming late

vytlačiť 1. (dostať von) push out [puš aut]; *v. auto z garáže* push a car out of a garage **2.** (vytisnúť) push up [puš ap]; *v. bicykel do kopca* push a bicykle up a hill **3.** (tlačením získať) squeeze [skwi:z]; *v. citrón* squeeze a lemon **4.** (nahradiť) replace [ri'pleis]; *koče boli v-né autami* cars replaced carriages **5.** (tlačou vyhotoviť) print [print]; *v. knihu* print a book

výtlačok copy ['kopi]; *z knihy predali už milión v-kov* the book has already sold a million copies ● *autorský v.* complimentary copy

vytrhnúť 1. tear* out [teə aut], pull out [pul aut]; *v-la si šedivý vlas* she tore out a grey hair; *v. zub* pull out a tooth **2.** snatch [snæč]; *v-li mu nôž z ruky* they snatched the knife from his hand **3.** (zo sna) wake* [weik]; *v. spiaceho zo sna* wake sb. from his dreams

vytriezvieť 1. (z opitosti) sober up ['səubə ap] **2.** (z ilúzií) get* disillusioned [get disə'lu:žnd]

vytrpieť suffer ['safə], endure [in'djuə]; *v. bolesť* suffer pain; *veľa si v-eli* they have endured hardship

výtrus (obyč. mn. č.) *v-y* bot. spore [spo:]

vytrvalý 1. (zotrvávajúci) persevering [ˌpəːsə'viəriŋ], tenacious [tə'neišəs]; *v. študent* a persevering student; *v. protivník* a tenacious opponent **2.** (neprestávajúci) continuous [kən'tinjuəs]; *v. dážď* continuous rain

vytrvať persevere [ˌpəːsə'viə], hold* out [həuld aut]; *v-li v práci* they persevered with their work; *v. až do konca* hold out until the end

vytrženie ecstasy ['ekstəsi]; *byť vo v-í* be in/go into ecstasy/ecstasies

výtržníctvo rowdyism ['raudiizm]

výtržník rowdy ['raudi]

vytušiť guess [ges], sense [sens]; *v. niečie myšlienky* guess sb.'s thoughts; *v. nebezpečenstvo* sense danger

vytúžený longed-for ['loŋd ˌfə]; *v-é dieťa* a longed-for child

výtvarník artist ['a:təst]

výtvarný: *v-é umenie* the visual arts

vytvarovať shape [šeip]; *v. hlinu* shape clay

výtvor creation [kri:'eišn]; *v-y básnikov/umelcov* the creations of poets/artists

vytvoriť create [kri:'eit]; *v. umelecké dielo* create a piece of art

výučba teaching ['ti:čiŋ]; *chce sa venovať v-e* she's planning to go into teaching

vyučovací teaching ['ti:čiŋ], educational [ˌedju'keišnəl]; *v-ie pomôcky* teaching aids; *v. proces* the educational process; *v-ia hodina* a lesson/a period

vyučovanie 1. teaching ['ti:čiŋ], instruction [in'strakšn]; *názorné v.* visual instruction; *zdokonaliť v. cudzích jazykov* improve the teaching of foreign languages **2.** (vyučovacie hodiny) lessons ['lesənz], classes ['kla:səz]; *zúčastniť sa na v-í* attend classes; *v. sa začína o 8.* h lessons/classes start at 8 o'clock

vyučovať teach* [ti:č]; *v. angličtinu* teach English

vyúdiť smoke [sməuk]; *v. šunku* smoke ham

vyutierať wipe [waip]; *v. dlážku* wipe the floor

využiť use [ju:z], utilize ['ju:təlaiz], take* chance of [teik ča:ns əv]; *v. všetky možnosti* use all possibilities; *v. vedomosti* utilize knowledge; *v-l prítomnosť priateľov* he took chance of the presence of his friends

využívať exploit [eks'ploit]; *v. prírodné zdroje* exploit natural resources

vývar stock [stok], broth [broθ]; *slepačí v.* chicken broth

vyvariť boil [boil]; *v. rezance* boil vermicelli; *v. bielizeň* boil the linen; *v. chirurgické nástroje* sterilize surgical instruments

vyvetrať 1. air [eə]; *v. izbu* air the room; *v. šatstvo* air the clothes **2.** (odstrániť) let* out [let aut]; *v. z izby cigaretový dym* let the cigarette smoke out of the room

vývin 1. evolution [ˌi:və'lu:šn]; *v. života na Zemi* the evolution of life on Earth **2.** (vyvíjanie) development [di'veləpmənt]

vyvinúť develop [di'veləp] (aj vypracovať, skonštruovať); *v. mimoriadne úsilie* develop special effort; *v. nový stroj* develop a new machine // **v. sa** develop [di'veləp]; *živočíchy sa v-uli z nižších organizmov* animals developed from lower organisms

vyvinutý developed [di'veləpt]; *dobre v-á rastlina* a well developed plant; *hospodársky menej v-é krajiny* economically underdeveloped countries

vývoj development [di'veləpmənt]

vývojka developer [di'veləpə]

vyvolať 1. call out [ko:l aut]; *v. priateľa z domu* call a friend out of the house **2.** (vyhlásiť) announce [ə'nauns]; *v. mená výhercov* announce the names of the winners **3.** (privolať) evoke [i'vəuk], call up [ko:l ap]; *v. spomienky* evoke memories; *v. duchov* call up the spirits of the dead **4.** (vzbudiť) provoke [prə'vəuk]; *v. hádku* provoke a quarrel **5.** (vybaviť si) call to mind [ko:l tə 'maind]; *v. si v mysli známy obraz* call to mind a well-known picture **6.** develop [di'veləp]; *v. film* develop a film

vývoz export ['ekspo:t]; *v. strojov* export of machinery

vývozca exporter [ik'spo:tə]; *v. automobilov* an exporter of cars

vyvrátiť 1. (vychýliť) overturn [ˌəuvə'tə:n]; *v. stojan* overturn a stand **2.** (vytrhnúť) uproot [ap'ru:t]; *víchrica v-la stromy* the storm uprooted some trees **3.** (obrátiť naopak) turn out [tə:n aut]; *v-l vrecká* he turned out his pockets

V

4. (poprieť) confute [kən'fju:t]; *v. tvrdenie* confute a claim

vývrtka corkscrew ['ko:kskru:]

výzbroj 1. (vojenská) armament ['a:məmənt] **2.** (výstroj) equipment [i'kwipmənt]; *požiarny v.* fire-fighting equipment

vyzbrojiť 1. (zbraňami) arm [a:m] **2.** (vystrojiť potrebným) equip [i'kwip]; *v. výpravu modernou technikou* equip the expedition with modern technology

výzdoba decoration [ˌdekə'reišn]; *postarať sa o v-u miestnosti* provide the decoration of a room; *vianočná v.* Christmas decorations

vyzdobiť decorate ['dekəreit], embellish [im'beliš]; *v. izbu kvetmi* decorate a room with flowers

vyzdravieť recover [ri'kavə]; *v. po dlhej chorobe* recover from a long disease

vyzdvihnúť 1. (zdvihnúť) lift [lift]; *v. dieťa z postieľky* lift a baby out of the cot **2.** (vybrať niečo uschované) collect [kə'lekt], draw [dro:]; *v. kufor z úschovne* collect a case from the left luggage office **3.** (zdôrazniť) emphasize ['emfəsaiz], stress [stres]; *v. význam vzdelania* emphasize the importance of education

vyzerať 1. (mať vzhľad) look [luk]; *v. dobre/zdravo* look well/healthy; **2.** (javiť sa) look like [luk laik]; *to v-á na dážď* it looks like rain

vyzliecť 1. take* off [teik of]; *v. si kabát* take off one's coat **2.** undress [an'dres]; *v. dieťa* undress a child

význam 1. meaning ['mi:niŋ]; *jedno slovo môže mať viacero v-ov* one word can have several meanings **2.** (dôležitosť) importance [im'po:tns]; *v. vzdelania/výchovy* the importance of education/upbringing ● *to nemá v.* there is no point/sense in that

vyznamenanie honour ['onə], distinction [di'stiŋkšn]; *vaša prítomnosť je pre nás v-ím* we are honoured by your presence; *dostať v. za statočnosť* win distinctions for bravery; *skončiť s v-ím* pass with distinction; ● *udeliť v.*; **a)** (medailu, rád) decorate ['dekəreit] **b)** (cenu, titul) award [ə'wo:d]; *udeliť v.* award a prize/title to sb.

vyznamenať 1. (poctiť) honour ['onə]; *v. (koho) prejavom dôvery* honour sb. with trust/confidence **2.** (udeliť vyznamenanie) decorate ['dekəreit]; *v. (koho) za chrabrosť* decorate sb. for bravery

významný 1. important [im'po:tnt]; *v-é miesto* an important position **2.** significant

[sig'nifikənt]; *v. úspech* a significant success

3. meaningful ['mi:niŋfl]; *v. pohľad* a meaningful look

vyznanie 1. denomination [diˌnomə'neišn]; *kresťania všetkých v-í* Christians of all denominations **2.** (priznanie) declaration [ˌdeklə'reišn]; *v. lásky* declaration of love

výzor appearance [ə'pirəns]; *nesúďte podľa v-u* don't judge by appearances

vyzradiť betray [bi'trei], disclose [dis'kləuz]; *v. tajomstvo* betray a secret; *v. meno víťaza* disclose the name of the winner

vyzuť take* off [teik of]; *v. si topánky* take off the shoes; *v. dieťa* take off a child's shoes // **v. sa 1.** come* off [kam of]; *v-li sa mu papuče* his slippers came off **2.** hovor. expr. (zbaviť sa) shirk [šə:k]; *v. sa zo zodpovednosti* shirk one's responsibilities

výzva challenge ['čæləndž]; *v. do boja* a challenge to fight; *v. na súťaž* a challenge to compete

vyzvať challenge ['čæləndž]; *v. na zápasenie (koho)* challenge sb. to a match

vyzvedač spy [spai]

vyzývavý provoking [prə'vəukiŋ], arrogant ['ærəgənt]; *v. smiech* provoking/arrogant laughter

vyžehliť iron ['aiən]; *v. bielizeň* iron the linen

vyžiadať (si) claim [kleim], require [ri'kwaiə]; *vojna si v-la veľa ľudských životov* the war claimed many lives; *táto práca si vyžiada veľa trpezlivosti* this work will require a lot of patience

vyžiť 1. live [liv]; *ledva toľko zarobí, aby v-l* he hardly earns enough to live; *práve len v.* make both ends meet **2.** (ostať nažive) survive [sə'vaiv]; *azda do jari v-je* he may survive until spring

výživa 1. nutrition [nju:'trišn]; *nedostatočná v.* insufficient nutrition **2.** (potrava) nourishment ['narišmənt], food [fu:d]; *dojčenská v.* baby food

výživné alimony ['æləməni]

vyžmýkať 1. squeeze [skwi:z], wring out [riŋ aut]; *v. citrón* squeeze a lemon; *v. plachtu* wring a sheet out **2.** (žmýkaním odstrániť) squeeze out; *v. šťavu z ovocia* squeeze juice out of fruit ● (expr.) *je ako v-ný citrón* squeezed dry

vyžrebovať draw* lots [dro: lots]

vzácny 1. precious ['prešəs]; *v. kov* precious metal **2.** (zriedkavý) rare [reə]; *v-e druhy*

rare species **3.** (významný) distinguished [diˈstiŋgwišt]; *v-í hostia* distinguished guests
vzadu in the rear [in ðə ˈriə]; *motor je v.* (v aute) the engine is in the rear
vzájomný mutual [ˈmjuːčuəl]; *v-é sympatie* mutual affection; *v-á výmena názorov* mutual exchange of views
vzápätí immediately afterwards [iˈmiːdiətli ˈaftəwədz]; *prišiel v.* he came presently
vzbĺknuť (v rozl. význ.) flare up [fleə ap], go* up in flames [gəu ap in ˈfleimz]; *slama v-la* the straw went up in flames; *v. pri každej maličkosti* flare up at the least thing; *vzbura v-la* a riot flared up
vzbudiť arouse [əˈrauz]; *v. podozrenie* arouse suspicion // **v. sa** waken [ˈweikən]; *v-l sa v ňom záujem o šport* his interest in sport was wakened
vzbura rebellion [riˈbeljən]; *potlačiť v-u* put down a rebellion
vzdelanie education [ˌedjəˈkeišn]; *všeobecné v.* general education; *zanedbať v.* neglect education
vzdelávací educational [ˌedjəˈkeišnəl]; *v. systém* the educational system
vzdialenosť 1. distance [ˈdistəns]; *v. zo Žiliny do Košíc* the distance from Žilina to Košice **2.** (časový úsek) interval [ˈintəvl]; *časová v. medzi dvoma udalosťami* the interval between two events
vzdialený 1. distant [ˈdistənt], far off [fa: of]; *mesto v-é päť km* a town five kilometres distant (from here) **2.** (v rozl. význ.) remote [riˈməut]; *v-á budúcnosť* the remote future; *v-á sesternica* a remote cousin; *v. problém* a remote problem
vzdor defiance [diˈfaiəns], rebellion [riˈbeliən]; *konať vo v-e* act in defiance
vzdorovať 1. (odporovať) oppose [əˈpəuz]; *v-la vôli rodičov* she opposed her parents' will **2.** (odolávať) resist [riˈzist]; *v. chorobe* resist a disease
vzdorovitý defiant [diˈfaiənt]; *v-é dieťa* a defiant child; *v. postoj* a defiant attitude
vzduch air [eə]; *svieži v.* fresh air; *tlak v-u* air pressure; *vznášať sa vo v-u* float in the air; *znečistenie v-u* air pollution ● *lapať v.* gasp for air/breath; *niečo visí vo v-u* there's sth. in the air; *žiť z lásky a zo v-u* live on love and air
vzducholoď airship [eə šip]
vzduchoprázdno vacuum [ˈvækjuəm]; *žiť vo v-e* live in a vacuum

vzduchotesný airtight [ˈeətait]; *v-á kabína* an airtight cabin
vzduchovka air-rifle [eə ˈraifl], airgun [ˈeəgan]
vzdych sigh [sai], groan [grəun]; *v. úľavy* a sigh of relief; *bolestný v.* a groan of pain
vzdychať 1. groan [grəun]; *v. od bolesti* groan with pain **2.** (žialiť) sigh [sai]; *v-la za strateným šťastím* she sighed for her lost luck
vzhľad look [luk]; *v. výrobku* the look of the product; *mať smutný v.* have a sad look
vzchopiť sa pull o.s. together [ˌpul təˈgeðə]
vziať (v rozl. význ.) take* [teik], seize [siːz]; *v. knihu z police* take a book from the shelf; *v. dieťa na ruky* take a child in one's arms; *v. liek* take a medicine; *v. si život* take one's own life; *v. si dovolenku* take a holiday; *v. obvineného do väzby* take an accused into custody; *v. si príklad (od koho)* take a leaf out of sb.'s book ● *v. si do hlavy (čo)* take sth. into one's head; *v. (koho) za slovo* take sb. at his word; *v-alo mu to reč* it took his breath away; *v. vietor z plachát (komu)* take the wind out of sb.'s sails; *v. niečo na ľahkú váhu* take sth. lightly; *v. si niečo k srdcu* be very concerned about sth.; *vziať na seba zodpovednosť* shoulder responsibility; *ako sa to vezme* depending on your point of view // **v. sa 1.** (prísť) come* [kam]; *kde si sa tu v-al?* where have you come from? **2.** (o dvojici) get* married [get ˈmærid]; *vlani sa v-ali* they got married last year // **v. si** take* [teik]; *v. si za ženu/muža* take a wife/husband
vzkriesenie resurrection [ˌrezəˈrekšn]
vzkriesiť (priviesť k životu) resuscitate [riˈsasəteit], (oživiť) revive [riˈvaiv]; *v. utopeného* resuscitate a drowned man; pren. kniž. *v. spomienky* revive memories
vzlet flight [flait], takeoff [ˈteikof]; *prvý v. orla* the eagle's first flight from the nest; *hladký v. lietadla* a smooth takeoff
vzlyk sob [sob]; *potláčať v-y* suppress sobs
vzlykať sob [sob]; *dieťa v-á* the child is sobbing
vznášadlo hovercraft [ˈhovəkraːft]
vznášať sa float [fləut]; *v. sa vo vzduchu/na vode* float in the air/on water ● *v. sa v oblakoch* have one's head in the clouds; bibl. *a Duch Boží sa v-l nad vodami* and the Spirit of the Lord moved over the waters
vznešený noble [ˈnəubl], zastar. grand [grænd]; *bojovať za v. cieľ* fight for a noble

V

cause; *v-é dámy kráľovského dvora* grand ladies of the royal court

vznik origin [ˈorədžən]; *v. života* the origin of life

vzniknúť arise* [əˈraiz]; *v-li nepredvídané ťažkosti* some unexpected difficulties have arisen

vzor 1. (príklad) example [igˈzaːmpl]; *byť v-om ostatným* be an example to others; *vziať si koho/čo za v.* take a leaf out of sb.'s book/take sth. as an example **2.** (typ) pattern [ˈpætən], model [ˈmodl] (aj lingv.); *v. matky /manželky* a model mother/wife; *v. cností* a pattern/paragon of virtue **3.** pattern [ˈpætən]; *odkresľovať podľa v-u* draw from a pattern; *geometrický/ornamentálny v.* a geometrical/ornamental pattern **4.** (model) model; *vyvinúť nový v. topánok* create a new model of shoes

vzorec formula [ˈfoːmjələ]; *chemický v. vody* the chemical formula for water

vzorka 1. sample [ˈsaːmpl]; *v. krvi* a blood sample; *pôdna v.* a soil sample **2.** pattern [ˈpætən]; *v. záclonoviny* the pattern of a curtain material

vzorný exemplary [igˈzempləri], excellent [ˈekslənt]; *v. žiak* an excellent pupil; *v-é správanie* exemplary conduct

vzostup rise [raiz]; *v. teploty* the rise in temperature; *v. kultúrnej úrovne* the rise of culture

vzpierač weight lifter [ˈweit ˌliftə]

vzpieranie šport. weight lifting [ˈweit ˌliftiŋ]

vzpriamiť straighten [ˈstreitn], raise [reiz]; *v-l chrbát* he straightened his back; *v. hlavu* raise one's head // **v. sa** straighten up [ˈstreitn ap]; *jazdec sa v-l* the rider straightened up

vzpruha encouragement [inˈkaridžmənt]; *úspech je veľkou v-ou* success is a great encouragement

vzrast 1. (celková podoba) growth [grəuθ], (človeka) build [bild]; *stromy v-om podobné* trees of similar growth; *mládenci rovnakého v-u* young men of the same build **2.** (narastanie) growth [grəuθ], increase [inˈkriːs]; *rýchly v. ekonomiky* a rapid economic growth; *v. cien* increase of prices

vzrušenie excitement [ikˈsaitmənt], thrill [θril]; *vyhýbať sa v-u* avoid excitement

vzrušený excited [ikˈsaitəd], thrilled [θrild]; *v-é deti* excited children; *má v. výraz tváre* he has an excited look on his face

vzrušiť excite [ikˈsait]; *dobrá správa ju v-la* the good news excited her

vzťah 1. relation [riˈleišn]; *obchodné v-y* business relations; filoz. *v. obsahu a formy* the relation between content and form **2.** relation [riˈleišən], relationship [riˈleišnšip]; *dobrý v. medzi otcom a synom* a good relationship between father and son; *v. k prírode* relation to nature

vzťažný lingv. relative [ˈrelətiv]; *v-é zámeno* relative pronoun; *v-á veta* relative clause

vztýčiť 1. (vzpriamiť) raise [reiz]; *v. ukazovák* raise a warning finger; *v. hlavu* throw one's head back **2.** (postaviť) erect [iˈrekt]; *v. stožiar* erect a pole; *v. zástavu* hoist a flag

vždy always [ˈoːlwəz]; *v. mešká* he's always late

vždyzelený evergreen [ˈevəgriːn]; *v-á rastlina* an evergreen (plant)

vžiť sa 1. (vpraviť sa) settle down [setl daun]; *v. sa do nových pomerov* settle down in the new conditions **2.** (vcítiť sa) empathize [ˈempəθaiz]; *v. sa do problémov iných* empathize with other people's problems **3.** (zaužívať sa) gain currency [gein ˈkarənsi]; *novoty sa v-li* novelties have gained currency

vžitý current [ˈkarənt], habitual [hæˈbitjuəl]; *v-é slová* current words; *v. úzus* current use

W

watt watt [wot]
WC toilet [ˈtoilət], ● *verejné WC* public convenience
whisky whisky [ˈwiski]

windsurfing windsurfing [ˈwindˌsəːfiŋ]
worcesterský: *w-á omáčka* Worcester sauce [ˌwustə ˈsoːs]

X

xantipa shrew [šru:]
xenón xenon ['zenon]
xerografia xerox ['ziroks]

xeroxovať xerox ['ziroks]
x: *pán XY* Mr X
xylofón xylophone ['zailəfəun]

Y

yard (0,194 m) yard [ja:d]
yeti yeti ['jeti]

ypsilon y [wai]

Z

z, zo predl. s G. **1.** (miestne vzťahy) out of [aut əv], off [of, o:f], from [frəm]; *vyjsť z domu* walk out of the house; *vypadnúť z ruky* fall/drop from sb.'s hand; *zoskočiť z koňa* jump off a horse; *prísť z práce* come from work **2.** (čas) from; *zo začiatku* from the beginning; *z tých čias* from those times **3.** (pôvod, materiál) from [from], of [əv]; *dieťa z prvého manželstva* a child from the first marriage; *múr z kameňa* a wall of rock **4.** (príčina, dôvod) out of; *z vďačnosti* out of gratitude; *zo záujmu* out of interest **5.** (spôsob, miera) from; *z hĺbky duše* from the depth of the soul; *poznať z počutia* know from hearsay; *z ruky do ruky* from hand to hand; *zo dňa na deň* from day to day **6.** (prostriedok, nástroj) out of, on [on]; *napiť sa z fľaše* drink out of a bottle; *žiť z úspor* live on one's savings **7.** (zreteľ) of, from; *z odborného stanoviska* from the professional point of view; *najlepší zo všetkých* the best of them all **8.** (predmet pri slovesách) *spamätať sa z prekvapenia* recover from an astonishment

za predl. **A)** s G. **1.** (čas) in [in]; *za bieleho dňa* in broad daylight **2.** (podmienka) in; *za prítomnosti (koho)* in the presence of (sb.) **B)** s A. **1.** (smer) behind [bi'haind]; *schovať sa za strom* hide behind a tree **2.** (príčina) for [fo:], of [əv]; *hanbiť sa za seba* be ashamed of oneself; *viniť za chyby* blame for faults **3.** (časový rozsah) in; *opraviť niečo za deň* repair sth. in a day's time **4.** (účel) for [fo:]; *bojovať za demokraciu* fight for democracy **5.** (zástupnosť) for [fo:], as [əz]; *rozhodnúť za všetkých* decide for all the others; *slúžiť za vzor* serve as example **6.** (väzba pri slovesách a menách) for

[fo:]; *prosiť za rodičov* pray for one's parents; *zodpovednosť za výchovu detí* responsibility for the upbringing of children **C)** s I. **I. 1.** (miesto) at [ət, æt], behind [bə'haind]; *sedieť za stolom* sit at the table; *byť za dverami* be behind the door **2.** (priestorová, časová následnosť) after ['a:ftə]; *za vetrom prišiel dážď* the rain came after the storm; *deň za dňom* day after day; *jeden za druhým* one after the other **3.** (účel) for [fo:], to [tə]; *naťahovať sa za jablkom* reach for an apple; *poslať niekoho za lekárom* send sb. to the doctor's **4.** (väzba pri slovesách a menách) for [fo:]; *túžiť za šťastím* long for happiness

zábal pack [pæk]; *bahnový z.* a mudpack; *priložiť z.* apply a pack

zabaliť wrap up [ræp ap], pack [pæk]; *z. balík* wrap up a parcel; *z. kufor* pack a case

zábava **1.** (zabavenie) fun [fan], entertainment [,entə'teinmənt]; *učiť sa niečo zo z-y* learn sth. for fun/for the fun of it; *je s ním z.* he's great fun; *príjemnú z-u!* enjoy yourself/ have a nice time **2.** (podujatie) party ['pa:ti]; *silvestrovská z.* a New Year's Eve party

zabaviť **1.** (pobaviť) entertain [,entə'tein], amuse [ə'mju:z]; *z-l svojich poslucháčov* he entertained his audience; *z. dieťa novou hračkou* keep the baby amused with a new toy **2.** (zdržať) detain [di'tein]; *z-li ho priatelia* he was detained by friends

zábavný **1.** (určený na zábavu) light [lait], amusing [ə'mju:zin], entertaining [,entə'teinin]; *z-á hudba* light music; *z-é čítanie* light reading; **2.** (poskytujúci zábavu) *z-á príhoda* an amusing experience

Z

zabehnúť 1. (v rozl. význ.) run* [ran]; *z. po drevo* run over to get some wood; *z. k susedom* run round to the neighbours; šport. *z. stovku za 10 sekúnd* run a hundred meters in 10 seconds 2. (o jedle – zaskočiť) neos. *z-lo mu* he swallowed the wrong way

zabezpečiť 1. secure [si'kjuə]; *z. zásoby* secure supplies; *z. nezávislosť/slobodu* secure independence/freedom 2. (zaistiť) protect [prə'tekt]; *z. hranice* protect the border 3. (zaopatriť) provide for [prə'vaid fə]; *z. deti* provide for one's children // **z. sa** protect oneself [prə'tekt wan'self]; *z. sa pred požiarom* protect oneself against fire

zabiť 1. (v rozl. význ.) kill [kil]; *z. hus* kill a goose; *úmyselne z. človeka* kill a man deliberately; neos. *z-lo ho na fronte* he was killed in the war; expr. *z. čas* kill time 2. (zatĺcť) hammer in ['hæmər in]; *z. klinec (do steny)* hammer a nail in the wall ● *spať ako z-tý* sleep like a log; *z. jedným úderom dve muchy* kill two birds with one stone // **z. sa** be*/get* killed [,bi:/,get 'kild]; *z-la sa pri autonehode* she was killed in a car crash

zablahoželať congratulate [kən'græčəleit]; *z. niekomu k narodeninám/k svadbe* congratulate sb. on his birthday/marriage

záblesk 1. flash [flæš]; *z. slnka* a flash of sunshine 2. (náznak) gleam [gli:m]; *z. nádeje* a gleam of hope

zablokovať block off [blok of]; *z. cestu* block a road off

zablúdiť 1. (poblúdiť) lose* one's way [,lu:z wanz 'wei], get* lost [,get 'lost]; *z. v lese* lose one's way in the woods; *z-ená ovca* a lost sheep 2. (náhodne sa niekde dostať) stray [strei]; *z-ená strela* a stray bullet

zablys(k)núť sa (v rozl. význ.) flash [flæš]; neos. *vonku sa z-lo* the lightning flashed; *oči sa jej z-li hnevom* her eyes flashed with anger

zabočiť turn [tə:n]; *z. doprava/doľava* turn right/left; *z. za roh* turn round the corner

zábradlie railing(s) ['reiliŋ(z)], banister ['bænəstə]; *železné z.* iron railings; *drevené z. schodiska* wooden banisters; *šmýkať sa po z-í* slide down the banister

zábrana 1. (vec zabraňujúca pohybu) obstruction [əb'strakšn], barrier ['bæriə]; *postaviť z-u* put up a barrier 2. obyč. mn. č. (zabraňujúci činiteľ) inhibition [,inhə'bišn]; *psychické z-y* psychic inhibitions; *konať bez z-n* have no inhibitions

zabrániť prevent [pri'vent]; *z. škandálu /nehodám* prevent a scandal/accidents

zabrať 1. (obsadiť) occupy ['okjəpai]; *nepriatelia z-li mesto* the enemy occupied the town 2. (zaujať) occupy ['okjəpai], take* up ['teik ap]; *klavír z-l pol izby* the piano occupied half the room; *nákupy z-erú veľa času* shopping takes up much time 3. (zareagovať) take* the bait/rise* to the bait [,teik ðə 'beit/,raiz tə ðə 'beit]; *ryba z-la* the fish took the bait 4. krajč. take* in [teik in]; *z. šaty* take a dress in // **z. sa** be engrossed [,bi: in'grəust], be absorbed [,bi: əb'so:bd]; *z. sa do štúdia* be engrossed in one's studies; *sedel z-tý v myšlienkach* he was sitting there absorbed in thought

zabrzdiť 1. brake* [breik]; *prudko z.* slam on the brake 2. (prekaziť napredovanie) slow down [sləu daun]; *z. vývoj* slow down the development

zábudlivý forgetful (of) [fə'getfl (əv)]; *stala sa z-ou* she has become rather forgetful

zabudnúť 1. (v rozl. význ.) forget* [fə'get]; *z. význam slov* forget the meaning of words; *z. na nebezpečenstvo* forget danger; *z-la ho zobudiť* she forgot to wake him up; *to mu nikdy nez-ne* he will never forget that 2. (nevziať so sebou) leave* behind [li:v bi'haind]; *z. si kľúče* leave one's keys behind

zacieliť 1. (zamieriť) aim (at) [eim æt]; *z. na vtáka* aim at a bird 2. (zamerať) focus ['fəukəs]; *z. pozornosť na poľnohospodárstvo* focus attention on agriculture

zacítiť 1. (o zvieratách) scent [sent]; *pes z-l líšku* the dog scented a fox 2. (pocítiť) feel* [fi:l]; *z. bolesť/vďačnosť* feel pain/gratitude 3. (vycítiť) scent [sent]; *z. nebezpečenstvo* scent danger

záclona curtain ['kə:tn]; *odtiahnuť/zatiahnuť z-u* draw the curtain

zacloniť 1. (zatieniť) screen [skri:n]; *z. (si) tvár rukou/klobúkom* screen one's face with one's hand/with a hat 2. (zakryť) block [blok]; *z. výhľad* block the view

začarovať turn [tə:n]; *čarodejnica z-la princa na žabu* the witch turned the prince into a frog ● *z-ný kruh* a vicious circle

začať 1. start [sta:t], begin* [bi'gin]; *z. prácu* start/begin working; *z-l s nadšením* he started with enthusiasm 2. iba v spoj. *z. ako* start out (as) ['sta:t aut æz]; *z-l ako úradník* he started out as a clerk ● *z. s holými rukami* start empty-handed

začervenať sa blush [blaš]; *z. sa od hanby* blush with shame

začiarknuť tick off [tik of]; *z. zaúčtovanú položku* tick off a booked item; *z. mená na zozname* tick off names on a list

začiatočník beginner [bi'ginə]; *angličtina pre z-ov* English for beginners

začiatok 1. beginning [bi'giniŋ], start [sta:t]; *na z-ku básne* at the beginning of the poem; *na z-ku zimy* at the beginning of winter; *z. pretekov* the start of the race **2.** (obyč. mn. č.) *z-ky* beginnings; *ťažké z-ky* hard beginnings • *od z-ku do konca* from beginning to end; *každý z. je ťažký* the first step is always the most difficult

začierniť blacken ['blækn], make* black [meik blæk]; *z. si topánky (krémom)* make the shoes black (with polish); *dym z-l biele steny* the smoke blackened the white walls

začo 1. expr. for what [fo: wot]; *z. sa mám ospravedlniť?* what shall I excuse myself for? **2.** (uvádza vzťažnú vetu príčinnú) for which [fo: wič]; *hral dobre, z. ho pochválili* he played well, which he was praised for

začudovať sa be* astonished [,bi: ə'stoništ], be* surprised [,bi: sə'praizd], wonder ['wandə]; *z-l sa jej správaniu* he wandered about her behaviour

zadarmo free of charge [fri: əv 'ča:dž], pren. for nothing [fə 'naθiŋ]; *dostal knihu z.* he got the book free of charge; *dostať odmenu z.* get a reward for nothing

zadeliť 1. divide [də'vaid]; *z. do skupín* divide into groups; *z. prácu* divide up the work **2.** (rozvrhnúť) organize ['o:gənaiz]; *z-l si čas* he organized his time

zadívať sa stare ['steə], fix one's eyes [,fiks wans 'ais]; *z. sa do prázdna* stare into space; *z-l sa na ňu* he fixed his eyes on her

zadlžiť mortgage ['mo:tidž]; *z. celý svoj majetok* mortgage all one's assets // **z. sa** get*/run* into debt [,get/,ran intə 'det]; *zase sa z-l* he has again run into debts

zadný rear [riə], back [bæk], (o nohách zvierat) hind [haind]; *z-é koleso bicykla* the rear/back wheel of a bicycle; *z. oblok* the rear window; *pes stál na z-ch nohách* the dog was standing up on its hind legs • *nechávať si z-é dvierka otvorené* leave oneself a loophole/a way out

zadok 1. back [bæk]; *z. auta* the back of a car **2.** (zadná časť tela) bottom ['botəm], euf.

behind [bi'haind]; *plesnúť dieťa po z-ku* smack a child's bottom • *pchať sa/liezť komu do z-ku* lick sb.'s boots

zadosťučinenie satisfaction [,sætəs'fækšn]; *žiadam z.!* I demand satisfaction!; *pocítiť z.* feel satisfaction

zadovážiť get* [get], acquire [ə'kwaiə]; *z. si nábytok do nového bytu* get the furniture for the new flat; *z. lístky na koncert* acquire tickets for a concert

zadržať 1. (zastaviť) stop [stop]; *z. vlak* stop a train **2.** (obmedziť v pohybe) detain [di'tein]; *policajti z-li dvoch mužov na výsluch* the police have detained two men for questioning **3.** (zdržať) hold back ['həuld bæk]; *z. slzy* hold back tears

záduch asthma ['æsmə]; *trpieť na z.* suffer from asthma

zadusiť 1. (udusiť) choke [čəuk], stifle ['staifl]; *dym ho skoro z-l* the smoke almost choked him; *teplo bolo na z-enie* the heat was stifling; *z. vzburu* stifle a rebellion; *z. výkrik* stifle a cry **2.** hovor. (zahasiť) smother ['smaðə]; *z. oheň* smother a fire // **z. sa** choke; *z-l sa* he choked to death

zadúšať sa choke [čəuk]; *z. sa zlosťou* choke with fury; *z. sa od smiechu* choke with laughter

zádušný: *z-á omša* requiem

zafarbenie 1. (sfarbenie) colour ['kalə]; *jesenné z. plodov* the autumn colour of fruit **2.** (odtieň, ladenie) hud. timber ['timbə]; *krásne altové z. hlasu* a beautiful alto timbre

zafarbiť colour ['kalə], (o látkach, vlasoch) dye [dai] (aj pren.); *z. stenu na zeleno* colour a wall green; *listy sa z-li* the leaves coloured; *z. (si) šaty/vlasy* dye a dress/one's hair; *západ slnka z-l oblohu do červena* the sunset dyed the sky red

zafír sapphire ['sæfaiə]

zagratulovať congratulate [kən'græčəleit]; *z. k sobášu* congratulate sb. on his/her marriage

záha heartburn ['ha:tbə:n]

záhada (v rozl. význ.) mystery ['mistri]; *z. vesmíru* the mystery of space; *neodhalená z.* an unsolved mystery; *je mi z-ou, ako zložila skúšku* it's a mystery to me how she ever passed the exam

záhadný mysterious [mi'stiriəs]; *z. zločin* a mysterious crime; *z-é symboly* mysterious symbols

Z

zaháľač idler ['aidlə]

zahaliť cover ['kavə], (závojom) veil [veil]; *prach z-l nábytok* the furniture was covered with dust; *z-la si tvár závojom* she has veiled her face; pren. *život z-ený tajomstvom* life veiled in secrecy // **z. sa** cover oneself, (o oblohe) cloud over/become* overcast; *obloha sa z-la mrakmi* the sky clouded over/became overcast

záhaľka idleness ['aidlnəs] ● *z. je matka hriechu* idleness is the root of all evil

zahanbiť shame [šeim]; *jeho správanie z-lo celú rodinu* his behaviour shamed his whole family // **z. sa** be* ashamed [ˌbiː ə'šeimd]; *z-la sa za neporiadok* she was ashamed of the mess (in her room)

zahanbujúci shameful ['šeimfl]; *z. nedostatok vedomostí* a shameful lack of knowledge

zahasiť 1. (uhasiť) put* out ['put aut]; *z. oheň/cigaretu* put a fire/a cigarette out 2. (zhasnúť) turn off ['tə:n of], switch off ['swič of]; *z. svetlo/lampu* turn off/switch off the light 3. (utíšiť) quench [kwenč]; *z. smäd* quench one's thirst

zahladiť 1. smooth [smu:ð]; *z. si vlasy* smooth down one's hair 2. (zastrieť) cover up ['kavə ap]; *z. stopy/chyby* cover up sb.'s tracks/sb.'s mistakes

zahlásiť report [ri'po:t], register ['redžəstə], announce [ə'nauns]; *z. stratu* report a loss; *úradne z. psa* register a dog (at the proper authorities) // **z. sa** announce [ə'nauns]; *z. sa u učiteľa* announce one's presence to the teacher

záhlavie 1. (tylo) nape [neip] 2. (titulná časť písomnosti) heading ['hedn̩]

zahliadnuť glimpse [glimps]; *z. známeho v dave* glimpse an acquaintance in the crowd

zahmliť 1. cover with a smokescreen [ˌkavə wið ə 'sməukskri:n]; *z. bojisko* cover the battlefield with a smokescreen 2. pren. (zastrieť) obscure [əb'skjuə]; *z. problém* obscure a problem 3. (zarosiť) mist [mist]; *z-l dychom oblok* his breath misted up the window; *slzy mu z-li zrak* his eyes misted with tears // **z. sa** mist over ['mist əuvə]; *okuliare sa mu z-li* his glasses misted over

zahnať 1. drive* [draiv]; *z. kravy na pašu* drive the cows to pasture 2. (odohnať) drive* away ['draiv əwei], chase away ['čeis əwei]; *z. psa* chase a dog away; *dážď z-l turistov* the rain has driven the tourists away 3.

(zapudiť) drive* off ['draiv of]; *z-li útočníkov* they drove off their attackers 4. (zaplašiť) dispel [dis'pel]; *z. strach/smútok* dispel fear/sorrows ● *z. niekoho do slepej uličky* drive sb. into a corner

zahniezdiť sa 1. nest [nest]; *v záhrade sa z-li vtáky* some birds have nested in the garden 2. (zavrtieť sa) wriggle ['rigl]; *z. sa na stoličke* wriggle on a chair

zahnúť 1. bend* [bend]; *z. drôt* bend a wire 2. turn [tə:n]; *z. doprava/doľava* turn right/left; *z. za roh* turn round the corner

zahodiť throw* away ['θrəu əwei]; *z. staré šaty* throw away old clothes; expr. *z. šancu* throw away a chance ● *z. flintu do žita* throw in the sponge/towel

zahojiť heal [hi:l]; *masť z-la ranu* the ointment has healed the wound; pren. *čas všetko z-í* time is a great healer // **z. sa** heal [hi:l]; *rana sa čoskoro z-í* the wound will soon heal

záhon bed [bed]; *kvetinový z.* a flowerbed

záhrada garden ['ga:dn]; *kvetinová z.* flower garden; *z. pred domom* front garden; *botanická z.* botanical garden; *zoologická z.* zoo

záhradníctvo horticulture ['ho:təˌkalčə]

záhradník gardener ['ga:dnə]

záhradný: *z-é práce* gardening; *z-é kvety* garden/cultivated flowers; *z-é nožnice* pruning-shears

zahraničie foreign countries [ˌforən 'kantri:s]; *Ministerstvo z-a* the Ministry of Foreign Affairs; (v Británii) Foreign Office; (v USA) State Department; *v z-í* abroad; *sestra žije v z-í* my sister lives abroad

zahraničný foreign ['forən]; *z-á pomoc* foreign aid; *z. obchod* foreign trade; *z-á pôžička* foreign loan; *z-é veci* foreign affairs

zahrať (v rozl. význ.) play [plei]; *z. na husliach* play the violin; *z. sólo* play a solo; *z. pieseň* play a tune; *z. divadlo* play a role; *z. loptu tesne nad sieť* play the ball just over the net; *úsmev jej z-l na perách* a smile played about her lips // **z. sa** play [plei]; *deti sa z-li na schovávačku* the children played hide-and-seek

zahrávať sa, zahrávať si play (around) ['plei (ə,raund)]; *z. sa/si so zdravím* play with one's health; *z. sa/si s citmi (koho)* play around with sb.'s feelings ● *z. sa s ohňom* play with fire

zahriať warm up ['wo:m ap]; *z. motor auta* warm up the car engine; *vypiť horúci čaj* *na z-tie* drink hot tea to warm up // **z. sa** warm up; *z. sa pri práci* warm up at work

zahrmieť (v rozl. význ.) thunder ['θandə]; *zablyslo sa a z-elo* there was a lightning and thunder; *delá z-li* the guns thundered; expr. *„von!", z-l* „get out!", he thundered

záhrobie the beyond [ðə bi'jond]

zahrúžiť sa engross [in'grəus], absorb [əb'sɔːb]; *z. sa do práce* be absorbed/engrossed in work

záhuba annihilation [əˌnaiə'leišn], ruin ['ruːən], doom [duːm]; *hrozba nukleárnej z-y* the threat of nuclear annihilation; *hra a pitie ho vohnali do z-y* gambling and drink brought him to ruin; *rútiť sa do z-y* go to one's doom

záhumnie barnyard ['baːnjaːd]

zahvízdať (v rozl. význ.) whistle ['wisl]; *z. si pesničku* whistle a tune; *vietor z-l v komíne* the wind whistled in the chimney; *guľka mu z-la popri uchu* a bullet whistled past his ear

záhyb 1. fold [fəuld], *šaty s voľnými z-mi* a dress hanging in loose folds **2.** (zákruta) bend [bend]; *ostrý z. cesty* a sharp bend in the road

zahynúť 1. perish ['periš]; *stovky ľudí z-li pri zemetrasení* hundreds of people perished in the earthquake **2.** (zaniknúť) die out [dai aut]; *táto myšlienka nesmie z.* this idea mustn't die out

zachmúrený (v rozl. význ.) gloomy ['gluːmi], sullen ['salən]; *z. starec* a gloomy old man; *z. výzor* sullen looks; *z-á obloha* a sullen sky; *z. deň* a gloomy day

záchod toilet ['toilət], WC [ˌdablju: 'siː], loo [luː], lavatory ['lævətri] ● *verejný záchod* public convenience, the gents/the ladies

zachovať 1. (uchovať) preserve [pri'zəːv], keep* [kiːp]; *z. staré zvyky* preserve old customs; *z. niekoho pri živote* keep sb. alive **2.** (udržať) preserve [pri'zəːv], retain [ri'tein]; *z. si nezávislosť* preserve one's independence; *z. si zmysel pre humor* retain one's sense of humor **3.** (splniť, dodržať) preserve [pri'zəːv], follow ['foləu]; *z. verejný poriadok* preserve public order; *z. pravidlá hry* follow the rules of a game

záchrana rescue ['reskjuː], kniž. deliverance [di'livrəns]; *z. života* the rescue of life; *z. pred nebezpečenstvom* deliverance from danger

záchranca rescuer ['reskjuːə]

zachrániť 1. rescue ['reskjuː]; *z. (koho) pred utopením* rescue sb. from drowning **2.**

(uchrániť) save [seiv]; *z. (koho) pred úpadkom* save sb. from bankruptcy // **z. sa** escape [i'skeip]; *z. sa pred utopením* escape from drowning

záchranka hovor. ambulance ['æmbjələns]; *odviezli ho z-ou do najbližšej nemocnice* he was taken by ambulance to the nearest hospital

zachrípnutý hoarse [hɔːs]; *z. hlas* a hoarse voice

záchvat 1. attack [ə'tæk]; *z. astmy* an attack of asthma **2.** fit [fit]; *z. smiechu/hnevu* a fit of laughter/anger

zachvátiť 1. (zasiahnuť) attack [ə'tæk]; *choroba mu z-la nervový systém* the disease attacked his nervous system **2.** (zmocniť sa) seize [siːz]; *z-la ho túžba po pomste* he was seized with a desire for revenge

záchvev vibration [vai'breišn], tremor ['tremə]; *z-y motora* vibrations of an engine; *z-y zeme* earth tremors

zachvieť sa tremble ['trembl]; *hlas sa mu z-el* his voice trembled; *z. sa strachom* tremble with fear

zachytiť 1. (v rozl. význ.) catch* [kæč]; *z. zamdlievajúceho* catch a fainting person; *búrka ich z-la v lese* they were caught by a thunderstorm in the woods; *z. signál* catch a signal; *z. niečí pohľad* catch sb.'s eye **2.** (zadržať) block [blok]; *z. úder* block a hit **3.** (zaznamenať) record [ri'kɔːd]; *z. rozhovor na magnetofón* record a discussion **4.** (podržať) retain [ri'tein]; *priehrada z-í vody jazera* the dam retains the waters of the lake **5.** (odhalením prekaziť) intercept [ˌintə'sept]; *z. tajnú správu* intercept a secret message // **z. sa** catch* [kæč]; *horolezec sa z-l lana* the climber caught the rope; *z-la si sukňu o klinec* she caught her skirt on a nail

zainteresovať 1. (zaujať) interest ['intrəst]; *z. čitateľov o nový román* interest readers in a new novel **2.** (získať na účasť) involve [in'volv]; *z. niekoho do riešenia problému* involve sb. in the solution of a problem // **z. sa 1.** be*/get* interested [ˌbiː/ˌget ˌintə'restəd]; *z. sa o niečie zdravie* be/get interested in sb.'s health **2.** get* involved [get involvd]; *z. sa do prípravy exkurzie* get involved in preparations for an excursion

zaiste certainly ['sətnli]; *Navštívite nás? –Z.* Will you visit us? — Certainly.

zaistiť 1. (zabezpečiť) secure [si'kjuə]; *z. dobré miesta na koncert* secure good tickets for the concert; *z. zbraň* put on the safety catch of a firegun **2.** (zatknúť) arrest [ə'rest]; *zlodejov z-li* the thieves were arrested

zajac 1. hare [heə]; *poľovačka na z-e* a hare-hunt **2.** (králik) rabbit ['ræbət]; *chovať z-e* keep hares; *čiapka zo z-a* a hare cap; *mať z-a na večeru* have a rabbit for dinner

zajagať sa glitter ['glitə]; *briliant sa jej z-l na prste* the diamond ring glittered on her finger

zajachtať stammer out ['stæmə aut]; *z-l poďakovanie* he stammered out his thanks

zajakať sa stutter ['statə]; *od vzrušenia sa z-l* he has stuttered for excitement

zajať capture ['kæpčə]; *z. nepriateľa* capture an enemy

zajatec captive ['kæptiv]; *vojnový z.* prisoner of war

zajatie captivity [kæp'tivəti]; *rukojemníkov prepustili zo z-a* the hostages were released from captivity; *niektoré vtáky v z-í nespievajú* some birds do not sing in captivity

zájazd trip [trip], tour [tuə]; excursion [iks'kə:šən] *ísť na z.* go on/make a trip; *nákupný z.* shopping excursion; *divadlo je na z-e* the theatre company is on tour

zájsť 1. (v rozl. význ.) go* [gəu]; *z. k obloku* go to the window; *z. do mesta* go to town; *z. si do kina* go to the cinema; *z. do detailov* go into details; *z. do krajnosti* go to extremes **2.** (o nebeských telesách) set* [set]; *slnko zašlo* the sun has set **3.** (staviť sa u niekoho) call on ['ko:l on]; *z. k priateľke* call on a friend

zajtra tomorrow [tə'morəu]; *z. večer* tomorrow evening; *počkaj do z.* wait until tomorrow ● *aj z. je deň* there's always tomorrow; *Čo môžeš urobiť dnes, neodkladaj na z.* Never put up till tomorrow what you can do today.

zajtrajšok tomorrow [tə'morəu]; *nechajte to na z.* leave it for tomorrow; *svet z-ka* tomorrow's world

zákal sediment ['sedəmənt]; *z. sa usadil na dne fľaše* the sediment settled in the bottom of the bottle; lek. *šedý (očný) z.* cataract; *zelený z.* glaucoma

zakáľačka slaughtering ['slo:təriŋ]; (s tým spojená hostina) a country feast to eat up meat from freshly slaughtered pigs

zakaliť (vodu) make* muddy [meik 'madi], (pivo) cloud [klaud]

zakašľať, zakašľať cough [kof]; *nervózne z-la* she gave a nervous cough

zákaz ban [bæn], prohibition [,prəuhə'bišn]; *vydať/odvolať z.* impose/lift a ban; *z. fajčiť* smoking is prohibited/no smoking

zakázať forbid* [fə'bid], prohibit [prə'hibət]; *fajčenie je z-né* smoking is prohibited/forbidden; *vstup z-ný* no entry

zákazník customer ['kastəmə]; *obslúžiť z-a* serve a customer

zákerný malicious [mə'lišəs], insidious [in'sidiəs], treacherous ['trečərəs]; *z-á choroba* a malicious disease; *z. človek* a treacherous man

zakiaľ while [wail], as long as [əz 'lo:ŋ əz]; *z. žijeme, dúfame* while/as long as there is life there is hope

základ 1. (obyč. mn. č. z-y) foundations [faun'deišnz]; *z-y domu* the foundations of a house; *vyhorieť do z-ov* burn to the ground **2.** (podstata, jadro) base [beis]; *rodina je z. spoločnosti* the family is the base of society; mat. *z. mocniny* the base of logarithms; geom. *z. trojuholníka* the base of a triangle; *latinčina je z-om mnohých jazykov* Latin is the base of many languages **3.** (východisko, podklad) basis ['beisəz]; *položiť z.* form/lay the basis; *na z-e tejto skutočnosti* on the basis of this fact ● *(meniť) od z-u (čo)* change sth. fundamentally

zakladateľ founder ['faundə]; *z. univerzity* the founder of the university

základňa (v rozl. význ.) base [beis]; *z. veže* the base of the tower; *vojenská z.* military base; *výrobná z.* the manufacturing base; *členská z.* grass roots

základný 1. (podstatný) fundamental [,fandə'mentl]; *z. rozdiel* a fundamental difference **2.** (prvotný) basic ['beisik]; *z-é princípy matematiky* the basic principles of mathematics; *z-á škola* primary/elementary school; *z-é farby* basic colours

zaklepať, zaklopať 1. (vydať klepot) click [klik]; *opätky z-li (po chodbe)* there was a click of heels on the corridor **2.** (spôsobiť klepot) knock [nok]; *z. na dvere* knock at the door **3.** (poklepať) tap [tæp]; *z. priateľovi po pleci* tap a friend on the shoulder ● *z. po dreve/na drevo* touch wood

zakliať 1. swear* [sweə]; *zlostne z.* swear angrily **2.** rozpráv. turn [tə:n]; *čarodej-*

nica z-la princa na žabu the witch turned the prince into a frog ● *všetko je ako z-te* there's a jinx on everything

zaklínač charmer ['ča:mə]; *z. hadov* a snake charmer

zaklincovať nail [neil]; *z. truhlu* nail down a coffin; *z-né obločnice* nailed up shutters

záklopka valve [vælv]; *bezpečnostná z.* a safety valve

zaknísať sa sway [swei]; *vetvy sa z-li vo vetre* the branches swayed in the wind

zakódovať code [kəud]; *z-ná správa* a coded message

zakolísať 1. dangle ['dæŋgl]; *z. nohami* dangle one's legs **2.** (zaváhať) waver ['weivə]; *z-l vo svojej dôvere* he wavered in his confidence

zákon 1. law [lo:], (parlamentom schválený) act [ækt], (návrh z-a) bill [bil]; *z. o rodine* the Family Act; *schváliť z.* pass a law; *z. nadobudol platnosť* a law came into force; *porušiť z.* break a law; *podľa z-a* under the law; *platné z-y* the laws in force; *z-y perspektívy* the laws of perspective; *gravitačný z.* the law of gravity **2.** (veta, poučka) principle ['prinsəpl]; *Archimedov z.* Archimedes' principle **3.** (zásada) code [kəud]; *z. morálky* moral code **4.** cirk. *Starý/Nový z.* the Old/New Testament

zakončiť 1. end [end], finish ['finiš], conclude [kən'klu:d]; *z. prácu* finish one's work; *z. list pozdravmi* end a letter with greetings; *z. prednášku* conclude a lecture **2.** (ukončiť) put* at the end [ˌput ət ði: 'end]; *z. vetu otáznikom* put a question mark at the end of a sentence

zákonitý lawful ['lo:fl]; *z. dedič* a lawful heir

zákonník code [kəud]; *občiansky z.* civil code; *z. práce* labour code

zákonný legal ['li:gl], legitimate [li'džitəmət]; *z-é nároky* legitimate claims; *z. zástupca* a legal representative; *z-é platidlo* legal tender; *z-é poistenie* compulsory insurance; *z. predpis* statutory order

zákonodarca legislator ['ledžəsleitə]

zákonodarný legislative ['ledžəslətiv]

zakonzervovať preserve [pri'zə:v]; *z-né ovocie* preserved fruit

zákop trench [trenč]; *kopať z-y* dig trenches

zakopať bury ['beri]; *z. poklad* bury a treasure ● expr. *tam je pes z-ný* so that's the

snag of the matter; *z. vojnovú sekeru* bury the hatchet

zakoreniť sa root [ru:t]; *priesada sa dobre z-la* the seedling rooted well; *z-ený zvyk* a deeprooted habit

zakotviť 1. anchor ['æŋkə]; *z. v zálive* anchor in a bay; tech. *z. strechu domu* anchor the roof of a house **2.** publ. establish [i'stæbliš]; *z. právo* establish a law

zakrátko shortly ['šo:tli], soon [su:n]; *z. po jej návrate z cudziny* shortly after her arrival from abroad; *knihu už z. vydajú* the book will be published soon

zakričať shout out ['šaut aut]; *z. varovanie* shout out a warning

zákrok measure ['mežə], intervention [ˌintə'venšn]; *nariadiť vojenský z.* take military measures; *tvrdý z. vlády* the government's severe intervention; *chirurgický z.* surgical operation

zákruta bend [bend]; *z. cesty/rieky* a road/ river bend

zakrútiť 1. (zavrtieť) wag [wæg]; *pes z-l chvostom* the dog wagged its tail **2.** (zvrtnúť) turn [tə:n]; *z. kohútikom* turn the tap **3.** (zabaliť) wrap (around) ['ræp əˌraund]; *z. dieťa do deky* wrap a rug around a child

zakryť 1. (prikryť) cover ['kavə]; *z. stôl obrusom* cover a table with a tablecloth; *sneh z-l zem* snow covered the ground **2.** (zastrieť) blot out ['blot aut]; *z. výhľad* blot out the view **3.** (utajiť) cover up ['kavə ap]; *nevedel z. nervozitu* he couldn't cover up his nervousness

zákryt tel. file [fail]; *stáť v z-e* file up

zákulisie 1. (priestor za kulisami) backstage [bæk'steidž]; *pozvali nás do z-a* we were invited backstage **2.** (pozadie) background ['bækgraund]; *stáť v z-í* remain in the background

zakúriť 1. light* a fire [ˌlait ə 'faiə]; *z. v kozube* light a fire in a fireplace **2.** turn on the heating [ˌtə:n on ðə 'hi:tiŋ]; *zak-r, prosím* turn on the heating, please

zákusok sweet [swi:t]; *podávať po obede z-y* serve some sweet after dinner

zakvitnúť bloom [blu:m]; *ruže z-li* the roses are blooming, (stromy) blossom [blasəm]

zakývať 1. wag [wæg]; *pes z-l chvostom* the dog wagged its tail **2.** wave [weiv]; *z. priateľom* wave at one's friends // *z. sa* sway [swei]; *záclona sa z-la vo vetre* the curtain swayed in the wind

Z

zalepiť 1. stick* [stik]; *z. obálku* stick down the flap of an envelope 2. glue [glu:]; *z. rozbitú vázu* glue a broken vase ● (expr.) *z. komu ústa* silence sb.

záležať 1. (závisieť) depend on [di'pend on]; *z-í od počasia, či pôjdeme* it depends on the weather if we are going 2. (mať o niečo, niekoho záujem) care [keə], be concerned [ˌbi:-kən'sə:nd]; *z-í mu na dcére* he cares about his daughter; *z-í im na jej bezpečnosti* they are concerned about/for her safety ● *na tom nez-í* it doesn't matter

záležitosť affair [ə'feə], matter ['mætə]; *obchodná z.* business matter; *starať sa o vlastné z-ti* mind one's own business

zaliečať sa flatter ['flætə]; *z. sa dievčaťu* flatter a girl

zaliečavý flattering ['flætəriŋ]; *z-é poznámky* flattering remarks

záliv bay [bei], gulf [galf]; *Biskajský z.* the Bay of Biscay; *Mexický z.* the Gulf of Mexico

záloh pawn [po:n]; *dať niečo do z-u* put sth. in pawn

záloha 1. reserve [ri'zə:v]; *mať v z-e* keep back in reserve; šport. *hrať v z-e* play as reserve; voj. *vojenské z-y* reserves 2. deposit [di'pozit]; *zaplatiť z-u* pay a deposit; *z. za fľaše* a deposit for bottles

založiť 1. (dať do istej polohy) put* on ['put on]; *z. koňovi uzdu* put a bridle on a horse; *z. si okuliare* put on one's glasses 2. (zapatrošiť) mislay [mis'lei], misplace [ˌmis'pleis]; *z. kľúče* mislay/misplace the keys 3. (ustanoviť) establish [i'stæbliš], found [faund]; *z. školu/spoločnosť* establish/found a school/a company 4. (zobrať za základ) base on/upon ['beis on/ə‚pon]; *odhad z-ený na nových údajoch* an estimate based upon new data 5. (mať isté založenie) have a disposition [ˌhæv ə ‚dispə'zišn]; *je optimisticky z-ený* he has an optimistic disposition 6. (dať ako záloh) pawn [po:n]; *z. hodinky* pawn a watch ● *(stáť, čakať, sedieť) so z-enými rukami* sit back and do nothing

záložka 1. (preložený okraj knižného obalu) flap [flæp] 2. (do knihy) bookmarker ['bukma:kə]

záložňa pawnshop ['po:nšop]

záložník voj. reservist [ri'zə:vəst]; šport. *stredný z.* centre half

záľuba 1. (koníček) hobby ['hobi]; *jeho z-ou je lyžovanie* his hobby is skiing 2. (pote-

šenie, radosť) liking ['laikiŋ]; *mať z-u v pekných šatách* have a liking for nice dresses

zaľúbiť sa fall* in love [ˌfo:l in 'lav]; *z-li sa na prvý pohľad* they fell in love at first sight ● (expr.) *z. sa (až) po uši* be head over heels in love

zamat velvet ['velvət]; *šaty zo z-u* a velvet dress

zamávať wave [weiv]; *z. na rozlúčku* wave goodbye

zamazať 1. (zašpiniť) soil [soil]; *z. si ruky* soil one's hands 2. (vyplniť) fill in ['fil in]; *z. dieru sadrou* fill in a hole with plaster 3. (zatrieť) paint out ['peint aut]; *z. nápis na stene* paint out an inscription on a wall

zamdlieť faint [feint]; *dievča z-elo na horúcom slnku* the girl fainted in the hot sun

zamedziť stop [stop], block [blok], prevent [pri'vent]; *z. prietok vody* stop/block the flow of water; *z. nešťastiu* prevent an accident

zámena exchange [iks'čeindž]; *z. peňazí/bytov* exchange of money/flats

zameniť exchange [iks'čeindž]; *z. peniaze* exchange money; *z. si byt (s kým)* exchange flats; *z. pluh za traktor* exchange a plough for a tractor

zámeno pronoun ['prəunaun]; *osobné/ukazovacie z.* personal/demonstrative pronoun

zámer intention [in'tenšn]; *mať plno dobrých z-ov* be full of good intentions

zámerný intentional [in'tenšnəl]; *z-á urážka* an intentional insult

zamestnanec employee [im'ploii:]; *štátny z.* civil servant

zamestnanie 1. job [džob], employment [im'ploimənt]; *hľadať nové z.* look for a new job; *mať/nemať z.* be in/out of employment 2. (činnosť) job [džob]; *pripraviť deťom z.* prepare some job for the children

zamestnať 1. (prijať do zamestnania) employ [im'ploi] 2. (zaujať činnosťou) occupy ['okjəpai]; *z. myseľ* occupy one's mind

zamestnávateľ employer [im'ploiə]

zameškať miss [mis]; *z. vlak* miss a train; *z. vyučovanie* miss school; *nič nez-á* he won't miss anything

zametač sweeper ['swi:pə]; *z. ulíc* road sweeper

zametať sweep* [swi:p]; *z. chodník/izbu* sweep the path/the room; *z. lístie* sweep the leaves off ● *každý nech si z-á pred vlastným* *prahom/domom* everyone should set his own house in order

zámienka pretext ['priːtekst]; *urobiť čo pod z-ou čoho* do sth. under the pretext of sth.

zamieriť 1. (zacieliť) aim [eim]; *z. zbraň (na cieľ)* aim at a target 2. (namieriť) turn [təːn]; *z. do dediny* turn into the village

zamiešať 1. (pomiešať) stir [stəː]; *z. cukor v káve* stir one's coffee 2. (vmiešať) mix [miks], stir [stəː]; *z. vajcia do cesta* mix eggs in a cake mixture 3. (premiešať) shuffle ['šafl]; *z. karty* shuffle playing cards // **z. sa** 1. mix [miks], mingle ['miŋgl]; *z. sa medzi prítomných* mingle with those present 2. (zastarieť sa) interfere [ˌintəˈfiə]; *z. sa do sporu* interfere in a quarrel

zamietavý negative ['negətiv]; *z-á odpoveď* a negative answer

zamietnuť refuse [riˈfjuːz], decline [diˈklain], turn down ['təːn daun]; *z. návrh/ponuku* refuse/decline/turn down a suggestion/an offer

zamilovať sa fall* in love [ˌfoːl in 'lav]; *beznádejne sa do seba z-li* they have hopelessly fallen in love with each other ● (expr.) *z. sa (až) po uši/na smrť* be head over heels in love

zámka, zámok lock [lok]; *visiaca z.* padlock; *vymeniť z-u/z.* replace a lock ● *byť pod z-ou* under lock and key

zamknúť 1. (znemožniť odchod) lock in ['lok in]; *z. deti (v byte)* lock the chidren in 2. (zabezpečiť) lock up ['lok ap]; *z. dvere* lock up the door

zamlčať conceal [kənˈsiːl]; *pokúsil sa z., že...* he tried to conceal the fact that...

zámočníctvo 1. (remeslo) metalworking ['metlwəːkiŋ] 2. (dielňa) metalworking shop ['metlwəːkiŋ ˌšop]

zámočník locksmith ['lokˌsmiθ]

zámok (budova) castle ['kaːsl]; *kráľovský z.* a royal castle ● *stavať vzdušné/veterné z-ky* build castles in the air

zámorie overseas [ˌəuvəˈsiːz]; *obchod so z-ím* overseas trade

zamoriť pollute [pəˈluːt], contaminate [kənˈtæməneit]; *z. rieku škodlivými látkami* pollute a river with noxious chemicals

zamotať 1. tangle ['tæŋgl]; *z. nite* tangle (up)threads; expr. *z-ná záležitosť/vec* tangled affairs 2. (zabaliť) wrap up [ræp ap]; *z. fľašu do papiera* wrap up a bottle in paper // **z. sa**

entangle [inˈtæŋgl], tangle up ['tæŋgl ap]; *vták sa z-l do siete* the bird entangled itself in a net

zámotok cocoon [kəˈkuːn]

zámožný affluent ['æfluənt], well-off [ˌwelˈof], hovor. well-to-do [wel tə du]; *z-á rodina* an affluent family; *luxusné domy pre z-ch* luxury homes for the well-to-do

zamračený 1. cloudy ['klaudi]; *z-á obloha* a cloudy sky 2. (zamosúrený) gloomy ['gluːmi]; *z. pohľad* a gloomy look

zamraziť freeze* [friːz]; *z. mäso* freeze meat

zamrmlať murmur ['məːmə]; *dav súhlasne z-l* the crowd murmured their approval

zamrznúť freeze* [friːz]; *jazero z-lo* the lake has frozen up; *turista zablúdil a z-ol* a tourist got lost and froze to death; *v prístave z-li lode* the ships in the harbour are frozen in ● *z. na kosť* freeze solid; *traja z-utí svätí* three Saint's Days

zamyslieť sa reflect [riˈflekt]; *z. sa nad problémom* reflect on a problem

zamýšľať intend [inˈtend]; *čo z-š urobiť?* what do you intend to do?

záňadrie bosom ['buzm]; *nosiť list v z-í* carry a letter in the bosom of one's dress

zanedbaný neglected [niˈglektəd]; *z-á záhrada* a neglected garden

zanedbať neglect [niˈglekt]; *z-né deti* neglected children; *z-l prácu* he neglected his work

zanedbateľný negligible ['neglidžəbl]; *z-é množstvo* a negligible quantity

zanedlho soon [suːn]; *z. sa vráti* he'll be back soon

zanechať leave* [liːv]; *z. dieťa samo* leave a child on its own; *z-l po sebe ženu a dve deti* he left a wife and two children

zaneprázdnený busy ['bizi]; *vedúci obchodného oddelenia je veľmi z. človek* the sales manager is a very busy man

zaniesť 1. take* [teik]; *z-la matke darček* she took a present to her mother 2. carry ['kæri]; *loď ho z-la do vzdialenej krajiny* the ship carried him to a remote country 3. (pokryť) cover ['kavə]; *piesok z-ol stopy* sand covered the tracks 4. (zapísať) enter ['entə]; *z. meno do zoznamu* enter a name in a list

zánik extinction [ikˈstiŋkšn]; *z. ľudskej rasy* the extinction of the human race

zaniknúť 1. vanish ['væniš]; *mnohé dru-*

hy zvierat z-li many species of animals have vanished **2.** (stratiť sa) fade [feid]; *hlasy z-li* the voices faded away

zanovitý obstinate [ˈobstənət], stubborn [ˈstabən]; *z-é dieťa* an obstinate child; *z. odpor* stubborn resistance ● (expr.) *z. ani mul* as obstinate/stubborn as a mule

zaoberať sa deal* with [diːl wið], be* concerned with [biː kənˈsəːnd wið]; *z. sa problémom* deal with a problem; *z. sa umením* be concerned with art

zaobchádzať treat [triːt], handle [ˈhəndl], manipulate [məˈnipjəleit]; *rovnako z. so všetkými* treat all people the same; *jemne z. (s kým)* treat sb. gently; *jemne z. (s čím)* handle; *z. so strojom* manipulate a machine ● *z. (s kým) ako s maľovaným vajcom/v rukavičkách* handle sb. with kid gloves

zaobísť sa do* without [ˌduː wiðˈaut]; *z. sa bez pomoci* do without any help

zaobstarať get* [get], acquire [əˈkwaiə]; *z. (si) potrebný materiál* get the necessary material; *z. lístky na koncert* acquire tickets for a concert

zaočkovať vaccinate [ˈvæksəneit]; *z. deti proti obrne* vaccinate children against poliomyelitis

zaokrúhliť 1. round [raund]; *z. ústa* round one's lips **2.** (upraviť) round off [raund of]; *z. číslo* round off a figure; *z. cenu nahor/nadol* round up/down a price

zaopatrenie provision [prəˈvižn], (byt a strava) board and lodging [ˌboːd ənd ˈlodžiŋ]; *postarať sa o z. pre budúcnosť* make provision for the future; *poskytnúť z.* provide board and lodging

zaopatriť 1. provide for [prəˈvaid fə]; *z. živobytie* provide for living; *dobre z-ený na starosť* well provided for the old age **2.** (zásobiť) supply [səˈplai]; *z. koho šatami/peniazmi* supply sb. with clothes/money **3.** (zadovážiť) obtain [əbˈtein]

zaostalý 1. underdeveloped [ˌandədiˈveləpt], backward [ˈbækwəd]; *z-é krajiny* underdeveloped/backward countries **2.** (o ľuďoch) retarded [riˈtaːdəd]; *duševne z. človek* a mentally retarded person

zaostať lag behind [læg biˈhaind]; *z. za ostatnými* lag behind the others; *hospodársky z.* lag behind economically

zaostriť 1. (zašpicatiť) sharpen [ˈšaːpən]; *z. ceruzku* sharpen a pencil **2.** (pozornejšie upria-

miť) focus [ˈfəukəs]; *z. ďalekohľad* focus a telescope; *z-li pozornosť na prácu* they focused attention on their work ● *z. uši* prick up one's ears

zapáčiť sa please [pliːz]; *žiačka sa chce z. učiteľke* the pupil wants to please her teacher

západ 1. (v rozl. význ.) west [west]; *letisko je na z. od mesta* the airport is to the west of the town; *ktorým smerom je z.?* which direction is West?; *Divoký z.* the Wild West; *vzťahy medzi Východom a Z-om* the East – West relations **2.** (zapadanie) set [set]; *z. slnka* sunset ● *nechváľ deň pred z-om* don't count your chickens before they are hatched

zapadnúť 1. (o nebeských telesách) set* [set], go*- down [ˈgəu daun] kniž. descend [diˈsend]; *slnko z-lo* the sun has set **2.** (pokryť sa) get* covered [get ˈkavəd]; *papiere z-li prachom* the papers got covered with dust **3.** (upadnúť) sink* [siŋk]; *z. do zabudnutia* sink into oblivion **4.** (zavrieť sa) lock [lok]; *brána z-la* the gate locked itself **5.** (včleniť sa) fit in with [ˈfit in wið]; *rýchlo z-ol do nového prostredia* he quickly fitted in with the new surroundings

západný western [ˈwestən]; *z-á Európa* Western Europe

zápach bad smell [bæd ˈsmel], stink [stiŋk]; *odpudzujúci z.* a horrid stink

zapáchať stink* [stiŋk]; *ryba z-a* the fish stinks

zápal 1. inflammation [ˌinfləˈmeišn]; *z. pľúc* pneumonia [njuːˈməniə] **2.** (nadšenie) enthusiasm [inˈθjuːziæzm]; *tvorivý z.* creative enthusiasm **3.** techn. ignition [igˈnišn]

zapáliť 1. (spôsobiť horenie) light* [lait]; *z. sviečku* light a candle; *z. si cigaretu* light a cigarette **2.** (podpáliť) set* fire to/set* on fire [set faiə tə/set on faiə]; *z. dom* set fire to a house/set a house on fire **3.** (rozsvietiť) turn/switch on [təːn/swič on]; *z. lampu/svetlo* turn/switch on a light **4.** (oduševniť) be fired [biː ˈfaiəd]; *rečník z-l srdcia nádejou* their hearts were fired with hope (by the speaker)

zápalka 1. match [mæč]; *zapáliť oheň z-ou* light a fire with a match; *horiaca z.* a live match **2.** (kapsľa) percussion cap [pəˈkašn kæp]

zapaľovač lighter [ˈlaitə]; *plynový z.* a gas lighter

zapamätať si remember [riˈmembə]; *hneď si z-la mená spolužiakov* she remembered the names of her schoolmates at once

zaparkovať park [paːk]; *z. pred bránou* park a car in front of a gate

zápas fight [fait], struggle ['stragl], šport. match [mæč]; *býčie z-y* bullfight; *triedny z.* class struggle; *z. o moc* the struggle for power; *futbalový z.* a football match

zápasenie wrestling ['reslin]; *z. vo voľnom štýle* free-style wrestling

zápasiť fight* [fait], struggle ['stragl]; *z. s ohňom* fight a fire; *z. o život* struggle for one's life

zápasník wrestler ['reslə]

zápästie wrist [rist]; *bolí ju z.* she has a sore wrist

zapečatiť seal [siːl]; *z. list* seal an envelope

zápcha lek. constipation [,konstə'peišn]; *z. v doprave* traffic jam

zápis **1.** (zapísanie, záznam) record ['rekoːd]; *z. textu/melódie* a record of a text/a tune; *z. zo schôdze* a record of a meeting **2.** (do školy ap.) registration [,redžə'streišn]; *z. študentov* the registration of students **3.** (úradný záznam) entry ['entri]; *z. v matrike* an entry in the register of births and deaths

zapísať **1.** (písomne zaznačiť) record [ri'koːd], put* down [put daun]; *z. udalosti* record events; *z. adresu* put down an address **2.** (prihlásiť) enrol [in'rəul], register ['redžəstə]; *z. dieťa do školy* enrol a child at school; *z. niekoho do kurzu* register sb. for a course

zapískať whistle ['wisl]; *z. pesničku* whistle a tune; *z. na psa* whistle to a dog

zápisné registration fee [,redžə'streišn fiː]; *z. do kurzu je sto korún* the registration fee for the course is one hundred crowns

zápisník notebook ['nəutbuk]; *poznačiť si telefónne číslo do z-a* put down a telephone number in a notebook

zaplakať weep* [wiːp]; *trpko z.* weep bitterly ● *je to na z-nie* it's enough to make you weep

záplata patch [pæč]; *má z-u na rukáve* he has a patch on his sleeve

zaplatiť pay* [pei]; *z. dlh* pay one's debt; *z. v hotovosti* pay cash; *z. životom* pay with one's life ● *byť na nez-tenie* be invaluable

záplava flood [flad]; *z. zničila úrodu* the flood destroyed the crops; expr. *z. svetla/sĺz* floods of light/tears

zaplaviť flood [flad]; *z-ené polia* flooded fields; *jablká z-li trh* apples flooded the

market; *izba z-ená slnkom* a room flooded with sunshine

zápletka conflict ['konflikt], lit. plot [plot]

zapnúť **1.** (op. rozopnúť) button up [batn ap]; *z-i si kabát* button up your coat; *z. zips na sukni* zip a skirt **2.** (op. vypnúť) turn/switch on [təːn/swič on]; *z. rádio* turn/switch on the radio ● (expr.) *už mu z-lo* now it has dawned on him

zápočet škol. credit ['kredət]

započítať include [in'kluːd]; *dovoz je z-ný v cene* delivery is included in the price

zapodievať sa occupy oneself ['okjəpai wan,self], (v duchu) preoccupy [priː'okjəpai]; *z. sa písaním listov* occupy oneself with writing letters; *z. sa myšlienkami na dovolenku* preoccupy oneself with thoughts of the coming holiday

zapochybovať doubt [daut]; *z. o čestnosti (koho)* doubt sb.'s honesty

zapojiť connect [kə'nekt]; *z. nesprávne číslo telefónu* connect to the wrong number; *z. prúd* connect electricity // **z. sa** join [džoin]; *z. sa do zábavy* join the fun

zápor **1.** (op. klad) negative ['negətiv]; *silný z.* a strong negative; *plán má klady a z-y* the plan has its positive and negative aspects **2.** (nesúhlas, negácia) negation [ni'geišn]

záporný (v rozl. význ.) negative ['negətiv]; *z-á odpoveď* a negative answer; *mať z-é vlastnosti* have negative qualities; mat. *z-é číslo* a negative number; fyz. *z. pól* the negative pole

zapracovať **1.** (zacvičiť) train [trein]; *z. nového zamestnanca* train a new employee **2.** (pridať a spracovať) mix in ['miks in], krajč. sew* in [səu in]; *z. vajce do cesta* mix in an egg in a dough; *z. rukávy* sew in the sleeves **3.** hovor. start working [staːt 'wəːkin]; *motor z-l* the engine started working

záprah **1.** team [tiːm]; *konský z.* a team of horses **2.** (povoz) horse and cart [,hoːs ənd 'kaːt]

zapriahnuť **1.** harness ['haːnəs]; *z. kone do voza* harness the horses to the cart **2.** expr. (pripriahnuť) busy ['bizi]; *z. deti do roboty* busy children with jobs

zapriať congratulate [kən'græčəleit], wish [wiš]; *z. všetko najlepšie* wish sb. well

zapríčiniť cause [koːz]; *z. nehodu* cause an accident

zaprieť **1.** deny [di'nai]; *z-el, že tam bol* he denied having been there **2.** (premôcť) overcome [,əuvə'kam]; *z-el svoje náklonnosti* he overcame his inclinations

Z

zaprisahať 1. (zaviazať prísahou) swear* to ['sweə tə]; z. (koho) na pomstu swear sb. to vengeance 2. expr. (naliehavo požiadať) implore [im'plo:], beseech [bi'si:č]; z-la matku, aby jej odpustila she imploren her mother's forgiveness

zapuchnúť swell* up ['swel ap]; členok mu z-ol his ankle has swollen up

zapustiť 1. (vsadiť) sink* [siŋk]; z. stĺp do zeme sink a post in the ground 2. (zapustiť korene) take* root [ˌteik 'ruːt]; ružové kríky z-li korene the rose bushes have taken root

zapýriť sa blush [blaš]; z. sa od hanby blush with shame

zaradiť 1. (umiestniť) put* on/into ['put on/intə]; z. žiaka do zoznamu put a pupil's name on the roll; z. rýchlosť put into gear 2. (zahrnúť) include [in'kluːd]; z. citát do článku include a citation in an article 3. (zatriediť) categorize ['kætəgəraiz]; z. politika k socialistom categorize a politician as a socialist

zaradovať sa rejoice [ri'džois]; z. sa dobrej správe rejoice at/over the good news

zarámovať frame [freim]; dať z. obraz have a picture framed ● (expr.) daj si to z. you ought to get that framed

zarásť 1. overgrow* [ˌəuvə'grəu]; stena z-astená brečtanom a wall overgrown with ivy 2. hovor. (zahojiť sa) heal up ['hiːl ap]; rana z-tla the wound has healed up

zarátať include [in'kluːd]; z. do účtu include in the bill

zaraz at once [ət 'wans], in a flash [in ə 'flæš], in a jiffy [in ə 'džifi]; príď hneď a z. come at once; z. sa vrátim I'll be back in a flash/jiffy

zareagovať respond [ri'spond]; z. na návrh respond to a suggestion

zarecitovať recite [ri'sait]; z. báseň recite a poem

zarevať roar [ro:]; lev z-l the lion roared; expr. z. od bolesti roar with pain

zarezať 1. (podrezať) kill [kil]; z. kohúta kill a cock 2. (poraniť rezom) cut* [kat]; z. si do prsta cut one's finger 3. expr. (prenikavo zaznieť) pierce [piəs]; výkrik z-l do ticha a scream pierced the silence ● expr. spať ako z-ný sleep like a log // z. sa (vrezať sa) cut* into [kat 'intə]; putá sa mu z-li do zápästia the bonds cut into his wrists

zariadenie 1. (vybavenie) equipment [i'kwipmənt]; požiarne z. fire-fighting equipment; technické z. technical equipment 2. (inštitúcia) setting ['setiŋ]; školské z. school-setting; predškolské z-a preschool-settings

zariadiť 1. arrange [ə'reindž]; z. opateru pre pacienta arrange care for a patient; z. záležitosti arrange things/affairs 2. (nábytkom) furnish ['fəːniš]; z. nový byt furnish a new flat

zarmútiť grieve [griːv]; z-l rodičov neposlušnosťou he grieved his parents by disobedience // z. sa grieve [griːv]; z. sa nad smrťou priateľa grieve for a dead friend

zármutok grief [griːf], sorrow ['sorəu]; umrieť od z-ku die of grief

zarobiť 1. earn [əːn]; z. peniaze earn money; z-l (si) na živobytie he earned his living 2. (dosiahnuť zisk) make* a profit [ˌmeik ə 'profət]; z. na turistoch make profit on tourists

zárobok earnings ['əːniŋz]; čistý z. take-home earnings

zarodiť set* [set]; jablone bohato z-li the apple trees have set well

zárodok 1. embryo ['embriəu]; ľudský z. a human embryo; lek. choroboplodné z-y germs 2. kniž. (začiatok) germ [džəːm]; z. myšlienky the germ of an idea

zarosiť moisten ['moisən]; dážď z-l pšenicu the rain moistened the wheat // z. sa moisten ['moisən]; oči sa mu trochu z-li his eyes moistened slightly

zároveň simultaneously [siml'teiniəsli], at the same time [ət ðə ˌseim 'taim], both [bəuθ]; dve ženy vošli do domu z. two women entered the house simultaneously/at the same time; je z. klaviristom aj skladateľom he is both a pianist and a composer

zarovnať 1. level out ['levəl aut]; z. terén level out the ground 2. (zaokrúhliť) round off ['raund of]; z. účet round off a bill

zarovno I. prísl. simultaneously [siml'teiniəsli], at the same time [ət ðə ˌseim 'taim], abreast [ə'brest]; prišli sme domov z. we arrived home at the same time/simultaneously; bežci dlho bežali z. the runners kept abreast for a long time **II.** predl. just as [džast əz]; ženy pracujú z. s chlapmi women work just as men

zaručiť guarantee [ˌgærən'ti:]; z. slobodu guarantee freedom // z. sa 1. warrant ['worənt]; z. sa za pravosť výrobku warrant a product to be genuine **2.** vouch [vauč]; *z. sa za dlžníka* vouch for a debtor

záruka guarantee [ˌgærənˈtiː], tech. warranty [ˈworənti]; *výrobok má dvojročnú z-u* the product has a two-year guarantee; *auto je v z-e* the car is under warranty

záružlie marigold [ˈmærigəuld]

zasa, zas(e) I. prísl. (v rozl. význ.) again [əˈgen]; *z. a z.* again and again; *večer je neskoro, ráno z. zavčasu* in the evening it's late, in the morning again too early; *teraz si na rade z. ty* now it's your turn again **II.** čast. then again [ðən əˈgen]; *môže súhlasiť, na druhej strane z. nemusí* he might agree, and then again he might not

zásada principle [ˈprinsəpl]; *z-y správnej výživy* the principles of proper nutrition ● *v z-e* in principle; *zo z-y* on principle

zasadací: *z. poriadok* seating plan; *z-ia sieň* conference hall

zasadanie session [ˈsešn]; *plenárne z.* plenary session

zasadiť 1. plant [plaːnt]; *z. strom* plant a tree **2.** set* [set]; *z. perlu do prsteňa* set a pearl in a ring **3.** strike* [straik]; *z. úder do brady* strike a blow (on the jaw)

zásaditý chem. alkaline [ˈælkəlain]; *z-á reakcia* alkaline reaction

zásadne fundamentally [ˌfandəˈmentli], in/on principle [in/on ˈprinsəpəl]

zásadný 1. (podstatný) fundamental [ˌfandəˈmentl]; *z. rozdiel v postojoch* a fundamental difference in attitude **2.** (zásadný) principled [ˈprinsəpəld]; *z-é námietky* principled objections

zásadový principled [ˈprinsəpəld]; *vysoko z. človek* a man of high principles

zásah 1. hit [hit], (do brány) goal [gəul]; *priamy z.* a direct hit; *nečistý z. (pri hre)* foul **2.** voj. intervention [intəˈvenšn]

zasiahnuť 1. (trafiť) hit* [hit], strike* [straik]; *guľka ho z-la do hlavy* the bullet hit him in the head; *vežu z-ol blesk* the tower was struck by lightning **2.** (poštihnúť) afflict [əˈflikt]; *jej slová ho nemilo z-li* he felt much afflicted by her words **3.** (zakročiť) intervene [ˌintəˈviːn]; *z. do hádky* intervene in a quarrel; *vojna z-la do ich plánov* the war intervened in their plans

zasiať sow* [səu]; *z. semeno* sow the seed; *z. pole (trávou)* sow the field with grass; pren. *z. semeno nenávisti* sow the seeds of hatred

zásielka 1. delivery [diˈlivəri]; *listová z.* delivery of letters; *prebrať z-u* take delivery of **2.** (tovaru) consignment [kənˈsainmənt] **3.** (prepravovaná loďou) shipment [ˈšipmənt] **4.** (peňažná) remittance [riˈmitns]

zásielkový: *z-á služba* mail order business; *z. obchod* mail order firm/house; *z. tovar* goods for dispatch

zaslať send* off [send of], dispatch [diˈspæč]; *z. balík* send off a parcel; *z. správu* send off/dispatch a message

zaslepiť blind [blaind]; *z-ený hnevom* blinded by anger

zásluha merit [ˈmerət]; *odmeniť/posúdiť niekoho podľa z-h* treat/judge sb. according to his merit

zaslúžiť (si) deserve [diˈzəːv]; *z. si chválu/trest/odmenu* deserve praise/punishment/reward

záslužný meritorious [ˌmeriˈtoːriəs], praiseworthy [ˈpreizwəːði]; *z-á činnosť* meritorious activity; *z. pokus* a praiseworthy attempt

zasmiať sa laugh (at) [ˈlaːf ət]; *nikto sa mojim vtipom nez-l* nobody laughed at my jokes ● *z. sa pod fúzy* laugh up one's sleeve

zasnúbenie engagement [inˈgeidžmənt]; *oznámiť z.* announce an engagement

zasnúbiť sa get* engaged [ˌget inˈgeidžd]; *Katka a Martin sa z-li* Kate and Martin got engaged

zásnuby pomn. engagement ceremony [inˈgeidžmənt ˌserəməni]

zásoba 1. stock [stok], supply [səˈplai], store [stoː], reserve [riˈzəːv]; *mať z-y tovaru* have sth. in stock; *urobiť si z-y potravín* lay in a store of food; *z. surovín* a supply of raw materials; *slovná z.* word-stock; *z-y zlata* gold reserves **2.** (potravín na istý účel) provisions [prəˈvižnz]

zásobiť supply [səˈplai]; *z. obchod tovarom* supply a shop with goods

zaspať 1. fall* asleep [foːl əˈsliːp]; *dieťa čoskoro z-lo* the child fell asleep soon **2.** (zmeškať) oversleep* [ˌəuvəˈsliːp]; *prišiel do školy neskoro, z-l* he was late for school, he overslept

zaspievať sing* [siŋ]; *z-j pesničku!* sing us a song; *z. sólo* sing a solo

zástanca 1. (obranca) defender [diˈfendə], práv. advocate [ˈædvəkeit]; *z-ovia národa* defenders of the people **2.** (stúpenec) supporter

[sə'po:tə], advocate; *z. nového systému a supporter/an advocate of a new system*
 zastaraný old-fashioned [əuld 'fæšnd], out-of-date [ˌaut əv 'deit]; *z-é zariadenie* an old-fashioned equipment; *z-é metódy* out-of-date methods
 zastarieť sa, zastarať sa interfere [ˌintə'fiə]; *z. sa do záležitostí manželov* interfere between the married couple in their affairs
 zastať 1. stop [stop]; *vlak z-l* the train has stopped; *hodiny mu z-li* his watch has stopped **2.** (prehradiť) block [blok]; *z. niekomu cestu* block sb.'s way **3.** *z. sa* (postaviť sa na obranu) stand* by ['stænd bai], stick* by ['stik bai]; *z. (sa) priateľa* stand/stick by one's friend
 zástava flag [flæg]; *vztýčiť z-u* hoist the flag
 zastaviť 1. (v rozl. význ.) stop [stop]; *z. autobus* stop a bus; *z. stroje* stop the machines; *z. výrobu* stop production; *z. krvácanie* stop the bleeding **2.** (prerušiť činnosť) interrupt [ˌintə'rapt], cease [si:s]; *z. niekoho v reči* interrupt sb.'s talk; *z. paľbu* cease fire **3.** (zastať) pull up ['pul ap]; *auto z-lo pred domom* the car pulled up in front of the house // **z. sa 1.** (zastať) stop [stop]; *hodiny sa z-li* the clock has stopped **2.** (staviť sa) stop by ['stop bai]; *z-l sa u priateľa* he stopped by his friend's house
 zastávka stop [stop]; *autobusová z.* a bus stop; *pracovať bez z-y* work without a stop
 zástera apron ['eiprən]; *opásať si z-u* put an apron on
 zastihnúť 1. reach [ri:č]; *správa ho z-la až včera* the news only reached him yesterday **2.** (pristihnúť) catch* [kæč]; *z-li ho pri krádeži auta* he was caught stealing a car **3.** (postihnúť) befall* [bi'fo:l]; *z-lo ho nešťastie* some misfortune has befallen him
 zastlať: *z. posteľ* make* the bed
 zastrašiť 1. (nastrašiť) threaten ['θretn]; *z. niekoho pištoľou* threaten sb. with a pistol **2.** (odstrašiť) intimidate [in'timədeit]; *z. svedka* intimidate a witness
 zastrčiť 1. put* in(to) ['put in(tə)]; *z-l si ruky do vreciek* he put his hands in(to) his pockets **2.** (závoru) bolt [bolt]; *z. dvere (na závoru)* bolt a door
 zástrčka 1. (závora) latch [læč]; *zdvihnúť z-u* lift up the latch **2.** plug [plag]; *trojkolíková z.* a three-pin plug

zastreliť shoot* [šu:t]; *z-l vtáka* he shot a bird // **z. sa** shoot* oneself [šu:t wan'self]; *z-l sa nešťastnou náhodou* he shot himself by accident
 zastrieť 1. (oblok závesom) pull the curtains [pul ðə 'kə:tns], (tvár závojom) veil [veil] **2.** (výhľad) block off [blok of] **3.** (dymom, parou) cloud up ['klaud ap]
 zastrúhať sharpen ['ša:pən]; *z. ceruzku* sharpen a pencil
 zástup 1. (zoradenie jednotlivcov) line [lain]; *zoradiť sa do z-u* get into line/form a line **2.** (dav) crowd [kraud]; *nedozerné z-y* crowds of people
 zástupca 1. deputy ['depjəti]; *z. riaditeľa školy* deputy headmaster **2.** (predstaviteľ) representative [ˌrepri'zentətiv], delegate ['deləgət]; *volený z. ľudu* an elected representative of the people; *obchodný z.* sales representative; *štátny z.* public prosecutor; *právny z.* counsel; *popredný z. barokovej hudby* an outstanding representative of baroque music; *z-ovia rôznych cirkví* delegates of various churches
 zastúpenie representation [ˌreprizen'teišn]; *mať z. v parlamente* have a representation in parliament; *menšinové z.* a minority representation ● *v z-í* (koho) on behalf of
 zastúpiť 1. (nahradiť v práci) stand* in ['stænd in]; *z. chorého učiteľa* stand in for a sick teacher **2.** (mať zastúpenie) represent [ˌrepri'zent]; *z. spolupracovníkov na schôdzi* represent colleagues at a meeting **3.** (zastať) block [blok]; *z. niekomu cestu* block sb.'s way
 zásuvka 1. drawer [dro:ə]; *z. písacieho stola* a desk drawer **2.** socket ['sokət]; *zasunúť zástrčku do z-y* put the plug in the socket
 zasvätiť 1. dedicate ['dedəkeit]; *z. kostol sv. Petrovi* dedicate a church to St Peter; *z. život trpiacim* dedicate one's life to the afflicted **2.** (informovať) initiate into [i'nišieit ˌintə]; *z. študentov do tajomstiev prírody* initiate students into the mysteries of nature
 zasvietiť 1. shine* [šain]; *slnko zrazu z-lo* suddenly the sun shone; *oči mu z-li šťastím* his eyes shone with happiness **2.** (posvietiť) light* [lait]; *z. na cestu (komu)* light a person on his way
 zásyp powder ['paudə]; *detský z.* baby powder
 zasypať 1. (vyplniť) fill in ['fil in]; *z. jamu* fill in a hole **2.** (zavaliť) bury ['beri]; *lavína*

z-la horolezcov the climbers were buried under an avalanche **3.** (snehom) snow up [ˈsnəu ap]; *sneh z-l dedinu* the village was snowed up **4.** expr. (zahrnúť) heap [hiːp]; *z. niekoho darmi/gratuláciami* heap presents/congratulations (up)on sb.
　　zašiť 1. (zaplátať) sew* [səu]; *z. pulóver* sew a pullover **2.** (zošiť) stich [stič], sew up [ˈsəu ap]; *z. dieru* stich (up)/sew up a hole
　　záškodník saboteur [ˌsæbəˈtəː]
　　záškolák truant [ˈtruːənt]
　　zaškoliť 1. (zaučiť) train [trein]; *z. nových pracovníkov* train new workers **2.** (pomôcť pri začiatku školskej dochádzky) help with the start of schooling; *tohto roku z-íme menej detí* we have fewer children starting school this year
　　zaškrobiť starch [staːč]; *z-ený obrus* a starched tablecloth
　　záškrt diphtheria [difˈθiriə]
　　zašnurovať lace [leis]; *z. (si) topánky* lace up one's shoes
　　zašpiniť soil [soil]; *z. si ruky* soil one's hands // **z. sa** get oneself dirty [get wanˈself ˈdəːti]; *dieťa sa z-lo v pieskovisku* the child got himself dirty in the sandpit
　　zaštekať bark [baːk]; *pes zlostne z-l* the dog barked furiously
　　zaštepiť 1. záhr. graft [graːft]; *z. jablone* graft apple trees **2.** lek. inoculate [iˈnokjəleit], vaccinate [ˈvæksəneit]; *z. dieťa proti obrne* inoculate/vaccinate a child against poliomyelitis
　　záštita 1. (ochrana, podpora) support [səˈpoːt]; *morálna z.* moral support **2.** (patronát) patronage [ˈpætrənidž], (organizácie) auspices [ˈoːspəsəz]; *konferencia sa bude konať pod z-ou Spojených národov* the conference will be held under the auspices of the United Nations
　　zať son-in-law [ˈsan in loː]
　　zatajiť 1. conceal [kənˈsiːl]; *z. strach* conceal fear **2.** (zadržať) hold* [həuld]; *z. dych* hold one's breath
　　zatarasiť block up [ˈblok ap]; *z. východ* block up an exit
　　zaťať 1. (zaseknúť) cut* into [ˈkat intə], dig* into [ˈdig intə]; *z. sekerou do pňa* cut an axe into a trunk; *z. pazúry do obete* dig claws into a prey **2.** (zovrieť) clench [klenč]; *z. zuby* clench one's teeth; *z. päste* clench one's fists
　　zaťatý 1. (stisnutý, zovretý) clenched [klenčt]; *z-é päste* clenched fists **2.** (tvrdohlavý) obstinate [ˈobstənət]; *z. človek* an obstinate person

záťaž load [ləud]; *maximálna z. vozidla* the maximum load that a vehicle will take
　　zaťaženie load [ləud]; *povolené z. mosta* the load-bearing capacity of a bridge
　　zaťažiť 1. load [ləud], put* weight on [ˌput ˈweit on]; *z. vozidlo 2 tonami nákladu* put a 2 ton load on a vehicle; *z. most* put weight on a bridge **2.** (vystaviť zaťaženiu) burden [ˈbəːdn], load [ləud]; *z. niekoho prácou/zodpovednosťou* burden/load sb. with work/responsibility **3.** (finančne postihnúť) charge [čaːdž]; *z. niekoho 500 korunami* charge sb. 500 crowns; *z. niečo hypotékou* mortgage sth.
　　zatelefonovať phone [fəun], call up [ˈkoːl ap]; *z-la matke* she phoned/called up her mother
　　zatemnenie blackout [ˈblækaut]
　　zatemniť 1. cloud over [ˈklaud əuvə]; *nebo sa z-lo* the sky clouded over **2.** (uskutočniť zatemnenie) black out [ˈblæk aut]; *za vojny boli mestá z-ené* during wartime cities were blacked out **3.** (zbaviť súdnosti) blind [blaind]; *láska mu z-la rozum/zrak* love blinded his eyes
　　zatiahnuť 1. pull [pul]; *z. (za) povraz* pull the cord **2.** (utiahnuť) tighten [ˈtaitn]; *z. skrutky* tighten the screws; *z. si opasok* tighten one's belt **3.** (rozprestretím zakryť) draw* [droː]; *z. záclony* draw the curtains **4.** (zaangažovať) involve [inˈvolv]; *z.(koho) do problému* involve sb. in a problem
　　zatiaľ 1. so far [səu faː]; *z. sa nemieša do záležitostí svojich detí* she doesn't interfere in her children's affairs so far **2.** (nateraz) for the time being [fə ðə ˈtaim ˌbiːiŋ]; *z. nepracuje* for the time being she isn't going out to work **3.** (medzitým) meanwhile [ˈmiːnwail]; *bol na vojne a ona sa z. vydala* he was doing his military service, and meanwhile she got married
　　zatiaľ čo while [wail]; *z. čo pracovala, deti sa hrali* while she was working her children were playing
　　zatieniť 1. shade [šeid]; *z-l si oči (pred slnkom)* he shaded his eyes with his hand **2.** screen [skriːn]; *z. kvety proti slnku* screen the flowers from the sunlight **3.** (prevýšiť) overshadow [ˌəuvəˈšædəu]; *žiak z-l svojich rovesníkov* the pupil overshadowed his peers **4.** (astron.) eclipse [iˈklips]
　　zátišie 1. (tiché miesto) seclusion [siˈkluːžn] **2.** (výtvarné zobrazenie zoskupených predmetov) still life [stil laif]; *maľovať z.* paint a still life

Z

zátka (korková) cork [ko:k], stopper [ˈstopə]; *uzavrieť fľašu z-ou* close a bottle with a cork/a stopper

zatknúť arrest [əˈrest]; *polícia z-la zlodejov* the police have arrested the thieves

zatlačiť 1. (zatisnúť) push [puš]; *z. stôl k stene* push the table to the wall **2.** (potlačiť) press [pres]; *z. gombík* press a button **3.** (zahnať) beat* back [ˈbi:t bæk]; suppress [səˈpres]; *z. nepriateľa* beat back the enemy; *z. všetky spomienky* suppress all memories

zatĺcť 1. (zabúchať) beat* [bi:t]; *z. na bránu* beat at/upon the gate **2.** (vtĺcť) drive* into [ˈdraiv intə]; *z. klinec do dosky* drive a nail into a plank **3.** (pribitím uzavrieť) nail up [ˈneil ap]; *z. okná* nail up the windows

zatlieskať clap [klæp]; *nadšene z.* clap enthusiastically

zatmenie eclipse [iˈklips]; *úplné/čiastočné z. Slnka* a total/partial eclipse of the Sun; *z. Mesiaca* a Lunar eclipse

zato I. prísl. (preto) for that [fə ˈðæt]; *nenávidel ju z., že ho klamala* she cheated on him that's what he hated her for **II.** spoj. **1.** yet [jet]; *je to zvláštne, z. pravdivé* it's strange, yet true **2.** (a preto) that's why [ˈðæts wai]; *bola múdra, z. ju obdivoval* she was clever, that's why he admired her

zátoka bay [bei], (menšia) cove [kəuv]

zátopa flood [flad]; *dediny ohrozené z-ou* villages endangered by floods

zatopiť flood [flad]; *rieka z-la polia* the river has flooded the fields

zatratenie náb. damnation [dæmˈneišn]; *odsúdení na večné z.* condemned to eternal damnation

zatrepať 1. shake* [šeik], beat* [bi:t]; *pred upotrebením z.* shake before use; *z. krídlami* beat the wings **2.** expr. (zabúchať) beat [bi:t]; *z. na dvere* beat upon the door

zatres(k)núť expr. bang [bæŋ]; *z. dvere* bang the door // **z. sa** expr. bang shut [bæŋ ˈšat]; *brána sa z-la* the gate banged shut

zatriasť shake* [šeik]; *kôň z-ol hrivou* the horse shook its mane; *hnev ním z-ol* he shook with anger // **z. sa** shake* [šeik]; *dom sa z-ol, keď vybuchla bomba* the house shook when the bomb exploded

zatrpknutý embittered [imˈbitəd]; *z-á vdova* an embittered widow

zatvoriť 1. (v rozl. význ.) shut* [šat], close [kləus]; *z. okno* shut/close the window; *z. kni-* *hu* close/shut a book; *z. ústa* shut one's mouth; *z. oči* close one's eyes; *z. kufor* shut a case **2.** (zavrieť do vymedzeného priestoru) shut* up [ˈšat ap]; *z. peniaze do trezora* shut one's money up in a safe; *z. zlodeja* shut up a thief **3.** (odstaviť) shut* off [ˈšat of]; *z. plyn/vodu* shut off the gas/water **4.** (dočasne zastaviť činnosť) close [kləuz]; *z. banku/obchod* close a bank/shop **5.** (skončiť činnosť) close/shut* down [ˈkləuz/ˈšat daun]; *z. továreň* close/shut a factory down ● *z. oči pred/nad čím* shut one's eyes to sth.; *(porada) za z-enými dverami* behind closed door // **z. sa 1.** close; *dvere sa za ním z-li* the door closed behind him; *oči sa mu z-li* his eyes closed; *kvety sa na noc z-li* the flowers closed at night **2.** shut* up [ˈšat ap]; *z. sa v izbe* shut oneself up in a room ● *z. sa do seba* keep (oneself) to oneself

zátvorka bracket [ˈbrækət]; *dať niečo do z-y* put sth. in brackets; *hranaté z-ky* square brackets; *okrúhla z.* parenthesis

zatykač warrant [ˈworənt]; *vydať z.* issue a warrant (for arrest)

zátylok nape [neip]

zaucho slap [slæp]; *dať niekomu z.* slap sb.'s face

zaujať 1. (zabrať) occupy [ˈokjupai]; *z. dôležité postavenie* occupy an important position **2.** (vzbudiť záujem) rouse interest [rauz ˈintrəst]; *rečník z-l poslucháčov* the speaker roused the interest of his listeners **3.** (utvoriť si názor) take* a view [ˌteik əˈvju:]; *z. optimistické stanovisko* take an optimistic view

zaujatý 1. (zapálený) enthusiastic [inˌθju:ziæstik]; *z. rečník* an enthusiastic speaker **2.** (predpojatý) prejudiced [ˈpredžədist], biased [ˈbaiəst]; *nepýtaj sa ho, je z.* don't ask him, he is prejudiced/biased

záujem 1. (pozornosť) interest [ˈintrəst]; *stratiť z. (o koho/čo)* lose interest in sb./sth. **2.** (úžitok, prospech) interest(s) [ˈintrəst]; *je to v tvojom z-me* it is in your interest/interests **3.** (predmet pozornosti) concern [kənˈsə:n]; *vec verejného z-mu* a matter of public concern ● *vzbudiť z.* arouse attention

zaujímavý interesting [ˈintrəstiŋ]; *z-á kniha/myšlienka* an interesting book/idea

zaumieniť si intend [inˈtend]; *z-l si slovo dodržať* he intended to keep his word

zaútočiť attack [əˈtæk]; *nepriateľ z-l v noci* the enemy attacked (us) at night

zavadzať be in the way [bi: in ðə ˈwei]; *deti často z-jú* children are often in the way **zavádzať** (klamať) mislead* [misˈliːd]; *z. verejnosť* mislead the public

zaváhať hesitate [ˈheziteit]; *z-la vydať toľko peňazí* she hesitated to spend so much money; *urobil to bez z-nia* he did it without hesitation

závan gust [gast]; *z. vetra* a gust of wind **zaváranina, zavarenina** preserved fruit [priˈzɔːvd ˌfruːt]

závažie weight [weit]; *kilové z.* a one-kilo weight

závažný 1. (dôležitý) weighty [ˈweiti]; *z-é rozhodnutie* a weighty decision 2. (veľmi vážny) serious [ˈsiriəs]; *z-é nedostatky* serious defects

záväzok 1. (sľub urobiť niečo navyše) obligation [ˌobləˈgeišn]; *splnil si z-ky* he fulfilled his obligations 2. (povinnosť) commitment [kəˈmitmənt]; *má veľa z-kov voči rodine* he has a lot of commitments to his family

zavčasu early [ˈɔːli]; *z. vstávať* get up early; *urobiť z. opatrenia* take early measures

závej snowdrift [ˈsnəuˌdrift]; *auto zapadlo do z-a* the car was buried in a snowdrift

záver 1. conclusion [kənˈkluːžn]; *z. knihy* the conclusion of the book; *najdôležitejšie z-y správy* the main conclusions of the report 2. (uzáver zbrane) breech [briːč]

záverečný I. príd. 1. final [ˈfainl]; *z-é skúšky* final examinations 2. (o čase) closing [ˈkləuziŋ]; *z-á hodina* closing hour **II.** podst. *záverečná* hovor. closing-time [ˈkləuziŋ taim]

záves 1. hangings [ˈhæŋiŋz], AM drapes/draperies [dreips/dreipəriz] 2. (dvier) hinge [hindž] 3. (vlek) tow [təu]; *zobrať do z-u* take in tow

zavesiť 1. hang* [hæŋ]; *z. záclony* hang curtains 2. hang* up [hæŋ ap]; *dopovedala a z-la (slúchadlo)* she finished (talking) and hung up ● expr. *z. niečo na nos (komu)* tell sb. all about sth.; *z. (štúdium, učenie) na klinec* chuck (one's studies, learning) in

závet testament [ˈtestəmənt]; *spísať z.* draw up a testament

zavetriť 1. (o zvieratách) scent [sent]; *pes z-l líšku* the dog scented a fox 2. expr. (o človeku) smell out [smel aut]; *z. dobrý obchod* smell out a good business

zaviazať 1. tie (up) [tai (ap)], lace up [leis ap]; *z. balík* tie up a parcel; *z. (si) šnúr-*

ky tie the shoe laces; *z-la (si) topánky* she laced up (her) shoes 2. (obviazať) dress [dres]; *z. ranu* dress a wound 3. (sľubom ap.) pledge [pledž]; *z. mlčaním (koho)* pledge sb. to secrecy // **z. sa** pledge [pledž]; *z-li sa neprezradiť tajomstvo* they pledged themselves not to tell the secret

závidieť envy [ˈenvi]; *z-í mu jeho šťastie* she envies his good fortune

zaviesť 1. show* (in/into) [ˈšəu in/intu]; *z. hostí do izby* show the guests into the room 2. (priviesť, doviesť) lead* [liːd]; *z. krajinu do katastrofy* lead a country into disaster 3. (uviesť do života) introduce [ˌintrəˈdjuːs], initiate [iˈnišieit]; *z. nové názory* introduce new ideas; *vláda z-dla nový program* the government has initiated a new programme 4. (inštalovať) install [inˈstoːl]; *z. ústredné kúrenie* install central heating ● *z. reč (na čo)* broach the subject (of)

zaviezť drive* [draiv]; *z. matku domov* drive one's mother home // **z. sa** (dopravným prostriedkom) go* [gəu], take* [teik]; *autobus ho z-zol na konečnú* the bus took him to the terminal

závin strudel [ˈstruːdl]; *jablkový z.* apple strudel

zavináč collard herring [ˈkolaːdˌheriŋ] **zaviniť** cause [koːz]; *čo z-lo jeho smrť?* what caused his death?

závisieť depend on [diˈpend on]; *z. od rodičov* depend on one's parents; *z-í to od šťastia* it depends on one's good luck

závislý 1. dependent [diˈpendənt]; *krajina je z-á od zahraničnej pomoci* the country is dependent on foreign aid 2. (na alkohole, drogách) addicted (to) [ˈədiktəd (tə)]

závisť envy [ˈenvi]; *je plný z-ti* he is full of envy; *ozelenieť od z-ti* be green with envy

závistlivý envious [ˈenviəs]; *z-é pohľady* envious looks

závit 1. (na skrutke) thread [θred], worm [wəːm]; *vyrezať z-y* cut threads 2. *mozgové z-y* convolutions of the brain

zavlažiť irrigate [ˈirəgeit]; *z. suchú pôdu* irrigate dry land

závod works [wəːks], plant [plaːnt], factory [ˈfæktri]; *chemický z.* a chemical plant

zavodniť irrigate [ˈirəgeit]; *z. púšť* irrigate the desert

závodný: *z-á jedáleň* works canteen;

Z

z. *výbor* works committee; z. *lekár* works doctor; *z-á stráž* factory/works security

závoj veil [veil]; *smútočný z.* a mourning veil

zavolať call [ko:l]; z. *lekára/políciu* call the doctor/the police; z. *na hrajúce deti* call out to the playing children

závora 1. (na ceste) barrier ['bæriə]; *zdvihnúť z-u* raise the barrier 2. (zasúvacia konštrukcia) bolt [bolt]; *zavrieť dvere na z-u* bolt the door

závrat dizziness ['dizinəs]; *chytá ho z.* he feels dizzy; *pocit z-u* a feeling of dizziness

zavraždiť murder ['mə:də], (panovníka, politika) assassinate [ə'sæsəneit]

zavrhnúť reject [ri'džekt]; z. *návrh* reject a suggestion; *všetci ho z-li* everybody rejected him

zavrieť 1. (v rozl. význ.) close [kləuz], shut* (up) [šat (ap)]; z. *dvere/oblok* shut/close a door/a window; z. *knihu* close/shut a book; z. *psa* shut up a dog; z. *obchod* shut up a shop 2. (do väzenia) imprison [im'prizn]

zavŕtať drive* [draiv]; z. *skrutku do dreva* drive a screw into wood // **z. sa** bore [bo:]; *červy sa z-li do dreva* worms have bored into the wood

zavŕzgať creak [kri:k]; *drevené schody z-li* the wooden stairs creaked

zavše now and then [nau ənd θən]; z. *sa stretne so starými priateľmi* she meets her old friends now and then

zavyť 1. howl [haul]; *zrazu z-l pes* all of a sudden a dog howled 2. expr. wail [weil]; *sirény z-yjali* the sirens were wailing

zavzlykať sob [sob]; *trpko z-la* she sobbed bitterly

zázemie 1. background ['bækgraund]; *rodinné z.* the family background 2. (tylo) rear [riə]

zaznačiť 1. (zapísať) put* down ['put daun]; z. *telefónne číslo* put down a telephone number 2. (označiť) mark [ma:k]; *z-l si v knihe, pokiaľ prečítal* he marked the place where he stopped reading

záznam 1. record ['reko:d]; *úradný z. prípadu* an official record of the case 2. recording [ri'ko:diŋ]; *pozerať zápas zo z-u* watch a recording of the match

zaznamenať 1. write* down ['rait daun]; z. *myšlienky* write down one's ideas 2. odb. record [ri'ko:d]; z. *rozhovor* record a conversation

zázračný 1. miraculous [mi'rækjələs], wonder ['wandə]; *z-é uzdravenie* a miraculous recovery; z. *liek* a wonder drug 2. (neobyčajný) marvellous ['ma:vləs]; *z-á pamäť* a marvellous memory

zázrak 1. miracle ['mirəkl]; *Kristus robil mnoho z-ov* Christ worked/performed many miracles 2. (div, čudo) miracle ['mirəkl], wonder ['wandə], marvel ['ma:vl]; *ekonomický z.* an economic miracle; *technické z-y* technological wonders; *z-y modernej vedy* the marvels of modern science

zazrieť glimpse [glimps]; *z-el ju v dave* he glimpsed her among the crowd

zazvoniť ring* [riŋ]; *zvon z-l* the bell rang; z. *pri dverách* ring the doorbell; pren. *jeho krutý smiech mi z-l v ušiach* his cruel laughter rang in my ears

zázvor ginger ['džindžə]

zažalovať sue [sju:]; z. *niekoho pre urážku* sue sb. for libel

zažať turn on [tə:n on], switch on ['swič on]; z. *svetlá* turn on/switch on the lights

zaželať wish [wiš]; z. *veľa úspechov* wish much success; z. *dobrú noc* wish a good night/bade sb. good night

zažiadať apply [ə'plai]; z. *o štipendium* apply for a scholarship // **z. sa** long [loŋ]; neos. *z-lo sa mu pokoja* he longed for peace

zažiariť light* up [lait ap]; *tvár jej z-la radosťou* her face lit up with joy/pleasure

zažiť experience [ik'spiriəns]; z. *radosť/ťažkosti* experience pleasure/difficulty; *mesto z-lo veľké zmeny* the town has experienced great changes

zážitok experience [ik'spiriəns]; *rozprávať o svojich z-koch* talk about one's experiences

zažívací digestive [dai'džestiv]; *z-ie ústroje* the digestive system; *z-ie ťažkosti* digestive disorder/trouble

zažmúriť *nemôcť oka z.* not to sleep a wink; z. *oči (nad čím)* close one's eyes to sth.

zažmurkať wink [wiŋk]; z. *na pekné dievča* wink at a pretty girl

zbabelec coward ['kauəd]

zbabelý cowardly ['kauədli]; *z-é správanie* cowardly behaviour; z. *útek* a cowardly flight

zbadať observe [əb'zə:v]; *z-la, že vošiel* she observed him enter the room

zbaliť pack up ['pæk ap]; *z. (si) veci* pack up one's things // **z. sa** get* ready [ˌget 'redi]; *z. sa a odísť* get ready and leave

zbankrotovať go* bankrupt [gəu 'bæŋkrapt]; *firma z-la* the company went bankrupt

zbaviť 1. (oslobodiť) relieve [ri'liːv]; *z. strachu/bolesti* relieve anxiety/pain **2.** (pozbaviť) deprive of [di'praiv əv]; *z. niekoho jeho práv* deprive sb. of his rights ● *z. sa* get* rid of [get rid əv]; *z-li sa dlhov* they got rid of their debts

zbedačiť pauperize ['poːpəraiz]; *vojna z-la milióny ľudí* millions were pauperized by the war

zbeh deserter [di'zəːtə]; *z-ov postrieľali bez milosti* deserters were shot without mercy

zbehlý skilled [skild]; *z. remeselník* a skilled artisan/craftsman

zbehnúť 1. rush down ['raš daun]; *z. po schodoch* rush down the stairs **2.** desert [di'zəːt]; *z-ol z armády* he deserted from the army **3.** (odchýliť sa) stray [strei]; *z. z trasy* stray from the route // **z. sa 1.** (zoskupiť sa) gather ['gæðə]; *ľudia sa z-li na námestí* people gathered in the square **2.** (zraziť sa) shrink* [šriŋk]; *šaty sa z-li* the dress has shrunk **3.** (prihodiť sa) happen ['hæpən]; *ani nevedel, ako sa a to z-lo* he didn't know how it had happened

zbelasieť turn blue [təːn 'bluː]; *z. od zimy* turn blue with cold

zbelieť turn white [təːn 'wait]; *vlasy jej z-eli* her hair turned white

zberateľ collector [kə'lektə]; *z. známok* a stamp collector

zbežný 1. (povrchný) superficial [ˌsuːpə'fišl]; *z-é vedomosti* superficial knowledge **2.** (letmý) perfunctory [pə'faŋktri]; *z. pohľad* a perfunctory glance

zbičovať lash [læš]; *z. koňa* lash a horse

zbierať (v rozl. význ.) collect [kə'lekt], gather ['gæðə]; *z. drevo* collect wood; *z. mince/známky* collect coins/stamps; *z. sily* collect one's strength; *z. informácie/skúsenosti* gather/collect information/experience

zbierka (v rozl. význ.) collection [kə'lekšn]; *z. starých obrazov* a collection of old paintings; *z. noviel* a collection of short stories; *usporiadať z-u na charitatívne účely* organize a collection for charity

zbiť 1. (pozbíjať) hammer/nail together [ˌhæmə-/ˌneil tə'geðə]; *z. klincami dve laty* nail two laths together **2.** (ubiť) beat* up ['biːt ap]; *z-li ho do krvi* he was badly beaten up

zblázniť sa 1. go* mad [gəu 'mæd]; *z-l sa, museli ho dať do blázinca* he went mad so they had to put him into a mental hospital **2.** expr. (zveličenie — pri nepremyslenom konaní) be* mad [ˌbi: 'mæd], be* crazy [bi: 'kreizi]; *ty si sa asi z-l!* you must be crazy/mad! ● expr. *to je na z-enie* enough to drive one mad/crazy

zblednúť turn pale [təːn 'peil]; *z-la, keď počula zlú správu* she turned pale at the bad news ● expr. *z. ako krieda/stena* turn as white as chalk/a sheet

zblízka 1. at close range [ət ˌkləus 'reindž]; *z. vystreliť* fire at close range **2.** (osobne) closely ['kləusli]; *poznali sa z.* they were closely acquainted

zbíknuť 1. burst into flame [ˌbəːst intə 'fleim]; *drevená strecha z-la* the wooden roof burst into flame **2.** pren. flame up ['fleim ap]; *z. hnevom* flame up with anger

zbojník highwayman ['haiweimən]

zborovňa staff room ['staf ˌruːm]

zbožňovať adore [ə'doː]; *z. umenie* adore fine arts

zbožný pious ['paiəs]; *z-á žena* a pious woman; *z-á túžba* pious hope

zbraň weapon ['wepən], arms [aːmz]; *strelná z.* fire-arm; *z-ne hromadného ničenia* weapons of mass destruction ● *skrížiť z-ne* cross swords with sb.; *zložiť z-ne* lay down one's arms

zbroj 1. (pancier) armour ['aːmə]; *rytier v z-i* a knight in armour **2.** kniž. (bojová výzbroj) armament ['aːməmənt]

zbrojiť arm [aːm]; *znížiť náklady na z-enie* cut expenditure on arms

zbúrať pull down ['pul daun]; *z. staré domy* pull down old houses

zbytočný 1. (nepotrebný) needless ['niːdləs]; *z-é výdavky* needless spending; *z. strach* needless fear **2.** (daromný) useless ['juːsləs]; *z. boj* a useless fight; *z-é ponosy* useless complaints

zďaleka 1. from far away [frəm 'faːr əˌwei]; *už z. to vidieť* it can be seen from far away **2.** expr. *(ani)* not in the least [not in ðə 'liːst]; *tým sa to ani z. neskončilo* that has not in the least finished it

zdanie 1. semblance ['sembləns], appearance [ə'pirəns]; *nemožno súdiť podľa z-a* you can't judge by appearances **2.** (potucha) idea [ai'diə]; *nemať ani z-a o čase* have no idea of time

zdaniť tax [tæks]; *z. zárobky* tax incomes

zdanlivý seeming ['si:miŋ]; *z-é priateľstvo* a seeming friendship

zdarma free (of charge) [fri: (əv 'ča:dž)]; *vstup z.* free entry; *na predstavenie dostal lístky z.* he has got free tickets for the performance

zdať sa seem [si:m]; *z-á sa, že kniha je zaujímavá* the book seems (to be) interesting; *veci vzdialené sa z-jú malé* things far off seem small

zdatný 1. (mocný) powerful ['pauəfl]; *z. plavec* a powerful swimmer **2.** (schopný) able ['eibl]; *z. právnik* an able lawyer

zdediť inherit [in'herit]; *z. dom* inherit a house; *z-la otcovu zlú povahu* she inherited her father's bad temper

zdĺhavý lengthy ['leŋθi]; *z-á reč* a lengthy speech

zdochlina carcass ['ka:kəs]

zdokonaliť improve [im'pru:v]; *z. znalosti jazyka* improve one's knowledge of a language // **z. sa** improve [im'pru:v]; *z-l sa v nemčine* his German has improved

zdolať overcome* [ˌəuvə'kam]; *z. nepriateľa/strach/ťažkosti* overcome the enemy/fear/difficulty

zdôrazniť emphasize ['emfəsaiz]; *z. dôležitú myšlienku* emphasize an important idea

zdôveriť sa confide [kən'faid]; *z-l sa priateľovi so svojimi ťažkosťami* he confided his troubles to his friend

zdráhať sa hesitate ['hezəteit]; *chvíľu sa z-la, ale potom dala súhlas* she hesitated for a moment but then gave her consent

zdrap scrap [skræp]; *z. papiera* a scrap of paper

zdravica toast [təust]; *predniesť z-u* propose a toast

zdravie health [helθ]; *telesné/duševné z.* physical/mental health; *pripiť niekomu na z.* drink someone's health

zdravotníctvo health service [helθ 'sə:vis]

zdravotný: *z. čaj* medical tea; *z-á prehliadka* medical examination; *z-á sestra* nurse; *z-é poistenie* medical/health insurance

zdravý 1. healthy ['helθi]; *z. človek* a healthy person; *z. vzduch* healthy air; *jesť jablká je z-é* eating apples keeps healthy **2.**

(rozumný) sound [saund]; *z. úsudok* a sound judgment ● expr. *z. ako buk/rybička* be in fine fettle; *nemať z. rozum* lack common sense; *vyviaznuť so z-ou kožou* escape unscathed/in one piece

zdražieť go* up ['gəu ap]; *benzín z-el* petrol has gone up

zdražiť raise* the price [ˌreiz ðə 'prais]; *z. potraviny* raise the price of food

zdrevenieť numb [nam]; *prsty z-ené od zimy* fingers numbed with cold

zdriemnuť si take* a nap [ˌteik ə 'næp]; *z. si poobede* take a nap in the afternoon

zdrobnenina lingv. diminutive [də'minjətiv]

zdroj source [so:s], resource [ri'zo:s]; *z. príjmov* source of income; *z. starostí* source of trouble; *prírodné z-e* natural resources

združenie association [əˌsəusi'eišn]; *z. na podporu nevidiacich* an association to help blind people

združiť associate [ə'səušieit], combine [kəm'bain], merge [mə:dž]; *z. dve banky* merge two banks; mat. *z-ené body/funkcie* associated points/functions; šport. *z-ené preteky* (lyžiarske) Alpine/Nordic combination

zdržanlivý reserved [ri'zə:vd], restrained [ri'streind]; *z. človek* a reserved person; *z-á odpoveď* a restrained response

zdržať 1. (nepustiť preč) keep* [ki:p]; *z. hostí* keep one's guests from leaving **2.** (zadržať) delay [di'lei]; *balík sa z-l na pošte* the parcel was delayed by the post office **3.** (potlačiť) hold* back ['həuld bæk]; *z. slzy* hold back tears // **z. sa** be* kept [ˌbi: 'kept], stay [stei]; *ako dlho sa z-íš?* how long are you going to stay? *z-l som sa v dopravnej zápche* I was kept by the traffic jam

zdurenina swelling ['sweliŋ]; *z. na poranenej ruke* a swelling on an injured arm

zdvih odb. lift [lift], stroke [strəuk]; *z. ventilu* valve lift; *z. piesta* piston stroke

zdvíhací: *z. most* a drawbridge ['dro:ˌbridž]; *z. vozík* a forklift truck

zdvihák lift [lift]; *automobilový z.* lift jack

zdvihnúť 1. (v rozl. význ.) raise [reiz]; *z. ruku/oči* raise one's hand/eyes; *z. varovne prst* (na koho) raise a warning finger to sb.; *z. pohár* (na zdravie) raise one's glass to sb.; *z. náladu* (komu) raise sb.'s spirits; *z. životnú úroveň* raise the living standard **2.** (do hora) lift (up) [lift (ap)], pick up ['pik ap]; *z. dieťa na ruky* lift a child (up) into one's arms; *z. zlú náladu* (koho) lift sb.'s bad mood; *z. papier zo zeme* pick up a paper from the floor **3.** (zlepšiť) improve [im'pruːv]; *z. morálku* (koho) improve sb.'s morale ● *z. ruku na* (koho) raise one's hand against sb. // **z. sa 1.** (do hora) lift; *hmla sa z-la* the fog/mist has lifted **2.** (v rozl. význ.) rise*; *hladina rieky sa z-la* the river has risen; *z-la sa, aby nás pozdravila* she rose to greet us; *ľud sa z-l na odpor* the people rose up in revolt

zdvojiť: *z-ené okno/dvere* a double window/door; lingv. *z-ené spoluhlásky* double consonants

zdvojnásobiť double ['dabl]; *z. počet* double the number

zdvorilý polite [pə'lait]; *z-é, dobre vychované deti* polite, well-behaved children

zebra 1. zebra ['ziːbrə] **2.** hovor. (priechod pre chodcov) zebra crossing [,ziːbrə 'krosiŋ]

zeleň green [griːn]; *z. rôznych odtieňov* different shades of green; *mesto potrebuje veľa z-ne* the town needs a lot of green

zelenáč pejor. greenhorn ['griːnhoːn]

zelenina vegetable ['vedžtəbl]; *koreňová/listová z.* root vegetable/greens; *čerstvá /mrazená z.* fresh/frozen vegetable; *pestovať z-u* grow vegetables

zeleninárstvo vegetable-growing ['vedžtəbl ,grəuiŋ]

zelený I. príd. green [griːn]; *z-é oči* green eyes; *z-á fazuľka* green beans; *Z. štvrtok* Maundy Thursday; kart. *z-á sedma* seven of spades ● expr. (rozhodovať, riadiť) *za z-m stolom/spoza z-ého stola* from a bureaucratic ivory tower **II.** *z-á* (na semafore) green light [,griːn 'lait]; *svieti z.* the green light is on; *dať z-ú (komu)* give sb. the green light

zeler celery ['seləri]

zelina weed [wiːd]; *čistiť záhradu od z-y* weed the garden ● expr. *Zlá/Mrcha z. nevyhynie.* Ill weeds grow apace.

zelinka (liečivá) herb [həːb]

zelinkár herbalist ['həːbəlist]

zem 1. (the) earth [ðiː 'əːθ]; *planéta Zem* the planet Earth **2.** (pevnina) land [lænd]; *námorníci zazreli z.* the sailors sighted land **3.** (zemský povrch) ground [graund]; *ranený ležal na z-i* the injured man was lying on the ground **4.** (pôda) soil [soil]; *úrodná z.* rich soil ● *rodná z.* native soil; *raj na z-i* Heaven on Earth; *medzi nebom a z-ou* in midair; *zrov-*

nať niečo so z-ou level sth./raze sth. to the ground; *zmiznúť z povrchu z-e* disappear off the face of the earth; *akoby sa bol do z-e prepadol* as if the earth had swallowed him up

zemeguľa globe [gləub]; *obísť z-u* travel all round the globe

zemepis geography [dži'ogrəfi]; *hodina z-u* a geography lesson

zemetrasenie earthquake ['əːθkweik]; *mesto bolo zničené z-ím* the town was destroyed by an earthquake

zemiak potato [pə'teitəu]; *skoré z-y* early potatoes; *čistiť z-y* peel potatoes

zemiakový: *z-é pole* a field of potatoes; *z-á kaša* mashed potatoes; *z-á múčka* potato flour

zemný: *z-é práce* earthwork; *z. plyn* natural gas

zemský: *z. povrch* the surface of the earth/the earth's surface; *z-á príťažlivosť* gravitation

zenit zenith ['zeniθ] aj pren.; *dosiahnuť z.* reach one's zenith

zhabať confiscate ['konfəskeit]; *z. pašovaný tovar* confiscate smuggled goods

zhanobiť disgrace [dis'greis], dishonour [dis'onə]; *z. meno celej rodiny* disgrace the name of the whole family

zhasnúť 1. (prestať horieť) go* out ['gəu aut]; *sviece/svetlá z-li* the candles/lights went out **2.** (zahasiť, vypnúť) turn off ['təːn of], switch off ['swič of]; *z. svetlo* turn/switch off the light

zhltnúť 1. swallow ['swoləu]; *z. liek* swallow a medicine **2.** expr. (narýchlo zjesť) gulp down ['galp daun]; *z-la jedlo a vybehla von* she gulped down the meal and rushed out

zhmotniť materialize [mə'tiriəlaiz]; *z. svoje túžby* materialize one's desires

zhniť rot [rot]; *z-té ovocie* rotten fruit; pren. expr. *z-tá spoločnosť* a rotten society

zhnusený disgusted [dis'gastəd]; *z-é publikum* a disgusted audience

zhoda 1. agreement [ə'griːmənt]; *plná z.* full agreement; *obe strany dosiahli z-u* the two sides reached an agreement; lingv. *gramatická z.* congruence **2.** (harmónia) harmony ['haːməni]; *žiť v z-e* live in harmony **3.** (náhodné zoskupenie) coincidence [kəu'insədns]; hovor. *z-ou okolností* by coincidence; *v z-e s* in accordance with

zhodiť 1. throw* off ['θrəu of]; drop [drop];

z. z chrbta batoh throw off one's rucksack; *z. bombu* drop a bomb **2.** (neúmyselne) knock off ['nok of]; *z. vázu zo stola* knock a vase off the table; šport. *z. latku* knock the bar off **3.** (zbaviť sa čoho) throw* off ['θrəu of], shed* [šed], cast* [ka:st]; *z. zo seba kabát* throw one's coat off; *jeleň z-l parohy* the stag shed/cast its antlers; *z. putá* aj pren. throw off the bonds

zhodnotiť 1. evaluate [i'væljueit]; *z. snaženie žiakov* evaluate the pupils' efforts **2.** odb. revalue [ri'vælju:]; *z. menu* revalue the currency

zhodnúť sa 1. agree [ə'gri:]; *z. sa na cene* agree on a price **2.** (znášať sa) get* on/along ['get on/ə‚loŋ]; *z-ú sa so susedmi* they get along well with their neighbours

zhodný concurrent [kən'karənt], congruent ['koŋgruənt]; *z-é názory* concurrent opinions; *z-é trojuholníky* congruent triangles

zhon rush [raš]; *vianočný z. v preplnených obchodoch* Christmas rush in crowded shops

zhora from above [frəm ə'bav]; *obzrieť si mesto z.* look at a town from above; *je to príkaz z.* it's an order from above ● *hľadieť na koho z.* treat sb. condescendingly

zhorieť burn down ['bə:n daun]; *dom z-el* the house burnt down

zhoršiť make* worse ['meik wə:s], worsen ['wə:sn]; *z. situáciu/krízu* worsen the situation/the crisis // **z. sa** deteriorate [di'tiriəreit]; *vzťahy sa z-li* relations have deteriorated

zhospodárniť economize [i'konəmaiz]; *z. výrobu* economize the production

zhotoviť make* [meik]; *z. súčiastky* make spare parts; *plot z-ený z dreva* picket fence ['pikət ‚fens]

zhovárať sa talk [to:k]; *z. sa o počasí* talk about the weather

zhovievavý lenient ['li:niənt]; *z. sudca* a lenient judge

zhovorčivý talkative ['to:kətiv]; *z-á žena* a talkative woman

zhrabnúť 1. rake up ['reik ap]; *z. opadané lístie* rake up dead leaves **2.** expr. grab [græb]; *z-ol peniaze a ušiel* he grabbed the money and ran off

zhrbený stooped [stu:pt]; *z. starý muž* a stooped old man

zhrdzavieť become* rusty [bi‚kam 'rasti]; *železná bránka z-ela* the iron gate became rusty

zhrnúť 1. roll down ['rəul daun], brush off ['braš of]; *z. rukávy* roll down one's sleeves; *z. omrvinky zo stola* brush crumbs off the table **2.** (stiahnuť) draw* [dro:]; *z. záclonu* draw the curtain **3.** (uviesť v hlavných črtách) summarize ['saməraiz]; *z. hlavné body plánu* summarize the main points of the plan

zhromaždenie assembly [ə'sembli]; *slávnostné z.* a festive assembly

zhromaždiť assemble [ə'sembl]; *z. zbierku starých kníh* assemble a collection of old books // **z. sa** assemble [ə'sembl]; *študenti sa z-li vo veľkej hale* the students assembled in the big hall

zhrozený horrified ['horəfaid]; *z. pohľad* a horrified look

zhroziť sa be* shocked [‚bi: 'šokt]; *z. sa nad náhlou smrťou priateľa* be shocked by a friend's sudden death

zhruba roughly ['rafli]; *bolo tam z. 200 ľudí* there were roughly 200 people there; *z. sa pamätať* remember roughly

zhubný disastrous [di'za:strəs], lek. malignant [mə'lignənt]; *z-é účinky* disastrous effects; *z. nádor* a malignant tumour

zhudobniť set* to music [set tə 'mju:zik]; *z-ená stará báseň* an old poem that has been set to music

zhyb anat. joint [džoint]; *umelý z.* an artificial joint

zhypnotizovať hypnotize ['hipnətaiz]; *hľadieť ako z-ný* look as if hypnotized

zidealizovať idealize [ai'diəlaiz]; *z-ný obraz života* an idealized picture of life

zima 1. (ročné obdobie) winter ['wintə]; *tuhá z.* a cold winter **2.** (chlad) cold [kəuld]; *treskúca z.* bitter cold; *triasť sa od z-y* shiver with cold ● *v z-e — v lete* all year round

zimnica ague ['eigju:]; lek. *žltá z.* yellow fever

zimník winter coat ['wintə ‚kəut]

zimný: *z-é obdobie* winter time; *z. semester* winter semester/term; *z. spánok (zvierat)* hibernation; *z-é športy* winter sports

zimomriavky shivers ['šivəz]; *dostať z.* get the shivers

zintenzívniť intensify [in'tensəfai]; *z. úsilie* intensify efforts

zips zip(fastener) [zip('fa:snə)], AM zipper ['zipə]

zisk 1. (osoh, prospech) gain(s) [gein(s)]; *zaujíma sa len o z.* he's interested only in gain

2. (výnos, výťažok) profit [ˈprofət]; *predať niečo so z-om* sell sth. at a profit; *účasť na z-u* profit-sharing
    získať 1. gain [gein], acquire [əˈkwaiə]; *z. majetok* gain a fortune; *z. vedomosti* acquire knowledge **2.** (presviedčaním) win* sb. over [win ˈəuvə]; *z. mládež pre ideály* win the young over to ideals **3.** (vzbudiť priazeň koho) earn [əːn]; *z. uznanie* earn a reputation
    ziskuchtivý greedy of gain [ˌgriːdi əv ˈgein]; *z. starec* an old man greedy of gain
    zísť 1. (zostúpiť) walk down [ˈwoːk daun]; *z. schodmi* walk down the stairs; *z. k potoku* walk down to the brook; *z. zo stromu* climb down the tree; *z. z vlaku* get off the train **2.** (odbočiť) stray off [ˈstrei of]; *z. z chodníka* stray off a path; *z. zo správnej cesty* aj pren. stray/wander from the straight and narrow road; ● *z. na um* come to mind/cross one's mind; *z. z umu/mysle* slip one's mind; *Z-de z očí, z-de z mysle.* Out of sight, out of mind. // **z. sa 1.** (stretnúť sa) meet* [miːt]; *zišli sa po rokoch* they've met after years **2.** (zhromaždiť sa) gather [ˈgæðə]; *davy ľudí sa zišli na námestí* a crowd of people has gathered in the square
    zistiť ascertain [ˌæsəˈtein]; find* out [faind aut], realize [ˈriəlaiz]; *z. fakty* ascertain the facts; *z. príčinu choroby* find out the cause of the disease; *z-l, že sa mýlil* he realized that he had made a mistake
    zistiteľný detectable [diˈtektəbl]; *z-é množstvo jedu* a detectable quantity of poison
    zívať yawn [joːn]; *z. od nudy* yawn with boredom; *pod nami z-la priepasť* an abyss yawned below us
    zjav 1. (výzor) looks [luks]; *stará sa o svoj z.* she keeps her looks **2.** (osobnosť) figure [ˈfigə]; *bol veľkým z-om národných dejín* he was a great figure of the national history
    zjavenie 1. apparition [ˌæpəˈrišn]; *hovoriť o z-ach* talk about apparitions **2.** náb. revelation [ˌrevəˈleišn]; *Z. sv. Jána* The Revelation of St John the Divine; *sviatok Z-a Pána* the Feast of the Epiphany
    zjavný obvious [ˈobviəs]; *z-á nevýhoda* an obvious disadvantage
    zjazd 1. convention [kənˈvenšn]; *Z. demokratickej strany* the Democratic Convention **2.** (jazda dolu) descent [diˈsent]; *z. na lyžiach* downhill skiing
    zjazdný passable [ˈpaːsəbl]; *z-á cesta* a passable road

zjednodušiť simplify [ˈsimpləfai]; *z-ený text* a simplified text
    zjednotiť unite [juːˈnait]; *z. národ* unite the nation // *z. sa* unite [juːˈnait]; *z. sa v boji proti chudobe* unite to fight poverty
    zjemniť soften [ˈsofn]; *krém jej z-l pokožku* the cream has softened her skin
    zjesť eat* up [ˈiːt ap]; *z. obed* eat up one's lunch
    zlacnieť become* cheaper [biˌkam ˈčiːpə]; *niektoré druhy tovaru z-eli* some goods have become cheaper
    zlacniť reduce [riˈdjuːs]; *z. cestovné* reduce the fares
    zladiť tune [tjuːn]; *hudobníci z-li nástroje pred koncertom* the musicians tuned their instruments before the concert
    zľadovatieť ice up [ˈais ap]; *cesty sú z-ené* the roads are all iced up
    zľahka lightly [ˈlaitli]; *z. sa dotknúť (koho)* lightly touch sb.; *nerob si starosti, povedala z.* don't worry, she said lightly
    zľahostajnieť become* indifferent [biˌkam inˈdifrənt]; *z-l voči priateľom* he become indifferent towards his friends
    zlákať entice [inˈtais]; *pekné počasie ju z-lo do záhrady* the beautiful weather enticed her into the garden
    zľaknúť sa get* a fright [ˌget ə ˈfrait]; *dieťa sa z-lo a rozplakalo sa* the child got a fright and started crying
    zlámať break* [breik]; *z. palicu* break a stick; *z. si nohu* break one's leg ● *z. si krky/väzy* break one's neck
    zlátiť (aj pren.) gild [gild]; *z. rám* gild a frame; *slnko z-lo vrcholky striech* sunshine gilded the rooftops
    zlatníctvo 1. (zlatnícky odbor) gold work [ˌgəul ˈwəːk] **2.** (obchod) jeweller's (shop) [ˈdžuːələz (šop)]
    zlatník goldsmith [ˈgəuldˌsmiθ]
    zlato 1. (v rozl. význ.) gold [gəuld]; *čisté z.* pure gold; publ. *olympijské z.* olympic gold; *žena ovešaná z-m* a woman covered in gold **2.** publ. *biele z.* (cukor) white gold; *čierne z.* (uhlie) black gold ● expr. *z-m by ho nevyvážil* be worth one's weight in gold; *mať srdce zo z-a* have a heart of gold; *Nie je všetko z., čo sa blyští.* All that glitters is not gold.
    zlatý (v rozl. význ.) gold [gəuld], golden [ˈgəuldn]; *z. náramok* a gold bracelet; *z. zub* a gold tooth; *z-á medaila* a gold medal; *z-é*

Z

vlasy golden hair; *z. dážď* laburnum; *z-á svadba* golden wedding; *z-é rúno* the Golden Fleece; *z. pravidlo* the golden rule; *z-á horúčka* gold fever; *z-á mena* gold standard; *z-á stredná cesta* golden mean ● *ísť z-ou strednou cestou* strike a happy medium; *z. vek* the golden age

zľava¹ price reduction [ˌprais riˈdakšn]; *z. na dani* relief

zľava² from the left [frəm ðə ˈleft]; *prísť z.* come from the left

zľaviť knock off [ˈnok of]; *z. 10 % z ceny* knock 10 per cent off the price

zle badly [ˈbædli]; *z. sa cítiť* feel badly; *z. hrať* play badly

zlenivieť become* lazy [biˌkam ˈleizi]; *chlapec veľmi z-el* the boy became very lazy

zlepšiť improve [imˈpru:v]; *z. podmienky* improve the conditions // **z. sa** improve [imˈpru:v]; *vyhliadky sa z-li* prospects have improved

zletieť 1. fly* off [ˈflai of]; *vták z-el zo stromu* the bird flew off the tree 2. expr. (spadnúť) fall* off [ˈfo:l of]; *z. z koňa* fall off a horse 3. expr. (zbehnúť) rush down [raš daun]; *z. po schodoch* rush down the stairs

zliatina alloy [ˈæloi]; *mosadz je z. medi a zinku* brass is an alloy of copper and zinc

zlievač caster [ˈka:stə], founder [ˈfaundə]

zlieváreň foundry [ˈfaundri]

zliezť 1. climb down [ˈklaim daun]; *z. zo stromu* climb down the tree 2. (lezením dosiahnuť) climb [klaim]; *z-ol niekoľko štítov* he has climbed several peaks

zlo evil [ˈi:vl]; *bojovať proti z-u* fight evil

zloba malignancy [məˈlignənsi]; *konal so z-ou v srdci* he acted with malignancy in his heart

zločin crime [kraim]; *spáchať z.* commit a crime

zločinec criminal [ˈkrimənl]; *odsúdiť z-ca na smrť* sentence a criminal to death

zločinný criminal [ˈkrimənl]; *z-á organizácia* a criminal organization

zlodej thief [θi:f]; *z. áut* a car thief; *vreckový z.* pickpocket ● *Príležitosť robí z-a.* Opportunity makes a thief.

zlom 1. fold [fəuld]; *z-y na koberci* folds in the carpet 2. fault [fo:lt] 3. turn [tə:n]; *neočakávaný z.* an unexpected turn; *rytmický z.* a rhythmic turn; *na z-e vekov* at the turn of the ages

zlomenina fracture [ˈfrækčə]; *ľahká z.* a simple fracture

zlomený broken [ˈbrəukn]; *z. človek* a broken man

zlomiť (v rozl. význ.) break* [breik]; *z. haluz* break a branch; *z. si nohu* break one's leg; *z. odpor nepriateľa* break the enemy's resistance; *väzenie ho nez-lo* prison couldn't break him ● *z. si krky/väzy* break one's neck; *z. srdce (komu)* break sb.'s heart; *z. nad niekým palicu* condemn sb.

zlomkovitý fragmentary [ˈfrægməntri]; *z-á informácia* fragmentary information; *z-é znalosti* fragmentary knowledge

zlomok fraction [ˈfrækšn] aj mat.; *v z-ku sekundy* in a fraction of a second; mat. *pravý/nepravý z.* proper/improper fraction; *jednoduchý z.* common fraction, AM vulgar fraction

zlomyseľný malicious [məˈlišəs]; *z. úsmev* a malicious smile

zlorečiť curse [kə:s]; *z-la mu za zničený život* she cursed him for ruining her life; *celý čas z-l ako pohan* he cursed like a pagan all the time

zlosť fury [ˈfjuri]; *plný z-ti* filled with fury ● expr. *ide puknúť od z-ti* he is bursting with rage

zlostiť infuriate [inˈfjurieit]; *jeho laxný postoj ma z-i* his casual attitude infuriates me // **z. sa** be* furious [ˌbi: ˈfjuriəs]; *matka sa z-i na syna* the mother is furious with her son

zlostný (v rozl. význ.) furious [ˈfjuriəs]; *z-á povaha* furious temper; *otec je dnes z.* father is furious today; *z-é klopanie na dvere* a furious knocking at the door

zlozvyk bad habit [ˌbæd ˈhæbət]; *odvyknúť si od z-u* break a bad habit

zloženie structure [ˈstrakčə], composition [ˌkompəˈzišn]; *z. bunky* the structure of the cell; *chemické z. rastlín* the chemical composition of plants

zloženina compound [ˈkompaund] aj lingv.

zloženka postal order [ˈpəustl ˌo:də]

zložiť 1. take* off [ˈteik of], put* down [ˈput daun]; *z. čiapku z hlavy* take off one's cap; *z. slúchadlo* put down the receiver 2. (zbaviť nákladu) unload [anˈləud]; *z. vagón zemiakov* unload a van of potatoes 3. (poskladať) put* together [ˈput təˌgeðə]; *z. hodinky* put a watch together 4. (prehnúť) fold [fəuld]; *z. papier napoly* fold a paper in half 5. (úderom zraziť na zem) knock down [ˈnok daun];

z. súpera knock down a rival **6.** (zostaviť) compose [kəmˈpəuz]; *z. báseň* compose a poem **7.** (vykonať, urobiť) pass [paːs], make* [meik]; *z. skúšku* pass an exam; *z. sľub* make a promise **8.** (zaplatiť) pay in/into [ˈpei intə]; *z-te peniaze na môj účet* pay the money into my bank account **9.** (vzdať sa) resign [riˈzain]; *z. úrad* resign from one's position

zložitý complex [ˈkompleks]; *z. problém* a complex problem

zložka component [kəmˈpəunənt]; *chemické z-ie pôdy* the chemical components of the soil

zlúčenina compound [ˈkompaund]; *organická z.* an organic compound

zlúčiť 1. merge [məːdž]; *z. dve firmy* merge two firms **2.** chem. compound [kəmˈpaund] // **z. sa** merge; unite by fusing [juˈnait bai ˌfjuːzing]; *dve malé banky sa z-li s väčšou* two small banks merged with a larger one

zľutovanie mercy [ˈməːsi]; *nemať z.* show no mercy

zľutovať sa have/take* pity [hæv/teik ˈpiti]; *z-li sa nad starým mužom* they took pity on the old man

zlý 1. (nestatočný) evil [ˈiːvl]; *z. človek* an evil person; *z. úmysel* an evil intention **2.** (neschopný, slabý) bad [bæd], poor [puə]; *z. študent* a bad/poor student; *z. učiteľ* a bad teacher; *nie je najhorší pracovník* he isn't the worst worker **3.** (nekvalitný) bad [bæd], worse [wəːs], worst [wəːst]; *z-á cesta* a bad road; *z-é zuby* bad teeth; *z. film* a bad film **4.** (nepríjemný, nepriaznivý) bad [bæd], ill [il]; *z-é počasie* bad weather; *mať z-ú náladu* be in a bad mood; *urobiť z. dojem* make a bad impression on sb.; *to bola z-á rada* that was an ill advice; *v najhoršom prípade* at (the) worst ● *mať niekomu niečo za z-é* put/lay the blame on sb.; *z-é jazyky* evil tongues; *mať z-é svedomie* have a guilty/bad conscience; *robiť z-ú krv* cause bad blood/ill feeling; *Z-á zelina nevyhynie.* Ill weeds grow apace.

zlyhať fail [feil]; *brzdy z-li* the brakes failed to work

zmariť 1. (skaziť) ruin [ˈruːən]; *z. nádeje/šance* ruin sb.'s hopes/chances **2.** (prekaziť) thwart [θwoːt]; *z. plány* thwart plans

zmárniť 1. (premrhať) squander [ˈskwondə], waste [weist]; *z. peniaze/čas* squander/waste money/time **2.** (zničiť) ruin [ˈruːən]; *povodeň všetko z-la* the flood has ruined everything

zmazať wipe off [ˈwaip of]; *z. kresbu z tabule* wipe off a drawing from the blackboard; *z. záznam* wipe off a record

zmäkčiť soften [ˈsofn] (aj pren.); *z. tvrdú vodu* soften hard water; *pokora mu z-la srdce* humbleness softened his heart

zmäkčovadlo softener [ˈsofnə], softening agent [ˌsofniŋ ˈeidžnt]

zmäknúť soften [ˈsofn]; *maslo na slnku z-lo* the butter softened in the sun; *črty tváre jej z-li* the look on her face softened

zmätený confused [kənˈfjuːzd]; *z-á vrava* a confused babble of voices; *prišiel domov celý z.* he arrived home quite confused

zmätok 1. confusion [kənˈfjuːžn]; *priviesť (koho) do z-ku* confuse sb./throw sb. into confusion; *všade vládol z.* everything was in confusion **2.** (neporiadok) muddle [ˈmadl]; *mať z. v písomnostiach* have one's papers all in a muddle

zmechanizovať mechanize [ˈmekənaiz]; *z. priemyselný proces* mechanize the industrial process

zmena change [čeindž]; *náhla z. počasia* a sudden change in the weather; *vyzeráš unavená, potrebuješ z-u* you look tired, you need a change

zmenáreň exchange-office [ikˈsčeindžˌofəs]

zmenárnik money-changer [ˈmani ˈčeindžə]

zmeniť (v rozl. význ.) change [čeindž]; *z. postoje* change attitudes; *z. zamestnanie* change one's job; *z. peniaze* change money // **z. sa** change [čeindž]; *časy sa z-li* times have changed

zmenka bill (of exchange) [ˌbil (əv iksˈčeindž)]

zmenšenina (fotografie) reduction [riˈdakšn]

zmenšiť reduce [riˈdjuːs], lessen [ˈlesn]; *z. počet chýb* reduce the number of mistakes; *z. šance* lessen the chances

zmerať 1. (odmerať) measure [ˈmežə]; *z. výšku/čas* measure the height/time **2.** (premerať) look sb. up and down [ˈluk ap ənd daun]; *z-la ho nepriateľskými očami* she looked him up and down with hostile eyes **3.** (oceniť) appraise [əˈpreiz]; *z. úsilie* appraise efforts ● *z. si sily* match one's strength with sb.

zmerateľný measurable [ˈmežrəbl]; *z-á vzdialenosť* a measurable distance

zmes mixture [ˈmiksčə]; *z. vody a vína* a mixture of water and wine; *pohonná z.* fuel mixture; *kŕmna z.* concentrated feed (stuff)

Z

zmeškať (v rozl. význ.) miss [mis]; *z. vlak* miss the train; *z. príležitosť* miss an opportunity; *nič nezm-á, keď ta nepôjde* he won't miss anything if he doesn't go there

zmeták sweeper ['swi:pə]

zmiasť confuse [kən'fju:z]; *toľko informácií z-ätie každého* so much information will confuse everybody

zmieniť sa mention ['menšn]; *nikdy sa nez-l o svojom bratovi* he has never mentioned his brother

zmienka mention ['menšn]; *v správe niet o nehode ani z-y* there isn't even a mention of the accident in the report ● *nestojí to (ani) za z-u* it isn't worth mentioning

zmierenie conciliation [kən‚sili'eišn]; *urobiť pokus o z.* make an attempt at conciliation

zmieriť 1. (pomeriť) reconcile ['rekənsail]; *z. otca so synom* reconcile father and son **2.** (upokojiť) appease [ə'pi:z]; *jeho milé slová z-li matku* his gentle words appeased his mother // **z. sa** reconcile to ['rekənsail tə]; *z. sa (s čím)* reconcile oneself to sth.

zmierlivý conciliatory [kən'siliətri]; *z. postoj* a conciliatory attitude

zmierniť alleviate [ə'li:vieit], relieve [ri'li:v]; *z. bolesť* alleviate/relieve pain

zmiesiť mix [miks]; *z. múku s vodou* mix flour and water

zmiešanina mixture ['miksčə]; *z. jazykov* a mixture of languages

zmiešaný mixed [mikst]; *z-á spoločnosť* a mixed company; *z-é pocity* mixed feelings

zmiešať mix [miks]; *z. maslo s cukrom* mix up together butter and sugar // **z. sa** mix [miks], mingle ['miŋgl]; *žiaci sa z-li so zástupom* the pupils mixed/mingled with the crowd

zmietať toss [tos]; *víchor z-a loďou* the ship is tossed about on the stormy sea // **z. sa 1.** squirm [skwə:m]; *ryba sa z-a v rybárovej sieti* the fish is squirming in the fisherman's net **2.** rack [ræk]; *z. sa v pochybnostiach* be racked by doubts

zmija viper ['vaipə]

zmilovanie mercy ['mə:si]; *potrestať zločinca bez z-a* punish the criminal without mercy

zmiznúť (v rozl. význ.) disappear [‚disə'piə]; *slnko z-lo za mrakom* the sun has disappeared behind a cloud; *sneh z-ol z polí* the snow has disappeared from the fields; *večer vždy z-e z domu* he always disappears from the house in the evening ● *z. ako gáfor* vanish into thin air

zmlátiť thrash [θræš]; *dobre z-l syna* he thrashed his son soundly; *z. niekoho ako koňa* thrash the life out of sb.

zmĺknuť cease [si:z]; *spev z-ol* the singing has ceased

zmluva contract ['kontrækt], (medzinárodná) treaty ['tri:ti], agreement [ə'gri:mənt]; *uzavrieť z-u* enter into/make a contract; *podpísať z-u* sign a contract; *spísať z-u* draw up a contract; *mierová z.* piece treaty; *ratifikovať z-u* ratify a treaty *obchodná z.* trade agreement

zmluvný contractual [kən'trækčuəl]; *z-é záväzky* contractual commitments

zmobilizovať mobilize ['məubəlaiz]; *z. armádu* mobilize the army; *z. svoje sily* mobilize one's resources

zmocnenec authorized representative ['o:θəraizd ‚repri'zentətiv], práv. plenipotentiary [‚plenəpə'tenšri]

zmocnenie práv. power of attorney [‚pauə əv ə'tə:ni]

zmocniť práv. empower [im'pauə]; *z. niekoho na istý úkon* empower sb. to do sth.

zmocniť sa 1. (opanovať) seize [si:z]; *z. sa vlády* seize power; *z-la sa ho túžba po odplate* he was seized with a desire for revenge **2.** (zachvátiť) grip [grip]; *z-l sa ho strach* he was gripped with fear; *ľudí sa z-la panika* the people were gripped by panic

zmoknúť get* wet [‚get 'wet]; *z-li do nitky* they got wet through

zmoriť wear* out ['weə aut]; *je celý z-ený* he is completely worn out

zmotať 1. wind* [waind]; *z. vlnu do klbka* wind the wool into a ball **2.** expr. (popliesť) mix up ['miks ap]; *celého ma z-li* they've mixed me up completely // **z. sa 1.** (zauzliť sa) tangle ['tæŋgl]; *vlna sa z-la* the wool has tangled up **2.** expr. (popliesť sa) get* mixed up [‚get 'mikst ap]; *svet je celý z-ný* the world has all got mixed up

zmôcť 1. (zvládnuť) cope [kəup]; *sám toľko práce nez-žeš* you can't cope with all that work alone **2.** (zdolať) cope [kəup], overcome* [‚əuvə'kam]; *z. ťažkosti* cope with/overcome difficulties; *z. nepriateľa* overcome the enemy **3.** (zachvátiť) overcome [‚əuvə'kam]; *z-ohla ho únava* he was overcome by fatigue

zmraštiť wrinkle ['riŋkl]; *z. čelo* wrinkle up one's forehead; *z. obočie* knit one's brows

zmraziť freeze* [fri:z]; *z. mäso/ovocie* freeze meat/fruit; odb. *z. ceny* freeze the prices
zmŕtvychvstanie náb. resurrection [ˌrezəˈrekšn]
zmrzačiť cripple [ˈkripl]; *nehoda ho z-la* the accident crippled him
zmrzlina ice cream [ˌais ˈkriːm]
zmrzlinár ice cream man [ˌaiskriːm ˈmæn]
zmrznúť freeze* [friːz]; *zem úplne z-la* the earth has frozen solid ● *krv mu z-la v žilách* his blood froze
zmysel 1. (v rozl. význ.) sense [sens]; *z. života* the sense of life; *z. pre humor* a sense of humour; *máme päť z-lov* there are five senses; *nebyť pri z-loch* take leave of one's senses **2.** (význam) meaning [ˈmiːniŋ]; *z. slova* the meaning of a word ● *šiesty z.* the sixth sense
zmyselný sensual [ˈsenšuəl]; *z-é pery* sensual lips
zmýšľanie opinion [əˈpinjən]; *politické/náboženské z.* political/religious opinion
zmyť 1. wash off [ˈwoš of], wipe out [ˈwaip aut]; *z. špinu z auta* wash the dirt off the car; pren. *z. hanbu* wipe out a disgrace **2.** (umyť) wash [woš], wipe [waip]; *z. si vlasy* wash one's hair; *z. dlážku* wipe the floor
značiť 1. mark [maːk]; *z. tovar cenovkami* mark goods with price tags **2.** (znamenať) mean* [miːn]; *kvety vo sne z-a radosť* flowers in a dream mean joy; *rodina z-í pre ňu všetko* her family means everything to her **3.** (zapísať) put* down [ˈput daun]; *z. si niečo do kalendára* put sth. down in a diary
značka 1. sign [sain]; *dopravné z-y* traffic/road signs **2.** make* [meik]; *aká z. je to?* (o aute) what make is it?
značkovať (cesty) line [lain], (dobytok) brand [brænd], (bielizeň) mark [maːk]
značný considerable [kənˈsidrəbl]; *z-é množstvo ľudí* a considerable number of people; *z. vplyv* a considerable influence
znak[1] **1.** (črta) characteristic [ˌkærəktəˈristik]; *osobité z-y národa* special characteristics of a nation **2.** (príznak) sign [sain]; *vyrážky sú z-om alergie* skin rash is a sign of an allergy **3.** (signál, znamenie) signal [ˈsignəl]; *svetelný z.* a light signal **4.** (označenie pojmu ap.) sign [sain]; *z. násobenia* the sign of multiplication **5.** (symbol) emblem [ˈembləm]; *štátny z.* the national emblem
znak[2] (spôsob plávania) backstroke [ˈbækstrəuk]

znalec expert [ˈekspəːt], connoisseur [ˌkonəˈsəː]; *súdny z.* expert witness; *z. vína/umenia* a connoisseur of wine/art
znalosť knowledge [ˈnolidž]; *odborné z-ti* specialized knowledge; *z. cudzích jazykov* knowledge of foreign languages; *z. dopravných predpisov* knowledge of the traffic regulations
znamenať mean* [miːn]; *červený signál z-á „stoj!"* the red light means "stop!"; *úspech preňho z-á všetko* success means everything to him
znamenie 1. (signál, znak) sign [sain], signal [ˈsignl]; *výstražné z.* warning sign; *časové z.* pip; *horúčka je z-ím choroby* fever is a sign of disease; *dať z. na odchod* give the signal to leave **2.** (označenie) sign [sain], mark [maːk]; *z. kríža* the sign of the cross; *materské z.* birthmark; *narodil sa v z-í Váh* he was born under the sign of Libra
znamenitý remarkable [riˈmaːkəbl]; *z. človek* a remarkable man
znamienko mark [maːk]; *materské z.* birthmark; lingv. *diakritické z.* punctuation mark
známka 1. (príznak) sign [sain]; *z. choroby* a sign of illness **2.** (cenina) stamp [stæmp]; *poštová z.* a postage stamp **3.** škol. mark [maːk]; *dostať dobrú z-u z matematiky* get a good mark at mathematics **4.** (predmet na označenie niečoho) disc [disk]; *identifikačná z.* identity disc; *z. pre psa* dog licence disc
známkovať mark [maːk]; *z. písomky* mark exam papers
známosť contact [ˈkontækt], acquaintance [əˈkweintəns]; *vplyvné z-ti* the right contacts; *nadviazať z.* make sb.'s acquaintance
známy I. príd. (well)-known [(ˈwel)nəun]; *z. umelec/odborník* a well-known artist/expert; *je (všeobecne) z-e, že...* it's generally known that... **II.** podst. acquaintance [əˈkweintəns]; *je to z., nie blízky priateľ* he's an acquaintance, not a close friend
znásilniť rape [reip]; *z. dievča* rape a girl
znásobiť 1. multiply together [ˈmaltiplai təˌgeðə]; *z. dve čísla* multiply two numbers together **2.** multiply [ˈmaltiplai]; *z-ené úsilie* multiplied efforts // **z. sa** multiply [ˈmaltiplai]; *naše výdavky sa z-li* our spending has multiplied
znášanlivý tolerant [ˈtolərənt]; *z. človek* a tolerant man

Z

znateľný perceptible [pə'septəbl]; *z. rozdiel* a perceptible difference

znázorniť show* [šəu], illustrate ['iləstreit]; *graficky z.* show on a graph; *z. teóriu na príkladoch* illustrate a theory by giving examples

znečistiť pollute [pə'luːt]; *z-ený vzduch* polluted air // **z. sa** be polluted [ˌbiː pə'luːtəd]; *rieku z-li toxickým odpadom* the river has been polluted by toxic waste

znelka 1. lit. sonnet ['sonət]; *Kollárove z-y* Kollár's sonnets **2.** (zvučka) signature tune [ˌsignəčə 'tjuːn]; *rozhlasová z.* signature tune

znelý voiced [voist]; fon. *z-á spoluhláska* a voiced consonant

znemožniť thwart [θwoːt]; *z. nepriateľovi plány* thwart the enemy's scheme; expr. *z-lo ho to spoločensky* it has ruined him socially // **z. sa** disgrace oneself [dis'greis wanˌself]; *z-la sa na verejnosti* she has disgraced herself in the public

znenie wording ['wəːdiŋ]; *presné z. právnej dohody* the exact wording of a legal contract

znepokojený worried ['warid]; *z. pohľad* a worried look/frown

znepokojiť worry ['wari], alarm [ə'laːm]; *správa ich z-la* the news worried them; *vláda je z-ená vzrastom kriminality* the government is alarmed by the increase in crime // **z. sa** worry ['wari]; *z. sa nad chorobou dieťaťa* worry about a child's illness

znepokojivý alarming [ə'laːmiŋ]; *z. vzrast počtu narkomanov* an alarming increase in the number of drug addicts

znepriateliť cause enmity [ˌkoːz 'enmiti]; *z. susedov* cause enmity between neighbours // **z. sa** make* an enemy of sb. [ˌmeik ən 'enəmi əv]; *s každým sa z-l* he has made an enemy of everybody

znepríjemniť make* unpleasant [ˌmeik an'pleznt]; *počasie nám z-lo pobyt pri mori* the weather made our stay at the seaside unpleasant

znervózniеť become* nervous [biˌkam 'nəːvəs]; *po dlhom čakaní z-el* he became nervous after long waiting

znesiteľný bearable ['berəbl]; *bolesť bola ešte z-á* the pain was just bearable

znetvorený disfigured [dis'figəd], deformed [diˈfoːmd]; *z-é údy* disfigured/deformed limbs

znetvoriť disfigure [dis'figə], deform [diˈfoːm]; *popálenina ho z-la* he was disfigured/deformed by burns

zneuctiť disgrace [dis'greis], dishonour [dis'onə]; *z. dobré meno rodiny* disgrace/dishonour one's family

zneužiť abuse [ə'bjuːz]; *z. moc* abuse one's power

znezrady all of a sudden [ˌol əv ə 'sadn]; *z. zhasli svetlá* all of a sudden the lights went out

zničiť destroy [di'stroi], ruin ['ruːən]; *víchor z-l budovu* the building was destroyed by the storm; *z-l si zdravie* he has ruined his health

zniesť 1. (poznášať) collect up [kə'lekt ap]; *z. dobroty na stôl* collect up delicacies on the table **2.** (dopraviť) carry down ['kæri daun]; *raneného horolezca z-li do chaty* they carried the injured mountaineer down in the hut **3.** (o samičkách vtákov) lay* [lei]; *z. vajce* lay an egg **4.** (vydržať) bear* ['beə]; *neviem, či stolička z-esie jeho váhu* I don't know if that chair will bear his weight **5.** (strpieť) stand* [stænd]; *neznesie odpor* he doesn't stand opposition ● *z. zo sveta* eliminate; *z-ol by jej modré z neba* he would do anything to please her // **z. sa 1.** alight [ə'lait], descend [di'send]; *vták sa z-ol na zem* the bird alighted on the ground **2.** fall* [foːl]; *na kraj sa z-ol súmrak* dusk fell on the land **3.** stand* [stænd]; *susedia sa neznesú* the neighbours can't stand each other

znieť (v rozl. význ.) sound [saund]; *fanfáry z-ejú* the trumpets are sounding; *v diaľke z-ie hudba* music is sounding in the distance; *z-ie to pravdivo* it sounds right; *jej hlas z-ie smutno* her voice sounds sad; *štadiónom z-eli výkriky radosti futbalových fanúšikov* shouts of delight from the football fans were heard on the stadium

znivočiť ruin ['ruːən]; *vojna z-la všetko* the war ruined everything

znížiť 1. (v rozl. význ.) lower ['ləuə]; *z. hlas* lower one's voice; *z. hladinu vody* lower the level of the water; *z. životnú úroveň* lower the standard of living **2.** (zmenšiť) reduce [ri'djuːs]; *z. ceny* reduce the prices

znosiť wear* down ['weə daun]; *z. topánky/šaty* wear down shoes/clothes

znova, znovu once again [ˌwans ə'gen]; *z. sa pokúsiť* try once again

znovuzrodenie rebirth [ˌriːˈbəːθ]; *duševné z.* a spiritual rebirth

znovuzrodený reborn [ˌriːˈbɔːn]; *z-é nádeje* reborn hopes; *cítim sa ako z.* I feel like a new man/woman

znudený bored [bɔːd]; *z. výraz tváre* a bored expression on sb.'s face

znútra from within [frəm wiðˈin]; *zreformovať z.* reform from within

zo I. predl. p. z II. čast. (asi) about [əˈbaut]; *dieťa má zo päť rokov* the child is about five

zob (krmivo pre vtáky) birdseed [ˈbəːdsiːd]

zobák 1. beak [biːk] 2. pejor. (ústa) mouth [mauθ]; *zavri z.!* shut your mouth! ● expr. *hovor, ako ti z. narástol* say exactly what comes into your head/talk naturally

zobať 1. pick [pik]; *z. zrno* pick corn/seed 2. (ďobať) peck [pek]; *kvočka ho z-la do ruky* the brooding hen pecked his hand

zobliecť take* off [ˈteik of]; *z. si kabát* take off one's coat

zobrať 1. (v rozl. význ.) take* [teik]; *z. tabletku* take a pill; *ktosi mu z-l hodinky* someone's taken his watch; *on to z-l vážne* he took it seriously 2. (pozberať z povrchu) bring* in [ˈbriŋ in], skim off [ˈskim of], collect [kəˈlekt]; *z. úrodu* bring in the crop; *z. smotanu z mlieka* skim off the cream from the milk; *z. riad zo stola* collect the dishes 3. (sústredit') collect [kəˈlekt]; *z-né spisy autora* the collected works of an author ● *z. si do hlavy (čo)* take sth. into one's head; *z-l si mi to z úst* you've taken the words out of my mouth; *z. si k srdcu (čo)* take (something) to heart; *z. na ľahkú váhu (čo)* take sth. lightly; expr. *nech to čert z-erie* damn/blast it // **z. sa** 1. get* ready [get ˈredi]; *z-l sa a odišiel* he got ready and left 2. (o dvojici) get* married [ˌget ˈmærid]; *z-erú sa v lete* they're getting married in summer

zobraziť picture [ˈpikčə], depict [diˈpikt]; *z. krajinu* picture a landscape; *z-l otca ako nepríjemného človeka* he depicted his father as a rather unpleasant character

zobudiť 1. wake* [weik]; *je ťažko z. ho* it's difficult to wake him 2. (prebudiť) awaken* [əˈweikən]; *z. záujem* awaken interest // **z. sa** 1. wake* up [ˈweik ap]; *z-la sa o šiestej* she woke up at six 2. be aroused [ˌbi: əˈrauzd]; *z-lo sa v ňom podozrenie* his suspicion was aroused

zobuť take* off [ˈteik of]; *z-l si topánky* he took off his shoes

zočiť glimpse [glimps]; *z-l ju v dave* he glimpsed her in the crowd

zoči-voči face-to-face [ˌfeis tə ˈfeis]; *povedali si všetko z.-v.* it was a face to face talk; *stáť z. súperovi* stand face to face with one's enemy

zodpovedajúci corresponding [ˌkorəˈspondiŋ]; *dostať z-e miesto* gain a corresponding position

zodpovedať¹ 1. (niesť zodpovednosť) be* responsible [ˌbi: riˈsponsəbl]; *kto z-á za ten neporiadok?* who's responsible for that mess? 2. (súhlasiť) square [skweə]; *výpoveď nez-á pravde* the statement doesn't square with the facts 3. (byť primeraný) correspond [ˌkorəˈspond]; *postavenie z-á jeho schopnostiam* the position corresponds to his abilities // **z. sa** answer [ˈaːnsə]; *z. sa pre súdom/Bohom* have to answer to the courts/to God

zodpovedať² 1. (dať odpoveď) answer [ˈaːnsə]; *z. otázku* answer a question 2. (hodiť sa) suit [suːt]; *vyber si miesto, ktoré ti najlepšie z-ie* choose a place that suits you best 3. (obhájiť) square [skweə]; *z. si niečo pred vlastným svedomím* square sth. with one's own conscience

zodpovedný (v rozl. význ.) responsible [riˈsponsəbl]; *byť z. za bezpečnosť cestujúcich* be responsible for the safety of the passengers; *je to z. človek* he's a responsible man; *má z-é postavenie* she holds a very responsible position

zodrať 1. wear* out [ˈweə aut], wear* down [ˈweə daun]; *z. topánky* wear out shoes; *z. opätky* wear shoes down at the heels 2. (odrať) skin [skin]; *z. kožu z medveďa* skin a bear ● expr. *môže si z. ruky od roboty* he can work his fingers to the bone; *z. si nohy po členky/po kolená* walk one's legs off

z(o)dvihnúť 1. lift [lift]; *z. tašku* lift a bag; *z. oči* lift one's eyes 2. (dvihnúť) pick up [ˈpik ap]; *z. jablko zo zeme* pick up an apple from the ground 3. (spôsobiť zvýšenie) raise [reiz]; *z. ceny* raise the prices ● *z. ruku* (na koho) raise one's hand against sb.; *z. hlas proti* (komu/čomu) raise one's voice in protest

zohaviť disfigure [disˈfigə], maim [meim]; *z-ená tvár* a disfigured/maimed face

zohnúť bend* [bend]; *z. hlavu* bend one's head ● expr. *z. šiju pred kým* submit to sb. // **z. sa** bend* down [ˈbend daun]; *z-ol sa po kameň* he bent down to pick up a stone

Z

zohrať play [plei]; *z. futbalový zápas* play a football match; *z. dôležitú úlohu* play an important role

zohriať 1. heat [hi:t]; *z. mlieko* heat (up) some milk 2. warm [wo:m]; *z. si ruky nad ohňom* warm one's hands over a fire

zomliesť grind* [graind]; *čerstvo z-etá káva* freshly-ground coffee

zomrieť 1. die [dai]; *z-el mladý* he died young; *z-el hrdinskou smrťou* he died a hero's death 2. (kniž.), (práv.) decease [di'si:s], (euf.) pass away/on ['pa: ə‚wei/on] ● expr. *z. od hladu/od smädu* die of starvation/thirst

zóna zone [zəun]; *pohraničná z.* border/frontier zone; *vojenská z.* military zone

zoo zoo [zu:]

zoológia zoology [zu:'olədži]

zopakovať (v rozl. význ.) repeat [ri'pi:t]; *z. otázku* repeat a question; *z. pokus* repeat an experiment; *z. triedu* repeat a course/a year in school

zopnúť 1. pin together ['pin tə‚geðə]; *z. látku špendlíkom* pin cloth together; *z. si vlasy sponkou* fasten one's hair with a hair slide 2. clasp [kla:sp]; *z. ruky (k modlitbe)* clasp hands (in prayer)

zorať plough [plau]; *z. polia* plough the fields

zorganizovať organize ['o:gənaiz]; *dobre z-ná práca* well-organized work

zornička 1. (hviezda) morning star [‚mo:niŋ 'sta:] 2. (zrenica) pupil ['pju:pl]

zosadiť 1. (zložiť, dať dolu) lift down ['lift daun]; *z. dieťa z bicykla* lift a child down from a bike 2. (zbaviť funkcie) depose [di'pəuz]; *z. prezidenta* depose the president

zosadnúť 1. (zísť, zostúpiť) dismount [dis'maunt]; *z. z koňa/bicykla* dismount from a horse/a bicycle 2. (pristáť) touch down ['tač daun]; *lietadlo z-lo* the aircraft/plane touched down

zoschnúť shrivel ['šrivl]; *tráva z-la v horúčave* the dry heat shrivelled up the grass; expr. *z-utá starenka* a shrivelled old woman

zosilnieť strengthen ['streŋθn]; *vietor z-el cez noc* the wind strengthened during the night

zoskočiť jump off ['džamp of]; *chlapec z-l zo stromu* the boy jumped off the tree

zoskok (padákom) a parachute jump [ə 'pærəšu:t ‚džamp]

zoskupiť group [gru:p]; *z. zvieratá* group animals // **z. sa** group [gru:p]; *deti sa z-li oko-*
lo učiteľa the children grouped round their teacher

zoslabiť weaken ['wi:kən], lessen ['lesn]; *z-ené oči* weakened eyes; *z. účinnosť* lessen the effect

zoslabnúť weaken ['wi:kən]; *z. po chorobe* weaken after an illness

zosmiešniť make* a fool of sb. [‚meik ə 'fu:l əv]; *z-la ho pred dievčatami* she made a fool of him in front of the girls // **z. sa** make* a fool of oneself [meik ə fu:l əv wan'self]; *z-l sa pred priateľmi* he made a fool of himself in front of friends

zosmutnieť sadden ['sædn]; *z. po zlej správe* sadden at the bad news

zosnulý I. príd. late [leit]; *môj z. manžel* my late husband II. podst. deceased [di'si:st]; *z. bol mojím priateľom* the deceased was a friend of mine

zosobášiť marry ['mæri]; *biskup z-l mladý pár* the bishop married the young couple // **z. sa** get* married [‚get 'mærid]; *civilne/cirkevne sa z.* have a registry office wedding/get married in church

zosobnený personified [pə'sonəfaid]; *je z-á trpezlivosť* she's patience personified

zostať stay [stei], remain [ri'mein]; *z. doma* stay at home; *z. slobodný* remain single ● expr. *z. na ocot* be left on the shelf/miss the marriage boat; *nech to z-ne medzi nami* that's just between ourselves

zostatok rest [rest]; *z. materiálu* the rest of the material

zostava 1. (farieb) combination [‚kombə'neišn] 2. šport. (mužstva) line-up ['lainap]

zostreliť shoot* down ['šu:t daun]; *z. lietadlo* shoot down an aircraft

zostrihať cut* [kat]; *z. film* cut a film/edit a film; *z. živý plot* cut the hedge ['hedž]

zostrihnúť 1. cut* [kat]; *z. vlasy* cut sb.'s hair 2. (vystrihnúť) cut* out ['kat aut]; *z. šaty* cut out a dress

zostrojiť construct [kən'strakt]; *z. prototyp* construct a prototype; odb. *z. štvorec* construct a square

zostup 1. descent [di'sent]; *z. z hory trval dve hodiny* the descent of the mountain took two hours 2. (pokles) decline [di'klain]; *z. formy (športovca)* the decline in condition

zostúpiť descend [di'send], alight [ə'lait]; *z. po schodoch* descend the stairs; *z. z vlaku* alight from the train

zosun (pôdy) landslide [ˈlændslaid]

zošaliet' (sa) go* mad [ˌgəu ˈmæd]; *skoro z-ela od žiaľu* she nearly went mad with grief ● expr. *to je na z-enie* that's enough to drive you round the bend

zošedivieť turn/go* grey [ˌtəːn/ˌgəu ˈgrei]; *vlasy jej z-eli* her hair turned grey

zošit copybook [ˈkopibuk]; *školský z.* exercise book

zošiť stitch together [ˈstič təˌgeðə] lek. suture [ˈsuːčə]; *z. rukáv* stitch a sleeve together; *z. ranu* suture a wound

zoškrabať scrape [skreip], scratch off [ˈskræč of]; *z. blato z topánok* scrape the mud from the boots; *z. lak* scratch the lacquer off

zošliapať 1. (veľmi pošliapať) tread* [tred]; *z. kvety* tread on flowers 2. (zodrať) wear* down [weə daun]; *z. podpätky* wear the heels down

zošliapnuť press down [ˈpres daun]; *z. rýchlostný pedál* press the accelerator pedal down

zošmyknúť sa slide* [slaid]; *z. sa dolu svahom* slide down the slope

zošnurovať lace up [ˈleis up]; *z-uj si topánky!* lace up your shoes; *z. životik* lace up a bodice/corset

zošpúliť purse [pəːs]; *z-la pery* she pursed (up) her lips

zoštátniť nationalize [ˈnæšnəlaiz]; *z. oceliarsky priemysel* nationalize the steel industry

zoťať 1. (odťať) cut* off [ˈkat of]; *z. vrcholec stromu* cut off the top of a tree 2. (vyrúbať) hew* [hjuː]; *z. strom* hew down a tree

zotaviť sa recover [riˈkavə]; *z. sa po chorobe* recover from an illness

zotavovňa holiday home [ˌholədi ˈhəum], (sanatórium) convalescent home [ˌkonvəˈlesnt ˌhəum]

zotmieť sa get* dark [ˌget ˈdaːk]; neos. *celkom sa z-elo* it's got quite dark

zotrieť (v rozl. význ.) wipe (out) [ˈwaip (aut)]; *z. tabuľu* wipe the blackboard clean; *z. si pot z čela* wipe the sweat from one's brow; *z. nahrávku z pásky* wipe out the recording on a tape; *z. hanbu* wipe out disgrace

zotročiť enslave [inˈsleiv]; *z. celý národ* enslave a whole nation; *z-ená žena* an enslaved woman

zotrvačník flywheel [ˈflaiwiːl]

zotrvať persist [pəˈsist]; *z. v hádkach*

persist in quarrels; *z. na svojom stanovisku* persist in one's attitude

zovňajšok appearance [əˈpirəns]; *príjemný z.* a pleasant appearance ● *súdiť podľa z-ku* judge by appearances

zovrieť[1] (dosiahnuť var) boil [boil]; *čaká, kým z-e voda* she's waiting for the water to boil

zovrieť[2] 1. (stisnúť) clench [klenč]; *pes z-el kosť zubami* the dog clenched the bone between its teeth 2. (obopnúť) clasp [klaːsp]; *z. (koho) do náručia* clasp sb. in one's arms 3. (naplniť tiesnivým pocitom) grip [grip]; *strach mu z-el srdce* fear gripped his heart

zovšade, zovšadiaľ from everywhere [frəm ˈevriweə]; *z. viditeľný* to be seen from everywhere

zovšeobecniť generalize [ˈdženrəlaiz]; *z. skúsenosti* generalize experiences; *z. závery* generalize conclusions

zozadu from behind [frəm biˈhaind]; *úder prišiel z.* the blow came from behind

zozbierať collect [kəˈlekt]; *z. peniaze* collect money; *z. (si) myšlienky* collect one's thoughts; *z. všetky sily* build up all one's strength

zoznam list [list]; *abecedný z.* an alphabetical list; *telefónny z.* telephone directory; *z. žiakov* roll; *prečítať z. žiakov* call the roll

zoznámiť 1. introduce [ˌintrəˈdjuːs]; *z-l priateľa s kolegami* he introduced a friend to his colleagues 2. (oboznámiť) acquaint with [əˈkweint wið]; *z-l ich s faktami* he acquainted them with the facts // **z. sa** 1. introduce oneself [ˌintrəˈdjuːs wanˈself]; *z. sa s účastníkmi konferencie* introduce oneself to the participants of the conference; *už sme sa z-li* we already know each other/ we have already met 2. (oboznámiť sa) familiarize/ acquaint oneself with [fəˈmiliəraiz/ əˈkweint wanˌself wið]; *z. sa s problémom* familiarize/acquaint oneself with the problem

zožltnúť turn yellow [ˌtəːn ˈjeləu]; *lístie z-lo* the leaves have turned yellow

zožrať (v rozl. význ.) eat* [iːt]; *mačka z-la myš* the cat has eaten the mouse; *kov je z-tý hrdzou* rust has eaten through the metal; expr. *idú sa z. od nenávisti* they're eaten up with hatred

zracionalizovať rationalize [ˈræšnəlaiz]; *z. výrobný proces* rationalize the process of production

Z

zračiť sa show* [šəu]; *na tvári sa jej z-í radosť* joy shows in her face

zrada treason ['tri:zən], treachery ['trečri], (zásad, dôvery) betrayal [bi'treiəl]; *dopustiť sa z-y* commit treason; *vlastiz.* high treason; *z. princípov* a betrayal of principles

zradca traitor ['treitə]

zradiť betray [bi'trei]; *z-l priateľov* he betrayed his friends; *z. plány nepriateľom* betray plans to the enemy

zradný treacherous ['trečərəs]; *z. čin* a treacherous act; *z-é počasie/prúdy* treacherous weather/currents

zrak 1. eyesight ['aisait]; *stratila z.* she has lost her eyesight; *stráca z.* his eyesight is failing **2.** mn. č. *z-y* kniž. eyes; *nespúšťať z. (z koho/čoho)* never take one's eyes off sb./sth.; *pred z-mi verejnosti* in the eyes of the public

zrakový visual ['vižuəl], optical ['optikl]; *z. vnem* visual perception; *z. klam* optical illusion; *z. orgán* the organ of sight

zranenie injury ['indžəri]; *utrpieť vážne z-a* receive/sustain serious injuries

zraniť injure ['indžə], (strelnou al. bodnou zbraňou) wound [wu:nd]; *pri nehode bola ťažko z-ená* she was badly injured in the accident; pren. *z-ená pýcha* wounded pride

zraniteľný vulnerable ['valnrəbl]; *mladé z-é dievča* a young vulnerable girl

zrátať add up ['æd ap], count [kaunt]; *z-j tieto čísla* add up these figures; *z. cestujúcich* count the passengers ● *môcť si z. na prstoch* stick out a mile (to anybody); *jeho dni sú z-né* his days are numbered

zraz meeting ['mi:tiŋ]; *turistický z.* a tourist meeting

zráz precipice ['presəpəs]; *zľadovatený z.* an icy precipice

zrazenina clot [klot]; *krvná z.* a blood clot

zraziť 1. (v rozl. význ.) knock down ['nok daun]; *z-lo ho auto* he was knocked down by a car; *z. jablko zo stromu* knock an apple down from a tree; *z. ceny* knock down the prices **2.** (prudko spojiť) click [klik]; *z. opätky* click one's heels together **3.** (odrátať) knock off ['nok of]; *z. 10 percent z ceny* knock 10 per cent off the price **4.** (spôsobiť zmenu skupenstva) condense [kən'dens]; *z-ená para* condensed steam // **z. sa 1.** crash [kræš]; *dve autá sa z-li* two cars crashed **2.** (zbehnúť sa) shrink* [šriŋk]; *košeľa sa z-i v horúcej vode* hot water will shrink the shirt **3.** (zmeniť konzistenciu) condense [kən'dens]; *vodné pary sa z-ia* water vapour will condense

zrazu suddenly ['sadnli]; *z. začalo pršať* it suddenly started raining

zrážka 1. collision [kə'ližn]; *z. vlakov* a railway collision; *čelná z. dvoch áut* a head-on collision between two cars **2.** (konflikt) conflict ['konflikt]; *ozbrojená z.* an armed conflict **3.** (prudká výmena názorov) clash [klæš]; *z. názorov/záujmov* a clash of opinions/interests **4.** (zrazená suma) deduction [di'dakšn]; *z. z platu* deduction from pay **5.** *iba* mn. č. *z-y* meteor. precipitation [prə,sipə'teišn]; *ročné z-y v Tatrách* the annual precipitation in the Tatras; *silné z-y* heavy precipitation

zredigovať edit ['edət]; *z. text rukopisu* edit a manuscript

zrednúť become* thin [bi,kam 'θin]; *vlasy jej z-li* her hair has become thin

zredukovať reduce [ri'dju:s]; *z. počet členov* reduce the number of members

zreformovať reform [ri'fo:m]; *z. školstvo* reform the school system

zrejmý obvious ['obviəs]; *z-é nevýhody* obvious disadvantages; *z-á chyba* an obvious blunder

zrekonštruovať reconstruct [,ri:kən'strakt]; *z. budovu* reconstruct a building

zrelý 1. ripe [raip]; *z-é ovocie* ripe fruit **2.** (vyspelý) mature [mə'čuə]; *je veľmi z-á na svoj vek* she is very mature for her age; *po z-om uvážení* on mature reflection

zrenica pupil ['pju:pl]

zreteľ 1. (ohľad) regard [ri'ga:d]; *klásť z. na potreby obyvateľstva* have regard with the needs of the inhabitants **2.** obyč. mn. č. *z-le* (hľadisko) consideration [kən,sidə'reišn]; *politické/ekonomické z-le* political/economic considerations; *brať z. na niečo* take into consideration

zreteľný clear [kliə], plain [plein], distinct [di'stiŋkt]; *z-é stopy* clear/clearly visible tracks; *z-á odpoveď* a plain answer; *mať z-ú predstavu* have a clear-cut plan; *z-á výslovnosť* a distinct pronunciation

zrevať scream out ['skri:m aut]; *z. od bolesti* scream out in pain

zrezať 1. cut* off ['kat of]; *z. konáre stromu* cut off the branches of a tree; *z. koniec cigary* cut off the end of a cigar **2.** hovor. expr. (zmlátiť) thrash [θræš]; *z. psa* thrash a dog

zriadenie system ['sistəm]; *hospodárske/sociálne z.* the economic/social system
zriadiť 1. (urobiť) build* [bild]; *z. detské ihrisko* build a children's playground **2.** (založiť) found [faund], establish [i'stæbliš]; *z. školu/univerzitu* found/establish a school/a university
zriecť sa, zrieknuť sa resign [ri'zain], renounce [ri'nauns]; *z-kol sa vedúceho postavenia* he resigned the leadership; *z-kol sa majetku* he renounced his claim to the property
zriediť dilute [dai'lju:t]; *z. pomarančovú šťavu vodou* dilute orange juice with water // **z. sa** become* thin [biˌkam 'θin]; *vzduch sa z-l* the air has become thin
zriedka seldom ['seldəm], rarely ['reəli]; *veľmi z. raňajkuje* he eats breakfast very seldom; *z. chodí na prechádzku* she rarely goes for a walk
zriedkavý rare [reə]; *z. hosť* a rare guest
zrieť ripen ['raipn], mature [mə'čuə]; *ovocie z-eje na slnku* fruit ripens in the sun; *víno z-eje niekoľko rokov* wine takes years to mature
zrkadliť mirror ['mirə]; *tichá hladina jazera z-í stráň* the still water of the lake mirrors the hillside // **z. sa** reflect [ri'flekt]; *hnev sa mu z-í na tvári* his face reflects his anger
zrkadlo (v rozl. význ.) mirror ['mirə]; *benátske z.* a Venetian mirror; motor. *spätné z.* a rear-view mirror; *z. verejnej mienky* the mirror of public opinion ● *nastaviť z.* (komu) hold up a mirror to sb.
zrnko grain [grein]; *z. soli/piesku* a grain of salt/sand; *z. pravdy* a grain of truth
zrno 1. grain [grein], seed [si:d]; *pšeničné z.* a grain of wheat; *siať z.* sow the seeds of corn **2.** (malé množstvo) grain [grein]; *z. pravdy* a grain of truth
zrolovať roll up ['rəul ap]; *z. papier/koberec* roll up paper/a carpet
zronený depressed [di'prest]; *z. pohľad/ človek* a depressed look/man
zrovnať 1. (urovnať) make* even [meik 'i:vn]; *z. zem* make the ground even **2.** (usporiadať) order ['o:də]; *z. si myšlienky v hlave* order one's thoughts ● *z. (niečo) so zemou* level/raze sth. to the ground
zrovnoprávniť grant equal rights [ˌgra:nt ˌi:kwəl 'raits], grant equality [i'kwoləti]; *z-enie žien* equality of women

zrozumiteľný intelligible [in'telədžəbl]; *sotva z.* barely intelligible; *z-á správa* an intelligible report
zröntgenovať x-ray ['eksrei]; *z-li jej nohu* they x-rayed her leg
zrúcanina ruin(s) ['ru:ən(z)]; *z. hradu* the ruins of a castle
zrúcať demolish [di'moliš], pull down ['pul daun], tear* down ['teə daun]; *z. staré domy* demolish/pull down/tear down old houses; pren. *z. starý poriadok* wreck/ruin the old system
zručný skilled [skild]; *z. robotník* a skilled worker
zruinovať 1. (obrátiť na ruiny) destroy [di'stroi]; *vojsko z-lo hrad* the soldiers destroyed the castle **2.** (priviesť na mizinu) ruin ['ru:ən]; *finančne z. konkurenciu* ruin one's rivals financially
zrušiť 1. (odvolať) cancel ['kænsl]; *z. pozvanie/zápas* cancel an invitation/a match **2.** (zlikvidovať) abolish [ə'boliš]; *z. otroctvo* abolish slavery; *z. štátne dôchodky* abolish state pensions
zrútiť 1. (zhodiť dole) push down ['puš daun]; *z. kláty do údolia* push logs down in the valley **2.** (zbúrať) pull down ['pul daun]; *z. dom/stenu* pull down a house/a wall // **z. sa 1.** (prudko padnúť) crash [kræš]; *lietadlo sa z-lo krátko po štarte* the plane crashed shortly after takeoff **2.** (utrpieť náhle zhoršenie telesného alebo duševného stavu) break* down ['breik daun]; *z. sa od žiaľu* break down with grief ● *preto sa svet nez-i* it isn't the end of the world
zrýchlenie acceleration [əkˌselə'reišn]; *auto s dobrým z-ím* a car with a good acceleration
zrýchliť 1. (urobiť rýchlejším) quicken ['kwikən], speed up ['spi:d ap]; *z. krok* quicken one's pace; *z. chod stroja* speed up an engine; *z. tempo vývoja* quicken the pace of development **2.** (zvýšiť rýchlosť) accelerate [ək'seləreit]; *auto náhle z-lo* the car suddenly accelerated // **z. sa** quicken ['kwikən]; *pulz sa mu z-l* his pulse has quickened
zub tooth [tu:θ]; *zdravé z-y* healthy teeth; *trhať z.* pull a tooth; *škrípať z-ami* grind one's teeth; *zaťať z-y* clench one's teeth; *z-y píly/hrebeňa* the teeth of a saw/a comb ● expr. *držať jazyk za z-ami* hold one's tongue; *pozrieť sa (komu) na z-y* sound sb. out; bibl. *oko za oko, z. za z.* an eye for an eye and a tooth

for a tooth; *z-ami-nechtami sa brániť/držať ap.* defend sth. tooth and nail; *po z-y ozbrojený* armed to the teeth; *Darovanému koňovi nehľaď na z-y.* Don't look a gift horse in the mouth.

zubačka rack-railway ['ræk 'reilwei], AM rack-railroad

zubár hovor. dentist ['dentəst]

zubatý 1. toothed [tu:θt]; *z-é koleso* a toothed wheel/a cog-wheel 2. jagged ['džægəd]; *z-é skaly* jagged rocks

zubiť sa expr. grin [grin]; *natešený sa z-l* he grinned with pleasure

zubor bison ['baisn]

zúčastniť sa take* part (in) [‚teik 'pa:t (in)], participate (in) [pa:'tisəpeit (in)]; *z. sa na konferencii* take part in a conference; *z. sa na diskusii* participate in a discussion

zúčtovať 1. settle ['setl]; *z. pohľadávky* settle claims 2. (skoncovať) break* [breik]; *z. s minulosťou* break with the past; *z. so životom* finish with life

zúfalý 1. full of despair [‚ful əv di'speə]; *z-í rodičia* parents full of despair 2. (beznádejný) desperate ['desprət], desolate ['desələt]; *z-á situácia* a desperate situation

zúfať despair [di'speə]; *nez-j!* don't despair! ● *to je na z-nie* it drives you to despair

zunovaný bored [bo:d]; *z-á tvár* a bored expression on sb.'s face; *z cesty sa vrátil z.* he returned bored from the journey

zunovať, zunovať sa be* tired [‚bi: 'taiəd], get* tired [‚get 'taiəd]; *život ho z-l/život sa mu z-l* he was tired of his life; *z-la sa mu práca* he got tired of his work

zurčať purl [pə:l]; *z-iaca voda* purling water

zúriť rage [reidž]; *pes z-i* the dog is raging; *z-la víchrica* the storm was raging

zúrivý 1. (nepríčetný) furious ['fjuriəs], fierce [fiəs]; *z. pohľad* a furious glance; *z. pes* a fierce dog 2. (prudký, vášnivý) bitter ['bitə]; *z. boj* a bitter fight; *z-í nepriatelia* bitter enemies

zúrodniť fertilize ['fə:təlaiz], reclaim [ri'kleim]; *z. pôdu/zem* fertilize the soil; *z. púšť* reclaim waste land

zutekať run* away ['ran ə‚wei]; *z-l od ťažkej roboty* he ran away from hard work

zútulniť make* cosy [‚meik 'kəuzi]; *z. dom* make a house cosy

zúžiť (v rozl. význ.) narrow ['nærəu], take* in

['teik in]; *z. chodník* narrow a path; *z. šaty v páse* take in a dress round the waist; *z. obzor* narrow the horizon // **z. sa** (become*) narrow [(bi‚kam) 'nærəu]; *cesta sa zrazu z-la* the passageway narrowed suddenly/became suddenly narrow

zužitkovať utilize ['ju:təlaiz], use up ['ju:z ap]; *z. naučené* utilize what one has learnt; *z. zvyšky jedla* use up leftovers

zvábiť lure [luə], entice [in'tais]; *more ho z-lo* the sea has lured him; *z. dievča sľubmi* entice a girl with promises

zvada brawl [bro:l]; *dostať sa do z-y* get into a brawl

zvalcovať roll [rəul]; *z. cestu/trávnik* roll a road/a lawn

zvaliť 1. (zrúcať) knock down ['nok daun]; *z. dom/múr* knock a house/a wall down 2. (zraziť) throw* down ['θrəu daun]; *z. súpera* throw a rival down 3. (presunúť na iného) shift [šift]; *z. vinu/zodpovednosť na druhého* shift the blame/the responsibility on sb. else // **z. sa** 1. (spadnúť) tumble down ['tambl daun]; *dom sa z-l* the house has tumbled down 2. (bezvládne padnúť) collapse [kə'læps]; *z. sa od hladu* collapse with hunger 3. (celou váhou sa položiť) throw* oneself down ['θrəu wan‚self daun]; *z-l sa na posteľ* he threw himself down on the bed

zvápenatieť calcify ['kælsəfai]

zvárač welder ['weldə]

zvariť 1. boil [boil]; *z. vodu* boil water 2. odb. weld together ['weld tə‚geðə]; *z. koľajnice* weld rails together

zvážiť 1. (v rozl. význ.) weigh [wei]; *z. tovar* weigh the goods; *z. možnosti* weigh the possibilities 2. (nakloniť) tilt [tilt]; *posunutý náklad z-l bok lode* the load shifted and the boat tilted sideways

zvážnieť grow* serious [‚grəu 'siəriəs]; *chlapec rokmi z-el* the boy grew serious with age

zväčša mostly ['məustli]; *z. zostal doma sám* he mostly stayed home on his own

zväčšenina enlargement [in'la:džmənt], blow-up ['bləu ap]; *z. fotografie* an enlargement of a photograph; *z. tváre dieťaťa* a blow-up of a child's face

zväčšiť enlarge [in'la:dž], magnify ['mægnəfai]; *z. fotografiu* enlarge a photograph; *z. dom* enlarge a house; *z. bunky (mikroskopom)* magnify cells

zväčšovací: *z-ie sklo* magnifying glass
zvädnúť wilt [wilt]; *kvety z-li* the flowers have wilted
zväz union [ˈjuːnjən], association [əˌsəusiˈeišn]; *z. študentov* a students' union; *futbalový z.* a football association
zväzok 1. bunch [banč]; *z. kľúčov* a bunch of keys **2.** (exemplár knihy) volume [ˈvoljuːm]; *z-ky encyklopédie* volumes of an encyclopedia **3.** (puto) relationship [riˈleišnšip]; *rodinné z-ky* family relationship
zväzový federal [ˈfedrəl]; *z-á republika* a federal republic
zvečniť immortalize [iˈmoːtəlaiz]; *z. v románe* immortalize in a novel
zvedavý curious [ˈkjuriəs], (všetečný) inquisitive [inˈkwizətiv]; *z-é deti* curious children; *byť z. na niečo* be curious about sth./wonder; *nebuď taký z.!* don't be so inquisitive! ● expr. *z. ako stará baba* a nosy parker
zvedieť learn* [ləːn]; *z. pravdu* learn the truth
zveľadiť improve [imˈpruːv]; *z. život* improve life; *z. majetok* improve one's property
zveličiť exaggerate [igˈzædžəreit]; *z-ené požiadavky* exaggerated demands
zveličovať exaggerate [igˈzædžəreit]; *rád z-uje* he likes to exaggerate
zver[1] (voľne v prírode žijúce zvieratá) game [geim]; *chrániť/kŕmiť z.* protect/feed game
zver[2] (väčšie dravé zviera) predator [ˈpredətə], beast of prey [biːst əv prei] pren. pejor. brute [bruːt]; *to nie je človek, to je z.* that isn't a human being, that's a brute
zverák vice [vais] ● *chytiť ako do z-a* hold sth. in a vice-like grip
zverejniť publish [ˈpabliš]; *z. výsledky výskumu* publish the results of the research
zverina (lovná zver) game [geim]
zverinec menagerie [məˈnædžəri]; *cirkusový z.* a circus menagerie
zveriť 1. entrust [inˈtrast]; *z. dieťa do opatery starým rodičom* entrust a child to his grandparents' care; *z. niekomu dôležitú úlohu* entrust sb. with an important task **2.** (dôverne prezradiť) confide [kənˈfaid]; *z-l mi svoje tajomstvo* he's confided his secret to me
zverokruh zodiac [ˈzəudiæk]; *znamenie z-u* the sign of the zodiac; *v ktorom znamení z-u si sa narodil?* which sign of the zodiac were you born under?

zverolekár veterinary surgeon [ˌvetrənri ˈsəːdžn], vet [vet], AM veterinarian [ˌvetrəˈnæriən]
zverský brutal [ˈbruːtl]; *z. zločin* a brutal crime; *z-á nenávisť* brutal hatred
zvesela merrily [ˈmerili], cheerfully [ˈčiəfli]; *z. si zaspievať* sing cheerfully/merrily
zvesiť 1. take* down [ˈteik daun]; *z. obraz zo steny* take a picture down from the wall **2.** (povesiť) hang* [hæŋ]; *kvety z-li hlávky* the flowers hung their heads ● *z. hlavu* be downcast/crestfallen
zvesť news [njuːz]; *dozvedieť sa radostnú/smutnú z.* hear good/bad news
zvestovať announce [əˈnauns]; *z. novinu* announce a piece of news; *kvety z-ujú jar* the flowers announce that spring is here; cirk. *z. evanjelium* preach the gospel
zviazanosť bond [bond]; *citová z. dvoch ľudí* the bonds of affection between two people
zviazať 1. (v rozl. význ.) tie [tai], bind* [baind]; *z. konce špagáta* tie the ends of a string together; *z. veci do uzlíka* tie up a few things into a bundle; *z. balík* tie up a parcel; *lúpežníci ho z-li* the robbers tied him up; *spoločné záujmy ich z-li* common interests have bound them together **2.** (urobiť väzbu) bind* [baind]; *dať si knihu z.* have a book bound ● *má z-né ruky* his hands are tied
zviera animal [ˈænəml]; *domáce z.* a domestic animal; *pokusné z.* a laboratory animal; *úžitkové z-tá* livestock; *kŕmiť z.* feed an animal ● expr. *zrevať ako ranené z.* (od bolesti) scream with pain; *veľké z.* a big shot
zvierací[1] (v rozl. význ.) animal [ˈænəml]; *z-ia koža* hide; *z-ie stopy* animal's tracks; *z-ie pudy* animal desires
zvierací[2]: *z-ia kazajka* a straitjacket
zvieratník zodiac [ˈzəudiæk]; *znamenia z-a* the signs of the zodiac
zviesť 1. (zhora dolu) lead* down [ˈliːd daun]; *z. starčeka dolu schodmi* lead an old man down the stairs **2.** (zblížiť) bring* together [ˈbriŋ təˌgeðə]; *záujem o hudbu ich z-dol dohromady* their interest in music brought them together **3.** (nahovoriť na zlé) tempt [tempt]; *z. (koho) na krádež* tempt sb. into stealing **4.** (dievča) seduce [siˈdjuːs]; *z. mladé dievča* seduce a young girl **5.** (zvaliť vinu na niekoho) shift [šift]; *vinu z-ol na brata* he shifted

Z

the blame onto his brother ● *kniž. z. boj/bitku/zápas* have it out with sb.

zvinúť wind* [waind]; *z. vlnu do klbka* wind wool into a ball; *z. plachtu/zástavu* furl a sail/a flag; *z. lano/hadicu* coil up a rope/a hose

zvíriť 1. (rozvíriť) whirl up ['wə:l ap]; *z. prach* whirl up dust (into the air) 2. (podnietiť) stir [stə:]; *z. záujem/debatu* stir the interest/the dispute 3. (rozvášniť) stir up ['stə: ap]; *z. vášne/nenávisť* stir up passion/hatred

zvislý vertical ['və:tikl]; *z-á čiara* a vertical line; *z-á os* the vertical axis

zvíťaziť 1. win* [win]; *z. vo vojne/vo voľbách* win a war/an election; *ľahko z.* win an easy victory 2. (nadobudnúť prevahu) overcome* [,əuvə'kam]; *z. nad hnevom/pokušením* overcome anger/temptation

zvládnuť 1. master ['ma:stə], handle ['hændl]; *z. prácu* master a job; *z. ťažkú situáciu* handle a difficult situation 2. manage ['mænidž]; *z. žiakov v triede* manage pupils in class

zvládnuteľný manageable ['mænidžəbl]; *z-á situácia* a manageable situation; *sotva z-é deti* hardly manageable children

zvlášť I. prísl. 1. (mimoriadne) especially [i'spešli]; *z. ťažký problém* an especially difficult problem 2. (osobitne) separately ['seprətli]; *každého pozdravil z.* he greeted each of them separately II. čast. (hlavne, najmä) specially ['spešli]; *starať sa z. o postihnutých* care specially for the disabled

zvláštny 1. (v rozl. význ.) special ['spešl]; *z-e schopnosti* special abilities; *z-e zariadenie* special equipment; *z-a skupina* a special group; *z-a pozornosť* special attention 2. (svojrázny, osobitý) strange [streindž], curious ['kjuriəs]; *z. človek* a strange person; *z. úkaz* a strange phenomenon; *z-a príhoda* a curious incident

zvlažiť moisten ['moisən], wet [wet], refresh [ri'freš]; *z. (si) pery* moisten one's lips; *z. sa v potoku* refresh oneself in a brook; ● expr. *z. si hrdlo* wet one's whistle

zvliecť 1. drag down ['dræg daun]; *z. z povaly vrece orechov* drag down a sack of nuts from the attic 2. (vyzliecť) take* off ['teik of]; *z. dieťa z kombinézy* take off a child's overall 3. (kožu) skin [skin]; *z. kožu zo zajaca* skin a hare

zvlnený 1. (rozvlnený) rippled ['ripld]; *z-á hladina jazera* the rippled surface of a lake 2. (vlnitý) wavy ['weivi]; *z. terén* a wavy terrain; *z-é vlasy/čiary* wavy hair/lines; *z. plech* corrugated iron

zvodca seducer [si'dju:sə]

zvolací exclamatory [ik'sklæmətri]; gram. *z-ia veta* an exclamatory sentence

zvoľakadiaľ from somewhere [frəm 'samweə]; *z. zaznela hudba* music sounded from somewhere

zvolať 1. exclaim [ik'skleim]; *„aký to deň!" z-la* "what a day!" she exclaimed 2. (zvolaním zhromaždiť) call together ['ko:l tə,geðə]; *z. rodinu na oslavu* call the family together for a celebration 3. (zorganizovať nejakú akciu) summon ['samən]; *z. schôdzu* summon a meeting

zvoliť (si) 1. (vybrať si) choose* [ču:z]; *z. (si) správnu cestu* choose the right way; *z. si povolanie* choose a profession 2. (voľbami) elect [i'lekt]; *z-li ho za predsedu* they elected him a chairman

zvoľna 1. (pozvoľna) gradually ['grædžuəli]; *cesta z. klesá k moru* the road gradually slopes down to the sea 2. (pomaly) slowly ['sləuli]; *z. sa strácalo* it slowly disappeared 3. (zľahka) lightly ['laitli]; *z. sa dotkol jej tváre* he lightly touched her face

zvon bell [bel]; *kostolné z-y* church bells; *potápačský z.* a diving bell

zvonica belfry ['belfri]; *drevená z.* a wooden belfry

zvoniť 1. (v rozl. význ.) ring* [riŋ]; *kostolné zvony z-a* church bells are ringing; *telefón z-í* the telephone is ringing; *z. pri dverách* ring the doorbell; *poháre z-a* glasses ring 2. (zvonením signalizovať) sound [saund], toll [təul]; *z. na obed* sound the dinner bell; *z. na poplach* sound the alarm; *umieráčik z-i* the funeral bell tolls

zvonka, zvonku 1. from outdoors [frəm aut'do:z]; *z. sa ozýval smiech* laughter sounded from outdoors 2. (z územia, ktoré je mimo) from outside [frəm aut'said]; *nebezpečenstvo/pomoc z.* danger/help from outside 3. (z vonkajšej strany) outside [aut'said]; *vybieliť dom z.* paint the house on the outside

zvraštiť wrinkle ['riŋkl], knit [nit], frown [fraun]; *z. čelo* wrinkle up one's forehead; *z. obočie* knit the/one's brows

zvrat 1. turn [tə:n]; *z. udalostí* a turn of

events; *z. v názoroch* a turn in opinion **2.** (fráza) phrase [freiz]; *bežný z.* a common phrase

zvrátiť 1. bend* back [ˌbendˈbæk]; *z. hlavu dozadu* bend one's head back **2.** (obrátiť) turn [təːn]; *z. oči k oblohe* turn the eyes towards the sky **3.** (spôsobiť zmenu) reverse [riˈvəːs]; *z. postup/tendenciu* reverse a procedure/a trend

zvratný gram. reflexive [riˈfleksiv]; *z-é zámeno* the reflexive pronoun

zvrhlík pervert [ˈpəːvəːt]

zvrhlý perverse [pəˈvəːs]; *z-é vzťahy* perverse relationship; *z. človek* pervert

zvrhnúť 1. dump [damp], drop [drop], throw* off [ˈθrəu of]; *z. náklad do rieky* dump the load into the river; *z. bomby na mesto* drop bombs on a town; *z. okovy/putá* throw the fetters off **2.** (zosadiť) overthrow* [ˌəuvəˈθrəu]; *z. vládu* overthrow the government

zvrchník overcoat [ˈəuvəkəut]; *obliecť si z.* put one's overcoat on

zvrchovaný 1. (suverénny) sovereign [ˈsovrən]; *z. štát* a sovereign state; *z-á moc* sovereign power **2.** (úplný) absolute [ˈæbsəluːt], supreme [suːˈpriːm]; *z-é ovládanie nástroja* absolute skill; *z-é šťastie* supreme happiness **3.** (najvyšší) high [hai]; *z. čas* high time

zvrchu 1. from the top [frəm ðə ˈtop]; *z. je pekný výhľad* there's a nice view from the top **2.** (odvrchu) over [ˈəuvə]; *posypať niečo z. cukrom/soľou/pieskom* sprinkle/dust sugar/salt/sand over sth. ● *pozerať/hľadieť z. na koho/čo* look down on sb./sth.

zvrtnúť turn [təːn]; *z. kľúč(om)* turn the key; *z. volantom doprava* turn the wheel to the right // **z. sa** spin* round [ˈspin raund], turn [təːn]; *dievča sa náhle z-lo* the girl suddenly spun round; *z. sa na podpätku* turn on one's heels; *rozhovor sa z-ol* the conversation took another turn

zvučať sound [saund]; *zvony z-ia* the bells are sounding

zvučka signature tune [ˌsignəčə ˈtjuːn]; *rozhlasová z.* signature tune

zvučný 1. sonorous [ˈsonərəs], resonant [ˈrezənənt]; *z. hlas* a sonorous/resonant voice; poet. *z. rým* feminine rhyme **2.** kniž. fine-sounding [ˌfain ˈsaundiŋ]; *z-é meno/titul* a fine-sounding name/title

zvuk 1. sound [saund], tone [təun]; *počuť z-y* hear sounds; *klavír má krásny z.* the piano has a beautiful tone **2.** (povesť) reputation [ˌrepjəˈteišn], ring [riŋ]; *výrobky majú dobrý/zlý z.* the products have a good/a bad reputation; *jeho meno má dobrý z.* his name has a good ring to it

zvukár hovor. sound-engineer [ˌsaundˌendžəˈniə]

zvukotesný soundproof [ˈsaundpruːf]; *z-é steny* soundproof walls; *z-á kabína (v štúdiu/gramoobchode)* a soundproof projection room/booth

zvukovod auditory passage [ˈoːdətri ˌpæsidž]

zvulgarizovať vulgarize [ˈvalgəraiz]; *z. jazyk* vulgarize a language; *z. umenie* vulgarize art

zvulkanizovať vulcanize [ˈvalkənaiz]; *z. gumu* vulcanize rubber

zvyčajný usual [ˈjuːžəl]; *z. postup* the usual procedure; *z-á téma* the usual topic

zvyk (návyk) habit [ˈhæbət], (tradícia) custom [ˈkastəm]; *robiť niečo zo z-u* do sth. out of/from habit; *ľudové z-y* national customs ● *Z. je železná košeľa.* Man is a creature of habit.

custom –vžitý spôsob správania sa veľkej skupiny ľudí
habit – opakované správanie sa jednotlivca

zvyknúť (si) get* used to [ˌget ˈjuːst tə], get* accustomed to [ˌget əˈkastəmd tə]; *z. si na prácu* get used/accustomed to one's work; *z-ol si chodiť neskoro* he got used to being late

zvýrazniť stress [stres], emphasize [ˈemfəsaiz], accentuate [əkˈsenčueit]; *z. myšlienku* stress/emphasize an idea; *z. krásu/oči* accentuate beauty/the eyes

zvysoka 1. from high up [frəm ˈhai ap]; *z. pozerať na krajinu* look at the landscape from somewhere high up **2.** (povýšene) haughtily [ˈhoːtəli]; *z. pozerať na ľudí* look haughtily at people

zvýšiť 1. (v rozl. význ.) raise [reiz]; *z. plat/nájom* raise sb.'s pay/rent; *z. životnú úroveň* raise the living standard; *z. hlas* raise one's voice **2.** (priestorovo) heighten [ˈhaitn]; *z. múr* heighten a wall **3.** (zintenzívniť) increase [inˈkriːs], heighten [ˈhaitən]; *z. tlak* increase/heighten pressure // **z. sa 1.** rise* [raiz]; *hladina vody v nádrži sa z-la* the water level in the tank has risen; *úroveň jeho*

Ž

práce sa z-la the level/standard of his work has risen **2.** (vzrásť) increase [in'kri:s]; *počet obyvateľov mesta sa z-l* the population of the town has increased

zvýšiť (sa) (zostať) leave* over ['li:v ˌəuvə]; *z nákupu jej z-lo päť korún* there were five crowns left over from her shopping

zvyšný leftover ['leftəuvə], remaining [ri'meiniŋ]; *z-á látka* leftover material; *vo z-om čase* during the remaining time; *z-é peniaze* the rest of the money

zvyšok rest [rest]; *z. látky* the rest of the cloth; *z. si môžeš nechať* you can keep the rest; *z-ky jedla* leftovers

Ž

žaba frog [frog] ● *studený ako ž. (o človeku)* as cold as a cucumber; *rozpľasnúť/roztiahnuť sa ako ž.* come a cropper; *ž. na prameni* a dog in the manger

žací reaping ['ri:piŋ]; *ž. stroj* a reaping machine/a harvester

žalár gaol, jail [džeil]; *uvrhnúť do ž-a* put in jail

žalárnik gaoler, jailor ['džeilə]

žalm psalm [sa:m]

žaloba 1. práv. (law)suit [('lo:)ˌsu:t]; *podať ž-u* bring a suit against sb. **2.** (sťažnosť) complaint [kəm'pleint]; *podať ž-u* make a complaint

žalobca plaintiff ['pleintif], (obžaloba) prosecutor ['prosikju:tə], (štátny, ž./prokurátor) public prosecutor ['pablik 'prosikju:tə]

žalospev elegy ['elədži]

žalostný 1. plaintive ['pleintiv], sorrowful ['sorəufl]; *ž. plač* a sorrowful cry **2.** expr. (úbohý, biedny) wretched ['rečəd]; *ž. stav* a wretched condition

žalovať sue [sju:] (for); *ž-la ho za ohováranie* she sued him for libel // **ž. sa 1.** complain [kəm'plein] (about, to); *ž. sa na hluk* complain about the noise; *stále sa na niečo ž-uje* she keeps complaining **2.** (na bolesti, chorobu) complain of [kəm'plein əv]; *ž-je sa na bolenie zubov* she's complaining of toothache

žalovateľný actionable ['ækšnəbl]; *to je ž-é* that is actionable

žaluď 1. (plod duba) acorn ['eiko:n] **2.** kart. club [klab]

žalúdok stomach ['stamək]; *prázdny ž.* an empty stomach ● *ž. sa mi obracia/dvíha* my stomach turns; *láska ide cez ž.* the way to a man's heart is through his stomach

žalúzie venetian blind [və'ni:šn 'blaind]; *spustiť/vytiahnuť ž.* lower/raise the venetian blind

žandár gendarme ['žanda:m]

žáner genre ['žanrə]

žargón jargon ['dža:gən]; *študentský ž.* students' jargon

žart joke [džəuk]; *rozprávať ž-y* tell jokes; *povedať niečo zo ž-u* say sth. for fun

žartovať joke [džəuk]; *ž. s priateľmi* joke with friends

žartovný jocular ['džokjələ]; *ž-á odpoveď* a jocular reply; *ž. človek* a jocular person

žasnúť be* astonished [bi: ə'stoništ]; *ž. nad krásou prírody* be astonished at nature's beauty; *ž. nad správou* be astonished by the news

žať 1. harvest ['ha:vəst], reap [ri:p]; *ž. obilie* harvest/reap the corn **2.** (kosiť) mow [məu]; *ž. trávu* mow the grass

žatva harvest ['ha:vəst]; *pomáhať pri ž-e* help with the harvest

žblnkať ripple ['ripl]; *potôčik tichúčko ž-á* the water in the brook ripples gently

že that [ðæt]; *viem, že sestra prišla* I know that my sister has come; *tešíme sa, že si zdravý* we rejoice that you are safe; *že even though* ['i:vn ˌðəu]; *odišli napriek tomu, že ich priatelia zdržiavali* they left even though they were kept by their friends

žeby so that [səu ðæt]; *prikryli jamu, ž. do nej nespadli deti* they covered the pit so that the children might not fall into it

žehlička iron ['aiən]

žehliť iron ['aiən]; *ž. košeľu* iron a shirt ● (expr.) *ž. si (čo u koho)* iron out misunderstandings

žehnať bless [bles]; *pápež ž-l ľud* the pope blessed the people

želať wish [wiš]; *ž. úspech* wish luck // **ž. si** wish for; *ž. si dlhý život* wish for a long life; *čo si ešte ž-áte?* what more do you wish for?

želateľný desirable [di'zairəbl]; *ž. úspech* a desirable success

želatína gelatine ['dželəti:n]

želé jelly ['dželi]

železiareň ironworks ['aiənwə:ks]

železiarstvo 1. (priemysel) iron industry [ˌaiən in'dastri] 2. (obchod) ironmongery ['aiənmaŋgəri]

železnica railway(s) ['reilwei(z)], AM railroad; *podzemná ž.* underground/tube, AM subway; *visutá ž.* rack rail

železničný: *ž-á trať* railway line; *ž-á doprava* railway transport; *ž-á stanica* railway station; *ž. vozeň* railway carriage

železný (v rozl. význ.) iron ['aiən]; *ž-á ruda* iron ore; *ž-á brána* an iron gate; *ž-á vôľa* iron will; *doba ž-á* the Iron Age ● *ž-á zásoba* iron rations; *zvyk je ž-á košeľa* habit is second nature

železo 1. iron ['aiən]; *liate ž.* cast iron; *valcované ž.* rolled iron 2. (výrobky zo železa) ironware ['aiənweə] ● *kuť ž., kým je horúce* strike while the iron's hot; *patriť do starého ž-a* be on the scrap heap

železobetón reinforced concrete [ˌri:ənfo:st 'koŋkri:t], ferroconcrete [ˌferəu'koŋkri:t]

žemľa roll [rəul]; *obložená ž. so syrom* a cheese roll

žena 1. woman ['wumən]; *krásna ž.* a beautiful woman 2. (manželka) wife [waif]; *dobrá ž. a matka* a good wife and mother

ženatý married ['mærid]; *ž. muž* a married man

ženích bridegroom ['braidgru:m]

ženiť marry off ['mæri of]; *ž. syna* marry off one's son // **ž. sa** get* married [get 'mærid]; *ž-l sa veľmi mladý* he got married very young

ženskosť femininity [ˌfemi'ninəti]

ženský feminine ['femənən]; *ž. hlas* a feminine voice; *ž. pôvab* feminine charm; gram. *ž. rod* feminine gender

žeravý 1. (rozžeravený) red-hot [red hot], white-hot [wait hot]; *ž. kov* red-hot/white-hot metal; *ž-é uhlíky* red-hot charcoal 2. (ohnivo žiariaci) burning ['bə:niŋ]; *ž-é slnko* the burning sun 3. expr. (pálčivý) hot; *ž. problém* a hot issue

žeriav[1] (vták) crane [krein]

žeriav[2] (stroj) crane [krein]

žezlo sceptre ['septə]

žiabre gill [gil]

žiačka pupil ['pju:pl], schoolgirl ['sku:lgə:l]

žiadanka application form [ˌæpli'keišn ˌfo:m]; *vyplniť ž-u* fill in an application form

žiadať 1. (uplatňovať nárok) demand [di'ma:nd]; *ž. vysvetlenie/ospravedlnenie* demand an explanation/an apology 2. (pýtať) ask [a:sk] (for); *ž. o pomoc* ask for help // **ž. si** desire [di'zaiə]; *matka si ž-a, aby si ihneď prišiel* your mother desires you to come at once

žiadateľ applicant ['æplikənt]; *ž. o byt* an applicant for a flat

žiaden 1. (nijaký) no [nəu]; *nemá ž-e starosti* he has no worries 2. (nikto) no one ['nəu wan]; *ž. neprišiel neskoro* no one came late ● *za ž-u cenu* not for any price

žiadosť 1. (písomná) application [ˌæpli'keišn]; *ž. o prijatie do zamestnania* an application for a job 2. expr. (silná túžba) desire [di'zaiə]; *oči mu horeli ž-ou* his eyes flashed with desire

žiak 1. pupil ['pju:pl], school boy; *dobrý/zlý ž.* a good/bad pupil 2. (stúpenec, vyznávač) disciple [di'saipl]; *ž-ci Ľ. Štúra* the disciples of Ľ. Štúr

žiaľ[1] grief [gri:f]; *skoro sa pominula od ž-u* she went nearly mad with grief

žiaľ[2] čast. unfortunately [an'fo:čnətli]; *ž., nemôžem prísť* unfortunately, I can't come

žialiť grieve [gri:v] (for), mourn [mo:n] (for, over) *ž-la nad smrťou otca* she grieved/mourned for her dead father

žiar heat [hi:t]; *slnečný ž.* the heat of the sun

žiara light [lait]; *slnečná ž.* sunlight; *polárna ž.* northern/southern lights, aurora

žiarenie radiation [ˌreidi'eišn]; *nebezpečné ž.* harmful radiation; *radioaktívne ž.* radioactive radiation; *kozmické ž.* cosmic ray

žiariť 1. shine* [šain]; *slnko ž-i* the sun shines; *tvár mu ž-i šťastím* his face shines with happiness 2. (jagať sa) glitter ['glitə]; *drahokamy jej ž-a na krku* jewels glitter on her neck; *hviezdy ž-a na mrazivom nebi* stars glitter in the frosty sky

žiarivý 1. bright [brait]; *ž-é slnko* bright sunlight; *ž-é svetlá veľkomesta* bright lights of a big city 2. (jagavý) sparkling ['spa:kliŋ]; *ž-é hviezdy* sparkling stars

žiarliť be* jealous [bi: 'dželəs] (of); *Tomáš ž-i na svoju ženu* Tom is jealous of his wife

žiarlivý jealous ['dželəs]; *ž. manžel* a jealous husband

Ž

žiarovka light bulb [lait balb]

žiaruvzdorný heat-resistant [hi:t ri'zistənt]; *ž. material* heat-resistant material

žičiť 1. (byť priaznivo naklonený) favour ['feivə]; *počasie ž-lo nášmu výletu* the weather favoured our trip 2. (želať, priať) wish sb. well [wiš wel]; *ž. priateľovi úspech* wish a friend well

žid Jew [džu:]

žieravý caustic ['ko:stik]; *ž-a látka* caustic substance

žihadlo sting [stiŋ]; *včelie/osie ž.* a bee's/a wasp's sting ● *má jazyk ako ž.* she has a very sharp tongue

žihľava nettle ['netl] ● *mráz ž-u nespáli* ill weeds grow apace

žila (v rozl. význ.) vein [vein]; *kŕčové ž-y* varicose veins; *prerezať si ž-u* cut one's vein; bot. *listová ž.* a leaf vein; *zlatonosná ž.* a vein of gold

žiletka razor blade ['reizə bleid]; *balíček ž-iek* a packet of razor blades

žinenka mat [mæt]

žirafa giraffe [dži'ra:f]

žírny rich [rič]; *ž-a pôda* rich soil

žiť 1. live [liv], be* alive [ˌbi: ə'laiv]; *dlho ž.* live long; *ranený vojak ešte ž-je* the wounded soldier is still alive 2. (bývať) live; *ž. vo veľkom meste* live in a big town 3. (živiť sa) live off; *ž. z peňazí rodičov* live off one's parents 4. (pre koho, čo, čomu) live for; *ž. pre svoje deti* live for one's children; *ž. svojej práci* live for one's work 5. (pretrvávať) live on; *zomrela, ale jej pamiatka ž-je* she is dead but her memory lives on ● *nech ž-je...!* long live...!/vivat!; *ž. z ruky do úst* live from hand to mouth

žito 1. (pšenica) wheat [wi:t] 2. (raž) rye [rai] ● *hodiť flintu do ž-a* throw in the towel

živánka kuch. barbecue ['ba:bikju:]

živel 1. element ['eləmənt]; *voda je nebezpečný ž.* water is a dangerous element 2. obyč. mn. č. *ž-y* (jednotlivci, obyč. záporne pôsobiaci) elements; *kriminálne ž-ly* lawless elements ● *byť, cítiť sa vo svojom ž-le* be in one's element

živica resin ['rezin]

živina (obyč. mn. č.) *ž-y* nutrient ['nju:triənt]; *pôda obsahuje vzácne ž-y* the soil contains valuable nutrients

živiť 1. (kŕmiť, chovať) nourish ['nariš]; *dobre ž-ené dieťa* a well-nourished child; pren. *ž. nádej* nourish hope 2. (vyživovať) keep* [ki:p];

ž. starých rodičov keep one's old parents // **ž. sa** (potravou, prácou) live [liv] (on/by); *ž-i sa mliekom* he lives on milk; *ž-i sa rybolovom* he lives by fishing

živnosť trade [treid]

živnostenský: *ž-á daň* trading tax; *ž. list* trade license

živobytie 1. (životné potreby) living ['liviŋ]; *zarábať si na ž.* earn/make a living 2. (zamestnanie) livelihood ['laivlihud]; *predávanie kníh je moje ž.* selling books is my livelihood

živočích animal ['ænəml]; *vodné ž-y* water animals

živočíšny animal ['ænəml]; *ž-a ríša* the animal kingdom; *ž-a výroba* animal husbandry; lek. *ž-e uhlie* medicinal charcoal

živoriť vegetate ['vedžəteit]; *odvtedy, čo stratil zamestnanie, len ž-i* since he lost his job he's just been vegetating

život (v rozl. význ.) life [laif]; *ľudský ž.* human life; *ž. v morských hlbinách* life in the depth of the sea; *spôsob ž-a* the way of life; *obetovať ž.* sacrifice one's life; *kypieť ž-om* be full of life; *rodinný ž.* family life ● *prebudiť k ž-u* bring to life; *prísť o ž.* lose one's life; *ž. mu visel na vlásku/nitke* his life hung by a thread; *otázka ž-a a smrti* a matter of life and death; *psí ž.* a dog's life

životaschopný 1. (schopný žiť, vyvíjať sa) viable ['vaiəbl]; *ž-á ekonomika* viable economy 2. (zdatný, súci) vigorous ['vigərəs]; *ž-é rastliny* vigorous plants

životný 1. (v rozl. význ.) life [laif], living ['liviŋ]; *ž. štýl* life style; *ž-é poistenie* life insurance; *ž-á veľkosť* life size; *ž. štandard* living standard; *ž-é podmienky* living conditions 2. (závažný) vital ['vaitl]; *ž-é rozhodnutie* a vital decision; *ž. problém* a vital problem

životodarný life giving [laif 'giviŋ]; *ž-é teplo* life giving heat

životopis 1. biography [bai'ogrəfi]; *ž. slávnej osobnosti* a biography of a famous personality; *vlastný ž.* autobiography; 2. (stručný, príloha k žiadosti) curriculum vitae [kə,rikjələm 'vi:tai]

životopisec biographer [bai'ogrəfə]

životospráva regimen ['redžəmən]; *prísna ž.* a strict regimen

živý 1. (žijúci) living ['liviŋ]; *ž. tvor* a living creature; *ž-é organizmy* living organisms 2. (temperamentný, pohyblivý) vivacious [və'veišəs], lively [ˈlaivli]; *ž-é dieťa* a vivacious child; *ž-á gestikulácia* lively gesticulation **3.** (rušný) busy [ˈbizi]; *ž-á ulica* a busy street **4.** (o farbách) vivid [ˈvivəd]; *látka so ž-mi farbami* a material of vivid colours; pren. *opísať niečo ž-mi farbami* describe in vivid colours **5.** (čulý, intenzívny) lively; *ž. rozhovor* a lively debate **6.** (reálny, verný) vivid [ˈvivəd]; *ž. sen* a vivid dream; *ž-á fantázia* vivid imagination ● *ž. jazyk* a living language; *ž. plot* hedge; *pre ž-ého Boha!* for God's sake!; *nebolo/niet tam ani ž-ej duše* there wasn't/isn't a single soul there

žľab 1. channel [ˈčænl], ditch [dič]; *ž. na odvádzanie vody (pri cestách)* a drainage channel/ditch; *odtokový ž.* gutter **2.** (válov) manger [ˈmeindžə]

žľaza gland [glænd]; *štítna ž.* thyroid gland

žľazový glandular [ˈglændjələ]

žlč bile [bail] ● *búri sa vo mne ž.* it rouses my bile

žlčník gall bladder [goːl ˈbladə]

žltačka jaundice [ˈdžoːndəs]

žltnúť yellow [ˈjeləu]; *papier ž-e rokmi* paper yellows with age; *listy ž-ú* the leaves of trees yellow

žĺtok yolk [jəuk]

žltý yellow [ˈjeləu]; *ž. kvet* a yellow flower; *ž-á rasa* the yellow race

žmúriť squint [ˈskwint]; *ž. na prudkom slnku* squint in the bright sun (-light)

žmurkať wink [wiŋk]; *ž. na dievča* wink at a girl

žmýkačka centrifuge [ˈsentrəfjuːdž], wringer [ˈriŋə]

žmýkať wring [riŋ] (out); *ž. šaty* wring a wet dress out

žobrák beggar [ˈbegə]

žobrať beg [beg]; *ž. peniaze* beg (for) money

žobrota beggary [ˈbegəri] ● *priviesť na ž-u* reduce to beggary

žoldnier mercenary [ˈməːsənri]

žonglér juggler [ˈdžaglə]

žonglovať juggle [ˈdžagl]; *ž. taniermi* juggle with plates

žoviálny jovial [ˈdžəuviəl]; *ž. pozdrav/starý muž* a jovial greeting/old man

žralok shark [šaːk] (aj pren.)

žrať 1. (v rozl. význ.) eat* [iːt]; *ž. trávu* eat grass; *kyselina žerie kov* the acid eats away the metal; expr. *čosi ho žerie* something's eating him **2.** (hl. o zvieratách) feed* [fiːd] (on); *kravy žerú trávu* cows feed on grass

žravý voracious [vəˈreišəs]; *ž. hmyz* voracious insects

žrď pole [pəul]; *drevená/kovová ž.* a wooden/a metal pole; *stanová ž.* a tent pole; *ž. na zástavu* a flagpole; šport. *skok o ž-di* pole vault

žŕďkar pole vaulter [pəul ˈvoːltə]

žreb lottery ticket [ˈlotəri ˈtikət]

žrebčinec stud farm [stad faːm]

žrebec stallion [ˈstæljən]

žrebiť sa foal [fəul]

žrebovanie lot [lot]; *výhercu určili ž-ím* the winner was chosen by lot

žrebovať draw* lots [droː lots]

žriebä foal [fəul]

žriedlo 1. spring [spriŋ]; *horúce ž.* a hot spring **2.** (pôvod, prameň) source [soːs]; *ž. poznania* the source of wisdom

žubrienka tadpole [ˈtædpəul]

žufaňa hovor. ladle [ˈleidl]

žula granite [ˈgrænət]; *náhrobný kameň/pomník zo ž-y* a granite tomb monument ● *pevný/tvrdý ako ž.* as hard as rock

žumpa cesspit [ˈsesˌpit], cesspool [ˈsesˌpuːl]

župa county [ˈkaunti]

župan dressing gown [ˈdresiŋ gaun]; *obliecť si ž.* put on a dressing gown

žurnál 1. journal [ˈdžəːnl]; *módny ž.* a fashion journal **2.** (filmový týždenník) newsreel [ˈnjuːzriːl]

žurnalista journalist [ˈdžəːnləst]

žurnalistika journalism [ˈdžəːnlizm]

žuť chew [čuː] (on); *žuť tvrdé mäso* chew on tough meat; *žuť tabak* chew tobacco

žuvačka chewing gum [ˈčuːiŋ gam]

žuvať p. **žuť**

Ž

Marie Zahálková
Angličtina pre najmenších
Učebnica pre deti predškolského veku
a žiakov 1. ročníka základných škôl

Zrozumiteľná a zaujímavá učebnica, ktorá je úvodom do štúdia angličtiny pre deti vo veku od štyroch do siedmich rokov. Uľahčuje učiteľom, rodičom, ale predovšetkým deťom prvé krôčiky pri osvojovaní si angličtiny. Uplatní sa pri individuálnej výučbe, ale aj pri skupinovom vyučovaní v jazykových kurzoch pre najmenších. Obsahuje slovnú zásobu blízku deťom tejto vekovej kategórie, s ktorou sa budú stretávať v škole od začiatku povinnej výučby angličtiny. Jej zostavovanie i odporúčané metodické postupy, rozpracované v záverečnej časti učebnice, zohľadňujú psychické danosti detí predškolského veku a žiakov 1. ročníka základných škôl.

Každá zo sedemnástich lekcií sa zameriava na jednu konverzačnú tému, do ktorej deti uvedie celostranová ilustrácia. Novú slovnú zásobu si deti môžu osvojiť prácou s čiernobielymi obrázkovými kartičkami, ktoré môžu najskôr vymaľovať, a potom ich používajú pri konverzácii s učiteľom. Učebnicu dopĺňa audiokazeta s nahrávkami slovnej zásoby, básničiek a pesničiek obsiahnutých v knihe.

Publikácia
Angličtina pre malých školákov, ktorá je určená žiakom 2. a 3. ročníka ZŠ, nadväzuje na knihu **Angličtina pre najmenších**.

Obe učebnice sú predstupňom k povinnej školskej jazykovej výučbe, uľahčujú a skvalitňujú ju a podporujú záujem detí o štúdium cudzích jazykov.

Marie Zahálková
Séria učebníc, pracovných zošitov
a metodických príručiek
**Angličtina pre štvrtákov, piatakov
a šiestakov základnej školy**

Séria vychádza z požiadaviek **učebných osnov pre 4., 5. a 6. ročník základnej školy.**
Každá lekcia sa začína **audioorálnou prezentáciou** nového textu. Ide o nácvik porozumenia hovorenému slovu v prirodzenej situácii, v ktorej sa žiaci zároveň oboznamujú so zvukovou podobou angličtiny. Na tento účel slúži **audiokazeta** so zvukovým záznamom textov nahovorených rodenými Angličanmi. Je základom pri osvojení si správnej výslovnosti a intonácie i pre prenikanie do stavby vyjadrovacích prostriedkov a pochopenie ich funkcie pri aktívnom počúvaní.
Na zvukovú prezentáciu textu nadväzuje oboznámenie sa s grafickou podobou slov a ich fonetickým zápisom. Nácvik tejto zručnosti uľahčuje **slovník s fonetickým prepisom výslovnosti** a niekoľko hier na nácvik hláskovania.

Vysvetľovanie gramatiky je obmedzené na minimum. Nové javy sa nacvičujú **vo vetných štruktúrach**. Spôsob vytvárania gramatických tvarov je znázornený v tabuľkách, ich význam a použitie sa uvádza v kontexte lekcií. Súhrn gramatiky obsahuje kapitola GRAMMAR BOX zaradená v závere učebnice.

Na pochopenie, upevnenie a bezpečné zapamätanie učiva slúži systém úloh, ktorý žiakom umožňuje overiť si funkčnosť jazyka v konkrétnej situácii a učiteľovi sprostredkuje okamžitú spätnú väzbu s informáciou o stupni zvládnutia preberanej látky.

Námety jednoduchých **doplnkových textov** čerpajú zo všetkých oblastí života detí, aby im rozšírili slovnú zásobu.
Výtvarné spracovanie učebníc i pracovných zošitov podnecuje aktívny a tvorivý prístup žiakov k zvládnutiu učiva. Vystrihovačky, krížovky, riekanky, rozprávky a pesničky uvedú žiakov do sveta zábavy a zdravej súťaživosti testovaním vlastných schopností a zručností pri hľadaní riešení.